泰州

靖江——江阴长江大桥

苏北两大经济板块，是苏中入江达海5条主要航道的交汇处，沿海与长江"T"型产业带结合部，区位优势十分明显。泰州境内水陆交通便捷，全市每100平方公里高速公路长度达到国际先进水平，京沪、宁通、宁靖盐、江海高速等高速公路在此交汇。国家"八纵八横"组成部分的新长、宁启铁路穿境而过，6条黄金始发线路可通往全国各大主要城市。沿江拥有万吨级以上码头泊位21个，可与世界多个国家和地区开展水运业务。泰州长江大桥将于2011年建成通车。目前，全市已形成了由"三纵五横"公路主骨架、"一纵一横"铁路主动脉、"四纵四横"水运主通道和"一港两站"运输主枢纽组成的立体交通网络。

一座崭新的现代文明城市正屹立于长江之滨，笑迎八方宾朋。开放开明的政策环境、优质高效的服务环境、严明规范的法律环境、健康文明的人文环境，让外来投资者宾至如归。

泰州风貌

泰州是一座历史悠久的文化名城。

迄今已有2100多年历史，素有“汉唐古郡、淮海名区”之美誉。周秦时称海阳，东晋时设海陵郡，南唐时建泰州，寓意“国泰民安”。泰州历史人文荟萃、名贤辈出《水浒传》作者施耐庵、“扬州八怪”代表人物郑板桥、“泰州学派”创始人哲学家王艮、京剧大师梅兰芳等，均是泰州历代文化名人中的杰出代表。境内名胜古迹众多，千年古刹光孝寺在海内外佛教界享有盛名，城隍庙系省内最大的道教历史古建筑，日涉园、崇儒祠、岳王庙、安定书院、施耐庵陵园、郑板桥故居、梅兰芳纪念馆等俱是泰州历史文化的瑰宝。

泰州是一座快速崛起的工贸新城。

工业经济是泰州的主导产业和特色经济。现有各类工业企业3.4万家，其中规模以上企业1083家。全市已形成医药、机电（船舶）、化工等三大优势产业和不锈钢、减速机等十大产业集群，拥有一大批规模企业，其中春兰集团、扬子江药业产销过百亿，陵光集团利税超10亿。目前，全市正以医药高新技术产业园区为核心，全力打造“中国医药第一城”。泰州素有“建筑之乡”的美誉，全市建筑企业多次获得全国建筑工程质量最高奖——鲁班奖，在国内外建筑市场赢得了“神兵”、“铁军”的称号。服务业发展迅速，全市拥有各类商品市场236个，其中超亿元的41个。

泰州是一座充满活力的滨江港城。

现有外商投资企业1200多家，实际利用外资累计达35亿美元。全球40多个国家和地区的客商来泰投资兴业，其中日本雅马哈、久保田公司、韩国LG公司、瑞士魏德曼公司、荷兰阿克苏公司等世界著名跨国公司均已在泰州落户。拥有自营进出口权企业2200家，出口市场发展到170个国家和地区，出口产品近2000个。全市外经获权企业18家，境外上市企业3家。全市共有省级开发区8个，其中5个沿江省级开发区已完成开发62平方公里，累计引进欧美、日韩、港台等30多个国家和地区的项目800多个，总投资70多亿美元。

长江三角洲
城市年鉴

THE DELTA AREA OF YANGTSE RIVER CITY ANNALS

2008

长江三角洲城市年鉴编辑委员会

策划编辑　李稳定
责任编辑　李富民
封面设计　张南海

图书在版编目(CIP)数据

长江三角洲城市年鉴.2008/《长江三角洲城市年鉴》编辑部 编.
—北京:中国工商出版社,2008.11
ISBN 978-7-80215-294-6
Ⅰ.长... Ⅱ.长... Ⅲ.长江三角洲—城市经济—2008—年鉴
Ⅳ.F299.275-54
中国版本图书馆 CIP 数据核字(2008)第 172995 号

书名/长江三角洲城市年鉴(2008)
编者/长江三角洲城市年鉴编辑部

出版·发行/中国工商出版社
经销/ 新华书店
印刷/南京四彩印刷有限公司
开本/889 毫米×1194 毫米　1/16　**印张**/35　**字数**/1573 千字
版本/2008 年 11 月第 1 版　2008 年 11 月第 1 次印刷
印数/01-10000 册

社址/北京市丰台区花乡育芳园东里 23 号(100070)
电话/(010)63730074,63714551　**电子邮箱**/zggscbs@263.net

书号:ISBN 978-7-80215-294-6/F·647
定价:290.00 元

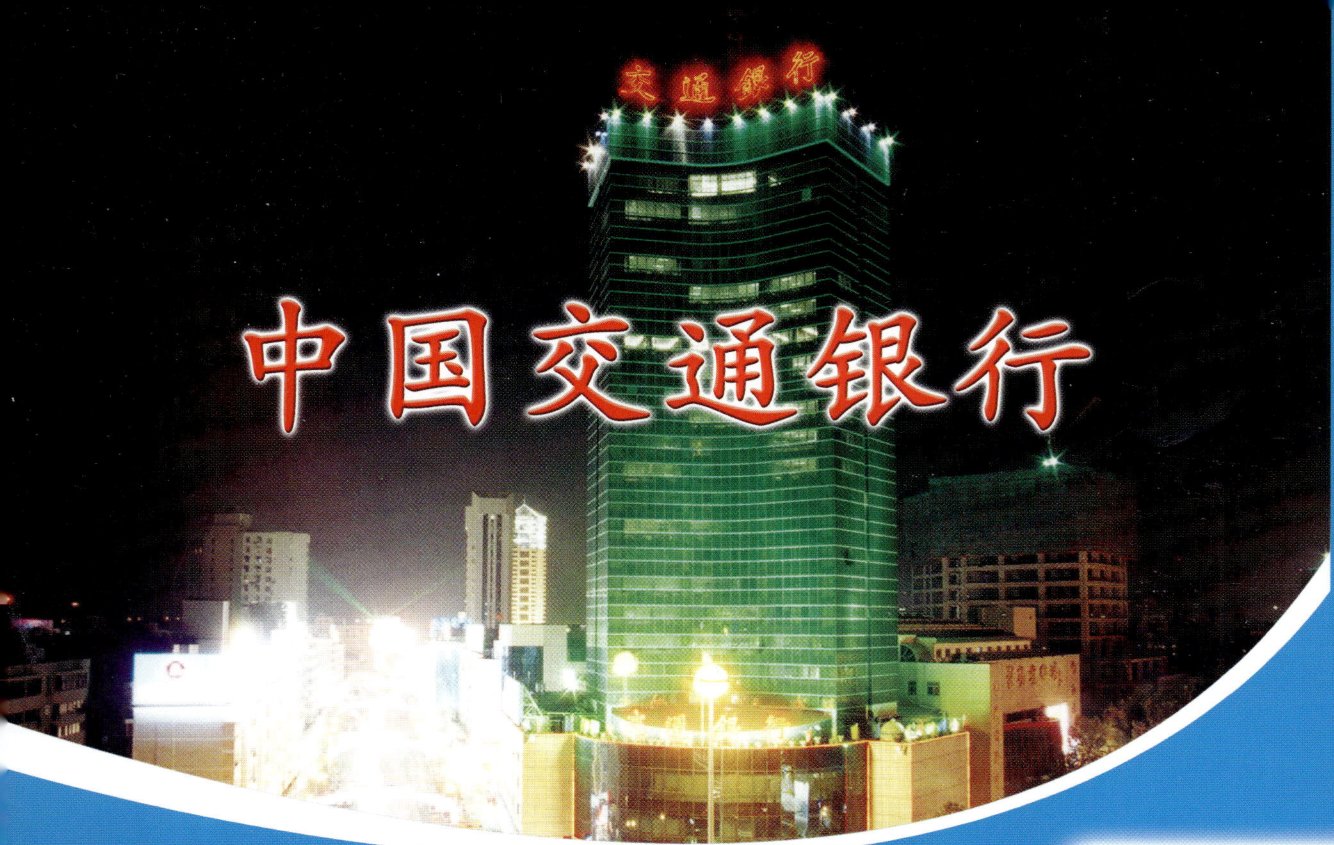

中国交通银行

南京分行

JIAOTONGYINHANG

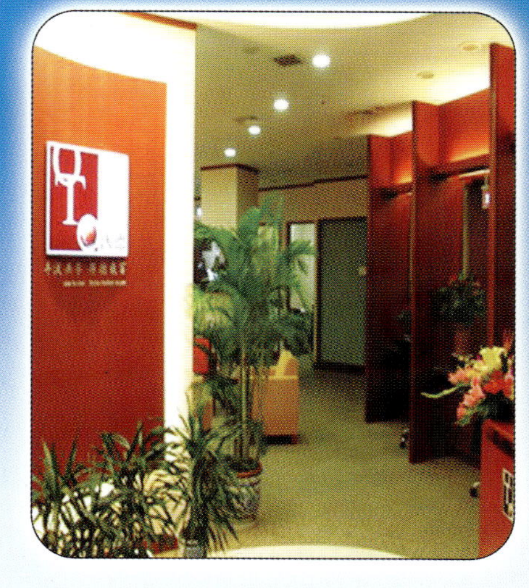

交通银行始建于 1908 年，是中国早期四大银行之一。1986 年 7 月 24 日国务院批准重新组建交通银行。1987 年 4 月 1 日，重新组建后的交通银行正式对外营业，成为中国第一家全国性的国有股份制商业银行。2005 年 6 月 23 日，交通银行在香港联交所正式挂牌上市，上市开盘价 2.8 元 / 股，股价最高较发行价增长了 96%，在海外上市的国内商业银行中位居首位。2007 年 4 月 24 日，交通银行 A 股首次公开发行圆满完成，7.90 元 / 股的发行价格对应 2006 年底发行后市净率为 3.42 倍，创 A 股市场银行股发行估值水平之最。

交通银行南京分行重新组建于 1986 年，现管辖徐州、连云港、扬州、泰州、南通、镇江、常州、盐城等 8 家分行。近年来，南京分行以科学有效发展为主题，以深化改革为动力，加快调整资产结构、负债结构、客户结构、网点结构、产品结构、员工结构，深化经营管理体制改革，创新经营管理机制，业务逐步走上良性循环的发展轨道。通过坚持以思想解放为先导，在创新思路、创新体制、创新方法上下功夫，坚持以改革创新精神，走开拓发展之路，大力发展新兴业务，南京分行在南京金融界开创出许多第一，如第一个设立自助银行、第一个开办个人外汇买卖、第一个成立个人贷款中心、第一个开通 24 小时客户服务中心、第一个代销开放式基金、第一个实行综合柜员制等。同时，南京分行的创新发展还走在交行系统前列，分别被系统内选为薪酬制度改革试点行、小企业业务推广试点行等，并连续 9 年被总行评为 A 级行。

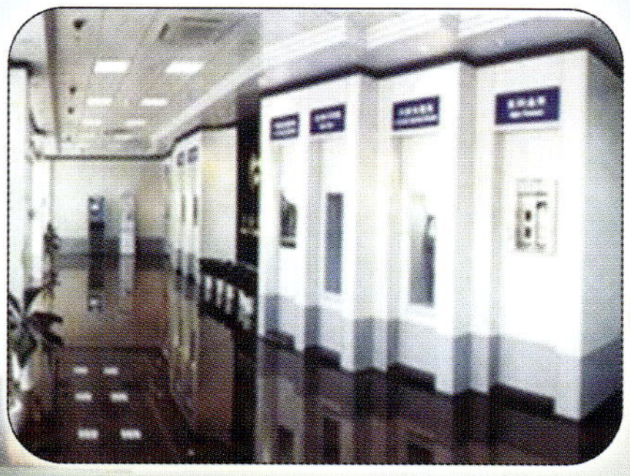

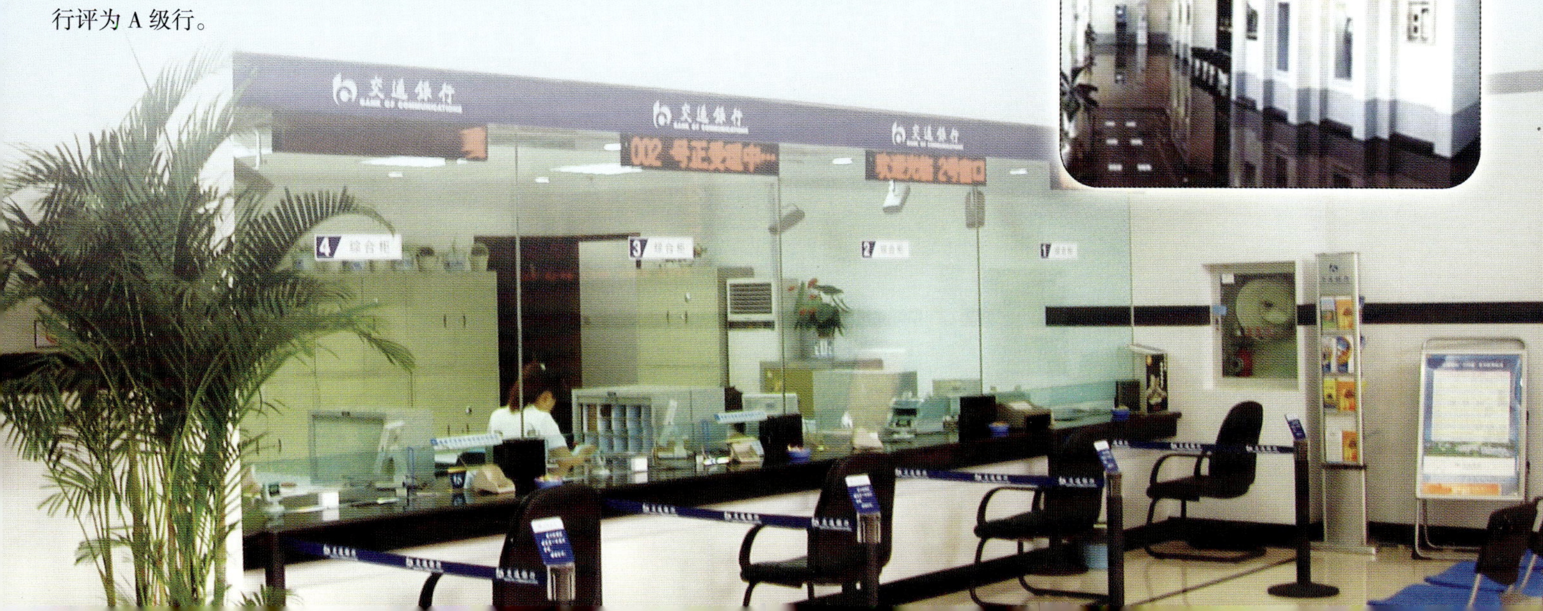

长江三角洲区域示意图
（本图只供参考，不作划界依据）
黄
海
江
苏
省
上海市
淮安市
盐城市
扬州市
泰州市
南通市
镇江市
南京市
常州市
无锡市
苏州市
太湖
上海市
南京钟山
蜀岗瘦西湖
周恩来故居
郑板桥故居
施耐庵陵园
淮安市
楚州区
盐都
大丰市
东台市
兴化市
高邮市
宝应
建湖
海安县
如皋市
如东
泰兴市
姜堰市
江都市
扬州市
邗江区
仪征市
镇江市
丹阳市
句容市
常州市
武进区
金坛市
溧阳市
宜兴市
江阴市
靖江市
张家港市
常熟市
无锡市
锡山区
惠山区
苏州市
吴中区
吴江市
相城区
昆山市
太仓市
通州市
海门市
启东市
崇明
宝山区
嘉定区
浦东新区
闵行区
青浦区
松江区
奉贤区
南汇区
金山区
嘉兴市
湖州市
长兴
广德
宣城市
芜湖市
芜湖
当涂
马鞍山市
和县
全椒
滁州市
来安
六合区
栖霞区
浦口区
江宁区
溧水
高淳
天长市
金湖
盱眙
洪泽
泗洪
宿迁市
郎溪
洪泽湖
高邮湖

浙江省
杭州市
杭州西湖
宁波市
温州市
绍兴市
金华市
衢州市
丽水市
台州市
舟山市
湖州市
嘉兴市
普陀山
雪窦山
天台山
雁荡山
楠溪江
仙都
双龙
富春江—新安江
千岛湖
萧山区
余杭区
富阳市
临安市
桐庐
建德市
淳安
诸暨市
上虞市
余姚市
慈溪市
奉化市
宁海
象山
三门
临海市
黄岩区
路桥区
温岭市
玉环
乐清市
永嘉
瑞安市
文成
青田
缙云
永康市
武义
东阳市
义乌市
浦江
兰溪市
龙游
江山市
常山
开化
遂昌
松阳
云和
龙泉市
景宁畲族自治县
庆元
泰顺
洞头
嵊州市
新昌
天台
仙居
磐安
海宁市
海盐
岱山
嵊泗
黄山市
歙县
绩溪
旌德
浦城
图例
省级行政中心
地级行政中心
县级行政中心
乡镇、村庄
省、直辖市界
市界
铁路
高速公路
国道及编号
主要公路及里程
一般公路
山峰、高程
国家级风景区
著名风景区

《长江三角洲城市年鉴》编委会

（排名不分先后）

陈晓云　上海市人民政府合作交流办办公室合作发展处处长
黄　强　江苏省人民政府驻上海办事处处长
张建明　上海市浦东新区史志办主编
沈拯民　上海市黄浦区地方志办公室主任
陈往秋　上海市徐汇区地方志办公室副主任
芮昌宏　上海市虹口区档案局副局长
李国才　上海市杨浦区史志办公室副主任
王国滨　上海市静安区静安年鉴主编
张建华　上海市嘉定区地方志办公室副主任
王应华　上海市金山区档案局副局长
何惠明　上海市淞江区地方志办公室主任
屠宝麟　上海市长宁档案局付局长　年鉴办公室主任
仇小平　上海市宝山区地方志办公室主任
侯龙其　上海市普陀区年鉴办公室主任
叶　佳　上海市崇明县史志办公室
葛方耀　上海市南汇区党史研究室主任
占雪根　上海市青浦区史志办公室主任
俞成伟　上海市卢湾区地方志办公室主任
陈世清　上海市闸北区地方志办公室主任
张海明　马鞍山市人民政府研究室主任

《长江三角洲城市年鉴》(2008)编审人员

主　　编　张　锋
执行主编　秦光汉
副 主 编　陈仁礼
编辑部主任　杨崇湘
编　　辑　卞佳英(上海市)　杨青松(南京市)　肖　进(苏州市)　顾洪兴(无锡市)
吴　颖(常州市)　李　劲(镇江市)　郭有亮(扬州市)　张九龙(泰州市)
张启祥(南通市)　陈　茜(杭州市)　邵建鸣(宁波市)　谢敏依(宁波市)
付冬花(嘉兴市)　洪　流(湖州市)　李月娟(绍兴市)　王伟峰(台州市)
任爱珍(舟山市)　沈拯民(黄浦区)　李国才(杨浦区)　冯谷兰(虹口区)
姚荣仲(闸北区)　王佩娟(长宁区)　俞成伟(卢湾区)　汤德良(徐汇区)
顾瑞钧(静安区)　陈　霞(普陀区)　沈乐平(南汇区)　何惠明(松江区)
赵　峰(青浦区)　方继红(宝山区)　张建明(浦东新区)王应华(金山区)
孙培兴(嘉定区)　周　凯(崇明县)　董昭武(马鞍山市)

编辑说明

一、《长江三角洲城市年鉴》是由中国城市经济学会、长江三角城市经济协调会、江苏省城市发展研究院主办的区域性、专业性、逐年记载长江三角洲区域各城市经济、科技、文化、社会事业发展的资料性工具书。

二、《长江三角洲城市年鉴》的编辑方针是:以党的基本路线为指针,真实、客观地记述贯彻党的方针政策的实施情况,记述坚持科学发展观、推进城市建设、改革开放、经济和社会事业所取得的新成就、新变化、新经验、新问题,客观地反映社会主义两个文明建设的进展,使年鉴既能为现实服务,又能为后人提供借鉴。

三、《长江三角洲城市年鉴》(2008)刊,采用篇目、栏目、分目、条目四个结构层次。不同层次的标题在字号、字体和版式上有明显的标识。其中条目为记述的基本形式,用黑体字加【】表示,对较长的条目文中另起一行用楷体字标出。

四、为了增强《长江三角洲城市年鉴》的实用性、权威性,为便于国内外更好地了解长江三角洲区域的发展,设置了“城市介绍”、“长三角县(市)概览”、“开发区建设”、“发展与展望”、“城乡建设与环境保护”、“城市旅游”、“城市教育与人才开发”、“城市统计资料”等栏目。

五、为了扩大长江三角洲对周边地区的影响,也为了加强与周边地区的协作与交流,对积极要求加入长三角区域经济技术交流与合作的城市的经济发展情况也予以记载。

六、《长江三角洲城市年鉴》(2008)刊得到上海市、江苏省、浙江省和长江三角洲各城市领导和政府部门、中国城市经济学会、长江三角城市经济协调会、江苏省城市发展研究院领导、专家、学者、企事业单位及广大作者的厚爱和大力支持,在此谨表示诚挚的谢忱!受水平所限,疏漏和差错之处,敬请广大读者批评指正。

编辑部

2008年10月15日

长江三角洲城市年鉴

2008

（总第六期）

中国城市经济学会
江苏省城市发展研究院 主办
长江三角洲城市经济协调会
南京沪苏浙文化发展中心 承办

编辑：长江三角洲城市年鉴编辑部
地址：南京市虎踞北路10号3幢6层
邮编：210013
电话：025－83397913
传真：025－83397948

目 录

城市风采

长三角县（市）概览

城市医疗卫生

城市交通

开发区建设

城市统计资料

城市领导专文、专访

城市旅游

城市领导人名录

合作与交流

城乡建设·环境保护

长三角论坛

教育与人才开发

发展与展望

机关企事业选介

《长江三角洲城市年鉴》(2008)栏目

The Yangtze Delta City Yearbook (2007) Column

国务院关于进一步推进长江三角洲地区改革开放和经济社会发展的指导意见

国发〔2008〕30号

各省、自治区、直辖市人民政府,国务院各部委、各直属机构:

长江三角洲地区是我国综合实力最强的区域,在社会主义现代化建设全局中具有重要的战略地位和带动作用。改革开放特别是推进上海浦东开发开放以来,长江三角洲地区经济社会发展取得巨大成就,对服务全国大局,带动周边发展做出了重要贡献,积累了丰富经验。在当前国际经济环境发生重大变化、国内各项改革深入推进的新形势下,为进一步推进长江三角洲地区改革开放和经济社会发展,现提出以下意见:

一、进一步推进长江三角洲地区改革开放和经济社会发展的重要意义、总体要求、主要原则和发展目标

(一)重要意义。长江三角洲地区包括上海市、江苏省和浙江省。进一步推进长江三角洲地区改革开放和经济社会发展,有利于推进区域经济一体化,提高自主创新能力和整体经济素质;有利于增强对中西部地区的辐射带动作用,推动全国区域协调发展;有利于提高开放型经济水平,增强我国国际竞争力和抗风险能力;有利于推进体制创新,促进建立健全充满活力、富有效率、更加开放的体制机制。

(二)总体要求。高举中国特色社会主义伟大旗帜,以邓小平理论和"三个代表"重要思想为指导,深入贯彻落实科学发展观,进一步解放思想、与时俱进,进一步深化改革、扩大开放,着力推进经济结构战略性调整,着力增强自主创新能力,着力促进城乡区域协调发展,着力提高资源节约和环境保护水平,着力促进社会和谐与精神文明建设,实现科学发展、和谐发展、率先发展、一体化发展,把长江三角洲地区建设成为亚太地区重要的国际门户、全球重要的先进制造业基地、具有较强国际竞争力的世界级城市群,为我国全面建设小康社会和实现现代化做出更大贡献。

(三)主要原则。坚持科学发展,努力提高自主创新能力,切实加强资源节约和环境保护,推进经济发展方式的转变;坚持和谐发展,着力保障和改善民生,加强社会主义民主法制建设,维护社会公平正义;坚持率先发展,加强与周边地区和长江中上游地区的联合与协作,强化服务和辐射功能,带动中西部地区发展;坚持一体化发展,统筹区域内基础设施建设,形成统一开放的市场体系,促进生产要素合理流动和优化配置;坚持改革开放,继续在体制创新上先行先试,率先在重要领域和关键环节取得突破,为又好又快发展提供制度保障。

(四)发展目标。到2012年,产业结构进一步优化,服务业比重明显提高;创新能力显著增强,科技进步对经济增长的贡献率大幅提升;区域分工和产业布局趋于合理,对外开放的质量和水平明显提升;单位地区生产总值能耗低于全国平均水平,重点地区生态环境恶化的趋势得到遏制;社会保障体系覆盖城乡,公共服务能力进一步增强,基本实现全面建设小康社会的目标。

到2020年,形成以服务业为主的产业结构,三次产业协调发展;在重要领域科技创新接近或达到世界先进水平,对经济发展的引领和支撑作用明显增强;区域内部发展更加协调,形成分工合理、各具特色的空间格局;主要污染物排放总量得到有效控制,单位地区生产总值能耗接近或达到世界先进水平,形成人与自然和谐相处的生态环境;社会保障水平进一步提高,实现基本公共服务均等化。再用更长一段时间,率先基本实现现代化。

二、加快发展现代服务业,努力形成以服务业为主的产业结构

(五)优先发展面向生产的服务业。加快以上海国际航运中心和国际金融中心为主的现代服务业发展。进一步整合港口资源,加强港口基础设施、集疏运体系建设,加快发展现代航运服务体系,努力提高管理水平和综合服务能力,尽快建成以上海为中心、以江苏和浙江港口为两翼的上海国际航运中心。依托区域综合交通网络,大力推进现代物流业发展。积极探索金融机构、金融产品和服务方式等多种金融创新,健全多层次金融市场体系,引进和培育高层次金融人才,大力改善金融业发展环境,提高金融服务业发展水平。扶持和培育技术创新型第三方服务企业,大力发展科技服务业。运用信息技术和现代经营方式改造提升传统商贸业,加快现代商贸业发展步伐。整合建立区域内综合性的软件服务公共技术平台和公共信息应用平台,培育创新型特色化的软件服务和信息服务企业,积极发展增值电信业务、软件服务、计算机信息系统集成和互联网产业。

(六)积极发展面向民生的服务业。大力发展旅游业,进一步拓展市场、整合资源,建设世界一流水平的旅游目的地体系。加快发展广播影视、新闻出版、邮政、电信、文化、体育和休闲娱乐等服务业。积极扶持电子书刊、网络出版、数字图书馆、网络游戏、电影特技制作、数字艺术设计、数字媒体、虚拟展示等新兴数字创意产业发展。

(七)大力改善服务业发展环境。加快建设区域服务业联动机制,开展多方面的交流与协作。研究建立区域现代服务业标准规范体系,加强面向现代服务业技术、产品与服务的认证机制建设。加快建立市场化运作的企业和个人信用服务体系,制定行业标准,完善监管制度。大力开展现代服务业人才培训与职业教育,多层次培养现代服务业复合型人才。

三、全面推进工业结构优化升级,努力建设国际先进制造业基地

(八)做大做强高技术产业和优势支柱产业。继续巩固和提高实体经济发展水平,集中力量积极发展电子信息、生物、新材料、新能源等战略性高技术产业,培育更多新的增长点。进一步做大做强石化、钢铁、汽车、船舶及先进装备制造等优势支柱产业,加快形成核心关键技术和提升规模水平。大力发展总部经济和研发、设计、营销中心,促进产业链条向高端延伸。加快淘汰落后生产能力,积极推动传统产业的升级改造和梯度转移。大力培育建设与全球先进制造业基地相适应的优秀经营管理人才和高级技工队伍。

(九)进一步优化空间布局。以沪宁、沪杭甬沿线为重点发展具有先导效应、发展潜力大的电子信息、生物、新材料和先进装备制造等产业;在沿江、沿海、杭州湾沿线优化发展产业链长、带动性强的石化、钢铁、汽车、船舶等产业。促进企业向产业带集中、向园区集聚,引导关联企业集聚发展。加快连云港、温州等发展潜力较大地区的发展,形成新的经济增长点,带动江苏沿海、东陇海沿线、浙江温台沿海、金衢丽高速公路沿线发展。

(十)进一步提升企业竞争力。鼓励和支持优质资本、优势企业跨行政区并购和重组。在电子信息、石化、钢铁、汽车、船舶、装备制造、轻纺、商贸、旅游等重点领域和优势行业,加快培育形成一批拥有自主知识产权的世界级品牌、具有国际竞争力的大企业,形成以大企业为龙头,中小企业专业化配套的协作体系,提升产业整体素质,增强竞争能力。

四、统筹城乡发展,扎实推进社会主义新农村建设

(十一)大力发展现代农业。着力发展高附加值的特色农业、设施农业、生态农业、观光农业、都市农业和现代养殖业。支持创建名优品牌。充分发挥江苏沿海等地区滩涂资源丰富的优势,建立现代农业示范区,积极发展规模化高效农业。稳定发展粮食生产,积极推进大型优质商品粮基地建设。依托沿江靠海的优势,发展现代渔业。积极改造和提升传统农业,大力提高农业机械化水平和土地集约利用水平。加强优势农产品产业带和规模化养殖基地建设。大力支持农业产业化经营和标准化生产,培育一批带动能力强的龙头企业。鼓励扩大农产品出口,进一步做大做强外向型农业。

(十二)加快完善农业生产、经营、流通等服务体系。加快培育生产性的专业服务组织,构建新型农业服务体系。大力发展农村现代物流,在农村培育一批大型流通企业。积极培育、发展农民专业合作社和农业行业协会、学会等各类组织,加快农业信息服务网络建设。改善农村金融服务,发展农村信用担保和农村小额贷款,加快建立农业保险体系。

(十三)全面深化农村改革。坚持农村基本经营制度,稳定和完善土地承包关系,按照依法、自愿、有偿的原则,健全土地承包经营权流转市场,有条件的地方可以适度发展多种形式的规模经营。深化集体林权制度改革。探索集体经济有效实现形式。加快农村投融资体制改革,合理划分各级政府的财政投入职责,加大政府对农业和农村的投入,引导各类资本进入农业社会化服务体系和合理开发未利用农业资源。建立健全多层次、广覆盖、可持续的农村金融体系,不断完善对“三农”的金融服务。扎实推进农村综合改革,强化乡镇政府的社会管理和公共服务职能,逐步建立起精干高效的农村基层行政管理体制。建立健全村民自治机制,完善村民一事一议制度,积极推进奖补措施,推广民主恳谈会、村民议事会等有效的民主形式。

(十四)稳步推进城乡一体化进程。统筹城乡基础设施建设,推动城市基础设施、公共服务和现代文明向农村延伸。进一步做好村庄规划,节约农村建设用地。加强城市饮用水安全保障工作,加快实施农村饮水安全工程建设和中小河流及湖泊河网水环境整治,推进农村节能减排,加强城乡绿化美化一体化建设。统筹城乡社会事业发展,逐步实现城乡基本公共服务均等化。全面落实被征地农民基本生活保障制度,确保做到即征即保,探索建立农村养老保险制度,积极做好城乡社会保障制度的统筹衔接。提高农村最低生活保障水平,逐步实行城乡统一的低保制度。统筹城乡劳动就业,逐步建立城乡统一的人力资源市场和公平竞争的就业制度。

五、大力推进自主创新,加速建成创新型区域

(十五)构建具有国际竞争力的区域创新体系。抓紧编制自主创新规划,加快构建技术创新体系。引导创新要素向企业集聚,支持有条件的企业建立技术研发机构和创办海外研发机构,鼓励有条件的企业与高校、科研院所建立技术创新战略联盟。整合自主研发力量,建设一批一流的研究型大学、科研机构和创新型企业,加强国家重点实验室、工程技术(研究)中心、国家重大科学工程的建设,建设开放共享的科技基础条件平台和产业共性技术研发试验平台。构建区域创新网络,建立和完善技术转移转化的公共服务平台和中介服务机构,重点办好若干区域性重点科技园区。实行科技资质互认制度。

（十六）实现关键领域和核心技术的创新突破。重点推进电子信息、生物、先进制造、新能源、新材料、航天航空等领域的自主创新，加强区域联合协作，共同攻克产业核心技术、共性关键技术，组织开展新技术开发和推广示范。充分发挥高新技术产业园区在产业集聚和创新载体方面的作用，协同推进原始创新、集成创新和引进消化吸收再创新。支持区域联合承担国家重大科技专项。

（十七）营造鼓励自主创新的政策环境。加大财政对竞争前技术和共性技术研发、引进技术消化吸收再创新、初创型科技中小企业的引导性投入。抓好企业研发费用税前抵扣和高新技术企业优惠政策的贯彻落实。进一步改善创新创业投融资环境，鼓励发展创业风险投资和私募股权投资，支持区域内国家级开发区中高新技术企业进入股权代办转让系统，鼓励发展金融租赁业，积极发展小企业信用担保体系。推动形成市场化、专业化的创新服务体系。加大知识产权保护力度，加强知识产权的集成、运营和管理。

（十八）加强创新型人才的培养和引进。调整完善高等教育的学科布局和专业设置。鼓励企业依托高等院校、职业院校和科研机构，建立区域高新技术和高层次应用型人才、高技能人才培养基地。加强国际合作交流，发展和完善多种形式的科技创新人才国际化培养模式。加大人才引进力度，重点引进高层次人才、高科技人才以及经济社会发展需要的紧缺人才。

六、走新型城市化道路，培育具有较强国际竞争力的世界级城市群

（十九）构建完备的城镇体系。加快建设以特大城市和大城市为主体，中小城市和小城镇合理发展的网络化城镇体系。发展基础较好、已初步形成城市带的各个城市，要进一步密切相互间的经济、技术、文化联系，促进要素流动和功能整合，发挥同城效应。苏北、浙西南等开发强度相对不高、发展潜力较大的地区，要大力引导产业、人口有序集聚，形成新的城镇发展带。

（二十）完善和提升各类城市功能。继续发挥上海的龙头作用，加快建成国际经济、金融、贸易和航运中心，进一步增强创新能力和高端服务功能，率先形成以服务业为主的经济结构，成为具有国际影响力和竞争力的世界城市。进一步提升南京、杭州等特大城市的综合承载能力和服务功能，扩大辐射半径。其他大城市要按照自身优势，形成特色，提升功能。中小城市和小城镇要进一步增强实力，完善服务功能。

（二十一）提高城乡规划和建设管理水平。合理规划城市规模，优化城镇建设布局。严格控制新增建设用地规模，促进城镇集约紧凑发展。统筹规划建设城镇供排水、供电、通信、垃圾处理和覆盖城乡的区域性防洪排涝、供水、治污工程等重大基础设施。加强城镇防灾减灾和应急管理能力建设。统筹新区开发与旧城保护，切实维护城镇历史文化风貌。

七、积极推进重大基础设施一体化建设，增强区域发展的支撑能力

（二十二）完善综合交通运输体系。铁路要以客运专线和城际轨道交通建设为重点，加快区域对外通道、区域内省际通道、城际快速通道以及跨长江通道、重要枢纽客运设施等建设，优化路网结构，提高路网质量。公路要以加强关键工程和断头路段建设为重点，加快国家高速公路网建设，加强区域对外通道、区域内省际通道、重要的城际快速通道、跨海湾和跨长江通道及重要疏港高速公路建设。抓紧编制实施沿海港口发展总体规划，加强港口群协调发展。提高长江“黄金水道”、京杭运河等高等级航道通航标准，完善集装箱运输系统、外贸大宗散货海进江中转运输系统、江海物资转运系统和客运系统。积极推进空域管理和使用方式改革，科学利用空域资源，加强航空枢纽与配套支线机场建设。

（二十三）构建区域能源安全体系。进一步优化能源结构，鼓励发展可再生能源和清洁能源。加快石油、天然气基础设施建设，共同推进石油和液化天然气码头建设，完善油气输送管道网络，加强油气战略储备，加快建设区域石油流通枢纽和交易中心，研究建立区域天然气交易中心。改善煤炭运输条件，研究规划建设大型储煤基地。优化电力基础设施建设与布局，重点在沿海、沿江地带布置电源点，加快西电东送、北电南送和皖电东送输变电线路等的规划和建设，建设过江电缆通道。加快核电的规划和建设，进一步做好江苏沿海等地区的风电项目规划建设。

（二十四）改善水利基础设施。按照水资源和水环境承载能力，统筹协调区域水利基础设施建设，构筑防洪减灾体系、水资源合理配置和高效利用体系、饮用水安全保障体系以及水生态环境保护体系。加快实施太湖流域第二轮治理、长江口综合整治、淮河治理和沿海防浪堤及防护林等重点工程建设，加强城市防洪排涝能力建设，继续实施病险水库除险加固，加强蓄滞洪区建设和管理，加强低洼易涝地区和山洪灾害易发区综合治理。加快水源工程等水资源调蓄和配置工程建设，继续加强重点地区、重点城市河湖治理和水生态修复工程建设。加快水文、水资源和水环境实时监控系统建设。加强水资源统一管理，完善流域综合管理体制。

（二十五）改进和健全信息基础设施。统筹规划，加快推进区域信息一体化，统一数据标准，完善信息资源共建共享机制。完善信息网络基础设施，不断提高网络性能和技术水平，务实推进“三网”（电信网、广播电视网、计算机网）融合，组织推进光纤接入等高速接入技术的试点，促进传统电信网向宽带综合信息服务网络发展，强化网络信息安全与应急保障基础设施建设。加快区域空间信息基础设施建设，提高地理空间信息社会化应用与共享程度。推进综合性网络应用工程、公益性信息服务工程、企业信息化等重点应用项目建设。促进高速公路电子收费系统、交通信息联网、危急抢险信息联网建设。

八、推进资源节约型和环境友好型社会建设，全面提高可持续发展能力

（二十六）提高土地节约和集约利用水平。坚决实行最严格的土地管理制度，严格执行土地利用总体规划和土地利用年度计划，切实保护耕地和基本农田，加强土地资源需求调控，实行更严格的区域土地供应政策和市场准入标准，制定并实行合理的新建项目土地使用率标准，严格控制新增建设用地。加强对存量建设用地的调整和改造，加大对闲置土地行为的处罚力度，积极盘活闲置和空闲土地。积极开展土地复垦，大力加强农村土地整理，适度开发宜耕后备资源。加强围海造地的管理和调控，合理有序开发利用滩涂资源。

（二十七）全面推进节能降耗。加强区域产业政策和环保政策的衔接，完善节能减排地方性法规。对新建、改建、扩建等涉及新增能力的项目，率先实行国际先进水平的能耗、物耗、水耗等标准。突出抓好高耗能行业和重点耗能企业的节能降耗工作,全面实施节能降耗重点工程,着力推进节能降耗科技进步。到2010年全部淘汰国家产业政策明令禁止的落后生产能力。着力抓好高耗水行业的节水改造和水的循环利用,加强工业、农业和城市节水,全面推进节水型社会建设。大力推动发展节能省地环保型建筑,推进政府办公建筑及大型公共建筑节能运行与改造,新建筑严格实施节能强制性标准。大力发展资源再生和环保产业。大力发展循环经济,实现清洁发展。落实节能降耗目标责任制。

(二十八)强化环境保护和生态建设。加强区域生态环境的共同建设、共同保护和共同治理。落实《太湖流域水环境综合治理总体方案》和《淮河流域水污染防治规划》,加强杭州湾、长江沿岸、长江口和近海海域污染综合治理和生态保护。实行更严格的环境保护标准。完善区域污染联防机制,推进区域环境保护基础设施共建、信息共享和污染综合整治。加快规划和建设城乡污水处理和生活垃圾处理设施,强化对已建成污染治理设施的运行监管。治理农村面源污染,加大畜禽养殖污染防治力度。加大江河湖库饮用水源地建设,加强饮用水水源地保护,确保饮用水安全。坚决关停达不到污染物排放标准的企业,治理工业污染,大幅减少燃煤电厂二氧化硫和汽车尾气排放,控制高架源氮氧化物的排放。加大水土流失综合防治力度,加强水土保持清洁型、生态型小流域综合治理。严格执行开发建设项目"三同时"(建设项目环保设施与主体工程同时设计、同时施工、同时投产使用)和水土保持方案报告制度。加强林业生态建设,增强涵养水源等能力。强化地下水资源保护,遏制地下水超采,建立区域联动机制,防治地面沉降,保护地质环境。建立海洋重大污染事件通报和海区关闭制度。健全环境违法行为联合惩处机制,加强联合执法检查,完善跨界污染防治的协调和处理机制。披露环境信息,建立健全社会公众参与和监督机制。落实污染减排考核和责任追究制度,实行环境保护一票否决和问责制。研究推进排污权交易和建立生态环境补偿机制。

九、加强文化建设和社会事业建设,促进经济社会协调发展

(二十九)切实加强社会文化建设。运用生动活泼、寓教于乐的形式,广泛开展社会主义核心价值体系宣传普及活动,大力弘扬爱国主义、集体主义、社会主义思想,为和谐社会建设注入精神动力。切实加强社会公德、职业道德、家庭美德和个人品德建设,形成文明健康的社会风尚。建立区域文化联动发展协作机制,制定区域文化发展规划。不断深化文化体制改革,着力推进文化创新,加快文化产业基地和区域性特色文化产业群建设。建立完善覆盖城乡的公共文化服务体系,重视城乡区域文化协调发展,着力丰富农村、相对落后地区和进城务工人员的精神文化生活。加强网络文化建设与管理,营造良好网络环境。加强中华优秀文化传统教育,认真做好文物和非物质文化遗产保护,不断扩大对外文化交流。

(三十)着力推进社会事业发展。整合区域社会事业资源,强化教育、卫生、体育等领域的合作与交流。推进义务教育实现"双高普九",率先基本实现教育现代化,基本普及包括学前教育、义务教育和高中阶段教育在内的15年教育,全面提高高等教育质量,显著提升高校科技创新与服务能力。大力发展职业教育,加快建立完善的区域职业教育培训体系。建立更加完善的现代国民教育体系和终身教育体系,加快学习型社会建设。着力构建覆盖城乡的公共卫生服务体系、医疗服务体系、医疗保障体系、药品供应保障体系。建立健全区域内疾病预防控制、卫生监督、突发公共卫生事件应急处理协调机制和联防联控网络。积极发展体育产业,加快构建全民健身服务体系。

(三十一)加快完善就业和社会保障体系。制定统一规范的劳动用工制度,完善转移就业的政策制度,建立区域人力资源市场。逐步完善就业服务、社会保障服务、信息服务和劳动维权等人力资源市场管理体系。鼓励自谋职业和自主创业。加快建立覆盖城乡居民的社会保障体系,继续完善城镇企业职工基本养老保险制度,加快实现省级统筹,积极推行农村养老保险制度,切实做好被征地农民就业培训和社会保障工作。完善城镇职工基本医疗保险制度,推进城镇居民基本医疗保险制度试点和新型农村合作医疗制度建设。完善失业保险制度,扩大工伤和生育保险覆盖面。鼓励发展补充性保险。加快社会保障服务中心建设,随着经济发展适当提高社会保障标准。规范灾民救助制度和农村五保供养制度,健全教育救助、医疗救助、住房救助、司法救助等专项救助制度,率先建立较为完善、覆盖城乡的社会救助体系。发展适度普惠型社会福利事业,扩大社会福利覆盖范围。大力培育各类慈善组织。率先建立更加科学合理的收入分配调节机制和宏观监测机制,努力缩小城乡、地区和居民间的收入差距。

(三十二)加强外来人口服务和管理。改革区域户籍制度,逐步实行以居住证为主的属地化管理制度。保障外来务工人员子女的同等受教育机会。完善和落实国家有关农民工的政策,切实维护农民工的合法权益。在国家统一规划指导下,建立社会保险关系跨统筹区转移制度和信息网络,完善参保人员社会保险关系转移、衔接的政策措施。建立健全区域内流动人口管理与服务协调机制。健全流浪乞讨人员救助管理制度。

十、着力推进改革攻坚,率先建立完善的社会主义市场经济体制

(三十三)大力推进行政管理体制改革。切实转变政府职能,全面实现政企分开、政资分开、政事分开以及政府与中介组织分开,进一步强化社会管理和公共服务职能,加快构建责任政府和服务政府。创新政府管理模式,减少和规范行政审批,积极利用市场机制和法律法规进行管理,必不可少的行政审批尽可能采取核准和备案方式。深化机构改革,优化政府管理层次,加强社会管理机构,完善经济调节机构,合并职能相同或相近的政府部门,规范各种类型的办事机构,减少行政层级,提高运行效率。

(三十四)继续推进非公有制经济发展和国有企业改革。推进公平准入,改善融资条件,优化政策环境,促进非公有制经济发展,支持有条件的中小企业做大做强。开展相关试点工作,探索、引导和推动个体、私营企业制度创新,优化产业结构,提高自主创新能力,实现科学发展。加强和改进对非公有制企业的服务和监管,切实维护企业和职工合法权益。加快国有大型企业和国有垄断企业公司制股份制改革和战略并购重组,鼓励发展具有国际竞争力的大企业集团。运用多种有效方式,推动国有资本、民营资本和外资经济的融合,积极发展混合所有制经济。平等保护各类产权,推动形成各种所有制经济平等竞争、相互促进的新格局。

（三十五）加快市场化进程。建立统一开放的产品、技术、产权、资本、人力资源等各类市场，实现生产要素合理流动和资源优化配置。进一步整顿和规范市场秩序，以信贷、纳税、合同履约等信用记录为重点，建立区域社会信用平台与体系，构建经济、金融信息共享平台。实施统一的准入标准和技术标准，建立区域市场准入和质量互认制度。抓紧清理和修订阻碍要素合理流动的法规和政策，逐步统一企业创业和经营的地方性法规。完善财税管理体制。建立科技、人力资源共享和联动机制以及人力资源的合理流动机制，建立信息资源的开放共享机制，建立知识产权的协调保护机制。

（三十六）着力构建规范透明的法制环境。进一步清理、修订、完善现有政策和各类法规，建立稳定、规范和可预见的政策环境以及与国际通行做法相适应的法制环境，加快建立与国际接轨的法律规则。大力推进依法行政，加强政府法制建设。加快推进政务公开，建立公开、透明的行政体制和问责机制，实行投诉制、评估制、公示制和监察制，建立完善的监管制度。加强区域立法工作的合作与协调，形成区域相对统一的法制环境。

（三十七）继续推进重大改革试验。深化上海浦东综合配套改革试点，推广相对成熟、行之有效的改革政策。对具备一定人口规模和经济实力的中心镇赋予必要的城市管理权限。在国家批准的范围内，实行城镇建设用地增加和农村建设用地减少挂钩的改革试点，在严格执行土地用途管制的基础上，促进农村集体建设用地依法流转。积极探索互利共赢的财政政策，有序推动异地联合兴办开发区。深化金融改革，扩大金融改革试点。推动外汇管理改革创新，优化企业跨区域外汇业务规程，支持中外资金融机构提供多样化的外汇服务。推进地方中小金融机构和农村金融机构改制、重组和上市。

十一、健全开放型经济体系，全面提升对外开放水平

（三十八）加快转变外贸增长方式。进一步优化进出口结构，鼓励高附加值产品、服务产品出口，大力支持自主品牌和自主知识产权产品出口。鼓励能源、原材料、先进技术装备、关键零部件进口。率先实现加工贸易转型升级，严格执行加工贸易禁止类和限制类产品目录，推动加工贸易由代加工逐步向代设计、自主品牌转变，推动加工贸易梯度转移。率先推行符合国际惯例的质量、安全、环保、技术、劳工等标准，强化企业社会责任。加快推进海关特殊监管区域整合，推进大通关建设。

（三十九）着力提高利用外资质量。统筹协调对外开放政策，完善涉外经济管理体制。继续积极有效利用外资，更加注重引进先进技术、管理经验和智力资源。创新外商投资管理方式，试行对外商投资企业合同、章程的格式化审批。进一步优化外资结构，引导外资投向高新技术产业、基础设施领域和高端制造环节。大力承接国际服务外包。积极拓展利用外资方式，规范和引导外国投资者以多种方式参与国有企业改组改造以及向上市公司战略投资。在有条件的地方，扩大离岸金融试点。规范招商引资行为，实行相对统一的土地、税收政策，营造公平、开放的投资环境。

（四十）加快企业“走出去”步伐。鼓励各类有条件的企业开展对外投资与合作，在海外建立生产加工基地、营销网络和研发中心，在境外投资、海关通关、人员出入境、税收等方面予以支持。加大对企业境外重点开发项目的支持力度。鼓励对外工程承包，简化境外工程承包相关物资出口的退税审批手续，简化对境外工程承包相关设备出境的外汇管理。鼓励国内商业银行进一步扩展海外网点和业务，为企业境外并购融资。选择有条件的企业开展国际贸易人民币结算试点。

十二、加强组织协调，全面落实各项任务

（四十一）加强统筹协调。推进长江三角洲地区改革开放和经济社会发展是一项系统工程，各有关方面要认真贯彻落实本指导意见提出的各项目标和任务。两省一市要根据本指导意见的要求，研究制订切实可行的实施方案，落实各项工作任务；要深入实际调查研究，及时总结经验，扎实推进，重大问题要及时向国务院报告。由国家发展和改革委员会牵头，抓紧编制《长江三角洲地区区域规划》，并做好与相关规划的衔接协调、组织实施和各项政策措施落实的督促检查工作。国务院各有关部门要加快职能转变，增强服务意识，根据本指导意见研究提出本部门支持和推进长江三角洲地区改革开放和经济社会发展的具体措施。

（四十二）完善合作机制。要积极探索新形势下管理区域经济的新模式，坚持政府引导、多方参与，以市场为基础、以企业为主体，进一步完善合作机制，着力加强基础设施建设、产业分工与布局、生态建设与环境保护等方面的联合与协作。积极推进泛长江三角洲区域合作，要进一步加强与中西部地区经济协作和技术、人才合作，带动和帮助中西部地区发展。积极推进与港澳台的经济联系与合作。

实现长江三角洲地区又好又快发展，事关国家改革开放和现代化建设大局。两省一市和国务院各有关部门要加强合作，团结奋斗，真抓实干，创造性地开展工作，努力促进长江三角洲地区在高起点上争创新优势、实现新跨越。

国务院

二〇〇八年九月七日

上海市

【历史沿革】 今上海地区,吴淞江以南于公元751年(唐天宝十载)析嘉兴东境、海盐北境、昆山南境之地置华亭县。1277年(元至元十四年)升华亭县为华亭府,第二年改为松江府。至清代松江府辖有华亭、娄、上海、青浦、金山、奉贤、南汇7个县和川沙抚民厅。吴淞江以北于1218年1月7日(南宋嘉定十年十二月初九日)设嘉定县,后又析出宝山县。长江口的沙洲于907年左右(五代初)置崇明镇,1277年升为崇明州,1369年(明洪武二年)改为崇明县。上海市区原是吴淞江下游的一个渔村,至唐宋逐渐成为繁荣的港口。1265—1274年(南宋咸淳年间)建上海镇,镇因黄浦江西的上海浦得名。1291年(元至元二十八年)经元朝廷批准,1292年正式分设上海县,辖华亭县东北、黄浦江东西两岸的高昌、长人、北亭、海隅、新江等5个乡,为松江府属县。1927年设为上海特别市,1930年5月改称上海市。1949年5月27日,上海解放。

【地域】 上海市地处东经120°51′~122°12′,北纬30°40′~31°53′,位于太平洋西岸,亚洲大陆东沿,中国南北海岸中心点,长江和钱塘江入海汇合处。北界长江,东濒东海,南临杭州湾,西接江苏和浙江两省。是长江三角洲冲积平原的一部分,平均高度为海拔4米左右。陆地地势总趋势是由东向西低微倾斜。以西部淀山湖一带的淀泖洼地为最低,海拔2米~3米;在泗泾、亭林、金卫一线以东的黄浦江两岸地区,为碟缘高地,海拔4米左右;浦东钦公塘以东地区为滨海平原,海拔4米~5米。西部有天马山、佘山、薛山、凤凰山等残丘,天马山为上海陆上最高点,海拔高度98.2米。海域上有大金山、小金山、浮山(乌龟山)、佘山等岩岛,大金山海拔高度103.4米,为上海境内最高点。全市总面积6340.5平方公里,东西最大距离约100公里,南北最大距离约120公里。陆海岸线长约172公里。在上海北面的长江入海处,有崇明、长兴、横沙3个岛屿。崇明岛为中国第三大岛,由长江挟带下来的泥沙冲积而成,海拔3.5米~4.5米。长兴岛面积74.10平方公里。崇明岛、长兴岛、横沙岛三岛总面积为1185.49平方公里。

【行政区划】 1949年,全市划为黄浦、老闸、新成、静安、江宁、普陀、邑庙、蓬莱等20个市区和新市、江湾、吴淞、大场等10个郊区。1958年1月,上海、嘉定、宝山3个县从江苏省划归上海市,10月建浦东县。11月,川沙、青浦、南汇、松江、奉贤、金山和崇明7个县划归上海市。1960年1月建立闵行区和吴淞区。1961年1月撤销浦东县。1964年5月撤销闵行区、吴淞区。至1964年5月,上海市辖有黄浦、南市、卢湾、徐汇、长宁、静安、普陀、闸北、虹口、杨浦10个市区,以及上海、嘉定、宝山、川沙、奉贤、南汇、松江、金山、青浦、崇明10个郊县。1980年10月,设立吴淞区。1981年2月,设立闵行区。1988年1月,撤销宝山县和吴淞区设立宝山区。1992年9月,撤销上海县和原闵行区,设立闵行区。1992年9月,以川沙县全境、原上海县三林乡和黄浦、南市、杨浦3个区的浦东部分,设立浦东新区。1992年10月撤销嘉定县,设立嘉定区。1997年4月撤销金山县,设立金山区。1998年2月撤销松江县,设立松江区。1999年9月撤销青浦县,设立青浦区。2000年6月,经国务院批准,黄浦区和南市区撤二建一,设立新的黄浦区。2001年8月24日,撤销南汇县,设立南汇区;撤销奉贤县,设立奉贤区。2005年5月18日,经国务院批准,原宝山区管辖的长兴乡、横沙乡划归崇明县管辖。2007年底,上海市辖有浦东新区、徐汇、长宁、普陀、闸北、虹口、杨浦、黄浦、卢湾、静安、宝山、闵行、嘉定、金山、松江、青浦、南汇、奉贤18个区,崇明1个县。2007年对部分镇和街道的设置规模和布局进行适当调整,撤销4个街道建制,设立1个街道(其中撤二建一1个)。

新设立镇1个。至年底,全市共辖有101个街道(比上年减少3个)、107个镇(比上年增加1个)、3个乡;3525个居委会(比上年增加105个)、1830个村委会(比上年减少37个)。

【人口】 2007年,上海户籍人口1378.86万人,比上年增加10.78万人。其中男性691.08万人、女性687.78万人,分别占总人口50.1%和49.9%。性别比为1:0.995。非农业人口1196.94万人,占总人口86.8%,比上年增加23.64万人。上海常住人口1858.08万人,其中外来人口499.22万人。户籍数为503.29万户,全市平均每户人口2.7人。户籍人口出生数为10.08万人,出生率为7.34‰;死亡人数为10.22万人,死亡率7.44‰。人口自然增长率-0.10‰。年内全市迁出3.95万人,迁入14.69万人,机械增加10.74万人,比上年增加1.38万人,机械增长率7.82‰。全市户籍人口密度每平方公里2175人,常住人口密度每平方公里2930人,平均期望寿命81.08岁,其中男性78.87岁、女性83.29岁。

【经济体制改革】 2007年,在上海市市委、市政府的领导下,全市各区县、各部门认真贯彻党的十七大和市第九次党代会精神,深入贯彻落实科学发展观,坚决贯彻中央宏观调控政策,加快推进"四个率先",加快建设"四个中心"和社会主义现代化国际大都市,推进改革开放,着力实施浦东综合配套改革试点,在一些重点领域和关键环节取得积极进展。

浦东新区综合配套改革试点向纵深推进。围绕深入贯彻落实"三个着力"的总体要求,推进改革试点。围绕着力转变政府职能,加快建设公共服务型政府。全面剥离街道经济管理职能,实行街道全额财政拨付制度,把加强社会管理和公共服务落实到社区。积极推进社会事业管办分离改革,在公共教育领域探索建立"管、办、评"联动管理机制。探索推进政社分开,开展行业协会登记改革试点,大力培育和发展社会组织。在川沙功能区域、世博家园等地试点,探索建立社会协商共治的新型治理机制,初步形成民主选举、共商共决、代表常任制等运作机制。围绕着力转变经济运行方式,深化金融、科技、涉外经济体制改革。加快推进金融产品创新,率先推出货币经纪、信托登记、外币投资基金、租赁资产证券化等金融创新产品和服务。推进科技体制创新,颁布实施《浦东新区科技发展基金知识产权质押融资专项资金操作细则》,探索建立科技型中小企业质押融资担保制度。在浦东探索实行进出口货物"一单两报"和联网监管体制,拓展对外贸易的绿色通道。建立企业社会责任体系,强化节能降耗、集约用地、环境保护等方面的激励约束机制。围绕着力改变城乡二元经济与社会结构,深化社会领域和城乡体制改革。探索建立由功能区域、开发公司和相关镇共同参与的联合开发机制,加快郊区"三个集中",进一步优化开发区的综合发展环境。统筹城乡教育卫生公共资源,率先实行基础教育、卫生管理体制二元并轨,在财力投入、硬件设施和人才培训等方面向郊区倾斜,推动郊区社区卫生中心与二、三级医院组建医疗联合体,建立双向转诊机制。完善城郊社会保障体系,将征地农民全部纳入小城镇社会保险,完善"承包土地换保障"办法,探索建立农民养老金合理增长机制。

行政管理体制改革进一步深化。深入推进行政审批制度改革。在市公安局、市房地局、市质量技术监督管理局等部门分别选择一个行政审批事项实行电子监察制试点,开发建设电子监察技术系统。加强行政审批制度改革的配套制度建设,研究制定行政审批电子监察办法、非行政许可审批管理办法、网上办理行政审批工作规程、监督检查行政审批工作规程等。深化乡镇机构改革试点。在浦东、金山、松江、南汇、奉贤和崇明等五区一县选择57个乡镇深化乡镇机构改革试点。拓展管办分离改革试点。在市民防办、市市政局等系统深化管办分离改革试点,探索全行业管理体制创新,进一步强化政府市场监管、社会管理和基本公共服务职能。进一步完善财税体制。完善区县以下财力和事权划分,推进区县以下财税体制改革。结合农村综合改革,在金山、南汇、奉贤和崇明等区县选择财政困难的乡镇进行"乡财县管乡用"制度试点,促进基本公共服务均衡化。建立健全分类核算的预算支出管理体制,完善政府性资金和社会公共性资金拨付、使用、管理的监督体制。

所有制结构进一步优化。推进国有经济布局调整。基本形成全市国有经济布局结构调整方案。切实推进国有资产的整合和重组,组建以金融投资为主的国有金融控股集团,加快形成全市金融控股运作平台。加强国有资产监管制度建设。加快建立国有资本经营预算制度,初步建立市本级国有资本经营预算的框架体系。初步建立对集团公司和区县国资评估管理的全方位抽查体系框架,基本形成全市国有控股上市公司国资监管指导意见和国有企业重大改制改组决策程序。探索试行出资监管单位外部董事委派制度,进一步完善公司法人治理结构。进一步优化促进非公有制经济发展政策环境。积极探索建立政策措施落地的长效机制,进一步做好促进非公有制经济发展的各项政策措施贯彻落实工作。

【经济发展概况】 2007年,上海市继续保持经济社会又好又快发展的良好势头,呈现出增长较快、运行平稳、结构趋优、效益提高、民生改善的良好态势。

结构调整取得积极进展。(1)第三产业领先第二产业和全市生产总值增长。全年全市实现生产总值12188.85亿元,按可比价格计算比上年增长14.3%。第三产业实现增加值6408.50亿元,比上年增长17.1%;第二产业实现增加值5678.51亿元,比上年增长11.5%。第三产业增加值增幅分别高出第二产业和全市生产总值5.6和2.8个百分点,占全市生产总值比重达52.6%,比上年提高2个百分点。第一产业实现增加值101.84亿元,比上年增长2%,占全市生产总值比重0.8%。(2)消费增长领先投资增长。全年社会消费品零售总额3847.79亿元,比上年增长14.5%。城市居民家庭服务性消费支出占消费总支出比重近三分之一。全社会固定资产投资总额完成4458.61亿元,比上年增长13.6%。(3)经济效益领先经济总量增长。全年地方财政收入完成2102.63亿元,比上年增长31.4%。其中,第三产业财政收入比上年增长35.4%;第二产业财政收入比上年增长21.8%。全年规模以上工业企业实现利润总额1326.8亿元。(4)自主创新能力进一步增强。全年全社会研发经费支出相当于全市生产总值比重达2.52%。科技创新政策落实力度不断加大,全市专利授权量比上年增长47.5%。全市54个科研项目获2007年度国家科学技术奖,占全国比重达15.4%。自主创新带动先进制造业能级不断提升,上海汽车集团整车销售166万辆,位列全国各汽车集团之首,自主品牌轿车"荣威"销售超过1.5万辆;国内第一艘拥有自主知识产权的超大型油轮开工建造;首台百万千瓦超超临界机组并网发电,首列具有自主知识产权的A型地铁列车和新型支线飞机(ARJ21)成功下线,月球车研制进入冲刺阶段。

城市综合服务功能不断增强。(1)国际金融中心建设加快推进。金融业增加值占第三产业比重达18.9%,居服务业各重点行业之首。金融市场地位和作用不断增强,交易总额(不含外汇市场)增长超过1倍。全市上市公司资本市场直接融资1166亿元,约占全国直接融资总额(约8000亿元)的15%,相当于全市全年新增贷款额38%,高于全国平均水平。落户上海市的外资法人银行新增6家,累计15家,全市新增金融机构41家,累计604家。(2)国际航运中心建设取得新突破。口岸进出口总额5209.09亿美元,比上年增长21.5%。上海港货物吞吐量56145万吨,连续3年位居全球首位;国际标准集装箱吞吐量2615.2万标准箱,跃居全球第二位,其中洋山深水港区集装箱吞吐量610.8万标准箱,水水中转比例超过35%。上海机场旅客吞吐量5156.6万人次,比上年增长12.1%;航空货物运输总量290.1万吨,比上年增长14.8%。

【工业】 2007年,上海工业实现又好又快发展。完成工业增加值5298.08亿元,比上年增长12.3%;实现工业总产值23108.63亿元,比上年增长15.7%。全市规模以上工业企业完成工业增加值5219.39亿元,比上年增长12.6%;实现工业总产值22259.94亿元,比上年增长16.1%;完成销售产值21715.38亿元,比上年增长19.3;完成出口交货值7312.68亿元,比上年增长24.9%。全市工业实现利润1329.22亿元,比上年增长21.2%;工业经济效益综合指数为219.4,比上年提高2.64个百分点。全员劳动生产率20.76万元,比上年提高2.42万元。

全市工业结构进一步优化。汽车制造、电子信息、石化及精细化工等6个重点发展工业行业总产值达14502.94亿元,比上年增长19%,占全市规模以上工业总产值的65.5%;实现利润总额838.78亿元,比上年增长25.7%。按属地口径,区县工业实现工业总产值13764.57亿元,比上年增长19.4%,增速高于全市工业增速。

全市工业进出口总额1825.54亿美元,比上年增长16.4%其中进口额783.23亿美元,比上年增长11.7%;出口额1042.31亿美元,比上年增长20.2%;全市工业出口额占外贸出口额的比重72.4%。全市规模以上工业企业出口交货值为7254.18亿元,比上年增长21.8%。区县工业出口额897.65亿美元,比上年增长22%,区县工业出口占全市工业出口86.12%,比上年上升1.28个百分点,出口增幅高于全市工业出口增幅。民营工业企业出口额162.73亿美元,比上年增长40.78%,约占全市出口额11.31%。全市外商投资工业企业出口额978.15亿美元,比上年增长28.8%,占全市外贸出口额76.96%。全市高新技术产品出口额564.43亿美元,比上年增长27.54%,占全市外贸出口额的39.22%。

工业都市产业稳步、健康发展。全市七大都市型工业产业规模以上企业户数3977户比上年增长9.1%;完成工业总产值2622.4亿元,比上年增长15.4%;每百万元资产提供就业岗位3.32个;利税总额231亿元;全员劳动生产率34.9万元产值利润率5.68%。

上海万元国内生产总值能耗为0.832标煤;工业规模以上企业万元增加值能耗为1.006吨标煤,比上年下降8.49%。全市工业固体废料利用量1800万吨,利用率80.3%。全年完成产业结构调整项目571个,年统计节约标煤达148万吨。全年实施合同能源管理示范项目146个。

工业环保治理工作取得新成就。38个工业区污水治理设施建设项目全面启动,年内完成12个项目,累计完成24项。吴泾工业区综合整治效果显著,上海焦化有限公司钛白粉厂结构调整,上海焦化有限公司UGI炉黑烟治理,上海吴泾化工有限公司全厂清江水循环利用工程,上海吴泾化工有限公司氨、甲醛等污染预警及应急系统建设及上海焦化有限公司2台每小时35吨燃煤锅炉脱硫及在线监测等项目完成,每年减少能耗约26.55吨标煤。

【现代农业与新农村建设】 2007年,上海实现农业增加值101.84亿元,比上年增长2.0%(按可比价格计算,下同);实现农业总产值255.98亿元,比上年增长1.5%,其中种植业产值126.74亿元,比上年增长1.3%,占农业总产值的49.5%;林业产值10.05亿元,比上年下降3.7%,占农业总产值额3.9%;畜牧业产值59.0亿元,比上年增长4.5%,占农业总产值的22.7%;渔业产值54.19亿元,比上年下降2.4%,占农业总产值的21.2%;农业服务业产值占农业总产值的2.7%。上海市设施粮田、设施菜田建设有序推进。全年新建设施粮田1.51万公顷,累计建成设施粮田6.8万公顷;新建设施菜田2533.33公顷,累计建成1万公顷。标准化养殖场建设全面启动。2007年,市农委与市质监局联合编写并下发《上海市农业标准化行动计划(2007—2010年)》。市财政投入7226万元用于支持标准化畜牧、水产养殖场建设。重点改造和完善标准化畜牧养殖场16家、标准化水产养殖场8家、标准化蔬菜园艺场15个,有序推进15个区域特色农产品生产基地建设。推进农业标准化示范区建设,全市有各级各类农业标准化示范区202个、示范面积4万公顷。畜牧、蔬菜标准化生产管理系统分别在100家养猪场和50家蔬菜园艺场应用。农业组织化程度进一步提高。至年底,全市有一定规模的农业产业化经营组织1140家,其中农业产业化龙头企业达435家,比上年增加10家,带动农户43.5万户。农民专业合作社发展到705家,比上年增长38%,入社社员7万多人,带动农户数13.5万户。市级农口行业协会发展到13家,会员单位达到1350个。郊区2公顷以上粮食规模经营面积超过6.67万公顷,蔬菜直销、配送量占总上市量53.8%。完成认证各类农产品453个,其中无公害农产品301个,上海市安全卫生优质农产品75个,绿色食品51个,有机食品26个。全市有“练塘茭白”、“阿强鲜鸡蛋”、“海丰大米”等3个中国名牌农产品,“爱森”等27个上海市品牌农产品,“旭洋”豆制品等27个上海市著名商标。

2007年,按照中央关于社会主义新农村建设的要求:上海社会主义新农村建设要以“一万年太久、只争朝夕”的精神,干在实处,走在前列;要率先破解城乡二元结构体制,在全国起到示范作用;要切实加强农村基层工作,增强村级组织为民办事能力,切实解决农村民生问题。上海新农村建设基础设施建设和社会事业发展重点继续向农村倾斜。新建农村公路1000公里,改造农村公路危桥404座。完成7416公里镇村级河道整治,关闭10座乡镇水厂,新建9座污水处理厂完成500公里郊区供水管网改造，建设700公里污水管网。以“村村通”为目标，新辟、调整区域公交线路100条，75%的建制村通达公交。年内，在16个乡镇27个自然村开展自然村落综合整治试点，6811户农户改善居住环境。推进郊区农村基础教育尤其是义务教育均衡发展。加大市财政转移支付力度，提高农村义务教育生均拨款标准，率先免除郊区义务教育阶段学生课本费；教育附加费重点向远郊农村地区倾斜。年内完成400所农村卫生室标准化建设，累计建成标准化卫生室700所。至年底，郊区有区县级医院64所，乡镇社区卫生服务中心114所，村卫生室1760所。有37个镇建成国家级卫生镇，48个镇建成一级卫生镇，14个镇建成二级卫生镇，1679个村建成市级卫生村。年内，参加农村合作医疗的人数为186.9万人，加上其他各类医疗保险，全市农村居民医疗保障率达98.7%。农民享受医疗服务1045.4万人次；大病补偿4.62万人次，人均补偿3892.79元。农村社会养老保险和小城镇社会保险人均月养老金水平分别达172元和519元，比上年增加38元和72元。农村居民最低生活保障标准由每人每年2560元调整为2800元。老年农民养老金最低补贴标准从每人每月75元提高到85元。至年底，农村社会养老保险和小城镇社会保险参保人数分别达139万人和74万人，领取养老金人数为30万人和26万人。农村“低保”享受人数为11.83万人。老年农民养老金补贴人数为20万人。上海农村居民全年人均可支配收入为10222元，比上年增长11%，连续4年增幅超过10%。郊区新增非农就业岗位11.9万个，农民年人均工资性收入为7498元，比上年增长8.8%。年内，市财政局等相关部门安排3000万元专项扶持资金扶持40多个农业旅游项目。上海农业旅游接待游客700多万人次，涉农旅游总收入达10多亿元。至年底，基本建成具有一定规模的农业旅游景点50多个，直接或间接解决当地农民就业近2万人。至年底，上海郊区城镇化水平为66.6%，比上年增加近3.5个百分点；城镇建成区面积超过700平方公里；城镇建成区人均公共绿地面积20.9平方米；郊区农村地区燃气普及率89.6%；郊区有线电视普及率77.5%，其中农村地区为40.3%；电话普及率每百人59门号线路。

【对外开放及园区建设】 2007年，上海市开放型经济水平不断提高。全市外贸进出口商品总额2829.7亿美元，比上年增长24.4%，其中进口、出口总额分别比上年增长22.1%和26.7%，机电产品和高新技术产品出口增幅分别比上年增长30.7%和31.2%。服务贸易进出口总额510亿美元，比上年增长25%左右。全市吸收合同外资148.69亿美元；外资实到金额79.20亿美元，比上年增长11.4%，其中第三产业实到外资比重达67.1%。全年外商投资企业销售收入和利润分别比上年增长22.9%和44.8%以上。新增跨国公司地区总部30家、外商投资性公司15家、外资研发中心34家，功能性外资机构累计达到593家。全年全市对外直接投资总额增长22.6%。

浦东新区围绕发挥浦东在加快推进“四个率先”中的核心功能作用，发挥各开发小区在转变经济方式、科技自主创新及建设“四个中心”的示范作用，取得显著的成绩。金融机构继续增加。年内新增金融机构90家，其中证券类66家、保险类13家、银行类11家。全年实现金融增加值464.47亿元，比上年增长37.1%，占全区生产总值16.9%。至年底，区内共集聚各类金融机构493家，其中银行类机构166家、证券类机构188家、保险类机构139家。实现工业总产值2480.61亿元，比上年增长17.9%，占全市工业总产值比重10.73%。其中金桥出口加工区1594.56亿元，比上年增长13.8%；陆家嘴金融贸易区721.85亿元，比上年增长18.2%；外高桥保税区488.22亿元，比上年增长21.7%；张江高科技园区397.83亿元，比上年增长342.6%。旅游会展业稳步增长。年内，上海新国际博览中心、上海国际会议中心、浦东展览馆共举办展览115次，展览总面积333.67万平方米，分别比上年增长27.78%和10.94%。展览面积在3万平方米以上的展览50个，占总展览面积76.9%。举办全国性展览79个，占展览总数68.7%。

上海共有41个开发区，其中国家级经技术开发区15个（包括国家级经济技术开发区4个）、市级开发区26个。规划总面积656平方公路。除佘山国家旅游度假区、陆家嘴金融贸易区和虹桥经济技术开发区外，38个以工业为主的开发区面积646平方公里，占开发区规划总面积98%。2007年，38个开发区开发面积8.97平方公里，批租土地面积8.65平方公里，建成面积12.86平方公里。累计开发面积446.94平方公里，开发率79%；批租土地面积293.98平方公里，批租率66%；建成面积203.99平方公里，建成率69%。实现工业总产值11853.17亿元，比上年增长25.1%；高新技术企业产值率44%；完成进出口总额1578.3亿美元，比上年增长22.02%，其中出口额800.55亿美元；工业企业利润总额614亿元，比上年增长44%；上缴税金1059亿元，比上年增长28%；完成固定资产投资总额743.26亿元，比上年下降5.56%。引进外资项目1245个，比上年下降23.67%；合同外资56.19亿美元，比上年下降11.94%；外资实际到位资金39.34亿美元，比上年下降5.2%。

【科技进步】 2007年，上海市科技创新体制进一步完善。优化科技创新配套政策环境。为确保市科技创新配套政策的落实，颁布实施《上海市风险投资救助资金管理办法（试行）》、《国家重大（科技）专项和上海市重大科技项目资金管理暂行办法》、《上海市创新示范企业试点工作的实施方案》、《上海市科技小巨人工程实施办法》等多项实施细则或操作方案，修改并实施《上海市科学技术奖励规定》。以深入实施“聚焦张江”战略为依托整合科技创新资源。制定实施上海张江高新技术产业开发区专项资金的实施细则，将“上海张江专项资金”的扶持范围扩大到6个分园，重点支持高新技术产业开发区内产业技术创新联盟建设、孵化器功能转型及其共性技术平台建设等。完善科技创新服务体系。继续拓展和提升上海研发公共服务平台功能，研究制定上海市促进大型科学仪器设施共享规定，为大型科学仪器设施共享提供法制保证。与江苏、浙江两省共同签署《长三角科技资源共享服务平台共建协议书》，开通“长三角大型科学仪器设备协作共用网”，加快探索建立长三角区域创新体系。

2007年，上海市全社会科技进步贡献率61.2%；全社会研发投人相当于上海生产总值的比重达2.56%；市财政科技拨款总额22.1亿元（市科委管理部分），比上年增长15.71%。其中科学事业费3.7亿元、科技项目费18.4亿元（科技三项费用4.7亿元，科技专项费用13.7亿元）。取得科技成果2396项，54项（人）获得2007年度国家科学技术奖励，323项（人）获得2007年度上海市科学技术奖励。全年专利申请和授权量分别为47205项和24481项。新认定高新技术成果转化项目

703个。有高新技术企业2743家,其中张江高科技开发区内616家。高技术产业产值5606.63亿元,占工业总产值的25.6%;高技术产品出口额580.92亿美元,比上年增长31.19%,约占全市商品出口额的40.40%。全市实现技术交易合同27742项,比上年下降1.59%;经认定登记的技术交易合同金额432.64亿元,比上年增长25.61%。

2007年,上海承担国家"863"、"973"、科技支撑计划、自然科学基金等各类科技项目2000多项(其中新增"973"计划项目11个、国家重大科学研究计划项目12个),获得支持经费30.36亿元。科技部在沪新设国家重点实验室4个,全市共有国家重点实验室31个,占全国总数(252个)的12.30%,居全国第二位;新建国家工程(技术)研究中心1个,全市共有8个。新建市重点实验室6个、市工程(技术)研究中心7个,共有市重点实验室68个、市工程(技术)研究中心23个。

2007年,有211个项目获国家科技型中小企业技术创新基金资助,资助总经费1.24亿元;461个项目获上海市创新资金资助,市区联动资助总经费为22295万元;"科技小巨人工程"资助20家"科技小巨人企业"、99家"科技小巨人培育企业"。有各类科技企业孵化器35个,孵化器面积59.7平方米,在孵企业2145家,年内"毕业"企业140家,累计"毕业"企业621家。全市各高校创业学生154人的62个项目得到814.9万元创业基金资助。

2007年,上海获国家科技部国际科技合作专项计划项目共14个,另有34个项目列入双边政府间项目。上海中医药创新园、上海交通大学系统生物医学研究中心、同济大学新能源汽车工程中心和中科院上海生命科学研究院生命科学国际研发中心4个单位被科技部认定为国际科技合作重点科研机构,并获得项目支持。上海无线通信研究中心、中科院上海光机所和上海纳米国家工程研究中心3个单位被科技部认定为国际科技合作基地。确定39个上海市国际科技合作项目,与加拿大、德国、法国等与上海市建有地区政府间合作关系地区开展16个对口合作项目。

【城市建设】 2007年,上海城市基础设施建设总投资1466.33亿元,比上年增长30.28%,占社会固定资产投资总额的30.28%。其中电力建设163.30亿元,比上年增长40.5%;交通运输840.46亿元,比上年增长42.57%;邮电通信101.57亿元,比上年下降10.68%;公用事业60.90亿元,比上年增长8.31%;市政建设300.10亿元,比上年增长20.11%。全市安排重大项目67个,其中17个项目建成投用;世博会项目、轨道交通二号线东延伸、苏州河环境综合整治三期工程、液化天然气等25个项目开工建设。

全市有地面公交运营企业43家、线路991条、运营车辆16900辆,公交路线总长22400公里;中心城区公交专用道总里程85公里;轨道交通线8条(不含磁浮线),线路总长度262公里(不含磁浮线为234公里);出租汽车企业230家,营运车辆约4.8万辆。市域范围内高速公路运行里程634.62公里。全年自来水售水总量23.9亿立方米,供水管线总长度27700公里,日公共供水能力1080万立方米。污水处理规模为每日556.5万立方米,污水处理率73%。全社会用电量1072.38亿千瓦小时。燃气管线长度18964公里;天然气售气量26.6亿立方米,人工煤气销售量18.5亿立方米,液化气销售量50.6万吨。

城乡公共服务供应突出住房保障、公交优先等社会和民生热点。12月,市政府发布"解决城市低收入家庭住房困难实施意见",廉租房试点扩大,全市享受廉租住房的家庭有3万余户。实施中心城区住宅小区二次供水设施改造,完成500个老居住区绿化调整改造。贯彻公交优先发展战略,实施《关于优先发展上海城市公共交通的意见》,加大政府的财政投入和监管力度,降低市民出行成本,提高公共交通事业整体服务水平。6月28日,内环线以内409条公交线路空调车全面实施换乘2次及以上并使用同一张交通卡付费的,可获得换乘优惠0.5元;10月27日,实施地面公交与轨道交通换乘优惠,优惠幅度提高至1元。由上海市政府统一部署,自10月19日起实行70周岁以上老年人非高峰时段免费乘车措施。年内优化、调整公交线路237条,市郊农村地区75%行政村实现公交通达。

2007年12月29日,上海轨道交通"三线两段"建成通车,即六号线、八号线(一期)、九号线(一期)及一号线北北延伸段、四号线环通段。沪嘉高速公路大修工程于9月13日竣工;申苏浙皖高速公路于年底建成;外滩海关钟楼整体维修工程于9月竣工;浦东国际机场扩建工程于12月竣工。华东理工大学奉贤校区一期工程、应用技术学院奉贤校区一期工程、交通大学闵行校区二期工程、水产大学临港新校区一期工程、复旦大学附属儿科医院迁建工程均于年内竣工。

【城市环境质量】 节能减排取得明显成效。(1)节能降耗取得积极进展。认真落实《国务院关于印发节能减排综合性工作方案的通知》,颁布实施《上海市节能减排工作实施方案》,召开市节能减排工作领导小组会议。制定"批项目、核能耗"、超能耗标准累进加价管理、节能减排财政专项资金管理等办法,安排9亿元建立节能减排专项资金支持全市节能技术改造。调整淘汰合成氨、铁合金等劣势企业、产品或工艺,关停南市电厂、上海石化自备机组等64.5万千瓦老旧发电机组。建立年耗能5万吨标煤以上79家重点工业企业能耗月报制度。对年耗能5000吨标煤以上的900多家重点用能单位,全面开展能源审计工作。完成年初确定的全市万元生产总值综合能耗下降4%年度目标。(2)环境保护力度不断加大。第三轮环保三年行动计划顺利推进,水环境、大气环境治理、固体废弃物处置等七大专项250多个项目全面启动,其中74个项目已完成。建成上海石化、申能星火、吴泾第二电厂等102.4万千瓦机组脱硫工程。中心城区污水治理三期基本完成,竹园第二污水处理厂等10座污水处理厂相继建成并投入运行。污水处理能力达每日558.1万吨,城市污水集中处理率73%。完成年初确定主要污染物排放总量削减2%的年度目标。

全年环保投入366.1亿元,比上年增长17.78%,相当于全市生产总值比重3.05%。环境空气质量优良天数为328天,比上年增加4天,优良率达89.9%,比上年上升1.1个百分点。二氧化硫、二氧化氮年日平均浓度分别比上年消减10%和16%。区域降尘量月平均值为每平方公里8.0吨,与上年持平。黄浦江总体水质状况比上年有所好转,苏州河、长江口、全市水环境重点整治河道和水环境质量考核河道总体水质状况与上年持平。全市道路交通噪声昼间时段平均等效声级为71.9分贝(A),比上年下降0.1分贝(A);夜间时段平均等效声级为65.9分贝(A),比上年上升1.0分贝(A)。区域环境噪声昼间时段平均等效声级为56.8分贝(A),比上年上升0.2

分贝(A);夜间时段平均等效声级为49.4分贝(A),比上年下降0.3分贝(A)。全年新建绿地面积1186公顷,其中公共绿地592公顷;绿地总面积为31795公顷,其中公共绿地13899公顷。城市绿化覆盖率37.6%。

节能减排取得明显成效。(1)节能降耗取得积极进展。认真落实《国务院关于印发节能减排综合性工作方案的通知》,颁布实施《上海市节能减排工作实施方案》,召开市节能减排工作领导小组会议。制定"批项目、核能耗"、超能耗标准累进加价管理、节能减排财政专项资金管理等办法,安排9亿元建立节能减排专项资金支持全市节能技术改造。调整淘汰合成氨、铁合金等劣势企业、产品或工艺,关停南市电厂、上海石化自备机组等64.5万千瓦老旧发电机组。建立年耗能5万吨标煤以上79家重点工业企业能耗月报制度。对年耗能5000吨标煤以上的900多家重点用能单位,全面开展能源审计工作。完成年初确定的全市万元生产总值综合能耗下降4%年度目标。(2)环境保护力度不断加大。第三轮环保三年行动计划顺利推进,水环境、大气环境治理、固体废弃物处置等七大专项250多个项目全面启动,其中74个项目已完成。建成上海石化、申能星火、吴泾第二电厂等102.4万千瓦机组脱硫工程。中心城区污水治理三期基本完成,竹园第二污水处理厂等10座污水处理厂相继建成并投入运行。全年环保投入366.1亿元,相当于全市生产总值比重3.05%。环境空气质量优良率89.9%,城市绿化覆盖率37.6%。污水处理能力达每日558.1万吨,城市污水集中处理率73%。完成年初确定主要污染物排放总量削减2%的年度目标。

【社会事业】 2007年,上海市社会事业领域改革进一步加强。围绕加快构建社会主义和谐社会,积极探索推进社会事业领域的改革,重点是在文化、卫生、教育等领域加快探索体制机制创新。深入推进文化体制改革。加快完善公共文化设施四级网络体系,重点推进社区文化活动中心建设和文化信息资源共享工程,公共文化设施网络逐步向居委(村)延伸展开,在面向基层、夯实基础上取得新突破。徐汇、长宁、普陀和崇明4个区县的文化共享工程服务点实现对街道(乡镇)的全覆盖。同时,进一步优化文化产业发展体制环境。组建东方惠金文化产业投资公司,为文化产业发展提供新的投融资平台。在外高桥保税区搭建文化服务贸易和文化产品进出口平台,实施和服务国家文化产品、文化服务"走出去"战略。稳步实施社区卫生服务综合改革。基本形成完备的推进社区卫生服务综合改革的政策体系,主要包括降低社区卫生服务中心医疗费用、规范服务功能和标准等。有序推进社区卫生服务综合改革试点,在上年长宁和松江2个区试点的基础上,进一步拓展到宝山、徐汇和浦东等区。同时,在全市二、三级公立医院与社区卫生服务中心之间建立梯度支援机制和双向转诊机制,鼓励和引导患者基本医疗需求先行下沉再转诊。深化教育综合改革。建立农村义务教育经费保障机制,安排专项资金资助远郊区县及财政相对困难地区发展义务教育。浦东新区在现有法律法规框架下,率先对学前教育和高中阶段中外合作教育机构的设置、变更等事项实行自主审批。积极推进全市高校校企改制,创造条件组建高校经营性资产管理公司。

2007年,社会事业发展全面推进。(1)教育综合改革全面推进。全市财政教育支出283.3亿元,比上年增长20.5%。减免义务教育公办学校学生学杂费,受益学生超过90万人。投入4500多万元用于改善全市262所农民工子女学校的办学条件。加快发展以就业为导向的职业教育,完成现代护理、交通物流等职教集团组建工作。启动"校企合作培养高技能人才计划",全市高技能人才占技术性岗位从业人员比重超过19%。全面落实国家助学政策,高校学生受益面达到25%,中职学生受益面达到全覆盖。(2)医疗卫生服务质量不断改善。全市财政医疗卫生支出88.8亿元,比上年增长33.2%。围绕"降低费用、提高水平、规范功能、加强管理",社区卫生服务综合改革在19个区县全面推开,并取得初步成效。全年社区卫生服务中心门急诊就诊人次比上年增长20%,占全市门急诊总量比重提高约3个百分点。启动实施第二轮公共卫生体系建设三年行动计划,全市新增100辆救护车,公共卫生服务能力进一步增强。(3)文化体育和养老福利事业加快发展。30个社区事务受理服务中心扩大"一口"受理试点,服务功能进一步拓展,可办理行政事务达200余项。全市财政公益性文化和体育支出比上年增长40%。完成20家社区文化活动中心、46个社区公共运动场建设,迎世博、迎奥运系列群众文体活动蓬勃开展。文化精品创作取得成果,"五个一工程"奖项获奖数居全国前列。

【社会保障】 2007年,上海市社会保障体系进一步完善。按照"保基本、广覆盖"的总体原则,不断扩大基本保障覆盖面,积极探索化解社会保障领域历史遗留问题的有效途径,建立健全与经济社会发展水平相适应的社会保障制度。完善社会保障政策体系和扩大基本社会保障覆盖面。颁布普通高等院校学生医疗保障政策,将保障范围从公办学校学生扩展到包括民办高校、系统行业办高校的本专科学生。颁布支援外地建设退休(退职)回沪定居人员帮困补助措施,缓解相关人员的生活困难。颁布城镇重残无业人员基本医疗保障政策,为相应人员提供医疗保障和医疗帮困。建立社保基金监管长效机制。严格执行按照国家规定制定的《上海市社会保险基金财务管理办法》,将全市社保基金全部纳入财政专户实行收支两条线管理,确保社保基金安全。建立规范的企业年金运营管理制度,稳步将其整体移交具备法定资质的机构运营管理。积极组建市社会保障监督委员会,探索形成由行政监督、专门监督、社会监督相结合的社保基金监管机制。

民生保障工作取得成绩。(1)社会保障覆盖面进一步扩大。全市财政就业和社会保障支出274.2亿元,比上年增长56.9%。颁发提高养老金水平、扩大廉租住房制度覆盖面、解决城镇重残人员基本医疗保障、乡村医生纳入基本社会保障和完善支援外省市建设退休回沪定居人员保障政策等20多项民生政策,受益人群超过580万人。市民基本社会保障覆盖面超过1300万人,外来从业人员综合保险参保人数333.6万人;全年新增廉租房受益家庭7857户,累计达到30254户。(2)积极的就业政策成效显现。全年新增就业岗位70.3万个,其中农村富余劳动力非农就业15.1万个;城镇登记失业率4.3%,为近年来最低水平。新安置就业困难、家庭困难人员2.5万人,帮助4242户"零就业"家庭实现至少一人上岗就业。36.5万劳动者参加职业培训,完成郊区劳动力职业培训6.7万人,为青年提供职业见习岗位超过4万个。(3)城乡居民收入持续提高。全年城市、农村居民家庭人均可支配收入分别达到

23623 元和 10222 元,比上年增长 14.3% 和 11%。继续提高最低工资标准和城乡低保标准,最低工资标准从每月 750 元提高到 840 元,城镇低保标准从每月 320 元提高到 350 元,农村低保标准从每年 2560 元提高到 2800 元。全面落实国务院发展生产、保障供应、稳定物价各项政策措施,保持价格总水平基本稳定,全年居民消费价格指数为 103.2。颁发对城乡低保对象发放临时补贴、提高低保家庭节日补助标准等政策,减轻物价上涨对低收入群体基本生活的影响。

【第十二届世界夏季特殊奥林匹克运动会】 始于 1968 年的世界特殊奥林匹克运动会是专为智障人士设立的运动会,参赛运动员通常是智商在 70 以下的智障人士。每 2 年举办 1 次,夏季和冬季交替进行,以夏季运动会为主。历届世界夏季特殊奥林匹克运动会除第十一届在爱尔兰都柏林举行外,前 10 届都在美国举行。2002 年 2 月,国务院决定由上海市申办第十二届世界夏季特殊奥林匹克运动会(简称特殊奥运会)。同年 3—4 月,通过考察评估、申办陈述、投票表决等程序,上海在全球 14 个申办城市中成功获得举办权。特殊奥运会的筹备工作前后历时 5 年多。2004 年 3 月,上海市与国际特殊奥林匹克委员会(简称国际特奥会)在北京签署承办特奥会的总协议。同年 11 月,经国务院批准,成立由中国残联、国家体育总局和上海市政府等 34 个成员单位组成的特奥会组委会及执委会,执委会下设 2 个办公室、15 个部门、1 个小组、1 个中心。经过全球征集,特殊奥运会的主题为"你行我也行(I know I can)",充分体现特奥会强调的参与——"让我获胜,如果我不能获胜,让我勇敢地去尝试"的精神。会标图案为一个饱含祈盼、关爱的眼神,会歌为《世界有你有我》,吉祥物为"阳光三毛"。该届特殊奥运会于 10 月 2—11 日举行,是第一次走进亚洲,走进发展中国家,也是特奥运动史上规模最大的一次盛会。共有 165 个国家和地区组团参加,其中参赛代表团 164 个、观察团 1 个(朝鲜);参赛的运动员、教练员和其他人员 10503 人,其中中国代表团 1713 人。另有 2 万多名运动员家属、政要、名人、记者等与会。国家主席胡锦涛出席开幕式并宣布运动会开幕。出席开幕式的有冰岛总统格里姆松、菲律宾总统阿罗约、乌兹别克斯坦副总理伊纳莫娃、国际特殊奥林匹克委员会主席蒂姆·施莱佛和国际特殊奥林匹克委员会名誉主席尤尼斯·肯尼迪·施莱佛和中国国务院副总理回良玉、国务委员陈至立、澳门特别行政区行政长官何厚铧等。该届特奥会组委会主席、上海市市长韩正和国际特殊奥林匹克委员会主席蒂姆·施莱佛在开幕式上致辞。全国 31 个省、自治区、直辖市和新疆建设兵团参与中国特奥代表团的选拔、组团、参赛工作。上海、北京、哈尔滨、大连、西安、广州、南京、无锡、苏州、杭州、温州、嘉兴等 12 个城市开展形式多样、内容丰富的相关活动,圆满完成社区接待和执法人员火炬跑等任务。此外,香港和澳门特别行政区也分别举行迎圣火仪式和火炬跑活动。全市共有 4 万名志愿者直接参与赛会服务,有 10 多万名社区干部、高校学生、部队战士、交通和宾馆等窗口服务人员参与接待服务,近百万市民直接或间接参加特奥会的活动,欢乐关爱的气氛贯穿运动会始终,向世界展示上海这座现代化国际大都市"海纳百川、追求卓越、开明睿智、大气谦和"的城市精神和崭新风貌。世界各大媒体视角聚焦特奥会,120 个国家和地区的 1400 家媒体报道超过 50 万篇,均为积极评价,没有负面报道;88 个国家和地区的电视台对开幕式进行实况或延时转播,10 多亿境外观众收看节目;美联社、路透社、法新社、英国 BBC、美国华尔街日报、新闻周刊、CNN 等媒体都发表正面报道和评论。开幕式创意策划首次采取中外合作,与闭幕式等重大活动相互辉映,既体现国际水准又凸显中国元素。执法人员火炬跑首次在全球范围内开展,途经五大洲 8 个国家 23 个城市,行程 3.5 万公里。

【世博会】 世博会筹办全面加快。招展和宣传工作积极开展。187 个国家和国际组织确认参展,参展数量创历届世博会之最。其中亚洲国家 42 个、欧洲国家 39 个、非洲国家 48 个、美洲国家 22 个、大洋洲国家 10 个,国际组织 26 个。40 个国家确认自建国家馆,国内参展工作正式启动。世博会吉祥物、会歌、志愿者之歌和音乐标识全球征集活动全面启动,世博吉祥物"海宝"正式揭晓。"走进世博会"全国巡展顺利开展。(2)园区建设和运营筹备工作有序推进。园区内交通、信息、市政工程等基础设施建设按计划推进,位于浦东的主题馆、中国馆、演艺中心相继于 2 月、6 月、11 月和 12 月开工建设。主题演绎工作取得新进展,中国馆、主题馆、非洲联合馆等策划方案制定通过,中国馆展示设计概念方案征集活动正式启动。世博各项运营前期准备工作加快推进,与 10 家企业签订全球合作伙伴协议。　(林德珍提供)

东方之门

浦东新区

【概况】 2007年,浦东新区经济社会保持继续健康发展的良好势头,年初制定的主要预期性和约束性指标按期完成。

2007年浦东新区经济和社会发展主要指标完成情况

项目名称	单位	数值	同比增长(%)
生产总值	亿元	2750.76	14.4
第三产业增加值	亿元	1438.21	18.8
万元生产总值综合能耗	%	以市公布为准(区属)	
全社会R&D投入占生产值比重	%	2.7+	
地方财政收入	亿元	260.80	46.3
全社会固定资产投资	亿元	784.10	
其中:区级财政投资	亿元	123	
外资实际到位资金	亿美元	33.06	
外贸进出口总额	亿美元	1280.52	19.3
商品销售总额			22.7
社会消费品零售总额			14.0
社会事业支出占财政总支出比重	%	24.7	
新增就业岗位	万个	12.9	
登记失业人员数	万人	4	
城镇居民可支配收入			13.2
农村居民可支配收入			12.2
药品抽检合格率	%	97.2	
食品抽检合格率	%	90.8	
每万人刑事案件发生数	件	59.2	
生态环境综合指数		0.73	
城市网格化管理案卷办结率	%	98.8	
户籍人口自然增长率	‰	1.5	

注:上文以及"开发开放浦东"整编内的一些数据为快报数。

【经济发展】 2007年,浦东新区着力转变经济发展方式,产业结构进一步优化,经济质量和效益明显提高。

经济质量和效益不断提升。全年新区实现生产总值2750.76亿元,增长14.4%;财政收入实现快速增长,其中地方财政收入完成260.8亿元,增长46.3%;经济增长的资源消耗水平进一步降低,万元生产总值能耗实现年初目标;科技进步贡献率达到62%以上;工业内涵式增长效应逐渐显现,效益明显提升,规划以上工业企业利润增幅达到50%左右。

产业结构进一步优化。第三产业发展明显加快,增加值比重首次超过第二产业,其中金融业已成为拉动第三产业快速增长的最主要因素。第二产业发展平稳,工业内部结构进一步优化,高新技术产业产值率超过25%。

【功能开发进一步深化】 "金融聚焦"战略加快实施,中国外汇交易清算所等一批金融功能项目先后落户,外资法人银行数占全国1/2;陆家嘴金融城建设加快,"金融城"扩容和二层步行连廊建设启动;第2届金融文化周成功举办;陆家嘴金融仲裁院正式开业。创新资本进一步集聚,以5.1亿元政府引导基金引导带动总规模71亿元风险投资,积极推进19家共20个项目开展知识产权质押融资担保试点;创新成果日益显现;张江科学城中区建设启动,医疗器械产业园首期工程完成。物流口岸功能进一步拓展,空港和海港基础设施及物流园区建设积极推进。商业会展旅游功能联动发展,促进了新上海商业城等主要大型商场、主要景点、宾馆、旅行社,以及餐饮企业营业增长。

外向型经济层次不断提高。"总部经济"大量集聚,新引进通用汽车亚太总部、马自达(上海)管理总部、国家外包服务研究中心等一批国内外企业总部。

【循环经济稳步推进】 循环经济年度计划和26个项重点推进任务顺利实施。加快推进"十大节能工程",积极推进劣势企业淘汰,20家高耗能、高污染企业被列入新区年内关、停、转、迁的重点;积极推进清洁生产,上海高桥石化公司、美商生化处理厂等4家企业开展清洁生产试点,13家企业的清洁生产审计完成;孙桥农业废弃物综合处理与利用成效明显,初步建立了可实现体内循环的环保生态农业;金桥出口加工区等4家单位通过了市循环经济试点评审;浦东城市生活垃圾循环和再利用项目获联合国改善人居环境最佳范例奖(迪拜奖)。

【外贸进出口稳步增长】 2007年,浦东新区对外贸易继续保持又好又快的发展态势,全年完成进出口总额1280.52亿美元,同比增长19.3%,占全市比重45.2%,再创历史新高。

出口结构调整不断深化。全年实现出口528.1亿美元,增长18.8%,高于同期GDP增速4.4个百分点。以高新技术产品为代表的出口商品结构继续优化。全年新区高新技术产品出口继续保持高速增长,其中半导体器件、电器装置等商品出口增幅均达三成左右,受国家贸易政策调整影响,部分"两高一资"及低附加值商品出口跌幅较大,如钢坯、煤炭等商品出口降幅近八成。

贸易方式有所调整。受出口退税,以及汇率持续上升等因素影响,一般贸易出口继续占据主导地位;受外贸周期性因素影响,来料加工贸易在上年大幅回落的基础上实现恢复增长。进料加工贸易表现低迷。如表所示:

项目名称	单位	数值	同比增长(%)
一般贸易实现出口	亿美元	257.5	21.2
占出口比重	%	48.8	

续上表

项目名称	单位	数值	同比增长(%)
同比提高	百分点	1	
来料加工贸易出口	亿美元	47.81	47.8
进料加工出口	亿美元	137.96	-7.1
保税区仓储转口货物贸易出口	亿美元	75.49	76.2
增幅同比提高	百分点	56.9	

*集体和私营企业出口增幅保持领先。*出口比重从上年同期15.5%提高至17.6%。私营企业出口89.01亿美元,增长35.4%;集体企业出口3.88亿美元,增长22.2%;外商投资企业出口257.15亿美元,增长17.7%,占新区出口比重48.7%,下降0.4个百分点;国有企业出口178.06亿美元,增长13.3%,占出口比重降至33.7%。

*进口保持高位平稳增长。*在国家调整外贸政策,以及人民币汇率加快升值的情况下,全年新区外贸进口752.42亿美元,增长19.7%,增幅同比提高0.2个百分点。大宗商品和高新技术产品进口增长显著。在国内需求趋旺及国际市场原油和初级产品价格大幅上涨的推动下,新区原材料和初级产品进口增势较为强劲。在产业结构升级的推动下,国内对先进技术和设备的引进继续保持着较大的需求。

*仓储转口货物和一般贸易进口规模继续扩大。*仓储转口货物进口340.53亿美元,增长26.9%;一般贸易进口248.66亿美元,增长25.1%;两类贸易方式占进口额的78.3%,增长4%,加工贸易进口106.47亿美元。

*自新兴市场进口增势强劲。*如自欧盟进口137.82亿美元,自日本进口128.1亿美元,自美国进口86.56亿美元,此三个新兴市场进口占进口总量的46.8%。自东盟进口131.57亿美元,同比增长28.8%;自南美进口30.27亿美元,同比增长1.2倍;自大洋洲进口8.28亿美元,增长41%;自非洲进口7.45亿美元,增长46.1%。

【社会事业】 2007年,浦东新区社会民生工作进一步完善,各项措施进一步落实,社会和谐形成新局面。

*教育、卫生、文化等社会事业稳步发展。*积极探索教育"管办评"联动机制,促进教育均衡发展,委托社会中介组织管理郊区中小学和幼儿园,开展城郊学校结对和城区优秀教师到郊区薄弱学校支教工作;扎实推进区实验性示范性幼儿园、区素质教育实验学校、区实验性示范性高中评审工作;12所转制学校办学体制改革全面完成;开展民工子弟学校申报民办学校试点。公共卫生服务体系进一步完善,成立医疗机构管理中心,对全区社区卫生服务中心实行统一管理,初步建立了卫生"管办评"联运机制;引进长征医院、第一妇婴保健院等优质资源,完成50所村卫生室标准化改造。教育事业费、医疗卫生支出分别增长23.1%和41.7%。新区图书馆新馆、社区文化中心等公共文化设施建设加快。建立了外高桥国际文化服务贸易平台;成功举办了女足世界杯和上海特奥会部分比赛项目,以及国际音乐烟火节、陆家嘴金融文化周等品牌性文化活动。人口和计划生育工作稳步推进。

【人民生活】 *就业保障、居民收入水平继续提高。*全面推进"充分就业社区"创建工作,加大各类就业政策扶持力度,积极鼓励农村劳动力非农就业,在全区各街道(镇)建立就业托底安置基地及来沪人员就业保障服务站,加强职业技能培训;进一步扩大各类社会保障覆盖面,结合全市民生政策的调整,全面提高保障水平,制定了农村社会养老保险改革办法,将农民最低养老金从195元/月提高到255元/月。城乡居民收入实现两位数的较快增长。

【新农村建设】 *新农村建设大力推进。*组建国家级农业标准化示范区6个,科技农业、设施农业、服务全国的能力进一步增强;公交、供水、管网等农村生活设施进一步完善,238个行政村实现公交线路全覆盖,"村村通"公交工程比全市提前两年完成;积极推动农村管理体制改革,4个新市镇建设实质性启动;继续加大对农村地区的财政支持保障试点。

【城市建设与管理】 2007年,浦东新区继续加大城市建设力度,城市管理水平进一步提升。

*重大功能性建设项目有序推进。*新区负责实施的市、区重大工程正式项目50项,累计完成当年投资132.24亿元。投资项目中,轨道交通6号线、7号线浦东段前期工程、轨道交通9号线二期浦东段工程、源深体育中心综合馆项目已顺利完成;上海世博会三年行动计划确定的相关项目正在有序推进,其中,"17+1"项世博配套道路工程居民动迁进展顺利。

*生态城区建设顺利实施。*积极实施第三轮环保三年行动计划,分流制地区雨水泵站截流设施改造工程、污水管网建设、生态河道修复、绿化浇灌节水工程等8项工程性项目,以及推进工业区内企业污水纳管、创建环境优美乡镇、对公交、渣土车、垃圾清运等车辆尾气治理与监管、外环线以内建筑工地扬尘规范化控制等15项管理型项目完成年度目标。

*城市精细化管理水平不断提高。*川沙新镇"社区共治"模式进一步完善;建设"三级平台、四级派单"的网格化管理体系,构建"五位一体"的网格化管理平台,城市网格化管理案卷办结率达到99.88%;建立规划、建设、公安、环保等执法联动机制,开展平安建设执法以及专项整治活动;积极聚焦世博周边环境综合整治和管理,制定并推进迎世博道路(公路)、绿化景观、河道整治、雨污水管道改造等专项整治三年行动计划。

(浦东新区)

黄　浦　区

【概况】 位于上海市中心,地处黄浦江与苏州河合流处南端,以黄浦江名命名,总面积12.49平方公里,其中陆地面积11.17平方公里,水域面积1.32平方公里。区境内立体交通网络连通市内外,南北高架与延安路高架、内环高架相交;轨道交通一号线、二号线、四号线、八号线在境内通过,九号线、十号线在建;延安东路隧道、复兴东路隧道和外滩观光隧道及6条轮渡线越黄浦江抵浦东;公共交通线路137条(其中设起讫站点的88条),公交站点211个,公共交通枢纽3个(南浦大桥、武胜路、普安路),港湾式车站29个。境内有外滩"万国建筑博览"近代建筑群、明代园林豫园和明代寺庙沉香阁3处全国重点文物保护单位，有南京路步行街和仿明清建筑的豫园商业旅游区，还有上海博物馆、上海大剧院、上海城市规划展示馆、上海美术馆、上海音乐厅和上海市档案馆外滩新馆等市级文化设施。年内，实施街道区划调整，由9个街道调整为6个。

【经济建设】 2007年，全区实现地区生产总值576.32亿元，比上年增长11.3%。第二、第三产业增加值分别比上年增长1.8%和12.0%。财政收入108.02亿元，其中区级财政收入45.96亿元。完成外贸进出口额16.57亿美元。引进内资52.17亿元。商业、房地产业、旅游业、现代服务业和文化娱乐业等五大重点产业实现区级税收34.55亿元，比上年增长18.4%。年内，以发展现代服务业为主攻方向，以“一带三区”（外滩沿黄浦江发展带，南京路地区、豫园地区和世博园地区）功能开发为重点，调整产业结构，提升产业能级。金融、航运、中介、信息等行业优势企业加快集聚。全年引进外商投资企业151家，其中跨国公司地区总部6家，外商直接投资合同金额5.5亿美元。加快调整商业结构，实施品牌战略，拓展新型业态，全年新增国际知名品牌75个、品牌旗舰店5家；完成社会消费品零售总额328.53亿元，比上年增长7.0%；“老字号”品牌新增区外网点193家。旅游业、文化娱乐业继续保持良好发展势头，举办旅游节、文化节和购物节等各类节庆营销活动，商旅文联动效应继续增强。房地产业平稳有序发展，优化开发结构，全年竣工商办楼30.72万平方米，竣工住宅29.80万平方米。都市型工业持续发展，旅游纪念品产业实现销售62亿元，比上年增长30%。国有企业集团改革稳步进行。在上海端正置业有限公司增资扩股基础上将其更名为上海黄浦置地（集团）有限公司；配合市国资委分别完成上海大世界（集团）公司和上海申花SVA文广足球俱乐部有限公司股权整合。城区建设有序推进，实施世博配套重大市政工程动迁和建设。基本完成河南路拓宽工程，全面完成人民路隧道、昼锦路拓宽和外滩南北通道工程动迁，有序推进西藏路二三期、南车站路、斜土东路—国货路拓宽工程动迁，配合轨道交通四号线修复和八、九、十号线站点建设。加快建设功能开发项目。抓好外滩沿黄浦江发展带、南京路和豫园等重点地区的楼宇建设，外滩源半岛酒店等项目在建，创兴金融中心、华旭国际大厦、豫龙坊等10幢楼宇竣工。推进旧区改造工作。全年拆除旧房42.82万平方米，安置居民5506户。完成22个小区25.18万平方米旧住宅综合改造，受益户数7142户。其中5个小区“平改坡”改造，共计12.28万平方米；17个小区旧住房综合整治，共计12.9万平方米；人均住宅建筑面积达13.85平方米。完成老式住宅消防安全和公用部位整治50799户，完成简易消防喷淋安装工程110万平方米。绿化建设项目加快实施。全年新增公共绿地2.04公顷，新增专用绿地1.06公顷，人均拥有公共绿地1.33平方米，绿化覆盖率达12.2%。全年区域平均降尘量为7.5吨/平方公里·月，空气污染指数（API）平均值为61，空气质量优良率92.5%，区域环境噪声昼间平均值54.5分贝（A），道路交通干线噪声昼间时段的平均等效声级为71.6分贝（A），机动车鸣号率2.2%。完成永明大厦、浩城华苑、新地苑等5个住宅小区生活污水二级处理设施纳管改造工程，居民生活环境质量得到提高。建立应急预案，确保节庆、特奥会等重大活动环境卫生保障任务。全年共完成180多次各类活动的环境保障任务。建立清道监控系统，13辆清扫车辆安装监控视频系统，23辆清扫、洒水车辆安装GPS定位系统，通过互联网进行有效监管。利用“城管能”网络进行协调处理，有效解决各类影响区域环境的问题。创建市容环境“示范区域”，福州路、四川路、南京路地区市容环境“示范区域”及特奥地区市容环境“示范区域”共33条道路通过市级验收。 （黄　鉴）

【社会事业】 2007年，黄浦区实施科教兴区战略，引进科技含量高、产业关联度大的企业和项目，按期完成集成电路设计专业技术平台建设和政务外网带宽扩容项目。建成来沪人员信息管理系统。3个科技项目获国家创新基金，14个项目获市创新基金，11个企业的16项产业化成果获市高新技术成果转化项目认定。建立“精品教育”体系，全面推进学生综合素质评价工作。九年义务教育入学率100%，高中阶段入学率保持在98%以上，中、小学和幼儿园中外省市借读生8552人，占全部学生比重的20.3%。深化社区学院实体性运作机制，实现成人教育、社区教育、职业培训全覆盖。各类文化活动彰显品牌效应。组织国际音乐节、国际艺术节相关文艺演出，举办“上海之春”等广场文化活动157场，巡演巡展活动6场。开展各类群众文化活动近万次，参与人数500万人次。独角戏等8个项目申报全国非物质文化遗产。推进社区卫生服务综合改革，落实公共卫生保障措施。完成医疗综合大楼改建和相关医疗机构整合工作，建成公共卫生应急指挥中心和6个社区卫生服务站。开展全民健身活动，举办外资企业拔河赛、南京路马路运动会、弄堂运动会等群众体育活动。全区共有社区健身点185个、健身团队216支，形成景观体育、时尚体育、社会体育和文化体育相互促进、相得益彰的局面。全年参加市级以上竞赛获金牌69枚，有13名黄浦籍优秀运动员入选2008年北京奥运国家集训队。在韩国举办的国际自由式轮滑赛事中取得2金2银。在全国花样轮滑锦标赛中，获得28枚金牌中的23枚，第二十三次蝉联全国花样轮滑团体第一名。建成黄浦体育中心并投入使用。 （黄　鉴）

【劳动和社会保障】 2007年，黄浦区宣传《劳动合同法》、《就业促进法》，开展就业援助月活动、“进城务工，为您解难”春风行动等，并专项整治非法用工等违法行为。至年末，全区从业人员16.72万人，比上年增加0.72万人。全年新增就业岗位4.67万个，登记失业人数1.33万人。青年职业见习人数2335人。外来从业人员综合保险月均参保人数8.07万人。解决176户“零就业家庭”的就业问题，“双困”人员就业安置率达100%。新建豫园街道老年人日间服务中心，全区有8146名老人享受居家养老服务，1600名老人使用“安康通”，“无障碍设施进家庭”活动惠及1025户居民。完善廉租房配租机制，受益范围扩大，廉租房配租1157户，配租率达100%。社会保障全覆盖。年末，共有13486人领取最低生活保障金，累计发放最低生活保障金4819.24万元。推进“平安黄浦”建设，促进社会和谐稳定。针对重点路段和重点场所的刑事治安突出问题，建立社会治安分级（分色）预警机制，强化防范措施，加大打击犯罪活动的力度，全区刑事案件发案总量降幅大于全市平均水平。

【人民生活】 2007年，结合“知荣辱、讲文明、迎世博”主题实践活动，深入开展文明单位、文明社区、文明行业和文明标志性区域创建工作。连续6次被评为"全国双拥模范城"。构建和谐社会,人民生活得到改善。职工年平均工资3.5万元,比上年增长22.3%,其中在岗职工年平均工资4.37万元,比上年增长17.6%。民生实事稳步推进,老式住宅消防安全和公用部位整治等11项实事项目全面完成。经动拆迁,5506户居民告别旧房,迁入新居;经旧住宅综合改造,7142户居民居住条件得到改善;廉租房配租1157户。年末,人均住宅建筑面积13.85平方米。新增养老床位373张,8146名老人享受居家养老服务。社区建设不断深入,条块结合、以块为主的社区建设工作机制进一步健全。社区服务功能继续增强,社区管理和公共服务进一步完善。加强基层基础建设,完善居委协调会、评议会、听证会制度,社区民主政治建设水平进一步提高。

（黄　鉴）

【调整街道行政区划】 2月,为优化社区布局,提高城市综合管理效率,改变社区居民人口、街道区域面积、公共服务设施资源分布等不平衡状况,黄浦区政府决定对街道区划进行调整,并经市政府批准(沪府[2007]8号),于2月28日发出调整街道行政区划通告(黄府发[2007]7号)。根据市《城市居住区公共服务设施设置标准》每10万人左右设置一个街道办事处的要求和实施区"十一五"规划"街道地域面积大体相等,人口大体相当,区划大体方正"的原则要求,南京东路街道、人民广场街道、金陵东路街道、外滩街道、老西门街道、小东门街道、半淞园路街道和董家渡街道等8个街道,调整为南京东路街道、外滩街道、老西门街道、小东门街道、半淞园路街道等5个街道,豫园街道行政区划保持不变。调整后的南京东路街道由原人民广场街道、原南京东路街道和原金陵东路街道的小花园、北海、平望3个居委会合并组成。其行政管辖范围东起福建中路、汉口路、湖北路、福州路、福建中路,西至老成都北路、成都北路,南始延安东路、西藏南路、金陵中路、金陵西路、重庆中路、延安中路,北至苏州河。外滩街道由原外滩街道和原金陵东路街道的山西、昭通、新建、瑞福、盛泽、宝兴、云南、福南、金陵等9个居委会合并组成。其行政管辖范围东起黄浦江,西至西藏南路、延安东路、福建中路、福州路、湖北路、汉口路、福建中路,南始新开河北路、人民路、淮海东路,北至苏州河。豫园街道行政区划不变。其行政管辖范围东起人民路、方浜中路、四牌楼路,西至西藏南路,南始复兴东路,北至淮海东路、人民路。老西门街道由原老西门街道和原董家渡街道的陆迎、明日星城2个居委会合并组成。其行政管辖范围东起光启南路、跨龙路,西至肇周路、西藏南路,南始陆家浜路,北至复兴东路。小东门街道由原小东门街道和原董家渡街道的王码、万裕、公义、桑园、府谷、南区、天生、青龙、阳光、多稼等10个居委会合并组成。其行政管辖范围东起黄浦江,西至跨龙路、光启南路、复兴东路、四牌楼路、方浜中路、人民路,南始陆家浜路,北至新开河北路。半淞园路街道由原半淞园路街道和原董家渡街道的迎勋、普益、海西、中福二、中福一、车中、新村、益元等8个居委会合并组成。其行政管辖范围东起陆家浜路,西至江边路、高雄路、制造局路,南始黄浦江,北至陆家浜路。3月1日,区委区政府召开大会,宣布黄浦区街道行政区划调整。为平稳过渡,3月为新老街道双轨运行期。4月1日始,按6个街道的新体制运行。6个街道的财政总量不变,并采取机动财力补助和削峰填谷、转移支付等办法,减少街道间财力落差,实际财力分配2.97亿元,保证社区用于公共事务的财力。为保持街道工作和职能的连续,6个街道内部组织架构保持不变,内设党工委办公室、组织纪检科、宣传统战科、行政办公室、社区经济科(安全生产监督管理科、统计科)、民政科、劳动就业科、社区文化科、计划生育科(卫生科)、城区管理科、综合治理所(司法科)等11个职能科室。

（汪　倩）

【完成老式居民住宅消防实事9.8万户】 2006年始,区政府投入1.5亿元,决定用二至三年时间,开展以降低老式居民住宅消防安全隐患为重点的消防安全和公用部位整治实事工程,改善居民生活环境。工程建设内容为安装简易消防喷淋和漏电保护器,整理更换公用部位老化电线(含整理更换孤老室内老化电线)、清脏清道、刷白和油漆,改建厨房灶台和水斗。统一公用厨房灶台改建标准,公用厨房天花板、走道灶台上方属可燃材料的,用防火板覆盖。工程建设范围以全覆盖、不遗漏为原则,公房户数统计口径以租赁凭证为主要依据,私房户数统计口径以产权证为主要依据,情况复杂的由房地部门会同居委会根据地史情况确认户数。2006年、2007年内动迁的地块不作为工程范围。2008年内动迁的地块进行消防安全方面的整治,项目有安装简易消防喷淋,整理更换公用部位老化电线(含整理孤老室内老化电线),安装漏电保护器,清脏清道,刷白和油漆等。2009年以后动迁的地块,增加公用厨房橱柜、墙砖、地砖和水斗分户等改建。老式居民住宅内的违章搭建不属该工程建设范围。该项目所需经费,简易消防喷淋安装按25元/平方米计算,由区财政全额拨款;公用部位整治按1000元/户计算,由区财政、各街道和南房集团、黄浦置地集团(私房由业主承担)按照2:1:0.5比例分摊,公用部位整治超1000元/户的资金由街道承担。2006年清除各类垃圾的费用按40元/户结算,2007年清除各类垃圾费用实行包干,按55元/户计算。工程一般期限为12天。施工前,对灶台、水斗等涉及居民公用部位利益分割的建设项目由居委会会同物业公司制作签约图,进行协调签约。施工期间,实行"工程建设、质量验收、资金拨付、材料采购、数据统计"的规范流程,统一户数统计、私房建设、违章搭建、走道灶台、漏电保护器跳闸检修等疑难问题操作口径。至年末,整理调换老化电线582万米(含为4600户独居老人更换的室内电线),安装漏电保护器7.7万个,安装消防喷头9.6万个,铺设消防喷淋管道48万米,整理调换火表板6.15万块。公用部位刷白面积159万平方米,新铺墙砖、地砖面积14.59万平方米,调换自来水管6.2万米,新建改建灶台(橱柜)4万余只,公用部位清除各类垃圾和堆物10万吨。施工结束,建立居民楼组公约、同创共建(包干制、轮扫制)等制度,开展星级文明楼组、健康厨房创建等评比,进行长效管理。该工程三年目标,两年基本实现,2006~2007年累计完成98799户老式居民住宅消防安全和公用部位整治。全年,区内未发生一起亡人火灾。

（汪　倩）

【虹庙电影艺术中心开幕】 6月19日,位于南京东路496号(石潭弄50号)的上海虹庙电影艺术中心举行开幕典礼。国家广电总局领导张丕民、上影集团总裁任仲伦,著名导演谢晋、吴贻弓、田壮壮、黄蜀芹、于本正、李歇浦、王全安、陆川等和演员张震,中国电影家协会、上海电影家协会、上海电影评论学会和各大电影公司的代表出席,谢晋、吴贻弓、田壮壮、陆川四代影人为中心揭幕。会后，由田壮壮导演的《吴清源》举行中国区首映。虹庙原为道教正一派寺庙，建于明朝万历年间，距今400多年。近代虹庙以慈善事业闻名，在国际上有相当影响。1965年虹庙停止活动后关闭，原庙舍的街面房屋开烟杂店，其余房屋作仓库。2006年，上海海联置业有限公司租赁虹庙，对年久失修的濒危建筑进行保护和修缮，除更换了房梁和地砖外，基本保留当年格局，经装修成为上海虹庙艺术空间。该艺术空间白天是艺术画廊，举办各种展览，晚间由上海电影集团公司下属《电影故事》杂志社与联合院线举办"上海艺术电影周周演"，2006年累计放映优秀艺术电影二十余部。2007年，上海永乐股份有限公司《电影故事》杂志社与上海新光影艺苑、上海虹庙艺术空间联手推出"上海虹庙电影艺术中心"，该艺术中心成为沪上唯一一家专门从事艺术电影放映及推广的机构。该中心拥有专业的35毫米放映设备和数码投影设备，并有可供选择的两处放映空间，其中中堂可容纳70人，小厅可容纳40人。全年放映原创性优秀DV作品、优秀的电视电影和未公映的艺术作品。由石潭弄50号进入虹庙电影艺术中心后，抬头即见大厅上高悬的横匾"你来了么"。经典的明代建筑、古典的胶木唱片及中式竹椅等，营造出老上海氛围。观众可随意坐在竹椅上品茗赏片，获得不同于影院的观影体验。

（黄　鉴）

【南京路步行街年销售额增12.3%】 2007年，南京路步行街沿街商业企业实现商业销售额97.4亿元，比上年增长12.3%。年内，南京路步行街挖掘资源进行整合置换，完成圣德娜商厦、南京东路512号、春申江大厦裙房、鸿翔时装公司、新世界城等5家商业楼宇"腾笼换鸟"的工作。全年共有Tesiro珠宝、NOKIA手机、美特斯·邦威服饰等3家商业品牌地区总部，美特斯·邦威、NOKIA等2家旗舰店，BOSSUNWN服饰、ICETOICE食品、世纪钟表、Biotherm化妆品、LAMCOME香水、ARTE珠宝、MOVADO手表等61个国际品牌落户步行街。在结构调整的同时，完成邵万生、圣德娜、诺基亚等商厦的立面改造，并实施步行街店容店貌长效管理机制。编制完成南京路商业街环境设计规划。完善两条支马路的功能开发。2月，贵州路休闲街引进英国连锁咖啡世豪（COSTA）、牙买加啤酒吧、金莱西餐厅、赛百味意大利经典三明治、杰纳多冰激淋和表哥茶餐厅等国际知名品牌，正式开街；五一节，永安休闲街经调整后全新亮相，古董老爷车、两辆仿1936年英国产的有轨电车等呈现20世纪30年代的老上海风情。5月31日，百联世茂国际广场二期开张。百联世茂国际广场二期总建筑面积约3.5万平方米，定位以时尚、流行、活泼为核心，共有10个集购物、餐饮、休闲、娱乐为一体的多功能加强型百货，120余个国内外品牌入驻。世茂国际广场一、二期商场通过2至7层的通道形成联动。12月28日，市百一店扩建工程竣工开业。该次扩建工程是市百一店建店后规模最大的一次扩建、改造。扩建的新大楼建筑面积4.3万平方米，外观设计采用与老大楼相似的色彩格调，内部则为现代化商店的结构布局。新老大楼通过一楼占地面积逾1000平方米的共享景观通道连为一体，总建筑面积达8万平方米。9月22日，市经济委员会和黄浦区政府共同举办的"黄浦百货节"开幕，南京路步行街举行巡游活动。巡游队伍由会旗仪仗方队、往昔岁月方队、中华经典方队、劳模风采方队以及6个品牌企业方队组成，展现黄浦商业国际精品汇聚、经典与时尚兼容的特点。9月22日至10月7日"黄浦百货节"期间，南京路步行街沿街企业开展以"2007时尚永恒南京路"为主题的商业营销活动，各大商店同时推出购物大酬宾活动，并在周末相应延长营业时间。步行街世纪广场全年举办大型活动57项，其中有关特奥会、奥运会的活动15项，文艺、文化类活动7项，节庆活动8项。世纪广场成为群众性活动场所和宣传黄浦、宣传上海的窗口。

【豫园商城入榜《中国零售百强企业》】 2007年，豫园商城打造"精致豫园"的16个调整项目全部完成。2月18日至3月7日，豫园商城举办第十三届猪年新春民俗灯会。至2月14日（大年初七），灯会人流量累计突破220万人次。2月23日（元宵节）当天，游园人数达50多万人。灯会期间，豫园商城开展形式多样的专题促销活动，2月18日至3月4日，商城累计销售1.27亿元，同比上升18%。4月26日，豫园春季民俗庙会开锣，正值百岁豫园老街复古改造完工，迎来如织人流。豫园老街建于1907年，历经百年的老街走向、宽度和长度，以及街道两侧商店的规模和经营特色，基本保持百年庙市场的风貌。整条街上不同颜色不同字体的45块招牌，每块均由沪上书法名家书写，楷书、行书、隶书、草书风格各异；18对抱柱联，含劝人为善、恪守祖训、勤奋上进等方面内容。百米长街两侧的40余家富有中国民族风情的店铺，经营范围涵盖居家用品、工艺礼品、喜庆用品和传统特色商品四大板块，一店一品，一品一特色，有王大隆刀剪商店、丽云阁扇庄、上海筷子店、阿拉喜铺等特色商铺。10月，豫园老街以传统与现代相融的风貌格调和商业特色，被评为"上海商业特色街区"。年内，豫园商城继续以"豫园中国日（节）"为品牌，除4月的"2007豫园春季民俗庙会暨豫园老街百年庆典"外，于7月和9月分别举办了"佤山茶韵"云南民俗风情歌舞展演、上海旅游节（购物节）"品味老字号、品尝上海菜"和"长三角餐饮业名店名师精品绝技汇展"，以及适合节令的端午文化节、豫园礼品节、螃蟹美食节、名贵国药展等民俗文化和商业文化系列活动，体现"商旅文"结合的地域特色。三大黄金期间，豫园商城人气旺盛，带动市场消费，商城企业销售额连创新高。春节、五一、国庆3个7天长假的零售额分别为8442万元、8728万元和10039万元，首次突破亿元大关。单日零售2月18日（年初一）1385万元，5月1日2163万元，10月1日2332万元，取得单日零售最好业绩。年内，"华宝楼"等5个品牌获"市著名商标"称号，老庙黄金、亚一金店入选"中国500最具价值品牌"排行榜，老庙黄金获"中国名牌产品"称号，亚一金店上榜"中国服务业企业500强"。豫园商城全年实现销售56.36亿元，比上年增长24.26%；实现净利润7.6亿元，比上年增长224.54%。4月上旬，商城再次上榜中华全国商业联合会发布的《中国零售百强企业》和《中国百货店百强企业》；8月上旬，在北京"首届中国品牌节"上获2007年"品牌中国"金谱奖。

【福州路文化街彰显文化特色】 2007年，福州路文化街创建市容环境"标杆道路"。根据"整旧如旧"的指导思想，对福州路上每幢老建筑都进行整体规划景观设计，制订详细整治计划，并根据不同风格的建筑物设计不同的整治方案，做到"还其本色"。经综合整治，福州路恢复原有文化底蕴，保持传统格调，建成市容"标杆道路"。9月22日至10月15日，举办福州路第五届文化节暨中福书画文玩精品展。其间,中福古玩城、市收藏协会、上海书城等单位推出47项特色活动,有上海图书公司首届国风古籍节、上海书城"迎接党的十七大、优秀文艺图书展"及名人签售活动、大众书局首届换书节、中福书画文玩精品展等,参观者近30万人。10月19至22日,上海中福古玩城举行首届上海矿物化石展,参展商25个,展出国内外矿化石精品近500件,其中30%为国内展品,有俄罗斯萤石、南美陨石等。上海书城结合新书首发和节日,举行专题营销活动。7月28日,哈利·波特系列终结本中文版上市,上海书城作为上海地区首发的主会场,与哈利·波特迷协会联合举办现场狂欢活动;十一黄金周期间,书城举办7场签售活动,书法名家陈佩秋、复旦教授钱文忠、"钢琴王子"李云迪等到场签售。 (黄 鉴)

2007年黄浦区国民经济主要指标表

项 目	单位	完成数	比上年增减(%)
增加值	亿元	135.67	11.3
第二产业	亿元	9.48	1.8
工业	亿元	4.79	5.7
第三产业	亿元	126.19	12.0
固定资产投资额	亿元	90.00	-14.5
财政收入	亿元	108.02	19.4
地方财政收入	亿元	45.96	8.0
地方财政支出	亿元	63.43	7.4
外贸出口总额	亿美元	8.96	16.9
直接利用外资签订合同项目数	个	151.00	11.8
直接利用外资签订合同金额	亿美元	5.50	92.4
工业总产值	亿元	162.07	17.5
住宅竣工面积	万平方米	29.80	-45.8
社会消费品零售总额	亿元	328.53	7.8

(黄 鉴)

2007年黄浦区基本情况表

项 目	数 量	项 目	数 量
区域面积(平方公里)	12.49	在校学生(人)	24531
行政区划		小学(所)	21
街道办事处(个)	6	在校学生(人)	11763
		幼儿园(所)	27
		在园幼儿(人)	5837
居民委员会(个)	120	职校(所)	8
		在校学生(人)	14957
人口		文化	
户籍人口(万人)	60.56	图书馆、室(个)	1
户数(万户)	19.17	文化馆、站(个)	1
人口密度(人/平方公里)	48485	影剧院、场(个)	17
人口自然增长率(‰)	-1.62	卫生	
精神文明创建		医疗卫生机构(所)	20
		区(县)级医院(所)	8
		医院床位数(张)	5125
市文明小区(个)05~06年度	75	医疗卫生技术人员(人)	8064
市文明镇(个)市级单位	90	执业医师(人)	3002
		体育	
教育		体育场馆(个)	2
中学(所)	25	健身苑、点(个)	185

(黄 鉴)

卢 湾 区

【概述】 2007年,卢湾区经济持续平稳健康发展。服务经济、涉外经济、楼宇经济"三个为主"的经济特征更趋明显,对区域经济的支撑作用进一步增强。

2007年卢湾区主要经济指标完成情况

项目名称	单位	数值
增加值	亿元	85.58
区级财政收入	亿元	33.50
固定资产投资	亿元	33.74
外贸出口总额	亿美元	2.63
外商直接投资合同项目	项	180
外商直接投资合同金额	亿美元	6.84
吸引外省市企业	家	284
吸引内资注册资金	亿元	9.82
社会消费品零售	亿元	152.33
新增就业岗位	个	47955

【加大高端服务外包示范地建设力度】 2007年,卢湾区服务外包取得新成绩。进一步明确了服务外包发展的总体思路。即,围绕一个战略发展目标,打造都市型高端服务外包示范区;形成北部高端服务外包企业总部的集聚区和中南部形成高端服务外包企业营运的两个集聚区;着力集聚总部型和知识密集型优化企业;重点拓展以系统集成,开发和运营等高端业务为主的信息技术服务外包,以人力资源、金融会计等专业服务为主的业务服务流程外包,以物流、结算、代理等生产服务性为主的业务流程外包,以建筑设计、工业设计和广告设计等设计研发服务为主的知识服务外包4个服务外包领域;着重点营造完善服务外包发展规划、优化政策环境、打造服务外包人才高地、搭建综合公共服务平台、加大基础设施建设等5大综合配套环境。

多元化构建服务外包发展平台。举办了全市首个以服务外包为主题的投资说明会;在全市率先成立"上海服务外包人才促进中心";推进"上海市服务外包知识产权试点区"和"上海市服务外包标准化示范区"建设;推进服务外包人才培训机构的组建工作;开展服务外包企业调研工作;成立了由著名经济学家、市级专业部门领导、国际知名服务外包企业高管人员等9人组成的顾问团,为服务外包发展提供高层次的决策参考;至年末,已有20家企业入驻。

加快服务外包园区开发建设。首个服务外包产业示范园区——"智造局"挂牌;柳林服务大厦改建加快推进;局门路436、550服务外包园区项目建设启动,促进服务外包重点领域、重点企业南部地区的进一步集聚。

大力引进服务外包企业。积极引进各类服务外包优势企业,已有美国建筑设计公司、宝路电子系统有限公司等国内外知名专业企业入驻,全年共引进外资服务外包企业35家、内资服务外包企业57家。通过控制场地资源和房租水平、在中南部各服务外包园区执行《园区选商标准》等措施,促进服务外包向高端层次发展。

积极开展宣传推介工作。制作了服务外包宣传材料和宣传短片;通过网站信息发布、重点单位走访、现场资料发放等形式,开展广泛的宣传活动。

建立中介机构信息网络。与房产中介公司、会计师事务所、投资服务机构、外国商会等开展合作,并与实力雄厚的中介机构签署合作意向;支持智造局园区开展市场推广。

【"智造局"服务外包园区启用】 2007年8月31日。卢湾区首个服务外包园区——"智造局服务外包园区"正式开园。

"智造局服务外包园区"位于上海世博会展区和新天地核心商务区形成连线的中点,与淮海路太平桥高档商务区形成区位互补,园区的区位优势和价格优势成为吸引服务外包企业投资的一个重要平台。"智造局"国际服务外包产业园区通过大力引进国内外优势企业、强势企业,进一步集聚各类专业服务人才,形成专业服务企业集群。园区建设全两期进行。首期工程由原上海紫光机械厂旧厂房改建而成,呈"街区式"建筑群格局,总建筑面积2.3万平方米。其中,办公面积2万平方米,商业配套面积3000平方米。主力层高3~5米,部分为创意LOFT空间,不封顶,配有共享空间、景观屋顶、会议室。首批24家企业入驻,涉及行业主要咨询、会展、旅游专业服务业,信息技术服务(系统集成)和建筑,景观等设计服务业。二期工程由原上海互感器厂旧厂房改建而成,总建筑面积1.3万平方米。主力层高5米,面积范围70~500平方米自由组合,屋顶花园、玻璃走廊、架空天桥的设计,营造了一种享受阳光、享受空间的氛围。该工程已在11月底竣工,并启动招商工作。

【"8号桥"创意园区二期建成】 2007年6月26日,卢湾区创意园区8号桥横跨建国中路的"创意之桥"落成并对外开放,这标志着"8号桥"二期工程全面建成。

8号桥占地面积1万平方米,总建筑面积2万平方米,其中二期占地2400平方米,建筑面积约为8400平方米,经过一、二期的分期改建,现已成为上海时尚创意新中心,至年末,已吸引国内外70多家知名创意企业入驻,行业涵盖建筑及室设计、服装设计、广告、咨询、影视制作等,并提供了1000多个创意白领职位。年内,园区已接待了约6000多个国内外专业人士的参观。5月,获卢湾区"最具影响力品牌"称号;11月,被评为2007年度上海优秀创意产业集聚区,并获得2007摩登上海口碑大赏创意空间奖。6月,荷兰创意设计品牌"MOOOi"旗下设计师MarceIwanders的作品展示、9月开幕的"创意嘉年华",以及为特殊人士搭建展舞台的"艺扣心灵"等系列活动为8号桥注入了创意与活力

(顾 沁)

徐 汇 区

【地理位置】 徐汇区位于上海市中心城区西南部东侧瑞金南

路、陕西南路,与卢湾区毗邻,徐浦大桥与浦东新区连接;西南至虹梅路、虹梅南路、老沪闵路和华泾镇关港村,与闵行区分界;北达长乐路、华山路、兴国路、淮海西路,与静安区、长宁区接壤。区域东西距7公里,南北距13公里,全境面积54.93平方公里。据史料记载,明末文渊阁大学士、著名科学家徐光启曾在境内肇嘉浜和李漎泾两水汇合处建有农庄别业,从事农业实验和著书立说。徐光启逝世后归葬于此,其部分后裔在此定居并繁衍成族,因而习称"徐家汇",区名由此而得。

【历史沿革】 区境在唐、五代、宋时属华亭县高昌乡。元、明、清三代时,属上海县高昌乡。清宣统二年(1910年),分属上海城、法华乡、漕河泾乡。民国三年(1914年),法国殖民主义者第三次扩张租界,区境今肇嘉浜路以北、华山路以东地区划入法租界,其余地区仍属上海县。民国十六年(1927年),国民政府设上海特别市,民国十九年(1930年)5月,改称上海市。区境除部分地区为法租界范围外,分属沪南区、漕泾区、法华区。抗日战争期间,华界先后分属上海市大道政府南市区、沪西区和伪上海市特别市和法租界第四、七、八区。抗日战争胜利后,区境属上海市第七区(常熟区)、第八区(徐家汇区)、第二十六区(龙华区)。民国三十六年(1947年),称上海市常熟区、徐汇区、龙华区。1949年5月24日区境解放,实行军事接管。1950年6月,成立常熟区人民政府和徐汇区人民政府。1956年3月,常熟区、徐汇区合并为徐汇区。1964年5月,闵行区域(闵行地区和吴泾地区)并入徐汇区。1981年2月,国务院批复上海市政府,同意恢复闵行区(实际恢复时间为1982年4月),闵行地区和吴泾地区仍属闵行区。1984年9月,上海县龙华镇和漕河泾镇划归徐汇区。1986年2月,上海县虹梅路以东、漕宝路以北、上澳塘港以西、蒲汇塘以南地区划归徐汇区。1992年7月,上海县龙华乡划归徐汇区。1998年5月,龙华乡撤乡建镇,易名华泾镇。2001年2月,龙华镇和漕河泾镇撤镇建街道办事处。

【区划与人口】 2007年末,徐汇区辖有湖南、天平、斜土、枫林、徐家汇、田林、虹梅、康健、长桥、凌云、漕河泾、龙华12个街道办事处和华泾镇。有居民委员会298个、村委会10个。全区共有户籍居民320474户、人口891822人,比上年增加4333人,人口密度为16236人/平方公里。全年户籍出生人口5724人,人口出生率为6.43‰。死亡6337人,死亡率为7.12‰,自然增长率为-0.69‰。年末,有少数民族43个、人口8578人。

【城市交通】 徐汇区境内铁路、立交、高架道路纵横交错,轨道交通一号线、三号线和四号线贯通全境。年内,轨道交通七、九、十号线13个站点施工建设全面展开,九号线一期年底通车,路经徐汇区2个站。铁路上海南站占地面积约60公顷,是上海铁路枢纽的南大门,上海长途客运南站的长途客运线路可通达全国10多个省市。境内有公交汽车道路211条,各类跨河桥梁75座,人行天桥7座,人行地道2座,车行地道3座,车行上立交2座。共有市内公交线路159条,通往外省市长途客运线路202条。在区交通管理部门注册的大、小客车出租汽车公司22家。徐汇区为中心城区通往闵行、青浦、奉贤、金山等区和江、浙、闽、赣、皖等诸省的交通要道。

【经济发展】 2007年,徐汇经济总量保持较快增长。全年实现生产总值650.59亿元,按可比价格计算,比上年增长12.5%。其中第二产业完成增加值158.86亿元,比上年增长5.6%;第三产业完成增加值491.73亿元,比上年增长14.9%。完成财政总收入166.02亿元,其中区级财政收入64.02亿元,比上年增长32.5%。产业结构进一步优化。全年完成工业生产总值519.58亿元,比上年增长1.8%。商品销售总额952.44亿元,比上年增长18.09%。现代服务业实现营业收入565.20亿元,比上年增长25.5%。实现税收收入54.56亿元,比上年增长94.7%,占全区税收总量的34.5%。其中信息、专业、科研实现税收32.41亿元,比上年增长76.7%。消费品市场持续繁荣。实现社会消费品零售总额267.31亿元,比上年增长10.3%,连续三年保持两位数增长。其中徐家汇商圈内的东方商厦、太平洋百货、汇金百货、第六百货、汇联商厦、百思买等实现零售额76.53亿元,比上年增长14.4%。社区商业进一步发展,田林、虹梅社区和浦北路商业街被评为上海市社区商业示范区。宜山路、天钥桥路、衡山路入选上海特色街区。固定资产投资结构逐步改善。全年完成社会固定资产投资总额91.71亿元,比上年增长5.4%。其中房地产开发投资54.83亿元,比上年下降14.9个百分点。国有企业股份制改革取得新进展。全年转让国有产权5户,金额18.12亿元。股权收购4户,金额3.32亿元。对内交流进一步扩大。全年引进内资企业2576家,比上年增长13.7%;引进注册资金60.03亿元,增长5.2%,其中引进注册资金在1000万元以上的国内企业71家,引资总额19.24亿元,占全区引资总额的32.1%。吸引外资结构优化。全年引进合同外资6.11亿美元,比上年增长2.3%。实际利用外资4.57亿美元,比上年增长2.9%。其中重点引进符合区域产业发展导向的现代服务业企业114家,合同外资2.91亿美元,比上年增长184.1%,占合同外资总额的47.6%。新引进投资性公司1家,全区3家投资性公司完成4次增资,累计合同外资1.46亿美元,占全年合同外资总额的23.8%。外贸进出口总额稳步增长。全年完成外贸出口5.51亿美元、进口5.63亿美元,分别比上年增长14.2%、17.0%。年末,有私营企业和个体工商户22204户,注册资金204.16亿元,从业人员90762人。

【城区建设】 2007年,全面推进迎特奥市容环境综合整治工程和迎世博会重大工程建设,完成中环线、铁路上海南站地区1号至4号地块、中漕新村等居民动迁收尾工作,动迁居民1300户。全年新开拆迁基地49块,历史遗留拆迁基地24块,已完成10块。全年开工拆房基地28个,总计22.02万平方米,竣工24个基地(其中上年结转9个),竣工面积16.01万平方米。完成平改坡综合改造80万平方米,受益居民18724户。全年安排节能专项资金1800万元,完成老建筑节能改造50万平方米。完成关港、春申塘、淀浦河3条臭河截污工程,工业和生活污水截污纳管率达到93%。对新港、漕家宅河等6条区域内小河开展水生态修复,处理水量近4万立方米。完成15座圩区泵站和2座水闸的口门清淤工作,清淤量5000立方米。区域环境质量继续改善,二氧化硫排放量削减83吨,空气质量达到或者优于国家环境空气质量二级水平的天数占全年天数的86.5%,徐家汇、斜土2个内环线以内街道创成"无燃煤区域",田林等5个街道创成"扬尘污染控制街道"。在华泾地区建设一套大气自动监测系统，进一步完善区域大气自动监测网络布局。全年新辟绿地31.76公顷。绿化覆盖率25.52%，比上年提高0.6个百分点。人均公共绿地面积达4.85平方米，比上年提高0.22平方米。完成10家菜市场标准化改造。

【科技发展】 2007年，区级财政用于科技事业费支出为3.76亿元。新认定和通过复审的高新技术企业315家，通过上海市高新技术成果转化中心认定的成果转化项目77家，实现技术合同交易144.11亿元。新增国家和上海市创新基(资)金项目101项。区域内有13家企业被评为2007年上海市科技小巨人企业和小巨人培育企业。全年申请专利2521项，其中发明专利1210项，实用新型专利738项，外观设计专利573项。科普宣传力度进一步加大。开放国家和市级科普教育基地18个，参观人数1万余人次；举办科普讲座25场，参加8000人次；举办各类学术交流活动26次，参加人数近2000人次。年内，建成创意园区6个、都市型工业园区5个。10人获首届上海科技创业英才称号、14人获提名奖。2人当选"上海科技创业英才"。徐汇区获2005—2006年度全国科技进步先进区。

【教育卫生事业】 2007年，区级财政用于教育事业费支出为9.67亿元，比上年增长23.3%。合理调整教育资源，先后撤并学校2所，改扩建学校1所。依法有序推进公立转制学校改革，6所学校转为民办，2所学校转为公办。组织建立区科学育儿指导中心和13个街道(镇)亲子教育点，举办第一届徐汇区教育学术节、社区教育国际研讨会。3~6岁适龄儿童的入园率100%，九年义务教育入学率保持在100%，高中阶段教育入学率98%。发展职业教育，投入资金3178万元推进职校实训中心建设，为88所学校办理有效办学许可证。至年末，全区有小学(含特殊学校)44所，在校学生3.25万人；普通中学(含工读学校)45所，在校学生4.22万人；职业学校2所，在校学生0.31万人；中等专业学校17所，在校学生2.35万人。区域内社会力量办学院校86所，在校学生23万人。全区设社区学院1所、社区学校13所、社区学校教学点309个，全年接受社区教育的人数约136万人次。职业教育在校学生得到国家助学金、奖学金、专业奖励金、生活补助和学费减免等3260人次，金额740.91万元。

公共卫生事业进一步发展。区级财政用于卫生事业费支出为1.16亿元，比上年增长23.4%。投入财政资金9500万元，用于推进社区卫生服务综合服务改革。社区预防保健经费从2006年人均30元增加到人均50元。建立居民健康档案22万户。至年末，区域内有卫生机构212所，其中医院23所，社区卫生服务中心14所；医疗机构实有床位1.25万张，卫生技术人员1.57万人。全区医疗机构完成门急诊1606.85万人，比上年增长13.6%。新审批民办医院1所，门诊部(所)8所，个体诊所3所。社区卫生服务综合改革工作全面推开，启动实施门诊诊查减免、定向转诊等措施，全年社区卫生服务中心门诊人次增长26.2%，人均费用下降13.3%，公共卫生服务人次增长4.8%，诊疗费减免279.85万人次，减免费用1958.9万元。全区常住人口甲、乙类传染病发病率为153.24/10万。依法开展食品卫生监督，疾病预防控制体系不断完善。完成监督抽检1919件，合格1794件，合格率93.5%，食品监督8463户次。加强对药品市场的管理，全年查处违法违规案件65件，罚没款111.03万元。

【文化体育事业】 2007年，区级财政用于文化事业费支出为4076.97万元。年内，举办各类展览、讲座294场，接待观众50万余人次。区内博物馆、纪念馆接待参观者35万人次。全区共有文化设施总面积14.66万平方米。完成枫林、龙华、徐家汇3个街道社区文化活动中心达标建设。群众文化队伍建设不断加强，全区有集邮、摄影、书画等各类群文团队1286支，年内组织重大群众文化活动84场次，观众达22.3万余人次。徐汇有线电视台平均每周播出时间3.5小时；《徐汇报》平均印数5.7万份/期，比上年增加0.98万份/期。至年末，区域内有公共图书馆14座，接待读者166.5万人次；群艺馆、文化馆15座，影剧场4座，电影票房收入732.3万元。有文物保护单位37处，其中国家级4处、市级12处、区级21处，有已登记不可移动文物138处。拥有文化娱乐场所134家，互联网上网服务营业场所82家，音像制品经营单位49家，电影放映单位13家，营业性棋牌室73家，出版物经营单位184家。文化市场监管力度加大，全年出动检查5002人次，稽查场所4279家，立案113件，查处无证摊点519个，收缴各类非法音像制品610923张，非法电子出版物24050张，非法书刊6548本，罚没款662560元。

体育事业继续发展。全年区级财政用于体育事业费支出为1996.24万元，比上年增长9.6%。年内，区承办第十二届世界夏季特殊奥林匹克运动会田径赛比赛，158个国家和地区的1141名运动员、400余名教练员和官员参加。社区接待12个国家和地区520名特奥运动员、教练员，共有2709名特奥志愿者参加接待工作。充分利用学校体育锻炼资源为民服务，有79所学校体育场地向社区居民开放，徐汇区被国家体育总局确定为"学校体育资源向社区开放试点单位"。稳步推进社区社会事业示范性项目工作。培训社会体育指导员274人，至年末，全区有社会体育指导员1728人。新建社区健身点7个、社区公共运动场2处，至年末，全区有居(村)委会健身点415个、公共运动场9处。承办和协办竞赛活动58项，有约5.85万人次参加。向国家和市输送优秀运动员59人，在国际正式比赛中获1项2个冠军，在全国比赛中获5项14个冠军，其中由区培养和输送的运动员钱震华在亚洲现代五项锦标赛暨亚太区奥运资格赛中，夺得个人第四名和团体第三名，成为区第一位正式获得北京奥运会参赛资格的运动员。

【社会保障】 2007年，实施积极的就业政策，区促进就业专项资金支出7246万元，职业技能培训32547人次，累计组织青年见习6522人次；全年新增就业岗位55391个，安置"双困"(生活困难、就业困难)人员就业716人，城镇登记失业人数20422人。初步建立"四位一体"保障体系框架，即最低生活保障、医疗救助、教育帮困、廉租住房制度。23.4万人次享受最低生活保障，发放保障金6015.67万元；发放协保人员生活困难补助2.85万人次，金额401.02万元。发放1700张门诊医疗帮困卡，1000余户家庭得到门诊医疗减免优惠；对3998人次实施医疗救助，金额308.2万元。对1910名义务制教育阶段贫困学生实行"二免一补"(免学杂费、免书簿费、补贴生活费)政策，对302名在校贫困高中生供应免费午餐。新增享受廉租住房政策家庭461户。社会保障覆盖面进一步扩大。全区共有城镇社会保险参保单位19933户，比上年增长15.8%；小城镇保险参保单位2124户。城镇保险参保交费人数为408619人，比上年增长

8%。加强养老服务事业。全年新增养老床位502张。为12627人提供居家养老服务,其中3460人享受政府补贴。为2500户老年人家庭安装无障碍设施,为2047名社区老人安装紧急呼叫装置。　　(肖向丽)

【徐汇区通过国家可持续发展实验区验收】 徐汇区于1999年1月被上海市政府确定为上海市首批可持续发展实验区。2001年12月被国家科技部确定为国家可持续发展实验区。自可持续发展实验区建立后,徐汇区坚持以"科技、文化、健康"为发展主线,将可持续发展理念贯穿全区各项工作中。经过6年的努力,徐汇区共推出四批51个可持续发展优先项目,取得了较好的示范效果。2006年,区经济总量居上海中心城区首位,全区基本形成以现代服务业和先进制造业为主导、商贸业和房地产业稳步发展的产业格局。2007年,现代服务业增加值占全区生产总值比重达到30.4%,第三产业增加值占全区生产总值比重达到了75.6%,产业结构更趋合理,经济持续发展能力得到增强。11月22~23日,国家可持续发展实验区办公室组织专家组对徐汇区国家可持续发展实验区进行实地验收考察,专家组一致同意推荐徐汇区参加验收答辩。2008年1月16日,徐汇区实验区参加在北京召开的实验区建设验收评审会并顺利通过验收评审。　　(高元生)

【漕河泾现代服务业集聚区】 2007年,漕河泾现代服务业集聚区已完成区域内的征地动迁和腾地,首期M16工程进入竣工收尾,即将交付使用。集聚区总部区域桩基工程已完成三分之二,将在世博会前竣工交房,同时首期先行引入罗克韦尔和音王国际音响世界、保华万丽五星级酒店两个标志性项目,为现代服务业的集聚区打下基础。　　(王　晖)

【徐汇区20处优秀建筑向公众开放】 6月9日~10日,在第二个中国"文化遗产日"活动期间,徐汇区历史文化风貌区和优秀历史建筑保护委员会办公室承办以"走近老房子"为主题的历史建筑免费对公众开放活动。活动旨在让更多的市民亲身体验老房子的韵味,提升公众对历史建筑保护的意识,演绎"城市,让生活更美好"主题,为历史文化风貌区和优秀历史建筑迎"世博"相关工作积累经验。其间,开放优秀建筑共20处,有近一半的建筑为首次对外开放,两天参观人数达6万人次。其中东平路9号"爱庐",日接待参观人数高达5000人次。活动受到社会各界关注,《文汇报》、《解放日报》、《新闻晨报》、《新民晚报》等报刊,上海电视台、东方电视台等各大媒体,都对活动进行了报道。　　(吴　铮)

【邹容纪念馆开馆】 6月29日,徐汇区在华泾镇黄叶楼(华泾路868号)举行邹容纪念馆开馆仪式。邹容(1885~1905)原名绍陶,辛亥革命时期曾著书《革命军》,号召推翻清朝封建统治,被誉为"革命军中马前卒"。后死于狱中,死后葬于华泾。该馆原是邹容生前好友刘三的故居,面积140平方米,与邹容墓相邻。馆内设"少年立志"、"留学日本"、"撰写《革命军》"、"狱中纪实"、"名垂千古"、"义士刘三"六大板块,通过大量历史图片和文物资料展示邹容生平和刘三义举。纪念馆免费无休开放,至年末,接待参观者780人次。

2007年徐汇区基本情况表

项　目	数　量	项　目	数　量
区域面积(平方公里)	54.93	普通小学(所)	43
行政区划		在校学生(人)	32526
街道办事处(个)	12	幼儿园(所)	85
镇(个)	1	在园幼儿(人)	19108
乡(个)	–	职业学校(所)	2
居民委员会(个)	298	在校学生(人)	3171
村民委员会(个)	10	中等专业学校(所)	17
		在校学生(人)	23519
人口		文化	
总人口(万人)	89.18	公共图书馆	14
户数(万户)	32.05	群艺馆、文化馆	15
人口密度(人/平方公里)	16236	影剧场	4
人口自然增长率(‰)	-0.5	卫生	
精神文明创建		区域卫生机构(个)	212
市文明小区(个)	136	医院(所)	23
		社区卫生服务中心(个)	4

续上表

项　目	数　量	项　目	数　量
市文明镇(个)	1	医院实有床位数(万张)	1.25
市文明单位(家)	63	卫生技术人员(万人)	1.57
市文明示范标志区	7	群众体育活动场所	
教育		社区公共运动场(个)	9
普通中学(所)	44	街道(镇)健身苑(个)	17
在校学生(人)	42203	居(村)委会健身点(个)	415
		社区市民健康体质测试站	10

2007 年徐汇区经济社会发展主要指标

项目	2007 年	比 2006 年增长(%)
生产总值(亿元)	650.59	12.5
其中第二产业(亿元)	158.86	5.6
第三产业(亿元)	491.73	14.9
服务业营业收入(亿元)	617.03	24.1
其中现代服务业(亿元)	565.20	25.5
工业总产值(亿元)	486.74	9.9
商品销售总额(亿元)	952.44	18.1
社会消费品零售总额(亿元)	267.31	10.3
固定资产投资总额(亿元)	91.71	5.3
外贸进出口总额(亿美元)	11.14	22.5
外商直接投资项目数(个)	325	48.4
外商直接投资合同金额(亿美元)	6.11	2.3
实际利用外资(亿美元)	4.57	2.9
引进内资企业户数(户)	2576	13.7
引进内资企业注册资金(亿元)	60.03	5.2
财政总收入(亿元)	166.02	41.0
区级财政收入(亿元)	64.02	32.53
财政支出(亿元)	76.69	27.2

长　宁　区

【地理位置】　长宁区东界位东经 121°26′01″,西界位东经 121°19′36″,南界位北纬 31°10′46″,北界位北纬 31°14′43″。位于上海市区的西部,东与静安区的长宁路、武定西路、镇宁路接壤;西交闵行区的北横泾机场河、许浦港;南与徐汇区的华山路、兴国路、淮海西路、古羊路毗连;北靠吴淞江(苏州河),西段以吴淞江为界与嘉定区隔河相望,东段以万航渡后路为界与普陀区相接。境内有大小河汊 55 条,集中于区境西部,长度在 1.5 公里以上者仅 5 条,最短的直挺浜仅 120 米。吴淞江为区境干流,一级支流有新泾港、许浦港、中渔浦,二级支流主要有周家浜、野奴泾、新渔浦等。

【历史沿革】　区境在唐天宝十年(751 年)隶属华亭县高昌乡。北宋时,称高昌乡法华巷。元至元二十八年(1291 年),置上海县后改隶上海县。明嘉靖年间(1522～1566 年),法华称镇。清宣统二年(1910 年),法华建置为乡。民国十七年(1928 年),划归上海特别市,改为法华区。民国三十六年(1947 年),

因长宁路横贯境内,改称长宁区。民国三十七年(1948年),改称法曹区。解放后,沿用长宁区名,区境几经调整。1950年,区境扩入吴淞江以南、古北路以东,折延安西路以北的新泾区周家桥地区。1956年,区境向东扩到静安区静安寺地区,向西扩入新泾区及吴淞江以南,沪杭铁路徐虹支线以北地区。1959年,区境东界西移镇宁路。1982年区境向西扩到上海县新泾人民公社9个自然村。1983年,向西南扩到上海县地域内的万国公墓及其周边地区。1984年,向西扩到上海县北新泾镇及新泾乡35个自然村、虹桥乡2个村及虹桥机场等地区和单位;8月,北新泾镇从上海县划入长宁区。1991年,扩到虹桥机场兴建的机场新村地区。1992年,向西扩到新泾乡42个自然村和虹桥乡2个村;7月,新泾乡划入长宁区。

【区划与人口】 全区辖有新华路、江苏路、华阳路、周家桥、天山路、虹桥、程家桥、仙霞新村、北新泾9个街道和新泾镇,下设174个居民委员会和5个村民委员会。区政府地址:长宁路599号。

2007年末,全区户籍人口总户数212777户,611341人,平均每户2.87人。全年出生人口3747人,人口出生率6.11‰;死亡人口4304人,死亡率7.02‰;自然增加人口-557人,自然增长率-0.91‰;计划生育率99.39%。全区60岁以上老人128816人。

【经济建设】 2007年,区增加值完成230.96亿元,比上年增长12.5%,其中第二产业增加值33.10亿元,比上年增长6.4%;第三产业增加值197.86亿元,比上年增长13.6%。全区财政收入完成105.62亿元,其中区级财政收入完成46.09亿元,比上年增长15.9%。全年完成固定资产投资49.70亿元,比上年增长3.5%,其中建设和改造投资4.8亿元,比上年下降47.1%;商品房投资44.9亿元,比上年增长15.1%。从产业投向看,第二产业投资0.8亿元,比上年下降20.0%;第三产业投资48.9亿元,比上年增长3.8%。产业结构进一步优化。全年现代服务业实现税收34.42亿元,比上年增长30.0%,占全区税收总量的35.6%。房地产业实现税收32.36亿元,比上年增长5.3%,占全区税收总量的33.5%。现代业态商业实现税收16.8亿元,比上年增长21.9%,占全区税收总量的17.4%。都市型工业实现税收6.3亿元,比上年增长7.7%,占全区税收总量的6.5%。国资国企改革继续深化。完成九华集团等3家企业出资人调整,57家企业完成改制。国资运营质量稳步提高,完成收益收缴3805万元,国资保值增值率达到106%。三大经济组团建设加快推进。以三大经济组团为主的虹桥涉外商务区全年实现税收36.58亿元,比上年增长30.7%,占全区税收总量的37.9%。中山公园商业中心原长宁电影院地块项目、中山商务楼工程竣工;凯旋路多媒体产业走廊新建5个主题园区;启动上钢十厂红坊二期等开发改造项目。虹桥涉外贸易中心楼宇竣工项目6个,建筑面积33.86万平方米,其中经济楼宇、教育设施、住宅项目各2个;在建项目4个;天山路商业街虹桥天都、长房国际广场、泓鑫时尚广场、虹桥国际商都基本竣工。临空经济园区年内竣工项目5个,建筑面积8万平方米;在建项目5个,建筑面积10.6万平方米;新开工项目15个,建筑面积45万平方米。招商引资成效显著,全年外贸进出口总额31.4亿美元,比上年增长6.4%,其中进口总额18.6亿美元,比上年下降14.1%;出口总额12.7亿美元,比上年增长63.2%。全年引进符合"有规模、有实力、有产业、有实效"的企业343家,引进各地投资企业258户。全年工业总产值71.28亿元,比上年增长9.3%。全年实现工业销售产值71.15亿元,比上年增长11.3%,其中,非公经济工业销售产值55.0亿元,占总量的77.3%;工业产品销售率99.8%,比上年提高0.4个百分点。全年建筑企业完成施工产值75.05亿元;施工面积1135.1万平方米,比上年增长37.2%;竣工面积281.6万平方米。全年实现社会消费品零售额147.86亿元,比上年增长15.1%。全年实现商品销售总额952.28亿元,比上年增长23.9%。年内完成4家标准化菜市场建设。至2007年年末,全区连锁商业网点达560余家。现代服务业中,信息服务业纳税单位993户,实现税收7.9亿元,比上年增长32.8%;专业服务业实现税收10.2亿元,比上年增长20.1%;现代物流业实现税收6.0亿元,比上年增长31.2%;会展旅游业实现税收4.1亿元,比上年增长1.2%;文化服务业实现税收2.5亿元,比上年增长18.2%;金融业实现税收3.7亿元,比上年增长192.8%。全年税收超过亿元的商务楼有9幢,税收总量17.95亿元,占全区税收总量的18.6%。全区国内旅行社61家、国际旅行社7家,全年组团人数188.1万人次,比上年增长54.7%;接待人数138.2万人次,比上年增长26.0%。旅行社全年营业收入51.8亿元,比上年增长66.4%。全区星级宾馆28家。区主要宾馆(饭店)44家,全年营业收入26.2亿元,比上年下降3.8%。全区展览场馆3家,全年举办各类展览171个。全年新增工商登记企业2290户,新增注册资本金79.98亿元。全区注册登记的私营企业0.86万户,比上年增长2.7%;注册资金235.0亿元,比上年增长5.6%;营业收入14.5亿元。全区个体工商户0.93万户,比上年增长2.1%,从业人员1.2万人,注册资金1.1亿元,营业收入7.7亿元。

【科技发展】 2007年,"数字长宁"建设继续深化,完善并积极落实《长宁区鼓励企业自主创新的若干政策(试行)》,在全市率先建立覆盖全区的科技政策服务网络。"高性能宽带信息网"、"新一代无线移动通信"2个国家863项目建设深入推进。领军人才、创新团队和公共服务平台建设进一步加强。重点楼宇的智能化改造加快推进,建成远端数据接入点80个,完成光纤接入商务楼9幢。新增市认定软件企业23家;新增市认定高新技术企业14家。获得市认定科技小巨人培育企业增至11家,获得国家创新基金资助项目9个,获得市区联动创新资金资助项目16个。通过市认定高新技术成果转化项目28个,通过市认定技术开发、技术转让合同337份,成交金额9.9亿元。申请专利1960件,其中发明专利947件,占专利申请总量的48.3%。通过全国科技进步城区考核,获"全国科普示范城区"称号。全区有国家级科普教育基地5个,市级15个;市级科普示范区2个;市级科普示范工业企业2个;市级科技教育特色示范学校2所;上海市科普旅游点1个。区博士后基地引进博士后17名,占全市10个博士后基地博士后总数的27.8%。全年引进人才中介机构10家,累计引进人才中介服务机构54家。

【城区建设】 2007年,虹桥综合交通枢纽工程(一期)完成交地任务,储备用地老宅基动迁全面完成,企业动迁地块基本拆平。全年拆平基地25幅,动迁居民1796户,动迁单位145家;

威宁路桥(长宁路—天山路)道路辟建前期动迁完成;春光坊路工程竣工;原上粮十库等3个地块、共395亩土地完成收购储备。经济载体建设有序推进,新开工项目20个、面积73万平方米,在建项目15个、面积80万平方米,竣工项目19个、面积41万平方米。住宅建设坚持高品质定位,新开工36万平方米,在建310万平方米,竣工73万平方米。加强环境保护和生态建设,完成4台燃煤炉脱硫和烟尘改造,整治餐饮油烟污染源95处、固定噪声源183处、直排河道污染源8处。新增公共绿地10万平方米,绿化覆盖率达到31.5%。建成一批环保绿色小区、绿色单位、绿色学校和资源节约型家庭。完成安龙路等15条中小道路整治,天山路市容景观建设扎实推进。城区管理综合执法力度加大,拆除违法建筑2.54万平方米。市容环境综合测评继续名列全市中心城区前茅。

【社会事业】 2007年,各项社会事业加快发展。全区有幼儿园41所(教育部门办33所)、小学26所、中学29所、职校1所。学龄儿童入学率100%,高中阶段升学率97.1%,应届高中毕业生高考上线率96.9%,中小学生体质健康达标率88%。大教育格局逐步完善。新建、扩建天一小学、新世纪中学教学综合楼等教育设施。启动义务教育阶段师资合理均衡配置试点工作。全区共有各级各类医疗卫生机构182所,其中市属机构6所,区属机构18所,其他类医疗机构158所,核定病床5139张。全区医疗机构门急诊总量652.38万人次。设卫生服务点42个、家庭病床1680张。医疗保险参保单位9770户。区公共卫生大楼、新天山中医医院全面启动运行,公共卫生应急指挥中心投入使用。建成5个社区精神卫生康复站和4个诊疗中心。区图书馆新馆投入使用,程家桥等5个社区文化活动中心完成建设,居民活动室功能配置得到加强,三级公共文化服务网络进一步完善。各类文化活动蓬勃发展,全年共举办了100余场公益性文化演出,联手市文广演艺中心,推动高雅文化艺术进社区。中山公园肖邦塑像落成,举行“虹桥文化之秋”系列活动。完成上海国际体操中心场馆改造,修建新泾体育之光等社区公共运动场,维护、更新45个健身点设施。成功承办世界杯体操系列赛(中国站)等重大国际国内赛事。完成特奥会各项任务,共接待来自17个国家和地区的代表团,近500名运动员、教练员和官员,组织开展迎圣火起跑仪式及体操(艺术体操)比赛。全区有1.6万户企业、机关和事业单位参加城镇基本养老、医疗、失业、生育和工伤保险,参保人数29万人;征集各项社会保险基金42亿元,比上年增长5%,其中,养老保险基金26.18亿元、医疗保险基金11.96亿元、失业保险基金2.53亿元、工伤保险基金0.43亿元、生育保险基金0.42亿元;完成残疾人保障基金0.53亿元、小城镇社会保险基金0.44亿元。全区15.8万离退休(职)人员养老金实行社会化发放。

【精神文明建设】 2007年,推进精神文明创建工作,不断提升市民素质和城区文明和谐程度。以社会主义核心价值体系为引领,广泛开展“爱心传递”迎特奥文明行动、“文明在我脚下”、“百万家庭学礼仪”等荣辱观实践教育活动。全面贯彻《长宁区迎世博文明创建行动纲要》,创新指导推进文明社区创建,支持基层实施项目建设,注重加强社会监督,围绕学习型城区建设加强调研。加强未成年人思想道德建设,完成《长宁区未成年人思想道德建设评估体系》制定工作,开展未成年人荣辱观教育和实践活动。以服务特奥会为契机,开展特奥志愿活动,探索志愿服务工作机制,发挥市民巡防作用,组织巡防团近8000人次开展各类巡防工作。年内,获全国道德模范提名奖1项、市精神文明十佳好事1件和提名奖4件。在全国首创未成年人思想道德建设评估体系。建成新版市级文明小区213个、市级文明示范标志区域7个,拥有市级文明单位59个,市级军民共建先进集体18对,连续3次被评为“全国双拥模范城”。

【人民生活】 2007年,实施住宅施工面积310.4万平方米,其中竣工面积72.5万平方米。完成50幢、15万平方米“平改坡”建设;实施“平改坡”综合改造3个,竣工2个,建筑面积30万平方米。社会救助保障机制进一步完善,共实施社会救助30余万人次,救助金额6173万元;共有养老机构23家,床位总数2841张,收养人数1754人。各街道(镇)均建立居家养老服务机构,全年为8168位老人提供居家养老服务,其中3725位老人享受政府补贴服务。全年发放低保对象生活救助金3694.45万元,发放协保对象救助金272.17万元,发放医疗救助金281.12万元,发放教育救助金299.76万元。为支援灾区建设,接收社会捐赠289.9万元;衣服捐赠30.63万件,其中棉衣被13.67万件。全年办理结婚登记7891对,办理离婚登记1472对,收养登记16人。全年新增就业岗位40386个;年末城镇登记失业人数14430人;青年职业见习0.22万人;外来从业人员参加综合保险10.29万人;安置就业困难人员就业1992人,其中社工工作对象196人;新增就业援助基地51家;发展非正规劳动就业组织685个。居民储蓄有所减少。年末区域内主要专业银行储蓄存款余额比上年减少3.2%,储蓄户数比上年减少8.9%。

【2007年实事】 第一件实事:推进天山(西)路(延安西路—外环线)等景观道路整治建设;巩固已建成景观道路所取得的创建成果,共32条(40段)。

完成情况:1.天山(西)路道路整治方面,地铁车站部分涉及的地面道路恢复工程已完成主体工程;地铁车站部分以外,长约4公里市政道路改建工程,已完成工程可行性批复。天山(西)路景观建设方面,完成平面、立体整合的设计方案。

2.制定了《长宁区景观道路市容环境综合管理实施意见》,并组织落实;强化景观道路责任区管理力度;依托网格化管理平台,加强巡查、监督,巩固已建成景观道路的创建效果。

第二件实事:整治中小道路11条(段)。

完成情况:整治安龙路、虹井路、茅台路、玉屏南路等15条(段)中小道路,完成年度计划的136%。

第三件实事:结合景观道路建设以及中小道路整治,实施“平改坡”50幢;完成“综合平改坡”小区2个;完成旧小区房屋综合改造,建筑面积30万平方米。

完成情况:1.实施天山路、法华镇路、番禺路等道路沿线小区“平改坡”50幢,完成年度计划。

2.完成新泾镇A块(馨虹、翠春、虹园小区)、新泾镇B块(馨兰、碧夏、淞虹苑小区)“综合平改坡”,建筑面积26.4万平方米,完成年度计划。

3.完成海厦、东湖、福泉路435弄等16个旧小区房屋综合改造,建筑面积32.6万平方米,完成年度计划的109%。

第四件实事：推进二级旧里以下旧区改造5万平方米。

完成情况：推进二级旧里以下旧区改造8.8万平方米，拆平薛家库地块。

第五件实事：改扩建、共享社区文化活动中心7个并完善功能；推进天山、虹桥2个社区卫生服务中心建设，改建8个标准化社区卫生服务站。

完成情况：1.7个社区文化活动中心的改扩建、共享工作经努力，总体按照既定计划开展。其中，程桥、虹桥、北新泾社区文化活动中心改扩建已完成或基本完成，江苏、仙霞社区文化活动中心已签订了资源共享协议。天山社区文化活动中心办理前期手续。周桥社区文化中心已于2004年通过市文化局验收，因地块动拆迁需一定周期，该中心扩建工作延伸至2008年实施。

2.天山社区卫生服务中心办理前期手续。虹桥社区卫生服务中心对改建方案作进一步完善。建成新泾镇、虹桥、北新泾、仙霞、天山、程桥、江苏、华阳8个标准化社区卫生服务站。

第六件实事：整合社区公共资源，完善相应的管理制度和安全保障措施，巩固16所开放工作示范学校，进一步扩大示范成果；各街道(镇)再创建1所开放工作示范学校。

完成情况：全区共有54所学校资源对外开放。2006年创建的16所开放工作示范学校按要求规范开放，落实了学校资源向社会开放的专项资金，落实了学校资源开放的标识制度、投保制度、突发事件应急处置制度等，明确了管理人员岗位职责。2007年10个街道(镇)通过与学校协商又分别确定了一所学校资源向社会开放的示范学校。2007年学校共接待社区居民和学生活动约50万人次。

第七件实事：巩固2006年6个街道范围内的非机动车管理成果，对4个街道(镇)的9条景观道路、主要道路做到专人管理，中小道路设置停车标志标线，加强巡视管理。

完成情况：巩固2006年6个街道范围内的非机动车管理成果，加强宣传力度，采取张贴《通告》，发送《违停告知单》，粘贴《友情提示》，搬移线外非机动车辆等措施，劝导规范停车。对2006年未覆盖到的4个街道(镇)的9条景观道路60个停放点实行专人管理。在中小道路设置了752处停车标志标线，并加强日常巡视管理。

第八件实事：城镇登记失业人员控制在15000人以内；鼓励帮助1000名就业困难人员就业；外来人口月均综合参保人数达到7.8万人。

完成情况：1.城镇登记失业人数为14430人。

2.鼓励帮助1992名就业困难人员就业，完成计划的199%。

3.外来从业人员月均参加综合保险人数10.29万人，完成计划的132%。

第九件实事：新增养老床位500张；新增居家养老服务对象2200人，健全居家养老服务网络，实施好一批为老服务项目；新建老年人日间照料中心1家；为独居老人安装紧急援助呼叫装置1700台。

完成情况：1.新增养老床位517张，完成计划的103%。

2.新增居家养老服务对象2368名，完成计划的108%。建立了居家养老评估机制，对1200名享受政府补贴的对象进行居家养老服务评估。拓展为老年人解决就餐服务项目，已有7个街道开展老年人就餐服务项目。

3.新建新华路680弄7号老年人日间照料中心1家，建筑面积210平方米。

4.为独居老人安装紧急援助呼叫装置1730台，完成计划的102%。

第十件实事：实施10项民心工程。

1.菜市场标准化建设，确保完成2个。巩固已有标准化菜市场建设成果，加强长效管理。

完成情况：建成龙安、周瓯、虹西、明珠等4家标准化菜市场，完成年度计划的200%。加强对已建的标准化菜市场的管理，搞好菜市场环境卫生，引进品牌食品，严格监管肉、豆制品、半成品等食品，确保食品安全。

2.修缮改建2~3个社区公共运动场。维护、更新40个健身苑(点)设施和器材。

完成情况：完成新泾体育之光、虹桥河滨公园篮球场等社区公共运动场的修缮改造。维护、更新健身点设施45个，完成计划的113%。

3.整修街坊小市政道路13条。

完成情况：整修街坊小市政道路16条，完成计划的123%。

4.迁移17个小区的扰民大树。

完成情况：迁移20个小区713株扰民大树，完成计划的118%。

5.补缺、整修垃圾箱房200处。

完成情况：补缺、整修垃圾箱房216处，完成计划的108%。

6.新建公厕4座，改建公厕2座，更新、增设公厕导向牌190处和门楣32处。

完成情况：新建北翟路剑河路绿地、北翟路新泾港绿地、长宁路双流路等处公厕6座，完成计划的150%；改建公厕2座，完成计划；更新、增设公厕导向牌190块和门楣33块，完成计划。

7.煤气器具检测、维护40000户，更换1000户。

完成情况：燃气检测、维护98777户，完成计划的247%；更换1095户，完成计划的110%。

8.改造小区积水点19处。

完成情况：改造小区积水点21处，完成计划的111%。

9.新装公用防盗门2400个；新装老公房扶手170处。

完成情况：新装公用防盗门2736扇，完成计划的114%；新装老公房扶手292处，完成计划的172%。

10.增设和整修自行车棚50个。

完成情况：增设和整修自行车棚57个，完成计划的114%。

经济社会发展主要指标

项　　目	2007年	比2006年增或减(%)
国内生产总值(亿元)	388.08	13.3
第一产业增加值(亿元)		
第二产业增加值(亿元)	33.10	6.4
其中工业增加值(亿元)	23.90	4.8

续上表

项　　目	2007年	比2006年增或减(%)
第三生产增加值(亿元)	197.86	13.6
人均国内生产总值(元)		
粮食总产量(万吨)		
棉花总产量(吨)		
油料总产量(万吨)		
全社会固定资产投资总额(亿元)	49.71	3.5
外贸自营出口(亿元)		
实际利用外资(万美元)		
社会消费品零售总额(亿元)	147.86	15.1
商品零售价格指数(%)	102.4	2.2
地方财政收入(亿元)	46.09	15.9
地方财政支出(亿元)	58.63	13.58
职工年平均工资(元)	44430	13.5
农民年纯收入(元)		
邮电业务总量(亿元)		
电话普及率(部/百人)		
年末存款余额(亿元)	835.9	28.68
年末贷款(亿元)	421.0	20.53
大学(所)		
中小学(所)	55	1.85
下岗人数(人)		
企业兼并、破产数(个)		

(王佩娟)

静　安　区

【概述】 2007年,静安区重点发展现代服务业,增强产业集聚度,经济质量和效益不断提高,区级财政收入位居全市中心城区第4名。

2007年静安区主要经济指标完成情况

项目名称		单位	数值	同比增长(%)
增加值		亿元	112.39	12.02
第三产业		亿元	97.91	12.84
其中	商贸流通业	亿元	35.35	13.76
	专业服务业	亿元	22.81	23.02
	房地产为	亿元	13.68	5.64

续上表

项目名称		单位	数值	同比增长(%)
其中	宾馆会展旅游业	亿元	10.71	5.97
	文化生活服务业	亿元	11.40	7.21
第三产业占全区增加值		%	87.12	0.69
税收总收入		亿元	100	25.38
区级财政收入		亿元	40.76	17.50
社会消费品零售总额		亿元	173.40	13.10
海关出口额		亿美元	3.64	16.43
外商直接投资到位资金		亿美元	2.92	16.87

通过加快楼宇载体建设,加强存量资源盘活,优化商业商务服务环境,静安区南京路现代服务业集聚区建设扎实推进。成功举办了"2007福布斯·静安南京路论坛"等活动,静安南京路与纽约第五大道结为友好街区,静安区南京路的品牌进一步提升。招商引资力度加大,新引进加拿大铝业和世德南方化学两家世界500强企业,以及马莎百货、雷曼兄弟等世界知名企业和跨国集团。"楼宇经济"效应进一步凸显。

2007年,静安区"楼宇经济"发展情况

项目名称	单位	数值
100幢重点楼宇税收	亿元	50.28
同比增长	%	26.75
占全区税收总收入	%	54.20
其中:恒隆广场税收	亿元	12+
全区税收超亿元楼宇	幢	11

【科技创新环境明显优化】 2007年,静安区推进实施增强科技创新能力行动纲要,重点扶持科技企业发展、产业园区建设、创新项目实施、知识产权保护、科技成果应用等工作。加大信息服务类企业的引进及高新技术企业的培育力度,给予重点科技企业、科技创新项目配套支持,进一步巩固了企业的创新主体地位。加大社区和楼宇的科普工作力度,提高市民科学素质,成功创建全国科普示范城区。

2007年,静安区科技创新发展情况:安排科技创新专项资金1.45亿元;落实市、区两级科技小巨人创新资助资金644万元;被命名为区级科技小巨人企业7家,被评为市级科技小巨人企业或培育企业3家,入选市民营科技百强企业8家。

(李伟华)

闸　北　区

【地理位置】 闸北区位于上海市中心区北部。东与虹口、宝山区为邻,西与普陀、宝山区毗连,南隔苏州河与黄浦、静安两区相望,北与宝山区接壤。全境南北长约10公里,总面积29.18平方公里。河道10条段(不含苏州河),长24.40公里,湖泊1个,水面积56万平方米。闸北区是上海陆上北大门,南北高架连接虹桥国际机场、浦东新区和市中心。境内有铁路上海站、铁路北郊站(特等货运站),铁路客、货运输占全市运输量的45.40%和5.9%。轨道交通1号线在境内设汉中路站、上海火车站站、中山北路站、延长路站、上海马戏城站、汶水路站、彭浦新村站、共康路站8个站点。全年客流进站55359396人次。轨道交通3号线在区域内设上海火车站站、宝山路站2个站点。轨道交通4号线开通试运营,在区域内与上海火车站、宝山路站2座车站共线运营。全年客流量10468700人次。至年底,轨道交通8号线开通运营,在区域内设曲阜路站、中兴路站、中山北路站3个站点,客流量18228人次。有10余家长途汽车客运公司,设有7个站点,通往苏、浙、赣、皖、闽、鲁、豫、湘、鄂、粤、京等11个省、直辖市方向班线1007条。有专、兼营长途货运公司81家,另有个体运输业户268家,占全市长途汽车客、货运输业的50%以上。市内公共交通有始发线和过境线177条,占全市公交线路33.27%。境内有宋教仁墓、吴昌硕故居、上海总工会旧址、"四一二"惨案群众流血牺牲地、中国同盟会中部总会、中共三大后中央局机关历史纪念馆等遗址、纪念地。

【区域沿革】 境域原为吴淞江流域(今苏州河)处的沼泽地,1863年始,境地东南隅被划为美租界,后并为公共租界,自此城市化进程开始。1900年,地方绅商为抵制租界扩张,自辟华界商埠,设闸北工程总局。1911年,设闸北自治公所。1912年,建闸北市,设闸北市政厅。1928年,始建行政区,称闸北区,属上海特别市(后改名上海市)。上海沦陷期间,日伪改闸北区为沪北区。1945年,抗战胜利后改为第十四、十五行政区。1947年两区分别改称闸北区和北站区。1956年,两区合并称闸北区。1958年11月,撤销北郊区,中山北路至场中路地区划入区境。1962年,虹口区罗浮路至宝山路之间地区划入区境。1982年,宝山县场中路至汾西路之间地区划入区境。1984年,从宝山县划入部分地区,区境北界扩至北长浜。1992年9月,宝山区彭浦乡塘南村、龙潭村划入区境。1997年9月,从宝山区划入部分地区,区境北界扩至共和新路以西,共康路南侧高压走廊线、共康路。1999年5月,恒丰路立交桥西沿部分地区划入普陀区,遂成现状。年末,区辖天目西路、北站、宝山路、芷江西路、共和新路、大宁路、彭浦新村、临汾路8个街道和彭浦镇。有居民委员会204个。

【人口民族】 年末,全区户籍总人口69.5万人,全年出生人口4540人,人口出生率6.51‰。全年死亡人口5584人,人口死亡率8.01‰。人口自然增长率-1.5‰。外来流动人口131422人,出生人口1292人,出生率10.41‰。户籍人口计划生育率99.87%,流动人口计划生育率89.16%。年内,区内有36个少数民族,人口8700余人,其中回族、维吾尔族等饮食清真食品少数民族近5400余人,上海市回民中学和共康中学有少数民族师生800余人,已登记来沪少数民族人员1500人。

【区域经济】 贯彻落实国家宏观调控政策,努力转变经济发展方式。全年完成增加值80.55亿元,比上年增长11.2%;完成区级财政收入30.10亿元,比上年增长12.9%。重点产业支撑作用强劲。四个重点产业实现区级税收20.94亿元,比上年增长15.5%,占区级财政收入69.6%。投资促进成效明显。年内,引进内资56.55亿元,与前一年持平,引进内资企业1435家,其中注册资金1000万元以上71家。引进合同外资2.78亿美元,比上年增长3%,新批准外资项目108个,增资项目37个,其中合同外资在100万美元以上项目34个,1000万美元以上项目6个。"三个区带"集聚区载体建设成效显现。不夜城上海现代交通商务区核心区载体建设步伐加快。地铁恒通大厦投入使用,嘉里145地块甲进入楼宇销售阶段,上海人才大厦、时代欧洲公寓一期完成外装修工程;核心区加快功能调整,环龙百货完成招商,对外营业;友谊服饰商城完成设计方案,启动改造,不夜城地区实现区级税收5.41亿元,比上年增长7.5%,对区财政贡献率达18.0%。"苏河湾"现代服务业集聚带取得实质性进展。百联集团的老仓库历史保护建筑纳入土地储备得到落实;启动香江家具城、上工批等一批老仓库的功能置换。共和新路沿线综合服务业集聚带建设加速推进。市北工业园区11.6万平方米总部经济园交付使用,完成三期开发5号地块居民动迁工作。上海多媒体谷创建成国家数字媒体技术产业化基地。华清大厦结构封顶。东方环球企业园部分楼宇实现预售。合金工厂创意产业园主体建筑竣工。预售北郊物流园区共和国际商务广场。名仕街创意产业园成功举办"2007上海时装周"活动。大宁国际商业广场、临汾路被评为"上海社区商业示范社区",青云路创建成"上海商业特色街"。成立上大高新区管委会,制定五年发展规划,夯实上大高新区扩容的基础。推进研发公共服务平台建设。建立上海研发公共服务平台管理中心闸北分中心的运作机制,发挥数字动漫影视技术和金属材料检测、诊断、应用两个市级研发公共服务平台的功能。根据《国务院关于实施〈国家中长期科学和技术发展规划纲要(2006~2020年)〉若干配套政策的通知》,结合《上海中长期科学和技术发展规划纲要若干配套政策》及其相关实施细则,编制完成《闸北区贯彻落实〈上海中长期科学和技术发展规划纲要〉实施办法》。区15家数字媒体技术企业参加"2007中国国际工业博览会"展示活动。

【城市建设】 完成北广场站前广场北块、压缩机厂等21个项目的动迁前期审批手续,为加快动迁创造条件。高度重视结转基地扫尾工作,北广场东一、东二地块等13个基地完成扫尾,动迁居民4213户。土地储备、出让工作成效明显,完成313街坊、430街坊、市北大件等9幅地块土地出让,为可持续开发奠定了基础。年内,区22项重点工程正式项目总体进展顺利,河南北路道路工程竣工;福建北路引桥工程抓紧施工;闸北公园完成改造并对外开放。第三轮环保三年行动计划全面推进。提前一年创建成"扬尘污染控制区",空气质量优良率比上年上升0.9%。完成先锋河、江场河水质深化治理工作。建成中兴路绿地一期1.2万平方米、轨道交通8号线绿地3000平方米和芷江绿地二期1000平方米等公共绿地,新增绿化面积13万平方米。完成龙马神汽车座椅有限公司、申永烫金材料有限公司主要污染车间搬迁和上海螺钉厂、星火化工有限公司产业结构调整,根据市下达的污染减排目标,通过严把新建项目准入关、清洁能源替代等各种措施,工业二氧化硫实际排放量下降为426.9吨,下降幅度13.4%。市容环境得到改善。完成特殊奥运会、女足世界杯、国庆期间市容环境保障工作。开展"清洁城区,从我门前做起"和"'六乱'整治攻坚行动"环境整治行动,重点针对不文明行为造成的环境脏、乱、差现象进行整治。建成彭浦2.86平方公里市容环境示范区域和宝山路(西华路—东宝兴路)等景观道路。巩固铁路上海站南广场地区市容景观示范区域创建成果。强化菜市场周边环境综合整治,完成永和、晋城、龙群等3家标准化菜市场改建。加大对区级文明小区等重点区域和新搭建违法建筑的拆除力度,拆除违法建筑16.54万平方米。

【社会事业】 成功创建上海市文明城区,加大新一轮文明社区创建力度。完成特殊奥运会各项工作。成功举办以"快乐学习、和谐生活"为主题的首届闸北学习节,开展"七个一"学习主题活动,掀起"全民学习"的高潮。开展"相互关爱,服务社会"志愿者主题活动,加强惠成志愿者队伍建设,推进区志愿者工作。完成2007年世界夏季特殊奥运会接待和比赛的组织工作,得到市特奥会执委会和市政府高度评价。创建成全国科普示范城区,大宁路街道、天目西路街道被评为上海市科普创新特色示范社区。建成大宁国际小学并完成首届招生工作。幼儿园达标工程进展顺利,基础教育保持领先地位。高考成绩本科率超出市平均18%,一榜率超出市平均8%。职业教育合理调整专业设置,市北职业高级中学新设多媒体技术与应用、游戏动画等专业;行健学院新开设会展、学前教育和商务法语专业。"8个街道1个镇"的社区学校完成45万人次教育培训目标;学校资源定期向社区开放。完成中共三大后中央局机关历史纪念馆建设和布展工作以及区文化馆二级馆达标改建。北站街道、共和新路街道、彭浦新村街道社区文化活动中心投入使用。建立区公共文化配送服务机制,开展"华彩四季"等系列群文活动,"高雅艺术进社区"受到近万名群众欢迎。开展公共文化"文化五送"配送服务。大宁国际商业广场"周周演"观众达3万余人。公共卫生体系逐步完善,设立区社区卫生服务管理中心,在区实行综合改革扩大试点,安排社区卫生改革专项资金2000万元,确保各项惠民措施的落实和社区卫生服务中心的正常运行。实行社区卫生服务中心与二、三级医院电子双向转诊。建立社区全科医生临床培训基地、公共卫生培训基地。新建10个社区卫生服务站,健全服务网络。新建2个社区公共运动场和15个健身点,完成73个健身苑(点)的设施器材更新工作,成功举办区第八届老年运动会、闸北与奥运同行市民健步行等活动。人口计生工作上新台阶,创建成全国计划生育优质服务先进区。安排6000万元专项资金,为促进就业工作提供保障。推进充分就业社区建设,基本消除区域内零就业家庭。年内,新增就业岗位24168个,提前超额完成市下达指标,登记失业人员19145人,控制在市下达计划节点内。强化老龄保障,提高90岁以上老人的补助标准,新增养老床位609张,为8558名老人提供居家养老服务。试点推出"车轮食堂",解决老年人吃饭难问题。开展救助帮困。做好低保、民政特殊救济对象补助标准调整和分类施保工作,确保政策有效衔接。推行社区市民综合帮扶工作试点,创新社会救助机制,努力缓解困难家庭急难愁问题。低保救助31.65万人次,金额5033.86万元;协保补助5.32万人次,金额762.93万元;医疗救助4967人次,金额349.93万元。加大廉租房保障力度,受理新增廉租对象641户,完成配租690户。提升社区服务水平。各社区事务受理服务中心实行"一门式服务"。完成13个居委会用房达标任务。旧小区综合整治加快推进。完成彭浦新村237街坊等3个小区平改坡综合改造工程,启动彭三小区一期等旧住房成套改造工程。提高来沪人员服务管理水平。制定《关于闸北区进一步推进居住证工作的实施意见》,完善居住证管理工作。健全信息系统和信息采集,加强对来沪人员动态跟踪。做好来沪从业人员综合保险征缴工作,月均综合保险参保人数达69322人。保持社会和谐稳定。建立健全应急预案体系,提高突发事件的处置能力。加大信访稳定工作力度,落实"一岗双责",开展领导包案和下访活动,有效化解社会矛盾。加大对治安突出问题和复杂地区的整治力度,刑事案件立案数下降幅度大于全市平均降幅。强化安全生产监管,开展产品质量和食品安全专项整治,加强以食品、药品等为重点的市场秩序整顿,取得显著成效。完成11项政府实事项目。

【科教兴区】 根据区委、区政府对科教兴市工作的总体要求和区贯彻落实科教兴市工作计划,把转变经济增长方式作为全面贯彻落实科学发展观的中心环节,把提高自主创新能力作为战略举措,依靠科技进步的创新,优化调整产业结构,提升产业能级,提高经济增长的质量和效益,实现闸北经济社会的持续、快速、健康发展。提高自主创新能力。年内,区有国家级企业技术中心1家、市级企业技术中心5家、区级企业技术中心9家。全区专利申请量为1237件,其中发明416件,实用新型359件,外观设计462件,专利申请量和发明专利申请量均创历史新高。年内,获批16项国家和市创新基金项目,6项分别获市科学技术二、三等奖(获奖比例在全市排名第二),1项国家科学技术二等奖,13项市高新技术成果转化项目,5项市重点新产品项目。认定登记技术合同333项。优化产业结构。上海久隆电力(集团)等3家企业被评为上海服务商标和著名商标企业,上海高榕食品有限公司等3家企业被评为上海著名商标企业。年内,新引进科技企业160家,获市认定的高新技术企业11家。区科创中心引进科技孵化企业34家,在孵企业达111家。加大信息化建设力度。发展信息服务外包,上海信息服务外包产业园于7月9日揭牌。推进图像监控系统建设工作,完成223个监控探头和7个监控分中心节点建设,并投入运行。人才队伍建设得到加强。实施"十、百、千"领军人才开发工程,选拔400名区优秀专业技术人才和优秀经营管理人才。编制《闸北区2007年度人才开发目录》,做好人才引进材料的受理、审核、报批工作,引进人才17人,办理"上海市居住证"1347人,派遣人才304人。教育事业稳步发展。年内,对区所有中学进行教育教学检查,加强分类指导,扎实推进基础教育。举行"名师工作室"研讨会,加快名师名校长培养步伐;推荐陈军为新世纪百万人才工程国家级人选;选拔11位名师名校长培养对象参加哈佛远程教育培训;推荐刘京海等为上海市基础教育特聘教授候选人。

【苏州河北岸崛起商业新地标】 在9月17日上海购物节上,大宁国际广场、"茶三角"、不夜城商圈等闸北商业新地标首次亮相,受到广大消费者的青睐。据闸北区公布最新统计数据,在购物节开幕当天,仅大宁国际广场就吸引消费者26万余人。

闸北区经委负责人介绍,随着商业新地标的崛起,苏州河北岸彻底告别了没有大型购物中心、没有知名品牌的历史。总建筑面积25万平方米的大宁国际广场有高低错落的15幢建筑,11个大小广场,2公里步行街道,1300个机动车位。该广场内集酒店、办公楼、零售、餐饮、文化、娱乐、教育及现代服务业等8大功能于一体。与大宁国际广场遥相呼应的,是由上海大宁国际茶城、满堂春茶叶市场和蒂芙特国际茶文化广场组成的“茶三角”,以及坐落在共和新路上的宋园茶艺馆和以茶文化为主题的闸北公园成为商业新地标。在该次购物节中,它们展现“中华情”特色,举行2007年普洱茶节,囊括了我国红、白、黄、绿、黑等各地的名特茶叶。在近5万平方米的大宁国际茶城中设有300多个摊位,常年进行茶道表演和特色茶展销。而在宋园茶艺馆和闸北公园,不仅有茶文化长廊,还有各种适合饮茶时欣赏的评弹、越剧等传统戏剧,“碧螺春”、“清代宫廷茶”等原汁原味的茶艺、茶道表演吸引众多茶客流连忘返。据悉,大宁国际茶城欲成为上海最大的茶叶市场和茶文化展示中心。此外,不夜城商圈也由铁路上海站南广场向北广场延伸。目前,南广场的太平洋百货、不夜城商厦仍保持原有特色,环龙商场变身为不夜城休闲生活广场,四星级龙门宾馆改建投入使用,以羊毛衫专卖而闻名的友谊服饰商城调整为集百货、零售、餐饮为一体的综合性商场。北广场的商业配套设施基本到位。仅在餐饮方面,就有“麦当劳”、“集集小镇”、“大娘水饺”、“思乡豆浆”、“两岸咖啡”等连锁餐饮企业。据了解,北广场欲被打造成陆上交通商务旅游综合服务中心,集便利购物、旅游服务、货物寄存等功能于一体。

【百岁寿星刘惠成学雷锋引领三万志愿者】 生于1908年的刘惠成,8岁丧父,12岁丧母,乡下放牛,16岁到上海,先后在银行、轮船公司、钢铁厂当炊事员,1968年,他从上钢八厂退休,到所在的闸北区共和新路街道发挥余热,66岁入党。直到72岁,他才真正回到家里,但还是闲不住,做了许多好事。8年前的一个冬天,刘惠成到附近的闸北公园锻炼身体,感觉水泥凳太冷,回家做了一块棉坐垫。没想到,没用几天就送人了。这一送,竟“送上了瘾”。家中衣橱里的旧被褥、旧床单和旧棉袄,都成了做棉坐垫的原料。用完家中的原料,老人就到外面去“淘宝”。看到有人丢弃旧沙发,如获至宝,赶紧拆下面子和海绵,回家清洗晾干,再缝制坐垫,送给公园里素不相识的游客,至今送了2000多块坐垫。10年前,家人给刘惠成买了一辆小三轮车,让他“以车代步”到闸北公园锻炼身体提供方便。他在车上备有扫帚、畚箕2件宝,十年如一日当好“义务保洁员”。有一次,老人被路面上的铁管绊了一跤。从此,车上又多了“一宝”: 工具箱。一旦发现“路障”,他就拿着工具下车“排障”。这些年排除了几十个路障。刘惠成最喜欢的是自己制作的拐杖。弯头是旧雨伞柄,当中一截是废弃的挂衣杆或细竹杆,底部是可乐瓶盖。类似的拐杖,他做了300多根,送给公园里晨练的老人。百岁寿星刘惠成学雷锋的先进事迹被众多媒体报道后,引起社会公众的共鸣,2005年他被评为上海市十佳精神文明好事获得者,2月28日,以百岁老人刘惠成的名字命名的惠成志愿者服务队在闸北区成立,并向社会公开招募志愿者,至今有1万多人报名参加。4月8日“惠成志愿者服务队闸北教育分队”揭牌成立,1万多名闸北区师生的加入,使这个成立一个月的志愿者服务队规模达3万多人。5月13日,全国首家以模范志愿者名字命名的网站——惠成志愿网在闸北开通。今后在闸北生活工作的市民,如需要志愿者服务,随时可以登录该网站发布求助信息。

【全市首家劳动保障服务站成立】 5月8日,全市首家以园区企业、就业人员为服务对象而创设的“劳动保障服务工作站”在闸北区市北工业园区挂牌成立。该项举措打破了以往按照行政区域划分设置劳动保障服务机构的惯例。园区“劳动保障服务站”集就业服务、劳动监察、仲裁、外地劳动力管理于一体,具备职业介绍、职业指导、职业培训、定向培训、招退工备案、档案管理、人事代理、和谐劳动关系等功能。据了解,刚成立的“劳动保障服务站”约20平方米,配有4名工作人员,分别负责就业服务、综合管理、劳动监察等事务。4人均由闸北区就业促进中心委派。就业促进中心负责人表示,在园区内设立劳动保障服务站,旨在用人单位和就业人员之间搭建起一座桥梁。工作站工作人员每月主动上门走访企业,了解企业需求,指导企业正确处理与员工的关系。针对园区内外来从业人员较多的情况,工作站劳动监察员随时监督企业、缴纳综合保险费等情况,维护他们的利益。园区相关负责人介绍,目前,在市北工业园区有近2000家,几万从业人员,他们非常需要劳动保障部门能够就近提供服务。

【中共三大后中央局机关历史纪念馆开馆】 1月12日上午,继党的一大、二大会址纪念馆之后,中共三大后中央局机关历史纪念馆在闸北区浙江北路118号建成开馆。它成为串联中国革命和中共党史的又一个重要见证,也成为人们了解红色革命史新的窗口。1923年6月,中国共产党第三次全国代表大会在广州召开,随后选出中央局五名成员,组成中央局机关。是年7~9月,中央局成员陈独秀、毛泽东、蔡和森、罗章龙先后来到上海,为保证安全,租下了“三曾里”作为中央局机关所在地,后房屋毁于战火。新建成的纪念馆使用全程语音导航讲解、电子翻书、影视资料播放、网上浏览等技术。馆内有大量的影像资料、近千件历史照片和实物复制件,生动再现了中共三大之后,中央局机关在上海开展工作的情况。展馆中陈列的已被侵华日军炸毁的“三曾里”办公楼模型、毛泽东同志等人的仿真人像,以及电子动态地图、彩色灯箱等高科技展品,使参观者受到了一次深刻的革命历史教育。

【举办第十四届上海国际茶文化节】 4月18~22日,以“茶,品味健康生活”为主题的第十四届上海国际茶文化节在沪举办。该届茶文化节由闸北区政府、市旅游委、市政府侨办、市政府外办、市文明办、市政府合作交流办、市文广影视局、市绿化局、市文联、上海文广影视集团、市茶叶学会联合主办。该届茶文化节活动分为茶文化主体、经贸、传播活动3大板块,在保留中国新品名茶博览会、闸北投资服务推介会、茶文化节天天演等重点传统项目的基础上,增设社区茶艺交流展示、茶文化展示活动、《文化中国》“中国茶文化”主题讲座、百老讲师团茶文化专题讲座等11项活动。据了解,上海国际茶文化节自1994年以来已连续举办了13届,有近30个省市区、港澳特区、台湾地区的各界人士和日本、韩国、美国、法国、摩洛哥等20个国家的国际友人及上海各界的240万人次参与,成为上海著名的文化品牌和节庆活动。该届茶文化节开幕式在上海东方艺术中心举行,闭幕式在世界茶树的原产地和闻名天下的普洱茶乡云南昆明举行。

【不夜城商圈显露崭新面貌】 8月底,位于铁路上海站南广场的不夜城商圈露出一个崭新的面貌。继景观灯改造、驾空线入地、配合售票大楼外立面改造、环龙商场变身为不夜城休闲生活广场、龙门宾馆完成改建并投入使用。不夜城商圈是上海商业传统意义上的"四街四城"之一,20世纪八九十年代,随着铁路上海站的投运,不夜城商圈红火一时,崛起了环龙商厦、名品商厦、心族百货等一批颇有知名度的中型百货以及长城、中亚、华东、邮电大厦等一批星级宾馆,环龙商厦曾创下年度坪效全市第三的纪录。然而,随着轨道交通的发展,徐家汇等新兴商圈的迅速崛起,不夜城商圈自20世纪90年代后期便逐渐退出沪上知名商圈的主流,百货业态中除了太平洋百货还坚守"阵地"外,心族百货易主为友谊服饰批发城,环龙商厦改为经营婚纱和摄影器材的专业市场,名品商厦则呈现出业态不清的经营状况。据悉,不夜城商圈在新一轮整体升级中以环龙商厦和中亚饭店为核心的6万平方米和"上海不夜城休闲广场"完成一期开发,环龙商厦的3~5层,开出沪上目前档次最高的婚纱照相器材城,除了引进国内外知名品牌婚纱礼服100多家外,还引进国际前10位照相机品牌开设专卖店;环龙商厦1~2楼从低档百货经营变为餐饮休闲广场,引进麦当劳、肯德基、汉堡王、味千拉面、真功夫、味之都等品牌快餐企业,解决该地区就餐难的状况。中亚饭店经重新装修,增加娱乐休闲功能。恒丰路上,一座新的五星级酒店开始营业,填补了铁路上海站地区没有五星级酒店的空白。 (姚荣仲)

2007年闸北区基本情况表

项　目	数　量	项　目	数　量
区域面积(平方公里)	29.18	在校学生(人)	32074
行政区划		小学(所)	36
街道办事处(个)	8	在校学生(人)	21527
镇(个)	1	幼儿园(所)	53
乡(个)		在园幼儿(人)	11040
居民委员会(个)	212	职校(所)	1
村民委员会(个)	1	在校学生(人)	1163
人口		文化	
户籍人口(万人)	69.51	图书馆、室(个)	11
户数(万户)	25.29	文化馆、站(个)	10
人口密度(人/平方公里)	23823	影剧院、场(个)	5
人口自然增长率(‰)	-1.5	卫生	
精神文明创建		医疗卫生机构(所)	25
市文明城区(个)	1	区级医院(所)	5
市文明社区(个)	6	医院床位数(张)	4338
市文明小区(个)	317	医疗卫生技术人员(人)	4794
市文明镇(个)	—	执业医师(人)	1883
市文明村(个)	—	体育	
教育		体育场馆(个)	4
中学(所)	40	健身苑、点(个)	215

2007年闸北区国民经济主要指标表

项　目	单　位	完成数	比上年增减(%)
增加值	亿元	80.55	11.2
第一产业	亿元	—	—
第二产业	亿元	20.11	8.9
工业	亿元	17.59	9.3

续上表

项　目	单 位	完成数	比上年增减(%)
第三产业	亿元	60.44	12.0
固定资产投资额	亿元	52.20	2.1
财政收入	亿元	67.90	17.3
地方财政收入	亿元	30.10	12.9
地方财政支出	亿元	45.82	17.0
外贸出口总额	亿美元	5.70	18.7
直接利用外资签订合同项目数	个	108	24.1
直接利用外资签订合同金额	亿美元	2.78	3.0
农业总产值	亿元	—	—
工业总产值	亿元	85.28	7.7
住宅竣工面积	万平方米	80.02	65.4
社会消费品零售总额	亿元	126.93	10.4

虹　口　区

【地理位置】 位于市中心城区东北部黄浦江与苏州河交汇处。东与杨浦区接壤,西与闸北区为邻,北与宝山区相连,南与黄浦区以苏州河为界、与浦东新区隔黄浦江相望。区境面积23.4平方公里。区域内交通便捷,内环线横贯区内中部,中环线连通逸仙路高架与南北高架,大连路隧道直通浦东新区,轨道交通3号线、4号线、8号线穿越区境,上海港国际客运中心在境内北外滩地区,虹口足球场综合交通枢纽正在建设中。

【历史沿革】 虹口,因虹口港(昔称沙洪,与黄浦江交汇处称洪口)而得名。虹口地域约在公元6至8世纪成陆。上海开埠前,虹口地区除江湾镇、虹安镇、虹口镇等集镇外,多是农田渔村。境内以虬(旧)江为界,南属上海县,北属宝山县。清道光二十五年(1845年),美国传教士在境南租地造屋。道光二十八年(1848年),辟美侨居留地。同治二年(1863年)五月划定美租界地域。同年八月,英美租界合并,改称英美公共租界。光绪二十五年(1899年)三月,又改称上海国际公共租界。境内南部为公共租界北区和东区的主体部分。境内租界以北地区仍分属上海、宝山两县。"八一三"后,虹口沦为日本海军警备地区,由日本海军直接管辖。抗战胜利后,租界归还中国,上海市政府建区,境内主要地域划为第十六区、十七区、十八区;民国三十六年(1947年),分别改称虹口区、北四川路区、提篮桥区。上海解放后,市军事管制委员会派员接管3个区的区公所,分别建立区人民政府。1956年3月,北四川路区与虹口区合并为虹口区。1959年12月,提篮桥区与虹口区合并为虹口区。1984年9月,宝山县江湾镇和大八寺(今大柏树)一带划入虹口区,形成现境。

【文化风貌】 虹口区历史文化积淀深厚,有山阴路历史文化风貌保护区和提篮桥历史文化风貌保护区,有"中国共产党在虹口"史料陈列馆、"犹太难民在上海"纪念馆、"左联"会址纪念馆,有多伦路文化名人街、鲁迅故居等历史遗址;有浦江饭店、上海大厦、上海邮政大楼等历经百年的优秀历史建筑;有1000多年历史记载的江湾古镇。区境内有鲁迅纪念馆、朱屺瞻艺术馆、多伦现代美术馆等艺术场馆,有鲁迅公园、和平公园、虹口足球场等文化休闲处所,并有多处文物保护单位(纪念地)。

【行政区划】 虹口区人民政府办公地现设在飞虹路518号。下辖乍浦路、嘉兴路、欧阳路、四川北路、新港路、广中路、提篮桥、曲阳路、凉城新村、江湾镇10个街道,全区共有居委会239个。

【人口状况】 2007年底,全区户籍人口总数789559人。全年户籍人口出生5087人,出生性别比110,出生率6.45‰;人口死亡6395人,死亡率8.11‰;人口自然增长-1308人,自然增长率-1.66‰;全区户籍育龄妇女180372人,占户籍总人口22.84%,其中已婚育龄妇女100258人。年末常住人口总数906104人。全年常住人口出生5982人,出生性别比112,出生率6.64‰;人口死亡6482人,死亡率7.20‰;全区常住育龄妇女219150人,其中已婚育龄妇女127764人。年末外来流动人口总数122727人,流动人口出生920人,出生性别比122,出生率7.74‰。

【区域经济】 区域内的北外滩航运服务集聚区、四川北路商业商务文化休闲街、大柏树知识创新和服务贸易圈(简称"一区一街一圈")是虹口发展的功能布局。2007年,虹口区完成三级财政收入79.68亿元,同比增长15.1%,其中,区级财政收入35.35亿元,同比增长5.1%;完成社会消费品零售总额150.40亿元,同比增长11.1%;利用外资直接投资合同金额3.63亿美元,同比增长78.8%;海关口岸进出口总额13.1亿美元,同比增长22.4%。区内四大主导产业区级税收占总量的75.6%。其中,航运服务业完成区级税收4.07亿元,同比增长15.2%；知识服务业完成区级税收5.78亿元，同比增长113.1%；商贸旅游文化休闲服务业完成区级税收5.19亿元，同比增长12.9%；全年房地产新开工面积41.3万平方米，其中商务商业楼宇面积占69%。全年共引进各类企业1979家，新增企业注册资金和增资118亿元，其中航运服务业、知识服务业占55.9%，注册资金超亿元的有15家；新增商业商务楼宇39万平方米；新批创意产业园区5个（全区创意产业园区累计达到16个、面积24.8万平方米，其中已经建成12个）。非公有制企业区级税收占区级税收总量的86%。

【北外滩航运服务集聚区】 北外滩航运服务集聚区南邻黄浦江，北至周家嘴路、海宁路，东起大连路，西至河南北路，占地3.66平方公里，拥有3.2公里的黄金滨水岸线。2006年，北外滩航运服务集聚区被列入上海首批启动的9个现代服务业集聚区之一。同年4月，虹口区成立北外滩航运服务集聚区发展办公室，专门负责北外滩地区航运服务功能落地和招商引资工作，协调推进北外滩航运服务集聚区发展。2007年，虹口区加快引进和发展航运服务中上游企业，促进产业集聚。引进中海汽车船运输有限公司、银桦船运有限公司等大型航运服务企业。重点建设上海国际客运中心、外滩茂悦酒店、瑞丰国际大厦、白玉兰广场等功能性项目，新建路隧道、外滩通道、轨道交通12号线等重大市政基础设施项目正在抓紧推进之中。6月28日，上海外滩茂悦酒店正式投入使用。年内，完成上海航交所"一门式"通关中心改造，"一关两检"功能进一步完善。3月，建成北外滩航运服务集聚区网站（www.nbshipping.rog.cn）。年内，区政府设立总额3000万元的"北外滩航运服务集聚区发展专项资金"，专项用于支持航运企业、功能性机构、航运会展、航运咨询、信息、广告等服务发展。支持鼓励各类航运人才集聚，对高级管理人才，方便办理户口和子女入托就学等。5月，区政府与中国海运（集团）签订战略合作协议书。年内，虹口区举办"北外滩航运服务业（汉堡）推介会"、"上海国际航运中心软环境建设恳谈会"等，参加"2007中国邮轮游艇发展大会"等，接待英国SEATRADE等公司来访，参与上海航运以及邮轮市场的开发。全年，靠泊北外滩国际邮轮达50艘次，出入境游客9万余人次。3月29日，上海港停靠豪华私人游艇"奥托巴斯"号。年内，荷兰籍豪华游轮"阿姆斯特丹"号等抵达国际客运中心。嘉年华邮轮等三大邮轮集团均在上海设立办事机构。2007年，北外滩已集聚了2000余家港务、航务、货运、代理、报关、物流等航运服务企业，集中了上海市80%以上的航运服务类企业或办事机构。年内，航运服务业实现三级税收9.33亿元，同比增长13.8%；实现区级税收4.07亿元，同比增长15.2%。年内，新批外资航运服务项目37个，合同外资3425万美元。

【四川北路商业商务文化休闲街】 2007年，四川北路沿线已建成凯润金城、海泰时代大厦、嘉和国际大厦、兴旺国际商城、明佳今典一期、赛格电子商厦一期、海泰国际大厦、金海岸商厦、投资组合中心大厦等。巴黎春天虹口店改扩建后的商场面积扩大至近2万平方米，东宝百货商厦改造后经营面积达1.5万平方米，同时全面升级入驻品牌。四川北路（北段）2029号楼、（中段）1578号楼引进阿迪达斯运动城及知名婚纱礼服品牌。2月11日，位于四川北路、东宝兴路口的凯鸿广场开业典礼在新落成的凯润金城举行。年内，四川北路（中段）178街坊13269平方米、海南路10号地块16426.6平方米土地使用权相继出让，中信泰富集团等企业参与四川北路的改造开发。年内，四川北路新增商业商务楼宇5.6万平方米，营业总面积19.3万平方米，商家店铺476家，全年社会消费品零售总额50亿元，比上年增长10%。

【大柏树知识创新和服务贸易圈】 大柏树位于复旦大学与虹口体育场之间，邯郸路、曲阳路、东体育会路、中山北一路、汶水东路、逸仙路在此汇聚，是上海市区东北角陆路交通的枢纽地带。20世纪90年代起，虹口区在曲阳路910号建立大柏树生产资料交易市场，逐渐形成以沪办大厦、柏树大厦、商务中心为中心的大柏树商圈。商圈聚集钢材、家电、家具、建筑装潢、国际箱包、二手汽车、机电产品、环保设备等23个交易市场，并拥有众多市、区两级政府重大工程建设项目。近年来，虹口区编制《大柏树知识创新与服务贸易圈核心区近期实施规划》，以大柏树地区近期实施项目为依据编制，涉及研究范围总面积约400公顷，重点范围为仁德路—逸仙路—邯郸路—虹口区界—中山北二路—新市路包围的区域，总面积约170公顷。同时，虹口区规划以传媒产业集聚区、综合商务区、创新拓展区为重点的大柏树贸易区，三条重点街区（广纪路、滕克路、东体育会路）与规划部门联合编制完成核心区近期实施规划，涉及包括纪念路500号文化科技园区、上海联合数字内容产业园、上海数字电视产业园、上海明珠创意产业园、通风管厂—沪陵厂改造项目、辉河路材料所高新科技园、优族173创意园区以及沪办大厦改造等一批在建、拟建或改造的商务办公楼宇及创意产业园区项目。

随着以智慧桥创意产业园区、数字电视产业园区、广灵四路一街环境改造为主体的"两园一街"工程竣工，以"大柏树创新环境体系建设"为课题的市区联动项目的成功申报，大柏树科技节系列活动的举办，《虹口区关于加强科技创新能力建设的若干政策及实施细则》的出台，大柏树知识创新和服务贸易圈正逐渐发挥出其应有的作用与效益。

【科技创新】 制定加强科技创新能力建设的政策，设立扶持科技创新专项资金，加强与高校、科研院所合作，扶持和培育"科技小巨人"企业，科技企业集聚效应增强，新增高新技术企业14家，全区高新技术企业达到74家，申报高新技术成果转化项目认定16个，高科技产业知识产权拥有量830项。年内建成"全国科普示范城区"。

【"1933老场坊"创意产业园区开园】 2007年11月15～21日，"1933老场坊"成为"2007上海国际创意产业活动周"的主会场，活动周开幕式同时宣布"1933老场坊"开园。"1933老场坊"内建筑历史悠久。20世纪30年代，因租界人口剧增，工部局在沙泾路靠近虹口港处找到一块约18亩的地皮，建造新宰牲场。1931年，新宰牲场在今沙泾路10号动工，1933年底完工，1934年1月投入使用，俗称"宰牛场"或"杀牛公司"，正式名称是"工部局宰牲场"。整个建筑为三层钢筋水泥结构，因其规模宏大，气势雄伟，被媒体称为"远东第一宰牲场"。解放后，宰牲场由人民政府接管。1970年，改为上海长城生化制药厂，2002年起停产，厂房处于空置状态。2004年，宰牲场旧址被虹口区文物管理委员会列为"历史遗址纪念地"。2005年

10月,宰牲场旧址被市政府命名为"优秀历史建筑"。2006年,上海创意产业中心组织相关部门与专家研究论证。同年,上海创意产业中心、上汽集团上海汽车资产经营有限公司、英国创意产业之父约翰霍金斯机构联合组成上海创意产业投资有限公司,与原业主方签订合作协议后启动老场坊的改建工程,旧址定名为"1933老场坊"。沙泾路10号被上海市经济委员会授予上海市第三批创意产业集聚区,园区功能定位为创意体验、创意生产和时尚休闲服务等。2007年,上海老场坊创意产业管理有限公司投资1亿元,完成"1933老场坊"修缮改造工程,4幢建筑的建筑面积为5000平方米。同年,虹口区投资821万元,改造"1933老场坊"周边的市政、水务设施及环境绿化。包括铺设弹格石路面、大理石人行道,新排雨水管,铣刨加罩溧阳路部分路面,改建沙泾港防汛墙,打磨虹口港部分防汛墙,装饰花坛大理石贴面等,并新装景观灯。年内,在"1933老场坊"内,举办法拉利F1方程式庆祝和慈善派对晚宴、雷达表50周年庆新品发布、丹麦设计时尚展、蓝莓之夜首映派对等活动。

【城区建设与市容环境】 完成北外滩井字型通道一期、新建路越江隧道、虹镇老街8号地块以及一批道路拓宽动拆迁,完成18幅结转地块动迁。全年共动迁居民和单位4310户,拆除居住房屋建筑面积11.9万平方米,其中二级旧里以下房屋5.1万平方米。完成虹口足球场场馆整体改造和周边宝山路、花园路、西江湾路等道路改造,完成虹口足球场周边18万平方米旧住房综合整治。开工建设高阳110千伏、北外滩220千伏变电站、新汉阳雨水泵站等项目。建成市容环境嘉兴达标区域、江湾规范区域和乍浦、嘉兴局部示范区域。全年共拆除违法建筑1.43万平方米。提前一年完成48处燃气管道违章占压专项整治任务,提前一年建成"扬尘污染控制达标区"。全年单位增加值能耗下降4%,全区工业二氧化硫年排放量18吨。全区新增加绿地9万平方米,其中公共绿地5万平方米。

【社会事业】 加强未成年人思想道德建设,"两纲"教育体系逐步形成;开展"阳光体育"活动,虹口区被评为"上海市文体工程示范区";完成华东师大一附中整体搬迁。实施第二轮"加强公共卫生体系建设三年行动计划"和"建设健康城区三年行动计划",居民平均期望寿命达到82.07岁;获1全国计划生育优质服务先进区"称号。建成"中国共产党在虹口"史料陈列馆,完成曲阳图书馆改造和摩西会堂旧址修缮,"犹太难民在上海"纪念馆对外开放;中国剧协小品创作基地在虹口区挂牌,小品《寻找男子汉》获得中国戏剧奖小戏小品奖、优秀导演奖,实现上海在该项目上零的突破。开展以"迎奥运、健身心、促和谐"为主题的全民健身活动;建成3处社区公共运动场地。虹口男子花剑队在全国第六届城运会获团体第一名;完成女足世界杯开幕式、闭幕式任务以及揭幕赛、决赛等比赛。建成提篮桥等4个社区事务受理服务中心,建成凉城等6个社区文化活动中心,完成四川北、江湾镇社区卫生服务中心标准化建设,"三个中心"(社区事务受理服务中心、社区文化活动中心、社区卫生服务中心)实行全年无休工作制;各街道成立社区卫生管理委员会,新建11个社区卫生服务站(点)。加强实有人口综合管理,虹口区来沪人员居住证办证率达到98%以上;在上海市率先全面开展社区综合保险。全面推行社区代表会议制度,深入推进居民区"三会"制度;保障重要活动、重要节点期间的社会稳定,全区安全生产形势始终处于总体受控状态,全面完成产品质量与食品安全专项整治行动各项任务。完成特奥会保龄球比赛和社区接待等任务;虹口区共接待来自14个国家的522名运动员和教练员,41个国家和地区的281名运动员参加保龄球比赛,曲阳等6个街道组织开展社区接待活动;10月1日,胡锦涛总书记亲临曲阳社区"阳光之家",看望慰问智障人士。加强对财政预算资金和各类专项资金的管理;编制完成《"十一五"期间虹口区突发公共事件应急体系建设规划》;推进政府信息公开,提高行政透明度。完成一批与人民群众密切相关的实事项目。连续五次获"全国双拥模范城",连续六次获"上海市双拥模范区"称号;建成上海市文明城区。

【社会保障】 2007年,虹口区全面落实上海市出台的20项社会保障新政策,共有41.2万人(次)受惠。设立社区市民综合帮扶资金,区域内10个街道均设立"爱心超市"。设立助医、助学、助困"三个100万"资金。"千人助学工程"中,受助学生累计达4500人;全年共投入各类帮困救助资金6290万元。通过机构养老、居家养老等途径,初步形成生活照料网、紧急援助网、医疗保健网的养老服务体系,新建养老机构3家,新增养老床位300张,全区居家养老服务人数达10113人,其中享受政府补贴的达4859人。加强"阳光之家"建设,开展各种形式的助残活动,营造关心、关爱残疾人的良好风尚。深入推进抓创业促就业工作,重点扶持35岁以下青年人自谋职业、自主创业,全区新增开业贷款担保590.5万元,新增非正规就业劳动组织和微小型企业2472户,吸纳从业人员7517人。建立健全实名制就业管理制度和社区"一站两室"就业服务组织,继续开发千百人就业项目,新增就业援助基地28个,经认定的2100名"双困"人员全部得到安置,325户"零就业家庭"全部实现至少一人就业;全年新增就业岗位27881个,城镇登记失业人数15709人。制定"加强住宅小区综合管理三年行动计划",完成"平改坡"综合改造29.4万平方米、旧住房综合整治39万平方米、成套率改造4万平方米,完成"百弄整治"16.4万平方米,受益居民2万户。扩大廉租住房受益面,累计受理廉租住房申请1998户,发放租金补贴2455万元。

(冯谷兰)

杨　浦　区

【知识创新区建设取得新进展】 2007年,杨浦区继续加大知识创新区的建设力度,取得新进展。

创新体系不断健全。一是杨浦知识创新基地建设启动。2月,知识创新基地获市政府批准纳入上海张江高新技术产业开发区领导小组协调管理范围。与同济大学合作完成杨浦环同济知识经济圈总体规划。上海财大科技园、上海电力科技园竣工,复旦科技园三期基本建成,上海杨浦科技创业中心三期、复旦软件园等项目开工建设。二是创新服务平台建设有新突破。2亿美元的盛维资本中美投资基金、上海大学生创业基金会等机构落户创智天地。知识产权服务标准初步建立,杨浦知识产权审判庭成立。上海中小企业研发外包服务中心完成技术数据库建设。区域金融服务平台和风险投资服务园功能增强，设立“大学生创业企业信用担保基金”，制订鼓励风险投资发展的扶持政策。为中小企业融资1.76亿元，同比增长26%。人才广场举办各类招聘会46场。上海创业者公共实训基地一期工程建设完成。三是创新创业氛围更加浓厚。同济大学百年、上海水产大学95周年、上海财经大学90周年等校庆活动成功举办，继复旦、同济之后，与上海水产大学签订区校合作联手推进自主创新框架协议。区“32条”科技发展配套政策已出台21项细则。举办了首届“中国·上海专利技术展示交易周”、“杨浦发展国际论坛”、“上海大学生创业周”、“2007年风险投资与私募股权国际论坛”等活动。上海邮电设计院被命名为上海市科技小巨人企业，中和软件、塑料研究所等5家企业被命名为上海市科技小巨人培育企业。全区科技企业数超过3000家。全区获得“2005～2006年度全国科技进步先进城区”称号；3人获得“全国科技进步先进个人”称号。

城区功能进一步凸现。一是聚集五角场战略成效显著。2007年上海世界夏季特殊奥运会闭幕式顺利举行。江湾——五角场市级副中心南部商业商务区全年销售额达15亿元，占全区销售总量75%；完成金岛大厦综合改造，东方商厦杨浦店扩建后重新开业，创智天地一期二批、复旦金融创新园等项目加快推进，波司登总部大楼奠基启动。五角场地下空间综合开发达28万平方米。二是“南北呼应”开发格局逐步形成。开展黄浦江岸线杨浦段、大连路总部研发集聚区规划编制。西门子上海中心、渔人码头一期等项目开工，宝地广场奠基启动，秦皇岛路和宁国路“世博水门”项目完成规划选址。全年新竣工商务楼建筑面积41.8万平方米，累计达250万平方米。三是创意设计产业加快发展。出台区产业发展实施纲要，推出区创意类企业的扶持办法，完成汇星创意园等一批老厂房改建，五角场800号艺术空间开幕。复旦科技园被命名为国家数字媒体技术产业化基地（上海）园区。知识型生产性服务业占第三产业比重达30.1%，同比上升1.5个百分点。四是都市型产业和基础性服务业能级不断提升。上海国际家用纺织产业园一期工程基本完成。上海东方国际水产中心市场商铺出租率达95%以上。配合办好上海旅游节、上海购物节等活动。上海烟草博物馆被评为全国工业旅游示范点。（姜正洲）

【民生工作有力推进】 2007年，杨浦区民生工作进一步完善，各项措施落到实处。

促进就业取得成效。全面实施“自主创业拓展行动”，建立“科教见习”和“校企合作”青年职业见习新机制；获得“2007年全国清理整顿劳动力市场秩序专项行动先进单位”称号。全区设立大学生实习基地15个，新增就业岗位3.1万个，外来从业人员参加综合保险9.6万人，青年职业见习2093人。

社会保障进一步加强。开展社区市民综合帮扶计划；率先在全市开展以社区老年社团为依托的独居老人结对关爱行动计划。完成个案帮扶1523例；向因物价上涨影响基本生活的困难家庭给予实物补助3000户；救助各类对象46.4万人次；累计发放各类救助金约1.2亿元。

社区建设持续加强。制定了社区事务受理服务中心、社区卫生服务中心、社区文化活动中心达标建设工作计划，完成6个“中心”实事项目和12家标准化菜市场改建；全面完成市下达的计划生育指标，居住证办证率达100%。

社会稳定局面进一步巩固。社会防控体系三期及扩大工程建成，强化综治、公安与信访工作的信息网络对接；安全生产继续保持平稳可控；12个街道（镇）突发公共事件应急预案编制完成；为售后公房安装电控防盗门1899扇；区法律援助中心被命名“全国老年维权示范岗”。

【社会事业和谐发展】 2007年，杨浦区社会事业发展水平进一步提高，社会性和谐形成新局面。

精神文明和文化事业取得新成绩。开展“优美环境，让生活更美好”薄公英行动。举办“杨浦学习节”和“共同铸造——知识杨浦、知识军营”等活动。积极探索社区与专业文艺院团结对共建机制。“公益电影展映活动”受益观众38万人次。区文化馆改建工程竣工，杨浦大剧院改建后重新开演。获得“全国双拥模范城”六连冠，获得“全国家庭教育先进区”、“全国社区教育试验区”等称号。

优质教育集聚区建设成效明显。完成9所中小学新、改、扩建工程，以“名校带弱校”组建控江二村小学教育集团，安置2000余名来沪人员子女进公办学校就学。中考合格率位列全市第一。举办长三角地区小班化教育研讨会。与高校共建上海财经大学附属中学、上海音乐学院实验学校和上海理工大学附属小学。普通话水平测试杨浦站成立。

卫生改革与发展加快推进。四平、殷行、定海社区卫生综合服务改革试点全年门诊和预防保健达120万人次，同比上升30.7%。组织二、三级医院医生184人支援社区卫生服务；全区社区门诊认、诊疗费减免人次207万，减免金额1446万元。区属医疗机构全年门急诊达537万人次，同比上升17.7%。启动“名医师”建设工程。

健康城区建设稳步推进。建成上海市先进健康社区3个，红十字服务站70家。区少体校被命名为“国家手球奥林匹克后备人才训练基地”。成功举办2007亚洲极限运动锦标赛和第三届国际极限挑战赛。建成黄兴体育公园等2个公共运动场。四平街道获得“全国全民健身活动先进单位”称号；五角场镇获得“国家卫生镇”称号；同济小学获得“全国红十辽模范学校”称号。（杨维钦）

嘉定区

【概况】 位于上海西北部，是建设中的上海国际汽车城所在地。东与宝山、普陀两区接壤；西与江苏省昆山市毗连；南襟吴淞江，与闵行、长宁、青浦三区相望；北依浏河，与江苏省太仓市为邻。有铁路沪宁线、沪杭外环线过境。公路交通形成网络。主要公路有A5（嘉金高速）公路、A11（沪宁高速）公路、A12（沪嘉浏高速）公路、A30（郊环高速）公路、沪宜公路（属204国道）、曹安公路（属312国道）和宝安公路、嘉安公路、嘉松北路、宝钱公路、浏翔公路等，总长1000多公里。有往来于上海市区、郊区及区内各镇的公交线路78条，开往杭州、彭水、定远、淮滨、苏州等地的始发客运线路20条，开往苏、浙、皖、鲁、豫、川、鄂等地的过境配载客运线路120余条。有内河航道20条，通航里程232公里。名胜古迹有南翔寺砖塔、嘉定孔庙、法华塔、秋霞圃、古猗园、汇龙潭等。娱乐、旅游场所有上海高尔夫俱乐部、美丽华度假村、浏岛风景区、真新百佛园、江桥新泽源、安亭银杏园、华亭人家、上海国际赛车场等。名人纪念处所有二黄(黄淳耀、黄渊耀)先生墓、钱大昕墓、顾维均生平陈列室、陆俨少艺术院等。

【经济建设】 2007年,全区完成增加值559.85亿元,比上年增长15.6%(按可比价格计算)。完成财政总收入183.18亿元,增长24.76%。其中地方财政收入完成50.52亿元,增长18.37%。实现工业总产值1860.37亿元,比上年增长18.81%。其中规模以上企业实现工业总产值1449.8亿元,增长5.5%,占全区工业总产值的77.93%,工业利润88.6亿元,增长12.44%。全区有汽车零部件生产企业181家,完成工业总产值360.8亿元,增长29.1%。全区实现社会消费品零售总额165.29亿元。全社会固定资产投资171.56亿元。上海国际汽车城引领作用进一步放大,体制机制创新不断强化,新一轮发展目标得到明确。上海新能源汽车关键零部件、汽车电子等产业基地规划建设有效推进,产业集聚效应不断放大。上汽工程学院、同济大学地面交通工具风洞中心等一批重大功能性项目建设不断加快,以汽车研发功能为核心的汽车产业链进一步完善。国家级出口加工区通过验收,实现封关运作。商业发展层次不断提升,沃尔玛、东方商厦等一批品牌商业先后入驻,市试点项目上海曹安全球采购中心电子商务平台建设顺利推进。

嘉定区旅游发展总体规划编制完成,“古城游”、“汽车游”、“田园游”等特色旅游逐步发展,上海汽车文化节、南翔小笼文化展等品牌节庆活动影响力不断扩大。现代农业加快发展。以嘉定现代农业园区、马陆葡萄主题公园为代表的特色农业、观光农业发展取得初步成效。土地流转加快实施,全区土地流转率达到85%。建成1400公顷设施粮田和设施菜田,农业抗灾能力有效增强。全年引进合同外资9.1亿美元,同比增长7.1%。引进总部经济50余家。

【城市建设】 新城建设加快推进。新城中心区伊宁路以南控制性详细规划编制完成,社会事业和基础设施等专项规划编制同步实施。伊宁路中段、富蕴路完成主体结构,新城中心区电力管线入地及燃气排管合作协议成功签约,“无线城市”启动建设。老城区改造有序推进,实施博乐路架空线入地和道路灯光改造工程,州桥核心区改造不断深化,完成西门老街改造总体规划和练祁家园动迁配套商品房基地前期工作,老城区面貌进一步改观。轨道交通11号线(嘉定段)实现结构贯通,墨玉路站、白银路站、南翔站综合开发地块成功出让,城北路站、嘉定新城站综合开发项目开工建设。配合做好沪宁高速公路、曹安公路、沪太公路拓宽工程,完成胜辛南路、澄浏中路辟通工程。坚持公交优先,推行“一区一公交”运行模式,新辟、调整、延伸10条公交线路,建成40座公交候车亭,市民出行条件不断改善。新增公共绿地50.6公顷,外环生态专项建设前期工作积极推进。

【社会事业】 2007年,区镇两级财政对教育、卫生等社会事业投入计13亿元,同比增长19%。建立基础教育经费区级统筹管理机制,全面推进教育均衡化发展。以“办特奥、迎奥运、迎世博”为契机,广泛开展精神文明创建活动。全国文明城区创建工作全面推进,全区创建市区两级文明小区113个、文明村115个。双拥工作进一步深化,连续六次荣获“全国双拥模范城”称号。2007年世界夏季特殊奥运会滚球比赛和社区接待任务圆满完成,国际女篮邀请赛、区第一届老年人运动会等赛事成功举办。上海中国科举博物馆“科举陈列”获第七届全国博物馆十大陈列展览精品奖,“嘉定竹刻”代表上海入展中国成都国际非物质文化遗产节博览会。

千方百计扩大就业再就业,完成各类职业技能培训2.4万人次。新增就业岗位3.3万个,转移农村富余劳动力1.2万名,城镇登记失业人数6778名,低于控制指标。社会保障体系进一步健全,本地户籍人员参加和享受各类社会保障45.4万人,农民养老金最低发放标准提高到每人每月200元,来沪从业人员月均参加综合保险人数突破27万人。深化和完善“一口上下”社会救助机制,全年共有34万人次获得社会救助,救助金额达1.1亿元。

城镇和农村居民家庭人均年可支配收入分别达到19770元和11416元,同比分别增长14.5%和10.9%。新建和改建标准化老年活动室11个,对全区4.8万多名60岁以上的农村老年人开展免费健康体检和咨询。完成“平改坡”综合改造49.3万平方米,居民居住环境继续改善。 (孙培兴)

【全国社会主义新农村建设示范点——毛桥村农宅改造二期工程竣工。】 毛桥村地处嘉定区最北端的华亭镇,与江苏太仓市相邻,是一个典型的上海郊区以农业生产为主的自然村落。作为全国35个社会主义新农村建设示范村之一、上海市“1966”城乡体系规划的首批中心村建设试点的毛桥村,农家自然村宅及综合环境改造一期工程项目自2006年2月启动,被列入首期改造工程的第2、第3、第8三个村民小组,涉及用地33.33公顷、核心区域10公顷、农户105户。农宅综合改造以“生产发展、生活宽裕、乡风文明、村容整洁、管理民主”为总体目标,以“统一规划、因地制宜、政府推动、村民参与、突出重点、兼顾全面”为基本原则,投入改造资金近500万元,整修农宅105户,整治河道3000米,铺设自来水管道2200米、污水处理管道4600米,改建桥梁5座,村民的居住环境得到很大改善。毛桥村被上海市委、市政府列为全市5个建设社会主义新农村试点单位之一,被农业部列为全国35个社会主义新农村建设示范村之一。10月,毛桥村成为联合国教科文组织农村社区学习中心实验单位。2007年2月,华亭镇农宅改造二期工程启动,历时9个月,共投入资金2500万元。实施改造的范围包括毛桥村、霜竹路沿线及设施农田周边,涉及毛桥村的5个组及连俊、北新、唐行、双塘等5个村的477户农户。通过对“厕、厨、路、网、河、水、绿、房”的“八改”,达到“外墙白化、道路硬化、路灯亮化、河道净化、卫生洁化、庭院绿化、环境美化、生活优化”等的“八化”。有效改善村容村貌,优化农村居住环境。共完成改建桥梁23座,疏浚河道2.02万立方米,铺设污水管道2.73万米,浇筑混凝土道路8320米、沥青路面7336平方米,新建处理能力为60吨/日的污水生化处理池1座,种植绿化6万平方米,拆除违章建筑3062平方米,环境整治清理垃圾2230吨。毛桥村新农村建设实践的示范意义是让“对现有农宅保留改造”的思路成为示范性的现实。毛桥村的模式,在环境和生态保护的同时,保留了水乡农村的特色,保留了淳朴的民俗民风,留住了农民的“根”和农村的历史文脉。

毛桥村新农村建设得到全社会的关注与支持,也是广大农民谋求发展的内在需求。为使让毛桥村民增加收入,华亭镇结合自身实际,因地制宜,积极拓展以"五金"(入股股金、土地流转租金、就业薪金、参加农保获得养老金、庭院经济和"农家乐"获取的现金)为内容的提高村民收入,增加村民生活"含金量"的致富渠道,在现代农业建设和农村综合配套改革中做了有益的探索。 (孙培兴)

【举办2007年上海汽车文化节】 10月4~16日,2007年上海汽车文化节在嘉定举办。2007年上海汽车文化节是在2005年上海汽车文化节的基础上,由中国汽车工程学会、上海国际汽车城建设领导小组办公室、市文明办、市经委、市文广局和嘉定区政府主办,副市长胡延照任汽车文化节组委会主任。本届汽车文化节紧扣"城市让生活更美好,汽车让生活更精彩"的主题,积极倡导汽车文明,传播汽车文化,提升汽车产业和市场能级,促进现代服务业繁荣,打造人民大众的节日,组织筹办呼应世博绿色行动、助推F1彩色竞技、文明汽车蓝色畅想和相约嘉定金色旅程等四大系列、14项主要活动和近百场基层群众性汽车文化系列普及活动。为倡导汽车社会主流价值观念,本届汽车文化节在10月4日开幕式上郑重向全国发出《文明方向盘·上海行动宣言》,首次倡导文明驾车"八有"规范(即一要有则,车行其道,不挤占非机动车道和人行道;二要有礼,主动避让,不滥鸣喇叭;三要有序,依次行车,不强行插队;四要有德,遇水减速,不水溅他人;五要有效,快道快车,不占用快车道慢速行驶;六要有节,近光会车,不以灯光扰乱对方;七要有备,变道亮灯,不做突然拐弯并线;八要有格,内外洁净,不往车外吐痰乱扔杂物),倡导汽车文明。50余名来自上海公交、出租车行业的驾驶员代表集体宣誓,响应倡议,表示要遵守文明驾车"八有"规范。策应和延伸"文明在我脚下"活动,推动全市文明交通环境进一步改善。本届汽车文化节围绕汽车文化主题,节庆活动特色鲜明,具有突出迎世博、办特奥,紧扣社会热点;围绕汽车文化主题,融合各地产业特色;加强宣传,进一步提高节庆知名度;贴近生活,进一步扩大市民参与度等4个特点。参与本届汽车文化节各项活动的市民近40万人次,取得良好的社会效益和经济效益,提高"汽车嘉定"知名度,推动汽车文化的培育、汽车产业的集聚,促进和谐嘉定建设。

(孙培兴)

【南翔小笼文化展开幕】 9月28至10月6日,2007年上海旅游节嘉定系列活动之一——南翔小笼文化展在南翔镇举行。文化展由嘉定区人民政府主办,市旅游事业管理委员会、市绿化管理局协办,嘉定区南翔镇人民政府、嘉定区旅游局、嘉定区文广局和上海古猗园承办,被列入2007年上海旅游节、上海汽车文化节和上海购物节重要内容。文化展以"小笼,让生活更滋味"为主题,通过开展有看、有听、有玩、有吃、有买的南翔小笼文化展示活动,对南翔小笼进行系统化宣传包装,推进南翔小笼市场的规范、品质的提升和工艺的创新;同时以丰富的内容、多样的形式,展现南翔的文化魅力。年内,"南翔小笼制作工艺"被上海市列为首批非物质文化遗产,并已申报国家非物质文化遗产。9月28日晚举行文化展开幕式,中共嘉定区委书记金建忠、区长孙继伟出席,市旅游事业管理委员会副主任金放、市绿化管理局副局长崔丽萍为"南翔小笼制作工艺——上海市非物质文化遗产"揭牌;田震、王汝刚等演艺界明星表演精彩节目。文化展分"古镇风韵、记忆南翔","古镇风华、人文南翔","古镇风采、商贸南翔"三大板块。其间,举办南翔小笼制作擂台赛、南翔小笼文化研讨会、南翔戏曲庙会、上海古猗园竹文化艺术节、2007上海南翔投资高峰论坛等活动,共接待游客12万人次。新华社、解放日报、东方网、上海电视台等媒体予以报道。 (宋怀常)

【江桥发现明代官员墓葬】 2007年6月的第二个中国文化遗产日(6月9日)前后,嘉定江桥镇新农村建设工地(曹安公路北、华江支路西侧原嘉定区水产养殖场)发现两座明代墓葬。两座墓葬均为糯米浆三合土封筑,规模较大,且未受破坏。上海市文物管理委员会考古部专家主持,进行了抢救性发掘。据出土墓志提供的信息,结合嘉定方志相关记载,两墓葬的主人分别为明奉议大夫登州府同知(官阶为五品)李汝节夫妇和其子四川参议(官阶为四品)李先芳夫妇。李汝节夫妇墓于6月11日顺利发掘。该墓长、宽约4米,深约2.5米,由厚达1米多的糯米浆三合土封筑,其坚固密实程度,犹如钢筋混凝土碉堡。李汝节夫妇墓为石室,内棺外椁,坐北朝南。两墓室上部均覆盖独幅花岗岩石板,上下卯合。在李汝节墓的棺盖上,隐约可见"员外郎新斋"五个楷书大字,墓棺内清理出铜镜、木梳、金属香盒、金发簪、木腰带及冥器铜夜壶、马桶、木盆等,其中以透雕木腰带最为精美。李汝节夫人程宜人墓室的随葬品主要为铜镜、木梳、金属香盒、宗教文牒、金戒子、玉戒子、银戒子、银元宝、透雕木腰带、凤冠(已朽)、鎏金发簪、耳坠等。李先芳夫妇墓于6月12日发掘。此墓也是内棺外椁,但都没有用砖或石砌筑墓室,然而在男主人墓室的棺、椁之间,却填满了石灰。类似形式为嘉定前所罕见。李先芳墓葬内,随葬品比较丰富,且基本完好,其中尤以死者身上及两侧置放的大量宣纸、吊钱(纸质冥币),鲜艳如新的衣服和孔雀纹补子、压花金箔冥币为罕见。不过李先芳夫人墓内仅清理出一支玉发簪、一面铜镜和两把木梳等数件随葬品。江桥李氏父子墓的发现和发掘,为研究当时的墓葬形制、丧葬习俗、宗教信仰、雕刻艺术,以及嘉定的史迹变迁(如墓葬所在地何家桥的消失)、该李氏家族谱系等,提供不可多得的第一手珍贵资料。 (江汉洪)

【嘉定竹刻博物馆开馆】 12月28日,国内首家集竹刻艺术收藏、研究与展示的专题博物馆——嘉定竹刻博物馆开馆。竹,"未出土时便有节,及凌云处尚虚心",在中国传统文化中有着特殊的地位,被赋予"正直、坚贞、谦逊"的品格,寄托文人士大夫对高尚人格的追求,成为千百年来人们颂咏的主题。竹刻的历史可以追溯到战国时期,但是直到明代中后期,随着嘉定竹刻的兴起才真正发展成为一门中国特有的艺术。嘉定竹刻从明正德、嘉靖年间兴起到晚清至民国时期趋于衰微,其间经历了四百余年的发展历程。从初创时期的辉煌到明末清初的发展,从康乾时期的鼎盛到清朝末年的衰落,嘉定竹刻在每一个特定的发展阶段,都涌现出具有划时代影响力的竹刻名家及诸多颇具创新意识的代表性雕刻技法,也为后世留下一大批堪称竹刻珍宝的艺术精品。有鉴于此,2006年嘉定竹刻入选国务院公布的《第一批国家级非物质文化遗产保护名录》。为保护好这一艺术奇葩,嘉定区政府采取一系列措施予以传承和保护嘉定竹刻艺术。启动"竹刻保护计划",相继成立嘉定竹刻协会,举办嘉定竹刻培训班,并斥资800万元在改建修缮一新的民国时期历史建筑——嘉定别墅内辟建嘉定竹刻博物馆,让珍藏于嘉定博物馆仓库的竹刻“重见天日”,把散失在各地,已成为当地博物馆、美术馆馆藏珍品的竹刻“请回家”。嘉定竹刻博物馆展厅面积500余平方米,120件展品分别来自上海博物馆、青浦区博物馆和个人收藏家,除了明、清艺术精品外,还有20件出自现代嘉定竹刻传承人之手,多为近年海内外获奖作品。该馆为保证展出效果,采用“全息成像”的立体映象新技术,将圆雕《东方朔》等拍摄成像后,飘浮在空中,诠释嘉定竹刻精品的三维效果,让观众全方位欣赏到竹刻展品。针对竹刻制品易霉易裂的特性,满足竹刻艺术品保存和展示的温度、湿度要求,竹刻博物馆工作人员集思广益,经过反复试验,采用花泥调控湿度这一原始却相当有效的方法,为展出的竹刻制品安全提供保障。　(孙培兴)

【嘉定“无线城市”建设启动】 2006年8月底,嘉定区在全国(大陆地区)率先提出建设“无线城市”的设想,被上海市信息化委员会命名为“上海无线城市试点城区”,《文汇报》在头版头条进行专题报道。“无线城市”概念中的“无线”指的是无线宽带网络,与我们通常使用的宽带网络不同的是电脑、智能手机、PDA等不再需要连接网线就可以实现联网;其“城市”是指这套无线宽带网络是城市全覆盖的,跟手机信号一样,而不是局限于一间房间、一栋楼。“无线城市”就是使用无线宽带网络覆盖进行全城无缝覆盖,提供综合信息化支撑能力,使得人们在这座城市里可以随时随地享受各种高效、灵活的信息化服务。“无线城市”将给嘉定的商务旅游、创业创新、社会管理、公共服务和生活学习、休闲娱乐带来卓越的效益,从而显著提升嘉定新城的吸引力和竞争力。2007年初,嘉定区科学规划,把建设“嘉定·无线城市”模式确定为“政府主导、政企共建、企业运营、服务社会、带动产业”,并委托上海社会科学院信息研究所从社会和经济发展两方面,就“无线城市”对嘉定区社会经济发展的潜在效益进行系统性分析和评估,原则确定“无线城市”合作对象,签订合作协议。区信息委、区发改委与“嘉定·无线城市”合作伙伴——中电华通通信有限公司上海分公司联合成立“嘉定·无线城市”建设推进工作组,具体负责推进“无线城市”建设;同时,开展无线城市技术测评。在区综合办公楼南广场、嘉戬公路(博乐南路—澄浏中路)搭建“无线城市”测试体验环境。在此基础上,多领域、多渠道探索无线应用试点建设。启动无线视频监控应用试点建设,探索无线宽带网络在“平安嘉定”建设中的应用。在塔城路(新成路至沪宜公路路段)启动无线智能交通诱导系统试点工作,实现无线传输的交通信号灯智能化控制。启动一期示范道路建设,实现无线网络覆盖,逐步开展一系列基于无线宽带网络的智能交通、应急指挥、视频监控、医疗急救、移动指挥等试点性应用和探索;就点位确定、土建施工、用料标准、设备安装、网络调试、项目验收、设备维护等施工流程制订统一标准和规范。多次召开专题会议推动“嘉定·无线城市”建设。12月28日,嘉定区政府举行嘉定“无线城市”合作签约暨建设启动仪式。

(吴　巍)

【嘉定救护基地救治受伤巨型中华鲟】 2007年,位于嘉定区徐行镇上海万金观赏鱼养殖有限公司的中华鲟保护区临时基地先后收治两尾受伤的巨型中华鲟。中华鲟送抵临时基地时均有严重充血现象,体表黏液大面积脱失,体质虚弱。其中1月18日救治的雌性中华鲟,全长3.35米,体重206公斤,该中华鲟的伤口多达27处并有大面积刮伤,生命垂危。嘉定区水产技术推广站、区渔政站全力配合中华鲟保护区管理处工作,经过151天抢救,该尾中华鲟增重30公斤,于6月17日顺利放流长江。7月17日晚,体长3.37米的中华鲟在金山区海域被误捕受伤送往嘉定临时基地救治。为帮助中华鲟度过暑天,嘉定救护基地工作人员冒着酷暑,修建可以自由调节水温的空调病房,全力配合救治。8月19日,经过33天休养,中华鲟由“重症病房”转入“普通病房”,标志着中华鲟进入全面康复阶段。两尾中华鲟救治期间,嘉定区政府相关部门全力支持、配合救治工作,区委副书记、区长孙继伟,副区长邵林初等领导专程到徐行镇中华鲟保护区临时基地,了解、关心受伤中华鲟的救治情况。中华鲟营救工作被中央电视台、新华社及全国各媒体连续跟踪报道,引起社会各界广泛关注,宣传了上海人与自然和谐相处的精神。对这两尾中华鲟的抢救和研究,将为中华鲟研究、保护提供第一手资料,同时对中华鲟保护区的建设和管理积累经验。

(吴　庆)

【上海首座固定加氢站在嘉定建成】 6月28日,上海首座固定加氢站在嘉定建成。由同济大学、世界著名气体公司BOC集团和壳牌公司合作建成的这座固定加氢站位于上海国际汽车城博览公园内,是同济大学承担国家“863”项目“燃料电池汽车高压氢气加氢站及供氢技术研发”的内容之一,总造价超过1000万元。其主要功能是为同济大学研制的“燃料电池轿车”示范运行车队以及2007年在上海实施的燃料电池公共汽车商业化示范项目提供氢气加注服务。加氢站的氢气取自上海焦化厂的工业副产品氢气,站内氢气总储量800公斤左右,一天可满足6辆公共汽车和20辆小汽车的加氢需求。同济大学研制的燃料电池汽车实现真正的零污染,它以氢气为燃料,排出纯净水。燃料电池汽车的最高时速可达120公里以上,加注一次氢气可行驶300余公里,已达到国际先进水平。

(孙培兴)

【嘉定1.4万名高血压患者用药免费】 2007年,嘉定区政府着眼缓解群众看病难、看病贵的问题,以“疾病预防胜于治疗”为医疗卫生改革的重点,采取有效措施方便群众就医,提高诊疗质量,改善就医环境。1996年,嘉定区率先在外冈镇开展高血压病社区预防和干预,探索社区慢性疾病防治措施。外冈镇建立健全高血压管理网络,抽调社区卫生服务中心医务人员与乡村医生共同组成防治队伍,实行“包干村”制度,协同监管全镇20个村的高血压患者。按照卫生部门的要求,每3年开展一次高血压入户基线调查,确定高血压病人数,进行分级管理;建立自下而上的报病措施,严格审核和资料收集归档制度。自2001年起,外冈镇对全镇享受合作医疗的3700余名高血压患者免费提供6种药物;人手一册高血压管理手册,详细登记服药、血压控制情况;“凭证”取药,社区医生进行用药指导;部分疑难病人由专家门诊提供咨询、诊治;定期举办高血压知识讲座、健康咨询、免费测量血压等,有针对性地进行健康宣教。2007年,外冈镇将享受合作医疗的高血压患者列入“监测网”,随时对症下药,年累计花费20万元。经过10余年的探索,试点区域内人群心脑血管发病率和死亡率明显下降,基本达到发达国家水平,实现花小钱、省大钱的经济效果。8月1日起,嘉定区政府推广外冈镇开展高血压病社区预防和干预的经验，将社区预防和干预高血压病列入政府实事工程，由各街道、镇统一出资，将全区农村参加合作医疗的1.4万名高血压患者纳入预防干预管理范围，并提供免费治疗和药品。嘉定区疾病预防控制中心对此项工作提出具体要求，明确各级医疗机构职责，对相关人员进行培训。 （袁黛英）

【上海市哈密瓜研究所落户嘉定】 2007年，上海市郊哈密瓜种植面积达400余公顷，并形成嘉定、南汇区域化栽培和产业化发展格局，本地产哈密瓜基本实现新鲜度好、成熟度高、品质优秀的目标。随着哈密瓜产业的壮大，成立一个具有优良种源创新能力、标准化栽培管理技术、全产业技术保障服务功能、采后保鲜加工产业、市场分析和运作能力的服务性研究机构越来越成为需要。9月，基于嘉定区依托中国工程院吴明珠院士工作室在哈密瓜引种示范推广方面取得的成效，市农委确定将市哈密瓜研究所落户嘉定。12月18日，上海市哈密瓜研究所在嘉定现代农业园区挂牌成立，同时成立的还有嘉定区哈密瓜研究所。新成立的哈密瓜研究所将行使相关科研、开发、示范和推广职能，紧紧依托吴明珠院士工作室的技术和人才优势，实现哈密瓜生产向良种化、标准化、优质化、安全化、规模化、品牌化和产业化方向发展，为全市乃至东部沿海地区提供安全优质的哈密瓜产品，促进农业增效和农民增收，推动都市现代农业的发展。 （孙培兴）

【上海国际汽车城建设】 2007年，上海国际汽车城实现工业总产值768亿元，比上年增长20.57%；实现工业增加值219.1亿元，比上年增长16.54%；完成固定资产投资38.5亿元，建成和开工一批项目；社会消费品零售额33.9亿元，比上年增长24.95%；外贸出口额5.7亿美元，比上年增长14%；引进外资38家。7月5日，中共上海市委书记习近平等领导到上海国际汽车城实地察看同济大学嘉定校区、上海大众、国家机动车质量监督检验中心、上海汽车博物馆等功能项目和配套项目。对汽车城的开发建设所取得的成果给予充分肯定和高度评价。就汽车城的新一轮开发建设的目标、任务、抓手和方法提出意见，要求立足全局，加快建设，把国际汽车城建设成为在国际上有一席之地、全国汽车产业的制高点。

年内，按照“推进、充实、完善、提高”的工作要求，上海国际汽车城开发建设取得新的进展。汽车研发功能始现集聚发展态势，公共研发平台和企业研发平台初步形成。上海地面交通工具风洞中心实验室、研究大楼竣工，设备安装基本完成；上海机动车检测中心以率先转变经济增长方式为目标，培育新的业务增长点，开展整车实车碰撞达180余辆，台车模拟碰撞达80余次，共组织15批34人次的工程师前往全球各国，代表中国相关政府部门执行境外检测任务。全年业务收入8900万元，同比增长7.2%。在与国外权威机构的合作关系上取得实质性进展。检测中心二期项目建设按时间节点有序推进，代表国内最高水平、国际先进水平的灯光试验室、EMC电池抗干扰等实验室年内竣工并投入使用。基于上汽自主品牌荣威车型的首批3辆自主品牌新能源汽车“上海”牌燃料电池轿车样车已移交整车企业开展工程化开发试验；国家863“节能与新能源汽车”项目，上海大众的“领驭”燃料电池轿车氢能安全性达到国际同等水平。上汽技术中心整体迁入汽车城进行自主品牌的研发。研发平台的建成吸引更多研发企业、机构的入驻，汽车城范围内已集聚具有规模的企业技术研发中心23家。其中包括3家整车技术（研发）中心（上汽股份、上海大众、奇瑞汽车），1家发动机总成研发中心（菲亚特）和德尔福、舍弗勒等零部件技术（研发）中心。

汽车文化活动丰富多彩，通过大力推动休闲旅游、主题活动、品牌宣传，进一步提升汽车城影响力。依托上海国际赛车场、同济大学嘉定校区、汽车博物馆、博览公园、大众汽车公司等汽车文化资源，举办长三角百家旅行社考察旅游线路和参加苏州旅博会汽车城旅游推广活动；组织开辟以汽车工业、汽车科技、汽车文化为主题的旅游路线并给予政策扶持，扩大汽车城与国内外的沟通联系，全年旅游客流达到5万人次。汽车博物馆全年接待观众超过3万人次，月参观人数从最初的五六百人次逐步上升到五六千人次，已被列为上海市科普教育基地。上赛场经营公司紧紧围绕打造F1赛事品牌和上赛场品牌主线，成功举办F1大奖赛、MotoGP中国大奖赛、A1世界杯汽车大奖赛等国际和全国性赛事11个。2007年上海汽车文化节，通过四大系列共10余项特色鲜明的活动，全方位展示上海汽车产业发展和上海国际汽车城建设的成就，推动汽车文化的培育和汽车产业的集聚，吸引更多喜爱汽车和崇尚汽车文化的市民积极参与。以“汽车——让城市更精彩”为主题的上海国际汽车城城标征集活动，得到社会各界的积极响应，共收到作品560件，作品来自全国各地甚至海外。其间通过网站、报纸、广播进行阶段性广告宣传，并对入围的30幅作品进行巡回展示和公众竞猜等活动，最终评选出5幅优秀作品，扩大汽车城的品牌效应。

积极营造良好的环境，汽车服务功能更加充实，汽车贸易、汽车会展、体育文化等功能特色初步显现。贸易区新车销售创新高，已开业的8家汽车品牌专卖店累计销售新车1.6万余辆，销售额46.6亿元；办理新车上牌数量持续上升，从日均80辆增至100辆；二手车交易量6.1万余辆。汽车会展中心年内举办5个会展，其中2个展览持续二年时间，初步形成自己的展会品牌。还承接上海大众明锐、德国大众奥迪等新车发布活动。此外，加强市场推广，引进举办巡展、体育嘉年华、文艺晚会等活动和承接举办别克、福特等16个汽车广告拍摄业务以及大型招商会和各类会议。上海国际赛车场除举办各类赛事外，还成为众多企业市场推广和公关活动的舞台，全年排定活动280余天。主要有：奔驰、宝马、奥迪、保时捷、通用和大众等世界品牌的汽车企业；拜尔、杨森等企业的大型会务活动以及广告拍摄和专题旅游等活动。上海国际汽车城被确定为沪上四大专业物流基地之一，已形成为汽车制造与汽车零配件生产、汽车贸易与营销提供集仓储、配送、运输、包装、加工等为一体的全方位物流产业。轨道交通11号线高架段区间基本贯通，上赛场车辆段全面开工。同时启动区域内站点综合开发规划，使站点周边形成居住、商务、商业、休闲、娱乐等功能的区域级和社区级中心。进一步完善与中心城区的交通连接，优化公共交通网络建设。新增安亭经博园路至上海市区公交线路；区域交通增加到两条线路，扩大公交覆盖面。安亭新镇新建别墅12万平方米，5#中心广场14万平方米商业体量的公共设施6个单体进入内部设施安装，酒店样板房竣工，部分商业设施开始招商，汽车城的居住配套功能更趋完善。市政府明确在汽车城建设“现代服务业集聚区”和“汽车零部件国际贸易服务平台”,为汽车城进一步提升服务功能,提高产业素质创造了新的生机。市、区两级政府继续给予产业扶持政策,将新建或引进的国际、国内的汽车产业项目向上海国际汽车城集聚,进一步提高汽车城的产业集聚度。市政府安排适当资金与嘉定区政府的专项资金配套用于支持开发汽车服务业功能和调整产业结构。　(孙培兴)

2007 年嘉定区基本情况表

项　目	数　量	项　目	数　量
区域面积(平方公里)	463.55	在校学生(人)	24472
街道办事处(个)	3	小学(所)	23
镇(个)	8	在校学生(人)	23363
工业区(个)	1	幼儿园(所)	37
新区(菊园)(个)	1	在园幼儿(人)	16410
居民委员会(个)	110	职校(所)	1
村民委员会(个)	160	在校学生(人)	4308
户籍人口(万人)	53.79	图书馆、室(个)	14
户数(万户)	18.56	文化馆、站(个)	1
人口密度(人/平方公里)	1160	4 影剧院、场(个)	5
人口自然增长率(‰)	0.35	医疗卫生机构(所)	23
市文明小区(个)	71	区级医院(所)	6
市文明单位(个)	59	医院床位数(张)	2485
市文明村(个)	47	医疗卫生技术人员(人)	3643
中学(所)	31	执业医师(人)	1107

2007 年嘉定区国民经济主要指标一览表

项　目	单　位	完成数	比上年增减(%)	项　目	单　位	完成数	比上年增减(%)
增加值	亿元	559.85	15.6	外贸出口总额	亿美元	62.63	19.41
第一产业	亿元	2.58	-2.0	直接利用外资签订合同项目	个	174	-17.54
第二产业	亿元	380.92	15.6	直接利用外资签订合同金额	亿美元	9.11	7.05
工业	亿元	359.98	15.6	农业总产值	亿元	10.4	11.83
第三产业	亿元	176.35	15.9	工业总产值	亿元	1860.37	18.81
固定资产投资额	亿元	171.56	0.37	住宅竣工面积	万平方米	232	11.32
财政收入	亿元	183.18	24.76	社会消费品零售总额	亿元	165.29	
地方财政收入	亿元	50.52	18.37				
地方财政支出	亿元	79.14	8.92				

宝　山　区

【概况】　位于市区北部,东北濒长江,东临黄浦江,南与杨浦、虹口、闸北、普陀 4 区毗邻,西与嘉定区接壤,西北与江苏太仓市交界。全区面积 293.71 平方公里。区内有逸仙路高架、共和新路、江杨路、沪太路 4 条南北向主干道通向中心城区,有长江路、外环线、郊区环线等道路贯穿东西。区域内有全国特大型企业宝钢集团公司;有张华浜、军工路、宝山 3 个集装箱码头和罗泾散货码头;有吴淞客运码头、吴淞客运中心、宝杨路客运码头、石洞口客运码头 4 个水上客运码头;有淞沪抗战、陶行知、陈化成等纪念馆和海军上海博览馆，上海大学总部落户区内。2007 年，全区完成增加值 431.53 亿元，比上年增长 14.0%。三次产业增加值的比例为 0.5：49.0：50.5。非公经济实现增加值 212.12 亿元，占全区增加值的比重由上年的 48.0%增加到 49.2%。全年区财政总收入 123.08 亿元，比上年增长 15.9%。区地方财政收入 52.16 亿元，增长 15.6%。全年完成固定资产投资总额 158.96 亿元，比上年减少 16.0%。积极发展现代农业，全年实现农业总产值 6.70 亿元，比上年增长 7.1%。推进农业规模经营，提高农业组织化程度。至年末，全区已建立集体合作农场 32 个，规模经营面积 586.67 公顷。工业实现较快增长，全年实现工业增加值 178.33 亿元，比上年增长 16.9%，工业总产值 876.92 亿元，增长 20.8%，工业销售产值 866.82 亿元，增长 20.2%。宝山工业园区和月杨工业园区两个市级工业园区有投产工业企业 338 户，实现工业销售产值 221.72 亿元，比上年增长 29.7%。全年实现建筑业增加值 33.26 亿元，比上年增长 12.6%。全年实现批发和零售业增加值 48.42 亿元，比上年增长 15.4%。实现社会消费品零售总额 205.38 亿元，比上年增长 17.4%。区非公经济增加值占经济总量的比重达 49.2%。截至年末，全区工商登记注册的私营企业 24851 户，注册资金 469.30 亿元，户均注册资本 188.8 万元。工商注册的个体工商户 19321 户，注册资金 33518 万元；外商及港澳台投资企业 544 户，注册资金 12.94 亿美元。进出口贸易稳步发展。全区实现进出口贸易总额 31 亿美元，增长 10.4%，其中出口总额达 21.5 亿美元，增长15.6%。全年商品房销售面积 342 万平方米，增长 61.9%。商品房销售额 240.5 亿元，增长 84.9%。年内成功举办上海旅游节宝山区系列活动和首届上海国际钢雕艺术节等。全区有星级饭店 11 家，全年实现营业收入 5.26 亿元，比上年增长 6.4%；有旅行社 24 家，实现营业收入 3.42 亿元，增长 49.1%。轨道交通 1 号线北延伸段建成通车，轨道交通 7 号线前期动迁工作基本完成。新辟公交线路 4 条，调整优化公交线路 20 条。新建文明样板路 10 条。区文广中心、公共卫生服务中心、烈士陵园工程竣工交付使用，区环保检测中心开工建设。区域内道路货物运输企业 3095 户，其中集装箱运输企业 207 户。至年末，全区有银行 14 家，存款余额 1041.1 亿元，增长 6.1%，其中企业存款 530.5 亿元，增长 11.4%。居民储蓄存款余额（含邮政储蓄）534.1 亿元。全年城镇居民家庭人均可支配收入 20015 元，增长 11.8%，农村居民家庭人均纯收入达 13213 元，增长 11.2%。全区有行政村 112 个，生产队 901 个，农户 42388 户。全年实现农村经济总收入 1937.31 亿元，比上年增加 216.58 亿元，增长 12.6%。区农村经济增长速度比上年减少 7.3 个百分点，但利润总额增长 30.5%。对外出口保持快速增长。全年实现外贸进出口总额 34.36 亿美元，比上年增长 9.8%。全年批准外资项目 91 个，合同外资总额 3.42 亿美元，增长 1.3%。加快教育综合改革，与高校合作共建华东师大宝山实验学校、华东师大附属杨行中学和上海师大附属罗店中学，建设沪太路沿线新农村教育发展区，加强农村教育品牌建设。至年末，全区有各类学校 232 所，其中中学 53 所，小学 58 所，幼儿园 103 所，在校学生 11.02 万人。年内获高新技术成果转化 42 项，有国家、市各类科技计划专项 28 项，全年专利申请 2594 件。全年共完成文化下乡演出 100 场，电影下乡进社区放映 1306 场，各街镇举办“欢乐在社区”系列演出 204 场。群众就医条件得到进一步改善，全年建成标准化社区卫生服务站和村卫生室 20 个；市标准化急救分站建设基本完成；罗泾救护分站通过市重大办验收；菊泉社区卫生服务中心开工建设。承办第 12 届世界夏季特殊奥林匹克运动会羽毛球项目比赛、2007 年上海宝山国际男篮挑战赛、2006～2007 赛季中国女子篮球甲级联赛上海东方女篮主场比赛、全国青少年击剑锦标赛等大型体育赛事。新建社区公共运动场 3 处、农民健身家园 12 处、社区气功辅导站 9 个。全年新增就业岗位 3.33 万个，比上年减少 13.95%。全年开发就业岗位 2601 个，安置“双困”人员就业 5496 人，创造非正规就业岗位 3367 个，实现非农就业 7906 人。全年发放职业培训个人补贴账户卡 1.48 万张，组织各类职业培训 2.09 万人，新发展青年职业见习基地 52 家，年末见习基地达 78 家。至年末，全区城镇登记失业人员 2.91 万人。全区城镇居民家庭人均可支配收入 20015 元，比上年增长 11.8%；农村居民家庭人均纯收入 13213 元，比上年增长 11.2%。城镇居民家庭人均消费支出 15026 元，比上年增长 12.3%；农村居民家庭人均生活消费支出 9372 元，增长 12.7%。至年末，全区有 26.18 万人参加城镇基本养老保险，25.36 万人参加城镇失业保险，26.11 万人参加城镇基本医疗保险，5.48 万人参加农村养老保险，6.95 万人参加农村合作医疗保险，0.62 万新征用地人员、历史遗留问题人员纳入镇保，外来从业人员参加综合保险月均人数 20.33 万人，311 位城镇高龄无保障老人纳入社会保障，老年农民最低养老金补贴标准由 100 元/月提高到 140 元/月，征地养老人员月生活费由 473 元提高到 520 元。全区有养老机构 36 家，床位 4698 张，养老机构收养人数 3062 人；有 15 家社区老年人日间照料服务中心和 14 家社区助老服务。全区享受城镇最低生活保障共 2.5 万人，享受救济金额 6180 万元；享受农村最低生活保障人数 1255 人，享受救济金额 153 万元；有 1239 人次获得医疗救助，救助支出 396.5 万元。安置残疾人就业 88 人，整改盲道 1.97 公里，整改无障碍坡道 185 处。全区有福利企业 146 个，从业人员 7163 人，其中残疾人 2928 人。年内，宝山区被命名为“全国科普示范区”，连续第五次获“全国双拥模范城”称号。区人民政府地址： 密山路 5 号。

【产业结构优化】 年内，宝山区政府制订《宝山区产业结构调整三年行动计划》，完善优化生产性服务业的发展布局，组建上海钢铁服务业协会，民营经济发展促进中心、中国中小企业协会长三角地区服务中心落户宝山。（1）发展钢铁服务业。依托宝钢集团和钢铁主导产业，把产业结构调整的着力点放在“重变轻、硬变软、短变长”上，发展与宝钢产业相关的配套产业，推进钢铁生产向贸易、物流、电子商务等十一个领域延伸，引导钢铁服务业企业向宝山集聚。（2）发展循环经济。宝山工业园区成为上海市级循环经济试点区，配合宝钢开发总公司等企业开展资源综合利用，推进冶金固体废弃物资源的综合利用和市场化配置；支持配合宝钢、同济、上海大学等对钢铁生产过程中的气体副产品氢气等的收集利用。（3）发展节能环保产业。与宝钢共同推进区域节能减排工作，依托宝钢技术优势开展环保监测，支持配合宝钢工程技术公司等一批企业开发具有核心竞争力的脱硫、废水、废气处理等成套冶金设备。（4）优化仓储业布局，鼓励仓储企业通过土地置换、转变业态和收购储备等方式进行调整。对 M1、M3、M7 三条轨道站点附近仓储企业进行规划调整和功能定位。调整仓储企业15户。(5)加快存量土地开发利用。工业园区和工业点通过产权回购、合作开发、整体转让等方式,引进优质项目和产业,腾出土地21.73公顷。盘活、利用闲置低效土地26.24公顷,新引进企业17户。推进罗店、大场地区化工企业整治,调整、关停企业39户,腾出土地25.13公顷。推进轨道交通沿线企业和部市属企业的结构调整,启动建设7个新项目,利用存量土地30.33公顷。

【区域环境面貌有效改善】 全年区级环境保护总投入11.8亿元。河道综合整治稳步推进,全年完成中小河道整治411公里,疏浚土方376万立方米,种植绿化71.8万平方米,涵改桥202座。年内,新建各类绿地面积210公顷,其中公共绿地150公顷,建成区绿化覆盖率由上年的40%提高到40.5%,人均公共绿地面积由上年的18平方米提高到19平方米。吴淞炮台湾湿地森林公园(一期)建成并正式对外开放。罗泾公园,罗泾生态涵养林,庙行三、四街坊绿地,南陈路等绿地和道路绿化相继竣工。宝山区第三轮环境保护和建设三年行动计划顺利实施,整体项目启动率达83%,完成率达64%。大场地区化工企业环境综合整治任务全面完成,区管的44户化工企业全部实施关停或结构调整,杨行工业区和月浦工业区完成企业截污纳管。庙行镇建成上海市"基本无燃煤区";宝山工业园区、月浦镇、罗店镇和罗泾镇建成上海市"烟尘控制区";顾村镇、张庙街道、庙行镇建成上海"扬尘污染控制区"。全年空气质量优良率保持在80%以上。

【上海宝山钢铁物流商务区开园】 年内,宝山区政府制订《宝山区服务业三年行动计划》和《关于促进本区服务业发展的若干政策意见》,重点发展钢铁、物流、港口、节能和科技等生产性服务业,积极发展商业、旅游、文化、休闲等生活性服务业。区规划局对区服务业载体建设进行总体布局,区经委明确服务业载体的功能定位,区建设交通委负责服务业载体的建设协调,区招商局负责服务业载体的招商工作,区发改委、区政研室汇总、研究推动服务业发展的配套政策。区发改委总体协调。年内,长三角中小企业上海服务外包基地宝山共富园启动建设,宝莲中央商务区、宝钢船板配送中心、月浦不锈钢加工配送中心等重大生产性服务业项目得到有力推进。全国首家省级钢铁服务业协会——上海钢铁服务业协会在宝山区成立,首批会员单位160家,包括钢贸企业、交易市场、物流配送、结构安装等企业。大场镇政府与中国浦发机械工业股份有限公司日前签订合作意向书,建设上海国际研发总部基地。8月16日,作为上海市20个现代服务业集聚区重点项目之一的上海宝山钢铁物流商务区举行开园仪式。上海宝山钢铁物流商务区是上海"十一五"发展规划四大产业服务基地之一,占地11.5公顷,规划总建筑面积32万平方米。该园区位于宝山西城区的中心位置,一期工程15.2万平方米已于市内完成。

【国内首家节能环保园在宝山开工】 12月12日,国内第一家以节能环保为主题的生产性服务业集聚区——上海国际节能环保园在宝山揭牌并开工。上海市人大常委会副主任朱晓明、市政协副主席宋仪桥等出席开工仪式。上海国际节能环保园是国内首个以节能环保推广、交易为主题,专业化、集约化的大型复合性功能项目。该项目是通过对耗能污染大户——上海铁合金厂原厂房改造,形成的一个国家级、示范性节能环保服务业集聚区。园区坐落于长江路,占地32万平方米。园区可提供会展交易、科技研发、综合服务、公共体验、钢雕艺术等服务项目。园内建有钢雕艺术公园。

【宝山区首创组团式城市道路保洁法】 组团式道路保洁法是宝山区首创的城市道路保洁作业法,该保洁法将"节能减排"贯穿于整个作业流程中,使清扫道路不再是一把"大扫帚",而是运用先进的集高压冲洗、清扫打磨、污水回收等为一体的新型保洁设备,通过"上门收集、清除垃圾、路面喷洗、机械清扫、高压冲洗、机械洗磨、人工清扫、垃圾清运、巡回保洁"的道路九步组团式保洁作业法,形成机械清扫、抽吸、冲洗、洗磨、清运等高效作业模式,采用夜间清扫、白天巡回保洁,构成24小时无间断作业,将道路的脸面洗得干干净净。具有"节能减排、减少扰民、保洁干净"的效果。

【宝山特色文化品牌建设取得新成果】 年内,宝山罗店镇(罗店龙船)、顾村镇(诗歌)、大场镇(书画)被命名为"上海市民间文化艺术之乡"。"罗店龙船文化活动"和"月浦锣鼓年会"被评为"上海市群众文化活动特色项目"。月浦锣鼓、罗店彩灯和吹塑纸版画、罗泾十字挑花技艺、罗店龙船分别作为民间音乐项目、民间美术项目、传统手工技艺项目、民俗项目被载入《上海市首批非物质文化遗产名录》,罗店龙船还入选了第二批国家级非物质文化遗产名录申报项目。上海宝山国际民间艺术节获第14届全国"群星奖"服务奖。5月,宝山电视台推出首档大型综艺互动节目——《乡音绕滨江——宝山区沪剧电视大赛》,历时6个月,比赛邀请杨飞飞等著名沪剧表演艺术家担任评委,500余名沪剧票友报名参赛,5000余名沪剧戏迷参与现场节目录制,数十万名观众收看电视实况转(录)播,12名选手分获金、银、铜奖和最佳人气奖。

2007年宝山区基本情况表

项 目	数 量	项 目	数 量
区域面积(平方公里)	293.71	在校学生(人)	38847
行政区划		小学(所)	58
街道办事处(个)	3	在校学生(人)	40830
镇(个)	9	幼儿园(所)	103

续上表

项　目	数　量	项　目	数　量
乡(个)		在园幼儿(人)	27285
居民委员会(个)	233	职校(所)	2
村民委员会(个)	165	在校学生(人)	2644
人口		文化	
户籍人口(万人)	83.06	图书馆、室(个)	15
户数(万户)	32.04	文化馆、站(个)	14
人口密度(人/平方公里)	2089	影剧院、场(个)	11
人口自然增长率(‰)	0.31	卫生	
精神文明创建		医疗卫生机构(所)	32
市文明城区(个)		区级医院(所)	30
市文明小区(个)	149	医院床位数(张)	4315
市文明镇(个)	6	医疗卫生技术人员(人)	4919
市文明村(个)	77	执业医师(人)	1843
教育		体育场馆(个)	8
中学(所)	53	健身苑、点(个)	429

2007 年宝山区国民经济主要指标表

项　目	单　位	完成数	比上年增减(%)
增加值	亿元	431.53	14.0
第一产业	亿元	2.07	-2.7
第二产业	亿元	211.6	16.2
工业	亿元	178.33	16.9
第三产业	亿元	217.9	12.0
固定资产投资额	亿元	158.96	-16.0
财政收入	亿元	123.08	15.9
地方财政收入	亿元	52.16	15.6
地方财政支出	亿元	77.62	12.1
外贸出口总额	亿美元	34.36	9.8
直接利用外资签订合同项目数	个	91	-18.02
直接利用外资签订合同金额	亿美元	3.42	1.3
农业总产值	亿元	6.70	7.1
工业总产值	亿元	876.92	20.8
住宅竣工面积	万平方米	158	-25.4
社会消费品零售总额	亿元	205.38	17.4

(方继红)

金 山 区

【概况】 上海市金山区地处东经121°~121°25′,北纬30°40′~30°58′,位于长江三角洲南翼,上海西南部。东邻奉贤区,西与浙江省平湖市、嘉善县交界,南濒杭州湾,北与松江区、青浦区接壤。区域东西长44公里,南北宽26公里,总面积586.05平方公里。至2007年底,全区户籍人口520961人,其中非农业人口306104人、农业人口214857人(含未落常住户口32人);男性259767人、女性261194人。出生人口性别比98。总户籍数174960户,平均每户近3人。全年户籍人口出生3326人,出生率6.37‰;死亡3539人,死亡率6.78‰;人口自然增长率-0.41‰。全区常住流动人口184258人。全区少数民族有回、满、壮、藏、侗、蒙古、土家、朝鲜、苗、彝、水、锡伯、哈尼、毛南、畲、傣、佤、黎、瑶、羌、仡佬、维吾尔、塔吉克、仫佬、土、白、阿昌、布依、保安、独龙、门巴、鄂温克、俄罗斯,计33个1485人。区内有上海地区仅存的古海岸遗址漕泾古冈身沙冈,戚家墩、查山、亭林、招贤浜、南阳港等古文化遗址。有23.3公里"黄金"海岸线。距陆地东南6.2公里海面上有大金山、小金山、浮山三岛,大金山海拔103.4米,是上海市地面最高点,山上生长着上海地区陆上早已绝迹的原始植被和珍稀植物,是区境内正待开发的重要旅游资源之一。金山三岛至陆地为广阔的深水区,是一个天然良港。区境东南部有全国特大型化工企业上海石油化工股份有限公司和上海化学工业区。沪杭铁路、沪卫铁路支线穿越区境。沪杭高速金山段、同三国道港新段、莘奉金高速金山段、亭枫高速、同三国道新卫段、嘉金高速等高速公路及320国道(亭枫段)、亭卫公路、松卫南路等主干道路形成"八纵六横"区域高等级主要公路网架。境内有松隐禅寺、五龙禅寺、枫泾性觉寺、万寿寺、东林禅寺、华严塔、施王庙、丁聪漫画馆、程十发祖居、金山农民画村(全国10大魅力乡村——枫泾中洪村)、城市沙滩、全国农业旅游示范点——上海金山现代农业园区中华村"农家乐"和"金山农村新天地"、漕泾休闲水庄等古今人文景观和李一谔、陆龙飞烈士墓、金山卫侵华日军登陆处、十字街侵华日军杀人塘、南社纪念馆等爱国主义教育基地。区人民政府地址: 上海市金山区金山大道2000号。 (王应华)

【行政区划】 今上海市金山地区,秦置海盐县。南北朝时置前京、胥浦两县,县治均设于今金山境内。隋曾一度并入盐官县。唐天宝十年(751年),金山属华亭县。清顺治十三年(1656年)属娄县,雍正四年(1726年)析娄县部分地区建金山县,县治设于金山卫城。乾隆二十五年(1760年)县治迁至朱泾镇,后几经搬迁,自清嘉庆元年(1796年)起,县治定驻朱泾镇。1949年5月13日,金山解放,同月15日,金山县人民政府成立,隶属江苏省苏南行政区松江专区。1958年3月,金山县改隶属江苏省苏州专区,同年11月划归上海市。1997年4月29日,经国务院批准,撤销金山县,设立金山区,5月16日正式挂牌。2005年3月25日,经市人民政府批准,撤销枫泾镇、兴塔镇建制,建立新的枫泾镇;撤销朱泾镇、新农镇建制,建立新的朱泾镇;撤销亭林镇、松隐镇、朱行镇建制,建立新的亭林镇;成立金山工业区管理委员会,并对原朱行镇区域行使行政管理职能;撤销吕巷镇、干巷镇建制,建立新的吕巷镇。全区辖朱泾、枫泾、张堰、亭林、吕巷、廊下、漕泾、山阳、金山卫9个镇和石化街道及金山工业区。2007年,新成立朱泾镇塘园、金汇居民委员会,亭林镇寺北居民委员会,漕泾镇绿地居民委员会,山阳镇金世纪、康城、金豪、海云居民委员会,石化街道紫卫居民委员会。至年底,全区辖77个居民委员会(含上年成立的金山工业区恒信居民委员会)、131个村民委员会。 (顾逸萍)

【经济建设】 2007年,全区实现国内生产总值305.7亿元,比上年增18.2%;财政总收入75.3亿元,比上年增长13.0%,其中地方财政收入22.8亿元,比上年增长5.5%;工业总产值1004.8亿元,比上年增长23.9%;增加值184.5亿元,比上年增长18.5%。农业总产值26.6亿元,比上年增长10.6%;增加值9.2亿元,比上年增长1.0%。提升第三产业发展能级,调整第三产业结构,其中现代服务业重点行业增加值占第三产业比重为65.6%。举办"浪漫海滨·七彩金山"2007年金山旅游节、第二届金山美食节和"七彩休闲·魅力金山"系列宣传推介活动等,全区旅游企业营业收入4.39亿元,比上年增长33%,全年接待旅游人数112.6万人次。全社会固定资产投资累计155.1亿元。全区城镇居民人均可支配收入20500元,比上年增长10.2%。农村居民人均纯收入9596元,比上年增长10.5%。社会消费品零售总额155.9亿元,比上年增长12.5%。金融机构居民储蓄余额157.3亿元。年内,完成上海国际化工城发展规划、上海国际化工城综合配套区控制性详细规划等。按先进制造业和现代物流业相结合的生产性服务业集聚区规划要求,建设上海化学工业区物流产业园,至年底,园区引进实地实业型企业6家,投资总额6.86亿元,引进注册型物流企业18家,开发土地36.67多公顷,全年实现营业收入10.84亿元,上缴税金1652万元。至年底,累计开发土地(有指标)68.93公顷,动迁农户342户,入驻实地实业型企业19家,计划投资总额26.62亿元,其中8家企业投入运营,4家企业启动建设。制订区节能减排工作实施方案,强化重点用能单位节能管理,淘汰生产能力落后企业,全年累计削减废水排放量30万吨、废水中COD排放量38吨、二氧化硫排放量189吨、标煤消耗量3万吨。实施第三轮环保三年行动计划,创建国家环保模范城区(简称"创模"),第三轮环保三年行动计划12项重点建设项目中竣工4项、在建8项,开工率100%。"创模"32项考核指标有22项基本达到考核要求,12月向国家环保总局正式递交创建申请文件。全区城镇化率58.76%。城区绿化覆盖率37.03%,人均公共绿地面积18.37平方米。全年竣工住宅面积71.2万平方米。

(蔡国欢　蔡伟哲)

【科教文卫与社会保障】 年内,落实科教兴区主战略,与国家科技部火炬中心和市科学技术委员会共建上海精细化工火炬创新创业园、与中国科学院上海有机所共建精细化工产业化基地。至年底,全区有高新技术企业91家,高新技术企业产值占全区规模以上工业总产值比重为13.2%。推进信息技术在社会各领域的应用,全区城镇管理信息化系统安装率82%,建成社会经济发展指标管理系统、社区事务受理系统和远程网上办公系统。启动区农村信息化综合信息服务试点工作。区农业信息化列2007年中国农业信息化领先地区首位。统筹兼顾发展全区各项社会事业，推进落实“学前教育三年行动计划”，完成全区学校信息化工程，区获市规范教育收费优秀达标区、区教育局获市中小学“两纲”（《上海市中小学生民族精神指导纲要》和《上海市中小学生生命教育指导纲要》）推进工作表彰单位荣誉。确立“提高城乡一体化水平，加速教育现代化步伐，建设充满智慧的金山教育”新一轮教育发展奋斗目标，小学入学率100%，初中毕业率97.0%，高中高考录取率（本专科）89.1%。加快公共文化设施建设，全区建成村级文化活动室124个、居委会文化活动室74个、“农家书屋”10个、村级数字影院78个。全年举办各类文艺下乡活动289场，演出节目1599个，参演6180人次；各类展览774场次，展览版面3651块。开展“建区10周年”和“相约海滨”等大型系列文化活动，举办“中国农民画高峰论坛”和“首届中国故事节”。全区有医疗机构65个、各类卫技人员3081名，全年门、急诊274万人次，出院病人5.63万人次，病床使用率101.14%。实施镇村卫生机构一体化管理，推行全科骨干医师队伍下社区工作。转变社区卫生服务模式，研究制订并由区政府下发《金山区社区卫生服务综合改革实施意见（试行）》。巩固、完善农村合作医疗制度，基本达到应保尽保，人均基金拥有量380余元。加快体育场地设施建设，实施农民体育健身工程，全年建成社区公共运动场3处，农村体育场地77处（建设数量名列全市第一），至年底，累计建成社区公共运动场14处，实现每个社区至少有1个社区公共运动场，建成农民体育健身工程82处，健身苑点267个，体育场地面积达124万多平方米。组建体育健身团队593个，其中“一村一队”234个，实现全覆盖。全年组织开展全民健身活动累计300多次，直接参与超过20万人次，基本形成“日日有活动，周周有比赛，月月有展示”局面。金山体育中心成功承办中国足球协会超级联赛、甲级联赛上海申花足球队、上海七斗星足球队主场赛事、2007年中国足球协会超级联赛南北明星队义赛和市第六届农民运动会开幕式等。完善劳动就业、社会保障、救助帮困体系，全年新增就业岗位30706个，净增10553个，城镇失业登记人数控制在5780人；全区参加城镇社会保险、小城镇社会保险、农村社会养老保险达28.7万人，外来从业人员综合保险月均参保超过6.4万人。全年月均实施各类困难群体人员生活救助1.6万人次，投入资金2637.3万元。

（冯辉祥）

2007年金山区基本情况表

项目	数量	项目	数量
区域面积（平方公里）	586.05	在校学生（人）	20372
行政区划		幼儿园（所）	22
街道办事处（个）	1	在园幼儿（人）	11899
镇（个）	9	职校（所）	3
居民委员会（个）	77	在校学生（人）	8701
村民委员会（个）	131	文化	
人口		图书馆、室（个）	12
总人口（万人）	52.1	文化馆、站（个）	11
户数（万户）	17.5	影剧院、场（个）	8
人口密度（人／平方公里）	889	卫生	
人口自然增长率（‰）	-0.4	医疗卫生机构（所）	65
精神文明创建		区级医院（所）	7
市文明城区（个）	1	医院床位数（张）	3233
市文明镇（个）	6	医疗卫生技术人员（人）	4037
教育		执业医师（人）	1330
中学（所）	30	体育	
在校学生（人）	27319	体育场馆（个）	7
小学（所）	21	健身苑、点（个）	264

2007年金山区国民经济主要指标表

项目	单位	完成数	比上年增减（%）
增加值	亿元	305.7	18.2
第一产业	亿元	9.2	1

续上表

项 目	单 位	完成数	比上年增减(%)
第二产业	亿元	197.0	17.4
工业	亿元	184.5	18.5
第三产业	亿元	99.5	21.7
固定资产投资额	亿元	155.1	-7.4
财政收入	亿元	75.3	13
区级财政收入	亿元	22.8	5.5
财政支出	亿元	47.7	6.5
外贸出口总额	亿美元	16	4.8
直接利用外资及港澳台资签订合同项目数	个	64	-22
直接利用外资及港澳台资签订合同金额	亿美元	4.4	13.2
农业总产值	亿元	26.6	10.6
工业总产值	亿元	1004.8	23.9
住宅竣工面积	万平方米	71.2	9.03
社会消费品零售总额	亿元	155.9	12.5

(蔡国欢)

松 江 区

【地域】 上海市松江区地处东经121°14′,北纬31°,位于上海市西南,黄浦江上游,黄浦江横贯松江南部。东北距上海市中心约40公里。区境东与闵行区、奉贤区、金山区、为邻,南、西南与金山区交界,西、北与青浦区接壤。是上海连接江苏、浙江的交通枢纽。交通发达,沪杭铁路,沪杭、A30、A5高速公路在境内通过。松江地处太湖流域碟形洼地底部,地势低平,海拔4米,属长江三角洲冲积平原。西北部有10余座小山丘,高程均在海拔100米以下。其中天马山为上海陆上最高点,海拔高度98.2米。全区总面积604.62平方公里,区境北狭南阔,南北长约24公里,东西宽约25公里,境内水域面积约占十分之一,河道纵横,湖塘广布,是典型的江南水乡。所有河道均系感潮河道,每昼夜涨落2次。

【建置区划】 松江,早在东汉建安二十四年(219年),东吴名将陆逊以功封华亭侯,华亭始见于史志。唐天宝十年(751年)设华亭县,华亭县隶属吴郡,唐乾元二年(759年),改吴郡为苏州,华亭县属苏州。当时辖区几乎包括今上海市除嘉定、崇明以外的全部土地,华亭县辖22个乡。南宋庆元元年(1195年)华亭县属嘉兴府,宋初辖17个乡。元至元十四年(1277年)升华亭县为华亭府,领华亭县,一年后华亭府改为松江府;二十九年始划出高昌等5乡置上海县。明嘉靖二十一年(1542年)划出集贤、华亭、修竹3乡部分土地及上海县部分土地建青浦县,设治青龙镇。清顺治十三年(1656年),划出枫泾、胥浦2乡及集贤、华亭、修竹、新江4乡部分土地置娄县,隶属松江府,初设治于府城西水次仓,后移入府城,与华亭同为附郭县。雍正二年(1724年),两江总督查弼纳以苏、松大县难治,奏请分县;四年,割云间、白砂2乡之半建奉贤县,划出枫泾、集贤、仙山、修竹4乡部分土地及娄县的胥浦1乡置金山县。至此华亭县、娄县所辖仅华亭、集贤、白砂、仙山、云间、枫泾、修竹、新江8乡的一部分。

1912年,撤松江府,娄县、华亭县合并为华亭县,归江苏省管辖。1914年,华亭县改称松江县。江苏省分5个道,松江县隶沪海道(道尹公署设于上海)1927年撤道,松江县仍归江苏省管辖。当时松江县以下划分为24个市乡。

1929年松江县地方自治奉命试行区制,市行政局撤销,将全县24个市乡合并为16个区。

1949年5月13日,松江解放。苏南行政公署设松江行政区专员公署,专署驻松江。松江设市、县人民政府,市政府驻地设在松江城,县政府驻地泗泾镇。市政府直属松江专员公署,下辖华阳、中山、岳阳、永丰4个镇。同年8月,松江市政府改属松江县,县政府由泗泾镇迁入松江城。11月市政府建制撤销,改设松江城区,下辖中山、岳阳、永丰3个镇。原市政府管辖的华阳镇划为城东区。解放初期全县设6个乡镇联合办事处和泗泾镇,代管七宝镇(同年9月15日移交上海市龙华区管辖)。

1958年9月,撤销乡、村建制,全县17个大乡,改为政社合一的17个人民分社。11月,松江县划归上海市。1984年,松江县完成政社分设,恢复乡行政建制,全县19个公社,改制为19个乡人民政府。2个县属镇辖4个街道办事处。1986年逐步开展撤乡建镇,至1994年7月12日,松江各乡全部撤乡建镇。1998年2月经国务院批准,松江撤县设区。2000年底全区辖20个镇,以及工业区和新城区,实行镇管村制。2001年1月,行政区划调整为11个镇4个街道,其中新桥、九亭、泗泾、洞泾、新浜5个镇,保留原建制;新建车墩、石湖荡、小昆山、佘山、泖港、叶榭6个镇;岳阳、中山、永丰、方松4个街道。另设工业区、佘山度假区、大昆工业区(2002年9月12日撤销)、五厍农业园区。2002年6月4日新建上海松江科技园区管理委员会。2002年6月27日撤销小昆山镇(2007年恢复建立小昆山镇)。

2007年底,松江区辖有岳阳、中山、永丰、方松4个街道,泗泾、佘山、车墩、新桥、洞泾、九亭、石湖荡、新浜、泖港、叶榭、小昆山11个镇,另设松江工业区、上海佘山国家旅游度假区。全区共设有115个村委会,138个居委会。

【经济发展总量】 国民经济持续快速健康发展。全年实现生产总值642.11亿元,按可比价格计算,比上年增长18.8%(见图1),占全市的比重为5.4%,比上年提高0.2个百分点。其中,第一产业实现增加值7.07亿元,比上年下降3.1%;第二产业实现增加值451.15亿元,增长18.7%,对全区生产总值增长的贡献率为68.3%,比上年提高0.5个百分点;第三产业实现增加值183.89亿元,增长19.9%,对全区生产总值增长的贡献率为31.8%,第二、第三产业推动经济增长的格局进一步巩固。产业结构继续调整优化,三次产业增加值结构比重为1.1∶70.3∶28.6,第三产业所占比重比上年提高0.6个百分点。

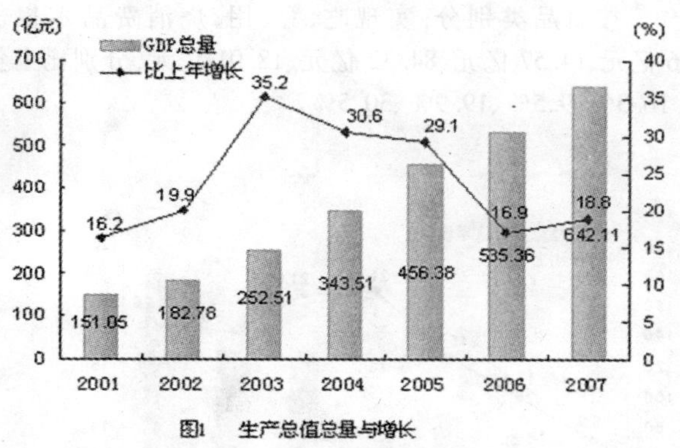

图1 生产总值总量与增长

财政收入快速增长。全年实现财政总收入159.56亿元,比上年增长23%。地方财政收入53.99亿元,比上年增长37.8%,其中,营业税18.26亿元,增长40.9%;内外资企业所得税9.57亿元,增长49.5%;个人所得税3.2亿元,增长27.7%;契税7.06亿元,增长96.8%。中央、市级、地方财政收入比例为48.2∶18∶33.8,地方财政收入所占比重比上年提高了3.6个百分点。全年地方财政支出81.34亿元,比上年增长23.4%,其中,用于文化教育、医疗卫生、社会保障和就业等社会事业的支出共计28.61亿元,占财政支出比重的35.2%;农林水事务支出5.51亿元,比上年增长43.4%。全年私营企业实现税收71.99亿元,比上年增长28.9%;房地产业实现税收33.08亿元,比上年增长65.7%,对全区税收收入的贡献率达到51.3%。

【农业发展】 农业生产稳步发展,结构进一步调整优化。全年完成农业总产值18.65亿元,比上年增长1.6%,实现自2002年以来首次增长。其中,种植业产值9.56亿元,比上年增长4.3%;畜牧业产值3.12亿元,下降4.1%;渔业产值1.80亿元,下降1.3%;林业产值3.21亿元,增长0.6%;农业服务业0.96亿元,增长4.3%。全年各类经济作物播种面积37万亩次,比上年增长2.2%;规模经营面积达到81.2%。

2007年,提高农田设施和良种、技术的适应配套能力,根据水稻高产群体质量调控技术的要求,制定“2007年松江区水稻丰产方实施方案”,围绕“水稻群体质量栽培技术”、“机插秧高产栽培技术”、“测土配方施肥技术”、“病虫害综合防治技术”开展生产技术指导,全区建成设施粮田6220公顷,建立区镇村三级高产示范方930公顷。对水稻种子实行区统一招标供种,良种覆盖率95%以上。推广水稻高产优质新品种秀水—128、秀水—123等,两个品种种植面积6840公顷,比上年增加2.2倍,占水稻播种面积63.21%。

全区种植二麦2478公顷、总产量9842吨;种植水稻10886公顷、总产8万吨。全年麦、稻总产量8.98万吨;粮食每公顷单产8250公斤,比上年增长60公斤。

全区常年蔬菜种植面积2348公顷,种植季节性蔬菜3330公顷,全年总产量31.51万吨,比上年减少1.4%,总产值3.87亿元,比上年增长5.94%。

松江区作为全国首批建设的55个无公害蔬菜生产示范基地县之一,根据农业部的统一要求,有序开展工作。全年共检测蔬菜农药残留样本10.5万份,合格率99.9%。5月9日,通过由国家农业部《全国无公害蔬菜生产示范基地县》年审。11月5日,国家农业部农药质量监督检测测试中心来松江进行蔬菜农残飞行检测,所抽样品全部合格。

为保障农民土地承包经营权不受侵犯,落实区政府《关于进一步规范土地流转,促进土地规模经营的意见》精神,查处不规范合同,按照《上海市农村土地承包经营权流转合同》格式文本要求重新签订合同170份,涉及承包面积474公顷。至年底,累计签订市格式流转合同6711份,涉及面积7680公顷。

全区农户承包经营土地面积12366公顷,已实行农户承包经营权流转面积11247公顷,占90.95%。其中承包农户委托村集体经济组或村民委员会流转面积9900公顷,占88%。

大力推进规模化、组织化和标准化经营。至年末,全区已建成设施粮田9.3万亩、设施菜地1.19万亩,组建各类新经济组织达到159家。500亩蔬菜基地通过有机食品认证,20种农产品分别通过了绿色食品、优质农产品、无公害农产品认证,形成了“云间大自然”、“家绿”、“绿源”等一批具有一定知名度的绿色有机品牌。

积极拓展休闲农业。至年底已建有上海西部渔村垂钓中心、上海青青旅游世界、格林葡萄园等8家农业旅游企业,全区农业观光景点已达26个,共接待游客25万人次,实现农业旅游收入4650万元。

【工业发展】 工业生产保持高位增长。全年实现工业增加值429.93亿元,比上年增长19.2%(见图2),工业增加值占全区生产总值比重为67%。全年工业总产值达到3538.25亿元,比上年增长37.2%,占全市工业总产值15%,总量创历史新高,其中规模以上工业总产值3428.57亿元,增长39.2%,占全区工业总产值的比重为96.9%,比上年提高1.4个百分点。

主导产业贡献加大。电子信息业、现代装备、生物医药、精细化工、新材料五大主导产业实现工业总产值2586.79亿元,比上年增长42.1%,占全区工业总产值的73.2%,所占比重比上年提高2.6个百分点,对全区工业增长贡献率达79.9%。

高新技术产业快速发展。全区共有高新技术企业272家,实现工业总产值2133.01亿元,比上年增长47%,占全区工业总产值的60.3%。实现利润24.75亿元,比上年增长121.2%。

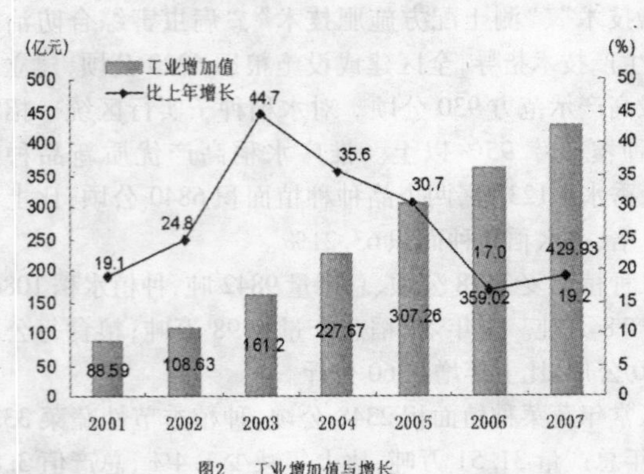

图2 工业增加值与增长

工业企业经济效益显著提高。全年实现工业利润107.49亿元,比上年增长31.4%;实现工业税收65.83亿元,比上年增长8%。全区规模以上工业亏损企业共有417家,亏损额14.31亿元,亏损面为22.5%,比上年下降1.5个百分点。

重点行业发展态势良好。电子信息、现代装备、精细化工、食品饮料、新材料、生物医药等重点产业完成工业总产值2433亿元,比上年增长50%,占工业区工业总产值97.7%。

企业经济效益总体水平继续提高。全年工业企业累计实现利润总额39.6亿元,比上年增长85%;累计实现税金总额18.75亿元,增长32.9%。企业亏损面为31%。盈利工业企业盈利额46.2亿元,比上年增长46%;亏损工业企业亏损额6.6亿元,比上年下降35%。

2007年,新批准工业外资项目223个,项目总投资20.58亿美元,比上年增长18.4%;外资项目增资7.27亿美元,比上年增长83.1%。吸引工业内资项目1018个,总投资22.6亿元。批准工业企业技术改造项目38个,总投资3.57亿元,实际完成工业企业技术改造投资1.07亿元。工业标准厂房项目备案295个,面积107.26万平方米,其中5大主导产业项目173个,面积66.23万平方米。32个项目通过评估,亩均投资密度51.5万美元,容积率1.06。盘活闲置工业用地67幅,面积2195亩。预安排开工项目119个,实际开工项目157个。完成工业固定资产投资72.1亿元,比上年下降9.8%。年内,调整劣势企业108家,腾出土地1535亩,厂房47.2万平方米。

2008年1月15日,上海市人民政府发出《关于表彰2007年度上海市科学技术奖获奖人员〈项目〉的决定》,其中松江区获技术发明奖三等奖企业1家: 上海保隆实业股份有限公司(现名上海保隆汽车科技股份有限公司),项目名称汽车轮胎气压监测系统。获科技进步奖三等奖企业1家: 上海生农生化制品有限公司,项目名称年产500吨高效低毒杀菌制唑酸。

松江工业区全年批准新项目43项,增资55项,合计总投资9.65亿美元,注册资本4.81亿美元,合同外资4.62亿美元。43个新项目总投资2.31亿美元,合同外资1.22亿美元。55个增资总投资7.34亿美元,合同外资3.40亿美元。全年共获得830亩土地指标。全年完成工业总产值2490亿元,比上年增长50.1%;销售收入2517亿元,比上年增长41%;增加值149亿元,比上年增长34%;出口创汇274亿美元,比上年增长56%;各类税收19亿元,比上年增长33%;固定资产投资31亿元,比上年净减4亿元,减少12%。

利用外资效果明显。利用外资出现合同外资金额快速增加,实际到位外资下滑的现象。累计引进外资总投资9.65亿美元,比上年增长32%,实际到位外资累计2.52亿美元,比上年增长-42%。老企业增资是拉动合同外资金额快速增长的主因,占引进外商投资金额73%。

【固定资产投资】 固定资产投资出现负增长。累计完成固定资产投资总额30.7亿元,比上年增长-12%,自工业区成立以来,首次出现负增长。累计变动幅度由增反降,1~6月逐月下降,7月起开始趋稳。

招商选资效果明显。在对有限土地盘活存量、节约挖潜、集约高效的原则下,招商引资实现成功转型。企业增资占全部外资合同比例的73%,其余27%新引进外资中,也以落户标准厂房为主,基本未新占用地。

【商业发展】 消费品市场持续繁荣活跃。全年实现批发零售贸易业增加值46.78亿元,比上年增长17%;实现社会消费品零售额182.06亿元,比上年增长18.6%(见图3)。其中,限额以上商业企业实现社会消费品零售额70.2亿元,比上年增长20.4%,占市场份额38.6%,对全区消费品零售额的贡献率为41.7%。按商品类别分,实现吃、穿、用、烧消费品零售额65.16亿元、14.57亿元、84.32亿元、18.01亿元,分别比上年增长16.3%、9.5%、19.9%、30.5%。

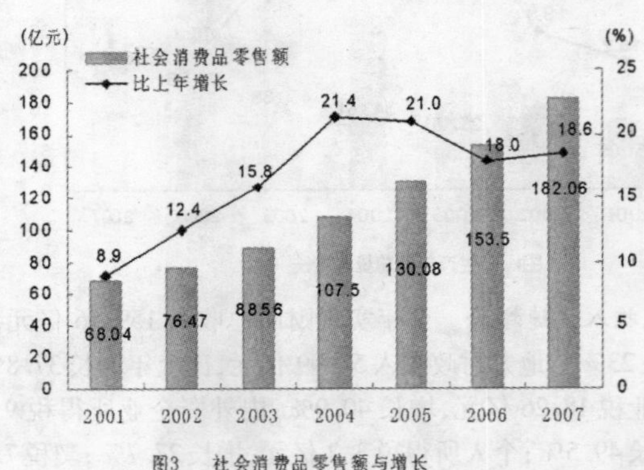

图3 社会消费品零售额与增长

消费市场购销两旺。(1)假日消费拉动强劲。根据对33家重点监测商业企业抽样统计,“五一”期间消费品零售额比上年增长25.3%;“十一”期间消费品零售额比上年增长38.2%。(2)连锁业销售增长明显。全区连销业企业实现社会消费品零售额26.29亿元,比上年增长28.5%,所占比重比上年提高1.1个百分点,其中连锁超市实现零售额16.7亿元,比上年增长10.1%。东方狐狸城、惠鑫百货、松江商城、市百一店4家综合商场实现零售额2.99亿元,比上年增长38.4%;农工商、联华、华联3家超市实现零售额1.3亿元,比上年增长11.1%;大润发、易初莲花、乐购3家大型卖场实现零售额10.36亿元,比上年增长12.7%;国美、永乐、苏宁3家家电实现零售额6.88亿元,比上年增长10.6%。(3)专业市场、农贸市场成交额不断上升。全区53个商品交易市场实现成交额64.61亿元,比上年增长14.7%。其中专业市场实现成交额43.6亿元,比上年增长18.4%。农贸市场实现成交额21.01亿元,比上年增长7.9%。仓桥农副产品、沪松家禽、砖桥、西郊农副产品、泗泾肉类5个批发市场实现成交额37.73亿元,比上年增长35.6%;乐迎门建材、金星美德隆家居、求越建材、东门建材、叶榭鞋业皮革、农资公司、松东茶叶、茸北建材8家专业市场实现成交额1.17亿元,比上年增长4.5%。

筹建的商业、服务业项目主要有:总投资20亿元的天马商业休闲中心,企业性质民营,业态为宾馆、购物中心;总投资3亿美元的阳明物流,企业性质外资,业态为现代物流;总投资3.2亿美元的普洛斯物流,企业性质外资,业态为现代物流;总投资13亿元的辰山国家植物园,企业性质国有,业态为植物园观光;总投资15亿元的上海华侨城欢乐谷,企业性质民营,业态为主题公园。

制定《关于2007年松江区标准化菜市场建设和管理的工作方案》,分析全区标准化菜市场建设和管理工作基本情况,进一步明确标准化菜市场建设和管理的指导思想、工作目标、工作措施,提出严格按照标准进行建设、完善制度加强规范管理、分工负责组织实施、细化方案发挥优势、落实扶持配套资金等要求。3月23日,召开松江区标准化菜市场建设和管理工作会议;同时,先后召开人乐农贸市场、塔汇农贸市场、兰桥农贸市场、强恕农贸市场、仓吉农贸市场、玉树农贸市场、庙三农贸市场改建工作协调会,对菜市场负责人组织培训和参观学习。年计划改造20家,实际完成24家,其中赵非泾、洞泾、玉昆、新五、庙前5家农贸市场在2006年已经提前完成,其它19家农贸市场是:洞华、茸南、人乐、虬泾、强恕、茸北、育新、仓吉、兰桥、佘山、新桥、大港、亭西、张泽、新浜、塔汇、华阳桥、玉树、庙三。年底,全区标准化菜市场改建全面完成。

针对农村零售小商店商品质量不能保证、销售价格不尽统一、脏乱差现象比较突出、供应商品品种比较单调和偏远地区农民购物困难等情况,由区经委牵头,区供销社、工商松江分局等部门共同参与,在叶榭镇、泖港镇、新浜镇等镇政府的配合下,开展农村消费网络建设试点工作。经过努力,有7个村建立村级商业连锁经营小超市:叶榭镇金家村、大庙村,泖港镇黄桥村,新浜镇许家草村、南杨村、石湖荡镇新源村,方松街道新陈家村。村级商业连锁经营小超市实行管理制度统一、标式形象统一、商品配送统一、零售价格统一、营销策划统一管理模式,形成农村消费网络保障机制,从源头上堵住假冒伪劣商品进入农村消费市场,不断满足农村消费需求,推动新农村建设。

连锁业态快速发展。全年连锁业态企业实现社会消费品零售额26.29亿元,比上年增长28.5%,所占比重比上年提高了1.1个百分点。其中,连锁超市业实现零售额16.7亿元,比上年增长10.1%。

商品交易市场不断发展。全区拥有商品交易市场53个,成交额64.61亿元,比上年增长14.7%。其中,专业市场成交额43.6亿元,比上年增长18.4%;集市贸易成交额21.01亿元,比上年增长7.9%。年内完成20个标准化菜场改建。

【对外经济和私营经济】 外贸出口继续高位增长。全区完成出口产品总额299.96亿美元,比上年增长49.9%,占全市出口总额的20.8%,完成全年计划150%。其中,一般贸易出口18.75亿美元,比上年增长14.7%;加工贸易出口281.21亿美元,增长53%。外资企业出口占据主导地位,全年外资企业实现出口创汇294.04亿美元,比上年增长50.8%,占出口总额的98%。出口产品结构优化,附加值和技术含量高的机电产品出口达242.06亿美元,比上年增长59.6%,占全区出口总额的80.7%。园区集聚效应明显,松江出口加工区实现出口创汇256.74亿美元,占全区出口总额85.6%。出口大户作用明显,全年出口在1000万美元以上的有126家企业,共实现出口283.37亿美元,占全区出口总额的94.5%。出口市场更趋多元化。

外贸出口市场结构表

单位:亿美元

出口国别地区	绝对值	比上年增长(%)
外贸出口产品总额	299.96	49.9
#亚洲	78.98	19.0
欧洲	85.98	49.3
北美洲	123.77	86.1
拉丁美洲	4.44	85.3
大洋洲	5.90	37.1
非洲	0.89	-2.4

招商引资质量不断提升,外资效益快速增长。全年批准外商投资项目223个,总投资20.58亿美元,比上年增长18.4%,合同外资10.13亿美元,比上年增长33.2%。其中增资项目合同外资7.27亿美元,增资项目规模创历年之最,占全区合同外资总额的71.8%。服务业招商成效显著,全年新引进服务业项目42个,比上年增加22个,合同外资5505万美元,占全区新批项目合同外资总额的19.2%。服务业引资取得新突破,引进了首家服务外包企业、首家涉外商务宾馆、首家融资租赁公司、首家外资银行、首家研发地区总部。年内外商到位资金5.71亿美元,比上年下降12.2%。全区已有1351家外商投资企业投产经营,比上年增加62家,全年实现销售收入3087.64亿元,比上年增长36.2%;实现利润总额76.95亿元,增长44.8%。全区外商及港澳台投资企业实现税收50.07亿元,比上年增长8.1%。年内在松江投资的国家和地区达30个,项目数居前三位的有:中国香港53个、日本27个、美国21个。

私营经济运行质量进一步提高。全区有私营经济小区32个,年内新发展企业3536户,年末实有注册私营企业44397户,注册资本579.76亿元。全年实现营业或销售收入1610.33亿元,比上年增长19.2%;纳税71.99亿元,比上年增长28.9%,占全区税收总额的48.3%。私营经济区中有商业企业25592户,占57.6%;工业企业9736户,占21.9%;社会服务业企业6347户,占14.3%;建筑业企业640户,占1.5%;其他行业企业2082户,占4.7%。

【新城、园区和社区建设发展】 松江新城功能不断完善。轨道交通9号线一期工程建成运营,轨道交通站点核心区道路配套工程、交通枢纽区市政广场基本完成,英式风貌区"哈瑞公学"主体结构完成。

大学园区有序推进"三区联动"。建立并开始运作市大学生科技创业松江分基金,建成松江区产学研互动平台和松江大学城创业服务中心,建立科技联络员队伍,推动企业与高校实质性合作。

社区建设和管理稳步推进。着力完善社区事务"一门式"

服务工作机制,拓展与群众生活密切相关的服务内容,方便群众办事;着力整合社区资源,优化社区公共服务设施配置,提高了社区居民的生活质量。基本实现城市网格化管理城区全覆盖。

【信息化发展】 信息产业继续保持快速发展。全年实现电子信息制造业工业总产值2103.9亿元,比上年增长47.5%,占全区工业总产值比重为59.5%,对全区工业总产值增长的贡献率达70.9%。其中达丰(上海)电脑有限公司完成工业总产值1860.67亿元,占全区的比重为52.6%,由达丰电脑所形成的产业链在松江已有26家,全年完成工业总产值221.83亿元,比上年增长54.8%。全区信息制造业的固定资产投资13.26亿元,占全区固定资产投资的6.8%。

信息技术应用领域不断扩大。进一步完善区域电子政务总体框架,不断深化法人、人口、空间地理领域电子政务应用,稳步推进城镇、社区信息化工作,全面开展政府信息公开工作。全年共公开政府信息2375条,全文电子化率100%,市民申请政府公开信息12件,市民咨询政府信息28件。

信息基础设施建设不断推进。积极推进区光纤网络"村村通工程"建设工作,全年建设完成227个点,完成率为91.3%。遵循市"三统一"原则,总计集约化建设595.1公里的管线铺设工程。

社会公共服务信息化程度进一步提高。有序推进社保卡申领发放工作,全年申领数28136张,完成补卡3591张,换卡2782张。集中开展中小学生学籍卡申领工作,全年共申领学籍卡51314张,完成率100%。全面推开居住证办理工作,全年临时居住证申领数量449863张,正式居住证2529张。正式启动了"家校互动"项目,建立家校沟通的全新模式。

【社会事业发展】 积极推进教育城乡统筹和各类教育协调发展。深化教育综合改革试验,全面推进"两纲"教育和"阳光体育"计划,加强实验性示范性高中建设,中小学特色化办学格局、学前教育雁阵式发展体系进一步形成。加快推进教育基础设施建设,促进教育资源优化配置,全年建成幼儿园4所并投入使用;李塔汇幼儿园迁建、李塔汇学校扩建完成并投入使用;小昆山幼儿园扩建工程将于2008年2月交付使用;小昆山学校、叶榭学校迁建工程稳步推进。顺利完成了改善农村学校办学条件三年行动计划。基础教育质量稳步提高,全区高考二本以上达线率为49.3%,较上年提高了7个百分点;中考合格率为95.6%,较上年提高了6.5个百分点;小学毕业生学业合格率保持在98%以上;幼儿园入园率(户籍人口)保持100%。

全区依法批准设立的民办非学历办学机构63所,民办幼儿园15所,民办托儿所3所,民办中学4所。外来务工人员子女学校46所,其中中学11所,学生4153人;小学35所,学生19528人;附设幼儿班幼儿3934人。积极推进成人教育和老年教育,完成社区教育实验项目市级中期评估,推进镇成人学校及4个农村实训基地的建设,重点抓好5个地区的特色化老年教育。全年各类成人教育达23.98万人次,其中,参加学历教育1.37万人,社区教育4.59万人次。松江大学园区现有7所高校,共招收学生7.21万人。

改善科技创新环境,自主创新能力进一步提高。全年新增市级高新技术企业25家,国家火炬计划重点高新技术企业2家。共有10个项目获国家创新基金立项,11个项目获市创新资金立项,27个项目认定为上海市高新技术成果转化项目,9个项目获上海市重点新产品计划项目立项;获得上海市"科技小巨人"企业3家、"科技小巨人"培育企业13家;签订博士后实践基地项目3个;确定28个区创新资金计划项目、27个区科技攻关项目、18个区级软课题项目。全年共申请专利1904件,比上年增长52.3%,其中发明专利677件、实用新型专利546件、外观设计专利681件。完成技术交易合同登记43项,共计合同交易额9986万元。

科普事业取得新进展。成功创建全国科普示范城区,方松街道获得上海市科普示范街道称号,松江二中成功创建为上海市科技教育特色示范学校。

文化事业和文化产业加快发展。扎实推进文化重点工程实事项目,完成了38个村级综合文体活动室设施配送工作;全面实现有线电视村村通;继续推进"万部图书、千场电影、百场文艺"下农村、进社区、到工地、入军营活动,全年为基层、军营送书10.33万册,进社区放映电影2322场,送戏下农村、社区754场,百姓戏台演出172场。新闻宣传取得新成效,全年共采制播出《松视新闻》316档,播出各类新闻7000多条;新增《纪实60分》、《健康乐园》、《城市日记》等栏目,深受广大群众喜爱。全年出版《松江报》154期,发行477万份。《十五岁少年》等三部自创的文艺作品首次入围全国群星奖。顾绣等非物质文化遗产保护工作继续加强,十锦细锣鼓被认定为市非物质文化遗产。年末全区有影剧院6座,文化馆、站16个;公共图书馆1个,文化站图书室15个,藏书78.02万册,全年接待读者49.53万人次。全区有有线电视站11个,有线电视用户25.72万户。

深入推进卫生综合改革。进一步转变医疗机构运行机制和考核激励机制,推进区域医疗资源纵向整合,建立健全双向转诊、基本辅助检查互认制度,实施公立医疗机构基本药品零差率,落实市民社区就诊和定向转诊普通门急诊诊查费减免政策。加强区级医院对社区卫生服务机构人才和技术支持,社区医疗服务水平得到提升,基本医疗服务进一步下沉,人均门诊和住院费用处于全市较低水平。全年门急诊次数291万人次,比上年增长13.2%。全区门急诊均次费用117.2元,比上年下降4.1%,其中区级医院134.17元,比上年下降2%,社区卫生服务中心92.94元,比上年下降5.9%。

全民健身、竞技体育和体育产业加快发展。全年共承办、举办国际大赛5次,全国比赛5次,市级比赛6次,区级比赛19次。成功举办了区第三届运动会、"汇丰银行杯"国际高尔夫冠军赛,承办了2007年世界特奥会中的足球和高尔夫球两个项目,承办了田径黄金大奖赛等一系列重大体育赛事。群众体育不断向下渗透,至年末,松江区及各镇、街道、园区共组织、举办各类群众性体育竞赛和活动255次,参加人数达9.8万人次。体育设施不断完善。全年新建2个社区公共运动场、2个健身苑、25个健身点。至年末,全区共建有249个健身点、17个健身苑、7个社区公共运动场。年内参加市级比赛的运动员有950人次,获金牌50枚、银牌60枚、铜牌55枚。

【人民生活】 至年末,全区共有户籍人口542711人,比上年增长2%,其中非农人口422377人,增长9%。全年出生人口4028人,出生率7.49‰,死亡人口3394人,死亡率6.32‰,人口自然增长率1.17‰。

优化创业环境,积极促进就业。全区新增就业岗位46127个,完成指标的155.8%;城镇登记失业控制数6369人,控制率为99.2%;青年职业见习968人,完成指标的161.3%。新增非正规就业劳动组织666户,新增岗位2637个。非农就业13527人,完成指标的135.3%,其中南劳北上2684人,完成指标的134.2%。安置"双困人员"64名,纯农户654人,镇保对象未就业人员就业2120人,安置率均为100%。大力推进职业培训,完成订单式培训3963人,完成全年指标任务的198.2%,培训后上岗率为100%。

城乡居民收入水平持续稳步增长。城镇居民家庭年人均可支配收入19154元,增长11.4%;农村居民家庭年人均可支配收入10367元,增长10.5%。全年城镇居民人均消费支出11480元,比上年增长14.5%,其中服务性消费支出2541元,增长4.5%;农村居民人均生活消费支出7797元,增长11.1%,其中服务性消费支出2167元,增长3.8%。至年末,城乡居民家庭耐用消费品拥有量不断增加。

农村每百户耐用消费品拥有量

名　称	单　位	2007年	2006年
电冰箱	台	97	96
空　调	台	92	87
摩托车	辆	96	119
电话机	部	104	115
移动电话	部	157	152
彩　电	台	176	165
家用电脑	台	31	25
洗衣机	台	91	89

注:根据千户抽样调查结果显示。

居民生活质量进一步改善。全年完成旧房综合整治40万平方米;享受廉租房政策的家庭达到102户。至年末,城镇居民人均居住面积32.5平方米,比上年末增加0.7平方米;农村居民人均居住面积58.8平方米,增加1.1平方米。

社会保障体系不断完善。制定了关于城镇原乡镇企业退休无保障人员退养金补贴办法,使369名原城镇老职工养老得到保障。农村社会养老保险投保人数33905人,投保率为99.45%。18641名市级水源涵养林涉地人员镇保得到落实。建立农保基金财政投入和退养金合理增长机制,退养金标准由上年的每月115元提高到156元。原征地养老人员养老金由上年的每月430元提高到470元。加大外来从业人员综合保险征缴力度,综合保险月均参保人数35.03万人,完成市下达指标的127.1%。

进一步完善农村合作医疗制度。全区参加农村合作医疗10.44万人,投保率100%,比上年提高1.52个百分点,农民社会医疗保障率100%。至年末,共有10.44万余名农民参加了"大病互助资金",比上年下降15.7%。

救济、救助工作力度继续加大。全年发放城镇、农村最低生活保障金1650万元,发放失业保险金1726万元,发放各类帮困救助资金达3128万元,募集各类慈善基金2481万元。全年办理医疗补助和救助540万元、教育救助238万元。

加快养老服务发展。完成420张新增养老床位和1家日间服务站建设。至年末,全区共有养老机构20所,养老床位数3204张,人数2160人,标准化老年活动室179家。

(何惠明)

南　汇　区

【**地理位置**】　南汇区位于上海市西南部,长江和钱塘江出海口之间。东临东海,南依杭州湾,西南和西与奉贤、闵行两区接壤,北则和浦东新区为邻。区域介于北纬30°53′~31°09′和东经121°35′~121°51′之间。境内地势平坦,均为冲积平原,海拔高程为2米~3米。全区总面积860.1平方公里。

【**行政区划和人口**】　2007年,南汇区撤销村民小组215个(惠南镇25个,航头镇20个,周浦镇86个,祝桥镇18个,泥城镇28个,宣桥镇14个,书院镇22个,新场镇2个);新建6个居委会,分别为祝桥镇朝阳社区居民委员会、万祥镇馨苑居民委员会、芦潮港农场居民委员会、宣桥镇欣松苑居民委员会、宣桥镇欣兰苑居民委员会、申港街道临港家园社区居民委员会。至年底,全区有14个建制镇、1个街道办事处,下辖185个村,76个居委会。全区有沪籍人口73.4万人,比上年增加6705人。其中:男性36.32万人,占总人口的49.5%;女性37.08万人,占总人口的50.5%;性别比例为97.95(以女性为100),非农业人口为49.23万人,占总人口的67.1%;户籍人口年出生数为6066人,出生率为8.30‰;年死亡数为4600人,死亡率为6.30‰;人口自然增长率2.00‰。全区人口密度为每平方公里852人。

【**经济发展总量**】　2007年,南汇区实现地方生产总值455.7亿元,年增量105.5亿元,按可比价格计算,可比增长28.1%。其中:第一产业增加值18.2亿元,可比增长5.1%;第二产业增加值252.6亿元,可比增长30.8%,其中:工业增加值224.1亿元,可比增长34.3%;第三产业增加值184.8亿元,可比增长27.2%。2007年全区三次产业比重为4.0:55.4:40.6。与上年相比,第一产业下降0.7个百分点,第二产业上升0.9个百分点,第三产业下降0.2个百分点。全年完成财政收入130.5亿元,比上年增长22.0%。地方财政收入41.4亿元,比上年增长23.7%,其中工商税、企业所得税、契税分别完成27.4亿元、6.7亿元、4.9亿元,分别增长16.7%、28.1%、73.7%。全年地方财政支出60.7亿元,比上年增长19.7%。其中:教育支出6.8亿元,比上年增长17.1%;科学技术支出0.2亿元,比上年增长19.5%;文化体育与传媒支出0.3亿元,比上年增长10.8%,社会保障和就业支出5.6亿元,比上年增长26.5%,医疗卫生支出2.3亿元,比上年增长41.2%,环境保护支出0.2亿元,比上年增长45.2%,城乡社区事务支出1.2亿元,比上年增长8.2%,农林水事务支出2.6亿元,比上年增长123.9%。

【农业】　全年全区完成农业总产值48.6亿元,比上年增长17.5%。全年完成粮食总产量11.0万吨,比上年增长1.8%,西甜瓜产量22.6万吨,蔬菜产量64.6万吨,水果产量11.4万吨。畜牧业继续加大调减力度。全年生猪出栏44.6万头,比上年下降3.3%,鲜蛋产量1.9万吨,比上年增长0.4%,家禽产量2267万羽,比上年下降9.0%,牛奶产量3.4万吨,比上年增长36.2%。渔业生产仍然保持稳定势头,全年水产品产量2.4万吨,其中:淡水产品2.0万吨,海水产品0.4万吨。全面提升农业产业化经营的层次和水平,全区有各类农业产业化组织246家,产业化总产值18.8亿元,利润总额8804万元,税金1033万元,出口创汇3596万美元。带动农户6.8万户,农户从产业化经营中得到的总收入6亿元。农业产业化发展迅速,在八大产业集群(瓜果产业集群、食用菌产业集群、花卉产业集群、禽类产业集群、蛋品产业集群、种源产业集群、大豆产业集群、蔬菜产业集群)的基础上,建设了清美豆制品深加工、上海多利农业生态园、书院合作社师范集群等一批集群示范基地。农业旅游有新突破,2007年接待游客达到70万人次,旅游直接收入3000万元,销售农产品等间接收入1000万元,带动本地农民600人就业,其中农博会期间推出的瓜果采摘活动吸引5万市民参与,带来收入450万元。

【工业】　全年工业增加值完成224.1亿元,可比增长34.3%,全年完成工业总产值1055.3亿元,比上年增长38.6%;其中:规模以上企业完成工业总产值983.3亿元,比上年增长44.5%。私营、外商企业增速保持领先位置,全区私营企业完成规模以上工业总产值245.0亿元,同比增长28.7%;外商投资企业在全区工业经济中的比重稳步提升,全年完成规模以上工业总产值524.4亿元,同比增长89.4%,占规模以上工业产值的比重达到53.3%。规模以上工业企业经济效益综合指数169.7点,工业企业产品销售率98.7%,全员劳动生产率103475元/人,实现利润总额54.2亿元,同比增长32.4%;实现税金总额22.9亿元,同比增长6.0%;完成产品销售收入973.6亿元,同比增长46.4%。重点发展行业实现快速有效增长,电气机械、通信设备、计算机、仪器仪表等制造业完成规模以上工业总产值320.5亿元,比上年增长129.6%,其中电子信息设备制造业完成规模以上工业总产值241.2亿元,比上年增长191.1%;通用、专用、交通运输设备制造业完成规模以上工业总产值227.7亿元,比上年增长26.4%,其中汽车零部件及配件制造业完成规模以上工业总产值99.1亿元,比上年增长21.6%,汽车制造业完成规模以上工业总产值111.8亿元,比上年增长23.1%;医药制造业完成规模以上工业总产值24.4亿元,比上年增长39.6%。

【建筑业】　全年实现建筑业增加值28.5亿元,可比增长8.4%。全区建筑企业全年完成总产值113.2亿元,比上年下降2.9%;全年施工项目个数2997个,比上年增长18.8%;完成施工面积806万平方米,比上年下降18.8%;竣工面积415万平方米,比上年下降13.4%。

【金融业】　全年全区实现金融业增加值18.8亿元,可比增长7.8%,年末全区金融机构各项存款余额729.8亿元,比年初增加37.3亿元,比上年增长6.8%;各项贷款余额498.5亿元,比年初增加95.3亿元,比上年增长24.8%;城乡居民储蓄余额369.7亿元,比年初增加0.4亿元,比上年增长0.1%。

【商业】　全年实现社会消费品零售总额186.2亿元,比上年增长20.1%,消费热点主要集中在吃、用两种商品用途上,两者占社会消费品零售总额的比重为87.6%,其中:用品类完成消费品零售额111.5亿元,比上年增长13.7%,占零售总额的比重为59.9%。私营经济发展迅速,其消费品零售额所占比重最大,为67.9%,达到126.4亿元,同比增长13.7%;国有经济、集体经济完成消费品零售额分别为5.3亿元和40.9亿元,与上年相比分别增长57.1%和44.8%。随着新农村建设的深入开展,农村市场网络不断健全,消费环境得到有效改善,农村消费品市场发展逐渐加快,市场所占比重不断提高。全年城镇市场实现社会消费品零售额113.8亿元,同比增长20.2%;农村市场实现社会消费品零售额72.4亿元,同比增长19.9%。

【房地产业】　全年实现房地产增加值24.5亿元,可比增长2.2%。完成房地产开发投资127.2亿元,比上年增长22.4%,占固定资产投资总额的30.2%。从商品房用途分类来看,全区住宅开发投资额96.7亿元,同比增长29.3%;办公楼开发投资额2.3亿元,同比增长5.7%;商业营业用房开发投资额17.0亿元,同比增长4.9%;其他用房开发投资额11.2亿元,同比增长3.6%。全年商品房施工面积1136.8万平方米,比上年增长20.4%;竣工面积363.1万平方米,比上年增长47.4%;销售面积327.1万平方米,比上年增长138.2%;商品房销售额148.5亿元,比上年增长120.5%,至年底,商品房空置面积64.3万平方米,比上年增长325.8%。

【固定资产投资】　全区固定资产投资继续保持稳定增幅。全年实现全社会固定资产投资额421.4亿元,比上年增长7.1%。其中:第一产业固定资产投资额完成1.8亿元,比上年下降36.5%;第二产业固定资产投资额完成127.3亿元,比上年增长1.1%;其中:工业固定资产投资额完成127.3亿元,比上年增长1.1%;第三产业固定资产投资额完成292.2亿元,比上年增长10.4%。

【对外开放及园区开发】　全年引进内资企业工商注册户数3319个,新增注册资本62.0亿元,比上年增长8.8%;引进注册型企业户数3096个,注册资金61.6亿元,比上年增长17.0%。利用外资规模进一步扩大,引资结构调整优化。全年批准外商直接投资合同项目100个,比上年增长9.9%,总投资金额10.7亿美元,合同外资5.1亿美元,比上年下降7.9%,实际到位外资4.4亿美元,比上年增长20%。对外贸易在高平台上快速增长,外贸增长方式加快转变,出口结构不断优化。完成外贸出口创汇总额40.8亿美元,比上年增长101.6%。按出口企业分,三资企业完成30.1亿美元,比上年增长136.6%,内资企业完成10.6亿美元,比上年增长41.9%;按贸易方式分,一般贸易出口12.8亿美元,加工贸易出口27.9亿美元(占全区出口总额的比重为68.5%),分别比上年增长39.5%和153.3%。

康桥工业区全年完成规模以上工业总产值491.6亿元,比上年增长72.2%;完成固定资产投资51.9亿元;吸收合同外资2.5亿美元,外贸出口创汇总额24.9亿美元。南汇工业园区围绕建设资源节约型、环境友好型现代化工业园区的目标,全年完成规模以上工业总产值66.9亿元,比上年增长41.2%;完成固定资产投资15.6亿元;内资企业税务注册数132个,税金总额2.3亿元;累计完成合同外资0.7亿美元,外贸出口创汇总额4704万美元。现代农业园区全年完成规模以上工业总产值0.8亿元,比上年下降38.1%;引进注册企业7家,注册资本1613.4万元;完成固定资产投资1.5亿元,比上年增长25.1%,出口创汇总额1023万美元。国际医学园区全年完成规模以上工业总产值10.1亿元,比上年增长40.5%;引进注册企业35家,注册资本5655.2万元;完成固定资产投资4.7亿元,比上年下降8.8%;实现合同外资1515万美元。

【社会事业】 科技:区域创新能力显著增强。进一步融入部、市科技创新计划,获得国家、市创新基金项目16项;发展上海市科技"小巨人"企业2家及科技"小巨人"培育企业5家,全区共有市高新技术企业92家。承办以"和谐世界、和谐海洋"为主题的"太平洋论坛—2007";举办科技政策宣讲班,听众250余人次。举办"让生活科学起来"第一届南汇科普节和以"节约能源资源、保护生态环境、保障安全健康"为主题的全国科普日南汇地区活动;开展南汇区创建上海市科普示范镇活动,推进"文明城区"创建工作。全年共申请专利1400件,其中发明专利270件,实用新型专利410件,外观设计专利720件;完成技术合同65项,合同交易额12529万元;全年新增市级知识产权试点/示范单位10家;1家企业被认定为上海市第三批知识产权示范(培育)企业。

教育:深化合作办学体制改革,营造和盘活南汇教育的发展环境。稳步推进学前教育三年计划;规范管理聚焦课堂,建立健全教学质量评价和奖励机制,初步建立基础教育质量保障系统。树立"德育为先"理念,以民族精神活动月为契机,深化"两纲"教育。加强师资队伍建设,促进教育均衡发展,完善终身教育体系。做好青保工作,推进"平安校园"建设,加强青少年法制教育和心理健康教育,现有心理咨询室35个,心理咨询热线58个。全面实施《学校体制健康标准》,推动阳光体育运动的开展,培养学生综合素质,全区学校体育工作荣获上海市的最高——"区长杯"。至年末,全区拥有幼儿园71所,在园儿童17595人;1所特殊教育学校,小学23所,在校学生32121人;中学46所,在校学生40587人,其中:高中在校学生13249人。教职工8854人,其中专任教师7005人,初中毕业生合格率97.05%,小学毕业生合格率100.0%。

文化:拓展服务领域,切实推进公共文化阵地建设。2007年,图书馆共接待读者54.7万人次,流通图书达105.8亿册次,全年共送书下乡46次,送图书7922册。各镇开展"文化下乡"活动,全年累计完成送戏下乡(社区)均超过2次以上,全区送戏下乡(社区)总场次723场,观众达52.2万人。推进群文创作工作,开发精神文化精品,全区共创作各种形式的文艺作品220余个,并有60多个作品获省市级以上奖项。围绕农村精神文明建设,结合文明城区创建主题,以"人人参与艺术节,人人享有艺术节"为活动宗旨,开展2007年度区文化艺术节活动。

卫生:开展社区卫生服务综合改革。实施门急诊诊查费减免;抓好城镇医保、小城镇医保、农村合作医疗的协调发展。加强临港医疗机构建设的调研,为引入市三级医院分院做好前期各项准备工作,并在申港街道规划设置社区卫生服务站。推进卫生信息化建设,全面完成医院HIS系统建设,完成了78所村卫生室信息网络延伸工作。开展"送医下乡"工作,在"我们的家园"主题宣传月活动中,组织医院的医务人员深入14个镇社区,开展医疗义诊活动,共服务2000余人次,配合市委宣传部开展"送医下乡"活动,组织市级医院100名专家到各社区,开展义诊活动和医疗技术指导,共服务858人次。至年末,全区拥有分类登记的市医疗卫生机构278个,专业卫生技术人员4761名,其中医生2160名。医疗水平进一步提高。年内各类医院诊疗病人总次数365.5万人次,收治入院病人8.0万人次,治愈率和好转率分别达到42.7%和48.5%。全区平均每千人拥有床位6.7张,平均每千人拥有卫技人员6.5名,平均每千人拥有医生3.0名。

体育:完成2007年世界夏季特奥会柔道比赛承办和参赛工作,南汇区运动员获4枚金牌。举办"滴水湖杯"2007年中国国际摩托艇明星对抗赛。建成2片社区公共运动场、15个健身苑点、25个农民健身工程,培训社会体育指导员510名,全区夏季游泳馆池实现安全开放;开展"海洋南汇与奥运同行"健身月活动等群众性体育健身活动56次,参加人数5.8万人次。组队参加上海市第六届农民运动会比赛,获金牌1枚,银牌3枚,铜牌9枚。全年共组织举办全区性中小学生体育比赛23次,参赛学生人数达到5000多人次,14所中、小学被命名为第一批区级传统体育项目学校。区体育中心全年接待近30万左右人次市民锻炼健身,中国体育彩票销量比去年增加了33%。

【就业和保障】 全年新增就业岗位4万个,发展非正规劳动组织659家,吸纳从业人员7512人。加强职业教育和培训,创造就业条件,扩大就业机会,完成各类就业培训近两万人次。全区社会福利事业稳步发展。年末全区有各类敬老院44所,收养老人4193名,年内发放农村最低保障金1849.0亿元,涉及到户数1.5万户,2.5万人,发放城镇最低生活保障金2444.7亿元,19.1万人次,发放医疗救助金1197.3万元。

【城镇建设和环境保护】 全年实施重点工程、实事项目64个,其中重点工程29个,实事项目9个,重点产业推进项目26个,机场高速公路南汇段(闵行区界—浦东机场)前期工程、沪南公路东延伸(A30—两港大道)、两港大道(大治河—拱极路)前期工程、西乐路(人民西路—下盐公路)建设工程、下盐公路(西乐路—川南奉公路)等工程超额完成计划,天然气中压管道建设工程和南汇区党校行政学院顺利推进。区医疗卫生中心累计完成投资额3.6亿元,区机关办公中心累计完成投资额2.4亿元,全区农村水网改造及朝阳农场供水网改造工程完成节点目标值的100%。顺利完成旧居住区综合改造和乡村公路建设及危桥改造工程。

大力推进环境基础设施建设,完成南汇20万吨/日污水处理厂主体工程建设,完成各级污水管道建设,积极开展全区截污治污工作,使我区污水纳管率达65%,保留工业区污水纳管率达到80%,宣六港和咸塘港2条骨干河道通过有效整治,黑臭现象也有了明显改善。切实加强畜禽养殖场的规范管理,开展9家关闭搬迁和16家综合治理工作,完善生活垃圾无害化处置系统。继续加强环境执法力度,积极开展环境质量监测,加大餐饮业油烟气整治工作,全年对51户餐饮业的环境违法行为立案处罚,合计罚金81.2万元。试行"核总量、批项目"的制度,完成216家区内企业污染物总量核定工作,实现南汇区COD和SO2排放量削减10%的年度目标任务。

(沈乐平)

普陀区

【地理位置、区划和人口】 普陀区是上海市的中心城区之一,位于市中心区西北城郊结合部。东与闸北区交界,西与嘉定区交壤,南与长宁区、静安区毗邻,北与宝山区相连。区域面积55.47平方公里。苏州河(吴淞江)东西横穿境内,境内河段两岸岸线全长21.54公里。普陀区是上海西部的陆上交通要道。京沪线沪宁段、沪昆线沪杭段两条铁路线会合于区境内,境内设有上海西站。真南路和曹安路分别是204、312国道的起始段。沪嘉高速公路与沪宁高速公路分别从区西北部与西部进入境内。内环、中环、外环线及轨道交通三号线贯穿境内。区人民政府位于大渡河路1668号,东距铁路上海火车站4.7公里,西南距虹桥国际机场8.4公里,东南距市中心人民广场7.5公里。区政府位于大渡河路1668号。下辖长寿路、曹杨新村、长风新村、石泉路、甘泉路、宜川路6个街道和长征、桃浦、真如3个镇。有居民委员会240个。2007年,全区户籍总人口86.29万人,全年户籍出生人口5940人,死亡人口6800人,户籍自然增长率-0.99‰,计划生育率99.3%。至年末,常住户31.99万户,常住人口113.4万人,其中外来常住人口23.77万人。全区有少数民族44个,以汉族为主,少数民族户籍人口11578人。少数民族中人口最多的是回族,计8300余人,占少数民族的72%。

【经济发展】 2007年,实现增加值93.12亿元,比上年增长12.9%,其中第一产业增加值0.07亿元,比上年增长46.5%;第二产业增加值30.85亿元,比上年增长7.9%;第三产业增加值62.2亿元,比上年增长15.5%。第三产业增加值占全区生产总值的比重为66.8%,同比上升1.5个百分点。实现财政总收入95.19亿元,完成工业总产值154.73亿元,实现商业收入营业13.5亿元。新增私营企业2889家(含分支743家),累计注册登记的私营企业18305家(含分支4519家),注册资金260.08亿元,比上年增长7.1%。年末注册登记的个体工商户12145户,总注册资金1.42亿元。全区登记新开业内资企业211家(含分支142家),累计5158家,总注册资金276.9亿元。年内新登记三资企业181家(含分支52家),累计841家,注册资金8.7亿美元。全区主要住宿、接待型旅游企业110家,其中星级宾馆13家,旅行社66家。旅游业实现营业收入10.79万元,比上年增长10.5%。全区有各类商品交易市场109家,其中消费品市场102个,生产资料市场6个,要素市场1个。全年市场成交总额1228.78亿元。全区8家主要商业银行各项存款790.96亿元,其中居民储蓄存款366.58亿元,比上年下降4.6%。

经济发展新格局初步形成。以内涵式、集约化为方向,全面推动区域经济发展方式转变。以"三片五区"为"主战场",集聚发展"三态五业",努力打造承接上海发展战略、服务长三角地区的现代商贸服务区。"三片"即依内环线和中环线将普陀区划分为三片布局。南片为内环线以内地区,体现都市形象;中片为内、中环之间地区,体现辐射能级;北片为中环线以西地区,体现综合实力。"五区"即五大重点地区。真如城市副中心,将结合交通枢纽建设,增强商务商业、物流信息、文化娱乐等功能,建设成为辐射长三角的开放性生产力服务中心和服务上海西北地区的公共活动中心(真如城市副中心是上海经国务院批准的四大城市副中心之一,总用地面积2.43平方公里,其中城市建设用地面积2.41平方公里)。

2007年,副中心开发建设全面启动;规划方案获市政府审批通过,控详规划已被批准;地下空间综合利用规划编制工作基本完成;副中心开发建设有限公司正式组建;首个项目公司获批准组建;市场搬迁和土地储备工作稳步推进。

长风生态商务区,以组团式办公楼为载体,增强总部商务、生态景观、都市休闲、文化娱乐、研发设计、经济服务等功能,建设成为上海现代服务业新高地、苏州河生态走廊新景观和上海西北地区的新地标。2007年,长风生态商务区土地储备累计完成188公顷;开工面积累计达到130万平方米;沿河11幢景观型总部办公楼竣工;米高梅世界娱乐中心以及两座五星级酒店先后开工;约2.70公里的苏州河水岸贯通。

中环组团商贸群,将汇聚大型服务类企业,增强生活服务业集聚的能力,充分展现现代生活魅力,引领未来生活潮流,建设成为上海西北地区、辐射长三角的商贸团地和生活性服务中心。2007年,中环组团商贸群组团式商贸服务的功能和特色初步显现;百联中环购物广场运营情况良好;绿洲中环中心、百联中环生活广场、农工商118广场、祥和春天酒店式办公楼、新伟商贸城等项目有序推进。

桃浦都市产业园,将以上海西北综合物流园区和桃浦工业区建设为重点,增强高端物流、贸易保税、创意研发、包装设计、精制加工等功能,建设成为二、三产业融合发展的生产性服务业功能区。2007年,桃浦都市产业园老工业区改造工作积极推进,环境建设进一步加强;康鹏科技大厦等项目已开工;上海陆上货运交易中心项目被列入市大通关对接项目。

长寿综合服务带,将聚焦楼宇经济,集聚高层次的专业服务业,增强商务商业、文化创意、餐饮娱乐、旅游休闲等功能,建设成为具有国际水准的现代服务业集聚区,充分展示时尚都市形象。2007年,长寿综合服务带整体能级提升方案已形成;财富时代大厦、绿地和创大厦和科技大厦竣工,楼宇招商进展顺利;原上海第二织布厂地块等项目的开发正积极推进。苏州河沿线整体开发建设的社会氛围初步形成,综合整治和开发机制进一步健全;苏州河(普陀段)滨水区设计方案初稿已完成;苏州河环境综合整治三期工程启动实施。"三态五业",即在发展布局和框架基本形成的基础上,重点聚焦发展楼宇经济、园区经济和滨河经济三种业态,聚焦现代物流业、现代商贸业、科技研发产业、文化创意产业和专业服务业五种产业。

招商引资工作全面加强。制定和实施促进招商引资、税收落地和楼宇经济发展的相关政策措施。调整、充实区招商领导小组,成立区招商服务中心。全年引进内资企业2100户,注册资金60.64亿元。新批外资项目108个,累计批准合同外资2.56亿美元。全年外贸进出口额13.05亿美元,比上年增长16.4%,其中外贸进口总额4.54亿美元,比上年增长0.1%;海关直接出口额8051亿美元。引进德邦证券、跨国采购中心等一批知名企业和功能性项目。积极推动商务楼宇与中介咨询机构的对接,进一步拓展楼宇招商渠道。

【城市建设】 启动实施住宅小区综合管理三年计划,深入推进物业管理行风建设。创建祥和星宇花园(东块)等4个节能省地型"四高"优秀小区。全年住宅商品房开工面积35.72万平方米,施工面积324.98万平方米,竣工面积95.11万平方米。完成公建配套施工面积36.02万平方米,公建配套竣工面积18万平方米。实施菜单式全装修试点住宅1840套。完成居民动迁1653户,拆除旧房面积4.9万平方米,完成8个50户以下结转基地的收尾工作。旧住房综合改造工程全面启动,二次供水设施改造工程完成试点。完成平改坡旧小区综合改造6个,改造面积28万平方米,旧住房综合整治17万平方米。完成115个楼道的扶手改造。廉租住房制度受益面扩大,年内享受廉租住房政策家庭1397户,发放联组组仅748.95万元。完善"阳光之家"标准化建设,新建2所"阳光工场"。

积极推进轨道交通七号线、十一号线区内站点建设,完成十三号线站点规划选址工作。大渡河路南段建设基本完成;古浪路拓宽工程、桃浦东路辟通工程顺利推进;长风生态商务区内云岭东路等5条道路建设前期工作已启动。同普路桥(真北路至丹巴路)建成;跨苏州河古北路桥建成通车;祁连山路桥、镇坪路桥开工建设。铜川、真南排水系统建设进展顺利。

推进实施第三轮环保三年行动计划,完成长寿街道"无燃煤社区"以及真如、长征、桃浦"扬尘污染控制镇"创建工作。加强建筑节能工作,中鹰黑森林等项目被列入上海市建筑节能示范工程。上海造币厂节能技改示范项目被列入上海市节能技术改造第一批项目计划。加大力度淘汰劣势企业,关停16家高耗能、高污染的企业。完成6台燃煤锅炉的清洁能源替代和拔点工作,推进实施桃浦热力公司脱硫改造工程。

创建长寿路街道(浜南地区)市容环境示范区域(面积2.1平方公里)和长风新村街道(华师大周边地区)市容环境区域(面积1.95平方公里)。完成真北路立交桥、梅川路休闲街及其延伸段等景观灯光建设。加大市容整治力度,清除暴露垃圾1.57万吨,清除黑色广告4.07万余处,落实十大便民措施,整治杨柳青路、芝川路等10条中小马路,开展桃浦镇桃苑村等8个自然村的村容整治达标建设。新建改建公厕11座,创建公厕文明窗口10座,购置废物箱1100只,生活垃圾运输密闭率100%,有效改善环卫作业对市民生活环境的影响。

全年新辟绿地面积42.26公顷,其中公共绿地20.01公顷。新建3000平方米以上大型绿地1块,外环林带12.94公顷,新种行道树1017株。人均公共绿地面积达5.37平方米,绿化覆盖率21.6%。武宁绿地动迁完成,地下车库施工进展顺利。桃浦工业区楔形绿地(一期)建设启动。苏州河亲水岸线绿化建设进一步推进。

【科技发展】 区域自主创新能力不断提升。年内引进民营科技企业225件,年末在册民营科技企业1400件。华东师范大学国家大学科技园核心功能区建设正式启动。建立武宁科技园企业数据库和基本信息库,成立检测认证协作联盟。天地软件园的动漫制作和LED产品检验检测公共服务平台启动运行。新认定高新技术企业12家,累计达131家。高新技术成果转化22项,获国家新产品、创新基金等科技专项计划52项。复星国际、延华智能成功上市。制定《普陀区知识产权专项扶持资金实施细则》,奖励中国名牌产品、国家免检产品、上海名牌产品、中国驰名商标、上海市著名商标共45个,奖励总金额达1050万元。

【教育、卫生事业】 全面推进"圈、链、点"建设,基础教育优质均衡发展成效明显。完成义务教育阶段公立转制学校的体制改革。全国人大委托市人大对区贯彻新《义务教育法》情况进行了执法检查,并给予高度评价。贯彻实施《学前教育三年行动计划》,大力推进托幼一体化实事工程。统筹规划职业教育发展,有序推进曹杨职校新校舍建设。社区教育工作体系不断完善。进一步加强与区内外、国内外教育机构的合作交流。主动争取华东师范大学的专业指导和资源辐射,积极推进华东师范大学附属中学的建设。中英校际合作有新发展,成功举办"中英校长论坛",5所学校与英国学校成功结对,另有20所学校有初步交流合作意向。

卫生事业发展取得新进展。加强社区卫生服务综合改革,建成长征镇社区卫生服务中心和30个标准化社区卫生服务站。公共卫生体系建设不断完善,传染病发病率继续控制在历史较低水平。医疗服务能力和管理水平继续提高。加强与市申康医院发展中心合作,引进市级优质卫生资源,开展慢性病防治。获得多项国家级科研课题和人才培养项目,实施情况良好。建成老年护理医院并投入使用,完成眼牙病防治所改扩建项目。健康城区建设取得新成效。新建7个市级社区0—3岁婴幼儿科学育儿指导服务示范点,积极开展社区人口发展与社会事业资源配置的研究,户籍人口计划生育率达到99.25%。

【文化、体育事业】 以"文明在我手中"、"文明在我脚下"为抓手,扎实推进公共道德教育实践活动。深化"百万家庭学礼仪"活动。大力弘扬曹道云、杨明辉等的先进事迹。积极打造未成年人暑期工作特色项目。成立全市首个"文明365和谐社区互动站"。成功举办"天鸿杯"2007普陀文化艺术节,举行88场文化活动,创立"文化创意产业论坛"、"新上海人歌手大赛"等活动品牌,被授予第九届上海国际艺术节群文活动特别贡献奖。成功举办第十届"少儿冬冬乐"少儿读书活动、第十八届"曹杨之春"社区文化节等活动。真如、宜川、长风社区文化活动中心建成,区图书馆新馆工程进展顺利。《普陀区志》(1991-2003)出版发行。

成功举办"亚龙工业杯"2007上海苏州河城市龙舟邀请赛。圆满完成2007年世界夏季特奥会各项任务。积极开展"与奥运同行"全民健身主题活动,荣获"全国民族体育先进集体"称号。扩大和改善群众体育的健身场所和环境,完成127个社区健身苑(电)的788个健身器材的更新任务,完好率98.8%以上。全年举办区级各类比赛14场,参赛4188人。区运动员参加的全国青少年最高级别比赛中,共获冠军24个、亚军14个、季军15个。全年向上级训练单位输送二线运动员31人。体育彩票销售实现历史性的突破,年销售电脑体育彩票9258万元。

【社会保障】 加大就业促进工作力度。年内,新增就业岗位

27132个。重点推进困难群体就业“托底安置”工作,解决78户“零就业家庭”的就业困难。累计安置双困人员11926人。实施青年职业见习计划,青年职业见习人数达1416人。建立全市第一家工业园区职工援助中心,长风开业园区投入使用。成立石泉和长风等地区青年就业创业工作室和创业接力工作室,培育“创智家园”青年创业社团,累计开发自主就业组织3022个,安置从业人员2.98万人(其中安置双困人员1.19万人,两劳人员870多人)。加强职业技能培训,共培训2.06万人,其中,中高级培训人数达1.43万人。全区城镇登记失业人口1.85万人,比上年下降0.3%,控制在指标范围之内。

*落实市政府各项惠民政策。*累计审批高龄无障碍老人纳入社保人数达5144人。继续实施大龄协保人员的就业补贴和生活补贴政策,共发放大龄协保人员就业补贴和生活费补贴2224.4万元,5.87万人次。支援外地建设退休(职)回沪定居人员的生活帮困补助政策得到稳步推进,受益人数6021人。累计发放失业保险金7838.68万元,医疗保险金1057.05万元。外来从业人员月均参加综合保险人数10.76万人,比上年增长15.4%

*为民解困工作成效显著。*全区低保覆盖人数18185人,累计发放救助金4572.17万元;协保生活困难补助2795人,累计发放协保金542.29万元;医疗救助1209人,发放医疗救助金249.88万元;粮油帮困4852人,发放助学券4609章。落实支内退休(职)返沪人员帮困政策,支内人员全年享受帮困补助人员共计23546人次,共发放帮困金794万元。设立“普陀特别关爱基金”,建立全市首家“新上海人慈善爱心屋”。全区已建立21个经常性捐助接收点和5个慈善超市,实现区域范围内的全覆盖。全年销售彩票1.02亿元。

*社会福利和老龄工作深化发展。*新增500张养老床位,使全区养老床位数达到3307张,占老年人口1.9%;新建老年日间托老所1个、老年活动室18个;完全享受居家养老服务的老年人数10300人,占老年人口5.8%。安装“安康通”、“阳光呼叫器”2897台。打造养老机构“十分钟”为老服务圈,为老服务圈已惠及到近百个居委会,受益老人达4000余人。开展“守望工程”,实现7547名独居老人关爱全覆盖。

*社会管理水平全面提升。*推进居委会建设,培训居委会干部747人次,规范和提高部分居委会干部待遇。对民间组织的管理和服务进一步加强,区社会团体管理局被评为“全国民间组织登记管理先进单位”,长寿路街道“创建社区民间组织服务中心”项目入围“中国地方政府创新奖”。完成长征镇社区事务受理中心改扩建工程。推进实施居住证制度,切实加强来沪人员的服务和管理。产品质量和食品安全的体制机制进一步健全,专项整治行动取得成效。国防动员工作扎实推进,被评为南京军区国防动员先进单位。公共突发事件应急管理工作有序推进。信访工作机制进一步完善,社会稳定形势总体平稳。推进“平安普陀”建设,积极实施“保安工程”、“灯光工程”和“电控门工程”。安全生产处于可控状态。完成12家标准化菜市场改扩建。 (陈 霞)

青 浦 区

【地理位置】 青浦区位于东经120°53′~121°17′,北纬30°59′~31°16′之间。地处上海西部,位于长江三角洲太湖平原东侧,太湖下游,黄浦江上游。居苏、浙、沪交汇处,东与上海市闵行区毗邻,南与松江、金山区和浙江省嘉兴市接壤,西连江苏省吴江市、昆山市,北接嘉定区。全境东西两片宽广,中部狭窄,宛似彩蝶展翅。总面积669.76平方公里,耕地面积2.37万公顷。青浦地区属北亚热带季风海洋性气候,温和湿润,四季分明。地势平坦,土地肥沃。境内河江交错,湖荡群集。全区1817条河道总长2155公里,水面积124.49平方公里。21个湖泊面积59.3平方公里。淀山湖跨青浦、昆山二地,境内面积为46.7平方公里。境内内河航运具有天然优势,可通行50~300吨货船,有太浦河、大蒸塘、淀浦河、拦路港、吴淞江、泖河、油墩港等主干河道,是苏、浙、沪重要水上通道。318国道及沪青平高速公路自东向西横贯全境,同三国道自北而南穿越区境,北有沪宁高速公路,南有沪杭高速公路,形成便捷、发达的陆路交通网络。青浦城区距上海市中心人民广场40公里,距虹桥国际机场25公里。

名胜古迹有崧泽古文化遗址、福泉山遗址,有中国历史文化名镇朱家角镇和桥乡金泽镇,有唐青龙塔、唐泖塔、清万寿塔等古塔,有宋普济桥、元迎祥桥、明放生桥等古桥。纪念地有陈云故居暨青浦革命历史纪念馆、小蒸农民暴动指挥所等。休闲娱乐场所有东方绿舟、太阳岛旅游度假区、大观园、上海国际高尔夫乡村俱乐部和日月岛度假村等。AAAA级景区(点)有古镇朱家角、上海大观园、陈云故居、东方绿舟和上海太阳岛国际俱乐部。

【历史沿革】 青浦地区历史悠久,距今6000多年前已有先民居住。有文字记载以来,县(区)境隶属屡变。春秋战国时先后属吴、越、楚,秦时为会稽郡由拳县东境,汉时属吴郡娄县,隋代隶苏州昆山县。唐天宝十年(公元751年)置华亭县,隶苏州,县域为华亭县西北境。宋时地域属浙西路嘉兴府华亭县。元至元二十九年(公元1292年)析华亭县置上海县,县境半为上海县西境,半为华亭县北境。明嘉靖二十一年(公元1542年),析华亭县修竹、华亭二乡,上海县新江、北亭、海隅五乡置青浦县,隶属松江府,设县治于青龙镇。因县治设在青龙镇,县境东部有五浦(赵屯、大盈、盘龙、顾会、崧子),遂定名青浦县。三十二年废县建制,县域仍回归华亭、上海两县管辖。万历元年复置县,移县治于唐行镇(今青浦镇)。清雍正二年(公元1724年)析县境北亭、新江二乡,分置福泉县,至乾隆八年(公元1743年)裁撤,仍并入青浦县境。辛亥革命(公元1911年)后,青浦县属松江军政分府,属苏松太道。民国二十二年(公元1933年),属江苏省第四行政督察专员公署管辖,后改由第三行政督察专员公署管辖。1949年解放后先属苏南行署松江专员公署,1952年9月隶江苏省,1958年11月划归上海市。1999年9月16日,经国务院批准,撤销青浦县建制,建立青浦区。2000年1月12日,青浦区人民政府机构正式挂牌,县长巢卫林担任首任区长。

【行政区划】 2000年1月青浦撤县建区时有20个镇、1个市级青浦工业园区。2007年末,青浦区下辖徐泾、赵巷、华新、白鹤、重固、朱家角、练塘、金泽8个镇和夏阳、盈浦、香花桥3个街道,有184个行政村和70个居民委员会。区边界线全长约256.8公里,其中省(市)界线112.7公里、区(县)界线144.1公里。区人民政府地址: 青浦镇公园路100号。

【人口】 年末总人口87.2万人,其中来沪人员41.5万人。常住人口77.8万人,其中来沪人员31.9万人。户籍人口45.7万人、15.5万户,其中非农人口28.1万人。2007年户籍人口出生3202人,出生率7‰,自然增长率0.09‰。

【社会事业】 完成纪鹤公路青浦段拓宽工程。建成镇级燃气服务点5处、健身苑点30个,改建标准化菜场6家、标准化村卫生室40个,完成城区1.65万户居民有线电视网络改造。全区道路街面和城区居民住宅小区图像监控系统基本建成并投入使用。市郊第一艘太阳能渡船(沪青浦渡39号客渡船)在金泽镇东蔡江南新村渡口(南新渡)于11月15日正式启用。上海市首座仿古建筑变电站——35千伏综合智能化解放变电站在青浦城区建成并投入商业运行。青浦供电分公司新农村电气化建设项目通过市级验收。城区公交线路增加到10条,基本实现全覆盖。新开通农村公交线路7条,新改建农村道路52.3公里、危桥88座。

8月,投资1.14亿元的上海市毓秀九年一贯制学校竣工交接。国家火炬计划上海青浦新材料产业基地通过科技部专家现场审查认定,7家企业被认定为基地首批骨干企业。全区专利申请量达到1250件,比上年增长10%,其中发明专利比上年增长40%。10月5~10日,由青浦区承办的2007年世界夏季特殊奥林匹克运动会皮划艇、帆船、龙舟比赛项目在上海市水上运动中心举行,有15个国家和地区的230名特奥运动员参赛。成功承办六个国家代表团325名运动员、教练员的社区接待工作。5月22日晚,第三届中国国际新闻摄影比赛(华赛)颁奖晚会在青浦区东方绿舟剧场举行。

【社会保障体系】 全年新增就业岗位36260个,连续五年超额完成市政府下达的新增就业岗位指标,其中非农就业岗位12590个。城镇登记失业人员5570人。认定"双困"(就业困难、生活困难)人员493人,撤销42人,已安置451人,安置率达100%;认定零就业家庭100户,按照每户家庭至少解决1人就业的要求已全部予以安置。小城镇保险无业人员就业为10115人。全区有非正规劳动就业组织1727家,从业人员15351人。职业技能培训7830人,其中中高层次培训4673人,农民工培训10081人。社会保险净增15679人,其中小城镇社会保险净增12609人。城镇养老保险(城保)参保6991户,在职职工78742人,退休人员24333人;小城镇社会保险(镇保)参保46150人,退休人员33679人;农村养老保险参保43549人;外来从业人员综合保险月均参保187633人。

【经济建设】 2007年,全区实现地区生产总值(GDP)415.6亿元,比上年增长16%。其中第一产业增加值7.9亿元,下降-1.8%;第二产业增加值258.6亿元,增长14.7%,其中工业增加值248.9亿元,增长15.8%;第三产业增加值149.1亿元,比上年增长19.3%。五年年均增长19.8%。三次产业比例为1.9∶62.2∶35.9,分别比上年下降0.3%、下降0.7%和上升1%。财政收入140.2亿元,比上年增长14.7%。区级财政收入63.5亿元,比上年增长14.1%。完成全社会固定资产投资151.5亿元,比上年增长6.6%。其中房地产业完成投资63.4亿元,比上年增长14.8%。

年末注册私营企业47985户;实现销售收入1595.4亿元,比上年增长9%;私营企业完成税收71.8亿元,比上年增长17.6%,占全区税收总量的53.8%。坚持实施"四个聚焦"(聚焦日欧美企业、聚焦世界500强成员企业、聚焦世界级产业和行业龙头企业、聚焦实业型民营龙头企业),招商引资向招商选资转变取得成效。全年新批准外资项目82个,增资项目83家,合同外资5.2亿美元。

工业总产值1162.4亿元,比上年增长15.8%,五年年均增长20%。其中,三资企业完成687.4亿元,增长21%;私营企业完成395亿元,增长13.5%;国有集体企业完成80亿元,下降8.8%。全区规模以上工业企业1507户,比上年净增106户,实现工业产值991.4亿元,比上年增长18.4%,占全区工业总产值的85.3%。亿元产值企业208户,实现工业产值664.4亿元,比上年增长22.5%。青浦区"4+1"主导产业(现代纺织、精密机械、信息电子和印刷传媒四大支柱产业及文体类(休闲)用品制造特色产业)实现规模产值564亿元,比上年增长16.6%,占全区规模产值的56.9%。全区高新技术产业规模产值达304.6亿元,比上年增长22.2%,占规模产值的30.7%。

青浦工业园区集中集聚效应进一步凸现。完成工业总产值395.9亿元,比上年增长30.4%,占全区工业总产值34.1%。其中"亿元产值"企业99户,年实现产值299.3亿元,占园区工业总产值75.6%。实现税收24亿元,比上年增长22.8%。至年末,青浦工业园区规模以上工业企业429户。已有21户世界500强和50户国内外行业龙头企业落户园区。

实现社会消费品零售总额145.3亿元,比上年增长22.6%。赵巷奥特莱斯品牌直销广场全年零售额7.7亿元。吉盛伟邦绿地国际家具村经营品牌400多个。5月19日,投资约14亿元、建筑面积48万平方米的上海国际建材家居品牌中心奠基仪式在青浦区重固镇举行。

农业总产值21.4亿元,比上年下降3%。全年粮食作物播种面积14922公顷,比上年增长4.7%;完成粮食总产量10.6万吨,比上年增长3.9%。农业设施化、品牌化程度逐步提高,分别新建设施粮田、设施菜田6000亩和4408亩。青浦现代农业园区已有上海艾夫凯农业科技有限公司、上海方晟园林有限公司等26家实业型企业落户园区,19户企业进入产出期,亩均产值达6900元。园区全年完成税收近1亿元。

【品牌农业建设】 "十五"期间,青浦根据自身农业优势产品实际,加快标准化进程,创建农产品品牌,发展产业化经营。建设了20个青浦区农业标准化基地,并全部经过无公害基地认定,已注册农产品商标46个。创出了赵屯桥牌草莓、练塘牌茭白、淀山湖牌蛋品、小农夫牌玉米、岑湖牌青虾、莲湖牌生态鳖等被市场认可的品牌产品。2005年,青浦区启动练塘茭白、白鹤草莓国家级标准化示范基地项目。"赵屯桥"牌草莓于2006年1月获得上海市著名商标,练塘茭白于2006年10月被农业部授予中国名牌农产品称号。

2007年9月27日,上海市质量技术监督局受国家标准化管理委员会委托,对1166.67公顷(17500亩)练塘茭白标准化示范基地进行验收,获得92的高分,通过考核验收,成为青浦区第一家国家级农业标准化示范基地。练塘茭白标准化示范基地平均亩产量2900千克,平均产值6380元。全镇茭白种植面积2000公顷(3万亩次),优质茭白年产量9万余吨,茭白种植农户达1万余户,年产值近2亿元。练塘茭白品牌农业规模优势、区域化生产格局已形成。

12月29日,上海市质量技监局受国家标准化管理委员会委托,组织专家验收组对白鹤草莓示范区进行验收。经专家评审,1180亩种植基地通过国家草莓标准化示范区验收,1233户种植户获得示范户称号。示范区年产量0.7万多吨,年产值近1300万元。"赵屯桥"牌草莓成为国家认可的绿色产品。年末,全镇草莓栽培面积约8000公顷(1.2万亩),占全镇耕地面积的四分之一;年产值0.9亿元,约占全镇农业总产的35%;种植户6000户。白鹤草莓种植规模、生产水平居国内乡镇之首,形成明显区域化生产格局。

【青浦区金泽新农村建设试点区稳步推进】 青浦区以统筹城乡发展为着力点,扎实推进新农村建设。加大公共财政向新农村建设的倾斜力度。实施《关于对镇级增收节支工作继续实施转移支付补助的政策》,对练塘、白鹤、华新、金泽镇分别给予转移支付专项补助共2000万元。对58个经济薄弱村和33个农村社会综合管理成绩突出的经济薄弱村实施扶持和奖励,落实专项补助资金2100万元。新开通农村公交线路7条,新改建农村道路52.3公里、危桥88座。中等职业学校农村学生及就读农业相关专业学生学费减免和食宿补贴财政共支出315.9万元,受益学生达到3217名。12月,投资2361.57万元的青浦供电分公司新农村电气化建设项目通过市级验收。夏阳街道金家村农家乐、金泽沙田湖水产生态园等农事旅游项目已建成对外营业。

5月,金泽镇新农村建设试点区启动第一批自然村落(陈东村七百亩自然村、建国村斜河田自然村和岑卜村)改造工程。综合整治自然村落环境,完善公共基础设施,实现"路面硬化、墙面白化、河道净化、宅前屋后绿化",形成一个舒适、清洁、安全、优美、文明、健康的村民生活环境。其内容主要包括村级道路新建和改建、整治环境、疏浚河道、修建驳岸、住宅外墙整修及白化、桥梁修建、农宅污水排放设施及电力照明设施改造、公共绿化和宅前屋后绿化、新建和改建环卫设施等。12月,3个自然村改造工程基本完成,投入资金2000万元,惠及982户农户。结合各自然村落实际,发挥资源优势,推出吃农家饭、观自然景、赏民俗情、享田园乐为特色的农家乐休闲系列项目。5月1日金泽镇生态休闲旅游项目金龟岛渔村开业。继续推进沙田湖水产生态园二期项目。

年内金泽镇投入2602万元,完成9880亩设施粮田和菜田建设,涉及14个村。投入600万元,在双祥村、王港村建设粮食生产示范基地2000亩。"一镇一品"青虾养殖项目于12月通过验收。该项目首期在雪米村,养殖青虾360亩,亩产量85公斤,亩净收入1600元。完成陈东村、雪米村、沙港村、王港村为农综合服务站建设。培育新型农民,开展"专业农民"培训,种植业开设粮食、食用菌、蔬菜3个班,参加100人;养殖业开设2个班,参加200人;农机维修1个班,参加50人。举办2期白对虾养殖实用技术培训班,参训112人。举办"水产中级工"培训,参训128人。

【赵巷市郊商业商务集聚区已具规模】 2005年7月,青浦赵巷市郊商业商务区项目被列为上海市现代服务业集聚区建设首批项目之一。商务区位于318国道和嘉松公路相交点,A9高速公路(沪青平高速公路)赵巷出口处。规划面积4.36平方公里,核心开发区1.5平方公里。

1号地块内,商务区首期项目——上海首个销售世界名牌的大型折扣店上海奥特莱斯(OUTLETS)品牌直销广场于2006年4月28日开始营业。占地16万平方米,有商铺150间。27个国际一线品牌,183个国际二线、国内一线品牌入驻。吸引众多消费者驱车前往购物,休假日每日有2000~3000辆。至年末,总销售额3.60亿元,税收1179万元。2007年销售额6.6亿元。开业至2007年末,累计销售收入完成10.56亿元,上交各类税费3851万元。

2006年5月20日,国内最大的家具世博园——吉盛伟邦绿地国际家具村工程正式动工。2007年9月13日,吉盛伟邦绿地国际一期开业。项目用地282亩,建筑面积15.4万平方米(其中地上13万平方米,地下2.4万平方米)。已进驻国内外家具企业152家、国内国际家具品牌400多个,其中国际家具品牌占30%,包括FLEXFORM(弗莱克斯福姆)、GIORGETTI(佐杰提)、B&B等。至年末,完成销售收入6000万元。

2号地块内,上海珠江创展国际商贸中心工程动迁工作开展,于2008年1月10日动工。项目由广东珠江集团投资建设、管理运营,定位为国际、国内商业贸易中心,集零售、餐饮、休闲娱乐为一体。一期工程建筑面积15.3万平方米。项目招商工作顺利,已签订意向的租赁面积达60%。

【继续实施环保三年行动计划】 继续实施上海市第三轮环保三年(2006~2008年)行动计划,深入推进污染减排工作。1月18日,朱家角老镇区污水管网建设与大淀湖综合整治工程竣工仪式举行。朱家角污水管网改造工程涉及16条老街,主管总长度19公里,支管总长度达45公里。于2004年建成并试运行的朱家角污水处理厂通过验收。大淀湖综合整治工程疏浚淤泥达70万立方米,建成沿岸景观十余处。6月,金泽污水处理总厂投入试运行,已纳管企业81户、居民820户,日处理污水量约1950吨。8月,西岑污水处理厂投入运行,于年末建成3.7公里污水管网。10月1日,于7月建成的华新镇城市污水处理厂一期工程正式投入商业运行。一期工程投资4421万元,占地面积近3.8万平方米,处理规模为每日1.75万吨。10月29日,白鹤污水处理系统开工建设。白鹤污水处理系统属于第三年环保行动计划和苏州河综合整治项目,规划服务面积33平方公里,计划于2008年底前建成并投入运行。白鹤污水处理系统的建成将填补青浦区最后一块污水处理盲点,全区集中与分散相结合的污水处理格局将基本成形。青浦污水厂扩建工程的前期工作已基本完成。推动15个老工业点206家企业进行污水纳管。全区污水处理厂12家,城镇污水日处理规模14.4万吨,城区污水处理率达到78%,保留工业区、青浦城区以及部分集镇区基本实现污水纳管。城乡生活垃圾收集系统不断健全,生活垃圾处理厂基本建成。污水处理全覆盖。

整治镇村级河道970条,疏浚长度900公里,清淤1590万立方米。12月4日,青浦城区创建扬尘污染控制城区工作通过上海市考核验收专家组考核,获得全市第二名的好成绩。徐泾镇全国环境优美乡镇创建工作已通过市级验收。

【青浦区首创的村党员代表议事会制度在全市推广】 4月19日上午,市委组织部在青浦区委党校召开上海市推进农村党员代表议事会制度座谈会,来自全市各区、县100个村党组织负责人参加会议,听取青浦区推行农村党员代表议事会制度有关情况和工作经验的介绍。市委组织部副部长冯小敏在会上讲话指出,青浦区率先推进的农村党员代表议事会制度,是加强农村基层党组织建设和党员队伍建设,发扬党内民主的有效探索,值得进一步总结和推广。2003年下半年,青浦区在全市率先在各村推进农村党员代表议事会制度。议事会代表由全村党员民主推荐、选举产生,每季度召开一次议事会会议,如遇重大事项需商议或有二分之一以上议事会代表提议,可临时召开。2003年8月,朱家角镇党委在3个村先行试点农村党员代表议事会制度。年末3个村党组织的工作明显得到改善。2005年3月,在朱家角镇一年多时间先行试点的基础上,青浦区在全区各村建立和推行农村党员代表议事会制度。通过"试点探路、总结推广、深化完善"三个阶段的探索与实践,该项制度已成为青浦区加强和改进农村基层党组织建设,推动基层党内民主发展的一项村级党建工作制度。它通过保障党员民主权利,发挥党员的积极作用,聚合了党员,实现了党内和谐,同时带动和推进了人民民主和社会民主。

（赵 峰）

奉贤区

【地理环境】 奉贤区位于上海市南部,距上海市中心人民广场42千米,浦东国际机场30千米。北倚黄浦江,南临杭州湾,有13.7千米长的江岸线和31.6千米的海岸线,是一个风光秀丽的滨海城市。全区土地面积687.39平方千米,区属耕地面积27838公顷。境内水陆交通便捷。浦南运河横亘东西,金汇港纵贯全境;公路铺展成网,已形成十纵六横的公路网络;越黄浦江交通,有奉浦大桥和西渡、邬桥两个轮渡口。

【历史沿革】 奉贤因相传孔子弟子言偃来境讲学,后人为敬奉贤人而得名。距今约4000年,境内已有人类栖息。春秋战国时期先属吴、越,后属楚,秦、汉、两晋、南朝宋、齐时归海盐县,南朝梁、陈时原海盐县东部置前京县,地属前京县。隋文帝开皇九年(589年),前京并入常熟县,至开皇十八年(598年),析出东南境置昆山县,地属其境。唐睿宗景云二年(711年),海盐复治于马嗥城,先后隶于苏州和吴郡,地属其境。唐天宝十年(751年)置华亭县后,直至清初该区一直属华亭县境。清雍正四年(1726年)置奉贤县,辖原华亭县东南部白沙、云间乡。民国年间隶江苏省第三区行政督察专员公署。1933年冬,南汇县15个乡镇的3.5万余亩农田划入奉贤县,县境从此滨浦。解放后隶属于苏南行政公署松江专区,1952年隶属江苏省松江专区,1958年3月,撤松江专区,改隶苏州专区。1958年11月全县划归上海市。2001年8月24日,奉贤撤县设区。

【国民经济】 2007年,奉贤区按照"三区一基地"建设目标,围绕物流产业、现代商贸服务业、先进制造业、现代农业和旅游业5个方面的产业定位。加大招商引资和对外开放力度,着力推进产业结构调整、节能降耗等工作,经济社会发展呈现出"增长适度、结构趋优、效益提高、消耗降低、生活改善"的特点,主要指标完成情况良好。2007年奉贤区经济和社会发展主要指标完成情况:

项目 （增加值）	单位	数值	同比增长（%）
工农业总产值	亿元	321.8	18.9
其中:工业总产值	亿元	1180.2	17.8
财政收入	亿元	1147.3	18.2
固定资产投资	亿元	133.6	8.0
社会消费品零售总额	亿元	155.8	19.6
合同利用外资	亿美元	5.1	1.5
实现外贸直接出口	亿美元	25.9	60.7
城镇居民家庭人均可支配收入	元	18027.5	10.1
农村居民家庭人均可支配收入	元	9559.7	11.3

【旅游业】 2007年,奉贤区以其独特的区位优势,加快重点旅游景区和重大旅游项目建设,不断完善要素配置,丰富旅游产品内涵,着力提高景点档次、服务水准和接待能力,使旅游整体形象得到进一步提升,旅游接待人次和营业收入有较大幅度的增长。2007年度接待游客321.6万人次,同比增长31.2%,营业收入14.5亿元,同比增长72.7%。

闵行区

【地理位置】 闵行区位于上海市地域腹部,形似一把"钥匙"。北纬31.05度,东经121.25度。东与徐汇区、浦东新区、南汇区相接;南靠黄浦江与奉贤区相望;西与松江区、青浦区接壤;北与长宁区、嘉定区毗邻;虹桥国际机场位于区境边沿。吴淞江流经北境,黄浦江纵贯南北,分区界为浦东、浦西两部分。闵行是上海市主要对外交通枢纽,是西南地区主要工业基地、科技及航天新区。

【气候条件】 闵行区具有北亚热带季风气候特征,四季分明,冬夏长,春秋短,日照充足,雨量充沛。

【行政区划】 闵行区现有9个镇、3个街道,1个市级工业区,共163个村民委员会和311个居民委员会。区政府设在上海地铁1号、5号线地铁终点站—莘庄镇。

【人口状况】 2007年末,全区户籍人口88.58万人,比上年增长3.6%。其中非农业人口77.80万人,比上年增长6.5%。出生人口1.01万人,出生率11.6‰,比上年上升2.4个千分点;死亡人口0.62万人,死亡率7.1‰,比上年上升0.3个千分点。人口自然增长率为4.5‰。户籍人口计划生育率为99.8%。平均期望寿命81.76岁。外来流动人口91.70万人,流动人口计划生育率为92.1%。

【城市建设】 坚持以规划引领建设。进一步细化和完善了“1223”城乡规划体系,编制完成《闵行新城总体规划》、《闵行区社区公共服务设施规划》、《闵行区“十一五”期间公共交通专项规划》,基本农田精确落地。围绕区人大代表议案办理,加快轨道交通线路及站点开发等规划编制。

重点工程建设扎实推进。虹桥综合交通枢纽完成全部动迁量的97.6%,累计腾地1.9万亩。完成轨道交通8号线、10号线(一期)动迁任务。全年共动迁民房6795户,动迁面积达328.5万平方米。第三轮“环保三年行动计划”82项任务已完成42项。完成村宅河道整治229.5公里,全区污水收集处理率达78%。全区人均公共绿地面积达15.8平方米,被全国绿化委员会命名为“全国绿化模范城市(区)”。

违法建筑整治取得阶段性成果。根据“堵而有效、疏而有道、遏制蔓延、减少存量”的要求,采取有力措施,全年共拆除违法建筑112.8万平方米。对问题突出地区进行了集中整治,南方物流园区及周边地区10万多平方米违法建筑全部拆除。同时,探索长效管理的工作机制。

积极实施城市网格化管理。组建区城市网格化管理监督受理中心,初步建成网格化管理信息平台,并在56.8平方公里中心区域推行。深入推进市容环境综合建设和管理,创建成市级示范区域3个、规范区域3个和达标区域6个,创建总面积70平方公里。新建公厕50座,124座环卫等级公厕免费开放。新辟公交线路6条,调整线路25条,在江川、古美、浦江等地区开通了社区公交。(摘自2007年闵行区《政府工作报告》)

【房地产】 落实国家宏观调控政策,完善房地产市场体系,促进房地产市场健康稳定发展。房屋建设开发速度放缓。全年房屋施工面积1293万平方米,比上年增长5.7%;其中新开工面积227万平方米,比上年下降10.6%。房屋竣工面积195万平方米,比上年下降17%;其中商品房竣工面积178万平方米,比上年下降14%。

商品房销售止跌回升。全年商品房销售面积353万平方米,比上年增长8.6%;商品房销售金额306亿元,比上年增长29.7%。存量房交易快速攀升。全年存量房交易面积269万平方米,比上年增长20.6%;存量房成交金额212亿元,比上年增长36.8%。(摘自《2007年上海市闵行区国民经济和社会发展统计公报》)

【社会事业】 教育均衡发展积极推进。以办理区人大代表议案为契机,进一步优化教育资源配置。教育经费投入力度加大。实施“骨干教师柔性流动”和校际合作交流项目,对41所农村中小学进行了信息化设施建设。完成群益职校迁建和区社区学院组建工作,闵行中学被命名为“市实验性示范性高中”。初步形成闵行居民接受早期教育、学前教育、义务教育、高中阶段教育、高等教育等各类教育的资助政策体系。

公共卫生服务体系进一步完善。建立规范化的社区卫生服务站42个,加强全科医师培训。以居民健康服务签约为切入点,落实居民健康管理责任制,开展中心、站点、家庭“三站式”社区卫生服务。推进新一轮健康城区建设,七宝镇列入“国家健康镇”试点。被评为“全国无偿献血先进城市”。复旦大学附属儿科医院将试运营,复旦大学血液病研究中心暨上海道培医院建成,区精神卫生中心竣工。

文化建设进一步加强。完善了357家村(居委)标准化文化活动室配置,安排100场高雅艺术演出、2000场流动电影进社区,20000册图书进工地。成功承办第九届中国上海国际艺术节群文活动开幕式暨上海合唱节。举办“金秋闵行”社区文化节活动2000多场,群众参与达114万人次。1个创作节目获文化部“群星奖”,马桥手狮舞等4个项目被列入市第一批非物质文化遗产名录。

体育事业继续发展。世界特奥会闵行赛区组织工作圆满完成,被市特奥组委会评为社区接待计划和代表团接待服务工作优秀组织奖、市特奥志愿服务优秀组织单位。成功协办网球大师杯赛、国际马拉松赛等赛事。组团参加全国第六届城市运动会并取得较好成绩。全区50个事业单位的体育场地向社区开放,80多万人次居民受益。

人口和计划生育工作取得新成效。免费培训0~3岁婴幼儿家长及看护人员6.2万人次。被国家人口计生委评为“全国婚育新风进万家活动示范区”。

社会总体保持和谐稳定。扎实推进平安建设实事项目,建设平安岗亭161个,安装电子防盗门4700扇,整治居住区“群租”1096户。全区万人发案率低于全市平均水平。完善信访和社会矛盾预防调处工作机制,制订预警防范、综合协调、督促检查、考核追究等制度,加强领导干部“下访”,化解了一批社会矛盾和遗留问题。对入室盗窃等治安突出问题进行了重点整治。切实加强人口综合服务和管理。产品质量和食品安全专项整治工作通过了市级验收。大力推进无照经营整治,无照经营总数较大幅度下降。开展火灾隐患、安全生产隐患排查治理工作,全区未发生重特大安全事故。虹桥镇被世界卫生组织评为“国际安全社区”。加强了交通管理,获得“路况”及“平安畅通区县”市级考评第一名。(摘自2007年闵行区《政府工作报告》)

【航天产业】 2005年9月,占地1120亩,集运载火箭、应用卫星、载人飞船等航天产品研发、制造、试验于一体的航天上海新区——航天科技集团公司八院航天产研基地在莘庄工业区全面开工建设。

2006年6月,上海航天科技产业基地首期1平方公里开发项目——“上海航天科技产业基地首批启动项目暨航天机电太阳能光伏、复合材料气瓶项目奠基仪式”隆重举行。航天新区一期工程建设分为电子区、动力区、技术基础部、院本部大楼和公共设施等五个项目,总建筑面积11万平方米。2006年,电子区的总装总调楼,动力区的科研办公楼,技术基础部的南、北大楼等均已完成结构封顶,正在进行墙体砌筑,院部大楼主楼已结构封顶。

【经济发展】 2007年,全区预计完成增加值976亿元,比上年增长15.2%;实现财政总收入272.2亿元,比上年增长19.6%,其中,区级财政收入85.7亿元,比上年增长25.4%;完成工业总产值3335亿元,比上年增长10.1%;实现社会消费品零售总额274亿元,比上年增长16%。

产业结构继续优化。工业经济质量有所提升。全年预计实现工业利润178亿元,比上年增长23.7%,12家企业入围全市工业企业50强。全国首家“国家(上海)平板显示器件产业园”和“上海国家民用航天产业基地”获准设立。上广电 NEC 液晶显示器产值比上年增长 23%；航天产业基地第二批项目土地储备基本完成，航天科技研发中心一期工程全面建成，航天博物馆合作共建协议签约。第三产业加快发展。预计全年实现增加值 290 亿元，比上年增长 27.3%，占增加值的比重达到 29.7%，比上年上升 2.8 个百分点。七宝生态商务区被列为上海市重点推进的 20 个现代服务业集聚区之一，莘庄商务区控制性详细规划基本完成。仲盛商业中心、绿地蓝海基本建成，汇宝中心、梅陇新都会开业，莘庄龙之梦广场等项目开工。七宝老街、虹梅路休闲街和龙茗路十尚坊被评为“上海特色商业街”。实现商品房销售 345 万平方米，税收 64 亿元，比上年增长 34.3%。项目化推进都市型现代农业发展，1500 亩设施蔬菜基地投产，航育试种获得成功，完成“出口花卉基地”等 8 个农业产业化项目。

产业推进力度进一步加大。招商引资保持良好态势，全年合同吸收外资 14 亿美元，实际到位外资 10 亿美元，比上年增长 13.6%。全区外资投资公司及地区总部已达 19 家，世界 500 强企业投资项目达 89 个。我区被海内外有关组织评为“跨国公司最佳投资的城市”和“中国最佳投资环境区县 20 强”。全年新增内资企业（非公企业为主）6200 户，新增注册资金 202 亿元。促进产业项目开工，可口可乐、微软、尚德太阳能等项目开工建设，三菱高速电梯、英特尔研发、意法半导体研发、电气硝子玻璃等项目基本建成。开展土地使用“控增逼存”，对 209 个已批未建地块制定了三年盘活计划，目前已开工 93 个。通过规划控制、产业升级和土地储备等保留了 2 万多亩建设用地，为后续发展争取了宝贵资源。

科技创新取得新成果。第三次被评为“全国科技进步先进区县”。实施科技“小巨人”工程，分别有 5 家和 11 家企业被评为市级“小巨人”企业和“小巨人”培育企业。28 家企业被新认定为市高新技术企业，24 家企业跻身全市民营科技企业百强。全年专利申请量 9000 多件，连续四年列全市各区县第一。6 家企业被评为市知识产权示范企业，13 件商标被认定为市著名商标。积极推动产学研结合，区内企业与上海交大、华东师大等达成合作项目 110 项，国家、市各类科技研发和产业化项目批准立项 486 项。

节能减排成效初现。吴泾工业区环境综合整治力度加大，关停了 4 家企业和 12 万吨合成氨装置。加强对 137 家综合能耗 2000 吨标准煤以上重点用能企业的监管，与市有关部门联动，淘汰高耗能企业 17 家，建成全市第一个节能技术应用示范小区。全区万元生产总值综合能耗预计下降 5%，主要污染物排放总量削减 2.2%，环境空气质量优良率达 90%。获得“中华宝钢环境优秀奖”。莘庄工业区被列为国家级循环经济试点单位。（摘自 2007 年闵行区《政府工作报告》）

【创建视角】 广泛开展“知荣辱、讲文明、迎世博”市民公共道德实践活动，第五届“感动闵行”可爱的闵行人评选推出 19 位普通市民的感人故事。成功举办第三届闵行学习节，学习型社区（镇）、学习型居民区（村）、学习型企业、学习型机关、学习型家庭的创建率分别达到 38.5%、43.7%、20%、62.8%、26.7%。全区共有 8 个镇、3 个街道申报上海市文明社区、文明镇，484 个小区和 113 个村开展市、区两级文明创建。全国文明城区测评体系 7 大类 110 项指标达标率 90.3%。推出“文明质量指数”，在黄桦路休闲街等 12 个区域和沪闵路/颛兴路等 6 个市级交通文明路口开展文明监测，市民行为大有改进。建立闵行社区学院，完成江川路街道等 4 个社区文化活动中心的标准化建设，357 个村（小区）文化活动室实施改造。

志愿者工作形成良好社会氛围，共有 1238 名志愿者圆满完成 2007 世界夏季特奥会志愿服务工作。祝你健康“SSBC”无偿献血志愿者俱乐部等 6 个团队被评为“上海志愿服务先进集体”。吴泾镇保护母亲河志愿者行动被评为“上海市志愿服务优秀品牌”。（摘自《2007 年上海市闵行区国民经济和社会发展统计公报》）

【产业园区】 闵行经济技术开发区：1986 年 8 月经国务院批准设立为国家级经济技术开发区，总面积 3.5 平方公里。园区位于闵行区西南部、黄浦江上游北岸。开发区的交通运输十分便利，距关港国际海运码头 15 公里、虹桥国际机场 27 公里，距上海市中心 30 公里。附近的沪闵快速干道直通市区及国家公路网。轨道交通 5 号线直接把开发区和市中心连通。

2006 年实现工业总产值 351.02 亿元，销售收入 354.32 亿元，利润 33.67 亿元，出口交货值 72.46 亿元。目前有三菱电梯、可口可乐、富士施乐、强生、百事可乐、中美施贵宝、圣戈班等国际著名跨国公司在开发区投资。园区以通用设备制造业、饮料制造业、电器机械及器材制造业、仪器仪表及文化办公用品机械制造业等为主导行业。

漕河泾开发区浦江高科技园：2004 年 7 月，经国务院批准为国家级经济技术开发区，由闵行区与上海市漕河泾新兴技术开发区发展总公司共同出资建设，总面积 8.3 平方公里，其中 7 平方公里为产业区，其余为综合配套区。园区以光电子、微电子设计、计算机信息技术等为重点产业，同时注重发展新材料，生物医药工程，航空航天，新能源，电子仪器仪表等其他高新技术产业，并引进高层次的服务业和服务贸易企业。2006 年漕河泾开发区浦江高科技园（含出口加工区）合同吸收外资 12653 万美元，实际到位外资 2700 万美元。

漕河泾出口加工区：漕河泾出口加工区是 2003 年 3 月经国务院批准新增的出口加工区。位于浦江高科技园北侧，浦江镇的北部地区。园区规划面积 3 平方公里，一期开发 0.9 平方公里，近 80% 已完成开发建设。园区重点发展以计算机、新型电子元器件、通信及网络设备为主的电子信息产品制造业。园区的发展目标是成为软、硬环境优、企业素质高、出口规模大的高科技产品出口加工基地。园区将以英业达集团的计算机、电子产业为核心引进相关配套产业，形成产业链化发展。

目前，园区已引进英顺达、英华达、英业达和英源达等重大外资项目，这四个项目总投资 4.34 亿美元，注册资本 1.49 亿美元。其中前三个项目已经投产，2006 年出口达 83.54 亿美元，占全区出口总额的 69.2%。仅英顺达一家 2006 年出口额就达 57.45 亿美元。

莘庄工业区：莘庄工业区是 1995 年 8 月经市政府批准设立的市级工业区，规划面积 17.88 平方公里，其中工业用地 13.48 平方公里。园区以信息产业、生物医药产业、汽车配件和机电工业、新材料为四大主导产业。目前拥有奥特斯、上广电 NEC 等知名企业。园区内大部分项目已进入产出期。

2006 年莘庄工业区引进外资项目 33 个，项目总投资 8.19 亿美元，合同吸收外资 2.66 亿美元，到位资金 1.5 亿美元。至 2006 年底有 276 个中外企业落户，186 个企业投产，出口总额为7.76亿美元。

紫竹科学园区：紫竹科学园区于2001年9月12日由上海市人民政府批准建立。园区位于吴泾镇，一期规划面积13平方公里，分大学园区、研发基地及产业孵化基地。园区以微电子技术、光电子技术、数字技术、软件技术、纳米科技、生命科学等六大类产业作为园区的主导产业，重点吸引区域总部、研发中心、风险投资公司及高科技制造企业入驻园区，着力建设电子IT园、生命科技园和新材料园等子园区。目前拥有中国网通南方总部、汉芯半导体、意法半导体研发中心、美国微软MSN公司、国家动物医学研究中心等多家知名企业。

截至2006年底，园区落户外资项目24个，投资额16.51亿美元，实际到位外资1.69亿美元；落户内资项目33个，投资额3.27亿元。

平板显示产业基地：平板显示产业基地，位于莘庄工业区内，2005年11月经上海市政府批准成立。该基地总占地面积4平方公里，将根据平板显示技术和产业发展特点，打造以TFT—LCD和PDP面板为核心的上、中、下游产业链，并集聚一批平板显示产业研发机构，从而为加快上海平板显示产业发展起到发挥引领示范作用。

随着上海广电NEC液晶显示器有限公司在基地内的顺利落户，目前电气硝子玻璃、富士彩膜、大阳日酸气体等配套项目也纷纷入驻基地内。这些企业的成立，将贯通TFT—LCD的上中下游产业链，使更多的相关企业在莘庄工业区集聚，平板显示基地产业已初具雏形。

上海国家民用航天产业基地：航天科技研发中心，位于上海市莘庄工业区，占地1120亩，已在2005年9月开工建设。该基地将迁入上海航天局总部(含研发中心)、总体设计部、技术基础部，集聚全市主要的航天研究单位和6000多航天高科技人才，建成全国重要的战略性航天技术研发区。

航天产业基地，位于漕河泾开发区浦江高科技园附近，计划用五年时间开发建设5平方公里，重点发展新能源与新材料、卫星应用、信息技术、特种装备及特种车辆等航天民用产业。产业基地首期1平方公里第一批落地的项目有复合材料气瓶、太阳能光伏、稀土电机研发中心和稀土电机有限公司等项目。

航天科普公园，拟在浦江镇投资建设全国水平最高、世界一流的大型航天科普教育基地，占地970亩。基地将以航天技术与成果展示为特色，通过科普和娱乐的有益结合，普及航天知识，体验航天感受，弘扬航天精神。

【交通】　公交优先战略加快实施，城市交通运营能力不断提高。至年末，区内公交线路28条，途经线路152条。年内辟、延、调公交线路33条。其中新辟了江川4路、古美环线、浦江1路、浦江2路、162路、闵行2路等6条线路；调整了江川3路、700路、753路、闵红线、徐闵专线、764路、北青线、163路、江川3路(区间)、732路、松闵线、闵行1路、上沧线(区间)、江川1路等14条线路；对江川2路、东闵线、闵马线3条线路增设了站点；延伸了548路、703路B线、周陈线、古华线、747路。延长了世博家园线、700路、江川1路、江川2路、闵马线(区间)等5条线路的营运时间。年内完成了银河小区公交配套站点、江龙路公交配套站点、瓶北路公交配套站点的建设。

全年区内大众公交客流量达15538万人次。轨道交通五号线全年共运行11.87万列次，比上年增长1.5%；客流量达2855.6万人次，比上年增长34.7%；日均客流量为7.8万人次。高峰行车间隔5分钟，运营服务时段为6:00至22:46，全年完成营运里程193.48万公里，比上年增长1.6%。(摘自《2007年上海市闵行区国民经济和社会发展统计公报》)

【人民生活】　建立了民生指标体系。在全市率先推出包括人民生活水平、社会就业保障、社会事业发展、社会公共安全、人口资源环境等五大类42项指标的民生指标体系。建立了推进民生指标落实的工作机制，实现了年度目标。预计全区城镇和农村居民家庭人均可支配收入分别为20154元和11379元，比上年增长10.2%和10.8%。

进一步完善社会保障政策和为民服务措施。全年新增本地劳动力就业岗位3.7万个。对2.5万名来沪从业人员进行了职业技能培训。本区居民各类基本社会保险覆盖率达97%，来沪从业人员综合保险月均参保人数比上年增长13.5%。实施新型农村合作医疗补充保险，农民大病住院医疗费补偿最低水平从25%提高到60%。对征地养老人员实施医疗费减负。增加公共卫生经费投入，常住人口年人均预防保健经费标准从30元提高到40元。建立农村养老补助金最低标准逐年增长机制，从每人每月165元提高到200元。对1.3万名70岁以上高龄征地养老人员实施生活费补贴，对低保家庭子女接受高中阶段、高等教育实施学费补贴。新增养老床位800张，新建标准化老年活动室56个，新增居家养老人员1700人。完成旧小区"平改坡"综合改造和旧住房综合整治160万平方米，对168万平方米居民住宅二次供水设施进行了改造。完成11家标准化菜市场建设。重视"民生热线"反映问题的处理，群众满意率达81.2%。

推进新农村建设。完善财政转移支付机制，筹措1.5亿元"工业反哺农业"专项资金用于新农村建设。开展自然村落综合整治，新建、改建农村公路30公里，改造农村危桥23座。加强农村地区信息化建设，推广"农信通"和涉农企业"移动V网"业务。推进村级债务化解工作，化解率达60%左右。有58个村进入全市经济实力百强村，前八强被我区囊括。新设立农民专业合作社8家，培育了一批农村经纪人。(摘自2007年闵行区《政府工作报告》)

南京市

【概况】 南京是江苏省省会,全省政治、经济、科教和文化中心,是国务院确定的全国重点风景旅游城市和历史文化名城,副省级城市,是中国著名的四大古都之一。南京地处长江,沿海开放地带与长江流域的交汇部,北连江淮平原,东南临长江三角洲,是中国国土规划中沪宁杭经济核心区的重要中心城市,国家重要的综合性交通枢纽和通信枢纽城市。全市总面积6582.31平方公里,市区中心地理坐标为北纬32°03′,东经118°47′。南京市现辖13个区、县,其中城区和郊区11个、县2个。

【经济发展】 2007年,全市按照科学发展观的要求,紧紧围绕"全面达小康、建设新南京"的目标,促进经济、社会实现又好又快发展。

全市完成地区生产总值3283.73亿元,按可比价格计算,比上年增长15.7%。在全市地区生产总值中,第一产业增加值86.44亿元,增长2.6%;第二产业增加值1607.22亿元,增长15.9%;第三产业增加值1590.07亿元,增长16.2%。按常住人口计算,人均地区生产总值达到44972元,比上年增长11.6%。三次产业增加值比例为2.6 : 49.0 : 48.4。民营经济实现增加值1147.12亿元,比上年增长16.0%,民营经济占全市经济的比重为35.0%。非公有制经济占全市经济的比重为42.3%。全市实现财政总收入628.53亿元,比上年同口径增长27.1%。其中,地方一般预算收入330.19亿元,增长34.0%。年末全市全辖金融机构本外币各项存款余额达7131.80亿元,比年初增长19.6%。其中,城乡居民储蓄存款余额达2010.31亿元,增长5.3%。全市金融机构本外币贷款余额6333.15亿元,比年初增长18.9%。全市完成全社会固定资产投资额1867.96亿元,比上年增长15.8%。从不同产业看,第一产业投资10.81亿元,比上年增长56.7%;第二产业投资936.97亿元,增长26.9%,其中用于工业的投资930.42亿元,增长27.0%;第三产业投资920.36亿元,增长6.0%。全年完成社会消费品零售总额1380.46亿元,比上年增长18.3%。全年居民消费价格指数为103.70,比上年增长3.7%。

【经济结构调整】 2007年全市农林牧渔及农林牧渔服务业现价总产值174.92亿元,比上年增长2.32%。全市粮食总产量100.88万吨,比上年下降4.2%。棉花产量2325吨,比上年下降58.2%。油料总产量12.45万吨,下降27.2%,其中油菜籽11.71万吨,下降26.9%。蔬菜、瓜类总产量287.44万吨,增长5.7%。肉类总产量15.07万吨,比上年下降15.6%。禽蛋总产量8.59万吨,增长2.9%。奶类总产量11.43万吨,下降24.5%。水产品产量18.79万吨,下降1.3%。年末全市累计通过省级认定的无公害农产品达232个。比上年增加23个;累计通过认证的绿色食品149个,增加29个;有机食品47个,增加25个;累计通过省级认定的无公害农产品生产基地总面积达188万亩。

全市实现工业增加值1412亿元,按可比价计算,比上年增长17.6%。全市规模以上工业企业实现工业总产值5788.16亿元,同口径对比(下同),比上年增长23.3%。全年工业四大支柱产业(电子、石化、钢铁、汽车)实现总产值3984.60亿元,增长21.7%,占全市规模以上工业总产值的比重达到68.8%。全年完成新产品产值770.14亿元,增长46.1%。全市规模以上工业企业实现主营业务收入5819.00亿元,比上年增长20.8%;工业产品产销率达到98.3%,比上年下降1.5个百分点。规模以上工业实现利税617.26亿元,增长49.2%;实现利润369.45亿元,增长69.5%。工业产品出口交货值1155.27亿元,增长20.1%,占工业销售产值的比重为20.3%。在全市476家有出口交货值的规模以上工业企业中,超过亿元的有90家。

消费品市场日益繁荣。批发和零售业完成零售额1204.52亿元,增长17.3%;住宿和餐饮业实现零售额158.15亿元,增长24.8%。在社会消费品零售总额中,私营经济完成316.89亿元,比上年增长17.9%;个体经济完成438.34亿元,比上年增长18.1%;股份制经济完成182.16亿元,比上年增长17.9%;外资经济完成126.48亿元,比上年增长23.8%。年末全市拥有年成交额亿元以上的商品交易市场61家,比上年增加4家;成交额768.6亿元,增长12.3%。连锁总店(公司)40个,比上年增加3个;连锁门店8943个,增长24.5%,其中直营店占64.2%,加盟店占35.8%。全市旅游总收入614.9亿元,比上年同口径增长25.2%。全年接待海内外旅游者4605.1万人次,增长18.1%。其中,接待国内游客4489.0万人次,增长18.1%;接待入境旅游者116.12万人次,增长15.1%,其中外国人76.3万人次,增长18.1%,港澳台同胞39.8万人次,增长9.7%。国际旅游创汇8.08亿美元,增长19.3%。全年经批准因私出国出境人数达17.0万人次,增长31.4%。年末全市拥有旅游星级宾馆饭店143家,新增16家。年末全市拥有4A级以上旅游景点8个,新增1个;其中,1个原4A级景点升级为我市首个5A级旅游景点。年末全市拥有各类旅行社436家,新增26家;其中,从事国际旅游业务的旅行社27家。

邮电通信业务总量为94.39亿元,比上年增长2.0%。其中,电信业务总量85.79亿元,邮政业务总量8.60亿元,分别增长1.5%和7.6%。邮电业务收入79.10亿元,增长4.3%。其中,电信业务收入71.20亿元,邮政业务收入7.96亿元,分别增长3.6%和11.2%。全市年末移动电话用户达577.9万户;固定电话用户达到362.96万户,其中住宅电话用户235.36万户。全市电话交换机总容量达495.80万门。计算机互联网用户达85.44万户,比上年增长26.6%,其中宽带用户达80.9万户,增长31.52%。国际国内特快专递共完成423.05万件,增长25.5%。

【对外开放与交流】 全市进出口总值达362.00亿美元,比上年增长14.8%。其中,出口总值206.46亿美元,增长18.9%(地方出口总值132.94亿美元,增长18.6%)。三资企业全年出口额达86.25亿美元,增长11.6%,占全市出口额的比重达到41.8%。全市出口额超千万美元的企业有236家,比上年增加54家,合计出口额达180.73亿美元,增长19.2%,占全市出口总量的87.5%。全年新签外商投资合同数475个,新批项目平均单体协议外资规模为495万美元。新签对外承包劳务合作合同金额达7.60亿美元,比上年增长16.8%;实际完成对外承包劳务营业额7.44亿美元,增长22.7%。期末在外劳务人数达8121人,增长7.1%。

【科技进步与创新】 年末全市拥有中国科学院院士47人,比上年增加2人;拥有中国工程院院士32人,比上年增加1人。全市规模以上工业企业中,有高新技术企业412家。高新技术产业实现工业产值2393.54亿元,比上年增长23.0%,占全市规模以上工业总产值的41.3%。全年引进农业新品种891个。累计建成农业科技示范园区57个;有9个现代农业示范园区通过省级认定。软件销售收入达360亿元,比上年增长39.53%。全年专利申请量8032件,比上年增长18.2%;其中,发明专利申请量3412件,增长1.5%,占全年专利总申请量的42.5%。专利授权量3778件,增长32.7%;其中,发明专利授权量1007件,增长37.8%,占全年专利授权量的26.7%。全市共有产品质量检验机构218个,国家检测中心8个。共有产品质量体系认证机构3个。依法设立的计量技术机构1个,依法授权的计量技术机构3个。监督抽查产品3638批次。制定、修订地方标准15项。全市共有国家名牌产品24个,其中当年获得认定的有11个;省名牌产品134个,其中当年认定61个;市名牌产品387个,其中当年认定104个。国家免检产品39个,其中当年认定18个。

【城乡建设】 开展城市总体规划和土地利用总体规划修编工作,"一城三区"有序推进。突出历史文化名城建设特色,实施中华门城堡—中山南路等明城墙维修工程,完成南捕厅二期地下主体工程,推进金陵大报恩寺塔遗址公园建设。民国建筑保护取得新成效。长江四桥项目建设进展顺利。宁常高速公路南京段建成通车,宁杭高速公路南京段二期工程全年完成投资7.0亿元,绕越高速公路东南段完成投资7.14亿元。全市高速公路通车总里程超过400公里,实现了历史性跨越。江北沿江高等级公路完成投资0.51亿元,地铁二号线工程建设完成投资18.19亿元,纬七路长江隧道工程建设完成投资7.86亿元,内环北线西段建设完成投资4.88亿元。制定《交通发展白皮书》,实施公交优先发展计划。全年公交运营车辆总数达到6926辆,比上年增长11.8%;出租车9997辆,增长7.9%。全市日供水能力达到726.0万吨,比上年增长25.4%;全年城市供水总量13.34亿吨,比上年增长13.4%。天然气总供气量3.84亿立方米,比上年增长22.0%;其中,家庭天然气用量8350.0万立方米,增长29.6%。液化石油气总供气量16.55亿吨,比上年下降1.7%;其中,家庭液化石油气用量8.1万吨,增长2.0%。全年外秦淮河综合治理完成投资1.92亿元,金川河水环境整治完成投资0.19亿元。新增绿地面积1336万平方米,建成区绿化覆盖率达到45.9%,比上年提高0.4个百分点。

【社会事业发展】 拥有在宁普通高等学校(不含部队院校)41所,在校学生67.79万人,比上年增加5.71万人;其中,研究生6.78万人,增加0.41万人。2007年在宁高校新招收本专科生15.40万人,比上年增加1.57万人,新招收研究生2.34万人,增加0.12万人。成人高等教育在校学生17.40万人,增加1.78万人。拥有普通中学211所,在校学生28.53万人;中等职业学校80所,在校学生10.51万人;小学374所,在校学生29.07万人。全市已有小班化教育的中小学117所。初中毕业生升学率达99.09%,比上年提高1.84个百分点。优质教育资源不断扩大,拥有三星级高中20所,四星级高中22所,全市学生就读于优质高中的比率达87.4%。拥有幼儿园424所,在园儿童11.66万人。

年末全市共有文化馆16个,博物馆14个,公共图书馆18个,金陵图书馆新馆基本建设工程已竣工。全市公共图书馆总藏量12147.9千册。14个综合档案馆向社会开放档案27.1万卷。共有广播电台2座,中、短波广播发射台和转播台2座,电视台2座,一千瓦以上电视发射台和转播台14座,电视节目25套,广播人口覆盖率和电视人口覆盖率均达到100%。共印刷报纸16.91亿份,出版杂志8773.57万册。广播电视数字化整体转换工作累计完成84万户。年末拥有艺术表演团体21个。开展广场文化活动1600余场。成功举办了第七届南京文化艺术节,其间52项活动吸引了近40万人参加。送图书下乡5.95万册,送戏下乡805场,送电影下乡5613场。南京剪纸等87个项目被确定为南京市第一批非物质文化遗产代表作名录;16个项目被列入省级非物质文化遗产保护名录;12个项目申报第二批国家级代表作名录;1个传承人被命名为国家级非物质文化遗产代表性传承人。

年末全市拥有医疗卫生机构2241个。其中,医院163个,卫生院及社区卫生服务中心138个,社区卫生服务站729个,卫生防疫和防治机构28个,妇幼卫生保健机构14个。各类卫生机构拥有病床2.6万张,其中医院拥有病床2.1万张。现有卫生技术人员4.1万人,其中执业医师(含助理医师)1.6万人,注册护士1.5万人,卫生防疫和防治人员0.18万人。按常住人口计算,全市每千人拥有卫生技术人员5.60人,每千人拥有医疗床位3.58张。全市现有12所惠民医院,全年接诊病人4.96万人次,收治住院病人1150人次,减免费用336.2万元。全市社区卫生服务普及率为97.96%。农村已基本建立以大病统筹为主的新型农村合作医疗制度,农村居民参保率达到98.36%,合作医疗行政村覆盖率达100%。全市未发生甲、乙传染病爆发流行。对存在感染艾滋病风险的人群进行艾滋病抗体检测人数达24万人。计划免疫五苗覆盖率达99.49%;新生儿卡介苗接种率达99.93%。

全市举办各级各类群众性体育活动达1000项次,直接参与人数120万人次。全市全民健身工程(点)建设达到1170个。2007年全市世界冠军运动员的总人数累计达22名。市体育代表团在国际比赛中夺得金牌13枚,在全国比赛中夺得金牌48枚,在省级比赛中夺得金牌148.5枚。全年共承办了省级以上比赛14项次。其中,国际比赛1项次;全国比赛6项次;省级比赛7项次。

【能源消耗和环境保护】 全年规模以上工业能源消费总量7056.97万吨标准煤,比上年增长6.1%,其中综合能源消费量

2878.31万吨，比上年增长5.1%。煤炭消费量2252.80万吨，增长3.5%；原油消费量1977.86万吨，增长6.8%；天然气消费量11.11亿立方米，增长67.9%；电力消费量183.48万千瓦时，增长5.0%。年末全市拥有各级环境监测站14个。城市污水处理厂7座，日处理污水能力111.5万吨，集中式饮用水水源地水质达标率为100%。设立自然保护区23个，其中国家级自然保护区4个；自然保护区面积749.0平方公里，其中国家级自然保护区面积184.3平方公里。全市建成烟尘控制区15个，面积达709.9平方公里。建成环境噪声达标区23个，面积达517.5平方公里。空气质量良好以上级别的天数达到312天，比上年增加7天。工业废水排放量4.04亿吨，比上年下降6.5%；工业粉尘排放量4.84万吨，下降8.2%；工业废气排放量4042亿标立方米，比上年上升3.1%。全市工业废水排放达标率、工业重复用水率、工业固体废物综合利用率分别达到95.06%、87.10%和91.10%，比上年提高了3.56个、11.1个和3.1个百分点。环境质量综合指数达到84.3分，比上年提升了6.9分，超过小康标准值4.3分。

【民主法制建设】 深入推进"五五"普法，公民的法律意识和法律素质不断提高。进一步推进依法行政，以电子政务为载体，基本建成了覆盖所有行政事项的权力阳光运行机制，推动行政权力规范、透明、廉政、高效运行。积极稳妥推进公务交通等职务消费改革，着力从源头上预防和治理腐败。深入创建"平安南京"，推进社会治安综合治理，健全维护稳定的工作机制。认真贯彻中央关于加强新时期信访工作的意见，扎实开展"春风化雨工程"，严格落实领导包办案，妥善处理了一大批信访难点问题。制定并实施《关于加快推进和谐社区建设的意见》，成立了"社区公共服务站"，培育社区民间组织，构筑新型社区管理体制。出台《南京市食品安全事故应争预案》，健全和完善了食品安全管理制度。积极贯彻《各级人民代表大会常务委员会监督法》，自觉接受人大常委会的法律监督与工作监督。积极支持政协履行政治协商、民主监督、参政议政职能。

【人民生活】 年末全市常住人口741.30万人，比上年末增加22.24万人；常住人口出生率和死亡率分别为8.70‰和6.22‰。年末全市户籍总人口为617.17万人，比上年末增加9.94万人。其中市区534.4万人，增加9.7万人。年末全市城镇基本养老保险参保人数为167.1万人，离退休人员当期养老金按时足额发放；城镇失业保险参保人数为149.3万人，领取失业保险金人数为2.0万人；城镇基本医疗保险参保人数为192.1万人。3.67万名被征地农民进入社会保障。年末全市201个福利类收养性单位拥有床位18700张，收养14443人。其中，12个社会福利院拥有床位2048张，收养2256人。建立城镇各种社区服务设施1697处，社区服务中心49个。全市城乡居民享受最低生活保障的有14.23万人；享受国家抚恤、补助各类优抚的对象约1万人。

2007年城镇居民人均可支配收入达20317.17元，比上年增长15.8%；农村居民人均纯收入达8020.27元，增长13.8%。城镇居民人均消费性支出13278.44元，增长8.5%；农村居民人均生活消费支出6180.01元，增长12.1%。城乡居民文教娱乐服务支出占家庭消费支出的比重达18.7%，比上年提高1.3个百分点。城镇人均住房建筑面积为26.08平方米；农村人均住房面积为45.94平方米。城乡居民百户家庭电话拥有量为276.7部；百户家庭电脑拥有量为65.9台。

（吴国玮　杨青松）

玄　武　区

【基本情况】 玄武区位于南京市城区东北部，面积75.10平方公里，户籍人口50.05万人，下辖8个街道，64个社区、11个行政村。

【经济发展概况】 实现地区生产总值229.06亿元，增长15.4%；财政总收入31.04亿元，增长19.9%，其中地方一般预算收入17.33亿元，增长25.5%；社会消费品零售总额178.27亿元，增长17.3%；全社会固定资产投资74.04亿元；协议注册外资8212万美元，实际到账外资5308万美元。

重点项目全面推进。徐庄软件产业基地基础设施建设基本完成，建成园区主干道11.9公里，完成主要景观绿化建设；基地行政服务中心启用，研发和配套用房开工50余万平方米。省级软件测试服务中心CMMI认证中心迁入基地，福中——英特尔实验室加紧建设。珠江路科技街改造稳步实施。全年软件产业销售收入100亿元，增长40%。长江路文化景观带建设取得进展，"南京1912"时尚休闲街区全面建成，"明城汇"时尚创意街区（一期）开业。汉府街和梅园新村民国历史文化街区等地块启动改造，江宁织造府项目加紧施工。新街口商圈玄武片区加快建设，德基广场（二期）、长江路九号、凯润金城等重点工程建设稳步推进。曙光国际大酒店、滚石城、名爵4S旗舰店、新世界百货、珠江路1号金鹰天地购物中心正式开业，全区商业呈高端化的产业发展趋势。

招商引资成效明显。全年组织参加重洽会、金洽会等重大招商活动4次，组织境内外招商6批次，签约项目30个，协议引资30.5亿元。甲骨文、中国电信、中星微电子等20家企业与徐庄签订入园协议。12月6日，徐庄与苏宁签署战略合作协议，为徐庄加快建设省、市现代服务业集聚区奠定坚实基础。国际顶级品牌路易威登、宝格丽等入驻新街口商圈玄武片区，提升商圈整体档次。

【城区环境】 新建仙鹤门2号路，完成珠江路西段、东大影壁道路改造出新，龙宫路、晒布厂拓宽改造工程竣工。完成网巾市等26条街巷整治和老虎桥、峨嵋路等16条街巷环境整治。完成吉兆花园等小区环境出新改造，建成汉府雅苑等2个节水型小区。完成15万平方米拆违任务。实施"双拆"复建工作，完成大钟亭绿地整治等绿化改造工程。建成数字化城管网络，构建综合管理服务平台，及时解决市容顽症。通过国家卫生城市复查。

【社会事业】 城镇居民家庭收入持续增长，实现城镇居民人均可支配收入2.25万元，居民财产性收入增长25%。建成香铺营、樱海路等创业街、创业园和红山失地农民再就业培训基地。企业工资集体协商覆盖面达85%，全年新增就业岗位2.4万个，实现再就业1.2万人次，援助困难人员就业1850人，城镇登记失业率2.6%。为4.3万余人办理居民医保，对被征地老年农民实行医疗补助并增加临时补助,出台低保边缘家庭临时救助办法,离退休人员养老金和失业人员失业保险金足额社会化发放。全区城镇养老、医疗、失业、工伤、生育保险覆盖率达98%。建成数字化社区卫生服务网络和生殖健康家庭服务中心二期。启动社区卫生服务运行机制改革,实现药品网上集中采购。完善社会化养老服务网络,创成省残疾人社区康复先进区。新建经济适用住房19万平方米,全区人均住房面积31.31平方米。完成12项为民办实事项目。

中高考成绩再获六城区第一,通过省首批教育现代化建设水平评估。建成玄武电大樱铁村校区学生宿舍楼、北京东路小学教学楼等教育设施。建成南京环保科技创业服务中心一期。打造精品社区,新、改、扩建社区服务中心3家及社区办公活动用房25家,新增社区办公用房1.4万平方米。"和谐社区幸福指数评价标准"获中国城市管理进步奖。（丁 一）

白 下 区

【基本情况】 白下区位于南京市城区东南部,面积26.46平方公里,户籍人口46.85万人,下辖10个街道,62个社区、4个行政村。

【经济发展概况】 完成地区生产总值264.21亿元,增长14.9%;实现财政总收入33.4亿元,增长23%,其中一般预算收入18.2亿元;可用财力14.3亿元;完成全社会固定资产投资75.29亿元,增长15.9%。

结构调整取得新成绩。坚持服务经济第一方略,"一核三区"空间布局不断优化。服务业实现增加值233.6亿元,占比88.4%;实现税收30.9亿元,占比92.8%;完成固定资产投资70.3亿元,占比93.4%。现代服务业快速发展,金融保险、法律咨询、文化创意等新型业态形成集聚之势。强化消费拉动作用,支持金鹰、中央等优质企业扩张。推进创新驱动,深化产学研合作,南京军民两用科技示范园开园。

重点项目建设实现新突破。深化新街口全国百城万店无假货示范街区创建成果,商圈继续发挥先导拉动作用,全年实现社会消费品零售总额198.83亿元,占全市总量的14.9%。东亚银行落户洪武南路,苏宁东地块完成拆迁,新百主楼扩建加速推进,新华社江苏分社地块实施拆迁,新街口地下人行网络系统方案启动论证。太平南路呈现良好发展势头,小上海等6个项目启动拆迁,水游城主体封顶实现招商。历史文化旅游功能区环境进一步优化,朝天宫环境整治快速推进,熙南里一期即将开业。省级高新技术产业园区步入快速发展期,南京天安数码城即将启动建设,莱斯、蓝石等企业相继入园。创意东八区一期开园,被评为中国创意产业最佳园区。金城科技大厦顺利封顶。楼宇经济培育卓有成效,现有纳税千万元以上楼宇16幢,其中亿元楼宇3幢。

改革开放迈出新步伐。稳步实施8家企事业单位改制,国有资产在加强监管中实现保值增值。民营经济发展迅速,新增注册个体、私营企业5657家,新增注册资本25.57亿元。开放型经济取得突破,新批外资企业24家,实现合同外资1.83亿美元,实际使用外资1.2亿美元。

【城区环境】 完善"十一五"发展规划,完成建设人文宜居特色区等专项规划。重点地块和节点控制性规划纳入全市总体规划战略,走出一条政府规划引导、资源市场配置、定向招商开发的发展新途径。

重点工程顺利推进。拓宽改造八宝东街等4条道路,解放南路跨河桥开工建设,白甸泵站等水利设施投入使用。完成20个农贸市场升级改造,新改建5座垃圾中转站和公厕。建成经济适用住房(三期)2731套、廉租住房150套,共26万平方米。初步建成数字化视频城管。

环境整治力度加大。精心打造羊皮巷——后标营、白下路——光华东街两条景观路,出新慧园街等20条街巷,建成细柳巷等7块绿地。出新12个小区,实施180幢楼宇立面整治和平改坡。二十八所社区创建成国家级绿色社区,大光路、蓝旗新村等社区通过省市绿色社区创建检查。完成解放南路餐饮业环境污染控制示范街创建任务。加大规划管理力度,全年拆除违章建筑27.9万平方米。

【社会事业】 全区新增就业岗位2.56万个,实现再就业1.28万人,登记失业率控制在2.65%以内,成为南京首批充分就业区。支持创业,成立创业指导工作室,发放小额贷款732万元。举办"大学生就业社区行"系列活动,新生劳动力就业工作形成特色。开办职业技能鉴定所,形成集职业培训、技能鉴定、推荐就业于一体的综合服务模式。

完善社会保障。城镇医疗保险基本实现全覆盖。全年发放低保金1547万元,实施各类专项救助3090人次190万元,慈善超市实现连锁经营。推进"农保转城保",在全市率先发放被征地农民老年困难补助。推进以需求为导向的残疾人事业发展模式。开展社区防灾减灾工作,"安品街模式"在全市推广。

优先发展科教事业。开展全国科技进步先进城区创建活动。通过省知识产权工作示范区考核验收,专利申请量1000余件。建成省级科普文明社区4个,市级科普教育基地2个。通过省教育现代化建设水平评估。加大教育投入,全年教育经费支出3亿多元。改善办学条件,南航附属初中、银龙花园学校等工程竣工并投入使用。素质教育再创特色,第三中学组织学生与国际空间站美国宇航员实现"天地对话"。绣花巷小学、富丽山庄幼儿园等创建为省、市实验(示范)学校、幼儿园。完成全区离退休教职工住房补贴发放工作,发放补贴7355万元。

加快发展卫生事业。加强社区卫生服务硬件及功能建设,改造出新月牙湖、淮海路和止马营社区卫生服务中心,完成惠民医院老病房楼改造。加快公共卫生体系建设,区突发公共卫生事件应急中心建成并投入使用。全区计划生育率达99%以上,通过省级"青少年生殖健康项目拓展点"试点验收。

繁荣发展文体事业。开展群众性文化体育活动,举办第十二届白下读书节、第十三届白下都市文化节,创建五星级文化站1个,建成高桥新农村体育健身工程。江苏人民大剧院装修后重新开业。建成白下区档案系统的专业档案数据库。完成新一轮白下区志的部门志和专业志的编写。

推进社区建设。以白下社区建设标准为蓝本制定的《和谐社区建设评价总则》,作为江苏省地方标准颁布实施。加快社区办公服务用房改造,新增用房4770平方米。创新和谐社区评估方法,龙王庙等35个社区被评为省市级和谐示范社区和规范化建设达标社区。推进社区民主自治,三条巷等社区在探索完善社会管理和公共服务方式上迈出有效的一步。出台《白下区社区居委会民主理财暂行规定》,社区财务管理得到加强和规范。新登记民间组织31家,精心打造一批以"爱心"为主题的为民服务品牌。

争创"法治江苏合格区"。深化社会治安综合治理,推进"平安白下"建设。加强人防技防相结合的治安防控体系建设,城区整体创安水平得到提升,人民群众对社会治安满意率达97%。成立突发事件应急管理机构,建立完善各项应急管理预案,应急管理体系逐步健全。区公安分局被评为全市唯一的"全省优秀公安局"。

严格依法行政。自觉接受人大法律监督、工作监督和政协民主监督。创新建议提案办理方式,办理省、市建议提案17件,区级建议提案178件,满意率和基本满意率达99%。提高行政效能。加强权力阳光运行建设,全面推进政府信息公开,梳理出行政许可类项目49项,各类行政处罚项目634项。

(袁生美)

秦淮区

【基本情况】 秦淮区位于南京市城区东南部,面积22.69平方公里,户籍人口25.12万人。下辖5个街道,47个社区、6个行政村。

【经济发展概况】 完成地区生产总值67.84亿元、财政总收入13.2亿元,分别增长13.1%、22.4%。以重点项目和招商引资为抓手,推动产业由外延式发展向内涵式发展转变。宜家家居、红星美凯龙等重大项目开工建设,城南现代服务业集聚区拉开建设序幕,重点项目投资总额31亿元,占全区固定资产投资总额69%。强化资源整合,拓展发展空间,加快建设都市产业园,启动总建筑面积30万平方米的11个园区改造,通济、压力表厂等项目推进顺利。新办企业1291家,新增注册资本15.2亿元,其中注册资本1000万元以上企业33家。协议注册外资7320万美元,实际利用外资5600万美元,分别增长22%、31%。科技产业增势强劲,全区科技型企业实现税收首次突破亿元,增长40%。建成区创业中心二期、苏尧大厦等科技产业发展平台,新增科技产业载体16万平方米。全区科技型企业达1083家,科技企业成长迅速,奥特佳、航泰科技等企业销售收入大幅提升。新产品研发加速推进,完成专利申请量290件,新产品研发28项,其中重点产品8项。

引导产品升级,提升消费层次,引进哈根达斯、五星电器等15家知名品牌企业。旅游产业结构优化,全年接待游客2288万人次,旅游总收入增长26%。夫子庙秦淮风光带被评为首批"国家旅游名片"、省级文明风景旅游区。

【城区环境】 *人居环境不断优化*。创新老城改造,明确"传统城市肌理再造"思路,南门老街地块挂牌,船板巷、G3G4、钓鱼台等地块改造方案获市政府批准。累计拆迁居民3000多户,工企单位110家,拆除面积40万平方米。建成10万平方米经济适用住房。出新琵琶巷、玉带园、扇骨里、开源新村等15个住宅小区,出新面积102万平方米,整治182幢建筑立面。拓宽改造明匙路,整治出新园民路、小心桥东街等29条道路,打造景观示范路6条。改造出新秦虹路、长乐路、集庆路等26条道路的店牌店招和围挡围墙,完成店招店牌整治出新4000余块,约3.2万平方米。夜景亮化取得新进展,夫子庙地区亮化体系日趋完善。建成雅居乐地块绿地广场,完成大明路绿化景观改造。整治东风河河道,改造南玉带河泵站。强化区域环境综合整治和工业污染控制,新创5个省、市级绿色社区,完成26项环保年度目标。完善市容长效管理机制,通过国家卫生城市复查。依法组织"双拆"行动,全区累计拆除违法建筑22万平方米。城市管理绩效在全市排名前移,获南京市城管最佳进步奖。

夫子庙秦淮风光带建设实现跨越。明城墙风光带建设加快推进,整修城堡藏兵洞,完成中华门东西券门及武定门连接通道建设。建成民间艺术大观园,儒家文化中轴线基本形成。建成"秦淮渔唱"水街,白鹭洲公园完成改造并对外开放。拆除琵琶街近300个占道摊点,整治夫子庙东西市、来燕路店招店牌,推进管理服务标准化建设,景区环境与管理服务水平进一步提升。瞻园路、琵琶街达到省级示范路标准。

【社会事业】 加强劳动技能培训,统筹社会资源,完成各类职业培训5924人次。以创业带动就业,鼓励家庭创业、自主创业,兑现小额贷款、社保补贴等优惠政策,打造大学生和下岗失业人员创业园。深化就业服务,完善3级劳动保障平台建设,加强岗位开发,在各社区开设"岗位超市",实现送岗上门,全年新增就业岗位1.58万个,实现再就业5410人次。

和谐秦淮建设加速推进。通过江苏省县(市、区)教育现代化建设水平评估。高考本科上线人数达250人,创历史最高水平。夫子庙小学被列入全市"十佳百年名校"行列。文化软实力进一步增强。6月,推出反映秦淮历史人文、具有浓郁江南风韵的《夜泊秦淮》水上实景演出。6月16日,中央电视台、南京市政府共同主办的大型电视晚会《倾国倾城》在白鹭洲公园水上舞台举办。开放秦大士故居展览馆,建成南京白局培训基地,编辑出版《秦淮诗词三百首》、《记忆1865》等精品图书。投资近千万元,实施红花地区广电网络提档工程。南京白话、南京评话、抖空竹等6个项目被评为首批南京非物质文化遗产,获"中国灯彩之乡"称号,歌曲《桨声灯影夜秦淮》获省级"五个一工程奖"。

在全省率先开展社区卫生服务运行机制改革试点。实施全民医保,新增居民医保2.5万人。实行社会救助统筹管理,建立15家"慈善超市",为3500户低保户发放低保金1400万元,完成被征地农民困难补助工作。推进养老服务社会化,为特困独居老人开展政府送时服务,争创首批全国养老服务社会化示范区。建成"区人口和计划生育世代服务中心"。完成"新农村体育健身工程"任务,在世界特殊奥运会上,该区特奥运动员勇夺6金1银。

完成大明、秦虹、来凤、新桥等6个农贸市场的升级改造,投入改造资金1400万元,改造面积1350平方米,其中5个市场达到B级以上标准。

政府工作运行机制进一步创新。开发完成权力阳光运行系统,全区25个部门首批204项行政执法事项实现网上运行。建成电子监察系过程进行网上实时监控。 (程 婕)

建 邺 区

【基本情况】 建邺区位于南京市城区西南,面积82.66平方公里,户籍人口21万人。下辖7个街道、38个社区、18个行政村。

【经济发展概况】 全年实现地区生产总值59.94亿元,增长13.7%;财政总收入20.51亿元,地方财政收入13.55亿元,分别增长36.2%和35.3%;完成社会消费品零售总额52.39亿元。增长22.7%;实际利用外资3.1亿美元,完成出口创汇9100万美元,分别增长508.2%和16.4%。城镇居民人均可支配收入达17703元,增长13.3%;农民人均纯收入达9258元,增长13.2%。

推进产业载体建设。成立中央商务区管理委员会,优化管理和服务功能,"南京保险创新试验区"创建取得阶段性成果,中央商务区入驻企业358家,开业214家,引进华泰证券,新华报业、江苏联通等12个总部型企业。科技园累计签约项目28个,总投资42亿元,开工面积21万平方米,园区进入企业入驻运营和效益逐步显现阶段。南湖地区商业文化中心建设取得新进展。垠坤·西祠数字网络产业园等项目建成开园。

加强招商引资工作。组织招商百日竞赛和赴日韩及北京、香港等地专题招商推介,举办"首届新城国际商务周"、"新城之光——经贸文化节"、"2007中国南京金融博览会"、"长江国际旅游节"等。全年引进企业803家,注册资本35亿元,其中引进注册资本1000万元以上企业63家,引入世界500强企业和上市公司11家,引入金融企业11家。

【城区环境】 围绕重点拆迁、建设和土地运作,强化区领导分工负责的工作机制,抽调区机关42个部门160多名干部到村组参与拆迁,完成莲花村地铁和"两房"用地一期、滨江风光带、扬子江大道南延一期、明园地块、南部开发用地A地块等项目拆迁,全年拆迁600公顷、居民8200多户、工企单位近400家,实施洲泰路、雨润路、云锦路和茶亭东街拓宽改造,《江心洲控制性规划终期成果》通过专家评审并启动运作。完成双和综合办公区建设前期工作,区机关大楼搬迁各项准备工作有序推进。加强环境建设,茶亭东街和明园绿化带有效提升"侵华日军南京大屠杀遇难同胞纪念馆"周边环境面貌,新增绿地46.79公顷,栽植大树2235株,完成垂直绿化5000米,绿化覆盖率达42.6%。实施安泰村等9个社区60万平方米小区出新、70幢房屋平改坡和纪念馆周边环境综合整治工程,以江东商业文化旅游中心建设为重点,加强土地运作,完成北部整合3、4、9、11、12、13号地块出让。全年拆除违建42万平方米,推进城管进社区工作,城市模块化管理系统获建设部华厦科技进步奖,并完成系统二期建设,城管效能进一步提高。

【社会事业】 创建"充分就业保障区",区人力资源市场建设投入使用,全年新增就业岗位1.25万个,实现再就业3860人,帮扶困难人员就业508人。落实教育优先发展,建成启用新城实验学校,完成金陵中学附属小学主体工程,上新河中学、新城第二小学、宋都小学开工,建邺高级中学创成"四星级高中",全区小学均达省市级实验小学标准,通过省教育现代化建设水平评估。全年投入近4亿元,优化以社区建设和教育、医疗卫生、公共交通以及社区商业等为主要内容的公共配套服务建设。区财政投入300万元,联合市政部门新开通河西中部两条公交环线,缓解市民出行难问题。完成8个社区居委标准化改造,推进"和谐社区示范单位"创建,22个社区首批通过市级规范化社区验收。综合推进中部地区公共配套建设,培育发展多业态兼容、高品质经营的"优时"社区商业联合服务新模式,建成万科光明城市等4家优时生活中心。启动社区卫生服务运行机制改革,推进医疗卫生布局调整和布点工作,实施区中医院搬迁,新建邺医院、区公共卫生应急指挥中心、社区建设指导中心等竣工启用。推进社会救助体系建设,开展城镇居民医疗保险工作,全区居民医保参保人数达3.3万人。开展"春风行动",走访慰问困难群众2.7万人次,发放救灾救助款177万元,各类慰问金558万元,获"省残疾人社区康复先进区"称号。平安创建名列全市区县第二名,法治创建名列全市前茅。

加强新城文化建设。围绕打造文化特色品牌的战略目标,发展文化事业和文化产业,提升新城文化内涵。结合小区改造、社区中心建设,设置群众文化活动场地。街道文化设施在全市处在领先地位。依托奥体中心等大型文体设施和区、街、社区等各级文体设施和载体,引进社会投资,促进文化创意产业发展。实施"新城文明行动计划"创建"文明城区",打造新城诚信建设品牌。开展"新城市民精神大讨论"、"社区(村)居民文明公约"等活动,营造"和谐文化"氛围。举办"长江国际旅游节"、"葡萄节"、"邻里节"、"2007中国南京体育健身休闲产品博览会暨体育嘉年华"、"江苏省首届动漫嘉年华"等活动,创建新城文化特色品牌。　　(陈怀德)

鼓 楼 区

【基本情况】 鼓楼区位于南京市城区西北部,面积26.62平方公里,其中主城区16.82平方公里,河西新区9.80平方公里。户籍人口69.57万人,下辖7个街道,64个社区、3个行政村。辖区内共有118家省级机关,20所高校,58家研究机构,两院院士41名。

【经济发展概况】 结合鼓楼发展实际,着力转变发展方式,调整优化产业结构,商业、商务、科技、文化等4个现代服务业集聚区建设取得明显成效。全年实现地区生产总值275.66亿元,增长13.1%;完成财政收入45.37亿元,净增10.3亿元。增长29.4%,总量、增量和增幅均居六城区首位;合同外资3.02亿美元,实际利用外资2.06亿美元;实现社会消费品零售总额216亿元,增长16.3%;完成固定资产投资71.8亿元;完成重点大项目52个,注册资金26.2亿元。全区城市居民人均可支配收入22507.6元,增长13.8%。

创新型城区建设成效显著。实现高新技术产业销售收入110亿元,增长10%。高新技术企业88家,其中国家级10家、省级45家、市级33家。民营科技企业超过120家,技工贸总收入达26亿元,超亿元的民营科技企业近10家,超千万元企业30余家。18家企业申报省、市级高新技术企业,33个产品申请省、市高新技术产品认定,8个产品申请江苏省自主创新产品认定,1个产品申请国家重点新产品认定。6个项目获国家科学技术奖励,占全市获奖总项目的25%;40个项目获江苏省科技进步奖,占全省获奖总项目的25%;32个项目获南京科技进步奖,占全市获奖总项目的35%;3人当选为南京市第七届"十大科技之星";1家企业列入国家开发银行、科技部重点融资支持创新型试点企业。软件产业迅猛发展。涉软企业380余家,其中经认定的软件企业148家,通过CMMI认证企业7家,骨干软件14家,软件从业人员约2.2万人。软件产业实现销售收入约60亿元,增长26%,软件出口约6000万美元,增长85%。软件销售收入超亿元企业5家,超千万元18家。有4家企业进入2007年中国软件业务收入百强,2家企业进入全国软件出口25强,南瑞、联创入围"2007年中国自主品牌软件产品前10家企业",4家企业进入国家规划布局内重点软件企业,4家进入全省软件企业业务收入前10强,4家进入全省软件企业纳税前10强,6家进入全省软件企业研发投入前10强,3家进入全省软件企业软件服务外包前10强;2家荣获"中国十大创新软件企业"奖,1个产品获得"中国十大创新软件产品"称号;南大软件学院、南京财经大学、江苏中江信息技术培训学校被评为南京市第二批软件人才培训基地。长江科技一期3.7万平方米大楼对外招商,近20家企业入驻。8万平方米的南京工业大学利技创新大楼即将交付使用。江东软件城被市委、市政府命名为全市唯一的"南京国际服务外包产业园",享受"四税(房产税、营业税、所得税、城镇土地使用税)"减免,入同企业享受税收减免等优惠政策。由南京邮电大学、北京赛博、江苏省软件产品检测中心、区政府共同成立的CMMI南京认证中心正式落户鼓楼。南京软件产业投融资服务中心自2006年成立以来,为9家软件企业13个项目获得1270万美元和3180万元人民币的风险投资,为12家企业获得银行贷款4730万元。

围绕秦淮河、滨江、颐和路、中山北路组成的文化产业集聚区,发挥区位优势,整合资源,加快载体建设,壮大文化产业规模。成立文化产业建设科和文化产业发展协调促进办公室,统筹全区文化产业发展工作。设立文化产业发展专项资金,重点扶持文化创意园区、项目和优秀文化企业,促进产业发展。制定《石头城文化创意产业带发展规划》,确立以"两岸一片"文化产业集聚区为主干的文化产业发展总体思路。制定《鼓楼区2008~2015年文化产业发展规划纲要》,确立发展目标。运用会展平台,利用重洽会、金洽会,对文化产业项目进行招商,以"石城文脉,创意鼓倭"为主题,组织包括演艺、传媒、特色文化载体等42个项目参会,重点推介南京粮油储运仓库、东洲信息产业园等文化产业置换改造项目,完成4000万美元的项目签约。基本建成石城现代艺术创意园、禾盛文化创意园、清凉山创意设计园等9个文化创意载体。其中,面积3.3万平方米的石城现代艺术创意园,是南京市十大文化创意园区之一,并被命名为首批南京市文化产业基地。

【城区环境】 完成察哈尔路西延、北圩路、北圩路北延、经四西路道路建设和拓宽工程。开工建设祁家桥、水佑岗东延、鼓楼区第十八号规划路和江西路北延工程。建设完成中央门长途汽在站南侧、南祖师庵、鼓楼广场A2片、八字山公园、察哈尔路西延南侧和北侧等绿地8万多平方米。完成江苏科学宫、南大附中屋顶绿化1万平方米。全年新增绿化面积11万平方米,新种大树5000棵。全年拆除危旧房5万平方米,拆违23.5万平方米,对8条背街小巷实施整治。整治房屋237幢,出新小区12个、52万平方米。改造一批社区公共服务设施,建成云南路社区服务中心和福建路、青石村社区用房并投入使用,戴家巷农贸市场建成使用,全区新增停车泊位600个。

【社会事业】 完善租金补贴制度。全区有218户家庭进入最低收入家庭住房保障体系,发放租金补贴710户次,74.17万元。做好对最低生活保障对象家庭核减房屋租金工作,减免户数1038户,减收租金55.27万元。对符合条件的低保户住房困难家庭实行实物配租,受理实物配租申请7户,安置5户。做好经济适用住房、中低价商品房供应管理工作,保障住房困难群体,完成经济适用住房确认493套;受理204户符合条件的被拆迁户、拆违户申购经济适用住房,完成142户安置兴贤佳园二期经济适用住房选房工作。 (朱 军)

下 关 区

【基本情况】 下关区地处南京市城区西北部,面积28.3平方公里,户籍人口30.2万人,下辖6个街道,56个社区。

【经济发展概况】 全年实现地区生产总值118.74亿元,增长15%;财政收入18.04亿元,一般预算收入9.49亿元,分别增长28.7%、29%;完成固定资产投资56.15亿元,增长24.8%。全年新建改建楼宇园区3个,新增楼宇园区面积11.4万平方米,新增入驻企业290家、注册资本11.3亿元,实现税收1.78亿元。中国电子南京信息大厦、世茂凯悦酒店主体封顶,大观天地茂、宁华物流电子数码港、金盛同际商贸广场、玉桥三期等大型商贸物流项目得到积极推进。全区实现社会消费品零售总额82.1亿元,增长19.9%。新批外商投资企业20家,合同外资1.29亿美元,实际使用外资5359万美元,分别增长30.4%和53.7%;新增内资注册资本25亿元。新发展私营企业1178家、个体工商户2566户,新增注册资本14.65亿元。实现旅游总收入3.12亿元,阅江楼景区被省有关部门认定为旅游景区标准化工作示范点。城镇居民人均可支配收入18644.17元,增长19.5%。

【城区环境】 完成沿江1公里岸线及大马路民国风情街建设规划,编制滨江航运服务业集聚区发展规划框架和商贸流通业发展规划。滨江大道河西下关段、幕燕段项目相继开工建设。察哈尔路西延下关段建成通车,翠庭路二期、金川河东等道路工程如期竣工,芦席营路、金碧路和郑淮路主体工程基本完成。实施十里长沟支流等2项清淤整治工程基本和所村等7项管网改造工程。建成郭家山路等4块老城绿地,新增绿化面积4.86万平方米。完成耐特集团地块和三汊河片区改造一期拆迁,姜家园A片三、四期等项目拆迁即将结束。世茂滨江新城一期、锋尚国际公寓南片、侨鸿钻石双星、旭日景城、卢龙山庄等房地产开发项目加紧实施。金陵村95—1号经济适用住房项目主体封顶,华宏C地块中低价商品房和新百仓库地块经济适用住房项目即将开工。金陵村改造进入复建阶段,五塘村改造启动拆迁。全年房地产施工面积125万平方米,其中新开工21万平方米、竣工40万平方米。探索并推行“四位一体”网格化城市管理模式，全年共拆除违章建筑15.8万平方米。沿江环境整治稳步推进，清理拆并砂场5个，完成11幢楼宇亮化。153幢多层住宅房屋整治出新、51条街巷整治和东井亭等6个小区出新全面完成。强化对重点污染企业的监管，推进绿色下关创建活动，姜家园、白云新寓、象山、小市街等4个社区创成绿色社区，郑和小学、唐山路小学创成绿色学校，姜圩路餐饮示范一条街创建通过验收。

【社会事业】 教育事业优先发展，区财政对教育的投入增长22.1%. 全年减免义务教育阶段学生学杂费342万元。通过省教育现代化建设水平评估现场考察。完成大桥小学扩容、小市小学教辅楼新建工程，天妃宫小学新校、红太阳旭日景城小学、区第二实验小学分校投入使用。阅江楼等2所小学被命名为南京市科普教育示范基地。全年申请专利233项，申报省、市科技项目16项，新培育省、市级高新技术企业7家，市软件企业1家。全年新增就业岗位17276个，实现再就业5891人，职业技能培训5950人，城镇人口登记失业率为3.28%。社会保障工作力度进一步加大，全年净增养老保险参保人员3794人，征收养老保险费1022.92万元。累计发放低保金1760万元，全年扶贫济困12.7万人次，发放扶贫救助和慈善资金2329.9万元，为352名高龄独居老人、2078名残疾人分别提供“安康通”和康复训练服务。举办第三届南京妈祖文化民俗节、第六届社区文化艺术节、“四二三”南京解放58周年纪念活动及渡江战役文物征集和捐献仪式等活动。“南京妈祖庙会”被列入省级非物质文化遗产名录。区业余体校被命名为“国家一级羽毛球单项学校”，全区在市级游泳、击剑等18项体育比赛中荣获金牌28枚。小市社区卫生服务中心运行管理模式受到省市领导肯定，约房托管工作深入推进，三大重点传染病防控工作达到市控目标。全区计划生育率达99.95%，被确定为省级计划生育便民维权工作示范点。投入778万元创建中山北路、新民门、新民路、恒盛嘉园、线路新村、五塘村等6个示范社区，实施盐大街等薄弱社区改造。在22个社区组建公共服务站，全区50%的社区居委会办公和服务用房面积达300平方米以上，恒盛嘉园物业管理服务模式得到上级充分肯定。

（张克勤　吕燮纲　金　莹）

栖　霞　区

【基本情况】 栖霞区位于南京市区东北部，面积376.09平方公里，户籍人口12.73万人，下辖9个街道，85个社区、35个行政村。

【经济发展概况】 全年实现地区生产总值134.23亿元，增长18.2%；财政总收入28亿元，增长30.5%；全社会固定资产投资132.59亿元，增长12.28%；服务业增加值48.42亿元，增长19.7%；城镇居民可支配收入达18604元，农民人均纯收入9355元，分别增长14.96%和13.5%，各项主要指标均达省定全面小康标准。

全年完成工业总产值、增加值、销售收入、利税、利润分别为280.88亿元、61.87亿元、274.48亿元、22.45亿元和12.12亿元，分别增长16.39%、21.11%、19.36%、26.5%和42.89%；完成工业固定资产投资60.46亿元，增长19.03%；12个总投资在5000万元以上的工业项目开工建设，新实力科技、润泽华二期等7个5000万元以上工业重点项目竣工，华能燃气电厂装机发电，华能电厂二期、大唐电厂、武家嘴船厂二期、金鹰新实力二期等龙头项目加快推进。

全年完成服务业总产出78.38亿元，利税14.14亿元，社会消费品零售总额57.84亿元，分别增长8.76%、2.4%和19.83%。晓庄商贸集聚区、仙尧商贸集聚区加快建设，8个总投资在5000万元上以的服务业项目开工建设，红太阳家居广场等9个现代服务业项目建成营业，华电都市产业园等4个都市产业园启动建设。房地产业全年完成投资51.41亿元，开工面积318.9万平方米，销售91.33万平方米。

推进农业结构调整，新增高效设施农业66.67公顷，龙虾精养68.07公顷，苗木种植80公顷。新发展农民专业合作经济组织15个、农民经纪人1780人。农民工资性收入大幅提高，低收入纯农户连续2年增收1000元以上。引进外商投资农业项目3个，利用外资1320万美元。重视重大动物疫病防控工作，畜禽防疫率、检疫率均达100%。全年完成造林282.07公顷，全区森林覆盖率达21.3%。

推动南京经济技开发区托管栖霞经济开发区、三江口工业园、仙林高科技产业园工作，全年完成万联机电、迪敏特电子等10个对接项目，总投资1.53亿元。重点加快栖霞经济开发区、龙潭物流基地、三江口工业园建没，实现园区工业总产值104.37亿元，占全区总量的42.6%。经财政部、海关总署、国家税务总局批准，龙潭港保税物流中心具备出口退税功能，与国际自由港管理体制接轨。龙潭物流基地公司完成增资扩股工作。

科技产业进一步发展。实现高新技术产值87.9亿元，增长67.7%。新增8家省级、6家市级高新技术企业，新培育市高新技术产品13个，新认定市级民营科技企业8家，新引进科技型企业100家。高新技术企业引进新技术10项。国内外研发机构2家。企业和高校、科研院所合作开发项目达24个。被省科技厅、省知以产权局批准为“第六批省知识产权工作试点区”，全年专利申请435件。金港科技创业中心实现税收1.7亿元，完成注册资本3亿元，创业中心被市政府命名为南京市高科技专利产业化基地，同时被表彰为“江苏省优秀青年创业服务机构”。

组团赴日本、韩国、澳大利亚及中国香港、厦门、广州等地举办各类招商活动，全年完成协议注册外资1.1亿美元，实际到账注册外资6809万美元。

引导和支持民营经济加快发展，至年底，全区民营企业5977家，个体工商户1.22万户，注册资金87亿元，实现增加值56.38亿元，占全区总量的42%。

【城区环境】 完成顾家营地块道路、312国道城市化改造一期北侧、新迈化路红太阳家居广场段、龙潭路、龙潭大道、华电北路柳塘立交匝道等工程，以及北十里长沟西支清淤、太新路管网改造、迈皋桥老街排水、尧化老街排水工程，长江四桥奠基。开工建设靖安一期、龙潭新城二期、摄山星城三期、尧化地区、吉祥村地块经济适用住房（拆迁安置房）工程。

完成龙潭港四期和五期、华能电厂、栖霞开发区二期、聚宝山公园、靖安经济适用住房、大唐电厂、仙林污水处理厂、江南沿江高等级公路等31个重点项目的拆迁工作,拆迁居民4838户,面积114万平方米。

环境综合整治取得实效。推进幕燕风貌区沿江环境综合整治,累计搬迁砂场104家。完成拆违拆破43万平方米,通过国家创卫检查组的检查验收。对晓庄404号、华电新村、联珠村、吉祥山庄和金尧新村等5个旧住宅小区及十字街36幢房屋整治出新,改造农村道路水泥化42.2公里、危桥15座。完成燕子矶地区4个"城中村"改造建设。

完成以"水安全、水资源、水环境"为主要内容的水利综合规划编制;实施沿江砂场整治,保护长江水源和堤防安全;推进水环境整治,完成水利建设土方151.9万立方米,疏浚乡村河道84条。

【社会事业】 开展各级各类品牌示范学校创建活动,长江小学等通过省、市级实验、示范学校验收。落实义务教育阶段学生减免杂费政策,减免学生达2.11万名,减免金额达259.33万元。全区中考达到省重点中学投档控制线的考生1509名,占考生总数的38.2%;高考二本以上录取138人,比上年净增78人。

社会保障体系不断完善。区财政投入530.11万元用于农村合作医疗;人均筹资标准达到151元,全区农村合作医疗人数10.58万人,参合率99.48%。提高城乡低保生活补助标准,农村低保标准每人每月提高到200元,城镇低保标准每人每月提高到300元,城乡居民最低生活保障率达100%,全年发放城乡居民最低生活保障金2275.9万元。新增就业人员1.64万人,为2.11万人次发放失业保险金1279.68万元。新增社会养老统筹保险单位235家,完成养老金保险扩面2.01万人,基金征缴2.32亿元。组织"扶贫济困送温暖"活动,走访慰问贫困户、五保户、残疾户、优扶对象、拆迁户等2.55万户,发放慰问金1300万元。

医疗卫生条件进一步改善。开工建设靖安、马群、仙林等5家卫生院,在栖霞医院开通120急救分站。深化药房托管改革及药品价格让利10%活动,全年药品让利607万元。

举办第八届"金秋栖霞"艺术节活动,开展送文化下乡文艺演出、义写春联等大型社区文化活动120余场,深入村和社区放映电影278场,送3000册科普书籍下乡。龙舞《龙凤呈祥》获中国南京国际梅花节闭幕式演出铜奖,女声独唱和龙舞《龙凤呈祥》获南京市"金陵五月风"民歌民舞大赛金奖,音乐剧《西行列车》获南京市"五个一工程奖"。新发展有线电视用户8650户,全区有线电视用户达11.29万户,对全区农户、低保户安装有线电视进行优惠和减免116.26万元。

(朱 伟)

雨花台区

【基本情况】 雨花台区位于南京市区西南部,面积134.6平方公里,户籍人口21.29万人,区内有1个省级经济开发区,7个街道,54个社区、12个行政村。

【经济发展概况】 全年实现地区生产总值105.99亿元,增长17.5%;财政收入27.1亿元,增长30.7%,其中地方一般预算收入12.06亿元,增长30%;完成全社会固定资产投资133.43亿元,增长15.2%,其中工业投资70亿元。三次产业结构比调整为0.7:60.2:39.1。完成协议注册外资9331万美元,注册外资实际到账6430万美元;协议引进内资62亿元,内资实际到位25亿元;新签约项目78个,总投资104.04亿元。新发展私营企业807家、个体工商户2315户,新增注册资本14.69亿元。

科学园建设全面启动,编制完成雨花科学园规划初稿。实现高新技术产业销售收入105亿元,其中软件及系统集成销售收入50亿元,分别增长27%和56.2%。全年新引进科技型企业37家,其中软件企业26家,引进软件人才8000人。新增市级以上认定的高新技术企业10家,认定软件产品35个,完成专利申请量300件,完成工农业科技成果转化10项。推进华为科技、中兴通信二期、新华科技等大项目和丰盛软件园、中软华通软件园等软件孵化器建设,全年新增软件产业建筑面积26万平方米。

工业运行质量提高。新增规模以上工业企业20家,规模以上企业实现工业产值230亿元,增长22.5%。应用新技术和新工艺,加大节能减排力度,提高资源循环利用率和生产率,万元工业增加值综合能耗比上年下降6%。南京分析仪器厂一期、尊雅保健品等27个重点工业项目建成投产。

现代服务业快速崛起。实现服务业增加值40.1亿元,增长28.9%。新增服务外包产业用房8万平方米,实现境内外服务外包收入10亿元。完成社会消费品零售总额58.45亿元,增长18%。宁南商贸广场主体建设进展顺利,罗孚、万帮汽车专卖店建成营业,宁南汽配城二期建成招商。滨江现代物流园升级为省级现代物流园,建成明发工业原料城、红太阳工业原料城二期,并全面招商。生态旅游不断升温,全年接待游客299.6万人次,旅游直接收入突破亿元。

【城区环境】 路网建设全面拉开,完成长虹南路改造出新和铁心桥拓宽改造二期工程;投入8.2亿元,开工建设天保立交桥;建成小河北路跨线桥等道路桥梁工程,完成农村公路水泥化改造10.5公里。建成西善桥卫生院、板桥社区服务中心等公共配套设施和板桥水厂改造三期、小行雨水泵站等水利工程。新城建设和旧城改造步伐进一步加快,板桥新城60.4公顷土地顺利出让,养回红村、俞家桥等"城中村"改造顺利拆迁,西营村、北西营村等地块完成挂牌。全区全年完成拆迁150万平方米,开工建设经济适用住房和中低价商品房60万平方米,竣工93万平方米。拆除违章建筑46.3万平方米,完成房屋出新53幢、小区出新7万平方米、楼宇亮化144幢,城市化率提高到84%。

加大绿色雨花建设力度,投入7200万元,新增有林地142公顷、城市绿地70.4万平方米,完成林相改造66.67公顷,森林覆盖率、城市绿化覆盖率分别提高到23.5%和47.85%。创建省级绿色人居环境社区3个,完成区农业旅游科普观光园二期、板桥新城和柿子树苗木休闲基地以及西善桥秦淮新河景观带等工程建设。城市水利标准提高,完成水利总土方136万立方米,青龙山梁台河5公里河道拓宽疏浚、赵家闸扩建工程完工。

产业发展向资源节约型和生态环保型转变,主要污染物排放量控制在指标范围内,南河沿岸重点化工污染企业废水达标排放得到有效监管。项目引进的环保门槛进一步提高,循环经济快速发展。新建公厕2座,完成农村户厕无害化改造910个、农村二次改水70公里。

【社会事业】 小康社会建设四大类18项25个单项指标全面达标。全年实现城镇居民人均可支配收入18228元,农民人均纯收入9523元,分别增长12.5%和10.5%,低收入农户人均增收1000元。投入1.3亿元,完成60项为民办实事工作,区体育中心、雨花外国语小学、雨花台中学学术报告厅启用。改善民生,投入1200万元深化就业再就业工程,全年新增就业岗位8580个,实现再就业3650人次,帮扶困难人员就业372人,职业技能培训7193人,城镇登记失业人数控制在3825人以内,农村劳动力转移就业4000人。社会保障覆盖面继续扩大,全年净增城镇养老保险5800人;新型农村合作医疗参保人数3.8万人,行政村覆盖率100%、参保率100%,资金到位率100%;率先实现农村老人养老补贴发放全覆盖,农村低保标准提高到200元。向农业人口男60周岁以上,女55周岁以上的发放每月不低于50元的生活补贴,高龄老人生活补贴标准在原基础上每月再提高20元。

坚持教育优先,完成省社区教育实验区创建工作,区少年宫通过星级验收,开办雨花外国语小学,雨花台中学教学楼、梅山一中教学楼等项目建成,板桥中学高中部通过三星级预查,通过省教育现代化建设水平现场评估。健全公共卫生和医疗服务体系,西善桥社区卫生中心和区中西医结合医院二期设施配套工程建成。全区计划生育率99%,优质服务率87%。新发展有线电视用户1万户,举办大型群众文化活动33场。深化全民健身运动,建成西善体育活动中心,投资120万元为12个行政村按标准配备体育健身器材。强化安全生产监管,加大专项整治力度,全年未发生一起重大安全生产责任事故。保障食品药品安全,城乡食品安全监管责任网、群众监督网覆盖率100%。 (过大江)

江宁区

【基本情况】 江宁区从东西南三面环抱南京主城。面积1572.87平方公里,户籍人口87.94万人,流动人口约50万。下辖9个城镇,127个社区、77个行政村。

【经济发展概况】 全年完成地区生产总值339.53亿元,增长18%;预算内财政收入75.99亿元,增长35.8%,其中地方一般预算收入45.1亿元,增长55.4%;全社会固定资产投资370.46亿元,增长23.2%。城镇居民人均收入19580元,增长16.5%;农民人均纯收入8140元,增长13.9%。

产业结构持续优化。注重结构转型和层次提升。“高、轻、优”产业特色凸现,三次产业结构调整为5.6∶62.6∶31.8。高效农业特色凸现。结构进一步优化,花卉苗木、蔬菜瓜果等特色基地不断壮大,发展设施农业4333公顷,建成旅游农业项目50个。产业化水平进一步提升,培育壮大25家农业龙头企业,实现销售收入50亿元,形成奶产品、羽绒制品等5条产业链。市场化程度进一步提高,注册农产品商标72个,培育农民专业合作组织116个。生产条件进一步改善,全面实现堤防标准化,农机化水平达82%。先进制造业做大做强。全区规模以上工业销售收入552.5亿元,增长11.4%,利税65亿元,增长23.1%,基本形成电子信息、汽车制造、电力设备等主导产业。航空产业快速启动,中国一航轻型动力等项目进区落户。国电南自、统宝光电等优势企业不断壮大,长安福特马自达、中电电气等重大项目建成投产。建筑业快速发展。全年当地施工企业实现施工产值110亿元,完成建筑业增加值46.98亿元、入库税收4.5亿元、房屋施工面积880万平方米,分别比上年增长76%、19.6%、33%和35.4%。现代服务业发展势头强劲,现代服务业增加值占服务业比重达70%。生产性服务业发展迅速,物流、软件等产业形成规模,中邮航、农到产品配送中心等重点项目快速推进。全区涉软企业140家,年销售收入80亿元。商贸流通业更加繁荣,社会消费品零售总额达90亿元。房地产业形成品牌效应,5年累计开发商品房1225万平方米。旅游业提档升级,建成国家等级景区、旅游示范点11处。金融保险、中介服务等行业取得新发展。

利用外资保持省市前列。全年新批外商投资企业129家,实际利用外资5.98亿美元,出口创汇27.2亿美元。新批千万美元以上项目50个,其中3000万美元以上大项目23个,新增蒂森克虏伯、博世、霍尼韦尔、UTC、特易购等世界500强企业6家,单体项目平均规模1000万美元。至此,累计引进外资企业2350家,其中世界500强企业36家,投资开发的尼日利亚莱基自由贸易区项目,成为国家级境外经贸合作区,首期10平方公里启动区建设进展顺利。与淮阴、连云港合作开发的“南北挂钩”项目走在全省前列。

完善创新机制,建立驻区高校与政府、企业联席会议制度,“政、产、学、研、金”合作取得成果。江苏软件产业园吉山基地一期建成,江苏文化创意产业园启动建设。全区累计引进高新技术企业190家,其中国家级12家、省级100家、市级78家;设立研发机构100家,博士后工作站3家。2007年高新技术产业实现销售收入410亿元,占全区工业52.8%。联创科技、南瑞继保2家企业进入全国自主品牌软件产品收入前10名。

【城区环境】 城市框架全面展开,新市区面积扩大到107平方公里,建成区54平方公里,城市化水平在62.1%。旧城改造力度加大,启动府前、外港河、城东大三角等片区改造工程累计拆迁面积69万平方米。天印公园、秦淮国际风情一条街等特色街区开工建设。加快重大基础设施与南京主城的对接,协调推进宁杭高速二期、地铁一号线南延、绕越公路等重点项目建设,初步形成东山与南京主城快速连接的道路体系。加快区内路网建设,实现全区所有镇街通二级公路。市政设施配套完善,“西气东输”工程引入转换全面完成,“川气东送”引入工程快速推进。全区燃气管网达770公里、燃气用户9.42万户。长江引水二期工程全面启动,全区长江引水日供水规模提升为45万吨,即将实现所有街道供水主管全覆盖。统筹开发和利用城市地下空间,建成人防设施27万多平方米。加大公交覆盖面,投入公交车辆1028辆,开辟公交线路83条,村(社区)公交通达率98%以上。

注重环保优先,建成国家级生态示范区,生态环境成为江宁科学发展新品牌。先后实施8大类、近百项重点生态工程,建成开发区、科学园污水处理厂,启动建设滨江和城北污水处理厂和汤山、湖熟、横溪等街道污水处理厂,污水处理能力达到12万吨/日。外港河治理取得阶段性成果,中心河综合整治全面推进。节能减排成效显著。累计关停拒批污染企业133家,83家企业通过循环经济试点、清洁生产审核和环境管理认证。2007年化学需氧量、二氧化硫排放量分别比上年下降371吨、645吨,万元GDP综合能耗、万元工业增加值能耗分别比上年下降4%和5%。2007年完成成片造林造绿1336公顷,新建成绿化新村63个。全区森林覆盖率和城市绿化覆盖率分别达21.93和41.6%。

【社会事业】 注重创新能力建设,区域核心竞争力显著提高。驻区高校达28所,在校师生20万人。通过全省首批教育现代化建设水平验收,全区学前教育毛入学率达95.8%,小学入学率、巩固率均达100%,初中入学率、巩固率均达99%以上,初中毕业生升学率超过96%,高考录取率达79.32%。推动学校标准化建设,“一镇一校”工程基本到位,高中布局调整全面启动,易地建成江宁高级中学、区职教中心。推动教育资源均衡化,免除义务教育阶段学生杂费。采取多种措施确保外来务工人员子女入学,符合条件的外来务工人员子女享受公办学校待遇。盲聋哑及智障儿童、少年义务教育入学率均达到95‰以上。

整体推进全面小康建设,江苏省全面建设小康社会四大类18项25个指标全部达标。全省率先出台《江宁区农村老年居民养老生活补助暂行办法》,每年投入5500万元将全区近10万男年满60周岁、女年满55周岁以上的农村老年居民纳入养老生活补助范围,从根本上解决全区农民老有所养的问题,使全区农村居民充分享受到经济社会发展成果。全区农村社会养老保险和失地农民基本生活保障人员达16.6万人,比上年净增6万多人。全区参加城镇企业社会保险的企业已达3450家,人员达到16.3万人;城镇职工养老保险覆盖面达98%以上。

2006年启动的区域供水工程进展顺利,工程总投资近9亿元,分为滨江区域水厂工程、输配水提升工程、输水管道工程三大部分。2007年通往全区街道的供水主管网基本铺设完毕,街道支管网的改选逐步加快,新增受益人口38万,淳化等地区百姓已实现喝上长江水的夙愿。 (张艳杰)

浦 口 区

【基本情况】 浦口区位于南京市区西北部、扬子江北岸,面积912.33平方公里,户籍人口51.68万人,下辖7个街道、4个镇,78个社区、21个涉农社区、48个行政村。

【经济发展概况】 全年实现地区生产总值162.06亿元,增长18.1%;财政总收入52.27亿元,增长33.9%,其中地方一般预算收入18.97亿元,增长25.0%;全社会固定资产投资完成147.94亿元,增长43.4%,其中民间投资完成116亿元,增长59.1%,占全区完成额的78.4%;城镇居民人均可支配收入18461元,增长17.66%,在岗职工年均工资26314元,增长16.6%,农民人均纯收入8054元,增长14.24%,低收入纯农户人均增收1180元,增长18.5%。三次产业结构调整为8.6∶49.6∶41.8。

第一产业实现增加值13.89亿元,增长3.8%。全区高效农业总面积2.37万公顷,培育石桥西瓜、盘城蔬菜、桥林鲜食玉米、星甸防虫网蔬菜等高教种植业典型。建设绿色新村23个,4家市级新农村典型示范村达标。发展农民专业合作组织23个,新增农业专业大户100家。加快农业科技园区和3项更新工程建设,引进各类农业新品种20个,引进推广新技术4项,培育科技示范重点户20户。农业龙头企业实现销售收入22亿元,增长23.9%。完成水利工程土石方388万立方米。创农机安全示范镇1个,农机手之家3个,农机示范户132户。第二产业实现增加值80.36亿元,增长21.3%。完成工业增加值64.6亿元,增长28.5%。规模以上工业实现增加值54.89亿元,增长27.1%,利税总额21.07亿元,增长32.2%。实现建筑业增加值15.76亿元,增长8.1%。110家有资质等级的建筑业企业,完成建筑安装产值60.5亿元。第三产业实现增加值67.81亿元,增长17.66%。实现社会消费品零售总额59.73亿元,增长20.2%。红太阳商业大世界、金盛国际家居、泰山庙农副产品市场、江浦凡星综合市场、浦东路农副产品市场五大市场实现商品销售总额52.8亿元,增长11.9%,占全区商品销售总额60.4%,其中红太阳商业大世界实现商品成交额32.3亿元。实现旅游直接收入3.19亿元,增长32.6%。重点旅游投资项目7项,总投入11.52亿元,“一山三泉”资源得到进一步开发。农业旅游规模进一步扩大。万成农业生态科技园建成开业并通过市级专家论证,金桂园完成投资2000多万元,雨竹山庄、艺莲苑、中马休闲农庄、今日秀藏獒基地等5家农庄被评为首批南京市农家乐专业户。

全区有外商投资企业197家,新增6家,新增外商投资项目30个,注册协议外资2.58美元,实际利用外资1.49亿美元。对外劳务营业额5819万亿美元,增长292.91%。进出口总额4.09亿美元,增长40.9%,其中进口1.55亿美元,增长141.7%;出口2.54亿美元,增长12.3%。10人被授予浦口区十佳科技富民带头人称号。浦口区分别获省科技厅“2005~2006年度全省科技进步考核先进区”、科技部“2005~2006年度全国科技进步考核先进区”称号。全年专利申请量247件,增长64.7%。浦口区被列入江苏省知识产权工作试点区。高新技术产业化进程加快。全年实施科技项目19项,科技经费投入4110万元。实现高新技术企业销售收入33.6亿元,增长22.2%;高新技术企业累计28家;新增高新技术产品18个,累计84个。

【城区环境】 完善城市规划体系。编制完成浦口区中心城区、沿江街道北部地区等控制性详规;开展老山风景区控制性详细规划;开展桥北地区控制性详细规划调整。全年重点建设工程20项,总投资27.69亿元。凤凰山公园二期改造工程、龙华转盘至七里桥升级改造工程、石佛路及桥梁扩宽改造工程等重点城市建设项目完工并交付使用。推进35个市级整治村庄的创建工作,村庄创建整治初见成效。年末城市化水平(城市化率)达61%。农村集中式饮用水质达标率、规模化畜禽粪便综合利用率、秸秆综合利用率均为100%。通过省级环境优美镇验收1个、市级环境优美镇验收2个,通过省级生态村验收3个,通过市级“绿色社区”验收1个。新增植树造林1333.33公顷,矿山复绿工程基本竣工,年度道路绿化升级改造工程完工,全区城市绿化覆盖率达41.9%,森林覆盖率

33.5%。珠江污水处理厂、桥北污水处理厂、珍珠泉污水处理厂、桥林污水处理厂加紧建设;河塘整治7.67公顷,土方148万立方米;绿水湾湿地公园完成投资5000多万元。

【社会事业】　行知基地一期主体工程完工;职教中心9000平方米综合楼和浦口区第三中学4600平方米教学楼竣工并投入使用。高中升学率78.92%,35所学校接受省合格学校验收,7所幼儿园通过省级优质园验收,5所幼儿园通过市级示范园验收,4所学校被评为南京市"百家优美校园"。在全国中小学绘画作品比赛中,34人获一等奖,188人获二等奖。区少儿节目《狮娃》首次登上央视舞台;《纳孜克库木》节目获"南京市首届少数民族文艺展演"一等奖;浦口区荣获"中国书画(写字)教育示范区"称号。

全年举办各类展演、比赛、送文艺下乡等活动80余场次,参与群众10余万人。区文化馆通过国家一级馆复评,中国书法家协会首个创作培训基地——浦口创作培训基地在求雨山揭牌。永宁农民手狮队前往德国莱比锡参加中国日暨南京日活动,把有"江南一绝"美誉的"江浦手狮"推向国际舞台。全年新增有线电视用户2.1万户,其中农村1.03万户。新发展数字电视用户2万多户。有线电视镇街入户率达74.7%。

行政村新型合作医疗覆盖率100%,农村居民参加合作医疗人数20.88万人,参合率达98%。社区卫生普及率达100%,桥林、汤泉2镇社区卫生服务中心通过省级示范中心达标验收。全面启动"浦口区应急指挥中心、二级疫情信息报告网络、三个疾病控制分中心"三级防控体系。南京市急救中心浦口急救站挂牌成立。区中心医院挂牌加入南京市第一医院集团,成为其坐落江北的第一家中心分院。　(朱军玲)

六合区

【基本情况】　六合区位于南京市区北部,面积1467.12平方公里,户籍人口87.96万人,下辖7个街道、12个镇,229个村(居)。区内有扬子石化、南钢集团、南化公司、华能南京电厂、南京热电厂、扬子巴斯夫公司等大型企业。

【经济发展概况】　全年实现地区生产总值210.58亿元,增长14.3%;财政收入(新口径)32.9亿元,增长31.3%,其中地方一般预算收入18.3亿元,增长30.6%;全社会固定资产投资150亿元,增长34.2%;社会消费品零售总额92.4亿元,增长17.2%;农民人均纯收入7800元,增长15.3%。

工业经济提速增效。规模以上工业完成增加值85.9亿元,增长26.4%;实现利税55亿元,增长207%。项目建设取得突破,投资千万元以上工业项目263个,其中3000万元以上项目132个,完成工业投入93.5亿元。法伯耳纺织、兰精纤维、ITT系列泵、清江牛物能源一期等46个大项目建成投产,林茨粘胶丝线、爱姆斯地面空调、东亚印染等大项目加快实施。建筑业保持较快发展,实现增加值18.7亿元,带动劳务输出3.5万人。

现代服务业蓬勃发展。生产性服务业加速成长,两坝港区建成首座3万吨级码头,辅助港区对外开放,世界顶级化工物流巨头—欧德油储公司顺利落户,金盛建材工业园生产流通一体化项目建设进展顺利。消费型服务业提档升级,金宁广场一期工程建成开业,华润苏果、肯德基等知名企业入驻经营。农村服务业繁荣活跃,"万村千乡"市场工程、"放心粮油"网点加快建设。房地产业持续兴旺,竣工面积65万平方米,年销售量首次突破100万平方米。旅游业规模扩张,金牛湖风景区基础设施逐步完善,灵岩山、瓜埠山风景区通过AA级验收,扬子宾馆创建成国家四星级旅游饭店。邮政通信、金融保险、中介咨询、社区服务等产业协调发展。

高效农业稳步扩大。以规模化调整扩容增量,实施丘陵山区综合开发,新集瓜菜、东沟肉鸽、新篁生猪、竹镇羊业等产业基地初显规模。全年新增高效农业面积3333.33公顷,其中设施农业面积666.67公顷。以多元化投入增添活力,引进农业"三资"项目54个,总投资3.12亿元。以产业化经营提升效益,专业经济合作组织更加活跃,远望富硒、平山茶叶、超大蔬菜等龙头企业带动作用显著增强,14个农产品通过无公害、绿色和有机食品认证,9个农产品获得省、市名牌称号。

招商引资取得新成效。举办第六届茉莉花文化旅游节、第七届龙袍蟹黄汤包节、第三届平山茶叶节等大型节庆活动。组织赴广东、福建、浙江、上海等地举办20多场招商活动,引进项目146个,总投资195亿元;新批外资项目32个,其中千万美元以上项目14个,协议注册外资3亿美元,实际到账注册外资1.47亿美元。强化区域经济交流合作,与上海市金山区缔结友好区,接轨上海,加快融入长三角经济区步伐。

园区开发实现新突破。"三带六园"联动开发,产业集聚效应加快形成。南京化学工业园排进园区开发和项目建设,全年开工建设千万美元以上项目23个,完成全社会固定资产投资100亿元,实现财政收入8亿元。推动葛新片区整体开发,启动葛塘新城和中山科技园二、三期规划建设,开工项目30个,完成固定资产投资62亿元。六合经济开发区、红山精细化工园完成基础设施投入4亿元,建成标准化厂房27万平方米,新增入驻企业65家。

民营个体经济蓬勃发展。全年新发展民营企业2058家、个体工商户12850户,新增注册资本31亿元,非公经济占全区总量65%以上。金融服务体系逐步完善,金融生态环境更加优化,新增小额农贷1.2亿元,有效缓解中小企业融资难题。

【城区环境】　重点工程顺利实施。推进滁河环境综合整治工程,河滨大道二期工程竣工,一期改造和三、四期建设工程进展有序,初步显现"城水相融"的城市特色。仕金桥、白果北路、经三路、纬五路建成通车,白果桥、雄州西路建设工程进展顺利,峨嵋广场改造工程即将竣工。西部干线及连接线、方新路全面建成,328国道六合段改造工程进入扫尾。姜桥河、葛塘河完成整治改造。创新融资方式,保证雄州西路、冶浦桥连接线、雄州污水处理厂及收集管刚等重点项目开工建设。配合省、市建成宁连高速公路,加快35千伏红星输变电工程建设,实施六合大桥收造。

完善城市规划布局,完成中山科技园近期建设地区、六合新机场地区、瓜埠城市清洁空气廊道等控制性详规,《六合滁河(城区段)环境整治规划》被评为南京市最受市民关注的十大规划之一。推进城市拆迁拆违,完成"双拆"面积95万平方米。紫霞街等地块成功出让,葛塘广场周边地块即将挂牌。落实市容管理长效机制,城市保洁状况得到改观。实施物业托管面积46万平方米。开工建设人防工程2.3万平方米。

环境整治成效显现。全面启动国家级生态区创建，编制、实施大厂生态防护林带控制性详规，关停、搬迁中北部地区小化工企业10家，完成“绿色六合”工程植树造林1533.33公顷。农村环境卫生整治扎实推进，实施马汊河、江北大道环境综合整治，13个镇级垃圾中转站基本建成，区垃圾处理场启动建设，一批镇级污水处理工程进展良好。坚持“水资源、水环境、水安全”协调发展，开工划子口河、岳子河“两闸”拆建工程，全年完成水利建设投资1.12亿元。

【社会事业】 落实“科教兴区”战略，重视人才队伍建设，成立市科技成果转化江北分中心，推动校企合作、产学研联动，培育企业研发中心，争取市以上科技项目经费2000万元。投入近4亿元实施教育布局调整，完成扬子二中、实验小学和广益小学易地新建，实验高级中学创建成三星级高中。兑现农村教师地方岗位津贴，分批实施退休教师住房补贴，调动广大教师积极性。教育教学质量稳步提升，高考本科上线人数首次突破1000人。加快卫生基础设施建设，区人民医院扩建工程主楼封顶，15个街镇社区卫生服务中心基本建成。实施计划生育“世代服务”、“和谐家园”工程，计划生育率达98%。区体育馆建设加速推进，村级健身工程实现全覆盖。区气象观测场加快建设。《古今六合》、《六合军事志》出版发行。

促进就业再就业，新增就业岗位1.47万个，转移农村劳动力1.6万人，帮助下岗失业人员再就业3578人。企业养老保险扩面征缴1.1万人，完成农保转城保。启动城镇居民医保，新型农村合作医疗人均筹资标准提高到115元。城乡低保、困难家庭子女教育救助等制度得到较好落实。推动残疾人就业保障金征收，建成程桥双百人敬老院。开工建设经济适用住房22.2万平方米，建成万福·峨嵋苑小区，发放低收入家庭廉租房补贴，礼会保障性住房工作有序推进。

加大低收入纯农户增收帮促力度，农民人均纯收入持续增长。长芦、葛塘、雄州、龙袍、横梁、玉带等街镇小康核心指标全部达标。新农村建设步伐明显加快，葛塘中山、雄州钱仓、横梁石庙、新篁钟林等23个典型示范村建设初见成效，5个村达到市定标准。实施市区统筹、村企对接、部门带促，推动冶山、马集、竹镇、东沟、新篁等经济薄弱镇村转化，全年落实帮促项目148个，到位帮促资金1.1亿元。

实事工程全面推进。投入资金3.3亿元，加大为民办实事力度，新增二次改水受益人口10万人，完成9个血防重点村无害化户厕改造，新建农村水泥化道路150公里，改造农村危桥5座，改建农村泵站15座，完成危房改造300户，有线电视入户和数字化整转工程取得成效，开通雄州至六合经济开发区公交线路。 （满 震）

南大街商业步行街外貌

苏 州 市

【地理位置与面积】　苏州市位于长江三角洲中部、江苏省东南部,东经119°55′~121°20′,北纬30°47′~32°02′之间,东傍上海,西邻无锡,南接浙江,北枕长江,总面积8488.42平方公里,占全省面积的8.27%。市区土地面积1649.72平方公里,其中市区建成区228.31平方公里,古城区14.2平方公里。

苏州市下辖5个县级市,其土地面积为:张家港市,772.40平方公里;常熟市,1094.00平方公里;太仓市,620.00平方公里;昆山市,864.90平方公里;吴江市,1092.90平方公里。

苏州地处以太湖为中心的浅碟形平原的底部,地势低平,平原占总面积的54.9%,海拔4米左右。东南部地势低洼,西南部多小山丘,穹窿山主峰高351.7米,为全市最高点。丘陵占总面积的2.7%。境内河流纵横,湖泊众多,京杭运河贯通南北,吴淞江、娄江、太浦河等连接东西,阳澄湖、昆承湖、淀山湖等散布其间,太湖水面绝大部分在苏州市境内,全市水域占总面积的42.5%,是著名的江南水乡。

(注:全市总面积中含太湖、阳澄湖、淀山湖等大型湖泊水域面积,有关县级市土地面积中未包括。)

【气候】　苏州地处温带,属亚热带湿润性季风海洋性气候,四季分明,气候温和,雨量充沛。年平均气温17℃上下,年降水量1000毫米左右,无霜期230天左右,日照约2000小时,农作物生长期长达9个月。土地肥沃,物产丰富,自然条件优越。气候特点:春夏之交多梅雨,夏末秋初多台风,3~8月降水量占全年雨量的63%。

2007年,全市年平均气温比常年同期异常偏高,年平均气温为有气象记录以来的历史最高值。年降雨量正常,但在时间上分布不均匀。梅雨呈现多阶段性状态,全市持续第5年没有受到梅雨主体影响,入梅、出梅均偏迟。高温日数比常年明显偏多,极端最高气温破历史极值记录。台风影响个数少,只有2个台风对本市产生影响,但影响较重。日照时数正常。

【水文】　苏州境内地势由西向东南微微倾斜,平原广阔,水源充沛,山丘点缀。烟波浩淼的太湖承接上游南溪、苕溪水系来水,通过苏州的河网入江入海。苏州是太湖洪水下泄归海的必经廊道,太湖又是苏州供水的可靠水源。境内的河流,湖泊受上流来水,下游江海潮汐和人类活动的影响,水文情势比较复杂。梅雨和台风是适成洪涝灾害的主要原因。城市化进程的加快、人类活动的影响带来水污染造成的水质型缺水的矛盾渐趋突出。

2007年苏州市面平均降水量1119.8毫米,比多年平均值偏多3.0%。年内全市梅雨呈现多阶段不稳定状态,入梅出梅均偏迟。6月23日入梅,7月24日出梅,梅雨期31天,较多年平均多8天,全市面平均梅雨量为277.9毫米,较多年平均梅雨量偏多29.6%。9月18日,苏州受13号台风"韦帕"影响,至19日16时,全市面平均降雨量100.7毫米,其中雨量最大的七浦闸站测得152.3毫米,其他雨量较大的有:平望站126.0毫米,浏河闸站125.6毫米。讯后的10月7日,苏州又遇第16号台风"罗莎"的外围影响,太浦河站、陈墓站、平望站和瓜泾口站两日累计雨量分别达到187.5毫米、162.3毫米、158.1毫米和137.7毫米。

2007年5月6日起,为改善太湖水质,补充太湖水量,提高太湖水位,抑制蓝藻生长,常熟望虞河水利枢纽开机向望虞河引水实施"引江济太",至汛期结束共引长江水21.56亿立方米,进入太湖的水量为13.02亿立方米。

2007年苏州境内各主要河道的213个监测断面,V类和超V类水质监测断面数占总监测断面的74.1%,导致许多水体失去了应有的使用功能,形成了水质型缺水。污染物种类以高锰酸盐指数和氨氮等有机污染为主。

【行政区划】　全市下辖张家港、常熟、太仓、昆山、吴江5个县级市和吴中、相城、平江、沧浪、金阊、虎丘区6个区及苏州工业园区。2007年末,全市共61个镇、32个街道、1165个村委会、787个居委会。其中市区有17个镇、32个街道、242个村委会、359个居委会。

【人口】　2007年末,全市总人口6244311人,其中市辖区2353019人,比2006年增加51522人,增长率为1.36%。全市总户数2087038户,全市户均人数2.99人。全市总人口中,男性3085728人,女性3158583人,男女性别比为97.69:100。2007年全市人口自然增长率为1.30‰。

2007年末,全市人口分布情况如下:市辖区2353019人,其中,沧浪区322922人,平江区232053人,金阊区210832人,吴中区465832人,太湖旅游度假区106019人,相城区361082人,虎丘区349518人,工业园区304761人;常熟市1061410人,张家港市893039人,昆山市679846人,吴江市793172人,太仓市463825人。

【政区沿革】　苏州有文字记载的历史已有4000多年,夏代分天下为九州,苏州属扬州的一部分。商代末年,泰伯、仲雍来到江南,建号句吴。春秋时,寿梦于公元前585年称王,建吴国。吴王阖闾于公元前514年始建苏州城,为吴国都城。战国时先后属越、楚。秦代建置吴县,为会稽郡治所。汉代设吴郡。三国时属孙权吴国。两晋南北朝的大部分时间为吴郡治所。隋开皇九年(589年)始称苏州。宋时为平江府,元改平江路,均为治所;1356年张士诚改称隆平府。明洪武二年(1369年)称苏州府。清代续为苏州府。民国元年撤苏州府,设吴县;1928年建苏州市,1930年撤销,复称吴县。新中国成立后,苏州分为苏州市和苏州专区两个行政区。1953年1月之前和1958年7月至1962年6月,苏州市曾两次划归苏州专区。1953年至1957年,无锡、江阴、宜兴和武进4县划归苏州专区。1956年初,宜兴划归镇江专区。1958年初,苏州专区又同松江专区合并。是年7月,武进县划归镇江专区。11月原松江专区所属各县又划归上海市。1961年,从常熟、江阴划出部分公社,成立沙洲县。1983年初,江阴、无锡两县划归无锡市,苏州市实行市管县新体制,下辖常熟、沙洲(后更名为张家港)、太仓、昆山、吴县、吴江6个县和平江、沧浪、金阊、郊区(后更名为虎丘)4个区。之后6个县先后撤县建市。1992年和1994年,先后从吴县及郊区划出部分乡镇,设立苏州新区和苏州工业园区。2001年2月,撤销吴县市,分设吴中区、相城区。2002年9月,苏州新区、虎丘区区划调整,成立苏州高新区·虎丘区。

【城市性质】 苏州是国务院首批命名的历史文化名城和重要的风景游览城市,是长江三角洲重要的中心城市之一。苏州城自公元前514年建城以来,虽历经2500多年沧桑,但古城池仍坐落在春秋时代的位置上,基本保持着古代"水陆并行、河街相邻"的双棋盘格局,"三纵三横一环"的河道水系和"小桥流水、粉墙黛瓦、史迹名园"的独特风貌。苏州古城区现有河道总长35公里,桥梁168座,是中国河、桥最多的城市,被誉为"东方威尼斯"。苏州又是沿海经济开放区。1985年1月,中央决定将长江三角洲、珠江三角洲和闽南厦漳泉三角地区开辟为沿海经济开放区。从此,苏州进入了改革开放的新时期。1993年4月,国务院批准苏州为全国"较大的市",从而拥有了部分立法权。现列为全国一级城市。

【传统文化】 苏州是吴文化的发祥地和人文荟萃之地。千百年来,姑苏文坛贤才辈出,百花竞艳。代表人物中的西晋文学家陆机,宋代政治家范仲淹、诗人范成大,明代小说家冯梦龙和"吴门画派"沈周、唐寅、文征明、仇英,清代及近代文人顾炎武、俞樾、章太炎等,都在苏州留下了传世佳作。

苏州的绘画、书法、篆刻、诗文流派纷呈,各有千秋,形成了具有独特魅力的吴文化。苏州是全国最古老剧种之一昆曲的诞生地。昆曲已有400多年的历史,人称"中国戏曲之母"。2001年5月,昆曲被联合国教科文组织列入"人类口述和非物质遗产代表作"。评弹是用苏州方言表演的说唱艺术,已在江、浙、沪一带流传了300余年,至今仍为群众喜闻乐见。常熟"虞山琴派"是中国古琴的一个重要流派。2003年11月,中国古琴被联合国教科文组织列入第2批"人类口述和非物质遗产代表作"。2005年苏州市公布了第一批12项非物质文化遗产代表作名录。2006年苏州市有18个项目入选首批国家级非物质文化遗产名录。

苏州工艺品闻名中外,苏绣与湘、蜀、粤绣同被誉为"四大名绣";桃花坞木刻年画与天津杨柳青木刻齐名,世称"南桃北杨"。苏州缂丝、雕塑、宋绵、苏扇、红木雕刻等工艺品,争妍斗艳、巧夺天工。

【国民经济和社会发展】 2007年,全市人民在市委、市政府的正确领导下,全面贯彻落实科学发展观,加快转变经济发展方式,大力推进产业结构调整,努力增强自主创新能力,全力推进和谐社会建设,经济社会实现了又好又快发展。

经济总量跃过5000亿元大关,全市实现地区生产总值达5701亿元,按可比价格计算比上年增长16%,其中第三产业增加值1970亿元,比上年增长17.5%。产业结构进一步优化,三次产业的比例为1.7:63.7:34.6,第三产业比重比上年提高1.9个百分点。

财政收入实现跨越式增长,宏观经济效益继续向好。全市实现地方一般预算收入541.82亿元,比上年增长35.4%。地方一般预算收入占GDP比重为9.5%,比上年提高1.2个百分点。营业税、增值税、企业所得税分别增长30.8%、33.0%和41.7%。财政公共服务能力不断提高,对新农村建设、科技、教育、文化、卫生、环境保护和社会保障等领域的资金投入力度加大。地方一般预算支出496.94亿元,比上年增长28.7%。

【农林牧渔业】 全市实现农林牧渔业总产值180.08亿元,比上年增长5.2%。积极实施"四个百万亩"农业产业布局规划,大力发展特色农业、高效农业、外向农业和生态农业。农业综合生产能力提高,结构调整得到优化。新增高效农业面积1.6万公顷。农产品质量进一步提高,全市新增86只无公害农产品、109只绿色食品和2只有机食品,年末"三品"总数达1447只。农田水利和农业基础设施建设加强。全市完成农田水利总土方3095万立方米,疏浚整治各级河道1672公里,加高加固圩堤160公里,增砌护岸129公里。

新农村建设扎实推进。全市新增"三大合作"组织605家,累计2012家,持股分红农户占比达到68%。农村生态环境有效改善,新增林地、绿地面积7330公顷。农村自来水普及率达到99%以上,农村卫生户厕普及率达96.4%。惠及广大农民的农村公路改造全面完成,实现村村通。主要农林牧渔业产品产量如下:

产品名称	产品产量(吨)	比上年增减(%)
粮食	941396	-15.4
棉花	2459	-21.1
油料	64107	1.7
蚕茧	2478	-17.6
禽蛋	38033	2.9
猪肉	92499	-7.4
牛奶	98129	-2.4
水产品	292785	-2.4
#养殖产量	260515	-2.6

【工业和建筑业】 工业经济总量和效益实现同步增长。全市工业总产值达到19060.13亿元,其中规模以上工业企业总产值达到15908.92亿元,分别比上年增长24.4%和23.3%。在全市规模以上工业中,国有工业产值3834亿元,增长23.7%;集体工业产值98.05亿元,增长20.2%;私营工业产值2674.82亿元,增长23.1%;外资工业产值10571.7亿元,增长23.0%。重工业产值10936.16亿元,轻工业产值4972.75亿元,分别增长26.2%和17.4%。全市工业用电量695.73亿千瓦时,比上年增长18.2%。工业经济效益稳步提升,规模以上

工业实现利税 1081.71 亿元，增长 32.0%，其中利润 795.86 亿元，增长 33.9%。产销率达到 98.51%。规模以上工业经济效益综合指数为 191.74%，比上年提高 13.65 个百分点。

规模型经济和主导产业继续引领全市工业快速增长。工业百强企业实现工业总产值 6451.61 亿元，占全市规模以上工业总产值的 40.5%，增长 25.2%，拉动规模以上工业增长 10.0 个百分点。通信设备、计算机及其他电子设备制造业，黑色金属冶炼及压延加工业，纺织业，电气机械及器材制造业，化学原料及化学制品制造业五大主导行业工业产值占规模以上工业总产值的比重达到 62.5%。

新型工业化步伐加快。高新技术产业完成产值 5245.91 亿元，占规模以上工业总产值的比重达到 33%，比上年提高 1 个百分点。新产品销售收入占规模以上工业企业销售收入的比重为 5.6%，比上年提高 0.8 个百分点。全市规模以上工业企业主要产品产量如下：

产品名称	计量单位	产品产量	比上年增减(%)
发电量	亿千瓦时	690.42	14.1
纱	万吨	89.32	-3.3
布	亿米	6.50	1.7
纺织品	亿米	21.48	-14.7
服装	亿件	7.46	2.1
机制纸及纸板	万吨	442.92	35.0
硫酸(折 100%)	万吨	184.94	1.4
碳酸钠(纯碱)	万吨	87.54	21.0
合成氨	万吨	56.33	17.5
农用氮、磷、钾化学肥料总计(折纯)	万吨	55.81	38.9
生铁	万吨	1554.37	13.9
粗钢	万吨	1860.15	8.8
钢材	万吨	2691.36	32.0
通信及电子网络用电缆	对万千米	1815.72	-12.0
光缆(光纤通信电缆)	芯万千米	1228.20	17.8
家用吸尘器	万台	2178.14	13.3
家用电冰箱	万台	243.71	24.2
房间空气调节器	万台	567.62	112.5
微型电子计算机	万台	5752.78	18.8
#笔记本计算机	万台	3922.38	17.1
显示器	万台	1758.53	-7.3
数码照相机	万台	1614.51	27.8

建筑业稳步发展。全市建筑施工企业实现施工产值 658.12 亿元，比上年增长 24.2%，施工面积 7049.68 万平方米，竣工面积 3358.41 万平方米，分别比上年增长 12.9% 和 14.0%。

【运输邮电业】 交通基础设施建设加强，运能运量不断提升，港口运输与现代综合物流发展加速。全年完成公路、水运客运量达 4.02 亿人次，客运周转量 249.86 亿人公里，分别比上年增长 14.2% 和 16.3%；完成货运量 1.18 亿吨，货物周转量 82.02 亿吨公里，分别比上年增长 6.6% 和 9.9%。苏州港港口货物吞吐量达 1.84 亿吨，增长 21.8%；集装箱运量 189.5 万标箱，增长 52.5%。全市年末拥有机动车 167.22 万辆，其中汽车 69.79 万辆，分别比上年增长 9.0% 和 24.8%。

邮政电信业务规模稳步扩大。全市邮政业务收入 10.04 亿元，增长 18.3%。发送函件 1.31 亿件、特快专递 642.41 万件、报刊 2.95 亿份。年末邮政储蓄余额 181.75 亿元，比上年增长 9.1%。全市电信业务总收入 121.12 亿元。年末城乡电话交换机总容量 448.1 万门。年末电话机 760.54 万部，小灵通用户 203.67 万户，移动电话用户 915.82 万户，比上年增长 25.5%。

【国内贸易】 消费市场繁荣活跃，商业业态结构优化，区域性商贸中心、特色商贸街区和社区商贸网点梯级商贸服务网络日益完善。全市实现社会消费品零售总额达到 1250.05 亿元，比上年增长 18.4%。其中批发零售业零售额 1087.55 亿元，住宿和餐饮业零售额 159.58 亿元，分别比上年增长 18.5% 和 19.3%。城市消费品零售额 940.67 亿元，农村消费品零售额 309.38 亿元，分别比上年增长 18.8% 和 17.3%。居民消费结构调整升级。限额以上批发零售业实现商品零售额 512.21 亿元，增长 36.6%；其中吃、穿、用商品零售额分别为 66.0 亿元、53.67 亿元、392.53 亿元，分别增长 9.4%、17.6% 和 45.9%；汽车类增长 130.8%，家具类增长 97.1%，黄金珠宝类增长 30.8%。全市亿元以上商品交易市场 60 个，商品成交额 2044.43 亿元，比上年增长 29.1%。

【金融业、证券业、保险业】 贯彻落实金融宏观调控措施，不断提升金融服务水平。年末金融机构本外币存、贷款余额分别为 7470.75 亿元和 5820.4 亿元，分别比年初增加 1300.73 亿元和 1003.62 亿元。其中金融机构人民币存、贷款余额分别为 7068.83 亿元和 5343.87 亿元，分别比年初增加 1270.86 亿元和 914.16 亿元。全年银行现金收入 12762.54 亿元，现金支出 13096.17 亿元，均比上年增长 11%。

股票交易活跃。全市证券开户总数达 80 万户，全年股票成交金额达 13145 亿元，比上年增长 4.25 倍。年末全市证券营业部共 42 家，其中当年新增 3 家。

全市新增保险机构 8 家，年末保险机构总数达 37 家，保险公司全年保费收入 96.15 亿元，比上年增长 14.6%，财产险与人寿险的比例为 40.2∶59.8。全年已决赔款及给付 38.44 亿元，比上年增长 10.0%。

【房地产业】 房地产业继续保持稳健发展。全市房地产开发投资 601.96 亿元，比上年增长 27.9%，占全社会固定资产投资的比重为 25.4%。其中，住宅、商业营业用房和办公楼投资分别增长 22.9%、48.3% 和 71.4%，占房地产投资的比重为 73.9%、17.5% 和 2.5%。商品房施工面积为 6098.43 万平方米，增长 14.4%；竣工面积为 1873.29 万平方米，增长 2.8%。商品房销售额为 985.25 亿元，增长 54.2%，其中住宅销售额为

827.87 亿元,增长 57.1%。

房屋二级市场置换交易活跃,市区存量房交易成交面积为 275.93 万平方米,其中住宅 211.45 万平方米。规范存量土地的利用和转让,全市拍卖、招标和挂牌交易用地 2800.52 公顷。全市建成定销房面积 56 万平方米。

【旅游业】 围绕打造"天堂苏州、东方水城"的城市旅游形象,不断推进资源整合,旅游板块规划和品牌建设加快。观光旅游、休闲度假旅游、社会特色旅游联动发展,旅游产业多元化发展能力进一步提高。全市实现旅游总收入 638.09 亿元,比上年增长 21.5%;接待境外游客 206.18 万人次,比上年增长 13.6%;旅游外汇收入 8.89 亿美元,增长 18.9%;接待国内游客 4792.39 万人次,比上年增长 15.9%。全市新增星级饭店 14 家,年末拥有星级饭店 144 家,其中四星级及以上饭店 45 家。4A 级景区点上升到 22 家,拙政园、周庄进入 5A 级行列。常熟服装城购物旅游区成为江苏省首个 4A 级购物旅游区。旅游推广取得成效,成功承办第 14 届中国国内旅游交易会。

【体制改革】 经济社会发展中的体制性障碍不断得到破除。积极推行非经营性政府投资项目代建制、经营性国有投资项目法人招标制和公用行业特许经营。全市经营性用地和工业用地统一实行招标、拍卖和挂牌交易。基本完成苏州市级国有(集体)改制企业剥离资产的清理工作。深化国库管理制度改革,全面开展国库集中支付扩面工作,市级预算单位已全部纳入集中支付范围。企业融资渠道进一步拓宽。全年有 7 家企业首发上市,4 家企业实现再融资,募集资金 96.5 亿元。境内外上市企业累计达到 30 家。行政审批事项的确定和实施基本纳入法制化轨道,纳税人评议政风行风问卷调查综合满意率比上年提高 0.3 个百分点。

【民营经济】 民营经济启动新一轮腾飞。全市新增私营企业 2.02 万家,年末累计达 12.12 万家,新增私营企业注册资本 423.6 亿元,年末累计注册资本 2802.39 亿元。新增个体工商户 5.92 万户,年末累计达到 26.47 万户;新增注册资本 31.48 亿元,年末累计注册资本 119.17 亿元。年末全市共有规模以上民营工业企业 4709 家,占规模以上工业企业数的 54.6%,实现工业总产值5003.4 亿元,比上年增长 24.0%,占规模以上工业总产值的比重达到 31.5%。规模以上民营工业户均产值超亿元,达 10625 万元。品牌建设迈出步伐。新增中国驰名商标 22 件,中国名牌产品 24 只,累计拥有中国驰名商标和中国名牌产品达到 43 件和 63 只,"波司登"成为苏州第一个中国世界名牌。私营个体经济完成投资占全社会固定资产投资的比重达到 31.8%。私营个体经济税收占全市税收总额的比重达到 30.1%。

【对外贸易】 对外贸易继续保持稳定增长。全市实现进出口总额达 2117.96 亿美元,比上年增长 21.5%,其中出口总额 1188.84 亿美元,比上年增长 25.6%。外商投资企业出口额 1064.06 亿美元,私营企业出口额 68.14 亿美元,分别比上年增长 24.8% 和 51.3%。进出口商品结构进一步优化。在出口总额中,一般贸易出口 218.46 亿美元,比上年增长 32.3%,一般贸易出口占出口总额的比重为 18.4%,比上年提高 1.0 个百分点。加工贸易出口 950.35 亿美元,比上年增长 22.7%,加工贸易出口占出口总额的比重为 79.9%。在加工贸易中,进料加工贸易出口 664.43 亿美元,来料加工装配贸易出口 285.91 亿美元,占加工贸易出口的比重分别为 55.9%、24.0%。机电产品出口 967.01 亿美元,增长 25.1%。机电产品出口额占出口总额的比重达 81.3%。高新技术产品出口 656.5 亿美元,比上年增长 32.6%,占出口总额的比重为 55.2%。主要出口市场继续保持全面增长。对欧盟、美国、日本三大市场的出口额占出口总额的比重达 62.4%,其中对欧盟出口额 340.05 亿美元,增长 37.0%;对美国出口额 297.34 亿美元,增长 22.1%;对日本出口额 104.47 亿美元,增长 6.4%。

【利用外资】 利用外资规模继续扩大,"招商引资"逐步向"择商选资"转变,引资结构进一步优化。全市新增注册外资 183.63 亿美元,比上年增长 15.3%;实际利用外资 71.65 亿美元,比上年增长 17.4%,其中服务业实际利用外资增长 121%,占全市实际利用外资的比重为 13.3%。利用外资项目规模扩大。新批和增资超千万美元以上的项目 1045 个,注册外资 168.88 亿美元,占全市注册外资的比重为 92%,其中 24 个项目超亿美元。1478 家外商投资企业先后增资,增加注册外资 59.8 亿美元。世界 500 强企业中已有 122 家落户苏州。

【外经合作】 对外经济技术合作稳步发展,"走出去"步伐加快。当年新批境外投资项目 50 个,中方投资额 1.3 亿美元,增长 23.3%;全年新签对外劳务承包合同额 3.45 亿美元,完成营业额 3.08 亿美元,分别比上年增长 111.3% 和 123.1%。当年新派出劳务人员 2148 人。江苏其元集团、永钢集团申报建立的埃塞俄比亚"东方工业园"成为国家级境外经贸合作区。苏州工业园区与老挝合资建设万象特殊经济区项目有序展开。

【开发区建设】 开发区综合功能、产业能级和基础环境得到强化提升。全市国家级开发区和省级开发区全年新增注册外资 151.45 亿美元,实际利用外资 65.41 亿美元,实现地方一般预算收入 266.3 亿元,出口总额 1015.82 亿美元,占全市的比重分别为 82.5%、91.3%、49.1% 和 85.4%。苏州工业园区被批准为"中国服务外包示范基地",苏州工业园区综合保税区成为国内开放程度最高、政策最全面的海关特殊监管区,张家港保税物流园区进出口货运总量和海关税收位居全国保税物流园区首位。吴中经济开发区科技创业园、昆山经济技术开发区光电产业园、苏州高新区意大利工业园加快推进。六个出口加工区全部封关运作。国家级太湖文化论坛在苏州太湖国家旅游度假区全面启动。

【引进内资】 引进内资稳定发展。全市引进内资项目 3917 个,引进内资项目注册资本 242.4 亿元,其中外地注册资本 232.1 亿元。引进注册资本在 500 万元以上的项目达 828 个,增长 3.95%,其中新增外地注册资本 207.8 亿元,增长 5.3%。

【固定资产投资】 固定资产投资保持适度增长,坚持以有效增量带动存量调整,促进投资结构优化调整。全社会固定资产投资 2366.36 亿元,比上年增长 12.3%。其中国有经济投资 349.38 亿元,比上年下降 24.3%;三资企业投资 810.79 亿元,增长30.1%;私营个体投资751.6亿元,增长11.8%。投资结构继续优化,第二产业完成投资1218.66亿元,增长4.7%;第三产业完成投资1144.05亿元,增长21.5%,占全社会投资比重达到48.3%。全社会施工房屋面积11948.18万平方米,比上年增长16.1%;竣工房屋面积4334.27万平方米,下降6.7%,房屋竣工率为36.3%。全市新增固定资产2095.61亿元,固定资产交付使用率为88.6%。

【基础设施建设】 基础设施建设高标准推进,城市集聚和辐射功能增强。苏嘉杭高速公路南段扩建工程如期完成,苏通长江大桥南连接线、沪苏浙高速公路江苏段具备通车条件,南环快速路东延及独墅湖隧道、北环快速路及东延、苏福快速路、官渎里立交全互通改造、劳动路东段拓宽等工程顺利建成。年末高速公路总里程432公里,一、二级公路总里程4156公里。"一纵三横一环二射"的高速公路网、干线公路网、城市快速路网构成了适度超前的交通基础设施网络。一批重点项目建设进展顺利。太仓港区集装箱码头二期工程全面竣工,相城水厂一期工程基本完工,500千伏苏州西变电站等电力设施竣工投运。苏州火车站地区综合改造加快实施,城市轨道交通一号线开工建设。

【城乡建设与规划管理】 新一轮《苏州城市总体规划(2007~2020)》修编完成并通过专家评审。在总体规划框架下开展商业布局、医疗卫生、文化教育、环境保护、绿地系统等专项规划、建设分区规划、控制性详细规划和村庄建设规划。通过科学规划,合理布局,促进土地集约使用、区域统筹协调发展,进一步促进中心城市功能的发挥和提升。城市化率达到65.6%,市区新增绿地490公顷,人均公共绿地面积14平方米,比上年增加2平方米,建成区绿化覆盖率达44.2%,比上年提高1.2个百分点。

【公用事业】 大力实施公交优先发展战略,方便城乡百姓出行。市区新辟公交线路41条,新增公交车427辆,年末营运车辆达到2475辆,营运线路185条,线路总长达到4293公里。全年公交运客总量4.23亿人次,比上年增长8.2%。市区年末营运出租汽车3203辆。东南环立交公交停车场和3座公交首末站建成投用。公用事业投入加大,服务功能有效提升。新建、改建市区公共厕所35座,新建、改建垃圾中转站9座,配套敷设污水管网670公里。新增污水日处理能力71万吨。市区家庭燃气普及率100%,管道天然气供气总量3.64亿立方米,液化石油气供气总量16.98万吨,煤气供气总量6913万立方米,市区自来水日供水量211.8万立方米。全社会用电量807.27亿千瓦时,比上年增长17.6%。

【信息化建设】 信息化水平进一步提高。宽带城域网光缆总长度达到11.51万芯公里,宽带核心交换能力为8808G,城市出口带宽达到153.5G,面向社会和公众的信息服务能力大大提升。互联网宽带用户达到102.92万户,增长61.7%;互联网拨号上网用户为13.5万户。刷卡消费量快速增长,全市19家银行累计发行银行卡超过2511.51万张,全年直联POS交易金额246亿元,比上年增长150%。市行政服务中心93.7%的事项实现网上预审。

【环境保护与资源节约】 环境质量明显改善。以保护太湖、阳澄湖为重点,健全省、市、区交界地域协同治污机制,落实县级市、区交界断面水质目标责任制。全市环境质量综合指数达到86.3。市区空气质量良好以上天数达到326天。集中式饮用水源水质99.83%达标,城镇生活污水处理率达到70%,其中市区超过80%。扎实推进生态市建设。新增全国环境优美镇5个、省级优美镇9个、省级生态村181个。苏州在全国率先建成国家园林城市群,市区和常熟、昆山、张家港市被列为第一批"创建国家生态园林城市试点城市"。

大力推进节能降耗,对全市重点耗能企业加强监测,实施重点节能技改项目70多项。压缩淘汰落后产能,全市淘汰落后工艺装备120项,依法关闭化工生产企业500家。发展循环经济和实施清洁生产,200家企业通过清洁生产审核,600家企业通过ISO14000环境管理体系认证,建立100个循环经济试点与示范企业。严格保护耕地资源,当年完成土地开发复垦整理面积4000公顷。

【科技事业】 大力推动国际新兴科技城市和创新型城市建设,提高自主创新能力,科技进步对经济社会发展的推动作用增强。全市共组织实施省级以上科技项目480项,年末全市拥有国家重点高新技术企业92家,省高新技术企业1442家。当年新增省级以上高新技术企业598家,全市新认定省级以上高新技术产品725个,累计达2869个。全年专利申请量、专利授权量达到33752件和9157件,分别比上年增长162.2%和88.6%。科技创新载体和平台建设取得突破。全市拥有各类科技创业孵化机构27个,建成15个省级公共技术服务平台。3个企业技术中心进入国家级企业技术中心行列,年末全市拥有省级以上企业技术中心44个。苏州累计认定市级外资研发机构达到116个,省级外资研发机构累计达到74个。苏州纳米科技园被科技部批准为全国第三个国家级国际创新园。人才的聚集效应显现,全市引进大专以上各类人才7.6万人,其中博士344人,硕士2984人,引进留学归国人员533名;有26人列入省"高层次创业创新人才引进计划",有16人列入"姑苏创新创业领军人才计划",并由政府给予资助。

【教育事业】 全面实施素质教育,统筹发展基础教育、职业教育、高等教育、成人教育、农村教育。全市初中毕业生升学率为99.15%,高等教育普及化程度提高,高考录取率为90.6%,高等教育毛入学率达53%。新增劳动力人均受教育年限达14.62年。全市小学在校学生35.46万人,初中在校学生20.6万人,普通高中在校学生10.8万人。职业中学在校学生1.42万人,技工学校在校学生3.11万人,毕业生0.75万人。中等专业学校在校学生7.94万人,毕业生1.63万人。全市新增高校1所,年末在苏各类高等院校18所。普通高等学校在校学生15.24万人,毕业生2.66万人;成人高等学校在校学生4.16万人,毕业生1.14万人。扎实推进教育信息化,全市80%的小学、初中达到省级现代化办学标准,农村村级小学全部通过市级现代化评估,苏州市成为国家教育管理信息化标准应用示范区。

【文化事业】 文化事业蓬勃发展,文艺领域精品荟萃。《笑着与明天握手》等4部作品获得"五个一工程奖"和国家舞台艺术精品工程剧目。成功举办第16届中国金鸡百花电影节、第

10届中国戏剧节、第7届中国国际民间艺术节等重要文化节庆活动。国内外高品位演出节目活跃苏州文艺舞台。公共文化服务体系和文化产业设施建设取得重大进展。市区公益性文化设施面积20.57万平方米,文化信息资源共享点448个。建成苏州科技文化艺术中心、苏绣艺术馆。

文化保护和传承加强。新增昆山市千灯镇、吴中区陆巷村、明月湾村为"中国历史文化名镇(村)"。非物质文化遗产保护取得新进展。列入省级以上非物质文化保护名录的有29个,其中国家级18个;15人入选省首批非物质文化遗产代表性传承人名单。

新闻出版、广播电视事业加快发展。3家出版社出版新书341种,出版电子音像制品18套,公开出版报纸13种,期刊28种。年末全市有线电视用户185万户,农村有线电视入户率达96%,城区有线数字电视整体转换率超过50%。

【卫生事业】 医疗保障体系更加健全,卫生服务能力不断提高。年末全市拥有医疗卫生机构2314个,专业卫生技术人员3.81万人,其中医生1.55万人,分别比上年增长1.3%、3.1%和3.9%。全市无偿献血者达13.2万人次,无偿献血占临床用血量的比重超过100%。城乡社区卫生服务机构覆盖率达97.7%。新型农村合作医疗人口覆盖率达96.5%。实施社区常用药政府补贴,困难人群医疗救助、老年居民免费健康体检、免费婚前医学检查等多个实事项目。县、区基本实现农民刷卡看病,昆山率先建立城乡统一的居民基本医疗保险制度。苏州被列为全国健康城市建设试点市。全市人均期望寿命提高到78.9岁。

【体育事业】 全民健身和竞技体育取得新成绩,体育基础设施建设和体育产业得到加强。成功承办了轮滑世界杯环太湖马拉松赛、全国女排锦标赛,中国羽毛球精英赛等国内外重要赛事。苏州籍选手吴静钰、王娟、刘海华分别在跆拳道、柔道、举重项目中获得三项世界冠军,苏州籍世界冠军达到14位,实现世界冠军市(县)"满堂红"。围绕"全民健身与奥运同行"主题,全市开展1200项次各类全民健身活动。全市城乡新建全民健身工程(点)335个,乡镇体育健身活动中心52个。苏州成为全国首个轮滑城市。全市体育彩票销售达7.16亿元,位居全省第一,在全国地级市中排名第一。

【人口与就业】 人口与计划生育综合改革不断深化,以现居住地为主的人口和计划生育管理体系基本形成,流动人口的计划生育管理纳入社会化动态监测,覆盖城乡的计生公共服务网络和载体建设加强。推进人口出生缺陷社会化干预工程,低生育水平持续稳定,出生人口性别比保持正常。全市出生48552人,出生率为7.83‰,人口自然增长率为1.30‰,户籍人口出生婴儿性别比为102.51。年末全市户籍总人口624.43万人,比上年增加8.35万人,其中市区总人口235.30万人,比上年增加5.15万人。

全面推进城乡就业统筹工作,不断调整和完善促进就业再就业的政策措施,多渠道开发就业岗位。全市新增劳动就业岗位32万个,其中面向本地劳动力的就业岗位15万个,开发社会公益性岗位8600个,12.3万名失业人员实现了就业,全年转移农村劳动力7.8万人。城镇登记失业率下降到3.0%。大力推进职业培训工作。对新成长劳动力、失业人员、被征地农民、本地农村劳动力、外来流动就业人员在免费技能培训方面实施普惠制。全年再就业免费技能培训4.07万人,0.82万人参加创业培训。

【人民生活】 *居民收入水平稳步提高,收入来源更趋多元化*。市区城市居民人均可支配收入21260元,全市农民人均纯收入10475元,分别比上年增长14.7%和12.9%。在工资性收入保持稳定增长的基础上,财产性收入和转移性收入比重提高。

居民家庭财产继续增加。年末城乡居民人民币储蓄存款余额2593.41亿元,比上年增长6.8%。年末家用客车拥有量达48.28万辆,比上年增长30.6%。市区居民人均生活消费支出13959元,农民人均生活费支出7623元,均比上年增长11.9%。市区居民食品消费支出占生活消费支出的比重为37.9%,农民为35.7%。

住房保障工作加强,住房条件进一步改善。市区享受廉租住房制度保障政策的住户累计2125户,组织供应中低收入家庭住房1000套,完成解危修缮工程总量13.54万平方米,五个老住宅小区、建筑面积69.52万平方米的居住环境综合整治工程如期完成,受益居民达1.1万户。

【社会保障】 *覆盖城乡居民的社会保障体系基本形成*。全市城镇职工养老、医疗、失业、工伤、生育五大保险的覆盖面均达到98%以上,各险种参保人数突破或达到200万人,社会保险基金征缴率均达99%。全市农村劳动力参加基本养老保险达180万人,参保率达95%;农村老年居民享受社会养老待遇或补贴的有83万人,覆盖率达到97%;全市有95万名被征地农民纳入基本生活保障。农民工、灵活就业人员、征地保养人员、城乡非就业居民等群体参保率和保障水平进一步提高。

城乡居民最低生活保障覆盖面和最低生活保障标准继续提高。全市有3.86万户、8.24万人纳入低保范围,其中城镇1.48万户、2.90万人,农村2.38万户、5.34万人,各级发放低保资金超过1.2亿元。城镇居民最低生活保障标准由300元提高到320元,农村居民最低生活保障指导标准由180元提高到200元。年末全市养老服务机构179家,总床位1.57万张。全年福利彩票销售5.96亿元,比上年增长73.8%。

【市场物价】 全年市场价格水平总体呈现上涨趋势。居民消费价格总水平上升4.2%,其中服务项目价格上涨1.0%,消费品价格上涨5.2%。八大类消费价格六升两降,食品类、烟酒及用品类、衣着类、家庭设备用品及维修服务类、医疗保健和个人用品、居住类价格分别比上年上升10.7%、1.8%、2.4%、3.3%、3.6%和5.8%;交通及通信类、娱乐教育文化用品及服务类价格分别比上年下降2.6%和3.9%。分类价格指数(以上年价格为100)如下:

类　别	2007年	2006年
居民消费价格总指数	104.2	101.6
服务项目价格指数	101.0	101.1
消费品价格指数	105.2	101.8
1. 食品	110.7	103.4

续上表

类　别	2007 年	2006 年
#粮食	104.3	104.7
油脂	129.4	97.2
肉禽及其制品	121.2	96.8
蛋	124.0	93.9
水产品	104.8	112.1
菜	112.5	103.8
#鲜菜	112.6	102.8
2. 烟酒及用品	101.8	99.6
3. 衣着	102.4	101.3
4. 家庭设备用品及维修服务	103.3	101.4
5. 医疗保健和个人用品	103.6	103.6
6. 交通和通信	97.4	98.1
7. 娱乐教育文化用品及服务	96.1	98.0
8. 居住	105.8	105.1
#水、电、燃料	102.4	103.8

【实事项目建设】　2007 年苏州市实事项目完成情况：2007 年,全市共有实事项目 18 个。

(1)改善居民居住条件。改造北园新村等 5 个老住宅小区 69.4 万平方米;街巷综合整治工程开工建设 243 条,完成 217 条。

(2)组织供应中低收入家庭住房及廉租房房源 1000 套。

(3)扩大住房公积金覆盖面,全市新增缴存住房公积金职工 33.6 万人。

(4)拓展就业空间,提供社会公益性岗位 8600 个,帮助 10.77 万名失业人员实现就业;加强职业技能培训,免费培训城乡劳动者 27 万人,其中职业技能培训 7.15 万人,高技能人才培训及鉴定 5250 人。

(5)完善市区老年居民社会保障体系。对男年满 60 周岁、女年满 55 周岁,具有市区户籍并常住本市、无固定收入的城镇老年居民发放养老补贴,覆盖率达到 95%。在对市区原无医保的老年居民实行大病住院医疗保险的基础上,建立城镇老年居民门诊医疗补助制度,覆盖率达到 95%。

(6)实施基本卫生保健工程。平江区、沧浪区、金阊区、吴中区、相城区、苏州工业园区、苏州高新区等 7 个区范围内的社区卫生服务机构对居民常用药全面实行政府补贴、平价供应。7 个困难人群社区医疗救助点完成建设。65 周岁至 70 周岁老年人和社会化管理的企业退休人员年度免费健康体检工作基本结束。启动对慢性病老年居民实施健康管理和对孤寡病患老人进行家庭护理试点,共对 530 名慢性病老年居民和孤寡病患老人开展了健康管理和家庭护理。新修订了《苏州市职工生育保险管理办法》,设置婚育服务一站式窗口,全市 10 个婚前医学检查点已全部实行免费检查,优生优育疾病险全面推开,6000 对夫妇获得由政府埋单的优生优育疾病保险。实施农民健康工程,张家港市、昆山市全面启动农村卫生现代化试点建设,常熟市、太仓市、吴江市积极争创省农民健康工程先进市,全市农村合作医疗行政村覆盖率达到 100%,年人均基金标准达到 210 元,全市农民基本实现了“刷卡看病、实时结报”。

(7)优先发展教育事业。农村村小现代化建设评估验收工作全面完成,全市农村村小 100% 通过“合格村小”评估验收,96% 的农村村小通过“示范村小”评估验收。胥江中学完成主体工程建设。平江、沧浪、金阊 3 个新城区 5 所小学加快建设,其中 1 所已开学,2 所装修、1 所在建、1 所报批及前期拆迁。

(8)建设青少年社会活动基地。苏州市青少年活动中心项目已开工建设。苏州市未成年人社会实践基地改扩建项目因地处太湖保护区,受太湖蓝藻爆发的影响,规划红线尚未划定,工程进度延缓,年内未完成主体工程建设目标任务。

(9)开展“视觉光明行动”,市区共有 1156 名白内障视力障碍者接受了复明手术。

(10)大力发展养老服务事业。全市新增养老机构床位 2030 张,新建街道(镇)居家养老服务中心 24 个、社区(村)居家养老服务站 536 个。

(11)推进城乡公共文化设施建设。平江历史街区、高新区馨泰社区和市妇女儿童活动中心 3 个图书馆分馆建成开馆。新建、改建 8 个镇文化站。新建并对外开放 10 个社区、农村文化书场。全市农村地区有线电视“户户通”工程按期完成,入户率达到 85% 以上。

(12)完善公共交通体系。苏虞张连接线高架桥停车场,虎丘、公交 1 路新村和华东电器城公交首末站改扩建工程建成使用。新辟公交线路 24 条,新增公交车 350 辆。

(13)推广安装家庭节水型水嘴和改造节水型坐便器,完成 5.6 万多户的改造任务。疏浚城乡结合部河道 33 公里。

(14)加强环境保护,市区集中式饮用水源地水质自动监测系统项目完成建设,渔洋山、金墅港、阳澄湖湾里等 3 个水源地水质监测站主体全部投入运行。全市重点污染源信息管理及自动监控系统完成建设,并完成与张家港、常熟、昆山、太仓、吴江和工业园区等市(县)、区环保部门,以及监控污染企业的联网工作。

(15)改造城市环卫设施。新建、改建生活垃圾转运站 9 座,添置 96 辆三轮电动垃圾收集车、12 辆 8 吨和 5 辆 5 吨密闭垃圾运输车。新建、改建 35 座公共厕所。

(16)加快市区农贸市场改造升级,完成 18 家农贸市场改造任务。

(17)加大生态园林城市建设力度,市区新增绿地 490 公顷。

(18)建设“平安苏州”,完成平江、沧浪、金阊 3 个区公安分局监控中心建设,在 3 个区的主要出入口、主要路口、重点区域、治安复杂场所等地铺设监控点 210 个。

吴　中　区

【概况】　位于苏州城区西南部,下辖 1 个省级吴中经济开发区、1个国家级太湖旅游度假区、1个国家级西山现代农业示范园区、7个镇和8个街道，共有84个行政村、77个（社区）居委会。陆地面积742平方公里，太湖水域面积1459平方公里。户籍人口57万人。区政府驻太湖东路288号。2007年，全区实现地区生产总值391亿元，增长21.3%；地方一般预算收入36.1亿元，增长31.2%。

【国民经济】 2007年，全区国民生产总值391亿元，增长21.3%；完成全口径财政收入81.6亿元，增长25.5%，地方一般预算收入36.1亿元，增长31.2%；完成全社会固定资产投资163.7亿元，增长15.2%；完成外贸进出口总额52亿美元，增长20.8%；实现社会消费品零售总额118.7亿元，增长18.7%；城镇居民人均可支配收入23295元，农民人均纯收入10671元，分别增长14%和10.5%。

【经济结构调整】 2007年，全区外向型经济发展质量提高。全区新批外资企业162家，新增注册外资11.23亿美元，实际利用外资4.77亿美元。新批项目合同外资平均规模同比增长20.6%，新引进世界500强企业4家，投资超千万美元的65家；外向型经济对产业升级的带动效应、对区域发展的贡献份额、对自主创新的推动作用进一步提升。科技聚焦初显成效。全区实现工业总产值910亿元，同比增长23.3%；其中高新技术产业产值227亿元，增长18.5%；新能源、新医药等一批高科技项目成功进驻，吴中医药产业基地、开发区IT产业基地等科技研发载体加快建设；省高新技术企业发展到66家，省高新技术产品129个，组织申报各级各类计划项目160多项，申请专利1101件，授权量283件。第三产业蓬勃发展。全区实现第三产业增加值140.5亿元，增长26.1%，第三产业增加值占GDP的比重达35.9%，第三产业对经济增长的贡献率达42.3%；以现代物流、科技服务、现代商务为重点的生产性服务业占服务业总量的39%，旅游、商务、宾馆、文化等一批项目进驻，三产土地拍卖成了新的热点。旅游业快速增长，环太湖旅游急剧升温，全区共接待境内外游客901万人次，实现旅游总收入75亿元，分别增长38.7%和36.6%。房地产业稳步发展，商品房销售面积219万平方米，“山水苏州，居住吴中”品牌进一步打响。民资内资发展势头强劲。新增内资民资企业2659家，注册资金93亿元，民营企业完成工业总产值399.5亿元、主营业务收入377.7亿元、利税36.5亿元，同比分别增长19.9%、16.6%和22.0%；名牌战略加快推进，新申报省名牌产品19个、省著名商标6件，全区省级以上著名商标和名牌产品分别发展到16件、44个；加大企业上市服务力度，已辅导一批企业，其中1家已在境外成功上市。

【城市建设】 2007年，全区建成区按照“接轨、融入”的要求，全面实施综合改造。突出规划引领作用，蠡墅片区控规调整、运河风光带详规、东吴路、县前街商圈、城区文体中心等规划编制工作基本完成。重点区域、主要道路、重要节点改造建设步伐加快，城区拆迁全面突破，团结桥两侧、风情一条街和老工业小区等地块拆迁进展顺利。吴中大道、吴中路综合改造全面完成，东苑路、龙西路综合改造全面启动；新苑新村、苏苑新村北区、月亮湾小区和碧波花园综合改造完成，东吴商厦、苏苑饭店等已建成投入营运，农贸市场、垃圾中转站等市政设施进一步完善。开发区按照“提升、精细”的要求，加快推进基础设施和载体建设。越溪城市副中心建设步伐加快，基础设施和环境建设不断完善，一批办公大楼加快建设，南苏州生活广场建设全面启动。吴中科技城一期工程已建成投入使用，生活配套区建设开始启动。吴中出口加工区启动区封关运行。尹山湖生态商圈总体规划及景观设计方案编制完成，环湖整治和基础设施建设加快实施。东太湖滨湖新城规划设计工作着手进行。度假区根据“提速、出彩”的要求，加快推进基础设施和重点项目建设。太湖文化论坛取得突破性进展，永久性坛址正式落户度假区。“三纵三横”道路网架基本形成，环太湖景观大道全面亮化，电力、通信、污水管道等基础设施建设工程进展顺利。太湖湿地公园、旅游服务咨询中心、高尔夫酒店、缥缈景区、绿光休闲农场等一批度假休闲娱乐项目对外开放营业，太湖水底世界、旅游集散中心码头等一批重点项目正抓紧建设。木渎、甪直、胥口、长桥、东山、临湖、金庭、光福等镇、街道也都按照城镇化发展要求，加快推进城镇改造建设步伐，规划建设档次得到提升，城镇形态和功能进一步完善，一批精品项目和亮点工程涌现。

苏州定园曲桥

【新农村建设】 按照工业化致富农民、城市化带动农村、产业化提升农业的思路，2007年，全区全面推进新农村建设。农村改革进一步深化。新组建各类股份合作社45家，新增入股农户1.38万户，累计全区组建各类股份合作社184家，入股及带动农户7.13万户，受益农民24.2万人。现代农业加快发展。以“六个一”为重点的农业产业化步伐加快推进，特色农产品销售突破30亿元,增长30%以上。村级经济进一步发展壮大。全区村级集体经济组织累计建造标准厂房、集宿楼、综合用房325万平方米,村级集体净资产22.2亿元,村级收入平均超过290万元,17个区级薄弱村平均新增收益28万元。农村环境整治力度进一步加大。全面实施农村道路等级化改造和“三改”、“三清”、“三绿”工程,新建村级垃圾中转站100多个,农村道路基本实现刚性化,农村公交通达行政村覆盖率超过90%,28个村完成生态村创建工作。

【社会事业】 2007年,全区教育事业取得新成就。顺利通过省教育现代化先进区考核验收,一批中小学校创建为苏州市教育现代化学校。教育质量稳步提升,中考、高考再创佳绩;加快教育投入和教育资源整合,区职教中心投入使用,临湖、越溪等一批新校启动建设。文化体育事业加快发展。“同一首歌”、“乡村大世界”等大型文化活动、城区“广场文艺月月演”等群众文化活动成功举办,文化产业重点项目加快建设,古镇、古村、古迹保护工作得到加强,文化设施建设加快推进,95个行政村完成省“万村体育健身工程”建设。医疗卫生事业进一步推进。全区医疗基础设施和硬件设施进一步改善,疾病预防控制体系进一步健全,公共卫生服务能力、社区卫生服务功能进一步提升。社会保障事业成果显著。社会保险覆盖面进一步扩大,农村基本养老保险制度进一步完善,农村合作医疗保险筹资标准提高到200元,农村最低生活保障提高到200元,12.2万被征地农民完成农保转城保,被征地老年农民享受不低于每月280元的养老待遇。就业再就业工作扎实推进。新增劳动力就业岗位7.2万个,1.4万名失业人员、1.8万名本地农村劳动力实现了就业再就业。特殊群体住房得到有效缓解。全区7个镇(街道)实施廉租房工程,建设面积17万平方米,98户城镇低保和特困职工家庭解决住房问题。生态环境保护力度加大。加大太湖水资源保护和湿地营造力度,着手规划准备太湖围网拆除工作;大实施“绿化造林”工程,新增绿化478公顷,全区森林覆盖率达26.7%;加大污染减排、水污染治理力度,进一步提高环境准入门槛和环保标准,综合治理各类污染,严格限制污染项目进入。

【法治吴中和平安吴中建设】 2007年,全区民主法制建设扎实推进。区人大常委会认真履行职责,围绕人民群众关注的热点、难点问题,认真开展调研和执法检查;区政协在政治协商、民主监督和参政议政中发挥了重要作用。深入推进依法行政,切实保证司法公正,积极开展普法教育,法制环境进一步改善;积极发挥各级工会、共青团、妇联和其他群众团体在加强党同群众联系中的桥梁纽带作用,民族、宗教、侨务、外事、对台、双拥、人防、国防后备力量建设、老干部、老年人、妇女儿童、残疾人等工作取得新成绩。“平安吴中”建设深入推进。公安、检察院、法院配合中心工作成效显著,深入开展打黑除恶等一系列专项斗争和集中整治行动,解决群众反映强烈的突出治安问题,社会治安秩序整体良好;治安防控体系得到进一步拓展,新增路面监控探头、社区治安监控点124个,新增村(居)民家庭小技防4000多户,全区45个村建立了户村接警系统;外来人员三级管理网络进一步完善,已建成集宿楼124万平方米,采集外来人员信息62万人,集中居住、集中管理“双集中率”进一步提高;信访工作和安全生产工作得到重视加强,社会保持和谐稳定。

相　城　区

【概况】 位于苏州城区北大门,北与常熟市接壤,东邻苏州工业园区,西接苏州高新技术产业开发区。土地面积496平方公里,下辖4个镇、4个街道和1个省级经济开发区,有79个行政村,36个居委会,户籍人口36.1万人,外来人口37.9万,区人民政府驻元和街道。2007年,全年实现地区生产总值232.18亿元,比上年同期增长19.4%;全口径财政收入44.54亿元,增长30.9%;地方财政一般预算收入19.76亿元,增长36%;完成全社会固定资产投资147.09亿元,增长12.4%;城镇居民人均可支配收入20220元,增长13.4%;农民人均纯收入10350元,增长12.9%。

【农业】 2007年,全区现代农业建设大力推进。望亭迎湖优质水稻、阳澄湖消泾水产养殖等一批规模农业示范区初步形成,新增绿色食品3个、无公害农产品7个;全区市级以上农业龙头企业实现销售收入33亿元、利税3.4亿元,分别增长9.7%和10.9%。农业实际利用外资972.2万美元,完成农产品出口创汇704万美元。在现代农业发展上,坚持用现代高效理念发展农业,充分凸现农业的生态保护、观光休闲、文化传承等功能,投入资金1.3亿元,建设2533.33公顷现代农业核心示范区。绿化、河道整治有效推进。全区新增绿化面积1000公顷,新增各种花卉2280多万枝;荷塘月色湿地公园一期工程已基本建成,种植各类荷花100多种、莲花50多种;花卉植物园建成了牡丹园、樱花园、玉兰园等子项目12个,种植各种花木350多种。全面实施畅流工程,全区共疏浚河道136条,疏浚长度达141公里;清理沉废船197只,拆坝76处。加大城镇污水处理厂及配套管网的建设力度,新增污水提升泵站4座,新增污水管网30公里,城区污水处理厂(二期)土建工程以及望亭、太平、东桥污水处理工程基本完成。农村环境整治扎实推进。1185个自然村按照“四条标准”基本完成整治任务,北桥灵峰村、元和朱泾村、开发区上浜村、望亭项路村等成为新农村环境建设的亮点。做好农业普查准备、重大动物疫病防治等工作。

【工业】 2007年,全市完成工业总产值641.78亿元,实现产品销售收入619.93亿元、利税总额60.15亿元,分别比上年同期增长27.6%、30.9%、27.1%。其中规模以上工业企业完成工业总产值417.51亿元,增长29.2%;年销售收入超亿元的企业数比上年增加21家;高新技术产业完成工业产值128.5亿元,增长37.9%,占规模以上工业比重达27.7%,同比提高2.7个百分点。

【科学技术】 2007年,全区新增市级工程技术研究中心2家,市级以上企业技术中心14家,国家级高新技术企业1家,省级高新技术企业4家,省高新技术产品5个。成立苏州市众成科技咨询有限公司,搭建科技服务平台。产学研结合更加紧密,分别与中科院、清华大学、南京大学等科研院所、高等院校合作,启动16项产学研项目,并开展国际科技交流和合作,有40项列入国家、省、市级科技项目,成功创建“全国科普示范区”。知识产权保护工作得到加强,全年申请专利963件、授权296件(其中发明专利申请25件、授权16件)。品牌建设取得新突破,首次被认定中国驰名商标2个、中国名牌1个,被认定省著名商标1个、市知名商标4个,被省政府授予“江苏省质量兴区先进区”。

【服务业】 2007年,全区现代服务业发展迅速,新增专业市场2家,全区16家重点专业市场实现交易额150亿元。大型超市、连锁超市等经营方式呈多元化趋势,购物环境明显改善。荷塘月色湿地公园、生态农业示范园、阳澄湖“农家乐”成为新的休闲、消费热点区域。望亭物流园被列入“省重点物流基地”。“商城”建设声势浩大,中心商贸城的路、桥、河等基础工程项目已经启动,欧风商业街三期、长江大都会等项目开工建设,陆慕农贸市场、凯翔国际广场、中翔商贸三期、欧风商业街二期、新尚国际等项目加快实施,油漆市场、南亚大厦、中翔商贸城二期等建成使用。房地产市场稳步发展,全年新开工房地产面积147万平方米,完成销售104.24万平方米,同比增长9.3%,销售金额55亿元。金融业持续发展,年末金融机构人民币存款余额249.47亿元,同比增长30.8%,其中城乡居民储蓄存款余额116.93亿元,贷款余额206.84亿元,分别同比增长11.1%和23.5%。

全年完成第三产业投入77.42亿元,增长24.8%,实现第三产业增加值90.5亿元,增长23.2%,同比上升1个百分点,三次产业的比重分别为2.8%、58.2%、39%。

【城镇建设】 2007年,全区修编完成《相城区分区规划暨城乡协调规划(2006~2020年)》,完善了望亭、黄埭、太平和阳澄湖的控制性详规编制工作和全区新农村村庄整治建设规划工作。全面推进人民路、广济路北延(一期)、物流大道和阳澄湖中路等畅通工程建设,完成了绕城沈周复线和湘石路连接线工作,打通了采莲路南延等4条城区断头路。配合开展了绕城高速苏锡连接线、黄埭互通连接线、227省道分流线(三期)和苏虞张公路快速化工程的前期工作。新建110千伏石桥变、日益变。强势推进拆迁工作,共实施拆迁项目35个,拆迁农户2882户,企业388家,面积88万平方米。努力提高城市管理水平,继续开展“天堂杯”市容管理达标创优竞赛活动和“洁齐美亮”街巷创建活动,通过市创建指挥部的考核验收。进一步加快老城镇改造,加强区容区貌、环境卫生管理,做美做亮城区夜景。组建了绿化养护、市政工程养护、保洁、物业管理、治安联防、城管执法等队伍,提升社会管理、社会服务水平。“四城”建设全面实施,“水城”建设分步启动,严格控制沿河建筑,优化沿河环境,完成中心商贸城和元和塘南段水景设计;“花城”建设成效显著,投入2.8亿元,新增绿化面积1000公顷,城区绿化覆盖率达到39.5%;中心商贸城建设有序展开,多项商业项目建成使用;“最佳生态休闲人居城”建设成效显现,各项生态、休闲指标得到有效提升。

【各项改革】 2007年,全区积极深化人事制度改革,按照“公正、公平、公开”的原则,公推公选副科级领导干部14名;事业单位人员全面实行聘用制,公开招聘53名区级机关下属事业单位工作人员;出台《苏州市相城区党政机关内部中层领导职位竞争上岗实施办法》,有12家单位按照该《办法》开展了中层职位竞争上岗;加强区镇干部交流,抽调9名基层年轻干部到区级机关任职;对村民小组长实行经济补贴,对有功献的村党组织书记实行人事关系挂靠代理,解决其后顾之忧。按照上级部署,完成公务员工资制度改革和事业单位收入分配制度改革,做好乡镇机构改革各项前期准备工作。积极推进企业上市,加强对拟上市企业的指导和服务。农村“三大合作”改革快速推进,年内新增专业经济合作组织6家,新增社区股份合作社40家,所有行政村完成了社区股份合作制改革。积极推进土地流转试点,加强土地流转改革。

【招商引资】 2007年,相城区投资环境推介会在欧美、日韩和北京、深圳等境内外成功举办。年内新批外资项目109个,新增注册外资7.11亿美元,实际利用外资3.21亿美元。对外贸易持续增长,实现进出口总额24.17亿美元,增长32.1%,其中出口15.07亿美元,增长40.2%。外经合作取得新进展,上声电子有限公司在德国设立了上声欧洲有限公司。对内开放继续扩大,年内引进内资项目127个,总投资13.34亿元,新批私营企业1335家、个体工商户7729户,新增注册资金30.01亿元。新开工内外资项目760个,开工建设厂房500多万平方米。招商载体加快建设,中心商贸城道路、桥梁、河道等工程已全面启动,漕湖产业园建设进展迅速,漕湖大道、长阳路顺利通车。开工建设区科技创业园、漕湖大厦,基本完成朝阳工业坊、漕湖花园和集宿楼主体工程。望亭国际物流园建设稳步推进,总投资超10亿元的普洛斯、盛丰、通联等一批物流项目加速建设,招商引资环境得到极大改善。

【社会事业】 2007年,全区文化体育事业不断发展,传统文化艺术得到保护。广泛开展群众性文化活动和全民健身活动,新建评弹书场5家,改建3家,基本实现各镇(街道)新建或改建一家书场的目标;新建体育健身工程(点)64个。成功承办第8届中国民间文艺山花奖颁奖活动,相城区被中国民间艺术家协会授予“中国民间特色艺术之乡”称号,元和街道、渭塘镇分别被授予“中国御窑金砖文化研究基地”、“中国珍珠文化研究基地”称号。教育现代化工程全面推进,开展了江苏省教育现代化创建活动。投入资金3亿元,规范整合教育资源,新建、改扩建中小学6所,撤并村小10所,并加强对外来务工人员子女学校的管理,教育质量得到明显提高,初中升高中段比例达98%,高等学校毛入学率达到51%。医疗卫生网络建设进一步完善,新建、改扩建卫生服务中心(站)5个,全区社区卫生服务覆盖率达到100%;提高对农村合作医疗的结报比例,公布了1800余种药品的最高限价,推行单病种限价收费,实行常用药政府补贴等政策;加强重大疾病和食品卫生的预防控制工作,在4个中心镇设立卫生监督分所;进一步实施人口出生缺陷社会化干预工程,建立计卫联手工作机制,加大对流动人口计划生育整治力度。社区建设步伐进一步加快,依托社区服务中心,“968895”便民服务热线覆盖黄桥和太平街道,因地制宜建立农村社区服务中心,新建城镇和农村规范化社区服务中心40个,被民政部列为“全国农村社区建设实验区”,社区服务水平明显提高。慈善工作稳步发展,全区认捐善款1.1亿元,超额完成市慈善总会下达的募捐任务。

*不断推进节约型社会建设,资源利用水平得到提高。*进一步加大土地“二次开发”力度,清理两年以上闲置土地1400多亩,全区400多家企业通过盘活存量土地新增建筑面积近百万

平方米;进一步加大对建设项目用地的预审力度,全年共预审项目215个,劝退项目45个,减少供地需求2100多亩;大力开展土地复耕整理,净增耕地面积72公顷;深入开展节水型城市创建工作,完成居民非节水型器具改造4500多户,9个社区被评为省级节水先进小区;节能减排工作稳步推进,单位GDP综合能耗0.736吨标准煤/万元,同比下降5.3%;全区COD排放量同比下降15.3%、SO_2排放量同比下降16.2%,加大建设项目环境评价力度,否决重污染不符合国家产业政策建设项目60个,逐步淘汰高能耗高排放低产出的落后产业,共关闭企业153家,转产企业9家,"腾笼换鸟"企业83家。

【社会保障】 2007年,全区社会保障制度不断完善,实现了区、镇(街道)两级与市级就业信息的实时联网,全年区劳动力市场共免费举办招聘活动70期,新增就业岗位8400多个,实现再就业1600多人,通过整合村级资源,组建联合公司,参与城、镇开发建设,开辟农民增收新渠道。加强经济薄弱村扶持工作,年内投入资金3690万元,为经济薄弱村建设物业用房5万多平方米。不断深化养老、失业、医疗、工伤、生育等社会保险制度改革,净增城镇养老保险参保单位520家,净增参保职工2.1万人。农保参保人数达28.45万人,覆盖率达99.1%,按月享受农保待遇的老年农民达6.9万人。农村合作医疗保险基本实现全覆盖,全面实施少儿住院大病医疗保险、20世纪60年代精简退职人员基本医疗保险、城镇居民医疗保险和城镇老年居民养老补贴。农村合作医疗实行零起报,提高结报封顶线,在社区卫生服务站实行常用药品政府补贴。投放医疗救助资金170多万元,建立公惠医院,加大对困难弱势群体就医的救助力度,直接减免特困群众医疗费用120多万元。开展"视觉光明行动",对全区白内障患者优惠实施复明手术。为残疾人开展"五助一就业"服务,为老年人开展了免费体检活动,对70周岁以上老人实行免费乘坐公交。区、镇两级财政全年投入社(医)保、扶贫帮困资金分别达支2.4亿元、5400多万元。

【实事工程】 2007年,区内陆慕农贸市场、居民非节水型器具改造工程、基础教育现代化工程、社区文化基地建设、污水处理工程、直管公房解危(二期)工程、区文化中心、城区老新村改造(试点)、村村通公交等9个实事工程项目,基本完成了年初确定的建设任务。

【精神文明建设】 2007年,全区围绕"讲文明礼仪、建文明环境、创文明城市"三大重点,深入开展"迎奥运、讲文明、树新风——2007年文明交通工程"系列活动。深入开展文明镇、文明村、文明户、文明单位、文明行业等各种群众性精神文明创建活动。精神文明创建活动成绩显著,黄埭镇被评为省文明镇,北桥街道灵峰村、望亭镇迎湖村等6个村被评为省文明村,相城经济开发区、区检察院、黄埭中学等11家单位被评为省文明单位,区国税系统、财政系统等7个行业被评为省文明行业。围绕社会主义精神文明建设,开展"十佳新相城人"、"十佳阳光少年"和"清洁文明户、清洁文明示范户、清洁文明标兵户"评选活动。提炼"相融相谐,众志成城"的相城精神,树立"苏州爱心姐姐杭彬"的先进典型。加强城乡和谐文化建设,举办"激情周末、快乐人群"、感恩主题教育等广场文艺活动。在苏州市率先实现数字电影放映网络全覆盖。开展网吧、电子游戏经营场所、校园及周边环境等集中整治行动。全区56家企业成为省、市级"诚信单位",在村(社区)级全部建立"消费者维权投诉站"。

【民主法制建设】 2007年,全区按期办结56件人民代表建议和198件政协委员提案,满意率达100%。切实开展政务公开、厂务公开、村(社)务公开工作。不断健全村民自治、社区居民自治等形式的民主管理制度。顺利完成第8届村民委员会和第2届社区居民委员会换届选举工作。推进依法治区、全民普法、依法行政、公正司法等工作,重视政府法制工作,制定完善《苏州市相城区人民政府工作规则》、《关于进一步加强农村基层党风廉政建设实施意见》等一系列依法行政工作制度。继续开展"法治江苏合格县(市、区)"创建活动,扎实推进行政权力公开透明运行工作,全面清理各镇(街道)、开发区、政府部门的职权底数,编制职权目录及权力运行流程图,从教育、制度、监督等方面规范权力的运行。做好"大调解"、安置帮教、社区矫正、法律援助等各项工作。深入推进"平安相城"创建活动,强化社会治安防控体系建设,监控、联防和警务站等"三个全覆盖"水平得到较大提高,各村(社区)"五位一体"综治办建设得到加强。进一步落实消防安全责任制,大力推进消防安全标准化管理等创建活动,开展城市道路交通、"三合一"场所、产品质量和食品安全等领域的重点整治工作。对无证无照经营和非法用工等事项进行了专项整治。进一步加强公共应急管理,建立健全了应急管理工作机制。切实抓好党风廉政建设,开展了廉政歌曲传唱、案例警示教育、赠阅廉政读物等活动,创建并开通了"阳澄清波"党风廉政网站。高度重视人民来信来访工作,开展"三级互动接访中心"建设工作,全年共受理人民群众来信来访1638件(人)次,同比下降7.6%,办结率达97.5%。加强全民国防教育,切实做好国防动员工作,依法开展兵役工作,完成征兵任务。 (肖进提供)

平 江 区

【概况】 位于苏州城区东北部,下辖6个街道办事处、47个社区居委会。区域面积22.47平方公里,人口23.43万人。区人民政府驻临顿路176号。

2007年,全区全力建设"古韵今风新平江",完成区第14届人大第5次会议确定的目标任务。一是区域经济稳健运行。全年实现地区生产总值83.9亿元、地方财政一般预算收入8亿元,分别同比增长15%和17%。服务业加快发展,制定了《区服务业发展规划(2007~2020)》、《服务业引导资金管理暂行办法》,太监弄—碧凤坊被命名为全国第一条"中华餐饮名街"。招商引资成效显著,成功举办了服务业招商推介会,全年新增企业1032家,净增注册资本38亿元;外资利用取得突破,实际到账外资3246万美元,同比增长184%。科技创新步伐加快,民营科技企业增至360家,六六视觉自主研发的"六六眼科显微镜"成为古城区第一个荣获"中国名牌"的产品。二是城市建设加速推进。观前商圈扩容升级实质性启动,蕾娜斯地块进入土建施工,美罗周边地块完成合作意向签约,观前小商品市场实现全面招租,运转形势良好。平江新城完成道路建设5条,治理河道3条,新城管委会行政中心等一批公建配套设施竣工,新城城市基础、配套设施体系加快完善。平江历史街区累计新建、修缮古建6000平方米,平江路亮化、监控、背景音乐工程如期竣工。火车站地区综合改造拆迁工作基本完成。城市基础设施加快改造,按时序完成了路面翻修、解危修缮、农贸市场升级改造等一批关系民生的政府实事工程。完成北园新村老住宅小区综合整治和平江历史街区、桃花坞大街71条街巷的综合整治工作。三是社会管理不断加强。深化社区管理改革创新,健全社区党组织、居委会、工作站、居民事务服务所4个层面管理机制。开展"睦邻亲情年"系列活动,倡导以德为邻、守望相助的社区新风。社区居委会完成第3届换届选举,实施社工素质提升计划,90多名社区干部通过省社会工作者水平等级考试。城市管理进一步创新,试点推行"区域式联动、网格化管理"新模式,组建了新城城管执法大队,城市管理规范化、科学化水平不断提高。四是各项社会事业协调发展。大力弘扬"融古铸今"的平江精神,做好传统文化传承工作,营造健康向上的文明社会环境。坚持教育优先发展,省教育现代化区、省社区教育实验区创建获得省专家组高度评价。扎实开展创业促就业工作,帮助543人创业,5377人再就业。完成第12届世界夏季特奥会城市接待任务、"平江·法泰"杯全国女子九球锦标赛承办任务以及第16届金鸡百花电影节、第7届中国国际民间艺术节、第10届中国戏剧节协办任务。举办"盛世观前"首届中国民间手工艺艺术节。创建了"全国残疾人社区康复示范区"、"全国科普示范城区"。流动人口专项整治有序推进,环境保护"蓝天工程"和生态市建设取得实效,安全生产形势良好,社会秩序保持稳定。服务型政府建设进一步加强。

【经济工作】 2003年至2007年,全区经济发展提速增效,综合实力实现跨越。全区地区生产总值、地方财政一般预算收入分别保持11.5%和26%的年均增幅,按2003年税收全属地口径计算,地方财政一般预算收入4年内增长2.5倍。"三产强区"战略成效明显,服务业已成为区域经济的重要产业支柱,服务业增加值占地区生产总值比重达到80.3%,对全口径税收贡献率提升至81%。民营经济蓬勃发展,人民商场、礼安医药、六六视觉3家企业成功跻身市百强民营企业行列。"楼宇经济"、科技创业园发展形成新的经济增长点,引导开发商务楼宇22座,总面积达13万平方米,入驻企业905家,扶持建成孔雀、平江、创新3个科技创业园,科技孵化面积达到5万平方米。招商引资量质并举,引进规模型、成熟型、品牌型项目。5年来累计吸引企业5598家,净增注册资本139亿元,其中注册资本500万元以上的企业380家。

【改革改制】 2007年,全区各项改革进一步深化。为顺应市场经济要求,纵深推进体制改革,区直属企业改革、经营性事业单位改制转企、挂靠企业清理"三项任务"全面完成。社会管理领域改革稳妥实施,大胆探索政府购买服务的有效途径,在全市率先推行道路和街巷新村保洁市场化运作。区环卫改革、村级集体经济股份合作制改革和"撤村建居"工作顺利完成。行政管理体制、机关人事制度改革有序推进,开展了新一轮政府机构改革和两轮行政审批制度改革,削减、清理行政审批和收费项目30%;推行人事代理制度,实行事业单位全员聘用。公共财政框架进一步健全完善,严格执行收支两条线管理,区国库支付中心成立,将全区120余个部门、单位及学校全部纳入管理,逐步健全以国库单一账户体系为基础,资金缴拨以国库收付为主要管理形式的财政国库管理制度。国有资产经营和监管成效明显,通过制订完善国有资产监管、收益上缴和经营业绩考核等具体办法,落实经营者责任,促进了国有资产保值增值。2003年至2007年,国有资产收益累计实现1.99亿元,政府办事和调控能力增强。

【城市管理工作】 2007年,全区城市建管全面加强,环境面貌日益改善。城市化和城市现代化步伐全面加快,发展空间不断拓展,中心城市首位度得到有力提升。2003年至2007年,累计投入建设资金26.2亿元,实施城市建设实事工程和重点项目50个。观前商圈景观文化和电子停车诱导系统工程顺利完成,扩容升级工程全面启动,综合管理、服务和节庆策划等软件建设取得实效,观前街被评为中国十大著名商业街和全国百城万店无假货示范街先进单位。平江新城开发建设全面展开,建成道路总里程4.68公里,开发房地产200万平方米,公建配套设施逐步健全,商务商贸区建设实现突破,现代化城区的路网框架和轮廓形态基本形成。平江历史街区保护扎实推进,平江路风貌保护与环境整治工程获得各方赞誉,荣获2005年联合国教科文组织亚太地区文化遗产保护荣誉奖。旅游开发推介工作得到加强,积极参与第28届世界遗产大会、苏州国际旅游交易会等重大活动,"古城平江"旅游品牌深入人心。东北街步行街建设高标准完成,并落实了定点、定岗、定人的长效管理。北仓街顺利建成通车。在城市建设中,妥善做好拆迁安置工作,认真落实补偿政策,确保城市建设的快速顺利推进。5年来,承担实施了区域剩余项目拆迁扫尾、火车站综合改造动迁、平江新城开发建设动迁等拆迁任务,累计搬迁居民7000余户、单位1000多家,拆迁面积达210余万平方米。城市基础设施改造年年超额完成。累计翻修街巷路面4.7万平方米,铺设雨污管网55公里,新改建防汛泵房16座、垃圾中转站9座、公厕53座,解危修缮危旧房48.64万平方米;完成东环、娄江、北园3个老住宅小区和部分街巷综合整治任务。改造节水器具40600户,升级改造6个农贸市场。城市管理进一步加强,贯彻《苏州市城市市容和环境卫生管理条例》,落实城管重心下移街道机制,开展"洁净家园、美化城市"环境整治活动,市容市貌有了新改善。严格实施项目环保审批,建成启用了区环境监测站,大力开展水环境综合整治等环保专项行动,城市生态环境不断优化。

【社区建设】 2007年,全区社区建设扎实推进,服务水平有效提升。社区硬件持续改善。区老年人活动中心、残疾人综合服务中心、文化活动中心等一批区级社区活动设施建成启用,社区办公活动用房改造任务基本完成,平均面积达到了432平方米,远超国家和省、市标准。社区管理改革创新取得成效。以"调整重心、释放能量、激发活力、开心生活"为目标,建立以社区党组织为领导核心,社区居委会、社区工作站、社区居民事务服务所之间分工明确、协调互动、配合有力的新型治理框架。社区服务领域不断拓宽,逐步走上个性化、市场化发展之路,形成"金乡邻互助联盟"等一批特色品牌。社区居家养老服务不断完善,机构养老床位数提前达到了省"十一五"目标。社区民主自治进程加快。率先在省内开展了“双评议”制度和“四会”制度,完成两届社区居委会换届选举。社区工作者职业化建设进一步加强,社区干部队伍整体素质和业务技能得到提高。

【民生保障】 2007 年,全区民生保障机智进一步健全完善,社会事业协调发展。就业再就业和社会保障工作全面加强,2003 年至 2007 年,累计开发就业岗位 4.5 万个,帮助失业人员实现再就业 50154 人,城镇登记失业率始终控制在 4% 以内;累计发放低保金 2685 万元,向各类社会困难群体发放帮扶资金 1235 万元,涉及困难家庭 10533 户次,区慈善总会和“一家人”慈善互助超市的平台作用有效发挥。教育现代化建设积极推进,教育财政投入增长年年高于区财政收入增长,苏锦实验小学新校、区继续教育中心建成,认真实施免费义务教育。文化、体育事业繁荣发展,区社科联和文联相继成立,涌现了一批优秀文化作品和文化团队,承办“三体会”台球、国际象棋等多项全国性体育赛事。公共卫生服务体系加快健全,成为全市首个省级社区卫生服务示范区。“平安平江”创建不断深化,各类违法犯罪行为得到有力打击,“四五”普法任务圆满完成,信访和矛盾调解工作全面加强,切实保障了社会稳定。认真落实安全生产和消防工作,严格安全生产监管,有效杜绝了重大安全生产事故的发生。消费放心城市创建全面实施,诚信经营环境日益完善。计生、双拥、人民武装、人防、侨台、民族、宗教、新闻出版、对口支援、老龄、妇幼、科普、统计、物价和档案等工作都取得新成绩。

【政务工作】 2007 年,全区政府部门树立“开放、开明、开拓”的工作理念,加强政府自身建设,提高服务效率和执行力。区政府认真执行区人大的各项决议、决定,坚持重大事项、重点工作向人大报告和向政协通报制度,主动接受区人大、区政协的监督,累计办理人大代表建议、政协委员提案 321 件。坚持依法行政,建立健全了行政执法责任制,严格按照法定权限和程序行使权力、履行职责。加强机关效能建设,成立区行政服务中心,累计办理群众申办事项 60579 件,群众满意率 100%。加快政府信息化建设,电子政务办公网络覆盖全区、延伸至社区。加强公务员队伍建设,累计引进各类人才 221 名,公务员队伍结构和综合能力不断优化。倡导建设廉洁政府,国资管理、预算执行、工程建设等领域的规章制度更加健全,行政监察和审计监督力度加大,对 34 名领导干部实施经济责任审计。坚决纠正损害群众利益的不正之风,不断完善教育、制度、监督并重的惩治和预防腐败体系,努力营造勤政为民、风清气正的政府形象。

沧　浪　区

【概况】 位于苏州市城区中南部。下辖 6 个街道、8 个行政村、63 个社区居委会。区域面积 25.62 平方公里,常住人口 32.3 万人。区人民政府驻十梓街 338 号。2007 年全区实现地方财政一般预算收入 14.1 亿元,比上年增长(下同)32.45%;完成新增注册资金 40.1 亿元,完成地区生产总值 112 亿元,比上年增长 15%。

【区域经济】 2007 年,全区围绕产业结构调整,打造现代服务业集聚区,沧浪创业园被授予服务业集聚区重点企业,苏大科技园挂牌成立。鼓励发展现代服务业,全区服务业发展规模和水平进一步提升,第二、第三产业比例达到 19∶81,现代服务业占服务业比重达 80%,服务业对地方税收贡献率达 80%。加大招商选资力度,通过赴温州等地开展招商推介活动,全年招商引资达到 42 亿元。扎实做好经济基础性工作,加强企业服务工作。积极开展农业普查、劳动力调查、科技创新调查,依法开展统计监审。开展质量兴市和消费放心城市创建活动,有 24 家单位获得“消费放心场所”称号。清理无证无照经营户,为企业创设公平竞争环境。充分发挥企业服务电子信息平台和企业家协会作用,加强企业间、企业与政府间的沟通。开展“个税代征”,为纳税户提供方便。

【改革改制】 2007 年,全区进一步完善国有(集体)资产管理办法,开展事业单位资产清理。加强非税收入管理,稳步推进国有(集体)资产对外投资,努力实现资产保值增值。出台《沧浪区环卫改革实施方案》,一次性缴纳社保费近 2000 万元,1165 名环卫职工统一纳入社保体系。各街道开展中层干部竞争上岗和科室人员双向选择,全面推进定员增效工作。推行社区管理体制改革,制定出台《关于推进社区管理体制改革的若干意见》和《实施细则》,63 个社区全部成立社区工作站和“邻里情”幸福联盟。在基本完成社区股份合作制改革的基础上,探索村级资产管理,保障农民收入稳步提高。成立区建设项目管理办公室,集中、规范、科学管理全区各类建设项目。

【城市建设与管理】 2007 年,沧浪新城开发建设稳步推进,全年累计投资 20.5 亿元,完成拆迁面积 14.5 万平方米,苏州市中医院迁建工程、沧浪新城社区配套项目、“苏州世茂”等三大项目正式开工建设,新城第一实验小学落成开学。成立南门商圈建设工程领导小组,推进南门地区的规划改造,新建工人文化宫,成功拍卖苏纶厂地块。建成区法律服务中心、公共职介中心,开工建设新郭创业服务中心、友联经贸大厦等一批经济发展载体。开展老住宅小区综合改造,完成盘溪二村、里河新村二、三、四小区共 25.8 万平方米的改造任务,实施旧房解危 1.17 万平方米,使 4700 余户居民受益。完成 104 条街巷的综合整治,惠及居民 10300 余户。完成双塔、金狮河沿、横街、金塘、胥江、三香等 6 个农贸市场的改造,实施相王路、长吴路等 17 条道路的排水改造工程。完成劳动路、盛家带等 11 座公厕改建,翻建邱家村、灯草桥等 2 座泵站。配合市河道管理处完成朱公桥南弄、地方弄等 7 处雨水管网改造工程。注重绿化工作,全年新增绿地 5.1 万平方米,加强小游园、已改造老新村的绿化养护。完成重点路段、重点区域和 2.1 万户家庭的节水器具改造。全面落实环保优先战略,创建市级绿色社区 9 家,绿色学校 5 所。取缔污染严重的老虎灶,将禁煤区扩大至全区范围。完成 40 多家餐饮企业的污水截流整治,沿河餐饮单位污水管网接入率达到 90% 以上。全区噪声达标区覆盖率和烟尘控制区覆盖率均为 100%,环境质量综合指数预计 84,达到小康指标要求的水平。

【社会事业】 2007 年,全区推行“1+2+1”社区组织管理的新模式,63 个社区成立社区工作站和“邻里情”幸福联盟。社区办公活动用房平均面积都达到 410 平方米,其中 15 个社区达到500平方米。以“直选”方式完成社区“两委”换届选举工作,组织“小巷总理”分3批赴新加坡社区管理学院培训学习。加快建设区残疾人服务中心、南门街道、胥江街道社区服务中心和友新村级服务中心。关怀老龄事业,制定《沧浪区争创养老服务社会化示范区的实施意见》,发放社会养老资金补贴119万元,新增养老床位120张。探索居家养老新模式,在葑门街道建立“居家乐”虚拟养老院试点。在胥江路设立“慈善宣传一条街”,通过义拍等多种形式,共筹集善款432万元。

2007年,全区文化活动日益丰富。以第13届沧浪文化艺术节为载体,开展系列文化活动。加强文化阵地建设,沧浪区第二文化活动中心、双塔街道家苑文化服务会所和友新文体中心建成并对外开放。加大文艺创作,出版报告文学集《沧浪之歌》、理论著作《文化沧浪与幸福社区》和文化读物《千秋风范》,拍摄电视片《千秋端午》,征集和创作“沧浪之歌”系列组歌。关注文化遗产保护,“古胥门元宵灯会”被列入苏州市非物质文化遗产代表作名录。

2007年,全区教育现代化步伐显著加快。以创建江苏省教育现代化区为抓手,全面提升城区教育水平。教育经费逐年增加,全年预算达1.19亿元,生均教育经费已高达7864元,超过省级标准。18所学校通过苏州市现代化小学的评估,9所幼儿园通过江苏省优质幼儿园的评估,优质教育资源比例达90%,顺利通过江苏省教育现代化区的评估验收。

2007年,全区卫生监督工作进一步加强,增设困难人群社区医疗救助点,对居民常用药品实行政府补贴工作。建立“食品卫生远程视频监控”系统,对食品、药品、餐饮卫生等进行监管,对高危行业和重点领域连续进行11次专项整治和综合检查,403处隐患得到系统整治。开展流动人口计生管理与服务,率先设立区生殖健康心理咨询服务中心。做好社区消防工作,在小街小巷设立消防栓,配置电瓶消防车,建立消防志愿者队伍,为63个社区和部分居民户配发灭火器,全区安全工作在全市专项考核中位列前茅。与此同时,国防动员、人防、民族宗教、侨务、妇女儿童、残疾人事业等工作均取得长足的进步。

2007年,全区实施“就业新起点”援助行动,全年新增就业岗位12526个,援助帮扶1938名“双失双下”特困人员实现再就业。与团市委共同创办全国首家“第一起点”网上创业学院,举办10期培训班,238人通过培训成功创业,并吸纳425名下岗失业人员再就业。建成6个创业孵化基地,吸引63位下岗失业人员入驻自主创业。开展“春风行动”,组织农民工工资支付等专项检查,切实维护劳工力市场秩序。政府救助发挥主渠道作用,对全区1836户低保家庭和1947户贫困家庭进行救助,共发放低保金780元、低保边缘救助金68.5万元。

【精神文明和民主法制建设】 2007年,全区深入开展市民文明素养培育工程,开展“做可爱的沧浪人”、“幸福社区我的家”主题实践活动。重视未成年人思想道德建设,建立阳光少年综合实践基地。开展沧浪区首届(2006)“感动沧浪”十大人或事评选活动。推进“矛盾纠纷排查化解年”活动,调处1609起各类矛盾纠纷,调处成功率99.4%。建立全省首家保险行业协会人民调解委员会。全面加强科技防范和群防群治工作,建成道前“好管家”技防社区、十全街凤凰街技防街道。全年投入600万元对老新村和小街巷安装监控设备,走出科技创平安的新路子,八大案件发案率首次实现下降,人民群众的安全感得到提升。开展形式多样的法制宣传教育工作,在法律服务中心设立区青少年法制教育基地,创办“天天12·4法制宣传园”,成为首批市级法制宣传教育规范化基地,沧浪区荣获法制宣传教育先进县(市、区)称号。

金 阊 区

【概况】 位于苏州城区西北部,总面积约36.7平方公里。辖5个街道,39个社区居委会和12个村民委员会(其中有2个村兼挂社区牌子,社区数中未计入)。常住人口21.05万人,暂住人口10.57万人。区人民政府驻广济南路268号。2007年,全区完成生产总值70.89亿元,比上年增长(下同)12.50%。全口径财政收入16.34亿元,增长19.63%。

【区域经济】 2007年,全区完成地区生产总值70.98亿元,增长12.5%。服务业增加值占比达79.53%。全口径财政收入16.34亿元,增长19.63%;地方一般预算收入8.75亿元,增长24.55%。引进企业1300家,新增注册资本27.14亿元,增长20.70%。商贸业以石路步行街为主要载体,落实配套设施建设和亲商服务措施,举办系列节庆活动,培育专业特色街市,规模型、骨干型商贸企业的综合实力继续增强,税收贡献增长25%以上。全区完成社会消费品零售总额51.87亿元,增长17.7%。出台物流业相关扶持政策。苏州传化物流基地项目启动建设,苏州新东方汽配城、机电五金城、一力物流钢材市场等项目已陆续兴建,计划总投资41.5亿元,总规划建筑面积128.8万平方米。旅游推介工作方面,金阊旅游发展论坛举办,《山塘景区旅游发展三年规划及金阊旅游发展纲要》编制完成,区有关部门组织参加全国旅游交易会,赴韩国、日本等国家及上海等城市开展旅游推介活动。配合第16届金鸡百花电影节,举办一系列旅游节庆和宣传活动。山塘景区客流量和旅游收入持续攀升。

房地产业和楼宇经济方面,完成房地产销售面积近50万平方米,推出地块26.8万平方米。出台《金阊区促进楼宇经济发展扶持办法》,发展楼宇经济。苏州精英创意科技园全面建成,新发展广场、佳福国际等楼宇开发取得新进展。都市工业和生态农业发展工作方面,开展研究“退二进三”等课题,尽可能促进都市工业环境质量和经济效益的提高。以蔬菜园艺场为龙头,落实各项农业补贴,支持特色种植、特种养殖等生态农业发展。

【社会事业】 2007年,全区完成了以下实事项目:一是加大再就业援助力度。落实相关措施,消除“零就业家庭”现象,全区所有社区、70%的行政村达到充分就业创建标准,再就业率保持在98%以上。二是实施老住宅小区综合整治工程。完成清塘新村、彩香一村三区(烽火路以西)综合整治工程,修缮住宅楼121幢,对小区道路、管线、绿化等设施进行了改造,共完成货币工作量4800多万元,惠及居民4200多户。三是启动城区街巷综合整治工程。全年整治街巷68条,总长20多公里、道路总面积10.6万平方米,包括路面翻修、管道疏通、绿化改造等多项工程,共完成货币工作量5300多万元,惠及居民7500多户。四是推行养老服务社会化。建立两所民办养老机构,新增床位150张。建成两处老年人日间照料中心。为300位生活困难老人、有特殊贡献的居家老人提供政府补贴服务,为800户独居老人提供微偿服务。五是实施关爱残疾人计划。建成区残疾人服务活动中心。向80位生活困难的白内障患者发放手术补贴,向160位聋哑人发放手机短信补贴,落实残疾人高中教育的免费措施。六是完善公共卫生服务。区心理健康指导中心建成开业,为市民提供免费服务。向社区卫生服务机构发放居民常用药品政府补贴110万元。七是加强农村基础设施建设。完成张网村等河道驳岸的修建工作。在虎丘、白洋湾地区新建和改建垃圾中转站各1座,建成公厕5座。八是进行城中村(无地队)改造。完成路南村10组的试点方案。还完成总投入1.1亿元,建筑面积2.9万平方米的区市民活动中心建设。该中心集中了市民教育、文体活动、残疾人康复和行政服务等功能。

2007年,全区科教文卫和人口计生工作取得成绩,申报省、市级科技计划项目25项,增长78%。承办苏州市第3届数字科技文化节,通过全国科普示范区的考核验收。启动阳光城小学和幼儿园、培智学校教学楼建设,教育城域网实现全覆盖,社区培训学院通过省级验收。全面接受省教育现代化建设水平评估,并得到高度评价。举办金阊民俗文化节等系列活动,开展非物质文化遗产普查。支持文艺创作和学术研究,鼓励民间资本投资文化产业。继续推进健康城市建设,完成国家卫生城市的复检工作。开展"视觉光明行动"和新一轮老年人健康体检。加强食品卫生安全检查,加强传染病防治工作,通过艾滋病防治示范区的创建考评。做好妇幼保健工作,完成儿童免疫接种7万多人次,其中外来儿童3.9万人次。实施生育保险办法,足额发放计生特困家庭公益金,流动人口计生管理进一步加强。

2007年,在市民创业和社会保障工作中,按照市民创业"178"行动计划,全区举办了市民创业宣传月等系列活动,推出创业项目100个,发放小额担保贷款270多万元,组织1200多人参加了创业培训,新增辖区户籍的创业者1200多名。继续扩大社会保险覆盖面,加强退休人员社会化管理等工作。近700名农保人员转入城市社保体系,协调解决被征地农民的最低生活保障等问题。重点开展农民工、女职工等劳动维权行动。

2007年,在社区建设和社会援助工作中,全区开展了和谐示范社区创建活动,加强社区公共服务工作站建设。举办社区工作者培训班,抓好社区干部学历培训。指导开展村委会换届选举,基层民主自治能力得到增强。建立低保动态管理、赈灾快速反应等工作机制。全年发放各类救助金520多万元,受援群众2400多户;办理法律援助案件90多件,提供法律咨询服务2800多人次。

【城市建设与管理】 2007年,全区规划、建设工作取得成绩。一是石路西区综合改造取得新突破——参与有关规划的编制论证,协调推进地块动迁、建设融资等工作。石路西区综合改造的总体规划、交通组织规划通过审批,城市设计和地下空间规划正在论证,虎丘东30万平方米定销房地块开始动迁。二是金阊新城建设。全年续建和新建主次干道12.6公里,其中7.7公里已竣工,完成货币工作量5.53亿元。计划总投资2.3亿元的金阊新城小学、幼儿园建设项目完成规划报批,新城邻里中心一期项目开工。140万平方米绿化工程加快实施,其中4条道路绿化项目已竣工。43万平方米动迁工作如期完成,2000多亩征地指标全面落实,被征地农民得到妥善安置。三是山塘保护性修复工程。按照历史街区建设要求,完成山塘全线绿化调整、星桥二期风貌整治等工作,建成游客接待中心等配套服务设施。编制贝程氏节孝祠、桐桥遗址等5个重要节点的保护性修复规划。四是全区共完成道路翻建、雨污水管网改造等货币工作量637万元,抢修危房2.2万平方米,为1.5万户家庭和单位安装了节水器具。完善防汛设施,成功抵御了韦帕、罗莎等强台风侵袭。

2007年,全区城市管理工作取得新进展。一是加强管理制度创新。完善大城管工作机制,落实市容环卫责任区制度,金阊区首创的区域式联动、网格化管理模式在全市推广。积极探索环境保洁、广告使用等市场化运作机制,街巷新村市场化保洁面积比上年增长81.2%。二是市容环境整治。重点开展省级市容管理示范路创建活动,对窗口地区、农贸市场、校园和景点周边进行环境治理,拆除违章搭建5000平方米,清理无证废品收购点27处。实施城市景观灯光建设和街景提升工程,进一步改善石路、山塘等街区面貌。三是加强环境保护工作。实施"蓝天工程",扩大禁煤区控制范围,加大对建筑施工噪声、扬尘污染的整治力度。加强对化学危险品、有机污染物的集中防治,完成辖区蓝藻的治理工作。开展环保绿色创建活动,全年共创建省、市级"绿色社区"22个、"绿色学校"7所。

2007年,全区积极配合市重点工程做好相关工作。围绕苏州火车站改造工程,协调北环快速路、广济路延伸线的动迁工作,总面积达6.1万平方米。配合苏州轨道交通一号线工程,协助开展动迁调查,完成了有关节点的绿化迁移工作。配合市园林绿化部门,完成了西塘河西侧27万平方米绿化改造工程。

【各项改革】 2007年,全区完善信访和社会综治信息定期汇报制度,加强对信访案件和矛盾纠纷的调处。完成6个行政村和4个原城中村的社区股份合作制改革,协调解决原虹桥村、留园村、新庄村等历史遗留问题。环卫管理机制进行了改革,区环卫系统职工全部纳入社保体系。

【精神文明和民主法治建设】 2007年,全区开展了主题教育活动。*一是开展文明教育活动*。在全区范围内广泛开展了金阊城市精神征集活动,提炼了"精致、卓越、和合、昌明"的金阊城市精神,并通过各种形式宣传。围绕纪念长征胜利70周年、迎十七大等重大活动主题,举办了"忆长征"民族音乐会、"奋进的五年、辉煌的成就"为主题的党的十六大以来全区成果展示活动。*二是突出主流新闻媒体的宣传*。2007年,全区在各类新闻媒体上刊出新闻报道共计2500余篇次。全年共出刊《今日金阊》30多期,全面反映了全区三个文明建设成果。对"金阊外网"进行了改版,提高宣传报道的密度。*三是开展以"知荣辱、树新风、文明在金阊"为主题和以"做可爱的金阊人"为主题的教育活动*。*四是精神文明创建工作*。全区136个文明单位与219个单位与个人达成结对共建协议,形成了全区各级文明单位共同参与,结对共建双方"资源共享、优势互补、共建共提高"的结对共建工作模式。12家单位、3个村、1个社区分别荣获2005~2006年度省级文明单位、文明村、文明社区称号。*五是推进未成年人思想道德建设*。围绕“七彩阳光·健康成长”主题,策划、组织了金阊区第3届“关怀少儿道德活动周”等活动,表彰了区“百名阳光少年”、“十佳优秀支教志愿者”、“十佳爱心护苗使者”、“优秀护苗学校”。出版了小学生思想道德教育读本《雨润春苗》。在蔬菜园艺场初步建成集未成年人“学、思、观、品、行”为一体的既有鲜明特色又有现实教育意义的综合性教育实践基地“蔬菜乐园”。继续拓展社区护苗学校活动阵地,丰富社区护苗学校活动内容。*六是公共文化基础设施建设工作*。在完善社区“十分钟文化圈”基础上,区市民活动中心全面建成。*七是对社会文化市场的执法管理*。加强组织、制度建设和综合执法力度,定期组织集中行动,充实网吧监督员队伍,使网吧接纳未成年人等问题得到根本好转。*八是举办广场系列活动*。以石路银河广场为主要平台,举办“欢庆·风采·颂歌”大型合唱晚会等40多场广场文艺活动。举办了金阊民俗文化节、美食文化节、山塘百花节、新年嘉年华及三下乡等全区重大文化活动,举办了“山塘旅游发展论坛”。*九是文化艺术创作工作*。对文艺团队进行扶持,召开区手拉手群众艺术团考核表彰会议。区文联制定例会、活动、采风、研讨等多项制度,设立“金阊文艺精品奖”。

2007年,区政府及其部门自觉接受人大、政协监督,认真办理人大代表建议、批评、意见和政协委员提案150件,满意率和基本满意率达99%。认真采纳民主党派、工商联、无党派人士和各人民团体的意见与建议,积极支持社会各界人士参政议政。落实规范性文件备案审查等制度,推行行政执法责任制,依法行政水平继续提升。区行政服务中心共办理行政服务事项1.7万件,办结率达100%。深入开展机关思想作风建设,加强了人事管理和培训工作,政务公开和电子政务建设得到推进,机关效能得到提高。行政监察、审计监督不断加强,落实了动迁项目、限额以下工程招投标等管理办法。全面实施廉洁文化工程,开展了纳税人评议政风行风等活动,人民群众对政府部门的综合满意率达98%以上。完成区人大、政协、团区委、区台联、侨联的换届,成立区社科联,区获得“江苏省工会工作模范区”称号。围绕“法治江苏合格区”建设,开展“五五”普法活动,宣传覆盖面超过10万人次。依法加强全民国防教育和民兵预备役建设,完成征兵任务,举办建军80周年纪念活动,组织开展人民防空应急疏散演练。

2007年,全区50个社区(村)配备了专职法治干事,建成29个市级示范社区(村)综治办。开展新一轮“省社会治安安全区创建工作”。开展无毒社区创建活动,深化社区矫正、安置帮教等工作,加大对严重违法犯罪的打击和技防设施建设力度。建立公共安全应急预案,及时妥善处置各类突发事件,确保社会安全稳定。

苏州定园曲桥

无锡市

【位置面积】　无锡市,别名梁溪,简称锡。无锡市位于北纬31°7′至32°2′,东经119°33′至120°38′,长江三角洲江湖间走廊部分,江苏省东南部。东邻苏州,距上海128公里;南濒太湖,与浙江省交界;西接常州,去南京183公里;北临长江,与泰州市所辖的靖江市隔江相望。无锡市为江苏省省辖市,全市总面积为4787.61平方公里(市区1622.64平方公里,其中建成区面积203平方公里),其中山区和丘陵面积为782平方公里,占总面积的16.33%,水面面积为1502平方公里,占总面积的31.4%。2007年耕地面积为14.08万公顷。

【地形地貌】　无锡市境内以平原为主,星散分布着低山、残丘。南部为水网平原;北部为高沙平原;中部为低地辟成的水网圩田;西南部地势较高,为宜兴的低山和丘陵地区。宜兴地区山体均作东西向延伸,绝对高度500米以上,最高峰为黄塔顶,海拔611.5米。锡山、江阴和市区的山丘总体上呈北东、北东东走向,其高度由西南往东北逐级下降。最高峰为惠山的三茅峰,海拔328.98米。

【气候】　无锡市属北亚热带湿润区,受季风环流影响,形成的气候特点是:四季分明,气候温和,雨水充沛,日照充足,无霜期长。2007年无锡市气候特点是:气温持续异常偏高;年降水量正常,但时空分布不均,汛期暴雨,大暴雨频发。年日照时数偏少。年内台风、暴雨、雷电、大风等灾害性天气造成的经济损失大于上年。

气温特高,无锡年平均气温17.6℃,比常年偏高2.0℃;平均最高气温22.1℃,比常年偏高2.1℃;平均最低气温14.1℃,比常年偏高2.0℃。其中平均最高气温创历史新高,平均气温和平均最低气温均仅次于2006年,为历年第二高值。年极端最高气温39.7℃,出现在7月31日;极端最低气温-3.6℃,出现在2月2日。

【水文】　2007年,无锡市共有水位站13处(其中潮水水位站1处,)雨量站22处,流量站11处13个测流断面,蒸发站1处,浅层地下水位站13处,地下水温站1处,水质监测断面65处。

全年降雨量1145.5毫米,比常年雨量多1.8%。全年日降雨量≥0.1毫米的雨日125天,与常年持平。水面年蒸发量584.7毫米,最大日水面蒸发量4.9毫米(8月8日)。汛期(5~9月)降雨量732.5毫米,比常年同期多6.5%。

全市1至4月河、湖水位比常年略低,水情平稳,变幅较小。5月,内河水位比常年略高,5月30日,梅梁湖泵站开始以45立方米/秒的流量向梁溪河调水引流,与此同时,江阴沿江、望虞河也增大从长江引水流量,抬高了锡澄地区内河水位,入梅前锡澄地区内河水位比常年同期高0.3米。入梅后,受7月4日、7月7-8日两次大暴雨影响,河道水位涨势迅猛,内河水位均超过警戒线。大运河无锡站水位7月8日达到历史第三高值4.75米,超过警戒水位1.16米。锡澄运河青旸站水位7月8日达到历史第二高值4.84米,超过警戒水位0.84米。古运河处于城市防洪大包围内,城市防洪工程发挥作用,河内水位较低,变幅较小。

全年长江江阴站最高水位5.93米(警戒潮水位5.5米),最低潮水水位1.17米;太湖浦口最高水位3.85米(警戒水位3.6米);大运河无锡站最高水位4.75米(警戒水位3.59米),最低水位2.95米;锡澄运河青旸站最高水位4.84米(警戒水位4.00米),最低水位2.95米;西氿宜兴站最高水位4.06米(警戒水位4.2米),最低水位2.76米;宜兴横山水库最高水位34.89米,最低水位33.01米。　(贾小网)

【水质】　2007年,无锡市水资源监测中心在全市45条主要河道以及太湖、西氿、滆湖、横山水库等主要水域布设了65个地表水水质监测断面(点)。全年对这些监测断面(点)的监测资料表明:无锡地区总体水环境状况与上年相近,水质污染依然严重。除宜兴横山水库、长江江阴段处于Ⅱ~Ⅲ类水,其余水体均劣于Ⅲ类水。全年有8.5%的监测断面(点)符合Ⅱ~Ⅲ类水标准,8.9%的监测断面(点)为Ⅳ类水,15.8%的监测断面(点)为Ⅴ类水,66.8%的监测断面(点)为劣于Ⅴ类水。主要超标项目〔超标指超过《地表水环境质量标准》(GB3838-2002)Ⅲ类水标准〕为溶解氧(DO)、高锰酸盐指数(COD_{Mn})、五日生化需氧量(BOD_5)、氨氮(NH_3-N)、总磷(TP)、挥发酚(Fn),超标率分别为35.9%、71.9%、46.9%、75%、78.1%、45.3%。　(贾小网)

【行政建置】　无锡是江南文明发源地之一。无锡有文字记载的历史可追溯到3000多前的商朝末年,公元前11世纪末,周太王长子泰伯为让王位于三弟季历,偕二弟仲雍,从现属陕西的岐山东奔江南,定居梅里(今无锡梅村),筑城立国,自号"勾吴"。周灭商后,因泰伯无子,周武王追封仲雍的五世孙周章为吴君,建立吴国。周元王三年(公元前473年),越灭吴,无锡属越国。周显王三十五年(公元前334年),楚灭越,无锡属楚国。秦王政二十五年(公元前223年),秦灭楚,置会稽郡,无锡属之。汉高祖五年(公元前202年)始置无锡县,属会稽郡。王莽时(公元9年)改名为有锡县,东汉光武年间(公元25年)复置无锡县。三国时,分无锡县以西为屯田,置毗陵典农校尉。西晋太康元年(281年)复置无锡县,属毗邻郡。隋、唐、宋相沿。元元贞元年(1295年)升无锡为州,属浙江行中书省常州路。明洪武元年(1368年)又降州为县,属中书省常州府。清雍正二年(1724年)分无锡、金匮两县,同城而治,均属常州府。宣统三年(1911年),无锡光复,锡金军政分府成立于原金匮县属,辖无锡、金匮两县;同年5月,撤销锡金军政分府。民国元年(1912年)锡、金两县合并称无锡县,属苏常道。民国十六年(1927年),无锡县直属江苏省。民国23年~民国26年(1934~1937年),为无锡行政督察区专员公署驻地。抗日战争期间,无锡四乡先后建立中共领导的锡北、锡东、太湖、武南、澄西等抗日民主政权。

1949年4月23日无锡解放,分无锡县为无锡市、无锡县。无锡市直属苏南人民行政公署。1953年建江苏省,无锡市为省辖市。无锡市区于1958年6月基本形成了四区格局,即崇安、南长、北塘3个城区和1个郊区。1983年3月,实行市管县体制,无锡市辖江阴、无锡、宜兴3县。1987年4月、1988年3月、1995年6月,江阴、宜兴、无锡县先后撤县设市。2000年12月,撤锡山市(原无锡县)设锡山区、惠山区。撤销马山区,将马山区的行政区域和锡山市的部分镇(9个)并入无锡市郊区,并将郊区更名为滨湖区。

2007年,无锡市辖2个县级市、7个区,有43个镇、38个街道办事处。

【经济发展】 国民经济持续快速发展。初步核算,2007年,全市实现地区生产总值3858.54亿元,按可比价格计算,比上年增长15.3%。其中第一产业增加值55.02亿元,比上年增长5.6%;第二产业增加值2256.36亿元,比上年增长14.8%;第三产业增加值1547.16亿元,比上年增长16.4%。按常住人口计算人均生产总值65212元,按现行汇率折算达8928美元。第三产业增加值占全市生产总值的比重达到40.1%,比上年提高1.3个百分点。

就业和再就业扎实推进。年末全市从业人员325.23万人,比上年末增加17.33万人。全市城镇新增就业11.26万人,净增就业8.45万人,各类城镇下岗失业人员实现就业再就业5.37万人,帮助持再就业优惠证的下岗失业人员再就业1.63万人。全市城镇登记失业率为3.28%。

民营经济继续稳步壮大。全市民营经济延续上年的良好发展态势,总量继续扩张,规模继续壮大,效益提升,活力增强。全市民营经济总户数26.42万户,比上年净增1.88万户,从业人员155.56万人,注册资金2259.45亿元,比上年增长19.9%。民营经济实现增加值2257.12亿元,比上年增长18.2%,占经济总量的比重为58.5%,比上年提高3.3个百分点,完成工业总产值6378.34亿元,比上年增长21.9%,上缴税金267.25亿元,比上年增长28.7%。民营经济固定资产投入827.71亿元,比上年增长9.1%。

市场物价及服务价格增长较快。全年市区居民消费价格上涨3.8%,涨幅比上年提高了2.1个百分点。其中服务项目价格上升1.5%,消费品价格上涨4.4%,商品零售价格上涨2.5%,工业品出厂价格上涨3.5%,原材料、燃料、动力购进价格上涨5.5%。

2007年无锡市区居民消费价格比上年涨跌幅度表

表1 单位:±%

指　　标	市　区
居民消费价格	3.8
食品	8.1
烟酒及用品	2.8
衣着	3.3
家庭设备用品及服务	2.2
医疗保健及个人用品	2.2
交通和通信	-0.5
娱乐教育文化用品及服务	-1.3
居住	4.2

【农业】 农业生产稳定发展。全年粮食总产量80.10万吨,比上年增长2.9%。油料总产量1.76万吨,其中油菜籽1.69万吨,分别下降39.7%和39.9%;蚕茧总产量347吨,比上年下降11.9%;茶叶总产量6791吨,比上年增长14.5%;水果总产量122390吨,比上年增长14.6%。

种植业结构发生变化。全年粮食种植面积为125.35千公顷,比上年增加6.33千公顷;油料种植面积为9.70千公顷,比上年减少7.41千公顷。蔬菜面积36.2千公顷,比上年增加2.04千公顷。

林牧渔业生产稳步发展。主要畜产品中,肉类总产量136809吨,比上年下降4.3%,其中猪牛羊肉88382吨,比上年下降5.3%;禽蛋总产量31511吨,比上年增长27.9%。奶牛存栏2.67万头,比上年增长3.1%。全年水产品产量12.92万吨,比上年下降1.6%。

2007年无锡市主要农产品产量及其增长幅度表

表2 单位:吨

产品名称	产量	比上年增长(%)
粮食	801022	2.9
油料	17597	-39.7
油菜籽	16888	-39.9
蚕茧	347	-11.9
茶叶	6791	14.5
水果	122390	14.6
肉类	136809	-4.3
水产品	129219	-1.6

经济强镇培育再见成效。53个经济强镇(含10个涉农街道)实现工商两业销售收入8772.83亿元,比上年增长23.6%。其中:工业企业销售收入6695.32亿元,比上年增长22.6%;商业企业销售收入2077.51亿元,比上年增长27.2%。澄江、华士、周庄等镇(街道)工商两业销售收入突破600亿元,官林镇超过500亿元,夏港镇、新桥镇、钱桥街道等3个镇(街道)实现工商两业销售收入超300亿元。

社会主义新农村建设进程良好。扎实抓好新农村建设重点工作的推进。科学制定现代农村规划。加快实施农村"三个集中",并入城镇和农村新型社区的自然村1266个。加强农村“三大合作”组织建设,累计建成“四有”示范合作经济组织260个。推进现代都市农业和产业化发展,全市累计建成有规模、有特色、有水平的现代都市农业产业园区或观光园区15个。建立健全农村社会保障体系,全市农村养老保障综合覆盖率87.5%。着力造就现代新型农民,全市青壮年农民接受职业技能培训比例达到79.8%。大力推进农村造林绿化,全市完成乡村道路建成林荫道比例达74.9%。大力帮扶农村困难家庭。推进现代化新农村示范镇、村争创活动,全市创建成省级卫生村的比例达到71.3%。

【工业和建筑业】 工业生产保持较快增长。全市规模以上工业企业实现增加值1984.23亿元,比上年增长18.5%。其中,国有企业实现增加值67.38亿元,比上年增长18.7%;股份制企业实现增加值810.77亿元,比上年增长14.3%;集体企业实现增加值224.75亿元,比上年增长9.3%;股份合作制企业实现增加值61.71亿元,比上年增长16.8%;三资企业实现增加值768.29亿元,比上年增长27.2%。分轻重工业看,全年轻工业实现增加值489.23亿元,比上年增长9.8%;重工业实现增加值1495亿元,比上年增长21.8%。2007年全市统计的263只主要工业产品中,产品产量比上年增长的有180只,占全市统计产品数的68.4%,产量增幅超过15%的有92只,占35.0%。

2007年无锡市主要工业产品产量及其增长幅度表

表3

产品名称	单位	产量	比上年增长(%)
洗衣机	万台	217.13	1.4
塑料制品	吨	1140393	-2.8
纱	吨	579041	16.9
布	万米	65166.80	-22.0
呢绒	万米	19260.61	8.4
服装	万件	49249.49	7.6
合成纤维	万吨	278.56	17.2
化学原料药	吨	961	-17.3
烧碱	吨	173014	7.2
分立器件	万只	2461843	23.3
集成电路	万块	736105	11.3
钢	万吨	1168.27	16.2
成品钢材	万吨	2333.66	16.6
铜加工材	万吨	44.16	13.8
油泵油嘴	万元	295321	7.7
电站锅炉	蒸发量吨	24999	10.3
内燃机	万千瓦	2864.67	44.2
液晶显示器	万部	218.64	52.4

续上表

产品名称	单位	产量	比上年增长(%)
摩托车	万辆	60.83	15.8
电热水器	台	1610930	5.3
家用空调器	台	52660	252.1
发电量	万千瓦时	3267544	34.6

工业经济运行质量继续提高。全市规模以上工业实现产品销售收入8863.28亿元,比上年增长22.2%;产品销售率97.88%,比上年下降0.18个百分点;工业企业实现利税697.31亿元,比上年增长32.2%。其中利润491.52亿元,比上年增长36.7%;亏损企业亏损面13.6%,亏损额30.70亿元,比上年增长8.6%。工业经济综合效益指数达到221%,创历史最好水平,比上年提高20.87个百分点。

建筑业保持稳定发展。全年全社会建筑业完成增加值121.64亿元,比上年增长3.6%。实现利润7.6亿元,税金总额6.9亿元。施工房屋建筑面积2921.25万平方米。2个建设工程项目获国家优质工程“鲁班奖”,18个建设工程项目获江苏省优质工程“扬子杯奖”,54个建设工程项目获无锡市优质工程“太湖杯奖”。

【固定资产投资】 投资增速趋于平稳。全年全社会固定资产投资完成1674.22亿元,比上年增长13.5%。其中,城镇固定资产投资完成1180.74亿元,比上年增长16.3%。从项目构成看:建筑工程完成投资819.28亿元,增长16.1%,安装工程投资80.32亿元,增长4.7%,设备工器具购置完成投资510.77亿元,增长4.5%,其他费用263.85亿元,增长29.5%。分产业投向:第一产业投资2.13亿元,比上年增长74.0%,第二产业投资885.56亿元,比上年增长8.9%,第三产业投资786.52亿元,比上年增长19.1%。分注册类型:国有经济投资250.43亿元,三资经济投资415.10亿元,其他经济投资1008.68亿元。全年城镇固定资产投资建成投产项目1402个,项目建成投产率为76.3%;新增固定资产866.69亿元,固定资产交付使用率为72.1%。

房地产开发继续增长。全年房地产业实现增加值138.12亿元,比上年增长15.2%。完成房地产开发投资378.12亿元,比上年增长36.6%,商品房施工面积为2711.1万平方米,比上年增长17.2%,竣工面积737.53万平方米,比上年下降6.5%。全年商品房销售面积767.74万平方米,比上年增长18.4%,商品房实际销售额351.07亿元,比上年增长35.3%。

【国内贸易】 消费品市场持续活跃。全年实现社会消费品零售总额1134.75亿元,比上年增长18.3%。其中,城市消费品零售额956.72亿元,比上年增长18.7%;农村消费品零售额178.03亿元,比上年增长16.2%。批发零售贸易业零售额1007.84亿元,比上年增长17.6%;住宿和餐饮业零售额108.42亿元,比上年增长25.8%;其他行业零售额18.49亿元,比上年增长11.8%。以住房、汽车、信息通信、旅游等为代表的热点消费保持较快增长,居民消费结构升级加快。在限额以上批发和零售业零售额中，汽车类零售额比上年增长10.7%，家用电器和音像器材类增长15.4%，建筑及装潢材料类增长81.9%，食品饮料烟酒类增长18.1%，服装鞋帽针纺织品类增长15.7%，金银珠宝类增长32.9%。

市场建设稳步推进。年末拥有各类亿元以上商品交易市场63个，市场摊位总量36221个，实现成交额2027.28亿元，比上年增长20.5%。其中综合市场15个，专业市场41个，其他市场7个。专业市场实现成交额1606.18亿元，比上年增长17.1%。新型流通业态以及现代经营方式均有较快发展。

【开放型经济】 对外贸易保持强劲增势。全年实现外贸进出口总额511.46亿美元，比上年增长30.5%。其中，进口总额218.25亿美元，比上年增长23.0%；出口总额293.21亿美元，比上年增长36.8%。有进出口实绩的企业累计已达5076家，其中超亿美元企业66家。生产企业、外商投资企业出口高速增长。全市生产企业出口63.33亿美元，比上年增长46.4%，占全市出口额的21.6%。外商投资企业的出口214.31亿美元，比上年增长37.9%，占全市出口额的73.1%。外贸公司出口下降1.2%。民营企业出口势头迅猛，全年共完成出口57.63亿美元，比上年增长56.5%，占全市比重的19.7%。

2007年无锡市对主要国家和地区进出口总额及其增长幅度表

表4

单位：亿美元

国家和地区	出口额	比上年增长%	进口额	比上年增长%
美国	50.72	36.8	19.52	29.5
欧盟	61.71	61.3	29.95	48.5
中国香港	29.02	-8.3	1.03	-54.0
日本	33.81	19.2	58.97	13.0
东盟	26.28	21.2	32.00	7.3
韩国	28.01	97.8	29.26	27.6
中国台湾	6.47	42.6	18.06	26.3

利用外资结构持续优化。全年新批外资项目496个，新增工商登记协议注册外资54.41亿美元，到位注册外资27.72亿美元，比上年增长0.7%。全市完成注册资本超3000万美元重大外资项目33个，比上年增加9个。服务业利用外资快速发展，到位注册外资6.24亿美元，比上年增长47.7%，占全市比重为22.5%。至2007年底，全球500强企业中有73家在无锡市投资兴办了138家外资企业。

对外经济合作稳步上升。全年新签对外工程承包和劳务合作合同金额3.20亿美元，比上年增长10.3%；实际完成营业额2.45亿美元，比上年增长22.4%；期末在外劳务人数1759人，比上年增长36.6%。年末全市外经获权企业数已达到26家，其中对外劳务合作企业5家。全年完成境外投资项目67个，中方投资额首次突破1亿美元，达1.1亿美元，是上年的2.6倍。

【交通、邮电和旅游业】 社会运输能力继续提高。全市年末全社会拥有车辆110.36万辆，比上年增长9.6%。其中汽车43.23万辆，比上年增长21%。私人汽车又有大的发展，年末达到25.67万辆，比上年增加5.95万辆。

全社会客货运量全面增长。全年完成客运量23354万人次，比上年增长4.1%；完成货运量10769万吨，比上年增长4.2%。全市港口货物吞吐量14632万吨，比上年增长24.9%。无锡机场正式通航以来，机场已开通广州、深圳、北京、香港等多条航线，全年空港旅客吞吐量135.98万人次，比上年增长47.0%。

邮电通信持续快速发展。全年邮电业务总量78.35亿元，比上年增长16.1%。邮政服务门类增多，投递速度加快。全年发送函件10117万件，比上年增长7.8%。邮政特快专递443.4万件，比上年增长21.8%。年末固定电话交换机总容量达418.34万门，增加11.7万门。城乡本地固定电话用户达309.24万户，其中移动市话106.29万户。移动电话用户达到504万户，增加72.61万户。计算机互联网用户达到65.4万户。

国内、国际旅游业稳定发展。全年共接待旅游、参观、访问及从事各项活动的入境游客76.15万人次，与上年持平；接待国内游客3350.76万人次，比上年增长10.5%。旅游总收入达445.76亿元，比上年增长18.3%。其中国际旅游外汇收入3.62亿美元，比上年增长14.2%。全市拥有年接待游客10万人以上的景区34个，国家5A级景区1家，国家4A级景区11家，3A级景区7家，2A级景区11家。年末全市星级宾馆已达66家，其中五星级宾馆4家，四星级宾馆18家。

【财政、金融和保险业】 财政收入大幅增加。全市完成财政总收入706.90亿元，同口径增长37.4%。财政总收入占地区生产总值的比重为18.3%，比上年提高2.6个百分点。其中一般预算收入300.58亿元，同口径增长36.1%，基金收入111.47亿元，比上年增长66.7%，上划中央四税294.85亿元，比上年增长30.0%。财政支出结构继续调整。一般预算支出270.82亿元，可比增长26.9%；基金预算支出112.61亿元，比上年增长64.0%。

金融存贷款规模扩大。年末金融机构各项本外币存款余额达4411.83亿元，比上年增长13.0%；各项本外币贷款余额

3246.06亿元,比上年增长18.8%。存款中,企业存款余额1776.91亿元,比上年增长28.5%;城乡居民储蓄存款余额1730.05亿元,比上年增长2.4%。贷款中,短期贷款1884.23亿元,比上年增长15.9%;中长期贷款1021.68亿元,比上年增长35.4%。全年银行现金收入10387.01亿元,比上年增长9.3%;现金支出10577.13亿元,比上年增长9.7%;全年现金净投放190.12亿元。

保险业发展势头良好。全年实现保费收入74.75亿元,比上年增长14.2%。其中财产险收入21.86亿元,比上年增长20.4%;人寿险收入52.89亿元,比上年增长12.3%。保险赔款支出13.14亿元,比上年下降6.31%。保险给付支出13.80亿元,比上年增长46.7%。

【科学技术和教育】 科技力量增强。全市共有国家、省级工程技术研究中心20家,市级工程技术研究中心46家,国家、省级科技创业服务中心14家,市级科技创业服务中心6家,国家、省级重点实验室、公共技术服务平台13家,市级重点实验室、公共技术服务平台12家。

高新技术产业快速提升。全市高新技术产业增加值占全市规模以上工业增加值的比重为38.6%,比上年提高3.3个百分点。集成电路产业实现主营业务收入207.20亿元,比上年增长95.4%,光伏产业实现主营业务收入123.04亿元,比上年增长131.5%。全市累计省级以上高新技术企业达到1012家,其中国家级高新技术企业97家。

科技创新成绩显著。全市专利授权量达4530件,比上年增长55.0%,其中发明专利授权量达到306件,比上年增长32.5%。获国家、省科技计划项目208项,获国家和省科技计划到位经费2.1亿元,省重大科技成果转化专项项目数、省社会发展计划项目数和经费数、省科技公共服务平台项目数和经费数、省高技术研究(工业)项目数和经费数、省水治理专项项目数和经费数、省科技进步统计监测效益提高指标、新增省级科技企业孵化器数量、省科技贷款风险补贴专项资金数等8项科技指标列全省第一。

各级各类教育优质发展。年末拥有各级各类学校515所,在校学生82.26万人,比上年减少0.25万人。其中,普通高校10.26万人,增加1.13万人。小学和初中的普及率均达100%,巩固率分别为100%和97.03%;盲聋弱智儿童入学率为99%以上;初中毕业生升学率达99.15%,高考万人本科进线人数25.33人/万人,高考录取率达91.10%,高等教育毛入学率达到55%。全市各类中等职业学校招生4.7万人,比上年减少10%;全市中等职业学校在校生规模达14.7万人,与上年持平。

【文化、卫生、体育和宗教】 文化事业和文化产业加快发展。文化事业精彩纷呈。成功举办了“2007中国(无锡)吴文化节”、“第三届中国·无锡太湖国际民乐展”等文化活动,年内举办“激情周末”等广场文艺演出75场。舞剧《红河谷》囊括国家舞台艺术所有最高奖项,锡剧《江南雨》荣获第十届中国戏剧节优秀剧目奖。2007年成功跻身国家历史文化名城行列。文艺表演团体和文化设施建设平稳发展。年末共有艺术表演团体10个,文化(艺术)馆9个,公共图书馆9个,文化站79个,博物馆13个、纪念馆29个。全市人民广播电台节目10套,平均每天播出187小时;电视台节目9套,平均每周播出1188小时;无锡有线电视总用户已达139.9万户。全市完成有线电视数字化整体转换91万户。电视人口总覆盖率和广播人口覆盖率均达100%。

卫生事业持续发展。医疗条件进一步改善。全市拥有卫生医疗机构2110个,其中综合医院35家,专科医院20家,中医院、中西医结合医院6家,城市社区卫生服务中心23家,社区卫生服务站95家,农村社区卫生服务中心(乡镇卫生院)114家、社区卫生服务站720家,疗养院5家。年末全市共有卫生技术人员2.5万人,其中医生1.1万人;拥有医疗床位2.2万张,其中医院、社区卫生服务中心(卫生院)床位2.1万张。新型农村合作医疗人口覆盖率达到99.6%,卫生服务体系健全率达到99%。医疗水平进一步提高。全市各级医疗机构全年完成诊疗总次数2448万人次,比上年增长1.9%。医疗科研取得新成果,获省卫生厅新技术引进奖42项,其中一等奖4项,二等奖38项。授予29个项目无锡市卫生系统新技术引进奖。完成科研鉴定55项,获得省、部级以上科研立项6项。

体育事业蓬勃发展。群众体育活动纷呈活跃。进一步推进“健民康乐工程”建设,年末全市全民健身设施895个,城乡体育设施基本实现全覆盖,成功组织了“全民健身与奥运同行”2007年无锡市元旦健身长跑、迎奥运万人健步走等群众体育活动。竞技体育再创佳绩。十六届省运会期间,无锡向省以上优秀运动队(包括解放军队)输送体育后备人才171人,列全省第一。在第六届城运会上,分别获得了金牌2枚、银牌5枚、铜牌5枚,总分82.5分,实现了金牌和总分双超上届的目标。体育产业稳步发展。全市体育场馆年内先后承接全国以上大赛22场次,成功举办了“全国跳水锦标赛”、“全国乒乓球锦标赛”、“全国体操锦标赛”、“四国女排精英赛”等国际国内重要赛事和活动。体育彩票销售总额达6.18亿元。

宗教事业进一步发展。宗教团体和场所自身建设不断完善,年末有宗教活动场所220处,教职人员1464名,信教群众36万多人。圆满举办了第二届无锡灵山胜会。

【人口、人民生活和社会保障】 人口规模有序扩大。据公安部门统计,年末全市户籍人口为461.74万人,人口出生率7.26‰,人口死亡率6.58‰,人口自然增长率为0.68‰。年末全市常住人口为599.21万人,比上年增长2.6%。人均期望寿命77.43岁。

居民收入稳步增长。全市城镇集体以上单位在岗职工年平均工资34375元,比上年增长15.9%。市区城市居民人均可支配收入20898元,比上年增长14.9%。农民人均纯收入10026元,比上年增长12.9%。城市居民人均消费性支出12257元,比上年增长7.8%。农村居民人均消费性支出7177元,比上年增长10.3%。居民住房条件继续改善,据抽样调查资料显示,城市居民人均住房面积30.7平方米,农村居民人均住房面积58.1平方米。

社会保障覆盖面扩大。五大保险参保人数均超过百万人。其中全市企业职工养老保险参保人数达到173.04万人,比上年增加22.81万人。全市参加城镇职工基本医疗保险人数达到192.15万人,比上年增加23.85万人。全市参加失业保险职工人数为118.11万人,比上年增加13.83万人。年末在领失业保险金人数为2.11万人。全市参加城镇企业职工工伤和生育保险人数分别为125.78万人和111.95万人。企业离退休人员养老金社会化发放率达100%。

社会福利事业稳步推进。全市各类福利机构拥有床位16328张,供养、代养10364人。建立城镇各种社区服务设施6782处。城乡居民最低生活保障对象77555人。全年发放城乡低保资金10525.4万元。全市各类优抚对象19万人。全年全市慈善组织累计募集善款(含冠名基金)23.36亿元。

【环境和安全生产】 城市环境质量进一步改善。全年全市环境空气质量良好以上天数占总天数的比例达到93%,集中式饮用水源地水质达标率98%。全市建成烟尘控制区9个,面积509.26平方公里;环境噪声达标区9个,面积509.26平方公里。

城市绿化覆盖率进一步提高。市区建成区绿化覆盖率为42.2%。江阴建成区绿化覆盖率为43.6%。宜兴建成区绿化覆盖率为44.8%。

安全生产工作进一步加强。全年发生各类事故3021起,死亡656人,比上年事故起数下降44.2%,死亡人数下降12.1%。亿元GDP生产安全事故死亡人数为0.17人,比上年下降26.1%。

崇 安 区

【概况】 无锡市崇安区位于无锡市市区中部,总面积17.82平方公里,辖广益、崇安寺、通江、广瑞路、上马墩、江海6个街道办事处,42个社区居民委员会。2007年末,全区居民69464户,总人口18.68万人,其中:男性9.4万人,占总人口的50.32%;女性9.28万人,占总人口的49.68%。2007年全区人口出生率4.21‰,死亡率4.75‰,自然增长率-0.54‰。区人民政府设在无锡市县前东街288号。

2007年,全区完成地区生产总值211.7亿元,比上年增长15.4%;社会消费品零售总额205.01亿元,比上年增长18.36%;固定资产投资60.11亿元,比上年增长17.03%;财政一般预算收入14.12亿元,比上年增长22.68%。

(区政府办)

【服务业】 2007年,全区完成服务业增加值187亿元,比上年增长16.4%,占地区生产总值的比重达88.33%,比上年提高0.63个百分点;引进区外境内注册资金30.52亿元,比上年增长15.17%;完成工商登记协议注册外资10127万美元、到位注册外资6569万美元,分别比上年增长140.31%和169.77%;服务业中现代服务业的比重为43.2%,比上年提高2个百分点。科技文化产业发展加快。区文化创意产业园广瑞路分园改造完工,集创意设计、新品展示、质检认证于一体的广益家居设计园开工建设,引进领军型海外留学归国创业人才的"530"计划有突破性进展,崇安区建成全国科普示范城区。亚联开源、恒烨科技、三艾动画、泛亚信息等"龙头"软件企业和服务外包企业落户崇安区。文化产业增加值占地区生产总值比重上升到5.5%。

【民营经济】 2007年末,全区民营企业总数达到1.91万个;全年民营经济实现增加值128.8亿元、社会消费品零售总额163.94亿元,占全区的比重分别上升到60.84%和79.97%。

(区政府办)

【工业】 2007年,全区工业总产值72.44亿元,比上年增长6.72%;全区工业主营业务收入73.19亿元,比上年增长2.41%;利税5.02亿元,利润2.77亿元,分别比上年增长20.47%和27.63%。规模以上工业企业有42个,工业总产值59.05亿元,比上年增长7.78%;主营业务收入占全部工业的比重上升到82.79%,比上年提高0.71个百分点;工业增加值11.37亿元,比上年增长24.51%。

【区域发展】 按照"左右并举、带动中间"的整体部署和"东特西优中整"的目标定位,推进三大区域协调发展。铁路以西现代服务业集聚区方面,启动崇安寺地区改造二期工程,开工建设红豆国际广场,启动恒隆商业广场项目的拆迁,楼宇经济发展质量明显提高。崇安新城(广益片区)建设方面,基础设施建设进展顺利,广南路南段、上马墩路东段竣工通车,基本建成江海东路辅道、广南支路,龙祥广场建成开放;主题市场规模不断扩大,市场总面积发展到100万平方米,年成交额达118亿元;新型社区建设有力推进,学前东路南侧、广益路北侧集中居住区初步形成,全市首个建筑面积达4.5万平方米的广益睦邻中心建成开放,广丰睦邻中心交付使用。中部地区发展规划进一步明晰。

【城建城管】 全年完成拆迁面积40.5万平方米,安置房在建60万平方米,竣工30万平方米。城市基础设施进一步完善。完成丁村支路、华新里等39条背街小巷整治和上马墩10.8万平方米老新村整治,更换屋顶水箱300只,对百岁苑、育才弄等15个老新村推行业主自治管理。大修改造泵站5座,加固驳岸圩堤980米。进一步提高城市管理水平。持续开展以"太湖杯"为载体、违法建设等突出问题为重点的市容环境综合整治,中山路整治改造胜利竣工,初步建立长效管理机制,市容市貌明显改观。全年新铺污水管道7546米,日削减污水26725吨,削减化学需氧量排放量15.47吨,生活污水集中处理率达80%以上,停止使用毛岸简易垃圾填埋场,城区固体生活垃圾实现日产日清,无害化处理率达100%。认真做好北兴塘河放马滩断面水质监测达标工作,完成第二轮14条小河道整治前期准备。着力推进"五小"(小印染、小化工、小水泥、小冶金、小电镀企业)企业整治,关停14个规模以下化工生产企业。江海东路以西区域建成清洁能源区,烟尘控制区、噪声达标区覆盖率保持100%。全年植树5万株,新增绿地30.8万平方米,7个社区建成绿色社区,6学校建成绿色学校。

【社区建设】 街道、社区居委用房3年达标任务基本完成,社区硬件设施建设跃上新台阶。建筑面积达1.5万平方米的崇安寺街道综合楼投入使用,广益街道新行政中心和上马墩街道综合楼开工建设;全区社居委用房全部达到500平方米以上。完成社居委换届改选,社区工作者平均年龄下降到40周岁,大专以上学历比例提高到53%。启动建设"便民、乐民、育民、健民、安民"10分钟服务圈,成功探索综治、禁毒、交通安全等社工队伍建设。崇安区被命名为"全国和谐邻里建设示范城区”。

【教卫文体】 全区已有省示范初中4所、省实验小学9所、市实验小学3所、省特殊教育现代化示范学校1所,义务教育优质资源比例达100%,入学率、巩固率保持100%,流动儿童在公办学校就读率达100%,学前教育优质资源比例提高到70%,毛入园率达99.36%。73%的中学教师具备本科以上学历,小学教师大专以上学历比例上升到84%。崇安区荣获“省义务教育均衡发展先进区”、“省社区教育实验区”称号。文化事业加快发展。制定《“文化崇安”建设行动纲要》。成功举办第十届崇安文化艺术节和区首届残运会暨特奥会。完成全国重点文物保护单位阿炳故居修缮工程。卫生事业稳步发展。区级卫生资源加快整合,基本医疗服务水平和公共卫生综合服务能力进一步得到提升。公共卫生体系逐步健全,传染病总发病率有效控制,爱国卫生和红十字工作进一步加强。计划生育率保持在99%以上,建成城区首个“世代中心”计生服务平台。文明程度进一步提高,崇安区跻身市首批文明城区行列。

【综合治理】 投资1300万元,在中心商务区设立277个监控点,形成高密度、高质量、全天候、全覆盖的技防监控网络。投资100多万元,提高老居民小区的治安防范能力。刑事案件发案率有效控制。严厉打击刑事犯罪活动,深入开展“打黑除恶”和对“两抢一盗”的专项斗争,“八大类”案件破案率达94.8%,人民群众对社会治安的满意率保持在93%以上,崇安区连续第四年荣获“省社会治安安全区”称号。积极创建“法治江苏合格区”。信访工作力度加大,维护了社会稳定。

【人民生活】 2007年,全区在岗职工平均工资达45188元,比上年增长16.65%。就业工作成效显著,开发社区灵活就业岗位2435个,下岗失业人员实现就业3121人,再就业率78.7%,38个社区建成充分就业社区。认真落实社会保障各项措施,完成社保扩面17558人,社会保险综合参保率达98.2%,企业退休人员社会化管理服务率达100%。最低生活保障等社会救助做到应保尽保,共发放各类救助金220多万元。以扶老、助残为重点的社会福利事业较快发展,区养老中心开工建设,各街道建立居家养老服务中心和残疾人康复站。

(区政府办)

南长区

【概况】 南长区位于无锡市市区东南部,是无锡城区的“南大门”,面积22.43平方公里,下辖迎龙桥、南禅寺、清名桥、金星、金匮、扬名6个街道办事处,共有58个社区居民委员会。全区有118935户居民,总人口333207人,其中男性168006人,占总人口的50.42%;女性165201人,占总人口的49.58%。2007年,全区人口出生率7.6‰,死亡率5.7‰,自然增长率1.9‰。区人民政府设在永丰路1号。

2007年,南长区加快经济结构调整,适应城区功能转变,化解资源环境压力,经济保持快速增长态势。全区完成地区生产总值105.1亿元,增长16.6%;财政一般预算收入10.5亿元,增长29.8%;社会消费品零售总额108.2亿元,增长20.5%;全社会固定资产投资37.6亿元,增长19.6%。各项经济指标均创历史最好水平。

【服务业】 2007年,全区完成服务业增加值48.3亿元,比上年增长22.1%;服务业增加值占GDP比重比上年提高2个百分点。随着新一轮城市经济的发展,地块项目对城区建设的推动作用日趋明显,积极实施地块带动战略,以地块项目集聚生产要素、以地块项目促进投资增长、以地块项目促进政府职能的转变、以地块项目带动建设发展已成为推动南长区发展的共识。2007年,南长区商贸流通业快速发展,茂业百货、百福超市、台湾欢乐城相继开业,沃尔玛、乐购、明泰百货等商贸企业发展态势良好。快速推进重大服务业项目建设,全面展开太湖广场现代商务中心建设,无锡茂业城、九龙仓高端商务大楼、无锡世贸中心、凯燕环球中心、朗诗未来之家等一批旗舰型服务业项目进展顺利。

【招商引资】 南长区不断加大对外开放力度。坚持“引进来,走出去”战略,引进区外注册资金超25亿元,引进服务业企业578个,其中注册资金超亿元的7个;工商登记协议注册外资0.8亿美元,到位注册外资0.66亿美元,分别比上年增长25.3%和13.2%;自营出口3.62亿美元,比上年增长24.1%。

【工业经济】 南长区发挥工业经济支撑作用,加快发展高新技术产业,实施技改扩能项目24项,工业经济保持高位运行,产销同步增长,效益稳步提高,通过加强技术创新、市场开拓、节能降耗和企业管理等有效措施,企业保持较强的市场竞争力,工业生产呈现良好态势,持续保持较高增长。完成工业增加值56.7亿元,比上年增长12.3%。建设2平方公里的扬名工业园,全面提升发展规模和档次,建成精密机械制造业、高端数字电子业、精细纺织服装业的三大基地。进一步提升规模工业效应,企业科技进步、节能降耗成效明显。1~10月,企业申报省级高新技术产品和项目17项,3项科技成果转化,2个企业申报市级高新技术企业,企业申请专利61件。

【民营经济】 全区民营经济持续壮大。积极实施《南长区创建民营经济最佳成长区三年行动纲要》,落实各项扶持政策,至年底,全区有民营企业7310个、个体工商户8900个,从业人员8.23万人。

【科技创新】 南长区加快“三创”(创新、创业、创意)载体建设,促进产业结构优化提升。启动南长科创中心、新天地创意中心建设,高新技术产业增加值占规模以上工业增加值的比重达38%,科技研发投入占GDP比重的3%。

【体制改革】 南长区不断深化行政管理体制改革。适应城市建设需要,组建区城市建设管理中心,进一步理顺建设与发展体制。顺应城管体制改革要求,实行城市管理与行政执法分离。推动人事制度改革,向社会公开选拔32名优秀青年担任社居委主任助理。推进财政管理体制改革,全面实行国库集中支付。

【城建城管】 积极推进南长新城规划与建设。坚持规划先行，继续完善南长新城建设规划，完成修建性详细规划的认证工作，建成历史街区基础资料数据库。完善路网规划，完成兴南路、通扬路、沁阳路等道路的设计。继续扩大"路长制"管理范围，抓好对"三乱"、无证摊担、占道经营、破墙开店、违法建设等行为的专项整治。投资500万元，对中南路、中桥二村地区实施综合治理，完成中桥二村疏导点建设和中南路临时疏导点的搬迁。落实治理太湖、保护水源各项措施，组织开展化工企业、"五小"企业、"三高两低"（高能耗、高污染、高危险和低产出、低效益）企业及扬名产业园区专项整治，关闭8个化工企业，整治"五小"企业、"三高两低"企业11个，淘汰高耗能设备140台（套），扬名产业园区铺设污水管网15000米。切实抓好新村小区生活污水接管工作，全面推进清洁能源区建设，完成燃煤单位10吨以下锅炉的整治改造任务。拆迁安置克难求进，以拆迁促建设、以拆迁促发展，启动拆迁项目32个，完成房屋拆迁面积75.82万平方米。加快安置房建设，累计施工面积69.2万平方米，竣工面积31.8万平方米。

【文教卫体】 南长区加快教育布局调整，撤并小学2所。投入2300万元，对20所中小学实施改建和维修，学校"四项配套"工程全面到位，教育事业呈现高位、均衡、优质发展态势，高质量通过省区域教育现代化的评估验收。积极打造"特色文化"品牌，组织开展第四届社区全民健身运动会和第五届社区文化艺术节。区文化馆被初定为国家一级馆，10项"非物质文化遗产"由市收录登记，其中"太湖船点"申报省级"非物质文化遗产"。加大公共卫生服务投入，市老年病医院易地重建主体工程封顶。强化社区卫生服务功能，与东南大学合作开展社区慢性病复式干预省级科研项目，建立居民家庭健康档案14.6万份，社区卫生接诊人数达到45.8万人次。

【社区建设】 全区有27个社区达到四星、五星级文明社区标准。投入700万元，启动5个社区服务平台项目建设。落实民族宗教政策，完成永兴寺的易地重建和南禅寺塔院管理的移交。依托社区服务平台，完善计生网络，开展系列特色活动，倡导婚育文明，提高出生人口素质，顺利通过省"十五"人口和计划生育终期评估。

【综合治理】 深入创建"平安南长"，落实区街领导信访接待日制度。完善以人民调解为基础的社会矛盾纠纷大调解机制，妥善处理各类不稳定因素。坚持"严打"方针，组织开展各类专项行动，群众对社会治安的满意度达到95%以上，社会秩序井然有序，获得"江苏省社会治安安全区"称号。深化"法治南长"创建，广泛开展"五五普法"教育，贯彻执行《中华人民共和国行政许可法》，进一步增强全民法制意识。

【人民生活】 南长区把富民工程摆上突出的位置，完成企业工资集体协商815个，开发社区灵活就业岗位2533个，完成下岗失业人员再就业10315人，充分就业社区创建率达80%。在岗职工人均收入37570元，比上年增长19%，增长率高于全市平均水平。进一步扩大社会保险覆盖面，完成社保扩面18423人，新增居民医疗保险18000人，发放失业救济金、优抚对象和困难对象慰问金200万元，城镇低保对象实现"应保尽保"。 （华伟宇）

北　塘　区

【概况】 北塘区位于无锡市市区西北部，总面积31.5平方公里，设黄巷、山北、北大街、惠山4个街道办事处，辖52个社区居民委员会，户籍总人口254111人，其中，男性126675人，占总人口的49.85%；女性127436人，占总人口的50.15%。2007年全区人口出生率4.53‰，死亡率3.65‰，自然增长率-2.77‰。区人民政府设在北塘大街188号。

2007年，全区地区生产总值162.96亿元，比上年增长16.02%，其中第三产业92.64亿元，占地区生产总值的56.85%，比上年提高了1.34个百分点；财政收入21.23亿元，比上年增长11.03%，其中一般预算收入11.05亿元，比上年增长12.75%；全社会固定资产投资完成43.12亿元，比上年增长22.35%。

【工业】 全年实现工业增加值70.32亿元，比上年增长12.5%。年内，引进各类企业1066个，其中注册资金超千万元的企业有40个；引进注册资金29.23亿元，比上年增长50.83%。推动科技创新自主创业。全年实现高新技术产业产值58亿元，申请专利150件，引进资金建设科技创业服务中心并成功创建为国家级科技孵化器。新增科技"三创"载体2.26万平方米，市高新技术产权交易市场建成运作。理顺管理体制，建立金山北科技产业园。加快引智引才步伐，引进2名"海归"创业人才，引进、创办30个科技企业，铭芯微电子项目、桑梧太阳能供热项目列入全市"530"计划。

【第三产业】 全年实现服务业增加值92.64亿元，全社会消费品零售总额106.18亿元，分别比上年增长18.81%和17.91%，服务业增加值占地区生产总值的比重达56.85%，比上年提高1.34个百分点。服务业到位外资2208万美元，占全区到位注册外资总量的53.57%。服务业固定资产投资41.05亿元，增长34.33%。加快服务外包企业引进和培育，全区共有服务外包企业20个，软件销售额1100万美元。加快工业企业退城进园步伐，全年收购企业8个，搬迁企业5个。

【街道及民营经济】 4个街道共完成财政收入15.96亿元，比上年增长8.71%；完成一般预算收入7.93亿元，比上年增长8.13%。加强对民营企业扶持服务，精心组织参加民高会、纺交会活动，全区完成民营经济增加值102.66亿元，占全区GDP的比重为63%，比上年提高4.11个百分点。

【体制改革】 以科学发展观为指导，全面加强执政能力建设。贯彻行政许可法、全面推进依法行政实施纲要，提升法治意识。强化行政评议考核和执法过错责任追究制，规范行政执法行为。完善政府领导和基层单位、重点工作挂钩联系制度，强化协调服务。深化政务公开，推进电子政务和网上咨询投诉办理工作，切实畅通服务渠道。推进"阳光工程"，严格执行工程建设招投标管理、财务管理、审计监督各项制度，规范公职人员廉洁行为。开展述职述廉、行风评议、警示教育、执法监察，推进商业贿赂治理工作，加强政府机关和公务人员廉洁自律。加大案件查处力度,立案查处违纪违法案件9件,挽回经济损失40余万元。

【城建城管】 推进基础设施建设。配合抓好市重点道桥工程建设,加快推进凤翔路、惠钱路建设,开工建设石澄二路,启动青石北路拆迁。整治听松坊、盛岸一支路等41条背街小巷,改造公厕21所。推进拆迁安置工作。坚持依法拆迁、规范操作,完善属地负责、部门挂钩的拆迁工作体系,强化工作协调、定期通报、裁决听证等拆迁推进机制,完成拆迁工作量100.2万平方米。推进安置房建设。民丰北苑、新惠家园一期、民丰西苑、广石家园安置房竣工交付,龙塘岸一期、五河一期、新惠家园二期多层结顶、高层在建,民丰丁巷、刘潭村委东侧、蒋家湾二期、四期、毛巷、龙塘岸二期安置房全面启动。全区开工在建拆迁安置房、经济适用房95.2万平方米,竣工44.9万平方米。推进城市长效管理。加快调整城市管理体制。深化"太湖杯"城管创优考评,对辖区21条道路实施"路长制"管理,考核成绩列全市第一。开展违法建设整治,拆除违法建筑10.4万平方米。对盛岸新村疏导点、山北农贸市场等重点地区开展市容专项整治,对81条非通航河道实施保洁考核,进一步改善市容环境。推进老新村"保洁、保绿、保安"管理,16个居民小区实行自治管理。全面完成民丰一、二社区18.1万平方米老新村整治工作,完成1万平方米住宅"平改坡"工程。排除阻力,强势推进,提前一年高质量完成惠山殡葬整治任务。围绕全市治理太湖保护水源,贯彻市委、市政府"两个决定"(《关于举全市之力开展治理太湖保护水源"6699"行动的决定》、《关于全社会动员全民动员开展环保优先"八大"行动的决定》),认真落实水环境保护各项工作,全面完成年度环境整治任务。强力推进产业整治。多措并举推进重点行业、重点企业整治工作,共整治关闭30个规模以下化工企业、2个"五小"企业,整治15个"三高二低"(高能耗、高污染、高危险,低产出、低效益)企业,提前一年全面完成产业整治任务。扎实推进截污接管。加快生活污水集中处理,辖区内42个居民小区接入城市污水管网。推进企业截污进程,259个企业完成污水接管,金山北工业园、锡北私营经济园全面实现接管截污。加快推进生态建设。新增绿地50万平方米,建成15个绿色社区。稳步推进清洁能源区建设,改造锅炉11台,新增清洁生产企业25个、ISO 14000环保认证企业21个。加强沿河两岸企业整治,落实河道调水清淤措施,推进住家船、洗车场、露天垃圾堆场整治,河道断面水质达标一期整治任务全部完成。全面推进节能减排。突出重点行业和企业,推进技术改造,落实节能措施,加大减排力度。重点企业化学需氧量排放量减少195.4吨,减排率48%,列入市考核的8个企业全年主要污染物排放总量下降50%,高能耗企业工业增加值能耗增长态势得到遏制。

【教卫文体】 推进教育现代化建设。加快教育布局调整,对五爱、盛岸、刘潭片小学实施规模办学,启动教育中心、新五爱小学、积余实验学校基础设施建设,完成盛岸二村小学改扩建工程,顺利通过省区域教育现代化评估验收。提升公共卫生水平。深化社区卫生服务管理体制改革,推进社区卫生服务中心人、财、物"三独立"。北塘医院成功转型为市康复医院。继续保持低生育水平,计划生育率达到99.8%。加快发展文化事业。积极开展群众文化活动,成功组织第二届民间艺术节,举办8场"激情周末"文艺演出,新建6个全民健身点。

【社区建设】 推进和谐社区建设。深化文明社区创建,举办第二届社区邻居节,组织开展首届三个文明"五星人物"评选,南尖社区被评为省文明标兵社区。完成社居委换届选举工作,成功承办中国社会工作协会城区工作委员会年会。

【综合治理】 健全信访工作责任制,加强社会矛盾纠纷调处,全年排查矛盾纠纷1164件,调解成功率99%。深化社会治安防控体系建设,新设治安查报亭16个,配备巡防车辆70辆,人民群众对社会治安满意率达95%,被命名为省社会治安安全区。加强各类安全管理,注重隐患排查整改,食品安全抽检合格率达94%,生产安全、消防安全和道路交通安全形势总体稳定。

【人民生活】 切实提高居民收入。全区股份经济合作社股民分红资金1451.84万元,股东人均分红424元。新增450个实施工资集体协商制度的企业,落实最低工资标准,规范企业收入分配,在岗职工平均工资达34336元,增长14.86%。提高社会就业水平。开发公益岗位,推广居家就业,发展家政服务业,全区居家就业人数达550人。创建15个充分就业社区,安置下岗失业人员10167人,其中"4050"大龄人员3542名。加强社保体系建设。全面建成社区就业和劳动保障信息平台,区、街、居3级低保工作体系进一步完善,累计发放低保金645.7万元。完成社会保险扩面18432人,城镇居民医疗保险参保20008人,对1500名城镇无保老人发放生活补助,新增4041名企业退休人员纳入属地管理。切实保障残疾人权益,新安置86名残疾人就业,重度残疾人康复寄养中心入住率达80%。积极开展社会关爱行动,对弱势群体实施生活救助,全年发放救助金2326万元。

(王庆华)

锡 山 区

【概况】 锡山区位于无锡市东北部。2007年,全区土地总面积396.8平方公里,设东亭街道办事处,安镇、羊尖、鹅湖、东北塘、锡北、东港6个镇和1个省级经济开发区。共有77个村委会、39个社区居委会。年末总人口40.2万人,人口自然增长率0.6‰。区人民政府设在东亭街道锡州中路1号。

2007年,全区完成地区生产总值250.7亿元,比上年增长15.9%;完成财政收入50.3亿元,其中一般预算收入21.3亿元,分别比上年增长41.6%和39.5%;完成工业总产值967.5亿元,比上年增长21.2%;完成全社会固定资产投资188.7亿元,比上年增长20.7%;各项存贷款余额分别是281.2亿元和187.8亿元,存贷比为66.8%。综合实力连续两年名列全国中小城市百强第11位。

【农业】 全区耕地面积17331公顷,农林牧渔业总产值12.8亿元。高效农业规模化步伐加快,农业向适度规模经营和现代都市农业规划区集中的面积比达62%,新增高效农业面积2020公顷、市级农业"龙头"企业2个,"一村一品"农业特色村比例达57.7%。加快建设现代农业开发试验区,绿羊花卉苗木园成功开园并列入全国农业旅游示范点，基本建成高科技农业示范园、红豆杉高科技产业园、太湖水稻示范园，现代农业博览园、斗山农业生态园建设进展顺利。

【工业】 完成工业总产值967.5亿元，工业增加值188.6亿元，分别比上年增长21.2%和12.7%。规模以上工业总产值751.7亿元，比上年增长24%；新增产值超亿元企业25个。民营经济完成增加值193.1亿元，占全部增加值的比重为76.9%。新增"中国名牌"产品4件、"中国驰名商标"4件。产业集聚步伐加快。工业集中区亩均投入、产出分别达200万元和210万元，镇级工业集中区产出占乡镇工业经济总量的80.2%。锡山经济开发区建成省级电子信息产业基地。节能减排强势推进。全年削减排放化学需氧量2000吨、二氧化硫972吨，全面完成年度减排任务。21个企业完成清洁生产审核，7个企业开展循环经济试点，锡山经济开发区启动创建市级循环经济示范园区。依法关停（变更）小化工企业107个。万元GDP能耗、规模以上工业万元增加值能耗分别下降4.5%和5%。启动建设开发区中水回用工程，创建节水型企业10个，万元规模以上工业增加值水耗25立方米。

【服务业】 实现服务业增加值84.5亿元，比上年增长18.7%，占GDP比重达33.7%；实现社会消费品零售总额71.5亿元，比上年增长18%；完成服务业投入73.8亿元，比上年增长35.6%，高于工业投入23个百分点。初步形成江南商贸物流城锡山片区等四大现代服务业发展板块，实现重点市场交易额180亿元。开发区服务外包基地正式成立，锡东新城、鹅湖数码动漫研发基地跻身中国服务外包示范区行列，高铁站前商务区规划全面启动。

【开放型经济】 全年完成外贸供货额165.5亿元，比上年增长26.2%；全区自营进出口总额28.2亿元，其中自营出口总额16.2亿元，比上年增长32.8%。新批外资项目92个，完成协议注册外资6.8亿美元、到位注册外资3.5亿美元，其中服务业利用外资4666万美元。锡山经济开发区成功引进凯普动力、易买得等一批重大项目。新批自营进出口企业93个，"走出去"企业16个；成功设立国家级电动摩托车生产出口基地；由红豆集团主导开发建设的柬埔寨西哈努克港经济特区进展顺利，成为国家首批境外经贸合作区。

【科技创新】 锡山区蝉联三届（2001～2002年度、2003～2004年度、2005～2006年度）"全国科技进步先进区"称号。2007年，完成高新技术产业产值256亿元，高新技术产业增加值占规模以上工业增加值比重达36.5%；研究与开发经费占GDP比重达2.1%。建立国家火炬计划无锡轻型多功能电动车产业基地，无锡同方科技创业园有限公司被认定为省级高新技术创业服务中心。建立东南大学博士后流动站锡山基地、南京农业大学太湖水稻博士后流动站，加快建设清华大学无锡科技成果转化基地。全年获江苏省重大科技成果转化项目3项，引进"530"计划项目7个。加快建设索立得国际科技合作园、锡山科技创业中心等科技"三创"和服务外包载体，全年建成各类载体12万平方米，入驻各类创新型企业27个。新增省级以上高新技术企业30个，列入省火炬计划项目24项；新批国家重点新产品4个，省高新技术产品40个；新列入国家创新基金计划项目2项；新增市级工程技术中心3个；发明专利155件，占申请专利总量的12%。

【体制改革】 进一步削减审批事项12项，区行政服务中心审批事项集中率达78%。区级机关全面实行财政国库集中支付，在鹅湖镇启动乡镇国库集中支付制度改革试点。顺利完成新一届村（居）委换届选举，10个村的无候选人一次性直接投票选举、9个社区的"户代表直选"试点成功。红豆股份顺利发行5亿元公司债券，大为科技、新广联等企业完成上市辅导。政、银、企合作向纵深推进，金融机构授信金额达110亿元。

【城镇建设】 全年投入6.1亿元，建成骨架道路36.7公里。锡张路、锡太路（锡山段）建设竣工，加快推进锡张高速公路征地拆迁。整治锡北线航道，新（改）建桥梁32座。在全市率先完成城镇公交化改造，新增公交线路17条。安镇、鹅湖等5座新建污水处理厂全部投入运行，完成配套管网310公里，基本实现管网城镇全覆盖，城镇污水集中处理率达到80%。基本完成张周桥港桥头公园、华夏路北延、新明路西延、社会停车场一期等工程。市首个区级规划展示馆建成，安镇医院主体工程完工，和泽公园建成并开放。全年清淤372万立方米，基本完成九里河、北兴塘河、大塘河示范段整治。建成农村人工湿地污水处理设施200座、集中污水处理设施4座，农村生活垃圾无害化处理率达到85%。新增绿化面积1333.3公顷，森林覆盖率达19.1%，较上年提高3.1个百分点。全年环境质量综合指数为84，达到国家生态区考核标准。成功创建成全市首批文明城区。安镇、羊尖、锡北、鹅湖等镇通过国家环境优美乡镇省级验收。东亭、东北塘、羊尖等镇创建为国家卫生镇，省卫生镇创建实现全覆盖，省卫生村总数达97个。

【社会事业】 强势推进区域教育现代化，教育事业优质均衡发展。义务教育阶段免收学杂费，启动东北塘初中和怀仁中学新校区建设，率先通过省区域教育现代化建设水平评估。社区卫生机构健全率达100%，东北塘社区卫生服务中心创建成省级示范中心。推进镇级文体中心建设，成功举办第二届阿炳文化艺术节等活动。荡口、严家桥等古镇古村保护性修复取得新进展，启动修复老义庄、端居堂、倪瓒纪念馆，完成吴歌申报国家级非物质文化遗产工作。切实稳定低生育水平，基本建立流动人口计生管理服务长效机制，出生人口素质明显提高。残疾人康复和就业帮扶力度加大，建成20个康复社区。锡山区被命名为江苏省首批体育强县（市），并创建为全国科普示范区。

（区档案局）

【综合治理】 积极创建"法治江苏合格区"，大力开展"五五"普法，建立行政首长出庭应诉制，成为市辖区首个省级依法行政示范点。扎实推进"平安锡山"建设，加大对安全生产、产品质量、道路交通、食品药品质量等管理力度，大信访、大调解、大防控机制更趋完善，进一步扩大法律援助覆盖面，社会矛盾纠纷调处成功率达98%，刑事案件发案率下降5.3%。

【人民生活】 全年城镇居民人均可支配收入、农民人均纯收入分别达20898元和10033元，分别比上年增长14.9%和

13%。全年培训城乡劳动力1.5万人次,提供就业岗位2.1万个,新增就业再就业7530人,农村劳动力充分就业比重达88%,12个社区被评为省充分就业社区。在全市率先启动实施城镇老年居民养老补贴政策,全年发放补贴资金231.2万元。职工基本养老与基本医疗、失业、工伤、生育保险协调推进,分别新增参保职工2.6万人、1.7万人、1.9万人、2.6万人和2.4万人。年内,两次提高征地保养金和新农保保障标准。第三年龄段(女性40周岁以上未满50周岁、男性50周岁以上未满60周岁)、第四年龄段(女性50周岁以上、男性60周岁以上)被征地农民保养金分别提高到每月250元和300元,新农保提高到每月80元。新型农村合作医疗参合率达99.5%,实施10种常见病单病种费用限额结算。全面推行城镇居民基本医疗保险,参保居民达4.9万人。全年发放低保金1557.8万元,发放慈善资金662.9万元。　(区档案局)

惠山区

【概况】　无锡市惠山区位于无锡市西北部,南邻崇安区、北塘区,北接江阴市,东连锡山区,西靠常州市武进区。区域面积327平方公里,下辖1个省级经济开发区、4个建制镇、3个街道办事处,有118个村民委员会、26个社区居民委员会。全区总人口70万人,其中流动人口30万人,人口密度2140人/平方公里。2007年,全区人口自然增长率1.01‰,计划生育率达99.17%。区人民政府设在堰桥文惠路8号。

2007年,全区完成地区生产总值308亿元,比上年增长15%;财政总收入61.74亿元,其中一般预算收入27.17亿元,比上年增长37.05%;全社会固定资产投资200亿元,比上年增长11.1%;社会消费品零售总额55.5亿元,比上年增长17.1%;外贸出口总额92912万美元,比上年增长47.83%;到位注册外资18000万美元,比上年增长15%;万元地区生产总值能耗下降4.5%,化学需氧量排放总量削减8.6%,二氧化硫排放总量削减2.4%。在中国中小城市科学发展评价体系研究成果发布暨第四届中国中小城市可持续发展高峰论坛上,惠山区被评为2007年度全国中小城市综合实力百强第6位。

【农业】　继续发展高效农业,加快精细蔬菜产业园等重点农业项目建设,新增高效农业面积853.33公顷,新建农业特色村54个,阳山水蜜桃园区创建为国家级农业标准化示范园区。　(区政府办公室)

【工业】　大力发展循环经济,建成循环经济产业链示范企业6个,淘汰高能耗、高污染设备120台(套),淘汰供热管网范围内燃煤锅炉100多台(套),40个企业通过市级清洁生产审核。整治淘汰落后企业,依法关闭74个化工企业,整改淘汰“三高两低”、“五小”企业22个。工业技改投入46.2亿元,实施3个重点节能降耗技改项目,实施22个省、市技术创新项目。22个行业大类中,19个实现销售收入同比增长,其中有色金属、服装及纤维增幅超过25%;光伏、风电及汽车零部件为代表的新兴产业快速发展,销售总收入接近100亿元。新增民营企业1015个,“玉龙”商标被认定为惠山区首个“中国驰名商标”,新增6个国家免检产品,6个产品标准列为国家标准,4个企业参与制订行业标准,14个企业采用25项国际和国外先进标准组织生产,专利申请量继续保持全市第一。完成工业总产值970亿元、纳税营业收入960亿元,分别增长16.9%、16%。科技经费占同级财政实际支出比重超1.5%,全社会研发投入占地区生产总值比重提高到2%。启动建设洛社软件科技创业中心、上海交大无锡大学生创业园、中国通用国际化标准信息研发中心,新增创新、创意、创业载体10万平方米。区科技创业中心二期竣工投用,科技创业中心和留学生创业园分别创建为省级创业中心、省级创业园。引进市“530”项目15个。新增省级以上高新技术企业46个、市级以上企业工程技术研究中心8个、省级高新技术产品32个,首次获得省重大科技成果转化项目2项,高新技术产业增加值占规模以上工业比重达24%。　(区政府办公室)

【服务业】　完成服务业总投入102亿元,出台服务外包发展意见及规划,推进明发商业广场等10大重点服务业项目,建成服务外包载体1.93万平方米。新增服务外包企业20个,完成业务总额2600万美元。4个软件企业取得省级“双软”认证资格。商品房销售面积超129.3万平方米。全年完成服务业增加值84.1亿元、社会消费品零售总额54.5亿元。

【开放型经济】　出台“310”引才计划,成功举办赴美招才引智活动,全年引进“海归”人才15名、“双高”人才21名。建成生物医药测试平台、东南大学博士后流动站惠山基地、金属表面处理博士后工作站,开展百名博士、硕士进惠山活动。成立区政产学研联盟,落实校企科技成果转化项目26个。新批三资企业48个,新增到位注册外资1.8亿美元,其中服务业到位注册外资2300万美元。完成自营出口9亿美元,增长45%,其中高新技术产品出口比重达11.3%。新增境外企业12个,永鑫国际控股在新加坡成功上市。　(区政府办公室)

【城镇建设】　深化区域功能布局。开展“五位一体”城市设计,完成惠山新城中央商务区等15个重点地区的城市设计和钱桥地区概念性规划,规划编制前洲谢村、玉祁礼舍村新型农村社区修建性详细规划。稳妥推进拆迁安置工作,归并自然村庄93个,完成拆迁117万平方米,建成安居房67万平方米。深化基础设施建设。推进“六路一河”(342省道延伸段新建工程、229省道改建工程、洛南大道新建工程、西环线新建工程、惠钱路改建工程、凤翔路中段改造工程及西站物流园区藕塘港专用航道整治)重点工程建设,其中342省道延伸段、锡澄线改建工程竣工通车。改造危桥34座。投资1亿元完成水利总土方224万立方米、护岸工程17公里,加高加固圩堤61.9万立方米。深化重点功能区建设。加快锦绣商业广场、洛社新城、藕塘职教园区、玉祁新区、西站物流园区基础设施建设,惠山新城城市功能不断完善。深化新农村建设。高标准完成12个村庄整治示范村改造。前洲镇创建为市新农村建设示范镇,24个村创建为市新农村建设示范村,启动建设阳山农家乐项目。全面建立水环境治理“河长制”,设立62个监测断面。深化治污措施。实行更为严格的环境准入和排污许可制度,率先设立乡镇环保分局,实现环境监管职能前移。开展河道生态净水工程,整治河道136条,完成河道整治3年行动纲要总目标。完成河道绿化面积36.3万平方米。全面启动建设生活污水管网,新建主管网124公里,推进“五大河流”(直湖港、京杭运河、锡澄运河、锡北运河、洋溪河)沿线16个自然村生活污水处理试点工作。全面取缔生活垃圾填埋场,建设压缩式垃圾中转站7座。全面推行畜禽准养制和大牲畜退出机制。加快绿色惠山建设。投入2.3亿元完成绿化造林666.67公顷,新增城镇绿地145万平方米,绿化覆盖率提高到27%。钱桥、阳山、堰桥三镇创建为国家环境优美乡镇。环境质量综合指数达82。（区政府办公室）

【社会事业】 财政累计预算安排科教文卫经费5.8亿元。通过科普示范区国家级验收。启动建设惠山职教中心新校区,全面实施中小学“四配套”(农村中小学实验设备、图书资料、体育、艺术教育器材等设施设备的建设)工程,中学省标创建全部达标,通过省区域教育现代化达标区评估验收,被评为省义务教育均衡发展先进区。资助困难学生1188人次,解决2.2万名流动人口子女入学问题。全面建成村级文体活动中心,公共文体服务网络实现全覆盖。社区卫生服务普及率达100%,出台单病种限价等8项卫生惠民服务措施,启用新型农村合作医疗结算信息化管理系统。通过“全国亿万农民健康促进行动”省示范区验收,卫生免疫规划获省级评审一等奖。

【综合治理】 大力完善社会管理机制。深入开展“十个和谐”创建活动,全面实施“挂镇包村联户”活动。在全市率先完成惠山、青龙山殡葬整治工作。继续完善大信访、大调解、大防控体系,建立社会利益沟通渠道和协调机制,信访量和群体性事件大幅下降。出台突发公共事件应急预案,完善政府快速反应和危机处理机制。健全安全生产监管体系,事故起数和死亡人数实现“双下降”。

【人民生活】 职工年平均工资31366元,比上年增长18%;农民人均纯收入10450元,比上年增长10.2%;企业工资集体协商覆盖率达85%,最低工资标准提高到850元。健全完善社保体系。新增企业养老保险1.9万人、职工医疗保险8600人。实施城镇老年居民养老补贴制度,按时发放农村老年农民基本养老金。筹集历次被征地农民保障金5.25亿元,按时足额发放保养金。城乡低保对象实现应保尽保,被征地农民低保实现城乡接轨。实施城镇居民医疗保险制度,新型农村合作医疗参合率达99.7%,人均筹资标准达220元。新增外来人口“两集中”(集中居住,集中管理)居住区(点)5万平方米。建立星级为农服务社20个。免费为808名老年白内障患者实施手术,成为全省首个老年人光明无障碍区。集中供养“五保”对象增扩100人,对残疾救助对象提供生活补助,通过残疾人康复示范区国家级验收。（区政府办公室）

滨 湖 区

【概况】 滨湖区位于无锡市西南部,南依太湖,北接北塘、惠山两区,东连南长区、新区,西临常州市武进区。总面积608.58平方公里,陆地面积264.62平方公里,耕地面积5666.67公顷,辖马山、胡埭2个镇,蠡园、滨湖、华庄、雪浪、太湖、河埒、荣巷、蠡湖8个街道办事处,拥有无锡太湖国家旅游度假区、江苏省蠡园经济开发区、江苏省无锡太湖山水城旅游度假区、江苏无锡经济开发区、无锡太湖新城科教产业园5个开发区,共有40个村民委员会和77个社区居民委员会。2007年末,全区总人口64.77万人,其中户籍人口47.22万人。人口出生率7.11‰,人口死亡率5.1‰,人口自然增长率2.01‰,计划生育率99.89%,人口密度为每平方公里2448人。区人民政府设在金城湾迎宾路1号。

2007年,全区完成地区生产总值328亿元、财政一般预算收入28.5亿元、全社会固定资产投资156亿元,分别比上年增长15.1%、35.7%、12.6%,区域经济社会呈现良好的发展态势。（尹 赟）

【工业】 完成工业应税销售收入691.98亿元,同比增长15.7%;规模以上工业实现总产值432亿元,同比增长12.8%;268个规模骨干企业完成纳税销售368.8亿元,占全区工业总量的53.3%;加快推进新城工业安置区西拓等,全区工业集中度达到82%,标准厂房租售率、入驻率分别达到98%和82.3%;电子信息、生物医药、精密机械等产业产出占规模以上工业总产值的比重超过52%;获得“中国名牌产品”1个、国家免检产品2个、“省名牌产品”5个、省著名商标5个。（过 锋）

【农业】 全年农业总收入5.05亿元,粮油总产量15178吨,精品蔬菜种植面积达到1400公顷,优质茶果和花卉种植面积达到2400公顷,新增6个“一村一品”特色村,特色村比例达到58%;新增农业适度规模经营面积333.33公顷,适度规模经营比例达到61.1%;红沙湾农业生态园二期等项目顺利竣工并投入运营。（顾文泽）

【服务业】 全年服务业应税营业销售收入682.53亿元,同比增长25.6%,487个服务业规模企业完成纳税营业销售收入达375亿元,占全区服务业总量的55%;服务业固定资产投入115.07亿元,同比增长20.9%,经营性投入达38.1亿元,同比增长79.7%;服务业增加值141.36亿元,占全区GDP比重达43.1%。全年共启动建设投资1000万元以上服务业项目74个,计划项目开工率达90%,蝴蝶大厦、欧尚超市等32个项目如期竣工,北大软微学院、金泰国际广场等大型项目当年投入超过1亿元。（周宇航）

【旅游业】 全年接待旅游总人数738.94万人,同比增长16.07%;实现旅游总收入62.24亿元,同比增长15.28%;实现旅游增加值23.28亿元,同比增长15.53%。成功举办第四届无锡太湖山水文化节、第三届无锡太湖生态旅游节等旅游节庆活动50余次。其中,太湖山水文化节被评为2007年中国十大自然生态类节庆之一。开展旅游促销,成功举办华东百强旅行社聚首滨湖活动。三国水浒城景区晋升全国首批5A级景区,红沙湾农业生态园成为全国农业旅游示范点。（周宇航）

【民营经济】 加快民营经济最佳成长区建设,全年完成纳税营销962.3亿元、上交税金32.02亿元,同比分别增长38%和23.2%;完成民营经济增加值237.4亿元,占GDP的比重超过

72.4%;新增省民营科技企业25个,二泉集团、雪浪输送机械、方成彩印等多个企业分别入围市“效益型”、“外向型”、“科技型”、“成长型”十佳企业。 (过 锋)

【开放型经济】 突出招商选资和选商择资,全年组织开展精准招商活动70余次,新批外资项目32个,完成工商登记协议注册外资1.73亿美元,到位注册外资1.51亿美元。外经、外贸结构明显优化,全年完成自营出口总额8.02亿美元,其中高新技术产品出口比重提升到14.8%;新办境外企业4个,完成境外工程承包营业额5200万美元。新兴产业发展取得突破,工业设计园、太湖新城科教产业园、马山生物医药研发服务外包区列入“中国服务外包示范区--无锡太湖保护区”组成园区,新引进旭天科技等外资服务外包企业10个和麦索尼克控制阀、康明莱德生物医药科技等创意研发中心9个,服务外包完成业务总额10438万美元,启动马山生物医药研发服务外包区、江苏基础软件产业园建设;新引进侠客行数码等动漫企业10个,《秦汉英杰》、《哈皮父子》、《奥数快乐行》等多部动漫影视产品在中央、省、市电视台播放。 (吴剑峰)

【科技创新】 深入开展“7+1”(清华大学、北京大学、南京大学、东南大学、复旦大学、上海交大、同济大学和中科院)政、产、学、研合作,积极实施“530”计划,签约“530”A类项目6个;申请专利700件,完成专利授权470件,发明申请量和专利授权量分别比上年同期增长50%和71%;完成高新技术产业产值176.2亿元,增加值占规模以上工业增加值比重达38%;新增省级以上高新技术企业26个,总数达119个;开工建设“三创”(创新、创业、创意)载体49万平方米,竣工33万平方米,累计建成52万平方米;引进各类人才1300名、开展职业技能培训2010人;成立注册资本为1亿元的滨湖科技创业投资有限公司,设立3000万元的科技产业创新发展基金;荣获“全国科技进步先进区”、“江苏省知识产权示范区”称号,通过“全国科普示范区”验收。

【体制改革】 扎实推进改革攻坚各项重点工作,基本完成国有(集体)产权制度改革,累计盘活、退出公有资产32亿元;完善和深化事业单位改革,完成116个区属事业单位分类改革,园林绿化、市政养护、环卫作业实行“管养(干)分离”,社区卫生服务、义务教育改革同步推进;稳步推进农村综合改革,累计组建村级股份经济合作社84个、混合型土地股份合作社15个;1个企业成功上市。 (过 锋)

【城乡建设】 完成美湖、河埒、渔港片区、太湖新城科教产业园等21项城市设计和控制性详细规划,全面完成全区新一轮县道、环卫、教育设施布局、现代服务业发展等专项规划及新型农村社区修建性详细规划等的编制工作。全年拆除各类建筑289万平方米,撤并自然村57个,开工建设安置房309万平方米,竣工153万平方米,完成安置4076户计66万平方米。新(改)建垃圾中转站5座,公共厕所25座,翻新自来水管网2.14万米,新增村镇下水道4.6万米,改造背街小巷26条,完成梅梁新村老新村改造12.5万平方米和“平改坡”工程2.2万平方米,人防工程竣工4万平方米。优化生态环境质量,建设节水型示范点,实施8大类30项生态环境保护工程,制定和实施“治太护源”综合举措,完成污水管网建设132.92公里、单位和片区截污346个,实施自然村点源处理26个;加强环境执法监管,推进循环经济试点,全部完成年度减排任务,削减化学需氧量排放量202.9吨;开展“绿色滨湖”建设,完成造林绿化285.87公顷,植树31万株,新增城镇绿地173.6万平方米,实施生态林补偿5008.4公顷,2个宕口复绿,全面完成矿山环境整治。加强城市管理,实施城管体制改革,区环卫处、市政养护处、绿化处成建制划转到区城管局;开展“太湖杯”城管创优、“路长制”管理、“两整两创”、违法建设整治等活动,拆除各类违建28.6万平方米,86个村(社区)通过了区级标兵、示范村(社区)验收。大池西路、隐秀路、鸿桥路北段、公益路、景宜路、景宜桥等“五路一桥”建成通车,河埒市民广场二期、杨木桥绿化工程建成开放,河埒中学、育红小学、区防保大楼建成投用。全面启动河埒核心商务区、美湖片区启动区等17个拆迁项目和大丁佳苑、梁湖南苑、中南家园、江大龙山等经济适用房建设。 (郑建峰 周宇航)

【社会事业】 进一步加大教育投入,“四配套”工程全面完成,“一网新三机”(班班通校园网,班班配备电脑、视频展示仪、高清晰投影仪)进教室建成率达91%,流动人口子女进入公办学校就读率达97%,通过省区域教育现代化验收。扎实推进社区卫生服务一体化管理和“三独立”(独立法人、独立账户、独立运行机构)工作,4个城市社区卫生服务中心和23个社区卫生服务站通过市级验收,并取得社保定点资格。区防保大楼投入使用,全面完成滨湖医院新大楼土建工程,医疗卫生硬件建设切实加强。基层文体阵地建设不断加强,全区公共体育设施达452个,人均拥有面积约0.32平方米,建成8个省级农家书屋、13个市级文化示范社区和4个示范点。“中国(无锡)龙舟基地”挂牌成立,荣巷街道社区体育健身俱乐部荣获国家级“社区健身俱乐部”称号,成功举办“湖滨假日杯”国际龙舟邀请赛等大型活动。计生工作任务全面落实,计划生育率保持在99.5%以上,人口自然增长率控制在2‰以内。(钱燕红)

【综合治理】 深入推进“平安滨湖”、“法治滨湖”系列创建活动,不断完善“大防控、大调解、大服务”机制,“打黑除恶”、反“邪教”、禁毒等专项斗争深入推进,发案率不断下降,各类不稳定事件得到妥善处置,全区治安防控体系得到健全,群众的安全感不断提升。依法治访力度不断加大,信访各项制度全面执行,信访办结案率达98%以上,区级人民来访接待中心投入使用。新市民安居乐业工程深入开展,“两集中”居住点建设力度不断加大,外来人口管理服务工作明显加强。

【人民生活】 居民收入水平逐步提升,实现城镇居民人均可支配收入21058元、农民人均纯收入10920元,分别比上年增长15.1%、13.2%。社会保障日益完善,实现养老保险扩面33941人、参保率达到90%;发放老年农民养老补贴1050余万元,发放城镇老年居民养老补贴360万元;新增城镇居民医疗保险参保人员3万余人;安置失地农民8761名,其中纳入城保体系2793人、政府保养5968人,安置率100%。就业服务日益优化,完成就业培训1.3万人,新增就业岗位27993个,实现就业19579人,城镇登记失业率、农村调查失业率均低于全市平均水平。 (顾文泽)

无锡新区

【概况】 无锡新区位于无锡市东南部，总面积220平方公里。辖无锡国家高新技术产业开发区、无锡太湖国际科技园、无锡空港产业园、无锡新加坡工业园、无锡出口加工区5个园区，江溪、旺庄、新安3个街道办事处，梅村、鸿山2个镇。2007年年末总户数99261户，常住总人口30.4万人。外来人口360328人，比上年增长13.1%。境外人口5126人，比上年增长15.7%。新区管委会办公地设在新区天山路5号。

2007年，新区以占全市6%的人口和土地，创造了占全市15%以上的地区生产总值和地方一般预算收入、25%的规模以上工业产值、45%的高新技术产业增加值、50%的服务外包产值和到位外资、60%的进出口总额、90%的高新技术产品出口。全年实现地区生产总值600亿元，同比增长19%；技工贸总收入2890亿元，同比增长26.7%，其中服务业收入790亿元，同比增长26.4%；财政总收入114亿元，同比增长39%，地方一般预算收入48.8亿元，同比增长38%；全社会固定资产投入294亿元，同比增长20%，其中服务业投入82.2亿元，同比增长31.3%；进出口总额298亿美元，同比增长30%，其中出口154亿美元，同比增长34%；到位注册外资12.5亿美元；工业销售收入2100亿元，主要经济指标对全市贡献份额提升1~2个百分点。

【开放型经济】 全区共新批外资项目70个，协议注册外资18亿美元，其中增资项目注册外资11.85亿美元，占全部注册外资的66%。9个银行组成的国际银团为海力士－意法半导体有限公司注入了7.5亿美元资金，进一步巩固了无锡在中国集成电路产业的“龙头”地位。尚德太阳能、普利斯通等重大项目增资，以及引进世界500强中的卡特彼勒等高端制造业项目成为招商转型的导向，利用外资结构趋于优化。无锡美新半导体公司和无锡希姆莱斯公司分别在纳斯达克和纽约交易所上市。世界500强企业欧迪办公投资的BPO项目－－欧迪办公网络技术有限公司无锡公司落户新区，随后将设立子公司并扩展成为华东地区的结算中心以及呼叫中心。新区尚德光伏产业园签约，江苏省太阳能光伏产品质量监督检验中心揭牌成立，以尚德为“龙头”的光伏产业步入跨越式发展轨道。江苏文化创意产业园、无锡新区创新创意产业园正式开园，园区一期规划总面积为13.5万平方米，“芯天地”（集成电路设计集聚区）、“智慧谷”（综合服务平台）、“梦工场”（动漫游戏产业集聚区）、“数码阁”（软件及外包产业集聚区）等载体相继建成，为软件开发、IC设计、动漫游戏等三大产业集群的形成奠定了基础。

【投资环境】 积极应对太湖水危机，治理太湖“6699”行动和环保优先八大行动取得重要阶段性成果。集中开展沿太湖区域蓝藻打捞、封堵排污口、拆除住家船和定置渔具、取缔沿湖传统种养殖业等环境治理工作。集中开展京杭运河（新区段）、伯渎港、望虞河等主要河道综合整治，明显改善主要河道水质。集中开展污水处理厂提标扩容和污水管网铺设接管工作，全区全年共建设污水管网192公里，完成梅村、新城污水处理厂二期扩容建设。水务公司正式挂牌成立，顺利推进海力士再生中水厂建设，关停93个化工企业，进一步强化结构调整、节能减排工作。万元GDP能耗0.46吨标煤，再降1.1个百分点，是全国平均水平的三分之一，全市平均水平的二分之一。化学需氧量和二氧化硫排放量在2005年基础上削减8%，为全市的1%。全区共完成锡太线新区段、长江北路、新光路、锡兴路、锡梅路、薛典北路等重点道路建设及城市化改造41公里。全区范围内开展拆迁攻坚战成效显著，共完成拆迁260万平方米。功能区开发亮点凸现：完成太科园科技东（西）路、菱湖大道、近湖路、净慧寺路等主要道路骨架搭建，江苏对日软件外包园一期、近湖水岸商业休闲街区、新安花苑睦邻中心初步竣工；新引进独立研发中心8个，软件及服务外包企业10个。空港园全面落实“港、区、街”三位一体管理体制，初步完成机场扩建规划和园区控制性规划编制，正式启用新航站楼，10个航空物流项目落实意向签约。集中开展生态修复工作，伯渎港沿河景观改造工程全面启动；完成造林绿化285.67公顷，新建10块大型公共绿地，新增绿地218万平方米，建成区绿化覆盖率达到42%，100%的乡镇建成省级环境优美乡镇。

【科技创新】 全区各项科技指标完成良好，实现高新技术产业增加值290亿元，高新技术产业增加值占规模以上工业增加值比重达到69.2%，研究与开发经费支出占GDP比重达到3.65%。全区共引进各类科技型企业220个，其中，创意、研发及工程技术中心66个。推进质量立区战略，获准筹建国家太阳能光伏产品质量监督检验中心，无锡宝通带业有限公司产品获“中国名牌”称号，无锡希姆莱斯石油专用管制造有限公司和美新半导体股份公司双双在美国纽约证券交易所和纳斯达克证券交易所成功上市；全年申请专利891件，其中，发明专利占专利总数比重超过21%。“三创”载体建设成果显著，尚德光伏产业园开工建设，创新创意产业园、江苏国际技术转移中心正式开园，太科园内江苏软件园、大学科技园一期竣工。产学研合作拓展深化，落实以“7＋1”框架为重点的产学研合作项目45项，与清华大学、南京大学的产学研合作进一步深入。印度NIIT、IBM等一批软件及服务外包人才实训项目全面启动。“530”项目新区入围20个，完成注册19个，居全市第一，占全市近40%。以“530”项目为核心的领军型创业人才集聚成效显著，全区新增硕士170名，海外留学人员160名，软件动漫高端人才200名，每万人拥有人才2370人。

【服务业】 服务业利用外资、项目引进和载体建设3项工作齐头并进，加快发展高端服务业。全年服务业增加值占GDP的比重达26%以上，同比提高近1个百分点；服务业到位外资近1亿美元，占全部到位外资的8%，同比提高3个百分点。全区共引进软件动漫企业70个，服务外包企业53个，服务外包业务总额占全市50%以上，4个服务外包企业入围全市首批“123”计划。日本NEC信息系统（中国）有限公司华东地区最大发包中心、清华紫光、中国电信（无锡）国际数据中心等重大服务外包项目落户新区；宝龙城市广场、新港物流园区、夏普物流中心、丰树－普罗斯物流园、欧陆风情广场等生产、生活配套服务业项目开工、开业。商贸商务功能区新世界国际纺织服装城成功开业，正式启用无锡汽车东站，深港国际服务外包基地项目顺利开工，全面启动建设中央公园。基本完成吴越文化功能区保护开发规划，鸿山生态农业示范园被认定为首批“江苏省现代农业示范区”,开工建设鸿山遗址博物馆暨吴文化博物馆。

【镇、街经济】 全区各镇(街道)共完成地区生产总值301亿元,同比增长26.5%;完成技工贸总收入1408亿元,同比增长29%;完成财政总收入34.3亿元,同比增长25.8%;完成地方一般预算收入16.4亿元,同比增长28.7%。新增本地人员个体工商户2052户,民营注册资本增长23%。工业企业加速向园区集中,到年底,镇(街)工业集中度达86%,比2004年提高21个百分点,产业优化升级步伐加快,进一步凸现集聚、集约发展成效。

【社会事业】 人民群众对区域文明程度满意度进一步上升,共创建以旺庄街道春潮园二社区、硕放街道南星苑二社区为代表的和谐社区、特色社区23个。全区创建3个省、市示范社区卫生服务中心,创建个数及比例均居全市第一;成功争创2007年度市级人口与计划生育工作创新项目。区域教育现代化创建工作顺利通过省验收,伊顿国际学校主体工程竣工,“双语教育”实验学校增加到5所。

【综合治理】 以构建和谐社会为主线,“平安新区”、“法治新区”建设扎实推进,维护社会稳定、治安防控、外来人口管理服务等工作思路新、措施实营造了和谐稳定的社会环境和公正高效的法制环境,新区再次被省委、省政府命名为“社会治安安全区”。安全生产工作紧抓不懈,亿元GDP安全生产事故率全市最低。信访工作形势趋于好转,未发生非正常进京上访和重大群体性事件,全区社会大局总体保持稳定。

【人民生活】 高度重视民生工作。城镇居民人均可支配收入达到20891元,农民人均纯收入达到12605元,同比分别增长14.9%和12%。顺利完成10个村级集体经济股份合作制改革工作,成功创建以房权换股权为主要资本来源的无锡新安富民股份合作社。全区共创建充分就业社区59个,消除零就业家庭。加快推进社会保障工作,各类基本社会保障覆盖面达98%。全面实施城镇老年居民养老补贴制度,并足额发放到位。新型农村合作医疗全面惠及新区百姓,参保率达99.8%,人均筹资水平300元,位列全市第一。进一步完善拆迁安置政策,拆迁新政基本实现平稳过渡,不断提高被征地农民保养金标准。 (汪 英)

江阴市华士镇龙砂村

龙砂村地处华士镇北郊,辖区面积2.88平方公里,全村24个村民小组,820户,总人口2818人,耕地面积900亩。

全村工商开票销售14.81亿元,其中二产完成国税开票14.7亿元,村级总资产3887万元,负债649万元,净资产3238万元,06年农民人均收入达到13279元。现有各类企业45家,主要骨干企业有江阴市华诺新型材料有限公司,江阴市振东金属制品有限公司,江阴开缘金属制品有限公司,江阴鼎祥金属材料品有限司,江阴新盛金属制品有限公司,江阴妙洁胶乳有限公司,超亿元企业4家,企业行业结构以黑色带钢,医用手套,纺织为主导产品。村级实力的提升更全村农民带来了更丰裕的福利,龙砂村对男满60周岁、女满55周岁的村民每月发放70元基本养老金,并交纳农村新型医疗保险,纯农户享受基础养老金每月80元,村民土地入股按每亩700元年终一次性进行分红。

为改善村容村貌,2006年共计投入240万元对自然村庄进行了全面整治。309户村民墙面统一用外墙涂料进行粉刷;新浇水泥路8000多米,新建篮球场及乒乓球室各一个,公厕三只;主干道两旁进行了绿化;为确保区域环境卫生,制定了内河日常管理保洁制度,村民居住区配有专业保洁队伍,每天清扫整理,统一把垃圾收集送往指定地点;对污染企业加大监测力度,确保达标排放。目前,村民自来水安装户率达100%,村级主干道硬化率达100%,主干道河道和居民区绿化率达90%,河道水体保洁率达100%

常 州 市

【地理位置】 常州地处江苏省南部、长江三角洲腹地,位于北纬31°09′~32°04′、东经119°08′~120°12′。常州地貌类型属高沙平原,山丘平圩兼有。南为天目山余脉,西为茅山山脉,北为宁镇山脉尾部,中部和东部为宽广的平原、圩区。境内地势西南略高,东北略低,高低相差2米左右。 (平 凡)

【行政区划】 2007年,全市辖武进、新北、天宁、钟楼、戚墅堰五区和金坛、溧阳两市,共有20个街道办事处、37个镇。 (丁 逸)

【土地、矿产资源】 全市土地总面积4375平方公里,耕地面积20万公顷,陆地面积36.18万公顷,水域面积7.33万公顷。

全市拥有较为丰富的矿产资源。已发现可供利用的金属矿产有铁、锰、铜、金(均为小型矿),非金属矿产有岩盐、石灰岩、方解石、硅灰石、膨润土、陶土、玄武岩、石英砂岩、砖瓦黏土、矿泉水等共18种。全市有矿产地约35处,其中大型矿床3个、中型矿床6个、小型矿床26个。金坛盐矿不仅储量高达163亿吨,而且矿层厚、品位高、易开采。溧阳方解石储量为2700万吨,居全省首位。已探明的矿泉水储量为2.7万吨/日以上。 (平 凡)

【气候】 2007年,常州市年平均气温偏高,高温日数多,夏天炎热。日照充足,光照条件好。年降水量正常,但时间分布不均。灾害性天气多。

全年平均气温为17.28℃,比常年偏高1.48℃,属偏高年份。全年降水量1117.2毫米,比常年偏多25.6毫米,属正常年份。降水的季节分布为夏季偏多,其他各季偏少。

全年日照时数2085.2小时,比常年偏多145小时,属正常略偏多,日照充足。但日照时数时间分布不均,季节分布为秋季、冬季正常,春季、夏季偏多。 (何靖宇)

【雨情、水情】 2007年属正常年份,年降水量接近常年偏少,梅雨量比历年(指历年平均值,下同)偏多,为历年的1.4倍。河、湖、库水位普遍接近常年偏低。

雨情。梅雨:6月21日入梅,7月24日出梅,梅雨期为34天。梅雨期降水时空分布不均匀,具有明显的间歇性。全市平均梅雨338毫米,(常州武进地区418毫米,金坛510毫米,溧阳162毫米),为历年的1.4倍。全市梅雨量最大站点为沿江魏村闸站589毫米,为历年的2.45倍,列历史第二位(1991年968.5毫米),最小站点为全市溧阳前宋水库站107毫米,为历年的42%。

汛期(5~9月)降雨:全市面平均降雨量670毫米,与历年持平。在时空分布上,5月份雨量为75毫米,是历年同期的72%;6月份雨量为71毫米,是历年的38%;7月份雨量为312毫米,是历年1.85倍;8月份雨量为94毫米,是历年的73%;9月份雨量为116毫米,是历年的1.36倍。汛期降水量在地区上分布:常州武进地区723毫米,金坛823毫米,溧阳522毫米。

年降雨量:全市面平均降雨量1076.1毫米,比历年偏小2.8%。最大一日降水量站为金坛站201.2毫米。全年降水量:常州站997.7毫米,溧阳站983.6毫米,金坛站1246.9毫米。

台风:汛期受1次台风影响,影响程度一般。9月18~19日,受台风"韦帕"影响,全市普降中到大雨,溧阳地区为暴雨。主要站点台风过程降水量:常州站46毫米,金坛站59毫米,溧阳站101毫米。

暴雨:主要暴雨日有5月23日、7月3日、7月7日,其中7月3日暴雨中心在大运河九里、常州和金坛一带。日降水量:常州站129毫米,九里站134毫米,金坛站177毫米。最大点为金坛新浮山水库199毫米,最小点为溧阳沙河水库1毫米。 (胡金虎)

【交通】 常州水陆空交通便利。沪宁铁路、沪宁与宁杭高速公路、312国道、京杭大运河穿境而过。全市水网纵横交织,连江通海。长江常州港为一类口岸,成为常州及周边地区重要的物流集散地。民航常州机场有开通至北京、广州、沈阳等地的航线,每周70多个航班。 (平 凡)

【历史文化】 常州是一座有着2500多年文字记载历史的文化古城,古名延陵,系春秋时期(公元前547年)吴王寿梦第四子季札的封邑。历史上向为郡、州、路、府治,曾有过延陵、毗陵、毗坛、晋陵、长春、尝州、武进等名称,隋文帝开皇九年(589年)始有常州之称。

当代缪进鸿历时数载,对先秦以来全国400多座城市的杰出专家、学者的地域分布统计分析,得出常州位居苏州、杭州、北京之后名列第四位的结论。肇始于2500多年前建邑延陵的季札,以善外交、精礼乐、重然诺而见称于诸侯各国。南朝齐高帝、梁武帝生于古武进县城。以主编《昭明文选》的萧统为代表的萧氏家族在文学、史学、音乐上造诣颇深。明代有"吴士争为弟子,德望重于江南"的教育家谢应芳,有文学家、抗倭英雄唐荆川。至清代,出现以庄存与和刘逢禄为代表的阳湖文派、以张惠言为代表的常州词派以及孟河医派等。近现代有洋务派代表人物盛宣怀、爱国实业家刘国钧、书画家刘海粟等。在学术科学领域享有学术界最高荣誉的,民国时期有赵元任、吴稚晖、吴定良等多名中央研究院院士;解放后至2007年,在当选的中国科学院院士和中国工程院院士中,常州籍的有39位、24位,居江苏省辖市第三位。

常州,又是一座具有光荣革命传统的英雄城市,是中国共产党早期重要领导人瞿秋白、张太雷、恽代英和政治活动家董亦湘,以及爱国七君子中的李公朴、史良等为代表的一批革命家和社会活动家的故乡。溧阳水西村曾是新四军江南指挥部所在地,陈毅、粟裕率新四军浴血抗战,为中国人民的解放事业立下了不朽功勋。

常州名胜古迹众多,现有国家级重点文物保护单位4处。省级文物保护单位20处,市级文物保护单位94处。其中,有国内外罕见的最为古老的地面城池遗址——淹城遗址;建于唐代、号称“东南第一丛林”的天宁寺;因苏东坡来常州并泊舟而得名的舣舟亭;始建于北宋的文笔塔;建于唐昭宗年间的红梅阁等。历史文化名人故居有中国共产党早期重要领导人瞿秋白、张太雷,宋代大文豪苏东坡,抗倭名将唐荆川,著名画家恽南田、汤雨生,著名诗人黄仲则,著名史学家赵翼、屠寄,著名谴责小说家李伯元及李公朴、史良故居等30多处。常州园林历史悠久,数量众多,明清两代盛极一时,有40多处,现保存较好的有近园、约园、半园、亦园、寄园、止园、意园、聊园、暂园、未园等。　(平　凡)

【常州城市名片】 常州城市名片宣传用语:

经济名片:装备制造业(近代工业发祥地,现代装备制造城)

科教名片:常州科教城(银领摇篮,科教名城)

文化名片:中国(常州)国际动漫艺术周(动漫之都,动感之城)

人物名片:常州“三杰”(常州“三杰”——从常州走出的中国红色领袖)

地域名片:东经120°线(北京时间在常州——东8时区基准线东经120°线唯一穿越城区的中国较大城市)

胜景名片:天宁寺、天宁宝塔(千年古禅寺,神州第一塔)

旅游名片:中华恐龙园(东方侏罗纪,中华恐龙园)

生态名片:天目湖(山水梦幻天目湖)

工艺名片:宫梳名篦(一切从头开始)

历史名片:淹城(中吴名邑,春秋淹城)　(平　凡)

【经济发展】 2007年,全市实现地区生产总值(GDP)1881.3亿元,按可比价格计算比上年增长15.6%。分产业看,第一产业增加值63.4亿元,增长3.5%;第二产业增加值1122.6亿元,增长16.2%;第三产业增加值695.2亿元,增长16%。产业结构得到明显优化,三次产业比重结构为3.4∶59.6∶37,其中第一、第二产业比重下降0.4个、0.8个百分点,第三产业比重提高1.2个百分点。全市按常住人口、户籍人口计算人均生产总值达43695元和52840元,按现行汇率折算超过5800美元和7000美元。财政收入。全年实现地方一般预算收入158.1亿元,增长33%;地方一般预算收入占GDP的比重继续提高,由7.6%提高到8.4%。

财政的公共服务能力有所增强,对科技、教育、文化、卫生、环境保护、社会保障以及新农村建设等的资金投入力度稳步加大。全年一般预算财政支出154.6亿元,增长31.4%,其中社会保障和就业支出14.8亿元,增长42.4%;教育支出24.7亿元,增长35.7%。

【农业及农村经济】 2007年,全市实现农林牧渔业总产值108.9亿元,比上年增长6.7%。粮食生产能力稳步提高,全市粮食播种面积16.46万公顷,增长11.5%;粮食总产量94.8万吨,减少0.4%。优质水稻、优质油料作物种植比例达85.6%、95.5%,提高5.8个、14.7个百分点。“武育粳3号”作为中国粳稻的代表品种列入世界十大粳稻品种,“武育粳15号”成为农业部首批认定的超级稻示范推广品种。全市水稻亩产580.3公斤,单产水平连续五年位居全省第一。

农业产业结构调整步伐加快,高效规模种养业加快发展,花卉苗木、茶叶等特色产业成为发展亮点。全市高效种植面积42067公顷,高效渔业面积15333公顷,生猪、肉禽、奶牛规模养殖比重达60%、91%、87%,规模养殖水平全省领先。花卉苗木种植面积16667公顷,增长4.6%,武进区被国家林业局授予中国花木之乡称号。全市茶园总面积7200公顷,增长16.1%,其中无性良种茶园面积1987公顷,增长68.6%。至年底,全市共有无公害农产品生产基地257个,有省级以上认证的无公害农产品327只,获得绿色标志的农产品220只,有机食品101只,增长0.4%、26.2%、70.5%、46.4%。

*农产品市场建设力度加大。*江苏凌家塘农副产品批发市场搬迁新址,交易额在全国百强农产品市场排行榜上名列第三;武进夏溪花木市场苗木交易额名列全国第一,交易量位列华东地区首位。

*农机水平不断提高,水利建设顺利推进。*水稻种植基本实现机械化,机种水平达75.1%,比全省平均水平高出45个百分点,在全省、全国居领先地位,其中武进区、金坛市率先在全国实现水稻生产机械化。年末全市拥有各类联合收割机2251台,其中高性能自走式联合收割机1082台,增长0.8%。全市三麦机收率98.6%,水稻机收率91%,提高0.1、3.5个百分点。

*城乡水利建设工作取得明显进展。*全年水利建设项目累计完成投资突破10亿元,完成各类水利建设土方2684万立方米,修建各类配套建筑物1692座,改造中低产田2800公顷,疏浚农村河道130条、452公里,完成圩堤加固87公里,兴建防渗渠道263公里,恢复治理水土流失面积35平方公里。

*“三大改革”得到深化,新农村建设成效显著。*农村集体经济股份合作基本完成改革任务,全市有387个村和1300个组完成股份合作制改革,农村集体经济股份合作社全年向社员分红2.5亿元;农民专业合作经济组织快速发展,全市新增农民专业合作经济组织47个,累计达466个,其中农民专业合作社218个,入社农户7.3万户,带动农户24.6万户,农民专业合作社按交易额向社员二次返利7581万元,按股分红3004万元;农村土地股份合作开始破题,全市共成立17家土地股份合作社,入社农户3700户,入社的村民小组25个,入股土地面积733.3公顷。

*农村生态环境有所改善,村容村貌发生明显变化。*全市农村无害化户厕改造率80%,有一半以上的行政村实行垃圾集中处理,近50%的村庄河塘实施清淤,发展户用沼气1500户,有20个规模畜禽养殖基地实施粪便无害化处理工程,连续两年每年成片造林面积在3333公顷以上。

【工业】 2007年,全市完成现价工业总产值5243.3亿元,比上年增长24%,其中规模以上工业企业完成工业总产值4253.9亿元,增长29.2%。工业增加值占地区生产总值的比重达55.1%,对GDP增长的贡献份额达53.6%。规模以上工业中,轻工业完成产值1031.5亿元,增长13.5%;重工业完成产值3222.4亿元,增长35.1%。各种经济类型全面增长,全市国有工业产值为71.3亿元,增长28.4%;集体工业产值120.6

亿元,增长17.1%;私营工业产值1893.1亿元,增长31%;外商及港澳台资企业完成产值1419.6亿元,增长35.5%。

工业企业的营运能力和获利水平有所提高,工业经济整体效益稳步攀升。全市规模以上工业完成产品销售收入4171.1亿元,增长28.6%;实现利税301.8亿元,增长31.8%;实现利润188.8亿元,增长32.7%。规模以上工业产品销售率98.2%,工业经济效益综合指数达192.5%,提高16.5个百分点。规模以上工业总资产贡献率、工业增加值率、成本费用利润率、全员劳动生产率为12.7%、20.7%、4.8%、14.04万元/人,均有所提高。

规模企业数量增加,支撑作用明显提升。全市规模以上工业列入统计企业4768家,净增535家。全年产值超亿元企业745家,增加159家,其中超10亿元的企业57家,增加17家。产值规模居前的100家企业全年完成现价产值1779亿元,在全市规模以上工业中所占比重达41.8%,对规模以上工业增长的贡献份额达47.1%。全市利税超亿元工业企业49家,增加15家;利润超亿元工业企业34家,增加8家。

大企业、大集团发展取得显著成效。全市54家列入统计企业集团中年营业收入超过20亿元的有25家,增加3家;营业收入超过50亿元的有10家,增加1家。中国百兴集团、常林工程机械集团、江苏申特钢铁有限公司3家企业(集团)全年营业收入首次突破百亿元大关,全市百亿元企业(集团)数量由2家增加到5家,中天钢铁集团以超过200亿元的营业收入和超过10亿元的利税居全市百亿集团的榜首。

主要行业的产业集中度有所提升。全市工业经济涉及的34个行业大类中,经济总量居前五位的行业是黑色金属冶炼及压延加工业、化学原料及化学制品制造业、电气机械及器材制造业、纺织业和通用设备制造业。五大行业全年完成产值2354.9亿元,在全市规模以上工业中所占比重达55.4%。

【建筑业】 2007年,全市实现建筑业增加值86.8亿元,按可比价计算比上年增长4.7%;建筑施工企业完成施工产值493亿元,增长32%;施工面积4954万平方米,增长19%;竣工面积2181万平方米,增长19%。建筑企业按施工产值计算的全员劳动生产率达15.8万元/人,提高15%。

【国内贸易】 2007年,全市消费品市场呈现繁荣活跃的景象,区域性商贸中心、特色商贸街区和社区商贸网点梯级商贸服务网络日益完善。全年实现社会消费品零售总额610.9亿元,比上年增长18.4%,其中批发零售业完成零售额533.4亿元,增长18%;住宿和餐饮业完成零售额70.3亿元,增长22.5%。全年城市市场实现消费品零售额557亿元,农村市场实现消费品零售额53.9亿元,增长19%、12.8%。汽车、居住、通信等消费热点进一步升温,限额以上批发零售业全年实现商品零售额194.7亿元,增长19.2%,其中汽车类增长29.1%,家用电器及音像器材类增长26.4%,黄金珠宝类增长42.6%,电子出版物及音像制品类增长25.6%。

新型流通业态和现代经营方式得到快速发展。至年底,在全市155家限额以上有综合零售贸易企业中,综合百货商店有15家,超级市场有24家,专业和专卖店80家,销售额占零售贸易业销售总额的15.7%、17.9%、58%。

商品交易市场发展加快。年末拥有年成交额超亿元的大型骨干市场57家,成交总额676.7亿元,增长34.1%。常州长江塑料化工交易市场和江苏凌家塘农副产品批发市场商品成交额首次突破百亿元大关,成为引领全市商品交易市场快速发展的龙头。

【邮电通信】 全年完成邮政业务总收入3.9亿元。增长16.8%,发送各类函件9091万件,特快专递210万件,增长3.5%、31.3%。全市通信业务收入39.9亿元,增长13.5%。邮电通信能力继续增大,电话普及程度不断提高。年末全市本地网电话交换机容量291.9万门,移动电话交换机容量452万门,增长0.3%和26.3%。年末本地网电话用户数213.1万户,无线市话用户76.9万户,移动电话用户302.3万户。网络信息化建设步伐进一步加快,年末全市互联网用户数42.5万户,增长45.6%,其中宽带网用户38.8万户,增长41.5%。

【金融保险业】 各级金融机构认真贯彻金融调控政策,促进金融经济良性互动和协调发展。至年末,全市本外币各项存款、贷款余额为2305.9亿元、1628.4亿元,比年初增加285.1亿元、253.7亿元;人民币各项存款、贷款余额为2263.8亿元、1590.1亿元,增加289.8亿元、241.5亿元。全年金融机构累计现金收入6304.1亿元,现金支出6390.7亿元,收支相抵现金净投放86.6亿元,比上年增加10.9亿元。

股票市场交易活跃,成交金额大幅攀升。全市14家证券营业部共成交各类证券额5961.9亿元,增长4.6倍,其中股票成交额5861.8亿元,基金成交额98.8亿元,债券成交额1.3亿元,增长4.6倍、4.5倍、13.6%。股民年末持有A股股票市值361.2亿元,增长3.4倍。

保险市场多元发展,保费收入稳步增长。年内新增保险机构10家,年末全市拥有保险公司28家。全年实现保费收入47.4亿元,增长11.3%,其中财产险保费收入14亿元,人身险保费收入33.5亿元,增长24.6%、6.6%;全年各类保险赔款支出17.1亿元,增长21.3%,其中产险、寿险支出8.1亿元和9亿元,增长15.5%和26.9%。

【房地产业】 2007年,全市完成房地产开发投资225亿元,比上年增长31.6%,占全社会固定资产投资的比重为18.7%,其中住宅完成投资159.2亿元,办公楼完成投资6.7亿元,商业营业用房完成投资33.8亿元,增长29%、32.8%、29.1%。年底在建商品房屋施工面积2197.3万平方米,增长29.1%。

全年新开工面积813.7万平方米,下降3.1%;房屋竣工面积602.2万平方米,增长51.4%。全年实现商品房销售额228.5亿元,增长19.5%,其中住宅销售额193.7亿元,增长30.3%。销售各类商品房579.5万平方米,增长20.9%,其中住宅514.5万平方米,增长26.1%;办公楼13万平方米、商业营业用房44.5万平方米,下降28%和4.9%。

【旅游业】 积极实施政府主导型旅游发展战略,不断加大景区景点投人和建设力度,旅游的知名度和美誉度大幅提升。2007年,全市旅游总收入199.3亿元,接待海外旅游者25.8万人次,接待国内旅游者1746万人次,比上年增长29.1%、17.9%、16.2%。旅游基础设施日趋完善,接待能力显著提升,年末旅游涉外、星级饭店(宾馆)共有59家,其中五星级3家,四星级12家;旅行社共有81家,其中国内百强旅行社3家。旅游区(点)建设取得新进展。年末共有33个旅游区(点)和17个国家工农业旅游示范点,国家AAAA级旅游区(点)7个,中华恐龙园、亚细亚影视城、红梅公园、荆川公园、新北中心公园、溧阳天目湖旅游度假区和金坛茅山风景名胜区全年接待游客均超过100万人次。

【固定资产投资】 坚持将加大投入与优化经济结构、提升产业层次相结合,促进投资结构的优化调整。2007年,全市完成全社会投资1203.9亿元,比上年增长26.5%,其中国有经济投资224.1亿元,外商及港澳台商投资181.1亿元,民营企业投资798.8亿元,增长25.5%、27.3%、26.6%,在全社会投资中所占比重为18.6%、15%和66.3%。投资结构得到优化,全年工业投入680.9亿元,增长21%,其中高新技术产业完成投资156.5亿元,增长99.3%;服务业实现投资516.3亿元,增长34.4%,在全社会投资中所占比重由40.4%提高到42.9%。

(吴　煜)

【体制改革】 加快国有经济布局调整,积极推进市属国有企事业单位改制扫尾工作,完成常州市机关房产开发服务公司、大地测距仪厂、调速器厂、三信润滑油厂等一批国有企事业单位的改制。企业融资渠道进一步拓宽,年内有3家企业实现境内外上市,2家上市公司实现再融资,共募集资金23.5亿元。至年末,全市有境内外上市企业15家。

【民营经济】 民营企业发展步伐明显加快,民营经济日益成为常州的主体经济。至年末,全市拥有私营企业(含分支机构)5.4万家,个体经营户12.3万户,比上年增长7.1%、2.9%。全市私营企业注册资本853亿元,户均注册资本157.3万元,增长22.6%、14.5%;个体经营户注册资本35.6亿元,户均注册资本2.9万元,增长17.4%、16%。民营企业的经营规模逐渐壮大,年末全市共有规模以上民营工业企业3794家,占规模以上工业企业的79.6%;户均产值6519万元。户均资产4148万元,户均从业人员119人。

全市民营经济总量首次突破千亿元大关,达1100亿元,增长17.6%,在全市经济总量中所占比重达58.5%。民营经济对地方财政的贡献作用日益提升,全年民营经济上缴税收180.2亿元,增长35.7%,占全市税收总收入的比重达63.1%,提高2个百分点。

【开放型经济】 全市对外贸易积极化解出口退税政策调整、人民币持续增值的影响,继续保持平稳较快增长。2007年,全年外贸进出口总额132.3亿美元,比上年增长26.7%,其中进口33.8亿美元,出口98.5亿美元,增长32.6%、24.8%。机电产品出口份额有所上升,全年机电产品出口额49.2亿美元,增长25.1%,占出口总额的比重达49.9%;骨干企业支撑作用日趋明显,全年出口额超1000万美元的企业216家,增加56家,共完成出口62.1亿美元,占出口总额的63%。

远洋市场得到进一步拓展,全年贸易伙伴遍及全球,美国、日本和欧盟依然是常州市出口的主要市场,全年实现出口18.8亿美元、11.9亿美元和20.1亿美元,增长6.8%、8.1%和40.9%,在全市外贸出口总额中所占比重为19.1%、12.1%和20.5%。

积极推进"招商引资"向"招商选资"的转变,全市共新签协议外资项目401个,协议注册外资44亿美元,增长33.5%;经商务部确认的实际到账注册外资18.3亿美元,增长46.6%。大项目引进取得新的突破,全年新批超千万美元以上的项目151个,协议外资额29.6亿美元,增长24.5%,占全市注册外资总额的67.3%。"以外引外"成倍增长,全年有262家外商投资企业新增协议注册外资15.3亿美元,增长74.4%;实际到账外资中,"以外引外"项目所占比重达55.8%,总额10.2亿美元,相当于上年的3倍。全年新签服务业外资项目81个,协议利用外资16亿美元,增长32%,占全市协议外资总额的35.3%。

全年新签外经合同额5.2亿美元,增长44.8%;完成外经营业额3.3亿美元,增长44.7%。对外承包工程增势强劲,全年新签千万美元以上工程项目12个,合同额3.6亿美元,项目平均规模3264万美元,提高1597万美元。全年新核准境外企业25家,其中非贸易型企业11家、贸易型企业(机构)14家,中方投资1459万美元。当年全市新派出劳务人员1172人,至年末,在外劳务人员3932人。

【外事】 2007年,全市接待外宾100批、1101人次,其中副部长以上团组7批、105人次;接待到常州考察访问的外国驻华使领馆官员21批、128人次,接待来访外国记者10批、49人次。至年底,有9个外国城市与常州市结为友好城市,友好城市来访团组26批、584人次,组织21个团组、189人次出访友好城市。全年派遣出国研(进)修生53人次。　(吴　煜)

【社会事业】 科技事业:2007年,常州市大力推动创新型城市建设,科技进步对经济社会发展的推动作用进一步增强,常州市连续十年被评为全国科技进步先进市。全年R&D投入占GDP的比重达1.63%,比上年提高0.11个百分点;实施省以上科技项目180项(国家级项目24项),获上级科技拨款13543万元。全市企业技术研发投入超过50亿元,专利申请量6021件、授权量2202件,增长75.4%和41.7%。产学研对接成效显著,举办2007中国常州先进制造技术成果展示洽谈会、中欧国际产学研合作论坛等重大产学研活动12次,签订科技合作协议180项,大院名校在全市设立研发机构45家。

特色产业基地进展良好。年内新批建设国家输变电特色产业基地、国家特色产业基地8家,常州软件园被评为现代服务业集聚区、江苏省国际服务外包示范区,常州国家动画产业基地被评为全国十佳最具投资价值创意基地,津通国际工业园被科技部认定为国际科技合作基地,化学合成及抗肿瘤药物产业集群被科技部认定为全国首批50个创新集群之一。全市新增国家级重点高新技术企业18家、省高新技术企业245家,新增省高新技术产品410只。全市高新技术产业实现产值2020亿元,增长33.4%,提前完成科技"三倍增"(到2007年,全市高新技术产业产值实现1700亿元,比2002年412亿元增长三倍)目标任务。

【文化事业】 基层文化网络和广播电视网络基本形成;"农家书屋"加快推进,全年增设150家"农家书屋";"三送"活动有序开展,组织下乡送书1.8万册、送戏300场、送电影6500场。

文艺精品创作更加活跃，新创演锡剧《浣纱谣》入选“2006～2007年度江苏省舞台艺术精品工程”剧目，锡剧《烟村三月》、《浣纱谣》获得省第五届戏剧节优秀剧目一等奖。原创舞剧《格桑花·茉莉花》、音乐剧《鲁乐回家》获省第五届音舞节金奖。

【体育事业】 成功举办全国女足超级联赛南区第二阶段循环赛、江苏省青少年阳光体育运动联赛等17项国家级和省级赛事。常州籍运动员在国际、国内重大比赛中，获得1项世界冠军、13项全国冠军。“千村体育健身工程”全面推进，全年新增社区健身活动场所308个，其中乡镇体育健身中心31个；体育人口（指每周进行体育活动3次，每次锻炼半小时以上人群）比重达48.8%，提高2.3个百分点。全年售体育彩票3.7亿元，增长39.5%。

【社会保障】 2007年，常州市出台城市“一老一少”医保制度，“知青半家户”每月领取养老补贴，市区万名原乡镇企业大集体退休职工、小集体退养人员全部纳入社会保险基金发放，基本形成覆盖城乡居民的社会保障体系。截至年末，全市养老保险参保单位3.4万个，参保人员86万人，比上年增长10%、8.2%；全年养老保险费收入46.9亿元，养老金支出27.9亿元，增长46.5%、14.9%；养老保险费征缴率97.6%。年末失业保险参保人数65.3万人，失业保险基金收入3.3亿元，支出1.6亿元，增长7.6%、29.5%、20%。城镇职工医疗保险覆盖面进一步拓展，年末医疗保险参保单位3.1万个，参保人数99.9万人（含离退休人员），增长19.3%、11.3%；医疗保险覆盖面达97.4%，提高1.3个百分点。年末有定点医疗机构184家、定点医务室（所、站）99家、定点零售药店338家。

【社会福利与救济】 2007年末，常州市拥有各类养老机构104个，床位总数11087张，收养人数6522人。以应保尽保为目标，城乡居民最低保障覆盖面不断扩大。全市有33754户、69186人纳入低保范围，其中城镇低保对象11629户、23758人，农村低保对象22125户、45428人，全年共发放保障金9728万元。慈善募捐活动得到社会各界积极响应，常州市区参与慈善捐款的企业达192家，其中捐款1000万元以上的企业有15家，全市慈善基金总量达12.7亿元。助医、助学、助老、助孤、助残、助灾“六助”活动广泛开展，全市全年发放慈善救助金4595万元。受助人数71968人。全年发行福利彩票2.2亿元，比上年增长45%。

司法部门积极开展法律援助业务，为贫、弱、残和特殊案件当事人提供多层次、多形式的法律援助服务，年末全市有8个法律援助中心，全年接受法律咨询人数达1.5万人次，受理法律援助案件1226起，增长33.6%、31%。（吴 煜）

【人口与就业】 2007年，全市人口和计划生育综合改革不断深化，以现居住地为主的人口和计划生育管理体系基本形成，流动人口的计划生育管理纳入社会化动态监测，覆盖城乡的计生公共服务网络和载体建设得到加强。全市当年出生人口27236人，出生率为7.65‰。出生婴儿男女性别比为106.5∶100，自然增长率为0.969‰。年末户籍人口357.4万人，比上年增长0.8%；暂住人口149.3万人，增长4.6%，其中暂住一年以上人口51.9万人，增长19.3%。全市计划生育率98.8%，提高0.2个百分点；独生子女率81.6%，与上年持平。

在全国地级市中率先整合劳动力市场、人才市场和高校毕业生市场，组建常州市人力资源市场，并对就业困难人员通过政策扶持、技能培训、公益性岗位安置、结对帮扶，促进困难群体再就业。全年筹集就业再就业资金1.7亿元，支出1.2亿元；完成各类再就业培训3.8万人次；援助困难群体实现再就业6127人，3.2万名失业人员实现再就业，城镇登记失业率为3.21%。

建成全市农村劳动力资源信息库，实现农村劳动力转移就业和培训的信息化管理，全年新增农村劳动力转移2.8万人。

【人民生活】 2007年，全年城市居民家庭人均可支配收入19089元，人均消费支出13789元，比上年增长14.7%、10.3%；农村居民人均纯收入9033元，人均生活消费支出7400元，增长12.9%、13.5%。

家庭耐用消费品拥有量继续增加，年末每百户城市居民家庭拥有家用空调153.8台、汽车8辆、组合音响34.2套、移动电话181.4部、家用电脑62.5台、热水淋浴器89.4台；每百户农村居民家庭拥有彩电157.8台、摩托车92.6辆、洗衣机98.4台、热水淋浴器85.8台、移动电话166.5部、影碟机41.7台、家用空调103.7台、家用电脑22.5台。

*居民储蓄继续增加。*年底居民储蓄存款余额1092.1亿元，当年新增78.2亿元，其中定期储蓄存款余额804.6亿元，新增39.6亿元；活期储蓄存款余额287.5亿元，新增38.6亿元。

年内市区完成拆迁5576户，完成拆迁面积87.8万平方米。开工建设新都市花园、飞龙新苑等经济适用房小区，新增经济适用房50万平方米。年末城镇居民人均住房建筑面积30.2平方米，农村居民人均住房面积57.7平方米。廉租房保障标准逐步提高，市区累计近5000户低收入家庭购买经济适用房，2576户困难家庭享受廉租住房制度保障政策，6个共计24.6万平方米老住宅小区完成综合整治，受益居民达3216户。

【市场物价】 全市食品价格大幅上涨，市场价格水平总体呈现上涨趋势，全年居民消费价格指数为103.3，涨幅上升1.5个百分点。八大类商品价格“六升二降”，其中食品、居住、家庭设备用品及维修服务、医疗保健和个人用品、衣着、烟酒及用品价格上涨10.4%、4.2%、1.4%、0.9%、0.4%、0.4%，娱乐教育文化用品及服务、交通通信价格下降3.8%、3.2%。食品价格涨势强劲，上涨范围不断扩大，平均价格增长10.4%，直接拉动居民消费价格总水平上升3.32个百分点，成为物价总水平走高的决定性因素。（吴 煜）

【重大工程建设】 2007年，全市加快推进城市高架快速路建设，高架路一期工程拆迁、管线迁移结束，实现结构基本贯通；健身北路及延伸工程，北环路以南段完工通车，科教城地道、常金路、常焦路、长江路等近20项道路工程完工，玉龙路、五一路等其他道路建设项目均完成年度计划目标。人居环境更趋优化，弱电杆线入地、市容环境综合整治、背街小巷整治、水环境整治污水截流工程等全面完工。江边污水处理厂二期完成前期准备工作,排江口工程年内完成高位沉井、配电间施工,供水、燃气管网和公交场站建设等工程全面完工。所有辖市、区都通上高速公路,年末全市等级公路总里程6209公里,其中高速公路总里程221公里,比上年增长24%、88.9%。

【公用事业】 2007,公用事业管理和服务水平不断提高。对49个菜市场进行提升改造,其中完成内部提升24个,实施原址改造12个,实施搬迁移建13个。完成一期268条背街小巷综合整治工程,自来水"一户一表"改造1万户,城区供水总量3.2亿立方米,其中居民生活用水0.95亿立方米,供水普及率达100%。全社会用电量230.6亿千瓦时,增长8.4%,其中城乡居民生活用电18.7亿千瓦时,增长8.1%。年末市区管道燃气用户达22.9万户,增长18.5%;城市供气气化率达98%。全市生活污水日处理能力为40万吨,城区生活污水处理率82%。城市照明科技含量和照明设施防盗能力不断提升,年内解决照明盲区33个,年底城市路灯总数9.4万盏,增长19.6%。

【城市绿化】 2007年,全市加快推进绿化工程,城市绿地不断增多。围绕构建宜居城市、生态城市和活力城市的总体目标,进一步加大城乡基础设施建设力度。全面完成新一轮"八路八口四河"及"五公园三绿地"工程,新建荷园、武进新天地公园、淹城森林公园二期,扩建了青枫公园,敞开扩建花溪公园,园林绿化的各项指标达到国家园林城市的指标要求。年末建成区绿地面积4185公顷,其中公共绿地1385公顷,比上年增长8.5%、10.5%;建成区绿化覆盖率为41.6%,上升2.5个百分点;城区人均公共绿地达11.4平方米,增加2.3平方米;拥有省级园林式居住小区32个、省级园林式单位55个。

(吴 煜)

【市场建设】 2007年,在国家、省、市一系列政策引导下,常州市商品交易市场取得长足发展,江苏凌家塘农副产品批发市场、武进邹区灯具城、武进夏溪花木市场、苏浙皖边界市场等通过搬迁或改扩建进一步壮大规模,新建一批如武进湖塘纺织城、江苏国际塑化城、武进横林地板城等市场产业关联度强、专业特色明显的大型市场。商品交易市场的规模化、专业化、标准化程度提高。到年底,全市年成交额亿元以上的商品交易市场达57家,其中超10亿元的市场13家,超20亿元的市场7家,常州长江塑料化工交易市场和江苏凌家塘农副产品批发市场商品成交额首次突破百亿元大关。

(经贸委)

【房地产市场】 2007年,全市房地产管理部门贯彻落实国务院以及省政府对房地产业调控的各项要求,采取严密措施整顿与规范房地产市场秩序,推进住房保障工作,加快调整住房供应结构。同时,针对《物权法》的出台和实施,认真研究房地产市场可能出现的新情况、新问题,主动做好调整和改进,保证全市房地产业又好又快发展。

全市房地产开发完成投资225.05亿元,比上年增长31.7%,增幅下降18.1%。其中,住宅完成开发投资159.15亿元,增长28.99%,增幅下降27.93%;商业营业用房完成开发投资33.84亿元,增长29.12%,增幅下降26.96%;办公楼完成开发投资6.71亿元,增长32.78%,增幅增长37.09%。全市在建商品房施工面积达到2197.3万平方米,增长29.11%,增幅下降7.47%,其中在建住宅施工面积1707.5万平方米,增长26.83%,增幅下降14.32%。全市商品房新开工面积813.74万平方米,下降3.07%,增幅下降76.81%,其中住宅新开工面积616.08万平方米,下降10.17%。全市商品房竣工面积602.17万平方米,增长51.38%,增幅增长74.99%,其中住宅竣工面积474.8万平方米,增长59.55%,增幅增长84.76%。全市房地产开发企业240家,其中无开发量的企业为48家,增长11.63%、6.67%。全市新建商品房累计批准预销售面积为863.5万平方米,增长10.95%,涨幅下降46.41%。其中,商品住宅累计批准预销售595.22万平方米(5.4万套),增长4.78%,涨幅下降61%;商业营业用房累计批准预销售150.57万平方米,增长21.94%;办公楼累计批准预销售35.58万平方米,增长66.34%;别墅累计批准预销售28.87万平方米,增长70.22%。全市新建商品房累计实现合同预销售面积664.67万平方米,增长27.96%,涨幅下降61.05%。其中,新建商品住宅累计成交495.43平方米(4.4万套),增长23.58%,涨幅下降58.64%;商业营业用房累计成交83.56万平方米。增长43.3%;办公楼累计成交19.93万平方米,增长71.51%;别墅累计成交15.64万平方米,下降12.82%。至年末,全市新建商品房月末累计可售面积为994.28万平方米,增长39.69%,涨幅下降24.94%。全市新建商品房的供销增量比为1.3:1,新建商品住宅的供销增量比为1.2:1。90平方米以下商品住宅的批准预销售量为1.6万套,增长79.8%,累计实现合同销售量为1.1万套,增长62.66%,占年内总成交套数的25.07%;144平方米以上户型的批准预销售量约为4500套,下降19.41%,累计实现合同销售量约3800套,同期增长20.35%。全市新建商品房的预销售整体成交均价为4292.62元/平方米,上涨7.2%,涨幅增长3.51%。其中,新建商品住宅的预销售平均成交价格为3891.09元/平方米,上涨6.48%;商业营业用房预销售平均成交价格为6741.28元/平方米,上涨3.34%;办公楼预销售平均成交为4448.06元/平方米,下降10.22%;别墅预销售平均成交为6275.2元/平方米,上涨16.13%。

(刘红凤)

【文化市场】 2007年,按照提升文化整体实力和竞争力的要求,全市做强传统文化产业,发展特色文化产业,加快产业基地培育,促进文化优势转变为经济优势,文化产业有新进展。

【中影东方影城在常开业】 11月,由中国影视集团控股的中影东方国际影城在常开业。此影城为中影集团在国内投资的第二个控股公司,坐落于南大街莱蒙国际都会的三楼顶层,建筑面积达6000平方米,共有7个影厅,总座位1276个。

【常州市演出公司全年票房收入创全省一流】 2007年．红星大剧院成为全省影剧院年度票房收入第一名,电影在所属东方院线票房收入列第二名,进入全国同行100强。

【筹建薛家民间工艺产业园区】 年内,为弘扬民族优秀文化遗产,促进常州民间工艺美术产业发展,市文广新局联手新北区政府以及薛家镇政府共同筹建华夏工艺美术产业博览园,制订园区建设规划、方案及产业政策等，打造长三角地区有影响的民间工艺美术荟萃之地、产业集散之地、文化旅游之地。至11月15日，有13家常州企业分批进驻华夏工艺美术产业博览园。（季　春）

【全市首家公园志愿者服务站成立】 3月5日是中国志愿者日，红梅公园管理处和天宁区天宁街道办事处联合组织的红梅公园志愿者服务站宣告成立，这是全市成立的首家规范化公园志愿者服务站。服务站工作人员由天宁街道和红梅公园团支部工作人员和志愿者组成，并视工作实际向社会招募志愿者，自愿报名的志愿者有50多人。

【全省文明办主任会议在常召开】 8月2~3日召开。省文明办和全省13个城市文明办的负责人进行交流和讨论。省文明办副主任周琪出席会议并讲话，他对常州市委、市政府高度重视文明创建、通过"三大行动"扎实推进文明城市建设、实施长效管理有效提升城市文明形象表示高度赞赏，提出常州依靠行政力量推动、科技力量推进、群众积极参与城市长效管理的经验值得学习和推广。会议邀请上海华夏社会发展研究院院长鲍宗豪作《全国文明城市测评体系》辅导报告。与会人员参观常州国家动漫产业基地、红梅公园及天宁宝塔等。

【省文明办到常调研心理健康教育服务工作】 5月12日，省文明办副主任周琪一行到常，调研全市心理健康教育服务工作，听取市妇联、教育局、文化局、心理卫生协会的工作汇报，现场察看市中小学心理健康服务中心、阳光心港心理咨询网站、绿色互联辅导中心等心理健康教育服务阵地。调研组认为，常州在未成年人心理健康教育服务工作方面，各部门通力协作，齐抓共管。舍得投入。形成了良好的工作格局，心理健康教育服务工作的阵地建设、队伍建设等方面理念先进，设施完备，为未成年人提供良好的服务，成效非常明显，工作开展非常深入，在全省很有推广价值。

【省文明委到常调研群众性精神文明创建考评工作】 8月15~17日，省文明委考评调研组对全市申报2005~2006年度江苏省群众性精神文明创建先进单位进行考评调研。调研组采取听汇报、看台账、召开座谈会、民意测评、实地察看及随机检查等方式，对全市申报省文明村镇、行业和单位、社区进行考评。市委副书记、宣传部长邹宏国出席汇报会并讲话。至2006年底，全市涌现出3个全国文明单位、2个全国文明村镇、9个全国创建文明单位工作先进单位、2个全国创建文明村镇工作先进村镇，11个江苏省文明单位标兵、8个江苏省文明行业、142个江苏省文明单位、69个江苏省文明村镇、8个江苏省文明社区，2个常州市文明城区、3个常州市创建文明城区工作先进城区、21个常州市文明行业、102个常州市文明社区、142个常州市文明村镇、389个常州市文明单位标兵、743个常州市文明单位。省调研组对全市各级领导重视群众性文明创建工作表示肯定，指出全市和谐社区创建以人为本、文明单位创建回报社会、文明行业诚信为民、各类创建共建共享等富有特色，值得借鉴推广。

【组织参加全国、全省道德模范评选】 8~12月，组织实施。9月18日，中央文明办、全国总工会、共青团中央、全国妇联联合发文《关于表全国道德模范的决定》，表彰全国助人为乐、见义勇为、诚实守信、敬业奉献、孝老爱亲等五大类共50位道德模范。常州市殷雪梅荣获全国见义勇为模范，邓建军获全国敬业奉献模范提名奖，殷雪梅家属和邓建军受到胡锦涛总书记的亲切接见。2008年春节前后，江苏省表彰省道德模范，殷雪梅、邓建军当选为见义勇为模范和省敬业奉献模范；杨建琴、卓为清获省见义勇为模范提名奖和省孝老爱亲模范提名奖，全市获优秀组织奖。

在评选活动中，常州市加强领导，层层推荐，严格把好推荐关。市总工会、共青团、妇联、机关工委，各新闻媒体，各辖市、区广泛推荐候选人。活动工作领导小组共收到10万多份纸质投票、95万张网络选票。《常州日报》、《常州晚报》、常州电视台、中国常州网等主要新闻媒体大量宣传候选人的感人事迹，形成学习先进、弘扬优良道德的良好氛围。部署全市"十佳和谐社区"、"百佳文明市民"评选，将全国道德模范评选元素融合到全市各类先进评选中，开展道德实践活动，使道德模范评选工作成为提升市民和提高城市文明程度的有力抓手。在全市推荐、评选的基础上，按助人为乐、见义勇为、诚实守信、敬业奉献、孝老爱亲五个类别，将邓建军、邵开成、王德林、吴淑玄、殷雪梅、卓为清、王寒茹、钱丽芳、汤燕雯、叶亚平、杨建琴11人作为预备候选人推荐到省道德模范评选组委会。

【省文明办到常进行文明风景旅游区考评调研】 10月18~19日，由省文明办考评调研组对全市申报2005~2006年度江苏省文明风景旅游区进行考评调研。调研组采取听汇报、看台账、召开座谈会、发放调查问卷、实地察看等方式，对中华恐龙园、天宁寺等风景旅游区进行考评。省调研组认为，常州市文明风景旅游区创建工作起步早、起点高、力度大，文明办、旅游局、园林局等部门高度重视、协调一致、形成合力，创建基础非常扎实。各风景旅游区积极推进创建工作，文明开发、文明经营、文明服务和文明管理，推动风景旅游资源的保护、利用和旅游经济又好又快的发展，为提升游客的旅游文明素质，促进社会和谐发挥了积极的作用。特别是中华恐龙园提出的"每一个员工都是园区一景"的理念、天宁寺的规范化管理、红梅公园的把最优质的旅游资源让市民共享等方面的经验，值得在全省推广。

【未成年人思想道德建设】 年内，全市以"在阳光下健康成长"系列活动为载体，抓好学校、家庭、社会三个环节，着力推进中小学德育工作、未成年人成长环境优化、未成年人工作机制创新工作。下发《关于进一步推进未成年人思想道德建设的任务分工》，促进各责任部门加大工作力度，形成工作合力。在学校组织开展"生命教育"工程、"感动校园故事"评选活动、"小手拉大手，共创文明城"、"七彩暑期"等主题活动，帮助未成年人提升综合素养，树立正确的世界观、人生观、价值观。开展社会文化环境净化工程，加强对网吧、游戏厅、书刊市场的监管，不断改善社会文化环境。在社区建立"社区儿童德育中心"，围绕亲子教育、家庭教育、伦理道德教育、法制教育、文化艺术教育等方面的内容，开展未成年人道德实践活动。深化未成年人心理健康教育服务工作，加强未成年人心理健康队伍建设和阵地建设，全面推进蓝天计划，开展"城乡儿童手拉手”、“百个青年文明号结对百名贫困学生”、“真情寻呼1+1”等活动,开展特殊群体帮扶活动,促进社会的和谐。“阳光心港”心灵呵护行动、《学生成长电子记录袋》获得全国未成年人思想道德建设创新案例二等奖和三等奖。

【组织培育“亮点工程”】 年内,根据文明创建工作的特点,市文明办对辖市、区近年来的文明创建工作加强调研、总结和提炼,归纳七个亮点工作,加以重点培育。金坛市的“争当文化传人”。溧阳市的“留守儿童温馨家园”,武进区的“牵手新市民、共建新武进”,新北区的“新市民广场文化主题活动”,天宁区的“校园文化建设”,钟楼区的“文明社区创建一居一品”,戚墅堰区的“未成年人零犯罪工作站”等,都具有各自的特色,其中溧阳市的“留守儿童温馨家园”被评为“弘扬常州精神”2007年度十佳好事之一,初步形成品牌。（史菊红）

武进区

【概况】 武进区位于长江三角洲太湖平原西北部。东邻江阴市、无锡市,南接宜兴市,西毗金坛市、丹阳市,北靠天宁、钟楼和新北区。2007年末,下辖14个乡镇和1个街道办事处,总面积1246.6平方公里,其中耕地4.07万公顷;总人口97.54万人,人口密度为每平方公里782人。全年实现地区生产总值706.3亿元,比上年增长23.5%。其中,第一产业增加值22.6亿元,增长6.3%;第二产业增加值500.74亿元,增长23.3%;第三产业增加值182.27亿元,增长26.2%。人均地区生产总值7.29万元,增长1.42万元。完成预算内财政收入111.15亿元,增长42.2%,其中地方一般预算收入43.39亿元,增长38.3%。完成全社会固定资产投资336.13亿元,增长19.9%,其中工业投资230.5亿元,增长22.9%。

【农业】 2007年,全区完成农业总产值38.16亿元,比上年增长6.4%,其中农业产值19.92亿元,林业产值0.09亿元。牧业产值7.2亿元,渔业产值8亿元。实现粮食总产量19.3万吨。水稻平均单产576公斤,连续五年居全省第一。农业机械化综合水平95%。新增农业结构调整面积666.6公顷,设施种植面积533.28公顷,园艺高效农业面积2066公顷,高效渔业面积1400公顷,高效农业面积3667公顷。有72个“一村一品”专业村,涉及花木、林果、水产、畜禽和蔬菜等。新增无公害农产品25只、绿色食品29只、有机食品3只,累计达131只、54只、14只。休闲观光农业发展迅速,三勤农业生态园、牟家农业生态园等项目建成开放,三勤农业生态园被评为全国AA级旅游景点,三勤村被授予中国休闲旅游自然村称号,艺林园、红月亮农家水庄获2007中国乡村旅游飞燕奖“最佳观光农业奖”、“最佳农家乐奖”。《武进花木基地概念规划》通过论证并开始实施,武进区获中国花木之乡、中国花木之都称号。全区森林覆盖率超18%。武进创建生态农业区通过省级专家组验收。深化农村税费改革,发放粮食直补和综合补贴2500万元、农机补贴200万元、良种补贴70万元。全区14家农业重点龙头企业实现产品销售收入61.62亿元,增长15.8%。

【工业】 2007年,全区有工业企业13486家,实现工业总产值2100.95亿元,比上年增长24.4%;实现产品销售收入2042.14亿元,增长24.6%;实现利税总额136.2亿元,增长21.9%。工业用电量84.36亿千瓦时,增长8.7%。全区有规模以上工业企业2106家,其中销售收入超1亿元企业200家,超10亿元企业18家。规模工业企业实现产值1634.3亿元、产品销售1602.39亿元、利税101.68亿元,均增长27%以上。全区规模以上高新技术产值605.38亿元,占规模以上工业产值37%。23个项目被列为市重点项目,61个项目被列为区重点项目,18个项目被列为区产业升级项目。全年新增中国名牌产品3只、中国驰名商标1件、江苏省名牌产品12只、江苏省著名商标16件。新增私营企业和个体工商户10184家,累计6.4万家;新增注册资本53.5亿元,累计4564.6亿元。

【服务业】 2007年,全区完成服务业投资103.13亿元,比上年增长12.5%;实现服务业增加值182.27亿元,增长26.2%,五年来占地区生产总值比重首次止跌回升。湖塘纺织城一期、亚邦医药物流中心一期等重点项目建成投运,江苏凌家塘农副产品批发市场迁建、武进汽车城、横林地板城等项目进展顺利。全年商品交易市场成交额220.2亿元,有22个市场超亿元,其中5个市场超10亿元。旅游业完成投资21.2亿元,建成开放江苏淹城野生动物世界,成功举办首届“花都水城·浪漫武进”旅游节、淹城开城大典等系列旅游活动,全年接待境内外游客278.9万人次,增长24.7%。

【开放型经济】 2007年,全区举办地板博览会、纺织服装博览会、科技经贸洽谈会、邹区灯具节等重大经贸招商活动。完成协议注册外资10.58亿美元,比上年增长23.2%;实际到账注册外资5.35亿美元,增长40.5%。高新区和经发区完成协议注册外资3.76亿美元,实际到账外资2.59亿美元,占全区总量的35.5%、48.5%。外资大项目实现新突破。总投资超3000万美元项目有22个,其中近1亿美元项目5个。世界500强企业德国曼透平、日本普利斯通和土耳其考奇落户武进。全年完成自营出口34亿美元,增长19.7%;实现对外经济营业额8000万美元,增长22.3%。

【城镇建设】 2007年,武进区坚持城乡统筹发展,西太湖生态休闲区概念性规划、武南分区规划编制完成,新一轮镇村规划修编展开,中心城区近期建设用地控规全覆盖工作完成。5.6平方公里重点核心区项目布点基本完成,富克斯流行广场建成营业,世贸中心、天禄商务广场、新天地不夜城、又一城等重点项目顺利实施,人力资源市场竣工投运,财税、水利、金源等大厦主体封顶。城区美化、绿化、亮化工程效果明显,花园街、广电路商业街区改造取得阶段性成果,景观绿化工程有序推进,武进新天地建成开放。中心城区老小区、雨污水分流一期工程改造完成,湖塘河、长沟河、大通河、里底河、龚巷河5条河道实行长效管护。开展“中心城区环境提升”行动,对城区的日常保洁、住宅小区道路实施长效管理。新农村示范点项目建设完成,投入资金11.9亿元,横山桥镇、洛阳镇通过全国环境优美镇创建省级调研,嘉泽镇上埠村等3个村被列入省级村庄整治试点村,雪堰镇雅浦村被命名为省廉居示范村。

【基础设施建设】 2007年,全区实施交通基础设施项目26

个，完成投资16.5亿元（省市重点工程除外）。宁常高速、新232省道、武南路竣工通车，武进汽车客运站建成运行。城市地下空间资源开发加快，新竣工人防工程8.5万平方米。市政建设投资15亿元，5.6平方公里重点核心区内道路建成。南北高架、快速公交（BRT）系统、龙城大桥建设进展顺利，淹城路、夏城路等景观大道基本建成。完成建设、改造镇村道路81.6公里、危桥72座。至年底，全区公路总里程2591公里，其中高速公路91公里、一级公路237公里、二级公路526公里、三级公路535公里、四级公路1192公里，全区公路人口密集度为每万人26.56公里。220千伏洛西变电所等一批电力设施建成投运。投资5亿元的武南河拓浚工程竣工。推进天然气利用工程，完成投资1.5亿元，中心城区天然气用气率48%。全年完成拆迁面积360万平方米；开工建设安置房面积236万平方米，竣工面积170万平方米。

【科技】 2007年，全区实施产学研项目42项，新建研发中心11家，投资0.98亿元，新增销售收入5.65亿元、利税1.32亿元。全年列入国家级科技项目28项、省级科技项目41项、市级科技项目127项、区级科技项目127项。新增国家和省级高新技术企业109家、省级以上高新技术产品148只，高新技术产品产值350亿元，占全区工业总产值的16.6%。申请专利2016件。专利授权825件。全年举办企业家“走出武进、牵手科技”等9次科技经济对接活动，签订合作意向项目164项，实施21项。

【社会事业】 年末，全区有小学75所、普通高中50所（含高级中学和完全中学10所）、中等职业学校5所。全年投入教育事业资金12亿元，新建和翻建教学用房竣工面积20.34万平方米，完成淹城初中扩建、横林高中扩建等项目，建成5所蓝天学校。2007年，7197名普通高中毕业生被各类大专院校录取，高考录取率94%，其中本科录取率64.3%。全年新建村级文体活动场所72个，全区共有村级体育活动场所410个、文化活动场所403个，基本实现全区“村村有”文体设施目标。承办2007年全国男子曲棍球冠军杯赛、全国女子曲棍球赛等大型赛事。12月，武进区被江苏省体育局命名为江苏省首批体育强县（市、区）。武进博物馆和文化艺术中心建成并投入使用。全年送戏送电影400场次。有线电视实现全区“户户通”。公共卫生服务中心主体工程竣工。年内，武进区获全国农村中医工作先进区称号，被评为首批“全国基层残疾人组织规范化建设达标区”。

【人口与人民生活】 至2007年末，全区户籍人口97.54万人，总户数33.65万户。年内出生人口7662人，人口出生率7.91‰，死亡率7.14‰，人口自然增长率0.77‰。区属单位在岗职工全年人均工资30355元，比上年增长20.7%；农村居民人均纯收入9911元，增长12.2%。全年提供就业岗位3.5万个，培养技师206名。创建省级“充分就业社区”13个、省级农村劳动力转移就业乡镇4个。全年新增城镇就业22118人，下岗失业人员再就业2121人，再就业援助760人。完成城镇失业人员、被征地农民培训2.18万人。城镇登记失业率低于3%。年末城乡居民储蓄存款余额298.9亿元，比年初增长8.2%；人均储蓄存款余额3.06万元，增长6.6%。年末城镇居民人均住房面积44.7平方米，增加4.4平方米；农村居民人均住房面积75.21平方米．减少0.16平方米。年内，全区实现“五险合一、统一征缴”强制征缴模式，城镇基本养老保险、基本医疗保险和失业保险覆盖率均超98%；农村社会养老保险参保人数2.89万人；新型农村合作医疗保险参保人数74.85万人，参保率98.1%。城市居民低保标准每人每月300元，农村居民低保标准每人每月220元，全年全区9481户低保家庭享受506.28万元低保金。推进被征地农民保障工作，累计筹集保障资金42.5亿元，14.5万名被征地农民纳入城镇保障体系，其中年内新增9万多人。扩大住房公积金覆盖面，至年末归集余额3.04亿元。发展慈善事业，全区累计募集慈善基金4亿元，年内发放慈善救助金2000万元，完成结对帮扶贫困户4000户。

常州高新技术产业开发区（新北区）

【概况】 常州高新技术产业开发区（以下简称常州高新区）、常州市新北区位于常州市北部，北濒长江，南与武进区、钟楼区接壤，东与江阴市和天宁区交界，西接丹阳市和扬中市，拥有常州市境内的整个长江岸线，常州港、常州机场位于区内，沪宁高速公路、京沪铁路、338省道及启动建设中的京沪高速铁路穿区而过；新澡港河、德胜河、新孟河纵贯全区，连通长江和京杭大运河。2007年末，全区总面积439.16平方公里，辖6个镇、3个街道办事处、136个行政村、31个社区居委会，户籍人口43万人。 （部　军）

【综合经济】 2007年，全区实现地区生产总值258亿元，比上年增长26.8%。其中，第二产业增加值190.4亿元，增长28.3%；第三产业增加值61.5亿元，增长24.5%。第二、第三产业增加值占地区生产总值的97.6%，按户籍人口计算，人均地区生产总值超8000美元。完成财政总收入62.7亿元，增长43.1%，其中地方一般预算收入27.3亿元，增长33.5%。完成全社会固定资产投资216.7亿元，增长28.9%，其中工业投入151亿元，增长30.6%。农民人均纯收入9010元，增长12.5%。

工业经济量、质提升。全年完成工业总产值901.4亿元、产品销售收入893.1亿元、利税总额70.3亿元，增长36.5%、38.4%、42.6%。机电一体化、生物医药与基本有机化工、光伏、电子信息等先进制造业对全区工业经济的贡献份额达76%。瓦姆钢管、摩丁机械、诚达石化二期等33个重点项目竣工投产。规模以上工业企业601家，增加38家；年销售收入超1亿元企业156家，增加38家，其中年销售收入超10亿元企业11家，增加2家。利税总额超5000万元的工业企业24家，其中超1亿元9家。全区镇、街道完成工业总产值624.9亿元、产品销售收入613.5亿元、利税总额44.3亿元，增长35.3%、35.3%、39%。全区产销超50亿元的镇、街道有5个，春江镇产、销双超200亿元。全年新增1只中国名牌产品、2只国家免检产品、9只江苏名牌产品和10只常州市名牌产品。现代服务业加速发展。全年实现服务业增加值61.5亿元，增长24.5%；实现社会消费品零售总额80.7亿元，增长18%。软件园二期、中华恐龙园改造等一批重点服务业项目建成投运。长江塑化、汽车交易城等重点专业市场交易额超180亿元,其中长江塑化市场2007年应税销售106.4亿元,上缴税收4000余万元,为本市首家年应税销售超百亿元的市场;全区汽车4S店销售汽车1.7万辆,完成销售收入24亿元,增长8%,上缴税收1400万元。中华恐龙园全年接待游客194.8万人次,增长8.2%;实现营业收入1.36亿元,增长93.6%。

农村经济稳步发展。全年完成农业总产值11.9亿元,增长5.1%,其中多种经营产值9.45亿元,增长6.5%。全年新增无公害农产品7只、产地7个,全区无公害农产品基地面积4173.33公顷。成功申报省、市级设施农业、优势农产品基地、科技示范园等各类农业项目20个,获各级农业项目扶持资金795万元,带动"三资"向农业投入4445万元。　(童广武)

【外向型经济】　全年全区新批外商投资企业76家,总投资15.9亿美元。协议注册外资10.5亿美元,比上年增长23.4%,实际到账外资5.35亿美元,增长40.4%。新批外资项目中工业项目58个,完成协议注册外资8.25亿美元,占全区新批协议注册外资78.6%;新批总投资超1000万美元项目21个,协议注册外资5.4亿美元,占协议注册外资的51.7%,其中总投资超3000万美元项目10个;新批项目平均投资密度达525万美元/公顷。全年68家企业75次增资扩股,完成协议注册外资5.9亿美元,增长62%,占新批协议注册外资总额的56.2%;33个项目单次增资超500万美元,其中常州天合光能有限公司增资8000万美元、世茂房地产增资9500万美元、波林化学增资2990万美元。全区共有150个项目实现外资到账,其中新批项目到账3.33亿美元,占62.2%。全年完成进出口总额42亿美元,增长33%。其中,出口27.2亿美元,增长40%;进口14.8亿美元,增长22%。年内,全区规模以上外资企业工业产销和税收所占比例首次超过内资,总体呈现质量优、增资强、产出大等特点。　(周逸俊)

【科技创新】　2007年,全区规模以上高新技术产业产值352亿元,占全区规模以上工业企业产值的54.57%;全区R&D(研发经费)占地区生产总值的1.55%。引进知名软件企业40家,常州软件园获江苏省现代服务业集聚区和江苏省国际服务外包示范区称号,冲电气软件技术有限公司等6家软件企业获江苏省承接国际服务外包重点企业称号。常州国家动画产业基地入驻动漫企业105家,91个项目在广电总局立项。"三药"(农药、医药、兽药)基地内企业完成工业总产值80亿元,实现销售收入73亿元。创业服务中心引进科技孵化企业73家,其中留学生企业20家、孵化毕业企业20家。培育省级工程技术研究中心1个、省级外商研发机构7个、市级工程技术中心5个,引进和创建研发机构9个。组织实施重点科技项目100个,承担上级科技计划114个,其中国家级科技计划6个、省级科技计划34个;争取上级科技经费1.02亿元,其中省级以上经费9195万元。培育高新技术企业128家、高新技术产品127只,新增软件企业43家、软件产品83只,8家软件企业通过CMMI3认证。全年组织重大产学研活动9次、国际科技合作5次,签订产学研合作协议58份。申请各类专利728件,其中发明专利97件;授权专利341件,其中发明专利23件。　(高志奇)

【城市建设与管理】　开展北部新城战略规划、社区发展模式、工业用地使用对策研究,编制飞龙居住区、国宾馆和新农村集中居住点等一系列重大规划。全年完成拆迁面积134.41万平方米,推进市行政中心周边、薛家片区、飞龙居住区等重点地块的拆迁和小塘定销商品房、百草园二期、百馨园二期等安置房建设,全年开工建设安置小区101.86万平方米,安置居民3500余户。投入6.42亿元建成黄河路、信息大道、创新大道等一批市政道路,快速公交(BRT)工程新北段完工。实施河海东路、338省道等一批绿化和景观改造工程,全区新增绿化面积230公顷。结合太湖流域水环境治理,落实节能减排各项措施,推进水环境综合整治,西源污水处理厂二期工程竣工投运,小康水质监测断面全面达标,柴支浜等重点区域水环境整治成效明显。投入1250万元,对河海东路、黄山北路、黄河东路、常澄路等道路开展市容环境综合整治,拆除违法建筑6.67万平方米,清除垃圾废品1500余吨。拆除棚户1.72万平方米,建成江边垃圾压缩站,将春江镇、薛家镇、新桥镇的生活垃圾纳入城乡一体化垃圾收集系统。编制德胜河以西101个村的新农村建设规划,以温寺村为样板,推进市级新农村示范点中8个先行村的道路硬化、村庄绿化、河塘净化、住宅美化、卫生洁化等系列村庄环境整治工程。整治富都、燕兴、兰翔、河海等一批老小区,改造燕兴、富都等菜市场和全区48条镇、村道路,完成25座农桥重建。完成孟河镇、西夏墅镇、罗溪镇等9452户居民的改水工程,开通孟河、西夏墅地区公交线路。

(杨　磊)

【社会事业】　建成6所学校、2所医院、20个示范社区卫生服务站、26个区级全民健身点、95个行政村体育健身场所。与常州市第二十四中学等品牌教育资源联合办学,新增省优质幼儿园6所、省实验小学1所、省示范初中1所、省三星级高中1所、省"绿色学校"2所、市"绿色学校"5所、市德育先进学校6所。高考本科达线人数比上年增加91人,获江苏省普及高中阶段教育先进县(市、区)、江苏省幼儿教育先进县(市、区)称号。全区拥有文体特色活动团队近50个,举办"长江文化"艺术节、中小学幼儿园文艺汇演、全民健身月等系列活动,获江苏省全民健身月暨第五个全民健身日活动优秀组织奖,薛家镇被命名为第三批江苏省特色文化之乡。突发公共卫生事件及时调查处置率、上报率100%,托幼园所卫生保健达标率100%,获国家农村中医工作先进区称号,河海社区卫生服务中心被评为省先进社区卫生服务中心。加大"五小行业"(小作坊、小摊点、小商店、小餐馆、小食杂店)专项整治力度,全年新发卫生许可证2163张、从业人员健康证16984张,"五小"行业卫生许可证持证率97%。落实各项福利制度,完成在职教职工2371人共计3208万元的住房补贴发放工作,全区15865人次享受住院医疗保险补偿3748.76万元,组织5.8万名50~59岁参保农民进行体检。全区人口和计划生育工作健康发展,计生依法行政群众满意率96%,获市关爱农民女工生殖健康综合防治先进集体称号及常州市计划生育便民维权优质项目优秀组织奖。　(邱　伟)

【社会保障】　年末,全区参加养老保险单位5664家、参保职工11082人,新增4492人,净增1.5万人,征缴基本养老保险金4.97亿元,养老金社会化发放率100%。城乡居民最低生活保障对象4794户、10626人,国家抚恤、补助各类对象773人。新型农村合作医疗保险参保率100%。发放失地农民保养金近2亿元,全年累计为2.16万名老年失地农民发放老年生活补助金2592万元。全年培训农村剩余劳动力8000余人,转移就业6500余人,新增就业岗位1.1万个,安置下岗失业人员再就业2128人,城镇登记失业率低于4%。全区各类福利院拥有床位698张,财政供养五保对象674名,供养率100%,集中供养率超70%。　　(何宝华)

天宁区

【概况】　天宁区位于常州市区中部,东连戚墅堰区,西接钟楼区,南邻武进区,北靠新北区,因区内有闻名遐迩的“东南第一丛林”天宁禅寺而得名。2007年末,辖1个省级经济开发区,6个街道办事处,39个行政村、56个社区居委会,全区行政区域面积67.38平方公里,常住人口57.3万人,其中户籍人口37.6万人。全年实现地区生产总值122.27亿元,比上年增长22.11%,其中第三产业增加值58.72亿元,增长28.83%;地方一般预算收人17.1亿元,增长20.09%;全社会固定资产投资100.38亿元,增长33.66%,其中工业投入25.96亿元。

【工业】　2007年,全区完成工业总产值402.64亿元、工业产品销售收入400.73亿元、工业利税总额19.53亿元,比上年增长12.1%、11.72%、28.62%,其中规模以上工业总产值325.56亿元、销售收入元,增长22.26%、22.27%、47.18%。产业层次不断提升,打造源畅光电、亚玛顿光伏玻璃为代表的光伏产业,推进伊顿森源电气、西电帕威尔电气等机电项目,改造黑牡丹等传统纺织产业。

【服务业】　2007年,全区实现商业营业额341.69亿元、市场成交额279.19亿元、社会消费品零售总额133.8亿元,比上年增长40.49%、39.47%、18.3%;服务业增加值占GDP的比重、主营收入占社会经营总收入的比重为48.02%、45.9%,上升了2.5个、5.49个百分点。怡康五金机电广场建成开业,万都金属城、爱特数码广场等现代服务业项目有序推进。

【开放型经济】　2007年,全区协议利用外资3.65亿美元、实际到账外资1.52亿美元,比上年增长45.76%、51.31%,注册外资到账率41.6%;新批外资项目23个,其中总投资超1亿美元项目2个;新发展私营企业和个体工商户6280家,新增注册资本6.48亿元。

【科技创新】　全年新认定各级科技项目31项;新增省级高新技术企业11家、高新技术产品20只;实现高新技术产业产值72.3亿元,比上年增长40%;申请专利477项,授权203项;争取上级科技项目经费1123.5万元,增长295%。先后与河海大学、浙江大学、四川大学、东南大学、上海交通大学等著名高校建立产学研合作关系,签订合作项目27个,相继成立浙江大学天宁合作服务中心、浙江大学高分子材料常州工程技术研究中心、川大一天晟高分子科学研究中心、中国新型涂料印染研发生产基地、旭荣国家纺织品开发中心。爱斯特空调中标北京奥运会中央空调项目。声荣纺织有限公司成为耐克、阿迪达斯等国际品牌原料供应商。

【城市建设与管理】　完成新运河东港区、竹林北路、常澄路、健身北路、毛纺厂、齿轮厂等重点地块动迁,推进青山湾绿地、延陵东路地块等动迁,启动全市规模最大的旧城改造项目——兰陵片动迁,全年实施动迁项目81个、动迁总面积超200万平方米。新建和改造离宫路、北塘河南路、华阳南路等8条道路,完成4个老小区和88条背街里弄综合整治,新建银河湾星苑、金百国际、乾盛兰庭、紫云苑、朝阳花园三期等住宅小区200余万平方米。投入4000万元新建白荡河、青峰泵站等防汛保安工程13处。投入2000万元实施横塘河、新运河等全市重点绿化工程,“烟雨横塘”市民休闲广场建成开园,全年新增绿地75公顷。投入1700万元改造雕庄、浦南等7个菜市场。投入2700万元建成环卫大楼。全区各级共投入1亿余元,在全市率先推行城市网格化管理,新增清扫保洁员500余人、城管执法车26辆、环卫保洁车385辆、垃圾房400余座、果壳箱2000余只,取缔废品收购站(点)344个、畜禽养殖场(点)118处,填埋露天粪坑3500余个,拆除违章搭建2万多平方米,整治青龙棚户区、红梅道北地区、天宁寺周边、新民里等城管难点地段。开展水环境整治,完成52家排污单位限期治理,关停列入省专项整治计划的60家化工企业,实现三年任务一年完成。全年搬迁印染企业5家,拆除燃煤锅炉22台,安装油烟净化装置21套,削减化学需氧量2390吨、二氧化硫480吨。

【社会事业】　区域教育现代化建设成效显著,进入首批省义务教育均衡发展先进区行列。省级社区教育培训学院挂牌成立,开展学前教育多元化办学。建成博爱小学、光华学校综合教学楼,建设虹景小学、香梅小学,实现博爱小学与怡康小学联合办学。建立区、街道、社区(村)三级食品安全监督网络,规范“五小行业”(小作坊、小摊点、小商店、小餐馆、小食杂店)监管。开工建设青龙街道社区卫生服务中心,广化医院眼科被确定为省示范专科。推进“省婚育新风进万家活动项目区建设,举办天宁人口文化节,开放怡康人口文化园。完成社区居委会、村委会换届选举,启动和谐社区(村)创建工作。投入800万元建成全省规模最大、功能齐全的县(市、区)级标准化残疾人康复服务中心,相继获得全国残疾人社区康复示范区和第二次全国残疾人抽样调查先进县(市、区)称号。成立区体育总会,开放天宁书场、天宁画廊。开展人口疏散与接收安置演练。年内获江苏省工会工作模范区称号。

【人民生活和文明建设】　2007年,全区城镇居民人均可支配收入19089元,农民人均纯收入在全市率先突破10000元,比上年增长14.7%、10.8%。全年净增城镇就业9100人,实现下岗失业人员再就业10900人。城镇登记失业率低于4%。推进新型农村合作医疗。城镇养老、医疗、失业三大保险综合覆盖率均超97%。企业职工参保净增9000余人,“知青半家户”(一是老三届知识青年响应号召下乡,在农村成家,知青回城后其配偶、子女户口在农村的;二是20世纪60年代城镇困难老年居民下乡的)及部分城镇老年居民全部按规定落实养老补贴,3.5万人纳入城镇居民基本医疗保险。新建兰陵街道老年公寓,改建丽华、红梅寿星宫老年公寓。落实被征地农民基本生活社会保障。低保标准由月人均280元提高到300元,2007年累计发放保障金1120万元,发放大病救助金102.5万元。在全市率先成立慈善分会,开办慈善超市19家,募集各类善款1766万元,发放扶贫帮困金582万元。投入1600万元,建成视频监控系统270个、安装监控探头3737个,建成9个派出所监控中心,形成治安防控网络全覆盖。实施“五五”普法,天宁区被评为江苏省依法行政示范点,推进法律援助、社区矫正工作。健全突发公共事件应急防控保障体系,强化安全生产意识,促进社会和谐。

钟 楼 区

【概况】 钟楼区位于常州市中心城区西部,东及东南与天宁区相连,西及西南与武进区连接,北与新北区接壤。2007年末,全区行政区域面积72.2平方公里,户籍人口35万人,辖1个省级经济开发区、7个街道办事处,共有41个行政村、44个社区、3个家属委员会。2007年,全区实现地区生产总值100.5亿元,比上年增长25.2%;财政收入28.5亿元,增长29.8%,其中地方一般预算收入15.02亿元,增长30.67%。

【农业】 2007年,全区粮食作物总产量931吨,比上年增长5.68%;凌家塘农副产品批发市场实现成交额102.53亿元,增长19.8%,成交额居全国第三。常州红梅乳业有限公司全年生产鲜奶9203吨。以建设萝卜干生态示范园为重点,打造常州新闸萝卜干地方传统品牌;常州市钟新农业生态有限公司与南京农业大学进行产学研合作,恢复“新闸红”原有品质,四季皆可收获“新闸红”萝卜。常州五星禾绿蔬菜食品有限公司生产的五星禾绿牌黄豆芽系列产品突破了豆芽菜无公害产业化生产技术瓶颈。通过绿色食品A级产品认定。年内新增省级无公害农产品1只、国家级认证绿色食品1只、市认证名优农产品1只。

【工业】 全年实现工业总产值424.76亿元、工业销售收入419.26亿元、利税总额26.16亿元,比上年增长27.4%、28.2%、38.3%。450家规模工业企业实现销售收入347.5亿元、利税总额21.45亿元,增长39.24%、52.1%,占全区总量的82.9%、82%,其中销售超1亿元企业76家。协议利用外资4.47亿美元、实际利用外资1.5亿美元,增长73.3%、50.3%;新批外资项目32个,其中总投资超1000万美元项目16个。完成全社会固定资产投资123.48亿元,增长25.4%。新增私营企业1068家、个体工商户3665家,新增注册资本4.61亿元。

【城市建设】 配合龙江路高架、快速公交一号线建设,建成常金路、茶花路等16条道路,通车里程20.4公里。改造北大街东侧、惠商等地块,完成拆迁70万平方米,竣工商品房105万平方米、安居房78万平方米。推进北童子河等11条河流“清水工程”,开展污水接管、污染物减排、化工企业整治等专项行动,钟楼经济开发区建成全省首家省级生态工业园。维修、改造背街小巷161条,整治老住宅小区10万平方米。推进青枫公园二期工程,建成开放新闸荷园、钟楼广场,扩大沿河沿路绿化,新增各类绿地108公顷。城市长效综合管理13项工作全部达标,考评成绩列全市第一。

【服务业】 全年实现商业营业额229.98亿元、社会消费品零售总额85.4亿元,比上年增长27.5%、26.4%。提升改造菜市场13个,重点市场实现成交额132.48亿元,增长20.6%。营业收入超1亿元企业35家,其中超10亿元企业2家。完成自营出口额10.6亿美元,增长21%,占全市自营出口额的10.77%。莱蒙都会国际商业街区一期开业,欧尚、沃尔玛超市相继开张,服务外包集聚区、现代物流集聚区完成规划申报。

【科技创新】 全年全区新增省级高新技术产品56只、省级以上高新技术企业37家,高新技术产业产值150亿元,比上年增长50.37%。组织企业赴北京、西安、沈阳与中科院、清华大学、西安交大等院所对接,达成合作意向120余项。引进各类科技成果55项,获省重大成果转化项目2项。建成市级工程技术研究中心1家、省级企业技术中心1家。申请专利611件,授权专利322件,申报各级各类科技计划60余项。

【社会事业】 2007年,新增社区民间组织12个,全区注册登记的民间组织总数居全省县(区)级第一;各类志愿者服务队伍1226支,登记志愿者3.7万人,占全区户籍人口的10.6%;各类服务设施投入资金累计超1亿元,新增面积超3万平方米,建成区社区建设指导中心、北港街道社区服务中心等一批区、街道两级社区服务载体;创建市五星级社区1个、四星级社区6个、三星级社区5个,全区市三星级以上社区数量居各辖市、区之首;开展建设和谐社区示范单位创建活动,22个社区获区首批建设和谐社区示范单位称号;优化社区专职工作队伍,全区社区专职工作者平均年龄39.5岁,大专以上文化水平占49%;完成第七届村委会换届选举,开展“感动钟楼”十大新闻人物评选;“老关热线”、天爱儿童康复中心被评为市十大杰出志愿者服务集体,许巧珍事迹入选弘扬常州精神2007年下半年度十件好事。投入2900余万元资金,完成觅渡桥小学、勤业小学、花园二小的扩建工程,改造新闸中心小学、勤业幼儿园等10余所学校、幼儿园,新增校舍2万余平方米;投入560万元,确保全区各中小学的教育技术装备达到省配备要求;选派部分校长、骨干教师24人次赴镇学校交流,年内,钟楼区被省教育厅命名为义务教育均衡发展先进区。创成省优质幼儿园4所、省实验小学1所;探索新办学机制,引进上海天裔教育集团开办星福儿小百灵艺术建构幼儿园。年内全区共有特级教师2人、特级教师后备人才7人,有市级骨干教师、学科带头人105人,区级骨干教师、学科带头人346人,市、区两级优秀教师占全区教师的25%,年内钟楼区获省师资队伍建设先进区称号。《钟楼区志》(1986~2002)出版发行,钟楼展览厅建成开放,“乱针绣”被列入国家非物质文化遗产保护名录。推进乡村卫生服务一体化,区妇幼保健所被卫生部认定为甲级妇幼保健所;扶持和培育中医特色专科,创成全国农村中医工作先进区。加强计划生育管理与服务,荷花池街道机械二社区建立了全市首个“关爱新市民儿童联系点”。

【人民生活】 居民收入快速增长,在岗职工年平均工资25712元、农民人均年纯收入9899元,比上年增长24%、11.4%。净增养老保险7404人、医疗保险6937人、失业保险4600人,新型农村合作医疗保险参保率100%,4.1万人纳入市区城镇居民基本医疗保险,足额发放"知青半家户"及20世纪60年代精简下放职工(一是老三届知识青年响应号召下乡,在农村成家,知青回城后其配偶、子女户口在农村的;二是20世纪60年代城镇困难老年居民下乡的)等城镇老年居民养老补贴。净增再就业7520人,城镇登记失业率低于3.5%。成立常州慈善总会钟楼分会,募集慈善基金2670万元,发放57万元,救助各类困难群众3000余人次。年内,钟楼区获首批全国残疾人基层组织规范化建设达标区、江苏省残疾人社区康复先进区称号。成立区人民调解委员会,平安创建覆盖率100%,安全生产工作继续保持全市领先。

戚墅堰区

【概况】 戚墅堰区位于常州市东部,西接天宁区,东、南与武进区相连,京沪铁路、沪宁高速公路、312国道、京杭大运河横贯全区。2007年末,辖3个街道办事处、7个社区居委会、1个居民委员会、9个村民委员会,总面积31.58平方公里,常住人口10.2万人。全年完成地区生产总值30亿元,比上年增长24.9%;财政收入12亿元,增长41%,其中地方财政一般预算收入5亿元,增长50.7%;全社会固定资产投资28.3亿元,增长20.4%,其中工业投入20亿元,增长32.8%。财政一般预算收入增幅居全市前列。 (刘 杰)

【经济发展】 工业经济速度效益同步增长,工业总产值达101亿元。比上年增长26.9%;完成工业销售收入96亿元、工业增加值21.8亿元,增长26.3%、25.2%;实现利税73亿元,增长30%。规模工业总产值、增加值分别增长31.8%、26%,规模工业总产值占全区工业总产值的85%,增加4个百分点。推进新城房产、新加坡富士房产、农民安置区等房地项目,建设万都义乌小商品城、常州刘国钧高等职业技术学校新校区等,完成服务业增加值7.5亿元,增长24%。推进"重大项目推进年"活动,投入19.2亿元开工建设59个总投资超1000万元工业项目,其中同和纺机、凯隆电器等52个项目竣工投产。引进泛鲜科技、民穗咨询等6个投资超1000万美元的大项目,全年完成协议利用外资1.7亿美元、实际利用外资7500万美元,增长10.8%、49.8%。新增个体工商户365家、注册资本625万元,新增私营企业130家、注册资本9972万元。全年获国家重点新产品认定8只、省级高新技术产品认定12只,申报市级以上科技项目54项,申请专利150件,获省、市科技创新各类扶持资金318万余元。创成省科普教育示范区,筹建高新技术产业园,与复旦大学等院校实现产学研对接,引进领军型海归人才2名。

【城乡建设】 完善基础设施,建设五一路、镇西路等,完成开发区主要道路的雨污分流管线规划和潞城污水提升泵站建设。推进东方西路、新城二期等地块拆迁和青洋花苑、五一小区等安置房建设,全年拆迁、建设面积50万平方米。优化城乡环境,推进戚大街整治、背街小巷专项整治,改造三区菜场、河苑菜场,建成垃圾中转站,免费开放花溪公园。完成市"八路八口四河"(沿江高速戚墅堰道口、232省道戚区段、丁塘港、新运河等)相关绿化工程。加强城市管理,健全城市长效综合管理机制,加大日常考评力度,基本完成梅港河清淤、医院河覆盖工作,开工整治潞横河、凌沟河、圩墩新村内河等,制订潢河整治方案。关闭化工企业23家,超额完成市下达关闭17家的目标。实施污染物减排,完成16项重点减排项目中13项,化学需氧量实际削减90吨,二氧化硫实际削减133.5吨,均超额完成市下达的目标。

【人民生活】 2007年,城镇居民年人均可支配收入18980元、农民年人均纯收入9886元,比上年增长13.8%、11%。免费培训农村劳动力700人,实现下岗失业人员再就业1594人,其中"4050"人员再就业450人。新型农村合作医疗保险在全市范围内率先达到人均150元筹资标准,参保率100%。实现城乡居民低保接轨,标准提高到300元/月,做到"应保尽保"。完成被征地农民基本生活保障办法试点工作。发放失业救济金752万元、城乡低保金343万元、救助金97万元、助残金20万元。戚墅堰区慈善分会正式成立,全年募集善款1500万元。残疾人康复中心投入使用,创成全国第一批残疾人组织规范化建设达标区。

【和谐社会】 年内推进实验中学新校区、老年公寓等一批社会事业项目。完成社区居委会调整和换届选举工作,社区由13个调整为7个。举办第七届群众文化艺术节。紧抓安全生产工作,落实安全生产责任追究制,全年无较大安全事故发生,连续五年获常州市安全生产先进集体称号。全年办结市、区两级人大代表、政协委员的建议、提案122件。加强外来人口管理,成立外来人口管理和服务中心,全区实现技防设施全覆盖。

(刘 杰)

享殿夕照

镇江市

【历史沿革】 考古发现:"宜"为镇江最早地名,是3000年前周康王封给宜侯的领地;春秋时镇江称朱方,后曾用谷阳、丹徒、京口、润州等名称。北宋建镇江府(1113年),始称镇江,历经宋、元、明、清。辛亥革命后称丹徒县,1928年改为镇江县。1929年至1949年2月为江苏省政府所在地(其中1937年至1945年镇江沦陷期间,省政府迁往苏北)。

1949年4月23日镇江解放后,划城区和近郊为镇江市,划四乡为丹徒县,均隶属苏南行政区镇江专署。1953年,苏南、苏北行政区合并建江苏省后,设镇江专员公署,辖镇江市和10个县;镇江为县级市和专署所在地(其中1958年9月至1959年9月,专署迁至常州,改称常州专员公署)。1983年3月,镇江市改为省辖市,辖4县2区。1987年、1994年、1995年,所辖丹阳、扬中、句容先后撤县设市。现镇江市辖丹阳市、句容市、扬中市和丹徒区、京口区、润州区和镇江新区(省级经济开发区)。

【地理位置】 镇江市地处江苏省西南部,长江下游南岸,北纬31°37′~32°19′、东经118°58′~119°58′。东西最大直线距离95.5公里,南北最大直线距离76.9公里。东南接常州市,西邻南京市,北与扬州市、泰州市隔江相望。

【行政区划】 至2007年底,全市共有51个镇(街道)。其中:镇41个,街道办事处10个。丹阳市辖13个镇(陵口、珥陵、访仙、司徒、延陵、埤城、新桥、界牌、后巷、吕城、导墅、云阳、皇塘),句容市辖10个镇(华阳、宝华、下蜀、白兔、边城、黄梅、后白、茅山、天王、郭庄),扬中市辖5个镇(新坝、三茅、油坊、八桥、西来桥),丹徒区辖7个镇(辛丰、上党、宝堰、谷阳、高资、高桥、世业),京口区辖2个镇(象山、谏壁)、4个街道办事处(正东路、健康路、大市口、四牌楼),润州区辖1个镇(蒋乔)、4个街道办事处(宝塔路、和平路、七里甸、金山),镇江新区辖3个镇(大路、姚桥、丁岗)、2个街道办事处(大港、丁卯)。

【人口】 2007年,全市常住总人口301.93万人,比上年增加2.37万人。户籍总人口268.78万人,比上年减少0.01万人。在户籍人口中:男性人口135.22万人,女性人口133.56万人,男女性别比(女=100)为101.24。其中:丹阳市为99.28、句容市为103.05、扬中市为97.84、市区为102.72。在户籍总人口中:丹阳市80.61万人;句容市57.87万人;扬中市27.48万人;市区102.82万人,其中:京口区50.92万人,润州区24.24万人,丹徒区27.66万人。

全市户籍人口总户数100.04万户,比上年增加0.02万户,平均每户2.69人,其中:市区38.65万户,比上年增加0.25万户,平均每户2.66人。全市出生人口19951人,其中男性11046人,女性10445人。人口出生率7.4‰,比上年下降0.41个千分点,其中:市区7.2‰,丹阳市9.2‰,句容市7.2‰,扬中市6.4‰。全市死亡人口20526人,人口死亡率7.6‰,比上年增加1.44个千分点,其中:市区6.8‰,丹阳市9.2‰,句容市6.7‰,扬中市7.8‰。全市人口自然增长率-0.2‰。

【经济发展概况】 国民经济平稳较快发展,经济总量不断增长。据初步核算,2007年全市实现地区生产总值1213亿元,按可比价计算:比上年增长15.5%。其中:第一产业增加值45亿元,增长2.1%;第二产业增加值726亿元,增长15.9%,其中工业增加值670亿元,增长17.0%;第三产业增加值442亿元,增长16.5%。实现人均地区生产总值40333元(按常住人口计算),比上年增长14.4%,按现行汇率折算为5510美元。经济运行质量继续改善提高,财政总收入占GDP比重达16.8%,比上年提高2个百分点。

经济结构调整取得积极进展。三次产业构成由2006年的4.1:60.5:35.4调整为2007年的3.7:59.9:36.4。高效农业稳步发展,新增高效种植面积12.5万亩,高效渔业面积2.5万亩,畜禽规模化养殖比重大幅提高。粮食生产连续四年增产,总产达107.98万吨,比上年增加8.5万吨。高新技术产业加快发展,高新技术产品增加值占比达到35.1%,同比提高3个百分点。制造业结构逐步优化,通用设备、电气机械等先进制造业比重提高。重大项目建设取得较大突破,呈现出项目数量增加、规模扩大、质量提升的可喜局面,鼎胜铝业三期、天工高速工具钢、江南化工厂草甘磷等一批项目竣工投产,恒顺50万吨香醋一期、索普60万吨醋酸造气等项目加快建设,谏壁电厂、句容华电各自2x1.00万千瓦燃煤机组等项目取得重大进展。服务业发展不断加快,服务业增加值增长16.5%,占GDP比重提高到36.4%,同比分别提高1.1个和1个百分点。消费需求持续攀升,社会消费品零售总额增幅比上年提高2个百分点,创10年来新高。

经济发展活力不断增强。国有企业改革继续深化,改制企业经济效益和市场竞争力明显提高。企业上市又有新进展,新增上市企业3家,募集资金11亿元以上。农村综合改革试点工作全面展开。行政管理体制改革深入推进,政府职能转变加快。金融改革稳步推进,农村信用社改革取得新成效,农业保险试点有序推进。社会事业领域改革不断深入。民营经济发展加快。2007年,全市民营经济实现增加值655.76亿元,比上年增长15.7%,占GDP比重54.1%,比上年提高0.7个百分点。完成税收64亿元,比上年增长33.3%。私个经济稳定发展,截至2007年末,全市拥有私营企业21595户,注册资本372.95亿元,从业人员36.31万人,其中本年新增户数3361户,新增注册资本52.57亿元,新增从业人员2.53万人;全市拥有个体工商户84261户,注册资本29.99亿元,从业人员13.38万人,其中本年新增个体工商户14470户,新增注册资本8.98亿元,新增从业人员2.21万人。

【对外开放及园区建设】 全市开放型经济发展较快。全年实际到位外资10.64亿美元;外贸进出口总额63.15亿美元,其中出口36.87亿美元;新签外经合同额2.52亿美元,全市开发区基础投入40.11亿元。外向拉动作用明显增强。全年外贸依存度为39.05%,对外贸易对全市GDP增长的贡献率达到20.32%,拉动GDP增长3.73个百分点,吸纳就业超过31万人;实际利用外资对全市GDP增长的贡献率达13.3%,拉动GDP增长近2.5个百分点;外商投资企业就业人数17.5万人;外商投资企业固定资产投资110.26亿元,占全市比重为18.75%;缴纳涉外税收329760万元,占全市比重25.37%;外商投资企业设备进口1.86亿美元。

招商引资有新成效。面向北京、上海、深圳等地跨国公司、世界500强驻华机构,积极组织重大境外招商8场、境内15场。成功举办"金秋经贸洽谈会"、"2007中国镇江船舶及港口机械投资合作洽谈会"、"香港专业服务研讨会"等专题招商推介会,引导本地企业拓展海外市场。境外上市融资再创佳绩,天工国际成功在香港主板上市,发行股票1.3亿股,筹集资金8.3亿港元,当年到位8450万美元。外资项目推进顺利,山特维克、辉煌太阳能等项目当年签约、当年报批、当年外资到位、当年开工建设,加铝等项目成功签约,奇美PC等项目实现增资。

对外贸易有新亮点。首次将进出口指标纳入外向型经济目标考核,扩大先进技术、关键设备和重要生产原料进口,加速产业结构升级优化。丹阳市被评为江苏省五金工具出口基地,天工、飞达、丰裕、华昌入选2007~2008年度"江苏省重点培育和发展的出口品牌企业",飞达、天工、恒顺上报商务部积极申报"中国出口名牌"。

"走出去"有新拓展。组织企业参加"欧盟—江苏经贸周"、"加拿大安大略省—江苏企业合作洽谈会"等经济交流合作活动。全市新批境外企业11家,总投资1146.75万美元,其中中方协议投资918.38万美元,分别比上年增长457.5%和353.1%。新批项目数、中方协议投资额均处于历史最好水平。截至2007年底,全市累计获批境外投资企业36家,总投资3695万美元,中方协议投资3222万美元。

开发区发展步伐加快。全市7家省级开发园区实际到位外资6.33亿美元,比上年增长49.3%;基础设施投入40.11亿元,增长40.9%;业务总收入1448.5亿元,增长32.8%;一般预算收入15.28亿元,增长34.9%;进出口总额35.76亿美元,增长31.6%,其中出口15.05亿美元,增长38.3%。

【高新技术产业】 2007年,全市加快高新技术产业化,强化高新技术企业群和产品群的培育,大力推进国家级高新技术"一园四基地"建设。全年新认定省级高新技术产品115项,国家重点高新技术企业13家,省级高新技术企业59家,市级高新技术企业65家,累计有国家级高新技术企业54家,省级高新技术企业275家,市级高新技术企业321家;全市新增6项国家级重点新产品、新增省级高新技术产品115项、市级高新技术产品154项,累计有省级高新技术产品834项、市级高新技术产品909项。大全集团有限公司、镇江华晨华通路面机械有限公司和江苏恒宝股份有限公司等3家企业列入省首批自主创新型试点企业,"金钛任务流目标管理软件"等5个产品获江苏省自主创新产品的认定。大全集团有限公司列入国家第二批自主创新型试点企业。2007年度全市高技术产品完成产值704.9亿元,高技术产品增加值占全市规模工业增加值的35.1%,实现销售收入676亿元,利税114.3亿元,利税率16.9%。产品的销售收入和利税分别比上年增长42.4%和37.1%,分别占全市工业产品销售收入和利税的33.0%和58.6%。

【科技进步与创新】 自主创新亮点频现。自主创新能力综合评价跃居全国前列。镇江市自主创新能力综合评价得分居全国第27位,在地级市中排名第9,成为全省乃至全国自主创新能力较强的城市之一。科技创新氛围日趋浓厚。以第六次争创"全国科技进步先进市"为抓手,切实加大科技投入,全市科技三项费用达到财政预算支出的1.6%,市本级科技三项费用预算安排4000万元,比上年增长30%以上,为全市科技创新提供了有力保障。通过自主创新重大成果和杰出人才奖评审等工作的开展,进一步增强了全社会科技创新的氛围,有效激发了科技人才的创业热情。高新技术产业发展迅猛。全市高技术产品实现销售收入676亿元,利税114.3亿元,分别比上年增长42.4%和37.1%,分别占全市工业产品销售收入和利税的33%和58.6%;高新技术产业增加值占全市规模以上工业增加值的比例达35.1%,较上年提高2.8个百分点,高新技术产业的支撑效应进一步增强。专利申请量比上年大幅增长。全市专利申请量总量达5201件,比上年增长52.8%,专利申请的质量也有较大幅度的提升。

向上争取科技项目再创佳绩。全市组织申报省级以上各类科技计划项目超过600项,获得省以上各类科技计划项目238个、拨款资助超1.5亿元,立项数、拨款数均位列全省前列。进一步强化各类计划项目的实施管理,开展省、市科技成果转化项目等已立项项目的中期检查,对136个在研省级项目和377个市级项目按期进行结转,督促加快实施,强化结题验收。全市科技计划项目管理工作在全省评比中,荣获第一名,获得省科技厅表彰。

产学研活动深入开展。全市上下集中围绕吸引更多高科技成果来镇转化为第一生产力的目标,扎实做好企业技术需求征集以及高科技成果信息收集、发布等基础性工作,共征集技术需求151项,发布科技成果信息1000多项。组织开展多场产学研对接交流活动,成功组织沪浙招商产学研活动,增强镇江市与沪浙地区高校院所之间的"高层互访与合作"。举办中日农业先进实用技术推广会,一批专家先后来镇进行技术交流和合作。召开中国镇江(莫斯科)科技合作洽谈会、举办"2007中国镇江中俄、乌、白科技合作洽谈会",进一步巩固了全市企业与俄罗斯等独联体国家的科技合作。全年中俄科技合作互访团组达10多次,得到了科技部、省科技厅的重视与肯定。此外,还积极筹备江苏省首届产学研合作成果展示洽谈会,在省内充分展示全市的科技合作成果,推进产学研工作向纵深发展。

自主创新平台建设扎实推进。"镇江大学科技园"建设全面启动。镇江软件园获省科技厅认定为江苏省镇江软件科技园。以江苏宏达化工新材料有限公司为基础,积极创建镇江国家新材料国际科技合作示范基地。加强辖市区科技孵化器建设,"润州高新技术创业服务中心"成功挂牌运作。加快建设科技公共服务平台,丹阳万新光学眼镜有限公司"眼镜行业科技公共服务平台"、江苏科技大学"船舶数字化设计制造技术中心"获省科技厅资助经费,填补了全市省级科技公共服务平台的空白。正式启动全市大型科学仪器共享服务平台建设,新建设科技创新服务机构3家。加快建设工程技术研究中心,市直华晨华通、扬中绿扬成套电子设备和丹阳鱼跃医疗器械3家企业组建的工程技术研究中心,获得省科技厅批准立项。同时,新建市级工程技术研究中心7家。

【城市建设】 城市建设取得新进展,城市综合功能得到新提升。全年实施城建项目105个,竣工53个,在建52个,完成投资101.73亿元;市区实施拆迁149.5万平方米,完成102万平方米。城市规划得到进一步加强。编制完成城市综合交通规划(纲要)、地下空间利用规划、绿地系统规划、污水处理规划和给水、排水、燃气、供电、电信、消防等十大专项规划,实现规划全覆盖目标。南山风景名胜区总体规划通过省级评审。完成南徐新城基础设施十项专业规划。

城建工程加快推进。实施九华山路等“八路一河”建设,润旺路、团山路西段主体工程完工,九华山路全线贯通。凤凰家园安置房一期工程交付,开工建设新城市花园、九华山庄安置房。新行政办公楼完成初步设计,开工建设规划展示馆,开展体育会展中心设计方案竞选。建成天桥支路、学府路二期、石马路、纬七路,开工建设纬八路。完成老西门桥重建,健康桥桥面贯通。整治吕家湾等9处积水区和积水点,完成头摆渡泵站增容。建设丁卯、大港污水处理厂。改造市区54条街巷道路,面积2万平方米。对8个老住宅小区进行整治改造,整治面积51.5万平方米,受益人口2.2万人。继续实施西津渡历史街区保护更新工程,建成中国镇江救生博物馆和西津渡观音文化展示馆,收购并修缮京畿路大清邮局镇江支局,完成“镇江老码头”创意产业园1号楼和税务司公所修缮,实施国画院搬迁。西津渡历史街区保护工程荣获2007年度“江苏省人居环境范例奖”。

公用事业发展取得新进步。完成丹徒天然气中高压接收站扩建工程,铺设向句容供气管道,销售天然气1.3亿立方米,发展民用户8000户。实现区域供水向辛丰、黄墟供水目标,南部乡镇具备供水条件。改造19个二次供水片区,全年售水量7000万立方米。坚持公交优先,完成客运收入1.11亿元,实施江苏大学王龙桥公交枢纽站建设,新增公交车70辆,新辟、调整公交线路8条,新建公交站点23座。

房地产业进一步发展。市区完成房地产开发投资60.98亿元,商品住宅施工面积387.51万平方米,销售面积157.78万平方米,开工建设经济适用房50.6万平方米,竣工14.8万平方米;验收交付21个住宅小区及组团,总建筑面积64.2万平方米。市区二级资质以上企业升至55家,比上年增长53%,恒美嘉园、江山名洲分别通过建设部国家康居示范工程达标验收和国家AA级住宅性能认定。

【城市环境质量】 全市环境综合治理力度持续加大,环境质量不断改善。烟气脱硫、小锅炉整治和东部地区环境污染整治工作取得实质性进展。共整治小锅炉345台,东部地区可吸入悬浮颗粒物浓度下降19.8%。建成烟尘控制区24个,面积128.5平方公里,二氧化硫排放达标率94.8%,工业粉尘排放达标率97.2%,空气质量良好以上天数达标率90.2%。工业废水排放达标率96.8%,城市污水集中处理率84.0%,生活垃圾无害化处理率100%,集中式饮用水源地水质达标率100%。建成环境噪声达标区21个,面积为104.93平方公里,噪声达标区覆盖率100%。环境质量综合指数80.2。全市共有环境监测站7个,设立自然保护区2个,自然保护区面积5863公顷。农村清洁工程全面启动,新建村级保洁站693个,农村初步建立起垃圾长效管理机制。

【社会事业】 科教兴市战略纵深推进,科技创新体系建设加快,实现“六创全国科技进步先进市”,通过国家知识产权试点市验收。各级各类教育协调发展,教育水平实现新提升,九年义务教育人口覆盖率达100%,高等教育毛入学率达到60%,职业教育加快发展。区域教育现代化创建取得重大突破,丹阳、扬中已通过省区域教育现代化评估验收。学校布局调整全部完成,市一中新校区、新十一中建成并投入使用,新旅游学校主体工程竣工。农村四配套工程加速推进。义务教育经费保障机制不断完善。文化事业和文化产业发展加快,成功创作音乐剧《水漫金山》。公共文化设施投入增加。茅山新四军纪念馆扩建、新广电中心等有序推进,市图书馆借阅厅扩容、新画院等投入使用。广播电视村村通和全民健身工程强力推进。城乡公共卫生服务一体系不断完善,卫生基础设施建设取得新进展,新建的市疾控中心等投入使用。

【社会保障体系】 全市基本养老保险参保55.5万人,新增扩面8.86万人,完成年计划的111%。各项社保基金总收入32.67亿元,比上年增加8.06亿元。新增参保人数5.26万人,完成年计划的105%;续保人数1.31万人,完成“万人续保”任务的131%;征缴基金10.44亿元,比上年增收2.33亿元,实现当期收支平衡并有所结余。失业、工伤、生育保险分别实现参保41.77万人、40.89万人、25.23万人。市区企业退休人员人均月养老金增加119元,增幅13.1%;实施药品“零差率”等医保社区配套政策,居民医保财政补贴得到提高。全市47个乡镇、街道劳动保障平台实施到位,建设到位率达92%。全市社会医疗保险参保人数达238万人,人口覆盖率达87.5%,其中,职工基本医疗保险参保64.57万人。市直参保人口69.17万人,5.9万名老人和8034名救助对象通过政府资助进入医保体系,基本做到“应保尽保”。

丹　徒　区

【概况】 全区总面积611平方公里。全年完成地区生产总值105亿元,可比增长15.4%,人均GDP达到3.63万元;财政总收入17亿元,地方一般预算收入8.23亿元,分别增长30.8%和34%,财政收入占GDP的比重比上年提高1.8个百分点;规模以上固定资产投资58亿元,增长35.6%。城镇居民可支配收入16039元,增长15.3%;农民人均纯收入7005元,增长14.5%。

【行政区划】 至2007年底,丹徒区辖7个镇2个园区,计83个村民委员会1864个村民小组和13个居民委员会,另设有丹徒新城、丹徒经济开发区各1个,场圃7个。

【人口】 全区总户数99928户,总人口276617人,其中男

136879 人,女 139738 人。

【经济发展】 工业经济好中快进。预计定报工业实现销售 236 亿元,增长 29.1%;增加值 63.7 亿元,增长 19.8%;利税 19.8 亿元,其中利润 11 亿元,分别增长 29% 和 38%。完成规模以上工业性投资 40 亿元,增长 37.4%;新增销售亿元以上增长点 9 个,累计实现销售 75 亿元。农村经济健康推进。农业产业化进程继续加快,“4 个万亩”和“26 个千亩”工程全面启动。全年粮食种植面积 41.19 万亩、总产 16.2 万吨、投入农业“三资”总额 4.6 亿元,分别增长 16.6%、14.1% 和 12.5%。高效农业作业面积 9.18 万亩,增加近三成,效益比重达 57.7%。粮食安全体系、疫情疫病防控体系不断完善,政策性农业保险覆盖全区。农业生产条件进一步改善,投入水利建设资金 2420 万元,完成土方 383.3 万方。农业综合开发投入 2044 万元,治理面积 2.2 万亩。完成“占补平衡”项目 10 个,净增耕地 1255 亩。第三产业稳中有进。新城放心粮油超市等一批专业市场建成开业,大众物流、城市酒店、农工商超市等 12 个服务业项目进展顺利。世业洲、江心洲、冷遹纪念馆被授予“国家 AA 级旅游景区”,江心首届野菜节、柑橘节成功举办,龙恩木屋等乡村旅游市场和消费进一步扩大,累计接待游客 120 万人次,实现旅游总收入 1.2 亿元。全年可望完成服务业增加值 35.2 亿元,社会消费品零售总额 20.8 亿元,分别增长 16.5% 和 17.8%。

【城乡建设】 新建城市道路 14.7 公里,九华山南路、西环路南延等 7 条城市道路全部竣工。经十二路丹徒段开工建设,沿江高等级公路快速推进,长香路全线贯通,连接镇江主城、丹徒经济开发区的经济通道基本成型。城际快速通道开通运行,新增 K118 和 138 公交线路,市民出行更为方便。丹徒规划建设展示馆主体封顶。长山小镇一期综合开发正式启动。开发区通江路拓宽改造、迎江大道铁路立交等工程竣工交付,东石物资 5 万吨级公共码头开工在建,铁路专用线工程前期工作基本完成。世业洲环岛路、内环南路全线竣工,星耀度假酒店、花园镇二期等工程加紧施工,水、电、气、宽带、有线电视等基础设施同步到位。241 和 243 省道、延茅公路及农村干线公路建设超序时完成目标任务。区域镇村布局规划通过评审,辛丰、上党、宝堰、高桥 4 个镇的镇域总体规划完成修编,全区 140 个村庄居住点规划全面完成。全年完成集镇建设总量 35 万平方米,基础设施投入 2.8 亿元。

【社会事业】 文化建设成效显著。文化遗产保护和传承工作有新提升,米芾广场建成开放,米芾逝世 900 周年系列纪念活动圆满成功。冷遹纪念馆、新四军四县抗敌总会纪念馆被列为“江苏省爱国主义教育基地”。群众文化活动方兴未艾,《南乡田歌》、《戚老七养鳖》获全国“群星大奖”,油画作品《金色阳光》入选“八艺节”群众文化美术展。农村文化设施建设步伐加快,镇文化站以及一大批村级文化活动室、文化公园、农家书屋相继建成。创省市级文明行业、文明村镇、文明单位 105 个。

教育事业加快发展。引进本科以上学历人才 317 名,其中硕士研究生和中级职称以上人才 21 名。大港中学进入全省首批“华文教育基地”行列。卫生事业稳步发展。疾控中心、卫生监督所、妇幼保健所三大公共卫生设施建成并投入使用。统计工作再创佳绩,高质量完成全国第二次农业普查。“世代服务”工程全面启动,“人口计生工作星级示范村”创建经验在全市推广。“五五”普法活动深入实施,“平安丹徒”、“法治丹徒”建设扎实推进,技防村建设全面启动,“大防控”、“大调解”机制日趋完善。人民武装、国防后备力量建设、双拥工作进一步加强。高度重视信访工作,妥善解决人民群众的合理诉求,信访量明显下降。社会保障体系进一步加强。养老、医疗、失业三大保险覆盖率分别达到 97%、82% 和 90%。提前半年完成企业养保扩面征缴任务。新型农村合作医疗参合率达 107.5%。农村低保应保尽保,新增低保对象 337 户。

京 口 区

【概况】 全区总面积 118 平方公里。全年完成地区生产总值 50.3 亿元,增长 15.8%。财政总收入 14.2 亿元,地方一般预算收入 7.7 亿元,分别增长 45.8%、46.1%。全社会固定资产投资 74.2 亿元,其中规模以上固定资产投资 66.5 亿元,分别增长 26.7% 和 29%。社会消费品零售总额 79.6 亿元,增长 18.9%。实际到位外资 7429 万美元,吸纳民资 24 亿元,分别增长 45%、26.3%。城镇居民可支配收入 17278 万元,农民人均纯收入 8213 万元。三次产业的比重为 1.6∶50∶48.4。

【行政区划】 辖 2 个镇、4 个街道、2 个场圃、1 个省级工业园区,共 67 个社区居委会、10 个行政村。

【人口】 截至 2007 年底,全区总人口 342887 人,家庭总户数 118282 户。

【经济发展】 工业经济不断壮大。实现定报工业销售 155.4 亿元,增长 25.3%,形成年销售 10 亿元企业 3 家、超亿元企业 17 家、超 5000 万元企业 18 家的规模企业方阵,索普醋酸、鼎盛铝业、鸿泰钢铁等 5 家企业跻身全市工业“五十强”,金属压延产业进入全省重点产业集群行列。总投资 3.4 亿美元的加铝热轧中厚板项目成功签约,中储粮完成收购并恢复生产,鸿泰不锈钢一期、鼎盛铝业二期等项目投产运营,索普醋酸扩产改造、华兴纸业等一批超亿元项目开工建设。服务业发展加快提升。完成社会消费品零售总额 79 亿元,增幅列全市第一,服务业增加值占 GDP 比重持续上升。红豆广场和第一楼街步行街已经顺利开业,皇冠假日大酒店、华地国际购物中心等一批超亿美元开工建设。宝华物流逐步成为全国一流的危化品专业物流龙头企业。

【城市建设】 城市化步伐不断加快,城市化率达 96.4%。第一楼街至千秋桥道路、京岘山南路竣工通车。建成安置房 8.9 万平方米,整治老小区 22.9 万平方米,累计拆迁 19 万平方米。社区建设“二次达标”全面完成。建立市容环境长效管理机制,全力推进农村新五件实事,完成农村环境“百日整治”和化工生产企业、“小锅炉”专项整治和江滨菜市场升级改造,搬迁北部滨水区企业 19 家,新增绿化造林 3600 余亩。

【社会事业】 出台文化事业和文化产业发展规划,建成区图书馆、美术馆。“活力京口”广场文化活动蓬勃开展。加快区域教育现代化进程，调整教育布局，建成润阳实验小学，完成南门小学与原市十一中的合并改造，在全省教育督导评估考核中名列前茅。在全市率先推行社区卫生服务药品销售“零差价”和免费优生筛查服务，社区卫生服务网络实现全覆盖，被评为“省社区卫生服务先进区”。成功创建“省工会工作模范区”。深入开展“法治江苏合格区”创建和新一轮平安建设，成立见义勇为基金会。建成国防指挥中心大楼和人力资源市场。

润　州　区

【概况】 全区土地总面积132.68平方公里。2007年完成地区生产总值(在地统计)120亿元，其中第一产业增加值1.26亿元，第二产业增加值64.57亿元，第三产业增加值57.17亿元；完成财政总收入12.83亿元，其中地方一般预算收入6.44亿元；完成全社会固定资产投资74.88亿元，其中工业生产性投资28.84亿元；完成社会消费品零售总额41.91亿元。全年城区居民人均可支配收入16942元、农民人均纯收入8001元，分别增长17.4%、14%。

【行政区划】 辖1个镇、4个街道、3个场圃、1个开发园区、1个民营经济发展管理委员会，共15个行政村、50个社区。

【人口】 2007年末，全区户籍总人口24.2万人，家庭总户数96891户。

【经济发展】 *农业经济稳步发展。*全年完成农林牧渔业总产值(现价)2.6亿元。农作物播种面积4.8万亩，粮经面积比为17∶83。全年生猪饲养量1.9万头，肉类总产量2381吨，家禽饲养量36万只，水产品产量3226吨。新建成省级无公害农产品基地2个，全国无公害农产品4只，创名特优级品牌2个。完成成片绿化造林面积4365亩，河道绿化31公里；拥有市级龙头企业6家。都市农业园区正式启动，嶂山观光园开工建设，南山农艺、龙泉山庄等成为都市休闲的新天地，蝴蝶兰生产基地投产。*工业生产质效提升。*全年完成全口径工业销售178.71亿元，工业利税15.67亿元；年销售超亿元企业22家，其中超10亿元3家，超5亿元7家，定报企业达167家，实现定报工业销售145.24亿元，定报工业增加值39.15亿元，定报工业利税14.17亿元。工程机械、电子电器、船舶及船用设备三大支柱产业销售占定报工业比重55%，船舶和路面工程机械产业集群进入省100个重点产业集群名录，成为中国内河船舶产学研基地。*服务业迅速发展。*全年实现服务业增加值(原口径)24.93亿元，占GDP比重达58.96%；完成服务业固定资产投资37.85亿元，占全社会固定资产投资比重的67.75%；服务业税收占地方税收比重的63.33%；服务业实际利用外资2287万美元，占实际利用外资总额的37.76%。以惠龙港国际为平台的物流集聚区、以国际工业品城和镇江农产品批发市场为代表的重点产品交易市场加速推进。大润发、镇江九泰投资咨询有限公司被评为全市十佳批零企业；镇江装饰城(月星·九润国际家居广场)、金桥市场被评为镇江市十佳市场。

【城乡建设】 华铝片区等“老小区”改造全面完成，受益群众近4000户。黄山农贸市场通过升级改造，成为全市一流农贸市场。成片造林291公顷，城市绿化率、森林覆盖率分别达到39.6%、27.5%。投入1000余万元强化河道治理，运粮河、跃进河、周家河、黎明河渠道更畅、水体达标。农村垃圾、“小锅炉”、化工企业、市区噪声、清洁生产等整治任务全面完成，城市环境噪声达标区覆盖率94%，城区生活垃圾处理率100%。辖区内312国道实施全面整治，环境质量明显改善。

【社会事业】 全年财政科技经费支出413.5万元，组织实施国家级、省级科技项目11项、市级科技项目37项、区级科技项目54项。年末，全区已有各级高新技术企业45家、区域科技创新机构(企业技术研究中心)1家。全年专利授权总量208项，获得市级以上科技进步奖2项，争取市以上科技项目经费突破4000万元。

*教育事业快速发展。*九年义务教育对象入学率100%。小学、初中在校生巩固率分别达100%和100%。初中升高中段的比例达到99.1%。职业教育、成人教育继续发展。*文化体育事业加快推进。*区文化馆达国家二级馆标准，区图书馆开工建设。全区基层文化设施达标率94%，村级文化活动中心(室)基本建成，文化信息资源共享工程在全区行政村(社区)实现全覆盖。群众性文化活动蓬勃开展，古运河文化节、自行车健身行等群众性文体活动活跃城乡。全区文艺创作者在市级以上获奖作10余件。积极组队参加市及省两级体育比赛，共获市级以上金牌32枚。全区已建成体育健身路径点48个。*医疗卫生和社会保障事业有新进步。*城乡居民合作医疗同步实施。农村新型合作医疗参加人数达5.86万人，参保率99.46%，城区参加人数3.095万人。全区城镇企业职工养老保险累计参保2.535万人，全年共为2987名个体经营或灵活就业人员发放社会保险补贴615万元。新增城乡就业岗位5322个，年末城镇登记失业率3.2%。　　（李劲提供）

镇江园林

扬 州 市

【行政区划】 全市总面积6634平方公里,其中城市规划面积980平方公里,建成区面积70平方公里。辖邗江、广陵、维扬3个区,宝应1个县和江都、仪征、高邮3个县级市。2007年,全市建制镇调整为70个,街道办事处调整为13个,居民委员会345个,村民委员会1185个。

【人口】 2007年末,我市户籍总人口为459.25万人,比上年末增加0.61万人,增长0.013%。自然增长率为-0.85‰。全市登记出生人口37041人,出生率8.07‰;死亡人口40955人,死亡率8.92‰;全市迁入人口为7.88万人,迁出人口为7.18万人,净迁入0.7万人,比上年同期增长-37.2%。

【经济建设】 *城市产业结构调整*。扬州市国民经济从2001年的调整、2002年的恢复,至2003年走出低谷,结束徘徊,进入持续快速增长,2005年开始超省均(见图1)。GDP从2002年的544.28亿元到2007年的1311亿元,年均增长14.8%,2007年增长15.7%,完成计划的101.5%。三次产业比重为7.7:57.0:35.3。

【农业农村经济】 2007年,全市农业总产值197.21亿元,增加值突破百亿元大关,达100.9亿元;农民人均纯收入6586元,比上年增长13.3%。

全市粮食总产达到240.63万吨;新增高效农业面积41.7万亩,总面积达149万亩,其中115个高效农业园区建成面积26万亩;新认定"三品"农产品基地31万亩、家畜1700头、家禽342万只,总数分别达394.5万亩、85.7万头、983万只;认证"三品"品牌61个、总数达554个;建成市级以上农业标准化示范区33个,其中国家级7个、省级16个、市级10个。农业产业化经营取得新进展,60家市级龙头企业实现销售收入130亿元,农村"三大合作"组织总数发展到905个,其中农村土地股份合作社288个,入股土地面积16万亩;农民专业合作经济组织549个,入社农户13.5万户;社区股份合作社68个,折股量化总资产2.2亿元。

新农村建设不断深入推进,新创全面小康村267个,建成市级新农村建设示范村10个。一是编制完成1056个村庄建设规划(其中村庄平面布局规划800个),修编50个小城镇规划。二是新建或修建农村公路建设673公里、桥梁48座。三是30.6万名农村义务教育学生减免学杂费10013万元,实施"一免一补"(即免课本费、补助寄宿生生活费)政策,共减免1100万元,受益学生9.6万人次;实施农村劳动力转移及在岗技能培训9.5万人、新增转移劳动力7.56万人。四是疏浚县乡河道1597万方,疏浚村庄河塘1057万方,建成乡镇垃圾中转站55个,购置大中型垃圾运输车辆210台,新建19.13万个垃圾箱(池),自来水管网基本覆盖了全市77个乡镇1241个村,农村累计饮用自来水人口328万人;新增无害化卫生户厕4.1万座;新建"一池三改"户用沼气池8156只,完成中小型沼气治理工程8座;新造林地面积10.3万亩。五是新建改建乡镇文化站27个,累计建成51个;建成村文化室(含"农家书屋")386个;有线电视安装户达61万户、入户率达75.6%。六是新建农村社区卫生服务中心20个,累计达57个,新建改建农村社区卫生服务站508个;新型农村合作医疗人口覆盖率近96%。七是建成了便民服务中心148个。

【工业经济】 *经济总量突破新高,质量效益稳步提升*。2007年,全市工业经济保持了又好又快的良好发展态势,完成工业总产值2590.9亿元,同比增长35.8%;完成工业增加值715.5亿元,可比价比上年增长21.3%,增幅位列全省第4位;实现主营业务收入2469.6亿元,同比增长35.0%,实现利税突破200亿元,达到220.6亿元,同比增长42.5%,其中利润123.0亿元,同比增长46.8%。全市销售收入过亿元的企业达411家,比上年增加114家,其中10亿元以上的企业有33家,比上年增加12家。全市实现利税超1000万元的企业有289家,比上年增加101家,其中实现利税过亿元企业有22家,比上年增加7家,这22家企业实现利税比上年增加25.9亿元。产销衔接保持较高水平,达到97.7%,同比提高0.1个百分点。

主导产业继续壮大,重工业化趋势明显。随着工业化进程的不断推进和"三重"战略的深入实施,全市工业形成以机电装备、石油化工、交通运输设备为主导的产业格局,区域经济特色和优势进一步强化。2007年,三大产业分别实现产值778.5亿元、571.7亿元和248.7亿元,同比分别增长40.6%、21.1%和55.2%,对全市工业增长的贡献率达到61.7%,强势支撑和引领了全市工业的快速发展。受三大产业拉动,全市工业重型化特征更加明显,重工业主导地位更加突出。2007年重工业完成工业总产值1679.9亿元,同比增长41.8%,重工业总量占全市规模以上工业的比重为64.8%,对全市工业增长的贡献率达72.6%,拉动增幅26.0个百分点;轻工业实现工业总产值911.0亿元,同比增长25.9%。重工业占比高出轻工业29.6个百分点,增幅高出轻工业15.8个百分点。

新兴产业发展迅猛,自主创新取得突破。2007年,全市规模以上工业高新技术产业完成现价产值572亿元,同比增长39%,占全市总量达22.4%,其中,以新光源、新能源、新材料为代表的"三新"产业发展迅速,建成了一批产学研联合体和公共研发平台,顺大高纯硅材料、惠通碳纤维、华夏大功率LED芯片等一批自主创新关键技术取得了重大突破,扬州半导体照明产业化基地获科技部批准,成为全国第六个"光谷",全年实现产值139亿元,占全市工业的5.4%,同比增长近80%。2007年,新增省级以上高新技术产品180个,比上年增加31个,新增省级以上高新技术企业56家,比上年增加6家;申请专利可达3000件,比上年增加427件;;在品牌创新方面,已新获批中国驰名商标5件、中国名牌4件,分别比上年增加1倍和29%,国家级品牌拥有量位居全省第四,保持了在苏中、苏北的领先优势。

目前,扬州市LED产业初步形成了“衬底材料—外延片—芯片—封装—应用”的产业链,太阳能光伏产业形成了“多晶硅—单晶硅—硅片—太阳能电池及组件—太阳能照明灯具”的产业链,LED和太阳能光伏产业在下游、特别是照明应用领域成功实现了对接融合,市场应用取得阶段性成效。新材料产业初步形成了以高性能碳纤维和芳纶为代表的特种功能纤维、以高性能氟塑料和聚酰亚胺薄膜为代表的化工新材料、以玻纤制品和高分子合金材料为代表的高性能复合材料等多个高新技术产品群。顺大多晶硅项目获得国家发改委高技术产业化专项扶持;顺大半导体公司企业技术中心被认定为省级企业技术中心,扬州—南京大学光电研究院、江苏检验检疫光电产品检测中心等一批公共服务平台开始筹建,市经济开发区新光源公共服务中心投入使用;顺大电子“多晶硅”和“碳纤维”等重点项目进展顺利,“2007扬州LED和太阳能光伏产业招商推介会”等系列专题招商活动成效显著,人才队伍建设迈上新台阶。“三新”产业已逐步成为扬州市发展高新技术的优势产业,并在全省产生较大影响)。

产业布局调整合理,区域经济协调发展。大力贯彻实施“强县强镇、三年倍增”战略和《扬州市市域环路沿线产业带发展规划》,围绕“六个倍增、三个提速、进军百强、实现小康”的目标,加快培育富有县域特色的支柱产业和优势产业,努力增强县域经济活力。2007年,7个县(市、区)累计完成工业总产值2213亿元,占全市总量的85.4%,同比增长34.1%,对全市产值增长的贡献率达94.5%,拉动增幅近40个百分点。园区发展生机勃勃,载体功能不断提升,集群化趋势进一步明朗。“八区二园”、18个特色产业群和37个重点乡镇工业集中区已成为全市工业发展的主阵地和先导区。2007年,“八区二园”的主营业务收入占全市比重的50%以上,18个产业集群内规模以上企业数达467家,集群实现产值910亿元,37个市级示范乡镇工业集中区实现产值842亿元,同比增长均在40%以上。

做大做强步伐加快,规模化企业进一步壮大。随着工业企业发展基础和外部环境的不断改善,全市工业企业做大做强的步伐明显加快,并取得了较大突破。2007年,全市工业产值过亿元企业达441家,比2006年增加127家,这441家企业合计完成产值1838.8亿元,占全市规模以上工业总产值的71.0%。其中完成产值50亿元以上的企业有3家,30—50亿元的企业有3家,10—30亿元的企业有29家,5—10亿元的企业有49家,1—5亿元的企业有357家。宝胜集团更成为全市首家过80亿的地方工业企业。

【外向型经济】 2007年全市完成外资实际到帐11.45亿美元,同比增长50.51%,完成协议注册外资33.70亿美元,同比增长37.59%;其中各开发园区实现注册外资实际到帐9.2亿美元,同比增长48%,实现协议注册外资20.1亿美元,同比增长38%;我局引荐协议注册外资5910万美元,完成年度目标的148%;提供项目信息28000万美元,完成年度目标的233%;当年注册外资实际到帐1867.7万美元,创历史新高。全市实现进出口44.6亿美元,同比增长36.4%,其中出口32.5亿美元,同比增长37.7%。全市新签外经合同额13113万美元,同比增长33%;完成营业额15072万美元,同比增长20%。全市完成港口吞吐量1691万吨,同比增长14%;完成口岸外贸运量297.6万吨,同比增长14.5%,完成外贸集装箱7.34万标箱,同比增长48%。

【利用外资】 外资投入产业分布有了新的变化。全年全市新批准设立的364家外资企业中,一产项目7个,同比增长16.67%,占总数的1.92%;二产项目占主流,共批准300个,同比下降7.12%,占总数的82.42%;三产项目57个,同比下降18.57%,占总数的15.66%。

【项目规模】 在全市共批准的620个项目中,项目单体平均规模544万美元,比去年同期增长42.04%。全市新批外资项目协议注册外资1000万美元以上共有83家,总投资33.72亿美元,协议注册外资16.23亿美元,项目个数和协议注册外资同比分别增长10.67%和15.76%。

【外资投入形式】 全年全市新批外资项目中,增资转股并购项目256个,占总数的41.29%,增资转股并购协议注册外资9.1亿美元,占总数的27.03%。与去年相比项目数和协议外资数都有明显增长,项目数同比增长7.11%,协议外资同比增长61.5%。

【独资企业成为主流】 全年全市新批准设立的外资企业364家中,独资企业267家,占总数的73.35%,独资企业成为主流,合同外资26.51亿美元,合资企业96家,占总数的26.37%,合同外资7.02亿美元,合作企业1家,占总数的0.28%,合同外资268万美元。

【产业招商】 围绕我市的汽车及零部件、电子、船舶、纺织等八大产业、十八个产业集群,制订《扬州市产业招商实施意见》。大力开展招商引资活动。“烟花三月”期间,全市共接待来扬外商3000多名;季建业书记带队赴日韩,王燕文市长带队赴欧洲先后举办七次招商推介会,重点推介我市电子、汽车及零部件、船舶、化工等产业;闻道才副市长组团参加第十一届中国投资贸易洽谈会(厦门),我市签订协议外资4.4亿美元;2007年11月15日围绕新能源、新光源、新材料产业在上海召开扬州新产业招商推介会,新签协议注册外资6.1亿美元。

【驻点招商】 根据当前我市招商引资的重点国家与地区情况,围绕主攻港台,开拓东南亚,突破日韩,发展欧美的要求,结合市有关部门的实际,市外办积极在欧洲、韩国设立招商办事处,市侨办积极在新加坡、香港设立招商办事处,市外经局积极在美国、日本设立招商办事处。

【项目督查】 全市按信息、合同、到资、开工、投产达产及运营六个环节对项目进行跟踪督查,市政府每个月开一次外资分析会。针对开放型经济发展过程中遇到的新情况、新问题,每季度召开一次外向型经济会议。

【《扬州市利用外资考核考评奖励办法》】 在充分调研并听取各县(市、区)意见的基础上,参照周边城市的成功经验,根据我市实际,改进利用外资考核办法,起草了新的利用外资考核考评办法,将过去的单一利用外资实绩考核奖改为综合考评奖与利用外资目标奖两个奖项，重点鼓励外资项目、龙头项目，鼓励增资，优化外商投资结构。这一新的《扬州市利用外资考核考评奖励办法》经市政府审定下发执行。

【优秀外商投资企业】 根据省外商投资协会的通知要求，以《关于对外商投资企业表彰、评选试行办法》为标准，对全市10家运行良好、业绩突出的外商投资企业进行了推荐，最终川奇光电科技（扬州）有限公司、扬州中集通华专用车有限公司等7家企业被评为2005—2006年度优秀外商投资企业。

【出口新品】 货运船舶及客货兼运船舶（集中在大洋造船、环球造船、海润船舶）出口6311万美元，增长484.4%；钻探用钢管（集中在诚德钢管）出口10795万美元，增长238.2%；拖轮及顶推船（集中在大洋造船）出口8383万美元，增长234.1%等。

【县域出口】 2007年，邗江、江都、高邮、宝应、仪征五家合计出口达157796万美元，增幅达79.3%，远高于全市平均37.7%的增幅，县（市、区）出口排名前两位的邗江、江都出口增幅更是达到了100%以上。2007年县域五家出口占全市比重达到了48.5%，比2006年的37.3%增加了11.2个百分点，初步改变了县域出口弱势徘徊的局面。

【出口品牌工作】 江苏扬农化工股份有限公司、江苏牧羊集团有限公司等6家企业荣获2007—2008年度“江苏省重点培育和发展的出口名牌”称号。5家企业向商务部申报“中国出口名牌”。制定了《扬州市出口名牌评选办法》，在全市组织开展“扬州市出口名牌”的申报评选工作，评选出首批18个“扬州市出口名牌”。

【出口基地申报工作】 全市的几大产业板块进行了梳理，认真调研金属板材加工设备及配套产业作为培育申报江苏省机电产品出口基地、宝应县莲藕产业作为申报江苏省农产品出口基地项目。邀请省外经贸厅专家来扬对基地建设工作进行现场具体指导，会同邗江区、宝应县做好申报的各项准备工作。

【高度重视出口扶持政策工作】 切实做好机电产品出口研发、技改项目的申报工作；切实做好中小企业国际市场开拓资金、江苏省出口企业新兴市场开拓资金项目、江苏省纺织行业结构调整专项资金等国家、省扶持外贸发展资金的申报工作。累计申报各项资金达1500万元左右。

【展会推介工作】 制订出台《广交会展位分配和管理的实施意见》以及《广交会（华交会）工作制度》，使展位分配工作更加“公开、公正、透明”。102届广交会实现出口成交约1.5亿美元。注重了国外市场的开拓，先后组织有关出口企业参加了在日本、香港、巴基斯坦、中东等国家（地区）举办的展览会。

【对外承包工程项目】 全市新签对外承包工程合同额7000万美元，占新签合同总额的54%；完成对外承包工程营业额11000万美元，占总量的73%；对外承包工程项目下派出劳务人员2500人，占派出劳务总量的40%；全市在手的1000万美元以上的项目5个。

【三大外经行业】 建筑业、石油勘探开采、核电站建设成为我市外经三个重点产业。建筑业完成外经营业额7500万美元，占全市外经营业额的50%；江苏石油勘探局已在非洲的苏丹开采石油，在西亚也门建立了石油勘探开发公司，在非洲的阿尔及利亚、中亚的哈撒克斯坦等国也有开发项目；中国核工业华兴建设公司完成外经营业额超过3500万美元，占全市营业额的23%。

【外经授权企业】 2007年已领取批准证书的外经企业3家，其中新获权企业大洋造船有限公司是一家外向型生产出口船舶企业，该企业获外经经营权后，将承接国外的大型船舶维修工程。新获权的扬建公司、中机环建公司，为我市外经事业发展增添了后劲。

【江苏邗建集团成为“双权”外经企业】 江苏邗建集团有限公司是我市大型建筑安装企业，1998年经原外经贸部批准获对外承包工程经营资格。该公司获权后努力开拓国外市场，2006年对外承包工程合同额2000万美元，完成营业额超过1300万美元，当年派出劳务人员和管理人员410人，在此基础上邗建集团又向商务部申报对外劳务合作经营资格，今年2月获批准。邗建集团成为继江建集团、华兴公司之后的我市既有对外承包工程经营资格又有对外劳务合作经营资格的第三家“双权”外经企业。

【劳务合作】 全市外经市场现已发展到亚洲、非洲、欧洲、南美洲、北美洲五大洲的20多个国家和地区。新加坡、日本、西亚、北非成为我市对外经济合作的主要市场。对外输出由过去低端的劳务缝纫工、建筑工为主向石油勘探开采、核电站建设、水利工程施工等较高层次的工种发展。

【规范对外劳务输出】 制订下发了关于我市涉外劳务中介机构的管理办法，推动外经企业正规化经营，加强风险防范能力。邗建公司扩权到对外劳务合作，扬州富扬公司、江都建设公司加入中日研修生协力机构。扬州富扬公司得到中国承包工程商会批准进入新加坡建筑市场。

【整合有权外经公司】 中核华兴建设公司为适应国内外核电事业的发展，规划从单纯的核电土建公司发展成土建安装公司，出资收购了仪征化纤所属两家有外经经营权的工程设计安装公司。华兴公司依靠这两家公司的设计和设备安装能力，拓展了承接土建设备安装等业务，有效带动了仪化的两家公司业务发展。

【“烟花三月”外资项目大型集中开工、投产活动】 2007中国·扬州“烟花三月”国际经贸旅游节于4月18日隆重开幕，作为国际经贸旅游节重要活动之一的外资项目大型集中开工、投产活动于4月19日上午在扬州出口加工区、全市8个省级开发区及重点工业园同时举行。中共扬州市委、市人大、市政府和市政协的主要领导、市相关部门负责人及部分外商分别出席了各开发区的开工、投产仪式活动。4月19日上午全市共有96个注册外资200万美元以上的项目参加了开工、投产仪式活动。96个项目总投资17亿美元,注册外资8.3亿美元。其中总投资超1000万美元以上的项目57个;注册外资1000—3000万美元项目23个,3000万美元以上项目6个。这一活动对在我市已注册的外资企业早开工、早投产起到了积极的推动作用。

【中国·江都第五届花卉节】 4月19日,中国·江都第五届花卉节隆重开幕,以花为媒,江都引进"三资"53亿元。当天,1000多名中外客商相聚江都,20个外资项目、50个民资项目集中签约,外资项目计划总投资2.61亿美元,民资项目计划总投资31亿元。项目涉及汽车配件、船舶制造、电子机械、花卉苗木等多项产业。花卉节期间,江都还有51个千万元以上项目开工建设,总投资达93.6亿元。

【厦门投资贸易洽谈会】 第11届中国国际投资贸易洽谈会于9月8日在厦门举行。我市组成了以闻道才副市长为团长的扬州分团参加了这次洽谈会。各县(市、区)、有关省级开发区充分利用这一国际招商平台,努力在更大范围内宣传、推介扬州。这一次投资贸易洽谈会,我市参会单位结识了一批新客商,增加了一批新项目源,签约了一批新项目。本次厦门投资贸易洽谈会我市在厦门及深圳共举办了3场推介签约会,共签约外资项目11个,合同外资额4.4亿美元,其中仪征市与香港客商签约的现代国际商贸城2个外资项目,合同外资达4亿美元。

【对外贸易】 出口大户:全市出口千万美元以上的出口大户达64家,占全市有出口实绩企业数的6.7%,但其累计出口金额达20.36亿美元,占全市出口的比例高达62.6%。2007年出口大户的个数与金额分别比2006年增长了48.8%与49.4%,为全市出口实现平稳增长奠定了坚实的基础。

【服务业经济】 全年实现服务业增加值462亿元,增长16.1%,占GDP的35.3%。实现投资245.6亿元,增长24.1%,占全社会固定资产投资的34.2%;服务业实际到帐外资3.15亿美元,增长56.9%;民资服务业注册资本金312亿元,占比达42%;实现税收42.7亿元,增长15.6%(其中地税收入26.4亿元,增长28.4%,占比61.8%),占财政收入的20%。

商贸流通业结构优化。实现社会消费品零售总额416亿元,增长17%,增长幅度创近5年新高。城市商业地位快速提升,在07年福布斯大陆商业城市排名中,扬州位居31位,较上年跃升8位。新建成京华城中城、瘦西湖新天地、康山文化园等市民及游客消费新天地。传统商业焕发青春,新型业态遍及城乡,"三把刀"加快了走出扬州的步伐,相关企业的连锁店铺已超过400家,年营业总额突破8亿元。老字号和"扬州师傅"品牌效应持续放大,6家企业荣获"中华老字号"称号。

文化旅游业跨越发展。"文化扬州"全面启动,双东街区"一线十点"项目建设加快,扬州城门博物馆、中国剪纸博物馆、崔致远纪念馆、鉴真图书馆等一大批文化设施建成对外开放。实施旅游名城建设行动计划,开通了古运河游览线,建成运河文化公园等景点,古运河景观得到全面提升。全市接待境内外游客1556万人次、实现旅游收入155.8亿元,分别增长15.5%和20%。

房地产业良性增长。"东连西进、主导向南"的发展战略全面启动,京华城中城CBD、二城商圈建设步伐加快,高品质住宅小区不断建成。小户型公寓与写字楼市场火爆,商业地产由分散型向组团型集聚发展,宜居扬州魅力倍增。全年完成房地产投资106.5亿元、增长27.7%,商品房竣工和销售面积分别达到323.5万平方米和430.2万平方米,分别增长8.5%和11.8%。

金融业质态提升。各项指标均创历史新高,12月末全市银行业机构存贷款余额为1276.3亿元和765.9亿元,增量贷存比达95.4%,银行业效益显著改善,银行业机构实现利润19.4亿元,增长51.6%。招商银行扬州分行挂牌营业。保险业健康发展,保险机构由2002年的8家增加到31家。2007年,全市保险业机构抓住市场利率上扬、资本市场繁荣活跃的有利时机,大力营销投资功能强大的保险产品,截止07年底,全市保险机构累计实现保费收入34.2亿元,同比增长11.7%。证券市场交投异常活跃,07年末,全市8家证券公司开设资金账户数18.9万户,保证金余额22.3亿元,分别新增5.7万户和11.6亿元,全市累计实现证券交易额2640亿元,同比增长421.1%。

信息服务业拓新领域。全年信息服务业收入46亿元,增长17.9%。出台了《关于加快扬州软件与信息服务业发展的意见》。省信息产业厅与扬州市政府合作共建的扬州信息服务产业基地开工建设,为IT产业加快发展拓宽了领域。

现代物流业深入推进。全市公路运输完成货物周转量33.7亿吨公里,增长15.3%;水路运输周转量49.1亿吨公里,增长16.2%;港口货物吞吐量5516万吨,增长18.2%,其中,集装箱吞吐量实现28万TEU,增长36.6%。重点物流园区建设进展顺利,一批物流项目已入驻扬州港、公铁水、石化、广陵商贸等物流园区。

【沿江开发】 2002年8月,扬州市在全省率先启动沿江开发。五年多来,沿江地区认真落实科学发展观,坚持以产业开发为核心,积极主动地承接国际、国内资本和产业转移,着力转变经济增长方式,不断加大自主创新能力,经济保持了较快的增长势头。2007年沿江地区生产总值、地方财政收入、规模以上工业总产值、注册外资实际到帐已经占到全市总量的78.1%、84.92%、81.9%以及90%。固定资产投资、社会消费品零售总额和出口总额分别占到全市的77.2%、77.6%和90.3%,沿江地区已经成为全市经济增长的主引擎和重要增长极。

基础设施建设不断完善。几年来,沿江基础设施建设累计投入超过300亿元。宁启铁路、润扬大桥、环城高速等一批重大交通基础设施的建成运营,不仅重塑了扬州的交通枢纽地位,而且使扬州迅速融入了长三角乃至全国的交通大循环,为扬州深入推进沿江开发、加快构建沿江产业带赢得了先机。一是路网结构基本完善。园区干道、沿江高等级公路扬州段、仪征境内、市开发区境内、江都境内骨架道路改造完成。二是港口功能显著提升。通过对扬州港、江都港、仪征港实行"一港两区"整合,扬州港已成为江苏省的重要港口。三是供电供热能力增强。一批沿江供电设施已建成投入使用,扬州港口环保热电、仪征联众热电等供热设施投入运营,扬州二电厂二期2

台60万KW机组实现并网发电。四是上、下水条件日益改善。日供水能力达40万吨的扬州四水厂投入运营，扬州汤汪污水处理厂、市开发区污水处理厂一期、江都污水处理厂投入使用，扬州六圩处理厂二期、青山污水处理厂正在建设之中。五是水利绿化得到加强。沿江地区构建了“四横六纵七块多点”的森林生态网络体系，力争达到沿江森林覆盖率达25%，沿江单位绿地率25%以上，绿化覆盖率达30%以上。一批水利、防洪设施建成投入使用，润扬森林公园、沿江高等级公路等一批高标准的绿化工程成为沿江地区的新景观。

园区集聚效应显著增强。工业发展加速，扬州开发区电子信息、光机电一体化、新能源产业发展势头良好；扬州化学工业园区正着力构建精细化工、化纤纺织和石化物流等化工产业链；仪征开发区内的上汽仪征分公司自主品牌项目投产；江都开发区的船舶制造、冶金机械和新材料等产业日趋成熟；邗江开发区的锻压机械、服装制造产业等正形成新的规模优势；维扬开发区的精密铸造、玩具产业等蒸蒸日上；广陵产业园的电子信息、食品加工业日益兴旺；杭集工业园的轻工日用化工产业发展势头良好。物流业正加紧规划建设。扬州港口、仪征石化、火车货站和扬州城东等物流集聚区、物流中心的发展详规、海螺集团港口物流、兵吉燕石化仓储和仪征汽车、船舶物流等加紧实施。农业前景喜人。万亩无公害蔬菜基地、经济林果基地、长江特色水产基地、花木产业园等正加快建设，已形成了优质粮油、特种水产、特色家禽、花木、蔬菜等特色优势产业。

发展载体逐步完善。目前，沿江地区共有省级开发区6个。开发区和园区开发面积由2002年底的25.3平方公里增加到2007年底的近100平方公里，出口加工区作为扬州市唯一“国”字号金字招牌，通过了国家海关总署验收，2007年正式投入运营。一批与园区建设密切相关的供水、供电、供热、供气和污水处理设施相继建成。

规划编制不断深入。规划是促进沿江地区加快发展与科学发展的保障，为加速推进全市沿江开发进程，打造扬州崛起的新的战略平台，2004年6月在全省率先出台了《扬州市沿江开发详细规划》；随着沿江开发的逐步深入，2006年，为提高沿江开发规划的操作性、约束性，制定了《扬州市沿江开发控制性详细规划》；为打造沿江产业带建设，促进沿江园区的产业集聚，出台了《关于促进沿江园区产业集聚的意见》；针对长江岸线开发利用管理中存在的多头管理、各自为政、资源利用效益不高等问题，为合理有效开发利用长江岸线资源，制定了《关于加强长江岸线开发利用管理的意见》等。

环境保护不断强化。一是沿江各地树立新的经济发展理念，发展循环经济，努力推行补链招商。扬州经济开发区引进国际“生态共生学院”做法，由二电公司牵头，旺龙水泥、亚东、金秋建材等6家企业成立了“热电建材行业循环经济共生体沙龙”，促进了资源共享和循环利用，形成了3条循环经济产业链；目前，扬州经济开发区被国家环保总局批准为创建国家生态工业示范区，成为全省78个省级开发区中唯一一家获准建设的单位。仪征、江都结合创建国家环保模范城市，制定并通过了生态市建设规划，沿江6家省级开发区全部完成了规划环评。同时，环保部门加强了对重点排污单位的监察检查，严防新污染的产生，仅2007年就依法劝阻不符合环保政策的项目近80个；全市各类工业园区及市化工园区所有污水就近接入污水处理厂实行集中处理，扬州电厂、二电厂、仪化电厂脱硫工程相继建成投运。二是在岸线保护和利用上，重视岸线管理和规划控制，努力提高岸线资源使用效益，坚持合理开发原则，深水深用、浅水浅用；坚持集约开发原则，达到足够投资强度，实行纵向利用布局；坚持保护开发原则，开发利用与保护治理相结合，确保堤防安全、河势稳定、航运通畅，确保饮用水源和南水北调取水口安全。坚持岸线利用和与腹地开发相结合，涉岸项目使用沿江岸线及后沿陆域，根据其投资强度、建设规模以及产业关联情况，择优选择，合理安排。

沿江地区对全市经济的拉动，一是支撑了全市经济的发展。通过沿江开发，不仅沿江新兴产业带迅速壮大，而且优化了沿江各县（市、区）的产业结构，增强了区域和全市经济的综合实力。二是促进了全市对外开放。通过沿江开发，进一步增强了广大干部群众的开放创新和抢抓机遇的意识，进一步扩大了扬州对外的影响、提升了扬州的外在形象，带动并提高了全市利用外资、民资的总量和质量。三是带动了人民生活水平的稳步提高。通过沿江开发，不仅进一步拓宽了各地加快发展、科学发展、跨越发展的思路，而且也进一步拓展了广大群众创业致富的空间。

【社会事业】 2007年，扬州社会事业工作以服务中心、服务群众为主题，锐意创新，强势推进，取得了显著的成绩。

一是教育事业加快发展。城乡教育布局不断优化。义务教育普及水平持续巩固，高中阶段毛入学率达到了到95.7%。全部免除义务教育阶段学杂费，落实了对困难学生的“一免一补”政策。以“宏志班”为代表的集群式帮扶形成特色。素质教育稳步实施，教育信息化步伐加快，教育质量不断提高。高考本二以上万人口上线率达22.2。职业教育进一步发展，中等职业学校招生占高中阶段招生总数的52%。建成扬子津科教园区、扬州职大新校区和10所国家级重点职业学校，建立国家级技能型紧缺人才培养培训基地4个、省级基地9个。

二是公共卫生服务体系进一步健全。建成城乡社区卫生服务中心67个、社区卫生服务站553个。办好惠民医院和惠民门诊，落实单病种限价等措施，群众看病难、看病贵问题得到缓解。加强疾病预防工作，传染病得到有效控制。医疗卫生设施建设取得积极进展，苏北医院、市妇幼保健院和市急救中心等建设工程加快实施。建成市医疗废物处理中心，市区和近郊实施了集中无害化处理。全年农村新增无害化户厕4.6万个。建成国家级卫生镇3个、省级卫生镇29个。

三是文化扬州建设深入推进。制订《扬州文化博览城建设规划纲要》。实施“名城解读”工程，市双博馆和各县（市）博物馆以及中国扬州剪纸博物馆、崔致远纪念馆等建成开放。瘦西湖及扬州历史城区列入申报世界文化遗产预备名单，扬州被确定为中国大运河联合申遗牵头城市。扬剧、清曲、漆器和玉雕等7个项目被列为首批国家级非物质文化遗产。新增全国重点文物保护单位6处。新改建乡镇文化站42家，建成农家书屋379个。农民艺术节、社区艺术节和“市民日”等群众性文化活动日益丰富。文化艺术创作取得新成绩。电视剧《江塘集中营》获全国“五个一工程”奖，扬剧《真假24小时》、木偶剧《白雪公主》获省优秀剧目一等奖。成功举办首届世界运河名城博览会暨运河名城市长论坛。承办了第十八届亚乒赛和全国十运会艺术体操、男子举重等一批重大赛事。

广　陵　区

【广陵简况】　广陵区地处江苏中部,长江北岸,江淮平原南部,长江与京杭大运河交汇处,为历史文化名城扬州市城区。地理坐标为北纬32024′东经119°26′。扬州市境内地形西高东低,其中部的平坦地区为广陵区。广陵区地平高程北高南低,处于长江与京杭大运河交汇处,属江淮冲积平原。

境内河流纵横。流域性河道有京杭大运河、古运河和淮河入江水道(壁虎河、廖家沟、太平河、金湾河)呈川字形贯穿南北。区属河道有大众港、横沟河、沙施河、古运河。乡属40条骨干河道,纵横交错成"井"字形贯穿全区。小秦淮河位于老城区中部,为明清至民国扬州老城区新旧两城的分界,北接蜀岗——瘦西湖风景名胜区,南连古运河。

【历史沿革】　广陵区是历史文化名城扬州市城区。春秋时期,今扬州市西北部一带为邗国。公元前486年,吴王夫差在蜀岗上筑邗城,并开凿中国历史上最早的人工运河之一——邗沟,沟通江淮水系,为扬州开发之始。公元前319年,楚怀王在邗城基础上筑广陵城,广陵之名始于此。秦统一中国后,设广陵县。汉代,今扬州称广陵、江都。吴王刘濞受封广陵,建立吴国,借助近山临海之利,"即山铸钱","煮海为盐",盐铁两大"官卖"业迅速发展;兴修水利,开盐河,种稻栽桑,进一步奠定了广陵水路交通运输的基础。

三国时期,魏吴之间战争不断,广陵为江淮一带的军事重地。南北朝时期,广陵屡经战乱,数次变成"芜城"。由于劳动人民数百年的辛勤开发,经济地位在恢复中不断提高。山东青州、兖州一带的移民南迁广陵一带,促进了广陵的经济发展。北周改广陵为吴州。

公元589的,隋改吴州为扬州,后改为邗州。公元626年,唐复称扬州;公元742年,改称广陵郡;公元758年,再改称扬州。此后扬州之名为本地所专用。唐代,扬州城池向南发展,为一地两城,蜀岗之上称衙城,冈下称罗城。宋代为一地三城,冈上称堡寨城(宝祐城),冈下称宋大城,两城之间有夹城相连,城先后属江都县和广陵县。元代不以广陵置县,城池仅剩蜀岗以下部分,蜀岗上不复建城。

隋代炀帝开大运河连接黄河、淮河、长江,扬州成为水运枢纽,不仅便利了交通和灌溉,而且对促进黄河、淮河、长江三大流域的经济、文化交流起了重要作用,奠定了唐代空前繁荣的基础。唐代扬州,农业、商业和手工业相当发达,是南北粮草、盐、钱、铁等的运输中心和海内外交通的重要港口。在以长安为中心的水陆交通网中,扬州始终起着枢纽和骨干作用,并成为对外交通的重要港口。波斯、大食(阿拉伯)、婆罗门、昆仑、新罗、日本等国均有客商侨居扬州。日本遣唐使来扬州和高僧鉴真东渡日本,促进了中日两国多方面的交流。张若虚、李善、李邕等对扬州文化发展起了重要推动作用。

北宋时,扬州再度成为中国东南部的经济、文化中心,商业税收居全国第三位。南宋时,宋高宗曾以扬州为"行在"一年,更促进了扬州的繁荣。元、明两代,扬州经济发展加快,来扬州经商、传教、从政、定居的外籍人日益增多。元时,几次整治运河扬州段,基本上形成了今天的走向,恢复了曾一度中断的漕运。明时,商品经济发展,商业主要是两淮盐业的专卖和南北货贸易,盐税收几乎与粮赋相等,商业扩大到旧城以外。手工业作坊生产的漆器、玉器、铜器、竹木器具和刺绣品、化妆品都达到了相当高的水平。文化上出现了睢景臣等一批杂剧、小说家。明末,南明督师史可法率部坚守孤城扬州,抵御清兵南进,宁死不屈,表现了坚贞不屈的民族气节。城陷后,清军屠城十日,死者数十万人。1556年,明朝在扬州建"新城"。明清至民国,扬州城为相连的新旧两城,城址即今广陵区境内的老城区部分。

清代康熙时期,扬州居交通要冲,富盐税之利。各地商人来往较多,纷纷在扬州建立会馆,会票(信用汇兑)亦渐渐兴起。文化上,广泛藏书,修建府、县学和书院,恢复名胜古迹,兴建园林。其间出现了以金农、李鱓、高翔、郑燮、罗聘等"扬州八怪"为代表的扬州画派,以阮元、焦循、汪中、任大椿和王念孙、王引之父子为代表的"扬州学派"。扬州的雕版印刷和评话、清曲、扬剧、木偶和棋、琴均达到了相当高的水平,形成自己的特色。

民国元年(1912年)废扬州府,置江都县。1948年至1949年4月,扬州各县相继解放。1月25日,今扬州市区解放,设置县级扬州市。1983年3月,改革地市体制,调整行政区划,在扬州市城区置广陵区,区人民政府为县一级机构。行政管理区域16平方公里,人口24.31万。

【行政区划】　广陵区下辖曲江、文峰、东关、汶河四个街道办事处、汤汪乡和湾头镇,共有行政村21个,社区居委会47个,行政管理区域67平方公里。

广陵区总人口为30.6812万人,汉族人口占据绝大多数。总人口中,女性人口15.2992万人,占总人口数的49.87%,人口出生率为5.77‰,人口自然增长率为1.07‰,全年计划生育率为99.7%。

【经济和城乡建设】　2007年,区域经济发展实现大跨越。全年实现地区生产总值49.07亿元,增长16%,其中,二产增加值22.01亿元、三产增加值26.14亿元,分别增长16.6%、16.2%;财政总收入20.02亿元,增长38%,其中一般预算收入9.18亿元,增长35.2%;全社会固定资产投资45.51亿元,增长41.8%。工业经济快速增长,全部工业实现产值124.99亿元,增长33.6%;规模以上工业完成产值88.99亿元、主营业务收入118.72亿元、利税7.66亿元,分别增长39%、37.6%、58.1%;实施工业技改项目134个,其中千万元以上项目36个,完成技改投入16.06亿元,新增国家重点高新技术企业1家,省高新技术企业8家,国家、省火炬计划项目4项,国家级重点新产品4项,专利申请316件、授权专利151件。服务业发展势头良好,全年实现社会消费品零售总额72.45亿元,增长17.6%。房地产开发明显加快,实现商品房销售额7.5亿元,增长15.4%。招商引资成效显著,合同利用外资29562万美元,实际利用外资8309万美元,新增民资注册资本41.46亿元,增长66.24%。农业经济稳步发展,农村发展机制得到创新,成立"三大合作"组织30家。

城市建设步伐全面提速。城市规划实现全覆盖。积极策应扬州"东进南下"战略,高起点规划城市发展布局,配合编制广陵新城、东部分区、产业园区总体规划,完成老城区、商贸物流园区、食品工业园区控制性详规。园区基础设施建设取得突破。建成沙湾南路、连心路、创业路、富民西路等园区道路近40公里,产业园区"八纵五横"路网体系基本形成,食品工业园区干道骨架全面拉开,水电、雨污、绿化、市政管网等配套设施同步到位。重大城建项目全面实施。新开工建设九龙花园、天顺花园等农民安置小区,凯运天地、东方名城、骏和天城等一批环境宜人、配套齐全的规模住宅小区逐步建成入住。拆迁整治改造强势推进。先后实施曲江公园、洼子街、园区和新城、古城开发项目的拆迁建设,圆满完成康山园、南门遗址广场、皮市街、教场和"双东"街区拆迁搬迁任务。街巷整治成效显著。投入2000多万元,立面改造沿街建筑100多栋,整治安乐街坊、莲花街坊、新兴巷大院等3个老小区,翻修改建背街小巷227条。

城市管理水平不断提高。管理体系创新完善。强化信息技术的运用,建立开通数字化城管系统,案卷结案率、按时结案率在全市长期保持领先;成功实施城管执法大队派驻试点,"二级指挥、三级管理、四级网络"运行体系基本建立。执法力度明显加大。先后组织城市中心区域、主次干道、辖区路段等集中整治220多次,依法治理乱设摊点、占道经营、马路市场等问题,汶河北路创成全市第一条省级市容管理示范路;建立并完善拆违防违网络,开展拆违整治1150多次,拆除各类违法建设110多万平方米。城乡面貌有效改善。大力实施农村"通达"、"碧水"和"两清两改一绿"工程,建成农村公路37公里,疏浚河道52条112公里;投入1000多万元,新改建现代化垃圾中转站12座,增设垃圾房300余座,新翻建公厕55座,添置一批现代化专用车辆设备,环卫硬件设施进一步完善,城乡生活垃圾实行区域集中处理;强化"门前四包"和卫生保洁,群众性爱国卫生运动广泛开展。国土管理和环境监管进一步加强。推进用地服务科学化、集约化,新增两城三区建设用地217宗7868亩,上市地块16宗2411亩;深入开展集中式饮用水源、违法排污企业等专项整治行动,污染物排放总量得到严格控制,区域环境质量日益提升。

社区建设管理彰显特色。社区信息化全面推进,文昌花园等10个社区网站顺利开通。干部队伍不断优化。大力推行社区工作者资格认证和持证上岗制度,社区工作者队伍结构得到改善,整体素质和业务技能进一步提高;加强社区志愿者队伍建设,在全省率先注册中国社区志愿者1000人。社区建设特色显著。一社区一特色的经验做法得到推广普及,以安置帮教、人居环境、廉政文化、绿色环保等为品牌的特色社区不断涌现;和谐示范社区创建取得成效,率先制订出台创建六大标准,被中央文明办、民政部向全国推广,47个社区通过达标验收。社区服务功能拓展提升。推进政府服务向社区延伸,单位服务向社会转变,中介服务向居民拓展,社区为群众的服务更加方便快捷。文昌花园社区创成"国家级绿色社区"、"省级商业示范社区",琼花观社区《文化里的新生活》登上国际舞台,4个社区被命名为"全国社区服务先进社区",我区荣获"省社区建设示范区"、"全国社区服务示范区"称号,荷花池社区伏正予同志荣获"全国优秀社区工作者"称号。

【社会事业】 明程度明显提高。认真贯彻《公民道德建设实施纲要》,加强以"八荣八耻"为核心内容的社会主义荣辱观教育,大力开展现代市民和现代农民教育工程,社会公德、职业道德、家庭美德、个人品德等"四德"建设取得实效,道德之星、好市民、和谐家庭不断涌现,城乡居民的思想道德素质和科学文化素质得到提升,知荣辱、讲正气、促和谐的社会风尚基本形成。深入开展未成年人思想道德教育,学校、家庭、社会三位一体的未成年人思想道德教育网络初步构建,新建"阳光学堂"68个,兴办"阳光学堂"的经验做法被中央文明办向全国推广。以打造广陵"八大文明板块"为抓手,城市文明建设取得好成绩,创成全国文明社区示范点1个,省级文明社区及标兵3个、先进村2个、文明单位3个、文明行业2个,市级文明社区19个、文明村21个。以"建设和谐文化、培育文明风尚"为主线,大力开展群众性精神文明活动,组织社区文艺节、邻里节、少儿艺术节、市民日等大型演出30多场,建成"农家书屋"18个。地方优秀文化得到传承,扬州清曲被列为国家级非物质文化遗产。

教育事业优先发展。全面落实"两免一补"政策,创新助学帮扶机制,举办宏志班,招收宏志生,越来越多的困难家庭学生享受到教育优惠;在全市率先创成全国特殊教育先进区和省师资队伍建设先进区、幼儿教育先进区、社区教育实验区。卫生事业较大发展。新型农村合作医疗稳步推进,农民参合率上升到97.3%;社区卫生服务体系初步形成,新建社区卫生服务中心6个、社区卫生服务站13个,人口覆盖率95.5%;成功战胜非典疫情,各类传染病防治扎实有效。体育工作成绩显著。开展全民健身周、健身运动会等群众性体育活动30余次,建成全国唯一的"国家艺术体操后备人才培训基地",我区被授予"全国群众体育先进单位"荣誉称号。人口与计生工作切实加强。在市区率先建成三级计生服务体系和四级计生信息系统,流动人口管理服务率86.7%,计划生育率保持在98%以上,群众满意率90%;全面推行农村部分计划生育家庭奖励扶助制度,计生优质服务水平不断提高,我区创成"省人口与计划生育示范区",区计生协会被国家计生协会评为先进集体。其他各项工作也取得新成绩。顺利完成全国第一次经济普查和第二次农业普查,引进各类人才856人,圆满完成社区居委会、村民委员会换届选举,在全市率先试点建立村民监督委员会,国防教育、人武双拥、民族宗教、关心下一代、妇女儿童、老龄、档案、保密、侨务和对台等工作都有了较大的进步。

关注民生成效显著。高度重视就业再就业工作。"三级管理"劳动保障平台有效运转,再就业优惠政策全面落实,发放各类社保补贴1200多万元;在全市率先启动"零就业家庭就业"行动,成立首批"社区职业技能工作站",创成27个"充分就业社区",开发就业岗位1.1万多个,实现净增就业2600多人。社会保障体系不断完善。社会保险扩面征缴成效显著,覆盖面持续扩大;创新"三三制"办法筹措资金,困难企业退休职工医疗保险实现全覆盖;城市非职工居民医疗保险工作顺利推进,出台失地农民养老补助办法,被征地农民基本生活保障工作全面实施,实现即征即保。新型社会救助体系基本建立。城乡低保对象实现应保尽保,自然增长机制初步形成;慈善救助实现经常化,募集慈善资金700多万元,建立社区慈善超市13家、药品慈善超市2家;深入推进"结对帮扶、脱贫致富、共建和谐"工程,逐步解决2000多户困难家庭的就业、就医、就学等问题。扎实推进新农村建设,新建农村经济合作组织30个,22个村(片区)全部创成市级全面小康先行村。大力开展和谐劳动关系创建活动,职工切身利益得到有效维护。切实做好优抚安置工作,抚恤金、义务兵家属优待金实现自然增长,残疾人事业取得新进展,我区被评为"省残疾人社区康复先进区"。

社会局面安定有序。"平安广陵"、"法治广陵"创建深入开展,社会治安综合治理进一步强化,现代治安防控体系不断完善。坚持从严治警,狠抓科技强警,"扬剑"、"春雷"等一系列专项行动成效显著,刑事案件总数得到有效控制,抢劫等八类案件的破案率逐年上升,人民群众治安满意率不断提高;"四五"普法圆满完成,"五五"普法全面启动,社区矫正工作不断深化,刑释解教人员安置帮教措施进一步落实,法律援助有效推进,安定有序的社会局面得到巩固,我区荣获"省社会治安安全区"三连冠。坚持领导干部信访接待日制度,及时排查化解突出矛盾,从源头上预防和减少不稳定因素。全面落实安全生产责任,专项整治和执法力度不断加大,曲江商品城五期大棚、湾头二桥废旧品市场等一批重点隐患得到彻底治理。加强产品质量和食品安全监督管理,制订并实施《突发公共事件总体应急预案》,突发事件处置能力切实增强,公共安全得到有力保障。

【开发区建设】 产业园区快速壮大。完成开发建设总投入近14亿元,拆迁各类房屋23万平方米,开发面积7.5平方公里。引进各类项目182个,其中外资项目68个、竣工投产项目108个,合同利用外资2.5亿美元,实际利用外资1.2亿美元;注册资本500万美元以上项目27个,其中5000万美元的暻泰车材项目顺利实施,创广陵项目规模历史之最;产业集聚功能逐步增强,精密机械、汽车及零部件、电子信息产业的支柱地位初步确立,三大产业规模以上工业产值占全区总量的88%;坚持"生态、人文、科技"的立园理念,园区生态环境和对外形象大为改善,率先在全市通过ISO14000环境管理体系认证。2007年完成工业总产值34.5亿元,实现税收超2亿元。食品工业园区特色初现。精心优化产业布局,细化分区功能,项目承载能力日益增强,天味食品、锦通食品、亲亲集团、古运河工贸等9个项目相继落户。商贸物流园区进展顺利。编制区域控制性详规,完成并通过行业规划,投资1.2亿元的工业品市场一期4.8万平方米竣工开业,入驻商户超300家,盐业中心库、生资市场、五金机电市场等一批项目正在抓紧实施。

维　扬　区

【区情概述】 扬州市维扬区位于扬州市西北,总面积62平方公里,辖西湖、平山、城北三个乡镇和双桥、梅岭两个街道,共17个行政村(其中4个村居合一)、21个社区居委会,人口20.58万人。维扬历史悠久,文化璀璨,东濒碧波荡漾的瘦西湖、千年古刹大明寺,蕴涵着"两岸花柳全依水、一路楼台直到山"的盛世美景。依托蜀岗为脉络,维扬区充分发挥区位优势、资源优势,逐步打造出了"山上工业城,山下商业城"的繁荣景象,成为扬州市政治、文化、教育、金融和美食中心,经济发展迅猛,社会和谐进步,百姓安居乐业。2007年,全区实现地区生产总值39亿元,增长15.7%;财政收入13.67亿元,增长35.6%;实现工业总产值148.6亿元,增长20.1%;城镇居民人均可支配收入达14900元,农民人均纯收入达9000元,分别增长16.2%和12.1%,继续保持全市领先水平。"双资"利用成果显著,全年实际利用外资8005万美元,同比增长35%,新增民资注册资本金25.8亿元,同比增长39.8%,提前完成了市下达的目标任务。

【历史沿革与行政区划】 "维扬"之名最早载于公元前约五世纪由孔子编撰的《尚书? 禹贡》中。书中载: 远古时期分为天下九州,其中"淮海惟扬州",意指在东南沿海一带为九州之一的扬州。这里所指的扬州范围很广,约相当于今日之华东数省。古代汉语中"惟"通"维",后人便把扬州又称为"维扬"。1951年10月,今维扬区有了历史上第一个独立的行政建置——郊区人民政府,下辖城北、西湖、城西、象鼻、双桥、长河、城南、城东、沙西9个乡。1956年10月,撤销郊区人民政府,原郊区5个乡合并为瘦西湖、运东、城北3个乡,直属扬州市管辖。1983年3月,经国务院批准,成立扬州市郊区区公所(县级)。全区面积133平方公里,人口13.24万人。1984年8月,经国务院批准,撤销郊区区公所,以其原辖地成立扬州市郊区人民政府,作为扬州市下属的县级行政区。1985年12月,经省政府批准,扬州市郊区管辖范围调整为7乡1场,即: 湾头乡、城东乡、汤汪乡、双桥乡、西湖乡、城北乡、平山乡和平山茶场。2002年1月,省政府批复决定对扬州市市区进行区划调整,下辖梅岭、双桥两个街道,西湖、城北、平山、双桥4个乡镇,平山茶场1个国营场圃。2002年12月,国务院决定,扬州市郊区更名为扬州市维扬区。2004年10月,从本区平山乡、双桥乡、城北乡、梅岭街道划出部分辖地,新建瘦西湖街道。2005年11月,瘦西湖街道被划出维扬区,连同瘦西湖景区,新建瘦西湖新区,直属扬州市管辖。

【经济建设】 2007年维扬区实现工业总产值148.6亿元,增长20.1%,地方规模工业实现产值80.7亿元、销售75.5亿元、利税3.25亿元,分别增长28.3%、23.4%、24.5%。传统产业、主导产业、新兴产业各具特色、竞相发展,机电、光伏、轻工三大主力产业板块各有所长。机电主导产业进一步壮大,已经形成了从零部件配套生产到整机组装制造的系列机械产业链,相关企业有120多家,其中就有世界500强美国卡特彼勒公司投资的利星行工程机械和上市公司柳工集团的建筑机械等数家资本、技术实力雄厚的企业。光伏电子产业发展从基础元器件、通信设备、电子新材料、新型显示器件等,产业集群已经初具规模,一期规划500亩的光伏产业园已进入基础设施建设阶段,力争打造完整的产业链,到2012年形成太阳能光伏产业的百亿规模。轻工纺织是维扬的传统产业,优势明显。在建的顶津食品总投资8500万美元,建成后将形成45亿元的生产能力。精心打造的五亭龙国际玩具礼品城和江阳商贸城特色鲜明,已经成为扬州西北部人气汇聚的新商圈。轻工产业在第二届中国毛绒玩具礼品节的有力推动下,升级改造力度不断加大,继续保持稳步发展;2007年,机电主导产业全年实现产值48.2亿元,增长34%,占规模工业比重60%,同比提高7个百分点;太阳能光伏产业为主体的"三新"产业集聚已初具雏形,现有企业已达9家。22家亿元企业产值占规模工业比重67%。全年落实亿元以上工业项目23项,比上年增加15个。"双创"成果更加丰硕。全年开发新产品110项,获批省名牌1个、省著名商标4个、国家驰名商标1个,获批市级以上研发机构6个、省级高新技术企业8家、省级高新技术产品13个。新建产学研联合体12个,组建省级以上企业集团2个。高新技术产业产值占全区规模工业经济比重已达25.8%。2007年全区服务业营成额首次突破百亿,达到103亿元。实现全社会消费品零售总额30.4亿元,服务业增加值12.65亿元,分别增长17%、15.5%。服务业发展不仅在企业数量上突飞猛进,在质态提升上也是可圈可点。全年投入5000万元以上的项目达8个,新增服务业企业700多家,总数达8840家;新增亿元企业5家,达到20家。楼宇经济、总部经济、旅游经济、现代物流等发展迅速,德豪瘦西湖新天地步行街、江阳商贸城二期建材市场、扬子江钢材市场等项目的建成营业,为全区服务业的加速发展增添了新动力。

【城乡建设】 大力推进城乡建设,区域发展环境明显改善。完成双塘路、罗士路、西扬路等35公里的道路建设任务,重点实施了扬子江北路、四望亭西路、友谊路等路段的街景提升工程。完成10条街巷翻建任务,东梅庄小区整治、丰乐农贸市场新建和四季园农贸市场改造工作正在积极推进。大力开展城市环境综合整治,顺利完成了莱茵达、邵庄、大王庙等30多个项目的拆迁任务,累计拆除各类房屋70万平方米。加强对老污染源整治和新污染源控制,节能减排完成既定目标任务,西湖镇创成省"环境优美镇"。规范用地行为,土地集约利用水平不断提高。老庄台改造和新安置小区建设成效明显。农村社区建设取得突破,被国家民政部确定为"全国农村社区建设实验区"。

【社会事业】 积极开展就业培训工程,平均每年成功转移农村劳动力800人以上,城市居民培训后再就业率达85%以上。2007年通过政府购岗、推荐就业等方式方法扎实推进就业再就业工作,消灭社区"零就业"家庭,21个社区全部创建成省级"充分就业社区"。继续扩大政府补贴范围,增加农资综合补贴,惠及7700户农民。在全省率先实行退役士兵货币化安置城乡一体化,有效地解决了农村现役军人的后顾之忧。全区现有农村适龄劳动力人数25178人,其中被征地农村劳动力占50%,通过实施"转移有技能、就业有岗位、创业有基地、生活有保障"的"四有"工程,积极推进农民保障。截至目前,全区累计培训8000多人,转移输出5839人,已就业的达到22555人,占全部农村劳动力的89.6%;实现创业1300余人,带动了7500余名农民就业,农民2007年收入比上年同期增长12%。积极关注弱势群体,出台城乡居民临时生活救助办法。稳步推进城市居民医疗保险,农村新型合作医疗政府引导资金大幅提高,提前三年达省定标准。从2007年1月1日起,我区城市居民最低生活保障标准由月人均220元提高至240元。继2006年成立了双桥、梅岭两个街道社区卫生服务中心后,今年新设一个街道社区卫生服务中心,努力缓解城市居民"看病难"问题。不断加大筹资力度,职工养老保险静态备付能力达145个月,处于全省领先水平。进一步提高失地农民养老补助的发放标准,让在城市化进程中被征地、失地农民充分享受到政府的温暖。全面落实计划生育家庭奖励扶助制度。精神文明建设不断加强,11个单位通过省级文明单位考核验收。全区教育经费投入年年攀升,在2006年新增教育经费近千万元的基础上,自2007年始每年新增经费200万元用于教师住房补贴的发放,班主任津贴从每月15元提高至150元,设立名师奖励基金,重奖名师。坚持超额安排学校公用经费,生均经费大大超出了省定苏中地区标准。加速放大优质教育品牌效应,梅岭小学西校区启动建设,将进一步促进优质教育资源的分享。全面实施义务教育阶段学杂费减免和各项帮扶政策。规范教育收费,创成全市唯一的省规范教育收费先进区,群众对教育的满意度大幅提高。文化体育事业推进有力,与中央电视台合作,成功举办"欢乐中国行—魅力扬州"大型文艺晚会,区首届体育运动会获得圆满成功,共有22个代表队、452名运动员进行了16类共84个比赛项目的角逐。连续五年成功举办了社区老年艺术节、文化体育活动巡展,有力地促进了社区群众文体活动的全面展开。维扬区总工会选送的原创歌曲《扬城我爱你》,以唯一参赛的资格代表江苏省总工会参加第二届中国职工艺术节"中国三峡杯"全国职工声乐暨京剧演唱活动,一举夺得"创作奖"、"民族唱法优秀奖"。

2007年维扬区经济社会发展指标一览表

项目	2007年	比上年度增长(%)
国内生产总值(亿元)	39	15.7
一产增加值(亿元)	2.08	
工业总产值(亿元)	148.6	20.1
三产增加值(亿元)	12.65	15.5
全社会固定资产投资总额(亿元)	53.3	35.6
民资注册(亿元)	25.8	39.8
实际利用外资(万美元)	8005	35
社会消费品零售总额(亿元)	30.4	17
财政收入(亿元)	13.67	35.6
城镇居民可支配收入(元)	14900	16.2
农民年纯收入(元)	9000	12.1

邗 江 区

【概述】 邗江区总面积757平方公里,人口50万人。共有13个民族,汉族占总人口的99.5%。全区辖11个镇、3个街道办事处。2007年全年实现GDP201.02亿元、财政收入23.34亿元,同比分别增长16.5%、40%,分别是2002年的3.72倍和4倍。完成全社会固定资产投资额105.3亿元、全部工业产值651.5亿元、列统工业产值517.5亿元,同比分别增长42%、36.6%、39.4%。不仅总量指标跃上了一个新台阶,而且在列入市统计考核的9项主要经济指标中,GDP、财政总收入、一般预算收入、自营出口额等4项指标增幅位居全市第一,3项指标增幅位居全市第二。工业经济"四个一百"目标全面实现,新增列统企业105家(总数达495家),新增亿元以上企业34家(总数达115家),完成工业投资105.6亿元,列统工业新增产值146.2亿元。新创中国驰名商标4件,新增国家免检产品5只,全区共拥有中国驰名商标7件、中国名牌8个、国家免检产品14只,位居省、市前列。江苏牧羊集团荣获国家科技进一步二等奖。双资利用有效扭转了多年来前松后紧、疲于应付的被动局面,提前一个月完成全年目标任务,外资实际到帐1.514亿美元。全年实现农民人均纯收入、城镇居民人均可支配收入分别达7400元、16058元,位居扬州各县(市)第一。全面小康25个指标已有20个达标,综合得分位居苏中苏北前列。

【农业】 2007年,全区各地紧紧围绕"产业兴镇、强村富民"这一主题,认真落实各项支农惠农政策,进一步深化农村各项改革,积极推进高效农业规模化和农村"三大合作",着力提高农业综合生产能力,全区农业和农村经济保持了持续发展的良好势头,新农村建设取得明显成效。

农民收入持续增长。全区农民人均纯收入达7400元,同比增长12.05%,连续4年保持两位数增长的势头。其中,农民人均工资性收入6022元,家庭经营性收入967元,家庭财产性收入38元,转移性收入373元,分别增长14.2%、2.7%、16.6%和20.2%。我区农民收入实现较快增长,是高效农业快速推进、农村经济稳步发展、支农惠农政策全面落实等一系列因素综合作用的结果。一是镇(街道)域工业经济快速发展拉动了农民增收。2007年,乡镇工业实现增加值103亿元,同比增长20%;利税44.24亿元,增长46%。乡镇工业的快速发展不仅壮大了镇级经济实力,更为农民增加了大量的就业机会,有效拉动了农民增收。二是农村劳动力提质增量转移促进了农民增收。大力开展农村劳动力转移培训和专业技能培训,共培训农村劳动力13000多人,发放职业资格证书3135本。通过培训,进一步提高了农村劳动力的综合素质,促进了劳动力转移,帮助了农民增收。三是落实各项支农惠农政策帮助了农民增收。2007年,累计发放各类支农惠农补贴1754万元,户均146元,间接地增加了农民收入。积极推进农业保险试点工作,增强了农民抵御自然灾害的能力。在率先推行的水稻保险试点中,全区水稻保险覆盖面达93%。针对台风韦帕、罗莎袭击后水稻发生倒伏的情况,及时组织核灾定损理赔,共核实受损水稻面积7.49万亩,涉及农户5万多户,理赔金额162万元,使农民的受灾损失得到有效补偿。

城郊型农业加快发展。根据城郊型农业发展规划,围绕培植六大主导产业,全区各地因地制宜,强势推进,城郊型农业取得长足进展。2007年实现农业增加值11亿元,同比增长7.3%。一是高效农业规模化扎实推进。2007年全区新增高效农业面积5.4万亩,重点农业产业已形成一定规模和区域特色。蔬菜产业扩面提质,全区常年蔬菜面积发展到5万多亩,沙头、蒋王、杭集等地核心区面积达2万多亩,新建日光温室70座,拥有钢架大棚等设施栽培面积7000多亩。花木生产稳步扩张,以甘泉镇为重点的万亩花卉苗木基地快速推进,全区花卉苗木面积达1.5万亩。林果业稳定发展,银杏、枇杷等特色经济林果达2万多亩,新增造林面积1.95万亩,新建完善农田林网6.5万亩,森林覆盖率达到18%。特水养殖增量增效,全区水产面积10.5万亩,其中特水面积7万多亩,水产品总量达2.7万吨。鹅业产业不断壮大,以千亩种草养鹅核心基地为带动,以公道、方巷、槐泗等镇为重点,鹅业养殖小区初具规模,规模化养鹅达100多万只。二是农业"三资"利用成效明显。全区新引进农业项目80多个,吸引民资6.5亿元、外资1815.3万美元,争取市级以上财政资金1.38亿元。积极培植生产规模大、产品档次高、带动能力强的农业龙头企业,促进了产加销一体化经营。全区市级以上农业龙头企业达5家,年产值100万元以上的龙头企业数达90家,实现销售13亿元、利税1.8亿元,同比增长17.2%和12.5%。三是农产品质量建设进一步加强。全区已建成省、市级农业标准化示范区7个,全区26个农贸市场全面推行市场准入制度。2007年新增"三品"品牌23个,累计认定"三品"产地32万亩,创成无公害农产品品牌102个、绿色食品品牌16个、有机食品品牌2个。

农村新五件实事取得实效。一是农村道路通达工程进展顺利。全区农村道路建设快速推进,"20分钟城镇圈"目标提前实现,新建农村道路通达工程140公里,改造小农桥46座,通镇公路全面达二级公路标准,通村公路灰色化率达100%。二是农村教育工程有序实施。严格执行农村义务教育阶段学生的"两免一补"政策(免收学杂费、免课本费和贫困生生活费补助),其中,从2006年秋季学期至2007年秋季学期,共对414名农村贫困家庭学生补助生活费13万多元。三是农民健康工程建设稳步开展。新型农村合作医疗制度的管理和运行机制基本形成,农民"因病致贫、因病返贫"现象得到有效缓解。截止去年底,全区农村参加医保人数37.7万人,参保率达98.9%。农村公共卫生服务体系建设进程加快,总投资2600万元的区公共卫生中心正式投入使用,建成社区卫生服务中心8个、社区卫生服务站123个。四是农村环境综合整治工程强势推进。以"清洁河塘、清洁道路、清洁村庄"为主要内容,全区农村环境集中整治取得显著成效。2007年,全区疏浚区、镇级河道64条、282万方,清疏村庄河塘540条(口)、163万方。整理土地3.9万亩,净增耕地4600亩,改造中低产田2.3万亩,农业生产条件得到有效改善。新建、改建涵闸、泵站13座,有序实施了水库除险加固工程,水利基础设施进一步改善,御洪抗灾能力稳定提高。农机总动力增加到31.1万千瓦,农业综合机械化水平达80.2%。完成农村改厕8713座,其中血防改厕3247座。农村新能源建设深入开展,新建农村户用沼气池2486座,建成小型沼气工程3个。全面推行"户保洁、村收集、镇集中、区转运"农村垃圾处理模式,新建垃圾池4741座,建成并投入运行垃圾中转站14个,添置垃圾转运车8辆,垃圾集中处理率达70%。五是农村文化建设工程全面推开。农村文体设施不断健全,全区6个镇(街道)文化中心完成了新建、扩建工作,并顺利通过上级验收。有123个村建有"农家书屋"。

全面小康村创建深入开展。编制完成124个新农村村庄建设规划,深入开展第三批51个全面小康村创建工作,2007年底全部通过市级综合验收。建华村、永和村和双塘村创成市级新农村建设示范村。农村扶贫工作取得积极进展。认真实施全区第七轮14个经济薄弱村的结队挂钩扶贫工作,45个区级帮扶部门充分发挥自身优势,立足为被帮扶村谋发展、办实事,有针对性地实施各类扶贫项目,落实帮扶资金456万元,帮助新上致富项目41个,较好地实现了帮扶脱贫的预期目标。

农村改革继续深化。积极推进农村"三大合作"。新建各类农村"三大合作"经济组织41个,其中农民专业合作经济组织22个,有7个被评为省、市"四有"专业合作组织;土地股份合作组织13个,入股土地面积8337.9亩;社区股份合作社6个,入社资产5657万元。按照"统一持证上岗、统一药剂配方、统一技术要求、统一收费标准、分工协作服务”的运行模式,组建了区植保协会,在全省乃至全国率先探索出了一条植保新路。甘泉镇润扬豆制品合作社、瓜洲镇建华村集土地和社区股份合作为一体的富民合作社、蒋王街道何桥社区股份合作社等经济组织,已成为提高农民组织化程度、促进强村富民的典范。建成村级便民中心38家,村级综合实力和服务水平有效提升。

【工业】 2007年,全区实现全部工业产值651.5亿元,同比增长36.6%,其中列统工业实现产值517.1亿元,销售497.2亿元、利税46.9亿元、利润25.3亿元,分别同比增长39.4%、41.8%、64.5%、83.4%;31家重点规模企业实现产值222.3亿元、销售215.9亿元、利税22.9亿元、利润14.5亿元,分别占列统企业的43%、43.4%斗48.8%和57.3%;六大产业列统企业实现产值443.2亿元、销售426.2亿元、利税41.3亿元、利润23亿元,增幅分别为40.2%、43.1%、69%、90.5%。全区共实施技改项目347个,计划总投资207亿元,实际完成财务发生数105.6亿元,同比增长50.8%。其中,10亿元以上项目2个,完成财务发生数10亿元;亿元-10亿元项目33个,完成财务发生数28.8亿元;5000万至亿元项目47个,完成财务发生数22.3亿元;1000万-5000万元项目163个,完成财务发生数29.9亿元。年内8个市级乡镇工业示范区新开发面积5674亩,基础设施投入4.8亿元;当年投入项目108个,总投资50亿元;全年实现营业收入273亿元,增加值67亿元,利税26.6亿元,利润15.7亿元,同比分别增长47%、48%、78%和105%。争取省中小企业局扶持民营经济发展产业集聚项目资金60万元。2007年共开发工业新产品320项,超额完成年度计划的8%,同比增长22%,统计期销售率达33.3%;培植省企业技术中心2家,分别是江苏金方圆数控机床有限公司和扬州锻压机床有限公司,通过市企业技术中心认定3家,分别是扬州奥力威传感器有限公司、扬州新扬科技发展有限公司和扬州五爱刷业有限公司;申报各类专项39项,其中,省级自主创新项目1项,市“双创”项目企业创牌类11项、新产品产业化类24项、研发机构类2项,累计落实奖励资金共441.87万元;实施产学研合作项目9项,累计投入1550万元。全区467家规模以土企业基本都建立了独立的科技研发机构或技术开发部门,最多的拥有各类专业技术人员400余人,据不完成统计,全年规模企业技术开发费用占销售比例达3.1%。全年复评中国名牌产品2件,新获批中国驰名商标4件,申报中国名牌产品3件,省名牌产品6件,省著名商标6件;全区共有20家企业申报了资源综合利用,其中经省资源综合利用认定委员会认定14家,通过年检6家;组织实施符合循环经济发展要求示范企业5家;组织清洁生产审核企业20家;获得省节水型先进企业称号1家;鼓励并帮助企业淘汰落后生产设备和工艺,组织2家企业申报省电力需求侧项目获补助金额70万元,项目数列全市第一。对全区化工企业进行全面调查的基础上,最终确定全区化工生产企业20家,对照专项整治方案和责任状要求,3家企业合格,14家企业列入整改,3家列入年度关闭对象,现关闭手续全部到位,并正式报市化治办验收。全区资源综合利用总量、“三废”利用产值近2亿元,减免税收1200万元,利用“三废”3500万吨;实施节能项目5个,减排项目5个,年节约原煤约10万吨、电5万千瓦/时、水1万立方,部分企业实现了水循环利用。

【安全生产】 2007年,全区共发生各类生产安全事故336起,死亡39人,伤281人,直接经济损失112.84万元,与去年同期相比,事故起数上升205,死亡人数下降9.3%,重伤人数下降11.545,经济损失上升14.79%,其中,共发生道路交通事故228起,死亡37人,伤257人,直接经济损失27.3万元,与去年同期相比,事故起数下降6.56%,死亡人数下降7.5%,受伤人数上升11.26%,经济损失下降18.46%;共发生火灾事故102起,无人员伤亡,直接经济损失31.04万元,与去年同期相比,事故起数上升218.75%,经济损失上升244.12%;共发生企业职工伤亡事故6起,死亡2人,伤4人,经济损失54.5万元,与去年同期相比,事故起数上升50%,死亡人数下降33.33%,受伤人数上升100%,经济损失下降0.54%,对照市下达我区的安全生产控制指标,各类死亡人数控制指标的82.985,其中企业职工死亡人数控制指标的66.67%;道路交通事故达控制指标的84.09%。全年共计举办各类培训班67期,参训人数4850人。其中,企业负责人参训1752人,特种作业人员2686人。全年共组织安全生产大检查5次,组织检查组704个,参加检查人员3261人次,先后检查企事业单位8476家次,查出各种隐患问题2698个,整改率为95%以上。

【对外经贸】 全区共新批外商投资项目81个,其中独资项目50个,合资(作)项目11个,增资项目20个。累计完成协议注册外资4.35亿美元,完成全年目标任务的103.6%,同比增长10.6%;完成实际外资到帐1.51亿美元,完成全年目标任务的108.1%同比增长50.9%。分别是2002年的6.9倍和4.1倍。全区累计完成自营出口6.75亿美元(海关数),完成全年目标的168%,同比增长101.4%。全区实现外经营业额2000万美元,同比增长65%;期末在外人数860人,同比增长34%。

【建筑业】 2007年,全区建筑业总产值突破百亿元大关,达到103.14亿元,同比增长35.8%,提前实现“十一五”建筑业产值目标;增加值突破20亿元,达到24.7亿元,完成技改投入8500万元,同比分别增长35.7%和21.4%。建筑业缴纳地方税收14486万元,占全区地税总额的比例达到19.8%,与制造业21.5%的份额相当接近,对经济发展的支撑作用十分明显。

创牌夺优实现新突破。邗建集团承建的扬州国税局综合业务楼创成“国优”工程,继2000年扬州大学中心校区教学楼工程获得“国优”7年后,邗江建安企业再次问鼎国家最高质量奖项。全区共创省优工程8个、市优工程20个,创省级文明工地7个、市级文明工地20个。晋升一级资质企业3家(伟业机电、牧羊钢构、万隆基础)、二级企业3家(荣能、永和、庆峰),新增一级资质企业数超过以往历年的总和,永和建安从一个村级企业跃升为二级企业。邗建集团有2项工法(超常预应力系梁施工工法、射水地下成墙施工工法)被评为国家级工法。获国家级、省级QC优秀成果各1项。同时,新增一、二级建造师105人,晋升中高级职称技经人员90人。

市场开拓打开新局面。天津、大庆、齐齐哈尔办事处成立并投入运作,东北、南京、湖北、西南的邗江建筑队伍得到初步整合。省外施工产值达30.3亿元,占总产值的29.4%,其中深圳市场完成产值7.1亿元。新增省外亿元以上基地5个。完成海外产值1217万美元,输出劳务人员585人。

规模经营频增新亮点。全年承接施工面积736万平方米,竣工面积453万平方米。承接29层以上高层12个、10万平方米以上小区及配套5个。邗建集团在江阴承接的阳光国际花园工程4幢楼均为30层以上;在深圳承接的东郡广场工程和星河丹堤工程总面积达50.6万平方米、造价8亿元。裕元公司在江都承接了11.8万平方米的20幢住宅小区工程。

多元发展取得新成效。区内具备条件的企业主动适应建筑市场需求,积极向房产、市政、建材、劳务等诸多领域延伸。同创房产投资2.2亿元,在青海开发的花好月圆小区一期已经顺利开盘。伟业公司和邗建集团共同出资组建万众房地产有限公司,开发的"上林苑"取得良好的销售业绩。水利总队先后完成了扬州西三环路人工河桥、大洋造船厂桩基、绿扬新苑等工程。

行业管理迈出新步伐。2007年我区建筑业的一大特点就是行政推动力度加大。建管机构进一步调整,人员力量进一步充实,在市场、资质、创优、管理等方面开展了一系列动作,组织服务水平进一步提高。全年办理发包手续项目185个,节约资金6825万元。接受工程质量监督面积101.3万平方米,安全受监工程180多项,未发生重大伤亡事故。高度重视清理拖欠工程款和农民工工资工作,帮助收回工程款476万元、农民工工资47.5万元。建筑业协会第四届会员大会顺利召开。区建筑工人业余学校在全市率先成立并举办了3期培训班。

【服务业】 2007年实现服务业增加值66.4亿元、社会消费品零售总额45亿元,年均增长14.6%和15.2%。积极实施"商贸兴区"战略,出台了关于加快服务业发展的政策意见。邗江路、望月路、文昌西路商业经营品位不断提升,一批百年老店和知名商贸企业成功落户,来鹤台商圈初具规模。红星美凯龙家居广场、万都装饰城、高力汽配城、润扬广场服饰城等一批专业市场建成营业,江阳西路市场带加速繁荣。锦都国际酒店用品城、槐泗粮食物流中心启动建设,涌现出三笑物流、中邮物流等现代物流企业,生产性服务业步入快车道。新型商贸流通业态向农村延伸,社区服务业加速发展,新增各类连锁超市、专卖店、便利店100多家,创成国家级商业示范社区1个。建成润扬森林公园一期工程,凤凰岛生态旅游区成为国家AAA级旅游区和国家农业旅游观光示范点。组建了区金融工作办公室,金融、保险业不断发展壮大,有力支持了地方经济发展。

【科技】 2007年,共组织企业申报省级以上各类科技计划项目168项,其中,省重大科技成果转化专项资金项目5项,国家科技支撑计划1项,国家火炬计划重点高新技术企业6家(含3家重新申报),国家重点新产品10项,国家级、省级火炬、星火计划25项,省高技术研究计划6项、科技攻关计划18项、国家科技合作计划5项、创新基金17项,省级高新技术企业22家、双密型企业2家、创新型企业1家,省高新技术产品42项,省工程中心、创新体系、社会发展计划各1项。已有80个项目获得立项,获拨款2060万元。29个产品被认定为省级高新技术产品。全区共开发各类新产品100项,组织市级以上科技成果鉴定16项,组织申报省级高新技术产品42项,其中数控金属板材加工设备类13项,新能源与电子电气类10项,汽车及关键零部件3件,医疗器械类1项,其他类项目15项。全年我区相关企业与高校、科研院所签订各类合作协议45项,比去年同期增长61.5%,引进国际先进技术6项,引进国内重大科技成果16项,与高校、科研字所申报省级以上科技项目45项,其中重大科技项目6项,扬州大学、农业部南京农业机械化研究所与牧羊集团共同开发的"优质草生产和现代工业化养殖技术装备",获得国家科技支撑计划155万元资金支持。为促进农业科技创新和科技富民,密切跟踪涉农科技型企业技术需求和技术开发动态,积极帮助企业引进合作单位、争取项目立项支持,促进农业科技成果开发及产业化。今年共申报省级以上各类农业科技项目10项,其中国家"十一五"科技支撑计划项目1项,省级农业高技术研究项目1项,省级农业科技攻关8项。"优质草生产和现代工业化养殖技术装备研究与开发"项目获得了科技部立项,"小麦谷朊粉、淀粉分离技术及关键设备研究开发"项目被列为省农业攻关计划。继续推进扬州市"十一五"重大农业科技项目"水稻轻简栽培技术推广技术"在我区组织实施,目前已在杭集、头桥、李典、公道等镇各建立示范点1个,全区示范推广面积达10万亩以上,预期将取得良好的经济和社会效益。组织沙头镇开发的"学现代科学、做现代农民、建文明家园"活动,得到市科技局的肯定。围绕我区无公害蔬菜、花卉、轻简栽培等特色高效农业发展,组织实施区级农业科技计划项目22项,安排科技项目资金26万元,有力促进了农业科技进步,支持了新农村建设。

【财政】 2007年,全区实现财政收入23.34亿元,占调整后年度预算的100%,增长40%。其中:地方财政一般预算收入11.22亿元,占年度预算的103.6%,增长40%。基金预算收入39530万元,占年度预算的91%,增长32.4%;上划中央收入81708万元,占年度预算的100%,增长44.1%。2007年,全区实现财政支出14.91亿元(含上级专项拨款、专项补助11176万元),占调整后年度预算的90.5%,比上年实绩增长26.6%。

【劳动保障】 2007年,全年共采集就业岗位16261个,新增就业7025人,其中下岗失业人员3729人,"4050"特困群体1690人。城镇登记失业率3.52%,在增加就业总量的同时,更加注重提高就业质量,确保了全区就业局势的基本稳定。全年共征缴社会保险费42293万元,支付18160万元。其中:养老保险金收23193万元、支12384万元;医疗保险金收7210万元、支4672万元;失业保险金收1046万元、支632万元;生育保险金收126万元、支37万元;工伤保险金收318万元、支135万元;被征地农民基本生活保障基金收10400万元、支300万元。全年共受理投诉举报189起,开展专项执法检查活动5次,书面审查用人单位1550户,立案36起,行政处罚7起;共责令用人单位支付欠薪490万元、支付补偿金88万元、补续签劳动合同10424份、补申报参保7810人,责令退回骗取的医保基金22855元,清退童工2人。

【园区建设】 全力实施沿江开发,板块经济加速崛起。五年来,沿江三大园区完成基础设施总投入25亿元。邗江经济开发区被批准为省级开发区,北园6平方公里开发基本完成,南园征地拆迁工作有力推进,3.5平方公里道路框架全面拉开;累计引进项目210个,总投资112.5亿元,2007年实现总产值90亿元、税收2.5亿元。杭集工业园开发面积达4.5平方公里，国家洗漱用品检测中心开工建设；累计引进项目155个，总投资52亿元。北洲功能区船舶（重工）产业园快速推进，船舶产业集聚效应逐步显现；累计引进项目16个，总投资60亿元。各镇工业集中区、创业园快步建设。

【国内贸易】 全年实现社会消费品零售总额45.49亿元，比上年增长17.1%。其中，批发和零售业35.31亿元，住宿和餐饮业9.95亿元，分别增长15.7%和24.1%。年成交额在亿元以上的商品交易市场5家，成交额54.17亿元。实现商品房销售额283700万元，其中住宅销售额238642万元，分别增长25.9%和42%。

【交通、邮电业和旅游】 全年交通运输邮电业实现增加值5.18亿元，比上年增长15.1%。货物运输量34.6万吨。年末民用汽车保有量11700辆，其中私人汽车保有量4058辆，分别下降3.4%和47%。全年邮电业务总量2.70亿元，其中邮政业务总量0.45亿元，分别增长22.3%和17.9%。邮电业务收入2.64亿元，增长20.1%。年末固定电话用户41.32万户，移动电话用户23.26万户，互联网用户3.65万户。全年国内旅游人数48万人次，增长10.3%；国内旅游收入4.3亿元，增长13.2%。全年境外入境旅游人数1.32万人次，增长10%。

【城镇与基础实施建设】 围绕加快融入扬州，推进规划全覆盖，邗江发展（沿江开发）概念规划、片区改造规划、城镇建设规划修编基本完成。累计完成城镇建设投资76.9亿元，城镇化率从2002年的36%提高到47.4%。主城区功能日益完善，改造建设了邗江路、文昌西路、润扬路、文汇西路等一批城市干道；累计开发商品房293万平方米，占扬州市面上区开发总量的54.85，打造了一批精品小区，吸引10万余人入住。蒋王、汊河、瓜洲片区开发改造工程全面落实启动。各镇结合产业发展推进集镇建设，集镇形象明显提升。生态环境建设力度加大，创成国家级生态示范区，邗上贾桥社区创成国家级绿化社区，2007年全区削减化学需氧量280吨，削减二氧化硫排放量346吨。累计新建、改建农村灰色化公路825公里，通村道路灰色化率达100%，通车公路总量程已达1315公里，其中等级公路占87%。沿江高等级公路、扬菱路、扬天路、扬冶路和扬余路等重点工程全面完成，提前实现"20分钟城镇圈"目标。争取设置了沪陕调整杭集互通，完成泰李路建设规划设计方案，杭集段建设先期启动。重点推进城市污水管网改造工程，润扬路、新城河路、赵家支沟提升泵站顺利完工。杭集污水处理工程启动建设，北洲功能区污水处理规划成功编制。

【人事工作】 2007年全区共引进和接受各类人才1094人（不含机关事业、教育系统），其中研究生20人，本科生419人，大专以下625人。共举办周末例市32场，大型招聘会7闪，进场单位1246家，提供岗位5765个，进场求职人员1.5万人次。2007年共招录公务员45名，其中：区级机关24人、政法系统7人、乡镇14人。为教育系统招聘新教师89名，为卫生、文化等系统招聘工作人员21名。全区参加此次工改的机关事业单位在职人数为9131人，机关在职人均月增资216元，事业在职地均月增资312元；参加调增离退休费的离退休人员共4580人，离休人员平均月增离休纲451、元，退休人员月增退休费252元。全区事业单位总数285家，已登记267家，其中：区级机关176家，乡镇机关76家，街道机关15家。全年应年检事业单位244家，全部通过网上进行了申办，参检率达1005，其中变更事业单位30家。结合基层的特点，全面推进事业单位"事业单位登记管理联络员"制度后，建立了一支近200名联络员队伍，并进行了专门的业务培训，极大地提高了我区事业单位登记管理工作的水平。2007年新增代理档案1110份，代收养老金210万左右，共接受单位和个人委托人事代理7342人。全区共推荐评审高级职称167人（其中教育126人、文化3人、卫生9人、农业2人、工程9人、政工会计经济等21人），中级521人（其中工程类160人）初级944人（其中工程类450人）。为扬力集团一次性初定了初级职称88人，申报通过2名高级工程师。继续组织好"以考代评"工作，342人参加了物流、审计、会计、卫生、药剂、经济、建造师等专业的考试，组织专业技术人员信息化考试668人，推荐8名规模企业的老总直接认定高级经济师。并组织全区中高级知识分子健康体检工作。

【社会保障】 2007年，全区现有低保2445户6111人，全年投放资金369万元。全区现有五保2653人，全年投放供养金437.8万元。城乡医疗救助全面覆盖。去年启动农村医疗救助，全年共救助37人15.3万元。医前救助落到实处。对新患白血病、尿毒症等五种疾病的城乡低保户一次性给予3000万元的救助，全年救助23人6.9万元。建立了临时救助制度。出台了临时救助方法，并落实了资金，全年救助176人10.26万元。正常了优抚定补提高。做好了重点优抚对象医疗赔付工作。全年共为77名重点优抚对象办理了医疗赔付，赔付金达13.22万元。兑现了参占人员定补政策。全区1954年11月1日以后195名历次参占及涉核人员按期拿到了每人每月100元的定期补助，定补金额11.7万元。试行了重点优抚对象常见病、常用药定药定额减半的优等办法。全年共投放资金35.28万元，其中区补助21万元。落实了农村退役士兵从2006年每人领到了不低于3000万元的安置补偿金。改建、扩建、新建了沙头、甘泉、公道三个敬老院，五保集中供养率达70.4%；建成了头桥、沙头、杭集公益性墓园，瓜洲公益性墓园建设已经启动；建成了邗上、蒋王和月、新盛绿杨新苑三个社区服务中心；建成了杭集老年公寓和老年活动中心，收到了良好的社会反响；建成了14个优抚医疗服务站，并作为所在镇（街道）的卫生院下诊点，提高了医疗服务站的生命力，改善了服务质量；建成了婚姻登记处，实行了全区婚姻集中登记，全年共办理结婚3905对，离婚409对；基层民主和社区服务进一步扩大。全区145个村委会全部实行直接选举，并取得一次性成功，选民参选率达98.4%；村务公开进一步规范，创成省级管理民主示范村1个、市级2个、区级66个；有两个社区有望创成省级和谐社区。2007年对72家福利企业按新政策重新进行了认证，安置残疾人2962名，并全部落实了最低工资标准和"四金"；2007年实现销售1414万元，增幅在全市名列前茅；新办农村专业经济协会12个，促进了农村经济规模的形成和社会组织的协调发展；殡仪馆、墓园实现营业额506万元，比上年增长10%。

【卫生】 2007年，杭集、邗上、公道、方巷、槐泗、汊河、蒋王、沙头等待个社区卫生服务中心组建完成并投入使用，有90家社区卫生服务站通过验收。全区参保人口35.67万元,参保率达98.9%,全区受益人次为8.6万人,受益户4.1万户,同时,进一步扩大了用药范围,全区参保者住院费用符合报销规定的比例达82%,我区还实行对连续3年未报补的参保群众上浮10%的报补比例,对连续3年未报补的参保家庭1名60岁以上成员进行免费体检,现已有4746人享受了免费体检,农民群众受益范围不断扩大。全年我区新增无害化厕所8713座,达到全年任务的145%。各方面和广大人民群众积极开展爱国卫生运动,营造良好的人居环境。继续推进"亿万农民健康促进行动"和"相约健康社区行"等健康教育活动,普及基本卫生知识,引导群众形成良好卫生习惯和健康生活方式。在这个基础上,开展了创建卫生镇村活动,杭集镇顺利创成国家卫生镇,同时,全区顺利创成5个省级卫生村。全年孕产妇建卡率94.66%,住院分娩率1005,死亡率为0,儿童系统管理率达96.25%,全年共进行儿童查体21498名,查出各种疾病780例。同时,采用适宜技术提高人口素质,加强听力和新生儿两病质量控制管理,进一步提高了全区的妇幼卫生工作水平。

【教育与文体】 2007年,3所学校通过省实验小学验收,2所学学校通过省示范初中验收,5所幼儿园通过省优质园验收,积极实施教育现代化工程5年,创建三星级以上高中5所,省示范初中15所,省实验小学13所,省优质幼儿园9所。全区14个镇(街道)已全部创建成教育现代化乡镇。在去年已有6年学校通过数字化校园验收的基础上,今年又有7所学校正在通过数字化校园验收。这此学校(园)通过创建改变了学校面貌,更新了办学理念,形成了一定特色,提高了管理水平。邗江中学通过省绿色学校验收,蒋王中学成为省篮球俱乐部,这些特色学校的创建使我区各级各类学校在优质均衡上又向前迈出了一大步。高中在升学数量上有新突破,大幅度超额完成了市教育局提出的高考升学目标洒科上线人数为1301人(不含本三),比去年净增342人,增幅达35.7%。本二以上万人口上线率达26.3,比去年增6.9个万分点。职教对口单招本科上线数22人、专科128人,本、专科上线率达66%。评选出区级名师495人,培养市级名师125人。评选出区优秀教育工作者59名,培养市优秀教育工作者15名,省优秀教育工作者2名,全国优秀教师1名,为真正激发起名师在教育教学中的骨干作用,2007年,我们拿出59万元,作为名师津贴,对全区名师进行了考核发放。组织了2000多人次的国家、省、市、区级骨干教师培训,积极开展"百名校长上百堂好课"、"百本优秀听课记录展示"、"千名城乡教师结对交流"、"万名青年教师教学大比武"等活动。建成区文化中心、青少年活动中心、8个镇级标准化文化中心、130个"农家书屋"。民间舞蹈"跳娘娘"被列入第一批省级非物质文化遗产保护名录,胡笔江故居维修工程被确定为省十大名人故居保护工程之一。各镇建成体育健身中心,村级体育健身工程点实现全覆盖。

【精神文明与民主法制】 2007年区委、区政府决定,对4个获得一等奖的镇、街道,6个获得二等奖的镇、街道,4个获得三等奖的镇,6个立功村,10个先进村,30个立功企业,1个工业经济特别奖企业、50个先进企业,区级机关"十佳"服务单位等予以表彰奖励。贯彻《公民道路建设实施纲要》,加强社会主义荣辱观教育,广泛开展文明礼仪教育活动和城乡文明结对共建活动,组织167家文明单位与50个小康村开展结对共建活动。成功举办了农民艺术节、社区艺术节和运河文化艺术节,组织实施了百场影剧进村企、百场讲座进百村、百村万户农民读书的"三百"工程。认真实施普法教育,被评为省"四五"普法先进区。深入开展"平安邗江"建设,强化社会治安综合治理,严厉打击各类违法犯罪活动。全区共破刑事案件1479起,打击处理刑事作案成员793名,持续四年实现"命案必破"的目标,刑事打击绩效考核跃居全省同类地区第一;八类案件、杀人案件、严重暴力案件发案率等衡量社会治安状况的主要指标在全省继续处于较好水平,全区"社会公众安分感"连续四年保持在96%以上。坚持依法行政,深入贯彻《行政许可法》,认真开展行政复议工作。落实行政执法责任制,行政执法水平不断提高。扎实开展机关效能建设活动,推进行政许可、服务职能"两集中、两到位"和基本建设项目并联审批。强化重点工作"月度公布、季度过堂、半年总结"的考核督查机制,在抓落实中加快发展。高度重视信访和人民调解工作,在社会矛盾增多的情况下,有效维护了社会稳定。推行政务公开,开通"区长热线"和邗江政府门户网站,拓展政情民意的沟通渠道,解决了一批热点难点问题。加大廉政建设力度,强化行政监察和审计监督,严肃查处违法违纪行为。

【行政服务中心实行"一票制"工作】 "一票制"就是对基本建设项目前期报批阶段涉及到的18项收费,按照"公开、公正、低标准"的原则,实行统一标准,集中预收(主要在规划窗口预收),结算多退少补的收费方式,实现"进一个门,按一个标准,开一张票",既不多收、也不少收,主要是为了规范自由裁量权、阳光操作,杜绝弹性。设定标准。一是请财政局了解了各部门前三年的实际收入情况,二是了解了周边地区的优惠政策;三是暗访了周边园区的实际收费情况,结合邗江实际,按工业、农业、社会事业和房地产不同行业包括园区和非园区分别拟定了收费标准,由纪委汇同中心与各个部门进行了对接会商。开发软件。中心根据集中收费工作的需要,召集相关窗口人员进行反复多次商讨论证,与南大先腾公司合作,拟定了软件设计方案,并通过招投标程序,开发了专门软件,已成功嵌入中心原有的办件程序,11月底已经安装培训到位。

【沙头镇大力发展蔬菜大棚】 2007年,新增入园农业企业4家,新建项目4个,扩建项目2个,总投资4000万元,新扩蔬菜基地1500亩,新增冬暖式大棚、新型水泥大棚等栽培设施900亩,新增农业产业工人400多人。经过几年的发展,沙头农业园区已成为江苏省56个首批现代农业示范区之一,成为扬州市现代高效农业十佳园区。园区的不断发展壮大,为全镇经济的发展注入了新的活力,为我镇在全市20强乡镇中增进位提供了动力。2007年全镇实现财政收1.39亿元,实现农民人均纯收入8255元。

【蒋王街道何桥村】 2007年实现三业总产值3.5亿元,农民人均纯收入11437元,村集体资产达3290万元,村级集体可支配收入235万元。先后创成省级"生态村、村务民主示范村、民主法治示范村"。

【方巷镇大力发展鹅业】 2007年全镇实现农业增加值1.46

亿元,新增绿化造林面积3280亩,新建沼气池300个,清疏村庄河塘115口、18.6万方,新建通村达组硬质化道路65公里,新建垃圾中转站3座、垃圾池220个,新建标准化鹅舍3000平方米,新增种草养鹅面积500亩,创成全面小康村4个。

【甘泉新农村建设实现“四化”】 一是“硬化”。先后投入3000多万元,新建通村硬质化道路100多公里,实现了道路“村村通”,9个小就村实现了道路“组组通”。二是“净化”。投入350多万元,开展农村环境综合整治,对涧、库、塘全面清淤、清杂、清理,对库坝进行除险加固,新建垃圾池1120个,新建镇级垃圾中转站1座,全面实行垃圾“组保洁、村收集、镇集中、区转运”的运行模式。三是“美化”。投入450万元,在主要硬质化道路两侧栽上香樟、紫薇、大叶女贞等常青树。四是“亮化”。投入550多万元,在通村、组主干道安装路灯2000多盏,实现了路灯“村村通”。

【江苏牧羊集团】 2007年,江苏牧羊集团实现销售收入15.06亿元,其中出口新签有效合同4200万美元,分别增长31.9%、90.5%。成功举办了第四届中国饲料企业大会联谊会暨牧羊四十周年庆典、第二届全球代理商大会。获准筹建全国饲料机械标准化技术委员会。1个项目荣获2007年度“国家科技进步奖二等奖”,5项新产品、新技术通过专家鉴定,其中4项达到国际先进水平,1项国际首创。

【甘泉镇双塘村农家书屋跻身省“百佳”】 江苏省新闻出版局近日作出决定,对全省先进农家书屋和优秀管理员进行表彰。甘泉镇双塘村农家书屋被授予2006—2007年度全省“百佳农家书屋”荣誉称号,成为我区首家“百佳农家书屋”。另外,甘泉镇姚湾村徐永芳同志被表彰为2006—2007年度全省“百佳农家书屋管理员”。

(曹茂生)

南 通 市

【历史沿革】 五千多年前,境内的海安青墩即已成陆,并有原始氏族部落繁衍生息。隋以前,南通市区一带逐渐成洲,始称壶豆洲,后称胡逗洲。唐代时胡逗洲与陆地连接,设盐亭场、狼山镇,五代十国时称静海。后周显德五年(公元958年)筑城,定名通州。宋天圣元年(公元1023年)改称崇州,又名崇川。民国元年(公元1912年)废州设县,称南通县。1949年南通全境解放后改县为市,市、县分治。1983年南通地区与南通市合并,实行市管县体制。

【地理位置】 地处江苏省东南部、长江下游北岸,北纬31°41′06″~32°42′44″,东经120°11′47~121°54′33″。南北跨距114.2公里,东西跨距158.8公里。南通濒江临海,南与上海、苏州隔江相望,北依苏北广袤腹地,素有"扬子第一窗口"的美誉。

【行政区划】 现辖如皋、通州、海门、启东4个县级市,海安、如东2个县,崇川、港闸2个区和南通经济技术开发区,陆地总面积8001平方公里,其中市区面积355平方公里,毗邻海域约1万平方公里。

【人口】 年末共有135个乡(镇)、办事处,2183个行政村(居委会)。总户数279.47万户,总人口(户籍)766.13万人,人口密度每平方公里958人。男女性别比98.47∶100,人口出生率6.08‰,死亡率7.77‰,自然增长率-1.69‰。

【经济发展】 地区生产总值2111.88亿元、居全国大中城市第28位,按可比价计算增长16.2%、增幅连续3年居江苏第一。财政总收入300.71亿元,增长38.2%;地方一般预算收入127.7亿元,增长38%。规模以上工业增加值1018.04亿元,增长21.6%;服务业增加值741.03亿元,增长16.2%。全社会固定资产投资1265.8亿元,增长20.7%,其中,城镇固定资产投资633.94亿元,增长30%;农村固定资产投资385.17亿元,增长27%。农民人均纯收入6905元,增长13.1%;城镇居民人均可支配收入16451元,增长17%。城乡居民储蓄存款余额1476.59亿元,比年初增加103.59亿元。

【江海开发】 沿江岸线整合、整治和开发纵深推进,新建万吨级以上生产性泊位4座,其中,5万吨级1座,南通港货物吞吐量1.23亿吨、增长18.8%。沿海深水大港建设加快推进,洋口港黄海大桥工程量完成70%,人工岛LNG接收站区块围填成功。沿江船舶修造及配套等装备制造业加速发展,造船完工量达274万吨、增长35.6%,占全国的15.2%、江苏的66.8%。沿海新能源等基础产业发展态势良好,已建及在建6个风电项目装机总容量达46.5万千瓦。

【产业结构调整】 三次产业结构为8.2∶56.7∶35.1,第二、第三产业比重较上年提高1.4个百分点。工业增加值占地区生产总值的47.8%,比上年提高1.4个百分点;服务业增加值占地区生产总值的比重比上年提高0.7个百分点。工业内部结构继续优化,规模以上工业增加值中重工业占55.2%,比上年提高2.7个百分点;装备制造、电子信息、石油化工、电力能源、现代纺织服装、轻工食品等六大产业占全部工业的比重接近90%;电子信息、机械、电力、船舶、冶金、化工医药行业增加值占规模工业的比重超过50%。

【农业现代化建设】 新增高效农业面积52万亩,高效农业总面积占比近三分之一,总量和占比均保持江苏领先;规模以上农业项目投资实现较快增长,实际利用外资超过2.5亿美元,列江苏第一;农产品出口创汇持续高速增长,创汇额列江苏第二。农村劳动力转移总人数保持在200万人以上,继续领跑江苏;非农收入在农民人均纯收入中的贡献份额进一步提高,达到81.9%,比上年提高1.2个百分点。

【开放及园区建设】 新增工商登记注册外资77.39亿美元,增长11.6%;注册外资实际到账31.17亿美元、增长21.1%,总量位居江苏第二、全国大中城市前十强。完成进出口总额127.76亿美元,增长27.4%、高于江苏平均增幅4.3个百分点。外经合作连续12年保持全省第一,实现对外承包工程和劳务合作营业额8.49亿美元,增长40.3%;新派劳务人员15386人,期末在外人数37616人、占江苏总量的三分之一。新批境外投资企业21家,中方协议投资额4326万美元、比上年增长2.5倍。私营企业注册资本2167亿元,总量保持江苏第二;民资投入占全社会投入比重、民营经济增加值占地区生产总值比重分别提高到74.4%和47.1%。13个省级以上开发区以全市2.28%的面积,创造了40.2%的地区生产总值、74.5%的注册外资到账、44.3%的地方一般预算收入以及55万多人的就业岗位。成功举办第九届亚洲艺术节、第五届江苏省园艺博览会、第三届世界大城市带发展高层论坛、2007中国南通港口经济洽谈会、首届世界友城交流大会等"五大活动",充分展示了南通改革开放三十年来的经济社会发展成就,进一步提升了南通的知名度和美誉度。

【高新技术产业】 高新技术产业产值975.61亿元,增长52.3%,占规模以上工业总产值的24.2%,比上年提高2.6个百分点。新增国家火炬计划重点高新技术企业31家,省级高新技术企业154家,省级工程技术研究中心3家,国家级特色产业基地1家。产学研"百千万"工程加快推进,认定产学研示范企业376家,组织实施产学研合作项目480项,引进柔性人才5672人。

【科技进步与创新】 全社会研发投入27.65亿元,增长40.4%,占地区生产总值的1.3%,比上年提高0.2个百分点。南通高新技术创业中心被认定为国家级创业中心,南通软件园被认定为省级软件园。专利申请量9066件、增长69.7%，总量居江苏第二；专利授权量3756件，增长119.8%，增幅列江苏第一。新增中国名牌产品12件，累计26件，进入江苏前三强；中国驰名商标5件，累计8件。江苏省“人才特区”试点工作有力推进，人才人事工作跻身全国先进行列。

【城市建设】 市区“五环十四射”路网正在形成，主城区功能日趋完善；新城区雏形显现，北翼新城框架初步形成。

市区完成城建投入46.5亿元，为历年最多。市区人均道路面积15.5平方米，比上年增加4.7%。市区更新公交车辆120辆，每万人拥有公交车辆10.3标台。市区日供水能力90万立方米，比上年增加10万立方米。电话号码升至8位。城市化率49.7%，比上年增加2.8个百分点。建成国家卫生城市，获得国家园林城市称号，完成国家历史文化名城申报工作。

【城市环境质量】 主要污染物化学需氧量和二氧化硫排放总量分别削减6.7%和10.4%，排放强度分别下降22.2%和25%。全社会环境保护投入63.93亿元，占同期地区生产总值比重进一步提高到3.03%。城市环境综合整治定量考核工作连续4年保持江苏省第一。“环保模范城市群”创建工作稳步推进。市区及六县(市)政府所在地城镇烟尘控制区覆盖率均达100%。全市固体废物综合利用率98.6%。市区环境质量保持稳定，环境空气主要污染物年平均值二氧化硫为0.042毫克/立方米，二氧化氮为0.035毫克/立方米，可吸入颗粒物为0.088毫克/立方米，符合国家空气质量二级标准；全年空气污染指数达到良好以上的天数为323天，占全年天数的88.5%。长江南通段主流水质符合国家地面水质环境质量Ⅱ类标准，饮用水源地水质达标率100%，区域环境噪声平均值55.5分贝，交通干线噪声平均值67.8分贝。

【社会事业】 教育事业优先发展，农村中小学“四项配套”工程通过江苏省验收，教育现代化乡镇基本实现全覆盖，人均受教育年限提高到13.4年。文化大市建设有力推进，版权保护工作全国领先，成功举办全国版权相关产业发展先进典型经验现场交流会；公共文化基础设施建设得到加强，415个行政村建成“农家书屋”。公共卫生体系不断完善，城乡卫生服务体系健全率达100%，社区卫生服务中心市区及县(区)城共建成18个，以街道(镇)为单位建成率85.7%；农村社区卫生服务站共建成1738个，行政村覆盖率97.6%。体育强市建设取得新进展，运动员在省级比赛中获得71枚金牌；在全国第六届城市运动会上夺得3银4铜，获得体育道德风尚奖；成功承办2007年亚洲击剑锦标赛和中国女足南北明星对抗赛等大型体育赛事。

【社会保障体系】 年末城镇登记失业率3.04%，低于江苏0.15个百分点、全国0.96个百分点。提供就业岗位25.9万个，净增就业人员8.13万人，有3.3万名城镇失业职工实现再就业。城乡养老保险统筹推进，城镇基本养老保险参保人数82.95万人，参保率98%；农村养老保险参保人数122万人，占江苏省农村养老保险参保人数的14%。城乡低保实现“应保尽保”，保障标准继续提高，农村居民、专业渔民、城镇居民低保覆盖11.48万人，增加3.38万人。住房保障形成“六管齐下”特色，廉租房制度、保障性商品房建设的做法在全国推广。特殊群体生活进一步得到保障，农村五保户供养水平和集中供养率继续提高，失地农民基本生活保障制度进一步完善，改制企业困难职工、被征地拆迁居民、农民工等权益保障工作得到加强。 (张启祥提供)

南通濠河

泰州市

【历史沿革】 泰州是一座具有2100多年历史的古城,素有“汉唐古郡、淮海名区”的美誉。春秋战国时期,泰州称“海阳”,西汉改称“海陵”,汉武帝元狩六年(公元前117年)设置海陵县,东晋时设海陵郡,当时与金陵(南京)、广陵(扬州)、兰陵(常州)齐名华夏。南唐时建州,为祈盼“国泰民安”而得名“泰州”,沿袭至今。境内各辖地大多历史悠久,汉置海陵县,五代设泰兴县、兴化县,明置靖江县。解放后泰州一直是市的建制,50年代初期曾是苏北行署、泰州专署驻地。

【地理位置】 泰州市地处江苏省中部、长江北岸,地理坐标位置为北纬32°01′57″~33°10′59″,东经119°38′~120°33′,东靠南通市,西接扬州市,南临长江,与苏州、无锡、常州三市以及镇江市所辖扬中市隔江相望,北接盐城市。全市南北最大直线距离约124公里,东西最宽处约55公里,是苏中入江达海5条主要航道的交会处,是沿海与长江“T”型产业带结合部。

【行政区划】 1996年8月,经国务院批准,撤销县级泰州市,设立地级泰州市,辖海陵区、靖江市、泰兴市、姜堰市、兴化市。1997年4月设高港区。目前,泰州下辖“四市两区”,总面积5797平方公里,其中市区面积444平方公里。

【人口】 2007年末,全市户籍总人口为500.7万人,较上年末下降5.7‰。其中,市区64.75万人,增长7.6‰。全市城镇人口比重达到47.6%,较上年提高1.5个百分点。人口自然增长率下降2.76‰。年末常住人口为458.02万人,按常住人口计算的出生率为8.28‰,死亡率为11.04‰。

【经济发展概况】 坚持以科学发展观为指导,不断优化产业结构,加快转变经济发展方式,全市经济发展取得了较好成绩。全年实现地区生产总值1202.2亿元,增长15.7%,人均地区生产总值达26093元,增长17%。其中,第一产业增加值102.4亿元,增长4.4%;第二产业增加值700.2亿元,增长17.5%;第三产业增加值399.6亿元,增长16.1%。全年完成财政总收入211.42亿元,增长36%,其中,地方一般预算收入85.22亿元,增长38.6%。

【城市产业结构调整】 坚持以新型工业化为方向,着力调高调优调轻产业结构,努力构建以高新技术产业为先导,高端制造业和高成长性服务业为主体,高效农业为基础的先进产业体系。到2007年底,三次产业比重已调整为8.5:58.3:33.2,产业结构更加合理。高效农业稳步发展,农业综合生产能力进一步提高。全年粮食总产272万吨,油料总产量10.09万吨,同比分别增长3.53%、18.37%。特色高效农业生产面积扩大到120万亩,新增畜禽养殖小区36个,新认定无公害农产品和绿色、有机食品61个。工业生产保持较快增长,支撑作用显著增强。全部工业实现增加值607.8亿元,增长19.4%。其中,规模以上工业实现增加值592.34亿元;销售收入首次突破2000亿元,达2172.78亿元;利税197.21亿元,分别增长21.5%、35.61%和41.63%。医药、机电(船舶)、化工等三大支柱产业发展势头良好,累计实现销售收入1302.2亿元,同比增长35.69%,占规模以上工业的比重达59.93%。全市“50强”重点工业企业支撑作用明显,累计完成现价产值911亿元、销售收入896.17亿元、利税103.04亿元、利润62.14亿元,分别增长26.89%、26.99%、34.07%和46.61%,分别占规模以上工业总量的40.2%、41.26%、52.25%和56.43%。全年新增销售过亿元的企业94家,其中过10亿元的11家,过50亿元的3家;新增利税过亿元的企业4家。建筑业完成总产值783.46亿元,增长30.1%。以服务业“833”工程为抓手,大力发展现代服务业。2007年,全市8大服务业集聚区实现营业收入114.4亿元、税收3.42亿元,泰州医药科技创业园、城北物流产业集聚区、江苏三江现代物流中心、姜堰科技创业园4个园区被授予省级现代服务业集聚区称号;“30强”重点服务业企业实现营业收入159亿元,利税6.1亿元,均创历史新高;列入市考核的41个投资5000万元重点服务业项目当年完成投资71.03亿元。全年完成社会消费品零售总额321.07亿元,增长18.3%,服务业增加值占GDP的比重较上年提高1.1个百分点,其中,交通运输、仓储和邮政业73.3亿元,增长17%;批发和零售业66.2亿元,增长14.9%;住宿和餐饮业22.4亿元,增长18.8%;金融业30.5亿元,增长17.3%。

【农业现代化建设】 以发展高效农业为突破口,进一步推进农业结构战略性调整。启动实施高效农业“5218”工程,初步形成了以农业八大产业为主导的区域特色经济。建立健全良种繁育推广体系、农业病虫害防控体系和农产品标准化体系,农业科技服务成效明显。支持和促进农业产业化龙头企业加快发展,2007年,60家重点龙头企业实现销售收入138亿元,利税7.7亿元,分别增长20%和20.5%。新建“三资”农业项目600个,农业实际利用“三资”达38.51亿元。大力培育农民合作经济组织,新增农民专业合作社140家,土地股份合作社90家,社区股份合作社33家。

【高新技术产业】 加快推进高新技术产业发展,启动实施新一轮高新技术产业“双倍增”计划,不断增强产业科技竞争力。着力推进高新技术产品研发,全年组织实施国家、省火炬计划74项,其中国家级48项;新认定省级高新技术产品150个、国家重点新产品15个。全年新认定省级以上高新技术企业100家(国家级18家)、江苏省民营科技型企业85家、首批省创新型企业7家。切实推动高新技术产业基地建设,全市五大高新技术特色产业基地实现产值536.06亿元,同比增长28.5%。2007年,全市高新技术产业完成现价产值660.1亿元,增长29.6%,占规模以上工业比重达29.2%,居全省前列。

【科技进步与创新】 以创新型城市建设为抓手,加快科技进步与创新。大力推进研发平台、创业平台和服务平台建设,扬子江药业集团"新型药物制剂技术实验室"成为全国首批、全省唯一的企业型国家重点实验室,"泰州医药知识产权保护公共服务平台"建设项目成为国家科技型中小企业技术创新基金立项项目。进一步加强科技合作,成功举办第六届中国·泰州科技经贸洽谈会,组织开展"两院院士泰州行"活动,中科院泰州应用技术研发及产业化中心正式启动运行。着力提升知识产权工作水平,专利授权量增幅列全省第二,成功创成全省首家"国家知识产权示范城市创建市",泰州市知识产权局被评为全国专利系统先进集体和全国知识产权执法先进集体。2007年,蝉联全国科技进步先进市。

【城市建设】 不断加大中心城市建设力度,全年,中心城市建设投资达84亿元。扎实推进城建十大重点工程,青年路改造二期、人民路改造一期、高教园区二期等工程按时竣工;凤城河二期续建、市文化中心一期、梅纪馆改造和高港生态公园二期工程进展顺利;坡子街商业街区正式对外开放。深入开展"五城同创",成功创建国家环保模范城市、国家卫生城市和中国优秀旅游城市,荣获新一轮全国双拥模范城市称号。切实加快城乡重大基础设施建设,江海高速泰州段开工建设,兴泰公路改扩建、大兴金公路兴化段建设顺利;区域供水工程泰州三水厂改扩建全面开工;城黄灌区改造五期、盐靖河南段下圩港和兴化城区洼地挡排工程全面竣工;220千伏邵阳至唐子线路、洋思变扩建工程建成投运,通信基础设施年度建设任务顺利完成。

【城市环境质量】 生态环境建设进一步加强,环境质量持续改善。全市生态环境状况指数为72.1。全年关闭污染严重企业569家,建成环境优美乡镇6个、生态村12个、绿色社区15个、绿色学校29所。单位GDP排污强度(COD)保持下降趋势,环境质量综合评价指数达85.7分。主要河流水质优于Ⅲ类水断面从上年的66%上升至77%,集中式引用水水源的水质达标率100%。全年空气良好以上天数占比达88%。声环境质量保护稳定,城市环境综合整治定量考核得分97.45分。

【社会事业】 全面落实义务教育阶段"两免一补"政策,义务教育阶段入学率达100%;普通高中教育办学水平实现新突破,高考万人本科达线数增幅、本科上线人数、万人本科达线数分列全省第一位、第二位和第三位;高等教育事业加快发展,泰职院和泰州师专获得教育部"人才培养工作水平评估"实地评估,其中泰职院获优秀等次。大力推进基层文化建设,俞垛镇文化站成为全省文化建设现场会唯一乡镇文化站示范现场,溱潼镇被省文化厅推荐申报全国文化艺术之乡;强化文物保护工作,梅兰芳纪念馆改造一期工程顺利完工,学政试院布展工程进展顺利,溱潼会船、靖江讲经等5个项目申报第二批国家非物质文化遗产保护名录;淮剧《信访局长》获得第五届江苏省淮剧节优秀剧目一等奖。加强公共卫生体系建设,新建市区城市社区卫生服务中心8个、城市社区卫生服务站26个;积极推动中医药发展,市中医院骨伤科成为国家级中医专科专病建设单位,海陵区建成全国中医药特色社区卫生服务示范区。加快推进"农村体育健身工程",提前一年完成省交任务;竞技运动取得突破,全年获得世界杯大奖赛2金1铜、亚洲冠军2个、全国性赛事奖牌35枚。全面推进有线电视进村入户工程,全市有线电视用户总数达99.5万户,农村有线电视组通率达98.92%。计划生育率稳定在98.5%以上,计划生育村(居)自治率达95%,流动人口管理服务率达90%,18个世代服务中心基本建成。

【社会保障体系】 千方百计扩大社会就业,深入开展"充分就业社区"创建活动和"创业路上"系列助推创业活动,城镇登记失业率控制在3.08%。强化社会保险扩面征缴,城镇养老、医疗、失业参保人数分别达到52.43万人、84.77万人和37.89万人,三大保险覆盖面全部超过省定小康标准;全面推广新型农村养老保险制度,"百村试点"任务全面完成,全市社会保险全覆盖工作得到国务院、劳动保障部的肯定。深入开展"快乐从心开始"、"为了母亲的微笑"和"关爱女孩行动"等医疗救助活动。努力扩大经济适用房建设,增加廉租房房源,完善"共有产权、租售并举"机制,形成普通商品房、经济适用房、产权共有房、廉租房"四级住房保障体系",切实解决低收入家庭住房难问题。大力推进文明城市和"平安泰州"建设,人民群众对社会治安的满意率达到98%。 (张九龙)

海 陵 区

【概况】 海陵区为泰州市主城区,总面积223平方公里,其中建成区46平方公里,下辖1个镇、8个街道办事处、1个工业园区。2007年,全区户籍人口36.42万人。全区实现地区生产总值75.15亿元,比上年增长16.8%。其中,第一产业增加值1.78亿元,增长2.4%;第二产业增加值39.57亿元,增长18.1%;第三产业增加值33.80亿元,增长16.2%。三次产业结构比例为2.37∶52.65∶44.98。

【农业】 农业与农村经济发展良好。围绕建设社会主义新农村以及"工业反哺农业、城市支持农村"的方案,各项惠农政策的进一步落实,极大调动农民生产积极性。2007年,农业增加值为1.78亿元,增长2.4%。大力发展城郊型农业,积极实施"菜篮子"工程,实施栽培面积达266.67公顷。突出农业基地和质量品牌建设,现代农业科技示范园建成5000平方米智能温室、2万平方米花卉连栋大棚;全区形成10个特色农业生产基地,创成16个国家级绿色食品和无公害农产品品牌。全年完成农林牧渔业现价总产值3.354亿元,比上年增长6.64%。农业产业化进程加快,8家市级龙头企业实现销售收入6.19亿元、利税1740.1万元,分别增长35.8%和8.9%。大力实施"双清"工程,疏浚农村河道44.69公里。完成户厕改造5911户。全年农民人均纯收入7552元,比上年增长加892元,增长13.39%。

【工业】 工业生产快速增长,工业经济总量规模扩大。2007年,183家规模工业企业完成工业总产值126.13亿元,比上年增长40.15%;实现销售收入118.67亿元,比上年增长85.32%。规模以上工业增加值占全部工业增加值的84.3%。全年销售过亿元企业26家,5亿元以上企业2家。重点企业发展迅速,全区重点培植的8家重点工业企业完成现价产值40.96亿元,比上年增长53.73%。完成销售收入38.47亿元,比上年增长48.41%;实现利税2.02亿元,比上年增长84.28%;实现利润1.37亿元,比上年增长90.86%。

【建筑业】 建筑业不断发展壮大。从业人员2万人,人均年收入超过1万元,涉外劳务输出人员占全市的50%以上,二级资质以上企业10家。全年实现建筑企业增加值7.84亿元,比上年增长25%。55家建筑企业完成建筑业总产值35.52亿元,比上年增长20.9%。房屋建筑施工面积450万平方米,竣工面积757万平方米。

【服务业】 积极实施"商贸兴区"战略。海陵区政府充分利用主城区人流、物流、信息流集聚的区位优势,大力推进服务业领域对外开放,初步形成"城区大商场、城郊大市场、城北大物流、学区大配套"的发展格局。金鹰国际、苏宁电器、苏果超市等一批知名企业相继落户我区,中百一店、文峰千家惠等骨干企业快速发展,城北物流园启动建设,牧院、南理工泰州学院等高校服务区投入运营,城郊各类专业市场集聚发展。基本形成适应不同层次需求的商贸服务新格局,商贸业态的层次、商品的档次、服务的品位大幅提升,拉动主城区商贸服务业的人气,进一步增强了对周边县市的辐射能力。至年末,全区实现服务业增加值33.80亿元,比上年增长16.2%。服务业增加值占GDP的比重达45%。房地产增加值5.34亿元,比上年增长15.7%。实现房地产开发投资总额14.81亿元,比上年增长83.85%,实际销售面积43.64万平方米,增长151.9%;销售额13.99亿元,增长119.7%。实现港口货物吞吐量40万吨,货物周转量6000万吨/公里。交通运输、仓储业的增加值占服务业增加值的比重由上年的5.73%上升至6.41%。消费品市场较快增长。全区实现批发零售、住宿餐饮业增加值15.32亿元,比上年增长幅16.6%;全区实现社会消费品零售总额74.33亿元,比上年增长18.9%,增幅创历史新高;大型连锁超市、购物中心等新型业态销售不断增长,至年末,限额以上零售单位实现零售额22.20亿元,增长30.5%。

建筑总面积17万多平方米的坡子街商业中心已经对外开放经营,建筑面积11万多平方米的财富广场主体工程封顶;以城区东部市场集群为基础的市场集聚区、以城区北部仓储码头和火车货运站为基础的区域性专业物流中心、以高校园区为依托的高校服务区等三大功能区建设步伐加快,初具规模;江洲路物资一条街、东进路电子一条街、五一路服装一条街、税务街美食一条街和海陵路、人民路购物一条街等6条特色商贸街区已现雏形。

【固定资产投资】 固定资产投资稳步增长。全年完成全社会固定资产投资额50.56亿元,比上年增长41.18%。全年第一产业完成固定资产投资33亿元,比上年增长39.33%;第二产业完成固定资产投资14.51亿元,增长25.3%。其中,完成工业投资额12.95亿元,增长14.19%;第三产业完成投资额35.72亿元,增长48.85%(其中完成基础性投资6.31亿元)。

【外资外经外贸】 开放型经济发展加快。利用国内、国外两个市场和两种资源的水平进一步提高。全年协议利用外资15559万美元,比上年增长73%;实际利用外资达8123万美元,增长34.9%;自营出口总额超2亿美元,达2.51亿美元,增长79.8%;境外劳务输出2316人,超过全市总量的50%,比上年增长89%,增幅创历史记录。出口依存度(出口占GDP比重)为24%,比上年提高7个百分点。

【社会事业】 财政对社会公共事业投入增加。加大科技创新力度,新认定国家级重点新产品2项,实施国家星火计划项目1项、省科技火炬项目2项,认定省级高新技术企业9家,新增市级工程技术中心1家。专利申请量410多件,其中发明专利88件。坚持教育优先发展,调整优化教育布局,加快教育教学基础设施建设,全面实施义务教育免收学杂费。全区现有普通中学13所,在校学生13181人;职业中学1所,在校学生1927人;小学15所,在校学生19189人;幼儿园26所,在园幼儿7955人。小学学龄儿童入学率100%,初中毕业生升学率99.79%。

加强社区卫生服务和乡镇卫生院建设,医疗卫生服务体系进一步健全。启动实施四人医病房大楼建设,创建"全国中医药特色社区卫生服务示范区"工作通过省级复评和国家专家组考核验收。认真落实医疗卫生服务政策,新型农村合作医疗实行区级统筹,参保人口覆盖率100%。推行惠民病区、惠民门诊、社区基本药品零差率销售等工作,努力解决群众看病难、看病贵问题。全区拥有卫生医疗机构137个,其中医院9家、卫生院5家、门诊部(所、室)85个、个体诊所38个、卫生技术人员896人、病床537张。强化市场卫生监督,推进食品放心工程,传染病防治工作得到加强。深入开展文明行业、文明村镇、文明社区、文明单位创建活动,公民道德素质和城市文明程度不断提高。积极举办各类公益性文化体育活动,丰富群众业余文化生活,成功举办全省县级市第三十一届门球比赛。加强民居文物保护,单毓华故居建成并对外开放。人口自然增长率继续保持较低水平。妥善安置转业干部、退役士兵,征兵工作连续保持26年无政治和身体责任退兵。

【城市建设管理】 城市建设力度继续加大。科学编制海陵区北部街区控制性详细规划,先后启动实施肉联厂东侧、迎春桥西北侧、招贤新村、东风路街区、财富广场等一批旧城改造项目,开工建设森园路、东风路北延、江洲北路拓宽改造、九龙污水处理厂等一批基础设施项目,兴业、森园、智堡、鲍坝等安置小区建设顺利推进。全年完成城建投入25.8亿元,拆除房屋1626户、29万平方米,启动建设拆迁安置房、经济适用房、廉租房55万平方米。和谐社区建设扎实推进。基本完成社区办公和活动用房建设达标任务,新增社区用房1100平方米。全面推行社区工作者职业化管理,社区工作者队伍活力不断增强。新农村建设全面启动。制定农村建设和发展规划,加大支农惠农力度,认真落实"一免三补"政策,全面完成农村"5+1"实事工程,农村生产生活条件不断改善。建成通乡通村公路180公里,麒麟、东唐等11个先行示范村环境整治成效明显,鲍坝、智堡、任景、高桥等4个"城中村"改造相继完成,37个村接引长江水,40个村实现生活垃圾集中无害化处理。重视和加强城乡管理,积极参与"五城同创",全力开展创卫专项整治活动,整治出新657条后街背巷和14个无物管小区,强化基层创卫综合达标和实效管理,为泰州市创建成"国家卫生城市0"、"国家环保模范城市”作出积极贡献。

【财政】 财政收入持续增长。2007年,实现财政收入13.51亿元,比上年增长34.84%。其中,中央财政收入4.94亿元,增长29.84%;一般预算收入6.66亿元,增长43.16%。财政支出8.28亿元,增长35.38%。财政总收入占地区生产总值的比重为18.0%,比上年提高1.2个百分点。

【人口、人民生活和社会保障】 年末,全区户籍人口为36.42万人,人口出生率9.44‰,人口死亡率8.25‰,人口自然增长率1.19‰。城镇单位从业人员总体保持稳中有升,就业结构进一步优化。年末共有单位从业人员23821人,比上年增加1739人,增长7.88%。人民群众在加快发展中得到更多实惠,富民进程明显加快,城乡居民收入显著增加。2007年,城镇居民人均可支配收入14940元,比上年增长17.8%,农村居民人均纯收入7552元。多渠道筹措解困资金,保障下岗失业职工基本生活,全年拨付解困失业资金3850万元。探索并建立优抚保障救助机制,组建慈善会,募集慈善资金1549万元。高度重视和加强就业工作,加大政府差额购买就业岗位工作力度,对“4045”人员和零就业家庭提供就业帮扶。城市居民人均住房面积达31.97平方米,农村居民住房面积39.6平方米。社会保险工作不断加强,保障覆盖面进一步扩大,基本养老保险、医疗保险分别新增参保人数3722人和2000人,城镇劳动保障三大保险各自覆盖面达98.7%。认真实施被征地农民基本生活保障制度和企业工资集体协商制度,纳入基本生活保障的农民5211人。

【民营经济】 落实优惠政策,加强服务引导,民营经济蓬勃发展。民营经济注册资本累计69.20亿元,比上年末净增加7.52亿元;个体工商户18314户,比上年末减少3737户;私营企业4046户,比上年末增加35户。全年实现民营经济增加值59.52亿元,占全区GDP比重达79.2%,比上年提高2.1个百分点。

【城北物流园区加快建设步伐】 4月,泰州市城北物流园区管理委员会经市政府批准正式成立,为海陵区政府派出机构。12月,区委、区政府对园区实施区划调整,森北村、渔行村、运河居委会整建制划归物流园区管辖。《泰州市城北物流园区发展规划》得到省发改委、泰州市政府批准,《园区控制性详细规划》、《城北物流园区区域环评报告》获得市政府批准。园区先后被省发改委、省经贸委、市发改委确定为江苏省现代服务业集聚区、江苏省重点物流基地、泰州市现代服务业集聚区。滨河西路、滨河中路、宇成路、站前路东延及江洲北路绿化改造工程等5条道路建成通车。同时启动5号码头以及6号码头外围路道建设。将陵光铁路支线延伸至6号码头作业区,形成铁路、水路运输的无缝对接。充分利用泰州港——国家一类港口宝贵资源,将其相关业务和服务功能前移到园区,真正把6号码头作业区建设成为内河国际港。多式联运中心设置在集聚区核心部位,园区管委会北侧,占地面积1公顷,建筑面积5000平方米,总投资约3000万元。信息平台设在多式联运中心内,通过物流信息平台,汇集全市及苏中地区物流信息,逐步形成区域物流价格中心、物流信息发布交流中心和交易中心。该项目已经市规划联席会讨论通过,海陵区发改委正式立项,项目用地审批、规划设计图等前期准备工作全部完成。长宏钢材物流中心位于3号码头,新通扬运河以北,站前路以南。园区已与江苏新长江集团达成合作协议,该集团投资6亿元,用地约33.33公顷(东至规划中的青年路、西至兴港东路、南至新通扬运河、北至站前路),建设泰州长宏钢材物流中心。项目建成后,两年内可实现销售100亿元,流转税5000万元,成为苏中、苏北地区最大的钢材集散中心。沥青仓储项目位于园区5号码头,项目占地13.33公顷,总投资8000万元,沥青仓储年周转量20万吨。该项目基础建设即将竣工,预计下年3月正式投入运营。

【突出农业质量品牌建设】 加快农业科技示范园建设,建成5000平方米智能温室、6万平方米花卉连栋大棚、66.66公顷设施农业生产基地,新创2个国家、省级绿色食品和无公害农产品品牌,农业科技示范园被国家旅游局批准为全国农业旅游示范点,被认定为省首批农业科技示范园。

【加强城市服务平台建设】 城西、城中街道社区服务中心内部设施达到规范化要求,建成社会事务受理中心,实现服务热线电话、社区服务信息网络和社区服务实体三网联动,综合服务水平进一步提升,被国家信息产业部确定为城乡统筹信息化综合信息服务试点单位。

【凝聚侨心、维护侨益、热情为侨服务】 8月14日,在全国侨办系统信访工作会议上,泰州市海陵区侨办被国务院侨办授予全国侨办系统信访工作先进集体称号。在海陵区委、区政府领导的关心和支持下,海陵区侨办注重凝聚侨心、维护侨益、热情为侨服务。海陵区委、区政府拨专款重新修缮名人单毓华故居,积极筹建单毓华、单声爱国主义事迹陈列馆。经过修缮的单毓华故居和爱国主义事迹陈列馆,古朴典雅,面貌焕然一新。整个故居由原来的320平方米,拓展到1200多平方米。年内,故居被泰州市委命名为全市爱国主义教育基地,被市文物委确定为全市文物保护单位。 (叶惠莲 陈 晨)

高港区

【概况】 高港区位于泰州市区南部,濒临长江,总面积221平方公里,辖3个镇、3个街道,65个行政村(居委会)。年末总人口19.69万人。全年实现地区生产总值54.6亿元,比上年增长16.7%。其中,第一产业增加值3.25亿元,增长3.5%;第二产业增加值33.55亿元,增长18.8%;第三产业增加值17.8亿元,增长16%。人均生产总值28737元。三次产业比重为5.95∶61.45∶32.6。

【农业】 全年完成农业增加值3.25亿元,比上年增长3.5%;农业利用“三资”2.34亿元,比上年增长39.77%。其中,外资1500万美元,名列全市前茅。新造林813.33公顷,森林覆盖率20.6%,增幅全省第一。在全市率先达小康指标,被省政府表彰为全省绿化造林先进区,被市政府表彰为小康社会森林覆盖率达标市(区)。全区共新建“三大合作组织”22家,其中社区股份合作社9家、土地股份合作社6家、专业合作经济组织7家。区农委被市委农办表彰为农经工作先进单位。

【工业】 全年各类工业共完成现价产值180.05亿元,比上年增长33.3%。其中,列统企业产值114.62亿元,实现销售收入110亿元,利税9.28亿元,利润4.35亿元,比上年分别增长49.4%、47.3%、52.9%和80.7%。完成技改投入37.21亿元,比上年增长62.3%;新增私营企业417家,新增或追加注册资本500万元以上企业48家,新增个体工商户1868户,私营个体净增注册资本9.72亿元。万元GDP能耗下降4.6%、万元工业增加值能耗下降4.7%、万元GDP电耗下降5%。区经贸局被市委、市政府授予创建国家环保模范城市工作先进集体,被市经贸委评为泰州市2006年度优秀乡镇企业管理局(中小企业局)和泰州市商贸工作先进单位,被市乡企局授予泰州市工业经济运行一等奖。

【建筑业】 全年完成施工总产值30.14亿元,比上年增长26.54%,占年度计划的111.8%;实现增加值7.62亿元,比上年增长26.85%,占年度计划的112.9%;创省优工程6个、市优工程9个,创省级文明工地4个、市级文明工地5个。全年未发生一起质量安全事故,无一人伤亡,成功实现"零伤亡两连冠"目标,区建管局被省建管局表彰为省建筑安全生产先进单位。

【服务业】 全年完成服务业增加值17.8亿元,增长16%。全社会固定资产投资52.13亿元,增长39.9%。实施500万元以上服务业重点项目20个,完成投入11.3亿元。全年实现社会消费品零售总额11.41亿元,比上年增长18%。其中,批发和零售业8.97亿元,住宿和餐饮业2.42亿元,分别增长13.8%和34.8%。年成交额在亿元以上的商品交易市场2家。

【外经外贸】 全年新批外资项目16个,协议利用注册外资15980万美元,比上年增长7%;实际利用外资8812万美元,增长2.8%。完成自营出口额26416万美元,比上年增长32%。新增享有自营进出口业务权企业17家。外经工作实现"零"的突破,泰州三福船舶有限公司首获外经签约权。区外经贸局被授予市外经贸工作二等奖及招商引资先进单位称号。

【财政】 全年完成财政总收入12.2亿元,一般预算收入4.7亿元,比上年分别增长21.32%和27%。财政综合工作获全市二等奖,区财政局先后创建成江苏省文明行业和江苏省廉政文化建设示范点。

【城市建设与管理】 完成城建投入29.8亿元,新增道路21.4万平方米、住宅开工建设面积37.8万平方米,绿化覆盖率增长3.1%,列全市第一。五一桥、向阳桥建成通车,雕花楼景区二期、台湾商城二、三期工程加快建设,供气供热、城市防洪、污水处理等基础设施加快推进,市容和环卫整治力度不断加大,国家卫生城市创建圆满成功。区城管办被市委、市政府授予创建国家卫生城市先进集体称号。精心打造的扬子江路在全市市容市貌管理示范路评比中获第一名。

【新农村建设】 新建农村公路33条69.5公里,新建改建桥梁12座。农村小学"四配套"工程实施到位,培训农民13702人。新型农村合作医疗保险参合率99.8%,建成农村社区卫生服务中心2个,农村卫生服务站31个。完成21个村的河道清理任务、24个村的村庄建设规划、30个村的环境整治任务。铺设排水管道78公里,新建垃圾池649个,新增环卫机械17套,清理垃圾6万多吨,建成小型一类、二类沼气工程各1个,新增、改厕8917户。实施15个村的"万村体育工程"。新增有线电视用户4600户。口岸街道王营村等8个村(社区)被授予泰州市全面小康建设先行村称号。

【交通】 全年投资2272万元完成农村公路建设项目24个,完成施工里程51.4公里。加大市场监管力度,严厉打击无证经营和各种强装、强卸、强运行为,为重点企业和重点工程建设营造良好交通运输环境。

【环境保护】 创建国家卫生城市顺利通过国家级考核验收。市、区两级挂牌督办的21家企业全部整改到位,整治企业违法排污专项行动顺利通过市级验收。推进清洁生产审计和循环经济试点,组织扬子江药业集团开展省级循环经济试点工作,泰州市扬子净化工程有限公司、科技创业园先后成功通过ISO14000环境管理体系认证。开展农村环境综合整治,全区首批30个综合整治行政村基本整治到位,有6个村被命名为泰州市生态村。区环保局先后被评为泰州市文明单位和江苏省文明行业等。

【供销】 全系统实现商品销售总额3.6亿元,比上年增长35.3%;实现报表利润135万元,增长57%;连锁经营销售总额7400万元,占年计划的148%。农业生产资料及农副产品销售首次突破亿元大关。与香港集森贸易有限公司加盟成立泰州市集泰农产品有限公司,年生产加工白果1000吨,年销售白果1500~2000吨,被市发改委列入全市龙头骨干企业。新创办三星级为农服务社2家、二星级社2家,成立银杏专业合作社和太平金桔苗木专业合作社,吸纳入会会员100多户。有24家村级为农综合服务社通过市发改委、经贸委验收评审。区供销总社获市供销系统经济发展一等奖、信息宣传工作一等奖和为农服务二等奖。

【国税】 全年组织工商同税8.18亿元,比上年增收1.63亿元,增长24.89%。分局先后被表彰为全国巾帼文明岗、省市文明行业和文明单位以及泰州国税系统的综合先进单位。

【信访】 全年受理群众来信165件,比上年下降32%;接待来访群众521批1516人次,批次和人次分别比上年下降25%和30%。其中,到区集访53批712人次,批次比上年下降18%,人次下降36%。无去省集访和去京上访。区信访局被市委、市政府表彰为信访工作先进集体,分别被市、区授予文明单位称号,被省文明委表彰为精神文明建设先进单位。

【民政】 完善社会困难群体救助体系,简化大病医疗救助和临时医疗救助程序。城镇低保、农村低保和五保供养标准每年分别提高360元、220元和880元。落实政策照顾、小病补助、大病互助、重病救助、慢性病疗养五位一体的重点优抚对象医疗保障体系。全年慰问各类困难群体5100多人,发放慰问金100多万元。顺利完成第五届社区居委会和第八届村民委员会换届选举工作。全区有16家社区居委会被评为星级社区。

【司法】 在全市率先成立区人民调解委员会,全年排查调处矛盾纠纷594起,调处率100%,成功率98.8%。扎实开展青少年法制教育,全区17所学校均建成"零犯罪"校园。年末,全区省、市、区三级民主法治村(社区)命名率95%。社区矫正和安置帮教对象重新犯罪率均为零。野徐、口岸、许庄三个司法所被省司法厅命名为省级规范化司法所,白马司法所被市司法局表彰为优秀司法所。

【科技】 全年上报国家级项目6项、省级项目38项,新认定国家重点新产品2项、实施国家级火炬计划3项;新认定省级高新技术产品18项、省自主创新产品2项、省百强民营科技企业1家,实施省级火炬计划4项、国家中小企业创新基金1项。争取各类科技专项扶持资金647万元。全区高新技术实现产值39.3亿元,占规模以上工业比重达34.3%。新增省级以上高新技术企业15家,年末全区省级以上高新技术企业29家。全年专利申请374件,其中发明专利62件,专利授权131件,万人拥有专利数列各市区之首。顺利通过省级知识产权试点区验收。

【教育】 新建高港实验小学正式投入使用,3个街道中心幼儿园创建成为省优质幼儿园。全年资助贫困生1423人,资助金额42.5万元,免除义务教育阶段学生学杂费456.53万元。区职教中心对口单招考试成绩名列泰州市榜首,毕业生就业率100%,电子技术应用专业创建成为省级示范专业。成立高港区职教中心白马分校,与外省4所学校达成联办协议。被省教育厅命名为首批全面实施素质教育先进县(市、区)。

【劳动和社会保障】 全年新增城镇就业人数3052人,年末城镇登记失业率控制在1.95%。社会保险覆盖率继续扩大,基本养老、医疗、失业、工伤、生育保险参保人数分别达23102人、32750人、22867人、30796人、21469人。全年受理举报投诉案件168起,立案164起,结案164起,按期结案率100%。受理劳动争议案件610起,调解588起,仲裁裁决22起,结案率100%。区劳保局在全市劳动保障系统综合考核中被评为二等奖。

【人民生活】 全区城镇人均可支配收入14300元,农民人均纯收入6652元,比上年分别增长16.8%和13%。建成和开放区文化中心大剧院、文化馆、图书馆。新建10个村文化室、15个村级体育场所。举办"我们在春天起航"大型文艺演出、"口岸船舶·民乐名家会高港"大型民族音乐交流展演等活动。认真开展"三送"工程,全年送戏下乡14场、送电影570场、送图书6000册。舞蹈《茉莉飘香》、音乐剧《情满中秋》在市新创文艺节目调演中获奖。

【卫生】 全面推进农民健康工程,新型农村合作医疗、基本公共卫生服务项目等提前超额完成市交任务,新农合参合率99.8%。建成城市社区卫生服务中心3个,农村社区卫生服务中心2个,社区卫生服务站31个。在创成国家卫生城市的基础上,成功创建省级卫生村1个、市级卫生镇1个、市级卫生村2个。全区新增自来水受益人口2200人,建成三格式无害化户厕8917户,超额完成市交目标任务,并通过省级考核验收。全区设立惠民床位34张,设立院内救助基金近30万元,惠民金额100万元。获省实施妇女儿童"十一五"发展规划先进集体、泰州市创建国家卫生城市先进集体、泰州市文明行业、泰州市爱国卫生先进集体、泰州市卫生工作目标管理先进集体等称号。

【人口与计划生育】 2007年,全区共出生1181人,自然增长率为-1.34‰,计划生育率99.32%。依法清理违法生育110户,并逐案征收社会抚养费。切实加强B超管理,加大孕情监测和服务活动,严厉打击"两非"行为。开展RTI工程,普查21909人次,普查率85%以上。对企事业参加生育保险的妇女开展健康检查,对参保达200人以上的实行进企业服务。全年发放各类计划生育社会保障金185万元,计划生育法定奖励政策和农村部分计划生育家庭奖励扶助政策兑现率100%。建成刁铺街道世代服务中心,积极筹备区世代服务中心。获全市人口和计划生育工作综合一等奖。

【广播电视】 全年新增有线电视用户4997户,完成区下指标的167%。高港有线电视总用户45724户,城乡综合入户率87%。局机关被表彰为江苏省精神文明建设先进单位、市文明单位和区文明行业。

【江苏泰州高港高新技术产业园区】 全年完成地区生产总值9.66亿元,比上年增长27.4%;完成全部工业总产值40亿元,比上年增长45.7%;完成财税收入6015万元,比上年增长62%;全社会固定资产投资15.9亿元,完成技改投入10.5亿元,引进区外民资项目注册资本1.05亿元,比上年分别增长30.7%、52.7%和131.3%。成功引进1000万美元以上项目10多个,连强食品、银河电子等一批重大项目相继落户。完成注册外资8580万美元,实际利用外资4800万美元。积极应对国家宏观调控,成功盘活土地近66.67公顷,吸引投资15亿元和8000万美元。

【沿江开发】 全年完成注册利用外资7500万美元,实际到账4800万美元。益海粮油、海企化工仓储、太平洋钢管、梅兰化工、中航船舶、三福船业等一批重点项目快速推进。道路、桥梁、供水、供电、污水等基础设施不断完善,港口码头、交易市场、商业中心等配套设施加快建设,五大功能园区全面启动。

【高港举办建区10周年庆祝活动】 4月23日,高港区建区10周年庆祝大会召开。海军政治部、泰州舰领导、市四套班子负责人、兄弟市区有关领导、曾在高港工作或在外工作的高港籍领导及高港区各界人士代表参加。大会表彰20名"携手共建新高港十佳标兵"。海政文工团应邀到区进行"我们在春天起航"慰问演出。

【刘绍安获全国道德模范提名奖】 9月20日,永安洲供销社原支部书记、抗美援朝战斗英雄、电影《生命之约》原型刘绍安获全国道德模范提名奖,受到胡锦涛总书记及省委书记李源潮、省长梁保华的接见。

【全市首座沼气池建成】 9月,投资40多万元的泰州市首座300立方米的中型沼气池在白马镇(泰州市众诚乳业公司)建成。该池每天生产40~50立方米的沼气,年节约2000~3000吨标准煤,主要用于燃烧及照明。

【泰州长江大桥开工仪式在高港区举行】 12月26日,泰州长江大桥开工建设。该桥是世界上首座三塔两跨千米级悬索桥。主桥从高港区永安洲镇北部跨越长江主航道至扬中,长约7公里。大桥全线采用双向六车道高速公路标准建设。国家交通部副部长徐祖远,省委书记、省长梁保华,省委副书记张连珍,省委常委、常务副省长赵克志及泰州、镇江、常州的领导出席开工仪式。

【国电泰州电厂正式投产】 12月29日,国电泰州电厂首台100万千瓦火电机组投产。 (张越华)

翔宇教育集团扬州总校

【概况】 翔宇教育集团扬州总校由翔宇教育集团宝应县中学(以下简称宝中)、翔宇教育集团宝应县实验初级中学(以下简称实中)、翔宇教育集团宝应县实验小学(以下简称实小)组成。2007年,扬州总校教职工总数为946人,其中,专任教师672名(副高级职务119名,中级职务288名);省特级教师2名,市级学科带头人25名,市级骨干教师26名;在校生数为13052人,其中住宿1 778名;共开设216个教学班。

【扬州总校首届杰出员工表彰大会胜利召开】 2007年9月24日,扬州总校首届杰出员工表彰大会在实小报告厅隆重举行。扬州总校千名教职工和获奖员工的亲属与会。翔宇教育集团和扬州总校三校学校领导亲自为18位公选“杰出员工”披红授花,并将5000元“旅游奖”送交他们家庭。“杰出员工”的评选与表彰,是翔宇教育集团新近推出的制度化奖励优秀员工的举措之一。该项奖励三年一轮,分地区举办;在奖励集团员工的同时,兼顾奖励员工家庭。

【宝中以校庆为契机推动教学质量再上新台阶】 2007年1月29日,宝中80周年校庆筹备工作首次会议召开,标志着该校校庆工作全面启动。2007年高考,宝应中学有1 201人达本二线,639人达本一线,高分段(600分以上)有467人,各项指标再次遥居全市第一,该校成为扬州教育史上首所本二达线人数超千人的学校,是江苏省应届生(文化类)本二达线人数超千人仅有的两所学校之中的一所学校。同年,该校学科竞赛成绩喜人。在江苏省生物竞赛中有6人荣获江苏省一等奖。在全国中学生化学竞赛(江苏赛区)中有2人获一等奖,有40人获二等奖,有19人获三等奖。2007年一年,该校还获得了宝应县2007年高考质量优胜学校、扬州市首批“数字化校园”学校、南京大学优质生源基地学校、2007年度全国小公民道德建设活动先进单位等多项荣誉。

【实中中考成绩继续领跑全县】 2007年中考,实中董桓、刘畅、郭尧分别以760、759、757的高分勇夺扬州市中考总分前三名,董桓同学勇夺扬州市2007年中考状元桂冠。宝应县总分前20名,该校占16名;宝应县前100名,该校独占70名;高分段(700分以上)人数达314人。至此,该校中考成绩已连续5年稳居宝应县各校之首。

【实小将建成为全国“新教育实验”首家基地学校】 2007年5月29日,翔宇教育集团总校长卢志文先生在实小报告厅为实小全体教职员工作了一场振奋人心的报告。报告中,卢志文宣布:2007年9月全国新教育研究院、新教育研究中心将移师实小,实小将成为新教育实验首家基地学校。“新教育实验”发起人朱永新副市长将亲任校长,诸多特级教师、博士生、专家学者将莅临观摩指导。

【翔宇教育集团再添新荣誉】 2007年3月,翔宇教育集团被授予“中国西部教育顾问单位”,该集团总校长卢志文受聘担任“中国西部教育顾问”。2007年10月,翔宇教育集团扬州总校代表队在扬州市中小学“唱响校园”合唱比赛中勇夺一等奖。2007年11月,翔宇教育集团董事长王玉芬女士获得“2007领驭风云人物”称号。 (成用军)

杭州市

【历史沿革】 杭州历史悠久,自秦时设县治以来,已有2200多年历史。杭州是华夏文明的发祥地之一。跨湖桥遗址的发掘显示,早在8000多年前,就有人类在此繁衍生息。距今5000多年前的良渚文化被史界称为文明的曙光。杭州曾是五代吴越国和南宋王朝两代建都地,是我国七大古都之一。被13世纪意大利旅行家马可·波罗赞叹为"世界上最美丽华贵之城"。杭州古称钱唐。隋开皇九年(589年)废钱唐郡,置杭州,杭州之名首次在历史上出现。五代时的吴越国(907~978年)在杭州建都。南宋建炎三年(1129年),高宗南渡至杭州,升杭州为临安府。绍兴八年(1138年),南宋正式定都临安,历时140余年。民国元年(1912年),原钱塘、仁和县并置杭县。民国十六年(1927年),划杭县城区等地设杭州市,杭州置市始此。1949年5月3日,杭州解放,从此揭开了杭州发展的历史新篇章。

【地理位置】 杭州是浙江省省会,全省政治、经济、科教和文化中心,全国重点风景旅游城市和历史文化名城,副省级城市。杭州地处长江三角洲南翼、杭州湾西端、钱塘江下游、京杭大运河南端,是长江三角洲南翼重要中心城市和中国东南部交通枢纽。杭州市区中心地理坐标为北纬30°16′、东经120°12′。

【行政区划】 杭州市辖上城、下城、江干、拱墅、西湖、高新(滨江)、萧山、余杭8个区,建德、富阳、临安3个县级市,桐庐、淳安2个县。全市总面积16596平方千米,其中市区面积3068平方千米。

【人口状况】 2007年末,全市常住人口为786.2万人,其中市区539.91万人。全市人口密度为每平方千米474人,其中市区1760人。全市户籍人口为672.35万人,其中农业人口348.6万人,非农业人口323.75万人。公安部门统计的全市人口出生率为9.01‰,死亡率为5.65‰,自然增长率为3.36‰.

【经济发展】 2007年,杭州加快建设"生活品质之城",国民经济朝着又好又快的方向深入推进。全市生产总值(GDP)突破4000亿元,达到4103.89亿元,比上半年增长14.6%。按户籍人口和常住人口计算,全市人均GDP分别为61313元和52638元,根据年平均汇率计算,分别达8063美元和6922美元。对照浙江省制订的全面建设小康社会指标体系测算,杭州实现程度已达到93.58%,快于全省平均水平6.38个百分点。全市基本实现小康,进入了建设全面小康社会新阶段。

【财政收支】 在经济较快发展的同时,财政收入规模同步扩大。2007年,全市完成财政总收入788.42亿元,增长26.3%,地方财政收入391.62亿元,增长29.9%;全年地方财政支出335.71亿元,增长21.9%。

【杭州位次】 2007年,杭州经济总量继续位居全国省会城市第二、副省级城市第三、全国大中城市第八。被世界银行评为中国投资环境最佳城市第一名;连续四年被美国《福布斯》杂志评为"中国大陆最佳商业城市排行榜"第一位;被新华社《瞭望东方周刊》评为中国最具幸福感城市第一名;民生质量综合得分位居浙江省首位。

【产业结构】 产业结构不断改善和优化。全市第一产业实现增加值167.57亿元,增长2.6%;第二产业增加值2059.15亿元,增长14.4%;第三产业增加值1877.17亿元,增长16.1%。三次产业的比例由上年的4.5:50.4:45.1调整为4.1:50.2:45.7。

【就业结构】 随着经济结构和产业结构调整力度不断加大,杭州的就业结构变化显著。第三产业从业人员不断增加。三次产业从业人员的结构比例从2006年的16.97:45.81:37.2调整为2007年的15.8:46.0:38.2,第二,第三产业从业人员比重分别提高0.2个和1个百分点。第一产业从业人员比重则下降1.2个百分点。第三产业吸纳劳动力的承载能力不断增强。

【投资结构】 2007年,以"项目推进年活动"为抓手,着力调整投资结构。全市完成全社会固定资产投资1684.13亿元,其中限额以上固定资产投资额为1583.78亿元,均增长15.3%。从产业投向看,三次产业的投资比例为0.1:33.4:66.5。其中重大工程建设投资完成382.44亿元,占限额以上固定资产投资的24.1%,房地产开发投资完成518.79亿元,占32.8%。投资主体日趋多元化。全市民间投资完成832.10亿元,占限额以上固定资产投资的52.5%。

【所有制结构】 2007年,在杭州市生产总值中,公有制经济所占比重为32.6%;非公有制经济所占的比重达67.4%,其中私营及个体经济占全市生产总值47.8%,非公经济和个私经济比重分别比上年提高0.7个和0.6个百分点。

【农村经济】 2007年,各项支农惠农政策进一步得到巩固、完善和加强,现代农业建设加快推进。全市实现农林牧渔业总产值255.15亿元,增长8.6%。农业结构进一步优化,都市农业和效益农业发展势头良好。茶叶、花卉苗木、水产品、节粮型畜禽、蔬菜和竹业等六大优势产业和水果、干果、蚕桑、药材和蜂业等五大特色产业共实现产值179.27亿元,占总产值的70.3%

【农业产业化】 农业产业化经营稳步推进,农业生产集约化水平不断提高。至2007年末,全市已培育市级以上农业龙头企业226家、年销售收入超亿元的农产品加工企业53家、农村专业合作社666家。农业的外向度不断加大,全市农业共引进协议内资项目215个,实际到位20.4亿元;协议外资项目60个,实际到位1.65亿元。实现农产品出口交货值超过120亿元。

【农业科技】 农业科技投入力度继续加大,农业科技进步不断推进。2007年,全市良种覆盖率达96%以上。推广农业种植业标准化面积265万亩。创建无公害基地65个,新创安全农产品品牌产品155只,基地农产品质量安全抽查合格率达99.6%。实施80项农业关键技术应用与科技成果转化项目。培育和联系科技示范户4397户。"杭州龙网"总点击数达331.7万人次,共发布信息7.4万条。

【农业基础】 强化农业基础建设,农业综合生产能力进一步提高。2007年,全市建设标准农田7.27万亩,垦造耕地1.28万亩。实施"沃土工程",不断提高地力。完成39座水库"千库保安"、16座水库"百库达标"和161座山塘除险加固工程。完成12条水流域治理,治理水土流失面积154平方千米。建设防渗渠道397公里,新增和改善灌溉面积21.45万亩;完成河道综合整治252.83公里,完成池塘沟渠整治85.68公里。积极开展绿化造林,建设省级以上重点工艺林26.5万亩。

【为农民办实事工程】 以改善农村生产生活条件为重点,坚持不懈地推进新一轮为农民办实事工程。2007年,市本级财政用于新农村建设资金5.46亿元,比上年增长30%。联乡结村共建活动稳步推进,参与结对企业2882家,联系乡镇140个,结对村1676个,实施项目2510个、到位资金2.74亿元;"百村示范、千村整治"工程深入开展,验收通过示范村44个,重点整治村470个;农民素质培训工程继续实施,培训农民22.4万人。关注农村困难家庭生活,农村五保户集中供养率达到92.02%。参加新型农村合作医疗的人数达369.7万人,参合率为97.2%;全市公路通村率为99.5%,建制村客运班车通达率由上年的94%提高到95%。

【工业经济】 2007年,杭州加快经济结构调整步伐,工业经济步入平稳较快的发展轨道。全市规模以上工业销售和生产双双越过8000亿元大关,实现销售产值8204.80亿元、工业总产值8350.69亿元,分别增长19.4%和19.5%;工业产销率达98.25%;实现利税730.38亿元,其中实现利润418.86亿元,分别增长27.6%和33.6%,均高于生产和销售的增额。

【高技术产业】 2007年,高技术产业由点到面发展。全市规模以上高技术制造业实现工业销售产值1079.97亿元,占规模以上工业销售产值的13.2%;实现利税85.39亿元,其中利润58.58亿元,分别占规模以上工业利税、利润的11.7%和14.0%。

【新产品开发】 新产品开发步伐加快。2007年,全市规模以上工业实现新产品产值1107.84亿元,增长49.5%,高于全市工业总产值增幅30个百分点;全市新产品产值率达到13.55%,对工业总产值增长的贡献率比上年提高15个百分点。

【节能降耗】 2007年,全市加大资源综合利用的工作力度,减少资源消耗,促进经济社会可持续发展。全市单位GDP能耗比上年下降4%以上,规模以上单位工业增加能耗同比下降5.5%。单位GDP电耗和全部工业增加值电耗分贝下降1.6%和1.8%。

【品牌战略】 近年来,杭州市积极实施品牌发展战略,形成了一批在全国有较高知名度和影响力的名牌产品和驰名商标,增强了企业竞争力。

杭州市2007年度获得的中国名牌产品及企业

1. 杭氧牌大型空分成套设备 ——杭州制氧机集团有限公司
2. 恒星牌减速机 ——杭州减速机厂
3. 前进牌船用齿轮箱 ——杭州前进齿轮箱集团有限公司
4. 钱潮QC牌汽车传动轴总成 ——万向集团公司
5. ZHONGYA牌乳品包装机械 ——杭州中亚机械有限公司
6. 隆和牌通信电缆 ——浙江华达通信器材集团有限公司
7. 富杭牌通信电缆 ——浙江富春江通信集团有限公司
8. 顾家KUKA牌沙发 ——杭州海龙家私有限公司
9. 恒逸牌涤纶长丝(民用) ——浙江恒逸集团有限公司
10. RONGXIANG牌涤纶长丝(民用) ——荣盛化纤集团有限公司
11. 富丽达牌粘胶短纤维 ——富丽达集团控股有限公司
12. 澳坦斯牌装饰布艺(装饰面料) ——杭州奥坦斯布艺有限公司
13. 天松牌医用内窥镜 ——杭州桐庐尖端内窥镜有限公司
14. 无敌牌赛艇 ——杭州飞鹰船艇有限公司
15. 恒天牌小麦粉 ——杭州恒天面粉集团有限公司
16. 塔牌黄酒 ——浙江省粮油食品进出口股份有限公司
17. 老板ROBAM牌家用燃气灶具 ——杭州老板实业集团有限公司
18. 德意牌家用燃气灶具 ——德意控股集团有限公司
19. 华日Huari牌电冰箱 ——浙江华日实业投资有限公司
20. 娃哈哈牌果汁类饮料 ——杭州娃哈哈集团有限公司
21. 农夫果园牌果汁类饮料 ——农夫山泉股份有限公司
22. 传化Transfar牌液体洗涤剂 ——传化集团有限公司
23. 朝阳CHAOYANG牌全钢子午线轮胎 ——杭州中策橡胶有限公司
24. 万事利牌真丝绸面料 ——万事利集团有限公司
25. 金富春牌真丝绸面料 ——杭州金富春丝绸化纤有限公司
26. 兽王牌皮衣 ——兽王集团有限公司

杭州市2007年度获得的中国驰名商标及企业

1. "金富春" ——杭州金富康丝绸化纤有限公司

2.“圣奥” ——圣奥集团有限公司
3.“威尔达” ——浙江威尔达化工有限公司
4.“恒星” ——杭州减速机厂
5.“SUPCON” ——中控科技集团有限公司
6.“万向”(WANGXIANG) ——万向集团公司
7.“喜得宝” ——杭州喜得宝集团有限公司
8.“RONGXIANG” ——荣盛化纤集团有限公司
9.“老板” ——杭州老板实业集团有限公司
10.“XINAN” ——杭州新安化工集团股份有限公司
11.“啄木鸟” ——杭州啄木鸟鞋业有限公司
12.“CPS 萧星” ——浙江国泰密封材料股份有限公司
13.“和合” ——浙江和合控股集团有限公司
14.“金鼠” ——杭州之江有机硅化工有限公司
15.“春江” ——浙江桐庐阀门总厂
16.“万马” ——浙江万马集团有限公司
17.“鹤舞” ——浙江蓝天鹤舞控股有限公司
18.“舒奇蒙” ——杭州福莱特塑料开发有限公司
19.“发达” ——杭州发达齿轮箱集团有限公司
20.“华德” ——浙江华特实业集团华特化工有限公司

【邮电通信】 邮电通信业持续发展。2007 年,完成邮政业务总量9.11 亿元,增长 14.6%。邮政特快专递辐射 221 个国家和地区,全年发送国内特快专递 557.85 万件;国际特快专递 26.54 万件。完成电信业务收入 107.21 亿元,增长 11.1%。至2007 年末,电话用户达 427.83 万户,移动电话用户达 809.59 万户。

【国内贸易】 商业布局与结构调整不断加快,市场流通规模继续扩大。2007 年,全市限额以上批发零售贸易企业达 1591 家,商品销售额 6152 亿元,比上年增长 29.2%,销售规模居全国第五位。全年完成社会消费品零售总额 1296.31 亿元,增长 16.5%,其中餐饮业零售额达到 143.06 亿元,增长 17.5%。

【商业业态】 至 2007 年末,全市共有限额以上连锁企业 104 家,拥有连锁门店 4833 个,增长 34.8%;实现营业收入 426.21 亿元,增长 20.5%。

【商业特色街】 湖滨旅游商贸特色街区、清河坊历史文化特色街区、南山路艺术休闲特色街区、丝绸特色街区、武林路时尚女装街区、四季青服装特色街区、文三路电子信息街区、信义坊商业步行街、梅家坞茶文化村 9 条商业特色街区的品牌价值和文化内涵得到进一步提升,购物和旅游休闲服务功能更趋完善,商旅互动效应逐步显现。丝绸特色街区建立了中国丝绸城研发中心图形库和设计师库;武林路荣获全国“百城万店无假货”活动示范街称号;四季青服装特色街区获“中国服装第一街”称号;文三路电子信息街区杭州数字娱乐产业园被国家文化部授予全国首个“国家数字娱乐产业示范基地”;清河坊历史文化特色街区、丝绸特色街区、南山路和武林路被中国步行商业街工作委员会分别授予“中国著名商业街”、“中国特色商业街”、和“中国最具升值前景商业街”。

【要素市场】 各类要素市场发展迅速,市场体系进一步完善。至2007 年末,全市累计上市公司 60 家,比上年末增加 10 家,其中境内证券市场上市 45 家、境外红筹上市 15 家。2007 年,新募集资金 234.96 亿元。期货交易所全年交易总额 68400 亿元,增长 126.4%。房地产产权交易市场全年共完成各类产权 12.11 万宗,交易金额 2080.03 亿元,增长 42.5%。房地产交易中心成交过户面积 2482.76 万平方米,增长 13.0%。全市拥有商品交易市场 742 个,全年成交额 2201.91 亿元,增长 14.2%。

【金融保险】 金融业市场化进程加快,金融服务功能不断增强。2007 年,全市金融业实现增加值 310.5 亿元,增长 20.1%。至 2007 年末,共有各类银行 31 家,其中经营型外资银行 3 家。全部本外币存款余额和贷款余额分别达 9310.97 亿元和 8430.67 亿元。保险业健康发展。全市共有各类保险公司 46 家,全年保费收入 10.411 亿元,增长 24.0%。

【房地产业】 房地产业平稳发展。2007 年,全市房地产业实现增加值 269.46 亿元,增长 9.9%。商品房竣工面积 947.77 万平方米,增长 30.6%;商品房销售面积 1150.66 万平方米,增长 50.9%,其中住宅销售面积 1042.82 万平方米,增长 53.5%。商品房销售额 875.69 亿元,增长 84.9%。

【信息产业】 杭州是国家软件产业化基地、国家集成电路设计产业化基地、国家电子信息产业基地、国家动画产业基地和国家推进信息化综合试点、电子政务试点、电子商务试点、高清晰度电视试点城市及首批全国科技企业孵化器体系建设试点城市。2007 年,全市信息产业总收入达 1500 亿元,其中软件产品销售收入超过 300 亿元,分别增长 14.8%、14.6%,已成为继北京、深圳、上海之后全国第四大软件产业基地。恒生、信雅达、新利、中程科技、士兰微电子等 16 家软件和以软件为核心技术的企业先后在境内外上市;浙大网新等 8 家企业跻身“中国软件产业最大规模前 100 家企业”;国家规划布局内重点软件企业 152 家中,杭州创业软件等 12 家企业入选。

【信息基础设施建设】 信息基础设施集约化建设加快。至 2007 年末,国际互联网宽带接入用户达 121.96 万户、国际互联网注册用户达 147.57 万户,分别比上年末增长 21.3% 和 17.3%;因特网出口带宽 119.73G,增长 54.0%。市区每百户城镇居民家庭拥有电脑 82.1 台,移动电话 187.2 部。

【信息技术应用】 信息技术应用向广度和深度拓展,涉及智能交通、社会保障、电子商务、电子政务等众多领域。至 2007 年末,全市已发放具有社会保障、结算支付等多功能用途市民卡 180 万张。

【招商引资】 利用外资规模继续扩大,质量不断提高。2007 年,杭州合同利用外资 55.81 亿美元,增长 3.7%;实际到位外资 28.02 亿美元,增长 24.2%。经济外向度较高,目前已与 215 个国家和地区建立了贸易关系,外贸依存度达 80.46%。在全年新批外商投资项目中,总投资 1000 万美元以上的大项目 298 个,投资总额和合同外资占全市的 96.4% 和 95.4%。有 58 家世界 500 强企业在杭投资 95 个项目。国内招商引资也取得新成绩,全年共引进内资项目5210个,协议引进内资917.84亿元,增长20.2%,实际到位内资390.83亿元。

【对外贸易】 进一步优化外贸出口结构,推动对外贸易由数量规模型向质量效益型转变。2007年,杭州外贸进出口总额达434.26亿美元,增长11.7%。其中,出口总额299.66亿美元,增长14.3%。进出口商品不断优化。机电产品和高新技术产品出口占全市比重分别为42.2%和32.6%。外商投资企业出口占全市的53.5%;私营企业出口额72.57亿美元,增长50.3%。市场多元化格局得到巩固。对美国、欧盟、日本、香港特别行政区四大主体市场的出口额分别为69.05亿、54.23亿、21.14亿和7.81亿美元。

【人民生活】 居民收入: 坚持以促进经济发展和解决民生问题为着力点,使经济发展成果惠及更多群众。据抽样调查,2007年,杭州市区城镇居民人均可支配收入21689元,增长14%,扣除价格因素,实际增长10.1%;全市农村居民人均纯收入9549元,增长12.1%,扣除物价因素,实际增长8.3%。年末城乡居民储蓄余额达2634.83亿元,增长3.1%。

居民消费: 随着收入水平的提高,城乡居民的消费支出不断增加。据抽样调查,2007年,杭州市区城镇居民家庭人均消费性支出14896元,增长2.9%;全市农村居民家庭人均生活消费支出7568元,增长9.7%。

居住条件: 城乡居民居住条件不断改善。2007年,全市住宅新开工面积1168.79万平方米。其中经济适用房开工建设101万平方米;公开摇号10072套共86.97万平方米;筹建廉租房源2098套;启动市区危旧房改善52.2万平方米,受益住户1.1万户。至2007年末,市区城镇居民人均住房使用面积28.78平方米;农村居民人均住房面积68.04平方米。

【市场物价】 消费价格、房屋价格涨幅低于全国、全省。2007年,杭州市区城镇居民消费价格总水平上涨3.5%,分别低于全国和全省1.3个、0.7个百分点;房屋销售价格比上年上涨7.3%。工业品价格"进出"差价缩小。全市工业品出厂价格比上年上涨3.6%,原材料、燃料、动力购进价格上涨4.7%,进出差价比上年缩小1个百分点。

【社会保障】 社会保障体系进一步完善,为构建和谐杭州提供了坚实基础。至2007年末,全市参加基本养老保险人数为259.7万人,参加失业保险人数为170.09万人,参加基本医疗保险人数为237.74万人,参加工伤保险人数为201.64万人,参加生育保险人数为155.64万人,分别比上年末净增25.07万人、24.32万人、29.24万人、69.55万人和26.75万人。征地农转非人员社会保障制度进一步健全,至2007年末,全市已有33.14万征地农转非人员参加养老保险及享受各类生活补贴。

【科技研发】 科技成果: 全社会的创新活力进一步增强。2007年,全市获得省级科技进步奖19项。全市申请专利13295件、授权7563件,分别增长24%和32%。

科研力量:科技队伍不断壮大。至2007年末,杭州规模以上工业企业拥有科技活动人员9.67万人、科技机构1006家。拥有中国科学院院士15人、中国工程院院士12人。

科研投入:科研投入不断增加。2007年,全市科技活动投入达200.0亿元,全市企业用于研究与发展(R&D)经费支出105.0亿元,增长25.6%,占全市GDP的2.56%。

科技创新:企业自主创新高地建设加快。至2007年末,全市拥有国家火炬计划重点高新技术企业97家;新增国家、省级创新性企业9家;市级以上高新技术企业1201家;获省级以上科技进步奖19项;新引进"大院名校"、跨国公司来杭共建创新载体10家,累计达74家;重点建设科技创新服务平台13个;累计建成一定规模企业孵化器33家,孵化场地总面积达76.8万平方米;全年签订各类技术合同11874项,合同成交额34.61亿元,其中技术交易额34.33亿元。

【社会事业】 文化设施:加强文化名城建设,文化事业进一步繁荣。至2007年末,全市拥有公共图书馆14个,总藏量947.75万册,文化馆13个,博物馆(纪念馆)51个,剧场12个,群艺馆32个,音乐厅2个,全国重点文物保护单位24处(群)。全市有国家级文化艺术产业示范基地3个、国家级数字娱乐产业示范基地1个、国家级动画产业基地及教学研究基地各一个。5家画廊被命名为"中国诚信画廊",5个广场被命名为"全国特色文化广场"。

文化艺术:文化艺术取得新成就。2007年,全市文艺作品创作获国际级奖项2个、省级奖项148个;影视创作进一步推进,获省广播电视政府奖62项。努力拓展对外文化交流领域,全年引进和输出文化交流项目92批次、1662人次;年末全市拥有各类专业艺术表演团体19个。全市有8个项目被列为国家首批非物质文化遗产保护项目,有17个项目入围国家第二批非物质文化遗产保护项目。

广播电视:广播电视节目丰富多彩,更具特色。至2007年末,杭州拥有电视台2座22套节目,广播电台9座18套节目,全市电视覆盖率和广播覆盖率分别达到99.7%和99.79%。全市有线电视入户数达182.2万户。其中数字电视在全国率先实现整体转换覆盖百万用户的目标。有线电视"村村通"工程继续推进,综合覆盖率达到97.24%。

新闻出版:新闻出版事业不断发展。2007年,全市共出版报纸17.44亿份、杂志0.78亿册、图书21.92亿册。版权保护工作水平进一步提高,成为全国首个版权保护示范城市。

中国国际动漫节:连续三年成功举办和承办中国国际动漫节。全市动漫游戏原创产量突破1.3万分钟,原创动漫游戏作品28部670集,其中获国家级奖项14部、省级奖项8部、市级奖项4部,继续走在全国前列。

体育事业:2007年,杭州在第六届城运会上取得了7枚金牌、4枚银牌、7枚铜牌的较好成绩,列全国74个参赛城市金牌榜第10位,实现"全国十强、全省领先"的目标。群众体育活动深入开展。体育彩票发行渠道不断拓宽。管理体制逐步完善,销售总量较快增长,2007年体育彩票销售额达8亿元,增长17.6%。

【平安杭州建设】 "平安杭州"建设成效明显。2007年,全市工矿企业事故、交通事故、火灾事故等各类事故发生起数、死亡人数、受伤人数、直接经济损失分别比上年下降20.18%、2.93%、23.97%和9.39%。万人刑事案件发生数较上年下降1.08%。

上 城 区

【概况】 上城区总面积18平方千米,辖6个街道,有51个社区,户籍人口31.97万人。大力实施"商旅富区、工业强区、科教兴区、环境立区、依法治区"五大发展战略,努力打造杭州RBD、构建和谐新上城,区域环境日臻优美,经济社会全面发展。工业经济稳步增长,重点企业加快发展,娃哈哈集团、华日集团产销均创历史新高。特色街区改造升级,带动街巷经济蓬勃发展,现代服务业加快推进,旅游休闲商务区建设初具规模。不断加大招商引资力度,主动接轨钱江新城,发展楼宇经济。积极开展生态区建设,实施老房子保护与修缮,进一步推进社会事业发展,着力打造"平安上城",促进社会和谐进步,成功创建"省级示范文明城区"。2007年,实现生产总值352.2亿元,增长11.2%;实现财政总收入39.1亿元,增长44.4%。

下 城 区

【概况】 下城区总面积31平方千米,辖8个街道,有71个社区,户籍人口36.70万人。近年来,以科学发展观统领经济社会发展全局,围绕"打造全国一流城区",全面推进杭州(武林)中央商务区建设,初步形成了杭州市"商贸中心、金融中心、会展中心、文化中心"的发展新格局,努力建设成为经济结构优、创新能力强、发展后劲足、经济实力强的"繁荣下城",法治程度高、社会秩序好、协调机制强、社会矛盾少的"平安下城",服务功能强、城区品位高、管理手段新、生态环境优的"精品下城",保障机制新、服务体系全、群众实惠多、幸福指数高的"人本下城",市民素质高、人文气息浓、社会事业兴、生活品质优的"文明下城"。2007年,实现生产总值261.67亿元,增长11.5%;实现财政总收入47.63亿元,增长18.7%。

江 干 区

【概况】 江干区总面积210平方千米,辖4个镇、6个街道,有94社区、25个行政村,户籍人口43.71万人。该区以"打造杭州中心区、构建和谐新江干,争创共建共享生活品质新示范区"为目标,继续提升产业发展优势。现代服务业发展良好,18幢重点楼宇引进企业1140家,产税1.3亿元,首届中国品牌服装市场大会成功举办,3家市场被评为首批星级"中国品牌市场"。产业优化不断推进,新建市级以上企业研发技术中心10家、高新技术企业4家,16个新产品通过省级认定,新增中国名牌产品1个、省著名商标1个,6家企业进入全国民营企业500强。2007年,实现生产总值163.70亿元,增长15.8%;实现财政总收入35.55亿元,增长38.2%。

拱 墅 区

【概况】 拱墅区总面积88平方千米,辖3个镇、7个街道,有71个社区、18个行政村,户籍人口31.07万人。该区围绕"打造实力拱墅、建设秀美拱墅、构建和谐拱墅"目标,着力实施"产业强区、环境立区、开放带动、城市现代化"战略。着力提升现代服务业,汽车物流中心已具雏形,商品专业市场整合提升全面启动,4个创意产业园初步形成。工业经济质量进一步提升,天马股份在深交所成功上市,中亚牌乳品包装机械成为中国名牌产品,万元工业增加值综合能耗下降6.7%。制定"建设秀美拱墅三年行动计划"。实施运河综合保护二期工程,建成二带四园四址四河五路六桥共25个项目。2007年实现生产总值194.22亿元,增长10.3%;实现财政总收入36.78亿元,增长28.9%。

西 湖 区

【概况】 西湖区总面积263平方千米,辖5个镇、2个乡、7个街道,有117个社区、55个行政村,户籍人口56.77万人。该区有序推进"和谐杭州示范区、品质之江、黄龙国际商务区和城市保护区"四大区块建设,西溪国家湿地公园二期有限开园,西部地区保护与发展规划优化工作成果明显。以"高校经济、省会经济、休闲旅游经济"三大经济为主的现代服务业对地方财政贡献率超过80%。新型城市化全面提速,率先通过省级生态基本达标区考核验收。编制城市保护区新农村建设规划,农业休闲产业呈现良好发展势头,杭千高速沿线综合整治基本完成。2007年,实现生产总值279.13亿元,增长13.5%;实现财政总收入46.70亿元,增长32.4%。

高新(滨江)区

【概况】 高新(滨江)区分江南、江北、下沙三个区块。其中,江南区块即为滨江行政区,总面积73平方千米,辖3个街道,有12个社区、23个行政村,户籍人口13.53万人。围绕"构筑天堂硅谷、建设科技新城"目标,大力实施"环境立区、产业强区、科技兴区、和谐建区"四大战略,实现了跨越式发展。区内拥有国家通信产业园、国家软件产业基地、国家集成电路设计产业化基地等8个国家级基地,已成为浙江省最有影响的科技创新基地、高新技术产业基地。科技新城已具雏形,顺利通过ISO14000国家示范区年度复查审核,被认定为国家知识产权保护试点园区。荣获全国科普示范城区、国家级计划生育优质服务区等称号。2007年高新技术产业实现技工贸总收入1040亿元,占全区技工贸总收入的75.4%;实现生产总值199.36亿元,增长18.1%。2007年实现财政总收入57亿元,增长33.2%。

萧 山 区

【概况】 萧山区地处钱塘江南岸,总面积1163平方千米,辖22个镇、4个街道,户籍人口118.53万人。萧山历史悠久,人杰地灵,是浙江文明的发源地,境内的跨湖桥文化遗址距今已有8000年历史。沪杭甬、杭金衢高速公路,浙赣、杭甬铁路,杭州萧山国际机场和临江近海的地理位置,构筑了水陆空三位一体的交通网络。萧山是中国羽绒之都、中国花边之都、中国钢结构产业基地、中国汽车零部件产业基地,拥有中国化纤名镇、中国钢构名镇、中国伞乡、中国化纤织造名镇、中国制镜名镇、中国羽绒家纺名镇;拥有万向集团、传化集团等全国知名企业,分别有27家、12家企业进入全国民营企业500强和全国企业集团竞争力500强;拥有5个中国驰名商标、14个中国名牌产品。荣获"全国十大财神县(市)"、"全国卫生城市"和首批"省示范文明城区"等称号。2007年实现生产总值842.86亿元,增长15.7%;财政总收入111.58亿元,比上年增长33%。

余杭区

【概况】 余杭区是"中华文明曙光"——良渚文化的发祥地。总面积1222平方千米,辖14个镇、1个乡、4个街道,户籍人口81.90万人。余杭区市"中华文明曙光"——良渚文化的发祥地,境内有实证5000年中华文明史的"中华第一城"良渚古城。该区大力实施"城市化、工业化"两轮驱动发展战略,努力建设最适合创业创新和最适宜居住的"美丽之洲"。华立、诺贝尔、鼎胜、华鼎等跻身全国民营企业500强。阿里巴巴淘宝城等重大项目成功入驻,98.9平方公里的余杭创新基地启动规划建设。顺利实施西溪国家湿地公园三期、南湖滞洪区保护与开发、良渚"大美丽洲"等旅游项目,成功举办"中国茶圣节"等活动。荣获"中华农业大观园"、"中国生态甲鱼之都"、省绿化模范区称号。2007年实现生产总值420.77亿元,增长15%;财政总收入65.78亿元,增长31.1%。　(陈　茜提供)

西湖春色

宁波市

【概况】 宁波简称“甬”,是历史悠久的港口名城。位于东海之滨,与杭州、绍兴、台州接壤,同舟山群岛隔海相望。大陆海岸线总长788公里,是长江三角洲南翼的中心城市之一。今宁波地,春秋时为越国地。秦时,境地设句章、鄞、鄮和余姚(一说汉时设)四县。唐武德四年(公元621年)置鄞州。唐开元二十六年(公元738年)立明州。唐长庆六年(公元821年)州治从小溪(今鄞州区鄞江镇),迁至三江口(今宁波中心区域)并建子城,为其后一千多年宁波城市发展奠定基础。明洪武十四年(公元1381年)为避国号讳,取“海定则波宁”之意,改明州府为宁波府,沿用至今。清顺治十五年(公元1658年)设宁绍台道,驻宁波。民国时,1927年至1931年在鄞县城区设宁波市。1949年5月,宁波解放。设宁波专员公署,同时设宁波市。1983年撤销专署,实行市管县体制。2007年底,全市辖6个区、3个市、2个县,下辖59个街道、80个镇、11个乡。

宁波文明始于7000年前,河姆渡文化遗址的发现昭示着长江流域和黄河流域同是中华民族文明的摇篮。历史悠久的宁波港口是海上丝绸之路起锚地之一,精美越窑青瓷从这里运往海外;中国古代四大水利工程之一——它山堰,至今仍在发挥引水、泄洪的作用;镇海口海防遗址记录了从14世纪明洪武年间至20世纪中叶抗倭、抗英、抗法和抗日战争宁波人民不惧强敌、抵御外侮的精神风貌;有“南国书城”之称的天一阁是我国现存历史最早的民间藏书楼;诞生于宁波的“浙东史学”学术影响深长久远;“红帮裁缝”是我国现代服装业的开拓者;宁波帮是中国近代最大、最有代表性的商帮。

改革开放的今天,宁波重新焕发勃勃生机,经济建设突飞猛进,综合实力不断迈上新的台阶。“东方大港”宁波港全港货物吞吐量已居全国大陆沿海港口第二位。宁波已先后获得“国家历史文化名城”、“全国城市综合实力50强”、“全国园林绿化先进城市”、“全国卫生先进城市”、“国家级电子商务试点城市”、“全国双拥模范城市”、“全国环保模范城市”、“国家园林城市”、“国家卫生城市”、“全国首批文明城市”、“中国品牌之都”、“中国优秀会展城市”、“全国学习型家庭创建示范城市”等称号。

【人口】 2007年底,宁波户籍人口564.56万人,比上年增加4.11万人,年人口自然增长率2.33‰。其中,男性为283.42万人,占总人口的50.20%;女性281.14万人,占总人口的49.80%。户籍总数218.77万,平均每户2.58人。年内,全市迁入8.52万人,迁出5.46万人。全市有非农业人口194.21万人,占总人口的34.4%。

【经济发展概况】 2007年,宁波市以党的十七大精神为指导,加快推进省委“创业富民、创新强省”战略部署,综合经济平稳发展,社会事业全面推进。全年实现生产总值3435.00亿元,增长14.9%;人均生产总值突破6万元,达到61067元。产业结构继续优化,第一产业实现增加值151.28亿元,增长5.4%;第二产业实现增加值1899.10亿元,增长15.1%;第三产业增加值1384.63亿元,增长15.8%。全年完成财政一般预算收入723.93亿元,增长29.0%。其中,地方财政收入329.12亿元,增长27.9%。财政支出结构继续优化,加大对社会事业和民生事务的投入,重点保障实事工程和“解难创优”等的支出,其中一般公共服务和教育支出最多,分别达到63.37亿元和59.06亿元。年内,市区居民人均可支配收入22307元,增长13.4%;农村居民人均纯收入10051元,增长13.6%。

【工业经济】 2007年,宁波市规模以上工业企业实现总产值7789.01亿元,增长25.9%;轻工业完成总产值2557.4亿元,比上年增长18.6%;重工业5227.7亿元,增长29.1%,轻重工业之比由上年的1∶1.88变化为1∶2.04。电气机械及器材制造业完成工业总产值854.7亿元,产值总量首次超越石油加工业而居各行业之首;通信设备计算机及其他电子设备制造业582.1亿元,增长88.2%,增速居各行业前列,产值规模由上年的第8位上升至第4位。完成工业销售产值7611亿元,增长25.4%;产销衔接良好,累计产销率达97.76%。规模以上工业企业累计完成利税总额640亿元,增长22.5%。重点行业对经济效益增长的带动作用显著增强。35个行业中,石油加工、化学原料及化学制品、纺织服装、专用设备、交通运输设备、电气机械、通信设备、电力等7个行业,对规模以上企业利润增长的贡献率达91.8%。工业投资结构趋好,交通运输设备制造业、专用设备制造业投资分别增长69.7%、68.6%。完成技术改造投资486亿元,增长11.1%,高于全市工业投资增速9.2个百分点。完成建筑业总产值787.3亿元,增长9.8%。其中,国有及国有控股企业完成98.4亿元,占全市建筑业总产值比重为12.5%。

【农业现代化建设】 2007年,宁波市积极发展高效生态农业,扶大扶强农业龙头企业,着力构建产业化经营体系。新增市级农业科技示范园区3个,累计达到16个。其中,10个园区通过农业标准化示范区考核验收。制定《宁波市农业产业基地项目管理细则》,启动建设第二批特色农业产业基地21个,其中农业7个、林业8个、牧业2个、渔业4个,总投资达到1.37亿元。加大农业龙头企业技改扶持,提升农业产业化经营水平,全年完成农业龙头企业技改投入4.12亿元;新增市级农业龙头企业19家,总数达到217家,其中产值(销售额)上亿元的企业54家。从研究农产品的精深加工入手,建立企业内部新产品研发机构,通过与高校和科研院所合作,开发科技含量、附加值高的新产品,增强企业的核心竞争力。加大对农机化补助力度,开展粮食高产示范和高产竞赛,推广以抛秧、直播为主的水稻轻型栽培技术,早稻轻型栽培面积达23.9万亩,占全市早稻总面积的82.2%。水稻超高产攻关取得新进展,甬优8号在江苏省姜堰市超高产示范方实产验收平均亩产903.3公斤,创造我国稻麦两熟条件下水稻单产最高记录。全年农业科技进步贡献率达到 56%，累计自主培育出农业新品 70 余个，其中“甬优 11 号”超级稻等 4 个品种通过国家级品种审定，“甬选 56”杨梅等 21 个品种通过省级品种审定(认定)。新增各类农民专业合作社 162 家，其中规范化农民专业合作社 131 家，116 家农民专业合作社开展生产标准化、经营品牌化、产品安全化、社员知识化、运行规范化“五化”建设，全年农民专业合作社实现年经营服务收入 14 多亿元，增长 95%。

【服务业发展】 2007 年，宁波市深入实施“商贸活市”战略，实现社会消费品零售总额 1035.46 亿元，增长 17.3%，增幅名列全省地级市首位，上升 1.2 个百分点。亿元以上商品市场成交额 1115.7 亿元，增长 21.9%。宁波新江厦连锁超市公司、三江象山配送中心等投入使用。全市行政村和中心村共建连锁“农家店”905 家，行政村覆盖率达到 34%。举办各种展销活动 143 个。其中，中国食博会成交额 72.7 亿元，增长 36%，间接拉动住宿、餐饮、旅游等服务业及农业、农副产品加工业产出 400 亿元以上。以消费升级为牵引，引进名店、名品，提升消费层次。发展现代生产型商贸服务业，其中江东、海曙、鄞州以发展商务楼宇为主攻方向，选优招大引强，成为国内外生产型服务企业的高度集聚区。全市商业网点营业面积达到 580 万平方米，人均超过 1 平方米，达到发达国家水平。充分利用浙洽会招商平台，推出商贸流通服务业项目 90 个。全年接待入境旅游者 66.7 万人次，增长 22.9%；实现外汇收入 4.1 亿美元，增长 22%；实现旅游总收入 380 亿元，增长 20.2%。完成邮政业务总量 7.44 亿元，金融机构本外币存、贷款余额分别达到 5177.24 亿元、4735.92 亿元。

【港口开发】 2007 年，宁波市全年港口货物吞吐量达到 3.45 亿吨，比上年增长 11.5%；集装箱吞吐量突破 900 万标箱，达到 935.0 万标箱，增长 32.3%，仍居全国大陆沿海港口第四位。宁波港域集装箱航线总计达 190 条，其中远洋干线 101 条；最高月航班达到 844 班，月作业量连续突破 80 万标箱的新水平。新建大榭招商国际 10 万吨级集装箱 2 号泊位等万吨级以上泊位 3 座，续建北仑港五期集装箱码头 2 号、8 号和 9 号泊位，新增 500 吨级以上泊位 11 个，万吨级以上泊位 5 个。引航服务稳步提高，全年引领中外船舶 2.36 万艘次，增长 19%；完成引航收入 2.2 亿元，增长 18%。全社会完成客运量 3.1 亿人次，旅客周转量 121.3 亿人公里，分别增长 5.3%、14.5%；完成货运量 2.4 亿吨，货物周转量 1129.82 亿吨/公里。全年完成交通建设投资 125.3 亿元，连续四年超过百亿元，保持全省同行业投资第一。公运集团、海运集团、汽运公司分别入选中国道路运输企业百强、浙江服务业企业百强、宁波市首批服务业明星企业。杭州湾跨海大桥实现全线贯通，绕城高速西段、杭州湾大桥南连接线、杭甬高速宁波段拓宽工程建成通车。新增高速公路 101 公里，公路里程 430 公里，公路密度达到 95 公里/百平方公里。

【固定资产投资】 2007 年，全社会固定资产投资达到 1597.54 亿元。其中，限额以上投资完成 1153.65 亿元。制造业完成投资最多，达到 536.73 亿元，其次是房地产。第三产业完成全社会固定资产投资额继续居所有产业首位，达到 857.43 亿元，增长 10.2%，占全部投资的比重为 53.7%。其中，批发和零售业、住宿和餐饮业、教育业等行业的投资增势明显。第二产业完成投资 735.49 亿元，占全部投资比重为 46.0%。其中，专用设备制造业和交通运输设备制造业投资分别增长 68.6% 和 69.7%；高耗能行业投资下降 26.7%。全年房地产开发投资完成 333.9 亿元，增长 6.2%。开发土地面积 264.9 万平方米，下降 27.9%；购置土地面积 178.8 万平方米，下降 13.9%。

【对外开放】 对外贸易继续保持较快增长速度，全年外贸总额突破 560 亿美元，出口突破 380 亿美元，进口突破 180 亿美元，进出口规模居全国 15 个副省级城市第 3 位，全国三十六个省、市、自治区和计划单列市第 11 位；增幅超过全国平均 10.4 个百分点，居计划单列市第 2 位。出口规模超过天津、广州，进口超过青岛、大连。进口增速首次超过出口增速，高出近 3 个百分点。一般贸易进口大幅领先出口，加工贸易快于一般贸易，出口产品技术含量继续提高。新登记有对外贸易经营资格企业 1999 家，有经营实绩企业 7977 家，年进出口额超亿美元企业 70 余家，其中进出口上 10 亿美元的企业 2 家。直接开展贸易往来的国家和地区达 216 个。其中，出口国家(地区)216 个，进口国家(地区)153 个，分别增加 2 个、3 个和 3 个。合同利用外资超过 45 亿美元，实际利用外资超过 25 亿美元，项目平均规模超过 950 万美元。全年新批第三产业项目 231 个，合同利用外资 10.53 亿美元，实际利用外资 4.38 亿美元，分别占全市总数的 27.1%、23.4% 和 17.5%。外资项目单体规模扩大，全年新批外商投资项目投资总额和合同利用外资平均规模达到 951 万美元和 527 万美元，分别增长 21.87% 和 19.79%。新批(含增资)总投资 1000 万美元以上外资大项目 272 个，投资总额 70 亿美元，合同利用外资 37.6 亿美元，分别占全市总数的 31.85%、86.27% 和 83.62%。服务业利用外资领域从贸易、物流和房地产向保险和担保等金融领域拓展，新设研发项目 32 个，增长四倍。外经合作有序推进，“走出去”效应开始显现，各项发展指标继续处于全国、全省前列。全年新批境外企业 118 家，外经营业额超过 11 亿美元，境外项目总投资超过 1.5 亿美元。对外承包劳务合作营业额 11.5 亿美元，增长 18.6%；新批境外投资企业和机构 118 家，增加 10 家；在境外承包工程项目合同总额超过 3.5 亿美元。

【高新技术产业】 2007 年，宁波市完成高新技术产品产值 2625 亿元，增长 33.9%。其中，规模以上高新技术产品产值占规模以上工业总产值比重 33.7%。高新技术产品销售收入 2623.2 亿元，利税 299.8 亿元，出口创汇 114.4 亿美元，分别增长 37.1%、30.5% 和 63.7%。高新技术产业主要集中在鄞州、慈溪、北仑和保税区等地区，产值占全市高新技术产品产值的 67.5%。其中，保税区增幅达到 186.2%，是全市平均增幅的 5 倍多，基本形成集成电路、光电半导体等高科技产业群。高新技术产品主要集中在光机电一体化、新材料、电子与信息等领域，分别实现产值 1000.5 亿元、571.6 亿元、462.7 亿元，占全市高新技术产品产值的 38.1%、21.8% 和 17.6%。其中，电子信息领域高新技术产品产值增长 72.4%。全年新增市级高新技术企业 192 家，总数达 539 家(其中省级 292 家、国家级 93 家)；产值超亿元的高新技术企业达 178 家，其中超 2 亿元的企业 69 家，超 5 亿元的企业 23 家，10 亿元以上的企业 12 家。宁波艾利特服饰有限公司等 43 家企业被列入 2007 年度国家火炬计划重点高新技术企业,全市国家火炬计划重点高新技术企业总数增至93家,在计划单列市中列居第一位。新培育市级企业工程技术中心19家,省级企业研发(技术)中心13家,国家级企业工程技术中心1家,引进共建研发机构26家;有75个项目将被列入国家火炬计划,25个项目列入国家重点新产品计划,6个项目列入国家支撑计划、863计划等。其中,"精密塑料注射成型装备关键技术研究与产业化"和"220kV及以下光电复合海缆、海底交联电缆及生产装备开发"被列入"十一五"国家支撑计划项目,分别获得国拨经费补助1940万元和1673万元,使宁波单个项目获国家经费补助额首次突破千万元以上。全年上榜的中国名牌产品达27个,总数达61个,居全省第一。其中有13个产品来自高新技术企业,占全年上榜数的48%。

【科技进步与创新】 2007年,全年财政科技投入15.25亿元,增长56.3%。其中,市本级财政科技投入3.74万元,增长66.2%;鄞州区、慈溪市、北仑区、余姚市4个县(市)区的本级财政科技投入超过亿元,占地方财政支出的比例均在4.5%以上。全年专利申请量12787件,增长22.8%,居副省级城市第四位。其中,发明专利申请量为1440件,增长29.3%,占申请数的比重达到11.3%。有市级以上重点实验室36家,其中,省级重点实验室4家,教育部重点实验室(工程研究中心)2家,省部共建国家重点实验室培育基地1个。为进一步促进全市重点实验室建设,加强与海外高层次、高水平专家、科研机构合作,形成良好的运行机制,增强市级重点实验室科技创新能力和服务地方经济能力,宁波市在科技计划中增设"市级重点实验室开放研究项目",确定12个重点实验室开放研究项目立项并给予经费补助金。加强科技创新公共服务平台建设,对"宁波多语言信息公共服务平台"、"宁波汽车电子科技创新服务平台"等8个科技创新公共服务平台建设给予立项支持,经费支持达808万元;"宁波汽车零部件中小企业技术创新服务平台"等4个服务平台列入国家创新基金服务机构补助资金项目,获得国家资金补助290万元。"宁波市科技综合服务及科技文献检索公共服务平台"被列入2007年市重点工程项目,并落实2380万元首期启动建设经费。宁波是全省唯一连续8年获得省科技进步目标责任制考核优秀的城市。11个县(市)区全部通过全国科技进步考核,有9个县(市)区成为省科技强县。

【社会事业】 2007年,全市有学校2425所,在校生136.2万人,教职工8.5万余名。九年义务教育入学率、巩固率分别为100%和99.9%;初中毕业生升入高中段学校的比例达97.42%,创历史新高;普通高校录取率81.77%,比全省高9.2个百分点。年内,市教育局被国家环保总局、教育部评为第四批全国"绿色学校"创建活动优秀组织单位。文化精品创作取得重大突破,5件作品获得全国精神文明建设"五个一工程"奖,3个节目荣获全国"群星奖";全市有文化经营单位8488家,市场良好率94.7%。全年举办全国性以上体育赛事21项,宁波运动员在参加世界、亚洲和全国比赛中共获世界亚军1个,亚洲冠军2个,全国赛中获29金25银33铜(包括城运会);举行各类活动1000余场次,培育建设体育特色村30个,建成农村体育健身路径550个、各类球场200余个。各类卫生机构实有病床2.1万张,拥有卫生技术人员3.5万人;建成社区卫生服务中心(站)143个,社区卫生服务站1251家,城区社区卫生服务覆盖率达100%,农村达90%以上。全市新增就业人员13.05万人,帮助6.16万名城镇登记失业人员实现再就业,其中就业困难人员再就业1.96万名,年末城镇登记失业率为3.16%。基本形成失业人员再就业培训、农村劳动力转移技能培训、在岗人员职业技能培训、高技能人才培训四轮齐动的格局。积极开展农民工工资支付专项治理工作,实施建筑企业工资支付保障金制度,建立健全企业欠薪应急周转金制度、人工工资支付担保统筹管理制度、24小时110出警制度和企业劳资纠纷突发事件应急处理机制,在全省率先将农民工工资清欠工作列入各地政府年度考核目标。发放用工补助和社保补贴2.46亿元,享受人数5.7万人,享受单位1.8万家;发放再就业援助补贴和灵活就业社保补贴分别为1433.6万元和1857.6万元,享受人数分别为10267人和6055人;政府出资购买社区公益性岗位,帮助6391名就业困难人员实现托底安置;累计发放失业人员自主创业小额担保贷款5969.4万元,直接帮助1667名下岗失业人员自谋职业和自主创业,并带动3798名下岗失业人员实现再就业,贷款回收率达到99.07%。

海曙区

【地理位置与区划】 海曙区是宁波市的中心城区,是宁波的政治、经济和文化中心。位于奉化江、姚江汇合为甬江的"三江口",商业、现代服务业繁荣。海曙区以海曙楼命名,1984年1月由原海曙、镇明两个区合并而成。2007年,海曙区面积29.38平方公里,总人口30.54万人,辖8个街道,75个居委会。

【经济建设】 2007年,全区实现生产总值290.47亿元,比上年增长12.1%;财政一般预算收入41.93亿元,增长21.8%。全社会固定资产投资总额78.56亿元,增长20.1%。居民人均可支配收入(市区)22307元,增长13.4%。

服务业主导地位进一步凸现。服务业增加值占生产总值的比重达到84%,累计引进现代服务业企业1058家,注册资金18.48亿元。全年实现社会消费品零售总额188.60亿元,增长12.8%;其中批发零售贸易业实现零售额170.79亿元,增长13.9%;亿元以上商品交易市场实现成交额52.29亿元;食品饮料烟酒类、金银珠宝类等商品门类仍保持30%以上高增长态势。实现工业总产值285.28亿元,增长20.4%。其中,规模以上工业企业实现产值273.05亿元,增长19.4%。工业产品生产销售衔接良好,产销率达到99.24%。规模以上工业企业实现销售收入111.25亿元,增长12.2%;开放型经济发展良好,引进各类企业5005家,累计注册资金总额39.10亿元。其中,100万元以上企业506家,注册资金总额24.64亿元。恒生银行、国家开发银行、中信银行、LV等国际国内知名企业和著名品牌成功落户。完成自营进出口总额59.53亿美元,增长32.3%;其中,出口48.34亿美元,增长25.4%。出口市场遍布195个国家和地区。对外工程承包和劳务合作营业额460万美元,增长15%。

【社会事业】 2007年,全市有高新技术企业6家,其中国家级3家。全年获国家级科技项目2项,获"省科技强区"称号。成功举办首届海曙购物节,完成首次非物质文化遗产普查,基本完成林宅修葺、张苍水故居二期改造等工程。区图书馆有藏书近2万册,在8个示范社区阅览室建立图书流动站。区财政预算对教育的投入1.97亿元,增长57.6%。全年义务段入学率、中小学年巩固率为100%,初中升入高中段的比例为99.2%,三残儿童入学率达100%。有10所学校成为第六轮市示范性文明学校,19所中小学获区级以上文明单位称号;市现代化达纲校(园)达到16所;幼儿园三星级以上优质教育资源达到30所。有直属卫生机构13个、门诊部以上民营卫生机构22个,床位595张。社区卫生服务网络逐步完善,拥有社区卫生服务中心7个,社区卫生服务站25个,社区卫生覆盖率达100%。举办全民健身月等各类群众性活动16次,参与2.61万人次。

新增就业岗位1.45万个,保持公益性岗位1195个;培训失业人员6299人次,培训被征地人员1112人次;失业人员再就业8664人,就业困难人员实现就业5203人。积极做好养老、医疗等保险的扩面工作,全区基本养老保险参保人数7.36万人,年净增1.07万人;城镇职工基本医疗保险参保人数8.82万人,年净增1.66万人;失业保险参保人数5.29万人,年净增0.10万人。发放城乡最低生活保障3.78万人次,金额779万元;募集慈善捐款952万元,救助0.23万人,发放救助金183万元;救助"三无"对象72人,发放救助金90万元。拥有社会福利院8所,福利企业18家,安置残疾人员406人。

江东区

【地理位置与区划】 江东区位于宁波市中心城区东部,是宁波"老三区"之一,以服务立区、以科技强区、以生态建区、以人文兴区,区域经济发达,开发潜力大。江东区因地处奉化江和甬江东岸而得名。1951年5月,成立江东区人民政府。2007年,江东区面积33.75平方公里,总人口26.73万人,下辖8个街道,72个居委会。

【经济建设】 全年实现生产总值227.2亿元。财政一般预算收入31.8亿元,增长23.8%。全社会固定资产投资66.2亿元。城镇居民人均可支配收入达到22307元,增长13.4%。

提升服务业主导地位。服务业发展水平综合指数达到91.52分,全市位列第二,其中服务业发展潜力、服务业投资增长速度、服务业从业人员占比等重要指标居第一位。实现社会消费品零售总额101.2亿元,增长15%。举办各类展会47个,会展企业数量占全市的70%以上。新引进航运物流企业103家,达升物流在全市率先设立境外公司。市级以上金融机构13家,金融业上缴税收增长75%。成功举办首届江东美食节,向阳渔港荣居全省餐饮十强榜首。新增2家全国绿色市场,现代建筑装潢市场等5家市场成为省区域重点市场,江东水产批发市场被列为农业部定点市场。拥有各类汽车服务企业650家。新引进楼宇企业828家。全年实现工业总产值108.8亿元,区域工业效益综合指数居全市之首。全区拥有高新技术企业20家,高新技术产品产值占工业总产值的比重达到55%。有市级以上知识产权试点(示范)企业5家,宁波韵升成为国家级示范企业。东力传动两件商标被认定为中国驰名商标,野马碱锰电池成为区域首个国家免检产品,石浦酒店商标成为浙江省著名商标。加快建设创新服务平台,公共技术服务平台达9个,江东科技创业中心成为全省首个国家级专利技术展示交易中心。新引进IBM、雀巢等5家世界500强企业分支机构,全区世界500强企业分支机构达到13家;引进500万美元以上的外资项目7个,1000万元以上的内资项目130个。全年合同利用外资1.41亿美元,实际利用外资9000万美元,分别完成预期目标的140%和165%。引进内资52亿元,增长67.7%。

山水风光

【社会事业】 全区中小学校都达到省标准化学校水平,成功举办"教育均衡发展与社会进步"国际研讨会,顺利通过全国区域教育发展特色示范区中期评估。完成33个社区卫生服务站标准化建设,区妇保院被评为省级规范门诊单位。成功举办第六届社区文化艺术节和"百场文化进社区"活动,新增市级社区文化宫4个。第六医院住院楼扩建工程基本完成,白鹤社区卫生服务中心新大楼建成投用,江东眼科医院成为三级乙等专科医院,手外科成为省重点扶植学科。

全年新增就业岗位1万个,失业人员再就业率保持在96.5%以上,城镇登记失业率为3.16%。全区50%以上的社区创建成为充分就业社区。全年发放各类救助款项2700万元,救助困难群众1.3万人。全面实施城镇居民基本医疗保险制度,新型合作医疗平稳并轨,实现基本医疗保险政策上的全覆盖。建立区爱心物资调剂中心,健全区、街道、社区三级"爱心超市"网络,低保、低收入家庭实现应保尽保、动态管理。潜龙社区荣获全国敬老模范社区称号。

江 北 区

【地理位置与区划】 江北区位于宁波市区西北部,与海曙区、江东区并称为“老三区”,是宁波面积最大的中心城区,腹地开阔,农业以加快现代化,推进“城乡联动”,走城乡互动之路。江北区因地处甬江、姚江北岸,习称江北岸;1951 年 5 月成立江北区人民政府。2007 年,江北区土地面积 208.16 平方公里,总人口 23.15 万人,辖 7 个街道、1 个镇,有 58 个居委会,107 个村委会。

【经济建设】 全区实现生产总值 133 亿元,增长 7%;财政一般预算收入达到 34.1 亿元,增长 30.7%。全社会固定资产投资 90 亿元,增长 30.7%;城镇居民人均可支配收入 22307 元,农民人均纯收入达到 10177 元。

加强对农业龙头企业的培育和扶持,拥有省市级农业龙头企业 8 家。加快水利工程建设,累计建成清水河道 57 公里,基本完成姚江城市防洪工程、英雄水库保安工程,全面启动慈江流域综合整治工程。新增生态公益林 2000 公顷,建设农村联网公路 25 公里。全面推进小康示范村创建,新增市级以上示范村 6 个。实现工业总产值 395.1 亿元,增长 18.9%。新增销售亿元以上企业 3 家,规模以上企业 50 家。全年实现高新技术产品产值 81.9 亿元,增长 41.1%。组织实施市级以上科技计划 30 项,新增省市级企业研发机构 3 家,国家级高新技术企业 5 家,市级高新技术企业 13 家。深入实施人才强区战略,采取异地人才派遣等模式引进各类人才 5179 名,启动金田集团博士后科研工作站,举办首次外来优秀创业人才评选活动,有 17 个社区(村)被评为省市级科普示范单位。全年实现社会消费品零售总额 52.8 亿元。加快服务业发展,成功举办宁波首届国际游艇展、服务业专项推介会等,投资结构和招商引资结构进一步优化;房地产销售形势良好,全年实现商品房销售 46.4 亿元;汽车销售业向高端品牌发展,海运产业继续保持良好态势;全区国内外游客接待量和总收入分别增长 37% 和 41%。实现自营进出口总额达到 17.5 亿元,引进的项目中三产项目注册资金 22.9 亿元。宁波外代税收突破亿元。

【社会事业】 2007 年,全区中小学入学率和巩固率达到 100%,顺利完成城区初中管理体制调整和初中段独立招生,高标准通过省“教育强区”复评,荣获“浙江省规范教育收费示范区”称号。加快建设公共文化服务体系,新建村落文化宫 20 个。在市第十五届运动会上取得团体总分第 5 名,学校体育资源在“老三区”中率先向社会开放。开工建设区人民医院、洪塘社区卫生服务中心,完成 24 家社区卫生服务站的新(改)建及祥星医院省级标准化建设。全面推动农村环境卫生专项整治。新增城镇就业 9389 人,基本消除“零就业家庭”,城镇登记失业率控制在 3.9% 以内。积极推进被征地人员养老保障工作,实施城镇居民基本医疗保险新政策。完善新型农村合作医疗制度,受益农民 6.9 万人次。

镇 海 区

【地理位置与区划】 镇海区位于宁波市区东北部,与舟山、上海隔水相望,区域位置突出,素有“浙东门户”、“海天雄镇”之称,镇海港区是宁波港重要组成部分。镇海区还是著名的侨乡和“宁波帮”重要发源地。1985 年 10 月,原镇海县撤县并以甬江为界,分建镇海、滨海(今北仑区)区,形成镇海区境。2007 年,镇海区陆地面积 245.90 平方公里,海域面积 161.74 平方公里,年末总人口 22.55 万人,全区辖 4 个街道、2 个镇,有 34 个居委会、82 个行政村。

【经济建设】 全区实现生产总值 243.67 亿元,增长 20.1%。财政一般预算收入 33.96 亿元,增长 24.3%。全社会完成固定资产投资总额 134.99 亿元,增长 13.2%。城镇居民人均可支配收入达到 22306 元,增长 13.4%;农村居民人均纯收入达到 10447 元,增长 14.3%。

全区实现工业总产值 1322.48 亿元,增长 13.7%。其中,区属工业总产值 572.42 亿元,增长 28.6%。工业销售产值 559.12 亿元,增长 27.6%;工业利润总额 19.46 亿元。新增规模以上企业 30 家;销售上亿企业突破 100 家,达到 108 家;超 10 亿企业达到 5 家,其中区属超 10 亿企业达到 3 家。实现农业总产值 7.2 亿元,增长 9.8%;农村经济总收入 325.65 亿元,增长 21%。水稻种植面积 6.01 万亩,总产量 2.58 万吨;蔬菜等经济作物种植面积扩大至 4.9 万亩,成为全区农业经济的主要产品。建成集中养殖小区 12 个,总建筑面积 6.85 万平方米,集中养殖区粪便处理率 100%。全年实施 15 个产业化及休闲农家乐项目建设。有农业龙头企业 11 家,农业专业合作社 6 家,协会 5 家。实现社会消费品零售总额 39.24 亿元,增长 16.1%。液体化工、钢材、煤炭、再生资源等六大专业市场成交额完成 256.21 亿元,增长 25.2%。全年接待入境旅游人数 2.54 万人,增长 22.1%;接待国内旅游人数 135.04 万人次,增长 22.9%。招宝山旅游风景区、九龙湖旅游度假区被评为国家 4A 级旅游风景区。航运业运力总吨位 40 万吨,连续两年实现运力翻番。进出口总额 36.36 亿美元,增长 20.37%;其中出口 14.32 亿美元,增长 23.06%。机电和高新技术产品出口比重增加,其中机电产品出口 8.47 亿美元,高新技术产品出口 2.38 亿美元,两者分别占全区出口的 59.16% 和 16.58%;拉美等新兴市场累计出口 4.97 亿美元,增长 21.51%,占全部出口比重为 34.69%。合同利用外资 2.1 亿美元,增长 5.9%;新引进千万美元大项目 9 个,合同外资为 1.8 亿美元,占合同外资总额的 86%。

【社会事业】 2007 年,全区拥有各级各类全日制学校 40 所;各类成人文化学校 5 所,标准化学校达标率达到 76%,九年义务教育人口覆盖率 100%。有民工子弟学校 9 所,外来人员子女公办学校就读率达到 65%。有艺术表演团体 1 个,镇(街道)文化站 6 个;组织群众性文化活动 758 次,组织大型文化演出活动 57 场。全年获奖节目达到 37 个,其中,国家级 6 个,省级 16 个,市级 15 个。全年在各级体育赛事中,镇海运动员获得国家级金牌 12 枚,银牌 4 枚,铜牌 4 枚;省级金牌 17 枚,银牌10枚,铜牌3枚;市级金牌62.8枚,银牌43枚,铜牌21枚;组织开展135次群众性体育赛事和活动,参与人数35000人;有健身路径64条,全区体育人口比例达48%。医疗卫生基础设施"3+3"工程进展顺利,蛟川、庄市、九龙湖3个社区卫生服务中心建成投用。有各类医疗服务机构253家;拥有专业卫技人员1287人,其中,医生580人,护士(护师)426人。

全年新增就业岗位7958个,开发公益性岗位1068个;帮助6419名失业人员、被征地人员和农村劳动力实现就业再就业;帮助就业困难人员实现再就业1334人。农村劳动力转移就业率89.30%,被征地人员充分就业率91.93%,年末城镇登记失业率2.26%。全年举办各类职业技能培训178期,共培训10957人,其中,培训本地劳动力4725人。全年有45742名被征地人员纳入养老保障范围,参保率达到90.6%。农村社会养老保险22419人,农村社会保险基金累计结余4055.56万元;农村合作医疗保险88312人,参保率达96.7%。有各类福利机构11家,福利企业34家。募集慈善捐款1074万元,支出各类救助金2509万元。"五保"对象、"三无"人员集中供养率达到100%。

北仑区

【地理位置与区划】 北仑区位于宁波市区东部,地处浙江大陆最东端,三面环海,是浙江省、宁波市对外开放的窗口和基地,港口资源丰富,北仑港被誉为"中国港口皇冠"、"洋洋东方大港"。北仑区由1984年1月析原镇海县而来,原为滨海区,1987年更名北仑区。2007年,北仑区陆域面积599.03平方千米,海域面积258平方公里,总人口36.21万人,辖7个街道、2个镇、1个乡。

【经济建设】 2007年,全区实现生产总值370亿元,增长15%。完成财政一般预算收入70.1亿元,增长27.2%。全社会固定资产投资227亿元,增长4.4%。城镇居民可支配收入22307元,农村居民人均纯收入10345元,分别增长13.4%和13.6%。

全区实现第三产业增加值141亿元,增长17%。完成全社会消费零售总额51.6亿元,增长22%。启动建设北仑国际现代物流园区,引进安博、普洛斯等国际著名物流龙头企业;软件及信息服务企业达15家;实现国内外旅游总收入10亿元,成功承办中国(北仑)首届港口旅游高峰论坛和第九届中国国际儿童电影节。全区规模以上工业完成产值1083.7亿元,增长27.7%。实现利润60.1亿元,增长20.3%。新增规模工业企业114家,2家企业产值超50亿元,21家企业产值超10亿元,128家企业超亿元;宝新不锈钢成为全区首家产值超百亿元的制造企业。钢铁、石化、能源、纸业、汽车、船舶六大临港产业累计实现产值559亿元,增长30%,占规模以上工业产值的51.6%;通用、专用、交通等7大类装备制造业产值占规模以上工业产值的32.5%。实现高新技术产品产值485亿元,增长28%。新增国家级重点高新技术企业4家,总数达到17家。建立国家级企业技术中心1家、国家重点实验室1家、国家级行业检测中心6家、省市级企业工程科技中心28家。完成农林牧渔业总产值9.9亿元,增长5.9%。农业龙头企业完成技改投入1.1亿元,区级以上农业龙头企业达24家,实现农产品出口4500万美元。4个市级产业化基地、5个小型特色产业基地建设进展顺利。新成立各类农民专业合作社21家,拥有农产品中国驰名商标1件。全年完成外贸进出口总额90亿美元,增长23.2%。新批外商投资项目132个,合同利用外资10.1亿美元,实际利用外资6.1亿美元。现代服务业、光电产业项目投资占新批合同利用外资总额的61.8%。批准千万美元以上项目35个,占新批合同利用外资总额的82.2%。新办境外企业15家,完成外经营业额3.1亿美元。

【社会事业】 2007年,全面实施免费义务教育,对北仑户籍义务教育段学生和符合条件的外来务工人员子女免收学杂费。全区职业学校毕业生就业率100%。举办北仑区首届大港文化节。歌曲《江南青青竹》获国家精神文明建设"五个一工程"奖。成功承办世界女排大奖赛总决赛等五项国际及全国性体育赛事,中国女排训练基地一期工程主体竣工,中国乒乓球训练基地落户北仑。推进北仑人民医院筹建、区中医院迁建、开发区中心医院扩建等工程,覆盖城乡的69家社区卫生服务站全部建成投用,新型农村合作医疗参保总人数达8.9万人,占应参保人员总数的94%。新增就业岗位9306个,城镇登记失业率为3.3%。培训被征地人员和农村剩余劳动力1.2万人。被征地人员养老保障总人数达8.9万人,占应参保人员总数的94%。净增城镇职工养老保险2.5万人,基本医疗保险3.5万人。农村"五保"和城镇"三无"人员集中供养率继续保持在100%。

鄞州区

【地理位置与区划】 鄞州区从东、南、西环拱宁波城区,是"宁波帮"的发祥地,具有悠久的商业传统,工业经济发达,历史文化底蕴深厚。"鄞"系越语地名,鄞县建县历史可以追溯至秦王政二十五年(公元前222年)。解放后在鄞县县城置宁波市。2002年2月1日,鄞县撤县设区,改为鄞州区,为宁波市区。2007年,鄞州区行政区域土地面积1345.54平方公里,总人口79万人,辖4个街道办事处、17个镇、1个乡,下设54个居民委员会、404个行政村。

【经济建设】 2007年,全区实现生产总值520.84亿元,增长16.5%。财政一般预算收入108.01亿元,增长43.1%。全社会固定资产投资271.2亿元,增长10.7%。全社会职工平均工资收入达到20410元,农民人均纯收入10849元,分别增长8.9%和10.8%。

全年完成工业总产值1612.5亿元,增长27.2%,其中规模以上工业企业完成产值1321.6亿元,增长24.7%。重工业增幅高出轻工业近5.2个百分点,重工业比重提高到50.4%,首次超过轻工业。规模以上工业企业中纺织、服装等传统产业的比重逐年递减,以通用设备制造业、电气机械及器材制造业为代表的装备制造业增势强劲,增幅明显高于全区平均水平。高新技术企业实现省级以上新产品产值81.0亿元,增长26.9%,产品创新率高达49.3%,高出全区其他规模以上工业企业38.8个百分点。新增规模以上工业企业450家,累计达到2772家，其中上亿企业销售收入、超千万企业利税总额分别为746.1亿元、78.7亿元，占全部规模以上工业企业的比重分别为58.0%、66.6%。拥有中国名牌产品15个，中国驰名商标43件。全年实现农林牧渔业总产值32.57亿元，增长5.4%。完成山林生态造林5592亩，创建省、市、区级绿化示范村75个，新增"省名牌产品"1个、"市级名牌产品"5个、省著名商标称号2家、市知名商标6家。宁波开诚工艺品有限公司、宁波华备草制品有限公司等5家单位通过中国驰名商标认定，成为鄞州区第一批获得农产品驰名商标称号的农业龙头企业。拥有无公害农产品产地76个、无公害农产品47个。全区社会消费品零售总额111.3亿元，增长26.8%，增幅位居全市第一。拥有各类商品交易市场78个，其中消费品市场66个。商品交易市场成交额171.6亿元，增长21.7%。接待国内旅游者392.75万人次，增长28.1%；实现旅游总收入23.26亿元，旅游创汇2057.17万美元，荣获"中国县域旅游品牌20强"荣誉称号。年末金融机构本外币存、贷款余额分别为716.9亿元和615.9亿元。外贸进出口总额达到65.8亿美元，增长32.0%；其中出口56.1亿美元，增长30.1%；进口9.7亿美元，增长43.8%。机电产品占主导地位，出口26.9亿元，占全部出口比重为47.9%。新签外商投资项目135个，其中外商独资项目72个，合同利用外资5.2亿美元，实际利用外资4.1亿美元。新批千万美元以上大项目24个，合同外资3.86亿美元，占总额的74%。

【社会事业】 全区拥有普通中学46所，中等职业学校10所，小学113所。小学入学率、巩固率和升学率均达100%，初中毕业生升入高中段比例为97.98%，义务教育学龄人口入学率达100%。普通高中高考上线率为98.37%，本科上线率为71.29%，重点上线率为20.48%。广播剧《它山堰的儿女》获省"五个一"工程奖，摄影作品《工地之晨》获省群星奖。成功承办07特步中国女子篮球甲级联赛鄞州主场赛，引进中国国际象棋国家队训练基地落户鄞州。全区有线电视用户突破30万户大关，广播喇叭达到15万只，数字电视于2007年10月28日正式开通。拥有医院、卫生院41家，社区卫生服务中心22家，社区卫生服务站57家，实现城乡社区卫生服务全覆盖，农民免费健康体检和建档率均达到85%以上。

继续推进就业与再就业工作。全年区镇两级劳动力市场共举办洽谈会69期，进场劳动力10.51万名，提供岗位数13.77万个。培训失业职工和被征地人员的分别为2656名和12226名，培训后上岗率在80%以上，获得培训资格证书和职业资格证书率达到92%。有21.32万名职工参加城镇职工基本医疗保险，有166.55万人次享受基本医疗保险待遇。全面实施老年人员养老保障制度，有9.12万名被征地人员参加养老保障，5.72万名人员按月领取养老金。 （谢敏依）

湖　州　市

【历史沿革】　湖州是一座具有2300多年历史的江南古城。楚考烈王十五年(公元前248年),春申君黄歇徙封于此,在此筑城,始置菰城县。以泽多菰草故名。隋仁寿二年(公元602年),置州治,以滨太湖而名湖州,湖州之名从此始。解放后,先后设浙江第一专区、嘉兴专区和嘉兴地区,1983年撤嘉兴地区,建湖州、嘉兴两个省辖市。

湖州素有"丝绸之府,鱼米之乡,文化之邦"之称。宋代就有"苏湖熟,天下足"之说。被列为"文房四宝"之首的湖笔,就产于湖州。湖州历史上人才辈出,人文荟萃,既哺育了唐代诗人孟郊、元代书画家赵孟頫、明代小说家凌濛初、近现代书画大师吴昌硕、新文化运动猛将沈尹默等一批名人,也吸引了王羲之、颜真卿、陆羽、苏轼、胡瑗等不少名流。世界上第一部《茶经》就是陆羽在湖州写成的。辛亥革命时期的陈英士、被周恩来总理誉为"龙潭三杰"之一的革命烈士钱壮飞,都是湖州人。建国以来,湖州籍的"两院"院士(学部委员)共有18名。"两弹一星"的23位功臣中,钱三强、赵九章、屠守锷就是湖州人。"新时期铁人"王启民,"海空卫士"王伟,公安部一级英模沈克诚,全国劳动模范、全国特级优秀人民警察、全国"我最喜爱的十大人民警察"、全国公安系统一级英模王法金等更是当代湖州人的骄傲。

【地理位置】　湖州市地处浙江省北部、太湖南岸,位于东经119°14′~120°29′、北纬30°22′~31°11′之间,东西长度126公里,南北宽度90公里,东邻上海,南接杭州,西连苏皖,北濒太湖,是环太湖地区唯一因湖而得名的城市。湖州东部为水乡平原,西部以山地、丘陵为主,概称"五山一水四分田"。湖州属沿海经济开放区,也是以上海浦东开放为龙头的长江三角州地区"先行规划、先行发展"的14个重点城市之一。湖州有较好的区位条件。距杭州75公里、上海160公里、南京220公里。104国道、318国道、杭宁高速公路、申苏浙皖高速公路、申嘉湖高速公路、宣杭铁路和被誉为"东方小莱茵河"的长湖申航道贯穿境内。新长铁路和即将修建的湖乍铁路使湖州分别与陇海、沪杭两大铁路干线连通。湖州还拥有全国一流的内河铁路、公路、水运中转港。

【行政区划及人口】　湖州市土地面积5818平方公里。现辖德清、长兴、安吉三县和吴兴、南浔两区。全市共有60个乡镇、7个街道,1006个村委会、271个社区居委会。全市总人口257.80万人,其中男性129.53万人,女性128.27万人。全年出生人口1.94万人,出生率7.54‰;人口自然增长率为0.69‰;计划生育率为97.64%。

【经济发展概况】　2007年,全市经济增长继续保持近年来高位运行的态势,实现地区生产总值(GDP)895.94亿元,按可比价格计算增长14.4%,增幅比上年提高0.4个百分点。这是2004年以来我市经济连续第4年保持14%以上的增长水平。人均地区生产总值按户籍人口计算为34748元,增长14.3%,折合4570美元。全市实现财政总收入114.06亿元、地方财政收入61.68亿元,分别增长24.3%、23.9%。城镇居民人均可支配收入19663元,增长12.3%;全市农村居民人均纯收入9536元,增长14.4%,高出全省平均水平1.7个百分点,居全省各市的第二位。

【农业】　全市实现农林牧渔业总产值128.84亿元,增长13.3%。粮食生产基本稳定。全年粮食播种面积达到195.77万亩,粮食总产量达到88.45万吨。基地建设得到强化。全面启动31个现代农业示范园区建设,完成建设20个,4个省级高效生态农业示范园区项目也完成了主体工程建设。同时,扎实推进无公害农产品基地建设,全市新增生态高效(无公害绿色)农产品生产基地24万亩;累计发展农业产业化基地面积189.29万亩。加强农业基础基础建设,完成标准农田建设5.68万亩;完成鱼塘标准化改造3万亩;创建兴林富民示范镇4个、示范村21个。"一村一品"、"一乡一业"区域特色经济逐步形成,被省认定命名农业特色优势产业综合强县(区)1个、农业特色优势产业单项强县(区)5个、农业特色优势产业强镇(乡)23个。农业龙头企业建设步伐加快。新增销售收入1000万元以上的农业龙头企业59家,累计达到402家,其中"亿千"企业新增8家,达到33家,龙头企业销售收入达到220亿元;全市新发展各类专业合作社105家,其中新增粮食专业合作社10家,涌现了一批带动力强、作用明显的专业合作组织;农业产业化带动农户达到52.04万户。农业标准化生产全面推进。全市推广农业(种植业)标准化面积达到142万亩;新增国家无公害农产品56只,绿色食品21只;在省市农产品质量安全例行检测中,我市农产品的农药残留、生猪尿样检测合格率保持在99%以上,名列全省前茅。农产品品牌战略深入实施。全市新增省级以上名牌39只,其中,新增中国名牌3只、中国驰名商标13只,国家级名牌和驰名商标双双实现零的突破。全市已有农产品注册商标820件,获省以上名牌和著名商标80只。

【工业】　全市规模以上工业产值达到1763亿元,销售收入1682亿元,利税137.6亿元,利润79.8亿元。工业继续在高速增长的平台上运行,全市规模以上工业产、销增幅分别达到28.02%和28.5%。规模以上企业利税、利润总额分别增长22.4%、24.3%。规模以上企业数从年初的2175家增加到2634家,净增459家。重点骨干企业的引领和支撑作用不断增强,生产要素加快向优势企业集中,全年营业收入超50亿元的企业1家,超30亿元的有5家。新增"佐力"、"利豪"等32件中国驰名商标和"诺力"、"兔宝宝"等6个中国名牌产品,国家免检产品11只。"2+3"的支柱产业结构初步形成,纺织、建材二大传统产业和新崛起的金属材料、机电制造、现代轻工三大特色优势产业,2007年其产值已占到全市的78.82%,其中金属材料、机电制造和现代轻工三大特色优势产业产值同比分别增长44.6%、38.8%和37.1%，合计占比较上年同期提高了3.4个百分点。按照国民经济统计序列，2007年我市纺织业、电气机械及器材制造业等前6位行业已成为百亿元产值行业，其中纺织行业达到了332亿元。

【服务业】 服务业增加值达到311.91亿元，增长15.9%，超过GDP增幅的1.5个百分点。现代物流、信息咨询、金融保险、科技研发、商务服务等生产性服务业均呈稳定增长态势。其中：物流业实现增加值38.9亿元，增长11.5%；金融业实现增加值27.74亿元，增长10.4%；信息咨询业实现增加值18.14亿元，增长8.1%；中介服务业实现增加值14.82亿元，增长17.5%。商贸流通、旅游经济、文化产业、房地产业、社区服务等消费性服务业多数实现了高位增长。其中：商贸业实现增加值77.30亿元，增长10.5%；全社会消费品零售总额319.25亿元，增长16.6%；旅游业实现增加值37.69亿元，增长16.2%，全年共接待国内游客1667.50万人次，入境游客19.49万人次，实现旅游总收入102.01亿元；文化产业实现增加值16.65亿元，增长17.4%；房地产业实现增加值48.52亿元，增长16.4%；社区服务业实现增加值8.11亿元，增长17.2%。农村消费市场实现消费品零售额83.5亿元，增长15.8%，与城市消费品零售额增幅差距仅为1个百分点，比上年又缩小了0.3个百分点。

【开放型经济】 外资质量明显提升。全市共新批外商直接投资企业255家，累计完成合同利用外资19.86亿美元，增长12.8%；实际利用外资8.44亿美元，增长11.4%。利用外资规模继续扩大，在599个新批项目中，新批总投资千万美元以上的项目达到149个，占新批准项目数的24.9%，总投资、合同外资分别达到30.2亿美元、17亿美元，分别占到全市总量的91.8%和85.6%；新批总投资千万美元以上的企业122家，占新批企业家数的47.8%，合同外资13.9亿美元，占全市合同外资总量的69.9%。新批总投资3000万美元以上的企业7家。引进了塔塔（世界500强）、世贸、上实集团等一批战略投资者和一批生物、电子、信息、环保等高新技术企业。

外贸结构明显优化。进出口总额达到42.63亿美元，增长41.7%；出口36.74亿美元，增长37.8%；进口5.89亿美元，增长72.1%。贸易方式趋向合理，机电和高新技术产品出口占比稳步提升，全市机电和高新技术产品累计出口10.3亿美元，其中机电产品出口增长46.4%，高新技术产品出口增幅47.5%，分别高于全市出口平均增幅8.6%和9.7%，两类产品在全市出口结构中的占比上升了1.6%。规模出口企业明显增多，全市进出口超2000万美元以上的企业41家，比上年同期增加10家；出口超2000万美元企业33家，比上年同期增加5家；进出口超亿美元企业达到4家（升华、久立、大港、金洲）。全市加工贸易出口比重达14.2%，同比提高1.5个百分点。在新兴市场拓展中，对非洲贝宁、中东以色列、阿联酋、南美阿根廷、巴西等国家的出口增幅都在55%以上。

外经规模明显扩大。对外劳务输出516人次，增长0.6%；外经营业额944.4万美元；新批境外投资企业15家，投资总额1318.45万美元；境外企业总带动出口额1.02亿美元，增长38.3%。外经工作实现了贸易性窗口和生产性投资并重的良好发展局面。一批有实力的大企业赴境外投资发展，积极开展境外资源性开采和开发，设立境外加工厂，有效地利用了国际、国内"两个市场"、两种资源。全年新批企业中方投资额达1118.45万美元，创历史新高，同比增长88%；2007年新批设立境外企业中，由湖州华阳矿业有限公司与湖州丰华矿业有限公司合资在香港设立的"达成亚太有限公司"投资规模超过了600万美元，实现了我市境外中方投资超500万美元以上项目零的突破。

【高新技术产业】 全市高新技术产业产值达到465亿元，同比增长28.6%；高新技术产业产值占全市规模以上工业产值的比重达到26.4%，比上年提高了0.7个百分点。省级以上高新技术企业新增数量创历年新高。经过培育，2007年新增国家级高新技术企业8家，全市累计39家；新增省级高新技术企业32家，全市累计161家；新增省级高新技术产品77个，全市累计366个。高新技术特色产业基地建设加快，无机非金属材料、特种电磁线、生物与医药等3个高新技术特色产业基地完成销售收入169亿元，增长44.1%。科技企业孵化器的孵化作用得到充分发挥，高新技术成果产业化进程加快，湖州、长兴、德清三个孵化器新增入园高新技术企业31家，在孵企业共实现产值3.23亿元，实现净利润3965万元，上交税收2178.3万元；毕业企业29家，累计总毕业企业达到72家。

【科技进步与创新】 科技创新环境得到新优化。出台了《关于贯彻落实企业技术开发费有关财务税收政策的实施意见》、《湖州市专利专项资金管理暂行办法》等一系列促进科技发展的文件，政策环境得到不断优化。科技投入不断加大，2007年市财政预算安排市本级科技投入9595万元，占财政预算总支出29亿元的3.31%，比上年增长33.08%；市本级财政科技三项经费预算安排4751万元。

申报和实施科技项目实现新突破。2007年，共组织申报省级以上各类科技项目953项，立项503项，其中列入国家级、省级重大和重点科技项目71项。共组织申报市级各类科技计划项目416项，立项245项；组织实施项目372个，其中新实施245项，结转127项。我市作为全国唯一的地级市被科技部列为国家创新基金项目联审试点城市，与科技部创新基金管理中心建立了创新基金项目联审制度，为湖州更多地争取国家创新基金项目创造了有利条件。

科技支撑新农村建设有了新进展。2007年，德清县、雷甸镇和钟管镇、杨墩村和钟管村分别列入了省社会主义新农村建设科技示范县、镇和村试点，启动了5个市级新农村建设科技示范镇村建设，并组织实施了科技专项13项。安吉县省级社会主义新农村建设科技促进试点县建设全面启动。完成了第二批60名科技特派员的选派和培训工作，并组织实施了科技特派员的26个科技项目。浙江省渔业科技创新服务平台建设全面启动，浙江南太湖农业高科技园区投入运行；浙江大学南太湖现代农业科技推广中心启动；湖州市农业科学研究院农业生物技术实验室建设加快。配合省科技厅启动实施了"太湖流域水污染防治关键技术集成研究和工程示范"省级重大科技专项。

政产学研合作呈现新格局。湖州科技创业园二期竣工并投入使用。南太湖科技创新中心一期工程已完成投资7486万元,占总投资的93.77%。与高校院所的产学研合作继续加快推进,先后建立了浙江大学南太湖现代农业科技推广中心和医学院湖州生物技术产业创新中心、杭州电子科技大学湖州电子信息材料与器件产业化科技创新中心等一批科技创新载体。共组织700多家企业参加了10次较大规模的科技合作交流活动,共签约233项,科技总投入2.87亿元。湖州网上技术市场共新录入参展企业358家,网上企业数累计达3376家,发布技术需求及难题招标618项,签约项目350项,技术交易合同金额29051万元。

知识产权工作实现新跨越。全市专利申请量达到3121件(其中发明专利306件),增长58.3%(其中发明专利增长53%);专利授权量为1771件(其中发明专利48件),增长27.5%(其中发明专利增长182.4%)。新增省级专利示范企业7家,首次认定市级专利示范企业4家,推动了企业专利制度的建立。新增省和市级自主知识产权转化项目14项,推进了企业专利成果转化为现实生产力。

【市校合作共建省级新农村实验示范区】 市校双方高度重视合作共建工作,围绕三大平台建设和合作项目实施,不断健全工作机制、切实紧密联系,全力推动合作不断取得新成效。一是成功召开第一次年会。成功举办浙江大学、湖州市合作共建省级新农村实验示范区年会,认真总结合作共建一年来的工作,研究部署下一阶段合作共建的重点安排。省政协主席周国富、副省长茅临生和38个省级部门单位的领导出席会议并给予充分肯定。二是项目合作有新突破。发挥市校合作专项资金的"杠杆"作用,对农村生活污水处理技术研究与应用、浙江南太湖农业高科技园区创业中心等52个市本级的市校合作项目进行了奖励与补助。制订《市校合作项目效益评估办法(试行)》,调整市校合作专项资金补助办法,加大对重点优质项目的扶持力度。全年新增市校合作项目172项,累计达到409项,其中与浙大合作项目新增117项,累计达到303项,完成118项,完成投资11.12亿元。三是平台建设有新进展。大力推进"浙大——湖州蚕桑产学研创新中心"、"浙大——长兴动物科技产学研创新中心"等平台建设,南太湖农业高科技园区创业中心正式投入运行。市校农业科技服务主平台——"浙江大学—湖州市南太湖现代农业科技合作推广中心"正式成立。就农村综合改革、土地制度改革、农村金融改革等农村改革的重点、难点问题,开展课题研究和改革探索;智力交流继续深化,浙大在暑期选派800多名大学生至湖州开展实践活动的基础上,选派26名高层次人才到湖州市级机关和县区挂职,具体负责市校合作项目的组织协调、指导督促,推动农业科技创新和新农村建设。南浔区启动"区院合作行动计划",由区政府与浙江大学动物科学学院,通过建立浙江大学现代农业科研成果转化基地、现代农民自主创业辅导中心等方式广泛开展合作。吴兴区政府、湖州紫鑫生态农业科技有限公司和浙江大学农业与生物技术学院签订协议,联手打造浙江大学南太湖鲜食玉米研究中心,引进玉米良种,开展鲜食玉米选育、示范、加工和推广。

【"百千"工程】 坚持将"百千"工程作为推进新农村建设的龙头工程,以规划为先导,以示范村创建为抓手,以环境整治为重点,切实改善农村居住环境。

一是规划覆盖面逐步扩大。全面完成全市281个中心村的规划编制,新一轮村庄规划编制覆盖面达到47.5%;以吴兴区八里店镇为试点,加大村庄建设规划与土地利用规划的衔接力度,探索"两规合一"的有效途径与方法。

二是示范村创建分类推进。全市确定45个村开展示范村创建,针对不同特点分村确定建设方案和计划,切实把好示范村建设质量关,提升已创建示范村的水平。有40个村通过市级考核验收组的验收。新增完成整治行政村127个,累计完成712个行政村、7426个自然村,受益人口147.56万人,占全市农村人口的80%以上。

三是垃圾集中收集处理加快推进。完成22座在建垃圾中转站的扫尾工程,累计完成63座垃圾中转站建设;建设收集房97座,全面完成968座垃圾收集房的规划建设目标,全市所有乡镇实现垃圾集中处理;已有996个村实行了垃圾统一收集,覆盖面达到90.2%。全市规划中的4座垃圾焚烧发电厂正在抓紧建设中。

四是生活污水处理力度加大。全面开展历年已创建的示范村和今年创建的示范村的生活污水治理,进一步探索城乡一体的污水处理模式。全年完成70个村的生活污水治理。

五是河道清淤工作力度进一步加大。将河道清淤作为农村环境整治的重要内容,加大市财政和各级的投入,共投入1.05亿元,完成清水河道建设865.1公里。

六是规模畜禽养殖场治理力度进一步加大。新投入2176.7万元,全面完成151个存栏生猪300头以上的规模畜禽养殖场治理和2个畜禽粪便收集处理中心建设任务,并顺利通过验收。对环太湖一带存栏生猪100头以上的规模养殖场进行调查摸底,制定了治理方案,并着手实施。

七是农村生态建设力度进一步加大。按照"造林与造景相结合、绿化与美化相协调"的要求提升绿化层次,在丘陵山区突出生态公益林建设,在平原提高村镇绿化水平。共完成绿化造林14199亩,新建成生态公益林90.9万亩,新创建省级生态乡镇22个,新创建省级绿化示范村42个。

【城市建设】 以建设现代化生态型滨湖大城市为目标,着力推进城市化,城市功能不断完善、城市环境日益改善、城市品位逐步提升,全市城市化水平达到52.5%,中心城市建成区面积达到75平方公里,"一城两翼"带状组团式大城市框架基本形成。

【教育】 全市普通高校文理科总上线率为88.23%,其中文科总上线率为82.88%,比省均上线率70.21%高了12.67个百分点;理科总上线率为91.37%,比省均上线率84.6%高了6.77个百分点。全市学前三年幼儿入园率达到95%;初升高比例达到90%以上,其中优质高中招生比例达到85%以上;18至22周岁人口接受高等教育的比例达到37.5%。

深入实施农村中小学"四项工程"。全市100%的学校实施"扶贫助学工程",资助贫困学生4.9万人次,资助金额1360.53万元。全市实施"爱心营养餐工程"的学校达到348所,享受人数为3.49万人次,投入资金361.42万元。全市110个"食宿改造工程"项目已全部竣工。"教师素质提升工程"进展顺利,全市所有应参加培训的1.25万名农村中小学教师(校长)全部参加培训。2.5万余名在职中小学教师参加了免费健

康检查。

【社会保障体系建设】 一是政策进一步完善。出台了《关于进一步完善我市企业职工基本养老保险制度的通知》等一系列社会保障文件,在养老保险的缴费基数、缴费比例以及逐步做实个人账户等方面作了进一步完善;将规划区以外的被征地农民纳入了基本生活保障范围。二是覆盖面进一步扩大。全市基本养老保险、城镇职工基本医疗保险、失业保险、生育保险参保人数分别新增4.16万人、4.38万人、3.92万人、4.55万人,参保人数分别达到了47.4万人、37.63万人、27.39万人、20.78万人。依法将农民工纳入工伤保险参保范围,新增参保人数18.5万人,达到38.51万人。三是保障水平进一步提高。调整了企业退休人员基本养老金,人均增加养老金120元/月。调整了市区被征地农民基本生活保障(补助)金的标准,基本生活保障金和补助金标准分别调整为每月270元和185元。调整了失业保险金领取标准,市区调整为469元/月、各县调整为427元/月。四是医保破难题工作取得较大进展。降低了市区城镇职工基本医疗保险住院起付标准,将一级医院、二级医院、三级医院的住院起付标准分别降到600元、800元、1000元,转外地医院住院起付标准降低到1500元。组织开展了企业参保退休人员免费健康体检工作,有近5万名企业退休人员参加体检。五是在全省率先实施了城镇居民基本医疗保险制度。市区在全省率先实施了城镇居民基本医疗保险制度,三县也陆续出台政策并实施了城镇居民基本医疗保险制度,我市被国务院列入全国79个城镇居民基本医疗保险制度试点城市之一。全市参保人数达到5.51万人。

南浔区

【概况】 南浔区位于长三角腹地,是湖州市接轨上海的前沿阵地。318国道、湖盐公路、申苏浙皖高速公路、申嘉湖高速公路、京杭运河、长湖申航道穿境而过,距离上海、苏州、杭州等大城市均为100公里左右。南浔物产丰富,名满江南,有全国著名的菱湖淡水鱼生产基地,有名甲天下的辑里湖丝,有技艺精湛被誉为文房之宝的善琏湖笔,有"轻如朝雾、薄如蝉翼"之称的双林绫绢等传统名特产品,享誉海内外。南浔旅游资源丰富,文化底蕴深厚。南浔镇是浙江省首批历史文化名镇,2005年荣膺"中国十大魅力名镇"的称号。

【历史沿革】 公元前333年,楚以此为春申君黄歇之封邑,始建菰城县,南浔辖域隶属菰城县。秦灭六国后,分天下为三十六郡,置会稽郡,下设乌程、由拳等县,今区境属乌程县。西晋太康三年(公元282年),分乌程县东乡置东迁县,县治在今旧馆。南朝宋元徽四年(公元476年),东迁县改名东安县,次年仍复名东迁县。隋开皇九年(公元589年)东迁县并入乌程县。宋太平兴国7年,分乌程县东南15乡置归安县。民国元年(1912年),乌程、归安合并为吴兴县,今南浔辖域隶属吴兴县。2003年1月,根据国务院(国函〔2003〕2号)和省政府(浙政发〔2003〕2号)文件精神,湖州市撤销城区、南浔区、菱湖区三个区委、区管委会,设立吴兴区、南浔区两个市辖区。

【行政区划】 南浔区区委、区政府驻南浔镇,辖南浔、双林、练市、善琏、旧馆、菱湖、和孚、千金、石淙9个镇和1个省级经济开发区,总人口49.23万人,区域面积706平方公里。

【经济建设】 实现地区生产总值160.86亿元,增长14%。实现全社会固定资产投资70亿元,增长22%;社会消费品零售总额55.3亿元,增长16.6%;财政总收入14.1亿元,增长23.6%,其中,地方财政收入6.2亿元,增长29.9%;城镇居民人均可支配收入19642元,农村居民人均纯收入9612元,分别增长13.4%和14.6%。工业经济提速增效。完成工业性投入43.2亿元,增长22%;规模以上企业实现销售收入408.5亿元,利税29.4亿元,利润16.8亿元,分别增长28.3%、32.9%、34.1%;82家企业实现年销售收入超亿元;先进制造业的产业实现销售收入240亿元,增长32%;木地板、电磁线、电梯电机、不锈钢制品等产业的规模以上企业产值分别达到62.3亿元、68亿元、14.9亿元、42.6亿元。新增省级以上高新技术企业8家,其中国家级4家,完成高新技术产业产值110亿元,新列市级以上各类科技项目107项;新增中国驰名商标15件,国家免检产品1只。农业经济稳步增长。实现农业总产值26.1亿元,增长5%;新增亿千农业龙头企业2家、年销售收入1000万元以上农业龙头企业10家、农民专业合作社17家;新增省级无公害基地13个、省农博会金奖产品6只,申报国家级无公害产品19只、绿色食品3只。我区被省政府命名为浙江省农业特色优势产业综合强县(区)。服务业增势良好。旅游业快速发展,一批工业旅游和乡村旅游相继对外开放,南浔古镇顺利通过国家4A级旅游区复评,全年实现门票收入2575万元。物流业初具规模,全区完成进出口2万标准箱,增长40%。商贸业不断推进,国际建材城等项目顺利开工建设。全区实现第三产业增加值44亿元,同比增长14%。

【对外开放】 招商引资不断拓展。新增外商投资企业32家,合同利用外资3.26亿美元,实际利用外资1.28亿美元,利用市外内资10.5亿元。成功举办2007中国·南浔经贸科技洽谈会,15个项目顺利签约。成立上海招商办事处,引进上海来浔投资合作项目10项,供沪农产品达到9.76亿元。继续加快工业平台建设,投资环境不断优化。荣获"第二届长三角最具投资价值县(市)区"最具投资潜力奖。

对外贸易成绩明显。完成外贸进出口6.7亿美元,增长48.2%,其中出口4.7亿美元,增长35.4%。机电、金属制品等特色产品出口明显加快,占比分别提高3.4个和7.5个百分点。加工贸易出口增长111.3%,占比达到28.4%。

【城乡建设】 城市建设加快推进。城市新区建设完成投入1.2亿元,道路框架全面拉开,行政综合楼建设加快推进。建成区主要道路的改造和绿化亮化建设工程积极推进,城市管理切实加强,城市品位不断提升,顺利通过国家卫生镇复评。

新农村建设顺利推进。新农村实验示范区重点区建设成效明显,6个镇村基本完成市实验示范重点镇村创建工作,13个农民新社区建设扎实推进。农村生产生活环境日益改善。完成全区98%的自然村村庄环境卫生集中整治;完成"万里清水河道工程"79公里、河道清淤188公里,建成标准堤防154公里;完成土地整理2.9万亩、标准鱼塘建设8879亩、蚕桑规模小区 1.5 万亩；完成农村联网公路 63.9 公里；完成农村劳动力培训 2 万人次。

【社会事业】 文化事业稳步发展。加强文化市场管理，积极推进文化下乡，认真实施农村文化"十百千"工程。不断加强基层文体阵地和设施建设，行政村体育设施覆盖率达到 40.7%，双林镇成功创建省体育强镇。加强文化遗产保护，完成第二批国家非物质文化遗产名录、省级文化产业示范基地申报工作。

教育事业全面进步。十五年基础教育高标准普及，教育均衡化水平进一步提高。南浔镇成功创建市示范性教育强镇，8 所学校成功创建省标准化学校，校园网覆盖率达到 100%，建立"新象新牛"爱心助学机制。

卫生事业加快发展。进一步健全卫生服务体系，128 个社区卫生服务站全部建成使用，完成第一轮农民健康体检，实施城镇居民基本医疗保险制度，深入推进新型农村合作医疗工作，参加率达到 97.3%。完善计生利益导向机制，累计发放奖励扶助金 236 万元。继续保持低生育水平，计划生育率达到 97.5%。

社会保障事业不断发展。就业再就业工作稳步推进，新增就业人员 9418 人，失业人员再就业 3652 人。积极实施"五费合征"新机制，以养老、工伤保险为主的社会保险体制逐步完善。实施社会救助"五统一"，发放救助资金达 1787 万元。落实城乡最低生活保障制度，农村"五保"对象和城镇"三无"对象集中供养比例达到 93.8%。被征地农民基本生活保障制度有序推进，参保人数达 28606 人。住房保障体系逐步健全，1.2 万平方米经济适用房交付使用。

平安创建扎实推进。切实加强社会治安综合治理，不断完善信访工作责任制和矛盾纠纷调处机制。安全生产监管力度不断加大，安全生产总体平稳，"平安南浔"创建实现三连冠。

【生态区建设】 积极开展生态区创建活动，全年成功争创省级生态镇 2 个，市级生态村 10 个，省级绿化示范村 5 个，市级绿化示范村 8 个。"三沿五区"坟墓总治理率达 95.6%，生态葬法覆盖率达 98%。大力发展循环经济和实施节能技改，积极开展饮用水源保护、皮革行业和善琏"黑烟囱"等 3 个专项整治，全区环境质量进一步改善。

吴 兴 区

【概况】 吴兴区位于东经 119°51′～120°29′，北纬 30°37′～30°57′之间。地处浙江北部、太湖南岸，是长三角经济圈、环杭州湾产业带和环太湖经济圈的腹地，经济产业发达，商贸市场繁荣，是承接杭州湾、长三角各地区经济架构重组、产业链延伸、技术资金溢出和产业梯度转移的重要平台。"寻遍江南清丽地，人生只合住湖州"，吴兴作为湖州市中心城市所在地，区域人居环境甚优。

【历史沿革】 新石器时代，已有人类聚居生息繁衍。夏属防风国。商代末期(公元前 12 世纪)地属勾吴。周武王十一年(公元前 1066 年)属吴国。春秋时代(公元前 770～476 年)属越国。战国时代(公元前 475～221 年)周元王三年(公元前 473 年)越灭吴，地属越国。周显王三十五年(公元前 334 年)楚灭越，地属楚国。楚考烈王十五年(前 248 年)春申君黄歇徙封于吴，筑菰城(以泽多菰草，因名菰城。下菰城遗址于今云巢)，置菰城县，为春申君封邑之地。1981 年 1 月，国务院批准撤销吴兴县，改建湖州市，(惯称小市)，隶属嘉兴地委和嘉兴专署。1982 年 2 月，湖州镇建制撤销，街道直隶市辖。1983 年 8 月，经国务院和省人民政府批准，撤销嘉兴地委和嘉兴专署，建立湖州、嘉兴两省辖市。11 月，原湖州市(惯称小市)划分城、郊两区，直隶湖州市辖。湖州市下辖长兴、德清、安吉三县和城、郊两区。1988 年 11 月，城、郊两区建制撤销，两区范围称为市区，38 个乡、9 个镇及 6 个街道皆为湖州市直辖。2003 年 1 月，三个大区调整为吴兴、南浔两个市直辖区。

【行政区划】 吴兴区于 2003 年 1 月经国务院批准设立，是湖州中心城市所在地，现辖织里、八里店、妙西、埭溪、东林、杨家埠 6 个镇和道场、环渚、白雀 3 个乡，设月河、朝阳、爱山、飞英、龙泉、凤凰、康山 7 个街道，其中杨家埠镇、凤凰街道、康山街道委托开发区管理，白雀乡委托太湖旅游度假区管理。区域总面积 860 平方公里，总人口 59.18 万人(包括开发区)。

【人口】 全区总人口 59.18 万人，其中男性 29.55 万人，女性 29.63 万人；农业人口 28.84 万人，非农人口 30.34 万人。全年出生人口 4262 人，出生率 7.22‰；死亡人口 3805 人，死亡率为 6.44‰；全区人口自然增长率 0.77‰。

【经济发展概况】 全区生产总值达到 189.58 亿元，增长 14.4%，人均生产总值达到 5557 美元；财政总收入 14.21 亿元，其中地方财政收入 7.23 亿元，分别增长 24% 和 28.2%；完成全社会固定资产投资 81.35 亿元，增长 18.3%；全社会消费品零售总额达到 86.79 亿元，增长 16.9%；规模工业万元增加值综合能耗下降 8%，化学需氧量、二氧化硫排放量分别下降 4.35% 和 0.8%；城镇居民人均可支配收入 20046 元、农民人均纯收入 9685 元，分别增长 12.9% 和 14.4%。实现全部工业销售收入 737.44 亿元，其中规模以上销售收入 306.85 亿元，分别增长 21.2% 和 30%。完成工业性投入 44.03 亿元，增长 28.5%。新增规模企业 38 家，累计达到 364 家；营业收入超 10 亿元企业达到 7 家，超 40 亿元企业实现零的突破。新增国家级品牌 9 只、省级品牌 13 只。完成三产投资 35.84 亿元，增加值达 84 亿元，增长 15.4%，市场成交额达 195.55 亿元。

【开放型经济】 新批外资项目 78 个，合同外资 3.12 亿美元，实到外资 1.33 亿美元。引进区外内资 20.53 亿元。"大、好、高"项目支撑作用明显，总投资超千万美元项目 25 个；工业项目和工业实到外资分别占 75.4% 和 82.7%，平均投资强度提高 15%。企业产权招商项目数和合同外资分别占 46.1% 和 26.3%。深化与上海上实集团的战略合作，东部新区开发理念得到进一步提升。积极参与杭州都市经济圈合作交流，吸纳杭、温、台等地资本转移。成功举办'2007 中国·吴兴经贸科技洽谈会。完成自营出口 5.78 亿美元，增长 31.5%；设立境外企业 6 家，累计达 16 家。

【新农村建设】 农业增加值达到12.69亿元,增长4.1%。农业五大特色主导产业产值占比达到63.5%。新增亿千农业龙头企业2家。新增无公害农产品基地4.9万亩、无公害农产品10只、绿色食品7只。实施区校合作项目31个,落实村企帮扶资金2680万元。探索建立"三位一体"的农村新型合作体系,率先开展新农村拆迁安置住房抵押贷款试点。完成八里店社区二期等5个社区建设。村庄环境整治扩面提升,新增受益人口1.89万人,5个行政村成功创建为省级"全面小康建设示范村",29个行政村完成新农村电气化改造。农村放心店商品配送率和食品配送率分别达80%和90%。创建市级生态村6个、省级绿色矿山3家。

【城镇建设】 东部新区中心区各专项规划进一步完善,基础设施建设加快推进。新增道路面积45万平方米、绿化24万平方米,道路框架基本形成;水、电、气等公建配套不断完善,污水收集管网基本到位,东部新区污水处理厂投入运行。区行政中心综合办公大楼主体基本结顶,西山景区启动开发。东部新区完成基础设施投入8.28亿元,累计达44.2亿元,承载力、集聚力明显增强,新开工投资超亿元项目9个。强势推进城郊结合部建设环境整治,全区拆除违章建筑5.19万平方米,违章搭建现象得到有效遏制。城镇功能明显增强,发展平台不断拓展。完成老社区综合改造12万平方米、围墙封闭2个,小区道路改造6万平方米、楼道整治12万平方米。启动眠佛寺街、定安街两个区块旧城改造。积极开展老社区消防安全隐患整治,完成室内电线改造2100户、厨房隔离1700户。

【社会事业】 全面落实城镇职工"三大保险"、被征地农民基本生活保障、政策性农房保险等制度,开展政策性农业保险试点,非公企业住房公积金扩面新增1600人;初步建立"六到位"的基层人力资源服务平台,新增就业1.08万人,城镇登记失业率控制在3.1%以内;培训农村劳动力2.01万人。"五统一"新型社会救助体系不断完善,发放救助资金1471万元,3030户因病致贫家庭和1770名困难家庭子女就学得到救助,完成农村困难家庭危房改造63户,城乡所有困难家庭看上电视。全面实行中心城学校经费财政国库集中支付。深入实施农村中小学"四项工程"。高标准通过省级教育强区复评。成功创建全国中医药特色社区卫生服务示范区。巩固完善新型农村合作医疗制度,参保率达98.69%,受益面达69.39%,完成农民两年一次免费体检;启动实施城镇居民合作医疗保险制度。全面实行社区卫生服务机构药品集中议价采购,其中300个常用药品比国定限价下降20.62%。扎实开展违法生育专项治理,稳定低生育水平。深入实施基层群众文化"十百千万"工程。

【科技进步】 "科技人才四百工程"扎实推进,累计有126家企业与高校联姻,实施校企合作项目137项,165名专家来吴兴创业,154名企业家进高校深造。新列入市以上科技项目95项,申请专利506项,高新技术产业产值占比提高到29.4%;引进各类人才1849名。全面启动省级南太湖农业高科技园区建设,农业科技孵化器、农产品质量安全检测中心等建成使用。

【平安吴兴建设】 加大打防控体系建设力度,深入开展"三车"、"三电"治理和打击"两抢一盗"等专项行动,刑事案件发生数持续下降。认真开展"三排查一登记"工作,深入推进综治、法治"双五进"活动,调解各类纠纷5530起,调解成功率达96%。扎实开展非法用工、拖欠农民工工资等专项整治。全面完成乡镇公共安全"一中心六站"建设,消防、道路交通、危化品等重点领域专项整治成效明显。全力以赴推进织里童装类企业深化整治,经过市、区、镇三级联动,奋战一年,20多年积累的"三合一"消防隐患得到全面整治。全国、全省"三合一"场所消防隐患整治工作现场会在我区召开。

（洪　流提供）

湖州八里店镇

嘉 兴 市

【历史沿革】 嘉兴是新石器时代马家浜文化的发祥地,距今7000年前市境就有先民从事农牧渔猎活动。春秋时期,此地名长水,又称槜李,吴越两国在此风云角逐。战国时,划入楚境。秦置由拳县、海盐县,属会稽郡。两汉时煮海为盐,屯田为粮。三国时吴国雄踞江东,析由拳县南境、海盐县西境置盐官县。三国吴黄龙三年(231年)"由拳野稻自生",吴大帝孙权以为祥瑞,改由拳县为禾兴县,三国吴赤乌五年(242年)禾兴县改称嘉兴县。两晋、南北朝时,嘉兴得到进一步开发,"一岁或稔则数郡忘饥"。隋朝开凿江南河,即杭州经嘉兴到镇江的大运河,给嘉兴带来灌溉舟楫之利。唐天宝十年(751年)析嘉兴县东境及海盐、昆山等县部分辖地置华亭县。唐代嘉兴屯田27处,"浙西三屯,嘉禾为大",嘉兴已成为中国东南重要产粮区,有"嘉禾一穰,江淮为之康;嘉禾一歉,江淮为之俭"的说法。五代十国时期,吴越国在嘉兴设置开元府,领嘉兴、海盐、华亭3县,是为嘉兴首次设州府级政权。后晋天福五年(940年),因吴越王钱元瓘之奏请,在嘉兴置秀州,领嘉兴、海盐、华亭、崇德4县。北宋改秀州为嘉禾郡,南宋庆元元年(1195年)升郡为府,后改嘉兴军。元世祖至元十三年(1276年)改嘉兴军为嘉兴府安抚司,旋升为嘉兴路总管府。宋元时,嘉兴经济较发达,被称为"百工技艺与苏杭等","生齿蕃而货财阜,为浙西最"。乍浦、澉浦、青龙等港口外贸频繁,海运兴隆。明宣德五年(1430年)析嘉兴县西北境为秀水县,析东北境为嘉善县;析海盐县置平湖县;析崇德县置桐乡县,嘉兴府下辖7县。此后四五百年内嘉兴府县体制基本未再变动。其时,在农业和手工业发展的基础上,商品经济日渐繁荣,棉布丝绸行销南北,远至海外,嘉兴王江泾镇的丝绸有"衣被天下"的美誉,嘉善有"收不完的西塘纱"的谚语,桐乡濮院镇丝绸"日产万匹",名闻遐迩。明弘治《嘉兴府志》记载: "嘉兴为浙西大府","江东一都会也"。清朝初期,清政府进行了赋税改革和整顿,并多次对杭州湾沿岸海塘进行修筑,嘉兴社会经济不断好转,市镇更加繁荣。清咸丰十年(1860年),太平军攻克嘉兴,建听王府为当地军政领导机构。清朝中期以后,受帝国主义掠夺和封建主义的剥削,嘉兴的经济和城市面貌日渐衰落和凋敝。1911年11月7日,辛亥革命党人占领嘉兴,成立嘉兴军政分府。民国初废府存县,改称嘉禾县,后复称嘉兴县。1921年8月初,中国共产党第一次全国代表大会在嘉兴南湖的一艘游船上闭幕,宣告中国共产党成立。1937年11月5日,嘉兴被侵华日军占领,惨遭践踏达8年之久。1949年5月7日嘉兴解放,分设嘉兴县、嘉兴市均隶属嘉兴专员公署,期间撤并频繁。1983年8月,撤销嘉兴地区行政公署,分设嘉兴市、湖州市,嘉兴市设城区和郊区,下辖嘉善、平湖、桐乡、海宁、海盐5县。1986年11月,海宁撤县设市(县级市);1991年6月,平湖撤县设市(县级市);1993年5月,桐乡撤县设市(县级市);1993年11月,城区更名为秀城区;1999年6月,郊区更名为秀洲区;2005年5月,秀城区更名为南湖区。1985年1月,经中共中央、国务院批准,嘉兴市区及所辖嘉善、桐乡、海宁县被列为长江三角洲经济开放区,至1988年嘉兴市及所辖5县(市)均被列为经济开放区。经过30年的改革开放,嘉兴市的经济建设和社会发展均取得了辉煌的成就,日渐成为长江三角洲的经济重镇、上海南翼的港口新市、江南水乡的文化名城。

【地理位置】 嘉兴市位于浙江省东北部、长江三角洲杭嘉湖平原腹心地带,是长江三角洲重要城市之一,列为国家批准的沿海经济开放地区。市境介于北纬30°21′至31°2′与东经120°18′至121°16′之间,东临大海,南倚钱塘江,北负太湖,西接天目苕溪,京杭大运河贯穿境内。市城处于江、湖、河交会之位,扼太湖南走廊之咽喉,东接上海,北邻苏州,西通湖州,南接杭州,相距均不到百公里,区位优势明显。全境隔杭州湾可呼应宁波、绍兴、舟山等地,铁路、公路、水路网络交织,四通八达,交通十分便利。

市境陆域东西长92公里,南北宽76公里,陆地面积3915平方公里,其中平原3477平方公里,水面328平方公里,丘陵山地40平方公里,市境海域4650平方公里。

市境地势低平,平均海拔2~2.2米(黄海高程)。全市有山丘200余个,零散分布在钱塘江杭州湾北岸,海拔大多在200米以下,市境最高点是位于海盐县与海宁市交界处的高阳山。市境为太湖边的浅碟形洼地,地势大致呈东南向西北倾斜,由于数千年来人类的垦殖开发,平原被纵横交错的塘浦河渠所分割,田、地、水交错分布,形成"六田一水三分地",旱地栽桑、水田种粮、湖荡养鱼的立体地形结构,人工地貌明显,水乡特色浓郁。

全市河道纵横,湖荡众多,河道总长1.38万余公里,骨干河流57条,河道密度50公里/百平方公里,有定级航道224条,航道里程1936.4公里。境内沿杭州湾北岸岸线长121公里,海岸线长81.84公里,东北自平湖市的金丝娘桥(北纬30°41′、东经121°16′),西南至海盐县的高阳山(北纬30°21′、东经120°50′),其中有41公里海岸线水深滩阔,腹地广阔,宜建深港良港。乍浦港海岸,东起独山,西至苏家埭,全长15公里,近海水深3~10米,乍浦东北侧水深10米以上,航道宽1公里,2万吨级舰船可随时进出,故乍浦港自古即为著名良港。

【行政区划与人口】 嘉兴市为浙江省省辖市,全市陆地面积3915平方公里,下设南湖区、秀洲区,辖嘉善、海盐2个县,以及平湖、海宁、桐乡3个市(县级市)。到2007年底,嘉兴市有建制镇53个、街道21个,城镇社区318个、行政村932个。其中南湖区有镇5个、街道7个,社区68个、行政村74个,秀洲区有镇5个、街道4个,社区40个、行政村118个,嘉善县有镇11个,社区29个、行政村160个,平湖市有镇7个、街道3个,社区54个、行政村137个,海盐县有镇8个、社区23个、行政村104个,海宁市有镇8个、街道4个,社区62个、行政村161个,桐乡市有镇9个、街道3个,社区42个、行政村178个。

*秀洲区增设高照街道。*将秀洲区新城街道分设为新城、高

照两个街道。调整行政区划后，秀洲区现辖2个街道、5个镇，区域面积542平方公里，总人口38万人（不包括流动人口）。新城街道下辖亚都、秀和、佳恒3个社区和殷秀、义庄、木桥港、九里4个村，面积约12.9平方公里，常住人口约12800人，暂住人口约16500人。高照街道下辖荫家桥、高家桥、陶泾、新义、象贤5个村，面积约20.4平方公里，常住人口约9200人，暂住人口约26500人。

桐乡市撤销同福乡建制。撤销桐乡市同福乡建制，并入凤鸣街道，凤鸣街道办事处驻地设在现同福乡政府所在地。调整后的凤鸣街道区域面积58.6平方公里，人口5.14万人，下辖14个行政村和1个社区居委会。

桐乡市调整部分镇乡（街道）行政区划。将屠甸镇桃园村划归梧桐街道管辖，调整后的梧桐街道区域面积90.75平方公里，人口12.44万人，下辖17个行政村和13个社区居委会；调整后的屠甸镇行政面积42.27平方公里，人口2.95万人，下辖8个行政村和1个社区居委会。将乌镇镇西浜村划归濮院镇管辖，调整后的濮院镇区域面积64.71平方公里，人口4.6万人，下辖14个行政村、5个社区居委会；调整后的乌镇镇区域面积67.48平方公里，人口5.72万人，下辖17个行政村、3个社区居委会。

南湖区调整部分镇行政区划。余新镇划出东洋浜村，归入大桥镇；新丰镇划出由桥村，归入大桥镇。调整行政区划后，大桥镇下辖14个行政村，3个社区，总人口42085人，土地总面积81.71平方公里，镇政府驻地不变；余新镇下辖15个行政村，4个社区，总人口43624人，土地总面积78.13平方公里，镇政府驻地不变；新丰镇下辖10行政村，2个社区，总人口42041人，土地总面积65.25平方公里，镇政府驻地不变。

【经济发展概况】 2007年，我市以党的十七大精神为指针，按照省委“两创”总战略要求，坚决贯彻中央宏观调控政策，全面落实科学发展观，积极构建和谐社会，深入实施“六大战略”，加快经济发展方式转变，加快改革开放进程，经济保持了平稳较快协调发展的良好势头。2007年，全市生产总值达到1585.2亿元，增长14.4%，高出预期目标2.4个百分点。人均生产总值突破6000美元，达到6200美元，继续保持全省第三的水平。居民消费价格上涨3.7%，超过年度预期目标0.7个百分点，主要是受国际成品油等原材料价格上涨较快，以及国内粮油、生猪等副食品价格上涨影响，带动消费价格持续上涨。地方财政收入突破100亿元，达到105.2亿元，增长29.0%，高于预期目标15个百分点。全市规模以上工业企业实现利税274.3亿元，增长30.2%；利润163.2亿元，增长32.6%。居民收入继续提高。城镇居民人均可支配收入20128元，增长12.9%；农村居民人均纯收入10163元，增长13.5%。

【产业结构调整】 农业产业结构不断优化。2007年，全市粮食播种面积为282.01万亩，比2006年增加了2.46万亩，超额完成省里下达的粮食生产计划。优质品种占全年晚稻种植总面积的83.2%，省级优质高产示范方达17个，市级高产行动示范方达23个。全市粮食种植面积连续4年保持恢复性增长，晚稻单产连续5年位居全省第一。全市设施蔬菜、精品水果、鲜切花面积分别达到28万亩、14.75万亩和1.8万亩，同比增加15000亩、6400亩和1200亩。食用菌达到5539万平方尺，同比增7.5%。名特优水产品养殖结构持续优化，甲鱼、南美白对虾规模不断扩大，全市温室养鳖达到278万平方米，同比增长57.9%；南美白对虾达到46427亩，新增7201亩。畜禽养殖加快向规模化生态养殖转变，养殖效益明显提高。全市年出栏生猪440万头，同比基本持平，年出栏家禽3900万羽，同比增长7%，生猪养殖头均效益达到300元，家禽效益同比增长30%。与此同时，全市农业一镇一品、一村一品的产业格局日趋明显，仅嘉善一县就涌现了大棚瓜菜、蘑菇、黄桃、蜜梨、鲜切花、甲鱼、沼虾等32个专业特色村、有7个镇获得国家和省级“特产之乡”称号。全市累计有省级无公害农产品基地210个，国家级无公害农产品187个，绿色食品、有机食品88个，绿色食品数量和规模位居省内前列。农产品品牌建设喜获丰收，全市新增市级著名商标和名牌产品35个，有22个农产品通过嘉兴名牌复评，52个农产品获得省农博会金奖，57个产品获得省农博会优质产品奖，金奖数达到历年之最。南湖牌葡萄、锦雪牌锦绣黄桃、“云楼”牌酱菜还获得浙江省首届名牌农产品称号。全市农产品外销总额突破100亿元，其中供沪农产品金额达40亿元，同比增长达35.25%，农产品年出口额达7亿美元。全市新增农业龙头企业12家，全年农业龙头企业实现销售收入达到60亿元，同比增长5%，年销售收入超亿元企业达到18家。农民专业合作社继续保持快速增长态势，新建合作社52家，总数达279家，新认定规范化合作社50家，总数达160家，累计全市合作社资产总额达到14569万元，入社会员1.7万户，带动周边农户近15.54万户，联结基地37.59万亩，占耕地总面积的11.8%，为促进农民增收发挥了重要作用。

工业产业结构调整稳步推进。2007年，全市规模以上工业实现现价总产值3338.59亿元，同比增长25.7%。规模以上工业实现出口交货1021.89亿元，同比增长21.2%；实现工业增加值856亿元，增长16.1%，继续保持增速领先地位。规模以上工业企业实现利税274.3亿元、利润163.2亿元，分别增长30.2%和32.6%。规模以上工业十一项经济效益综合得分为233.05分，同比提高19.54分，首次高于全省平均水平。规模以上工业利税、利润增幅均高于产值增幅，企业效益继续向好。新兴行业发展势头良好，装备制造业和高新技术产业产值分别增长35.5%和38.8%，在规模以上工业产值中的比重分别提高1.6个和0.5个百分点。工业重型化趋势明显，重工业占比提高1.3个百分点，产值占全市比重已超45%。工业投资量质同步提升，全市工业生产性投入累计完成495亿元，同比增长17.3%，完成年度目标的102%，占全社会固定资产投资的比例上升到55%。工业创新步伐加快，全市规模以上工业中高新技术产业实现主营业务收入179.84亿元，同比增长35.9%；新产品产值达693.42亿元，同比增长52.1%；规模以上企业科技活动费支出达26.14亿元，同比增长47.9%。内资引进工作成效明显，全年引进内资项目1159项，实际到位市外内资118.6亿元，同比增长25.3%，其中5000万元以上大项目185项，项目总投资358.6亿元。从项目结构看，高新技术产业和装备制造业项目占41.7%。市外银行年末贷款余额104.86亿元，授信额度149.5亿元，同比增加26.2亿元。节能降耗势头向好，全市万元工业增加值能耗同比下降6%以上，万元生产总值综合能耗同比下降4.4%，年耗标煤5000吨以上的重点能耗企业同比下降6%以上，全面完成省、市下达的目标任务。

第三产业加快发展步伐。2007年,全市社会消费品零售总额突破500亿元,达到501.22亿元,增长16.6%,增幅比去年提高了1.8个百分点。其中,住宿餐饮业实现消费品零售额58.26亿元,同比增长24.3%;批发零售贸易业实现消费品零售额424.54亿元,增长16.1%。城乡市场一体发展,城市实现社会消费品零售额330.97亿元,增长17.3%,农村实现零售额170.25亿元,增长15.4%,城乡增幅差距逐渐缩小,由上年同期的2.1个百分点缩小到1.9个百分点。全年全市商品交易市场成交额736.3亿元,增长6.7%,其中亿元以上商品交易市场达50家,成交额657.10亿元,占全部市场交易额的89.2%,有12家市场交易额超过10亿元。成功举办了各种形式的节庆活动,如海宁市的“皮革博览会”、“家纺博览会”和“观潮节”,海盐县的“南北湖旅游节”,嘉善西塘的国际旅游小姐冠军总决赛等,对旅游市场起到了明显的促进作用。2007年,全市接待海外游客61.25万人次,增长16.15%;旅游外汇收入1.9亿美元,增长18.67%。接待国内游客1847.05万人次,旅游收入148亿元,分别增长16%和21.22%。我市已与上海世博局签订了合作框架协议,旅游合作推广意向书及合作共赢协议等,率先成为与2010年上海世博会进行对接的城市,成为世博会“旅游推广长三角工作站”之一。全年道路运输业完成货运量0.33亿吨,同比增长11%,货物周转量19.19亿吨公里,同比增长12%。全市内河水运完成货运量5103万吨,货物周转量63.63亿吨公里,与上年同期相比基本持平。嘉兴港充分利用自己国家一类开放口岸的地位和毗邻上海的区位优势,抓住大好发展机遇,依托临港产业发展,积极拓展煤炭、金属矿石、化工原料等新货源,港口运输再创新高,全年累计完成吞吐量2418万吨,完成年计划的105.11%,同比增长7.54%,其中完成外贸吞吐量285.27万吨,同比增长7.2%。集装箱装卸3.71万标箱。服务业吸引外资增长明显,服务业合同利用外资7.4亿美元,同比增长94.3%,增速明显高于制造业,且比重由去年的15%上升至21%,其中外资投入增速较快的行业是商务服务业,合同外资2亿美元,增长6倍,住宿业合同外资5800万美元,增长4倍,仓储业合同外资1.2亿美元,增长2.6倍。

【对外开放】 2007年,全市进出口总额达160.62亿美元,增长26.9%,其中进口43.88亿美元,增长26.2%,出口116.74亿美元,增长27.2%。机电产品和高新技术产品出口分别增长36.9%和31.1%,占全部出口额的比重提高到27.1%和4.2%,分别比上年提高1.9个和0.2个百分点。全市合同利用外资34.55亿美元,实际利用外资16.62亿美元,分别增长35.0%和36.0%;单个项目平均合同利用外资823万美元,比上年增加276万美元,引进了富士康等一批大项目。“走出去”发展迈出新步伐,新设立境外投资企业26家,总投资6254万美元。积极开拓国内外科技合作交流,乌克兰国家科学院中国(嘉兴)技术转移中心通过多种方式与嘉兴企业对接,成立了嘉兴中俄国际技术转移中心,引进了从事国际技术转移的专家负责转化工作,目前已引进一项具国际领先水平的多孔金属技术,在嘉兴进行产业化二次开发。同时,推动与其他国家的科技合作交流,已有美国、德国、瑞士、日本、韩国等十多个国家的近百名专家来嘉兴开展技术合作。加大国外智力引进力度,全年共申报引智项目46个,目前已执行或正在执行的项目39个,聘请外国专家49位,2位外国专家被省政府授予“西湖友谊奖”。

【科技进步与创新】 2007年,嘉兴市科技工作以建设创新型城市、科技强市和全省科技创新体系副中心为目标,以科技创新平台建设为重点,以科技重大专项为抓手,在增强自主创新能力、完善区域创新体系、深化科技合作交流、加快高新技术产业发展等方面,取得了新的进展。市及所属县(市、区)获得全国科技进步先进,所属县(市、区)全部进入省科技强县(市、区)行列,连续第四次获得省党政领导科技进步和人才工作目标责任制考核优秀,连续第四年被省科技厅评为全省科技系统先进集体。

浙江省区域创新体系副中心建设全面启动。市委、市政府成立了嘉兴市建设浙江省区域创新体系副中心推进工作小组。由清华大学公共管理学院、浙江清华长三角研究院区域发展与创新研究中心共同承担的《嘉兴建设浙江省区域创新体系副中心战略研究》课题,年内结题并通过了专家论证。9月底,省科技厅和嘉兴市政府联合举办了“嘉兴建设浙江省区域创新体系副中心高峰论坛”,科技部原部长徐冠华院士和北京、上海、浙江等地领导专家参加论坛,共同为嘉兴建设浙江省区域创新体系副中心献计献策。在此基础上,开展了《嘉兴市推进全省区域创新体系副中心建设行动纲领》制定工作。

科技区域创新体系建设更趋完善。一是省级科技创新平台建设取得重大突破。以海宁皮革研究院为主体的浙江省皮革行业重大科技创新服务平台和嘉兴毛衫产业行业科技创新服务平台(桐乡、秀洲),经省厅批准挂牌运作。嘉兴软件公共技术服务平台和专利服务平台已经省科技厅和知识产权局批准立项建设。平湖绿色环保省级区域创新服务中心被认定为国家级生产力促进中心。全市已创建有国家级生产力促进中心1家,省级区域创新服务中心7家,市级区域创新服务中心36家。二是积极引导鼓励企业建立研发中心。到2007年底,全市累计已有省级高新技术研发中心47家,市级高新技术研发中心50家,正在创建的研发中心有101家。禾欣实业股份有限公司的技术(研发)中心已被国家五部委联合认定为国家级企业技术中心,实现我市国家级技术(研发)中心零的突破。三是全市科技孵化器网络体系基本形成。市政府出台了《关于加快科技企业孵化器建设与发展的若干意见》,进一步营造和谐创新创业环境。嘉善县科技创业服务中心被认定为国家级科技孵化器,海盐县科技创业服务中心和浙江兴科科技发展投资有限公司(南湖区科技创业服务中心)被认定为省级专业性科技企业孵化器。全市已建成投入运行的科技企业孵化器7家,其中,国家级孵化器2家,省级专业孵化器3家。全市孵化器共拥有建筑面积21.18万平方米,孵化面积18.28万平方米,在孵企业340家。四是国家农业科技园区通过了浙江省科技厅组织的全省农业高科技园区建设验收和国家农业科技园区建设地方验收。至此,全市已有省级农业科技型企业21家,农业企业科技研发中心13家。科技特派员制度成效明显,通过实施科技特派员项目,促进农村经济发展。积极开展科普宣传。举办了以“携手共建创新型城市”为主题,以“节能降耗、保护环境、安全健康”为主要内容的科技活动周和科技下乡活动。

科技合作交流继续深化。一是浙江清华长三角研究院和中科院嘉兴应用技术研究与转化中心建设加快。清华长三角研究院已引进科技人才40余名,建立了5个研究所和5个研究中心,共建和孵化了19家高科技企业,累计注册资本达1.78亿元。研究院总部大楼主体工程已竣工,装修即将完成。中科院嘉兴应用技术研究与转化中心的12个分中心已引进科技人才256名,成立9家高科技公司,建成8个实验室(设计室)、2个测试中心和3条中试生产线,总投入达8000多万元。中心的一期工程和中试基地工程正加紧内部装修,近期将搬入启用。二是科技合作交流和引进大院名校进一步推进。组织企业参加了"中国科技博览会(北京)"、"中国国际高新成果交易会(深圳)"和"上海工博会"等活动,专题举办了"嘉兴企业家创新创业论坛"。全年引进了北大软微学院、中科院成都有机所、沈阳金属所、上海应用物理所和俄罗斯科学院远东分院等12家大院名校;引进了清华慧点和微软中国研究院共同组建的华点软件学院;引进了上海晟峰软件公司,开展外包软件培训。迄今为止,全市已先后引进39家大校名院(所)来嘉兴建立实体机构,有500多家企业与全国110多所高等院校、科研院所建立了长期稳定的科技合作关系。三是国际科技合作有新的拓展。成立嘉兴中俄国际技术转移中心,引进的具有国际领先水平的多孔金属技术,在嘉兴进行产业化二次开发。乌克兰国家科学院中国(嘉兴)技术转移中心有3个项目正在实施。同时,积极推动与其他国家的科技合作交流,已有美国、德国、瑞士、日本、韩国等十多个国家的近百名专家来嘉兴开展技术合作。四是发挥网上技术市场、科技信箱作用,搭建科技信息服务平台。嘉兴网上技术市场市场累计上网企业4670家,新增技术难题503项。有科技信箱管理站(点)1807个,科技信箱用户10200户。

知识产权保护工作得到加强。一是加强宣传培训,增强全社会知识产权意识。以4·26保护知识产权宣传周为重点,全年组织专利培训30期,500多家企事业单位的700多名专业人员参加了培训。2007年新增专利申请4249件,同比增长35.2%;授权2523件,同比增长7.9%;其中发明专利申请398件,授权59件,发明专利授权数同比增长60%。二是加强执法保护,营造良好保护环境。全年市局共立案调处专利侵权纠纷7起,查处违法案件1起。成立了"嘉兴市集成吊顶行业协会"。三是继续推进专利试点示范建设工程。组织开展示范镇创建单位申报工作,平湖新仓等三个乡镇(街道)列入了专利示范镇创建单位。全年新认定省、市级专利示范企业9家和20家。至此,全市已有省级专利示范企业20家,市级专利示范企业达到82家。

防震减灾三大工作体系进一步完善。监测网络初步建立,全市地震监测台站通过了省局普查、国家局抽查,平湖强震台获得"优秀";震灾预防全面深化,抗震设防监管加强。市及大部分县(市、区)完成了地震应急预案手册制订和地震应急救援队伍建设,市本级重大建设工程抗震设防纳入市政府基建审批程序;编印了"浙江省农村民居抗震知识挂图"并在全省发行。各县(市、区)均成立了科普示范学校,嘉兴市获浙江省防震减灾科普宣传示范基地,平湖市、桐乡市获浙江省防震减灾科普基地。荣获2007年度全省防震减灾工作一等奖。

高新技术产业发展加快。一是高新技术产业园区加快发展。2007年嘉兴高新园区实现产品销售收入137.67亿元,同比增长30.08%;其中,高新技术产品销售收入77.78亿元,同比增长25.64%;出口创汇7.79亿美元,同比增长18.80%;利税总额16.58亿元,同比增长106.46%。二是产业集群发展加快,产业集聚效应明显。2007年,海宁复合包装材料产业基地区为被认定为省级高新技术特色产业基地。全市已有省级以上高新技术产业基地8家。2007年基地实现总收入519.16亿元,同比增长27.4;产品销售收入513.62亿元,同比增长27.3%;工业总产值517.00亿元,同比增长29.1%;利税总额62.97亿元,同比增长25.0%;出口创汇出口创汇总额14.96亿美元,同比增长6.8%。三是高新技术企业发展势头良好。全市被认定为国家、省、市级高新技术企业分别为6家、25家和39家,累计国家、省和市级高新技术企业46家、156家和261家,省级科技型中小企业229家。2007年全市省级以上高新技术企业实现总收入599.90亿元,工业总产值595.02亿元,销售收入584.24亿元,利税89.80亿元,出口21.20亿美元,分别同比增长19.90%、20.72%、18.93%、25.99%和36.09%,继续保持较快增长速度。四是实施重大科技专项,提高科技创新显示度。全市共立上省级重大科技专项重大项目23项,争取省以上科技资金5200余万元。市级科技计划项目确定了以节能降耗减排为重点的九类重大专项79项,补助经费1036万元。全年共安排市级各类科技项目239项,安排科技经费5144.61万元,分别比2006年增长35.8%和31.5%。

【资源物产】 嘉兴市域出产的矿物主要有石矿和黏土。此外还有石油、煤、铜、铅、锌等矿种,但大多储量少,品位低,蕴藏分散。市域地下还储有一定数量的天然气。

全市多年平均径流总量,即地面水资源量为15.84亿立方米,每年可开采的浅层地下水资源3.53亿立方米。全市水资源总量为19.37亿立方米。水资源年开发利用量为22.65亿立方米,利用量超过自身拥有的水资源总量,每年靠从域外引水解决。

嘉兴市东部嘉善县城所在地地下深循环封存的古泉水距今已有二万六千多年,为中国大理冰期气候寒冷时降水所补给,是大火山岩裂隙、长期地质环境中形成的天然水资源,蕴藏量达25亿立方米以上,水质达到饮用天然矿泉水国家标准(GT88537-87)。

全市现存生物约有335科、1429种,其中列入《国家重点保护野生动物名录》的一级保护动物有白鹳和黑鹳2种,二级保护动物有20种。列入《浙江省重点保护植物、动物名录》的植物有银杏、金钱松、鹅掌楸、厚朴、青檀5种。全市天然植被的主要类型有阔叶林与阔叶混交林、针叶林、灌木草本植被和水生植被4种;人工植被有作物植被和防护林植被2种,其中粮食作物有水稻、大麦、小麦、蚕豆、玉蜀黍等,经济作物有油菜、棉花、络麻、烟草、甘蔗、西瓜、杭白菊等,林园植物有桑、竹类、茶、桃、李、梨、葡萄及蔬菜等。

全市海域面积4650平方公里,海洋资源较丰富。深水岸线较长,其中平湖市的金丝娘桥至独山段,岸线长12公里,前沿水深12米,乍浦岸线25公里,前沿水深10米,均适宜建深水泊位。滩涂面积大,沿海从岸线至理论基准面滩涂有2.27万公顷,其中岸线至平均海平面,即近中期具有围垦条件为1.06万公顷。海水产品种类繁多,其中鳗苗是重要资源,海蜇、鲻鱼和白虾是大宗捕捞产品,滩涂养殖也具一定基础。海洋能源蕴藏量大,嘉兴市位于东亚季风带,濒临东海,海域辽阔、潮急浪高,具有丰富的潮汐能、潮流能、波浪能、温差能、盐差能和风能等海洋能源,开发潜力很大。

嘉兴自古以来物产丰富,名产众多,有“鱼米之乡、丝绸之府”的美誉。名优特产中有粮食豆类的紫香糯、元青豆、平湖特粗黄豆;经济作物类的桐乡晒红烟、杭白菊、新丰生姜、桐乡青(桑树);畜禽类的嘉兴黑猪、湖羊、竹林三元猪、小湖羊皮、白山羊笔料毛;水产类的青、草、鲢、鳙四大家鱼,以及鳗苗、蟹苗、罗氏沼虾、中华绒螯蟹、河虾、海蜇、四鳃鲈鱼、中国对虾;果品类的木隽李、南湖菱、平湖西瓜、大红袍荸荠、凤桥水蜜桃、黄花梨、藤稔葡萄、锦绣黄桃;食品糕点类的平湖糟蛋、嘉兴酱鸭、嘉兴五芳斋粽子、平湖蜂蜜、斜桥榨菜、西塘八珍糕和粉蒸肉、乌镇姑嫂饼;手工业工艺类的硖石灯彩、蓝印花布、盐官药刀、桐乡桑剪等。

【城乡统筹发展】 2007年,我市新农村建设步伐加快。“百村示范、千村整治”工程深入实施,累计建成示范村131个,整治村700多个。加快建设农村道路,完成通村到组道路1509公里,行政村公交通达率达99.8%。推进农村电气化和信息化,在全省率先建成“新农村电气化市”,累计建成信息化达标村409个,信息化示范村13个。累计建成13家污水处理厂、506.5公里污水收集管网,污水集中处理能力达到65万吨/日;开展绿化造林,获得“全国绿化模范城市”称号。城镇新增就业人数5.5万人,帮助城镇失业人员再就业2.7万人,其中就业困难人员再就业9200人,基本消除城镇“零就业家庭”。农村劳动力转移就业4.7万人。加快统筹城乡社会保障体系建设,制定出台《嘉兴市城乡居民养老保险暂行办法》,在全国率先建立城乡一体的社会保障制度,实施“全民社保”。进一步加大社会保险扩覆工作力度,全市基本养老保险、医疗保险和失业保险参保缴费人数分别新增7万人、15.5万人和6.1万人。全面推动合作医疗政策“五统一”,共有228.6万城乡居民参加了合作医疗保险,其中农民参保人数为216.8万人,参保率95.0%,创历史新高。全市城镇“三无”和农村“五保”对象集中供养率继续巩固在99%以上。

【和谐社会建设】 2007年,全市实现城镇新增就业人数5.5万人,帮助城镇失业人员再就业2.7万人,其中就业困难人员再就业9200人,农村劳动力转移就业4.7万人,城镇登记失业率3.6%,全市就业局势保持稳定。全年完成再就业培训1.6万人,农村劳动力转移技能培训5.8万人,技能鉴定5万人,高技能人才培训5341人,新技师培训920人,创业培训1110人。养老保险新增参保人7万人,参保总人数达到116万人,征收养老保险基金23亿元,养老保险基金滚存结余65亿元;失业保险新增参保人数6.1万人,参保总人数达到52.5万人,征收失业保险基金2.2亿元;医疗、工伤保险新增参保人数分别为15.5万人、14.8万人,参保总人数分别达到89.4万人、83.1万人,生育保险参保人数达到66万人,农民工医疗保险新增参保人数5.85万人。被征地农民基本生活保障工作继续做到即征即保、应保尽保,全市31万名被征地农民中20.2万名符合条件的均被纳入社会保障范围,其中8万多人已按月领取养老基本生活保障金。全市城乡居民共有228.6万人参加了合作医疗保险,其中农村居民新型合作医疗保险参加人数为216.8万人,参保率为95.04%,创历史新高。全市城乡居民合作医疗人均筹资额达到125元,列全省前列。嘉善县、嘉兴市区(市本级)分别被评为全国、全省合作医疗先进县(市、区)。合作医疗实时结报工作全面启动,全市已建成合作医疗管理平台7个,县(市、区)合作医疗费用审核全部由计算机完成,4个县(市、区)已完成合作医疗实时结报信息系统建设工作。全市98个乡镇(街道)卫生院(社区卫生服务中心、分中心)中有80个实行了合作医疗费用实时结报,占比为82%,市级医院已全面实行实时结报。农民健康体检工作稳步推进,全市216.68万参保农民参加健康体检,占总参保人数的94.05%。全市上报出生21401人,计划生育率为98.55%,人口出生率为6.37‰,人口自然增长率-0.46‰,出生性别比稳定在正常范围。出台了《嘉兴市农村教育水平提升工程实施意见》。全市已创建省级教育强镇达到100%,学校建设标准化率达到规划数的95%。乡镇中心幼儿园达标率达到95.59%。省级重点高中学生数占高中学生总数83.5%。新居民子女在公办学校就学51770人,占56.3%。全市农村中小学家庭经济困难学生资助扩面工程共资助学生37763人,比上年增加19224人,资助金额1880万元,比上年增加1191万元。出台了《嘉兴市义务教育经费保障机制改革实施意见》,全市“以县为主”农村义务教育管理体制全面建立,全市免除学杂费3940.67万元。全市小学入学率、巩固率保持100%,小升初比例99.99%,初中入学率、巩固率保持99.98%以上,初升高比例达到96.59%。出台了《关于统筹嘉兴市中等职业教育专业设置及招生工作的实施意见》,首次在全市范围内实行统筹招生和专业设置,成为全省中职教育的亮点。全市新建省级以上职业教育示范基地4个,省级以上先进制造业和现代服务业实训基地实现了全覆盖。全市职业教育“双师型”教师比例和人机比居全省第一,生均校舍面积和生均仪器设备值居全省第二。2007年普通高校(含高职)招收新生首次突破1万人,在校生首次突破3万人。新增省级示范成校3所、省一级成校6所,乡镇社区教育中心覆盖面超过50%。继续推进各类培训,其中培训农村后备劳动力3589人,完成省定培训任务。“一村一名大学生培养计划”工程累计招生2319人,占全省招生总数的43%,连续三年保持全省领先地位。高等教育自学考试学历教育报考47025人次,超额完成省定目标,非学历教育三个重点项目平均增幅达到48.49%,继续保持全省领先位置。

【个私经济】 2007年,在各级党委政府及其部门大力扶持非公经济发展的氛围下,全市个私经济继续保持快速发展,呈现出固定资产投资增长、特色行业带动明显、经济结构更趋优化的良好局面。

个私经济总量稳步增长,资金投入扩张。2007年,全市共有个体工商户125490户,资金数额38.3亿元,分别同比增长4.6%和14.8%;有私营企业38070户,注册资本(金)504.1亿元,分别同比增长12.1%和44.5%。2007年我市个体工商户户数增长率列全省第六,私营企业户数增长率列全省第一。私营企业注册资本在100万~500万元的有5665户,同比增长23.6%;500万~1000万元的有1531户,同比增长28.9%;1000万~1亿元的达1084户,同比增长15.2%;亿元以上的达17户,同比增长31.1%。

规模企业带动作用明显,技改投入加大。全市共有规模以上私营企业3663家,同比增加3.2%;实现产值1087.7亿元,同比增长28.4%;实现销售收入1065.9亿元,同比增长27.4%;利税49.1亿元,同比增长26.6%;固定资产投资47.4亿元,同比增长0.4%;流动资产周转率达2.45次,产品销售率达97.81%。全市个体私营企业拥有注册商标8481件、省著名商标100件、驰名商标26件,分别同比增长17%、35.1%和1200%。有675家私营企业通过了ISO9000认证,有40家获得欧洲CE认证。个私企业全年共开发新产品247个,同比增长57.3%。

产业结构继续调整,第三产业发展最快。个体工商户以第三产业为主,年末共有第三产业个体工商户111527户,占总数的88.8%。私营企业以第二产业为主,但第三产业发展最快,年末共有第二产业私营企业25088户,占总户数的65.9%,有第三产业私营企业12725户,占总户数的33.4%%;第三产业私营企业户数、从业人员和注册资本分别同比增长16.9%、6.7%和31.8%。传统批发行业发展得到进一步加强,新开业个私企业1420户,同比增长103.4%;房地产业投资有增无减,全年新登记从事房地产业的私营企业125户,同比增长86.57%,增幅仅次于批发业;租赁商务服务业新开业388户,同比增长66.5%,全市生产性服务业和生活性服务行业发展后劲增强。截至年底,全市个体工商户三次产业比重分别为0.6%:10.6%:88.8%,私营企业三次产业比重分别为0.7%:65.9%:33.4%。

重大项目投入加快,新兴投资增多。全年共完成工业性投入449.8亿元,同比增长16.1%。开工建设投资超亿元的重大项目有105项,总投资为298.2亿元,涉及的产业不仅有皮革、沙发、经编、家纺、袜业等传统特色产业,更有高档化学纤维和纺织后整理、机械设备、新能源项目等,体现了产业链向上下游延伸。全市临港工业投入占总投资的6.9%,高新技术产业投入占总投资的9.4%,装备制造业投入占总投资的18.5%,传统特色产业投入占总投资的37.3%。全市2007年进口设备金额和减免税在全省位居宁波、杭州之后名列第三。

个私企业外向度提高,外贸形势喜人。截至年底,全市共有个私出口企业2088个,个体工商户完成外贸出口额0.31亿美元,同比增长151.8%,私营企业完成外贸出口额29.4亿美元,同比增长43.0%。个私企业完成外贸出口额增幅排在各类型企业之首,已成为拉动全市外贸出口的主力军。境外投资继续扩大,全年累计核准个私企业在境外设立投资企业或机构207家,同比增长13.7%,投资额6691.5万美元,同比增加133%。

南湖区

【概况】 南湖区为嘉兴市人民政府驻地和全市的政治、经济、文化中心,位于杭嘉湖平原腹心地带,周边与秀洲区、嘉善县、平湖市、海盐县接壤。全区下辖5个镇、7个街道,74个行政村、68个社区居委会,总面积426平方公里,2007年末总人口46.78万人,其中非农人口29.41万人,年人口自然增长率为0.92‰。

【经济建设】 2007年,全区实现生产总值144亿元(财政口径),比上年增长16.3%,其中:第一产业增加值10.55亿元,增长3.4%;第二产业增加值71.01亿元,增长18.4%;第三产业增加值62.44亿元,增长16.3%。人均GDP 4.58万元,增长17.8%。财政一般预算收入18.97亿元,增长33.4%,其中区级预算收入6.78亿元,增长40.2%。城镇居民人均可支配收入19238元,增长12.3%。农村居民人均纯收入10191元,增长13.1%。

工业集群发展态势初步显现。全面实施产业集群工程,制定配套政策,狠抓平台拓展,致力引进、培育产业龙头,全力打造通信电子、汽配机电、香精香料、特钢产业集群。全年实现规模以上工业总产值239.93亿元,增长32.7%;工业生产性投入51.35亿元,增长16.5%;其中四大集群产业产值占比由2006年27.5%上升到30.9%,投入占比由2006年的34.6%上升到50.7%。骨干企业培育成效显著,年产值超亿元企业达到46家。工业效益稳步提升,规模以上企业利润、利税分别增长32.1%和33.8%。品牌战略深入实施,新增中国驰名商标7个、省级名牌产品4个。拓展产业集群发展空间,调整部分镇行政区划,进一步理顺嘉兴工业园区开发管理体制,嘉兴工业园区南区征迁工作进展顺利,基础设施建设加快推进。各镇工业功能区建设进一步加强,创业中心建设稳步推进,新增标准厂房19.44万平方米。

现代服务业加快发展。全区实现社会消费品零售总额99.42亿元,增长17%,第三产业税收达8.54亿元,增长30.1%。加快特色专业街区建设,建国路步行街、少年路服饰街、城南路餐饮休闲街等特色街区人气、商气日渐旺盛。嘉兴城市东南副中心发展渐入佳境,国际中港城、世茂新城、欧尚超市等项目加快推进,电气产业集群国际合作基地成功落户。积极发展楼宇经济,累计利用楼宇53.06万平方米,引进服务业企业1559家,注册资金18.68亿元,培育税收超千万元商务楼7幢。休闲观光百里长廊建设稳步推进,累计接待游客38.6万人次。嘉兴总部商务花园和文化创意产业园建设全面启动。

特色农业产业化稳步推进。在粮食播种面积稳定在32万亩的基础上,蔬菜、瓜果种植面积达到22.66万亩,增长2.8%,其中设施大棚种植面积4.6万亩,增长3.4%。特色优势产业渐成规模,十里桃花产业带与大桥万亩葡萄产业园基本建成,畜禽、水产养殖效益明显增加,被省政府认定为浙江省农业特色优势产业综合强区和畜牧强区。实施绿色农产品行动,3个农产品通过省无公害农产品产地认证,2个农产品通过农业部无公害农产品认定。全区农业龙头企业和农民专业合作组织分别发展到41家和31家,分别比2006年增加了1家和8家。

开放水平进一步提高。紧紧围绕培育产业集群,创新招商方式,积极推进产业招商和目标招商,鼓励和支持企业主动内引外招,先后组织赴温、沪、粤、港等地举办专业招商、二次招商36场次。成功举办了第五届"南湖之春"文化经贸活动。成立了嘉兴·南湖(上海)发展顾问团,成功举办了产业与科技上海推介系列活动,接轨上海步伐加快。合同利用外资5.15亿美元,实际利用外资1.41亿美元,分别增长71%和74%;引进区外内资62.86亿元,其中市外内资27.44亿元,增长35.2%;实现进出口总额7.82亿美元,增长53.8%,其中出口5.91亿美元,增长47.3%,进口1.91亿美元,增长78%。

科技创新进一步加快。大力实施创新推进工程,全面推进科技创业"六百"计划(即完成100万平方米科研、职业教育用房建设;联建、共建100家研发实体或机构;创立100家高科技企业;聚集100名高端人才;孵化100项产业化知识产权;培育100家软件与中介服务企业),浙江省区域创新副中心核心区建设步伐加快。浙江清华长三角研究院创业大厦、中科院嘉兴中心一期工程等基础设施建设顺利推进,中科院沈阳金属所、世界500强企业国际科技园等项目成功入驻,通信园、软件园等开工建设,嘉兴科技城"双核六园"("双核"是指浙江清华长三角研究院和中科院嘉兴应用技术研究与转化中心,"六园"是指软件园、通信园、芯片园、生物园、孵化园、国际园)建设步入快速发展期。国家农业科技园区顺利通过省级验收。创新主体进一步激活,全区新列入国家级科技项目4项、省级各类科技项目59项、市级科技项目48项。新增省、市高新技术企业8家、科技型企业5家、专利示范企业2家、高新技术研发中心3家、农业企业科技研发中心2家。高新技术产业产值达到34.69亿元,增长53.1%,占全部规模以上工业总产值的比重由2006年的12.6%提高到14.5%。

机制创新进一步推进。制定扶持政策,全力推动企业股改上市,久珠香料、威能消防等企业股改上市前期工作进展顺利。探索城乡统筹发展新途径,研究制定系列配套政策,推进农用地经营权流转制度创新,全年流转农用地8370亩。破解要素制约难题,大力推进农村建设用地复垦,完成建设用地复垦验收3155亩,立项2125亩。调整和完善机构设置,组建区投资促进局和区新居民事务局。农村综合改革和行政执法权限委托下放有序推进。制定行业协会与行政机关脱钩的实施意见,促进和规范行业协会发展。

节能减排扎实推进。建立健全工作机制,加大执法监督管理力度,实施节能减排一票否决制。万元生产总值综合能耗下降4.4%、化学需氧量排放量下降4.5%、二氧化硫排放量下降3.6%三项约束性指标全面完成。严把源头关,对28个污染严重项目实行了环保一票否决。加大环保执法力度,限期治理企业20家,停产治理企业8家,取缔关闭企业4家。完善环保基础设施,污水管网二期工程建设扎实推进。深入开展黏土砖瓦行业整治,关停黏土砖瓦窑3座。加大市区污染源整治力度,淘汰浴室锅炉13台。坚持治旧控新、堵疏结合,深入推进农业农村水源污染治理,加大违法搭建和违规直排的查处力度,新建沼气池877处2.33万立方米,初步实现生猪重点产区畜粪收集处理全覆盖。大力发展循环经济,申报各类节能节水项目25项,新增清洁生产企业10家。

【城乡建设】 城乡建设管理不断改善。完善城乡基础设施,07省道整治工程、余新—步云公路、新丰—大桥公路和余新—大云公路等项目进展顺利,新改建农村联网公路42.1公里、到组道路235.5公里。18条小街小巷和10个开放式小区整治改造全面完成。以创建国家卫生城市为抓手,深入开展市容环境、农贸市场、"五小"行业等9大专项整治工作,城市面貌明显改善。大力开展和谐社区创建,社区管理服务水平得到提升。成功创建省"平安畅通区",道路交通安全管理网络进一步完善。建成79个城市园林绿化小品,新增绿化面积4753亩,全国绿化模范城市创建达到国家标准。抓好经济适用房建设和廉租住房保障工作,建成经济适用房3.65万平方米。加快推进中心镇建设,新丰镇被列为浙江省强镇扩权试点镇。深化村庄整治,继续推进农村生活垃圾集中处理,完成河道清淤310公里,实施河道保洁828公里。铺设农村饮用水管49.7公里,农民安全饮用水管网实现全覆盖。启动农村新社区建设,完善农村公共服务体系,促进农民自主创业,全面开展农村信息化、新农村电气化创建工作,新农村建设呈现新气象。

【社会事业】 社会事业全面发展。积极推进城乡统筹就业,累计新增城乡就业12463人。以创业促就业,在全省首创农民自主创业保险。教育事业持续发展,区属幼儿园46所,小学35所,小学教学点1所,完全中学1所,初级中学15所,农村成人学校6所。在校学生7.12万人,其中小学3.79万人、初中2.08万人。教职工4772人,其中小学1978人、中学1523人。全区小学、初中入学率均达到100%,初中毕业生升入高中段的比例达到96.82%。小学入学率、巩固率、三残儿少入学率继续保持100%。顺利承接市区义务教育学校管理权限下放,开工建设北师大南湖附属学校。卫生事业健康发展,全区现有12家社区卫生服务中心,下设64家社区(村)卫生服务站,共设床位361只,卫生技术人员378人。深入实施"农民健康工程"、"社区健康促进工程",成功创建省级社区卫生服务先进区。切实加强基层文化建设,城乡文体十大联赛蓬勃开展。成功承办了省第八届广场文化艺术节暨第五届"南湖合唱节",区级机关合唱团等3支合唱团在全省大赛中荣获金奖。举办了第三届"睦邻节"。启动省级体育强区创建,新丰、七星镇通过省体育强镇验收,菜花泾、明月社区通过省城市体育先进社区验收。96345社区服务求助中心覆盖面与服务领域进一步扩大,新型社会救助体系不断完善,为老服务覆盖城乡。强化基层平安创建工作,各类矛盾纠纷调处率达98.8%。严厉打击违法犯罪行为,各类刑事案件同比下降3.4%。深入开展产品质量与食品安全整治,各项目标任务全面完成。区应急指挥中心一期顺利建成。高度重视防灾减灾等工作,安全生产形势总体平稳。

【民主法治】 精神文明、民主法制和政府自身建设进一步加强。扎实推进城乡精神文明建设,深化文明镇(街道)、文明村(社区)和文明单位、文明家庭创建。以"法律七进"为载体,全面推进"五五"法制宣传教育。深入贯彻落实行政许可法,政府法制工作切实加强。廉政建设和反腐败斗争深入推进,继续深入开展治理商业贿赂等专项工作。以"树创"活动为引领,扎实开展"作风建设年"活动,机关效能建设进一步加强。

秀　洲　区

【概况】 嘉兴市秀洲区东临南湖区、嘉善县,南连海盐县、海宁市,西接桐乡市,北靠江苏省吴江市。全区总面积542平方公里,下辖5个镇、4个街道、122个行政村、41个居委会。2007年底总人口35.2万人,其中非农业人口9.2万人,年人口自然增长率0.16‰。

【经济建设】 2007年,全区实现地区生产总值130.8亿元,增长14.6%,其中第一产业10.95亿元,增长4.3%,第二产业80.35亿元,增长15.7%,第三产业39.51亿元,增长15.4%。完成财政一般预算总收入15.8亿元,增长39%,其中区级地方财政收入5.3亿元,增长30.9%。完成全社会固定资产投资96.5亿元,增长7.6%。城镇居民人均可支配收入19238元,增长12.3%,农民人均纯收入10070元,增长14.3%。

都市农业稳步发展。粮油生产保持稳定,全区粮食作物种植面积达38.8万亩,增长2.6%,油菜种植面积达8.8万亩。农业产业化经营步伐加快,新增农民专业合作社14家,农业订单销售额1.9亿元。农产品竞争力不断增强,通过绿色食品认证1个、国家无公害农产品认证4个、无公害生产基地检测6个,"王店三园鸡"通过国家地理标志产品保护评审,"南湖"牌葡萄成为省名牌农产品。休闲观光农业发展迅速,共接待游客33.5万人。加强动植物防疫检疫监管,油车港镇荣获省级"动物防疫示范镇"称号。顺利完成第二次农业普查工作。

新型工业扩量提质。全年完成工业生产性投入51.2亿元,增长15.7%。特色产业集群化步伐加快,现代纺织、家电、机械制造、电子信息四大特色产业实现工业总产值195亿元,增长23.7%,占规模经济总量的78%。优势企业组团化成效明显,12个优势企业产业园完成零土地技改投入3.8亿元,实现销售收入40亿元、利税3.5亿元。竞争力规模龙头企业带动效应增强,实现销售收入115亿元、利税10亿元,其中年销售超亿元企业45家、超5亿元企业7家。品牌创建取得突破,"海利士"、"品格"等5件商标成为中国驰名商标,新增国家免检产品1个、省名牌产品1个、省著名商标2件。洪合镇获"中国毛衫名镇"称号。

现代服务业活力增强。现代商贸日益繁荣,实现全社会消费品零售总额43.5亿元,增长16%。现代物流快速发展,成功举办'2007中国现代物流(秀洲)论坛,启动嘉兴现代物流园,开工建设沃尔玛(嘉兴)配送中心。特色专业市场建设取得进展,嘉兴毛衫城南区投入使用,嘉兴·中国南方纺织城一期建设进展顺利,全区专业市场成交额53.5亿元,增长13.2%。全区金融机构存款余额112亿元,贷款余额76.2亿元,比年初分别增长14.6%、21.6%。

各项改革不断深化。积极推进行政管理体制改革,秀洲新区、秀洲工业园区合署办公,成立高照街道、区新居民事务局和区第三产业发展局。农村综合改革深入推进,调整了区对镇财政管理体制。公共财政管理体制进一步健全,财政资金重点向社会保障、公共服务倾斜,其中民生方面支出占41.1%,增加2.2个百分点。加强国有资产运营监管,50.1亿元国有经营性资产纳入监管范围。建立新型农技推广体系,推进种子经营体制改革。开展农村住房抵押贷款试点工作。积极推进台华等企业股改上市工作。

开放水平不断提高。突出招强选优,成功举办'2007嘉兴秀洲经贸洽谈会和英国博尔顿、西班牙巴塞罗那等国内外招商活动。全年新批外资、增资项目71个,合同利用外资3.4亿美元,增长13.1%,实际利用外资1.6亿美元,增长64.7%。引进区外资金20亿元。对外贸易增势强劲,进出口总额10亿美元,增长32.5%。新批境外企业(办事处)3家,豪杰金属家具在美国成功设立分公司。接轨上海、对口支援与"山海协作"取得积极进展,与英国博尔顿市、德国歌深新齐陶市建立友好交流城市关系。

自主创新步伐加快。科技创新能力不断增强,成功创建省科技强区,科技进步跨入全国先进行列。产学研合作积极推进,与浙江大学、清华长三角研究院等合作交流进一步加强。创新平台培育力度加大,亿元以上规模企业技术研发中心覆盖率达84%。列入各级科技计划项目131项,其中省级重大科技专项项目3项。新增省科技型中小企业9家。专利工作不断强化,全年授权专利267件。强化人才培养和引进,全年引进各类人才1687名。

节能减排有效推进。投入2.3亿元,实施节能节水技改项目32项,全区规上企业万元工业增加值综合能耗下降8%。狠抓主要污染物减排,实施总投资超亿元的五大废水减排工程,即汇源纺织染整有限公司投入4500万元、欣悦印染有限公司投入2500万元、天伦纳米染整有限公司投入1500万元、新永联纺织整理有限公司投入1500万元进行设备工艺改造和新建废水深度处理回用设施,洪合环境工程公司在生化处理设施已有的情况下,再投入780万元,分年度建造废水膜处理深度处理设施,化学需氧量和二氧化硫排放量实现双降。大力推进循环经济,全年实施清洁生产试点企业21家、循环经济试点园区1个、循环经济试点企业8家。加强环境保护,积极推进"生态秀洲"建设,新塍镇获"省级生态镇"称号。成立镇(街道)环保监察中队,加大环保执法力度。

新区品位不断提升。编制秀洲新区、秀洲工业园区城市赶超战略规划和秀洲新区北区产业规划,优化功能布局。推进行政商贸区建设,大润发、江南摩尔等大型商业业态活力增强。加快商务核心区建设,加大"退二进三"工作力度,京润大厦暨嘉兴建筑业总部大厦、浙江新安国际医院等建设进展顺利。启动嘉兴国际生态商务区建设,上海科技京城嘉兴科技商务园签约落户,纯高现代商务园开工建设。组建市容管理中心,建立街道城市管理行政执法中队,加强城市管理。

【城镇建设】 城镇建设步伐加快。编制各镇城乡协调发展规划,明确发展方向。城镇规模不断扩大,镇区基础设施建设加快,王江泾大桥、油车港吉祥大桥建成通车,全区城镇建设总投入32亿元,建成区面积达39平方公里,城市化水平达45.5%。城镇综合实力不断提高,王江泾镇连续三年进入全省百强镇行列。启动集镇社区整治提升工程,完善基础设施,强化公共服务,集镇面貌明显改善。建筑业发展加快,全年实现产值27.4亿元,增长43.5%。

基础设施日益完善。投入12.7亿元,加快交通工程建设。完成申嘉湖高速公路及连接线、07省道王江泾段、南郊河秀洲段等工程建设,桐乡大道秀洲段建设进展顺利,建成30公里连村公路、105公里到组道路,公交通村率达99.1%,改造县道及农村桥梁36座。加快城镇生活污水集中处理工程建设。扎实推进农业和水利基础设施建设,完成北部三镇防洪工程规划,疏浚河道314公里,实施土地整理(标准农田)3万亩。加快推进农村饮用水安全保障工程,新塍镇、王江泾镇一级供水管网建成通水,二、三级供水管网有序推进,受益人口10.8万人。

新农村建设扎实推进。编制101个村庄布局规划,开展农民集中居住试点。创建5个省级全面小康建设示范村、6个市级重点整治村,提前一年完成"十村示范,百村整治"工程。王店镇建林村成为全省新农村建设生态景观建设样板村和"浙江美丽乡村"。加快农业面源污染治理,新建127个沼气池。完成4个镇38个村新农村电气化改造。大力实施绿化造林,全区绿化覆盖率提高到16.9%。

【社会事业】 各项社会事业全面进步。建立"以区为主,分级管理”的基础教育管理体制,深入推进素质教育,秀洲新区实验学校投入使用,19 所学校通过省标准化学校验收。成功举办第三届中国农民画艺术节,秀洲·中国农民画艺术中心(新址)奠基。文化信息资源共享工程实现全覆盖,市图书馆王江泾镇分馆顺利开馆。积极开展全民健身活动,成功举办特奥会(秀洲)火炬跑迎圣火仪式,圆满完成波兰代表团社区接待任务。切实加强人口计划生育工作,全区计划生育率 98.7%。加强农村社区卫生服务体系建设,创建省级规范化社区卫生服务中心 3 个。积极创建国家卫生城市,加大市容环境整治力度。规范档案管理,区档案馆成为省二级馆。深化精神文明创建活动,大力弘扬社会主义荣辱观,切实加强公民道德建设和未成年人思想道德教育。拥军优属、拥政爱民和军民共建活动深入开展,人民武装、民兵预备役、人防等工作取得新成绩。

【社会保障】 社会保障体系得到健全。开展“充分就业社区(村)”创建,全年投入再就业专项资金 811.3 万元,新增就业岗位 3540 个,帮助 1860 名城镇失业人员实现再就业。全年农业技术、转移培训 17566 人,转移农村劳动力 7140 人。扎实推进城乡居民社会养老保险工作,自 10 月份开始,累计为 70 周岁以上无保障老人发放生活补助金 309.9 万元。城乡居民合作医疗保险参保率达 95.1%,合作医疗补偿额 2685.9 万元。为 4481 名城乡困难群众发放低保救助金 534.4 万元。农村五保、城镇“三无”对象集中供养率达 99.1%。社会慈善事业进一步发展,发放慈善救济金 260.1 万元。百户居家养老工程顺利推进。残疾人就业扶贫力度进一步加大。

社会稳定工作有效加强。大力推进“平安秀洲”建设,完善打防控一体化机制,严厉打击各类违法犯罪活动。深入开展“化解社会矛盾、共建和谐家园”活动,建立“百千万”调解组织网络,各类矛盾纠纷调处成功率达 98.5%。高度重视信访工作,全区信访总量下降 61.9%。切实加强安全生产工作,每月开展安全生产大检查,重点抓好洪合镇消防安全等专项整治工作。加大消防设施投入,区公安消防大队营房落成使用。积极做好道路交通安全工作。切实加大食品、药品安全监管力度,成立区食品安全检验检测中心。

【政务工作】 “作风建设年”活动深入开展。深化机关效能,改进文风会风,倡导高效、务实的工作作风,创建市级群众满意基层站所(办事窗口)10 家。认真开展领导干部蹲点调研,扎实推进“走进矛盾,破解难题”专项行动,推动工作落实。强化制度规范和纪律约束,完善惩防体系,加强源头防腐,干部廉洁自律的自觉性进一步增强。

民主法制建设继续推进。认真执行人大及其常委会的决议、决定,支持人民政协行使政治协商、民主监督、参政议政的职能,认真办理人大代表意见、建议和政协委员提案,与各民主党派、工商联和工会、共青团、妇联、科协等人民团体的联系进一步密切。政府决策的民主化和科学化程度进一步提高,聘请区政府决策咨询顾问。深入贯彻行政许可法和依法行政实施纲要,成立区政府法律顾问室。认真做好“五五”法制宣传教育,开展“法律八进”活动。统计、审计、民族宗教、台湾事务、侨务和外事等工作取得新进展。

政府服务能力不断提高。建立审批办证电子平台,审批提速率、即办率分别达 41%、50%。加强电子政务建设,进一步提高政府工作透明度。积极承办“市长电话”,努力为群众排忧解难,承办 2913 件次,反馈率 100%,办结率 97.5%。认真组织,狠抓落实,顺利完成集镇社区整治提升、基层文化建设等十件政府实事工程。

(付冬花提供)

西塘镇社会主义新农村

绍 兴 市

【历史沿革】 夏称於越,亦称大越,简称越。春秋时期,於越民族以今绍兴一带为中心建国,称越国。秦王政二十五年,降越君,称会稽郡。晋称会稽国,为东扬州治所。隋开皇九年改置吴州,治会稽县。大业元年起称越州,此后越州与会稽郡名称交替使用。南宋高宗赵构取"绍奕世之宏休,兴百年之丕绪"之意,于建炎五年改元绍兴,升越州为绍兴府,是为绍兴名称之由来,并沿用至今。绍兴从新石器时代中期的小黄山文化开始,至今已有约9000年历史。越国古都建于公元前490年,距今已有近2500年建城史。1949年5月,绍兴全境解放。6月,设浙江省第十专区,辖绍兴、上虞、嵊县、新昌、诸暨、萧山6县,余姚划归第二专区(宁波)。10月改为绍兴专区,并析绍兴县城区置绍兴市(今绍兴城区),析绍兴县置会稽县,时辖1市7县。1952年1月,撤销绍兴专区,原所辖绍兴、诸暨、萧山3县及绍兴市改由省政府直属,上虞、嵊县、新昌划属宁波专区。1953年2月至1963年12月,辖县又数经归属变动。1964年9月,复设绍兴专区,驻绍兴县,辖绍兴、上虞、嵊县、新昌、诸暨5县。1968年5月,改名为绍兴地区,并成立绍兴地区革命委员会。1978年9月,改名为绍兴地区行政公署。1983年7月,撤销绍兴地区,改设省辖绍兴市,置越城区,下辖越城区、绍兴县、上虞县、嵊县、新昌县、诸暨县。1989年9月,所辖诸暨县改设诸暨市(县级市)。1992年8月,所辖上虞县改设上虞市(县级市)。1995年12月,所辖嵊县改设嵊州市(县级市)。至2007年12月,绍兴市所辖1区5县(市)行政区划未变。绍兴市现为全国68个省会和中心城市之一,被国家列为首批全国历史文化名城,先后被国家授予"全国科教兴市先进市"、"全国科技进步先进市"、"全国双拥模范城市"、"中国优秀旅游城市"、"国家环境保护模范城市"、"国家卫生城市"、"全国创建文明城市工作先进城市"、"国家园林城市"、"最佳中国魅力城市"、"中国大陆最佳商业城市"、"国家节水型城市"、"中国品牌经济城市"、"中国生活质量较好百强城市"、"全国综合治理工作优秀市"、"中国人居环境奖"等荣誉,所属5县(市)全部进入全国百强县行列。2007年,城市综合实力由2005年全国百强第41位上升为第33位,城市环境综合整治考核居全省第1位。

【地理位置】 绍兴市位于浙江省中北部、杭州湾南岸,全境介于北纬29°13′36″~30°16′17″、东经119°53′02″~121°13′38″之间。东连宁波市,南临台州市和金华市,西接杭州市,北隔钱塘江与嘉兴市相望。东西长130.03公里,南北宽116.86公里,海岸线长40公里,总面积为8256平方公里。全境处于浙西山地丘陵、浙东丘陵山地和浙北平原三大地貌单元的交接地带,境内地貌类型多样,西部、中部、东部属山地丘陵,北部为绍虞平原,地势总趋势由西南向东北倾斜。在全市境域面积构成中,按类型分:平原面积1514平方公里,占18.34%;盆地面积1604平方公里,占19.43%;丘陵面积2644平方公里,占32.03%;台地面积461平方公里,占5.58%;山地面积2033平方公里,占24.62%。按性质分:陆域面积8031平方公里,河流海域面积225平方公里。市域内河道密布,湖泊众多,素以"水乡泽国"之称而享誉海内外。主要河流有曹娥江、浦阳江和浙东运河。主要湖泊有30多个,其中千亩以上的湖泊有14个,尤以镜湖为最,现已建成为绍兴·镜湖国家城市湿地公园;又以鉴湖最著名,为绍兴黄酒制作的唯一水源,是中国东南地区最古老的著名水利工程和旅游胜地,现已开发成国家4A级风景旅游区。

【行政区划】 绍兴市下辖绍兴县、诸暨市、上虞市、嵊州市、新昌县和越城区。2007年,越城区、嵊州市先后开展行政村规模调整,越城区开展行政区划调整工作,设立了迪荡街道办事处,由浙江绍兴经济开发区管委会代管。至年末,全市共有79个镇、15个乡、24个街道、441个(社区)居委会、2241个行政村。

【户籍人口】 年末,全市总户数1610767户,总人口4362407人,其中男性2199229人,女性2163178人,男女性别比为101.67:100,平均每户2.71人,总人口比上一年增加7361人,增长1.69‰;全市迁入人口45485人,迁出人口43005人,机械增长2480人,增长率0.57‰;全年出生34600人,死亡29410人,自然增长率1.19‰;全市有非农业人口1363171人,占总人口的31.25%,比上年增长3.03%;全市有待定户口人员8657人。

【经济发展】 全年实现生产总值1971亿元,增长14.3%(按可比价计算),增速较前两年有所提高;全市人均生产总值达45220元(按户籍人口计算),按现行汇率计算人均生产总值达到5947美元。6个县(市、区)有5个已达到"人均GDP超过4600美元",其中绍兴县超过1万美元;完成财政总收入237.1亿元,地方财政收入122.1亿元,分别增长28.4%和29.2%;城镇居民人均可支配收入21971元,农村居民人均纯收入9730元,分别增长12.8%和12.9%;全市实现社会消费品零售总额515.44亿元,同比增长17.0%,创近十年最高水平;全市居民消费价格上涨3.7%,涨幅低于全国、全省。第一、第二、第三产业占GDP的比重由上年的5.8:60.5:33.7调整为5.5:60.6:33.9。

【发展方式加速转变】 *产业结构逐步优化。*粮食综合生产能力稳步提高,生态农业有效推进;高新技术产业加快发展,增长领先全市工业11.8个百分点;第三产业比重有所提高,2007年占比较上年提高0.2个百分点。

*创新发展呈现良好势头。*全市共培育科技型企业1500多家,其中国家重点高新技术企业148家,占全省34%;省级高新技术企业310家,占全省16%。2007年,全市申请专利14103件,其中发明专利783件,同比分别增长115.4%和44.7%;新增中国驰名商标71件、中国名牌产品21只,新增数

均列全省第一。连续第6次被评为全国科技进步考核先进市,五个县(市)全部通过考核,首次实现"满堂红"。

节能减排取得明显成效。出台《绍兴市节能减排工作行动纲要》等多项意见,实行了差别化能源政策和新上项目的能评、环评制度,实现了项目增加、排放减少的良好发展态势。2007年固定资产投资增长10.1%,新增工业项目1000多项,预计万元生产总值能耗下降4%、二氧化硫排放量下降3.6%、化学需氧量排放量下降3.5%以上。

资源综合利用有新提高。工业用地全面推行招拍挂出让制度,城市居民生活用水实施阶梯式水价,市区试行排污权有偿使用和交易,全市开发区工业项目投资强度和单位面积产出分别达到280万元和329万元。

企业实力和活力不断增强。25家企业进入中国大企业大集团竞争力500强,45家企业跨入全国民企500强,均列全省第二位。"中国柯桥纺织指数"成功发布,轻纺产业集群、制袜产业集群、领带产业集群入选"中国百佳产业集群"。

【农业】 全市实现农林牧渔业总产值171.15亿元,增长13.1%,其中农业总产值99.49亿元,增长8.1%;林业13.61亿元,增长11.4%;牧业35.51亿元,增长32.7%;渔业21.65亿元,增长10.5%。

粮食生产实现"三增"。全市继续高度重视粮食生产,采取"扩早稻面积、重政策扶持、攻单产提升、育种粮主体、强社会服务、建抗防体系"等六大措施,稳定粮食生产,提高粮食综合生产能力,在自然灾害多发的情况下,粮食生产实现"三增",连续四年保持稳定增长。绍兴市又被评为全省粮食生产先进市,实现"三联冠"。

农业特色优势明显。全市已建立各类特色农业基地255.49万亩,其中"万字号"特色基地93个。3个县市被认定为省农业特色优势产业综合强县;18个乡镇被认定为省农业特色优势产业强镇;全市新增农产品名牌和基地352只(个)。农业标准化生产覆盖率达70%以上。

农业龙头企业持续发展。全年新增农业龙头企业85家,累计达1195家;企业固定资产达到87.62亿元,同比增长15.90%;新增年销售5亿元以上企业2家,亿元以上企业6家,全年农业龙头企业实现销售额233.19亿元,同比增长21.10%,实现利润14.99亿元,同比增长17.60%,农业龙头企业联结基地350370公顷,带动农户182.14万户。

新农村建设成效显著。2007年财政预算内用于"三农"的资金支出43.6亿元,同比增长25.6%。"百村整治、千村改造"工程新启动,小康示范村144个、环境整治村390个。行政村班车通达率达到98.2%。新增安全饮用水人口16万人,81%的行政村实现垃圾集中处理。

林业、水利建设进展明显。当年完成造林面积574公顷,幼林抚育实际面积4698公顷,封山育林面积31313公顷,森林覆盖率达到51.8%。新建县级以上绿色生态村100个,其中省级21个,绍兴市成功创建"省级绿化模范城市"。全年水利资金总投入16.80亿元;治理水土流失面积达到88.31千公顷,加高加固堤防32.0公里;到年底已建成水库553座,总库容12.97亿立方米。

【工业】 工业生产保持较快增长。全年完成全部工业增加值1077.45亿元,比上年增长16.3%。全市4440家规模以上工业企业实现总产值4868.46亿元,增长25.3%;实现新产品产值1071.48亿元,同比增长23.7%,新产品产值率22.0%。全市工业销售产值4765.23亿元,增长25.4%,产销率97.9%。全市完成销售收入10亿元以上的工业企业73家,当年新增17家。其中完成销售收入20亿元以上的企业38家,新增11家,完成销售收入50亿元以上的企业6家,新增1家,超80亿元以上的企业4家,新增2家。

工业经济效益明显提高。规模以上工业企业实现利税377.09亿元,增长32.3%,其中利润246.25亿元,增长35.0%。全年列入省考核的十一项经济效益指标综合考评得分252.59分,比上年同期提高13.97分,继续位居全省前列。

节能降耗成效显著。2007年全市规模以上工业累计消耗各类能源1103.05万吨标准煤,比上年增长3.4%,大大低于同口径工业产值增速21.9个百分点,每万元产值消耗标准煤0.2266吨,比上年下降17.5%。全市工业用电量203.64亿千瓦时,增长11.1%,单位工业增加值电耗下降4.42%,单位GDP电耗下降2.25%。

【固定资产投资】 2007年完成全社会固定资产投资843.27亿元,同比增长10.1%,其中,工业性投资521.86亿元,同比增长10.6%。在全部限额以上投资中,基础设施投资109.35亿元,下降26.0%;房地产开发投资178.59亿元,增长38.9%;农村投资237.55亿元,增长3.6%。

【建筑业】 全年按工程属地原则核算的建筑业增加值为117.77亿元(不含我市建筑企业在外地创造的增加值),比上年增长8.6%。全市完成建筑业总产值2073.19亿元(含我市建筑企业在外地的施工产值),比上年增长23.5%;全市房屋建筑施工面积25957.62万平方米,增长20.6%。全市建筑企业年产值超10亿元的达46家,超15亿元的达38家,超30亿元的达21家,超50亿元的达11家。全年工程质量合格率达100%,评出市级"兰花杯"25项,创浙江"钱江杯"25项,上海"白玉兰杯"37项,鲁班奖2项,国家优质工程3只,各项建筑经济指标继续保持全省第一和全国地级市之首。

【对外经济贸易】 进出口贸易保持较快增长。全市自营进出口192.95亿美元,同比增长38.3%,其中出口138.12亿美元,同比增长31.5%,进口54.82亿美元,同比增长59.1%。进出口额、出口额和进口额均居全省第三,其中出口增幅居全省第七,进口增幅居全省第四。全市出口超1000万美元企业301家,同比增加59家,出口超5000万美元企业24家,同比增加7家,出口超亿元企业9家,同比增加4家。加工贸易出口比重比去年同期提高1.4个百分点。机电和高新技术产品出口较快增长,同比增长48.1%和98.8%;化工及相关产品出口69055万美元,增长28.2%;纺织服装出口90.44亿美元,增长28.0%。

外资结构和质量优化。全市合同利用外资23.65亿美元,实际利用外资突破10亿美元,达到11.05亿美元,分别增长9.3%和13.7%。全市新批项目平均规模首次突破千万美元,达到1170万美元,同比增长31.3%,新增投资总额1000万美元以上项目159只,合同外资19.28亿美元,占全市总量的

81.5%。开发区(工业区)龙头作用仍较突出,全市12个重点开发区(工业区)实际利用外资占全市的76.7%。

对外经济合作取得突破性发展。全年新批境外投资企业92家,同比增长14家,总投资19065万美元,其中中方投资额17801万美元,同比增长184.8%。新签对外承包劳务合同额4.19亿美元,同比增长126.6%,完成对外承包劳务营业额3.36亿美元,同比增长41.5%。当年外派劳务238人,期末在外劳务1121人。

【邮电通信】 全年完成邮电业务收入41.24亿元,比上年增长13.0%。新增本地固定电话用户6.13万户,年末城乡固定电话用户(含小灵通)达242.78万户,固定电话主线普及率达55.65号线/百人;新增移动电话用户87.98万户,年末移动电话用户数达353.90万户,移动电话普及率达81.12部/百人。年末互联网用户数45.37万户。特快专递业务发展迅速,全年特快专递达116.04万件,同比增长15.0%;农村投递路线不断加长,当年新增1741公里。

【科技进步与创新】 绍兴市及所辖的5个县(市)全部被评为2005~2006年度全国科技进步考核先进市和县(市),所辖的5个县(市)全部成为浙江省科技强县(市)。科技综合实力列全省第3位;中国城市自主创新科学评价结果绍兴列全国地级市自主创新综合评价榜第8位;国家统计局城市创新环境评价绍兴列全国第10位、全省第2位。全年新上省级以上各类科技计划项目742个,其中火炬计划立项数创历史最高水平,占全省的28%,列全省各地级市第1位。新增省级高新技术研发中心31家,列全省第1位,其中省级重点高新技术研发中心占全省的38%,居全省前列。全市专利申请量为14103件,比2006年增长115.40%,连续第3年实现翻一番,居全省排名第1位;专利授权量为5166件,同比增长99.80%,居全省排名第4位;每万人专利申请量和授权量分别为32.44件和11.88件,分别位居全省地级市第1位和第2位。

【城市环境质量】 全年全市环境空气质量良好以上天数占总天数的比例达到87.1%,县级以上集中式饮用水源水质达标率100%,全市工业废水排放达标率达到97.8%以上,工业固体废物综合利用率80.8%,生活垃圾无害化处理率100%,生活污水集中处理率68.9%。全市污水处理厂4个,集中式污水处理能力达102.5万吨/日,污水管长度达1194公里。全市建成各级环境监测站6个,年末全市共有自然保护区(报国家口径)11个,自然保护区面积达6954公顷,烟尘控制区面积543平方公里,环境噪声达标区面积172平方公里。城市绿化工作进一步加强,市区建成区绿化覆盖率为43.1%。

【社会事业】 教育事业健康发展。现代国民教育体系不断完善,教育资源配置日趋合理。2007年末,全市共有幼儿园862所,在园幼儿13.06万人;小学531所,在校学生32.01万人;普通中学193所,在校学生27.33万人,其中普通高中43所,在校学生10.25万人;中等职业学校32所,在校学生6.98万人;普通高校5所,在校学生4.41万人。教育普及程度持续提高,全市学前三年入园率达97.8%,小学入学率、巩固率保持100%,全市义务教育段学龄人口入学率、巩固率均提高到100%,初中升高中比率为97.8%,高等教育毛入学率达47.0%。教育质量稳步提高,2007年普通高考上线率和录取率分别为92.3%和80.6%,比全省平均分别高出8.8个和8.1个百分点。教育投入稳步增加,全市预算内教育事业费拨款24亿元,比上年增长17.6%。

文化事业繁荣发展。成功举办国家级规格的公祭大禹陵活动、中国纺博会,成功承办第四届鲁迅文学奖颁奖典礼,成功申办2010年第六届世界合唱比赛。27个项目入围第二批省级非物质文化遗产目录。年末全市拥有艺术表演团体6个,公共图书馆6个,总藏量168.24万册;国家级文保单位16个,文物藏品实际数量8.39万件;群艺馆、文化馆6个;文化站117个;电影放映单位74个。已有电视台1座,广播电台1座,广播电视台5座,广播电台全年播出49367小时,电视台全年播出45107小时;年末有线电视用户数达126.66万户,数字电视用户达21.97万户,分别比上年增长7.0%和68.0%。

体育事业蓬勃发展。2007年我市开展"全民健身与奥运同行"系列群体活动,举办了有史以来最大规模的绍兴市第二届体育节;第一次组队参加第六届全国城市运动会,共有60余名运动员参加了7个项目的比赛,取得了一金二铜,列全省第三。共有10个镇创建省级体育强镇,2个街道9个社区创建省级先进街道(社区)。体彩事业稳步推进,全年完成销售额达2.6亿元,居全省第4位。全市新建体育场馆2个,游泳池1个,年末体育场馆和游泳池分别为60个和24个。

【社会保障体系】 社会保障体系不断完善。按城镇口径统计,年末全市基本养老保险参保人数107.68万人(含机关、事业),比上年增加10.36万人;基本医疗保险参保人数71.70万人,比上年增加13.61万人;失业保险参保人数52.92万人,比上年增加7.66万人;企业工伤保险参保人数101.81万人,比上年增加47.0万人;女工生育保险参保人数31.57万人。农村养老保险参保人数(包括被征地农民)达到88.68万人,比上年增加1.26万人。绍兴被列为全国城镇居民基本医疗保险试点城市,全市城镇居民医疗保障覆盖率和参保率均列全省第1位。

就业局势保持稳定。全市城镇新增就业人员70533人,下岗失业人员实现再就业23083人,帮助就业困难人员实现再就业5471人。全市城镇登记失业率为3.25%。至年底,全市的163个社区有108个社区创建成充分就业社区,占66.26%。

社会福利事业继续发展。年末全市共有最低生活保障对象47890人,其中城镇8303人,农村39587人;全年最低生活保障资金支出7372万元,其中城镇2254万元,农村5118万元。年末全市共有收养性社会福利单位178个,床位14504张,在院人数5983人。五保人员集中供养率99.9%,三无人员集中供养率100%。全年优待优抚对象6595户,优待总金额5731万元。城镇社区服务设施1552个,农村(社区)老年活动室3043个,老年协会2743个。发行福利彩票3.95亿元,比上年增长77.9%;全市240家福利企业安置残疾职工1.12万人。

越城区

【概况】 实际管辖面积188.49平方公里,辖3镇5街,115个行政村(其中6个行政村委托绍兴经济开发区迪荡街道管理),59个社区居委会和4个镇属居委会,2007年末总人口为41.22万人,其中农业人口9.54万人。2007年全区实现地区生产总值345亿元,同比增长13.2%;全社会固定资产投资71.5亿元,增长11%;社会消费品零售总额127.9亿元,增长16.9%;万元工业产值能耗、化学需氧量排放量、二氧化硫排放量分别下降12.5%、6.7%、9.4%。城镇居民人均可支配收入和农村居民人均纯收入达到21717元和10900元,分别增长13.24%和13.19%。2007年,越城区先后获得全国科普示范区、南京军区国防动员工作先进单位、浙江省新型农村合作医疗工作先进区、浙江省规范教育收费示范区等荣誉称号。

【现代服务业蓬勃发展】 全区第三产业服务业实现销售220.7亿元,同比增长16.4%。招商引资成效明显,成功引进商贸企业15家。抓好家私城培育,创三星级及以上市场3家,成功举办浙江第五届家私博览会。3只市级商贸重点建设项目动工建设。成功创建9家商业示范社区(村)和2家首批“三星级”放心店。

【都市型工业稳中见好】 全区规模以上工业企业完成销售187.2亿元,同比增长17.2%;工业性投入28.8亿元,增长8.9%;市级重点项目完成投资4.4亿元。新增规模以上工业企业13家、销售超5000万元工业企业8家、销售超5亿元工业企业2家、销售超20亿元工业企业1家,9家工业企业进入上市企业培育资源库。全年完成自营出口10.9亿美元,同比增长27.8%,进口1.8亿美元,同比增长42.9%;合同利用外资和实到外资分别为5077.7万美元和1634.3万美元。已批境外投资企业(窗口)5家,4家企业赴境外设立了分销网络。

【城郊型农业活力显现】 农业产值、销售分别为10.7亿元和10.4亿元,同比分别增长10.8%和11.5%。农业企业完成投入2亿元,同比增长11%;新建休闲观光农业园3家。种子种苗产业全年销售2亿元,同比增长24%;11只农产品获省农博会金奖。加强农田水利基本建设,农业综合生产和防灾减灾能力得到提高。

【科技创新和品牌创建取得成效】 建成区科创中心并正常运行。积极培育高新技术企业和科技型企业,新认定市级以上高新技术企业31家,其中省级5家、国家级3家;新培育区级以上科技型企业97家,列入市级以上科研项目110项,全年专利申请量3000余件。全年创中国名牌2只,中国驰名商标3只,浙江名牌3只,绍兴名牌11只,绍兴著名商标3只。

【社会事业长足进步】 新组建教育集团2个,基本完成6所学校新建、扩建工程,新增“省万校标准化”学校3所;启动义务教育经费保障机制改革,全面完成农村中小学“四项工程”。新建2家社区卫生服务站,社区卫生服务人群覆盖率和农村公共卫生服务项目到位率均达85%以上;新一轮新型农村合作医疗工作覆盖率达96.8%,参合农民健康体检累计达8.4万余人,体检率达80%;完成区疾控中心的异地迁建和4个卫生监督分所建设并投入使用。稳定低生育水平,人口自然增长率控制在1.8‰以内。积极成立基层群众文体协会,组织开展区首届篮球联赛,完成12个小康体育试点村健身器材安装工作;成功举办了第四届越城“邻里节”和第三届越城“读书节”;鉴湖镇成为市级“文化示范镇”。平安建设全面深化,综合治理水平得到提升,公共事件应急处置能力不断加强。

【农村居民家庭人均纯收入首次破万元】 农村居民家庭收入取得了显著提高。2007年实际管辖范围内农村居民家庭人均纯收入突破万元大关,达到10900元,比2006年同期增长13.19%,在绍兴市六个县、市(区)排名中绝对额位居第二位。农民收入增速同比提高了2.69个百分点;农民收入增速与城镇居民收入增速差距不断缩小,由2006年0.2个百分点缩小到0.05个百分点。

【建立迪荡街道】 3月,越城区设立了迪荡街道办事处,由浙江绍兴经济开发区管委会代管。街道区域四至为:东至二环东路,西至东池路和环城东路,南至人民东路,北至二环北路。面积为7.0平方公里,街道办事处设在云东路226号(原迪荡新城开发办办公楼)。

【成立全省首家“农字号”科创中心】 绍兴市农业科技创业中心暨越城区科技创业中心于2007年7月起试运行,11月份正式成立。至年底已有江南大学绍兴市农产品深加工研发中心、咸亨绍鸭制品研发中心等9家农业企业、科研机构入驻科创中心。中心对入驻企业给予多项优惠,如国内外高校、科研院所在科创中心创办研发基地或工程中心,中心将免费3年提供100平方米的研发场地。区政府还设立了每年50万元的专项扶持资金,并派出专业科技人员协助科创中心运作。此外,中心还建有10万平方米的标准厂房,使科研产品及时走上生产线,以提高农产品的竞争力。

绍兴市

舟 山 市

【概况】 “千岛之城”舟山座坐于长江口东南侧，杭州湾外缘的东海洋面上，是我国唯一以群岛设立的地级市。全市共有大小岛屿1390个，其中常年有人居住的岛屿103个。境域东西长182公里，南北宽169公里，总面积为2.22万平方公里，其中海域面积2.08万平方公里，岛屿陆地面积1257平方公里，潮间带183平方公里，是全国最大的岛群。本岛东西长45公里，南北宽18公里，总面积(包括潮间带)502.65平方公里，列台湾岛、海南岛和崇明岛之后，是我国第四大岛。舟山得海独厚，得景独秀，得港独优，依托海洋资源优势，大力发展海洋经济，在全省乃至全国形成了独具魅力的城市特色。

【历史沿革】 舟山群岛开发历史悠久。据历史记载和出土文物考证，属河姆渡第二文化层年代，远在新石器时代，就有人类在这里生息劳动。春秋时，舟山属越，称“甬东”(甬江之东)，又喻称“海中洲”。据《史记》注释，“甬东，即句章县(今日之宁波)东海中洲也”。唐玄宗开元二十六年(公元738年)置县，以境内有翁山而命名为“翁山县”，归属明州。北宋神宗熙宁六年(公元1073年)，再次设县，更名为“昌国县”。元初升为“昌国州”。清康熙二十七年(公元1688年)，改名称“定海县”，道光年间升为“定海直隶厅”。辛亥革命后，恢复定海县建制。民国三十八年(公元1949年)分为定海、翁洲两县。1950年5月舟山解放后，成立定海县人民政府，1953年3月设立舟山专员公署，1958年改为舟山县，1962年恢复舟山专员公署，1967年改称舟山地区。1987年1月经国务院批准，撤地建市。

【地理位置】 舟山市地处我国东南沿海，长江口南侧，杭州湾外缘的东海洋面上。介于东经121°31′~23°25′，北纬29°32′~1°04′之间，北靠上海、杭州、宁波大中城市群和长江三角洲等辽阔腹地，面向太平洋，具有较强的地缘优势，踞我国南北沿海航线与长江水道交汇枢纽，是长江流域对外开放的海上门户和通道。

【行政区划】 舟山市下设定海、普陀2区，岱山、嵊泗2县。全市乡镇街道为43个，行政村414个。其中定海区下辖7镇、3乡，6个街道，普陀区下辖5镇、3乡、5个街道，岱山县下辖6镇、1乡，嵊泗县下辖3镇、4乡。

【人口】 2007年全市户籍总人口96.69万人，比上年增加0.11万人。其中男性人口48.45万人，女性人口48.24万人。全年出生人口6783人，死亡人口6579人，人口自然增长率为0.21‰。迁入人口1.95万人，迁出人口1.86万人，人口机械增长率为1‰。年末全市常住人口103.5万人，城镇人口比重为61.5%。

【资源物产】 舟山拥有丰富独特的“渔”、“港”、“景”海洋资源。舟山渔场是全国最大的渔场，也是世界四大渔场之一，水产资源丰富，海域内盛产鱼、虾、贝、藻类等海水产品，据统计，共有海洋生物1163种，按类别分：有浮游植物91种、浮游动物103种、底栖动物480种、底栖植物131种、游泳动物358种。捕捞的主要品种有带鱼、鲫鱼、马鲛鱼、海鳗、鲐鱼、马面鱼、石斑鱼、梭子蟹和虾类等40余种。素有“东海鱼仓”和“中国渔都”之美誉。沈家门渔港与挪威的卑尔根港、秘鲁的卡俄亚港齐名，为世界三大著名渔港之一。舟山港可建码头岸线有1538公里，其中水深10米以上的深水岸线有164公里，水深15米以上、可建10万~25万吨级以上泊位的岸线103公里。港域面积1000平方公里，主航道可通行20万吨以上船舶，舟山东部海域的国际航线能够通行30万吨以上巨轮，是中国沿海建设深水大港的理想之地。舟山海洋风光秀丽，境内有中国四大佛教名山之一“海天佛国”普陀山、“列岛风光”嵊泗两个国家级风景名胜区和“蓬莱仙岛”岱山、“金庸笔下”桃花岛两个省级风景名胜区。此外，舟山还有丰富的传统名特产：海带、紫菜、蚂蚁虾皮、糯米虾、舟山白鹅、普陀水仙、金头蜈蚣、马目泥螺、花岗岩、洛泗座油、新木姜子、皋泄杨梅、黄金瓜、普陀佛茶等。

【经济发展概况】 2007年，全市人民在市委、市政府的领导下，坚持以科学发展观统领全局，深入实施省委“创业富民、创新强省”、市委“以港兴市、全面跨越”战略，按照“总量做大、产业做强、产品做精、基础做实、和谐做好”的总体要求，努力做好“以港兴市、工业强市、服务富市”三篇文章，全年经济实现又好又快发展，各项社会事业全面进步，城乡居民生活不断改善，国民经济和社会发展取得明显成效。2007年，全市国内生产总值为408.52亿元，按可比价格计算，比上年增长17.0%，增速居全省各市首位。按户籍人口计算的人均生产总值为42275元，约5560美元。全市海洋经济总产出815亿元，比上年增长18.8%，海洋经济增加值262亿元，比上年增长18.3%，占全市生产总值比重达到64.5%，是全国海洋经济比重最高的地级市之一。全年实现财政总收入52.56亿元，比上年增长41.6%。地方财政一般预算收入35.06亿元，增长44.5%。地方财政一般预算支出56.52亿元，增长38.5%。全年全社会固定资产投资279.63亿元，比上年增长27.7%。其中限额以上项目投资额274.61亿元，增长30.7%。全年城镇居民人均可支配收入19856元，比上年增长13.3%，扣除价格上涨因素，实际增长8.7%。全年渔农村居民人均纯收入9725元，比上年增长16.7%，扣除价格上涨因素，实际增长12.0%。全年工业总产值642.53亿元，比上年增长27.1%，其中规模以上工业总产值486.08亿元，增长29.4%。以船舶修造为龙头的临港工业大力推进。2007年临港工业总产值430.16亿元，增长31.9%，占全部工业比重达到66.9%，其中船舶修造业产值192.87亿元，增长80.3%。重工业发展迅猛，重轻工业产值两者比例由上年的45∶55调整为56∶44，重工业产值首次超过轻工业。渔农业结构继续调整,渔业生产保持平稳发展。2007年水产品总产量123.83万吨,比上年下降1.1%,其中地方渔业产量119.16万吨,下降1.9%。年末有远洋渔船206艘,全年远洋渔业产量16.26万吨,比上年增长8.0%。全市海水养殖面积8410公顷,减少4.9%,海水养殖产量11.59万吨,下降3.0%。全年有7个渔农产品通过全国无公害农产品、绿色(有机)食品认证。渔民转产转业工作保持稳定,年末有机动渔船8966艘,其中生产渔船7705艘,比上年减少168艘。渔船总功率141.92万千瓦,增加0.42万千瓦,其中生产渔船119.83万千瓦,减少2.04万千瓦时。"暖人心、促发展"工程深入实施,"双转"渔民的技能培训成效显著。全年新增渔农民转移就业培训10906人,有11948名渔农村富余劳动力实现了就业。以海洋文化为载体,旅游节庆活动得到进一步拓展和创新,以旅游项目开发为重点,海洋旅游精品工程建设进一步推进,"海天佛国,渔都港城——中国舟山群岛"旅游品牌进一步打响。成功举办了第九届中国舟山国际沙雕节、第五届中国海鲜美食文化节、第五届普陀山南海观音文化节等。全年接待国内外游客共1305.00万人次,比上年增长13.2%。其中,接待国际游客19.93万人次,增长19.7%;国内游客1285.07万人次,增长13.1%。普陀山景区接待游客320.33万人次,增长11.8%;朱家尖景区接待游客165.36万人次,增长9.7%;桃花岛景区接待游客74.68万人次,增长23.7%。全年实现旅游总收入85.34亿元,比上年增长16.9%。

【城市产业结构调整】 2007年,全市进一步突出工业主导地位,加快发展第三产业,稳定第一产业,产业结构进一步优化。全市第一产业增加值44.94亿元,增长1.5%;第二产业增加值178.76亿元,增长23.9%;第三产业增加值184.82亿元,增长15.0%。全市三次产业结构比例由上年的12.5∶41.6∶45.9调整为11.0∶43.8∶45.2。

【口岸开放】 1987年4月1日,国务院、中央军委批准舟山港对外开放。1988年4月经国务院批准,舟山市区正式列入沿海经济开放区。1992年舟山市被列为长江三角洲及沿江地区先行规划和发展城市,进一步扩大了对外开放度。1996年8月20日,国务院批准定海港岙山原油码头对外开放。1997年6月25日,省人民政府对舟山港沈家门、老塘山作业区的对外开放范围作了明确划定。2002年12月,国务院同意舟山港口岸马迹山港区正式对外开放。2004年初,经省政府批准、南京军区同意,舟山港对外开放的陆、海域面积从原来的360平方公里增加到720平方公里。历经1997年、2003年和2005年等3次大调整和十余次获准开放,舟山口岸开放面积从开放初期的不到20平方公里一直到2005年的1040.94平方公里(陆域面积359.77平方公里,海域面积681.17平方公里),增加了50多倍,2006年10月省政府再次同意调整和扩大舟山港对外开放范围,从而使舟山港的对外开放海、陆域范围拓展到了1069平方公里,形成了定海、沈家门、老塘山、高亭、泗礁、衢山、绿华山和洋山八个港区,4个县区均有对外开放区域,拥有老塘山作业区一期、二期、三期码头;中石化册子原油中转码头;沈家门作业区(墩头)码头;中石化舟山石油分公司半升洞码头;普陀山外籍客轮码头;中化兴中岙山原油中转基地;岱衢港口开发公司浪激咀万吨级货运码头;宝钢马迹山矿石中转码头等8个一类口岸监管区,19家外籍船舶修理厂,15个对外开放锚地。2007年舟山口岸又新增61平方公里开放区域,对外开放陆海域面积达到1130平方公里。2007年舟山口岸进出口货运量4520万吨,比上年增长27.2%。其中进口4088万吨,增长23.0%;出口432万吨,增长87.4%。全市进出口货运总值141.27亿美元,比上年增长44.0%。其中进口货运值122.25亿美元,增长39.5%;出口货运值19.02亿美元,增长82.5%。进出境船舶5049艘次,增长9.6%。其中外籍船舶3377艘次,增长31.5%。

【交通运输】 运输市场持续繁荣。2007年全年水、陆货运量9299万吨,增长13.4%;货运周转量782.21亿吨公里,增长17.2%。水、陆客运量10240万人,下降1.0%;客运周转量19.73亿人公里,增长6.4%。民航客运量33.8万人次,比上年增长5.3%;民航货邮运量(不包括行李)569吨,增长13.3%。年末全市民用汽车拥有量3.01万辆,增长28.5%。全市海上客货运输船舶1559艘,货运船舶运力达到250.25万载重吨,比上年末净增24.27万载重吨。海运货运量6986万吨,货运周转量777.26亿吨公里,分别增长14.3%和17.2%。

【港口物流】 港口物流业持续发展。2007年舟山港域港口货物吞吐量12818万吨,比上年增长12.3%。其中,石油及天然气吞吐量3231万吨,增长3.4%;金属矿石吞吐量4252万吨,增长2.1%;粮油类吞吐量290万吨,增长14.1%。全年外贸货物吞吐量4451万吨,增长15.2%。港口集装箱吞吐量8.06万TEU,增长19.4%。至年末,全市有港口经营企业253家,生产性泊位410个,比上年末增加7个,其中万吨级以上深水泊位19个,比上年末增加4个。

【基础设施】 不断加大投资力度,积极改善投资硬环境,重大基础设施建设扎实推进。全市共安排重点建设项目67个,其中续建项目35个,新建项目32个。全年重点项目共完成投资116.82亿元。其中,大陆连岛工程西堠门大桥、金塘大桥建设本年完成投资27.61亿元,西堠门大桥主桥合龙,金塘大桥完成下部基础施工,并实现主通航孔桥两索塔封顶。国家石油储备岙山基地完成9.49亿元,六横煤炭中转码头工程完成8.84亿元,金塘大浦口集装箱码头工程完成1.73亿元。东皋岭隧道拓宽工程、220KV舟山与大陆联网工程、大陆引水二期工程、黄金湾水库工程、海水淡化和综合利用工程等都正在有序展开。

【科技进步与创新】 深入实施科技兴市战略,科技创新能力进一步增强。2007年组织实施各类科技计划项目共449项,其中国家级15项,省级139项,市级95项,有2项被列入国家科技支撑计划项目。全年获省市级政府奖励的科技成果32项,其中省级奖2项。全年申请专利318件,授权191件。

海洋研究机构建设有新突破,浙江省海洋开发研究院由省编办正式批复成立。海洋高科技园建设进展顺利,年末普陀海洋高科技园区入驻企业130家,建设各类研发服务机构60个、渔农业科技型企业18家,培育渔农民合作经济组织38个。

品牌建设稳步推进,名牌产品的培育发展机制进一步完善。全年新增中国名牌产品2个,浙江名牌产品8个。年末全市有国家免检产品3个;中国名牌产品4个,其中水产品名牌1个;省级名牌产品43个,其中水产品名牌28个。

【社会事业】 按照全面创建海洋文化名城的要求,全市社会各项事业取得新进展。全面创建海洋文化名城,文化、广播电影电视事业取得新进展。2007年末全市有文化艺术表演团体3个,艺术表演场所2处,群众艺术馆1个,文化馆4个,文化站43个,公共图书馆4个,藏书56.47万册。年末全市有线电视用户数22.92万户,广播、电视人口综合覆盖率达到99.4%。体育事业不断发展。2007年全市共举办综合性体育运动会1次,单项比赛24次,全民健身运动会158次,全民健身运动参加人数57万人次。2007年末全民健身路径共199条。我市运动员参加省运动会共夺得金牌4枚、银牌9枚、铜牌14枚。

【社会保障体系】 社会保障体系进一步完善,2007年末全市参加养老保险人数22.84万人,医疗保险人数22.75万人,失业保险人数12.62万人,工伤保险人数15.14万人,生育保险人数10.56万人。全市被征地农民参加养老保险人数9.07万人,有3.58万人领取基本生活保障金。年末新型渔农村合作医疗实际参加人数51.63万人,参加率89.1%。2007年末全市有敬老院35所,社会福利院8所,总床位2594张。城镇"三无"对象集中供养率达到100%,渔农村"五保"老人集中供养率达到95.6%。年末有12963人纳入政府最低生活保障,其中城镇低保对象2399人,渔农村低保对象10564人。城镇低保标准提高到250元/人·月,渔农村60岁以上老人"以奖代保"金发放额度提高到38元/人·月。2007年共发放城乡低保对象物价补贴263.9万元。2007年全市经济适用住房完成投资4028万元,竣工面积7005平方米。年末享受廉租住房家庭353户,其中2007年新增低收入住房困难家庭68户。

经济社会发展主要指标

项 目	2007年	比2006年增或减(%)
国内生产总值(亿元)	408.52	17.0
第一产业增加值(亿元)	44.94	1.5
第二产业增加值(亿元)	178.76	23.9
其中工业增加值(亿元)	129.76	21.0
第三产业增加值(亿元)	184.82	15.0
人均国内生产总值(元)	42275	17.1
粮食总产量(万吨)	4.81	-7.9
棉花总产量(吨)	81	-3.6
油料总产量(万吨)	0.34	-6.7
全社会固定资产投资总额(亿元)	279.63	27.7
外贸自营出口(亿美元)	18.72	43.3
实际利用外资(万美元)	7516	50.2
社会消费品零售总额(亿元)	132.37	16.2
零售物价总指数(%)	103.2	3.2
地方财政收入(亿元)	35.06	44.5
地方财政支出(亿元)	56.52	38.5
职工年平均工资(元)	32580	18.2
农民年纯收入(元)	9725	16.7
邮电业务总量(亿元)	12.87	19.1
电话普及率(部/百人)	60.54	5.8
年末存款余额(亿元)	561.71	24.4
年末贷款(亿元)	484.35	29.8
大学(所)	4	
中小学(所)	122	
下岗人数(人)		
企业兼并、破产数(个)		

(任爱珍 张磊)

定 海 区

【概况】 舟山市定海区位于浙江省东北部东海海域,在舟山群岛西南部,处于北纬29°55′~30°15′,东经121°38′~122°15′之间。东与普陀区接壤,西与杭州湾海域相接,南与宁波市北仑区隔海相望,北与岱山县为邻。区境以舟山岛的中部和西部为主体,有124个岛、120个礁。总面积1444平方公里,其中陆地面积476.17平方公里,海域占62%。其他主要岛屿有金塘、册子、长白、盘峙、长峙、大猫等。2007年末全区户籍人口37.46万人。

定海区府位于舟山岛,清康熙二十二年(1683年)八月,台湾郑克塽降清,十月朝廷颁展海令。二十三年迁定海镇驻舟山,称舟山镇。二十五年,舟山总兵黄大来等疏请设县。康熙帝准奏,以"山名为舟,则动而不静",二十六年五月,御书"定海山"三字颁赐,诏改舟山为定海山,改原定海县为镇海县。二十七年置定海县,隶宁波府。1958年10月撤销定海、普陀、岱山3县合并建"舟山县"。1962年4月,撤销舟山县,恢复定海县。1987年3月,定海县改称定海区(县级)。

定海城内有明清建筑为主的传统民居和深宅大院组成的历史街区并保存完好。还有建筑风格各异的祖印寺、御书楼、了望楼、都神殿等古建筑。作为海防前哨,军事要地,曾发生数十次战争,有明代抗倭战争、南明抗清海禁事件、清代鸦片战争和抗日战争,传说中的春秋五霸吴王流放地。现有爱国主义教育基地鸦片战争纪念遗址公园,马岙博物馆。先后开发了半岛渔乐园、东海鸟岛、黄杨尖旅游区、青青世界、富田园、凤凰山岛旅游区、三毛祖居、海上千岛游、摘箬山岛旅游区等。

定海人杰地灵,英才辈出。涌现了朱葆山、刘鸿生(煤炭大王)、安子介、董浩云(一代船王)等一批誉播海内外的杰出人物,这里还是乔石(原全国人大常委会委员长)、董建华(香港特别行政区行政长官)、安子介、丁光训(全国政协副主席)、三毛等的故里。另外,定海是“宁波商帮”的发祥地之一,著名的人物有朱葆山、刘鸿生、周祥生、刘显哉等。近百位名人曾在此生活、工作,留下了大量的史迹和故居,也留下了一笔历史文化遗产。

区内海域生长着360多种鱼类、60多种虾类和100多种贝类,使定海有了“东海鱼仓”之美誉。区内有年销售额逾亿元的浙江正龙食品有限公司,开发生产了鱿鱼丝等30多种海洋系列产品。2002年,“正龙”牌商标荣获浙江省著名商标。

【行政区划】 目前,定海区辖金塘、岑港、小沙、双桥、白泉、干缆、马岙7个镇,长白、册子、北蝉3个乡,解放、昌国、环南、城东、盐仓、临城6个街道(其中临城街道于2004年9月委托舟山市新城管理委员会管理)。

【经济建设】 2007年,全区实现地区生产总值165.78亿元,同比增长17.1%;实现预算内财政总收入7.06亿元,同比增长41.0%,其中地方财政一般性收入4.20亿元,同比增长51.4%;实现全社会固定资产投资额35.69亿元,同比增长58.8%;万元生产总值综合耗能下降5.0%,化学需氧量和二氧化硫排放量下降幅度达到省定标准。全区城镇居民人均可支配收入22364元,农渔民人均纯收入9741元,同比分别增长13.4%和17.0%。全社会消费品零售总额达到56.16亿元,同比增长16.4%。

全区实现工业总产值185.46亿元,同比增长23.3%。实现规模以上工业总产值121.44亿元,临港工业总产值62.01亿元,其中船舶修造业总产值26.05亿元。新增规模企业48家,新增产值上亿元企业10家,全区共有产值上亿元企业35家。重大项目和工业集聚区建设扎实推进,投资亿元在建待建项目达到19个,和邦化学等三大百亿工程进展顺利,四大工业区集聚能力不断增强。

实现农渔业总产值13.18亿元,同比增长11.4%。完成“水改旱”面积3533亩,新发展钢质大棚259套,新建无公害蔬菜基地1250亩,新增农业专业合作社12家。全年调减渔船20艘,分流捕捞渔民190名。完成标准化围塘改造1650亩,对虾单茬亩产量和对虾大棚高产精养亩产值双双荣获首批浙江农业吉尼斯纪录。西码头渔港建设扎实推进。

实现外贸进出口交货值32.14亿元,同比增长18.7%。实现自营进出口总额3.28亿美元,同比增长47.5%,其中自营出口总额2.41亿美元,同比增长28.2%。引进区外项目47个,项目协议总投资51亿元,实际完成区外投资20.74亿元,实际到位外资1874万美元,其中通过“山海协作工程”,引进项目23个,协作资金13.72亿元。

实现第三产业增加值88.88亿元,同比增长17.9%。全区海运业总运力达到65.5万载重吨,集装箱运输车辆达到472辆。全年接待国内外游客226.4万人次,实现旅游总收入14.15亿元,同比分别增长12.6%和16.5%。成功举办了首届舟山乡村旅游文化节,农渔家乐项目达到了30个。西码头水产品交易市场已投入试运行。

完成全社会固定资产投资35.69亿元,同比增长58.8%,其中限额以上在建投资项目109个,完成投资额33.88亿元,增长73.9%。完成基础设施项目投资2.93亿元,增长72.8%。在全社会投资中,第一产业投资150万元,第二产业投资额29.13亿元,第三产业投资额6.54亿元。全年房地产开发投资2.36亿元。完成交通建设投入2.30亿元。水利建设投入2.10亿元,完成2.08公里非标准海塘、20座病险水库除险加固,获得省政府“大禹杯”铜奖。舟山本岛北部供水工程建成使用,城乡供水一体化进程加快,新增受益人口5.32万人以上。220kV舟山至大陆电力联网工程启动,电力设施建设得到加强。

【社会事业】 “浙江省科技强区”创建成功。全年共组织申报实施科技计划181项,已被立项147项,其中国家级5项,省级47项,市级17项,获市级政府科技成果奖4项,新增中国驰名商标1个,年末有中国名牌1个,国家免检产品1个,省级名牌5个。新增省级以上各类科技企业8家。全区有普通中学15所,在校学生9738人;普通小学21所,在校学生16688人;幼儿园37所,在园幼儿7401人。小学、中学入学率分别为100%和99.5%;初中毕业生升高中段率达到96.22%;全区有8所学校通过标准化学校验评。扎实推进“明珠”、“百花”工程,文化基层行等各类文化下乡活动60场次,组织送电影下乡1291场次。《金维映传》被省作协评为省优秀文学作品,并被列入“五个一”工程奖。马岙、册子等2个乡镇通过省体育强镇评审,首届老年人体育运动会成功举办。全区有社区卫生服务中心12个,农渔村卫生服务站40个,新型渔农村合作医疗参合人数20.3万人,参合率为92.9%。通过了国家级计划生育优生服务先进区考核,计生率达97%。广播电视“村村通”工程和有线电视网改工程稳步实施,“定海之声”广播节目开办。

全区新增就业岗位5496个,帮助3040名失业人员实施再就业,组织3325名农村富余劳动力参加各类职业技能培训,转移农渔村富余劳动力3626名。新增企业基本养老参保人数4698人,新增被征地农民养老保险参保人数14719名,工伤、失业等社会保险扩面工作加快推进。全区敬老院13所,社会福利院1所,收养人数621人,城镇“三无”对象和农渔村“五保”对象集中供养率达96.5%。城镇低保对象低保标准从每人每月225元,提高到250元;农渔村低保对象低保标准从每人每月145元,提高到150元,全年共发放最低生活保障745.78万元,完成农渔村危房改造250户。

国家级生态示范区创建活动深入开展,城乡垃圾一体化集中处理继续实施,农渔村垃圾进站处理率80%以上,大陆连岛工程及主干公路景观带建设启动,绿色生态工程完成工程投入2000万元以上。马岙、岑港被命名为省级生态乡镇,新建成8个区级生态社区(村)。《舟山市定海区生态环境功能区规划》编制完成。日空气质量优良率达96.9%。

农渔村新社区管理体制不断续完善,新农村规划、全区水系规划等编制完成。农渔村“暖人心、促发展”工程深入实施,在推进农渔民就业增收、改善农渔村人居环境、建立城乡一体化发展机制等方面取得了较好成效。全年区级以上公共财政投入达1.85亿元,10个示范整治社区、16个小康社区创建等工作全面完成。农渔村、城中村、城乡结合部及入城环境卫生整治工作成效明显。“8189000”服务热线已逐步向农渔村延伸。

各项改革不断推进,行政审批制度改革继续深化,部门和项目进审批服务中心率分别达到100%和96%。政府投资项目审批管理办法和企业投资项目核准备案办法全面实施。7家行业协会与行政机关脱钩工作顺利完成,乡镇财政"乡财县管"试点工作启动。政策性农村住房保险参保率达100%,政策性农业保险大户参保202户。工业用地招拍挂制度全面实施。

【中国舟山双拥文化节成功举办】 7月16日至8月15日,以"弘扬双拥精神、共建和谐岛城"为主题的首届中国舟山双拥文化节在定海举办。举办首届双拥文化节,是舟山双拥工作的一大创举,在全国也是首创。活动内容由开幕式暨"渔水情深"大型文艺演出、"共谋发展"全国双拥高层论坛、"唱响和谐"双拥系列活动三大板块组成。其中"唱响和谐"双拥系列活动共安排13项具体项目,包括"爱心进军营"和"真情献给第二故乡"、"改革成果送军营"、评选拥军优属、拥政爱民"双十佳"先进个人、双拥成果展等。

【定海区被列为省首批新农村科技示范区】 7月,定海区被省科技厅列为浙江省首批新农村建设科技示范试点区。根据试点方案,将通过5年时间,建成现代海水养殖科技示范区,主要包括"三带"(围塘养殖产业带、滩涂养殖产业带、浅海综合开发产业带)、"四区"(高标准围塘安全精养示范区、大棚工厂化高效养殖示范区、滩涂贝类安全精养示范区、浅海网箱高效养殖示范区),并确定小沙、长白两乡镇和小沙镇毛峙村、长白乡云龙村为重点养殖示范乡镇和示范村。到建设期末,力争形成品牌响亮、协调发展、具有鲜明乡土特色的海水养殖新格局,并成为在浙江省乃至全国具有重要影响的现代海水养殖示范区。此项试点工作省科技厅安排150万元配套资金分三次到位,已到位50万元。

【西码头中心渔港建设项目获国家农业部批复立项】 7月,国家农业部批复同意西码头中心渔港项目建设可行性研究报告。该项目总投资4564万元,其中国家投资2280万元,地方投资2284万元。建设内容及规模包括固定码头97米、浮码头3座、小园山东防波堤495米、码头前方作业带1600米、综合执法办证中心1000平方米;配套供电、给排水、消防及环保工程、通信导航设备等。建设期限为3年。该项目建成后,可大大增加港池的有效避风面积,提高渔船避风和渔业防灾减灾能力。

【开展重点项目和发展环境整治"百日会战"】 9~12月,定海区开展重点项目建设和发展环境整治"百日会战"。在"百日会战"中,加快推进29项有关交通工程项目和临港产业的重点项目建设,努力营造13项在定海的市重点项目良好的建设环境,确保实现涉及工业经济、城乡规划、社会发展等14项年度重点工作目标,集中破解15项包括外来人口管理、"打黑除恶"及涉及土地征用、房屋拆迁、环境污染、群众信访等各类社会突出问题。

【"金鹰"牌亚麻纱荣膺中国名牌产品】 9月,浙江金鹰有限公司的"金鹰"牌亚麻纱产品被中国名牌战略推进委员会评为2007年中国名牌产品和中国世界名牌,这是继2005年金鹰公司的桑蚕绢丝首获中国名牌产品之后,定海区品牌建设取得的又一硕果。

【定海区企业获"国家级火炬计划高新技术企业"殊荣】 9月,浙江华业塑料机械有限公司被科技部授予2007年国家火炬计划重点高新技术企业称号,成为定海区首家入选国家火炬计划重点高技术的企业。至年底,定海区已有4家省级高新技术企业,18家省科技型中小企业。14家企业被认定省市专利示范企业。2家水产加工企业被确定为省农业科技企业。

经济社会发展主要指标

项　目	2007年	比2006年增或减(%)
国内生产总值(亿元)	165.78	17.1
第一产业增加值(亿元)	6.60	0.4
第二产业增加值(亿元)	70.30	17.9
其中工业增加值(亿元)	53.26	14.7
第三产业增加值(亿元)	88.88	17.9
人均国内生产总值(元)	44330	16.7
粮食总产量(万吨)	3.04	-5.1
棉花总产量(吨)		
油料总产量(万吨)		
全社会固定资产投资总额(亿元)	35.69	58.8
外贸自营出口(亿美元)	3.28	47.5
实际利用外资(万美元)	1874	16.0
社会消费品零售总额(亿元)	56.16	16.4
零售物价总指数(%)		
地方财政收入(亿元)	4.20	51.4
地方财政支出(亿元)	8.92	37.5
职工年平均工资(元)		
农民年纯收入(元)	9733	17.2
邮电业务总量(亿元)		
电话普及率(部/百人)		
年末存款余额(亿元)		
年末贷款(亿元)		
大学(所)		
中小学(所)		
下岗人数(人)		
企业兼并、破产数(个)		

(定海区)

普 陀 区

【概况】 舟山市普陀区位于浙江省东北部,舟山群岛东南部,长江、钱塘江、甬江入海交汇处南缘海域。介于北纬29°32′~30°28′,东经121°56′~123°14′。南北长约105千米,东西宽约85千米。区域总面积6728平方千米,其中海域面积6269.4平方千米,陆域面积458.6平方千米(含潮间带69.77平方千米)。岛屿454.5个(不含归属有争议27个),其中住人岛31.5个,无人岛423个,自西南向东北呈带状分布。年末户籍人口31.99万人。

1953年4月始建普陀县,县名得自于境内名胜"海天佛国"普陀山。普陀山唐时名"补怛洛迦",梵语意即"小白花",明始称"普陀"。1958年撤普陀县,1962年恢复,1987年3月始改县为区,称舟山市普陀区。

区内有普陀山国家级重点风景名胜区(包括朱家尖岛东部28.8平方千米)和省级风景区桃花岛风景区,其特色是集海岛自然风光、海洋文化和佛教文化于一体。普陀山以"海天佛国"、中国四大佛教名山之一闻名于世,朱家尖以"沙雕"等内容吸引国内外游客,桃花岛以"金庸武侠文化"驰名,与渔都沈家门共同构成普陀旅游"金三角"。

普陀盛产海鲜,仅鱼类就有200多种。沈家门号称中国"渔都",有全国最大的水产批发市场——中国舟山国际水产城。工业以水产加工、船舶修造为主,舟山渔业公司"明珠"牌系列产品先后获国内20多项质量大奖。舟山东海酒业有限公司生产的普陀米酒和普陀山粳米黄酒(普陀山佳酿),先后获得省优、部优等名优奖10多项。普陀米酒还荣获1994年巴拿马国际名酒与饮料、食品品评会金奖。普陀佛茶曾获巴拿马万国博览会银奖(1915年)、国际名茶评比金奖、"中茶杯"一等奖、浙江省优质农产品博览会金奖及"中国精品名茶"等荣誉。普陀水仙与漳州水仙齐名,构成我国水仙的两大主要品种。

【行政区划】 2007年下辖六横、桃花、虾峙、东极、普陀山5镇,蚂蚁岛、登步、白沙3乡,沈家门、东港、勾山、朱家尖、展茅5街道,有社区(居委会)30个,行政村177个。区人民政府驻沈家门街道。

【经济建设】 2007年全区实现生产总值127.96亿元,比上年增长18.0%。其中,第一产业17.72亿元,增长0.8%;第二产业55.44亿元,增长26.6%;第三产业54.80亿元,增长16.0%。人均生产总值超过40087元,增长17.8%。财政总收入12.9亿元,增长51.6%,其中地方财政收入8.2亿元,增长52.2%。城镇居民人均可支配收入19862元,渔农村居民人均纯收入9720元,分别增长16.7%和17.3%。

工业持续快速发展。全年实现工业总产值195.1亿元,增长39.2%,增速居全市四县(区)首位,其中规模以上工业产值158.3亿元,占工业总产值的81.1%;完成工业性投入20.1亿元,增长33.5%。临港工业取得重大突破,实现产值174.0亿元,其中船舶工业实现产值82.2亿元,增长147.4%;水产加工业实现产值85.2亿元,精深加工比例达到42.3%;小郭巨重化工产业区被列入省石化产业发展布局规划,华立石化等项目稳定推进。

渔农产业平稳发展。全年实现渔农业总产值35.5亿元,增长6.0%,渔业总产量稳定在50万吨左右。以"渔家乐"、"农家乐"为代表的渔农村经济新业态初具规模,全区累计发展渔(农)家乐休闲旅游特色村6个、特色点23个,年营业收入达5100万元。大力发展精致、生态、高效农业,特色农产品品牌数量不断增加。

现代服务业发展势头强劲。成功举办第九届中国舟山国际沙雕节、第五届沈家门国际民间民俗大会和首届桃花岛中国"侠侣·爱情"文化节等重大节庆,全区旅游业接待量525.6万人次,创旅游收入35.6亿元,分别增长13.1%和16.3%;海运业发展势头迅猛,全区货运船舶运力达74万载重吨,增长15.6%,实现港口货物吞吐量1354万吨,增长27.5%;商贸、餐饮、金融保险、房地产、中介、信息等服务业继续保持良好发展态势。

城乡建设再上新台阶。全年完成固定资产投资49.12亿元,增长25.2%,完成基础设施建设投资10.26亿元,增长77.1%。全区10项政府实事项目、36项重点建设项目进展顺利,共完成投资39.0亿元;全面实施13项围垦项目,其中东港二期围垦工程顺利完工,六横小郭巨一期围垦工程、六横凉帽潭围垦工程基本完工;扎实推进村庄示范整治,累计投入示范

舟山新城

整治资金3156.5万元，建成示范村5个、环境整治村26个，新建通村道路32.8公里，改造渔农村河道26.2公里，完成3个生活污水处理点试点工作。

经济社会发展主要指标

项 目	2007年	比2006年增或减(%)
国内生产总值(亿元)	127.96	18.0
第一产业增加值(亿元)	17.72	0.8
第二产业增加值(亿元)	55.44	26.6
其中工业增加值(亿元)	47.32	27.6
第三产业增加值(亿元)	54.80	16.0
人均国内生产总值(元)	40087	17.8
粮食总产量(万吨)	0.79	-19.1
棉花总产量(吨)		
油料总产量(万吨)		
全社会固定资产投资总额(亿元)	49.18	25.2
外贸自营出口(亿美元)	9.21	150.0
实际利用外资(万美元)	2245	
社会消费品零售总额(亿元)	45.51	16.6
零售物价总指数(%)		
地方财政收入(亿元)	8.21	52.2
地方财政支出(亿元)	13.42	53.9
职工年平均工资(元)		
农民年纯收入(元)	9713	16.7
邮电业务总量(亿元)		
电话普及率(部/百人)		
年末存款余额(亿元)		
年末贷款(亿元)		
大学(所)		
中小学(所)		
下岗人数(人)		
企业兼并、破产数(个)		

【社会事业】 社会事业全面进步。完善区域科技创新服务体系，依托普陀海洋高科技园区、高科技创业中心等科研平台，大力培育和发展高新技术企业。组织开展各类科技计划项目150项，培育省级科技型企业4家。加快推进城乡教育发展，做好海岛部分义务教育学校撤并工作，启动建设浙江海洋学院普陀科技学院。扎实推进国家卫生城市创建活动，完成创卫工作60%国家标准。完善新型渔农民合作医疗保障制度和城镇居民医疗保障制度，全区已参加新型渔农村合作医疗和城镇医疗人数达19.65万人，参保率分别达到90.4%和64.3%。深入实施新一轮“暖人心、促发展”工程，积极开展培训就业工作，全年共培训渔农民15005人，新增就业4039人。大力推进帮扶救助工作，渔农村“五保”和城镇“三无”对象集中供养率分别达到94%和100%。

【半升洞至东港公路工程】 总投资4764万元的政府实事项目半升洞至东港公路工程于2007年3月正式动工建设。半升洞至东港公路工程起点位于沈家门半升洞客运码头附近，沿海而过，终点与东港经三路交叉口相接。工程按三级公路标准建设，路线全长1.253千米，路基宽度19.5米，设置大桥1座、小桥2座，设计速度40千米/小时。预计该工程于2008年5月建成通车。该公路建成通车后将成为连接沈家门和东港的重要通道，能有效缓解沈家门老城区的交通压力。

【海中洲隧道改建工程】 总投资3726万元的政府实事项目海中洲隧道改建工程于2006年12月正式动工建设。该隧道原长184米、宽10米，改建后长172米，宽16米。工程主要包括房屋拆迁、隧道扩洞、隧道内照明、通信、消防设施和交通标志安装等，于2007年8月底完工通车。该隧道的改建，大大缓解了普陀城区的交通压力，提高了连接新老城区主要干道的通行能力。 （普陀区）

山水风光3

台　州　市

【历史沿革】 台州历史悠久,五千年前就有先民在此繁衍生息,秦始皇时设回浦乡,西汉置回浦县。台州因境内天台山而得名,自唐高祖武德五年(公元622年)置台州,至今有1380多年历史。新中国成立后,台州设行政公署,1994年8月22日经国务院批准撤销台州地区,设立台州市,市政府驻地从临海迁建椒江,为组合式环绿心滨海城市。1999年经国务院批准的《浙江省城市化总体规划》,将台州市确定为省域大城市和一级经济亚区中心。2003年8月15日,台州市正式加盟长江三角洲城市经济协调组织,成为世界第6大城市群——上海城市群的第16个成员。

【地理位置·行政区划】 台州位于浙江省沿海中部,市中心处于北纬28度,东经122度,属亚热带季风气候。台州大陆海岸线745千米,占浙江省的28%。全市陆地面积9411平方公里,海域面积8万多平方公里,辖椒江、黄岩、路桥三区,临海、温岭两市,玉环、天台、仙居、三门四县,其中6个县市区濒临东海。台州兼得山海之利,区位优越,发展前景广阔。

【经济发展概况】 2007年,台州市国民经济稳定快速发展。全市生产总值(GDP)达到1722.89亿元,按可比价格计算,比上年增长14.5%。其中第一产业增加值116.45亿元,增长2.1%;第二产业增加值927.98亿元,增长16.1%;第三产业增加值678.46亿元,增长14.6%。三次产业结构进一步优化,由上年的7.2∶53.5∶39.3调整为6.7∶53.9∶39.4。全市人均生产总值为30385元,比上年增长13.5%,突破4000美元大关,达到4162美元。全市财政总收入218.38亿元,比上年增长24.3%,其中地方财政收入108.86亿元,增长26.4%。

【现代农业】 *现代农业取得了较快发展。*农业规模化、产业化、组织化、标准化程度提高,新增省市级以上农业龙头企业37家,完成农民专业合作社规范化改造113家,年末总数达到933家。农产品商标数和获省农博会金奖数分别居全省第一、第二位。实现农林牧渔业总产值216.16亿元,比上年增长2.5%。其中,农业产值77.81亿元,增长2.6%,林业产值3.63亿元,增长3.3%,牧业产值23.32亿元,增长3.4%,渔业产值109.60亿元,增长2.2%。全年农作物总播种面积280160公顷,比上年下降1.0%。全市粮食播种面积163080公顷,比上年下降1.7%;粮食总产量84.18万吨,下降5.9%。全市非粮作物播种面积117080千公顷,比上年增长0.1%。粮食作物与非粮作物播种面积的比例为58.2∶41.8。全年蔬菜产量188.40万吨,比上年增长2.5%;水果产量115.69万吨,增长4.5%,其中柑橘产量39.09万吨,增长7.0%,杨梅产量10.82万吨,增长26.8%。

*农产品"358绿色行动"成效明显。*全市共认证有机食品58个,绿色食品150个,国家无公害农产品274个,省级无公害农产品基地289个。

*林业建设稳步推进。*全市完成造林面积1681公顷,当年新增封山育林面积2379公顷。全市有林地面积53.578万公顷,森林覆盖率为62.2%。全市共建成市级绿化示范村31个、省级绿化示范村19个。

*渔业生产基本稳定。*全市水产品产量137.56万吨,比上年增长1.5%,其中海洋捕捞产量98.61万吨,比上年增长3.5%;海水养殖产量34.95万吨,比上年下降4.1%。

*农业生产条件有效改善。*全年全市完成河道清淤560公里,清水河道建设313公里,治理水土流失面积5354公顷,新增农业节水灌溉面积3330公顷。全年完成滩涂围垦面积2.62千公顷,年末在建滩涂围垦面积17690公顷。年末全市拥有农业机械总动力347.37万千瓦,全年农村用电量57.28亿千瓦时。

【工业经济】 *工业经济持续快速发展。*2007年,全市实现工业增加值840.26亿元,按可比价格计算,比上年增长17.0%。全市年主营业务收入500万元及以上工业企业(以下简称规模以上工业企业)家数已达5484家,比上年增加937家,完成工业总产值2792.94亿元,比上年增长27.9%。

*工业经济效益进一步改善。*2007年,全市规模以上工业企业实现利税总额200.85亿元,比上年增长23.8%;其中利润总额114.89亿元,比上年增长25.7%。工业经济效益综合得分(不含华能玉环电厂)225.5分,比上年提高5分。

*工业重化趋势明显。*2007年,全市规模以上轻工业实现工业总产值1046.12亿元,比上年增长22.5%,重工业实现工业总产值1746.81亿元,增长31.4%,重工业增速快于轻工业8.9个百分点,规模以上轻重工业总产值比例为37.5∶62.5。重点行业和重点企业支撑作用显著,全市重点监测的"5+1"主导行业实现规模以上工业总产值1462.81亿元,比上年增长28.8%,快于规模以上工业平均水平0.9个百分点,其中船舶制造业增势强劲,增幅达71.4%。全市工业总产值超亿元企业有522家,比上年增加93家,完成工业总产值1738.37亿元,比上年增长28.8%;超10亿元企业30家,比上年增加8家。

*企业创新能力不断增强。*2007年,全市规模以上工业企业实现新产品产值553.02亿元,比上年增长34.0%。新产品产值率为19.8%,比上年提高0.5个百分点。受国家出口退税政策调整等因素影响,工业产品出口增速放缓。全市规模以上工业企业实现出口交货值902.52亿元,比上年增长24.8%,慢于规模以上工业销售产值增速3.1个百分点。

*企业上市步伐加快。*三变科技、银轮股份、利欧股份3家企业顺利上市,苏泊尔、中捷股份2家企业完成再融资。我市累计已有上市公司11家,其中中小企业板7家,累计融资总额达到50.60亿元。

*建筑业平稳增长。*全市实现建筑业增加值87.72亿元,按可比价格计算,比上年增长8.4%。

【固定资产投资·房地产业】 固定资产投资呈现平稳增长态势。全年完成全社会固定资产投资727.64亿元,比上年增长16.7%,增幅比上年提高0.7个百分点。全年完成工业性投资460.91亿元,比上年增长23.1%。全部限额以上固定资产投资624.35亿元,比上年增长15.5%,其中农村投资增长较快,依然是投资中的亮点,完成投资218.35亿元,比上年增长26.7%。全部限额以上投资中,国有及国有控股单位完成投资154.60亿元,比上年下降22.3%,非国有单位完成投资469.75亿元,增长37.5%。

重点工程建设势头良好。台州供水二期引水工程、黄岩机场跑道盖被工程、市区白云山隧道等项目建成,台金高速西段、台电五期等项目基本完工,华能玉环电厂二期、甬台温铁路台州段、台州三山北涂、三门核电一期、诸永高速台州段、台金高速公路东延段以及一批输变电工程项目进展顺利。

受宏观调控影响,房地产投资出现下降。全年房地产开发完成投资95.73亿元,比上年下降5.7%,但降幅比上年缩小6.9个百分点,其中商品房建设投资额59.36亿元,比上年下降10.3%;房屋施工面积1286.12万平方米,比上年增长3.9%,房屋竣工面积231.88万平方米,比上年增长22.7%。房地产市场销售保持快速增长,全年实现商品房销售额143.52亿元,比上年增长16.9%,销售面积281.33万平方米,增长8.3%。

【交通·邮电业】 交通运输业发展快速。全年完成货物周转量696.19亿吨公里,比上年增长17.8%,旅客周转量为100.17亿人公里,比上年增长14.1%。台州港"一港六区"开发建设大力推进,全年完成港口货物吞吐量3507万吨,比上年增长15.9%。其中外贸吞吐量360万吨,增长97.0%。特别是大麦屿港区由于华能玉环电厂的投产,港口吞吐量实现跨越式发展,全年完成货物吞吐量1079.24万吨,比上年增长1.6倍。民航完成旅客吞吐量36.76万人,比上年增长35.5%,货邮吞吐量2780吨,增长38.1%。年末全市公路总里程(含村道)10200公里,比上年增加1113公里,其中等级公路9691公里,占公路总里程的95.0%;高速公路188公里。年末全市民用汽车拥有量达31.59万辆,比上年净增5.53万辆,其中私人汽车25.6万辆,比上年增加4.8万辆。

邮电通信能力不断提高。2007年全市完成邮电业务总量131.88亿元,比上年增长24.0%。年末城乡固定电话用户达到215.53万户,固定电话主线普及率达38线/百人,电话交换机装机总容量达300.10万门。全年新增移动电话用户84.77万户,年末移动电话用户达517.74万户。年末已有国际互联网用户54.84万户,其中宽带用户46.12万户,比上年增加8.80万户。

【金融保险业】 金融存贷款规模继续扩大。2007年末,全市金融机构本外币存款余额1937.55亿元,比上年末增长16.3%。其中城乡居民本外币储蓄存款余额934.14亿元,增长7.8%。年末金融机构本外币存贷比为83.4%,比上年末提高4.6个百分点。年末金融机构本外币贷款余额1615.99亿元,比上年末增长23.0%。全年金融机构现金收入12977.99亿元,现金支出13076.43亿元,收支相抵现金净投放98.44亿元。

保险业经济补偿能力较好发挥。年末全市有各类保险机构(含分支机构)24家,全年保费总收入39.33亿元,比上年增长26.2%。其中财产险保费收入16.87亿元,人身险保费收入22.45亿元,分别比上年增长32.9%和12.4%。全年保险机构共支付各类赔款10.22亿元,比上年增长31.7%。其中财产险赔款9.22亿元,比上年增长36.0%;人身险赔款1.00亿元,比上年增长7.2%。

【国内贸易·旅游业】 消费品市场活跃繁荣。2007年,全市实现社会消费品零售总额596.17亿元,比上年增长16.5%,增幅比上年提高0.2个百分点。其中城市消费品零售额352.82亿元,比上年增长16.8%;县城消费品零售额85.54亿元,比上年增长17.0%;县以下消费品零售额157.80亿元,比上年增长15.7%。分行业来看,批发业实现零售额75.95亿元,比上年增长14.6%,零售业实现零售额427.12亿元,比上年增长17.3%,住宿和餐饮业实现零售额80.20亿元,比上年增长16.9%。年末全市拥有各类商品交易市场538家,成交额798.79亿元,年成交额超亿元的市场有75家。农村现代流通网络进一步完善,全市有镇级连锁超市门店149家,村级连锁加盟店874家。

市场物价有所上涨。2007年我市居民消费价格总水平比上年上涨4.1%。其中消费品价格上涨5.0%,服务项目价格上涨1.2%。食品类价格涨幅居各大类之首,比上年上涨11.9%。

旅游基础设施日益完善。年末全市拥有旅游星级宾馆饭店70家,客房7610间,床位13169张,各类旅行社109家。景区品质有效提升,全市共有4A级旅游区5个,3A级旅游区4个。成功举办第四届台州旅游节、中国江南长城节、中国仙居仙梅节等系列活动。全年共接待旅游总人数2182.97万人次,比上年增长20.4%,其中入境旅游人数9.31万人次,增长14.7%。实现旅游总收入175.28亿元,比上年增长16.6%,其中旅游外汇收入6199.92万美元,下降3.8%。

【对外开放】 对外贸易在调整中快速增长。全年外贸进出口总额首次突破100亿美元大关,达到110.93亿美元,比上年增长31.6%。其中自营出口总额93.65亿美元,增长33.1%。全年外贸企业出口16.52亿美元,增长27.4%;三资企业出口24.17亿美元,增长18.8%;生产企业出口52.96亿美元,增长43.0%。在出口总额中,一般贸易出口86.22亿美元,增长34.9%;加工贸易出口7.15亿美元,增长14.5%。主要出口产品中,箱包、服装、机电产品出口增长较快,分别比上年增长52.9%、35.8%和38.6%。2007年末我市有进出口实绩企业2696家,比上年末增加445家,其中进出口超亿美元以上企业有7家。出口国家和地区已达206个,比上年末增加4个。

利用外资保持平稳。全年新签利用外资项目95个,项目总投资13.56亿美元,合同利用外资8.17亿美元,比上年增长2.3%,实际利用外资3.12亿美元,与上年持平。新批总投资额1000万美元以上的项目38个。增资成为亮点,全年增资项目合同利用外资2.22亿美元,占全部合同外资额的27.2%。境外投资发展稳定。全年新批境外投资项目38个,中方投资额5001万美元。

【科技进步·教育事业】　科技事业取得新成果。2007年,全市科技投入占生产总值的比例为2.9%。规模以上工业企业中,高新技术企业完成工业总产值533.32亿元,比上年增长24.8%,占规模以上工业总产值的19.1%。浙江大学台州研究院建设稳步推进,中国科学院台州应用技术研发与产业化中心正式落户。目前,全市已拥有国家级技术中心4家,省级研发中心77家,省级区域创新服务中心14家,省级以上高新技术企业232家,其中国家级61家。国家火炬计划项目211项,国家级科技型中小企业创新基金项目75项。全年申请专利6278件,专利授权4589件,其中发明82件,分别比上年增长11.6%、36.4%和43.9%。全年共签订各类技术合同649项,技术交易额3.62亿元。

"质量兴市、名牌兴市"战略成效显著。2006年末,我市共有7件商标被国家工商总局认定为中国驰名商标,已拥有中国名牌产品14个,国家免检产品52个,浙江名牌产品124个,有3个产品通过国家地理标志产品保护。全市工业产品质量指数为94.1%,产品省级监督抽查合格率为86.9%,国家监督抽查合格率为83.0%。全市有3039家企业通过了ISO9000体系认证,有70家企业通过了ISO14000体系认证,191家食品生产企业取得了QS证书207张,771家企业取得3C认证证书2241张。

气象现代化建设步伐加快。年末全市有1个观象台,3个一级观测站,3个二级观测站,1个基本站。全市共拥有110个中尺度自动站、5个强风站,初步建成较为严密的地面天气监测网。

教育事业均衡发展。全市有幼儿园1356所,在园幼儿19.36万人。全市小学入学率和巩固率达到100%,初中入学率和巩固率分别达到99.29%和99.93%。从2006年秋季开始,全市全面实施义务教育免杂费政策。全市高中段在校生(含技工学校)18.55万人,初升高比例达到95.96%;大力发展职业教育,中等职业教育招生2.88万人,占高中段招生总数的50.2%,建成省级及以上中等职业学校实训基地8个,其中国家级2个。特殊教育招生(含普通学校随班就读)265人,在校生1815人。高等教育大众化水平进一步提高,全市全日制普通高校招生7709人,在校生21079人,成人高校在校学生18898人。成人教育网络基本形成。台州职业技术学院扩建工程基本完成,台州科技职业学院新校区工程建设进展顺利。浙大台州研究院筹建工作取得新进展,浙江汽车职业技术学院被省政府批准筹建。

【文化·卫生·体育】　文化大市建设取得丰硕成果。成功举办中国(台州)网络音乐节、首届农民文化节等一系列文化活动。文化设施建设不断完善,启动"百分之一文化计划",台州市图书馆动工兴建,文化艺术中心正式启用,年末全市有群众艺术馆1个,文化馆9个,公共图书馆8个,自办广播节目10套,自办电视节目10套。年末全市拥有有线电视用户114.58万户,数字电视用户4765户,全年广播节目播出时间68376小时,电视节目播出时间46432小时。广播和电视人口综合覆盖率分别为98.96%和99.01%。

品牌建设和质量提升工作持续推进。2007年末,我市共有驰名商标42件,其中被国家工商总局认定的驰名商标共有8件。国家电机及机械零部件产品质量监督检验中心在台州挂牌成立,是首个落户台州的国家级质检中心。新增中国名牌产品5个,总数达19个;新增浙江名牌产品28个,总数达152个;新增国家免检产品20个,总数达72个。全市工业产品质量指数为96.1%,产品省级监督抽查合格率为89.2%,分别比上年提高2.0个和2.3个百分点。

各项教育事业快速发展。台州职业技术学院通过全国高职高专人才培养工作水平评估,获优秀等级,台州科技职业学院实现"筹转正"。市直白云学校一期工程落成并如期开学。全市有幼儿园1251所,在园幼儿20.58万人,普通小学678所,在校生40.62万人,初中在校生19.51万人,全市高中段在校生(含技工学校)16.55万人,初升高比例达到97.86%,特殊教育招生(含普通学校随班就读)266人,在校生2056人。全市全日制普通高校招生8627人,在校生24307人,成人高校在校学生19359人。

高等教育毛入学率达到40.3%,比上年提高2.2个百分点。教育服务经济建设的能力不断增强,建成省级及以上中等职业学校实训基地12个,其中国家级4个。全市已建立外来务工人员子女学校40所,解决了10.2万名外来务工人员子女入学问题。

公共文化服务体系进一步健全。市档案馆主体工程建成,市图书馆、市青少年妇女儿童活动中心建设进展顺利。相继成立台州市民乐团、台州少儿艺术团、台州市合唱团等群众艺术团体。2007年共创建1家文化先进县,4家东海文化明珠乡镇,7家省级文化示范村,3家省级示范社区。年末全市有群众艺术馆1个,文化馆9个,公共图书馆9个,自办广播节目10套,自办电视节目10套。年末全市拥有有线电视用户124.68万户,数字电视用户15960户。全年广播节目播出时间69982小时,电视节目播出时间54397小时。广播和电视人口综合覆盖率均为99.48%。

医疗卫生事业得到加强。年末全市有各类医疗卫生机构1401家,床位14293张,各类卫生技术人员22751人,其中执业医生和执业助理医生9817人。年末每千人拥有卫生技术人员4人,其中医生1.7人。全市有社区卫生服务机构427家。全市孕产妇死亡率5.05/10万,婴儿死亡率5.48‰,其中五岁以下儿童死亡率7.95‰。全年有6.78万人参加无偿献血。开展"农村卫生服务年"活动,全市已创建1430个农民"健康俱乐部",全年有121.93万名农民享受免费健康体检。农村自来水普及率97.2%,卫生户厕普及率77.9%。

竞技体育取得新成绩。2007年,全市共夺得全国比赛金牌10枚、银牌10枚、铜牌7枚,省级比赛金牌89枚、银牌73枚、铜牌70枚。全民健身月活动蓬勃开展。体育社团队伍不断壮大,全市已拥有体育社团268个,其中市级体育协会28个。

【城乡发展】　城乡发展渐趋协调。在全省率先编制新农村建设规划纲要,新编村庄建设规划1010个,加大"三农"扶持力度,全市安排农业支出7亿元,增长14.4%,财政支农资金增量为上年的3.4倍。康庄工程全面完成,公路通村率达96%,通村公路硬化率达89%。3125个行政村建立了垃圾收集点和环卫清扫保洁队伍。"十万农民信箱"工程提前两年完成。农村教育、文化、卫生、社保和信息化建设得到较快发展。通过承办全省"山海协作"系列活动,"南北协作"加快推进,北部新经济增长板块效应开始显现。高度重视扶贫开发工作,制定黄岩西部山区发展规划和扶持政策,加快大陈岛开发步伐。推进新型城市化,三区分区规划和各项专业规划基本完成,中心城市建设有序推进,椒江解放南路区块、黄岩商业街区、路桥新城核心区块拆建进度加快,市老年活动中心和体育中心游泳馆、椒江体操馆和黄岩射击馆建成投用,市府大道西延、白云山隧道等工程动工建设;采取有效措施促进东商务区繁荣;扎实开展"多城同创"活动和"数字城管"试点,环境卫生、交通秩序等六项整治成效明显,城市绿化、亮化、净化和美化工作取得新进展;"绿心"开发与保护继续推进。县域城市和中心镇建设力度加大,面貌不断改观。

【能耗·环境保护】 节能降耗和环境保护工作取得积极成效。2007年,全市万元生产总值综合能耗预计比上年下降4.0%,全年化学需氧量和二氧化硫排放量分别比上年下降5.0%和4.69%。全市地表水满足水域功能达标率为51.7%,比上年提高5.1个百分点,城市空气综合污染指数1.55%。全市工业废水排放达标率为91.0%,工业固体废物综合利用率为96.0%。目前已建成规范化合格饮用水源保护区38个。全市九个县(市、区)均已有了污水处理厂,城镇生活污水处理率达63.4%。2007年,市区环境空气质量达到二级标准以上的天数有348天,占全年总天数的95.3%。

【人口就业】 人口出生率继续回落。2007年末,全市户籍总人口569.39万人,其中男性人口293.25万人,女性人口276.15万人,男女性别比为106.2:100。全年共出生6.78万人,死亡3.27万人,人口出生率为11.95‰,分别比2006年和2005年回落1.14个和1.42个千分点,死亡率为5.76‰,比上年回落0.02个千分点,人口自然增长率为6.19‰,比上年回落1.12个千分点。总人口中市区人口151.56万人。

再就业工作取得新进展。年末全市有职业介绍机构193个,介绍就业成功人数14.89万人。全年再就业培训9636人。年末城镇登记失业率为3.7%,比上年下降0.1个百分点。

【社会保障体系】 社会保障体系不断完善。年末全市有81.73万人参加城镇养老保险,全年共支付养老金12.58亿元。全市有48.77万人参加城镇基本医疗保险,新增6.0万人;工伤、生育保险年末参保人数分别达到112.88万人和19.98万人,分别比上年增加70.83万人和2.33万人。年末全市参加失业保险职工44.37万人,全年共发放失业保险金2424万元。年末全市有12.65万被征地农民参加农村养老保险,比上年增加3.31万人,413.70万人参加农村新型合作医疗,参合率达89.0%。

社会福利事业稳步发展。全市共有社会福利事业单位191个,床位13479张,收养各类人员8591人。城乡居民最低生活保障人数59861人,其中农村最低生活保障人数55841人,全年共投入低保资金6889万元。全市农村五保对象集中供养率达到93.66%,城镇"三无"人员供养率达到99.68%。

【人民生活】 城乡居民生活水平继续提高。全年城镇居民人均可支配收入20942元,比上年增长10.0%,增幅比上年提高0.6个百分点,扣除价格因素实际增长5.7%。全年农村居民人均纯收入8331元,比上年增长13.1%,扣除价格因素实际增长8.6%。城乡居民收入差距倍数由上年的2.58缩小到2.51。城镇居民恩格尔系数为34.6%,农村居民恩格尔系数为34.5%。城乡居民居住条件继续改善。年末城镇居民人均住房面积为33.7平方米,农村居民人均住房面积53.9平方米。汽车进入普通百姓家庭步伐加快,年末每百户城镇居民家庭和农村居民家庭拥有生活用汽车分别为16辆和7辆。

(王伟峰)

椒 江 区

【概况】 椒江地处浙江中部沿海台州湾入口处,旧称"海门",是崛起于长三角地区的现代化港口新城。1981年设椒江市,为浙江省第一个县级市。1994年8月经国务院批准台州撤地建市,椒江改市设区,是台州市委、市政府的所在地。全区陆地面积282平方公里,海域面积1604平方公里,海岸线长51.47公里,下辖8个街道、1个海岛镇,275个行政村,31个社区。截至2007年底,全区总人口49.51万人,其中城区人口21.1万人。

2007年,椒江围绕打造"一基地、两城区",即富有特色和竞争力的先进制造业基地,富有内涵和独特个性的生态园林城区、富有精神和文化底蕴的现代文明城区的奋斗目标,坚持走"创业富民、创新强区"之路,全面推进"制造业重点区、服务业核心区、城市文化特色区、创业创新首选区和党建工作先进区"建设,打造增长极,提高首位度,努力建设经济强区、魅力之城与和谐家园。

【经济建设】 2007年,全区实现生产总值234.42亿元,比上年增长12.5%,人均生产总值达6519美元;实现财政总收入28.75亿元,增长21.73%,其中地方财政收入15.1亿元,增长20.3%;三次产业结构比例由上年的3.1:54.4:42.5转变为2.9:53.8:43.3。城镇居民人均可支配收入20875元,农民人均纯收入9259元,分别增长12.8%和9.6%;万元产值综合能耗降低率为21.1%,化学需氧量和二氧化硫排放量分别下降4.2%和5.7%,发展的协调性、可持续性进一步增强。

农业经济得到新发展。粮食播种面积13.38万亩,产量5.12万吨,超额完成计划任务;农业产业化步伐加快,新增农业龙头企业2家、农民专业合作社31家;农产品质量不断提高,农业生产标准化覆盖率达到65%以上,15个产品获全国无公害农产品认证,11个农产品获省农博会金奖,新增省级无公害农产品基地6个。全年造林516亩。畜牧业保持平稳发展。实现渔业总产值8.9亿元,增长7.1%,养殖面积超过1.6万亩,大陈深水网箱养殖基地建设被列入国家农业综合开发项目。

工业经济迈出新步伐。着力破解发展难题,工业经济在调整中持续增长,实现工业增加值110.49亿元,增长12.8%。规模经济实力不断增强,实现规模以上工业总产值386.72亿元,增长20.1%;新增上亿元企业6家、规模以上工业企业38家;7家企业跻身于2007年中国大企业集团竞争力500强,占台州入围企业总数的50%。工业企业实现利润总额16.46亿元,增长30%;完成工业性投资55.95亿元,增长20.9%,海正抗肿瘤药技改项目、星星光电薄膜、海螺水泥等一批重大项目竣工投产。新增2家国家级高新技术企业、7家省级高新技术企业、3家省级高新技术研发中心,飞跃研发中心被认定为国家级企业技术中心,浙江化学原料药基地被列入省级高新技术特色产业基地,武汉理工大学华东船舶设计研究院落户椒江。宝石集团荣获全国质量奖,全区有4个商标被认定为中国驰名商标,1个产品被评为中国名牌产品,4个产品被评为国家免检产品。产业集聚步伐加快,全区各工业功能区块共有60多家企业进场施工。完成了土地利用总体规划局部调整,新增建设用地8500多亩;建成标准厂房30.9万平方米,解决了一批中小企业的发展空间问题;十塘围垦三期工程顺利推进,十一塘围垦工程启动建设。电网工程强势推进,110千伏兆桥变、黎明变、章安变工程建成投运,220千伏台电五期送出线路、220千伏外沙变、110千伏椒江变异地改建、35千伏大陈陆岛联网等工程进展顺利。建筑业健康发展,实现建筑业增加值15.69亿元,增长4.9%,3个项目荣获省建设工程"钱江杯",方远建设集团资质晋升为国家特级。

第三产业再上新台阶。实现第三产业增加值101.45亿元,增长14.3%。实现社会消费品零售总额79.75亿元,增长16.9%。商贸设施建设进展顺利,凤凰新天地已建成开业,乐购购物广场基本建成,凤凰时代广场、解放北路新天地商城已动工建设。专业市场发展加快,联合钢材五金市场、恒通二手车交易市场相继建成开业,陶瓷城家居广场完成改造和扩建。台州先进制造业服务集聚区初具规模,船舶产业服务中心已建成投用。物流业发展势头良好。实现旅游总收入33.48亿元,增长32.3%。房地产业保持平稳,实现销售额48.12亿元。金融业对经济发展的支持力度进一步加大,金融机构年末存款余额277.29亿元,贷款余额225.08亿元,分别增长21.7%和28.9%。

改革开放取得新成绩。企业改革创新步伐加快,出台了11项国有企业监管制度,国有集体企业改制工作稳步推进;新杰克、水晶光电通过上市辅导期审核。开放型经济加快发展,自营出口企业增加到269家,实现自营出口12.85亿美元,增长40.7%;实际利用外资3003万美元,增长100.3%;新增境外机构3家,境外投资达到900万美元。

【城乡建设】 城市建设日新月异。建成区面积从1981年建市初期的3平方公里扩大到现在的52.47平方公里。白云山隧道建成通车,中心大道洪家段全线贯通,市府大道西延段、台金高速东延椒江段建设进展顺利,开发大道东延段动工建设,台州大道北段、体育场西路延伸段等工程前期工作有序开展;垃圾填埋场二期扩建工程已完工。旧城改造继续推进,解放南路一期东侧区块主体工程已建成,二期区块回建加快,枫南路北侧区块改造全面完成。

规划编制依法实施。2007年,编制完成了椒江商业中心、沿海工业功能区块等控规,三甲、下陈片区控规通过审批,开展了大陈岛总体规划、一江山岛保护性规划的编制工作,新修编村庄规划28个。

综合整治深入开展。市容市貌明显改善,城区小街小巷市容管理和专业环卫保洁覆盖面达到70%以上。"城中村"整治全面开展,岩头村整体搬迁工程有序推进,星星村改造回建已经启动;"五小"行业、马路市场、城区夜排挡、烟花爆竹燃放等专项整治富有成效,花园、白云等农贸市场完成改造提升。新农村建设进一步加强,建成6个省市级全面小康示范村、36个环境整治合格村,完成39个村的改厕工作,被评为全省"千万工程"先进单位,大陈镇被命名为市生态镇,全区有3个村被命名为市生态村。

农村基础设施进一步完善。椒北净水厂建成投用,椒南配水泵站建设完工,二期供水椒江段进水管线基本建成;中心渔港工程继续推进,3座码头通过交工验收;新建大陈环岛公路11公里,中咀避风港建设加快,"庆达二号"陆岛高速客轮投入营运,一江山岛300吨级码头竣工投用;城乡公交实现公司化统一经营,台州客运东站已动工建设。落实农民建房指标719亩,农民建房难问题得到缓解。新建成48家基层文体俱乐部,完成了广播电视"村村通"工程。新型农村合作医疗工作顺利推进,人均筹资水平明显提高,参合率89.6%,区内定点医疗机构增加到31家,实行了门诊报销制度,参保农民就医实现即报即销。农村放心店建设继续加强,食品实行特许加盟配送。

【社会事业】 连续第四次荣获全国科技进步先进区称号,被评为全国科普示范区和全省县(市、区)党政领导科技进步目标责任制考核优秀单位。义务教育经费保障机制进一步健全,免除了义务教育阶段学生学杂费;完成了12项农村中小学食宿改造工程;高考上线万人比继续居全市首位。城乡三级社区卫生服务体系不断健全,狂犬病等重点传染病得到有效防控。深入开展群众性广场文化活动和全民健身节活动深入开展,实施"百万体育器材进校园"工程,3个街道被评为省体育先进街道;椒江体育馆基本建成。被评为第一批全国基层残疾人组织规范化建设达标区。开展城镇"零就业"家庭和农村低保家庭劳动援助,全年新增就业岗位7828个,城镇失业人员实现再就业3121人,城镇登记失业率3.3%。全年共培训农村劳动力12276人,转移就业2980人,被评为全省劳动力培训先进单位。全面实施社会保险费"五费"合征工作,新增五项社会保险参保人数10.4万人次;被征地农民养老保险参保人数达4.03万人。连续两次提高城乡居民最低生活保障标准,实现了低保对象应保尽保。农村五保和城镇"三无"对象集中供养率分别达到93%和100%。积极应对副食品和燃气价格上涨,对低保家庭进行物价补贴。慈善福利事业加快发展,共募集基金470多万元,救助对象1600多人次,崇德山庄已动工建设,新福利院大楼建设进入招标阶段。城镇住房制度改革进一步深化,百姓家园经济适用房建成并分房到户。确定了25所公办学校为外来务工人员子女定点就学学校,深入开展"春雷行动",外来务工人员合法权益得到有效保障。

可持续发展战略深入实施。人口自然增长率为5.49‰,被评为全省计划生育优质服务先进区。严格落实基本农田保护制度,完成了章安街道基本农田示范乡镇建设试点工作,复垦九塘1000多亩废弃盐田,违法用地、违法建设整治工作扎实推进。城区恶臭发生率下降52%;开展水环境综合整治,完成了825家企业的废水达标排放整治工作,改造新建了24个小区和41家单位的截污管网,搬迁或关停了禁养区内44家畜禽养殖场,污水处理二期地基处理工程和核心区生态补水工程已经完工。加强对重点用能单位的监管,深入开展清洁生产企业创建活动,节能降耗责任制得到有效落实。

【创业创新】 创业创新环境和谐宽松。作为台州市主城区所在,椒江是行政、商务、金融、文体等发展的新兴核心区,社会安定和谐、城市环境优美;又拥有对外开放港口——台州港海门港区,即将兴建的台金高速公路东延段和沿海高速公路环城而走,机场、铁路近在咫尺,构成了便捷的立体交通网络。既承受了长三角区域经济的辐射,又深受温台地区商品经济的影响,容易获得市场供求信息并引进先进技术,开发新的产品。另一方面,作为中国股份制经济的发源地和"温台模式"创始地之一,椒江历任党委、政府致力于经济发展软环境建设,"一企一策"、行政审批制度改革营造了发展的宽松环境,"百日攻坚"行动切实推进了中小企业发展壮大。

创业创新载体鲜明活跃。椒江已形成了以传统工业为主,新兴产业为辅,高新技术产品与原有传统优势产品共存,门类较为齐全,具有一定竞争优势和地方特色的块状发展的产业集群形态。外沙、岩头的医药化工区,下陈的缝制设备和纺织服装,洪家的塑料制品和家用电器,三甲的水暖配件及喷雾器,前所的眼镜和建筑材料,章安的布制工艺品等,"一地一品",都具有明显的产业集聚特征。产业集群为特色产业发展提供了适宜的创业创新氛围,使企业可以较为便捷的共享和利用块状区域内人才、技术、信息等创业创新资源,集聚、传播、交换。产业集群的平台支撑,块状经济的发展模式,成为带动椒江先进制造业发展的有形载体。截至2007年底,椒江拥有国家级高新技术企业11家、省级30家、市级31家;拥有民营科技型企业19家,增量列全市之首。

创业创新平台初步搭建。滨海工业区块、葭沚物流功能区、椒北沿海工业功能区块建设相继稳步推进,为各类中小企业创业提供了平台。筛选确定了80家成长型企业为"216"工程企业培育对象,制订企业培育个案,落实扶持措施,并建立了成长型中小企业和微小企业信息库。作为全国科技进步先进区,椒江积极发挥研发机构的作用,与中欧国际技术转移中心、浙江大学低温研究所、台州中科等48家科研院所建立正常的技术合作关系,支持他们与企业开展多层次、多领域的科研协作,解决关键技术难题,促使企业突破技术瓶颈,赢得了新的发展空间。2007年,有关政府部门协助企业申报国家级项目5项、省级项目6项,帮助企业制订产品标准2个,申报省级新产品立项5项,协助企业申报2个发明专利;开展国家863计划项目的椒江民营企业对接活动和5个项目的技术转移,完成路交会技术难题73项、技术合同46项、成交金额2611万元。同时,投资5500万元的科技孵化器项目——区创业服务中心建设已启动前期工作。

椒江区经济社会发展主要指标

项　目	2007年	比2006年增或减(%)
国内生产总值(亿元)	233.45	11.8
第一产业增加值(亿元)	6.85	0.2
第二产业增加值(亿元)	121.48	7.6
其中工业增加值(亿元)	105.88	8.1
第三产业增加值(亿元)	105.12	18.1
人均国内生产总值(元)	47425	10.5
粮食总产量(万吨)	5.12	-0.8
棉花总产量(吨)	81	12.5
全社会固定资产投资总额(亿元)	95.97	持平
外贸自营出口(亿美元)	12.85	40.6
实际利用外资(万美元)	300.3	100.3
社会消费品零售总额(亿元)	79.75	16.9
地方财政收入(亿元)	15.10	20.3
地方财政支出(亿元)	10.87	13.9
职工年平均工资(元)	33439	4.8
农民年人均纯收入(元)	9259	9.6
邮电业务总量(亿元)	17.73	29.4
电话普及率(部/百人)	190.44	11.6
年末存款余额(亿元)	276.04	21.7
年末贷款(亿元)	222.21	28.8
大学(所)	1	持平
中小学(所)(不含职业中学)	75	-3.8

黄 岩 区

【概况】 位于浙江省中东部,为台州市主体城区之一。东与椒江区、南与路桥区、温岭市、乐清市毗连,西接永嘉县和仙居县,北界临海市。全区地形狭长,东西长54千米,南北宽25千米;地势西高东低,中、东部为温黄平原的一部分,西部是丘陵山地。境内森林覆盖率70%。全区地貌为"七山一水两分田"。平原地区河网纵横,具水乡特色。长潭水库总库容7.32亿立方米,灌溉黄岩、椒江、路桥、临海、温岭5市(区)百万亩农田,解决300多万人生活用水。全区面积988平方千米,耕地面积1.17万公顷,山地面积占68%。

黄岩故地在夏、商、周为东瓯地,春秋战国为东瓯王国,秦代属闽中郡,汉代属回浦县、章安县、永宁县,三国、两晋至南朝属临海县。唐代上元二年(675年)析临海县南部置永宁县。唐天授元年(690年),改永宁为黄岩县,以县西上郑乡黄岩山命名。元代元贞元年(1295年),升为黄岩州。明初洪武二年(1369年)复为县。明成化五年(1469年),析南部太平、繁昌、方岩3乡置太平县(今温岭市)。1980年,海门区、海门镇、大陈镇和山东公社划出,成立海门特区。1982~1984年,三甲、洪家两区和金清农场划归椒江市。1989年撤县设市。1994年12月,撤市设区(县级),所辖的路桥镇、金清镇、横街镇、蓬街镇、下梁镇、峰江镇、桐屿镇、黄琅乡、螺洋乡共10个乡镇划出设立路桥区。

全区下辖8个街道5镇6乡,共19个乡镇街道、533个行政村。分别为东城街道、南城街道、西城街道、北城街道、澄江街道、新前街道、江口街道、高桥街道、宁溪镇、北洋镇、头陀镇、院桥镇、沙埠镇、富山乡、上郑乡、屿头乡、上洋乡、平田乡、茅畲乡。年末总人口58.77万人,年人口自然增长率为5.13‰。

【经济建设】 2007年实现生产总值165.52亿元,比上年增长13.5%;人均生产总值28269元比上年增长13.4%。第一、第二、第三产业比例为6∶54.1∶39.9。财政总收入24.74亿元,比上年增长22.8%,其中地方财政收入11.88亿元,比上年增长23.4%。全社会出口交货值92.29亿元,增长24.9%;新批外商投资企业5家,合同外资8156万美元,实际利用外资3390万美元,分别比上年减少3.2%、12%。全社会固定资产投资总额64.06亿元,比上年增长17.1%。城镇居民人均可支配收入19842元,农村居民人均纯收入8325元,分别比上年增长9.2%、15.9%。

农林牧渔业总产值13.99亿元,比上年增长14.9%。农作物播种面积2.22万公顷,比上年增长2.3%,其中粮食种植面积1.05万公顷,比上年增长2.5%;蔬菜种植面积9680公顷,比上年增长4.2%。第一产业增加值9.87亿元,比上年增长4.6%。形成柑橘、茭白、杨梅、高山蔬菜、番茄和果蔗五大特色产业带。新建农民专业专业合作社41家,共计91家;新增市级规范化化合作社15家,共计36家;建成黄岩九峰绿色农产品直销展示中心;市西部农副产品配送中心与黄岩农产品配送中心配送农产品1万多吨,增加农民收入4000多万元。新增绿色食品2个、有机食品5个、有机转换食品1个、蜜橘原产地证明商标1个,九峰"牌本地早和东魁杨梅、"黄岩溪"牌紫莳药等13个农产品获省农博会金奖。拥有优质柑橘、东魁杨梅和枇杷生产基地分别为2000公顷、1333公顷、333公顷,被命名为浙江省水果产业强区,院桥、新前、江口评为省级农业特色优势产业强镇。东魁杨梅生产基地成为全国杨梅标准化生产示范区,头陀断江的黄岩蜜橘精品基地成为省特色优势基地;"横雾"牌竹笋、"山潼"牌杨梅、"九峰"牌本地早等520公顷生产基地成为省森林食品基地。重新申报黄岩蜜橘证明商标,申请黄岩蜜橘地理标志标识并推广使用。建成省级示范村5个、市级示范村9个、区级整治村58个。建成7个高山移民小区226户安置房;搬迁176户,基本完成安迁工程。疏浚河道189公里、清理河道210公里。完成高桥农民饮用水工程,建设72.18公里管网及配套设施,1万人受益。造林更新126公顷,封山育林1150公顷。

第二产业增加值89.61亿元,比上年增长13.6%。拥有500万元以上企业667家、超亿元企业46家,分别比上年增加75家、8家,其中超10亿元企业2家。500万元以上企业工业总产值为244.20亿元,比上年增长24.7%;塑料、电器机械、摩托车电瓶车、专用设备、医药、化学、工艺品、食品等八大制造业总产值196亿元,占500万元以上总产值的80.3%。相继出台《关于企业上市工作的实施意见》、《关于扶持企业上市的若干意见》、《成长型工业企业激励办法》,扶持重点企业上市,培育成长型企业。设立先进制造业基地建设专项资金3000万元,支持高新技术开发和产业化项目。新产品产值69.3亿元,增长23.4%。浙江永宁制药厂二分厂改制重组,黄罐集团资产拍卖出让,轴承厂二次转制职工安置基本完成。新增中国名牌产品1个、中国驰名商标5个、国家免检产品3个、省名牌产品8个。自营出口500万元以上企业41家,自营出口9.05亿美元,增长22%。黄岩经济开发区完成完成投资29.2亿元,入园企业683家。

社会消费品零售总额65亿元,比上年增长16.5%。市场市场成交额72.43亿元,增长24.1%完成劳动南路、后庄等10家农贸市场改造。引进别克、奔腾汽车4S店,二环西路成为初具规模的汽车4S特色街,年销售额12.7亿元。第三产业增加值为66.04亿元,增长14.8%。建筑业总产值67.63亿元,房地产投资11.88亿元,竣工面积424.53万平方米,销售22.66万平方米,年末各项存款余额214.09亿元,比上年增长11.5%,其中居民储蓄存款余额113.6亿元,增长17.6%。各项货款余额147.48亿元,增长17.6%。完善锦绣黄岩、富山大裂谷、黄岩大瀑布、半山农家乐等景区的配套设施。基本建成浙东十八潭、富山石瀑景区。

【城乡建设】 新水厂(一期)建成,日供水20万吨,完成高桥、富山、上洋农民饮用水工程。君悦华华庭、城市花园、罗曼大厦、国贸大厦、芭堤水岸相继建成。西北片安置房通过验收。完善黄岩港建设规划。基本完成二环西路路边村拆迁。金带路、引泉路、洞天路建成通车,完成猢村岭、柔级岭隧道修复。完成甬台温铁路沿线拆迁安置建成馒头山、黄毛山、金岭头隧道。完成方山下排水改造工程。建成220kV剑山变二期和110kV西范变、滨江变二期,110kV杜家变,山坦变土建通过验收。完成康庄工程路基9.3公里、路面硬化11.4公里,农村公路总里程620公里,通村率、硬化率98.5%。

【社会事业】 新增市级以上高新技术企业16家(其中国家级3家、省级6家),共计40家(其中国家级8家、省级18家、市级7家);认定市级以上高新技术产品19个(其中省级16个、市级3个)。500万元以上企业新产品增加值15.09亿元,增长27.66%。新增国家级科技项目立项11项(国家创新基金2项、国家火炬计划6项、国家星火计划2项、国家重点新产品计划1项)、省级51项,省级以上高新技术企业9家(其中国家级3家)、新增市级以上高新技术研发中心7家(其中省级2家),认定省级科技型中小企业4家,新增自主创新试点企业2家、市级高新技术示范企业6家。专利授权895件,居全省十二位、台州首位。新增区级以上专利示范企业10家(其中省级1家、市级2家)。黄岩中学新校区、台州科技职业学院工程开工建设,组建黄岩区职业教育集团、锦江教育集团,宁溪中学初高中脱钩。幼儿园入园率、小学入学率、初中入学率、初升高比例分别为98.8%、100%、99.52%、99.6%。影印出版《黄岩县新志》(民国),开展非物质文化遗产普查。宁溪镇成为台州市第一批"民族民间艺术(灯彩)之乡"。建成上郑两军会师纪念馆,基本完成淑德小学(中共台属特委机关旧址)易地重建前期工作。开工建设黄岩柑橘博物馆、黄岩名人馆。举办第六届全国城运会武术散打预赛和区第五届农民艺术节、第六届社区文化艺术节、十二届运动会。建成基层文化俱乐部120家。群星艺术团赴巴西参加国际民俗艺术节。计划生育率95%,出生人口男女性别比105∶100。农村合作医疗保险4.08万人,参保率87.86%,参加新型养老保险、失业保险、医疗保险和工伤保险的人数分别为10.34万人、5.88万人、6.16万人和

15.81万人。养老金发放率、农村“五保”和城镇“三无”对象集中供养率分别为100%、90%、94%。新增就业岗位6127个，城镇登记失业率3.7%。

【产业优势】 交通便利，黄岩机场和海门港距城区仅17千米、15千米，82省道、104国道、甬台温高速公路穿境而过，将于2008年通车的甬台温铁路台州客运总站位于黄岩。民营经济发达，产业集群优势明显，已形成塑料、电器机械、摩托车电瓶车、专用设备、医药、化学、工艺品、食品等八大规模行业，素有“中国模具之乡”、“中国工艺品之都”、“中国塑料日用品之都”、“精细化工王国”、“中国节日灯之乡”等美誉，是国家火炬计划塑料模具产业基地、中国模具产业升级示范基地，发展后劲充足。黄岩经济开发区1992年建立，1994成年为省级经济开发区，由东、西、南三区组成，规划面积65.79平方千米。东区面积14.7平方千米，设镇东轻工区、江口轻化区、罐头食品园区和外商投资区；西区位于新前、澄江、北城三个街道，面积17.2平方千米，2002年8月启动；南区位于南城、高桥街道和院桥镇、沙埠镇，面积9.36平方千米。开发区内拥有便捷、快速的交通网络，电力、电信、有线电视、给排水、排污、供热等配套设施完善。

黄岩属亚热带季风气候，年平均气温17℃，平均无霜期259天，年降水量1537毫米；土壤肥沃，空气洁净，非常适宜绿色无公害农业的发展，出产的农产品品质优秀，在历届浙江省农博会上屡获金奖，为“中国蜜橘之乡”、“中国杨梅之乡”。有柑橘、枇杷、杨梅、猕猴桃、梨、桃、荸荠、甘蔗、茶叶、冬笋、西瓜等特产；其中以柑橘和杨梅最为著名。柑橘种植历史悠久，有温州蜜柑、木曼橘、本地早、早橘、槾柑等五大品种。东魁杨梅大如乒乓，味浓汁多，是国内最大最优的杨梅。基本形成柑橘、茭白、杨梅、高山蔬菜、番茄和果蔗五大特色产业带。西部山区的高山农业前景广阔。出产于海拔600米以上的富山高山蔬菜和高山锦鲤品质优良，营养丰富。富山高山蔬菜种植面积约66.7公顷，品种有红茄、辣椒、青豆、茭白、萝卜、红莳药等，产品远销沪、杭、甬等大城市。

黄岩山川秀丽，文化底蕴深厚，旅游资源丰富。元代散曲大家张可久赞方山“千岩黄叶秋无路，只坐守、方山看云”。列为省级文保单位的有五代青瓷窑址、北宋始建瑞隆感应塔、元代瑞岩净土寺塔、清代孔庙和五洞桥等，列为县级文保单位的有17处。境内有九峰公园、永宁公园、方山、翠屏山、松岩山、朱砂堆、划岩山、院桥山水、长潭湖、富山大裂谷、黄岩大瀑布、黄岩山、南正顶等各具特色的景区。西部山高林茂，溪水潺潺，峡谷幽深，奇花异石遍布，层层梯田和古朴村落相互辉映，散落在青山绿水间，风光旖旎，待开发景点众多。

黄岩区经济社会发展主要指标

项　目	2007年	比2006年度增或减(%)
国内生产总值(亿元)	165.52	+13.5
第一产业增加值(亿元)	9.87	+4.6
第二产业增加值(亿元)	89.61	+13.6
其中工业增加值(亿元)	83.54	+14.1
第三产业增加值(亿元)	66.04	+14.8
人均国内生产总值(元)	28269	+13.4
粮食总产量(万吨)	5.77	-3.8
棉花总产量(吨)		
油料总产量(万吨)		
全社会固定资产资产投资总额(亿元)	64.06	+17.1
外贸自营出口(亿美元)	10.04	+20.6
实际利用外资(万美元)	3390	-12
社会消费品零售总额(亿元)	65	+16.5
零售物价总指数(%)		
地方财政收入(亿元)	11.88	+23.4
地方财政支出(亿元)	11.62	+16.7
职工年平均工资(元)	29152	+0.3
农民年纯收入(元)		+
邮电业务总量(亿元)		+
电话普及率(部/百人)		
年末存款余额(亿元)	214.09	+11.5
年末贷款(亿元)	147.48	+17.6
大学(所)	1	0
中小学(所)	78	-1.27
下岗人数(人)		
企业兼并、破产数(个)		

路　桥　区

【概况】 路桥是台州市的主体城区之一，地处我国黄金海岸线中段，浙江东南沿海，温黄平原腹部，介于北纬28°27′～28°38′和东经121°13′～121°40′之间，陆地东西长33.3公里，南北宽18.8公里，陆域面积274平方公里。沿海海岸曲折，岛屿星罗棋布，海域面积212平方公里，其中浅海滩涂面积21.33平方公里。路桥历史最早可追溯到3000年前的西周时期；至南宋，路桥商风渐盛，百货云集；清乾隆年间，已经成为浙东南沿海的著名商埠；1994年8月22日，国务院批准台州撤地建市，路桥撤镇建区，下辖4镇6街道。截至2007年底，全区总人口43.2万，暂住人口20多万人，人口自然增长率4.84‰。

【经济建设】 2007年，全区实现生产总值237.53亿元，同比增长14.3%，人均生产总值55114元；财政总收入27.77亿元，其中地方财政收入13.31亿元，同比分别增长24.8%、27.4%。

全社会固定资产投资91.46亿元,同比增长13%;社会消费品零售总额107.75亿元,同比增16.4%。

现代农业稳步推进。实现第一产业增加值7.9亿元,同比增长0.3%。新建标准农田1836亩;建成水稻优质高产示范方7480亩;实现粮食产量5.43万吨。农业产业化和农产品质量标准化水平不断提高,成立全省首家蔬菜育苗中心,新增农产品配送中心、省级无公害基地、全国无公害农产品和中国绿色食品各2个、省农业特色产业强镇3个。农业社会化服务体系不断完善,在台州率先组建了以土地承包经营权入股的合作社,成立了村级植保服务队、社会化农机作业组织和技术服务组织,入选"全国百家农机化示范区"。渔业基础不断加强,建成标准化养殖塘1500亩,金清渔港经济区建设前期工作基本完成。金清联盟片近万亩低洼地改造工程竣工。三山涂围垦完成工程量45%,黄礁涂围垦稳步推进,全年培训农民8560人,转移就业1800人。

工业经济提质增效。全年实现第二产业增加值119亿元,同比增长17.2%。规模以上工业产值396亿元、利税22.57亿元,同比分别增30%、25.6%。规模企业累计达599家,其中销售产值超10亿元企业10家。汽摩、机电、金属资源再生等五大主导行业发展势头良好,平均增幅达30.3%,全年生产汽车5.3万辆,列入省"991行动计划"项目2个,成为省发展循环经济先进区。自主创新和品牌战略取得新成绩,区科技孵化试验基地顺利启动,浙大台州研究院路桥机电研究所正式运行,区域专利服务平台在全省率先建立,截至2007年底,累计省级以上高新技术企业26家、技术(研发)中心23家、专利示范企业5家,获得国家授权专利2890件,成为省级可持续发展实验区,连续四次被评为"国家级科技进步先进区";累计获中国驰名商标23个、中国名牌产品1个、国家免检产品11个、省名牌产品18个,共有10家企业参与制定国家、行业标准34项,成立了国家电动车检测优化中心。实现外贸进出口总额17.24亿美元,其中自营出口11.02亿美元,同比分别增32.1%、37.9%;欧美市场占出口市场份额62.9%,机电产品占出口总额84.0%。招商引资领域与渠道不断扩宽,成功举办"路桥·香港投资洽谈会",全年实际利用外资7215万美元,同比增24.3%,境外机构累计达26家。

第三产业加快发展。实现第三产业增加值和市场成交额110.66亿元、292.58亿元,分别同比增长12.5%、5.5%。商贸、金融、物流、会展等"四中心"建设稳步推进,台州国际塑料城开工建设,中国日用品商城跻身"中国十强品牌市场",电子数码城被评为省四星级文明示范市场,新增奔驰、宝马、雷克萨斯等汽车4S店5家。全区拥有工、农、中、建及浦发、兴业、交通等金融机构11家,台州市商业银行荣膺"中国最具竞争力30家金融机构"称号,浙江泰隆商业银行在丽水开设分行,年末各类金融机构存、贷款余额分别为347.40亿元、291.25亿元,分别居台州第二、第一,同比分别增15.9%、23.8%。物流业发展规划完成修编,铁路货站建设稳步推进,台州物流基地、金清物流港等项目前期工作进展顺利。第三届中国(台州)民营经济发展论坛和塑交会、国际汽车展暨汽车工业博览会等大型展会成功举办。农家乐、渔家乐等休闲旅游业蓬勃发展,房地产等服务业迈出新步伐。

【城乡建设】 2007年,全区共投入建设资金10.96亿元,安排重点建设项目81项。城乡规划和基础设施功能不断完善。产业发展空间布局、城市"四线"、地下管线等规划完成编制,城市规划展示馆和城区地下管线数据库全面建成。甬台温铁路路桥段和东方大道等骨干道路加快推进,104国道路桥段改线和沿海高速公路前期工作进展顺利,开工兴建或完成了一批道路延伸工程、隧道工程,改造城乡危桥18座,新增乡村公路47.15公里,总计达264公里,城乡客运线路一体化建设全面完成。完成电网投资1.6亿元,220千伏、110千伏电网容量分别增18万千瓦、5万千瓦,建成电气化镇4个,电气化村40个,台州供水二期引水工程建成投用,农村饮用水管网工程开工建设。

城市形象日益彰显。刚泰艺鼎广场、玉宏现代城、商城石化大楼等十多幢高楼形象凸现,一批住宅小区建成或基本建成,中国民营经济发展论坛、世纪大厦等建设项目进展顺利。旧城二期改造规划编制完成,一批"城中村"改造稳步推进。"多城同创"和"数字城管"取得良好成效,拆除违章建筑3.72万平方米,一批"城中村"、农贸市场和背街小巷完成整治,乱停车、乱行车、联托运等专项整治不断深入,城管案件办结率达80.4%。

农村环境不断改善。深入开展村庄整治、水环境综合治理和"洁净家园"行动,全区三分之二的村庄完成整治,建成省级示范村17个,全国农村新社区建设实验区试点顺利开展。生活垃圾焚烧处理项目前期工作进展顺利,污水处理厂二期工程顺利启动,完成污水管网210.6公里;城镇和农村生活垃圾处理率分别达98%、70%,城镇生活污水处理率达81.7%,完成河道疏浚、整治204.25公里,区域水体水质达标率33.3%;累计增加绿地450.7万平方米,创建省级绿化示范村8个,通过国家级生态示范区验收。

【社会事业】 文教卫事业蓬勃发展。"省教育强区"和十五年基础教育普及成果进一步巩固,幼儿入园率达95%,小学和初中入学率分别达100%、99.8%,初升高比例达97%,高等教育毛入学率达35.4%;免除义务教育阶段城乡学生学杂费、农村学生课本费等教育收费1384万元,投入用于改善办学条件的资金0.85亿元,18个省级食宿改造工程全面竣工,新增省级标准化学校8所、省教育强镇1个,路桥职教中心获"国家级职业技能鉴定所"资格。"文化燎原"计划深入实施,基层文化俱乐部建成率达90.9%,成功承办或举办全国传统武术交流大赛等文体活动,"路桥莲花"、"路桥灰雕"被列入第二批浙江省非物质文化遗产保护名录。数字电视整体转换试点顺利开展,有线电视入户率达94.5%。国家卫生城市创建工作全面推进,"五小"行业整治成效明显,公共卫生与社区卫生服务体系日益健全,第五轮新农合参保率达99.03%,狂犬病等传染病得到有效防控,一批医卫设施项目进展顺利。食品药品安全监管继续加强,成为省农村药品"两网一规范"示范区。计生综治执法专项活动成效明显,低生育水平保持稳定,出生人口性别比为108：100。

社会保障不断完善。就业服务和社会保险、救助体系逐步健全,用于社会保障的财政支出同比增19.5%,占一般预算支出的9.3%。培训农村劳动力8560人,转移就业1800人,新增城镇就业6213人。城镇居民医疗保险制度出台试行,社保基金开始实行"五费合征",被征地人员养老保障政策进一步完善；农村“五保”和城镇“三无”人员集中供养率分别达97.3%、100%，发放“低保”和慈善救助资金1016.62万元，大中型水库移民补助政策全面落实，残疾人保障体系初步建立；廉租房等住房补贴和农村困难家庭危旧房改造力度不断加大，农村政策性住房保险实现全覆盖，全区29.6%的年度可用土地指标用于农民建房，新建套式安置房15万平方米，鹏盛、玉泉等安置小区交付使用。

维稳工作不断加强。平安路桥建设深入推进，启用社会管理视频监控系统，开展“反盗抢、除黑恶、促和谐”和“黑车断油”等专项行动，强化社会矛盾排查化解，在全市率先建立行政争议化解机制，一批信访突出问题和群体性事件得到妥善处置，刑事发案率稳步下降，打防控工作列全省一类地区第一名。矿山、危化品、“三合一”场所、出租房等重点行业、重点领域的专项整治深入开展，安全生产监管和企业主体责任全面落实，“三项控制指标”实现零增长。应急体系不断完善，抗台救灾等应急救援能力明显提高，流动人口服务管理体系不断健全。

【产业优势】 金属再生资源产业与生产资料市场群。自20世纪80年代开始，金属等矿产资源极度匮乏的路桥，通过回收废旧金属和废旧塑料，拆解、拼装废旧机电，逐步培育壮大了金属再生资源产业。2007年，全区共拆解废旧金属240万吨，约占全国废旧金属进口拆解量的40%，回收利用铜30万吨、铝36万吨、废铁废钢110多万吨以及可再生利用的矽钢片和不锈钢24万吨，实现行业销售收入120亿元，规模上企业产值115.36亿元，占全区规模工业产值的29.13%。依托再生金属产业，路桥的机电五金城、钢材市场、有色金属市场、机械设备市场等生产资料市场群蓬勃发展，钢管、线材、钢板、废铜、废铝、旧机床、旧电机、旧设备等数十种行业的商品应有尽有，逐渐形成了生产资料门类较为齐全的专业市场群体，路桥成为全国最重要的废金属原材料、零配件及二手设备集散基地之一，为本地及周边地区先进制造业发展提供大量质优价廉的金属原材料、生产设备及其零配件，大大推动了汽摩配件、电线电缆、水道阀门、水泵电机、机械配件等行业的发展。

塑模产业和塑料类专业市场、塑交会。台州市拥有1万余家塑料企业，从业人员18万余人，全年塑料原料使用量300多万吨，全年塑料制品产值达380多亿元，是全国日用塑料制品、家电、建材等工程塑料的开发和制造中心的基地之一，有“塑料制品王国”美誉。依托台州庞大塑模产业，中国日用品商城塑料制品市场逐步集聚了630多个摊位，1000多家经营户，市场成交额突破40亿元，成为近年来路桥最兴旺的专业市场。同时，在路桥举办的中国塑料制品交易会也成为商务部唯一重点支持的塑料类展会，从2001年到2007，展位由544个增长到1050个，年均增15%，参展企业的质量不断提高，2007年省外、境外的参展企业占43%。新一届路桥政府立足塑模产业与专业市场互动优势，正着手建设台州国际塑料城，预计2009竣工，届时将形成塑料原料、制品、模具、机械相配套的产业链，打造全国塑料制品的源头市场和国际性采购中心。

汽摩产业与汽车销售服务特色街区。路桥大力发展汽车整车及零部件产业，以产业价值链为纽带，整合区域内部各类资源，推进现代汽车城建设。2007年，路桥汽车吉利、吉奥、中能、永源等整车生产企业4家，汽车零部件生产企业330家，规模以上企业22家，生产整车5.3万辆，并带动台州各地3000多家汽车零部件企业配套发展，本地配套率超过50%，初步形成以家用经济型轿车为主、以皮卡车、SUV为辅、以汽车发动机、变速器等为重点、专业化程度较高、分工协作较强、产业链较为完整的整车及零部件产业集群，成为国家级汽车及零部件出口基地。在汽车产业的推动下，路桥的汽车销售服务特色街区逐步形成。方林汽车城集聚100多家汽车贸易企业，国内外80多家知名品牌，每年销售乘用车1万多辆，占台州市汽车销售量的40%以上，知名品牌的销售占55%以上。以方林汽车城为核心，汇聚奔驰、宝马等24家汽车4S店、旧机动车交易市场和台州汽配城，汽车零配件、维修、装潢等各种销售服务体系已成雏形。

路桥区经济社会发展主要指标

项　目	2007年	比2006年增长(%)
国内生产总值(亿元)	237.53	14.3
第一产业增加值(亿元)	7.9	0.3
第二产业增加值(亿元)	119	17.2
其中工业增加值(亿元)	103	16.4
第三产业增加值(亿元)	110.6	12.5
人均国内生产总值(元)	55114	13.3
粮食总产量(万吨)	5.43	-11.4
全社会固定资产投资总额(亿元)	91.46	13
外贸自营出口(亿美元)	11.02	32.1
实际利用外资(万美元)	7215	24.3
社会消费品零售总额(亿元)	107.75	16.4
零售物价总指数(%)	5	
地方财政收入(亿元)	13.31	27.4
地方财政支出(亿元)	8.8	17.6
城镇居民人均可支配收入(元)	26973	7.3
农民人均纯收入(元)	10795	15.3
邮电业务总量(亿元)	18.3	20.2
电话普及率(部/百人)	57	0
年末存款余额(亿元)	347.40	15.9
年末贷款余额(亿元)	291.25	23.8
大学(所)	0	0
中小学(所)	72	5.9
下岗人数(人)	0	0
企业兼并、破产数(个)	0	0

马鞍山市

【历史沿革】 马鞍山地区历史悠久。西周时属吴国。春秋战国时期先后改属越国和楚国。秦至西晋,均属丹阳县(县治今当涂县丹阳镇)。东晋北方战乱,难民南迁。成帝咸和四年(329年),淮河之滨的当涂县(今安徽怀远县境内)流民南徙,遂于今南陵一带侨置当涂县,江南始有当涂县名,但非实体县。永和元年(345年),江北豫州(今河南东南部,湖北东部)侨置牛渚(今采石)。南朝梁天监元年(502年),分丹阳县置南丹阳郡,郡治采石。隋开皇九年(589年),将侨置于皖南一带的当涂县徙治姑孰城(今当涂城关镇),此是姑孰为当涂县城之始,迄今相沿不变。北宋太平兴国二年(977年)设太平州,治姑孰城,辖当涂、芜湖、繁昌三县。元改太平州为太平路。元至正十五年(1355年),朱元璋率起义军攻占当涂,改太平路为太平府,辖县照旧。明清府治隶属不变。民国裁府留县,当涂县直属安徽省。民国3年(1914年)设芜湖道,当涂属芜湖道。民国17年(1928年)废道,仍直隶安徽省。1949年4月当涂解放。1954年2月设马鞍山镇,隶属当涂县。1955年8月设马鞍山矿区政府(县级),隶属芜湖专区。1956年10月12日,国务院批准设立马鞍山市为省辖市。当涂县先后隶属芜湖专区(地区)、宣城地区。1983年7月,当涂县(除大桥公社外)划归马鞍山市。

【地理位置】 马鞍山市位于长江下游南岸、安徽省东部,地处北纬31°46′42″~31°17′26″与东经118°21′38″~118°52′44″之间;东临石臼湖与江苏溧水县和高淳县交界;西濒长江与和县相望;南与芜湖市郊、芜湖县、宣城县接壤。至芜湖市区30公里;北与江苏省南京市江宁区毗连,是南京都市圈核心层城市,距南京市中心45公里,距上海不到300公里,是安徽融入长三角、推进东向发展和长三角城市向内地延伸的重要门户。马鞍山市最北点在慈湖河入江口,最南点在黄池镇水阳江中心航道线上,最西点为江心洲与和县之间长江主航道中心线,最东点处于石臼湖中心线,南北最大纵距54.4公里,东西最大横距46公里。

【行政区划】 全市土地总面积1686平方公里,其中市区规划面积715平方公里,目前建成区面积近70平方公里,城市化率61%。境内辖1县3区、13个镇、6个乡、12个街道办事处、113个社区居民委员会、240个村民委员会。

【人口】 2007年末,全市户籍人口为127.32万人。其中:农业人口66.23万人,非农业人口61.09万人。据抽样调查,人口出生率为10.1‰,死亡率为4.8‰,自然增长率为5.3‰。

【经济发展概况】 *经济总量快速增长*。全市实现生产总值532.1亿元,比上年增长17.8%。其中:第一产业增加值21.2亿元,增长2.5%;第二产业增加值349.7亿元,增长20.7%;第三产业增加值161.3亿元,增长13.6%。全市人均GDP 5589美元,居全省首位。经济结构调整步伐加快。三次产业结构由上年的4.4:64.2:31.4调整为4.0:65.7:30.3,第二、第三产业增加值比重继续上升。全市个体工商户达38046户,私营企业7545家,全市民营经济增加值177亿元。各项体制改革积极推进。方圆回转支承有限公司成功上市,生产经营类事业单位基本完成转企改制,慈湖经济开发区分税制财政管理体制建立,机关事业单位工资套改、规范公务员津补贴工作稳步推进,农村综合改革在全市范围内铺开。市场物价结构性上涨。全市居民消费价格比上年上涨5.2%,食品类价格上涨是拉动价格总水平上涨的主要原因。

【农业现代化建设】 粮食喜获丰收,总产量达42万吨。牛奶产量达4.3万吨,比去年增长了近4倍。水产品总产量6.62万吨,同比增长2.1%。产业化发展取得新成果。市级以上产业化龙头企业实现年营销收入32亿元,利税2.1亿元,同比分别增长40%和37%。其中,年营销收入超亿元的龙头企业达7家。组建农民专业合作社38家,成员近7000个,带动农户5万户,占全市总农户的26%。农产品质量安全水平不断提升,新建续建了11个标准化试验示范生产基地,其中国家级1个、省级3个。有1家企业、6个产品获绿色食品认证,新增省名牌农产品1个。规模化经营获得新成果。苗木花卉基地发展到约10000亩,速生丰产林基地总面积扩大到2.6万亩,无公害蔬菜基地面积扩大到4000亩,蔬菜订单面积达到1800亩,其中出口外贸订单达1000亩。水产生态养殖基地新增面积近3万亩,水产生态养殖比重达70.5%。规模养殖比重达25%,同比增加5个百分点。大力推进科技兴农。全年投入21.1%的市级科技项目资金用于支持农业科技成果转化及产业化,重点培育市苗圃"花卉苗木"、贤进渔业"水产生态养殖"农业科技专家大院并进入省级行列,当涂县进入省首批科技特派员试点县。建成水稻百亩核心示范区、千亩示范片、万亩辐射区累计达34个、面积21.4万亩,亩均增产54.7公斤,累计新增经济效益约6000万元。建立水稻、棉花、小麦等良种繁育基地面积1万多亩,良种普及率达97%以上,水稻、油菜优质率分别达95.3%、98.0%,推广水稻直播技术10万亩、超级稻栽培16.5万亩、旱育稀植技术12万亩、病虫害综合防治面积90万亩、农作物秸秆还田面积94万亩。当涂县1000口的生态家园沼气工程国债项目建设进展顺利,全市推广太阳能热水器6000平方米。实施"农机富民"工程项目,优化农机装备结构,组织化程度和社会化服务功能显著提升。实施"阳光工程"项目,培育了30名市级农民创业带头人。实施农业科技入户"1112"工程,举办各类培训350期(次),培训人员3万余人次,印发技术资料20余万份。

【对外开放】 *对外贸易再创历史新高*。全年外贸进出口总额24.5亿美元,比上年增长11.3%。其中出口总额9.5亿美元,比上年增长74.6%。高新技术产品和机电产品出口双双快速增长,全年高新技术产品出口7475万美元,比上年增长63.8%;机电产品出口17673万美元,比上年增长60.2%。高新技术产品、机电产品出口净增9583万美元,占全市出口净增总额的31%,成为拉动我市出口快速增长的主要力量。进出口额超过1000万美元的企业增加到10多家,获得进出口自营权的企业累计超过400家,形成国有控股、外商投资、民营企业多路并举的新格局。对外贸易伙伴涉及五大洲近120个国家和地区。完成外贸运量910万吨,同比增长102%,连续两年列全省五个一类水运口岸第1位。实际利用内外资快速增长。2007年,全市实际利用外资3.72亿美元,同比增长81.4%;实际利用内资148.8亿元,同比增长33.3%。引进大项目取得新突破。全市新批合同利用外资千万美元(含)以上的外商投资企业11家,引进外来投资超亿元的内资项目近30个。蒙牛液态奶生产线、马钢BOC工业气体等一批重大投资项目进展顺利。外来投资者增资扩股和以商引商增多。外商实际增资7714万美元,占实际到位外资总量20%。蒙牛乳业引进达能集团合资建设保鲜乳制品项目,雨润集团引进意大利百瑞塔合资建设高档肉制品项目,法国圣戈班集团增资设立了管道公司。外来投资结构优化。实际到位资金在第一、第二、第三产业的比例由2002年的2.2∶32.9∶64.9变为2007年的1.9∶59.2∶38.9,工业项目比重明显增加,第三产业房地产项目比重明显下降。

【高新技术产业】 全市高新技术产业产值和增加值分别达277亿元和85.8亿元,同比分别增长35.8%和36.5%,高新技术产业增加值占全市工业增加值的比重达26.4%,占GDP的比重达16.1%。全年新增高新技术企业30家、产品35个,总数分别达76家和95个;新增民营科技企业21家,总数达170家,技工贸总收入42.9亿元,同比增长29.3%。大力推动软件产业发展,制定《关于加快发展软件产业的若干意见》,启动《马鞍山市软件产业发展规划》的编制和软件产业协会筹备工作,软件国际外包业务实现零的突破。高新技术企业上市取得新进展,方圆回转支承有限公司成功上市。

【科技进步与创新】 第五次蝉联"全国科技进步先进市"荣誉称号,当涂县、花山区获"全国科技进步先进县(区)"称号。博望镇进入省科技创新试点镇建设行列。马钢股份公司"转炉-CSP流程批量生产冷轧板技术集成与创新"项目获国家科技进步二等奖,11项科技成果获省科学技术奖。马钢集团公司、天源科技等4家企业被列入省级创新型试点企业,矿院、中冶华天等16家企业成为我市首批创新型试点企业。市应用技术研发资金4122万元,同比增长29%,31个项目获国家科技部和省科技厅批准立项,马钢"高效节材型建筑用钢"项目进入国家科技部"十一五"科技支撑计划。认定登记"四技"合同254份,技术合同成交额达到9125.37万元,位居全省17个市和19个市级技术合同认定登记机构第一位。专利申请量313件,居全省第三。国家863新材料基地建设取得重要进展,主体园区入驻企业新产品不断问世;慈湖、当涂新材料基地分园区建设进展良好,分别有14家和9家新材料、电子信息类企业入驻。马钢股份公司"轨道交通关键材料研究项目"获国家863计划立项。国家级高新技术创业服务中心全年共引进18家企业入园,毕业5家,在孵企业达82家,被科技部认定为科技型中小企业技术创新创业项目服务机构;软件园综合研发楼及标准化厂房建成,环保科技园暨"集成式高效低耗污水处理回收系统项目"达产,留学人员马鞍山创业园和大学生创业园挂牌运行,吸引6家留学生企业入园。科技交流与合作深入推进,全年签订产学研合作项目45项,合作对象扩大到南京林业大学、南京航空航天大学、华中科技大学、安徽农业大学等高校,"马鞍山市打造资源型产业集群研究"课题首次由国家级权威机构承担研究。

【城市环境质量】 全年空气质量状况优良天数346天,环境空气优良率为94.8%,比2006年提高近四个百分点。全市四条河流的13个监测断面中,水质类别达Ⅲ类水质标准的占30.8%,Ⅳ~Ⅴ类水69.2%,无劣Ⅴ类断面。长江马鞍山段四个监测断面水质达到Ⅱ类水质标准。饮用水水源水质达标率为100%。声学环境状况总体保持良好,各功能区环境噪声声级基本达到国家规定的各类适用区标准。

【社会事业】 各类教育协调发展。认真落实市政府《关于促进义务教育均衡发展的实施意见》,大力推动中小学标准化建设,全面启动了二十中和佳山中心小学搬迁和扩建工作。义务教育经费保障机制改革全面实施。2007年开始,对全市城乡义务教育阶段中小学生全部实行"两免一补",全市享受免除杂费的学生数为135020人,除国家和省承担的经费以外,市和区财政共承担资金1579.82万元。稳步推进民办初中招生制度改革,停止"国有民办"星光学校招生。继续巩固提高"两基"成果,全市小学入学率99.96%,初中入学率99.63%。高中阶段教育毛入学率提高到73.02%。大力推进高中优质化战略,高考继续取得较好成绩,参加高考人数首次突破10000人,被大专以上院校录取高中毕业生5833人,录取率达53.47%。职业教育有新突破。全面实施当涂县职教中心建设、工业学校数控实训基地建设,成立全市第一所民办职业学校。加大职业学校招生力度,完成中职招生8159人,比2006年增长16.22%,全市职普比达4.7∶5.3。职业学校毕业生100%参加技能考核,各中等职业学校毕业生就业率达到90%以上。截至2007年底,全市有各类学校469所,在校学生25万余名,教职工18000多人。其中幼儿园149所,在园幼儿23074名;小学213所,在校学生84698名;初中45所,在校学生52214名;普通高中19所,在校学生25658名;中等职业学校7所,在校学生20645名;省属、地方和行业办高等院校6所。有省一类幼儿园6所,省示范高中5所,市示范高中2所,省特色初中1所,省特色小学2所,市级特色学校13所,国家重点中等职业学校(技校)4所。

文化事业再上新台阶。市博物馆、市图书馆、大剧院等三大文化工程建设稳步推进。率先在全省实施了文化信息资源共享工程社区和村级服务点建设。建成20个"农家书屋"和30多个村级、社区文化活动室。成功举办2007年中国李白诗歌节和第十三次李白国际学术研讨会暨李白研究会成立20周年活动。召开李之仪学术研讨会。儿童剧《男子汉行动》获省"五个一工程奖",《雪童》、《我心握你手》先后在南京文化艺术中心和南京紫金大戏院连演35场。两个主要市直专业剧团全年共演出270余场。举办各类大型群众文化活动20多项,开展各类公益性演出200余场(其中送演出下基层70余场),

送电影下基层1700余场,举办各类展览展示活动30余场。全年送书下乡5000余册。烟墩山遗址公园项目建设获省文化厅批准,全年共进行文物调查50余次,发掘、清理古墓葬10多座,出土文物80余件。启动实施第三次文物普查和全市非物质文化遗产普查工作,公布市、县级非物质文化遗产代表名录。当涂县成为安徽省民间艺术之乡。文化产业发展速度加快,涌现出经纶文化公司、新天地图书城、展望书城等一批新兴文化产业龙头企业。洪滨丝画荣获"十大中国优秀民间文化品牌企业"称号,洪滨丝画产业园入选第一批省级文化产业示范基地。文化交流工作成效显著,与上海市静安区文化局建立文化交流合作机制。市文化艺术代表团先后赴韩国、台湾交流演出,受到热烈欢迎,产生良好的社会影响。

科技活动形式多样。成功开展2007年马鞍山科技活动周,围绕"携手建设创新型城市"主题,组织120项群众性科技活动,参与群众达20余万人次,进一步增强了全市各界科技意识。

卫生事业持续发展。通过《关于深化卫生事业改革和发展的若干意见》,稳妥推进卫生领域事业单位改革。深入开展医院管理年、创建平安医院活动,加强对民营医疗机构的管理,成立马鞍山市医学会民营医疗机构管理分会。认真开展惠民医疗服务和检查结果互认工作,全年共减免困难群体医疗费用约26万元。积极组织开展无偿献血工作,11000余人次参加无偿献血,全市无偿献血占采供血总量的100%,实现了自愿无偿献血占临床用血95%的历史性跨越。大力发展社区卫生服务,社区卫生服务机构共65家,市区社区卫生服务人口覆盖率达90%以上。着力加强应急体系建设,积极落实艾滋病、结核病、血吸虫病防治措施,五苗接种率达99%。依法规范母婴保健服务,新建4所爱婴卫生院。积极开展免费婚前医学检查工作。严格卫生监督执法,在全省率先制定实施十项制度和措施,开展专项检查70余次,实施行政处罚629起。加强农村卫生服务体系建设,编制了《马鞍山市农村卫生服务体系2007~2011年建设规划》,启动7所标准化乡镇卫生院改(扩)建项目和30个标准化村卫生室建设项目。

体育事业借"奥运"东风蓬勃发展。以迎"奥运"为主线,积极开展"迎奥运"全民健身系列活动,组织马鞍山市奔向2008"安利杯"全民健身与奥运同行迎新年万人环湖长跑、市第八届梦都杯少儿围棋赛、首届全市羽毛球公开赛、首届青少年跆拳道比赛等48项群众体育活动,举办市首届大学生运动会、全市中、小学校乒乓球、篮球、围棋比赛等26大项72小项比赛。全面推进体育民生工程建设,如期完成2007年社区体育健身工程及农民体育健身工程建设。高度重视学生体育运动,在全市各级各类学校掀起阳光体育运动热潮。城区各中小学校实行"三课二操二活动",确保学生每天一小时体育锻炼时间。乡镇中小学的大课间活动、课外活动、校园集体舞活动逐步走向正规。

【社会保障体系】 *养老保险从城镇向农村延伸*。实施《马鞍山市新型农村社会养老保险暂行办法》,在全省率先建立新型农村社会养老保险制度,年末参保农民达8万人,参保率达57.4%,1.8万名农民领取了养老金和老年津贴582万元。新征地农民实现即征即保。城镇职工养老保险进一步完善,允许未参保集体企业职工通过补缴费参保,纳入基本养老保险范围。再次提高企业退休人员养老金,人均养老金月增加107.7元,月平均水平达到1035.8元。稳步推进企业退休人员移交街道社区管理,社区管理服务率提高到87%。

城镇医疗工伤生育保险体系不断完善。降低城镇职工医疗保险参保人员享受待遇门槛,扩大城镇居民医疗保险参保范围,深化医疗保险管理服务改革,城镇居民基本医疗保险工作"马鞍山医保模式"入选2007年度中国十大地方公共决策试验。企业老工伤人员纳入工伤保险范围,提高伤残津贴、生活护理费、供养亲属抚恤金待遇,建立工伤保险储备金。修订生育保险政策,扩大并规范了生育保险基金支出,提高生育保险医疗待遇。

最低生活保障实现城乡居民全覆盖。年末共有26111户、47910名在册人员享受城乡低保,全年合计发放城乡低保金4509.26万元,全市低保覆盖面为3.8%。其中,城市居民最低生活保障提高至户月人均240元,年发放低保金3522.9万元,全市19个乡镇共发放低保金986.36万元。

实施城乡困难居民医疗救助。全市计有1162人次享受医疗救助,共发放医疗救助金310.71万元,人均救助额2674元。

马鞍山市2007年经济社会发展主要指标

项目	2007年	比2006年增或减(%)
国内生产总值(亿元)	532.1	17.8
第一产业增加值(亿元)	21.2	2.5
第二产业增加值(亿元)	349.7	20.7
其中工业增加值(亿元)	325.6	22
第三产业增加值(亿元)	161.3	13.6
人均国内生产总值(亿元)	41917	—
粮食总产量(万吨)	42.02	10.3
棉花总产量(吨)	4050	-11.2
油料总产量(万吨)	4.52	-33.4
全社会固定资产投资总额(亿元)	331.34	26.3
实际利用外资(万美元)	37196	81.4
社会消费品零售总额(亿元)	86.53	17.8
地方财政收入(亿元)	42.02	16.4
农民年纯收入(元)	6145	18.4
邮电业务总量(亿元)	16.71	17.4
年末存款余额(亿元)	437.44	19.0
年末贷款余额(亿元)	303.97	13.5

花山区

【概况】 花山区位于马鞍山市东部,与南京江宁区接壤,距南京禄口国际机场20公里,处在南京都市圈核心圈层和接受长三角产业、资本转移的最前沿。总面积119平方公里,辖一镇四街道,常住人口23.4万。

【经济发展概况】 全年完成规模以上工业产值5.5亿元,增长52%。新增规模以上工业企业13家,累计达44家。实施项目带动战略,重点项目数量比上年增加近三成。完成固定资产投资27.2亿元,增长70%。社会消费品零售总额42.9亿元,增长21.5%,占全市份额一半以上。财税收入3.4亿元,增长52.5%,新增税收破亿元。城市居民人均可支配收入18290元,农民人均纯收入6663元,分别增长19.6%和18.7%。坚持现代服务业、先进制造业"双轮驱动"战略,万元生产总值能耗控制在年度目标范围内。

【园区建设】 "一园两区三街一基地"协调发展、多点联动的格局加速形成。工业区发展步伐加快,新增入园企业18家,新开工企业24家,新增加投产企业22家,完成工业产值4亿元,实现由投入向产出的转型。旅游园星光、世纪两条主干道完成征迁,开工建设;香港中惠、市软件园两个投资超亿元项目签约进驻。濮塘风景区控规通过省建设厅专家组评审,玉泉湖度假区项目完成投资1000万元,凤凰湖原生态休闲山庄一期竣工。解放路、花山路、湖东路三条特色商业街开发式改造力度加大,东源美家乐建材超市、力华国际建材城等11个项目竣工,格林豪泰等连锁酒店快速扩展,全年新增营业面积15万平方米。苗木基地新增苗木种植面积2400亩,总面积超万亩。

【民营经济】 新增民营企业600户,占全市新增数量的一半,累计达2846户。民营资本投入占总投入的九成以上,成为全区经济增长主动力。6万平方米创业基地全面建成,37户实体入驻创业,并跻身省级民营创业园行列。加快科技强区建设步伐,新增省高新技术企业4家,累计达9家;新增省民营科技企业7家,累计达41家。全区企业产权制度改革全面完成。鸿泰、梦都跻身全市民营企业10强。

【新农村建设】 完成《霍里镇村庄布点规划》编制,省、市试点苏李大塘、黄里蜈庙和张庄居民点建设项目全面展开,芦庄、大门等6个集中居住点规划完成编制。基础设施建设速度加快,霍里镇敬老院、派出所、卫生院启动建设,建成7个省标准化农村卫生室;新修农村道路12条54.8公里,试点村道路全部油化、硬化。完成徐坳、杨树庵两条水系整治和五亩山涵闸改造,清淤当家塘42口。加大农村环境整治力度,以"五清五改"为抓手,建成4个"清洁村庄、清洁河塘"试点村,苏李、凤山2座垃圾焚烧炉建成投入使用,组建17支共157人的农村清扫保清队伍,村村配备了保洁员,"户集、组收、村转运"的垃圾收集清理系统全面建立,农村垃圾基本实现集中处理。都市型农业加快发展,新建"三资"农业项目20个,引进资金1.3亿元,农业产业化水平稳步提高。组建苗木、葡萄、草莓、茶叶4个农村专业合作社,吸引近百户农民加入。全省首部生态区建设规划启动实施,森林覆盖率达25.44%。

【城市建设】 投入3890万元,完成车站路等8条道路维修改造,师苑路等4条新建道路竣工通车,蓬莱路、花山路等4条道路开工建设,重阳路、团结路小商品市场建设进展良好,新岗路成功打造成全市小商品市场示范街。城市小区亮化工程全面启动,安装路灯万余盏。危旧房改造五年计划全面实施,新纪元大酒店等10个项目竣工,改造面积达14.2万平方米。新新源市场等3个夜市排档建成营业。在全市率先启动网格化管理试点工作,全省第一个社区信息管理平台在湖东路街道投入使用。

【社会事业】 全面启动6大类34项民生工程,全年共投入资金8600余万元,在改善民生的多个关键领域取得突破。统筹城乡就业取得新进展。社区(村)均成立了劳务公司,村级专管员制度全面建立,区、街道(镇)、社区(村)三级劳动就业体系更趋完善。全年新增就业岗位7600个,成功举办第四届"送岗位、助创业"推进会,26个社区建成"充分就业"社区,双板村劳务公司帮扶"零转移"农户就业经验受到三家中央媒体关注。认真落实义务教育经费保障新机制,为13190名学生免除学杂费309万元,为1943名困难家庭学生免费提供教科书,全区无一名学生因家庭贫困辍学,"两基"普及率连续多年居全省前列。人口和计划生育工作得到加强,出生人口政策符合率保持在99%以上,出生人口性别比下降为106∶100。城乡低保统筹发展水平有了新提高,实现动态管理下的应保尽保和分类施保。城镇非职工居民养老保险参保率95%以上,惠及2.4万余人;新型农村合作医疗参保率99.1%;新农保在全市率先实现参保率、缴费率"双过半";农村"五保"集中供养率达30%以上,城市社会化养老工作启动试点;成立区、街道(镇)、社区(村)三级社会救助机构,一批特困家庭和残疾人家庭得到及时有效救助。

(丁金分)

雨山区

【概况】 雨山区始建于1976年,现辖1乡2镇4街道,28个村、38个社区,面积173平方公里,人口27万人,是面积最大、人口最多、资源要素最全的主城区,也是城市"东扩南进"的中心区。马鞍山钢铁集团公司、中国第十七冶金建设公司、中冶华天股份有限公司(原马鞍山钢铁设计院)、马鞍山经济技术开发区和安徽工业大学、河海大学闻天学院等高校座落于辖区内。境内人文自然景观丰富,有位于"长江三矶"之首的采石矶、名列"长江三楼一阁"的太白楼、20世纪80年代中国考古十大发现之一的朱然墓、"当代草圣"林散之艺术馆、古刹禅林广济寺、香火鼎盛的小九华、风光旖旎的雨山湖等。

【经济建设】 全年实现工业总产值38.26亿元,同比增长40.91%,其中:规模以上工业完成产值19.74亿元,同比增长53%。新增规模以上企业18家,总数突破70家。全区产值超亿元企业已达5家,省级民营科技企业达到25家。商贸服务业加快发展,华润苏果购物中心建成开业,盛德轩餐饮、碧海蓝天浴场、安民市场、三和仓储等商贸企业提升业态做大做强。湖西路、湖南路、红旗南路和雨山西路等商贸区加速形成。信息、旅游、家政、养老、中介等新型服务业正逐步兴起。完成固定资产投资27.2亿元,同比增长65.7%;财政收入突破3亿元,达3.52亿元,同比增长37.7%。

招商引资。引进迪昂风能发电设备、晟帝新型材料、香港

光大酒店、温州服饰广场、英国乐购超市、华润苏果购物中心、春盛农业生态园等投资超亿元项目,沪宁金属、双益机械、龙飞林业、联华购物广场等企业追加投资延伸产业链。全年共引进项目104个,其中外资项目5个,到位资金3261万美元;内资项目99个,到位资金20.3亿元。

项目建设。组织开展"项目服务年"活动,实施重点项目60个,总投资37.8亿元,累计完成投资21.6亿元。总投资6000万元的甬兴模塑项目一期工程基本完工,投产后年产值可过亿元;博宇重机成为国家装备制造骨干企业上海汽轮机厂重要协作伙伴;华宇环保除尘设备出口世界500强企业韩国浦项钢铁公司;长江矿业公司技改项目完成,产能比去年同期翻一番;沪宁金属新上装备制造项目,产值达1.5亿元;石溪野水泥公司投资3500万元的混凝土搅拌项目投产,每年新增产值3200万元;鑫洋永磁磁瓦生产线顺利投产,产品远销欧美市场。"116项目推进工程"的顺利实施,进一步提升了区域经济全面协调可持续发展的整体水平。

园区发展。工业集中区基础设施日趋完善,"七通一平"和绿化亮化工程同步推进。宏贝达起重机械、鼎华钒氮科技等7家企业相继投产;甬兴模塑、奈尔金属、瑞马钢构、大成科技等13家企业开工建设。完成固定资产投资3.8亿元,实现技工贸总收入20亿元,入库税金3500万元,同比分别增长1.8倍、3.5倍和2.5倍。三台创业园新增企业8家。向山创业园入驻企业14家,建成投产10家。向山商贸园总体规划方案编制完成,10多个项目正在洽谈之中。佳山乡陶庄、三联等村级创业基地初具规模,其他乡镇工业集中区和农民返乡创业园也有了新的发展。

全民创业。开展各类创业培训2400余人次;积极协调区担保中心为34家企业提供融资担保8400万元;区中小企业发展基金和科技研发基金投入300万元用于扶持企业二次创业;落实小额担保贷款164万元和创业工商规费减免补贴270万元;建成雨山再就业基地二期8000平方米标准化厂房,以更加优厚的条件为全民创业提供良好平台。全年新发展中小企业400家,总数达2029家,注册资金29亿元,年纳税额达2亿元,财政贡献率达61.73%。

【"三农"工作】 出台新农村建设激励帮扶措施,制定《雨山区新农村建设"十有"指导标准》,新农村示范点建设全面推进。大力发展现代农业,引进农业"三资"8200万元。重点实施银塘和向山农业综合开发、春盛农业生态园、龙飞林业、茂林园艺、安民市场二期工程、大西塘生态休闲基地等20多个现代农业项目,积极扶持三联经果林、南庄苗木、石马花卉、卸巷草莓等一村一品特色农业,成立5家农民专业合作社。全面落实惠农政策,发放各项农业补贴238.46万元。加快农村基础设施建设,新修农村道路70公里,对17座涵闸进行除险加固,完成佳山前庄提水泵站改造等6项重点农水工程,农村饮水集中供水率达100%,加大农村电网改造,启动银塘镇有线电视"村村通"工程。投入30万元对6个新农村建设试点村进行村组绿化。安排50万元以奖代补资金用于推进村庄整治,出台《雨山区农村垃圾收集与处理实施意见》,乡镇配备了环卫专用车辆,招聘专职保洁员。大力实施种植业优质化工程和农业示范致富工程,积极培育农民创业致富带头人。狠抓农产品质量安全监管和动物疫病防治。加强农业科技推广,选派20名科技人员深入一线进行技术指导。大力实施"阳光工程",完成培训800人。

【城乡建设和管理】 投入2000多万元,对老庄、十一村、一村等老旧小区进行重点整治,绿化7万平方米;对向山转盘、马钢便道、青莲路、翠湖路、朱然路、印山路等进行维修改造;开工建设杜东南路、东湖路;完成紫霞路、花园路、城市南出入口的绿化美化和琅琊路、微波路、古塘路的亮化工程;建成鹊桥游园并向市民开放;启动实施湖南路沿街综合整治工程。大力推进城市管理网格化和小区物业化,充实加强市容执法和清扫保洁队伍,完成110项环境卫生重难点整治,规范设置了锦华商业大厦惠民摊群点和联华购物广场夜市排档点。农村违法建设集中整治取得阶段性成果,拆除各类违法建设20余万平方米,查处违法用地,保护基本农田,农村违法建设蔓延的势头得到有效遏制。强力推进土地征迁工作,实施市开发区、新城东区、高村矿二期、和尚桥铁矿、区工业集中区以及市政基础设施等征迁项目30个,完成征地3940亩,拆迁2310户,拆迁面积74万平方米,安置人口5567人。

【民生工程】 城市居民人均可支配收入达15562元,农民人均纯收入达6646元,同比分别增长16.8%和15.1%。出台《关于大力实施民生工程,加快构建和谐雨山的意见》,启动实施36项民生工程,全部投入将达4亿元,当年投入8000万元。加强城乡劳动保障平台建设,建成全省首家中介服务大市场,组建区劳动监察大队,成立5家街道劳务公司和28家村级劳务公司。全区新增就业岗位6488个,下岗失业人员再就业3410人,就业困难群体再就业1208人,新增农村劳务输出1574人,开展城乡劳动力职业技能培训2814人次。进一步完善城乡社会保障体系,城乡困难群众实现应保尽保。城市低保覆盖率达到4.7%,保障金额990万元,每月人均补差107.5元;农村低保累计保障1558户,发放低保金153.36万元;新型农村社会养老保险有序开展,全区参保达1.98万人;被征地农民养老保险和新型农村合作医疗全面实施,城镇居民医疗保险稳步推进;发放城乡困难群众医疗救助金34.39万元;发放其他各类临时困难救助金、慰问金47.2万元;区慈善资金实施各类救助27.68万元。全面启动居家养老服务工程,企业退休人员社会化管理工作不断完善,荣获"全省社会化养老服务示范区"称号。继续落实农村计划生育奖励扶助政策,确定奖扶对象96人,奖扶标准上提120元。积极开展"生育关怀我尽力"活动,对54户计划生育特殊困难家庭每户给予800元帮扶救助。全面实施义务教育经费保障机制改革,免除全区城乡近1.7万名学生学杂费,为1000余名贫困学生免费提供教科书。危旧房改造、廉租房和农民安置房建设稳步推进,启动实施雨山六村等6个危旧改项目,建设规模21.08万平方米;已建和在建廉租房312套;对低收入家庭实行住房补贴;启动阳湖花园二期和映翠花园二期农民安置房建设。顺利实施10件为民办实事项目。

【社会事业】 沪宁金属、采石矶涂料、秋枫工程塑料、雨山冶金等4家企业被新批准为省民营科技企业;顺利通过"全国科普示范区"复检。大力发展文化事业,加强文化市场监管和文物遗产保护,广泛开展群众文化体育活动,在市九运会上取得优异成绩。加强卫生防病工作,组建区卫生监督所、区疾病预防控制中心和乡镇防保站。国家社区卫生服务适宜技术试点项目落户我区,完成血吸虫病流行区农村改厕项目。出生人口政策符合率达到98%,查处"两非"案件取得突破,出生人口性别比为104:100,全省城区计划生育和流动人口管理现场会观摩点选中我区。"五五"普法深入开展,社区矫正工作全面启动。第三届社区居委会换届选举工作顺利完成。"平安雨山"建设继续深化,修订完善《雨山区突发公共事件总体应急预案》、10个专项预案和17个部门预案,应急预案体系逐步健全。安全生产监管和信访维稳工作力度加大,社会继续保持安定有序。审计、统计、民族宗教、妇女儿童、老龄工作等各项社会事业全面进步。先后获得"全国科教进社区优秀组织单位"、"全国社区残疾人工作示范区"、"全省教育均衡发展示范区"、"全省关爱未成年人先进单位"、"全省社会化养老服务示范区"、"全国安全生产监管先进单位"、"省级科技强警示范区"、"全省社会治安综合治理模范区"和"全省国防动员先进集体"等多项全国先进、省市领先荣誉。

【创建活动】 深入开展以"共建共享,和谐发展"为主题的文明创建活动,认真落实创建省首批文明城市任务,打造了鹊桥社区、一村社区等一批"文化社区"、"科普社区"、"学习型社区"和"平安社区"。半山花园、西苑社区的特色创建活动受到了中央、省、市领导赞誉,中央及地方十多家主流媒体进行了集中报道。积极开展创建全国绿化模范城市活动,完成绿化示范点、绿色通道工程、"村村通"绿化、古树名木保护、生物防火林带、退耕还林和植树造林等任务。"双拥"、国防教育、国防动员和人民武装工作得到加强。

金家庄区

【概况】 金家庄建区于1976年,是马鞍山市的发祥地,地处城市西北部,总面积53平方公里,人口10.6万人,辖1个乡、11个行政村、4个街道和24个社区居委会。2007年实现工业产值48.5亿元,增长84.3%;规模以上工业企业实现产值42.5亿元,比上年翻了一番,增加值达到7.5亿元,增长73.7%。完成固定资产投资23.2亿元,增长56%。财政收入突破3亿元,达到3.26亿元,增长50.2%。

工业。全年新增规模以上工业企业15户,总数达53户;销售收入超亿元企业4户,其中超2亿元企业3户,马钢钢材配售中心年销售收入已超20亿元。工业结构调整取得新的成效,新兴产业竞争力显著增强,装备制造、新材料、环保等非钢产业加速发展。方圆回转支承公司在深交所成功上市,募集资金近2亿元。锐生工贸、益丰耐磨公司成为国家行业标准制定的参与单位。玉龙公司等2家企业跻身省100家"专、精、特、新"企业,天宇新材料公司、唐氏螺纹紧固件公司等3户企业进入省高新技术企业行列,方圆回转支承、华骐环保等公司多项产品列入国家新产品和火炬计划。

服务业。全年完成社会消费品零售总额5亿元,增长16%。商贸核心区建设步伐加快,江东大道两侧商业区已具雏形,新都批发市场一期工程即将完工,全国家居知名品牌"好百年"和潮州陶瓷城项目已签约入驻。以幸福广场为中心的商贸业快速发展,成功引进上海"好又多"连锁超市,徽润副食物流园、蒙牛连锁超市开工建设,物流业蓬勃发展,马物、玉麒麟物流进一步扩容,诚兴、利民等涉钢加工物流基地相继建成,快捷物流园被列为省重点发展物流园,江海轮船等水上物流企业发展提速。

招商引资。全年实际利用内资22亿元,实际利用外资2396万美元,分别增长80.9%和98.4%。引进项目60个,总投资23亿元,项目平均投资额达3857万元,比去年高出2000多万元,其中亿元以上投资项目7个,5000万元以上项目5个。投资2亿多元的蒙牛乳业蒙连科技、投资2.6亿元的广东伟雄集团顾地塑胶以及亿利达钢业、金马船板等一批大项目正式签约;投资1.8亿元的中杭金属、1.1亿元的阳晨生物等大项目加紧建设。企业对外扩张取得突破性成果,华骐环保采用BOT方式投资建设了宜兴、五河污水处理系统;采石矶酿酒公司斥资3000万元收购了全国制酒百强企业上海"神仙"酒厂,"走出去"战略迈出重要步伐。

园区建设。共投入5000万元对工业集中区路、水、电等基础设施进行建设和完善。格力路、皖苏路相继建成,改造、迁移、新建4条高压线路,北区的路网、水电气等配套设施已基本到位。南区基础设施建设全面启动,主干道金水路和金南路一期工程基本完工。上湖工业集中区、曙光路工业区建设相继启动,新增项目布局面积1300亩。目前工业集中区已入驻企业123家,全年完成规模以上工业产值30亿元,增长130%,实现税收1亿元,增长66%,分别占全区总量的三分之二和三分之一。

全民创业。全年新建和改建创业基地4万平方米,工业集中区创业基地被确定为省级创业基地。规划建设了上湖、高潮、林里三个村级农民创业园,吸引70多家企业入驻;投资800万元建成高潮村农民创业大市场,带动千人就业。全区新增个体经营户710户、中小企业240户,民营企业纳税额达2.5亿元。

【城乡建设和管理】 全力配合做好天门大道贯通和曙光路建设工程,城市北部工业区物流通道不畅的状况得到很大缓解。投入1500万元实施辖区基础设施建设,重点对路网进行改造和维修。完成北塘路拓宽续建工程;先后对杨家山路等6条区属道路进行了改造和拓建。实施居民小区亮化工程,对各小区内路灯、楼道灯进行了新装和维修。对联农、杨桥两条水系进行了清淤和疏浚;对南塘水系的整治工作也进入了调查论证阶段。投入360多万元对五亩山河堤进行加固,对慈湖河下游实施清淤,14座涵闸除险维修工程全面完工,城乡防汛抗旱能力得到加强。全面开展市容环境综合整治,加大城管行政处罚力度,拆除城市新增回潮违建6800平方米;在全市率先成立农村行政执法队,有效制止和助拆农村违法建设4.5万平方米;对全区门头招牌和户外广告、重要路段停车点、重点地区占道经营行为进行集中整治,城乡环境面貌得到新的改观。

【民生工程】 出台关于大力实施民生工程加快和谐金家庄建设的意见,计划投资37亿元,用3到5年时间,集中力量实施四十项民生工程,2007年区已投入1306万元。社会保障体系进一步完善,城乡居民生活保障水平不断提高。城市低保动态管理得到加强,累计发放低保金1020万元;农村低保标准进一步提高，达到户年人均1440元。扎实做好各类社会保险工作，13125名被征地农民参加了养老保险，参保率达98%；新型农村社会养老保险快速推进，参保人数5804人，参保率61.4%，超出目标任务11.4个百分点；城镇居民医疗保险进一步扩面，累计参保15438人；新型农村合作医疗参合率达99.1%。实施城市低保对象廉租房补贴、重病救助以及农村特困户、五保户大病救助，社会救助体系框架基本建成。积极开展"慈善一日捐"活动，全年救助困难群体1241人次，发放救助金38.5万元。进一步完善就业再就业政策措施，围绕就业岗位开发、培训、援助三个重点，统筹推进城乡劳动者就业，全年开发就业岗位5500个，4200名失业人员实现再就业，实现困难群体再就业1312人，城镇登记失业率由4%下降至3.7%。通过培训和帮扶，1354名农民工实现就地和转移就业。城市居民人均可支配收入11800元，农民人均纯收入6680元，分别增长16%和11%。

【社会事业】 *成功承办市科技活动周各项活动，省科普示范区创建工作稳步开展。*大力支持企业自主创新，积极开展全方位产学研合作。坚持教育优先发展方针，加强教育基础设施建设，金玉兰小学破土动工，钟村小学综合楼年内开工；全面免除义务教育阶段学杂费，并为家庭困难学生免费赠送教科书，全年财政投入教育事业的经费占全部支出的23.4%；特色学校创建取得成效，慈湖一小在全国机器人大赛中获银奖。举办金家庄区首届民间文化艺术节，开展"江南之花"文艺汇演、"迎奥运、讲文明"书画展、"金秋花展"、建"农家书屋"等一系列活动，丰富了群众文化生活。积极组织参加市第九届运动会并取得优异成绩，成年组团体总分和金牌数在全市40多支代表队中名列第四，位居三区一县之首。加大公共卫生体系建设力度，成立区级卫生监督所、疾病预防控制中心和乡防保站，初步形成了区、乡、村三级防保网络。人口和计划生育基础工作不断加强，管理和服务水平得到提高，全年出生人口政策符合率达99.5%。启动"和谐社区"创建工作，社区居委会换届、组建工作如期完成。全面落实安全生产责任制，有效预防和避免了重大安全生产事故的发生。"双拥"、民兵预备役和国防动员工作扎实开展，区国防动员委员会被南京军区评为国防动员先进单位。

【文明创建活动深入开展】 *以创建省文明城市为载体，积极开展公民道德宣传、文明教育。*组织万名党员、市民、妇女、职工和团员参与"五个万"创建活动，开展以创文明社区、文明企业等为主题的"五创"活动，全区上下精神风貌显著提升。大力开展文明新风进农家活动，在全市率先成立农村环卫保洁员队伍，对农村垃圾进行集中清运处理，实现城乡环境卫生管理一体化。在文明城市创建过程中，中央和省多家主流媒体先后实地采访了幸福广场群众文化活动、慈湖乡农村环境卫生管理等内容，对该区在文明创建过程中结合自身特点、创新工作思路、走特色创建之路的做法给予了高度评价和广泛宣传。

（许　泓）

马鞍山路

中国最具幸福感城市

台州市委副书记、市长陈铁雄接受“中国最具幸福感城市”颁奖

台州位于浙江中部沿海，因境内天台山而得名，“龙楼凤阙不肯住，飞腾直欲天台去”，唐代大诗人李白表达了自己的向往。如今，“敢冒险、善创造、有硬气、不张扬”的台州人成就了“幸福城市”的梦想，2007年被评为全国十大最具幸福感城市，名列第5位。

台州是民营经济的发祥地，以民营经济为主的发展道路造就了台州的民富特色。2007年，全市实现生产总值1722.89亿元，人均生产总值30385元，突破4000美元大关，达到4162美元；财政总收入218.38亿元，地方财政收入108.86亿元。城镇居民人均可支配收入20942元，在长三角16个城市中居上海之后列第3位，农村居民人均纯收入8331元。城镇居民人均住房面积为33.7平方米，农村居民人均住房面积53.9平方米。每百户城镇居民家庭汽车拥有量16辆，加上台州为全国微型轿车生产基地，被誉为“车轮上的城市”。

近年来，先后荣获了中国优秀创新型城市、中国最佳商业城市、中国金融生态城市、中国十二大品牌经济城市、全国双拥模范城、国家汽车及零部件出口基地、中国缝制设备制造之都、中国再生金属之都、全国质量兴市先进市、国家知识产权试点城市、中国优秀旅游城市、中国最具幸福感城市等荣誉称号。

当前，台州正扬起新一轮创业创新的风帆，进一步弘扬台州人文精神，在促进经济又好又快发展的同时，着力全面改善民生，努力打造全市人民共建共享的幸福台州，全面建设惠及全市人民的小康社会。

市民广场夜景

大奏鼓

台州民间活动

江滨婚礼

国家级康居示范工程－椒江景元花园

阔步迈向东陇海线上第三大城市 新沂

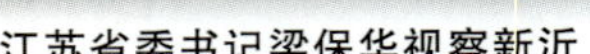

江苏省委书记梁保华视察新沂

徐州市委常委、新沂市委书记：陈德荣

新沂地处苏鲁两省交界，是江苏的北大门，东陇海产业带中心城市，全国县级市中为数不多的交通枢纽。全市总面积1616平方公里，下辖16个镇，总人口99万，其中城区人口25万。1998年，国务院批准了新沂的中等城市规划。省委、省政府先后将新沂发展定位为“苏鲁接壤地区新兴的交通枢纽和商贸旅游中心、江苏新兴工业城市”，长江以北唯一的“三级一类中心城市”，东陇海线上第三大城市、第三大工业城市。近年来，新沂经济社会发展进一步加快，在江苏省城市发展研究院公布的2007年江苏27个县级市可持续发展综合评价报告中，新沂位居全省第11位、苏北第一位。新沂连续两次当选“长三角最具投资价值县（市）”和“全国最具投资潜力中小城市百强”，前不久被评为“2008浙商最佳投资城市”，全省首批、徐州唯一的“金融生态达标县（市）”。

新沂区位优越，交通便捷，陇海与新长、胶新铁路，京沪与连霍、徐连高速公路，205国道与323、249省道，在新沂境内形成“三纵三横”的交通网络格局。新沂物产资源丰富，现已探明并开发利用的矿产资源有黄砂、石英、水晶、钾钠长石、金红石、矿泉水等27种。石英砂储量达22亿吨，含硅量高达99%以上。金红石探明储量为全国第一。水资源充沛，旅游资源较为丰富。新沂工业基础扎实，初步形成“精细化工、机械制造、纺织服装、电子信息、资源开发”等特色产业板块，农药、化肥、大豆植物油、文化用纸、磁卡基材以及精制石英砂等特色产品，在国内外均有较高的知名度和市场占有率。江苏新沂经济开发区升格为省级开发区，与无锡新区合作共建的无锡—新沂工业园初具规模，具有较强的集聚承载能力。新沂投资环境优良，牢固树立“一切为了客商、为了一切客商、为了客商一切”的发展理念，全力打造宽松的社会环境、优美的人居环境、淳朴的人文环境、良好的治安环境和高效的服务环境，努力营造“尊商、亲商、爱商、安商、扶商”的浓厚氛围，新沂的美誉度和影响力不断提升，逐渐成为海内外客商投资的热土、创业的宝地、发展的乐园。

京沪、连霍高速公路在新沂境内交汇。

今年以来，新沂市广大干部群众紧紧围绕建设“东陇海线上第三大城市、第三大工业城市”这一目标，凝心聚力，真抓实干，经济社会呈现出“发展速度加快、运行质量提高、民生持续改善、社会全面进步”的良好势头，主要经济指标增幅高于全省、徐州市平均水平，发展的形势很好、态势更好，进入了一个崭新的发展阶段。目前，全市广大干部群众正围绕“五年任务四年完成，进军苏北领先行列”的奋斗目标，按照“着着落实、项项争先、年年进位”的工作要求，抢抓国务院部署江苏沿海开发和江苏省委、省政府振兴徐州老工业基地的战略机遇，全面掀起了新一轮加快发展的热潮，向着“东陇海线上第三大城市、第三大工业城市”的目标阔步迈进。

国家级AAAA级风景区马陵山

江苏省最大的化肥生产基地
——恒盛化肥有限公司

江苏新沂经济开发区

安徽省 和县

华星化工园园景

丹麦 AVK 阀门公司

华星化工股份有限公司

和县第三届蔬菜博览会

和县古名历阳，周朝时属扬州之邑，秦置历阳县，公元 555 年，改历阳为和州，1911 年改为和县，系安徽历史文化名城。地处皖东，与南京、马鞍山、芜湖等城市接壤，拥有长江岸线 65 公里，区位独特，环境优越，矿产、旅游资源丰富。现辖 10 个镇，面积 1412 平方公里。人口 652984 人。该县是全国无公害蔬菜生产示范基地县、全国生态建设示范县、全国园艺产品出口示范区和全国科技、教育、文化、民政、质量工作先进县。2007 年又获长三角最具投资价值县、安徽省首届投资环境十佳县称号，和县香泉镇获安徽省最佳旅游乡镇称号。

和县香泉湖

和县万亩蔬菜大棚

天门山

和县香泉谷温泉度假村

和县镇淮楼

和县鸡笼山旅游胜地

和县和城全景

滁州市

CHUZHOUSHI

滁州市市长　缪学刚

滁州位于安徽省东部，地处中国经济发展最具活力的长江三角洲腹地，是南京一小时都市圈的核心城市、安徽东向发展的前沿。公元536年置南谯州，隋开皇九年设滁州郡，至今已有1400多年的历史。唐宋八大家之一的欧阳修曾任滁州太守，留下千古名篇《醉翁亭记》。元末朱元璋起兵凤阳，创建了大明王朝。20世纪70年代末，凤阳县小岗村18户农民首创农业“大包干”，揭开了中国农村改革的序幕。现辖天长、明光两市，来安、全椒、定远、凤阳四县和琅琊、南谯两区。市域面积1.33万平方公里，人口444万。

滁州是泛长三角地区一座新兴的工贸旅游城市，资源丰富，要素成本低，环境容量大，有着自己独特的魅力和优势。常年粮食产量70亿斤左右，是全国大型商品粮基地之一。境内已发现的非金属矿达40余种，已探明储量的有25种，其中凹凸棒、岩盐、石膏、石英砂等为我国或安徽省唯一的矿种。石英砂生产加工能力居全国之首。滁州人均占有土地居安徽前列，工业储备用地充足，能源、原材料价格也相对较低。劳动力资源丰富，职业技术教育发达。每年向外输出劳动力近百万人次，拥有5万多名各类专业技术人才和50多万名训练有素的技术工人。有4所高等院校，28所中等职业技术学校，能为产业工人提供良好的职业技能培训。生态环境较好，全年城市空气质量达到优良以上天数347天，是发展绿色产业的理想场所，被评为“浙商（中国）最佳投资城市”和“浙商（安徽）最佳服务城市”。

近年来，滁州坚定不移地实施工业强市、城镇化和东向发展三大战略，大力招商引资，吸引了德国西门子、法国乐斯福、英国邦迪、泰国正大、香港侨威、台湾华夏、日本行田、美国诺克罗斯、深圳康佳、江苏万翔、青岛

澳柯玛、湖南长丰集团等一大批国际国内知名企业来滁投资兴业，现有规模以上工业企业751家，工业经济规模和实力居安徽省前列。与50多个国家和地区建立了经贸关系，初步形成了以机械、家电、食品、纺织、化工、建材为主导的工业体系，是华东地区乃至全国重要的家电生产基地。目前已形成年产700万台彩电、300万台套彩电机芯、280万台冰箱、240万台空调、70万台洗衣机、1000万部手机的综合生产能力。

2007年，全市实现生产总值443.93亿元，增长12.8%，创近11年以来最高增幅。其中，第一产业增加值114.95亿元，增长5.7%；第二产业增加值178.57亿元，增长18.4%；第三产业增加值150.41亿元，增长11.8%。三次产业比例为25.9:40.2:33.9。财政总收入45.49亿元，增长30.3%，创1995年以来最高增长幅度。进出口总额47517万美元，增长20.1%。全年招商引资实际到位资金208亿元（不含房地产项目），增长98.1%。其中，利用境内省外资金140.2亿元，增长93.8%，增幅居全省第3位，总量居全省第5位。年末金融机构人民币各项存款余额376.36亿元，增长15.8%；贷款余额259.36亿元，增长11.0%。城镇居民人均可支配收入10904元，增长14.4%。

在多年发展、历年积累的基础上，滁州市委、市政府进一步拉升标杆，纵深推进“三大战略”，提出了主要经济指标“双超”目标（即近期超全省平均增幅、五年超全省人均水平），努力实现跨越式发展。今后五年，全市生产总值、财政收入将分别保持年均15%和26%的增幅，总量达到1000亿元和150亿元。为实现上述目标，我们将进一步加大招商引资力度，加快城镇化进程。招商引资方面，未来5年，全市招商引资力争实现“两年翻一番，五年翻两番”，确保累计完成2400亿元，其中，今年确保完成300亿元。推进城镇化方面，在重点培植35个经济强镇的基础上，加速推动“大滁城”建设，着力打造经济繁荣、山水相连、生态优美、宜人宜居的新滁城。规划到2020年，滁城建成区面积达95平方公里，人口达95万人，面积和人口均比现在翻一番多。

宜人宜居的新滁城

滁州市

CHUZHOUSH

“王者之地”丹阳市

DANYANG SHI

中共镇江市委常委、丹阳市委书记　李茂川

丹阳是一个充满灵气与活力的江南名城，是长三角富有鲜明产业特色的现代城市。全市总面积1059平方公里，户籍人口80.3万，辖13个镇，1个开发区，1个练湖。经济基本竞争力居全国百强县（市）第18位，是江苏省十强县（市）。

“王者之地”丹阳。有着6000年的人文历史和2400年的建城史。春秋时期伟大的德者、智者和贤者——季子，放弃王位，定居丹阳延陵。2000多年前，秦始皇因“东南有天子气，在云阳之间”，亲自到这里找寻龙脉。丹阳的“天子气”，既成就了南朝齐梁两代12位帝王，更引来了商贾云集。唐代大诗人李白流连于这里的繁华景色，写下了“云阳上征去，两岸饶商贾”的诗句。长江、运河赋予了丹阳漕运咽喉、“九省通衢”、古老商埠的地利条件，铁路、高速公路、机场的立体交通格局，凸现了丹阳接轨上海、呼应南京、走向世界的独特优势。沪宁经济带人流、物流、信息流交汇的节点，随着以上海为核心的长三角经济圈加快发展，丹阳区位优势将更加彰显，发展潜力日趋显现。

工贸之城丹阳。新能源等新兴产业以及服务外包业迅猛发展，一座长三角先进制造业基地和区域商贸物流中心正在崛起。

投资热土丹阳。近年来，丹阳积极打造“长三角地区服务效能最高、创业条件最优、投资回报最好”的城市，先后与50多个国家和地区建立了经贸关系，引进包括德国汉高、法国欧尚、美国AIG等世界500强在内的各类外资企业500多家。2007《福布斯》中国大陆最佳商业城市排行榜中，丹阳在全国县级市中列第15位。

丹阳将以科学发展观统领全局，围绕打造长三角“工贸名城”、“文化名城”的目标，坚持科教优先、民生为本、内外并举、城乡一体，转变发展理念，提升发展层次，优化发展环境，建设富裕和谐的现代化丹阳市。

东 景

万寿路街景

丹西大道

马鞍山市 当涂县 DANG

省委书记王金山（前排左三）在当涂县视察

2007年，在马鞍山市委、市政府和当涂县委的正确领导下，全县上下深入贯彻落实科学发展观，抢抓机遇，创新举措，扎实工作，全面和超额完成了各项目标任务，全县经济社会呈现出又好又快发展新局面。

一是经济结构调整取得新进展。全县生产总值实现90.1亿元，增长18.6%。三次产业结构比例调整为21:50:29，二产比例首次达到50%，工业为主导的经济增长格局已经形成。

二是工业经济跨上新台阶。全县规模工业销售收入首次突破100亿元，实现102.5亿元，增长62.5%，是历年来增速最快的一年。新增规模企业59家，总数达到240家。长江钢铁、沪马机械两家企业迈进中国私营企业纳税百强行列。

三是发展活力得到新增强。全县实际利用县外资金27.7亿元；利用境外资金2506万美元；完成进出口总额2333万美元，增长276.9%。民营经济蓬勃发展，全县新增私营企业467家、个体工商户2208户。

正在筹建中的大唐当涂电厂

四是固定资产投资达到新水平。年人均固定资产投资首次突破1万元，总量达到72.5亿元，增长42.6%。其中，工业性固定资产投资44亿元，增长35.8%。大唐当涂电厂一期项目正式通过国家发改委核准，两台66万千瓦燃煤发电机组主体工程快速推进。

五是新农村建设迈出新步伐。粮食生产机械化综合作业水平达到61%。全县22家龙头企业带动生产基地50万亩、农户13.5万户。农村水利、交通、供电等基础设施日臻完善。

六是城乡面貌发生新变化。县城建设完成投资16亿元，新区扩容3平方公里，新增绿地30万平方米，新建城市道路10公里。青莲路桥建成通车。商会大厦等标志性建筑完成主体工程。

白象山铁矿开采

七是财政收入实现新突破。全县财政一般预算收入首次突破10亿元大关，完成11.28亿元，增长47.3%，实现两年翻一番，在全省县级排名第三，比上年前移两位。

八是改善民生收到新成效。在全省县级率先实施新型农村养老保险、率先实现医疗保险城乡全覆盖、率先完成农村饮水安全工程。全县在岗职工年平均工资22000元；农民人均纯收入6025元。

九是社会事业取得新进步。“两基”教育工作通过省市复审验收。被评为全国科技进步先进县，被列为全国职业卫生试点县，李白墓园被批准为国家3A级旅游风景区。

十是对外形象实现新提升。我县先后被评为安徽省首届投资环境十佳县、浙商最具投资潜力城市、第二届长三角最具投资价值县（市）。

江淮之水都汇于此 江都市

人民生态广场

中海造船江苏基地 4.6 万吨成品油船 “千池” 号下水仪式

江都于公元前 153 年建县，至今已有 2100 多年历史，因 “江淮之水都汇于此” 而得名。1994 年撤县设市。全市总面积 1332 平方公里，人口 107 万，下辖 13 个镇和 1 个省级经济技术开发区。

江都三次产业协调发展，总量位居苏中前列。农业初步形成花卉苗木、优质蔬菜、特种水产、特畜特禽、优质粮油五大特色，花木、蔬菜、水产面积分别突破 20 万亩，阿波罗花木市场成为华东地区最大的花木交易中心。工业形成汽车及零部件、机电冶金、石化医药、船舶制造和配套件四大支柱产业。2007 年全部工业产值突破 870 亿元，规模企业达 610 家。其中 10 亿元以上企业 10 家，江苏诚德集团突破 35 亿元。建筑业拥有 10 万从业人员，现有特级资质企业 1 家、一级资质企业 14 家，先后获得 12 个鲁班奖、6 个国优工程奖，被省政府命名为全省首批建筑强市。服务业发展迅速，建有皮鞋、建材、等专业特色市场，年成交额 80 亿元以上；2007 年实现社会消费品零售总额 79.8 亿元，被表彰为全国 “万村千乡” 市场工程先进县（市）；拥有首批江苏省观光农业区——江都现代花木产业园、国家 AA 级景区邵伯湖旅游风景区、国家级水利风景区江都引江水利枢纽工程，2007 年各旅游景点接待游客 60 万人次。

江都引江水利枢纽

江都城区夜景

江都是江苏省沿江开发的重点区域，境内拥有长江岸线35.5公里，沿江地区可供开发面积400平方公里，已编制完善102平方公里沿江开发启动区规划，累计完成基础设施投入25亿元，码头、供水、供电、污水处理等配套齐全，形成机电冶金园、船舶工业园、建材工业园、高科技产业园、中小企业园和港口物流区等“五园一区”发展框架，中海造船、海螺水泥、同昌电子等一批重大项目相继落户。

近年来，江都先后获得全国科技进步先进市、全国文化先进市、全国社会治安综合治理先进市、全国创建文明村镇先进市、国家级生态示范区、江苏省文明城市、江苏省园林城市等荣誉称号。2007年实现地区生产总值280亿元，同比增长16%；财政收入32.1亿元，增长34.5%；全社会固定资产投资155亿元，增长46%。全面小康四大类25个指标中，已有20个指标达到目标值，综合得分名列扬州各县（市、区）第一。连续八届进入全国县域经济基本竞争力百强县（市）行列。

江都沿江开发区3.5万吨件杂码头

浙商（省外）投资潜力城市

广德县

县长　邵建华

广德县委、县政府在加快发展县域经济进程中，根据经济增长规律和经济运行走势，通过招商引资、优化环境、园区建设、项目推进等一系列举措，不断培育产业竞争力，2004-2007 年连续四年进入安徽县域经济考评“综合十强县”、“动态十佳县”；2006-2007 年先后跻身“中部百强县”第 90 和 78 位。

2004-2007 年，全县实际到位省外资金内资 80.1 亿元、外资 6286 万美元；新开工项目分别达到 49、97、155 和 235 个，累计完成全社会固定资产投资 150.7 亿元；规模工业产值增幅分别为 97.4%、56.7%、47.3%、54.7%；财政收入年增量分别达到 7700、8100、13200 和 19309 万元。

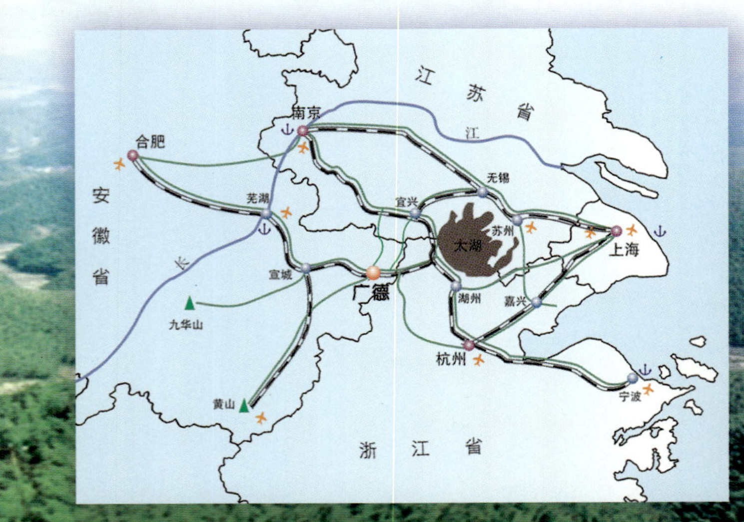

广德县行政中心

安徽广德经济开发区

万亩竹海

苏中明珠

——江苏省宝应县安宜镇

党委书记翟士高在亿元项目签约仪式上致辞

镇长徐锋在项目开工典礼上致辞

安宜镇地处江苏中部，隶属扬州市，是宝应县政治、经济、文化、商业中心，辖21个社区居委会，19个行政村，1个专业水产养殖场，总人口26万，总面积152平方公里，其中耕地面积3.5亩，水产养殖面积3.2万亩。2007年，实现地区生产总值22.37亿元，财政总收入2.37亿元，城镇居民可支配收入10011元，农民人均纯收入7416元。先后荣获江苏省社会治安综合治理先进乡镇、江苏省文明乡镇、全国千强镇等称号。

该镇区域优势显著，周边拥有扬州、南京、上海和连云港等大中城市和港口，3个小时车程内分布着上海虹桥、南京禄口等机场；规划建设中的京沪高速铁路和1小时车程的和苏中机场将带来新的发展机遇。近年来，该镇始终突出工业强镇战略，招商引资、项目建设和园区开发成绩喜人。全镇现有工业企业1018家，其中规模企业90家，初步形成了电线电缆、汽车摩托车配件、管件阀门、玻璃水晶等4大支柱产业。2007年，实现工业产值50.25亿元，开票销售35亿元；引招项目68个，吸引资金28亿元；合同利用外资2000万美元，实际到账1500万美元。美国森萨塔公司、通用公司、卡特彼勒公司、瑞典ABB公司、全球第一大电缆制造商意大利比瑞利公司等世界500强企业和跨国公司先后落户安宜镇。

该镇累计投资3.5亿元，分别建成安宜工业园区和城南工业园区。目前已申报全国中小企业创业园示范基地。积极发展有机农业、绿色农业、高效农业，初步形成了水产、畜禽、花卉、蔬菜、林业等六大特色产业。宝应湖大闸蟹荣获“中国十大名牌”称号，安宜牌大米、朗亭牌马铃薯等一批农副产品叫响国内外市场。运西有机农业开发区已成为海峡两岸农业合作开发试验区，并将成为全国唯一的有机食品批发市场核心区。

活力安宜，生机无限；苏中明珠，前景灿烂，安宜人民殷切期望与海内外朋友加强交流，增进友谊，加深了解，扩大合作，共赢商机，同创美好未来。

宜苑别墅小区一角

万亩水产养殖基地

社区艺术节全民健身活动场景

都市建设一角

射阳县海通镇

SHEYANGXIAN HAITONGZHEN

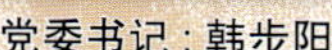
党委书记：韩步阳

镇　长：闻以军

海通镇是镶嵌在江苏省射阳县黄海之滨的一颗璀璨明珠，全镇现有面积86.7平方公里，拥有26公里海岸线，下辖2个居委会和8个行政村，常住人口4万。现为江苏省重点中心镇、江苏省新型示范城镇、江苏省文明镇，盐城市重点镇之一。

区位独特，交通便捷 海通镇东临射阳港口，西接射阳县城，距沿海高速入口仅15公里，距盐城机场仅40公里。省道S329公路东西贯穿全镇。苏通大桥的开通，海通已融入上海2.5小时经济圈。随着沿海开发步伐的加快，该镇已被纳入县城新城区规划，未来将成为全县行政、商贸中心。

资源丰富，特色明显 海通镇襟河依海，海产品资源丰富，海鲜一条街令人回味无穷；旅游资源得天独厚。后羿射日、精卫填海的故事为海通平添神奇色彩，境内明湖风光媲美瘦西湖，国家AAA风景区——息心寺庄严巍峨，江苏沿海第一挡潮闸——射阳河闸傲然屹立，海通已成为中外游客观光旅游、休闲娱乐的理想天地。

城镇靓丽，人居舒适 近年来，海通高起点拉大城镇框架，高品味提升城镇形象，高速度推进城镇建设。目前工业集中区、商贸服务区、旅游度假风景区、行政区和高档住宅区等“五区”功能配套，城镇建设亮点纷呈。

园区优美，功能配套 加大“一园一区”建设，是海通镇大力发展工业经济的主要抓手。初步形成以精制棉、服装、机械加工、灯饰制造等为主导的产业集群，先后被省市命名为“省级工业示范小区”、“全市产业集聚30强园区”。海通通四海，四海通海通。海通人正全力打造河风海韵、人居舒适的新型海滨城镇。

张家港客商投资的五友公司

息心寺

射阳岛生态体育公司

宣城市

XUANCHENG SHI

宣城是华东地区重要的活禽输出基地。图为国家级农业产业化龙头企业——安徽和威农业开发股份有限公司

连续多年在上海举办名优农产品、旅游产品交易会

省 861 重点项目、已经投产的国投电力宣城电厂

申苏浙皖高速公路安徽段——宣广高速

宣纸制作技艺入选首批国家非物质文化遗产名录，并亮相北京奥运会开幕式，图为宣纸工人们正在捞纸

宣城市委书记高登榜（中）陪同中国文房四宝协会会长郭海棠体验宣纸文化

宣笔制作技艺入选第二批国家非物质文化遗产推荐名录

徽墨制作技艺入选首批国家非物质文化遗产名录

省 861 重点项目、已经投产的宣城海螺一期工程

党委书记：屠春荣

宝应县山阳镇

BAOYINGXIAN SHANYANGZHEN

山阳镇地处江苏中部，隶属扬州市宝应县，东依古老的大运河，西傍浩淼的宝应湖、白马湖。境内交通便捷，风景优美，物产丰富。融合了古镇风韵与现代文明，蕴育着经济繁荣和社会进步，素有建筑强镇，水产重镇、生态示范镇之称。近年来，该镇在加快发展市场经济大潮中，已经建成国家、省级优质稻米和水品生产基地，工业形成了一批以羊毛衫针织、羽绒服装、玻璃工艺、电工电气、机械、环保设备等重点特色行业。目前该镇正以独特的区位优势、良好的生态环境、完善的基础设施、配套的优惠政策、热情周到的服务，欢迎海内外客商来山阳镇投资兴业。

上海市辖县(市)

崇 明 县

【概况】 崇明县由崇明、长兴、横沙等三岛组成,三岛陆域总面积1411平方公里。下辖13个镇和3个乡,2007年末总户籍人口69.7万人。

其中崇明岛位于西太平洋沿岸中国海岸线的中点地区,地处长江入海口,是世界上最大的河口冲积岛。全岛三面环江,一面临海,其中西接长江,东濒东海,南与浦东新区、宝山区及江苏省太仓市隔水相望,北与江苏省海门市、启东市一衣带水。全县总面积1267平方公里,东西长80公里,南北宽13~18公里。岛上地势平坦,无山岗丘陵,西北部和中部稍高,西南部和东部略低。90%以上的土地标高在3.31米至4.21米之间。岛屿地理位置在东经120°09′30″至121°54′00″,北纬31°27′00″至31°51′15″,地处北亚热带,气候温和湿润,年平均气温15.2℃,日照充足,雨水充沛,四季分明。岛上水土洁净,空气清新,生态环境优良,居民平均期望寿命80.2岁。

长兴岛位于吴淞口外长江南水道,东邻横沙岛,北伴崇明岛。岛呈带状,东西长26.8公里,南北宽2~4公里。面积88平方公里,其中滩涂面积8.5平方公里,可耕地面积26.2平方公里。南沿有深水岸线近20公里,一般水深-12米至-16米。

横沙岛背靠长兴,北与崇明岛遥相响应,南与浦东隔江相望。岛呈海螺形,南北长12公里,东西宽8公里。平均海拔2.8米,总面积56平方公里,其中可耕地面积26.8公里。

【历史沿革】 崇明岛成陆已有1300多年历史。公元618年(唐武德元年),长江口外海面上东沙、西沙两岛开始出露。以后许多沙洲时东时西、忽南忽北涨坍变化,至明末清初,始连成一个崇明大岛。公元696年(唐万岁通天元年),始有人在岛上居住。公元705年(唐神龙元年),在西沙设镇,取名崇明。公元1222年(南宋嘉定十五年)设天赐盐场,隶通州。公元1277年(元至元十四年)升为崇明州,隶扬州路。公元1396年(明洪武二年)由州为县,先隶扬州路,后隶苏州府。兼隶太仓州。民国时期,先后隶属江苏南通、松江。解放后,隶属江苏南通专区。1958年12月1日起改隶上海市,目前是上海十九个区县中唯一的县。

长兴岛成陆于咸丰年间,横沙岛自1886年围垦、迁居至今已有120年历史。2005年5月18日,经上海市人民政府报请国务院批准,原属上海市宝山区的长兴、横沙两个乡行政区划,整建制划入崇明县。

【经济发展】 经济总量不断增加,产业结构趋于优化,三次产业呈现同步、协调发展的格局。2007年实现增加值122.8亿元,比上年增长13.4%,完成全年目标任务的101.2%,其中第一产业增加值16.8亿元,比上年增长1.8%,占全县增加值的比重为13.7%,比上年下降1.6个百分点;第二产业增加值60.2亿元,比上年增长17.1%,占全县增加值的比重为49.0%,比上年增加1.6个百分点;第三产业完成增加值45.8亿元,比上年增长13.5%,占全县增加值的比重为37.3%,与上年相比持平。招商引资力度加大,税收征管得到加强。2007年完成税收收入45亿元,比上年增长24.7%。财政体制不断完善,财政收入增长明显。2007年完成财政收入42.5亿元,比上年增长24.9%。其中县级财政收入18.5亿元,比上年增长23.8%。财政支出在支持经济发展和解决民生问题中发挥积极作用,全年地方财政支出59.5亿元,比上年增长51.3%,

其中:用于工商金融等18.6亿元,比上年增长22.2%;用于一般公共服务4.6亿元,比上年增长44.5%;用于社会保障和医疗卫生8.8亿元,比上年增长69.1%。

随着生态岛建设的有力推进,崇明新城、陈家镇建设和长兴海洋装备岛建设速度的加快,全县固定资产投资总额也保持稳步增长,基础设施投资明显加大。全年完成固定资产投资44.3亿元,比上年增长28.0%,其中基本建设投资22.0亿元,增长40.5%,占总投资的49.7%。完成危桥改造、乡村公路、菜园设施和新城道路等建设;更新改造投资2.1亿元,增长4.2%;房地产行业贯彻执行国家宏观调控政策,投资增长保持一定发展速度,年内相继建成天赐景城、绿岛阳光、嘉年花园、海岛新城、陈家镇宅基地置换一期、新河镇配套商品房等项目,房地产开发投资12.2亿元,增长26.0%;农村集体投资8.0亿元,增长10.3%。

2007年,全县农业积极发展特色、绿色和有机农业,推进农业主导产业的标准化、产业化,实现农业增效、农民增收。种植业方面确保良田面积,调优产品结构,全年粮食作物总播种面积76.7万亩,比上年减少0.6%,实现总产量31万吨,比上年减少2.9%;新建设施粮田面积5523亩,"寒优湘晴"、"嘉花一号"及"金丰"等优质稻米种植比例比上年有所提高;蔬菜及其特色经济作物总产值为13.9亿元,比上年增长2.2%,播种面积达到57万亩,总产量为116万吨,比上年增长0.9%。林业方面重点推进四旁林地建设,继续扶持发展规模化生态果林建设,全年新增造林面积1.4万亩,其中公益林0.6万亩,经济林0.7万亩。畜牧业方面稳定生猪、禽蛋,努力发展奶牛和特种种禽生产。全年生猪出栏24.7万头,比上年减少9.2%;白山羊出栏24.1万头,同上年持平;家禽出栏444.7万羽,比上年减少1.2%;鲜蛋总产量1449万公斤,比上年减少4.7%;鲜奶总产量1514万公斤,比上年增长12.2%。渔业方面做强河蟹为主的特色水产业,稳定常规养殖,逐步压缩捕捞生产,发展水产加工业。全年河蟹养殖面积达到106万亩,其中岛外养蟹面积96万亩,生产河蟹1.4万吨;南美白对虾养殖面积达到5000多亩,产量1300吨;全年水产品总产量7.8万吨,比上年增长0.2%。2007年全县完成农业总产值46.2亿元,比上年增长2.9%。其中种植业23.3亿元,增长4.9%;林业0.9亿元,下降18.0%;牧业6.7亿元,增长17.9%;渔业14.4亿元,减少4.6%;农业服务业0.9亿元,增长6.8%。

工业生产保持较快的发展水平,呈现产销两旺的态势,成为全县经济发展中的主导产业。全年完成工业总产值147.7亿元,比上年增长12.5%,完成全年目标任务的100.4%,其中规模以上工业优势比较明显,完成工业总产值132.2亿元,占全县工业的89.5%。长兴海洋装备岛建设的有力推进,成为县工业经济一个新的增长点,海洋装备产业实现产值40.1亿元,比上年增长39.5%,四大工业企业在长兴建成投产后,对全县工业结构调整、产业水平的提升产生重要的影响。从行业构成来看,工业结构调整力度加大,传统行业比重逐步减小。通用设备、交通设备、金属制品业成为县工业的三大主导行业,其产值占全县工业的比重达47.8%,纺织和黑色加工业的产值比重由原来的前两位下降至第四、第五位。工业经济效益和产值保持同步增长,税金增幅高于产值增长。全年实现税金总额5.1亿元,比上年增长33.9%,高于工业总产值增速21.4个百分点。

建筑业融入大市场,谋大发展。2007年完成建筑业总产值120.1亿元,比上年增长19.6%;完成建筑业增加值17.5亿元,比上年增长15.9%。列入县固定资产投资计划的房屋施工面积为121.7万平方米,比上年增长23.4%;竣工面积66.7万平方米,比上年增长68.9%。

金融业不断强化和完善服务功能,银行存贷总额不断增加。2007年末金融机构各项存款余额299.1亿元,比年初增加28.7亿元;贷款余额165.3亿元,比年初增加20亿元。

县内商品市场销售活跃,吃、穿、用、烧全面增长。全年实现社会消费品零售总额30.1亿元,比上年增长11.7%。从商品用途来看,吃的商品零售额7.7亿元,增长12.1%;穿的商品3.5亿元,增长11.5%;用的商品13.5亿元,增长11.8%;烧的商品0.9亿元,增长9.6%。集市贸易成交额4.5亿元,增长10.8%。

外贸企业出口能力进一步提高。2007年完成外贸出口拨交额36.7亿元,比上年增长17.4%。其中工业品出口拨交额36.5亿元,比上年增长17.7%;农副产品出口拨交额0.2亿元,比上年下降13.3%。

强化服务功能,优化投资环境。招商引资取得新突破。2007年全县引进各类企业3940户,比上年增加1328户;注册资金总额53.5亿元,比上年下降4.6%;累计完成税金30.7亿元,比上年增长28.1%。其中崇明工业园区和富盛开发区共引进注册企业708家,注册资金14.6亿元,完成税金13.1亿元;各乡镇、委局经济小区引进企业3232家,注册资金38.9亿元,完成税金17.6亿元。2007年,新批准三资企业32家,比上年增加2家;项目总投资7877万美元,比上年增长279.8%;合同外资4568万美元,比上年增长188.9%;实际利用外资1705万美元,比上年增长66.8%。

通信条件进一步改善。2007年全县邮电业务收入2.3亿元。年末电话交换机总容量27.7万门。年末拥有电话用户22.3万户。每百户住宅电话拥有量达68.8部。邮政业务平稳发展,2007年末共有邮电局(所)57个,全年进出函件724万件,进出包件15万件,进出特快专递18万件,发行各类报刊杂志1393万份。

信息化建设取得新进展。崇明政府门户网站不断拓展内容,使本地新闻日均更新由2.5条提高到6条,网站文字信息量达3600多万字,网站页面浏览量日均4万多人次。加快电子政务建设,政务外网建设有新突破,在政务外网全面开通的基础上,对12个有社会管理服务职能的单位局域网整体接入县政务外网的工作,同时做好5家单位政务外网的延伸工作。全年共采集社会保障卡信息4万人次,完成1万余名七十岁以上老人社保卡红卡的发放工作。

交通设施进一步完善,水陆运能得到提高。2007年在沪崇航线投资5200万元建造3艘车客渡轮,新增客位1050个、车位84个,在长横航线投资120万元建造了一艘玻璃钢船,三岛和上海之间的车客来往更加快速、便捷。年末三岛对外水运航线14条,全年水运旅客1350万人次;渡运车辆165.8万辆次。2007年全面完成32个行政村通公交的目标任务,公交覆盖率达85.3%,全年陆上公交新增33辆出租车,更新客车70辆,其中南堡公交线投入24辆空调客车,改写了崇明无空调公交车的历史,年末共有公交线路33条,线路长度864公里,全年运送旅客2317万人次。

【旅游业】 崇明旅游逐步做大做强,特色旅游具有一定的知名度,旅游业呈现良好的发展态势。2007年崇明农业旅游发展规划已定稿;崇明大众化旅游发展规划已编制;崇明西沙湿地生态修复实验基地二期工程建设有序推进;东平国家森林公园一期改造已开工建设。旅游节庆活动有了新的突破,2007年精心组织第十届崇明森林旅游节开幕式、焰火晚会,成功举办了"前卫村第十四届金秋文化旅游节"、"森林嘉年华"、"瀛东渔家欢乐节"、"长兴岛柑橘文化艺术节"、"横沙岛秋之韵"、"绿港村全国蟋蟀大赛"、"明珠湖风筝邀请赛"等系列活动,使崇明旅游市场亮点不断,打响崇明旅游品牌,岛内外游客前来观光旅游逐年增加。2007年接待游客101.6万人次,比上年增长18.2%;完成直接营业收入2.5亿元,比上年增长18.7%。

【社会事业】 组织实施"科教兴县"战略,2007年以组织申报实施各级各类科技计划项目为抓手,配合市科委全面实施支撑崇明生态岛建设的第二批科技项目,进一步加大科技开发、科技成果推广和科普宣传力度。全年组织申报国家、市级科技项目共45项,已批准24项;实施县级科技、科普项目66项;验收县级科技攻关、科技成果推广、科技产业化和科普项目46项。知识产权保护工作有新发展,全年已申请各项专利278项。科普工作上新台阶,组织开展上海科技节、全国科普日崇明地区活动,全年进行46场科普讲座,参加人数为2800多人次;举办科普早市30场次,参加群众达3.5万人次,赠送科技图书5500册,科普挂图360套,发放各类科技资料、小报3.2万份。

切实提高受教育者的综合素质,教学质量有明显提高。2007年财政对教育的投入达7.2亿元,与上年持平。总投资5510万元的明珠花园小学已建成使用;总投资930万元的竖河职校农林实训中心竣工;投资2500万元完成11所中小学塑胶运动场地建设;46个暑期校舍修理项目按计划完成。师资队伍建设得到加强,2007年引进各类教育人才196名,全年举办2个学历培训班,开设1个学前教育本科班,完成123名新教师上岗培训,组织40多名初高中英语教师出国培训,建立11个名师工作室。教学质量进一步提高。2007年小学毕业生合格率达95.2%;中考合格率为96.1%;高中阶段入学率在98.5%以上;高考上线率为93.2%,其中本科上线率达32.7%。

文化活动丰富多彩,下乡工程成效显著。2007年成功举办"第十届文化艺术节"、"国际公路自行车开幕式"文艺汇演、"第二十四届少儿书画赛"、"春到东平摄影比赛"、"崇明—嵊泗摄影联展"、"海峡两岸艺术家作品展"等一系列活动。组织实施送文化下乡"百、千、万"工程,全年文艺演出超过100场次;千场电影下农村,超过3000场;万册图书送乡镇,丰富人民群众的文化娱乐生活。广播、电视、报纸三大媒体发挥大众传媒特有的宣传功能,以崇明生态县创建和新农村建设为重点,精心策划,搞好重大宣传活动。2007年崇明人民广播电台共播出3668小时,播出新闻2960条;崇明电视台共播出5470小时,播出新闻4930条。有线电视家家通工程逐步推进,全年新增有线电视终端用户0.4万户,年末终端用户达6.8万户。

重视公共卫生体系建设,社区卫生服务改革顺利推进。医疗保险综合保障能力得到提高。总投资460万元的庙镇、长兴医疗急救分站建设已竣工验收;总投资2000万元的10家社区卫生服务分中心改造已完成;堡镇医院整体搬迁和康乐医院改扩建完成前期工作;40所村卫生室标准化建设全面完成。2007年农村合作医疗参保率达99.6%,缴费标准从216元提高至276元,大病和门诊报销比例有不同程度的提高。2007年末全县有各类卫生机构28个;拥有医院病床3254张。各医疗机构全年完成诊疗次数176.9万人次;收治入院人数7万人次。

成功举办有影响力的各项体育赛事,广泛开展群众性体育活动。2007年成功举办环崇明岛女子国际公路自行车赛,举办上海特殊奥林匹克自行车赛,举行第46届"烈士杯"篮球赛,承办崇明县第十四届运动会,组队参加市第六届农民运动会,在参加的全国和市级比赛中,获32金22银23铜的好成绩。组织实施全民健身与奥运同步、与和谐社会同步的全民健身月活动,举办第十二届全民健身节活动,参加人数达万余人次,全年完成3个社区公共运动场和20片农民体育健身工程建设。

公用事业基础设施不断完善。2007年末县属自来水厂4家,年供水量2132万吨,管线长度176公里。全年发电量14亿千瓦时,售电总量达13.7亿千瓦时。年末液化气用户22万户,年消费量70万瓶;有管道液化气用户2.2万户,年用气量达259万立方米。

【人民生活】 户籍人口逐年减少,外来人口明显增加。2007年底三岛户籍人口为69.7万人,比上年减少0.3万人,人口出生率6.20‰,死亡率8.57‰,自然增长率-2.37‰,已连续13年呈负增长态势。外来流动人口12.2万人,比上年增加1.1万人。计划生育政策得到落实,低生育率水平保持稳定。2007年符合计划生育奖扶与奖补条件的对象共2.3万人,发放金额2200多万元。全县户籍人口计划生育率达99.9%,流动人口计划生育率为88.2%。

进一步完善促进就业的政策措施,拓宽就业渠道,提高城乡就业水平。2007年末,全县城镇职工人数为2.8万人。其中企业单位职工1.1万人;事业单位职工1.4万人;机关、团体0.3万人。切实加强对"万人、千人、百人就业项目"的管理,促进困难群体和农村富余劳动力就业,2007年新增就业岗位11337个,完成年度目标的113.4%,其中新增岛外就业6301人;新增岛内就业5306人。城镇登记失业人口控制在7570人的指标以内。职业技术培训工作进一步发展,2007年实施各类培训11952人,超额完成年计划6000人的目标任务。

社会保障能力进一步提升,民生基础保障得到巩固。2007年全县城镇职工基本养老保险和基本医疗保险参保率达100%;参加农村养老保险达22.4万人,农村养老保险投保率达85%,农保养老金每人每月领取标准由平均32元提高至117元。城乡居民低保继续实现应保尽保。2007年,实行城镇居民最低生活保障15.8万人次,保障金额2935万元;补助协保对象1.5万人次,补助金额207万元;发放粮油帮困卡3.4万张,折合金额153万元;实行农村居民最低生活保障5万人,保障金额3480万元;全年新增小城镇社会保险参保人数9741人;外来人员综合保险参保人数4.2万人。老年农民养老金补贴制度继续实行,2007年全县有8.1万名65岁以上老年农民享受养老金,发放金额8160万元。年末全县共有福利养老院40所,收养人员2849人,新增养老床位666张。

城乡居民收入持续提高。2007年,全县职工年平均工资

28050元,比上年增长20.8%;农村住户年人均纯收入7485元,比上年增长10.3%。财政转移支付力度加大,全年农村最低生活保障经费比上年新增1315万元;农村合作医疗补贴新增1937万元;农保退休人员补贴新增3400万元;就业岗位新增农民收入6336万元。居民储蓄总量不断增加,年末城乡居民储蓄余额176.1亿元,比年初增加4.9亿元,人均储蓄达25213元,比上年增加667元。

积极推进旧城区改造,改善小区居住环境。2007年投入527万元,完成19幢共3.8万平方米房屋的平改坡改造,投入898万元,完成10个小区共41万平方米的旧小区综合整治。住宅建设整体水平逐步提高,2007年共完成投资额12.2亿元,比上年增长26.0%;住宅施工面积85.9万平方米,住宅竣工交付面积55.6万平方米。两个80万商品房建设在6个乡镇全力推进。积极落实廉租住房政策,全年核定租金配租家庭24户,发放资金10.7万元。年末城镇居民人均居住面积达24.5平方米;农村家庭人均居住面积69.2平方米。

【城乡建设】 年内,上海长江隧桥工程实现主塔封顶,陆地各项配套工程有序推进。崇启通道项目前期准备工作已展开,崇明新城和陈家镇试点城镇建设逐步加快。总投资1.7亿元完成体育路、石岛路、新港路、达山路工程。总投资1.8亿元完成崇明大道、乔松路、翠竹路、绿海路延伸段建设。乔松路、风丰东路、裕安大道一期等道路工程已竣工验收。35kV圆沙输变电项目建成投运。投资2亿元建设的陈家镇220kV变电站已进入调试阶段。已开工建设东滩风力发电扩建工程。前卫村兆瓦光伏发电项目已并网发电。年内完成168座危桥改造工作,全年建设乡村公路555.9公里。

新农村建设取得新进展。县乡镇两级政府把推进新农村建设,解决好三农问题,作为生态岛建设的一项重要工作予以全力推进。在确定绿华镇及其华西村、陈家镇及其鸿田村为市级新农村建设试点镇和试点村的基础上,确定县级首批38个新农村建设试点村,并明确以宣传教育、清洁家园、社会事业发展和平安社区创建为建社专题,出台一批惠农、惠民的政策和措施,试点村环境整治取得阶段性成果。全年完成新建三格化粪池2.5万户,取缔小粪坑3万户,拆除五棚11万平方米,宅河整治935条,涵洞改造599条,沟河坡绿化64万平方米,植树64.5万株。

【环境保护】 2007年是环保三年行动计划第三轮的关键年,也是创建国家级生态县启动实施之年,全年完成《崇明生态县建设规划》和16个《乡镇环境保护和生态建设规划》。环境保护的投入力度不断加大,全年环保投入占增加值的比重达6.4%。总投资2.1亿元的城桥污水处理厂投入运行;总投资2.7亿元的长兴、陈家镇污水处理厂一期工程基本建成;总投资2.2亿元开工建设新河污水处理厂和堡镇污水处理厂工程;长兴岛生活垃圾处理工程已投入运行;三岛农村生活垃圾收集处置系统实现全覆盖;全年投入1118万元添置作业车38辆,新建垃圾箱房22座。加强环境监管,推进污染防治,全年对41家重点监管企业分期分批实施排污口规范化整治,已建成426平方公里烟尘控制区。投资4500万元的庙港、跃进水闸得到改造,投资4500万元,完成小水厂归并及管网改造工程和庙镇二期水网改造工程,开展万河整治行动,完成2354条段1408公里的镇村级河道整治,投资1.1亿元开工建设老滧港、堡镇港和新城老南横运河综合整治工程以及北横运河庙港延伸段和跃进段保坍工程,使水环境面貌得到改善。造林绿化又有新的发展,2007年城堡两镇新增绿地面积2.4万平方米。

经济社会发展主要指标

项　　目	2007年	比2006年增(%)
国内生产总值(亿元)	122.79	13.4
第一产业增加值(亿元)	16.84	1.8
第二产业增加值(亿元)	60.17	17.1
其中:工业增加值(亿元)	42.64	17.6
第三产业增加值(亿元)	45.78	13.5
人均国内生产总值(元)	18048	11.8
粮食总产量(万吨)	30.83	-2.9
棉花总产量(吨)	1166	31.5
油料总产量(万吨)	1.11	-20.3
全社会固定资产投资总额(亿元)	44.34	28.0
外贸出口产品拨交额(亿元)	36.76	17.4
实际利用外资(万美元)	1705	66.8
社会消费品零售总额(亿元)	25.52	11.8
地方财政收入(亿元)	42.47	24.9
地方财政支出(亿元)	59.46	51.3
职工年平均工资(元)	28050	20.8
农民年纯收入(元)	7485	10.3
邮电业务总量(亿元)	2.34	3.6
电话普及率(部/百人)	33.26	-2.9
年末存款余额(亿元)	299.08	10.6
年末贷款(亿元)	165.29	13.8
中小学(所)	70	平

(周　凯)

南京市辖县(市)

溧 水 县

【基本情况】 溧水县位于南京市东南部,面积1067.26平方公里,户籍人口40.73万W,县内有1个省级经济开发区、7个县属场圃、8个镇,28个社区、92个行政村。

【经济发展概况】 全年完成地区生产总值128.57亿元,增长19.9%;财政收入11.93亿元,增长32.6%;财政一般预算收入6.5亿元,增长42.8%;社会消费品零售总额35.6亿元,增长16%;全社会固定资产投资84.6亿元,增长50.4%,其中工业固定资产投资67.5亿元,增长64.5%。城镇居民可支配收入1.7万元,增长16.7%;农民人均纯收入7760元,增长14.5%。

推进工业立县发展战略。加大招商引资力度,全年建设重点工业项目216个,总投资超过96亿元,以汽车零部件、机械装备制造、轻工食品为主导的产业特色进一步彰显。完成工业技改投入15亿元,增长1倍以上。工业开票销售收入180亿元,增长42%。新增销售超千万元企业44家、超亿元企业11家。云海特种金属股份有限公司成功上市,实现该县上市企业721家、个体工商户1398户,新增民营注册资本13.8亿元。

新农村建设成效显著。实施以城市化带动农村,以产业化提升农业,以工业化致富农民战略,促进生产发展、农民增收。村级经济进一步壮大,村级平均可支配收入97万元,其中年收入超百万元的村20个。农民收入持续增长,通过农村劳动力转移就业、农业产业化经营、农村能人创业带动农民增收14.5%;收入结构发生积极变化,工资性收入比重达到53%。农业产业化发展步伐加快。全县25家重点农业龙头企业销售收入、利税分别增长25%和24%,有机、绿包、无公害农产品面积达3.44万公顷,每公顷收入3万元以上的高效农业和设施农业达1.75万公顷,带动8.3万户农民增收。

服务业发展水平得到提升。实现三产增加值36.1亿元,增长19.1%。实施"万村千乡"市场工程,合格农家店达220家,基本形成以县城为中心、镇为节点、村为基础的新型商贸流通网络。生态旅游业蓬勃发展,推动卧龙湖休闲度假区、石湫影视基地、凤凰度假村等重点旅游项目开发。房地产开发、销售面积分别增长41.7%和56%。发展以物流为重点的现代服务业,布局规划空港物流园。建筑业保持较快发展,入库税收6310万元,增长69.4%。

招商引资水平明显提升。合同外资、实际利用外资分别达1.6亿美元和8323万美元,分别增长270%和154%;实际利用内资54亿元,增长31%。全年开工建设项目497个,净增167个,其中亿元以上项目75个,千万美元以上项目17个。全县内资项目平均单体规模4410万元,外资项目平均规模870万美元。载体建设和项目推进步伐加快,县经济开发区和各镇工业集中区开发框架全面拉开,配套功能进一步完善,承载能力不断增强,园区平均投资强度提高20%。

【城区环境】 以规划引领城镇建设,完成县城南部8平方公里控制性详规,细化完善新城中心区规划,开展柘塘、白马两镇土地利用规划和石湫、东屏、洪蓝等镇总体规划的修编工作,加强对重点景区开发项目、重大市政工程和社会建设项目的规划评审。开工建设新城区两纵两横两改造道路,完成珍珠南路南延、龙山路东延、青年路东延及开发区机场路、宝塔路等道路建设。启动县人民医院、县广电演播传中心等社会事业项目。实施城北干道、中山河景观整治和栖凤路、金蛙路、秦淮路、老明线洪蓝段道路亮化。城区支路支巷年度改造任务全面完成。征地拆迁、查纠违章搭建力度加大,市容管理工作得到加强。改造县镇道路50公里,新建农村道路80公里,创建省级路政管理示范县通过省、市验收。实施河塘疏浚、水库除险加固和二干河整治一期工程。建成110千伏湾十线和溧乌线并投入运行。完成15个星级示范村创建和200个村庄环境综合整治。

环境保护得到加强。加大对新上项目的环评力度,落实"三同时"制度。开展重点区域、流域、行业和企业专项治理。晶桥观山工业集中区经过整治,现有企业实现达标排放。完成中山水库管网改造和护城河污水截流工程,开工建设城市污水处理厂。全县主要污染物排放总量比上年减少2%。新增造林1833.33公顷。环境质量综合指数达到74.8分。

【社会事业】 全年新增就业岗位2.68万个,转移农村劳动力1.89万人,新增城镇失业人员再就业3230人,城镇登记失业率为3.32%,创历史最低。对零就业和困难家庭实行就业援助。社会保障体系不断完善。新增参加各类社会保险5.05万人。其中企业职工社会保险新增1.67万人,城镇居民基本医疗保险新增1.8万人。新型农村合作医疗参保率达到97.7%。城镇低保标准进一步提高。失地农民基本生活及时保障率100%。组织机关事业单位人员与困难群众实行一对一帮促。各项惠民、补助措施得到较好落实。新开发商品房60万平方米,新建农民复建房5.8万平方米、经济适用住房和廉租住房2.2万平方米,改造农村危房120户。1100多户拆迁群众得到妥善安置。实施农村班线公路通达工程,村和自然村公交通达率分别达到99%和70%以上。完成白马、东屏、晶桥等镇自来水厂扩容,新增安全饮用水受益人口2.5万人。农村公共服务体系进一步完善。

实施科教强县战略。完成科技计划项目50余项,新增省市高新技术企业13家、市百强科技工业企业3家。建成县青少年校外活动中心和县实验小学改扩建一期工程。全县合格学校建设通过市级验收。对低收入家庭子女就学实行助学制度。全县高考本科达线率居全省前列,中考优分率在全市继续名列前茅。县人民医院现代化创建工作加速推进。农村体育健身工程提前完成。文化、广电、人口和计划生育等各项工作取得新的成绩。深化“城乡携手、文明共建”和文明诚信示范街、文明行业、星级示范村创建活动。在重点部门和窗口行业推行社会服务承诺制、行政执法公示制。开展广场文化宣传月和科技、文化、卫生“三下乡”活动。民生法制建设稳步推进。推进法治江苏合格县创建活动,开展“五五”普法教育。

（王艳红）

高淳县

【基本情况】 高淳县位于南京市西南端,面积791.98平方公里,户籍人口42.05万人,县内有1个省级经济开发区、8个镇,17个社区、139个行政村。

【经济发展概况】 全年完成地区生产总值139.42亿元,增长18%;财政收入12.3亿元,增长27.7%,其中地方一般预算收入7.6亿元,增长28.7%;全社会固定资产投资91.5亿元,增长30.6%;社会消费品零售总额46.5亿元,增长17.9%。全面建设小康社会主要指标基本达到省定标准。工业经济增势强劲。实现工业总产值280.3亿元、主营业务收入282.9亿元、增加值65.3亿元、利润8.49亿元,分别增长22.7%、36.8%、41.9%和40.3%。完成工业固定资产投资58.5亿元,增长34.1%。新增省名牌产品6个,红太阳集团“百草枯”农药、棉花种植“中国名牌”称号。新发展股份制企业4家,红宝丽公司成功上市。高陶公司技术中心通过省级评定。大地水力公司等3家企成为国家标准主起草单位。新发展私营企业1100家、个体工商户1300户。农业经济稳步提升。实现农业总产值30亿元,增长5.3%。新增蘑菇种植面积55.56万平方米,珍稀菌600万袋,建成固城食用菌科技示范园。加强丘陵山区开发和耕地保护,复垦土地160公顷,新发展经济林果600公顷。23家县级以上农业龙头企业实现销售收入46.5亿元,增长32.1%。新增农民合作经济组织38个,带动农户6.5万户。农业标准化生产步伐加快,新认证有机食品5个。发放粮食直补资金1886万元。商贸旅游日趋繁荣。组织实施通贤街建筑立面改造,完成高淳大市场改扩建工程,生猪屠宰中心建成投用。新发展苏果、苏农、红太阳农资连锁店102家,县水产批发市场成为国家级绿色市场。桠溪“生态之旅”开通运营,游客接待中心投入使用。淳溪镇被评为全国历史文化名镇。实现旅游总收入5.78亿元,增长35.7%。特色产业再攀新高。建筑业,新增一级资质企业4家,实现施工产值90亿元,增长14%。水产业实现水产品总量3933万公斤、总收入11.9亿元,其中螃蟹产量1045万公斤、收入8.2亿元,增长27%和25.6%。固城湖螃蟹获国家地理标志产品称号。造船水运业,组建南京武家嘴集团,在八卦洲、乌江、芜湖建设的造船基地发展迅速,阳江胜利圩造船基地设施逐步配套,新建船舶38艘34.48万吨位,实现营运收入26.2万元,增长27.4%。

招商引资取得新成效。组织15场境内外投资环境说明会,举办第七届中国·南京固城湖螃蟹节。徽东电子等3个亿元以上项目落户开工,美大电器等136个项目竣工投产。实际利用县外资金18.5亿元,实际利用外资4000万美元,增长68.5%和17.1%。园区建设展现新形象。全面推进新区中心区建设,新区管理服务中心大楼基本竣工,文化活动中心、财税综合楼等项目进展顺利。建成芜太公路(双湖路—高陶公司段)景观带,实施邻里中心及桃园路、纬一路延伸工程,完成污水泵站建设。特色配套区发展加快,淳溪汕泵等园区承载功能逐渐增强。服务水平得到新提高。开展诚信、效率、服务、管理四星创评活动,机关作风建设不断加强。开办《阳光政务》电视专栏,强化舆论公开监督。

【城区环境】 组织编制商贸城地段改造详规、城区地下综合管线规划,完成59个村庄建设规划。建成丹阳湖公园和水厂路,完成天河坝整治、北岭路东段改造工程。推进湖滨大道沿线拆迁,拆迁面积6.7万平方米。开工建设固城湖大桥,123省道(宁宣公路)高淳段建成通车,古蛇公路二期、高水线和高阳线完成改建。率先在全省开展农村客运站建设试点,新建农利客运站3座、候车亭173个。实施秀山变电站电网技改,完成35千伏游子山输变电主体工程。淳东灌区续建配套六期如期竣工,城西排涝站站首工程基本建成,改造排灌泵站11座,加固圩堤51公里。开工建设县生活垃圾填埋场,新建垃圾中转站2座。建成标准化公厕200个,改造户厕3900户,清理污水塘坝403个,疏浚河道123公里,清淤土方670万立方米。开展县城车辆停放等专项整治,创卫成果得到巩固。开展生态县创建工作,组织实施34个重点生态项目,4个镇污水处理厂基本建成。推进“绿色高淳”建设,新增植树造林面积1200公顷。编制完成饮用水水源地环境保护规划,制订出台水环境综合治理实施意见。落实太湖流域整治措施,固城湖水资源保护得到加强。加大化工行业整治力度,依法取缔关闭企业11家。全县环境质量综合指数保持在85分以上。

【社会事业】 开展城乡统筹帮促对接、村企挂钩共建工作,落实项目73个,争取资金2278万元。组织实施省以上科技项目14项,新增省级高新技术企业8家。继续优化教育布局,教育质量稳步提高,高考二本以上达线人数913人,再创历史最高水平。开展教育现代化先进县创建活动。推行基本医疗用药零差率销售办法,恢复达到血吸虫病传播阻断国家标准。群众文化活动丰富多彩,文化遗产保护工作得到加强。发展农村有线广播电视“双入户”家庭4万户,被评为省有线电视示范县。新农村体育健身工程全面实施,傅桃英在第七届全国残运会上再次打破世界纪录并获举重金牌。加快人口和计划生育和谐家园工程建设,获“全国计划生育优质服务先进县”称号。开展信用镇村创建和信用企业评选活动,成为南京市首家金融生态示范县。完成镇机构改革试点任务。《高淳县志》续修工作有序推进。保障体系逐步健全。落实就业再就业优惠政策,新增就业岗位1.35万个,实现再就业2000人。新建省级农村劳动力转移培圳基地2个,培训、转移农村劳动力分别达1.32万人次、1.3万人。制订实施城镇居民基本医疗保险管理暂行办法,新型农村合作医疗农民参保率达96.9%。加强社会保险扩面征缴,新增参保7800人。抓好城乡居民最低生活保障工作,应保尽保9800人。适时提高离退休人员基本养老金和城乡居民最低生活保障标准。完成淳溪镇、东坝镇敬老院改扩建工程,农村五保对象集中供养率达59.5%。建成经济适用住房1.6万平方米,安置住房困难家庭147户。推进农村新8件实事工程,新增二次改水受益人口2.9万人,改造危桥和小农桥58座。促进低收入纯农户增收,人均增收1000元以上。城镇居民人均可支配收入18089元,农民人均纯收入8051元,分别增长18.6%和14.2%。每百户家庭拥有电话254.9部,新增宽带用户4500户。

组织实施文明家园示范村争创活动,举办系列《百姓论坛》,推进文明单位、文明行业、文明社区建设。民主法制建设得到加强。完成第八届村委会换届选举,实施部分行政村区划调整。加强村官防腐保廉体系建设,获全国村务公开民主管理制度创新提名奖。构建权力阳光运行机制,政府网站建成开通。组织法治高淳合格镇(村)、部门系列争创活动。开展"人民调解年"活动,信访工作体系进一步健全。加强社会综合治理,打击违法犯罪行为,深化防控网络建设,连续第三次成为"省社会治安安全县"。 (孙 彬 谷颂化)

溧阳市建设局

溧阳市建设局成立于2001年10月,是全市建设主管部门,主要负责全市的建筑行业管理、规范建设市场秩序;组织实施城市道路、桥梁、排水、燃气等城市基础设施的建设维修和养护管理;指导全市村镇建设,加快小城镇建设,推进城乡一体化进程;负责全市房地产综合开发、房屋产权产籍管理;负责市政公用、建筑业、房地产业的安全工作。下设技术科、建筑企业管理科、房改办、开发办、招投标办等14个科室,辖5个事业单位、驻上海、北京、南京、天津、杭州、无锡、苏州等9个外办事处,全局有行政编制人员31人、事业编制人员389人,离退休人员148人。

一、城市发展

按照"因地制宜,以人为本、完善功能、配套建设、提升品位"的城市建设方针,坚持高起点、高标准、高投入进行市政基础设施建设,目前已形成"八横八纵"的城市主管道系统,"八横"、"八纵"新建道路建设,提升城市品位、打造亮点工程;为方便市民出行实施了人民路、大营巷、平陵街等8条背街小巷综合整治改造。目前溧阳市建成区总面积达19.9平方公里,城市道路面积315.5万㎡,远远超过全面达小康的指标要求。已经投入资金1.6亿元,接通了"西气东输"管道,全市人民已使用上"安全、环保、廉价"的天然气。坚持以全面改善居住条件为着力为,加大房地产开发力度,提升住宅小区建设品位,使城市居住环境得到显著改善,新建住宅小区面积达273.2万㎡,相继完成了燕山南苑、嘉丰新城、景鸿花园、天目国际村等58个小区建设,目前人均居位面积达32.3㎡。

二、新农村建设

积极响应中央"建设社会主义新农村"的号召,以"生产发展、生活宽裕、乡级文明、村容整治、管理民主"为目标,大力建设农村基础设施和公共服务设施,改善农村居住环境和生活条件。

中心村建设,相继完成了"四镇五村"的中心村建设,中心村的建设使得农村"脏乱差"变为"洁美绿",村民广场、幼儿园、绿化、促进了城乡一体建设化,促进了村镇聚集发展和集约利用资源。

村庄整治,以发展乡村旅游和红色旅游为特色,以"改房、改路、改水、改厕、改线、村庄美化、环境净化、管理社区化"为重点,以"三清一绿、五化三有"为目标,对全市126个行政村进行了村庄整治。

创建工作。南渡镇、天目湖镇、社渚镇、竹箦镇获得"省级新型示范小区镇"称号,古县村、沙新村、李家园村、汤山村、前王村获得"省级康居示范村"称号,天目湖桂林村获"江苏省人居环境范例村"称号。

三、建筑业。

溧阳建筑业历史悠久,素有"吊装之乡"、"安装之乡"的美誉,是江苏省首批命名的建筑之乡。早在上世纪二、三十年代,溧阳吊装工人便在全国大显伸手,施工队伍安装上海人民广场的旗杆、中苏友好大厦顶上重达3吨的五角星,都是溧阳人用土法完成的,目前溧阳建筑业已不再局限于吊装,更扩大到土建总承包、装璜、机电、电梯、锅炉、电力、通信讯等领域,从陆上发展到海上打捞、地下掘进、空中架设。电梯安装业中60%以上是由溧阳人安装的,奥运鸟巢、东方明珠、国家大剧院等重大工程的电梯;从湖北宜昌到上海沿线的通信讯铁塔制造安装享有免检权,在全国通信讯铁塔安装业中尚属道家;上海市95%以上的地下排水工程都由我市建安队伍承建;全国80%的200吨以上的锅炉安装由我们溧阳人完成;70%以上的 特大煤气柜安装也由我们溧阳人完成;特大龙门式起重安装,已达到国际领先水平,垄断了全国市场。同时在南水北调、内蒙古风力发电场等一大批重大工程和高难度工程中多项创国内第一,曾被辽宁《本溪日报》美誉为"创造奇迹的人"

2007年,全市建筑业年施工总产值已突破150亿元,建筑业经济占全市GDP份额超过10%,从业人员达7.5万人,全员劳动生产率达17万元/人,农民从建筑业获得的收入,占农民纯收入的25%以上。全市建筑资质企业112家,其中施工总承包序列一级12家(天目、龙海、宏大、华能、五星等),二级13家;专业承包序列一级3家(电梯企业),二级14家。有25家企业年施工产值突破1亿元,经注册的一级建造师272人,二级856人。

苏州市辖县(市)

张家港市

【概况】 位于长江下游南岸,苏州市西北部,土地面积785.55平方公里。辖8个建制镇、一个常阴沙管理区,180个行政村、21个街道办事处、94个社区居委会。总人口89.7万人,市政府驻杨舍镇。2007年全市实现地区生产总值1050亿元,比上年增长18.5%(按可比价);财政收入194.58亿元,其中地方一般预算收入83.98亿元,增长37.5%;完成全社会固定资产投资281.16亿元。全市各项工作协调发展,和谐社会建设进程加快。

【经济发展】 2007年,全市工业产品销售收入突破3151.85亿元,增长27.1%,实现工业利税244.91亿元,利润160.12亿元,分别增长46.8%和52%。7家企业年销售超百亿(沙钢、永钢、华芳、浦项、东海粮油、联合铜业、国泰国际),沙钢集团销售总额、实现利税分别超过700亿元和100亿元。民营经济蓬勃发展。科技创新3年行动计划扎实推进,跻身“国家知识产权试点城市”。服务业发展步伐加快。实现服务业增加值350亿元,增长20%,占GDP的比重提高近1个百分点。完成社会消费品零售总额132.5亿元,增长18%。保税物流园区和化工品交易市场建成全省首批“服务业集聚区”。完成进出口总额165亿美元,其中出口75亿美元。新增注册外资17.9亿美元,到账外资6亿美元。口岸完成货物吞吐量1.2亿吨、集装箱运量60万标箱、外贸运量3200万吨、出入境检验检疫货值105亿美元,实现海关税收138亿元,增长30%以上。国际卫生港口通过国家级验收。现代农业建设加快。建成标准化农田1333.33公顷、现代农业规模化示范区13333.33公顷,无公害农产品、绿色食品和有机食品基地面积占主要农作物的面积达到73%。

【城市建设】 2007年,在高质量完成新一轮城市总体规划的基础上,杨舍中心城区控规实现全覆盖,各片区新城区概念规划和控制性详规进一步深化,新建农村集中居住区修建性详规和保留村庄整治规划编制完成。暨阳湖镜湖生态公园建成开放,园区整体功能和景观形象不断提升。城西新区购物公园各项工程加速推进,新区建设品位和宜居环境日益显现。老住宅区综合整治工程顺利推进。小河坝路西延段、港城大道北延段建成通车,锡张高速、204国道改造稳步推进,市区暨阳路、新市河路改造如期完工,村组道路“灰黑化”改造、农村河道疏浚和拆坝建桥年度任务全面完成。启动朝东圩港清水河道建设,市区花园浜—新丰河、一支河和万红港河道整治到位。新增各类绿地、林地1066.67公顷,建成苏州市村庄绿化示范村50个。建设拆迁安置房128.6万平方米、经济适用住房5万平方米、商品房95万平方米。优先发展公共交通,全面启动数字化城管建设,初步建立物业管理市场竞争机制,健全完善雨污水管网准入制度。首批13个农村保留村庄整治试点全面完成,第2批18个苏州市新农村建设示范村创建工作有序推进。

【人民生活】 2007年,全市城镇居民人均可支配收入和农民人均纯收入分别达到22009.12元和10476元,分别比上年增长13.8%和12.9%。新增就业岗位3.7万个,其中面向本市劳动力的岗位1.3万个。开发社区公益性岗位2032个,帮助7962名失地农民和农村富余劳动力实现就业。社会保险覆盖面继续扩大,新增参保人数5.8万人。《张家港市老年人优待规定》出台。补助低保户、低保边缘对象2688万元。居民基本医疗保险人均基金标准进一步提高,大病医疗补偿范围和受益面进一步扩大。产品质量和食品安全专项整治、国家食品安全示范县(市)和消费放心城市创建扎实开展,群众消费和饮食用药安全得到有效保障。全面完成经济薄弱村标准型厂房建造任务。农业政策性保险覆盖水稻、生猪、肉鸡、林木等农副产品。住房公积金扩面工作取得阶段性成果,新增开户缴存人数3.15万人,归集公积金6.9亿元。

【社会事业】 2007年,全市基础教育、职业教育和社会教育水平进一步提升,普通高考和职校对口单招成绩继续在苏州市保持领先,高标准通过省首批“教育现代化先进县(市)”评估验收。健康城市建设深入推进,社区卫生服务内涵不断提升,在全省率先启动居民基本用药“三统一”工作,基本实现居民“小病方便看”目标。开展“白内障无障碍市”创建,为657人实施复明手术。公共文化服务体系日趋完善,群众性文化活动蓬勃开展。克服各种制约因素,全力推进年初确定的十项实事工程。农村体育健身工程深入推进,成为省首批“体育强市”,张家港市籍运动员刘海华在2007年世界杯举重比赛中荣获3枚金牌。外来流动人口计划生育专项整治行动初见成效,慈善、老龄和残疾人事业快速发展,民族、宗教、统计、审计、兵役、人民防空、档案、地方志和妇女、儿童、关心下一代等工作取得新的进展。对外交往不断拓展,与美国丽浪多市正式缔结为友好城市。南北挂钩推向深入,各项任务圆满完成。

【民主法制建设】 2007年,政府部门全面导入ISO9001质量管理体系,推进“作风建设年”系列活动,进一步提高行政效能。全面推进依法行政,完善行政执法监督机制,加快行政权力公开透明运行。认真落实党风廉政建设责任制,建立完善惩防体系制度框架。全面开展基层站所民主评议,清理评比达标表彰项目514项。顺利完成市属生产经营型事业单位转企改制,继续深化行政审批制度改革。加大政府采购和招投标监察力度,率先启用“网上报名及资格审查系统”,有效防范串标围标行为。不断扩大政务公开覆盖面,将公用事业办事公开、厂务公开、村务公开和内部事务公开全部纳入政务公开范畴,被命名为“全国政务公开先进单位”和全国示范点。主动接受市人大及其常委会的法律监督、工作监督和政协的民主监督，全年办理人大代表建议、批评、意见90件，政协提案216件。

常 熟 市

【概况】 常熟市地处江苏省东南部长江下游，苏州市北部。土地面积1264平方公里(含长江界属水面)，年末全市耕地总面积57288.3公顷，设建制镇10个，林场1个，国家级和省级开发区各1个，省级服装城(招商城)1个。全市户籍总人口106.14万人。2007年，全市实现地区生产总值971.83亿元，比上年增长18.0%。实现财政总收入128.08亿元，增长25.9%。地方财政一般预算收入60.06亿元，增长39.4%，入库税金53.10亿元，增长39.2%。全市地方财政一般预算支出53.76亿元，增长27.7%。其中，医疗卫生支出2.08亿元，增长59.3%；教育支出8.92亿元，增长34.5%；农林水事务支出4.41亿元，增长25.6%。人均地区生产总值91846美元。在国民经济运行过程中，三次产业呈现协调、健康发展态势。第一产业完成增加值18.20亿元，增长0.2%；第二产业完成增加值574.13亿元，增长17.1%；第三产业完成增加值379.50亿元，增长20.5%。三次产业的比例为1.9: 59.1: 39.0。全市城市化水平达66.5%，比上年提高1.5个百分点。

【农业】 2007年，全市农业实现总产值33.10亿元，增长5%，其中养殖业产值14.61亿元，占农业总产值的44.1%。全年粮食总产量26.83万吨，减少13.2%；小麦总产量7.29万吨，减少2.2%；棉花总产量1724吨，减少15.9%，油菜籽总产量1.58万吨，增加1.2%；水果总产量5577吨，增加18.30%；生猪出栏、家禽出栏及肉类、禽蛋产品总量均有不同程度减少。三农工作扎实推进。自主培育的“常优”系列杂交粳稻通过国家审定，推广面积不断扩大，增产增收成效显著，成功举办第四届中国杂交粳稻科技创新论坛；高效农业、品牌农产品比重分别超过50%和38%。农村三大合作组织达到491家，入社农户16.6万户，年末有40%的入社农户实现分红。全市村均可支配收入达230万元，其中有14个村村均可支配收入超过500万元。新建节水灌溉农田1515亩，市级节水浇灌示范基地22个，总面积9112亩；新增农村绿化面积1.6万亩；各类农业休闲、观光旅游点已发展到12个。

【工业】 2007年，全市实现工业总产值2560.37亿元，比上年增长24.9%。其中规模以上企业工业总产值2013.07亿元，增长26.8%。全年新增34件中国驰名商标、7个中国名牌产品，累计中国驰名商标42件、中国名牌产品22个，居全省各县(市)榜首。有4家企业首发上市，直接融资73亿元。高新技术产业快速增长，全年完成工业总产值315.58亿元，增长84.3%，占全市规模以上企业工业总产值的比重达到15.7%，比上年提高4.9个百分点。工业结构进一步优化，轻重比例由上年的1∶0.86转变为1∶1.08。通信设备制造业增幅高达367.6%，总量在32个工业行业大类中由上年的第13位跃升至第5位。全市规模以上工业企业实现产品销售收入1962.96亿元，比上年增长27.3%，产品销售率97.6%；实现利税总额142.09亿元，增长18.3%，其中利润97.71亿元，增长17.8%。

【建筑业】 2007年，房屋建筑施工面积1163.15万平方米，下降1.1%；竣工面积664.98万平方米，下降4.3%。

【服务业】 2007年，全市服务业发展势头强劲，特别是旅游市场持续升温，全年接待境内外游客1251万人次，增长19.6%，实现旅游总收入101.1亿元，增长26.2%。全年境外入境旅游人数67042人次，增长31.0%，景区全年实现门票收入7241万元，增长20.3%。消费品市场繁荣兴旺。全年实现社会消费品零售总额210.44亿元，比上年增长19.1%。其中，批发零售贸易业实现零售额190.07亿元，住宿和餐饮业实现零售额19.82亿元，分别增长19.2%和17.8%。各类商品市场经营活跃。全年成交额达588.84亿元，增长25.8%，其中常熟服装城成交额为380.89亿元，增长24.2%，蝉联全国十大服装专业市场榜首。对外贸易加快发展。全年进出口总额达106.26亿美元，其中出口67.41亿美元，分别增长69.3%和60.4%；全年新批外商投资项目293项，增长10.2%，累计批准外商投资项目2948项。全市新增注册外资16.24亿美元，增长5.9%，累计注册资本113.74亿美元。当年实际利用外资6.96亿美元，增长8.3%，累计实际利用外资66.12亿美元。全年新签对外承包工程合同金额5460万美元，和上年基本持平；完成营业额5467万美元，增长8%。

【个体私营经济】 2007年，新办私营企业1842家，个体工商户7812户，累计分别达13361家和57182户；个体私营经济累计注册资本达463.88亿元，总量在全省县(市)中继续领先；年末实有注册资本超千万元的私营企业1104家，其中超5000万元的133家、超亿元的20家。

【固定资产投资】 2007年，完成291.19亿元，增长12.3%，其中，国有企业投资26.49亿元，增长13.9%；外商、港澳台经济投资100.92亿元，增长25.5%；私营个体经济投资128.23亿元，增长11.6%。投资结构进一步优化。在投资完成额中，第一产业完成投资0.23亿元；第二产业完成投资192.68亿元，比上年增长4.7%，其中工业投资192.63亿元，增长4.6%；第三产业完成投资98.29亿元，增长30.7%，其中房地产开发投资62.24亿元，增长51.5%，交通运输仓储和邮政业投资9.13亿元，增长257.56%，教育投资3.57亿元，增长79.6%。

【证券交易】 *证券市场交易活跃*。全年证券经营机构股票交易额1821.34亿元，增长531.6%。年末股票市值101.94亿元，增长320.7%。保险事业平稳发展。全年保费业务收入14.24亿元，比上年增长5.3%。保险业务支出5.2亿元，下降4.8%，其中财产险2.47亿元，比上年增长14.0%。

【改革开放】 2007年，全市各项改革全面深化。企业产权制度改革顺利实施，现代企业制度逐步建立。公共财政职能不断强化，国有资产监管有效加强，存量资产处置交易更加规范透明。经营性用地和工业用地全面实行公开招标、拍卖和挂牌交易。市政公用事业投资体制改革不断推进，供水项目部分股权转让顺利实施。城乡公交一体化改造全面完成。完成城区社区管理体制试点改革。农村综合配套改革日益深化,村级财务管理更加规范。企业劳动关系更加和谐。全市各类企业劳动合同签订率为90%,劳动合同全面实现网上备案。企业工资分配宏观调控机制逐步健全,企业工资指导线、劳动力市场工资指导价位和最低工资制度不断完善,包括农民工在内的职工权益得到保障。城乡特困群众临时生活救助和医疗救助制度初步建立。

【基本建设】 2007年,常熟市继续加大基础设施建设。年内,完成新世纪大道北延、泰安街道路拓宽、琴川河综合保护一期、环城路沿线景观改造、红旗南路两侧地块改造、城区夜景亮化等工程如期完成,泰慈公园绿地建成开放,城市生活垃圾焚烧厂飞灰处置工程建成投用,城北污水处理厂三期完成扩建,昆承湖生态修复工程进展顺利。圆满完成城乡公交运营改革,在全省县(市)率先开通市政公用服务热线;实施"西气东输"天然气管道配套工程,新增天然气用户1万户。新农村建设步伐加快。全面完成665个农民集中居住区建设规划编制。农村保洁队伍得到加强。生态环境不断优化。省级卫生村覆盖率达98%,省级生态村覆盖率提高到60%,成为全国首批"生态园林城市试点市"。全市加大污染企业综合整治力度,对759家企业实施限期治理,深度治理或关停并转,污染物排放总量逐年下降。农村环境卫生长效管理机制和市场化运作模式有效建立,实现国家卫生镇、全国环境优美镇"满堂红"。交通运输业平稳发展。全年完成旅客运输量4983万人、周转量307037万人公里,分别比上年增长9.9%、下降3.3%;货物运输量1253万吨、周转量90719万吨公里,分别比上年下降29.6%、11.7%。完成港口货物吞吐量3314万吨,比上年增长28.4%,其中外贸货物吞吐量758万吨,增长36.2%,常熟港已与51个国家和地区的251个国际港口实现了通航通商。邮政电信业务规模稳步扩大。全年邮政电信业务总收入166026万元,比上年增长21.6%,其中电信业务总量150293万元,增长22.6%。

【社会事业】 教育、科技、文化、卫生、体育等各项事业建设成效显著。深入实施科教兴市、人才强市战略,全市引进研究生以上学历人才214名,全年新申请专利3024件,比上年增长161.9%,其中发明专利266件,增长101.5%,获授权专利1084件,增长92.2%。自主创新能力有所增强。全市获批准国家级科技项目10项,获批准省级科技项目42项。新增国家级高新技术企业5家,省级高新技术企业42家,省级高新产品31个,建成2家企业博士后工作站、1家国家级企业技术中心,新增省级企业技术中心2家、苏州市级工程技术中心5家,高分子新材料和电气机械2个国家级产业基地获得认定。高质量、高标准实施义务教育,适龄儿童小学入学率、巩固率均达100%;3周岁以上幼儿学前教育入园(学)率达100%;残疾儿童少年入学率为100%;初中入学率、巩固率都达到100%;全市初中毕业生升学率为98.8%,高中段教育毛入学率超过了98%,高等教育毛入学率达到60%。文化事业加快发展。成功举办首届中国古琴艺术节,举办常熟美术年活动。"双遗"工作迈出新步伐。全市新增15处市级文保单位和33处控保建筑,全市文保单位总数达116处,控保建筑总数达66处,其中国保单位3处,省保单位18处,文保总量列苏州县(市)首位。非物质文化遗产保护成绩显著。经过全市普查,共发现非物质文化遗产项目292项,门类达35种以上,已有34个项目被列入各级非物质文化遗产代表作名录。史志工作成绩突出。重点工程《常熟通志》编纂工作全面启动,第二轮修志工作扎实推进,又有一批革命史料征集出版。文艺创作精品迭出,一批优秀作品分别在全国、省和苏州市组织的各类评比中获奖。广播电视宣传工作加强。广播电视新闻、专题类稿件被省级台以上录用达710件(次),中央台采用106条次,其中电视新闻报道"常熟开关厂科技创新"被央视《新闻联播》头条播出。采编本地新闻1.7万条;举办各类社会活动60多场次;电视中心全年拍摄制作各类纪录片、专题片、资料片近60部。建成省有线电视"户户通"县(市)。有线电视数字化整体转换全面推进,年内全市数字电视用户数达21.9万户,整转用户21万户,整转率达71%。卫生事业进一步加强。全市共有各类卫生机构408家,其中医院、卫生院32家。各类卫生机构拥有病床3904张,其中医院、卫生院病床3713张。共有卫生技术人员4385人,其中执业医师、执业助理医师1943人,注册护士1498人。年内,全市合作医疗保险基金提高到人均200元,新型农村合作医疗行政村覆盖率达100%,参合率99.4%。完成农村卫生人员岗位培训351名,其中农村社区医护人员转岗培训179名,乡村医生全科医学知识培训133名。积极承办体育大赛。成功承办了2007年中国健身先生、健身小姐锦标赛暨全国女子形体健身比赛、CCTV《篮球公园》361度娱乐篮球全国挑战赛、中国花样游泳公开赛暨全国花样游泳锦标赛等赛事。向苏州市级以上输送体育人才51名,组队参加苏州市级以上竞赛30次,获得金牌25.8枚。体育产业成效显著。全年体育彩票销售8800万元,比上年净增2400万元。

【人民生活】 2007年,城镇居民人均可支配收入22001元,比上年增长13.9%;农村居民人均纯收入10493元,增长12.9%。消费水平进一步提高。城镇居民人均生活消费支出16057元,增长11.2%,其中食品支出占生活消费支出的比重为30.3%。农村居民人均生活消费支出7909元,增长12.2%,其中食品支出占人均生活消费支出的比重为35.9%。居住条件进一步改善。城镇居民人均住房建筑面积为35.1平方米,农村居民人均居住面积为73平方米。物价呈上涨趋势,居民消费价格指数103.4%,涨幅较上年略有上升,其中食品类、居住类上升幅度较大,娱乐、教育、文化用品和衣着类有所下降。年末全市拥有各类"私家车"6.86万辆。金融形势稳定。年末全市金融机构人民币各项存款余额910.18亿元,增长17.2%,其中居民储蓄存款440.49亿元,增长4.7%。金融机构人民币各项贷款余额586.87亿元,增长20.7%。全市金融机构外币存款余额3.96亿美元,增长13.3%。全年银行现金收入1901.07亿元,现金支出1813.75亿元,分别增长4.5%和4.2%。社会保障体系进一步完善。年末全市城镇养老保险参保人数26.26万人,覆盖率达到99.1%;农村养老保险参保人数38.35万人,覆盖率达到92.2%;城镇医疗保险覆盖人数36.05万人,失业保险覆盖人数23.92万人,工伤保险覆盖人数39.68万人,生育保险覆盖人数23.51万人。老年农民养老保障率95.3%。就业形势稳定。全市新增就业岗位5.6万个,其中面向本地劳力新增就业岗位3.8万个,失业人员实现再就业2.4万人,城镇登记失业率为2.4%。全市居民平均期望寿命79.25岁。

【举办首届中国古琴艺术节】 2007年5月3日至7日,由中国艺术研究院·中国非物质文化遗产保护中心与江苏省文化厅、常熟市人民政府联合主办的首届中国古琴艺术节在常熟市举行。文化部副部长周和平,文化部社图司巡视员周小璞,中国艺术研究院院长、中国非物质文化遗产保护中心主任王文章,江苏省文化厅副厅长王惠芬、苏州市人民政府副市长朱永新、常熟市人民政府市长王建康,著名古琴演奏家和音乐理论家吴钊、李祥霆、丁承运、赵家珍、戴晓莲和田青、张振涛、秦序、薛艺兵等以及来自全国各地的古琴爱好者、常熟市民近10万人出席、参与了艺术节相关活动。艺术节期间举办了"虞山琴韵中华情暨纪念吴景略诞辰100周年中国古琴名家音乐会"、"首届中国古琴艺术保护论坛"、首届全国古琴大赛、中国名琴书画展以及古琴游园会、古琴名家进院校等活动。继2004年被联合国国际民间艺术节组织授予"古琴之乡"称号后,2007年,常熟市再获殊荣,被中国艺术研究院·中国非物质文化遗产保护中心授予"中国古琴江南保护基地"牌匾。

【第四届中国杂交粳稻科技创新论坛召开】 2007年10月11日至13日,第四届中国杂交粳稻科技创新论坛在常熟市召开。本届论坛由国家杂交水稻工程技术研究中心、江苏省农科院、江苏省农林厅、江苏省科技厅、常熟市人民政府、国家杂交水稻工程技术研究中心天津分中心主办,常熟市农林局、国家水稻改良中心南京分中心、江苏省农科院粮食作物研究所承办。论坛重点围绕发展杂交粳稻的战略意义、杂交粳稻种质资源创新、杂交粳稻综合竞争能力提升、现代生物技术在杂交粳稻育种中的应用、杂交粳稻产业化推进策略等问题进行了深入的交流和探讨。中国工程院院士、国家杂交水稻工程技术研究中心主任袁隆平、中国工程院院士朱英国以及来自国内外近300位水稻专家、学者出席论坛,并参观了常熟市杂交粳稻制种和科研基地,对常熟市培育的"常优1号"、"常优2号"、"常优3号"杂交粳稻新品种给予了充分肯定。2007年"常优1号"实收亩产达到808.6公斤,突破国家规定的超级稻单产水平。

昆山市

【概况】 位于苏州市东部,是江苏的"东大门",辖江苏昆山经济技术开发区、花桥经济开发区、昆山高新技术产业园区、昆山旅游度假区和10个镇,177个行政村,124个社区居委会,市域总面积927.7平方公里,年末全市户籍人口67.98万人。2007年,全市完成地区生产总值1151.8亿元,比上年增长20.5%;全口径财政收入201.85亿元,其中地方一般预算收入86.56亿元,分别增长33.3%和32.4%。荣获2007年度"全国十佳节约型中小城市"、"全国最具投资潜力中小城市百强"、"全国中小城市综合实力百强"3项评比第一。

【工业】 2007年,全市完成现价工业总产值4030.65亿元,比上年增长30.7%;国有工业总产值18.80亿元,增长24.7%;集体工业总产值14.22亿元,增长10.2%;外商及港澳台工业企业总产值3609.5亿元,增长30.9%;以私营工业为主的其他经济完成产值388.12亿元,增长32.8%。其中,亿元企业累计完成产值3276.33亿元,同比增长27.8%,占全市规模以上工业产值的88.8%,贡献率达93.7%,拉动规模以上工业增长24.3个百分点。全年规模以上高新技术工业企业实现工业总产值1245.17亿元,同比增长30.0%。高新技术产值占全市规模以上工业总产值的比重达33.7%,占比较上年提高1.1个百分点。

【农业】 2007年,全市完成农林牧渔业总产值23.57亿元,粮食总产量13.12万吨,水稻亩产521千克。海峡两岸(昆山)农业合作试验区规划通过论证。大唐生态园三期、巴城万亩葡萄园核心区、花卉园艺市场建成,高效农业面积达到7933.33公顷。新认证绿色农产品39个。削减湖泊网围养殖1万多亩,关停不规范畜禽养殖场179家。发放农民小额贷款5410万元。农村"三大合作"入社农户比重达到50.2%,农户直接收益近1亿元。新建农民家庭物业载体项目17个,总投资1.36亿元。141个行政村(社区)与企业签订169个挂钩合作项目协议,实施集体经济薄弱村扶持项目24个,村级集体经济可支配收入不断增加。土地使用制度改革进一步深化,村级集体非农建设留用地政策得到落实,土地规模化流转速度加快。农村财务管理、集体资产管理有效加强。

【服务业】 2007年,全市完成服务业增加值378.40亿元,增长26.9%。十大服务业集聚区加快建设,引进凯捷、普洛斯等知名现代服务业项目,昆山成为首批省级国际服务外包基地城市,花桥经济开发区成为省级国际服务外包示范区。12家物流企业入驻出口加工区保税物流园。昆山"一日游"正式开通,"四季周庄"大型旅游表演项目成功推出,瑞士大酒店成为昆山首家五星级酒店,全市接待游客858.5万人次,旅游收入76.6亿元。

【民营经济】 2007年,全市新增私营企业4131家、个体工商户9174户,注册民资106.30亿元。年末注册私营企业21038户,注册资本402.43亿元;个体工商户4.19万户,注册资金15.95亿元。私营个体经济入库税收49.51亿元,增长48.7%。

【开放型经济】 2007年,全市新批外资项目452个,合同注册外资29.91亿美元,实际到账注册外资14.38亿美元。完成进出口总额534.35亿美元,其中出口323.17亿美元,分别比上年增长25.0%和32.6%。新签对外承包工程合同额4937万美元,完成营业额4200万美元,分别增长40.5%和40.0%。外资经济入库税收95.98亿元,增长35.9%。

【实事工程】 2007年,政府实事工程取得明显成效。(1)完成团结村地块、里库新村等老居住小区综合整治,改造住户3854户、面积28.9万平方米。(2)铺设城乡污水管网200公里,新增生活污水日处理量5.2万吨。(3)建成一批停车场,新增停车位2011个。(4)新增公交车175辆、出租车100辆,新辟公交线路13条,实现全市村村通公交。(5)安装7个路口交通信号灯和13个路口"电子警察",完成公路安保工程和前进东路治安卡口建设。(6)完成44所村办幼儿园改造,建成7

所城区幼儿园。(7)新建、改建8个社区卫生服务中心,建成20个社区卫生服务站。(8)建立覆盖城乡的基本医疗保险制度,参保35.6万人,参保率99.7%,医保基金到位率100%。(9)建成城市公共服务平台、人力资源信誉评估系统和企业诚信系统。(10)完成30个自然村落环境综合整治。(11)建成垃圾中转站51座,新增、更新垃圾转运车12辆,第二垃圾填埋场封场基本完成。

【城市建设】 2007年,全市重大基础设施、社会事业等专项规划不断完善。中心城区"一主两副"空间布局进一步优化。花桥国际商务城建设全面提速,实现出功能、出形象的预期目标。以环城滨江景观带建设为重点的老城区改造进展顺利,完成前进西路改造和正阳桥重建,市民文化广场一期工程竣工。晨曦大桥等重点路桥工程建成。第三水厂二期投入运营。荣获全国"绿色小康县"称号,新增绿化面积1358万平方米,城市规划建成区绿化覆盖率达45.02%,人均公共绿地13.44平方米。建成南港等5个污水处理厂,城市生活污水处理率达81%。化工生产企业专项整治有序推进,依法关闭不合格化工生产企业146家。审核验收清洁生产企业50家,新培育循环经济示范点10个。削减化学需氧量3423吨、二氧化硫排放总量822吨。城市网格化管理不断推进,"拆违"力度进一步加大。中华园地区、新昆街破墙开店、港口码头等专项整治成效明显。以扩大"限摩"为重点的道路交通综合整治深入实施。户外广告管理更趋规范,建筑立面、灯光亮化、店招店牌改造取得实效。

【社会保障】 2007年,全市新增就业8.2万人,培训劳动力4.2万人次。新增城镇职工养老保险和医疗保险人数各17万人,35.1万名失地农民和失水渔民建立养老保险个人账户,7.5万名失地农民和灵活就业人员进城保,2.3万名企业退休职工纳入社会化管理。社会弱势群体得到有效帮扶,解决就业困难人员就业1.2万名,城镇、农村居民低保每人每月分别提高至320元和240元。特困人群医疗救助制度进一步落实。解决城区低收入住房困难家庭113户。

【科学技术】 2007年,全市科技支出占财政总支出的3%。新增大专以上各类人才2.2万人。新引进风险投资公司2家,基金投入近5亿元。新增中国名牌产品3个。新认定省级以上高新技术企业76家、高新技术产品159个。成立知识产权审判庭,在全省率先实施"三合一"审判试点。保护版权模范城市建设全面启动。新增专利申请6084件,授权1648件。

【社会事业】 2007年,昆山通过首批江苏省教育现代化建设先进市和三类城市语言文字工作评估。昆山成为全国社区教育实验区。青少年宫、未成年人素质教育校外实践基地建成。医疗卫生服务体系不断完善,农村卫生现代化建设工作顺利推进。乡镇文化设施"五个一"工程加快实施。通过首批省"体育强市"考核验收,新建城乡健身点143个,完成蹦床世界杯等国际赛事的承办工作。顺利通过农村有线电视"户户通"省级验收,数字电视整体转换工程全面完成。人口和计划生育工作进一步加强,创建成功全国计划生育优质服务先进县(市)。健康城市建设深入推进,健康单位及镇村试点工作扎实开展。完成第2次全国农业普查。《昆山市志》编纂工作全面启动。第9届村民委员会换届选举完成。建成20个城镇精品特色社区服务中心、32个农村社区服务中心。荣获"第二次全国残疾人抽样调查工作国家级先进市"称号。多批外国政要访问昆山。民族宗教、妇女儿童、优抚双拥、人民武装、老龄、慈善、侨务、气象、街道、驻外办事处等各项工作取得新成绩。

【人民生活】 2007年,全市全社会消费品零售总额161.01亿元,增长19.3%。居民消费价格指数105.0%。城镇居民人均可支配收入21927元,增长15.3%;农村居民人均纯收入10615元,增长12.8%。城镇登记失业率2.31%。年末居民储蓄余额316.46亿元。

【精神文明建设】 2007年,昆山市树、市花、市标确定。"文明和谐同创共建"示范工程深入实施,昆山人、未成年人思想道德建设和农村文化建设大力推进,举办金秋经贸招商、国际啤酒节、阅读节、外企文化艺术节等活动。11项昆山市首批非物质遗产代表作名录公布。

【民主法制建设】 2007年,全市规范性文件备案审查率达100%。认真开展行政职权清理工作,政风行风评议民主测评综合得分达99.8。政府部门坚持向市人大报告和市政协通报工作制度,主动接受人大的法律监督、工作监督和政协的民主监督,办理人代会议案1件、人大代表建议125件、政协委员提案233件,满意率达98.4%和94.9%。

【效率效能建设】 2007年,全市调整、取消84项行政审批事项,新增17个网上审批项目。实行企业登记注册"一表制",行政审批累计承诺时限缩短43.6%。综合行政电子监察平台和政府信息化建设项目外包全面启动。以"尽心尽责、公开公正、创新创优"为主题的效率效能和机关作风建设深入开展,机关效能和服务水平进一步提高。

【社会稳定】 2007年,新增路面治安监控点356个、水上卡口7个,社会治安"五联"防控体系不断完善,打击成品油非法经营、"三电"偷盗等专项行动成效明显,"两抢一盗"等刑事犯罪得到有效遏制。在全省率先建立信访工作三级联动机制,"网上信访"列入全国试点。承办县域法治化高层论坛,"法治江苏合格县(市)"创建工作深入推进。城市公共应急平台加快建设。产品质量和食品安全专项整治全面开展,全国质量兴市先进市创建工作通过考核验收。标准化生猪屠宰场建设进展顺利,豆制品加工厂投入运营,20家放心粮店建成。安全生产责任制得到进一步落实,消防监管力度不断加大。

吴 江 市

【概况】 位于江苏省最南端,地处江浙沪两省一市交汇的长三角中心地区,东接上海,南邻浙江,西濒太湖,北连苏州。市域总面积1176.6平方公里,实有耕地面积3.8万公顷。辖9个建制镇、2个省级经济开发区、250个行政村、62个社区居委会。年末户籍人口79.3万人,登记在册的暂住人口75.6万人。2007年,纪念吴江撤县设市15周年庆典举行。

2007年,全市完成地区生产总值618亿元,比上年增长23.4%,人均GDP超过1万美元,其中第一、二、三产业增加值分别为16.8亿元、393.5亿元、207.7亿元,三次产业增加值在生产总值中的比例为2.5:63.7:33.6;全口径财政收入突破百亿大关,达110.5亿元,其中地方一般预算收入48.1亿元,同比分别增长33.6%、37.1%,获省政府授予的"财政收入新增贡献先进单位"称号。在第7届全国县域经济基本竞争力评比中名列第2,再度入选"中国特色魅力城市"。

【农业】 2007年,全市发放各类农业专项补贴2300万元,推进粮油、蚕桑、蔬果、水产、畜禽和花卉苗木六大主导产业提档升级。承担的"国家级水稻机械化标准化示范县建设"项目通过年度检查考核。水产养殖面积25333.33公顷,总产量8万吨;网箱养殖减少15万平方米,水环境污染减少。省级四大家鱼良种场通过验收,成为"中国大闸蟹美食之乡"。在国内首家突破杂交鲟鱼人工繁殖,为特种养殖开辟了新路;水产养殖有限公司的《黄颡鱼规模化扩繁与健康养殖》,成为吴江首个国家级农业科技项目;再次列入省渔业科技入户示范县市。林业站被林业部确定为第2批国家级陆生野生动物疫源疫病监测站,全国首家苗圃集团有限公司成立。农业龙头企业有28家,其中省级重点龙头企业6家;以林木种苗、四大家鱼苗种、三虾苗种、樱桃谷苗鸭、太湖扣蟹(蟹苗)为代表的五大体系"种源农业",成为提升农业核心竞争力的有力保障。"苏州农民专家"新增15名,累计28名。农村经纪人近6000个。全市全年农业总收入34.5亿元,比上年增长4.5%。规模型农业生产基地产值已占农业总产值的70%以上。启动建设吴江农业生态科技园。新增农业"三资"项目74个,总投资4.7亿元。村级集体共建标准厂房等物业10万平方米;实现可支配收入3.1亿元,同比增长13%,村均123万元。农机化综合水平达87%,横扇、同里成为省首批"平安农机示范乡镇"。全年水利工程投入1.4亿元,完成土方308万立方米,建成水闸57座、泵站26座、挡墙60公里、涵洞3座。修编土地利用总体规划,依法执行土地利用年度规划,首次挂牌出让工业用地;首批国家投资的万亩土地开发整理项目通过省验收。

【制造业】 2007年,全市工业总产值首破2000亿元大关,达到2330.3亿元,同比增长25.6%。电子信息产业:作为全市的龙头企业增资逾3亿美元,年销售额超亿元企业达83家,保持第一大产业地位。丝绸纺织产业:入选"中国百佳产业集群",中国丝绸化纤业首项指数在盛泽向全球发布,纺织企业连续多年保持流行面料参评数和入围数的全国纪录,"盛泽织造"、"绸都染整"成为中国纺织业首例集体商标,经国家工商总局核准公告,5000多个成员单位共享;全国首家仿真丝面料开发基地落户,盛虹二期40万吨熔体直纺项目投产,超细纤维产能跃居世界第一;盛泽镇获评"最具产业影响力纺织之都",江苏恒力化纤有限公司的"恒远牌"涤纶长丝获评"最具流行影响力纺织品牌"。光电缆产业:亨通光电被评为"中国光纤光缆30年最具影响力企业";亨通集团、永鼎集团分获中国光通信最具竞争力企业10强的第3、4名,中国光纤光缆最具竞争力企业10强的第2、5名。装备制造业:电梯增产较快,江苏万工集团喷气织机项目列入国债专项计划。其他行业:德尔集团成为北京奥运会首家建材供应商。开展墙改质量主题年活动,实心砖减产12%,盛泽、平望均成省"禁实"先进镇。拥有企业集团28家,其中无行政区域名称的11家。成为中国制造业十佳投资城市。

【公用事业】 2007年,全市实施公交优先发展战略,连接苏州城区的主要道路拓展到4条,沟通苏州、上海等周边大中城市的便捷化班车先后开通。松陵城区新辟4条公交线路,分别调整和延伸5条公交线路;盛泽城区新增和延伸4条公交线路;共计公交线路21条、车辆177辆;吴江市区的城市公交日营运班次2168班,日行程2.6万公里,日运送旅客13万人次。新增公交首末站2个、客运出租车50辆。开发交通地理信息查询系统,便民选择适宜出行方案。电网建设投资2.3亿元,500千伏吴江变电站新增主变1台,新扩建110千伏变电站5座,累计主变容量495.1万千伏安;新增线路48.9公里,改造中低压农村线路22.5公里,分别建成新农村电气化镇2个、村19个,新农村电气化镇覆盖率达50%;全社会用电量、售电量双破百亿千瓦时。垃圾焚烧发电厂启动建设。区域供水二期工程开工。天然气铺设中压管道147公里、低压管道168公里,覆盖了松陵、吴江经济开发区、汾湖经济开发区、盛泽等区域,点火使用的达1.5万户居民用户和200户工商用户。

【金融·保险】 2007年,全市人民币存款余额687.6亿元,外汇存款4.2亿美元,比年初分增16.9%、9.3%;人民币贷款余额524.9亿元,外汇贷款余额6.8亿美元,比年初分增21%、42.5%。中小民营企业是银行重点扶持对象,新增短期贷款68.8亿元,年末贷款余额321.8亿元,增长19.4%。江苏银行吴江支行挂牌。吴江农村商业银行再度入选中国最大50家商业银行,税前平均资产利润率和平均资本利润率均在全国银行中排名第一,农业发展银行吴江支行连获"全国五一劳动奖状"、"全国金融五一劳动奖状"。中小企业信用贷款担保机构发展到29家,注册资本超17亿元;年末担保余额超过30亿元;其中第一家中小企业信用贷款担保公司——吴江恒泰担保投资有限公司获国家专项信用担保服务补贴110万元。征信体系建设显效,企业征信体系涵盖所有贷款企业,任何人信用信息全国银行共享,屡获省"金融安全区"称号。东吴证券有限公司苏州西北街营业部吴江松陵服务部正式开业,证券登记开户3.7万户,交易额793.1亿元,同比增长462.9%;期末股票市值43.1亿元,同比增长239.1%。阳光财产保险落户吴江。种养业迈入"保险时代",水稻保险全覆盖,面积14933.33公顷,新增能繁母猪保险,参保6668头;保险业务收入6.6亿元,业务支出3.6亿元,同比分别增长5.6%、5%。

【交通·电信】 2007年,《吴江市城市综合交通规划(2006~2020)》通过相关成果论证。历时2年半、总投资38.8亿元、全长49.9公里、双向6车道、设计时速120公里的沪苏浙高速公路江苏段建成通车。苏嘉杭高速公路八坼互通开通。全市县道以上公路共18条、520.8公里,公路密度达47.8公里/百平方公里。菀桃公路北段通车。总投资1亿多元、建筑面积2.7万平方米的新汽车客运站启用,日发送能力1.6万人次;站内整体信息化项目,达国内县级同行规模最大、水平最高。客运公司投资3000万元的58辆宇通大巴投用。组建汾湖公交客运有限公司,启动公交改造。完成客运2643.9万人次、货运768.9万吨。为期70天的道路交通安全集中整治成效明显,交通事故死亡人数同比下降14.3%;查处超限运输车辆1071辆次,卸载3000余吨。获"平安畅通县区"省优称号。完成第3次全国港口普查试点工作,京杭运河吴江段平望至八坼"四改三"试点工程开工。海事部门共接处警120余次,救助遇险船员12名,为船户挽回经济损失670万元。

2007年,全市邮政业务总收入10371.5万元,成为江苏邮政第6个收入过亿的县市局;电信业务总收入141893.6万元,分别同比增长22.9%、13%。入选"全国函件业务发展百强县"。邮政储蓄开办小额质押贷款业务。首家中国移动手机大卖场开业,共有移动用户90多万户、电信宽带用户12.1万户。中国绸都网入选"中国电子商务十大影响力品牌",2家企业入选省中小企业信息化优秀示范单位。"中国吴江"政府信息网全面改版,"吴江党建"网站成为全省首家市镇村三级联网党建网站。拥有65万张的吴江市民卡综合服务平台开通,吴江日报开通数字报;新型合作医疗保险信息化启用,农民看病进入"刷卡时代";规模以上工业企业统计数据网上直报,建设工程远程评标系统启用。

【房产·商业】 2007年,全市房地产开发投资总额71亿元,同比增长41.5%;房屋建筑施工面积610.1万平方米,同比增长24.8%;房屋建筑竣工面积129.7万平方米,同比增长10.9%;商品房实际销售面积212.4万平方米;商品房实际销售额87.7亿元,同比增长75.4%。住房公积金归集3.3亿元,比上年增15%,创历史新高;放贷2.7亿元,帮助1363户家庭购新房。

2007年,全市松陵城区商业网点规划确定。盛世锦江国际大酒店开业。"盛泽第一街"东盛商业步行街开街,30余家中外品牌商家加盟。城西农贸市场开张。中国东方丝绸市场成交额537.4亿元,入选首批省级现代服务业集聚区,获"中国十强品牌市场"、"最具商业影响力专业市场"等称号。吴江跻身十大市场强市(县)。4家"粮食银行"和1个放心粮油配送中心开业,共办"放心粮油店(专柜)"110家。共办74家为农综合服务社,其中43家被认定为省"三星级"。社会消费品零售总额99.5亿元,同比增长18.8%。吴江经济开发区物流中心被省政府授予"省重点物流基地"荣誉。"创建全国消费放心城市"通过省级考核。

【民营经济·对外开放】 2007年,全市继续实施民营经济第2轮"超越计划",实行注册资本500万元以下有限责任公司当场办理,新增私营企业2205家,净增注册资本84亿元,其中"一人公司"1466家,注册资本29.7亿元。民营工业销售收入1065亿元,增长30%;恒力集团成为首家销售收入超百亿元的民营企业。全市实现利税59.2亿元,增长18.5%,恒力集团、吴江丝绸集团2家企业纳税首破2亿元大关。安排245万元扶持12个中小企业项目。入选"省百强民企"6家,入围"全国500强"5家,获中国优秀民营科技企业称号3家。

2007年,全市对外贸易进出口总额157.3亿美元,增长10.2%,名列全省县(市)第3位,其中出口81.2亿美元,增长13%,蝉联全省县(市)亚军;3企业首批试点海关改革新政,享受更多通关便利;吴江海关通过质量管理体系审核,吴江出口加工区启动检验检疫业务,跻身"中国外企500强"7家,获评"中国优秀外企"5家。新批外资项目209项,增资变更项目200项,共增注册外资17.3亿美元,增长27.1%;新增到账外资7.9亿美元,增长17.1%;吴江经济开发区建设发展水平名列全省省级开发区第一,汾湖经济开发区成为全省第2批国际服务外包示范区。新签外经合同3644万美元,完成营业额3380万美元;新批境外企业1家。接待、服务外宾49批、444人次;出国团组129批、457人次。

【旅游】 2007年,全市加大国内媒体宣传力度。举办第11届"同里之春"旅游文化节、第5届吴江金秋美食节等8项活动,首家旅游商品专业生产企业诞生于震泽。星级饭店拥有20家,其中4星级以上7家。同里创国家5A级景区、震泽师俭堂创3A级景点、慈云禅寺创2A级景点先后通过省级考评。全国工农业旅游示范点新增2家,累计4家。静思园被命名为上海老年旅游文化休闲基地,退思园列入全国首批20个国家重点公园,成为江南水乡古镇园林中唯一获此殊荣的园林;同里"水上游·过船闸"开通。《吴江东太湖温泉旅游度假区总体规划》高标准通过专家评审。共接待国内外游客720.7万人,其中境外游客63.5万人,旅游总收入59.4亿元,景区门票收入7874万元,同比分别增长19.8%、60.9%、18.5%、20.6%。

【建设·环保】 2007年,松陵镇、同里镇和原菀坪镇纳入苏州城市规划区(2007~2020)。中心城区延续"一市双核"结构:松陵城区建成面积5年扩大1倍以上,达39.6平方公里,形成"东工西居"。盛泽城区重在提高,形成"南工北居"格局。奥林清华获市内首个由建设部颁发的中国"詹天佑大奖"住宅小区规划奖。东太湖综合整治规划报告和《吴江市2006—2020人防工程规划》通过评审。82项重点建设项目完成投资75.1亿元。5000万元改造松陵老城区。375个农村集中居住点、39个示范村建设顺利,杨文头村成为首批省康居示范村。吴江经济开发区完成基础设施建设投入16.2亿元,城东15平方公里区域基本完成主要路网框架和基础配套建设;汾湖经济开发区完成投资额3.4亿元,10平方公里工业启动区完成基础设施建设。1个小区通过省物业管理优秀项目考核,2个小区通过苏州市考核。吴江通过"江苏省人居环境奖"调研,同里古镇保护工程获"中国人居环境范例奖"。沪苏浙高速公路吴江段绿化总面积306.67公顷,成为境内最大的绿色通道;城乡绿化造林1066.67公顷,城市绿化覆盖率达45.5%,人均绿地面积17.5平方米。松陵城区新建停车场5个、停车泊位130个,投入800万元改造灯光工程,近2年共拆除违法建筑558户、3.9万平方米。城管执法队伍高标准通过省级检阅。被建设部列入全国第3批数字化城市管理的试点城市。

2007年,全市设立300万元节能专项资金,61家重点耗能企业能耗下降明显,万元GDP能耗下降4.86%。新增循环经济试点企业12家,通过清洁生产审核企业114家,关闭化工企业95家,电镀企业全部进入运东金属表面处理加工区;成立夜查中队,加强环境执法力度;形成以政府为主导、企业为主体、社会共同参与的减排格局,COD排放量削减5.2%,SO_2排放总量下降8%。投入2.5亿元用于安全生产,开展危险化学品、道路交通、消防安全、建筑施工、燃气、作业场所职业危害等6项整治活动。厉行资源节约,苏嘉杭高速公路4车道扩成6

车道,不征一寸地;沪苏浙高速公路江苏段735万土方不挖一亩农田,节约土地126.67公顷。履行环境影响评价和“三同时”制度,拒批污染项目34个,因选址不妥重新选址16个。实施市河(湖)水域河长责任制,21名一把手“认领”18条河流,确保14个省级断面水质80%以上合格。建成国家级绿色社区1个。总投资1.5亿元的城北污水处理厂三期改扩建。东太湖湿地保护建设工程列入全国保护工程。辑里蚕丝被在省内同行中首获“生态纺织品”认证。创建国家生态市通过国家级技术核查。

【改革·创新】 2007年,全市推进沿苏沿沪沿浙沿湖经济片区建设,吴江经济开发区、汾湖经济开发区和盛泽地区的地方一般预算收入和固定资产投资额分占全市总量的62%、64%。全年深化投融资体制改革,第4家上市公司——新民科技A股发行,30多家民营企业进入上市后备资料库,康力集团等优质企业进入上市程序;农村商业银行与本省射阳农商行(筹)合作,成为该行第一大股东,在湖北嘉鱼县联设村镇银行,控股51%;盛泽镇由29家民营企业成立省内首家有限合伙企业——江苏盛商联合投资中心,联合进军资本市场。加快农村“三大合作”为重点的各项改革,建成社区股份合作社237家,村级集体资产达5.2亿元,涉及16.5万户农户、59.2万名农民;土地股份合作社35家,入社农户2.8万户,入股土地面积4333.33公顷;农民专业合作社36家,入社农户0.9万户。开展城乡土地挂钩整理,落实农村集体建设留用地和宅基地置换政策。533个市直行政事业单位房屋、土地资产由市国资办统管。政府投资项目引入“代建制”,盛泽医院首例通过公开招投标确定代建单位。对29类776家中介机构进行清理整顿,落实长效管理机制。行政服务中心经6轮提速增效后,完善联办联审,推进网络业务,提高行政效率效能,联办各类服务事项332件;成立5年共办100万个行政许可和审批服务事项。以改革创新精神,促进党的建设和组织人事工作。强化局村挂钩扶持,创新转化经济薄弱村51个。在苏州大市内首创村务命题公开和村干部述职述廉工作,首建农村信访接待室,化解基层矛盾纠纷,得到推广。在全省首创“建筑质量安全差异化监管制度”,所有工程质量安全优劣每月向社会公开。推进市场化运作,实现城管水陆空全覆盖;住宅物管“小区经理”责任制,在全苏州800多家物管企业中推广。分别入选省、苏州市首批创新型企业1家、6家。江苏华宇机械有限公司研制的并纱机、倍捻机成为国内首创,达国际领先水平。恒力集团自主研发3个系列10多类的喷水织机,打破日本、欧洲长期垄断的历史,跃居世界先进水平。科林集团在苏州大市独获首批“省节能减排科技创新示范企业”称号。中国东方丝绸市场获“纪念改革开放30周年·中国纺织服装专业市场杰出贡献奖”。在中国纺织创新年会上,东方丝绸市场获全国纺织产业集群、专业市场唯一的产品开发贡献奖;华佳集团、福华织造分获细分产业和技术创新奖。

【科技·质量】 2007年,全市加强与浙江大学、苏州大学等知名院校的产学研合作,苏州大学科技园吴江产业园进入实质性运作。新增省高新技术企业62家,累计114家。高新技术产业产值达906.9亿元,同比增长25.9%,占规模以上工业总产值的47.7%。5家企业被认定为国家火炬计划重点高新技术企业,16项成果列为省火炬计划项目。新列工业项目110项,其中国家级3项;列入各级各类农业项目103项,其中国家农业科技成果转化资金项目1项。专利申请总量、发明专利量、增幅均列全省第一,获第4批“省知识产权工作示范县(市、区)”称号。第2届青少年科技创新“市长奖”颁奖。南麻街道成为省级科普文明街道。续兴“百名科技专家进村入户兴农富民工程”。首办“人才服务月”活动。市人才服务中心与上海人才有限公司合作签约,从2002年引进国外智力合作项目起,累计引进国外专家32名。自2006年开发企业骨干人才购房资助工作以来,累计231名人才获购房资助。人才市场年办163场次,有5304家企业、近10万个工作岗位招聘,15万人次应聘。培养高技能人才1155人,其中技师194人。31名企业家被认定为高级经济师,累计82名。

从2003年实施质量兴市战略以来,全市产品质量、工程质量、服务质量、环境质量得到全面、持续的提高。企业标准覆盖率98%以上,5家企业通过质量管理体系认证,40家企业通过计量保证确认,135家中小企业通过计量合格确认。中国名牌新增7个,累计15个;中国驰名商标新增2件,累计6件;国家免检产品新增6个,累计22个;入选中国商标发展百强县。成为省农产品质量安全示范县(市)。拥有省“扬子杯”优质工程奖9项、苏州市“姑苏杯”优质工程奖75项,工程竣工合格率100%;亨通房产获“中国房地产知名品牌”称号。有100多家服务型单位通过ISO9000族质量体系认证,授予“省餐饮计量诚信单位”称号3家。东方丝绸市场被授予“质量、服务、信誉AAA级市场实验基地”称号。永鼎股份、建工集团、康力电梯、盛信电缆成为第4批全国“守合同重信用企业”,总数达8家,增量总量均列全国县级第一。获省产品质量和食品安全专项整治行动先进单位称号。环境质量逐年改善,集中式饮用水源地水质达标率100%,大气环境质量优于国家二级标准,声环境质量保持稳定,所有镇进入全国优美乡镇行列,环境质量指数达90.4,高于小康社会环境指标指数85.8家民营企业介入和承办国家、行业标准制定;累计承担苏州农业地方标准制定23项;3家物业企业列入省物业管理标准化试点,1家企业列入省服务标准化试点,检查产销场所2.3万家次,查处各类假冒伪劣产(商)品案件840件,货值950万元;破获一起147.8吨非法工业盐走私大案。

【教育·文化】 2007年,全市义务教育的入学率、巩固率、普及率得到巩固,3.9万名外来工子女全部入学。投资1.5亿元、建筑面积5.5万平方米的震泽中学城区新校落成。松陵高级中学成为苏州科技学院附中。完成“教育管理信息化标准”应用示范区建设。获誉省幼儿教育先进县(市、区)。素质教育全面展开。教育服务经济社会能力获提升,培训各类人员16.8万人,培养硕士100名。年内建成全国首家高分通过的语言文字3类城市。1名教师及4名教师分获全国优秀教师、省级优秀教育工作者称号。

2007年,全市品牌文化活动——第4届“十镇(区)联动”,为基层群众和广大外来工演出20场次,观众逾10万人次,丰富了居民精神文化需求。开展纪念著名爱国人士柳亚子先生诞辰120周年活动。举办第2届“市民读书节”。举办第8届丝绸文化节。公益性公共文化活动设施总面积7.6万平方米,人均0.096平方米,比上年增加37.6%。同里镇退思广场获全国特色文化广场称号。民间艺术家段炳臣的烙画《同里退思园》,在第8届中国民间文艺山花奖上获民间文艺最高奖——"山花奖"。启动第3次全国文物普查。杨文英登榜国家首批非物质文化遗产项目芦墟山歌传承人。古代著名造园专家计成纪念馆建于垂虹景区。南朝梁陈年间著名文字训诂学家顾野王纪念馆落成三里桥生态园。初建于明代洪武年间、重修于清光绪二十七年的双塔桥抢修竣工。唯一的省内农机具博物馆落户震泽。震泽镇修复宝塔古街和"江南第一堂"师俭堂等古建,被授予中国民族建筑(文物)保护与发展"杰出贡献奖"。建成全省第2个"户户通有线电视县(市)",有线电视数字化有10万户顺利转换。《吴江日报》获评为省优秀等级报纸,市档案馆升为省特一级馆,《吴江年鉴》连获特等奖。强化文化市场依法整治力度,开展"打黄打非"斗争。

【卫生·计生·体育】 2007年,全市有国家卫生镇3个、省卫生镇6个和卫生村183个。卫生事业固定资产达9.5亿元,拥有综合医院4所,社区卫生服务中心16个,社区卫生服务站165个,形成小病进社区、大病进医院的15分钟公共卫生健康圈,二级医院均达平安医院建设标准,医疗服务能力全面改善;通过省初级卫生保健先进市复核评估。由省政府、吴江市政府、盛泽镇政府共同出资,唐仲英基金会捐赠,总投资3.6亿元、占地面积13.7万平方米的江苏盛泽医院奠基开工。"百千万健康系列活动"之三"关爱新吴江人",投资300万元配置3辆流动车及医疗设备,累计送医上门服务250家企业、1.5万人次。农村累计无害化卫生户厕22.2万户,其普及率97.3%;建成公厕1389个,完成旧厕改造工程;建成省农村改厕先进市。创建省农民健康工程先进市,已经苏州市政府考核验收。投建500万元的健康教育园开放,接客200多批、1.5万人,被命名为"苏州市健康教育与健康促进基地"。公共卫生服务全面加强,公共卫生中心领先示范于全省。居民基本医疗保险,镇村覆盖率100%,参保率97.3%,人均基金180元,用于参保人员医疗费支出6023.4万元,48.6万人次受益;4万余人次获困难人群救助减免费用927万元。药品"平进平出"惠及百姓,100种常用药零售价平均优惠15%。疾病预防控制中心通过国家级评审。2005年以来,全市打击非法行医16次,取缔无证行医1113户次,没收各类药品、器械29.3吨。无偿献血志愿者服务队成立,献血逾万人次。恒力集团150万元助建南麻卫生院。青田集团投入400万元,与联合国儿童基金会在中国联施"儿童伤害干预"项目,成为我国该项目与国际合作首家企业。启动第5轮中国全球基金结核病防治项目,加强血防、寄防、地防的巩固监测,13年未现螺情。始行婚姻集中登记,自愿婚检率高逾95%。

2007年,全市深化综合改革,完善工作机制,户籍人口出生4818人,出生率7.05‰,计划生育率99.36%,自然增长率0.14‰;流动人口出生5062人,超过本地人口,对其已婚、育龄妇女免费服务万余人次,管理服务率90%。相继成立外来人员管理大队和新市民服务中心,在苏州大市内率先建立流动人员数据库。38.7万元扶助441个独生子女伤亡家庭。获"省人口和计划生育工作示范县(市)"称号。

2007年,全市举办第10届体育运动会,比赛项目和参赛人数为历届最多。人均占有体育场地面积2.1平方米。向省输送运动员13名。在全国县(市)中唯一实施国民体质监测,其合格率高出全国8%。9个镇均获"省首批体育强镇"称号;通过省首批体育强市检查验收。盛泽二中女篮获全省县级篮球赛冠军。盛泽姑娘王娟成为吴江历史上第一位世界冠军。

【就业·社保·民生】 2007年,全市新增就业岗位8.9万个,其中失业人员再就业1.4万个;再就业培训1.4万人,城镇登记失业率2.04%。作为苏州市试点之一的盛泽镇11个社区全部"充分就业"。

2007年,全市城镇企业职工养老保险新增5.9万人,医疗保险新增8.8万人;完善"农保"和"土保"制度,基础性养老金由每月80元加到100元;无条件享受年龄从80周岁放宽到70周岁;3年内退休职工人均、月、养老金共增365.7元。

2007年,全市居民消费价格指数为103.6%,超过年初预期目标0.6个百分点,略低于苏州和国家的水平,其中食品类价格同比上涨8.6%,成为物价指数上涨的主因。城镇居民人均可支配收入21968元,农民人均纯收入11283元,分别增长7.2%、12.5%。城乡居民储蓄余额286.2亿元,同比增长14.6%。城乡居民最低生活保障制度不断健全,140个困难户享受廉租住房保障。已建各类"外来务工人员公寓"18幢、企业"员工之家"3282个,外来人口集宿率65%以上。市扶贫开发协会10年帮助1747个贫困户脱贫。非营运性小型汽车上牌量12578辆,同比增长18%。人均期望寿命达77.2岁;百岁"人瑞"新增18名,共37名。

【精神文明和民主法制建设】 2007年,全市以创建全国文明城市为目标,确定并弘扬"吴风越韵,精诚致远"的城市精神。命名第3批爱国主义教育基地,表彰精神文明建设"十佳"系列。吴江图书馆建成"全国巾帼文明岗"和"省文明单位",东方丝绸市场频获"全国文明诚信市场"、"省五星级文明诚信市场"称号,吴江出入境检验检疫局检务科获"全国青年文明号"称号,市人才市场成为"省五星级文明诚信市场",旅游、交通都获省级文明行业称号。省双拥模范城"三连冠"。全市机关效能建设提高年初见成效,10家企业帮扶苏北10个经济薄弱村。全市慈善收入1112万元。政府接受人大法律监督和政协民主监督,办理人大代表议案、建议58件和政协委员提案174件。第8届村委会换届,首次"一票直选"成功。做好市镇两级人大、政府和市政协换届工作。查办违纪违法案件96件,挽回经济损失345万元。对29类776家中介机构进行集中清理整顿,落实长效管理机制。将6766项行政权力及其流程图网上公开,促进依法行政。推进"五五"普法。成立市人民调解委员会。市镇两级财政直接用于平安建设的资金达3.4亿元,进行技防等8项重点工程建设。"民主法治示范村"、"民主法治示范社区"覆盖面超过95%。"平安吴江"和"法治江苏"合格县(市)创建工作奏效。

太　仓　市

【概况】 位于苏州市东北部,长江口区,土地面积620.00平方公里,总人口46.14万人,辖1区7镇,92个行政村,68个社区居委会(包括新区、港区)。市政府驻城厢镇。

2007年全市经济总量快速增长。完成地区生产总值440

亿元,比上年(下同)增长18.5%;实现财政总收入80亿元,增长31.2%,其中地方一般预算收入35.86亿元,增长30.0%。完成全社会固定资产投资224亿元,增长12.0%。经济实力和综合竞争力不断提升,在全国百强县(市)评比中列第9位,成为江苏省6个首先全面实现小康的县(市)之一。

【农业】 2007年,全市高效农业规模化快速发展。建成市镇村现代农业示范基地33个,4个苏州市级现代农业规模化示范区和7个镇级农业示范区初具规模,新增高效农业面积2406.67公顷。农产品质量体系建设不断加强,新增无公害农产品、绿色食品、有机食品“三品”认证9个,27个产品获省、苏州市名牌产品和著名商标。农业龙头企业完成销售37亿元,带动农户3.5万户。新增外资、民资、工商资本“三资”农业注册资本7.1亿元。土地复垦扎实开展,净增耕地68.33公顷。在全省首创“粮食银行”,并率先通过国家粮食质量监测站验收。

【工业】 2007年,全市工业经济保持新的增长,完成工业总产值1100亿元,增长22.2%;实现销售收入1068亿元,增长23.6%。规模企业不断壮大,年销售额突破10亿元的企业15家、20亿元的企业6家、30亿元的企业2家。全市单位地区生产总值能耗下降5%,投入2400余万元对主要污染物减排实施“以奖代补”。通过全国“质量兴市”先进市验收。省中德环保技术合作中心建立。成立互助型合作担保组织,为全市4000多家中小企业建立信用档案。德资工业园、台资科技创新产业园被批准为省级特色园区。荣获2007中国制造业十佳投资城市和亚洲制造业示范基地、全国十佳节约型中小城市称号。

【服务业】 2007年,全市服务业实现新的发展。服务业增加值增长22.4%,新增固定资产投资102亿元,增长51.8%。生产性物流业务总量达到43亿元。制定服务业发展总体规划,华东国际塑化城、隆兴物流等十大项目和现代服务业集聚区、之江国际生活广场等十大载体建设扎实推进,太仓国际物流城启动建设。首届旅游文化月系列活动成功举办,生态休闲、特色文化旅游成为新亮点。锦江国际大酒店建成投运,沃尔玛、尖沙咀百货等一批著名商贸企业签约入驻,引进首家世界500强商业连锁项目史泰博佩佩办公用品公司。全市金融机构人民币存款余额369亿元,贷款余额311亿元,分别增长13.6%和17.5%。江苏银行太仓支行成立。太仓市被认定为省国际服务外包基地城市、省现代服务业集聚区。

【民营经济】 2007年,全市民营经济持续发展。新增私营企业1100家、个体工商户3800家,注册资本22亿元。全市民营经济实现工业产值495亿元,同比增长22.5%,占全市工业总量的45%;实现销售收入达483亿元,同比增长25.5%;实现利税22亿元。其中全市规模以上民营工业企业达到488家,净增80家。规模以上民营工业产值达322.6亿元,占全市规模以上工业产值的38%。被评为中国民营经济最具活力县(市、区)第3名。

【开放型经济】 2007年,全市开放型经济加快发展。招商引资工作机制进一步优化。完成注册外资16亿美元,增长34%;实际利用外资6亿美元,增长35.7%。制订出台促进服务外包发展的相关政策意见,新增服务外包企业4家。兴办境外投资项目4个。实现外贸进出口总额56.4亿美元,其中出口28.4亿美元,均增长20%。内资新增注册资本34亿元,增长18.5%。接轨上海工作得到拓展,规划、交通、科技、产业、区域合作等方面对接进一步深入,与上海市嘉定区签订“加强战略合作备忘录”,引进沪上资金23.8亿元。

【城乡建设】 2007年,全市城乡建设实现新的拓展。市域空间布局规划、中心城区总体城市设计、城市色彩设计和新区2平方公里行政商务中心规划等编制完成。郑和东路和上海路提档改造、人民北路贯通等工程竣工。204国道三期改建、沪浮璜公路大修基本完成,339省道复线东段和太沙公路加快建设。南郊新城区道路框架初步形成,东仓大桥和新浏河南岸风情水街启动建设。府南地块居住小区建设基本完成,南洋广场建设加快。港城之星建设快速推进,同觉寺公园竣工启用。长江饮水“村村通”工程提前一年完成,荡茜河枢纽工程进展顺利,高标准加固长江江堤1320米,建设标准化圩堤8公里,改造农桥142座,疏浚河道286.9公里,铺设城乡污水主管网27公里。500千伏太仓开关站和220千伏香塘变、110千伏王秀变扩建工程顺利投运。城市公交扩容和交通畅通工程扎实推进,城镇市容秩序长效管理工作得到加强。

【生态市建设】 2007年,全市加快国家生态市建设。绿色通道、绿色家园、绿色基地“三绿”工作上新台阶,新增林地、绿地1066.67公顷。主要污染物减排任务顺利完成,市区空气质量优良天数达96%。农村生态环境得到明显改善,5个乡镇全部建成省级以上优美乡镇。国家生态市创建通过考核验收。

【新农村建设】 2007年,全市80个农村新型社区规划全面完成。首批15个试点村建设取得阶段性成效,第2批10个试点村全面启动,落实重点建设项目66个,完成总投资3.77亿元。富民强村工程扎实推进,村级物业项目开工面积达29万平方米,村级集体经济发展快,25个示范村村集体可支配收入全部超过200万元,城厢镇伟阳社区以620万元居第一位,其中第一批15个村人均纯收入为12148元,第2批10个村为12238元,分别高出全市农民人均纯收入807元和897元。新增农村各类新型合作经济组织97个,发展农村经纪人450余人。

【各项改革】 2007年,全市改革开放迈出新的步伐。国有资产管理体制进一步完善,组建市资产经营投资有限公司、工业投资发展有限公司、城市建设投资有限公司和交通控股有限公司。行政审批制度改革继续深化,做好行政许可审批项目清理工作。乡镇机关综合改革启动实施。制订出台《关于鼓励和扶持企业上市的实施细则》。

【社会保障】 2007年,全市就业再就业工作进一步得到加强。安置就业2.85万人,转移农村劳动力1.4万人,其中被征地农民3000人。城镇登记失业率控制在2.9%以内。建立发放“劳动保障卡”43万张。各类社会保险扩覆24.6万人次。住房公积金归集和贷款发放额增幅超过20%。启动经济适用房安居工程,建立廉租住房保障制度。城乡低保标准分别达到320元和200元。

【科学技术】 2007年,全市科技创新能力进一步增强。科学研究与试验发展经费占国内生产总值比重1.75%,比上年增长0.1个百分点。高新技术产业产值占规模以上工业15%。新增国家高新技术企业4家、省级高新技术企业15家、苏州市级企业技术中心9家、国家重点新产品2个。软件园成为国家火炬计划软件产业基地,已入驻企业12家。科技创业园暨留学人员创业园一期工程竣工,被认定为省级科技企业孵化器和留学人员创业园。建立中化太仓——中科院上海有机所氟化工联合实验室等一批科研机构。特灵空调设立国内暖通空调领域首家国际型博士后科研工作站。申请专利超3000件。认定中国驰名商标3件,申报省著名和苏州市知名商标36件,新增国家免检产品2个、省级名牌产品8个。

【社会事业】 2007年,全市社会事业取得新的发展。太仓市留学人才协会成立,"江苏沿江服务业人才网"开通。与德国工商行会上海代表处合作建立了"AHK——上海、健雄职业技术学院专业技术工人培训中心"。顺利通过省县(市)教育现代化建设和全国高职高专院校人才培养工作水平评估,被评为全国区域教育发展特色示范区。维新遗址陈列馆和娄东画派纪念馆对外开放,王锡爵故居改造工程完工,滚灯和双凤山歌列入省首批非物质文化遗产名录。成功举办《欢乐中国行——魅力太仓》大型综艺晚会。农村有线电视入户率达到97%,省"户户通"有线电视县(市)创建通过验收,有线数字电视整体转换工作顺利推进。深入开展省农民健康工程先进市创建工作。第一人民医院易地新建工程加快推进,三院二期工程全面完工,港区、沙溪医疗急救分站投入运行。浏河、璜泾镇通过国家卫生镇考核。全国女排锦标赛、海峡两岸桥牌邀请赛等重大赛事成功举办,被命名为省首批体育强县(市)。组建集计生、卫生服务功能于一体的家庭保健服务中心,"生殖健康百村行"活动深入推进,建立流动人口计划生育管理联合执法长效机制。镇、村、社区服务中心建设有序推进,被列为"全国农村社区建设实验市"。

【人民生活】 2007年,全市人民生活水平有新的提高。城镇居民人均可支配收入达到21380元,农村居民人均纯收入达到10400元,均增长12%左右。年末城乡居民人民币储蓄存款余额为159.64亿元,比上年增长5.2%。城镇居民人均住房面积达到40.4平方米。新增私家车6800辆,增长24%。

【精神文明建设】 2007年,全市民主法制建设得到新的加强。自觉接受市人大的法律监督、工作监督和市政协的民主监督,虚心听取各民主党派和无党派人士的意见建议。依法治市工作不断深入,"五五"普法全面实施,政务公开工作深入推进,行政权力公开透明运行工作顺利开展,纳税人评议政风行风活动扎实推进。安全生产形势平稳好转,无较大以上事故发生。镇(区)消防体系日趋完善。食品、药品安全整治有序进行,消费环境进一步优化。信访秩序明显好转,越级上访量苏州最低。社会治安综合治理进一步加强,新一轮"平安太仓"建设持续推进,社会更趋稳定和谐。被评为"法治江苏合格县(市)"、"江苏省社会治安安全县(市)"。

无锡市辖县(市)

江　阴　市

【概况】 江阴市地处苏锡常“金三角”中心,北枕长江,有长江公路大桥与靖江市相连,南近太湖,有锡澄高速公路与无锡市相接,东接常熟、张家港,西连常州、武进,交通便捷,是大江南北的重要交通枢纽和江海联运、江河换装的天然良港。全市总面积987.5平方公里,陆地面积811.7平方公里,水域面积175.8平方公里,其中长江水面56.7平方公里。沿江深水岸线长达35公里。城市建成区为51.52平方公里。有15个镇,1个街道办事处,250个行政村,7289个村民小组,106个社区居民委员会(其中18个为村区合一)。2007年末,全市户籍总人口119.77万人,比上年增长0.27%。全市人口出生率7.18‰,比上年提高0.4个千分点;人口死亡率6.64‰,比上年提高0.14个千分点;人口自然增长率0.54‰,比上年提高0.26个千分点。少数民族常住人口有3084人,涉及31个民族;全市登记外来人口70余万人。江阴市人民政府设在澄江中路9号。

2007年,江阴市实现地区生产总值1190.56亿元,比上年增长17.61%。其中第一产业增加值18.37亿元,增长4.59%;第二产业增加值749.54亿元,增长17.62%;第三产业增加值422.65亿元,增长18.26%。全市户籍人口人均地区生产总值99537元,比上年增长20.88%,按当年汇率折算达13627美元。产业结构进一步优化,第一、第二、第三产业增加值在地区生产总值的构成比例为1.54∶62.96∶35.5;第三产业占GDP比重创历史新高。全年财政收入190.53亿元,比上年增长36.08%,其中一般预算收入82.33亿元,增长36.13%,财政收入占地区生产总值的比重为16%,比上年提高1.72个百分点。年内,在第七届全国县域经济基本竞争力评价中名列第一,实现“五连冠”,建成“国家园林城市”、“全国绿化模范市”,被评为全国双拥模范城。（陈学超）

【农林牧渔业】 2007年,江阴市完成农林牧渔业总产值35.34亿元,比上年增长7.15%,其中农业产值12.54亿元,林业产值1.54亿元,畜牧业产值12.9亿元,渔业产值5.3亿元,农林牧渔服务业产值3.06亿元。全年粮食总产量20.85万吨,其中夏粮5.17万吨,秋粮15.68万吨;粮食平均亩产411.16公斤,其中小麦亩产284公斤,水稻亩产521.2公斤。全年生猪出栏43.2万头,家禽出栏1480万羽,奶牛存栏8134头,牛奶产量3.38万吨,肉类总产量5.43万吨,水产品产量2.32万吨,蔬菜、禽蛋、特种养殖等其他农副产品均比上年有不同幅度增长。全市“三资”(工商资本、民间资本、外商资本)投入农业8.58亿元,累计31.82亿元。新增阳光休闲观光中心、升泰国际加茂园等16项重点建设项目,完成投资5亿多元。年内,有4种农产品获绿色食品证书。全年财政预算内安排各类惠民支农资金9.5亿元,发放种粮直接补贴567.24万元,农资综合补贴1378.97万元,母猪补贴56.72万元,机动渔船柴油补贴20万元。累计建成5个特色专业镇、100多个特色专业村、10个现代农业示范园区、15个面积超千亩或产值超2000万元的种养基地,全市高效农业面积1.71万多公顷,农业规模化经营比例为65.8%。全市蔬菜种植面积8580公顷。全年农业机械化投入3949万元,新增高性能插秧机465台,更新大中型拖拉机56台、耕整机126台。年末全市拥有农业机械动力27.50万千瓦、大中型拖拉机1312台、联合收割机605台。全市机插秧面积1.61万公顷,机插率80.38%。全年水利建设总投入2.1亿元,完成各类土石方600万立方米,疏浚河道191条,加高加固圩堤19.5公里,改造防洪三闸15座、排涝站26座,改造农村桥梁100座,新建改建灌溉泵站60座,新建、翻建地下渠道52公里。（陈学超）

【工业】 2007年,江阴市完成现价工业总产值3724.4亿元,比上年增长23.12%;完成工业产品销售收入3627.52亿元,增长22.82%;实现工业利税316.56亿元,增长28.64%;实现工业利润226.34亿元,增长29.54%。全年工业经济效益综合指数为202.71%,比上年提高14.50个百分点。工业产品销售率为97.81%,比上年提高0.16个百分点。全年工业用电量166.29亿千瓦时,比上年增长18.29%。年末全市工业固定资产原值1259.67亿元,比上年末增加215.34亿元,增长20.62%。全市规模工业企业(工业产品销售收入1000万元以上)完成现价工业总产值3291.80亿元,比上年增长22.34%,占全市工业总量的比重为88.38%,比上年提高1.08个百分点;完成工业产品销售收入3257.99亿元,增长21.64%,占全市工业总产量的比重为89.81%,比上年提高1.51个百分点。华西村营业收入450亿元,江苏阳光集团有限公司、江苏三房巷集团有限公司营业收入突破200亿元,海澜集团有限公司、江阴兴澄特种钢铁有限公司、江阴澄星实业集团有限公司、法尔胜集团公司、江苏新长江实业集团有限公司、江苏双良集团有限公司、江阴市西城钢铁有限公司营业收入均超100亿元。营业收入超50亿元的企业有1个,营业收入超30亿元的企业有9个,营业收入超20亿元的企业有10个,营业收入超10亿元的企业有13个。38个工业企业利税总额超亿元,其中超20亿元的有2个,超10亿元的有5个。10个企业入围“中国企业500强”。全市工业百强企业全年完成产品销售收入2454.62亿元,实现利税245.48亿元,分别占全市工业总量的67.67%和77.55%。年内,新增中国名牌产品3种;全市参与国际、国内行业标准制定的企业增至86个。（陈学超）

【工业集中区建设】 2007年,全市工业集中区进区项目756项,完成投资305.47亿元,其中基础设施投入48.67亿元,工业投入256.8亿元,建成投产开工企业560个,实现工业产品销售收入3352.47亿元,实现利税331.91亿元。

【民营经济】　2007年,江阴市民营经济实现增加值742.14亿元,比上年增长19.5%,占全市地区生产总值的比重为62.36%,比上年提高1.59个百分点。年末私营企业1.57万户,个体工商户4.13万户。民营经济年末注册资金610.29亿元,比上年末增长20.77%,其中私营企业注册资金470.13亿元,增长18.39%。全年固定资产投资额214.09亿元,比上年下降3.17%,占全社会固定资产投资额的比重为57.5%。全年实现工业总产值2506.52亿元,比上年增长22.57%,占全市工业总量的比重为67.3%。全年实现社会消费品零售额192.78亿元,占全市社会消费品零售总额的比重为81.62%。实现税收64.34亿元,比上年增长27.68%,占税收总收入的41.8%。（陈学超）

【固定资产投资】　2007年,江阴市完成全社会固定资产投资额372.15亿元,比上年增长8.07%,其中城镇投资95.16亿元,农村投资212.52亿元,房地产开发投资64.47亿元。总投资中工业投入242.22亿元,比上年增长2.71%,占全社会投资额的65.09%。38项工业重点项目年内完成投资额78.03亿元,40项非工业重点项目年内完成投资额48亿元。（陈学超）

【外向型经济】　2007年,江阴市完成进出口总额110.23亿美元,比上年增长31.14%,其中自营出口额64.35亿美元,增长40.80%。全市有105个企业出口超千万美元,15个企业出口超亿美元,江苏三房巷集团有限公司进出口额达17.38亿美元,成为全市进出口总额最大企业。全年新批外资项目136项,新增协议注册外资17.78亿美元;年内到位注册外资6.29亿美元,增长20.73%;新批52项超千万美元项目,其中4项超亿美元;新批21项服务业外资项目,新增协议注册外资4.07亿美元,比上年增长24.85%;年内服务业到位注册外资1.02亿美元;新增境外企业13个,年末累计注册境外企业114个;完成工程劳务营业额1.56亿美元,比上年增长20.30%。至年底,全市企业在境外投资的国家和地区达23个。

【沿江开发】　2007年,江阴经济开发区完成业务总收入878.48亿元,比上年增长22.34%,其中工业产品销售收入548.73亿元,增长22.36%;实现财政收入22.95亿元,增长42.53%。年内新批进区项目120项,其中外资项目53个;新增协议注册外资5.86亿美元,到位注册外资1.51亿美元。江阴临港新城全年完成业务总收入1190.85亿元,比上年增长33.98%,其中工业产品销售收入840.17亿元,增长33.40%;实现财政收入31.37亿元,增长56.56%;年内新批进区项目423项,其中外资项目49项;新增协议注册外资8.41亿美元,到位注册外资2.46亿美元。江阴靖江工业园区发展速度不断加快。全年完成业务总收入104.37亿元,其中工业产品销售收入54.07亿元;实现财政收入2.88亿元,比上年增长115.73%;年内新批进区企业75个,其中外资企业8个;新增协议注册外资1.51亿美元,到位注册外资1.04亿美元。

【体制改革】　2007年,江阴市体制机制创新不断深化。大力推进经营性事业单位改制工作,年内完成峭岐、南闸等4所卫生院产权制度改革,启动2所卫生院改制工作。积极推进企业上市步伐,扬子江船厂、浚鑫科技有限公司、圣马控股有限公司3个企业在海外成功上市,募集资金达61.3亿元,年末全市上市公司累计达22个。推进农村"三大合作"组织建设,完成村级集体经济股份合作19个、组建农村土地股份合作社9个,累计完成农民专业合作经济组织103个。

【建筑业】　2007年,江阴市建筑业资质企业实现建筑业总产值55.03亿元,比上年增长13.58%;房屋建筑施工面积812万平方米,房屋建筑竣工面积456.39万平方米。年内创江苏省级优质工程3项,创无锡市级优质工程4项。

【房地产业】　2007年,江阴市完成房地产开发投资额64.46亿元,比上年增长56.46%;房屋施工面积426.7万平方米,比上年增加17.09万平方米;竣工面积99.89万平方米,减少47.61万平方米;商品房销售面积109.15万平方米,其中现房销售面积40.89万平方米,期房销售面积68.26万平方米。

【金融业】　2007年,江阴市银行机构年末各项存款余额985.1亿元、贷款余额867.72亿元,分别比年初增加117.67亿元和105.53亿元。银行现金净投放156.54亿元,比上年增长19.43%。全市保险业务收入19.82亿元,比上年增长18.95%;保险业务支出12.88亿元,增长57.1%。全市证券交易量3292.19亿元,比上年增长4.89倍。

【国内贸易】　2007年,江阴市社会消费品零售总额236.18亿元,比上年增长17.36%,其中城区145.32亿元,增长18.43%;农村90.86亿元,增长15.69%。社会消费品零售总额按行业分:批发零售贸易业207.11亿元,增长16.6%;住宿餐饮业26.14亿元,增长24%;其他行业2.93亿元,增长14.9%。全年实现物流业增加值135.48亿元,比上年增长27.01%。全市5个重点物流园区年内完成销售收入407.81亿元,比上年增长31.52%;上缴税金4.68亿元,增长65.13%。

【市场建设】　2007年,江阴市拥有各类市场92个,其中生产要素市场1个,生产资料市场31个,消费品市场60个。全年贸易市场成交总额747.03亿元,比上年增长31.57%,其中专业市场成交额626.09亿元,增长33.19%。有8个重点市场成交额超10亿元,其中江阴市金属材料市场、江阴长江港口物流园区交易中心和江阴景澄物流交易市场成交额超100亿元。

【邮电通信业】　2007年,江阴市邮电业务总收入16.95亿元,比上年增长10.64%。年末全市电话交换设备总容量104.4万门,拥有固定电话(包括移动式固定电话)用户90.99万户,比上年增长5.68%。年末在网移动电话用户133.25万户,比上年净增16.8万户。年末国际互联网用户14.18万户,其中宽带网用户14.13万户。

【交通运输业】　2007年,江阴市交通运输业全年完成客运总量10672万人次、客运周转量349337万人公里,分别比上年增长32.47%和26.97%;完成货运总量2415万吨、货运周转量171840万吨公里。新港区3号码头3个万吨级泊位正式对外开放,奥德费尔码头2个万吨级泊位配套设备正在建设中。全年完成港口吞吐量7218万吨,比上年增长25.77%,其中外贸运量1082万吨,增长21.85%。完成集装箱运量30.72万标准箱,比上年增长144.78%。到港外贸船舶1733艘次,比上年增长10.73%。全市年末拥有各类汽车9.87万辆,比上年增长19..93%,其中私人自备车6.43万辆,增长27.08%,私人自备车占全市汽车总数的比重为65.15%。

【旅游业】 2007年,江阴市完成旅游总收入77.11亿元,比上年增长23.08%;接待国内外游客542.38万人次,其中接待外国人17583人次,接待港、澳、台同胞3688人次;旅游景点接待游园人数1002.57万人次,增长18.52%。旅行社年内接待游客56.6万人次,增长3.40 %。19个星级旅游涉外饭店(宾馆)实现营业收入4.32亿元,比上年增长4.6%;客房平均出租率为61.76%。

【科技】 2007年,江阴市拥有各类专业技术人员10.9万人,比上年增长9.22%。全年实施江苏省级以上各类科技计划项目128项,其中实施国家科技支撑计划5项、江苏省重大成果转化资金项目3项,国家863计划1项,落实江苏省攻关计划招标项目2项。新批国家级高新技术企业2个,累计21个;新批省级高新技术企业31个,累计143个;组织实施51项重点产学研合作项目,新组建各类政产学研合作平台、江苏省以上公共技术服务平台和企业研发机构28个;新批江苏省高新技术产品68种,累计641种。申请专利1210件,获得授权1224件。全年实现高新技术产业总产值1250亿元,实现高新技术产业增加值258.6亿元,实现技术贸易成交额9.12亿元。启动建设江阴市高新技术创业园二期工程。

【教育】 2007年,江阴市各类学校在校学生192572人,其中小学85170人、普通中学75871人、职业中学11113人、大中专20180人、特殊教育238人;幼儿园在园幼儿34264人;各类学校教职员工14451人,其中专任教师13378人。是年,普通高中高考录取率92%,其中本科录取率61.1%;初中毕业生升学率96%。通过江苏省教育现代化建设水平评估。小学生人均公用经费每年430元,初中生人均公用经费每年570元。全面完成以教学实验仪器设备、图书资料、体育和艺术教育器材“四项配套”为主要内容的合格学校建设工程。1所高级中学晋升为江苏省四星级高中,1所中学晋升为江苏省三星级高中,5所小学创建为义务教育现代化学校,4所幼儿园通过“省优质幼儿园”评估验收。年内,全市教育基建投入3.3亿元,竣工项目23项,南菁高级中学新校区和聋哑学校整体改造工程全面开工,立新小学主体工程全部竣工。 (陈学超)

【文化】 2007年,江阴市成功举办“盛世欢歌·幸福江阴”巡游活动,“幸福进万家 文化欢乐行”主题文化活动共送戏下乡135场,送展135次,送影3168场,送书14.85万册。举办2007中国江阴刘天华民族音乐节、“长三角”地区江南丝竹展演、“紫荆澄韵”香港中乐乐园访澄音乐会、江阴市第十一届读书节、江阴市春节联欢晚会、江阴市新年音乐会、江阴市纪念建军80周年大会暨歌咏比赛,积极创建“全国文化艺术之乡(民乐之乡)”。对全市230个“非遗”项目进行普查,21个被列为无锡市非物质文化遗产,58个被公布为江阴市非物质文化遗产。江阴市名人馆建成开放,200余名江阴名人入选。全市拥有文化馆、文化服务中心20个,艺术表演团体2个,公共藏书890万册。全市电视覆盖率100%,有线电视数字整体转换工程全面完成,有线电视用户35.25万户。《江阴日报》全年出刊303期,出版报纸1190万份。

【卫生】 2007年,江阴市拥有各类医疗卫生机构415个,其中医院、卫生院37所,实际开放床位4703张;年末拥有卫生技术人员5911人,其中医生3079人。新型农村合作医疗参合人数82.1万人,参合率100%,住院补偿率达39%。对参加新型农村合作医疗的群众全面进行免费健康体检,并为32.83万户建立家庭健康档案。社区卫生服务覆盖率100%。新增国家卫生镇1个,江苏省卫生村25个;市中医院门急诊大楼、长泾中心卫生院、璜土卫生院落成投用,市红十字血站和长山、山观卫生院建设工程封顶,进一步改善群众就医环境。

【体育】 2007年,江阴市开展“全民健身与奥运同行”系列活动,先后举办市级群众体育比赛和活动22项次,镇、村比赛活动300多项次,直接参与者达10万人次。年内获得全国金牌4枚、银牌3枚、铜牌5枚,省级金牌29枚;二中女足队荣获第二十届世界中学生足球锦标赛冠军。向江苏省输送优秀运动员3名,向江苏省体校输送人才4名、无锡市体校77名。全面完成“村村体育健身工程”建设,体育健身设施100%覆盖全市行政村。全年销售体育彩票1.32亿元,同比增长31%,成为江苏省首个体育彩票销售亿元县。年内动工建设市体育中心二期体育场。被江苏省体育局命名为“江苏省首批体育强市”。

【基础设施建设】 2007年,江阴市完成中心城区四大城市组团分区规划及控制编制,落实重大基础设施规划与专业规划、村镇规划的全覆盖。敔山湾地区开发建设进展顺利,环湖路、淀山湖开工建设。年内芙蓉大道东段、朝阳路、贵宾路建成通车。完成花园、黄山湖、大桥一村3座垃圾中转站改造;垃圾发电厂建成并进入试运行。全市完成拆迁290万平方米,其中城区完成100万平方米。10万平方米经济适用房和廉租房建设用地进入拆迁阶段;50万平方米老小区改造和1万平方米“平改坡”工程全部完成。城市建成区面积51.52平方公里。

【公用事业】 2007年,江阴市新建220千伏变电所2座、110千伏变电所4座。年末主变容量687.7万千伏安,比上年增加53万千伏安。全社会用电量180.27亿千瓦时,比上年增长17.54%。自来水日供水能力70万立方米,全年售水量20025万立方米。新增公交线路161公里,增设站点173个;新增100辆空调大巴,城市公交已拥有公交车382标台,拥有营运主线路28条,区间线路9条,出行分担率提高到12%。开通镇村公交线路57条,投放车辆89辆,行政村实现村村通公交,自然村公交通达率达65%。

【环境保护】 2007年,江阴市通过“国家生态市”复查,建成江苏省级生态村55个,江苏省绿色社区2个、无锡市绿色社区6个,国家级绿色学校2所、江苏省绿色学校6所、无锡市绿色学校11所、江阴市绿色学校33所,江苏省绿色宾馆2个、无锡市绿色宾馆2个。废水达标排放率84.1%以上。建成38个万吨级综合污水处理厂,日处理能力46万吨;年内新铺排污管道316公里,削减排污口174个。空气优良率74.8%。全年化学需氧量排放量削减8394.7吨,二氧化硫排放量削减3.15万吨。关停216个污染严重、难以治理的企业、项目。城区环境噪声控制在57分贝以下,主要道路交通噪声控制在73.2分贝以下。完成造林绿化面积3086.67公顷,全市森林覆盖率达23.1%,市级重点绿化工程"六路三河"景观带完成绿化种植面积426.67公顷。城区绿化率达到43.5%,村庄绿化覆盖率为26.4%,国道、省道绿化宜绿里程100%,江河沿岸宜绿化地段绿化率达92.99%。建设50多个"文化造绿"景点和150多个开放性绿化公园和农业生态园。

【人民生活】 2007年末,江阴市从业人员70.25万人,比上年增长1.69%。其中,第一产业7.75万人,减少5.37%;第二产业40.33万人,增长1.87%;第三产业22.17万人,增长4.08%。年末城镇职工11.96万人,其中国有单位职工4.33万人,城镇集体单位职工0.4万人,其他经济类型单位职工7.23万人。年内全市新增就业岗位4.78万个,新增本地劳动力就业2.62万人,其中本地农村劳动力就业1.41万人。城市社区"充分就业社区"创建率达91.50%。全市城镇登记失业率为2.47%,农村调查失业率为3.48%。年内企业职工最低工资标准由750元/月提高到850元/月。全市劳动合同签订率、月薪制实施率稳定在90%以上。城镇职工年平均工资32805元,比上年增长18.19%;城镇居民人均可支配收入21013元,增长12.96%;农民人均纯收入10 641元,增长13.07%;城乡居民人均储蓄存款余额29 504元,增长3.80%。城镇居民家庭恩格尔系数为33.25%,农村居民家庭恩格尔系数为38.1%。城镇居民人均住房面积33.2平方米,农村居民人均住房面积66.8平方米。新增城镇企业职工社会保险参保人数10.2万人,累计参保29.8万人,综合参保率达98.70%。城镇职工基本医疗保险累计参保42.02万人。历次被征地农民参保人数累计为28.85万人。农民基本养老保险累计参保12.46万人,农村居民最低年生活保障标准从2160元调整为2400元,年内发放低保金2707万元,发放慈善救助金720万元,发行福利彩票9478万元。 (陈学超)

【江阴在全国县域经济基本竞争力评价中排名第一】 2006年,江阴GDP总量980亿元、农民人均纯收入9411元、工业利税总额246亿元、工业利润总额174亿元,社会消费品零售总额201亿元,均居江苏省同类城市第一。2007年9月,第七届全国县域经济基本竞争力排名评价工作揭晓,江阴市综合竞争力评价等级达到A级,居民收入水平、科学发展和环境保护等级评价均达到A+级,以雄厚的综合发展实力和可持续发展活力第五次雄居全国县域经济百强县之首。 (陈学超)

【江阴被评为全国绿化模范市】 自2003年起,江阴市委、市政府从促进全市经济、社会、生态全面协调可持续发展的高度,提出全面建设"绿色江阴"、全力打造生态家园的奋斗目标。5年中,全市绿化投入资金超过40亿元,新增成片造林1.01万公顷,全市有林地面积1.75万公顷,灌木林地面积1266.67公顷,四旁植树面积2700公顷,国土森林绿化覆盖率达23.1%。农田林网建网率达96.11%,村庄绿化率达26.42%,境内国道、省道绿化宜绿里程达100%,县乡道路绿化宜绿里程达96.7%,江河沿岸宜绿化地段绿化率达92.9%。城区绿化覆盖率达43.5%,城区绿地率达38.85%,人均公共绿地面积达15.05平方米。2007年10月,全国绿化委员会办公室及江苏省绿化委员会办公室验收组对江阴市绿化工作进行验收,认为江阴市绿化工作起点高,绿化效果明显,各项指标均达到或超过全国绿化模范县(市)考核指标。2008年1月2日,江阴市被国家建设部评为全国绿化模范县(市)。

【江阴被命名为国家园林城市】 江阴市自1996年获得江苏省首批园林城市称号以来,高度重视园林绿化建设,提出打造"绿色江阴"、争创国家园林城市奋斗目标,按照"突出城市品位,打造精品亮点,加快建设宜人宜居的山水园林城市"的定位,以"显山、露水、透绿、出新"为手段,加快绿地建设,构筑道路绿色网络,拓展城市绿色空间,10年来,市建成区每年新增公共绿地面积超过50万平方米,连续多年人均公共绿地面积增幅超过1平方米,市民出行400米就能步入绿色空间;城郊森林绿地面积666.67公顷,形成一批兼具生态、文化、游憩等功能的大型城郊"绿色银行";245公里绿色通道贯通城乡,成为覆盖全市的生态廊道;累计建成50多个文化建绿景点,22条主要道路上形成系列景观。至2006年年底,市建成区绿化覆盖率达43.5%,绿地率达38.8%,人均公共绿地面积达15.05%,各项指标均达到国家园林城市标准。2007年11月,国家建设部高标准通过对江阴市创建国家园林城市的考核验收,命名34个城市为2007年国家园林城市,其中20个县为国家园林县城,10个镇为国家园林城镇,常州市、南通市与江阴市一起荣获国家园林城市称号。 (陈学超)

【江阴再次荣获"全国双拥模范城"称号】 自1992年江阴市荣获全国双拥模范城荣誉称号后,全市军民以再创"全国双拥模范城(县)"和"江苏省双拥模范城"七连冠为目标,扎实推进双拥工作。江阴市各级政府为驻澄部队解决国防建设所需土地、资金、技术等问题,帮助驻澄官兵解决家属就业、子女入学等实际困难,累计投入各项资金3.5亿元,帮助驻军解决基础设施建设,累计投入资金达900万元。市政府先后出台补助重点优抚对象门诊医疗费、调整义务兵家属优待金和义务兵家属优待金相关政策,确保各项优抚补助水涨船高、100%兑现,全市城乡每年发放义务兵家属优待金户均达7000元。2005~2007年,全市112个军民共建单位中有86个被江阴市、部队团以上单位评为先进单位;接收军队转业干部409名,其中团职军转干部103名,全部得到妥善安置,并及时妥善解决随军困难家属补助和驻军干部子女入学问题;市委、市政府投入800万元为驻军分别配备高清晰电视、消毒柜、电脑、空调和建立"海上俱乐部",为驻军基层单位建造晒衣场、安装太阳能热水器、改造洗衣间、厕所等,开通市区到军营的公交车,实行军人免费乘车;投入50万元,义务为驻军500名战士举办计算机、维修电工、烹饪和保安员等职业技能培训。驻澄部队积极开展科技助民活动,帮助地方举办微机应用培训班120期,培训技术人员7000余人,为近百个企事业单位编制软件程序,为50多个企事业单位安装微机;积极参加地方义务献血、扑救森林火灾、义务植树等急难险重任务,军训学生和员工6.55万人次,配合城市创建、交通整治、安全检查等,驻军出动人力1.2万人(次),支援地方完成工程项目10多项,为地方间接创造经济效益近千万元。2006年1月1日,江阴市在江苏省率先探索实施对退役军人实行城乡一体化货币安置工作,货币安置满意率达100%。2007年,江阴市再次荣获全国双拥模范城称号。

【江阴荣膺"中国和谐名城"称号】 2008年1月17日,首届中国和谐城市推选在北京揭晓,江阴作为全国仅有的两个县级市之一,从173个参选城市中脱颖而出,荣膺首届十大"中国和谐名城"称号。该项评比在全国政协经济委员会、中华全国青年联合会和中国市长协会联合指导下进行。调查内容分两大部分4大维度10大类48项128子项。两大部分为:客观衡量部分、主观评价部分。4大维度分别为精神和谐、物质和谐、政治和谐、生态和谐。10大类为:生态环境、文化教育、社会秩序、经济产业、民生发展、科技创新、城乡统筹、政府举措、社会代价、公众认可。此次调查评比中,"幸福江阴"建设受到与会专家学者一致肯定。 (陈学超)

【江阴被评为"中国制造业十佳投资城市"第一名】 江阴市在投资创业上坚持科学发展、创新发展、率先发展理念,放手发展民营经济,大力培育规模经济,激发各类资本的投资热情,成为名副其实的"工业强市"。在现代制造业方面,江阴市紧抓国际资本和产业大举转向"长三角"以及接轨上海的机遇,加快对外开放和沿江开发步伐,基本形成特种钢铁、精细化工、纺织服装、包装材料、机械制造"五大支柱产业"。"十一五"期间,江阴市将紧紧围绕资本经营、开发开放、自主创新、标准品牌、规模企业等重点,打造制造业新优势。12月9日,亚洲制造业协会和中国设备监理协会联合主办首届中国制造业论坛年会,江阴市凭借制造业八大产业产能突出、门类广泛,拥有300多个超亿元企业,累计实施江苏省以上科技计划项目1000多项的优势,被评为2007年度中国制造业十佳投资城市第一名,并被授予"亚洲制造业示范基地"称号。 (陈学超)

【江阴创建成为全国平安畅通县(市)】 自2006年起,江阴市积极组织开展"平安畅通县(市)"创建活动,投资50多亿元建设道路基础设施,新建和改造芙蓉大道、花园路等道路,市、镇、村三级投入3800多万元,整改道路安全隐患和事故"黑点",全市城乡道路交通安全基础设施日趋完善。江阴市公安局实施文明交通"五进"(进机关、进学校、进厂企、进村、进社区)工程,开展"不闯红灯"、"规范停车"文明交通行动和"文明交通、从我做起"等大型主题宣传活动19次;提升道路交通组织水平,实施交通诱导、路口渠化、单行线、禁止左转弯等措施;联合有关职能部门持续开展道路交通综合整治、超载超限专项整治和非法营运"黑车"专项整治等系列活动,切实解决影响道路交通安全畅通的热点、难点问题,交通事故死亡人数年均下降10%以上,未发生群死群伤特大交通事故。2007年12月2~3日,江阴市通过全国道路交通安全工作部际联席会检查组验收。12月26日,全国道路交通安全工作部际联席会议对首批100个国家级"平安畅通县区"进行表彰,江阴被评为全国首批"平安畅通县(市)"。 (陈学超)

【江阴被授予"第二次全国残疾人抽样调查工作先进市"称号】 2006年,江阴市第二次全国残疾人抽样调查工作以零差错圆满完成。2007年完成全市125户残疾人家庭情况调查监测工作,在江苏省31个被监测县(市)中列第三名,同年4月3日,国务院残疾人工作委员会授予江阴市"第二次全国残疾人抽样调查工作先进市"称号。 (陈学超)

宜兴市

【概况】 宜兴市地处江苏省南端、沪宁杭三角中心,东面太湖水面与苏州太湖水面相连,东南临浙江长兴,西南界安徽广德,西接溧阳,西北毗连金坛,北与武进相傍。滆湖镶嵌其间,三氿(西氿、团氿、东氿)相伴宜城两侧。地势南高北低,总面积2038.7平方千米(其中太湖水面280.7平方千米);建成区面积59.64平方千米,城市化率60%。至年底,有国家级环保科技工业园1个、省级开发区2个、镇14个、街道办事处4个,行政村246个、社区居委88个。总人口106.05万人,其中男性53.87万人,城镇人口52.21万人。全年出生6789人,出生率6.4‰;死亡7278人,死亡率6.86‰;自然增长率-0.46‰。计划生育率99.68%,独生子女率89.08%。人口密度每平方千米607人。有常住外来人口20.81万人,少数民族36个约4000人。宜兴市人民政府设在宜城街道陶都路8号。

2007年,宜兴市地区生产总值505亿元,人均地区生产总值4.1万元。一、二、三产业增加值分别为18.25亿元、299.95亿元、186.8亿元。财政收入69.01亿元,其中一般预算收入30.02亿元;财政支出37.15亿元,其中一般预算支出27.76亿元。在2007年全国县域经济基本竞争力百强县(市)评价中名列第七位。经省级评估认定,宜兴总体达到江苏省全面小康指标。获"2005~2006年度全国科技进步先进县(市、区)"称号,这是宜兴第二次获此殊荣;连续4年被省委、省政府评为社会治安安全市;连续5次获得"双拥模范城市"称号。

(吴艳 毛敏燕)

【农业】 全市农业总产值38.43亿元,比上年增长6.7%,其中多种经营产值30.54亿元。全年粮食总产量41.54万吨,油料总产量1.16万吨。有优质水稻田3.4万公顷。茶叶、蔬菜、水产、林果产量分别为6352吨、51.8万吨、7.3万吨和1.8万吨,产值分别达2.52亿元、4.96亿元、12亿元和2.8亿元。畜禽总产值6.65亿元。高效农业面积累计2.07万公顷,新增无公害农产品6种、绿色食品和有机食品7种。至年底,全市有农业产业化"龙头"企业78个,其中江苏省级6个。有名牌农副产品113种,获各类证书173个。农产品出口创汇5500万美元。有观光农业园3个,全年接待游客117.97万人次,直接经济收入2908.06万元。首次设立400多万元作为农业奖励基金,鼓励发展现代高效农业。7个省级丘陵山区高效农业项目通过省级验收。"太湖之参"牌百合被评为江苏省名牌农产品。无锡太湖外向型农业示范园被评为中国十佳休闲观光农业示范园。新建防洪护坡30多千米,新建、改建防洪闸12座、排涝站18座。加固库塘24座,治理涧河9条6.2千米,疏通整治水系6条。疏浚整治农村河道2081条、1738千米,完成土方2292万立方米,河道长效管理率92%。创建节水型企业4

个、节水示范项目6个、节水农业示范区4个、节水渠道110千米。农业机械总动力63.33万千瓦。新创建“平安农机”镇、园区、街道16个。

【工业】 全市有工业企业10357个,总产值1521.03亿元,销售收入1440.87亿元,应税销售收入1388.9亿元,利税总额120.69亿元,工业增加值289.26亿元。19个镇、园区、街道中,工业销售收入超100亿元的4个,50亿元~100亿元的5个。销售收入超亿元企业200个,其中超100亿元的企业2个、50亿~100亿元的企业1个、10亿~50亿元的企业18个。全年实际到账市外(内资)项目资金24.6亿元。新增上市企业3个,累计10个。千万元以上循环经济项目15个,总投资10.4亿元;高科技项目数占全市重点项目数的四分之一。工业集中区载体功能不断增强,新入区企业378个,累计3679个,有销售收入超百亿元的工业集中区3个、50亿~100亿元的工业集中区5个。远东控股集团和金辉集团入围“中国企业500强”。江苏华亚化纤有限公司新开发的细旦丝产量15万吨,占全国市场份额的50%以上。江苏银环精密钢管股份有限公司的“银环”牌产品获国家冶金产品实物质量最高奖——金杯奖,并在国内首创热交换器不锈钢传热直管。新建镇和西渚镇分别被命名为“全国化纤纺织名镇”和“全国亚麻纺织名镇”。

【电力】 全年用电量66.25亿千瓦时,供电量61.19亿千瓦时,售电量56.79亿千瓦时,电网最高负荷103.6万千瓦,线损率7.19%。完成固定资产投资4.05亿元,新增35千伏及以上线路113.2千米。完成电费销售33.59亿元,电费回收率100%。城市综合电压合格率99.79%,供电可靠率99.94%;农村综合电压合格率99.28%,供电可靠率99.8%。开展“输变电工程零缺陷验收”活动,220千伏典巷输变电工程获“扬子杯”奖,220千伏北塘输变电工程被评为省电力输变电优质工程。全市共有公用电厂4个,地方电厂3个,自备电厂5个,发电机额定容量143.4万千瓦。宜兴抽水蓄能电站动态投资47.63亿元,至年底,累计完成工作量36.07亿元。

【建筑业】 全市有房地产开发企业105个,全年房地产开发投资36.94亿元,房屋施工面积334.34万平方米,竣工128.89万平方米。商品房销售157.97万平方米,其中商品房住宅销售132.22万平方米。商品房实际销售额50.96亿元,其中商品房住宅销售额39.91亿元。城区多层商品住宅均价3392元/平方米。全市拆迁总量195.9万平方米。有建筑业企业307个,产值超亿元的建筑企业17个。承建10万平方米以上大型小区13个,高层建筑123项,大跨度结构建筑32个。全年创各级文明工地108个,其中省级21个、地市级26个;获得国家、省级优质工程34个、地市级28个、宜兴市级22个。由华仁建设集团开发建设的华仁·景逸大厦工程获国家“鲁班奖”,3个工程获“鲁班参建奖”。10个项目获国家钢结构奖,3个项目获上海“白玉兰杯”奖,11个项目获江苏省“扬子杯”奖。宜兴市工业设备安装工程公司、华仁建设集团有限公司被评为江苏省建筑最佳企业,其中市工业设备安装工程公司连续5年获此荣誉。出台《宜兴市建设领域民工工资保障金管理暂行办法》,交纳保障金的施工单位204个,收取保障金2177万元,从根本上保障民工合法权益。

【交通运输】 全年投入交通基础设施建设12.8亿元。342省道宜漕改线段和南漕新建段、104国道梅塍段、丁张线二期、张灵慕线、文庄路等干线公路和旅游公路相继建成通车,完成芜申运河宜兴农村段航道和锡溧漕河整治主体工程,改造农村危桥200座。宜兴港区多用途码头建成,开通水路二类口岸,全年港口吞吐量3847万吨。首次采用转让模式引进资金4.2亿元建设230省道渎边公路。年末公路通车里程2220千米,航道通航里程577千米。新增公交车30辆,新辟线路4条,调整延伸线路9条,开通公交7路夜间车。三大节日(劳动节、国庆节、春节)发送旅客150.35万人次,公交集散旅客445.7万人次。全市258个行政村全部通上客运班车,提前一年完成省定目标。完成客运量3601万人次,客运周转量88465万人千米;货运量2868万吨,货运周转量21.57亿吨千米。

【邮电通信】 邮政业务收入1亿元,电信业务收入9.63亿元。全市有固定电话用户34.57万户,公用电话2.6万户,小灵通用户总数20.54万户,大灵通用户1.42万户,移动电话80.61万部。建成连接全市各地的数字数据网和公共分组交换数据通信网,新增互联网宽带接入用户2.62万户,累计8.78万户。邮政开发儿童节个性化邮票,开办绿卡“缴费宝”、小额质押贷款和基金代销业务。在“无锡地区十大服务品牌”活动中,宜兴电信“7×24小时全天候宽带求助”服务品牌获第二批优质服务品牌优胜奖。全市建成住宅电话彩铃镇28个,官杨片区建成江苏省首个住宅电话彩铃区。宜兴联通利用CDMA1X技术为宜兴司法局研发针对矫正人员的卫星定位管理系统。宜兴移动与市旅游局合作推出旅游通项目,与市供电局合作推出城市路灯亮化监控系统,与市公安局合作推出警务通业务。

【商贸流通】 社会消费品零售总额170.14亿元,在全省县(市)中保持第三位。服务业增加值186.8亿元,占地区生产总值的37%;流通应税销售380.7亿元、利润7.86亿元。新增私营个体商贸服务业经营单位6102户、11491人。全市有贸易市场79个,其中亿元以上市场10个,超10亿元市场6个,市场总成交额166.76亿元。餐饮业零售额21.8亿元,比上年增长26.6%。

【金融保险】 全市银行业有金融机构249个。年末金融机构存、贷款余额分别为482.52亿元、357.48亿元。五级分类不良贷款本外币余额为14.98亿元,比年初下降3.31亿元;本外币不良率为4.12%,比年初下降2.07%。新增保险机构5个,累计25个,全年保费收入11.19亿元,赔款和给付4.2亿元。中国人寿宜兴支公司保费总收入5.2亿元,跃居全国系统县支公司第二位。证券业务总成交量1223.06亿元,期货成交额604.87亿元。典当贷款总额5.49亿元。全市有融资担保公司12个,注册资金9.2亿元,是全国担保机构最多、注册资本最多的县级市,全年为各类中小企业累计担保贷款44.62亿元。

【开放型经济】 全年进出口总额18.14亿美元,其中出口

13.73 亿美元、进口 4.41 亿美元;新获自营进出口经营权的企业有 123 个,累计 681 个。年出口额超 700 万美元的规模企业有 25 个,合计出口 7.24 亿美元,占全市出口总量的 52.73%。其中出口超 1 亿美元企业有 1 个、超 5000 万美元企业有 3 个。美国、欧盟、日本、韩国、东盟、中国香港地区六大主销市场出口额 9.29 亿美元,占出口总额的 67.63%。传统产品出口继续保持良好增势,纺织、陶瓷、化工、轻工产品出口累计 8.66 亿美元,占出口总额的 63.07%;轻工和机电产品出口均超过 1.5 亿美元,分别占出口总额的 13.6% 和 17.5%。市新兴化工公司的高温加锆镍氢电池和中讯数码公司的一体化智能售卡终端项目通过国家出口产品研发项目验收,并被拨付国家专项研发资金。全年新批外资项目 150 个,工商登记协议注册外资 8.63 亿美元,到位注册外资 4.01 亿美元。利用外资综合实力晋级江苏省县级市前 10 强。

【民营经济】 新增民营经济组织 3300 个,累计 8990 个;新增注册资金 69.44 亿元,累计 369.44 亿元;民营经济组织从业人员 26.42 万人。完成地区生产总值 342.5 亿元,上交税金 36.22 亿元,社会消费品零售额 159.07 亿元。民营企业新增无锡市级技术中心 5 个,省级以上高新技术企业 76 个,国家级高新技术企业 8 个。新增省级以上名牌产品 14 种,其中中国名牌产品 5 种。新增中国驰名商标企业 4 个、省著名商标企业 8 个。年销售 1 亿元以上民营工业企业 165 个、民营流通企业 51 个。年成交额 10 亿元以上的商品市场有 6 个。

【改革开放】 调整宜兴市部分行政区划,将 19 个镇调整为 14 个,新设 2 个街道办事处。在全市行政职能部门实行行政(许可)服务"两集中、三到位"(部门的审批事项相对集中到一个处室,行政许可(服务)集中进"中心"办公;各部门许可(服务)事项进"中心"到位,对"中心"窗口授权到位,"中心"窗口负责人配备到位);在全市各镇、园区、街道设立行政服务中心,实行镇级便民服务全程代理制。机关、事业单位工资改革涉及 731 个单位、3.2 万多人。新增昇立化工、驰马拉链、泛亚环保 3 个上市公司(累计 10 个),募集项目建设资金 43.82 亿元。新建农民专业合作经济组织 15 个、村级集体经济股份合作社 16 个、各类土地股份合作社 25 个。改革非税收入收缴管理制度,以计算机代替人工管理,将传统票据管理方式改为计算机开票操作管理。全年出售公有住房 52 套、2000 平方米。

【固定资产投资】 全社会固定资产投资额 208.39 亿元,比上年增长 19.8%,其中一、二、三产业投资分别完成 0.42 亿元、138.77 亿元、69.2 亿元。其中,城镇投资 67.28 亿元,农村投资 104.62 亿元,房地产投资 36.49 亿元。民营经济投资 138.95 亿元,占总投资的 66.7%。全年市定重点工业项目 262 个,开工 218 个,计划总投资 256 亿元,累计完成工作量 61.9 亿元。全年立项服务业重点项目 8 个,计划总投资 16.16 亿元,年度完成投资 4.7 亿元。

【城乡建设】 完成市域专项规划 4 个、城区各类规划设计 25 个、乡镇总体规划修编 8 个、镇区规划 20 多个、新农村建设规划编制 52 个、深化村庄示范点规划 3 个。编制完成《2008~2010 年城市重要规划建设项目库》。全年投入 15 亿元进行市政基础设施建设,启动、完成一批市政建设工程。城区新增绿地 118 万平方米。云溪大桥、东氿大桥相继竣工。整治改造老城区 27.8 万平方米。团氿大规模清淤,并在团氿北部建成首个湿地公园。建成无锡市新农村建设示范镇 1 个、示范村 24 个。建成大型压缩式垃圾中转站 10 座,市垃圾焚烧发电项目 1 个,在全国县级市中首个实现城乡生活垃圾一体化收运处理,年处理生活垃圾 10.7 万吨,清运粪便 0.4 万吨。全年供应天然气 1.5 亿立方米。新增民用管道燃气用户 6635 户,累计 3.7 万户。房地产开发投入 36.5 亿元,住宅开发建设整体水平明显提升,无锡虹亚房地产开发有限公司获"江苏省房地产企业综合实力五十强企业"称号,中星湖滨城、君悦府邸获"第五届江苏优秀住宅"称号,家和花园获"江苏省康居示范工程"称号。

【环境保护】 建成省级生态农业市。全市环境质量综合指数 88.4%;11 个小康断面水质达标率 90.9%,28 条河(湖、库、荡、氿)断面水质达标率 71.4%;空气质量良好率 90% 以上。全年削减 COD 排放 2390 吨、削减二氧化硫排放 1.3 万吨。优质水源供应范围覆盖全市 60 多万人口。通过加强土地资源保护,全市新增耕地 1666.67 公顷,新增绿化面积 2666.67 公顷。审批各类建设项目 1849 个,环评率 100%。完成"三同时"(污染治理工程与主体工程同时设计、同时施工、同时投用)项目 155 个,否决不符合产业政策及有污染的项目 70 个。环保装备产业基地和国际环保科技数码港在高塍镇落户。关停并转化工生产企业 270 个,拆除工业窑炉 40 座,关停拆除水泥机立窑 15 座。行政处罚环境违法行为 192 起。全年有 23 个村被命名为省级生态村,累计 27 个。横山村通过无锡市考核验收,成为宜兴市唯一的"无锡市农村人居环境优美社区",并被推荐为省农村村庄环境整治试点村。

【旅游】 市陶祖圣境风景区建成范蠡文化陈列馆。善卷洞风景区成为全国首批旅游文化示范地。举办"梁祝文化旅游节暨观蝶节"、"中国陶都(宜兴)生态休闲旅游节"、第二届旅游商品(纪念品)展评活动、"2007 年宜兴金秋美食节暨第三届烹饪技能大赛"等活动。陶祖圣境风景区和竹海风景区与南京 15 个旅行社联合推出旅游专线直通车,召开"百万南京市民畅游新宜兴"活动新闻发布会。分别举办宜兴旅游杭州推介会和宜兴旅游上海(虹口)推介会。出版反映宜兴旅游风貌的指南性书籍——《宜兴旅游》。宜兴中国国际旅行社升格为出国出境游组团社。国际饭店、宜兴大酒店被命名为江苏省首批绿色宾馆,苏源电力宾馆、新贝斯特国际大酒店被命名为无锡市绿色宾馆。全市有旅行社 25 个,二星级及以上饭店、酒店 12 个。全年接待境内外游客 481.43 万人次,比上年增长 27.2%;实现旅游总收入 51.25 亿元,比上年增长 25.5%。

【教育】 全年预算内教育事业费 5.2 亿元。小学入学率、巩固率 100%,小学升学率 99.77%,初中毕业生升学率 96.03%,残疾儿童入学率 100%。高考录取率 91.23%,其中本科录取率 61.72%。高考本二以上进线率 36.8%;"对口升学"本科进线率 16.53%。免除外来民工子女借读费,外来民工子女在公办学校就读率 85.3%。全市所有中心级学校开通校园网,新增教学电脑 4958 台,新增多媒体设备 368 套,每个中心级学校配备电子图书5万册。江苏省无锡市未成年人社会实践基地二期工程竣工。2所社区教育中心创建为省级社区教育中心,10所成人学校通过无锡市乡镇成教中心校标准化建设评估验收。职校毕业生一次就业率98%,对口就业率80%。市实验中学、实验小学、第二实验小学被确认为无锡市"双语"教育实验学校试验点。12所幼儿园创建为省优质幼儿园,6所学校创建为省绿色学校,3所学校创建为省健康促进学校,2所中学通过省义务教育现代化学校评估验收,2所学校被评为江苏省体育先进学校。宜兴市被评为2007年度全国德育科研先进实验区,5所学校被评为德育科研全国先进实验学校;区域教育现代化通过省级验收。

【科技】 全市有各类专业技术人员75988人。全年科技投入5044万元,比上年增长12.8%。新增高新技术企业76个,其中省级68个、国家级8个,累计210个。高科技产品出口额2.79亿美元,高新技术产业增加值占规模以上工业增加值比重为38%。新建各类企业研发机构15个,累计44个。市科技创业服务中心被省科技厅认定为省级孵化器,新入驻孵化企业12个,累计60个。实施各级各类计划项目305项,其中国家级27项、省级172项、无锡市级15项、宜兴市级91项,争取上级科技部门资金5044万元。4个项目被省科技厅列为重大科技成果转化专项资金项目,10个企业承担江苏省太湖水污染治理专项,立项数位列全省之首。启动市科技创新创业园等一批重大科技创新载体项目建设。全年申请专利522件,发明专利占专利申请量的27%,比重列全省首位。全年有32项次科研成果获无锡和宜兴科技进步奖。国家火炬计划电线电缆产业基地落户宜兴。

【文化】 全年创作舞台剧本、小戏小品和各类曲艺作品60余件,承办大型文艺晚会3次。美术馆举办各类书画展览30多场。申报全国书画之乡得到文化部审核通过。宜兴影城正式营业,成为全市首个大型数码影城。坚持送戏下乡,在37个演出点演出132场。新建2000平方米文化站8个、200平方米村级(社区)文化活动室87个、农家书屋120个。鲸塘镇(4月并入徐舍镇)被评为江苏省特色文化(青狮)之乡。市图书馆藏书27.95万册。新增汉代陶器、青瓷、铜镜,明代木棺、银钗、钱币和潘汉年夫妇遗物等馆藏文物160件。19个镇、园区、街道全面建成有线网,广播和电视人口覆盖率均达100%。有线电视用户突破30万户。全年播出广播、电视各类新闻9110条(次),推出30多个专题、专栏,采编播出重点新闻5200多篇。举办各类电视晚会和知识竞赛28台,承办歌友会4场。开通广播《政风行风热线》专栏,制作城市形象片《氿风陶韵·宜兴印象》。《宜兴日报》全年总发行量1030多万份,日发行量3.3万余份,刊发重要新闻3200多篇、重要新闻图片835幅,周六刊改为双色彩色印刷。

【卫生】 全市有各类卫生机构468个,社区卫生服务站278个,卫生技术人员4580人,实际开放床位3332张,医疗设备总价值3.19亿元。完成门急诊258.01万人次,收治住院病人8.43万人次,床位使用率80.64%。全市发生传染病2995例,无暴发疫情发生。完成国家免疫规划疫苗接种20.4万人次。成为国家血吸虫病传播阻断市。执业(助理)医师注册113人,护士注册127人。全年无偿献血1.29万人(次),献血量411万毫升。建成国家卫生镇1个、江苏省卫生镇3个,江苏省卫生镇创建数量列全省第一。新建社区卫生服务站12个,改造社区卫生服务站7个。 (吴 艳 毛敏燕)

【体育】 承办省级以上的体育赛事14项,其中包括承办全国斯诺克锦标赛、四国女排精英赛、中澳女篮对抗赛、全国女篮乙级联赛、中国乒乓球超级联赛、全国象棋甲级联赛、全国篮球俱乐部青年男子联赛、省少儿棋类比赛等高规格赛事。宜兴籍运动员先后获省以上奖牌48枚,其中金牌17枚、银牌12枚、铜牌19枚。向省体工队、体校输送运动员6名,向无锡市输送运动员28名。在全省县级田径比赛中获总分第5名,金牌数第6名。全面完成市体育中心场馆建设。市体育中心成为WCBA联赛江苏队主场和江苏舜天足球俱乐部的训练基地。开展全民健身活动150余项次。体育彩票销售首次突破亿元大关,达1.08亿元,列全省第三。

【人民生活】 年内新增就业2.68万人,城镇登记失业率2.75%。城镇职工年平均工资2.58万元,农民人均纯收入9050元。至年底,各类养老保险参保28.71万人,医疗保险参保28.98万人,失业保险参保18.69万人,工伤保险参保17.51万人,生育保险参保16.93万人。全年征缴社会保险基金11.16亿元,拨付9.61亿元。18.09万名老年农民领取基本养老金6807万元,1.6万名失地农民领取基本生活保障金903.77万元。

【全面小康社会建设通过省级认定】 至2006年底,对照全省建设小康社会4大类18项25个指标,宜兴市绝大多数超过或达到目标值,总体上达到全面小康指标,在省民意调查中心开展的民意调查中,群众对宜兴总体实现全面小康社会认可度达到73%。2007年4月28日,省政府新闻发布会公布消息:对照江苏省全面小康指标目标值,结合民意调查结果,经省级评估认定,宜兴总体达到江苏省全面小康指标。 (王拯)

【宜兴市成为省级生态农业市】 宜兴市自2005年提出申请创建江苏省生态农业县(市),按照绿色宜兴和生态宜兴的总体战略部署,立足宜兴优越的自然条件和良好的农业经济基础,以实现农业增效、农民增收,保证农业和农村经济可持续发展,加快建设社会主义新农村为目标;按照"生产技术生态化、生产过程清洁化、生产产品无害化、生活环境舒适化"的总体要求,建设生态工程,推广生态模式,实施生态措施,全面、深入开展生态农业市建设。在创建过程中,以实施清洁田园、清洁水源、清洁家园的"三清工程"为重点,围绕生态农业建设规划中提出的四方面内容、17项工程,着力强化生态环境基础建设,开展农村环境卫生综合整治,探索生态系统恢复性技术,提高环境自我调控能力,增强系统整体协调功能,改善和优化农业宏观生态环境。把生态农业建设与农业和农村经济结构调整结合起来、与发展无公害农产品生产结合起来、与农村小城镇建设结合起来,协调发展,相得益彰。至2006年底,全市测土配方施肥面积90%以上,农田林网化率达88.5%以上,病虫草害综合防治率90.5%以上,秸秆综合利用率95%以上,畜禽粪便综合利用率80.5%以上。建成无公害农产品生产基地

4.73万公顷,无公害农产品95种;绿色食品生产企业9个,面积2000公顷;有机食品生产企业13个,面积666.67公顷;无公害农产品基地及绿色食品生产基地合计5万公顷,占食用农产品面积5.67万公顷的88.2%。2007年,新增无锡市级以上名牌产品30种;共有各类农产品标准300多个。全市农、畜、水产品质量达标率80%以上。通过创建,形成苏南区域丘陵水乡生态经济特色,取得显著的社会、经济、生态效益,促进了城乡协调发展和现代生态农业与全面小康新农村建设。2007年1月12日,宜兴市生态农业市创建通过省级验收,成为江苏省生态农业市。（马敏达）

【国家火炬计划宜兴电线电缆产业基地揭牌】 近年来,宜兴电线电缆行业发展迅猛,成为宜兴第一大支柱产业。至年底,全市拥有电线电缆生产企业及铜材加工、电缆料生产、电缆制造设备等相关企业400个,电线电缆企业销售收入占全市工业销售收入的20%。全市电线电缆领域有各级工程技术研究中心3个、专利136个,具有相当强的科技创新能力。国家科技部火炬中心、省科技厅组织专家实地考察部分电线电缆企业,听取基地建设和发展规划情况汇报,认为宜兴电线电缆产业基地达到"国家火炬计划产业基地"认定条件。2007年10月,国家火炬计划宜兴电线电缆产业基地揭牌成立。（钱　耀）

【中国环保装备产业基地落户宜兴】 经过30多年发展,宜兴市高塍镇形成以环保装备制造业为主的产业基地,赢得"环保(产业)之乡"美誉。为顺应国家宏观政策调整,做大做强环保装备制造产业,提高知名度和集聚力,提升环保装备制造业整体水平,打造一流环保装备制造业基地,2006年初,宜兴与国家发改委下属的中国设备管理协会接触,把筹建"中国环保装备产业基地"一事列入双方共同议事日程。其间,中国设备管理协会多次考察高塍镇环保装备制造业,就"环保装备产业基地"筹建事宜多次详细洽谈。2007年7月签订《筹建中国环保装备产业基地协议书》。9月,"中国环保装备产业发展论坛"在高塍开幕,中国环保装备产业基地同时揭牌。（胡云鸽）

【中国(宜兴)国际环保科技数码港奠基】 9月,"中国(宜兴)国际环保科技数码港"项目在高塍镇奠基。该项目由广东海逸集团投资6亿元。数码港依托高塍镇雄厚的环保产业基础,打造集产品交易、技术研发、信息交流、国际会展、电子商务、物流配套、酒店餐饮、配套公寓等功能于一体的环保设备配件集散基地和商贸物流中心。数码港建成后,将成为国内规模最大、档次最高、品种最全的环保产业"一站式"资源整合交易平台和最大的环保零配件及部件交易中心。实现产业技术、金融资金、科技咨询的无缝对接,成为产品、资金、信息、技术、人才等资源要素的整合交易平台和环保企业进入国际市场的重要窗口。（胡云鸽）

【张渚镇成为全国最大LED数码管生产基地】 LED数码管是一种依据半导体发光原理制成的电子元器件,是电子显示屏的核心部件。张渚镇LED电子产业起步于20世纪90年代中期,近年来随着工业结构调整步伐的加快,这一环保、节能、高效的高科技产业成为重点培育的新兴支柱产业之一,产品远销欧美和东南亚,年出口创汇1000多万美元。发展高科技电子产业,洁净的环境十分重要。为此,镇政府压减污染严重的建材企业,下大力气整治镇域环境,推动LED电子产业快速发展。经过几年培育,兴光、远光、科达、方舟等一批年应税销售接近或超过3000万元的电子企业迅速成长。至2007年底,全镇有生产LED数码管企业28个,LED数码管年生产能力10亿个,成为全国最大的LED数码管生产基地。（曹高良）

【西渚镇成为中国亚麻纺织名镇】 西渚历史上是以农业为主的经济薄弱地区。1985年5月,西渚乡与上海国棉九厂合作筹建无锡地区第一个以生产精干麻为主的麻纺厂。进入90年代后,先后创办康达织绸厂、凌津亚麻厂、华裕亚麻厂等一批中小亚麻纺织企业。2000年后,镇党委、镇政府在不断加快生态环境工程建设的同时,及时为企业提供技术、管理、信息、政策咨询、申报等服务,对科技含量高、经济效益好的企业,提供必要的流动资金或贷款担保手续,对新办企业实行规费返还,对原有规模企业实行综合规费返还奖励。创办于2004年的宜兴市舜昌亚麻纺织厂一期工程投入资金7000多万元,2005年10月继续追加固定资产投入6000万元,在原有生产规模1.1万锭基础上,增加5000锭生产能力。新得利、金云、斯远达、中侨等一批内、外资企业也纷纷落户西渚。2007年,全镇有亚麻纺织企业120个,拥有各类麻纺锭5万锭,80条气流纺生产线,各类麻织无梭织机3000台,从业人数8000余人。全年生产高档纯亚麻纱0.5万吨、中档亚麻环锭纺纱0.5万吨、低档亚麻气流纺混纺纱1.5万吨、亚麻坯布及混纺布1.5亿米,纺织产业年销售10亿元以上。亚麻纺织生产规模名列全省前茅,其中亚麻混纺织物名列全国乡镇第一。3月17日,被中国纺织工业协会授予"中国亚麻纺织名镇"称号。（万正初）

【新建镇成为中国化纤纺织名镇】 新建镇化纤纺织产业经20多年发展,至2005年底,创办各类化纤纺织企业95个,占全镇工业企业数量的45%;2005年销售收入155亿元,占全镇经济总量的90%。为推动化纤纺织产业持续、快速、健康发展,提高综合竞争力,2005年成立宜兴市化纤纺织同业商会,下设化纤、织带、织布、经编4个分会,促成化纤纺织产业链环环相扣、优势互补、互通信息、共谋发展的格局,促进了化纤纺织集群发展。根据化纤纺织企业的特色和规模,2006年7月,新建镇向中国化纤纺织协会申报"中国化纤纺织名镇"。至2006年底,全镇有化纤纺织企业120个。其中:规模企业8个,销售超1亿元企业5个;纺丝企业6个,织造企业83个,染整企业6个。具备年产聚合产品17万吨、纺丝33万吨、织造5万吨、经编3万吨的生产能力,从业人员1.56万人。2006年工业总产值160亿元、应税销售55.6亿元、出口创汇4.52亿元。成为全国最大的FDY细旦涤纶长丝生产基地,其中50D、68DFDY细旦涤纶长丝在全国市场占有率为58%,形成聚合、纺丝、织造、染整等上下衔接、前后配套、协调发展的产业链,其产值、销售、利税均占全镇经济总量的3/4。2007年3月17日,被中国化纤纺织协会授予"中国化纤纺织名镇"称号。（苏　舟）

【新增2名宜兴籍院士】 2007年,宜兴籍学者、中科院理论物理研究所所长、研究员、博士生导师吴岳良当选为中国科学院院士;宜兴籍学者、第四军医大学细胞工程研究中心、细胞生物学教研室主任、教授,细胞生物学国家重点学科主任,肿瘤生物学国家重点实验室主任研究员,国家"863"计划疫苗与抗体工程重大项目总体专家组组长陈志南当选为中国工程院院士。至此,共有23位宜兴籍学者当选为"两院"院士。宜兴总人口108万人,约4万多人中就有1名院士,院士比例居全国县级市之首。(毛敏燕)

【善卷洞风景区成为全国首批旅游文化示范地】 全国旅游文化研究示范地认定活动由中华民族文化促进会旅游文化研究中心举办。善卷洞风景区是国内最早开放的旅游景点之一,不仅有绚丽多姿、巧夺天工的自然溶洞,更有国家级文物国山碑、善权寺、梁武帝拜斗台等文物古迹和全国首批非物质文化遗产"梁祝传说"遗存地,历史文化积淀深厚。6月,在全国首批100个候选景区中,善卷洞风景区脱颖而出,获"中国旅游文化示范地"称号,成为全国首批命名的30个示范地之一。(沈东育)

宿迁市城市管理局

——创新管理理念 构建和谐城管

宿迁市城市管理局成立于2001年5月。2001年11月,经国务院法制办和省政府批准,在全国较早进行了相对集中行政处罚权试点工作,成立了宿迁市城市管理行政执法局,实行一级执法体制。通过创新管理理念,有效破解了管理和执法中的一道道难题,取得了显著效果,得到了社会各界和广大群众的广泛赞誉。

确立"城管为公 执法为民"理念

改变过去"我为城市管市民",确立"我为人民管城市"的思想定位。几年来,该局紧紧围绕"全面覆盖、不留死角、长效管理、永久保洁"的工作方针,按照"方格化、棋盘式"管理模式,坚持做到城市规划到哪里,城市管理就延伸到哪里,全面履行人民赋予的管理和执法权。通过先疏后堵,疏堵结合的办法,在城区划定摊点经营场所、规划设置书报亭、划定早餐经营点、建设200余个"城管便民服务亭",为7000余名下岗工人和困难群众解决了生活出路。开展"真情助困进社区"活动,把247户贫困户"当作朋友来相处,当作亲戚来走动,当作自家事情来考虑,当作工作事情来安排",受到广大市民和社会各界高度赞誉。

确立"既要城市形象 又要队伍形象"理念

营造整洁靓丽的城市环境,是城市部门的主要职责和光荣使命,也是根本目标。几年来,该局在城市形象上始终追求精品工程,不断加大管理和执法力度,营造了优美有序的城市环境。在管理好城市的同时,该局不断加强队伍建设,通过开展系列教育活动,制定严格的内部执法规范,大力推进文明执法、规范执法,始终做到干干净净做人、堂堂正正做事,群众的满意度逐年提高。2007年,该局驻宿迁市行政服务中心窗口,在全市群众民主评议中获得了第一名,三名工作人员在92名参评人员中分获第一、第二和第六名。

确立"刚性管理 柔性执法"理念

在城市管理实践中,该局始终坚持城市管理的高标准、严要求,按章办事、严格管理。对违法建设,在规划区内,坚决做到发现一起,查处一起,拆除一起。对单位庭院和居民小区管理,坚决拆除乱搭乱建、乱安乱装等。要求市区所有居民小区在每年的4月-10月份,每天对垃圾房(箱)喷洒药物不低于3次,确保小区内每户室内无苍蝇。对店招店牌管理,该局规定了八个方面要素,八个方面要素必须全部符合规定和要求,否则,坚决拆除或不允许设置。在坚持刚性管理的同时,该局始终坚持柔性执法,通过大力推行"首次违章不处罚"、"违法行为提前告知"等措施,开展"千户访谈"活动,开通瓜农进城通道,成立女子执法大队,注重引导疏导和沟通,不仅保证了管理的目的和效果得到实现,而且有效化解了矛盾。

确立"宣传城管 增进理解"理念

几年来,该局坚持报上有专版,路上有专栏,网上有专页,天天有声音,处处有提示,全方位、多层次宣传城市管理工作,积极引导广大群众告别陈规陋习,爱护环境,珍惜尊重城市建设和管理者的劳动成果,建立起健康文明的生活方式。通过确立"宣传城管,增进理解"的理念,营造了全社会齐抓共管的良好氛围。几年来,该局查处的违法案件数十万起,没有出现一例行政复议和行政诉讼案件,极少发生抗法事件。

宿迁市城市管理(行政执法)局理念创新的成功举措,得到省内外同行的一致认可,被外界称为"宿迁管理模式"。2008年5月23日至25日,在宿迁隆重召开了"首届中国城市管理体制改革论坛",就宿迁城市管理的"体制、理念、创新、和谐"进行了深入交流和研讨。

常州市辖县(市)

金 坛 市

【概况】 金坛市位于长江三角洲的中西部。至2007年末,金坛市总面积976.7平方公里,下辖7个镇和1个省级经济开发区,总户数21.34万户,常住人口55.04万人。全年实现地区生产总值223亿元,比上年增长22.5%,人均地区生产总值由上年的33854元增加到41023元。完成财政总收入30.17亿元,增长34.9%,其中地方一般预算收入完成11.27亿元,增长30.6%。第一产业完成增加值15.3亿元,增长6.4%,占地区生产总值的比重为7%,下降1个百分点;第二产业完成增加值121.6亿元,增长24.7%,占地区生产总值的比重为54.5%,提高0.9个百分点;第三产业完成增加值85.9亿元,增长22.9%,提高0.1个百分点,占地区生产总值的比重为38.5%、提高0.1个百分点。年内先后获全国中小城市综合实力百强、全国最具投资潜力中小城市、全国十佳节约型中小城市、全国科普示范市、全国科技先进县(市)和江苏省社会治安安全市等荣誉称号。

【农业】 2007年,全市克服较长梅雨期、特大虫害和"韦帕"、"罗莎"台风影响,完成农业总产值29.3亿元,增长6.1%。完成多种经营产值25.16亿元,增长5.8%。油菜籽总产量1.06万吨,下降18.24%。茶叶总产量1665吨,增长14.9%。生猪出栏18.31万头,减少5.4%;存栏16.2万头,增长7.5%。家禽饲养量808.23万羽,增长9.6%。水产品总产量3.96万吨,下降2.4%,其中特种水产品产量1.28万吨,增长7.9%。建立7个国家和省级农业标准化示范区、90个无公害农产品基地。103种农产品获国家无公害农产品认证,31种农产品获国家有机食品认证,33种农产品获国家绿色食品认证。在全国率先实现水稻生产全程机械化作业。全年农田有效灌溉面积38133.33公顷。年末拥有农业机械总动力36.48万千瓦,增长1.8%。全年化肥施用量(折纯)2.73万吨,增长1.9%。完成水利土方366.8万立方米,完成小沟级以上建筑物352座,清淤疏浚整治各类河道9条,加固圩堤11公里,实施通航河道护岸18.67公里,改造山区排洪闸滚水坝12座,建设达标塘坝25座,改造圩口闸4座,建设防渗衬砌渠道56公里。新建改建农村公路235公里。开展先进实用农业技术和务工职业技能培训442期,4.5万人次受训,转移农村劳动力1万余人。疏浚村庄河塘641条、土方129.1万立方米,创建农村环境整治行政村49个,建成文明示范村157个。

【工业和建筑业】 2007年,全市完成工业总产值440.8亿元,增长27.5%;完成工业增加值104亿元,增长27.6%。全年工业用电14.19亿千瓦时,增长15.4%。实现工业产品销售收入405亿元,增长27.7%。工业利税总额42.2亿元,增长33.9%,其中利润25亿元,增长31%。国有及年销售收入500万元以上工业企业完成轻工业产值126.8亿元、重工业产值233.47亿元。纺织服装、机械电子、精细化工和新型材料四大支柱产业完成工业总产值345.47亿元、产品销售收入327.89亿元、工业增加值85.58亿元、利税总额35.18亿元,增长39%、37.6%、32.7%、28.6%,占规模工业比重为95.9%、95.9%、97%、97.8%。私营个体工业企业实现工业产品销售收入247.1亿元、工业增加值63.3亿元,增长30.8%、25.6%。全年完成建筑安装产值108.6亿元,增长23.4%;施工面积890万平方米,增长19.7%;完成增加值17.6亿元,增长10%。获江苏省"扬子杯"奖9个,增加4个。

【固定资产投资】 2007年,全社会固定资产投资额达121.05亿元,增长29.6%,其中城镇投资76.3亿元、增长29.6%,农村投资44.77亿元、增长29.6%。工业投入完成100亿元,增长36.6%。民营经济完成投资92.15亿元,增长23.9%。高新技术产业完成投资19.25亿元,增长60.4%。城市建成区面积17.1平方公里,增加1.5平方公里。全年兴建道路15条。城市绿化投入资金1.03亿元,新增绿地110公顷。实施"二园三河二十路"新建工程和"一河三园十路"改造工程,新建下蚚河喷泉水景工程,完成东门大街沿街灯光绿化改造工程。全年完成17公里配套管网及泵站工程,资金总投入2500多万元。

【商贸与旅游】 2007年,全市实现社会消费品零售总额67.79亿元,增长16.5%。市区商品零售额42亿元,增长22.9%;市以下商品零售额25.79亿元,增长7.3%。实现旅游总收入26.37亿元,增长22.5%,其中国内旅游26.1亿元,增长22.6%;旅游创汇411.6万美元,增长15.1%。全年接待国内游客269.5万人次,增长9.4%;接待入境游客0.5万人次,增长16.3%。全市10家旅行社组团4.68万人次,实现营业收入4702.4万元,增长3.5%;6家景区(点)实现营业收入2406.6万元,增长56.1%。

【邮电交通】 2007年,全市公路通车里程758.1公里,内河航运里程301.8公里,交通系统全年完成货运量333.4万吨、增长9.2%,货物周转量5.72亿吨公里、增长8.2%;完成客运量749.7万人、增长3.9%。旅客周转量3.63亿人公里、增长6.9%。全年完成交通工程投资14.11亿元。投资7.22亿元的宁常、扬溧两条高速公路竣工通车。全年完成电信业务总收入1.44亿元,增长8.8%,净增电话(含小灵通)3.03万户、宽带1.18万户。全年网络接通率100%,中继电路和信令链路完好率100%。全年邮政业务总收入4560万元,增长20.6%。

【金融】 2007年末,全市金融机构人民币各项存款余额153.58亿元,比年初增加15.08亿元,增长10.9%;人民币各项贷款余额100.3亿元,增加24.99亿元,增长31.5%。全年人民币现金收入581.8亿元,增长31%;人民币现金支出601.59亿元,增长31%,收支相抵累计净投放19.8亿元。全年保费收入4.27亿元,其中寿险3.29亿元、财险0.98亿元。赔款给付7375.4万元,其中寿险1112.4万元、财险6263万元。

【开放型经济】　全年新批外商投资企业88家,协议注册外资6.95亿美元,增长37.2%;实际到账1.91亿美元,增长58.1%。自营进出口总额7.6亿美元,增长35.5%,其中出口6.26亿美元,增长29.5%。完成外经合同额1.06亿美元,增长10.9%。外经营业额8658万美元,增长21.9%。新批进区企业178家,其中外商投资企业37家。新批协议注册外资4.36亿美元,增长30.1%;实际到账1.39亿美元,增长37.6%。

【科技进步】　2007年,全市申报常州市以上各级各类科技项目250项,其中国家科技型中小企业技术创新基金项目6项、国家和省火炬计划项目10项、省和国家级新产品20只。全年申请专利630件。建成省级工程技术研究中心2家,全市累计有省级以上高新技术企业51家。

【教育】　2007年,全市有各类学校69所,普通中学在校学生3.26万人,小学在校学生2.87万人。有教职工5377人,其中专任教师4157人。年内有4096人参加高考,本科达线1137人。全年建设省级标准化实验室学校8所、省一级图书馆学校7所,常州市示范图书馆学校45所。全市学生与计算机拥有量之比达9∶1,多媒体教室占班级总数的45%。在全国第十二届“华罗庚金杯”赛上获金牌3枚、银牌2枚,团体总分列第四。在江苏省第十八届青少年科技创新大赛中,有2个项目获一等奖。

【医疗卫生】　2007年,全市有各类卫生机构32个、病床1478张、卫生技术人员2430人、注册医师1100人。全年申报科研项目13项,其中省级1项、常州市级2项、金坛市级10项。新型农村合作医疗覆盖率100%。至年底,全市共创建省级卫生镇3个、省级卫生村44个、常州市级卫生镇3个。

【文化】　2007年,全市开展“送电影、送图书、送演出”群众文化系列活动和“文化百村行”工程,全年送电影860场、演出106场、图书5000余册。入围、入选、获奖的常州市级以上各类艺术作品82件。长29米、高2.008米的《中华魂·奥运梦》刻纸献送北京奥组委。成功举办《中华情·相约金坛》大型文艺晚会。全年播发广播电视稿8000多条,被中央台选用9条、省台选用114条。段玉裁纪念馆、戴叔伦诗院、民族风情苑等年内相继完工。

【体育】　2007年,全市组织承办2007年江苏省县组田径(甲组)比赛,并获金牌11枚、银牌13枚,金牌数和团体总分双双名列县级市榜首,赛区被评为省级体育竞赛最佳赛区。举办江苏省学生阳光体育运动启动仪式暨2007年江苏省青少年阳光体育运动联赛开幕式,举办2007年“崇寿杯”金坛茅山登山锦标赛。全市万余人参加全民健身月活动。直溪高级中学获第四届全国“中学生篮球协会杯”锦标赛男子(甲组)冠军。

【生态环保】　2007年,全市推进环境优美镇、生态示范村建设工程,建成省级生态村18个、常州市级生态村31个。直溪、薛埠、尧塘、朱林镇环境优美镇创建工作通过省环保厅考核验收。开展化工生产企业专项整治“百日会战”。完成长荡湖、钱资荡及太湖流域交界断面水质监测48次,工业废水处理率、达标排放率均为100%。市区烟尘控制区和噪声达标区覆盖率均达100%,市区空气质量达到国家二级标准,空气污染指数小于100的天数有346天。市区区域环境噪声年平均值54.2分贝,低于目标值。环境质量综合指数达85分,提高3.3分。

【人民生活】　2007年,全市城镇居民人均可支配收入17283元,增长15.1%;人均消费支出11622元,增长8.5%。城镇职工平均工资24275元,增长15.5%;在岗职工平均工资24685元,增长15.3%。农民人均纯收入8259元,增长13.1%;人均消费支出7012元,增长6.9%。年末,全市居民人均储蓄存款18580元,增长7.9%。城镇居民人均居住建筑面积35.42平方米,增加0.97平方米;农村居民人均住房面积45.26平方米,增加1.26平方米。全市参加企业基本养老保险职工8.7万人,城镇基本医疗保险职工9.93万人,城镇失业保险人数6.93万人,工伤保险职工5.8万人,享受医疗保险退休人员2.09万人。全年享受城镇低保有937户、1768人,农村低保有4495户、8407人,全年发放保障金1020万元。全年政府规范化救济6062人(户),发放救济资金353.3万元。举办第六个慈善周活动,共募集现金492万元。

溧阳市

【概况】　溧阳市位于长江三角洲西南部的苏、浙、皖三省交界处。2007年末,溧阳市土地总面积1535.87平方公里,下辖10个镇(区),人口77.63万人。全年实现地区生产总值266.51亿元,比上年增长22.5%。其中,第一产业增加值16.64亿元,增长9.6%;第二产业增加值154.21亿元,增长24.8%;第三产业增加值94.56亿元,增长22%。人均地区生产总值36039元,增长21.5%;财政总收入44.22亿元,增长58.4%,其中地方一般预算收入16.26亿元,增长37.8%。财政收入占地区生产总值16.6%,提高3.8个百分点。全市小康4大类18项25个指标基本达到或超过省定标准值。

【农业】　2007年,全市完成农林牧渔业总产值30.41亿元,比上年增长9.6%。其中,农业总产值14.9亿元,增长4.9%;渔业总产值9.66亿元,增长17.7%。全年农作物播种面积8.41万公顷,减少0.4%,其中粮食播种面积5.6万公顷,增长20.4%。亩均效益2000元以上的高效农业面积超过2万公顷。全年粮食产量40.96万吨,增长11.1%,其中水稻产量32.58万吨,下降2.9%。茶叶产量2340吨,增长3.31%;水果产量1.63万吨,增长6.3%;水产品产量7.59万吨,增长3.7%;肉类产量1.76万吨,减少13.4%,其中猪肉产量0.92万吨,减少18.7%;蔬菜产量22.26万吨,增长5.5%。全年共建立省级农业地方标准15个、各类农业科技示范园67个,新增耕地186.57公顷。全市农业机械总动力47.25万千瓦,增长1.1%;农用排灌动力16.98万千瓦,增长19.7%。

【工业】 2007年,全市实现工业总产值570.01亿元,比上年增长25.3%;产品销售收入533.16亿元,增长25.4%;完成利税总额49.6亿元,增长25.5%。完成工业增加值135.2亿元,占地区生产总值比重50.7%,提高1.8个百分点;工业对经济增长的贡献率为58.7%,提高2.1个百分点。全年工业用电31.1亿千瓦时,增长12.9%。全市销售收入超500万元的规模工业企业达394家,增加27家。规模工业共实现产值495.05亿元,增长35.1%;产品销售收人472.43亿元,增长36.7%;产品销售率95.4%,提高1.1个百分点。67家企业销售收入超1亿元,5家企业利税超1亿元。全市有中国驰名商标3件、中国名牌产品3只、国家免检产品11只。

【建筑业】 2007年,全市建筑企业实现施工产值133.91亿元.比上年增长43.7%;实现增加值19.01亿元,增长11.6%;全员劳动生产率为17.04万元,增长7.3%。全年累计施工面积1160.3万平方米,增长17.7%.其中新开工面积661.7万平方米,增长18.1%;累计竣工面积545.6万平方米,增长7.2%。

【固定资产投资】 2007年,全市固定资产投资增速平稳,完成固定资产投资150.2亿元,比上年增长25.7%。其中,第一产业投资0.04亿元,下降79.9%;第二产业投资115.6亿元,增长34.4%;第三产业投资34.6亿元,增长4%。完成工业投入115.1亿元,增长33.5%。全市112个5000万元以上的项目,完成投资63.99亿元,占全社会总投资42.6%,其中12个常州市重点项目累计完成投资19.1亿元。345个高新技术产业项目完成投资31.3亿元,增长93.6%。石油加工炼焦业、有色金属冶炼及压延加工业、黑色金属冶炼及压延加工业下降7.3%、22.3%、16.6%。年内,全市房地产投资12.81亿元,下降17.1%,其中住宅投资完成9.19亿元,下降8.9%。房屋施工面积138.1万平方米,增长34.2%,其中住宅面积108.1万平方米,增长27.5%。实现商品房销售176269万元,增长36%;商品房销售面积52.9万平方米,增长26%。商品房平均售价为每平方米3333元,上涨243元。

【国内贸易】 2007年,全市实现消费品零售总额87.6亿元,比上年增长16.7%。其中,城区实现消费品零售额59.8亿元,增长16.4%;农村实现消费品零售额27.8亿元,增长17.3%。批发零售业实现销售74亿元,增长16.4%。住宿、餐饮业实现销售11.2亿元,增长20.6%。全市22类商品销售呈现增长,其中食品、饮料和烟酒类增长41%,服装、鞋帽和针纺织品类增长27.8%,日用品类增长16.5%。粮油和肉禽蛋类商品零售价格增长较快,增幅达74.3%、83.7%,体育娱乐用品类增长38.8%,通信讯器材类增长30.1%,家用电器类增长26.9%。实现汽车销售额1128亿元,增长43%。全市销售额在1亿元以上市场有6家,成交额67.9亿元,增长9.5%,其中苏浙皖边界市场成交额47.2亿元,增长10%。

【对外贸易】 2007年,全市新批外商投资项目61个。合同利用外资5.96亿美元,比上年增长42.9%;实际利用外资1.92亿美元,增长58.8%。全年完成进出口总额4.59亿美元,增长31.3%。其中,出口4.12亿美元,增长29.9%;进口0.47亿美元,增长45.2%。一般贸易出口3.48亿美元,增长35.5%;加工贸易出口0.64亿美元,增长6.7%。外商独资企业出口0.45亿美元,增长37.2%;合资企业出口1.39亿美元。增长20.7%;私营企业出口1.64亿美元,增长27.2%;自营企业出口0.36亿美元,增长143.8%;外贸公司出口0.28亿美元,增长9.8%。

【旅游】 2007年,全市有各类旅行社9家、涉外饭店和宾馆18家,其中五星级1家、四星级4家。全年接待境内外游客433.63万人次。其中,国内游客432.9万人,比上年增长25,4%;海外游客7300人,增长15.9%。全社会旅游总收入39.45亿元,增长27.3%。天目湖旅游度假区接待游客400.26万人次,增长17.6%;收入3.5亿元,增长15.5%。南山竹海生态旅游区接待游客78.65万人次,增长51.1%;收入0.25亿元,增长53.3%。

新农村

【交通运输】 2007年,扬溧高速公路溧阳段建成通车,小陈庄经戴埠至张渚白塔、黄岗岭至南山竹海、上沛至芳山、南渡至强埠、社渚至徐家园67.5公里一、二级公路按时完工。年末,全市公路总里程达1810公里,其中等级公路1733公里。航道里程296公里。全年完成货运1450万吨,增长7.9%;货运周转量77667万吨公里,增长7.2%。完成客运3647万人次,增长10.6%;客运周转177805万人公里,增长11.2%。完成港口吞吐1286万吨,增长29.2%。全面完成104国道、241省道、宁杭高速南互通和西互通及二级以上所有县乡道路绿化工程,绿色通道建设总里程208.6公里,绿化面积570.56万平方米。

【电信】 2007年,全市完成电信业务收入48339万元,比上年增长18.2%。年末全市局用交换机总容量

26.82万门,固定电话31.24万户,其中城市7.26万户,农村23.98万户,下降6.6%、3.4%。公用电话6385户,小灵通9.27万户。移动电话36.91万部,增长18%。建成数字数据网和公共分组交换数据通信网,互联网宽带接入新增1.67万用户,累计4.56万用户。

【金融】 年末,全市金融机构人民币贷款余额140.7亿元,比年初增加32亿元;短期贷款90.72亿元,增加15.5亿元。存款余额216.6亿元,增加25.8亿元。其中,对公存款76.9亿元,增加17.1亿元;居民储蓄存款139.7亿元,增加8.7亿元。全年累计投放现金12.7亿元,比上年少投放0.1亿元。全年保险业务收入3.91亿元,增长9.2%。其中,财产险收入1.28亿元,增长38.3%;寿险收入2.63万元,下降1%。全年支付各类保险赔款1.27亿元,增长52.3%。其中,财产险支出8161万元,增长8.5%;寿险支出451.6万元,增长463.1%。

【科技】 2007年,全市组织实施各级各类科技项目225项,其中省级以上科技项目102项。全年新增国家级重点高新技术企业2家,累计8家;新增省高新技术企业19家,累计45家。获市级以上科技进步奖37项。全年专利申请820件,增长44.6%,其中发明专利申请54件,授权专利210件。

【教育】 2007年,全市有小学45所,中学41所。小学在校生4.42万人,小学毕业率100%,升学率99.33%。中学在校生4.68万人,初中毕业率99.01%。职业高级中学5所,在校学生1.05万人。全市本专科录取再创历史最好成绩,普通高考录取4399人,比上年增加871人,录取率93.22%,提高4.8个百分点,超全省20个百分点。2名学生被北京大学录取,1名学生被香港科技大学录取。

【卫生】 2007年,全市有医疗机构37个,其中医院和卫生院33个。有病床2314张,卫生技术人员2511人,其中执业医师和执业助理医师1145人。全市8个中心卫生院有执业医师227人,11个镇卫生院有执业医师143人。

【文化体育】 2007年,全市首次承办全国性文艺赛事——首届全国企业职工及离退休职工文艺汇演。圆满完成第十九届群众文化活动周系列活动,举办"春满溧阳"征文和天目湖诗词征稿比赛,承办天目湖"鱼美人"溧阳选区选拔赛。市图书馆全年接待读者10万人次,馆藏图书19.5万册,人均藏书量0.25本。新增农村流动图书服务点20家,累计建成88家。组建农村电影放映队27个,全年放映3750场。全市所有行政村通有线电视,全年新增有线电视用户1.1万户,累计超过14万户。年内全市获省级体育比赛金牌14枚、银牌12枚、铜牌3枚;获常州市级金牌60枚、银牌27枚、铜牌18枚。

【公用事业】 2007年,全市有公交线路16条,营运里程1540.1万公里,公交营运车辆376辆,完成公交客运1125万人次,比上年增加55万人次。城区供水总量1949万立方米.居民生活用水1083万立方米,自来水普及率100%。全社会用电35.61亿千瓦时,增长13.2%;城乡居民生活用电4.55亿千瓦时,增长15.2%。燃气普及率98%。

【环境保护】 2007年,全市以建设国家生态市为重点,加强生态环境建设,保护天目湖水质。全年COD和SO_2排放量为1565吨和1032吨,超额完成削减任务。制订规模以上企业ISO14000认证工作方案。重点工业企业污染物排放达标率100%。全市建成区绿化覆盖率41.81%,绿地率36.58%,人均公共绿地面积8.74平方米。城市生活污水集中处理率73.53%。市区范围内有水冲式公厕51座,水冲式公厕率100%。机械化清扫面积70万平方米,清扫率40%以上,垃圾清运率100%。

【人口】 至2007年末,全市户籍人口77.63万人,比上年增长0.4%,其中男性39.62万人,女性38.01万人;常住人口74.01万人,增长0.16%。总户数26.26万户。全年出生6013人,出生率为7.76‰;死亡5718人,死亡率为7.38‰;人口自然增长率为0.38‰。

【就业】 2007年,全市建立城乡统筹的培训和就业网络,全年再就业培训3300人,城镇净增就业8022人,下岗失业人员再就业2165人,实现再就业重点援助320人。培训农村劳动力5538人,新增农村劳动力转移就业1.02万人,跨地区输出农村劳动力3874人。年末全市城镇集体以上的在岗职工有5.22万人,城镇登记失业率3.3%,比上年下降0.1个百分点。

【社会保障和社会福利】 2007年,全市社会保险综合覆盖率97.3%,比上年提高11.7个百分点。其中,城镇基本养老保险覆盖率97.5%,提高0.9个百分点;城镇失业保险覆盖率97.2%,提高17.1个百分点;城镇基本医疗保险覆盖率97.3%,提高17.1个百分点。农村社会养老保险参保人数为3.85万人。新型农村合作医疗参保人数为52.17万人,参保率为100%。城市低保居民有1099户、2373人,农村低保居民有6641户、14089人。城镇低保标准由每人每月260元提高到280元,农村由每人每月140元提高到160元。全市有敬老院17个,"五保"集中供养率为74%,提高2个百分点。全市福利院床位2151张,增长18.8%。全年新增慈善认捐企业88家,认捐慈善资金3746万元。

【人民生活】 2007年,全市城镇在岗职工年平均工资为24396元,比上年增长12%;城镇居民人均可支配收入16518元,增长8.7%;农村人均纯收入8013元,增长14.5%。年末全市城乡居民储蓄存款余额139.74亿元,比年初增加8.69亿元;人均储蓄存款18038元,增长6%。全年城镇居民人均消费支出11685元,增长8.1%;农村居民人均消费支出6191元,增长20%。每百户城镇居民家庭耐用消费品拥有量为电话(含移动电话)275部,家用电脑53台,家用汽车7辆。每百户农村居民家庭耐用消费品拥有量为电话(含移动电话)227部,家用电脑8台,摩托车69辆,彩电121台。城镇居民人均住房建筑面积34.2平方米,增加2.1平方米;农村居民人均住房面积42.5平方米,增加0.6平方米。　(溧　统)

镇江市辖县(市)

丹　阳　市

【概况】 全市面积1059平方公里。位于长江下游南岸,江苏省南部。丹阳,丹凤朝阳之意,有着"王者之地"的称号,是春秋吴国的发源地,是一座历史悠久、文明开放、充满灵气与活力的江南名城。2007年全市实现GDP356.64亿元,增长16.1%;财政收入41.54亿元,增长28.9%;城镇居民可支配收入16392元,增长15.6%;农民人均收入8055元,增长13.3%;经济基本竞争力位居全国百强县(市)第18位,综合实力居江苏省十强县(市)第8位,是"全国卫生城市"、"全国环境综合整治优秀城市"、"江苏省文明城市"、"江苏省社会治安安全市"和"江苏省党建工作先进市"。

丹阳紧邻沪宁,区位条件优越。丹阳东距上海200公里,西距南京68公里,处于长三角黄金腹地,历史上就是长江流域经济重镇、著名商埠,当前更是沪宁经济带人流、物流、信息流交汇的节点,发展潜力巨大,开发条件极佳。丹阳交通方便快捷,既有长江、运河的自然地利,更具铁路、高速公路、机场的立体交通。随着京沪高速铁路、沪宁城际轻轨的规划建设,长三角2小时都市圈即将形成,丹阳南来北往、承东启西的交通优势将越加明显。丹阳电力资源丰富,装机容量分别为198万kW和122kW的谏壁电厂和戚墅堰电厂均在30千米半径之内,市区拥有协联和龙源两家热电厂。

丹阳历史悠久,城市个性独特。丹阳有2400多年建城史,是现今江苏地域内在公元前221年秦朝设置的15个县份之一,人文荟萃,文化底蕴深厚,既有江南水乡的宁静情趣,又有现代城市的繁荣景象。丹阳是著名的"鱼米之乡"、"全国商品粮生产基地"、"江苏省生态农业市"。在城市建设中,丹阳集中彰显两个特色:一是工贸名城。目前,丹阳正以开发区为核心、专业园区为支撑、工业集中区为基础,积极构筑承载国内外产业、资本转移的园区体系。"三区四园"("三区"即开发区、云阳高新区和滨江工业园区,"四园"即眼镜工业园、汽配产业园、化工集中区和出口加工区)建设重点推进,块状特色经济正加速形成。二是文化名城。丹阳被称为江南文物之邦,当前正在致力于开发季子庙文化旅游区,弘扬春秋时期先贤季子的诚信文化;开发嘉山寺和六朝石刻旅游区,挖掘南朝齐梁文化;开发练湖、泰山水库、水晶山等自然资源,发展丹阳的生态文化。

【历史沿革】 丹阳建置始于战国时期,初为云阳邑,后更名为曲阿县、凤美县、云阳县、丹阳县、丹阳市。1987年经国务院批准撤县建市。

【行政区划】 全市共有13个镇、1个农场和1个经济开发区,共225个行政村、54个居委会。

【人口】 年末总人口80.61万人。男女性别比99.3:100。人口出生率8.21‰,死亡率9.17‰,自然增长率-0.96‰。

【经济建设】 国民经济持续快速发展。全年实现地区生产总值356.64亿元,比上年增长16.1%。其中,第一产业增加值18.1亿元,增长2.2%;第二产业增加值211.16亿元,增长17.0%;第三产业增加值127.38亿元,增长16.8%。人均生产总值44242元。三次产业比重为5.0: 59.3: 35.7。高新技术产品销售额占规模以上工业的比重达22.6%。全年完成固定资产投资116.51亿元,增长21.8%。实现财政总收入41.54亿元,其中地方财政一般预算收入16.71亿元,增长25.7%;地方财政一般预算支出16.5亿元,增长17.7%。年末金融机构各项存款余额268.59亿元,其中居民储蓄存款余额156.77亿元,分别增长11.6%和2.2%;年末金融机构各项贷款余额222.39亿元,增长28.3%。全年居民消费价格比上年上涨4.4%,涨幅比上年提高2.65个百分点。年末在工商部门登记的私营企业0.53万家、个体户2.8万户,分别增长8.2%和9.4%。

农业稳定发展。全年农林牧渔业实现总产值32.23亿元,比上年增长12.8%。粮食总产43.25万吨,增长2.6%;蔬菜总产20.66万吨,增长1.4%;禽蛋总产7200吨,增长2.5%;奶类总产1468吨,增长14.7%;水产品总产3.46万吨,增长4.8%。全年造林0.42万公顷,森林覆盖率20.1%。全市农机总动力46万千瓦,增长1.9%。

工业经济迅速发展。全年实现全部工业增加值214.76亿元,比上年增长27.1%。规模以上工业产品销售率96.9%,比上年提高0.3个百分点。有规模以上工业企业851家,实现增加值165.8亿元,按可比价增长22.6%;实现主营业务收入598.59亿元,增长35.4%;实现利税39.48亿元,增长39.2%。规模以上民营工业实现增加值130.81亿元,占规模以上工业比重78.9%;实现主营业务收入498.52亿元。

国内贸易增长较快。全年实现社会消费品零售总额88.98亿元,比上年增长18.0%。其中,批发和零售业74.28亿元,住宿和餐饮业12.41亿元,分别增长16.8%和28.4%。年成交额在亿元以上的商品交易市场7家,成交额50.1亿元。实现商品房销售额16.48亿元,其中住宅销售额13.48亿元,分别增长6.8%和1.0%。开放型经济取得新发展。全年进出口总额12.25亿美元,比上年增长39.0%。其中,出口总额10.35亿美元,增长43.2%;进口总额1.9亿美元,增长19.8%。全年注册合同外资6.01亿美元,增长128.8%;实际到账外资2.24亿美元,增长31.6%。省级以上开发区完成进出口总额2.2亿美元,其中出口总额1.61亿美元,分别增长51.6%和60.8%。全年新签对外承包工程和劳务合作合同金额1030万美元,增长13.1%;完成营业额680万美元,增长9.7%。全年新批境外投资项目1项,中方协议投资20万美元。

【城乡建设】　全年完成建筑业增加值10.26亿元,增长8.0%。完成建筑业企业房屋建筑施工面积323.41万平方米,增长12.1%;房屋建筑竣工面积161.36万平方米,增长70.9%。实现交通运输邮电业增加值17.11亿元,比上年增长12.8%。全年完成公路旅客运输量1590万人次,货物运输量1570亿吨,分别增长0.3%和15.3%。全年重点工程投入6.16亿元,开工项目11个,竣工2个,在建项目13个。东方路建设、小东门广场建设等一批城建工程顺利完成。齐梁路建设、北二环路改造、铁路货场搬迁、车站路改造、迎春桥至开泰桥河道整治、简渎河(万善路—122省道)河道整治、行政大道建设、行政广场及新区公园建设、团结桥至党校石驳和护坡工程、南三环桥建设、何甲路改造、振兴路建设、庆丰路建设、人民广场改造、丹金路改造等一批城建工程加快实施,城乡面貌显著改善。

【社会事业】　积极实施"科技兴市"战略,连续5年被评为全国科技进步工作先进县(市)、科技进步综合实力百强县(市)、全国科普示范县(市)。教育事业持续发展,九年制义务教育进一步巩固和提高、"两基"水平荣获全国先进县(市)称号,教育现代化工程成效显著,被批准为江苏省首批"实施教育现代化工程先进市",全市中小学均通过省级教育现代化达标验收。文化、卫生、体育、新闻、计划生育、医疗保险、养老保险等各项社会事业协调并进,先后获得全国结核病防治工作先进集体、全国农村中医工作先进县(市)、全国人口和计划生育服务先进县(市)、全国妇女儿童发展纲要示范县(市)。2007年城镇职工基本医疗、基本养老、失业保险参保率分别达96.8%、97%、98.4%,农村农民合作医疗、养老保险参保率分别达98.77%、90%,城镇职工登记失业率始终控制在3%以内。

【产业优势】　丹阳是一座现代化工贸城市,眼镜、五金工具、汽车零部件、木业、医疗器械等产业规模较大,是"中国眼镜生产基地",亚洲最大的铝箔、钻头、人造板制造基地。建有国家级眼镜质量检验检测中心,眼镜城、灯具城、汽配城等专业市场全国知名。全市拥有上市企业5家,今年有望突破10家;拥有32个国家级品牌产品,在全省县级市中名列第4位,在全国县级市中名列第16位。在改造提升传统产业的基础上,一批引领丹阳未来发展的新兴产业崭露头角。新材料产业发展较快。2002年,丹阳被国家科技部评审认定为国家火炬计划新材料产业基地,已形成新型复合包装材料、高性能合金材料、精细化工、新型建筑和装饰材料四大门类,销售收入超180亿元的规模,占全市销售收入的34%。当前和今后一段时期,丹阳将大力发展以醋酐、乙二醇为领军的精细化工产业,以高温合金、高速工具钢为领军的特种金属材料产业,以碳纤维、玻纤维领军的非金属功能材料产业,形成具有区域特色和优势的新材料产业群。新型电子元器件与网络通信产业发展壮大。该产业年销售收入已突破20亿元,主要产品有ADSL宽带接入器、无线宽带接入器、磁卡、IC智能卡、非接触IC卡、电子接插件、数字线缆等。大亚科技是全国最大ADSL宽带接入器生产供应商,江苏恒宝股份现已成为全国六大磁卡、IC智能卡生产基地之一。目前丹阳正在引进和开发下一代移动通信、网络技术,新型显示器件、新型光电子器件、新型电力电子器件等关键生产技术,争取到2010年,形成年销售65亿元的产业规模。新医药产业逐步兴起。该产业不仅形成肽系列制品等高端医药产品,而且针灸针、药玻璃及血压计、听诊器等护理器材产品在全国也拥有较高知名度。江苏鱼跃医疗设备有限公司是全国最大的医疗护理器材企业,血压计、听诊器在国内市场的占有率达到70%以上。

经济社会发展主要指标

项　　目	2007年	比2006年增或减(%)
国内生产总值(亿元)	356.64	16.1
第一产业增加值(亿元)	18.1	2.2
第二产业增加值(亿元)	211.16	17.0
其中:工业增加值(亿元)	214.76	27.1
第三产业增加值(亿元)	127.38	16.8
人均国内生产总值(元)	44242	15.7
粮食总产量(万吨)	43.25	2.6
棉花总产量(吨)		
油料总产量(万吨)	1.02	-40.6
全社会固定资产投资总额(亿元)	116.51	21.8
外贸自营出口(亿元)	10	43.21
实际利用外资(万美元)	22376	31.6
社会消费品零售总额(亿元)	88.98	18.0
零售物价总指数(%)		
地方财政收入(亿元)	41.54	28.9
地方财政支出(亿元)	24.62	27.1
职工年平均工资(元)	23910	16.9
农民年纯收入(元)	8055	13.3
邮电业务总量(亿元)	6.58	22.1
电话普及率(部/百人)	108.06	23.45
年末存款余额(亿元)	268.59	11.6
年末贷款(亿元)	222.39	28.3
大学(所)		
中小学(所)	76	13.2
下岗人数(人)		
企业兼并、破产数(个)		

句　容　市

【概况】　句容位于江苏省西南部,东连镇江,西接南京。全市总面积1385平方公里,因境内有勾曲山(即茅山),山形似

"已",勾曲而有所容,故名勾容,古代句勾二字相通,因此名为句容。句容是国家卫生城市、国家环保模范城市、国家级生态示范区、中国优秀旅游城市、中国草莓之乡。境内气候温和,山水秀丽,人文荟萃,古迹众多,有道教"第一福地、第八洞天"茅山、佛教"律宗第一名山"宝华山以及保持原始风貌的九龙山。句容区位优越,交通便捷,沪宁高速、宁太高速、宁杭国道、312国道等多条国、省道穿境而过。

【历史沿革】 句容于西汉元朔元年(公元前128年)置县,迄今已有两千余年的历史,是江苏省最早建县的13个文明古县之一。1995年4月经国务院批准撤县设市,是国务院最早公布的对外开放地区之一。

【行政区划】 下辖10个镇、1个省级经济开发区,153个行政村(居委会)。

【人口】 2007年末户籍总人口57.87万人。男女性别比103:100。人口出生率7.18‰,死亡率6.81‰,自然增长率0.37‰。

【经济建设】 国民经济继续保持持续、快速、健康发展,全面建设小康社会的进程加快,主要经济指标及增幅均创历史最好水平。农业生产稳步增长。全市实现农林牧渔现价总产值23.25亿元,增长11.2%。建成千亩以上高效农业基地39个、万亩以上5个,培育特色农业村7个。实施全省首批丘陵开发扶持项目10个、面积4.5万亩。引进农业新品种30个,新增省级农业龙头企业1家、农业合作组织12家,建成万吨省级粮食储备中心。新增无公害农产品7个、有机食品生产基地1200亩。疏浚河道95.5公里,清理河塘239座,实施10座在册小水库除险加固,完成长江堤水站改造、老便民河水利血防工程。土地复垦力度加大,新增耕地2.5万亩。

工业经济速效同增。全市规模以上工业企业332家,比上年净增18家。完成增加值76.51亿元,增长19.2%;实现销售收入276.41亿元,增长26.3%;实现利税总额18.93亿元,增长30.1%;其中:利润总额8.57亿元,增长31.7%;全部工业用电量10.08亿千瓦时,增长11.7%。规模以上工业增加值占GDP比重50.0%,同比提高0.8个百分点。重点项目稳步推进。全年新开工500万元以上项目208个,超亿元项目4个。

对外开放成效显著。全年注册利用外资3.3亿美元,增长20.4%,全年实际利用外资1.7亿美元,增长111.45%。新批外资项目46个,其中注册1000万美元以上项目6个,美尔顿车业、毅马五金等一大批项目纷纷落户。外贸出口再上新台阶。完成外贸进出口总额4.23亿美元,增长17.0%。

旅游业发展势头迅猛。全年接待游客480万人次,增长30.0%。茅山风景区总体规划修编完成,茅周、茅后旅游专线竣工通车,茅延线开工建设,茅山风景区拆迁整治全面推开;宝华山北大门修葺一新,建成40公里游步道;九龙山配套设施建设加快推进。成功举办第7届茅山旅游文化节、首届宝华山"泡山节"以及旅游合作论坛。乡村旅游蓬勃发展,新建农家乐旅游点90个、休闲农庄30家。

【城乡建设】 建成垃圾填埋场扩容工程和天王垃圾填埋中心,完成城区西岗、西苑、河滨及9个镇级垃圾中转站建设。投入3000万元,初步建立农村"组保洁、村收集、镇转运、市处理"的垃圾处置体系。玉清河下段拓浚、徐家村泄洪渠等城市防洪工程全面竣工。葛仙湖公园道教文化养生楼建成开放。完善文昌路、宁杭北路、洪武路路灯配套。向上争取专项资金1亿元,实施农村电网改造。载体建设令人振奋。开发区建设取得重大突破,淮源路、花园路竣工通车,文昌路西延伸段、崇明路西延伸段加快推进,"三纵三横"的道路骨架基本形成,供水、供电等基础设施同步配套到位。建成华阳南路跨河大桥、崇明中路、双利路东延伸段等城区道路,完成小果园路、华阳北路延伸段等3条道路改造。宁常高速句容段竣工通车,宁杭高速、沿江高等级公路、243省道、122省道句容段加快推进。新改建农村公路155公里。关闭采石宕口62个,首批关停化工企业20家,对13家重点污染企业实行排污在线监控。太湖流域水污染治理全面启动,镇级污水处理厂进入规划设计阶段。建设沪宁高速公路"绿色通道",完成玉清广场绿化升级。城区新增绿化面积7万平方米,植树造林4万亩。全年万元GDP能耗下降5.06%,化学需氧量、二氧化硫排放量分别削减2.95%和27.67%。全市环境质量明显好转。

【社会事业】 全年实施各类科技项目139项,完成科技投入2.5亿元;新认定镇江市级以上高新技术企业9家、产品10个,高新技术产品销售收入和利税分别占规模以上工业比重为17.1%和45.0%。新增国家免检产品2个、镇江市级以上名牌20个。加大教育投入,化解农村义务教育债务2675万元,完成农村中小学"四配套"工程;职教中心东山校区主体工程竣工,青少年校外活动中心建成运行。基层医疗卫生条件明显改善,建成天王、边城卫生院门诊楼,茅山预防保健楼和30个标准化农村社区卫生服务站,白兔倪塘、后白西冯创成省级卫生村。在全市范围内实施一类疫苗免费服务,疾控中心国家认可实验室通过验收。有线电视通行政村率达100%。建成农村合格文化站8个、体育活动中心10个,"农家书屋"、"送戏下乡"、"社区文化艺术节"等活动取得实效。深入开展"三创之星"系列活动,赵亚夫、李巧生等先进典型在全国产生较大反响。社会保障持续改善。推进城镇社保向社区、企业延伸,新增社保扩面6509人。医保普惠工程深得民心,城镇居民基本医疗保险参保人数3.8万人,实现城镇学生全覆盖;新型农村合作医疗保险受益率居镇江首位。农业保险正式启动,"三农"抗风险能力得到加强。动态管理低保对象,发放低保物价补贴54万元。"慈善捐赠月"活动深入开展,募集善款基金总量5225万元,救助困难群众332人次。

经济社会发展主要指标

项　　目	2007年	比2006年增或减(%)
国内生产总值(亿元)	153.05	15.4
第一产业增加值(亿元)	12.20	3.1
第二产业增加值(亿元)	91.60	16.8
其中:工业增加值(亿元)	76.51	19.2
第三产业增加值(亿元)	49.25	18.3

续上表

项　　目	2007 年	比 2006 年增或减 %
人均国内生产总值(元)	25066	22.6
粮食总产量(万吨)	29.89	14.2
棉花总产量(万吨)	0.17	20.6
油料总产量(万吨)	3.69	-13.8
全社会固定资产投资总额(亿元)	54.00	31.0
外贸自营出口(亿美元)	3.21	15.06
实际利用外资(万美元)	17000	111.45
社会消费品零售总额(亿元)	42.64	18.8
零售物价总指数(%)		
地方财政收入(亿元)	7.51	40
地方财政支出(亿元)	10.27	36.4
职工年平均工资(元)	22081	23.3
农民年纯收入(元)	6985	14.7
邮电业务总量(亿元)	3.16	12.45
电话普及率(部/百人)	294	
年末存款余额(亿元)	109.15	20.50
年末贷款(亿元)	67.77	21.21
大学(所)	1	0
中小学(所)	68	0
下岗人数(人)		
企业兼并、破产数(个)		

扬　中　市

【地理位置】　扬中位于素有黄金水道之称的长江中下游,地处上海都市圈与南京都市圈的交汇区域,东北与泰州、扬州隔江相望,西南与镇江、常州一衣带水,区位优势明显,是联结苏南、苏北的一个重要节点城市。

【历史沿革】　扬中系江流积沙而成,成洲始于东晋,到宋代开始有"小沙"之称,明代称"新洲",清代晚期统称"太平洲"。1904 年(清光绪三十年)设太平厅,隶属镇江府。1914 年(民国三年)改名为扬中县,取扬子江中之意。1994 年经国务院批准,扬中撤县设市。

【行政区划】　全市由长江主航道以南的雷公岛、太平洲、西沙、中心沙四个江岛组成,总面积 331 平方公里,其中陆地面积 228 平方公里。现设 5 个镇、1 个省级经济技术开发区。

【人口】　2007 年末,全市总人口 27.48 万人。男女性别比 97.82∶100,人口出生率 6.36‰,死亡率 7.87‰,自然增长率 -1.51‰。

经济社会发展主要指标

项　　目	2007 年	比 2006 年增或减(%)
国内生产总值(亿元)	146.00	15.7
第一产业增加值(亿元)	4.41	6.7
第二产业增加值(亿元)	88.19	15.0
其中工业增加值(亿元)	82.69	15.4
第三产业增加值(亿元)	53.40	17.7
人均国内生产总值(元)	45299	15.4
粮食总产量(万吨)	10.06	2.01
棉花总产量(吨)	—	—
油料总产量(万吨)	0.12	-7.2
全社会固定资产投资总额(亿元)	50.53	23.8
外贸自营出口总额(万美元)	15300	35.9
实际利用外资(万美元)	13235	59.4
社会消费品零售总额(亿元)	40.66	17.6
零售物价总指数(%)	—	—
地方财政收入(亿元)	8.01	33.85
地方财政支出(亿元)	8.54	29.28
职工年平均工资(元)	22990	17.90
农民年纯收入(元)	8956	12.0
邮电业务总量(亿元)	2.93	11.4
电话普及率(部/百人)	337.9	3.0
年末存款余额(亿元)	132.14	8.87
年末贷款(亿元)	90.34	27.25
大学(所)	1	—
中小学(所)	26	—

【经济建设】　2007 年,扬中市坚持以科学发展观为指导,以建设更高水平小康社会为目标,经济建设和各项社会事业继续保持快速、健康的发展势头。全年实现地区生产总值 146.0 亿元,比上年增长 15.7%。财政总收入 20.07 亿元,增长 32.98%,其中地方一般预算收入 8.01 亿元,增长 33.85%。实现工业总产值 311.89 亿元,销售收入 279.63 亿元,利税 27.10 亿元,工业增加值 84.90 亿元,分别增长 22.65%、22.24%、22.74% 和 22.00%。新批利用外资项目 28 个,完成合同注册外资 1.65 亿美元,实际到位外资 1.32 亿美元。新办民营企业 393 家,新增个体工商户 1200 户,新增民资注册资本 8.63 亿元。实现服务业增加值 53.4 亿元,增长 17.7%。实现社会消费品零售总额 40.66 亿元,增长 17.6%。

【城乡建设】 城建重点工程顺利推进,完成三茅大桥改造、建设河周边环境整治、238省道沿线环境整治、扬子西路新民段、春柳中路等一批重点工程。成立扬中市城市管理行政执法局,大力开展市容环境综合整治行动,针对市政设施、市场外溢、违章建设等8个重点进行集中治理,市容市貌明显改观。农村环境不断改善,全年修筑农村道路100公里,改造农村危桥19座,清淤整治河道1003条,新建、改建镇垃圾中转站10座,新建农村垃圾箱(池)1986个。

【社会事业】 技术创新成效显著,新批国家级高新技术企业7家,认定国家级重点新产品4个,科技进步对经济增长的贡献率达50.3%,成功创建为"全国科技进步先进市"。城乡教育均衡发展,顺利通过省教育现代化建设水平评估验收。科普工作成效显著,创建为"全国科普示范市"。依法行政工作深入推进,被确定为首批"省级依法行政示范点"。

【产业优势】 电力电器、硅材料及光伏、船舶及装备制造三大主导产业加快集聚。电力电器产业加速向系列化、高端化发展,2007年产业规模达170亿元,占全市工业总量的54.5%。硅材料及光伏产业链初步形成,总投资5亿美元的辉煌硅能源项目单体投资量创扬中历史之最。船舶及装备制造业迅速起步,柏伦宝船业、苏洋船舶、龙源港机项目进展顺利;总投资12亿元的润昌重工造船项目正式落户。同时,电子仪器、钎焊材料、特种钢、管阀件等传统特色产品市场占有份额不断攀升。

大丰市裕华镇

裕华镇是全国闻名的"大蒜之乡",是被中国大蒜协会命名的全国大蒜十强乡镇,东临大丰港和江苏省大丰港开发区,西靠大丰市区和江苏省大丰经济开发区,地处南北麋鹿保护区和丹顶鹤保护区旅游线的中心位置。裕华距盐城机场仅35公里,三条省级公路,规划建设中的徐大高速,新长铁路大丰港段,三级疏港航道贯穿全镇,交通十分便捷。全镇总面积108.41平方公里,耕地面积11.4万亩,辖11个行政村,2个居委会,58个村民小组,人口41607人。2007年实现国内生产总值7.3亿元,财政收入2219.37万元,农村人均可支配收入8008元。裕华镇以无公害大蒜经济为代表的生态农业产业已经全面形成。目前大蒜种植面积达10万亩,占耕地面积的87.5%,仅大蒜一项农民人均纯收入达5605.6元,占农民人均纯收入的70%。2001年,启动民资兴办的以绿丰公司为龙头的1.2万吨蒜业加工集团在外接市场、内联基地、带动农户、致富农民中发挥了积极作用。通过全镇农业产业结构调整,形成了大蒜业、林果业、养殖业"三三制"产业结构模式,粮经比达2.5:7.5。已建成1万亩国家绿色食品(大蒜)生产基地、3万亩省级无公害蔬菜(出口)基地、盐城市农业标准化示范基地。"裕华"牌大蒜被99中国国际农业博览会评为名牌产品,2000年"裕华"牌大蒜被国家认定为绿色食品,2006年裕华镇被第四届中国大蒜节命名为全国大蒜十强乡镇,拥有"裕盛"牌大白菜、茄子、"裕华"牌柿子等二十多个无公害食品认证和绿色食品认证,"裕华"牌羊肉、"神王"牌泥螺也有较高的市场知名度。

经过几年来的招商引资、项目推进,裕华镇的工业经济有了长足的发展。到目前为止基本形成了纺织、机械、农副产品加工、化工四大支柱产业:

一是以百花纺织、苏鹿织染、生泰服饰、馨鼎纺织、裕华加捻等24家企业形成的纺织工业区。从纺、织、印染、成品加工、出口形成了完整的产业生产线,产品有床上用品、针织服装、工艺品,出口到东南亚、美国、巴拿马等地;

二是以中美合资民力机械有限公司、中印合资鸿志机械公司、华盛机械、国成铸造、丰德热处理等一批企业形成的机械制造业。从空压机零配件到整机装配、从阀门铸造到整机生产出口在我镇形成了完整的产业链;

三是以绿丰公司为龙头的蔬菜加工集团和以盛兴水产、华洋紫菜、惠翔卡拉胶为代表的外向型海产品养殖加工企业组成了我镇农副产品加工产业。其中,中日合资的盛兴公司以沙蚕工厂化育苗、养殖、加工为主,近两年来,公司不断进行技改投入,先后投入小龙虾生产线、鱼生产线总投资额3150万元,力争将建成全国一流的沙蚕、龙虾、蔬菜加工出口基地;

四是以迈克医药、明荣化工为代表的化工医药产业,由厦门迈克化学实业有限公司投资的亿元项目--大丰迈克医药化工有限公司是一家专门生产医药中间体的化工企业,目前,已由美国上市公司入股,力争将大丰迈克打造成为全国最大的医药中间体生产基地。

裕华镇正按照"打造绿色、亮丽裕华"的新目标,加快村镇建设步伐。几年来,启动民间资本,吸引镇外资本,政府适量投资,累计3000多万元,完成了裕西路的西延和建设路的东扩,正在建设集商贸、饮服、居住为一体的朝荣农贸市场、裕民市场、裕华中心农贸市场、裕西路商住楼、一类幼儿园教学楼、村建土管楼、裕华派出所办公楼等一批社会事业项目,"三横四纵"的主体集镇框架基本形成,集生产中心、销售中心、服务中心为一体的新裕华功能区正在加快建设之中。

扬州市辖县(市)

高 邮 市

【概述】 高邮属海退成陆的里下河浅洼平原。代表江淮地区东部史前文化的龙虬庄遗址,表明七千多年前境内便有人类的璀璨文明。秦王嬴政二十四年(公元前223年)灭楚,筑高台,置邮亭,故名高邮,亦称秦邮,史称"江左名区,广陵首邑",经国务院批准,1991年4月1日正式建高邮市,实行计划单列。

高邮市地处苏中里下河地区西缘,江苏沿江经济开发带北侧,总面积1962.58平方公里,其中以全国第六大淡水湖——高邮湖为主的水域面积788平方公里。辖19个镇、1个回族乡,1个省级经济开发区,总人口82.6万人,是中国羽绒服装制造名城、国家级生态示范区、全国平原绿化先进市、全国计划生育优质服务先进市、全国集邮之乡、江苏省首批历史文化名城、江苏省社会治安安全市、江苏省卫生城市。在由中国社科院中小城市经济发展研究所主办的"2007年度中国中小城市科学发展评价体系研究成果发布暨第四届中国中小城市可持续发展高峰论坛"上,高邮市跻身"双百强"行列,分别位列全国最具投资潜力中小城市百强第80位、全国中小城市综合实力百强第96位。

2007年,实现地区生产总值149.49亿元,增长15.8%,其中第一、二、三产业增加值各为28.17亿元、74.79亿元、46.53亿元,分别增长3.0%、21.3%、16.0%;第一、二、三产业增加值在国内生产总值中的比重为18.9∶50.0∶31.1。人均地区生产总值19879元。

【农业】 全年实现现价种植业产值20.76亿元,增长6.4%;林牧渔业产值34.68亿元,增长12.9%。实施农业结构战略性调整,高效特色农业初具规模,全市建成高效农业面积32.21万亩,比上年增加10.51万亩。市级建立了6个高效农业产业园、10个5000亩以上高效种植业基地,有19个乡镇建立了千亩高效农业示范园区、65个村建立了百亩高效农业示范园。农业产业化经营持续发展。全年新增省级农业产业化龙头企业2家、市级重点龙头企业1家。全市11家扬州市级以上重点龙头企业实现产值38亿元、利税1.6亿元。以临泽水产品批发市场、扬州市高邮禽蛋水产品批发交易市场为龙头的农副产品流通带动能力进一步扩大。农业标准化建设稳步发展,创建成全国绿色食品原料(水稻、小麦)标准化生产基地,完成12个产品、44个基地通过无公害农产品产地、产品的复查换证工作,新增绿色食品3个,累计42个。"双兔"商标获中国驰名商标和中国名牌产品称号。继续抓好农村劳动力培训,劳务输出稳定有序,新增农村劳动力内转外输1.95万人。农业综合开发和水利建设稳步推进。社会主义新农村建设逐步深入,全年创建小康村53个,比上年增加35个。

【工业】 全市工业企业完成现价产值410亿元,增长39.7%,其中,规模以上企业完成现价产值246.3亿元,增长39.5%。工业结构不断调整优化,重点行业贡献突出。在规模以上工业企业中,电气机械及器材制造业为全市第一大行业,产值68.92亿元,增长39.5%;纺织服装、鞋帽及羽绒制品制造业产值49.33亿元,增长42.5%;化学原料、化学制品和医药制造业产值26.51亿元,增长32.0%;通用设备制造业产值23.41亿元,增长37.9%。这四大重点行业对规模以上工业增长的贡献率达67.5%。全年实现工业增加值62.89亿元,增长22%,工业增加值占GDP的比重由上年39.7%提高到42.1%,上升2.4个百分点。全年工业企业研制开发新产品280个,比上年增加45个;获批国家重点高新技术企业6家、省高新技术企业15个,有42个产品被评为省高新技术产品。注重自主知识产权,当年新获批省级以上企业技术中心1个、扬州市级企业技术中心6个累计有省企业技术中心3个、扬州市企业技术中心22个。

【建筑业】 全市共有有资质的建筑、装潢等专业企业88个,其中特级资质企业1个、一级资质企业2个。设立驻外办事处10个,全市建筑安装企业共涉足国内31个省、市、地区,42个工程项目获地市级以上优质工程质量奖。继续推广运用"十项新技术",创省级新技术应用示范工程3个,共创建地市级以上安全文明工地47个。继续开展工程建设专项治理,市区项目报建率、招标率和公平招标率均为100%。全年完成施工面积1384.5万平方米,竣工面积807.6万平方米,分别增长42.8%和31.2%。共完成建筑业总产值116亿元,增长37%。

【国内贸易】 全年实现社会消费品零售总额47.26亿元,其中批发和零售贸易业零售额38.98亿元、餐饮业7.91亿元,分别增长17.3%、15.9%、24.9%。全市已建成批发市场8个、零售市场56个,年成交额在亿元以上商品交易市场5家、成交额16.69亿元。

【对外贸易】 全年新增注册外商独资企业2个、注册资本金5200万美元,引进、吸纳境外资金6016万美元、域外资金84.9亿元。新批外资项目31个,投资总额3.24亿美元,注册总资本1.74亿美元,其中协议注册外资1.66亿美元。全年完成进出口总值1.76亿美元,其中出口总值1.49亿美元,分别增长30%、28%;完成外经营业额228.7万美元,比上年增长10.2%。

【财政与金融】 全年全市实现财政收入17.43亿元,比上年增收4.42亿元,增长34%。其中,地方一般预算收入6.48亿元,增长38%。人均财政收入由上年的1573元提高到2107元。财政收入占GDP的比重为11.7%,比上年提高1.2个百分点。财政支出15.74亿元,比上年增支3.77亿元,增长28.5%。

全市金融机构各项存款121.83亿元,比年初增加15.74亿元,增长14.8%。各项贷款余额为49.28亿元,比年初增加9.95亿元,增长25.3%。全年市内2个国有保险支公司实现保费收入2.16亿元,比上年略有下降。受理各类赔案5860件,比上年增加1266件,增长26.5%;支付赔款2170万元,比上年减少1025.8万元。

【城乡建设与环境保护】 完成《高邮市历史文化名城保护规划》和文游路城市中部生活区、北门大街、老城区工业用地改造以及焦家巷、百岁巷等控制性规划等26项专业规划。采用BT投资模式,完成珠光路建设工程、文游北路改造工程,完成京沪高速公路西接线道路改造工程。当年城区新增绿地面积45公顷,其中公共绿地10公顷,累计建成区绿化覆盖面积627公顷、公共绿地面积136公顷,城区绿化覆盖率31%、绿地率25%,人均公共绿地面积7平方米。市城市管理局成立,市政府确定市城市管理局行政许可事项10项。开展废品收购、汽车租赁等行业整治活动和市容环境综合整治、户外广告专项整治活动,落实市容环卫责任制度和“门前四包”责任制。通过省城市管理优秀城市考评。完成村镇建设投资10.2亿元,其中小城基础设施建设投资1.65亿元。

组织实施淮河流域和南水北调治污重点工程,切实加快黑液塘治理和污水处理厂管网建设步伐,控减结构性污染,依法关停9家不达标化工生产企业;实施18项治污减排工程,努力削减污染物排放总量,建成1家省级环境保护先进企业,完成年度化学需氧量和二氧化硫削减率目标。全市地表水水质达标69.3%以上,集中式饮用水源水质达标率99.7%,环境质量综合指数87.1分,比上年增加1.2分。

【交通、邮电与供电】 建成省干线安大公路高邮南段一级公路12.4公里和甘临公路南段、和平、甸汤、邮天4条市通乡公路共45.5公里,建成乡通村公路50条、97公里。改造危桥24座。投资6500万元的市客运中心建成并投入运行。有长途班车线路31条、农村公交线路13条、城市公交线路7条;有出租车公司4个,出租车323辆。

全年完成邮政业务量8340万元、邮政业务收入6550万元,分别增长19.2%、25.6%。电信业务收入1.42亿元,增长20.3%。至年底,城乡固定电话普及率25部/百人。电信宽带网络在市区、20个乡镇政府所在地和12个非乡镇政府所在地集镇实现全覆盖。移动通信发展迅速,累计用户31万户,普及率37.3%。

110千伏龙虬输变电工程竣工并投运供电,110千伏黄渡输变电工程开工建设,110千伏周山变电所增容扩建工程竣工,110千伏神居输变电工程项目、110千伏迎宾输变电工程项目获批建。220千伏秦邮输变电工程创华东、江苏省电网建设优质工程。建设和改造城乡配电网络,实施配网工程126项。实施新农村电网建设工程项目198项。全年完成供电量11.47亿千瓦时、售电量10.27亿千瓦时,分别增长14.68%、15.49%。实现全年安全生产无事故目标,创安全生产记录1468天。

【科技与教育】 通过2005~2006年度全国科技进步先进县考核。全年共申报省级以上各类计划项目150项,获批103项。获批国家级重点高新技术企业6个、国家星火计划项目6项、江苏省高新技术企业15个、江苏省“双密”(知识密集型、技术密集型)企业2个、江苏省节能减排科技创新示范企业1个、江苏省高新技术产品42个、江苏省火炬计划项目15项、江苏省工业科技攻关项目1项、江苏省农业攻关项目2项、江苏省星火计划项目11项,江苏省高层次创新创业人才2名。共申请专利596件,其中发明专利申请72件,授权专利218件。

设定教育奖励基金,启动职教中心、南海中学、实验小学“三校联动”工程和第二中学迁建,完成特殊教育学校搬迁。小学适龄儿童入学率、巩固率、毕业率均保持100%,初中入学率100%。全市普通高中毕业生高考本科上线1706人(不含本三),增幅50.4%,列扬州县市第一,本科万人口上线率20.6。

【文化、卫生与体育】 创成“中国民歌之乡”,《高邮之歌》获江苏省委宣传部授予的江苏省第六届精神文明建设“五个一工程”入选作品奖。创办“百姓学堂”,举行2007年首届读书节、成功举办第四届中国邮文化节大型文艺晚会和“永远的汪曾祺”系列纪念活动。邮都文化广场建成。开展第三次文物普查工作,兴建中华集邮文献馆,盂城驿重新布展。新增有线电视用户15178户,实现有线电视“组组通”目标。举行“电视村村通,惠及低保户”第二批彩电捐赠活动。完成3个“小康示范村”档案规范试点建设,完成全市乡镇36个社区的建档工作。

菱塘回族乡被命名为国家卫生镇,郭集镇大营村,菱塘回族乡王姚村、清真村创建成江苏省卫生村,天山镇、周巷镇通过江苏省卫生镇考核验收。完成2007年度新农村合医疗基金补助兑付工作、2008年度新型农村合作医疗个人应缴资金筹集工作。全年新增无害化卫生厕所9018座,普及率为31.6%。继续开展食品量化分级管理,全市有282家食堂和城区餐饮单位通过食品卫生监督量化分级管理等级评审。全面启动高邮湖区人禽流感监测工作。

举办高邮市第三届运动会,在6个乡镇、99个行政村实施“万村体育健身工程”。高邮市运动员获江苏省级金牌7枚、扬州市级金牌13枚。

【社会生活】 城市化水平进一步提高,年末城市化水平41.2%,比上年提高1.6个百分点。年末全市城镇集体以上单位在岗职工3.58万人,比上年末增加0.03万人;在岗职工平均工资20717元,增长19.8%。城镇居民人均可支配收入11428元,增长17.2%。农民人均纯收入6180元,增长12.7%。

社会保障体系进一步完善,城镇职工基本养老保险、医疗保险、失业保险分别新增8916人、10812人、5197人。全年社会保险收入3.8亿元。企业离退休人员养老金实现100%社会化发放。全面实施城乡低保,全市有14130名城乡困难居民享受最低生活保障。全年投入资金245万元,开展助学、助医、助困、助老活动。全年新建经济适用房3.8万平方米,落实共有产权住房20户,新增廉租房保障对象147户。

江 都 市

【简况】 江都位于江苏省中部,南濒长江,西傍历史文化名城扬州,东与泰州市接壤,北与高邮市、兴化市毗邻是长江中下游和南京都市圈内一座生态园林中等城市。境内南北长55.75公里,东西宽42.76公里,总面积1332.54平方公里(其中陆地面积85.8%,水域面积14.2%),属江淮冲积平原。境内宁启铁路、京沪高速公路、宁通高速公路、328国道纵横贯穿,国家一类对外开放口岸江都港、华东地区最高电压等级的50万伏变电所、国家南水北调工程东线源头、远东地区引排能力最大的引江水利枢纽工程分布城区南北,是华东地区重要的交通、电力、水利枢纽。

【历史沿革】 江都历史悠久,因“江淮之水都聚于此”、“乃江淮一大都会”而得名。公元前153年(西汉景帝前元四年)建县,三国时废,西晋复建,东晋初并入舆县,穆帝时复设,隶属广陵郡。此后,县域历经多次演变,隶属关系也有很大变化。自隋至清,先后隶属扬州总管府、江都郡、广陵郡、扬州大都督府、扬州元帅府、扬州路、扬州府。1912年元月,废扬州府,江都县直属江苏省。解放后,分出扬州城区和郊区建扬州市,江都县政府设在仙女镇。1956年江都县分出西境,置邗江县。1994年4月,经国务院批准撤县设市。

【行政区划】 全市现辖仙女镇、大桥镇、吴桥镇、浦头镇、宜陵镇、丁沟镇、郭村镇、邵伯镇、丁伙镇、樊川镇、真武镇、小纪镇和武坚镇等13个镇和一个省级经济技术开发区,共有67个社区、307个行政村。

【经济和城乡建设】 江都素有“花木之乡、丝绸之乡、建筑之乡、鱼米之乡”之称。2007年,实现地区生产总值280亿元,财政收入32.14亿元,完成全社会固定资产投资155亿元,分别比上年增长16%、34.5%、46%。农业经济稳步发展。粮食总产、单产创历史新高,花木、蔬菜、水产面积分别达17万亩、16万亩和14万亩,农业园区建成面积达到6万亩。合作经济组织达248个;农业“三品”品牌增加到136个,位居全省各县(市)之首;全市农机总动力52.1万千瓦,增长2.18%;联合收割机保有量居全国各县(市)前列,当年实现跨区作业收入1.3亿元。80个全面小康创建村基本达标。工业经济扩量提质。全部工业实现产值876.1亿元、销售572亿元、利税47.8亿元,分别增长32.8%、39.4%、82.7%。规模工业产值比重达70.7%,产销过亿元企业130家,其中10亿元以上企业7家,诚德公司突破34.8亿元。2007年末,贷款余额116亿元,其中工业类贷款余额85.4亿元。实施亿元以上技改项目42个,其中,20亿元以上项目3个;当年完成工业技改投入127.4亿元,增长39.3%。申报各类科技项目132项、立项90项,专利申请量805件,授权专利281件。建筑业完成施工产值226亿元,增长36.7%;施工面积2523万平方米,竣工面积1049万平方米,分别增长30.6%、25.8%。全年创市级以上优质工程110项,其中,江都建设集团承建西安“九座花园”项目蝉联“鲁班奖”,唐长安城墙遗址公园绿化项目获“国优”,承建的武汉万科城市花园工程获国家“詹天佑奖”。服务业发展加快。实现增加值79.8亿元、社会消费品零售总额79.84亿元,分别增长16%、17.8%。全年各类市场成交额67.4亿元,增长25%,其中亿元市场10个。“万村千乡”市场工程被国家商务部评为全国先进。现代花木产业园成为首批省观光农业园。全年旅游业接待游客72万人次,旅游收入1.3亿元。城镇建设不断加强。2007年,编制完成全市近期建设规划,完成住房建设、环境卫生、消防等专项规划和北区、南区、西区控制性详细规划编制。新建改造张正路、扬州路、浦江路中段、东方红东路、引江路、仙城路东延、回春路东延等道路工程,金三元广场地下停车场建设基本完工。启动南区污水管网建设,建成南区污水提升泵站。完成鸿益·千秋花园、馨村绿园等绿化工程建设,新增公共绿地20万平方米。加强土地运作,招拍挂出让土地45宗1708亩,收取出让金14.8亿元。完成小城镇建设投入6.3亿元,编制村庄规划222个,11个镇建成垃圾中转站,邵伯镇渌洋湖村等3个村列入省级村庄环境整治试点村。

【社会事业】 推进建设“教育强市”工程,10个镇建成教育强镇。义务教育阶段全部免收学杂费,残疾儿童全部实行免费教育。全面推进素质教育,普通高考本科上线2087人,连续第三年位居扬州各县(市、区)前列。全市受教育水平显著提高,城镇职工培训率达50%,农村从业人员培训率达35%,高中阶段入学率达90%以上。加快发展卫生事业,全面实施以农村合作医疗为重点的农民健康工程,新建社区卫生服务中心10个、服务站150个,新增无害化卫生户厕1.6万多座。实施新型农村合作医疗制度,农村居民参保率96.5%,定点医疗机构实现“即看即报”。城乡社区卫生服务覆盖率分别达100%和70%,卫生设施日臻完善,建成120急救医疗站和市人民医院23层病房大楼。文艺创作硕果累累,1200多篇文艺作品在扬州市以上发表。有线电视新增2万多用户,在扬州各县(市)率先实现“组组通”。实施“万村体育健身工程”,村村建有体育场地,8个镇建成“镇体育中心”。全市共有体育协会30多个,社会体育指导员近600人。全面落实计生优抚政策,计划生育率98.9%。启动实施新一轮再就业优惠政策,全年累计提供就业岗位1.8万个,推荐就业8000人,其中下岗失业职工再就业3067人,城镇登记失业率3.8%。实施职业技能培训,就业再就业培训6500人,新增农村劳动力转移1.6万人。

【产业优势】 主导产业加快集聚,汽车零部件、船舶配套件、环保机械三个产业进入省150家产业集聚、产业集群项目库。特钢生产加工、车船及配套件、机械电子三大千亿产业群初具雏形,特钢行业形成了无缝钢管、钢结构、不锈钢基料、模具产业链,江苏诚德集团实现产销35亿元,大口径无缝钢管产销量居全球第三,利税水平列扬州地方工业首位。汽车行业拥有整车生产企业4家,零部件企业90余家,全行业实现销售80亿元、利税5亿元。全市造船企业105家,其中规模以上企业30家,亿元以上企业3家,中海江苏造船基地4月份开工,计划总投入100亿元,一、二、三期工程全面动工,设计年造船能力350万综合吨,2009年建成后,将成为国内单体规模最大的造船基地。机械电子产业加快集聚,初步形成金属板材加工、环保器材、水泥机械、电力器材、发电机组、粮食机械、电子等特色产业,全行业实现产值250亿元。全市拥有扬州市级以上技术研发中心59家,其中国家级博士后科研工作站2家,省级以上技术研发中心6家。天雨环保、海润化工荣获中国名牌产品,舜天工具成为苏中、苏北地区首家国家级出口免验企业。江都是省政府命名的"建筑之乡",建筑业综合实力位居全省第四,2007年末,全市建筑业从业人员10万人,拥有建筑总承包特级资质企业1家,一级资质企业14家,工程技术和各类专业职称人员1.1万多人,机械装备总值6亿元。

【开发区建设】 按照省委、省政府战略部署,2007年,江苏省江都经济开发区开发坚持高起点规划、高目标定位、高强度投入、高速度推进,实现业务总收入284.5亿元、地方一般预算收入2.64亿元、出口额2.27亿美元,同比分别增长52%、53.3%、68.5%。完善建设规划。修编102平方公里沿江开发启动区规划,修订落实工业区、港口物流区、滨江新城区、高效农业生态示范区、大江风光带等五大功能区建设方案。强化招商引资。全年引进投资千万美元或亿元以上项目11个,计划总投资120亿元,新注册项目5个,协议利用外资1.8亿美元,实际到账外资7500万美元。投资100亿元的中海造船、投资8亿美元的中信特钢等项目的先后落户,分别成为江都市招引工业项目单体投资规模、利用外资规模之最,超大规模项目产业群加速集聚,特钢生产加工、船舶制造及配套件生产两大主导产业框架基本形成。提升园区功能。完成基础设施投入8亿元,新拓园区开发面积8平方公里,20万吨自来水厂一期工程开工建设;迁移架设杆线20公里,贯通8.1公里长的白沙路、东园路,供电、通信讯等各类管线建设同步实施;中远太平洋集团成功收购扬州港江都港区1、2号泊位,建成投运2号3.5万吨级件杂货码头,1、2号码头当年实现吞吐量210万吨,创历史新高;当年建成安置房10万平方米,在建安置房10万平方米。推进项目建设。开工建设中海造船舾装码头、龙门吊机、干船坞及全国最大的30万吨中海"峨嵋山号"举力浮船坞;江苏诚德集团实施20万吨大口径无缝钢管和40万吨高钢级油井管生产线,全年实现产销35亿元,蝉联扬州市第一纳税大户。优化生态环境。采用点、线、面相结合的方式,努力提高区域绿化、生态建设水平,全力打造三江营湿地森林公园、红旗河东海螺湿地、夹江大桥森林公园和大桥城市副中心广场。建成沿江5万吨污水处理厂一期工程,配套主干管网20公里。创新管理体制。按照责权利统一的原则,开发区实行"政府授权、以块为主、区镇合一、相对独立"的管理体制,对所在的大桥镇域范围实行统一领导,统一规划,统一建设,统一管理;区镇财政合二为一,开发区金库在全省率先投入运行。

2007年江都市经济社会发展主要指标一览表

项　　目	2007年	比2006年增减(%)
国内生产总值(亿元)	280	16
第一产业增加值(亿元)	22.4	4.4
第二产业增加值(亿元)	177.8	17.7
其中:工业增加值(亿元)	153.6	17.7
第三产业增加值(亿元)	79.8	16
人均国内生产总值(元)	27805	16
粮食总产量(万吨)	53.9	8.4
棉花总产量(吨)	1000	-12.2
油料总产量(万吨)	3.1	-22.7
全社会固定资产投资总额(亿元)	155	46
外贸自营出口(万美元)	44386	107.2
实际利用外资(万美元)	15891	52.8
社会消费品零售总额(亿元)	79.8	17.8
零售物价总指数(%)	104.2	3.2
地方财政收入(亿元)	12.4	35.3
地方财政支出(亿元)	14.39	32.4
职工年平均工资(元)	20288	17.5
农民年纯收入(元)	7011	14.4
邮电业务总量(亿元)	6.7	13.8
电话普及率(部/百人)	44	5.8
年末存款余额(亿元)	261.8	10.58
年末贷款(亿元)	115.5	44.5
大学(所)	2	—
中小学(所)	121	-7
下岗人数(人)	3100	—
企业兼并、破产数(个)	1	—

仪　征　市

【城市概况】 仪征行政隶属江苏省扬州市,位于江苏省中西部,地处长江三角洲的顶端,西接南京,东连扬州,南濒长江,与镇江隔江相望,北依两淮,与安徽省天长市接壤,长江岸线27公里。仪征历史悠久,有着2500多年的建城历史,唐宋时已是著名的工商业城市和园林城市,历来经济发达,人文荟萃,素有"风物淮南第一州"之称。1986年仪征撤县设市。现辖9个镇、2个乡、3个办事处,149个行政村,59.7万人口,总面积901平方公里。仪征区位独特,交通便捷,是江苏省沿江大开发战略和打造宁镇扬经济板块的中心区域和主阵地,是一座蓬勃发展中的生态型现代滨江工业城市;产业集聚、工业发达,是全国重要的化纤工业基地和上汽自主品牌整车生产基地;环境优美、生态宜居,先后获得全国卫生城市、国家级生态示范区、全国科技先进县(市)、全国平原绿化百佳县(市)、江苏省文明城市等荣誉称号,位列全国县域经济基本竞争力百强县(市)和全国中小城市综合实力百强县(市)。

【经济建设】 2007年,全市实现地区生产总值162.5亿元,比上年增长16.4%。其中,第一产业增加值9.13亿元,第二产业增加值109.39亿元,第三产业增加值43.98亿元,分别增长5.4%、17.7%、15.9%。三次产业比重为5.6∶67.3∶27.1。全社会完成固定资产投资111.85亿元,增长42.3%。实现财政总收入28.6亿元,增长35.9%;其中地方一般预算收入10.96亿元,增长35.1%。年末金融机构各项存款余额136.04亿元,其中居民储蓄存款余额76.37亿元,分别增长14.3%和2.1%;年末金融机构各项贷款余额84.9亿元,增长31.2%。年末在工商部门登记的私营企业0.35万家,增长16.7%,个体户1.19万户。全年实现农林牧渔业总产值18.13亿元,增长8.6%。茶果、花木、蔬菜等现代高效农业面积发展到15万亩。发展专用小麦20万亩、优质水稻30万亩。实施农业项目93个,引进外资1600万美元、内资5.2亿元。海峡两岸农业合作仪征茶果产业园正式挂牌。29家重点农业龙头企业实现销售收入17.2亿元、利税7400万元。"三品"农产品发展到41个,农村三大合作组织发展到134个。新增复垦土地4378亩,新增林地面积1503公顷。年末全市农机总动力24.34万千瓦时。全年实现全市工业总产值517.23亿元,地方工业总产值348.51亿元,分别增长34.3%和55.6%,其中,地方规模工业总产值251.47亿元,增长61.1%。全年全社会用电量15.85亿千瓦时,增长24.5%;其中工业用电量13.08亿千瓦时,增长29.7%。石油化工、汽车及零部件、纺织、船舶制造、照明器具和高新技术等主导产业的比重进一步扩大。全市亿元级企业52家,其中10亿元级企业5家。新增规模企业100家以上。地方工业完成投入75亿元,实施千万元以上项目235个,其中亿元以上项目26个。全年新增高新技术企业8家,新认定国家重点新产品和省高新技术产品20个;新认定扬州市以上研发中心6家,促进产学研合作项目20个。全年专利申请量641件,授权专利124件。新创省级品牌4个,"双环牌"内燃机活塞环获"中国名牌"称号。全年实现建筑业总产值90亿元,增长11.5%;房屋建筑竣工面积638万平方米,增长26.1%。全市共有各类服务业法人单位2163家、个体私营企业10697家,注册资本46.62亿元,服务业从业人员11.9万。实现服务业增加值43.98亿元,增长15.9%。全年实现社会消费品零售总额52.3亿元,增长17.2%。全年新批外资项目91项,合同利用外资5.19亿美元,增长49.2%,实际利用外资2.03亿美元,增长61.4%。全年进出口总额35429万美元,增长59.5%。其中进口21790万美元,增长60.1%;出口13639万美元,增长58.7%。

【城乡建设】 制定了沿江开发控制性详细规划、滨江生活岸线开发规划和枣林湾生态园总体规划。完成城市总体规划修编工作。编制了7个乡镇工业集中区控制性详细规划、80个村庄建设规划、1个特色村庄规划。公示建设项目规划方案125个。继续组织实施新一轮城建十大类重点工程,累计投入5亿元。改造新建大庆北路、西园南路等城区骨干道路,开工建设解放东路跨石桥河、西园路跨仪城河等桥梁。加快开发滨江生活岸线。综合整治工农路、大庆路、真州路两侧街景,改造巷道10条,城市形象明显提升。全年新增城市绿化覆盖面积130公顷,城市绿化覆盖率保持40.1%。环境质量综合指数达87.9分。城市污水集中处理率75.2%,生活垃圾无害化处理率100%。年末累计建成环境噪声达标区面积39平方公里。积极兴办农村实事,综合整治农村环境。新建、改建农村公路153公里,建成仪扬河新城大桥,清淤疏浚农村河道159公里,除险加固小水库5座,抛石护岸4公里。新建乡镇压缩式垃圾中转站9个,新增农村垃圾池2300多个,实现城乡垃圾统筹处理。完成农村改厕1.1万多户,新建农村沼气池2600只。实施农村安全饮水工程,刘集、大仪等4个乡镇用上扬州自来水,受益人口8万多人。积极实施农村建设用地减少与城市建设用地增加挂钩项目。稳步推进14个新农村示范村和36个全面小康村建设。

【社会事业】 全市有中等专业学校1所,在校生0.61万人;普通中学28所,在校生3.48万人;小学46所,在校生2.86万人。有专业艺术表演团体1个,公共图书馆1个,群众艺术馆、文化馆1个,博物馆、档案馆2个。有卫生机构28个。其中,医院、卫生院25个,卫生防疫和防治机构1个,妇幼卫生保健机构1个。各类卫生机构拥有病床0.17万张,有卫生技术人员0.19万人。城乡社区卫生服务体系健全率达98%。有体育馆1座,全年参加省级以上体育比赛共获奖牌17枚,其中金牌7枚。养老保险参保人数10.32万人,净增0.83万人;基本医疗保险参保人数11.2万人;失业保险职工8.1万人。各类福利院拥有床位0.17万张。全年最低生活保障救助13325人次,增加524人次。新改扩建敬老院7所,五保集中供养率62%。

【人民生活】 2007年,人均地区生产总值27959元。其中,城镇居民人均可支配收入13390元,增长17.2%。人均住房建筑面积31.9平方米。农民人均纯收入6219元,增长13.1%;农民人均住房面积达到46平方米;生活消费支出5019元,增长13.8%。年末城镇在岗职工5.56万人,平均工资22767元,增长12.4%。新增城镇就业数0.36万人,下岗失业人员再就业0.18万人。年末城镇登记失业率3.1%,下降0.2个百分点。

【产业优势】 作为江苏沿江开发先行区和扬州的工业基地,仪征制造业基础良好,初步形成了石油化工、汽车及零部件、船舶制造、高新技术、现代物流五大主导产业,拥有一批竞争力较强的大企业、大集团,具备较强的产业配套能力。石油化工产业以扬州化工园区为主要载体,现有规模以上企业21家。大连化工、扬农化工、美国优尼发、日本东丽等一批境内外知名的大型石化企业落户园区,以乙烯、丙烯、氯碱、芳烃为龙头的四大产业链初步形成。仪征化纤股份有限公司是世界第五、亚洲最大的化纤原料生产基地,现已形成170万吨聚酯聚合生产能力。在仪征化纤的辐射带动下,纺织、服装、非织造布等配套延伸产业快速发展。汽车及零部件产业以汽车工业园为主要载体,拥有上海汽车乘用车仪征分公司和上海汇众仪征轻型客车厂2家整车制造企业;集聚双环活塞环、美国亚新科、爱斯姆合金等汽车零部件企业30多家。2007年,汽车及零部件产业完成工业产值36.5亿元,缴纳税收4.1亿元,分别增长437%、810%。荣威750轿车、汇众伊思坦纳分别形成年产5万辆和2万辆的生产能力;荣威W261、双龙S100、陆百斯特旅居车等项目加快推进。船舶制造产业以经济沿江园区船舶工业园为载体,集聚金陵船舶、国裕造船等万吨级以上船舶制造企业10

家。2007年,船舶工业园实现工业总产值40.68亿元、利税2.5亿元,分别增长154%、170%,成为全省有影响力的内河船舶制造基地。高新技术产业以经济沿江园区为主要载体,积极打造苏中电子信息产业发展高地。目前,以太阳能光伏产品为核心的新能源产业、以LED产品为主线的新光源产业、以天龙玄武岩连续纤维、东丽BOPET液晶用高级薄膜、华奥高性能氟材料为代表的新材料产业和以芯片等高精尖产品为主的新技术产业发展势头良好。世界最大的绿色照明生产基地飞利浦照明(中国)、中国LED骨干生产企业史福特照明以及天保新能源、万事通通信讯等龙头型、创新型项目发展迅速。现代物流业蓬勃发展。2007年,共有营业收入100万元以上的物流企业36家,企业总资产1.3亿元,拥有自有仓储面积7.2万平方米,租用仓储面积5.4万平方米。中化国际仓储、兵吉燕石化仓储、上汽赛克汽车及零部件物流、嘉扬汽车及零部件物流、润扬钢材物流中心二期等物流项目进展顺利。物流集聚区建设加快,长江石化物流中心和仪征上汽赛克汽车及零部件物流中心分别被评为江苏省和扬州市首批现代服务业集聚区。

【仪征市枣林湾生态园挂牌成立】 2007年4月17日,仪征市枣林湾生态园开园挂牌。园区位于仪征市西侧丘陵地区,规划面积67.4平方公里。园区按照打造"仪征市及宁仪扬江北工业走廊的绿肺"和"宁镇扬都市圈的后花园"的目标定位,确立了"生态立园、文化铸魂、项目推动、效益优先、和谐发展"的建设原则,依托现有的"三山五湖"资源,通过建设一批以生态环境为依托、以各自主导产业为载体的"庄园主"群,形成生态框架下多产业全面发展、上下游产业综合配套的发展模式和空间布局上山水相依、错落有致的良好格局。

【荣威汽车正式量产上市】 2007年3月初,上汽仪征基地生产的荣威7502.5L典雅型、贵雅型、睿雅型等车型在全国上市销售,短短9个月时间,销量就达1.74万台,在V6这一中高端细分市场上牢牢把住前三甲的位置,成功树立起荣威的高端品牌形象。在市场销售取得成功的同时,荣威750在2007年受到国内各大媒体的普遍关注,获得"最值得期待车型"、"最佳中高级轿车"、"第四届中国杰出营销奖"、"最佳品牌建设案例大奖"等30多个奖项,覆盖了车型、发动机、市场营销、品牌建设等各方面,立体化的展示出中国企业打造中高端轿车品牌的突出成果。

【政府网站蝉联全国第一】 继荣获2006年度中国政府网站绩效评估县级市政府网站第一名后,2008年1月,"中国仪征"政府网站再次荣获2007年度中国政府网站绩效评估县级市政府网站第一名,2007年7月,"中国仪征"政府网站在中国社科院政府网站评比中荣获"全国政府网站创新奖"。"中国仪征"政府网站紧紧围绕"政务信息公开、公共服务和公众参与"三大功能定位,不断加强和改进网站建设,成为引导市民参与政府公共决策和管理、加强政府同人民群众联系与沟通、促进社会和谐发展的重要窗口和平台,全年网上来信办理系统共受理群众来信来帖3260件,答复交办率100%。

2007年仪征市经济社会发展主要指标

项　目	2007年	比2006年增或减(%)
地区生产总值(亿元)	162.5	16.4
第一产业增加值(亿元)	9.13	5.4
第二产业增加值(亿元)	109.39	17.7
其中:工业增加值(亿元)	95.71	17.9
第三产业增加值(亿元)	43.98	15.9
人均地区生产总值(元)	27959	25.2
粮食总量(万吨)	26.7	0.8
油料总产量(万吨)	0.81	-18.2
全社会固定资产投资总额(亿元)	111.85	42.3
外贸自营出口总额(万美元)	13639	58.7
实际利用外资(万美元)	20305	61.4
社会消费品零售总额(亿元)	52.3	17.2
地方一般预算收入(亿元)	10.96	31.5
地方一般预算支出(亿元)	11.29	40.3
职工平均工资(元)	22767	12.4
农民年纯收入(元)	6219	13.1
邮电业务总量(亿元)	3.3	16.2
电话普及率(部/百人)	78	5.6
年末存款余额(亿元)	136.04	14.3
年末贷款余额(亿元)	84.9	31.2

【沿江开发园区建设】 仪征沿江开发园区乘全省沿江大开发东风,以科学发展观为统领,着力转变经济发展方式,精心构筑沿江经济高地,四大主导产业提档升级、集群共生,园区发展活力迸发、实力倍增。2007年,沿江园区基础设施投入7亿元以上,各项配套功能不断完善。其中,高新技术产业园建成区面积近12平方公里,形成"七纵三横"的路网结构;船舶工业园建成区面积达5平方公里以上,架设110kv船舶园区专用供电线路;汽车工业园内荣威大道建成通车,4平方公里东西启动区实现"九通一平"。

汽车及零部件产业:2007年,汽车及零部件产业实现工业总产值36.5亿元,利税4.1亿元,分别增长437%、810%。拥有上海汽车乘用车仪征分公司和上海汇众仪征轻型客车厂2家整车制造企业;集聚双环活塞环、美国亚新科、爱斯姆合金等汽车零部件企业100多家。荣威750轿车、汇众伊思坦纳分别形成年产5万辆和2万辆的生产能力;荣威W261、双龙S100、陆百斯特旅居车等项目加快推进。

船舶制造业:2007年,船舶工业园实现总产值40.68亿元、利税2.5亿元,分别增长154%、170%,集聚金陵船舶、国裕造船等万吨级以上船舶制造企业10家,成为全省有影响力的内河船舶制造基地。

高新技术产业:积极打造苏中电子信息产业发展高地,以太阳能光伏产品为核心的新能源产业、以 LED 产品为主线的新光源产业、以天龙玄武岩连续纤维、东丽 BOPET 液晶用高级薄膜、华奥高性能氟材料为代表的新材料产业和以芯片等高精尖产品为主的新技术产业发展势头良好。

现代服务业:如家酒店设施设备租赁项目总部落户园区,服务业发展取得历史性突破。此外,上汽赛克物流、润扬钢材市场等物流、销售企业发展快速。

【外向型经济】 2007 年,招商引资成效明显。利用"烟花三月"、"绿杨春早"、"金秋招商月"等系列平台,广泛开展专题推介活动。全年新批项目 51 个,完成合同利用外资 3.02 亿美元,实际到账外资 9101 万美元,新增民资注册资本 8.7 亿元,飞利浦照明、西门子电机等跨国集团中国公司总部落户园区。

【自主创新】 充分发挥企业在技术创新中的主体作用,联合国内外知名院校和科研机构,切实推进产学研合作,努力打造具有较高水平的高科技园区和创新型园区。华奥涂料化工有限公司晋升为国家级高新技术企业,国家级高新技术企业达到 2 家;新增省级高新技术企业 5 家;拥有省级高新技术产品 10 项;史福特光电、万事通通信讯、天龙玄武岩等企业相继建立了研发中心、试验室,成为企业提高技术创新能力和培植核心竞争力的重要载体;申报 IS09000 质量认证体系企业 5 个,申报 IS014000 环境认证体系企业 1 个;天保光伏生产的太阳能电池片转换率已达 17.32%,成为同行业的佼佼者;万事通通信讯的自主品牌手机获得国家生产许可,是扬州地区具有手机生产许可证的首家企业。世界最大的绿色照明生产基地飞利浦照明(中国)、中国 LED 骨干生产企业史福特光电以及天保新能源、万事通通信讯等龙头型、创新型项目发展迅速。

在资金要素方面,坚持银行融资和项目融资"双管齐下",采用 BT、BOT 等方式,积极引进香港闽泰集团等各类优质资本投资园区基础设施建设,基本保证了征地拆迁和基础设施建设的资金需求。在土地利用方面,不断提高项目准入门槛,依法开展项目用地清理,鼓励企业建设多层标准厂房,土地利用集约水平不断提高。

【产学研结合】 大力开展重大技术项目攻关及促进成果产业化工作,高新技术产业园 10 万平方米科技孵化中心投入使用。江苏天龙玄武岩连续纤维高新科技有限公司联合中国科学院地质与地球物理研究所在园区内建立玄武岩复合材料(国家级)实验室。史福特光电、万事通通信讯等企业相继建立了研发中心、试验室,成为企业提高技术创新能力和培植核心竞争力的重要载体。

【环境保护】 坚持高效集约、有序开发的原则,结合大江风光带建设,积极倡导生态文明,推进沿江生态建设。切实加强园区各项规划与全市各类专项规划的有机衔接,严格执行沿江开发控制性详规、滨江生活岸线开发规划,切实保护长江岸线等珍稀资源。2007 年,开挖景观河近 4 公里,新增绿化面积 20 万平方米以上,新增亮化道路 9 公里以上。

【建立人才高地】 密切联系北京大学光华管理学院名誉院长厉以宁、人大校长纪宝成、船舶专家张圣坤等 11 位市政府经济社会发展顾问,多方征求发展意见,在融入中不断明晰产业定位,在特色中增创发展优势。成功邀请百名博士来园考察调研,积极引进科技领军人物、海外优秀留学人才等高层次创新创业人才来园创业。认真贯彻落实人才引进优惠政策,稳定高级管理人才和技术骨干队伍。通过清华远程学堂、邀请江苏科技大学等院校专家举办讲座等形式,帮助企业多方位培训技术和经营管理人才,为产业发展提供强劲智力支持。

宝 应 县

【宝应经济开发区】 2007 年,宝应经济开发区实现工业总产值 93.05 亿元,财政收入 2.35 亿元,分别增长 37.4% 和 26.4%。

经济社会发展主要指标

项　　目	2007 年	比 2006 年增或减(%)
国内生产总值(亿元)	138.01	15.3
第一产业增加值(亿元)	26.83	4.5
第二产业增加值(亿元)	68.01	19.5
其中工业增加值(亿元)	55.83	19.7
第三产业增加值(亿元)	43.17	16.3
人均国内生产总值(元)	16896	15.8
粮食总产量(万吨)	77.12	17.3
棉花总产量(吨)	108	-38.6
油料总产量(万吨)	1.31	-41.0
全社会固定资产投资总额(亿元)	78.11	37.3
外贸自营出口(万美元)	17359	33.9
实际利用外资(万美元)	5503	30.3
社会消费品零售总额(亿元)	45.84	17.3
零售物价总指数(%)	√	4.8
地方财政收入(亿元)	10.11	47.1
地方财政支出(亿元)	12.62	30.3
职工年平均工资(元)	16825	13.7
农民年纯收入(元)	6219	12.4
邮电业务总量(亿元)	3.50	16.0
电话普及率(部/百人)	55.8	11.4
年末存款余额(亿元)	99.03	11.8
年末贷款(亿元)	50.60	15.6
大学(所)		
中小学(所)	108	-9.2
下岗人数(人)		
企业兼并、破产数(个)		

招商引资成效明显。围绕扬州“烟花三月”国际经贸旅游节、中国宝应荷藕节和秋季招商等重点招商活动,紧盯广东、浙江、上海、苏南等外资、民资富聚区,进一步创新理念,整合资源,充实队伍,改进方式,加大激励,强化驻点招商、产业招商、专业招商、委托招商,不断提高招商成效。2007年完成招商引资额33亿元,增长28%。协议利用外资8500万美元,实际到帐外资3485万美元,分别增长64.8%和170.3%。

项目建设稳步推进。认真落实重大项目建设促进机制,加强项目督查和帮办服务,积极化解土地、资金、劳动力、电力等要素矛盾,项目建设取得新的进展。全年实施投入3000万元以上项目37个,其中亿元项目12个,1000万美元以上项目5个。EMS复合金属材料、布利杰一期等一批重大项目竣工投产。

新区开发步伐加快。2002年10月,宝应开发区在原有老区基础上,规划建设8平方公里的开发区新区。目前,已建成“七横四纵”道路主体框架,新区基础设施和功能分区不断完善,累计投入7亿多元。至2007年底,共有62个项目落户新区,协议投资总额60多亿元,其中亿元项目19个,5000万元以上项目7个。

宝应经济开发区重点企业有:宝胜集团有限公司、森萨塔科技(宝应)有限公司、宝胜普睿司曼电缆有限公司、江苏菲达宝开电气有限公司、阿斯塔导线(中国)有限公司、扬州中宝制药有限公司、江苏兴洋管业股份有限公司等。

东海县

东海县位于江苏省东北部,东濒黄海,西接彭城,南依江淮,北界齐鲁,是沿东陇海线产业带上的重要节点城市、闻名中外的中国水晶之都。这里交通便捷,水陆海空交通兼具。面积2041平方公里,人口109万,辖23个乡镇(场)、1个省级经济开发区和1个市级旅游度假区。“东海三件宝,水晶、版画、温泉澡”、“百湖之县”、“亚洲第一深井”,这些独特的资源,使东海特色鲜明,独具神韵,形成“石、水、湖、井、画”五张名片。

石－－东海因水晶奇石而闻名世界。迄今已探明矿产37种,水晶、石英储量质量均居全国之首。东海水晶晶莹剔透,高贵典雅,获批国家地理标志保护产品,现存国家地质博物馆重达4.35吨的“水晶大王”即出自东海,毛主席的水晶棺也是由东海水晶精制而成;东海水晶城被命名为“中国水晶工艺礼品城”,是国际性水晶及其制品集散中心。硅资源是国家战略性资源,东海硅产业产值突破百亿大关,获批建设国家火炬计划硅材料产业基地,成为“东方石英中心”。

水－－东海因温泉神水而名冠华东。温泉地处奇幽秀丽的上古羽山南麓,明代隆庆有文述其“冬夏如汤”。明清时建有“神泉寺”,清明、端午时节,方圆百里,老幼相携,沐浴神水,朝拜汤姑,以求百病不生、全家安康。温泉地热面积2.4平方公里,泉清水滑,井口水温82℃,富含30余种矿物质和微量元素,具有祛病健身、洁肤美容之神奇功效,被誉为“华东第一温泉”。全国人大原副委员长彭冲欣然题词“怡神之泉”。湖－－东海因亲水滨湖而灵动优美。东海享有“百湖之县”之美誉,西双湖等三个湖泊被玉带河相连,宛如一条水晶项链,镶嵌在城市的中轴线上。城市依湖而建,西双湖九大功能区和十八个景观区开发初展风采,玉带河景观带五大组团建设基本完成。城籍湖美,水借城秀,一个具有现代品位、人文内涵、滨湖特色,苏北一流的商务休闲中心和生态新城呼之欲出。

井－－东海因科钻深井而奥妙神奇。东海地质构造独特,中国“上天入地下海”三大工程之一的大陆科学钻探超深井选址于此,井深5158米,是“亚洲第一深井”,标志着中国从地学大国向地学强国迈出了新步伐。科钻深井是深入地球内部、探寻地球奥秘的“望远镜”,在中国地学史上具有划时代的意义,已成为科普地质游的重要基地。

画－－东海因少儿版画而底蕴彰显。这里历史悠久,大贤庄旧石器遗址、曲阳古城、尹湾汉墓、马陵古道传承着五万年人类文明;这里才俊辈出,是南朝诗人鲍照、现代散文家朱自清、当代版画家彦涵的故乡。远古的文明和时代的灵气,孕育了少儿版画作品数万幅,其中1000多幅参加国际国内展览或被收藏、发表,获奖作品达500多幅,被命名为“全国少儿版画创作基地”、“中国民间艺术之乡”。

近年来,东海围绕建设“中国重要的硅材料产业基地、生态旅游型现代化湖滨城市、国际知名的水晶之都”发展定位,全面加快新型工业化、城乡一体化、农业产业化、经济外向化进程,先后获得“全国最具投资潜力中小城市百强”、“国家级生态示范区”、“全国珠宝玉石首饰特色产业基地”、“全国绿化模范县”、“全国粮食生产先进县”等金字招牌。2007年,全县实现地区生产总值110亿元,增长17.5%;财政总收入14亿元、一般预算收入6.3亿元,分别增长71%和57.5%;农民人均纯收入5000元,增长12%。一个充满活力、令人向往的魅力晶都正热情欢迎您的到来!

泰州市辖县(市)

兴化市

【概况】　兴化市位于“长三角”沿江经济开发带,地处江淮之间里下河腹部,东邻大丰、东台,南接姜堰、江都,西与高邮、宝应毗邻,北与盐城隔界河相望。全市总面积2393.35平方公里,人口153.92万人,辖29个镇、5个乡、1个省级开发区,设78个居民委员会、614个村民委员会。兴化素有“鱼米之乡”的美誉,境内生态环境优越,是国家级生态示范区、省级历史文化名城。2007年,全市实现地区生产总值212.7亿元,比上年增长15.2%。完成财政收入24.68亿元,比上年增长55.61%。其中一般预算收入9.58亿元,增长46.12%,增幅位列泰州四市两区之首。再次跻身全国县域经济基本竞争力百强县(市)行列。

【农业】　*农业经济平稳发展。*全年完成农业总产值(可比价)39.04亿元,比上年增长4.95%。其中,种植业产值16.61亿元,比上年增长5.2%;多种经营产值22.43亿元,增长4.77%。新增高效农业种植面积0.67万公顷,新增高效渔业面积0.53万公顷。三度获全国十大粮食生产标兵县(市)称号。全年粮食总产132.14万吨,比上年增加7.49%。其中,夏粮总产51.87万吨,增长9.77%;秋粮总产80.27万吨,增长6.06%。全年棉花总产1.38万吨,比上年下降23.18%;油料总产3.31万吨,比上年下降0.96%。水产品总产量18.1万吨,比上年增长4.5%。机械化水平不断提升,全市拥有农业机械总动力88.93万千瓦,增长2.31%;拥有联合收割机2715台,增长3.04%。

【工业·建筑业】　*工业经济持续快速健康发展。*全年完成工业总产值552.5亿元,比上年增长33.6%。其中,500万元以上规模企业完成产值290.4亿元,增长35.1%。全年新增私营企业724家,个体工商户7468户,累计新增注册资本33.5亿元,其中注册500万元以上私营企业新增122家,比上年增加36家。75家“五五”工程定向培植企业发展势头强劲,实现产值比上年增长31.2%,入库税金2.9亿元,比上年增长45.5%。全市产销过亿元企业61家,其中产销过3亿元企业13家,分别比上年增加23家和4家,有8家企业入库税金超1000万元。兴达钢帘线股份有限公司实现产值28.7亿元,利税6亿元。不锈钢材料及制品、农副产品加工、机械制造、纺织服装为特色的四大产业高速发展,其中不锈钢产业和脱水蔬菜加工被列入全省100个重点培植的产业集群。

*建筑业保持良好的发展态势。*全年实现建筑业总产值83亿元,比上年增长30%;实现建筑业增加值21.8亿元,比上年增长31.0%。建筑企业整体竞争能力得到增强,规模市场和特色市场进一步发展,产值超亿元的企业达29家;建筑业从业人数11万人,其中外出施工人数7万人。

【经济体制改革】　*市属企业“三置换一保障”改革终结扫尾工作强力推进。*金鹏集团、兴化齿轮厂顺利在省产交所挂牌,职工身份置换分别达100%和92.3%。继续推进经营性服务类事业单位改革。深化教育系统人事分配制度改革,通过科学设岗、核编定岗、竞聘上岗,进一步理顺各类人事关系。加强国有资产管理,启动非税收入收缴管理改革试点工作。

【国内贸易和对外经济】　*全市消费品市场繁荣兴旺,商业经营业态不断提升。*全年实现社会消费品零售总额48.05亿元,比上年增长18.3%;其中,批发、零售贸易业零售额40.81亿元,增长18.3%;餐饮业零售额6.66亿元,增长18.1%。全年进出口总额23309万美元,增长29.2%,其中,完成自营出口额16591万美元,增长43.3%。新批外商投资企业20家,增资3家。协议利用外资10606万美元,实际利用外资5016万美元,分别增长1270%和124.5%。新签外经合同253万美元,实现营业额201万美元。

【交通】　*交通基础设施建设加快。*全年完成交通基础设施建设地方投资4.45亿元,建成农村公路420公里,完成40个未通公路行政村道路硬质化工程,全市614个行政村实现“村村通”。全面开通建设兴泰公路扩建工程,全力实施大兴金公路兴化段改造工程,建成大兴金公路钓鱼以东段道路。全市公路社会总里程2180公里,等级公路密度上升到0.86公里/平方公里。全年完成客运量1050.6万人,增长2.9%;客运周转量70012万人公里,增长3.0%;货运量2505.4万吨,增长51.5%;货运周转量619244万吨公里,增长184.8%。

【供电】　继续加大电力设施的投入,全年完成电网建设投资1.15亿元。建成110千伏红星输变电工程,张郭同济220kV输变电工程加快推进。全年完成供电量34.03亿千瓦小时,比上年增长14.84%,用电量完成34.51亿千瓦小时,比上年增长15.00%。其中,工业用电量29.74亿千瓦小时,比上年增长15.69%。

【财政】　财政收入继续保持快速增长,全市实际完成财政总收入24.68亿元,地方一般预算收入9.58亿元,分别比上年增长55.61%和46.12%。其中,地方一般预算收入增幅列泰州四市之首,增幅列全省县(市)第二十一位,比上年前移26位,再次受到省政府表彰。全市财政支出22.63亿元,其中一般预算支出17.23亿元,“三农”、民生和社会公共事业支持力度得到进一步加强。

【金融·保险】　全市金融机构存款余额167.2亿元,比年初增加25.95亿元,增长18.4%。其中,居民储蓄存款余额

124.04亿元,比年初增加13.0亿元,增长13%。贷款余额首次突破100亿元,达103.45亿元,增长22.9%。其中,工业贷款48.2亿元,增长30.0%。加大对"五五"企业信贷支持,全市"五五"工程企业贷款余额16.28亿元。保险业稳定增长。全年保险业务收入2.91亿元,比上年增长5.2%。其中,财产保险业务收入0.48亿元,比上年增长42.3%;人身保险业务收入2.43亿元,与上年持平。

【邮政·电信】 邮政电信事业稳步发展。全年完成邮电业务收入5.08亿元,比上年增长17.1%。年末固定电话用户数为31.94万户,其中市话用户5.53万户、农话用户26.41万户。年末移动电话用户数37.5万户;全市电话普及率45部/百人;计算机互联网宽带用户37333户,比上年增加19405户。

【城乡建设】 全力打造具有水乡特色的生态城、文化城、宜居城、旅游城。全年完成城乡建设投入74.9亿元,比上年增长57%。编制完成新垛、荻垛、钓鱼3个乡镇小城镇总体规划,完成100个新农村建设先行村的建设规划和300个居住地点的村庄平面布局规划。全年完成城区52项路桥工程建设,英武大桥建成通车,英武中路实现全线贯通。突出城市十大重点绿化工程建设,新增绿地面积104万平方米。板桥竹石园、城市森林公园和人民公园建成并正式对市民开放。推进城市防洪工程建设,沧浪河西南闸和海池河东闸站主体完工,沧浪河西闸站、王家塘、楚水湾防洪墙(堤)及配套绿化工程竣工。以英武中路三期和防洪工程拆迁为重点,完成米市河路、张家路等18个地块的拆迁,全市旧城改造拆迁面积近35万平方米,新建房地产项目30个,开工面积98.75万平方米,竣工面积36.65万平方米。加快经济适用房、解困房建设,建成城堡西苑小区,启动新区经济实用房建设工程。编制城区老住宅小区改造规划,重点实施张阳南区环境整治。维修和改造后街背巷900条,改造长安北路、英武北路和城东三座压缩式垃圾中转站。城南污水处理厂一期建成并试运行。

【环境保护】 开展不法排污企业整治,关停420家废旧橡塑经营加工企业,对全市范围内18家小炼油、荻垛镇11家小炼铜加工点及小造纸进行集中取缔,对全市78家化工企业进行全面清查,关闭化工企业8家。全面完成泰州市挂牌督办的5家企业和兴化市挂牌督办的60家工业企业整治工作。大力实施污染物减排工作,重点实施21项污染物减排工程,全年累计COD减排529吨、SO_2减排639吨。扎实开展城乡环境综合整治,创建国家环保模范城市稳步推进,通过省级调研。实施二水厂水源保护区范围内环境整治。编制《兴化市农村环境综合整治规划》,开展188个村的环境综合整治,新建成泰州市级环境优美乡镇2个,省和泰州市级生态村5个。申报西北部湿地保护规划,新植树木462.6万株,造林0.42万公顷,森林覆盖率8.67%。

【教育】 基础教育办学质态有所提高,教育发展活力逐步增强。小学入学率、毕业率均为100%,初中入学率100%,巩固率99.65%,3~5周岁幼儿入园率90.03%,残疾儿童、少年入学率95.1%。普通高中招生9504人,初升高比例90.1%,全市新创建四星级高中1所、省优质幼儿园3所、泰州市优质幼儿园5所,撤并小学8所、教学点4个、初中2所。城区5所学校教育资源顺利实现整合,新组建兴化市第一中学。楚水实验学校顺利通过省四星级高中验收。深化教育系统人事分配制度改革,调整完善教育管理体制,进一步理顺各类人事关系。进一步规范民办学校办学行为,取消12所民办学校办学资格,通过改制回归公办。加大职业教育资源整合力度,3所职校整合进入实质性阶段。职教生源稳定增长,3所职校毕业就业率均达100%。完成各类实用技术培训20.45万人次。自学考试学历考试报名2219人次。

【文化·广播电视】 文艺作品和学术成果不断涌现,质量提升。全年获得各类奖项40多个,其中国家二等奖3个、省一等奖3个。乡镇文化站达标建设稳步推进,全市有17家达标,16家在建。"三送工程"成绩显著,全年送戏下乡140场,送电影到村6497场,新建"农家书屋"67家,总数113家。成功举办第八届中国·兴化郑板桥艺术节大型文化活动。充分挖掘本市人文历史资源,打造"板桥"文化系列品牌。推出小戏剧《板桥放粮》,创作表演获泰州市一等奖。编辑出版画册《劲竹清风——郑板桥诗文书画精选》、综合性文化刊物《文化兴化》等。"多彩周末"广场文化出新出彩,企业文化、校园文化蓬勃发展,廉政文化、民俗文化形成品牌。文化遗产保护与修缮工作取得突破性进展。全省重大考古发现之一林湖影山头古文化遗址将江淮和兴化历史向前推移2000多年。赵海仙洋楼、任大椿读书楼、明城墙等一批名人故居和古建筑修缮竣工,完成李园、四牌楼修缮方案。加强非物质文化遗产申报与保护,全市有30项非物质文化遗产列入保护名录,其中10项列入泰州市名录,竹泓木船制造工艺入选第二批国家级非遗名录推荐项目名单。实现文化市场管理执法全覆盖,出台《兴化市关于建立健全网吧管理长效机制的实施意见》。文化产业规模、服务档次不断提升,文化改制工作稳步推进,显现成效。

广播电视局与新闻信息中心进行整合,新闻宣传能力不断增强。《兴化新闻》开辟"民生直通车",架起政府与百姓沟通的桥梁。广播电台实现全新改版,开辟"阳光生活"和"交通直达车"两档直播互动节目。"行风热线"成功推出四部门联合上线,受到社会各界的好评。《兴化信息》全面改成彩印版,实现城乡全覆盖。外宣工作有所进步。电视新闻在中央电视台用稿(片)6篇,实现新突破;省台用稿(片)50多篇,位列全省县级台前十名。广播新闻在中央人民广播电台用稿50多篇,省台用稿65篇。有线电视"进组入户"成效显著,农村行政村有线电视联网率97%以上,全市有线电视用户26.11万户,新增4.31万户。

【科学技术】 全年申报实施各类科技计划项目25项,新批省级高新技术企业11家、高新技术产品13项、省级民营科技型企业15家。全市实现高新技术产业产值26.41亿元,比上年增长58.45%。市科技创业中心升格为省级高新技术创业服务中心,成为泰州市第二家省级高新技术创业服务机构。知识产权工作进一步加强,专利申请量达313件,接近"十五"期间五年专利申请总量总和。

【卫生】 完成19个乡镇卫生院和100个村卫生室向社区卫生服务中心和服务站的转型。为5万名农村妇女、3万名儿童、2

万名60岁以上老人进行健康检查。推进农村改厕,全年完成改厕6071座。在全市学校食堂及大中餐饮行业全面实施食品卫生量化分级管理,加强重大节日和重要活动期间的专项监督检查,严格卫生许可。加强艾滋病、结核病、麻风病等重大疾病和特大洪灾后的疫情防控,无重特大传染病疫情和公共卫生事件发生,针对性传染病发病率全部控制在省控指标以下。被省中医药管理局授予江苏省农村中医工作先进市称号。大垛镇建成泰州市卫生镇,大垛镇管阮村建成省级卫生村,新垛镇施家桥等4个村建成泰州市级卫生村。

【体育】 体育事业继续发展。全年共夺得国家、省、市各类比赛金牌71枚、银牌82枚。全面完成614个行政村"万村体育健身工程",34个乡镇和1个省级经济开发区建成全民健身活动中心。体育产业稳步发展,体育彩票销售4300多万,创历史最好纪录。对现有体育场馆进行修缮,添置体育健身设施,为全民健身活动创造较好条件。

【人口和计划生育】 切实加强计划生育基础管理,低生育水平继续保持稳定,计划生育率99.7%。加大出生性别比综合治理力度,加大孕情检查、外孕处理、长效节育措施落实和社会抚养费征收力度。强化计生宣传教育,放大"世代服务"效应,新建市指导站、周庄、安丰"世代服务"机构。积极开展生殖健康服务,开展生殖道感染查治6.5万人,开展宫颈癌筛查1.5万人。开展出生缺陷干预,有效降低出生婴儿缺陷率。严格规范计生行政执法。落实农村计划生育家庭奖励帮扶制度和独生子女伤残死亡家庭扶助制度,全年发放扶助金366.2万元。

【人民生活和社会保障】 城乡居民生活水平大幅提高。城镇居民人均可支配收入12580元,农民人均纯收入6193元,分别比上年增长13%和13.5%。就业再就业工作成效显著,城乡就业总量不断扩大。全年新增就业9854人,年末城镇登记失业率3.3%。建成15个乡镇就业培训基地,培训农村劳动力1.57万人次,转移3.29万人。新型农村合作医疗保险扩面15.4万人,参合率95.8%。城镇职工基本养老保险扩面9000人,农村社会养老保险试点扩面首批参保6600人。建立廉租住房保障制度,对城区117户低保住房困难家庭发放廉租住房租金补贴。建立农村五保、城乡低保和困难企业退休职工等社会困难群体的生活补助标准正常增长机制。健全社会大救助体系,制定《关于建立健全社会困难群体救助体系的意见》及14个专项救助实施办法,组织实施"万户结对帮扶"工程。

【社会稳定·安全生产】 开展"平安兴化"创建活动,被省委、省政府批准为社会治安安全市。加强特殊群体管理,开展流动人口管理试点工作,规范刑释解教人员安置帮教和社会矫正工作,加强预防青少年违法犯罪工作。高度重视信访工作,着力构建"大防控、大调解、大信访"工作机制。加强安全生产管理工作,推进安全生产专项整治,开展安全生产隐患排查治理专项行动,做好化工生产企业专项整治工作,全市安全生产形势继续保持平稳态势,事故起数、死亡人数连续六年保持双下降。

【质量技术监督】 深入开展"质量兴市"活动,全面提高企业质量管理和农业标准化工作水平。大力实施名牌战略,大地蓝牌蚕丝被获中国名牌产品和国家免检称号。全市拥有江苏名牌产品13个、泰州名牌产品29个。夯实质量基础工作,全市标准化覆盖率保持在98%以上。加大安全监管力度,开展特殊行业、特种设备安全专项整治活动。建立省级戴南不锈钢检验中心。

【粮食·供销】 提升粮食产业化发展,打造以江苏楚龙面粉有限公司为龙头的面粉产业,以戴窑粮食市场、荻垛粮食集贸市场和李中粮食市场为依托的大米产业。成立首家粮食专业合作社。推进"双百工程"和放心粮油店建设,全市共有6家企业的6种粮油产品获得国家粮食行业协会授予的放心粮油称号。全力做好抗洪保粮工作,确保50万吨粮食安全度汛。加快基层供销社改造重组,强力实施"万村千乡"市场工程,以百惠超市配送和苏农农资连锁两个龙头公司牵头,完善配送中心,发展改造农家店。由省苏农农资连锁有限公司投资4000万元建设的苏农农资物流加工配送中心完成一期工程并交付使用。新发展农资连锁店22家、日用品农家店108家。发展完善为农服务社和专业合作社,新建为农服务社46家,总数290家;新建专业合作社6家,总数24家。

【第八届中国·兴化郑板桥艺术节】 10月26~28日,第八届中国·兴化郑板桥艺术节举行。艺术节期间文化活动精彩纷呈。举办水浒文化暨明清小说研讨会,修缮并开放赵海仙洋楼、任大椿读书楼、明城墙等名人故居和历史遗存,编辑出版《"劲竹清风"——郑板桥诗书画精选》,拍摄制作《楚水新韵——魅力兴化》电视专题片,设计制作、发行板桥节个性化邮票和专题邮册,举办郑板桥真迹暨历届板桥艺术节书画精品展和"水乡名城——兴化"摄影作品展,成功组织"合行之夜"大型文艺晚会、"板桥风"文艺专场演出等,展示兴化的历史文化、创业文化、和谐文化和地方特色文化。节庆期间,招商引资及重大项目奠基等系列活动取得明显成效,签订合作项目89项,总投资额33.88亿元;开工奠基重大项目14个,总投资额6.66亿元。

【投资环境说明会】 7月25日,市委、市政府在浙江杭州成功举办江苏·兴化(杭州)投资环境说明会。会上80多名浙江、上海、福建等地及海外的客商,与兴化市18个乡镇、7个部门和专业招商局共签订项目合作协议38个,总投资达14.12亿元。10月26日,市委、市政府举行第八届中国·兴化郑板桥艺术节投资环境说明会暨项目签约仪式,日本、马来西亚、中国台湾地区、香港地区、上海、浙江、苏南等地近100名客商应邀参加说明会,会上共签订合作项目89项,总投资33.88亿元。

【城市防洪工程建设】 城市防洪工程建设取得突破性进展,全年实现工程投资近5000万元。被省水利厅列为兴化城区洼地挡排工程项目的沧浪河南闸、沧浪河西闸站、海池河东闸站和西闸站工程进展顺利。沧浪河南闸、沧浪河西闸站、海池河东闸站于10月通过上级主管部门的水下工程验收。海池河西闸站7月上旬投入排涝,保证海池河片居民安全度汛,并于12月通过上级主管部门的水下工程验收。王家塘、楚水湾、南苑防洪墙(堤)工程汛前完成,确保抗洪排涝期间丰收路以东、车路河以北、牌楼路以南范围内的防洪安全。张阳小区中心河北闸、北线沿河防洪墙(堤)基本建成,串心沟闸站、高王河闸站以及城堡小区经一路闸站主体工程建成。主城区严家河西闸站、乌巾荡东闸站和严家片西线防洪墙(堤)正组织施工。城区防洪工程的建设改变兴化城区年年汛期受淹的历史,是一项得民心、造福千秋的工程。

【三园一路竣工】 12月28日,兴化市城市重点建设工程森林公园、板桥竹石园、人民公园建成并正式对外开放,英武中路及英武大桥建成通车,市委、市政府为此举行隆重的庆祝仪式。森林公园是在原砖瓦厂拆迁后新建的,占地14.3万平方米,项目总投资约900万元,是乌巾荡风景区的重要组成部分。改造后的人民公园占地1.5万平方米,改造工程投资160万元。同时投资100万元将公园沿街改造为全透明的玻璃钢结构景观花房。板桥竹石园位于英武大桥西南首车路河沿岸,占地约6万平方米,投资总额550万元。英武中路及英武大桥建设工程是2007年城建工程重点项目,英武中路工程总投资1500万元,道路全长960米,宽32米。英武大桥工程总投资3500万元,总长191米,其中主跨81米。大桥采用双提篮系杆拱桥结构,因其独特的造型,成为兴化又一标志性建筑。英武中路及英武大桥作为兴化连接新老城区、贯通城市南北的主干道,它的建成通车是兴化市继长安路建成后又一重大工程。

【现代高效农业】 全市现代高效农业发展迅速,年内新增高效农业种植面积0.67万公顷,新增高效渔业养殖面积0.53万公顷,高效渔业养殖面积1.02万公顷,占水产养殖总面积23.5%,被省海洋与渔业局表彰为全省高效渔业示范市。全市有省级农业产业化龙头企业6家、无公害农产品41个、绿化食品47个、有机食品8个。

【地理标志保护产品】 2月,国家质检总局批准对兴化香葱实施地理标志产品保护。兴化市建成0.8万公顷国家级兴化香葱标准化示范区,年产香葱鲜品50多万吨,脱水加工后销往东南亚、欧美等国家和地区,成为亚洲最大的香葱种植、加工、出口生产基地。 (兴化政府办)

靖江市

【概况】 靖江市位于长江下游,襟江近海,东、西、南三面临江,南与张家港、江阴隔江相望,东与如皋相邻,西北与泰兴相连,是苏中新兴的港口工业城市,水陆交通便利。锡澄、广靖高速公路通过江阴长江大桥南连沪宁高速公路,北接宁通高速公路;新长铁路从靖江过江,拥有优质长江岸线54公里。靖江总面积665平方公里。全市辖8个镇、1个街道办事处、2个省级经济开发区,设有52个社区居民委员会、191个行政村,人口66.57万人。2007年,全市上下紧紧围绕“学赶苏南、后来居上”奋斗目标,全面实施“以港兴市、港城相依”主体战略,大力推进科学发展、和谐发展,全年实现地区生产总值219.1亿元,比上年增长17.8%,人均地区生产总值3.41万元;完成全社会固定资产投资102.96亿元,比上年增长38.9%;实现财政总收入41.46亿元,其中一般预算收入16.02亿元,比上年分别增长34.6%、43%,财政总收入、一般预算收入居苏中各县市之首。产业结构继续优化,完成农业增加值9.8亿元,比上年增长4.5%;完成工业增加值130.6亿元,比上年增长20%;完成服务业增加值78.7亿元,比上年增长18.5%,三次产业结构比调整为4.5∶59.6∶35.9。 (徐常青)

【农业】 农业经济稳步提升。全年实现农业总产值18.40亿元,比上年增长9.2%;实现农业增加值9.8亿元,比上年增长4.5%。农业生产保持平稳。粮食总产32.34万吨,生猪、家禽、山羊饲养量分别为66万头、294万只、56万头。农民收入进一步提高。全市农民人均收入7094元,比上年增长15%。现代农业加快发展。大力推进“6128”工程,现代农业“一区两园”格局初具雏形;全市高效种植面积0.52万公顷,新增0.09万公顷。生态建设稳步推进。林业绿化成绩显著,累计完成绿化造林面积0.83万公顷;农产品质量建设稳步推进,省级认定的无公害农产品产地达到61个,全市无公害农产品总数18个。农业产业化经营势头良好,12家泰州市重点龙头企业实现销售收入31.2亿元,实现利税1.53亿元,出口创汇3271万美元。农业生产条件不断改善。大力推进“双清”工程,完成71个村的河道综合整治,疏浚二、三级河道1734条;农业机械化水平进一步提高,年末拥有农业机械总动力28.21万千瓦,拥有大中型拖拉机215台、小型拖拉机3034台、联合收割机354台;继续实施农业综合开发项目,全年改造中低产田666.67公顷。 (夏 羽)

【工业】 工业生产高位运行,经济效益逐步提高。全年完成工业增加值118.38亿元,比上年增长21.5%。全部工业实现产值、销售、利税和利润分别为675.98亿元、602.03亿元、54.13亿元和31.74亿元,比上年分别增长51.3%、56.6%、69.3%和103.7%。其中,502家列统工业企业实现产值466.27亿元,销售收入441.62亿元,利税44.14亿元和利润29.05亿元,比上年分别增长50.3%、55.5%、80.8%和130.2%。重点工业企业支撑作用明显。全年工业产品销售收入1亿元以上企业62家,销售过10亿元的企业8家,比上年分别增加21家、3家。 (千 政)

【改革】 农村综合改革进一步拓展,调整镇政府机构,改革和整合镇事业站所;规范村级财务管理制度,186个行政村达财务规范化管理合格村;发展农民专业合作组织47个,土地股份合作社9家,社区股份合作社7家。市属企业“三置换一保障”改革深化完善12家,改制企业“回头看”调查75家。财政管理体制改革稳步推进,全面实施政府收支分类和省直管县财政管理体制。进一步完善公共财政运行机制,制订《靖江市规范公务员津贴补贴实施方案》。社会事业领域改革着力深入推进,医疗卫生进一步明确改制卫生院公共卫生管理和社区卫生服务的职能,出台《关于加强改制医院财务和资产管理的意见》。公立医院完善以聘用制为主体的基本用人制度,推行合同管理和竞争上岗,把技术职务评聘分开,完善以岗位工资为主、绩效优先的分配制度。 (陈 明)

【建筑】 全市完成建筑业总产值102.4亿元,实现建筑业增加值25.1亿元,比上年分别增长23.5%、22.6%。建筑施工总面积990万平方米。规模工程245个,其中30层以上项目15个。拓展海外市场6个,工程施工面积110平方米,境外营业额2980万美元。广宇集团晋升特级资质,跨入国家级高资质行列企业数取得重大突破。品牌战略取得显著成效,获得省优工程4个、省文明工地8个。（孙卫东）

【财政·金融】 地方财力明显增强。全年财政总收入实现41.46亿元,比上年增长34.6%。其中,一般预算收入16.02亿元,增长43%。财政总收入、一般预算收入居苏中各县市之首。全年财政总支出26.35亿元,同口径增长21.5%,其中一般预算支出15.22亿元,同口径增长23.9%。金融机构存贷款继续增加。年末金融机构各项存款余额235.37亿元,比年初增加48.71亿元;各项贷款余额109.78亿元,比年初增加20.65亿元。保险事业稳步发展。全年保费收入5.50亿元,比上年增长10.4%,其中财产险保费收入0.98亿元、人身险保费收入4.52亿元;赔款支出退保金及各种给付金额0.88亿元,其中财产险0.53亿元、人身险0.35亿元。（宋　立）

【城乡规划和建设】 进一步完善规划体系,实现城乡规划全覆盖。编制完成城市综合交通规划、住房建设规划和人防规划、水环境综合整治规划、城市电力规划、电信规划、城市防洪规划等各类专业规划;编制完成江阴——靖江工业园区、新港园区中心区、城北园区近期建设控制性详细规划,新城区马洲公园及周边地区规划。靖江市港口规划形成编制大纲。完成全市299个村庄定点规划,10个试点村建设规划和100个村庄平面布局规划。优化规划审批管理,注重对建设项目全过程管理,加强规划跟踪管理和规划巡查,全面推行重大建设项目公示制度。加大违法建设查处、拆除力度。

旧城改造稳步推进。建设和改造10条城区道路,污水、供气、弱电管网不断拓展。启动渔婆南路商业街、骥江商业中心建设。完成正南社区改造。完成东湖园、东郊农民公园、渔婆南路口绿地以及道路配套绿化建设任务,新增城市绿地30万平方米。成功评出市树、市花。完善廉租房保障制度,开展廉租房补贴发放工作。首期4万平方米的经济适用住房建设开工建设。新城开发速度加快,江阳路等4条道路建成通车,江阳河、天生港景观带建设完成。市行政中心、人民医院、两个住宅小区建设顺利推进。加大市容环境整治力度,取缔一批马路市场,进行江平路城区段立面整治。加大保洁投入,强化保洁责任制,着力提高城市保洁水平。（孙卫东）

【环保】 加大创模宣传力度,强化重大工程和重点现场建设,顺利通过国家环保模范城市省级调研。环境专项整治成绩明显,完成38家挂牌督办企业违法排污整治任务。开展饮用水源整治行动,关停饮用水源保护区内企业,关闭长江化工厂,垃圾填埋场实施封场处置,并对渗沥液进行安全处理,扎实开展化工行业专项整治。农村环境综合整治取得阶段性成效。多途径落实减排任务,确定污水处理厂一期工程续建、江山公司废水改造等7项减排工程,并实施企业排污实时监控,削减污染存量。落实新建项目环保审批,严格把关,有效控制新污染的产生,控制污染增量。开展危险废物和放射源环境管理,发放排污许可证1596份。开展各类创建活动,建成省级生态村2个、省级绿色社区1家、省级绿色学校1家。依法征收排污费2008万元。（孙卫东）

【教育】 全市拥有各类中小学校88所,在校学生74027人,其中小学33430人、初中24021人、高中16576人。幼儿园在园幼儿14082人。适龄幼儿三年入园率100%,小学适龄儿童入学率、巩固率、毕业率均保持100%;7~15周岁残疾儿童入学率100%。普通初中入学率100%,巩固率99.9%。高中阶段入学率95.2%;万人本科上线率24.2%。职业教育发展稳健,建成泰州市合格成人教育中心校3所、省农科教结合示范基地1个、省社区教育中心1个。（吴　彬）

【文化】 文化事业日趋繁荣。文化市场健康发展。全市有市级影剧院1个、乡镇级影剧院9个,全年电影放映1833场次,观众9万人次。年末拥有市级图书馆1个、乡镇级图书馆7个;藏书总量28.9万册,其中靖江市图书馆藏书总量22万册。文艺创作取得新突破。民间歌舞《花船调》、小品《同印》获泰州市新创群众文艺节目一等奖和优秀创作奖;摇滚说唱《让欢乐充满每一天》获江苏省首届少儿曲艺大赛一等奖和最佳园丁奖;小品《楼上楼下》获第五届中国戏曲文学(小品)一等奖。成功举办靖江市第二十五届文艺节。非物质文化遗产保护工作喜收硕果。“靖江讲经宝卷”被列入第一批非遗产保护项目目录,申报第二批国家级非遗保护项目目录取得成功,获中国宝卷传承文化之乡称号;“靖江讲经宝卷”、“竹编工艺”、“生祠堂与白衣堂的传说”和“蟹黄汤包美食”4个项目被列入泰州市第一批非遗保护项目;编印出版《中国靖江宝卷大全》,成功组织召开中国靖江宝卷文化国际研讨会。广播电视建设加快,广播、电视覆盖率均达100%,有线电视用户16.03万户,年内新增1.64万户,综合入户率96.7%。《靖江日报》发行量2.68万份,内容和质量都有提高。

【卫生】 卫生事业进一步巩固。医疗市场结构调优,全市共有医疗卫生机构31个,其中医院3个、乡镇卫生院20个、疾病预防控制中心1个、皮肤病防治所1个、妇幼保健所1个。各类卫生机构拥有病床2092张,其中医院980张、卫生院1112张。共有卫生技术人员2965人,其中执业医师896人、执业助理医师263人、注册护士720人、卫生防疾防治人员72人、妇幼卫生人员34人。全市共有乡村医生472人。全市农村合作医疗保险行政村覆盖率100%,农民参保率95%。农村改水取得新进展,年内新增自来水受益人口0.5万人,累计受益人口64.6万人。农村改厕取得新成绩,全年完成改厕1.4万座。妇女儿童身体健康得到有效保护,孕产妇保健管理率95.99%,0~6岁儿童保健管理率97.72%,新生儿疾病筛查率85.88%,妇女病普查率70%,婴儿死亡率5.51‰,无孕产妇死亡。全年传染病发病率控制在200例/10万人以内,未发生传染病暴发流行。（吴　彬）

【人口与计划生育】 坚持以人为本,强化管理,优化服务,扎扎实实推进人口与计划生育工作。全市计划生育率99.39%;出生人口性别比在正常值范围内。计划生育法定奖励政策和农村部分计划生育家庭奖励扶助政策兑现率100%,计划生育社会保障优先优惠政策措施落实率95%以上。（夏　羽）

【体育】 群众性健身运动广泛开展,全民健身活动场所、器材配置逐步完善。建成体育健身晨(晚)练点302个。共组织社区家庭、农村镇(村)文体活动200多场次。全市经常参加体育健身的人数30多万人,占总人口数45.5%。建成集体育健身、娱乐休闲、环境宜人为一体的村级体育健身景观工程8个。全市191个行政村,有近20个村的体育设施达到国家一类标准,其余的行政村均达到国家二类标准。竞技体育实现新跨越。全年获省级以上奖牌34枚,其中金牌14枚。在省县组田径比赛中排名第九位,金牌数排名第五位。全市各级各类学校《国家体育锻炼标准》施行面达到100%,达标率94.5%。 (吴 彬)

【国内贸易】 全年实现社会消费品零售总额55.87亿元,比上年增长18.3%。城乡消费品市场齐头并进,全年城区消费品零售总额33.91亿元,增长20.1%;农村消费品零售总额17.96亿元,增长14.5%。

【外向型经济】 对外开放步伐加快。全年完成进出口总额9.54亿美元,比上年增长4.5%。其中,自营出口总额7.66亿美元,增长31.9%。全年完成注册协议外资4.09亿美元,比上年增长35.6%;实际利用外资2.5亿美元,增长25.1%。外资项目规模不断扩大,全年新批项目16个。项目质量提升较快,资源消耗低、污染小、技术含量高、发展潜力大、劳动用工多的项目明显增多。外经合作层次提升。全年新签外经合同9294万美元,与上年持平;实现外经营业额10308万美元,比上年增长13.8%。新增对外劳务合作650人。 (于 政)

【交通】 全年完成交通基础设施投资15390万元。沿江高等级公路靖江段建设完成投资1800万元,姜八公路靖江南段改造工程完成投资3200万元,完成西北环城公路改造工程方案设计;建成镇通镇公路28.34公里、通村公路92.46公里,改造危桥10座。疏浚十圩港航道5.4公里。做好焦港船闸工程开工前各项准备工作。扎实开展农村公路管理养护工作,所有农村公路全部做到清障到位、护坡到位、绿化到位、安保到位,管养队伍落实、机制落实、经费落实、奖惩落实。城乡客运一体化工作有序推进,新的城市公交和农公班车分别于8月和12月上线运行。实行运政稽查体制改革,严厉打击各种运输违法行为,全年查处各类运输违章案件1775起,查处无证经营客运车222辆。推进客运班线公司化经营改造,加强客运站点、公交首末站、停靠站和候车棚等基础设施的规划和建设工作。强化出租车市场监管。规范维修、驾培行业管理。开展危险货物运输安全专项整治。 (孙卫东)

【电信】 加快推进企业转型、深入实施精确管理、持续优化资源配置,业务收入比上年增长3.4%,固定电话用户总数近20万户,小灵通用户总数突破10万户,宽带用户总数突破4万户。加速传统网络的改造升级和完善,实施光进铜退工程,通信能力及网络质量不断提高。搭建综合信息服务平台,实施八大信息化工程,建成农村信息化建设示范镇3个、示范村46个。以"诚信服务放心消费年"活动为契机,推出服务承诺,基层站所全部达到人民基本满意站所。获江苏省文明行业称号。 (孙卫东)

【邮政】 完成邮政业务总量9197.03万元,邮政业务收入6772万元,比上年分别增长8.25%、16.44%。新增新车站营业网点,侯河支局改造竣工。电子化支局系统省集中工程、两网互通、储蓄大集中、汇兑大集中等信息化建设工程竣工。启动邮政服务中小企业工程。邮政储蓄实现金融类业务4714万元,邮储余额23.62亿元,实现邮储中间业务收入678万元,占金融业务收入比重达到14.54%。开通邮政网汇和网上支付业务。11个邮储网点开办小额质押业务,所有邮储网点正式对外出售基金。继续保持省文明行业、省模范职工之家、泰州市文明行业、泰州市文明单位称号,被评为省"安康杯"竞赛先进单位、省质量管理先进单位。 (孙卫东)

【供电】 全年总供电量23.3亿千瓦小时,比上年增长19.96%;总售电量21.25亿千瓦小时,增长19.97%。线损率8.8%,电费回收率100%。城市和乡村供电可靠率分别为99.91%和99.78%。 (于 政)

【社会保障】 劳动就业社会保障形势稳定。全市年末城镇集体以上单位从业人员5.60万人。全市各类福利机构拥有床位1985张,收养人数1534人。城乡低保覆盖面100%,城镇居民最低保障人数4641人,农村居民最低保障人数8169人,农村五保供养人数1943人,结对帮扶城乡贫困户1177户。城镇社区居委会依法自治达标率93%,农村村委会依法自治达标率98%。全年新增就业15049人,安置失业人员再就业9207人,"4050"人员再就业1126人。年末城镇登记失业人数3033人,城镇登记失业率为2.99%。参加城镇基本养老保险的企业职工人数11.0万人,参加基本医疗保险的职工人数16.61万人,参加失业保险的职工人数9.01万人。城镇养老、医疗、失业保险覆盖率分别为96.3%、99.2%、99.5%。 (宋 立)

【科技】 科技事业取得较大进展。全年认定省级高新技术产品28项,国家级重点新产品4项,省级高新技术企业12家,获泰州市科技进步奖11项。新培植民营科技企业16家,江苏凯特尔工业炉有限公司、江苏光芒厨卫太阳能科技有限公司、靖江耐斯不干胶制品有限公司等3家企业被认定为国家火炬计划重点高新技术企业。全年新专利申请量618件,授权专利313件,被评为省知识产权工作先进单位、省推进企事业知识产权工作先进单位。全市拥有产品质量检验机构1个,法定计量技术机构1个,监督抽查产品87批次,强制检定计量器具8360台件。制定修定国家标准2个、企业标准450个。技术投入继续加大,全年完成技改财务发生数96.47亿元,实施亿元以上重点技改项目33个,完成高新技术产值60.64亿元。 (赵小华)

【靖江成为中国最大民营造船基地】 根据英国克拉克松研究公司最新发布的6月底世界造船企业手持船舶订单50强排名显示,中国共有19家造船企业进入前50强名单,靖江的新时代造船公司、新世纪造船公司、新扬子造船公司3家民营企业进入手持船舶订单50强,靖江成为全国最大民营造船基地。

【靖江市成为全省第一家新农村电气化县(市)】 经国家电网公司、省经贸委、省电力公司组织的新农村电气化考评组考查验收,靖江成为全省第一家新农村电气化县(市)。靖江先后投入3亿多元进行农村电网改造建设和农村进户线改造,建成35千伏及以上公用变电所24座,主变容量144.88万千伏安,主变全部实行无人值班和双电源供电,城区10千伏主干线实现手拉手环网供电。

【靖江市被认定为中国江鲜菜之乡和中国汤包之乡】 年内,中国烹饪协会认定靖江市为中国江鲜菜之乡、中国汤包之乡。富有特色的汤包产业和江鲜产业将扩大靖江知名度、推动本地经济发展。

【靖江市被国务院批准为一类开放口岸】 年内,靖江市经国务院正式批准成为国家一类开放口岸。靖江52.3公里长江岸线中深水岸线占71.9%,全年全市港口货物吞吐量1500万吨。靖江打造成亿吨大港的后发优势极为明显。

【靖江市开采成功第一口地热井】 年内,省地质调查研究院在位于靖江现代农业示范园宜稼村靖江地热1号井开采成功。地热1号井的井底地层温度57℃,出水地层是距今2.5亿年的三叠纪青龙组灰岩,出水层水温为32℃,单井涌水量每天超过1000立方米,水质优良。靖江地热1号井,是在江苏境内开发成功的第五口地热深井,其开采成功,为靖江打造生态、宜居城市提供宝贵的资源。靖江市沿江200平方公里的范围,有丰富的地热资源,已确定5处为最佳开采点。

【靖江市实现城乡公交一体化运营】 靖江市按照公司化、一体化的要求,实施从城区到乡镇及中心村的三级城乡公交网络建设,实现城乡公交一体化运营发展。改革城区公交,投放新型城市公交车辆,实行公司化模式营运。统一核定票价,合理优化线路,实行无人售票和全程一票制的运行模式。改革农村客运,对农公班车实行收购,纳入公司化经营。

【靖江市上市公司实现零的突破】 年内,JES(东方重工)国际控股有限公司在新加坡上市,共发行3.7亿多股,募得14亿元人民币,该公司的成功上市实现靖江市上市公司零的突破。

【靖江市列全国中小城市综合实力百强第五十四位】 靖江市位列2007年全国中小城市综合实力百强榜第五十四位,比上年升一位,为泰州地区唯一上榜城市。 (赵小华)

泰 兴 市

【概况】 泰兴市位于泰州市南部,东接如皋,南界靖江,西濒长江,北邻姜堰,东北与海安接壤,西北与高港毗邻。土地总面积1253.91平方公里,年末总人口1267296人,辖21个镇、1个乡、1个省级经济开发区,设63个居委会、342个行政村。2007年,全市实现地区生产总值255.5亿元,比上年增长23.2%;一、二、三产业分别增长9.0%、25.9%、27.9%,连续六年被评为财政收入上台阶先进县(市)。

【推进新农村建设试点】 按照"试点引路、先行扩面、突出集镇、兼顾沿河沿路"的总体思路,以村庄建设规划为龙头,编制365个村的村庄布局规划、260个村的村庄平面规划、77个村的环境整治规划和58个村的村庄建设规划。以试点村、先行村为重点,以乡镇集镇区和全市沿河路村为补充,大力实施村庄环境综合整治八大重点工程,全市农村按标准设置垃圾箱(池)2380只、垃圾填埋场202个,新植常绿乔木111.2万株,整治村庄"八乱"面积272万平方米。试点村、先行村建设硬质道路212公里、桥梁174座。

【农村新"5+1"实事工程成效显著】 全年投入资金3.25亿元,铺设四级以上农村公路168.87公里,新建、改建农村桥梁252座。实施农村劳动力技能培训3.51万人、农业实用技术培训3.9万人。疏浚市乡村河道837条,建成户用沼气1500户,改建无害化卫生厕所1.9万座。有线电视综合入户率8.4%,通组率100%。农村社会养老保险覆盖率48.6%,试点村参保率70%以上。

【农村三大合作组织发展加快】 全市以增加农民的资本性、财产性收入为目标,创新农村经营机制,大力推进农村三大合作组织建设。累计发展农村三大合作组织134个,新增60个。其中,组建农民专业合作经济组织100个,成员总数23859人;组建农村土地股份合作社23个,入股农户2877户,入股土地面积336.97公顷;组建农村社区股份合作社11个,折投量化村组集体经营性净资产达1272万元。新增溪桥插秧机、刘陈东勋乳业2个省"四有"合作组织。

【工业】 工业经济保持平稳较快的增长态势。全市完成技改投入94.46亿元,比上年增长52.26%;实施1000万元以上重大项目175个,其中亿元以上项目18个。项目投资结构逐步优化,机械、电子、农副产品加工、船舶制造类项目数量和投资总额占比明显上升。主要指标持续高位增长,全部工业完成产值664.25亿元,比上年增长42.33%;工业国税开票281亿元,比上年增长28.35%。全市完成节能改造项目12个,总投资1.88亿元,淘汰高能耗设备120台(套)。专项整治工作扎实推进,关闭33家化工生产企业。全市规模超亿元或利税超千万元的企业76家,新增民营工业企业纳税户992家,新办注册资本500万元以上企业117家。泰星牌、泰隆牌减速机被评为中国名牌产品,"苏三零"面粉获国家商务部"最具市场竞争力"畅销品牌。

【政府法制、司法行政】 审核规范性文件36件。审理行政复议案件15件,其中维持13件,占86.7%;复议终止2件,占13.3%。组织填报需要省市下放的经济社会管理审批事项。组织2500名行政执法人员,参加泰州市行政执法人员考试,成绩在四市两区中名列第一。制定《泰兴市规范行政执法自由裁量权暂行办法》,完善自由裁量基准制,扎实推进依法行政工作,泰兴市政府被确定为全省依法行政示范点单位。司法行政工作扎实推进,效果明显,获泰州市司法行政系统综合一等奖。

【人口与人民生活】 全年共出生6487人,人口出生率5.1‰,人口自然增长率为-0.63‰,计划生育率98.81%,期内综合避孕率90%以上,出生人口性别比为100:105.74。全年净增就业人数14285人,城镇养老保险参保人数10.81万人,基本医疗参保人数15.82万人,失业保险征缴额2199.1万元,农村新型合作医疗参保率100%。

【邮政】 公司化运营开局良好,全年完成邮政业务总收入8385万元。市邮政局先后被表彰为江苏省学习型组织标兵单位、江苏省厂务公开民主管理工作先进单位和“共促发展、共铸诚信、共建和谐、共创文明”百日竞赛优胜单位。荷花池支局、宣堡支局入选2007年全省邮政百优班组。江平路支局何健忠当选全国人大代表和奥运火炬手,函件分局郭伟入选2007年全省邮政十佳文明服务标兵。

【电信】 积极实施精确化管理,努力提升服务水平,不断推动企业转型,电信泰兴分公司保持全国模范职工之家、省服务质量奖等荣誉,获省工会模范县(市)先进集体、省诚信经营单位等称号。全年完成业务收入2.4亿元,发展“我的e家”品牌用户2.2万户,“商务领航”品牌用户2029户,宽带用户突破4.3万户。配合“平安泰兴”创建,安装“全球眼”监控装置269个。年内建成45处接入网机房,有效地改善农村通信能力。组织开展诚信服务放心消费年活动,对外窗口规范化服务合格率100%。开展全面质量管理活动,公司10000号服务中心被省质量协会命名为质量管理先进班组,公司推荐的一篇装维心得被中国电信集团公司评为科技进步三等奖。

【移动通信】 年内,移动公司拥有通话客户20.1万户,实现运营收入1.68亿元,比上年增长22.38%;投入资金2590万元,铺设管线100多公里,杆线长530多公里;投入资金2800万元,新建设基站35个。先后获泰州市文明单位、泰州市AA级价格信用单位等称号,长征路营业厅被评为市级青年文明号。

【供电】 全市社会用电量22.5363亿千瓦小时,比上年增长29.69%。城市综合电压合格率99.746%,城市供电可靠率99.92%,农网电压合格率99.164%,农网供电可靠率99.75%。年内共投入8172.8万元,新建、改造变电所24座。至年末,国电泰兴公司连续安全运行3275天,电网安全调度10116天;先后被表彰为江苏省文明行业、泰州市文明行业。

【城乡建设】 年内投入62.55亿元,比上年增长14%。其中,城区投入26.54亿元,增长5%;小城镇建设投入24.2亿元,增长19%;村庄建设投入11.7亿元,增长3%。城市建设继续以新区为重点,同时兼顾老城区的改造提高。新增绿化面积35万平方米,新实施拆迁工程6项,房地产开发新开工建设66.2万平方米,新上市商住房63万平方米。管道燃气铺设中压管网12.2公里、支管25.6公里,新增用房2600户。小城镇新增市政道路面积98.36万平方米、绿化面积71万平方米。广陵、宣堡等4个重点中心镇完成投资8.4亿元,比上年增长37%。

【建筑业】 全年完成建筑业总产值175亿元、增加值43亿元,分别比上年增长20.4%和31.4%。年产值1亿元以上企业30家,5亿元以上企业4家,其中江苏中兴达78.2亿元。全年创市级以上优质工程40项,其中省级以上18项;创市级以上文明工地56项,其中省级以上23项。经营结构调整步伐加快,完成的非土建产值占全市建筑业总产值20%。在建施工面积2570万平方米,新开工面积1378万平方米;在建规模工程530项,29层以上30幢,重庆垣大城等50层以上8幢,创市建筑业历史之最。全年出国施工与管理人员710人,完成营业额3150万美元。全市获省级建筑业新技术应用示范工程2项、省级优秀QC成果6项、省级施工工法3项、国家级施工工法1项。全年培训技术、管理骨干1485人(次),培训各类技工4300人(次),新增一、二级建造师103人,新增高、中级职称35人。

【交通重点工程进展顺利】 229省道泰兴段、沿江高等级公路泰兴段、336省道城区段(包括泰兴大桥)、北二环西延工程等全面建成通成。实施二、三、四级路改造建设205公里,同步改建各等级公路桥梁17座。

【服务业】 全年实现服务业增加值84.14亿元,现价增长27.9%,比上年增长16%;占地区生产总值32.9%;服务业对经济增长的贡献份额达到37.8%,比上年提高10.4个百分点。服务业两税收入6.1亿元,比上年增长35%,占地方一般预算收入的40%。吸纳就业不断增多,净增服务业从业人员1.7万人,总人数24.2万人,占全社会劳动力35.6%。

【教育】 全市在校中小学生169865人,小学适龄儿童入学率、在校学生巩固率、毕业率均为100%;初中入学率、在校生巩固率、毕业率分别为100%、99.98%和99.98%;残疾儿童入学率100%;学前三年幼儿入园率96%。高考成绩再创历史新高,本科进线人数3989人,比上年增长44.63%;600分以上人数1585人,比上年增长144.22%。义务教育“四配套”工程全部建成,化解义务教育阶段债务3919.4万元。建成省四星级普通高中3所、三星级普通高中3所、省级以上职业高中3所,义务教育定点以上学校基本建成合格学校。

【卫生】 全市新型农村合作医疗,参加人数102万人,实现参合人口全覆盖。完成农村改厕1.8万户,建成改厕普及村3个;新增自来水受益人口1.5万人,总受益人口125.7万人,普及率97.4%。建成省级卫生村和省级爱国卫生先进单位各1个,泰州市级卫生村3个。

【文化、广播电视】 新建乡镇文化站4个,40%的行政村建成村级文化室。深入开展文化“三下乡”活动,全年送书1.2万册,送戏269场,送电影2200场。成功举办地质学家丁文江诞辰120周年纪念活动。杖头木偶戏列入江苏省非物质文化遗产,泰兴花鼓列入泰州市非物质文化遗产。新增有线电视用户3.33万户。广播中心、电视中心分别在上级新闻单位用稿(片)733稿和947条(部)。

【体育】 开展国民体质监测活动,受测人数4000人。“全民健身与奥运同行”活动受到国家体育总局表彰。泰兴镇北城小学门球队蝉联全国少儿门球比赛冠军。向省优秀运动队传输送运动员5人,向省少体校输送运动员4人。参加国家及省级比赛,分别取得金牌5枚、银牌8枚、铜牌2枚,和金牌12枚、银牌8枚、铜牌15枚。实现体育彩票销售5776万元。乡镇体育健身中心全面建成。13个乡镇被命名为全省首批体育强镇(乡)。

【环境保护工作】 扎实开展环保整治行动,泰州、泰兴挂牌督办的16个问题得到妥善解决,并顺利通过检查验收。精心组织化工行业专项整治,依法对33个重污染小化工企业实施关闭。集中开展经济开发区环境专项整治活动,责成48家企业限期治理,依法叫停5个违法排污项目。抬高项目准入门槛,对不符合国家产业政策或国家明文规定禁办的项目坚决不批,全年审批环保项目1504个,未发生一起越权审批或违反政策审批事件,建设项目审批率、环评率、"三同时"执行率均达到100%。环境执法工作深入开展,全年环保部门共承办环境信访件1079件,查处违法行为246起,先后对157家企业作出行政处罚决定。新街镇创建成泰州市环境优秀乡镇,胡庄镇宗林村等5个村创建成省、市级生态村,济川小学等16所学校创建成省、市级绿色学校,北站社区等3个社区创建成省、市级绿色社区。

【开放型经济】 全年完成注册协议利用外资3.85亿美元,实际利用外资1.62亿美元;完成自营出口4.51亿美元,新签外经合同额3683万美元,实现外经营业额3521万美元,新派劳务382人。

【开发区工作】 年内,实现地区生产总值33.97亿元,比上年增长30.7%;实现工业产值114.6亿元,销售收入109.3亿元,利税11.3亿元,利润7.3亿元,比上年分别增长49%、49%、33%和46%;完成财政收入4.79亿元,其中一般预算收入1.58亿元。全年注册协议利用外资2.45亿美元,实际利用外资1.06亿美元。全年引进重大项目16个,总投资50.2亿元,其中单体投资1亿美元的项目4个,创历史最高水平。全年完成基础设施建设投入5.2亿元,建成总长6.5公里的通江北路、福泰路、棋东路等4条道路,启动沿江路、瑞祥路、朝阳路中段和企业集中办公区综合楼工程。完成经济开发区环保问题省级挂牌督办任务,污水处理厂扩容改造工程竣工并投入运行,工艺改造和"5+2"工程按序时推进。建成4万吨级化工码头2个、5万吨级通用码头1个。

【干部教育培训工作】 2007年,聘请部分乡镇、部门的负责人担任教员,在新上岗乡局级领导干部培训班、领导干部财税知识培训班等班次上,12名受聘负责人登台授课。8月,组织第二期中青年领导干部理论研讨班,31名学员赴浦东干部学院学习深造。12月下旬,举办2期乡局级以上领导干部学习十七大精神轮训班,培训乡局级以上领导干部600多人次。全面启动村干部大专学历培训工程,70名村干部顺利进入江苏省青年管理干部学院学习。全年举办企业经营管理知识专题讲座4期。

【领导班子及干部队伍建设】 精心组织、强化领导,认真做好市大人、政府、政协和乡(镇)人大、政府两级换届组织工作,扎实做好市第十三届人大、第十一届政协一次会议的选举工作,各项职务的选举一次成功。其中,出席泰州市第三届人代会代表的选举,候选人120人(应选代表100人)有119人的得票超过半数,圆满完成选举任务。本着"总体稳定、适度调整、人岗相适、到龄即退"的原则,对乡局级领导班子进一步调整优化,全年任免乡局级领导干部355人次,其中提拔87人。做好年轻干部培养工程,选派100名青年干部赴100个村(园区)挂职锻炼。

【干部人事制度改革】 对10个市级机关部门和两个工业园区的16个缺岗中层职位,面向全市实行跨部门竞争上岗,推进中层干部交流。组织实施市农业系统部门(单位)领导班子部分副职岗位的竞争上岗工作,指导市法院、检察院开展机关中层干部的缺岗或全额竞争上岗工作。探索建立部门(单位)主要负责人初始提名责任制,在市级机关部门和乡镇领导班子全面考察工作中,共有72名主要负责人署名推荐107人次,没有出现一例违规情况。进一步完善职务与职级相结合的制度,年内,有4人晋升为主任科员、19人晋升为副主任科员、2人明确为正镇级、16人享受正镇级待遇。全年招录公务员30人(其中面向村主要干部招录的5个职位全部招足),安置团职军转干部4人,按规定做好援藏干部的选派工作。制定下发《泰兴市乡镇机关工勤岗位人员管理暂行办法》,鉴证短期用工合同127份。不断建立和完善干部监督机制,在推荐提名环节,建立"全员署名推荐"制度;在确定考察对象环节,出台"民主推荐得票排名不在前三位的,一般不作为考察对象"等暂行规定;在联系通报环节,建立联合预审制度。探索建立干部问题信息综合处理机制,建立干部问题信息库,为了解干部、选拔任用干部、考核奖惩干部和加强领导班子建设提供可靠依据。建立健全任中审计工作机制,加大审计结果的运用力度,推进领导干部经济责任审计工作。全年对19个乡镇和市级机关部门主要负责人进行经济责任审计,对1名机关部门的主要负责人进行函询。积极构建"三位一体"的社区监督模式,实行平时全员监督(干部监督信息员发动楼幢党员全员监督)、任前定向征询(在拟提拔对象所在社区发放征求意见表)、年终全面评议(年终组织干部监督信息员对监督对象进行全面评议),进一步加大社区监督力度。

【人才工作】 认真做好省"333工程"、泰州市"311工程"培养对象的选拔、管理与考核工作,12人被省人才工作领导小组确定为江苏省"333高层次人才培养工程"中青年科学技术带头人;150人被确定为泰州市"311高层次人才培养工程"培养对象,132人被确定为泰兴市高层次人才培养工程第三层次培养对象。制定出台《泰兴市人才培养专项资金管理暂行办法》,市财政每年人才培养专项资金预算金额100余万元。开展新一轮人才工作先进单位评选活动,20家单位被评为市人才工作先进单位。　(叶开成)

姜堰市

【概况】 姜堰市位于泰州市中部,东邻海安县、东台市,西接江都市、泰州市海陵区、高港区,南北分别与泰兴市、兴化市接壤。全市总面积1044平方公里,人口88.82万人。下辖18个镇、1个省级经济开发区和1个风景区。

2007年,全市实现地区生产总值202.7亿元,比上年增长16.1%。其中,第一产业增加值18.9亿元,增长4.6%;第二产业增加值116.3亿元,增长18.4%;第三产业增加值67.5亿元,增长16.0%。三次产业结构比为9.3∶57.4∶33.3,二、三产业增加值占GDP的比重为90.7%,比上年提高1.4个百分点,产业结构更趋合理。按常住人口计算,人均地区生产总值24546元。

全市新增私营个体经济注册资本31.34亿元,新增私营企业数和个体经营户数6710户。年末,私营个体经济注册资本125.24亿元,私营企业数5127户,个体工商户26753户。全年民营经济税收12.27亿元,比上年增长40.9%。实现民营经济增加值131.8亿元,比上年增长16.5%,占全市GDP比重达65%。

【农林牧渔业】 全市实现现价农林牧渔业总产值34.82亿元,比上年增长12.0%。完成不变价农林牧渔业总产值16.39亿元,比上年增长4.58%。全年粮食产量57.29万吨,比上年增长8.3%。棉花产量2685吨,下降4.4%。油料产量2.59万吨,下降34.7%。新造林面积3126公顷,新植树木550万株。全年生猪饲养量91.38万头,其中生猪出栏64.54万头。家禽饲养量1410万只,比上年增加36万只。主要畜产品中,肉类总产量4.52万吨,下降27.2%;禽蛋总产量2.77万吨,增长1.5%。全年水产品产量3.74万吨,增长5.8%。年末全市拥有农业机械总动力38.75万千瓦,比上年增长0.8%。大中型拖拉机1897台,比上年增加120台;小型拖拉机3625台,比上年减少565台。农用排灌动力机械4625台6.13万千瓦,比上年增加22台0.1万千瓦。以河横生态科技园为代表的生态农业优势进一步放大,申报认定无公害农产品产地75个,创成无公害农产品、绿色食品、有机食品86个。河横大米成为国家地理标志保护产品。

【工业】 全年实现全部工业现价总产值570.2亿元,比上年增长34.8%。其中,定报企业完成产值387.2亿元,增长38.0%。全年实现全部工业增加值97.7亿元,比上年增长20.8%。其中,列统工业增加值96.6亿元,增长25.5%。全部工业增加值占地区生产总值的比重达48.2%,比上年提高1.5个百分点。全市576家定报工业企业实现产品销售收入365.3亿元,比上年增长37.8%;实现利税总额34.73亿元,增长52.2%。其中,利润21.38亿元,增长47.1%。

【建筑业】 全市建筑业注册施工人数10.5万人,比上年增长7.1%,其中外出施工人数6.6万人。全市建筑业累计施工面积2838万平方米,竣工面积1480万平方米,分别比上年增长33.9%、52.6%,实现建筑施工总产值204亿元,增加值46亿元,比上年分别增长30.8%、31.4%。

【固定资产投资】 全社会固定资产投资完成额144.9亿元,比上年增长28.4%。其中,城乡规模以上投资102.16亿元,增长25.9%;城乡规模以下投资23.06亿元,增长49.4%;房地产开发完成投资13.77亿元,增长23.1%;城乡居民私人建房5.92亿元,增长17.1%。全社会固定资产投资中,第一产业投资3.04亿元,第二产业投资92.13亿元,第三产业投资49.75亿元,分别比上年增长19.3%、29.5%和27.0%,所占比重分别为:2.1%、63.6%和34.3%。全年商品房施工面积123万平方米,比上年增长23.9%;竣工面积43.6%万平方米,比上年减少7.2%;商品房销售面积62.8万平方米,比上年增长1.1%;商品房销售额17.1亿元,比上年增长10.9%。

【国内贸易】 全市社会消费品零售总额57.41亿元,比上年增长18.0%。其中,个体经济零售额39.53亿元,增长15.8%。城乡市场协调发展,城市消费品零售额31.52亿元,比上年增长17.8%;农村消费品零售额25.89亿元,增长18.1%。全年住宿业实现零售额0.51亿元,比上年增长33.3%。餐饮业零售额达5.92亿元,增长9.1%。

【对外贸易】 全市进出口总额(海关数)46365万美元,比上年增长42.4%。其中,进口总额9256万美元,增长56.7%;出口总额37109万美元,增长39.2%。全年新批外商投资企业37家,累计244家。全年协议利用外资17093万美元,实际利用外资(商务部确认数)11149万美元。完成外经营业额4316万美元,比上年增长16.7%。新签外经合同额4290万美元,增长20.6%。对外工程承包和劳务合作进一步扩大,年末境外劳务人数374人。

【城市建设】 全市绿化覆盖面积709.59万平方米,比上年增加28.63万平方米。城市绿化覆盖率39.8%,比上年提高2.0个百分点。城市道路工程建设突飞猛进,新建道路19.5万平方米,城区道路面积达288.5万平方米。城镇人均拥有道路面积16.30平方米,比上年提高1.4平方米。

【环境保护】 年内,全市环境空气污染指数小于或等于100的天数为322天,空气良好天数达标率88.2%。全年饮用水水质状况基本稳定,必测项目均符合《地表水环境质量标准》(GB3838—2002)中Ⅲ类水标准。市区区域环境噪声平均值52.3分贝,交通噪声65.9分贝。环境质量综合指数为82.9分。化学需氧量(COD)的单位GDP排污强度下降到29.95吨/亿元,二氧化硫(SO_2)的单位GDP排污强度下降到25.41吨/亿元。全年审批各类建设项目1474个,完成1377个项目验收。全市投入治理资金38800万元,960家企业新上废水或废气治理设施,有效控制新污染源产生。

【交通运输】 全年完成交通运输业增加值14.6亿元,按可比价计算增长15.6%,占地区生产总值的比重为7.2%。全市各种运输方式完成货运量1969万吨,货物周转量141492万吨公里;完成客运量688万人,旅客周转量35040万人公里,均比上年有所增长。

【邮电】 全年完成邮电业务收入21839万元,比上年增长5.9%。其中,邮政业务收入6078万元,增长13.4%;电信业务收入15761万元,增长3.2%。公用通信能力进一步提高。年末局用交换机容量30.56万门,其中市内电话6.75万门、农村电话23.81万门;年末城乡电话用户32.19万户,其中固定电话用户24.09万户、无线市话8.1万户。宽带用户31560户,比上年增加12064户。

【财政·金融·保险业】 全市财政收入27.77亿元,比上年增长44.5%。其中,地方一般预算收入11.35亿元,增长

43.3%。全年财政支出20.58亿元,比上年增长46.8%。

年末全市金融机构本外币存款余额174.84亿元,比年初增加19.35亿元,增长12.4%。其中,人民币存款余额173.54亿元,比年初增加19.59亿元,增长12.7%。本外币贷款余额100.93亿元,比年初增加18.65亿元,增长22.7%。其中,人民币贷款余额99.86亿元,比年初增加17.94亿元,增长21.9%。在人民币贷款中,短期贷款77.9亿元,增长20.6%。

保险业务继续扩大。全年保险业务收入35471万元,比上年增长10.9%。其中,财产险业务收入3890万元,比上年增长26.2%;人寿险业务收入31581万元,比上年增长9.2%。全年保险业务支出34816万元,其中财产险业务支出2376万元、人寿险业务支出32440万元。

【科学技术】 全市创立国家级企业技术中心1个、博士后工作站2个,实施省级以上科技项目158项,新认定省级以上高新技术企业17家,培养国家重点新产品50项、省级高新技术产品73项,申请专利1897件。高新技术产业产值突破100亿元大关。被科技部表彰为全国科技进步先进市、科普示范市。

【教育】 城乡教育渐趋均衡,职业教育规模不断扩大,创成省级各类窗口示范学校45所,教育教学水平稳步提升,高考万人本科达线人数保持泰州领先。2007年,全市共有8258名学生被全国各大中专院校录取。

全市拥有学校142所,其中幼儿园39所、小学55所、九年一贯制学校7所、初级中学26所、完全中学6所、高级中学5所、职业学校3所、特殊教育学校1所。全市在校学生119958人,其中高中学生17433人、初中学生31604人、小学学生44171人、职校学生7004人、特殊教育学生90人,在园幼儿19656人。

【文化·广播电视】 年内,姜堰市文化馆、姜堰市图书馆完成国家一级馆达标建设任务,姜堰市博物馆完成文物库房闭路电子监控安装工作。姜堰市图书馆重新整扩,新增图书2万余册。参与策划并组织中央电视台"激情广场——放歌溱湖"大型文艺演出暨会船节闭幕式活动。组织"激情三水"广场文艺演出30场次。开展城乡"和谐姜堰——百场广场文艺"展演活动。"溱潼会船"作为江苏省非物质文化遗产项目,在中央电视台"中国记忆"栏目中播出。年内,考证沈高镇双星村古代遗迹,征集陈庄出土文物(征集文物20件套),组织开展"留住我们的根"文化遗产保护大型图片巡展活动。

广播电视基础设施建设和技术装备水平不断提升,有线电视实现"村村通",新增有线广播电视用户19370户,门档入户率89.48%。

【卫生】 年末全市拥有各类卫生机构352个,其中医院17个、卫生院18个、诊所51个、医务室22个、社区卫生服务站16个、村卫生机构217个,其他卫生机构11个。拥有床位数2219张,其中医院1425张、卫生院744张、疗养院50张。拥有卫生技术人员3760人,其中医生2437人。全市平均每万人拥有卫生技术人员42人、医生27人、床位25张。全面推行新型农村合作医疗制度,覆盖率95%。

【体育】 全市举办市级以上体育运动会41次,参加运动会人数5870人。全市拥有二级运动员12人、女足运动员28人、业余体校运动员35人、专职教练员8人。群众体育工作蓬勃开展,梁徐镇被省体育局授予全民健身周优秀组织奖。

【人口与计划生育】 年末全市总户数30.4万户,比上年末减少0.26万户,总人口88.82万人,比上年末减少1.33万人。在总人口中,女性43.75万人,占49.3%。全年出生人数6715人,人口出生率7.56‰;死亡人数13643人,死亡率为15.36‰。人口自然增长率为-7.8‰。

【人民生活】 年末城镇在岗职工人数50410人,比上年增加686人,增长1.3%。全年净增就业人数8254人,城镇登记失业率3.1%。全年城镇在岗职工工资总额98286万元,比上年增长22.7%;在岗职工年平均工资19633元,比上年增加3388元,增长20.8%。全市农民人均纯收入6304元,比上年增加755元,增长13.6%。年末城乡居民人民币储蓄存款余额突破100亿元,达121.65亿元,比年初增加9.29亿元,增长8.3%。年末城镇劳动保障三大保险覆盖率97.7%。参加失业保险人数5.89万人,失业保险覆盖率98.5%;参加基本养老保险人数10.15万人,基本养老保险覆盖率96.2%;参加医疗保险的人数12.60万人,基本医疗保险覆盖率98.35%。全市享受最低生活保障的对象城镇1442户3044人,农村8687户14758人。全年最低生活保障金额951.19万元,其中城镇331.95万元、农村619.24万元。

【溱湖大道建成开通】 4月5日,投资2.3亿元的溱湖大道建成开通。溱湖大道连接国家级AAAA风景区溱湖风景区和姜堰市城区主干道姜堰大道,开辟通往风景区的又一条干线。施工人员克服工期紧、施工建设地质条件限制等,完成姜堰市资金投入最大、建设规模最大的通达工程。

【中央电视台"激情广场"放歌溱湖】 5月6日,第二届中国湿地生态旅游节暨2007中国·姜堰溱潼会船节的闭幕式大型文艺演出在溱湖举行。演出由著名主持人刘璐主持,殷秀梅、孙浩、毛宁、何静等知名演员到场献艺。该演出是中央电视台第一次水上大型互动演出。

【省首批超有机大米在姜堰试产成功并推向市场】 姜堰市与北京三安生物科学院合作研究开发的超有机大米年内试产成功,年底推向市场。超有机大米具有"无化残、无药残、无农残、低重金属"的特点。

【姜堰市引长江水工程开工】 8月22日,姜堰市引长江水工程开工建设。该工程是泰州市区域供水工程的重要组成部分,工程建成以后,长江水将通过管道从泰州市三水厂直接送到姜堰市二水厂,再转送到姜堰市的千家万户。工程途经高港区、泰兴市和姜堰市的大泗镇、张甸镇、梁徐镇,全长41公里(姜堰市境内25公里),管道直径1.4米,投资概算104亿元。

(陈友章)

杭州市辖县(市)

桐庐县

【概况】 桐庐县地处杭州西部。总面积1780平方千米,辖7个镇、4个乡、2个街道,户籍人口39.69万人。境内有瑶琳仙境、东汉古迹严子陵钓台等20多个旅游景点,素有"潇洒桐庐郡,江山景物妍"之美誉。近年来,该县通过深入实施"工业强县、环境立县、开放活县、和谐兴县"四大战略,综合实力显著增强,先后荣获国家卫生县城、国际花园城市、中国最佳休闲旅游县、中国绿化模范县等称号。工业经济集聚发展,形成了针织服装、制笔、医疗器械、医药化工、机械制造、箱包玩具等块状特色经济。效益农业特色明显,新建成市级农业示范区5个,农民专业合作社达到85个。2007年实现生产总值142.75亿元,增长14.2%;财政总收入13.80亿元,增长16.4%。

淳安县

【概况】 淳安县地处杭州西部,历史悠久,素有"锦山绣水、文献名邦"之称。总面积4452平方千米,辖11个镇、12个乡,户籍人口45.27万人。闻名遐迩的千岛湖横亘县境腹地,是首批国家级重点风景名胜区、国家首批AAAA级风景旅游区,也是国内最大的国家森林公园、国家级生态示范区。该县牢固确立"以湖兴县"发展定位,大力实施"环境立县、旅游强县、工业富县、文化名县、新型城镇化和新农村建设"战略,全力打造休闲度假胜地、中国水业基地、生态宜居福地、都市农业园地、文明和谐境地。形成了以食品饮料、丝绸纺织、机械制造、农副产品加工、高新技术产业为主导的生态型、资源型、科技型工业,茶叶、蚕桑、干水果、竹子等优势产业,花卉苗木、中药材、高山蔬菜、水产等特色农业产业及观光与休闲度假互动、水陆空兼容的旅游业。先后荣获国际花园城市(B类)金奖、国家卫生县城、浙江省首批文明县城等称号。2007年实现生产总值80.2亿元,增长14.0%;财政总收入7.39亿元,增长21.4%。

建德市

【概况】 建德市地处杭州西部,总面积2364平方千米,辖12个镇、1个乡、3个街道,户籍人口50.97万人。杭新景高速公路贯穿全境,距省会杭州1小时车程。新安江、富春江、兰江横亘东西,是首批国家级重点风景名胜区、中国优秀旅游城市、国家级生态示范区和首批全国绿化模范城市。近年来,按照"工业强市、商旅活市、环境立市"的要求,着力打造特色工业基地、生态农业基地和休闲旅游度假胜地,医药化工、建材水泥、冶金加工等特色工业产业,以及草莓、柑橘、畜禽、茶叶等高效农业产业发展强劲,是全省最大的产业化禽蛋产地、大棚草莓基地、西红花生产基地,也是全省三大水泥熟料生产基地之一。2007年实现生产总值139亿元,增长16.2%;财政总收入16.8亿元,增长28.1%。

富阳市

【概况】 富阳市总面积1808平方千米,辖15个镇、6个乡、4个街道,户籍人口63.59万人。富阳人杰地灵,历史悠久,素有"天下佳山水,古今推富春"之盛誉,拥有龙门古镇、富春桃源、孙权故里、黄公望结庐处、郁达夫故居和杭州野生动物世界、富春山居国际高尔夫球场、中国古代造纸印刷文化村等景点。近年来,该市围绕打造"山水文化名市、现代产业新城、人居休闲胜地"三大品牌,努力建设"生活富裕、生命阳光"的品质之城。农业经济稳步发展,休闲观光农业不断升温。工业经济又好又快发展,造纸、球拍、塑机等3个研发中心列入杭州市特色工业功能区行业技术研发中心。第三产业加快发展,全年实现三产增加值86.3亿元,成功举办首届富阳运动节等一批重大赛事。2007年实现生产总值289亿元,增长16.6%;财政总收入38.76亿元,增长28.1%。

临安市

【概况】 临安市地处杭州西部。总面积3124平方千米,辖4个街道、15个镇、7个乡,有651个行政村、26个居委会,户籍人口52.61万人。境内有天目山、清凉峰2个国家级自然保护区及青山湖国家森林公园,森林覆盖率达76.55%,是全国唯一的"世界示范林网络成员"。工业销售产值521.7亿元,杭州重型机械有限公司、杭州制氧机集团有限公司等一批重大项目落户临安,万马电缆等项目竣工投产,"万马"等4个产品被认定为中国驰名商标。农业总产值29.6亿元。山核桃产量首次突破万吨大关。社会消费品零售总额44.3亿元,旅游综合收入21亿元。2007年实现生产总值197.3亿元,增长17.1%;财政总收入18.7亿元,增长27.2%。

(陈　茜提供)

宁波市辖县(市)

余 姚 市

【地理位置与区划】 余姚市位于宁波市西北部,钱塘江和杭州湾南岸,四明山北麓,历史悠久,素有“文献名邦”、“东南最名邑”之誉,河姆渡文化遗址的发掘更是昭示着长江流域也是中华民族的发源地。秦王政二十五年(公元前222年)始置余姚县(一说西汉初建县);1985年7月撤县设市(县级);2007年,余姚市陆域面积1500.80平方公里,总人口82.93万人,辖6个街道办事处、14个镇、1个乡,53个居委会,265个行政村。

【经济建设】 2007年,全市实现生产总值410亿元,比上年增长14%。财政一般预算收入63.37亿元,增长26.2%。全社会固定资产投资141.77亿元,增长2.9%。城镇居民人均可支配收入23025元,农民人均纯收入9687元,分别增长15.1%和13.2%。

全年新增规模以上工业企业304家,规模以上工业产值占全部工业产值的比重达到51.7%。实施宁波市级以上科技项目57项,其中国家级24项;获得宁波市级以上科技进步奖12个,其中国家级科技进步二等奖1个。新增中国名牌产品1个、中国驰名商标14件、出口免验产品1只,名牌产品销售收入占规模以上企业产品销售收入比重达28.1%,提高2.9个百分点。全年粮食播种面积达到42.1万亩,粮食总产量18.7万吨;农业规模化、科技化、标准化和品牌化建设取得成效,规模农业、品牌农业占农业总产值的比重超过80%;全市农业龙头企业实现加工产值68亿元。新增宁波市级以上品牌农产品15个,国家级绿色食品5个。积极拓展农产品流通渠道,重视抓好农事节庆活动,成功举办上海余姚农产品展示展销会。“瀑布仙茗”茶叶、“富贵”榨菜、“明凤”甲鱼等荣获中国驰名商标,“余姚榨菜”被评为省级区域品牌,被认定为“省农业特色优势产业综合强县(市)”。

全年实现社会消费品零售总额134.7亿元,增长18.11%。加快完善城乡现代商贸流通网络,东旱门路餐饮街、舜江楼休闲购物街等特色街区建设取得新进展。举办展会8个,实现交易额54亿元。成功举办第九届中国塑料博览会、首届中国日用小家电博览会、首届中国(余姚)裘皮服装节等重大展会,其中,中国塑料博览会被评为2007年中国塑料行业最具影响力的品牌展会,塑料城网上市场被命名为“全国十强创新市场”。全年实现旅游总收入25亿元,增长22%,被评为“中国优秀旅游城市”。实现进出口总额46.96亿美元,增长28.2%,其中自营出口和进口分别增长28.5%和27%。外贸结构进一步优化,实现加工贸易出口8.1亿美元,高新技术产品出口6.1亿美元,分别增长29.6%和64.6%。外贸增长方式加快转变,实到外资4亿美元,增长10.8%。

【城乡建设】 深化现代城市规划理念,落实《统筹余慈地区发展规划纲要》和《余慈中心城总体规划》。编制完成《市域总体规划》和《生态环境功能区规划》、《城区商业网点专项规划》等一批专项规划。加快推进杭州湾大桥余慈连接线等一批统筹发展项目,完善余慈交通枢纽中心等重大规划。推进重大基础设施项目建设,四明湖引水、220千伏溪凤变扩建、城区污水收集一期、杭甬运河余姚段拓宽改造等工程相继竣工,城区四桥改建工程基本完成,双溪口水库、海塘除险治江围涂二期、曹娥江引水(余姚段)、杭州湾大桥余慈连接线(冶山至329国道芦城)等工程进展顺利。新建胜山西路等市政道路2242米,完成城区9个路口、10条背街小巷和老住宅小区封闭式物业管理改造工程,实施城区高速出口和南大门拓宽改造。通过省级生态市验收,被评为省“节能减排十大领跑县市(区)”。迁并自然村18个,完成宅基地整理项目12个,新增环境整治达标村42个,新建农村网络公路182公里,新增宁波市级以上全面小康示范村9个。

【社会事业】 初步建立义务教育经费保障机制,展开义务教育管理体制改革;全面落实农村中小学“四项工程”三年计划任务,中小学校标准化改造率达85%;首次启动幼教支教活动,完成最后2所乡镇中心幼儿园建设。强化文化阵地和公共文化服务体系建设,顺利完成“111”文化工程,姚剧《母亲》获省“五个一”工程奖,王阳明故居、田螺山遗址现场馆建成开放,“姚剧”和“犴舞”被列入省第二批非物质文化遗产名录。积极推进竞技体育发展,在宁波市第十五届运动会上获得历史最好成绩。制定出台《加快发展城乡社区卫生服务的实施意见》,理顺城区社区卫生服务管理体制,城区社区卫生服务站标准化率、村卫生室规范化率分别达到60%和90%,社区卫生服务门诊量占全市门诊总量的50%。启动实施联合国人口基金第六周期生殖健康与计划生育项目,成功创建成为国家计生优质服务先进单位。新增就业岗位5.1万个,帮助651名就业困难人员实现再就业,消除“零就业家庭”63户,城镇登记失业率稳定在2.5%以内。完善新型农村合作医疗制度,农民参合率达96.3%,受益面达89.9%,农民免费体检率两年累计达80.8%。率先在宁波大市范围内制定并实施《农民养老保障试行办法》和《城镇居民基本医疗保险试行办法》。全年净增基本养老、医疗、失业、工伤和生育保险人数1.82万人、1.95万人、0.82万人、4.26万人和7.6万人。继续做好城乡困难群众帮扶工作,农村“五保”老人和城镇“三无”人员基本实现集中供养。

慈 溪 市

【地理位置与区划】 慈溪市位于宁波市西北部,处沪、杭、甬经济金三角的中心地带,是宁波大都市的北部中心,是长三角城市群中迅速崛起的新兴城市。"慈溪"之名来于东汉董黯筑室大隐溪边,汲水奉母。1988年10月13日,慈溪撤县设市;2007年,慈溪市总面积1154平方公里,总人口102.72万人,辖17个镇、3个街道办事处,设53个居委会、265个村委会。

【经济建设】 2007年,全市实现生产总值530.91亿元,增长14.6%。财政一般预算收入75.11亿元,增长21.1%。全社会固定资产投资总额182.87亿元,增长10.7%。城镇居民人均可支配收入24535元,农村居民人均纯收入11126元,分别增长13.5%和16.3%。

全年规模以上工业企业产值实现总产值969.17亿元,增长20.8%,比重达到52.9%;实现利税总额61.73亿元,增长27.3%。产值超亿元企业达到194家,产品产值占全部工业产值的比重31%。有中国名牌产品10只、中国驰名商标48件、商务部最具竞争力品牌5只,全年共获授权专利2396件,16家企业参与各类标准的制订和修订工作。顺利通过省科技强市复查,并荣膺"中国优秀创新型城市"称号。实现农林牧渔业总产值37.27亿元,分别增长5.6%和5.8%。新增200亩以上规模化产业基地30个,拥有宁波市级农业龙头企业38家,慈溪市级农业龙头企业66家,新创宁波市级以上名牌农产品19只。新建现代农场61个,新增农民专业合作社20家,被认定为省农业特色优势产业综合强市。

实现第三产业增加值176.54亿元,增长16.1%,占生产总值的比重达到33.9%;社会消费品零售总额182.31亿元,增长16.1%。成功举办首届中国慈溪家电博览会和中国住博会慈溪精品展。接待国内外旅游者288.1万人次,实现旅游总收入16.65亿元,分别增长16.7%和19.4%。金融机构本外币存款余额638.72亿元,贷款余额559.35亿元,分别增长13.5%和25.7%。完成自营出口总额50.77亿美元,增长25.3%,完成自营进口总额8.31亿元,增长13.2%;有进出口实绩企业1082家,其中出口超千万美元企业105家,超五千万美元企业11家,超亿美元企业2家,产品出口到193个国家(地区)。高新技术产品出口7.09亿美元,占自营出口的比重为14%。新落户千万美元以上外资项目26个,引进世界500强企业实现零的突破,全年实际利用外资3.86亿美元,增长14.5%。

【城乡建设】 2007年,全市初步形成"一中心、四片区"市域空间布局,市域城市化率达到61.0%。加快城市环保基础设施建设,城市污水处理厂3万吨/日扩容工程建成投用,城市污水处理厂日处理能力达到5万吨/日。中心城区绿化覆盖率38.2%,人均公绿面积8.5平方米,市级以上绿化示范村达到138个。顺利通过首批省文明城市复验。大力实施农村二次改水、河道整治、电气化改造及联网公路建设,宁波市级以上全面小康建设示范村达到43个,21个村开展农村新社区建设试点,被列为全国农村社区建设实验县(市)。

【社会事业】 积极改善农村义务教育办学条件,新扩建中小学校舍10.36万平方米。广泛开展送文化、"种文化"活动,推动文艺精品创作,青瓷瓯乐"越·瓷风"荣获全国"群星大奖"。体育馆工程开工建设,全民健身运动蓬勃开展,成功创建为省体育强市。启动实施市公共卫生服务中心、人民医院综合楼、妇幼保健院等一批新建迁建工程,进一步完善社区卫生服务体系,城镇居民医疗保障参保人数达到10.4万人,新型农村合作医疗参保人数达到84.41万人,65.45万名参保农民参加健康体检。全市新增就业岗位31352个,5028名失业人员实现再就业,16278名农村富余劳动力实现转移就业。扩大城镇职工基本养老、基本医疗、失业、工伤和生育保险覆盖面,参保人数分别新增5.03万人、2.09万人、1.05万人、6.89万人和10.75万人,出台城镇老年居民养老保障和农民养老保险制度,参保人数分别达到3900余人和2.8万余人,同时城乡低保在动态管理下基本实现应保尽保。加快发展养老养残服务,城区社会福利院建成投用,9个社区开展居家养老养残服务试点。

奉化市

【地理位置与区划】 奉化市位于宁波市南部,浙江省东部沿海,山川秀美,特产丰富,旅游业发展迅速,是经济综合型城市。唐开元二十六年(公元738年)析鄮县地置奉化县。1988年10月13日,撤县设市;2007年,奉化市陆域面积1267.60平方公里,总人口48.03万人,辖5个街道街道办事处、6个镇,下设33个居委会、354个村委会。

【经济建设】 2007年,全市实现生产总值170亿元,增长13%。财政一般预算收入22.54亿元,增长27.9%。全社会固定资产投资56.73亿元,增长16.5%。城镇居民人均可支配收入和农村居民人均纯收入分别达到21698元和9505元,扣除价格因素,分别增长8.6%和9.1%。

全年完成农林牧渔业总产值25.7亿元,增长11.4%,其中十大主导农产品实现产值22.1亿元,比重达88%。水蜜桃、草莓和蝇蛆生物养殖等特色农业产业基地项目有序推进。农业龙头企业产值、销售和出口分别达到18.2亿元、16.3亿元和9.6亿元,分别增长22%、25%和26%。新增宁波市无公害农产品基地5万亩。全市规模以上工业企业完成总产值313亿元,增长15%。新增销售收入超亿元的企业7家,达到39家。全市高新技术企业实现销售产值和利税分别达115亿元和13亿元,均增长20%。有4个项目列入国家科技计划。实现社会消费品零售总额51.2亿元,增长16.2%。顺利实施太平洋商城、方桥港区等商贸物流项目。全年共接待游客597.8万人次,旅游经济综合收入23.1亿元,分别增长17.9%和23.5%。溪口、滕头创建国家AAAAA旅游景区工作积极推进,露天弥勒大佛基座完工,仁湖公园、中塔寺复建等工程进展顺利,阳光海岸等滨海重大旅游项目的洽谈和前期工作有序推进。全市实现进出口总额17.71亿美元,其中自营出口12.92亿美元,分别增长14.4%和21.8%。

【城乡建设】 全面启动市域总体规划和土地利用总体规划修编工作,全市城市化率达到51%。全年完成交通基础设施投资6.2亿元,新建、改建公路145.9公里。扎实推进重大基础设施建设,全省首条生态公路弥勒大道竣工通车,"三高"连接线、城区至莼湖快速通道、甬台温铁路场站及连接线等重大交通项目进展顺利,甬新河奉化段全线通水,红胜海塘续建工程、沿海供水及第二水厂项目、县江开发区段及广渡至广平堰段综合治理工程等有序推进。全面建成城乡生活垃圾无害化处理三级网络,城区污水管网工程及延伸至溪口的配套项目基本完成,污水处理厂二期、张家岙垃圾填埋场扩建工程启动实施,全市城乡生活垃圾无害化集中处理率达到99%,城区生活污水处理率达到75%。关闭和外迁污染企业173家,清除嫩竹料塘565只,整治规模化养殖场9个;关停黏土砖瓦窑18支,对40余家超标排污企业进行限期治理。全年投入新农村建设资金1.1亿元,占全市新增地方可用财力的64%。完成村庄环境整治67个,创建省和宁波市级全面小康示范村11个。滕头村荣膺"世界十佳和谐乡村"称号。

【社会事业】 2007年,全市积极推进市职教中心、萧王庙初中和14项"食宿工程"。红帮裁缝制作技艺、奉化吹打和走书等列入省级非物质文化遗产名录,时代艺术团组建成立。成功承办女子拳击全国冠军挑战赛,在省第八届田径运动会上奖牌总数名列第三,体育场综合改造全面完成。溪口医院住院楼和松岙、江口卫生院门诊楼投入使用。全市新增城镇就业人员7744人,失业人员实现再就业4215人。养老、工伤、失业、医疗保险参保人数分别新增5933人、32982人、2000人、7716人,被征地人员养老保障参加人数达到1.52万人。率先实施城镇居民合作医疗制度,合计报销医药门诊费192.5万元。全年发放廉租住房保障经费45万元,建成农居房10.11万平方米。发放低保资金1150万元、救助金1125万元。

宁海县

【地理位置与区划】 宁海县位于宁波市南部,浙江沿海中部,东接象山县,北连奉化市,象山港、三门湾两海湾南北环抱,依山傍海,山海资源丰富,特产繁多。宁海县取"境宁海静"之意名县。西晋太康元年(公元280年)析鄞县、临海部分地置宁海县;1983年7月,实行市管县体制,属宁波市;2007年,宁海县陆域面积1843.26平方公里,海域面积275平方公里,总人口59.52万人,辖4个街道办事处、11个镇、3个乡,下设29个居委会、398个村委会。

【经济建设】 2007年,宁海县实现生产总值194.29亿元,增长16.1%。完成财政一般预算收入27.66亿元,增长29.7%。全社会固定资产投资81.26亿元,增长27.9%。城镇居民人均可支配收入21115元,农村居民人均纯收入9097元,分别增长14.5%和16.0%。

全年实现农林牧渔业总产值29.84亿元,增长5.2%。继续调整农作物种植结构,粮食播种面积26.36万亩,总产量8.01万吨;完成绿化造林9013亩,、义务植树33.6万株;海水养殖面积22.74万亩,仍为全省海水养殖面积第一大县。全县27家农业龙头企业和8家优秀成长型企业完成产值18亿元。农业龙头企业建立和联结基地10万亩,联系农户3万余户,吸纳农民就业岗位2.3万个。发展农业产业化基地面积25万亩,创建特色产业强镇5个,特色产业基地3个。工业企业完成总产值395.2亿元,增长28.2%。规模以上工业企业实现销售收入316.96亿元、利税总额40.9亿元,产销率为98.78%。新获"中国汽车橡胶部件产业基地"称号。工业投资千万元以上项目134个,市重点优势行业技改项目10个,引进国外先进设备34项。全县有国家级高新技术企业3家,列入国家火炬计划重点高新技术企业3家。年内宁海被评为省科技强县,并荣获省可持续发展实验区称号,成为宁波市唯一的试点县。实现社会消费品零售总额53.65亿元,城乡集市贸易成交额36.03亿元,分别增长16.6%和8.8%。深入实施"百镇连锁超市、千村放心店"工程,居民消费价格指数上升5.1%。成功举办第五届宁海徐霞客开游节,开展第六届"上海人游宁海"推介活动。前童古镇被评为国家级历史文化古镇,启动前童古镇规划和开发。宁海被确定为首批中国旅游文化示范地。全年实现旅游收入12.56亿元,增长42.2%,接待国内游客217万人次,接待入境游客9576人次。完成外贸进出口总额12.94亿美元,增长29.9%,其中出口总额11.93亿美元,增长34.5%。新批外商投资企业39家,总投资额3.34亿美元,合同利用外资1.3亿美元,实际利用外资7530万美元。全年劳动合作营业额80.03万美元。年末金融机构各项存款余额132.84亿元,增长16.7%;发放各种贷款167.01亿元,增长23.4%。

【城乡建设】 2007年,全县完成市政基础设施投资1.55亿元。城市交通网络日益完善,改造和兴建兴宁路、兴海路、庙前丁路、时代大道东段、金水东路城市主次道9条。城市建设和旧城改造扎实推进,东门片一期改造工程基本完成,二期改造有序开展,汪家、前后张村和竹口、华山等城中村改造进展顺利,新世纪环岛等城市重要节点改造实质性启动。积极推进城市绿化亮化工程,城市绿地率为34.61%,绿化覆盖率为37.6%,人均公共绿地面积13.05平方米。城区供水能力进一步提高,日供水能力17万吨。5家企业通过ISO14000环境管理体系论证,19家企业开展清洁生产审核,15家企业通过审核。宁海第二座空气自动站城南站通过验收并投入运行。新农村建设有序开展,共投入资金1.23亿元,完成2个省级示范村、17个市级示范村和48年市级重点整治村的创建。

【社会事业】 2007年,宁海县拥有国家级重点中等职业学校1所,省重点高中2所、省示范学校28所,县级以上文明学校69所,市行为规范示范学校35所,市现代化达纲学校58所。全年普通高校考试文理录取率达到74.4%。成功组建潘天寿小学教育集团、实验幼儿园教育集团和跃龙幼儿园教育集团。主办或承办纪念潘天寿诞辰110周年大型纪念活动和宁海县第二届农民文化艺术节,第二个中国"文化遗产日"宁海民间艺术展演、心连心艺术团走进"十佳和谐村庄"等各类大中型文化活动。参加省级以上各类竞技比赛项目,共获得金牌12枚、银牌8枚、铜牌14枚。公共卫生设施建设加快,第一医院传染病区投入使用,完成第一轮乡镇卫生院标准化建设,荣获全市首个国家卫生县城称号。年末拥有各级医疗卫生机构456个,全县共有47.44万人参加农村合作医疗保险,参保率达96.8%。

象山县

【地理位置与区划】 象山县位于宁波市南端,三面环海,两港

(象山港、石浦港)相拥,渔业繁荣,海洋经济、建筑经济发达。象山之名来于县境西北有山,状如伏象。唐置象山县。1983年7月,实行市管县体制,属宁波市;2007年,象山县陆域面积1382.18平方公里,总人口53.18万人,辖3个街道、10个镇、5个乡,设24个居委会、490个村委会。

【经济建设】 2007年,全县实现生产总值195亿元,增长17%。实现财政收入22.77亿元,增长28.6%。全社会固定资产投资64.96亿元。农渔民人均收入纯收入8921元,增长10.3%,城镇居民人均可支配收入20919元,增长10%;农村居民人均纯收入8921元,增长10.3%。

实现农业总产值60.8亿元,增长10.1%。渔业保持稳定,水产品总量达到57万吨。农业龙头企业总产值突破40亿元,出口创汇2.7亿美元,分别增长5.6%、16.8%。工业快速发展,规模以上工业产值296亿元,增长39.4%。临港工业产值突破90亿元,增长198%。新增亿元以上企业5家、规模以上企业60家,新办企业600家。新创中国驰名商标2个和中国名牌、国家免检产品各1个,新增国家级高新技术企业1家、市级6家。实现社会消费品零售总额66.6亿元,增长16.4%。全年接待游客突破300万人次,旅游总收入18亿元,分别增长30%和43.7%。海洋运输业总运力达到33.3万吨,利润增长54%,集装箱运力居全省第一。全年实现自营出口总额10.8亿美元,增长32.1%。新增自营出口权企业48家,注册境外商标10个。合同利用外资1.55亿美元,实际到位6611万美元,利用内资9亿元。完成外经营业额3.5亿美元,增长12.5%,新设立境外企业(机构)10家。

【城乡建设】 2007年,全县城市化进程加快,城市总体规划大纲完成修编。

城市新中心区框架基本形成,黄家塔、李家等城中村改造稳步实施,环城西路一期、爵溪新建路建成通车,天安路延伸工程全线贯通,丹城公园、步行街改造基本完成。建材装潢市场、轻纺市场建成开业,水产城二期主体工程、天华家具城基本建成,城东市场启动建设。逐步完善交通网络,县客运中心、林善岙隧道、盘基公路动建,三门口大桥、西泽5000吨级码头建设加快,象西线下沙至莲花、盛宁线西泽至丹城公路路面基本修复。白溪引水工程、滨海水厂、爵溪第二水厂进展顺利;上张水库大坝成功截流,800多户移民得到妥善安置。电网布局不断优化,荔江110千伏输变电建成,西泽110千伏输变电顺利推进。大唐乌沙山电厂一期全面投产,中油重工建设加快,日星铸造主厂房基本建成。象山港、环石浦港船舶基地初具规模,新乐造船等11家企业投产。新增省级生态乡镇和绿化示范村各3个,市级生态乡镇5个、生态村15个、绿化示范村20个。新建垃圾中转站10个,新增中心城区保洁面积15万平方米,生活垃圾收集面达到80%。迁移坟墓3.45万座,基本消除"三沿五区"青山白化。人工造林8800余亩,新增绿地13万平方米。公共应急管理切实加强,县、镇(乡)、村三级预案基本建立。

【社会事业】 2007年,教育资源配置趋于优化,爵溪学校投入使用,丹城四小动建,新改建教育用房7万平方米,新增省级标准化学校11所。成功举办"三月三"和谐城乡游、国际海钓节、象山海鲜节等,中国开渔节被评为中国十大品牌节庆。祭海等6个项目列入省非物质文化遗产名录,广场舞蹈《爵溪渔鼓》、竹根雕《茅屋秋风》分获全国群星奖、山花奖。新增流动图书站36个,布置健身路径95处,县体育场改造启动。新增市级标准化乡镇卫生院9家。实现再就业3600人,开发公益性岗位303个,城镇登记失业率降至3.2%。完成各类培训3万人次,转移农村劳动力1.1万人。养老、失业、医疗、工伤、生育保险参保人数分别新增1万人以上,被征地人员养老保障制度得到完善,农村低保实现应保尽保。4.3万名城镇职工享受门诊医疗保险,新型农村合作医疗参合率95.2%。农村五保、城镇三无对象集中供养率分别达到93.6%和100%。

(谢敏依)

滨海新城

湖州市辖县(市)

德　清　县

【概况】　德清位于浙江北部,东望上海、南接杭州、北连太湖、西枕天目山麓,东西长54.75公里,南北宽29.75公里,总面积936平方公里,属太湖流域长江三角洲经济区。德清"五山一水四分田",素有"鱼米之乡、丝绸之府、名山之胜、竹茶之地、文化之邦"之美誉。德清历史悠久,有着五千年文明史的良渚文化和古代防风文化的印迹和传说,有千年古刹云岫寺、宋代石桥等一大批历史文化遗迹,还孕育了沈约、孟郊、管道升、俞平伯等一大批历史文化名人。县域西部,有中国四大避暑胜地之一的国家级风景名胜区莫干山,毛泽东、周恩来、江泽民、乔石、朱镕基等中央领导人曾登览胜;中部,有江南最大湿地、防风古国故里下渚湖;东部,有千年水乡古镇新市,素有"千年古运河、百年小上海"之誉。德清区位优势十分突出。杭宁高速公路、申嘉湖高速公路、104国道、09省道、宣杭铁路、京杭运河、杭湖锡线航道贯通全县,县城武康到杭州、湖州市中心只有半小时车程。

【历史沿革】　德清历史悠久,远在新石器时代已有人类繁衍生息。县境周初隶吴,春秋属越,越灭属楚。秦汉两代,为乌程、余杭县南疆北境。德清因濒临余不溪,取政德清明如水之义。宋代诗人葛应龙《左顾亭记》道:"县因溪而尚其清,溪亦因人而增其美,故号德清。"在近1800年的建县历史中曾有永安、永康、武康、武源、临溪等名。三国入东吴版图,吴黄武元年(222年),武康立县,初名永安,晋太康元年(280年)改永安为永康,晋太康三年改名武康。唐天授二年(691年)分武康东境17乡置武源县,后改为临溪县;天宝元年(742年)改临溪县为德清县。宋至清,武康、德清两县相沿。1958年武康县并入德清县,并置武康镇。1994年县城从原城关镇(现乾元镇)搬迁至武康镇。

【行政区划及人口】　县人民政府所在地武康镇。全县设武康、乾元、新市、钟管、洛舍、雷甸、禹越、新安、莫干山9个镇,三合、筏头2个乡,辖166个行政村、社区居委会30个。全县年末总人口42.53万人。有汉、畲、回、满等7个民族。

【经济建设】　全年实现生产总值168亿元,增长15%。财政总收入和地方财政收入分别达到21.5亿元和11.2亿元,增长23.9%和20%。三次产业发展的协调性进一步增强,三次产业比例为7.5∶62.4∶30.1。

农业增势平稳。全年完成农业总产值25亿元,增长15.5%。

工业经济继续保持高位平稳运行。完成全部工业产值666亿元,规模工业产值388.2亿元,分别增长30.3%和30.1%。新增规模企业115家、达到570家。服务业规模和比重提升。服务业增加值增长16.8%。

旅游业发展势头良好。全年接待国内外游客296万人次、增长46.6%,实现旅游门票收入2523万元、增长43%,旅游总收入17.1亿元、增长43.5%,下渚湖湿地风景区被评为省十大生态旅游示范区,防风古国文化园景区成为我县首个国家3A级景区,并获得"中国最佳休闲旅游县"称号。

经济运行质量明显提升。"投资稳、消费旺、出口强"促进了经济运行质量的稳步提高。完成全社会固定资产投资完成76.9亿元,增长19.2%;工业性投入完成45.3亿元,增长24.9%。完成合同利用外资3.28亿美元,实际利用外资1.54亿美元,实到内资28.2亿元。实现社会消费品零售总额47亿元,增长16.8%。完成进出口总额9.16亿美元,增长49.4%,其中自营出口7.65亿美元,增长44.3%。重点产业、优强企业对经济发展的拉动作用不断增强。生物医药、新型建材、新型纺织、特色机电四大主导产业占规模工业产值的73.6%,纳税超2000万元、1000万元、500万元企业分别达到11家、22家、48家。科技创新能力进一步增强。新增国家级科技计划项目6项、省级40项,省级新产品191只,专利申请量和授权量分别达到825项和411项。品牌建设、企业上市和接轨沪杭等工作取得重大进展。3家企业4个产品被评为中国名牌产品,7家企业8件商标成功晋级中国驰名商标行列,2个产品被评为国家免检产品。4家企业上市工作全面启动,2家企业完成股改。

【新农村建设】　全面实施"1251"计划,城乡统筹步伐加快,城乡统筹发展水平综合评价列全省第14位,全市排名第一。省部共建和新农村实验示范县建设取得积极成效。钟管新农村实验示范镇和杨墩村等5个实验示范村创建工作进展顺利;与浙江大学等高校科研院所合作共建进一步加强,"走进浙大,共建新农村"主题活动深入开展,合作项目达到71个、完成38个,并成功创建为省级新农村建设科技示范县。农业产业化经营水平不断提高。新增各类农业企业89家,累计建成休闲农业项目13个,新增有机食品2只、绿色食品2只、无公害农产品13个,新认证无公害农产品基地5万亩,"清溪花鳖"荣获全市首个中国名牌农产品称号。农村生产生活环境不断改善。围绕"一核两翼一带"重点区域,实施了三桥、二都集镇整治,开展了"十村示范、百村整治"和以"五整治一提高"为重点的农村环境污染综合整治工作,新增市级以上全面小康示范村7个,完成村庄环境整治点127个,新增受益人口2.3万人;农业基础设施建设加快,洛舍大闸下游河道配套工程开工建设,完成河道整治125公里,新建林区道路192公里,农村联网公路39.5公里。

【重大项目建设】　新批外商投资企业52家,新引进内资工业项目76项,世茂集团、德国林德等一批跨国公司和知名企业与我县成功合作。在建项目达到427项,其中3000万元以上项目186项,5000万元至1亿元项目73项,超亿元项目35项,1000万元以上新开工项目达到91项,竣工投产项目达到88项。重大基础设施项目加快推进。申嘉湖(杭)高速公路德清段、县城拆迁安置小区等工程建设顺利推进,德清大道东延、余英溪三期改造、杭宁城际高速铁路建设等项目前期工作有序开展,菱新公路德清段改造、南钟公路改造等五项改造工程全面完工。电网建设进一步加快,220千伏士林变扩建完工、110千伏三合变投入运行,莫梁变主变扩容完成。平台建设有序推进。完成了德清经济开发区管理体制调整,确定了开发区"东扩为主、适度北进"的扩容方案、德清工业园区拓展规划建设方案、武康高新园区建设方案,编制完成了德清运河港区规划。缓解土地、资金等要素制约取得积极成效。推行工业用地"招拍挂",加快土地整理开发和建设用地复垦,新增耕地4380亩,新增指标1509亩,全面清理合同超期项目,盘活存量土地2340亩;成功举办银洽会,引进交通银行入驻,全县新增贷款20.6亿元,累计引进县外银行资金总额达到32亿元。

【生态环境建设】 全年万元生产总值综合能耗降低4.5%,化学需氧量排放量下降5.5%,二氧化硫排放量下降4.5%。节能降耗技术改造有序推进。38家重点用能企业实施了64个节能降耗项目,年节能5万吨标煤;积极推进清洁生产,通过清洁生产阶段性审核企业10家。排污源头有效控制。建成省市联网的在线监控中心,30家企业实施阳光排污,12家造纸企业实行污水生化处理和中水回用,钟管漏斗港废水治理任务完成。落后生产能力加快淘汰。拆除黏土砖瓦窑15家,完成三年拆除36座的目标任务。生态县创建取得明显成效。乡镇污水处理厂和垃圾中转站加快建设,136家规模畜禽养殖场完成污染治理,全县11个乡镇成功创建为省级以上生态乡镇,省级生态县顺利通过现场验收。

【改善民生】 城镇居民人均可支配收入19182元,农村居民人均纯收入9773元,分别增长13.2%和14.4%。改善民生力度进一步加大,新增财力的三分之二以上用于民生支出。就业再就业工作成效明显。新增城镇就业1.8万人,帮扶城镇失业人员实现再就业3378人、城镇零就业家庭再就业28户,城镇登记失业率为3.5%。社会保障覆盖面和保障程度稳步提高。全面实施了社会保险"五费合征",建立了城镇居民医疗保险制度和企业职工基本医疗保险个人账户,实现了城乡医疗保险制度全覆盖。新型农村合作医疗人均筹资水平从65元提高到87元,门诊报销比例从15%提高到20%,参保率达到97%以上。全县城镇居民和农村居民最低生活保障标准分别从每人每月225元和120元提高到250元和150元。新型社会救助体系建设逐步推进,农村"五保"、城镇"三无"人员集中供养率达到99.3%。住房保障体系建设进一步加强,落实城镇困难家庭廉租房222户,完成农村困难家庭危房改造237户。同时,教育、文化、卫生等各项社会事业协调发展,社会保持和谐稳定。直通杭州公交车顺利开通,实现了来我县投资和居住的杭州人士凭杭州医保卡在德就医。

长 兴 县

【概况】 长兴县地处浙江北部杭嘉湖平原,东濒太湖,西倚天目,南望杭州,北接苏州,与江苏、安徽两省接壤,区域面积1430平方公里。长兴区位交通条件优越,自古被称为"三省通衢",是浙苏皖地区的一个重要的交通枢纽,与上海、杭州、南京、苏州、无锡、常州等长三角大中城市相距均在200公里之内。境内一条黄金水道(长湖申运河)、两条国道(104国道、318国道)、三条铁路(宣杭铁路、长牛铁路、新长铁路)、四条高速(杭宁高速、杭长高速、申苏浙皖高速、申嘉湖高速),构成了水、公、铁立体交通网。长兴物产资源丰富,名特优农产品众多,有闻名海内外的"太湖四珍":银鱼、白壳虾、鲚鱼、大闸蟹;有久负盛名的"长兴四宝":银杏、吊瓜、板栗、青梅;有令世人称绝的"品茗三绝":紫笋茶、紫砂壶、金沙泉等。长兴旅游资源独特,"金钉子"地质遗迹、古银杏和扬子鳄这三个上亿年的珍稀自然遗产,被誉为"古生态三绝",全球罕见;绵延34公里的太湖湖岸线,为环太湖旅游开发提供了广阔的空间;长兴是革命老区,有国家级文物保护单位、被誉为"江南小延安"的新四军苏浙军区司令部旧址。长兴文化底蕴深厚,有民间艺术奇葩"百叶龙",是陈朝开国皇帝陈霸先的故乡。茶圣陆羽在长兴写就了旷世巨作《茶经》,是茶文化发祥地之一;明代中叶,散文大家归有光、小说家吴承恩同治一县,成为一段历史佳话;元代大画家、大书法家赵孟頫赞誉长兴为"帝乡佛国",并留下了手写真迹。

【历史沿革】 长兴古称长城。春秋吴越争霸时期(前514~前495年),吴王阖闾派弟夫概在今雉城东南两里处筑城,作为夫概王邑。因城狭长,故名长城,距今已有2500多年的历史。秦始皇二十六年(前221年),分三十六郡,属会稽郡。公元282年(晋武帝太康三年),从乌程县中分出,建长城县。长兴建县距今已有1700多年历史,历史悠久。民国元年(1912年)1月17日,革命军光复长兴。随即,废府,长兴直属于省。抗战爆发后,长兴成为著名的抗日根据地。在解放战争中,第三野战军在淮海战役后渡江作战,于1949年4月解放长兴,成立长兴县人民政府,隶属于浙江省第一专员公署,1951年4月改为嘉兴地区专员公署,1983年10月,撤专署实行市管县,隶属于湖州。

【区划人口】 长兴县下辖洪桥、雉城、李家巷、和平、泗安、煤山、虹星桥、夹浦、小浦、林城10镇,槐坎、白岘、吴山、二界岭、吕山、水口6乡,古城、龙山2个街道及1个县级开发区。年末全县总人口61.60万人。其中:男性31.40万人,女性30.20万人;农业人口45.49万人,非农业人口16.11万人。

【经济建设】 全年实现地区生产总值193.47亿元,增长15%;财政总收入28亿元,增长27.2%,其中地方财政收入15.36亿元,增长27.6%;城镇居民人均可支配收入19552元,增长12.9%;农民人均纯收入9538元,增长14.2%。

工业经济实现新突破。全年实现工业总产值615亿元,增长25%;规模以上工业总产值317.6亿元,增长28.8%。全年完成工业性投入50.5亿元,增长22.4%。结构调整成效明显,机械电气跃升为第一大产业。新增规模以上企业143家、"亿千"企业11家。天能动力国际在香港成功上市。新增家庭工业3117户、民营企业591家。开发区D区建设全面推进,城南工业功能区启动建设。

农业经济再显新成效。七大特色产业新发展面积7.4万亩;新增市级农业龙头企业5家;新创市级以上示范性农民专业合作社6家。新增国家级有机和绿色食品29只、省级名牌产品2只,长兴紫笋茶、白茶获第四届国际茶博会金奖。全年实现农业总产值32亿元,增长10%。

服务行业获得新发展。新建村级连锁便利店47家,连锁超市、放心店食品配送率达到90%;新增个体工商户7355家、限额以上商贸企业4家;县中心农贸市场主体工程顺利完成。创建全国农业旅游示范点1个、省级首批五星级农家乐2家,实现旅游收入12.8亿元,增长47%。全年实现服务业增加值66.76亿元。

开放型经济再创新业绩。全年完成合同外资4亿美元,实际利用外资1.6亿美元,实到县外内资41.05亿元;引进国内百强企业1家。新增自营出口企业50家,全县进出口总额4.72亿美元,增长49.7%。新增境外投资企业1家。

要素保障得到新加强。通过土地复垦、盘活存量等多种途径共获取土地指标2.39万亩。全县金融机构存贷款余额分别为135.63亿元和122.62亿元;新增异地银行融资5.18亿元,企业上市融资8.16亿元。引进硕士等高层次人才101名;建立了云南、河南等省外劳务合作基地。

自主创新取得新进步。115项产学研重点合作项目扎实推进,共申请专利602项、授权479项,发明专利授权量是前三年的总和。高新技术产业总产值增长43%。新获国家免检产品5只、中国驰名商标4件、中国名牌产品1只。

【城乡建设】　城市功能日趋完善。《长兴县域总体规划》和环卫、交通等专项规划编制完成。旧城改造工作全面展开,全年完成城市拆迁面积24.2万平方米。16项城市重点建设项目进展顺利。龙山新区建设稳步推进。

镇村建设日益加快。小城镇建设启动基础设施项目62个,完成投资5.6亿元。新增省级"全面小康建设示范村"10个,新建农村生活污水处理池1.2万余座。城乡生活垃圾集中收集处理率达66.7%。区域供水新增受益人口7.7万。

基础设施日臻完善。杭长高速一期建成通车,10省道三期、长达线等工程开工建设,完成农村联网公路65公里、改造桥梁46座。合溪水库开工建设。顺利通过新农村电气化县考核验收,洪桥输变电二期完成扩建。农村宽带网络覆盖率达到90%。

【社会事业】　教育事业加快发展。完成和平中学迁建、林城中学扩建工程。撤并农村小学网点16个。投入农村学生接送班车137辆,有效解决了9000多名学生"乘车难"和乘车安全问题。教师队伍进一步优化。社区教育实现乡镇全覆盖。

文卫事业稳步发展。"文化大县"建设深入推进。被评为"全国文物工作先进县"。县档案馆通过省一级馆验收。新型农村合作医疗参合率达93.5%,为14万户农村居民建立了家庭健康档案;164家农村社区卫生服务站投入运行;疾病防控工作得到加强。县老年活动中心和52个农村老年活动室投入使用。

社会就业不断扩大。免费培训城镇下岗失业人员2104名,帮助3605名城镇下岗失业人员实现再就业。培训农村劳动力2.7万人,转移就业1.1万人。招聘98名大学生到社区、农村工作。劳动保障诚信体系建设扎实推进,落实工资支付保障金1554万元。

社会保障更趋完善。建立了城镇居民医疗保险制度,城乡居民医疗保障实现全覆盖。"五费合征"制度逐步健全。近2.2万被征地农民纳入了社会保障范围。农村五保对象、城镇"三无"人员集中供养率为97.1%。城乡最低生活保障线标准进一步提高。帮助农村困难群众改造危旧房341户。县残疾人康复指导中心投入使用。

【平安创建】　民主法制不断健全。县长经济责任审计顺利完成,政府性投资项目审计工作进一步加强。以村务公开、民主管理为核心的农村基层民主政治建设扎实推进。"五五"普法工作全面展开。全县三星级以上民主法治村、社区达标率分别为82.6%、83.3%。

安全生产明显好转。总体应急预案《操作手册》编制完成。消防隐患整治工作扎实有效。认真落实安全生产责任制,安全事故发生数、死亡数和直接经济损失分别下降28.9%、26.6%和35.1%。

社会稳定扎实巩固。扎实开展"平安长兴"创建活动。科技强警示范县创建不断深入。新建和改建城乡警务室73个。社区矫正试点、安置帮教工作稳步推进,基层司法所建设取得新突破。人民调解机制不断健全,各类矛盾纠纷调解成功率达到97.4%。

【生态环境建设】　环境整治"十三大工程"全面展开。太湖蓝藻防御工作扎实有效。重点污染源在线监控监测系统投入使用。印染、喷水织机等重点水污染行业整治不断深化。关闭矿山企业9家。水环境、大气环境持续好转。新增全国环境优美乡镇3个、省级生态乡镇3个。加强了对全县重点行业、重点企业的能耗和排污监控。浙江长兴山鹰综合利用发电有限公司小火电机组予以关闭,华能电厂脱硫工程建成运行,兴宝龙余热发电项目竣工投产,新审核清洁生产企业17家,新增ISO14000认证企业10家、省级绿色企业1家。

安　吉　县

【概况】　安吉地处天目山北麓、南太湖上游,与德清、长兴、广德、宁国、临安、余杭相邻。安吉处于北纬30°53′~30°23′,东经119°35′~119°14′之间,水陆交通便利,距湖州68公里,上海209公里,杭州市中心65公里。县内水支航程48公里,船只可达湖州、上海、苏州等地。全县面积1886平方公里,七山一水二分田,是中国竹乡、中国白茶之乡、中国椅业之乡、中国竹地板之都、国家生态县、国家卫生县城、国家园林县城、省级文明城市,获中国人居环境范例奖,被评为长三角最具投资价值县市(特别奖)。2007年,被国家林业局命名为全国林业推进新农村建设示范县,被国家环保总局命名为新农村与生态县建设互促共建示范区。

【历史沿革】 东汉末期,灵帝中平二年(185年),割故鄣县南境置安吉县,县治设于天目乡(今孝丰镇),仍属丹阳郡。安吉建县始于此,至今已1800余年。唐麟德元年(664年),恢复安吉县建制,隶湖州。开元年间(713~741年),安吉丝及丝织品质称上乘,奉为贡品。茶叶生产普遍,唐陆羽《茶经》载:安吉、武康两县茶叶为浙西上品。竹和竹笋更是境内特产,白居易《食笋诗》有:"此州乃竹乡,春笋满山谷,山夫折盈抱,抱来早市鬻。"诗中"此州"指湖州,安吉为湖州最主要的产竹县。

【行政区划及人口】 全县辖递铺镇、孝丰镇、梅溪镇、报福镇、杭垓镇、良朋镇、高禹镇、章村镇、天荒坪镇、鄣吴镇等10个镇,昆铜乡、溪龙乡、皈山乡、上墅乡、山川乡等5个乡,以及一个省级经济技术开发区。有169个村委会,43个社区居委会。年末总人口45.25万人,其中:农业人口35.74万人,非农业人口9.51万人;男性22.79万人,女性22.46万人。

【经济建设】 全县财政总收入首次突破10亿元,达到11.11亿元,其中地方财政收入6.24亿元,分别增长26.5%和26.8%;实现地区生产总值120亿元,增长14.5%;城镇居民人均可支配收入18548元,农民人均纯收入9196元,分别增长12.8%和14.5%;全社会固定资产投资47.1亿元,增长12.7%;全社会消费品零售总额42.8亿元,增长16.4%。

工业经济增势强劲。全年完成工业性投入30.2亿元,增长30.6%;新开工建设3000万元以上工业项目51项、亿元项目5项。产值超亿元企业达到34家,其中超5亿元企业3家;规模以上企业新增60家,达到468家;全县家庭工业新登记注册650户,达到4000家。制造业入库税金5.1亿元,增长27.1%。开展工业用地专项清理,共清理闲置用地1001亩,收回闲置土地171亩。万元GDP综合能耗同比下降5%,化学需氧量和二氧化硫排放量同比削减2.53%和1.1%。

龙王山迎客松

开放型经济再创佳绩。全县合同利用外资2.56亿美元,实到外资1.02亿美元,实到内资19.6亿元,超额完成全年任务。再次被评为长三角最具投资价值县。成功举办2007中国(安吉)竹文化节,扩大了与国际竹藤组织合作成果,国际竹产业会展中心和竹产业培训中心在安吉挂牌。对外贸易继续保持强势增长,实现自营出口8.5亿美元,增长55%,总量和增幅居全市第一。

农村经济快速发展。高效农业完成产值19.4亿元,增长12%。安吉白茶获得中国名牌农产品称号。建成省级无公害农产品基地4.6万亩,新增国家级无公害农产品29只。启动建设万亩白茶现代园区、万亩蚕桑现代园区、万亩生态休闲农业观光园区,基本完成万亩竹子良种基地、15万亩毛竹现代科技园区建设。4家企业列入省、市级农业龙头企业,专业合作社增至78家,农户覆盖率达40%。15个经济薄弱村全部实现脱贫。初步建立森林资源流转平台。

休闲经济活力增强。全年接待游客450万人次、旅游收入16.6亿元、门票收入6392万元,分别增长24%、34.3%和37%。被评为"中国最佳生态旅游县"、"中国自驾车旅游品牌十大目的地"。中南百草原成为第二个国家4A级旅游景点。农家乐旅游进一步规范发展,400户农家乐证照齐全。全县金融机构存贷款余额分别比年初增加10亿元和15亿元,商业银行安吉支行正式营业。

【城乡建设】 全县拆除违章建筑4.4万平方米,县城新增绿地4万平方米。城乡基础设施不断完善。杭长高速一期、11省道王唐线建成通车,"天二"项目和杭长二期前期基本就绪。建成农村联网公路53公里。"川气东送"安吉段动工建设。110千伏安城变建成运营,110千伏康山变开工建设。村庄环境整治累计受益28.2万人,受益人口达81%。沿路、沿线、沿景区整治力度加大,环境明显改善,被命名为"全国绿色小康县"。"千库保安"、"万里清水河道"、"十万农民饮用水工程"、西苕溪整治、老鱼塘改造、标准林道建设顺利完成既定目标。

【社会事业】 启动第三次全国文物普查。创建省级文化特色村(社区)3个,完成广播"村村响"工程。农村卫生服务网络不断健全,118家社区卫生服务站全部建成,农民免费健康体检率达84.7%,新型农村合作医疗农民参保率达92.2%。农村政策性住房保险实现全覆盖,农村危旧房改造331户。产品质量和食品安全专项整治成效明显,社会治安总体良好。妇女、儿童、老龄、慈善、残疾人等社会事业取得新发展,人口计生、国防、外事、人防、对台、侨务、民族宗教等工作取得新成绩,被评为"全国科普示范县"。在全市率先实施行政机关内设机构审批职能归并,正式开通"县长热线",被评为2007年中国生态小康建设十大政府创新典型。

(洪　流提供)

嘉兴市辖县(市)

嘉善县

【概况】 嘉善县地处太湖流域杭嘉湖平原，位于嘉兴市东北部，东邻上海市青浦、金山两区，南连嘉兴市南湖区、平湖市，西接嘉兴市秀洲区，北靠江苏省吴江市和上海市青浦区，总面积506.6平方公里，有建制镇11个。2007年，全县人口出生率6.08‰，死亡率6.99‰，人口自然增长率为0.91‰，计划生育率98.6%；年末总人口(户籍)381333人，比上年增加645人；其中非农业人口138237人，比上年增加4937人。

【经济建设】 2007年，全县实现地区生产总值181.42亿元，按可比价格计算，比上年增长14.6%。按户籍人口计算，人均生产总值39635元，比上年增长16.4%。产业结构进一步优化，其中第二产业优势明显，第一产业所占比重继续下降。第一产业增加值15.91亿元，比上年增长5.5%，占生产总值的比重为8.8%，比上年下降0.6个百分点；第二产业增加值106.93亿元，比上年增长18.7%，占生产总值的比重为58.9%，比上年提高0.9个百分点；第三产业增加值58.58亿元，比上年增长15.5%，占生产总值的比重为32.3%，比上年下降0.3个百分点。

2007年，全县财政一般预算收入23.15亿元，比上年增长23.3%，其中上划中央收入12.13亿元，增长20.9%，地方财政收入11.02亿元，比上年增长26.1%。全年地方财政总支出10.71亿元，增长20.4%。其中，教育支出3.2亿元，增长13.8%；医疗卫生支出5866万元，增长46.7%；社会保障和就业支出5640万元，增长56.2%。

农林牧渔业：2007年，嘉善县实现农林牧渔业总产值25.15亿元，增加值15.91亿元，按可比价格计算比上年增长6.6%。粮食生产能力保持稳定，比上年略有下降。全年农作物种植面积4.7万公顷(70.45万亩)，比上年减少5.81%。粮食播种面积2.6万公顷(39万亩)，占种植面积的比重由上年的55.2%上升到55.4%；全年粮食总产量为17.1万吨，比上年下降5.7%。油菜籽年产3542吨，比上年下降47.4%。果用瓜种植面积2346.7公顷(3.52万亩)，产量6.84万吨，比上年增长3.7%。效益农业取得新进展。蔬菜、花卉、食用菌和淡水鱼四大特色产业保持较快发展。蔬菜种植面积1.54万公顷(23.05万亩)，产量52.4万吨，比上年增长0.9%。花卉种植面积5480公顷(0.72万亩)，比上年增加260公顷(0.39万亩)，实现产值8506万元，比上年增长98.7%。食用菌产量2.75万吨，比上年增长14.4%；实现产值1.37亿元，比上年增长14.3%。全年淡水养殖面积3.6万亩，稻田养殖面积4.19万亩。水产品产量2.7万吨，比上年增长4.8%。其中，鱼类水产品1.28万吨，比上年下降2.4%；虾蟹类水产品7143吨，比上年增长23.5%；鳖3645吨，比上年下降0.9%；其他类水产品3722吨，比上年下降7.6%。畜牧业生产迅速回升。全年生猪饲养量136.43万头，比上年增加8.57万头；肉猪出栏85.8万头，比上年增加6.58万头；家禽饲养量776.92万羽，出栏518.48万羽，比上年增加7.24万羽；肉类总产量5.72万吨，比上年增长8.8%。蛋类总产量2.21万吨，比上年下降4.0%。农业产业化经营水平不断提高，成功举办首届嘉善花卉节、渔文化节等节庆活动，成立嘉善县农民专业合作社联合社，新培育农业龙头企业9家。加快现代农业设施装备示范工程建设，新建冷藏保鲜库3450立方米。健全农产品质量体系，新增无公害农产品16个、绿色食品2个和有机农产品7个。发展休闲观光农业，19个休闲观光农业园(点)累计投资1.23亿元。加大农田水利设施建设力度，新建块石护岸47.97公里，建成标准化圩区3420公顷(5.13万亩)，完成河道疏浚整治165.57公里。

工业：2007年，工业经济继续保持快速增长，全县实现工业增加值97.68亿元，按可比价格比上年增长20.1%。全年工业用电21.64亿千瓦时，比上年增长23.2%。年主营业务收入500万元以上的非国有工业企业(以下简称规模以上工业企业)经济快速发展，全年实现工业总产值388.8亿元，比上年增长31.5%。实现利税31.47亿元，增长28.2%。主导行业增势良好，全年木业完成产值54.32亿元，比上年增长42.3%；化学原料及化学制品完成产值41亿元，比上年增长78.1%；黑色金属冶炼及加工业完成产值31.08亿元，比上年增长42.9%；通用设备制造业44.01亿元，比上年增长24.7%；电子业完成23.66亿元，比上年增长17.4%。内、外销形势进一步趋好，规模以上工业企业完成销售产值379.99亿元，比上年增长30.9%，其中完成出口交货值116.94亿元，比上年增长19.2%；工业内销产品产值263.05亿元，增长36.8%。工业产品销售率达97.73%，低于上年同期0.45个百分点。工业产品结构继续优化，新兴行业产品产量提高较快。其中，实木地板完成95.11万平方米，比上年增长392.1%；复合地板完成284.51万平方米，比上年增长69.3%；家具557.64万件，比上年增长21.2%；水泥混凝土桩20741千米，比上年增长36.7%；印制电路板2479万块，比上年增长59.8%。工业经济效益水平稳定提高。全县列入考核的748家规模以上工业企业实现利税总额31.47亿元，比上年增长28.2%，其中利润总额20.4亿元，比上年增长23.0%。总资产贡献率为12.75%，资本保值增值率为133.34%，成本费用利润率为5.63%。十一项经济效益考核指标综合得分245.51分，比上年提高10.66分。发展电子信息、精密机械产业，启动实施“新型工业化道路”评价体系。推进项目建设，千万元以上项目开工率和竣工率分别达到93.1%和47.8%。狠抓工业有效投入，完成工业生产性投资74.1亿元，增长21.7%。淘汰落后生产能力，小冶炼厂和机立窑全部淘汰，小土窑拆除20座，轮窑关停7座。民营经济取得新发展。民资项目实现投资42.17亿元，占全县总量的56.9%。四大特色产业园建设进展顺利，天凝植绒产业园初具规模,西塘纽扣、杨庙纺织、陶庄五金机械特色产业园建设全面启动,全年投入资金万元。企业上市工作取得新成效,晋亿公司和新嘉联电子分别成功上市。

固定资产投资:2007 年,全社会固定资产投资首次突破百亿元大关,完成 102.44 亿元,比上年增长 17.6%;其中工业生产性投资 74.1 亿元,比上年增长 21.7%。城镇和农村投资分别为 37.44 亿元和 65 亿元,分别比上年增长 15.0% 和 19.1%。全县限额(500 万元)以上企业完成固定资产投资 90.06 亿元,比上年增长 19.4%。其中,投资项目完成投资 76.07 亿元,比上年增长 17.7%;房地产开发完成投资 13.98 亿元,比上年增长 29.5%。房屋竣工面积 27.01 万平方米,其中住宅面积 18.78 万平方米;实际销售房屋面积 49.37 万平方米,其中住房面积 42.55 万平方米;实际销售额 18.77 亿元,其中住房销售额 15.93 亿元。第三产业稳步发展。2007 年,实现第三产业增加值 58.58 亿元,增长 15.5%。分别在上海和香港举办服务业项目推介会,新增服务业企业 307 家,17 个市、县服务业重点项目完成投资 9.85 亿元。成立嘉兴市商业银行嘉善支行和中信银行嘉兴嘉善支行。

资源配置得到优化。全年"零土地技改"项目 120 个,完成投资 15.5 亿元。加大"腾笼换鸟"力度,盘活存量土地 1400 亩,盘活存量厂房 30 万平方米,95 家企业投资入驻,投资总额近 10 亿元。开展土地整理工作,全年取得建设用地复垦指标 100 公顷(1500 亩)。木业城并入县经济开发区,新建嘉善电子信息产业园,大舜纽扣、杨庙纺织、天凝植绒和陶庄五金机械四大特色产业园建设进展顺利,全年完成基础设施投入 3.68 亿元,完成投资项目拆迁 1073 户,新增开发面积 243.67 公顷(3652 亩)。

【物价】 2007 年,全县实现全社会消费品零售总额 54.33 亿元,比上年增长 17.0%。其中,批发零售贸易业 46.52 亿元,比上年增长 16.8%;住宿餐饮业 6.49 亿元,增长 20.9%。其他行业 1.31 亿元,增长 5.5%。县城消费品零售额 29.33 亿元,比上年增长 17.3%,县以下消费品零售额 25.0 亿元,比上年增长 16.6%。旅游事业加快发展。成功举办"2007 国际旅游小姐中国区总决赛"等活动,罗星阁宾馆成为浙北第一家正式挂牌的五星级饭店。全年,旅游系统共接待国内外旅客 350.13 万人次,比上年增长 20.8%,其中接待入境旅游人数 9.05 万人次,增长 12.8%。国内旅游总收入 24.23 亿元,增长 22.8%;旅游外汇总收入 2067 万元,增长 22.8%。

【开放经济】 2007 年,实施开发带动战略,新批"三资企业" 73 家,比上年减少 15 家。开展"招商选资"活动,实际利用内外资均创历史新高,全县合同利用外资 5.41 亿美元,增长 7.5%;实际利用外资 3.28 亿美元,增长 33.7%;引进县外内资 23.38 亿元,增长 49.8%。全年新批总投资 1000 万美元以上的企业 22 家,总投资 1000 万美元以上的增资 18 次,引进 5000 万元以上的内资项目 48 个,新批电子信息、精密机械类外资项目数占全县总量的 50.7%,台湾富士康科技集团成功签约落户。加快接轨上海步伐,制定出台"接轨上海"和"对接上海世博会"工作的实施意见。

2007 年,全县外贸进出口总值 18.81 亿美元,比上年增长 30.6%,其中进口总值 5.21 亿美元,增长 38.3%,出口总值 13.6 亿美元,增长 27.8%。"三资企业"实现出口值 11.16 亿美元,比上年增长 24.1%,占全部出口额的 82.1%。在出口总额中,一般贸易出口 8.99 亿美元,进料加工贸易出口 3.92 亿美元,来料加工装配贸易出口 0.67 亿美元,分别比上年增长 25.6%、35.8%、13.3%。全年新批准获自营进出口权企业 88 家,至年末累计 326 家。

【邮电通信】 2007 年,全县实现运输和邮电通信业收入 9 亿元,增长 15.8%。完成货物运输 1817 万吨,增长 3.9%。货运周转量 201002 万吨公里,增长 7.5%,其中公路 28734 万吨公里,增长 12%,水运 172268 万吨公里,增长 6.7%。全年完成客运 2070 万人,客运周转量 64524 万人公里,客运人数和周转量均有所下降。交通运输能力有所增强,年末境内等级公路里程 510.99 公里,比上年增长 8.6%,其中高速公路 36.29 公里。邮电通信讯快速发展。全年实现邮电通信业务收入 4.52 亿元,比上年增长 13.4%。年末全县固定电话用户 24.73 万户,增长 4.1%,其中住宅电话用户 14.16 万户。年末移动电话用户 36.98 万户,增长 8.5%;互联网用户 4.66 万户,增长 47.8%。

【金融】 2007 年末,全县金融机构本外币各项存款余额 186.66 亿元,比年初增加 33.28 亿元;全县金融机构本外币各项贷款余额 119.79 亿元,比年初增加 24.65 亿元。年底,全县金融机构人民币(以下同)各项存款余额 179.54 亿元,比年初增加 30.96 亿元,其中城乡居民储蓄存款余额 97.47 亿元,比年初增加 10.16 亿元;年末人民币各项贷款余额 115.75 亿元,比年初增加 22.54 亿元。年末城乡居民人均储蓄余额 25581 元,比上年同期增长 12.4%。保险业平稳发展。全县承保风险金额 396.9 亿元,增长 82.9%;保费收入 1.67 亿元,增长 13.6%。其中财产险保费收入 5234 万元,增长 28.5%;人身险保费收入 1.15 亿元,增长 7.9%;全年财产险理赔金额 2236 万元,人身险理赔金额 4417 万元。

【科技·教育·文化】 科教兴县战略深入实施,科技事业再上新台阶。开发人才资源,全年引进各类人才 1860 名。年末全县地方企事业单位有专业技术人员 5976 名,其中高、中级职称人员 2733 名,占 45.7%。深化科技强县建设,科技工作取得新成绩。全年科技三项经费投入 2586 万元,增长 13.4%。列入县级以上的各类科技项目 284 个,其中国家级 3 个,省级 161 个。有 154 个科研成果、新产品通过鉴定或验收,其中省级 95 个。有 51 项科技成果获县级以上科技进步奖,其中省政府奖 3 项,市政府奖 20 项。有市级以上科技型企业 115 个。经认定登记的技术成交项目 251 项,技术成交额 1350 万元。全面实施"质量兴县"和"科技创新示范工程",创建成为浙江省新农村建设科技示范县,连续第四次荣获全国科技进步先进县称号。启动中科电声、中科辐射高分子材料等行业研发平台建设,县科创中心被认定为国家级高新技术创业服务中心。推动企业自主创新和科技成果转化,新增各级高新技术企业 13 家、企业(技术)研发中心 16 家,新认定各级专利示范企业 11 家,授权专利 543 件(其中发明专利 12 件),列入省级新产品 83 项。推进品牌战略,嘉善黄酒股份有限公司的"汾湖"牌、龙森木业的"龙森地板"和裕华木业的"鹦鹉"3 个商标获得中国驰名商标,"嘉善黄酒"和"嘉善老酒"2 个商标获得证明商标,两种商标均实现零突破。推进标准化体系建设,成立全国纽扣标准化技术委员会和自润滑轴承技术委员会分会,制订嘉兴市首个企业联盟标准。

教育:2007 年,各级各类教育和谐发展,基础教育质量明显提高,学前三年入园率达 97.3%。素质教育水平全面提升,在嘉兴市率先启动"课外体艺 2 + 1"工程。发展职业教育,推进校企合作。发展成人教育,规范民办学校办学行为。顺利通过教育强县复查。全县小学在校学生 2756 人,适龄儿童入学率 100%;初中在校学生 17541 人,入学率 100%,小学和初中生巩固率均达 100%。高中段教育进一步推进,初中升高中段比例达 96.7%。普通高中在校学生 6827 人,职业中学在校学生 4494 人。高考报名 2715 人,高考上线人数 2612 人,上线率 96.2%,高于上年 3.1 个百分点。在电大就读的本专科生 3183 人,毕业 911 人。高等自学考试报考 2757 人,毕业 121 人。

文化:2007 年末,推进文化名县建设,全县有县级文化馆、图书馆各 1 个,文化站 11 个,面积分别为 2567 平方米和 4302 平方米。公共图书馆图书藏书量 18.81 万册,增长 2.8%。县文化艺术中心投入使用,镇、村文体设施不断完善。启动嘉善县第三次全国文物普查工作,文化遗产保护工作得到加强。优秀文艺作品不断涌现,原创音乐剧《五姑娘》荣获全国第十届精神文明建设"五个一工程"(一部好的戏剧、一部好的电视剧、一部好的电影、一部好的图书和一部好的理论文章)提名奖,小说《长征》和广播剧《茅山笛声》入选浙江省"五个一工程"奖。广电事业继续发展,年末有线电视用户 10.3 万户,入户率 82.9%,传送模拟电视节目 34 套,数字电视节目 68 套。医疗卫生条件继续改善。年末,全县有卫生机构 161 个,医疗病床 1314 张,社区卫生服务站 105 个,卫生技术人员 1758 人,其中执业医师(助理医师)734 人,注册护士 573 人。合作医疗制度继续完善,城乡居民合作医疗参保人数 30.4 万人,城镇居民参保率 81.7%,农村居民参保率 96.3%。新建改建 1 所镇卫生院和 37 个社区卫生服务站。农民健康体检工作成效明显,体检率达 92%。姚庄镇成为嘉兴市首个国家级卫生镇,率先实现省级卫生镇创建"满堂红"。体育事业取得长足进步。全年举办各类县级体育竞赛 12 次,参赛人数 2550 人。有 189 名运动员参加省、市体育竞赛,共获金牌 63 枚、银牌 42 枚、铜牌 26 枚。

【城建与环保】 推进城市建设,开展旧城区控制性详细规划和新城区规划调整工作,修编《县域总体规划》、《土地利用总体规划大纲》等规划。加快中心城市建设步伐,新城区主干道白水塘路全线贯通,完成陈家埭、中山路等地块拆迁,背街小巷改造工程。城市绿化覆盖率、建成区绿地率和人均公共绿地面积分别达到 40.3%、35.4% 和 12.12 平方米。开展违法用地和违章建筑集中整治专项行动,拆除违法违章建筑 45 处。推进城乡基础设施建设。161 项政府投资项目完成投资 13.44 亿元,完成计划的 67%。推进善(嘉善)丁(丁栅)公路等干线公路建设,启动南星桥港、湖嘉申航道改造工程。新建连村公路 42.5 公里,改造农危桥 61 座,实现全县村村通公交。杨庙三店渡口撤渡建桥项目建成通车,结束了嘉善渡运历史。城乡供水一体化工程进展顺利,取水口工程建成并通过初验,丁栅水厂主体工程基本完成。启动实施新一轮《县域村庄布点规划》,新建省级全面小康建设示范村 7 个、整治村 59 个,全面完成第一轮村庄整治任务。通过"新农村电气化县"验收,农村电网建设得到加强。

环境建设得到加强,开展生态创建工作。至 2007 年底,全县 11 个镇全部获得省级生态镇称号,其中大云、洪溪、西塘 3 个镇为全国环境优美乡镇。63 个村完成生态村建设规划,42 个村获得县级生态村称号。抓好绿色系列创建,1 个社区创建成为国家级"绿色社区",3 个社区创建为省级"绿色社区",新建各级绿化示范村 27 个。编制完成《嘉善县污水治理工程规划》,推进城市污水处理厂及配套管网建设和改造,洪溪镇污水处理厂二期和西塘镇污水处理厂分别投入运行,姚庄镇污水处理厂完成主体工程建设。实施农村生活污水集中处理工程,24 个村新建生活污水净化处理设施。落实节能减排政策。40 个重点用能企业开展节能技改项目,75 个项目被拒绝进入嘉善,11 家企业通过清洁生产审核。开展环境污染整治,探索污染物排污权交易制度。建立健全环境监测预警机制,新装企业在线监测、监控、监视设备 50 套。县域内环境质量有所改善,有规范化饮用水保护区 1 个,烟尘控制区 3 个(25.22 平方公里),噪声达标区 2 个(21.91 平方公里)。

【人民生活】 2007 年,城乡居民收入继续提高,生活水平逐步改善,城乡居民收入分别突破 2 万元和 1 万元大关。据城乡居民抽样调查,全县城镇居民人均可支配收入 20226 元,比上年同期增长 11.1%;农村居民人均纯收入 10121 元,增收 1234 元,增长 13.9%;城乡居民收入差别继续缩小,2007 年嘉善县城乡居民收入之比由上年的 2.05∶1(以农村居民人均收入为 1)变为 2∶1。居民生活条件得到改善,消费结构日趋合理。年末城镇居民人均住房使用面积 32.26 平方米,农村居民人均住房面积 50.48 平方米。城乡居民全年食品消费支出占全部生活消费支出的比重(即恩格尔系数)分别为 40.7% 和 41.98%。

社会事业和谐发展,社保能力有所提高。全面开展《嘉善县志》续修工作。做好优抚、安置和双拥工作,提高优抚安置标准。完善领导公开接访、集中处理重点信访等工作机制,办好"县长电话",妥善处理和解决群众合理诉求。开展劳动关系和谐企业创建活动。加强社会治安综合治理,打击各类刑事犯罪活动,全年破获各类刑事案件 2041 起,破案绝对数上升 5.26 个百分点。开展产品质量和食品安全专项整治行动,建立肉食品安全检测体系。建成"96345"社区服务信息中心,社区服务水平进一步提高。开展职业技能培训,促进就业再就业工作。全县有职业介绍机构 13 家,全年共提供就业岗位 25086 个,其中新增就业岗位 5522 个,帮助 2315 名城镇失业人员实现再就业,城镇登记失业率控制在 3.2% 以内。举办各类职业技能培训 178 期,培训结业人数 4170 人。技能鉴定 9631 人次,比上年增长 15.44%。社会保障覆盖面继续扩大,全县城镇职工基本养老、失业、医疗三大保险覆盖面继续扩大。至 2007 年末,全县城镇企业参加职工基本养老保险人数 9.97 万人,其中离退休人员 1.54 万人,全年发放养老保险 1.76 亿元。基本医疗保险参保人数 91.6 万人。参加失业保险 6.11 万人,领取失业保险金的有 4880 人,发放失业保险金 239 万元。开展省"农村保险服务村"试点工作,政策性农村住房保险参保率达 96% 以上,政策性农业保险参保率达 71.3%。全面实施

"五费合征"工作,完善被征地人员养老生活统筹政策。社会福利和救济工作进一步加强。2007年末,全县有城乡敬老(福利)院17所,床位1487张,年末在院人数927人。城镇、农村居民获最低生活保障人数为1068人和3775人,分别比上年增加15人和39人。全县发放低保资金604.6万元,实施社会临时救济1094人次。完善以低保救助为基础,医疗、教育、住房等专项救助为辅助,其他救济和社会帮扶为补充的新型社会救助体系,农村"五保"和城镇"三无"人员集中供养率分别达到98.7%和100%,设置33个避灾中心(点)。慈善资金单年募集数创新高,达750万元,救助能力进一步增强。

平 湖 市

【概况】 平湖市位于浙江东北边沿,南临杭州湾,东、北与上海市金山区交界,西与嘉兴市南湖区接壤,西北与嘉善县相连,西南与海盐县相接,总面积537平方公里。2007年,全市有7个镇、3个街道;有54个居民委员会、137个村;户籍人口48.37万人,其中非农业人口17.38万人,占35.93%,农业人口30.99万人;人口自然增长率为-0.92‰。

【经济建设】 地区生产总值快速增长,综合实力明显增强。2007年,平湖市实现生产总值240.28亿元,按可比价格计算,比上年增长14.0%。其中第一产业增加值13.46亿元,增长6.5%;第二产业158.08亿元,增长13.9%;第三产业68.74亿元,增长15.8%。人均生产总值(按户籍人口计算)4.97万元,增加7374元。生产总值三次产业结构为5.6∶65.8∶28.6。财政一般预算总收入31.85亿元,其中地方一般预算收入15.06亿元,分别增长26.8%和27.1%。第七届全国县域经济基本竞争力百强列43位。

农业经济发展良好。全年实现农业总产值21.67亿元,比上年增长21.0%;实现农业增加值13.46亿元,增长6.5%。农产品优质化率不断提高。"龙"牌糟蛋、"世季鲜"牌水晶虾球、"帅丰"牌蘑菇、"水洞埭"牌蘑菇、"金平湖"牌秀湖大米、"绿怡"牌食用植物油等6个农产品获省农博会金奖,新增省级无公害农产品基地16个,无公害农产品10个,绿色农产品3个。农业产业化水平继续提升。省级农业龙头企业3个,嘉兴市级龙头企业16个;新培育省级示范性专业合作社1个;新埭镇、林埭镇、新仓镇成为省特色产业强镇。农业保险列入省财政补贴正式试点县(市),水稻、大棚、生猪、鸡鸭和露地西瓜5个险种保费156万元,保险金额7904万元。年内完成绿化造林面积271公顷。全年农作物播种面积5.53公顷,下降1.6%。粮食总产量22.10万吨,下降3.5%;蔬菜总产量21.81万吨,增长7.4%;油菜籽总产量3.28万吨,下降6.4%;西瓜总产量4.26万吨,下降2.4%。全年生猪饲养量96.01万头,下降3.6%;家禽饲养量581.89万羽,增长31.0%;肉类总产量3.02万吨,增长9.0%;禽蛋产量1.08吨,增长36.0%。全年水产品总产量3.98万吨,增长4.8%。

农业生产条件进一步改善。全年农田水利建设共投入劳力56.22万工日,完成土石方879万立方米,投入资金3.70亿元。疏浚河道320千米,长效保洁1040千米;新建、改造硬化排水沟和地下输水管道123千米。年末拥有农业机械总动力24.55万千瓦,全年化肥施用量(折纯)2.24万吨,农林牧渔业用电量1466.16万千瓦时。

工业经济平稳增长。全年实现工业总产值618.87亿元,比上年增长22.8%;实现增加值149.13亿元,增长14.1%。738个年销售500万元以上工业企业完成总产值548.19亿元,增长23.3%。其中有限责任公司完成总产值177.64亿元,下降4.0%;私营企业177.64亿元,增长22.9%;港澳台商投资企业52.64亿元,增长36.4%;外商投资企业196.88亿元,增长38.1%。分行业看,服装行业实现总产值124.96亿元,增长19.4%;光机电行业124.57亿元,增长21.9%;箱包行业29.34亿元,增长14.4%;造纸行业27.93亿元,增长18.7%;化工行业64.78亿元,增长66.4%;电力行业69.43亿元,下降7.4%。高新技术企业完成工业总产值106.51亿元,增长36.4%,占规模以上工业的19.4%。经济效益不断提高。据对年销售500万元以上工业企业统计,全年主营业务收入527.10亿元,增长22.0%;实现利税51.13亿元,增长9.0%。11项工业经济效益考核指标综合得分233.51分,提高8.08分;7项指标得分155.71分,提高1.17分。"新秀"牌箱包、"爱美德"牌箱包获中国名牌产品称号,晨光、好来喜、金象、我就是帅和瓦标5个品牌获中国驰名商标称号,"金瓶"牌棉纱、"华城"牌西裤、"恒业"牌电能表、"ICT"牌沙发、"伴宇"牌西裤获国家免检产品称号,"狮球"牌铰链、"显显"牌鲜猪肉、"达意"牌观赏鱼获省名牌产品称号,恒业、新秀、爱美德、超伦贝、新当湖5个品牌获省著名商标称号。

建筑业增长较快。年末具有建筑资质等级的独立核算企业50个,全年施工面积447.84万平方米,比上年增长27.3%。建筑业全年完成产值34.7亿元,增长35.5%;完成增加值8.95亿元,增长4.5%。平湖市广播电视中心及启元路二期等项目获"钱江杯"(优质工程)。

【固定资产投资】 固定资产投资增长较快。全年完成全社会固定资产投资(含嘉兴电厂)144.68亿元,比上年增长17.9%,剔除嘉兴电厂投资额,完成固定资产投资144.28亿元,增长22.0%,其中工业生产性投资86.08亿元,增长22.6%,不含嘉兴港区完成投资57.28亿元,增长22.6%。工业生产性投资结构继续优化,光机电、造纸、化工、金属制品4个行业完成投资49.49亿元,占限额以上工业投资的57.5%;设备投资38.58亿元,占工业生产性投资的44.8%。服务业完成投资52.7亿元,增长32.6%。项目推进成效显著。列入"项目推进年"活动计划的281个项目(不含嘉兴港区)开工256个,当年投资71.92亿元。其中列入嘉兴市四大产业集群重大工业投资项目11个,中亚神力、晨光电缆、屹丰铸工3个项目列入省"双千工程"重点技改项目。全年完成投资额500万元以上项目349个,年内完成投资额106.83亿元,其中白沙湾至水口治江围涂工程完成投资2.25亿元,粮食中转库及码头项目完成投资1.21亿元,220千伏新华输变电工程完成投资1.08亿元。

【开放经济】 利用外资成效明显。全年新批、增资外商及港澳台商投资项目(含嘉兴港区)109个,合同利用外资6.56亿美元,比上年增长20.5%;实际利用外资2.78亿元,下降43.6%。不含嘉兴港区,合同利用外资3.86亿美元,增长20.8%;实际利用外资2.06亿美元,增长37.0%。合同利用外资和实际利用外资分别列全省第5位、第7位。新批1000万美元以上外资项目27个,新引进世界500强企业投资项目2个。增资扩股合同利用外资1.19亿美元,服务业领域合同利用外资2263美元。引进市外内资11.81亿元。

对外贸易快速增长。全年外贸进出口总额35.69亿美元,比上年增长20.4%,其中地方出口22.52亿美元,增长19.4%。加工贸易和一般贸易出口同步增长,分别完成出口13.14亿美元、9.38亿美元,增长17.23%、22.58%。出口服装及衣着附件9.90亿美元,增长10.0%;出口机电产品6.61亿美元,增长11.6%;出口旅行用品及箱包1.57亿美元,增长17.4%。高新技术产品出口1.23亿美元,增长0.1%。有出口实绩的国家和地区164个,增加10个。有进出口实绩的外贸企业559个,其中外资企业283个,外贸自营出口企业276个,新增85个。新批增外企业(机构)4个。自营外派劳务216人。

【第三产业】 第三产业完成增加值68.74亿元,比上年增长15.8%,快于地区生产总值发展速度;实现税收收入8.9亿元,增长37.8%,占平湖市地税收入的26.3%,同比提高3.1个百分点。全年消费品零售总额56.61亿元,增长17.1%。其中批发和零售业贸易额43.63亿元,增长15.9%;住宿餐饮业贸易额9.96亿元,增长23.2%。年末拥有各类商品交易市场60个,全年实现商品交易额16.54亿元,增长5.6%,其中成交额超亿元的市场3个。全年服务业投资额52.7亿元,增长32.6%。组建服务业发展局,出台加快服务业发展政策意见。嘉港物流、弗玛运输、世纪商业中心、独山粮食中转库等项目建设加快,建材市场二期建成。九龙山旅游度假区休闲旅游项目建设有序推进,游艇俱乐部和游艇码头正式对外开放。全年接待境内外游客160.88万人次,旅游综合收入13.13亿元。全年完成房地产开发投资额26.62亿元,增长38.7%;房屋施工面积286.06万平方米,增长11.7%;销售面积46.25万平方米,增长13.0%。

【金融】 金融保险业运行平稳。年末金融机构各项人民币存款余额232.43亿元,比年初增加28.94亿元,其中城乡居民储蓄存款余额117.55亿元,增加7.20亿元。外汇存款余额9798美元,减少1672万美元。各项人民币贷款余额175.52亿元,增加31.76亿元。外汇贷款余额1998万美元,增加1171万元美元。证券开户数达1.8万户,全年证券交易额240亿元。全年保费收入2.81亿元,其中财产险保费收入8957万元,人寿险保费收入1.91亿元。全年共支付各类赔款金额2663万元,其中财产险支付赔款1861万元,人寿支付险赔款802万元。

【交通运输】 全年各种运输方式完成货物周转量14.31亿吨公里,比上年增长7.0%。其中公路运输4.77亿吨公里,水路运输9.54亿吨公里。全年旅客周转量完成7.23亿人公里,增长13.15%。乍浦港全港货物吞吐量2417.58万吨,增长7.5%。年末,固定电话用户26.10万户,移动电话用户46.67万户,包括移动电话的电话普及率由上年末的140.6部/百人提高到150部/百人。国际互联网用户10.99万户。

【城乡基础建设】 城市建设工程项目投资7.62亿元。城市整体发展水平提高,城市化水平达55.5%。旧城改造步伐加快,启动15个地块的城市拆迁,涉及房屋拆迁面积21.8万平方米,完成房屋拆迁11.35万平方米,建设配套安置房55.2万平方米;东湖区商贸等配套建设有序开展,集聚效应明显提高;南市新区开发实质性启动,新行政中心建设进展顺利,区内道路框架建设加快。30平方公里城市道路框架日趋完善,完成或基本完成13个路段和4个主要道路交叉口的建设改造,新增道路面积近10万平方米;建成新07省道交叉口、海盐塘河滨景观廊道、启元路河滨绿地等绿化工程,新增城市绿地101万平方米。城乡供水一体化加快推进,污水管网建设向整个市域推进。广陈水厂和古横桥水厂三期开工建设,太浦河取水工程线路基本确定,新建城乡一级供水管网21公里。铺设污水管网14.5公里,市区污水管网体系基本成型,纳污范围基本覆盖整个市区,污水收集量最高达4.33万吨/日,生活污水收集率已达75.8%,并启动东片污水收集管网工程建设。生活环境不断优化。完成南河头历史文化保护区水环境整治工作;实施市区老住宅小区改造整治,完成2个试点小区;东湖景区获"中国人居环境范例奖"。交通网络不断健全。完成老07省道市区至新丰段拓宽改造,建成滨海二路、乍新公路杭浦高速跨线桥,完成35座危桥改造和01省道20.3公里路面大修,新建成50.2公里连村公路,新增城乡公交运营里程74.6公里。

统筹城乡发展,新农村建设扎实推进。财政"三农"(农村、农业、农民)资金总投入2.91亿元,比上年增长21.8%。累计有105个村、134个点启动新社区建设,已有1000多户农户通过宅基地置换进入新社区建房。平湖市被列为全国农村社区建设实验市。8个村通过省级全面小康建设示范村验收,创建成省级农家乐特色村2个,创建成省级生态镇3个,新仓镇成为全国环境优美乡镇、农村环境综合整治示范镇。新增农村绿化250万平方米。

节能减排成效明显。狠抓1000吨标准煤以上重点能耗企业和市控以上重点排污企业节能减排,完成14个造纸、电镀、印染企业清洁生产审核。加强生活污染和农业面源污染治理,城市生活污水入网率达75.8%,规模畜禽养殖场治理率达77%。建成市污染源监控信息中心、2个空气环境自动监测站和3个地表水自动监测站,完成11个重点污染企业在线监控联网,全年"飞行监测"达标率87.6%,推进燃煤锅炉改造和集中供热,改造324公里中低压线路,关停8个污染企业。

【科技】 科技工作不断进步。据省统计局于年内公布的数据,平湖市科技综合实力、科技进步水平位居全省第19、13位,比上年前移5、3位。全年科技三项经费、科学事业费支出5921万元,比上年增长24%。获上级科技经费资助680万元。组织实施国家级科技计划项目1个,省级科技计划项目42个,嘉兴市级科技计划项目15个,平湖市级科技计划项目47个。新培育国家级高新技术企业1个(浙江晨光电缆股份有限公司),省级高新技术企业4个,嘉兴市级高新技术企业4个,省高新技术产品7个。获嘉兴市级科技进步奖7个。新增省专利示范企业2个,嘉兴市专利示范企业4个。全年专利申请量630件,增长26%。经认定登记技术交易额1486万元,合同数124个。

【教育】 教育事业全面发展。以市(县)为主的义务教育管理体制进一步完善,财政教育总投入3.95亿元,比上年增长42%。创建成国家级社区教育实验区。嘉兴学院平湖校区一期、平湖中学实验学校新建、曹桥中学迁建等项目竣工并投入使用。义务教育阶段学校标准化率达90%。年末有小学43所,在校学生3.57万人;普通中学17所,在校学校2.98万人。九年义务教育对象入学率100%,小学、初中在校生巩固率分别达100%和99.98%。初中升高中段的比例达96.5%。高考重点线上线率列嘉兴市首位,向普通高校输送新生2649人。有中等职业类学校5所,在校学生8815人;各类职业技术培训机构16个,注册学生10.37万人,全年结业10.15万人。

【文化】 文化事业不断繁荣。农村文化信息资源共享工程实现全覆盖,村文化活动中心(室)全部达到嘉兴市级标准。成功举办西瓜灯文化节和吴一峰诞辰百年画展等活动。"平湖钹子书"和"平湖派琵琶"列入国家级非物质文化遗产保护名录。年末,有文化艺术表演场所1个,公共图书馆1个,文化馆(站)11个,博物馆(陈列馆)6个。全年举办平湖市级演出、展览98场次,组织文艺下乡、下基层演出33场次。文化创作者在嘉兴市级以上获奖作品40余件。卫生事业不断发展。建成123个规范化社区卫生服务站。城乡合作医疗实时结报系统全面启用,并延伸至各村级社区卫生服务站。农村新型合作医疗参加人数达29.18万人,参加率93.5%。继续实施两年一次的合作医疗免费健康体检,体检率91.7%,建档率97.3%。为5649名低保人员和60岁以上孤寡老人免费提供合作医疗。年末有医疗卫生机构272个、病床1101张。有卫生技术人员2080人,其中执业医师713人、执业助理医师173人、注册护士652人。乡村医生353人。市体育场、游泳乒乓训练馆竣工并投入使用。部分学校体育设施免费向市民开放,创建成省体育强市(县)。已建成体育健身路径点120个。拥有标准水泥篮球场的村达110个,室内活动室拥有率达100%。向上推荐、输送运动员28名。获嘉兴市级以上金牌37.6枚。

【人民生活】 城乡居民收入增长较快。全年城镇居民人均可支配收入2.06万元,比上年增长14.8%;农村居民人均纯收入首次超过1万元,达10082元,增长13.9%。城市和农村居民恩格尔系数分别为39.9%和38.8%,分别提高3.7和0.2个百分点。城乡居民居住条件不断改善,城市居民人均住房面积35.5平方米,农村居民人均住房面积66平方米。耐用消费品拥有量进一步增加,每12户家庭就有1户拥有私家汽车。每百户城市居民拥有彩电202台,空调器180台,洗衣机100台,电脑67台。每百户农村居民拥有彩电146台,空调器77台,洗衣机59台,电脑27台,摩托车81辆。

劳动和社会保障、社会福利事业稳步发展。新增城乡就业岗位1.53个,年末城镇登记失业率3.6%。养老、医疗、工伤、生育、失业等社会保险工作的全面展开,年末城镇企业职工养老保险累计参保15.9万人,医疗保险12.5万人,工伤保险13.5万人,生育保险9.21万人,失业保险8.5万人。实施城乡居民社会养老保险政策,并在全省率先实现城乡居民的参保登记缴费和养老金的发放。全年发放城乡居民最低生活保险金865万元,实施医疗救助1.03万人次,救助金额344万元。市老年公寓二期工程竣工并投入使用。年末拥有社会福利院(敬老院)11个,床位1037张,收养人数560人。

海盐县

【概况】 海盐县位于浙江省北部杭嘉湖平原,东濒杭州湾,西南与海宁市相邻,北与南湖区、秀洲区接壤,东北与平湖市相连。全县陆地总面积508平方公里(县报534.73平方公里,其中河道、湖泊等水域面积96.26平方公里),海湾面积537.90公里(其中岛礁0.48平方公里)。海岸线全长53.48公里,是浙北海岸线最长的县(市),其中可供建设万吨级以上深水岸线约10公里。县域内河航道连接杭平申线,沟通京杭大运河和杭申线航道,可与整个江南水运网联成一片。海盐经济开发区杭州湾大桥新区北临上海港、乍浦港,南依宁波舟山港,其独特的区位优势,十分有利于海盐县发展区域性物流中心。2008年1月,杭浦高速、杭州湾大桥北岸接线、申嘉湖高速3条高速公路建成通车。连接3条高速公路的海盐互通枢纽为亚洲最大的交通枢纽。至2007年底,全县辖8个镇,104个行政村,23个居民委员会。有1个省级经济开发区(包括大桥新区),1个国家4A级风景旅游区。全县户籍人口367628人,比上年增加1738人,人口自然增长率为0.11‰。

【经济发展】 2007年,海盐县国民经济保持稳定增长。全县实现地区生产总值180.14亿元(剔除核电,实现129.31亿元,增长14.2%),可比增长10.0%。其中第一产业实现增加值13.97亿元,可比增长3.2%;第二产业实现增加值119.58亿元,可比增长8.9%;第三产业实现增加值46.59亿元,可比增长15.3%。第一、第二、第三产业在生产总值中的比例由上年的7.8∶67.5∶24.7调整为7.8∶66.4∶25.8。全县人均生产总值为49117元,折合6459美元。

农业经济平稳增长。全年实现农业增加值13.97亿元,扣去物价因素,同比增长3.2%。农林牧渔业总产值22.49亿元,未扣除物价因素,比上年增长12.5%。种植业结构继续调整。总播种面积45380公顷(68.07万亩),比上年下降3.1%。其中粮食播种面积28800公顷(43.20万亩),增长6.6%,粮食总产量19.35万吨,增长1.8%;油菜种植面积5640公顷(8.46万亩),下降35.1%,油菜籽产量1.54万吨,下降32.7%;棉花种植面积906.67公顷(1.36万亩),增长10.6%,产量1381吨,增长15.0%;经济作物面积稳中有降,蔬菜种植面积7513.33公顷(11.27万亩),下降0.8%,产量24.98万吨,下降3.4%。果用瓜产量5.24万吨,下降9.8%。全年完成造林面积335.8公顷,全县森林面积6885公顷,分别比上年增长41.9%、0.7%。

畜牧业生产稳定。全年肉类总产量43440吨,比上年增长12.0%,其中猪肉和羊肉产量分别为37529吨、1956吨,禽肉3774吨。肥猪出栏60.53万头,增长6.8%。禽蛋2318吨,增长1.3%。全年水产品总产量11267吨,下降15.0%,其中,海水产品产量1813吨,淡水产品产量9454吨。

至2007年底,全县有农业龙头企业25家,与上年持平;有农业专业协会、专业合作社58家(新增10家)。有市级以上农产品名牌12个,注册农产品商标55个;有省级无公害基地21个(新增4个);农业地方标准38个。

积极实施农业综合开发。2007年3月,嘉兴市芦荟源生物科技有限公司"纸包装芦荟饮品技改项目"被立为国家农业综合开发产业化经营项目。此为海盐县第二个国家级农综产业化经营项目。7月,百步蜜梨基地"国家级农业科技示范场"(2006年由农业部立项)通过省农业厅专家组验收;海盐县无公害生猪养殖、无公害中华鳖养殖被省农业厅定为2007年省级农业标准化推广示范项目,其中"无公害中华鳖"项目,于当年10月通过省海洋与渔业局等专家组验收。12月,2006年度3个农综项目(西塘桥子项目、于北子项目,生物有机肥科技示范推广项目)通过省农业综合开发办公室验收;海盐县"双低"油菜基地建设项目(为嘉兴市"双低"油菜基地建设项目子项目,历时两年)通过省发改委等厅局验收。

2007年,海盐县坚持以临港产业发展为导向,加快传统产业转型和提升。加大工业生产性投入,完成投资45.5亿元,增长12.9%,投资主要集中于机械(紧固件)、新兴电子等行业。工业生产稳定增长。全年实现工业增加值119.58亿元,可比增长8.9%。工业总产值381.12亿元,比上年增长20.2%,其中核电工业产值77.77亿元,比上年增长1.9%;规模以上工业总产值322.14亿元,增长21.4%,其中重工业199.82亿元,占62.0%,轻工业122.32亿元,占38.0%。工业经济内在动力增强。规模以上工业企业新产品产值57.68亿元,新产品产值率17.9%;完成出口交货值79.42亿元,比上年增长7.5%。出口交货值占销售产值的比重由上年的22.1%上升至25.0%。

工业经济效益较好提升。规模以上工业企业产品销售率为98.59%,比上年下降0.08个百分点。实现利税43.46亿元,增长28.5%;实现利润19.80亿元,增长43.7%,其中核电实现利润11.61亿元,增长35.9%。列入考核的11项经济效益指标综合指数为254.99,比上年提高28.08分。实施"品牌培育质量提升"工程,是年新增国家免检产品3个,首次获得中国驰名商标4个、中国名牌产品1个。

在是年新办的831家企业中,工业企业有559家,比上年下降42%,注册资本61227万元,下降5%。全年工业用电量179198万千瓦时,增长19%。全年建筑业增加值5.34亿元,增长2.6%。

第三产业加速发展。全年实现增加值46.59亿元,可比增长15.3%。交通运输、邮电业实现增加值6.91亿元,比上年增长15.8%。境内等级公路里程827公里,增长218.8%;全年货物周转量463.26万吨公里,增长10.8%,全年旅客周转量11629万人公里,下降3.6%。对外贸易快速增长。全年进出口总额10.93亿美元,比上年增长46.3%,其中出口9.15亿美元,进口1.79亿美元,分别增长41.6%和75.5%。全县累计引进外资项目26个,合同利用外资25381万美元,实际利用外资12124万美元,分别比上年增长314%和81.7%。2007年,中国(国际)紧固件五金城落户海盐县,其一期工程进展顺利。

市场物价。全年社会消费品零售总额38.77亿元,比上年增长14.1%。其中,县的消费品零售额22.13亿元,增长14.1%,县以下消费品零售额16.64亿元,增长14.1%。批零贸易业零售额33.58亿元,增长14.2%,餐饮业零售额4.65亿元,增长14.3%,其他行业零售额0.54亿元,增长3.0%。全县有商品市场24个,成交10.08亿元,比上年增长4%。

全年五大电信公司业务收入28970万元,比上年增长12%。年末固定电话用户(包括小灵通)20.13万户,增长1.5%;移动电话用户27.54万户,增长18%。电话普及率由上年末的118部/百人上升至130部/百人(包括固定电话、移动电话和小灵通)。拥有互联网用户4.35万户,增长5.9%。全年邮政业务收入2268万元,比上年增长12.3%,年末有邮电所21处,全年报纸发行量844.65万份,下降2.7%。

旅游业。2007年,加快发展滨海旅游业,启动大桥观光游项目,打造大桥旅游品牌。开发指导标准化"农家乐"休闲旅游项目,创建省级"农家乐"特色点2个,创办农庄2家;积极推进核电科技游。全年接待国内旅游者175.93万人次,比上年增长17.6%;国内旅游收入12.31亿元,增长15.97%。境外入境5374人次,增长16.5%。其中,外国人4554人次,香港、澳门和台湾同胞820人次,实现国际旅游外汇收入664.4万美元,增长20.8%。全年国际国内旅游总收入12.83亿元,比上年增长16%。

【固定资产投资】 全社会固定资产投资61.6亿元(县内),比上年增长14.0%。其中,第一产业1.1亿元,增长2.0%,第二产业44.3亿元,增长10.0%,第三产业16.1亿元,增长27.7%。全年规模以上投资项目达295个,其中,新开工项目126个。在规模以上固定资产投资中,制造业投资34.4亿元,增长8.9%。完成基础设施投资8.6亿元,比上年增长24.6%。其中,水利环境和公共设施管理业投资3.6亿元,增长50.0%,交通运输仓储和邮政业投资2.6亿元,增长8.3%,电力燃气及水的生产供应业投资2.3亿元,增长76.9%。

民间投资活力进一步增强。在规模以上投资中非国有投资42.8亿元,比上年增长11.8%,占规模以上投资的83.9%;民间投资37.7亿元,同比增长8.4%,占规模以上投资的74%。

全年房地产开发投资5.1亿元,增长35.3%。新开工面积28.9万平方米,下降12.4%,竣工面积15.4万平方米,比上年下降34.4%;实际销售面积19.3万平方米,下降28%;商品房销售额8.1亿元,下降1.7%。

全县财政总收入160326万元,比上年增长23.8%,其中地方一般预算收入80657万元,增长30.7%。一般预算支出90368万元,增长28.6%。全县上缴国税244266万元,增长1.56%,实现地税77558万元,增长28.6%。金融机构存贷款稳定。年末本外币各项存款余额157.39亿元,比年初增加9.37亿元,其中人民币存款余额为155.23亿元,比年初增加9.62亿元。本外币各项贷款余额133.32亿元,比年初增加23.96亿元,其中人民币贷款余额121.54亿元,比年初增加15.86亿元。年末城乡居民人民币储蓄存款余额91.99亿元,比年初增加3.00亿元,同比增长3%。

【社会事业】 社会事业全面进步。全县地方财政一般预算支出中科技三项费用支出2706万元,比上年增长22.3%。是年成立海泰克标准件研发有限公司。全县有高新技术企业28家,其中国家级2家,省级14家;省科技型中小企业26家;市民营科技企业71家;企业技术开发中心61家,其中省级10家。全年经县以上科技部门鉴定的科技进步奖有35项,其中省级3项。受理专利申请360件,增加31件;授权专利217件,增加55件。

全县有小学29所,在校学生28083人,教师1462人;普通中学18所,在校学生23082人,教师1410人。九年制义务教育对象入学率为99.99%。小学升初中、初中升高中的升学率分别为100%和96.5%。有职业中学1所,在校学生2537人。是年向普通高校输送新生2036人,输送高职(单考单招)228人。全县有13240人参加各类学历教育和非学历教育证书自学考试。拥有幼儿园32所,在园幼儿10084人,教师478人。全县有体育场、馆420个(包括学校、企业),是年海盐县体育健儿在市以上比赛中,共获奖牌108枚,其中金牌32枚。全县举办县级和镇级运动会共290次,增长6.2%。

文化传媒事业健康发展。年末有艺术表演场所1个,文化馆1个,镇文化站8个,公共图书馆1个,藏书量249千册,比上年增长6.4%,博物馆1个,剧场、影剧院数7个。广播电台1座,广播综合人口覆盖率100%,电视台1座,电视综合人口覆盖率100%,全县有线电视用户9.8万户,增长5.4%,有线电视入户率82.15%,增长4.8%。

年末全县医院、卫生院共17个,卫生监督、疾病预防控制中心各1个,村级卫生机构97个。医院、卫生院病床数共932张;全县有卫生技术人员1126人,其中医生551人。农村自来水普及率96.65%,卫生厕所覆盖率95.03%。

【城市建设】 城市建设加快推进。完成城市基础设施建设投资28031万元,比上年增长50.2%;县城建成区面积12.03平方公里,增长8.4%;建成区绿化覆盖面积485公顷,增长10.2%,人均公共绿地面积9.66平方米,增长6.5%。继续深入开展生态创建工作。全县有生态村35个(新增10个),生态镇4个(新增1个)。城市环境综合整治成效明显。当年污染源治理投资总额17656万元,比上年增长24.6%,环境噪声达标区8.11平方公里,烟尘控制区45.3平方公里。工业烟尘达标排放率100%,工业固体废物综合利用率99.11%,生活污水集中处理率66.4%,生活垃圾无害化处理率100%。

【人民生活】 城乡居民生活水平和质量继续提高。全年城镇居民人均可支配收入为21385元,比上年增长8.6%,农村居民人均纯收入10309元,比上年增长11.6%,继续位居嘉兴市各县(市、区)之首。城镇家庭人均住房建筑面积32.5平方米;农村人均居住面积68.5平方米。城乡居民家庭恩格尔系数分别为32.6%、37.5%。

年末全社会从业人员26.36万人,比上年增长5.9%,其中,第一、第二、第三产业从业人员分别为4.81万人、17.17万人和4.38万人;年末城镇从业人员60857人,城镇在岗职工58240人,分别增长5.4%、4.5%,城镇私营和个体从业人员17800人,增长18.9%。年末城镇登记失业率为3.64%,下降1.1%,全年净安置失业人员2498人。年末全县参加失业保险60118人,增长15.6%,领取失业保险金2349人,发放失业保险金512万元。基本养老保险参保114190人,增长8.1%;有70566人参加基本医疗保险,增长20.9%。全县低保对象4519人,其中城镇645人,农村3874人,共享受最低生活保障补贴510万元,增长4.6%。全县有各种社会福利收养性单位9家,床位数1012张,共安置193人。

海宁市

【概况】 海宁市位于嘉兴市南部,东连海盐县,西接杭州市余杭区,南濒钱塘江,北与桐乡市和嘉兴市秀洲区接壤。内陆总面积731.03平方千米。辖8个镇,4个街道,161个行政村,60个社区居委会。2007年全市人口出生率6.99‰,死亡率6.67‰,自然增长率0.21‰。全市计划生育率98.23%。年末户籍总人口648694人,其中男性320883人,女性327811人;总户数181911户。2007年常住人口74.5万人,比上年增加0.9万人。

【经济建设】 国民经济运行良好。全年实现生产总值304.25亿元,按可比价计算,比上年增长15.3%,增速比全省快0.8个百分点,比嘉兴市快0.9个百分点,连续八年保持了两位数的较快增长。其中第一产业增加值16.37亿元,增长3.4%;第二产业增加值190.19亿元,增长16.1%;第三产业增加值97.70亿元,增长15.8%。三次产业结构比为5.38∶62.51∶32.11。全市人均生产总值按户籍人口计算为46995元,增长14.8%;按常住人口计算为41087元,增长13.7%。

农业生产稳定发展。全年农业总产值25亿元,增长5.9%(按照可比价计算,下同),增幅较上年提高3.7个百分点。全年农作物总播种面积49870公顷,其中粮食播种面积28.82千公顷,增长2.7%;经济作物种植面积21050公顷,减少5.0%。经济作物中,油菜种植面积5850公顷,减少20.1%;蔬菜种植面积9270公顷,增长0.6%;花卉苗木种植面积2540公顷,减少1.1%。全年粮食总产量18.70万吨,增长0.8%;蔬菜总产量20.98万吨,增长2.0%;油菜籽总产量1.33万吨,减少19.2%;蚕茧总产量1.24万吨,减少2.9%。生猪饲养量57.18万头,下降2.7%;家禽饲养量1761.29万羽,增长7.6%。全年肉类总产量4.70万吨,增长15.7%;水产品总产量2.87万吨,增长12.7%。全市农业龙头企业35家,农民专业合作社50家,省级及以上绿色食品26只,无公害农产品基地20个。全年农田基本建设完成土石方568.39万立方米,其中水利建设完成土石方454.71万立方米,水利建设总投入13644万元。农田有效灌溉面积34.55千公顷,旱涝保收面积26800公顷。疏浚河道313.73千米、长效保洁1931.66千米(已经实现海宁市全覆盖);新建、改造硬化排水沟和地下输水管道181千米。年末拥有农业机械总动力29.86万千瓦。

工业生产保持较快增势。全年完成工业增加值168.56亿元,比上年增长16.9%,对经济增长的贡献率达57.1%。规模以上工业总产值突破600亿元,达646.75亿元,增长24.6%,其中轻工业实现产值484.68亿元,增长22.8%,重工业实现产值162.07亿元,增长29.9%,快于轻工业7.1个百分点。国有控股企业实现产值29.91亿元,增长20.0%。全年规模以上工业企业实现新产品产值165.30亿元,增长68.2%;实现产销率98.18%,比上年回落0.12个百分点。规模以上工业企业实现出口交货值263.09亿元,增长17.2%,出口交货值占销售产值的比重为41.4%。从经济类型看,私营企业实现产值319.80亿元,增长26.9%;三资企业实现产值216.58亿元,增长24.1%。主导产业中,规模以上皮革工业实现产值130.81亿元,增长13.1%;规模以上纺织工业实现产值232.42亿元,增长23.8%。两大主导产业占规模以上工业总量的56.2%。同时,机械、橡塑、金属、电气和电子等一些重点行业快速发展,分别增长37.9%、29.6%、34.4%、33.7%和33.3%。全年规模以上工业企业实现产品销售收入633.29亿元,增长23.6%;实现利税48.51亿元,增长35.3%,其中利润28.65亿元,增长36.1%。列入省考核的十一项工业经济效益指标综合得分为231.67分,比上年提高25.53分,其中,列入国家考核的七项指标综合得分为142.53分,比上年提高7.76分。规模以上工业万元增加值综合能耗完成年初确定的目标。全年建筑业实现增加值21.62亿元,增长9.6%;全市建筑业施工产值56.82亿元,增长47.8%。全年各类房屋建筑施工面积820.95万平方米,增长43.1%;完成房屋竣工面积339.91万平方米,增长24.2%。

固定资产投资稳定增长。全年完成全社会固定资产投资131.07亿元,比上年增长12.9%,其中限额以上投资116.79亿元,增长13.5%。全年完成工业生产性投资85.01亿元,增长16.8%,其中限额以上工业生产性投资78.14亿元,增长14.5%。在全部限额以上投资中,第一产业投资0.03亿元,下降97.1%;第二产业投资78.17亿元,增长13.7%;第三产业投资38.60亿元,增长16.4%。三次产业投资比重由上年的0.94 : 66.83 : 32.23调整为0.02 : 66.93 : 33.05。全年限额以上投资项目491个,其中,当年新开工项目256个,新开工项目计划总投资114.71亿元;建成投产项目238个,新增固定资产87.99亿元,比上年增长28.5%。全年房地产业实现增加值10.44亿元,比上年增长19.3%。完成房地产开发投资15.59亿元,增长11.4%。全年商品房销售面积79.31万平方米,增长107.2%;商品房销售额31.72亿元,增长122.1%。

国内贸易增势明显。全年实现社会消费品零售总额109.81亿元,增长16.8%,其中市区消费品零售额60.46亿元,增长18.3%,对整个消费品市场拉动10.0个百分点;市以下消费品零售额49.35亿元,增长15.0%,对整个消费品市场拉动6.8个百分点,城乡消费增速差距比上年缩小1.8个百分点。分行业看,批发和零售贸易业零售额95.14亿元,增长16.6%;住宿餐饮业零售额10.42亿元,增长23.3%。年末全市有各类商品交易市场57个,其中成交额超亿元的市场9个。全年城乡集市贸易成交额128.90亿元,增长1.1%。在限额以上批发和零售贸易业零售额中,汽车类比上年增长14.4%,石油及制品类增长111.8%,金银珠宝类增长24.6%,日用品类增长12.7%,体育、娱乐用品类增长25.7%,书报杂志类增长10.5%,家用电器和音像器材类增长0.6%。全年居民消费价格总水平比上年上升4.2%。

对外开放水平继续提升。全市完成自营进出口总额28.54亿美元,比上年增长19.3%,其中出口总额23.49亿美元,增长22.1%;进口总额5.05亿美元,增长7.8%。全年完成一般贸易出口16.78亿美元,增长23.5%;完成加工贸易出口6.71亿美元,增长18.8%。在出口总额中,三资企业和自营出口企业出口分别为11.83亿美元和11.65亿美元,分别增长21.1%和23.1%。全年新批"三资"企业48家,新批外商投资项目99个(含增资35个,转股11个,减资5个)。全年合同利用外资4.42亿美元,增长19.3%;实际利用外资2.58亿美元,增长6.2%。全年旅游总收入达40.55亿元,比上年增长16.7%。共接待国内游客404.42万人次,增长19.4%;接待海外游客4.40万人次,增长9.6%。旅游外汇收入(包括商品创汇)4365万美元,下降5.0%,其中商品创汇3006万美元。

【交通·邮电】 交通和邮电业有新的发展。全年交通运输、邮电业增加值8.98亿元,比上年增长15.8%。全市公路(乡道以上)通车里程达1159千米。全年完成货物运输量1268万吨,其中公路328万吨,水路940万吨;完成货物周转量171759万吨千米,其中公路22929万吨千米,水运128800万吨千米。全年客运量1856万人,客运周转量37579万人千米。全年邮电业务总量6.23亿元,增长11.4%。其中邮政业务总量0.36亿元,增长10.1%;电信业务总量5.87亿元,增长11.5%。年末固定电话用户34.42万户,增长5.8%;年末移动电话用户51.32万户,增长4.7%;年末互联网用户达7.84万户,增长24.3%。

【财政金融】 财政、金融和保险业增势强劲。全年完成财政总收入36.58亿元,比上年增长27.9%,其中地方财政收入17.90亿元,增长32.9%。全年财政支出17.63亿元,增长25.8%,其中农业支出1.51亿元,教育支出4.52亿元。年末金融机构各项存款余额319.12亿元,增长11.8%,其中城乡居民储蓄存款余额168.77亿元,增长4.1%。年末城乡居民人均储蓄存款余额为26017元,增长3.7%。年末金融机构各项贷款余额233.67亿元,比上年末增加36.71亿元,增长18.6%,其中短期贷款余额162.49亿元,增加23.31亿元,中长期贷款余额70.72亿元,增加14.25亿元。金融机构现金收入918.38亿元,增长11.8%;金融机构现金支出937.72亿元,增长12.0%。货币投放额19.34亿元,增长19.2%。全年保险业承保总额901亿元,增长30.4%。保费收入39416万元,增长12.3%,其中财产险保费收入9842万元,增长18.6%;人寿险保费收入29574万元,增长10.3%。全年保险机构保险赔款支出7508万元,增长19.4%。

【城建与环保】 城市建设和环境保护取得新成效。城市建城区面积扩大到27.6平方千米,市区绿化覆盖率达41.20%。全年新增自来水供水管道29千米,总长已达426千米。天然气利用工程全年完成管网敷设26千米,总长度达147千米。全年实施污水管网工程15千米,总长度达162千米。市区新建道路13千米,面积45万平方米。环境保护工作重点突出了环境综合整治和污水收集处理。全年共审批新、改、扩建工业建设项目279个,环保投资1.98亿元,建设项目环境影响评价制度执行率达100%。至年底,建立起2个全国环境优美乡镇、8个省级生态镇(实现海宁市全覆盖);有绿色医院2家,省级绿色饭店4家,省级绿色家庭13家,绿色社区19个(省级7个),各类绿色学校43所(国家级、省级7所)。全市工业废水排放达标率为97.14%,工业固体废物综合利用率为96.23%,工业烟尘排放达标率为100%。全年化学需氧量排放5669吨,比上年下降5.1%;二氧化硫排放7835.65吨,下降3.6%。

【科技】 科技工作进一步加强。2007年全市财政科技经费投入7150万元,比上年增长11%。总投资1.55亿元的浙江皮革工业研究中心已经省科技厅批准,海宁皮革研究院启动运作。

市科技创新中心新引进高新技术项目2个,累计在孵项目11个,其中6个项目实现从实验室成果到产品的转化。全市经省认定的高新技术研发中心10家,有122家企业建立科技研发机构。新列入省级以上项目超过100项,其中申报国家火炬计划13项、国家重点新产品8项。6项国家火炬计划项目、1项省重点科研项目、1项省国内合作项目通过验收。年内,新增国家高新技术企业1家,省级高新技术企业3家。全市共拥有国家高新技术企业16家,省级高新技术企业14家,嘉兴市级以上各类科技型企业165家。实施了农业科技项目,申报国家星火计划5项、浙江省农业科技成果转化资金项目2项。3个国家星火计划项目、2项省级农业科技成果转化项目通过验收。新认定省级专利示范企业1家,嘉兴市级专利示范企业4家。全市共有专利示范企业34家,其中省级3家、嘉兴市级15家、海宁市级16家。全年专利申请量达650件,授权500件。

【教育】 教育改革取得新成绩。年末,全市拥有小学45所,普通中学30所,职业高中4所,幼儿园85所。学龄前儿童在园幼儿数16358人。小学在校学生44339人,小学学龄人口入学率达100%,义务教育学龄人口入学率为99.99%。全市普通中学在校学生37480人,初中学龄人口入学率达99.98%,初中毕业生升入高中段比例上升至96.77%。职业高中在校学生5190人,技工学校在校学生2202人。市职业高级中学的汽车应用与维修实训基地被评为省级实训基地。年末电大在校学生4404人。参加普通高校升学考试报名4039人,上线3753人,上线率达92.92%。高考文理科一榜上线(不含艺术、体育)3505人,上线率为95.5%,比上年提高2.6%,有两位考生分别摘取了嘉兴市文、理科状元的桂冠。高等学历教育自学考试全年报考7327人次。全年农村共有9.84万人次接受了各类文化技术培训。教育均衡进一步推进,全市城乡学校生均公用经费实行同标准预算。义务教育阶段中小学生免除杂费,符合条件的外来人员子女享受同一政策,共惠及学生13.3万人次,免除经费1381.9万元。完善家庭经济困难学生助学教育券制度,全年共资助学生4700人,资助金额236万元。稳妥解决"新海宁人"子女的就学问题,就读义务教育阶段的"新海宁人"子女共12609人,其中在公办中小学就读的有10014人,达到79.42%。标准化学校建设进一步加快,撤并村小(教学点)12所,义务教育阶段中小学标准化率为88.68%。全市教育装备投入1400多万元,实验小学等5所现代教育技术实验学校的218个班级实现"班班通"。举办第五届全国小学信息技术与课程整合大赛,全市有17位老师获全国中小学信息技术与课程整合大赛一等奖。优质教育资源继续扩大,10所中小学通过省示范性中小学评估验收,1所成校通过省一级成校评估,新增浙江省示范幼儿园1所、嘉兴市示范幼儿园1所、嘉兴市一级幼儿园3所,10所学校被评为新一轮嘉兴市中小学日常行为规范示范学校。基础教育课程改革向纵深发展,被评为省级课改先进县(市)。

【文化】 和谐文化建设和全民健身运动进一步发展。海宁市将2007年定为"农村文化繁荣年"。全市共投入资金266.6万元,建成市级文体活动支中心1个,基层服务点171个。增加市级流动书库藏书量,市级流动图书135820册,镇50490册,借阅人次31118人。对农村文化阵地管理骨干、文艺骨干进行培训,共举办6类培训班13期,培训人员500余人。举办了第二届农村文化艺术节系列活动,全年共举办各类文体活动180余场,举办各类文化展览活动51次,讲座102次,参观人数4万余人次。全年共展开文化下乡170余场,放映公益电影2184场,观众367658余人。海宁越剧团在江浙一带乡镇巡回演出95场,观众6万余人次。现代越剧新戏《西天的云彩》12月30日参加浙江省第十届戏剧节会演,获得剧目大奖。硖石灯彩参加台湾元宵灯展、中国国际(深圳)文化产业博览会、澳门手工艺展演活动。海宁皮影戏和硖石灯彩一起参加"台湾浙江文化周"的展演活动。全年艺术表演场所演出场次591场。深入实施《全民健身计划纲要》二期工程,以"以全民健身与奥运同行"为主题,开展各项健身活动。体育设施建设取得新进展,新增建29个居民健身苑(点)。全年在省内外重大体育比赛中,海宁市运动员获得国家级金牌3枚、省级金牌32枚、嘉兴市级金牌76枚。全年举办单项体育赛事15项,成功地承办了国家级赛事2项,分别是全国男子篮球联赛和鲁能杯中国乒乓球俱乐部超级联赛。全年共组织全市性群众体育活动48次,参加比赛运动员11606人次。镇、街道和体育社团组织群众体育活动123次,参加各类体育竞赛的运动员达7.41万人次。

【人民生活】 人民生活水平和生活质量稳步提高。全市城镇居民人均可支配收入和农村居民人均纯收入分别为20653元和10200元,扣除价格因素,分别比上年增长8.7%和11.9%。城镇居民人均消费支出和农村居民人均生活消费支出分别为13153元和6849元,增长7.8%和3.3%,其中城镇居民医疗保健支出和教育文化娱乐服务支出增长较快,分别增长27.4%和23.9%;农村居民文教娱乐用品及服务支出和交通、通信讯服务性消费支出增长较快,分别增长22.7%和20.5%。2007年城乡居民恩格尔系数均较上年有所下降,分别为34.6%和35.2%,分别下降0.8个百分点和0.2个百分点。年末城镇居民人均住房建筑面积34.61平方米,农村居民人均生活用房面积65.1平方米。全市共举办各种劳动力交流专场54期,提供就业岗位7.89万个,开展再就业培训245期,使8110人次得到了专业技能培训。年内共安置城镇失业职工5786人,全市年末登记失业人数4294人,城镇登记失业率3.5%。年末全市基本养老保险参保人数16.1万人,其中企业参保人数15.4万人,比上年末增加0.95万人。收缴基本养老保险基金5.62亿元,收缴失业基金达4943万元,劳动保障部门为1.53万人次发放了失业救济金。年末医疗保险参保人数16.9万人,其中大病统筹1.03万人。年末有社会福利事业单位19个,床位1848张,收养1034人。社会救济总人数(包括低保人数)12314人。有最低生活保障对象8888人,其中城镇居民和农村居民最低生活保障人数分别为1983人和6905人,全年共发放低保金额869万元。全市各类老年公寓(包括敬老院)收养社会老人累计938人。年末城镇社区服务设施751个,农村社会保障网络覆盖12个镇、街道。拥有社区服务中心1个,提供服务项目79个,共提供服务活动6.06万人次。年末全市共有医院、卫生院26个。全市有卫生技术人员2661人,其中,执业医师及执业助理医师1119人,注册护士765人,有医疗床位1918张。年末合作医疗参保人数45.3万人,参保率已达94.8%。全市农村自来水普及率达98.6%,卫生厕所普及率达98.3%。

桐　乡　市

【概况】 桐乡市地处浙北杭嘉湖平原,长江三角洲东南部。东连秀洲区,南邻海宁市,西毗湖州市德清县和杭州市余杭区,西北接湖州市南浔区,北界江苏省吴江市。东西宽约36公里,南北长约34公里,总面积727平方公里。2007年,辖9个镇、3个街道、39个社区、178个村。年末,户籍总人口66.7万人,比上年增加1785人,其中非农人口16.25万人,增加9685万人。人口出生率6.51‰,死亡率7.67‰,自然增长率-1.16‰。

【经济建设】 2007年,实现地区生产总值272.1亿元,比上年增长15.8%。其中,第一产业增加值19亿元,增长6.3%;第二产业增加值152.6亿元,增长17.1%;第三产业增加值100.5亿元,增长15.6%。按户籍人口计算,全市人均生产总值4.1万元。三次产业结构比为7.0∶56.1∶36.9。财政一般预算总收入35.1亿元,增长29.5%,其中地方一般预算收入17.1亿元,增长32.3%。

农业生产平稳发展。全年完成农业总产值28.6亿元,比上年增长9.0%,其中种植业实现产值12.2亿元,增长5.8%。全市粮食播种面积36万亩,总产量17.5万吨。蔬菜种植面积23.6万亩,产量50万吨,分别比上年增长4.4%和4.6%。畜牧业继续稳定发展,实现产值13.4亿元,增长9.9%。各类肉类产量5.1万吨,蚕茧产量1.8万吨,分别比上年下降2%和2.5%;禽蛋产量3.6万吨,增长64.5%。渔业实现产值1.5亿元,增长16.2%,各类水产品1.3万吨,增长12.2%。生态农业加快发展,新建各类生态高效农业基地45个、生态畜禽养殖小区5个,新增国家级无公害农产品7只、绿色食品5只,桐乡市被列为国家级绿色农业示范区。农业产业化经营步伐加快。全市规模以上农副产品加工企业18家,实现销售收入2.7亿元,比上年增长8%。新增市级以上农业龙头企业2家、组建专业合作社11家。农业生产基础条件继续改善。全市农田有效灌溉面积57.3万亩,实现节水灌溉面积52.8万亩,旱涝保收面积56.3万亩。完成土地综合整治4万亩、综合开发2.2万亩,圩区整治2万亩,新建标准圩堤103千米、标准泵站126座。

工业经济提质增效。全年完成工业增加值136.8亿元,比上年增长18.5%。推进172项重点工业项目建设,完成工业生产性投入75.1亿元,增长14.7%。全市规模以上工业企业实现总产值632.8亿元,增长25.3%,实现销售产值624.6亿元,增长25%,产销率98.7%;实现利税48.8亿元,增长44.8%,其中利润32.2亿元,增长51.5%。工业发展平台有效拓展,全市工业区新增开发面积3051亩,投入基础建设资金5.4亿元,新建标准厂房26.3万平方米。积极走新型工业化之路,高新技术产业稳步增加。全年规模以上工业企业实现新产品产值111.1亿元,增长33.7%,比上年提高2.3个百分点。规模以上高新技术产业增加值16.7亿元,占规模以上工业增加值的比重为15.8%,比上年提高3.3个百分点。“百家工业企业培育工程”深入实施,工业企业规模不断壮大。全年新增规模以上企业196家,总数达到1151家。其中,销售收入超亿元企业94家,新增23家;利税超千万元企业67家,新增17家;利润超千万元企业46家,新增6家。建筑业实现历史性突破,全年实现增加值15.8亿元,比上年增长6.6%。年末累计拥有三级以上建筑资质等级企业43家,实现建筑总产值52.8亿元,增长41%,实现利税1.9亿元,其中利润0.8亿元。

第三产业发展迈上新台阶。濮院羊毛衫市场中央商城一期建成营业,崇福皮毛市场东区扩建顺利完成;景点建设取得新成效,乌镇西栅景区正式对外开放。全年接待游客451.1万人次,其中境外游客43万人次,分别比上年增长12.2%和17.8%,实现旅游收入35.2亿元,增长16.8%。全年实现消费品零售总额98.8亿元,批零贸易业零售额83.1亿元,分别增长17.0%和16.8%。住宿和餐饮零售额9.6亿元,增长30.5%。商品交易市场稳中取胜,全市有70个交易市场,其中有11个市场交易额超亿元。全年市场成交额147.9亿元,增长13.2%。金融形势良好,年末人民币各项存款余额289.4亿元,贷款余额200.1亿元,分别比年初增长14.1%和25.4%。保险保费收入3.2亿元,增长4.3%。房地产业平稳发展,全年商品房销售面积52.7万平方米,实现销售收入17.7亿元,分别增长5%和14%。

开放型经济成绩卓著。全年新批外商投资项目68个,增资项目41个。合同利用外资4.04亿美元,实际利用外资2.0亿美元,分别比上年增长28.6%和28.8%。引进市外内资项目155个,到位资金16亿元,比上年增长18.5%。全年进出口总值20.3亿美元,增长31.0%,其中进口总值6.6亿美元,出口总值13.7亿美元,分别比上年增长31%和32%。出口结构合理调整,五矿轻工、机电产品、医药化工成为主要出口行业。全年创办境外企业6家,外派劳务45人。

【城乡建设】 全社会固定资产投资121.5亿元,比上年增长8.4%,其中限额以上项目投资额99.5亿元,增长3.9%。27项市重点建设项目累计投资18.86亿元。城乡规划体系逐步完善,完成3个镇城镇总体规划和6个省级示范村新村规划编修工作。城市建成区面积30平方千米,城市化水平45.8%。康泾塘东岸综合整治工程取得阶段性成效,东宗线航道改造二期工程启动建设,申嘉湖高速公路濮院线连接线、同福至石门拓宽改建等工程如期竣工。一批重点输变电项目顺利实施,全年新增35万千伏及以上变电容量6.2万千伏安,在全国率先实现“镇镇电气化”的目标。城乡供水一级管网全面建成。新农村建设取得实效,建成全面小康建设示范村6个,完成整治村50个。建成连村公路49.2千米、通组道路328.5千米,改造农村危桥105座,整治河道360千米。村村通公交目标全面实现,农村公路养护、城市生活垃圾收集处理等长效机制逐步建立;卫生环境质量明显改善,桐乡市被命名为国家卫生城市。

【社会事业长足进步】 “科教兴市,人才强市”战略深入推行,市科技创业服务中心被认定为嘉兴市级科技孵化器。全年实施省级以上高新技术项目117项;新增各级高新技术企业21家,其中国家级2家、省级4家;建成省级高新技术研发中心3家;全年专利申请631件,授权300件。人才引进工作加快,巨石集团建立桐乡市首个博士后科研工作站,年末全市拥有各类专业技术人员8877人,比上年增加291人,引进各类人才893名,人才公寓一期投入使用。教卫文体等各项事业全面发展,现代实验学校建成投入使用,实验二小城北校区、高桥初中、大麻中心学校等项目建设加快推进,职业教育资源有效整合,新居民子女就学条件得到改善。全市有普通中学32所、职业中学4所、小学34所,在校学生10.2万人。初升高比例、高考上线率分别为96.8%和91.6%。学前教育、特殊教育进一步加强,学前三年幼儿入园率98.8%,三级残疾儿童少年入学率100%。卫生事业取得新成绩,至年末有卫生医疗机构268个,卫生专业技术人员2592人,第一人民医院迁建工程顺利推进,嘉兴康慈医院迁建一期工程和濮院中心卫生院迁建工程完成建设,建成规范化社区卫生服务中心(站)65个,创建卫生强镇3个。文化体育事业蒸蒸日上,全国新农村文化发展论坛和第三届浙江省未成年人读书节在桐乡市举行。年末拥有公共图书馆1个,藏书47.8万册,博物馆及名人场馆4个。全市举办各类广场文化50多场,观众8万人次,开展文化下户300多场,电影下乡3800余场。建成村级文化中心(室)40个,同时崇福镇、大麻镇成为省级"东海文化明珠工程"。成功承办全国男排联赛,新增省级体育强镇2个。

【生态环境】 生态环境协调发展,节能减排取得实效。生态市建设规划深入实施,创建全国环境优美镇2个、省级生态镇4个、清洁生产企业12家,绿色企业2家。环太湖流域(桐乡)污水收集处理外排工程启动建设,市区第二污水处理厂建成运行,新增污水收集管网71千米,城市生活污水集中处理率84.7%,工业废水排放达标率和固体废物综合利用率分别为98.5%和99.0%,垃圾无害化处理率100%。

【人民生活】 生活质量稳步提升。全年城市居民人均可支配收入2万元,比上年增长13.3%,人均生活消费支出1.19万元,下降2.4%;农村居民人均纯收入1.02万元,增长11.4%,人均生活消费支出8152元,增长16.4%。年末城镇居民人均住房建筑面积39.1平方米,农村居民人均生活居住面积85.9平方米,分别增长0.7平方米和3.3平方米。城乡居民本外币储蓄存款余额167.2亿元,比年初增加11亿元。劳动就业保持稳定,年末全市单位(不含私营企业)从业人员9.9万人,比上年增长4.2%;城乡私营个体从业人员21.2万人。全年新增就业岗位7085个,实现失业人员再就业3345人,年末登记失业人数0.4万人,登记失业率为3.55%。社会保障水平进一步提高,出台《桐乡市城乡居民社会养老保险实施办法》,全市企业基本养老保险参保人数17万人,医疗保险参保人数12.9万人,分别比上年增长1.6万人和1.3万人。失业保险参保单位4572家,参保人数8.4万人,增长1.4万人。城乡居民合作医疗扎实推进,参保率95.5%。 (付冬花提供)

西塘春色

绍兴市辖县(市)

绍 兴 县

【概况】 绍兴县面积1177平方公里,下辖4个街道、15个镇,户籍人口70万,外来创业人员30万。全县实现生产总值541.49亿元,人均10105美元,分别增长16.2%、18.4%;财政总收入67.02亿元,其中地方财政收入32.79亿元,分别增长28.7%、27.8%。完成全社会固定资产投资214.58亿元,增长11.1%。实现社会消费品零售总额75.39亿元,增长18.1%。实现进出口总额81.32亿美元,其中自营出口52.62亿美元,分别增长40.2%、32.4%。城镇居民人均可支配收入23241元,增长13.6%。农村居民人均纯收入11871元,增长13.7%。

【经济建设】 致力推进经济的持续平稳较快发展,三次产业协调发展。粮食生产稳步增长,经济作物效益提高,规模养殖得到加强。农业龙头企业和农民专业合作组织带动作用进一步增强,成为省农业特色优势产业综合强县。完成工业销售收入2002.19亿元,增长24.1%纺织业得到提升发展,装备制造、石油化工、新型建材、食品加工、汽车汽配、皮塑橡胶等新兴行业产值平均增幅达40.7%。着力科技创新、品牌创建,产学研合作不断深化,县科技创新大厦启动建设;新增省级以上高新技术企业18家,其中国家级5家;新增省级高新技术研发中心9家;新增中国名牌产品6只、中国驰名商标19件,为历年总和的近2倍;新增发明专利19件;参与制订修订国家标准11只、行业标准1只。加快发展现代服务业。“纺博会”成功举办。“中国·柯桥纺织指数”正式发布。第三产业增加值达170.60亿元,增长14.4%,占生产总值的31.5%。

【城乡建设】 进一步完善了“一主三副两片一百个农村新社区”的县域城乡一体化规划布局及其它相关规划。完成城市和基础设施及非工业投资74.26亿元,其中社会性投资占60.0%。柯桥新县城建设快速推进,柯北新城、“两湖”区域、柯南区块建设齐头并进。杭甬运河二期等重点工程按计划推进。快速公交、夜公交和镇域公交相继开通,数字化城管平台初步建成,城市功能进一步完善,城市管理进一步加强。优化城乡空间布局,扎实推进城市经济中心、环杭州湾现代工业中心和环杭州、绍兴市区两大城镇经济增长带等重点区域建设,创新推进强镇扩权工作,滨海工业区、柯桥经济开发区和新型城镇得到较快发展。

【社会事业】 全县当年新增财力的90.2%用于改善民生,全年财政预算内用于民生方面的支出达到15.72亿元增长26.7%。文化教育得到加强。建成开放县博物馆和越国文化博物馆,启动第三次文物普查工作,推进文化信息资源共享工程,新建广电网络中心,扩建小百花艺校,荣获中国曲艺之乡称号。又有2个镇成为省级体育强镇、37个村成为市级小康体育村。全面改革义务教育经费保障机制,免除学杂费和课本费2736万元;生均公用经费超过560元,增长10%。社会保障得到加强。新增城镇就业再就业14060人,城镇登记失业率控制在3.25%。启动养老、医疗、工伤、失业、生育保险“五费合征”工作,完善相关政策,社会保险覆盖面进一步扩大。城乡卫生服务网络进一步健全,第一轮农民健康体检工作圆满完成;第四轮新型农村合作医疗参保率达到95.1%,提高1.7个百分点;又有5个镇成为全市卫生强镇。顺利通过国家计划生育优质服务先进县的复评。

【国家园林县城创建成功】 生态环境统筹改善。国家级生态县创建顺利推进,国家园林县城创建成功。新时期治水工程深入实施,完成砌坎138公里、清淤101万立方米,污水处理厂三期工程建成试运行,21.9%的村实现生活污水集中收集处理。印染定型机废气整治任务基本完成。大坞岙垃圾填埋场基本建成,垃圾集中收集处理基本实现全覆盖。

【23个村启动建设农民公寓】 整体推进新农村建设,现代家庭工业开始兴起,村容村貌得到改善,探索开展经济薄弱村异地集中建物业工作,23个村启动建设农民公寓15.95万平方米。依法平稳完成拆迁126.60万平方米。

诸 暨 市

【概况】 诸暨地处长江三角洲南翼,位于浙江省中北部,区域面积2311平方公里,辖23个镇、1个乡、3个街道,467个行政村、67个城镇社区(居委会),全市年末户籍总人口1060030人,其中非农业人口153573人,人口出生率8.62‰,死亡率6.92‰,人口自然增长率1.70‰。2007年,全市实现生产总值440.21亿元,增长14.3%;财政总收入43.55亿元,其中地方财政收入22.75亿元,分别增长30.3%和30.7%;全社会固定资产投资185.55亿元,增长12.4%;城镇居民人均可支配收入达到22759元,农村居民人均纯收入达到10289元,分别增长13.5%和13.7%。

【经济建设】 产业结构不断优化。工业经济提速增效,完成工业性投入122.97亿元,规模以上工业产值突破千亿元,新增年销售亿元以上企业35家,畜家企业跻身中国企业500强,6家企业入围全国大企业大集团竞争力500强,企业经济效益评价考核居绍兴市第一。第三产业强势推进,实施2000万元以上服务业重点项目26只,社会消费品零售总额突破100亿元;西施故里二期和东白湖生态旅游区建设有序推进,全年接待国内外游客369.78万人次,增长39.2%。高效生态农业稳步发展,被授予全国粮食生产先进县市、全省农业特色优势产业综合强县和"中国香榧之都"称号,成功举办首届中国香榧节。建筑业10亿元以上区域规模市场达到12个,五洩禅寺拆建工程获国家优质工程奖,综合实力升至全省第4位。三次产业结构由2006年的6.7∶62.2∶31.1调整为2007年的6.5∶61.8∶31.7。

【城乡发展】 农村面貌进一步改观。投入财政资金2.13亿元,新农村建设十大实事工程进展顺利。完成223个新村规划、113个村的重点河塘整治;新型农村合作医疗年人均筹资标准提高到130元,人口覆盖率达92.6%;新建农村联网公路204.5公里,改善12.63万农民的饮用水条件,建成9个镇、142个村的文化活动中心,创建省、绍兴市全面小康示范村13个,市级新村31个。全面实施旧城改造核心区域拆迁,实现了高效、安全、和谐拆迁,拓展了城市发展新的空间。城西工业新城新上工业项目28只,实施基础设施建设项目73只,企业总部建设正式启动,专业市场建设进展顺利。城东区块建设稳步推进,功能不断完善。办证中心、浣东初中、陶朱小学、诸北供水工程、诸永高速公路等重点基础设施建设有序推进。编制完成市域总体规划,省级生态县市创建首个通过考核验收,"数字城管"试点工作率先通过国家建设部验收。

【社会事业】 广泛开展诸暨人文精神大讨论,开设诸暨人文、经济大讲堂,成功举办第二届西施文化节;荣获"全国科技进步先进县市"称号,科技综合实力升至全省第5位;深入开展"引万名英才、筑人才高地"活动,招才引智工作取得新成效;完成农村中小学"五项工程"和职业教育"六项行动计划"阶段性目标;建立惠民医院,公共卫生工作经验在全国性会议上交流;积极探索流动人口计划生育管理新机制,继续保持低生育水平;全民健身运动蓬勃开展,3个镇成为省体育强镇。积极实施八大惠民实事,市级财政用于社会保障和就业的支出达1.28亿元,同比增长35.2%。基本消除城镇零就业家庭,率先推行城镇居民医疗保险,企业退休人员社会化管理服务工作走在绍兴前列。

【被评为"长三角最具投资价值县市"】 开放型经济再上台阶,成功举办第八届中国国际袜业博览会,全年合同外资突破4亿美元,实到外资达到2.45亿美元,实现自营进出口总额34.66亿美元,外资外贸外经均进入全省十强;引进市外境内资金13.6亿元,被评为"长三角最具投资价值县市"。

【"大唐袜业"成为省首批区域名牌】 "大唐袜业"整体品牌荣获首批浙江省区域名牌称号,成为全省五个区域名牌之一,并名列榜首。"大唐袜业"拥有中国名牌3只,国家免检产品2只,浙江名牌12只,绍兴名牌26只,诸暨名牌28只,引进国际知名品牌10只,初步形成了以国家级名牌为龙头、基础名牌为中坚力量的名牌企业群体,省级以上名牌产品销售产值占集群同类产品的33%以上,名牌经济对产业发展的贡献率不断增加。

【诸暨被命名为"中国香榧之都"】 诸暨市曾于1997年被命名为"中国香榧之乡"。经过多年发展,诸暨香榧拥有诸多"全国之最":香榧面积最大,种植面积0.67万公顷;香榧产量最多,年产香榧占全国总产量的60%以上;香榧古树资源最丰富,有古树群245个,"中国香榧王"胸径围圆达9.26米。依托榧乡独特而丰富的生态旅游资源,建立了省级香榧森林公园。2007年10月,诸暨市又被命名为"中国香榧之都"。

【成功通过全省首个生态市验收】 2003年诸暨启动生态市建设,并在全省14个试点县市中第一个完成《生态环境功能区规划》编制。出台《关于加强节能减排工作的实施意见》和《诸暨市污染物排放总量指标有偿使用暂行规定》,设立节能减排专项资金。先后创建2个全国环境优美乡镇和18个省级生态镇乡。市级财政配套从2004年的1000万元,提高到2007年的7100万元,年均增长122%。2007年11月16日成功通过省生态办组织的考核验收,成为全省第一个通过考核验收的县级市。

【三外经济均进入全省十强】 2007年,全市合同利用外资42134.3万美元,同比增长4.5%,实到外资24526.1万美元,同比增长30.4%。全年实现进出口总额346573万美元,同比增长40.6%。全年新批境外投资企业17家,总投资8095.8万美元,同比增长167.0%,越美集团在尼日利亚成功建成全国第一个境外纺织工业园区。外资、外贸、外经三项主要指标均进入全省十强县市行列,被评为省外向型经济先进县市。

上 虞 市

【概况】 上虞市总面积1403平方公里,辖15个镇、3个街道办事处、3个乡,354个行政村、86个城镇社区居委会,人口77.28万人,其中非农人口23.17万人,人口自然增长率为0.57‰。全年实现地区生产总值309.53亿元,增长14.1%,人均生产总值达到5267美元。实现财政总收入33.03亿元,其中地方财政收入16.71亿元,分别增长32.1%和36.5%。实现全社会固定资产投资125.84亿元,增长17.9%;社会消费品零售总额84.64亿元,增长16.8%;实现进出口总额17.5亿美元,其中,自营出口14.85亿美元,增长38.4%。实际利用外资1.55亿美元,增长53.5%,引进内资13.71亿元。外经合作营业额达到8128万美元,完成境外投资额2518万美元。

【经济建设】 经济质量在创新创业中日益提高。新型工业化步伐不断加快。实现工业总产值880.6亿元,增长29.1%。完成工业生产性投入79.8亿元,增长12%,其中高新技术项目投资比重达25.7%,50只重点工业项目中设备和技术投资比重提高7.7个百分点。成功创建省级绿色精细化工科技创新服务平台,新认定省级及以上高新技术企业11家、省级及以上新产品162只,申报省级及以上科技计划项目81只,申请专利1096件,新增中国驰名商标5只,新创国家免检产品7只,阳光节能灯成为绍兴市首个出口免验产品。企业上市步伐不断加快,天外天伞业、卧龙地产成功上市,浙江龙盛增发新股。现代服务业迅猛发展。完成三产投资41.08亿元,增长30.6%,上百万和城、石狮国际家居博览中心一期、国际大酒店二期、雷迪森万锦大酒店、大润发超市等建成开业,曹娥景区孝文化主题公园加快建设,英台故里祝家庄旅游景区项目启动建设,覆卮山冰川遗迹、皂李湖休闲度假区、东山景区规划工作取得明显进展。现代物流业发展规划编制完成,会展中心建成投用。楼宇经济加快发展,在建商务楼宇面积达42.8万平方米。农业特色更加明显。十大高效生态农业示范园区启动建设,蔬菜、水产、花卉、茶果、畜禽五大特色主导产业加快发展,特色农业在全省考评中名列前茅。农业企业销售额达22.08亿元,培育农民专业合作示范社42家。实现粮食总产量26.3万吨,被评为全省粮食生产先进县(市)。建筑业实力保持全省领先。实现建安产值590亿元,新开辟5亿元以上区域性市场15个,创全国性优质工程大奖10项、省级60项,建筑企业加快向新型建材、能源资源、地产等行业拓展,52层的"百官广场"动工兴建。节能减排成效显著。新实施重大循环经济项目36只,通过清洁生产审核企业29家,关停淘汰重污染项目36只,万元GDP综合能耗实现下降,COD和SO2排放总量双双超额完成削减任务,被评为全省发展循环经济先进县(市),杭州湾工业园区被列为省级生态化建设与改造试点示范园区。

【城乡建设】 城乡配套日趋完善。杭甬运河上虞段基本贯通,四环线、边墩互通立交和百悬线百官至梁湖段、西上线上浦至汤浦段建设改造工程顺利推进,新建乡村联网道路65公里。口门大闸、浙东引水工程建设和上虞新港前期研究进展顺利,曹娥江及支流主要堤塘标准江堤和猫山分洪闸改造全面启动,"千库保安"工程扎实推进。修编完善市域污水管网规划,污水处理二期项目调节池等设施建成投用,排污管网加快配套。完成电力设施布局专业规划修编,220千伏沥海变和110千伏精细变等输变电工程开工建设。实施公用信息网络提速工程,顺利完成电话号码升位,提前实现"村村通宽带"目标。城市功能不断提升。积极创建国家园林城市,建成区绿化覆盖率达40.2%,人均公共绿地面积11.66平方米。城市道路配套更为完善,完成迎宾大道、盖山路、江东北路、峰山南路、龙虎山路建设。广泛开展绿色系列创建,新创建省级生态乡镇2个,通过国家环境优美乡镇现场验收2个。实施75只壮大村级集体经济项目,每年预计可增加收益350万元。继续开展"十村示范、百村整治",完成80个行政村的村庄建设规划,新创建省全面小康示范村4个。深入推进农民饮用水工程,新解决4.55万农民的饮用水问题。深化农村宅基地整治和生活垃圾集中处置,建成垃圾中转站32座,新建村级垃圾收集点377个,整治河道52公里,治理水土流失9平方公里,在14个村开展了生活污水整治试点,完成存栏500头以上的生猪养殖场污染治理。

【社会事业】 全面实施"文化强市"战略,制订出台一揽子政策,文化事业和文化产业加快发展,文化市场更趋健康繁荣。成功举办"虞舜文化活动月",深入开展文化下乡活动,建成开放城市档案文化展厅,新创绍兴市文化示范乡镇2个,新编越剧《月光恋》,广播剧《此生无憾》入选省"五个一"工程,"越窑青瓷"、"上虞吹打"、"哑目莲"入选省非物质文化遗产保护名录。教育均衡化扎实推进,基础教育保持较高质量,学前教育管理更加规范,职业教育"六项行动计划"全面启动。全民健身活动深入开展,成功举办第三届职工运动会和第十届老年人运动会,滨江体育公园、市民中心体育场建成投用。社区责任医生制度不断完善,1.1万名企业退休退职人员和51.8万农民享受免费健康体检,重点传染病、职业病防控工作有效加强。完成市人民医院城北新院主体工程和梁湖、道墟卫生院改扩建。人口和计划生育工作成效明显,继续保持低生育水平。社会风尚更加文明。省示范文明城市创建扎实推进,和谐企业创建和"十佳新上虞人"评选等系列活动深入开展,申报创建省级文明单位(镇、村)16个,恒利社区被评为全省十佳和谐社区。积极发展慈善事业,建立乡镇"慈善超市",开设"中福在线",新募慈善捐赠3000余万元。深入实施"五五"普法,法律进机关、进乡村、进社区、进学校、进企业、进单位活动进一步深化。成功创建为全国科普示范县(市)和全国残疾人社区康复示范区,荣获全国老龄工作维权示范岗先进县(市)。征兵工作连续18年获得省级及以上先进。民生质量继续改善。实现城镇居民人均可支配收入21605元,农民人均纯收入9670元,分别增长12.9%和12.4%。新增城镇就业岗位9300余个,实现下岗失业人员再就业3000余人,城镇登记失业率3.26%,基本消除了"零就业家庭"。培训农民3.73万人,转移1.17万人。新增养老、工伤、医疗、失业、生育等五大保险17.36万人次。新型农村合作医疗筹资标准人均提高22元,全年支付4527万元、受益24050人次,参保人数已达58.6万人,参保率达到了93.5%。;启动城镇居民基本医疗保险,新增参保人数33758人;全面实施大病医疗救助,受益594人。中小学的生均公用经费标准提高40元,免除义务教育阶段学生学杂费,解决了近6000名外来务工人员子女就学问题。城镇低保标准由每人每月225元提高到268元,农村低保标准由每人每月135元提高到162元。完成农村困难群众住房救助120户,新解决廉租住房30户,实现了人均住房面积12平方米以下的城镇低保家庭应保尽保。

【欧盟——中国浙江(上虞2007)投资贸易洽谈会成功举办】
2007年10月22日至24日,欧盟——中国浙江(上虞2007)投资贸易洽谈会在上虞举行,这是欧洽会第一次在中国县级城市举办。本次欧洽会参会企业近500家,其中欧盟企业130余家,境外企业70多家;参会的境外客人达230多位,18个欧盟国家的商会代表和6个国内代表团全程参与了欧洽会的各项主要活动。在这次欧洽会上,共达成合作意向项目15只,协议总投资12707万美元,协议总贸易额11605万美元,其中对外投资250万欧元。

【污水处理二期工程加快建设】 2007年6月28日,上虞市污水处理二期工程项目正式开工建设,为加快工程建设进度,市政府成立工程建设指挥部,把它作为一个重大的环境基础工程、产业支撑工程、民生安全工程和当前的"一号工程"、"抢建工程"来抓,进一步强化人员、资金和制度的保障,强化对工程建设的督促协调,按日排定工作计划,狠抓项目进度。2007年10月,容量为10万吨的调节池和高密度沉淀池工程已建成投用,整个二期工程将于2008年6月竣工,建成后日污水处理能力将扩建到30万吨。

【百官广场项目启动建设】 2007年9月28日,由上虞市18家建筑精英企业合力承建的设计层高为52层的百官广场项目动工建设,这是城北商务楼宇经济的重大项目,是代表上虞建筑业水平的标志性建筑,致力于打造成为集建筑技术研发中心、科技信息服务中心、建筑材料和设备会展中心于一体的行业创新服务平台。

嵊州市

【概况】 嵊州市地处浙江东部,北靠杭州,东邻宁波,系长江三角洲经济区,是全国第一批沿海经济开放县(市)。全市总面积1784平方公里,辖4个街道、11个镇、6个乡,463个行政村、16个社区,总人口73.37万。2007年,全市实现生产总值191.85亿元,增长14.0%;财政总收入16.57亿元,其中地方财政收入8.38亿元,分别增长26.2%和29.8%;全社会固定资产投资73.90亿元,增长6.1%;进出口总额9.16亿美元,其中自营出口8.41亿美元,分别增长49.4%和42.8%;社会消费品零售总额74.70亿元,增长16.5%;城镇居民人均可支配收入21743元,农村居民人均纯收入8181元,分别增长13.2%和11.9%;城镇登记失业率为3.27%;人口自然增长率为0.36‰。

【经济建设】 工业产业结构不断优化。全年完成工业性投资47.47亿元,增长12.0%,设备投资占比达62.1%。实现规模以上工业总产值246.40亿元,增长29.3%。销售收入亿元以上企业达到45家,其中超10亿元企业2家。在领带服装、电器厨具等传统产业继续壮大的同时,机械电机、汽摩配件等机电类产业快速发展,产值增幅高于全市平均18.5个百分点。重视建筑产业,有效引导房地产业健康发展,开发投资额全年增长13.8%,实现建筑业总产值80.30亿元。现代服务业加快发展,崇仁温泉项目顺利启动,五星级酒店及大型购物中心项目进展顺利;旅游市场日趋壮大,旅游总收入增长33.2%;金融保险业稳健发展,存款余额增长10.4%;城乡居民消费和市场交易稳中趋旺,消费对经济的拉动作用日趋明显。以"农业增效、农民增收"为目的,大力推进农业产业化。着力优基地、打品牌、强龙头、抓服务,落实扶持政策,突出现代农业示范基地建设,培育农民专业合作组织,不断完善农业农村安全保障体系,实现了农业增量提质。全年农业总产值增长3.8%,农产品加工产值增长23.0%,建成标准农田0.29万公顷,新增耕地500公顷,新增外拓基地0.78万公顷,农产品自营出口增长43.2%,新增国家无公害农产品26只、省级无公害农产品基地21个,被评为省农业特色优势产业综合强县(市)。发展活力不断增强。当年新获国家级高新技术企业2家,省级7家;新批省级研发中心2家,专利授权量达到500件;新增省级新产品及高新技术产品47只,新产品产值增长80.6%。新获得中国驰名商标5只、国家免检产品9只、浙江名牌5只,其中"嵊州领带"成为首批5只省级区域名牌之一,领带产业集群入选"中国百强产业集群"。

【城乡建设】 城乡统筹步伐加快。以规划为龙头,重视提升城市品位,继续完善村庄布局,进一步推动城乡一体发展。编制完成市域总体规划纲要、开发区产业提升及扩容规划,完善了城南新区详细规划;完成市域村庄布局规划修编初步方案,重点加强中心村村庄规划;制定出台了生态环境功能区、电网布局等专项规划,城乡规划体系进一步完善。加强重点工程建设和基础设施项目建设,完成市山路、鹿山路、城中路等地段的拆迁改造,建成长安桥,实施环城南路改造,基本建成双塔大桥;嵊新污水处理厂、城市污水收集管网二期工程竣工投入运行;南山水库管理服务区、中心粮库一期配套工程如期完工;104国道嵊州段改建工程继续推进,500千伏苍岩输变电一期工程开工建设,清风水利枢纽工程、上俞堰坝引水应急工程进展顺利。加大农村基础设施投入,完成18座列入省级千库保安工程水库的改造,建成清水河道59公里,改善92个村8.2万农村人口饮用水条件。加大城乡统筹发展力度,实施"强镇兴市"战略,乡村两级体制改革不断深化。调整完善乡镇(街道)财政体制,集镇经济总量不断增加;完成行政村规模调整,总数调减到463个;推进新农村建设,新增省级全面小康建设示范村8个,累计达到25个。城市管理水平不断提升。出台加强社区建设意见,落实共驻共建机制,社区办公条件逐步改善;延伸市容监管,城西入城口、城南环岛周边综合治理取得实效;打击违法建设,整治交通秩序,完善卫生保洁机制,市容市貌继续改善;完善市政设施,提升改造公共绿地,成功创建成为省级园林城市。

【社会事业】 全市义务教育、职业教育全面纳入公共财政保障范围,免除了所有义务教育阶段学生学杂费,职业学校学生享受助学金。教育基本现代化乡镇创建工作深入推进。完成农村中小学"五项工程"建设任务,新建和改造农村中小学食堂、宿舍建筑面积6万平方米。校企合作和预备劳动力培训工作全省领先。发展和繁荣越乡文化,举办第八届中国领带越剧节,主办浙江省第十届戏剧节首届民营剧团大赛。积极开展"种文化"展演和文化下乡活动。实现有线电视、广播村村通。推进"农民健康工程",新型农村合作医疗参合率达到97.6%,累计报销53.9万人次,受益率93.4%;为参合农民免费健康体检44.6万人,体检率82.2%。社区卫生服务以及卫生监督、重点疾病防控等工作得到加强。基层卫生创建工作深入开展,完成乡镇、行政村环卫基础设施建设任务,初步建立长效保洁机制。举行"全民健身与奥运同行"系列活动。开展计划生育"新农村新家庭创建"和"机制建设年"活动,对农村部分计划生育家庭实行奖励扶助,低生育水平进一步稳定。就业再就业工作得到加强,新增城镇就业人员1.03万人。进一步扩大社会保险覆盖面,职工养老保险和工伤保险参保率均在85%以上,城镇居民医疗保障参保率达到45.2%,全市71个村3.7万名被征地农民参加养老保险。养老服务社会化工作走在全国前列。

【越乡文化建设取得明显成效】 文明创建活动广泛开展,创建成为全国科普示范市。文化产业进一步提升,被命名为"中国根艺之乡",电视纪录片《百年越剧》获星光奖,越剧《蔡文姬》获省"五个一"工程奖,编辑出版的《嵊州市非物质文化遗产大观》被推荐为浙江省非物质文化遗产保护工作十件大事,根雕、目莲戏、泥塑、戏剧服装等4个非遗项目列入省级名录。小黄山遗址和崇仁古镇保护工作得到加强,文保工作获得省文物系统先进集体。4个民营剧团分别获省十戏节民营剧团大赛2金2银,7位少儿分别获全国级少儿戏曲大赛5金2铜,5首新创歌曲获绍兴市"新农村之歌"征评中获1金2银2铜,5篇文化理论文章分别获全国征文三等奖和省征文一等奖,2

个节目分别获绍兴市首届镇乡文艺汇演1金1银。

【创建成为联合国绿色产业先进示范区】　扎实开展“811”环境污染整治行动,新昌江流域嵊州段水质明显改善,实现省级环境保护重点监管区“摘帽”。强化环境监督管理,加大执法力度,区域性环境问题逐步得到解决。推进生态市建设,加强农业农村面源污染治理,加强饮用水水源保护。加强植树造林,实施东部山体覆绿,累计建成生态公益林3.53万公顷。全市已有国家级绿色学校2所,全国环境优美镇1个,省级绿色学校8所,省级生态镇3个,通过预验收的4个,绍兴市级生态乡镇2个,绍兴市级生态村18个,绍兴市级绿色社区5个。发展绿色产业,6家单位通过ISO14000环境管理体系认证,7家企业通过了清洁生产审核。绿环橡胶、天禾生态等一批循环经济的典型企业受到省市领导的充分肯定,其中绿环公司的“FCS废旧轮胎常温法精细胶粉成套生产线”以及系列制品的开发,荣获省科学技术进步一等奖,嵊州市创建成为联合国绿色产业先进示范区。

【评为全国养老社会化先进单位】　民办养老机构快速发展,嵊州自创建养老服务社会化试点城市以来,通过完善政策,因地制宜,从实际出发,积极探索民办公助的发展模式,大力扶持培育民办养老机构。全市现已新批开业的民办养老机构就达24家,建筑总面积28650平米,总投资2516万元,床位1087张,入住657人。民办养老机构的健康快速发展得到了民政部部长李学举充分肯定,副省长陈加元作出了重要批示,在全国民政工作年中分析会上作为县级市的唯一代表作了典型发言,被评为全国养老社会化先进单位。

新昌县

【概况】　新昌位于浙江东部,曹娥江上游,县域总面积1213平方公里,辖8个镇5个乡3个街道,415个行政村,12个社区居委会,总人口43.5万人。2007年,全县实现生产总值152.25亿元,增长12.6%;财政总收入17.08亿元,增长26.5%,其中地方财政收入7.63亿元,增长27.8%;全社会固定资产投资52.96亿元,增长15.5%;城镇居民人均可支配收入21142元,增长10.5%;农民人均纯收入8092元,增长11.3%。

【经济建设】　产业结构加快调整,三次产业比重由2006年的7.6∶57.6∶34.8调整到7.3∶57.5∶35.2,机械行业比重上升4个百分点。农业经济健康发展,新增特色基地1000公顷,新增年销售亿元以上农业龙头企业4家,新成立农民专业合作社24家。茶叶产业持续做大,新增良种茶园333.33公顷,标准化名茶加工厂20家,大佛龙井专卖店10家,江南名茶城一期竣工。休闲农业快速发展,新增12处农家乐特色点,4个村分别通过省农家乐示范村、省兴林富民示范村验收。工业经济好中有进,规模以上企业实现主营业务收入245.11亿元,增长14.7%,利税24.80亿元,增长20.6%,全县销售超亿元企业28家,其中超10亿元6家,超20亿元3家,纳税超千万元企业29家,全年实施技改项目442项,技改投入39.89亿元,循环经济发展良好,节能减排扎实推进,机械、装备制造业快速发展。旅游产业持续提升。第九届新昌旅游节成功举办,双林石窟景区对外开放。全年接待国内外游客308万人次,增长22.0%,旅游收入24.37亿元,增长29.6%,荣获浙江旅游城市金名片奖。商贸服务业发展取得突破,一批重大商贸项目动工建设,全年实现第三产业增加值53.58亿元,增长11.9%。对外开放不断深化,设立绍兴海关监管办公室,全年新批外资企业4家,增资企业7家,实现合同外资1.30亿美元,实到外资3519万美元,外贸进出口总额9.34亿美元,增长20.3%,其中自营出口8.63亿美元,增长20.8%,万丰、新和成、三花进入全市外贸出口十强。创新能力持续增强。新认定省级以上高新技术企业5家,其中国家级1家,申请专利820件,其中发明专利250件。高新技术企业产值占全县工业总产值的65.2%,居全绍兴市第一。建成省级轴承与专用装备科技创新服务平台,浙江医药新昌制药厂被确认为国家创新型试点企业,2个项目荣获国家科技进步二等奖。品牌建设成效显著,新增中国驰名商标3件,中国名牌产品4只,省著名商标4件,省名牌产品7只,“新昌制造”知名度进一步扩大。

【城乡建设】　城市建设呈现新面貌。顺利通过省级文明县城创建和省“811”环境污染整治验收。南岩路西段、江滨南路文体路至鼓山大桥段建成通车,上三道口综合整治、人民西路立面改造、粪便处理中心改造、公共卫生中心建设、中医院迁建、人才公寓等工程全面完成,体育馆建成开放,农村合作银行大楼基本建成,城北大桥、新中路北段、城东排污管网、新蟠线茶壶岭至梅渚段、澄潭江防汛应急工程、35千伏沙溪输变电等工程进展顺利,潜溪江防洪堤、电力生产调度中心、大佛寺小寺岙入口景观改造工程动工建设。建筑业、房地产业健康发展,三花现代城等一批居住小区相继建成,全年实现建安产值45.70亿元,增长14.5%。综合管理再上台阶,出台市政工程设施管理、店面招牌设置管理、城区犬类管理等办法,组织开展市容市貌、户外广告、占道经营等专项整治,实现警钟山、塔山亮化。实施“畅通工程”,增加停车泊位,治理交通违章,道路安全畅通情况逐步改善。生态环境明显好转。强力整治环境污染,城区污水主干管网基本建成,生活污水收集能力达到60%以上,嵊新污水处理厂建成运行,新昌江水质、城区空气质量明显好转。生态建设全面推进,镜岭镇通过全国环境优美镇预验收,澄潭镇、小将镇被命名为省级生态镇。农业设施日趋完善。新增节水灌溉面积320公顷,水土治理面积15平方公里,完成标准农田建设353.33公顷,新建绿色林带22公里,改造标准化鱼塘12公顷,加固病险水库99座。钦寸水库项建书通过国家发改委评估。做好农村劳动力培训转移工作,全年培训12997人,转移9087人;鼓励发展家庭工业,新增家庭工业3418家;健全村企结对机制,落实帮扶资金425万元;优化农村金融体系,推行农户小额信用贷款,开展联保贷款,新增各项支农贷款1.06亿元;农业科技推广成效明显,组织“三下乡”350次,新增农民信箱6779户。农村环境逐步改善。推进“四改一拆”工程,改善3.7万人饮用水条件,实施91个村生活污水处理,新建乡镇垃圾中转站4个,建造垃圾收集房(点)985座,整治河道35.8公里,完成通村公路210公里,1个村通过省级全面小康示范村验收,5个村通过市级环境整治示范村验收。

【社会事业】 教育体育事业持续发展。省教育强县成果得到巩固,学校网点布局更加优化,"四项工程"建设扎实推进,11258人次享受教育券,10621人次享受爱心营养餐;筹集帮困助学资金511.7万元;教育质量持续提高,高考成绩省市领先,职教水平稳步提升。第十三届老年人运动会顺利举办,全民健身运动广泛开展。卫生计生事业健康发展。公共卫生服务网络日益健全,社区责任医生制度不断深化,重大疾病防控和预防保健能力持续增强;新型农村合作医疗筹资标准进一步提高,全县参合人数达291719人,首轮农民健康体检、企业退休职工健康体检顺利完成。计划生育基层基础进一步加强,低生育水平保持稳定。文化广电事业繁荣发展。启动文化大县建设,成功举办首届农民文化节,行政村实现有线电视"村村通";调腔保护与发展基金首次设立,全日制调腔中专班正式开办,《白兔记·出猎》、《挑水伯》等剧目连获大奖。社保体系不断完善。实施城镇居民和未成年人医疗保障制度,完善被征地农民养老保障,推进工伤保险扩面,实现医保制度全覆盖。低保标准及义务兵家属优待金、城镇退役士兵自谋职业补助金进一步提高,大中型水库移民直补资金和项目扶持资金足额到位,农村困难群众住房救助300户,政策性农村住房保险参保率达92.2%,农村"五保"和城镇"三无"人员集中供养率达95.2%。

【"星期三下乡"活动成经典】 1月10日,新昌县《开展"星期三下乡"活动,加强农村文化建设》作为全国7大重点突破型新农村建设案例之一,入选由社会科学文献出版社出版的城乡创新发展蓝皮书《中国新农村建设报告》,其成功的做法与典型经验作为新农村建设的国内模式向全国推广。《中国新农村建设报告》从"星期三下乡"的主要内容、政府的保障措施、活动的成效三个方面,对新昌"星期三下乡"活动作了介绍,并得出启示:解决城乡公共服务失衡需要缓解剂;促进城乡要素互动需要连接器;加强农村思想工作需要搭建舞台。

【村级公路建设实现三年一跨越】 2004年至2007年,新昌县共建成农村公路(康庄工程)616.76公里,其中路基工程305.04公里,路面硬化311.72公里。新增公路通达行政村175个,路面硬化363个,有403个行政村通上等级公路,383个行政村通上硬化路,等级公路通村率和硬化率分别达到了96.88%和92.07%。

【省内首次实施光唇鱼增殖放流】 9月10日,新昌县在该县澄潭江流域首次放流了10万尾光唇鱼,这是该县为养护渔业资源保护环境而采取的一项增殖举措,也是浙江省首次实施光唇鱼增殖放流。此次放流的光唇鱼,俗称"石斑鱼"、"罗丝鱼",是一种纯淡水鱼类,喜欢栖息于石砾底层、水清流急的河溪中,常以下颌发达的角质层铲食石块上的苔藓与藻类,对净化水质有一定的帮助,但近年来由于过度捕捞和环境污染,全省境内光唇鱼数量迅速减少,此次在新昌县人工繁殖光唇鱼取得突破的基础上,浙江省政府、省海洋和渔业局加以资金支持,实施增殖放流,目的就是恢复这种鱼的野生资源,丰富水域的生物多样性,利用这种鱼的食性改善水域水质,为生态省建设、水质环境的改善起到积极的作用。

【国内首台轴承套圈全自动车削加工车床在新问世】 国内首台可以替代小台车、用于加工轴承套圈的自动车床在新昌新和成精密机械有限公司研制成功,此举给我国的轴承产业带来了重大利好消息。该种QTL系列机械式轴承套圈自动车床,具有成本低、操作简单、加工精度和生产效率高、节能效果明显等优点,而且可以将数台机器连成一条自动生产线,从而实现轴承套圈的全自动车削加工。该设备的生产效益比普通小台车提高三分之二以上,与国内同类设备相比也有明显的竞争优势。

【新昌被授予中国诗歌之乡】 10月27日,中国诗歌学会正式向新昌县授予"中国诗歌之乡"牌匾。新昌诗歌文化源远流长,特别是唐代有450多位诗人先后来到新昌,留下了许多脍炙人口的诗篇,李白的《梦游天姥吟留别》更是家喻户晓。近年来,新昌县有效整合文化资源,系统挖掘唐诗文化、山水文化,高标准规划建设,进一步深化新昌文化内涵,增添文化底蕴,把诗歌文化进一步予以发扬光大,取得了积极的成效。

【荣获浙江旅游城市金名片奖】 在12月7日举行的"人文境界与旅游品牌"专题研讨会暨浙江省旅游金名片颁奖大会上,新昌县荣获"城市金名片"奖。"人文旅游"是近年来备受关注的一个全新旅游理念,本着积极推进浙江旅游经济强省建设,实施旅游品牌战略,推进旅游与文化完美结合的原则,浙江日报联合浙江大学人文旅游研究中心,推出以"人文境界与旅游品牌"为主题的浙江旅游"城市金名片"公众推选活动。在公众推选的基础上,主办方邀请著名旅游策划专家、人文旅游专家对浙江旅游进行全面分析,并确定浙江旅游"城市金名片"的获奖单位。

兰亭景区

舟山市辖县(市)

岱　山　县

【概况】　岱山县位于长江口南端,在舟山市北部,处于北纬30°07′—30°38′,东经121°31′—123°17′。东濒公海;西临杭州湾;南与定海区、普陀区相邻;北与嵊泗县海域相连。由404个岛屿组成,其中有人居住的岛屿16个,境内以岱山岛和衢山岛面积为大,其他岛屿有长涂、秀山、大鱼山等。全县总面积5242平方公里,其中海域4916平方公里,陆域326.4平方公里(其中潮间带滩涂57.4平方公里),县政府设在岱山本岛东南的高亭镇。2007年末,全县户籍人口19.24万人。

据出土文物考证,距今四、五千年前,已有人类在境内劳动生息。据《史记》记载,秦方士徐福率数千童男童女,下东海为秦始皇寻找长生不老药,曾到过三神山。其中"蓬莱山",即今岱山。自唐开元年始,一千多年来,一直被列朝命名为"蓬莱乡"。民国38年(1949)7月,始设滃洲县(从定海县分析),为岱山置县之始。1950年5月18日解放,废滃洲县,并入定海县。1953年4月,撤原定海县,以岱山、衢山两区置岱山县,隶属舟山专区。1958年10月,撤岱山县,并入舟山县。1962年4月,恢复岱山县,并以原衢山区和嵊泗县洋山、滩浒等地建大衢县,均属舟山专区。1964年6月,大衢县并入岱山县。

岱山县人文、自然资源优越,是重要的风景旅游区。著名景点有:慈云古庵、金维映故居、东岳宫、徐福公祠、刑马石览、大舜庙后墩遗址、蓬山书院、弥陀寺、百年古镇东沙镇、东海工委旧址、羊府宫、汤浚古居、赵公去思碑、圣路石、厉家古宅、倭井潭、传灯庵、娘基宫、宋朝古宫、孙家山遗址、基督教福音堂、洪福寺、天顶宝塔、法华庵等。新建成景点有磨心山玉佛宝塔、台风博物馆、海盐博物馆和灯塔博物馆等。

岱山海洋资源蕴藏丰富,渔业资源十分丰富,域内仅鱼类就有300余种,是著名的"岱衢族"大黄鱼的故乡。县内制盐历史源远流长,自宋朝起就以色白、粒细、味鲜而被列为"贡盐"。其他特产还有岱山长涂倭井潭硬糕、司基白鹅、岱南片瓜果、刘家香桂花、蓬莱仙芝、岱衢族大黄鱼、银杏茶、金头蜈蚣、梭子蟹蟹糊等。

【行政区划】　全县辖6镇1乡,分别为高亭镇、衢山镇、东沙镇、岱东镇、岱西镇、长涂镇、秀山乡。

【经济建设】　2007年全县实现地区生产总值65.67亿元,增长17.1%;人均生产总值34036元,增长17.9%;海洋经济增加值34.7亿元,增长19.0%;县级地方财政收入首次突破3亿元,达到3.1亿元,增长42.8%;全社会固定资产投资34.8亿元,增长38.6%。三次产业比例从22.4∶37.1∶40.5调整为19.8∶40.4∶39.8,首次形成"二三一"结构。

工业总产值首次突破百亿大关。总产值达到102.5亿元,增长30.9%;新增上亿企业7家,工业综合指标考核名列全市第一;实现地方税收6321万元,增长55.9%,工业经济对地方财政的贡献率达23.0%。全年共完成工业性投入25.3亿元,增长77.7%。2007年共接待游客111.3万人次,实现旅游收入6.86亿元,分别增长17.9%和20.8%。扶持发展6个渔农家乐项目,秀山岛顺利通过国家3A级旅游景区创建评审;第三届中国海洋文化节成功举办,被评为"2007年中国节庆产业十大自然生态类节庆"。2007年航运总运力达到40.5万吨,净增2.1万吨;单船平均吨位达到1346吨;实现税收收入3197万元,增长26.3%。全年实现港口货物吞吐量487万吨,增长29.9%。2007年全县建筑业实现产值5.04亿元,增长6.8%;新增房地产开发面积16.47万平方米,增长185.4%;商品房销售额7.96亿元,增长68.7%。商贸、保险、通信、住宿、中介等服务业进一步发展。2007年,全县实现渔农业总产值31.8亿元,增长7.5%。全面建成高亭中心渔港。依托科技进步,大力实施节水型生态农业,基地建设扎实推进。盐业经济平稳发展。

人民生活进一步改善。2007年,全县城镇居民人均可支配收入18002元,渔农村居民人均纯收入9844元,分别增长11.5%和16.7%,城乡居民收入差距由去年的1.92∶1缩小到1.83∶1。实现社会消费品零售总额20.5亿元,增长16.0%。全年县财政支出3.15亿元用于改善民生,占地方财政一般预算支出的65.5%。

发展环境进一步优化。"仙洲7"高速豪华快艇、"岱山8"客滚船投入运营,衢山—大洋山—小洋山客运航线和长涂—三江客滚航线相继开通投运,岛际交通航线进一步加密;本岛环北线二期、板黄线二期等公路建成通车。大陆引水应急工程舟山至本岛和本岛至长涂段均已完成海底管道铺设,本岛日产3000吨和长涂岛日产5000吨的海水淡化厂建成投运;完成35千伏衢山、长涂金海湾2座输变电工程和110千伏岱山变电所主变、35千伏竹屿变电所二期增容,铺设10千伏岱西双回路线路,启动岱山与舟山本岛220千伏和宫门、衢山110千伏输变电工程前期工作。高亭港区五虎礁联检锚地和大鱼山西南引航锚地正式启用,舟山海关驻岱监管站正式对外运作。

人居环境进一步改观。新区开发全面铺开,道路骨架业已形成,行政中心进展顺利。旧城改造步伐加快,对港山、高亭个私工业小区搬迁启动实施,人民路、人民支路改造工程如期完工。城市管理进一步加强,市容市貌明显改善,新增城市绿化面积9万平方米。扎实推进"千村示范、万村整治"、"千万农民饮用水"等工程,全面实施城乡环卫一体化管理,全县7个乡镇均设立了环卫所,完成7个省、市级全面小康示范村和14个环境整治村创建工作,解决了1.9万名渔农民饮用水安全问题。渔农村水利、道路、环卫、电网等各类基础设施日趋完善,生产生活环境明显改善。大力实施绿色生态岱山建设,完成绿化面积9500亩;完成本岛粪便无害化处理场、高亭城区污水处理、本岛生活垃圾卫生填埋场一期等一批生态重点工程,顺利通过了国家级生态示范区省级预验收。

【社会事业】 组织实施各级各类科技项目74项,其中省级以上14项,"舟山近海高值野生活鱼市场化开发技术研究与应用"列入国家星火计划项目。进一步完善义务教育经费保障机制,积极推进教育均衡发展,创办岱山职业技校常石分校,职成教育服务经济的能力明显增强。城乡社区卫生服务站建成率达到100%,基本形成公共卫生服务和医疗服务体系;县第一人民医院新住院大楼和公共卫生大楼动工兴建。群众性文体活动广泛开展,"祭海"、"徐福东渡传说"被列入省级非物质文化遗产保护名录。全面落实优抚安置政策,获省民政工作先进县。大力开展城乡劳动力职业技能培训,共培训各类人员2645人,3237名城镇失业人员和渔农村富余劳动力实现了就业再就业,城镇登记失业率为3.71%。全年共发放渔农村新型合作医疗补助金666.4万元,参保率达到85.84%。加大社保扩面力度,新增基本养老保险参保3871人、基本医疗保险参保5627人、失业保险参保840人、工伤保险参保7453人、生育保险参保9697人;参加被征地农民养老保障7796名,4276人领取了养老保障金和生活补助费,覆盖城乡的社会保障体系逐步完善。成立乡镇慈善分会,完成143户危房改造,设立30个避灾中心,农村"五保"和城镇"三无"人员集中供养率分别达到99.3%和100%,1468户2442人纳入低保对象。

经济社会发展主要指标

项　　目	2007年	比2006年增或减(%)
国内生产总值(亿元)	65.67	17.1
第一产业增加值(亿元)	12.99	2.3
第二产业增加值(亿元)	26.53	28.2
其中工业增加值(亿元)	19.52	24.5
第三产业增加值(亿元)	26.15	15.2
人均国内生产总值(元)	34036	17.9
粮食总产量(万吨)	0.96	-6.1
棉花总产量(吨)		
油料总产量(万吨)		
全社会固定资产投资总额(亿元)	34.84	38.6
外贸自营出口(亿美元)	4.2	25.2
实际利用外资(万美元)	2050	-25.9
社会消费品零售总额(亿元)	20.51	16.0
零售物价总指数(%)		
地方财政收入(亿元)	3.1	42.8
地方财政支出(亿元)	8.18	29.2
职工年平均工资(元)		
农民年纯收入(元)	9844	16.7
邮电业务总量(亿元)		
电话普及率(部/百人)		
年末存款余额(亿元)		
年末贷款(亿元)		
大学(所)		
中小学(所)		
下岗人数(人)		
企业兼并、破产数(个)		

(岱山县)

嵊　泗　县

【概况】 嵊泗县位于杭州湾以东、长江口东南,地理坐标东经121°30′~123°25′,北纬30°24′~31°04′,在舟山群岛的北部。全县海域面积8738平方公里,陆域面积86平方公里,堪称"一分岛礁九十九分海"。包括大洋山、小洋山、泗礁山、嵊山等404个大小岛屿,其中18个大岛有人居住,泗礁本岛最大,是县治所在地。2007年末户籍总人口8.0万人。

嵊泗县,唐宋时称为北界。清同治九年(1870年),英国人在花鸟岛上建造灯塔。因岛上两峰对峙形似马鞍,故称崇明县外海诸岛为马鞍群岛(包括嵊山、泗礁、小洋,及其附近的岛屿)。上述北界和马鞍群岛,为旧时对今嵊泗列岛的称呼。民国21年(1932年)的《新崇报》刊登"开发泗礁、嵊山之商榷"一文,文中首先使用了"嵊泗"这一地名。嗣后,嵊泗遂为江苏省崇明县之第五区,这是"嵊泗"这一地名见诸于官方记载的最早记录。嵊泗之"嵊"和"泗",取自嵊山和泗礁。原均无偏旁,为"乘"和"四"。"乘四"——嵊泗者,一乘四马,为岛屿围拱之意。嵊泗列岛,意即岛屿众多的列岛。后置县时,命名为嵊泗,乃取列岛之名。

1934年,崇明县于嵊泗设第五区,1946年改为江苏省直属区,1948年10月设嵊泗县。1950年7月嵊泗解放后,设军事管制委员会,1951年3月复置县,隶属苏南行署松江专区。1953年3月划为浙江省舟山专区。1961年1月至1962年4月归属上海市。1962年4月,恢复县建制,嵊泗县仍归浙江省舟山专区。1970年4月,改舟山专区为舟山地区,嵊泗县属舟山地区。1987年3月,改舟山地区为舟山市,嵊泗县属舟山市。

嵊泗列岛历史悠久,唐朝鉴真和尚六渡扶桑;明朝郑和七下西洋;明末郑成功征发台湾岛等都途经嵊泗。素有"海上仙山"之称的嵊泗列岛,是我国唯一一处国家级列岛风景名胜区。县内花鸟灯塔建于1870年,是远东第一大灯塔。泗礁、黄龙、枸杞、嵊山等岛景观集中。基湖海滨浴场则有"南方北戴河"之美称,枸杞山有"海若波恬"、"瀚海风清"、"山海奇观"等摩崖石刻,系文物保护单位。

嵊泗盛产小黄鱼、墨鱼、带鱼、鳗鱼和鲳鱼。县内港口资源优越,绿华港是我国少有的深水良港,水深20米左右,素有"国际锚地"之誉。境内大洋山和小洋山为上海国际深水港的港址。

【行政区划】 辖菜园、嵊山、洋山3镇,五龙、黄龙、枸杞、花鸟4乡。

经济社会发展主要指标

项　　目	2007年	比2006年增或减(%)
国内生产总值(亿元)	47.32	14.5
第一产业增加值(亿元)	7.5	4.1
第二产业增加值(亿元)	23.85	21.1
其中工业增加值(亿元)	7.79	0.3
第三产业增加值(亿元)	15.97	10.6
人均国内生产总值(元)	59011	15.3
粮食总产量(万吨)		
棉花总产量(吨)		
油料总产量(万吨)		
全社会固定资产投资总额(亿元)	70.53	17.3
外贸自营出口(亿美元)	0.1	12.2
实际利用外资(万美元)	831	
社会消费品零售总额(亿元)	10.2	13.3
零售物价总指数(%)		
地方财政收入(亿元)	2.98	20.8
地方财政支出(亿元)	6.31	32.7
职工年平均工资(元)		
农民年纯收入(元)	9505	16.6
邮电业务总量(亿元)		
电话普及率(部/百人)		
年末存款余额(亿元)		
年末贷款(亿元)		
大学(所)		
中小学(所)		
下岗人数(人)		
企业兼并、破产数(个)		

【经济建设】 2007年,全县实现地区生产总值47.32亿元,比上年增长14.5%;实现财政总收入3.65亿元,增长20.7%,其中地方财政收入2.98亿元,增长20.8%;全社会固定资产投资70.53亿元,增长17.3%;社会消费品零售总额10.2亿元,增长13.3%;县城居民人均可支配收入18428元,增长12.1%;渔农村居民人均纯收入9505元,增长16.6%。

依托洋山深水港,积极参与宁波——舟山港一体化进程。进一步加大了对上海国际航运中心洋山深水港、上海液化天然气(LNG)接收站、洋山申港国际储运库项目、宝钢马迹山矿砂中转码头和绿华海上散货减载平台等五大港口项目的支持和服务力度,以提升嵊泗港口的知名度。2007年全县港口货物吞吐量4942万吨,比上年增长17.3%。

加快推进徐公岛、基湖、南长涂三大旅游项目建设进程。以整体提升嵊泗的旅游档次,积极创建省"旅游强县",打造全国闻名的海洋休闲度假旅游基地。嵊泗列岛2007年被评为浙江省最值得去的50个景区之一。2007年全县共接待游客120.6万人次,实现旅游收入7.06亿元,比上年增长14.0%。

在保持和巩固一支装备精良、技术过硬的骨干捕捞队伍的基础上,大力发展海水养殖业,突出抓好贻贝、海参两个特色产品,2007年养殖面积突破2.4万亩,产量达到6.1万吨,产值1.18亿元。"嵊泗贻贝"商标已经在国家商标局注册成功,成为我国海洋产品类首个贴上"中国地理标志"集体商标的产品,市场开发潜力很大。以嵊山水产品市场为建成运营基础,推进东部渔港经济区建设。2007年全县水产品总产量达到26.6万吨,比上年增长2.7%;实现海洋渔业总产值14.23亿元,比上年增长7.1%。

【社会事业】 科技创新能力不断增强,全年实施各级各类科技项目46项,其中被列入省级以上各类科技项目16项,市级10项。被列入省级高新技术企业2家,省级中小型科技企业2家,省级农业科技型企业2家。全年专利申请量32件,授权专利16件。积极实施《嵊泗县标准化学校建设工程规划》,稳步推进"标准化学校"建设,教学质量不断提升。马关小学、洋山学校、黄龙小学被评为省Ⅲ类标准化学校,目前全县标准化学校数达8所,占全县义务教育阶段学校总数的61.5%。2007年末全县拥有普通中学3所,在校学生3422人,普通小学11所,在校学生3779人,幼儿园11所,在园幼儿1598人。加快实施海洋文化中心工程建设,广泛开展各类群众文化活动,成功举办了第四届中国·嵊泗贻贝文化节,进一步提高了嵊泗的知名度和美誉度。各乡镇广泛开展了具有浓郁海岛特色的"一乡一品"文化系列活动,活跃和丰富了群众的精神文化生活。全年举办各类文艺活动58次,举办文艺培训班20次,各类展览26个。广播电视节目丰富多彩,综合覆盖率达到98%。群众体育蓬勃开展,体育事业取得新进展。全年开展全民健身运动48次,参加人数3.1万人次。卫生事业不断提高,年末全县共有乡级以上医疗卫生机构12个,其中医院、卫生院9个。医疗床位326张,卫生事业从业人员533人,卫生技术人员421人,其中执业医师182人,注册护士147人。5所学校配备了卫生室,渔农村卫生室18个,村卫生室从业人员24人。社会保障水平不断提高。覆盖城乡、不同层次、不同水平的社会保障体系进一步建立健全。2007年末全县基本养老保险参保人数14316人,其中参保职工11642人。基本医疗保险参保人数14592人,工伤保险参保职工8008人,生育保险参保职工4467人,失业保险参保人数9114人。进一步健全最低生活保障制度,年末全县共有低保户648户,低保对象1251人,其中城镇低保对象109户,194人,渔农村低保对象539户,1057人,基本做到应保尽保。结对帮扶贫困户518户,改造渔农村危房53户。积极开展对困难群体医疗救助和入学救助,全年共资助贫困学生2992人次。年末全县共有敬老院3所,社会福利院1所,共有床位167张,收养98人。年末,农村"五保"和城镇"三无"对象集中供养率分别达到93%和100%。2007年全县享受伤残抚恤金28人,享受定期怃恤金6人,享受定期补助32人,优待优抚对象97户,优待总金额40.6万元,比上年增长2.0%。

(嵊泗县)

台州市辖县(市)

临 海 市

【概况】 临海市位于浙江省沿海中部,长三角经济圈南翼。公元前85年置回浦县,后改称章安县、临海县,1986年3月撤县建市。自唐武德四年(公元621年)置台州至1994年台州设市南迁,临海一直是台州郡、路、府治所和行署所在地。全市三面环山,一面靠海,具有"七山一水二分田"特征,属亚热带季风气候,现辖14个镇、5个街道,995个行政村,陆域总面积2203平方公里,其中建成区面积32.1平方公里,海域总面积1819平方公里,总人口113.82万人。

【经济建设】 2007年,全市实现地区生产总值226.77亿元,增长14.6%。完成财政总收入26.61亿元,增长25.1%,其中地方财政收入13.62亿元,增长27.7%。城镇居民人均可支配收入18643元,农村居民人均纯收入7816元,分别增长11.2%和16.6%。在全国中小城市综合实力百强县和全国县域经济基本竞争百强县中的排名,分别跃升到第76位和第58位。三次产业结构比调整为8.5∶53.7∶37.8。农林牧渔业总产值33.48亿元,增长11.7%,粮食生产总产量18.25万吨;新发展柑橘、杨梅、名优茶等基地2.3万亩,新增农业龙头企业13家、农民专业合作社91家。工业经济快速稳健运行,实现工业总产值601.1亿元,增长18.7%;550家规模以上工业企业实现总产值408.5亿元,增长31.4%。完成工业性投资60.9亿元,增长37.0%。外贸自营进出口总额11.22亿美元,增长29.7%,实到市外内资16.7亿元、外资6599万美元。第三产业快速发展。实现社会消费品零售总额68.23亿元,增长16.9%。实现旅游收入31亿元,增长15%。

【城乡建设】 完成了市域总体规划、滨海新城规划及一批专项规划的编制。加快推进新城市中心区建设,有效实施历史文化名城保护,全面启动江南新区建设。完成东大河、洋头河整治,基本实现市区整体亮化,新增城市绿化面积15万平方米。灵湖开湖,临海大桥、35省道改建临海段通车,体育馆、为民水厂、东部园区污水处理厂、110kV川南变投入使用;台金高速东延线、104国道临海西过境段、北洋涂和南洋涂围垦、红脚岩渔港、江南城防、方溪水厂等开工建设;甬台温铁路、35省道东延线、台州市危险固废处置中心、沿海供水工程、500kV回浦变、110kV浦山变等加快建设;头门港、83省道改建和方溪水库项目前期工作进展顺利。新农村建设扎实推进,新增整治合格村79个、台州市级以上全面小康建设示范村10个。疏浚河道48.3公里;完成了牛头山等6座水库的除险加固,改善了农村2.51万人的饮水条件。城市管理不断加强,组建了城市管理行政执法局,创建国家卫生城市取得突破性进展;辖区内所有镇(街道)都建了垃圾中转站,712个行政村建有清扫保洁队伍;完善了420公里乡村康庄工程安保设施,加快了城乡客运一体化进程。

【社会事业】 通过了省教育强市复查,组建了学科带头人队伍,设立了名师工作室,建成了市第二职教中心。荣获全国科技进步先进县市、全国科普示范县市称号,被列为省新农村建设科技示范市。成功举办了江南长城节和首届农民文化节,建成村级文化活动中心250家,尤溪镇、汇溪镇被评为"浙江东海文化明珠"镇。建成了中国藤球协会藤球训练基地,涌泉镇成为省体育强镇。完成农民体验19.3万人,市第三人民医院和市卫生疾控中心开工建设;人口计生综治执法成效明显,荣获台州市人口和计划生育工作创新奖。社会保持稳定祥和。"平安临海"建设扎实推进,全市刑事案件立案率下降3.83%,破案率上升6.83%。"一对一"帮调信访积案活动取得实效,安全生产推进年活动深入开展,食品药品监管工作得到加强。民生保障全面加强,新增就业岗位7652个,再就业2127人,城镇登记失业率为3.6%,城镇零就业家庭全部实现就业。新增企业职工基本养老、基本医疗、工伤保险参保人数10.8万人;农医保参保80万人,参保率达81.4%,建成了农医保信息化平台,实现了参保群众就医即时结报。扩大了城乡居民最低生活保障覆盖面,新增3932人,增长41%,农村五保和城镇"三无"人员集中供养率达90.9%。修订了农民住宅用地管理办法,安排农民建房3225户,完成政策性农村住房保险26.5万户,完成农村困难家庭危旧房改造105户;新增廉租住房保障对象210户,新增职工住房公积金保障2412户。

【产业优势】 工业方面,基本形成了五大主导行业,汽车及机械行业、休闲用品礼品行业、建材行业、医药化工行业、船舶制造行业。眼镜、彩灯、钮扣等块状经济已成规模,享誉国内外。农业方面,柑橘、茶叶、蔬菜、杨梅、草莓等已成为临海效益农业的支柱,临海蜜桔荣获中国名牌产品称号,实现农业类中国名牌产品零的突破,羊岩勾青获中国绿茶博览会金奖,临海杨梅获第二届"省十大精品杨梅"称号;被命名为省农业特色优势产业强县。旅游业方面,临海古城历史悠久,名胜古迹众多,自然山水风光旖旎,物产丰富誉响四方,是中国优秀旅游城市,已形成以江南长城为旅游主打品牌,以桃渚、括苍、牛头山等省级旅游度假区及众多生态休闲旅游为重点景区,以中国江南长城节为传统节庆活动的旅游格局。文化产业方面,临海拥有台州府城墙和桃渚城2处全国重点文物保护单位,以及晋代延恩古寺、唐代古刹龙兴寺、宋朝皇家园林东湖公园、明清古街紫阳故里、浙江单体面积最大的孔庙、全国特色文化广场崇和门广场。文人豪士、诗家墨客遍布乡里,是道教南宗创始人紫阳真人的故里,也是台州文明教化的策源地和示范区。民间文艺历史悠久、形式多样,近百种民间艺术得到整体挖掘和保护,其中黄沙狮子、临海词调分别被命名为国家级、省级首批非物质文化遗产代表作名录。

临海市经济社会发展主要指标

项　　目	2007年	比2006年增或减(%)
国内生产总值(亿元)	226.77	14.6
第一产业增加值(亿元)	19.29	3.2
第二产业增加值(亿元)	121.80	15.6
其中工业增加值(亿元)	109.24	17.0
第三产业增加值(亿元)	85.68	15.8
人均国内生产总值(元)	20008	13.6
粮食总产量(万吨)	18.25	-7.0
棉花总产量(吨)	70	7.7
油料总产量(万吨)	0.04	2.8
全社会固定资产投资总额(亿元)	96.95	25.6
外贸自营出口(亿美元)	10.41	31.7
实际利用外资(万美元)	6595	7.6
社会消费品零售总额(亿元)	68.23	16.9
零售物价总指数(%)	104.2	4.2
地方财政收入(亿元)	13.62	27.7
地方财政支出(亿元)	16.85	26.8
职工年平均工资(元)	31276	7.3
农村年纯收入(元)	78.6	16.6
邮电业务总量(亿元)	17.67	17.9
电话普及率(部/百人)	90.5	10.2
年末存款余额(亿元)	198.81	13.2
年末货款(亿元)	139.48	19.3
大学(所)	2	100.0
中小学(所)	218	-4.0
下岗人数(人)	20000	10.0
企业兼并、破产数(个)	—	—

温　岭　市

【概况】 温岭地处浙江东南沿海,长三角地区的南翼,三面濒海,陆域面积926平方公里,海岸线长317公里,辖11个镇5个街道,834个村93个居,人口116万,外来人口50多万,是全国人口密度最高的县市之一。明成化五年(1469年)置县。1994年,经国务院批准撤县设市。

温岭历史悠久,名人辈出,人称“豪情同比、直逼苏轼”的宋代江湖派诗人戴复古,著有中国第一部植物学辞典《全芳备祖》的宋代植物学家陈泳,被誉为“博远古雅,当代宏秀之宗”的明代儒学家宋濂,明代祭酒谢铎,中国科学院院士柯召、闻邦椿、李邦河,中国工程院院士蔡道基等名人均诞生于此。温岭是中国优秀旅游城市,位居全国县级城市旅游竞争力20强,方山—长屿硐天景区荣获世界地质公园和最具特色的中国十大风景名胜区等称号,其中长屿硐天为国家4A级旅游区。风景如画的石塘渔村,称为“东方的巴黎圣母院”和“东海好望角”,因新千年、新世纪中国大陆第一缕曙光首照地而闻名遐迩。

【经济建设】 近年来,温岭经济社会持续、快速、健康发展,形成了机制灵活、市场活跃、民资丰厚等鲜明的区域经济发展特色,是浙江省优先培育的中等城市,省首批17个扩权县(市)之一,先后获得“全国农村综合实力百强县(市)”、“中国明星县(市)”、“全国农民收入先进县市”、“国家级可持续发展实验区”和“国家级生态示范区”等称号。

2007年,全年实现地区生产总值411.94亿元,比上年增长14.0%;财政总收入41.9亿元,增长25.5%,其中地方财政收入20.4亿元,增长29.1%;全社会固定资产投资153.1亿元,增长25.3%;城镇居民人均可支配收入22326元,增长9.2%;农民人均纯收入9367元,增长14.7%。

温岭是全国第一家股份合作制企业的诞生地。全市共有2.2万多家企业,其中规模上工业企业1575家,年产值超亿元企业103家。2007年,全市实现工业总产值1200.4亿元,其中规模上工业产值610.6亿元,增长26.4%。开放型经济稳步发展,协议利用外资1.5亿美元,实际利用外资4106万美元。实现进出口总额18.7亿美元,其中自营出口18.2亿美元,增长34.8%。技术创新步伐加快,高新技术产业增加值占工业增加值比重达21.9%,国家级高新技术企业从4家增至7家,钱江摩托技术中心成为国家级技术中心,中国皮革和制鞋工业研究院温岭研究所成功设立。品牌战略深入实施,目前,共有中国名牌产品3个(2007年新增1个)、中国驰名商标11件(2007年新增6件)、国家免检产品20个(2007年新增4个)。该市已拥有钱江摩托和利欧股份两家上市公司。

当前,主要产业集群有:(1)摩托车及汽摩配件行业。年产值233.7亿元,占工业总产值的20%。摩托车在全国市场占有率为8%,汽车雨刮器为30%,农用车齿轮占35%。我市的钱江摩托集团具有年产100万辆摩托车的生产能力,位列“2007年浙江省百强企业”第29位,被列为国家520家重点企业之一,钱江牌被认定为中国驰名商标。(2)水泵及电机行业。产值近259.9亿元,占工业总产值的21%。微型水泵在全国的市场占有率为60%,空压机占62%,被授予“中国泵业名城”和“小型空压机之都”称号,是“中国水泵出口基地”、“中国空压机出口基地”、“中国小型电机出口基地”和国家出口电机的质量检测基地。(3)鞋帽皮塑行业。产值331.3亿元,占工业总产值的28%,被授予“中国帽业名城”称号,是“中国鞋类出口基地”,注塑鞋在全国的市场占有率占80%,鞋业产量达7亿双。(4)家用炊具及金属制品行业。产值92亿元,占工业总产值的8%。不粘锅在全国的市场占有率为55%,压力锅占25%。爱仕达电器有限公司是中国不粘制品的研发中心和国内最大的炊具制造企业之一。爱仕达电器压力锅和不粘锅被认定为中国驰名商标。(5)中小船舶修造行业。产值42.5亿元,造船产量40万载重吨,最大造船吨位达5.5万吨,在建造数量、建造吨位、建造能力、建造船舶种类方面均走在全省前列。(6)建筑建材行业。建筑队伍遍布全国各地,全市拥有各类资质等级的施工企业78家,建筑业年产值达216亿,被浙江省政府命名为"建筑之乡"。

温岭是工业大市同时也是农业大市。荣获了"中国果蔗之乡"、"中国大棚西瓜之乡"、"中国大棚葡萄"之乡等称号,全市形成了西瓜、果蔗、草鸡、大棚葡萄、温岭高橙、现代渔业六大优势农业产业带。"玉麟"牌西瓜、"明圣"牌温岭高橙和"温联"牌果蔗、"花坞"牌、"绿牧"牌温岭草鸡分别获中国国际农业博览名牌产品和浙江农业博览会金奖。在全国16只中华名果中,"明圣"高橙、"宫川"蜜橘榜上有名,"玉麟"牌西瓜还荣获中国名牌农产品称号。全市已形成西瓜、果蔗、温岭草鸡、温岭高橙等10个较大规模的特色农产品生产基地。农业龙头企业健康发展,农民专业合作社不断壮大,2家合作社年销售额超亿元,共拥有国家级无公害农产品65个(2007年新增9个)和有机、绿色食品67个(2007年新增15个),省级名牌农产品2个,获省农博会金奖14个。规模和品牌农业发展被列为全省农业三大亮点之一,被列为全省首批绿色生态示范县(市)。水产品总量多年位居全国前茅,被誉为"虾仁王国",荣获"全国渔业生产先进县"称号。绿化造林任务超额完成,被评为省首批绿化模范城市。全市标准渔港建设规划编制完成,中心渔港一期工程开工建设。省政策性农业、农村住房保险试点工作顺利推进。

第三产业发展迅速,实现三产增加值159.59亿元,比上年增长15.3%。全社会消费品零售总额143.5亿元,增长16.1%。全年接待国内外游客441万人次,实现旅游总收入35.3亿元,增长16.2%。年末金融机构存款余额401.4亿元,贷款余额290.7亿元,分别比上年同期增长19.2%和22.9%。城乡商贸服务业繁荣,建有水产、鞋革、电器、钢铁等十大具有地方特色的骨干专业市场120多个,年成交额超亿元的专业市场26个,市场总数和超亿元市场数均居全省前列,其中松门水产品批发市场为华东地区同类市场之最,跨入全国百强集贸市场行列,温岭珍珠首饰批发市场为全国三大珍珠批发市场之一。商贸流通业态日益完善,大型超市、连锁经营和便利店日益发展。农村放心店建设进程较快,覆盖率达78%以上。

温岭是未来的温台产业带次中心城市,是全国首批批准实施县市域总体规划的城市之一。中等城市已成规模,市区由太平、城东、城西、城北、横峰5个街道组成,目前,建成区面积和人口规模为30平方公里、30万人口,城市化水平达55%,初步形成了太平、泽国、大溪"金三角"组合协调、城乡一体布局的城市化格局,同时以泽太公路为连接泽国至太平的纵轴,以大松公路为连接大溪到新河的横轴,城市空间逐步由"金三角"向"金十字"形态发展。城镇化建设进一步推进,泽国镇被《浙江省城镇体系规划》确定为未来的小城市,大溪镇被列为"联合国开发计划署可持续发展中国小城镇试点单位"。新农村建设进一步加快,全面实施以"生产方式新、生活方式新、村容村貌新、管理方式新"为主要内容的"村村新"工程,建成达标村89个、示范村61个,其中省级示范村15个。荣获省"千村示范、百村整治"先进县市称号。城乡基础设施建设不断完善,实现村村通公路、村村通电话、村村通有线电视,通过国家"电气化市"验收。

【社会事业】 社会事业快速推进。教育事业基础扎实,率先通过省"两基"验收,成为全省"两基"工作先进县市。高考万人比连续多年居台州首位名列全省前茅。全市共有省级重点中学12所,其中温岭中学、新河中学、市第二中学是省一级重点中学。2007年,新农村教育课题获国家级立项,"阳光招生"工作经验在全省推广。职业教育券制度顺利实施。全市现有省教育强镇13个,被评为省教育强市。文化事业发展迅速。文艺创作硕果累累。"大奏鼓"被列入国家级非物质文化遗产,荣获省文化先进县市称号。全市现有14个省级东海明珠乡镇,3个省级历史文化保护区,被国家文化部命名为"万里边疆文化长廊"建设成绩显著地区。新闻事业健康发展,数字电视试点工作顺利启动。卫生事业发展较快,温岭市第一人民医院是台州各县市中唯一的三级乙类医院。新型农村合作医疗实现跨区域联网即时报销,获省新型农村合作医疗工作先进市称号。人口和计生工作成绩突出,荣获全国计划生育优质服务先进县市称号。竞技体育在田径、游泳、拳击、排球、象棋等方面优势明显,并输送了奥运冠军吕林、排球国手王贺兵、篮球国手王福英等体育名将,拥有7个省体育先进镇,被命名为全国体育先进县市,荣获全国全民健身与奥运同行活动先进单位称号。

社会保障不断加强。社会保险体系逐步健全,"五险合一"工作扎实推进,净增参保人员20万人。最低生活保障标准进一步提高。行业工资集体协商工作成效显著,得到温家宝总理的重要批示和高度肯定。社会医疗救助工作平稳推进,应急救助体系不断健全。敬老院管理逐步规范,五保集中供养标准大幅提高。优抚安置工作得到加强,被评为全省退伍安置先进单位。残疾人、慈善事业快速发展。殡葬管理集中整治工作取得成效。

社会形势保持稳定。全面建设"平安温岭",严打整治深入开展,社会治安持续稳定。城区"天网工程"和农村家庭联防报警系统试点工作顺利推进。成立市流动人口服务管理局,新温岭人的维权和管理工作得到加强。信访工作机制逐步健全,基层基础不断夯实。监督管理不断强化,安全生产总体形势保持平稳。产品质量、食品药品安全和各类市场监管工作不断加强,经济秩序稳定有序。强化应急预案编制和实战演练,突发公共事件处置能力进一步增强。

今后一段时期,是温岭发展的关键时期。温岭将坚持以科学发展观统领经济社会发展全局,以构建和谐社会、实现又好又快发展为主线,紧紧围绕"东西并进、整体跃升"战略,以西部的城市化带动工业化,东部的工业化支撑城市化,全力推进经济建设、中等城市建设、新农村建设三大主体任务。到2011年,经济建设通过"内生温岭、海上温岭、市外温岭"的"三个温岭"建设,实现生产总值达700亿元,人均生产总值达7500美元,财政总收入达63亿元,地方财政收入达30亿元,综合实力位居全省前10强;中等城市建设目标是城市化水平达60%,建成区面积超40平方公里,人口超40万,成为综合实力强、功能内涵全、创新能力优、人居和商业环境佳的新型现代化中等城市;新农村建设目标是农村产业加快发展、农民生活更加富裕、乡风更加文明、村容更加整洁,成为全省新农村建设的示范区;率先完成全面建设小康社会和谐社会的各项指标,力争经济社会发展走在浙江省前列。

温岭市经济社会发展主要指标

项　目	2007年	比2006年增或减(%)
国内生产总值(亿元)	4.1194	14.0
第一产业增加值(亿元)	31.27	0.9
第二产业增加值(亿元)	221.08	15.2
其中工业增加值(亿元)	205.00	14.5
第三产业增加值(亿元)	159.59	15.3
人均国内生产总值(元)	35473	13.3
粮食总产量(万吨)	15.73	-8.3
棉花总产量(吨)	125.1	-3.5
油料总产量(万吨)	483.4	-3.2
全社会固定资产投资总额(亿元)	146.99	20.3
外贸自营出口(亿元)	18.15	34.8
实际利用外资(万美元)	4106	7.5
社会消费品零售总额(亿元)	143.54	16.1
零售物价总指数(%)	无	
地方财政收入(亿元)	20.4	29.1
地方财政支出(亿元)	21.93	28.0
职工年平均工资(元)	34139	6.3
农民年纯收入(元)	9367	14.7
邮电业务总量(亿元)	29.7	30.7
电话普及率(部/百人)	145	13.3
年末存款余额(亿元)	401.36	19.2
年末货款(亿元)	290.69	22.9
大学(所)	无	
中小学(所)	159	-19.7
下岗人数(人)	无	
企业兼并、破产数(个)	无	

玉环县

【概况】　玉环县地处浙江省东南沿海，隶属于台州市，由玉环本岛、楚门半岛和135个外围岛屿组成，县域总面积2300平方公里，其中陆域面积378平方公里。玉环历史比较悠久，据考古发现的三合潭遗址证实，早在新石器时代，人类就在此繁衍生息、创造文明。清雍正六年(1728年)置玉环厅(政务直隶省)，1912年改厅为县。全县下辖6个镇、3个乡，276个行政村、27个社区居委会，2007年末户籍人口40.66万，外来常住人口21.76万。

【经济建设】　经济概况：2007年，全县实现国内生产总值221.73亿元，同比增长20.4%，财政总收入30.83亿元，其中地方财政收入13.76亿元，分别增长28.6%和32.4%；全社会固定资产投资额106.5亿元，增长16.7%；社会消费品零售总额50.41亿元，增长16.8%；城镇居民人均可支配收入25753元，农村居民人均纯收入10252元，分别增长7.2%和10.7%。近年来，玉环八度跻身"中国综合实力百强县"行列，2007年在全国最具综合实力中小城市百强评选中名列第29位。先后被评为全国科技进步先进县、综合改革试点县、生态示范区建设试点县、体育先进县、村民自治模范县以及浙江省文明城市、首批"小康县"、经济强县、教育强县、文化先进县、体育强县等，被确定为浙江省扩权经济强县，列为浙江省首批基本实现现代化的县市区和规划发展的中等城市之一。

农业经济：截至2007年底，全县共有农业龙头企业50家，其中省级2家、市级21家；农民专业合作社54家，其中规范化农民专业合作社37家；省级无公害农产品基地27家，全国无公害农产品、绿色食品、有机食品达到46个；完成粮食播种面积7.29万亩，实现农业"走出去"产值4.6亿元。全县实现水产品总产量26.37万吨，总产值18.39亿元，渔民人均纯收入10211元，并获得了"浙江省农业特色水产养殖强县"的称号。"楚门文旦"、"定海针"牌冻虾仁、"龙生"牌冷冻鱼糜、"亚达"牌醉仙泥螺和"宏大"牌鲜卤黄花鱼等13个产品荣获省农博会金奖。开展村庄绿化试点工作，2个村被命名为省级绿化示范村。特色水果发展势头良好，全县水果总面积52479亩，总产量5.7761万吨，总产值22180万元。

工业经济：全县工业企业1万家左右，其中有限责任公司4518家，股份合作企业1265家，股份有限公司11家，上市企业2家，规模企业995家，超亿元企业87家。现有1200家企业通过ISO9000、ISO14000等各种质量体系认证，中国名牌产品3个、国家免检产品21个、浙江名牌产品24个、台州名牌产品55个，中国驰名商标7个，浙江省著名商标19个，台州市著名商标45个。2007年实现工业产值724.11亿元，同比增长26.66%，全县规模工业实现产值467.12亿元，同比增长33.14%。

第三产业：2007年，全县第三产业实现增加值61.27亿元，同比增长16%，增速居台州市第一。全年，确定重点服务业建设项目15个，总投资3.48亿元，截至12月底，累计完成投资1.27亿元，其中陆通物流中心项目、中捷环洲大麦屿物流中心码头建设项目、玉环好居家建材装饰市场建设项目被确定为台州市"项目推进年"新兴产业项目。服务行业中的商贸流通、旅游、金融三大行业运行良好，各项建设项目进展顺利。

【城乡建设】　城市建设力度进一步加大。县域总体规划进一步完善。新一轮土地利用总体规划大纲通过评审，龙溪、海山总体规划修编进展顺利，国家级坎门中心渔港控制性详规完成方案评审，县域给排水、燃气、环卫、城乡公交一体化规划、漩门二期中心区控规及城市设计方案完成编制。以三个百日攻坚为载体，城市建设不断推进，城市功能逐步完善，一批遗留问题妥善解决。一区三线一片建设在艰难中推进，年度任务基本完成。绕城公路、双港路延伸、鹰东环海公路等工程相继开工，天开河一期拓浚基本完工，国防大厦等一批高楼和高品位住宅小区相继建成。改革城市管理体制，成立县城市管理行政执法局。畅通工程继续推进,城区试行道路咪表泊车管理。强势推进非法围填海清理整顿,"双违"整治力度不减,长效机制不断完善。

新农村建设内涵进一步深化。"十百"工程深入实施,农村面貌持续改善,建成整治村36个、省市级示范村各5个。出台并实施系列扶持政策,全县城乡环卫一体化基本形成,村级集体资产股份合作改革、村庄绿化、农村生活污水处理等试点工作以及村级财务网络化建设全面完成。68个村成为首批新农村电气化村,干江镇成为全县首个新农村电气化镇。全县农村审批建房2000多户,新增硬化道路46公里、自来水受益人口3.6万人、绿化面积17.8万平方米、路灯920盏。完成河道整治26.5公里。完成农民培训8165人,转移农村劳动力2416人,农民致富能力持续提高。

【社会事业】 教育:系浙江省教育强县。2007年,玉环教育围绕"均衡、内涵发展"两大主题,进一步深化教育人事制度、高中招生制度改革,推动教育教学创新,强化学校、教师队伍管理,教育事业取得了新进展。全县共有公办、民办普通中小学72所,职业高中4所,幼儿园201所,镇乡成人文化技术学校11所,浙江电大玉环学院、县教师进修学校、浙江江南理工专修学院各1所。十五年基础教育高标准普及,高中职业教育、成人教育、民办教育和地方性高等教育发展态势良好,普职比连续12年保持1∀:1,高等教育毛入学率达42.62%。教育综合实力进一步提升,拥有省市级示范性中小学(幼儿园)16所,省一、二级重点普通高中各1所,国家级重点职技校1所,省级重点职技校2所,省级现代教育技术实验学校5所,省标准化学校17所,市基本现代化学校12所;全县"省教育强镇"比例达89%,"市教育明星乡镇"比例达100%。

科技:以提高自主创新能力为目标,大力实施科教兴县战略,先后被评为全国科技工作先进县、全国科技进步先进县、浙江省科技进步县、浙江省科技强县,被科技部等五部委列为全国科技兴海示范基地,被省科技厅列为省级海洋高科技园区、汽摩配产业省级高新技术特色产业基地。拥有民办科技机构40多家,省级高新技术企业研究开发中心14家、市级24家、县级30家。国家火炬计划重点高新技术企业7家,省级高新技术企业30家,国家重点新产品10个、省级高新技术产品79个。成功举办第二届科技活动周,科技创新能力进一步加强,先后与浙江大学、武汉理工大学等50多家院校、科研单位建立技术合作关系,企业与高校、院所共建创新载体30家,已经形成汽摩配、甲壳素等七大研发基地。2007年列入国家级科技计划项目6项,省级科技计划项目4项,专利授权量达到686件,其中发明专利授权23件,实用新型289件,外观设计374件,发明专利公告124件。

体育:是全国体育先进县、全国群众体育工作先进单位。2007年,被浙江省人民政府命名为省体育强县,同时,城关、坎门、陈屿、楚门、清港成功创建省体育强镇。竞技体育方面,一年来,玉环体育健儿在省青少年游泳锦标赛等五项省级比赛中,获15金11银8铜,县女篮取得了省乙组第二名、甲组第三名的好成绩。群众体育方面,成功举办县第十二届运动会和第十二个全民健身节。全年办赛90多场次,培训2000多人,县体育中心共接待12万余人次前来健身。实施健身路径送下乡工程,健身路径覆盖率达67%。截至2007年底,全县共有体育协会和分会26个、农村体育指导站199家、基层健身点350多个,体育人口占总人口数40%以上。

文化:玉环历史源远流长,海岛文化、渔民文化、移民文化相互碰撞,形成颇具玉环特色的文化底蕴。改革开放以来文化基础设施建设日臻完善,建有国家一级文化馆、二级图书馆各1个,投资1亿多的县科技文化艺术中心设施一流,颇具现代气息;县文化广场、博物馆已被列入筹建项目;群众性文化活动内容丰富,形式多样,曾举办了首届中国海岛文化节等多项有全国影响的大型文化活动。2007年,举办了以"廉政春潮"、"喜迎十七大,生态榴岛行"等为主题的群众文化活动200多场,同时,还积极送戏100场、电影2815场、图书10073册到偏远乡村。扎实推进基层文化俱乐部创建,新创建76家基层文化俱乐部,基层文化俱乐部已达281家,创建率达89.4%,珠港镇小普竹村被授予浙江省文化示范村,双峰社区被评为浙江省文化示范社区。在非物质文化遗产普查中,共整理出763项非物质文化遗产,其中渔民画、船模、门神画等被列入台州市非物质文化遗产名录。

卫生:拥有"二级甲等"和"二级乙等"综合医院、二级甲等中医院、卫生监督所、疾病预防控制中心、妇幼保健所、卫生进修学校等各类卫生医疗机构近300家。全县实际开放床位1069张,平均每千人拥有床位2.6张,每千人医生数为2.04。磁共振、全身螺旋CT、超声乳化仪、血液透析仪、全自动生化仪等高科技医疗设备齐全。农村卫生和公共卫生不断加强,卫生服务项目达标率达90%,农民健康档案建档率达92%,参保农民体检率达80.98%;启动乡镇卫生院标准化建设,推行村级医疗机构量化分级管理,初步建立了城乡社区卫生服务体系。农村改厕率先完成,后续管理逐步深化。

社保:健全就业服务体系,完成职业技能培训考核鉴定2.26万人,新增就业岗位5560个,实现消除"零就业家庭"目标。社保覆盖面继续扩大,新增各类参保10万人次;出台新型农村合作医疗保险和城镇居民、少年儿童医保优惠政策,实现城乡医疗保险全覆盖和管理工作一体化。完善新型救助体系,全面提高救助标准,在全省首创农村低保资格民主评议制度、城乡贫困居民医前和"零门槛"救助制度;开展减灾安居工程,免费提供低保、优抚对象住房商业性保险和全县农村住房政策性保险,完成低保户危房修缮改建258户。先后投用残疾人多功能综合服务中心、惠民医院。

【产业优势】 近年来,围绕打造先进特色制造业基地目标,大力拓展发展空间,破解要素瓶颈制约,形成了汽摩配、阀门水暖、金属制品、家具、眼镜配件、医药包装等六大特色产业集群,机械装备、海洋生化等新兴产业迅速发展,成为我省重要的制造业基地,并建有家具、阀门、汽摩配、眼镜配件、医药包装、机床等行业协会以及浙江省阀门水暖产品质量检验中心、台州市汽车配件质量监督检测中心和台州市家具质量监督检测中心(玉环)。2007年6月26日,浙江大学台州研究院汽摩配研究所在玉环正式成立。

汽车零部件产业:汽摩配是玉环工业的第一大产业,国内起步最早,产业分工细,产业集群大,注重品牌建设和科技投入,体现了极强的市场竞争力。2004年11月23日,被中国汽车工业协会命名为"中国汽车零部件产业基地";2007年12月被浙江省工商局命名为"浙江省汽摩配专业商标品牌基地"。

现有生产和加工企业2300多家,其中年产值5000万元以上企业50家,超亿元企业19家,拥有减震器类、齿轮、方向盘等37个系列6000多种产品。2007年,全县汽摩配行业实现产值223.84亿元,占全县工业总产值的30.91%,约占全国汽摩配行业总产值的12%;完成自营出口2.85亿美元。

水暖阀门产业:水暖阀门是玉环工业第二大产业,现有生产和加工企业1100多家,其中年产值5000万元以上企业92家,超亿元企业42家,拥有铜阀门及配件、水暖件、柱塞阀三大系列,水嘴、龙头、管件等100多个品种1000多种规格。2007年,全县阀门行业实现产值180.5亿元,占全县工业总产值的24.93%,均占全国阀门行业同类产品总产值、外贸出口值和市场份额的50%以上。被命名为"中国阀门之都"、"中国阀门出口生产基地"、"中国水暖、阀门精品生产(采购)基地"和"中国水龙头生产基地",是浙江省阀门专业商标品牌基地。

家具产业:家具是玉环工业的特色产业,起步于90年代初期,经过10多年的发展,已从手工制造迈入机械化生产。全县现有家具生产企业300家左右,其中年产值5000万元以上企业13家,从业人员3万多人,年生产能力40万套,产品远销美国、日本、澳大利亚、东南亚、中东等40多个国家和地区。现已举办五届玉环国际家具博览会,进一步打响了"玉环古典派"家具整体品牌,继2004年12月21日被命名为"中国新古典家具精品生产(采购)基地"后,2007年6月24日又被授予"中国欧式古典家具生产基地"称号。2007年1月被授予"浙江省家具专业商标品牌基地"。

眼镜零配件产业:眼镜零配件是玉环的特色工业产业。现有企业300多家,年产值5000万元以上企业2家。拥有产品2000多种,其中30多个产品已获国家专利。全县眼镜配件行业产值占全国眼镜配件总量的60%左右,已成为玉环县工业经济发展中一个新的增长点。2005年9月,"中国眼镜零配件生产基地"荣誉称号落户玉环。

机床产业:机床是玉环的新兴产业,从事机床设备及相关附件生产销售的企业和个体工商户近200家,其中直接从事整机和附件生产的企业60多家,年产值5000万元以上企业5家。据不完全统计,2007年全县机床行业实现产值约20亿元。简易仪表车床产量居全国首位,各类经济型数控机床及专用机床产量达1.8万台左右,占全国四分之一强。目前玉环机床行业积极加大产品的创新与研发力度,努力开发节能环保、高精高效的经济型数控机床,扩大产能,提升品质,打响区域品牌。

玉环县经济社会发展主要指标

项 目	2007年	比2006年增或减(%)
国内生产总值(亿元)	221.73	20.4
第一产业增加值(亿元)	14.04	0.4
第二产业增加值(亿元)	146.42	24.8
其中工业增加值(亿元)	135.28	26.3
第三产业增加值(亿元)	61.27	16
人均国内生产总值(元)	54824	22.2
粮食总产量(万吨)	2.8	-4.1
棉花总产量(吨)	128	412
油料总产量(万吨)	245吨	28.9
全社会固定资产投资总额(亿元)	106.5	16.7
外贸自营出口(亿元)	19.73	22.6
实际利用外资(万美元)	3832	-47.7
社会销费品零售总额(亿元)	50.4	16.8
零售物价总指数(%)	—	—
地方财政收入(亿元)	13.76	32.4
地方财政支出(亿元)	15.08	38.4
职工年平均工资(元)	—	—
农民年纯收入(元)	10252	10.7
邮电业务总量(亿元)	15.36	23.2
电话普及率(部/百人)	64	1.6
年末存款余额(亿元)	146.91	14.4
年末贷款(亿元)	141.13	29.6
大学(所)	—	—
中小学(所)	73	—
下岗人数(人)	—	—
企业兼并、破产数(个)	—	—

天台县

【概况】 天台县位于浙江省东中部,东连宁海县、三门县,西接磐安县,南邻仙居县、临海市,北界新昌县。因境内天台山得名,历史悠久,三国吴大帝黄武至黄龙三年(222~231年)间置县,名始平县,此为天台建县之始,五代吴越天宝元年(908年)改名天台,后改台兴,宋太祖建隆元年(960年)复名天台,沿用至今,现属浙江省台州市。县域总面积1426平方公里,辖3个街道、7个镇、5个乡、597个村委会,12个社区居委会。2007年年末全县总户数194093户,户籍总人口565029人,县城集聚人口13.5万人。

【经济建设】 2007年,全县实现生产总值85.3亿元,增长13.3%,其中第一、第二、第三产业增加值分别为7.53亿元、39.62亿元、38.17亿元,分别增长1.5%、14.1%、15.6%,三次产业结构比例为8.8:;46.5:44.7。人均国内生产总值为15133元,增长12.6%。财政总收入10.01亿元,增长14.4%,地方财政收入5.16亿元,增长21.3%。全社会固定资产投资31.6亿元。社会消费品零售总额33.1亿元,增长16.7%。城镇居民人均可支配收入16220元,增长11.7%;农民人均纯收入6053元,增长12.6%。

全县实现农林牧渔业总产值11.7亿元,增长1.3%。粮食播种面积41.1万亩,总产量12.3万吨,被评为省"粮食生产先进县"。"千吨万亩有机茶"工程顺利推进,新增茶叶种植面积1.02万亩,茶叶投产6.5万亩,实现产值1.2亿元,增长41.1%。中药材种植面积1.7万亩,产值1.2亿元,被省政府认定为"浙江省农业特色优势产业中药材强县"。新增市级农业龙头企业4家,总数达49家,新增市级规范化专业合作社15家,总数达36家。农产品品牌建设得到强化,天台山云雾茶获第二届省绿茶博览会金奖,11个农产品获省农业博览会金奖,"石梁"牌高山蔬菜中的茄子、黄瓜、甜椒获浙江省"名品正牌"称号。新建绿色无公害基地12万亩,完成标准农田建设2.8万亩。综合治理雷马溪、百丈溪、苍南溪等小流域,修建防洪堤26公里;完成里石门北干渠36号、龙山分干渠节水配套二期工程,整修病险山塘水库110座。完成造林1.1万亩。实施和谐生态村建设,完成100个行政村建设规划编制。推进"十村示范、百村整治"工程,5个村通过市级示范村验收,市级示范村总数达15个,42个村通过初级型和谐生态村验收。石梁、雷峰两乡被命名为国家级环境优美乡镇,街头、白鹤、三州、南屏、永溪、三合、洪畴、龙溪等乡镇被命名为省级生态乡镇。实施农民饮用水改造工程,受益人口8.8万人。开展农村环境卫生整治活动,完成清水河道建设35公里,水环境治理建设河道13公里。继续实施康庄工程,新建路基60.4公里,路面109.5公里,行政村公路通达率达到98.8%,硬化率96.1%。稳步推进高山移民,完成安置下山移民732户2465人。

全年实现工业总产值187.7亿元,增长23.5%。实施"工业平台建设年"活动,完成园区建设投入10.1亿元,其中基础设施建设投入9165万元,新建成厂房32.5万平方米。总占地10平方公里的西部产业基地启动建设,规划设计基本完成。支柱行业不断做强做大,六大支柱行业实现工业总产值155.5亿元,增长23.8%,占工业总产值的82.8%。深入实施"五十强"企业培育工程,新增亿元企业4家,总数达26家;新增规模上企业40家,总数达238家,规模以上企业实现总产值106.4亿元,同比增长26.0%。总投资15.5亿元的玉柴三立柴油发动机项目落户天台。完成工业性投入16.3亿元,其中技术改造投入12.6亿元;新增国家和省级高新技术企业各2家。龙头企业质量进一步提高,银轮公司顺利上市,"汽车散热总成"获中国名牌称号;石梁酒业和银象公司通过国家环境友好型企业验收。工业滤布、橡塑制品、汽车用品三大行业分别被评为"中国过滤布名城"、"中国(天台)胶带工业城"、"中国汽车用品生产基地"称号。

第三产业实现增加值38.17亿元,增长15.6%。全社会消费品零售总额33.07亿元,增长16.7%。成功举办了"2007年天台山云锦杜鹃节暨海峡两岸济公文化交流活动"、"读徐霞客游记、赏天台山美景"手机博客等活动。旅游基础设施建设投入6000万元,国清景区道路及周边环境改造工程全面完工,琼台仙谷黄帝祭坛基本建成,老天北线改造基本完工,赤城宾馆二期、桐柏宫修建、石梁游客服务中心等项目开工建设。全年共接待游客466万人次,增长27%;旅游门票收入3520万元,增长25%;实现旅游经济总收入12.5亿元,增长15%。商品房销售面积25.1万平方米,增长30.3%,销售额达9.8亿元,增长60%。金融业发展态势良好,全县金融机构人民币存款余额72.1亿元,增长8.1%,贷款余额63.8亿元,增长14.5%。

外向型经济快速发展,外贸出口保持快速增长。实现全社会出口交货值54.9亿元,增长28.3%,自营进出口3.4亿美元,增长35.1%,其中出口达3.3亿美元,同比增长38.5%。深入开展"回归工程"、"南北协作工程"和招商引资活动,全年累计吸引县外资金4.2亿元。

【城市建设】 城市化进程加快。始丰新城青少年宫、经济适用房一期工程等项目开工建设;西演茅、大户丁两村城中村改造和"溪林春天"、"中央花园"、"嘉亨湾"等一批高层商住楼建设进展顺利;法院、检察院、工商、烟草物流中心等公建项目基本完工;寒山路新城段建成通车。大力推进旧城改造,劳动路改造、瑞富大厦相继完工;金盘路(丰泽路—人民东路)基本贯通;南门大桥完成整修;始丰溪北岸景观改造工程开工建设。南区开发建设实质性启动。不断完善城市基础设施,完成城市供水管网拓展改造投资1000万元;天台污水处理厂建成并投入是使用;新建污水处理二、三级管网12.3千米;新增城市绿地18.9万平方米,人均公共绿地面积增至5.6平方米;60省道改建工程西演茅至寒山桥道路基本完成。黄龙水库工程通过蓄水验收,桐柏抽水蓄能电站四台机组全部并网发电,天台风电场开工建设。九龙抽水蓄能电站、天仙高速等重大项目前期工作有序推进。省级生态县建设顺利通过省政府验收,并在全市首个通过"811"环境污染整治验收。

【社会事业】 社会事业全面进步。教育事业取得新发展,浙江电大天台分校升格为天台学院,平桥中学晋升为省一级重点中学,高考成绩继续位居全市前茅;学龄儿童入学率达到100%、初中入学率达99.7%,初升高比例达到97.2%,普职比例保持18∶1。文化事业健康发展,至年末,全县共有195家基层文化俱乐部,500多支文化活动队伍;"济公传说"、"干漆夹苎技艺"被列入首批国家级非物质文化遗产名录,"寒山拾得传说"、"玻璃雕刻技艺"等项目入选省第二批非物质文化遗产代表作目录。竞技体育协调发展,夺得省级比赛金牌21枚,银牌20枚,铜牌25枚;市级比赛金牌59枚,银牌24枚。科技事业不断取得进步,全年列入国家火炬计划项目3项;有国家级高新技术企业6家,省级高新技术企业17家,市级18家;有省级研发中心8家;专利申请量265件,专利授权量179件,其中发明专利5件。农村医疗保险工作顺利开展,新农合参合率达87.8%。全县基本养老保险覆盖率为90.8%,基本医疗保险覆盖率为60.4%,失业保险覆盖率为71.7%,新增就业岗位3836个,失业再就业980人,职工养老保险新增4106人,失业保险新增2136人。募集慈善资金980万元,发放各类救助金1841万元。深化信访包案和信访接待日制度,实施"平安天台"建设活动,深化1890民间纠纷调处机制,开展"打黑除恶"、"黑车断油"等专项活动,社会保持和谐稳定。

【产业优势】 全县工业六大支柱产业中,食品制造行业石梁啤酒在全省享有盛誉;生物医药行业铁皮枫斗供不应求,银象公司生物防腐剂项目获国家科技进步二等奖;汽车零配件行业银轮公司是全国最大的汽车冷却器生产企业;工业滤布、橡塑制品、汽车用品三大行业分别被评为“中国过滤布名城”、“中国(天台)胶带工业城”、“中国汽车用品生产基地”称号。

农业方面:是中国乌药之乡,国家原产地域保护,全国最大的铁皮石斛种植基地,浙江省中药材产业强县,生态效益农业具有一定的基础;形成了茶叶、山地蔬菜、畜牧、淡水养殖、水果、中药材、笋竹等七大特色产业,其中“石梁牌”高山蔬菜、“天台山”牌云雾茶在省内具有较大的知名度。

旅游业方面:天台山是国家级重点风景名胜区,全国首批4A级风景旅游区,素以“佛宗道源,山水神秀”著称,是佛教天台宗、道教南宗的发祥地,活佛济公的出生地,和合文化创始人寒山子的隐居地和“唐诗之路”的目的地,历史文化积淀极为深厚,佛教——天台宗在日本、韩国和东南亚具有深远的影响。生态环境良好,2007年顺利通过省级生态县的考核验收,率先在全市通过“811”环境污染整治验收,2个乡镇被命名为国家级环境优美乡镇,8个乡镇被命名为省级生态乡镇。天台县是国家生态示范区,浙江首批生态县。

天台县经济社会发展主要指标

项　　目	2007年	比2006年增或减(%)
国内生产总值(亿元)	85.32	13.3
第一产业增加值(亿元)	7.53	1.5
第二产业增加值(亿元)	39.62	14.1
其中工业增加值(亿元)	33.92	10.3
第三产业增加值(亿元)	38.17	15.6
人均国内生产总值(元)	15133	12.6
粮食总产量(万吨)	12.3139	-0.1
棉花总产量(吨)	38	2.7
油料总产量(吨)	1584	13.1
全社会固定资产投资总额(亿元)	31.61	-13.7
外贸自营出口(亿美元)	3.32	38.5
实际利用外资(万美元)	100	-92.4
社会消费品零售总额(亿元)	33.07	16.7
零售物价总数(%)	—	—
地方财政收入(亿元)	5.16	21.3
地方财政支出(亿元)	8.97	11.8
职工年平均工资(元)	32897	6.8
农民年纯收入(元)	6053	12.6
邮电业务总量(亿元)	6.65	22.3
电话普及率(部/百人)	23.1	-1.7
年末存款余额(亿元)	72.12	8.1
年末贷款(亿元)	63.84	14.5
大学(所)	—	—
中小学(所)	115	0
下岗人数(人)	—	—
企业兼并、破产数(个)	—	—

仙居县

【概况】 仙居县地处浙江省东南部,位于台州与温州、丽水、金华三市交汇处,东连临海、黄岩,南接永嘉,西邻缙云,北靠磐安、天台。东晋穆帝永和三年(公元347年)立县,名乐安,五代后唐于成五年(公元930年),改名永安,北宋景德四年(公元1007年),宋真宗以其“洞天名山屏蔽周卫,而多神仙之宅”下诏改“永安”为“仙居”,立县至今已有1600多年。全县总面积2000平方千米。辖3个街道、7个镇、10个乡,722个行政村。2007年末总人口48万。

【经济建设】 2007年,全县实现地区生产总值70.73亿元,比上年增长13.5%,人均生产总值14667元,比上年增长12.2%。财政总收入8.12亿元,增长22.8%,其中地方财政收入4.06亿元,增长31.8%。全社会固定资产投资额32.43亿元,增长17.9%。社会消费品零售总额24.88亿元,增长16.6%。外贸自营出口总额2.5亿美元,增长32.5%。城镇居民人均可支配收入15168元,增长13.3%。农村居民人均纯收入5588元,增长16%。三次产业结构由上年的10.78∶48.0∶41.3调整为10.7∶47.8∶41.5。全年实现工业总产值105亿元,增长21.3%,实现工业增加值27.72亿元,增长16%。规模以上工业总产值71.67亿元,增长26.9%。规模以上工业企业实现利润3.6亿元,增长8%。规模以上工业企业239家,比上年增加32家,其中超亿元企业12家,比上年增加5家。工业性投资13.73亿元,增长28.4%。实现农业总产值11.98亿元,增长5.6%。粮食播种面积21435公顷,总产量10.7万吨。发展绿色蔬菜1333公顷,生态饲养仙居鸡300万羽。仙居杨梅省级区域科技创新服务中心成立。仙居杨梅在世界地理标志大会上成功展示。杨梅产量3.8万吨,产值3.5亿元。14个农产品获省农博会金奖。浙江省首家绿色农产品专卖市场顺利建成。仙居风景名胜区通过国家AAAA级旅游区复评。神仙居景区被列入“浙江最值得去的五十个景区”,淡竹休闲谷景区被列入“浙江五十个优秀景区”。全年接待国内旅游者277万人次,增长28.8%,实现门票收入2902万元,比上年增长34.39%,旅游总收入11.1亿元,增长21%。

【城乡建设】 县城总体规划和县城近期建设规划修编完成。县城基础设施建设投资1.60亿元,新建改造道路29万平方米,新增排水管道长度30公里,新增供水管道长度30公里。新增绿化面积7万平方米。县污水处理厂试运行,一级污水管网建设工程竣工。台金高速公路仙居城关至横溪段建成通车。35省道仙居界岭头至田市段改建公路通车。通村公路路基改造和路面硬化达263.9千米。全县通车公路总里程达669.2千米。220千伏安洲输变电和110千伏下各输变电投入运行。仙居抽水蓄能电站项目筹建处成立,进场道路顺利开工。“十村示范、百村整治”工程稳步推进,建成省级示范村1个、市级小康村4个,整治35个村。成功创建市级农业特色产业强镇1个、强村6个。“欠发达乡村奔小康”工程全面完成,扶贫开发不断推进,下山移民2124人。“农村劳动力素质培训”工程继续实施,培训农民1.5万人。

【社会事业】 县城总体规划和县城近期建设规划修编完成。县城基础设施建设投资1.60亿元,新建改造道路29万平方米,新增排水管道长度30公里,新增供水管道长度30公里。新增绿化面积7万平方米。县污水处理厂试运行,一级污水管网建设工程竣工。台金高速公路仙居城关至横溪段建成通车。35省道仙居界岭头至田市段改建公路通车。通村公路路基改造和路面硬化达263.9千米。全县通车公路总里程达669.2千米。220千伏安洲输变电和110千伏下各输变电投入运行。仙居抽水蓄能电站项目筹建处成立,进场道路顺利开工。"十村示范、百村整治"工程稳步推进,建成省级示范村1个、市级小康村4个,整治35个村。成功创建市级农业特色产业强镇1个、强村6个。"欠发达乡村奔小康"工程全面完成,扶贫开发不断推进,下山移民2124人。"农村劳动力素质培训"工程继续实施,培训农民1.5万人。

【产业优势】 工业特色鲜明。已形成工艺美术、医药化工、机械橡塑、有色金属等主导产业。工艺美术产业现有企业700多家,产品远销世界100多个国家和地区,是全国最大的木制工艺品生产基地,荣获"中国工艺礼品之都"称号;医药化工产业现有企业60多家,是全国重要的医药中间体产品出口基地,主导产品激素类药物出口居全国第一;白银加工产业现有企业100多家,年产白银及白银制品600多吨,是全国最大的"三废银"加工基地和全国最大的白银集散地。

生态农业初具规模。已建立各类无公害标准化基地36个16万亩、绿色食品基地5万多亩、有机食品基地2万多亩,农产品中通过有机认证10个、通过绿色认证18个、通过无公害认证38个,拥有绿色食品12个、有机食品10个。注册了各类农业品牌139件,其中省、市级著名商标8件,获省、市级农产品名牌8件,44个农产品获省农博会金奖。仙居被列为全省高效生态农业示范县,还先后获"中国杨梅之乡"、"中国有机茶之乡"、"浙江蜜梨之乡"、"浙江山茶油之乡"等称号。

旅游业资源丰富。境内文物古迹众多,其中下汤新石器文化遗址、世界上最早的照明路灯石柱灯、国内八大奇文之一的蝌蚪文、"中华第一灯"针刺无骨花灯、"华东第一龙型古街"皤滩古镇等,历史文化价值很高,特别是针刺无骨花灯被列入首批国家级非物质文化遗产名录。同时,仙居风景名胜区总面积达158平方公里,是国家重点风景名胜区和国家4A级旅游区。现已形成了"山、水、林、古、月"特色景区框架,"山"景以神仙居为代表,"水"景以永安溪漂流为代表,"林"景以淡竹休闲谷为代表,"古"景以皤滩古镇为代表,"月"景以景星望月为代表。

【投资环境】 区位环境逐步改善。仙居地处经济十分发达的台州、宁波、温州、义乌等城市的交汇处。境内有35省道、41省道和40省道。规划有3条高速公路,台金高速公路东段2006年底通车、西段仙居城关至横溪2007年底通车,诸永高速公路正在建设,天仙高速公路正在筹建。届时,仙居将有2条高速公路交汇,成为浙中南地区的交通枢纽,设有7个互通口、2个服务区及1个立体交叉口,仙居至与周边主要城市的时空距离明显缩短。至杭州214公里只需2小时左右,至宁波150公里只需1.5小时,至温州113公里只需1小时,至金华139公里只需1.5小时,至义乌105公里只需1小时,至台州市区90公里只需40分钟。

各种资源非常丰富。境内旅游资源丰富。同时,境内生态良好,空气清新,森林覆盖率达77.2%,81%河段的水质达Ⅰ类标准。境内淡水充裕,水力丰富。水资源总量达23.7亿立方米,人均占有量是台州市人均占有量的2.9倍,是全省人均占有量的2.5倍,水力资源可利用发电的有11.6万千瓦,已建成联网水电站65座,装机容量6万多千瓦,年发电量近1.8亿千瓦时。省重点工程—仙居下岸水库2003年3月底下闸蓄水,年发电量3300万千瓦时。

工业平台初步搭建。"一城四园"("一城"指工业新城,"四园"为中国工艺礼品城、城南工业集聚区、白塔郭岩工业集聚区和横溪工业集聚区)的工业发展格局初步构建,园区规划科学,基础设施建设不断完善。工业新城布置在台金高速公路仙居东出入口,总规划面积31.5平方公里,已启动了5平方公里,工业新城的现代、永安两个工业区块已基本具备了企业生产条件。"四园"布置在工业重点乡镇(街道)总规划面积6.26平方公里。

软环境不断趋优。已形成了比较完善的政策体系。特别是投资政策比较优惠,服务措施比较实在,如对上规模、上档次的招商引资企业给予税收优惠,对大型投资项目和大型外商投资项目采取一事一议,对符合仙居产业导向和项目准入条件的投资项目,实行优先审批、优先供地;实行了项目审批"绿色通道"制度,由招商局、有关部门、有关乡镇(街道)为投资者实行一条龙服务,代办从投资项目咨询到开工建设前所需的各种行政事业性审批手续,并承诺办理时限;实行了投资项目统一收费标准制度,对项目收费执行最低标准,各项规费由一个窗口统一受理、统一办理,并简化审批手续;实行了县领导和部门联系重点企业、重点投资项目制度,对重点企业、重点投资项目,由专人负责,服务到底。

仙居县经济社会发展主要指标

项 目	2007年	比2006年增或减%
国内生产总值(亿元)	70.73	13.5
第一产业增加值(亿元)	7.56	4.8
第二产业增加值(亿元)	33.79	14.2
其中工业增加值(亿元)	27.72	16.0
第三产业增加值(亿元)	29.39	14.9
人均国内生产总值(元)	14667	12.2
粮食总产量(万吨)	10.7	-8.1
棉花总产量(吨)	—	—
油料总产量(万吨)	0.32	-13.5
全社会固定资产投资总额(亿元)	32.43	17.9
外贸自营出口(亿美元)	2.5	32.5
实际利用外资(万美元)	605	25
社会消费品零售总额(亿元)	24.88	16.6

续上表

项　　目	2007 年	比 2006 年增或减%
零售物价总指数(%)		—
地方财政收入(亿元)	4.06	31.8
地方财政支出(亿元)	7.27	16.1
职工年平均工资(元)	30993	14.2
农民年纯收入(元)	5588	16
邮电业务总量(亿元)	6.27	19.4
电话普及率(部/百人)	23.61	-3.5
年末存款余额(亿元)	75.48	8.9
年末贷款(亿元)	51.87	14.4
大学(所)	—	—
中小学(所)	113	持平
下岗人数(人)	—	—
企业兼并破产数(个)		

三　门　县

【概况】　三门县位于中国黄金海岸线中段,浙东沿海三门湾畔,北接宁波,南连温州,是台州市接轨上海的最前沿区域,下辖 10 个镇、4 个乡,511 个行政村,总面积 1510 平方公里,其中陆地面积 1072 平方公里,2007 年末总人口 41.86 万人,年人口自然增长率为 11.0‰。早在新石器时代,三门已有人类居住,历史上,三门先后属临海(回浦)县、宁海县,或分属临海县、宁海县。1928 年,我党在三门亭旁发动农民武装起义,成立浙江省第一个苏维埃政府。1940 年三门建县,1949 年 2 月 17 日解放,是浙江省最早解放的县。

【经济建设】　2007 年,在国家宏观调控政策持续趋紧的大环境下,全县上下共同努力,既保持与宏观调控要求的步调一致,又努力实现经济结构的良性调整,全县经济发展呈现出增速加快、结构趋优、活力增强的良好局面。全县实现生产总值 69.1 亿元,同比增长 15.4%。财政总收入 8.62 亿元,其中地方财政收入 4.57 亿元,分别增长 32% 和 33.7%。全社会固定资产投资 61.7 亿元,增长 65.4%。规模以上工业总产值 101.9 亿元,增长 36.3%。社会消费品零售总额 23.5 亿元,增长 17.2%。外贸自营出口总额 2.7 亿美元,增长 48.1%。

全民创业氛围日趋浓厚。扎实开展"个私经济发展年"活动,出台加快个私经济发展的意见和考核办法,开展创业辅导、项目对接、示范点建设等活动,积极培育各类创业主体,去年新增个私经济主体 1947 家,其中工业企业 180 家,全县个私经济主体突破 1.2 万家。

"两年"活动成效明显。坚持以"促开工、推进度、抓落实"为重点,深入开展"两年"活动。去年全县完成制造业投入 22.9 亿元,增长 25.3%。185 个投资上千万元工业项目中,88 个开工建设,46 个建成投产或部分投产。在大项目的带动下,全县工业经济高位运行,实现工业总产值 166.3 亿元,其中规模以上工业总产值 101.89 亿元,分别增长 24.4% 和 36.3%;新增产值上亿元企业 5 家、规模以上企业 38 家,总数分别达到 22 家和 163 家;三变科技挂牌上市,实现我县企业上市零的突破;我县省橡胶制品质量检验中心正式获得批准并挂牌运行。重点工程建设不断加快,45 个重点项目完成投资 15.5 亿元(不含核电设备购置 13 亿元)。城市污水处理厂、蛇蟠岛供水工程等项目建成运行,甬台温铁路三门段、佃石水库、沿海供水工程等项目进展顺利,客运中心开工建设,74 省道健跳至黄金坦段改建工程、74 省道城区过境公路、海游至沙柳县道公路、火车站场及物流基地等项目前期工作顺利推进。

第三产业发展水平不断提高。旅游业发展势头看好,全年实现旅游总收入 7.15 亿元。商贸流通网络逐步完善,全县实现社会消费品零售总额 23.52 亿元,增长 17.2%。"千镇连锁超市"创建工作全面完成,农村消费环境进一步改善。金融运行情况良好,期末存款余额 59.04 亿元,增长 20.5%;贷款余额 58.56 亿元,增长 17.9%。房地产、邮电通信、信息咨询、中介服务、社区服务等行业发展步伐明显加快。

对外开放继续扩大。坚持招商引资"一号工程"不动摇,注重招商选资,创新工作方法,全年共引进企业 104 家,总投资 49.39 亿元,到位资金 11.96 亿元,其中外资 1023.9 万美元。对外贸易持续较快增长,实现进出口总额 2.91 亿美元,增长 44.2%。

【城乡建设】　城市化进程步伐加快。修编完成县域总体规划、县城城市总体规划、老城区改造控制性详规和综合交通、电力、给排水等专项规划。成立旧城改造办公室,全面启动新一轮老城区改造,入城口、光明路、门前潭等区块开始动迁,邮政大楼、电力大楼建成使用,西山搬迁、石羊溪截污工程顺利完成。大湖塘新区形象不断丰满,金陵保罗大酒店建成试营业,总商会大厦、国土大楼、交通大楼等主体工程相继结顶,行政中心、国税大楼、财政大楼等建设进展顺利。黄埠突、石岩等村级留用地项目启动建设。新增绿地面积 16.5 万平方米,城市人均公共绿地面积 9.36 平方米。城市管理得到加强,数字化城市管理信息平台投入试运行。开展市容市貌"百日整治"和"两违"专项整治行动,人居环境进一步改善。

新农村建设富有成效。大力发展农业特色产业,水产、蔬菜、禽蛋等六大农业特色产业区块初步形成,一批特色优势农产品品牌进一步打响,实现农业总产值 24.87 亿元,增长 9.6%。新培育县级以上农业龙头企业 13 家,新发展农民专业合作社 44 家。建成无公害农产品基地 9 个,绿色食品、有机产品认证 9 个。改造中低产田 1 万亩,除险加固山塘水库 14 座,疏浚整治河道 28 公里。稳步推进高山移民工作,安置下山移民 403 户、1378 人。坚持以项目化建设新农村,扎实推进"十百"工程,建成 3 个示范村、35 个整治村。农村垃圾收集处理工作全面展开,"百村农民饮用水"工程进展顺利,农村交通网络进一步改善。开展"新农民博客创业"活动,建成全国首家新农民博客网站。

【社会事业】　社会事业全面发展。城乡基础教育得到加强,基本普及学前至高中段十五年教育。幼儿入园率89.6%,义务教育完成率99.97%,初升高比例97.8%,高等教育毛入学率36.95%。食宿改造工程全面完成,办学条件明显改善。积极开展文化"三下乡"活动,建成2个省级东海明珠乡镇和76家基层文化俱乐部。全民健身运动广泛开展,成功举办县第九届全民运动会。公共卫生体系得到加强,城乡卫生服务网络逐步完善,每千人职业医生数1.54个。有线电视数字化整体转换试点工作顺利完成。工青妇、工商联、老龄、慈善事业整体推进,国防、科协、人民防空、双拥、统计、外事、档案、地方志、侨务、台务、民宗等工作都取得了新成绩。

社会保障体系不断完善。就业再就业工作得到加强,举办大型就业再就业推介会4次,新增就业岗位3713个。全面推行新型农村合作医疗制度,新农合信息化平台建成使用,全县参合农民实现就医刷卡即时结报,参合率达87.26%,受益面由3%提高到65%。养老、医疗、工伤、失业保险等参保人数均有较大幅度增长,政策性农业保险、农村政策性住房保险开始实施,社会保险覆盖面不断扩大。城乡居民医疗救助体系逐步完善,农村"五保"对象和城镇"三无"人员集中供养率分别达到96%和100%。

"平安三门"建设扎实推进。"五五"普法工作顺利开展,社会公众法律意识逐步增强。制订了突发公共事件总体应急预案和38项专项预案,应急管理机制得到完善,防台救灾、森林防火、动植物防疫等工作取得明显成效。认真落实安全生产责任制,安全生产"四项控制指标"分别下降4.97%、5.13%、11.32%、36.9%。全面实施食品药品放心工程,食品药品安全专项整治取得阶段性成效。积极开展"走进矛盾、破解难题"专项行动,一批重点信访案件得到有效化解。大力开展"反盗抢、促和谐"、"打黑除恶"等专项行动,及时侦破大案要案,全县刑事立案数下降0.47%,破案率提高10.75个百分点,社会安全感位居全市第一。

仙居山村

可持续发展能力得到增强。深入开展计划生育"三落实一追究"活动,人口计生执法综治工作有效推进,低生育水平保持稳定。开展生态县建设,国家级生态示范区顺利通过省级检查验收,医化、造纸行业通过市级环保重点监管区摘帽验收。加强土地整理开发,积极争取计划外用地指标,建设用地供求矛盾有所缓解。认真实施工业用地招拍挂制度,节约集约用地水平明显提高。

三门县经济社会发展主要指标

项　目	2007年	比2006年增或减(%)
国内生产总值(亿元)	69.27	15.9
第一产业增加值(亿元)	11.48	1.2
第二产业增加值(亿元)	30.03	22.6
其中工业增加值(亿元)	24.04	23.2
第三产业增加值(亿元)	27.76	16
人均国内生产总值(元)	16637	14.7
粮食总产量(万吨)	8.04	-5.5
棉花总产量(吨)	194	-26.5
油料总产量(万吨)	0.23	4.5
全社会固定资产投资总额(亿元)	61.67	65.4
外贸自营出口(万美元)	27360	48.1
实际利用外资(万美元)	1024	2.0
社会消费品零售总额(亿元)	23.52	17.2
零售物价总指数(%)	未统计	未统计
地方财政收入(亿元)	4.57	33.7
地方财政支出(亿元)	9.19	31.3
职工年平均工资(元)	32815	8.6
农民年纯收入(元)	6327	13.8
邮电业务总量(亿元)	5.48	20.4
固定电话主线普及率(部/百人)	23.9	-4.0
年末存款余额(亿元)	59.04	20.5
年末货款(亿元)	58.56	17.9
大学(所)	0	0
中小学(所)	71	-2.7
下岗人数(人)	未统计	未统计
企业兼并、破产数(个)	未统计	未统计

【产业优势】 "三港三城"建设态势喜人。滨海新城开发建设

取得突破性进展。概念性规划、分区规划、控制性详规、修建性详规及供电供水、景观绿化等专项规划相继编制完成。基础设施建设快速有序推进，一期主干路网已经形成，配套管网基本贯通。首批工业地块成功出让，12 家企业动工建设。县城西区配套设施不断完善，西区大道一期工程建成通车，“两路两桥”基本完工，67 家企业建成投产，38 家企业入园动工建设，实现产值 20.78 亿元。县工业园区投产企业 34 家，实现产值 16.98 亿元。华东电力城产业基础逐步夯实，一批集镇公建项目顺利推进，健跳临港型工业园区主干道路完工，渔港主体工程基本完成。六敖工业区建设稳步推进，工业大道基础工程完工，8 家企业建成投产。沿海工业城整体形象逐步丰满。一期区块公建项目基本完成，二期基础设施建设快速推进，三期建设前期工作顺利启动，11 家企业建成投产，64 家企业进场动工建设。泗淋洞港工业区块建设步伐加快，17 家企业建成投产，14 家动工建设。高枧、珠岙、沙柳、亭旁等经济增长板块发展明显加快。

海洋经济顺利破题。临港型产业发展态势良好。编制完成了港口岸线利用规划，进一步明确了临港型产业发展布局。全球最先进的三代核电技术首台机组落户我县，核电项目正式启动。浙能台州电厂“上大压小”项目通过可研评审，新址将落户三门。为核电、火电项目配套的海游大闸蓄水工程进入前期论证。健跳港、泗淋硖礁塘、六敖北塘、沿赤牛头门等区块的船舶制造和船配产业开发步伐加快，共引进造船企业 18 家，达产后年造船能力可达 350 万吨。石化项目前期工作进展顺利。海洋旅游业发展取得新突破。蛇蟠岛旅游区荣获“浙江五十个优秀景区”称号，五星级洞窟宾馆规划通过专家论证，玲珑山滨海娱乐区项目前期工作着手开展，环岛公路规划评审及施工图设计完成。海洋渔业稳步提高。实现水产品总产量 17.81 万吨，渔业总产值 17.04 亿元。编制完成全县“十一五”标准渔港建设布局规划。“三门湾”锯缘青蟹被评为“中国名牌农产品”。

【三门核电项目正式启动】 三门核电工程是我国首个国家核电建设自主化依托项目，采用世界上最先进的第三代压水堆核电技术，并将建成全球首座 AP1000 核电站。2007 年 11 月 20 日，核电厂区第一个大型海上工程三门核电重件码头工程开工建设，标志着三门核电项目正式启动。按照计划，一期工程在 2009 年 3 月正式开工建设，建设两台容量 125 万千瓦的 AP1000 核电机组，分别于 2013 年和 2014 年投产。三门核电工程共将建设 6 台核电机组。

【建成第一个农民博客村】 2007 年 3 月 14 日，该县建立了通过党员干部现代远程教育技术打造的新农民博客村，被国家信息部认定为中国内地农民第一博客群，短短几个月，就有 1000 多农民注册了个人博客，其中外省 50 多个，总浏览量达到几十万人次。“新农民博客村”为新时期如何帮助农民脱贫致富，提供了一个全新的思路，为农民提供了一张全新的“名片”，受到众多农民的追捧。　（王伟峰提供）

台州迎宾大道

马鞍山市辖县(市)

当涂县

【概况】 当涂县位于安徽省东部、长江下游南岸，地处长三角经济圈与皖江城市带交汇处，介于合肥、南京、芜湖等大中城市群之间，与江苏省边界线长达126.9公里，拥有长江岸线20公里，是安徽省重要的沿江沿边县、东向发展的桥头堡。交通区位独特，县域周边大中城市群有2亿多人口的消费市场，水、陆、空交通运输十分快捷。交通基础设施良好，2007年被评为全国“平安畅通县区”。自然资源丰富，拥有耕地65万亩、水面47万亩，为全国粮棉生产大县、水产大县、优质河蟹生产强县；地下矿产资源丰富，尤以铁矿最为丰富，储量达5亿吨，居华东之首。文化底蕴深厚，谢朓、李白、李之仪等600多位诗人留下1000多首诗文传诵至今。县域综合实力雄厚，自2003年以来，连续五年跻身全省经济综合“十强县”前列，连续三年迈进全国中部百强县行列。

【历史沿革】 当涂历史悠久，先后被称为丹阳、于湖、姑孰、当涂和太平。早在新石器时期，这里就有人类繁衍生息。战国时，先属越，后属楚，有“吴头楚尾”之称。秦置丹阳县，是当涂境内最早的县建置。姑孰城最初筑于三国黄武年间，隋开皇九年(公元589年)，徙侨置之当涂县治于姑孰，当涂县始为本地县名。隋置当涂县时，废于湖县，并其地与侨置之襄垣、繁昌、西乡(一说西安)县地入当涂。至627年(唐太宗贞观元年)，又废丹阳县，其辖地区并入当涂。于湖与丹阳作为本县名称相继成为历史。当涂又称太平，是驻地设在当涂县城的州、路、府之名，977年(宋太平兴国二年)，北宋政府升原设于当涂的平南军为太平州，辖当涂、芜湖、繁昌三县，州治姑孰城，当涂为附郭首县。太平名称源于初置时的北宋年号，与江西兴国相同。元改太平州为太平路，辖县依旧。明清时期，相延未变。1949年4月当涂解放，先后属芜湖专区、宣城专区、芜湖地区、宣城行署。1983年6月当涂县划属马鞍山市。

【人口区划】 2007年底，全县总人口648886人，比上年增长0.16%。其中，男性336848人、女性312038人，农业人口549707人。人口出生率为8.20‰，死亡率为4.80‰，人口自然增长率为3.40‰。全县总面积1346平方公里，共有10镇4乡、187个村委会、30个居委会。

【经济建设】 2007年，全县生产总值90亿元，增长18.8%；三次产业比例由上年的23∶47∶30调整为21∶50∶29，二产比例首次达到50%；财政一般预算收入11.28亿元，增长47.3%；固定资产投资72.5亿元，增长42.6%；在岗职工年平均工资19742元，增长27.3%；农民人均纯收入6025元，增长18.9%；全社会消费品零售总额19.8亿元，增长17.1%；城乡居民储蓄存款余额43亿元，较年初增加5.8亿元。

工业。继续开展以“千百十企业发展提升工程”为重点的“工业发展年”活动，工业经济提速增效。全县工业增加值40亿元，增长28.7%；规模工业增加值24.7亿元，增长41%。全县规模企业发展至240家，销售收入首次突破100亿元，实现102.4亿元，增长62.5%，是历年来增幅最快的一年。销售收入超亿元企业新增徽铝铝业、特种金属、甜润米业、江南钢铁、鑫龙特钢、天马特钢、腾辉冶金、伟泰锡业等9家；税收超千万元企业新增天兴钢业、鼎泰科技、伟泰锡业等3家，“亿千企业”总数分别达到16家、6家，其中长江钢铁实现销售收入32.3亿元、税收1.2亿元。长江钢铁、沪马机械两家企业进入中国私营企业纳税百强行列。工业性固定资产投资44亿元，增长35.8%；新建、续建投资超千万元项目122个，红太阳吡啶碱、山鹰纸业等33个项目建成投产，大唐当涂电厂项目一期工程正式通过国家发改委核准。企业创新能力不断增强，申请专利25件，授权专利10件；新认定省级高新技术企业10家、省级高新技术产品12个，新培育民营科技型企业7家。全年新增安徽名牌产品4个、省著名商标4件，科邦生态复混肥系列被评为国家免检产品。新发展个体工商户2208户、私营企业467家，注册资金分别新增5430万元和5.95亿元。

农业。实现总产值29.4亿元，增长6%。粮油、水产标准化生产面积大幅提高，粮食总产量达38.8万吨；河蟹养殖31万亩，产量8500吨，产值5亿元。湖阳河蟹标准化养殖示范区通过国家验收。“三资”农业项目到位资金2.96亿元。黄池食品、贤进渔业、雪润食品等22家龙头企业带动生产基地50万亩、农户13.5万户，实现营销收入12亿元。全县51家农民专业合作经济组织吸纳会员5000多人，带动农户4.7万户。粮食生产机械化综合作业水平达到61%。扎实推进新农村建设，开展“百村环境整治行动”和“百企帮百村、百干包百村”共建活动，各级示范村建设有序推进。“万村千乡”工程网点建设顺利完成，乡级直营店、村级连锁店覆盖率分别达到100%和95%。农村基础设施不断完善，新建通村公路70公里，基本实现“村村通”水泥路；农田水利基本建设荣获省“江淮杯”竞赛金杯奖；35千伏年陡变电所建成运行。

对外开放。在全国8个重点城市开展驻点招商，全年举办项目推介会5次。利用县外资金27.7亿元，增长25.9%；利用境外资金2506万美元，增长24.8%。新引进投资超千万元项目89个，其中来自长三角的项目占65%。武汉凯迪生物质能发电、香港升辉新型建材等5个投资超亿元项目落户当涂。全县各类园区建设框架拓展到35平方公里，累计入园企业866家。当涂经济开发区当年完成基础设施投入3.2亿元，新拉开路网框架6平方公里，累计入园企业100家，总投资规模达70亿元，丝诺达针织等24个项目建成投产；全年实现工业总产值41亿元，技工贸总收入60.5亿元，完成税收1.64亿元。博望工业集中区建成区面积达到6.5平方公里，累计入园企业400多家，完成工业总产值32.5亿元、税收近1亿元。全县外贸出口创汇总额2333万美元,增长276.9%。贤进渔业公司实施商务部援外工程"科特迪瓦淡水鱼养殖"项目、毕赛特公司赴越南承包工程,实现当涂援外项目和企业"走出去"零的突破。

【产业优势】 基本形成特色明显的机械制造、冶金压延、绿色食品加工、纺织服装、医药化工等五大产业集群,汽车零部件、船舶制造、能源电力、新材料、电子等一批新兴产业也正形成快速集聚之势。一是产业规模较大。五大主导产业中年工业产值15亿元以上的2个,5亿元以上的3个。2007年,机械制造企业600多家,其中规模企业97家;冶金压延企业50多家,其中规模企业37家;绿色食品加工企业100多家,其中规模企业7家;纺织服装企业120多家,其中规模企业15家;医药化工企业20家,其中规模企业11家。二是集聚度较高。沿江、沿边两大工业经济带、大公圩农业经济板块,当涂经济开发区(省级)、博望等5个重点乡镇工业集中区共同构成"三大板块、六大经济增长点"的产业空间布局,吸引了中国大唐集团、南京雨润集团、山西桂龙药业等一批国内知名企业入驻,产业集聚度达到80%以上。三是经济贡献较多。2007年,五大主导产业规模企业完成工业产值97亿元,实现工业增加值22亿元,分别占全县总量的55%、50%;实现入库税金3.4亿元,占全县财政一般预算收入的30%,对经济增长贡献率达到60%以上。四是发展潜力较好。机械制造业主要集聚地博望镇被誉为"全国刃具之乡",刃模具产量占全国市场份额60%以上,被列为安徽省30个重点产业集群之一,到2010年,该行业产值将突破100亿元,成为安徽省重要的先进制造业生产基地;冶金压延业的龙头企业长江钢铁已成为安徽省最大的民营钢铁企业、全国民营企业500强,到2010年,该行业产值可望达到150亿元;医药化工、食品加工、纺织服装的产值2010年将分别达到40亿元、30亿元和10亿元,电力工业产值可望达到20亿元。与此同时,汽车零配件、新材料、船舶制造等新兴产业的发展前景也将十分光明。

【城乡建设】 继续开展"城市建设年"活动,县城建设完成投资16.2亿元,新区扩容3平方公里,新增城市道路10公里。青莲路桥建成通车,凌云大桥工程有序推进,连接马鞍山市区的第4条通道东环路南段主体工程完工。广电大厦、国税、交通大楼交付使用,商会大厦等标志性建筑完成主体工程,华润苏果超市开工建设。实施205国道焦家段、东大街南段等重点路段拆迁改造,全年拆迁面积8万平方米,征地1200多亩。建成3万平方米的行春绿地,城区新增绿地30万平方米。县城房地产竣工面积35万平方米,其中以拆迁安置为主的经济适用房、回迁安置房竣工面积13万平方米。小城镇建设投资14.3亿元,完成新建、续建项目68个,丹阳边贸大市场一期工程建成使用,博望刃模具大市场正在建设之中。积极开展马鞍山市石桥卫星城建设研讨工作。全面完成县城东部新区控制性详规、教育新区修建性详规和24个村庄建设性详规编制工作。

【社会事业】 "两基"教育工作通过省市复审验收,总投资6000万元的县职教中心一期工程建成使用,高中阶段毛入学率达到51%,较上年提高12个百分点。被评为"十五"全国家庭教育工作先进县。当涂民歌首次亮相省城,展示了当涂文化的独特魅力。金柱塔和李白墓园太白碑林维修工程全面竣工。博望镇被评为"全国环境优美乡镇",太白镇被评为"安徽省最佳旅游乡镇",护河镇被列入"安徽省旅游乡镇"。产品质量和食品安全专项整治行动取得阶段性成果,并通过省市验收。公共卫生体系进一步完善,被列为全国职业卫生试点县、全省卫生监督工作试点县。乡镇卫生院体制上划工作正式启动实施。人口和计划生育工作得到加强,继续保持低生育水平。农村社区建设试点工作启动,城镇社区建设力度加大,全县有29个社区(居委会)顺利完成换届工作。太仓村被评为全国敬老模范村,姑孰镇东营社区被评为全省敬老模范社区。社会治安综合治理不断加强,被评为全省社会治安综合治理模范县。"平安当涂"建设取得初步成效,安全生产形势总体稳定。

当涂县2007年经济社会发展主要指标

项　　目	2007年	比2006年增或减(%)
国内生产总值(亿元)	90	18.8
第一产业增加值(亿元)	19	6.8
第二产业增加值(亿元)	45.1	28.5
其中工业增加值(亿元)	40	28.7
第三产业增加值(亿元)	25.9	13.4
人均国内生产总值(亿元)	13837	18.6
粮食总产量(万吨)	38.8	—
棉花总产量(吨)	5152	14.3
油料总产量(万吨)	38326	-36.8
全社会固定资产投资总额(亿元)	72.5	42.6
实际利用外资(万美元)	2506	25
社会消费品零售总额(亿元)	19.8	17.1
地方财政收入(亿元)	6.03	50.4
职工年平均工资(元)	19742	27.3
农民年纯收入(元)	6025	18.9
邮电业务总量(亿元)	4.03	6.3
年末存款余额	63.3	19.4
年末贷款(亿元)	28.6	38.2
中小学(所)	205	-2.4

【民生工程】 全县确定民生工程30项,当年启动实施28项,完成投入3.2亿元。劳务输出组织化程度明显提高,全县187个村全部成立劳务公司,实现技能性培训2700多人、引导性培

训1.5万人;农村劳动力转移就业18.7万人,新增1.6万人;城镇新增就业3895人。社会保障工作走在安徽省县级前列,城镇职工养老、医疗、失业、工伤、生育"五大保险"累计扩面超过2.6万人次;城镇居民医疗保险制度全面实施,医疗保险在安徽省县级率先实现城乡全覆盖;新型农村养老保险制度在全省率先实施,参保率达到20%。城乡最低生活保障制度基本建立,2万多名困难群众实现应保尽保。全县敬老院新增床位808张,"五保"集中供养率达到30%,供养标准由年人均1200元提高到2100元。启动城乡一体化医疗救助工作,全县有436名农村贫困人口得到救助。农村义务教育全面实行"两免一补"政策。农村客运网络基本建成,实现172个村通班车,通达率92%。农村饮水安全工程在安徽省率先完成建设任务,解决了全县57.8万人的饮水安全问题。全县20户以上自然村有线电视通播率提高到68%。

【投资环境获得四张"名片"】 5月12日,由安徽省港澳台经济研究会、中国新闻社安徽分社、安徽省新闻界企业界联谊会、《决策》杂志社共同主办的安徽省首届"投资环境十佳县(市)区"和"十佳开发区"评选结果揭晓,当涂县荣获投资环境"十佳县(市)区"称号,当涂经济开发区荣获投资环境"十佳开发区"称号。5月30日,在浙商大会暨浙商投资博览会上,当涂县被评为"2007浙商(中国)最具投资潜力城市"。9月13日,第二届"长三角最具投资价值县市"评选结果在上海揭晓,当涂县被评为"长三角最具投资潜力县(市)"。

【财政收入突破十亿元大关】 全县财政收入实现11.28亿元,增长47%,实现两年翻一番,位列安徽省县级第三,较上年前移两位。其中,国税部门完成收入6.19亿元,增长39.1%,位居全省县级第四;地税部门完成收入3.34亿元,增长36.3%,继续保持全省县级第二位;财政部门完成收入1.75万元,增长230.8%。全县14个乡镇财政收入实现6.96亿元,占全县财政收入总量的61.7%。其中,太白镇突破2亿元,博望镇、姑孰镇均超1亿元。

【农民人均纯收入在安徽省率先突破6000元大关】 全县农民人均纯收入实现6025元,比上年增长18.9%,连续五年位居安徽省县级首位。其中,农民工资性收入达到3260元,增长16.6%,占纯收入的54.1%;农民人均家庭经营纯收入2419元,增长19.8%,占纯收入的40.2%。

(陶邦海 杨思亮 张国宝)

马鞍山降磷

上海市医疗卫生

【市政府实事项目建设情况】　郊区400所村卫生室标准化建设全面完成。在2006年完成300所村卫生室标准化建设任务的基础上,2007年上海郊区400所村卫生室标准化建设继续列入市政府实事项目,并于11月30日前提前全面建成达标。经市政府实事工程组验收,全部达标。经过标准化建设的400所村卫生室统一标识、标牌、灯箱、配备了诊疗、消毒灭菌、急救、健康教育、药品储存、办公等六大类设施设备,诊疗场所宽敞明亮,温馨舒适,大大改善农民就近就医条件。此工程各级政府投资情况如表所示:

项目名称		数值(万元)
总投资		9881.09
其中	市级财政	1800.00
	区县级财政	1843.80
	乡镇级财政	2379.41
	行政村投入	3857.88

新增100辆救护车和新建15个医疗急救分站。为进一步完善上海院前急救系统网络建设,缩短急救半径,提供便捷的院前医疗急救服务,市政府将"加强院前急救建设、新增100辆救护"列入了2007年度要完成的与人民生活密切相关的实事项目。此项目于年内顺利完成。

【医疗保险】　医保覆盖面继续扩大。至年末,全市共有21.6万家城镇企业、机关事业单位,共749.75万人(包括离退休人员)参加城镇职工基本医疗保险,有16.38万个体工商户、自由职业人员参加从事自由职业人员和个体经济组织业主及其从业人员基本医疗保险。至年末,有167万中小学生和婴幼儿纳入中小学生和婴幼儿住院、门诊大病基本医疗保障。实施大学生基本医疗保障制度,将全市55万普通高等院校学生统一纳入覆盖范围。完善医保综合减负政策,进一步降低减负门槛。全年医保综合减负40991人,减负总金额18568.86万元。

公共卫生和基本医疗服务能力进一步提高。至年末,全市共有卫生机构2646所,卫生技术人员12.24万人。社区卫生服务综合改革全面推开,年内启动实施社区卫生服务中心和村卫生室普通门诊诊查费减免及社区卫生服务中心与二、三级医院间定向转诊。年内启动实施第二轮公共卫生体系建设三年行动计划,新建120急救分站15个,新增救护车100辆。完成400所郊区村卫生室标准化建设。

卫生机构情况

指　标	单　位	绝对值	比上年增长(%)
卫生机构数	所	2646	5.0
#医院	所	534	5.7
门诊部	所	306	37.2
社区卫生服务中心(含乡镇卫生院)	所	232	1.8
疾病预防控制中心	所	22	0
卫生监督所	所	20	0
卫生技术人员数	万人	12.24	12.3
#执业医生	万人	4.88	7.3
#医院执业医生	万人	4.10	7.0
注册护士	万人	4.58	8.5

注:卫生机构数中含医疗卫生机构的分支机构。

【卫生"十一五"规划和新一轮公共卫生三年行动计划相继出台】《上海市卫生发展"十一五"规划》(以下简称《规划》)于2007年2月由上海市卫生局正式印发,《规划》编制紧紧抓住"破解制约卫生事业发展的瓶颈问题,提高卫生体系服务效能,维护群众健康权益"这一工作主线,力求体现卫生事业发展的内在规律和经济社会发展对上海卫生工作的客观要求,使《规划》具备科学性、可行性和指导性。"十一五"上海卫生发展的总目标是:到2010年,初步建成具有中国特色、时代特征、上海特点的卫生事业体系框架;初步实现居民普遍享有安全、有效、方便、价廉的公共卫生和基本医疗服务;初步建成亚洲医疗中心城市之一;推进健康城市建设,提高市民的健康水平。

南京市医疗卫生

【概况】 2007年,南京有各级各类卫生机构2241个(不含驻宁部队、武警系统),床位2.62万张,卫生人员5.23万人,其中卫技人员4.09万人,内含执业(助理)医生1.57万人,注册护士1.49万人。全市和市区平均每千人口床位数分别为4.24张和4.50张,全市平均每千人口卫技人员、执业(助理)医生和注册护士数分别为6.63人、2.41人和2.41人。

深化卫生制度改革推出新举措。全面建成基层公共卫生网络和覆盖城乡的社区卫生服务网络,惠民医疗体系进一步减轻群众医药负担,全市卫生应急工作步入法制化和规范化轨道,继续强化卫生监督执法力度和卫生行风建设。

"预防为主"取得新成绩。全市计划免疫五苗覆盖率98.57%,传染病年总发病率136.54/105,较上年下降,其中肺结核、淋病、梅毒和痢疾是发病数最多的前4种疾病,结核病、艾滋病和血吸虫病防治力度进一步加大。全面完成"五大"各项卫生监测工作任务。

爱国卫生工作稳步进展。南京通过国家级卫生城市复审,继续保持荣誉称号。

农村和基层卫生工作又有新突破。社区卫生服务水平显著提升,新型农村合作医疗全覆盖,妇幼保健各项工作成效显著。

全市医院(含社区卫生服务中心、镇卫生院)年门诊量2878.79万人次,年急诊量259.41万人次,年入院量53.49万人次。继续加强对医疗行业和医疗机构的监督管理,开展医院管理年活动,提高医疗服务质量,满足群众需求。中医事业持续发展,中医药服务能力进一步提高。

全市市属医疗卫生单位接受安置应届大中专毕业生108人,其中博士和硕士分别为23人和40人,本、专科毕业生分别为42人和2人;基本建设施工面积33.67万平方米,竣工10.76万平方米。全市无偿献血7.07万人次、20.42吨。

"科教兴卫"战略获新成果。全市开发一批医疗新技术,获得包括中华医学科技奖二等奖在内的一批医学科学奖。

国际合作与交流有新发展。据不完全统计,全年有26个国家和地区专家、学者148批次到宁参观和作专题学术报告,全市有477人次分别到43个国家和地区考察和参加学术交流。

【农村改水改厕工作】 年内,市爱卫办会同有关区县及镇村科学论证撤并农村水厂方案,及时划拨市级补助经费,督促筹措配套经费,完成撤并村级水厂51座,受益人口13万人。全市农村自来水受益人口213.72万人,农村自来水普及率98.62%。继续开展农村改厕工作,全市投入资金1200万元,其中市财政专项经费400万元,各郊区县则按照100元/座~300元/座的标准配套;市爱卫办加强督查,掌握上作进度,抽查资金落实、施工质量等;各郊区县加强质量控制,推广统一图纸、统一培训、统一施工、统一验收的"四统一"改厕施工经验;全年新增无害化卫生户厕5.03万座,累计有无害化卫生户厕21.28万个,无害化卫生户厕普及率为31.20%。

【健康教育工作】 南京继续开展全民健康教育和公共场所控烟工作。各区及街道加强健康教育宣传阵地建设,提高健康教育宣传栏质量,加大对艾滋病、结核病、高血压、糖尿病预防的宣传力度,在爱卫月、世界无烟日组织形式多样的宣传教育和健康促进活动。在农村,继续开展"亿万农民健康促进行动"示范镇创建工作,创建工作以点带面向纵深发展,每个郊区县确定1个镇作为试点,完成6个镇街的考核验收;进一步规范健教工作内容,提高郊区县、镇街、村的健教专栏质量。取缔清除各类大型户外烟草广告103块,净化城市环境;继续开展吸烟有害健康的宣传教育和在公共场所开展控烟工作,群众拒绝烟草意识和公共场所控烟管理水平呈上升趋势。

【农村卫生工作】 2007年,南京进一步加强农村卫生工作,各级政府加大新型农村合作医疗的财政补贴,市政府的补贴标准是,六合区和溧水、高淳县为每人补助48元,其他郊区为每人补助24元;各郊区补助标准占新农合筹资标准的70%以上,全年筹集新农合基金2.44亿元,其中市财政补助资金6800万元,区县、镇财政补助1.23亿元,个人缴纳4900万元。制定全市统一的基金补偿指导意见,明确新农合基金的补偿原则、补偿范围、补偿比例,进一步规范和加强新农合基金的管理监督,大幅度提高农民住院费用相对集中的3000元至1万元之间的补偿比例,参合农民实际获得补偿封顶线从过去的3万元提高到6万元。加快实施新型农村合作医疗信息化管理网络建设,并对各郊县进行动员、培训和指导,部分郊区县开展前期试点和硬件投标采购工作。至年末,全市新农合覆盖率100%,参保达189.37万人,参保率为98.36%,补偿310.71万人次、2.53亿元。加强农村卫生机构尤其是农村社区卫生服务机构建设和规范管理,完成乡村医生补注册申请、考试和注册工作,办理补注册173人;在高淳县启动农村卫生服务运行机制综合改革试点工作,该县有9个社区卫生服务中心、2所一级医院和44个社区卫生服务站全面实施药品零差率销售,效果良好。六合区通过省初级卫生保健先进区县(2006~2010)市级评审,达到省初保先进区县标准,并上报省卫生厅。

【社区卫生工作】　2007年,下发《市政府关于加快发展城市社区卫生服务工作的意见》、《南京市城市社区卫生服务机构管理办法》。市卫生局制定下发《南京市社区卫生服务机构基础设施建设实行"六个统一"管理的规定》,实行"建设标准、机构标志、机构标牌、科室色彩、公示内容、信息管理"6个统一管理模式。与市财政局联合下发《南京市城市社区卫生服务机构公共卫生服务项目和考核标准(试行)》,确定社区公共卫生7类54项服务内容,明确社区卫生服务机构与预防保健机构分工。对江南8区社区卫生服务机构完成社区公共卫生服务项目情况进行考核,根据考核情况,下拨城市社区卫生服务机构公共卫生服务项目经费1000万元。会同市规划局等部门修定《南京市社区卫生服务机构设置规划》。和有关区政府落实玄武区仙鹤门建邺区南苑、鼓楼区华侨路、栖霞区仙林和马群5个社区卫生服务中心业务用房。召开全市基层卫生信息化建设工作会议,在江南8区启动社区卫生信息化管理工作。确定改造农村42个建制镇(街)社区卫生服务中心,全年到位建设资金6541万元,其中市级引导资金下拨1565万元,郊区县及镇街配套4026万元,自筹950万元。42个农村社区卫生服务中心中,有39个完成或基本完成房屋设施的改造任务,其中验收合格20个。至年末,全市有社区卫生服务机构834个,其中服务中心132个(农村87个),服务站702个(农村650个);累计建成省级社区卫生服务先进区和社区卫生服务示范中心各6个和14个。推进全市社区卫生服务机构运行机制改革。4月在秦淮区实行"收支两条线预算管理、药品零差率销售"改革试点,成效明显。9月24日市政府下发《南京市社区卫生服务运行机制改革实施意见》,市卫生局下发或与有关局联合下发相并配套文件12个。开展有并基线调查和人员培训工作,实行药品集中采购,统一配供。改革工作顺利进行。协助卫生部在宁召开国务院社区卫生服务体系建设重点联系城市第四组第一次交流会,卫生部、省卫生厅、南京市有关领导和专家50人参加。与市残联联合免费为社区卫生服务机构举办第二期社区残疾人康复培训班,有124人参加。与市科协联合举办社区卫生服务建设与发展高层论坛,有160余人参加。

【妇幼保健】　2007年,市卫生局印发"实施省、市政府妇女和儿童发展规划(2006~2010年)方案",完成全市助产技术人员换证申报、培训工作。举办培训班7期,有879人参加;完成全市助产技术实践技能考核工作,组织620名助产技术人员参加全省理论统考。分别召开有关会议,强化产科质量管理,要求区县、三级医疗机构开展产科质量专项自查工作。举办"产后出血防治"培训班4期,一、二级接产医院有350名助产人员参加。下发《南京市预防艾滋病母婴传播工作实施方案(试行)》,确定雨花台区为试点区,市妇幼保健院同步开展。依法规范计划生育技术服务机构和人员的执业许可准入,加强对B超、染色体检验、引产等工作的管理,对产前诊断和医学需要的胎儿性别鉴定机构实行定点管理,强化对民营医疗机构增没计划生育科目的日常监督管理。组织区县开展"禁止非医学需要胎儿性别鉴定"、"禁止非医学需要选择性别人工终止妊娠"专项检杳,三级医院则开展自查自纠。抽查民营医疗机构、社区卫生服务机构、妇幼保健所、接产医院34个,对超范围作计划生育手术的民营医疗机构立案处理。举办计划生育培训班2期,有450人参加。逐步开展免费婚前医学检查工作,雨花台、鼓楼、江宁3区相继开展此项工作,举办婚前保健班2期,培训176人。指导建邺、白下、下关、栖霞4区开展创建等级妇幼保健所活动,在三八妇女节、六一儿童节等期间,组织2124名医务人员参加宣传活动,制作宣传展板1426块,标语横幅635条,发放宣传材料40多万份,免费咨询和体检8.14万人和1.88万人。

苏州市医疗卫生

【概况】　2007年,苏州市医药卫生事业加快发展。主要体现在:

一是健康城市建设宣传深入人心。苏州以健康城市联盟主席城市身份参加健康城市联盟执委会会议、香港健康城市论坛会议,与世界卫生组织卫生发展中心联合实施老年人健康公平合作项目。苏州市被全国爱卫办确定为首批全国健康城市试点城市,健康城市建设各项重点工程建设步伐加快。实施健康知识进万家工程,制作发放宣传折页、"健康三件套2"50多万套(册)。开展健康城市大型宣传活动30多场,举办知识讲座100多场。新建镇级健康教育园7家,全市共建成健康教育园18家。加强外来人口健康关怀,市卫生部门协同相关部门开展电影大篷车进工地活动,播放健康知识宣传片和电影100多场次。推进健康镇村建设,下发《苏州市健康镇、村标准》,7个镇和31个村通过市级评估。

二是公共卫生成效显著。为加快疾控体系内涵建设,提高公共卫生机构服务水平,2007年,吴江市公共卫生中心正式启用,张家港、常熟、昆山等地探索建立独立或相对独立的镇级公共卫生服务(管理)机构。为加强卫生监督执法工作,全市所有中心镇和62.5%的建制镇设立分所,实现工作重心下移;行政审批窗口事件办结率95%以上。开展食品卫生、非法采供血等专项整治,加强医疗市场秩序整顿,强化医疗广告监测和管理。为加强职业卫生及重大传染病防治,市卫生部门开展职业危害专项整治,完成毒源普查工作;推动艾滋病防制综合示范区工作,进行娱乐场所高危行为干预,开设美沙酮药物维持门诊治疗点;全市结核病DOTS覆盖率保持100%,启动全球基金流动人口结核病防治项目;完成血吸虫病病情监测8万余人,苏州工业园区通过消灭血吸虫病达标乡镇评估。苏州市成为全国首家达到有效控制肠道线虫标准的地级市。

三是卫生实事项目扎实开展。2007年卫生系统共承担7项政府实事工程。市中医医院迁建项目被列为市政府实事工程、重点工程,年内已顺利开工。市区启动社区常用药品政府补贴工作,制定并下发了社区常用药品(政府共筛选512种西药、369种中药为基本药物)名单,由财政补贴和社区卫生机构让利,直接为44万人次的就医群众减轻20%的医药费用(达

720万元)，药品价格明显降低，受到居民的普遍好评。建立困难人群社区医疗救助点，启动困难人群社区医疗救助工作，方便困难人群就医。市区完成8.2万多人次的65～70周岁老年居民的免费健康体检，每位受检居民政府补贴130元。试行老年居民慢性病健康管理和家庭护理，市区共开展530名老年居民的健康管理和家庭护理试点工作，健康管理者政府补贴200元/人。继续实施人口出生缺陷社会化干预工程，全市10个婚前医学检查点全部免费检查，张家港市、常熟市、太仓市、吴江市、吴中区、苏州工业园区、高新区等地实行宣教、登记、免费体检一站式服务，全市自愿接受婚前医学检查人数不断增加，一站式服务地区婚检率达95%。积极参与视觉光明行动，筛查患者6200人，完成白内障复明手术3165人。

四是农村卫生水平全面提高。推进农民健康工程建设，张家港市、昆山市通过省级评估，常熟市、太仓市、吴江市和吴中区、相城区通过市级考核。张家港市和昆山市的4个镇分别启动苏州市农村卫生现代化试点建设工作。合作医疗保险工作进一步巩固，行政村覆盖率100%、人口覆盖率96.5%，实际筹集资金总额6亿元，年人均标准达210元，其中个人支付比例从41.72%降至25.05%。继昆山、张家港率先实现农民"刷卡"看病后，全市基本实现农民"刷卡"看病。住院费用按病种结算工作，在张家港市、常熟市和吴中区试点经验基础上逐步推广，实行住院费用按病种结算后，患者医疗费用平均下降15.2%。全市近5000名乡村医生的社会养老保障问题在省内率先基本解决。

五是社区卫生服务体系进一步完善。各地认真实施《关于进一步加快发展社区卫生服务的实施意见》，加快完善城乡联动的社区卫生服务体系。各级财政加大投入力度，公共财政购买社区卫生服务的人均经费达18元。全市建成社区卫生服务中心131家，社区卫生服务站971家，社区卫生服务的人群覆盖率达到100%，社区卫生服务体系健全率达98%。全市社区卫生服务机构门急诊人次超过门急诊总量的52.4%。城区公立社区卫生服务中心发挥示范作用，提升社区卫生服务的水平。社区卫生人才队伍建设不断加强，市立医院建成卫生部全科医师培训基地，省内率先启动全科医生规范化培训计划，首批招收的34名学员顺利完成第一年培训，第2批学员也已进入基地学习。建立医院和社区的双向转诊服务通道，由市医院协会与各社区卫生协会签订"双向转诊、契约式服务"协议，从2008年1月起正式实施，促进医院和社区卫生机构合理分工，方便群众防病治病。

六是卫生人才培养和科技水平进一步提升。开展农村卫生服务机构人力资源现状调查，对全市403个农村社区卫生服务机构、3970名农村社区卫生服务工作人员进行了系统调查。建立300万"科教兴卫"专项资金，制订《苏州市"科教兴卫"专项资金管理办法》，完成了资金测算工作，用于资助苏州市区医疗卫生单位的市级以上重点学(专)科建设、人才培养和引进，科技创新、实用型新技术引进和推广，奖励在科技、人才培养工作中作出显著成绩的卫生技术人员和管理人员。加强卫生人才的培养，启动第2批全科医师规范化培养计划，对首批培训中的全科医师教学培养工作跟踪指导，开展全科医生、社区护士及乡村医生岗位培训，组织住院医师临床技能计算机考核。推进继续医学教育管理工作，开展继续医学教育社区行活动，被省厅确定为社区继续医学教育试点城市。

七是卫生信息化建设快速推进。2007年，全市社区卫生信息化建设大力推进，继张家港市率先建成社区卫生服务信息平台以来，常熟、吴江、昆山、吴中等市、区也相继规划建设。苏州古城区社区卫生服务机构全部安装统一开发的社区卫生服务软件，在省内率先实现区域内医院和社区卫生机构间信息传输。社区药品政府补贴信息管理系统建成，实行医保收费系统与社区卫生服务系统信息共享。建成社区特困人群医疗救助信息管理系统，规范老年居民体检管理信息系统，体检机构信息上传合格率达97%。承担国家妇幼信息平台示范项目建设。建立民营医疗机构统计信息定期报送制度，建成医疗机构基础数据库，开展医疗机构登记注册信息清理工作。推进农村合作医疗信息系统建设，建成计免管理、职业卫生监测信息管理系统软件。推进医院信息工作数字化建设，扩大医院信息系统覆盖面，积极建设数字化医院。

八是行风和文化建设取得进展。2007年，全市卫生系统切实加强医德医风建设，组织"白求恩"杯竞赛，开展廉政文化示范点创建活动。推进政务公开、院务公开工作，完善二级以上医院医疗费用等信息公示制度，提高医疗服务透明度。认真落实党风廉政建设责任制，深入治理医药购销领域商业贿赂，建立药品用量动态监测制度。加强药品集中招标采购工作，有20家医疗机构在省平台上进行网上采购，采购药品4152种，总计8.7亿元，列全省前茅。全市98家医疗机构实行药房协管。2007年，在全市纳税人评议政风行风活动中卫生系统综合满意率达97.78%，社会测评满意度97.41%，分别比上年提高了1.41%和1.88%。卫生文化建设实现重大突破，市卫生局大合唱《心里装着谁》在市级机关"倡廉政、创和谐、迎盛会"大型主题歌会上获得"优秀演出奖"；市卫生局编创的节目"乐为农家添春光"，两次赴京参加卫生部文艺汇演，荣获最佳节目奖，受到吴仪副总理、卫生部陈竺部长、高强书记等领导亲切接见。

【爱国卫生】 2007年，全市开展爱国卫生运动55周年纪念活动，组织"洁净家园、讲究卫生，从每个家庭社区做起"系列活动，开展爱国卫生月、世界无烟日、相约健康社区行和亿万农民健康促进行动、"城市因您而更精彩"卫生健康新使者灭蚊行动等大型活动，苏州市顺利通过省级灭鼠先进城市复查。全市还加强国家卫生城市长效管理，深化卫生镇村创建，创建国家卫生镇3个、省级卫生镇1个、省级卫生村50个，全市已有53%的镇、67%的村建成国家卫生镇、省级卫生村。

【医疗救助】 2007年，全市增设7家社区困难人群医疗救助点，基本形成并逐步完善了由公惠医院、4个协作机构和7个社区医疗救助点组成的医疗救助体系。市区对困难人群门诊药费及其他医疗费用减免70%，住院费用减免80%，尿毒症病人门诊透析费用减免达95%，恶性肿瘤、白血病门诊化疗费用减免达90%。市区累计办理医疗救助卡14420人，低保边缘人员医疗救助卡1931人。年内有91317门诊人次、5457住院人次在公惠医院就诊时得到医疗救助，救助总额达4318万元。各地建立农村特困人群医疗救助基金，5.7万农村特困人群免费享受农村合作医疗保险待遇，医药费用结报比例比其他参保人员提高约20%，年内救助金额超过1000万元。

【支医工作】 2007年，全市深入开展城市卫生对口支援农村基层卫生工作,《关于进一步加强城市卫生支援城乡基层卫生工作的意见》下发,明确苏州对口支援工作的目标任务、专业分科及服务时间规定等内容。共有支援单位41个,受援单位146个,已支援131个,覆盖率89.73%,累计派出医务人员约600余人次。同时,有10所市级以上医疗卫生单位对口支援宿迁市县级以上单位12家,昆山等5个县市对口支援当地乡镇卫生院。当年,各地各单位向宿迁投入资金20.4万元,捐助医疗物资等折价约104.3万元,人才培训390余人,免费接收人员进修培训20余人次,派出医疗队赴宿迁24人次,并组织医疗、管理专家到宿迁现场义诊、开设讲座、疑难病例讨论及指导。

【健康城市试点工作】 开展健康镇村试点建设已经明确列入国务院批转的卫生事业发展"十一五"规划纲要之中。2007年,全国爱国卫生运动办公室决定开展健康城市(区、镇)试点,苏州市及张家港市被选为全国试点城市,苏州多年来致力于建设健康城市的工作成效被肯定。

【农村社区卫生服务体系逐步健全】 2007年,全市建成农村社区卫生服务中心118家、社区卫生服务站946家,人群覆盖率达100%,受到群众普遍欢迎;95%以上乡镇卫生院增挂社区卫生服务中心牌子,全面履行六位一体职能;所有镇均实行镇村一体化管理。全市4189名乡村医生在全省是率先基本解决养老保险问题。

【12320公共卫生公益电话开通】 苏州市12320公共卫生公益电话于2007年10月19日开通运行,主要接受突发公共卫生事件的投诉举报、重大传染病防治咨询、健康保健咨询、公共卫生法律、法规和政策咨询。另外,配备4名咨询员,50余位医疗卫生专家入座,随时解决疑难问题,大部分咨询电话当场解答,市民较为满意。

【医政管理】 医院管理年活动。根据卫生部医院管理年活动要求,2007年,《苏州市二级医院医院管理年活动考核细则》制订,苏州市卫生局对全市二级以上医院进行督导和年终质量督查,注重加强质控中心的管理,各质控中心在健全组织的基础上,制定完善管理规范或建立质控网站。

【公立医院持续发展】 2007年,全市公立医院持续发展。张家港市第一人民医院异地新建完成,正式执业。江苏盛泽医院于2007年11月奠基,昆山市第一人民医院开发区医院新建工程启动。预期投资3.8亿元的苏州市中医院迁建工程已顺利启动,张家港市中医医院扩建项目动工,苏州大学附属第一人民医院血液中心建设也已经市政府同意并进入前期准备阶段,苏州市立医院本部门急诊大楼新建预算方案已同意,吴江中医医院和昆山市中医医院新门急诊大楼门已相继启用,吴中中医院门急诊大楼即将竣工,太仓中医医院的建设也已制定了规划,苏州市广济医院与高新区安康医院顺利整合。

【多元化办医格局逐步形成】 2007年,全市已执业的民营医院53家,占医院总数的50%,总床位达4000张,占总医院床位的19.52%;其中综合医院33家,床位3098张;中西结合医院2家,床位306张;专科医院18家,床位599张。全市大于200张床位综合医院共20家(市区7家),占综合医院总床位的81.43%。

【平安医院创建】 2007年,《关于开展平安医院创建活动的实施方案》下发到全市各地,"市平安医院创建活动协调小组"成立。在"苏州和协医疗纠纷调解中心"基础上,"苏州和协医患纠纷人民调解委员会"成立。医疗责任险工作推进,全市参保医疗机构已达152家。《苏州市医患纠纷预防处置暂行规定》制定,二级以上医院警务室全部挂牌成立。

【妇幼保健】 外来孕产妇限价定点分娩:2007年,苏州市将外来孕产妇的限价定点分娩纳入政府实事工程。苏州市立医院北区等5家市区医院和各市确定的19家医院接收外来孕产妇限价分娩。凡持外来人员暂住证、个人身份证、居委会无固定职业证明以及经济困难的外来孕产妇均可享受限价定点服务,基本服务项目包括限价150元的系列产前检查、限价800元的平产住院分娩或限价1500元的应急剖宫产。2007年共为外来孕产妇1738位提供限价分娩服务、1003位提供限价产前检查,降低了外来孕产妇的健康风险,受到了社会好评。

【医药产业发展】 2007年,全市医药产业继续保持良好发展势头,全年实现工业总产值139.3亿元,比上年增长21.1%,利税总额20.14亿元,比上年增长33.92%,利润总额11.79亿元,比上年增长12.68%,工业销售收入126.94亿元,比上年增长17.57%,商业销售收入71.01亿元,比上年增长19.23%。吴中集团、惠氏制药、葛兰素史克、卫材等企业继续荣登全市100家纳税大户光荣榜。

无锡市医疗卫生

【概况】 2007年,无锡市各级卫生部门坚持科学发展观,高度重视民生问题,积极完善惠民政策,把卫生事业转向以人为本、全面协调可持续发展的轨道,各项工作成效明显,全市卫生事业呈现良好的发展态势。

社区卫生工作深入发展。2007年,市委、市政府出台《关于加快区级卫生资源整合,大力推进社区卫生工作的意见》、《无锡市城市社区卫生服务机构设置和编制标准实施方案》等文件,明确社区卫生服务中心"人、财、物"三独立和建设标准,推进实施社区卫生服务机构药品"零差价"销售、统一配供和社区卫生"首诊制",建设市民健康信息系统。市、区两级财政按常住人口每人每年23元标准补助。各地卫生部门以“社区卫生服务内涵提升年”活动为契机，开展机构规范化建设和人员培训。新增江苏省社区卫生服务先进区4个、省级示范社区卫生服务中心9个。社区居民就诊率48.8%，60周岁以上居民健康档案建档率93%，70岁以上居民免费体检率63%，社区卫生服务中心人均门诊费用89元，居民综合满意率94.1%。

农民健康保障能力显著增强。实施农民健康工程。设立农村公共卫生服务专项资金3339.91万元。开展健康教育入户宣传35.6万次，实行一类疫苗农村居民免费接种100.65万人次，完成早孕建卡1.2万人次，妇女病普查8.15万人次，35岁以上就诊人群首诊测血压57.16万人次。深化新型农村合作医疗制度建设，全市农村参加农村合作医疗的比例达99.63%，比上年增长25.3%。参加合作医疗的农民住院人均结报补偿1762.46元，比上年提高9.55个百分点；住院实际补偿率34.95%，比上年提高8.03个百分点。全年完成门诊医疗费用补偿230.76万人次，比上年增加135.04万人次，增长141.07%；补偿支出比上年增加5855.06万元，增长204.87%。

【卫生镇村创建工作成效显著】 2007年，全市卫生镇、村创建工作取得显著成效，江阴市新桥镇，宜兴市和桥镇，锡山区东亭镇、东北塘镇、羊尖镇，惠山区前洲镇，新区硕放镇（街道）等7个镇被国家爱卫会命名为国家卫生镇；江阴市周庄镇、长泾镇，惠山区洛社镇创建国家卫生镇工作通过省级考核；宜兴市杨巷镇、徐舍镇、万石镇，锡山区安镇镇和新区鸿山镇等5个镇建成江苏省卫生镇。惠山区、锡山区均实现江苏省卫生镇“满堂红”。行政村积极开展省卫生村创建活动，74个村被江苏省爱卫会命名为江苏省卫生村，83个村创建江苏省卫生村工作通过市级抽查。全市建成4个无锡市卫生街道和47个无锡市卫生社居委，10个单位建成江苏省爱国卫生先进单位。

常州市医疗卫生

【卫生事业】 至年末，全市共有各类医疗卫生机构1180个，其中医院116所，门诊部（所）433个；有卫生技术人员1.85万人，其中执业（助理）医师8570人，护师、护士6150人。全市每千人拥有卫生技术人员5.18人、医生2.4人、床位3.92张。

公共卫生体系建设不断推进，全市建成城市社区卫生服务机构75个，其中社区卫生服务中心23个、服务站52个。社区卫生服务中心以街道为单位覆盖率100%，城市居民人口覆盖率达88%以上，覆盖面居全省第二。年末有社区卫生服务中心（站）587个、省级卫生镇42个、省级卫生村200个。全市无偿献血率达100%，成分输血率连续五年保持全省第一，获全省无偿献血先进城市称号。建成全省先进的120急救指挥卫星定位系统、120急救病人预先告知系统，实现全市120急救网络院前院内无缝连接。

农村卫生服务条件进一步改善，新型农村合作医疗参保人数202.25万人，参保率99.3%。人均筹资标准105元。全市建成农村社区卫生服务中心74个、社区卫生服务站493个，其中市级农村示范社区卫生服务中心24个。

镇江市医疗卫生

【卫生机构】 全市各级各类卫生机构910个，比上年减少58个，主要是卫生所医务室等合并改建为社区卫生服务站。其中隶属于卫生部门的有137个：医院32所，比去年减少1所，原南徐医院改为润州区宝塔路社区卫生服务中心，卫生院70所，妇幼保健院（站、所）6个，疾病控制中心7个，卫生监督（检验）机构7个，比去年减少1个，取消镇江港长江监督所；其他卫生单位15个；其他部门诊所、医务室、卫生所和社区卫生服务站773个，比去年减少56个。全市实有病床8566张，比上年增加80张，其中医院病床5784张，比上年增加5张，占全市病床总数的67.52%。综合医院、中医院和卫生院分别有病床4004张、600张和2511张，分别占病床总数的46.74%、7.00%和29.31%。平均每千人口医院床位3.19张，比去年增加0.03张。全市有卫生人员16692人，比上年增加27人。其中卫生技术人员13738人，占人员总数的82.30%，全市每千人拥有卫生技术人员5.11人。全市有执业（助理）医师5617人，注册护士4320人，每千人拥有执业（助理）医师和注册护士分别为2.09人和1.61人。隶属于卫生部门的137个卫生机构有卫生人员14238人，比上年增加270人，占人员总数的85.30%。其中卫生技术人员、其他技术人员、管理人员和工勤人员分别为11284人、753人、1046人、1155人，分别占人员总数的79.25%、5.29%、7.35%、8.11%。

【城市医疗保险】 截至2007年底，全市社会医疗保险参保人数达238万人，较上年底增加9万人，人口覆盖率达87.5%，比上年提高了2个百分点。其中，职工基本医疗保险参保64.57万人，较上年底净增6.01万人，城镇医保覆盖率超过省定小康目标。市直参保人口69.17万人，较上年底增加6.24万人，5.9万名老人和8034名救助对象通过政府资助进入医保体系，基本做到了“应保尽保”。全年参保人员医疗费用增长12%，其中个人支付增长4%，基金支出增长13.5%；医保基金用于社区药品“零差率”补贴1130万元。全年在社区卫生服务机构就诊人数增长51%以上，社区就诊量同比增长40%以上，医疗费用增幅54%(不含“零差率”补贴),其中慢病病人就诊量上升3倍以上。居民选择社区门急诊的比例达40%,门诊和住院平均医药费用分别为77元和2562元,比二级以上综合医院分别低14.4%和49.5%;居民对社区卫生服务满意率达90%以上。

【创建文明卫生城市】 2007年,全市加大国家卫生城市复查整改力度,不断完善长效管理机制,城市卫生管理水平有新的提升。各级各部门高度重视,强化组织领导。由卫生部门牵头,从市委组织部、纪委、城管、工商、公安、建设、环保、疾控、监督等部门抽调人员实行集中办公,并多次召开整治推进会、督查通报会,全力推进整改任务的落实。创建突出重点,开展专项整治。针对市区卫生死角和重点问题地区,成立“五小店”、河道、环境卫生、农贸市场、建筑工地五个专项整治组,制定《迎接国家卫生城市复查工作方案》和专项整治方案,下达整治任务130项,开展专项整治活动。进一步强化考核,落实工作职责。制定出台《镇江市国家卫生城市长效管理考评办法》和《考评计分细则》,组成考评组,对各区和相关职能部门创卫长效管理工作每天进行检查考评,每月通报考评和得分情况,政府拿出300万专项资金用于考评奖励。各辖市区、各部门层层落实工作责任机制,全面完成整治任务。不断加大投入,完善基础设施。对江滨市场、黄山市场进行了升级改造。先后投入1100多万元购置了道路清扫车、高压洒水车、压缩式垃圾运输车等220多辆清扫保洁车辆,新建和改造垃圾中转站4座、公厕20座,市区主干道增添新型果壳箱430个,将焦山公园、镇江影剧院等4座公厕打造成临街景点式公厕。对市区河道进行了全面清淤疏浚换水,对河道周边环境进行了整治。成立专业工作小组,按照标准对10个片区的“五小店”开展达标整治。经过努力,镇江市顺利通过2007年国家卫生城市的复审。

(李劲提供)

扬州市医疗卫生

【综述】 扬州市2007年卫生基本情况表

	数量	与上年比增长数	与上年比增长率(%)		数量	与上年比增长数	与上年比增长率(%)
卫生机构(个)	2071	-211	9.25	卫生人员(人)	25884	2394	10.19
医院(个)	207	6	2.99	卫技人员(人)	22077	1745	8.58
床位(张)	13588	18	0.13	乡村医生(人)	2334	-681	-22.58
医院床位(张)	13033	103	0.80	个体开业人员(人)	797	-277	-25.79
平均每千人口医院床位(张)	2.84	-0.13	-4.38	平均每千人口卫技人员(人)	4.81	-0.31	-6.05

人口	总数(万人)	459.25
	出生率(‰)	8.07
	死亡率(‰)	8.92
	自然增长率(‰)	-0.85
医疗服务	诊疗总人次(万)	1414.06
	门诊人次(万)	1121.71
	急诊人次(万)	75.63
	入院总人次(万)	28.50
	出院总人次(万)	28.72

卫生费用	卫生事业费(万元)	22604.61
	卫生事业费与上年相比增长率(%)	7.77
	卫生事业费占财政支出百分率(%)	2.38
	卫生系统固定资产(万元)	238812.13
	卫生系统基建投资(万元)	28746.48
	平均每一门诊人次医疗费用(元)	105.15
	平均每一出院病人医疗费用(元)	4770.18

【社区服务】 2007年,扬州市政府先后召开全市社区卫生工作会议和流动现场会,出台加快农村社区卫生服务体系建设的意见、推进城市社区卫生服务工作实施意见和城区社区卫生服务机构设置规划等多个规范性文件,明确社区卫生服务建设相关政策,建立投入补偿机制。市卫生局修订《城市(农村)社区卫生服务中心(站)设置标准》、《社区卫生服务中心(站)工作制度》、《农村社区卫生机构绩效考核办法》等文件,促进了社区卫生服务机构规范建设。全市城乡共建成社区卫生服务中心67个、社区卫生服务站553个,城市社区卫生服务中心(站)覆盖率达86%以上。农村社区卫生服务中心(站)覆盖率达50%以上。广陵区基本实现创建省级社区卫生服务先进区工作目标。认真执行城市医院支持农村和社区卫生服

务机构制度，制定下发《城市社区卫生服务中心与市级医院双向转诊暂行办法》，全市共有23个市（县）级医疗卫生单位安排医生451人，对口支援107个基层医疗卫生服务机构。有168名城市社区全科医生、社区护士和2749名农村卫生技术人员接受专业培训。

【农村合作医疗】 全市建成网络结报中心5个、乡镇结报终端95个、单位结报终端109个，逐步形成以县（市、区）为单位，县（市、区）合管办为中心，乡镇合管办和定点医疗单位为终端的网络化结报体系。实行新农合基金的封闭运行，以县（市、区）为单位，统筹管理新农合资金，成立新农合监督管理委员会，健全监管机制，杜绝新农合资金体外循环。全面实行新农合年度财务审计监督制度，自下而上实施新农合资金审计、公示，强化社会和群众监督。实行社区卫生服务机构药品集中招标采购，统一配供。2007年全市新农合覆盖率达96%以上，农民人均筹资标准达53元/人，其中维扬区新农合大病统筹筹资标准达100元/人。全市新农合筹资总额13524.28万元，其中各级财政补助8881.25万元，农民自筹4643.03万元，农民在合作医疗实际报销13560.83万元，实际受益比例为21.88%，受益面达53.50%。

【公共卫生建设】 善疾病预防控制网络直报体系，建成网络直报点186个，市疾控中心疫情管理质量连续7个月列或并列全省第一。制定应急宣传方案，举办应急宣传培训，开展应急演练，提升了突发公共卫生事件应急处置能力。各级疾控、卫生监督及医疗机构继续增加投入，添置公共卫生设施，提高卫生防病能力与水平。加强专项资金筹集，注重规范管理，强化考核评估，农村基本公共卫生服务项目稳步实施，覆盖人口317.78万人，投资总额1980.90万元，其中省补518.40万元，地方配套1462.50万元。围绕艾滋病、结核病、血吸虫病、乙肝等重点疾病预防控制工作，实施防控策略，落实防控措施。启动高邮湖区综合监测项目，完成国家人禽流感监测系统评价工作。仪征市血吸虫病传播控制工作通过省考核。卫生部在扬召开全国渔船民防制血吸虫病、公厕建设项目现场研讨会，全面推广扬州加强渔船民粪便管理的经验和做法。修订完善《行政执法责任制》、《卫生行政处罚案件管理补充规定》等规范性文件。先后组织放心早餐工程、集体食堂、超市自制食品卫生突击检查和节日市场食品卫生安全检查、餐饮业、生猪肉、月饼等食品卫生专项执法检查，食品卫生行政处罚案件1650起，结案1648起，没收违法所得21户次，金额34413.90元，罚款1131户次，金额3823670.60元，强制执行案件1起，取缔非法经营活动156户。县城以上餐饮单位食品卫生量化分级管理实施率达97.80%，索证制度建立率95%以上。圆满完成"烟花三月"国际经贸旅游节、世界运河名城博览会及第十八届亚洲乒乓球锦标赛等重大活动的食品及医疗卫生保障任务。召开全市改厕动员大会、血防重点村改厕工作推进会，编发督查通报，全面推进农村改厕工作。全市新增无害化卫生户厕4.60万户，新建房无害化卫生厕所配套率达95%以上。新建成国家卫生镇（县城）3个、省级卫生镇4个、省级卫生村13个，其中宝应县被命名为"国家卫生县城"，实现了县（市）国家卫生城零的突破；全市累计建成国家卫生镇4个（另有1个通过省考核）、省级卫生镇29个、市级卫生镇50个、省级卫生村75个，国家卫生镇、省级卫生镇总数分列全省第三位、第四位。国家卫生城市成果巩固工作顺利通过全国爱卫会调研督导，受到通报表扬。"亿万农民健康促进行动"通过省级督导评估，"健康扬州社区行"活动深入持久。开设全省首家免费公益性心理健康咨询室。全市农村中小学健康教育开课率达100%，健康教育普及率达90%以上。全市甲乙类传染病发病率为189.43/10万，儿童计划免疫"四苗"覆盖率达98.60%，孕产妇死亡率为5.26/10万，婴儿死亡率为5.19‰，居民群众健康保健与生命安全得到有效保障。

【中医中药报务】 深入开展中医医院管理年活动，加强中医药重点专科建设、人才队伍建设和内涵建设，提升中医药服务能力。先后建成市级中医重点临床专科17个、特色专科26个，组织乡镇中医临床骨干和县以上优秀中青年中医骨干参加省培训。推进中医药适宜技术进农村、进社区、进家庭。市中医院开展"中医活动特色月"活动，通过国家重点专科建设评审。中医药参与新农合和社区卫生服务试点工作进展顺利。江都市加强乡镇社区卫生服务中心（卫生院）中医特色专科专病建设，高邮市试行农村基层中医药人员"师承"教育，促进农村中医药队伍建设和工作发展。

【医疗质量管理】 继续加强《医疗机构管理条例》等法律法规宣传培训，增强医院和医务人员依法管理、执业、守法经营意识。严格执行机构、人员和技术准入制度。深化"以病人为中心"、"以质量和安全为核心"的医院管理年活动，落实13项核心制度，保证医疗质量和安全。狠抓"三基三严"训练，提高医务人员规范意识、质量意识和安全意识。加强院前急救工作能力和水平建设。优化服务流程，方便病人就医。加强医疗废弃物统一集中处置督查，杜绝医疗废物污染，全市有100多家医疗机构实现医疗废弃物无害化集中处置，其中市区医疗废弃物全部实行集中无害化处理。以传染病防治、口腔器械消毒、医院消毒质量等为重点，制订专项行动方案，不断开展打击非法行医活动。先后组织卫生执法人员200多人次，采取分组抽查、突击检查和夜间巡查等方式，共检查医疗卫生机构307所，进一步规范了医疗行为。苏北医院、妇幼保健院、急救中心、南方协和医院等医疗单位的基础设施建设工程完成预期目标，传染病医院建设进度明显加快。邗江区建成区公共卫生中心。

【科技人才建设】 积极实施"十一五"卫生科技发展规划，加强卫生科技人才队伍建设，共立项卫生科研项目14项，引进医学新技术项目40项，申报市科技进步奖项目82项，入选省"科教兴卫工程"医学重点人才2人；开展继续医学教育培训6000余人次，积极组织社区全科医生、社区护士等专业培训活动，完成城市社区全科医师106人、社区护士62人和农村卫生技术人员2749人的岗位培训任务。组织250名乡村医生补注册执业资格考试，完成2873名城市社区及农村卫生技术人员合格证书核准和验印工作，医疗卫生服务水平有了新的提高。

【卫生为民惠民】 积极开展药品、耗材网上限价询价集中采购工作，公开医疗收费项目和标准，完善门诊通用病历"一本通"、部分医学检验检查"一单行"制度，规范医疗服务行为，简化就医环节。实施"药占比"和平均医药费用双重控制，全市

29 个县及县以上医疗机构平均“药占比”为 47.45%,每门诊人次平均收费为 114.65 元、出院者平均医药费用为 6011.26 元,比上年分别增长 -0.12%、-1.38% 和 5.99%,其增幅与当年当地城市居民人均可支配收入增长 16%、农民人均纯收入增长 11.80% 相比,均处于较低水平,医疗费用持续增长势头得到有效遏制;全市二级以上医院通过限价询价集中采购药品、耗材达 5.02 亿元,让利给患者 5000 万元以上;实行 22 个单病种限价收费,医疗费用下降幅度最低为 5.35%,最高为 34.27%。市惠民医院共救助特困对象 7100 人,救助人次达 10780 人次,救助总费用 345 万余元,总减免比例达 68.30%,救助人数、人次、费用均较上年有明显增加;低保患者平均住院费用和普通病患者门诊费用分别为 5403 元、72 元,较市区医保患者分别低 34.90% 和 30.80%。全市惠民门诊 26.24 万人次,减免费用总额 373.46 万元。先后投入 863.07 万元,落实艾滋病、结核病、血吸虫病和“三无”精神病患者等继续治疗、检测费用减免政策。其中,投入 33.58 万元对 11 名艾滋病病人实施免费抗病毒治疗和 860 人免费检测;投入 195.47 万元对 2830 例肺结核病人免费提供结核药品、对 4728 例疑似肺结核病人免费查痰和 3200 例肺结核病人免费摄胸片;投入 70.99 万元补助治疗 16 例血吸虫病晚期病人和对 93486 人进行血吸虫病免费查病;投入 475.78 万元,为 27.34 万名适龄儿童和外来务工人员子女免费接种 7 种一类疫苗;共收治“三无”精神病患者 65 人次,垫支减免总费用 46.65 万元;为企业下岗人员减免体检费用 40.60 万元。

【卫生行风建设】 加大职业道德、职业纪律、执业责任教育和考核力度,落实医院执行财经、法律、财务管理和收费许可证制度,改善医院环境,优化服务流程,建立沟通机制,及时受理、妥善处理患者投诉,构建和谐医患关系。按照“合理诊断、合理治疗、合理用药”规范要求,严格执行医药费用控制指标。建立以“阳光采购”、“阳光收费”等为主要内容、现代电子技术为主要手段的多渠道、多形式、全方位公开接受社会各界监督的平台。“白求恩杯”竞赛 20 周年活动成效显著,并召开大会进行总结表彰。积极开展创建平安医院、规范收费医院、医院管理年等活动,强化医疗服务质量和基础管理,优化医疗卫生服务环境,卫生行业形象不断改善。制定《医务人员廉洁行医规范》等规章制度和实施细则,加强物资、药品采购、基本建设、资金和收费等重点环节管理制度化建设。对重点部门、重点领域、重点人员开展自查自纠,加强对乡镇卫生机构医药购销和医疗服务中不正之风的专项治理和督查。畅通与人民群众、社会沟通交流渠道,主动走进“行风热线”、“党报在线”,倾听百姓意见,接受社会监督。6 月 30 日开通“12320”公共卫生公益电话,接受电话咨询、投诉 400 余个,“公开电话”、“寄语市长”回复和办结率均达 100%。当年交办的 64 件人大代表建议、政协委员提案全部做到主要领导或分管领导登门面答、征求意见。41 名局机关工作人员周六下基层 721 人次,现场指导服务、解决问题 40 多项,收集患者及群众意见建议 430 多条。局领导分组对市区社区卫生、“维护人民健康、维护群众利益”10 项惠民承诺等工作进行调研,与基层居民群众进行座谈,听取意见,受到居民群众高度评价。省卫生厅对苏北医院、市一院、中医院等单位综合满意度函调结果显示,群众对医疗卫生工作的综合满意度分别比年初上升了 13.01%、7.01%、15.32%。市卫生局被省委宣传部等 14 个部门评为“2007 年度江苏省三下乡先进集体”。农村卫生、改厕工作分别得到省政府在扬召开的全省农村卫生工作会议和全国爱卫会在扬召开的全国农村改水改厕工作年会与会代表的充分肯定。

(王　林　朱正文)

【扬州市城市社区卫生服务中心与市级医院实施双向转诊制度】 为提高城市优质医疗资源利用效率,努力提供安全、有效、方便、价廉的社区医疗卫生服务,减轻群众医疗负担,扬州市卫生局按照“分级诊疗、利于患者诊治”的原则,出台《扬州市城市社区卫生服务中心与市级医院双向转诊暂行办法》,进一步规范城市社区卫生服务功能,方便社区居民就近就医,不断完善新型城市卫生服务体系。“办法”明确,社区卫生服务机构和城市医院双向转诊坚持“以病人为中心,群众自愿、诊疗需要、就近方便、平等合作、互惠互利”的原则,通过契约方式明确双方的权利和义务,严格按照规定开展双向转诊,建立健全工作流程和制度,促进社区居民逐步实现“小病在社区、大病进医院、康复回社区”的分级诊疗目标。2007 年 12 月 1 日起,扬州市区的社区卫生服务中心与市级医院全面实施双向转诊制度。

【扬州市开展创建“规范收费医院”活动】 2007 年,扬州市卫生局、纠风办、物价局等三部门联合制定印发《开展创建“规范收费医院”活动的实施意见》和《创建“规范收费医院”考核评分细则》,并精心组织,密切协作,在全市开展创建“规范收费医院”活动。全市先后建成规范收费医院 41 家,其中二级以上医院 9 家、一级医院 32 家,分别占总数的 45%、23.50%。活动初期,选择 7 家不同层次的医院作为试点,建立创建“规范收费医院”基本制度,完善医院价格管理网络,强化制度的执行和考核,细化创建工作标准和考核指标。经过考核,6 家试点医院达标,成为首批“规范收费医院”。在试点基本成功的基础上,召开全市“双创”工作推进会,全市医院纷纷行动起来,通过建立完善创建“规范收费医院”基本制度,建立群众评议医院机制,认真落实抓卫生行风、抓严格管理、抓诊疗合理、抓医患和谐、抓多方监督的“五抓”措施,扎实推进创建工作。经过严格考核,又有 35 家医院达到了“规范收费医院”标准。通过开展创建“规范收费医院”活动,规范了医院的收费和诊疗行为,改善和提高了医疗服务质量,人民群众对卫生行业综合满意度明显提高,社会各界反映医院收费方面的人民来信大幅减少,群众医疗费用支出增幅明显低于收入增长水平。国务院纠风办《纠风工作动态》2007 年第 47 期专门介绍全市开展“双创”活动,努力化解群众“上学难、看病贵”问题的经验做法。(朱正文)

【扬州市疾控中心实行“1123”系列便民措施】 2 月,扬州市疾控中心推出“1123”系列便民措施,即对社会提供 11 项免费服务项目,对 2 类人员实行救助和 3 项收费优惠政策,进一步改进卫生行风,树立卫生部门的良好社会形象。

11 项免费服务项目包括:免费对所有适龄儿童实施一类疫苗的预防接种;免费对艾滋病患者提供抗病毒治疗药物;免费对自愿人员进行艾滋病咨询和病毒抗体检测;免费对艾滋病患者提供诊断性检测和结核病检查;免费对初治、复治涂阳的肺结核病人提供抗结核药品；免费对疑似肺结核病人查痰一次；免费对肺结核病人摄胸片一次和查痰四次；免费对疑似血吸虫病人进行病原学检查；免费对农民提供血吸虫病抗虫治疗药物；免费对具有再就业优惠证的人员进行从业体检；免费对麻风病患者提供抗病原治疗药品。

2项救助政策包括：对晚期血吸虫病人按政策实行救助；对寄养麻风病人实行集中救助。

3项收费优惠政策包括：对下岗再就业者，实行检测检验费减半收取的优惠政策；对开发区内外商投资企业和高新企业，实行食品检验费减半收取的优惠政策；对统一组织100人以上体检的食品、公共场所单位，体检费实行减免10%的优惠政策。

【国家卫生部和省政府先后在扬州召开有关会议或组织视察调研活动】 2007年，全国农村改水改厕工作年会，驻卫生部纪检组、监察局预防和查办案件工作座谈会，卫生部全国渔船民公厕建设项目现场研讨会和省政府全省农村卫生工作会议等会议先后在扬州召开，省委常委、常务副省长赵克志、副省长何权和国家卫生部有关领导分别视察调研扬州的农村卫生、社区卫生、人禽流感防治和"平安医院"等创建工作，对扬州市相关工作给予充分肯定。 （朱正文）

南通市医疗卫生

【医疗机构】 共有卫生机构3601个，其中，医院、卫生院333个，妇幼保健院（所、站）7个，专科疾病防治院（所、站）6个。共有卫生机构床位数2.29万张，万人拥有病床数15.3张，卫生技术人员2.75万人，其中，执业医师和执业助理医师1.16万人，注册护士8271人。共有疾病预防控制中心（防疫站）9个，卫生技术人员415人；卫生监督所7个，卫生技术人员202人；乡镇卫生院277个，床位1.07万张，卫生技术人员9703人。

【获得"国家卫生城市"称号】 10月11日，江苏省卫生厅副厅长胡晓抒宣读全国爱卫会对南通"国家卫生城市"的命名决定。1990年，南通市启动创建省级卫生城市工作，1992年获得"江苏省卫生城市"称号。1997年开始向"国家卫生城市"目标努力，2004年底通过江苏省级调研，2005年4月通过江苏省爱卫会考核，2006年12月通过国家爱卫会暗访调研。南通市始终把创建国家卫生城市工作作为塑造城市形象、改善投资环境、促进经济社会发展和保护人民群众健康的重要载体，坚持不懈地开展。南通市十年创建国家卫生城市的过程，是市民健康水平和素质大提升的过程，是城市投资环境和人居环境大改善的过程，也是以创建推动经济社会大发展的过程。

（张启祥提供）

泰州市医疗卫生

【卫生事业继续加强】 加大对农村卫生的扶持力度，新型农村合作医疗覆盖率达到97.0%，比上年提高3.8个百分点。年末县乡村三级卫生服务网络健全率97.9%，卫生服务人员资格合格率96.8%，社区卫生普及率69.7%，全市卫生服务体系健全率88.1%，比上年提高5.9个百分点。年末拥有政府办医疗卫生机构198个，其中，医院19个；开放病床10921张，其中，医院5572张；卫生技术人员13556人；乡镇卫生院131个，床位5145张，乡村医生和卫生员4470人。

杭州市医疗卫生

【卫生事业健康发展】 推进公共卫生体系和健康城市建设，促进卫生事业加快发展。至2007年末，杭州拥有各类医疗卫生机构2607个，其中医院138个、疾病控制中心15个；拥有专业卫生技术人员4.98万人，其中执业医师2.07万人、注册护士1.75万人；拥有医疗病床3.69万张。社区卫生服务网覆盖城区。全市建立社区卫生服务中心（站）1317个。公共卫生应急处置能力进一步提高。完成区、县（市）急救分中心和市区医疗急救点的设置工作，在全市43个二级以上医疗机构组建应急救援医疗队，设急救站点38个。全市婴儿死亡率及5岁以下儿童死亡率分别由上年的4.87‰、6.73‰下降到4.56‰、6.44‰。

宁波市医疗卫生

【医疗机构】　2007年,宁波市拥有各类卫生机构共有病床位21000张,拥有卫生技术人员3.53万人。每千人(户籍人口)床位数、医生数和护士数分别为3.72张、2.73人和1.91人,分别增加0.14张、0.12人和0.02人。

【农村合作医疗】　2007年,宁波市新型农村合作医疗参合农民370万,参保率96.5%,人均筹资130元,住院有效费用补偿水平36%,筹资、保障水平居全省前列。农村合作医疗人均筹资从去年的100元增加到130元,其中政府补助增加到近100元。住院补偿184652人次,补偿金额41583.96万元,人均补偿2253元,住院有效费用补偿水平为36%。人均筹资、补偿水平均居全省首位。各县(市)、区和大榭开发区均实施和试点基层医疗机构门诊费用10%~20%报销,累计小病门诊受惠2817677万人次,补偿金额3241万元。　(谢敏依)

湖州市医疗卫生

【概况】　2007年末,全市拥有医疗卫生机构1288个,其中医院32家、卫生院96家、妇幼保健院4家、社区卫生服务站656个;等级医院24家,其中三级医院5家;拥有医疗床位8985张;卫生技术人员12703人,比上年增加684人,其中执业医师3886人、执业助理医师1171人、注册护士3439人;每万人拥有医疗床位数35张,每万人拥有卫生技术人员49人,每万人拥有医生20人。

【新型农村合作医疗】　一是人均筹资额和参加率保持较高水平。全市人均筹资水平达到了85元,比上年提高了61.78%。全市共有179.69万人参加合作医疗,参加率达到95.72%。二是农民受益面大幅增加。参保农民人数受益率达61.05%。三是社会力量积极参与医疗救助。美欣达集团出资134万元对全市67名参加新型农村合作医疗的困难农户进行医疗救助,并在市本级设立1000万元的“美欣达农村困难群众医疗救助基金”。四是信息化管理水平进一步提高。农民看病就医实现现场实时结报,吴兴区在所有定点医疗机构(包括社区卫生服务站)全面实施实时联网刷卡报销,其他县区在部分乡镇开展试点。五是农村免费健康体检工程不断推进。全市150.26万的参合农民得到每2年一次的免费健康体检,体检率达到了84.64%,体检农民健康档案建档率达到100%。

【社区卫生服务】　社区卫生服务内涵建设继续深化。一是农村社区卫生服务实现全覆盖。全市城乡67个社区卫生服务中心全面建成,已建社区卫生服务站683个、建站率达到98.70%;其中667个农村社区卫生服务站全面建设完成,农村社区卫生服务网络实现全覆盖。二是社区卫生服务工作质量稳步提升。全市创建省级规范化社区卫生服务中心6个,8%的社区卫生服务站创建为市级“星级站”,并有2家中心集镇社区卫生服务中心(卫生院)被省卫生厅批准创建农村中心集镇示范卫生院。以户为单位,农村社区卫生服务覆盖地区的家庭健康档案户建档率达到了91.47%。三是社区责任医生负责制得到较好落实。按照“六位一体”服务要求,分类别开展定期上门随访、咨询和健康干预服务。四是政府出资定向培养农村社区医生工作全面启动。出台《关于定向培养农村社区医生的工作意见》,从2007年起委托湖州师范学院医学院每年定向培养120名左右的三年制临床医学(社区医学方向)专科生。首批委托定向培养农村社区医生129名,已于2007年秋季入学。本市户籍学生学费由政府买单,并签订协议,毕业后到指定的农村社区卫生服务站工作。

【爱国卫生工作】　顺利通过“国家卫生城市”复评。制订出台了《湖州中心城区环境卫生秩序管理标准》,推进长效管理,巩固创卫成果。深入开展“农村爱国卫生运动年”活动,农村卫生厕所普及率达83.59%城、农户户厕无害化改造率达58%,农村自来水普及率达93.25%,垃圾集中处置率达90%以上。全市新增省、市级卫生乡镇6个,省、市级卫生单位33个,省、市级卫生村40个。

【创建“全国农村中医工作先进市”】　积极推进中医药参与社区卫生服务工作,吴兴区成为国家级中医药参与社区卫生服务示范区;南浔区为省级中医药参与社区卫生服务示范区;全市20个社区卫生服务中心列入“市中医药参与社区卫生服务示范建设单位”。开展省级农村中医适宜技术推广应用继续教育项目3项。85%的社区卫生服务站具有中医药服务功能。大力实施“名医、名科、名院”战略,今年我市首批被批准创建“名院”2所、省级重点中医学科1个,综合医院省级示范中医科1个,省级重点中医专科6个。2007年下半年,顺利通过了国家中医药管理局对我市创建“全国农村中医工作先进市”中期评估。　(洪　流提供)

嘉兴市医疗卫生

【概况】 全市城乡居民共有228.6万人参加了合作医疗保险,其中农村居民新型合作医疗保险参加人数为216.8万,参保率为95.04%,创历史新高。全市城乡居民合作医疗人均筹资额达到125元,列全省前列。嘉善县、嘉兴市区(市本级)分别被评为全国、全省合作医疗先进县(市、区)。合作医疗实时结报工作全面启动,全市已建成合作医疗管理平台7个,县(市、区)合作医疗费用审核全部由计算机完成,4个县(市、区)已完成合作医疗实时结报信息系统建设工作。全市98个乡镇(街道)卫生院(社区卫生服务中心、分中心)中有80个实行了合作医疗费用实时结报,占比为82%,市级医院已全面实行实时结报。农民健康体检工作稳步推进,全市216.68万参保农民参加健康体检,占总参保人数的94.05%。全市上报出生21401人,计划生育率为98.55%,人口出生率为6.37‰,人口自增率负0.46‰,出生性别比稳定在正常范围。

绍兴市医疗卫生

【医疗卫生基本建设全面推进】 全市有各级各类医疗卫生机构3255所。其中,有等级医院28家,疾病预防控制机构7家,卫生监督机构7家,乡镇(街道)卫生院及分院(社区卫生服务中心、站)292家,村卫生室1855家。全市医疗机构年末实际开放床位13630张,平均每千人口拥有床位3.12张;全市有卫生专业技术人员18460人;执业医师和执业助理医师8827人,平均每千人口2.02人;注册护士5690人,平均每千人口1.30人。

【绍兴市急救中心投入运行】 完成了急救指挥系统安装调试,整合市区和绍兴县的院前急救力量,在绍兴市人民医院、市中医院、绍兴二院、附属医院、绍兴四院、绍兴华宇医院等设置了6家市急救中心分站,顺利实现绍兴市区和绍兴县院前急救的统一受理、统一指挥和统一管理。5月18日,市急救中心通过省卫生厅执业验收,专家一致认为绍兴市急救中心软硬件建设达到"全省第一,国内一流"水准。医疗救治应急能力明显提高,至12月底,共受理急救电话79765人次,接诊病人13261人次,反应快、服务好、质量优,得到广大群众一致好评。

【绍兴市人民医院新院等落成启用】 绍兴市人民医院新院、绍兴第二医院门诊大楼、诸暨市红十字医院住院大楼、嵊州市精神病防治院建成投入使用,群众就医环境得到明显改善。上虞市人民医院迁建、新昌县公共卫生中心、新昌县中医院迁建工程等顺利推进。5月份,市政府就成立了由分管副市长担任组长的绍兴市人民医院新院搬迁工作协调小组。10月26日,组织对239名住院病人进行了转送,至晚上10时搬迁工作安全圆满结束。10月28日绍兴市人民医院新院正式启用。新院设置临床、医技科室39个,病区42个,床位1530张。

【无偿献血工作获全国先进】 2007年全市无偿献血38527人次,献血量1241.7万毫升,比去年同期上升14.9%;临床用血量1140.8万毫升,比去年同期上升14.7%,无偿献血率100%。医院临床用血管理和科学合理用血水平不断提高,成分输血率在99%以上。绍兴市荣获"全国无偿献血先进市"称号;绍兴市中心血站获全国卫生系统先进集体,流动采血科荣获全国"青年文明号"称号。

【惠民医院全年服务惠民对象22260人(次)】 继市区、嵊州后,诸暨市2007年也设立了惠民医院。市卫生、财政、民政局联合出台了《关于进一步完善市区贫困群众医疗救助制度的通知》,建立事前救助制度,即改事后救助为实时救助,实现市区困难群众住院"零首付"。绍兴市惠民医院全年共服务惠民对象22260人(次),比去年同期增长64.61%。累计发生医疗总费用1139.04万元,优惠减免总费用为343.41万元,减免比例为30.15%。其中惠民对象住院医疗费用人均减免2762.47元。

【23个单位(社区)被命名为"浙江省卫生先进单位"】 绍兴市区、诸暨市、绍兴县作为国家卫生城市(县城),上虞市、嵊州市、新昌县作为省级卫生城市(县城),都结合实际,以巩固创建成果为重点,通过不断地加强城区道路改造、完善城市污水处理、改建卫生基本设施、落实城市长效管理等措施,有力地促进了城市整体卫生水平的提高。开展群众性卫生检查评比活动。2007年,全市有23个单位(社区)被省爱卫会命名为"浙江省卫生先进单位",41个单位(社区)被命名为"绍兴市卫生先进单位"。

【新型农村合作医疗不断推进】 全市有324.8万人参加合作医疗,农业人口参合率达到94.6%,行政村覆盖面继续保持100%。参合率已连续两年稳定保持在90%以上。

(李月娟提供)

舟山市医疗卫生

【概况】 卫生事业继续加强。2007年末全市有医疗卫生机构407个(不包括村卫生室),其中医院、卫生院76个。医院、卫生院床位3683张,每万人拥有卫生机构床位38.1张。卫生技术人员5396人,其中执业医师2406人,注册护士1721人;每万人拥有执业医师24.9人,注册护士17.8人。全市有社区卫生服务中心43个,社区卫生服务站140个,社区卫生服务人口覆盖率91.1%。 (任爱珍　张　磊)

台州市医疗卫生

【医疗卫生事业得到加强】 公共卫生体系和社区卫生服务网络逐步健全,市医疗急救指挥中心投入使用,浙江恩泽医疗中心开工建设,农村责任医生制度有效落实。年末全市有各类医疗卫生机构1401家,床位14293张,各类卫生技术人员22751人,其中执业医生和执业助理医生9817人。年末每千人拥有卫生技术人员4人,其中医生1.7人。全市有社区卫生服务机构427家。全市孕产妇死亡率5.05/10万,婴儿死亡率5.48‰,其中五岁以下儿童死亡率7.95‰。全年有6.78万人参加无偿献血。开展"农村卫生服务年"活动,全市已创建1430个农民"健康俱乐部",全年有121.93万名农民享受免费健康体检。农村自来水普及率97.2%,卫生户厕普及率77.9%。

马鞍山市医疗卫生

【医疗机构】 年末共有卫生机构307个,卫生技术人员6403人,各级各类医院24家,三级医院2家,二级医院3家,平均每千人拥有医生数2.21人,每万人床位数26.4张。市区卫生事业费财政拨款9134.58万元,占全市财政年度支出2.33%。市区人口平均预期寿命为77.07岁。

【新型农村合作医疗】 出台《全面完善和发展新农合制度的实施意见》,在全省率先建立新农合筹资增长机制。完善农村免费参合制度、大病保底补偿制度、医疗救助长效衔接制度、慢性病评审发证一次办结制度、农合行代发补偿制度、红十字会参与新农合管理制度、新增户超期参合制度等一系列运行管理制度,全面构建新农合制度基本框架体系。全市新农合制度乡村覆盖率达100%,农民参合率达98.98%,高出全国平均水平14个百分点。其中,全市19100位低保、五保等特困农民全部免费参加新农合制度,农民基本医疗保障实现全覆盖。全市新农合年大病补偿受益率为3.19%,平均补偿比例为38.5%,有效缓解了农民因病致贫、因病返贫现象的发生。大力推进标准化村卫生室建设,改善郊区、农村的医疗卫生条件,积极组织开展农村卫生纵向业务合作,协调鼓励城市医疗机构采取多种形式支持乡镇卫生院建设和发展,提高乡镇卫生院的综合服务能力。

【巩固和发展国家卫生城市成果】 全国爱卫会继续确认马鞍山市为"国家卫生城市"、当涂县为"国家卫生镇"。进一步加强爱国卫生组织、制度建设,爱国卫生工作步入规范化管理轨道。成功开展"喜看新变化、全面奔小康、迎接十七大——万人看马鞍山"活动。在农村推行"三清、三改"(即清理垃圾、清理道路、清理沟塘和改厕、改圈、改善环境),推广农村生活垃圾城市化管理,村镇清扫保洁已覆盖到全市574个自然村、10.5万农民。加大除害灭病力度,全年共投入除四害经费15万元,四害密度大幅下降,有效降低了虫媒疾病的发生。

(董昭武　周　宇提供)

上海市城市交通

【概况】 交通运输、仓储和邮政业平稳发展。全年实现交通运输、仓储和邮政业增加值724.58亿元，比上年增长8.5%。

客货运输稳步增长。全年各种运输方式完成货物运输总量78087.58万吨，比上年增长7.6%。旅客发送总量10370.79万人次，增长7.8%（见下表）。

货物运输量与旅客发送量

指标	单位	绝对值	比上年增长（%）
货物运输量	万吨	78087.58	7.6
铁路	万吨	1122.44	-7.4
水运	万吨	41041.00	9.9
公路	万吨	35634.00	5.4
民用航空	万吨	290.14	14.8
旅客发送量	万人次	10370.79	7.8
铁路	万人次	4795.48	7.6
水运	万人次	94.60	39.5
公路	万人次	2872.00	3.2
民用航空	万人次	2608.71	13.0

实施公交优先战略，市民出行条件明显改善。轨道交通进入网络化运营阶段，年内6号线、8号线一期、9号线一期、4号线修复段和1号线北北延伸段等"三线两段"投入试运营。至年末，全市轨道交通线路达到9条，运营线路长度达到262.83公里（含磁悬浮线路29公里），形成环线换乘格局。年内新辟和调整公交线路237条。至年末，全市公交线路达到991条，公交运营车辆1.7万辆，运营出租车4.86万辆。全年市内公共交通客运量45.17亿人次，比上年增长1%。其中，轨道交通客运量8.14亿人次，增长24.1%；公共汽电车客运量26.52亿人次，下降3.2%。年内轨道交通和内环线以内409条公交线路全部实施换乘优惠，日均受惠人次达到90万。

各类民用车辆拥有量持续增长。至年末，全市拥有各类民用车辆253.6万辆，比上年增长7%。其中，汽车拥有量119.7万辆，增长11.8%。其中，私人汽车拥有量61.29万辆，增长20.3%。

南京市城市交通

【概况】 2007年,南京交通运输仓储业完成增加值190亿元,按可比价计算,增长12.2%。全市各种运输方式共完成客运周转量308.88亿人公里,增长13.7%;货运周转量1786.45亿吨公里,增长4.7%。完成货物运输总量19861万吨,增长7.9%。其中,铁路运输1080万吨,下降1.5%;公路运输12686万吨,增长12.8%;水路运输6077万吨,增长0.6%;民航运输18.01万吨,增长18.4%。港口货物吞吐量11612万吨,增长8.2%。其中,外贸吞吐量725.8万吨,增长2.4%;港口集装箱吞吐量105.6万标准箱,增长31.9%。完成旅客运输总量24809.9万人次,增长12.1%。其中,铁路运输1794.2万人次,增长19.9%;公路运输22212万人次,增长10%;民航运输803.05万人次,增长28.1%。年末城市地铁营运车辆300标台,全年完成客运量8015.56万人次,增长38.3%。

交通基础设施建设再创新高。市交通局全年完成建设投资52.88亿元,首次突破50亿元大关,增长8.7%。宁常高速公路南京段建成通车,宁杭高速公路二期工程全年完成投资7亿元,绕越高速公路东南段完成投资7.14亿元。江北沿江高等级公路、地铁二号线工程、纬七路长江隧道工程、城市快速内环北线西段分别完成投资0.51亿元、18.19亿元、7.86亿元和4.88亿元。全市公交运营车辆总数6926辆,增长11.8%;出租车9997辆,增长7.9%。南京港乌鱼洲锚地扩建工程完工。长江南京至浏河口段数字航道与智能航运示范工程建设5月开工,为长江航道管理实现现代化奠定基础。公路重点工程快速推进,全市高速公路、一级公路通车里程双双突破400公里。秦淮河复线船闸工程开工建设。西坝港区通江集作业区液体化工码头一期工程,龙潭港区二、三期工程,板桥港区梅山成品码头工程等7个项目基本完工,新增泊位14个,新增年通过能力约2000万吨。

交通发展规划适度超前。编制完成《南京交通发展白皮书》、《南京港总体规划》、《南京市干线公路网规划》、《南京市农村客运站建设规划》、《南京市公路、水路交通科技"十一五"发展规划》等。开展项目前期工作,南京禄口国际机场历时2年,通过国内规划专家反复咨询论证,完成机场总体规划,上报国家民航总局和江苏省政府审批。

推进公平公正,不断优化交通行业服务管理。市交通局制定强化行政执法系统作风建设、提升行政效能指导意见等,交通执法服务更加规范化、制度化。出台交通10项便民措施,减少办事环节,简化办事程序,工作效率提高。对五大类34项轻微交通违法行为不予处罚,减轻群众负担。以"数字交通"为核心的交通科技驱动、支撑作用进一步彰显,市交通系统全年12项科技成果通过省、市鉴定,8项达到国内领先水平,再创历史新高,3年打造"数字交通"目标基本实现。信息资源全面整合,形成以"一库、一网、一号"(交通基础数据库、南京交通网、96196热线电话)为基础,以电子政务公开、行政综合执法、工程综合管理、公众便捷出行、行业安全监管、行政效能监察等六大系统为核心的交通数字化综合管理服务平台,确保权为民所知,为民所用。民航江苏监管办全年监察检查178次,停机坪检查飞机102架次,受理消费者有效投诉15件,均妥善处理。

改善运输市场环境。市交通局推进客运班线公司化改造,市县际班车公司化改造率达92%。调整运力结构,加快发展道路运输服务业,扶持港口物流发展,推进道路货运市场诚信体系建设,开展客运市场创建活动,全市综合运输服务水平显著提升。《南京市道路客货运输管理办法》列入地方政府规章立法项目。治理车船外挂工作取得成效,运输市场源头管理、合力管理、长效管理进一步加强,运输市场秩序有效改善。交通规费征收突破历史,全年完成各类交通规费征收19.14亿元。交通便民利民服务又上新台阶。全年完成农村四级以上公路建设561公里,改造县道危桥35座。全市行政村100%通水泥路,99.1%通农村班车,100%建客运站亭。开辟公路客运票务新渠道,启用农村客运班线联网售票系统、南京—滁州公路客运联网售票系统、刷卡电话自助售票系统,方便市民出行。完成交通服务窗口标准化建设,实施客运窗口双屏双显工程,提升交通服务水平和形象。

增强交通服务保障能力。重点工程质量保持领先地位,道路、桥梁、航道维护及水利管理进一步加强。召开公路管理养护体制改革现场会,探索农村公路管养新制,创建全国第一个路政示范县,国省干线公路好路率94%,县道好路率71%,有效保障公路运输需要,春运、黄金周和重要物资运输安全有序,春运工作被中央电视台重点宣传报道。开展"农民工平安返乡"活动,市交通局被海员建设工会全国委员会评为全国先进集体。长江引航中心南京引航站贯彻"为国引航、服务长江"的宗旨和"管理零缺陷、引航零事故、服务零投诉"要求,全年引领中外船舶3977艘次,引航里程93万公里,引航总吨3020万吨。

交通安全形势稳定。市交通局建立122社会救助交通服务台,健全交通系统突发公共事件应急救援体系,成功应对台风袭击等重大突发事件。完善内河水上搜救中心建设,水上生命救助能力进一步提升。推进"平安交通"建设,开展安全专项整治等活动,深化安全隐患排查整治,健全安全生产长效机制,实施"科技兴安"战略,交通安全工作取得成效。南京长江油运公司13艘拖轮创造连续安全航行超50万公里以上纪录。南京海事局保持辖区水上安全形势稳定,未发生船舶污染事故,重点工程水域和水源地保护区域安全无事故。中国民用航空江苏安全监督管理办公室强化安全监管和市场管理,确保江苏民航飞行安全、空防安全,实现江苏民航连续第49个航空安全年。历时两年的西气东输南京段违占违建安全隐患点清理工作全部结束,提前一年完成江苏省政府下达的南京段全线实现"零占压"的整治目标。

交通文明创建活动丰富多彩。开展"学树创"、构建"点线网"体系活动,率先启动"迎奥运、讲文明、树新风"竞赛活动,完善"文明客运、公路、海事、航道网"四网联动的创建格局。交通先进典型不断涌现,"李瑞班"获得全国"五一劳动奖状"先进集体,并被中央文明办集中宣传。"爱心始发站"、交通资讯一线通获得"江苏交通十大服务品牌"。市交通局继续打造"大明路诚信汽修示范街"等交通诚信品牌,精心培育"温情驿站"等新品牌,交通品牌建设由点到面,深入开展。在市行评办调查中,市民对交通满意度为91.9%,提高2个百分点。禄口机场获得全国文明机场称号,同时获得2007年全国最佳服务质量机场、全国最佳购物服务机场、全国最佳餐饮服务机场3个单项奖。南京市水上搜救中心办公室获得全国海上搜救先进集体称号。中交三航局第三工程有限公司先后获得全国水运工程建设优秀施工企业、全国企业文化建设先进单位等称号。 (刘传成)

【南京市交通建设投资控股(集团)有限责任公司】 简称"市交通集团"。依靠政府授权经营运作的资产、资源和赋予的各项职能,发挥政府投融资和资本运作平台的作用,取得显著成绩。

*投融资再创历史新高,保障重大项目建设资金需求。*全年累计完成融资85亿元,超过计划的112.5%,并落实绕越高速公路东南段、基本落实长江四桥两大重点项目以后几年所需全部资会的融资工作。全年累计完成投资52亿元,主要投入地铁、绕越高速公路东南段和龙潭、丁家庄物流基地建设。

*履行投资业主职能,推进重大项目建设。*一是绕越高速公路东南段项目进入全面建设阶段。绕越公路项目在建设模式、设计审查、征地拆迁等7个方面实现创新。9月底,签署工程全线施工、监理合同和廉政建设责任状,标志着绕越高速公路东南段工程进入全面建设阶段。二是长江四桥建设准备工作取得重大进展。四桥工程可行性报告11月获得国家发改委批复,并获得交通部3.96亿元专项补助资金。项目初步设计11月初通过省内预审上报交通部,施工图设计工作全面展开。三是京沪高速铁路及南京南站地区配套投资建设相关工作扎实推进。市交通集团会同市城建集团完成市铁路投资公司工商注册,坚持按照"一路一公司"的原则开展与铁路部门的项目合作。经省政府批准,铁投公司获得合宁铁路等项目的独立股东身份。四是土地收储及房地产开发加快推进。交通集团和铁投公司土地储备分中心获市政府批复后,抓紧研究土地收储工作,以获取收益弥补项目建设资金不足;参与下关三汊河片区改造开发工作,承担滨江大道下关段的建设任务。

*确立市场化运作的战略发展方向,物流业进入健康发展的新时期。*调整"王家湾·丁家庄物流中心"发展战略。市交通集团加快王家湾物流中心无效益的分公司、子公司清理工作;基本建成丁家庄基地,实现王家湾中心向丁家庄基地的整体搬迁,并将丁家庄基地资本金由原来的8000万元增至2.8亿元;与社会资本共同出资1亿元建设货运交易市场;就城市配送项目达成意向性协议。推进龙潭物流基地的市场化开发。2月,市交通集团将龙潭物流基地注册资本增至4亿元;3月,市长专题办公会决定给予龙潭基地多项优惠政策;8月,龙潭保税物流中心出口退税政策正式落实。龙潭基地抓住政策机遇招商引资,金鹰集团二期生物能源等项目正式签约或具备签约条件。

*推动资源整合,交通、物资两大集团实现战略重组。*4月30日,市委市政府召开全市四大集团管理体制调整动员大会,拉开交通、物资两大集团战略重组的序幕。会后,交通集团主动与物资集团进行对接,召开多次管理体制调整工作会议,并成立资源整合、资产重组工作领导小组及其办公室,做好相关衔接工作,完成两大集团的资产重组,推动物资集团下属企业改制。 (赵 涛)

【南京港口】 南京港长江干流岸线总长约196公里。2007年,南京港消化仪长(仪征—长岭)管线开通带来的不利影响,完成货物吞吐量1.16亿吨,增长8.41%。其中,长江港口完成货物吞吐量1.09亿吨,增长7.61%。石油、煤炭、金属矿石、化工原料、钢铁、集装箱六大支柱货种共完成吞叶量9714万吨,占吞吐总量的89.4%,下降2.6个百分点。集装箱货物吞吐量完成940万吨,占吞吐量总量的8.7%,提高1.4个百分点;石油及制品占吞吐总量的29.2%,下降8.5%;其他钢铁、矿石、化工原料等高费率货种比重均有不同程度上升,基本消化石油及制品大幅下滑的不利影响。

煤炭全年完成吞吐量1499万吨,增长13.3%。其中,公用码头完成吞吐量791万吨,增长20.6%,上半年增势迅猛,超过年吞吐量的60%,下半年趋于平缓;企业自备码头完成吞吐量558万吨,增长19%。钢铁全年完成吞吐量1220万吨,增长33.7%。

全年公用码头完成货物吞吐量5569万吨,下降7.88%;企业自备码头完成吞吐量5290万吨,增长30.8%。南京港口集团公司由于面临周边港口较大竞争压力,加上中石化沿江输油管线的开通,原油中转量出现较大回落,吞吐量减少476万吨。企业自备码头由于钢铁、石化等支柱产业产能的扩张和部分单位新增生产能力的投产等因素,出现大幅增长,增加1245万吨。全年企业自备码头货物吞吐量占总吞吐量比重持续上升,由上年的40%增长到48.7%,使南京港货物吞吐量在南京港口集团公司不断下滑的情况下仍能保持增长态势。

内河港口货物吞吐量受制航道影响,增长乏力。今年完成吞吐量754万吨,增长18.2%。

集装箱吞吐量保持较快增长,突破百万标准箱。全年集装箱吞吐量完成105.6万标准箱,增长31.9%。南京港口集团公司依托龙潭港区的优势,密切与轮船运输公司联系,加大航班密度,特别是到洋山的江海支线密度,拓展中上游地区中转箱源,加快货源市场开发,促进南京港集装箱业务的快速发展。

港口外贸吞吐量小幅增长。完成外贸货物吞吐量726万吨,增长2.44%。因为原油、矿石、煤炭等外贸物资运输船舶的大型化,受长江南京段以下航道水深影响,5万吨以上船舶不能满载进港,外贸货源流失严重。南京港口集团公司外贸量继续小幅回落,完成523万吨。下降2.01%;货主码头完成203万吨,增长16.04%。

南京港口建设实际完成投资11.41亿元,为年度计划的142.6%,增长73.1%。南京港铜井港区疏港公路2006年5月开工建设,当年建成通车6.34公里;2007年投资9611万元,完成剩余6.06公里段,实现通车。新生圩港区疏港公路计划新建一级公路约7公里,总投资1.5亿元,2007年开工建设,完成投资2600万元。龙潭港区二期通用泊位工程计划新建4万吨级、3万吨级和5000吨级泊位各1个,2005年11月开工建设,

2007年建成,投入试生产,累计完成投资5.64亿元,为工程投资总量的100%。龙潭港区三期散杂泊位工程2005年11月开工建设,至2007底基本完工,进行试生产,累计完成投资7.1亿元。南京化学工业园西坝港区起步工程计划新建3万吨级泊位1个,2005年底开工,累计完成投资1.37亿元,其中2007年完成7692万元,码头主体工程部分基本完成,正进行罐区部分施工。铜井港区一期工程计划新建5000吨级散杂泊位2个,概算投资1.33亿元,2007年完成投资4600万元,正进行码头主体工程、厂区道路、房建工程施工。板桥港区梅山成品码头扩建工程计划新建5000吨级泊位2个,概算投资4909万元,2007年1月开工建设,至年底,完成投资3071万元,码头水工部分基本完工。龙潭港区三江口改造一期工程计划新建5000吨级泊位2个,至2007年底,累计完成投资4043万元,完工投产。龙潭港区四期工程计划新建3万吨级集装箱专用泊位5个,概算投资20.85亿元,2007年11月开工建设,完成投资2.1亿元。　(计划处　港口处)

【水路运输】 2007年,南京水运业应对市场变化,继续做大做强,加强水运基础设施建设,提升航运能力。5月,长江南京至浏河口段开工建设数字航道与智能航运示范工程,使长江航道管理由人工管理、经验管理向信息化管理过渡。长江南京航道局实现运用GPS导航系统、AIS导航系统、综合导航系统为社会船舶提供导航、社会服务。南京海事局VTS(船舶交通系统)的监控力度、跟踪效能、服务意识、协调和指挥能力得到提升。9月防抗13号强台风"韦帕"期间,VTS实施防台前的预警、台风期间的监控和台风后的疏散,确保"韦帕"过境期间辖区安全无事故。作为交通部、长江二级通信枢纽,长江南京通信管理局实施长江南京至浏河口段数字航道与智能航运示范工程建设中的AIS工程项目,协助长江全线完成汉—宁—申光纤工程丰设备施工、安装、调试,并开通运行。南京油运落实"国油国运"战略,分别在国内两大造船集团订造8艘VLCC油轮。MR(灵便型)船舶数达到12艘,运量占公司货运总量1/3以上。投资建造的首艘3500立方米液化气船投入营运,提升公司在国内液化气运输市场的领先地位,货运量占全国水运量10%左右。投资建造2+2艘5500吨Ⅱ型不锈钢化学品船,拥有国内最大化学品船队。江海集团陆续购进3艘1.6万吨级的海轮进入沿海散货运输市场。内河船舶方面,经确定纳入挂浆机船拆改任务的共有74艘,完成拆解50艘,另有24艘自然流失到外省市。发放到位的政府补贴资金161.5万元。同时,南京市新增营运船舶60艘,新增运力15.4万吨,均按国家船舶建造规范建造。

找寻商机,规避削减运输货源市场变化冲击。2007年对南京港、航两业冲击最大的就是石油运输方式的改变和需求的变化。中石化沿江管线的开通导致港n集Ⅲ原油中转量大幅度下滑;国际市场原油价格处在历史高位且不断创出新高,一定程度上抑制过快增长需求。港口业调整经营应对,南京港继续保持亿吨大港的地位。南京油运经受住管道替代所带来的巨大冲击,相继克服国际油运市场高位回落、燃油和港口费等刚性成本上升等经营困难,加快推进结构调整和战略转型,实施江海重组。做大做强船队,进军欧美市场。南京远洋开通连云港—红海·非洲杂货班轮航线。　(王延庆)

【公路运输】 2007年,全市交通基础设施建设加快推进。公路项目完成投资40.5亿元,交通场站完成投资0.96亿元。公路重点工程快速推进。宁常高速公路南京段、江苏省交通干线公路建设样板工程123省道双牌石至狸桥段建成通车,全市高速公路、一级公路通车总里程双双突破400公里。328国道六合东立交至灵岩互通段改造工程建成通车,累计完成投资7970万元。宁杭高速公路南京段二期工程建设加快推进,完成实物工作量占年度计划123%。绕越高速公路东南段工程进展顺利。新开工重点交通建设项目10个。

公路项目前期工作扎实开展。上海至西安国家高速公路江都至六合段工程可行性报告上报待批,溧水至马鞍山高速公路预可报告通过评估,超前推进浦仪公路、绕越公路东北段、沪宁二通道等高速公路项目的前期工作。会同相关部门完成客运南站总体布局规划,中胜客运站、中华门客运站前期工作有序推进。

*公路养护、规费征收成绩显著。*公路养护围绕"畅、洁、绿、美、安、优"管理目标,全市干线公路路况稳定。探索农村公路管养新机制,创建全国第一个路政示范县,国、省道下线好路率94%,县道好路率71%。完成农村四级以上公路建设561公里,改造县道危桥35座。做到全市行政村100%通水泥路、99.1%通农村班车、100%建客运站亭。计划完成4条共69.8公里的绿色通道建设,完成205国道宁芜线等62.4公里省级文明样板路的创建。推动规费征收从管理型向服务型转变,治理外挂车船取得阶段性成果。全年征收养路费11.25亿元,通行费4.69亿元。

*改善运输市场环境,提升服务经济社会发展的能力。*全市综合运输服务水平显著提升,道路运输服务业实现增加值35亿元,增速超过12%。有营运车辆42837辆,其中营运客车4109辆,货车38728辆;完成公路旅客发运量2080万人次、周转量611.4亿人公里,完成公路货物运输1.27亿吨、周转量75.2亿吨公里,分别增长12.8%和12.4%。推进客运班线公司化改造,完成建湖、宝应、启东等班线88辆乍的改造工作。将中山南路站18条营运线路33辆车调整到相关客运始发站。实施服务质量招投标,投放290辆旅游客车,市县际班车公司化改造率92%。规范运输市场管理,加强运输市场监管力度。《南京市道路客货运输管理办法》列入地方政府规章立法项目。成立客运稽查大队;全市受理违章案件28213起,处理19218起,罚没款2700多万元,没发生一起行政诉讼或复议而撤销的案件。建立24小时值班制度,对投诉案件做到件件有落实,办结率100%。开辟公路客运票务新渠道,启用农村客运班线联网售票系统、南京至滁州公路客运联网售票系统、刷卡电话自动售票系统;全面完成交通服务窗口标准化建设,实施客运窗口售票双屏双显工程,进一步提升交通服务水平和形象。　(交　鉴)

【城市公交】 9月,市政府转发《南京市城市公交优先发展三年实施计划》和《关于优先发展城市公共交通若干政策的意见》,确立全市公共交通发展"规划引领、协调发展,政府主导、政策扶持,市场运作、有序竞争"的原则,提出"通过三年努力,初步构建通达、快捷、安全、环保、优质"的城市公共交通发展目标,明确城市公共交通发展专项资金的来源。从2007年起,在原有补贴政策不变的基础上,市政府每年增加安排安排1亿元资金(暂定3年)用于城市公共交通基础设施建设。

至年底,全市7家公交企业共有营运车辆5312辆(其中空调车1532辆),经营线路382条,线路总长度5858.7公里,总行驶里程3.50亿公里,客运总量9.59亿人次,年客运总收入11.98亿元。

市客运交通管理处加强城市客运行业管理(不包括地铁),全年检查客运车(船)39.52万辆(艘)次,其中出租汽车38.07万辆次,公共汽车1.45万辆次,渡船14艘次;检查公交线路710条、轮渡渡口12处;打击非法营运"黑车"2749辆,处理"黑车"2707辆,处理率98.47%,对市民反映强烈的鼓扬线、玉六线、8路线、浦江线等沿线"黑车"实施专项整治;立案查处服务违章1939件,处理结案1930件,处理率99.54%。所辖7家公交企业全年新辟线路18条(无人售票线路12条,郊区线路6条),调整延伸线路37条,延长16条公交线路的服务时间;更新和新增公交车辆1097辆(更新909辆。新增188辆)。新增亮化站牌101座,候车亭16座,更换门式站牌为新型三角不锈钢箱式站牌300座(近90条支路,298个站点),用新工艺出新门式站牌104座。公交行业满意率88.7%,出租汽车行业满意率86.4%。　(陈　刚)

【物流与联运】 2007年,按照国际化、枢纽型、综合性的发展方向,南京市加快打造基础设施平台、综合交通平台、现代物流平台、产业发展平台,全市物流业取得较快发展。南京港继续保持内河第一大港地位,禄口国际机场国际航空货物运量列全国第五位,长江国际航运物流中心建设全面推进。

物流基地及大项目建设稳步推进。龙潭物流基地保税中心完成7.5万平方米仓库和2.22万平方米堆场建设,年底进行二期工程的拆迁工作;空港保税物流中心外装结束,信息平台正在构建。两仓(保税仓、出门监管仓)紧密施工;中国邮政航空速递物流集散中心开始基础设施和配套工程施工建设;江北化工物流基地龙翔至西坝工业管廊工程及联合全程化学品仓库工程全部完成投入使用;王家湾、丁家庄物流基地完成综合楼内部装修及附属工程的施工,货交平台小专线仓库正在建设;雨花综合物流园引进明发工业原料城、红太阳工业原料城、苏宁物流基地,形成三足鼎立支撑发展的良好格局,全年完成固定资产投资11亿元,明发工业原料城基础设施基本建成,红太阳一期招商态势良好,苏宁物流基地试运营。

载体和龙头企业建设取得良好成效。按照规划编制情况、功能定位、经营状况、资源条件和区位优势、竞争力等方面的要求,经过申报和统一评定,龙潭物流基地、王家湾·丁家庄物流基地、雨花综合物流园3个物流园区被评为省级现代服务业集聚区。5月,根据企业经营状况和在行业中的发展带动情况,南京市认定王家湾物流中心等第一批27家重点物流企业,旨在加快南京龙头物流企业的培育、发展。年底,出台《南京市重点物流企业认定管理暂行办法》。

【铁路运输】 上海铁路局直属站,下辖南京站、南京西站和南京北站3个站。车站管内营运线路总长54.7公里,京沪线(沪宁段、津浦段)、宁启线、宁芜线在此汇合,日均接发列车435列,其中旅客列车255列。全站配有调机9台,担当专用线货车的取送和客车的摘挂等调车作业。车站设客运车间、售票车间、运转车间、南京西站运转车间、南京北站运转车间、货运车间、设备检修车间、梅佳营站、林场站9个生产车间。2007年末,在册职工1641人(女职工465人)。其中,大学本科以上文化84人,大专文化168人,中专197人,技校16人;具有中级技术资格47人(工程师31人、会计师3人、政工师12人、经济师1人),初级技术资格164人。年人均收入37932元增长11.2%。夺取2007年路局春运立功竞赛车务组第一名。黄金周运输实现客发增长名列路局第一,10月1日,创造早下车旅客23万人的历史最高纪录。在路局黄金周和暑运竞赛评比中获得优秀称号。截至12月31日,车站实现行车安全6326天,消防安全2971天。

【航空】 2007年末,江苏民航从业人员7307人,增加743人.其中女员工2317人,增加414人。管理人员1370人(局级11人,处级233人。科级690人,一般管理人员436人);专业技术人员2020人(高级职称60人,中级职称846人,初级职称1115人)。江苏民航固定资产原值88.37亿元,净值65.49亿元。

至年末,江苏民航南京禄门、常州奔牛等7个机场共有营运航线201条,增加16条。其中,南京、无锡至香港、澳门地区定期客运航线各1条;南京、盐城至韩国首尔定期客运航线各1条;南京至大阪定期客运航线1条,南京至新加坡定期客运航线1条,梳邦至南京至塔仆干定期客运航线1条,新加坡至厦门至南京至安克雷奇定期客运航线1条,莫斯科至新西伯利亚至南京定期客运航线1条,南京至梳邦定期客运航线1条;南京至新加坡、名古屋不定期客运航线各1条;南京至曼谷、阿姆斯特丹,南京至乌兰乌特、新西伯利亚、莫斯科,南京至天津、安克雷奇、洛杉矶,南京至安克雷奇货运定期航线各1条。7个机场每周进出港航班2041班,同比增加469班;全年保障各类飞机起降13400架次,增加23866架次;完成旅客吞吐量10754504人次,增长30.3%;货邮吞吐量211305.3吨,增长21%。2007年,江苏民航拥有东航江苏有限公州、深圳航空有限责任公司无锡分公司和常州江南通用航空有限公州、江苏华宇通用航空有限公司4家航空公司。

中国民用航空江苏安全监督管理办公室深入开展"四防"(运行防差错、空中防接近、机坪防相撞、安全保卫防疏漏)活动,强化安全监管和市场管理,保持平稳的航空安全形势。加强安全运行监管力度,完成春运、"五一"和"十一"黄金周、"两会"代表运输保障工作,实现江苏民航连续第49个航空安全年。

【管道运输】 2007年,以"安全年、培训年、消防设备整治年、精细化管理年"统领各项工作,制定完善《生产作业指导书》《心急安全预案》,进行培训和实战演练,提高人员素质和应对突发事件的能力。加强对工程施工场和直接作业环节的安全监督和管理,确保油罐防雷防静电整治、长兴二期工程、石埠桥二期工程、仪征燃油替代工程等重点工程顺利进行和如期投产。仪征燃油替代工程是节能降耗项目,3月9日,仪征站锅炉退出运行,至年底,节约燃油349吨,减少成本79.78万元。"7·7"事件(白沙湾3号油罐遭雷击起火被成功扑灭)表现出输油处应对突发事件的能力,避免重大经济损失和可能造成的政治影响,注重企业、安全、廉洁、礼仪文化建设,"一企一制"改革目标基本实现。被评为中石化管道储运(分)公司安全生产先进单位、安康杯先进单位、文明建设先进单位。

苏州市城市交通

【概况】 2007年,全市交通系统坚持以科学发展观统领全局,紧紧围绕"两个率先、交通先行"的工作要求,全力加快交通基础设施建设,全面履行行业管理职能,着力做好交通运输保障,努力推进苏州交通又好又快发展,为苏州率先基本实现现代化提供了强有力的交通支撑。交通基础设施建设投资强劲,全年完成投资100.9亿元,为年度计划的101.47%。交通行业管理全面加强,水陆运输安全秩序明显好转。运输生产持续增长,全市交通运输服务业增加值达116亿元,同比增长20.6%。全社会水陆客运量4亿人次,旅客周转量达249.9亿人公里。货运量1.2亿吨,货运周转量82亿吨公里。

附表　2007年苏州市全社会运输客、货运量

运输形式	运量指标	2007年	2006年	2007年为上年同期(%)
公路客运量	万人	40163	35182	114
公路旅客周转量	万人公里	2498592	2017035	124
公路货运量	万吨	9958	8891	112
公路货物周转量	万吨公里	656395	590016	111
水路客运量	万人		4	
水路旅客周转量	万人公里		400	
水路货运量	万吨	1876	2184	86
水路货物周转量	万吨公里	163824	132029	124
港口吞吐量	万吨	18377	15085	122
港口集装箱量	万标准箱	189.56	124.23	153

【交通基础设施建设】 重点工程:2007年,全市交通建设30个项目中有7项市重点项目,投资规模达312.76亿元,年内实际完成投资100.93亿元,占计划的101.47%。苏通长江公路大桥及接线完成投资1.67亿元,已具备通车条件,将于2008年上半年与苏通大桥同步建成通车。沪苏浙高速公路完成投资11.93亿元,提前建成通车。常昆高速公路完成投资6.23亿元,路基填筑进入96区施工,桥梁进入上部结构施工。苏锡连接线公路、锡张高速公路分别完成投资3000万元、1亿元,征地拆迁工作全面展开,施工单位已经进场。太仓港二期工程完成投资5.02亿元,4个万吨级集装箱泊位主体工程全部完成。申张线张家港船闸完成投资1.2亿元,完成居民房屋拆迁70%。

高速公路:2007年,全市在建高速公路项目8项,在建里程达93.4公里,高速公路通车里程达到482公里,"一纵三横一环二射"的高速公路全面建成。全年高速公路完成投资22.26亿元,沪苏浙高速公路提前建成通车,苏通大桥南接线已具备通车条件,苏嘉杭高速公路南段扩建基本完成,苏嘉杭高速公路八坼互通完成交工验收,苏锡连接线、锡张高速公路征地拆迁工作全面展开,常昆高速公路、沪宁高速公路花桥互通改造进展良好,所有在建高速公路的工程质量均保持良好的受控状态。

苏嘉杭高速公路常熟至苏州段被评为江苏省"十五"期间高速公路"十大优质工程"。苏嘉杭高速公路常熟至苏州段全长45.663公里,双向四车道,计算行车时速120公里/小时,桥涵设计荷载汽超-20级,挂车-120,路基顶宽28米。工程于2000年7月28日正式开工建设,于2003年11月8日提前优质建成通车。苏嘉杭高速公路常熟至苏州段通车三年来,年通行车辆多达近2000万辆次,道路品质和各项设施整体保持良好。线形设计优美顺畅,防护工程齐全,排水设施晚上,特别是软基处理、台背回填、SUPERPAVE沥青路面施工技术等的应用,确保了高速公路的质量,取得了良好的经济效益和社会效益。

一级公路:全市在建地方一般公路项目2项,共完成投资1.96亿元。锡太一级公路苏州段建成通车,完成投资1.86亿元。苏虞张公路快速化改造工程全面启动,完成投资1000万元。

干线网化工程:全年国道干线网化改造工程完成投资26.83亿元。6个续建项目完成投资25.18亿元,204国道苏昆太高速互通至苏沪交界处、227省道太平至绕城高速、204国道张家港改建段、204国道常熟改建段、204国道太仓改建段、230省道木渎至越溪段均超额完成年度计划。3个新开工项目均实现良好开局。苏同黎公路太浦河桥主墩完成。高速公路互

通连接线有序推进。

农村公路：全年完成投资20.09亿元，完成农村公路建设项目19个，建设总里程288公里，完成155公里，改造县道危桥40座。完成7个新农村建设联系点工程，启动45个未通班车行政村的道路拓宽、改造工程。

航闸建设：全年完成投资2.96亿元。苏浏线昆山段整治工程全面建成，三里大桥建成通车，完成投资1.6亿元。张家港复线船闸完成居民房屋拆迁70%。苏南运河沧浪新城段航道三级整治工程完成投资1626万元，护岸完成70%。太湖避风港工程全面建成。杨林塘等三级航道整治前期工作有序推进。苏西线和浒光运河光福段拓浚圆满完成。

【公路运输】 2007年，全市公路总里程达10983公里，全社会拥有民用汽车71.11万辆，全年完成公路客运量4.02亿人，旅客周转量249.86亿人公里，货运量9958万吨，货物周转量65.64亿吨公里，分别比上年同期增长14%、24%、12%、11%。春运、"五一"、"十一"黄金周全市公路安全发送旅客885.43万人次、251.52万人次、233万人次，分别同比增长18.63%、26.18%和24.9%。运输结构调整成效明显，全年共完成113块客运班车标志牌的公司化改造任务，其中省际11块、市际73块、县际29块，全市县际、市际班车公司化比例分别达到92.16%、60.74%，全市省内客运班车公司化经营率达到76.41%。运力结构进一步优化，全市中高档客车达5583辆，中高级客车比例达到82.5%，比2006年提高了17.8个百分点。全市拥有道路货运车辆64881辆，专业化车辆达到车辆总数的30.55%，比2006年提高了9个百分点。

【水路运输】 2007年，全市内河航道里程合计2825公里。全年完成水路货运量1876万吨，比上年同期减少14%，完成货物周转量16.4亿吨公里，比上年同期增长24%。由于陆路运输快捷、舒适、方便，水上客运优势逐步丧失，水上客运继续萎缩，且以水上旅游为主。

【海事管理】 开展船舶载运危险货物、渡口渡船安全管理、船舶防碰撞防泄漏、外挂船舶等一系列整治活动，有效地预防和减少了重特大水上交通事故。坚持长效管理与专项整治相结合，对全市所有通航水域1808座桥梁进行普查、建档，摸清安全隐患，辖区内存在安全隐患的133座桥梁全部整改到位。起草《苏州市船舶载运危险货物安全管理暂行规定》，完成辖区11艘客船和44艘散装化学品船的GPS设备安装，实施危货品码头检查675次，办理危险品船签证3924艘，核发加油站（点）资质证明12份。不断加强源头规范管理，严把船检质量关，完成我市最大的2000吨化学品船、2500吨挖泥船、5000吨海船等船舶的建造检验。严把船员准入关，加强重点水域和重点船舶的船员适任监管，船舶登记和船员培训考试工作进一步规范。不断完善应急机制，苏州市水上搜救中心和太湖搜救基地揭牌成立，环太湖联合预警预控搜救机制建设进一步加强，成功抗击了"韦帕"、"罗莎"等恶劣天气的影响，共组织联动封湖54次、累计封湖1840小时，出动海巡艇663艘次、海事人员2894人次，救助船舶68艘、船民86人，救助成功率达100%。建立船舶污染应急器材储备库，开展经常性的应急教育和演习活动，并选派业务骨干和海巡艇参加洪泽湖水上综合搜救演习活动，有效检验了应急保障水平，提升了应急处置实战能力。着力提高安全保畅能力，组建京杭运河、苏申内外港线巡航大队，落实防堵保畅四项管理措施，完善可变情报板的使用和管理，加强基础装备和信息化建设，完成全市水上交通安全视频监控指挥系统太湖水域监控点建设，启动京杭运河长湖申线监控点建设工作。全面推进京杭运河一卡通工程，新发放IC卡282张。推行人力资源和财务管理系统，强化海事现场监督业务管理系统的使用，完善船舶检验业务、船员管理、船舶登记等系统的应用和管理，充分收集和掌握全市辖区船舶流量、流向等信息，有效提高了现有航道通航效率，降低了海事管理成本。积极参与辖区水域环保工作，充分发挥船舶防污工作优势，主动配合有关部门做好太湖水环境治理工作。积极参与城市重点工程建设，加强现场秩序维护，全年核发水工作业许可34项，发布航行通告43期，圆满完成了中国苏州国际旅游节等重大涉水项目的交通管制任务。

【城市客运管理】 2007年，市交通部门联合公安、城管强化城市出入口、客流集散地等重点区域的市场监管，查获各类违章2万多起。加强出租车行业的监管，对《苏州市客运出租汽车管理办法》进行重新修订并经市政府批准后施行，成立市场监督科，对100起严重违章的驾驶员进行了严惩，在行业内迅速形成强大威慑力。加大公交优先实施力度，如期完成公交四年翻番指标。精心做好春运、春游扫墓、"五一"、"十一"黄金周的公交疏运组织，积极协调市区公交企业在重大活动期间开辟专线，做好运力保障。大力开展行业管理规范化建设，成立服务质量创建小组，认真落实城市客运交通服务质量方面的创建工作，顺利通过中国质量认证中心的监督复审。大力开展行业管理公开化建设，全年共印发《城市公共客运》简报12期36000份，真实反映各公共交通企业的管理能力与水平，为督促企业加强自身管理发挥了积极的引导作用，同时与FM104.8、FM101.1等广播媒体紧密合作，努力贴近行业一线工作人员，赢得了广大驾驶员的理解和支持。深入开展"文明诚信伴我行"主题活动，结合市"蓝天工程"的实施，大力督促各公交企业加强车容车貌管理，公交行业涌现出一大批先进典型。市公共交通有限公司、市交运出租汽车有限公司被省建设厅评为江苏省十佳公共交通先进企业；市公共交通有限公司112路、吴中区公共汽车有限公司661路、交通旅游公交有限公司812路荣获江苏省公共交通优秀线路称号；市交运出租汽车有限公司驾驶员孙洪被评为江苏省十佳公共交通服务标兵；市公共交通有限公司钱伟雅、巴士公共交通有限公司张根娣、交通旅游公交有限公司钱建华、山水出租公司许中林四名驾驶员被评为江苏省公共交通先进工作者。

【苏州港口】 2007年苏州港全港全年完成货物吞吐量1.84亿吨，集装箱运量189.55万标准箱，外贸货物吞吐量4718.42万吨，分别比上年增长21.83%、52.67%和11.21%，货物吞吐量继续保持全国沿海港口第九位和江苏及全国内河港第一位。港口建设步伐加快，全年完成港口建设投资23.4亿元，全港新开工建设码头泊位10个，新建成码头泊位12个（其中万吨级以上泊位10个），太仓港区建设二期工程4个万吨级集装箱泊位主体工程全部完成，完成投资23.4亿元。航线开辟力度加大，太仓港区新辟航线20条，成功开通至日本下关的客运航线,填补了长江港口国际客运航线的空白。港口安全生产形势平稳,签订港口安全生产目标责任书,通过开展经常性的安全生产大检查和平安港口、安全管理基础年等活动,建立港口设施长效管理机制,全年未发生一起港口死亡安全生产事故和港口设施保安事件。港口规划进一步完善,《苏州港总体规划》顺利通过交通部、省政府组织的联合审查,已形成正式报批稿,三个港区开展了港区控制性详细规划的委托编制工作。港口行政管理得到加强,下发《关于进一步加强港口管理工作的意见》,明确了处室、部门的港口管理职能,进一步强化依法行政,不断加大日常监管力度,部署开展规范港口管理"四个一工程计划"活动,并取得良好成效。积极开展港口建设费征收工作,在征得政府同意并与财政、物价、税务等部门进行沟通的基础上,经过耐心细致的宣传工作,赢得了征缴单位的理解和支持,港口建设费征收工作取得重大突破。

苏州港辖区内139.9公里长江岸线中,可规划港口岸线89.47公里,其中深水岸线81.82公里。2007年,苏州港全港新开工建设码头泊位10个,竣工码头泊位12个,其中万吨级以上泊位10个,新增通过能力1200万吨、90万标准箱。年底全港共有码头泊位185个,其中万吨级以上90个。

【城市交通管理】 城市公共交通:至2007年底,苏州市区拥有公交车2475辆,其中空调车813辆,占32.8%,营运线路达185条,线路总里程达4052公里。市区公交出行比例为20.5%,公交站点覆盖率达98%。相城区公交公司正式成立,首期9条公交线路、39辆公交车顺利投入运营,为进一步优化市、区两级公交线网结构,方便中心城区外围老百姓出行创造了有利条件。顺利实施了70岁以上老年人免费乘坐公交车的优惠政策,共办理高龄卡8.5万张,日均乘坐公交车4.94万人次。开展了公交实时调度系统的试点建设。成功组织了苏州市首届城市公共交通周及无车日活动,倡导"绿色交通"先进理念。修订完善《苏州市客运出租汽车管理办法》。深入开展"文明诚信伴我行"主题活动,大力推进城市公共交通优质文明服务。布局科学、层次分明、结构合理、符合市民出行总体趋势和特征的公交线网构架已初步形成,全年市区公交客运量再创新高,完成客运量3.8亿人次,日均客运量116万人次。

【铁路运输】 苏州站是上海铁路局直属站,是办理客货运输的一等站。位于苏州城区北端护城河北岸。地址:苏州市平江区车站路27号,邮编:215031。

【着眼发展大计·积极配合推进站房改造施工建设】 车站将苏州、昆山两大客站施工改造视作基本建设的重头戏和加快自身发展千载难逢的良机,配合上海铁路局及地方政府做好动工前期相关工作,迅速成立改造建设管理办公室,明确各相关专业组职责,不等不靠,开展工作,从可行性研究方案论证,到初步设计的方案细化过程中,仔细研究设计施工图,征求使用部门意见,了解功能需求,密切配合设计单位及工程建设指挥部就具体方案的功能布局、设备设施调整进行功能细化设计。同时,加强与地方相关规划建设单位的沟通协调,制订拆迁过渡方案,配合市政拆迁,对教培中心等实施搬迁过渡,为各项工程开工做好准备。11月28日,铁道部部长刘志军和江苏省委书记、省长梁保华为工程奠基,苏州站改造工程正式开工。

【强化运输组织,实现经营效益新突破】 面对全年运输经营高位增长的目标,车站紧紧抓住提速调图有利契机,深入细致研究运输组织的全新变化,分清利弊因素,制定有效对策,强化各项客货营销措施,确保了年度经营目标的超额完成。客运部门进一步拓宽售票渠道,在全市范围内增开13家客票代售点,并在站前广场开辟应急售票处,最大程度方便旅客购票。紧紧抓住春运、春游、"五一"、暑运、"十一"等黄金期运输,强化售票源头组织,狠抓客票共、复用和异地票发售,充分挖掘潜力,最大限度地用好用足运能。加强乘降组织,全力攻克2分钟乘降组织的新难题,确保了客车正点有序。全年异地票发售180.5万张,进款将近2亿元、票额利用率平均达到150%以上,居全局大客站之首。货运部门努力克服车源、去向紧张的困难,抓住市场营销和内部运输组织两个环节,强化班列开行和大客户营销,狠抓运输生产各环节的协调配合,调整优化劳动组织,着力提升夜间卸车比重,努力提高运输组织效率。全年实现运输收入105195.5万元,完成年度任务的107.9%,超年度任务7695.5万元,同比增长11.8%,取得了历史性突破。

无锡市城市交通

【民航】 2007年,无锡机场有限责任公司围绕"狠抓安全,争创效益,创新管理"目标,完成新老航站区的各项转换工作,实现第四个安全年,飞行、空防安全工作创造了开航以来的最好成绩。运输架次、旅客运送、货邮吞吐量3项主要生产指标保持快速增长。全年完成总收入6375万元,比上年增长67%,其中航班起降等主业收入4960万元,比上年增长52%。上缴税金242万元,净利润126.5万元。2007年底,公司固定资产原值8.23亿元,净值8.08亿元。

无锡机场新航站楼竣工投用,年内新开通无锡至福州、天津、兰州、乌鲁木齐、张家界、三亚、徐州、沈阳等航线,通航城市达20个。平均周航班262个,比上年增长45%;高峰小时航班量达12个,比上年增长20%;高峰小时旅客吞吐量突破1200人次,比上年增长20%。年末周航班量131个。全年进出游客近136万人次。

【铁路】 2007年,铁路无锡站坚持"规范管理、强基达标、做优客运、主攻货运、用心经营、精细管理"的方针,积极应对第六次大面积提速调图带来的新变化,各项工作取得显著成绩。

强化安全基础建设,推进安全专项整治和大检查活动。开展路外安全和提速安全宣传教育,细化现场作业关键和季节性安全控制。8～10月,该站抽调业务骨干33人,组成直属站、中间站、客运货运、设备设施、消防5个督导检查组,由车站领导带队深入一线，先后深入现场检查315人次，发现和整改问题93个。强化突发事件的应急处置，努力实现安全生产隐患排查及治理的长效管理。至年底，车站安全生产迈上5473天的历史新台阶。

经济指标创新高。客运重点打造CRH动车组“和谐”提速品牌，发挥微机售票5.0版本升级的优势，利用旅客列车全程席位复用及局管内旅游列车票额共用的有利条件，增加客票发售量，增加客运收入。货运积极推行大客户战略，重点加强占车站总运量80%以上的钢铁、化工、化肥、矿建、石油、金属、集装箱等大宗货源组织，优化零担整合，组织直达运输、拼车运输、拼箱运输，年货物发送2万吨以上或货运收入300万元以上的大客户达到22个。车站客票张收入率达到63.27元/张，货物吨收入达到132.54元/吨。全年完成运输收入9.83亿元，提前23天完成全年旅客发送1032.3万人，货运发送245.32万吨。“4·18”提速调图后车流出现到达不均衡的情况，铁路无锡站树立“效率优先”意识，设置高度营销科，加强对运输生产的统一组织指挥。优化调机作业分工，利用湾城站到常州东牵出线贯通后调车通道优势，组织湾城、戚墅堰上行车流出车，强化中间站作业组织，疏通锡北口，保证二通道畅通，提高夜间卸车比重和卸车绝对数，压缩待卸和保有量，实现了接、卸、排、装的良性循环和700辆畅通、800辆不堵的接卸工作目标。全年日均装卸51辆，比上年日均减少15辆；夜卸比重由上年的41.6%提高到42.7%，提高1.1个百分点。

【公路】 2007年，无锡公路建设持续快速推进，总投资50亿元。机场快速路、雪梅路互通建成通车，苏锡高速公路、机场互通稳步推进，锡张高速启动建设。国省干线公路改造完成投资约占全省的1/4，在建里程198公里，建成通车109公里，324省道无锡段、229省道惠山段、228省道锡山段、340省道江阴段建成通车，锡太路20公里全线通车。农村公路建设深入推进，投资6.04亿元，建成通车里程67公里。改建农村公路桥梁216座。公路养护基础不断夯实，干线公路平均好路率94.5%，完成养护大、中修计划工作量3840万元，为年计划的130%，实施78.5公里绿色通道建设。全年养路费和通行费征收分别为年计划的109.35%和103.2%。基本形成了外向辐射、内沟腹地四通八达的公路网络。

【公共交通】 2007年，无锡市出台《关于优先发展公交的意见》，公交规划纳入城市整体规划之中，城市公交得到较快发展。全年共调整、延伸公交线路27条，新辟公交线路12条，新增公交车辆180辆，公交线路达到134条，线路总长度2071.15公里，营运车辆1859辆，日均发班次8000多个，从业人员5000人，运送旅客2.78亿人次。

推出多项服务新举措。无锡九龙公交公司服务队走进社区，给群众提供办卡、乘车咨询等“上门服务”。开展乘客满意度调查，改进和完善公交服务质量。印制3万本《玩遍无锡》导乘图册发放给乘客。配合青祁路和湖滨路的施工，通过媒体和设置服务点听取市民对公交改道的意见。为认真落实市政府环境保护“6699”行动，投入100辆环保型天然气公交车营运。为配合新机场的投入使用新辟机场专线，方便了乘飞机的乘客出行。同时，加强企业的精神文明和企业文化建设，深入开展以“树立企业形象，创建和谐公交”为主题的创建和谐单位活动，号召全体职工共同努力，力创公交优秀，使服务水平上了一个新台阶。2007年，无锡九龙公交公司被市总工会、市经济贸易委员会、市教育局、市精神文明建设指导委员会、市劳动和社会保障局命名为“学习型先进企业”。

综合交通体系进一步完善。围绕完善城市路网体系、推进城市功能建设的目标要求，按照“统一计划、分批启动、有序建设”的计划安排，推进城市重点工程建设。南湖大道、渔港路、青龙山路、上马墩路、东安路、西环路、环湖路、锦云立交、蠡湖隧道、湖滨路、清名路等先后建成通车，市区全年道路施工总里程75公里，竣工道路里程50.8公里。至年底，人均道路面积21.5平方米，市区快速路网系统基本构成，城市路网体系进一步完善，为城市的空间扩展和重点地区的开发建设提供了有力支撑。

【港口】 2007年，无锡港口围绕“畅通物流、服务社会”的宗旨，坚持“全员贯标、服务共赢”的经营理念，创新经营思路、管理方法和服务方式，取得新的成绩。

无锡市港务有限责任公司狠抓质量管理工作，年初通过ISO9001：2000质量管理体系认证，并以此为契机，在全公司范围内开展了历时半年多的“质量在我手中”主题系列教育活动，使“服务第一，质量第一”的理念深入人心。在立足港区主业的基础上，拓展港区物流内涵。在实现南长物配市场的良性运作、成立鼎立担保公司、管理输出、服务外延、承揽服务外包的基础上，还参与市政府重点投资项目——无锡市国联金属材料交易市场的前期设计与开发，并于年底与无锡市国联物资投资有限公司签订了物流业务合作协议。全年完成营业收入5710万元，港口操作量866万吨，港口吞吐量946万吨，经营利润192.64万元。公司党委被评为无锡市先进基层党组织，公司继续被评为无锡市AAA级重合同、守信用企业。

常州市城市交通

【概况】 2007年，大力推行公交优先发展战略。根据市政府“降低票价，优惠市民；增加车辆，提高档次；科学规划，优化线网；专道提速，确保准点；市区城乡，公交一体；创新管理，优化服务”等六大优先发展公交举措，降低票价，实行空调车票价与普通车票价并轨，乘车刷卡实行普通卡6折优惠、学生卡3折优惠、老年卡由3折改为2折优惠等措施。新购车辆，年内共有215辆空调新车投入运营，市区公交空调车比例达37%，与南京、苏州市基本相同。优化线网，年内新辟线路18条，优化线网36条。在推进快速公交一号线建设的同时,积极推进公交专用道建设,共完成城北干道、长江路、兰陵路等共20.5公里专用道建设,有效提升公交车运行效率。年内,343辆个体中巴车收购工作全面完成,彻底实现市区公交资源一体化整合。首届公共交通周及无车日活动顺利实施,取得良好效果。华光银河湾公交优先奖励基金的设立,进一步调动了公交员工的积极性。11月,全省公交优先发展会议在常州市召开,本市被评为江苏省唯一的"优先发展公交示范城市"。

2007年,本市公交出行比例达21.3%。快速公交(BRT)一号线正式通车运行,276辆个体中巴车收购工作全面完成,市区公交资源一体化整合全面结束,年内新辟线路18条,优化线网36条,245辆全新空调公交车投入运营,市区公交空调车比例达到37%。至年末,全市公交运营线路达116条,公交运营车辆1779辆,运营出租车2142辆,全年公共交通客运量2.6亿人次,比上年增长37.1%。

2007年,全市完成投资60.8亿元,比上年增长5%。运能运量不断提升,全年完成货物运输量8083万吨,货物周转量46.2亿吨公里,分别增长17.9%、21.5%;完成公路客运量18330万人,铁路客运量744.7万人,分别增长14.9%、0.5%。完成旅客周转量88.8亿人公里,增长16%。

【基础设施建设】 年初,在充分征求相关部门及各区意见、建议的基础上,尽力而为,量力而行,优选项目,科学拟定年度建设计划,并报市委、市政府确定后组织实施。至年底,已全部完成年度计划目标,全年市政公用及环境工程建设投资达55.11亿元,比上年增长28.1%。城区道路交通建设方面,高架路一期主体工程基本结束,开工以来累计完成工程投资近30亿元,超过计划要求30%以上。健身北路及延伸工程,北环路以南段已通车。科教城地道、常金路、常焦路、长江路等近20项道路工程已经完工,玉龙路、五一路等其他道路建设项目均完成年度计划目标。

【京杭大运河改造】 京杭大运河常州市区段完成南移,改建后的新运河全长26公里,航道口宽90米,底宽60米,设计水深3.2米,全线新建桥梁11座,为苏南地区第一条高等级、现代化三级航道,有力提升了苏南运河"黄金水道"的通行能力,巩固了常州区域性交通枢纽城市的地位。11座新运河大桥桥型各异,造型优美,为改善城市交通、方便市民出行发挥了重要作用,改善了工程沿线的城市面貌,成为新的城市景观。

【民航】 民航常州机场全年起降航班5628架次,进出港旅客51万人次,航空运输货物5431.9吨,增长23.8%、16.4%、26.6%。机动车拥有量保持快速上升势头,年末全市民用汽车拥有量25.1万辆,分别增长21.8%,其中私人汽车15.8万辆,增长30.4%。

【港口】 全市港口吞吐量6561万吨,增长15.8%。长江常州港发展势头良好,全年货物吞吐量达2029万吨,增长26.3%,其中外贸货物吞吐量180万吨,集装箱吞吐量2.3万标箱。全年接待外贸船舶974艘次,其中外籍轮345艘次。录安洲港区多用途码头一期工程全面建成,年内完成投资3亿元。

镇江市城市交通

【概况】 镇江临江近海,水陆交通极为便利。镇江为国家级水路主枢纽和省级公路主枢纽城市。世界闻名的"黄金水道"——长江和京杭大运河在此交汇,沪宁高速公路、京沪铁路、312国道穿市而过。飞架于大江之上的润扬长江公路大桥将苏南、苏北紧紧连在一起,成为长江南北的主要通道。镇江养护公路总里程2094公里。104、312国道和122、231、238、204、241、243、337、340省道构成镇江与外省、市连接的公路网络。距南京机场和常州机场均为60公里。镇江港是国家一类开放口岸,全国主枢纽港之一,-10米以下岸线长85公里。高资港区、龙门港区、谏壁港区、高桥港区、大港港区、扬中港区构成镇江港口群体。2007年全市港口吞吐量5847.5万吨,比上年增长43.7%。全市现有航道70条、597.19公里,其中干线航道10条、183.89公里。苏南运河镇江段42.74公里,是全国第一条国家级文明样板航道,四级标准,可常年通行500吨级船队。镇江口岸为国家一类对外开放口岸,海关、商检、卫检、动植检等查验机构齐全。

【公路】 至2007年底,全市公路总里程达6218.852公里、公路网密度达161.6公里/百平方公里,其中高速公路145.504公里、一级公路505.334公里、二级公路702.043公里、三级公路592.567公里、四级公路4255.683公里、等外公路17.721公里。全市二级以上公路比重为21.7%,超过全省平均水平。

【水路】 内河航道总里程达597.19公里,其中四级航道13.41公里、五级航道29.33公里、六级航道46.21公里、七级航道22.35公里,等外航道485.89公里。通航船闸1座。内河码头泊位71个,码头总延长2422米。

【口岸(港口)】 镇江市长江自然岸线长269.7公里。镇江港处于长江与京杭运河两条水运主通道的交汇处,是长江三角洲地区综合运输体系的重要枢纽和我国沿海主要港口之一,是上海国际航运中心集装箱运输体系的重要组成部分和集装箱运输的支线港,是长江沿线能源、原材料物资海进江运输的主要中转港之一,是长江中上游地区内外贸物资江海转运的重要港口。镇江港由七大港区组成,分别为高资、龙门、谏壁、大港、扬中、新民洲。全港共有码头泊位184个,其中有28个万吨级泊位,设计吞吐能力达7652万吨。镇江港是一类开放口岸,服务功能完善,自1986年经国务院批准对外籍船舶开放以来,镇江港已和世界71个国家地区的288个港口建立了外贸运输业务。共有对外开放泊位28个。

(李　劲提供)

扬州市城市交通

【交通概况】 目前扬州的对外交通主要有公路、铁路、水运等方式。境内有高速公路240公里,国省干线公路727公里,县乡公路4676公里,已形成环城高速、市域干线公路环。宁启铁路扬州段长81公里,设扬州、仪征两个客运站,江都、扬州北两个货运站,已开通扬州至北京、上海、武汉、西安、广州等客货运线路。京杭运河与长江在扬州南部交汇,形成水运十字枢纽,全市共有等级航道887公里,形成了"三纵四横"内河主航道网。扬州港口布局为"一港三区",主港区六圩港区是国家一类开放口岸,江都港区、仪征港区分列两翼。扬州市物流联运目前有二级货运企业1家,三级货运企业2家,5级以上货运企业100家,等级货运企业大都由统货运企业改制而来。

【交通发展情况】 2007年,扬州市交通基础设施投入21亿元。新建、改建农村公路672公里,改造、整治内河航道30.7公里,建成长江万吨级以上泊位1个,新增港口吐能力110万吨。江海高速公路扬州段开工建设。233省道三垛以南段、244省道仪征段、336省道江都段建成通车。京杭运河扬州段"三改二"续建工程10个标段竣工3个标段。江都港区2号泊位竣工并试运营;仪征港区4万吨级、5000吨级液体化工泊位完成水工部分;扬州港区5号泊位开工建设。

2007年,全市公路、水路客运量为9476万人,旅客周转量为610888万人公里;货运量为7243万吨,货物周转量为827248万吨公里。全社会港口累计完成货物吞吐量5549万吨(其中南京港六公司和仪化码头940万吨),完成集装箱吞吐量26.5万标箱。宁启铁路扬州站共发送旅客111.6941万人次,到站旅客113.7623万人次;共发送货物13.1787万吨,到站货物58.5911万吨。

【交通规划】 规划至2020年,扬州市高速公路总里程达410公里,形成以扬州市区(含江都市区)为中心的"一环七射一横"高速公路网:一环——沪陕高速公路江扬段(含扬州南绕城高速公路)、京沪高速公路砖桥至丁伙段、扬州西北绕城高速公路;七射——沪陕高速公路宁扬段、扬天高速公路、京沪高速公路、扬泰高速公路、宁通高速公路江广线、京沪高速公路南延段、润扬长江公路大桥及其北接线;一横为宁盐高速。国省干线公路总里程达731公里,形成"六横四纵二环"干线公路网;"六横":S331盐金国防公路、S332界临沙公路、S333高邮段、S244扬天公路、G328国道、S336江平公路;"四纵":S233安大公路、S237新淮江公路、S243扬瓜公路、S333仪征段;二环:由S243、S244、安大公路、沿江高等级公路组成的城市干线公路环;由S331、安大公路、沿江高等级公路、S333、S237组成市域环路。

干线航道总里程达534公里,形成"二纵五横"干线航道网,其中省级干线航道326公里,市级干线航道208公里。全市长江港口形成"一港三区、八个作业区",内河港口形成"四个港区、13个作业区"。

铁路形成"二横二纵"轨道交通网,实施宁启铁路复线及电气化改造,规划建设淮扬镇铁路、江北沿江城际轨道和宁镇城际轨道。

规划建设扬州——泰州机场,选址报告已获国家民航总局批准。

物流联运规划建设四个大型物流园区,即仪征石化物流园区、维扬公铁水物流园区、广陵商贸物流园区和扬州港口物流园区。

【公共交通发展】 积极推进城市公交优先发展,公交企业加大投入,全年新增公交车103辆,新辟公交线路3条、调整公交线路13条,3条晚班线路延迟收班。截止2007年底,市区共拥有公交车752辆,公交线路55条,总运营里程达2665公里,极大提高了市民出行的便捷度。

【成立公交场站管理公司】 为解决市区公交场站建设多头负责、布局无序、外观不协调和管理混乱问题,2007年7月10日成立扬州市通达公交场站管理有限公司,对公交场站建设实施统一规划、统一建设、统一管理和统一使用,逐步规范站台的设置和命名、站牌的规格,统一设置规范的遮阳挡雨站棚,设置坐椅,改善乘客乘车环境。截止12月底,已改造仿古公交站棚32组。

【出租车升级换型】 针对市区出租车车形破损、设施老化、排放不达标等问题,年内组织开展出租车升级换型工作。2007年4月15-16日共有大众、红旗、现代等近10个品牌的14款出租车备选车型参加公示。通过召开新闻发布会等方式,让社会各界和市民群众充分了解、积极参与,有数千市民通过报纸选票、晚报96496平台、扬州新闻网等多种渠道对参选的汽车进行投票。通过这次公开选择更新车型,引导部分中高档次车型和双燃料车型进入出租车行业,为提升行业服务水平打下了坚实的基础。

【出租汽车行业百日创建】 7月29日,扬州市文明办、建设局、交巡警支队召开了出租汽车行业百日创建活动动员大会,全行业有300多人参加,市委常委、副市长桑光裕同志亲临大会并作重要讲话。在创建过程中,组织开展了一系列活动:9月下旬组织行业的管理人员、出租汽车驾驶员到上海大众公司学习取经,邀请新闻媒体全程参与和报道;10月中旬邀请新闻媒体参加由社会各界组织的,对出租车行业文明服务、文明行车的专题评议会;11月上旬,组织开展了扬州市出租汽车行业首届知识竞赛,在行业内营造了浓厚的创建氛围,为创建活动全面深入开展起到了积极推进作用;12月中旬,召开了百日创建活动总结表彰大会,共有8家出租汽车公司和100名出租汽车驾驶员受到了表彰。

【口岸外贸运量】　从货种上看,木材、机电设备、矿建材料和钢材分别比上年增长9.1%、237.5%、350%、18.7%。从进出口比例看,进口248.1万吨,占83.5%,出口49.5万吨,占16.5%,进口大于出口。在进口货物中,木材197.2万吨,占总额的66.3%;铁矿砂22.7万吨,占总额的7.6%。木材已成为我市口岸外贸的主要品种。

【国际集装箱运量】　港口高度重视国际集装箱运输,着重扶持永丰余、苏华达、LG冰箱厂等几家重点客户的业务,在优先放箱、通关通检、场地堆存、装卸船作业、计划安排等环节提供优质服务,保证货物的正常进出,国际集装箱运量比去年增长了48%。

【"扬州口岸集装箱业务推介会"】　邀请国内外干、支线船公司、物流、中介公司、我市重点进出口企业以及扬州口岸查验单位150多名代表,举办"扬州口岸集装箱业务推介会"。在仪征、江都分别召开了沿江30多家出口船舶生产企业座谈会,为查验单位与出口船舶生产企业搭建了对话沟通平台。

【服务重点企业】　多次组织扬州口岸查验单位到大洋船厂码头现场,协调、督办出口船舶出口交接工作,研究制订了《扬州大洋造船有限公司出口船舶交接查验监管暂行办法》。及时与扬州口岸查验单位就江都港区2号泊位试运行进行协调,实行临时查验监管,已接靠外国籍船舶6艘。

南通市城市交通

【公路】　苏通长江公路大桥全线贯通。沿江高等级公路在江苏省率先建成通车。境内公路总里程达14371.9公里,公路密度达179.6公里/百平方公里,其中高速公路216.9公里、一级公路611.5公里。新增"公车公营"市际客运班车70辆、县际客运班车106辆。公路客运量1.15亿人次,增长15.2%;公路货运量9823万吨,增长13.3%。

【水路】　内河航道总里程3515.9公里,其中五级航道140.8公里、六级航道211.3公里、七级航道409.1公里,等外航道2754.7公里,通航船闸13座。内河水路货运量2132万吨,增长14%。

【铁路】　年末已建铁路正线总里程142公里。铁路南通站始发列车达9对,完成货运量65.13万吨,增长94.4%;客运量207.97万人次,增长101.9%。

【民航】　南通机场有4条航线,飞机起降2077架次(航班)、增长55.4%;完成货邮吞吐量2731.82吨,增长31.3%,旅客吞吐量16.83万人次、增长48.7%。

【港口】　南通港货物吞吐量12339万吨,增长18.8%。其中,进港7326.8万吨,增长20.2%;出港5012.2万吨,增长16.9%;外贸吞吐量1882.3万吨,增长94.8%;集装箱吞吐量42.80万标准箱,增长18.7%,其中国际航线1.72万标准箱,增长19.6%。新增生产性万吨级以上码头4座,其中,5万吨级1座,2万吨级3座。　　(张启祥)

泰州市城市交通

【交通运输能力进一步提高】　全年公路客运量5939万人,旅客周转量426434万人公里,分别增长22.3%、17.6%。公路货运量2533万吨,水路货运量4911万吨,分别增长14.0%和36.5%。公路货运周转量298924万吨公里,水路货运周转量841844万吨公里,分别增长49.9%和77.6%。港口货物吞吐量7046万吨,其中,泰州港区吞吐量2907万吨,分别增长43.8%和32.4%。年末全市民用汽车保有量11.80万辆,增长19.0%;本年新增1.92万辆,增长29.5%。其中,私人汽车保有量7.18万辆,增长25.8%;私人轿车3.69万辆,增长38.2%。

杭州市城市交通

【交通运输】　杭州是中国东南部重要的铁路交通枢纽,以沪杭、浙赣两条复线和宣杭线为主干,萧甬线、金千线、杭长线与之配套;杭州公路四通八达,是沪杭甬、杭宁、杭金衢、杭徽高速公路的汇结点。2007年,杭州交通建设继续快速推进,全年完成交通建设投资62.5亿元。杭浦高速公路(杭州段)、石大路通车。航空港枢纽建设取得新进展,杭州萧山国际机场已开通航线191条,其中国际航线38条。全年进出港旅客达到1173万人次,增长18.3%;货物运输总量19.56亿吨,增长5.5%。公交优先战略加快实施,城市交通运营能力不断提高。实现了主城区与余杭区公交一体化。地铁建设取得突破性进展,已开工建设车站25个,累计完成工程投资28.6亿元。

宁波市城市交通

【概况】 2007年,宁波市交通事业继续保持又好又快发展的好势头。全年完成交通基本建设投资125亿元,占年度计划111%,连续四年超过百亿元,保持全省同行业投资第一的强劲势头。港口生产持续高位增长,全港货物吞吐量达到3.44亿吨,增长11%,继续保持大陆沿海港口第二位。集装箱吞吐量达到934.97万标箱,增长32%,继续保持大陆沿海港口第四位。交通运输量继续保持全面增长,全社会完成客运量3.1亿人次,旅客周转量121.3亿人公里,分别增长5.3%、14.5%;完成货运量2.3亿吨,货物周转量1058.8亿吨公里,分别增长12.9%、12.4%。加快推进城乡客运一体化,宁海、慈溪积极实施试点工作,在体制、规划、运输组织和政策一体化上取得突破。

【公路】 2007年,宁波高速公路实现"由线成网"的跨越,"一环六射"主骨架初步形成,全年新增高速公路100公里,市域内高速公路里程达到326公里,杭州湾跨海大桥实现全线贯通,绕城高速西段、杭州湾大桥南连接线、杭甬高速宁波段拓宽等工程建成通车,大碶疏港高速进展顺利,绕城高速东段开工建设。投资6亿元,建成521公里,港湾式停靠站1317个,惠及413个自然村。完成329国道、71省道盛宁线、80省道茅石线、33省道浒溪线干线整治等一批重点工程。全市公路总里程数9320.105公里,公路密度94.95公里/百平方公里。

【港口水运】 2007年,宁波市口岸进出口贸易总额1117.6亿美元,增长29.22%。水运工程建设完成投资23亿元,为年计划的144%。实现货物吞吐量3.45亿吨,增长11.46%;装箱吞吐量935万TEU,增长32.29%。拥有各类运输船舶723艘、262.4万载重吨,增长19.43%,总运力列全省第一。省际沿海船舶平均吨位达到5340吨,为全省第一。拥有民营航运企业96家、180余万载重吨,分别占据全市总数的85%和70%。500吨级以上泊位达到252个,新增11个,万吨级以上泊位达到65个,新增5个,新增货物吞吐能力728万吨。集装箱泊位达到15个,新增1个,新增集装箱吞吐能力10万标箱。大榭招商国际集装箱3号泊位、大榭码头发展公司1号泊位、三菱化学PTA码头对外开放。

【铁路】 2007年,甬台温铁路宁波段完成投资15.7亿元,占年度计划157%,增长17%,线下工程完成90%以上。杭甬铁路客运专线已经国家发改委批复立项,铁路南站改建项目建议书已报铁路部和省政府待批,铁路货运北环线通过铁道部预审。

【机场】 2007年,宁波机场二期建设指挥部加快实施机场滑行道扩建工程,完成投资5516万元,增长117%。空港物流中心一期主体工程基本完成。栎社国际机场新增国内航线4条,总数达到35条,成功开辟朱家尖新航路,开通机场至义乌、舟山、慈溪、余姚等地的地面专线班车。东航宁波分公司引进2架空客A320飞机,栎社国际机场基地飞机达到11架。

(谢敏依)

湖州市城市交通

【概况】 境内有杭宁高速公路、申苏浙皖高速公路、申嘉湖高速公路、杭长高速公路一期、104国道、318国道等6条主干线公路,04省道、09省道、10省道、11省道、12省道、13省道、湖盐公路等7条干线公路,京杭运河、长湖申线、杭湖锡线、东宗线、湖嘉申线等5条主干线航道,梅湖线、武新线、东苕溪线、泗湖线、李湖线等5条重要支线航道。到2007年底,全市公路总里程达7107公里,具体为:国道353公里、省道350公里、农村公路(含县、乡和村道公路)6404公里,其中高速公路235公里,公路密度为122.2公里/百平方公里。2007年底杭长高速公路一期建成开通,标志着全市所有县区都已通达高速公路。

全市内河航道总里程达1172公里,其中,五级以上主干航道377公里,2007年建成的湖嘉申航道是我省第一条千吨级的内河三级航道。2007年,全市内河港口共完成吞吐量1.35亿吨。

【发展规划】 努力构建融入长三角交通一体化的对外大开放、对内大循环的现代化立体交通网。2007~2012年全市交通基础设施建设估算投资为350.2亿元,其中,高速公路112.7亿元,区域干线公路58.2亿元,农村公路22.7亿元,轨道交通95亿元,航道36亿元,港口13.6亿元,客货运站场12亿元。

高速公路覆盖县区,贯通省外。计划投资112.7亿元,重点抓好8项288.2公里的工程建设,完成6项231.4公里的建设任务。力争至2012年,全市高速公路里程达到320公里,密度达到5.5公里/百平方公里,三县两区均有高速公路贯通东西南北。

轨道交通快捷高效,直达杭宁。计划投资95亿元,力争至2012年,全面建成78公里的杭湖宁城际轨道湖州段,与京沪、沪杭、杭甬城际轨道连接贯通,融入长三角和国家城际轨道网。同时,启动50公里湖嘉乍(沪)铁路湖州段建设,构筑泛长三角地区和浙北地区的快捷出海通道。

干线公路外通内连,承上接下。计划投资58.2亿元,重点抓好22项401.1公里的工程建设,完成21项347.5公里的建设任务,力争至2012年,全市通往乡(镇)所在地的公路基本达到二级及二级以上标准,二级及二级以上区域干线公路里程达1213公里,干线公路密度达到20.85公里/百平方公里。

农村公路路路相通,连片成网。计划投资22.7亿元,重点完成15项144.8公里县、乡道建设,全面完成2150公里的通村联网公路建设,至2012年,全市通村公路总里程达到5552公里,通村公路网密度达到95.4公里/百平方公里。

内河航道通江达海,等级提升。计划投资36亿元,重点启动9项288.3公里的改建工程,完成8项278.5公里的建设任务,力争到2012年,全市五级及五级以上航道里程达到436公里。

内河港区布局合理,功能互补。计划投资13.6亿元,全面启动港口资源整合工作,把湖州港建设成六大港区优势互补、功能完善、资源共享、品牌统一的全国内河大港,力争至2012年,建成1000吨级码头泊位19个(其中集装箱码头泊位4个)、500吨级泊位36个(其中集装箱码头泊位5个)、300吨级泊位14个、100吨级太湖客运码头1个。

客货运站场设施完善,有效衔接。计划投资12亿元,力争至2012年,基本建立起适应运输市场需求,有效衔接、功能完善、营运高效、服务优质的客货运枢纽系统。新建客货运枢纽6个,新建农村客运站21个,使全市95%的乡镇拥有等级客运站。

(洪　流提供)

嘉兴市城市交通

【加强重大交通设施建设】　杭州湾跨海大桥和北岸连接线全线贯通,杭浦、申嘉湖高速和嘉桐大道基本建成,嘉兴火车站高站台改造顺利完成;07省道改建建成通车,南郊河西段建成通航,市域交通网络进一步完善。完善中心城市功能,市区三大历史街区基本建成,运河新区开发建设加快,"1812"老区改造等工程顺利推进,城市品位进一步提升;重视各副中心城市建设,副中心城市的集聚能力得到增强。加快推进滨海开发,嘉港石化等万吨级泊位基本建成,独山、海盐港区围堤工程加快推进,嘉兴港货物吞吐量稳步增长。高度重视小城镇发展,制定出台关于强镇扩权的政策意见,新丰等14个镇被列入省级中心镇,小城镇特别是中心镇承接城市辐射、带动农村发展的能力逐步提高。扎实推进新农村建设,重点抓好农村道路、供水、污水处理等建设,行政村公交通达率99.8%,率先建成"新农村电气化市";深入实施"百村示范、千村整治"、"万里清水河道建设"等工程,申报创建省级全面小康建设示范村38个;引水工程进展顺利。

绍兴市城市交通

【概况】　全市全年完成投资31.50亿元,新建公路252.30千米,改建公路52.30千米,公路绿化231千米,到2007年底全市公路总里程达8663.40千米,公路网密度每百平方千米达104.93千米,公路通村率达99.66%。农村公路完成建设里程711.70千米,全市等级公路通村率和通村公路硬化率分别达到99.80%和99.40%,行政村公交班车通达率为98.20%。全年征收公路养路费68451.01万元,征收客货运附加费7198.84万元。

【交通基础设施建设】　全市共完成交通基础设施建设工程项目5个,其中诸永高速绍兴段土建工程和杭甬运河绍兴段改造工程基本完成,104国道嵊州段路面整治工程、329国道上虞城区段改建工程、上虞章镇斜拉桥维修工程全面完成,累计投资额达44.667亿元。通过重大项目工程可行性研究报告5个,其中嘉绍跨江通道工程项目获国家发改委批准,嵊张公路改建工程、绍诸高速公路工程和绍兴港中心作业区工程项目获省发改委批准,104国道绍兴高桥立交桥工程获市发改委批复通过。

【全市城际公交IC卡实现"一卡通"】　年内,全市城乡公交IC卡"一卡通"有了进一步发展,市公共交通管理处统一了城乡公交IC卡"一卡通"操作系统,规定以绍兴市公交IC卡"一卡通"公司的应用系统为基础,由各县(市)自行组建IC卡公司,在全市范围内使用统一的IC卡系统。10月起,绍兴至诸暨、上虞、嵊州、啃金等城际公交和公交专线上统一安装了公交IC卡刷卡器,实现全市城际公交IC卡"一卡通"。

(李月娟提供)

舟山市城市交通

【交通运输】 运输市场持续繁荣。2007 年全年水、陆货运量 9299 万吨,增长 13.4%;货运周转量 782.21 亿吨公里,增长 17.2%。水、陆客运量 10240 万人,下降 1.0%;客运周转量 19.73 亿人公里,增长 6.4%。民航客运量 33.8 万人次,比上年增长 5.3%;民航货邮运量(不包括行李)569 吨,增长 13.3%。年末全市民用汽车拥有量 3.01 万辆,增长 28.5%。全市海上客货运输船舶 1559 艘,货运船舶运力达到 250.25 万载重吨,比上年末净增 24.27 万载重吨。海运货运量 6986 万吨,货运周转量 777.26 亿吨公里,分别增长 14.3% 和 17.2%。

【港口物流】 港口物流业持续发展。2007 年舟山港域港口货物吞吐量 12818 万吨,比上年增长 12.3%。其中,石油及天然气吞吐量 3231 万吨,增长 3.4%;金属矿石吞吐量 4252 万吨,增长 2.1%;粮油类吞吐量 290 万吨,增长 14.1%。全年外贸货物吞吐量 4451 万吨,增长 15.2%。港口集装箱吞吐量 8.06 万 TEU,增长 19.4%。至年末,全市有港口经营企业 253 家,生产性泊位 410 个,比上年末增加 7 个,其中万吨级以上深水泊位 19 个,比上年末增加 4 个。 (任爱珍 张 磊)

台州市城市交通

【交通运输业发展快速】 全年完成货物周转量 696.19 亿吨公里,比上年增长 17.8%,旅客周转量为 100.17 亿人公里,比上年增长 14.1%。台州港“一港六区”开发建设大力推进,全年完成港口货物吞吐量 3507 万吨,比上年增长 15.9%。其中外贸吞吐量 360 万吨,增长 97.0%。特别是大麦屿港区由于华能玉环电厂的投产,港口吞吐量实现跨越式发展,全年完成货物吞吐量 1079.24 万吨,比上年增长 1.6 倍。民航完成旅客吞吐量 36.76 万人,比上年增长 35.5%,货邮吞吐量 2780 吨,增长 38.1%。年末全市公路总里程(含村道)10200 公里,比上年增加 1113 公里,其中等级公路 9691 公里,占公路总里程的 95.0%;高速公路 188 公里。年末全市民用汽车拥有量达 31.59 万辆,比上年净增 5.53 万辆,其中私人汽车 25.6 万辆,比上年增加 4.8 万辆。

马鞍山市城市交通

【概况】 全市公路总里程 2222 公里,共有营业性汽车 11079 辆,出租车 2298 辆,等级客运站 4 个,设计发送旅客能力 6.36 万人/日。铁路可直达北京、上海、南京、福州等城市以及安徽各地,市区距南京禄口国际机场仅 38 公里。

【公路】 全市公路总里程 2222 公里,公路密度 130 公里/百平方公里。其中,国道 1 条:205 国道,我市境内 37 公里;省道 4 条,分别是 105 线、313 线、314 线和马芜高速,在我市境内里程共计 88 公里;县道 18 条,共计 300 公里,重要县道 4 条:马濮公路、澄湖公路、围乌公路和新黄公路,计 128 公里;乡道 186 条,共计 773 公里;村道 598 条,通车里程达 1023 公里。按公路技术等级划分,高速公路 42 公里;二级公路 174 公里,三级公路 120 公里;四级公路 1651 公里,等级外公路 235 公里。全市境内共有公路桥梁 267 座,8727 延米。

【口岸(港口)】 马鞍山港是全国 28 个内河主要港口之一。长江马鞍山段上起东梁山,下至慈湖河口,河道全长 30.6 公里,岸线资源 35.6 公里。马鞍山港现有中心港区、采石港区、慈湖港区和人头矶港区等四大港区,共有货运泊位 40 个,年综合通过能力超过 2500 万吨,90 年代中后期建设泊位均是 3000 吨级以上的大型直立式泊位。2003 年和 2004 年连续两年进入全国内河港口十强行列。9 月 30 日,国务院正式批复同意马鞍山口岸扩大对外国籍船舶开放,设立边检机构,当年全港货物吞吐量首次突破 3000 万吨大关,达 3684.5 万吨,比上年增长 54%。目前,投资 6000 万美元、拥有三个 5000 吨级并兼靠一万吨级货轮的马鞍山公共码头正在积极建设中。

【城市公交管理】 现有公交营运车辆 457 辆,每万人拥有公交车 7.7 标台,营运线路 43 条,主要集中在城市规划区,日行驶里程 8.2 万公里,日运送乘客 29 万余人次。在册员工 1161 人,其中驾驶员 667 人,各项营运生产指标一直保持省内同行业先进水平。新建第二停车保养场(林里)和市政处调车场,完成了 366 台公交车的油改气工作。

【道路交通管理】 城市道路交通管理达到全国 B 类城市二等优秀管理水平。建立道路交通科学管理体系,编制和落实一批道路交通安全管理政策;完善各类标志标线、交通隔离设施、行人与非机动车等慢行交通设施及停车管理设施,优化了交通信号配时和路口、路段及公共交通组织方案,道路通行状况和通行能力明显改观;建成集道路交通信息采集、信号控制、视频监控、公路卡口、有线、无线通信及九大公安交管应用系统于一体的道路交通智能控制系统,公安交通管理信息化应用工作始终保持在安徽省前列。狠抓公安交警队伍正规化建设,群众满意度达94.5%,列全市行政执法管理部门的首位。机动车和驾驶人管理水平在全国保持领先,交警支队车辆管理所先后被授予"全省示范车辆管理所"、"省、市文明窗口"、"全省公安机关基层正规化建设优秀单位"称号,两次荣立安徽省公安厅集体二等功,并涌现出"全国执法标兵"何映超等一批先进典型。道路交通事故预防成效明显,2007年交通事故四项指数分别下降39.06%、3.81%、43.52%、26.27%,万车死亡率为6.68,比2006年下降0.35,交通事故对群众安全感的影响率为43.17%,比安徽省平均水平低6.33个百分点。

【发展规划】 "十一五"交通发展目标是建立能力充分、组织协调、运行高效、管理上乘、服务优质、安全环保的综合交通运输体系,各种运输方式共同构筑布局协调、衔接顺畅、优势互补的现代综合运输体系,基本适应全市社会经济的发展需要,为用户提供安全、便捷、经济、可靠的运输服务,为提高全市竞争力和实现"两个率先"目标奠定坚实的基础。

公路方面:继续保持较大的公路建设规模和较快的公路建设速度,公路基础设施总量明显增加、结构较为合理、质量提高,初步形成高速公路网和较为完善的农村公路网;各层次公路网之间比例协调、布局合理、衔接紧密;公路运输场站建设取得突破,公路和场站之间实现"点线协调"的发展格局。

水运方面:充分发挥马鞍山水路资源优势,在加大长江水路建设投入同时,全面展开内河道建设,基本形成以芜申运河为主体的高等级航道体系,航道标准和通航能力进一步提高,基本消除堵挡碍航现象,船舶航行安全得到保障,内河航运的优势得以体现并步入良性发展阶段,内河航运总体上基本适应经济社会发展要求。

客货运输方面:道路运输能力、运输基础设施的有效供给基本能满足需求;运输结构基本合理;道路运输全行业集约化、规模化、组织化经营程度渐趋合理;以高速公路为依托的快速客货系统基本建立;道路运输业在综合运输体系中的地位进一步提高;行业发展与国家经济发展和社会进步基本适应。

维修检测业方面:汽车维修企业由综合性维修向专业化维修方向发展;完成全市汽车维修检测行业的信息联网,在信息化和网络化的基础上,依托分布于干线公路沿线的维修企业,逐步建立干线公路沿线维修救援系统。

【马鞍山长江大桥和机场高速公路】 马鞍山长江大桥和机场高速公路是近期公路重点建设项目,投资预算63亿元,是马鞍山进入上海的第二快速通道。马鞍山长江大桥东接马鞍山至南京溧水高速,沟通宁杭、宁高、宁常和太仓高速公路;西接206省道,沟通312省道、沿江高速、合宁高速、合巢芜高速,将形成具有重要战略意义、衔接合理、运输高效、贯通长江南北的重大交通路网。 (董昭武 周 宇提供)

泰州市调公路

上海市开发区建设

【开发区发展概况】 上海按照市委、市政府关于加快推进“三个集中”的总体要求，积极配合国家有关部委开展开发区清理整顿工作。通过开发区清理整顿，完善了土地市场秩序，提高了开发区的总体质量，初步形成了“布局集中、用地集约、产业集聚”的格局。上海市原有各类开发区177个，经过清理整顿，并通过国土资源部和建设部的两规划审核，最终保留41个开发区，其中国家级开发区15个，市级开发区26个。核减开发区面积约50.83平方公里，核减比例约42.89%。

（余　敏）

【张江高科技园区高速发展】 2007年，张江高科技园区实现了高速发展，集成电路、软件、生物医药三大支柱产业迅速崛起，创新能力显著提高，创新成果亮点频出。在以增强自主创新能力为核心的“二次创业”的关键阶段，张江园区通过孵化器建设、产学研联合体建设、创新环境建设，进一步增强自主创新能力，强化园区内生增长能力，以早日建成创新型科技园区，早日步入世界一流高科技园区行列。由权威咨询公司赛迪顾问发布的《2007年中国开发区投资环境竞争力研究报告》显示，张江园区投资环境竞争力已入围五星级开发区之列，在政府政策、产业氛围、服务环境、社会与自然环境等关键性要素指标上表现尤为突出。

（谭冬冬）

【漕河泾开发区持续快速发展】 2007年，上海漕河泾新兴开发区（简称漕河泾开发区）各项主要经济指标持续增长，经济发展态势强劲。国内生产总值4164亿元，xx上年增长9.2%；销售收入1405.3亿元，比上年增长14.4%；其中外商投资企业1079.3亿元。工业总产值1013.6亿元，比上年增长0.8%；其中：外商投资企业950.7亿元，增长0.8%。税收收入27.5亿元，比上年增长23.7%；其中：外商投资企业22.6亿元，增长21.9%。出口总额105.2亿美元，负增长1.8%；进口总额44.4亿美元，负增长29.0%。引进项目总数285家，其中：外商投资企业70家。

高新技术产业快速发展。至年底，漕河泾开发区拥有各类高科技企业1100余家，经认定的高新技术企业197家，全年销售收入1264.77亿元，占开发区总销售收入的90%，研发投入占其销售收入的7.1%，高于高新抠内高新技术企业5%研发比例的认定标准。在高新技术产业中，信息产业发展尤为突出，年销售收入超过开发区出口总额的82%。出口总额超过开发区总额的90%。

2007年漕河泾开发区高新技术企业情况表

项目名称	企业数（家）	销售收入（亿元）	利润总额（亿元）	出口总额（亿美元）	期末人数（万人）
集成电路	66	81.71	1.2	7.89	1.08
光缆通信及网络通信讯	115	42.88	4.1	0.57	0.8

续上表

项目名称	企业数（家）	销售收入（亿元）	利润总额（亿元）	出口总额（亿美元）	期末人数（万人）
计算机软硬件	172	833.48	21.78	88.87	4.43
电子器件及数字电子	99	80.15	3.26	4.05	0.68
生物医药技术	40	8.67	1.83	0.05	0.18
新材料能源及化工	72	49.71	3.53	1.85	0.48
仪表仪器及专用设备	138	55.45	3.24	0.56	0.88
航天航空	15	9.35	0.55	0	0.45
汽车产业	9	93.89	6.05	0	0.34
电子商务	20	33.4	1.79	0	0.11
已认定高新技术企业	197	1264.77	35.06	99.94	7.94

【招商引资质量获得提高】 年内，漕河泾开发区坚持引进内外资项目并举，发展高新技术产业和高附加值服务业并举的方针，完成总租售面积42.8万平方米，同比增长70%；引进中外企业174家，区内老企业36家，新增合同外资3.12亿美元，同比上升36.8%。90%以上的新进项目为研发、总部、商贸类高附加值企业和机构。

【出口加工区】 年内，漕河泾出口加工区完成工业总产值643.3亿元，比上年减少4.2%；出口总额83.7亿美元，比上年增长0.2%；进口总额22.8亿美元，比上年下降22.7%。至年底，出口加工区共引进重大外资项目8个，投资总额2亿美元，合同0.9亿美元，实际利用外资1.3亿美元。

【现代服务区集聚区建设有序推进】 漕河泾现代服务集聚已完成区域内的征地动迁和腾地，首期W16工程进入竣工收尾，将成为中环沿线的亮点建筑之一。集聚区总部区桩基工程已完成2/3。集聚区商贸和综合配套地块引入音王国际音响世界、保华万丽五星级酒店两个标志性项目为现代服务业的集聚打下了基础。 （王 晖）

南京市开发区建设

【概况】 2007年，南京市各开发区在项目质量、环境质量、绩效质量、管理质量上展现出新的的面貌。

*培育高新技术产业，促进科技创新。*南京各开发区推进自主创新，引进一批原创型自主创新企业。高新区为加快科技创新和产业发展，投入1亿元，设立4000万元“科技创新基金”、3000万元“软件产业发展基金”和3000万元“生物医药产业发展基金”；高新区与中科院软件工程研制中心合作成立国家“十一五”核心项目“南京BIOS与嵌入式应用工程中心”；推进高中端应用领域的电力自动化软件产业发展，国电南端4万平方米的研发中心即将建成；重新规划5平方公里的南京生物医药园，引进专业研发纳米生物技术和生产纳米药物的凯瑞尔纳米生物技术公司，与南大动物模式基因资源库、海外留学生创办的研发机构合作，成立高新新区生物医药研究所，为医药企业搭建研发平台。位于江宁开发区的南端继保等国家电力自动控制软件与关键设备国内市场份额已经超过60%。浦口开发区在推进生物医药产业及其研发创新的基础上，注重实施标准国家战略，其中老山生物制品参与国家标准制订并创造条件跻身国际标准准则制订单位。

*发展高端服务业，促进产业创新。*南京是国家服务外包基地城市。根据国家发展服务外包“十百千工程”，南京组建包括南京高新区、江宁开发区以及鼓楼区、雨花区、玄武区5家服务外包示范区。在3月和9月，分别举办高层论坛和产业对接活动，制订南京市发展服务外包规划和支持政策，吸引和培育中兴、华为、江苏润和、南大富士通等领军企业。组织企业和示范区到日本、韩国、新加坡、欧美开展服务外包招商和培训，与毕博、爱生哲、凯捷、萨蒂扬、东软等世界著名企业建立联系。加快服务外包基础设施建设，鼓楼区规划116.67公顷江东片服务外包发展区开工建设，南京工业大学5000平方米和高新区5000平方米培训设施交付使用。高新区的生物医药平台，初步形成融研发生产、外包服务中心为一体的专业特色，培育具有自主知识产权、科技含量高的生物制药及研发服务外包企业。

*营造优质项目的集聚环境，促进制度创新。*加快跨江发展和集约化推进十大产业链，启动对开发区资源整合工作，包括区位整合、功能整合、环境整合。在区位整合方面，南京经济技术开发区对栖霞开发区、仙林地区、龙潭靖安地区整合；高新区对盘城地区整合逐步展开，带动所在地新兴制造业、现代服务业以及生态化、城市化发展。在产业整合方面，将全市重大化工项目、主城区有污染化工项目和传统小化工项目的改造集

中于化工园,推动主城区的生态建设与环境和谐,也促进化工园区项目之间的有效互补互动,促进以跨国公司为核心项目为龙头,牵引中小项目有机联系的产业集聚。化工园围绕塞拉尼斯60万吨/年醋酸龙头项目,进行产业链建设,初步建成醋酸产业链,成为世界最大的醋酸产业基地。在功能整合方面,各开发区充分利用南京高等院校、科研院所众多,高端人力资源富集的优势,开展官、产、学、研、金、贸、介联动,各高校都在开发区设立分部,电子、软件、生物工程、材料、制药等学科与开发区相关功能、相关企业形成互补。南京工业大学与高新区、浦口开发区在生物医药领域建立包括实验、检测、研发、培训方面的密切联系,在服务外包领域进行新的合作尝试。在环境整合方面,各开发区实行招商选资、严把项目投资强度门槛、产出绩效门槛、“两高一资门槛”、尤其注重加大环境保护基础投入。4家主要开发区污水处理厂建设并投入使用,总日处理能力10.2万吨。其中,南京经济技术开发区污水处理厂日处理能力为4万吨。高新区污水处理厂日处理能力为1万吨,化工园污水日处理能力为1.2万吨,洒宁经济技术开发区日处理能力为4万吨。8家省级开发区中,已有2家进入污水集中处理系统,溧水开发区日处理能力为0.5万吨;高淳开发区污水经收集管网进入县城污水处理厂,日处理能力为2万吨;雨花开发区一期2万吨/日工程和滨江开发区污水处理工程开工建设;栖霞、浦口、六合、白下4家开发区污水进入规划建设中的城市和城镇污水处理厂工程分别开工建设。

*推进品牌建设,促进管理创新。*发展特色化品牌,形成包括高新技术出口基地、软件示范基地、光电显示产业基地、化工整合基地、生物医药产业基地、保税物流园区、服务外包基地等国家级特色园区,正在建设和申报国家特色园区的包括车辆制造与配件产业基地、光伏与风能等新能源产业基地、卡漫游创意产业基地、电力自动化产业基地等。发展标准化品牌,围绕十大产业链,形成一批科技成果转化为标准,新采标准产品1000个,转化率90%。总部或者有项目在南京各开发区的国家标准制定单位有江宁金箔集团、江宁金拉线、老山药业、中网通信、国电南自、中圣高科、南端继保、红太阳、红宝丽、雨润集团、大陆中电、音飞货架、国家级野生植物研究院等企业,涉及18个行业,自主制定、参与制订行业标准77项、国家标准69项,发展生态化品牌,南京各开发区注重从技术层面、结构层面和体制层面立体做好环境保护工作。经济技术开发区、江宁开发区、化工园区等以制造业为主的开发区注重科技支持,做好物质集成、水集成、热能综合与梯级应用。高新技术开发区、白下科技园开展以软件研发、自主创新、动漫游戏、创意产业、服务外包等无污染、低消耗、高智能、高就业行业,加快开发区转型升级,通过改善产业结构,在治本上推进开发区生态化建设。化工园坚持以科学规划为总纲来指导园区的环境保护工作,优先引进环境支撑型项目、环境友好型项目和基地龙头型项目,促进园区产业集中、企业集聚和生态集成;以循环经济建设为核心,实现园区可持续发展。

2007年,全市开发区新增固定资产投入654亿元,增长34.6%,其中,基础设施投入121.7亿元,增长56.3%;注册外资和实际利用外资分别增长20%,达到28.7亿美元和14.64亿美元;出口81.9亿美元,增长12.4%;实现业务总收入5078亿元,增长24.7%;实现地区生产总值867亿元,增长32.9%;实现税收146.9亿元,增长39.8%;实现地方一般预算收入66.56亿元,增长37.3%;主要经济指标与全省开发区考核体系中的位次均有不同程度的上升。各开发区2007年在建设水平、经济实力、开放度等方面在全省同类、同时期开发区听位次都有前移。其中建设水平指数、高新区从第11位前进2位,化工园从第23位上升到第20位;在经济实力方面、经济技术开发区进入省前5位,在国家同类开发区排第9位,浦口开发区、化工园均前进5位;在产业发展集约程度方面,高新区上升3位,进到前4家,南京化工园前进9位,在45家新批省级开发区中,南京4家除白下科技园外均有不俗表现。

(汪晓阳)

苏州市开发区建设

【概况】 2007年,全市开发区认真贯彻落实科学发展观,坚持把开发区建设作为经济社会发展的重中之重来抓,努力克服土地、资金、能源等要素供给不足的矛盾,把服从宏观调控与创新发展方式结合起来,开拓进取,扎实工作,开发区建设发展又上新水平,各项重点工作取得了实质性的进展,主要经济指标再创新高,规模越来越大,作用越来越强,对全市经济社会发展的贡献越来越高,苏州开发区建设正逐步实现又好又快发展。

2007年全市开发区投入基础设施建设资金240.06亿元,比上年增长7%,其中国家级开发区115.38亿元,增长-16%;省级开发区132.54亿元,增长40%。历年累计投入基础设施建设资金1216.13亿元,其中国家级开发区608.93亿元,省级开发区607.2亿元。

2007年全市开发区引进外资项目1364个,比上年增长-4%;合同外资151.17亿美元,比上年增长22%;实际到账外资56.97亿美元(根据商务部口径统计),增长2%。

2007年全市开发区业务总收入16430.73亿元,进出口总额1788.15亿美元,其中出口994.83亿美元,分别增长29%、21%、24%。

2007年全市开发区国内生产总值3711.37亿元,一般预算收入268.26亿元,税收收入594.52亿元,分别增长25%、38%、44%。

【开发建设基本特点】 1. 经济总量继续扩大。据测算,我市国家级和省级开发区以不到全市7.2%的土地面积,将创造全市1/2以上的GDP和地方一般预算收入、3/4的工业增加值、5/6的利用外资和进出口总额。今年开发区的实际到帐外资、进出口总额和出口额均超过去年全市的总量,开发区带动和辐射全市开放型经济增长的作用日趋显著。苏州工业园区作为全市开发区的重中之重,主要经济指标在去年高平台上继续稳步发展。其他国家级和省级开发区也都呈现出经济总量快速增长的发展态势,成为支撑我市经济发展的重要力量。

2. *引资质量不断提高*。2007年全市开发区新批注册外资和实际利用外资均创开发区历年之最,开发区不仅在利用外资的"量"上再创新高,而且在引进外资的"质"上不断创优。又新批惠氏营养品、英力士苯酚、英格索兰等10家超亿美元的龙头型、先进制造业外资项目,三星半导体、旭电等世界500强公司净增资额超亿美元;全市国家级开发区新批外资服务业项目297个,注册外资24.6亿美元,均占全市外资服务业总量的62%左右。新增国际纸业、联合技术、贺利氏、马士基等世界500强公司在开发区投资。装备制造、TFT-LCD、生物医药、软件动漫、金融保险等一批先进制造业和现代服务业产业在开发区内迅速崛起。

3. *服务外包全面启动*。2007年,全市开发区已经开始将发展服务外包作为当年工作的重点。制定政策、营造环境、建设载体、培训人才等一系列工作全面展开。苏州工业园区成为国家级服务外包示范基地,江苏昆山花桥经济开发区成为省级服务外包示范区,全市开发区以此将发展服务外包作为转变发展方式、提升产业结构、加快转型升级的重要抓手,积极推动发展服务外包特别是离岸外包业务,纷纷出台相关鼓励、扶持政策,加大对服务外包企业的招商力度,已经取得了一定的成效。

4. *科技创新步伐加快*。2007年,各开发区把增强科技创新能力作为发展高新技术产业的主线,加快实现从"苏州制造"向"苏州创造"的战略转型。不断强化择商选资,注重优化产业结构。加大了对已落户的龙头型先进制造业的招商力度,动员其研发机构向生产基地靠拢,全市开发区共新增各类研发机构20余家。中科院苏州生物医学工程技术研究所获准在苏州高新区建设。同时,苏州工业园区国际科技园四期和中新科技城、高新区X2创意产业园、吴中科技城芯联软件园等一批科技创新载体正式建成启用。

5. *功能创新逐渐深化*。苏州工业园区综合保税区仅用半年时间,高标准地完成了新建口岸作业区的围网、卡口及监管设施等工程的建设,并通过了海关总署等国家九部委的联合验收正式封关运作。昆山出口加工区叠加保税物流功能试点工作有序推进,区内海关、国检和企业之间的计算机系统已全部联网运作。张家港保税区区港联动试点正高效运作,今年货运总量和税收继续保持国内同类型园区的先进之列。苏州高新区出口加工区南区和吴中出口加工区也顺利通过海关总署等国家九部委的联合验收。

6. *生态建设成新目标*。2007年,各开发区把生态建设提高到与经济建设同等重要的位置,像抓经济建设一样抓生态建设,高度重视国家级、省级生态工业示范园区的创建工作,围绕"环境立园、生态兴园"战略,创建工作取得了明显成效。苏州工业园区、苏州高新区今年在全省率先通过了创建国家级生态工业园区的省级考核验收。同时,各开发区积极引导企业开展清洁生产、中水回用和节能降耗等循环经济试点,苏州高新区循环经济已跻身全国开发区竞争力十强。

7. *社会事业协调共进*。全市开发区在进一步加强软硬环境建设的同时,十分注重社会事业发展与人民生活,注重区镇联动与富民优先,着力构建和谐社会。苏州工业园区和苏州高新区、昆山开发区等突出抓好中心城区功能建设,一批重点工程相继完工。其他开发区也加快了城市化的建设进程,城市形态和功能逐步得到完善和提升。同时,开发区加大了社会保障、新农村建设、精神文明建设等方面的工作力度,教育、文化、医疗、体育等各项事业同步发展,社会和谐程度进一步提高。

8. *南北共建有序推进*。在2007年,作为我市南北共建开发区的重中之重,苏州宿迁工业园区正式启动建设,恒力集团、朗力福、美德科技等8家企业正式签约入驻园区。苏宿工业园区基础设施投入2.37亿元,进区项目投资总额4.6亿元人民币,实际到账外资6800万美元。同时,连云港开发区昆山工业园、张家港经济开发区宿豫工业园和吴中宿城工业园等南北共建园区也全面启动。我市开发区通过南北共建园区,充分发挥苏南、苏北两地优势,推进产业梯度转移,通过实施先进制造业、服务业等城市功能的综合开发,拓展南北合作领域,为南北合作作出示范。

9. *班子建设得到加强*。2007年,在市委的领导下,按照"精简、统一、效能"的原则,以提高素质、优化结构、增强活力为重点,加强了开发区领导班子的建设。目前,配高配优开发区领导班子的工作已基本落实到位,副厅级建制开发区主持工作的副职领导,已经全部按1~2名正处级配置,省级开发区也已全部按正处级建制配置干部。一批年富力强、充满活力的年轻干部走上了开发区的领导岗位。

10. *考核评价再创佳绩*。在商务部组织的国家级经济开发区年度投资环境综合评价中,苏州工业园区和昆山经济开发区总指数分列第2位和第4位,其中工业园区基础设施配套能力指数由上年排名第2位跃升为排名第1位。在江苏省经济开发区建设发展年度评价中,苏州工业园区、苏州高新区和昆山经济技术开发区均进入全省国家级开发区排名前5位,其中:苏州工业园区以总得分790分名列第一。在省级开发区的评价中,吴江经济开发区、常熟经济开发区、太仓港经济开发区、张家港经济开发区和吴中经济开发区分别全省省级开发区排名前10位。

2007年苏州市开发区招商引资情况

开发区名称	外资项目数(个)			合同注册外资(亿美元)			实际到账外资(亿美元)		
	2007年	2006年	同比	2007年	2006年	同比	2007年	2006年	同比
全市合计	2025	2281	-11%	184.93	159.24	16.1%	73.80	61.70	19.6%
全市开发区合计	67%	62%		82%	78%		77%	90%	
开发区占全市比例	1364	1415	-4%	151.17	123.70	22%	56.97	55.65	2%

续上表

开发区名称	外资项目数(个)			合同注册外资(亿美元)			实际到账外资(亿美元)		
	2007年	2006年	同比	2007年	2006年	同比	2007年	2006年	同比
国家级开发区小计	803	765	5%	90.23	74.16	22%	34.97	33.49	4%
苏州工业园区	461	435	6%	47.66	38.29	24%	17.57	16.00	10%
苏州高新区	133	175	-24%	20.68	20.04	3%	7.90	8.01	-1%
昆山经济技术开发区	137	98	40%	13.38	9.21	45%	6.59	7.37	-11%
张家港保税区	64	47	36%	7.61	6.08	25%	2.57	2.01	28%
太湖旅游度假区	8	10	-20%	0.90	0.55	65%	0.34	0.10	236%
省级开发区小计	580	672	-14%	63.03	51.93	21%	23.04	22.88	1%
常熟经济开发区	22	37	-41%	5.23	5.01	4%	3.39	3.93	-14%
太仓港经济开发区	91	88	3%	12.55	7.41	69%	3.20	3.90	-18%
吴中经济开发区	74	89	-17%	6.20	6.68	-7%	2.49	2.71	-8%
相城经济开发区	32	34	-6%	2.64	2.52	5%	0.45	0.96	-53%
吴江经济开发区	89	105	-15%	8.84	6.88	29%	3.54	3.82	-7%
张家港经济开发区	53	81	-35%	7.80	4.97	57%	1.22	2.22	-45%
浒墅关经济开发区	19	22	-14%	2.08	2.40	-13%	1.04	0.72	45%
昆山旅游度假区	2	6	-67%	0.25	0.59	-58%	0.18	0.01	1700%
其中:阳澄湖中心	1	4	-75%	0.15	0.41	-63%	0.17	0.00	
淀山湖中心	1	2	-50%	0.10	0.18	-43%	0.01	0.01	-45%
吴江汾湖经济开发区	60	50	20%	4.75	3.29	44%	1.15	0.25	356%
常熟东南经济开发区	53	50	6%	6.16	5.31	16%	1.82	1.78	2%
昆山高新技术园区	51	90	-43%	4.75	5.13	-7%	3.68	1.85	99%
昆山花桥经济开发区	34	20	70%	1.77	1.76	1%	0.88	0.73	21%

2007年苏州市开发区经营情况

开发区名称	主营业务收入(亿元)			进出口总额(亿美元)			自营出口(亿美元)		
	2007年	2006年	同比	2007年	2006年	同比	2007年	2006年	同比
全市开发区合计	16430.73	12692.84	29%	1788.15	1476.37	21%	994.83	795.34	24%
国家级开发区小计	10299.97	8315.07	24%	1459.82	1228.97	19%	824.49	669.42	24%
苏州工业园区	3340.71	2561.15	30%	568.50	499.05	14%	285.01	250.41	14%
苏州高新区	2235.36	2000.02	12%	411.70	348.49	18%	254.09	204.10	28%
昆山经济技术开发区	3116.32	2407.28	29%	438.08	349.95	25%	276.70	208.88	33%
张家港保税区	1525.06	1271.29	20%	40.85	30.92	32%	8.31	5.71	34%
太湖旅游度假区	82.52	75.33	10%	0.69	0.56	24%	0.38	0.33	59%
省级开发区小计	6251.79	4458.29	40%	339.21	253.78	34%	177.12	129.96	22%
常熟经济开发区	1127.75	980.37	15%	46.72	34.17	37%	29.57	20.89	43%

续上表

开发区名称	主营业务收入(亿元)			进出口总额(亿美元)			自营出口(亿美元)		
	2007 年	2006 年	同比	2007 年	2006 年	同比	2007 年	2006 年	同比
太仓港经济开发区	640.78	512.44	25%	16.99	9.21	84%	6.23	3.52	-56%
吴中经济开发区	508.24	381.24	33%	23.87	18.76	27%	14.84	10.44	45%
相城经济开发区	66.76	43.89	52%	5.68	3.51	62%	3.75	2.28	60%
吴江经济开发区	1048.74	870.08	21%	124.95	117.70	6%	62.21	57.61	12%
张家港经济开发区	701.07	460.57	52%	35.60	25.87	38%	17.27	12.20	46%
浒墅关经济开发区	121.03	80.53	50%	10.88	6.39	70%	6.78	4.04	68%
昆山旅游度假区	20.01	18.88	6%						
其中:阳澄湖中心	9.74	9.56	2%						
淀山湖中心	10.27	9.32	10%						
吴江汾湖经济开发区	363.11	238.04	53%	8.84	4.31	105%	5.91	3.13	89%
常熟东南经济开发区	227.67	111.59	104%	10.09	6.31	60%	5.48	4.25	29%
昆山高新技术园区	1260.12	669.52	88%	47.61	25.79	85%	20.95	18.43	14%
昆山花桥经济开发区	166.50	91.13	83%	7.62	1.50	408%	3.81	0.95	299%

苏州市开发区经济情况(2007)

开发区名称	国内生产总值(亿元)			一般预算收入(亿元)			税收收入(亿元)		
	2007 年	2006 年	同比	2007 年	2006 年	同比	2007 年	2006 年	同比
全市开发区合计	3711.37	2975.89	25%	268.26	194.46	38%	594.52	412.39	44%
国家级开发区小计	2206.46	1812.91	22%	157.20	112.34	40%	354.70	255.28	39%
苏州工业园区	836.01	679.52	23%	76.35	52.59	45%	168.45	116.91	44%
苏州高新区	520.00	470.57	11%	41.16	30.37	36%	88.71	66.78	33%
昆山经济技术开发区	670.62	539.30	24%	28.47	21.65	31%	71.20	53.46	33%
张家港保税区	142.00	90.43	57%	8.68	6.00	45%	22.49	15.33	47%
太湖旅游度假区	37.83	33.09	14%	2.55	1.73	47%	3.87	2.80	38%
省级开发区小计	1561.05	1201.63	30%	116.49	85.71	36%	249.88	164.04	52%
常熟经济开发区	340.51	271.86	25%	14.58	12.63	15%	38.15	28.38	34%
太仓港经济开发区	180.86	152.79	18%	20.34	14.66	39%	49.02	35.06	40%
吴中经济开发区	136.37	108.20	26%	12.81	9.11	41%	24.95	18.52	35%
相城经济开发区	15.06	10.00	50%	1.92	1.31	46%	3.28	2.21	49%
吴江经济开发区	158.03	130.05	22%	11.39	7.94	43%	25.37	11.51	120%
张家港经济开发区	210.06	139.46	51%	9.87	6.70	47%	19.99	10.54	90%
浒墅关经济开发区	56.14	38.65	45%	5.43	3.59	51%	10.06	6.92	45%
昆山旅游度假区	10.30	10.55	-2%	0.45	0.85	-47%	0.72	0.99	-27%
其中:阳澄湖中心	4.78	5.62	-15%	0.18	0.64	-73%	0.18	0.19	-3%

续上表

开发区名称	国内生产总值(亿元)			一般预算收入(亿元)			税收收入(亿元)		
	2007年	2006年	同比	2007年	2006年	同比	2007年	2006年	同比
淀山湖中心	5.52	4.93	12%	0.27	0.21	29%	0.54	0.53	2%
吴江汾湖经济开发区	108.27	80.03	35%	6.24	4.56	37%	13.81	9.74	42%
常熟东南经济开发区	68.22	50.50	35%	4.20	2.58	63%	7.25	3.13	132%
昆山高新技术园区	232.11	185.15	25%	23.24	19.54	19%	47.52	35.43	34%
昆山花桥经济开发区	45.13	24.40	85%	6.03	2.24	169%	9.76	1.88	420%

2007年苏州市六个出口加工区情况

名称	进出口总额(万美元)			其中:出口额(万美元)		
	2007年	2006年	同比	2007年	2006年	同比
昆山出口加工区	3201833	2467000	29.8%	2112275	1544000	36.8%
苏州工业园区出口加工区	513136	604090	64.8%	305036	373391	-18.3%
苏州高新区出口加工区	81739	55327	-15%	53089	30297	75.2%
常熟出口加工区	210	394	-46.7%	19	275	-93%
吴江出口加工区	1389	0		658	0	
吴中出口加工区	0	0		0	0	

无锡市开发区建设

【概况】 2007年,全市重点开放园区切实贯彻落实科学发展观,围绕"转型、提升、优化、创新"的要求,实施"四高联动"(高新技术产业培育、高端服务产业发展、高品质人才环境建设、高层次人才引进),加快"三大转变"(由投资驱动向创新驱动转变、由生产制造向设计制造转变、由资源依赖向科技依托转变),实现了园区建设又好又快发展。

整体发展水平明显提升。2007年,全市重点开放园区完成地区生产总值1882亿元,较上年增长24%;业务总收入8967亿元,较上年增长28%;税收收入250亿元,较上年增长34%;地方一般预算财政收入114亿元,较上年增长34%;工业销售收入6300亿元,较上年增长24%。全市重点开放园区的经济总量接近全市经济总量的一半。同时,全市重点开放园区的开放程度进一步提高,经济国际化步伐加快。全年全市重点开放园区到位注册外资24.2亿美元,占全市的比重为88%;外贸出口220亿美元,占全市出口总量的78%。全市重点开放园区共引进3000万美元以上的重大外资项目31个,占全市的比重为95%。

结构调整步伐明显加快。2007年,全市重点开发园区重点围绕先进制造业和现代服务业调整招商思路,转变招商策略,着力招商选资。以"三谷三基地"("硅谷"、"液晶谷"、"生物谷";动漫产业基地、信息外包基地、流程外包基地)为代表的新型产业群在无锡崛起,全年新批"三谷三基地"外资项目近百个,占全市新批外资项目数的1/4;协议注册外资8.6亿美元,占全市协议利用外资额的1/3。"无锡硅谷"实现裂变式发展,海力士项目在前两期快速发展的基础上启动实施第三期增资,增资额达50亿美元。

科技创新能力明显增强。2007年,全市重点开发园区通过大力引进创新人才,加快"三创"(创新、创意、创业)载体建设、优化创新发展环境,使园区科技创新能力明显提升。全市省级以上开发区建设了21个创新创业园区,建设面积达到70万平方米;新批高新技术企业46家,较上年增长78%;新批创意、研发及工程中心51个,较上年增长86%。研发中心、工程中心项目明显增加,全年新批外资注册研发中心项目4个,注册资本2000万美元的江阴贝卡尔特研发中心、江苏新天地氨基酸肥料有限公司与南京农业大学共建的省级高技术研究重点实验室以及江苏鹏鹞环境工程承包有限公司与南京大学共建的江苏省环境工程技术研究中心等,均成为企业自主创新的主力军。

【无锡国家高新技术产业开发区】 2007年,无锡国家高新技术产业开发区沉着应对宏观调控持续趋紧和太湖水质危机的双重考验,全面落实环保优先策略,加快转变经济发展方式,加速建设创新型国际化科技新城,经济社会发展呈现出“增长较快、质量提升、民生改善”的态势。

综合实力再上新台阶。全年实现地区生产总值600亿元,财政总收入114亿元,工业销售收入2100亿元,主要经济指标对全市贡献份额较上年提升12个百分点。新区以占全市6%的人口和土地,创造了占全市15%以上的地区生产总值和地方一般预算财政收入、25%的规模以上工业产值、45%的高新技术产业增加值、50%的服务外包产值和到位外资、60%的进出口总额、90%的高新技术产品出口量。综合发展评价稳居全省开发区第二位、全国开发区的前列。

常州市开发区建设

【开发区建设】 2007年,全市开发区的基础环境、综合功能、产业能级及辐射带动作用得到强化和提升。全市省级以上开发区当年投入基础设施建设资金101.6亿元,比上年增长35.8%,历年累计投入375.3亿元,累计开发面积92.6平方公里。全年新批外商投资企业270个,协议外资金额28.6亿美元,增长25.6%,占全市比重达65.2%;实际到账注册外资13.9亿美元,增长42.8%,占全市比重达76%;自营出口47亿美元,增长26.7%,占全市比重达47.7%;实现业务总收入3598.4亿元,增长43%;完成工业产品销售收入2395.4亿元,增长49.4%。常州高新技术产业开发区全年引进总投资超1000万美元外资项目21个,其中总投资超3000万美元项目4个;协议注册外资金额达10.5亿美元,注册外资实际到账5.3亿元,分别增长23.4%和40.5%。

镇江市开发区建设

【综述】 镇江现有1个国家级出口加工区,镇江、丹阳、句容、扬中、丹徒、京口和润州7个省级开发园区。2007年,全市开发园区完成基础设施投入40.11亿元,增长40.9%,完成年计划200.6%;新建标准厂房55.06万平方米;业务总收入1448.5亿元,增长32.8%;地方一般预算收入15.28亿元,增长34.9%。截至2007年底,全市各开发园区已开发面积49.35平方公里,累计完成基础设施投入160.19亿元,实际到账外资48.76亿美元。全市开发园区以不到全市2%的土地面积,创造了全市41%的外贸出口额和近60%的实际到位外资。

【开发规划】 开展新一轮开发园区规划修编,编制了《镇江市开发园区发展总体规划》和《全市各省级开发园区总体规划》。按照“布局合理、用地集约、产业集聚、功能配套”的要求,依据各自的产业优势、区位优势,进一步明确发展方向和定位、“十一五”期间的目标任务。高起点、高标准修编园区的总体规划、控制性详细规划等,并使之与国民经济和社会发展规划、城市总体规划、土地利用总体规划,以及环境规划、岸线规划等规划相协调。全市各开发园区在总体规划的基础上编制了控制性详规,其中丹阳开发区耗资800万元聘请新加坡裕廊集团高起点、高标准编制了园区产业规划、总体规划和控制性详规。

【外向型经济】 2007年,全市开发区完成实到外资6.33亿美元,同比增长49.3%,占全市利用外资比重59.55%;进出口总额35.76亿美元,增长31.6%,其中自营出口15.05亿美元,增长38.3%。镇江国家级出口加工区当年实到外资1736万美元,增长45.6%,总量接近其历年实到外资之和。重点鼓励争取引进一批体量大、带动性强的外资大项目,总投资5亿美元的太阳能多晶硅、4.7亿欧元的罗地亚二期、3亿美元的加铝中厚板、近4亿美元的山特维克新型合金材料等一批外资大项目已落户或即将落户相关开发园区。整合项目资源,建立各辖市区、开发区及乡镇工业园区项目互相引荐、税收利润分成、优质资源共享的招商引资共建共用机制。

【自主创新】 出台《关于加快省级开发园区建设发展的若干政策的通知》,明确了开发园区基础设施和进区项目建设的扶持措施,在财政地方留存、用地指标、行政事业性收费等方面给予实质性优惠。促进开发园区科技创新。鼓励和促进各开发园区建设科技创新基地,发展各类科技孵化器,对国家及省认定的高新技术创业服务中心、软件园、留学生创业园等科技孵化器,自认定之日起,给予优惠政策。鼓励国内外研发机构落户开发园区,鼓励进区企业建立各类研发中心。鼓励更多的工业项目特别是带动性强、附加值高的先进制造业龙头项目,爆发力和成长性强的高科技项目,以及与先进制造业配套的服务业项目向开发园区集中,进一步提高开发园区的投资强度和产出效益。

【环境保护】 坚持环保优先,提高进区项目的环保准入门槛,鼓励和支持开发园区率先开展清洁生产和“三废”综合利用。出台《镇江市省级开发园区考核奖励暂行办法》,重点考核实到外资占当地的比重、基础设施投入、万元GDP污染物排放量、工业增加值能源消耗量、高新技术产业产值占工业总产值的比重等。

【建立人才高地】 设立镇江市省级开发园区专项奖励资金,由市财政每年安排专项资金,用于奖励开发园区直接从事招商引资、项目推进和规划建设的有功人员，支持海内外领军型人才(团队)，开展投资创业。与大专院校和科研院所联合，积极开展招商引资、服务外包、软件运用等各类人才的培训，加强人才的使用。

(李　劲提供)

扬州市开发区建设

【开发区建设综述】 1992年扬州市开始建立开发园区以来，各开发园区贯彻党的路线方针政策，充分发挥政策、体制、功能等方面的优势，坚持招商引资、项目建设和基础设施建设同步推进，在促进对外开放、加快产业积聚、推动城市化进程等方面，发挥了十分重要的作用。特别是最近几年，开发区建设取得了巨大的成绩。

园区开发不断突破，载体功能逐步完善。目前扬州市共有8个省级开发区、两个市级产(工)业园和一个国家级的出口加工区，形成了以出口加工区和各省、市级开发区功能配套，沿江、沿河开发区共同发展的新格局。

十六年来特别是最近几年，全市开发园区发展经历了由少到多、不断壮大的过程，为扬州综合实力增强、城市化推进、开放发展等作出了重大贡献。2007年底，全市十家开发园区累计开发面积91平方公里，是2002年底的2.9倍；基础设施建设累计投入达202.4亿元，其中2007年完成投入55.1亿元，每平方公里基础设施投入达2.2亿元。根据《江苏省国家级、省级经济开发区建设发展评价办法》，2007年，扬州经济开发区、江都经济开发区位居"建设水平"第一板块，其中扬州经济开发区得分列省级开发区第5位，表明扬州市部分开发园区的建设，已经走到了全省开发区的前列。随着铁路、公路、港口、大桥等重要基础设施投入运行，一批与园区建设密切相关的供水、供电、供热、供气和污水处理设施的相继建成，使得各开发园区交通条件大大改善，载体功能更趋完善，园区投资发展环境明显提升，接受产业资本转移的能力大幅提高。

项目建设进展加快，产业集聚显著增强。各开发园区按照建设"国际先进制造业基地"和"新型工业化道路先行区"的目标定位，抓住国际资本转移和产业结构调整的机遇，引进龙头企业、"旗舰"项目，着眼于延伸主导产业链，推动产业集聚和企业集群，积极引导项目向开发区集中、招商向产业链集中，产业规模不断壮大，产业集中度明显提高，一大批外资、民资、国资项目在开发园区落户生根。截至2007年底，"八区二园"批准进区企业5664家，投产企业3911家。各开发区依据产业基础和特色，初步理清了产业发展脉络，产业集聚有了新的特色，一批龙头型和成长性较好的企业建成或正在建设，促进了八大支柱产业的形成，尤其是石油化工、汽车船舶、机械装备制造业及"三新"产业，有力地带动了全市传统产业和新兴产业的发展和提升。

园区开发对经济发展的支撑作用日益明显。通过园区开发，不仅新兴产业迅速壮大，而且优化了产业结构，增强了全市经济综合实力。2003年以来，"八区二园"协议注册外资72亿美元，实际到帐外资32.6亿美元，自营出口72.1亿美元，财政收入183.8亿元，外商投资企业898家，高露洁、德州仪器等世界500强企业投资兴办项目14个。2007年，"八区二园"实现生产总值575亿元，实际利用外资、一般预算收入、自营出口分别占全市总量的44%、88.2%、38.7%和71%，批准外资项目184个，协议注册外资项目单体平均规模达1140万美元。开发园区已经成为推动全市经济发展的重要增长极，此外，园区开发，不仅开发了土地，增强了抓开发求发展的意识，更拓宽了加快发展、科学发展、跨越发展的思路，树立了强烈的发展意识，以攻坚破难、奋力爬坡的精神状态推进跨越发展。

开发园区已经成为高新技术产业发展的重要基地。全市各开发区先后引进高新技术产业项目198个，仅扬州开发区，就有立奇光电薄膜晶体LCD面板、中集华翼开启厢式半挂车、顺大多晶硅等一批高新项目相继落户。一批研发机构如亚普汽车油箱研发中心等成功申报，关键技术已经和正在突破；同时，中国科技院、南京大学、扬州大学等高等院校及科研机构相继建立产学研基地，带动了产学研联合和科技成果的快速转化，促进了产业结构调整，提高了产品竞争力，开发区已经成为全市高新技术产业发展的重要基地，正在向产业基础雄厚、集约经营、功能配套相对完善、充满生机和活力的开发区迈进。

【园区经济贡献度】 据各开发园区上报数，全年开发园区地方一般预算收入占全市同期的36%；外贸出口占全市同期的64%；注册外资到帐占全市同期的80%。

【园区招商引资】 开发园区新批注册外资项目单位平均规模已达1000万美元，是全市平均规模的近2倍。涌现出顺大等一批高科技、高效益外资企业，对拉动开发区发展、推进产业结构调整起到了非常重要的作用。

【园区产业集聚】 扬州开发区初步形成了电子信息、光机电一体化和新能源等新兴产业；扬州化工园区全力推进烯烃、氯碱两大产业链建设，正在大力构建精细化工、化纤纺织、石化物流等化工产业链；仪征开发区大力培育高科技产业、汽车及零部件、化纤纺织等支柱产业；江都开发区的冶金机械、船舶制造及新材料等产业日趋成熟；邗江开发区的金属板材加工、服装制造、维扬开发区的精密铸造及玩具等产业特色优势正在加速形成；高邮开发区的纺织服装、宝应开发区的电线电缆、广陵产业园的轻工机械、食品加工已成为地方的主导产业。

【开发园区载体建设】 开发区面积的扩大，带动了基础设施建设的不断投入。各省级开发区，平均每平方公里基础设施投入近2亿元，随着与开发区配套的供水、供电、供热、供气和污水处理设施的相继建成和投入使用，开发园区载体功能更趋完善，接受产业资本转移的能力大幅提高。

泰州市开发区建设

【概述】 主动顺应宏观调控,积极采取应对措施,开放型经济取得了新成绩。全年完成注册协议外资17.18亿美元、实际利用外资8.75亿美元,分别增长42%、14.3%;完成自营出口额29.6亿美元,增长34.2%,增幅高出全省平均水平7.2个百分点;新签对外承包劳务合同额2.6亿美元,完成营业额3亿美元,分别增长19.4%和25.9%。沿江开发势头迅猛,沿江地区实现地区生产总值559.8亿元、完成财政收入98.8亿元、实际利用外资6.3亿元,增幅分别高于全市8.2、0.6和9.2个百分点,占全市的比重分别达46.6%、46.7%、72%。各类开发园区集聚资本的能力进一步提升,实际利用外资占全市的比重达72.5%。

南通市开发区建设

【综述】 全市开发区实现国内生产总值848.09亿元,增长53.7%;工业增加值642.06亿元,增长59.5%;业务总收入3623.10亿元,增长56.7%;财政收入115.07亿元,增长46.9%;地方一般预算收入56.58亿元,增长50.4%;税收收入94.85亿元,增长44.8%;全社会固定资产投资570.77亿元,增长54.4%;基础设施投入102.28亿元,增长39.4%。

【利用外资】 全市开发区新批外商投资企业396个,其中总投资1000万美元以上项目183个;商务部确认实际到账注册外资23.23亿美元,增长29.8%;外贸出口43.02亿美元,增长22.2%;外贸进口16.29亿美元,增长12.3%。其中,南通经济技术开发区注册外资实际到账6.81亿美元、增长133.2%,总量进入54个国家级开发区前10强。

【集约发展】 全市开发区深入贯彻科学发展观、坚持集约开发,努力提高承载能力。各开发区均设立了严格的项目入区标准,建设用地向龙头型、骨干型大项目倾斜,向科技含量高、产业配套强的项目倾斜。对土地供应实行供地量与投资额、产出率、容积率挂钩,使有限的土地资源发挥更好效益。2007年,南通经济技术开发区新批项目投资强度达293.79万元/亩;省级开发区新批项目投资强度达202.80万元/亩。

【产业招商】 全市围绕海洋工程、船舶配套、石化、电子信息等产业,先后组织上海2007年投资南通情况说明会、上海南通市服务外包产业推介会、南通港口经济洽谈会等大型招商活动。各开发区根据自已功能定位,有目的地进行了产业链招商。南通经济技术开发区通过拉长现有大项目的产业链,吸引了一批以振华港机为母体的机械类项目、以嘉吉粮油为母体的特种改性淀粉和物流项目。

【特色园区创建】 按照产业集聚、企业集群、开发集约、特色鲜明原则,海门工业园区的海门叠石桥家纺产业园成功创建省级特色产业园,成为江苏省五个特色园区之一。

(张启祥提供)

杭州市开发区建设

【概况】 开发区建设成效显著。2007年,杭州经济技术开发区、杭州高新技术产业开发区、萧山经济技术开发区和杭州之江国家旅游度假区等4个国家级开发区合同利用外资18.48亿美元,实际利用外资10.71亿美元,占全市的比重均超过了1/3;全年实现技工贸总收入3259亿元,增长24.6%;实现利税总额235.19亿元,增长35.9%;实现财政总收入121.41亿元,增长30.6%。

【杭州经济技术开发区】 杭州经济技术开发区是1993年4月经国务院批准设立的国家级开发区,行政管辖面积104.7平方千米,目前建成区面积34平方千米。在建成区内已构建了完善的基础设施、优美的园区环境、便捷的生活设施和高效规范的政府服务;形成了电子信息、生物医药、机械制造、食品饮料四大主导产业;建成了全省规模最大的下沙高教园区及全国首批试点的浙江杭州出口加工区。

【浙江杭州出口加工区】 浙江杭州出口加工区位于杭州经济技术开发区内,是我国首批试点的国家级出口加工区,规划面积2.92平方千米,是由海关实行封闭式管理的特定区域。首期2.01平方千米已投入运作,实施“境内关外”等一系列优惠政策,按电子报关、口岸直达方式运行管理,目前已落户企业31家。

【杭州国家高新技术产业开发区】 1990年设立,批准规划面积85.64平方千米,由江北、江南(滨江)和下沙区块三大区块组成。目前已形成以两强(通信设备制造业和软件产业)、两优(集成电路设计制造业和数字电视产业)、两新(动漫产业和网络游戏产业)为特色的高新技术产业集聚群。拥有软件产业基地、集成电路设计产业化基地、留学生人员创业示范基地、通信讯产业园、国家软件出口创新基地、中国服务外包城市基地(示范区)、中国软件出口欧美工程试点基地等八个国家级基地和国家级创业服务中心,是目前省内最具影响力的科技成果转化基地、技术创新示范基地和高新技术产品出口基地。

【萧山经济技术开发区】 萧山经济技术开发区创建于1990年8月,1993年5月经国务院批为国家级经济技术开发区,是浙江省的重点开发区和日商、台商投资最密集的地区。建区十几年来,一个以发展工业、引资外资、出口创汇为主导的外向型、现代化的工业园区已经形成。

开发区内设有杭州江东工业园区、萧山高新技术产业园两个省级开发区及国家级杭州软件产业基地萧山扩展区块。其中,江东工业园区将以打造环杭州湾产业带先进制造业基地为目标,是萧山开发区今后发展的新空间和主要平台,目前该园区已成为中外投资者投资创业的热土。区内还成功建设了高新园区创业中心、日本静冈工业团地、台湾机械工业城、中国(杭州)女装产业园,为提升产业结构,聚集产业优势,促进区域经济发展发挥了重要作用。

萧山经济技术开发区按照"三为主、二致力、一促进"的发展方针,建设好软件开发服务基地、数控机床制造业及汽车电子和关键零部件三个基地,努力把萧山开发区办成以高新技术产业为主导、经济社会协调发展的现代化、都市型、生态型的工业新城。 (陈 茜提供)

宁波市开发区建设

【综述】 2007年,宁波市开发区总体经济运行继续呈现良好态势。全年完成工业总产值2970.6亿元,增长42.9%,占全市总量的31.2%;财政收入175.1亿元,增长36.9%,财政收入占全市总量的1/4。固定资产投资额达到468.6亿元,增长18%。至年底,全市各级开发区历年累计投入基础设施建设资金716.1亿元,累计开发土地面积165.7平方公里,分别增长18.7%和12.1%。

【环境保护】 2007年的工业产值产出率达到每平方公里17.9亿元,税收收入的产出率达到每平方公里0.88亿元,比上年分别提高27%和16.3%。区内平均污水处理率达到99.6%,万元工业增加值能耗和水耗均比上年减少。

【外向型经济】 2007年,宁波市各级开发区新批外商投资项目321个,合同利用外资25.2亿美元,实到外资16.6亿美元,外资总量基本与上年持平,分别占同期全市总量的56%和66%;新批内资项目1024个,实到内资93.8亿元,增长35%。全年新批总投资千万美元以上大项目114个,合同利用外资达到14.9亿美元,项目数和合同利用外资数分别占总数的35.5%和59.1%。

【自主创新】 2007年,宁波市加大对企业自主创新扶持力度,科技创新工作取得新进展。各类企业技改投入130.6亿元,增长25.6%;完成高新技术产值1190亿元,增长37.9%,占工业总产值的40.1%。市级以上高新技术企业数达到301家,比上年增加137家,新设超过60家市级以上研发机构。其中,鄞州投资创业中心有11家高新技术企业,博格华纳设立亚洲研发中心,8家企业设立工程技术中心和研发机构,欧琳、均胜等企业成为国家标准、行业标准起草单位,各企业获得专利达270多项。拥有省级以上品牌(商标)197个,国家级品牌(商标)60个,已有265家企业通过ISO14001认证。

(谢敏依)

嘉兴市开发区建设

【开发区建设】 2007年,我市各开发区(工业园区)克服国家宏观调控持续深入、要素制约继续趋紧等困难,按照贯彻落实科学发展观和省委"创业富民、创新强省"战略要求,在各级党委、政府的正确领导下,锐意进取,抢抓机遇,负重拼搏,抓重点、攻难点、求亮点,使开发区的建设取得了新的突破,服务环境有了新的改善,招商引资上了新的台阶。

*经济稳步发展,效益显著提升。*在过去的一年里,我市各开发区(工业园区)努力克服土地、资金等要素制约,积极转变经济增长方式,优化产业结构,主要经济指标保持了较快速度的增长,区内企业效益显著提升。一是主要经济指标增速加快。2007年全市10个省级经济开发区(工业园区)新批企业758家,其中外商投资企业218家;全年规模以上企业实现生产总值1290亿元,同比增长36.5%;实现工业增加值327亿元,增长56.4%;实现财政收入78亿元,较去年同期增长

73%;固定资产投资216亿元,增长33%。区内企业出口61.8亿美元,占全市出口总额的52.9%。二是创新能力进一步提高。区内高新技术企业数从去年的68个增加到86个,企业技改投入达96.48亿元;截至2007年底,区内企业拥有专利数1369件,设立研发中心41个,较2006年增长24.3%,高新企业产值335亿元,占到工业总产值的41%。三是节能减排成效显著。按照建设资源节约型、环境友好型开发区要求,各开发区能深入贯彻科学发展观,认真落实国家近年来出台的多项具体措施,推动节能减排工作,清洁生产、循环经济深入人心。2007年,我市开发区万元工业增加值能耗为0.5772吨标煤,万元工业增加值水耗为26.02立方米,较去年分别有17.3%和3.7%的降幅。

利用外资量质并举,产业集聚发展。2007年各开发区(工业园区)围绕打造环杭州湾重要的先进制造业基地、实施新型工业化战略要求,注重引进外资的质量和结构的优化,更多地引进先进技术、管理经验和海外智力,促进外资企业产业配套、技术研发、管理人才的本土化。鼓励外资投向先进制造业、现代服务业、现代农业和节能环保等产业,实现由招商引资向招商选资转变。一是利用外资量的增长。全年各开发区新批外资企业218家,同比增长6.8%;累计合同利用外资21.67亿美元,同比增长44%;实际利用外资10.26亿美元,同比增长32%;合同利用外资和实际利用外资分别占到全市总量的63%和62%,开发区利用外资主战场作用发挥明显。二是利用外资质的提高。全年共引进总投资1000万美元以上项目138个,总投资3000~5000万美元项目13个,5000万美元以上项目9个,其中1亿美元以上项目2个;引进欧尚集团、特易购等世界500强企业企业投资项目4个;英鑫达等高端消费电子项目及现代物流、宾馆酒店等服务业项目逐步增多,呈现了二三产业并行发展、高技术产业增长迅速的良好态势。三是产业链招商广深推进。围绕打造四大产业集群的任务要求,各开发区结合本地实际,发挥各自资源优势,客观定位,积极打造特色园区、特色产业、特色行业,围绕已形成的产业招商选资,努力拓展产业链深度和广度。嘉兴经济开发区的汽配产业、平湖经济开发区的光机电产业、桐乡经济开发区的化纤产业等已形成的特色产业集群进一步发展,近年来逐步形成的秀洲工业园区微电子产业、嘉善经济开发区电子信息等高技术产业产业链纵深发展,特别是富士康项目的成功签约,将使我市消费电子产业得到一个量和质的飞跃。四是产业准入门槛进一步提高。我市开发区产业准入门槛在2006~2007年经历了由被动提高到主动提升的过程。由于国家完善和加强宏观调控措施,开发区发展与要素制约矛盾日益激烈,开发区土地存量锐减,有限的土地存量逼迫开发区提高准入门槛,限制发展低附加值、劳动密集型项目,禁止发展能耗高、污染高项目,鼓励发展环保型、资源节约型和高技术含量项目。去年以来,随着贯彻落实科学发展观工作的有序推进,塑造环境友好型,资源节约型开发区成为共识,各开发区根据自身实际,严格按照节能减排工作要求,限制或禁止进入的项目或行业进一步明确,尝试开展项目联审,没有通过联审的项目不予落户,如嘉兴经济开发区,一年否决的项目有5个之多,涉及总投资2亿美元,其中总投资1亿美元以上项目一个。招商选资已经成为现阶段我市开发区落实科学发展观,构建和谐社会,促进开放型经济在发展中提升的新手段。五是产业结构调整和区域带动作用发挥明显。开发区的快速发展,带动了我市产业结构调整,带动了区域科技创新,带动了城市化进程。随着我市传统优势行业地位的巩固,围绕打造杭州湾先进制造业基地,近年来蓬勃兴起的新兴产业如光机电、汽车零部件、化工等行业成为我市经济发展的主要增长点和支撑点,有力推动了我市产业结构调整和升级。各开发区积极鼓励外商投资企业引进核心技术,最大限度发挥外资技术外溢效应,提高自主创新能力,围绕集聚创新要素,激活创新资源,转化创新成果,有效带动作用发挥明显。

环境明显改善,城市化进程加快。一是硬件环境上新台阶。2007年我市开发区根据省委"两创"战略要求,"走进矛盾、破解难题",面对持续深入的国家宏观调控政策,积极应对,化不利为有利,苦练内功,养精蓄锐,千方百计筹措资金,加大基础设施建设投入,全力推进道路、电力、通信、给排水、绿化等基础设施建设,稳步推进征地拆迁,"七通一平"工作力度进一步加大,一批重要的配套基础、服务设施相继在开发区落成,开发区的形态建设有了明显的改善,承载配套能力大幅度提高。2007年,全市12个省级开发区(工业园区)共实现基础设施投入47.76亿元,同比增长30.9%,开发土地面积4.96平方公里。通过腾笼换鸟等方式进一步盘活土地存量,积极鼓励企业增资扩股,到第四季度末,工业项目平均投资密度达到161万元/亩。二是服务水平得到优化提升。过去的一年,各开发区认真开展"树新形象、创新业绩"、"走进矛盾,破解难题"等主题实践活动,加强领导班子自身建设,"一幢楼办公,一站式审批,一条龙服务,一个窗口收费"的管理服务体系继续完善加强,"项目跟踪制"继续推进。海关、商检等办事处完善和提升服务职能,为区内企业贸易便利化创造了极为有利的条件。开发区各有关部门还不断创新服务内容,拓展服务领域,提升服务质量,明确领导责任,强化长效意识,形成全社会齐抓共管、持续建设投资软环境的良好氛围。三是城市化进程进一步加快。各开发区大胆创新,围绕开发区竞争力提高、服务功能的拓展、城市品味的提升做出了卓有成效的努力,以工业化推动城市化,区内科教文卫等社会事业协调发展,开发区内服务业的快速发展,为城市化提供了有力的支撑。四是和谐开发区稳步推进。一年来,各开发区坚持以人为本,大力发展社会事业,加快推动经济、政治、文化和社会全面协调发展。各开发区从"安居"、"乐业"、"创卫"等各方面加大工作力度,推动和谐拆迁,认真做好失地农民就业、养老保障等工作,注重完善园区配套功能建设,不断加快道路、标准厂房和安置小区建设。坚持以人为本,切实履行社会责任,认真处理经济建设和社会发展的关系,加强企业文化和基层文化阵地建设,发挥开发区企业众多、文化资源丰富的优势,积极开展丰富多彩的文体活动,形成独具特色的开发区文化。加强环境保护,实现科学发展与和谐建设相互促进,积极推行ISO14001环境体系认证,进一步提升开发区发展品质,为建设管理先进、制度规范,资源节约、环境友好的和谐开发区,经济和社会同步发展取得了良好的成绩。 (付冬花)

绍兴市开发区建设

【概况】 开发区(工业区)龙头作用仍较突出,全市12个重点开发区(工业区)实际利用外资占全市的76.7%。

对外经济合作取得突破性发展。全年新批境外投资企业92家,同比增长14家,总投资19065万美元,其中中方投资额17801万美元,同比增长184.8%。新签对外承包劳务合同额4.19亿美元,同比增长126.6%,完成对外承包劳务营业额3.36亿美元,同比增长41.5%。当年外派劳务238人,期末在外劳务1121人。

台州市开发区建设

【台州开发区概况】 台州经济开发区是台州撤地建市后,市委市政府为扩大台州对外开放、壮大市本级经济、加快中心城市建设而推出的重要载体。1997年1月30日经浙江省人民政府批准正式成立,5月12日台州经济开发区管委会挂牌运作。是集省级经济开发区、省级台商投资区和省级高新技术产业园区于一体的综合性开发区。

台州市委、市政府高度重视台州经济开发区的建设发展,将台州经济开发区定位为:台州对外开放的窗口、本级经济的载体、区域经济的龙头、中心城市的核心区、体制改革的先导,赋予了开发区“发展经济、建设新城”的双重任务。

台州经济开发区负责开发建设的区域由中心城区、滨海新区、三山北涂围垦区三大区块组成。其中,中心城区30平方公里,滨海新区30平方公里。中心城区以东环大道为界分为东西两个区块:东区约16平方公里,以工业科技园区为主;西区约14平方公里,其中3平方公里的城市核心区包括市级行政中心、金融商贸中心和文化体育中心三个组团。滨海新区30平方公里,地处台州市主城区东部滨海地带,是实施台州沿海产业带规划的重要组成部分。此外,位于台州湾南侧、与滨海工业区块相连的三山北涂围垦区,面积13.9平方公里,被省发改委列为省重点预备建设项目,于2006年12月正式动工,是台州经济开发区长远发展的重要平台。

台州经济开发区与其他省级开发区相比,具有两个特点:一是台州经济开发区位于台州中心城市的核心区块,与通常的郊区型开发区不同,是一个“都市型”开发区;二是具有工业开发和城市开发的双重职能,开发区不但要坚持“三为主、二致力、一促进”的办区方针,加快区域“经济发展”,而且还要承担市政府赋予的“建设新城”的重任。建区以来,台州经济开发区管委会按照“三年打基础,完成齐备的基础设施建设;三年构轮廓,完成中心城市的框架构建;四年增内涵,实现产业集聚,提升产业内涵、文化内涵”的发展思路,加快区块的开发建设工作,已直接投入资金55亿元,带动社会投资350亿元,在昔日的荒郊田野上崛起了一座设施完善、环境优美、社会文明的现代化新城。

建区十年来,区域经济保持健康快速增长,对内对外开放迈上新台阶。工业总产值年均增速37.6%,出口交货值年均增长32%,逐步形成了光机电、汽摩配、电子信息、精密机械等一批有一定科技含量的产业群体。以金融商贸、现代服务业为代表的城市经济蓬勃发展,为中心城市经济发展注入了强劲的活力。

2007年,开发区主要经济指标保持20%以上增幅,全年完成规模上工业总产值67.99亿元,同比增长26.6%;完成工业性投入14.06亿元,同比增长36%;区内实现社会消费品零售总额18.54亿元,同比增长30%;协议利用外资9838万美元,实际利用外资1672万美元。经济综合实力不断增强,财政税收迅猛增长。2007年,开发区完成预算内财政总收入10.34亿元,突破10亿元大关,同比增长21.1%。

【建设成就】 建区十年,台州经济开发区城市化进程不断加快,台州中心城市核心区形象日益显现。管委会坚持高起点规划,着力打造功能形态的区域特色,建成市政道路36条,总长度73公里,电力管线85公里,绿化面积212万平方米,建成广场4个,供水管线99公里,排水排污管线77公里。开工项目433个,已竣工项目370个,建成50米以上的高楼67幢,在建58幢,市级行政中心、文化体育中心、沿市府大道两侧金融一条街以及东商务区为代表的核心商圈等功能板块基本形成,一大批彰显城市品位的公建设施建成使用,城市形态日渐丰满。目前,一个配套完善、高楼林立、商贸繁荣的现代化新城充分展示,集聚辐射效应日益显现。

台州经济开发区滨海工业区块是台州市区今后二十年工业发展重要平台,是台州未来的工业新城、城市新区。2005年3月,规划面积为30余平方公里的开发区滨海工业区块正式启动建设,按照“科技型、集约型、外向型、生态型”工业园区开发建设要求,开发区管委会和滨海指挥部积极开展各项建设工作,区内道路、给排水、排污、电力、通信等配套基本完善,滨海绿化、亮化、生态景观和生活服务设施工作全面实施。目前滨海落户项目91个,其中64家企业已投产、试产,在建项目19个,今年上半年,滨海完成工业性投入5.02亿元,占开发区工业性投入的81%,工业总产值同比增长141.5%,对开发区工业产值增长贡献率达69%。到2008年底,滨海所有入园项目将基本建成投产。“十一五”期末,滨海区块力争建设成为新型工业化、经济集群发展的大型工业区,国际化的以先进制造业为主体的外商投资密集区,工业功能突出、配套服务完善、环境优美舒适的城市新区。

台州市三山北涂围垦工程位于台州湾南侧,滨海工业区块九塘坝东侧,南连路桥区三山涂围垦区,北接椒江区十一塘,围垦面积2.08万亩,总工期为4年。2006年12月8日三山北涂围垦工程正式动工。目前,5007米长的北隔堤基础处理已全线贯通,抛石全线已达到2米高程以上;3232米长海堤和水闸围堰的基础处理全部完成。三山北涂围垦区将成为滨海工业区块加快建设的支撑点和城市空间拓展的新亮点。

【社会发展】　目前,开发区内居民生活质量不断提高,社会事业协调发展。通过大力实施社区建设和城中村整治,彻底改变了居民原有的生产和生活方式,加快促成了区内农民向市民的转变,促进了城乡统筹发展。开发区内共建成村民小区16个,安置人口16600人。积极开展新城区管理,构建了优美的人居环境,社区建设成效显著。台州高教园区、市体育中心、市中心医院、各类中小学校等文化、教育、医疗机构纷纷入驻开发区,大大促进了区内社会事业的发展。

【环境保护】　在发展经济、加快建设的同时,台州经济开发区围绕"多城同创",着力提高区内"绿化、亮化、美化、净化"水平,不断改善城市生态环境。2005年1月,开发区顺利通过ISO14000环境管理体系认证。在招商引资工作中,开发区管委会严把项目入园关,明确了鼓励产业、限制产业和禁止产业,有效地阻止了有污染和破坏生态环境的项目进区。同时,全面推进绿化工程、美化环境。开展了白云山岩仓覆绿、区内水环境整治等一系列工程,动工建设滨海长浦生态公园,截至2007年底,区内绿化面积达到3800亩,完成河道疏浚26公里,并通过市场运作实施河道长年保洁55公里,极大改善了城市的生态环境。

【外向型经济】　建区十年,区内投资环境不断优化,对内对外开放迈上新台阶。开发区成立之初,经济基础薄弱。我们迎难而上,在完善规划、优化服务、加大硬环境建设的同时,大力改善投资软环境,不断创造综合投资环境新优势,提升区域开放层次,坚持因势而动,不断探索有效实用的招商新方式,促进产业高效集聚。截至2007年底,开发区引进外资项目73个,总投资6.7亿美元。其中,协议外资3.47亿美元,实际利用外资1.87亿美元,开发区作为利用外资主平台的作用得以较好发挥。

近年来,开发区在优化招商选资上有新突破。以滨海二期开发、中央商务区、西商务区建设和东片区块规划优化调整为契机,盯住重点发展产业,开展产业招商和主题招商。充分发挥核心区优势,引进一批金融、证券、保险、物流等高端三产项目,加强与世界500强和国内500强企业的战略合作,招大引强,不断提高利用内外资质量和水平。做好产业梯度转移的承接和招才引智工作。积极引导企业大力引进先进设备、先进技术和先进管理手段。

依靠区位优势和政策优势,开发区加快发展,经济实力跃上了新的台阶。区内逐步形成了光机电、汽摩配、新材料、电子信息、精密机械制造等一批代表先进制造业水平、有较高科技含量的行业龙头和产业群体。如,生产销售双向拉伸薄膜的台州南洋电子有限公司,其产品居国内同行业领先水平,其企业被评为国家级高新技术企业。

为适应国家宏观政策调整后外向型经济发展的新形势和新要求,开发区出台了加快外向型经济发展的政策措施。如鼓励外商来开发区投资高新技术项目、大型三产服务业项目和城市基础设施项目。积极鼓励世界500强企业和优质上市公司来开发区投资重大项目。一批优质外资项目引入对开发区加快转变经济增长方式、优化产业结构起到了积极的推动作用。

此外,我们还加快了现代服务业优质项目的引进。目前,开发区服务业经营主体已达2706家,区内已集聚银行机构及网点16家、保险公司12家和投资担保公司39家。上半年,"东商务区繁荣计划"继续顺利推进,中信金通证券、皇朝家俬旗舰店、浙江民泰商业银行支行等一批新引进项目均已顺利开业,我市首家世界500强投资的大型超市——欧尚超市于7月10日开始营业。区内总部经济和"楼宇经济"得到较快发展,市府大道"金融一条街"更加丰满,开发区核心区作为市级金融中心的格局基本形成。

【自主创新】　建区十年来,台州经济开发区高新技术产业持续快速发展。开发区把加快高新技术产业发展作为提高工业经济运行质量和效益的重大举措,通过整合各级各类科技资源,增强企业创新能力

一是建设创新服务平台。加快市创业服务园、爱华科创中心和科技孵化园二期建设,积极引进科技研发、管理咨询、信息服务等生产性服务业企业和中小科技型企业,实现产业互动、共同发展。充分发挥浙大教授促进会的服务功能,加强企业与名校的交流合作,搭建产学研平台。

二是增强科技创新能力。引导企业加大创新投入,对企业获得名牌产品、驰名商标、免检产品或制定和参与制定各类标准的企业给予奖励。鼓励企业兴建或引进相关行业科技成果评估、鉴定、检测、仲裁等配套中介机构,2008年争取在滨海区块形成2个以上省市级技术中心,新建1个产学研创新平台。

三是推动企业管理创新。以浙江福得尔公司实施企业流程再造为试点,逐步在各骨干企业中推开,组织精细化管理培训,做好节能降耗降成本工作,向管理要效益,切实练好内功,应对严峻的外部环境变化。加强企业上市工作引导,协助南洋电子等争取尽快上市,同时建立上市梯队,鼓励企业实施并购、重组、嫁接等资本运作,力争形成一批主业突出、带动作用大、现代企业制度健全的企业集团。

四是强化创新政府服务。增强企业信心,引导企业积极应对宏观紧缩带来的环境变化,转变发展理念,转变增长方式,实施创新发展。加强政策引导,实施有效服务,深入实施"重点工作项目化",强化"一线工作法",深入企业和项目建设现场,加强指导和服务,解决实际问题,继续深化"走进百家企业、推动创业创新"活动,建立区内60家重点企业管委会领导分工联系制度,开展"送政策、送温暖、送服务"活动。发挥开发区企业家协会的作用,密切政府与企业、企业与企业之间的交流和沟通。

目前,区内已拥有国家级高新技术企业1家,省级高新技术企业6家,市级高新技术企业6家;5个项目被列为国家级火炬计划项目,3个项目被列为省级火炬计划项目,16个项目被列为省(部)级新产品。2007年有1家企业被列入省技术改

造优秀企业。今年1～5月份,区内申报浙江省高新技术产品2个、浙江省重大科技专项项目4个和省科技计划项目3个。

近年来,开发区建立领导联系企业制度,对区内百项重点项目跟踪服务,切实解决企业发展中存在的困难和问题;并积极申报各类科技项目,2008年上半年,1家企业被列入省级高新技术企业;8个项目被列入市百项重点项目;4个项目被列入市级新兴产业重点项目;上报市级科技计划项目7个,市级高新技术产业化项目2个,市级创新试点企业2家;市级区域创新服务中心2家。

【产学结合】 建区十年,台州经济开发区校(院)企合作成果丰硕。特别是近年来,围绕提升企业科技创新能力,不断深化与高校、科研单位合作,重点加大了与中科院等大院大所的合作力度。像旺隆轨道与上海铁路研究院合作、吉煌建材与青岛研究院合作、百达与上海日立研究所合作、方向反光材料与山东研究院等这些高校、研究院的合作,极大地提高了企业自主创新能力。

近年来,开发区产学结合重点抓好四方面工作。一是进一步加强企业家队伍建设,已成功组织举办了两期上海交大EMBA培训班,区内100多名企业家参加培训,对提高企业家素质、促进发展理念转变均起到了很好的效果。二是会同劳动部门做好企业人才招聘工作,吸引一批优秀大、中专毕业生进入企业工作,增添企业的新生力量。三是加强企业中层及基层生产人员的安全生产操作培训,对一线生产人员进行专业的安全生产知识集中强化培训。四是举办企业品牌建设的相关培训。针对目前区内企业自主品牌不多的现状,鼓励企业自创品牌,提升产业层次。

(王伟峰提供)

马鞍山市开发区建设

【综述】 马鞍山经济技术开发区于1999年6月正式启动建设,坚持"四为主、一致力"的办区方针,按照科学发展观的要求,走新型工业化和可持续发展之路,基础设施、招商引资、管理服务、体制建设等各项主要工作均取得了长足的发展。目前已基本完成了首期6.8平方公里的土地开发和项目引进,规划区范围内"六纵七横"的道路网骨架全面形成,建成区面积近6平方公里,南区3.2平方公里范围内道路网建设取得突破性进展,在全市东向发展和"东扩南进"整体发展战略中发挥着日益显著的作用。

【开发规划】 区内市政基础设施建设按"八通一平"规划控制,在路通、场地平整后,逐步实现供水管、雨水管、污水管、通信讯电缆、有线电视电缆、电力电缆、燃气管、热力管等市政管线配套完善。建区以来,新建道路近32公里,完成市政基础设施总投资16.8亿元。

【外向型经济】 多渠道、全方位加大招商引资和项目建设力度,招商引资的规模和质量逐年提高。截至2008年6月,全区累计注册法人企业423家,总投资折合人民币149亿元,实际利用外资5.99亿美元,实际利用内资51.54亿元;投资3000万美元和2亿元人民币以上的项目有30个,实际利用外资连续6年位居全省86个省级开发区第1位;累计已建成项目218个,累计完成固定资产投资114.72亿元;共实现外贸进出口7.37亿美元。开发区综合经济实力已上升到全省开发区的前列,新增产值对全市地方工业的贡献率达50%以上。

【自主创新】 注重建立和完善以企业为主体的技术创新服务体系,引导企业走自主创新之路,依靠科技进步和提高劳动者素质,改善经济增长质量,提高经济效益。通过自主创新,使已有的主导产业进一步壮大规模,提升内涵。安徽华菱重型汽车股份有限公司生产的重型汽车底盘、安徽星马汽车股份有限公司生产的专用汽车和马鞍山惊天液压公司生产的液压锤是国内同行业中少数拥有自主知识产权的产品,有着良好的市场前景。

【产学结合】 建立和完善以企业为主体、市场为导向、产学研相结合的技术创新体系,将发展和培育高新技术产业作为调整优化产业结构的一项重点工作,放在突出位置,推进星马集团、天源科技、泰尔重工等重点企业走产学研结合的道路,加快科技成果向现实生产力转化。目前,已形成以星马、华菱、福臻等为依托的汽车及汽车零部件制造产业,以科达机电、瑞慈、惊天、泰尔等为依托的成套设备和机械加工产业,以蒙牛、雨润、达利等为依托的乳制品和食品加工产业,以天源、太阳能晶威为依托的电子原材料产业,以天平、大同等为依托的服装服饰产业等五大特色产业群体。已有省级以上高新技术企业23家,约占全市高新技术企业数量的三分之一。

【环境保护】 积极引导企业走清洁生产和循环经济的"洁净"路,已培育出以马钢和菱和深马建材为代表的多家资源节约型和循环经济型企业。在全省首家采用BOT方式建设的4.5万吨污水处理厂一期2万吨于2005年正式投入使用,二期2.5万吨正在筹建中。在全省省级开发区中率先提出创建ISO14000示范区的工作目标,并于2007年3月15日正式通过ISO14000环保管理体系认证,成为全省86个省级开发区中第一个获得国际"绿色通行证"的开发区。同时,推进蒙牛乳业、华菱重卡、马钢和菱等多家企业通过环境管理体系ISO14000认证。

【建设人才高地】 建立健全人才培养、使用的机制和制度,为人才施展才华开辟空间、提供舞台。出台《开发区管委会机关干部学历学位教育的暂行规定》,鼓励机关干部进一步提高文化素质和综合能力;举办职工技术比武,发现和培养高技能人才;授予安徽马鞍山技师学院"开发区高技能人才培训基地",为区内企业培养实用人才;积极推动企业聚集人才、合理开发使用人才。

(董昭武　周　宇提供)

闪亮明珠——苏州科技文化艺术中心

园区对于基础 设施、生态环境的大力投入

苏州工业园区

SUZHOUGONGYEYUANQU

苏州工业园区(以下简称园区)是中国和新加坡两国政府间重要的合作项目。1994年2月经国务院批准设立,同年5月正式启动。园区地处苏州城东金鸡湖东畔,行政区域288平方公里,其中,中新合作开发80平方公里。

经过14年的开发建设,享受政府"先试先行"政策支持的园区,始终保持年均30%左右的经济增速,形成内资外资双轮驱动发展格局。截至2008年6月底,累计吸引包括121个世界500强投资项目在内的外商投资企业3299家。园区坚持走集约发展、协调发展、可持续发展道路,实现了高速、高质、高效的跨越式发展,其综合发展指数已连续多年名列国家级开发区前列,成为我国对外开放的重要窗口和中外经济技术合作的成功典范之一。如今,园区以建成现代化、国际化、园林化的苏州"东部新城"为定位,以经济转型、产业升级、科技跨越、服务业倍增为举措,以生态环保、节能减排、可持续发展为标杆,不但形成了电子信息、精密机械、生物医药和新材料等高新技术产业群,初步建立了与国际经济发展相适应的管理体制和法制化环境,还打造出景色优美、邻里和谐、生活便利的城市人居环境。

当前,苏州工业园区发展正处于重点发展阶段向优化发展阶段转型的关键时期,园区将按照建设"全国水平最高、竞争力最强园区"和创建"生态、科技、物流、服务外包四个示范区"的要求,积极开展"实践科学发展、塑造国际品牌"的主题大讨论和创建活动,始终高举中新合作"一面旗帜",突出新型工业化和城市现代化"两大主题",加快独墅湖科教创新区、环金鸡湖金融商贸区、东部高新产业区"三个主阵地"建设,深入实施国际化、信息化、人才强区、区域协调"四大战略",始终坚持总量增加、增量优化、质量提升并举,始终坚持率先发展、科学发展、和谐发展并进,始终坚持政府效能、服务效率、社会效应并重,加快建设具有国际竞争力的高科技工业园区和国际化、现代化、信息化的生态型、创新型新城区,争做科学发展的新示范开放的新品牌。

"以人为本"的人居环境

坚持亲商,亲民,亲环境理念

现代化、国际化、园林化的新城区已初具规模

常州国家动画产业基地

CHANGZHOUGUOJIADONGHUACHAN

2007 年中国（常州）国际动漫艺术周

2006 年中国（常州）国际动漫艺术周

常州国家动画产业基地是首批国家级动画产业基地，目前已有120家境内外入驻企业，建立了公共技术服务、人才培养、衍生产品研发、产品和产权交易等六大平台，为产业的发展提供了有力的支撑和保证；连续四届举办了中国（常州）国际动漫艺术周，并通过法国、日本、韩国、香港等国际动漫节“窗口”，为动漫企业走出国门、走向境内外市场提供了良好的通道；创建了亚洲动画联盟，成员已扩展到境内外 15 家企业；目前已完成影视动画片 19 部，其中 8 部已在中央电视台播出；与美国、法国、西班牙、日本、韩国、马来西亚等国家建立合作关系；有 10 部动画片成功打入国际市场。基地被文化部命名为“国家数字娱乐产业示范基地”，被国家扶持动漫产业发展部际联席会议确定为重点扶持和提升的“动漫技术公共服务平台”；被省政府列为“原创影视动画生产示范园区”、“现代服务业集聚区”、“国际服务外包示范区”；荣获“中国十佳最具投资价值创意基地”、“中国最具竞争力数字娱乐产业基地”称号。

常州动漫产业正以昂扬的发展态势，打造新优势，实现新突破。将以中华恐龙园为载体，注入动漫元素和文化内涵，全力打造一流的动漫主题公园；西太湖动漫基地已开工建设，建成后将具有动画研发制作、动漫体验、产权交易、人才培养等十大功能；位于太湖湾的江苏凯旋数字文化产业园已开始启动，建成后将具有网络科技研发、游戏动漫原创、游戏实景互动等功能，常州正朝着“创意之都，动漫之城”的目标迈进。

园区全景

EJIDI

(常州)国家数字娱乐产业示范基地
CHANGZHOU NATIONAL DIGITAL ENTERTAINMENT INDUSTRY DEMONSTRATION BASE
中华人民共和国文化部

动漫公共技术服务平台
国家扶持动漫产业发展部际联席会议

国家动画产业基地
NATIONAL ANIMATION INDUSTRY BASE
国家广播电影电视总局

AAR 亚洲动画联盟成立

动漫产品产权交易会

国际合作项目签约

政策扶持

万吨级通用码头

江苏省泰兴经济开发区

JIANGSUSHENGTAIXINGJINGJIKAIFAQU

江苏省泰兴经济开发区始建于1991年9月，1993年被江苏省人民政府批准为省级经济开发区，2002年被中国石油与化学工业协会批准为"中国精细化工（泰兴）开发园区"，2003年被省政府批准为沿江地区重点发展的15大园区之一。

开发区远景规划面积39.4平方公里，目前已建成面积10平方公里。园区基础设施配套齐全，建有万吨级码头8座，建有日处理能力10万吨的污水处理厂和年处理2万吨的固废处理中心，拥有总装机容量15万千瓦的自备热电厂，实行集中供水、供电、供热和集中治污，总投资2500万元的滨江大桥使精细化工区和重大项目区联动发展。

建区十多年来，开发区依托区位优势、资源优势和产业优势，坚持科学发展、争先发展、和谐发展，通过引进国际资本和先进技术，逐步形成了规模企业集聚、优势产品集中、主导产业集群的产业发展格局，不断增强开发区的实力，促进了经济快速发展。园区生产有机氯系列、医药农药中间体、染料颜料、电子化学品、水处理剂、油脂化学品等20多个系列200多种精细化工产品，初步形成了氯碱化工、染料颜料、医药农药、油脂化工等产业链和产业集群。2007年，园区引进重大项目16个，总投资50.2亿元，协议利用外资2.45亿美元，实际利用外资1.46亿美元。实现工业总产值217.04亿元，销售收入199.68亿元，实现国税开票销售175亿元，利润11.2亿元，利税19.5亿元，同比分别增长52%、53%、60%、44%、52%。目前，区内在建和待建项目25个，总投资近100亿元，全部建成投产后，预计可新增年产值近300亿元。与此同时，开发区十分注重环境保护工作，园区和区内企业纷纷通过ISO14001环境质量体系认证，污水处理总厂实现长期稳定达标排放目标，扩容改造工程竣工并投入运行，工艺改造和7万吨污水处理扩建工程按序时推进，园区环境质量创历史最好水平。

新浦化学（泰兴）公司

江苏省无锡蠡园经济开发区

江苏省无锡蠡园经济开发区鸟瞰图

李源潮视察无锡（国家）工业设计园

杨卫泽视察无锡（国家）工业设计园

2007年，蠡园开发区全面践行科学发展观，努力构建社会主义和谐社会，在经受较大挑战和较多考验的情况下，负重奋进，迎难而上，经济社会发展取得了令人鼓舞的业绩。2007年业务总收入完成208.67亿元，同比增长26.70%；工业纳税销售完成93.15亿元，同比增长22.27%；服务业纳税营销完成115.29亿元，同比增长30.59%；财政总收入完成6.42亿元，同比增长18.89%，其中一般预算收入完成3.18亿元，同比增长28.3%；到位注册外资完成3016万美元，自营出口总额完成2.41亿美元；固定资产投资完成17.23亿元，其中工业投入完成5.18亿元，服务业投入完成12.05亿元；全年引进企业130家，引进注册资本6.5亿元，其中设计研发类企业80家。

工业设计主题大厦效果图

江苏省无锡蠡园经济开发区园区建设

南京大学 鼓楼高校国家大学科技园

2007 年 2 月 8 日，科技园管委会第四届第一次全体（扩大）会议

南京大学－鼓楼高校国家大学科技园是中国首批国家级大学科技园，由南京大学、河海大学、中国药科大学、南京师范大学、南京工业大学、南京邮电大学、南京医科大学、南京中医药大学、南京工程学院九所重点大学与南京市鼓楼区人民政府共同建立。园区坐落于中国高校最密集、人口文化素质最高、科技资源最丰富、商务配套最完备、文化底蕴最深厚的中心城区——南京市鼓楼区。

科技园依托共建高校、驻地科研院所的科技力量，和地处江苏省经济、政治、文化中心的区位优势，以建设国际一流科技园为目标，已发展成为中国著名的科技创新、创业基地。截至 2007 年底，园区研发面积已达 41 万平方米，累计培育和引进高新技术企业 700 余家。孵化面积、入园企业数、科研人员、企业总收入四项指标在全国国家大学科技园中均列第一位；园区的中介服务、金融服务、风险投资、商务服务等四类服务机构的数量在全国大学科技园中分别排在第一位、第二位、第三位和第五位。朗讯科技、爱默生电气、阿尔卡特、艾志机械、国电南自、联创科技、爱可信、台湾仁宝等一大批国内外知名研发机构和科技企业先后加盟入驻园区。科技园重点发展工业设计、软件与电子信息、生物医药、新材料等高新科技产业，科技园的“软件基地”是南京市五大软件基地之一，9 家企业被评为江苏省第一批承接国际服务外包重要企业，占南京市的一半，鼓楼区被命名为中国服务外包基地城市示范区。“江苏工业设计园”是国家发改委重点支持项目、南京市现代服务业十大重点建设项目之一，被列为江苏省现代服务业集聚区。“药谷”是江苏省医药创新中心、南京医药产业“两园一中心”之一。

打造江苏工业设计园，是科技园“十一五”期间重点发展任务。江苏工业设计园以提升我国制造业企业创新能力为宗旨，以促进工业设计产业化发展、提升自主创新能力、形成知识产权为目的，通过整合研发和工业设计领域资源，吸引国内外工业设计人才向园区集聚，实现为制造产业提供工业设计技术支撑的生产型服务业项目。目标是建成立足江苏，面向全国的工业设计成果转化和辐射中心。

近年来，国家主席胡锦涛、全国政协主席贾庆林等党和国家领导人先后亲临科技园区视察指导，对科技园的发展给予充分肯定。

2007 年 9 月 28 日，科技园企业家协会首届会员大会暨科技园律师服务团《劳动合同法》公益讲座

世界之窗软件园

2007 年 11 月 17 日，中央党校副校长孙庆聚，国家统计局副局长许宪春等调研科技园

2007 年 7 月 19 日梁保华领导陪同陕西省领导到科技园企业视察

2007 年 1 月 5 日市委书记罗志军到科技园联创公司调研服务外包工作

市委书记朱善璐视察长江科技园区

2007 年 4 月 29 日重洽会电子及系统工程设计中心揭牌

江苏工业设计园开园仪式

泰州经济开发区滨江工业园

TAIZHOUJINGJIKAIFAQUBINJIANGGONGYEYUAN

泰州经济开发区滨江工业园已经迎来了乘风破浪的2008年，这颗扬子江畔的工业明珠正蓄势待发，期待再次腾飞。凭借多种优势组合，滨江工业园将重点发展石油化工、生物医药、机电机械、新型建材、精细化工等大运输量、大用水量为主的基础产业及港口物流业，一直致力于将这些产业做大、做专、做细、做强。

黄金水岸——泰州港江面

园区内拥有国家一类开放港口——泰州港，港口可直接停靠5万吨以上的海轮，港口建有集装箱码头、散货码头和化工码头。目前，已开通通往104个国家和地区的航班。苏中入江达海五条航道在此交汇，其中途经园区的南官河和引江河均为可通航3000吨以下船舶的内河五级航道，园区内货物水路进出渠道通畅，运输成本具有比较优势。

园区交通便利，沿江高级公路穿境而过，距园区3公里处，宁通高速、宁靖盐高速与沪宁杭、同三高速、京沪高速公路全线贯通，是国内少有的高速公路网密集区域。距园区最近的高速是宁通高速，园区离高速入口距离为1.5公里。

铁路与全国干线铁路网接轨，通往全国各主要城市。

园区周边有上海浦东、虹桥，南京禄口等国际机场和无锡硕放机场、常州奔牛机场。车程均在1~2小时内；正在筹建中的苏中国际机场距园区只有25公里。

近年来园区先后投资了15亿元用于基础设施的建设。园区排水系统完善，实行水污分流，企业污水自行处理达三级标准后，通过管网直接送污水处理厂集中处理。环保热电厂已并网发电，区内供热管道已建成投入使用。工业用水可采用长江水，电力供应来自华东一级电网。园区主干道路亦已建成，路灯、绿化全部到位。既要金山银山，更要绿水青山。新时期，滨江工业园仍将坚持"环保优先"的发展原则，并通过发展完善的配套设施，解放管理思想，增强服务意识，提高办事效率，营造优越的投资环境。

滨江工业园已经初步形成了以中海油300万吨燃料油、60万吨加氢润滑油项目为核心的企业集聚；亚洲最大的中成药生产商扬子江药业集团和国内著名有机氨生产企业建德化工已在园区建成生产基地。基于这种国内外企业相互交融、相互辉映的产业现状，规划在园区将形成五个"园中园"，即：以泰州港为载体的物流产业园；以中海油气为核心的石化工业园；以建德化工为代表的特色化工园；以海螺水泥为龙头企业的建材产业园；以现代前沿科技技术为支撑的机电产业园。

坚持以科学发展观统揽园区开发建设全局，在国家的各项大政方针指引和省、市委、市政府的领导和支持下，泰州经济开发区滨江工业园区结合自身特点，发展优势产业，必将走出一条沿江开发的新路，必将成为泰州市乃至江苏省经济发展的重要一极。

地址：江苏泰州经济开发区滨江工业园疏港路2号
电话：0523-86970218 86970202
传真：0523-86970202
网址：www.oildz.gov.cn
邮箱：tzbj208@sohu.com

中海油气（泰州）石化有限公司

江苏宝应经济开发区

JIANGSUBAOYINGJINGJIKAIFAQU

市委书记季建业、市长王燕文视察开发区

对外开放的窗口和投资创业的平台

自2002年区划调整以来，宝应开发区大力实施“工业化、城市化”战略，贯彻“生态型园区、现代化城区”的建设理念，立足高起点规划、高标准投入、高质量实施，强化新区基础设施建设和招商引资项目建设，全力打造“双百亿工业新区、十万人宝应新城”。五年来，新区基础设施投入已达7亿多元，建成了“七横四纵”的道路骨架，基本实现了“七通一平”，承接“高、大、外”项目的能力不断增强。截至2007年底，已有65个项目落户新区，协议投资总额60多亿元，其中亿元项目19个，5000万元以上项目10个，38个项目投产，19个项目在建。

展望未来，在县委、县政府的领导下，开发区将继续发扬“艰苦创业、开拓创新、争先创优”的三创精神，围绕“强县强镇、三年倍增”的宏伟目标，鼓舞斗志，鼓足干劲，促进全县规模经济增长极和集聚人气商机新城区早日形成。

成华能源化工设备项目签约仪式

恒氏房车电器项目开工典礼

亿丰国际商贸港

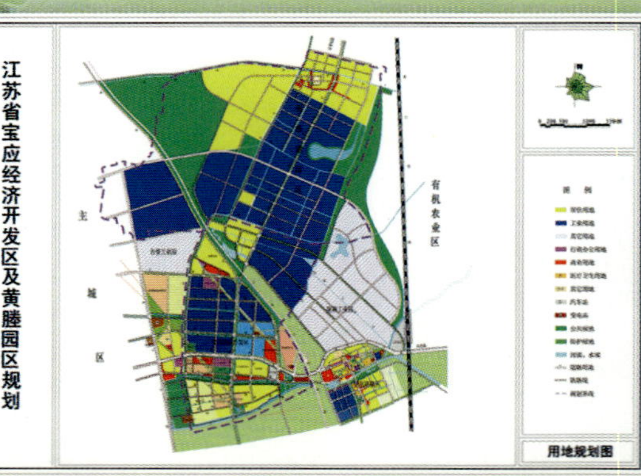

开发区规划

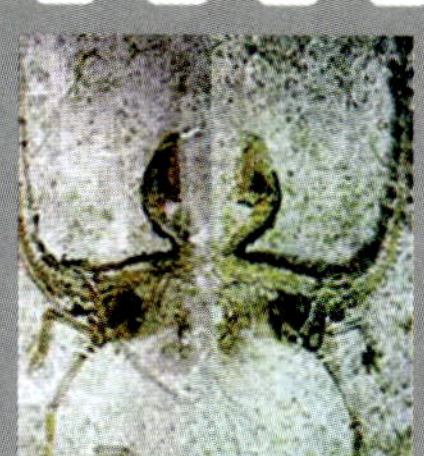

TIANMUHULUYOUDUJIAQUTIANMUHULUYOUDUJIAQU

天目湖旅游度假区

天目湖旅游度假区

天目湖旅游度假区

天目湖旅游度假区开发建设于 1992 年 4 月，1994 年 7 月被江苏省人民政府批准为省级旅游度假区，2001 年 1 月被国家旅游局评为国家首批 AAAA 级旅游区。风景宜人的天目湖旅游度假区位于溧阳南部，与上海、南京、杭州、苏州、无锡、常州等长三角主要大中城市的距离在 60~200 公里之间，境内有镇广公路纵贯南北，宁杭高速公路溧阳南道口也设在度假区的工业园内，交通十分便捷。

2007 年实现国内生产总值 13.5 亿元，财政收入 2.6 亿元。农业以蚕桑茶为主的多种经营发展迅速，其产值达 27330 万元，占农业总产值的 80%。以绿色、生态、休闲、观光为主的现代农业初具规模，目前有无公害、绿色、有机农产品 59 只，规模农庄 7 个，设施农业 7000 多亩。农产品加工业发达，有竹笋、板栗、禽类等加工企业 30 多家，田家山农产品加工基地建成，“伍员山”、“天目一奇”等品牌具有较高的市场知名度；工业以建安为主，主要有纺织、机械、建材、建筑、安装等行业，目前有纳税销售 500 万元以上工业企业 36 家。2007 年全区实现工业纳税销售 22.6 亿元：有建安企业 3 家，2007 年建安工作量 4.26 亿元。主要工业载体——天目湖工业园区，已完成 3.5 平方公里工业园、2 平方公里商住区建设，设施齐全，服务一流，已成为投资置业的热地。

服务业以旅游及相关行业为主，目前星级以上宾馆、酒店 12 家，中欧论坛、茶文化城、乐天温泉等一批重点旅游项目正在顺利推进，促进了天目湖环境形象的提升和旅游业的转型升级。2007 年接待游客 400 万人次，实现旅游收入 3.5 亿元。

成功举办了第十届溧阳茶叶节暨第三届天目湖旅游节，带动招商引资取得明显成效，全镇招商引资氛围浓厚，利用外资实现重大突破。

各项社会事业再创新业绩。教育现代化建设加快推进，教育质量再上台阶；农村卫生面貌明显改善；计划生育优质服务工程深入推进，独生子女父母奖金落实到位。

优美宜人的风光、便利快捷的交通，蓬勃发展的前景，投资置业的宝地，勤劳诚信的天目湖人热诚欢迎海内外有识之士前来观光投资合作。

泰州经济开发区

TAIZHOUJINGJIKAIFAQU

泰州经济开发区是1996年成立的省级开发区，近年来致力于打造产业、营造环境、完善功能，承接国内外资本和项目落户，经济国际化水平连年攀升，正成为长三角地区加速崛起的一支新军。

区位优势明显。泰州境内有京沪高速、宁通高速、宁靖盐高速、沿江高速等4条高速公路。江阴长江大桥和正在建设之中的泰州长江大桥是泰州连接苏南和长三角地区的两条大通道。泰州火车站有多条始发线路，可直达北京、深圳等国内大中城市。距上海、南京国际机场车程均在2个小时左右，紧邻泰州的苏中机场即将建设。

投资说明会

基础设施完善。成立以来，累计投入资金30多亿元，在建成区范围内实现了“七通一平”，区内道路、水、电、汽、通讯、污水处理等基础设施全部到位。已建成滨江、高新技术园两座污水处理厂，区内工业污水、小区生活污水全部接入管网，日处理污水设计能力为12.5万吨。建成金泰环保热电厂，每小时供汽160吨。总投资4000万美元的联美生物质发电项目正在建设，建成后将解决高新技术园、医药园和周山河街区的集中供热。国家级一类开放口岸——泰州港位于开发区内，国际航线定期直达100多个国家和地区。拥有国家级科技创新服务中心、留学生创业园和软件园等创新创业平台。

产业调研

产业定位明确。全区现有产业涵盖石化、机电、建材、纺织等门类，其中石化、机电具有较强的优势。石化产业以中海油气泰州石化有限公司为龙头，主要生产重交沥青、环保燃料油，产能分别达80万吨、70万吨。中海油气开发利用公司投资30亿元的300万吨沥青、60万吨润滑油项目，正在加紧建设中，项目投产后可形成150亿元的产出。机电产业以LG、春兰两个企业为龙头。LG主要生产无氟双开门家用冰箱，年产能达500万台，产值80亿元，为LG在海外投资的最大的冰箱生产基地。

服务优质到位。围绕产业发展方向，积极鼓励各类资本向优势产业集聚。土地计划向大项目、好项目倾斜。建立了三大服务体系——外商投资审批过程中的一条龙服务，企业建设过程中的全方位服务，企业开工投产后的经常性服务。实行特事特办、急事急办、免费代办，努力为企业提供优质服务。

春兰工业园

省委常委、常务副省长赵克志到开发区企业参观调研

泰州市委书记张雷到开发区参观调研农型企业

兴化经济开发区创建于1992年6月,1993年11月经江苏省人民政府批准为省级经济开发区,辖区总面积46.3平方公里,是兴化城区工业发展功能区。2006年4月,经省政府同意,江苏省外经贸厅、农林厅联合行文批复,设立了江苏省唯一的省级农副产品加工区。

2007年,兴化经济开发区已建成了7个功能区:综合配套服务区,生活配套区,工业建成区,省级农副产品加工区,仓储物流区,中小企业及标准厂房区,机械加工及其他工业区。13.13平方公里规划区内已实现“五纵九横”的道路网络,给水、排水、供电、供热、通信等管网线路配套齐全。兴化经济开发区已引进各类企业358家,主要涉及的工业门类有农副产品加工、机械制造、冶金铸造、纺织服装、出口渔具等,其中外商投资企业30多家,主要来自日本、韩国、德国、新加坡、澳大利亚、马来西亚、台湾、香港等国家和地区。农副产品加工产业作为兴化经济开发区特色产业,现已引进投资超1000万元企业18家,超亿元企业5家,主要从事蔬菜、饲料、水产品、菜籽油、肉制品的深加工。2007年,兴化经济开发区实现国内生产总值10.6亿元,比上年增长25.5%,财政预算内收入1.3亿元,比上年增长67.6%。2007年,兴化经济开发区共招引项目34个,其中,投资超1000万元项目20个,投资超3000万元项目8个,投资超亿元项目4个,协议利用资金8.8亿元,其中,协议利用外资2167万美元。2007年,兴化经济开发区共投资建设资金7715万元,投资981万元建成道路3495米、面积7.47万平方米,投资400万元建成5座桥梁;投资848万元建成绿化面积18.6万平方米,投资规模105万元建成孙金夹河驳岸工程;投资2250万元建成了6幢共计1.83万平方米的葛家农民安居房一期工程;投资3000万元建成10幢共计2.86万平方米的工业标准厂房。工业经济2007年,兴化经济开发区工业企业实现产值44亿元,销售42.7亿元,利税2.96亿元,同比分别增长27.9%、29.1%、27.2%。

兴化经济开发区以科学发展观为指针,以“率先走出内下河,快速融入长三角”为目标,以打造百亿品牌园区为宗旨,热情欢迎海内外人士前来考察投资,共创美好的未来!

五得利面粉集团等五个重大项目集中开工奠基仪式,总投资4.28亿元,项目投产后可形成年产值30亿元,可实现利税2.9亿元。

中国·兴化第八届郑板桥艺术节期间,开发区五个重大项目开工奠基,总投资4.2亿元,项目投产后可形成年产值17亿元,可实现利税1.8亿元。

总投资2亿元的江苏盛洲粮油有限公司开工奠基。

总投资8000万元的泰州科峰数控车床有限公司开工奠基。

管委会大楼

江苏江阴——靖江工业园区投资说明会

江苏江阴——靖

江苏省江阴经济开发区靖江园区是江阴、靖江两市跨市跨江联合投资开发的省级经济技术开发区，地处靖江市南侧，总体规划面积 60 平方公里，首期启动区面积 8.6 平方公里。园区地处长江下游，北倚苏北平原，南濒浩瀚长江，处在国家沿海经济带和沿江经济带 “T” 字型的交汇点，是浦东开发和苏锡常火炬带向苏中、苏北辐射延伸的重要 “ 桥头堡 ” 。靖江园区得到了江苏省委、省政府的高度重视和一系列优惠政策的扶持。园区将依托丰富的长江岸线资源，建成以船业、机电、冶金、能源、物流、研发、商贸为主导产业的具有临江产业特色的重要国际制造业基地，集工业园、生态园、新港区、新城区 ” 两园两区 ” 为一体的二十一世纪新型工业园区，成为江苏省跨江联动开发的先导区和示范区。

召开江阴 · 靖江跨江联动开发推进会

园区围绕 “ 加快二次创业，打造千亿园区 ” 这一中心目标，坚持科技兴园战略，全面落实科学发展观，不断加大科技创新的鼓励力度，突出企业在科技创新中的主体地位，强化企业与科研院校、大型企业的产学研合作，努力提高先进技术的引进、消化、吸收和再创新能力，园区自主创新和科技创新的成果不断涌现，科技创新工作取得了明显成

新能源配套项目奠基仪式

江工业园区

效。今年前三季度，园区已申报专利 10 多项，建成国家级实验室 1 家，省级技术中心 1 家，正在建设申报国家级检测中心 2 家。

为进一步加快企业科技创新步伐，实现从传统企业向科技型企业的漂亮转身，园区将围绕专利、标准和品牌三个重点，全面实施科技创新的“三优”工程和“五个一”行动。“三优”工程指的是，培育一批科技型优质企业、培养一批优秀科技人才、培植一批优质知名品牌。今年以来，江苏江阴—靖江工业园区围绕船舶制造和临港物流两大特色产业，掀起了“二次创业”的新高潮。新东方船配、恒隆码头、华澄重工等大型项目先后开工，总投资超过了 2.5 亿美元。中舟海洋工程、长博码头、中建钢结构等项目先后建成投产，总投资超过 23 亿元，将新增销售能力 75 亿元。最近，园区又成功引进了三个大型项目，总投资超过 3 亿美元，其中，清洁能源产业园的薄膜光伏能源项目，勇夺 2008 中国江阴对外经济合作洽谈会签约项目“花魁”。

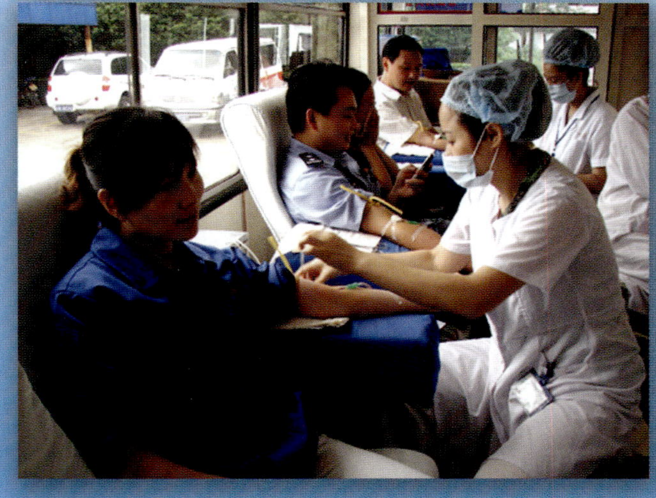

靖江工业园区团委、办公室、组织义务献血活动

靖江园区科技创新工作座谈会

徐州工业园区

副省长张卫国、陈鸣在贾汪区领导陪同下视察工业园区

徐州轮橡胶有限公司

徐州东方热电有限公司

徐州天工铸铁有限公司

徐州海通特钢有限公司

徐州工业园区始建于 2001 年 11 月,2006 年 4 月被省政府批准成为省级经济开发区,是徐州市区新开发的重要工业生产基地,是贾汪区域经济发展的主要平台。规划总面积 100 平方公里,一期规划面积 30 平方公里,目前已开发面积 13.8 平方公里。

徐州工业园区位置优越,交通便利。位于徐州东郊 25 公里,贾汪区城南 2 公里处。206 国道、310 国道在园区内交汇穿过,园区距京福高速贾汪出入口约 10 公里、徐州东出入口约 15 公里,通过京福高速可联通徐州机场高速、霍连高速、宁宿徐高速和京沪高速,规划 09 年建成的贾汪到京沪高铁徐州站的快速通道穿过园区,将园区到徐州的时间缩短为 15 分钟。徐贾铁路支线连接陇海、京沪两大铁路干线,贯穿园区,并设有货运场站,正在建设中的京沪高速铁路徐州站距园区约 15 公里。园区距连云港港口 180 公里,距青岛港 380 公里,距"黄金水道"京杭大运河约 5 公里。距中国民航干线机场徐州观音机场约 35 公里,机场航班可直达香港、广州、深圳等 20 余个城市。

徐州工业园区基础设施配套完善,达到了"七通一平"的标准要求,基本具备各类项目入园需要。道路:已形成"五纵五横"的高标准骨干道路网。供电:园区内有江苏上电有限公司和徐州东方热电有限公司两家发电公司,110 KV 变电所 2 座,可以双回路、双电源供电。供热:每小时供气能力 400 吨,压力 0.8Mpa 以上,温度 200 度以上。供水:日供水能力 2 万吨。排污:日处理污水能力 5 万吨,实现雨污分流。供气:港商投资的燃气公司已投入使用。通讯:宽带网、程控电话、有线电视、移动通讯网络已覆盖园区。用工:园区周边地区劳动力资源丰富,徐州师范大学工学院、江苏机电工程高等职业技术学校和贾汪区职业教育中心校等专业技术学校年培育各类技术人才 6000 多人,能够满足入园企业的用工需求,且劳动力价格相对较低。

园区投资服务中心

NANJINGHUAXUEGONGYEYUANQU 凝心聚力 加快发展

南京化学工业园区

液体化工码头

扬子石化与 BP 石油公司年产 50 万吨醋酸项目开工仪式

园区企业开工仪式

罐 区

为了呼应全省沿江开发与我市跨江发展战略，充分发挥南京雄厚的石化产业基础优势与便捷的交通运输条件，南京市委市政府于 2001 年 10 月作出成立南京化学工业园区的重要战略决策。南京化学工业园区成为南京市唯一一家经国家批准，以发展石油化工为主的综合性化学工业园区，重点发展石油和天然气化工、基本有机化工原料、精细化工、高分子材料、生命医药、新型化工材料六大领域。

根据规划，园区总规划面积为 101.5 平方公里，产业开发面积 45 平方公里，分为长芦、玉带两个产业开发片区。其中，长芦片区规划面积 26 平方公里，依托区内扬子石化、扬巴一体化工程的上游产品原料，重点发展石油化工深加工、精细化工、合成材料与其他化工产品；玉带片区规划面积 19 平方公里，依托该地区的深水岸线条件，重点发展以港区为核心的化工物流基地。2003 年 1 月，原国家计委批准了园区的总体发展规划，园区成为继上海化工区之后我国第二个国家级石油化工基地。

化工园区自成立以来，瞄准打造“国际一流、国内领先”现代化综合性化工园区发展目标，坚持石化高端产业为主体、科技研发与现代物流为两翼“一体两翼”协调发展导向，按照“产业发展一体化、公用设施一体化、商贸物流一体化、环保安全一体化、管理服务一体化”五个“一体化”发展思路，高起点规划，高标准建设，高水平管理，高质量引资，积极承接国际石化产业与资本转移，高度融入全球石化产业链，取得了优异的发展成果。

截至今年 9 月份，化工园区累计开发土地面积 24 平方公里，引进各类企业 267 家，其中，外商投资企业 150 家，累计实现合同利用外资 26 亿美元，实际利用外资 11 亿美元。目前，园区内已驻有世界化工 50 强企业（含世界 500 强企业）共 12 家，各类科技研发中心、机构 18 个，其中如德国巴斯夫、英国 BP、美国塞拉尼斯、日本三菱瓦斯、荷兰帝斯曼、瑞士汽巴等一批全球石化产业领先企业，德国欧德油储、香港全程物流等一批世界级化工专业物流企业，以及德国德司达染化料研发中心、美国雅宝阻燃剂研发中心等一批具有国际先进水平的科技研发机构。园区已发展成为我市石化产业积极参与世界分工、不断优化升级的重要载体与平台。

园区远景

中国大丰港经济区

中共中央政治局委员、书记处书记、时任江苏省委书记李源潮(左一)在江苏省副省长、时任盐城市委书记张九汉(右二)、盐城市委常委、大丰市委书记丁宇(左二),盐城市政府副秘书长、大丰港经济区管委会主任倪向荣(右一)等陪同下视察大丰港

中国大丰港经济区是以大丰港为依托，于2003年2月新成立的省级开发区，位于江苏省中部沿海，辖区总面积500平方公里，规划面积206平方公里，建设启动区面积30平方公里。开发区投资环境优越，交通运输便捷，东有大丰港直通韩国、日本以及东亚各大港口，西接徐大高速公路、沿海高速公路和新长铁路，苏通大桥建成后距上海仅2小时车程，已融入上海2小时经济圈，现代化立体交通格局已初步形成。

区内在建的国家重点工程大丰港是江苏省重点建设的沿海三大深水海港之一，是填补江苏沿海港口空白带的中心战略大港。经过长期科学论证，大丰港一期工程2个万吨级泊位于2005年10月建成试通航，2006年6月13日被国务院批准为一类开放口岸，2007年9月20日正式对外开放，开通至韩国釜山、仁川的国际航线。同时二期工程1个5万吨（兼靠7万吨）级通用码头、1个2万吨（兼靠4万吨）级件杂货码头泊位前期工作正在紧张推进，1个5万吨（兼靠8万吨）级液体化工码头也将于2009年与通用码头同期建成运营。盐徐高速大丰港段、疏港一级公路、疏港四级航道等重大集疏运工程也已相继或即将开工建设。到“十一五”期末，大丰港将建成万吨级以上深水泊位8个，形成1500万吨散杂货、30万标箱的年吞吐能力。到2020年，大丰港规划建设万吨级以上深水泊位22个，形成年吞吐5000万吨散杂货、100万标箱的能力，成为江苏沿海中部最大的综合性国际商港、最重要的区域性物流中心和打通中西部新的出海大通道。

按照“以港兴区、以区促港”的方针，大丰港经济区加大基础设施建设和招商引资力度，2007年完成到帐外资5078.6万美元,全社会固定资产投资29.4亿元，实现财政收入1.29亿元。至2007年底，累计进区项目137个，总投资近400亿元，为江苏沿海大开发提供了最佳载体。总投资50亿元的诚通港口物流项目、18亿元的风力发电项目、2亿美元的韩国产业园和韩国城项目、10亿元的南化二期项目、1.25亿美元的迪赛诺医药项目、10亿元的生物质柴油项目等一批10亿元以上项目先后开工建设，另有10个10亿元以上重特大项目正在积极洽谈之中。

进入“十一五”发展时期，大丰港经济区将以科学发展观为指导，按照“依港兴工、以工兴市、集约开发、保护生态”的沿海开发总方针，走率先发展、科学发展、和谐发展道路，坚持大丰港港口、港区、港城“三港联动”发展方针，重点发展新能源、重石化、农副产品深加工、汽车配件等四大产业链，全力打造资源节约型、环境友好型港区。用5年时间完成固定资产投资360亿元，建设50-100亿元以上特大型项目2个，10亿元以上重点项目20个。到“十一五”期末，大丰港经济区GDP达80亿元，财政收入8亿元，累计实际利用外资达3亿美元以上，初步建成经济繁荣、环境优美、社会和谐、文明开放的生态型港口新城。

中共江苏省委书记梁保华在盐城市委常委、大丰市市委书记丁宇（左）陪同下视察大丰港

经济区管委会、口岸委等部门领导迎接韩国仁川港首航集装箱班轮

韩国仁川港首航集装箱班轮停泊大丰港

码头二期工程正在打桩

中电投20万千瓦风力发电一期工程已建成并网发电

依托深水海港资源 倾力打造国际水准石化基地

江苏省洋口港经济开发区

开发区党工委书记、管委会主任：周建飞

江苏省洋口港经济开发区属省级外向型开发区，位于江苏省如东县东北沿海。海岸外蓝沙洋水道是长三角北翼唯一可建20万吨级以上深水海港的优良港址。依托洋口港深水海港资源，江苏省洋口港经济开发区坚持以科学发展观为指导，以石化、能源、冶金、现代物流产业为支撑，以重大项目为龙头，以体制创新为动力，倾力打造长江口北翼国际水准的石化基地。

洋口港经济开发区规划范围135平方公里，核心是30平方公里的临港工业区、10平方公里的海上作业区、15平方公里新城区。根据发展规划，开发区将逐步建成海上作业区、临港工业区、综合物流区、港口新城区、旅游度假区等五大功能区。海上作业区包括两条深水航道、两个人工岛、62个泊位。第一人工岛（太阳岛）功能定位以油、气、大宗干散货为主体；第二人工岛（金牛岛）以修造船和集装箱为主体。

根据产业规划，洋口港产业定位为“3+1”，即：石化、能源、冶金产业加现代物流。目前，开发区已形成完备的产业规划体系，相关项目已上报国家发改委，即将进入国家产业规划和生产力布局规划。

洋口港具有完备的集疏运系统。2008年开工修建海安至洋口港铁路，全长77公里。建成后北上可接陇海线，南下可接沪宁线和沪杭线、浙赣线。锡通高速直通洋口港，由港区经洋口大道向西接扬启高速公路，经沪崇启通道连接上海浦东。洋口运河直通江海，能通行1000吨以上单机船，每天提供60万吨的淡水。

按照产业兴港的开发思路，目前由中石油、新加坡金鹰集团、江苏省国信集团投资的江苏LNG接收站和电厂项目、由香港保华集团投资的洋口港临港基础设施建设项目、由北京华睿集团、国电龙源集团、江苏省国信集团投资的如东风电项目等一大批重大项目已正式落户开发区，投资规模逾500亿元，同时由政府配套的疏港铁路、疏港公路、疏港运河、供电、供水、通信等基础设施建设正全面铺开。随着江苏沿海开发战略的实施，洋口港开发区面临重大的发展机遇。2008年洋口港正式通航，力争用10至20年的时间，逐步把洋口港开发区建成以石化、能源、冶金、现代物流产业为主导的新型临港工业区，建成适宜人居、绿色生态、和谐发展的沿海开放城市。

江苏省洋口港经济开发区统筹开发区经济建设和社会事业的协调发展，依照国家有关法律、法规和规章，加强开发区区域范围内的土地利用、招商引资、项目落户、工程建设、环境保护、涉外事务、财政税收等方面的管理，并受上级政府的委托，行使洋口港开发项目的申报、核准和审批权限。开发区将以最优惠的政策、最优质的服务、最优美的环境吸引海内外各界有识之士前来投资兴业，携手共创美好未来。

洋口港黄海大桥

洋口港风力发电场

洋口港太阳岛

2007 年长江三角洲各城市主要经济指标一览表(1)

项目 / 城市	行政区划面积（平方公里）	年末户籍人口数（万人）	国内生产总值（亿元）	财政总收入（亿元）	社会消费品零售总额（亿元）	全社会固定资产投资总额（亿元）	对外经济贸易：外贸出口总额（亿美元）	利用外资合同项目（项）	合资经营（项）	合资经营额（万美元）	合作经营（项）	合作经营额（万美元）
上海市	6340.5	1378.86	12001.20	2102.63	3847.80	4458.61	1439.28	4206				
南京市	3283.73	617.17	3283.73	628.53	1380.46	1867.96	206.46	475	137	5.87	5	0.82
苏州市	8488.42	624.43	5700.85	1220.23	1250.05	2366.36	1188.84	2022	270	21.21	9	0.88
无锡市	1622.65	461.74	3858.54	706.90	1134.75	1674.22	511.46	496	168	88167.06	9	7811.2
常州市	4385	435.23	1881.28	158.07	610.85	1203.94	98.44	400		44		
镇江市	3847	268.78	1206.69	203.27	331.36	588.02	36.87	186	72	9.78	3	0.41
扬州市	6634	459.25	1311.89	213.61	418.90	717.88	32.52	364				
南通市	8001	766.13	2111.88	300.71	736.54	1265.80	90.23					
泰州市	5797	500.7	1201.82	208.52	321.07	703.97	29.57	173	40	2.65	2	
杭州市	16596	672.35	4103.89	788.42	1296.31	1684.13	299.66					
宁波市	9616.23	564.56	3435.00	930.30	1035.46	1597.54	382.55	854		37.75		0.38
嘉兴市	3915	336.81	1585.31	209.44	501.22	900.01	116.74	420				
湖州市	5818	257.80	892.02	114.06	319.25	458.34	36.76	599	–	–	–	–
绍兴市	8256	436.24	1972.05	237.12	515.44	843.37	138.12	369	134	6.72	2	0.23
舟山市	22240.12	96.69	408.52	52.56	132.37	279.64	18.72	18	10	1.11	1	0.01
台州市	9411	569.39	1721.84	218.38	596.17	747.64	93.65	95	–	–	10	0.38
马鞍山市	1686	127.32	532.1	91.42	86.53	331.34	9.5	–	–	–	–	–

2007 年长江三角洲各城市国民经济主要指标情况表(2)

城市	国内生产总值							人均生产总值（按户口计算/元）	利用外资			金融存贷款		居民生活	
	国内生产总值（亿元）	第一产业（亿元）	同比增长%	第二产业（亿元）	同比增长%	第三产业（亿元）	同比增长%		签订合同数（个）	利用外资合同金额（亿美元）	利用外资到位额（万美元）	存款余额（亿元）	贷款余额（亿元）	城镇居民人均可支配收入（元）	居民人均住房面积（m^2）
上海市	12001.16	101.84	0.8	5675.49	47.30	6223.83	51.9	65300	4206	148.69	79.20	30315.53	21709.95	23623	16.5
南京市	3283.73	86.44	2.6	1607.22	15.9	1590.07	16.2	53500	475	449438	206100	7131.80	6333.15	20317.17	26.08
苏州市	5700.85	98.78	4.2	3632.03	15.6	1970.04	17.5	91911	2022	183.63	71.65	7068.83	5343.87	21260	39.74
无锡市	3858.54	55.02	10.72	2256.36	11.46	1547.16	12.09	65203	496	574093.83	27.5	4276.55	3097.44	2089	
常州市	1882	63.44	3.7	1122.60	7.9	695.24	7.3	12.6	400	44.00	18.34			19089	
镇江市	1206.69	45.86	2.2	721.70	15.9	439.12	16.4	44895	272	23.10	10.64	1041.44	843.18	16775	32.7
扬州市	1311.89	100.94	5.0	748.08	17.1	462.87	16.1	29419	364	33.6994	114538	1253.84	750.77	15057	35.4
南通市	2111.88	173.88	2.9	1196.97	18.2	741.03	16.2	27500		77.40	31.17	2468.32	1497.96	16451	29.95
泰州市	1202.20	102.83	4.40	700.02	17.50	398.887	16.10	26.85		17.18	8.75	1126.94	653.95	14940	31.97
杭州市	4103.89	162.57	2.6	2059.15	14.4	1877.17	16.1	61313	574			9310.97	8430.67	21689	28.78
宁波市	3435.00	151.28	5.4	1899.00	15.1	1384.62	15.8	61067		450107	250518	5177.24	4735.92	22307	
嘉兴市	1585.31	97.07	4.0	949.75	15.1	538.49	15.7	47157	420	345512	166228	1796.09	1351.54	20128	32.58
湖州市	892.02	69.58	4.2	510.78	15.0	311.69	16.0	32438	599	198573	84363	811.45	674.11	19663	33.5
绍兴市	1972.05	105.19	3.9	1197.42	15.4	669.44	14.3	45244	369	23.65	11.05	2639.27	2029.62	21971	25.72
舟山市	408.52	44.94	1.5	178.76	23.9	184.82	15.0	42275	18	19262	7516	561.71	484.35	19856	22.5
台州市	1721.84	113.47	1.6	927.37	16.0	681.0	14.9	30366	95	8.17	3.12	1937.55	1615.99	20942	33.68
马鞍山市	532.1	21.2	2.5	349.7	20.7	161.3	13.6	41917	36	31485	37196	437.44	303.97	16137	31.03

2007 年长江三角洲各城市国民经济主要指标比例关系(3)

城市	从业人员数(万人)						国内生产总值							固定资产投资总额			
	第一产业		第二产业		第三产业		第一产业			第二产业		第三产业		其中			
	从业人员（万人）	同比增长%	从业人员（万人）	同比增长%	从业人员（万人）	同比增长%	种植业（亿元）	林业（亿元）	牧业（亿元）	轻工业（亿元）	重工业（亿元）	服务业（亿元）	旅游业（亿元）	基本建设（亿元）	更新改造（亿元）	房地产开发（亿元）	全社会固定资产投资总额（亿元）
上海市		5.9		37.7		56.4										1307.53	4458.61
南京市	45.15	8.1	153.25	8.5	169.41	8.5	504977	11605	126800							445.97	1867.96
苏州市	33.64	-6	307.23	16.5	142.53	9.8	66.39	8.62	27.46	4972.76	10936.16		638.09	856.24	657.09	601.96	2366.36
无锡市																	
常州市	36.97	143.66		92.05			108.57	132	1953	1031.5	3222.4		199.3			225	1203.94

续上表

城市	从业人员数(万人)						国内生产总值							固定资产投资总额			
	第一产业		第二产业		第三产业		第一产业			第二产业		第三产业		其中			
	从业人员(万人)	同比增长%	从业人员(万人)	同比增长%	从业人员(万人)	同比增长%	种植业(亿元)	林业(亿元)	牧业(亿元)	轻工业(亿元)	重工业(亿元)	服务业(亿元)	旅游业(亿元)	基本建设(亿元)	更新改造(亿元)	房地产开发(亿元)	全社会固定资产投资总额(亿元)
镇江市	30.40	-6.7	81.01	8.1	45.60	-0.1	293264	11489	64696	1804327	5412839	4391264		2195839	176488	8437.25	58801.63
扬州市	45.01	-5.1	128.48	14.2	2.1											10647.81	7178802
南通市	97.36	-10.0	203.63	6.6	156.24	4.0	96.97	1.50	26.56	455.76	562.28	741.03	48.3			103.94	1265.80
泰州市	66.39	2.80	109.47	4.40	89.79	3.9	8830.86	3659.0	4484.41	73.23	1534.29	39887.0	6533.0			9207.00	70397.00
杭州市	83.9	-0.83	245.3	0.045	203.8	0.07		28.6	57.19	3587.84	4763.56	5.11				518.79	1684.13
宁波市							107.22	6.77	46.27	2568.02	5220.99					31.66	1597.54
嘉兴市	39.46	-4.9	180.64	8.5	68.70	4.2										14773.86	90004.21
湖州市	34.92	-9.4	81.38	13.9	66.38	28.7	–	–	–	–	–	–	–	–	–	9493.85	45834.11
绍兴市	52.71	-5.9	161.56	3.1	86.61	7.0	68.36	9.94	15.67	–	–	–		–	–	178.59	843.37
舟山市	11.69	-8.7	25.15	18.7	23.21	6.2	4.12	0.09	1.50					144.37		39.15	279.64
台州市	88.60	-12.6	152.84	7.3	131.70	4.3	–	–	–	–		–		–	–	9572.90	72764.42
马鞍山市	17.3	-4.4	24.6	0.8	20	5.3	–	–	–	–	–	–	–	–	–	346628	3313371

2007 年长江三角洲各城市工业基本情况(4)

城市	工业企业单位数(个)			工业总产值(当年价)									
	国有工业企业(个)	集体工业企业(个)	其他形式工业企业(个)	轻工业(亿元)	重工业(亿元)	纱(万吨)	布(万米)	化学纤维(万吨)	服装(万件)	发电量(亿千瓦时)	钢(万吨)	成品钢材(万吨)	汽车(城市客车辆)
上海市	21938.63			5295.50	21938.60			1326.80	838.97				
南京市	2094	93	2001		5788.16	5688.60		369.45	617.26		35.0		
苏州市	8632	135			15908.92	15671.34		795.85	1081.71	5003.4			
无锡市	5342			2061.21	8939.87	8749.82		491.45	696.87	2257.12	58.5		
常州市	4253.91				4254		4171.08	188.78	301.73	35.6	52.85		
镇江市	2210	186	1971	565.65	2144.71	2097.46	2023.80	103.16	176.84	652.26	54.1		
扬州市	16	244	2422	902.27	1688.64	13.34	2.93	79.43	17940.8	242.58		111.06	21504
南通市	5109	83		1085.82	4029.42	4007.45	3991.15	246.87	377.15	990	47.1		
泰州市	2266.59			647.65	2266.59			110.11	199.71	626.34	52.12		
杭州市	8674				8351.4		8057.03	414.55	730.5				
宁波市	11017	155	10862	1466.17	7789.01	7613.79		387.31	639.83				

续上表

城市	工业企业单位数(个)			工业总产值(当年价)									
	国有工业企业(个)	集体工业企业(个)	其他形式工业企业(个)	轻工业(亿元)	重工业(亿元)	纱(万吨)	布(万米)	化学纤维(万吨)	服装(万件)	发电量(亿千瓦时)	钢(万吨)	成品钢材(万吨)	汽车(城市客车辆)
嘉兴市	5986	51	5935	738.04	3338.16	3281.77	3294.98	165.47	279.64	–	–		
湖州市	2567	74	–	383.17	1760.52	1723.57	1696.34	82.00	146.11	–	–		
绍兴市	4428	48	4380	921.10	4869.01	4769.26	4796.12	250.78（收入）	384.64				
舟山市	531	150	6871	117.81	486.36	486.36	466.08	20.80	32.32				
台州市	5474	343	8630	564.34	2740.66	2656.56	2551.41	120.25	207.81				
马鞍山市	516	24	492	325.55	854.24	843.53	901.91	34.03	84.72	–			

2007 年长江三角洲各城市农业基本情况(5)

城市	乡村组织		从业人员					其他		
	乡镇(个)	村民委员会(个)	农业(万人)	工业(万人)	运输业(万人)	建筑业(万人)	商业、饮食服务业(万人)	耕地面积(千公顷)	水田面积(千公顷)	旱地面积(千公顷)
上海市	109	1862								
南京市	32	600	34.20	33.03	6.97	23.35	9.91	242.81	–	–
苏州市	61	1165	21.86	115.07	6.35	12.59	14.77	234.71	203.23	34.50
无锡市			145.53							
常州市										
镇江市	41	605	29.85	39.74	3.52	9.99	4.51	148.3	117.5	30.8
扬州市	77	1189	44.25	49.09	6.84	31.23	12.73	30.67万		
南通市	122	1646		126.98				467.41		
泰州市	89	1579	4555	132581	–	19528	18390	317.24	267.25	16.53
杭州市			83.94	245.32				182.07		
宁波市	91	2649	65.44	159.68	12.10	25.20		21.21	14.16	6.83
嘉兴市	54	936	38.72	85.18	5.62	8.58	10.21	212.3	177.5	34.9
湖州市	60	1006	34.92	72.88	7.86	8.5	35.55	143.81	126.33	17.48
绍兴市	94	2890	52.71	112.34	10.22	49.22	47.88	166.79	128.18	38.61
舟山市	32	414	11.21	8.08	2.75	4.20	4.38	16.63	9.70	6.93
台州市	93	5029	87.83	106.27	11.26	20.77	43.28	146.11	118.62	27.49
马鞍山市	19	241	–	–	–	–	–	49	44	5

2007 年长江三角洲各城市农业基本情况(续表 5)

城市	农业总产值(当年价)				农产品产量						
	种植业产值(亿元)	林业产值(亿元)	牧业产值(亿元)	渔业产值(亿元)	粮食(万吨)	棉花(吨)	油菜籽(吨)	生猪年末存栏(圈)量(万头)	猪肉(吨)	牛奶(吨)	家禽出栏量(万只)
上海市	126.74	10.05	58	54.19	109.2	0,25	3.28	144.99	16.67	22.04	4700
南京市	94.48	2.28	35.12	37.31	100.88	2325	117162	52.81	83641	1142.88	3158.62
苏州市	66.39	8.62	27.46	60.96	94.14	2459	62980	70.87	92499	98129	3391.75
无锡市					80.1		16888	58.74	86317	101132	47616
常州市		1.32	19.53	30.65	112.1		5.1		9.2	1.6	
镇江市	46.20	2.32	14.87	12.60	100.74	2358	54863	44.34	62124	19875	1186.46
扬州市	87.46	5.66	39.59	55.89	240.63	6225	73032	68.47	19.68	9822	3536.66
南通市	143.15	2.61	91.19	82.26	297.47	78399	286048	283.61	222488	16000	10137.87
泰州市	88.31	3.66	44.84	32.11	272.07	16400	100900	219.19	157785	27029	2735.32
杭州市		28.6	57.19	31.29	107.11		8.05	151.94		46275	
宁波市	107.22	6.77	46.27	72.67	74.77	0.69	3.52	73.99	109727	18342	3263.09
嘉兴市	172.91	0.60	67.75	24.77	127.39	3861	95621	282.90	288019	–	4202.38
湖州市	49.47	15.98	33.20	30.23	86.91	88	75018	82.52	110553	10606	5057.56
绍兴市	99.39	13.87	31.99	15.26	108.15	3376	34111	77.4	89264	8385	1760.36
舟山市	6.29	0.17	3.53	89.70	4.81	0.01	0.34	13.28	15873	931	135.38
台州市	77.81	3.65	23.32	109.60	84.18	634	6956	90.41	102141	13989	1596.37
马鞍山市	62.18	0.44	5.17	13.2	42.02	4050	39742	9.75	17210	43127	660.73

2007 年长江三角洲各城市运输邮电基本情况(6)

城市	运输量情况										
	货运量(万吨)	铁路(万吨)	公路(万吨)	水运(万吨)	航空(万吨)	货物周转量(亿吨/公里)	铁路(亿吨/公里)	公路(亿吨/公里)	水运(亿吨/公里)	航空(亿吨/公里)	港口货物吞吐量(万吨)
上海市	78088	4795.48	2872	56	290.1	15948.58	806.2			2608.71	56145
南京市	19861	1080	12686	6077	18	1786.45	105.02	75.20	1605.48	0.74	11612
苏州市	11834	131.30	9958	1876		82.02		65.64	16.38		23215
无锡市	10769	215	9184								
常州市	8083					46.2					6561
镇江市	6325	140	5674	511		37.79		26.08	11.71		8849
扬州市	7270	27	5598	1645		82.73		33.67	4906		5549
南通市	11955		9823	2132		113.34		58.99	54.35		12339
泰州市			2523	4199				89.90	84.20		7046
杭州市	22568.9	573.37	16484	–	11.53	16940499	–	715425	–	–	
宁波市	24363	1274	12889	8706	2.36	1129.82		81.20	977.60		34519
嘉兴市	10463	42	3304	7117	–	115.46	–	20.16	95.30	–	2417.6
湖州市	16279	–	6432	9947	–	178.81		29.59	149.22	–	–

续上表

城市	运输量情况										
	货运量（万吨）	铁路（万吨）	公路（万吨）	水运（万吨）	航空（万吨）	货物周转量(亿吨/公里)	铁路（亿吨/公里）	公路（亿吨/公里）	水运（亿吨/公里）	航空（亿吨/公里）	港口货物吞吐量（万吨）
绍兴市	11178	146	9852	1180	0			34.72	23.26		1342
舟山市	9299		2313	6986		782.21		4.94	777.26		12818
台州市	14008		7709	6299		696.19		63.81	632.39		3507
马鞍山市		534	2683	586							4642

2007 年长江三角洲各城市运输邮电基本情况(续表 6)

城市	邮电通信				客运情况		货运情况		
	邮电及投递线路（万公里）	长途电话电路（万路）	邮电业务总量（亿元）	邮政储蓄年末余额（万元）	旅客发送量（万人次）	铁路（万人·公里）	公路（万人·公里）	水运（万人·公里）	航空（万人·公里）
上海市		661.48	47.48		10370.79	4795.48	2872.0	94.60	2608.71
南京市	5.71		93.77	121854.8	24809.9	1794.2	222212		803.7
苏州市	1.38		131.17	181.75	41788.41	1625.41	40163	1876	
无锡市			78.35		23354	1025	22258		70
常州市				43.79		51	744.70	18330	
镇江市	16385	7.55	27.21	577289	9238	495	8743		
扬州市			29.37		611232		610888	344	
南通市	0.67		48.92		1018760		1018760		
泰州市			25.6						
杭州市			8.36		28025.06	–	1241794	–	–
宁波市	1.94		7.44	1514966.54	30693	842	29541	130	180
嘉兴市	–	–	52.89		16503	499	15972	32	–
湖州市			57.95	268970	8942		8934	7.82	–
绍兴市	1.72		751000	735012.42	16349	471	15874	4	
舟山市	0.15	4537	12.87	259800	10274		7807	2433	
台州市	2.16	2.02	131.88						
马鞍山市			16.71						

2007 年长江三角洲各城市全社会固定资产投资总额(7)

城市	项目指标											
	投资总额（亿元）	按计划类划分		其他投资			按经济类型分					
		基本建设（亿元）	更新改造（亿元）	房地产投资（亿元）	城镇集体投资（亿元）	农村集体投资（亿元）	国有经济（亿元）	集体经济（亿元）	私营经济（亿元）	股份经济（亿元）	外商、港澳台商经济（亿元）	其他经济（亿元）
上海市	4458.61			1307.53								
南京市	1867.96			445.97			684.13					

续上表

城市	投资总额（亿元）	按计划类类划分		其他投资			按经济类型分					
		基本建设（亿元）	更新改造（亿元）	房地产投资（亿元）	城镇集体投资（亿元）	农村集体投资（亿元）	国有经济（亿元）	集体经济（亿元）	私营经济（亿元）	股份经济（亿元）	外商、港澳台商经济（亿元）	其他经济（亿元）
苏州市	2366.36	856.24		601.96	1010.97	693.44	292.88	95.50	751.60	39.55	810.79	3.46
无锡市	1674.22		885.04	786.52			786.52				415.1	1008.68
常州市				225								
镇江市	588.02	219.58	176.49	84.37	363.73	4.37	70.31	8.87	128.51	16.59	110.05	253.69
扬州市	717.88			106.48	365.49	212.91	123.75	8.08	362.66	20.8	78.29	11.49
南通市	1265.80			137.43	633.94	385.17	80.54	15.06	433.57	277.21	204.67	8.07
泰州市				92.1	47.76	103.72	8.85	11.78	55.97	0,53	59.05	
杭州市	1684.13			518.79	1583.78							
宁波市	1597.54			332.89			406.30	9.96	77.85	44.06	207.27	133.60
嘉兴市	900.04	–	–	147.74			193.68	37.23	329.96			
湖州市	421.14	–	–	94.94	173.64	152.56	894.5	6.54	800.21	7.51	33.55	203.87
绍兴市	843.37	–	–	178.59	367.32	263.72	125.53	43.60	416.39	–	88.93	168.92
舟山市	279.64	144.37		39.15								
台州市	727.64			95.73			183.28	18.45	98.13	55.08	26.19	346.51
马鞍山市	331.34			34.66			51.71	5.58	77.05	130.74	20.8	45.46

2007 年长江三角洲各城市公用事业情况表(8)

城市	城市设施投资额（亿元）	煤气、液化气销售量（吨）	煤气年销售量（万立方米）	其中：生活用（亿立方米）	全年城市居民生活用电（亿千瓦时）	全年供水量（亿立方米）	其中：生活用水（亿立方米）	年末供水管线长度（公里）	城市绿化园林面积（公顷）	市区人均公共绿地面积（平方米）
上海市	1466.33	50.65	18.50	1712	131.10	23.9	17.10		13899	12.01
南京市			161.24	5000000	36.79	32.46	14.12		756120000	12.99
苏州市		169793	6913	4774	24.44	4.55	1.75	4087	8676	16.9
无锡市	786.52	25394	20628	13352	30.61	33380	1227	1544.41	15751	120
常州市				230.62						
镇江市	6.21	45155	1.45	0.28	10.91	1.54	0.37	1702.50	58390000	14.11
扬州市	16.70		0.25	806万	14.17	1.07	0.25		1268	24.7
南通市					9.31	1.13			2770	10.3
泰州市		20365		51260000		1.55		1258	5662	8.19
杭州市				4009.89	46.1	66753	25466	5515		34.6
宁波市			32.01	22.53	17.49	5.77	2.23		11909	8.31
嘉兴市					16.36					
湖州市	46.45	27060.15		19003.96	5.01	1,27	0.48	2943.55	56630000	10.08
绍兴市		66900			8.32	3.56	0.73	4871		14.62
舟山市			0.1	0.05	3.96	0.48	0.18	971.35	7500000	13.87
台州市					23.76	2.18	0,84	3436	556900	5.82
马鞍山市					4.09	6.98	0.39	474.03		

2007 年长江三角洲各城市居民农村居民家庭生活基本情况(9)

城市	城市居民							农村居民						
	调查户数(户)	平均每户家庭成员(人)	每户从业人员(人)	每一从业人员赡养人口(人)	人均可支配收入(元)	人均借贷收入(元)	人均消费支出(元)	调查户数(户)	平均每户人口(人)	平均每户劳动力(人)	平均每劳动力赡养人口(人)	人均可支配收入(元)	人均生活支出(元)	人均住房面积(m²)
上海市					23623		17255					10222	8845	
南京市	800	2.74	1.35	2.03	20317.17	4509.39	13278.4		3.56	2.61		8020.27	6180.01	45.94
苏州市	300	2.75	1.33	2.07	21260.35	5361.12	13958.53	750	3.73	2.79	1.34	10475.49	4648.85	66.58
无锡市					20898							10026		
常州市					19089							9033		
镇江市	200	2.8	1.4	2.0	16775	6862	12008	590	3.44	2.58	1.78	7668	5842	46
扬州市	200	2.76	1.42	1.94	15057	2005	9696	500	3.87	2.75	1.4	6586	4945	40.8
南通市	200	2.79	1.46		16451	5100	10188	600	3.38	2.59		6905	4911	51.56
泰州市	200	2.69	1.42	1.89	14940.36		9021.47	500	3.66	2.14	1.71	6468.77	4458.76	43.97
杭州市	500	2.72	1.45	1.86	21689		14896	1100	3.6				7568	68.04
宁波市	100	2.73	1.48	1.84	22306.66		13921.20							
嘉兴市	570	2.71	1.55	1.75	20128	–	12379	2000	3.4	2.43	–	10163	6894	66.2
湖州市	200	2.53	1.25	2.02	20046	–	13013	500	3.88	2.7	1.44	8941	6172	51.82
绍兴市	650	2.75	1.71	1.61	21971	10003	13907	1920	3.37	–	–	9293	7158	62.2
舟山市	200	2.68	1.49	1.80	19856	9231	12978	500	3.05	2.05	1.49	8937	7388	46.3
台州市		2.87	1.52	1.89	20942		14536	1970				8331	6490	54.4
马鞍山市	200	2.94	1.41	2.09	16137	8217	10486	360	3.61	2.21	1.33	6145	6103	34.1

2007 年长江三角洲各城市可持续发展水平(10)

城市	经济子系统												
	GDP(亿元)	全社会固定资产投资总额(亿元)	社会消费品零售总额(亿元)	外贸出口总额(亿美元)	实际利用外资(亿美元)	人均GDP(元)	人均地方财政收入(元)	第二产业占GDP比重(%)	第三产业占GDP比重(%)	非农人口比重(%)	每十万人拥有医生数(万人)	居民生活用电量(千瓦时)	在岗职工平均工资(元)
上海市	12001.16	4458.61	3847.80	978.15	79.20			11.5	51.90				
南京市	3283.73	1867.96	1380.46	206.46	20.61	53500	10266.9	49.0	48.4		27.8	36.79	
苏州市	5700.85	2366.36	1250.05	1188.84					34.60				
无锡市	3858.54	1674.22	1134.75	293.21	27.72	83565	15389.54	58.48	40.09			3061	27374
常州市	1880	1203.94	610.85	98.44					37.00				
镇江市	1206.69	588.02	331.36	36.87	10.64	40123	2985	59.8	36.4	44.4	209	109104000	27025
扬州市	1311.89	717.88	8418.90	32.52	11.45	29419	18671	57.0	35.30	39.4	16.6	14.17亿	24286
南通市	2111.88	1265.80	736.54	127.76	31.17	27500	3916	56.7	35.1	38.1	169	220026	25947
泰州市	1202,20	703.97	321.07	29.57		26085		58.20	33.20				
杭州市	4103.89	1684.13	1296.31	2996619	280181	61313			45.70			46.1	

续上表

城市	经济子系统												
	GDP（亿元）	全社会固定资产投资总额（亿元）	社会消费品零售总额（亿元）	外贸出口总额（亿美元）	实际利用外资（亿美元）	人均GDP（元）	人均地方财政收入（元）	第二产业占GDP比重（%）	第三产业占GDP比重（%）	非农人口比重（%）	每十万人拥有医生数（万人）	居民生活用电量（千瓦时）	在岗职工平均工资（元）
宁波市	3435.00	1597.54	1035.46	382.55	25.05	61067		55.29	40.31	34.4	2.73	34.97	
嘉兴市	1585.31	900.04	501.22	116.74	16.62	47157	3124	59.9	34.0	35.7	202.7	16.36	26004
湖州市	89.02	458.34	319.25	36.76	8.44	32438	2392	57.3	34.9	44.68	196.2	10.33	28503
绍兴市	1972.05	843.37	515.44	138.12	11.05	45244	2802	60.7	33.9	31.2	202.3	181692	29956
舟山市	408.52	279.64	132.37	18.75	0.75	42275	3629	43.8	45.2	36.7	0.02	36900万	33416
台州市	1722.89	727.64	596.17	93.65	3.12	30336	1919.74	53.86	39.40	17.9	173	237575	33366
马鞍山市	532.1	331.34	86.53	9.5	3.72	41917	3340	65.7	30.3	48	0.02	40883	

2007年长江三角洲各城市可持续发展能力(11)

城市							资源与环境子系统				
	人均社会保障补助额（元）	工业用电量（亿千瓦时）	万人拥有公交车数（辆）	各类专业技术人员人数比重（%）	高校学生占人口比重（%）	第三产业人员比重（%）	人均绿地面积（平方米）	单位土地面积GDP（万元/平方公里）	生活垃圾无害处理（%）	污水处理率（%）	治理污染投资额占GDP比重（%）
上海市							15.8		87	78	
南京市		207.11	14.84	10.89	10.98	27.45		4988.72	86.64	83.58	3.04
苏州市		695.73	15.5	9.36	2.44	29.5	16.9	6716.03		95.3	
无锡市		397.24									
常州市											
镇江市		105.32	10.3	4.7	2.9	29.0	14.11	3136.78	100	83.8	1.89
扬州市		81	6.76	1.5	0.35	33.1		1977.52	100	85	
南通市		149.39			1.1	34.2	10.3	2639.52	100	81.6	3.0
泰州市									99.18	80.61	
杭州市		302.49					34.6				
宁波市		293.45	12.19				8.31		100.00	75.61	
嘉兴市		178.19	3.8			23.8	10.63	4049	99.53	66.57	–
湖州市		85,40	4.19	–	0.8	36.3	12.8	1533.2	92.5	80.39	–
绍兴市		203.65	4.47	8.65	1.01	28.8	8.89	2388.63	100	78.14	2.16
舟山市		14.76	5.9	2.1	2.4	38.7	13.43	2836.72	80.29	60.54	
台州市		103.15	5.59	5.9	0.77	35.3	5.82	1829.60	92.53	57.72	
马鞍山市		88.77	8.03		2.34	32.3		32.03			

主动融入长三角　打造新的增长极

佟桂莉

首先,我代表杭州市人民政府对长三角城市经济协调会第八次会议的顺利召开表示祝贺!本次会议的召开必将进一步促进长三角区域的合作与发展。

今年5月份温家宝总理在上海召开长三角地区协调发展座谈会,标志着长三角区域发展已经上升为国家战略。杭州作为浙江省的省会、长三角的中心城市之一,必须认真贯彻落实十七大精神和温总理的讲话要求,将杭州的发展置于国家战略和整个长三角发展的大局中去思考、定位和谋划。

杭州在长三角合作中立足"两轮驱动"。一是接轨上海,融入长三角,打造增长极;二是构建杭州都市经济圈,提高首位度,打造长三角的金南翼。杭州是长三角的地理中心,是沪宁杭沿线、沿湾、杭湖宁沿线三条发展带的联结点,是沪杭、杭甬、杭湖宁三大综合运输通道的重要节点。所以杭州提出了"一城七中心"的战略定位。即以建设"生活品质之城"为目标,着力构建国际旅游休闲中心、全国文化创意产业中心、长三角创新创业中心、长三角综合交通物流中心、长三角先进制造业中心、长三角现代服务业中心、浙江省经济文化科教中心。

杭州的战略框架是五个圈层:

一是强化杭州主城区的综合服务功能,提升杭州主城区"321"的产业结构,成为生产要素的集聚区、辐射带动的主引擎。

二是加快优化杭州市区的功能布局,推进杭州"新城区建设工程",优化空间结构和生产力布局,促进主城区人口的部分功能,特别是生产、居住、高教功能,向杭州的"三副六组团"转移。

三是提升杭州市域网络化大都市的综合实力,做大杭州五县(市),实现市域东西部统筹协调发展。

四是提升杭州都市经济圈的积聚、辐射能力,形成以杭州主城区为核心、杭州市区为重心、杭州市域为主体,以德清、安吉、海宁、桐乡、绍兴、诸暨6个与杭州接壤的县(市)为节点,联结湖州、嘉兴、绍兴3市的杭州都市经济圈。

五是提升杭州在长三角发展带和城市群中的合作发展能力,主动接轨和服务三条发展带沿线城市,提升杭州作为长三角中心城市的地位、作用,辐射长三角城市群,进而辐射赣东、皖南,呼应中部崛起,促进区域共同繁荣。杭州"接轨大上海、融入长三角"的举措是"七共"。即"规划共绘、交通共联、市场共构、产业共兴、品牌共推、环境共建、社会共享",主动接轨,积极融入,错位竞争,共谋发展。

以上是杭州市对参与长三角融合发展的战略重点。

杭州将在上海龙头带领下,在兄弟城市的支持下,认真落实两省一市主要领导座谈会精神和长三角城市协调会第八次会议的各项部署和要求。我们相信,在党的十七大精神的指引下,在科学发展观的统领下,16个城市的合作将更加紧密,长三角一体化发展将加快步伐。我们期待长三角更加繁荣、和谐的明天。我们也坚信,杭州和杭州都市经济圈必将依托长三角区域发展谱写出更加辉煌的新篇章!

(作者:杭州市副市长,在长三角城市协调会第八次会议上的发言)

提升绍兴城市发展区位优势的实践与思考

张金如

区位优势与城市发展息息相关，如何正确把握区位条件和区位优势，趋利避害、准确定位，通过区位优势的不断提升，加快城市发展步伐，在区域竞争中占据主动地位，是我们必须深入思考的重大课题。

一、绍兴区位优势的特点

绍兴地处长三角南翼，在区位发展上“濒江临海、连接杭甬”，具有独特的区位优势，这些优势是我们新一轮发展必须把握的基础。

1. *区位基础条件良好。*绍兴是长三角城市群的重要组成部分，位于南京—上海—杭州—宁波“之字型”经济高速发展带的中轴，西连杭州，东接宁波，北临上海，南濒台州、温州等浙南经济发达地区。萧甬铁路、杭甬高速、上三高速、104 和 329 国道四通八达，萧山机场、宁波港由高速相通。“十一五”期间，绍兴将建设“三横四纵五接”交通网，曹娥江大闸、杭甬运河绍兴段、嘉绍跨江大桥、杭甬城际客运专线等重大水陆交通设施将相继建设完工，便捷的交通条件和良好的区位优势将进一步显现。

2. *接轨上海优势增强。*随着杭州湾跨海大桥建设的启动和绍兴港的规划建设，绍兴接轨上海、融入长三角的一些阻碍因素正在消失或减弱。跨海大桥的建设，将大大缩短绍兴与上海的时空距离；规划中的绍兴港将与上海港，特别是大、小洋山深水港形成补充配套、共同发展的格局；杭甬运河三级航道与京杭大运河全面贯通，将为我市内河集装箱运输发展提供有利条件，这些都预示着绍兴与上海的联系将更加紧密，在长三角一体化进程中的地位和作用有可能得到进一步提升。

3. *同城效应逐步显现。*杭甬客运专线的建设将进一步把上海、杭州、绍兴和宁波串联在一起，进而缩短绍兴与三地间的时空距离。特别是绍兴到杭州距离将由现在的 1 小时缩短到 20 分钟左右，今后绍兴与杭州的联系将更加密切。近来杭州市联合绍兴、嘉兴、湖州共同打造“杭州都市圈”的积极性很高，这将对杭绍的“同城发展”起到积极的推动作用。

4. *产业优势特色鲜明。*绍兴的产业以轻纺为主，这是一个鲜明特色，也是由绍兴的区位条件决定的。绍兴没有大的港口，发展重化工业成本较高，在这方面我们的优势不如宁波。发展电子、软件等信息产业资源消耗少、环境代价小、产品科技含量和附加值高，但我们既没有很好的基础，也没有强大的技术和人才支撑，在这方面我们的优势不如杭州。因此，在产业导向上，我们既要加快发展新兴产业，更要做大做强自己的优势特色产业，抢占纺织科技的制高点。

5. *体制先发优势依然存在。*我市的市场经济体制改革起步比较早、力度比较大，这是绍兴经济持续发展的内源动力，这个体制上的先发优势，得益于我们处于沿海经济区的区位条件。现在来看，这个先发优势没有前些年那样强大，但作用还是比较明显的。这两年，东北等一些老工业基地一项重要任务是国有企业改革，而我们这项工作早在七八年前就基本完成了。现在很多地方都在大力发展民营经济，而我们的民营经济早就是经济发展的主体。作为地方政府，大家都在探讨政府职能的转变问题，而我们的政府职能应该说转变得也比较早、比较到位。这些体制上的先发优势将继续成为我市经济社会又好又快发展的强力支撑。

二、绍兴提升区位优势面临的压力

*一是区域竞争的压力。*绍兴位于杭州、宁波和金华等城市之间。现在周边城市发展都很快，绍兴处于“前有标兵，后有追兵”的境地，竞争激烈，发展的压力很大。

*二是产业提升的压力。*目前，绍兴纺织业的发展正处在一个重要关口。由于原材料价格上涨、出口退税和加工贸易政策调整、市场需求变化和国际贸易摩擦等原因，纺织业的发展遇到了不少困难，如何促进纺织业的健康发展，无论对企业还是对政府都是一个考验。

*三是环境优化的压力。*从硬环境来看，如何在促进经济社会又好又快发展的同时，保持一定的环境承载力，有效降低生产总值能耗和二氧化硫、化学需氧量排放量，压力很大。从软环境来看，随着改革开放的不断深入，绍兴在实践中形成的体制、机制和市场先发优势有所削弱。在新的形势下，绍兴要在竞争中掌握主动，必须增创新的优势，在营造环境上想办法、动脑筋、求实效，在降低政府管理成本等方面进一步努力。

此外，土地等方面的要素制约将长期存在，也将对区域发展产生很大的影响。

三、进一步提升区位优势的对策思考

正确把握和充分发挥我们的区位优势，必须强化一个理念，明确一个定位，提升五方面竞争力。

强化一个理念，就是要强化“同城发展”的理念，努力实现与杭州的联动发展，接轨上海首先要接轨杭州。一方面，要创造条件，主动接受上海、杭州等中心城市的辐射；另一方面要加快自身发展，让上海、杭州的人才、资源、信息等为我所用，在竞争中一体发展，在合作中实现双赢。

明确一个定位，就是要进一步明确城市的发展方向。绍兴区位条件独特、生态环境优越、古城特色鲜明、产业比较优势突出，根据这些资源、要素、环境和产业现状，发挥我们的区位优势，就是要努力把绍兴建设成为“国家历史文化名城、国际纺织品为主的先进制造业和贸易中心、国内外著名旅游休闲城市、长三角宜居城市”。

从具体工作来讲，当前重点要提升五方面竞争力。

1. *改善交通条件，进一步提升区位竞争力。*改善交通条件是提升区位优势的基本途径。今后几年，要围绕缩短对内对外的时间距离，大力改善内外交通条件，促进人才、资源、信息的交流,降低企业的商务成本。对内,要完善中心城市三大组团间的交通体系,加强城市道路的建设改造,打通一些重要的道路"卡口"。对外,要加快推进嘉绍高速公路、杭甬客运专线、万吨级航运码头和杭甬运河等重大基础设施建设。特别是嘉绍高速公路建设,将大大缩短杭州湾两岸的时空距离,这对于推进长三角地区经济一体化,形成"高速经济带"和观光游、会展游、休闲游"三位一体"的旅游业发展格局,具有十分重要的意义,一定要抓住时机,加快建设。

2. 加快结构调整,进一步增强产业竞争力。调整产业结构是提升区位优势的重要目标。从绍兴实际出发,要按照"着力提升纺织产业、加快发展高新产业、慎重选择临港工业"的思路,扎实推进产业结构调整。一是着力提升纺织产业。以打造国内纺织科技应用水平最高地为要求,推进国家纺织重点实验室建设,完善绍兴纺织产学研战略联盟,加快改造提升中国轻纺城,积极抢占纺织科技制高点,推动纺织产业调整升级。二是加快发展高新产业。重点鼓励发展有一定产业基础、具有较大市场规模、较高技术含量以及广阔前景的产业,如环保装备、新型医药、光电显示、汽车零配件、玻璃深加工等,对这些产业在政策上给予更多支持,在信息、人才等方面给予更好服务。三是慎重选择临港工业。抓住绍兴港建设的有利时机,加快临港工业园区规划建设,努力形成以资本密集和技术密集为特征的临港重化工业发展集聚区,培育新的经济增长点。四是大力发展旅游业。通过区位优势的提升,把"留住人"作为旅游业发展的一个追求。

3. 积累人力资本,进一步提升人才竞争力。积累人力资本是提升区位优势的根本之举。首先要降低企业使用高素质人才的成本,如何加快推进人才公寓建设、大学生临时就业基地建设,尽可能地把更多的高素质人才留在绍兴。其次,要调整职业教育发展方向,以结构调整为导向、以要素配置为重点,大力发展符合市场需求的职业教育,鼓励企业员工积极参加在职培训,多为社会提供有一技之长的产业工人。最后,要加快农村教育网点调整,加大农村教育投入,提高农村人口素质。总之,要通过人力资本积累,把各种生产要素潜能调动起来,实现新的发展。

4. 加强生态建设,进一步提升环境竞争力。加强生态建设是提升区位优势的重要一环。今后几年,要以创建国家级生态市为目标,在全市重点抓住曹娥江流域环境综合治理,保护好绍兴"母亲河";在市区重点开展好"清水工程",把绍兴市区真正建设成为江南水城。同时,要以最坚定的决心、最严格的手段落实好节能减排政策,大力发展循环经济。积极扶持发展污染小、能耗少、效益高的生态环保型、资源节约型产业。严格限制新建高耗能、高耗材、高耗水、高污染的工业项目。对落后生产能力、工艺、技术、设备和污染严重的企业实行强制淘汰,鼓励企业"腾笼换鸟"、异地迁建。节能减排的有关控制性指标要作为经济社会发展的主要调控性指标,对企业的奖励和扶持要实行节能减排"一票否决"。

5. 优化政府服务,进一步提升管理竞争力。优化政府服务是提升区位优势的必要保障。一方面政府要培育公平、公正、公开的市场环境,完善政府信用、企业信用与个人信用有机结合的信用体系建设,维护市场准则,保护投资者的合法权益,反对垄断,促进公平竞争;另一方面,要加快政府自身改革,以规范事权、物权、财权为重点,不断完善"阳光工程",有效降低管理成本,真正为企业解决一些实际困难,优化服务环境。

(作者:绍兴市市长)

走特色化发展之路

姚建华

无论是十七大上的总书记报告,还是这次人代会上的总理报告,都特别强调要转变经济发展方式,促进经济又好又快发展。作为一个地级市,如何将转变经济发展方式的要求落到实处,关键是结合本地实际,大胆探索实践,累积工作经验。就泰州而言,近年来我们以科学规划空间功能分区为主抓手,以促进产业集中集聚集约发展为突破口,以"三个飞地"配置资源为着力点,在转变发展方式、推进科学发展上进行了积极的探索和实践,取得了初步的成效。

首先,在区域布局上科学规划空间功能分区,以差别发展推进特色发展。实践中,我们感到:在泰州的版图上不可能也不能全部开发,更不是都要完成工业化和城镇化,必须打破行政区域限制,在更大的范围内来统筹区域生产力布局,推进区域功能特色化发展。2004年,我们在深入调研论证的基础上,结合"十一五"发展规划编制,在全省率先对市域空间功能分区进行规划,将全市域划为重点开发、适度开发、限制开发和禁止开发等四类功能分区,通过功能差别化推进区域特色化发展。规划中的重点开发区域面积约占市域国土面积的36%,适度开发区域面积约占46%,限制开发区域面积约占15%,禁止开发区域面积约占3%。在具体推进过程中,我市各地大胆探索,形成了各自工作特色。例如,靖江市提出重点发展"一城四片区",并将最终撤销镇级行政机构,思路非常超前;兴化市将西北部地区6个乡镇近100万亩土地全部纳入限制开发区域,规定今后该区域原则上不再布点工业项目;姜堰市将湿地资源丰富的溱潼镇及其周边地区全部纳入限制工业开发区域,重点发展旅游业及相关服务业;泰兴市也提出了四大功能分区规划,并落实到市域版图上。通过实施区域空间功能分区,全市将加快形成产业园区、城镇片区、现代农业区、生态保护区等四大区域板块,较好地防范了村村点火、处处冒烟,避免了无序开发、盲目开发甚至掠夺式开发。泰州被列为全省区域功能分区规划的试点市。

其次,在产业发展上全力促进产业集中集聚,以集群发展推进集约发展。没有产业的集中、集聚,很难谈得上产业的集约发展、生态发展、可持续发展。结合泰州产业发展现状,在制造业集聚发展上,我市重点打造医药城、机电城、船舶城、五金城等四大千亿级产业城。在省委、省政府的直接关心指导下,中国泰州医药城一期建设初具规模,30多个与国内外著名医药研发机构和企业集团合作开展的研发或产业化项目签约落户,首批12个项目竣工投产。去年,全市医药产业销售182亿元,2010年将近500亿元,2012年要过600亿元;机电产业去年销售627亿元,2010年将近1000亿元,2012年要达1300亿元;船舶去年销售200多亿元,2010年将近500亿元,2012年要超800亿元。支撑产业城发展的重点企业,去年销售过10亿元的23家、过20亿元的14家、过50亿元的企业5家、过100亿元的企业3家,利税过1亿元的企业24家,2012年超百亿元或利税过10亿元特大型企业将达到10家。在打造四大产业城的同时,培育十大产业集群,力争2012年销售过1500亿元。支撑产业集群发展的成长性企业,去年销售过亿元的350家,今年将超过400家,提前两年实现十一五目标,2010年争取超600家,2012年达800家以上。在服务业集聚发展上,我市提出组织实施"833工程",其中的"8"就是8大服务业集聚区建设。目前,这8大集聚区发展势头良好,进区企业1461家,从业人员近2万人,实现营业收入114亿元、税收3.4亿元,6个集聚区被列为省级服务业集聚区。其中,江苏三江现代物流中心去年营业收入12亿元,入区54家,实施投资过亿美元或10亿元重大项目6个;特别是粮食物流已初具规模,港池工程和14幢平房仓全部竣工。泰州城北物流园区产业规划已经省发改委批准实施,集装箱铁水联运项目和多式联运中心全面启动,去年营业收入32亿元。戴南不锈钢交易城去年竣工营业,实现营业收入近3亿元。在农业集聚发展上,我市也按照空间功能分区的要求,重点推进"5218"工程,即打造"五横两纵"高效农业产业带和一个现代农业板块,提升"八大农业产业链",逐步形成一乡一品、一市(区)一业,每个辖市至少有一个年产值过10亿元的农业特色产业集群。兴化"一棵葱"(20万亩香葱,亩纯收入达8000元)、"一只蟹"(45万亩优质河蟹,产量3.5万吨),姜堰"一袋米"(30万亩河横绿色大米)、"一头猪"(100万头苏姜猪),泰兴"一棵树"(1000万株银杏,年产银杏1万吨,农民的摇钱树)、"一袋粉"(50万亩弱筋小麦,亩增收50元),靖江"一只羊"(30万只波杂山羊,年加工羊皮1200万张)、"一盘鱼"(长江刀鱼、河豚为特色的江鲜),高港"一枝花"(500万株蝴蝶兰)等等,不仅在省内外具有较高的知名度,而且成了农民致富的新渠道。

最后,在资源配置上积极实施"三飞"战略,以联动发展推进共同发展。转变发展方式,很重要的一条路径在于统筹配置市域资源。这方面,我市提出"三飞"战略,使空间功能分区、产业集聚发展能够真正落到实处。一是项目飞地布局。建立飞地项目财税地方留成分成、配套建设投入分担和投资强度、产出税收、节能环保分级考核等一系列政策,提高区域经济发展的统筹层次,引导不同地区探索科学发展之路。例如,靖江市实施市镇联动开发,取消所有乡镇工业小区,乡镇新办工业项目不再供应土地,一律集中布点到县城开发区,新增财税分成和政绩统计以乡镇为主。目前,该市乡镇全部参与市镇联动开发,已实施联动项目103个,总投资达31亿元,节约用地近8000亩。去年靖江经济开发区实现销售201亿元,占该市总量的54%,以1/40的土地实现了1/2的产出。作为限制开发区域的兴化市西北部地区同样呈现又好又快发展的势头,目前一批新招引的工业项目在县城经济开发区落户,农村区域形成了沙沟镇水产养殖、李中镇水上森林、缸顾乡千垛油菜等一批高效农业板块和生态旅游品牌。姜堰市溱潼古镇从事旅游业及相关产业的人员超过3000人,仅"五一"期间,接待游客就达7万多人次。二是拆迁人口"飞地"安置。对农村特别是重点开发区域的农民拆迁,我们改变过去在本村安置的做法,而是按照推进城镇化进程和建设农村新社区的理念,将拆迁农民安置到城镇或农村新社区,同时加强职业技能培训,使他们能在城镇或社区找到新的就业岗位。靖江城北园区集中居住区首期建设并投入使用2平方公里,建筑容积率达到1∶1.1以上,比分散布局提高了0.4个点;吸纳人口达2万余人,并大都在附近的城区居住、生活。三是园区开发"飞地"联动。从2003年开始,在省委、省政府的支持下,我市与无锡市一道积极推进靖江、江阴两市的联动开发,在靖江市境内设立江阴—靖江工业园区。园区首期启动区面积8.6平方公里,拥有长江黄金岸线11.1公里;累计引进各类项目35个(超亿美元项目8个),引进外资25亿美元;去年园区工业销售收入40亿元,商贸流通收入50亿元,财政收入2.8亿元,到账外资1亿美元。我们还在本市区域内推进不同行政区之间的园区联动开发,优势互补,错位发展。例如,在中国泰州医药城建设上,市医药高新技术产业园侧重招引研发机构,高港区的扬子江医药园侧重招引生产项目,两园之间做到了重大项目信息互通、发展联手。

(作者:泰州市市长)

团结协作 竞相发展

王燕文

我感到我们长江三角洲是一个跑马场,是一个竞技场。兄弟城市是竞相发展,同时也感觉到我们长三角是一个温暖温馨的大家庭,有我们共同的家园和文化归属,所以大家在一起充满了友情和亲情。我们同处长三角,大家有一种共通的自豪感和优越感,同时也有一种使命感和责任感。长三角地区具有独特的区位优势,产业优势、资源优势和人才优势,我觉得还有一个开放优势,也是中国城市最密集、产业最密集、高校院所最密集的地区,也是利用两种资源、两个市场条件最佳的地区。

所以这几年,我们常州市充分利用长三角的区位优势,全方位地对外开放,主动地融入苏南、接轨上海,积极参与区域合作,在长三角地区整体繁荣中赢得了一个发展的机会。预计今年,我们扬州生产总值的增长大概在百分之十六左右。规模产业的效益投入和效益产出我们实现两年翻一番。文化元素、生态元素和科学发展的新元素特色更加鲜明。在经济全球化的大背景下,加快推进长三角区域发展的一体化是一个必然的趋势,也是我们的内在需要。我以为当今的重点应该是加快长三角区域经济一体化的过程,进一步提升我们的综合实力和国际竞争力。从总结世界经济发展的趋势来看,区域经济一体化我觉得应该包括重大基础设施一体化、市场一体化、产业发展一体化、创新体系一体化,还有生态环境保护一体化,这当中重中之重应该是交通一体化,要加快建设符合现代发展要求的现代综合交通运输体系。所以刚才我边听边在想这个问题,我们要做的事情很多很多!但是,我觉得可能重中之重,对我们这个区域发展一体化来讲,还是交通一体化,是现代交通一体化的建设。大家都知道,没有大交通就不可能有大流通、大市场,没有大交通也不可能有大流通、大产业,或者说没有大交通就没有大发展。扬州历史也证明了这一点,我们深有感触,扬州是源水而生,因水而发,水城共生的一个城市,长江和京杭大运河在扬州交汇,所以说我们有黄金水道。唐代扬州是中国东南对外开放的第二港埠,当时在扬州做生意的洋人将近上万人。到了清代,扬州的盐运漕运非常发达,靠的还是黄金水道,当时的扬州已经成为世界十大名城之一,世界50万人口的城市世界有十个,扬州排第六位,而且当时扬州仅盐课这一项就占全国税收的四分之一,我们现在还没有一个城市的经济地位可以达到这样的程度。那么,靠的是什么?我们在反思这个问题,靠的是交通,交通优势,靠的是黄金水道。当然,我们现在的交通优势不仅靠海上运输,还有陆地运输,包括高速公路和铁路,还有空中运输。再强调现代综合交通运输体系,从全球范围看,大家知道日本,我们都坐过日本的新干线,人家的新干线是六十年代建的,有了这样的新干线,整个日本的发展有了快速的发展。欧盟有TGV,我们也都感受过,因为有了TGV加速了欧盟经济的发展。那我们长三角,这几年应该说变化很多,但是跟整个区域发展的要求相比,我觉得差距很大。我们注意到中国的第一条高速公路没有出现在长三角,大家知道在东北;中国第一条八车道的高速公路也没有出现在长三角,这是一个很大的遗憾,我们总是落在后面一步我们才有八车道高速公路;中国第一条高速铁路,仍然不是在长三角,是在中部地区,已经开工建设了。所以我觉得我们的交通与我们的区域发展不相适应,今天早晨我是六点半起来就想赶这个会,我算好时间我想八点到这个地方,应该一个半小时就能到了,开快了一个小时一刻钟就能到,由于大雾弥漫高速公路塞车,整个高速公路封掉了,是经常封的,所以从六点半出发到十二点才到常州,这就在长三角,所以说光靠高速公路肯定是不行。八月份我去了趟杭州,由于我们举办世界运河名城博览会,我去杭州学习了一下,乘依维客,到杭州的高速公路是大大改善,但是走了三个半小时,一来一回就是七八个小时,赶到非常疲惫。那么到上海,现在到上海已经非常方便,因为我们有了瑞阳长江公路大桥以后,我们和镇江是接边城市,两个市的市中心车程只有半个小时,很便捷。镇江可以说是我们的南站,我们扬州可以说是镇江的北站。从镇江站坐火车,五十多分钟到上海,速度很快,一个半小时可以到达(从扬州到上海)。遗憾的是,到了上海以后要到浦东机场,要到虹桥机场麻烦很大。我们要是自己开车,经常有外商过来,接待他们也是很麻烦,从浦东机场要到我们那里要走三个半小时。我们跟人家说是两个多小时,外商说怎么是两个多小时,一走就是三个多小时,还不包括堵车,不包括雨天,要是雨天堵车更麻烦。就是坐上动车组,到了上海就是断头路,到不了国际机场。因为老外来的话并不是到上海成交了就算的,他是下了飞机之后到你这个城市。我想不光是扬州有这样的感受,我们16个城市中其他城市也会有这个感受。就我们长三角的交通,不能说它是落后,只能说和我们区域发展的要求相比差距很大。所以在这里提出这样一个建议,就是我们长三角经济协调会应更加关注交通计划的研究,协调和推进,特别是请我们上海市、江苏省、浙江省发改委、交通部门,还有国家发改委相关方面,要给予高度重视。长三角的现代交通应该走在世界的前面,我们应该树立这样一个目标,因为我们的经济社会发展有这样的需求。特别是城际高速铁路,现在我们还没有,磁悬浮现在我们还没有,城际轨道交通现在我们还没有。大家想一想,如果我们有城际高速铁路,我们有磁悬浮在这个区域,这个区域我们有城际轨道交通,那么我们16个城市之间的交通将是什么状况?整个区域一体化将是什么状况?所以我们建议,尽快形成以上海为中心的互联的一小时都市圈,现在还做不到。尽快建设区域性的区域新干线,现在还没做到。用高速干线网,包括高速公路,来覆盖所有的大中城市,小城市现在还很难做到。这是一个建议,也是我们的迫切期待和美好愿望。

最后感谢常州市,感谢协调会办公室,对我们热情的接待和精心的安排!同时,也要求我们兄弟市的领导有空到我们扬州去走一走、看一看,去领略一下扬州这座千年古城的恒久魅力和勃勃生机!

(作者:扬州市市长,在长三角城市经济协调会第八次会议上发言)

加快绿色长三角建设,推动长三角可持续发展

湖州市市长 杨建新

实现东部地区率先发展,推动长三角地区全面、协调、可持续发展是党中央国务院的英明决策,也是我们的共同任务和

责任。下面我就深化合作交流提三点建议：

一、加快宁沪杭城市带的崛起，推动长三角协调发展

长江三角洲地区规划提出了一和六带的总体发展布局。其中，积极培育宁沪杭发展带是国家针对宁沪杭沿线力量相对薄弱交通设施相对落后的现状，提出的重大战略举措。宁沪杭沿线空间广阔，土地资源丰富，可持续发展潜力巨大，加快宁沪杭沿线开发建设既是长三角内部增强合力，提升发展层次的内在要求，也是加强长三角对中西部地区的辐射和带动作用，促进全国区域协调发展的需要。在长三角区域经济一体化深入推进的关键时期，宁沪杭地区的加快工程既需要自身加大在产业发展、基础设施建设等方面的投入，提升经济强度，更需要整个长三角地区的通力协作和密切配合，增强区域整体竞争力。

二、加快交通建设一体化，推动长三角协调发展

湖州市正在积极实施基础设施三张网建设。即加快建设三线一枢纽的铁路交通网，加快建设三纵两横铁路交通网，加快建设五纲五支的内河航运网。内河航运湖州的年运输量是7000万吨，应该说在全国也是(名列前茅)，其中，沪苏浙皖高速公路年底将全线贯通，彻底改变湖州进上海时间长、效率低的状况，使湖州到上海的距离缩短到120公里，形成1小时交通圈，深嘉湖高速公路即将竣工，杭常扬高速公路湖州境内已经建设启动，我们希望抢占战略区域，各城市在交通项目合作上的步伐更快，步子更扎实，成效更显著。

三、加快绿色长三角建设，推动长三角可持续发展

生态环境问题已经成为当前制约长三角可持续发展的重要因素，太湖流域水环境综合治理总体方案的编制是一次打破行政区界限，推动生态保护建设的重大举措。区域生态环境共享共献成为方案的一个重要主题。湖州地处黄浦江源头，在条形水系的上游，山清水秀，环境优美。近年来，我们在实施98治理太湖污染零点行动的基础上，进一步加强了工业企业、矿山、城市、农村污染，村庄环境的整治，积极推进生态市的创建。我们下属的五个县区当中，有两个已经成为国家的生态县、生态区，60个乡镇当中有13个成为全国环境优美乡镇，我们还下大力气实施了节能减排，目前正在实施调节清水入湖等重大水环境工程，保护太湖水资源。因为从太湖水系来说，百分之五六十是湖州这里过来的水，所以在今后的长三角区域合作中，要以太湖流域水环境综合治理方案的编制和实施为契机，建立加快建立生态补偿机制，协调生态环境保护相关各方的生态利益与经济利益的分配关系，以实现互利共赢可持续发展。

（作者：在长三角城市经济协调会第八次会议发言）

上海国际会议中心

城市旅游

上海市旅游业

【概况】 旅游业发展势头良好。全年实现旅游产业增加值858.09亿元,比上年增长22.1%。

*旅游配套设施服务水平和接待能力提升。*至年末,全市已有星级宾馆320家。其中,五星级宾馆32家。旅行社875家。其中,国际旅行社54家,国内旅行社821家。A级旅游景点20家。其中,5A级景点2家,4A级景点17家。红色旅游基地22个。其中,全国红色旅游基地4个。工业旅游示范点15个,农业旅游示范点16个。旅游咨询服务中心23个,旅游集散中心5个。旅游人数持续增长。全年接待国际旅游入境人数665.59万人次,比上年增长9.9%。其中,入境外国人536.76万人次,增长10.6%;港、澳、台同胞128.83万人次,增长7.1%。在国际旅游入境人数中,过夜旅游人数520.1万人次,比上年增长11.9%。全年接待国内旅游者10210.23万人次,比上年增长5.4%。其中,外省市来沪旅游者7766.49万人次,增长6%。旅游收入大幅增长。全年国际旅游外汇收入47.37亿美元,比上年增长19.6%;国内旅游收入1611.32亿元,增长13.5%

【旅游景区(点)】 *名胜古迹:*上海是一座历史悠久的文化城市。至2006年末,上海被列入全国重点文物保护单位有19处,市级文物保护单位165处。迄今仍保留着我国唐、宋、元、明、清以来的若干古迹和富有特色的园林。龙华寺、孔庙、豫园、玉佛寺、方塔、朱家角。

*革命遗址:*上海是一座具有光荣革命历史传统的城市,留下了无数革命者的足迹和不少革命遗址。中共一大会址、中共二大会址、孙中山故居、鲁迅故居、周公馆、毛泽东故居等。

*旅游景观:*20世纪90年代以来,上海相继建成了一批享誉国内外的功能性建筑,构成了迷人的都市风景线,同时也成为上海的旅游新景观,向世人展示了上海的新风貌。外滩、东方明珠广播电视塔、人民广场、金茂大厦、上海海洋水族馆、上海新天地、上海科技馆等。

*饮食购物:*上海素有"美食天堂"、"购物乐园"之称,拥有世界各国的饮食文化和经典时尚的购物激情。目前拥有3万多家中式、西式、休闲型、快餐连锁型餐饮企业。西餐汇聚了意大利、法国、日本、葡萄牙、印度等30多个国家的风味;中餐汇聚了苏、锡、宁、徽等近20个地方风味,著名的有老城隍庙、吴江路、云南路、黄河路、乍浦路、仙霞路等饮食文化区。中华商业第一街南京路、繁华高雅的淮海路是闻名全国的商业大街,正大广场、港汇广场规模巨大,恒隆广场、美美百货云集顶级品牌,时尚商品、大众用品等不胜枚举。老城隍庙、云南路美食街、南京路商业街、淮海路商业街、徐家汇商业圈等。

南京市旅游业

【概况】 2007年,南京市旅游总收入614.9亿元,增长25.2%;接待国内旅游者4489万人次,增长28.1%;接待入境旅游者116.12万人次,增长15.1%;旅游创汇8.08亿美元,增长19.3%;旅游总收入占第三产业增加值的比重8.08%,增长3.71%。

围绕旅游强市战略规划,旅游项目建设进展迅速。完成《南京旅游发展总体规划》修改、定稿和报批工作,《南京休闲度假旅游发展规划》编制任务书等前期准备工作,《都市圈旅游发展战略规划》通过专家评审,《南京市旅游资源开发土地储备规划》进行第三稿修改;组织区县旅游规划的编审报批工作。系统梳理《中国最佳历史文化旅游城市专项标准》条目。初步完成《南京市创建中国最佳旅游城市总体方案》。完成中山陵景区环境整治二期工程,江宁织造府建设项目地下主体和地面一、二层主体工程,雨花台烈士陵园景区环境整治工程立项,宝船厂遗址西片建设启动,金陵大报恩寺琉璃塔遗址公园用地计划获得批准,加快全国工农业旅游示范点的创建和"农家乐"建设步伐,新增3家全国工农业旅游示范点,新评54家"农家乐专业户"。争取到江苏省旅游局110万元乡村旅游项目扶持资金。

围绕提升国际知名度,旅游产业社会化取得新飞跃。举办"吉祥"云锦杯南京旅游商品创意大赛,组织"让世界瞩目南京"系列主题活动举办长三角南京旅游交易会和宁、镇、扬旅游推介会,组织参加第七界中国旅游商品交易会、国内旅游交易会、中国沿海旅游交易会、中国北方旅游交易会、中国国际旅游交易会。签署第五届长江三角洲旅游城市高峰论坛南京宣言和《宁杭生态旅游带合作发展行动纲要》,举办第12届国际梅花节,中国年俗文化保护与旅游发展论坛。启动"中国和谐城乡旅游暨百万市民看新南京"活动,组织"山水城林博爱之都"大型城市主题电视晚会,在全国20个参加城市中作为首场在中央电视台二套节目播出。举办第二届中国南京长江国际旅游节、长三角旅游城市高峰论坛、长三角旅游城市南京龙舟邀请赛、雨花石艺术节、长江农家土菜美食节等系列活动。建立南京旅游国际推广聪明,推出"博爱之都"城市主题信用卡,继续开展"博爱使者"征选活动。在征选的近5000名"博爱使者"中,有境外"博爱者"近百名。主办"向世界推荐南京"之"南京之最值得向世界推荐的旅游景点"市民评选活动。继续推进"十件小事——南京旅游全民推广计划"。《深度看中国·南京》在北京首发。编写《美色南京》(简本、繁体版)、《中国四大古都游》、《金陵廉史文化游》、《中国旅游景区大辞典》南京部分。

【资源开发】 7家景区成功创建国家等级景区。2007年,南京市各区县(景区)注重旅游景区品牌建设,创建国家等级景区热情高涨,普遍期望通过创建国家旅游等级景区提升知名度、美誉度,参与创建的19个景区(点),贯彻国家《旅游景区质量等级评定管理办法》及《旅游景区质量等级的划分与评定》国家标准加大投入,挖掘文化内涵,丰富旅游服务内容,推进景区规划化建设,全面提升旅游品质。其中,鼓楼区宝船厂遗址成功创建国家3A级旅游景区;六合区录岩寺、瓜埠山火山遗址公园、江宁区六顺园艺园、锁石农业旅游村、金波渔庄、黄桥滩等,成功创建国家2A景区;梅园新村和栖霞山景区通过省级初评。 (袁 伟)

苏州市旅游业

【概况】 2007年全市旅游工作紧紧围绕"十一五"旅游规划和旅游赶超战略目标,以实施旅游业"五大工程"为重点,以举办国内旅游交易会为契机,以市场为导向,以项目和产品为依托,按照发展旅游支柱产业、建设旅游强市的总体部署,积极抢抓发展机遇,整合旅游资源,优化产业结构,完善服务功能,强化宣传促销,培育旅游新品,使全市旅游业继续保持健康、有序、快速发展的良好态势。

2007年全市接待国内游客达4792万人次,同比增长15.9%;入境游客206万人次,同比增长13.6%;旅游总收入首次突破600亿元,达到638亿元,同比增长21.5%,其中国内旅游收入570亿元,同比增长22.5%;旅游创汇8.9亿美元,同比增长18.9%。在全国大中旅游城市中,我市接待境外旅游人数、国内旅游人数均居第七位,保持2006年的排名,旅游总收入居第五位,比上年提升了一位,排位又有了新的提升。紧紧抓住以日韩为主的东南亚以及欧美国际市场和以长三角、珠三角、京津唐地区为主的国内目标市场,有针对性地开展宣传营销;主动与世博和奥运实现全面对接,积极开展"世博在上海、旅游到苏州"和"北京看奥运、苏州品水韵"各项活动,与上海世博局和上海旅委分别签订全面合作协议,苏州成为华东地区第一个与上海世博局签订旅游、经济、贸易全面合作的城市;成功举办2007中国国内旅游交易会,宣传营销成效显著。坚持规划领先,坚持重点项目考核制度,积极推广和完善项目库管理系统,项目建设再上新台阶。积极推进乡村游规范建设,出台《苏州市乡村旅游区(点)管理办法》,乡村旅游成绩喜人。狠抓旅游人才培养,狠抓旅游基础设施建设,狠抓A级景区(点)和全国工农业旅游区点创建工作,要素建设取得新进展。加强行业管理、标准化管理工作,坚持"行业创文明、企业创诚信"活动,成功创建省级文明行业,全行业有500多人次受到各级政府的通报表彰,市旅游局被国家人事部和国家旅游局评为"全国旅游行业先进集体"。

【旅游产品开发】 2007年,加快了旅游新项目转化为旅游新产品的进程,细化、深化"天堂苏州、东方水城"形象品牌,开发系列旅游新产品。通过整合全市旅游资源及项目,包装推出了世界文化遗产、生态休闲游、现代休闲游、工农业游、太湖风光、美食旅游、购物旅游、高尔夫旅游等十二个系列旅游产品,同时形成中英文宣传册,在2007中国国内旅交会及历次对外旅游展销活动中受到了普遍的欢迎及好评。通过线路整合,使苏州古城内的山塘历史街区、苏州新博物馆以及太湖的东、西山等成为旅游市场的新热点。结合"城乡和谐游"活动,大力开发乡村游旅产品,成为苏州旅游产品的有益补充。面向上海市场,统一策划推出了22条苏州旅游一日游线路,既有苏州市区精品一日游、山塘、虎丘一日游等闻名中外的苏州旅游经典产品,又有石湖、旺山一日游、三山岛一日游等近年来广受游客青睐的苏州乡村旅游产品,更有陆巷、橘林采摘、紫金庵一日游、相城莲花岛品蟹、渭塘珍珠城一日游等让游客参与度高的休闲旅游产品。

【旅游市场监管】 2007年,按照科学管理、依法行政、创新服务、持续发展的宗旨,积极引导旅游企业公平竞争、诚信经营,扎实推进苏州旅游市场监管工作。年内重点开展了四项旅游市场综合整治工作:

一是人力客运三轮车整治。年初,市旅游局会同公安、交通、城管等八部门对旅游市场的人力客运三轮车进行了集中整治。苏州市区目前拥有554辆人力客运三轮车,每辆三轮车可用两名车工,其中第一车工中,约65%是苏州老企业关闭、转制下岗、失业的人员,约35%是兼职人员。而第二车工中绝大部分是外来的新苏州人。目前旅游市场运营的三轮车大部分经正规公司注册,个别是"克隆"车。整治中,对非法经营的23辆次三轮车进行了严肃处理。通过三轮车的专项整治,有效地维护了合法经营者的利益,旅游市场秩序得到进一步规范。

二是旅游市场联合整治。根据苏州市政府《苏州市治理无证无照工作意见》的精神,按照"政府指导、行业联动、各司其职、纵深推动"工作方针,"严"字当头,着力打击"三黑"(即黑社、黑车、黑导)。整治期间,市旅游局共出动检查人员470人次,检查旅游团队1873个,上传导游检查信息3312条;查处并取缔4家未经批准从事旅游业务的"黑社",查处黑导21名,会同公安、交通等部门查处"黑车"7辆。并3次牵头联合公安、工商、城管、质监等7部门对旅游市场开展综合执法检查,合力营造有序的旅游环境。

三是2007年中国国内旅交会期间苏州旅游市场综合整治。为做好4月中下旬国内旅交会期间旅游市场环境综合治理与会期秩序保障工作,根椐市政府提出的"隆重热烈、安全有序、体现水平、展示苏州"的会务总体要求,苏州成立了由旅游、工商、公安、交通、城管、园林、物价、宗教等部门组成的联合执法小组,对旅游市场进行了综合治理。先后12次共派出1800名执法人员开展了大规模集中整治活动,查处无证摊点、娱乐性场所782个,查处乱停乱放三轮车127辆次,拆除违章建筑275处共计22152平方米,检查了3200多辆出租车、1000多辆旅游车,对1000名导游员进行礼仪及旅交会相关知识培训,选调50名明星导游员服务旅交会,查处无证导游37名,检查旅行社147家、旅游景区68家、旅游饭店85家、购物商店11家。

四是重点景区周边环境综合整治。按照市政府领导关于虎丘景区周边环境综合整治的要求,市旅游局、园林局、交通局会同金阊区公安分局、工商分局、城管执法局等部门,7月份在虎丘景区集中办公1个月,重点治理"黑车、黄牛、无证摊(店)"等非法经营行为。联合检查组共出动执法人员591人次,执法车辆160辆次。其中,查处了长期停靠景区周边涉嫌无证营运的大小车辆共67辆次,依法查处无证经营商户19名,疏导外来务工人员违规设摊79人次,取缔流动摊15个,配合虎丘街道规范户外广告40余处,拆除违章建筑1760平方米,对涉嫌误导游客、无证从业的"黄牛"与"黑导"组织了5次强制驱逐,没收查扣假导游证、园林年卡17张,取缔无证旅行社营业部1处。

【旅游咨询服务】 根据全市旅游咨询服务体系建设总体方案,年内主要做好旅游咨询点的布点和新建工作。市旅游局与平江、沧浪、金阊三个古城区区政府签订了共建旅游咨询中心(点)的协议。于"五一"旅游黄金周前夕,分别在平江区凤凰街定慧寺巷口、沧浪区东北街、金阊区山塘街增设了3家旅游咨询点。至此,市区旅游咨询服务点达到5家。同时,新聘咨询服务员9名,充实各咨询点服务工作,积极为旅游者提供方便、快捷的旅游咨询服务。

【旅游基础设施建设】 2007年,市旅游局委托专业公司编制苏州市区旅游景区路标路识实施方案,全市共更换673块新颖独特的旅游景区路标路识,方便了市民和游客。完善旅游局网站建设,更新和增加大量政务和旅游信息,更好地发挥了苏州旅游电子政务窗口功能。并和苏州市卫生局共同为苏州旅游急救医院挂牌,将市区3家公立医院,确定为旅游急救医院,较好地完善了旅游应急医疗保障体系。

【星级饭店管理】 2007年全市新增旅游星级饭店15家,升星饭店6家,取消星级饭店1家。共有星级饭店143家,总建筑面积2154549.5平方米,总占地面积3290835.5平方米,床位总数33642和餐位总数78386。市旅游局起草了《苏州市旅馆服务质量规范标准》、《苏州市旅馆业等级划分标准》、《苏州市旅馆质量等级评定评分标准》(讨论稿),经过多方协调征求意见,已报江苏省技术监督局审定。为贯彻落实国务院关于建设节约型社会的指示精神,根据中华人民共和国旅游行业标准《绿色旅游饭店》(LB/T007-2006),经苏州市旅游饭店星级评定委员会推荐,江苏省旅游饭店星级评定委员会批准,全市23家旅游饭店被评为金叶级绿色旅游饭店。

【旅行社管理】 2007年新增旅行社14家,注销8家,全市共有163家旅行社。其中国际社18家(出境组团社12家),国内社145家。根据江苏省财政厅、江苏省旅游局《江苏省入境旅游贡献奖励申报流程》工作要求,苏州市首次实施入境旅游贡献奖励,全市旅行社共获省级入境旅游贡献奖励228万多元,列全省第一。同时,为鼓励全市旅行社积极招徕旅游者,调动旅行社开拓市场的积极性,引导旅行社锐意进取,做大做强旅游企业,促进我市旅游客源快速增长,提高旅行社业对整个旅游业乃至第三产业的贡献,积极应对入世的挑战,根据市政府有关文件精神,市财政局和市旅游局联合制定了《苏州市旅行社奖励暂行办法》,对全市组织接待业绩显著的旅行社实行奖励。奖励项目包括:组织接待境外游客指标排序奖励;组织接待大型团队单项奖励和入选全国百强旅行社奖励。

【旅游法规建设】 2007年,市旅游局以建设社会主义新农村为载体,以创建A级旅游景区、全国农业旅游示范点、星级饭店评定为标准,重点做好旅游标准化管理工作。为加强对乡村旅游的引导和管理,规范乡村旅游市场,拟定了《苏州市乡村旅游区(点)管理办法》,《苏州市农家乐旅游服务质量等级划分》被江苏省指定为省《农家乐旅游服务质量等级划分》标准。

【旅游规划建设】 坚持规划领先，编制《苏州市乡村旅游发展规划》，进一步指导我市乡村旅游资源整体协调配置和可持续发展；编制《苏州环太湖旅游发展概念规划》，为打造以旅游业为主导的环太湖生态产业集群带做好准备；编制《苏州古城旅游规划》，推动打造世界旅游名城计划的有效实施。启动了《苏州市旅游总体规划》的修编，积极应对旅游产业发展的新形势和新需求；还报批了《苏州市“十一五”旅游发展规划》。

【旅游项目建设】 2007年，苏州各级政府高度重视旅游项目的开发建设，市政府专门召开了全市项目推进会议，对旅游项目的立项和引导资金给予倾斜，进一步加大项目投入。积极推广和完善项目库管理系统，进一步提高了项目管理的效率和水平；市财政局与市旅游局联合出台《苏州市旅游项目建设管理考核办法》，进一步规范了旅游项目考核工作。加大扶持力度，为穹隆山、蒋巷村、同里古镇等8个单位申请到省专项引导资金8个共450万元，为旺山村、苏州科文中心、甪直古镇3个单位申请到市服务业发展引导资金230万元。2007年全市上报旅游建设项目162个，总投资额345.09亿元，当年度计划完成投资106.12亿元，实际完成105.44亿元，其中列入考核项目101个，总投资额285.03亿元，当年计划完成投资85.84亿元。坚持重点项目季度检查和半年考核制度，全年实际完成投资87.85亿元，完成率102%。坚持项目带动，培育了苏州博物馆、重元寺、科文中心、尚湖和水幕电影《水韵飞歌》等旅游亮点，带动了全市旅游发展。

【新景区点建设】 2007年，全市新增景区(点)24个：苏州物流中心有限公司、警察博物馆、禁毒博物馆；缥缈峰、渔洋山运动基地；高新区镇湖刺绣艺术馆、树山村；相城区百花园、荷塘月色、珍珠宝石城；园区科技文化艺术中心、重元寺；昆山周庄富贵园欢乐谷、巴城阳澄湖水上公园、星期九休闲农庄、鳄鱼谷生态园；吴江华佳丝绸有限公司、慈云禅寺；太仓顺风园花园山庄；张家港暨阳湖、梁丰生态园、神园生态农庄、三利农业科技园、杨舍科普园。

【A级景区建设】 2007年，全市新增国家5A景区2家(拙政园、周庄)，国家4A景区1家(常熟服装购物旅游区)，3A景区3家(园区白塘植物生态园、高新区何山公园、吴江震泽师俭堂)，2A景区1家(吴江慈云禅寺)；穹隆山、东山、千灯光福两家已通过省旅游局4A景区的初评，并已上报国家旅游局；吴中区光福风景区已通过省旅游局3A景区的审核。截至2007年底，我市共拥有AAAAA景区点2家，AAAA景区点20家，AAA景区点7家，AA景区点6家，共35家。

【工农业旅游示范点建设】 工农业旅游示范点，是我国近年来新兴起来的旅游形式，有着广阔的市场前景。开发工农业旅游有利于扩大就业、增加收入；有利于丰富和延伸旅游产品；有利于城乡互动，增强旅游产业发展的后劲，适应广大旅游者的消费需求。既丰富、创新和优化旅游产品结构，适应个性化旅游发展，又有利于满足游客多元化的需求，开拓潜在的旅游客源市场，培育新的旅游经济增长点。2007年苏州市新增全国工农业旅游示范点13家(其中工业2家、农业11家)，目前，全市拥有33家全国工农业旅游示范点，其中全国农业旅游示范点22家，全国工业旅游示范点11家，总数居全省各市之首，占全省总数的四分之一。为苏州旅游增添了新的亮点、新的活力、新的色彩。

【乡村旅游建设】 近年来，苏州乡村旅游发展迅猛。为全面实施苏州旅游与新农村建设互动工程，加快推进全市乡村旅游的发展。市政府出台了《苏州市乡村旅游区(点)管理办法》，市旅游局组织编制了《全市乡村旅游总体规划》，修订《苏州市乡村旅游区(点)评定标准》，推动我市乡村旅游向规范化、品牌化方向发展；围绕“城乡和谐游”主题，推出22条乡村旅游线路；承办省旅游局在苏举办的“心手相连——旅游走进新农村”活动，组织国内众多媒体对我市乡村旅游点进行采风考察，主动宣传推广苏州乡村旅游资源；重点对三山、陆巷、堂里、尧南、湖桥等5个新农村建设示范村进行帮带，帮助申请引导资金180万元，加强了从业人员培训和政策扶持，指导编制完成了5个村新农村建设规划，帮助完善了旅游服务功能、配套设施建设和环境整治等工作；对农家乐饭店首次实施星级评定，首批7家农家乐饭店获得星级称号，成为全省第一批达省标星级农家乐饭店。截至2007年底，全市有全国农业旅游示范点22家，28家星级农家乐饭店。苏州现已建成乡村生态休闲度假旅游区、乡村新农村建设旅游区、乡村社区建设旅游区、乡村传统工艺旅游区、乡村吴文化旅游区、乡村科技花卉旅游区、乡村渔家旅游区、乡村果乡旅游区、乡村美食旅游区、乡村茶乡旅游区等10大各具特色的乡村旅游区。

【重大活动】 2007中国国内旅游交易会。2007年中国国内旅游交易会于4月20日至22日在苏州举行。此届旅交会与中国苏州国际旅游节、中国旅游网上博览会、中国(苏州)旅游商品产业博览会等几大活动有机结合起来，形成了“三会一节”的盛况。旅交会暨中国苏州国际旅游节开幕式、盘门景区“激情欢乐之夜”、第二届苏州国际风筝节和代表苏州12个市、区及园林、宗教、太湖旅游度假区等各具特色的彩船巡游形成了本届旅交会的重头戏。还举办了国内旅游交易会个性化邮票首发式和13场旅游产品推介会、50场文艺演出。还组织了旅游商品产业博览会和“红色旅游发展论坛”、“旅游产业发展国际论坛”、“自驾车旅游合作与发展论坛”等一系列的专业旅游论坛，丰富了展会内容，扩大了展会影响。中央领导和国家旅游局、江苏省领导高度评价本届旅交会大型活动，“精彩、经典、有精气神”、“打出了文化牌，做足了水文章”。今年开幕式整体效果是历界最好的一次，收视率在去年13.6%高台位的基础上再创新高，达到了16.7%。

无锡市旅游业

【概况】 2007年,无锡市旅游业克服太湖水污染带来的困难,坚持协调发展,取得明显成效。全年接待入境游客76万人,与上年持平;接待国内游客3400万人,比上年增长12.1%;旅游总收入435亿元,比上年增长15.5%。

提升城市形象,宣传推广和市场复苏取得成效。通过组织第二届中国徐霞客国际旅游节、美丽无锡·2007新丝路世界模特大赛等活动彰显"无锡是个好地方"的城市形象。创新旅游推广的方式和手段,采取"一国一策,一地一策"的方法,加强对国际市场的形象宣传和促销推广。利用网络、电视、报纸、广播"四位一体"的方式多角度、大范围宣传无锡城市形象。实施危机公关战略,推动旅游市场复苏,制定和实施以环保优先工程、形象重塑工程、市场振兴工程、项目推进工程、品质提升工程和"两翼"(江阴市、宜兴市)齐飞工程为主要内容的《无锡旅游振兴行动计划》。举行"牵手无锡,同游太湖"启动仪式,全国近百个旅行社的负责人和35个新闻媒体单位的记者以及近千名中外游客游览太湖鼋头渚等景区,将水危机对无锡旅游业的负面影响降到最小。

【打造"休闲名城"】 实施结构调整和新产品开发。委托编制《休闲城市创建、服务与管理导引标准》,联合编制《无锡市休闲旅游产业发展规划》,研究和起草市政府《关于加快休闲城市建设的意见》,召开无锡休闲旅游发展大会和无锡创建"休闲名城"专家咨询座谈会。推进全市旅游景区的创A工作,三国水浒景区荣获全国首批4A级景区,全市有等级旅游景区29个,4A级景区11个,3A级景区7个,2A级景区10个。推进高星级品牌酒店建设,对在建和拟建的10多个高星级酒店建立联系和服务机制。实施《推进全市农业旅游发展三年行动计划》,向各市(县)、区下发2007年农业旅游重点工作目标任务书。市旅游局制定、下发《农业旅游点、特色村、特色镇创建基本规范要求》,并联合市委农工办、市农林局对全市再建12个农业特色旅游项目、1个特色镇、2个特色村的"1212工程"建设情况进行服务指导和检查推进。举办发展农业旅游工作培训班,编制《无锡乡村休闲旅游宣传手册》,完成国家和省旅游局对无锡市申报的4个全国农业旅游示范点的审核评定工作。整合社会旅游休闲资源,进一步推广和完善旅游推荐单位制度。

产业素质和服务体系得到提升。持续开展无锡旅游优质服务品牌行动,提出打造"亲客友好型城市"的新目标,提高旅游全行业的优质服务水平。在全市旅游行业开展"诚信旅游"、"平安旅游"和"文明旅游"活动,旅游行业被无锡市委授予"无锡市文明行业"光荣称号,旅游投诉率比上年下降73%,抽样问卷调查表明,99%以上的中外游客和无锡市民对无锡旅游服务质量表示"满意"和"比较满意"。

常州市旅游业

【概况】 2007年,本市旅游业接待入境旅游人数25.2万人次,比上年增长15.28%;旅游创汇2.12亿美元,增长16.98%;接待国内游客1730万人次,增长15.18%;国内旅游收入178亿元。增长27.13%;旅游总收入194.09亿元,增长25.73%;旅游增加值90.64亿元,增长27.95%。

旅游节庆。五一"黄金周"前后,举办以"相聚活力常州,畅游和谐城乡,打造休闲名城"为主题的2007中华龙城(常州)旅游节,推出旅游节开幕式暨中华恐龙园鲁布拉盛典、天宁宝塔开光大典、第三届天目湖旅游节、首届武进旅游节、全国(武进)龙舟精英赛等一系列节庆活动。年内还举办中国(金坛)首届乡村旅游节和乡村旅游高层论坛、武进春秋淹城开城大典、新天地嘉年华、全国大力士精英赛、恐龙夜公园、天宁寺除夕撞钟祈福和元旦撞钟迎奥运等节庆活动。

市场促销。与上海、苏州、无锡、盐城、南通等城市旅游部门合作,开展互动合作与对等促销活动,加大媒体宣传报道,邀请日本、新加坡电视台和国内中央电视台、东方卫视、浙江卫视、江苏卫视等媒体到常采访拍摄,首次在上海到北京的列车上全年发布常州旅游产品广告,举办常州旅游推荐会暨2007年全国千家旅行社峰会、2007长三角自驾游论坛、第十五届老年骑游健身文化展示大会等活动。多次接待千人大团,过夜游客人数大量增加,龙之旅全国旅游协作网全年向常州输送游客6.8万人次。

项目建设。全市旅游项目建设投入27.95亿元,其中列入考核重点项目完成投资17.21亿元,完成年度计划107.56%。天宁宝塔、淹城野生动物园、淹城博物馆、武进新天地广场、中华恐龙园动漫展馆等一批新景点建成投入运营。太湖湾广场和太湖湾大道工程、天目湖山水园三期改造、金沙湾乡村俱乐部、中华恐龙园综合改造等项目有序推进。旅游项目招商成果喜人,常州太湖国家时尚球类运动中心计划投资2亿美元,是2007常州(香港)城市产业推荐说明会上最大引资项目。金坛市首届乡村旅游节期间,与日本、新西兰等客商签订投资总额近6亿美元项目。

旅游规划。编制完成《常州武进区旅游发展规划》、《常州古运河——关河水上旅游专项规划》,启动《春秋淹城遗址旅游区整体提升策划》和《春秋淹城遗址旅游区总体规划及修建性详规》编制。丫髻山旅游区、金坛城南旅游区、南山竹海温泉度假项目、中华恐龙园龙汤温泉项目、天宁旅游休闲商务区及“美食一条街”等旅游项目完成规划编制，有的已开始进入具体实施阶段。

行业发展。红梅公园被评为国家4A级旅游区(点)，新北中心公园通过国家3A级景区(点)评定，中华恐龙园推进创建国家5A级景点，中华恐龙园、天目湖旅游公司的年营业收入均首次突破亿元大关。常州国旅获江苏省服务业品牌企业称号，并连续两年位列全国国内百强社第五名，天目湖旅行社和常州青年旅行社在百强社排名中，上升到第24位和第38位。江南孔雀园等5家单位获全国农业旅游示范点称号，全市全国农业旅游示范点达16家，总数名列全省第二。富都商贸饭店、天目湖宾馆进入“江苏省十佳饭店”行列，新评1家四星级旅游饭店、5家三星级旅游饭店。启动绿色旅游饭店评定工作，中油国际大酒店被评为金叶级绿色旅游饭店，金陵明都大饭店等12家旅游饭店被评为银叶级绿色旅游饭店。

旅游要素发展。举办常州旅游商品创新大赛，中华恐龙园、天宁寺、天宁宝塔等重点景区形成主题鲜明、品种丰富的旅游商品系列，中华老字号瑞和泰等8家购物点成为首批常州市旅游购物推荐商店。举办2007年常州品牌农家菜评选活动，15家餐饮企业被评定为首批农家菜推荐酒店。常州旅游呼叫中心正式运行，旅游和移动公司开展八大项目合作，旅游WAP网建成开通，《旅游时尚》彩信杂志每周向20多万手机用户免费发送。

行业管理。组织开展诚信旅行社评比、“旅游价格阳光行动”、“品质旅游线路”评选推广等活动，强化旅行社诚信经营。规范旅游市场秩序。开展平安旅游景区和旅游饭店消防安全管理达标创建活动，组织全市旅游行业安全预案演习。充分发挥旅游行风监督员和各旅行社质监员、游客监督员的作用，组织开展市民和游客最满意的旅游景区(点)和旅行社评选活动，加强明察暗访和质量考核，市民和游客满意度有新的提高。

人才建设。组织开展全市食品雕刻技能比赛和导游服务技能比赛。多次举办导游俱乐部和旅游饭店、旅行社、景点、商品企业和农业旅游示范点总经理主题沙龙活动，提供相互学习交流平台。市旅游局与南京金陵旅馆管理干部学院签订建立旅游教育培训基地协议，联合举办第六期中国景区高级管理人员岗位职务证书培训班。市旅游局举办旅游饭店高中级管理人员岗位证书、饭店职业英语等级考试、乡村旅游经营管理和营销人员培训班等10多期，全年接受培训人数近3000人次。开展常州旅游景点导游词征集活动，全市导游人数达1500多人。

（冒卫强）

镇江市旅游业

【旅游接待与收入】 2007年，全市旅游行业认真贯彻科学发展观，围绕“城乡和谐游”主题，大力推进旅游品牌建设，着力优化旅游发展环境，打造出一批旅游亮点，策划了一批旅游活动，旅游业呈现出持续快速增长的良好态势。全年接待国内外游客1636.29万人次，同比增长15.5%；旅游总收入181.57亿元，同比增长23.1%。其中，接待国内游客1589.88万人次，同比增长15.2%，国内旅游收入153.91亿元，同比较增长20.6%；接待入境游客46.41万人次，旅游创汇3.63亿美元。新增南山风景区等国家级旅游区4家，全市国家级旅游区达19家；新增镇江英皇酒店等高星级旅游饭店3家，全市旅游星级饭店达36家；新增世业洲旅游农家乐等全国农业旅游示范点4家，全市全国工农业旅游示范点达6家。金山风景区创国家5A级旅游区已通过省级验收。

（李　劲）

南通市旅游业

【概况】 全市现有旅游星级饭店55家，旅行社95家，全国农业旅游示范点1家，国家等级旅游景区27家，其中，国家4A级旅游景区3家，分别是狼山风景区、濠河风景区和南通博物苑，国家3A级旅游景区11家，国家2A级旅游景区13家。全年接待海内外旅游者1094.52万人次，比上年增长21.5%。其中，接待海外旅游者22.39万人次，增长24.0%，其中，外国人19.97万人次，增长26%，港澳台同胞2.42万人次，增长9.5%；接待国内旅游者1072.13万人次，增长21.4%。实现旅游总收入120.75亿元，增长28.6%，其中，外汇收入2.46亿美元，增长40.7%；国内旅游收入101.91亿元，增长27.5%。

（张启祥提供）

泰州市旅游业

【旅游业快速发展】 旅游业发展环境改善，旅游综合功能提升，创建成为中国优秀旅游城市。年末星级饭店26家，国家A

级以上旅游景区 10 处,其中 AAA 级旅游景点 2 处、AAAA 级以上旅游景点 1 处。全年接待国内外游客 664.75 万人次,旅游总收入 65.33 亿元,分别增长 16.5%、22.4%。其中,接待境外游客 4.2 万人次,旅游外汇收入 4393 万美元,分别增长 20.9% 和 20.0%。

杭州市旅游业

【概况】 深化实施新一轮旅游国际化战略,深入推广"中国最佳旅游城市"品牌。2007 年,全市实现旅游产业增加值 236.02 亿元,占全市生产总值的比重达 5.75%。旅游配套设施进一步完善。至 2007 年末,全市有星级宾馆 250 家,其中五星级宾馆 12 家;旅行社 406 家;A 级景区(点)25 个,其中 5A 级景区 1 个,其中 4A 级景区(点)19 个。全年接待入境旅游者、国内旅游者分别突破 200 万和 4000 万人次,达 208.60 万人次和 4111.89 万人次;旅游总收入跨过 600 亿元大关,达 630.06 亿元,增长 15.8%。

【旅游资源】 杭州拥有 2 个国家级风景名胜区——西湖风景名胜区、"两江一湖"(富春江——新安江——千岛湖)风景名胜区,2 个国家级自然保护区——天目山、清凉峰自然保护区,5 个国家级森林公园——千岛湖、大奇山、午潮山、富春江和青山湖森林公园,1 个国家级旅游度假区——之江国家旅游度假区,全国首个国家级湿地公园——西溪国家湿地公园。杭州还有全国重点文物保护单位 24 个、国家级博物馆 6 个。全市拥有年接待 1 万人次以上的各类旅游景区、景点 120 余处。被国家旅游局和世界旅游组织授予"中国最佳旅游城市"称号;被世界休闲组织授予"东方休闲之都"称号。

【西湖风景名胜区】 以西湖为中心的西湖风景名胜区总面积近 60 平方千米。西湖风景名胜区融名胜古迹、园林山水为一体,环湖绿荫环抱,山色葱笼,溪涧幽深,一年四季各具秀色。西湖"双十景"交相辉映,灵隐禅寺、岳王庙、六和塔、虎跑等著名景点世人瞩目。西湖南线和雷峰塔、万松书院、杨公堤景区、湖滨新景区、梅家坞和龙井茶文化村等一批精品旅游景点建成开放,受到国内外游客和广大市民的普遍赞誉。2005 年荣获首批"全国文明风景旅游区"称号。

【"两江一湖"风景名胜区】 以清澈的秀水为主景、"碧湖千岛、锦山秀水、文丰史悠、生态优良"为特色的富春江—新安江—千岛湖国家级风景名胜区,具有独特的平湖、峡川、群岛、奇山、溶洞、泉瀑和历史传奇性。著名景点有鹳山、桐君山、瑶琳仙境、严子陵钓台、天目溪漂流、大慈岩、灵栖洞、双塔凌云、七里扬帆、千岛湖等。千岛湖上游为安徽屯溪,"两江一湖"旅游线连接着西湖风景名胜区和黄山风景区,是中国著名的"黄金旅游线"。

【西溪湿地公园】 杭州西溪国家湿地公园是中国首个国家湿地公园,生态资源丰富,自然景观质朴,文化积淀深厚,与西湖、西泠并称杭州"三西",是目前国内唯一集城市湿地、农耕湿地、文化湿地于一体的国家湿地公园。

【钱江涌潮】 钱塘江穿杭州境而入东海,钱江涌潮与亚马逊河涌潮齐名。钱江观潮已有千余年历史,久盛不衰。根据潮水预报,每天、每月都可以观看到大小不等的钱江潮,每年农历八月十八都要举办盛大的观潮节,中外观潮者达数十万人,届时江潮奔腾,人潮涌动,蔚为壮观。杭州的萧山和八堡地区,都是观潮的佳地。

【之江国家旅游度假区】 杭州之江国家旅游度假区是国务院批准建立的十二个国家级旅游度假区之一,批准规划面积 50.68 平方千米。娱乐服务、旅游是其支柱产业。区内有展现中国南宋文化的"宋城"、国际标准高尔夫球场等旅游项目。

【运河(一期)综合保护工程】 京杭大运河(杭州段)综合整治与保护开发工程是杭州市"十大工程"之一,其总体目标为:还河于民,申报世界遗产,打造世界级旅游产品。已建成"一馆两带两场三园六埠十五桥";完成了小河直接历史文化街区试验段、桑庐、广济桥、富义仓、长征化工厂等 5 处遗迹保护,完成三堡船闸引水廊道和运河绿化景观带以及小河两岸景观带工程。沿岸居民居住环境大为改善,已成为广大市民和游客游乐、赏景、休闲、健身的好去处。

【旅游节庆】 杭州有影响的旅游节庆活动,主要有中国(杭州)西湖国际茶文化节(龙井开茶节、西湖国际茶会、中国茶圣节等)、西湖国际烟花大会、国际丝绸时尚节、西湖荷花节、西湖徒步大会、吴山庙会、中国国际钱江(萧山)观潮节、淳安千岛湖秀水节、中国天目山森林旅游资源博览会等。

【第九届中国杭州西湖博览会】 2007 年 10 月 27 日至 11 月 10 日,杭州举办了第九届中国杭州西湖博览会。西博会共举办了 72 个会议、展览、文体和观光活动,项目数量为历届西博会最多、项目内容为历届西博会最精彩。本届西博会共接待国内外观众 730 万人次,举办会议项目 20 个,实现贸易成交额 85.8 亿元,协议引进外资 10.32 亿美元,引进内资 119.34 亿元。"第九届中国杭州西湖博览会"分别获"2007 年度中国十大魅力节庆"和"2007 年度中国十大博览赛事节庆"两个奖项。西博会已成为杭州城市的金名片。 (陈　茜提供)

湖州市旅游业

【概况】 全年共接待国内游客1667.50万人次,同比增长29.44%;入境游客19.49万人次,同比增长40.08%。全市旅游景区(点)门票收入1.21亿元,同比增长34.22%。旅游总收入首次突破100亿元,达到102.01亿元,同比增长29.31%。

【乡村旅游】 围绕社会主义新农村实验示范区建设,充分发挥旅游业促进"三农"的积极作用,积极扶持引导乡村旅游开发,完成长兴陶家湾休闲农庄、德清乐都农庄、南浔龙吟庄园等8家休闲农业景区的开发建设。各地通过制订发展规划、出台政策意见等引导推进旅游业的发展。德清县制订了《乡村旅游(农家乐)发展规划》,着重培育了莫干山何村主题公园、龙泉山庄、杨墩休闲农庄等多个乡村旅游点;长兴县以抓精品为特色,推进农家乐精品工程,大力发展休闲农业观光园,举办农业观光节,推进乡村旅游加快发展;安吉县以培育现代休闲农庄为工作重心,积极探索规范以农家乐服务中心为主体的管理模式,努力推进农家乐向规范化、精品化、产业化发展;吴兴区、南浔区深入挖掘资源,大力开发乡村休闲产业,重点抓好近郊乡村旅游,丰富旅游产品。2007年大溪村、顾渚村荣获"浙江美丽乡村"30佳,和平镇城山沟桃园山庄荣获"美丽乡村"浙江最佳农业村。全年共新增市级以上"农家乐"示范村3家,示范点5家,示范户16家,省级"农家乐"特色村(点)5家,配合省旅游局评定首批四、五星级农家乐11家。

【旅游营销】 2007年"东进西拓"旅游营销战略成效显著,客源市场半径不断拓展,湖州的旅游目的地品牌逐步打响,安吉县获得中国最佳生态旅游县、中国自驾车旅游十大目的地称号。第四届湖笔文化节·南太湖旅游峰会吸引全国各地160多名旅行商,并达成60万人次来湖旅游的协议。赴南通、常熟、昆山、芜湖、马鞍山等地召开旅游推介会,旅游营销活动有声有色。德清新开通至杭州旅游集散中心包车,并在上海、江苏建立办事处;长兴加大对乡村旅游的推介力度,推出多条特色乡村旅游精品线路;安吉围绕2007年全国旅游主题"中国和谐城乡游",通过"引进来、走出去"的策略,与全国各地100多家旅行社签订合作协议,成功打响了"中国竹乡·生态安吉"旅游品牌;吴兴区举办了第四届吴兴·妙西采桃风情游活动,提高吴兴旅游的美誉度和知名度;南浔积极探索旅游宣传促销工作的新途径、新方法,整合资源促销,新市场不断得到开辟。

【景区景点建设】 大力推进景区景点建设,提升景区景点的质量。2007年全市9个重点旅游建设项目,总投资达44.47亿元,年内投资7.58亿元。继续加快下渚湖湿地风景区建设,完成新市古镇的修复工程并对外开放;启动中国扬子鳄村二期建设工作,"金钉子"地质遗迹国家级自然保护区配套设施的建设,完成了大唐贡茶院的建设工作;继续推进凤凰山居、龙山森林体育公园、西山景区、太湖明珠、国际会议中心等项目的建设工作。完成了陆羽墓、栖贤寺等景区及景点道路建设。温泉高尔夫项目9洞球场已开张试营业。景区景点的软硬件不断提升,防风古国文化园、藏龙百瀑、新四军苏浙军区创建3A级旅游区。下渚湖湿地风景区、安吉中南百草园景区、安吉竹子博览园、南浔古镇荣获"浙江最值得去的五十个景区"桂冠,德清莫干山风景名胜区、长兴中国扬子鳄村位居"浙江五十个优秀景区"之列。

【行业管理】 加强星级评定和服务,创建绿色饭店,全市现有旅游星级饭店59家,三星以上饭店25家。重点培育一批骨干旅行社,7家旅行社营业收入超千万元,其中新国际、快乐2家营业收入超过5000万元,有5家旅行社入选全省百强,快乐旅行社在全国百强社中排名第13位。全市已有旅行社49家,其中国际社2家,国内社47家。2007年新增全国导游人员135人,全国导游人员达到597人。加大旅游人才培养力度,拓宽培训渠道,全年举办导游人员、星级饭店从业人员、景点景区管理人员等各类培训班共26期,培训学员达5700余人次。加强旅游质监队伍建设,建立拥有115名旅游企业质监员队伍,举办两期质监业务培训班,共310人受训。全年受理投诉62起,结案率100%。组织开展各类检查,有效落实各项安全措施,特别强化黄金周旅游安全监督和管理,努力确保旅游安全无事故。全市旅游集散中心、旅游投诉中心、旅游咨询中心、旅游培训中心等配套网络建设日趋完善。诚信旅游活动不断深化,启动"全市诚信旅游企业、文明示范窗口、创建文明风景旅游区先进单位"创建,旅游市场整治取得实效。

(洪　流提供)

台州市旅游业

【旅游基础设施日益完善】 年末全市拥有旅游星级宾馆饭店70家,客房7610间,床位13169张,各类旅行社109家。景区品质有效提升,全市共有4A级旅游区5个,3A级旅游区4个。成功举办第四届台州旅游节、中国江南长城节、中国仙居仙梅节等系列活动。全年共接待旅游总人数2182.97万人次,比上年增长20.4%,其中入境旅游人数9.31万人次,增长14.7%。

实现旅游总收入175.28亿元,比上年增长16.6%,其中旅游外汇收入6199.92万美元,下降3.8%。　(王伟峰)

马鞍山市旅游业

【概况】 2007年是马鞍山市"旅游发展年",全市坚持以科学发展观为统领,围绕旅游发展年"4610"行动计划,潜心打造旅游精品线路,大力塑造山水诗都的旅游城市形象,深度发展休闲旅游,着力优化旅游发展投资环境,全面提升旅游产业素质,旅游业发展取得重大突破。全年共接待海外游客近2万人次,比上年增长29.2%;国际旅游外汇收入1891万美元,同比增长39%;接待国内游客339.4万人次,比上年增长26%;入境游客国内旅游收入17.5亿元,同比增长29%;旅游总收入19亿元,比上年增长29.3%。

【旅游景(点)区】 全市有规模旅游景区点20多处,其中国家重点风景名胜区、国家4A级旅游景区1处,3A级旅游景区2处,2A级旅游景区1处,风景区(点)、度假村、休闲中心共8处,全国重点文物保护单位2处,省级文物保护单位5处,全国工业旅游示范点2处,农家乐旅游示范点22处(其中国家级1处,省级4处,市级17处);休闲沐浴旅游定点企业3家。全市共有旅游星级饭店21家(其中四星级3家,三星级4家,二星级12家,一星级2家);旅游星级餐馆14家(其中四星7家,三星5家,二星级2家);旅行社34家(其中国际旅行社3家);旅游商品定点生产企业10家(其中省级5家);省级旅游乡镇3个。　(董昭武　周　宇提供)

苏州园林

长江三角洲城市党政领导人名录

中共上海市委领导人名录

习近平　中共上海市委书记(3月任、10月免)
俞正声　中共上海市委书记(10月任)
韩　正　中共上海市委书记代理书记(3月免)
韩　正　中共上海市委书记副书记
刘云耕　中共上海市委书记副书记(5月免)
罗世谦　中共上海市委书记副书记(5月免)
殷一璀(女)中共上海市委书记副书记
王安顺　中共上海市委书记副书记(5月免)
习近平　中共上海市委常委(3月任、10月免)
俞正声　中共上海市委常委(10月任)
殷一璀(女)中共上海市委常委
沈德咏　中共上海市委常委
吴志明　中共上海市委常委
冯国勤　中共上海市委常委(5月免)
周禹鹏　中共上海市委常委(5月免)
范德官　中共上海市委常委(5月免)
王仲伟　中共上海市委常委
沈红光　中共上海市委常委
杜家毫　中共上海市委常委(12月免)
戴长友　中共上海市委常委(5月免)
杨晓渡　中共上海市委常委
江勤宏　中共上海市委常委(5月任)
杨　雄　中共上海市委常委(5月任)
屠光绍　中共上海市委常委(12月任)
丁薛祥　中共上海市委常委(5月任)
徐　麟　中共上海市委常委(5月任)

上海市人民政府领导人名录

韩　正　上海市人民政府市长
冯国勤　上海市人民政府副市长
周禹鹏　上海市人民政府副市长(2月免)
严隽琪(女)上海市人民政府副市长(2月免)
杨　雄　上海市人民政府副市长
屠光绍　上海市人民政府副市长(12月任)
周太彤　上海市人民政府副市长
唐登杰　上海市人民政府副市长
胡延照　上海市人民政府副市长
杨定华(女)上海市人民政府副市长
艾宝俊　上海市人民政府副市长(12月任)

中共南京市委领导人名录

朱善璐　中共南京市委书记
蒋宏坤　中共南京市委副书记
陈绍泽　中共南京市委副书记
杨　植　中共南京市委常委
靳道强　中共南京市委常委
叶　皓　中共南京市委常委
沈　健　中共南京市委常委
钱继红(女)中共南京市委常委
王　奇　中共南京市委常委
张　枫　中共南京市委常委
许慧玲　中共南京市委常委
刘以安　中共南京市委常委

南京市人民政府领导人名录

蒋宏坤　南京市人民政府市长
靳道强　南京市人民政府副市长

沈　健　南京市人民政府副市长
王咏红　南京市人民政府副市长
许仲梓　南京市人民政府副市长
陈维健　南京市人民政府副市长
李　琦　南京市人民政府副市长
陆　冰　南京市人民政府副市长
陈　刚　南京市人民政府副市长
赵晓江　南京市人民政府副市长
孙文德　南京市人民政府副市长

中共苏州市委领导人名录

王　荣　中共苏州市委书记
阎　立　中共苏州市委副书记
徐建明　中共苏州市委副书记

苏州市人民政府领导人名录

阎　立　苏州市人民政府市长
曹福龙　苏州市人民政府副市长
周伟强　苏州市人民政府副市长
谭　颖　苏州市人民政府副市长
朱建胜　苏州市人民政府副市长
周玉龙　苏州市人民政府副市长
梅正荣(兼)苏州市人民政府副市长
徐南平(挂职)苏州市人民政府副市长
朱　民　苏州市人民政府副市长
王鸿声　苏州市人民政府副市长

中共无锡市委领导人名录

杨卫泽　中共无锡市委书记
毛小平　中共无锡市委副书记
王咏红(女)中共无锡市委副书记
周解清　中共无锡市委副书记
贡培兴　中共无锡市委常委
戴解平　中共无锡市委常委
王立人　中共无锡市委常委
盛克勤　中共无锡市委常委
陈振一　中共无锡市委常委
徐　劼　中共无锡市委常委
孙建华　中共无锡市委常委
朱民阳　中共无锡市委常委
张士怀(2月任)中共无锡市委常委

无锡市人民政府领导人名录

毛小平　无锡市人民政府市长
贡培兴　无锡市人民政府副市长
谈学明　无锡市人民政府副市长
麻建国　无锡市人民政府副市长
王国中　无锡市人民政府副市长
黄继鹏　无锡市人民政府副市长
周敏炜　无锡市人民政府副市长
吴建选　无锡市人民政府副市长
盛克勤(12月任)无锡市人民政府副市长
方　伟(12月任)无锡市人民政府副市长
华博雅(女,12月任)无锡市人民政府副市长

中共常州市委领导人名录

范燕青　中共常州市委书记
王伟成　中共常州市委副书记
于　超　中共常州市委副书记
邹宏国　中共常州市委副书记
张晓霞　中共常州市委常委
杭天珑　中共常州市委常委
朱龙虎　中共常州市委常委
俞志平　中共常州市委常委
戴　源　中共常州市委常委
路　浩　中共常州市委常委
沈瑞卿　中共常州市委常委

常州市人民政府领导人名录

王伟成　常州市人民政府市长
俞志平　常州市人民政府副市长
王正平　常州市人民政府副市长
蒋新光　常州市人民政府副市长
张力航　常州市人民政府副市长
孙国建　常州市人民政府副市长
居丽琴　常州市人民政府副市长
韩九云　常州市人民政府副市长
王成斌　常州市人民政府副市长

中共镇江市委领导人名录(截至2007年底)

史和平　中共镇江市委书记
许津荣(女)中共镇江市委副书记
张庆生　中共镇江市委副书记
江里程　中共镇江市委常委
陈主志　中共镇江市委常委
黄宝荣　中共镇江市委常委
徐郭平　中共镇江市委常委(2007.03)
李国忠　中共镇江市委常委
李茂川　中共镇江市委常委
张甫雄　中共镇江市委常委
杨　建　中共镇江市委常委
魏红军　中共镇江市委常委(2007.03)

镇江市人民政府领导人名录(截至2007年底)

许津荣(女)　镇江市人民政府市长
江里程　镇江市人民政府副市长
陈建设　镇江市人民政府副市长
陈　杰　镇江市人民政府副市长
王　萍(女)镇江市人民政府副市长
冯士超　镇江市人民政府副市长
张洪水　镇江市人民政府副市长
李亚平　镇江市人民政府副市长(2007.12)
许俊华　镇江市人民政府市长助理
夏新平　镇江市人民政府市长助理

中共扬州市委领导名录

季建业　中共扬州市委书记、市人大常委会主任
王燕文　中共扬州市委副书记
洪锦华　中共扬州市委副书记、副市长(援疆)

王荣平　中共扬州市委副书记
张京霞　中共扬州市委常委
桑光裕　中共扬州市委常委、市人大常委会副主任
陈卫庆　中共扬州市委常委、政法委书记
张爱军　中共扬州市委常委、纪委书记
蔡爱华　中共扬州市委常委、组织部部长
袁秋年　中共扬州市委常委、宣传部部长
常高潮　中共扬州市委常委、军分区司令员
卢桂平　中共扬州市委常委、市委秘书长

扬州市人民政府领导名录

王燕文　扬州市人民政府市长
洪锦华　扬州市人民政府副市长(援疆)
张京霞　扬州市人民政府常务副市长
纪春明　扬州市人民政府副市长
卜　宇　扬州市人民政府副市长
孙玉坤　扬州市人民政府副市长
闻道才　扬州市人民政府副市长
王玉新　扬州市人民政府副市长
董玉海　扬州市人民政府副市长
张瑞忠　扬州市人民政府市长助理

中共南通市委领导人名录

罗一民　中共南通市委书记、市人大常委会主任
丁大卫　中共南通市委副书记
王德忠　中共南通市委副书记
黄利金　中共南通市委副书记
张小平(女)中共南通市委常委、市委宣传部长
陈　斌　中共南通市委常委、市委政法委书记
蓝绍敏　中共南通市委常委、常务副市长
秦厚德　中共南通市委常委、市委秘书长
王正宇　中共南通市委常委、市纪委书记
郭腊军　中共南通市委常委、市委组织部长
刘振平　中共南通市委常委、南通军分区司令
陈照煌　中共南通市委常委、通州市委书记

南通市人民政府领导人名录

丁大卫　南通人民政府市长
蓝绍敏　南通人民政府常务副市长
袁瑞良　南通人民政府副市长
张庆平　南通人民政府副市长
宋　飞　南通人民政府副市长
吴晓春(女)南通人民政府副市长
杨展里　南通人民政府副市长
朱　晋　南通人民政府副市长
徐　辉　南通人民政府副市长
王宝明　南通人民政府副市长

中共泰州市委领导人名录

张　雷　中共泰州市委书记
姚建华　中共泰州市委副书记
王守法　中共泰州市委副书记
李国华　中共泰州市委常委
陈国华　中共泰州市委常委
刘建国　中共泰州市委常委
高纪明　中共泰州市委常委
张本印　中共泰州市委常委
缪志红　中共泰州市委常委
杨　峰　中共泰州市委常委
何　榕　中共泰州市委常委

泰州市人民政府领导人名录

姚建华　泰州市人民政府市长
杨　峰　泰州市人民政府常务副市长
丁士宏　泰州市人民政府副市长
刘　励　泰州市人民政府副市长
张爱平　泰州市人民政府副市长
曹玉梅　泰州市人民政府副市长
卢佩民　泰州市人民政府副市长
戴胜利　泰州市人民政府市长助理
王　群　泰州市人民政府秘书长

中共杭州市委领导人名录

王国平　中共浙江省委常委、杭州市市委书记
蔡　奇　中共杭州市委副书记
叶　明　中共杭州市委副书记、纪委书记
王金财　中共杭州市委副书记
于跃敏　中共杭州市委常委、组织部长
吴鹏飞　中共杭州市委常委、公安局长
杨戌标　中共杭州市委常委、常务副市长
许勤华　中共杭州市委常委、秘书长
洪航勇　中共杭州市委常委、萧山区委书记
朱金坤　中共杭州市委常委、余杭区委书记
翁卫军　中共杭州市委常委、宣传部长
李大清　中共杭州市委常委、警备区司令员
沈　坚　中共杭州市委常委

杭州市人民政府领导人名录

蔡　奇　杭州市人民政府市长
杨戌标　杭州市人民政府常务副市长
沈　坚　杭州市人民政府副市长
何关新　杭州市人民政府副市长
佟桂莉　杭州市人民政府副市长
张建庭　杭州市人民政府副市长
陈小平　杭州市人民政府副市长
许迈永　杭州市人民政府副市长
金胜山　杭州市人民政府经济顾问
谢金峰　杭州市人民政府市长助理

中共宁波市委领导人名录

巴音朝鲁　中共宁波市委书记
毛光烈　中共宁波市委副书记
郭正伟　中共宁波市委副书记
郁义康　中共宁波市委副书记(2007.3免)
唐一军　中共宁波市委副书记
巫波伦　中共宁波市委常委
程　刚　中共宁波市委常委(2007.3免)
卓祥騋　中共宁波市委常委(2007.3免)

王　勇　中共宁波市委常委
陈凤姣(女)中共宁波市委常委
姚志文　中共宁波市委常委
寿永年　中共宁波市委常委
武晋宁　中共宁波市委常委
余红艺(女)中共宁波市委常委(2007.3任)
王剑波　中共宁波市委常委(2007.3任)
宋　伟　中共宁波市委常委(2007.3任)

宁波市人民政府领导人名录

毛光烈　宁波市人民政府市长、党组书记
王　勇　宁波市人民政府副市长
余红艺(女)宁波市人民政府副市长
邬和民　宁波市人民政府副市长
何剑敏　宁波市人民政府副市长(2007.2免)
成岳冲　宁波市人民政府副市长
姚　力　宁波市人民政府副市长(2007.5免)
陈炳水　宁波市人民政府副市长
苏利冕　宁波市人民政府副市长(2007.5任)
徐明夫　宁波市人民政府副市长(2007.5任)
陈利幸　宁波市人民政府市长助理(2007.7任)

中共湖州市委领导人名录

孙文友　中共湖州市委书记
马　以　中共湖州市委副书记
朱坤民　中共湖州市委副书记
王敏奇　中共湖州市委常委、纪委书记
吴水霖　中共湖州市委常委
叶寒冰　中共湖州市委常委、公安局长
金建新　中共湖州市委常委、吴兴区委书记
高玲慧(女)中共湖州市委常委、组织部长
胡菁菁(女)中共湖州市委常委、宣传部长
吴国升　中共湖州市委常委、市委秘书长
徐永淮　中共湖州市委常委、军分区司令员

湖州市人民政府领导人名录

马　以　湖州市人民政府市长
吴水霖　湖州市人民政府常务副市长
周　杰　湖州市人民政府副市长
倪玲妹(女)湖州市人民政府副市长
方新旗　湖州市人民政府副市长
杨建新　湖州市人民政府副市长
李建平　湖州市人民政府副市长
(注:均为2007年底的任职情况)

中共嘉兴市委领导人名录

陈德荣　中共嘉兴市委书记
李卫宁　中共嘉兴市委副书记
冯志礼　中共嘉兴市委常委、市纪委书记
蒋唯民　中共嘉兴市委常委、市纪委书记
冯水华　中共嘉兴市委常委
裘东耀　中共嘉兴市委常委
武亮靓　中共嘉兴市委常委、宣传部长
杨立平　中共嘉兴市委常委、组织部长
俞志宏　中共嘉兴市委常委
王　宏　中共嘉兴市委常委
梁　群　中共嘉兴市委常委
孙贤龙　中共嘉兴市委常委

嘉兴市人民政府领导人名录

李卫宁　嘉兴市人民政府市长
裘东耀　嘉兴市人民政府常务副市长
蒋仁欢　嘉兴市人民政府副市长
张志伟　嘉兴市人民政府副市长
陈越强　嘉兴市人民政府副市长
赵树梅　嘉兴市人民政府副市长
柴永强　嘉兴市人民政府副市长

中共绍兴市委领导人名录

王永昌　中共绍兴市委书记
张金如　中共绍兴市委副书记
顾秋麟　中共绍兴市委副书记(~2007.03)
史济锡　中共绍兴市委副书记
修晓波　中共绍兴市委副书记(~2007.03)
王海仁　中共绍兴市委常委
仇金楼　中共绍兴市委常委
谭志桂　中共绍兴市委常委
方建平　中共绍兴市委常委
王文序　中共绍兴市委常委
钱建民　中共绍兴市委常委
徐焕明　中共绍兴市委常委
陈长兴　中共绍兴市委常委

绍兴市人民政府领导人名录

张金如　绍兴市人民政府市长
钱建民　绍兴市人民政府副市长
李露儿　绍兴市人民政府副市长(~2007.04)
俞永谷　绍兴市人民政府副市长(~2007.04)
郑继伟　绍兴市人民政府副市长
谢卫星　绍兴市人民政府副市长
廖卷清　绍兴市人民政府副市长
尹永杰　绍兴市人民政府副市长
陈月亮　绍兴市人民政府副市长(2007.04~)
丁晓燕　绍兴市人民政府市长助理(2007.08~)

中共舟山市委领导人名录

梁黎明(女)中共舟山市委书记、市人大常委会主任
周国辉　中共舟山市委副书记
钟　达　中共舟山市委副书记
张　兵　中共舟山市委常委、组织部长
江建国　中共舟山市委常委、宣传部长
蔡步雄　中共舟山市委常委、市公安局长
忻海平　中共舟山市委常委、市委秘书长
马国华　中共舟山市委常委
胡志权　中共舟山市委常委、市纪委书记
周克非　中共舟山市委常委、统战部长
蓝荣崇　中共舟山市委常委、舟山警备区司令员

舟山市人民政府领导人名录

周国辉 舟山市人民政府市长
马国华 舟山市人民政府常务副市长
虞洁夫 舟山市人民政府副市长
周伟江 舟山市人民政府副市长
韩 平 舟山市人民政府副市长
王忠志 舟山市人民政府副市长
李善忠 舟山市人民政府副市长

中共台州市委领导人名录(2008)

张鸿铭 中共台州市委书记
陈铁雄 中共台州市委副书记
朱贤良 中共台州市委副书记、政法委书记
王文娟 中共台州市委常委、纪委书记
元茂荣 中共台州市委常委
黄志平 中共台州市委常委、黄岩区委书记
肖培生 中共台州市委常委、组织部长
陈棉权 中共台州市委常委、公安局长
周祥生 中共台州市委常委、军分区司令员
胡斯球 中共台州市委常委、宣传部长
马世宙 中共台州市委常委、市委秘书长
尹学群 中共台州市委常委、临海市委书记

台州市人民政府领导人名录(2008)

陈铁雄 台州市人民政府市长
元茂荣 台州市人民政府常务副市长
徐仁鹤 台州市人民政府副市长
叶阿东 台州市人民政府副市长
李跃程 台州市人民政府副市长
虞选凌 台州市人民政府副市长
高 敏 台州市人民政府副市长

中共马鞍山市委领导人名录

丁海中 中共马鞍山市委书记
周春雨 中共马鞍山市委副书记
刘志祥 中共马鞍山市委副书记
丁海中 中共马鞍山市委常委
周春雨 中共马鞍山市委常委
刘志祥 中共马鞍山市委常委
陈颖书 中共马鞍山市委常委
张正耀 中共马鞍山市委常委
魏 尧 中共马鞍山市委常委
李 群 中共马鞍山市委常委
汪永年 中共马鞍山市委常委
盛厚林 中共马鞍山市委常委
毛长江 中共马鞍山市委常委

马鞍山市人民政府领导人名录

周春雨 马鞍山市人民政府市长
龙李海 马鞍山市人民政府副市长
吕金宝 马鞍山市人民政府副市长
陈苏汉 马鞍山市人民政府副市长
郑 超 马鞍山市人民政府副市长
方晓利 马鞍山市人民政府副市长
魏庆农 马鞍山市人民政府副市长
王晓焱(女)马鞍山市人民政府副市长

无锡元头渚

上海市合作与交流

【概况】 2007年,上海市扎实推进"服务长江三角洲、服务全国"工作,加强统筹协调,推动全市合作交流与对口支援工作再上新台阶。

制定发布相关规划、政策。发布《上海市服务全国和对口帮扶"十一五"规划》和《关于进一步加强国内合作交流工作的若干政策意见》;组织开展了《关于进一步加强国内合作交流工作的若干政策意见》的政策细则制定工作;进一步完善了《上海市合作交流专项资金合作项目投资补充实施细则》操作流程;召开全市合作交流工作会议与对口支援工作领导小组成员单位联络员专题会议,部署2007年度市合作交流专项资金投资补助上海跨地区合作项目工作;完成上海世博会西部地区参展有关支持政策的研究起草工作。

长江三角洲专题合作进一步深入。"一卡通"、高校毕业生就业、长三角信息资料中心建设取得初步进展。召开"长江三角洲城市经济协调会"第八次会议,签署了《城市合作(常州)协议》,明确了2008年继续深化港口合作等4个专题和新增世博主体体验之旅等3个专题的目标任务;开展区域合作机制、政策法规标准协调等调研专题工作;与南京、杭州市政府分别签署了《进一步加强沪宁合作与交流框架协议书》、《进一步深化沪杭合作交流备忘录》。

跨地区合作项目稳步推进。年内多次组团赴成都、重庆、湖北等地调研上海在当地的投资企业,与当地政府一起为企业排忧解难;组织上海企业赴中西部、东北地区和对口支援地区考察投资合作项目。上海企业特别是国有企业"走出去"服务全国呈现上升势头。

组团参加区域重要经贸活动。组团参加"第十一届中国东西部合作与投资贸易洽谈会(西安)","第二届中国中部贸易投资博览会(郑州)"、"第二届东北亚投资贸易博览会(长春)"等10场次区域性大型会展活动。

对口支援工作扎实开展。援藏方面:第四批援藏项目全部通过验收审计;完成新一轮援藏项目计划编制,推动重点项目日喀则宗山博物馆、上海实验学校高中部的建设。援疆方面:全面推进第五批援疆项目;实施"电视进万家"项目。援滇方面:启动了白玉兰农民现代远程教育红河网点建设,援建白玉兰扶贫开发重点村。援三峡方面:援建移民新村,援建公益事业。

人才开发服务全国工作力度进一步加大。编制《2007年度上海市人才开发服务全国项目计划》,帮助对口地区培训人才。根据当地培训需要,通过来沪培训与安排专业人员到当地讲课相结合等方式,有针对性地开展多种形式的培训工作。

驻外办事机构建设再上新台阶。市政府驻内蒙古办事处正式挂牌,开局运行良好。完成市政府驻西藏办事处综合楼项目建设、驻新疆办事处综合楼购置、驻西安办事处综合楼外立面整修工作。驻外办信息工作得到进一步加强,发挥了驻外办在提供各地信息、学习各地经验方面的主渠道作用。举办驻外办建立20周年回顾图片展览,组织各驻外办事处开展功能拓展大讨论,加强对驻地商会的指导,增进与联系区域的交流。

做好各地驻沪办事机构服务工作。组织召开2005~2006年度"双服务"先进表彰大会,77家驻沪办事机构受到表彰。完成各地驻沪办事机构联合会换届选举工作。先后向安徽、四川等遭受自然灾害的省份援助资金1500万元。

完成重大活动,重要团组公务接待任务。全年市级政务接待呈现出来沪领导多、大型活动(会议)规格高、调研活动集中、调研检查内容广泛等四大特点。先后圆满完成了长江三角洲地区协调发展座谈会、特奥会、女足世界杯等重大活动的有关接待工作。完成四川、浙江等省市党政代表团来沪接待工作。

介的综合服务功能，将上海世博会的“城市”主题有机延伸，更好地呼应兄弟省区市的发展诉求。通过举办长三角城市“友谊日”等活动邀请各参展国的馆长及馆员赴长三角参观游览与交流互动，协调安排杭州和南京等长三角城市参与策划与组织举办一部分上海世博会主题论坛活动，将上海世博会的部分专题论坛活动、文艺展演放在长三角其他城市，并交由当地政府或有关机构组织举办，以进一步宣传推介各自城市形象。

【做好对口支援各项工作】 统筹安排市区支援资金项目。2007年，实际投入对口支援资金3.9亿元，完成援助项目519个。主要用于：第四轮援藏项目收尾工作，推动第五轮新援藏项目建设；全面推进第五轮援疆项目，50%的资金用于新农村建设，完成重点项目阿克苏地区博物馆和地区妇幼保健院设计；继续推进白玉兰扶贫开发重点村等帮扶项目建设，扶持市、县、乡镇、村发展特色产业，继续加大对人口较少民族德昂族、苦聪人和华侨农场的帮扶力度；建设三峡库坝移民就业基地，援建标准厂房和其他社会公益项目，继续引导上海企业到库区投资兴业，推动闵行区工业园区与夷陵工业园区结为“友好园区”，组织上海企业赴三峡库区坝区实地考察，项目对接。

新闻宣传与信息服务平台建设进一步加强。创新信息交流载体，创办了《合作与交流》简报，稳步推进信息服务综合平台建设。围绕合作与对口支援工作会议和市代表团出访等重大活动（会议），组织相关新闻宣传工作。全年国内和上海各主要媒体在主要版面刊登合作交流重要新闻40余篇。组织新闻单位这各兄弟省区市来沪开展各类贸易活动提供新闻宣传服务20余次。

【抓紧落实与兄弟省区市签订的合作交流协议】 近年来，上海分别与内蒙古、吉林、黑龙江省、安徽、山西以及南京、杭州等省区市签署了进一步加强合作交流的协议，协议内容涉及全市23个委办局。各委办局针对协议的相关内容提出了推进建议和措施。主要集中在以下几个方面。推动企业实施产业整合，促进区域产业协作、鼓励企业能源投资走全国战略，提升资源综合开发利用水平，支持企业拓展市场网络，加快市场流通。加强产权交易平台建设，进一步发挥上海产业发展服务中心的枢纽作用，引导上海企业与各地企业联动、互动发展。引导社会多元化主体参与粮食产销合作不断扩大市场化合作规模，充分发挥粮食产销合作平台为产销企业提供服务作用，加强政策扶持，平衡产销区企业利益，确保产销区企业利益，确保产销合作能够长期、稳定地发展。建立企业信用分类监管联动机制，实现联网数据的有效共享。营造良好环境，促进企业开展区域合作交流。发挥上海市人才开发服务全国工作推进小组的作用，突出重点，扎实做好人才开发项目。协助各兄弟省区市在沪举办各种形式的旅游推介会，并充分利用上海市旅游节、旅游网宣传推介各兄弟省区市的旅游资源，加强长三角区域合作交流、共享旅游资源。建立环境信息共享平台和区域环境风险预警与应急体系，加强区域环境事故防范。借助上海世博会平台展览展示、论坛演讲、节庆表演、旅游接待、招商推

【推动经济合作，提高对口地区自身发展能力】 组织了云南特色投资合作推介会，签署两地合作项目17项，协议资金总额62.1亿元，引进上海方资金59.9亿元。组织有近万人参加的普洱文化宣传周活动。举办宜昌市产业发展项目推介会。举办阿克苏地区招商引资项目推介会，签署经济合作项目8项，签约金额3.27亿元。引导对口地区特色农产品进入市场主渠道。组织新疆、三峡等对口地区果品协会。营销经纪人与上海农产品中心批发市场、华中果品交易中心等十多家大型专业批发市场和20多家果品经销商签订战略合作框架协议，签署农产品经纪人培训协议等。阿克苏与上海经销商签订了4.09亿元的果品销售合同，并在沪举办了阿克苏特色果品交易会。此外，还举办了“中国西部特色产品展销会”。

【组织各类培训，促进对口地区人力资源开发】 “上海—西部计划”，分别组织旅游、城建、科技、医疗等培训班10期，培训508人次；与德国技术合作公司合作，全年有两批共41名主要来自对口地区学员，在上海和德国等地重点进行了地区发展、环境保护等方面的学习。参加了由国务院扶贫办主办的“全国雨露计划成果展”。

南京市合作与交流

【概况】 2007年,全市经济协作工作开展多层次、宽领域、大跨度的经济合作与交流。全市引进市外资金实际到位289亿元,增长19.1%。郊县吸纳城区资金实际到位182.96亿元,增长15.4%。吸收外地大企业到宁新办区域总部及分支机构417家,筹措对口支援资金1868万元,实施援建项目43个,帮助受灾地区培训劳动力500人次。

【利用区域资源增强集聚力】 与上海签订《全面合作框架协议》,与都市圈城市签订《南京都市圈共同行动纲领》。区域16城市联办"重洽会",邀请上海、浙江、广东、福建、新疆等地658名有投资意向的客商参会洽谈,其中与上海签约合作项目100多个,投资总额360亿元,"重洽会"的区域效应、品牌效应、合作交流效应进一步凸显。南京与都市圈、经济区、长三角城市开展商贸、旅游、信息物流、环保等方面合作。南京经济区物流企业联盟成立。

【多种形式组织招商引资增加有效投入】 通过举办综合性招商活动,搭建大平台,推进大合作。3月,南京在厦门举办2007南京投资商机推介会。围绕机械制造、电子、轻纺、物流等产业,有针对性地邀请80多家厦门、泉州、漳州、莆田等地上市公司和知名企业参加洽谈,签约内资项目5个,投资总额25亿元。期间有关郊县在福建开展配套招商活动6场,达成项目合作意向近30个。推介会专题性招商活动,尤其是依托优势产业选择引入国内大型龙头企业,打造完整的上下游产业链。引导郊县发展产业集群。协助溧水、六合、浦口、栖霞等郊县在长三角、珠三角等地区举办汽车、化工、电子等专题招商活动近10场,达成项目合作意向60多个。利用投资客商的业务链、信息链、亲友链,引进新项目。

【推进区域资本向郊县转移】 针对城区资本扩张意向强烈、郊县要素需求迫切的特点,组织开展城乡资源对接活动举办各类产业专场对接活动12场,推介合作项目1000多个。江宁、溧水、六合、浦口等区县,通过城乡资源对接,建成机电、医药、化工、科技等产业园区,集聚一大批相关产业项目,通过牵线搭桥,引进项目20多个,投资总额10亿元。利用网络平台,为郊县介绍区位优势和产业政策,发布招商信息。全年引进5000万元以上大项目135个,实际到位资金100.5亿元,增长20.8%。

【增强受援地区内生力】 南京市从增强受援地区自我发展能力入手,推进"输血式"扶贫向"造血式"扶贫转变。在重庆万州区举办南京农业科技成果转化万州推介会、农村青年致富能手培训班,帮助培训300余名致富能手。与三峡库区签订劳务输出、输入协议;以"送教上门"方式,帮助商洛市培训农业、畜牧业技术骨干160人。完成宁淮挂钩签约项目120个,投资总额106亿元。帮助受援地区援建项目43个,其中重点项目8个。对口支援工作的开展,为受援地区的经济发展注入新的活力。

(汪达鸿)

镇江市合作与交流

【开展民资合作】 各辖市、区组团赴上海市、浙江省、江苏省其他市举办小型集中推介活动,发布专题合作项目,多层次推进了一批在手项目,签订了一批正式投资项目,至5月份就举办推介活动100次,出动小分队215批次,拜访客商800余人次,吸纳民资88.2亿元。

【联办重大活动】 第四次以联办城市身份参加2007年南京重大项目投资洽谈会,参与联办了城市投资环境推介及项目发布会等专场活动。洽谈会期间,我市推出128个招商项目和20个技术需求信息,合计总投资48.1亿美元,单个项目平均投资3760万美元。

【加强旅游合作】 5月份,"宁镇扬"旅游联合促销团赴日韩推介精品线路,日本旅游俱乐部、韩国常绿旅行社等知名旅游企业签订合作协议以来,日韩已有多批游客来宁镇扬旅游,境外主客源市场得到有效拓展。8月份,由我市旅游局牵头,"宁镇扬马"四城市联合赴武汉、重庆、成都,针对国内西南、华中主客源市场现场介绍区域旅游资源,推介"扬子江之旅"精品线路。

【通关合作显成效】 4月份,镇江海关成功办理了首票跨关区"属地申报、口岸验放"出口货物,提高了出口通关效率。该票货物为金东纸业出口的铜版纸,总重约17.5吨,价值约1.5万美元。

(李劲提供)

杭州市合作与交流

【对外合作】 对外经济合作出现较快增长势头。2007年,全市累计设立各类境外投资企业(机构)372个,全年新批境外投资项目39个。实现国外经济技术合作营业额3.30亿美元。

【国际友好城市】 至2007年末,杭州市已与14个国家的15个城市结成友好城市,分别是:日本岐阜市和福井市、美国波士顿市、菲律宾碧瑶市、英国利兹市、韩国丽水市、法国尼斯市、苏里南帕拉马里博市、匈牙利布达佩斯市、以色列贝特谢梅什市、摩洛哥阿加迪尔市、巴西库里蒂巴市、俄罗斯喀山市、南非开普敦市、西班牙奥维耶多市。 (陈 茜提供)

宁波市合作与交流

【加强区域经济协作】 统筹区域协调发展,加强区域经济协作。加强规划调控,健全区域发展政策机制。编制完成中心城区、象山港区域、余慈地区等重点区域专项规划和详控规划。严把项目审批门槛,控制和禁止不合理开发。筹建象山港区域保护利用专项基金和象山港区域开发投资公司。在完善余慈两市市长联席会议制度,加强部门衔接和重大事项协调。完善"中提升"工作机制,在项目审批、经费保障和土地征用方面给予重点支持。组织编制全市主体功能区规划。继续推进重点区域开发建设。象山港区域:推进峰景湾旅游度假区和悬山岛等滨海商务度假区招商引资工作;开工建设游艇俱乐部项目;建成海螺水泥粉磨站、北新纸面石膏板等循环经济示范项目;加快春晓生态工业区块、鄞州滨海投资创业中心等区块建设。余慈地区:落实杭甬客运专线线路和场站选址,确定轨道交通余慈地区线路走向方案;推进杭州湾新区、余姚工业园区等功能区块的基础设施建设和招商引资工作。中心城区:建成国际航运服务中心、万豪商务中心、香格里拉酒店等项目;加快东部新城中央商务区、莲桥街区块、甬江东南岸滨江区块、鄞州商务区块、湾头休闲商务区等功能区块的基础设施建设和招商工作;完成铁路南站客运枢纽规划设计方案;争取开工建设轨道交通一号线试验段。扩大区域经济协作与交流。依托甬港经济合作论坛,促进双方在基础设施建设、经济贸易、港口物流、会展旅游、金融资本等领域的合作。提高宁波—舟山港一体化水平,加快建设舟山大陆连岛工程宁波连接线,推动金塘大浦口集装箱码头及上岙国际集装箱码头前期工作。继续开展山海协作,深化与衢州、丽水等地在产业和资源等领域的合作。按照国家相关部署,配合实施长三角地区规划。

湖州市合作与交流

【对口支援】 以实施浙川、浙渝扶贫新村工程为重点,切实做好与四川仪陇、重庆涪陵的对口帮扶工作。2007年,支援四川仪陇3个扶贫新村120万元建设资金,支援重庆涪陵1个扶贫新村50万元建设资金,支援其他帮扶项目建设资金90万元。全力支持四川南充市劳动力转移培训,为其提供10万元的劳动力培训经费。积极为对口支援地区代表团来湖考察、干部来湖挂职创造条件,2007年四川南充市(仪陇县)、重庆涪陵区等党政代表团共5批次来湖考察交流工作,仪陇、涪陵两地共有2批25名干部来我市乡镇、部门挂职锻炼。

【区域合作】 一是参与长三角合作交流。与长三角其他城市一道共同推进完善区域政府高层协商机制、部门对话机制和行业沟通机制,积极落实长三角十六城市市长会议确定的各项合作专题,与其他城市在区域规划、交通对接、产业合作、无障碍旅游区建立、人才互认、联合科技攻关、优质教育资源共享、诚信体系共建等方面加强合作。积极参与高校毕业生异地就业、交通卡互通、长三角信息资料中心建设等工作。二是深化"接轨上海、融入长三角"工作。成立上海湖州同乡会和商会,组织湖沪外商投资恳谈会、科技合作咨询会等活动。组织有关企业参加浙江省—上海高层次人才招聘会。德清县举办了'2007中国·德清接轨上海活动周。全市农产品供沪额达到48.53亿元。三是积极参与杭州都市经济圈建设。2007年,我市参加了杭湖嘉绍四城市政府秘书长会议、杭州都市经济圈首届市长联席会议等,共同审议通过了《杭州都市经济圈合作发展协调会章程》。参与研究各类合作议题。德清县在融入杭州都市经济圈方面率先行动,给50家杭资企业发放高速公路通行绿卡,开通与杭州的旅游班车,开通杭州医保(杭州在德投资、居住人士凭杭州市民卡在德就医),优化临杭产业带小灵通网络,等等。 (洪 流提供)

舟山市合作与交流

【概况】 2007年是舟山市国内经济合作交流工作深化推进之年。一年来,我们开拓创新,求真务实,以山海协作为平台,以区域合作为重点,以接轨上海参与长三角合作为载体,全面开展国内经济合作交流工作,为推进全市经济社会又好又快发展作出了新的贡献。主要是:

【接轨上海融入长三角】 *推动区域合作交流力度有了新的加大。*积极参与区域合作交流。接轨上海参与长三角及长江沿岸地区经济合作,加强与上海、江苏等省市相关部门的交流合作,先后与沪、甬、杭、苏等省、市建立了经常性合作关系,初步建立了以长三角地区为主的国内合作交流网络,并使协作工作有了实质性的内容。据统计,目前共引进以上海、江苏为主的投资项目41个,引进资金97亿元,已到位资金31亿元。2007年,先后有无锡、镇江、安徽等协作部门来我市进行工作交流,上海市的嘉定、南汇协作部门组织十多家上海企业来舟山考察商机和落户。

*扎实做好长三角经济协调专题的落实。*以专题为抓手,建立多种合作联动机制,如在旅游合作中,共同开展了诚信旅游共建活动,建立了旅游联合执法体系,实现了导游人员和管理信息共享;规范了旅游景点的统一标识。港口部门建立了长三角港口联席会议制度。围绕重点合作专题和其他合作事项,广泛开展理论探讨,推动合作领域的拓展和合作事项的深化。

【参与国内重大经贸活动】 *参与国内重大经贸活动有了新的突破。*2007年相继参加了浙商大会、哈洽会、义博会等,展示了舟山形象,推介了投资环境,打造吸引国内资源的重要平台。“哈洽会”期间,组织市及县(区)18家企业代表90余人经贸代表团,设立了22个展位,展示出海产品、汽车配件、食品、玩具等名特优新产品,成为浙江展团的一大亮点。商品推介特别是水产品推介取得了很大成功,展会期间零售销售额突破百万元,6家企业同当地销售代理商签订了合作意向。2007中国义乌小商品博览会,组织4家企业参展,与中外客商达成贸易意向8个,金额1600万元。2007年成功举办了第一届中国国际渔博会,充分利用山海协作这一平台,推介渔博会的活动内容取得良好效果。

【实施山海协作工程】 *实施山海协作工程有了新进展。*加强交流,形成合力。舟山宁波两市党委政府及有关部门积极探索合作交流机制,通过互访、召开推介洽谈会、工作座谈会等形式联合推进重大基础设施项目建设。2007年2月舟山市委书记、市长亲自率党政代表团赴宁波考察访问,双方表示要进一步调动各方面积极性,加强交流与合作,加快推进宁波、舟山港口一体化进程。7月,宁波市委书记、市长率宁波党政代表团回访,并举行了“宁波、舟山推进合作共谋发展座谈会”,双方就加大港口岸线资源联合开发力度,积极培育港口发展主体企业,继续推进两市基础设施一体化进程等重大问题的协商研究,不断扩大“山海协作”领域,加快重大项目的落实和推进,为建设港航强省作出新贡献等方面进一步达成了共识,并签订了《会商纪要》。5月,宁波市政府副市长率宁波市有关部门及企业来我市进行山海协作项目对接洽谈。期间举行了“宁波舟山山海协作项目洽谈会暨百村经济发展促进计划项目签约仪式”,共达成合作项目20个,总投资5.79亿元。

*拓展领域,创新载体。*市协作办会同市妇联多次赴宁波与宁波市妇联就组织两市妇女在劳务、渔农业、培训等方面开展合作进行协商,着力于渔农村富余劳动力的技能提升和再就业。合作区域由原来结对的宁波市拓展为省内杭州、温州、台州、绍兴、金华等地市。舟山、宁波、台州浙东经济协作区,进一步加强了资源环保合作,渔业资源增殖放流工作逐渐制度化和规范化,并强化了放流海区的综合管理和海洋环境监测、渔业水域污染监测、海洋灾害预报等方面合作。同时,舟山与浙东三市联手开拓市场,发展会展经济,8月22~25日在印度尼西亚首都雅加达国际会展中心举行中国技术设备和商品展览会,9月15~17日,浙东四市联合举办了第三届中国国际电子产品暨家用电器展览会。为促进我市新农村建设,开展了“山海协作工程·百村经济发展促进计划”活动,市内12个社区(街道、村)与宁波市的12个部门(街道、企业)相互结对,启动的12个项目涉及休闲旅游、基础设施、文化、体育等方面。

(任爱珍　张　磊)

上海市城乡建设与环境保护

【概况】　以落实污染减排为核心，着力推进资源节约型、环境友好型城市建设。全年用于环境保护的资金投入366.12亿元，相当于全市生产总值的比例达到3.05%。环境质量持续改善。全市河道水质总体有所改善，黄浦江、苏州河水质保持稳定。全年环境空气质量优良率达到89.9%。全年建成389平方公里扬尘污染控制区，全市区域月降尘平均值为8吨/平方公里，与上年持平。主要污染物减排取得成效。污水处理能力达到558.05万吨/日，比上年增加70.18万吨/日；城市污水集中处理率达到73%。年内建成上海石化、申能星火、吴泾第二电厂等102.4万千瓦机组脱硫工程。中心城区污水治理三期基本完成，竹园第二污水处理厂等10座污水处理厂相继建成并投入运行。

城市生态环境不断改善。全年新增绿地1186公顷。其中，公共绿地592公顷。至年末，城市绿化覆盖率达到37.6%，人均公共绿地面积达到12平方米。年内相继建成广中绿地、中兴路绿地等绿地，完成10座老公园改造。林业建设稳步推进，全年造林1355公顷。其中，防护林853公顷。森林覆盖率达到11.6%。

南京市城乡建设与环境保护

【概况】　2007年，全市以“十大工程”建设为核心，推进江北、江南城市建设，完成投资330亿元，在十运会后的高平台上实现新跨越。

十大工程建设。过江通道建设工程中，纬七路过江隧道体梅子洲抗拨桩全部完成，1号盾构机开始调试；南京长江第四大桥开工在即。滨江大道建设工程中，过江隧道连接线至南京长江第三大桥段建设工程完成方案编制，一期试验段开工建设；纬七路过江隧道连接线工程进场施工；滨汀大道河西下关段桩牲施工完成。轨道交通建设工程中，地铁二号线一期完成车站主体结构12座，贯通矿山法隧道2条；南延线除宁丹路、南京南站尚未开工外，其余车站围护结构全部完成；东延线的施工、材料招标及初步设计工作全面推进，年初全面进入土建施工阶段；铁路南站正在加快推进各项前期工作。高速公路建设工程中，宁杭二期高速公路南京段路基工程基本完成，加紧桥梁施工；123省道宁高公路舣牌石至狸桥段和宁常高速公路南京段分别于7月底和9月底通车；绕越高速公路东南段征地拆迁工作基本完成，先导段路基施工基本结束，通过省质监站交工验收。城市快速道路建设工程中，快速内环东线二期工程五一前竣工，快速内环北线二期要程推进有序；纬七路东进工程完成总体方案的论证和初步设计，一期工程启动；纬L路西延工程完成规划设计要点，进行初步设计。大校场机场迁建工程中，迁建项目报批正在办理。新区和新农村建设工程中，河西莲花村片区经济适用住房、中低价商品房建设用地拆迁有序推进；君山路、巴山路基本建成；滨江大道南延段准备开工建设；会展项目会议中心楼完成主体验收；仙林新市区天佑路、桂山路东延、七乡河等7条道路全部进入路面面层施工阶段，部分路段通车;东山新市区宏运大道东延、宏运大道中心河桥等建没工程全面完成,开发区污水处理厂扩建工程推进顺利,江宁城北污水处理厂开工建设;江北新市区浦珠路二期、浦乌路一期环境综合整治工程全面完成,污水收集主管道二期工程基本完成;新农村建设完成投资17亿元,全年105项建设任务全部完成。秦淮河环境综合整治二期工程中,运粮河口生态湿地公同拆迁工作接近尾声,渔船清理工作全部完成,景观工程准备开工建设。中山陵环境综合整治工程中,营盘山地块基本完成搬迁,钟灵街片区剩余地块拆迁启动;钟山运动公园、博爱园景观建设基本完成。东部城市绿色中心建设工程中,20块老城绿地建设任务完成;仙林羊山公园和江心洲洲头公园基本建成,聚宝山、幕燕、九龙湖山水公园等10个郊野公园实施拆迁和工程建设。

道路交通设施建设。2007年,全市道路基础设施类建设项目70余项,至年底,任务完成情况良好。其中,天后村互通二期主体工程全部结束;滨江大道过江隧道连接线;长江三桥段工程开工建设;纬三路过江通道筹建办公室开始工作;察哈尔路西延、珠江路西段、解放南路跨河桥等道路工程相继竣工;海院路、巩固路、龙华路一期、芦席营北上、宁双路等道路基本完成拆迁任务,转入路面施工阶段。

环境保护和建设。围绕“生态市”创建,重点开展绿化建设、水环境整治和污水处理系统完善等工程,进一步增强南京“东部绿色中心”影响力。江北求雨山文化园正在拆迁,宝塔山森林公园进场施工,完成登山道建设,补绿山体空地;幕燕滨江风光带工程开工建设;大厂生态防护林带、六合化工园生态防护林带、秦淮新河通江口景观绿化建设全面完成,累计完成造林约300公顷;城东污水处理厂二期工程开工建没;10家污染搬迁企业搬迁计划进展顺利;实施扬子石化热电厂烟气脱硫。上海梅山钢铁公司烧结机烟气脱硫等10个最点治理项目,化学需氧量和二氧化硫排放量分别比上年降低5.6%和4.2%。

“三房”(经济适用住房、中低价商品房、廉租住房)工程。新开工建设214.2万平方米经济适用住房,在建面积338.1万平方米,竣工151.7万平方米。中低价商品房建设工程速度加快,全市规划集中建设中低价商品房项目11个,分散建设项目2个,集中建设项目占地面积约116万平方米,其1116个片区60余万平方米竣工交付使用,近6000户被拆迁家庭入住。落实列位200套廉租房房源。

公共设施建没。桥北污水处理系统工程纳入世界银行贷款项目,项目建议书获得省发改委批复;建成汤山、徐庄、麒麟3座自来水增压站;六合远古自来水供水二期工程进展顺利;液化天然气储配站建设项目完成项目可研、环评、选址等前期工作;全市累计新、改建燃气管网约172公里,发展天然气用户约10万户;全市新购公交车1211辆,新增改造天然气车辆1077辆,新辟公交线路38条,运营线路总长度增加823公里。

历史文化名城建设。建成明城墙风光带保护与建设工程中华门城堡东、西券门,完成东水关至武定门段通道和南侧连接段施工,金陵大报恩寺塔历史片区保护与建设工程完成97%拆迁量,江宁织造府完成主体结构封顶,南捕厅地块完成15%拆迁量,加紧推进朝天宫片区、颐和路公馆区、瞻园等历史街区的保护与建设工等。完成当年计划中的全市800幢房屋整治和60个小区出新任务。

城市管理。加大建设市场管理力度,规范房地产市场;建设节能管理向纵深发展,组织落实《南京市建筑节能备案实施细则》,推动全市节能整体水平提高。加速城市管理法制化进程,增强依法行政能力。按照“属地管理、突出重点、依法行政、优化保障”的总体要求,加强组织领导和督促检查,创新拆违方式,突出重点难点,拆除一些违建群;制定出《南京市户外广告设施设置准则》,完成全市户外广告的许可登记检验工作;数字城管进展有序,加快市区两级数字城管网络体系、责任体系、考评体系建设。 (何玄梅 王 昕)

【维护与建设明城墙风光带】 按照《南京市2005—2007年明城墙风光带保护与建设计划》,2007年主要实施中华门城堡东、西券门建设和东水关至武定门段明城墙风光带的保护与建设,长度约1公里,总投资约0.45亿元。 (顾志明)

【完成老城绿地建设任务】 完成南祖师庵东侧、中央门长途汽东站南侧、广州路与虎踞路交叉口、察哈尔路西延南侧等21片老城绿地建设任务,超过年初制定的20片计划目标数。完成拆迁房屋总面积6.55万平方米,搬迁居民730户、工企单位48家,老城绿地建设总占地面积100万平方米。完成八字山公旧园山下部分、淮海路与中山南路交叉口地块剩余部分的景观建设,占地面积3.5万平方米。

【推进“绿色南京”建设】 “绿色南京”建设重点实四大工程项目。大厂生态防护林带建设,完成造林任务70公顷,植树18.61万株;六合化工园生态防护林带建设,完成造林任务101公顷,植树22.83万株;江滩景脱林带建设,完成造林81.13公顷,植树9.08万株;通江河两岸景观绿化建设,完成造林34.67公顷,植树5.88万株。 (陆晓燕 侯京玲)

【推进历史文化项目建设】 南捕厅历史街区二期工程总用地面积2.36万平方米,总投资2.5亿元,分为2个部分。一是甘熙故居0.95万平方米的改扩建,主要是42号、46号2个院落建筑修缮以及藏书楼和后花园修缮,年内全部完成并对外开放;二是甘熙故居周边1.41万平方米地块的配套建设,主要是与甘熙故居建筑风格相协调的二、三层商业配套设施,总建筑面积1.99万平方米,12月底项目单体建筑全部完成。大报恩寺项目建立运作模式,完成1400余户的动迁,具备开工条件,经过考古勘探,完善规划方案。颐和路片区完成动迁和规划,以及一期3幢试点建筑的修复工作。南门老街试验段完成拆迁,经过反复研究和比选,确定规划方案,启动项目建设。江宁织造府项目占地1.88万平方米,总建筑面积3.5万平方米,总投资4.2亿元,完成主体工程。 (赵 宣)

【园林绿化】 2007年,全市栽植各类乔灌木1000多万株,栽植大树7万株,新增绿地1200多万平方米,公共绿地200多万平方米,垂直绿化107公里。获得“全国绿化模范城市”称号。6月7日,被建设部批准为首批“国家生态园林城市”试点城市之一。

各区较好完成绿化栽植任务,在全市道路、广场、游园绿地新栽和补栽大树14792株(含新建工程),栽植各种垂直绿化苗木11208株,长势良好。在主次干道补植因人为破坏而损坏的花灌木200多万株,扶正各类行道树近千株。

全市公园、景区继续开展以"入园车辆、园景园容、经营秩序、游艺游乐整治"为重点的新一轮环境综合整治。整治以实现公园、景区自然景观优美、人文景观丰富、环境整洁卫生、管理科学有序为目标,按照"文化建园"的要求,依照公园、风景名胜区规划,凸显公园、风景区个性特色,打造精品园林,使公园、景区环境质量再上台阶。玄武湖公园按照"五洲侯精、环湖做美"的要求,重点改造一批破桥、危桥等建筑物;严格监控水环境,不间断清除水草,在全国很多地方湖泊爆发蓝藻的情况下,玄武湖水质没有出现异常。莫愁湖公园加快二期整治步伐,建成书画馆、明清古典家具馆等。红山森林动物园完成道路、笼舍等基础设施改造。栖霞山公园完成林相改造等。白鹭洲、乌龙潭、太子山等公园环境综合整治亦取得成效。

【环境保护】 2007年,全市环境保护工作全面落实环保优先方针,以深入推进环保全面达到小康为抓手,以生态市建设为载体,以实行最严格的环境保护制度为手段,持续实施城市环境综合整治,城乡环境质量明显改善;持续加强污染防治,污染减排取得阶段性进展;持续推进环境基础设施建设,生态环境建设与保护进一步加强;持续加大环境执法监管力度,努力解决群众反映强烈的突出环境问题。协调统筹环境与发展的关系,首次将污染减排、节能降耗、环保投入作为核心指标列入全市年度经济与社会发展目标体系,在各个领域、多个层面的工作中加以落实和推进。太湖"蓝藻"事件之后,市委、市政府召开"落实环保优先、科学治水大会",以改善水质为根本目标,在前3年"7334"治水计划完成的基础上,3年再投入150亿元,实施新一轮"2234"治水计划(关停、搬迁和改造污染企业200家以上,限期淘汰和关闭一些化工、冶金、造纸、酿造、印染、电镀等重污染企业;新建污水处理厂不少于20家;加强30个以上集中式饮用水源地保护,实现全市主要水体达到Ⅳ类以上水质标准)。全年全市环保投入超过100亿元,占GDP的比重保持在3%以上,为从更高的层面加强生态环境保护和建设提供支持。环境保护在全市经济发展、城市建设、社会事务等领域中的地位日益突出。2007年"万人评议机关"和"法制南京"建设考核首次设定有关生态环境保护的考核内容,环境保护与科技进步、富民工程并列成为全市准予保留的3项市级评比表彰项目之一。体现环保优先的理念逐步融入经济社会的全局。

【房地产开发】 2007年,全市房地产开发运行平稳,房地产开发投资、建设和销售稳步增长,全市完成房地产开发投资445.97亿元,增长27%,其中商品房建设投资351.47亿元,增长22.2%。从用途看,住宅投资316.47亿元,增长25.5%;办公楼投资18.84亿元,下降13.1%;商业用房投资31.27亿元,增长11%;其他用房投资79.39亿元,增长61.4%。

全市商品房施工面积3582.75万平方米,增长9.8%;竣工面积682.97万平方米,下降15.4%。其中,商品住宅施工面积2848.7万平方米,增长10.3%;竣工面积578.56万平方米,下降13.8%;新开工面积941.94万平方米,增长4.9%。全市商品房销售面积1137.88万平方米,增长14%;实现销售额603.51亿元,增长34.4%。其中,商品住宅销售面积1064.52万平方米,增长33.3%。

苏州市城乡建设与环境保护

【城市房屋拆迁】 2007年,市区共批准拆迁项目58个,户数3560户,建筑面积126.22万平方米。完成12个项目,拆除户数2200户,占总户数61.8%,拆除房屋建筑面积67.58万平方米,占总面积的53.54%。加大拆迁剩余项目的扫尾力度,2007年初,市区2006年剩余项目尚有59个,1934户,64.6万平方米,至2007年底完成27个项目,拆除1632户,拆除面积49.27万平方米。全年市区共受理行政裁决案件402件,审理终结384件,结案率95.52%。其中经调解达成协议结案151件,占总数的37.56%,下达裁决书结案233件,占总数57.96%。召开各类听证会97次,其中许可证听证会4次,裁决前听证会14次,行政强拆听证会79次。向市政府上报强拆请示71户,实际强拆9户。全年共接待上访人员562人次,受理来信59件,上访电话1932个,处理苏州便民服务中心群众投诉112件。

2007年,苏州市建设局、市财政局、市监察局联合制定公布了《关于对苏州市市区城市房屋拆迁项目实施政府采购的通知》,对市区国有土地范围内城市房屋拆迁项目实施政府采购。

【社会主义新农村建设】 2007年,全市在社会主义新农村建设方面坚持规划先行和典型示范引路,加快村镇规划编制工作,促进小城镇尤其是重点中心镇建设。组织实施村庄建设整治试点示范工程,张家港市杨舍镇安庆村等12个村庄列为江苏省村庄环境整治试点项目。确定昆山玉山镇姜巷村等3个村庄列为省特色示范村庄建设改造项目。全市12个环境整治试点村完成新建(改造)道路48125米,村内排水长度55795米,新增垃圾箱(桶)1416个,新增垃圾转运设备53台,村庄绿化面积171961平方米,新建公厕20座,清理乱搭乱建9165平方米,清理乱堆乱放1895处,清理露天粪坑190座,建筑物出新325402平方米。以试点示范的方式,积极探索村庄基础设施适用技术。确定吴中区甪直镇淞南村和相城区北桥镇灵峰村列为省级农村生活污水相对集中处理设施建设试点村。甪直镇淞南村完成800立方米/日的污水处理装置一座和15704米污水管道,完成投资105万元。北桥镇灵峰村生活污水处理项目处理规模为600立方米/日,涉及农户1500户,两项目均已正式投入运营。

【人居环境】 2007年,开"苏州市村镇文明住宅小区"评审工作开展,从规划设计、开发建设程序、小区物业管理、综合社会效应等多方面进行综合考核,命名张家港金港镇长山小区等10个住宅小区为苏州市村镇文明住宅小区。常熟市梅李镇荣获"中国人居环境范例奖",吴中区木渎镇、常熟市沙家浜镇荣获"江苏省人居环境范例奖"。

【古镇、古村落保护】 2007年,苏州市建设局、市规划局、文广局联合开展了苏州市历史文化名镇(村)申报工作,通过评审5个镇、3个历史街区、3个村,已报请市政府命名。昆山市千灯镇、吴中区东山镇陆巷村、金庭镇(西山镇)明月湾村被建设部、国家文物总局命名为第3批"中国历史文化名镇(村)",至此苏州市共有"中国历史文化名镇"6个,"中国历史文化名村"2个。

【山体环境整治】 2007年,全市国土资源系统开展矿产资源开发秩序治理整顿,推进采石山体宕口环境综合整治工作。一是认真贯彻国务院关于全面开展矿产资源开发秩序整顿的精神,严厉打击无证勘查、开采行为。同时,加强对全市地热项目的审批管理,统一规划、合理布局,对擅自进行地热勘查的违法行为进行严肃查处,规范探矿行为。二是推进以关闭矿山为重点的宕口环境整治工作,保护山体资源。按照"十一五"整治规划,对10个市级整治项目面积103.27万平方米宕口进行了立项治理。吴中区重点对太湖沿线的4个废弃露采矿山进行复垦整治,为做美太湖山水和整体开发太湖旅游资源打下了坚实的基础。

【城乡环境保护】 2007年,苏州市环境保护工作坚持环保优先方针,围绕生态文明建设要求,抓住主要污染物减排、太湖蓝藻防控、生态市建设、小康社会环境综合指数提升、环保专项行动、环保能力建设等重点环保工作,累计实施环境治理重点工程140项,总投资65.9亿元,环保工作取得较大成绩,一大批群众反映强烈、社会高度关注的环境问题得到妥善解决,环境质量基本保持稳定,局部继续改善,环境承载能力进一步增强,有效推动了苏州又好又快发展。

【环境质量状况】 2007年,全市环境质量综合指数达到86.3,同比增长1.48。环境空气质量良好天数百分比达到95.29%,其中,市区空气环境质量优良以上天数达到326天,同比增长2天。地表水环境功能区水质达标率达到75.58%,23个省辖太湖流域监控断面中达到2010年水质目标的有12个,达标率为52.2%(根据省政府办公厅关于《关于印发江苏省"十一五"水污染总量削减目标责任书的通知》2007年执行新的江苏省辖太湖流域水质评价标准,太湖流域控制断面的评价指标为高锰酸盐、总磷和氨氮),集中式饮用水源地水质达标率达到99.83%;声环境质量保持稳定,城区区域环境噪声平均值维持在54分贝,城市环境噪声达标区覆盖率达到75.18%。

【污染控制】 2007年,苏州市环境保护工作坚持以项目为抓手,坚持源头预防与末端治理并重的全程控制污染方针,《2007年苏州市太湖流域水污染防治工作要点》、《2007年苏州市长江流域水污染防治工作要点》和《2007年苏州市阳澄湖流域水污染防治工作计划》相继制定,《苏州市环境保护蓝天工程方案(2007~2010)暨2007年行动计划》贯彻实施,市环保部门对长江、太湖、阳澄湖等重点流域、钢铁、印染、电镀、化工、食品、电力等重点污染行业和大气污染环境问题进行集中整治。全年依法关闭企业828家,限期治理355家,淘汰工艺装备120项。江苏苏化集团、苏州精细化集团城区生产线全部停产,中心城区华能热电厂实施了搬迁。全市新建、扩建城镇污水处理厂10座,敷设管网670公里,新增污水处理能力71万吨/日,全市生活污水处理率达70%,其中市区提高到80%。新建13台(套)的热电厂脱硫设施,全市的总装机脱硫设施安装率为91.5%。市区新增禁煤区50平方公里,添置尾气排放达到欧Ⅲ标准公交车282辆。

【生态市建设】 2007年苏州国家生态市建设行动计划制定,市环保部门全面部署生态市建设重点工作和任务。全市进一步加强生态市建设的组织领导,在苏州生态市建设领导小组下增设现场、宣传、资料、接待联络、接待联络、专家和督查等6个工作小组,明确任务分工,制定工作计划,统筹推进生态市创建。太仓生态市建设顺利通过国家考核验收。吴江市通过省级考核和国家环保总局的技术核查。苏州工业园区和苏州高新区创建国家生态示范工业园工作通过省厅验收和国家3部(局)调研。全年全市新增全国环境优美镇5个、省级优美镇9个、省级生态村181个,累计建成全国环境优美镇36个、省级环境优美镇10个、省级生态村338个,分别占全国、全省命名总数的8.9%、29.4%和52%。张家港、常熟、昆山及苏州工业园区实现环境优美镇全覆盖。全年全市新增绿色学校136所,绿色社区112个,累计建成"绿色社区"486个;"绿色学校"653所,分别占全市社区、学校总数的68%和59%。沧浪区实行绿色学校和绿色宾馆创建"满堂红"。2007年,全市以太湖、阳澄湖、长江滩涂为重点,加大对49.2万公顷湿地资源的保护与建设力度,建成灵湖咀、太湖大道、阳澄湖公园、"荷塘月色"(一期)、太湖国家旅游度假区滨湖生态湿地(一期)等一批湿地公园。

【太湖蓝藻防治】 2007年5月底,太湖蓝藻暴发引发无锡市供水危机,进入6月份,随着气温的升高,蓝藻迅速蔓延,并危及苏州饮用水源安全。在苏州市委、市政府的领导下,《苏州市太湖蓝藻防治应对预案》和《苏州市集中式饮用水源突发安全事件预警和应急预案》及时编制,并成立防治蓝藻领导小组,明确部门责任,确保蓝藻暴发应对工作有序推进。在长达5个多月的时间内,市环保等部门对全市水质情况进行加密监测。对太湖5个集中式饮用水源地周边藻类生长状况进行动态监测。仅苏州市环境监测中心站就报出有效监测数据2万余个,为有效应对、处置蓝藻提供了强有力的技术支撑。9月初,为控制望虞河引水通道的营养化水平,保证引水水质,市环境监测中心站又开展望虞河沿线水质开应急加密监测,在60公里望虞河干流上布设8个监测断面、西岸8条主要支流布设12个控制断面实施连续加密监测,日测日报。开展拉网式大检查。对全市国控、省控重点排污企业、集中工业区、集中污水处理厂等重点企业和太湖、望虞河、长江及进入这些水体的支流河道进行拉网式排查。仅从5月29日至6月底,全市就共出动环境监察人员2500余人次,排查工业企业4000余厂次,工业区20个,查处违法企业86家,限产限排184家,停产整顿12家,关闭8家。市环保部门编制、下发《苏州市望虞河环境综合整治行动工作方案》,开展重点区域环境综合整治,确保望虞河水质达到省政府要求。加快蓝藻应急工程建设。实施太湖取水口一级保护区围栏保护工程,并在保护桩之间设置钢丝网或不锈钢网,用土工布拦截高浓度蓝藻水团。加快推进区域供水干管互联互通,确保紧急情况下市民饮用水安全。成立专业打捞队伍,配备专门打捞船,做到蓝藻日捞日清。由于应对工作有效,2007年,尽管太湖遭遇了历史上罕见的蓝藻暴发情况,但苏州饮用水安然无恙。

【循环经济发展】 2007年,苏州市与清华大学开展全面合作,成立循环经济科技攻关领导小组,修编《苏州市循环经济发展规划》,并启动“苏州城市循环经济发展模式与示范”项目建设。苏州工业园区新增中水回用企业10多家,每天增加回用中水4000余吨,有50多家企业通过ISO14001认证,ISO14001认证企业达到225家,继续在全国开发区中处于领先地位。苏州高新区通过优化产业结构、加强绿色招商、推行补链战略、延伸生态工业链,初步形成以循环经济为理念、ISO14000为管理方法、清洁生产为手段的生态工业园建设模式,被国家标准化管理委员会批准为全国首家循环经济标准化示范区。全市新增循环经济试点单位100家,新增ISO14000认证企业600家,清洁生产审计180家(其中强制性清洁生产审核5家)。完成废纸造纸零排放技术改造项目5家,全市环保产业产值已达520亿元。

【环境监察】 2007年,全市继续推进“整治违法排污企业、保障群众健康”环保专项行动,挂牌督办的企业数达到127家,超过前4年的总和。以127件挂牌督办的环境问题为重点,一批群众关心的热点难点问题得到妥善解决。在所有化工企业全面落实“四有四不”环境风险应急措施,对512家技术含量低、环境污染重、安全保障差的化工企业依法实施淘汰,占应淘汰计划总数的65.6%。以集中式饮用水源地存在的24个问题整改入手,对全市19个集中式饮用水源进行拉网式排查和整治,完成15个1万吨以上集中式饮用水源地保护规划编制,二级保护区内共关闭工业企业2家,搬迁排污口6个,拆除渔农民船只80余艘,全市饮用水源地二级保护区已无工业直接排污口。继续推进城区餐饮企业整治。苏州高新区将邓蔚路餐饮整治列入实事工程。吴中区对吴中商城餐饮一条街进行集中整治。3个古城区以商贸圈和沿河餐饮企业整治为重点,累计整治餐饮企业300余家。2007年,全市共出动环境监察人员6.7万人次,检查企业4万余厂次,立案查处各类环境违法行为989件,处罚金额达4242万元。

【城市绿化】 2007年,苏州市城市绿化建设成绩显著:生态园林城市创建活动取得突破性进展,苏州城区及常熟市、昆山市、张家港市被建设部列为“首批创建国家生态园林城市试点城市”,全国11个试点城市中苏州占了4个。全年新增绿地490公顷,是市政府下达年度指标450公顷的108.9%,至年底,全市绿地率、绿化覆盖率、人均公共绿地面积分别达到38%、44.2%和14平方米。东南环立交、绕城高速出入口、太湖大堤景观绿化,诺贝尔、荷塘月色湿地公园、友谊河滨河公园和环古城续建绿地等一批重点绿化工程完成。大龙港、劳动、葑门、东汇等公园,虎丘山前山后广场等公园绿地在改造过程中,规划设计添置了广场、体育健身场地和休闲设施等,提升了公园绿地的功能。干将路、人民路、道前街等主干道,312国道虎阜路口、西环路两侧等绿化整治工程,实施全面补绿、补缺,解决了黄土裸露、绿带不整齐、小灌木脱脚等管理难点问题,绿地景观效果明显提高。在做精做美做优城市绿化环境、不断增加城市生态内涵和综合竞争力方面有了进一步的提高。

【新增绿地490公顷】 2007年,苏州市园林和绿化管理局围绕市政府下达的年度新增450公顷绿地实事工程建设项目,按照统一规划、分区推进的原则,把具体绿地建设任务进行分解,重点抓好任务的落实和一批重点绿化工程的建设,实际完成新增绿地490公顷,是市政府下达指标的108.9%。其中工业园区220公顷,高新区135公顷,吴中区33公顷,相城区64公顷,中心城区38公顷。主要完成了东南环立交、绕城高速出入口、太湖大堤景观绿化,诺贝尔公园、荷塘月色湿地公园、友谊河滨河公园和环古城续建绿地等一批重点绿化工程。

【生态园林城市建设】 2007年,全市创建生态园林城市工作取得突破性进展。1月,市政府正式向国家建设部递交了创建国家生态园林城市的申请。2月9日,市创建生态园林城市领导小组会议,提出夯实基础工作的3类18项指标的意见和建议。3月28日,在全市绿化工作会议上,市政府下达年度新增450公顷绿地建设任务。6月7日,国家建设部《关于公布国家生态园林城市试点城市的通知》,确定青岛、南京、杭州、威海、扬州、苏州、绍兴、桂林、常熟、昆山、张家港11个城市为国家生态园林城市试点城市,成为首个“国家生态园林城市群”。6月,全市园林绿化局长会议在张家港市召开,指导落实大力推进绿化建设、改善生态环境的具体措施。7月3日,建设部在北京召开11个试点城市创建国家生态园林城市工作研究会,会上,市园林和绿化管理局局长衣学领汇报了苏州试点工作的方案和情况。12月19~20日,建设部主持召开的第2次创建国家生态园林城市试点工作研究会在苏州召开,青岛、南京、杭州、威海、扬州、绍兴、桂林、苏州及张家港、常熟、昆山等11个“全国生态园林城市试点市”的代表和专家62人,就“生态园林城市”的标准框架体系、具体指标和评估办法进行了深入探讨,并在各试点市交流创建经验和做法的基础上,对现行标准的合理性、可行性、可操作性等方面作出评价,作为进一步完善生态园林城市试点的考核标准和框架体系。

【城市绿地管理重点改造整治】 2007年,市绿化管理站在严格城市绿地养护管理制度、确保养护管理水平不断提升的同时,抓住绿地管理中的难点问题,采取积极有效的措施,对一批公园绿地开展改造和整治,城市绿地的养护管理水平明显提高。一是组织开展多项整治,首先解决市区的绿化盲带和死角,对长期存在黄土裸露、绿带不整齐、小灌木脱脚等常见问题,对干将路、人民路、道前街、三香路等重点道路,312国道虎阜路口、占鱼墩小公园、西环路两侧等绿化整治工程,实施全面补绿补缺工程,主要方法是种植成本低、效果好的书带草,共种植书带草约35公里长,面积达5000多平方米,实现黄土不露天、完整绿地景观效果。二是积极配合市政府实施重大工程中的移植复绿,落实一批公园绿地的改造和整治工程,如对大龙港公园、劳动公园、葑门公园、东汇公园、虎丘山前山后广场等绿地改造过程中,进行重新规划设计,添置了广场、体育健身场地和休闲设施等,丰富提升了公园绿地原有功能和社会效益。三是严格绿化移植审批程序,年内因火车站及北环路综合改造、干将路轨道交通一号线两项重点工程的全面启动,涉及到的绿化移植面积广、数量多、规模大,管理站在组织现场调查统计、确认移植前后数量准确的前提下,注意抓好移植和建绿补绿同步考虑,同步实施,确保原有苗木资源不流失。

无锡市城乡建设与环境保护

【概况】 2007年是无锡实施"打造山水名城、共建美好家园"新三年城建行动纲要的决战之年。全市城建系统围绕年度城市建设目标任务,坚持科学、协调、全面、持续、和谐发展的原则,按照"靓山、亲水、扬名、筑城"的总体要求,以城乡规划为依据,以制度创新为动力,以基础设施为重点,以功能培育为基础,以重点工程为突破,在宏观环境不断变化、拆迁实施艰难、重点工程建设任务重、资金保障要求高的情况下,团结拼搏,开拓进取,确保了各项工程项目的顺利推进,确保了年度各项建设任务的全面完成。

*城市形态进一步拓展。*蠡湖新城按照中心休闲区功能定位,全面完成沿湖环境综合整治和建设,建成全省最大的开放式景区。太湖新城定位为新的城市中心,全面完成了基础设施、综合交通、水系整治及部分重点项目专项规划,太科园、科教产业园建设全面展开,核心区重点工程建设已经启动。新区、惠山新城及东亭、河埒、广益、凤翔等城市重点片区建设、改造力度加大,片区综合功能显著增强,环境面貌进一步改善,多中心城市格局初步形成。城市服务功能进一步增强。

*推进重大社会功能设施建设。*市医疗中心、老干部活动中心、妇儿中心等竣工投用。市档案馆、城建档案馆竣工,市博物馆、革命陈列馆、科技馆主体结构封顶。推进公共安全设施建设,利民桥、北兴塘、严埭港3座水利枢纽工程进展顺利,北兴塘枢纽泵站工程7月份提前使用,人防工程全面推进,城市安全保障能力有了新的提高。长江引水工程进展顺利,全市日供水能力超过220万吨。实施公交优先战略,市区公交线路扩展到128条,镇镇通公交目标顺利实现。全年置换、发展天然气用户27.8万余户。

【人居环境优化】 人居环境进一步优化,将太湖综合整治作为重中之重,大力实施调水引流、清淤控藻、生态修复等工程,贡湖、小湾里等集中饮用水水源地水质达标率达100%。加快推进城乡河道和小河浜综合整治,城区88条小河道整治工程全面完成,梁溪河、古运河环境面貌得到改善。加快推进污水处理厂、管网建设,市区污水处理能力为79.75万吨/日,城市污水处理率上升到84%。抓好大气环境综合整治和环境噪声污染防治,全市空气良好天数占比达到93%,环境质量综合指数为82。加快推进"绿色无锡"建设,梁塘河和北兴塘生态绿地、长广溪湿地公园、惠山青龙山保护等工程积极推进,城市环境绿化工程取得明显成效,2007年全市森林覆盖率达到20.5%,人均公共绿地面积达到11.6平方米。加快推进现代化新农村建设八项重点工作,全市环境优美乡镇比例达到86.4%。

2007年,无锡市在统筹城乡建设、改善人居环境、增强城市功能、提升城市内涵等方面取得了新的成效,实现了城市建设的大跨越,为"打造山水名城、共建美好家园"新三年城建行动纲要的全面完成画上了圆满句号。

【城市规划】 2007年,全市规划工作坚持科学发展观统领全局,围绕全市"一当好,三争创"奋斗目标,在深化城乡规划全覆盖、推进规划管理工作改革、创新规划实施与监督机制等方面取得新的进步,实现新的跨越。

*城乡规划全覆盖向纵深推进。*深化完善城乡规划全覆盖,全力推进规划设计、空间形态设计、道路交通设计、建筑设计和环境景观设计"五位一体"的规划编制工作,完成控制性详细规划修编及城市设计成果63项,通过论证45项,为塑造城市特色提供了规划支撑。加强生态保护规划,完成无锡市太湖保护区建设保护规划、直湖港保护整治规划、京杭运河保护整治规划等,为治理太湖保护水源提供了科学依据。

*加强历史文化遗产和传统风貌的保护。*完成荣巷历史街区保护规划、荡口古镇保护规划、荡口历史风貌区整治规划,严家桥、黄土塘村、礼舍村等历史文化街区和古镇、古村等保护规划并通过省级论证,为创建国家历史文化名城创造了条件。推进功能性载体建设,完善太湖新城规划功能性载体建设,完善太湖新城规划,完成金融商务区第一街城市设计、中央公园详细规划、太湖新城中心区"十一五"建设规划、太湖新城水系河道整治规划、综合交通和水、电、气等专项规划,为加强推进新城建设提供了规划保障。制定《2008～2010年无锡城市建设行动纲要》,提出了"调结构,优功能、提形象、保生态"的基本思路,为有序推进新三年城市建设提供了依据。

*规划改革工作多层次拓展。*组建行政许可(服务)处,实现"一站式"服务和"一门式"管理。调整类别、减少数量和转变管理方式的行政许可事项达50%以上。流转环节从原来的4～5个减少至2～3个,部分审批事项的办事周期缩短了30%以上。规划实施管理机制不断创新。建立控制编制与管理互动模式,以规划控制体系为基础,将规划型态信息整合到"一张图"上,从蓝图式静止规划转变为管理型动态规划,建立面向规划管理工作的基础平台。加强低洼危旧房地块规划编制力度,编制地块规划120幅,拍卖51幅。加强建设用地的集约管理,严格控制低容积率、低土地利用率的低层、低密度的住宅建设项目。明确预编地块的用地退界、容积率、绿地率、配套设施等强制性指标。强化对历史文化街区和古镇、古村范围内建设项目以及优秀历史建筑的管理,加强非物质文化遗产保护,确定了全市第一、第二批遗产保护名录。规划"阳光工程"全

方位实施。新建了城市规划公示厅,通过各种方式公示各类规划和项目约2500件。发挥城市规划展示馆平台作用,组织市区百所学校、万名学生看规划暨"无锡城市规划杯"征文比赛。精心接待"5000市民看无锡"等团体参观300多批,全年接待参观者9万多人次。组织开展规划宣传咨询、规划下基层、规划进社区等活动。加强规划网站建设,无锡规划网在全省建设系统网站评比中名列前茅,在全市政府部门所有网站中点击率跃居第二位。 (范必正)

【城市环境管理】 2007年,无锡城管系统以全力推进各项管理体制改革和机制创新为契机,负重奋进,积极作为,切实履行城市管理和行政执法职能,推动全市城市管理工作实现新跨越。城管体制改革取得根本性突破,一系列重大改革目标基本实现,体制改革、机制创新释放的能量、效率和效应逐步显现;城市管理工作得到更广泛的理解和认同,城市管理工作的外部环境及社会基础有效改善并不断加强,城市管理的社会地位稳步提升;行风评议实现历史性进位,城管队伍规范化建设取得全面进步。

【城乡绿化】 2007年,全市城乡绿化工作认真贯彻绿色无锡工作会议精神,以创建国家生态园林城市为抓手,优化绿化理念、强化工作措施,全面扎实推进绿色无锡建设,各项工作取得显著成效。全市共完成造林绿化6670.02公顷,其中成片造林4002公顷,森林覆盖率提高到20.5%;新增绿地1124.79万平方米;市区建成区绿化覆盖率、绿地率分别达到42.2%、39.5%,人均公共绿地11.6平方米。全市城乡绿化体系进一步完善,绿化生态效益进一步提升,开创了城乡绿化的新局面。

【环境保护】 2007年,无锡市牢固确立科学发展观,坚持加强生态环境保护和建设,在经济总量快速增长的情况下,单位产值污染物排放量下降,单位产品资源能源消耗降低,遏制了环境恶化的趋势。水环境综合整治取得阶段性成果,水源地水质达标率保持100%,出入湖河道综合整治进展顺利,城乡河道水环境整治全面展开,市区水质监测点在原有21个基础上,年内在居民集聚区、化工集中区等部位新增8个,实行"河长制"管理的73条河道水质达到监测全覆盖,城市水域功能防治工作深化,"酸雨控制区和二氧化硫控制区"建设成果显著,工业脱硫成果明显,推进清洁能源区建设,坚持区域集中供热,发展天然气,机动车辆尾气防治取得突破,城市扬尘污染得到控制。固体及危险废弃物处理处于全省领先地位,开展垃圾焚烧发电和污泥综合利用,市区医疗废物得到安全集中处置。年内还开展了重点行业工业危险废物产生源的调查,计调查企业95个,涉及危险废物25913.56吨,有针对性地加强了管理。放射源管理纳入有序轨道。加强工业布局"集中化"战略,老城区工业企业"出城进园"逐步展开,同时,稳步推行循环经济试点,实施污染排放总量控制制度,全市503个重点污染企业全部实现持排污许可证排污。1414个工厂参加环境行为评级。对占全市水污染排放量75%的重点排污企业和占全市二氧化硫排放量80%的燃烧大户实现污染物排放自动化监控。年内,市区新增4个噪声自动化固定监测点位,城市和集镇噪声达到国家和省规定的功能区划要求,城市噪声达标覆盖率100%,农村生态保护工作逐步深入,生态示范区、环境优美乡镇、生态村创建活动蓬勃开展。环境质量得到一定改善,全市环境质量综合指数达到82。但是,经济快速发展带来的环境压力依然很大,环保基础设施相对滞后,环境污染结构发生新变化,监督执法力度仍显不足。

【生态创建成效显著】 2007年,市环保部门以"创建国家生态城市"为抓手,推进8个工业园区和33个工业企业的循环经济试点,推广清洁生产,至年底,全市完成清洁生产审核的企业计有300个,通过ISO14000环境管理体系认证的企业累计达600多个,占规模企业总数的12%。巩固烟控区和噪声达标区建设成果,全市建成烟控区509.26平方公里,各市(县)区顺利通过复查验收,烟控区和噪声达标覆盖率100%。2007年,全市环境质量良好天数百分率93%。加快建设环境优美乡镇和生态村,年内,建成国家、省级环境优美乡镇19个,省、市级生态村95个。全市累计建成国家、省级环境优美乡镇43个,占乡镇总数的88.6%;建成生态村267个。群众性"绿色"创建活动扎实有效,年内,全市建成省、市级"绿色社区"74个、"绿色学校"94座、"绿色宾馆"17个、"绿色家庭"3个。至年底,全市累计建成国家、省、市级"绿色社区"219个,"绿色学校"372所,"绿色宾馆"28个,"绿色家庭"24个。对照国家下达生态市考核指标,6项基本条件中无锡有4项达到考核要求,28项考核指标中有22项基本达到考核要求。 (孙 锋)

【水生态保护与修复试点工作通过中期评估】 按照《2006~2008年水生态保护与修复三年行动方案》,"一库一园、两湖三河"(横山水库、宛山荡生态科技园,梅梁湖、五里湖、大运河、古运河、梁溪河)重点建设项目有序展开,取得阶段性成绩。2007年12月,该项工作顺利通过水利部专家组的中期评估,评估组对试点工作取得的成绩给予了肯定。

(冯晓红 曹莉莉)

常州市城乡建设与环境保护

【概况】 2007年,常州市城市建设围绕"重大项目推进年"活动,坚持科学发展、率先发展、加快发展不动摇,克服各种困难,全力以赴推进各项工作,取得良好的成绩。

城市燃气方面,积极争取气源供应,科学进行供气调度,切实加大燃气市场的规范管理,确保供气安全稳定。供水方面,严把出厂水质关。加强饮用水水源地保护,推进高层住宅二次供水建设改造,大力整合镇村供水资源,着力增强高峰安全供水能力,取得良好成绩。城市排水,按照省政府太湖流域水环境治理目标要求,全力实施污水处理厂提标改造,大力推进污泥焚。烧能力扩容,积极开展老小区整治,努力推进排污企业限期接管,污水收集处理能力不断增强。城市照明设施作为电力设施已列入市公安局"两电"(电力、电信)整治范畴,城市照明科技含量和照明设施防盗能力不断提升,年内完成城市照明设施现状调研,解决照明盲区33个。与此同时,公用行业投资主体多元化改革积极推进,公交行业引进战略合作伙伴和江边污水处理厂TOT+BOT项目招商工作顺利推进。公用事业专项规划的编制进展迅速,燃气、排水、公交、给水规划编制完成,并通过省建设厅组织的专家评审,其中燃气规划已由市政府批准实施。照明专项规划的编制已经完成,正在筹备专家评审。快速公交线网规划已通过专家论证。

新农村建设。扎实推进村庄环境整治。2007年确定的18个村整治任务全部完成,做到"三清一绿"(清垃圾、清粪污、清河塘和村庄绿化)。探索农村生活污水处理方式。在新北区、武进区和溧阳市整治试点村进行人工湿地、地埋式无动力处理设施、生态绿地处理设施等农村生活污水处理方式试点。做好省级特色村和污水处理试点村建设工作。溧阳市戴埠镇李家园村被省建设厅确定为省级特色村,武进区礼嘉镇建设村被省建设厅确定为污水处理试点村。年内,市建设局组织有关专家,对上述两个村的具体建设进行多方指导,在争取省级资金支持方面也做出了努力。 (*荐占刚*)

【环境保护与治理】 2007年,全市加大环境整治力度,城乡生态有所好转。全面推进污染物总量减排、小康达标、太湖水污染治理及包括"清水工程"、"蓝天工程"在内的国家生态市建设各项工程。继续加大环境保护监管和治理力度,污染防治工作取得明显成效,主要污染物排放总量有所减少,环境质量保持稳定。全年空气污染指数小于100的天数达311天,占全年总天数的85.2%,区域环境噪声平均值为55分贝,交通干线噪声值为66.8分贝,集中式饮用水水源地水质达标率为100%,环境质量综合指数达到省小康社会考核要求;年内关闭510家小化工,关停14家重点排污企业和一批原药、化工、印染生产线,淘汰19条水泥立窑生产线和1台6兆瓦火电机组,并对市区28家污染企业实施搬迁整治,完成江苏华电戚墅堰发电有限公司脱硫改造等115个重点减排项目,初步通过国家和省的年度考核;水环境专项整治工作取得阶段性成效,20条市河基本实现"水清起来"的目标,其他14条市河及入太湖河道水质得到明显改善;完成中心城区7.3平方公里内89台燃用高污染燃料锅炉的淘汰和改造,拆除、停用锅炉44台,拆除烟囱28根;103家企业完成清洁生产审核,其中强制性清洁生产审核13家,390家规模以上企业通过ISO14001环境管理体系认证。年末全市拥有居民生活垃圾压缩收集处理站和综合处理站51座,生活垃圾清运量43.5万吨,生活垃圾无害化处理率100%。

【人居环境】 人居环境优化工程方面,对中心城区38条主要道路的弱电杆线入地,整治道路68公里,入地加空线约1100公里;开展背街小巷整治,中心城区的266条整治后的背街小巷达到"路平、灯亮、排水畅、设施全、环境美"的要求;对老城区的西涵洞河、毛龙河、三井河、白荡兵、横塘河东支、高家浜、西十支河、梅港河、凌沟塘9条河道进行污水截流;完成体育绿地二期工程建设,表山绿地、马公桥绿地开始建设。

镇江市城乡建设与环境保护

【城镇建设】 2007,市区实施城建项目105项,总投资约101.73亿元。南徐新城建设加快步伐,完成基础设施十项专业规划。实施征用集体土地2822.7亩,交付土地1041亩。新行政办公楼完成初步设计,开工建设规划展示馆,开展体育会展中心设计方案竞选。城建工程积极推进,实施九华山路等"八路一河"建设,润旺路、团山路西段主体工程完工,九华山路全线贯通。凤凰家园安置房一期工程交付,开工建设新城市花园、九华山庄安置房。建成天桥支路、学府路二期、石马路、纬七路,开工建设纬八路。完成老西门桥重建,健康桥桥面贯通。整治吕家湾等9处积水区和积水点,完成头摆渡泵站增容。建设丁卯、大港污水处理厂。改造市区54条街巷道路,面积2万平方米。对8个老住宅小区进行整治改造,整治面积51.5万平方米,受益人口2.2万人。公用事业有新的发展,完成丹徒天然气中高压接收站扩建工程,铺设向句容供气管道,销售天然气1.3亿立方米,发展民用户8000户。实现区域供水向辛丰、黄墟供水目标,南部乡镇具备供水条件。改造19个二次供水片区,全年售水量7000万立方米。坚持公交优先,完成客运收入1.11亿元,实施江苏大学王龙桥公交枢纽站建设,新增公交车70辆,新辟、调整公交线路8条,新建公交站点23座。环境建设继续实施西津渡历史街区保护更新工程,建成中国镇江救生博物馆和西津渡观音文化展示馆,收购京畿路大清邮局镇江支局并进行修缮,完成"镇江老码头"创意产业园1号楼和税务司公所修缮,实施国画院搬迁。西津渡历史街区保护工程荣获2007年度"江苏省人居环境范例奖"。

【村镇建设】 6个重点中心镇总体规划全部修编结束,城市规划区范围以外的所有乡镇总体规划全部修编完成。编制完成500个村庄的平面布局规划、54个村庄的建设规划以及两个重点中心镇控制性详规。完成省政府确定的10个试点村庄环境整治任务,丹阳市新桥镇群楼村被评为省级康居示范村。村镇设施建设加快,大力推动农村基础设施建设和环境建设,有3个村获江苏省首批康居示范村称号。2006年末,全市683个村和8349个自然村通公路,其中98.1%以上为混凝土和沥青路面。全市41个镇全部完成农村电网改造,所有村及自然村通电通电话,所有镇实施集中供水,97.5%的村饮用水经过集中净化处理,87.8%的镇有垃圾处理站,43.9%的村实施垃圾集中集中处理,69.5%的村完成改厕工作。农村居住条件明显改善,农村居民平均每户拥有住宅面积155.3平方米,住宅类型主要为楼房,占73%。积极开展农村环境综合整治,有效地推动农村居住环境逐步改善。

【房地产投资】 全市共完成房地产开发投资89.2亿元,同比增长26.3%,其中市区房地产开发完成投资为60.99亿元,较上年同期增长30.01%,增速与上年同期相比增加29.75个百分点。同期,房地产开发完成投资占全社会固定资产投资完成总额的10.15%。市区商品房建设投资34.82亿元,较上年同期增长31.45%。

【住宅保障体系】 切实加快经济适用住房建设,2007年共开工建设经济适用房约36万平方米,竣工约30万平方米,妥善解决了广大拆迁户的安置和部分中低收入家庭住房困难问题,保证了城市建设的顺利推进。积极实施市区廉租住房"提标扩面"民心工程。住房保障标准由原家庭人均使用面积10平方米提高到了13平方米,保障范围扩大到了租住公房、人均住房低于保障标准、人均收入低于当年最低工资保障线的三个条件同时具备的对象和残疾军人、烈士、市级以上劳模及见义勇为的家庭人均住房低于保障标准的对象。市区确定廉租住房保障家庭为1362户、3605人,实现了符合廉租住房保障条件的城镇家庭应保尽保。出台《镇江市市区最低收入家庭廉租住房管理办法》;修订《镇江市市区城镇最低收入家庭廉租住房申请、审核及退出管理实施细则》;制定《镇江市市区城镇低收入家庭廉租住房保障资金管理办法》等配套政策文件。对住房保障对象条件、衡量标准、实施办法、工作程序以及廉租住房保障资金的筹集、使用和管理等作了进一步明确,保证了住房保障工作规范有序、扎实有效地开展。实物配租工作全面启动。市政府安排2500万元资金购置196套、1.11万平方米廉租住房,加上原已购置用于廉租住房的二手成套住房58套、0.32万平方米,一并实施实物配租。首批82套廉租住房钥匙已发放到了住房困难家庭。认真组织编制住房保障发展规划。组织对市区31个街道(镇),283个社区城镇居民家庭收入和住房情况进行了全面调查,建立市区城镇居民住房困难档案,组织编制《镇江市住房保障发展规划》并向社会公布。

【房地产行政管理】 开辟房地产开发企业"绿色通道",强化行政服务水平。全市办理各类房产交易1.57万元,成交面积173.8万平方米,金额45.5亿元;登记发放产权证1.6万户,面积245.04万平方米;核发商品房销售许可证面积193.26万平方米;销售备案面积189.16万平方米,金额65.82亿元。按照《镇江市市区最低收入家庭廉租住房管理办法》,实施了市区廉租住房"提标扩面"工作,实现符合住房保障条件的住房困难家庭应保尽保。组织开展市"十佳"物业管理优秀住宅小区评比活动,香江花城等10个住宅小区被评为市"十佳"物业管理优秀住宅小区。全市有1个住宅小区被评为国家示范级物业项目,7个住宅小区(大厦)被评为省优,22个住宅小区(大厦)被评为市优。

【环境保护】 2007年全市环保工作不断创新发展,各项环保事业迅速全面推进。镇江生态市创建加快步伐;全市小康环境达标得到巩固和提高;减排工作成效明显,二氧化硫及化学需氧量削减工作得到省厅的肯定;专项整治成果显著,高污染禁燃区整治在全省走在前列,化工行业专项整治"三年目标一年完成",电镀行业整治初见成效,东部地区整治得到巩固深化;环保宣传亮点不断,建成全国首家环保影院;环境执法进一步加强,与相关部门联合开展维护群众健康整治违法排污企业行动,全市环境质量尤其是市区大气环境和水环境有了明显改善。

【工业污染防治】 加强污染减排项目建设。2007年度全市需削减COD3569吨,二氧化硫4929吨。全市共确定污染减排项目48个,其中COD削减项目20个,以产业结构调整和污水处理厂建设为重点;二氧化硫削减项目28个,以电厂机组脱硫、污染源治理为重点。启动污染减排应急预案。针对COD减排量较小的情况,对东部地区最大的污染源金河纸业制浆生产线实行关浆减排。预计2007年我市可削减COD4302吨,$SO_2$19116吨,有望超额完成全年任务。突击推进化工生产企业专项整治。实现"三年任务一年完成"的目标,全市列入依法关闭的93家小化工生产企业已全部关停,其中72家企业的生产设备已经拆除。同时,对原有的高污染、高耗能的谏壁发电厂老机组进行淘汰。

【统筹城乡环境建设】 全力加强农村河道疏浚整治工作。截至2007年11月底,全市共投入资金7850万元,完成疏浚县乡河道136条,疏浚土方662万立方米;疏浚整治村庄河塘1422个,完成疏浚土方549万立方米,全市村庄河塘疏浚整治工程顺利通过了省级验收,综合评价为优秀。提升生态农业水平。新增农业病虫草害综合防治240万亩,新认定无公害产地14个,面积5.85万亩;申报无公害农产品32个,申报绿色食品21个,申报有机农产品18个。全市现已累计建有"一池三改"户用沼气工程2000户,规模养殖场小型沼气工程22处。启动镇江市农村分散式村民居住点废水处理工程。在润州区嶂山村启动农村分散式村民居住点废水处理装置建设,该项试点成功后将在全市范围内迅速推广,力争覆盖全市70%乡镇。深化环境信息评级。2007年将大专院校首次纳入评级范围。在年度企业环境行为信息公开化的评级中,全市获得绿色环境标志的企业62家,蓝色企业551家,黄色企业142家,红色企业59家,黑色企业12家。

【区域和流域污染防治】 集中整治东部大气污染。至2007年底,东部地区被列入重点整治范围的33家企业、77个整治项目已完成68项,其余9项整治内容正在实施之中,该区域的可吸入悬浮颗粒物浓度有明显下降。高污染燃料禁燃区整治工作圆满完成。两年累计淘汰改造燃煤锅炉345台,市区范围内的燃煤锅炉得到全面整治,在全省走在了前列。除淘汰拆除的燃煤锅炉外,其余燃煤锅炉都改用了清洁能源。整治后削减二氧化硫排放量约2000吨、烟尘排放量约1500吨,消除了市区到处"冒黑烟"现象。开展太湖流域水污染治理。对涉及太湖流域的37个重点排污口展开整治,实行"三个一"管理,即一个排污口、一份整治档案、外加一套配套措施,加快淘汰工艺落后、污染严重的企业。 (李 劲提供)

扬州市城乡建设与环境保护

【概述】 2007年,城市建设工作围绕“烟花三月国际经贸旅游节”和“世界运河名城博览会”等重大节庆活动,超计划完成全年建设目标任务,共完成城建投资近90亿元,超出计划投资近10亿元,其中基础设施投入30亿元以上;建筑业总产值达801亿元,同比增长40%以上,为全市经济和社会事业的全面发展作出了积极贡献。市建设局被国家人事部、建设部授予“全国建设系统先进集体”、被建设部授予“城市节水突出贡献奖”。

市政基础设施建设。实施“运河文化公园”景观提升及环境整治工程,全面提升市区古运河南门遗址广场至大王庙段的景观,完善琼花圃、芍药甸、柳树林、银杏园景点建设,建成大王庙广场、南门遗址广场、联合国人居奖纪念碑、运河文化广场、龙头关廊亭等景点,沿线安装“大运千秋”大型铜壁画及石浮雕壁画。提升、改造了二道河沿线景观,开通荷花池至瘦西湖水上游览线;完成官河一期整治工程,建成“竹西苑”碑林广场。市区路网进一步完善,蜀冈路、运河南北路、双塘路、解放北路、花园路、文昌大桥等“十五路二桥”建成通车;养护维修道路22万平方米,翻建街巷30条,疏通下水道309公里,道路挖掘恢复率100%,市政设施完好率86%以上;改造路灯1005盏,新增路灯3238盏、景观灯29152盏,路灯亮灯率、完好率均在98%以上。完成维扬路、四望亭路交叉口,淮海路南段,南河下、北河下,黄金坝路北段等路段内涝整治。自来水全年售水7600万吨,水质合格率99.8%,区域供水受益人口超过20万人;节水3261万吨,工业用水重复利用量16046万吨;完成市区10万用户天然气置换工作,建设天然气汽车加气站、释放站各1座;开展燃气专项整治,组织多种形式的用气安全宣传;加强城市客运管理,成立了公交场站公司,公交营运收入13994万元,行驶里程5525万公里,新增公交车103辆,新增、调整公交线路16条;严格实施排水许可,全年共有68个单位排水取得许可;全年处理城市污水3533万吨,同比增长22%,尾水水质综合合格率达100%。

古城保护利用。稳步推进扬州古城保护与利用、改造与复兴工作,组建名城研究院,为名城研究搭建新的平台。全面实施双东街区“一片十点”工程建设,完成400多户居民搬迁,对东关街西段街景进行美化,改造壶园、谢馥春,整修李长乐故居、逸圃、华氏园、胡仲涵故居。先后对文化里、皮市街、南门街等几个老城区街坊100多户民居进行修缮,完成了皮市街、康山街等老城区街道进行整治,对文昌中路、淮海路、四望亭路等沿街建筑实施美化亮化。完成教场商贸民居民俗文化区搬(拆)迁、设计完善等前期工作,并启动建设。南门遗址广场一期工程建成开放,新建完善青园桥、迎薰桥、洒金桥及南门码头,对南门遗址进行考古挖掘并展示。盐宗庙、城门遗址博物馆完成布展,先后对外开放;实施“双宁”佛教文化园建设项目,万佛楼主体封顶;完成汪鲁门盐商故居整修工程,恢复从门厅到后住宅楼共9进建筑;强化古城门遗址发掘与保护,完善东门遗址公园,开工建设北门遗址公园。名城解读工程取得实效,完成古运河沿线、“双东”地区等50多处文物古迹的解读工作。配合重大节庆活动,完成《扬州名城解读》、《大运河与扬州》、《扬州历史文化丛书》等相关书籍的出版工作,对古城历史文化进行解读。

建筑业发展。建筑业总产值达801亿元,同比增长40%,增幅为近五年之最;其中江都市建筑业总产值突破200亿元,仪征、高邮、宝应突破100亿元,实现了“县县超百亿,力争800亿”的目标。改革改制进展顺利,江苏华建、江都建设、江建集团理顺了产权关系,基本完成了人员身份置换、产权界定等工作,实现了政企、事企分开。市场开拓成效显著,在巩固传统区域市场的基础上,又开拓了太原、天津等一批新的规模市场。工程创优和科技创新获得丰收,全市共荣获鲁班奖1项,国优4项,詹天佑奖1项,国家级工法5项,全国建筑业新技术应用示范工程3项。建设工程安全生产形势平稳,建筑业产业结构调整趋于合理,建筑市场秩序日趋规范,民工合法权益得到切实维护,建筑业成为加快民富、改善民生的重要产业。

工程建设管理。对工程建设项目实施全过程监管,强化施工图审查,查出违反强制性标准2933条;强化招标投标管理,工程招标率、公开招标率均达100%;建筑项目竣工验收备案254.4万平方米,接收各类城建档案6158卷;严格城建监察执法,全年共查处各类违法违规案件346起;开通“工程造价行业监管系统”,工程造价咨询市场监管水平进一步提升;建筑市场诚信建设取得新突破,信用管理信息系统已涵盖全市。工程质量管理水平稳步提升,全市共评选出市优“琼花杯”74项、“五亭杯”49项,推荐上报省优“扬子杯”22项。建筑节能工作扎实推进,施工图审查、工程质量监督、竣工验收备案等各环节形成闭合管理;全市实现乡镇“禁实”全覆盖,散装水泥供应量首次突破100万吨。

为民服务成效明显。加强党的组织建设,年内新建市城建档案馆、名城公司党支部。加强党风廉政建设,深入开展工程建设领域治理商业贿赂工作,着力推进行政权力公开透明运行,抓好反腐倡廉制度执行情况的问责工作。加强软环境建设,市建设局服务窗口全年共办结各类审批事项4584件,连续11次获得“优质服务流动红旗”;“城建110”全年接听市民电话4676起,处理率99%以上;接收数字化城管信息12131条,处理率达97%以上;办理市人大代表建议和政协委员提案136件,办结率100%、满意率100%。加强精神文明建设,全系统拥有省级文明单位2个、市级文明单位6个、区级文明单位5个。

【召开全市新一轮城市建设和环境提升动员大会】 9月28日,市委、市政府召开新一轮城市建设和环境提升动员大会,我市城市建设进入新阶段。市委书记季建业要求,围绕申报世界文化遗产城市,争创国家生态园林城市、全国生态市、中国最佳旅游城市和全国文明城市的目标、任务,谋划七年,大干新三年。要进一步“拓展城市空间、完善城市功能、提升城市品质、彰显城市特色”,着力推进新一轮城市建设和环境提升工程,进一步彰显扬州“人文、生态、宜居”特色，把扬州建设成为人文内涵深厚、生态环境秀美、产业比较发达、社会和谐安宁、百姓殷实安康、古今辉映、外美内秀、形神兼备的名城。新三年重点在四个方面下功夫、出成效。一是保护古城，推进可持续发展。保护古城历史街巷体系，保护古城建筑风貌，保护古宅名园，保护非物质文化遗产，保护古城遗址，保护居民生活状态。对古宅、古建筑、古街区、古运河进行保护性修复、原真性改善，利用古城名宅、名园、名河展示扬州文化，发展古城旅游，推进功能转换。二是拓展空间，优化发展格局。整体保护古城、优化改造旧城、全面建设新城、打造提升风景区、加快开发工业区。三是完善功能，提高承载能力。完善城市基础设施功能、文化教育卫生体育功能、城市旅游功能。四是提升品质，彰显城市特色。提升城市品位、提升居民生活品质、提升城市品牌、提升城市综合竞争力。市长王燕文在动员报告中要求，七年后的扬州，要成为一座格局合理、功能完善的开放城市；要成为一座精致人文、形神兼备的文化遗产城市；要成为一座绿水相依、满城皆景的生态园林城市；要成为一座安全舒适、安居乐业的宜居城市。要实现这个奋斗目标，关键是要扎实抓好今后三年的各项工作。要拓展城市空间，增强城市发展的张力；完善城市功能，提高城市发展的承载力；建设运河名城，彰显城市的独特魅力；打造宜居扬州，激发城市发展的原动力。会上，市委、市政府对城市环境综合整治工作中的100名城市建设先进个人和100名城市建设好市民进行了表彰。

【国际水环境及居住论坛在扬举行】 9月27日，国际水环境及居住论坛在扬举行，来自德国、奥地利和国内知名的专家学者以及兄弟城市代表200多人围绕保障运河城市水安全、促进水资源的可持续利用、应对水管理面临的挑战、实现人类与水环境和谐共存等主题进行研讨。维也纳行政市长彼特·克洛普弗、德国技术合作公司驻印尼项目高级顾问滕科勒、国家城市给水排水工程技术研究中心总工程师郑兴灿、同济大学环境科学与工程学院院长周琪、中国建筑科学研究院建筑设计院副院长曾捷、扬州大学环境科学与工程学院副院长何成达等作了主旨演讲。联合国人居署高级顾问沈建国主持论坛。

【市建设局荣膺全国建设系统先进集体】 扬州市建设局深入贯彻落实科学发展观，开拓创新，积极深化城建事业改革，扎实推进城市环境综合整治，稳步提高城建工作水平和服务质量。近年累计完成城市建设投资400多亿元，其中城市基础设施建设投入130亿元，城市空间迅速拓展，城市功能日臻完善，城市面貌焕然一新，城市特点逐渐彰显，城市形象明显提升。扬州城市的变化得到了市民的肯定，引起了建设部和省委、省政府的关注。扬州市先后获得“国家卫生城市”、“国家环保模范城市”、“国家园林城市”和“中国人居环境奖”等称号，2006年成为本年度中国唯一获得“联合国人居奖”的城市。由于扬州市建设局在“三个文明”建设中取得显著成绩，2007年该局被国家人事部、国家建设部授予全国建设系统先进集体。

【村镇建设】 镇村规划编制进展顺利，对27个乡(镇)的小城镇总体规划进行修编，完成115个村庄建设规划和803个村庄平面布局规划编制。村镇基础设施建设与管理力度加大，全年完成村镇建设投资44.15亿元，其中：住宅建设投资16.21亿元，公共建筑建设投资2.94亿元，生产性建筑建设投资16.00亿元，基础设施建设投资8.99亿元。全市有1.13万村镇住户喜迁新居，全年竣工住宅建筑面积213.07万平方米，公共建筑面积30.66万平方米，生产性建筑面积196.52万平方米。全年新增村镇供水管道达568.37公里，自来水受益人口已达323.67万人；全年新增村镇道路长度587.92公里，新增排水管道325.11公里；小城镇绿地覆盖面积已达2399.59万平方米，人均公园绿地面积已近4.6平方米；小城镇路灯已达41312盏，小城镇桥梁已有909座，小城镇综合服务功能显著增强。以省“康居示范村”创建和“千村整治、百村示范”活动为重点，开展了15个省级村庄环境整治试点、1个省级村庄污水集中处理试点工作，完成118个村庄环境综合整治。新建乡(镇)垃圾中转站55座，稳步推进农村生活垃圾清运、管理、处置城乡一体化。新建民房无害化卫生厕所配套率达95%以上，镇容村貌得到明显改观。

【超额完成村庄建设规划】 根据市委、市政府提出的“改造城中村、整治自然村、撤并零散村、保护特色村”的村庄建设整治要求，全年编制完成村庄建设规划115个，村庄平面布局规划803个，重点镇修建性详细规划2个，超额完成了省下达的任务。

【扬州第一批江苏省康居示范村】 按照党的十六届六中全会提出的建设社会主义新农村的总体目标，围绕“生产发展、生活宽裕、乡风文明、村容整洁、管理民主”的总体要求，根据省建设厅要求，通过一年的创建，我市的邗江区瓜洲镇建华村、江都市仙女镇横沟村、高邮市菱塘乡菱塘村、宝应县泾河镇曹坝村命名为第一批江苏省康居示范村。

【扬州首个村庄生活污水处理厂】 根据省建设厅布置，我市邗江区瓜洲镇建华村确定为全省十个村庄生活污水处理厂的试点，建华村污水处理工程采用的是“厌氧悬浮填料床－波式潜流人工湿地联合工艺”，整个污水处理工程设计规模为：人口1200人，处理污水总量100T/天，处理水为全部生活污水，无雨水混入。污水处理厂建成真正解决好农村生活污水处理问题，提高农村人居环境质量，为新农村建设和实施可持续发展做出了贡献。

【房地产业概况】 2007年是国家实施房地产宏观调控政策的落实年和推进年，在金融、土地、税收等方面细化了房地产宏观调控政策，采取信贷紧缩、提高准备率、加息、拍卖土地一次性交齐土地出让金等政策和措施，控制房价增速，抑制投资过热，稳定房地产市场秩序。我局积极深化和贯彻落实国家宏观调控政策，按照市《关于进一步调整住房供应结构稳定住房价格的通知》要求，严格执行《扬州市房地产发展规划(2005—2020)》、《扬州市房地产业发展第十一个五年专项规划》和《2006—2007扬州市住房建设规划》。坚持“总量控制、区域平衡”的原则，积极完善住房供应，重点发展满足居民自住需要需求的中低价位、中小套型普通商品住房，着力把“9070”比例要求落实到具体项目上。同时注重大力发展节能省地型建筑，加快房地业的结构调整和优化升级，不断提高住宅建设品质和品位，有力促进和保持了我市房地产业健康稳定发展。

【房地产开发投资】 2007年全市完成房地产开发投资106.48亿元,同比增长27.63%,增幅上升13.56个百分点,占全社会固定资产投资的14.83%。市区完成房地产开发投资56.56亿元,同比增长29.37%,增幅上升25.79个百分点,占全社会固定资产投资的20.7%,同比上升1.89个百分点。

【商品房开发建设】 2007年全市施工商品房932.64万m2,同比增长11.09%;新开工面积457.63万m2,同比增长4.15%;竣工商品房323.5万m2,同比增长8.52%;批准销售商品房439.75万m2,同比增长20.3%;合同销售商品房404.31万m2,同比增长22%,其中普通商品住房356万m2,同比增长16.5%。市区施工商品房472.85万m2,同比增长2.93%;新开工面积210.41万m2,同比下降4.58%;竣工商品房161.33万m2,同比增长1.36%;批准销售商品房213.04万m2,同比下降3.8%,其中商品住房177.84万m2,同比增长13.73%;合同销售商品房面积248.39万m2,同比增长33.88%,其中普通商品住房190.67万m2,同比增长52.98%;二手房成交86.99万m2,同比增长34.7%。全市90m2以下套型的商品住房施工面积72.64万m2;90—144m2套型的商品住房施工面积671.25万m2;144m2以上套型的商品住房施工面积36.03万m2。市区90m2以下套型的商品住房施工面积38.04万m2,合同成交面积21万m2;90—144m2套型的商品住房施工面积319.38万m2,合同成交面积142.16万m2;144m2以上套型的商品住房施工面积18.78万m2,合同成交面积51.93万m2。形成了以普通住房为主体、高档住房为补充的商品住房供应结构,满足了不同群体住房消费需求。

【商品房价格】 2007年全市商品房平均销售价格3727元/m^2,同比增长5.75%;普通商品住宅均价3498元/m^2,同比增长8.14%;二手房住宅均价2613元/m^2,同比增长7.3%。市区商品房平均销售价格4174.89元/m^2,同比增长2.74%;普通商品住宅均价3647.75元/m^2,同比增长8.17%;高档商品住房均价6155.86元/m^2,同比增长32.82%;商业用房均价6093.55元/m^2,同比下降6.86%;二手房住宅均价3384元/m^2,同比增长2.9%。

【住房保障工作】 2007年5月,我局组织市区4个区109个社区,向10000户居民发放了住房情况调查表,回收5600份,对市区的住房情况进行了抽样调查,较好地了解了市区居民的住房状况,特别是低收入家庭的住房情况。根据市政府第48次常务会议纪要精神,我局下发了《关于调整市区住房保障有关政策的通知》(扬政房[2007]38号),对廉租住房和低收入家庭购房补贴政策进行了调整,进一步扩大了保障范围,提高了保障标准,加大了保障力度。在廉租住房政策方面,一是将"常住户口10年以上"的条件调整为5年以上;二是将原来每人每月每平方米补贴12元,提高到16元,相应将原来每户月补贴不低于120元,提高到160元。在低收入家庭购房补贴政策方面,一是将原来的"实际购房面积低于补贴面积标准的,按实际购房面积计算补贴款"的政策调整为"实际购房面积低于面积标准的,仍按补贴面积标准计算补贴款(一人户除外)";二是将原来人均月收入低于600元的规定,调整为每年按比例提高,具体比例按市统计局公布的上年城市居民人均可支配收入增长的幅度计算,2007年调整为670元。根据调整的政策,我局深入兰苑、新城花园、凤凰等社区,搭台设点,广泛开展了以"构建和谐社区、加强住房保障"为主题的住房保障政策宣传工作,做到了家喻户晓,扩大了政策知晓面,增强了政策透明度。为方便群众进行廉租住房申请登记,我局积极开展住房保障进社区活动,及时报请政府批准同意在社区设立廉租住房保障登记窗口,由社区明确专人负责,并作为社区常年性工作任务之一,使居民不出社区就可以进行申请登记。2007年新增113户廉租住房保障家庭,超出历年累计总数。截止2007年底,累计有1022户低保特困住房困难家庭享受到了政策廉租住房保障,其中实物配租134户、租赁补贴207户、租金减免681户。在低收入家庭购房补贴发放方面,2007年有324户家庭领取了购房补贴凭证,超额完成全年300户的目标,截止2007年底,已累计有595户低收入家庭享受到了政府实施的"购房发补贴"这一惠民政策。

【深化住房制度改革】 扬州市已累计出售公房12.45万套,占可出售公房的98%,计746.91万㎡,售房款总额18.18亿元,其中市区已累计出售公房7万套,占可出售公房的98%,计421.11万㎡,售房款总额10.434亿元。2007年全市出售公房979套,计万5.873万㎡,售房款额1702万元,其中市区出售公房747套,计4.93万㎡,售房款额1436万元。加大资金筹集力度,认真落实住房补贴政策。全市累计发放老职工一次性住房补贴3.43万人,计6.93亿元,其中市区已累计发放老职工一次性住房补贴2.4万人,计5.2964亿元。2007年全市发放老职工一次性住房补贴4992人,计1.1947亿元,其中市区发放老职工一次性住房补贴3612人,计9637万元。

南通市城乡建设环境保护

【城镇建设概况】 加大城镇建设力度,中心城市功能和形象实现了新提升。进一步强化规划龙头作用,启动第四轮城市总体规划修编,完成城乡规划全覆盖任务;编制完成市域综合交通规划、城市近郊区控制性规划等16项规划。进一步做大做优城市,推进中心城市经营建设,市区"五环十四射"路网正在形成,主城区功能日趋完善;新城区雏形显现,北翼新城框架初步形成;继续整合濠河资源和完善周边绿化景观;高标准建成园艺博览园,大力推进五山景区整体开发。进一步提升管理水平,落实"公交优先"举措,加强市区交通管理,提高公交出行率;创新城市管理体制机制,全面推行市容环卫责任区管理,深入开展城市环境综合整治。

【城市设施建设】 市本级实施城建工程58项，先后完成通富路、通富大桥、城闸大桥等24项城建重点工程，滨江大桥、城山路改造、城北大道等跨年度项目按序时进度有力快速推进。大力实施园林绿化建设，在60条主次干道增补大树3万多株，建成“一环、三带、四园、六区、十路”和“十六个庭园单位、五十块绿地”。完成观音山污水处理厂、狼山水厂10万立方米/日的扩建工程和港闸区自来水老管网外管改造任务。年自来水总供水量2.2亿万立方米；年处理生活垃圾30万吨；年燃气供应总量8150万立方米；安装路灯1.1万盏，亮灯率达99.1%。

【村镇建设概况】 全面落实工业反哺农业、城市支持农村和多予少取放活的方针，以促进农民增收和加强农村投入为重点，以实施省“新农村建设十大工程”和“农村新五件实事”为主要抓手，深入推进新农村建设。农村综合改革稳步推进，村级公共服务中心建设快速突破。农村新五件实事进展良好，新建和改造农村公路1200公里、经济薄弱村硬质机耕路250公里；改扩建农村桥梁567座；疏浚农村河道246条段、完成土方2782万方，整治718个村的河塘、完成土方4408万方；完成农业实用技术培训24.1万人次、农村劳动力转移培训5.76万人次和农民创业培训1.3万人次；完成第二批乡镇文化站建设任务。“百村示范、千村整治”工程和小康示范村建设有效实施，“户集、村运、镇中转、县处理”的农村垃圾处理模式全面推广。农村绿化建设得到高度重视，新增成片造林面积18.9万亩，列江苏省第一，农村森林覆盖率达到16.2%。完成通(通州)如(如东)区域供水工程；启动如(如皋)海(海安)、启(启东)海(海门)区域供水工程，区域供水受益乡镇达56个，受益人口达337万人。

【集中居住区建设】 镇村布局规划基本实现全覆盖，900多个农民集居区开工建设，竣工房屋建筑面积353.6万平方米，共投入建设资金49.36亿元，先后有近3万户、10万人入住农民集中居住区。

【房地产业概况】 全市房地产业在宏观调控中继续稳步发展，市场秩序更趋规范。房地产业增加值109.97亿元，占地区生产总值的5.21%。房地产开发投资额137.43亿元，增长27.3%，其中，市区67.84亿元，增长25.9%。房屋施工面积1417.36万平方米，增长21.6%，其中，市区665.51万平方米，增长21.6%；竣工面积394.02万平方米，增长4.6%，其中，市区171.85万平方米，增长6%；销售面积518.29万平方米，增长9.5%，其中，市区244.26万平方米，增长4.9%。

【住宅保障体系】 市政府第61次常务会议研究解决市区低收入困难家庭住房困难等民生问题，明确提出针对全市六类对象，采取不同保障办法。一是对低收入家庭中的低保、特困等特定住房困难家庭采取廉租住房实物安置结合租金减免方式保障。廉租住房保障面积已达到人均建筑面积20平方米，在江苏省13个地级市中居于首位。市区廉租房累计实物安置68户，租金减免516户，减免租金50多万元。二是对低收入家庭中无购房能力的住房困难家庭，采取廉租住房租金补贴方式保障。市区发放廉租房补贴356.8万元，保障525户。三是对低收入家庭中有一定购房能力的住房困难家庭，采取供应经济适用房(保障性商品房)方式保障。《南通市区保障性商品房管理暂行办法》正式出台，市区组织建设限价格、限套型、限对象、限转让的保障性商品房，向家庭人均月收入低于900元、人均住房建筑面积低于15平方米、全部资产在低收入家庭年收入标准上限的6倍以下的家庭配售。四是对有购房能力的中低收入住房困难家庭，采取发放经济适用房政策性补贴资金和住房保障资金。全年发放2645.5万元，惠及1044户。五是对外来务工人员、新就业大学生及其他特殊住房困难群体，采取提供公共租屋等方式给予保障。从低价位商品房中购置公共租屋1万平方米，为新就业大学生提供公共租屋。针对外来务工人员住房困难建设的五一职工公寓竣工17000平方米。六是对拆迁户安置继续加大低价位商品房的供应量，逐步实现由“人等房”为“房等人”。新开工面积130万平方米，竣工面积80万平方米，6800多户拆迁户得到安置。

【房地产行政管理】 全年市政府常务会议7次研究住房保障工作和房地产市场及其他涉及房产管理方面的议题。第65次常务会议提出立足于建设社会和谐新南通，用好政府与市场“两只手”，推动房地产市场又好又快发展，切实解决好老百姓的住房问题；用市场手段、经济杠杆推动普通商品房平稳、健康发展。第67次常务会议提出促进市区房地产市场健康发展的五条措施：一是适度增加土地供应量；二是推动已出让地块加快建设步伐；三是提高土地利用效率；四是进一步规范房地产市场秩序；五是加强基础研究和市场预警。

【环境保护概况】 进一步巩固国家环境保护模范城市创建成果，继续推动苏中苏北第一个环保模范城市群建设，全面启动生态市、县创建。“城市环境综合整治定量考核”排名南通市连续四年位居江苏省第一、全国前列，海门市蝉联全省第一，如皋市、通州市分别位居江苏省第四和第五。《南通市生态市建设规划》和六县市的生态县(市)建设规划均编制完成。建成市级环境优美乡镇21个、生态村185个、绿色学校20所、绿色社区25个、绿色宾馆6家。超额完成二氧化硫和化学需氧量等主要污染物排放总量削减任务，制定的《2007年度南通市主要污染物总量削减方案》在江苏13个省辖市中唯一受到省环保厅表扬。深入推进“1668”行动计划和“双百”工程，资源能源利用水平不断提高。省级节水型试点市工作全面启动，市节水社会建设规划通过江苏省有关部门评审。严格耕地保护目标责任，连续16年实现占补平衡。

【地方性重要政策、法规】 出台《南通市企业环境行为信息公开管理暂行办法》、《化工集中区环境整治要求》；制定《南通市环保局行政处罚案审会规则》、《关于对“未批先建”项目加强环保监管的通知》；修改完善《行政处罚自由裁量细则》、《行政处罚程序》、《行政处罚委托程序》等。

【区域和流域化工企业污染防治】 结合化工行业整治要求，全面执行江苏省化工行业水污染物排放地方标准，对不能达到新排放标准的企业实行限期治理，对搬迁进区的化工项目从严把关，确保在排污总量削减的基础上，产业结构和企业环境管理水平得到提升。整治、关停和整顿32家“三高两低”企业和120家“五小”企业。

【区域和流域水污染防治】 推进水环境的综合整治和饮用水源保护区工作,对市区20多条河道进行集中排查,排查排污口300多个,封堵排口150处;积极开展饮用水源地保护专项行动,确保饮用水安全,南通港水厂、南通芦泾港水厂附近等水源地环境得到显著改善,水质得到明显提升。全市集中式饮用水源水质达标率一直保持100%。

【区域气污染防治】 进一步巩固“保护臭氧层示范城市”创建成果,对全市可能涉及使用消耗臭氧层物质近350家单位进行了全面调查,开展市级环境友好企业创建工作。推进市区“三产”油烟治理及浴室燃煤小锅炉的淘汰,督促360多家餐饮业主安装油烟净化装置和隔油装置,占市区规模以上餐饮业的95%以上;淘汰浴室燃煤小锅炉87台100余蒸吨,占市区浴室燃煤炉的98%以上。

(张启祥提供)

泰州市城乡建设与环境保护

【概况】 全年市区城建总投资84亿元。坡子街商业区正式营运,青年路改造二期、人民路改造一期工程完成,凤城河二期续建、市文化中心、高教园区二期和高港生态公园二期工程顺利实施。各辖市城区和重点中心镇建设加快,4个辖市城区建设投资完成130亿元,建成市级以上环境优美乡镇6个、生态村12个。城市化水平达47.6%,比上年提高1.5个百分点。

环境保护力度加大。认真落实环保目标责任制,突出抓好重点行业和企业污染减排工作,提前1年完成省交关闭100家化工企业任务。全年扩建污水收集管网68公里,全市23条主要河道47个段面中,优于国家Ⅲ类水质的断面占比上升到77%,比上年提高4个百分点。全市11家热电厂全部建成投运脱硫设备,完成化学需氧量(COD)减排6976吨、二氧化硫减排1.07万吨。全年植树造林11.1万亩,森林覆盖率12.4%,建成区绿化覆盖率40.1%,市区人均公共绿地面积8.26平方米,全市环境质量综合指数85.7分。市区空气质量良好天数达到324天,占全年总天数的88.8%。

杭州市城乡建设与环境保护

【城建投资】 加速推进城市基础设施的现代化建设,枢纽型、功能性、网络化重大基础设施建设实现突破。2007年,全市用于各项基础设施建设的投资达405.37亿元,占限额以上固定资产投资的比重为25.6%。实施并完成“五纵六路”道路综合整治工程全面完成。德胜快速路中段上塘河至机场路段高架和地面道路及上塘河至文汇路段正式通车。文一路、文二路、文三路和教工路、学院路综合整治全面展开。城市基础设施网络的不断完善,为进一步改善杭州投资环境、扩大对外开放、增强城市综合功能创造了有利条件。

【钱江新城建设】 围绕建设“杭州CBD、天堂新地标、服务业主平台”三大目标,坚持“高起点规划、高强度投入、高标准建设、高效能管理”的方针,钱江新城建设取得阶段性成果。完成钱江新城核心区一期、二期,新城二期扩容区块和钱江苑控规调整批复;完成国际会议中心、城市阳台、市民中心等一批重点项目的主体工程;启动了以市民公园、配套公建和安置房、周边道路等为重点内容的核心区二期工程建设。开发利用地下空间,核心区块地下空间建设规模达到120万平方米。中央商务区雏形已初步显现。

【数字城管】 扎实推进数字城管,提高问题解决率。目前,市区有172家城市管理网络单位与362个社区实现互联互通,拥有网络终端883个。城管许可与城管执法信息互通,数字城管与公安视频监控、市政桥梁在线监测、城市地下水资源监测及城区防汛决策系统实现对接,并对环卫作业车辆进行实时监管。完善“代整治”,深化服务功能,实行12319与数字城管并轨运行。建立了统一受理问题、多层协调处置模式和市、区、街道、社区协同工作机制,为第一时间发现问题、第一时间处置问题、第一时间解决问题打下了坚实基础。

【背街小巷改善】 街巷承载着杭州特有的历史文化,蕴藏着独特的人文内涵。历时4年,投入15.32亿元,对2172条街进行道路平整、排水设施改造、立面整治、绿化、照明设施改善等整修缮,受益居民192万人。背街小巷内的文化遗存占杭州市区的三成,仅历史建筑,经挖掘整理修复,由原来全城500多处增至1000余处。背街小巷的改善,不但优化了人居环境,促进了社会和谐,还传承了历史文脉,挖掘了街巷历史,弘扬了城市文化。

【公用事业】 公用事业综合服务水平不断提高。全年新增35千伏及以上变量容量376.94万千伏安,新增110千伏及以上线路281.14千米。全市用电量达到412.73亿千瓦时,增长12.8%。年末市区自来水日供水能力达到183万平方米,比上年增加5.6万立方米。年末市区居民家庭管道煤气用户为37.45万户,增长26.9%。

【环境保护】 不断加大环境保护和污染治理力度,整体生态环境继续改善。2007年,全市用于环保的资金投入达5.19亿元，增长23.9%。化学需氧量和二氧化硫排放量较上年分别下降4.85%和3.61%，二氧化硫排放达标率、工业废水排放达标率分别达到93.4%和73.2%。杭州市区空气质量达到二级和好于二级的天数为308天，比上年增加9天。全年新增园林绿地面积832万平方米，至年末，市区人均公园绿地面积12.18平方米，增长3.7%。 （陈 茜提供）

宁波市城乡建设与环境保护

【城市建设】 2007年，全市完成城市市政设施建设固定资产投资99.34亿元。城区路网框架加快形成，中心城区永达路、高速公路江北连接线东西向A段等道路建成通车，庆丰桥完成总工程量的70%，绕城高速公路连接线启动建设；"五路四桥"项目惊驾路江东段、江北段部分道路建成投用，通途路西段道路、城庄桥、机场桥、惊驾桥等项目有序推进；"五路一卡口"项目下应大道北段、宁南北路、沧海路等建成通车；中山路开明街地下通道和开明街北段等21个支路卡口项目建成投用。环保基础设施加快建设，北区污水处理厂及配套管网工程、岩东污水处理厂二期扩建工程基本建成并通水试运行；江南污水处理厂完成规划选址调整和工程可行性研究；江北城区污水管网改造工程开工建设，姚江城区段两岸截污纳管、邹家河等12条内河截污工程全面完成，宁波生化处理厂一期工程完成总工程量的80%。中心城区城市污水处理率达到75%，再生水利用率达到20%。供水系统加快完善，中心城区完成东钱湖水厂一期25万吨/日建设工程，城市供水能力达122万吨/日；皎口水库至毛家坪水厂原水引水工程全部完成，南线沿鄞州大道段和东线甬江过江管开始施工；姚江工业水厂累计完成总工程量的70%。加快城乡区域统筹进程，全面实施"东扩、北联、南统筹、中提升"区域发展战略，进一步完善市域城镇体系，全市城镇人口比重达到63.22%。东部新城国际中央商务区、三江中央商务区、科技文化创业区、南部商务区、都市文化旅游商贸区、宁波保税港区等区块加快推进；湾头休闲旅游区、长丰滨江休闲居住区、铁路南站客运枢纽区、镇海浙东生产性港口物流区等区块各项前期准备工作有序推进；余慈中心城总体规划、余慈地区城镇空间布局规划等完成编制并着手实施，余慈核心区环线客运方案基本确定，曹娥江引水工程等重大基础设施项目进展顺利，辉桥江整治、"断头路"打通等统筹工作取得初步成果。基本建立以廉租住房为重点、经济适用住房和经济租赁住房为辅助的住房保障新体系，全年完成住宅开发投资206亿元，新开工610万平方米，竣工339万平方米，人均住宅建筑面积达到40.61平方米。

【城市环境质量】 2007年，宁波市环境质量总体稳定，姚江水环境等局部地区有所改善，顺利通过国家环保模范城市复查。新建和扩建污水处理厂11座，新增处理能力16万吨/日；建设并投入使用电力脱硫工程3家，非电脱硫治理工程3家；关闭"双高"企业40余家，COD削减量为1.173万吨（净削减量为0.783万吨），SO_2削减量为12.63万吨（净削减量为6.612万吨），COD和SO_2排放量分别下降15个百分点和31个百分点。大力开展强制性清洁生产审核，完成39家污染企业的审核，配合完成20家省控重点企业的清洁生产审核。市区垃圾无害化处理率达到98.68%，建成乡镇垃圾中转站36座，2493个村实施垃圾集中收集。完成全市建制镇以上合格、规范化饮用水源保护区创建工作，全面排查90个集中式饮用水源地环境状况，责令16家排污单位限期关闭或搬迁，清理250家嫩竹造纸作坊。先后共发放排污许可证609份，收集处置101160吨工业危险废物、7613吨医疗废物，出动检查人员1680人次，检查各类辐射工作单位419家次。至2007年底，全市建成6个全国环境优美乡镇，42个省级生态镇（不包括已获命名的全国环境优美镇），51个市级生态乡镇（街道）和253个生态村，累计建成环保模范单位297家，省级生态监护站18个，省级"保护母亲河号"23个，省级生态环境教育基地7个。

（谢敏依 张 磊）

湖州市城乡建设与环境保护

【概况】 中心城市建设步伐加快，太湖度假区、东部新区、南浔城区、仁皇山新区、湖东西区、西南分区等建设进程加快，人民路、苕溪路、太湖路等道路拓改工程顺利完成。中心城市建成区面积74.4平方公里，人均道路面积达到34.1平方米，人均公共绿地面积12.8平方米，绿化覆盖率达到36.6%。

【节能减排】 初步统计，万元生产总值综合能耗、规模以上工业万元增加值能耗分别下降4.5%和8.5%，化学需氧量和二氧化硫排放量削减率达到5.09%和5.94%，二氧化硫排放达标率、工业废水排放达标率分别达到97.6%和95.7%。中心城区综合污水处理率81.6%，生活污水处理率85.3%，生活垃圾无害化处理率达100%。全市2302个医疗点医疗固体废物收集率和处理率均达到100%；四大水系水质基本达到Ⅲ类水质标准，市界出界水质达标率为72.6%，其中地表水交界断面水质Ⅱ、Ⅲ类水达标率为62.7%，分别比上年提高4.4个、9.2个百分点；满足功能区要求水质达标率56.0%，比上年提高10.5个百分点。市区环境空气质量优良率达到91.0%，比上年提高1.7个百分点。全市已拥有18个国家环境优美乡镇、33个省级生态乡镇、25个市级生态乡镇、101个市级生态村，拥有通过清洁生产审核验收企业141家、省级绿色企业25家、省级绿色饭店17家、省级绿色学校43所。

嘉兴市城乡建设与环境保护

【城市建设】 2007年,嘉兴市规划与建设部门围绕"坚定不移地走新型城市化道路,加快建设现代化网络型大城市"总体目标,按照"强规划、兴建筑、稳房产、优环境、惠百姓、提素质"总体要求,城市建设重点从外延的扩张向内涵的提升转变,从粗放型发展向集约型发展转变,从塑造城市形象向注重惠民工程转变,城乡建设事业快速发展。

加大城乡规划编制力度。2007年,嘉兴市加快中心城市建设,培育壮大中、小城市,扶持发展中心镇,整合一般建制镇和中心村建设,市域已初步形成以中心城区为主中心、5县(市)城区和滨海新城为副中心,以中心镇和一般建制镇为支撑,一主多副、功能互补的现代化网络型大城市框架。全市各县(市)域总体规划基本完成。市区以新一轮城市总体规划为指导,全面开展中心城区控制性详细规划的编制,进一步加快城市重点地段的城市设计;完成嘉兴市区近期建设规划,编制年度城建项目建设计划。城乡规划管理进一步加强,全面推行"阳光规划"。基础测绘工作不断加强,加快"数字嘉兴"地理空间框架建设。深入实施"百村示范、千村整治",村镇基础设施及环境不断改善。

推进惠民实事工程。2007年,根据市政府《关于2007年嘉兴市区城市建设工作规划的通知》,市区共安排政府指令性计划项目201项,包括老区改造安居工程72项、道路畅通工程70项、设施完善工程30项、特色营造工程29项,计划投资42.47亿元。年内,工程项目已完成37项、正在实施119项、进入工程前期工作45项;完成投资30亿元,占计划投资总额的70.6%。同时,不断完善政府廉租房和经济适用房制度,全市全年新建经济适用房11.9万平方米;继续完善以实物分配、租金补贴和公房租金减免等多种方式相结合的廉租房保障体系,城市低收入家庭的住房条件得到改善。

建筑业呈现快速发展态势。2007年,全市完成建筑业总产值271.30亿元、上缴税金7.25亿元、实现利润6.44亿元,分别比上年增长49.1%、35.5%、31.4%。产业结构不断优化,企业实力明显增强,质量安全管理水平不断提高,建筑节能整体推进,全市新建居住建筑和公共建筑全部达到节能50%标准。房地产业保持稳定发展。全年全市完成房地产开发投资147.74亿元、新开工面积522万平方米、销售面积418.3万平方米,分别比上年增长25.1%、20.8%、16%。开展专项检查,进一步整顿规范市场秩序;加强中介机构管理,引导行业自律;合理规划房地产开发总量和结构,加大中小户型住房建设比重;推进"宜居城市"品牌建设,住宅小区质量和物业管理水平得到提升。

市政公用事业取得进展。2007年,南郊贯泾港水厂建成供水,城市供水能力显著增强,城乡一体化供水步伐加快;燃气管道用户不断扩大,天然气"德嘉线"前期工作加快推进;城乡垃圾一体化集中处理成效明显,改建扩建市区垃圾焚烧厂,新建改建一批垃圾中转站和公共厕所。推进园林城市创建工作,全市5个县(市)城区实现浙江省园林城市"满堂红";市区推进园林绿化小品景点建设,初步建成200个街景园林小品,完成范蠡湖公园改造,全面启动嘉兴植物园建设,成功创建全国绿化模范城市。开展对全市白蚁防治工程质量检查,共完成新建房屋白蚁预防施工项目1338个、建筑面积1257.6万平方米,完成白蚁灭治施工669户(处)、建筑面积8.4万平方米,并首次应用"有害生物综合防治"新技术。编制完成《嘉兴市城市建设档案事业"十一五"规划(2006～2010年)》,全年验收合格档案753个工程,整理、分类、编目、上架案卷10743卷,城建档案馆藏量增加到85047卷。

加强规划建设部门自身建设。2007年,市规划与建设部门履行管理协调监督职能,着力推进城建项目建设进程,专门成立市区项目推进办公室,建立项目监督、工作例会、情况通报制度,定期召开专题协调会。加强城建队伍建设,组织"建设讲坛"9期,累计受训1318人次;举办各类培训班56期,累计培训9825人;组织市级塔式起重机和室内装饰设计技能比赛,92人获得高级工证书、4人获得中级工证书、10人获得嘉兴市技能操作能手称号,3人被聘任为嘉兴市第二批职业技能带头人。做好工程技术人员职称、科技科研和推广项目的评审推荐工作,全市建设系统工程类专业技术人员取得初级职称27人、中级职称168人,推荐参加高级职称评审63人;市建设科技科研和推广项目17项,其中6项推荐列入省建设厅科技科研和推广项目。开展"五五"普法宣传教育和执法监督检查,举办建设法律法规实施纪念日、宣传周活动,组织全市建设系统131名执法人员进行建设法律法规培训;加强执法监督检查,全年立案查处商品房违规销售1件、违反建筑工程施工许可管理4件。

【环境保护】 2007年,全市环境保护工作坚持科学发展观,全面落实节能减排工作,深入推进"811"环境污染整治,环境保护工作取得明显成绩,生态建设取得新进展。年内,节能减排完成阶段性任务,全市万元生产总值综合能耗下降4.05%,化学需氧量排放量下降4.97%,二氧化硫排放量下降3.65%。水环境质量有所改善,水环境恶化趋势得到遏制,全市61个水体断面高锰酸盐指数、氨氮和总磷的年均值均比上年有不同程度下降,出入境水质指标差距缩小。环保基础设施建设得到加强,市联合污水处理厂二期基本具备并网通水条件,桐乡第二污水处理厂等建成使用,平湖生活垃圾焚烧发电厂等建设稳步推进。率先完成水和大气污染源自动监控点建设任务,233个自动监测点全部实现与省联网。环保工作机制日益健全,制定实施排污权有偿使用和交易制度,在全国率先建立排污权储备交易中心,完成交易额1700多万元。实施交叉飞行监测,加大对450家重点污染源现场执法检查力度,建立查处环境违法违纪案件联动协作机制,对违法排污"零容忍"。推行绿色信贷试点,出台《嘉兴市环保信用不良企业公示管理试行办法》、《关于嘉兴市进一步推进金融支持节能环保工作指导意见》、《嘉兴市整治不法排污环境宣传实施意见》。强化新闻舆论监督，组建环保志愿者队伍，组织市民参与环境违法企业治理验收，全民环保意识不断增强。 （付冬花）

绍兴市城乡建设与环境保护

【城市建设续写新篇章】 八字桥历史街区风貌整合工程（一期）、北海桥直街传统民居保护修缮工程等完成建设，迎恩门环境改造工程、越王城保护整合工程和鲁迅故里二期等工程全面启动建设。市区200多个旧老小区和15条内河清淤整治改造全面完成，市区生活污水收集率进一步提高，达到73%以上。

【县（市）域总规编制工作全面推进】 全年全市县（市）域总体规划编制工作由试点转为全面完成。各县（市）完成了县（市）域总体规划初稿，进入审批阶段。通过规划，科学划定了建设和非建设用地，整合了各部门规划，实现了与土地利用总体规划的无缝衔接，增强了规划实施的可行性，优化了基础设施布局，改变了粗放型空间发展模式，带动了规划理念的转变，实现了规划的调控范围从城市转向城乡一体，规划管理方式从建设项目管理转向城乡空间管理的转变。

【房地产业稳定发展】 全市房地产开发投资1785888万元，同比增长38.90%；商品房销售额2417694万元，同比增长42.50%；商品房销售建筑面积478.08万平方米，同比增长23.50%；房地产开发施工面积1663.76万平方米，同比增长22.40%。

【市区物业管理规范发展】 制订出台了《绍兴市区前期物业管理招标投标管理办法》等物业管理配套文件和21个示范文本；实行前期物业管理招投标制度和物管企业不良行为的考评；指导组建了风和苑等9个业主委员会，全年新增物管小区（大厦）面积71万平方米，并开展创优达标评选活动。

【出台《绍兴市区廉租住房保障办法》】 为进一步完善市区廉租住房保障办法，保障市区低收入家庭的基本住房需要，10月，市政府正式出台了《绍兴市区廉租住房保障办法》。办法对申请廉租住房保障的条件、保障形式、负责机构、资金来源及用途、申请程序、补贴标准等各方面都作了详细的规定。与此前实施的《绍兴市区廉租住房配租管理实施意见》和《绍兴市区廉租住房保障实施细则》相比，除将资金来源中市区土地出让净收益中提取的部分增加到10%以外，在保障对象的范围和租赁补贴标准等方面，均有了进一步的扩大和提高。

【绍兴被列入创建国家生态园林城市试点城市】 绍兴市被建设部列入11个创建国家生态园林城市试点城市，并作为2007年联合国人居奖申报候选城市由建设部报联合国人居署。2007年，全市又有7个乡镇通过了国家环境优美乡镇创建预验收，23个乡镇成为省级生态乡镇，有6家企业被评为“省级绿色企业”，有2家企业被推荐为国家级环境友好企业，34家企业被评为绍兴市环境友好企业。

【绍兴市在全国城市环境综合考核中位居前列】 6月14日，国家环保总局公布了2006年度全国城市环境综合整治定量考核结果，同时发布了《2006年国家城市环境管理和综合整治年度报告》。在公布的全国595个城市的考核结果中，绍兴城市环境管理和综合整治成绩优良，有5项主要指标均名列全国前列，其中生活垃圾无害处理率、医疗危险废物集中处置率达100%，建成区绿化覆盖率达44.89%，位居全国第7；API≤100的天数占全年天数比例、城市生活污水集中处理率分列全国第46位和第41位。各项成绩的靠前，使绍兴在浙江省参加考核的11个地级市中，综合排名列第1位。同时，诸暨市、上虞市、绍兴县、嵊州市也参加了县级市考核排名，其中诸暨市、上虞市考核成绩均为优秀。

【生态景观不断优化】 古城保护和江南水乡景观建设不断深化，大力开展绿色林带工程、生态公益林工程、城市绿化工程等，全市森林覆盖率已达51.80%，建成自然保护（小）区35个，总面积达1.196万公顷。市区先后投入10亿多元完成了总面积近200万平方米的7个历史街区修复、整治工程，绍兴“人文、生态、宜居”的特色进一步彰显。

【生态环境不断改善】 绍兴污水处理三期工程建成运行，落后产能加快淘汰，区域（流域）污染得到有效控制；水利工程建设和水环境整治取得积极进展，曹娥江大闸闸室主体建成通水，大环河西河（一期）河道工程基本建成，市区曹娥江引水工程加快推进，三湖（青甸湖、大滩、迪荡湖）连通工程、新桥江疏浚整治工程开工建设，清水工程扎实推进，清理河道302公里，解决和改善农村饮水困难人口36万；绿地率、绿化覆盖率进一步提高，新建绿色林带251公里、生态公益林5.06万公顷，被命名为“浙江省绿化模范城市”。全市所有乡镇开展了生态乡镇创建工作，已建成全国环境优美乡镇12个、省级生态乡镇40个，市级生态乡镇23个。生态环境有效改善，进入全国创建生态市试点。 （李月娟提供）

舟山市城乡建设与环境保护

【城市建设】 城市建设继续加快。年末全市城市建成区面积58.13平方公里,实有城市道路面积483万平方米,排水管道长度636公里。全年城区供水总量4947万立方米。液化石油气供气总量2.6万吨,管道煤气供气总量931万立方米。年末实有公共汽车运营车辆569辆,运营线路网长度247公里。全年城市污水集中处理率为61.50%,城市生活垃圾无害化处理率83.61%。

【城市环境质量】 全面开展生态市建设,不断强化节能降耗工作,积极实施青山绿水、蓝天碧海工程和生态廊道建设工程,城市环境质量明显改善。2007年全市单位GDP综合能耗降低率为4.55%,规模以上工业单位增加值能耗降低率10.5%。城市空气质量全年符合二级以上标准,其中符合国家一级标准的天数占37.3%。城市集中式饮用水源水质达标率100%,水环境功能区水质达标率59.1%。环境噪声达标区总面积25.43平方公里,烟尘控制区总面积51.31平方公里。化学需氧量(COD)排放量下降5.07%,二氧化硫(SO_2)排放量下降3.79%。年末重点生态公益林建成面积累计达到18.5万亩。建成区绿化覆盖率达到38.35%,绿地率33.73%。城市人均公园绿地面积13.43平方米。全年完成示范整治村63个,其中示范村15个。新建乡镇垃圾中转站4个,渔农村垃圾集中处理乡镇16个。完成清水河道建设135公里,渔农村改水受益率达到96.4%,渔农村卫生厕所普及率64.9%。全年全市近岸海域20个海水水质监测点监测面积19224平方公里,其中达到国家一、二类海水水质标准的海域面积占14.3%,三类海水的海域占9.5%,四类和劣四类海水的海域占76.2%。近岸海域环境功能区达标率为7.8%。全年舟山海域共发生赤潮11次,累计赤潮面积1500平方公里。

【渔农村建设】 近年来,舟山市认真贯彻落实科学发展观和建设社会主义新农村要求,始终坚持统筹城乡发展这条主线,精心设计实施"暖人心、促发展"工程、建立渔农村新社区和创建渔农村小康社区三大载体,紧紧围绕提高渔农民收入和生活质量、提高渔农民素质、保障渔农民权益三大中心,着力抓好渔农村工作,构建渔农村和谐社会,全市渔农村各项社会事业取得了可喜的成绩。渔农民收入呈现快速增长的良好势头。2007年全年渔农村居民人均纯收入9725元,比上年增长16.7%。其中,渔村居民人均纯收入10047元,增长14.4%;农村居民人均纯收入9584元,增长18.1%。城乡居民收入比进一步缩小,由上年的2.10:1缩小到2.04:1。渔农村居民人均生活消费支出7388元,比上年增长19.2%。渔农村居民恩格尔系数为38.8%,比上年下降2.4个百分点。渔农村居民人均住房面积达到46.28平方米。实施"暖促"工程取得明显成效。自2003年实施"暖促"工程以来,渔农民就业培训保障工作全面推进,初步建立起渔农民就业援助组织和渔农村劳动力信息管理网络。年末渔农村实有劳动力38.20万人,比上年增加1.29万人。其中从事第一产业的劳动力11.57万人,减少1.07万人;从事第二、第三产业的劳动力26.63万人,增加2.36万人,占全部渔农村劳动力的比重为69.7%,比上年提高3.9个百分点。新渔农村建设投入不断加大。全年市、县(区)、乡镇三级财政投入新渔农村建设资金11.71亿元,比上年增长32.9%。全市首批37个渔农村小康社区通过了考核验收。 (任爱珍　张　磊)

台州市城乡建设与环境保护

【城乡发展渐趋协调】 在全省率先编制新农村建设规划纲要,新编村庄建设规划1010个,加大"三农"扶持力度,全市安排农业支出7亿元,增长14.4%,财政支农资金增量为上年的3.4倍。康庄工程全面完成,公路通村率达96%,通村公路硬化率达89%。3125个行政村建立了垃圾收集点和环卫清扫保洁队伍。"十万农民信箱"工程提前两年完成。农村教育、文化、卫生、社保和信息化建设得到较快发展。通过承办全省"山海协作"系列活动,"南北协作"加快推进,北部新经济增长板块效应开始显现。高度重视扶贫开发工作,制定黄岩西部山区发展规划和扶持政策,加快大陈岛开发步伐。推进新型城市化,三区分区规划和各项专业规划基本完成,中心城市建设有序推进,椒江解放南路区块、黄岩商业街区、路桥新城核心区块拆建进度加快,市老年活动中心和体育中心游泳馆、椒江体操馆和黄岩射击馆建成投用,市府大道西延、白云山隧道等工程动工建设;采取有效措施促进东商务区繁荣;扎实开展"多城同创"活动和"数字城管"试点,环境卫生、交通秩序等六项整治成效明显,城市绿化、亮化、净化和美化工作取得新进展;"绿心"开发与保护继续推进。县域城市和中心镇建设力度加大,面貌不断改观。

【能耗·环境保护】 节能降耗和环境保护工作取得积极成效。2007年,全市万元生产总值综合能耗预计比上年下降4.0%,全年化学需氧量和二氧化硫排放量分别比上年下降5.0%和4.69%。全市地表水满足水域功能达标率为51.7%,比上年提高5.1个百分点,城市空气综合污染指数1.55%。全市工业废水排放达标率为91.0%,工业固体废物综合利用率为96.0%。目前已建成规范化合格饮用水源保护区38个。全市九个县(市、区)均已有了污水处理厂,城镇生活污水处理率达63.4%。2007年,市区环境空气质量达到二级标准以上的天数有348天,占全年总天数的95.3%。（王伟峰）

马鞍山市城乡建设环境保护

【城镇建设概况】 2007年完成城市建设投资58亿元,其中基础设施建设11.7亿元,房地产开发34.7亿元,小城镇建设11.5亿元。建筑业和房地产业持续较快发展,建筑业完成总产值95亿元,增长5%;实现增加值22亿元,增长8.4%。全市建设领域质量、安全和节能减排工作以及城市建设地下管线档案管理工作受到建设部、省建设厅执法检查组的充分肯定,获建设部全国城市节水优秀范例奖,华菱汽车办公楼装饰工程荣获全国建筑装饰金奖。完成全市22.2万套住房入户调查,组织首届城市公共交通周及无车日活动,开展打击盗用城市公共供水、供电、供气和偷盗破坏基础设施违法犯罪行为专项活动。

【城市设施建设】 推进霍里山大道等7条新建城市道路建设,改造天门大道中段、雨田路等道路工程。全面组织实施以湖南路沿街立面综合整治为重点的一批主干道维修改造工程,完成化工路"白加黑"改造、艳阳路桥及恒兴桥两座危桥改造工程。实行"以奖代补"方式,完成了三区15条二级道路的维修改造工程。整治完成杨桥沟水系、雨山明渠截污、九亩沟水系截污等水环境治理工程,葛羊路提升泵站主体工程全面完成。王家山污水处理厂建成投入使用,城市污水日处理能力提高到18万吨以上。坚持绿化调整和充实提高相结合,城市园林绿化管养水平实现新提高,对雨山路、湖东南路、湖西南路、太白大道等城区道路绿化进行提高,栽植乔木6300多株,全面提升主干道路的绿化景观效果。改建珍珠广场、紫霞路等6处游园,建成真趣园、朱然游园等园林景观工程。雨山湖生态治理工作进一步加强,始终保持四类以上水质。完成徐培晨艺术馆建设任务。《采石风景区总体规划》正式通过国务院审批,太白楼维修工程有序推进。慈湖路、电业路等8条道路通过可研评审,雨山路改造完成设计初审。

【村镇建设概况】 2007年,全市推进27个小城镇建设重点项目,完成小城镇建设投资11.55亿元,其中完成住宅建设投资3.91亿元,公共建筑建设投资1.06亿元,生产性建设投资4.50亿元,市政公用设施投资2.08亿元。全市村庄完成建设投资4.61亿元,其中完成住宅建设投资1.79亿元,公共建筑建设投资0.43亿元,生产性建设投资1.07亿元,市政公用设施投资1.32亿元。

【设施建设】 建成博望镇西工业干道、丹阳蒙牛大道、太白镇区主干道、塘南工业区道路、石桥双桥南路、乌溪创新路、向山向东路等一批集镇骨干道路;新建和续建博望镇刃模具大市场、丹阳镇边贸大市场、护河农贸市场等一批综合和专业集贸市场;新建和完善黄池稠塘公园、新市民俗广场等一批集镇休闲、娱乐广场和公园;新建、改建、扩建黄池镇中心卫生院、太白镇、霍里镇敬老院等卫生院(室)、敬老院;完成年陡乡35kV变电所及农村供电线路改造;实施博望镇压缩天然气供气工程;全面完成村村通水泥路和农村安全饮用水工程;在市区乡镇、城乡结合部、城中村和新农村建设示范点实施农村生活垃圾集中处理,配备乡村保洁人员413名,购置垃圾运输车辆70辆,建垃圾池1000余座,覆盖近600个自然村,受益农民达10.5万余人。全市小城镇道路426公里,绿化覆盖率16.23%,自来水普及率达100%,各乡镇设有液化气供应站、点,用气率达100%。集中供水的行政村223个,占全市行政村的92.53%;通公交或客运班车的行政村153个,占63.49%;主要道路硬化的行政村236个,占97.93%。

【房屋建设】 2007年,全市小城镇新增住宅建筑面积21.12万平方米,新增公共建筑面积7.80万平方米,新增生产性建筑面积24.40万平方米;全市村庄新增住宅建筑面积30.06万平方米,新增公共建筑面积3.71万平方米,新增生产性建筑面积10.89万平方米。年末,全市小城镇实有住宅建筑面积522.96万平方米,人均住宅建筑面积29.65平方米,其中混合结构以上的住宅建筑面积为481.72万平方米;实有公共建筑面积75.46万平方米,混合结构以上公共建筑面积68.13万平方米;实有生产性建筑面积281.03万平方米,混合结构以上生产性建筑面积242.86万平方米;全市村庄实有住宅建筑面积1995.99万平方米,人均住宅建筑面积34.43平方米,其中混合结构以上的住宅建筑面积为1662.89万平方米;实有公共建筑面积94.23万平方米,混合结构以上公共建筑面积76.73万平方米;实有生产性建筑面积105.97万平方米,混合结构以上生产性建筑面积77.29万平方米。

【房地产业概况】 2007年,马鞍山市认真执行国家房地产宏观调控政策,努力提高城市住房保障能力,基本形成廉租房、经济适用房、普通商品房、农民安置房等多元化住房供应结构,全市房地产业保持持续健康发展的良好形势。

【房地产投资】 截至2007年底,全市房地产开发企业168家,其中,资质等级二级10家、三级49家、四级15家、暂定级94家。全年完成房地产开发投资34.7亿元,同比增长12.6%,完成房地产开发施工面积485万平方米,房地产新开工面积191万平方米,房地产竣工面积225万平方米。

【商品房开发建设】 开发建设了东方明珠、春晖家园、国际华城、康泰佳苑、西湖花园、瑞慈花园、康嘉大景城、格林春天花园等一批档次和标准较高的住宅小区。2007年全市房地产交易总额54.4亿元,其中新建商品房交易面积164.2万平方米,交易金额45.5亿元,存量房交易面积44.4万平方米,交易金额8.9亿元。全年完成房地产业税收4012亿元,同比增长47%;

房地产契税1.17亿元,同比增长73%。全年共办理商品房合同登记备案20542起,备案面积214.8万平方米,共办理各类房地产权属登记手续30080起,登记面积501.59万平方米,办理房屋租赁登记备案登记4722起,面积90.28万平方米。

【住宅保障体系】　认真落实廉租补贴工作,2007年共向符合条件的476户1385人发放廉租住房补贴86.34万元,实现了应保尽保的目标。将廉租住房补贴向低收入家庭延伸,出台《关于向低收入住房困难家庭发放租金补贴的实施意见》,对全市人均年收入5000元以下且家庭人均住房面积13平方米以下的家庭,按所差面积发放住房租金补贴,标准为每月每平方米5元。全年开工建设216套廉租住房,实施危旧房改造项目22个,改造危旧房30.94万平方米。

【房地产行政管理】　加强房地产开发企业资质管理,对全市房地产开发企业资质进行检查核验换证,7家企业升级,2家企业降级,取消不合格的房地产企业12家,完成13家新申报企业审核报批工作。强化房地产开发项目管理,全年共完成在建房地产开发项目手册核验工作130次,完成5个项目竣工资料备案存档工作,出具《房地产开发项目建设条件意见书》4份,审核并出具25%投资证明62份,准予销售面积110多万平方米。完成全市住房调查的数据录入、统计和分析,修改了马鞍山市人均住房面积指标。开展集体土地上房屋权属登记发证工作,出台《关于开展集体土地上房屋权属登记工作的实施意见》及有关具体政策的通知,已完成首批6个村的分组平面图和分户平面图测绘。依法实施房屋拆迁安置工作,强化拆迁行政审批管理,依法从源头上维护拆迁当事人的合法利益,2007年共发放拆迁许可证20份,拆迁总建筑面积26.85万平方米。加强拆迁行政裁决,全年共受理拆迁行政裁决42起,经调解达成协议10起,裁决12起,未发生一起强拆。

【物业管理】　组织开展全市亮化设施修复增设工作,对所有住宅区需要维修的亮化设施维修到位,对所有需要增设的亮化设施增设到位,共计修复路灯866盏,楼道灯11463盏,新增路灯1609盏,楼道灯1646盏。印发《关于业主大会及筹备工作指导意见》,对任期届满的62个业主委员会进行了集中换届,对新建成入住的小区及时组织召开业主大会,成立业主委员会。进一步加强对业主委员会的指导,组织开展对业主委员会主任和执行秘书的培训,指导业主委员会依法履行职责,正确维护业主合法权益。印发《创文明物业活动方案》,召开全市动员大会,组织全市物业管理企业不断规范自身服务行为,提高服务水平。成立20个物业管理督查组,不定期对每个物业小区创建情况进行督查。严格实行新建小区交付使用核准制度,确保新建小区能够按照规划方案建设到位、配套到位、移交到位,全年共核发了34份《新建住宅符合交付使用条件证明书》。组织开展全市住宅小区物业管理用房等配套设施清理、登记,建立公建配套设施档案,依法维护广大业主的合法权益。

【规范房地产市场】　开展房地产专项整治,对全市156家房地产开发企业、93个房地产开发项目、3家房屋拆迁单位、53家房地产中介机构、75家物业服务企业进行了检查,及时纠正违法违规行为,进一步规范房地产市场秩序。

（董昭武　周　宇）

梅梁湖景区山环水抱的湖湾风光

长三角各成员城市间合作交流将更加紧密前景将更加美好

上海市常务副市长　冯国勤

（在长江三角洲城市经济协调会第八次会议上致辞）

值此长江三角洲城市经济协调会第八次会议在龙城常州召开之际，我仅代表上海市人民政府向大会的召开表示热烈的祝贺！并对长期以来关心支持长三角工作的国家发展改革委员会的领导，对关心支持上海发展的江苏省、浙江省和长江三角洲的兄弟城市以及环渤海和环珠三角兄弟地区的代表表示衷心的感谢！

改革开放之天时，江海交汇之地利，长江三角洲凭借特有的区域优势和人员关系，以及悠久的文化底蕴，雄厚的综合实力，强劲的辐射能力和巨大的发展潜力，已经成为中国经济最发达的地区之一，也已经跻身世界大城市群的行列，是我国整体区域发展战略中的重要组成部分。当前，长三角区域经济发展的条件更加成熟，机遇前所未有。在最近召开的党的十七大会议上，胡锦涛总书记在报告中明确指出要继续推进区域协调发展，特别指出要以特大城市为依托形成辐射主引导的城市群，新的经济增长节。温家宝总理今年五月主持召开了长江三角洲地区经济协调发展座谈会，对长三角地区实现率先发展，科学发展提出了新的更高的要求，这为长三角协调发展注入了强劲的动力，国家有关部门还领衔主编了《关于进一步推进长江三角洲地区改革开放和经济社会发展的指导意见》，《长江三角洲地区区域规划》也即将出台。长江三角洲地区在交通、能源、科技、环保、人才、市场、产业、旅游、通讯等20多个领域的合作取得了较大的进步，今后三年世博会的召开也继续为长三角的发展提供了重要的契机。长江三角洲城市经济协调会自1996年成立以来，已经走过了11年历程。11年里，长三角经济协调会始终坚持以邓小平理论，“三个代表”重要思想为指导，长江三角洲城市经济协调会以科学发展观为统领，认真贯彻国家区域发展的总体战略，在两省一市各级领导和各部门的大力支持下，通过各成员城市的共同努力，有效地推动了城市间的政府、企业和社会各界的交流和合作，积极推进了经济、社会、文化各个领域的交流，同时长三角协调会从区域发展的大局出发，在沟通交流的基础上，逐步形成了区域合作的共识。今天上午我们十六城市召开内部会议的时候，大家对这一点比十一年前的认识更加为一致，更加为强烈！在专题合作的基础上，推进了制度层面的衔接；在共同协商的基础上，促进了形成了规范高效的运作机制，实现了长三角协调会从时务性推进、局部性协调向政策性对接和全方位合作进行转变。为实现长三角区域合作的持续、健康和协调发展奠定了扎实的基础。在今年11月30号，在上海召开了沪苏浙主要领导的座谈会，总结交流了近几年长三角地区合作交流的成果，研究商讨了进一步推动长三角联动发展、协调发展的工作重点和措施。会后两省一市还以提升长三角地区整体国际竞争力为主题，联合召开了国际研讨会，进一步吸收了国内外专家的真知灼见，借鉴了世界上城市群成功的发展经验，以更加开放的视野使长三角经济发展进入了一个新的时代。同时，我们也知道，面对新的形势要开创新的思路，也向我们提出了长三角城市群发展的新要求和新任务，来共同谋划长三角地区更好、更快地发展。今天在常州召开的第八次会议,我们以落实沪苏浙主要领导座谈会精神,推进成三角地区协调发展为主题,共同研究贯彻落实党的十七大精神和温家宝总理在长三角地区经济社会发展座谈会上的讲话要求,落实沪苏浙主要领导的工作部署,推动完善区域合作机制,迅速加强协调会发展的举措。原来我们两省一市有四个专题,依次是科技、交通、环保、能源这四个专题,这次在沪苏浙主要领导座谈会上两省一市的有关方面的负责同志汇报了四个专题的进展情况。面对新的形势和新的任务,两省一市的领导又提出来六个专题:如何完善创新体制的一体化的问题,如何完善对外开放的一体化问题,这两个是我们江苏来牵头的;还有,如何解决市场一体化和信息一体化,这两个课题是浙江牵头;如何解决政策和法规的壁垒,打通政策和法规的瓶颈和建立联合联动的机制,这是我们上海牵头。这样一共有十个专题,除此之外,刚才我也说了,我们长三角还有二十几个专题需要研究推进,所以我们想以这次即第八次会议为契机,更紧密地联合起来,共同致力于优化长三角地区协调发展的大环境,努力使长三角地区实现产业互补、市场相通、体制相容、资源共享、交通共连、人才互通,形成互利共赢、各得其所、相得益彰的发展格局。为增强长三角地区的综合竞争力,提升我国的经济实力和综合国力以及国际竞争力,做出我们应有的更大贡献!我们相信,在与会各方的共同努力下,上海和长三角各成员城市间的交流将更加紧密,前景将更加美好!

积极推进长江三角洲地区经济和社会的一体化进程

江苏省副省长　赵克志

(在长江三角洲城市经济协调会第八次会议上讲话)

在全国上下深入贯彻党的十七大和中央工作精神的新形式下,长江三角洲城市经济协调会第八次会议在常州召开,这是继11月30日沪苏浙三省市主要领导座谈会,12月1日长三角地区发展国际研讨会以来的又一次重要会议,特别是国家发改委的陈司长,上海市的冯国勤市长在百忙中出席并主持了今天上午的会议。在此,我代表江苏省委省政府向出席会议的各位领导和代表表示热烈的欢迎!向长期以来关心支持江苏工作的国家发改委、上海市、浙江省的领导和同志们表示衷心的感谢!

多年来,长江三角洲地区各级党委政府坚持以邓小平理论和"三个代表"重要思想为指导,全面贯彻落实科学发展观,推动了经济社会又好又快的发展,综合实力和国际竞争能力明显增强,人们生活水平明显提高,经济社会和环境明显协调。坚持"好"字优先,推动经济发展,已经站在了一个新的更高的起点上。今年5月15日,温家宝总理主持召开长江三角洲地区经济协调座谈会,进一步明确了区域发展方向和功能定位。党的十七大和中央工作会议明确要求东部地区要率先发展,率先走中国特色的新型工业化道路,加快转变发展方式,推动产业结构优化升级,全面提升参与全球分工和竞争的层次,我们要认真落实中央指示精神,按照提升、融合、率先、带动的要求,积极推进区域一体化发展,加快形成以上海为龙头、长江为轴线、江浙沿海为两翼,两省全域为依托的T字形开发空间布局,更好地辐射带动整个长江流域发展。长江三角洲城市经济协调会自1996年成立以来,围绕大家共同关心的问题不断深化在各个领域的合作,有力地促进了长江三角洲地区经济和社会的一体化进程。这次会议以"贯彻十七大精神,推进长三角经济发展"为主题,从更广的视野和更高的层次谋划未来的发展,必将对长三角地区区域经济协调发展水平在新的起点上实现率先发展、科学发展、和谐发展起到积极的推动作用。

江苏是长三角地区的重要组成部分,江苏的发展依托于长三角,得益于长三角,与上海和浙江息息相关,休戚与共。我们要更加紧密地团结在以胡锦涛同志为总书记的党中央周围,以党的十七大精神为指导,深入贯彻落实科学发展观,进一步加强与上海、浙江的多层次合作,共同推进长三角地区在改革开放和科学发展上走在全国前列,为全国区域发展做出新的更大的贡献。

在长三角城市协调会第八次会议上的发言

浙江省政府党组成员　汤黎路

（在长江三角洲城市经济协调会第八次会议上讲话）

自长三角经济协调会成立以来，自律地发挥长三角地区的区位、资源、经济、技术等优势，务实推进城市间的规划、交通、旅游、科技、人才、教育、信息、物流、港口、通关等多项专项合作，拓展了各成员市之间的合作交流空间，促进了成员市又好又快发展，也加强和巩固了成员市之间的友谊，在这个过程中，浙江七市获益匪浅。放眼于更为广阔的空间，立足于更高的层次，进一步明确了城市的功能定位和产业发展，资源的利用布局，进一步加大了区域统一市场的力度，推进了产业结构的战略性调整，系统谋划实施综合交通、能源、水资源、物流体系、信息网络等重大基础设施和科技、教育、医疗等社会服务设施的建设，统筹安排区域性、领域性重大环境保护、生态建设工作。这些年来，浙江七市经济社会之所以一直保持比较平稳的快速协调发展，在相当程度上说，是得益于长三角区域的这种互动互促机制，得益于各成员市合作交流工作的开展，得益于在这种氛围下所创造的良好发展环境和发展空间，在此我们对长三角城市经济协调会，对各兄弟城市的支持和帮助表示衷心的感谢！尤其对上海市的龙头辐射作用和江苏省的示范榜样作用表示由衷的感谢！

推进长三角地区经济一体化已经成为时代的必然要求和区域发展的共同需要，浙江省将积极实施国家区域发展的总体战略，认真贯彻落实十七大精神和温家宝总理5·15讲话，以及11月沪苏浙三省市主要领导座谈会的精神，认真执行长三角城市经济协调会一次会议制定的工作要求，以实施长三角地区区域规划和关于进一步推进长三角地区改革开放和经济社会发展的指导意见为契机，进一步健全市场机制，突破行政区域局限，按照强合力、宽领域、高层次、新模式的要求，促进浙江七市和协调会各城市之间生产要素的有序流动和整合，推进区域经济的协调发展。所谓强合力，就是进一步明确新一轮成员市合作交流的共同目标，是既要发挥各地优势，以市场引导区域经济合作，又要发挥整体优势，促进共同发展、科学发展、率先发展，增强区域的综合实力、创新能力、可持续发展能力，主动联合其他成员市共同联合参与国际经济循环和国际市场竞争。所谓宽领域，就是进一步明确新一轮成员市合作交流的主要内容，是既加强交通、能源、科技、环境四大平台建设，又突出关键环节，力求突破难点，再统筹基础设施，联手环保治理，加强行业组织合作，打破市场壁垒，共建创新区域，共同推进现代化服务业等方面不断取得新的进展。浙江七市尤其要积极加强与其他成员市产业发展协调，避免产业结构的雷同和同质竞争；要加强交通基础设施建设的协调，建设以上海国际航运中心为核心，多种运输方式相互衔接的长三角综合运输体系；要加强环境保护和生态建设的协调，强化太湖流域等污染的治理，奠定资源可持续发展的基础。所谓高层次，就是要进一步明确新一轮成员市合作交流的技术方向，是既加强既定专项的合作，巩固和发展好合作成果，又着眼于未来世界和我国经济社会科技金融不断发展的大趋势，准确把握区域发展的功能定位，从空间布局、发展重点、产业结构、城乡建设等方面精心谋划，努力构建能够发挥整体优势又各具特色的区域发展新格局，注重加强人才资源和未来技术利用等高层次的合作，提高经济合作的档次和水平。所谓新模式，就是进一步明确新一轮成员市合作交流的体制安排，是既遵从现有的党政领导分会、经济合作与发展小组、专题合作组三个层次的合作机制框架，发挥长三角经济协调会的功能，又要在遵守国家现行法规制度的前提下，在形成利益互动的基础上，主动争取沪苏两地的支持，探索如何逐步地形成跨行政的区域管理体制，努力创新合作形式和方法，不断开创更为规范、更为紧密、更为有效的长期合作局面。

浙江省将与上海市、江苏省和各成员市一道，一如既往地做好长三角城市经济的组织协调工作，为长三角区域经济的共同发展与繁荣做出新的更大的贡献。

长江三角洲经济协调会第七次会议以来工作情况报告

泰州市副市长　张爱平

现在我受长三角城市经济协调会常任主席方的委托，代表第七次会议执行主席方，向大会作一年来长三角协调会工作报告，请予审议。

一、积极开展区域合作交流，进一步明确长三角区域经济合作的指导方针。一年来，长三角协调会充分发挥其城市间交流、合作、协商、促进的功能，主持各成员城市积极参与区域规划和指导意见的调研工作，进一步明确长三角区域经济合作的指导方针。《长三角地区区域规划》是我国制定的第一个跨行政区的区域发展规划，是全国国民经济和社会发展规划的重要组成部分。也是长三角各成员城市制定发展规划的指导性文件。在《区域规划》制定调研过程中，长三角协调会主动加强与国家发改委、地区市的沟通和汇报，积极争取主管部门的指导，多次参与《规划》征求意见稿的研讨，并提出有关的修改意见。《区域规划》初稿形成后，长三角协调会与沪苏浙三省市发改委一起组织各成员城市积极参与《区域规划》的研讨会，参与对交通、能源、产业等专项规划的编制与修改，开展与《区域规划》的对接。第七次市长会议期间，专门邀请国家发改委给地区市领导介绍《区域规划》编制情况，主动安排区域规划专家解读规划纲要，会后推动协调会成员城市进一步研究各自的综合规划和专项规划，做好与区域规划和上海规划的衔接，提出《区域规划》的编制调整建议。嘉兴、苏州、台州等市还邀请规划编制专家实地调研指导，并且成立专项工作组与区域规划接口课题组进行对接，开展区域规划实施与城市发展机遇专题研讨，提出了“学习上海，服务上海，依托上海，接轨上海”的发展战略。在此基础上，长三角协调会办公室系统汇集三省市发改委提出的建议，以协调会名义报请国家发改委协调研究。长三角地区在全国现代化建设中具有举足轻重的地位，其改革开放和经济社会发展得到了国家高层领导的关注。今年5月15日，温家宝总理在上海组织召开长三角地区经济社会发展座谈会，总结历史发展经验，研究进一步推动长三角地区发挥区域优势，实现率先发展、科学发展的基本思路和政策措施。为此，国家发改委和国务院研究室牵头，会同国家有关部门组成十二个调研组，分别到长三角地区开展调研。上海、南通、嘉兴等市积极配合，做好调研活动的接待安排。协调会办公室还在北京、南京举行专题座谈会，邀请参与指导意见和《区域规划》起草的专家就指导意见《区域规划》出台后对长三角地区发展的影响，长三角地区今后合作发展的思路进行研讨。在征询有关领导和专家建议意见的基础上，制定了区域合作机制组织的解决方案，提交沪苏浙主要领导座谈会研究。国务院研究制定的关于进一步推进长江三角洲地区改革开放和经济社会发展的指导意见，将有力推进长三角地区改革开放和经济社会发展，成为长三角地区加强区域合作交流的行动指南。

二、务实推进区域专题合作，进一步拓宽长三角地区交流合作的领域和空间。开展区域专题合作是城市经济合作的主要内容，是长三角协调会推进区域合作的重要抓手。一年来，长三角协调会积极协调组织各成员城市及有关牵头单位推进“交通卡互通”，“高校毕业生就业”，“资料信息中心筹建”三项专题合作，取得了明显成效。“交通卡互通”专题，今年3月组织了由各市交通主管领导和交通卡企业领导组成的专题工作协调机构，成立了项目工作组。牵头单位会同交通卡公司、软件公司，及有关方面专题研究“交通卡互通”项目实施方案，研究制定卡技术，金融互动技术。在征求成员城市意见的基础上，协商制定多卡金融模块管理规范。按照预定的目标节点，委托软件公司，引资开发多卡积聚金融模块，协调推进在计划实施后，在部分城市部分领域实施交通卡试点。实现试点城市和试点领域的金融互通。截至今年11月，已实现了上海与无锡、常州的交通卡互通，上海交通卡与苏州公交车、杭州出租车的单向通，区域内预计消费逐步增加。上海、杭州、南京三市签订了技术保密协议与清算合作协议，三方正在交流金融储蓄，后台技术资料。试点公交车金融安装，公交线路试点有望逐步推开，宁波、舟山、台州等市，也都形成了各自的交通卡互通总体计划。利用各地原有的POS设备，采用自然跟进的方式，平稳过渡好直接性的金融系统，促进与区域内七大城市的交通卡互通。高校毕业生就业合作专题，以探索高校毕业生就业快捷通道和异地就业模式，促进长三角地区高校毕业生充分就业为目标，牵头单位会同各成员城市主要部门通过开展择业发展与创业教育专题研讨。以问卷调查和个别访谈等形式加强信息采集，在此基础上研究制定了长三角地区高校毕业生与用人单位信息管理办法。明确了专题工作推进方案，组织开展了长三角地区高校毕业生就业信息汇编、就业状况调研、开发建立了共享视频面试系统。初步建立了异地毕业生就业信息共享的平台，基本实现了就业信息异地管理同步共享。开展了职业指导学术交流，加强职业指导学科建设，联合制定了大学生职业发展教育大纲，组织编写了职业发展教育专题教材，加强职业培训师队伍建设，探索和制定试行长三角地区职业咨询师认证制度，围绕政策协调、就业信息合作、就业手续简化等内容，加快构建长三角地区高校毕业生就业的长效合作机制，努力形成区域内高校毕业生异地就业快捷通道。长三角信息共享促进专题。建立区域信息共享协调机制和信息采集工作，设立电子信息库，集中存储信息资料，通过网站、期刊、专报等形式，为各成员城市提供共享资源和委托决策咨询服务。加强各类资源搜集,汇集各成员城市经济社会发展动态信息、规划政策信息、决策咨询研究成果、经济社会统计数据、城市管理工作动态、主要媒体以及相关网络意见,在上海社科院图书馆,开设长三角文献资料阅览室,面向各成员城市开放。申请域名建立长三角共享信息网,开辟最新动态、政府政策决策咨询,会员城市文献资料,研究机构设定专题,专家数据库,统计数据等专栏。并通过网络向各成员城市发布区域动态信息。建立信息加工机制。梳理整合各类信息资源,组织信息、深度开发,供各成员城市领导和相关部门决策参考。正常编辑出版长三角经济观察月刊,信息渠道作用更加突出。宏观形势、焦点关注、各地行政、国内经济、经济圈观察、月度数据等栏目特色明显,设立长三角综合管理专家库,组织专家系统开展相关课题研究、成果发布和学术交流活动。为长三角地区经济社会发展提供决策资料服务。上海、镇江、台州等市积极提供相关信息和项目配套资金,台州、泰州等市专题召开会议,部署信息资料组织工作。从不同层面积极指导长三角资料信息的建设。与此同时,有序推进长三角大厦认证,沪苏浙旅游精品路线的地方标准认证,长三角绿色通道等专题研究。协同有关方面,就大桥及长江黄金水道等专题组织研究,为进一步促进长三角的合作与交流奠定了基础。

三,加强区域协调平台建设,进一步发挥长三角区域协调的功能作用。一年来,长三角协调会积极适应区域协调发展的新形势,进一步加强自身建设,充分发挥城市间合作交流、协商、促进的功能作用,在构建区域协商平台,促进城市间城市经济合作交流,推进区域经济一体化方面,做了一些有益的探索,取得了明显成效。

一是进一步增强长三角经济协调的观测力、协调力和执行力。有效发挥协调会平等协商、协调、务实促进的作用,提升协调能力和服务功能。准确把握区域内各领域跨地区情况,扎实了解各成员城市的合作交流需求,认真做好下一年度合作交流的调研与选题,完善高层交流与互访机制,增进城市友谊,增强合作基础,确保城市合作协议的履行。同时,进一步加强区域协调平台建设,积极配合做好2007年沪苏浙三省市主要领导座谈会和长三角地区发展各级研讨会的储备工作,积极探索推进长三角区域合作发展,促进区域规划实施的新思路、新举措和新办法,努力在功能定位、协调机制和运作方式上,寻求新的突破。

二是进一步完善和落实长三角协调会办公室工作制度,提高协调会办公室服务质量,促进协调会日常工作更加科学规范,运行机制更加合理有效。坚持定期召开协调会例会,推进落实城市合作协议,围绕专题方案确定、重点工作实施、常州会议筹备和协调会成立十周年等纪念活动等事项,实施组织召开办公室主任会议和工作会议。对确定完成市长会议确定的主要工作、促进区域协调发展起到了积极作用。成立编委会,走访了十六个成员城市,编辑出版了近五十万字的《走过十年——长三角经济协调会十周年纪事》,坚持办好市长专报,提高信息质量。及时通报长三角经济协调会日常工作,反映各成员城市在区域协调经济建设、改革发展、城市管理方面的经验。

三是进一步加强区域内城市间经济合作交流。第一,充分发挥政府的组织和引导的推动作用、搭建各类平台,开展交流合作,推进区域联动发展。南京市联合周边城市举办南京都市圈市长论坛,签署南京都市圈共同发展纲领。召开重大项目推广洽谈会、长三角南京旅游交流会。杭州、湖州、嘉兴、绍兴四市研究制定了接轨上海,参与长三角经济合作发展交流的意见,宁波、舟山、泰州、绍兴四市提出了建设生态,推进宁波舟山港口一体化发展,苏州、无锡、常州、嘉兴、湖州五市围绕太湖水质综合治理等内容,加快了杭嘉——湖州都市圈、浙东经济圈、环太湖经济圈的建设步伐。南京、湖州、扬州、泰州召开了城际产业转移,开展接轨上海活动周,投资环境说明会,特色产品展示会等活动,促成区域内城市间项目合作。扬州、南通、泰州三市签订了苏东三市引资合作协议,共建引资项目库、引资成果库,建立外国专家引进渠道,信息资源共享机制。镇江市牵头组织,和武汉、成都等市联合推动旅游项目,促进了区域旅游资源综合。第二,不断创新合作机制,增强合作内容。江苏联动发展领域,逐步拓展。无锡、台州共同开发建设开发区园区,联动企业从沿江两岸扩大到各县。杭州、苏州、嘉兴等市在发展战略目标,重大技术实施布局、产业结构调整等方面,提出了“接轨上海、服务世博、扩大开放”的区域发展战略。南通市将“接轨上海”的目标分解到各职能部门,作为年度工作考核的依据。上海市编制了上海国内合作服务平台规划建设大纲,加强和完善服务长三角、服务长江旅游、服务全国的工作目标,前头组织推进沪苏浙交通建设、科技创新、旅游环保和人才交流等专题工作,主动服务长三角,辐射长三角,积极为协调会成员城市在上海举行经贸活动提供指导和指示。第三,区域内城市高层领导之间互访频繁,成果累累。上海组团赴苏浙两省考察,交流探讨长三角统筹交流合作的思路。上海、南京两市签署了交流合作与加强合作协议;上海、杭州两市签署了合作交流备忘录。南京、扬州两市签署了经济和社会发展全面合作协议。协调会成员城市在交通、物流、金融、市场共建、公共服务、产业合作、教育事业、环境保护等领域,交流合作的氛围越来越浓。

四是进一步加强区域间的交流与合作。密切联系泛珠江三角洲市长会议,环渤海地区,及经济市长联系会。认真执行与这两个组织签订的合作协议,交流信息资料,相互借鉴工作经验,主动寻找合作机会,促进三大区域合作组织联动发展。6月上旬,长三角协调和组团参加第二届世界泛珠江三角洲发展论坛及经贸洽谈会。10月下旬,长三角协调会与杭州市政府、浙江省经协办联合召开全国部分重点城市国内合作交流工作研讨会,邀请泛珠三角、环渤海两个区域合作组织、京津沪渝皖等七个省市,54个城市国内合作交流部门的统一座谈会。围绕完善区域合作机制、推动合作交流、促进都市经济圈等内容,展开理论研讨。树立了长三角协调会在国内区域协调组中的良好形象。

回顾过去一年,长三角经济协调会各成员城市认真举行城市合作协议,积极参与区域合作,各方面工作取得了长足发展,在此,我谨代表泰州市人民政府,对一年来常务主席方给我们工作的指导和帮助、对各兄弟城市对我们工作的理解和支持,表示衷心的感谢!

贯彻落实长三角区域发展指导意见,促进长三角区域规划实施,提升长三角国际竞争力是时代发展赋予我们的职责,是区域内各城市发展的需要,也是长三角经济协调会追求的目标。我们深信,在国务院长三角区域发展意见的指导下,在国家和沪苏浙三省市政府的强力支持下,通过长三角各成员城市的携手互联,有效推进区域规划实施,促进经济合作与交流,长三角区域合作必将结出更为丰硕的成果,长三角区域经济必将进入一个新的发展时代,我的报告完毕,谢谢大家!

长江三角洲城市经济协调会今后一年工作的建议

常州市委常委、常务副市长 俞志平

我代表长江三角洲城市经济协调会2008年度的执行主席方,向大会提出协调会今后一年工作的建议,请予审议。

党中央、国务院对长三角地区的发展高度重视,要求长三角地区实现率先发展、科学发展,增强综合实力、创新能力、可持续发展能力和国际竞争力。国务院即将颁布实施《进一步推进长三角地区改革开放和经济社会发展的指导意见》和《长江三角洲地区区域规划》,将使长三角的发展方向更加明确。把握机遇、区域联动、合作共赢、协调发展,已成为区域内各成员城市的共同愿望。今后一年,长三角城市经济协调会将以党的十七大精神为指导,贯彻国务院《指导意见》、《区域规划》,落实沪苏浙主要领导会议的决策部署,创新思路,创新举措,务实工作,进一步提升合作层次,丰富合作成果,放大合作效应,为推动长三角协调发展、共同繁荣贡献力量。在此,建议今后一年长三角城市协调会的重点工作(安排如下):

一、全面组织对接区域规划

国务院《进一步推进长三角地区改革开放和经济社会发展的指导意见》和《长江三角洲地区区域规划》是长三角地区的发展总纲。区域规划的有效实施,需要各成员城市共同努力。协调会将在国家发改委、沪苏浙三省市政府的指导和支持下,进一步发挥城市间交流、合作、协商、促进的功能,积极组织区域规划对接和落实。重点要做好以下工作:一是请主管部门、专家来解读《指导意见》和《区域规划》;二是促进各成员城市做好各市规划与区域规划的对接、调整工作;三是加强区域协调发展的专项研究,形成调研成果,适合城市合作推进的将列入下年度的长三角城市经济协调会城市合作专题。

二、积极推进城市合作专题

城市合作专题是务实推进区域合作的重要抓手和突破点,不仅要把原有合作专题做深做细、发挥实效,而且要不断拓展新的合作领域和空间。本次会议决定继续深化“港口合作”、“旅游标志规范设置”、“交通卡互通”、“协调会建设”等四个方面合作专题工作,新设“统一大市场”、“世博会主题体验之旅”、“环保合作”三个专题。常州作为执行主席方将积极配合协调会常任主席方和各成员城市共同做好长三角城市合作专题的推进工作,确保完成年度的目标任务。一是强化目标管理。将合作专题年度任务分解落实,做到“三个明确”,即明确工作班子,明确工作职责,明确进度要求。二是强化组织推进。联合合作专题牵头部门落实工作的计划,定期召开专题工作协调会,配合协调会常任主席方协调解决专题推进中的矛盾和问题,保证合作专题顺利有序推进。三是强化督查考核。城市合作专题每季度形成工作推进报告,在协调会工作会议上进行序时进度的检查,并及时通报各城市。年底组织专家对各合作专题实施情况进行统一的验收,根据验收情况确定经费的资助。

三、加强协调会建设

协调会在沪苏浙三省市领导的关心支持下、在各成员城市的共同努力下,自身的建设逐步完善,制度逐步健全,作为一个区域合作组织更趋成熟,也更为规范。面对新形势新任务,协调会仍需不断加强建设,才能推动区域合作开创新局面。我们将积极配合协调会常任主席方,进一步完善机制、创新方式,着力做好以下工作:一是强化协调功能、执行功能,研究创新工作的组织形式,完善工作的推进平台,并积极有效的开展试点工作。二是强化信息交流与共享,及时传递国家、三省市关于推进长三角发展的新政策、新动向,及时传递各成员城市促进发展的新思路、新举措,有效促进各成员城市在区域重大项目建设上的信息互通。三是强化国内外区域合作组织工作的交流,组织协调会工作人员考察学习国内外区域合作组织的新经验、新做法,增强协调会工作的科学性、预见性和务实性,推动区域合作再上新的台阶。

长三角区域合作发展倍受国内外关注,把长三角建设的更加美好是我们共同的责任。让我们团结协作,共同谱写长三角发展的新篇章!

长江三角洲城市发展概述

一、长江三角洲城市概况

长江三角洲自然地理概念，北起通扬运河，南抵杭州湾，西至镇江，东到海边，包括上海市、江苏省南部、浙江省北部以及邻近海域。面积约为九万九千六百平方公里，人口约7500万，是一片坦荡的大平原。这里岸线平直，海水黄浑，有一条宽约几千米到几十千米的潮间带浅滩。

长江三角洲以上海为核心，其城市化水平整体较高，城市体系完备。改革开放30年来，长江三角洲的乡镇企业异军突起，小城镇建设加快，建制镇和县级市（小城市）的数量急剧增加。近几年，这一地区开始由重点发展小城镇转向重点发展大中城市，空间布局上再次由分散走向集中，各类开发区建设，成为原有城市外延扩张的主要标志。城市化进程的加快使沪宁杭公路、铁路和大运河沿线的9个城市基本连接成片，长江三角洲形成了完整的都市群。这个都市群汇集了产业、金融、贸易、教育、科技、文化等雄厚的实力，对于带动长江流域经济的发展，连接国内外市场，吸引海外投资，推动产业与技术转移，参与国际竞争与区域重组具有重要作用。

为推动和加强长江三角洲地区经济联合与协作，促进长江三角洲地区经济可持续发展，1992年由上海、无锡、宁波、舟山、苏州、扬州、杭州、绍兴、南京、南通、常州、湖州、嘉兴、镇江14个市经协委（办）发起、组织，成立长江三角洲十四城市协作办（委）主任联席会，至1996年共召开五次会议。

1997年，上述14个城市的市政府和新成立的泰州市共15个城市（2003年浙江台州市加盟长江三角洲城市经济协调会，现为16个城市）通过平等协商，自愿组成新的经济协调组织—长江三角洲城市经济协调会。协调会设常务主席方和执行主席方。常务主席方由上海市担任，执行主席方由除上海市外的其他成员市轮流担任。协调会每两年举行一次正式会议。协调会在常务主席方设联络处作为常设办事机构，负责日常工作。各成员市的协作办（委）作为协调会具体的联络、办事部门。

目前，长江三角洲经济区已处在向工业化中后期发展的阶段。根据经济发展的规律，今后五年，城市化进程将明显加快。未来10年内，长江三角洲将有可能成为我国区域经济发展的重要增长极和亚太地区经济发达地区之一，成为具有较强国际竞争能力的外向型经济示范区。通过高新技术对传统支柱产业的改造，一个世界性的新型制造业基地有望在此崛起。

2007年长江三角洲区域16个城市国民经济主要指标

城市名称	地区生产总值（亿元）	全社会固定资产投资（亿元）	地方财政一般预算收入（亿元）	进出口总额（万美元）	到位注册外资（万美元）	社会消费品零售总额（亿元）	城市居民人均可支配收入（元）
上海市	12001.16	4458.61	2102.63	28297300	792000	3847.79	23623
南京市	3275.00	1867.96	330.19	3619973	196253	1380.46	20317
苏州市	5700.85	2366.36	541.82	21178616	716471	1250.05	21260
无锡市	3858.00	1674.22	300.58	5114592	277177	1134.75	20898
常州市	1880.00	1203.94	158.07	1322637	183481	610.85	19089
镇江市	1213.00	588.02	80.26	630478	106354	331.36	16775
扬州市	1311.00	717.88	85.69	445951	87515	418.90	15057
南通市	2111.88	1265.80	127.70	1277592	311745	736.54	16451
泰州市	1202.20	703.97	85.22	395619	75078	321.07	14940
杭州市	4103.89	1684.13	391.62	4342600	280181	1296.31	2689
宁波市	3433.08	1597.91	329.12	5649909	250518	1035.46	22307
嘉兴市	1585.18	900.01	105.24	1606196	166228	501.22	19238
湖州市	895.94	485.32	61.68	426524	84363	319.25	20046
绍兴市	1971.00	843.27	122.12	1929473	110476	515.44	21717
舟山市	407.00	279.64	35.06	407617	7516	123.37	19856
台州市	1722.89	727.64	108.86	1109292	31150	596.17	22245

二、长江三角洲联动发展

2007 年,长江三角洲地区 16 城市经济保持平衡较快发展的良好态势,经济增幅超过 15% 的城市有舟山(17.0%)、南通(16.2%)、苏州(16.0%)、扬州(15.7%)、泰州(15.7%)、南京(15.6%)、常州(15,6%)、镇江(15.5%)、无锡(15.3%)。如表:

地区/城市	生产总值(亿元)	占长三角比重(%)	同比增长(%)
长三角函数6 城市	46672.07	100	15.2
江苏省 8 城市	20551.93	44	15.7
其中:苏州	5700.85	12.2	16.0
浙江省 7 城市	14118.98	30.3	14,9
其中:杭州	4103.89	8.8	
上海市	12001.16	25.7	13.3

注:①占全国比重 18.9%;②同比提高 0.4 个百分点,高于全国平均水平 3.8 个百分点。

产业发展协调性进一步提升。结构趋优。长江三角洲地区产业增长继续提速,第二产业保持平稳快速增长,形成二、三产业均衡发展的良好格局。如表:

项目名称		单位	数位
第二产业增加值		亿元	25365.64
平均增幅		%	16
同比提高		百分点	0.3
第三产业增加值		亿元	18712.49
平均增幅		%	15.9
同比提高		百分点	0.6
二、三产业平均增幅差缩小		百分点	0.3
三资助产业增加值占生产总值比重	第一	%	3.4
	第二	%	54.4
	第三	%	42.2

分区域看,2007 年,上海第三产业增加值比重提升幅度为 2001 年以来最高;从城市看,除舟山市第三产业增加值比重(45.3%)继续下降,其余城市的第三产业比重比上年均有不同幅度的提高。上海、南京、杭州、舟山、宁波和无锡 6 个城市的三产比重均超过 40%。如表:

地　区		第一产业增加值比重(%)	第二产业 增加值比重(%)	第二产业 比上年提高(百分点)	第三产业 增加值比重(%)	第三产业 比上年提高(百分点)
全国		11.7	49.2	0.3	39.1	-0.3
长三角 16 城市		3.4	54.4	-0.5	42.2	1.3
上海市		0.8	47.3	-1.2	51.9	1.3
江苏 8 城市		3.5	58.3	-0.7	38.2	1.1
其中	南京市	2.6	49.0	0.0	48.4	0.4
	苏州市	1.7	63.7	-1.7	34.6	1.9
	无锡市	1.4	58.5	-1.2	40.1	1.3
浙江 7 城市		5.4	54.6	0.0	40.0	0.4
其中	杭州市	4.1	50.2	-0.1	40.5	0.6
	宁波市	4.5	55.0	-0.1	40.5	0.4

工业生产稳中加快,产销衔接良好,工业继续为长三角地区经济保持平稳快速增长提供有力支撑,主要指标增长稳中加快。16 城市中,上海(5295.9 亿元)、苏州(3442.2 亿元)和无锡(2134.36 亿元)3 个城市的工业增加值均超过 2000 亿元。

2007 年长三角地区工业主要指标

地　区	工业增加值(亿元)	平均增长(%)	增幅同比提高(%)	占长三角比重(%)	工业品产销率(%)
长三角 16 城市	23257.14	17.2	1.1	100	97.9
上海市	5295.9	12.5	-0.5	22.8	99
江苏 8 城市	11.25.93	18.1	1.2	47.4	98.2
浙江 7 城市	6935.31	16.7	1.3	29.8	97.4

投资增速趋稳，消费增长继续加快。如表：

项目名称	长三角16城市	江苏8城市	浙江7城市	上海市
固定资产投资（亿元）	21337.68	10388.15	6490.92	4458.61
同比增长（%）	15.2①	18.9	10.9	13.6
增幅同比提高（百分点）	0.7	0.9	-1.2	2.8
房地产开发投资（亿元）	4786.78	2071.41	1407.84	1307.53
同比增长（%）	17.4	30.1	16.3	2.5
增幅同比提高（百分点）	6.2②	8.9	7.0	0.2
社会消费品零售总额（亿元）	14427.99	6183.22	4396.22	3847.79
同比增长（%）	16.8	18.3	16.8	14.5
增幅同比提高（百分点）	1.8③	2.1	1.6	1.5

注：①比全国平均水平低9.6个百分点；②低于全国平均增幅12.8个百分点；②高于全国投资增幅1.6个百分点，与全国增幅持平。

积极应对挑战，外向型经济保持良好发展势头。长三角地区全年外贸出口总额占全国出口总额的37%，增长幅度高出全国出口增幅的1.1个百分点，其中上海和苏州（1188.84亿美元）2个城市外贸出口总额2628.12亿美元，占长三角地区出口总额的58.3%。外商直接投资合同金额810.3亿美元，比上年增长8.1%，增幅同比提高3.3个百分点，实际到位金额占全国的50.1%。如表：

项目名称	长三角16城市	江苏8城市	浙江7城市	上海市
外贸出口总额（亿美元）	4506.76	1976.14	1091.34	1439.28
同比增长（%）	26.8	26.8	26.9	26.7
增幅同比提高（百分点）	-1.9	-3.3	-4.4	1.5
外贸出口总额（亿美元）	3268.77	1422.5	455.82	1390.45
同比增长（%）	20.9	18	27.1	22.1
增幅同比提高（百分点）	1.6	0.5	0.8	2.9
外商直接投资实际到位金额（亿美元）	374.51	202.26	93.04	79.2
同比增长（%）	18.4	22.3	16.3	11.4
增幅同比提高（百分点）	-2.2		2.3	7.6

经济运行质量进一步提高，经济效益持续改善。

2007年长三角工业企业利润情况表：

地区	规模以上工业企业利润总额（亿元）	同比增长（%）	增幅同比提高（%）
长三角16城市	5188.44	31.6	2.3
江苏8城市	2421.54	37.0	-6.9
浙江7城市	1440.12	32.3	8.7
上海市	1326.78	20.0	4.3

2007 年长三角地方财政收入情况表

地区	地方财政收入(亿元)	同比增长(%)	增幅同比提高(%)
长三角 16 城市	4965.86	33	9.2
江苏 8 城市	1709.53	35.7	10.2
浙江 7 城市	1153.7	30.1	6.5
上海市	2102.63	31.4	19.8

城市居民收入和消费支出水平继续提高。2007 年,长江三角洲地区 16 城市居民收入多元实现两位数增长。从绝对水平看,上海市居民家庭人均可支配收入 23623 元,继续保持长三角地区最高;浙江 7 城市居民家庭人均可支配收入整体水平较高而且落差较小;江苏 8 城市居民家庭人均可支配收入落差较大,最高的苏州(21260 元)和最低的泰州(14940 元)相比极差达到 6320 元,比上年有所扩大。

从城市居民家庭人均性支出看,长三角地区多数居民消费水平呈现加快增长态势。上海城市居民家庭人均消费性支出 17255 元,比上年增长 16.9%,增幅同比提高 9.7 个百分点;江苏 8 城市中,苏州、常州和南京的居民消费支出水平超过 13000 元,镇江、扬州和苏州增幅 10% 以上;浙江 7 城市居民家庭消费支出水平较高,其中,台州为 15666 元,杭州为 14896 元,增长最快的是宁波和嘉兴,增幅为 9.9%。

三、长三角"统一大市场"有效推进

长三角地区通过共享市场平台,促进资本、技术、人才、信息等生产要素加速流动,推动了长三角市场的进一步发展,市场规模进一步扩大。通过共享平台的统一大市场建设,长三角地区呈现出经济增量变轻、要素流量变快的局面。

2007 年 12 月 1 日,"长江三角洲地区发展国际研讨会"在上海举行,其中在"长三角地区统一大市场建设"专题研讨会上,国内专家分别从"积极推进长三角地区统一大市场建设"、"国际合作在长三角经济发展的作用"、"区域内金融深化创新与长三角经济一体化"、"区域内技术市场发展"、"长三角地区文化市场一体化"等角度,专题研讨长三角地区统一大市场的建设。

12 月 2 日,江苏省、上海市、浙江省工商行政管理局签署《苏浙沪工商行政管理联席会议备忘录》,并宣布建立联席会议制度,宣布长三角市场一体化工程正式启动。联席会议的宗旨在于构建长三角地区公平公正、和谐有序的市场环境,目标是最终形成统一大市场。会议的工作成果将体现为共同政策,包括对外联合发布共同文件,对内联名签署会议备忘录,共同政策对相关各方均有约束力。联席会议将半年召开一次,不间断推出促进长三角地区联动发展的新政策。合作备忘录的实质性内容是逐步在市场主体基础信息互联互通、市场监管信息共认共享、市场监管措施联动、消费维权异地保护等 10 个方面实行市一体化。

12 月,苏浙沪三地工商部门共同发布了"长三角工商一号、二号"文件,出台了《公司股权出资登记试行办法》和《苏浙沪三省市外商投资登记注册合作交流六项措施》两项举措。一号文件允许股权出资,可以降低企业的资金和时间成本,有利于促进资本市场的发展,提升长三角地区的综合实力。二号文件统一和规范外商投资企业登记注册条件和登记注册程序,消除三省市工商局在外资准入方面的政策差异。

四、推进长三角金融协调发展

2007 年 11 月 30 日,上海市、江苏省、浙江省政府与中国人民银行在上海共同签署了《推进长三角地区金融协调发展、支持区经济一体化框架协议》,这标志着长三角地区金融协调发展工作正式启动。协议提出了长三角地区金融协调发展的宗旨是遵循市场经济规律,着眼于区域经济金融协调、稳健、可持续发展,着眼于培育新的经济增长极,着眼于创造条件不断消除制约区域金融协调发展的各种障碍,加大金融创新力度,实现金融的区域性联运,促进金融资源在更大范围内的合理流动和优化配置,为区域经济一体化提供更加优质高效的金融服务,实现区内各方的互利共赢。协议提出推进金融协调发展的原则是:市场主导、政府推动、总体规划、协调推进、重点突破、共同参与、优势互补、互利共赢。协议明确建立了将建立推进金融协调发展工作联席会议制度。负责金融协调发展重大问题的组织协调。协议还提出设立"长江三角洲地区金融论坛",并将其作为推进区域金融协调发展的重要平台。论坛按照"联合主办、轮流承办"的方式举办,原则上每年举行一次。

为推进长三角地区金融协调发展,签署协议的各方将逐步完善长江三角洲金融协调发展推进机制,并就金融基础设施建设、金融市场融合与创新、资金跨地区流动、金融机构发展合作、外汇管理改革创新、经济金融信息共享平台构建、改善金融发展环境,建立金融风险的共同预警防范机制、加大金融人才引进和培训力度等方面的问题。进一步制定完善具体措施。

五、推进改革开放率先基本实现现代化

《国务院关于进一步推进长江三角洲地区改革开放和经济社会发展的指导意见》(国发〔2008〕30 号)指出:"长江三角洲地区是我国综合实力最强的区域,在社会主义现代化建设全局中具有重要的战略地位和带动作用。改革开放特别是推进上海浦东开发开放以来,长江三角洲地区经济社会发展取得巨大成就,对服务全国大局,带动周边发展做出了重要贡献,积累了丰富经验。"在当前国际经济环境发生重大变化、国内各项改革深入推进的新形势下,为进一步推进长江三角洲地区改革开放和经济社会发展。《国务院关于进一步推进长江三角洲地区改革开放和经济社会发展的指导意见》(下简称《意见》)对长江三角洲的改革开放和经济社会发展目标提出了的要求:

《意见》总体要求。"高举中国特色社会主义伟大旗帜,以邓小平理论和"三个代表"重要思想为指导,深入贯彻落实科学发展观,进一步解放思想、与时俱进,进一步深化改革、扩大开放,着力推进经济结构战略性调整,着力增强自主创新能力,着力促进城乡区域协调发展，着力提高资源节约和环境保护水平，着力促进社会和谐与精神文明建设，实现科学发展、和谐发展、率先发展、一体化发展，把长江三角洲地区建设成为亚太地区重要的国际门户、全球重要的先进制造业基地、具有较强国际竞争力的世界级城市群，为我国全面建设小康社会和实现现代化做出更大贡献。”

《意见》提出主要原则。“坚持科学发展，努力提高自主创新能力，切实加强资源节约和环境保护，推进经济发展方式的转变；坚持和谐发展，着力保障和改善民生，加强社会主义民主法制建设，维护社会公平正义；坚持率先发展，加强与周边地区和长江中上游地区的联合与协作，强化服务和辐射功能，带动中西部地区发展；坚持一体化发展，统筹区域内基础设施建设，形成统一开放的市场体系，促进生产要素合理流动和优化配置；坚持改革开放，继续在体制创新上先行先试，率先在重要领域和关键环节取得突破，为又好又快发展提供制度保障。”

《意见》确定总体发展目标。“到2012年，产业结构进一步优化，服务业比重明显提高；创新能力显著增强，科技进步对经济增长的贡献率大幅提升；区域分工和产业布局趋于合理，对外开放的质量和水平明显提升；单位地区生产总值能耗低于全国平均水平，重点地区生态环境恶化的趋势得到遏制；社会保障体系覆盖城乡，公共服务能力进一步增强，基本实现全面建设小康社会的目标。”

“到2020年，形成以服务业为主的产业结构，三次产业协调发展；在重要领域科技创新接近或达到世界先进水平，对经济发展的引领和支撑作用明显增强；区域内部发展更加协调，形成分工合理、各具特色的空间格局；主要污染物排放总量得到有效控制，单位地区生产总值能耗接近或达到世界先进水平，形成人与自然和谐相处的生态环境；社会保障水平进一步提高，实现基本公共服务均等化。再用更长一段时间，率先基本实现现代化。”

泰州城市一瞥

教育与人才开发

上海市教育与人才开发

【概况】 教育综合改革试验促进教育事业发展。至年末,全市共有53家机构培养研究生,全年研究生教育共招生3.06万人,在学研究生9.18万人,毕业生2.39万人。至年末,全市共有普通高等学校60所;独立学院5所;普通中等学校924所;普通小学615所;特殊教育学校28所。普通高校在校生和毕业生数持续扩大,中等学校和小学在校生和毕业生数继续下降(见下表)。全市九年义务教育入学率保持在99.9%以上。减免义务教育公办学校学生学杂费,受益学生达到86万人。在市级教育费附加中安排3000万元用于改善全市240所农民工子女学校的办学条件。全面落实国家助学政策,本市地方高校学生受益面达到16.5%,中职学生受益面达到全覆盖。

各级各类学校学生情况

类　别	在校学生数(万人)	比上年增长(%)	毕业学生数(万人)	比上年增长(%)
普通高等学校	48.49	4.0	11.85	7.2
普通中等学校	85.17	-7.7	27.40	-4.2
中等专业学校	12.81	-6.5	3.86	9.7
职业学校	5.20	-2.4	1.52	-24.0
技工学校	1.56	-23.9	0.79	-6.0
普通中学	65.60	-7.8	21.23	-4.5
高　中	22.90	-15.7	10.24	0.3
初　中	42.70	-2.9	10.99	-8.7
普通小学	53.33	-0.1	10.55	-2.8
特殊教育学校	0.50	持平	0.09	2.0

民办教育、成人教育稳步发展。至年末,全市共有16所民办普通高校,在校学生8.61万人;124所民办普通中学,在校学生9.11万人;24所民办小学,在校学生3.52万人。至年末,全市共有成人高校21所,在校学生(含网络本专科)36.76万人;成人中等学校46所,在校学生2.58万人;职业技术培训机构781所,注册生176.98万人次;老年教育机构276所,在校学员46.98万人。

南京市教育与人才开发

【**基础教育**】 2007年,南京市有幼儿园424所,比上年减少70所,在园儿童116603人,增加3051人,增长2.69%。

全市有小学374所,减少11所。招生46621人,减少1.49%;在校生290737人,减少3.88%;小学学龄儿童入学率100%,年巩固率99.7%。小学毕业生57324人,毕业率100%;升入初中:56292人,升学率98.20%。

全市初中140所,减少8所。招生56292人,在校生178378人,分别减少6.87%和9.6%。初中毕业生72950人,升入高一级学校71818人,升学率98.45%。

全市有普通高中(完中及独立高中)71所,减少4所;普通中等专业学校29所,职业高中16所,技工学校31所。普通高中招生35782人,在校生106926人,分别减少0.36%和1.26%;全市高中阶段职技类招生36507人,减少4741人。

(黄　辉)

【**义务教育免杂费入选南京"五年10件大事"**】 在《南京日报》和龙虎网联合举办的南京"五年10件大事"评选活动中,"免除义务教育阶段学生杂费,惠及城乡52万家庭"入选。2007年,全市投入1.3亿元,继续实施义务教育免收杂费政策,全市义务教育阶段52万学生免交杂费;继续实行城乡一体、公办民办和符合有关规定的外来工子女"应免尽免"政策;投入2000万元拓宽"绿色助学通道",确保政府助学实现"六个继续":继续免除1.5万多个城乡"低保家庭"子女义务教育6项学习费用,继续对1000多名残疾学生实行全免费教育,继续对600多名特困职工家庭子女减免一定比例学费,继续按每人120元和180元标准对接受外来工子女的公办小学和初中实行公共财政补助,继续对低收入纯农户家庭学生义务教育阶段发放"助学券"。继续按每人每年2000元标准新增资助800名就读中等职业学校的困难家庭学生。确保全市基础教育阶段各类经济困难家庭学生、残疾儿童、外来务工人员子女等同享教育公平。

(张　明)

【**小学升初中情况**】 2007年,南京市小学毕业生57324人,减少1963人;初中招生536292人,升学率为98.20%。其中,6城区小学毕业生19578人,升入初中118107人,升学率92.49%;郊区小学毕业生28476人,升人初中28977人,升学率101.76%;两县小学毕业生9270人,升入初中9208人,升学率99.33%。城区小学生业生升学比例低于郊县的主要原因是部分城区小学毕业生流向郊县和外地择校就读。

【**初中升高中情况**】 2007年,南京市72950名初中毕业生报名参加中等学校招生,被各类中等学校录取71818人,升学率98.45%,比上年提高1.18个百分点。其中,普通高中录取35782人,占49.82%;普通中专(含五年制高职和职业中专)求取21212人,占29.54%;职业中学(含综合高中录取3825人,占5.33%;技工学校录取1099人,占15.31%。普职比为49.82:50.18。部分普通高中还而向全省录取655名考生,部分中等职业学校录取近6000名外省市考生。

【**初中升高中招生录取投档分数线**】 2007年,有7万多名初中毕业生参加中考,考生参加9门学科的文化考试,加上体育成绩,总分720分。市区第一批次招生的普通高中(三星级以上普通高中和经批准在第一批招生的普通高中)投档控制线580分,南京幼儿高等帅范学校投档控制线566分;第二批次招生的普通高中投档控制线500分,高等职业技术学校、技师学院和综合高中投档控制线490分;第三批次招生的普通中专校、职业中专校、职业高中和技工学校录取时优先投放350分以上的考生档案。

市区部分普通高中录取量最低分数线:南京外国语学校765分(含英语加试成绩),南京外国语学校仙林分校720分(含英语加试成绩),南京师范大学附属中学683分,金陵中学679分,第一中学671分,第十三中学660分,江苏教育学院附属高级中学653分,中华中学644分,第九中学641分,金陵中学河西分校637分,南师大附中江宁分校634分,第五中学626分,南师大附属扬子中学626分,宁海中学625分,南京航空航天大学附属高级中学612分,第三高级中学611分,雨花台中学611分,第十二中学590分,大厂高级中学590分,热子矶中学585分。

【**南京市中等学校招生考试改革**】 2007年,南京市中考继续实行毕业水平考试与升学考试两考合一、考试与考查相结合的办法,由市统一命题,统一组织考试。考试科目满分为:语文、数学、英语(含口语等级测试10分)各120分,物理100分,化学、思想品德各80分。考查科目满分为:历史、体育各30分,生物、地理各20分。中考成绩总分为720分。思想品德和历史学科实行合场、合卷和开卷(不得携带电子读物)的考试办法,生物和地理学科实行合场、合卷和闭卷的考查办法,其他学科均为闭卷考试。

中等学校升学志愿在文化考试结束后、评卷开始前一次性填报。

【**高考报名、录取情况**】 2007年,南京市有38751人报名参加高考,比上年增加3418人,占全省报名总数的7.37%。报考的应届生36544人,占报名总数94.3%;往届生2207人,占报名总数的5.7%。考生报考普通类31476人,占报名总数的81.23%;报考体育类693人,占报考总数的1.79%;报考艺术类6582人,占报考总数的16.98%。被各类高等院校录取31554人,比上年增加4983人,录取率81.43%。其中,本科16306人,占录取总数的51.68%;专科15248人,占录取总数的48.32%。空军招飞中心在南京录取飞行员17名,录取人数名列全省前茅。

【高考在宁录取投档最低控制线】　普通类:本科第一批588分,本科第二批559分,本科第二批500分,提前专科549分。体育类本科(公办、民办)男生460/78,女生460/78。艺术类本科(公办、统考)音乐,360/220,美术430/170。艺术类本科(民办、统考)音乐350/215,美术410/150。第一批高职(专科)480分,第二批高职(专科)360分。体育类高职(专科):440/60。艺术类高职(专科)音乐(统考)285/160;美术(统考)285/120;专业校考的文化分285分,专业成绩合格。　(钟小羽)

【高考成绩继续攀升】　全市参加高考38751人,录取31554人。二本以上达线人数8858人,比上年净增1858人,增幅为26.5%。各类提前录取学生775人,比上年增加332人,增幅为74.9%。其中,保送生314名,占全省613名的51.2%;保送清华、北大42人。占全省88人的47.7%;被国外名牌大学提前录取261人,比上年增加90多人,均创历史新高。

(潘杨华)

【中学教育】　2007年,南京市有普通中学211所,比上年减少12所。其中,初中140所,减少8所,新增"小班化"实验初中10所,总数达26所;普通高中有71所,减少4所,新增省三星级高中2所、四星级高中1所,现有三星级高中20所、四星级高中22所。全市初中毕业生升学率99.09%,提高1.82%;普通高中毕业率99.9%,高中升学率81.43%。

初中教育全面贯彻新《义务教育法》,推进教育公平和均衡发展。继续推进初小"小班化"教育实验。定期组织初中"小班化"课堂教学研讨展示活动,开展"小班化"班级文化建设创建活动,加大力度培植公办初中优质资源。加强初中教育专业化建设,成立"南京市教育学会初中专业委员会",举办初中校长论坛,提高初中教科研水平。

高中教育以提高教学质量为中心,加强对教育教学的管理与指导。加强高考信息的收集、研究和分析,做好质量检测和反馈工作。20所高中获"高中教育绩效评估综合奖",64所高中获单项奖,50名高三教师获"班级管理先进个人"称号,150名高三教师获"学科教学先进个人"称号。

推进课程改革,实施课程改革方案,落实素质教育要求,开展中学生阳光体育活动,落实学生在校体育锻炼1小时的要求。继续推进学生综合素质评价工作,召开综合素质评价工作现场会,对全市普通高中学生综合素质评价工作及艺、体、美3科教学工作进行普查。开展全市普通高中新课程教务管理软件使用培训,进一步规范普通高中课程管理与教务管理。修改和完善初高中学生素质发展记录册,全市初高中学生全面使用学生成长记录册。继续抓好高中课改样本校建设,第十三中学开设综合实践课程及学分制管理经验,得到教育部领导的充分肯定。推进新课程背景下的校本课程建设,其中南师大附中、金陵中学、南京外国语学校的"系统动力学"、"模拟联合国",第三高级中学业余电台等成为精品校本课程。开展中学生综合实践活动,第五十中学学生集邮基地面向全市开展迎"十七大"集邮征文活动;金陵中学组团参加"亚洲FVC机器人联赛及国际FVC机器人选拔赛",获"亚洲铜质奖章"、"最佳交流奖"、"最佳教练奖";第三中学无线电兴趣小组参加国际空间站ARISS计划,实现中国青少年首次与国际空间站天地对话,受到社会广泛关注和好评。

加强学校常规管理,落实《江苏省中小学管理规范》,下发"南京市初中常规管理规范要求",开展学校常规管理规范督查活动。推行管理的规范化、精细化。开展学校文化建设,启动"百年老校推新工程",提升百年老校的文化品位,打造一批品牌学校。

实施教育跨江发展工程,玄武区、鼓楼区分别与浦口区、六合区结对帮扶,开展"手拉手"互助活动。支持江浦高级中学办好"新疆班",市财政投入由每年30万元增加到50万元。2007年江浦高级中学"新疆班"高考本科录取率达96.1%。扶持江北优质高中建设,沿江开发区内南师大附属扬子中学建成高标准新校区。　(王　卫)

【职业高中】　2007年,南京市有独立设置的职业高中16所,毕业生3644人,招生3825人,在校学生9448人。

职业学校教育教学改革持续推进。探索学校管理体制改革,各职业学校成立系部或专业办。课程改革在全市20余所创建高水平学校中十大类专业上全面推进,其中8所学校通过省教育厅组织的专家验收,被确认为省级课改实验点。职校办学质量和效益逐年提高,毕业生就业率保持在95%以上,毕业生"一书四证"(毕业证书、计算机等级证、外语等级证、普通话等级证、专业工种技能等级证)拥有率接近80%。江宁职业教育中心、莫愁中等专业学校和下关职业教育中心被市科技局、教育局和人事局联合评定为市级软件人才培养基地。校企合作进一步深入。市教育局与金鹰国际购物中心等10家著名企业签订联合办学协议,并授予"南京市职业教育实践基地"铜牌。全市职校与400多家企业开展多种形式的合作办学。4月,市教育局与Autodesk(欧特克)软件(中国)有限公司签订战略合作备忘录,依托市财经学校的国家级计算机紧缺人才培训基地,建成"南京市影视动漫实训基地",并合作建成"Autodesk高端影视合成精编培训基地"。全市2461名职校生报名参加普通高校对口单招升学考试,1069名考生被各类本专科院校录取,其中本科188人,专科881人。

职教师资队伍建设不断强化。以"双师型"教师培养为重点,加快职教教师队伍建设。全市17所重点职业学校中,具有技师(工程师、会计师等)职称教师达223人,占教师总数比例46.62%。提升专业师资队伍学历层次,实施职校专业教师在职攻读南京航空航天大学工程硕士培养工程,有70名专业教师在职攻读南京航空航天大学工程硕士。选送200多名教育厅组织的"四新"培训,选拔30多名教师和校级领导参加出国学习培训,提升教学能力和管理能力。开展师资培训工作,全市所有专任教师要求参加各类培训,市级骨干教师培训79人,英语教师就地留学培训110人,班主任培训89人,教师企业顶岗实践400人,在职教师进修硕士132人,技师培训125人,全员培训1200人次。

【技工学校】　2007年,南京市持续办学的技工学校有31所,其中技师学院2所,高级技工学校1所,国家级重点技工学校3所,省级重点技工学校8所,市级重点技工学校3所。开设13大类110多个专业。毕业生7582人,就业7512人,就业率99.1%。招生23105人,其中高级技工班和技师班学生占15%,在校生61810人。教职工3059人,其中文化技术理论教师1482人,生产实习指导教师553人。文化技术理论教师中有高级讲师197人,讲师436人,分别占13.3%和29.4%;大学本科以上学历1349人,占91%。生产实习指导教师中高级实习指导教师37人,一级实习指导教师54人,分别占6.7%和9.8%;技师和高级技师190人,占34.4%。

【成人教育】 2007年,南京市成人教育服务于学习型城市建设和新农村建设。玄武、鼓楼两区申报国家级社区教育示范区,秦淮区申报国家级社区教育实验区,均通过省教育厅先期验收。江宁区、高淳县通过江苏省省级社区教育实验区验收。全市创建14个市级社区教育示范街道。市电大、白下区和雨花台区分别成立省级社区培训学院。6个镇(街)成人中心校通过省级社区省级教育学习中心验收,2个农科教示范基地通过省级验收,新创建11所高级农村劳动力转移培训基地。教育培训超额完成年初预定目标。农村劳动力转移培训达5万人次,"两后双百工作"完成近5000人,高中后、初中后毕业生通过就业培训被推荐就业,农村致富骨干培训3万人次,市农科教讲师团送教下乡专场培训70余场次,近6000农民接受培训,编印发行三大类农民致富信息技术系列丛书,农村各类培训40万人次。城市开展就业培训40万人次,各类社会培训20万人次,全市全年各级各类培训总量达103万人次。

(梁晓峰)

【民办教育】 全市民办中小学57所,占全市中小学校总数8.6%,其中民办普通中小学50所,占民办学校总数87.7%。在校生总数5.5万人,占全市中小学在校生总数9.1%,比上年减少13%,其中小学生1.59万人,初中生2.60万人,高中生1.03万人。教职工5263人,其中专业教师3738人。

开展全市民办中小学(职业学校)专项检查工作,从办学条件、董事会(理事会)工作、资产与财务管理、预留发展基金及提取使用4个方面,进一步规范民办学校的办学行为。规范郊县依托重点中学举办民办初中、民办高中行为,江浦中学、东山实验中学、六合励志中学(高中)、溧水县实验学校、高淳县德圣中学5所依托重点中学举办的民办初中、高中学校停止招生。全市民办初中、高中的清理、规范工作基本完成。

(周永燕)

【规范民办非学历教育】 市教育局依据《民办非学历教育机构办学质量督导评估标准(试行)》,组织专家分批对部分教育机构进行督导评估,并将结果刊登在《金陵晚报》上向社会公示,其中合格单位297所、基本合格单位17所、限期整改单位17所、不合格单位4所、停止办学单位10所。7~8月,对13个区县的非学历民办教育管理及档案工作进行检查,内容涉及建档、存放、申办、审批、电子档案等。草拟《南京市学前教育机构设置、变更办法》。与市民政局协商解决有关教育类民办非企业单位的工作职责、核名等问题。与市劳动和社会保障局、工商局召开联席会议,明确3方在非学历民办教育机构审批权限。以及违规情况的处理职责等。全市新批非学历民办教育机构36家,培训总人数13万人。

(梁晓峰)

【普通高等教育】 2007年,南京地区有普通高等院校42所(不含部队院校),其中部委属院校8所,省属院校30所(含民办高校6所),市属院校4所。本科层次高校23所,专科层次高校19所。

高等教育稳步发展。全年招收普通本专科生和研究生177416人,比上年增加16905人,其中本科生99718人,专科生54310人,研究生23388人。在校生677924人,比上年增加57125人,其中本科生368338人,专科生241811人,研究生67775人。本专科毕业生133413人,比上年增加17427人,其中本科毕业生71465人,专科毕业生61948人;毕业研究生17287人,比上年增加2449人。有教职工70542人,其中专任教师40769人,比上年增加6625人,专任教师中具有正高级职称4792人,副高级职称10989人,中级职称14214人,初级职称及以下10774人。

(张卫星)

苏州市教育与人才开发

【教育事业全面发展】 全面实施素质教育,统筹发展基础教育、职业教育、高等教育、成人教育、农村教育。全市初中毕业生升学率为99.15%,高等教育普及化程度提高,高考录取率为90.6%,高等教育毛入学率达53%。新增劳动力人均受教育年限达14.62年。全市小学在校学生35.46万人,初中在校学生20.6万人,普通高中在校学生10.8万人。职业中学在校学生1.42万人,技工学校在校学生3.11万人,毕业生0.75万人。中等专业学校在校学生7.94万人,毕业生1.63万人。全市新增高校1所,年末在苏各类高等院校18所。普通高等学校在校学生15.24万人,毕业生2.66万人;成人高等学校在校学生4.16万人,毕业生1.14万人。扎实推进教育信息化,全市80%的小学、初中达到省级现代化办学标准,农村村级小学全部通过市级现代化评估,苏州市成为国家教育管理信息化标准应用示范区。

【科技事业】 大力推动国际新兴科技城市和创新型城市建设,提高自主创新能力,科技进步对经济社会发展的推动作用增强。全市共组织实施省级以上科技项目480项,年末全市拥有国家重点高新技术企业92家,省高新技术企业1442家。当年新增省级以上高新技术企业598家,全市新认定省级以上高新技术产品725个,累计达2869个。全年专利申请量、专利授权量达到33752件和9157件,分别比上年增长162.2%和88.6%。科技创新载体和平台建设取得突破。全市拥有各类科技创业孵化机构27个,建成15个省级公共技术服务平台。3个企业技术中心进入国家级企业技术中心行列,年末全市拥有省级以上企业技术中心44个。苏州累计认定市级外资研发机构达到116个,省级外资研发机构累计达到74个。苏州纳米科技园被科技部批准为全国第三个国家级国际创新园。人才的聚集效应显现,全市引进大专以上各类人才7.6万人,其中博士344人,硕士2984人,引进留学归国人员533名;有26人列入省"高层次创业创新人才引进计划",有16人列入"姑苏创新创业领军人才计划",并由政府给予资助。

无锡市教育与人才开发

【概况】 2007年,无锡市教育工作围绕教育强市建设和"人人享有良好教育"目标,各级各类教育率先发展、科学发展、和谐发展,教育服务经济和人民群众的能力有效提升。

区域教育现代化建设实现新跨越。 围绕率先发展、科学发展、建成全国一流教育强市的宏伟目标,全市教育系统推进新一轮区域教育现代化建设。根据《无锡市教育现代化建设指标》,加大投入,积极宣传,分类指导,教育现代化各项要素全面提升,无锡市所属两市(县)七区高水平、高质量接受省组织的区域教育现代化评估验收。

素质教育实施取得新进展。 市未成年人思想道德建设大力加强。"民族精神月"教育、中小学生爱心义卖、青少年"阳光体育"运动、中小学生心理健康、学生青春期和青少年法制教育活动等,促进了学生综合素质提高。

基础教育发展创出新优势。 学前教育加快普及提高。推进0~3岁婴幼儿早期教育,0~3岁婴幼儿教育率达65%。学前三年教育巩固提高,幼儿入园率保持在98.3%,加大省、市优质幼儿园创建力度,创省优质幼儿园34所。义务教育着力促进均衡。"以县为主"义务教育经费保障机制完善。推进百所农村相对薄弱学校改造,117所农村相对薄弱学校全部达到省定"四项配套工程"建设Ⅲ类标准。义务教育现代化创建力度大,义务教育高位均衡发展水平有效提升。残疾儿童和新市民子女受教育得到公平保障。扶困助学长效机制逐步完善,各类学校免除、补助困难家庭学生经费1962.51万元,受惠学生5.67万人次。全市义务教育免除学杂费9647万元,受惠学生36.28万人。高中教育加快优质化进程。

【优质教育资源建设稳步推进】 2007年,江南大学获得教育部人才培养模式创新实验区2个,获得江苏省高等教育教学成果奖7项,获得江苏省高等教育教改立项项目4项。有1名教师获江苏省教学名师奖。获得教育部第一类特色专业建设点2个,第二类特色专业建设点1个,1门课程被评为国家级精品课程,6部教材被评为江苏省高等学校精品教材,5部教材列入江苏省高等学校立项建设精品教材,4个教学实验中心被评为省级基础课实验教学示范中心。在第十届"挑战杯"全国大学生课外科技作品总决赛上,有一项作品获得一等奖。新增加11个哲学与社会科学类数据库,建成生物科学等13个专业的本科教学参考数据库,图书馆查新工作站顺利通过教育部科技查新工作站的年度检查。

【职业技术教育与社会教育】 开展精品课程和示范专业评选认定:2007年秋季开学,职业教育优秀(精品)课程、示范专业建设和评选认定工作在全市范围展开。市教育局每年组织评选职业教育市级优秀课程50门、示范专业30个。参与评选的课程必须是各职业院校实际开设的专业和专业基础类课程,且要连续3年以上,具有良好的课程建设基础,主讲教师不少于3人,负责人必须是院校专任教师。参评的示范专业在校生不少于200人或5个班,专业专任教师不少于7人,本科达标率必须达到75%以上,其中"双师型"教师比例不低于40%。各职业学校在校学生在通常情况5000人以上的,可申报3门以上市级优秀课程、2个市级示范专业;在校生在2000人至5000人之间的可申报2门市级优秀课程和1个市级示范专业;在校学生在通常情况2000人以下的可申报1门市级优秀课程和1门市级示范专业。

【"长三角"农村成教中心校校长论坛在无锡举行】 "2007年'长三角'农村成人教育中心校校长论坛"5月20日在无锡举行,来自沪、苏、浙三地的300多名农村成人教育中心校的领导和专家参加会议,并签署了《"长三角"成人教育合作协议》。会上,与会代表就加强校际之间成人教育的合作交流,进一步拓展成人教育的发展路径等内容进行探讨。上海、江苏、浙江三地的代表商定,今后将合作开展成人学校校长培训,每年组织由三省市职业学校校长组成的培训班,推进成人学校师资培训的合作,建立"长三角"职业教育教材研发中心,引进国内外优秀的职业资格证书,推进职业教育内容改革,逐步建立统一的"长三角"地区职业学校毕业生信息和就业信息网络,努力为"长三角"地区职业学校毕业生和用人单位提供就业和用人服务。

常州市教育与人才开发

【教育事业】 全力推进教育现代化建设,积极构建终身教育体系,教育事业取得显著成绩。年末全市共有各类全日制学校446所,在校学生64.4万人,其中普通高校11.9万人,普通中专(含职业中专)4万人,技工学校3.2万人,职业高中1.2万人,普通中学21.1万人,小学23万人,特殊教育668人;教职工4.2万人,其中专任教师3.4万人。另有在园幼儿8.3万人、成人高校及成人中专2.2万人。

全市新增劳动力人均受教育年限达14.4年，多项教育主要指标达到或接近中等发达国家水平。学前三年教育普及率稳定在98%以上，适龄儿童少年小学、初中入学率100%，初中毕业生升学率99%以上，高等教育毛入学率达60.4%，基本实现高等教育普及化。全市高考本科录取人数1.48万人，本科录取率61%以上，本科达线率、本科录取率和万人进线率保持全省领先。职校单招实现全省“八连冠”，本科录取率、本科录取人数、总录取率均为全省第一，职校毕业生一次性就业率保持在96%以上。

在常高校办学水平快速提升，共有省部级重点学科6个、省级重点实验室3个、国家级精品课程4门。全市学生体质健康水平、全国中小学艺术展演获奖节目、省级及以上中小学科技竞赛获奖层次及人数均为全省第一，由本市青少年组成的中国机器人代表队在FIL世界锦标赛和欧洲公开赛中获冠军。

深入推进“蓝天计划”，大力实施“春晖工程”，全市10.4万名流动儿童少年100%由教育部门安排接受义务教育，其中78%以上在公办学校就读。优质教育资源进一步放大，省级及以上优质中小学比例达51%以上，就读学生比例达66%以上；市级以上优秀教师比例在11%以上，中小学教师学历合格率和高一层次拥有率均位于全省领先行列。全市城乡义务教育阶段继续执行免费政策，全年投入专项经费超过1亿元，近40万名中小学生受益。中等职业学校全面落实助学金政策，年内共投入专项经费1563万元，2.6万名中职生人均获补助600元。

【实施“千名海外人才集聚工程”】 加快以领军型创新创业人才为重点的急需人才队伍建设，支持各类海外英才到常创业发展，为推进创新型城市建设注入强大动力。年内共引进218名优秀海外人才，其中领军型海外留学归国创业人才58名，首批引进的领军型海归创业人才项目有18个在常州落户。年末全市拥有各类专业技术人员31.1万人，增长6.1%；引进各类专业技术人才2.2万人，其中博士54名，增长1.2倍，硕士855名，增长36.8%。全年组织国际科技合作与交流300余次，专业人才境外培训116人次。

【人才市场招聘工作】 2007年举办招聘会70场，其中综合人才招聘会33场、专场人才招聘会22场、大型人才招聘会15场(冠名招聘会3场)。共有7794家单位进场招聘，提供14.3万个职位，进场应聘人数25.17万人。《常州日报》“人才市场专版”全年刊出42期。8月18日举办常州市非公企业党员员工专场招聘会，135家用人单位进场设摊；9月22日举办创新人才、海归人才交流洽谈会，共有302家用人单位参会。组织20家常州知名企业赴南京参加国际外包人才招聘会。

大中专毕业生就业和人才引进工作。举办公益性毕业生就业洽谈会。2月10日及7月21日在常州国际展览中心举办两场大型大中专毕业生就业洽谈会，共有701家用人单位进场设摊招聘，提供1.2万个应聘职位。5月19日、26日，联合江苏工业学院、江苏技术师范学院举办“走进校园”大型毕业生公益性招聘会，共有300余家企业参会，提供岗位3500个，5000余名毕业生进场应聘，600余名毕业生与用人单位达成初步就业意向。大力引进高层次人才。全年共组织300多家用人单位赴南京、上海、武汉、合肥、西安、东北等地招聘高层次人才。开展第二届“高校毕业生就业服务百日行动”活动。办理异地人才流动1069名，其中调进555人，调出514人。办理市内人才流动487人。

【人事代理和档案管理工作】 新增代理单位259家，累计1749家；新增单位代理人员2819人，累计14289人；新增个人代理人员2293人，累计8726人。办理委托代理人员就业数1069人。进一步拓展服务项目。新增生育和工伤保险两项代理业务。代收保险金3900万元，

其中医疗保险金530万元，住房公积金390万元，养老保险金2280万元。档案管理方面，保管流动人员档案63158份，转进档案12949份，转出档案4604份。各类材料归档7326份。档案材料的收集、鉴别、分类、编号、录入1860份，档案利用969人次。出具各类证明230份。

【人才派遣工作】 新增派遣单位36家，累计149家，比上年增长22%；新签派遣员工1838人，续签派遣员工2834人，变更派遣员工劳动合同1400人，解除1149人，累计在册派遣员工5129人。至年底，共申报社会养老保险4124人，申报医疗保险4122人，代收代缴各类社会保险金1929万元；申报公积金3053人，代收代缴公积金586.9万元；申报员工意外保险1401人；申领生育保险金167人；办理工伤保险17人，办理意外保险12人；对新招录派遣员工1555人进行体检，办理派遣员工退工手续1100人。

【人才评价推荐工作】 全年与120家用人单位洽谈委托招聘事宜，其中外资企业48家，民营企业50家，其他单位22家。与42家单位签订委托招聘协议，涉及委托招聘职位共计126个。推荐符合职位要求的人选243人次，单位接受面试人选129人次。收集整理应聘人员简历2268份。全年为29家单位812人次提供人才素质能力测评服务，其中公选领导干部和机关单位测评185人，事业单位招聘和选拔测评436人，企业单位测评191人。

【人才信息工作】 加强信息平台建设，完善常州人才网服务功能，自行开发人事代理二级页面、业绩档案、中高级人才库，完善人才派遣信息管理系统。常州人才网累计发布各类需求信息广告100家。网上招聘单位累计1.25万家。常州人才网首页点击总数16.48万次，日均点击稳定在1.5万次。常州人才网个人求职会员注册人数超过17万人，平均每天有150个求职者成为人才网的个人会员。

【人才特色工作】 成立常州市人力资源市场。由市人才市场和市劳动就业管理中心共同出资组建常州市人力资源市场，9月22日正式挂牌。在全国地级市中首家实现了人才市场、毕业生就业市场和劳动力市场“三个市场”的贯通，充分发挥市场在人力资源配置中的主渠道作用。成立常州市人才服务中心科教城分中心，为科教城用人单位和高校毕业生就近提供人事人才服务。开展人事代理综合服务新业务。全年共签订人事代理综合服务单位90家，466人参加综合服务。建立诚信档案，全年为54家单位建立人才业绩档案。为辖市、区免费

安装常州毕业生就业网分网,实现毕业生就业工作网络化管理。

（孙寅松）

镇江市教育与人才开发

【教育与人才开发】 新世纪以来,镇江教育紧紧围绕“基本实现教育现代化、基本形成与经济社会发展相适应的现代教育体系”两大目标,致力完成“高水平发展九年义务教育和高中阶段教育、实现高等教育普及化、构建全民学习和终身学习的学习型社会”三大任务,认真落实“抓改革、抓投入、抓师资、抓管理”四大举措,不断“挑战现实,追求卓越”,初步实现了“在率先中率先,在争强中当强”。全市学前三年幼儿入园率达95.50%,九年义务教育人口覆盖率达100%,高中教育普及率达99.10%,高等教育毛入学率达59.67%,人均预期受教育年限达14.08年。区域教育现代化建设加速推进、成效明显,2007年,丹阳市、扬中市率先接受省级评估。

扬州市教育与人才开发

【概述】 2007年,扬州市的教育事业以科学发展观为统领,围绕“教育质量提升年”这一主题,狠抓教育质量,大力推行学校精致管理,全面提升办学理念,全力构建和谐教育,教育发展水平进一步提高,教育事业取得了新成绩。

教育普及化程度进一步巩固和提高。全市3-5周岁幼儿入园率达93.5%,较上年提升了4.8个百分点;义务教育普及巩固水平保持稳定,小学适龄儿童入学率和巩固率均保持100%,初中适龄少年入学率保持在100%,年巩固率达99.77%,比上年提高0.01个百分点,残疾少年、儿童入学率达97.31%,比上年提高0.01个百分点;高中阶段毛入学率达95.7%,比上年提高8.1个百分点,提前三年实现了普及高中阶段教育的发展目标。

教育质量明显提高。2007年全市普通教育着力推行学校精致管理,突出“升学目标”,高考升学率再创历史新高,连续第三年实现历史性突破,首次实现高考总分上线人数“全市超万,县县超千,校校超标”。全市28542名考生参加高考,本科上线人数达10085人(不含本三),比上年增2755人,增幅超过37.6%;扬州市以占全省1/17的人口,1/19的考生,摘取了全省1/12的高考本科上线人数,各类指标增幅均大大超历史最好水平。

中小学教育结构布局进一步优化,优质教育资源放大。2007年,全市撤并小学27所,初中1所,小学校均覆盖人口由上年的1.32万人提高到1.43万人;共减少高中5所,高中的校均覆盖人口由7.33万人提高到8.49万人。2007年全市新创建省三星级高中3所,省示范初中15所,省实验小学15所,市级优质幼儿园17所。全市省三星级以上高中总数达28所,占全市高中总数的50%,在三星级以上高中就读的学生占全市高中生总数的74.23%;省级示范初中总数达97所,占全市初中校总数的65.99%,在省级示范初中就读的学生占全市初中生总数的66.12%;省级实验小学总数达75所,在省实验小学就读的小学生占全市小学生总数的46.18%;在省一类以上幼儿园就读的幼儿占全市在园幼儿总数的59.66%。与上年相比,在优质学校就读的学生数明显上升,其中高中上升7.03%,初中上升9.51%,小学上升10.84%,幼儿园上升1.01%。与此同时,全市农村中小学合格学校建设成效显著,结合实施农村学校实验设备、图书资料、体育和艺术教育器材“四配套工程”,以及农村学校“数字化校园”建设,推进校园网上“同步课程”的应用,农村中小学办学条件明显改善,全部达到了市合格学校的标准,城乡教育差距进一步缩小。

【职业教育】 职业教育得到了加强和发展。2007年,在生源减少、对口单招和五年制高职招生政策调整的情况下,强化了招生环节,同时推进了区域联合招生,与江西、河北、山东等10多个省外生源基地联合招生2700多人,使全市中职校本年度招生总数达3.1万人,占全市高中阶段招生总数的52%以上,保持了全市高中阶段教育结构协调合理发展。职业教育资源进一步整合和优化。原扬州电子信息技术学校和纺织职技校与扬州职校中心合并,组建成扬州高等职业技术学校,有效地提升了扬州职业教育的办学层次和能力。

【成人教育】 成人教育培训扎实有效。2007年,全市乡镇成人教育中心校开设高等学历教育班25个,在籍生1126人;各级成人学校积极开展劳务输出培训,全市经成人学校培训向国外输送劳务人员1092人;各职业学校和成人学校联手培训2.1万名农村富余劳动力走进工厂企业就业;各乡镇和村级成人学校开展农业科技知识和技能培训10万余人次。此外,全市40%以上的乡镇开展了形式多样、内容丰富的社区教育,推进了和谐社会的构建和学习型社会的建设。

以构建和谐教育为目标,实施各项教育帮扶成效显著。2007年,全市城乡义务教育阶段学生全部免收学杂费,为42.6万名学生减免学杂费计1.08亿元;同时把符合条件的城市低保、特困家庭子女纳入“一免一补”范围,共减免补助1026万元,受益学生达10.2万人次;继续打造面向贫困家庭子女的“宏志班”助学品牌,全市2007年累计新招“宏志班”26个,使在“宏志班”就读的学生总数达2855人,他们分别享受免学杂费、免课本费和获得生活补助的帮扶。此外,2007年,市区外来务工人员子女享受“同城待遇”，义务教育做到就近入学，免收借读费、学杂费；报考重点高中与市民子女一视同仁。市区进城务工农民子女在读学生总数达 1.5 万人，就读率为100%。

【民办教育】 民办教育发展健康有序，并形成了一定特色。市教育局按照国家《民办教育促进法》首创了对全市民办学校在校教师、学生、教育教学、学校建设等方面与公办学校“一视同仁”的政策，为民办学校的发展提高创造了条件，全市各民办学校在激烈的竞争中采取了“育才生财，生财育才”滚动发展的办法，实现了“两不”（不要国家拨款、不要国家人员编制）、“两自”（自筹经费、自我完善发展），使学校增加了活力，使民办教育事业有了新发展。2007 年，扬州市基础教育阶段计有民办学校（幼儿园）150 所，占全市基础教育学校总数的 18.4%；另有民办职业学校 4 所，民办高等学校 2 所，以及大批面向全社会的各类城乡教育培训非学历教育机构。民办学校的办学规模和档次有了新的提高：宝应县的民办翔宇教育集团，其小学、初中、高中招生人数都在 3000 人以上；市区北京新东方扬州外国语学校、扬大附中教育集团东部分校、扬州中学西区校等民办学校，其办学规模和现代化办学条件，以及雄厚的师资力量都达到了省星级学校水平；扬中教育集团树人学校、扬州梅岭中学等民营学校，已成为市区高质量教育的热点学校。社会力量办学已成为扬州教育事业的一个重要组成部分和新的增长点。

2007 年扬州市各级各类教育事业概况

学校类别	学校数	毕业生数	招生数	在校学生数	教职工数	
					计	其中专任教师
普通高校	6	15204	21439	72668	6928	3979
成人高校	1	6387	5667	15782	465	296
中等职业学校	27	20511	23415	73114	3019	2351
其中：普通中专	10	15127	18870	60289	1522	1234
成人中专	3	—	—	—	120	81
职业高中	14	5384	4545	12825	1071	870
普通中学	201	86369	81948	252221	20615	17420
其中：高中	54	25880	30888	90331	—	6231
初中	147	60489	51060	161890	—	11189
小学	319	50468	37781	240475	16527	14477
特殊教育学校	6	501	437	2936	181	143
幼儿园	295	35716	37009	108793	5838	4101

注：1、中等职业学校除 27 所外还有其他职教机构 14 所；

2、职业教育教职工总数不包括其他职教机构的 306 人和 166 名专任教师；

3、中等职业技术教育中还有劳保部门管辖的技工学校 13 所未列入表中，技工学校在校生总数为 29052 人。

南通市教育与人才开发

【教育概况】 乡镇和区域教育现代化工程稳步推进，全市所有乡镇基本通过江苏省教育现代化乡镇验收，农村中小学危房改造、布局调整、“三新一亮”、“六有”工程、“校校通”工作任务全面完成。继续扎实推进素质教育，全市中小学全面建成省合格学校，高中教育基本普及，中高职业院校在校生增加到 19 万人。全市小学学龄儿童入学率为 100%，初中毕业生升学率为 98.8%，高中阶段毛入学率为 86.8%，高等教育毛入学率为 45.2%；高考获得连续 15 年江苏省领先的佳绩，全省高考第一、二名都在南通，总均分、优生数、一本、二本上线率等均居全省第一。

【海外人才引进】 以进一步创新工作机制、完善载体建设、推进信息平台为抓手，海外创业创新人才引进工作实现新的跨越，聘请外国专家数、吸引海外人才数、建立海外人才平台数等多个方面实现新的突破，累计引进 1000 多名海外高层次留学人才，江苏省南通留学人员创业园作为江苏省留学生服务先进单位受到省政府的表彰。出台了《南通市引进海外高层次人才五年计划》，力争在 2008 ~ 2012 年的五年间，新引、集聚具有国际化水平的领军型人才 100 名、创新创业人才 300 名，使在通高层次外国专家、留学人才新增总量达到 1000 名。南通的海外人才引进工作得到中国人事报、外国专家通讯、新华日

报、新浪网等国内10多家新闻媒体、网站的广泛报道,受到社会的广泛关注和赞誉。 (张启祥提供)

泰州市教育与人才开发

【教育事业协调发展】 九年义务教育普及率保持100%水平。全市共有小学349所,在校学生25.11万人;初级中学189所,在校学生19.20万人,初中毕业生升学率94.6%。全市有高级中学58所,在校学生10.99万人;中等职业学校29所,在校学生5.24万人;技工学校5所,在校学生0.79万人,增长12.2%;高中阶段教育毛入学率达80.2%,比上年提高5.0个百分点。全市普通高校5所,在校学生3.54万人,增长38.4%。

杭州市教育与人才开发

【高等教育】 不断推进重点学校和重点学科建设,高等教育布局结构调整加快。至2007年末,全市拥有普通高等院校36所,在校学生39.28万人,比上年末增长5.1%,其中在校研究生2.66万人。高等教育毛入学率达50.37%,比上年提高1.82个百分点。

【普通教育】 全面推进素质教育,促进基础教育均衡发展。至2007年末,全市学前三年幼儿入园率为96.8%;共有小学437所,在校学生45.62万人;初中262所,在校学生23.83万人;普通高中80所,在校学生12.29万人。全市小学入学率和初中升学率均达到100%;初中毕业生升入各类高中比例达96.62%;优质高中招生比例由上年的72.11%上升到74.85%。全市已建立外来务工人员子女学校47所,解决了14.17万名外来务工人员子女入学问题。累计成立教育集团67个,253所中小学实行名校集团化办学。

【成人教育】 多层次成人教育网络基本形成。至2007年末,全市共有成人高校97所,在校学生17.81万人;成人中等学校1537所,在校生68.26万人,其中成人技术培训学校1457所,在校生65.49万人。

【特殊教育】 至2007年末,全市共有13所特殊教育学校,在校学生1295人,使视力、听力、语言、智力、肢体残疾的少年儿童义务教育得到基本普及。 (陈 茜提供)

宁波市教育与人才开发

【概况】 2007年,全市有学校2425所,在校生136.2万人,教职工8.5万余名。九年义务教育入学率、巩固率分别为100%和99.9%;初中毕业生升入高中段学校的比例达97.42%,创历史新高;普通高校录取率81.77%,比全省高9.2个百分点。年内,市教育局被国家环保总局、教育部评为第四批全国"绿色学校"创建活动优秀组织单位。 (谢敏依)

湖州市教育与人才开发

【人才队伍建设】 2007年,我市以能力建设为核心,抓住引、育、用三个环节,大力开发人才资源。一是刚柔并济引人才。采取综合招聘、专场招聘、定向招聘、网上招聘等多种方式加大人才招聘力度,全市共引进各类人才10873人,其中高层次人才500人;柔性引进人才1721人,其中,高层次人才647人。深入实施大学生就业"四百工程",全市新增市级大学生就业实习基地10家,首批22家有262名实习大学生与用人单位达成了录用意向。深化"百名硕博湖州行"活动,组织了清华、北大、浙大、西北农大等重点高校112名硕博人才到我市社会实践,实践项目61个。二是多措并举育人才。扎实推进"三大"人才培养工程建设。着力实施企业经营管理人才素质提升工程,举办各类企业论坛、专家讲座28期,共有2208人参加。举办金融、科技、外贸、管理等知识培训班125期,共有7403人参加,其中在清华大学、浙江大学以政府买单形式举办了明星企业、重点骨干企业高管人员研修班和MBA课程班，共有178家企业的278名高管人员参加，受到广泛好评；深入实施专业技术人才知识更新工程，策划完成了10期专业技术人员继续教育高研班，其中"现代蚕桑园区建设"和"水产养殖业水质控制和污水净化技术"被列为省专技人员高研班。组织全市百名现代服务业精英到上海举办中国现代服务业管理前沿理论及实践高级研修班。积极开展在职学历教育，西安交通大学和武汉大学远程教育湖州学习中心已招收学员121名，新申请成立的同济大学工程硕士湖州教学点已招收学员25名。组织开展全国职称外语、经济类职称和全国计算机软件资格水平考试，3349人次参加了考试。继续开展卫星远程教育、职业资格等培训考试，300多位员工在卫星课堂接受了培训，197人次参加了人力资源管理师、理财规划师的培训考试，近200人参加了劳动合同法、创新能力等培训。大力实施城镇劳动力就业技能培训工程。2007年以来，全市职业技能培训鉴定43034人，着重培训鉴定维修电工、车工、钳工等符合我市产业结构方面高技能人才4138人，全市高技能人才总量达到12237人，初级、中级、高级技能人才比例达到60∶31∶9。三是竞争择优用人才。深化完善职称制度。出台了《湖州市2007年度职称改革工作意见》、《关于我市工程专业技术职务任职资格考试的通知》、《关于在全市农村实用人才中开展专业技术职务任职资格评审工作的通知》等文件，推进民营企业高级经济管理师和农村实用人才职称评定工作。探索企业经营者选任办法，据不完全统计，2007年以来全市有91家企业以招聘等方式选用外地籍人才进入133个总经理助理以上高层经营管理职位。

（洪　流提供）

嘉兴市教育与人才开发

【**教育**】 2007年，嘉兴教育坚持以邓小平理论、"三个代表"重要思想和党的十七大精神为指导，以科学发展观统领教育全局，围绕"加快教育发展，建设教育强市，办人民满意教育"的工作目标，教育改革不断深化，城乡教育均衡发展，着力实施素质教育，基础教育整体水平进一步提升，职业教育与普通教育保持协调发展，高等教育快速发展，终身教育体系逐步完善，教育事业呈现又好又快发展态势。

高度关注民生，着力解决人民群众关心的教育实际问题。把"基础教育普惠工程"列为市区十大民生工程，市教育局结合作风建设年活动要求，通过开展"树新形象、创新业绩"主题教育实践活动，深入开展以机关干部进学校、学校领导进课堂、任课老师进学生家庭为主要内容的"三进"活动，办好让人民满意的教育。2007年，全市共有各级各类全日制学校和幼儿园771所，毕业生17.6万名，招生数18.1万名，在校学生65.7万名。其中普通高校2所，在校生19455名；高等职业技术学院2所，在校生10718名；成人高校3所，在校生26362名；专修学院1所，在校生1222名；普通中等专业学校9所，在校生19230名；成人中专8所，在校生3772名；技工学校5所，在校生7170名；职业中学15所，在校生24745名；普通高(完)中38所，在校生65199名；初级中学124所，在校生148066名；小学257所，在校生247686名；特殊教育学校5所，在校生1270名；幼儿园302所，在园幼儿82278名。全市有教职工39634名，其中专任教师33634名。

*进一步扩大优质教育资源。*全市撤并6班以下小学、12班以下初中56所，新增义务教育标准化学校51所，学校建设标准化率达到规划数的95%，标准化学校达到学校总数的74.3%，比上年增加一倍以上，乡镇中心幼儿园达标率达到95.59%。省级重点高中学生数占高中学生总数83.5%。年内，全市创建省级教育强镇达到100%，实现"满堂红"。制定《嘉兴市本级民办学校财政补助暂行办法》，推进以政府办学为主、公办教育和民办教育共同发展格局的形成。平安校园创建率达到93.8%。

*全面落实"以县为主"管理体制。*贯彻落实全省农村综合改革会议精神，年内，印发《嘉兴市义务教育经费保障机制改革实施意见》，全市"以县为主"农村义务教育管理体制全面建立，义务教育阶段学校教职工人员经费、公用经费、校舍维修和学校设备经费全部纳入县级财政预算，基本建立义务教育经费保障新机制，提前完成全省农村综合改革会议关于教育工作的改革目标。

*提升基础教育内涵发展。*2007年，启动现代学校制度试点，增强学校办学自主权。实施新任教师公开招聘，研究制定加强教师队伍建设管理办法；实施首轮名校长工程和班主任培训计划，启动第二轮名师工程。完善中考和高中招生改革方案，3所省一级重点高中招收保送生提高到招生数的25%。全面启动普通高中课程改革，完善中小学质量监控体系。2007年，高考上线1.8万人，上线率93.55%，录取率82.63%，均超过全省平均10个百分点；重点率、本科率分别达到14.93%和58.28%，均超过全省平均。所有高考科目平均分连续5年全部高于全省平均分。首次建立基础教育年度报告制度，接受社会和舆论监督。

*统筹发展职业教育。*年内，制定《嘉兴市人民政府关于统筹嘉兴市中等职业教育专业设置及招生工作的实施意见》，第一次在全市范围内实行统筹招生和专业设置，成为全省中职教育的亮点；职业学校招收新生2.16万名，全部完成招生计划，其中市本级招收5700名，完成计划的110%，市本级以外生源比去年增加20%；推进职业教育集团化发展，探索产学研教学模式；加快中职园建设进度，一期工程顺利竣工并已于2007年秋季开学前投入使用。年内，全市新建省级以上职业教育示范基地4个，省级以上先进制造业和现代服务业实训基地实现了全覆盖；职业教育"双师型"教师比例和人机比居全省第一，生均校舍面积和生均仪器设备值居全省第二。

*高等教育规模和质量明显提高。*嘉兴职业技术学院顺利通过教育部高职高专人才培养优秀水平评估，南洋职业技术学院积极做好迎接省教育厅评估工作。嘉兴学院梁林校区扩

建工程已经得到省政府的批准,同济大学浙江学院(筹)建设顺利推进,教育学院搬迁工程进展比较顺利。普通高等教育规模继续扩大,2007 年,普通高校(含高职)招收新生首次突破 10000 人,达到 10468 人,在校生首次突破 30000 人,达到 30173 人。高等教育毛入学率达到 37%。

加快社区教育三级网络建设。年内,平湖市被评为国家级社区教育试验区,新增省级示范成校 3 所、省一级成校 6 所,乡镇社区教育中心覆盖面超过 50%。年内,培训农村后备劳动力 3589 人,"一村一名大学生培养计划"工程累计招生 2319 人,占全省招生总数的 43%,连续三年保持全省领先地位;高等教育自学考试学历教育报考 47025 人次,占人口 7.07‰,超过省定占人口 6.29‰的工作目标,非学历教育三个重点项目平均增幅达到 48.49%,继续保持全省领先位置。全市成人高校在校生 26264 人,比上年增加 5653 人,现代远程教育在校生超过 3000 人。

【加强引进人才工作】 2007 年,全市各级人事部门全面实施嘉兴市"十一五"人才发展规划,重点办好专场招聘、就业援助招聘、大中专毕业生公益性招聘、外出招聘等大型人才交流活动,其中武汉人才招聘会有 326 家单位提供 7238 个岗位,涉及 160 余个专业领域,2.7 万多人次进场交流洽谈,8000 余人次达成初步意向,是嘉兴市历年来规模最大的外出招聘活动。全年市级共举办人才招聘活动 54 场次,其中大型招聘活动 10 次,外出招聘 5 次,全市引进各类人才 16880 名,为历年之最,满足了用人单位对各类人才的需求。

【开展"人才服务百日行动"系列活动】 2007 年,市人事部门围绕"人才服务推进年"主题活动,突出"人才服务创特色"重点,开展"转作风促发展谋和谐——2007 年嘉兴市人才服务百日行动"系列活动。活动以"服务人才"为主线,开展"第二届青年人才联谊会"、"人才开发与嘉兴发展"论坛、"留住人才、用好人才"专题调研等 12 个项目活动,为大中专毕业生就业搭建实习平台,畅通就业渠道;为各类人才构建交流载体,团结人才、凝聚人才、成就人才的,打造嘉兴人事人才公益性服务品牌,进一步营造了尊重人才、关爱人才的社会氛围。据统计,在"人才服务百日行动"中,市级共举办 17 场人才交流会,吸引 1259 家次的企事业单位参加,4.45 万名人才进场应聘,有 2390 人次与用人单位达成了初步意向。

【推进"人才队伍能力素质提升工程"】 2007 年,市人事部门全面开展专业技术人员继续教育培训,启动"专业技术人才知识更新工程"(653 工程),开办各类专业技术人员高研班 7 次。结合企业需求,做好企业中高层管理人员、人力资源管理等各类培训。推进高层次学历教育,新设同济大学交通运输工程硕士学位班,首届有 40 名学员正式入学;新设南京理工大学电子与通信工程硕士学位班,30 人参加考试。完善嘉兴考试培训网,开发网上培训系统,建立网上学习培训平台,开展形式多样的社会化培训。

绍兴市教育与人才开发

【教育事业健康发展】 现代国民教育体系不断完善,教育资源配置日趋合理。2007 年末,全市共有幼儿园 862 所,在园幼儿 13.06 万人;小学 531 所,在校学生 32.01 万人;普通中学 193 所,在校学生 27.33 万人,其中普通高中 43 所,在校学生 10.25 万人;中等职业学校 32 所,在校学生 6.98 万人;普通高校 5 所,在校学生 4.41 万人。教育普及程度持续提高,全市学前三年入园率达 97.8%,小学入学率、巩固率保持 100%,全市义务教育段学龄人口入学率、巩固率均提高到 100%,初中升高中比率为 97.8%,高等教育毛入学率达 47.0%。教育质量稳步提高,2007 年普通高考上线率和录取率分别为 92.3% 和 80.6%,比全省平均分别高出 8.8 个和 8.1 个百分点。教育投入稳步增加,全市预算内教育事业费拨款 24 亿元,比上年增长 17.6%。

舟山市教育与人才开发

【概况】 教育事业加快发展。2007 年末有普通高等院校 3 所,全年招生 7172 人,毕业生 3475 人,在校学生 20809 人;成人高校 1 所,全年招生 1237 人,毕业生 628 人,在校学生 2725 人;普通中学 54 所,招生 13362 人,在校学生 43336 人;中等职业学校 5 所,全年招生 3463 人,毕业生 4957 人,在校学生 11083 人;普通小学 68 所,在校学生 48743 人;幼儿园 132 所,在园幼儿 21691 人。全市有 8844 名农民工随迁子女在各类学校接受义务教育。全市 3~5 周岁幼儿入园率为 96.1%,初中升高中段比例为 97.38%,高等教育毛入学率 49.47%。年内撤并小学 7 所,初中 2 所,新增普通高中 1 所。

(任爱珍　张　磊)

台州市教育与人才开发

【教育事业均衡发展】 全市有幼儿园 1356 所,在园幼儿 19.36 万人。全市小学入学率和巩固率达到 100%,初中入学率和巩固率分别达到 99.29% 和 99.93%。从 2006 年秋季开始,全市全面实施义务教育免杂费政策。全市高中段在校生(含技工学校)18.55 万人,初升高比例达到 95.96%;大力发展职业教育,中等职业教育招生 2.88 万人,占高中段招生总数的 50.2%,建成省级及以上中等职业学校实训基地 8 个,其中国家级 2 个。特殊教育招生(含普通学校随班就读)265 人,在校生 1815 人。高等教育大众化水平进一步提高,全市全日制普通高校招生 7709 人,在校生 21079 人,成人高校在校学生 18898 人。成人教育网络基本形成。台州职业技术学院扩建工程基本完成,台州科技职业学院新校区工程建设进展顺利。浙大台州研究院筹建工作取得新进展,浙江汽车职业技术学院被省政府批准筹建。

【科技进步与人才】 2007 年,全市已拥有国家级技术中心 4 家,省级研发中心 77 家,省级区域创新服务中心 14 家,省级以上高新技术企业 232 家,其中国家级 61 家。国家火炬计划项目 211 项,国家级科技型中小企业创新基金项目 75 项。全年申请专利 6278 件,专利授权 4589 件,其中发明 82 件,分别比上年增长 11.6%、36.4% 和 43.9%。全年共签订各类技术合同 649 项,技术交易额 3.62 亿元。 (王伟峰)

马鞍山市教育与人才开发

【教育事业持续协调发展】 全市基本形成幼儿教育、基础教育、职业教育、高等教育、成人教育协调发展的较为完善的教育体系。一是办学条件不断改善。近年来新建了市二中、马鞍山师范专科学校、马鞍山网络大学、马鞍山职业技术学院、金瑞初中、花园初中等学校;结合布局调整,集中资金对薄弱学校、边远学校进行改造,市区消灭了所有 D 类危房,多数学校都在近几年彻底改变了面貌,市区 50 所中小学都使用上了塑胶运动场。位于郊区的一中、四中、九中、十九中的校容校貌整洁,校园规划布局合理,学校硬件条件达到标准化建设要求。二是教师队伍整体素质较高。全市小学、初中、高中教师学历合格率分别为 99.53%、99.15%、90.07%;小学教师专科以上学历、初中教师本科以上学历占专任教师的比例分别达到 71.05%、55.24%。全市有在职特级教师 23 人,学科带头人 33 人,市级骨干教师 319 人,职业学校市级骨干教师 14 人,校级骨干教师 2174 人。近年来,我市教师参加安徽省中小学有关学科教学基本功、优质课大奖赛,代表省参赛人次和获奖面在全省名列前茅。三是素质教育不断取得新突破。重视德育创新工作,不断推广和传播德育新理念,进一步强化学生行为规范教育,广泛开展社会实践教育活动,强化青少年法制教育,推进青少年学生网络文明行动。全面启动实施基础教育课程改革,每年都开展优化课堂教育学研究周活动,教学研究和教科研工作在全省乃至全国都有一定的影响,全市城乡教育教学质量处于全省领先位置。

【人才开发】 坚持以科学发展观为指导,实施人才强市战略,努力构筑人才高地。通过市场招聘、网上招聘、猎头服务、专才推荐等形式,各类用人单位共引进本科及以上学历或中级及以上职称人才 700 多名,其中硕士 88 人、博士 46 人。市人才交流服务中心顺利通过 ISO9001 管理体系的质量认证,成为全省政府所属人才服务机构中首家获此认证单位。全年共举办各类人才集市 95 场,进场招聘单位 7200 余家次,提供招聘职位 12 万余个次,现场交流成功 7000 余人次。制定优惠政策吸引海外留学人才,已有 4 名留学人员入驻创业园创办企业。在全省各市率先对博士后科研工作站和博士后科研人员实行专项经费资助,马钢股份公司、星马公司博士后科研工作站先后引进 8 名博士后研究人员,取得较好的社会效益和经济效益。大力开展引进国外智力工作,全年共获得国家或省批准立项的引智项目 24 个,其中马钢"铁路重载货车轮的质量提升"项目被批准为省重点引智项目。全年实施引智项目 10 个,先后从香港、日本、德国、法国引进外国专家 10 人次,其中 1 名外国专家获得省政府"黄山友谊奖"。外出培训力度加大,12 名企业高层经营管理人员和 17 名中小学校长分赴澳大利亚、加拿大接受培训。毕业生就业工作成效显著,获"安徽省普通高等学校毕业生就业工作先进集体"称号。在全省率先建立"大学生创业园",并在市教育、卫生系统建立 8 个高校毕业生就业见习基地。加强公务员在职培训,计划在五年内对全市行政机关公务员普遍轮训一遍。区域人才合作工作继续推进,不断加强马芜铜人才开发合作和长三角人才招聘合作。

(董昭武 周 宇提供)

政府工作报告

上海市人民政府市长　韩　正

(2008年1月24日)

一、过去五年工作回顾

上海市第十二届人民代表大会第一次会议以来的五年，是不平凡的五年。全市人民在党中央、国务院和中共上海市委的领导下，高举中国特色社会主义伟大旗帜，以邓小平理论和“三个代表”重要思想为指导，深入贯彻落实科学发展观，认真贯彻党的十六大、十七大精神，按照中央和胡锦涛总书记对上海工作提出的要求，开拓进取，扎实工作，加快推进“四个率先”，加快建设国际经济、金融、贸易、航运中心和社会主义现代化国际大都市，胜利实现“十五”计划，顺利推进“十一五”规划，全面完成了本届政府工作目标和任务。

经济持续平稳健康发展。坚决贯彻落实中央宏观调控决策，加快转变经济发展方式，促进了速度与结构、效益相协调。全市生产总值年均增长12.6%，2007年预计达到1.2万亿元，比2002年翻了一番多，地方财政收入五年累计完成7155.9亿元，年均增长23.9%。大力推进产业结构调整，现代服务业加快发展，金融、现代物流、信息服务、专业服务、旅游会展、商贸等行业发展势头良好，2007年第三产业增加值预计达到6208.9亿元，占全市生产总值的比重达到51.7%；先进制造业持续发展，重大产业基地建设不断推进，电子信息、汽车、石油化工及精细化工、精品钢材、成套设备和生物医药等行业发展态势良好，高新技术产业快速发展。投资、消费、出口保持均衡增长，消费对经济增长的拉动作用逐步增强，投资结构趋于优化，外贸出口2007年完成1439.3亿美元，比2002年增长3.5倍。切实加强“三农”工作，支农惠农政策不断加强，现代农业加快发展，社会主义新农村建设扎实推进。不断加大节能减排的推进力度，预计万元生产总值综合能耗五年累计下降17%，污染排放得到有效控制。

改革开放扎实推进。浦东综合配套改革试点有序展开，一批重点领域改革取得阶段性成果。国有资产管理体制改革取得进展，国有企业改制重组深入推进，本地上市公司股权分置改革基本完成。着力改善民营企业发展环境，非公有制经济增加值占全市生产总值比重从2002年的35.5%上升到2007年的45%左右。资本、技术、人才等要素市场功能得到拓展，金融市场体系不断完善。着力整顿和规范市场秩序，产品质量、食品药品安全、工商行政管理工作得到加强。社会诚信体系和市场中介服务体系加快建设，行业协会在规范中不断发展。积极应对我国加入世贸组织后的新变化，对外开放进一步扩大，外商直接投资实际到位金额年均增长10.5%，五年累计342.7亿美元，总部经济加快发展，“走出去”战略持续推进。口岸功能显著增强，2007年上海口岸进出口总额完成5209亿美元，比2002年增长2.7倍。对口支援工作扎实推进，服务全国水平明显提高，在区域经贸合作活动中上海与全国各地五年累计达成各类合作项目2232个、签约金额3774.4亿元。地方外事工作继续加强，与港澳台地区的经贸合作不断深化，人员往来和文化交流更加密切。

城市建设和管理取得新进展。枢纽型、功能性、网络化基础设施体系建设加快推进。上海国际航运中心建设取得重大进展，洋山深水港区开港运营，洋山保税港区封关运作，上海港集装箱吞吐量2007年达到2615.2万标准箱，跃居世界第二。上海航空枢纽建设加快推进，2007年机场旅客、货邮吞吐量分别达到5156.6万人次、290.1万吨，比五年前增长1.1倍、1.7倍。轨道交通基本网络建设全面推进，运营线路总长从2002年的63公里增加到2007年的234公里。市域高速公路网框架基本形成。铁路上海南站和一批黄浦江越江通道等重要交通设施相继建成。中心城区快速路网系统加快完善。信息基础设施综合服务功能明显增强,信息技术应用水平不断提高。环境保护和生态建设力度持续加大,完成第二轮并实施第三轮环保三年行动计划,建成国家园林城市,市区绿化覆盖率从2002年的30%提高到2007年的37.6%,人均公共绿地面积达到12平方米,城市总体环境质量明显改善。规划管理和土地管理继续加强,市政公用事业在深化改革中加快发展,城市网格化管理在中心城区基本实现全覆盖。黄浦江两岸综合开发加快推进。

人民生活水平和质量进一步提高。城市和农村居民家庭人均可支配收入2007年分别达到23623元和10222元,是五年前的1.8倍和1.6倍,拥有财产性收入的家庭明显增多。居民消费结构升级加快,物质文化生活更加丰富。实施积极的就业政策,切实加强创业扶持、就业援助和就业培训,2007年末全市从业人员比2002年末增加110多万人,城镇登记失业率预计下降到4.4%以内,一大批困难群众的就业问题得到解决。全面推进"城保"、"镇保"、"农保"、"综保"等基本社会保险制度建设。城镇退休人员养老金水平逐年提高,养老保险个人账户起步做实。城镇职工基本医疗保险制度改革继续深化,建立城镇居民基本医疗保险制度,实现医疗保障制度全覆盖。完善农村社会养老保险制度,加大对农村合作医疗的财政扶持力度,农民养老和医疗保障水平明显提高。"镇保"和"综保"不断推进,参保人数分别为138.6万人和333.6万人。出台了一批基本保障政策措施,解决了城镇高龄无保障老人、职工遗属、城镇重残人员、大学生、中小学生和婴幼儿等特殊群体的相关保障问题。逐年提高最低生活保障、最低工资等标准,城乡低保制度和医疗、教育等方面的救助帮困政策不断完善,低收入家庭的生活得到改善。积极推进成片二级旧里及危棚简屋改造,一批居住困难家庭的住房问题得到解决。扩大廉租住房制度覆盖面,廉租住房受益家庭五年累计新增2.67万户。加快发展养老服务,老龄工作进一步加强。

社会事业改革发展取得新进步。加大对社会事业的投入,社会事业发展水平不断提升。全面落实科教兴市战略,积极推进科技创新,制定实施《上海中长期科学和技术发展规划纲要》,切实加强知识产权保护,全社会研究与开发经费支出相当于全市生产总值的比例达到2.6%,五年共有210项重大科研成果获得国家科技奖励。推进教育综合改革,在全市实行了义务教育阶段免收学杂费,全市特别是郊区义务教育办学条件明显改善,高中优质教育资源继续扩大,高等教育在基本完成高校布局结构调整的基础上加快发展,职业教育得到加强,终身教育体系不断完善,新增劳动力平均受教育年限达到14.1年。加快卫生改革发展,公共卫生体系建设和健康城市建设不断推进,社区卫生服务综合改革取得初步成效,城乡医疗卫生条件得到改善,市民健康水平进一步提高,市民平均期望寿命达到80.6岁。全市人民守望相助,取得了抗击非典疫情的重大胜利。事业单位分类改革稳步推进。人才工作得到加强,人才集聚效应显现。

人口与计划生育工作全面推进,低生育水平保持稳定。妇女儿童事业、慈善事业、残疾人事业、双拥共建工作取得新进展。民族、宗教、侨务工作扎实推进。

社会管理全面加强。以社区事务受理服务中心、社区卫生服务中心、社区文化活动中心建设为重点,深入推进社区建设,社会管理的基础得到夯实。积极探索特大型城市人口调控与管理模式,来沪从业人员服务和管理水平不断提高。全面加强信访工作,化解社会矛盾的机制进一步完善。安全生产监管力度不断加大,安全生产处于受控状态。全市应急联动体系基本建成,城市危机预警和应急管理能力不断提高。社会治安防控体系进一步完善,平安建设扎实有效推进,社会保持和谐稳定。

文化发展和精神文明建设深入推进。推进文化体制改革,新闻出版、广播影视、文学艺术、社会科学、图书档案史志等事业健康发展,建成一大批社区文化体育活动设施,成功举办了一系列重要文化活动、旅游节庆和体育赛事,群众精神文化生活更加丰富。扎实开展新一轮精神文明创建活动,加强爱国主义教育和科普教育、法制教育、诚信教育、国防教育,深入推进志愿者活动,市民素质和城市文明程度不断提高。2007年世界夏季特殊奥运会等一系列重大活动成功举办,展示了全市人民团结协作、顾全大局、热心奉献的良好精神风貌,上海城市精神得到大力弘扬。

世博会筹办各项工作有力有序展开。世博园区居民搬迁工作顺利完成,1.8万多户家庭得到妥善安置,企业搬迁有序进行,基础设施建设全面铺开,主要场馆建设加快推进。"城市,让生活更美好"的世博会主题演绎总体方案和主要场馆展示方案等基本完成。参展事务取得重大进展,确认参展的国家和国际组织数目创造了历史最高纪录。国内参展和巡展工作全面展开,宣传推介、市场开发、运营准备等工作取得明显成效。

服务政府、责任政府、法治政府建设迈出重要步伐。加快转变政府职能,稳妥推进交通、水务、环卫、卫生、市政、民防等部门的政企分开、政事分开、管办分离改革,政府的社会管理和公共服务职能得到加强。全面完成市与区县财税体制改革,进一步调动了区县发展积极性。深入推进依法行政,认真落实行政许可法和国务院《全面推进依法行政实施纲要》,不断健全综合执法体制。积极推进政府信息公开,制定完善了一系列政府工作规则、规定和规范,行政透明度得到提高。大力推进作风建设,切实加大廉政工作力度,公务员队伍素质和能力不断增强。

总体来说,过去的五年,是上海"四个中心"和社会主义现代化国际大都市建设取得重大进展的五年,是综合经济实力大幅提升、社会全面进步的五年,是解决民生问题力度不断加大、人民群众得到更多实惠的五年。这一切,归功于以胡锦涛同志为总书记的党中央的坚强领导,得益于历届市委、市政府打下的坚实基础,离不开海内外所有关心上海发展的朋友们的支持和帮助;这一切,是全市人民齐心协力、拼搏奉献的结果。勤劳智慧的上海人民,用激情和汗水,谱写了不畏艰难、开拓进取的奋斗篇章,谱写了同心同德、和衷共济的团结篇章。在此,请允许我代表上海市人民政府,向工作和生活在上海的全体人民,表示最崇高的敬意!向给予政府工作大力支持的人大代表和政协委员,向各民主党派、工商联和社会各界人士,向中央各部门、兄弟省区市和驻沪三军、武警部队,向关心和支持上海发展的香港特别行政区同胞、澳门特别行政区同胞、台湾同胞、海外侨胞和国际友人,表示最诚挚的感谢!

在看到成绩的同时,我们清醒地看到,前进道路上还面临不少困难和问题,工作中还有一些不足和薄弱环节,主要表现在:现代服务业发展相对滞后,自主创新动力机制亟待完善,能源资源和环境的约束日益凸显,转变经济发展方式的任务十分艰巨;一些体制机制瓶颈和难题还未有效解决,国有经济活力需要进一步增强,非公有制经济特别是民营经济发展不够充分;文化创新活力有待加强,教育、卫生等社会事业还需大力发展;城乡一体化发展的任务依然艰巨,农民增收长效机制仍需健全,城乡统筹力度急需加大;就业、人口管理的压力仍然较大,适应人口老龄化的措施还不够,部分群众生活比较困难;城市管理中存在一些需要解决的顽症,社会管理还面临不少矛盾和问题。在政府自身建设方面,有些政府部门的职能转变相对滞后,社会管理和公共服务需要加强;各级干部特别是领导干部管理现代化国际大都市的知识和能力有待加强;有些政府工作落实不够,形式主义、做表面文章的现象依然存在;少数政府工作人员脱离群众、铺张浪费、失职渎职,极少数人甚至以权谋私、贪污腐败。特别是陈良宇严重违纪问题和社保资金案影响极其恶劣、危害极其巨大、教训极其深刻,对党和国家的事业造成了巨大损害,对上海的改革发展造成了严重的负面影响,暴露出我们在制度上有缺失、管理上有漏洞、监督上有缺位。对这些问题,我们必须高度重视,切实加以解决。

五年的不懈努力,创造了改革发展的丰硕成果。五年的生动实践,积累了许多有益的经验,也有不少值得吸取的教训,这是我们宝贵的精神财富,对今后工作具有重要启示。我们的工作体会主要是:

——必须坚持把握国际大都市发展规律,体现中国特色、时代特征、上海特点,充分发挥中心城市集聚、辐射、服务、带动作用,积极探索社会主义现代化国际大都市发展新路。

——必须坚持把改善民生作为政府一切工作的出发点和落脚点,从上海实际出发,与发展阶段、发展水平相适应,积极主动、竭尽全力创造条件,切实解决好人民群众最关心、最直接、最现实的利益问题。

——必须坚持改革创新,大张旗鼓地鼓励和保护改革精神,坚持不懈地支持和促进各类创新,强化创新驱动,突破体制瓶颈,破解发展难题,为城市持续发展不断注入新的动力和活力。

——必须坚持以开放促改革、促发展,在更大范围、更广领域和更高层次上积极参与国际经济技术合作和竞争,在服务全国中实现与兄弟省区市联动发展、共同繁荣,全面提高开放型经济水平。

——必须坚持加强统筹协调,妥善处理经济与社会发展、城市与农村发展、人与自然和谐发展等一系列重大关系,促进各方面发展更加均衡、更加协调。

——必须坚持加强政府自身建设,以转变职能为核心,以制度建设为根本,以公开透明为基础,以基层基础为支撑,以作风建设为保证,着力推动服务政府、责任政府、法治政府建设不断深化。

以上这些体会归结到最根本的一点,就是始终把贯彻落实科学发展观作为政府工作的主线,坚持把发展作为党执政兴国的第一要务,解放思想,实事求是,与时俱进,用科学发展的思想和方法解决前进中的困难和问题,努力使各项工作贯彻中央精神、符合上海实际、体现人民群众根本利益,经得起实践的检验、群众的检验、历史的检验。

二、今后五年工作的总体要求与目标

今后五年,是上海实现科学发展的重要时期,是加快推进"四个率先"、加快建设"四个中心"和社会主义现代化国际大都市的重要时期。党的十七大对当前国际国内形势作出了科学判断,对今后一个时期我国改革开放和社会主义现代化建设作出了战略部署。我们必须以更加宽广的国际视野,更加敏锐的战略思维,把上海未来发展放在中央对上海发展的战略定位上,放在经济全球化的大趋势下,放在全国发展的大格局中,放在国家对长江三角洲地区发展的总体部署中来思考和谋划。

今后五年,上海面临总体有利的发展环境。当今世界正在发生广泛而深刻的变化,经济全球化深入发展,科技革命加速推进,求和平、谋发展、促合作已成为不可阻挡的时代潮流。当代中国正在发生广泛而深刻的变革,工业化、信息化、城镇化、市场化、国际化加快推进,全面建设小康社会正处于关键时期。面向未来,上海有改革开放以来奠定的坚实基础,还有举办世博会、浦东综合配套改革试点、长江三角洲地区联动发展等重大机遇。同时,对贯彻落实科学发展观面临的体制机制障碍、快速发展带来的市场风险、解决利益分配问题的复杂性、发展转型的困难等要有充分估计,进一步增强机遇意识、忧患意识,牢牢抓住新的战略机遇,积极应对新的挑战,在更高起点上勇攀新高峰。

今后五年,上海处于新一轮跨越发展的关键阶段。上海正加快向以"四个中心"为主要功能的社会主义现代化国际大都市跨越,必须大力增强城市综合服务功能,不断提高城市综合实力和国际竞争力。上海正加快向更多地依靠科技进步、劳动者素质提高和管理创新驱动发展转变,必须把增强创新能力贯穿于经济社会发展各个方面,真正走出一条符合特大型城市特点的自主创新之路。上海正加快向比较完善的社会主义市场经济体制发展,必须从制度上更好地发挥市场在资源配置中的基础性作用,加快建立与国际规范相衔接的经济运行方式。上海正加快向更好地满足人民群众多样化需求、促进人的全面发展进步,必须坚持以人为本,加强社会建设,着力改善民生,促进社会和谐。

今后五年,上海肩负着重大历史使命。按照中央的要求,上海要在科学发展道路上走在前列,为全国夺取全面建设小康社会新胜利作出新贡献;要继续当好全国改革开放的排头兵,为我国赢得国际经济合作和竞争新优势作出新贡献;要在全国区域协调发展中发挥服务作用,为积极参与东中西良性互动、共同发展作出新贡献。

今后五年政府工作的总体要求是:在以胡锦涛同志为总书记的党中央坚强领导下,高举中国特色社会主义伟大旗帜,坚持以邓小平理论和"三个代表"重要思想为指导,深入贯彻落实科学发展观,认真贯彻落实党的十七大及市第九次党代表大会精神,进一步解放思想,求真务实,锐意进取,着力转变经济发展方式,着力推进改革开放,着力促进社会和谐,加快推进"四个率先",努力开创"四个中心"和社会主义现代化国际大都市建设的新局面。

根据市第九次党代表大会提出的奋斗目标,建议在全面完成"十一五"规划的基础上,今后五年上海经济社会发展的主要目标是:

——"四个中心"形成基本框架,并朝着2020年基本建成"四个中心"的目标迈出坚实步伐。国际金融中心建设取得更大进展,金融市场化与国际化程度明显提高,资本市场规模在亚太地区乃至全球位居前列，成为具有国际影响的金融中心之一。国际航运中心建设取得重大突破，航运服务功能明显增强，港口集装箱吞吐量保持世界最前列，基本确立国际航运中心地位。国际贸易中心建设取得显著成效，成为全国服务贸易的重要基地和进出口商品的重要集散地，在全球贸易中的地位不断提升。在国际金融、贸易、航运中心建设的大力推动下，以新型产业体系为支撑的国际经济中心建设取得重要成果，城市辐射功能全面增强，服务能力全面提高，国际影响力和竞争力全面提升。

——转变经济发展方式取得重大进展，实现经济又好又快发展。在优化结构、提高效益、降低消耗、保护环境的基础上，全市生产总值超过2万亿元，按常住人口计算，人均生产总值超过10万元。服务经济为主的产业结构基本形成，第三产业增加值超过1.1万亿元，中心城区第三产业增加值占中心城区生产总值的比重超过80%；先进制造业竞争力全面提升，继续保持对经济增长的重要支撑作用。地方财政收入与经济保持同步增长。创新成为经济社会发展的重要驱动力，知识竞争力位居全国前列，全社会研究与开发经费支出相当于全市生产总值的比例提高到3%，科技进步对经济增长的贡献率明显上升。

——民生不断改善，城乡居民生活水平和质量持续提高。城乡居民家庭人均可支配收入持续稳定增长，合理有序的收入分配格局基本形成，更多家庭拥有财产性收入。社会就业更加充分，创业对就业的带动作用明显增强，城镇登记失业率控制在4.3%左右。社会保障体系进一步完善，各类基本社会保障制度实现全覆盖，保障水平稳步提高。覆盖中低收入居住困难家庭的住房保障体系基本建立，享受廉租住房制度的家庭数新增10万户左右，新建经济适用住房约2000万平方米、30万套。公共交通更加经济、便捷、舒适、安全，成为市民出行的主要方式。城市公共安全保障有力，社会安定有序。

——文化大发展大繁荣，教育卫生等社会事业全面发展。文化、教育、卫生等各项基本公共服务体系进一步完善。文化要素集聚、事业繁荣、产业发达、创新活跃的文化大都市建设取得进展，人民群众精神文化生活更加丰富多彩。率先基本实现教育现代化，各级各类教育保持全国领先水平，政府财政性教育投入相当于全市生产总值的比例在2010年达到并继续保持4%，新增劳动力平均受教育年限达到14.5年以上。人人享有安全、有效、方便、价廉的基本医疗卫生服务，市民健康水平进一步提高。

——资源节约型、环境友好型城市建设取得明显成效，生态环境进一步改善。节约能源资源和保护生态环境的产业结构、增长方式、消费模式初步形成。万元生产总值综合能耗在“十一五”期间下降20%左右的基础上进一步下降。环保投入相当于全市生产总值的比例保持在3%左右。单位建设用地产出率提高40%以上。全社会生态文明观念进一步加强，节约资源、保护环境逐步成为人们的自觉行动。

三、今后五年的主要任务

实现今后五年经济社会发展目标，要着力做好以下工作：

(一)加快形成服务经济为主的产业结构，不断提高产业国际竞争力

抓住新一轮国际产业转移的机遇，把现代服务业放到优先发展的位置，坚持在发展中推进结构调整，加快建立与“四个中心”功能相适应、以服务经济为主导、三二一产业融合发展、共同发展的新型产业体系。

大力发展现代服务业。完善促进现代服务业发展的政策，着力扩大规模、优化结构、提升能级、增强辐射，不断提高现代服务业对经济增长的贡献率。依托国际金融中心建设，积极配合国家金融宏观调控部门和监管部门，充分发挥资本市场的核心作用，拓展股票、债券、货币、外汇、商品期货、金融期货、黄金、保险等全国性金融市场功能，促进国内外各类金融机构特别是投资银行的集聚，支持金融创新，推动金融业做大做强。依托国际航运中心建设，完善深水港、外高桥、浦东空港和西北综合等物流园区功能，促进第三方物流快速发展，推动现代物流业提升能级。依托城市信息化建设，推动以软件、网络增值业务等为重点的信息服务业加快发展。区分公益性和经营性，在保障基本公共服务的基础上，社会事业领域能够实行市场经营的服务，要引入市场机制加快发展，成为现代服务业的重要内容。促进会计、审计、法律、咨询、评估、设计、检测等专业服务业、中介服务业规范发展。大力培育发展创意产业等新兴服务业。积极促进旅游业、会展业、商贸业、社区服务业提升水平。重点扶持一批具有国际竞争力的现代服务业企业集团，积极引进一批国际知名的现代服务业跨国公司，鼓励和支持一批工业、建筑业企业集团改造成为总集成商、总承包商。

积极发展先进制造业、高新技术产业和有优势的传统制造业。坚持服从、服务于国家产业发展战略，大力推进自主创新，大力实施自主品牌战略，进一步提升产业能级，增强制造业国际竞争力。积极支持中央在沪企业发展，加快建设长兴岛造船基地、航空航天基地，推进造船、航空、航天、海洋等战略产业发展壮大。加强装备制造业政策聚焦，引进重大关键装备，推动临港装备产业基地加快发展。加快高新技术产业化，积极推进生物医药、新材料、光电子等产业发展。推动微电子产业基地、国际汽车城、上海化工区、精品钢铁基地提升技术能级、发挥规模优势。广泛运用高新技术和先进适用技术改造提升传统产业，积极扶持就业容量大的都市型产业。综合运用经济、法律、行政等手段，坚决淘汰能耗高、污染重、占地多、效益低的落后产能。

加强产业规划引导。中心城区要进一步强化现代服务业发展的主导地位和集聚辐射效应，加快构建充满活力、各具特色、优势互补的现代服务业发展格局。郊区要坚持二、三产业并举，引导工业向国家级和市级各类开发区集中，加快形成若干有竞争力的产业集群。

(二)积极推进科技创新，着力增强自主创新能力

深入实施科教兴市战略，全面落实《上海中长期科学和技术发展规划纲要》，进一步聚焦国家战略、聚焦重大产业项目、聚焦创新基地，不断提高原始创新、集成创新和引进消化吸收再创新能力，推动创新型城市建设。

全力营造鼓励和促进科技创新的良好环境。进一步完善鼓励技术创新和科技成果转化的法制保障、政策体系、激励机制、市场环境，为各类创新主体提供有效服务。加大科技投入，充分发挥财政性资金的引导作用，着力提高资金使用效率，加快发展创业风险投资。加强科技资源统筹，建设面向全社会开放共享的科技创新公共服务平台。大力实施知识产权战略，积极促进专利实施和运用，每百万人口发明专利授权量达200件以上。继续支持基础科学、前沿技术研究和社会公益性技术研

究。加强科普教育,推进实施《全民科学素质行动计划纲要》,大力倡导科学精神和创新精神。

加快建立以企业为主体、市场为导向、产学研相结合的技术创新体系。鼓励国有企业增加研发投入、提高研发能力,重视发挥民营科技型企业的生力军作用,推动企业真正成为研发投入的主体、技术创新活动的主体和创新成果应用的主体。鼓励企业、高校、科研院所围绕市场需求开展产学研合作,积极探索利益共享、风险共担的合作机制,大力培育各类科技中介服务机构,促进科技成果转化。

加强重点领域的聚焦突破。坚持服务国家战略,以"部市合作"、"院地合作"为依托,积极承接和实施国家重大专项等战略任务,努力实现关键技术和共性技术的重大突破。坚持以应用为导向、产业化为目标,聚焦新能源汽车、轨道交通装备、能源动力装备、诊断试剂和基因工程疫苗、电子标签等优势领域,集中力量实施若干市级重大科技专项,形成一批有自主知识产权的核心技术,高技术产业自主知识产权拥有率超过30%。深入实施"聚焦张江"战略,推动高新技术产业开发区和科技园区完善功能、提升能级,发挥创新示范作用。

(三)切实加强资源节约和环境保护,加快建设资源节约型、环境友好型城市

大力推进资源节约和综合利用。全面实施"批项目、核能耗"制度,严格控制高耗能建设项目。健全强制性能效标准,落实能效标识制度,严把高耗能产品市场准入关。积极实施重点节能工程,强化节能目标责任考核,切实加强工业、交通、建筑、居民生活等重点领域和重点用能单位的节能管理。积极推进节能科技进步,大力提高能源利用效率。优化能源结构,建成液化天然气一期工程等能源项目,积极推进新能源和可再生能源开发利用,健全能源安全保障体系。加大水源地规划、建设和保护力度,加快节水型社会建设。切实节约原材料。全面推进清洁生产。积极发展循环经济,促进循环经济形成规模和特色。

加强环境保护和生态建设。积极创建国家环境保护模范城市。严格落实环境影响评价制度和污染物总量控制制度,强化环境监管与执法。加大截污治污力度,继续加强苏州河及全市中小河道整治,基本建立污水处理设施与收集管网相配套的城镇污水收集处理系统,城镇污水处理率达到85%以上。全面实施燃煤电厂烟气脱硫工程,加强对扬尘、机动车尾气等大气污染的有效控制和治理,全面实施新车国Ⅳ排放标准,空气质量优良率稳定在85%以上。基本建成生活垃圾资源化利用和无害化处置设施体系,全市生活垃圾无害化处理率达到85%左右。加强吴泾等重点工业区环境综合治理。进一步完善城乡一体的绿化系统,重点建设一批生态林、生态园,市区人均公共绿地面积达到13.5平方米。加强海洋、湿地、滩涂等生态资源保护和合理利用。

强化全社会节约资源、保护环境的意识和责任。政府机关要率先节约资源、保护环境,优先采购和选用节能环保产品。增强企事业单位在节约资源、保护环境方面的社会责任。倡导家庭和个人养成厉行节约、注重环保的家庭美德和社会公德。

(四)全面推进城乡统筹发展,加快社会主义新农村建设

始终把解决"三农"问题放在重要位置,发挥农民建设新农村的主体作用,加快转变农村生产生活方式,力争在破除城乡二元结构上走在全国前列。

做精、做优、做强现代农业。推进高效生态农业、特色农业发展,全面提升农业的综合生产能力和生态功能、服务功能。加大对农业科技的投入。不断提高农业的组织化、标准化、市场化程度,支持农业龙头企业和农民专业合作组织加快发展。健全农业服务体系,加强农村金融服务,提高农业设施装备水平。

大力推进农村基础设施建设和社会事业发展。加大政府对城乡社会事业和基础设施建设统筹力度,实施"三个明显高于"政策,特别是要把新增教育、卫生、文化等社会事业经费和基础设施投入主要用于郊区农村。完成农村危桥改造、村镇公路标准化建设,实现公交村村通,推进数字电视户户通。继续实施清洁家园工程,加大农村生活污水处理和河道整治力度,积极推进农村自然村落改造与保护。依托新城、新市镇建设,优化郊区社会事业资源配置,提高郊区社会事业发展水平。

健全农民增收长效机制。加强农民职业技能培训和就业服务,大力促进非农就业。加大支农惠农政策力度,挖掘农业内部增收潜力。完善农村养老保险和合作医疗制度,逐步提高农民社会保障水平。稳定和完善土地承包关系,根据依法自愿有偿原则,建立健全土地承包经营权流转市场,发展多种形式的适度规模经营。培育有文化、懂技术、会经营的新型农民,增强农民致富能力。深化农村综合改革。

加大政策支持力度和财政转移支付力度,建立健全生态补偿机制,进一步将支农资金向基本农田保护区倾斜,加大对为全市作出贡献的生态保护区、水源保护区、纯农业地区和远郊地区的扶持力度。加强规划引导和政策扶持,加快推进崇明现代化生态岛建设。大力扶持集体经济相对困难村,切实减轻村级集体组织负担,提高村级组织为民办事能力和提供基本公共服务的能力。

(五)更加重视解决民生问题,使发展成果充分惠及广大人民群众

深入实施积极的就业政策。坚持以创业带动就业,实行更加有效的扶持政策,帮助创业者成功创业。完善就业援助机制,多形式、多渠道帮助就业困难群众实现就业,鼓励他们自谋职业、灵活就业。加强面向全体劳动者的职业培训,培养一大批高技能劳动者。弘扬创业精神,在全社会倡导正确的就业观、择业观。

维护职工合法权益。关心和重视职工的利益诉求,采取有效措施规范和协调劳动关系,全面实施劳动合同制度,加强劳动监察,营造公平就业环境。加强对职工的安全教育和劳动保护。更好地发挥工会、共青团、妇联等人民团体依法维护职工权益的积极作用。

坚持和完善按劳分配为主体、多种分配方式并存的分配制度,健全劳动、资本、技术、管理等生产要素按贡献参与分配的制度,初次分配和再分配都要处理好效率和公平的关系,再分配更加注重公平。逐步提高劳动报酬在初次分配中的比重,建立职工工资正常增长机制和支付保障机制。着力提高低收入者收入,逐步提高最低工资标准。保护合法收入,调节过高收入,取缔非法收入,规范垄断行业从业人员的薪酬待遇。深化机关事业单位收入分配改革。

坚持"保基本、广覆盖、分层次、可持续",进一步完善社会保障体系。完善城镇职工基本养老保险制度,逐步做实个人账户,逐年提高退休人员特别是企业退休人员养老金水平,推进

事业单位养老保险制度改革。实行农村社会养老保险区县统筹,形成农民养老金稳定增长机制。完善城镇职工基本医疗保险制度和城镇居民基本医疗保险制度,增强医保基金统筹共济能力。提高农村合作医疗统筹层次和筹资水平,逐步建立农民大病保险统筹机制。完善"镇保",形成与"城保"相衔接的筹资机制,使离土农民人人有保障。完善"综保",加大对来沪从业人员医疗、工伤的保障力度。强化基金征缴,采取多种方式充实社会保障基金,加强基金监管,实现保值增值。规范发展企业年金,鼓励发展商业保险。健全社会救助体系,逐步提高城乡居民最低生活保障标准,完善分类救助政策。继续稳妥解决特殊群体的基本保障问题。

*大力发展社会福利和慈善事业。*进一步做好老龄工作,加强养老服务,形成以居家养老为主体、社区养老为辅助、机构养老为补充的养老格局,在全社会营造敬老、爱老、助老的氛围。做好优抚安置工作。切实保障残疾人合法权益,努力改善残疾人生活,建成全国残疾人工作示范城市。鼓励社会力量举办公益性社会福利事业,大力发展慈善事业,倡导互助关爱的社会氛围。

*加强住房保障,切实解决人民群众的住房问题。*加快完善住房保障体系,分层次、多渠道地解决中低收入家庭的居住困难。逐步放宽廉租对象认定标准,大幅提高实物配租比例,实现廉租对象应保尽保。加大经济适用住房建设力度,确保经济适用住房新开工面积占同期住宅新开工面积的20%,主要用于解决超出廉租对象认定标准、自身又无力从市场购买商品住房的中低收入家庭的居住困难。加快建设重大工程配套商品住房,继续实行公有住房低租金政策,制定实施租房贴费政策,积极推进旧小区综合整治和旧住房改造。着力改善来沪从业人员居住条件。

落实"公交优先"交通发展战略,切实解决人民群众的出行问题。加大政府对公共交通的投入力度,建成500公里左右的轨道交通运营线路、400公里公交专用道和100个公交枢纽,轨道交通客运量占公共交通客运量的比重达到40%以上,完善公交线网,加强地面公交与轨道交通的衔接,加快新建居民小区公交配套。完善公交扶持政策,采取减免票价、换乘优惠等多种措施,降低市民公交出行成本。改善公交行业一线职工工作条件和待遇。

(六)加快发展社会事业,促进人的全面发展

立足于确保公益、促进均衡、激发活力,大力发展社会事业,更好地满足人民群众基本公共服务需求,并积极鼓励社会参与,满足社会多样化需求。

进一步深化教育综合改革,更加注重教育公平,更加注重内涵建设,推进各级各类教育全面协调发展。加大政府教育投入,继续保持"三个增长"。促进义务教育优质均衡发展,完善义务教育经费保障机制,提高义务教育生均公用经费基本标准,对全市义务教育阶段学生免除课本费和作业本费,加强义务教育资源城乡统筹,把市级基础教育资金增量主要用于郊区农村和人口导入地区,推动中心城区优质教育资源向郊区辐射。进一步改善来沪从业人员子女义务教育条件,做到来沪从业人员子女在公办学校就读为主。高中阶段教育要在继续保持全面普及的基础上,进一步提高质量。推进高等教育内涵发展,加强高校学科建设,全面提高高校办学质量和创新能力,逐步增加招收外省区市生源数量,着力建设若干所高水平、有特色的大学。大力发展与产业结构相适应的职业教育,整合各类教育培训资源,推动职业教育与劳动就业紧密结合。重视加强学前教育和特殊教育。发展继续教育,形成完善的终身教育体系。健全家庭经济困难学生资助政策体系。加强教师队伍建设,切实提高教师特别是郊区中小学教师待遇。更新教育观念,深化教学内容方式、考试招生制度、质量评价制度等改革,实施素质教育,促进学生全面而有个性地发展。鼓励和规范社会力量兴办教育,进一步扩大教育国际合作与交流。

*深入实施人才强市战略。*坚持培养和引进并举,加快集聚一批"四个中心"建设所急需的人才,不断增强上海的人才优势。着力优化人才结构,以领军人才为重点,形成一支熟悉国际规则、具有创新能力、适应市场需求的高层次人才和紧缺专业人才队伍。大力发展人才服务业,不断完善人才公共服务体系,加快推进人力资源开发利用。深化人事管理制度改革,建立充分激发人才创新创造活力的体制机制,创造吸引人才、留住人才的生活环境、工作环境、创业环境,使上海成为人尽其才、人才辈出的乐土。

加快医疗卫生改革发展,完善覆盖城乡居民的公共卫生服务体系、医疗服务体系、医疗保障体系、药品供应保障体系。切实加强公共卫生,进一步增强疾病预防控制和突发公共卫生事件应急处置能力。加强社区卫生和农村卫生,着力增强社区卫生服务中心"六位一体"的综合服务功能,切实提高社区医务人员、乡村医生的业务水平和待遇。发挥三级医院在提高全市医疗卫生水平、诊治疑难杂症、发展医学科研方面的作用。充分考虑城镇布局、人口布局,推进医疗资源纵向整合,鼓励和引导三、二级医院的医务人员到基层服务,帮助基层医疗机构提高水平。完善基本药物供应保障,保证群众基本用药。加强医疗急救体系建设。发展妇幼卫生事业。大力扶持中医药事业发展。推进医疗卫生体制改革,强化政府在公共卫生和基本医疗方面的责任和投入,加强卫生全行业监督和管理,推动社会力量办医有序发展。加强医德医风建设,提高医疗服务质量。

深化爱国卫生运动,推进健康城市建设,加强健康教育和健康促进,在全社会提倡控制吸烟,积极推动全民健身,促进市民身心健康。积极参办2008年奥运会、残奥会,鼓励上海体育健儿取得佳绩。贯彻男女平等基本国策,积极发展妇女儿童事业,依法维护妇女儿童合法权益。统筹解决人口问题,切实做好人口和计划生育工作,稳定低生育水平,加强生育关怀,综合治理出生人口性别比偏高问题,提高出生人口素质。

(七)进一步发挥浦东新区的示范带动作用,深化经济体制改革

全力推进浦东综合配套改革试点。聚焦对全国改革有推广意义和借鉴作用、对全市面上改革有推动作用、对浦东破解自身发展难题起关键作用的结合点,坚持先行先试,充分发挥浦东新区在加快推进"四个率先"中的示范带动作用、在加快建设"四个中心"中的核心功能作用。着力转变政府职能,深化完善"小政府、大社会"管理模式,力争成为政府服务更优、行政效率更高的示范区。着力转变经济运行方式,加快与国际通行规则接轨,为各类市场主体平等参与市场竞争提供良好环境。着力改变城乡二元经济与社会结构,加快形成破除城乡二元结构的体制机制,率先实现城乡基础设施一体化、基本公共服务均衡化。

深化国资国企改革。优化国有经济布局和结构,推动国有资本从主业不突出、优势不明显的竞争性领域有序退出,向优势行业和关键领域集中,在竞争性领域强化国有企业的主业竞争力,在城市基础设施、社会公益事业等非竞争性领域发挥国有经济的主导作用。深化国有企业公司制股份制改革,鼓励有条件的企业利用资本市场做大做强。加大国有中小企业改革改制力度。加强分类指导,完善公司法人治理结构,健全激励约束机制,强化对国有企业主业的考核。完善国有资产管理体制,加强国有资本经营预算制度建设,严格规范国有产权转让的决策、评估和交易。推进城乡集体企业改革,探索集体经济有效实现形式。

促进非公有制经济特别是民营经济发展。切实转变思想观念,为包括民营企业在内的各类市场主体创造平等竞争的法治环境、政策环境和市场环境。破除体制障碍,推进公平准入,创新服务方式,鼓励民营企业参与国有企业改革,进入金融服务、基础设施、公用事业、社会事业等领域。支持中小企业在创业板上市,健全信息等服务平台,促进中小企业特别是创新型、创业型企业加快发展。

加强市场监管。整合各类执法资源,形成市场监管合力。深入整顿和规范市场秩序,强化产品质量工作,进一步加大食品安全、药品安全监管力度。发挥消费者组织的社会监督作用,保护消费者合法权益。积极推进合同、商标、质量与标准化工作。加快社会诚信体系建设,营造公平竞争、规范有序的市场环境。

(八)拓展对外开放广度和深度,不断提升城市国际化水平

改革开放特别是浦东开发开放以来上海的发展,最鲜明的特点就是坚持以开放促改革、促发展。面向未来,上海加快建设"四个中心",要靠对外开放;实现新一轮的跨越发展,要靠对外开放;提高城市国际竞争力,更要靠对外开放。在我国全面参与经济全球化的新形势下,上海必须进一步增强开放意识,创新开放模式,优化开放结构,继续当好我国对外开放的窗口和桥梁,始终处在对外开放的前沿阵地。

把利用外资与推动产业结构优化升级、提升自主创新能力、增强城市综合服务功能结合起来,更加注重引进国外先进技术、管理理念和高素质人才。着力优化综合商务环境,鼓励外商投资高新技术产业、现代服务业和先进制造业,更多地吸引跨国公司地区总部、营运中心和研发中心。积极承接和发展国际服务外包。坚决拒绝能耗高、污染重、占地多、效益低的项目。

把增强口岸功能与发展本地贸易结合起来。发挥口岸优势和保税港区优势,建设安全、便捷、高效的国际一流口岸,提高转口贸易比重。优化进出口结构,鼓励重大关键设备、先进技术和重要资源进口,扩大具有自主知识产权、自主品牌产品和高新技术产品出口,促进加工贸易转型升级,推动服务贸易优化结构、做大规模。积极应对国际贸易摩擦。

把"引进来"与"走出去"结合起来,创新对外投资和合作方式,支持企业开展对外投资和跨国经营,加快培育本土跨国公司和国际知名品牌。继续扩大与港澳台地区的经贸往来与合作。全力做好地方外事工作,为国家总体外交和上海经济社会发展服务。

面对开放的新形势,必须树立世界眼光,加强战略思维,以更加开放的理念和胸怀推动发展。坚持学习兄弟省区市和国外的先进经验,防止固步自封、骄傲自满;坚持对各种各类各地在沪企业同等待遇、公平服务,防止内外有别、画地为牢;坚持先行一步、领先一步,防止因循守旧、坐失良机,推动形成与国际规范相衔接的经济运行方式,进一步发挥上海连接国内国际两个市场的纽带作用,成为万商云集、公平竞争的舞台。

(九)坚持建管并举、重在管理,显著提高城市建设与管理的现代化水平

基本建成枢纽型、功能性、网络化基础设施体系,充分发挥重大基础设施的功能和作用。完成洋山深水港区后续工程,加快完善集装箱集疏运系统,显著增强上海国际航运中心的辐射力和影响力。完成浦东、虹桥国际机场改扩建工程,基本确立上海航空枢纽地位。完善铁路枢纽布局,建成京沪高速铁路上海段和虹桥综合交通枢纽。建成500公里左右、13条线组成的轨道交通基本网络,确保网络的安全高效运营。完善高速公路网,加强与江苏、浙江两省连通的高速公路建设。加快高等级内河航道网建设。建成长江隧桥工程和一批黄浦江越江通道。进一步优化中心城区路网系统,加强静态交通设施建设。

建立健全符合特大型城市特点的城市管理新模式。深入推进城市网格化管理,建立健全发现及时、处置快速、解决有效、监督有力的城市管理长效机制。整合管理资源,加大对乱设摊、乱搭建、乱张贴等城市管理顽症的综合治理力度。加强市容环境综合管理,整治影响市容市貌的突出问题,进一步改善市容市貌。加强交通流量控制,强化交通管理。完善城乡规划体系,切实加强城乡规划管理和执法。落实最严格的土地管理制度,完善全覆盖、全过程的土地管理体系,强化土地供应计划管理、储备管理、交易管理和批后监督管理,充分发挥全市统一的土地储备机构和土地有形市场的作用。切实保护耕地特别是基本农田,着力盘活存量土地,大幅提高土地节约集约利用水平。加强物业管理。积极探索新的机制推进旧区改造,重点加大居住条件较差的成片二级旧里及危棚简屋改造。大力保护历史文化风貌区和优秀历史建筑。合理规划和开发利用地下空间。加快北外滩、十六铺和世博会园区等黄浦江两岸重点地区的综合开发。加强苏州河沿岸科学规划和有序开发。

(十)深入实施信息化领先发展战略,大力提升城市信息化水平

坚持以信息技术应用为主线,推动信息化的全面覆盖和广泛渗透。注重把信息化与产业结构优化升级相结合,充分发挥信息化对现代服务业的带动作用,加快推进信息技术与制造技术的融合发展,促进产业提升能级。注重把信息化与提高人民群众生活水平相结合,继续推行电子政务,发展电子商务,建设电子社区,提升社会公共服务信息化水平,更好地便民、利民、惠民。

加快推进信息资源的充分开发、整合共享。加强跨部门政务信息资源的开发利用,充分发挥网络平台等现有信息资源的作用。坚持统一采集、多方共享,围绕人口、法人单位、地理空间等基础信息库的建设与应用,统一使用标准和交换规则,加快建立政务信息资源的共享机制。加强全社会信息资源管理,促进公益性、商业性信息资源开发利用。

推动信息基础设施集约化建设,加快信息基础设施建设向郊区拓展,建成高速互联、普遍接入的综合信息通信网络。

推进网络融合发展，加快推动信息通信网络向下一代网络的转型。完善城市信息安全保障体系，严格落实信息安全等级保护制度，重点保护基础信息网络和关系国计民生的重要信息系统，提高信息安全应对和防范水平。

（十一）推动社会主义文化大发展大繁荣，加快建设文化大都市

文化是城市软实力的集中体现。要坚持社会主义先进文化前进方向，着眼于建设和谐文化，推进文化创新发展，不断满足人民群众日益增长的精神文化需求，不断增强上海城市的魅力和软实力。

建设社会主义核心价值体系。坚持不懈地用马克思主义中国化最新成果教育人民，用中国特色社会主义共同理想凝聚力量，用以爱国主义为核心的民族精神和以改革创新为核心的时代精神鼓舞斗志，用社会主义荣辱观引领风尚，巩固全市人民团结奋斗的共同思想基础。与时俱进地培育城市精神，大力塑造海纳百川、追求卓越、开明睿智、大气谦和的新形象，使全市人民始终保持艰苦奋斗、昂扬向上的精神状态。繁荣发展哲学社会科学，发挥哲学社会科学界的思想库和智囊团作用。

全面推进精神文明建设。以迎奥运、迎世博等重大活动为契机，深入开展精神文明创建活动。加强社会公德、职业道德、家庭美德、个人品德建设。做好青少年思想道德教育工作，为青少年健康成长创造良好的社会环境。推进学习型城市建设，提倡学习融入生活、读书成为习惯，让全体市民精神更加充实，素质不断提高。

完善扶持公益性文化事业和促进文化产业发展的政策体系。加大政府对公益性文化事业的投入，加强图书馆、博物馆、文化馆、美术馆、档案馆等基础性公共文化设施和上海历史博物馆新馆等重大文化设施建设，广泛开展群众性文化活动，扶持和培育一批大众化、公益性文艺品牌，进一步完善公共文化服务体系。加强对非物质文化遗产的保护，充分利用先进技术手段挖掘、传播中华文化精髓，大力扶持传统剧种和一批优秀经典剧目，鼓励和支持艺术家、文艺院团深入社区、学校、农村演出，让经典在走向大众的过程中传承发展，永葆青春。大力发展文化产业，推进新闻出版、广播电影电视等在坚持正确导向、唱响主旋律的基础上增强竞争力，积极发展以信息网络技术为支撑的新兴文化业态，使文化产业成为上海文化发展的重要支撑，使上海成为全国文化产业发展的重要基地。加强文化市场监管，营造繁荣有序的市场环境。以重要文艺节庆为依托，加快推进国际文化交流中心建设，为增强中华文化国际影响力作出新贡献。

努力营造开放的文化发展环境。上海要以海纳百川的开放胸怀，包容多样，兼收并蓄，成为促进中外文化交流的舞台和桥梁，让悠久历史与现代文明交相辉映，让传统文化与时尚艺术竞相争奇，让中华优秀文化与世界文化经典汇聚交融。上海要鼓励学术创新、艺术创新、产业创新等各类创新活动，打破因循守旧、论资排辈的思想和体制樊篱，充分尊重文化人才的积极性、创造性，营造名家大师辈出、精品力作不断涌现的良好氛围，成为文化创造活力迸发、文化创新成果集聚的沃土，努力打造创意之都，真正彰显文化大都市的魅力和内涵。

（十二）切实加强社会管理，维护社会和谐稳定

更加重视城乡社区能力建设、队伍建设、机制建设，夯实社会管理的基层基础。深入推进社区事务受理服务中心、社区卫生服务中心、社区文化活动中心建设，坚持政府主导，加强资源整合，使“三个中心”成为政府加强社会管理和公共服务的重要载体。加强基层组织建设，提高基层组织为民办事能力。完善居民、村民自治，扩大基层民主。积极倡导社区志愿服务，鼓励和引导市民参与社区建设，共建共享美好家园。

把人口管理作为社会管理的核心任务，坚持全过程、全覆盖，进一步完善人口管理和服务的体制机制，加快实现实有人口属地化统一管理。完善居住证制度，逐步建立与户籍相衔接的机制。落实房屋租赁管理制度。关心来沪从业人员生活，完善来沪从业人员服务和管理。

调动一切积极因素共同促进社会和谐。促进社会组织规范有序发展，发挥社会组织在扩大群众参与、反映群众诉求方面的积极作用。加快推进社会工作者队伍建设。支持工会、共青团、妇联等人民团体充分发挥密切联系群众的桥梁纽带作用和参与社会事务管理的作用。鼓励新社会阶层人士积极投身上海经济社会发展。深入推进民族团结进步事业，依法管理宗教事务，切实做好民族宗教工作。进一步加强侨务工作，支持海外侨胞、归侨侨眷关心和参与上海现代化建设。加强全民国防教育，加强国防动员和后备力量建设，积极支持国防和军队建设，推进新形势下的双拥共建，巩固军政军民团结。

积极预防和妥善化解社会矛盾。切实加强信访工作，拓宽和畅通社情民意表达渠道，依法及时合理地处理群众反映的问题。加强法制宣传教育，引导群众依法维权。做好矛盾纠纷排查化解工作，着力完善人民调解、行政调解、司法调解相结合的大调解工作格局，充分发挥基层司法所矛盾纠纷调解的组织平台作用，尽最大努力把矛盾纠纷化解在基层，解决在萌芽状态。预防、减少和妥善处置群体性事件发生，最大限度地消除不和谐因素。

以平安建设为载体维护城市安全。强化安全生产监管，着力消除不安全隐患，有效遏制重特大安全事故。建立健全城市预警体系和应急机制，提高保障公共安全和处置突发事件的能力。加强社会治安综合治理，深入开展平安创建活动，改革和加强城乡社区警务工作，依法防范和打击违法犯罪活动，切实保障人民生命财产安全。

（十三）积极实施国家区域发展总体战略，更好地服务长江三角洲地区、服务长江流域、服务全国

推动长江三角洲地区联动发展。按照国家统一规划、统一部署，健全苏浙沪合作机制，拓展合作的广度和深度。积极推进重大基础设施建设、资源节约和环境保护、自主创新、改革开放、金融服务、市场准入、世博会筹办、社会事业发展等方面的合作，促进市场流通和产业协作，共同推动长江三角洲地区不断增强综合实力、创新能力、可持续发展能力和国际竞争力，在科学发展与和谐社会建设上走在全国前列。

推动长江流域协调发展。依托上海国际航运中心建设，以航道、船舶、港口、航运服务等方面的标准化建设为重点，合力推进长江“黄金水道”建设，拓展区域合作交流平台，加强上海与长江沿线各省市的优势互补、互利互惠，促进沿江地区经济联动发展。

支持和参与西部大开发、东北地区等老工业基地振兴和中部地区崛起，加强与珠江三角洲地区、环渤海地区的合作交流和相互借鉴，扩大合作范围，加强农业、金融、科技、人才等重

点领域合作。拓展综合服务功能,鼓励企业进行跨地区投资合作,为推动东中西互动协调发展作出积极贡献。

加大对口支援力度。结合当地实际,注重帮扶实效,完善帮扶协作长效机制,推进扶贫开发、支持社会事业发展、扩大智力帮扶等工作,不断拓展与对口地区经济技术合作领域。

四、办好一届成功、精彩、难忘的世博会

中国2010年上海世博会作为国家举办、上海承办的全球盛会,是上海实现科学发展的重要契机,是今后一个时期上海发展的重要推动力。办好世博会,使命光荣、责任重大、任务艰巨。我们一定要牢牢抓住世博机遇,在党中央、国务院的领导下,在世博会组织委员会的统一部署下,紧紧依靠国家有关部门和各省区市的大力支持和帮助,凝聚各方智慧和力量,共同办好世博会。

高水平、高质量、高效率地筹办好世博会。坚持科学办博、勤俭办博、廉洁办博、安全办博,按照世博会园区总体规划和筹办工作总体计划要求,充分利用或改造现有建筑及设施,加快世博会园区内外基础设施和场馆建设。深入演绎"城市,让生活更美好"的世博会主题,把科技、生态、文化、人文理念贯穿于筹办工作的各个方面,广泛运用各种表现形式和展示方法,认真策划主题演绎各种活动。扎实做好国际国内参展事务,加强与各参展方的沟通与合作,力争200多个国家和国际组织参展。突出上海世博会特色,建好"城市最佳实践区"和"网上世博会"两大创新性项目。进一步加大世博会宣传推介和市场开发力度,扩大上海世博会的国际影响。加强举办期间的运营和组织管理,切实做好交通、接待、安全、应急等各项保障工作,努力为世界奉献一届成功、精彩、难忘的世博会。

立足全局,充分发挥好世博效应。创造更好条件,搭建全国办博大平台,在更大范围放大世博效应,与兄弟省区市一道共办世博会、共享世博会带来的发展机遇和成果。积极营造全体市民关心、参与世博会的氛围,全市各方面都要以举办世博会为契机,带动城市建设、生态环境和现代化管理水平不断提高,促进城市文化内涵、市民素质和国际化程度显著提升。持续发挥好世博后续效应,充分利用好世博会园区和场馆,把"城市,让生活更美好"这一主题延续到上海城市的未来发展中。

五、加强政府自身建设

紧紧围绕建设服务政府、责任政府、法治政府,坚持执政为民、依法行政,以推进政府管理创新为重点,以加强公开透明和提高行政效能为突破口,加快形成权责一致、分工合理、决策科学、执行顺畅、监督有力的行政管理体制,不断提高政府服务人民、服务社会、服务企业的能力和水平。

(一)进一步转变政府职能,全面有效履行政府职责

健全政府职责体系,在加强和改善经济调节、市场监管的同时,更加注重履行社会管理和公共服务职能,着力改善民生和加强社会建设。

深入推进政企分开、政资分开、政事分开、政府与市场中介组织分开。全面梳理各级政府管理和介入的事务,对应该由企业自主决定的、市场机制有效调节的、行业协会和中介机构自我管理的事务,政府要坚决放开,进一步减少对微观经济运行的干预,努力把政府经济管理职能转到主要为市场主体服务和营造良好发展环境上。加快事业单位分类改革,促进行业协会、中介机构规范发展,支持行业协会依法独立履行职能,推动公益类事业单位和行业协会、中介机构更多、更好地承担行业管理和公共服务职能。

健全公共财政框架。以深化支出管理改革为重点,加快建立有利于政府全面履行职能的财政保障制度。优化财政支出结构,把新增财力主要用于改善民生,重点加大对社会事业、社会保障、社会管理、公共基础设施和"三农"等方面的投入。完善预算管理制度,深化政府收支分类改革,全面推进部门预算,逐步将非税收入纳入预算统一管理。深化国库管理制度改革,实现财政性专项资金国库直接拨付,不断扩大国库直拨范围。加快形成统一规范透明的转移支付制度,提高一般性转移支付的规模和比例。深化区县以下财政体制改革,逐步将街道财力纳入区县部门预算管理,促进街道更好地履行社区管理和公共服务职能。规范乡镇财政管理模式,重点提高困难乡镇的财力保障水平。

(二)建设公开透明的政府,确保行政权力在阳光下运行

坚持把公开透明作为转变政府职能、加强政府自身建设的重要途径,不断提高政府工作透明度,推进政务公开,切实保障人民群众的知情权、参与权、表达权、监督权。

在更大范围、更深层次上推进政府信息公开。对群众关心、社会关注的政府信息,除了法律法规不允许公开的,必须做到全部公开。特别是涉及公权力大、公益性强、公众关注度高的部门的公共政策,以及与群众利益密切相关的重要事项,要依法全面、及时地向社会公开。完善各类公开办事制度,畅通政府网站、新闻发言人等公开渠道,不断扩大主动公开覆盖面,充分发挥政府信息公开在促进政府工作人员增强服务意识、改进管理方式等方面的重要作用。

切实增强财政性资金和社会公共性资金运行的透明度。进一步加大财政性资金向社会公开的力度,加快推进预算执行公开,公开财政预算、决算报告和重点支出执行情况,并按照国家要求,依法把预算外资金纳入预算管理;按照法律法规,公开财税政策及办事流程,公开转移支付的标准、内容和程序,公开政府采购项目的目录、标准及实施情况,加快建立统一的政府采购信息服务平台,提高政府采购透明度。依法向人大报送部门预算,向市人大常委会报告土地出让金等资金运行情况。探索引入第三方开展对财政投入项目的绩效评价,提高资金使用效率。推进区县和乡镇财政性资金的公开,及时向社会公开乡镇扶贫、救济、优抚、义务教育、农业补贴等资金分配情况。加强对社保基金、住房公积金等社会公共性资金的规范管理,把依法管理、严格监督、透明运行贯穿于资金运作的全过程、各环节,完善资金使用管理制度,依法向社会公布资金的收支和结余情况,确保社会公共性资金的安全运行。

进一步加大对重点领域、重点部门、重点资金、重点项目的审计力度,依法扩大审计结果公开的内容和范围。对社会普遍关注的重点项目的审计结果,在向人大报告的基础上,通过公告、通报等形式逐步向社会公开。建立审计整改情况反馈报告制度,把整改情况作为审计公开的重要内容,以公开促整改。

(三)加强依法行政和制度建设,促进政府行为规范有序

坚持用制度管权、管事、管人、管物,建立健全决策权、执行权、监督权既相互制约又相互协调的权力结构和运行机制,确保政府工作人员按照法定权限和程序行使权力、履行职责。

全面推进依法行政。进一步加强政府规章建设,更加重视社会管理和公共服务方面的立法,更加重视改革发展中重大

问题的立法，扩大公众参与的范围和力度，切实提高规章质量。严格执行劳动合同法、物权法等各项法律法规。深化行政执法体制改革，注重综合执法与专业执法相结合，积极探索行政许可权的相对集中行使，整合执法资源，提高执法队伍素质。做好行政复议工作，探索以和解、调解等方式解决行政争议。

健全科学民主的决策机制。以贯彻落实民主集中制为重点，建立健全公众参与、专家论证和政府决策相结合的决策体系。完善落实重大事项集体决策制度，对重大政策、重大项目安排和大额度资金使用的决策，必须实行集体讨论、集体决定。健全社情民意调查制度、公示听证制度，在制定与群众利益密切相关的规章和公共政策时，一定要了解民情、倾听民意，不断完善公众有序参与机制。加强决策后评估，完善责任追究制，不断提高政府科学决策水平。

完善全方位、全过程的监督机制。坚持把强化监督贯穿于权力行使、资金运作、资源调配的全过程、各环节，重点加强对掌握公共权力、公共资金、公共资源的部门和人员的监督。强化政府内部监督，围绕政府重点工作和群众关心的热点问题，加大执法监察、效能监察、廉政监察和审计监督的力度。认真接受市人大及其常委会的监督，坚持定期向市人大常委会通报重要工作，认真接受政协委员的民主监督，加强与市政协的工作沟通和协商，切实做好人大代表书面意见、政协提案的办理工作。广泛听取民主党派、工商联、无党派人士和各人民团体的意见。重视司法监督，发挥好新闻舆论和社会公众监督的作用，切实增强监督合力。

（四）改进政府管理方式，进一步提高行政效能

着眼于高效便民，积极借鉴国内外经验，大力改进政府管理方式和服务手段，提高办事效率和服务水平，更好地为企业服务、为群众办事。

深化行政审批制度改革。依法切实取消不必要、不合理的行政审批事项，全面清理行政性收费项目，重点整治各类收费类审批事项，对法律法规规定收费的项目也必须全部纳入收支两条线管理。优化和规范投资项目审批程序，扩大并联审批、告知承诺的范围，明显缩短审批时限，建立行政审批电子监察系统，提高审批透明度和审批效率。深化投资体制改革，进一步落实企业投资自主权。

创新服务管理方式。更加注重运用经济、法律手段管理经济社会事务，加快与国际规范相衔接，综合运用规划引导、政策指导、信息服务等手段，营造激发市场主体活力的制度平台。更加注重建立公共服务供给的政府主导、社会参与机制，不断增强公共产品和服务的供给能力。更加注重运用信息技术推动政府管理创新，加强电子政务建设，增强政府网上办事功能，让全社会普遍享受电子政务的便捷和实惠。

按照国家统一部署，结合上海实际，积极稳妥推进行政管理体制改革相关工作，合理配置职能，切实增强政府统筹协调能力。

建立健全科学的政府绩效评估体系。坚持把群众公认作为绩效评估的基本依据，在完善政府内部考核机制的同时，更加重视社会评议、群众评判。落实行政问责制，切实做到有责必问、有错必纠。

（五）进一步加强公务员队伍建设和廉政建设，以实际行动树立良好政府形象

政府全体工作人员、特别是各级领导干部要以身作则，带头增强忧患意识、公仆意识和节俭意识，加强勤政廉政建设，切实做到思想上始终清醒、政治上始终坚定、作风上始终务实。

加强公务员思想和能力建设，提高政治和业务素质。深入学习党的十七大精神，坚持学以致用、用以促学，用党的十七大精神武装头脑、指导实践、推动工作，不断增强高举中国特色社会主义伟大旗帜的自觉性和坚定性，更加自觉地走科学发展道路。牢固树立正确政绩观，加强道德修养，时刻做到自重、自省、自警、自励。坚持把学习融入到日常工作中，不断充实与更新现代经济、科技、法律和社会管理知识，切实提高管理现代化国际大都市的能力和为民服务的素质。

把廉政建设放在更加突出的位置，旗帜鲜明地反对腐败。认真吸取社保资金案的教训，扎实推进惩治和预防腐败体系建设，在坚决惩治腐败的同时，更加注重治本、更加注重预防、更加注重制度建设，不断拓展从源头上防治腐败的工作领域。着力健全建筑工程、土地交易、产权交易、政府采购、医药购销、资金监管等重点领域的反腐长效机制。加强政风行风建设，坚决纠正损害群众利益的不正之风。

牢记"两个务必"，树立求真务实的工作作风。始终保持艰苦奋斗、勤俭节约的优良传统，勤俭干一切事情，节约办一切活动，坚决取消不合理、不必要的行政开支，努力降低行政成本。切实克服官僚主义、形式主义，改进文风、会风，不断精简会议和文件。每一位政府工作人员都要坚持全心全意为人民服务，时刻摆正自己和群众的位置，干工作、想问题、作决策，都要立足于解决群众最关心、最直接、最现实的利益问题，都要经得起群众的检验。每一位政府工作人员、特别是各级领导干部必须切实加强调查研究，真诚倾听群众呼声，真实反映群众愿望，真情关心群众疾苦，努力做到善办好事、乐办小事、多办实事。

2008年是新一届政府各项工作的开局年，也是全面贯彻落实党的十七大精神及市第九次党代表大会精神的关键年。必须认真贯彻落实中央经济工作会议精神，切实做好上海改革发展稳定各项工作。建议今年全市经济社会发展主要预期目标是：在提高质量和效益的基础上，全市生产总值增长10%左右，地方财政收入与国民经济保持同步增长，全社会研究与开发经费支出相当于全市生产总值的比例达到2.7%左右，环保投入相当于全市生产总值的比例达到3%左右，城镇登记失业率控制在4.3%左右，城市和农村居民家庭人均可支配收入持续稳定增长，居民消费价格指数与国家价格调控目标保持衔接。重点做好以下工作：一是坚持好字优先、稳中求进，加快转变经济发展方式。认真贯彻落实中央宏观调控各项政策措施，大力发展金融、现代物流、信息服务等现代服务业，积极发展先进制造业和高新技术产业。推进重点领域和重大项目的科技攻关，着力提高自主创新能力。强化节能减排责任制，万元生产总值综合能耗和主要污染物排放量进一步下降。二是坚持深化改革、扩大开放，加快完善有利于科学发展的体制机制。系统推进浦东综合配套改革试点，加快国资国企改革步伐，大力发展非公经济特别是民营经济。改善投资环境，进一步扩大利用外资。优化出口商品结构，鼓励关键设备、先进技术和重要资源进口。积极拓宽"走出去"的渠道和方式。推进长江三角洲地区联动发展，加强国内合作与交流。三是坚持城乡统筹、协调发展，加快社会主义新农村建设，加强城市建设与管理。推进现代农业加快发展，加强农村基础设施建设和社会

事业发展,促进农民持续增收,加大对集体经济相对困难村扶持力度。加快建设枢纽型、功能性、网络化重大基础设施,推进城市网格化管理从中心城区向郊区城市化地区延伸。四是坚持以人为本、促进社会和谐,全面加强以改善民生为重点的社会建设。积极推动文化发展繁荣,加快推进教育、卫生等改革和发展,深化社区"三个中心"建设。进一步做好促进就业工作,继续扩大基本社会保障覆盖面,着力解决人民群众关心的住房和出行问题。加强收入分配调节,维护劳动者合法权益。切实加强社会管理,维护社会安定和谐。五是全力以赴做好世博会筹办各项工作。充分调动各方资源,确保世博会筹办各项工作按照时间节点和任务要求有力有序推进。

新世纪新阶段,上海已经站在新的历史起点上。历史的目光注视着我们,人民的期盼激励着我们。让我们更加紧密地团结在以胡锦涛同志为总书记的党中央周围,高举中国特色社会主义伟大旗帜,坚持以邓小平理论和"三个代表"重要思想为指导,深入贯彻落实科学发展观,在中共上海市委的领导下,解放思想,振奋精神,齐心协力,加快落实"四个着力",加快推进"四个率先",加快建设"四个中心"和社会主义现代化国际大都市,为创造更美的城市、更好的生活而努力奋斗!

上海国际会议中心

政府工作报告

南京市人民政府市长　蒋宏坤

（2008年1月10日）

一、本届政府的主要工作

过去的五年，是我市改革开放和现代化建设阔步前进的五年。全市人民在市委的正确领导下，以党的十六大和十七大精神为指导，全面贯彻落实科学发展观，紧紧围绕“两个率先”和总体全面达小康的宏伟目标，深入实施“富民强市、科教兴市、依法治市、文化南京、绿色南京”五项战略，不断解放思想、开拓进取，有效应对我国加入世贸组织后新的发展形势，成功战胜非典疫情和各种自然灾害，出色承办了全国第十届运动会，着力解决经济社会发展中的突出矛盾和问题，圆满完成了市十三届人大各次会议确定的各项任务。

*总体全面达小康目标顺利实现。*坚持以发展为第一要务，经济实力大幅提升，2007年预计实现地区生产总值3275亿元，按可比价计算，较2002年翻了一番。推进城乡统筹发展，促进农民收入持续较快增长，2007年农民人均纯收入达8000元以上。城镇居民人均可支配收入达20300元，比2002年增长106%。积极解决居民住房问题，五年共建成经济适用房647万平方米，中低价商品房45万平方米。进一步完善社会保障体系，企业职工基本养老保险、失业保险参保率分别提高到2007年的98%和98.1%。解决了17万名困难企业职工，以及“无职业、无保障”群体、城镇低保户、被征地老年人的医疗保障问题，实现了城镇居民基本医疗保障全覆盖。人均期望寿命77.6岁，达到发达国家水平。2007年新增就业岗位19.8万个，实现6.9万人再就业，城镇登记失业率下降到3.3%。以市为考核单位的省定全面小康社会指标顺利实现。

*经济实现又好又快发展。*2007年完成财政总收入628.5亿元，年均递增21.6%，其中地方一般预算收入330.2亿元，年均递增24.3%。把节能减排作为调整经济结构、转变经济发展方式的重要突破口，杜绝新上高耗能、重污染的项目。2007年，电子信息等四大支柱产业实现总产值3960亿元，占工业总产值的比重由2002年的60.8%提高到69%。强化优势产业集聚，2007年，预计平板显示等十大产业链主营业务收入4080亿元。坚持把发展现代服务业作为增强城市综合功能的重要载体，建设22个现代服务业集聚区。消费市场持续繁荣，预计实现社会消费品零售总额1374亿元，较2002年增长1.2倍。着力提升城市创新能力，构建基于科教资源优势建设创新型城市的南京模式。高新技术产业完成总产值2340亿元，占全市规模以上工业总产值的比重提高到40.8%。实施软件产业倍增计划，2007年实现软件销售收入360亿元，比2002年增长7.6倍，成为“国家软件出口创新基地”和“中国服务外包基地城市”。产业结构进一步优化，2007年三次产业结构为2.6∶49∶48.4。

*改革开放取得重大进展。*全面完成544家国有企业和146家市属经营性事业单位改制工作。推进南钢、熊猫集团等国有企业战略性重组和股份制改造，企业竞争力进一步提高，国资监管体系基本形成。上市公司由2002年23家增加到2007年47家。推进重大基础设施项目投融资体制改革，市场化融资力度加大。推进非税收入收缴、部门预算编制、国库集中支付、政府采购等财政制度改革。要素市场蓬勃发展，信用体系建设取得新进展，市场机制不断完善。大力促进非公有制经济发展，非公有制经济增加值占地区生产总值的比重达42.3%，比2002年提高10.3个百分点。实施经济国际化战略，五年实际利用外资106亿美元，年均增长28.1%。利用外资质量不断提高，引进71个世界500强企业投资项目。外贸出口总值预计达205亿美元，是2002年的3.4倍。

*生态环境得到明显改善。*先后荣获国家卫生城市、国家环保模范城市和全国绿化模范城市等称号，环境质量综合指数达84.3分。实施“绿色南京”战略，五年新增造林面积84万亩，森林覆盖率达23%，新增各类绿地1200万平方米，建成区绿化覆盖率达46%。推广清洁生产，2007年共有80家企业通过清洁生产审核。推进污染企业搬迁改造工作，南京化纤厂等10家重点污染企业搬出主城区，按照更严格的环保标准易地建设。环境基础设施建设取得重大突破，建成江心洲、城北、城东三大污水处理系统，城市生活污水处理能力达到108.5万吨。全面实施环境综合治理工程，主要内河、湖泊水质明显改善。集中式饮用水源地水质达标率保持在100%。2007年全市空气良好以上天数达到312天。

*城市服务功能显著提升。*五年投入建设资金1550亿元，城乡面貌发生巨大变化。建立科学的规划编制体系，开展新一轮城市总体规划修编工作。实施“一个疏散，三个集中”的空间布局调整，推进河西新城和仙林、江宁、江北新市区建设。部署并推进“跨江发展”战略。调整江北地区行政区划，有效整合发展资源。开展老城环境综合整治工作，完成内、外秦淮河一期整治，实施明城墙风光带保护、中山陵环境综合整治等重大项目建设，打造长江路等一批历史文化街区。建成长江三桥、新火车站、宁常高速等一批重大基础设施。建成地铁一号线和主城东西快速通道。实施公交优先发展。加快供水、供电、供气、防洪等设施建设，市政保供能力显著增强。探索长效管理机制，推进数字化等管理新方法，城市管理水平明显提高。

*统筹城乡发展成效显著。*加大工业反哺农业、城市支持农村力度，全面建设社会主义新农村，郊县经济实力显著增强。2007年预计郊县生产总值达1229.3亿元，比上年增长18.1%。郊县工业集群化发展格局初步形成，工业增加值占郊县生产总值的比重提高到47.3%。积极培育农村经济合作组织，高效农业面积逐步扩大，休闲农业和旅游观光农业等品牌效应不断增强，农产品安全质量工作取得明显成效。五年共培训农民23.5万人次，每年转移劳动力5万人以上。积极扶持低收入纯农户增收，全市15万低收入纯农户连续两年人均收入增长超过30%。农村八件实事累计投入54.3亿元，率先实现水泥路村村通，基础设施建设得到加强。落实各项支农惠农措施，全面取消农业税，实施粮食直补政策。稳步推进乡镇机

构综合配套改革,有效缓解农民生产生活中的各种矛盾和困难。

*社会事业发展水平不断提高。*构筑以城乡低保、医疗、教育救助为主要内容的社会救助体系。不断提高企业职工最低工资、优抚对象补助、城乡低保和农村五保户供养标准。着力建设全国教育名城,坚持推进素质教育,整合优质教育资源,在高标准、高质量普及9年义务教育基础上,进一步提高幼儿教育和高中阶段教育的普及率。实行教育向农村倾斜,着力解决困难群体和外来务工人员子女上学难问题。实行社区首诊和双向转诊制以及药房托管、惠民医疗等措施,突出基层卫生服务的公益性质。大力推行奖励优惠政策,五年来全市年均计划生育率保持在98%以上。文化南京建设取得新成效,获得国际、国家级艺术奖115项,在省会城市中名列第一。明孝陵成功申遗,南京云锦、金陵刻经、秦淮灯会等成为国家首批非物质文化遗产。举办了两届历史文化名城博览会和五届文化艺术节,文化创意产业和文化事业得到较大发展。体育事业不断进步,城乡共享的全民健身服务体系进一步完善。推进平安南京建设,加强社会治安综合治理,市民的安全感和满意度列全国同类城市之首。高度重视安全生产和食品药品安全工作。双拥工作深入开展,军政、军民团结协调,国防后备力量建设成效显著,实现了全国双拥模范城"六连冠"目标。完善信访和人民调解工作机制,一批重点、难点问题得到妥善处理。民族、宗教、人防、侨务、档案、妇女、儿童、老龄、慈善、地方志、残疾人、红十字等各项社会事业取得新的进步。

*政府自身建设得到加强。*大力推进服务型政府建设,切实增强各级政府服务发展、服务群众的能力。推进政资、政企、政事分开。深化行政审批制度改革,五年共削减行政审批事项902项。以电子政务为载体,全面构建权力阳光运行机制,推进行政权力规范、透明、廉洁、高效运行。完善与群众利益密切相关的重大事项社会听证、专家咨询和公示制度。全面推进行政执法责任制,完成依法行政三年行动计划确定的任务。强化政府立法,五年提出地方性法规草案17件,制定政府规章45件。建设教育、制度、监督并重的综合防治体系,从源头上预防和治理腐败。自觉接受人大及其常委会的法律监督与工作监督,积极支持人民政协履行政治协商、民主监督、参政议政职能,五年共办结人大代表议案和建议2792件、政协提案2878件。

五年实践,我们丰富了对科学发展观和构建和谐社会的认识,探索并走出了一条符合南京发展实际的道路。我们体会到:只有下大力气加快推进产业发展,才能从根本上增强城市的综合实力;只有不断加快重大基础设施建设,才能显著提升城市的区域中心地位;只有坚持以人为本、改善民生、富民优先,才能推动和谐南京健康发展;只有坚持改革开放与不断创新,才能保持经济社会全面进步的旺盛活力;只有突出环境友好型和资源节约型社会建设,才能形成科学发展的持久动力。

五年成就,是全市人民团结奋斗的结果。在此,我代表南京市人民政府,向在各行各业辛勤劳动、作出贡献的全市人民,向给予政府工作大力支持的人大代表、政协委员、各民主党派、工商联、各人民团体和社会各界人士,向驻宁人民解放军、武警官兵和公安干警,向中央和省各驻宁单位,向所有支持南京发展的香港、澳门特别行政区同胞,台湾同胞,海外侨胞和国际友人,表示衷心的感谢,并致以崇高的敬意!

我们也清醒地认识到,南京在前进的道路上仍面临不少需要解决的矛盾和问题:转变经济发展方式和环境保护的任务还十分繁重,科学发展的活力和动力还需进一步增强;科教人才资源尚未充分挖掘,科技创新和转化能力有待提高;城乡一体化发展的任务还很艰巨,农民持续增收困难较多;关系百姓切身利益的住房、交通、医疗、教育等发展还需要进一步加快,城市管理和公共服务的能力有待加强。这些问题,我们在今后的工作中一定认真对待,采取有力措施,重点加以解决。

二、今后五年发展的主要任务

新一届政府即将组成。在新的起点上谋划新的发展,我们对未来更加充满信心。全面贯彻落实党的十七大精神,践行科学发展观和构建和谐社会,要求我们必须实现经济快速健康发展和社会全面进步,建成惠及全市人民的高水平小康社会,使南京成为经济发展更具活力、文化特色更加鲜明、人居环境更加优美、社会更加和谐安定的现代化国际性人文绿都。

作为区域中心城市和历史文化名城,全市新一轮的发展,要继续按照市第十二次党代会提出的主要任务和战略举措,以及市人大十三届四次会议通过的《国民经济和社会发展第十一个五年规划纲要》的要求,进一步解放思想、求真务实,使全市自主创新能力和经济发达程度、城市现代化建设、群众幸福感、文化建设、生态保护水平均居全国同类城市前列。

*一是开创高水平小康建设的新局面。*按照新形势下小康社会的新要求,不断丰富和完善小康社会建设的内涵,切实抓好总体推进工作,力争率先实现更高水平、更高质量的小康社会目标。继续坚持富民优先,更加注重改善民生。重点解决好环境、居住和交通等群众反映强烈的问题,进一步提高市民的便捷感、安全感和舒适感。推进小康建设由重点突破阶段进入全面建设阶段,由指标实现阶段进入巩固提升阶段,由总体全面小康阶段进入更高水平小康阶段,真正建成不含水分、群众满意、社会认可的高质量全面小康。

*二是实现经济发展方式的新转变。*加速经济发展方式转变,实现新一轮更好更快的发展。加快发展软件、服务外包、金融保险、旅游等现代服务业,进一步优化经济结构。继续推进新型工业化进程,提高工业信息化水平。充分发挥现有的工业基础,提升装备制造业规模优势和竞争优势。加快高新技术产业发展。完善全市产业发展协调组织推进机制。推动全市产业结构战略性调整,显著提升经济发展水平和层次。

*三是推动生态文明建设的新进展。*把资源节约型和环境友好型社会建设放到更加突出的位置,实现节约发展、清洁发展和安全发展。大力发展循环经济,强力推进节能减排工作。健全有利于节约能源资源和保护生态环境的法规和政策,大力推广先进实用技术,提高资源能源利用效率。加大财政投入,加强污染防治和生态修复,全面改善城乡人居环境。不断推进生态文明建设,打造人居环境更为优美的绿色之都。

*四是加快省会城市功能品质的新提升。*科学把握城市发展规律,与时俱进提升城市建设理念。放大城市特色优势,整合历史文化资源,完善城市载体功能,实施城建惠民工程,着力提升城市的建设、文化、生态、生活以及管理等品质。充分吸收和运用现代科学技术,不断提高城市建设和管理水平,充分彰显历史文化和现代文明特色。

*五是共创区域合作发展的新格局。*继续加快推进"跨江发展"和"五个中心"建设,着力完善城市的生产、消费、就业和

服务功能，大力提高城市综合竞争力、集聚力，强化南京区域中心地位。努力实现区域内基础设施配套、资源开发与环境保护、市场建设等领域的共赢合作。积极创新大城市管理体制，健全区域发展组织协调机制，探索建立区域长效利益补偿制度。坚持不懈地推进南京都市圈和长江三角洲一体化进程，力争成为区域乃至全国经济的重要增长极。

我们相信，在更高的起点上推动南京的科学发展，通过五到十年的不懈努力，可以显著提升南京的国际影响力，显著提升南京的区域竞争力，显著提升南京的可持续发展能力，显著提升南京的城市创新能力。

2008年是全面贯彻党的十七大战略部署的第一年，也是我市建设更高水平小康社会的启动之年。面临的机遇前所未有，挑战也更加严峻。国际石油等原材料价格波动、资本市场形势变化等因素对生产、消费和投资都将产生影响，土地供给、银行信贷和节能减排等宏观调控的政策力度将会不断加大，对外经贸政策还处于调整适应期，长江三角洲区域内各城市之间的竞争也日趋激烈。我们必须保持清醒的头脑，切实抓住新一轮战略机遇期，进一步推动全市经济社会又好又快发展。

2008年政府工作的总体要求是：深入学习和贯彻党的十七大精神，高举中国特色社会主义伟大旗帜，以邓小平理论和“三个代表”重要思想为指导，全面落实科学发展观。坚持好字优先，加快转变经济发展方式；坚持扩大开放，在完善体制机制上取得突破；坚持以人为本，更加注重改善民生和构建和谐社会。解放思想、开拓创新、统筹兼顾、真抓实干，努力开创建设更高水平小康社会各项工作的新局面。

建议2008年经济社会发展主要指标是：地区生产总值增长13%；万元地区生产总值综合能耗同比下降4%左右；化学需氧量与二氧化硫排放量分别下降3.6%和2%；环保投入相当于地区生产总值比重在3%；全社会研发经费支出相当于地区生产总值比重在2.7%左右；地方财政一般预算收入同口径增长15%；全社会固定资产投资增长12%；实际利用外资增长13%；社会消费品零售总额增长15%；居民消费价格总水平涨幅控制在4%左右；城镇居民人均可支配收入增长12%，农民人均纯收入增长10%；城镇登记失业率控制在4%以内。

三、2008年的重点工作

面对新的目标和任务，各级政府和有关部门要着力做好八个方面的工作：

(一)切实转变经济发展方式

提高自主创新能力，继续实施先进制造业和现代服务业双轮驱动，调高调轻调优产业结构，推动经济又好又快发展。

增强城市自主创新能力。充分发挥企业在科技创新中的主体作用，引导和支持创新要素向企业集聚，加快科技成果向现实生产力转化。健全在宁高校、科研院所与企业的双向互动机制，确保应用技术成果本地转化率达40%。着力提高科技服务业对经济发展的贡献率，突出发展高技术含量、高附加值产业。全面推进徐庄、吉山等一批软件产业基地和载体建设，做大产业规模，提升发展层次，努力打造理念先进、功能完善、服务一流、环境优美的产业空间。强化创新环境建设和领军型人才集聚培养，完善风险投资机制，鼓励更多的科技人才自主创业，为高层次、国际化人才提供更为广阔的发展空间。切实抓好社会发展领域科技创新。高新技术产品出口达到50亿美元；实现软件产业销售收入460亿元以上。

加快发展先进制造业。坚定不移地走新型工业化道路，加快培育发展新材料、新能源、新型光电等产业，增强抢占产业发展制高点的能力。稳步提升电子信息、汽车、石油化工、机械装备、钢铁等优势产业，依托产业基地，优化投资结构，推进十大产业链向高端延伸，提升产业集聚度，进一步强化核心竞争优势。加快信息技术改造传统产业步伐，推动传统产业的结构升级。探索多元化投融资渠道，鼓励跨国公司和外地大企业集团以独资、控股和购并等方式投资先进制造业。引导和鼓励金融机构支持先进制造业中心建设。

推动现代服务业实现新跨越。把加快发展服务经济作为新一轮产业发展的重要取向，发展金融、保险、证券、会展、物流等现代服务业，引进国际国内知名大企业大品牌。提高服务业在整个经济发展中的比重和水平，服务业从业人员、利用外资占全市的比重达到50%以上。加快丁家庄物流中心、龙潭港保税物流中心、中邮航集散中心等物流基地建设。加大对南京港的扶持力度，加快建设龙潭港区四期、五期等重点工程，积极打造下关滨江航运服务业集聚区。加快推进商贸流通业现代化，促进百货家电、超市等行业连锁经营业态快速发展。进一步优化商业空间布局，做强做精新街口、湖南路商圈，重点打造河西商务集聚区，加快建设仙林、东山、浦口等商业副中心。大力推进旅游产业发展，创建“中国最佳旅游目的地”。

(二)进一步加快生态文明建设

坚持环保优先，加强资源节约和生态环境保护与修复，以生态文明建设提升居民生活质量，使南京成为本地人引以自豪、外地人羡慕向往的宜居城市。

深入推进节能减排。以龙头企业为核心，发展技术含量高、附加值高、物耗低的产业，促进企业原料、能源、水资源等综合利用和污染物减量排放。加快石化、冶金等行业技术改造升级，继续推进重点工业企业污染治理升级改造工程，提升工业污染源稳定达标排放的能力和水平，确保主要工业污染排放达标率达到95%以上。推进重点企业燃煤脱硫工程，完成华能电厂、梅山钢铁公司并加快建设金陵石化、南钢等企业脱硫减排工程。今后对所有新建项目，一律实行严格的环保评估和审查，达不到要求的，一律不予批准。对现有企业达不到要求的，有计划地予以淘汰。

加大生态建设力度。深入实施绿色南京战略，全力推进生态市建设。全年植树造林面积10万亩。重点建设与保护全市67个重要生态功能区。加快废弃矿山环境综合治理和生态修复。继续推进宁南等16个郊野公园建设。完善主城绿地系统，老城新增公共绿地20块。继续实施沿江环境综合整治工程，提升雨花台、幕府山和栖霞山风景区环境质量。推进玄武湖公园北扩和环境综合整治，继续对莫愁湖等公园、景点进行提档改造。倡导生态文明行为，推进生态文化建设，使每个市民成为生态文明建设的传播者、实践者和受益者。

促进环境质量持续改善。加强水、大气、土壤的污染防治，深入推进郊县生态环境整治，全面改善城乡人居环境。关停136家小化工企业，启动梅山化工总厂、金陵塑胶等6家污染企业搬迁。加快推进河西广播中波发射台搬迁。实施新一轮“2234”治水工程，继续建设城东二期、仙林等污水处理系统和开工建设桥北、板桥污水处理厂一期工程，全市城镇新增污水处理能力40万吨以上。对集中式饮用水源地实施最严格的保护，确保水质达标率继续保持100%。推进秦淮河环境综合整治二期,以及南河、城东引水工程建设。强化对建筑、市政、拆迁和渣土运输的环境管理,严格控制城市二次扬尘污染,加大机动车排气污染控制力度,确保全年良好以上级别天数稳定达到310天以上。

(三)不断增强经济发展活力

坚定不移地推进改革开放,加快重要领域和关键环节改革步伐,拓展对外开放广度和深度,为经济社会发展提供强大动力。

推进体制机制改革。继续深化国有资产管理体制改革,不断完善国资委出资人职责,增强国有经济活力、控制力、影响力。深化投融资体制改革,落实企业投资自主权,鼓励社会资本进入基础设施、公用事业等行业和领域。推进市属国有企业与中央企业和外省市大企业的战略重组。完善公共财政体系建设,加大公共服务领域投入。加快形成统一开放、竞争有序的现代市场体系。发展各类生产要素市场,完善生产要素和资源价格形成机制。规范行业协会和市场中介组织发展,健全社会信用体系。

推动民营经济健康发展。进一步营造平等的市场准入环境和发展环境,继续为民营企业引资、引智搭建平台。新增私营企业1.5万户,新增注册资本300亿元。促进中小民营企业与大型外资企业和国有企业的产业化配套,拓宽民营资本发展空间。制定促进中小民营企业,特别是高新技术企业提升核心竞争力的政策措施。健全中小企业融资和信用担保体系,规范发展各类投资基金。

实现对外开放高端化。用好已有的出口加工区、保税物流园区等功能区资源,积极争取出口加工区叠加保税物流功能,加快龙潭保税港区及禄口空港保税物流园的申报工作。加快国家级服务外包产业示范区建设,推进人才培训中心建设。加快江宁滨江开发区建设,推动沿江开发向纵深发展。以重点企业集群为依托,加快国家级开发区、省级开发区、重点产业园区以及出口加工区、保税物流中心等平台的资源整合,进一步形成优势互补、联动发展的格局。按照全市产业布局规划,突出引进一批龙头型、基地型外资项目。积极引进科技型、高附加值的先进制造业项目,进一步提升外资产业集约发展水平。提高软件研发和现代物流业的引资规模和质量。继续实施科技兴贸战略,提高自主高新技术产品和机电产品出口比重。实施出口竞争力提升策略,加大对出口名牌企业的扶持力度,支持品牌企业自主开拓国际市场。鼓励对外直接投资,支持有条件的企业到海外投资研发中心和设计中心。加快区域协调机构组建步伐,强化城际交流,力争在公共服务、交通网络、基础设施建设等方面取得新进展。

(四)积极推进城乡一体化发展

建立和完善以工促农、以城带乡长效机制,深入推进城乡经济社会互动发展。

推进城乡经济协调发展。创新郊县工业园区发展模式、运行机制和管理方式,提升整体发展水平。继续推进重点工业园区控制性详细规划编制工作,加快污水处理设施建设,完善功能配套。加大农村市场体系建设力度,新建配送中心16个。积极推动旅游农业发展。不断丰富和拓展农业功能,优先发展产业高效、功能合理、生产安全、装备先进的都市型现代农业。发展特色蔬菜、苗木花卉等主导产业,推进高效农业规模化。大力发展设施农业,加强以水利为重点的农业基础设施建设,加快提升现代农业装备水平。全市新增高效农业面积20万亩,新增设施农业面积4万亩。

建立农民增收长效机制。做好低收入纯农户增收,重点扶持见效快、带动力强的项目,确保低收入纯农户人均增收1000元以上。规范发展农民专业合作社,支持农业产业化经营和龙头企业发展。稳步推进社区集体经济股份合作改革,新成立社区集体经济股份合作社20个。推进土地有序流转,发展土地股份合作,健全利益递增机制,提高农民土地收益。逐步扩大农业保险范围,建立较为完善的农业保险体系。以131个新农村典型示范村为着力点,提升全市农村社区经济发展水平。培育有文化、懂技术、会经营的新型农民,发挥农民建设新农村的主体作用。严格落实粮食直补、良种补贴等各项政策。

促进城乡基本公共服务均等化。积极推进"三城九镇"基础设施建设与主城对接,完成60公里镇村道路建设任务。完善农村垃圾收运体系,完成120个村庄环境综合整治,继续推进农村河道清淤、村庄环卫设施配套建设和改厕工作。实施新型农村养老保险制度,做好新型农村合作医疗制度与城镇社会基本医疗保险制度的衔接。进一步加大农村新八件实事投入力度,逐步提高农村教育、卫生、广电、文化等公共事业发展水平。深化农村综合改革,加强农村集体资产管理,规范财务管理和收益分配。深入推进村企挂钩,进一步加大对经济薄弱地区的扶持力度。

(五)继续加大城市现代化建设和管理力度

高度重视科学规划引导作用,优化城市空间结构,完善城市功能,提升城市品质,使城市宜居、宜业、宜商、宜游。

优化城市空间布局。继续推进新一轮城市总体规划和土地利用总体规划修编,优化城乡建设布局和产业布局。建立并完善控制性详细规划的执行与调整规定。完成历史文化名城保护规划。进一步推进河西新区建设,建成南京会展中心一期工程,完善中部地区基础设施,加快南部地区路网建设。着力打造仙林新市区、中心商务区和科技产业园区,加快仙林国际医院等项目建设。完善仙林、东山、江北新市区综合功能配套,提升城市形态。

推进重大基础设施建设。加快纬七路过江隧道、长江四桥等跨江快速路网建设工程。加快建设绕越高速公路东南段、宁杭高速二期、六合至江都等高速公路,实施江南沿江、江北沿江等干线公路建设。继续推进铁路南站、大胜关长江大桥建设,启动铁路南站片区的整体开发工作。推进地铁二号线一期、一号线南延工程,建设地铁二号线东延仙林段。完成纬三路老城段快速化改造、全面开工纬七路东进西延工程。推进六合新机场及外部配套设施建设。坚持公交优先发展,新购、更新符合环保要求的公交车1200辆,建设虎踞北路等一批公交枢纽站,完成5条公交专用车道建设。高标准配套建设水、电、气等公用设施,增强城市保供能力和整体服务水平。

做好历史文脉保护。重视非物质文化遗产的传承和保护工作,建立一批非物质文化遗产传承和保护基地,确定一批市级传承人并予以扶持。建成江宁织造府、朝天宫片区、颐和路第十二片区等重点工程。继续推进梅园新村历史片区、门东南门老街保护与建设工程,加快建设大报恩寺景区。完成堂子街太平天国艺术壁画馆二期、瞻园保护与建设,以及朝天宫古建筑群维修等工程。推进南朝陵墓石刻保护工程,实施杨柳村古建筑群维修保护等工程。挖掘和整合秦淮河、中山陵、明城墙风光带等文化及旅游资源，放大已建成设施的综合效益，进一步彰显城市特色魅力。

加大城市管理力度。创新城市管理体制机制，提升城市管理的科学化、法制化、数字化和精细化水平。强化区县在城市管理中的主体地位，建立市区考核联动机制。完善行政执法体系，加强城市管理综合执法。开展交通安全专项整治活动，重点整治车辆乱停乱放、街巷占道经营和小区违章建筑。推进智能交通的应用和产业化，倡导多元交通、绿色出行，切实缓解城市交通拥堵现象，努力解决停车难问题。完成"城中村"改造建设任务。完成200条背街小巷出新、900幢房屋整治、80个老住宅小区出新。建设7个餐饮污染控制示范街区，完成68个农贸市场升级改造。

（六）努力提升城市人文品质

积极推进全国文明城市创建工作，全面提升城市文明程度，进一步增强南京软实力，加快现代化国际性人文绿都建设步伐。

实施"人才强市"战略。采取有效措施，抓好企业经营管理人才、专业技术人才、文化人才和农村实用人才队伍建设。扩大技工教育规模，探索校企合作培训模式，加快高技能人才的培养。强化人才市场化引进方式，在企事业单位以及部分有条件的地方试行特殊政策。加强南京留学人员创业园、国家软件人才国际培养基地等载体建设，强化园区的人才集聚和企业孵化功能。建立"产、学、研"一体化联盟，支持重点行业、企业以及企业家在高校设立专项奖学金、共同建立科研基地、合作开发产品，促进人才智力和项目的转化。

坚持教育优先发展。加快建设全国教育名城，切实加大公共教育投入。坚持育人为本、德育为先，全面推进素质教育，全力提高教学质量。进一步改善中小学校的办学条件，加强学校软件和硬件建设。加快发展职业教育，抓好10个高水平示范性职业学校和10个特色化精品型职业学校的创建工作。大力发展远程教育和继续教育，建设全民学习、终身学习的学习型城市。努力推进教育均衡化发展，促进优质教育向农村倾斜，着力提高农村教育现代化水平。完善助学体系，扩大助学范围，营造公平的教育发展环境。继续做好外来务工人员子女上学工作。进一步弘扬尊师重教的社会风尚，切实提高教师的地位和待遇，为广大教师教书育人创造良好的工作环境和生活条件。构建和谐校园，做好学校安全管理、校园美化绿化和周边环境整治工作，促进青少年身心健康发展。

推动文化繁荣发展。大力发展文化产业，实施文化产业品牌工程，推进文化产业十大特色街区建设，组织实施文化产业十大会展活动，举办第三届中国南京文化产业交易会。发展影视动漫产业，加快"国家动画产业基地"建设。积极推进文化产品和文化服务出口。加大对创意产业园区的扶持力度，明确一批重点文化企业和项目。办好第四届"世界城市论坛"和第三届"世界历史文化名城博览会"，提高南京的国际知名度和美誉度。完善公共文化服务体系，加快建设渡江胜利纪念馆、妇女儿童活动中心等一批文化设施，推进郊县有线电视数字化工程。举办第八届南京"文化艺术节"等系列活动。实施精品战略，繁荣艺术创作，推进文化创新。大力发展群众文化、实施文化惠民工程。以迎奥运为契机，引导更多的群众参加全民健身活动。推进区县体育中心建设，完善全市体育设施体系。做强竞技体育，力争实现我市运动员在奥运会上摘金夺银的目标。

积极构建和谐社区。创新城市基层社会管理体制，探索"政府依法行政、社区依法自治、居民自愿参与"的社区管理新模式。健全社区民主选举制度，完善社区自治功能。理顺政府与社区之间的关系，实行社区工作准入制度，解决社区负担过重问题。多渠道解决社区基础设施建设矛盾。健全社区服务网络，建成四级联网的社区服务信息平台。进一步加强社区工作者队伍建设，吸引社会力量和民间资本进入社区服务领域，推进社区管理服务社会化。开展和谐社区示范创建活动。

（七）切实解决突出的民生问题

把富民优先、普惠百姓作为建设更高水平小康社会的立足点，认真落实"五有"要求，使全体市民更多分享改革与发展的成果。

提高居民收入。促进劳动力充分就业，新增就业岗位16万个，援助困难人员就业0.8万人。营造良好的创业氛围，鼓励各类人才积极开展创业。重视毕业生就业工作。依法推进残疾人按比例就业。实施企业工资集体协商制度，规范企业工资集体协商行为。全面贯彻《劳动合同法》，严格执行最低工资保障制度，适时提高最低工资标准。认真落实建筑施工企业农民工工资保障金制度。加强市场价格监管，努力控制重要商品和服务价格不合理上涨。确保粮食供应安全。

完善社会保障体系。提高养老、失业、工伤及特殊群体等保险待遇水平。稳步扩大保险覆盖面，企业职工基本养老保险、失业保险、城镇职工医疗保险、工伤保险、生育保险参保人数分别达到175万、150万、200万、145万和130万人。进一步完善城乡居民最低生活保障制度，对无固定收入的重度残疾人员给予生活救助，切实做到困有所济、残有所助。认真贯彻国务院《关于解决城市低收入家庭住房困难的若干意见》，建立低收入住房困难家庭保障体系。不断完善城乡居民重病救助制度。开工建设50万平方米中低价商品房和300万平方米经济适用房，储备1000套廉租房。全面开展重点危旧房片区改造。发展慈善事业，完善经常性社会捐助服务网络，探索社会捐助的市场化运作模式。

提高医疗卫生服务水平。全面推进社区卫生服务"收支两条线预算管理、基本用药零差率销售"运行体制改革，使群众享受到安全、有效、方便、价廉的基本医疗卫生服务。建立公共卫生机构与医疗机构、城乡社区卫生服务机构的合作机制，加快构建覆盖城乡的公共卫生服务网络。推进三级医疗机构药品购销制度改革。完善重大疾病防控体系，提高突发公共卫生事件应急处置能力。加快科技创新步伐，提高医疗服务质量，努力创建全国一流的医疗卫生服务基地。继续实施人口计生"和谐家园"工程，健全统筹解决人口问题的落实机制和公共服务体系，继续稳定低生育水平，努力提高出生人口素质。

深化平安南京建设。规范城乡社区警务工作，完善治安巡防机制，深化社会治安防控体系建设，提高防范和打击犯罪的水平。健全应急信息预警机制和预案体系，完善应急指挥和处置机制。加强紧急报警与社会求助分流处理工作，进一步整合资源，强化队伍建设。加大对各类违法犯罪活动的打击力度。深入推进科技强警，提高公安信息化建设水平。进一步完善人民调解、行政调解和司法调解相互衔接配合的"大调解"工作体系。加强食品药品安全监管工作。高度重视安全生产和消防工作。广泛开展国防教育，关心支持驻宁部队建设，继续开展政策、科技、智力拥军,加强国防后备力量和人防设施的建设。完善信访工作的领导机制和工作机制,加强信访信息化建设,进一步畅通信访渠道、规范信访秩序,依法解决群众诉求,有效化解人民内部矛盾,促进社会和谐。

(八)塑造务实高效廉洁的政府形象

创新政府管理方式,加强民主与法制建设,增强公共服务能力,建设服务型政府。

加快政府职能转变。进一步规范行政许可事项,推进区县政府综合性服务中心和部门行政许可方式的创新完善。认真做好国务院《政府信息公开条例》实施工作。以建成权力阳光运行机制为重点,完成电子政务系统建设,实现行政执法事项网上公开运行。全面推行重大决策事项公示、听证制度,完善重大事项集体决策制度以及问责制度,健全专家咨询制度,推进决策科学化、民主化。

深入推进依法行政。认真贯彻实施《依法行政五年规划》,大力建设法治政府。自觉接受人大及其常委会的监督,认真落实人大及其常委会的决议、决定,及时向人大及其常委会报告工作。积极支持人民政协履行政治协商、民主监督、参政议政职能,主动听取各民主党派、工商联、无党派人士及各人民团体的意见和建议。切实办好人大代表议案、建议和政协提案。认真做好侨务和民族宗教工作。继续支持审计、监察部门依法独立履行监督职责,强化对权力运行的制约和监督。深化行政执法体制改革,探索相对集中许可权和处罚权改革工作,推进相关领域综合执法试点,全面推行行政处罚裁量权基准制度。建立依法行政示范点制度,扎实推进基层依法行政工作。继续扩大法律援助覆盖面,有效维护困难群众的合法权益。

切实加强廉政工作。深化反腐倡廉宣传教育,营造崇廉尚廉的文化氛围。逐步建立领导干部廉洁从政的长效机制。深化部门预算和政府收支分类改革,全面推行非税收入收缴管理制度改革。不断完善招投标制度,推动招投标监管制度创新。逐步推进职务消费改革,继续推行市级机关车改试点,加强公务用车改革的后续监管。不断深化市级预算部门和单位公务消费支付方式改革,规范结算报销方式,积极推进公务费用电子化管理。

强化公务员队伍建设。坚持以思想政治建设为根本,以能力建设为重点,进一步加强公务员队伍能力培训。提倡公务员勤于学习、善于调研、勇于创新。推进公务员竞争上岗和轮岗交流,强化公务员规范化管理。继续深化干部人事制度改革,完善优秀人才脱颖而出的选拔使用机制。加强公务员效能考核,强化公务员作风建设,促进公共服务行为进一步规范化。深入开展行风评议工作,继续办好政风行风热线,认真办理群众反映的各类问题。

回望过去,倍感欢欣鼓舞;展望未来,更觉责任重大。让我们紧密团结在以胡锦涛同志为总书记的党中央周围,高举中国特色社会主义伟大旗帜,在十七大精神引领下,解放思想,开拓创新,齐心协力,埋头苦干,为率先建成更高水平小康社会、率先基本实现现代化而努力奋斗!

南京音乐台

政府工作报告(摘要)

苏州市人民政府市长　阎　立

(2008年1月10日)

过去五年简要回顾和2007年工作情况

本届政府任期的五年,是我市在抢抓机遇中保持率先发展的五年,在攻坚克难中谋求科学发展的五年,在统筹兼顾中促进和谐发展的五年。面对复杂多变的国际形势,面对日趋激烈的竞争环境,面对艰巨繁重的工作任务,我们坚持以邓小平理论和"三个代表"重要思想为指导,以科学发展观统领全局,把长远眼光、时代要求、历史机缘结合起来,把创新意识、科学决策、实干精神统一起来,把物质文明、政治文明、精神文明、生态文明协调起来,在中共苏州市委领导下,紧紧依靠全市人民,同心同德,奋发进取,胜利完成市十三届人大历次会议确定的各项任务,基本实现群众得实惠、老百姓认可的小康目标。

*五年来,经济实力大幅跃升。*地区生产总值连续突破2000亿元、3000亿元、4000亿元、5000亿元,持续位居全国城市前列。地方一般预算收入累计超过1600亿元,年均增长34.4%,占地区生产总值的比重由5.9%提高到9.5%。工业总产值增长2.7倍,我市成为全国第二大制造业城市。服务业跨越发展,增加值实现翻番。产业布局得到优化,市属工业"退城进区"搬迁改造基本完成。5个县级市全部进入全国综合实力百强县(市)前十位。

*五年来,发展动力持续增强。*市属国有集体企业和生产经营型事业单位产权制度改革全部完成,社会事业领域企事业单位改革全面展开。行政审批制度改革向纵深推进,政府职能加快转变。民营经济加速腾飞,我市成为全国第五个私营企业超10万家的城市。开放型经济保持领先优势,进出口总额和利用外资大幅增加,"走出去"实现新的突破,开发区成为经济社会发展的重要支撑。创新型城市建设迈出重大步伐,我市连续三次被评为全国科技进步先进市。苏州先后摘得CCTV中国最具经济活力城市和中国魅力城市桂冠。

*五年来,城市面貌日新月异。*基础设施建设力度空前,现代化国际化区域城市框架基本形成。高速公路构建成网,密度达到发达国家水平。中心城市快速路实现贯通,环古城风貌保护一、二期工程全面竣工,一批标志性建筑相继落成。苏州工业园区二、三期开发大力推进,苏州高新区、吴中区、相城区建设高标准实施,平江、沧浪、金阊三个新城形态凸现,太仓新港城建设步伐加快,县级市城区功能优化、各显特色。我市在全国率先建成国家园林城市群、国家环保模范城市群、中国优秀旅游城市群,张家港、常熟、昆山市被命名为首批全国生态市,市区和常熟、张家港市被评为国际花园城市,市区成为全国无障碍设施建设示范城,吴江市获得中国人居环境奖——水环境治理优秀范例城市称号。

*五年来,新农村建设成效明显。*大力发展现代农业,特色高效生态农业初具规模。在全国率先完成农村税费改革,全面实现农民合同内"零负担"。深化社区股份合作制、承包土地股份合作制改革,发展专业合作经济组织,持股分红农户占到68%。新农村示范村建设扎实推进,农村社区建设和基层民主管理水平普遍提高。实施清洁田园、清洁家园、清洁水源"三清工程",绿色基地、绿色通道、绿色家园"三绿工程",改水、改厕、改路"三改工程",农村面貌不断改善。新增林地绿地3万公顷,陆地森林覆盖率由12.2%提高到18.6%。建成全国环境优美镇36个、省级环境优美镇10个、省级生态村338个,全市53%的镇成为国家卫生镇、67%的村成为省级卫生村。

*五年来,人民生活总体达到小康。*城镇居民人均可支配收入、农民人均纯收入年均分别增长14.9%和10.9%,家庭财产普遍增多。政府对民生领域的投入大幅度增加。全市新增就业岗位200万个,城镇登记失业率呈下降趋势。社会保险制度更趋健全,保障能力不断增强。在全国率先实行少年儿童住院大病医疗保险、城镇老年居民医疗保险和新型农村合作医疗保险,被征地农民基本生活得到保障,城乡居民最低生活保障标准逐步提高。居住条件普遍改善,住房保障受益面持续扩大。苏州市及张家港市被列为全国健康城市建设试点市。成功抗击"非典"疫情,新一轮疾病预防控制体系建设全面完成,基本医疗和公共卫生服务水平进一步提高。卫生体制改革稳步推进,市属医院管办分离取得成效。计划生育利益导向机制基本建立,低生育水平保持稳定。全民健身和竞技体育成绩喜人。人均期望寿命超过78.9岁。

*五年来,社会文明程度显著提升。*各级各类教育统筹发展,在全省率先普及十五年教育、率先实行免费义务教育,高等教育实现普及化。城乡公共文化服务体系加快构建,文艺创作精品迭出,文化产业迅速成长,古城古镇、文化遗产保护成效明显。"崇文、融和、创新、致远"的城市精神得到确立,我市再次成为创建全国文明城市工作先进市,张家港市被命名为全国文明城市。贯彻"男女平等"基本国策和"儿童优先"原则,苏州被列为全国实施妇女儿童发展纲要示范市。抓好全民科学素质工程,我市成为全国首个国家级科普示范城市群。建设"法治苏州",发展社会主义民主政治,涌现出一批全国全省民主法治示范村和示范社区。张家港、常熟、太仓、昆山市成为全国村民自治模范市,太仓市获得全国村务公开和民主管理制度创新奖。打造"平安苏州",我市连续四次被评为全国社会治安综合治理优秀城市,并被授予"长安杯"。

2007年是本届政府任期的最后一年。这一年里,我们深入实施推进经济结构调整和转变增长方式、增强自主创新能力、建设社会主义新农村、提高市民文明素质"四大行动计划",团结拼搏,乘势而上,为本届政府工作划上了圆满句号。

*——发展方式加快转变,经济运行质量进一步提高。*全市完成地区生产总值5700亿元,按可比价计算比上年增长16%;地方一般预算收入541.8亿元,增长35.4%。启动建设"百万亩现代农业规模化示范区",新增高效农业面积1.6万公顷。扶持生猪生产,实施放心粮油工程,强化农产品质量监管,新增无公害农产品、绿色食品、有机食品197个。工业总产值达到1.9万亿元,增长24.4%;规模以上工业企业利税增长

28%,江苏沙钢集团利税总额突破100亿元;高新技术产业产值占规模以上工业产值的比重达到33%。新增中国驰名商标21件、中国名牌产品24个,"波司登"被评为中国世界名牌。推进质量兴市,各县级市和吴中、相城区通过创建国家质量兴市先进市验收。服务业实现增加值1970亿元,增长17.5%,占地区生产总值的比重比上年提高1.9个百分点。实施"万村千乡市场工程",完善社区商业设施,社会消费品零售总额增长18%。现代物流业迅猛发展,保税物流、港口物流、配送物流并驾齐驱。苏州港货物吞吐量超过1.8亿吨,增长21.8%;集装箱运量达到189.5万标箱,增长52.5%,其中太仓港区突破100万标箱。江苏花桥国际商务城、城市中央商务区等服务业集聚区加紧建设,知名企业纷纷入驻。金融业健康发展,年末金融机构本外币存贷款余额分别比年初增长19%和20%,全年保费收入增长15%。第14届国内旅游交易会、中国苏州国际旅游节成效显著,旅游项目建设和品牌促销力度加大,实现旅游总收入616.8亿元,增长17.5%。以苏州太湖国家旅游度假区为龙头的环太湖旅游产业带加快形成,农业生态休闲观光旅游成为新亮点。苏州拙政园和昆山周庄被评为5A级景区,常熟服装城购物旅游区成为江苏省首个4A级购物旅游区,太仓至日本下关旅游客运海上航线开通启用。信息服务、商务服务、社区服务等行业快速发展。鼓励自主创新,全社会研究与试验发展经费支出占地区生产总值的比重预计达到1.7%,专利申请量、授权量分别增长160%和90%,总量保持全省第一。以商标、专利、版权为核心的知识产权保护工作得到加强,市知识产权局获准设立。苏州工业园区成为全国首家技术先进型服务企业试点区,吴中科技创业园升级为国家级科技创业园,苏州科技城微系统园、高博软件学院如期建成,国家纳米技术国际创新园和苏州大学科技园启动建设,新增国家级企业技术中心3家、省级企业技术中心10家、省级工程技术研究中心4家。积极吸纳和集聚人才,全年引进大专学历以上各类人才7.6万名,一批科技领军人才来苏创新创业,获省资助的高层次人才数量居全省首位。

——体制改革不断深化,对外对内开放进一步拓展。优化国有经济布局和结构,完善收益收缴制度和财务总监制度,国有资产保值增值能力继续增强。支持企业上市融资,7家企业首发上市,4家企业实现再融资,募集资金96.5亿元。非经营性政府投资项目代建制、经营性国有投资项目法人招标制和公用行业特许经营积极推行,工业用地与经营性用地统一实行招标、拍卖和挂牌交易。苏州工业园区中新高技术产业投资基金获准设立。改革社区管理体制,社区公共服务功能得到强化。新增农村"三大合作"组织605家,累计达到2012家,农民来自其中的收益增长30.4%。组建农业担保公司,农业保险范围逐步扩大。支持民营经济做大做强,私营企业和个体工商户净增注册资本500亿元,上缴税收、完成投资分别占到全市的30%和32.2%。推动开放型经济优化发展,提升经济国际化水平。全市完成进出口总额2130亿美元,其中出口1180亿美元,分别增长22.2%和24.6%。转变外贸增长方式,高新技术产品出口增长31.3%。大力发展国际服务外包,苏州工业园区成为全国首家中国服务外包示范基地,苏州市和太仓、昆山市被认定为江苏省国际服务外包基地城市,昆山花桥经济开发区入选首批江苏省国际服务外包示范区。加大招商选资力度,实际利用外资73.8亿美元,增长20.9%,其中服务业实际利用外资增长44.5%。支持企业开展跨国经营,新批中方境外投资额1.4亿美元,完成境外承包劳务合作营业额2.8亿美元,分别增长32.5%和103.1%。张家港民营企业申报设立的埃塞俄比亚东方工业园成为国家级境外经贸合作区。苏州工业园区综合保税区成为国内开放程度最高、政策最全面的海关特殊监管区,张家港保税物流园区进出口货运总量和海关税收位居全国保税物流园区首位,昆山经济技术开发区光电产业园、吴中经济开发区科技创业园、苏州高新区意大利工业园抓紧建设,常熟日资工业园获准设立,太仓德资工业园入驻企业超过100家,全市6家出口加工区全部封关运作。积极引进内资项目,新增外地注册资本232亿元。苏州·宿迁工业园区加快建设,参与中西部合作、东北老工业基地振兴迈出新步伐。与台湾地区的往来更加频繁,吸引台资再创新高。对外交往不断扩大,我市与德国康斯坦茨市结为友好城市。侨务工作呈现新亮点,涌现出一批全国全省社区侨务示范单位。

——规划建设力度加大,城乡面貌进一步改观。城乡规划基本实现全覆盖,《苏州城市总体规划(2007~2020年)》通过专家评审,配套专项规划抓紧制定,分区规划更趋完善,镇村布局规划和一批村庄建设规划编制完成。苏嘉杭高速公路南段扩建工程如期建成,苏通长江大桥南连接线、沪苏浙高速公路江苏段具备通车条件,常昆高速公路、苏州绕城高速公路至无锡环太湖高速公路连接线、苏虞张公路快速化改造等工程启动建设,国道、省道苏州段改扩建工程积极推进。太仓港区集装箱码头二期工程全面竣工。苏州火车站地区综合改造抓紧实施,苏站路和平门桥改造竣工通车。南环快速路东延及独墅湖隧道、北环快速路及东延、苏福快速路、官渎里立交全互通改造、劳动路东段拓宽等工程顺利建成,城市轨道交通一号线开工建设。人民路、三香路改造工程和市容环境整治任务按期完成。大龙港、元和塘等城市防洪枢纽工程基本建成,疏浚整治各级河道1672公里。相城水厂一期工程基本完工。500千伏苏州西变电站等电力设施竣工投运。建成一批路桥照明工程,消除路灯盲区78处。综合整治市区老住宅小区建筑面积69.5万平方米、街巷217条,改造危旧住房13.5万平方米。东南环立交公交停车场和3座公交首末站建成使用,新辟公交线路43条,增加公交车459辆。建立突发公共事件应急处置机制,构建人防(民防)组织体系和气象灾害监测预警体系,防灾减灾工作得到加强。全市新增人防工程面积58.4万平方米。首批121个市级新农村示范村基本建成,第二批111个示范村加快建设,全市64.4%的村建立多功能、综合性社区服务中心,老村庄整治有序展开。农村区域化供水入户率和水冲式无害化卫生户厕普及率均超过90%,客运班车行政村通达率超过99%,实现村村通宽带。整合街道城管和社区保洁力量,推行数字化管理,促进了城市管理的高效化、精细化和长效化。落实市容环卫责任区制度,开展"洁净家园、美化城市"环境整治活动,城市面貌有了新的变化。

——环保优先得到落实,节能减排工作进一步强化。切实防治各类污染,环境质量综合指数达到86.3。重点治理太湖、阳澄湖出入湖河流和京杭运河污染,健全省、市、区交界地域协同治污机制,落实县级市、区交界断面水质目标责任制,水体质量有所改善。编制饮用水源保护规划,整治饮用水源地二级保护区范围内排污口,全市1万吨以上饮用水源地整治工作通过省级验收,确保了饮用水安全。加强太湖水质监测分析,重拳打击违法排污行为，整治围网养殖，采取打捞、截污、调水引流等措施，遏制了我市境内太湖蓝藻的暴发。福星、娄江污水处理厂二期工程加快建设，全市新增污水处理厂10座，新增污水日处理能力71万吨，配套敷设污水管网670公里，城镇生活污水集中处理率达到70%，其中市区超过80%。实施"蓝天工程"，加强机动车尾气防治，添置尾气排放达到欧Ⅲ标准的公交车282辆，工业废气、餐饮业油烟和建筑施工扬尘得到治理。严格实行污染物排放总量控制，208个污染减排项目全面完成。注重解决道路交通、建筑施工、娱乐业等噪声污染问题，声环境质量有所提高。苏州市固体废物填埋场一期工程顺利竣工，七子山垃圾填埋场扩建工程开工建设，市区新建改建垃圾转运站9座、公厕35座。新增通过ISO14000认证的企业600家、通过清洁生产审核验收的企业200家、循环经济试点企业100家，苏州高新区成为全国首家循环经济标准化示范区。重点污染源信息管理及自动监控系统一、二期工程全部建成，并实现联网在线监控，全市主要饮用水源地水质自动监测实现全覆盖，市区基本建成水、气、声环境立体自动监测网络。深入开展打击违法排污行为、保障人民群众健康专项行动，全面完成127家挂牌督办企业污染治理任务，依法关闭高污染、高耗能、安全生产不达标的化工企业500家。抓好重点行业和能耗大户节能降耗工作，实现节能200万吨标准煤，万元地区生产总值能耗进一步下降。积极创建国家生态市，太仓市通过国家考核验收，吴江市通过国家技术核查。新增全国环境优美镇5个、省级生态村181个。一批重点绿化工程相继完工，三角咀生态公园启动建设，市区新增绿地490公顷，建成区绿地率、绿化覆盖率和人均公共绿地面积等指标基本达到国家生态园林城市要求。市区和常熟、昆山、张家港市被列为首批创建国家生态园林城市试点城市。"绿色通道"建设顺利推进，村庄绿化示范、绿色水廊构建和湿地林带营造工程全面启动，农村新增林地绿地7330公顷。

——社会建设成效明显，文教卫体等事业进一步繁荣。全市85%的小学、初中达到省级现代化办学标准，农村村小全部通过市级现代化评估。素质教育持续深化，学生德智体美全面发展。职业教育更加适应经济社会发展需要，城乡劳动者培训总量超过130万人次。高等教育毛入学率达到53%，比上年提高1个百分点。苏州大学新增国家级重点学科2个、博士后科研流动站6个，苏州科技学院新校区完成首期建设任务，常熟理工学院虞山学院招收首届新生，中国科技大学软件学院、东南大学软件学院、四川大学苏州研究院落户独墅湖高等教育区，苏州国际教育园共享区图书馆建成开馆，健雄职业技术学院、江苏科技大学张家港校区、沙洲职业工学院实现整体迁建。新增国际学校1所，中外合作办学项目达到30个。公布全市首批非物质文化遗产保护基地，亚太世界遗产培训与研究中心(苏州)正式挂牌。18个项目列入国家级非物质文化遗产保护名录，千灯镇、陆巷村、明月湾村分别进入中国历史文化名镇、名村行列。一批优秀作品分获"五个一工程奖"、文华大奖、鲁迅文学奖和中国民间文艺山花奖。苏州科技文化艺术中心、苏州园林博物馆新馆、中国刺绣艺术馆顺利建成。群众性文化活动丰富多彩，吴江同里退思广场获全国特色文化广场称号。第十六届中国金鸡百花电影节、第七届中国国际民间艺术节、第八届中国民间文艺山花奖颁奖典礼和第十届中国戏剧节在我市成功举办，中国太湖文化论坛永久地址获准设立。第二届阅读节精彩纷呈，建成"农家书屋"528家。农村户籍实际住户有线电视入户率超过95%，城区有线数字电视整体转换率超过50%。地方志、档案工作取得新成绩，存史、资政、育人、为民的综合效益进一步显现。启动基本卫生保健工程，加快卫生现代化建设。市中医医院开工迁建，一批卫生重点工程相继竣工。建成2个国家级医学重点学科、2个省级临床医学中心和多个省、市级重点专科，市立医院成为国家级全科医生规范化培训基地。积极创建"平安医院"，构建和谐医患关系。有效控制医疗费用，全市二级以上医院平均每人次门诊与出院费用分别下降2.1%和3.5%。疾病预防控制和卫生监督工作重心下移，城乡社区卫生服务基本实现人群全覆盖。建成7个社区医疗救助点和一批社区、单位健康教育园地。实行社区居民常用药品政府补贴，用药费用下降20%，已有44万人次从中受益。新建7个婚姻登记、免费婚检、计划生育宣传"一站式"服务点，自愿婚检率大幅度提高。强化计划生育服务和管理，完成22家世代服务中心改造任务，人口出生缺陷社会化干预工程收效明显，我市被列为全国婚育新风进万家活动示范市。发展体育事业，苏州成为全国首个"轮滑城市"，成功承办轮滑世界杯环太湖马拉松赛、全国女排锦标赛、中国羽毛球精英赛等重大赛事，"体育进社区、进农村、进企业、进学校"等全民健身活动广泛开展。新增苏州籍世界冠军3名，实现世界冠军市(县)"满堂红"。圆满完成第十二届世界夏季特殊奥运会执法人员火炬跑及荷兰代表团接待任务。

——富民工程取得实效，小康成果进一步巩固。城镇居民人均可支配收入21260元，农民人均纯收入10300元，分别增长14.7%和11%。切实做好全国首批统筹城乡就业试点工作，积极创建充分就业社区，努力消除零就业家庭。全市新增面向本地劳动力的就业岗位15万个，开发公益性岗位8600个，帮助7万名失业人员实现再就业，城镇登记失业率为3%。落实鼓励创业的各项政策，群众来自自主创业的收入进一步增加。覆盖城乡居民的社会保障体系基本形成，城镇职工养老、医疗、失业、工伤、生育五大基本保险参保人数均突破200万人，基金征缴率均达到99%。全年征收社会保险费170亿元，支出100亿元，当年结余70亿元，累计结余250亿元。市区医疗保险救助办法逐步完善，救助对象扩大到所有参保人员。城镇老年居民大病住院医疗保险制度及门诊医疗补助制度基本建立，覆盖率达到95%；市区3529名城镇老年居民享受养老补贴。农村基本养老保险参保率达到95%，已有83万名农村老年居民享受基本养老待遇或养老补贴。新型农村合作医疗人口覆盖率达到96.5%，行政村覆盖率达到100%，筹资水平全国领先，参保农民基本实现"刷卡看病、实时结报"。全市共有95万名被征地农民纳入基本生活保障，并初步建立与城镇居民低保标准相适应的被征地农民基本生活保障水平调整机制。企业退休人员月均基本养老金由1063元增加到1197元，企业职工月最低工资标准由750元提高到850元，企业工资集体协商制度逐步推行。城镇居民最低生活保障标准由300元提高到320元，农村居民最低生活保障指导标准由180元提高到200元。针对猪肉等食品价格上涨情况，向低保困难家庭发放补贴1291万元。建立食品药品监管网络，规范食品药品市场秩序，市民饮食、用药安全得到保障。做好住房保障工作，试行共有产权型住房新模式，市区组织供应中低收入家庭住房及廉租住房1000套。新增缴存住房公积金的职工

36万人,发放个人住房公积金贷款43亿元。扶贫帮困送温暖活动广泛开展,城乡社会捐助网络基本实现全覆盖。举办百家企业慈善捐赠活动,签订意向认捐协议10.5亿元。建成街道(镇)居家养老服务中心24个、社区(村)居家养老服务站563个,新增养老床位2030张,对市区70周岁以上老年居民实行免费乘坐公交车以及免费参观游览市内公园、景区景点、公益性文化设施等政策,为近8.6万名65~70周岁老年居民提供了免费体检。开展"视觉光明行动",为5127名白内障患者优惠实施复明手术。平江区成为全国残疾人社区康复示范区。

——*精神文明建设、民主法制建设深入推进,政府自身建设进一步加强。*广泛宣传马克思主义中国化最新成果,社会主义荣辱观教育、未成年人和大学生思想道德建设、新苏州人融合、文明交通工程等精神文明重点活动扎实开展,城市精神深入人心。成功承办全国首届文明城市论坛,通过了《"迎奥运、讲文明、树新风"苏州宣言》。隆重举行纪念中国人民解放军建军80周年系列活动,做好双拥工作,落实优抚安置政策,苏州市及张家港市创建全国双拥模范城实现"四连冠",常熟市再次荣获全国双拥模范城称号。大力普及科学知识,具备基本科学素质的市民比例高于全国全省平均水平。哲学社会科学研究取得可喜成果。争创法治江苏合格县(市、区),"法治苏州"建设卓有成效。深入进行"五五"普法教育,全社会的法律意识和法制观念不断增强。注重法律援助,法律服务能力得到提升。完善村民自治、社区居民自治和职工代表大会制度,坚持政务公开、厂务公开、村(居)务公开,人民群众参与民主管理、行使民主监督的权利得到保障。围绕新一轮"平安苏州"创建目标,强化社会治安综合治理,严密防范敌对势力、邪教组织的破坏活动,先后开展命案侦破、打黑除恶、打击"两抢一盗"等专项行动,坚决扫除社会丑恶现象,维护了社会稳定。落实信访工作责任制,妥善处理新型社会矛盾,信访形势持续好转。认真做好民族工作,贯彻党的宗教政策,民族宗教领域保持和谐融洽。我市"全国百城万店无假货示范街(店)"拥有量位居全省第一,创建全国消费放心城市通过国家验收。落实安全生产监管责任,完善重大隐患挂牌督办制度,开展事故隐患排查整治行动,有效防止了重特大事故发生。改进政府立法工作,通过政府网站和新闻媒体对政府规章草案及重要规范性文件草案公开征求意见,全年提请市人大常委会审议通过地方性法规3件,颁布政府规章6件。严格执行行政执法责任制,加强行政复议和应诉工作,依法行政水平继续提高。加强公务员队伍建设,录用、培训、任用、考核、奖惩制度逐步完善。简化行政审批手续,规范行政审批流程,推行网上审批,市行政服务中心行政许可事项进驻率达到90.6%,服务对象满意率保持在99%以上。办好市便民服务中心,受理各类服务需求18万件,及时办结率、群众满意率分别达到99%和98%。强化统计工作,为科学决策提供了可靠依据。完善各项制度,政府采购、预算资金使用、工程招投标、土地招标拍卖等行为更加规范。加大审计监督力度,开展与重点单位联网审计,实行审计结果公告制度,尝试将环境效益纳入领导干部经济责任审计内容,注重审计成果转化和纠错整改,财政资金使用效益进一步提高。严格执行党风廉政责任制,推行行政监察电子化,反腐倡廉工作持续深化。抓好行政效能建设,开展机关争先创优活动,继续组织纳税人评议政风行风,群众对政府部门的综合满意率达到98.7%。市人民政府自觉接受市人民代表大会及其常务委员会的法律监督、工作监督和市政协的民主监督,坚持重大事项向市人大常委会报告、向市政协通报,注重发挥各民主党派、工商联、人民团体和无党派人士的参政议政作用,共办复人大代表议案1件、代表建议159件、政协提案369件,人大代表、政协委员综合满意率分别达到100%和98.6%。

过去的五年,发展的历程令人难忘,发展的成就令人振奋。这是全市人民在中共苏州市委正确领导下凝心聚力、团结奋斗的结果,是市人大、市政协加强监督、鼎力支持的结果。在此,我谨代表市人民政府向全市人民,向人大代表、政协委员,向离退休老同志,向各民主党派、工商联和无党派人士,向各人民团体,向驻苏解放军和武警官兵,向国家和省驻苏单位,向所有参与、支持和关心苏州现代化建设的海内外朋友,表示衷心的感谢和崇高的敬意!

回顾过去的五年,我们也看到,经济社会发展出现了一些新的变化,前进中面临不少困难和问题,政府工作与人民期待还存在差距,突出的是:自主创新能力总体不够强,产业结构需要进一步调整,人口、资源、环境压力加大,转变经济发展方式任务艰巨;在巩固小康水平、扩大受益面方面,一些难题尚未破解,商品住房和副食品价格涨幅较大,部分群众生活困难;人才结构性矛盾较为突出,科技领军人才相对不足;中心城市辐射带动能力还不强,城市管理、交通管理存在薄弱环节;新型社会矛盾增多,治安管理尚需强化;行政管理体制不能完全适应市场经济的发展,政府公共服务有待加强;政府机关中不同程度地存在形式主义、官僚主义现象,少数干部全心全意为民多办事、办实事的意识和工作主动性仍需增强。对此,必须予以高度重视,认真加以解决。

今后五年发展思路和2008年工作建议

本次会议将选举产生新一届苏州市人民政府。新一届政府履职的五年,既面临难得的机遇,又面临严峻的挑战。可以预计,未来的五年,全球生产要素加速流动,科学技术日新月异,国际资本、产业和技术转移继续看好中国等发展中国家,有利于苏州形成参与国际经济合作与竞争的新优势;同时,世界经济增长的不确定因素依然较多,针对中国的贸易保护主义仍将存在,并在一定时期和一定领域有所加重。可以预计,未来的五年,我国社会主义市场经济体制不断完善,产业结构升级和发展方式转变明显加快,经济继续保持平稳较快增长,北京奥运会、上海世博会先后举办,有利于苏州在良好的环境中抓住机遇推进现代化建设;同时,长期形成的结构性矛盾和粗放型增长方式尚未根本改变,城乡、区域、经济和社会发展还不平衡,地区之间、城市之间的竞争更趋激烈。可以预计,未来的五年,我市将处于工业化升级、国际化提升、社会结构转型和现代化步伐加快的重要阶段,多年来已经奠定的坚实基础,有利于苏州在优化发展中保持领先地位;同时,先行发展中遇到的制约因素日益突出,人民共享改革发展成果、提高生活质量的愿望更为迫切。新一届政府只有保持时不我待、不进则退的忧患意识,保持昂扬向上、奋发有为的精神状态,保持科学严谨、求真务实的工作作风,保持勤政廉政、为民造福的价值追求,才能抓住新机遇,提出新举措,战胜新挑战,再创新业绩。

建议新一届政府全面贯彻党的十七大精神,高举中国特色社会主义伟大旗帜,坚持以邓小平理论和"三个代表"重要思想为指导,深入落实科学发展观,积极实施科教兴市、新型工业化、经济国际化、城乡现代化和可持续发展战略,坚持率先发展、科学发展、和谐发展不动摇，切实做到富民优先、科教优先、环保优先、节约优先，促进经济转型升级，协调发展社会事业，努力建设现代经济强市、自主创新城市、文化教育名市、生态文明城市、诚信法治城市、社会和谐城市、创业首选与宜居城市，推动苏州在巩固小康成果、提高小康水平的基础上率先基本实现现代化。

建议新一届政府在促进率先发展、科学发展、和谐发展中切实把握以下五点：

坚持解放思想，创新发展理念。始终以思想解放为先导，根据实践需要，遵循客观规律，顺应形势变化，自觉地把思想认识从不合时宜的观念、做法和体制束缚中解放出来，用科学的辩证的方法，研究新情况，解决新问题，以观念的领先推动发展的率先。大力弘扬“张家港精神”、“昆山之路”、“园区经验”和苏州城市精神，充分激发全社会的创业豪情、创新激情、创优热情，进一步提高政府工作水准和服务效能，以更大的勇气、更足的干劲、更实的措施，不断推动经济社会向更高水平发展。

坚持又好又快，转变发展方式。始终以经济建设为中心，注重提高经济整体素质和发展质量，推动拥有自主知识产权的品牌经济迅速壮大，民营经济和开放型经济并驾齐驱，真正做到好字优先、好中求快、优中求进。促进产业结构从一般加工业为主向高端制造业和现代服务业为主转变，增长动力从投资驱动为主向创新驱动为主转变，要素支撑从物质资源为主向高素质人力资源为主转变。坚持新型工业化方向，做强做大融入国际高端的先进制造业；大力发展以生产型、科技型、服务外包型、商务服务型为主导的现代服务业，提高服务业比重和水平；加强农业基础建设，积极发展现代农业，构建产业层次高、竞争力强的现代经济体系。

坚持改革开放，增强发展动力。始终以社会主义市场经济为方向，整体推进体制创新，完善现代企业制度，健全现代市场体系，切实转变政府职能，构建充满活力、富有效率、有利于科学发展的体制机制。把“引进来”和“走出去”更好地结合起来，扩大开放领域，优化开放结构，丰富开放形式，促进经济国际化。发挥体制优势和开放优势，大力开展自主创新，激励群众自主创业，让创新创业成为发展的不竭动力。

坚持统筹协调，提升发展水平。始终以统筹兼顾为根本方法，围绕建设现代化国际化区域城市集群和社会主义新农村的要求，协调推进城乡发展，提高中心城市首位度，优化城镇体系与功能，改善农村生产生活条件和环境面貌，实现城乡经济社会一体化发展。围绕建设资源节约型、环境友好型社会的要求，协调推进人口、资源、环境工作，倡导集约生产、简约生活，加强人口综合调控和管理，加快形成节约能源资源和保护生态环境的产业结构、发展方式、消费模式，努力做到人与自然相和谐。围绕建设社会主义和谐社会的要求，协调推进社会发展，不断完善社会管理，着力提高市民文明素质和社会文明程度。

坚持以人为本，共享发展成果。始终以实现好、维护好、发展好最广大人民的根本利益作为政府工作的出发点和落脚点，下大力气解决群众最关心、最直接、最现实的利益问题，不断满足人民日益增长的物质文化需要，真正做到发展为了人民、发展依靠人民、发展成果由人民共享。把就业作为民生之本，以创业带动就业，推动城乡居民收入持续增长，家庭财产普遍增加。正确处理效率与公平的关系，完善收入分配制度，注重人文关怀，努力改善民生，为城乡居民提供更多更好的基本公共服务、共享型的社会保障和生态型的人居环境，创造惠及全市人民的富裕和谐新生活。

根据中共苏州市委十届五次全体（扩大）会议精神，建议2008年全市经济社会发展的主要预期目标是：地区生产总值增长12%左右，地方一般预算收入增长16%左右，社会消费品零售总额增长16%左右，进出口总额和出口总额均增长15%左右，全社会固定资产投资和实际利用外资保持适度增长，城镇居民人均可支配收入和农民人均纯收入均增长10%以上，城镇登记失业率控制在4%以内，居民消费价格总水平涨幅不高于全省平均水平，全社会研究与试验发展经费支出占地区生产总值的比重超过1.8%，单位地区生产总值能源消耗下降4.4%以上，化学需氧量、二氧化硫排放总量分别削减4%和5%以上，环境质量综合指数超过“85”。同时，认真办好与人民生活密切相关的实事。建议在新的一年里，重点做好以下八个方面工作：

一、转变发展方式，增强自主创新能力

更加注重资源节约、环境保护、结构改善和质量提升，加快形成集约型的经济发展方式。按照“关停一批、转移一批、改造一批”的要求，加大存量调整力度，促进生产要素合理流动、高效配置。引导资金投向自主创新、节能环保、基础设施和现代服务业等领域，优化投资结构，提高经济素质。坚决制止低水平重复建设，依法淘汰落后生产能力，关停并转不符合国家产业政策、不符合苏州发展方向的高污染、高耗能企业和工艺装备。严格执行项目投资强度准入标准和节能环保要求，提高单位土地产出率、单位资本产出率、单位能耗物耗产出率，努力以较少的投入取得更大的效益。

落实各项激励政策，引导创新要素向企业集聚，促进科技成果向现实生产力转化。加强与国内外知名高校、科研机构的合作，建设国家纳米技术国际创新园、苏南工业研究院、苏州大学科技园，吸引更多的国家工程中心、重点实验室在苏州开展研发，支持企业建设技术中心和工程技术研究中心。引进产业主导技术、核心技术，加强消化吸收再创新。改进科技服务，完善共性技术平台，优化科技创业园功能，为自主创新提供有力支撑。实施知识产权战略和名牌带动战略，新增一批专利技术、驰名商标和名牌产品。发展创业风险投资，引进和设立中小科技企业贷款担保机构。探索推行科技保险，争取开展未上市高新技术企业股权交易代办系统试点。优化人才发展环境，重点引进和培养高科技领军人才、高技能应用人才，鼓励各类人才在生产科研一线创新创业。

加快发展现代服务业，拓展领域，做大规模，进一步提高服务业增加值占地区生产总值的比重。推进苏州港、江苏花桥国际商务城、城市中央商务区、苏州物流中心和环太湖旅游产业带等服务业集聚区建设，支持服务业知名企业做优做强。重点发展物流、软件及研发、商务服务等现代服务业，努力构建金融集聚区。建好服务外包示范区，争取苏州进入国家级服务外包基地城市行列，张家港、常熟、吴江市成为江苏省国际服务外包基地城市，苏州高新区成为江苏省国际服务外包示范区。以休闲度假为主题，深度开发旅游资源，办好中国苏州国际旅游节、中国航海日等重大活动，争创“中国最佳旅游目的地城市”。出台并实施商业网点布局规划，建设城市商圈，完善城乡商品流通体系，升级改造农贸市场，扶持发展老字号，提高新型业态贸易比重。强化调控管理,规范市场秩序,促进房地产业健康发展。

以信息化带动工业化,促进制造业由大变强。发展壮大电子信息、精密机械、生物医药等高新技术产业集群,高新技术产业产值增长20%以上。培育发展主业突出、核心竞争力强、带动作用明显的规模企业,新增年营业收入超过100亿元的企业3~4家。加强银企合作,发挥创业投资基金作用,重点支持新增长点项目和具有自主知识产权的技术创新项目。为中小企业提供优质服务,引导中小企业向"专、精、特、新"方向发展。鼓励和支持企业培育品牌、争创名牌,参与制定国家标准、行业标准。改造传统产业,推动产品换代、产业提升。

二、创新体制机制,加快开放型经济转型升级

纵深推进各项改革,不断增强发展活力。深化企业公司制股份制改革,健全现代企业制度。加大国有资产监管力度,有效防范债务风险,确保实现保值增值。加快市政、水务等领域改革进程,做好社区卫生服务综合改革试点工作。深化垄断行业改革,引入竞争机制,加强政府监管和社会监督。发展要素市场,提升商品市场能级。规范发展行业协会和市场中介组织,健全社会信用体系。改革投资体制,拓宽融资渠道。加强企业上市辅导,争取8~10家企业上市融资。

不断改善发展环境,加快民营经济新一轮腾飞。力争私营企业和个体工商户净增注册资本200亿元以上,上缴税收和固定资产投资占全市的比重提高1~2个百分点。支持成长型民营企业向重点产业集聚、向专业特色基地集中,培育规模型民营企业。推动民营企业开展产学研合作,承担重大科技成果转化项目。鼓励金融机构开发适合中小民营企业需求的金融产品,增强企业融资能力。实施民营企业家健康培养工程,造就具有创新意识、国际视野、社会责任的现代企业家队伍。

扩大对外对内开放,增创开放型经济新优势。立足以质取胜,支持企业争创出口品牌、注册境外商标、申请境外专利,增加拥有自主知识产权产品出口,促进加工贸易转型升级。开展择商选资,重点引进科技含量高、资源消耗低、符合环保要求、竞争优势突出的项目,吸引跨国公司来苏州设立研发中心、营销中心,扩大服务业利用外资规模。创新对外投资方式,支持企业开展跨国经营,推进埃塞俄比亚东方工业园和中老合作万象特殊经济区建设。完善基础设施和配套条件,注重功能升级、结构优化,促进开发区成为高新技术产业、现代服务业和高素质人才的集聚区,成为体制创新、科技创新的先行区。加强中新双方贸易和投资合作,推动苏州工业园区成为全国水平最高、竞争力最强的园区之一。整合海关特殊监管载体,高标准建设苏州工业园区综合保税区,力争常熟、吴江等出口加工区开展叠加保税物流功能试点,积极争取张家港保税港区试点,启动以太仓港区为重点的区港联动通关模式试点工作,设立太仓物流保税中心和出口加工区。拓展内联合作领域,提高利用内资水平。广泛开展对外交流与合作,构建全方位、宽领域、深层次的大开放格局。

三、统筹城乡发展,推进社会主义新农村建设

走科技兴农之路,加快农业现代化步伐。落实农业布局规划,引导主导产业向优势区域集中,建设现代农业示范区,促进高效农业规模化。发展设施农业,提高水稻种植机械化水平。保护开发地方名特优种质资源,培育种子产业,壮大特色品牌农业。推行农业标准化,强化农业环境检测,防控重大动植物疫病,扩大优质农产品生产规模,确保农产品质量安全。扶持农业龙头企业,推动农业产业化经营。发展生态休闲观光农业,注重农产品精深加工。稳定粮食生产,完善粮食市场和储备体系,保障粮食供给。

探索建立持续增收长效机制,千方百计致富农民。强化监督管理,巩固农村税费改革和农民合同内"零负担、零交费"成果。发展农村二、三产业,引导企业使用本地农村劳动力,拓展公益性岗位,促进农村劳动力充分就业。支持农民投资创业、联合创业。继续实施现代农民教育工程,培养有文化、懂技术、会经营的新型农民。完善农村基本经营制度,按照依法自愿有偿的原则,推进土地承包经营权有序流转。深化"三大合作"改革,提高农民持股、入社比例。培育壮大农村经纪人队伍,活跃农村市场。发展多种形式的集体经济,扶持薄弱村脱贫致富。

落实工业反哺农业、城市支持农村的要求,探索建立财政支农补偿机制,确保公共财政对农村的投入明显增加。编制完善镇村建设规划,实施水环境治理、污染防治、农田整理、村庄整治、绿化建设、基础设施完善等工程,提高农村基础设施和村庄建设水准。加强农村社区建设,年内80%以上的村建成多功能、综合性的社区服务中心。优化农村路网结构,规划建设客运站亭,增强农村客运能力。疏浚农村河道,理顺河网水系。建立"户集、村收、镇运、县处理"的农村垃圾收集处理机制,着力解决垃圾污染问题。

四、完善城市功能,提升城市现代化水平

发挥规划的先导和统领作用,为建设和管理提供科学依据。深化与新一轮城市总体规划相配套的分区规划、专项规划,制定市政建设、新城开发、环境整治、历史文化遗产保护、防空体系构建等工程的控制性详细规划和修建性详细规划,开展城市设计和城市色彩规划研究。加强规划实施的监督管理,坚决查处违法建设行为,维护规划的权威性、严肃性。

加大基础设施建设力度,增强城市承载能力。推进苏州火车站地区综合改造,高质量建设新站屋,建成人民路、广济路、齐门路、梅巷路等道路北延工程,配套建设长途客运站和公交换乘站。加快建设城市轨道交通一号线,完善东南环立交地面道路工程。建成苏通长江大桥及南连接线,实施常昆高速公路、锡张高速公路、苏虞张公路快速化改造和204国道、318国道苏州段改造等工程。启动建设太仓港区集装箱码头三期工程,增强张家港港区、常熟港区吞吐能力,开辟和加密航线航班,力争苏州港集装箱吞吐量达到240万标箱,货物吞吐量突破2亿吨。完成500千伏苏州西变电站至吴江输电工程,开工建设500千伏苏州东、常熟南变电站及配套设施。实施区域通江达湖工程,沟通太湖、阳澄湖、长江水系,构建大引大排格局。改造自来水厂和配套管网,推进市域供水管网互联互通。对古城区河道进行清淤,努力满足景观水要求。做好人防转民防工作,全市新增人防工程面积48万平方米。

创新城市管理体制,提高城市管理效能。进一步落实城市管理相对集中行政处罚权工作职责,加大综合执法力度。完善数字化城市管理模式,健全"区域式联动、网格化管理"机制,将城市管理重心向街道(镇)、社区下移,向新城区延伸。强化部门之间的分工与协作,形成城市管理的整体合力。加强巡查和考核,整治乱涂乱贴、乱停车辆、乱设户外广告等行为,强化市政设施、建筑工地、道路交通和地名管理,树立良好城市形象。

五、狠抓节能减排，构建资源节约型、环境友好型社会

把节约资源落实到生产、建设、流通、消费各个环节，加快形成节约型的生产方式和消费方式。实行最严格的土地管理制度，建立可持续发展的科学用地机制。完善工业用地公开交易出让制度，盘活土地存量，促进土地集约利用。严禁新上浪费资源、污染环境的项目，对年综合耗能3000吨标准煤以上的投资项目开展节能评估和审查。

实施燃煤工业锅炉窑炉改造等节能工程，开发和推广节约、替代、循环利用等先进适用技术，加快高耗能企业技术改造。加强能源计量，扩大能源审计面，对重点耗能企业实行全方位监测。实施清洁生产示范工程，有针对性地开展清洁生产诊断。建设国家级循环经济试点园、省级循环经济试点市，基本建成与清华大学合作开发的循环经济示范项目。加大生态工业示范园区建设力度，构建工业生态循环链。新增通过ISO14000认证的企业200家、通过清洁生产审核验收的企业200家、循环经济试点企业100家。加强建筑节能管理，广泛采用节能材料。推广生态循环高效种养模式，开发农村能源综合利用技术。开展节水活动，争创国家级节水型城市。

依法治污、科学治污、铁腕治污，切实保护生态环境。不折不扣地执行环境影响评价制度，强化源头控污，抓好重点流域、重点地区、重点行业的环境整治，完善污染物总量减排统计、监测、考核体系。切实保护太湖、阳澄湖、长江水源水质，加强对重要水源地、清水河道沿线排污口的监管，确保饮用水安全。启动东太湖综合整治工程，实施太湖金墅水源地取水口清淤工程，压缩围网养殖面积，治理各类污染。建成福星、娄江污水处理厂二期工程，完成污水处理厂除磷脱氮工艺改造任务，推行农村集中居住区生活污水集中处理。完成七子山生活垃圾填埋场扩建主体工程，建设苏州市生活垃圾焚烧发电厂二期工程，升级改造市区非压缩式垃圾转运站和非密闭环卫运输车。完成望亭电厂14号机组和常熟电厂1、2号机组等脱硫工程，着力治理机动车尾气、施工扬尘、餐饮业油烟。建设放射源监控、电子废弃物跟踪、蓝藻监测应对等系统，基本形成覆盖全市的环境自动监控网络，提高对环境突发事件的预防和应急处置能力。加快生态市建设步伐，新建全国环境优美镇4个、省级生态村50个，太仓、吴江市进入国家生态市行列，苏州工业园区、苏州高新区建成国家首批生态工业示范园区，吴中、相城区达到国家县级生态市标准。加紧建设三角咀生态公园、太湖湿地公园、白洋湾湿地公园、胥江河与京杭运河景观等重大绿化工程，继续抓好环古城景观建设，市区新增绿地450公顷，各项指标达到国家生态园林城市标准。重点实施太湖、阳澄湖、长江生态林建设以及村庄绿化、城郊大型片林示范区创建等工程，农村新增林地绿地8700公顷，陆地森林覆盖率提高1.5个百分点。

六、注重协调发展，促进社会和谐进步

优先发展教育事业，完善"以县为主"的义务教育管理体制。各县级市、区在通过省教育基本现代化评估的基础上，加快向现代化目标迈进。全市小学、初中全部达到现代化学校办学标准，公办高中全部达到省三星级标准。深化素质教育，推动均衡发展，提高基础教育整体水平。调整优化职业学校布局，扩大三星级以上职业高中学校比例，推动各镇成人教育中心校向社区教育中心转型。新增国家级实训基地3个、省示范性中等职业学校3所和一批社区教育实验区。重视学前教育和特殊教育。新建住宅小区按规定配置幼儿园和中小学校。加强对民工子弟学校的规范管理。支持在苏高校发展，提高市属高校办学水平。建成教育城域网，加快教育信息化步伐。扩大教育对外交流，促进教育国际融合。

推进文化创新和文化体制改革，发展文化事业和文化产业。完善文化遗产保护机制，注重发挥亚太世界遗产培训与研究中心(苏州)的作用，抓好非物质文化遗产保护国家级综合试点工作。开展文物、古典园林和非物质文化遗产普查，修缮古典园林和文物古迹，整理文化典籍，编纂新一轮苏州市志。支持文艺创作，生产更多优秀文化产品，培养、引进和推介德艺双馨的文化拔尖人才，增强苏州文化的影响力。推动公益文化服务进社区、进镇村、进学校、进企业，丰富群众文化生活。壮大文化创意、光存储、动漫制作等新兴产业，支持国家级动画产业基地和桃花坞传统工艺坊等文化企业发展。启动中国太湖文化论坛项目，打响"文化苏州"新品牌。办好苏州阅读节。做好作品版权登记工作。基本完成有线数字电视整体转换，农村有线电视实现户户通。建设苏州美术馆新馆、文化馆新馆，增设图书馆社区分馆，筹建苏州档案馆新馆，实施农村、社区基层文化馆站标准化改造，扩大村级"农家书屋"覆盖面。加强网络文化建设和管理，营造良好网络环境。

切实将社会主义核心价值体系融入国民教育和精神文明建设全过程，争创文明社区、文明行业、文明单位，力争苏州进入全国文明城市行列。针对不同群体进行文明素养、行为规范专项教育，推进新经济组织、新社会阶层精神文明建设。建成"文明服务栏"等一批公益广告载体，宣传苏州文明新形象。保护革命历史遗迹遗址，充分发挥教育功能。弘扬科学精神，普及科学知识，提高市民科学素养。坚持拥军优属、拥政爱民，开展新一轮全国双拥模范城创建活动，巩固军政军民团结。加强国防教育，做好国防动员和民兵预备役工作，支持国防和军队建设。继续实施妇女儿童发展规划，优化妇女儿童生存和发展环境。完善市妇女儿童活动中心功能，建设市青少年活动中心，建成市工人文化宫。

推动"法治苏州"、"平安苏州"建设，健全民主法制，促进社会和谐。深入开展法制宣传教育，弘扬法治精神，努力形成全社会自觉学法守法用法的良好风尚。发展律师业、公证业，扩大法律援助惠及面，拓展公益领域法律服务。健全以职工代表大会为基本形式的企事业单位民主管理制度，推进厂务公开。完善社区服务功能，创新社区管理体制，扩大基层群众自治范围，开展"新型示范社区"创建活动，把城乡社区建设成为管理有序、服务完善、文明祥和的社会生活共同体。保障少数民族合法权益，巩固和发展平等团结互助和谐的社会主义民族关系。全面贯彻党的宗教工作基本方针，发挥宗教界人士和信教群众在促进经济发展、社会和谐中的积极作用。加大社会矛盾纠纷大调解机制、社会治安大防控体系和基层基础建设力度，及时疏导和化解人民内部矛盾，有效防范和打击违法犯罪行为。高度警惕和坚决防范各种分裂、渗透、颠覆活动。在治安复杂场所增建社会治安监控点。重视青少年违法犯罪预防治理，做好社区矫正和刑释解教人员安置帮教工作。基本完成苏州监狱迁建工程。加强信访工作，规范信访秩序，拓宽社情民意反映渠道，积极预防和妥善处理群体性事件。建立外来人口服务与管理长效机制。严格实行安全生产责任制，全面建

设区域性重大危险源预警预报监控系统，完善应急管理体系，整治住宿与生产储存经营合用场所安全隐患，遏制重特大事故发生。加强自然灾害监测预警，提高防御和处置能力。

七、致力富民惠民，改善人民生活

实施积极的就业政策，支持自主创业、自谋职业，努力增加城乡居民收入。完善城乡公共就业服务体系，抓好统筹城乡就业试点，开发公益性就业岗位，90%的社区建成充分就业社区，70%的行政村建成充分就业村。完善就业援助制度，千方百计解决零就业家庭的就业困难。做好扩大失业保险基金支出范围试点工作，帮助失业人员实现再就业。建立覆盖城乡的职业技能培训网络，免费培训城乡劳动者25万人。在创业引导资金使用、小额担保贷款发放、创业培训服务等方面出台便民措施，为群众创业提供良好条件，市区建成10个市民创业孵化基地。探索建立企业工资保证金制度，扩大企业工资集体协商覆盖面，健全职工工资正常增长机制，适时提高企业工资指导线和最低工资标准。推行劳动合同、集体合同制度，实行劳动保障监察网格化管理，加强劳动争议调处仲裁工作，落实国家对农民工的政策，开展争创劳动关系和谐企业、和谐园区活动。建立重要生产生活资料储备金制度，发挥物价调节基金的作用，强化价格调控和监管，保障基本生活必需品、重点农副产品和重要生产资料的市场供给，控制居民消费价格总水平过快上涨，切实保障群众生活。

着眼民众之需，下更大力气解决民生问题。优化财政支出结构，加大财政对民生的投入力度，新增财力更多地向民生领域倾斜。健全覆盖城乡居民的社会保障体系，重点提高农民工、灵活就业人员、断保接续人员、征地保养人员、城乡非就业人员等群体的参保率和保障水平。完善企业养老保险制度，加快将农村企业职工纳入城镇企业职工社会养老保险体系。推动实施统一的社会医疗保障制度，保障全体社会成员的基本医疗需求。完善医疗救助制度，减轻参保人员负担。提高新型农村合作医疗保险水平，并逐步向居民基本医疗保险过渡。推进被征地农民基本生活保障向社会基本养老保险过渡。适时调整城乡居民最低生活保障标准，对无固定收入重度残疾人按低保标准给予救助。高度关注因病致贫、因灾致贫等困难家庭的生活状况，切实帮助他们解决实际问题。发展红十字人道救助事业，鼓励慈善捐助，做好社会救济救助、优抚安置等工作。加大民政设施、城市无障碍设施建设和管理力度，建设市残疾人康复中心。增设老年人活动场所，扩大居家养老范围，新增养老床位2000张，新建街道(镇)居家养老服务中心24个、社区(村)居家养老服务站530个。

发展医疗卫生事业，开展全民健身运动，加强人口和计划生育工作。全面实施基本卫生保健工程，优化卫生资源配置，建设城乡社区卫生服务中心，实现以镇、街道为单位的公立卫生服务机构全覆盖，为群众提供安全、有效、方便、价廉的医疗卫生服务。抓好疾病防控和妇幼保健，增强突发公共卫生事件应急处置能力。建好血液病、骨外科等临床医疗中心及重点学科专科，提高诊疗水平。实施市中医医院迁建工程，筹建公共医疗中心、肿瘤诊疗中心。继续为60~65周岁老年居民提供免费体检。推进农民健康工程，夯实农村卫生基础。全面实行社区居民常用药品政府补贴。抓好农村卫生综合改革试点，深化市属医院管办分离改革，鼓励社会资本举办护理院等医疗机构。持续开展医院管理年活动，加强医德医风建设。健全食品药品安全责任体系，保障群众基本用药，确保食品药品安全。完善计划生育利益导向机制，建立计划生育困难家庭特别扶助制度。开展城镇违法生育专项治理行动，构建非户籍人口计划生育管理服务新体系，稳定低生育水平。全面完成人口出生缺陷社会化干预工程三年目标任务，形成长效工作机制，提高出生人口素质。推动体育场馆向社会开放，提供优质公共体育服务，建设市体育运动学校新校。组织奥运火炬传递、迎奥运全民健身等活动。全力备战北京奥运会，办好市第十二届体育运动会。

积极提供住房保障，大力发展公共交通，努力改善群众居住和出行条件。鼓励开发中小户型普通商品住房，市区供应中低收入家庭住房1600套、廉租住房390套。市区完成100万平方米左右老住宅小区和200条左右街巷综合整治任务，解危修缮危旧住房11万平方米。扩大住房公积金制度覆盖面和受益面，全市新增缴存住房公积金人数17万人。规范物业管理，提高管理水平。建设公交换乘枢纽，优化公交线路，构建城乡一体的公交网络。市区新辟公交线路10条以上，增加尾气排放达到欧Ⅲ标准的公交车400辆，逐步淘汰欧Ⅱ标准以下公交车。推进公交专用道建设，开辟公交快线。加大财政补贴力度，市区月票使用范围扩大到市区全部公交线路。针对轨道交通等重点工程建设，加强交通组织和施工管理，努力减少对市民生活造成的不便。

八、强化勤政廉政，建设人民满意的政府

坚持依法行政，严格按照法定权限和程序行使权力、履行职责。创新政府立法方式，起草和制定一批经济社会发展急需的地方性法规、规章和规范性文件。健全规范性文件备案审查、考核和定期通报制度，确保备案率达到100%。落实行政执法评议考核和过错责任追究制，建立行政处罚自由裁量权基准制度，规范执法行为。针对群众关心、社会关注的重点领域开展专项整治和执法检查，做到严格执法、公正执法、文明执法。按照“定纷止争，案结事了”的要求，发挥行政复议作用，妥善解决行政争议。依法开展行政应诉，建立重大行政诉讼案件跟踪反馈制度。各级政府要自觉接受人民代表大会及其常务委员会的法律监督、工作监督，接受人民政协的民主监督，接受群众监督、舆论监督，认真办理人大议案、代表建议和政协提案；及时向人大报告重大事项，依法提请审议重大决定，主动开展民主协商，不断提高政府工作水平。

进一步转变政府职能，建设服务型政府。深化行政审批制度改革，规范行政许可行为，继续削减行政审批事项，简化审批程序，缩短审批时限，努力形成规范高效的审批运作机制、科学合理的审批管理机制、严密完善的审批监督机制。加强市行政服务中心建设，推动各部门整合行政许可职能，实现审批网络互联互通，改进联合审批方式。增强市便民服务中心功能，增加服务内容，创新服务手段，及时为群众排忧解难。抓好电子政务建设，运用信息技术提供政府在线服务。逐步建立政府购买公共服务制度。加强理论学习和业务培训，提高公务员的政治素质、业务水准、创新能力和工作水平。优化绩效考评机制和考核指标体系，确保各项工作落到实处、取得实效。推行政务公开，坚持群众举报制度，注重发挥特约监察员、行风监督员的作用，持之以恒地开展纳税人评议政风行风活动，提高政府部门和窗口行业的服务质量。

加强反腐倡廉，健全惩治和预防腐败体系。深入开展反腐败斗争，严肃查处违法违纪行为和严重损害群众利益的案件。更加注重治本，更加注重预防，更加注重制度建设，从源头上防治腐败。加大重点工程和重点领域的执法监察力度，规范建设工程招投标行为。加强医疗服务项目设置与合理用药管理，减轻群众医药费用负担。深化财政收支管理改革，对财政资金预算编制和执行情况进行全程监督。健全收费公示制度，治理各种不规范收费行为。创新政府采购方式，逐步推行计算机评标、网上开标。强化对政府公共性资金的审计监督，坚持做到重点公共工程竣工必审，抓好领导干部任期经济责任审计，探索环境、效益审计，拓展联网审计，完善审计结果公告制度。发扬艰苦奋斗的优良作风，厉行节约，反对浪费，勤俭办一切事业。全体政府工作人员特别是各级领导干部要牢牢记住人民是历史的创造者，牢牢记住国家一切权力属于人民，牢牢记住全心全意为人民服务的根本宗旨，真诚倾听群众呼声，真实反映群众愿望，真情关心群众疾苦，千方百计为群众多做好事、多办实事，想方设法让群众共享改革发展成果，竭尽所能让群众的正当权益得到维护、合理需求得到满足、美好愿望得到实现。

各位代表，新的形势催人奋进，新的征程任重道远。让我们紧密团结在以胡锦涛同志为总书记的党中央周围，高举中国特色社会主义伟大旗帜，全面贯彻落实科学发展观，在中共苏州市委领导下，群策群力，扎实工作，为率先基本实现现代化、让全市人民过上更加幸福美好的生活而不懈努力！

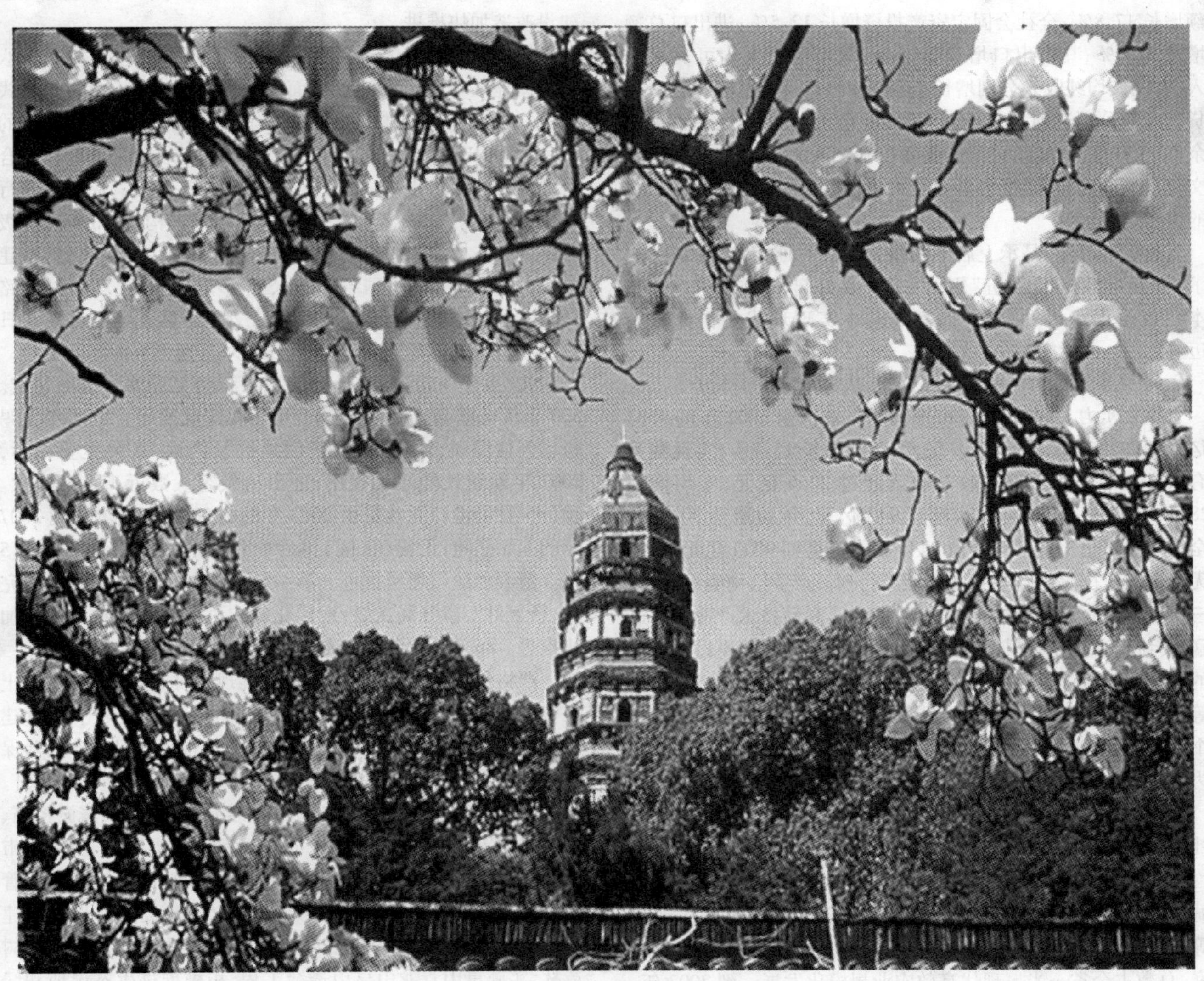

苏州虎丘

政府工作报告

无锡人民政府市长　毛小平

(2008年1月8日)

过去五年政府工作的回顾

刚刚过去的2007年,是无锡历史上重要而特殊的一年。市政府坚持以邓小平理论和"三个代表"重要思想为指导,牢固树立和落实科学发展观,在中共无锡市委领导下,紧紧依靠全市人民,胜利完成了市十三届人大五次会议确定的各项目标任务。预计,实现地区生产总值3858亿元,同比增长15.3%;财政总收入706.9亿元,同口径增长37.4%,其中一般预算收入300.6亿元,同口径增长36.1%;社会消费品零售总额增长17.8%;全社会固定资产投资增长12.5%;进出口总额增长27.6%,其中出口增长30.6%;城市居民人均可支配收入、农民人均纯收入分别增长13.8%和11%;金融机构各项存贷款余额分别达到4411亿元和3246亿元,其中居民储蓄存款余额1730亿元;城镇登记失业率控制在3.3%以内;国家历史文化名城创建成功,社会事业全面发展,各项工作都取得了新的进步。

过去的五年,是承上启下的重要发展时期,我市胜利完成了"十五"计划,"十一五"规划实现了良好起步,在全省率先基本建成全面小康社会,并向率先基本实现现代化目标顺利迈进。

(一)经济结构调整成效显著,区域竞争力全面提升

综合实力大幅增强:全市地区生产总值由2002年的1534亿元提高到2007年的3858亿元,年均增长15.7%,实现翻番有余。五年累计实现财政总收入超过2266亿元,年均增长28.6%,其中一般预算收入超过942亿元,年均增长30.6%。全市规模以上工业总产值由2445亿元提高到9000亿元左右。无锡进入全国综合竞争力十强城市行列。产业结构明显优化。三次产业比重调整为1.4:58.5:40.1。高新技术产业发展迅猛,传统产业加快提升。高新技术产业增加值占规模以上工业的比重由26%提高到38.2%左右。集成电路、液晶显示、光伏等优势产业集群逐步发展壮大。五年新增中国名牌产品30个,中国驰名商标16件,国家免检产品65个,阳光精纺呢绒成为全省首个中国世界名牌,无锡跻身中国品牌经济城市行列。

新兴服务业和公共服务业发展迅速,服务经济比重提升。社会消费品零售总额由543.6亿元提高到1130亿元左右,人均消费水平居全国城市前茅。旅游业综合实力进入全国十强城市行列。国际招商城、新世界国际纺织服装城、红星美凯龙等一批大型现代化市场蓬勃发展,全市百亿元市场增加到7家,总数占全省一半。现代高效农业规模化发展。到2007年,全市高效农业面积累计突破5万公顷,占全市耕地面积的38%。"一村一品、一村一企"发展战略加快推进,农业品牌建设成果丰硕,省级以上名牌农产品增加到25个,建成国家级农业标准化示范区1个,阳山水蜜桃获中国名牌农产品称号,隆元大米被评为中国名牌产品。节能减排强力推进。综合运用结构调整、源头控制、能源计量和末端治理等多种措施,推广清洁生产,发展循环经济,严格落实重点地区、重点行业、重点企业能耗管理和污染治理措施。预计2007年,万元规模以上工业增加值能耗下降6%;主要污染物化学需氧量和二氧化硫排放总量有望实现在2005年基础上削减8%的目标。

(二)城市化水平稳步攀升,城乡面貌焕然一新

功能布局调整优化。强化规划龙头作用,城市总体规划、控制性详细规划及其他专项规划修编完成,以总体规划为核心的规划体系基本建立,城乡规划实现全覆盖。城市发展空间拓展,太湖新城、江阴临港新城、宜兴环科新城和城市重点片区建设改造加快推进。

蠡湖新城突出休闲区功能定位,沿湖36公里岸线及十八湾沿湖地区环境综合整治全面完成,建成全省最大的开放式景区,成为山水城市核心标志。全市城市化水平由2002年的59.1%提升到2007年的67.3%。基础设施更加完善。以综合交通体系建设为重点,全面拉开城市框架,两轮"城市建设行动纲要"圆满完成。市区快速路网系统基本构成,市域高等级公路网初步成型,高速公路密度居全省前列。五年来,新拓建高速公路200公里、国省干线公路292公里,新建农村道路1550公里,市区累计建成城市道路205公里。全市自来水日供应能力超过220万吨,市区长江引水一期工程即将完工。

按"百年一遇"标准设防的城市防洪工程体系全面建成。500千伏梅里、惠泉等重点输变电工程建成投运。2004年无锡机场开通民航,通航香港、澳门地区及内地20个主要城市,2007年新航站楼竣工投用,进出港旅客人数近136万人次。预计全社会港口吞吐量由2002年的2000多万吨增长到2007年的1.5亿吨,无锡(江阴)港吞吐量跃居长江沿线港口第5位。新农村建设加速推进。第一轮农村五件实事工程全面完成,新五件实事开局良好,现代化新农村建设八项重点工作加快推进。86.4%的乡镇建成了省级以上环境优美乡镇。

严格保护基本农田,建设用地实现占补平衡,五年全市土地整理面积累计1.8万公顷。节约集约用地成效突出,累计建成多层标准厂房1500万平方米。全市被征地农民基本生活保障和新型农村合作医疗基本实现全覆盖。环境质量稳步提升。把太湖综合整治作为重中之重,大力实施截污调水、清淤控藻、生态修复等工程,水功能区水质达标率逐步提高。五年来,市区污水日处理能力由近31万吨增加到近80万吨,铺设污水管网2100公里,预计城镇污水处理率由56.6%提高到84%。建成2座日处理能力1000吨的生活垃圾焚烧发电厂。大力植树造林,实施惠山青龙山显山透绿工程,积极推进生态湿地和绿色景观建设。五年累计绿化造林3.3万公顷,新增城市绿地3697万平方米。

2007年,全市森林覆盖率达到20.5%,空气良好天数占比达到93%,环境质量综合指数82。全市已建成国家卫生城市、国家园林城市和国家环保模范城市群,江阴成为全国首批生态市。

(三)开放型经济,快速增长,全方位开放格局趋于完善

外向经济集聚效应凸显。大力引进培育先进产业集群,五年累计到位注,册外资近135亿美元,新批各类外资独立研发中心15个,新增世界五百强企业投资项目51个。海力士大规模集成电路项目成为迄今全省最大的外商独资项目,博世、柯尼卡、美能达等一批重大项目建成达产。新区建成全国高新技术标准化示范园区,无锡工业设计园被批准为全国唯一的国家级工业设计园,无锡软件园建成国家火炬计划软件产业基地。对外贸易持续增长,外贸结构不断优化。

2007年,预计进出口总额达到500亿美元,比2002年增长4.1倍;其中出口总额280亿美元,增长5.4倍。创立国家级出口品牌6个,列全省第一。无锡成为国家科技兴贸创新基地。开放发展层次提升。

服务业开放取得突破,日本瑞穗银行、三菱东京日联银行、沃尔玛购物广场等落户无锡。服务外包发展势头强劲,日本电气、中科院软件研究所、软通动力等成功引进,"中国服务外包示范区——无锡太湖保护区"得到国家四部委联合认定。预计2007年全市服务外包业务总额5亿美元。新批境外投资项目数连续五年保持全省第一,柬埔寨太湖国际经济合作区成为全国首批境外工业园,开发建设取得阶段性成果。城市国际影响扩大。密切与世界各地的经贸、文化交流,与无锡缔结友好关系的城市增加到20个。精心组织太湖博览会、国际工业设计博览会、徐霞客国际旅游节等重大会展活动,积极塑造城市品牌。无锡荣获中国经济活力城市、福布斯内地最佳商业城市等荣誉。

(四)改革创新取得重大突破,发展活力明显增强

自主创新能力有效提升。把握应用技术自主研发和先进技术自主应用两大重点,加快建设国际先进制造技术中心和区域性创意设计中心,成为全省唯一的国家火炬创新试验城市和国家技术标准试点城市。全面加强产学研合作,大力实施领军型创业人才引进计划,狠抓科技创新型企业培育和科技创业型企业孵化。尚德电力进入世界光伏产业前三强,法尔胜集团被列为国家级创新型企业试点。至2007年,省级以上高新技术企业累计突破1000家,其中国家级高新技术企业97家。全社会研发费用占地区生产总值比重由2002年的0.92%提高到2007年的2%左右。经济体制改革不断深化。全面落实国有企事业单位改革任务,五年累计完成一级企业改革改制599家,完成自收自支经营性事业单位改革改制367家,理顺职工劳动关系近27万人。国有资产监管体制及运行机制逐步完善。村级集体经济股份合作制和社区股份合作社改革全面推开。落实民营企业百强计划,实施"小巨人"工程和"金摇篮"工程。2007年,预计民营经济增加值占地区生产总值比重达58.5%,比2002年提高34.7个百分点。积极引导企业开展资本经营,五年新增上市公司27家,上市公司总数达45家,上市公司数量和募集资金量连续多年在全国地级市中居于首位。行政体制改革加速推进。全面实施行政许可制度改革,五年累计削减行政审批事项66%。完善财政管理体制,建立政府购买服务机制,加大对公共服务的保障力度。积极创新社会事业管理体制,推行管办分离改革,社会事业发展机制进一步健全。

(五)惠民政策有效落实,人民生活持续改善

居民收入稳步提高。推进城乡统筹就业,鼓励群众自主创业,五年累计新增城镇就业63.635人,帮助下岗失业人员再就业27.8万人,促进本地农村劳动力实现就业20.5万人。完善企业职工工资增长机制和欠薪清理机制,企业工资集体协商制覆盖面达85.6%。预计,城市居民人均可支配收入和农民人均纯收入分别由2002年的9988元和5860元提高到2007年的20700元和9860元,年均增长15.7%和11%。社会保障逐步健全。以扩大社会保障覆盖面、加强农村保障制度建设和维护困难群体利益为着力点,基本形成覆盖城乡各类群体的多层次养老、医疗等社会保障制度框架。以公共财政转移支付为特征,施行新型农民基本养老保险制度、城镇无保障老人养老补贴办法和城镇无医疗保障少年儿童、老年居民及其他非从业人员医疗保险制度。目前,城镇社会保险综合参保率达98.1%,农村养老保险综合参保率达87.5%。市区企业退休人员月人均养老金水平由2002年的688元提高到2007年的1197元。城乡低保实现应保尽保,慈善救助覆盖面不断扩大。

实事项目惠及市民。坚持每年办好一批市民普遍关心、群众受益面广的实事项目,切实改善市民生活条件。五年来,经济适用房交付使用237万平方米,农民拆迁安置房建成3500万平方米,符合廉租房政策家庭实现全覆盖。市区改造背街小巷355条,整治老新村312万平方米,市区公交线路扩展到128条,农公班线公交化改造全面完成,镇镇通公交目标顺利实现,70岁以上老人免费乘坐城市公交。

(六)社会事业统筹发展,城乡文明程度日益提高

公共服务不断完善。加大社会事业投入,五年政府性投入累计达160亿元左右。社会发展综合指数自2003年以来一直位居全省首位。市体育中心、急救中心、疾控中心、老干部活动中心、妇女儿童活动中心及江南大学新校区等全面建成。强化教育资源整合,各类教育协调发展。义务教育阶段免收学杂费、残疾儿童免费入学、进城务工人员子女接受义务教育政策全面落实。五年新增高等院校4所。医疗卫生服务网络进一步健全,市人民医院整合投用,全市社区卫生服务机构实现全覆盖。全民健身服务体系基本建立,竞技体育水平有新的提高,江阴、宜兴、锡山建成全省体育强市(区)。

计划生育奖扶政策全面落实。低生育水平保持稳定,人口素质有所改善。社会管理全面加强。改革城市管理体制,深化相对集中行政处罚权改革,深入开展市容环境专项治理,城管创优考核持续位居全省前列。社区基础建设加强,社区服务和管理功能增强。依法治市全面推进,平安创建深入开展,荣获全省社会综合治理先进市和首批社会治安安全市称号。严格安全生产监管,事故起数和死亡人数连续五年下降。整顿和规范市场经济秩序,食品、药品等重点行业稳定有序。建立健全应急管理工作体系,成功应对了非典、禽流感等突发事件。尤其是在处置去年市区部分地区供水危机中,我们把确保群众饮用水安全作为首要目标,围绕改善水源地水质、制水技术攻关、维护社会稳定三大重点,落实一系列应急机制和长效治理措施,在全市上下的共同努力下,用最短的时间恢复了正常供水。

文化建设成果显著。弘扬"尚德务实、和谐奋进,"城市精神,以文化力提升城市竞争力。传承优秀历史文化,发展现代先进文化,繁荣艺术精品创作,完善公共文化服务体系。舞剧《红河谷》囊括国家舞台艺术所有最高奖项,锡剧《江南雨》荣获第十届中国戏剧节最高奖——优秀剧目奖。创建全国双拥模范城实现五连冠。审计、统计、农机、史志、档案、侨务、信访、

接待、对台、人武、人防、民族宗教、气象、新闻出版、防震减灾、无线电管理等工作取得新成绩,妇女、儿童、老龄、残疾人等事业有了新发展。

过去五年中,我们始终坚持以科学发展观为统领,努力把握经济社会发展的阶段性特征和规律性要求,强调工作的连续性、开拓性和操作性,顺势而为,乘势而上,保持了又好又快发展势头。回顾丰富生动的发展实践,有以下体会:

——*牢牢把握"两个率先"奋斗目标,建设全面小康社会。*实现"两个率先"不仅是全市人民团结奋斗的总目标,也是提升无锡发展水平的内在需要。围绕科学发展、和谐发展总要求,我们坚持以经济建设为中心,同时不失时机地加快社会事业发展步伐,更加注重.统筹协调,更加注重社会和谐,顺利实现了第一个"率先",为第二个"率先"打下了良好的基础。

——*牢牢把握结构调整工作主线,推进产业现代化进程。*步人工业化中后期,加快转变粗放型增长方式,推进产业升级和结构优化,是无锡面临的重大战略任务。我们坚持先进制造业和现代服务业双轮驱动战略,突出高新技术产业和高端服务业主攻方向,大力引进培育,积极嫁接改造,狠抓结构转型,全面促进工业由大变强、服务业能级提升,推动经济大市向经济强市跨越。

——*牢牢把握城乡一体发展导向,实现区域共同进步。*无锡城乡发展水平落差不大,具备统筹发展的基础和条件。我们以城乡规划全覆盖为先导,围绕"七区一体、一体两翼"格局,以城乡布局完善为切入、以基础设施建设为突破、以城市功能提升为重点,大力推进区域城市化进程,中心城市辐射带动作用明显增强,农村综合发展水平明显提升,城乡公共服务差距明显缩小。

——*牢牢把握环保优先科学理念,增强可持续发展基础。*在无锡这样一个资源匮乏、人口密集的地区加快工业化、城市化进程,面临的首要制约是环境的容量、生态的底限。我们贯彻环保优先方针,积极强化环保调控作用,全力落实节能减排措施,破解环境资源瓶颈制约,实现环境质量的逐步改善和提高,努力走上生产发展、生态良好、生活富裕的可持续发展之路。

——*牢牢把握以人为本核心要求,提高群众生活水平。*科学发展的核心是以人为本,发展的根本目的和最终归宿是富裕群众、造福人民。我们努力提高发展的普惠性,把扩大社会就业、提高居民收入、完善社会保障、加强公共服务、强化社会管理作为构建和谐社会的着力点,大力提高社会建设水平,力求让更多人共享改革发展成果,让全体市民过上更加幸福安康的生活。

——*牢牢把握为人民服务根本宗旨,建设服务型政府。*繁重而艰巨的现代化建设任务,要求政府始终保持改革创新、锐意进取的精神,始终保持廉洁高效、求真务实的作风。按照建设人民满意政府的总要求,市政府坚持严格执行法律法规,认真贯彻市人大议案决议,全面加强行政能力建设,规范从政行为,提高行政效能,努力为无锡的发展恪尽职守,尽心尽力。

五年征程,五年奋斗,无锡在科学发展的轨道上取得了新的进步与成就。这五年,是无锡改革开放和现代化建设取得重要进展的五年,是我市综合实力大幅提升和市民得到更多实惠的五年,是城市地位和影响力进一步提高的五年。五年的成就,是中央和省正确领导的结果,是全市人民共同奋斗的结果。这里,我代表无锡市人民政府向全市人民及在锡创业务工人员,表示崇高的敬意!向各民主党派、工商联、各人民团体和其他各界人士,向部省在锡单位、驻锡部队和公安干警,表示衷心的感谢!向市内外一切关心与支持无锡改革开放和现代化建设的同志们、朋友们,表示诚挚的谢意!

回顾五年发展,我们也清醒地看到,目前我市经济社会发展中还存在一些突出的矛盾和问题:高新技术产业、服务业特别是生产性服务业发展不充分、不成熟,企业自主创新能力整体不强,经济结构现状滞后于发展阶段要求的矛盾较为明显;城镇体系还不完善,中心城市服务功能偏弱,城市规划、建设与管理面临许多新的课题;环境污染的危害仍较突出,节能减排任务繁重,环境保护特别是太湖治理将是一项长期而艰巨的系统工程;城乡居民收入差距有所扩大,区域发展不平衡依然明显,消除城乡制度差异任重道远;文化教育、医疗卫生等社会事业发展还不能满足群众的需求,住房保障、交通出行等仍是百姓关心的热点问题;社会治安、安全生产面临新的挑战,因利益调整而引发的社会矛盾时有显现,维护社会稳定的任务仍较繁重。同时,政府职能转变和作风建设仍有待进一步深化。

这些问题,有的是长期积累下来的,有的是体制转轨和结构调整中难以避免的,有的是工作中的缺点和不足造成的,需要我们在今后工作中加以深入研究和切实解决。

今后五年的奋斗目标

今后五年是无锡由重点发展向优化发展转型、全面小康向基本现代化跨越的重要时期。我们必须顺应全市人民过上更加美好生活的新期待,正确把握新阶段新特征,深刻认识面临的新矛盾新挑战,走出一条体现时代特征、符合市情特点的优化发展之路,率先攀登基本现代化新高峰。

今后五年,政府工作的指导思想是:全面贯彻党的十七大精神,高举中国特色社会主义伟大旗帜,以邓小平理论、"三个代表"重要思想和科学发展观为指导。紧紧围绕"一当好三争创"目标,始终坚持"富民优先、科教优先、环保优先、节约优先"和"市场导向、创新导向、规划导向、法治导向"方针,全面加强经济、政治、文化、社会建设,确保经济社会全面协调可持续发展。

今后五年,政府工作的总体要求是:突出转变发展方式、推进城乡一体发展、建设和谐社会三大主题,加快建设"五中心",努力打造"五名城",继续保持经济社会发展的良好态势,在全省率先基本实现现代化,努力建成经济繁荣、生活富裕、生态良好、法制健全、社会文明的新无锡。

——*综合实力明显提升。*产业结构更加优化,体制机制更加规范,创新创业环境更加优越,开放水平更加提升。城市综合竞争力继续位居全国城市前列,社会发展指数保持省内领先地位。到2012年,人均地区生产总值达到10万元左右,服务业增加值占地区生产总值比重提高到48%左右,高新技术产业增加值占规模以上工业比重提高到48%左右,全社会研发费用占地区生产总值比重达到2.7%左右。

——*生态环境显著改善。*资源节约型和环境友好型社会建设取得突破性进展,主要污染物排放得到有效控制,基本形成节约能源资源和保护生态环境的产业结构、增长方式、消费模式,建成国家生态城市、生态园林城市、最佳人居环境城市。到2012年,万元地区生产总值能耗下降到0.7吨标准煤左右,环境质量综合指数稳定在90以上。

——城乡区域协调发展。城镇空间布局更趋合理,区域城市发展格局基本形成。基础设施体系较为完备,城市管理机制和网络进一步健全,中心城市综合功能显著提升。现代化新农村建设取得重大进展。到2012年,城市化水平达到80%左右。

——公共服务全面加强。社会事业发展水平进一步提升,全民受教育程度和创新人才培养水平明显提高,人人享有公共卫生和基本医疗服务,公共文化服务体系和国民体质监测网络覆盖全社会。精神文明和民主法制建设全面加强,市民综合素质进一步提高。社会管理体系更加健全,法治政府建设取得新的成效。人民权益和社会公平正义得到更好保障。

——人民生活殷实宽裕。社会就业更加充分,合理有序的收入分配格局基本形成。城乡统筹的社会保险、社会救助、社会福利制度更加完备,人人享有基本生活保障。多层次住房保障体系得到完善。城市居民人均可支配收入和农民人均纯收入年均增长10%以上。

为实现上述奋斗目标,在工作中要遵循以下基本原则:

一是更加重视优化发展,进一步提升发展的整体水平。实现重点发展向优化发展全面转型,是新五年发展的根本要求。要优化产业结构,促进制造业向高端延伸,推动服务业在高端突破,全面提升产业层次;优化生态环境,落实环保先导发展的体制机制,加快建设生态文明;优化城市功能,加快构建现代城镇体系,凸显区域城市格局;优化人文素质,培育多元共生、和而不同的开放文化,增强城市的凝聚力和影响力。

二是更加重视创新发展,进一步提升城市的核心竞争能力。创新是发展进步的灵魂。要完善市场经济体制,从制度上更好地发挥市场在资源配置中的基础性作用,加快形成统一开放的现代市场体系;强化自主创新,加快完善以企业为主体、需求为导向、产学研紧密结合的技术创新体系,全面提升企业素质,促进全社会科技资源高效配置、综合集成;改革行政管理体制,转变政府职能,健全政府职责体系,强化社会管理与公共服务。

三是更加重视统筹发展,进一步提升发展的协调性。推动经济社会更好更大发展,需要处理好各个方面、各个层次的关系。要坚持好字优先方针,总揽全局,科学规划,努力实现速度质量效益相协调,消费投资出口相协调,一二三次产业相协调,人口资源环境相协调,三级城镇体系相协调,改革发展稳定相协调,逐步形成统筹发展的长效机制。

四是更加重视和谐发展,进一步提升全体市民的幸福指数。社会和谐是中国特色社会主义本质属性。要通过发展增加社会物质财富,着力解决群众切身利益问题,努力为市民提供均等化的公共服务、共享化的社会保障和生态化的人居环境,保障市民直接行使民主权利,保障社会公平正义,形成全体市民各尽其能而又和谐相处的局面,创造惠及全体市民的美好生活。

2008年政府工作的主要任务

今年是新一届政府履职的第一年,也是全面贯彻落实党的十七大精神的第一年。从经济发展水平和产业综合素质来看,我市总体上已进入工业化后期阶段,面临的发展任务、发展形势和发展环境都有了新的变化。多年改革发展积累了较为雄厚的物质技术基础,我市产业能力、基础设施、体制机制等构成的比较优势依然明显,初步构筑了实现经济社会跨越式发展的较高平台。国际产业结构调整和产业转移纵深推进,为我们加快发展、转型提升提供了良好的机遇。同时也要看到,宏观经济由偏快转向过热的势头尚未缓解。中央着眼于保持经济平稳较快发展势头,进一步实施紧缩性的宏观调控政策,严格控制货币信贷总量和投放节奏,严格控制新开工项目,强化节能减排约束力,给我们推进转型发展创造了机遇,也带来了挑战和压力。国际能源、资源价格大幅上涨,贸易保护、汇率变动等情况复杂交织,无锡经济平稳增长面临的不确定因素增多。我们要全面科学分析形势,善于审时度势,增强机遇意识,坚定发展信念,进一步提高工作的预见性和主动性。

综合考虑各方面的因素,今年经济社会发展主要调控指标为:

在优化结构、提高效益、降低消耗、保护环境的基础上,地区生产总值同比增长13%以上;万元地区生产总值能耗降低4.5%;主要污染物排放量在2005年基础上累计削减12%;环境质量综合指数稳定达到82以上;地方财政一般预算收入同口径增长15%以上;城市居民人均可支配收入增长13%;农民人均纯收入增长10%;城镇登记失业率控制在3.5%左右。

(一)实施创新战略,构筑现代产业体系

产业结构决定发展水平和城市综合竞争力。要加快经济结构战略性调整,促进产业优化升级,促进区域生产力合理布局,积极构建可持续发展的现代产业体系。建设创新型城市。坚持一手抓高新技术企业发展壮大,一手抓科技创新企业培育孵化,努力使企业在自主创新中成为投资主体、研发主体和应用主体。强化政府科技投入,加快公共服务平台建设,健全政产学研紧密结合的区域创新体系,推动创新成果与市场和资本加速对接。继续实施海外领军型创业人才引进"530计划",落实各项优惠政策。全社会研发费用占地区生产总值比重达到2.1%。培育优势产业。立足于雄厚的工业基础,大力推进信息化与工业化融合,促进电子信息、机械装备等主导产业向高端延伸,促进与之密切相关的生产性服务业专业化、规模化发展。大力培育集成电路、光伏、软件、动漫等高新技术产业和高端服务业,力争在创意设计、信息咨询、金融保险、现代物流等领域形成特色优势。以休闲名城建设为统领,加快旅游、商贸等相关产业的联动发展,努力提高城市生活环境品质。提升企业素质。着力优化企业发展环境,切实提高企业人员素质,大力推广卓越绩效管理,有效推动企业履行社会责任。全面实施质量和知识产权立市方针,推进品牌战略、商标战略和标准化建设。发展规模经济,培育一批主业突出、核心竞争力强的大企业大集团。改善内需结构。坚持扩大内需方针,着力提高投资效益,着力使消费逐步成为经济增长的持久动力。力争社会消费品零售总额增长16%,全社会固定资产投资增长14%。优化投资结构,引导扩大服务业和基础设施投入,增加技术改造和技术设备投入。努力创新服务业态,积极引进国际服务品牌,进一步提升市场建设水平,大力发展连锁经营,有效改善集贸市场环境。规范市场经济秩序,强化粮油、肉类等生活必需品市场保供措施,完善食品质量安全监管。居民消费价格指数控制在国家及省调控目标之内。

(二)着眼城乡一体,加快区域城市化进程

走区域城市化发展之路,是无锡城市化和城市现代化发展的目标取向。要进一步深化城乡规划体系,加快建设开放共享、配套完善的城乡基础设施,扩大中心城市辐射带动半径。

统筹城乡布局。

按照最适规模、最适密度、最适分工的思路,加快构建布局合理、功能清晰的现代城镇体系。严格落实城乡规划全覆盖,深化生态环境、历史文化遗产和传统风貌保护规划,完善城乡市政基础设施及公共服务设施规划。坚持旧城改造与新城开发相结合,集中力量建设太湖新城、锡东新城等五大新城,进一步提升城市重点片区功能。

推进城市现代化建设。围绕"建设东西通道、连接新老城区、形成快速路网"目标,全面启动第三轮"城市建设行动纲要",新拓建人民路、永乐路、红星路、吴越路等城市道路。着力培育苏南国际航空港,积极实施高速铁路和城际铁路无锡站及配套项目,推进会议中心、会展中心、文化艺术中心等工程建设。加强供水、电力、燃气、信息、停车场等公共设施建设力度。按三级航道标准,全面实施苏南运河无锡段升级整治工程。全力推进长江引水工程,确保一期供水工程4月底前建成投运,并开工建设二期工程,保障生活、生产用水安全。加大国家历史文化名城保护力度,加强非物质文化遗产保护,实施惠山、清名桥等历史街区保护与开发,加快阖闾城遗址考古发掘和鸿山遗址公园建设。建立健全城市管理网络,加强城管队伍建设,全面实行属地管理责任制。有效协调日常管理和行政执法工作,加快推进数字城管建设,实现城市管理常态化、长效化。加快农村发展。以农业增效、农民增收为目标,推进现代农业综合创新试点,积极探索苏南现代高效农业发展之路。强化土地集约利用和计划管理,合理安排建设用地,积极开展大规模土地整理。加快农村"三集中"工程,大力开展以治乱、治脏、治污为重点的农村环境综合治理,再现江南水乡秀丽景色。

(三)深化改革开放,激发全社会创业动力

新时期最鲜明的特点是改革开放。要以解放思想为先导,进一步深化综合配套改革,全面提高对外开放水平和城市国际化程度,建立健全促进科学发展、和谐发展的体制机制保障。激发对外开放带动力。加快开放型经济转型升级,建设好国家服务外包示范区,大力吸引海内外研发机构聚集,加速壮大优势产业集群,实现利用外资向产业链高端环节攀升。以培育龙头企业为关键,重点落实"123"计划,大力发展软件及服务外包产业。加强与世界知名认证机构合作,推动服务外包企业开展国际资质认证。加快培育自主出口品牌,扩大高新技术产品出口份额。力争进出口总额增长13%。鼓励有条件的企业继续兴建各类境外企业和特色园区。继续结交一批国际友城,加强对外交往与合作,加快教育、卫生、体育等社会事业开放步伐。激发民营经济爆发力。进一步放宽市场准入,大力营造鼓励创业、支持创业的社会氛围,放手发展民营经济。强化创业服务中心功能,完善流程服务和辅导培训,建立健全会计、公证、融资等中介服务组织。充分发挥创业风险投资基金作用,重点投向处于种子期和起步期的创业企业,大力扶持中小型成长企业。加快培育民间投资市场,积极引导民间资本参与基础设施和社会公共设施建设。激发体制机制原动力。把发展壮大股份制和混合所有制经济放到更加突出的位置,促进多元资本相互融合,增强微观经济发展动力。优化国有经济布局和结构,完善国有资产监督管理体制和运行机制,建立健全国有企业法人治理结构。扩大金融开放,整合金融资源,提高金融市场活力、金融服务水平和抗风险能力,努力建设金融强市。加快多层次融资体系建设,推动各类企业上市融资,进一步壮大"无锡板块"。

(四)打造强势环保,推进生态文明建设

生态是发展的基础。要切实把环境保护放到经济社会发展的先导位置,突出源头控制、过程控制、全程控制,促进环境质量持续改善。狠抓节能减排。积极扶持生态型、节能型产业优先发展,严格限制并坚决淘汰环境资源依赖程度大、生产工艺落后的企业,完成"三高两低"和"新五小"企业整治任务,持续打好节能减排攻坚战。万元规模以上工业增加值能耗降低5%。建立环境污染赔偿和资源利用奖惩机制,实行主要污染物总量削减保证金和环境资源区域补偿制度。加速构建循环经济体系,依法实施清洁生产审核。强化环境治理。进一步提高污水处理能力,严格执行太湖地区城镇污水处理厂及重点工业行业主要水污染物排放标准,确保实现太湖治理规划确定的治理目标。强化污水接管措施;切实保证城镇生活污水集中入网。城镇生活污水集中处理率达到85%。狠抓重点污染企业治理,全面完成排污口整治。完善"河长制"管理,确保断面水质达标。

切实加强面源污染整治,严格落实保护区种植、养殖限制规定。加快创建国家节水型城市,普及推广节水器具,实施污水再生利用工程。全面治理机动车尾气,积极控制城市扬尘,扩大烟尘控制区覆盖范围,加快城市清洁能源区建设。严格噪声控制和管理,建设宁静城市。加快城乡生活垃圾收集体系建设,形成以焚烧为主的处理方式。完成桃花山垃圾填埋场扩建一期工程和渗滤液预处理工程,开工建设日处理能力两千吨的锡东生活垃圾焚烧发电厂。加强固体废弃物回收利用,推进资源化循环。加大环境监测、监控力度,完善环境应急机制。建设绿色家园。改善和加强太湖、长江和横山水库等饮用水源地保护措施,全面推进太湖一级保护区生态防护林、湖滨生态湿地、水生植物示范工程建设,加快退耕还湖、还林、还湿地,改善水域自然生态环境。加大森林保护和城乡绿化建设力度,积极开展绿色村镇、绿色家园、绿色单位创建,加强太湖风景名胜区保护和管理,提升环境整体水平和景观质量。全年完成造林绿化6700公顷,森林覆盖率达到22%,新增城市绿地600万平方米。

(五)加强社会建设,推动社会全面进步

完善公共服务、改进社会管理,是构建和谐社会的客观要求。

要进一步加大社会事业投入力度,健全社会管理体制机制,最大限度减少不和谐因素。建设教育强市。确保政府对教育的投入,全面实施素质教育,重视学前教育,关心特殊教育,促进教育公平。深化职业教育改革,推进产学合作和实训基地建设。继续扩大高等教育规模,发展远程教育和继续教育,建设全民学习、终身学习的学习型社会。提高全民健康水平。坚持公共医疗卫生的公益性质,强化政府责任和投入,实现医疗卫生事业大发展。健全基本医疗卫生服务网络,推进医疗卫生资源整合,加快发展城乡社区卫生服务,高标准建设社区卫生服务中心,实行低成本收费,方便群众就医,减轻就医负担。施行基本药物制度,提升食品药品质量安全水平。

加强疾病预防控制,加快公共卫生应急体系建设。推进国家级全民健身基地及何振梁与奥林匹克陈列馆建设,率先建设体育强市。提升城市文明素质。繁荣哲学社会科学,积极发展文学艺术、新闻出版、广播电视事业,加强网络文化建设与管理。完善公共文化设施，加快建设无锡博物院新馆、中国乡镇企业博物馆等工程。推动文化资源向文化资本转化，加快培育富有竞争力的文化产业。深入开展群众性精神文明创建，大力普及科学知识和法律知识，建立健全社会诚信体系。大力实施人才强市战略，全面提升人口素质。加强国防后备力量建设和双拥工作。承办好第二届世界佛教论坛。强化基层基础建设。深化村民自治和居民自治工作，进一步理顺基层社会管理体制，全面推进社区事务工作站建设，确保基层管理必需的人员和经费投入。加强城乡社区公共服务设施建设，完善社区功能，拓宽与群众生活密切相关的服务内容，推进城乡社区基本公共服务均衡化。

（六）着力改善民生，提高群众生活质量

改善民生是和谐社会建设的重点，也是政府工作的出发点和落脚点。要以解决人民群众切身利益问题为重点，切实做到以民为本，以民为先，惠民为重。发展和谐劳动关系。深入实施积极的就业政策，建立健全公共就业服务体系，进一步完善面向所有困难群体的就业援助制度。完善收入分配制度，创造条件让更多群众拥有财产性收入。严格执行最低工资标准，加强劳动保障监察执法，维护劳动者权益。力争实现城镇新增就业10万人，在岗职工平均工资增长13%以上。继续增加企业退休人员养老金。完善社会保障制度。以基本养老、基本医疗、最低生活保障为重点，加快完善社会保障体系。继续推进社会保险扩面，加大对参保人数、缴费基数的监察执法和稽核力度。确保企业养老保险扩面12万人，基本医疗、失业、工伤、生育等保险均扩面5万人以上。加快构建覆盖城乡的新型社会救助体系，推动社会救助逐步向普惠型的社会福利过渡。完善临时救助制度，提高对困难群众的及时保障能力。积极发展老龄事业，逐步实现高龄、贫困老人无障碍进入养老机构安度晚年。大力发展慈善事业，引导社会各界参与慈善活动。改善市民生活条件。全力为民办好十件实事。建立多层次住房保障体系，将廉租房保障对象扩大到城市低收入住房困难家庭，加快经济适用房和拆迁安置房建设，多渠道解决困难群众住房保障问题。着力推进城区危旧房、城中村和老新村改造整治。加强房地产市场调控，维护和促进房地产市场持续健康发展。围绕“公交优先、企业优秀、服务优质”目标，加大公共财政投入力度，落实公交发展规划，加快基础设施建设，加强运行监管，提高公交服务水平。维护社会安定有序。建立健全应急管理体系，提高对突发公共事件的预警和处置能力。拓宽和畅通社情民意表达渠道，把群众利益诉求纳入制度化、规范化、法制化轨道。强化企业主体责任，严格安全生产监管。提高防汛抗旱、防震减灾等综合能力。深入开展平安创建活动，健全社会治安防控体系，依法防范和打击违法犯罪活动，维护社会秩序和公共安全。

（七）切实转变职能，建设人民满意政府

新的形势和任务迫切需要我们加强行政管理体制改革，加快建设服务型政府，不断提高管理经济社会事务的能力和水平。创新行政体制。着力转变职能，理顺关系，提高效能，努力形成权责一致、执行顺畅、监督有力的行政管理体制。健全公共财政体制，不断优化财政支出结构，完善公共服务体系，提高公共服务质量。深化行政审批制度改革，进一步完善行政服务机制。扩大政务公开，发展电子政务，建立健全政府新闻发布制度，保障人民群众的知情权、参与权和监督权。严格依法行政。加强政府法制工作，加快建立权责明确、行为规范的行政执法体制，强化对决策和执行等环节的监督，确保各级行政管理机关严格按照法定权限和程序行使职权、履行职责。提高公务人员法律素养，做到依法决策、依法行政、依法管理。强化作风建设。

全面落实廉政建设责任制，以制度建设为重点，规范行政行为，切实做到用制度管人、管事、管钱，从根本上预防和治理腐败。推进学习型机关建设，加强公务员队伍教育、培训和管理。完善考核体系和奖惩机制，切实增强服务基层、服务群众的公仆意识，努力形成“为民、务实、清廉”的良好政风。

无锡的前景美好而光明，我们的使命光荣而神圣！让我们紧密团结在以胡锦涛同志为总书记的党中央周围，在中共无锡市委的领导下，全面贯彻落实科学发展观，继往开来，坚韧不拔，奋力拼搏，开拓进取，为率先攀登基本现代化新高峰，建设和谐幸福新无锡而努力奋斗！

马山景区

政府工作报告

常州市人民政府市长　王伟成

(2008年1月9日)

一、过去五年工作的回顾总结

本届政府组成以来,在中共常州市委的正确领导下,在市人大和市政协的监督支持下,紧紧依靠全市人民,围绕实现全面小康总目标,解放思想,锐意进取,创新创造,克难求进,圆满完成了市第十三届人大各次会议确定的目标任务。

(一)经济建设蒸蒸日上,综合实力明显增强。2007年,预计全市实现地区生产总值1880亿元,是2002年的2.5倍,按可比价年均增长15.2%,经济总量由全省第六位上升到第五位,户籍人均水平超过7000美元;财政总收入414亿元,地方一般预算收入158亿元,分别是2002年的4倍、3.4倍。全社会固定资产投资五年累计完成近4000亿元,是前五年的4.5倍。农业产业化水平不断提升,高效农业种养面积已占总种养面积的1/3,水稻单产、机械化种植率连续五年位居全省第一。工业经济优化发展,去年规模以上工业总产值达到4250亿元,是2002年的3.6倍,高新技术产业产值所占比重达到42.1%,五年提高了12.5个百分点。服务业发展速度加快,去年增加值可比价增幅达到16%,占三次产业的比重达到37%,旅游总收入是2002年的3.1倍。

(二)人民生活不断改善,提前实现全面小康。城乡居民收入持续增长,预计去年城镇居民人均可支配收入19100元,农民人均纯收入8960元,分别比2002年增长了92.3%、74.4%;居民人民币储蓄存款余额1092亿元,增长了1.18倍;社会消费品零售总额606亿元,增长了1.4倍,增速居全省前列。社会保障体系不断完善,城镇养老、医疗、失业三大保险综合覆盖率达到97%以上,慈善基金突破12亿元。人民群众更多享受到改革发展成果,公交优先、公园免费开放、菜市场改造、老小区整治、住房保障、茅山老区扶贫帮困等一大批实事好事先后实施。去年成为全省第三个以县为单位达到全面小康目标的省辖市。

(三)改革开放步伐加快,创新创业硕果累累。对外开放取得新的突破。五年累计实际到账注册外资52.4亿美元,去年达到18.3亿美元,已有46家世界500强企业落户常州;全市进出口总额累计434亿美元,其中出口318亿美元,年均分别增长26.1%和29.0%;外经营业额10.3亿美元。出口加工区和海关、国检武进办事处建成投运。各项改革有序推进。完成工业企业和经营性事业单位改革改制任务,新增境内外上市企业8家,累计达15家;全面免征农业税及其附加,积极推进农村"三大合作"改革,开展了农业保险试点工作;实施了街道、乡镇两轮行政区划调整,街道、乡镇分别减少了16.6%、42.18%;财税、金融、文化体制改革也取得了明显成效。民营经济迅猛发展。私营企业和个体工商户分别达到5.42万户和12.25万户,注册资本达880亿元;民营经济占全市经济总量、税收总额、固定资产投资的比重均超过60%。科技创新能力不断增强。依托大学、大院、大所开展产学研合作成效显著,五年新增省级以上高新技术企业460家、研发机构126家,新增中国驰名商标6件、中国名牌产品25只,专利申请、授权量分别达到12981件、6212件。

(四)城乡建设全面推进,各项事业协调发展。编制完成了新一轮城市总体规划。区域交通枢纽地位基本确立,高速公路通车里程达到222公里,新建改建国省干线公路331公里、农村公路2600公里,等级公路密度处于全省领先水平;京杭运河常州市区段改线工程顺利竣工,录安洲港区开工建设,常州港吞吐量超过3000万吨;常州机场与深航成功合作,去年旅客吞吐量近60万人次。城市框架进一步拉开,南北新城初具规模,城市化率达到61.0%,比2002年提高了5.2个百分点;建设了高架路、青洋路、长江路等一批骨干道路,新建、扩建城市道路近1000公里。城市功能日趋提升,实施了城乡公交一体化整合,市区范围行政村公交通达率超过90%,建成快速公交一号线;一批供水供气、垃圾污水处理等市政公用工程建成投运。城乡环境面貌显著改善,大面积实施绿化造林,市区五年新增绿地5291.9公顷,建成区绿化覆盖率达到41.6%;开展了主要道路市容环境和市区水环境综合整治,全面落实13项城市长效管理制度;城市防洪体系建设取得成效,水利工作得到明显加强;新农村建设积极推进,农村环境综合整治全面实施。社会事业蓬勃发展。教育现代化整体推进,各类教育均衡协调发展,科教城建设取得重大成绩。卫生基础设施建设得到加强,医疗水平不断提高。取得了省第十七届运动会的承办权。文化事业繁荣发展,精品生产成绩突出,博物馆、规划馆、天宁宝塔等相继建成。"平安常州"建设成效显著,社会秩序稳定良好。人防、国防和民兵预备役建设继续推进,连续四届荣获"全国双拥模范城"称号。外事侨务、对台事务、审计统计、海关国检、边防海事、邮电供电、档案地方志、防震减灾、民族宗教、老龄、妇女儿童、人口和计划生育、残疾人事业、关心下一代等工作都取得了新成绩。

(五)政府效能逐步提高,发展环境得到优化。按照"诚信、透明、简化、明确、高效"的要求,简化办事程序,提高办事效率。行政审批大幅减少,审批总事项由927项减少为416项,减幅达到55.1%,许可类、非许可类行政审批工作日分别压缩了35%和34%,取消、降低了221个收费项目。全面推行企业登记注册告知承诺制和"宁静生产日"制度。投资发展环境明显改善,在"全国城市创新环境评价"中名列第七位。自觉接受市人大、政协和各民主党派的监督,2747件建议和提案全部办结。认真纠正行业不正之风,坚决查处大案要案,勤政廉政建设得到加强。

总的来说,过去的五年,是贯彻落实科学发展观,加快体制转轨、社会转型、结构调整和经济发展方式转变的五年;是创新发展理念和思路,城市化、信息化、工业化、市场化和国际化互动并进的五年;是经济持续快速健康发展和社会全面进步,不断跨上新台阶、开创新局面的五年;是全面小康建设加速向前推进,综合实力提升最快、城乡面貌变化最大、人民得到实惠最多的五年。

五年的发展成果来之不易,我们要倍加珍惜;五年的发展实践丰富深刻,我们要认真总结。五年的主要体会是:

1. 发展经济是解决一切问题的基础和关键,任何时候、任何情况下,都要牢牢抓住经济建设这个中心不动摇。五年来,我们面对"非典"等特殊事件的严峻考验,全市上下万众一心,咬住科学发展不动摇,始终把发展作为第一要务,用发展的办法来解决前进道路上遇到的各种矛盾和困难,巩固和提升了稳定和谐的好局面。

2. 坚持以人为本,实现好、维护好、发展好人民群众的根本利益,是一切工作的出发点和落脚点。发展经济最终是为了人民,"一切为了人,依靠一切人,造福所有人"是我们始终遵循的一条基本原则,也是我们解决一切问题的基本路径。只有以致富造福人民为己任,多办老百姓得益的实事好事,才能赢得人民群众的拥护和支持。

3. 抓住牵动全局的主要工作、事关群众利益的突出问题,组织重点突破,是推进工作的有效方法。近几年来,我们先后开展了"加快有效投入年"、解决"三难一乱"等活动,实施了"八路八口绿化"和"水环境整治"等工程,有力促进了利用外资、绿化环境、交通拥堵等问题的突破。

4. 用创新的办法破解发展中的难题,及时化解经济运行和社会活动中的矛盾和问题,是实现既定目标的重要保证。五年来,面对发展过程中遇到的项目审批、土地、资金、能源等一系列问题,我们更新发展理念,创新工作思路,善于创造融通,有效化解了各种制约因素。

5. 营造良好氛围,建好发展平台,构建具有比较优势的投资环境,是增强区域竞争能力的有效手段。抓环境就是抓经济、抓民生、抓和谐。五年来,我们一手抓硬环境建设,一手抓软环境提升,先后出台了优化环境若干规定,提出了"放、减、控、改、帮"五字方针和"四个一"的要求,有力促进了投资环境的改善。

五年来我们所取得的一切成绩,都是中共常州市委正确领导的结果,是全市人民心齐气顺、团结奋斗的结果,凝聚着全市上下的智慧和汗水,包含着方方面面的帮助和支持。在此,我代表市人民政府,向全市人民,向市人大代表、政协委员、各民主党派、工商联、各人民团体、离退休老同志、无党派及各界人士,向驻常部队指战员、武警官兵和部、省驻常单位,向在常的中外投资者、科技工作者和所有务工人员,向所有关心、支持常州建设和发展的海内外朋友们,表示衷心的感谢和崇高的敬意!

我们在总结成绩的同时,也清醒地看到工作中存在的问题和不足。主要表现在:经济发展和资源环境矛盾仍然十分突出,节能减排和环境保护的压力很大;产业结构调整进展比较缓慢,投入产出强度不高,自主创新能力还不强,现代服务业、高新技术产业比重仍然偏低;对外开放程度还不够,利用外资的水平还不高,外资项目中能够带动产业升级的大项目不多;全面小康建设的成果还有待进一步巩固,确保农民持续增收、建设社会主义新农村任重道远;政府自身建设还不能完全适应形势的要求,对企业和群众的服务还存在不少薄弱环节。这些问题和矛盾,在今后的工作中要切实加以解决。

二、今后五年的发展目标和任务

党的十七大为我国未来的发展描绘了新的蓝图,作为长三角苏锡常板块重要组成部分的常州,也进入了优化发展的历史新阶段。我们要认清形势,把握趋势,转变发展方式,促进经济社会又好又快发展,不失时机地向基本实现现代化迈进。

今后五年全市经济社会发展的主要目标是:

——综合实力再上新台阶。到2012年,地区生产总值超过4000亿元,地方一般预算收入超过300亿元。经济发展方式明显转变,高新技术产业产值占规模以上工业产值的比重超过50%,服务业增加值占三次产业的比重超过40%,力争形成现代装备、新能源、新材料三大优势产业,营业收入超100亿元的企业集团超过10家。全社会研发投入占地区生产总值的比重超过2.5%,万元地区生产总值综合能耗、化学需氧量、二氧化硫排放量在"十一五"期间年均分别下降4%、4%、2.7%的基础上,继续有所下降。

——改革开放迈出新步伐。实际利用外资年均增长20%以上,进出口总额年均增长20%以上。到2012年,私营企业总数突破8万户,个私经济注册资本超过1500亿元。新增境内外上市企业50家,累计募集资金达到150亿元。政务、商务、社会管理信息化程度明显提升,形成全方位、高水平、深层次的大开放格局和更具活力、更符合国际规则的经济体制环境。

——人民生活水平实现新提高。居民财产性收入普遍增加,中等收入者占多数,城镇居民人均可支配收入、农民人均纯收入分别达到30000元、15000元以上。社会就业更加充分,五年累计增加城镇就业30万人以上,失业率控制在4.5%以内。实现主要社会保障全覆盖,形成功能完善、多层次、更普惠的保障体系。

——城乡建设展现新面貌。高速公路网络全部形成,建设京沪高铁、沪宁城际两条铁路常州段,完成飞机场改造升级。南部新城基本建成,北部新城初具规模,老城区经过改造呈现崭新面貌。建设城市快速高架环,快速公交网基本形成,奥体中心、文化中心、传媒中心等一批功能性建筑建成投运,所有菜市场全部改造提升。新运河建成景观航道,老运河经改造逐步成为城市文化和旅游品牌。城市绿化覆盖率、森林覆盖率分别达到45%、22%以上,绿化常州大地的目标基本实现。小康家园建设取得新进展,村容村貌呈现新气象。城市化率达到65%以上。建成国家生态市。

——和谐常州开创新局面。"五大建设"全面推进,各项事业协调发展,社会基本公共服务均等化程度显著提高,人民群众在政治、经济、文化等各方面的权益和社会公平正义得到保障,社会安定有序、和谐稳定,逐步实现学有所教、劳有所得、病有所医、老有所养、住有所居,全市人民安全感、幸福感进一步增强。围绕建设全国文明城市,努力把常州建成一个充满温馨和魅力的平安之城、慈善之城、活力之城、文明之城。

今后五年工作中必须牢牢把握以下五个重点:

(一)切实转变经济发展方式,推动产业结构优化升级,实现经济又好又快发展

实施先进制造业与现代服务业双轮驱动、融合发展,促进经济从粗放发展向集约发展、重点发展向优化发展转变。坚持以增量投入优化产业结构,以科技创新实现产业升级,以外向带动提升产业层次,以环保倒逼导向产业优化,以企业裂变发展促进产业集聚,使我市的产业层次有一个明显的提高。

(二)深化改革,扩大开放,进一步增强经济社会发展活力

着力推进政府职能转变,把更多的精力放到社会管理、公

共服务和优化发展环境上来。健全现代企业制度,积极推动企业上市,加快培育一批具有国际竞争力的大企业集团。加快发展市场中介组织,健全和活跃土地、资本、技术、产权、人力资源等要素市场。优化外资结构,全面提升利用外资水平。加快"走出去"步伐,支持企业在研发、生产、销售等方面开展国际化经营。在更高层次上推进开发区建设,使各类园区成为我市科学发展的集聚地。

(三)加快城乡现代化建设,形成以工促农、以城带乡、城乡一体的互动发展格局

以城乡规划全覆盖为龙头,加快构建布局合理、功能互补的现代城镇体系。大力提升中心城区现代化水平,加快建设南北新城,形成三城联动、南北一体的城市新格局。加大交通城建基础设施投入,建设畅通便捷的立体交通网络,形成较为完善的城市综合功能服务体系。统筹城乡产业布局、基础设施建设和社会事业发展,着力发展现代高效农业,加快推进社会主义新农村建设。

(四)注重社会建设,着力保障和改善民生,促进经济社会协调发展

实施更为积极的就业政策,完善就业援助、技能培训和创业帮扶机制,以创业带动就业。促进社会保险、社会救助、社会福利、慈善事业相互衔接,进一步提高社会保障水平。推进区域教育现代化,实现各类教育均衡发展。加强公共卫生体系建设,构建城乡一体的卫生服务网络。努力促进文化事业大发展、大繁荣,全力办好十七届省运会。完善"大防控"、"大调解"机制,维护社会和谐稳定。

(五)落实环保优先,建设生态文明,构建资源节约型、环境友好型社会

通过大面积建绿、严标准治水、高起点生态修复、长效化城市管理、民本化居住保障,营造人与自然和谐相处的人居环境。坚持"四严三调",实行严格环保准入门槛、严格环保执行标准、严格环保监管执法、严格环保考核评价,调整发展思路、调整产业结构、调整企业布局;推进"六治一绿",治水、治气、治音、治山、治村、治废和全民造绿,实现环境水平新提升。全面建立节能减排硬性约束机制,积极发展循环经济,提高集约利用土地水平,增强可持续发展能力。

未来的五年,既是我市巩固提高小康水平的重要时期,也是我们从全面小康向基本实现现代化迈进的关键时期。只要我们认准目标,坚定不移,锐意进取,开拓创新,就一定能把常州建成经济发达、科教先进、文化更加繁荣的城市;建成生活富裕、生态良好、人居环境更加优美的城市;建成风正气清、社会和谐、人民具有更高文明素质的城市;建成更加开放、充满活力、在长三角具有重要地位的城市。常州的明天一定会更加美好!

三、2008年主要工作建议

2008年全市主要预期目标是:

——地区生产总值增长17%以上;

——地方一般预算收入增长18%以上;

——全社会固定资产投资增长20%以上;

——社会消费品零售总额增长17%以上;

——注册外资实际到帐额增长20%以上;

——全社会研究与开发经费支出占地区生产总值的比重达到1.8%以上;

——城镇居民人均可支配收入增长13%以上;

——农民人均纯收入增长10%以上;

——城镇登记失业率控制在4%以内;

——万元地区生产总值综合能耗下降4.8%;

——化学需氧量排放削减率4%,二氧化硫排放削减率2.74%;

——环境质量综合指数达到83分以上。

为实现上述目标,按照"又好又快推进年"的总体要求,今年将重点抓好以下七项工作:

(一)突出科技创新,优化产业结构

着力提高科技创新能力。坚持市场导向、政府推动、企业主体,积极实施新一轮科技倍增计划。重点支持天合、常牵等一批科技领航型企业和100家市创新试点企业的科技创新,新增省级以上高新技术企业100家、企业"一站两中心"10家以上,力争实现企业科技投入75亿元。加快科教城建设,重点建设中科院常州中心等研发机构和大学科技园。切实加强各辖市区的科技创新和创业平台建设,逐步形成企业、区(市)和市三级科技创新平台联动的新格局。促进产学研联合,力争引进科研机构30家、科技成果300项,组织150项市级以上重点科技项目。实施"千名海外人才集聚工程",引进海外归国人才300名,领军型创新创业人才20名,高层次研发人才50名。

做强做优"五大产业"。大力发展装备制造业,打造输变电设备、轨道交通设备、工程机械及车辆、新型农业机械、数控机床及基础装备五大产品群;大力发展电子信息产业,打造计算机及通讯设备、数字视听及电子元器件两大产品群;大力发展新能源及环保产业,打造太阳能光伏产品群,积极扶持风电产业的发展;大力发展新材料产业,打造高分子材料产品群;大力发展生物医药产业,打造生物工程及医药产品群。

大力发展现代服务业。加快凌家塘农副产品、横林地板等大型专业市场建设,重点发展武进保税物流中心等8个物流基地,积极打造城市中心商圈和特色商业街区。加快推进软件园和动漫基地建设,大力发展国际服务外包,重点抓好软件研发、信息服务、研发中心和动漫产业。加快春秋淹城、太湖湾、茅山旅游度假区等景区建设,加大旅游促销力度,力争接待国内外游客突破2000万人次,旅游总收入突破200亿元。积极推进金融改革创新试点工作,引进2家以上股份制商业银行或外资银行。

积极培育具有竞争力的大企业大集团。加快企业联合重组步伐,鼓励企业进入资本市场直接融资,积极开展国际经济合作,做优水平,做大规模,做强产业,努力形成一批在国内行业中有影响力和竞争力的大型骨干企业。年内新增营业收入超100亿元的企业集团1家以上、超50亿元2家以上,力争有8家以上企业上市。

继续加大有效投入。重点发展技术含量高、附加值高、低污染、低能耗的"两高两低"项目,不断提高投入产出强度。力争全社会固定资产投资达到1500亿元,其中工业有效投入800亿元。组织实施好172项市重点项目、150个市级重点工业项目。

(二)坚持量质并举,扩大对外开放

提升利用外资的总量和水平。找准我市产业与国际大公司产业转移的结合点,主攻大项目,新增总投资3000万美元以上的大项目20个,力争超5亿美元项目取得突破。继续做好"以外引外",积极引导民营企业多形式、多渠道对外合作。充分发挥开发区招商引资主阵地的作用,开发区利用外资占全

市的比重超过70%。

加快开发区转型升级。按照“集约、集聚、创新、生态”的思路,注重园区环境建设,高效集约利用土地,创新体制机制,扩大招商队伍,按照产业发展规划招商引资、招商选项、招才引智,实现开发园区由量的扩张向质的提高转变。继续加大园区基础设施投入,提高大项目的承载能力。

推进外贸外经健康发展。适应国家外贸政策,调整出口产品结构,扩大机电产品和高新技术产品出口份额,鼓励企业输出成套设备和技术。引导企业遵守国际贸易规则,支持和帮助企业应对反倾销和贸易壁垒。推进“走出去”战略,支持有条件的企业到境外设立贸易窗口和加工贸易企业,不断扩大外经市场份额。与此同时,进一步扩大对外交流,拓展友城工作。

(三)统筹城乡发展,壮大县域经济

着力发展现代高效农业。坚持以项目为抓手,加快发展高效型、生态型、质量品牌型和外向型农业,全市“三资”开发农业达到28亿元。继续壮大优质粮油、花卉苗木、现代畜牧、特种水产、时令水果等优势产业带,逐步形成3个5亿~10亿元产值的生产基地,设施农业、高效渔业和规模种植业面积分别增加1万亩、3万亩和6.5万亩。积极推进“一村一品”、“一镇一业”,重点抓好20个市级农业专业特色村建设。

有序推进农村“三集中”。加快镇村规划的编制,实现农村规划全覆盖,促进农业向规模经营集中、工业向园区集中、农民向城镇和农村新型社区集中。继续抓好8个市级现代化新农村建设示范镇、20个重点居住示范村和100个居住示范点建设。进一步深化农村各项改革,逐步扩大农业保险范围,引导农民组建土地股份合作社,年内符合农村集体经济股份合作制改革条件的村组全面完成改革任务。

进一步提升县区经济发展水平。金坛、溧阳要继续加快新型工业化步伐,重点发展太阳能光伏、输变电设备、机械装备等优势主导产业。武进、新北要优化产业结构,重点发展装备制造、新能源新材料、电子信息、软件动漫产业。天宁、钟楼、戚区要按照城市化的要求,大力发展现代服务业,加快向都市经济转型。

(四)优化城市建设,提升管理水平

加快综合交通体系建设。续建西绕城高速,开工建设常泰过江通道连接线,加快形成“三纵四横一环线”高速公路主骨架。实施338省道等6个改造项目,提升国省干线公路等级。全面完成第二轮农村公路建设任务,新建改建农村公路298公里。建成京杭运河改线航道配套工程和东、西港区,实施芜太运河、丹金溧漕河、锡溧漕河常州段三级航道整治工程,开工建设录安洲石化码头、夹江集疏运码头及配套工程。开工建设京沪高速铁路常州段,实施常州机场综合改造工程。

优化提升城市功能。按照“三城联动、南北一体”的要求,南部新城在全面建成5.6平方公里重点核心区的基础上,继续推进16.6平方公里的核心区建设,全面启动滆湖整治、保护和建设。北部新城要启动建设以京沪高铁常州站为中心的1.66平方公里的核心区建设。中心城区在完成高架路一期的基础上,新建改建中吴大道、飞龙中路、常新路、东方西路、丽华路、竹林北路延伸等11条骨架道路,打通晋陵南路、大仓路、红梅路等跨老运河通道,扩建龙游路、吊桥路、桃园路等10条城市次干道和支路。实施魏村水厂一期挖潜改造,开工建设二期工程。完成夹山垃圾填埋场续建工程,开工建设工业固体废弃物安全填埋场,生活垃圾焚烧发电厂竣工投运。实施城市防洪“大包围”工程,建成运北片北塘河、老澡港河、永汇河水利枢纽节点。

实施城乡绿化“十大工程”。(1)沪宁高速常州段两侧生态林工程;(2)太湖流域水系和内河河道生态绿化工程;(3)城区范围主要干道和道路节点绿化提升工程;(4)城市道口绿化工程;(5)城市公园增绿工程;(6)以18个乡镇为重点的集镇绿化工程;(7)以320个行政村为重点的村庄绿化工程;(8)企事业单位绿化工程;(9)围墙透绿工程;(10)垂直绿化工程。十大工程将新增绿地3000公顷以上。

深入推进城市长效管理。建立常州城市管理监督指挥中心,在城区范围内建设并运行数字化城市管理系统,将13项长效管理制度数字化,实现城市管理网格化、信息化、标准化。继续开展城市主要道路街景美化整治,重点实施局前街、怀德南路等8条道路和高架路两侧整治工程。开展“提升交通水平、方便市民出行”专项行动,建设畅通有序、安全文明的城市交通秩序。

(五)加强环境保护,建设生态城市

抓好太湖水污染治理。全面完成武进港、太滆运河、雅浦港三条入太湖河道及其主要支流的整治,确保水质长期稳定达标。继续开展工业污染源整治,年内关停并转化工企业363家。加强农业面源污染治理,实施生态修复和“三退三还”工程,重点推进太湖一级保护区生态修复。年内建成投运武南污水处理厂一期等一批污水处理工程。

完成节能减排任务。对化工、印染、冶金、造纸等重污染行业及城镇污水处理厂实施提标,完成已建成污水处理厂的提标改造。抓好重点企业的脱硫工程和年能耗3000吨以上标煤企业的节能工作,开展重点企业能源、清洁生产审计和项目节能评估审查,组织实施50项节能降耗和循环经济重点项目,对80家重点能耗单位实施节能监测。

确保环境综合质量全面达标。以水质达标为重点,加强对水环境功能区水质考核断面的监控,严厉处罚偷排、超排等违法行为。推进老城区20家污染企业的搬迁。开工建设江边污水处理厂二期工程,继续实施城区污水截流工程。启动饮用水源地及备用水源地的保护和建设。确保年内金坛、溧阳建成国家生态市,武进建成国家生态区。

(六)统筹协调发展,促进社会和谐

促进教育优质均衡发展。加快推进教育现代化工程,力争年内所有辖市区均实现区域教育现代化。积极实施素质教育,深化课程改革,加大对农村教育的扶持力度,进一步提高基础教育水平。加强在常高校能力建设,彰显职业教育特色,努力完善终身教育体系。加强教育基础设施建设,加快推进旅游商贸高职校、少年科学艺术宫三期和刘国钧高职校等项目。

增强地方文化发展活力。加大对历史文化街区及沿古运河历史文化带的保护和利用,逐步修复历史文化名园。大力发展文化事业和文化产业,大剧院年内建成开放,工人文化宫影剧院全面完成改造并对市民开放,启动建设现代传媒中心。整理地方典籍,创作文化精品,传承常州文脉。深入开展群众性精神文明创建活动,完善三级文化网络,丰富群众生活。

大力发展各项社会事业。完善覆盖城乡的公共卫生体系,着力提高社区卫生服务水平。建成市疾控中心、一院、三院门急诊大楼、中医院门诊病房楼,加快建设阳湖医院、新北医院。深入开展全民健身运动,办好市第十三届运动会,备战第十七届省运会,建成奥林匹克体育中心,举办好中国羽毛球大师赛等重大赛事。做好国防动员、民兵预备役、拥军优属和优抚安置工作,切实抓好外事、侨务、对台事务、地方志、民族宗教、防震减灾、关心下一代、人口与计划生育等工作,支持发展妇女儿童、老龄和残疾人事业。

完善社会保障体系。扩大社会保险覆盖面,提高社会保障能力,年内城镇养老、医疗、失业三大保险综合覆盖率稳定在97%以上。建立新型农村养老保险制度,逐步实现农民工工伤医疗保障。完善各类社会保险政策,逐步做实基本养老保险个人账户。

做好社会管理和安全生产工作。充分发挥社区和村自治组织的作用,加强流动人口管理与服务。健全安全生产监管体系,启动建设综合监管和重大危险源预警平台,全力做好事故减控,防止重特大安全事故的发生。健全应对各类突发性事件的工作机制,提高公共安全应急处置能力。开展食品药品安全示范镇和安全社区创建活动,提高食品药品安全保障水平。认真做好信访工作,妥善化解社会矛盾。依法惩处各类违法犯罪行为,切实维护社会稳定。

加强民主法制建设。深入推进"五五"普法,提高法律援助和服务水平。全面推进政府依法行政和政务公开,落实行政执法责任制。自觉接受市人大和市政协的监督,主动听取民主党派、工商联、无党派人士和各人民团体的意见和建议,认真办理人大代表、政协委员的议案、建议和提案。

(七)坚持发展富民,实现成果共享

以创业带动就业、促进增收。加大创业扶持力度,提高创业在就业中的比重。年内新增城镇就业7万人,援助困难人员就业3200人,实现再就业1.8万人。充分发展民营经济,放宽工商登记准入限制,加大政策扶持力度,扩大中小企业信用担保资金规模,完善风险投资体系。确保新增私营企业6000户以上、个体工商户1.5万户以上、注册资本80亿元以上。

继续为民办好十件实事。(1)建设"九公园三绿地"。建成西林、假日、恐龙园生态、飞龙公园,改建东坡、圩墩公园,启动建设东经120、华山、录安洲生态湿地公园,新建桃园绿地二期、金源绿地、武进汽车城绿地,实现所有公园免费开放。(2)"清水工程"。对潢河、通济河等9条城郊结合部河道进行整治,对白荡河、采菱港等19条河道进行清淤,续建北塘河城区段生态景观河道,确保城区水环境专项整治全面达标。(3)小康家园工程。对全市村庄实施"三清一绿",清垃圾、清粪污、清河塘和村庄绿化;对100个村庄实施"五化三有",道路硬化、村庄绿化、卫生洁化、河塘净化、环境美化和有公共服务中心、有长效管理机制、有乡村文化;建设10个更高标准的小康家园示范村。同时,对2个辖市、10个乡镇、170个行政村实施新农村电气化建设和改造。(4)公交惠民工程。BRT快速公交一号线全线开通;市区范围实现村村通公交;新增空调公交车600辆;建成区36条线路全部空调车运行。(5)改造升级菜市场。内部提升15个,原址开工改造3个,搬迁移建开工11个。(6)全面实施住房保障。新增廉租房1000户;新开工建设50万平方米经济适用房,年内提供2000套左右;公积金扩面5万人,发放低息贷款18亿元以上。(7)健全社会保障、救助体系。提高企业离退休人员退休金发放标准;实施新型农村养老保险制度,覆盖面达到50%;新型农村合作医疗市、辖市(区)财政补贴标准每人再提高20元,住院费用补偿率达35%以上;城乡低保月标准提高20元以上,年底增发一个月全额低保金,对低保边缘困难群众年底按户发放800元的一次性生活补助金;对低保、特困群众在市二级以上医疗机构就医的,实行"十免十减半",同时对医疗费、大型医疗设备检查费等减免30%;继续按去年标准对三类重大疾病实行一次性救助,城市社区实现爱心慈善超市全覆盖。(8)城市社区卫生惠民服务。门诊实行"六免二减",免一类疫苗接种、挂号、诊疗、健康建档、康复训练、计划生育指导等费用,减参保人员检查和治疗费用的10%;建立二级以上医疗机构与社区卫生服务机构结对帮扶、双向转诊绿色通道,逐步实现"小病在社区,大病进医院,康复回社区"。(9)改造提升公厕。改造提升131座,新建39座,取消所有公厕收费。(10)老城区重点改造工程。启动中吴大道两侧等重点地区改造;全面实施兰陵片区改造,新建建筑15万平方米以上;完成老城区剩余的100多条"背街小巷"道路整治;完成46万平方米老小区整治和老城区高层住宅二次供水改造。

四、切实加强政府自身建设

新一届政府肩负着实现基本现代化的历史使命,肩负着全市人民的希望和重托。要把这一希望和重托化为奋发工作的强大动力,从加强政府自身建设着手,转变政府职能,提高自身素质,把新一届政府建设成为"爱民、亲商、高效、廉洁"的服务型政府。

(一)爱民:就是要视人民为父母、群众为亲人,全心全意为他们谋利益。坚持以人为本的原则,把人民群众的呼声作为第一信号,把人民群众的需求作为第一选择,把人民群众的满意作为第一标准。切实关心人民群众特别是困难群体的利益,确保每个困难群众都能有饭吃、有衣穿、有房住,遇到困难有人帮。多办老百姓看得见、摸得着、得实惠的实事好事,让人民群众切实感受到发展成果就在我身上、就在我家里、就在我身边。

(二)亲商:就是要"支持企业天经地义,服务企业关爱有加"。产业发展靠企业,财源增加靠企业,社会就业靠企业,没有企业的发展,区域经济就会成为无本之木、无源之水。每个企业的发展都不容易,在成功的背后,他们承受了很多的艰辛和风险。要真心诚意地去关心、支持他们,依法保护他们的合法权益,调动激励企业家的创业热情。深入做好企业的服务工作,做到"无事不扰,有求必应",急企业所急,想企业所想,把企业发展中遇到的难点作为服务的重点,千方百计帮助他们化解发展中的难题,为企业发展创造一个良好的外部环境。

(三)高效:就是要简化、明确、快速、创新。要简化办事程序,缩短办事时限,把复杂问题简单化。多讲群众听得懂的"地方话",多做帮助企业排忧解难的简化式。对群众和企业的诉求要有明确的解决方案,对不符合条件的申请事项要一次性告知所缺条件。办事节奏要快,今日事今日毕,对群众和企业需要帮助解决的问题要"马上办",并千方百计帮助他们"办上马"。要善于创新,不唯书,不唯上,只唯实,只要有利于常州的发展和全市人民的根本利益,就要敢想、敢闯、敢试,就要放胆去做。

(四)廉洁:就是要廉洁自律,既要干事,又要干净,要堂堂正正做人,清清白白做官,踏踏实实做事。全面落实廉政建设责任制,健全和完善惩治和预防腐败体系,努力从源头上预防和治理腐败。每个政府组成人员,都要身体力行,从我做起,以廉洁自律的实际行动,来赢得全市人民的信赖和支持。

常州全面小康和现代化建设前程似锦、催人奋进。让我们在中共常州市委的领导下,万众一心,奋发图强,解放思想,开拓创新,向着率先基本实现现代化的宏伟目标奋勇前进!

政府工作报告

镇江市人民政府市长　许津荣

（2008年1月8日）

过去五年工作回顾

本届政府自2003年组建以来，在中共镇江市委的领导下，认真落实科学发展观，全面建设小康社会，圆满完成各项任期目标，镇江经济社会发展取得显著成就。

*综合实力实现重大突破。*预计2007年，全市地区生产总值完成1213亿元，人均5500美元，分别比2002年增长1.36倍和1.34倍；财政总收入从2002年的56.8亿元增加到2007年的203.3亿元，地方财政一般预算收入从23亿元增加到80.3亿元；全社会固定资产投资完成601亿元，增长2.24倍；社会消费品零售总额完成330亿元，增长1.21倍。累计实际利用外资37亿美元，超过此前历年总和；外贸进出口总额62.5亿美元，增长1.98倍。私个注册资本五年净增335亿元。

*经济结构取得显著改善。*农业结构调整步伐加快，丘陵山区农业综合开发取得成效。五年新增高效农业面积38万亩，实施“三资”开发农业项目1753个，总投资143亿元。坚持工业强市方略，工业规模进一步壮大。全市工业性投入年均增长32.1%，新增销售超10亿元企业21家，50强企业销售占规模以上工业企业销售46.6%。高新技术产品增加值占全市规模以上工业增加值35.1%，比五年前提高11个百分点。国有企业改制基本完成，一批企业通过引进战略投资者做强做大，全市已有9家上市公司。现代服务业发展加快，从2005年开始，服务业增加值增幅连续三年超过地区生产总值增幅。新型商贸业态不断涌现，旅游总收入年均增幅超过20%。以大港三期为重点的港口建设顺利推进，新建、在建万吨级以上泊位15个，港口吞吐量达到7800万吨。

*城乡面貌发生喜人变化。*完成镇江城市总体规划修编，制订了镇江城市分区规划、控制性详规和镇村规划，实现城乡规划全覆盖。城市建设“三年大变样”目标顺利实现，“四年新提升”目标任务全面实施。城市化率达到60.1%，比2002年提高9.2个百分点。市区累计投入城建资金407亿元，“南山北水”建设全面启动，完成南徐新城区和北部滨水区总体规划，建成新城大道、滨江旅游风光带，开工建设拆迁定建房40万平方米，九华山路、南徐路西延、团山路等一批道路工程积极推进，引航道水利枢纽、焦南闸扩建、金山湖整治工程全面展开。完成沪宁高速、312等国、省道扩（改）工程，新建镇溧、宁常高速。城市内外快速交通路网基本形成，五年累计建设对外交通道路459公里、城市道路141公里，建成润扬大桥等一批重大基础设施。实施城市管理重心下移，城管水平不断提高。建成一批农田水利基础设施，累计疏浚县乡河道431条、改造塘坝4500座、治理水土流失面积60平方公里。全面推进新农村建设，农村生产生活条件进一步改善。先后实施两轮农村“五件实事”，新建农村公路2500公里，建制村全部开通客运班车，完成草危房改造和改水、改厕任务，农村卫生院、综合文化站等基础设施建设得到加强。修编完善全市开发区规划，完成基础设施投入135亿元，国家级出口加工区和7个省级开发区有了新的发展。

*环境保护迈出坚实步伐。*自觉践行环保优先，顺应群众呼声，先后开展市区高污染燃料禁燃区专项整治、东部地区大气环境综合整治、312国道两侧环境整治、太湖流域水环境整治、化工行业专项整治和农村环境综合整治等行动。改造搬迁企业40家，关闭高污染、高能耗企业220多家，其中小化工企业120多家，金河纸业实施关浆转产重组，谏壁电厂等一批高耗能、高污染企业得到有效治理。下大力气整治非法开山采石，关闭开采企业156家、采石宕口349个。积极实施“绿色倍增”计划，新增造林面积40万亩，森林覆盖率提高到20.1%。完成国家“863”水环境生态修复示范工程。饮用水水源地保护进一步加强。严格落实节能减排各项措施，单位地区生产总值能耗比2005年下降7.83%，二氧化硫、化学需氧量排放完成省政府下达的削减任务。2007年，空气质量良好以上天数达333天，环境质量综合指数达到80.2。

*群众生活水平普遍提高。*2007年，城镇居民人均可支配收入16750元，比2002年翻了一番；农民人均纯收入从4452元增加到8007元。累计新增城镇就业17.4万人，下岗失业人员再就业10.5万人，转移农村劳动力24.9万人。城镇登记失业率稳定在较低水平，2007年为2.62%。全市城镇养老、医疗、失业保险覆盖面均超过95%，新型农村合作医疗人口参合率达98.8%，在全省率先全部建成“江苏省初级卫生保健先进县（市）”。城乡居民低保标准进一步提高。城镇家庭廉租住房保障制度全部建立，基本实现应保尽保。成立市慈善总会，全市共募集资金2.87亿元，救助困难群众2.3万人次。各项社会事业取得长足进步，市财政用于教育、卫生、文化、社会保障、优抚等公共支出年均增长20%，高于地方一般预算支出1个百分点。坚持教育优先方针，大力推进教育现代化，丹阳、扬中已通过省级教育现代化验收。出台突发公共事件应急总体预案和专项预案，任期内未发生重特大安全生产和食品药品安全事故。坚持每年实施一批为民办实事项目，共改造街巷道路263条，改造老住宅小区160万平方米，治理危房5.9万平方米。

*政府自身建设不断加强。*围绕“创新、服务、高效、规范、清廉”的目标，着力建设人民满意政府。进一步深化行政审批制度改革，累计取消各类审批事项137项、改变管理方式85项。成立市行政服务中心，在全国率先推行以归并行政审批职能为核心的“两集中、两到位”。全市90%的镇（街道）建成便民服务中心，三级便民服务网络初步形成。推进政务公开，建立新闻发言人制度，加强“中国镇江”门户网站建设。在全省率先制订和落实《镇江市政府部门行政首长问责暂行办法》，改进政府服务，规范权力运行，强化责任追究。累计办理人大代表建议1090件、政协提案2137件，办结率达100%，满意率

超过96%。五年来,在市委领导下,在市人大、市政协的监督支持下,政府各部门通力协作,全市人民团结一心,形成了政通人和、共谋发展的生动局面。

尤其令人振奋的是,在刚刚过去的2007年,全市发展呈现出增长较快、结构优化、效益提高、民生改善的良好态势,主要经济指标达到近几年的最好水平。预计地区生产总值增长15.5%,地方财政一般预算收入增长33.5%;社会消费品零售总额增长18%,城镇居民人均可支配收入、农民人均纯收入分别增长17.2%和19.2%,实际到位外资突破10亿美元。全市总体达到省定小康标准,这是镇江发展进程中的重要里程碑!

过去五年,是我市改革开放不断深化、综合实力大幅提升的五年,是全面小康建设取得重大进展、人民生活得到更多实惠的五年,是我市对外形象显著提高、发展活力明显增强的五年。五年来,镇江先后荣获国家卫生城市、国家环保模范城市、国家园林城市等称号,继续保持全国科技进步先进市、全国双拥模范城称号。全市自主创新能力综合评价得分在全国地级市中列第9位。社会治安综合治理和"平安镇江"建设连续四年考核总分居全省第一,被命名为全国社会治安综合治理优秀地市。回顾五年,我们深切感受到,每一项成就的取得,都离不开全市人民的参与和支持;每一点发展变化,都凝聚着全市人民的智慧和力量。在此,我代表市人民政府,向为镇江全面小康建设和繁荣进步付出辛勤劳动的全市人民、驻镇部队和武警官兵、广大政法公安干警、驻镇单位干部职工,以及在镇江学习工作、投资创业的海内外朋友,表示衷心的感谢并致以崇高的敬意!

总结五年实践,我们深刻体会到,有四条经验必须始终坚持并不断赋予新的内涵:一是始终坚持解放思想、开拓创新。面对国家宏观调控逐渐成为常态,地区间的竞争逐渐转为好、优、快,我们必须着力转变观念、与时俱进,突破固有的思维和路径,用创新的思路和举措迎接新挑战、认识新规律、抢抓新机遇、引领新发展。二是始终坚持科学发展、统筹协调。加大城乡统筹力度,新增财力更多地向"三农"倾斜,努力在发展中逐步缩小城乡差距。在抓好经济建设的同时,必须更加重视生态建设、文化建设、社会建设,走好和谐发展之路。三是始终坚持发展为了人民、发展依靠人民。人民是推动发展的真正动力。我们思考问题要和人民站到一起,重大决策要和人民想到一起,政府运行要让人民知情,改革发展的成果要让更多人共享。四是始终坚持求真务实、争先创优。面对繁重的改革发展任务,全市形成了自加压力、提升标杆,破解难题、竞相发展的生动局面。扬中市于2006年率先建成小康;句容市创成国家卫生城市和国家环保模范城市;丹阳市上市企业达到5家,创成国家级品牌32个,列全省县市第4位;丹徒区创成国家生态示范区;镇江新区去年实际利用外资再攀新高,达到3.1亿美元;京口区、润州区立足主城区,现代服务业取得长足发展,财政总收入均突破10亿元。

在肯定成绩的同时,我们也清醒地看到发展中的问题与不足:综合经济实力和区域竞争力还不够强,经济结构性矛盾依然比较突出,产业结构偏重、产业层次偏低、消耗排放偏高,企业核心竞争力和科技创新能力不强,新型工业化步伐还不快;农业持续增效、农民持续增收、农村持续发展的长效机制还没有形成,文化建设、社会建设相对滞后于经济建设;老城区危旧房改造、困难群体就业、提高社会保障水平等方面,还有大量工作要做;转变政府职能、改善公共服务,还需要进一步加强。对这些问题,必须高度重视,切实加以解决。

今后五年目标任务

镇江新河桥

历经30年改革开放,镇江正站在新的发展起点上。今后五年,是镇江全面建设更高水平小康社会的重要时期,是优化发展、加速提升的关键阶段。镇江能否在过去成绩的基础上续写新的辉煌,关键看这五年;能否在激烈的区域竞争中创造优势、彰显特色,关键看这五年;城乡面貌能否有巨大变化,人民群众幸福感能否明显提升,关键看这五年!全市上下务必抓住机遇,开拓创新,以奋进的精神状态和饱满的工作热情,全力推进镇江朝着更加富裕繁荣、更加清新秀美、更加开放文明、更加和谐安宁、更加充满活力的目标阔步前进,率先建成更高水平的小康社会。

*——奋斗五年,镇江经济更加繁荣,产业特色更加鲜明,综合竞争力显著增强。*到2012年,全市地区生产总值超过2400亿元,人均1万美元以上,

双双实现翻一番。着力优化结构、提升层次,实现产业结构由传统产业为主导向高新技术产业为主导、发展方式由粗放型向集约型的双重转变。加快发展高新技术主导的先进制造业。按照主导产业高端化、新兴产业规模化、传统产业高新化的思路,举全市之力,做大做强太阳能光伏、半导体照明和功能纤维三大新兴产业,分别突破百亿规模;现代装备制造业突破千亿规模,新医药、电力电气产业双双超过500亿规模,高新技术产品增加值占到规模工业增加值的44%以上。加快发展高端产业引领的现代服务业。引进和培育一批服务外包、现代物流等高端服务企业,力争服务外包营业总收入达到250亿元,早日建成亿吨大港,现代物流业增加值占到地区生产总值的8%。服务业增加值占地区生产总值的比重达到42%。加快形成高新产业集聚的新园区。集中力量推进大学科技园、服务外包基地和软件园三大园区建设,将丁卯经十二路沿线建成高新产业特色鲜明、拥有自主知识产权、领军型创新人才集聚的高新技术产业带。

——奋斗五年,镇江城乡面貌焕然一新,展现出集自然山水之美与现代都市之美于一体、古代文明与现代文明交相辉映的独特魅力。统筹城乡建设,着力推进城乡一体化。按照省委提出的"五个一体化"要求,加快形成以城带乡、城乡共同发展的长效机制。"一体两翼"城市格局加快形成,城镇化率提高到66%。投资250亿元,全力打造"南山北水":让钟灵毓秀的南山尽展新城风采,怀抱长江的北部滨水区尽显古城神韵。加快老城区危旧房成片改造,着力解决"城中村"问题,建设优美人居环境。全面推进社会主义新农村建设,基本达到"生产发展、生活宽裕、乡风文明、村容整洁、管理民主"的要求。对外交通更加快捷畅达,基本形成通港(空港、江港)、通园(开发园区)、通区(工业集中区)的快速交通系统,所有镇15分钟内驶上快速干道。抓住京沪高速铁路、沪宁城际轨道和泰州长江大桥建设的机遇,进一步凸显镇江的综合交通枢纽优势。发展文教事业,彰显名城人文新特色。加快文化体制改革步伐,从提升软实力的高度,积极构建较为完备的公共文化服务体系和文化产业发展体系。加强名城保护和开发,弘扬镇江优秀传统文化,传承创新民间特色工艺,大力发展文化创意、文化博览、广播影视、文艺演出、动漫游戏等文化产业,推动文化大发展、大繁荣。文化及相关产业增加值增幅明显高于同期经济增幅,力争到2012年占地区生产总值的比重达到5%以上,文教娱乐及服务支出占家庭消费支出比重保持在18%以上。坚持教育优先方针,加大教育投入,努力建设人民满意教育,全面实现教育现代化。加大环保力度,营造宜居生活新环境。到2012年,森林覆盖率提高到23%以上,建成区绿化覆盖率达到45%,空气优良天数占到全年90%以上,环境质量综合指数超过85。铺设老城区雨污分流管网100公里,城市生活污水处理率达到90%以上,集镇建成区污水处理率达70%以上,农村生活污水处理率达40%以上。生活垃圾全部实现集中处理。区域供水率达到100%,实现镇村自来水全覆盖。创建国家生态市,建成国家生态园林城市。

——奋斗五年,镇江人民生活更加幸福,社会更加和谐。城乡就业更加充分。统筹城乡劳动就业,改善农民进城就业待遇,推进统一的城乡人力资源市场建设,加大政府购买公益性岗位力度,为更多的困难群体提供就业援助。五年新增城镇就业15万人、转移农村劳动力10万人、培训农村劳动力10万人,城镇登记失业率控制在3%左右。收入增长机制更加健全。建立与经济增长相适应的职工工资增长机制,促进职工收入随企业效益同步增长。强化工资支付保障机制,提高低收入者的工资性收入,促进社会分配公平。刚性落实最低工资保障制度,提高最低工资标准。创造条件让更多群众拥有财产性收入。城镇居民人均可支配收入、农民人均纯收入年均分别增长12%和11%以上。各类保障更加完善。城乡居民各项社会保障覆盖面达到95%以上,农村新型合作医疗覆盖面稳定在98%以上。积极顺应人口老龄化趋势,大力发展养老服务业,初步建立以居家养老为基础、社区服务为依托、社会养老为补充的养老机制。建立新型农村养老保险制度,实现城乡养老保险全覆盖,对城乡无收入老年居民,按照低标准起步、逐年增加的要求,政府予以补贴。提高城乡低保标准,确保每人每天生活费超过1美元,彻底消除绝对贫困现象,并随着人民群众生活水平的提高而增长。完善住房保障制度,努力使低保家庭住得上廉租房,低收入家庭住得起经济适用房,新就业人员租得起房。

未来五年,目标宏伟,任务艰巨。发展有新要求,人民群众有新期待,新一届政府承载着光荣使命,一定要保持清醒头脑,自觉服从和积极顺应国家宏观调控。既要充分看到发展的有利条件和面临的现实机遇,增强机遇意识,坚定工作信心;又要充分估计发展中可能出现的困难和挑战,增强忧患意识,始终居安思危,更加积极地抓住机遇,更加有效地破解难题。我们坚信,有市委的正确领导,有各位代表和委员的共同努力,有300万镇江人民团结拼搏,勤劳和智慧一定能结出累累硕果,今天绘就的蓝图一定会在奋斗中成为现实!

2008年政府工作建议

2008年是全面贯彻落实十七大精神的第一年,也是新一届政府施政的开局之年。做好今年工作,对于实现今后五年的目标,赢得发展先机,具有十分重要的意义。按照市委五届五次全会的要求,政府工作的指导思想是:以党的十七大精神为指导,深入贯彻落实科学发展观,准确把握宏观形势,坚持优化发展,推进加速提升,加快转变经济发展方式,着力优化产业结构,提高开放层次,保护生态环境,切实改善民生,促进社会和谐,更好更快推进"全面达小康,建设新镇江"。

全市经济社会发展主要预期目标是:地区生产总值增长13.6%;单位生产总值能耗下降4%,二氧化硫、化学需氧量排放分别削减4%和2%;财政总收入增长16%,地方财政一般预算收入增长16%;全社会固定资产投资增长18%;社会消费品零售总额增长15%;城镇居民人均可支配收入增长12%,农民人均纯收入增长10%;城镇登记失业率控制在3.5%以内。其中,节能减排指标是约束性的,必须作为硬任务,千方百计确保完成;其他指标是指导性的,力争在工作中完成得更好。

围绕上述目标要求,重点做好以下七个方面的工作:

(一)加快富民惠民步伐,切实改善民生

大力促进全民创业。进一步落实鼓励创业的各项政策,培育创业文化,营造创业环境,不断浓厚全民创业氛围,使更多的劳动者成为创业者。提高小额贷款效率,搭建创业服务平台,建设中小企业创业基地。积极开展多层次、多种形式的技能培训,继续推进"百人千企"创业辅导活动。

统筹城乡充分就业。认真落实就业优惠政策,实施就业"绿色通道"制度。通过政府购买公益性岗位等途径,重点对零就业家庭、"4050"、下岗失业人员、被征地农民、残疾人等开展就业援助。建立城乡统一的就业、失业登记制度,对农村富余劳动力实行动态管理。继续开展充分就业创建活动,力争3个以上辖市(区)实现充分就业,城镇充分就业社区创建率达98%以上,农村劳动力充分转移镇、村创建率达95%以上。贯彻落实《劳动合同法》,提高劳动合同覆盖率,全面推进劳动监察网格化管理,切实维护职工合法权益。

完善社会保障体系。着力构建城乡一体化的社会保障体系。进一步加大扩面征缴工作力度,确保全市基本养老保险新增5万人,各类社会医疗保险参保242万人,提前实现覆盖90%以上城乡人口的"人人享有社会医疗保障"目标。巩固提高职工基本养老、医疗、失业保险制度,全面建立新型农村养老保险制度、被征地农民即征即保制度,完善城镇居民医疗保险制度。继续实行社区卫生服务机构药品"零差率"政策,减轻参保群众医药费用负担。健全城乡低保标准增长机制,完善物价上涨动态补贴制度。进一步发展慈善事业,不断扩大各级慈善机构的基金规模和救助能力,完善社会救助制度。

今年,为民办好15件实事:

1. 新增城镇就业3万人,转移农村劳动力3万人,培训农村劳动力3万人。

2. 建立城乡老年居民养老补贴制度;完善医疗救助制度,对特殊困难人员提供免费的基本医疗社区门诊服务;完成市区10万名企业退休人员的健康体检。

3. 财政新增农村新型合作医疗、居民医疗补贴3500万元(总量超亿元),城镇居民医保参保率达90%以上,农村新型合作医疗参合率稳定在98%以上。

4. 新建林隐路、丁卯2个菜市场,升级改造五条街、牌湾、京口闸等8个菜市场;在城郊新建蔬菜基地2000亩。

5. 改造塔山桥、燕舞桥,改造农村公路危桥20座。

6. 治理烈士陵园周边、东吴路74号南侧山体滑坡;整治改造老住宅小区30万平方米;整治周家河新村、光明村、梳儿巷16号等低洼积水区;改造市区街巷道路2万平方米;改造危房2万平方米;实施中华路、京畿路等地段路灯改造。

7. 开工建设经济适用房20万平方米,其中竣工10万平方米;新建廉租住房5500平方米。

8. 建设南徐新城公交停车场;新增环保节能公交车80辆,新辟和优化公交线路8条,城市公交有计划地向丹徒区、镇江新区各镇延伸。

9. 建成全民健身工程点20个,农村建成小篮球架1000个;维修更新市区健身器材。

10. 为1.5万对新婚夫妇提供健康教育服务,降低新生儿出生缺陷发生率,确保孕前准备及指导普及率达85%以上。

11. 建设残疾人综合服务中心;建成残疾人庇护所;建设县级残疾人康复中心3个。

12. 50%的建制村建成社区服务中心;建设为农服务社550个。

13. 市区新建成停车场3个,增加公共停车泊位1500个。

14. 区域供水覆盖到全市各镇。

15. 建立和完善法律援助工作保障机制,扩大援助覆盖面,援助案件突破1000件。

(二)推进产业结构调整,促进优化升级

坚持一手抓先进制造业集聚,一手抓现代服务业发展,加快产业结构调整和优化升级,增强经济竞争力。

加快新型工业化步伐。优化投资结构,完成工业投入470亿元,全力抓好143个亿元以上、投资总额达846亿元的重点项目。培育规模企业,力争超亿元企业达到340家,超10亿元企业达到28家。发展壮大三大新兴产业,打造新的增长点。着力培育光伏产业,加大投入尽快形成产业链;增强半导体照明产业的应用能力,扩大产业规模;推进功能纤维项目的建设与产业化。根据船舶产业发展规划,加快在建、在手、在谈造船项目推进,使之尽快成为优势产业。积极运用新技术、新工艺和信息化,改造提升传统产业,提高产品附加值和产业竞争力。大力推进品牌战略,争创省级以上品牌40个以上。

加快发展现代服务业。提升传统商贸业态,大力发展连锁超市、购物中心、特色商业街等新型业态。加快推进市场建设,确保第一楼街步行街、长江新天地、镇江国际工业品城等重点市场建成开业。开工和续建码头泊位13个,大力发展港口物流和集装箱运输,促进生产性服务业的发展。做大做强旅游产业,以重大旅游项目建设为抓手,推进旅游联动开发,建设乡村旅游精品,创建1~2家全国农业旅游示范点。加快推进世业洲东湖景区等项目建设。把发展服务外包、软件产业作为新兴服务业的重中之重,大力培育和引进市场主体,加快服务外包基地和软件园建设,力争引进3~5家国际服务外包企业。做大做强金融保险业,积极引进新兴的金融机构,打造良好的金融生态环境。发展"普惠金融",重点加大对县域、"三农"、高新技术产业和中小企业信贷支持力度。规范发展房地产业。创新社区服务模式,政府主导、多元投入,积极拓展社区养老、卫生、教育等服务项目,提升服务水平。

大力提升自主创新能力。坚持走以应用研发为特点的自主创新之路,强化企业在自主创新中的主体地位、在产学研结合中的主导作用。新增省级高新技术企业50家,高新技术产品100项。新增国家、省、市技术中心15家以上。高新技术产品增加值占全市规模以上工业的37%以上。专利申请量超过5000件。加大科技成果转化力度,组织实施省级以上科技计划项目100项。进一步整合资源,加快镇江留学人员创业园、省级大学科技园、科技创业服务中心等平台建设。大力实施人才强市战略,加快人才引进和培养步伐,重点引进拥有创新成果、通晓国际先进管理和商务规则、善于运作科技资源的创新创业领军人才,力争有更多的人才进入省"高层次创业创新人才引进计划"。引导支持更多企业建立博士后工作站。

(三)加快发展现代农业,繁荣农村经济

解决好"三农"问题,促进新农村建设,事关全面建设小康社会大局。全市各级都要继续关注农业、关心农民,重视农村发展。加大财政支农惠农力度,全市财政安排支出5.08亿元,同比增长26.7%。

加快高效农业规模化。把高效农业规模化作为推动现代农业发展的着力点,进一步优化"三大板块"、"七条走廊"的区域布局,促进134个高效农业重点项目基地化。新增亩均效益2000元以上的高效农业面积15万亩,其中亩均效益5000元以上的5万亩。全力实施品牌战略,提升农产品质量安全水平,大宗农产品抓"无公害",特色农产品抓"绿色",优势农产品抓"有机",新增"三品"认证30个。提升现代农业机械装备水平,增强农业综合生产能力。落实最严格的土地管理和耕地保护制度,加大土地开发整理复垦力度,加强基本农田标准化建设。

创新农业发展机制。坚持"依法、自愿、有偿"原则,积极推进并规范土地承包经营权流转,发展多种形式的适度规模经营。按照"四有"合作经济组织的要求,引导各类投资主体兴办、领办或合办农民专业合作经济组织,开展农民专业合作社试点,推广"龙头企业+合作经济组织+农户"的一体化经营,新增各类农民合作经济组织40家。完善"百村千户"挂钩帮扶机制,积极化解村级债务。

继续办好农村新五件实事。新建农村公路200公里。继续扶持经济薄弱地区乡镇卫生院服务能力建设、乡镇综合文化站建设和有线电视进村入户工程。推进新一轮农村改水、河塘疏浚工程,加强中小型水库除险加固工程建设。

（四）深化改革开放,增强发展活力

加大改革力度。完善法人治理结构,促进改制企业更好发展。推动企业股份制改造,培育更多的上市后备企业。鼓励有条件的企业在境内外上市,年内新增上市企业3家以上,支持发行企业债券和已上市企业再融资。继续深化投资体制改革,积极引进风险投资、创业投资基金,运用私募、信托等手段拓宽资金渠道。强化国有资本吸纳,引进更多的国有大企业来镇投资。进一步深化市区城管体制和财政体制改革,增强市区政府提供公共服务的能力。大力发展民营经济。健全资本、土地、技术等要素市场,培育发展担保机构,为民营企业创造良好发展环境。全年吸纳民资实际到位数160亿元,新增私营企业3300家、个体工商户1.3万家、注册资本55亿元。

提升开放型经济水平。优化利用外资结构,变招商引资为招商选资、招商引智。瞄准世界500强和跨国公司,引进一批高附加值、高技术、高税收的大项目,促进开放型经济质量整体提升,全年实际到位外资增长15%以上。积极实施产业链招商,重点引导外资更多地投向高端制造和研发环节,投向节能环保产业、现代服务业和现代农业。在更高水平"引进来"的同时,更大步伐地"走出去"。支持出口企业开发拥有自主知识产权和核心技术的产品,进一步提高机电产品、高新技术产品的出口份额。培育发展外经重点产业和重点企业,积极扩大工程承包和劳务合作。

提升园区承载能力。着力在培育园区产业特色、提升产业配套能力、完善基础设施功能等方面取得新突破,促进开发园区成为先进产业的集聚区、科技创新的先导区、节能环保的示范区。进一步完善国家级镇江出口加工区功能,推进丹阳、句容出口加工区申报工作。坚持节约集约规划和建设好乡镇工业集中区。省级开发区基础设施投入确保20亿元以上,外资贡献率力争达到60%。

（五）完善城市功能,统筹城乡建设

加快推进"南山北水"建设。南徐新城区全面完成征地工作,开工建设行政中心区、规划展示馆,建设黄山中路等5条道路。加快凤凰家园、新城市花园、九华山庄安置房小区及配套设施建设,争取年内竣工30万平方米。北部滨水区基本完成引航道水利枢纽、焦南坝修复和金山湖景区建设工程。

完善城市功能。按照规划引导、先易后难的思路,开展"城中村"和老城区危旧房成片改造试点。开工建设大市口中心区地下过街通道。推进城东垃圾填埋场二期续建工程。改造老城区合流管道20公里,改造和建设征润洲、丁卯、谏壁、大港和丹徒等污水处理和收集系统,城市生活污水处理率达到84.5%。编制历史文化名城控制性详规,实施西津渡历史文化街区保护更新二期工程。全面提升城市管理水平,推进城市管理数字化、环卫作业机械化、垃圾收集分类化,加强市区卫生保洁全覆盖管理。创建1~2条市容管理示范路,继续有序推进市区夜景亮化、美化建设。

统筹城乡基础设施建设。以实施新的《城乡规划法》为契机,完善市域城乡规划。进一步优化城乡路网框架,宁杭高速镇江段和243省道句容段建成通车,续建和改建241、338、122和238省道。开工建设京沪高速铁路镇江段和泰州长江大桥(经扬中)。各辖市要进一步加大城市建设力度,提升城市形象,完善城市功能,增强对镇村的辐射。加强重点中心镇建设,加快城镇化步伐。

（六）坚持环保优先,努力建设生态文明

切实加强节能减排。实行更加严格的环境准入制度,严格限制新上污染项目,坚决淘汰落后工艺,改造和关停一批严重污染企业。进一步强化节能减排工作责任制,认真开展污染源普查工作,突出抓好重点行业、重点企业、重点工程的节能减排工作。抓好5家省级循环经济试点,突出做好全市5000吨以上标煤企业的节能降耗工作。推广清洁生产和可再生资源利用,切实提高资源利用率,降低能耗排放量,确保完成年度总量削减目标。

深入开展专项治理。巩固和提高小康社会环境质量综合指数。加强太湖流域水污染治理工作,相关各镇全部按期建成污水处理厂。全面实施污染物排放新标准,严格治理河道排污。加强饮用水水源地保护。深入推进化工行业专项整治,加快化工集中区建设。全面完成矿山关闭任务,引入市场化机制,推进宕口复垦复绿综合整治工作。深入开展城乡环境综合整治,突出抓好城市生活污染和农村面源污染治理。

进一步推进生态建设。继续大力开展绿化造林活动,提高城乡绿化的生态效果和景观效果。全市新增造林面积13万亩,市区新增绿地100公顷。丹阳市、扬中市通过国家环保模范城市考核验收,丹阳市建成国家生态示范区。做好市区创模复查迎检工作。启动国家生态园林城市创建工作。

（七）加快发展社会事业,构建和谐社会

深入推进文化建设。加强社会主义核心价值体系建设,发挥先进思想文化的引领作用,开展各类精神文明创建活动,不断提高全民文明素质。大力繁荣文化事业,进一步整合文化资源,完善文化设施,培育文化市场,保护利用历史文化遗产,创作一批与本土文化紧密结合的作品。推进新广电中心、体育会展中心等公共文化基础设施建设,完成文化艺术中心设计,全面实现"辖市(区)有两馆、镇(街道)有一站、村(社区)有一室"目标,丰富城乡居民的文化生活。积极发展文化产业,力争在文化创意产业发展上实现突破。

加快发展社会事业。进一步调整和优化财政支出结构,新增财力主要向关系民生的社会发展薄弱环节倾斜,今年市财政用于教育、卫生和环保等公共事业的支出增长27.8%。优先发展教育事业,更加注重教育的普惠性,合理配置公共教育资源,促进义务教育均衡发展,所有辖市(区)基本实现教育现代化。城乡义务教育全部免费提供课本。积极发展与镇江产业需求相适应的职业技术教育。积极支持在镇高校建设。推进医疗卫生体制改革,合理配置卫生资源,加快城乡卫生服务体系建设,努力为群众提供安全、有效、方便、价廉的医疗卫生服务。建成市急救中心并投入使用,提高对重大疾病防控和突发公共卫生事件应急处置能力。积极开展全民健身活动,努力提高竞技体育水平,发展体育产业。继续加强统计、外事、侨台、气象、防震减灾、妇女儿童等工作。

加强民主法制和“平安镇江”建设。自觉接受人大、政协监督,高度重视办好人大议案、代表建议和政协提案。进一步发扬社会民主,完善村民自治、社区居民自治和企业职工代表大会等民主管理制度,保障基层群众依法行使民主权利,维护社会公平正义。把社会管理放在更加突出的位置,推进管理重心下移,强化街道社区的社会管理和服务居民职能。深入开展“平安镇江”、“法治镇江”创建工作。全面落实社会治安综合治理各项措施,完善城乡社会治安防控体系,加强流动人口服务和管理,依法严厉打击各种刑事犯罪。进一步推进“五五”普法,增强全社会的法制意识。完善高效统一的应急指挥体系,不断增强预防和处置突发公共事件的能力。全面落实安全生产责任制,坚决防止重特大事故发生,切实加强食品、药品安全及公共场所卫生监督管理工作。加强国防后备力量建设,积极开展双拥“六创”工作。完善“大调解”机制,进一步做好人民群众来信来访工作,重视解决人民群众合理诉求,有效化解人民内部矛盾,努力使社会更加和谐安宁。

加强政府自身建设

面对新的形势、新的任务,新一届政府必须以崭新的面貌、崭新的理念、崭新的作为,切实加强自身建设,不断提高管理经济社会事务的能力和水平。

进一步振奋精神。在任何情况下,良好的精神状态,都是事业心、责任心的直接体现,是战胜困难、取得突破的重要保证。全体公务人员一定要以对镇江发展高度负责、对人民群众高度负责的态度,敢于直面挑战,敢于迎难而上,恪尽职守,勇挑重担,创造出无愧于历史、无愧于时代、无愧于人民的新业绩。

进一步解放思想。要按照科学发展的新理念来解放思想,根据发展阶段的新变化来调整思路,顺应人民群众的新期待来转变观念,自觉摒弃不合时宜的惯性思维和束缚发展的陈旧观念。大力倡导自觉学习、终身学习,善于在实践中提高领导科学发展的能力、研究新情况和解决新问题的能力、统筹兼顾的能力、抓好落实的能力,以宽广的视野、创新的思路,不断开创各项工作的新局面。

进一步提升效能。紧紧围绕建设现代服务型政府的目标,进一步深化行政管理体制改革,加快转变职能。规范行政审批,加强市行政服务中心建设,强化社会管理和公共服务,完善公共服务体系。深入推进政务公开,加快电子政务建设,实现政府新闻发布制度常规化,确保权力在阳光下运行。坚持依法行政、从严治政、廉洁从政。严格落实党风廉政建设责任制,完善惩治和预防腐败体系。强化效能监察和行政问责,严肃查处行政不作为和乱作为,坚决纠正损害群众利益的各种不正之风。加强绩效评估,切实提高工作效率和服务水平。

进一步改进作风。大力弘扬艰苦奋斗的优良作风,带头厉行节约,勤俭办事,力戒形式主义,反对排场和浪费,努力降低行政成本。腾出更多的时间到基层去,到群众中去,到困难多、问题多的地方去,深入调查研究,多做打基础、管长远的工作,多办得民心、顺民意的事情,踏踏实实地干,开拓创新地干。努力使政府的各项工作与群众的需求一致起来,各项目标与群众的意愿一致起来,营造政通人和、心齐气顺、团结奋进的良好氛围。

实现未来五年的发展目标,需要全市人民的共同努力。让我们高举中国特色社会主义伟大旗帜,以党的十七大精神为指引,在中共镇江市委的正确领导下,深入贯彻落实科学发展观,团结一致,与时俱进,开拓创新,奋发图强,为全面建设更高水平的小康社会而努力奋斗!

镇江博物馆

政府工作报告

扬州市人民政府市长　王燕文

（2008年1月17日）

过去五年和2007年政府工作的回顾

本届政府任期的五年，是我市经济加快发展，综合实力显著增强的五年；是城市功能不断完善，城乡面貌发生重大变化的五年；是各项事业协调发展，和谐社会扎实推进的五年；也是人民群众得到更多实惠，全面小康建设成效明显的五年。五年来，我们在中共扬州市委的领导下，坚持邓小平理论和"三个代表"重要思想，贯彻落实科学发展观，依靠和带领全市人民，拼搏奋进，开拓创新，圆满完成了市五届人大历次会议确定的任务。

一、综合经济实力进一步壮大

2007年全市预计实现地区生产总值1311亿元，按可比价比上年增长15.7%，是2002年的2.4倍；人均地区生产总值29000元。实现财政总收入213.6亿元，其中一般预算收入85.7亿元，分别增长35.2%和36%，是2002年的3.8倍和3.7倍。完成全社会固定资产投资715亿元，增长34.1%，是2002年的4倍。

工业经济快速发展。大力实施工业第一方略，全力推进"双创"和"三重"，规模以上工业产值五年年均增长30.8%。预计2007年全市规模以上工业产值2580亿元、增加值710亿元、利税210亿元，分别增长35%、21.3%和38%，是2002年的3.8倍、3.9倍和4.2倍。石油化工、汽车及零部件、船舶、装备制造等支柱产业占规模以上工业总量60%以上。国内自主品牌荣威轿车在上汽仪征基地实现批量生产。太阳能光伏、半导体照明等新兴产业蓬勃发展。产值超10亿元企业30家，其中50亿元以上4家，分别比2002年增加24家和2家。完成工业投资502亿元，增长39.2%。实施亿元以上项目200个，其中10亿元以上项目10个，比2002年增加184个和9个。拥有省级品牌223个、国家级品牌29个，比2002年增加173个和27个。建筑业长足发展。2007年总产值703亿元，五年年均增长25%，累计获得鲁班奖20项。

农村经济持续增长。扎实推进新农村建设，大力发展现代高效农业。预计2007年农业增加值101亿元，是2002年的1.5倍。4大农业特色板块和115个高效农业园区加快建设，海峡两岸（扬州）农业合作试验区建设全面启动。2007年全市新增高效农业面积41.7万亩，累计149万亩。五年改造中低产田62万亩。粮食保持稳定增产。2007年总产266万吨，比2002年增长26%。优质粮油、蔬菜、畜禽、水产、林木等五大加工企业集群初步形成。市级以上农业龙头企业60家，实现销售130亿元，分别是2002年的2倍和3.5倍。农产品质量稳步提高。累计发展"三品"品牌554个，高邮鸭蛋、宝应荷藕列为国家原产地保护产品。全面完成"菜篮子"工程建设任务。建成新农村示范村10个、全面小康村432个。水利、粮食流通、农业开发、农机、气象等工作得到加强。

服务业发展水平稳步提高。加快发展现代服务业，巩固提升传统服务业。预计2007年服务业增加值462亿元，社会消费品零售总额416亿元，分别增长16.1%和17%，是2002年的2.5倍和2.1倍。港口、公铁水、石化、商贸等重点物流园区建设加快，已有一批企业入驻经营。全市港口货物吞吐量5516万吨，集装箱吞吐量达28万标箱。加大信息基础设施投入力度，信息服务业基地加快建设。全年信息服务业收入46亿元，增长17.9%。实施旅游名城建设行动计划，全面提升旅游业质态。个园、何园、双博馆升为4A级景点，新建了万花园等一批景点，开通了古运河水上游览线。全市接待境内外游客1556万人次，实现旅游总收入155.8亿元，是2002年的2.4倍和3倍。"三把刀"行业焕发活力，"扬州师傅"品牌进一步做响，6家企业获"中华老字号"称号。注重培育新型业态，一批商贸重点项目竣工开业。全市金融机构年末存贷款余额分别为1276.3亿元和765.9亿元，增量贷存比达95%。招商银行扬州分行挂牌营业。保险业健康发展，保险机构由2002年的8家增加到31家。五年累计完成房地产投资345亿元，商品房竣工面积1300万平方米。

科技创新成效明显。加大政策引导扶持力度，推进创新体系建设。2007年组织实施省级以上科技项目440个，比2002年增加121个。建成市级以上农业科技示范园47个。五年引进推广农业新品种200多个。已建成省级以上高新技术企业317家，省级以上研发机构40家，分别比2002年增加250家和18家。实现高新技术产业产值580亿元，增长36%，是2002年的7.8倍。汽车及零部件、金属板材加工及设备制造和半导体照明被列为国家级产业基地。深入推进与中科院、南京大学等一批科研单位和高校的合作，中科院应用技术研发与产业化中心等机构来扬落户。

科技创新公共服务平台、企业孵化器建设以及人才引进培养工作稳步推进。专利授权1438件，是2002年的3.7倍。

二、改革开放实现新突破

各项改革不断深化。五年来，基本完成了工业、商贸流通、建筑企业的产权制度改革。实施市直工业、商贸流通管理体制和生产经营型事业单位改革。成立市国有资产监督管理委员会和金融办公室。组建了城建、交通、商贸和旅游等投融资平台。宝胜股份、江苏琼花、联环药业先后上市，5家上市公司完成股权分置改革。成立一批中小企业担保机构和2家创投公司。农村综合改革稳步推进。各项支农惠农政策得到落实。全面免征农业税及其附加。启动政策性农业保险。农村"三大合作"组织发展加快。新一轮镇村区划调整取得实效。基本农田保护工作得到加强，土地有偿使用制度改革不断深化。土地复垦力度加大，实现了耕地占补动态平衡。

开发开放步伐加快。坚持集聚集约发展，沿江开发取得突破，沿河开发加快推进，园区建设成效明显。新增3家省级经济开发区，国家级出口加工区建成运行。"八区二园"累计完成基础设施投入162亿元，已成为经济发展的重要增长极。坚持举全市之力招商引资。精心举办"烟花三月"国际经贸旅游节,积极开展赴欧美、日韩、港台等境内外招商活动。2007年全市协议利用外资33亿美元,注册外资实际到账11.45亿美元,分别增长35%和50%。五年实际利用外资36.8亿美元,是前五年的6倍。近30家世界500强企业来扬落户,一批投资过亿美元项目投入运营。外贸外经快速发展。2007年出口总额31亿美元,外经营业额1.5亿美元,分别是2002年的3.8倍和2.4倍。外事、侨务、台湾事务工作取得新成绩。

民营经济加快发展。深入实施鼓励全民创业的各项政策措施,民营资本投资领域更加广泛,投资规模不断扩大。2007年新发展民营企业9998家,新增民资注册资本金316亿元,分别增长24%和47%;五年累计达3.8万家和850亿元,是前五年的2.4倍和2.2倍。民营经济对全市地区生产总值和税收的贡献份额分别达49%和60%,比2002年提高5个和30个百分点。

三、城乡面貌发生重大变化

基础设施建设取得突破性进展。宁启铁路扬州段、润扬长江公路大桥、西北绕城高速公路、沿江高等级公路、安大公路三垛以南段等交通骨干工程建成通车。海通都公路江都段、扬天公路仪征段实现贯通,金宝南线等干线公路正在加紧施工。到2007年底,全市高速公路通车里程达241公里,公路通车总里程9247公里,其中新改建农村公路4800公里,行政村等级公路通达率100%。扬州港"一港三区"加快建设,3号、4号泊位投入营运,5号泊位开工建设。南水北调东线一期、京杭运河"三改二"等工程进展顺利。完成扬州电厂扩建、二电厂二期工程。五年建设110千伏以上变电站25座。市区10万用户实施天然气置换。扩建了扬州四水厂,21个近郊乡镇实现区域集中供水。

城乡环境明显改善。推进城乡规划全覆盖。修编了城市总体规划,完成"一体两翼"概念性规划和城镇体系规划,编制了古城保护、新城西区、沿江地区等控制性详规,以及城市绿地系统和"大江风光带"等专项规划。新城西区建设成效显著,蜀冈—瘦西湖风景区建设力度加大,广陵新城启动建设,市开发区生活配套功能逐步完善。市区建成区面积从2002年的63平方公里增加到98平方公里。五年新改建城市道路128条、桥梁36座,整治河道11条,改造街巷258条。加大古城保护力度。实施了吴道台宅第、卢氏古宅、汪鲁门故居等整修工程,盐宗庙、大王庙建成开放,"双东"历史街区等项目稳步推进,整治了古城沿街建筑风貌,名城特色进一步彰显。各县城镇、重点中心镇建设步伐加快,城镇设施配套水平和综合服务功能明显增强。农村环境综合整治取得新成效。2007年全市城市化率达51.5%,比2002年提高8.8个百分点。首创全国中小城市数字化管理新模式,城管责任体系进一步完善,环卫设施建设得到加强,城市管理水平不断提高。

生态市建设扎实推进。编制市、县生态建设规划,出台《生态市建设行动计划》。全面推进森林生态体系建设。实施"绿杨城郭新扬州"工程,新建漕河、邗沟风光带和润扬、蜀冈等森林公园,提升古运河风光带建设水平。五年市区新增绿化面积776万平方米。全市森林覆盖率从2002年的8.2%提高到14.5%。各县(市)及邗江区创成国家生态示范区。加大水和空气污染防治力度。市区及各县(市)污水处理厂相继建成运营,工业废水排放达标率提高到82%。空气质量稳定在二级以上。关停了70家小化工企业。2007年全市万元地区生产总值综合能耗下降4%,化学需氧量、二氧化硫排放量分别下降3.8%和3.2%,实现了节能减排的预定目标。经过全市上下共同努力,我市先后荣获"国家园林城市"、"中国人居环境奖"和"联合国人居奖"。

四、社会事业与精神文明建设全面加强

教育事业加快发展。城乡教育布局不断优化。义务教育普及水平持续巩固,高中阶段毛入学率由2002年的62.5%提高到95.7%。全部免除义务教育阶段学杂费,落实了对困难学生的"一免一补"政策。以"宏志班"为代表的集群式帮扶形成特色。素质教育稳步实施,教育信息化步伐加快,教育质量不断提高。高考本二以上万人口上线率达22.2%。职业教育进一步发展,中等职业学校招生占高中阶段招生总数的52%。建成扬子津科教园区、扬州职大新校区和10所国家级重点职业学校,建立国家级技能型紧缺人才培养培训基地4个、省级基地9个。

公共卫生服务体系进一步健全。建成城乡社区卫生服务中心67个、社区卫生服务站553个。办好惠民医院和惠民门诊,落实单病种限价等措施,群众看病难、看病贵问题得到缓解。加强疾病预防工作,传染病得到有效控制。医疗卫生设施建设取得积极进展,苏北医院、市妇幼保健院和市急救中心等建设工程加快实施。建成市医疗废物处理中心,市区和近郊实施了集中无害化处理。全年农村新增无害化户厕4.6万个。建成国家级卫生镇3个、省级卫生镇29个。

文化扬州建设深入推进。制订《扬州文化博览城建设规划纲要》。实施"名城解读"工程,市双博馆和各县(市)博物馆以及中国扬州剪纸博物馆、崔致远纪念馆等建成开放。瘦西湖及扬州历史城区列入申报世界文化遗产预备名单,扬州被确定为中国大运河联合申遗牵头城市。扬剧、清曲、漆器和玉雕等7个项目被列为首批国家级非物质文化遗产。新增全国重点文物保护单位6处。新改建乡镇文化站42家,建成农家书屋379个。农民艺术节、社区艺术节和"市民日"等群众性文化活动日益丰富。文化艺术创作取得新成绩。电视剧《江塘集中营》获全国"五个一工程奖",扬剧《真假24小时》、木偶剧《白雪公主》获省优秀剧目一等奖。成功举办首届世界运河名城博览会暨运河名城市长论坛。承办了第十八届亚乒赛和全国十运会艺术体操、男子举重等一批重大赛事。精神文明建设不断加强。制定并实施《城市文明建设行动计划》。深入开展社会主义荣辱观、文明礼仪教育和未成年人思想道德建设工作,广泛开展"三下乡"和"四进社区"活动,推进了文明社区、文明村镇、文明行业的创建。电影《江北好人》弘扬了扬州人的良好道德风尚。广泛宣传刘应启、吴杰、陈巧云、葛新峰等一批先进典型,促进了社会文明程度的进一步提高。计划生育工作得到加强,2007年人口出生率为5.7‰。关心下一代、老龄和残疾人事业、仲裁、档案方志、新闻出版等工作取得新进展。

五、和谐社会建设取得明显成效

人民生活不断改善。2007年城市居民人均可支配收入和农民人均纯收入预计分别达15000元和6500元,比上年增长16%和11.8%,是2002年的1.9倍和1.7倍。人均教育文化娱乐支出年均增长17.6%。逐步健全多层次的住房供应保障体系。农民人均住房使用面积40.9平方米,城市居民人均居住面积35.5平方米,均超过省全面小康标准。2007年市区开工建设限价商品房和解危解困房20.9万平方米,发放低收入家庭购房补贴324户,廉租房保障户1166户。五年全市完成农村草危房改造3714户。

社会保障体系逐步健全。坚持每年下发"一号文件",部署改善民生工作。2007年全市采集就业岗位13.5万个,职业技能培训8万人次,新增就业4.5万人。城镇登记失业率3.1%,充分就业社区达标率为68%。养老、医疗、失业、工伤、生育五大保险扩面续保不断扩大,参保人数分别达59万、75万、51万、45万和35万人。被征地农民参加基本生活保障人数达4万人。建立城镇居民医疗统筹保险。新型农村合作医疗覆盖率达95%。城乡低保实现应保尽保。对低保边缘群体和困难家庭实施临时救助等制度。农村五保户集中供养率达70%。城乡困难群众医疗救助扎实开展。慈善事业发展迅速。社会保持和谐稳定。完善维稳、调处和防控机制,加强社会治安综合治理,平安扬州建设取得明显成效。人民群众对社会治安满意和基本满意率连续五年保持在96%以上。贯彻落实《信访条例》,全市信访总量进一步下降。基层人民调解工作得到加强。安全生产和公共安全的基础工作不断强化。初步建立突发公共事件应急管理体系。民族、宗教工作在构建和谐社会中发挥了积极作用。国防教育、国防后备力量建设和双拥、优抚安置工作继续加强,实现"全国双拥模范城"五连冠。

六、服务型政府建设不断推进

坚持科学民主依法行政。认真执行市人大及其常委会的决议,自觉接受市人大及其常委会的法律监督和工作监督。主动接受市政协的民主监督。积极听取各民主党派、工商联和社会各界的意见和建议。五年共办理人大代表议案和建议1402件,办理政协提案1822件,解决率不断提高。认真实施《行政许可法》,先后取消和退出行政审批事项936项。全面推进政务公开,积极开展"阳光工程—规范事权行动"。实行行政审批"两集中、两到位",启用网上审批、在线服务,提高了行政服务效能。政府公开电话和"寄语市长"的回复率均在90%以上。加强公共财政建设,新增财力重点用于公共产品、公共服务。每年都确定并实施一批为民办实事项目。认真落实党风廉政建设责任制。大力加强政府自身建设,坚持勤政为民、廉洁从政。抓好重点领域、重点行业的纠风和反腐败工作,查处了一批违纪违法案件。

经过五年奋斗,我市经济社会发展跃上了新的平台。今天的扬州,经济充满活力,文化富有特色,城市秀美宜居,社会安定和谐,人民倍感自豪。这些成绩的取得,是全市人民在中共扬州市委领导下团结奋斗的结果,是市人大、市政协及各位人大代表、政协委员有效监督的结果,是历届政府打下良好基础和老同志关心支持的结果,也是各民主党派、工商联、无党派人士、人民团体、驻扬部队和社会各界共同努力的结果。在此,我代表扬州市人民政府向全市人民、向关心支持扬州发展的同志们、朋友们,表示崇高的敬意和衷心的感谢!

在肯定成绩的同时,我们也清醒地看到,工作中还存在一些不容忽视的问题。主要表现在:转变发展方式、调优产业结构、化解资源环境约束的压力还很大;工业集聚度不高,重大项目不多,自主创新能力还不强;城市布局、基础设施和功能建设与经济社会发展还不相适应,城市品质有待进一步提升;城乡居民收入水平和生活质量还不高,促进创业就业、统筹城乡发展等方面的任务还很重;转变政府职能、提高办事效率和改进工作作风还有许多工作要做。这些问题我们必须高度重视,认真研究并切实加以解决。

今后五年政府工作的总体要求

今后五年,是"全面达小康、建设新扬州"的关键阶段,也是我市信息化带动、工业化转型、城市化加速、市场化完善和国际化提升的重要时期。我们必须充分认识全面建设更高水平小康社会所肩负的使命和责任,充分把握新一轮发展所面临的机遇和挑战,充分凝聚全市人民的智慧和力量,以更加解放的思想、更加开放的胸怀、更加创新的举措和更加扎实的作风,全力推动扬州在科学发展的道路上迈出更加坚实的步伐。

今后五年发展的指导思想是:认真贯彻党的十七大精神,高举中国特色社会主义伟大旗帜,以邓小平理论和"三个代表"重要思想为指导,以科学发展观为统领,着力转变发展方式,提高城市竞争力;着力加快名城建设,提高城市美誉度;着力改善民生,提高人民群众幸福感;着力统筹协调发展,提高社会和谐程度;着力转变政府职能,提高公共服务水平,又好又快地实现"全面达小康、建设新扬州"的奋斗目标。

今后五年的主要指标安排:全市地区生产总值年均增长13%左右。财政总收入、一般预算收入年均分别增长16%和18%。固定资产投资年均增长20%。社会消费品零售总额年均增长15%以上。城市居民人均可支配收入、农民人均纯收入年均分别增长10%和9%。万元地区生产总值综合能耗年均递减4%。化学需氧量、二氧化硫排放量年均分别递减3.7%和3.1%。

今后五年要实现以下奋斗目标:

——经济实力再上新台阶。到2012年,地区生产总值在2007年的基础上实现翻番,达到2600亿元;工业建成石油化工、汽车船舶、装备制造、太阳能光伏4个千亿级产业,全市工业总产值突破1万亿元。累计注册外资实际到账100亿美元,新增民资注册资本金3000亿元。新农村建设取得重大进展。基本形成以先进制造业为主体、高新技术为先导、现代高效农业为基础、现代服务业为支撑的产业发展新格局。

——社会建设取得新进展。办好人民满意的基础教育,基本实现教育现代化,高中阶段毛入学率稳定在95%以上,形成较为完善的现代国民教育、终身教育和优质教育体系。城乡居民公共卫生医疗服务体系覆盖率达100%。公共文化服务体系比较完善,文化扬州建设取得明显成效。各项社会事业协调发展。全民素质显著提高。

——城市品质得到新提升。重大基础设施建设取得新突破。建成扬州泰州机场、宁启铁路复线和新宁通、江海高速公路扬州段,以及新淮江公路、安大公路;开工建设五峰山过江通道和淮扬镇铁路,初步确立区域交通枢纽地位。基本形成结构合理、功能互补、各具特色的城镇体系,城市化率达58%。瘦西湖及扬州历史城区申遗工作取得阶段性成果,创成"国家生态市"和"中国最佳旅游城市",进一步彰显人文、生态、宜居、精致的城市特色。

——人民生活水平实现新提高。到2012年,城市居民人均可支配收入达24000元,农民人均纯收入突破1万元。全民创业深入推进,社会就业更加充分。覆盖城乡居民的社会保障体系比较完善,人人享有基本生活保障和基本医疗卫生服务。社会安定有序、和谐稳定。人民群众的精神文化生活更加丰富,民主权利得到进一步保障,幸福感、满意度普遍增强。

实现上述目标,扬州的经济将更加繁荣、社会将更加和谐、城市将更加精致、人民将更加幸福,“古代文化与现代文明交相辉映的名城”、“更加富裕、文明、秀美的新扬州”将成为现实。

2008年政府工作任务

今年是贯彻落实党的十七大精神、全面建设更高水平小康社会的重要一年,是改革开放30周年和北京奥运会举办之年,也是新一届政府任期的开局之年。做好今年工作责任重大,意义深远。面对科学发展的更高要求和宏观调控的新形势,我们必须坚定信心,锐意进取,统筹兼顾,求真务实,努力促进经济社会又好又快发展。

全市经济和社会发展的预期性指标为:地区生产总值增长14%,其中一产增长5%,二产增长16%,三产增长15%。财政总收入增长18%,其中一般预算收入增长20%。全社会固定资产投资增长25%。社会消费品零售总额增长16%。城市居民人均可支配收入增长12%,农民人均纯收入增长10%。居民消费价格涨幅不高于全省平均水平。城镇登记失业率控制在4%以内。约束性指标为:万元地区生产总值综合能耗下降4%。化学需氧量、二氧化硫排放量分别削减3.7%和3.1%。

为实现上述目标,主要抓好八项工作:

一、转变经济发展方式,提高发展的质量和效益

加快发展先进制造业。壮大提升石化、汽车及零部件、船舶、装备制造等支柱产业,产值增长30%以上,进一步形成产业集聚优势。大力扶持以太阳能光伏、半导体照明为代表的“三新”产业发展。以高新技术和先进适用技术改造、提升现有产业,提高产品附加值。全年规模以上工业产值、增加值、利税分别增长30%、20%、30%。全力推进“百亿元企业、百亿元特色产业集群”工程,年内产值过10亿元的企业达40个、过50亿元的企业达5个,18个特色产业群总产值突破1200亿元。努力增加工业有效投入,全年完成工业投资700亿元。实施亿元以上项目300个,其中10亿元以上项目20个。大力实施质量兴市战略。全年新增省级品牌产品40个以上,中国名牌产品和国家免检产品6个,中国驰名商标1件,获国家专业技术标准授权机构6家。进一步做大做强建筑业,全年建筑业施工产值增长20%以上。

大力发展现代服务业。加快数字扬州建设,基本实现城区宽带无线上网全覆盖,实施一批电子政务、电子商务和数字社区项目。信息服务产业基地基础设施投入10亿元以上,引进入驻企业20家。全市信息服务业销售收入增长30%以上。加快构建物流运输、公共信息、存储配送等服务平台,全面推进港口、石化、公铁水和商贸物流园区建设。进一步优化金融生态环境,引导银行增加有效信贷投入和新的金融产品,积极争取新的金融、保险机构落户扬州。加大旅游整体宣传推介力度,加强境内外旅游促销,积极开拓日韩、东南亚等客源市场。完善古城、古运河、瘦西湖新区游览线。整合市、县旅游资源,拓展一批特色旅游项目。改善旅游配套设施,提升服务水平。积极申报“中国最佳旅游城市”,瘦西湖风景区创建成5A级景区。高邮争创“中国优秀旅游城市”。全年接待游客总人数和旅游收入均增长20%。大力推进“万村千乡”市场工程,繁荣农村消费市场。引导专业市场发展,培育壮大特色市场群。放大“老字号”和“三把刀”品牌效应,提高传统服务业的运营质态。加快城市新区商贸服务业发展。鼓励发展特色会展、创意产业和各类中介服务业。稳步健康发展房地产业。全年服务业增加值占地区生产总值的比重提高1个百分点。

全力推动自主创新能力建设。继续实施“双创”、“三重”政策,加大“三新”产业扶持力度。组织实施省级以上科技计划项目400项,全年培育省级以上高新技术企业58家,新增国家级检测中心1家、省级企业技术开发中心和工程研究中心5家。高新技术产业产值增长40%。深化与中科院、南京大学、扬州大学等科研院所和高校的产学研合作,加快国家级产业基地的建设,发挥各类创新平台的作用。依托开发园区,建设、完善各类科技创业服务中心和孵化器。加快创新人才引进和培养,制订激励高层次人才创业创新的政策措施。加强企业家队伍建设,提高企业家经营管理能力。

坚决抓好节能减排工作。优先发展高技术、高效益、低污染、低能耗产业,严格执行项目开工建设“六项必要条件”,切实限制高能耗、高物耗项目。建立健全节能减排统计公布体系和评价考核体系,严格实行责任追究制、一票否决制和履职报告制度。抓好重点耗能行业和企业的节能减排工作。对115家重点耗能大户加强监控,淘汰落后产能 设备1200台套以上。全部拆除市区禁燃区4吨以下、各县(市、区)2吨以下燃煤设施。完成省下达的小化工企业关停任务。加快城区工业企业“退城进园”步伐。启动循环经济重点项目工程。强制清洁生产实施率达100%。

二、坚持城乡统筹,扎实推进新农村建设

促进城乡一体化发展。按照城乡发展规划、基础设施、公共服务、就业社保和社会管理一体化的要求,加大公共财政对农村的投入,推动以工促农、以城带乡长效机制的建设。重点统筹城乡规划建设,完善县城镇和重点中心镇规划,完成1100个村庄建设规划的编制。重点加强县乡公路与国省干线的网络化对接,加强区域集中供水管网等公用设施建设,促进基础设施向农村延伸,生产要素向农村流动,公共服务向农村拓展,现代文明向农村传播。

全面提升县域经济综合实力。深入实施“强县强镇、三年倍增”计划。统筹沿江沿河开发,加快建设市域环路经济带,优化生产力布局,发展板块经济和特色产业。增强各类园区的集聚功能,调优产业结构,提升工业化水平。完善城镇体系,加快城镇化进程,增强县城镇、重点中心镇的辐射带动能力。全年县域地区生产总值、财政收入增幅高于全市平均水平。

大力发展现代高效农业。以高效蔬菜、花木茶果、特色畜禽、特色水产等为重点,推动高效农业规模化。着力培育一批产值超10亿元的农业特色产业,全年新增高效农业面积40万亩以上。加强农产品质量安全监管,新增一批无公害、绿色、有机农产品。提高“菜篮子”工程的建设水平。加快发展现代农业服务业,提高生产资料、信息、机械、技术和农产品流通等服务水平。充分发挥海峡两岸(扬州)农业合作试验区和现代农业园区的作用,大力吸引外来资本进入农业领域。全年农业利用外资1.5亿美元,民资和工商资本40亿元。大力发展农村“三大合作”组织,不断提升农业产业化、市场化水平。全年新增市级以上龙头企业10家,销售过10亿元企业3家。

着力改善农村生产生活环境。深入推进新农村建设“十大工程”和新一轮“五件实事”。建设改造农村公路500公里、大中桥梁30座,完成农村路桥投资3.2亿元。全面落实新型农村公路养护体制。抓好水利血防、小水库除险加固、圩区治

理等工程建设。调整优化村庄布局,继续抓好10个农民集中居住区的试点。以"三清一绿"为重点,深入开展农村环境综合整治。扩大区域集中供水范围,实施农村"二次改水"工程,保障农村居民饮水安全。推进乡镇垃圾集中处理。新增农村无害化户厕5万个。新建户用沼气池1万个、中小型沼气工程10座以上。认真开展新农村示范村和全面小康村创建活动。切实做好新一轮经济薄弱村和低收入农户帮扶工作。

三、推进改革开放,增强发展的动力和活力

加大重点领域和关键环节的改革力度。加快国有集体企业改革扫尾和企业内部制度改革,支持有条件的企业通过重组和改造提升竞争力。落实鼓励企业上市的政策措施,推动企业股份制改造,培育更多的上市后备企业。力争年内顺大、诚德等4家以上企业上市,宝胜股份等上市企业实现再融资,引导更多的企业利用资本市场加快发展。培育发展担保机构,积极引进风险投资、创业投资基金来扬开展业务。充分发挥现有融资平台的作用,构建基础设施、公共设施多元化投入、市场化运作的新机制。健全土地、技术等要素市场,规范发展产权交易市场。深化农村综合改革,继续搞好乡镇机构改革试点。加快农村信用合作社改革。做好政策性农业保险工作。稳步推进文化、卫生、教育和社会公用企事业等方面改革。组织实施第二次全国经济普查工作。

强化园区开发建设。按照功能创新、科技创新、管理创新的要求,调整完善新一轮园区总体发展规划,做大做强园区主导产业,推动产业集聚集约发展,提高单位面积投资强度和产出效益。继续加强园区基础设施建设,不断完善园区政务、商务、生活服务配套功能,增强园区的综合优势。转变园区发展方式,鼓励创建循环经济园区。加强出口加工区建设,放大综合效应。

全面提升对外开放水平。深化产业招商,引导外资投向石油化工、装备制造、太阳能光伏、半导体照明等重点产业,加快形成优势产业链。强化企业招商,鼓励重点骨干企业和成长型企业瞄准跨国公司、行业龙头,扩大合资合作,提升发展水平。鼓励现有的外资企业增资扩股、参与改组改造。加强招商重点区域境外办事处建设,深入开展驻点招商、代理招商。拓展节庆招商,办好2008"烟花三月"国际经贸旅游节,积极开展境内外招商推介活动,扩大信息源、项目源。全年协议利用外资45亿美元,注册外资实际到账15亿美元。优化口岸快捷便利服务,加强出口产品品牌建设,提高产品质量和附加值。鼓励企业"走出去"参与国际竞争与合作,扩大对外工程承包和劳务合作。外贸出口、外经营业额分别增长15%和20%。

推动民营经济健康快速发展。落实支持民营经济发展的政策措施,加强对民营企业的社会化服务,进一步营造民营经济加快发展的良好环境。引导民营企业加快机制创新,建立现代企业制度。鼓励民营企业加快技术创新,提高产品档次和技术含量。支持有条件的民营企业实施集团化发展战略,推动企业做大做强。强化民资招商,大力引进高新技术项目和特色优势项目。新开工建设3000万元以上项目300个。全年新发展民营企业1万户以上,新增民资注册资本金400亿元。

四、完善城市功能,提升城市品质

进一步优化城市空间布局。主动对接国家和省主体功能区规划,合理设置市域功能区和产业布局。接轨长三角一体化和宁镇扬经济板块,完善区域综合交通等重大基础设施建设规划。实施"一体两翼"发展规划,形成"一体两翼"城市发展新格局。开展城市总体设计研究,做好城市综合交通规划、广陵新城等分区、片区的控制性详规,以及重点地段的城市设计。切实加强规划后的管理。

加快重大基础设施建设。全面开工建设宁通高速六合至江都段、江海高速江都段,加快安大公路三垛以北段、新淮江公路、金宝南线等国省干线公路建设。继续推进京杭运河"三改二"工程。开工建设施桥、邵伯船闸扩容等工程。加快扬州港5号码头建设。配合建设宁启铁路复线及电气化改造。推进扬州泰州机场等重大项目立项工作。加强城市防洪、城乡电网、给排水、供气、通信等基础设施的统筹建设。启动第五水厂一期工程。

加大主城区建设力度。加快主城区与江都、仪征的连接,年内实施文昌东路延伸和仪扬路、扬冶路、扬江路改造等项目,建设新廖家沟大桥。完善主城区路网体系,新建、改造北外环路、开发路、竹西路、长征路、解放北路等道路,做好扬子江南路、文昌中路、淮海路、渡江南路等路段的街景美化工作。建设运河北路古运河大桥、太平河大桥。综合治理七里河、新城河等河道。开工建设乌塔沟分洪道工程。加快新城西区、广陵新城、蒋王片区、蜀冈片区等开发建设,进一步增强城市的商务、休闲等功能。

推进古城保护。编制瘦西湖及扬州历史城区保护规划。积极做好瘦西湖及扬州历史城区申遗工作和中国大运河联合申遗的牵头工作。实施"双东"历史街区个园东扩、壶园复建等"一线十点"项目建设,加快教场商贸居民俗文化核心区建设,有序推进南河下片区整治。完善南门遗址公园,建设北门遗址公园。丰富古运河文化公园内涵,打造护城河、小秦淮河等亲水景观带。推进瘦西湖新区建设,规划建设万花园二期、宋夹城文化景区等项目。办好第二届世界运河名城博览会,进一步彰显运河名城特色。

提高城市管理水平。实施数字化城管二期工程,进一步扩大覆盖范围,提高处置能力。整治违法建设、占道经营、乱贴乱画、乱倒垃圾等突出问题,进一步加强背街小巷的管理。全面实行市区主要道路市场化保洁,试行开放式公园、公共绿地等市政公用设施第三方托管。加强环卫设施建设,提升城市管理配套能力。引导公众参与城市管理,全面改善市容市貌。

加强生态环境建设和资源节约利用。以创建"国家生态市"和"国家生态园林城市"为抓手,加快长江、京杭运河等重要绿化风光带和农田林网建设,新增造林面积10万亩,新增市区绿化面积150万平方米。加强水资源的节约利用和保护,继续开展集中式饮用水源地专项整治,实施南水北调生态功能保护区一期工程。开工建设六圩污水处理厂二期工程,完善城区及工业园区污水管网。建设垃圾焚烧发电厂。宝应争创国家生态县,江都、仪征争创国家环保模范城。全市30%的乡镇、村创成环境优美乡镇、生态村。强化土地管理和调控,严格实行耕地保护责任制,推进集约节约用地,严禁违法违规用地。

五、发展社会事业,促进经济社会协调发展

优先发展教育事业。积极推进素质教育和教育现代化建设工程,办好人民满意的教育。着力改善农村中小学办学条件,扩大利用优质教育资源,推动义务教育高位均衡发展。高中阶段毛入学率稳定在95%以上。大力发展职业教育,进一步做大规模、做强特色、做优品牌。开工建设扬州高等职业学校(筹)一期工程,完成扬州高级职业中学搬迁改造。提升教育信息化水平,推进数字化校园建设。加强教师队伍建设,提高师资水平,改善教师待遇。实行义务教育阶段免收学杂费和免费提供教科书。全面化解农村义务教育阶段学校债务。

推动文化繁荣与发展。积极发展公益性文化。开工建设市文化艺术中心,新改建20个乡镇文化站和200个村文化室。推进文化博览城建设。开工建设马可·波罗纪念馆、扬州学派史料陈列馆等,基本建成佛教文化博览馆。认真做好第三次全国文物普查工作。公布第四批市级文物保护单位和首批市级非物质文化遗产名录。大力发展文化产业,形成区域性特色文化产业群,市工艺美术集团争创国家级文化产业示范基地。办好第六届市少儿艺术节和"市民日"等节庆活动。完善文化事业、文化产业、文化人才的鼓励扶持政策,重点支持地方剧种出精品、出人才。

加强公共卫生服务体系建设。全年新建城乡社区卫生服务中心20个、社区卫生服务站500个,居民社区卫生服务中心(站)覆盖率城区达90%以上、农村80%以上。实行二级以上医院与社区卫生服务中心的对口支援、双向转诊,加强城乡社区医技人员培训,提高医疗卫生服务水平。做好城乡爱国卫生工作,建成省级卫生镇2个。加强公共卫生监督管理。突出抓好重大疾病的防治,不断提高传染病预防控制能力。完成苏北医院、市妇幼保健院改造。

促进其他社会事业发展。稳定低生育水平,提高出生人口素质,计划生育率保持在97%以上。加强公共体育设施建设与管理,深入开展全民健身运动。办好奥运圣火在扬传递活动、鉴真国际马拉松赛和市第十一届运动会。新建市游泳馆。基本完成主城区有线数字电视整体转换工作。加快建设以"组组通"为基础的农村广播电视服务体系。切实加强网络文化建设与管理。重视开展社会科学研究。认真做好二轮修志、档案等工作。

六、着力改善民生,让发展成果惠及于民

促进创业和就业。完善自主创业、自谋职业和灵活就业的鼓励政策,强化创业辅导培训、融资等服务,优化创业环境,支持更多的劳动者成为创业者。加快公共就业服务体系建设,健全城乡一体化的劳动力市场。推进"充分就业社区"创建工作。积极帮扶大中专毕业生等新成长劳动力、"零就业"家庭和就业困难人员就业。全年采集就业岗位9万个,新增就业4.3万人。健全失地农民就业和失业专项登记制度,帮助城镇规划区内失地无业农民就业。加大企业下岗人员、失地农民的技能培训,提高就业成功率。全年农村劳动力开发就业培训4万人。贯彻落实《劳动合同法》,维护劳动者合法权益。

继续增加城乡居民收入。坚持富民优先,建立和完善企业职工、机关事业单位工作人员和离退休人员等工资正常增长的长效机制。逐步提高居民收入在国民收入分配中的比重,提高劳动报酬在初次分配中的比重。着力提高低收入者收入,逐步提高扶贫标准和最低工资标准。继续调整企业退休人员基本养老金。创造条件让更多群众拥有财产性收入。通过发展高效农业、农村劳动力转移、土地流转收益等途径,不断提高农民收入。

健全社会保障体系。完善城镇职工养老保险制度,净增缴费人数3万人。积极开展新型农村社会养老保险试点。不断扩大医疗保障覆盖范围,新增城镇职工参保3万人,城镇居民参保4万人。完善医保政策,降低医疗费个人自付比例。新型农村合作医疗覆盖率稳定在95%以上,参合最低标准由每人50元提高到100元。推进农民工"平安计划"。建立健全被征地农民基本生活保障制度,严格执行即征即保。完善城乡低保标准自然增长机制,切实做到应保尽保。农村五保户集中供养率达80%。市区设立困难群体临时救助资金,加强对低保边缘群体的应急救助。

切实解决影响民生的突出问题。着力解决城镇居民住房困难,扩大限价商品房和廉租房保障范围。对符合条件的特困家庭,给予廉租房租金补贴或安排廉租房;对符合条件的低收入家庭,提供限价商品房或给予购房补贴。市区新开工建设限价商品房25万平方米,解困解危房5万平方米。积极开展教育帮扶工作。确保经济困难家庭、进城务工人员子女和农村留守儿童平等接受教育,对高中生、中等职业技校特困生发放助学金,确保所有考上大学的学生不因贫辍学。扩大"宏志班"办学规模,市区新招中小学宏志班12个。加强惠民医院、惠民门诊建设,完善对困难群体的医疗救助制度。对低保特困家庭中的重症患者减免医疗费用。大力发展扶老、助残、救孤等福利事业。坚持为民办实事制度,着力解决人民群众关心的老小区整治、农贸市场建设和公共交通等热点难点问题。

七、加强社会管理,推进和谐社会建设

深入开展平安扬州建设。健全社会治安防控体系,落实社会治安综合治理各项措施,积极防范和依法打击违法犯罪活动。建立和完善人民群众诉求表达机制,进一步落实信访工作责任制,提高矛盾调处工作的针对性和有效性,着力化解人民内部矛盾。完善司法救助机制,加大法律援助力度,促进社会公平正义。建立安全生产、道路交通、食品药品、危险品和消防安全等长效监管机制。完善市应急指挥中心建设,加强对突发公共事件的预防和处置,切实保障人民生命财产安全。

加强社会组织建设。大力支持社会团体、行业组织、民办非企业单位和城乡基层自治组织的发展,发挥其协助政府进行社会管理和提供公共服务的作用。加强行业协会建设,促进行业自律、规范发展。理顺社区管理体制和运行机制,健全社区民主自治制度。加强社区公共服务设施建设,完善社区管理服务功能,提高居委会、村委会规范化建设水平,把城乡社区建设成为管理有序、服务完善、文明祥和的家园。

加强精神文明建设。深入开展社会主义荣辱观教育,进一步加强社会公德、职业道德、家庭美德、个人品德建设,全面推进群众性精神文明创建活动,不断促进社会主义核心价值体系的形成。加强社会信用体系建设,整体推进政务诚信、商务诚信和社会诚信。大力弘扬"开放、包容、创新、精致"的扬州精神,营造共建共享和谐的社会环境。做好国防动员工作,支持驻扬部队建设。深入开展国防教育和双拥活动,争创一批省级"双拥模范城(县、区)"。

八、加强政府自身建设,提高公共服务能力和水平

完善公共服务体制。加强公共财政建设,优化财政支出结构,确保新增财力重点用于教育、文化、卫生、科技和社保等公共产品和公共服务。健全国库集中支付、政府采购和部门综合预算制度,继续推进非税收入管理体制改革。扩大政府重点投资项目代建制实施范围,提高财政资金使用效益。继续推进政企分开、政资分开、政事分开、政府和市场中介组织分开,切实履行社会管理和公共服务职能。深化行政审批制度改革,进一

步简化审批程序、减少审批环节，强化行政办事服务中心建设，完善相对集中的行政审批机制。加强电子政务建设，扩大政府网上服务事项，为市民提供公开、透明、高效的网上服务。

推进民主法制建设。认真执行市人大及其常委会的各项决议、决定，依法接受市人大及其常委会的法律监督、工作监督。支持市政协履行职能，自觉接受市政协的民主监督。定期向市人大及其常委会报告工作和向市政协通报情况。认真做好人大代表议案、建议和政协提案的办理工作。健全与各民主党派、工商联、无党派人士的联系制度，充分发挥工会、共青团、妇联等群众团体的作用。积极推进各种形式的基层民主，进一步提高人民群众有序政治参与的程度和水平。建立民主科学的公共决策机制，实施重大决策事项公示、听证和专家咨询制度，提高行政决策的科学性。继续深入推进政务公开，建立健全新闻发言人制度，保障人民群众的知情权、参与权、表达权和监督权。广泛开展法制宣传教育，认真组织实施“五五”普法。坚持依法行政，规范行政权力。严格执行行政问责制度，做到有责必问、有错必纠。

强化政府作风建设。教育引导全体公务员特别是各级领导干部进一步解放思想，树立强烈的开放意识、创新意识、诚信意识和服务意识。加强学习型机关建设，不断提高公共服务的能力和水平。认真践行执政为民宗旨，着力解决改革发展稳定中的重大问题和人民群众生产生活中的实际问题，切实提高政府机关的执行力。加强发展软环境建设，深入开展“阳光工程—规范事权行动”，定期组织基层和群众评议政府机关工作。牢记“两个务必”，倡导勤俭节约，反对铺张浪费，建设节约型政府。严格执行党风廉政建设责任制，更加注重治本、预防和制度建设。强化重点领域重点问题的专项整治，坚决纠正损害群众利益的不正之风。加强行政监察、审计监督，加大标本兼治、综合治理和查处违法违纪案件的力度，努力建设勤政、高效、务实、廉洁的政府。

本次人代会将开启扬州又一个五年的崭新征程。新的蓝图无限美好，新的目标催人奋进。让我们在中共扬州市委的领导下，紧紧依靠全市人民，同心同德，再接再厉，求真务实，开拓创新，为全面建设更高水平的小康社会而努力奋斗！

大桥晚霞

政府工作报告

南通人民政府市长　丁大卫

(2008 年 1 月 10 日)

一、过去五年的工作

市十二届人大一次会议以来,我们坚持以邓小平理论和"三个代表"重要思想为指导,认真落实科学发展观,根据省委、省政府对我市"争当全省江北'两个率先'排头兵"的总体定位,按照"依托江海、崛起苏中、融入苏南、接轨上海、走向世界、全面小康"的总体思路和市第十次党代会确定的"建设经济发达、文化繁荣、政治清明、社会和谐、人民安康的新南通"的奋斗目标,紧扣全面小康、全面腾飞主题,在市委的正确领导下,在市人大、市政协的监督和支持下,依靠全市人民,抢抓重要战略机遇期和沿江沿海开发的历史性机遇,开拓奋进,扎实工作,着力推进跨越发展、科学发展、和谐发展,在多年蓄势的基础上,全市进入了又好又快发展的新阶段。

2007 年全市继续保持了跨越发展的良好态势。全年预计实现 GDP2111 亿元,按可比价计算增长 16.2%,增幅居全省第一;财政总收入 300.71 亿元,地方一般预算收入 127.69 亿元,分别比上年增长 38.2%和 38%,增幅创历史新高;节能减排目标全面实现;全社会固定资产投资 1265 亿元,增长 20.7%;注册外资实际到帐突破 30 亿美元;社会消费品零售总额 733 亿元,增长 17.8%;城镇居民人均可支配收入 16450 元,农民人均纯收入 6900 元,分别增长 17% 和 13%;城镇登记失业率 3.2%。2007 年各项任务的全面完成,为实现市十二届人大一次会议确定的任期目标画上了圆满的句号。

经过五年奋斗,对长远发展有重大影响的基础设施建设和新兴产业培育实现了历史性突破。

——*大通道建设取得决定性成效*。由大桥、公路、铁路、机场、汽渡等组成的综合立体交通网络初步形成,南通正加速向区域性枢纽城市迈进。对融入上海一小时都市圈具有决定意义的苏通大桥全线贯通、即将通车。崇启大桥开工建设的前期工作基本完成,崇海大桥、沪通铁路前期工作取得重大突破。通启高速、沿海高速南通段建成通车,江海高速海安如皋段开工建设,沿江高等级公路全线通车,"一横一纵"的高速公路主骨架和"五横六纵一环"的干线公路网全面建成。宁启铁路宁通段建成通车,铁路南通站始发列车达 9 对,结束了没有长途客运始发列车的历史。机场航线、航班增加,改造和新建的五大汽渡渡运能力提高 50%。

——*大港口建设实现质的飞跃*。以江港能级提升、海港初展雄姿为标志,南通正加速向"江海时代"迈进。沿江泊位功能调整和升级改造取得重大进展,新建、改建 5 万吨级以上泊位 17 座(累计 25 座),接卸超大型船舶能力增强;南通港 2006 年跻身全国沿海十大亿吨港行列,2007 年货物吞吐量 1.23 亿吨,为 2002 年的 3.28 倍。洋口港开发框架全面拉开,黄海大桥工程量完成 70%,太阳岛 LNG 接收站区块围填成功;吕四港 2 个 3.5 万吨级散货码头正在加紧建设,沿海深水大港的蓝图即将成为现实。

——*大产业发展呈现强劲集聚态势*。以装备制造业等为代表的新兴产业快速发展,南通正由传统轻纺工业名城加速向长三角北翼先进制造业和基础产业基地迈进。装备制造、电子信息、石油化工、电力能源、现代纺织服装、轻工食品等六大产业占全部工业的比重接近 90%,新材料、新能源等新型产业集群化态势强化;造船、制纸、电力装备、港口机械等临港产业加速集聚。

——*大城市框架迅速拉升*。"一主三副"的大城市格局初步确立,南通正向江海交汇的现代化国际港口城市、国内一流的宜居创业城市迈进。市区"五环十四射"路网正在形成,覆盖面积约为 2002 年建成区的 4 倍,主城区功能日趋完善;新城区雏形显现,北翼新城框架初步形成,市区常住人口超过 100 万人,各县(市)城区人口均突破 18 万人,全市城市化率 49.7%、五年提高 10.7 个百分点,中心城市要素集聚和辐射带动能力不断增强。连续成功举办系列重大活动,"中国近代第一城"开放、包容、文明的新形象充分展示,城市知名度和美誉度持续提升。

经过五年奋斗,经济发展实现了全面崛起苏中、初步融入苏南的跨越。

——*综合实力在持续跨越中快速攀升*。GDP 增速 2004 年超过全省平均水平,2005 年起连年保持全省领先;总量 2003 年超过 1000 亿元,2007 年突破 2000 亿元,在全国大中城市排名五年内由第 35 位前移至第 26 位,城市综合竞争力明显增强。五年来,GDP 增长 1.44 倍;财政总收入、地方一般预算收入分别增长 2.44 倍和 2.3 倍;进出口总额增长 2.16 倍。县域经济综合实力快速提升,南三市多项总量指标分别在全市保持领先,北三县(市)多项主要指标增幅分别跃居全市前列,南北差距总体逐步缩小。省定全面小康的 18 项 25 个指标有 17 个达标。

——*发展活力在外资民资双重推动下显著增强*。开放型经济重返全省第一方阵,注册外资实际到帐五年累计 90.6 亿美元,2007 年比 2002 年增长 12 倍,跃居全省第二、跻身全国十强。全民创业态势强劲,新增私营企业、个体工商户数和个体工商户总数连续四年列全省首位;成为省内第二个、全国第六个私营企业超 10 万家的城市;私营企业注册资本突破 2000 亿元,在全省排名五年内由第 5 位前移至第 2 位。建筑企业成功实现体制转型,建筑业市场竞争力居全国前列。

——*经济质态在发展方式转变中明显优化*。五年来,三次产业结构由 16.3∶51.6∶32.1 优化为 8.2∶56.7∶35.1,财政总收入占 GDP 比重由 10.1%提高到 14.2%,工业经济效益综合指数由 132.2 提高到 240。第一产业内部结构继续优化,增加值五年增长 23.6%,高效农业面积和占比均居全省各市前列。五年来,高新技术产业产值增长 7.3 倍,占规模以上工业比重由 13.2% 提高到 23.8%。在产能翻番的情况下,万元 GDP 综合能耗下降一成多;主要污染物 COD、SO_2 排放强度分别下降 48%和 46%,近两年 COD 和 SO2 排放总量分别下降

6.2%和11.8%。

经过五年奋斗,社会建设正呈现出全面进步、和谐奋进的生动局面。

——公共服务和社会管理水平在制度创新中不断提升。建立财政投入向公共服务领域倾斜的支出保障制度,五年来财政公共服务投入232亿元,占全部财政支出的47.9%。在全省率先对城乡所有义务教育阶段学生免收学杂费,率先建立城镇居民、农村居民、专业渔民低保制度和被征地农民基本生活保障制度,率先建立计划生育贫困家庭救助、低保边缘群体临时救助等制度。城乡社会保险覆盖面不断扩大。农村社区卫生服务体系、城镇住房保障体系、城乡社会救助体系基本形成。突发公共事件应急机制、食品安全动态监测机制初步建立。在全国首创并不断优化社会矛盾纠纷大调解机制,平安南通建设扎实有效,再获"全国社会治安综合治理优秀市"称号,在首届中国最安全城市评选中,我市位居全国地级市首位。继续蝉联"全国双拥模范城"称号。

——人民群众在又好又快发展中得到更多实惠。五年来,城镇居民人均可支配收入、农民人均纯收入分别增长90%、67%;城乡居民储蓄存款余额、社会消费品零售总额分别增长96%、108%;累计提供城镇就业岗位110万个,城镇登记失业率持续低于全国、全省平均水平。2007年底农村劳动力转移总量216万人,全省领先。城镇人均住房建筑面积30.22m^2,农村人均钢筋、砖木结构住房面积50.4m^2,比2002年底分别增加6.3m^2、5.1m^2。

——全市上下在大发展中形成了政通人和、心齐气顺、风正劲足的良好氛围。"创业创新创优"的新时代江苏精神和"包容会通、敢为人先"的新时期南通精神得到弘扬,社会各阶层和全体建设者积极性持续高涨,社会各方面和衷共济,全市上下始终保持了昂扬向上、团结拼搏、奋发实干的精神状态。这是南通人民的光荣与自豪,也是南通人民宝贵的精神财富,必将激励南通人民在"全面达小康、建设新南通"征程中追求新的更加美好的理想和目标!

五年来,我们主要抓了以下几个方面工作:

(一)坚持"两个率先",着力推进跨越发展。

以沿江沿海开发为主战场,不断拓展发展新空间。大力实施沿江开发、江海联动战略,五年共完成150项重点工作。推动江海岸线高效利用、港口联动开发。制定并实施《南通市沿江开发详细规划》、《南通港总体规划》等7项规划。整合整治开发沿江深水和中深水岸线23.34公里,新增万吨级以上泊位18座。洋口港、吕四港开发实质性启动并取得重大突破。推动临港产业集群发展。新兴支柱产业快速崛起,沿江先进制造业走廊基本形成。造船完工量274万载重吨,为2002年的5.5倍;电子信息产业增加值五年增长5.1倍。占全市面积30%左右的沿江前沿区域实现了全市近60%的GDP、60%以上的工业销售收入、65%左右的财政收入,比2002年分别提高6个、8个、5个百分点。沿海电力及新能源等基础产业发展态势良好,已建及在建4个风电项目装机总容量45万千瓦。科学统筹沿江沿海产业布局,各县(市)临港临海产业园区要素集聚功能不断增强。

以改革开放为主动力,不断激发发展新活力。积极创新大发展的体制机制。国有企业改革实现决战决胜,国有经济布局调整基本完成,市级国有资产管理、监督和营运体系初步建立;事业单位分类改革走在全国前列;行业协会、商会作用进一步强化;投融资体制改革深入推进,新增境内外上市企业7家。积极构建"外事、外资、外贸、外经、外智、外宣"统筹的大开放格局。持续推动利用外资"撑杆跳",注册外资实际到账年均增长67.1%,新批项目平均单体规模1040万美元、为2002年的7.8倍,进出口总额123亿美元、年均增长25.9%,外经合作连年保持全省领先;口岸通关效率进一步提高;全市省级以上开发区GDP占全市比重提高23.4个百分点,南通经济技术开发区GDP增长2.87倍;对外交流与合作不断扩大;引进国外智力工作全省领先。积极争创江苏民营经济第一大市。大力推动全民创业,积极实施"名企名品名人"工程,民资投入占全社会投入比重达75%,民营经济增加值占GDP比重达47%,中国名牌产品总数达26个、跃居全省第三;建筑业施工产值超过1300亿元,为2002年的3.4倍。积极引进国有资本投入。石油、电力、造船、钢铁、化工、重装备等行业的16家中央国有大型企业的重大项目纷纷落户南通,五年投入210亿元。

以重大项目为主抓手,不断形成发展新支撑。主攻牵动产业发展的重大项目,五年共实施市级重点建设项目255个、完成投资超过1300亿元,新开工亿元以上项目530个、完成投资894亿元。全社会固定资产投资五年累计4183亿元、增长3.1倍。投资超100亿元的王子制纸、江苏LNG,投资50亿元左右的中远川崎二期、熔盛造船以及19个投资超10亿元的产业项目相继开工建设。

(二)坚持统筹协调,着力推进科学发展。

突出加快新型工业化,推动经济结构优化升级。大力实施"以工兴市"第一方略,规模以上工业增加值增幅连续47个月超全省平均水平,总量前移至全省第四;工业增加值突破1000亿元、占GDP比重由43%提高到47.8%。加速发展先进制造业和基础产业,规模以上工业增加值中重工业占55%,比2002年提高10个百分点;电子信息、机械、电力、船舶、冶金、化工医药行业增加值占规模以上工业的比重超过50%。着力扶持大企业(集团)发展,年销售收入超10亿元工业企业39家,为2002年的7.8倍。大力推动服务业发展,重点发展物流、金融等生产性服务业,现代服务业增加值占服务业的比重五年提高5.2个百分点。全社会物流总量2.3亿吨,五年增长1.5倍。年末金融机构本外币贷款余额1497.96亿元,为2002年末的2.8倍。国家4A级、3A级景区五年分别增加3个和11个,被评为"中国优秀旅游城市"。

突出科教优先、环保优先、节约优先,推动可持续发展。深入实施科教兴市、人才强市战略,跻身全国科技进步先进市和人事人才工作先进行列,在全国率先实现创建全国科普示范县(市)区"满堂红"。2007年全社会研发投入27.65亿元,为2002年的5.9倍。南通高新技术创业中心成功创建国家级孵化器,产学研相结合的技术创新体系初步建立。不断加大环境保护力度,全社会环保投入五年累计197亿元。污水日处理能力由7.8万吨增加到48.8万吨,其中市区由5.3万吨增加到25.5万吨,市区生活污水处理率75.6%、提高47个百分点。提高环境准入门槛,积极淘汰落后产能,对化工企业进行专项整治,关闭小化工企业115家。启动生态市创建,获"保护臭氧层示范市"、"全国水环境治理优秀范例城市"称号,六县(市)全部建成国家级生态示范区。严格海域使用管理,海洋环境保护和生态建设得到加强。启动实施"1668"行动计划和"双百"

工程,资源能源利用水平不断提高。严格耕地保护目标责任,连续16年实现耕地占补平衡。

*突出区域统筹,推动城乡协调发展。*加大统筹城乡发展力度,扎实推进"民富、村美、风气好"的新农村建设。实施农民收入倍增工程,加快发展现代农业。坚持以项目农业助推高效农业规模化发展,提高农业综合生产能力,农业综合开发和农机装备水平显著提高,农产品出口创汇和标准化工作位居全省前列。以税费改革为重点,深化农村改革,农民负担明显下降,村级债务总体下降50%。加强农村基础设施和环境建设,农村五件实事全面完成,新五件实事有序推进;农民集中居住区村庄建设规划全面完成,小康示范村建设取得阶段性成效。按照"拓展规模、完善功能、雕琢个性、提升形象"的总要求,大力推进城市建设。强化规划龙头作用,五年编制规划103项,城乡规划基本全覆盖。加大中心城市建设力度,市区城建投入五年累计超过200亿元。完善市区道路网络,人均道路面积15.5m²,五年新增7m²。实施公交优先方针,公交出行率得到提高。市区日供水能力由50万吨增加到90万吨。电话号码升至8位。大力加强城市管理,着力改善城市环境,濠河综合整治和历史风貌保护工程获中国人居环境范例奖;市区人均公共绿地面积9.8m²,五年增加4.9m²;130多个老小区和67个新村组团实行了集中改造,配套设施进一步完善。大力推进"五城同创",建成国家环保模范城市、国家卫生城市,创建园林城市通过国家专家组评审,完成国家历史文化名城申报工作,文明城市创建经验成为全国典型。

(三)坚持以人为本,着力推进和谐发展。

*不断完善保障体系。*统筹推进城乡养老保险,城镇基本养老保险参保86.5万人,农村养老保险参保120万人,比2002年分别增加26万人、8.61万人。加快城乡医疗保险全覆盖,城镇职工基本医疗保险参保114万人,为2002年的2.3倍;城镇居民医疗保险全面推开,市区参保24万人,覆盖率99%;新型农村合作医疗参保527万人,覆盖率95.9%。努力提高城乡低保水平,在"应保尽保"的基础上,先后3次提高保障标准。着力构建"六管齐下"住房保障体系,廉租房制度、保障性商品房的做法在全国介绍。抓好特殊群体保障,农村五保户供养水平和集中供养率不断提高。

*大力发展社会事业。*优先发展教育事业,国民教育体系进一步完善。扎实推进素质教育,全市中小学全面建成省合格学校,高中教育基本普及,教育质量持续领先。中高职业院校在校生由9万人增加到19万人。南通大学成功组建,办学规模突破3万人。成人教育、幼儿教育、特殊教育不断加强。加快构建和完善新型公共卫生体系和医疗服务体系。城乡公共卫生体系健全率98%,疾病预防控制体系不断健全,重大疾病防治工作取得新进展。扎实推进文化大市和体育强市建设。建成南通博物苑新馆等一批文化设施,环濠河文博馆群基本形成。新增全国重点文物保护单位5处、国家级非物质文化遗产2项。版权保护工作全国领先。以"江海志愿者"、"爱心邮路"、"无红包医院"等为代表,精神文明"南通现象"在全国产生重大影响。体育会展中心顺利建成。以改革创新精神成功承办举办第九届亚洲艺术节、省第十六届运动会、省第五届园艺博览会、世界大城市带发展高层论坛等系列重大活动。全民健身体系基本形成,全国和省级体育后备人才基地建设取得新成绩。人口和计划生育工作保持全国领先,人口连续10年负增长。广播电视事业快速发展,五年新增有线电视用户100万户。依法维护妇女、儿童和青少年权益,老龄事业、残疾人、关心下一代、老区开发、红十字和慈善等工作进一步加强。

*全面加强社会管理。*扎实推进民主法制建设。基层民主得到发展。"四五"普法受到省委、省政府表彰,"五五"普法进展顺利。法治合格县(市、区)和合格乡镇(街道)创建成效显著,法治南通建设走在全省前列。切实维护社会稳定。公众安全感连续五年全省领先,防范和处理邪教工作被评为全国先进。大调解、大防控体系不断完善。大信访格局加速形成,信访总量五年下降24%。全面加强安全生产,各类安全事故起数和死亡人数连年下降。整顿规范市场经济秩序工作和社会信用体系建设不断强化,食品药品安全监管和市场价格监管扎实有效。国家安全、国防动员、民兵预备役、双拥共建、优抚安置、人防等工作取得新成绩,海安角斜红旗民兵团新时期民兵建设经验在全国推广,如东环港女炮排被省委、省政府、省军区命名为"海防模范女炮排"。新闻出版、哲学社会科学、侨务、台湾事务、民族、宗教、地方志、统计、机关事务管理、气象、防震、档案、无线电管理、保密等工作进一步加强。

*切实维护群众利益。*注意从实际出发,量力而行、尽力而为,尽可能解决好与民生相关的现实问题。积极稳妥推进企事业单位改制,认真落实拆迁安置政策,有效保障广大职工和被征地农民的合法权益。着力构建人民来信来访、政府服务热线、市长信箱"三位一体"的诉求表达机制,五年共受理、答复、处理市民建议、求助、投诉等方面的电子邮件近4万件、来电8万多个、来信来访约30万件次,解决了一大批事关群众切身利益的问题。加强专项治理,切实纠正损害群众利益的不正之风。

过去的五年,我们积极适应经济社会发展的新形势、新要求,不断转变政府职能,政府自身建设得到加强。坚持服务发展、服务群众。深化机关作风建设,大力争创全省最佳办事环境,认真贯彻《行政许可法》,削减行政审批事项,规范行政许可行为,市级行政审批事项减少811项,减幅78.1%;形成并坚持重大项目领导办公会制度,大企业(集团)、小巨人企业会办制度,外资、民营企业会办制度等系列推进制度,有力促进了各类企业的发展和重大项目的推进。坚持为民办实事制度,累计安排实事项目46件81项,各级财政投入75亿元,其中,市本级财政投入24亿元。坚持优化决策、推动落实。五年共实施重点调研课题近200项,90%以上的调研成果得到转化。从基础做起,在重点上突破,在难题化解上下功夫,市政府确定的525项重点工作全面完成。坚持依法行政、廉洁从政。注重政府法制建设,完善监督协调机制,不断规范行政执法行为,全面推开相对集中处罚权工作,建立行政首长出庭应诉制度,依法保障公民的知情权、参与权和监督权。认真贯彻市人大及其常委会的决议、决定,及时主动报告工作,自觉接受市人大的法律监督和工作监督;主动接受市政协的民主监督及社会各界的日常监督。五年共办理人大议案和政协建议案各10件,办理人大代表建议、批评、意见1644件和政协委员提案2772件,代表、委员满意基本满意率逐年提高,2007年分别达98.1%、97.3%。认真执行党风廉政建设情况报告、述职述廉等制度,严格政府采购制度,全面实行工程建设招投标、经营性土地使用权招拍挂出让制度,试行政府投资项目代建制,不断强化审计监督。严肃查处违法违纪违规行为。

回顾五年的工作,我们深感成绩来之不易。这一切,归功于省委、省政府和市委的正确领导,得益于历届领导班子打下的坚实基础;这一切,是全市人民齐心协力、拼搏奉献的结果,也离不开所有海内外朋友的关心、支持和帮助。我和市政府全体同志心存感激、充满敬意。请允许我代表市人民政府,向广大干部群众,向人大代表、政协委员和离退休老同志,向各民主党派、工商联、各人民团体和各界人士,向人民解放军、武警驻通部队官兵、公安干警和部、省驻通单位,向一切关心和支持南通发展的海内外朋友,致以崇高的敬礼和衷心的感谢!

我们清醒地看到,我市经济社会发展和政府工作存在的问题仍不容忽视。一是人均 GDP、人均财政收入等仍然低于全省平均水平。二是产业层次仍然不高。第三产业比重还偏低,结构性矛盾仍比较突出。自主创新能力不强,全社会研发投入占 GDP 比重、高新技术产业产值占规模以上工业比重均低于全省平均水平。三是发展方式有待进一步转变。节能降耗、污染减排的任务还很艰巨,生态环境有待进一步改善。四是农民持续增收难度加大,农村社会保障体系建设还相对薄弱。五是社会建设有待进一步加强。城乡居民就业结构性压力尚未得到根本缓解,部分弱势群体生活还比较困难,医疗、教育和城市交通、住房等方面还存在群众不满意的问题。六是政府自身建设存在薄弱环节。有些部门职能转变滞后,社会管理和公共服务需要继续加强。对此,必须高度重视,认真加以解决。

二、今后五年的目标任务

今后五年是南通"全面达小康、建设新南通"的决胜期,也是基本实现现代化的起步期,将由"第一个率先"向"第二个率先"迈进。南通已进入一个全面腾飞的黄金发展期,按照省委、省政府对南通提出的"建设江苏新的增长极"的要求,下届政府工作的指导思想建议为:高举中国特色社会主义伟大旗帜,以邓小平理论和"三个代表"重要思想为指导,深入贯彻落实科学发展观,根据党的十七大提出的实现全面建设小康社会奋斗目标的新要求和省、市党代会精神,继续遵循"依托江海、崛起苏中、融入苏南、接轨上海、走向世界、全面小康"的总体思路,坚持跨越发展、科学发展、和谐发展,着力推进改革开放,着力转变发展方式,着力改善人民生活,加快建设经济发达、文化繁荣、政治清明、社会和谐、生态文明、人民安康的新南通,全面建成老百姓认可的更高水平小康社会,奋力开启向基本现代化迈进的新征程。

今后五年的奋斗目标建议为:

——*全面小康建设的水平更高*。力争人均 GDP 等主要均量指标达到或高于全省平均水平,部分均量指标赶上苏南。到 2012 年,GDP 和人均 GDP 均比 2007 年翻一番以上,分别突破 4500 亿元、60000 元,经济总量在全国大中城市排名前移 2 位以上;一般预算收入突破 350 亿元、年递增 20% 以上,财政总收入占 GDP 比重超过 17%;城镇居民人均可支配收入、农民人均纯收入分别超过 28000 元和 12000 元。

——*全面小康建设的质量更优*。2012 年二三产业增加值占 GDP 比重 95% 左右。自主创新能力显著增强,2012 年高新技术产业产值占规模以上工业比重超过 30%,全社会研发投入占 GDP 比重超过 1.8%。全市总体上进入环境优化发展阶段,2012 年万元 GDP 能耗降至 0.66 吨标煤以下,主要污染物 COD 和 SO_2 排放总量在 2010 年比 2005 年分别削减 14.7% 和 29.5% 的基础上继续下降,环境质量综合指数超过 85 分。区域协调发展机制进一步形成,城乡差距、南北差距不断缩小,2012 年城市化率力争达 60%。

——*全面小康建设的进程更快*。确保 2010 年、力争 2009 年在全省江北率先达到省定全面小康指标值;2010 年以县(市)为单位达到省定全面小康指标值,成为全省江北第一个小康县(市)群。同时,不断巩固以市和以县(市)为单位的全面小康成果,加快以乡镇为单位建成全面小康社会,为在下一个十年实现"第二个率先"目标打好基础、争得主动。

——*全面小康建设的领域更全*。经济、政治、文化、社会建设"四位一体"同步推进,基层民主制度更加完善,政治、经济和社会生活纳入法治化轨道,群众权益和公平正义得到较好保障,公众安全感进一步增强;社会主义核心价值观深入人心,全民文明素质不断提升,文化强市建设取得重大进展,覆盖城乡的公共文化服务体系基本形成,建成一批新的惠民利民的文化标志性工程,文化软实力显著增强;社会事业实现更大发展,科教人才优势更好发挥,教育现代化基本实现,2012 年高中阶段教育毛入学率和高等教育毛入学率分别超过 95% 和 50%。

——*全面小康建设的成效更实*。城乡居民共享经济社会发展成果,生活质量和生活环境显著改善,大多数家庭达到全面小康生活水平,消除绝对贫困现象。市场物价基本稳定,社会就业更加充分。覆盖城乡居民的社会保障体系基本建立,城镇低收入家庭住房保障制度建设全国领先,人人享有基本生活保障和基本医疗卫生服务,2012 年城镇养老、医疗、失业保险覆盖率和新型农村合作医疗覆盖率均达 99%。

实现上述目标,需要按照科学发展观的要求,突出富民优先、科教优先、环保优先、节约优先,着重把握以下几点:

(一)坚持解放思想,更加注重走具有南通特色的又好又快发展之路。坚持实事求是、一切从实际出发,自觉把上级精神与南通实际结合好,主动顺应沪苏通"金三角"发展趋势,抢抓区域枢纽地位加速形成带来的历史机遇,放大靠江靠海靠上海、连通苏北的独特优势,扬长避短,开拓奋进,加速把阶段性优势转变为长期性优势、潜在优势转变为现实优势、局部优势转变为整体优势、现实优势转变为竞争优势。

(二)坚持改革开放,更加注重调动一切积极因素。拓展改革开放的广度和深度,构建有利于推动科学发展、促进社会和谐的体制机制。以"包容会通、敢为人先"的新时期南通精神激励斗志,以"创业创新创优"促"企业增效、群众增收、财政增长",以正确处理和及时疏导社会矛盾提升发展合力,巩固政通人和、同舟共济建设全面小康社会的生动局面。

(三)坚持统筹协调,更加注重转变经济发展方式。坚持统筹兼顾的根本方法,更好地统筹城乡、区域、经济社会、人与自然和内外协调发展,增创跨越发展、科学发展、和谐发展的特色优势。坚持好字优先,增强发展的协调性,推动经济增长由主要依靠投资、出口拉动向依靠消费、投资、出口协调拉动转变,由主要依靠第二产业带动向依靠三次产业协同带动转变,由主要依靠增加物质资源消耗向主要依靠科技进步、劳动者素质提高、管理创新转变,加快建设资源节约型、环境友好型社会。

(四)坚持以人为本,更加注重改善民生。把改善民生作为构建和谐社会的首要任务,以实现全体市民学有所教、劳有

所得、病有所医、老有所养、住有所居为重点,着力增强改善民生的普惠性,着力完善保障民生的制度性安排,着力解决影响民生的突出问题,加强社会建设和管理,大力推进基本公共服务均等化,普遍提高人民生活质量,更多改善城乡低收入群众尤其是困难群众的基本生活,让发展成果惠及更多的老百姓。

经过五年的努力,南通将率先在江苏江北建成更高水平小康社会,并为基本实现现代化奠定坚实基础;经过五年的努力,南通将取得建设"北上海"的阶段性突破,在构建沪苏通"小金三角"中将有更大作为,在建设江苏新的增长极中将有更大贡献,基本建成融入上海一小时都市圈的区域枢纽城市、江苏江海交汇的现代化国际港口城市、长三角北翼经济中心和国内一流宜居创业城市,全面腾飞的新南通将更加充满生机与活力,南通的明天将更加美好!

三、2008 年工作建议

2008 年,是全面贯彻落实党的十七大战略部署的第一年,是实施"十一五"规划承上启下的一年,是建设全面小康社会的攻坚年,也是改革开放 30 周年和奥运盛会的举办年,做好 2008 年工作意义重大。当前,宏观经济环境不确定因素有所增加,做好今年工作,要进一步增强又好又快发展的信心,也要充分估计前进中的突出问题和潜在隐忧,进一步增强忧患意识,更加积极地抓好机遇、应对挑战、趋利避害、把握主动。根据市委十届四次全会精神,建议今年全市经济社会发展的主要预期目标为:GDP 增长 15% 左右,万元 GDP 综合能耗下降 4% 左右,主要污染物 COD、SO_2 排放总量分别削减 3.1% 和 6.6%,地方一般预算收入增长 20% 以上,全社会固定资产投资增长 18% 以上,社会消费品零售总额增长 15% 左右,城镇居民人均可支配收入、农民人均纯收入分别增长 11% 和 10% 以上,居民消费价格总水平涨幅不高于全省平均水平,城镇登记失业率控制在 3.8% 以内,人口自然增长率控制在零以下。

实现上述目标,建议重点抓好以下八个方面工作:

*(一)进一步推动产业结构优化升级,加快经济发展方式新转变。*坚持走新型工业化道路,调整优化产业结构,力争二三产业增加值占 GDP 比重提高 1.3 个百分点。大力发展先进制造业。调强支柱产业。重点发展装备制造、电子信息、石油化工、电力能源、现代纺织服装、轻工食品等六大支柱产业,加快向产业链高端攀升。鼓励扶持船舶修造与配套、港口机械、节能环保设备等装备制造业加快发展,力争形成 2000 亿元的产出规模。围绕打造中国乃至世界"船谷",强势推进船舶产业发展,力争造船完工量达 420 万载重吨。大力发展电子信息和新能源、新材料、新医药等新兴产业,力争高新技术产业产值达 1150 亿元,占规模以上工业比重提高 1 个百分点。调高产业层次。运用信息技术和先进适用技术改造提升传统产业,不断提高产品附加值和市场竞争力。调大企业规模。继续实施企业梯度培育工程,促进生产要素向优势企业集中,培育一批技术领先、拥有自主品牌的大企业、大集团,确保年销售收入超 20 亿元工商企业达 25 家,其中,50 亿~100 亿元企业 4 家,超 100 亿元企业 1 家。大力发展现代服务业。重点发展现代物流、金融保险、商务科技等生产性服务业,加快建设现代服务业集聚区,力争服务业比重提高 1 个百分点、生产性服务业增速比服务业快 1 个百分点。加快港口物流园区、火车站物流中心等物流载体建设,着力推进沿江货主码头整合,大力发展第三方物流。深入落实金融业发展扶持政策,加快现代金融服务体系建设,完善金融服务功能。大力扶持服务外包、软件、会展等产业发展。加大项目建设和市场开发力度,着力发展集江风海韵与文化底蕴于一体的特色旅游。有针对性地实施土地增量供给措施,强化房地产市场监管,稳定住房价格,推动房地产业健康发展。改造提升传统服务业,积极支持家用纺织、电动工具、花卉苗木、建材家装等专业市场建设,继续发展商贸流通、宾馆餐饮等服务业。大力发展现代高效农业。继续争创全省高效农业规模化第一市,力争亩净收益 2000 元以上农田占比提高 5 个百分点,"三资"开发农业投入增长 30% 以上,新建高效农业规模化示范区 2 个。着力提升农业产业化经营水平,做强 55 个市级以上龙头企业,扶持 48 个重点项目,新建 10 个重点园区和 150 个合作经济组织。突出抓好循环农业、生态农业,新增无公害农产品 30 个、绿色食品 15 个、有机农产品 5 个。扩大农业政策性保险试点,强化农业资源综合开发,提高农机装备水平,健全农业社会化服务体系,增强农业综合生产能力。加强重大动物疫病防治。大力提高自主创新能力。围绕建设创新型城市,积极培育科技创新主体,引导鼓励企业加大研发投入,争取新增省级以上高新技术企业 20 家和市级以上企业技术中心 15 个,工程技术研究中心、重点实验室 20 个。加强产学研合作,力争培育 200 家示范企业,实施 200 个合作项目。继续推进"人才特区"建设,积极引进高层次人才和科技领军人物。扎实推进国家知识产权试点市建设。加快推进南通科技创业社区建设,提升各级高新技术服务中心孵化功能。大力提高土地节约集约和科学利用水平。严格耕地保护制度,继续保持耕地占补平衡。强化计划调控,切实盘活存量土地,进一步完善重点项目用地直供制度,建立节约集约用地评价体系和考核制度。

*(二)进一步加大统筹力度,加快构建城乡发展一体化新格局。*统筹城乡互动发展。着力推进城乡发展规划一体化、经济发展一体化、基础设施一体化、公共服务一体化、就业社保一体化和管理体制一体化,加强县(市)城和临海、滨江新城建设,加快培育重点中心镇,不断完善以中心城市为核心,县(市)城、中心镇、一般镇和村庄(社区)分工合理、层级分明、功能配套的城乡互动发展体系。加强区域发展统筹规划,加快建立市县两级跨区域间的规划协调、对接机制。积极探索以工促农、以城带乡的新路子,促进城乡生产要素良性互动,加快基础设施、公共服务向农村覆盖,推动城市优质社会事业资源进一步向农村延伸。重点推进城乡道路、水利设施等建设和区域供水,促进基础设施共享共用。加强农村公共服务,基本实现村级公共服务中心全覆盖。深入推进"民富、村美、风气好"的新农村建设。巩固完善强农惠农政策,大力发展农村非农产业,继续实施农民收入倍增工程,促进农业持续增效、农民持续增收、农村持续发展。积极稳妥推进农民集中居住区和农村新社区建设,提高基础设施通达配套水平。开展以"六清六建"为重点的农村人居环境建设和综合整治试点工作。继续强化农村集体资产和财务管理,规范"一事一议"筹资筹劳。发展壮大村级集体经济。继续加大对经济薄弱村扶持力度,抓好扶贫和老区开发。着力增强和完善中心城市功能。完成新一轮城市总体规划修编。组织编制市区分区规划、重要历史街区地段保护规划等 18 项规划。继续拉开市区道路框架,规划建设出城快速通道,不断完善环内路网。加快新城区东拓、南接、西连和中央商务区建设,提升开发区服务配套功能,推进北翼新城

建设。进一步提升主城区功能,注重城市设计和风貌保护,积极推进老小区综合整治和危旧房、"城中村"改造,加快公交枢纽站、换乘中心等基础设施建设,努力解决交通拥堵和停车难问题。继续推进狼山风景区整体开发和苏通大桥北桥头区规划建设。重点做好唐闸地区、寺街历史街区保护性改造。深化落实市容环卫责任区制度,不断完善市区市容环卫管理考核机制。积极推进数字化城管,提高城市综合管理水平。

(三)进一步放大开放领先、改革率先效应,加快构筑体制机制新优势。认真总结改革开放30周年的宝贵经验,不断加快市场化和经济国际化进程。继续巩固开放型经济全省第一方阵地位。注册外资实际到账、外贸进出口总额保持较高发展水平,外经主要指标继续保持全省领先,开发区努力跻身全省中上水平。着力扩大开放领域。引导外资投向现代服务业、高端制造业、现代农业、节能环保等产业领域,不断拓展利用外资新空间。重点突破电子信息、服务外包、金融、物流、会展、中介等领域招商,力争取得较大进展。着力优化开放结构。根据内外资企业所得税并轨的新情况,注重发挥区位、资源比较优势,大力提高临港型、临海型、龙头型、基地型项目比重。确立"不求所在、但求所得"的国民财富观,大力实施"走出去"战略,组织推动企业尤其是民营企业到有市场、有资源的国家和地区参与合作。根据国家外贸政策调整方向,推动加工贸易转型升级,确保外贸出口额突破100亿美元,力争机电产品、高新技术产品出口比重提高2个百分点。着力提高开放质量。提高准入门槛,建立招商选资新机制,更多引进土地集约利用水平高、对地方就业和税收贡献大的项目。实行引进项目和引进创新资源相结合,扩大招才引智,引进跨国公司研发机构和地区总部,促进外资企业本土化。加强开发区功能配套、体制创新和区中园建设,注重培育开发园区的政务、商务、生态环境等综合竞争优势,全面提升创新功能和产出效能。力争南通开发区在全国国家级开发区中排名前移2位,13个省级以上开发区GDP占全市比重提高3个百分点以上。进一步完善"外事、外资、外贸、外经、外智、外宣"统筹的大开放格局。继续争创江苏民营经济第一大市。保持个体工商户数全省第一、私营企业数及私营企业注册资本全省第二的地位。重点打造信息技术、咨询服务等八大公共服务平台,推动民营经济由总量与速度的赶超向质量与效益的赶超转变。做强优势板块,进一步发挥50个重点工业集中区集聚功能,壮大家用纺织品、电动工具等20个特色产业集群,力争重点工业集中区规模企业主营业务收入占全市比重提高2个百分点;着力打造全国一流建筑强市,力争建筑业施工产值超过1500亿元。做大单体规模,力争销售收入亿元以上民营工业企业超过500家,规模以上民营企业增加400家。做多优势品牌,深入实施"名企名品名人"工程,争创中国名牌产品5个、驰名商标3件。深入推进重点领域和关键环节的改革。巩固和完善行政审批制度改革、事业单位分类改革、市区两级财权和事权管理体制改革等成果。推进国有资产监管全覆盖,确保国有资产保值增值。完善公共财政体系,提升公共财政保障水平。深化投融资体制改革,继续试行政府投资项目代建制。深化农村综合改革,坚持农村基本经营制度,加快建立市场化的土地承包经营权流转制度,鼓励农村土地集约经营,继续推进集体建设用地使用制度改革。加快现代市场体系建设,进一步发展壮大土地、产权、技术、人力资源等要素市场,积极培育资本市场,力争新增上市公司4家以上。探索绩效管理新形式,促进机关职能转变。探索社会公益型事业单位"管办分离",加快推进公用事业领域"管养建分离"。深入推进接轨上海。加快基础设施的全面对接,进一步推动港航、交通、信息、金融、旅游等方面的共建共享,进一步加强与上海的产业合作。

(四)进一步抢抓大桥通车、海港通航机遇,加快拓展江海开发新空间。按照省委、省政府提出的"苏中及沿海地区要充分利用苏通大桥开通的机遇,着力形成江海联动、跨江联动发展新格局"的最新要求,紧紧抓住大桥通车、海港通航等重大契机,更大力度实施江海联动开发。加快推进港口建设。进一步加快沿海深水大港开发,洋口港全面完成陆岛通道和太阳岛二期工程,同步推进10万吨级液化气码头、万吨级通用码头建设,确保如期通航;吕四港确保建成2个3.5万吨级散货码头,完成进港航道一期工程。进一步整合提升沿江港口功能,重点推进天生港区、南通港区、任港港区岸线整合以及横港沙、如皋沙群、新开沙及其夹槽整治,加快新通海沙、长江北支和如皋港区岸线开发,力争新增万吨级以上生产性泊位4座,全市港口货物吞吐量达1.4亿吨。强势推进临港临海产业集聚。重点发展以中远川崎、熔盛造船、振华港机、二重装备等为代表的装备制造业,以王子制纸为代表的纸制品业,以如东风电等为代表的电力能源业,以南通宝日制钢合金钢、上海二钢线材为代表的钢制品业,以沙钢物流为代表的现代物流业。大力发展海洋经济。全力推进120个市级重点建设项目和60个市级重大储备项目。继续推进重大基础设施建设。做好苏通大桥通车准备工作。开工建设崇启大桥、崇海大桥。推进江海高速海安如皋段、204国道南通段扩建、苏334线复线等续建工程。力争沪通铁路年内开工,加快推进洋口港铁路建设,积极做好沪通城际轨道交通、宁启铁路复线电气化改造、如皋港铁路等前期工作。推动兴东机场升级改造。

(五)进一步加大节能减排力度,努力推动生态文明建设新突破。发挥政府主导作用,强化企业社会责任,深入开展节能减排全民行动,建立健全有效的激励和约束机制,确保完成节能减排目标,进一步减少经济发展的资源环境代价。打好节能减排攻坚战。推进工程节能减排,实施节能技改、循环经济、清洁生产和资源综合利用项目200个;重点推进日处理能力2万吨以上的15个污水处理项目建设,力争市区及各县(市)城生活污水集中处理率达80%、乡镇生活污水集中处理率达30%;加快实施华能电厂等脱硫工程。推进结构节能减排,深入开展化工行业整治,提高各类化工集聚区污染集中处理能力,加快姚港化工区重点三类企业搬迁改造,在确保提前完成省定关闭小化工企业任务的同时,对市区39家沿江化工企业实施专项整治;突出抓好冶金、化工、电力、纺织、建材五大重点耗能行业的节能改造,大力推进墙体材料革新和建筑节能;实行总量控制与项目限批挂钩,完不成减排任务的区域,一律不得新上项目。推进监管节能减排,进一步完善执法体系,制定并实行节能减排统计、监测和考核的具体方案和办法,强化目标责任制,严把项目准入关,严格实行节能减排一票否决制和问责制;加快推进通海片区钢丝绳行业整治,开工建设开发区热处理中心和环境基础设施,年内确保完成50%的工程量;根治观音山地区印染行业污染源,基本完成主要河道清淤整治;对100家重点耗能企业、100家重点污染企业实施重点监管,特别是对年排SO_2超1000吨的9家电厂和年排COD超100

吨的65家企业落实减排监管措施。大力推进生态市创建。以开展多种形式的创建活动为抓手,加强环境建设和生态修复,力争水域功能区水质达标、环境质量综合指数80分以上。加快环境优美乡镇、生态村和绿色单位、绿色家庭创建进程,力争建成国家环境保护模范城市群。着力做好水、大气、土壤等污染防治工作,切实加强饮用水源地环境保护。加强海洋生态环境监管,推进生态海洋建设。提升城市绿化水平,力争绿化覆盖率达42%。加快沿江、沿海、沿河、沿路绿化带建设,力争林木覆盖率达18%以上。积极改善农村生态环境,加强面源污染综合治理,全面实行生活垃圾集中处理。

(六)进一步加强社会建设,努力满足人民群众改善民生新期待。办好教育事业。加大财政投入,规范教育收费,全面化解农村义务教育债务,保障经济困难家庭、进城务工人员子女平等接受义务教育。扎实推进区域教育现代化,力争2个县(市、区)达标。深入推进素质教育,提升九年义务教育质量,巩固普及高中阶段教育成果。扩大优质教育资源覆盖面,推动义务教育均衡发展。建设一批公共平台、实训基地,积极支持职业院校改扩建,重点发展与地方经济联系紧密的专业,提高职业院校人才培养的适用性。统筹发展成人教育、幼儿教育和特殊教育。继续支持南通大学加快新校区建设。办好卫生事业。进一步加强公共卫生体系建设,提高城乡公共卫生服务效能和突发公共卫生事件应急处置能力。优化医疗资源配置,尽快发挥综合性医院改扩建效应,促进市区老城区优质医疗资源向港闸区、新城区、开发区延伸,全面提升医疗服务水平。加强镇村、社区和经济薄弱地区卫生机构的基础设施建设,全面建成覆盖城乡的社区卫生服务体系。严格控制医药费用不合理增长,努力减轻群众看病负担。深入创建"平安医院",巩固"无红包医院"创建成果,构建和谐医患关系。办好城乡就业和社会保障事业。积极实施《就业促进法》,完善城乡公共就业服务体系,鼓励支持自主创业、自谋职业和灵活就业。深入开展对就业困难人员的就业援助,动态消除零就业家庭,实施特困家庭大中专毕业生就业援助工程。认真贯彻《劳动合同法》,规范企业用工行为,普遍实行职工工资集体协商制度,建立企业职工工资正常增长机制和支付保障机制,着力构建和谐劳动关系。完善最低工资标准和城乡最低生活保障标准等正常增长机制。加快推进城乡社会保障制度并轨。不断扩大各类社会保险覆盖面,强化社会保险基金监督管理。扎实开展创建省人口协调发展先进县(市、区)活动,提高出生人口素质。实施计划生育家庭特别扶助制度和市区城市困难群众医疗救助制度,更好发挥江海志愿者作用,鼓励社会力量参与扶贫济困,进一步健全社会救助体系。以解决城镇低收入群众和特殊群体住房困难为重点,进一步完善"六管齐下"的住房保障体系。开工建设市民服务中心。集中财力物力,切实办好12件32项政府为民办实事项目。加强社会管理。进一步加强社区建设,改进物业管理,加快完善专业社工服务中心、外来人口管理服务中心、社会矛盾纠纷调处中心和治安视频监控中心。推动行业协会、商会改革和发展,充分发挥各类社会组织作用。深化平安南通建设。整合社会资源,加强社区警务,提升社会治安大防控水平,严厉打击各种违法犯罪活动,强化防范和处理邪教工作,切实维护社会稳定。畅通群众诉求渠道,完善大信访制度,充分发挥大调解机制作用,有效化解各类社会矛盾。严格安全生产责任制,健全监督体系,坚决防止重特大安全事故发生。切实增强全民国防观念,强化国防后备力量建设,大力支持驻通部队建设。继续做好人防、国家安全、防震减灾工作,加强重大气象灾害应急服务能力建设,全面构建公共安全屏障。深入整顿和规范市场秩序,开展放心消费创建活动,加快公共检测平台建设,建立产品质量和食品药品安全监管长效机制;完善以粮油、猪肉为重点的生活必需品储备体系,全面落实"菜篮子"行政领导负责制,切实做好价格监管和市场调控。更加重视发展老龄和残疾人事业,更好保障妇女儿童合法权益。继续加强哲学社会科学、关心下一代、地方志、统计、档案、无线电管理、保密等工作。

(七)进一步提升文化软实力,努力开创文化繁荣新局面,提升社会文明程度。以建设社会主义核心价值体系为引领,大力弘扬精神文明"南通现象"和新时期南通精神。积极实施公民道德建设工程,加强未成年人思想道德建设和青少年思想政治工作,制订实施公民素质提升计划,促进全民综合素质提高。继续推进社会信用体系建设,健全个人和企业联合征信平台。积极开展群众性精神文明创建活动,大力推进文明城市创建,力争建成全国文明城市。强化公共文化服务。建设市图书中心、新闻报业中心等一批文化设施,组织开展文化交流中心前期论证。加快乡镇和社区文化设施建设,力争70%的村建有"文化室"、"农家书屋"。加强文化遗产和非物质文化遗产的保护、开发与利用,传承江海特色优秀文化。大力开展全民健身活动,办好奥运火炬南通境内传递活动和市第九届运动会。实施有线电视数字化整体转换,力争市区转换25万户。继续推进农村有线广播电视共缆传输双入户,力争入户比例超过60%。积极繁荣文艺创作,力争参评全国"五个一"工程奖实现新突破。加快文化产业发展。发展壮大广播电视、印刷出版、文艺演出等传统产业;加快发展文博、工艺美术、民族民间工艺等特色产业;大力扶持发展文化创意、动漫游戏等新兴产业。

(八)进一步保障人民权益,努力实现民主政治新发展。大力发扬社会民主。不断健全民主形式,保证人民依法实行民主选举、民主决策、民主管理、民主监督。扩大基层民主,充分发挥城乡居(村)民自治等社会自治功能。自觉接受监督。自觉接受人大及其常委会的法律监督、工作监督。创造条件让人大代表享有重大事项知情权,在日常工作中广泛听取人大代表意见。严格执行人大及其常委会的决议、决定,虚心听取并认真落实审议意见,及时主动报告工作,规范性文件及时报人大常委会备案审查。自觉接受政协、民主党派的民主监督和社会各界的监督。积极支持政协履行职责和民主党派参政议政,重大事项进行民主协商。高度重视办好人大议案、政协建议案和人大代表建议、政协委员提案。进一步做好民族、宗教和侨务、对台工作。深入推进法治南通建设。进一步落实《法治南通建设实施纲要》,继续开展法治合格县(市、区)、合格乡镇(街道)创建活动,深入推进"五五"普法,引导群众依法参与公共管理,全面提高全民法治观念和法律素质。

面对贯彻落实科学发展观的新要求,必须坚持执政为民,严格依法行政,努力建设"行为规范、公正透明、勤政高效、清正廉洁"的政府。加快建设服务型政府。继续争创全省最佳办事环境,全力化解好项目用地、企业融资、征地拆迁等发展难题。创新服务手段,提高服务效能,实施电子政务二期工程,加快"数字南通"建设。深入推进政务公开,完善各类公开办事制度,加强新闻发言人制度建设,保障人民群众的知情权、参与权、表达权、监督权。切实提高行政执行力。进一步完善目标管理责任制、行政首长负责制、行政问责制和责任追究制,确保责任明确、政令畅通。进一步加强调查研究,完善决策信息和智力支持系统,健全公众参与、专家论证和政府决定相结合的行政决策机制。狠抓各项工作落实,继续实行重大项目会办、重点工作讲评等一系列措施,着力提高落实成效。不断增强政府公信力。认真落实《全面推进依法行政实施纲要》,严格按照法定权限和程序履行职责。进一步健全行政执法责任制。深入开展纠风治乱和专项治理工作,坚决纠正损害群众利益的行为。坚持标本兼治、综合治理、惩防并举、注重预防的方针,更加重视制度建设和源头防腐,以反腐倡廉的实际成果取信于民。加大执法监察、廉政监察、效能监察和财政资金使用监管力度,强化重点领域、重点部门和重点项目的审计。厉行节约,勤俭办事,努力降低行政成本。着力提高公务员队伍素质。加强公务员队伍建设,特别是各级领导干部的素质和能力建设,教育公务员在服从大局、遵守公德等方面做好表率,努力建设一支忠于职守、作风过硬、形象优良、清正廉洁的公务员队伍。

南通的发展前景无限美好,历史机遇催人奋进。让我们紧密团结在以胡锦涛同志为总书记的党中央周围,高举中国特色社会主义伟大旗帜,沿着党的十七大指引的方向,深入贯彻落实科学发展观,在省委、省政府和市委的正确领导下,紧紧依靠全市人民,开拓创新,再接再厉,为“全面达小康、建设新南通”而努力奋斗!

南通狼山

政府工作报告

泰州市人民政府市长　姚建华

(2008年1月10日)

一、过去五年工作回顾

2003年至2007年是泰州全面建设小康社会的重要时期。我们在中共泰州市委领导下,坚持以邓小平理论和"三个代表"重要思想为指导,认真贯彻落实科学发展观和构建和谐社会的重大战略思想,紧紧依靠全市人民,励精图治,奋发进取,全市改革开放和现代化建设取得了重大成就,圆满完成了市二届人大会议确定的目标任务。

*过去五年,是综合实力大幅提升的五年。*五年来,面对整个宏观发展环境趋紧的形势,积极采取有效措施,促进经济又好又快发展,提前和全面完成"五年总量翻番"任务。预计2007年地区生产总值1200亿元,是2002年的2.4倍,年均可比增长14.9%;财政收入210亿元,其中地方一般预算收入85亿元,分别是2002年的3.95倍和3.88倍;二、三产业增加值占GDP的比重达91.5%,比2002年提高5.4个百分点。扎实推进农业结构调整,农业综合生产能力进一步提高。以八大产业为主导的农业区域特色经济初步形成,粮食品种优质化率、特种养殖规模化水平位居全省前列,高效农业面积扩大到120万亩;农业产业化、市场化建设成效明显,累计新增农副产品加工企业800家、各类合作经济组织650家、农业利用"三资"100亿元;农业科技服务、动植物疫病防控等支持保障体系进一步完善,农业保险工作启动实施,农业抗击风险的能力得到增强;市农业开发区被列为省级现代农业综合开发示范区,基础设施建设和产业项目招商取得积极进展。大力推进工业强市"第一方略",工业主体地位进一步凸显。重点发展医药、机电、船舶、化工四大优势产业和不锈钢制品等十大特色产业集群,2007年四大优势产业实现销售突破千亿元,达1250亿元;先后培育工业企业"30强"、"50强",扬子江药业集团年销售超百亿元、陵光集团等4家企业超50亿元;坚持每年抓好一批投入过亿元重大技改项目的滚动实施,工业技改投入持续实现两年翻一番,累计达1188亿元;新认定国家级技术中心3家、省级21家。全市规模以上工业实现销售突破2000亿元,预计达2120亿元,是2002年的4.3倍;增加值年均增长22.4%,连续4年位居全省前列。建筑业经济总量保持全省领先水平,泰兴市、姜堰市被省政府命名为建筑强县(市),江苏一建等4家企业进入全省综合实力20强。突出抓好服务业重点项目建设、重点企业和集聚区发展,服务业发展速度进一步加快。区域物流、商贸餐饮、金融保险、社区服务、休闲旅游等行业呈现出较快发展势头,金鹰国际、中央商场等知名商贸企业相继入驻,泰州医药高新技术产业园区综合物流园区、泰州城北物流园区、江苏三江现代物流中心被列为全省重点物流基地,溱湖风景区被评为国家AAAA级风景区和国家湿地公园,凤凰河风景区被评为国家级水利风景区。2007年社会消费品零售总额318亿元,比2002年翻了一番;年末各项贷款余额668亿元,比2002年末净增378亿元。在2006年全国综合实力百强城市评比中,我市列第47位,五年前移91位。

*过去五年,是改革开放取得突破的五年。*五年来,围绕进一步增强经济发展的动力和活力,坚持不懈地推进改革、扩大开放。在全省率先全面完成工贸企业改革改制任务,机制和体制性增长的潜力得到充分释放。鼓励、支持和引导民众创业,民营经济蓬勃发展。五年净增私营企业1.4万家,净增个体工商户2.4万户;2007年末私营个体经济注册资本达636.6亿元,是2002年末的6.1倍。经营性服务类事业单位改制任务基本完成,公益类事业单位改革试点稳步推开。以取消农业税为重点的农村综合改革逐步深化,财政管理体制和投融资体制改革取得积极进展。开放型经济实现跨越式发展。预计五年累计实际利用外资28.3亿美元,增速一直位居全省前列,其中2007年实际利用外资8.5亿美元,是2002年的4.7倍;累计完成自营出口79.3亿美元,年均增长46.1%,其中2007年自营出口达28亿美元,是2002年的6.7倍。实施"走出去"战略,境外工程承包和劳务合作总量跃至全省第4位,姜堰双登、兴化兴达、靖江东方重工在境外成功上市。沿江开发势头强劲,跨江联动率先突破。泰州电厂等一批重大产业项目成功落户并竣工投产,沿江高等级公路等一批重点基础设施项目如期建成。市经济开发区和重点工业园区已成为全市招商引资的主阵地,江阴—靖江工业园、海陵工业园、高港高新技术产业园被批准为省级经济开发区,泰州医药高新技术产业园区起步良好。泰州边检站开检运行,口岸远程监控系统建成,"大通关"建设取得新进展,边检、国检、海关、海事等口岸查验机构为开放型经济发展作出了积极贡献。加强内、外交流合作,先后举办三届科技经贸洽谈会,成功承办亚洲博鳌论坛国际医药产业大会和长三角城市经济协调会第七次会议,与8个外国城市缔结为友好城市,外事、侨务和港澳台事务工作取得新成绩,泰州知名度和影响力得到进一步提升。

*过去五年,是城乡面貌变化巨大的五年。*五年来,始终坚持统筹发展理念,扎实推进城乡建设,着力优化发展环境。调整、理顺市区城建体制,坚持新、老城区建设并举,海陵、高港发展并进,完善功能、提升品位并重,突出抓好三年实施纲要推进和年度十大工程建设,中心城市人居环境显著改善,集聚和辐射能力明显增强。五年城建累计投入300多亿元,建成区面积由2002年的40平方公里扩大到56平方公里。泰州火车站、市文化中心、高教园区等标志性工程如期建成或开工建设,青年路等骨干道路改造及延伸、坡子街等重点商业街区建设、后街背巷和城北地区改造顺利实施,城市防洪、管道燃气及污水与垃圾处理等基础设施日趋完善。凤城河风景区一期、泰山公园改扩建、乔园改扩建一期、城隍庙修复、学政试院修缮、高港生态公园一期、雕花楼以及一批城市小游园等景区、景点建设工程相继完工,城市公共绿地面积累计增加383万平方米。组织编制城市控制性详细规划和专项规划,推进城乡规划全覆盖,相对集中城管领域行政处罚权。开展"五城同创"和新"五城同创",成功创建成国家卫生城市、国家环保模范城市、全国双拥模范城、江苏省园林城市

和中国优秀旅游城市。各辖市普遍加大城区建设力度，进一步拉开框架、完善功能、提升形象，城区面貌发生很大变化。全市城市化率由2002年的40.9%上升到48%。新农村建设取得阶段性成果。组织实施全面小康“十、百、千”工程，镇村布局规划编制完成，农村环境综合整治成效明显，200个行政村创建成市级全面小康先行村，姜堰市沈高镇河横村成为全省唯一的“全国部省共建新农村建设示范点”。城乡基础设施进一步完善。宁启铁路泰州段建成通车，姜八公路扩建等一批干线公路基本建成，泰州长江大桥、兴泰公路改扩建等工程开工建设，全市大交通格局初步形成。市区长江水达镇工程实施到位，惠及百万群众的区域供水工程开工建设，农村饮用水安全工程启动实施，江堤达标建设、里下河地区灾后重建等重点工程相继建成，农村公路累计新(改、扩)建5000公里，村村通公路目标如期实现。电力、通信等基础设施建设取得重大进展，公用电网建设累计投入50.8亿元，区域性无线电监测中心建成。预计五年累计完成全社会固定资产投资2153亿元，年均增长30.9%，其中2007年完成680亿元，是2002年的3.8倍。积极打造绿色泰州、生态泰州，开创环境信访听证全国先河，强化岸线、土地资源节约利用和环境保护，提前完成省交关闭100家小化工企业任务，全市环境质量综合指数位居全省前列，所辖市全部创建成国家级生态示范区。

过去五年，是社会建设全面推进的五年。五年来，在加快经济发展的同时，切实加强社会建设，努力促进社会进步。大力推进“科教兴市”战略，积极打造创新型城市。五年累计实施省级以上火炬计划192项、星火计划117项，其中国家级分别达112项和47项；开发省级以上高新技术产品404项，其中国家级重点新产品85项；新增省级以上高新技术企业182家，其中国家级高新技术企业42家；获得省科技进步奖25项、国家科技进步奖5项。我市被评为“全国科技进步先进市”，被列为“国家科技兴贸生物医药出口创新基地”。人才队伍建设不断加强，共引进高层次人才2890人。贯彻教育优先发展方针，深入推进素质教育。扎实抓好农村义务教育管理体制改革、中小学布局调整、合格学校建设和“两免一补”政策落实，义务教育阶段入学率、巩固率分别达100%和99.8%；大力普及高中阶段教育，高考万人本科进线率位居全省前列；加快高等教育发展，建成南理工泰州科技学院、南师大泰州学院，结束了泰州无本科教育的历史，江苏畜牧兽医职业技术学院、泰州职业技术学院、泰州师范高等专科学校先后通过教育部“人才培养工作水平评估”并获优秀等次，5所高校在校生已达3.5万人；积极发展职业教育，创成省级以上重点职业(技工)学校17所。重视和加强文化建设，大型现代淮剧《祥林嫂》的主要扮演者获得第21届中国戏剧梅花奖，淮剧《信访局长》获得第五届江苏省淮剧节优秀剧目一等奖，全市新增国家级文物保护单位3处、省级8处，“溱潼会船”等5个项目入选首批省级非物质文化遗产名录，辖市(区)文化基础设施建设都取得重要进展。健全公共卫生体系，改善基本医疗服务，抗击非典和防治禽流感取得胜利。市传染病医院、市疾控中心、市妇幼保健院、高港区人民医院(迁建)和普济医院相继建成，市人民医院创建成三级乙等医院，市中医院创建成三级甲等中医院。大力推进有线广播电视进村入户，综合入户率达80%。全民健身和竞技体育取得新成绩，实施“万村体育健身工程”，行政村基本建成村级体育健身场地；成功承办十运会男子篮球比赛等多项赛事，两名泰州籍运动员获得世界冠军。出台计划生育社会保障办法，人口和计划生育工作跻身全省先进地区行列。平安泰州建设扎实推进，突发事件应急处置机制进一步健全和完善。我市被省委、省政府确定为“社会治安安全市”，四市两区先后被确定为“社会治安安全县(市、区)”，人民群众对社会治安的满意率达98%。强化安全生产，各类安全生产事故起数和死亡人数连续5年“双下降”。加强国防教育，兵员征集、民兵预备役、双拥等工作取得新成绩。建成全省一流的市级人防指挥所，我市被表彰为“全国人防建设先进单位”。扎实推进群众性精神文明创建，组织实施《全民科学素质行动计划纲要》，着力打造“百姓议事园”、“百姓大学堂”等“百姓”系列市民教育品牌，积极开展“爱心奶奶”、“关爱留守儿童”等“爱心”系列文明关爱活动，市民素质和城市文明程度明显提升。新闻、统计、史志档案、社会科学、气象、防震和民族宗教、妇女儿童、残疾人、红十字等工作得到加强，质监、药监、工商管理在服务地方经济社会发展中发挥了积极作用。

过去五年，是改善民生成效显著的五年。五年来，始终坚持“发展经济，造福百姓”的理念，自觉实践为民宗旨，竭尽所能改善民生。出台就业促进政策，组织实施创业带动就业行动、充分就业社区创建活动和百万农民培训工程，累计净增城镇就业人员15.9万人，下岗失业人员再就业11.3万人。加强社会保障体系建设，养老、医疗、失业保险覆盖面超过省定小康标准，新型农村合作医疗参合率达94.8%，城乡低保实现应保尽保，农村基本养老保险在百村试点。我市被国务院授予“全国再就业先进单位”，被列为全国城乡统筹就业、城镇居民基本医疗保险和“金保工程”试点市。高度重视经济薄弱地区发展和困难群众生活安排。组织实施经济薄弱乡镇“221工程”，5年帮扶任务基本完成；开展“南户北村”帮扶和机关干部结对帮扶活动，累计救助市区特困家庭5680户，扶持农村贫困户4.8万户；政府差额购买就业岗位，切实帮助“4045”人员、零就业家庭以及特殊困难群体就业再就业，对低保户和特困家庭发放物价补贴；建立大病医疗救助基金，成立泰州市惠民医院，开展“快乐从心开始”、“为了母亲的微笑”和“关爱女孩行动”等医疗救助活动；在全省率先实现义务教育免收学杂费城乡全覆盖，着力构建覆盖各类教育的扶贫助困体系，全市无一名学生因贫失学；启动廉租住房保障工作，推行“产权共有、租售并举”办法，进一步扩大经济适用房和住房公积金制度的惠及面；建立被征地农民基本生活保障制度，强化农民工维权和困难群体法律援助工作。坚持每年为市区人民办十件实事，与群众切身利益紧密相关的一些问题得到较好解决；先后组织推进农村“5+1”实事和新“5+1”实事工程，农民生产生活条件明显改善；启动实施改善民生十大工程，努力让发展成果更多地惠及广大群众。2007年城镇居民人均可支配收入达14980元，农民人均纯收入达6450元，年均分别增长14%和11%。城镇和农村居民人均住房面积分别由2002年的23平方米、40.6平方米增加到35平方米和42平方米，城乡居民存款余额从336亿元增加到640亿元，恩格尔系数由42%下降到40%，人民生活从温饱型加快向全面小康型迈进。

过去五年，是自身建设不断加强的五年。五年来，紧紧围绕打造服务政府、高效政府、法治政府、廉洁政府，进一步转变职能、深化改革、加强管理，扎实抓好自身建设。坚持为民勤政，强化宗旨教育和保持共产党员先进性教育，公务员队伍整体素质不断提高,涌现出以全国重大典型张云泉为代表的一批先进模范;持续开展以"为发展服务,让群众得益"为主题的基层站所作风建设活动和万人评机关活动,部门服务水平明显提高,发展环境不断优化;开展领导干部下访活动,强化信访工作责任制,及时、妥善处置各类信访案件和矛盾纠纷,办好市长公开电话、市长信箱和行风热线,群众的一些实际问题和困难得到较好解决,信访工作多次受到省委、省政府表彰。坚持科学施政,出台《关于推进重大决策科学化民主化的实施意见》,涉及民生的决策事项广泛听取群众意见,邀请市民代表列席市政府常务会议;组织实施"411 工程"和"六个倍增计划",推进政府工作目标管理;强化经济发展宏观指导,出台应对调控政策指导意见,有效破解"四紧"难题。坚持依法行政,自觉接受市人大、市政协的监督,重视发挥民主党派、工商联和人民团体的作用;健全联系市人大代表和市政协委员工作制度,认真办理人大代表建议和政协委员提案,综合满意率达99.3%;出台《关于对行政权力运行实施有效制约和监督的意见》,在全省率先推行政府信息公开和行政权力公开透明运行试点,保障群众的知情权、监督权;贯彻实施《行政许可法》,深化行政审批制度改革,市行政服务中心建成运行。坚持廉洁从政,出台《建立健全惩治和预防腐败体系的实施办法》,开展反腐倡廉主题教育系列活动,健全和完善工程建设招投标、土地使用权出让、政府采购等制度,推进医药购销、教育乱收费、涉农涉企收费等纠风和专项治理工作,严肃查处各类违法违纪案件,切实加强审计监督,政风、行风建设取得新成效。加强机关事务管理,保障和服务能力进一步增强。

过去五年我们走过了不平凡的历程,取得了令人瞩目的成就。这是中共泰州市委正确领导的结果,是市人大、市政协关心支持的结果,是全市广大干部群众共同努力的结果,也得益于第一届政府艰苦创业打下的良好基础。在此,我代表本届人民政府,向辛勤工作在全市各行各业的广大干部群众,向给予政府工作热情支持和有力监督的人大代表、政协委员,向各民主党派、工商联、无党派爱国人士、各人民团体和离、退休老同志,向各驻泰机构及驻泰部队指战员、武警官兵和公安干警,向所有关心支持泰州现代化建设的海内外朋友,致以崇高的敬意并表示衷心的感谢!

过去的五年,全市经济建设和社会发展虽然取得了长足进步,但仍存在一些不容忽视的问题和不足,主要是:经济结构性矛盾依然比较突出,节能减排和环境保护的任务仍很艰巨,农业持续增效和农民持续增收的基础不够稳固,经济国际化程度和对外开放水平仍然不够高,中心城市集聚和辐射带动作用有待进一步增强,社会建设和文化建设等方面的基础还比较薄弱,涉及群众切身利益的一些突出问题尚需有效解决,政府行政能力和服务水平也有待进一步提升等。这些问题和不足,必须采取更为有效措施,在今后的工作中切实加以解决。

二、今后五年的奋斗目标和主要任务

今后五年是泰州全面建成小康社会的关键时期,也是泰州加快发展的重要战略机遇期。我们要高举中国特色社会主义伟大旗帜,以邓小平理论、"三个代表"重要思想为指导,全面贯彻党的十七大精神和胡锦涛总书记对泰州工作的重要指示,紧紧围绕市第三次党代会和市委三届四次全会的决策部署,深入贯彻落实科学发展观,继续解放思想,深化改革开放,推进科学发展,着力改善民生,努力建设"经济发达、文化繁荣,生活富裕、生态良好,政治清明、社会和谐"的新泰州。

今后五年的奋斗目标是:围绕"全面达小康、建设新泰州"的总任务,在2010年全市总体上建成全面小康社会的基础上,按照"建设标准更高、内涵更加丰富"的要求,努力建成不含水分、群众得到实惠、老百姓认可的更高水平的小康社会。

今后五年的发展定位为:

——*努力成为苏中率先发展重要板块。*综合实力进一步提升,2012年地区生产总值比2007年翻一番,总量超2500亿元,人均GDP突破5万元;财政收入450亿元以上,其中地方一般预算收入力争180亿元;五年全社会固定资产投资累计达5500亿元,工业技改投入累计达3700亿元,实际利用外资累计超60亿美元。发展速度进一步加快,主要经济指标增幅在全省乃至长三角城市中处于领先地位。发展特色进一步凸现,成为苏中先进制造业基地、江苏沿江开发重点发展区、锡常泰城市群重要一极。经过五年努力,在全国综合实力百强城市中的排名进一步前移。

——*努力成为全省科学发展先行地区。*经济发展方式转变取得重大进展,产业结构进一步优化,2012年二、三产业增加值占GDP的比重达95%;区域功能分区进一步明晰,着力构建产业园区、城镇片区、现代农业区、生态保护区等区域板块,成为全省区域功能特色化发展的示范区;自主创新能力进一步提升,加快由泰州制造向泰州创造转变,率先成为全省创新型城市;资源集约利用进一步强化,循环经济规模位居全省先进城市行列。城乡统筹、协调发展取得重大进展,以工促农、以城带乡的长效机制逐步建立,城乡经济社会一体化发展格局初步形成,力求走出一条具有泰州特色的城乡发展新路子。生态文明建设取得重大进展,污染治理、环境保护和安全得到切实加强,区域环境质量综合指数保持全省领先地位,总体上在全省率先进入环境优化的发展新阶段。

——*努力成为全国和谐发展知名城市。*改善民生十大工程取得新成效,社会就业更加充分,社会保障基本实现城乡居民全覆盖,绝对贫困现象得到消除,民生"五有"目标全面实现,成功打造全国"爱心城市"。文明诚信泰州建设取得新成效,市民文明素质明显提高,诚实守信社会风气更加浓厚,干群关系、人际关系更为融洽,创成全国创建文明城市工作先进市,成为全国信用良好区域、文明和谐地区。民主法治泰州和平安泰州建设取得新成效,人民群众在经济、政治、文化等方面的权益和社会公平正义得到切实保障,成为全国最安全地区之一。2012年人民幸福指数大幅提高,城市和谐发展指数进入全国先进城市行列。

落实上述发展要求,今后五年的主要任务是:

*1. 加快转变发展方式,努力实现经济又好又快发展。*坚持走具有泰州特色的新型工业化道路,重点发展"四高"产业,着力构筑以高效农业为基础、高端制造业和高成长性服务业为主体、高新技术产业为先导的先进产业体系。五年内,农业"5218工程"成效明显,"五横两纵"高效农业产业带、以市农业开发区为核心的市区高效农业板块和农业"八大产业链"初步形成,2012年全市高效农业面积占比达35%以上、畜禽规模养殖占比达75%以上;推进一乡一品、一市(区)一业,逐步使每个辖市能形成至少一个年产值过10亿元的农业优势特色产业。工业主导产业进一步向产业链高端攀升,规模化水平、产业集聚度明显提高,2012年医药、机电、船舶、化工四大优势产

业实现销售达3300亿元,不锈钢制品等十大特色产业集群实现销售过1500亿元,形成年销售超百亿元或利税过10亿元企业10家。“833工程”取得重大进展,形成大物流、大市场、大商贸、大旅游的服务业发展新格局,基本建成区域性物流中心、商贸中心和长三角新兴休闲度假旅游基地、全国医药服务外包基地,2012年服务业增加值占GDP的比重达39%以上。推进新兴产业规模化,以新医药、新材料、新能源、新电子为重点的高新技术产业加快发展,2012年高新技术产业产值占规模以上工业的比重达30%以上。坚持走集中、集约、集聚式发展之路,积极推进“项目飞地布局、拆迁人口飞地安置、开发园区飞地联动”,“三沿”发展战略深入实施,跨江联动开发取得新成效,区域经济向差别化、特色化方向发展。坚持走以应用研发为特点的自主创新之路,大力开展产学研合作,科技人才队伍建设、科技成果转化、科技公共服务平台建设等关键问题取得重大突破,2012年全社会研发投入占GDP的比重力争达2%。坚持走质量兴业之路,进一步提升质量管理水平,争创全国质量兴市先进市。

2. *深入推进改革开放,进一步增强发展动力和活力*。始终不渝地把改革开放作为推动跨越发展的强大引擎,加大重点领域和关键环节的改革攻坚力度,全面提升经济国际化水平。五年内,农村综合配套改革继续深化,农民土地经营权流转、农业社会化服务体系和农村专业经济合作组织建设取得新进展;现代市场体系建立健全,公平开放、竞争有序的市场环境初步形成;行政管理体制和社会管理体制改革加快推进,公共服务型政府建设取得新成效。民众自主创业活力明显增强,民营经济发展速度进一步加快,注册资本年均增长20%以上。经济国际化程度明显提高,对外开放广度和深度得到拓展,招引产业关联度大、技术层次高、市场覆盖面广、国家鼓励和支持的基地型、龙头型大项目取得重大突破,注册协议外资超亿美元项目10个以上;市经济开发区等8个省级园区集聚、创新和产出功能明显增强,泰州医药高新技术产业园区建设和招商取得重大进展;外贸增长方式实现转变和升级,自主品牌产品和机电产品、高新技术产品出口进一步扩大,2012年自营出口50亿美元以上;实施“走出去”战略成效明显,力争培育一批主业突出、竞争力强的跨国公司。

3. *致力统筹城乡建设,不断改善区域发展环境*。围绕“三年形成大城市框架,五年展现大城市形象”的目标,有序拓展城市发展空间,完善优化重大功能分区,促进组团城区协调发展,进一步做大、做强、做优、做美中心城市。五年内,中心城市建设累计投入800亿元,重点实施周山河街区、城北街区、火车站街区和市文化中心、园博园、市体育中心等一批重大工程,继续加强城市道路、基础设施和景区景点建设。到2012年,“一城三区”组团发展格局基本形成,中心城市建成区面积扩大到90平方公里,城市载体功能和综合服务功能更加完善,“水亲、绿透、文昌、城秀”的城市风貌进一步凸现,跻身长三角最适宜人居、创业和发展的现代化城市行列。加快辖市城区建设步伐,引导重点中心镇向小城市和城市片区方向发展,“一大三中两小多片”的市域城镇体系、大中小城市和小城镇协调发展的新格局初步形成。2012年城市化率提高到57%。高起点推进村庄规划和建设,农村生产区、居住区、生态区和重大基础设施空间布局进一步优化,原生态村庄的生态特色和自然风貌得到保护、提升,农村发展环境和农民生产生活条件大为改善,“千村小康”目标实现。统筹推进重大基础设施建设,引江河大道开工建设,高速绕城、快速环城的城市道路体系基本形成;周山河整治、泰东河拓浚等重点水利工程如期实施,区域供水工程近期目标全面完成;泰州长江大桥及北接线、宁启铁路泰州段复线及电气化改造、京沪和宁通高速公路泰州段扩容、江海高速公路泰州段、兴泰公路改扩建等重点工程基本建成,泰州电厂二期、苏中机场力争开工建设。

4. *更加注重社会发展,着力保障和改善民生*。把民生事业放在更加突出的位置,以构建“社会建设六大体系”为重点,以实施改善民生十大工程为抓手,让人民群众实实在在地感受到生活每年都有新改善,一年更比一年好。坚持富民优先,促进就业惠民、创业富民、社保安民,持续增加城乡居民收入。2012年城镇居民人均可支配收入、农民人均纯收入分别达26000元和10000元。完善就业促进政策,强化就业社会服务,帮助困难群体就业,2012年城镇登记失业率控制在3%左右。加快城乡社会保障一体化进程,健全社会保险体系,2012年城镇养老、医疗、失业保险综合覆盖率达99%以上,农村基本养老保险覆盖率达40%以上,新型农村合作医疗参合率稳定在95%以上。进一步整合社会救助资源,完善城乡居民低保标准、五保老人供养标准自然增长机制和城镇低收入家庭住房保障制度,到2010年城乡困难群众每人每天生活费不低于1美元,保证城区低保家庭住得上廉租房、低收入家庭住得起经济适用房、新就业人员租得起房。建立普惠型的社会福利制度,促进社会慈善事业加快发展。围绕建设教育强市目标,将幼儿教育纳入国民教育体系,继续推进义务教育均衡发展,全面优化高中阶段教育,大力发展职业教育和终身教育,不断提升高等教育办学层次,2010年基本实现教育现代化,2012年力争筹建泰州大学。积极推动文化大发展大繁荣,启动实施“文化泰州建设行动计划”;着力构建覆盖城乡的公共文化服务体系,建成一批惠及城乡居民的文化馆(站、室)等基础设施工程;深化文化体制改革,推进文化艺术创新,开发一批优秀文化产品、打造一批省内领先和国内外知名的文化品牌、造就一批德艺双馨的文化人才,全市文化软实力明显增强。继续推进医疗卫生体制改革和资源整合,办好公益性医疗服务机构和骨干服务机构,显著改善农村和社区医疗卫生设施条件;建立覆盖所有城乡居民的基本医疗保障制度,逐步提高新型农村合作医疗参合标准和政府补贴标准;切实改善医疗服务质量,强化医疗机构管理,为群众提供安全、有效、方便、价廉的医疗卫生服务。稳定低生育水平,重视和解决人口老龄化问题,成为全省人口协调发展先进地区。加强社会管理,公共服务水平和公共产品供给能力进一步提高,社会治安综合治理和各类矛盾纠纷调处工作进一步强化,社会应急体系进一步完善,全市社会安定和谐、人民群众安居乐业。

5. *加快建设生态文明,切实增强资源环境承载能力*。坚持节约优先、环保优先,走生态文明发展道路,着力打造资源节约型、环境友好型社会。生态文明发展理念得到深入贯彻,全社会基本形成节约能源资源和保护生态环境的产业结构、增长方式、消费模式。以节水、节能、节地为重点的节约型经济体系建立健全,创建成国家节水型城市,万元GDP能耗年均下降4%以上,沿江开发区域每500米深水岸线投资强度在1亿美元或10亿元人民币以上。城镇生活污水处置设施、城市生活垃圾无害化处理设施进一步完善,水污染防治、大气污染治理和主要污染物排放控制成效明显,化学需氧量、二氧化硫排放量年均分别削减1.85%和0.51%,基本建成国家环保模范城市群。以生态保护和修复为主要内容的绿色泰州、生态泰州建设取得积极进展,2012年全市森林覆盖率达20%以上,城市绿化覆盖率45%以上,努力创建生态良好区域,确保创建成国家园林城市。

全面达小康、建设新泰州,是历史赋予我们的重要使命。完成这一使命,需要统一意志,坚定信心;更需要开拓创新,埋头苦干。勤劳智慧的泰州人民在改革开放的道路上已经创造了不凡的业绩,在全面建设更高水平小康社会的新征程中,应当也完全能够谱写出更加绚丽的新篇章。泰州的明天一定会更加美好!

三、2008年工作建议

今年是全面贯彻落实党的十七大精神的起始之年,是实施"十一五"规划的关键之年,也是新一届政府的开局之年。做好今年工作,具有特别重要的意义。

今年政府工作的总体要求是:全面贯彻党的十七大和省委十一届三次全会精神,认真落实市委三届四次全会的决策部署,以科学发展观统领全局,转变发展方式,提升开放水平,统筹城乡建设,着力改善民生,促进社会和谐,努力实现经济社会又好又快发展,加快"全面达小康、建设新泰州"进程。

今年全市国民经济和社会发展主要调控目标建议安排为:地区生产总值可比增长12%以上,其中一产、二产、服务业增加值分别增长4%、14%和13%;财政收入增长16%,其中地方一般预算收入增长16%;全社会固定资产投资增长20%;社会消费品零售总额增长14%;自营出口增长12%;实际利用外资9亿美元;城镇居民人均可支配收入增长11%,农民人均纯收入增长9%;居民消费价格总水平涨幅不高于全省平均水平;城镇登记失业率控制在3.5%以内;万元GDP能耗下降4.4%。

今年,建议着重抓好八个方面的工作:

1. *以增加农民收入为核心,扎实抓好"三农"工作。*深入推进"5218工程",加快优质水稻、弱筋小麦、"大佛指"银杏等优势农产品基地、产区建设,大力扶持畜禽养殖业发展,推进农业适度规模经营,新增高效农业面积20万亩;推动60家农业产业化龙头企业提速增效,新发展农村三大合作经济组织150家;健全农业科技服务体系、农产品质量标准体系和动植物疫病防控体系,新增无公害农产品、绿色食品、有机食品70个以上;实施化肥农药减量、畜禽养殖达标排放、水产生态养殖、秸杆综合利用和绿色泰州现代林业工程,积极发展生态农业。大力推进新农村建设,基本完成村庄规划编制,有序引导农民集中居住;继续实施"十、百、千"工程,新建市级全面小康先行村100个;扎实抓好农村垃圾处理、河道整治和道路、桥梁建设,切实加强农田水利基本设施建设和耕地保护;健全农村新"5+1"实事有效投入机制和工作推进机制,不断改善农村发展环境和农民生产生活条件;制订并实施新一轮"农村扶贫帮困三年计划",将工作重点逐步向经济薄弱村和贫困农户延伸。继续加大新型农民培育力度,加快提升农民综合素质、向非农产业转移层次和就业创业能力,全年农业实用技术和创业培训15万人次以上。

2. *以加快新型工业化为方向,继续推动工业结构优化升级。*着力调高、调优、调轻产业结构,推动医药、机电、船舶、化工四大优势产业向高端发展,提高不锈钢制品等十大特色产业集群的产业关联度,继续改造和提升传统产业;鼓励和支持全市"50强"企业创新发展理念、建设主题园区、培育著名品牌,不断增强市场竞争力;进一步优化技改投资结构、促进银企合作、落实扶持政策,加快推进重大项目实施进度,年内组织实施亿元以上重大技改项目80个。着力推进自主创新,启动实施新一轮高新技术产业"双倍增"计划,加快建设新医药等十大自主创新特色基地,积极创建全国知识产权示范城市;继续实施"百企三创工程",支持"一站两中心"建设,新认定市级以上高新技术企业50家;切实提高增量投入的科技含量,加快高新技术产品开发和产业化进程,滚动开发年销售3000万元以上新产品300个。着力促进节能减排,全面推进结构、技术和管理节能,突出抓好耗能大户节能、重点节能技改项目实施,加大高耗能设备淘汰力度,严格控制增量;筹建污染源自动监控中心和污染事故应急处置中心,扎实抓好重点污染源监管和企业违法排污、集中式饮用水源地安全等专项整治行动,组织开展循环经济试点,年内再关闭小化工企业40家。探索建立产业用地二次开发机制,开展土地利用总体规划修编工作,促进土地节约高效使用。

3. *以实施"833工程"为抓手,努力促进服务业加速发展。*优先发展生产性服务业,壮大泰州港综合物流园区、泰州城北物流园区、江苏三江现代物流中心等重点物流基地,大力发展第三方物流企业;抢抓国际服务外包转移机遇,招引高层次的研发机构、信息咨询机构和中介服务机构;积极发展外资银行、股份制商业银行和农村合作银行,确保江苏银行泰州分行、江苏长江商业银行如期挂牌,筹建浦发银行泰州分行,推动股份制商业银行向辖市延伸。加快发展新兴服务业,引进旅游业战略性投资者,重点抓好溱湖风景区、凤城河风景区、泰兴古银杏森林公园、靖江江心洲生态旅游区、兴化水上森林公园、引江河风景区等项目的建设和完善,建成国家等级旅游景区(点)和全国农业旅游示范点4个,旅游总收入力争超百亿元;发展连锁经营、配送中心等新型商贸业态,并积极向农村延伸和拓展;抓好人才柔性引进,发展具有泰州特色的软件产业、创意产业和娱乐产业。提升发展传统服务业,积极打造坡子街区域中心商业圈,有序推进府南商业区建设,加快培育品牌商贸企业和特色街区;扶持发展一批区域性"有根"市场,引导戴南不锈钢交易城、华东五金城等专业市场做大做强,规划建设再生资源交易市场;继续加强农村流通体系建设,积极发展为农服务社,让农民便捷消费、放心消费。

4. *以强化重大项目招引为关键,进一步提升对外开放水平。*紧紧围绕招引过亿美元重大项目,瞄准世界500强企业和国际行业龙头企业,继续强化产业链招商,重点引导外资更多地投向高端制造业和研发环节,全方位推进服务业开放,认真抓好现代农业推介,大力促进重点企业境内外上市,加快外资企业"本土化"进程。把加快开发区建设与增强自主创新能力、提高集约发展水平、培育园区产业特色结合起来,推进发展模式和园区功能创新,提升管理水平和产出效能。泰州医药高新技术产业园区着力在研发、制造、服务外包等方面取得突破,力争跻身国家级开发区行列。健全沿江用地、岸线等资源高效利用机制,落实最严格的环保制度,走好保护性开发的路子。推动自主品牌、自主知识产权的商品出口,探索建立农副加工产品出口促进机制和风险预警机制,扩大资源性产品和技术设备类产品进口。培育和发展外经重点企业,积极推动境外工程承包和劳务输出,鼓励有条件的企业开展境外投资;强化口岸基础设施建设,进一步提高口岸通关效率和通过能力，创建文明口岸。继续做好外事、侨务和港澳台事务等工作。深入推进跨江联动开发，加快锡常泰城市群融合步伐，拓展接轨上海的领域和空间。认真落实各项促进民营经济发展政策，进一步完善融资环境、优化中介服务，年内私营个体经济注册资本净增120亿元。

5. *以完善功能、提升形象为着力点，突出抓好中心城市建设*。进一步完善城市功能，实施市文化中心二期、凤城河风景区三期、高教园区三期、东进广场（烈士陵园改扩建）和市图书馆新馆等重点工程；推进老城区污水管网全覆盖，加快第四污水处理厂、垃圾中转站等环保设施建设；完善西北片城市防洪工程，实施东北片城市防洪工程和周山河整治工程。进一步拓展城市空间，启动周山河街区建设，基本建成园博园水系、路桥及主要服务设施；完成海陵路南延、鼓楼路南延和北延工程，启动高港区三大片区建设。进一步提升城市品位，有序推进"城中村"改造，加大城北街区改造和建工、春兰等老小区整治力度，加快城区工业企业"退城进区"步伐；启动五巷古民居保护和西城河两侧建设，完成高港生态公园二期工程。进一步强化城市规划和管理，开展新一轮城市总体规划修编工作，建立数字化城市管理模式，扎实推进新"五城同创"，创建成江苏省节水型城市。进一步加快城乡基础设施建设，协力推进泰州长江大桥、宁通高速公路扩容和江海高速公路建设，扎实抓好兴泰公路改扩建工程；大力推进区域供水工程，如期向姜堰、泰兴两市供应长江水；实施西气东输泰州天然气利用工程，继续完善电力、通信等基础设施。

6. *以改善民生为重点，大力推进社会建设*。继续抓好改善民生十大工程的实施和年度十件实事的办理，切实解决好影响民生的突出问题。把促进就业、再就业作为民生之本来抓，注重发展劳动密集型产业，积极实施"创业扶持工程"和"动态消除零就业家庭计划"，全年净增城镇就业人员3.5万人；认真贯彻落实《劳动合同法》，组织开展"劳动合同三年行动计划"，在市（区）全面建立劳动合同"网格化"、"信息化"管理模式，切实保障企业职工合法权益。把加强保障救助作为民生之基来抓，强化社会保险扩面征缴，扎实抓好全国城镇居民基本医疗保险试点，积极做好困难群体参保工作；大力推进农村社会基本养老保险，落实农民工灵活参保政策，将新型农村合作医疗参合最低标准提高到每人100元；积极发展社会救助、慈善事业，探索低保边缘人群、因病致贫和受灾家庭救助办法，加快老年服务设施和示范性养老机构建设，实施孤残儿童"蓝天计划"，建成市儿童福利院；市区新开工经济适用房22万平方米、租售并举经济适用房350套，着力解决城区低收入家庭住房困难。把发展各项社会事业作为民生之要来抓，切实加大义务教育投入和对家庭经济困难学生资助力度，在全面免除义务教育学杂费的基础上，实行城乡义务教育全部免费提供课本，进一步扩大资助家庭经济困难学生覆盖面，完善农村义务教育投入保障机制，有效化解农村义务教育债务，扎实抓好区域基本教育现代化迎评工作，继续推动各类教育协调发展；大力发展文化事业，办好首届泰州梅兰芳艺术节等一批重大文化节庆活动，筹办泰州市书画家优秀作品晋京展，备战第六届江苏省淮剧节，市梅纪馆和学政试院完成布馆并开放，加快市及市（区）文化馆、图书馆、乡镇文化站、村文化室和农家书屋建设；进一步完善城乡卫生服务网络，认真落实各项惠民医疗政策，强化药品价格监管和医德医风建设，逐步解决城乡居民看病贵、看病难的问题；落实公交优先发展政策，加大财政投入力度，加快公交车更新改造和场站建设步伐，迅速提高公交管理水平，确保年内市区公交状况有突破性改善；精心组织奥运火炬在泰州境内传递活动，推进有线数字电视整体平移和有线电视通组入户，加快人民防空与防灾一体化进程，组织开展全市第二次全国经济普查；积极发展史志档案、社会科学、气象、防震等事业，切实做好民族宗教、妇女儿童和残疾人等工作。

7. *以打造文明、法治泰州为目标，切实加强精神文明和民主法制建设*。全面推进文明泰州建设，扎实抓好文明城市创建工作，力争创成全国创建文明城市工作先进市；贯彻落实《公民道德建设实施纲要》，组织实施市民文明素质提升计划，不断放大"百姓"系列、"爱心"系列等品牌效应；大力开展城乡文明和谐共创活动，继续抓好文明社区、村镇、行业、单位、家庭等群众性精神文明创建。积极发展基层民主，全面编制村务公开目录，加强城市社区建设。扎实推进法治泰州建设，广泛开展建设"法治江苏合格县（市、区）"、"法治泰州建设合格乡镇（街道）"活动，80%以上的村（社区）达到民主法治村（社区）标准；认真抓好"五五"普法，发展法律援助事业，加强社会诚信建设。深入推进平安泰州建设，加强社会治安综合治理，建成全国第二批科技强警示范城市；健全信访工作责任制，排查、调处各类矛盾纠纷，预防和妥善处理群体性事件；加强市级应急指挥平台建设和基层应急管理，建成覆盖街道、乡镇及各类企事业单位的应急组织体系和预案体系；强化安全生产管理和监督，预防和遏制重、特大安全事故发生。

8. *以构建服务型政府为主线，继续抓好政府自身建设*。树立现代行政理念，综合运用规划、产业政策、技术和环境标准等手段，改进经济调节和市场监管方式，切实履行社会管理和公共服务职能。深化财税管理体制改革，建立健全公共财政体系，提升公共领域财政保障能力。继续抓好事业单位改革，深入推进"政社分开"、"管办分离"，促进社会中介组织规范有序发展。以学习贯彻党的十七大精神为重点，强化公务员教育和培训，创新交流和竞岗机制，不断提高公务员队伍整体素质。健全完善政府工作目标管理制度，加大行政问责和责任追究力度，强化行政监督，确保政令畅通，提高行政效能。继续深化行政审批制度改革，全面推进行政执法责任制，进一步优化经济发展软环境，建成泰州市民服务中心。稳步推进行政权力动态公开，完善新闻发言人制度和涉及群众切身利益的政府重大决策公众听证制度，保障群众的知情权、参与权、表达权和监督权。大力发展电子政务，突出抓好政府网站、行政电子监察系统和社区综合服务平台建设，进一步扩大网上服务领域。自觉接受市人大及其常委会的工作监督和法律监督，支持人民政协履行职能，主动听取民主党派、工商联、无党派人士和各人民团体的意见。全面落实廉政建设责任制，建立健全惩治和预防腐败体系，加强对政府机关和领导干部的监督，加大执法监察、廉政监察和财政资金使用监管的力度，强化对重点领域、重点部门和重点项目的审计。深入开展纠风和专项治理工作，依法查处各类违法违纪案件，树立清正廉洁的良好形象。

新的形势催人奋进，新的征程任重道远。让我们高举中国特色社会主义伟大旗帜，深入贯彻落实科学发展观，在中共泰州市委领导下，开拓创新，锐意进取，真抓实干，奋发有为，沿着党的十七大指引的道路奋勇前进，为全面建设更高水平的小康社会作出新的更大的贡献！

政府工作报告

杭州市人民政府市长 蔡 奇

(2008年2月26日)

一、2007年工作回顾

2007年,市政府认真贯彻中央和省委、省政府的决策部署,在市委的正确领导下,坚持以科学发展观为统领,注重转变经济发展方式,深入实施"五大战略",破解"七难问题",建设"名城强市",构建平安杭州、法治杭州、和谐杭州,扎实推进覆盖城乡、全民共享的生活品质之城建设,圆满完成了市十一届人大一次会议确定的各项目标任务。全市实现生产总值4103.89亿元,比上年增长14.6%;三次产业比重为4.1:50.2:45.7;财政总收入788.42亿元,增长26.3%,其中地方财政收入391.62亿元,增长29.9%;全社会固定资产投资1684.13亿元,增长15.3%;城镇居民人均可支配收入21689元,农村居民人均纯收入9549元,分别增长14%和12.1%;万元生产总值能耗下降4%以上;化学需氧量和二氧化硫年排放量分别减少5%和4.6%;年度人口自然增长率为3.36‰。

(一)加快产业转型升级,经济平稳协调发展

农业农村发展取得新成效。大力发展都市农业,粮食生产稳中有升,养殖业增长迅速。建设15条都市农业特色产业带,认定65个无公害农产品生产基地,农民专业合作社和农业龙头企业不断壮大。全市实现农林牧渔业总产值255.15亿元,增长8.6%。推进中心镇建设,行政村规模调整工作基本完成。坚持以工促农、以城带乡,加大惠农支农力度,市本级财政落实新农村建设资金5.46亿元,比上年增长30%。开展"联乡结村"共建活动,参与结对企业2882家,实施项目2510个,资助资金2.74亿元,下山移民7656人。实现乡镇连锁超市全覆盖。成功举办首届中国杭州竹笋节。基本完成第二次农业普查。为农民办实事项目全面完成。

工业经济结构调整优化。深入实施工业兴市战略,坚持"三位一体"方针,实现规模以上工业销售产值8204.8亿元,增长19.4%。萧山区工业总产值突破3000亿元。提升发展传统优势产业,顺利实施199个市级重点技改项目,工业性投入增长13.6%。适度发展新型重化工业,装备制造业得到提升。规划建设汽车工业园,积极推进整车项目落户。加快推进高新技术产业由点到面发展,新产品产值增长49.5%。启动杭州经济技术开发区、杭州高新技术产业开发区(滨江)、萧山经济技术开发区、临江工业园区、钱江经济开发区、余杭经济开发区三年行动计划,促进产业集聚升级。推进主城区企业搬迁,完成市属企业搬迁12家。全市新建标准厂房319.9万平方米,盘活存量土地505万平方米。实施品牌战略,"钱潮QC"牌万向节成为世界名牌,新增中国驰名商标、中国名牌46个,数量居全国大中城市首位。21家企业集团入围2007年度中国最大规模企业集团500强,34家企业入选中国大企业集团竞争力500强,65家企业进入全国民企500强,均列副省级城市首位。

现代服务业加快发展。第三产业增加值增长16.1%,占GDP比重提高0.6个百分点。社会消费品零售总额增长16.5%,创1995年以来新高。八大门类现代服务业全面发展。培育发展现代物流。金融业发展迅速,金融机构存、贷款余额在长三角城市中仅次于上海。新增上市公司10家,阿里巴巴成为国内市值最大的互联网公司。软件与信息服务业发展迅速。全面完成主城区农贸市场改造,启动市区商品交易市场整合改造提升工程,商业特色街区建设进展顺利。中介和社区服务业稳步发展。总部经济、楼宇经济和省会经济成为新的增长点。加强调控与监管,房地产业总体平稳健康发展。制定《旅游发展总体规划》和《新一轮旅游国际化行动方案》,开展三评西湖十景活动。成功举办第九届西博会。接待国内游客4111.89万人次、入境游客208.6万人次,分别增长11.7%和14.6%。

自主创新能力增强。推进与浙江大学、中国美院等名校大院的战略合作,并以企业为主体,加强自主知识产权核心技术开发,构建区域创新体系。注重科技人才的引进和培养,以人才建设推动科技创新。市级财政安排科技强市资金4.8亿元,增长20.2%。加快企业(行业)高新技术研发中心建设,新认定市级以上企业(行业)技术中心和研发中心127家,高新技术企业241家,国家、省创新型企业9家,重点建设13个科技创新服务平台和4个可持续发展实验区。组织实施两批市重大科技创新项目45项。全市专利授权7564件。建设市科技馆。成功举办2007科技合作周。杭州成为全国首个版权保护示范城市。

(二)积极开展项目推进年活动,市域网络化大都市建设步伐加快

项目推进成效明显。组织开展银企合作、重点企业、项目开工、项目竣工等服务促进月活动,全面推进新一轮十大工程。全市重点建设228个项目,完成投资382.44亿元,超额完成全年任务。加强项目前期工作,统筹土地等要素配置,注重节约集约用地,提高亩产税收。杭浦高速公路杭州段、石大快速路改建工程建成通车,杭甬运河杭州段基本建成。地铁一期、钱江隧道试验井开工建设。江东大桥建设进展顺利。机场二期、铁路东站枢纽、九堡大桥、之江大桥等重大项目前期工作顺利推进。

城市品位不断提升。《杭州市城市总体规划(2001~2020年)》经国务院批复,"一主三副六组团"建设全面展开。坚持城市有机更新理念,继续实施西湖、西溪、运河三大综合保护工程,第六次推出新西湖,第二次推出新西溪、新运河。钱江新城建设取得重大进展。"五纵六路"综合整治工程全面完工;"两口两线"及扩大范围整治工程加快建设,德胜路东中段、"两纵三横"一期工程建成通车。市区基本完成61条河道综合治理,20条河道开工整治。三堡引水工程投入使用。拆除违法建筑170万平方米。改善背街小巷661条。人居环境不断改善。

全面实施历史文化名城保护规划，推进中山路和小河直街历史街区保护工程建设。加快推进市区撤村建居和城中村改造，开工建设农转居公寓181万平方米，竣工70.34万平方米。打造国内最清洁城市，数字城管取得新成绩，洁化、绿化、亮化、序化覆盖率达92%。

五县（市）加快融入大都市。五县（市）生产总值增幅高于全市平均水平。杭氧等一批市属企业向县（市）搬迁。市级财政向五县（市）转移支付达4.07亿元。加强城乡规划工作，县域路网不断完善。杭千和杭徽高速沿线综合整治、320富阳段国道环线外移和综合整治工程全面启动。完成200公里农村联网公路和22个农村客运场站建设。桐庐段与320国道连接线、20省道建德桐庐段改建工程进展顺利。16省道临安段、杭淳开公路淳安至开化段建成通车。昌文线昌化至湍口段、淳安环湖公路左口至光昌段、建德杨梅公路改建工程开工建设。淳安县成为中国旅游强县，桐庐县成为中国最佳休闲旅游县，富阳市跻身中国十大特色休闲基地，临安市被命名为国家森林城市与全国绿色小康县。

（三）抢抓长三角发展机遇，开放型经济水平不断提高

区域合作交流全面推进。实际利用内资390.83亿元，增长20.3%。组织编制“接轨大上海、融入长三角”规划，启动“一城七中心”建设。深化沪杭合作，制定实施接轨上海三年行动计划，主动对接世博经济。编制杭州都市经济圈发展规划，举办杭州都市经济圈第一次市长联席会议，制定实施意见，加强杭湖嘉绍四市合作。杭衢产业与资源合作取得成果。对口支援和帮扶工程顺利推进。

开放型经济加快发展。实际利用外资28.02亿美元，增长24.2%。利用外资结构优化，引进8个世界500强企业投资项目。“以民引外”趋向多元化。外贸出口总额299.66亿美元，增长14.3%。外贸出口结构进一步调整，一般贸易出口所占比重提高。境外投资规模和领域不断扩大。出台服务外包扶持政策，推进国家服务外包基地城市建设，新加坡腾飞科技园正式落户杭州。

（四）注重提升软实力，社会事业日趋繁荣

文化建设积极推进。加快发展哲学社会科学、文学艺术、广播影视、新闻出版事业，做大做强杭报、文广等文化产业集团。启动奥体中心、国际会展中心和杭州图书馆新馆等重大项目建设。以农村文化建设为重点，加强覆盖城乡的公共文化服务体系建设。实施七大工程，广播电视村村通工程覆盖率达97.03%。乡镇和村级文化设施覆盖率分别达到85.7%和57.67%。全年荣获省级以上文艺类奖项185项。成功举办第三届中国国际动漫节，文化创意产业发展迅速。在全国率先完成数字电视整体转换，数字电视覆盖用户突破100万户。加强文化市场管理。启动“西湖·龙井茶园”申报世界文化遗产工作。注重“掘文化”，加强非物质文化遗产保护，全市有54个项目入选省第二批保护名录，28个项目申报国家级项目。良渚考古发现五千年前的古城遗址，被誉为“中华第一城”。

教育卫生体育事业全面发展。名校集团化取得新突破，成立67个教育集团。670所城乡学校结成互助共同体。义务教育免收杂费、课本费、作业本费1.9亿元，资助家庭经济困难学生与职校学生8334万元。进一步提高中小学教育质量，加强职业教育，建成杭州聋人学校。重视高等教育改革与发展。设立高校毕业生创业资助资金，改善人才创业环境。公共卫生体系基本建成，新创建卫生强乡镇（街道）50个。启动滨江医院、下沙医院、市十医院等市级综合性医院项目建设。深化社区卫生服务机构收支两条线改革，健全社区卫生服务网络。开展健康城市建设试点，人群健康水平指标位居全国同类城市前列。推进城北体育公园建设。开展“全民健身与奥运同行”为主题的群众体育活动。成功协办2007年女足世界杯（杭州赛区）比赛。第六届城运会获7枚金牌。到2007年底，区、县（市）全部进入省教育强县（区、市）行列，富阳、临安市与桐庐、淳安县成为国家卫生城市（县）。加强市属资源整合，分别组建教育、卫生、体育发展中心（集团）。

（五）强势推进节能减排，生态市建设力度加大

综合能耗有效降低。推进循环经济示范工程，完成197家企业清洁生产审核验收。加快淘汰落后工艺设备和高能耗企业，关停黏土砖瓦窑109座，完成关停、拆除地方小火电任务。

污染减排取得实效。严格环保审批监管，控制新建项目污染总量。加强饮用水源保护，创建18个饮用水源达标区，启动县（市）中心镇饮用水源规划。完成“1278”污染整治任务，建德、萧山、富阳三个省级重点监管区实现“摘帽”。全市新增污水处理量达到50.14万吨/日。深入开展大气污染整治，实施禁燃区中期工程与燃煤锅炉脱硫设施改造，加强机动车排气污染治理。开展半山地区环境综合整治，制定半山地区环境改善规划，关停搬迁工业企业57家，停役2台50MW燃煤发电机组，拱康路、康桥路改造与半山公园改扩建工程开工，农业种植结构调整、生态环境建设等取得阶段性成果。加强环境基础设施建设，建成萧山东片大型污水处理厂一期工程、富阳春南污水处理厂等环保项目，钱塘江引水入城工程、七格污水处理厂三期工程动工，闲林水库、城西污水处理厂项目前期工作顺利推进。加大环保执法力度，全面开展污染源飞行监测工作。部分地区启动减排应急预案，化学需氧量和二氧化硫排放量实现“双下降”。

生态环境日益改善。完成生态市建设“1250工程”项目856个。西湖区、高新区（滨江）、余杭区、临安市顺利通过省级生态县（市）及基本达标生态区验收。新增31个省级生态乡镇、52个市级生态乡镇（街道）。

（六）强化民生保障，社会和谐度得到新提升

十件实事顺利完成。落实“破七难”新举措，市本级财政投入资金57.22亿元，为民办实事项目全面完成。一是健全就业服务体系。全市新增就业18.89万人，帮助失业人员实现再就业13.1万人，再就业培训6.23万人，消除零就业家庭2264户，城镇登记失业率降至3.21%。开工建设综合性公共实习训练基地。二是着力保障困难群众生活。出台城乡统筹、全民覆盖的基本养老保障和基本医疗保障办法。发放“春风行动”救助资金1.02亿元。强化城乡居民最低生活保障，发放保障金1.12亿元，增长22.48%。市区城镇和农村困难群众的物价补贴标准分别达每人每年570元和390元。提高企业退休人员退休金等生活待遇。城镇“三无”对象与农村“五保”对象集中供养率分别达到99.35%、92.02%。新型农村合作医疗农民参合率达97.2%，人均筹资额116元。三是破解群众住房难。经济适用住房开工101万平方米，公开销售86.97万平方米，累计提供廉租房源2098套，在建外来务工人员公寓9.6万平方米。危旧房改善启动52.2万平方米。四是缓解交通“两难”。实行12项政策举措，加强交通精细化管理。加快“三纵

五横"快速路网系统和支小路建设。开展首个城市公共交通周及无车日活动。实现主城区与余杭区公交一体化。主城区新辟公交线路14条,优化线路39条,新建公交候车亭232座,新增停车泊位4500个。五是建立交通事故救治保障机制。出台救助资金管理办法和实施细则,救助基金在财政专项列支。六是改善城市生态环境。完成456个截污纳管项目,新增截污6.2万吨/日。城区扩绿832.7万平方米。七是深化村庄整治。完成44个示范村、470个整治村建设。开工建设149个农村生活污水处理项目、80个生活垃圾处置生态示范项目(村)。农村新增自来水受益人口4.88万人,普及率达98.53%。新增农村卫生厕所3.23万座。八是加大食品安全监管力度。完成662家食品生产加工企业领(换)证工作,建立蔬菜、豆制品、奶制品、肉制品、饮用水等产品的质量监控和发布体系。群众用药安全得到保障。九是丰富城乡文化生活。组织下基层演出2万余场,农村放映电影1.2万余场。创建省市级东海明珠工程22个,验收通过文化信息资源共享工程34个。十是推进农村健身运动。完成建设300个健身点、100个篮球场、100个乒乓球室(场)、100个小康体育特色村和609家星光老年之家的任务。

平安创建不断深化。坚持严打严防严管,刑事案件数同比下降1.08%,侦破刑事案件数、查处治安案件数同比分别上升11.72%、27.99%。积极调处各类矛盾纠纷,预防和妥善处置群体性事件。严格安全生产责任制,强化监督管理和源头治理,各类事故发生数、死亡人数、直接经济损失全面下降。注重公共安全,有效预防和化解各类突发事件,战胜"罗莎"等多次自然灾害,加强并规范钱塘江防潮安全管理。

积极开展拥军优属活动,加强国防教育和国防后备力量建设,第五次蝉联全国双拥模范城称号。加强人口与计划生育工作,低生育水平保持稳定。工会、共青团、妇联、科协、民族、宗教、外事、侨务、对台、人防、统计、口岸、档案、气象、地方志、红十字会、侨联等方面工作取得新成绩。关心下一代、老龄、残疾人等事业健康发展。

(七)打造民本政府,公信力执行力有效增强

坚持人民唯大、创新为先、法治为道、务实为要、清廉为范的施政理念。提出率先建立充满活力的创新创业体制、改善民生的社会管理体制、科学高效的行政管理体制的任务,全面部署服务型政府建设。推进第四轮行政审批制度改革,与固定资产投资项目相关的审批和服务事项已基本集中至市行政服务中心办理,平均办结天数又提前2.63天。实行主城区税收属地征收体制改革和财政体制调整。全市382家行业协会完成与行政机关"人财物"脱钩。

工作项目化扎实推进。按照项目化管理的要求,将市人代会确定的目标任务分解落实到各部门各单位,制订实施方案,实行目标管理,加强绩效评估和综合考评,推动各项工作办事提速、服务提质、绩效提升。

调控能力有所提高。注重经济运行的监测预警,促进产销衔接,保证市场供应。加强对食品价格、房价、油价等监测调控,居民消费价格总水平涨幅控制在3.5%,低于全国、全省水平。

依法行政得到加强。深入贯彻《行政许可法》等法律法规和国务院《全面推进依法行政实施纲要》。主动接受人大法律与工作监督、依法评议和政协的民主监督,定期向市人大报告、向市政协通报工作。认真办理人大代表建议和政协提案。实行政府重要行政事项和公共政策公示制度,建立市政府领导联系人大代表、政协委员制度,邀请代表委员参加政府常务会议,征求对重大决策的意见建议。杭州获全国政务公开示范城市称号。

作风建设得到强化。深入开展作风建设年和共建共享生活品质之城大讨论、领导班子"树新形象、创新业绩"、"走进矛盾、破解难题"等活动。发挥12345市长公开电话、96666效能监察、信访、民情热线等载体作用,切实解决群众反映的突出问题。为省直机关服务月活动取得实效。加强惩防体系建设,加大行政监察和审计工作力度,反腐倡廉工作取得新成效。

回顾过去一年,政府工作着力于"五个注重":注重转变经济发展方式。坚持创新为先,加快产业由粗放型向集约型转变,更加注重优化经济结构、提高经济效益和增长质量。注重提升城市竞争力。坚持先进制造业与现代服务业两轮驱动,坚持环境立市,推进城市有机更新,不断提升城市的综合实力和软实力。注重项目带动。狠抓大项目推进,促进投资有效回升,增强发展后劲。注重改善民生。建立完善办实事的长效机制,加强公共服务与社会管理,保持社会稳定。注重打造民本政府。大力提升公共服务效能,力争使企业到政府办事的时间再短些、政府为社会提供的公共服务再多些、群众对政府的满意度再高些。

经过全市上下的共同努力,去年杭州又获得多项殊荣。连续被世界银行评为中国城市总体投资环境最佳城市第1名、被美国《福布斯》杂志评为中国大陆最佳商业城市排行榜第1名、被新华社《瞭望东方周刊》评为中国最具幸福感城市第1名。杭州还荣获中国最佳旅游城市称号,被授予中华环境奖。民生质量综合得分位居全省首位。

特别指出的是,今年1月底2月初我市遭受了历史罕见的特大雪灾,全市受灾人口176.11万人,紧急转移安置1.73万人,农作物受灾面积12.75万公顷,损坏和倒塌房屋2997间,直接经济损失25.89亿元。面对严重的灾情,在省委、省政府的坚强领导下,市委、市政府沉着应对,靠前指挥,及时启动应急预案,全力保畅通、保安全、保供给、保民生;各级各部门各单位迅速行动,协同作战;驻杭部队和公安干警挺身而出,全力以赴;全市上下众志成城,守望相助,全面开展抗雪防冻各项工作,打了一场保障城市正常运转、保障人民群众生命财产安全、确保外来务工人员和旅客安全返乡过年的硬仗,从而取得了抗雪救灾斗争的重大胜利。其间我市社会安定,市场稳定,民生得到保障,雪后恢复重建工作有序展开,广大市民群众度过了欢乐、祥和、平安的春节。在与这场特大雪灾的斗争中,杭州市经受了严峻考验,充分体现了全市党政军民不畏艰难、战胜灾害的强大凝聚力。

已经取得的成绩来之不易,是省委、省政府和市委正确领导的结果,是全市人民克服各种困难、开拓进取、团结奋斗的结果。在此,我谨代表市人民政府,向全市人民,向全体人大代表和政协委员,向在杭部省单位、高等院校、驻杭部队和外来务工人员,向所有关心和支持杭州发展的海内外朋友,表示衷心的感谢并致以崇高的敬意!

在肯定成绩的同时,我们也要清醒地看到存在的矛盾和薄弱环节。主要是:经济结构调整难度加大,自主创新能力有待提高;农民持续增收压力加大,城乡、区域发展不够平衡;食

品、住房等价格上涨较快;节能减排形势依然严峻;劳动就业、教育卫生、居民住房、环境保护、食品药品安全、防灾减灾、安全生产、社会治安等方面还有不少问题亟待解决;政府管理和公共服务能力有待增强。我们要正视面临的问题,并在今后工作中认真加以解决。

二、当前面临的形势和任务

2008年,是全面深入贯彻党的十七大精神、建设生活品质之城的重要一年,也是改革开放30周年和北京奥运会举办之年。机遇和挑战前所未有,但机遇大于挑战。应当看到,党的十七大为杭州实现又好又快发展指明了方向,全市上下对深入贯彻科学发展观的认识和行动更加统一;长三角地区率先发展已上升为国家战略,从而为杭州新一轮发展提供了历史机遇;省委"两创"总战略和市第十次党代会提出建设生活品质之城的奋斗目标,创造了广阔的发展空间;近几年的发展奠定了坚实的物质基础,提供了丰富的经验。目前我市按户籍人均GDP已超过8000美元,并正向后工业化时期迈进,这对经济转型与产业升级提出了新的课题。当前,我们面临着资源紧缺、环境制约、物价趋升的压力,经济社会生活中一些深层次、结构性矛盾和问题还比较突出。杭州正处于发展的调整期与平台期。对此,我们要始终保持清醒的头脑,增强忧患意识,对可能遇到的风险与问题早作研究准备,未雨绸缪、沉着应对,牢牢把握发展的主动权。我们有信心、有条件、有能力抓住机遇期,适应调整期,度过平台期,奋发有为,再创佳绩,开创杭州发展与建设的新局面。

2008年政府工作的指导思想是:高举中国特色社会主义伟大旗帜,以邓小平理论和"三个代表"重要思想为指导,深入贯彻党的十七大、中央经济工作会议、省委十二届二次全会、市委十届二次和三次全会精神,以科学发展观统领经济社会发展全局,以"创业创新"、"做强做优"、"文化文明"、"民生民主"为工作重点,坚持好字优先、干字当头、转型升级、能快则快,实施"五大战略",破解"七难问题",建设"名城强市",打造平安杭州、法治杭州、和谐杭州,以改革创新精神推进服务型政府建设,力争各项工作保持一高一领先,不断提高人民群众"五大生活品质",加快建设覆盖城乡、全民共享的生活品质之城。

建议2008年全市经济社会发展的预期目标为:在优化结构、提高效益、降低消耗、保护环境的基础上,地区生产总值增长12%以上,地方财政收入增长15%;全社会研究开发投入占生产总值比重达到2.6%;万元生产总值综合能耗下降4.4%,化学需氧量和二氧化硫年排放量分别减少3.7%;城镇居民人均可支配收入和农村居民人均纯收入分别增长8%;居民消费价格指数低于全省平均水平;城镇新增就业14.9万人,城镇登记失业率控制在4%以内;人口自然增长率控制在3.97‰以内。

按照省委"两创"总战略和市委的部署,政府工作总体上在"六化"上下功夫:一是"一化带四化"。城市化是龙头和主引擎,要从"三副六组团"、市域网络化大都市、杭州都市经济圈、打造长三角增长极等层面积极推进,以带动工业化、信息化、市场化、国际化全面发展。二是城市国际化。杭州经济外向度较高,又是国际风景旅游城市,应将国际化理念贯穿到城市发展的各个方面,用世界眼光谋划杭州未来发展,充分借鉴国际经验,加强国际交往,提升国际化水平。三是产业高端化。杭州属省会城市,发展的资源空间十分宝贵稀缺,应通过腾笼换鸟,创新为先,重点发展科技含量高、附加值大、带动性强的高端产业与战略产业,推动三二一产业格局的形成。四是经济项目化。坚持增量推动、大项目带动,保持投资的应有增长,不断增强发展后劲。五是发展可持续化。锁定全面小康和现代化目标,坚持长短结合,加强综合平衡。尤其要注重生态文明,建设资源节约型和环境友好型社会。六是生活品质化。政府工作的出发点和落脚点都是为了改善民生,全面提高生活品质,让广大群众共享生活品质之城带来的实惠和好处。

三、2008年的重点工作

(一)坚持统筹城乡发展,扎实推进新农村建设

加大对"三农"的投入。完善强农惠农政策,确保财政支农投入的增量、对农村固定资产投资的增量和政府土地出让收入用于农村建设的增量明显高于上年。加大科技兴农力度,促进城镇公共服务向农村延伸,加快农村社会事业发展。突出抓好农业基础设施建设,加强山塘水库除险加固,健全农业防灾防疫体系,扩大农业政策性保险,全面提升农业抗风险能力。强化农业资源保护,合理布局农村居民点。积极推进农村宅基地整理,盘活存量集体建设用地,加快小城镇和特色块状经济发展。对集体经济年收入不足5万元的村予以补助。

大力发展都市农业。稳定粮食播种面积,保障粮食生产能力。高度重视"菜篮子"产品生产,落实生猪生产扶持政策。推进50条农业产业带建设。全市优势特色产业产值在农林牧渔业总产值中的比重稳定在70%以上。培育农业创新创业主体,新命名市级农业龙头企业40家,新培育农民专业合作组织50家。加大土地流转力度。加快新型农村经济服务组织建设。积极推广农民电子信箱和农技110信息服务。打造集农业科研、技术推广、产业培育、会展物流等为一体的"杭州绿谷"。

切实增加农民收入。重视农民素质培训。办好乡镇工业功能区,加快发展农村二、三产业,发展农村连锁商业和观光休闲农业,延长农业产业链。新培育市级以上休闲观光农业旅游示范单位30个。实施村级组织创收项目建设,加强村集体资产经营管理。完成解困和改善农民饮用水34.76万人,安置下山移民5000人以上。健全对征地农民合理补偿机制和失地农民就业保障机制,维护农民合法权益。继续为农民群众办一批实事。组织实施"低收入农户奔小康"工程。

深化"联乡结村"活动。动员全市规模以上企业参与"联乡结村"活动,筹集资金6000万元以上。完成25个农村示范村、300个重点整治村建设任务。实行项目、科技、教育、人才等多种帮扶形式并举,建立"联乡结村"长效机制,"春风行动"进农村。

(二)坚持先进制造业与现代服务业两轮驱动,加快转变经济发展方式

加快发展先进制造业。推进"杭州制造"向"杭州创造"转变。坚持工业一高一领先不动摇,全面落实提升发展传统优势产业、适度发展新型重化工业、大力发展高新技术产业的方针,加大工业性投入,力争规模以上工业销售产值增长20%。突出发展高新技术产业,聚焦滨江,以"杭州创新指数"为导向,加快滨江、下沙、城西等软件园、科技园建设,并由点到面推开,打造天堂硅谷,不断提高高新技术产业所占比重。积极发展装备制造业,进一步提升成套设备制造能力,并创造条件进入省

内外重点工程建设市场。将汽车产业作为战略产业来抓,加强与东风汽车集团的战略合作,建设汽车产业园区,积极推进相关汽车项目落地投产。加快江东、临江重化工业集聚平台建设。注重发展新材料、新能源等新型产业。加大技术改造力度,提升纺织、食品等行业,发展丝绸女装、包装印刷、工艺美术、婴童用品等都市型工业。积极稳步推进市区企业搬迁,扩大异地技改。实施杭州经济技术开发区、杭州高新技术产业开发区(滨江)、萧山经济技术开发区、临江工业园区、钱江经济开发区和余杭经济开发区三年行动计划,抓好五县(市)省级开发区和特色工业功能区建设。对重点工业和招商项目给予要素倾斜。坚持节约集约用地,完善工业用地招拍挂制度,注重提高投资强度和单位产出。新建标准厂房300万平方米,盘活存量土地300万平方米以上。

大力发展现代服务业。将发展现代服务业作为结构调整的战略重点,推进从"杭州制造"向"杭州服务"的跨越。提升中心城市综合服务功能,增强消费对经济的拉动力,服务业增加值增长15%以上。主城区加快实施"退二进三",萧山、余杭区和五县(市)推进"优二兴三",合力建设长三角现代服务业中心,提高第三产业贡献率。继续推进八大门类服务业发展,尤其要大力发展现代物流、金融、商务、会展、咨询等生产性服务业,发展总部经济、楼宇经济,培育新型城市经济业态。完善城市物流配送体系,促进重点物流企业发展。大力发展金融业,争取杭州商业银行上市,建设产权交易所,引进中外金融机构,拓宽融资渠道,打造区域金融中心。建设一批现代商务区,推进商贸特色街区建设,实施商品市场改造提升工程。推进软件与信息服务业,打造电子商务之都。注重发展中介服务业、社区服务业。培育十大特色潜力行业。完善调控机制,促进房地产市场平稳健康发展。实施旅游国际化行动方案,鼓励县(市)发展运动休闲与乡村度假产品,构筑全市一小时半旅游圈。推进之江、西溪、运河、湘湖、千岛湖等旅游综合体建设。迎接奥运会,接轨世博会,进一步办好西博会。加快建设杭州国际旅游休闲中心。

构建自主创新体系。将名城名校合作作为提升软实力的战略支点,深化同浙江大学、中国美院等名校的战略合作。鼓励企业与大专院校、科研院所联合建立研发机构、技术联盟等创新组织,引导企业成为自主创新的主体。加大技术研发投入,继续实施"958"技术赶超计划,引导和支持创新要素向企业集聚,争取新增市级以上企业技术中心、研发中心85家。新增科技孵化器场地10万平方米。建设13个公共创新服务平台。建设一批市级高新技术产业园,新培育认定市级以上高新技术企业300家。以科技进步和人才工作目标责任制考核为抓手,健全科技中介服务和高新技术成果交易市场,促进高新技术成果产业化。加强知识产权保护,确保专利申请量超万件,推进专利成果转化利用。加快信息化建设步伐,提升经济整体素质。改善创新环境,建设创新型城市。

积极培育大企业集团。继续实施大企业集团培育计划,办百亿企业、兴千亿行业。引导大企业大集团成为国家级高新技术企业、拥有国家级技术研发中心与实验室、创中国名牌和中国驰名商标,走上市路子,加强与世界500强合作。引导更多企业跻身中国最大规模企业500强、大企业集团竞争力500强、民营企业500强。500强企业应积极争取上市,全市力争新增上市企业10家。新增28个中国名牌与中国驰名商标、20个国家免检产品。实施"瞪羚计划",重点培育一批高成长型中小企业。继续改善民营企业发展环境,建设民营经济强市。

(三)坚持开放带动,提高经济外向度

实施招商引资行动计划。按照国家《外商投资产业目录》,加大对外资重大项目的招商引资和政策支持力度,加强规划、引导、服务。推动招商引资向招商选资,项目招商向产业集群招商,制造业招商向制造业、服务业、基础设施多领域招商转变。坚持"以民引外、民外合璧",主动出击,在重点国家和地区开展招商活动。主攻大项目,力争新引进10个世界500强企业投资项目。注重引进、消化核心技术,鼓励跨国公司在杭州设立研发中心。加大引进内资力度。加快国家级、省级开发区建设,提升开放引资主平台功能。杭州经济开发区要主攻江东、决战江北。

加快外贸结构转型。实施"双百"计划,加大扶强扶优力度,优化出口产品结构,提高一般贸易比重与加工贸易的产业层次,扩大高附加值和具有自主知识产权、自主品牌产品及高技术含量产品的出口,大力培育出口品牌。拓展中东、东欧、南美、非洲等新兴出口市场。编制进口贸易工作指南,扩大能源、原材料、先进技术设备和关键零部件进口。

大力发展服务外包。编制服务外包产业发展规划和行动计划,落实扶持政策。加快新加坡腾飞、浙大网新、东忠、和瑞、嘉沃等一批科技园、软件园建设。促进企业双模认证升级,提高软件及服务外包交付能力,扩大从业规模。办好实训基地,鼓励企业与高校联合兴办信息学院,加强应用型人才培训。组建软件产业出口联盟,加强整体形象宣传,打响"天堂软件"、"杭州外包"品牌。

促进对外合作交流。支持企业在研发、生产、销售等方面开展国际化经营,加快培育我市跨国公司和国际知名品牌,促进国际营销网络体系和境外生产加工体系建设。做好外事、侨务工作,深化与港澳台的经贸合作与交流。

发展空港经济。以机场二期建设为契机,制定空港经济圈规划,就近设立空港物流加工区,推进区域快速通关。扶持引进基地公司,增开国际航线,打造空港经济圈。

进一步融入长三角发展。编制打造长三角增长极规划,推进"一城七中心"建设。实施沪杭合作行动计划,加强交通设施、产业协作、市场体系、体制机制的对接。加快环杭州湾产业带发展,出台杭州都市经济圈发展规划。按照"七共"要求,深化杭湖嘉绍四市合作,建立区域合作协商机制,促进生产要素合理流动,推进重大交通项目建设一体化。抓好山海协作和"双对口"工作。深化为省直单位服务月活动。推进浙商回归工程。大力发展省会经济。

(四)坚持大项目带动,促进城市有机更新

继续开展项目推进年活动。加快实施新一轮十大工程,全社会固定资产投资增长13%。基本建成并开放钱江新城核心区块。推进地铁一期、西湖综保、西溪三期、运河综保二期、河道整治、萧山机场二期、江东大桥等重点项目建设,开工建设地铁二号线、铁路东站枢纽、钱江通道及连接线、京杭运河二通道、奥体中心和国际会展中心。加快九堡大桥、之江大桥及接线、闲林水库、二绕高速等重大项目前期工作。探索建设钱塘江出海码头。推进土地利用总体规划修编试点,加强要素保障,建立年度项目用地计划编制和协调制度、农转用批而未供项目调整制度及耕地占补平衡资源互补机制。

促进城市有机更新。加强城市规划指导，以道路、河道整治带保护、带改造、带开发、带管理。构建“二绕三纵五横”快速路网，推进“两口两线”及扩大范围、沿江景观大道建设和背街小巷、庭院改善，实施城市主次干道、支小路、水上交通项目建设，启动中山路综合保护与有机更新工程。继续推进撤村建居和城中村改造，农转居多层公寓开工150万平方米，竣工130万平方米。加强地下空间的开发与管理。改善城市排涝系统，南排工程适时上马。加强电力保障工作。围绕打造国内最清洁城市，全面加强城市管理，完善综合执法，拓宽数字城管覆盖面，推行“四化”长效管理、亮灯工程和“八小”行业整治。

加快副城和组团建设。加快建设下沙新城，开工建设滨江南部区块。推进临平副城与塘栖组团整合发展，推动良渚、余杭、临浦、瓜沥、义蓬组团建设，开展组团交通圈研究。加快建设余杭三大作业区、杭长和申嘉湖杭高速杭州段。新建秋石快速路、东湖快速路、塘康公路等，带动副城、组团与主城的连接。启动六条生态带规划工作，加强生态基础设施建设。建设西溪湿地午潮山一线防洪体系，实施南湖保护与开发。推进主城区生产、居住、高教等功能向副城组团转移。

建设市域网络化大都市。实施《城乡规划法》，做好全市主体功能区规划和县(市)域总体规划的编制工作，优化功能布局，把握开发时序和强度。加大对萧山、余杭区的支持和对五县(市)的转移支付力度。加强五县(市)工业园区基础设施建设和生态化改造，推动市区产业梯度转移。市区道路、供水、垃圾处理等设施向县(市)及中心镇延伸。坚持“交通西进”，完善五县(市)路网，实施320国道西湖—富阳段改建、18省道、临余公路等建设工程。力争开工建设杭新景高速寿昌至白沙关段和富春江七里泷船闸等项目，推进千黄高速、临金高速等项目前期工作。加强对跨区域重大项目的协调。

(五)坚持打造名城强市，着力提升文化软实力

推进文化名城建设。坚持用社会主义核心价值体系引领文化建设，推动文化大发展大繁荣。深化文化体制改革，繁荣哲学社会科学，积极发展文学艺术、广播电视、新闻出版事业，推进和谐文化建设。大力发展文化创意产业，重点培育动漫游戏业、设计服务业、现代传媒业、艺术品业等八大行业，着力建设西湖创意谷、之江文化创意园、西湖数字娱乐产业园等十大文化创意产业园区，打造全国文化创意产业中心。办好第四届中国国际动漫节。注重“掘文化”，加强文物和非物质文化遗产保护，推进西湖、西溪、良渚等历史文化遗产的发掘、整理和展示。推进“西湖·龙井茶园”、良渚遗址、京杭运河申报世界遗产。促进“老字号”振兴，保护历史建筑和历史文化街区，发展博物馆事业。注重文化价值对经济的引导和促进，培育具有活力和竞争力的文化发展主体。广泛开展群众性精神文明创建活动，加强公民道德建设，提高市民文明素质，提升城市文明程度。

打造教育卫生体育强市。加强学前教育和基础教育，发展优质教育。加大教育投入，落实义务教育经费保障机制。实施名校集团化，全市城乡学校互助共同体参与面达到80%以上。加快地方高校转型，按社会需求办学，培养具有创新思维的应用型人才。推进仓前、江东高教功能区建设。加强师资队伍建设，支持杭师大、杭职院、浙大城市学院办成一流地方高校。抓紧筹建杭州科技职业技术学院，重视职业教育，扶持民办职院。发展成人教育和社区教育，推进学习型城市建设。加快滨江医院、下沙医院、市十医院以及市公共卫生中心等项目建设。开展卫生强乡镇创建活动。深化爱国卫生运动，推进健康城市建设。强化质量监督管理，确保群众饮食、用药安全。构建和完善覆盖全民的健身服务体系，促进竞技体育上水平。办好杭州女子足球队。组织北京奥运会火炬在杭传递活动。

大力推进和谐创业。不断优化人才创业的环境，走人才强市之路。以高层次科技人才和高技能人才队伍建设为重点，创新人才工作体制机制，激发各类人才的创造活力和创业热情。搭建创业平台，引进高层次紧缺人才。全年引进各类人才4万人，其中硕士以上研究生3000人。加大企业领军人才、经营管理人才、高技能人才、农村实用人才培养力度。积极引导在杭高校大学生留杭创业。继续开展海外人才招聘工作，扩大留学生创业园规模。强化人才创业实训，建设创业人才公寓，采取资助等措施，加强人才集聚，提高万人人才比。

(六)坚持环境立市，建设生态文明

强势推进节能减排。抓好重点地区、重点行业以及年耗能3000吨标准煤以上重点企业的节能降耗工作。进一步淘汰高能耗的落后产能。推进建筑节能、交通节能和机关节能。从项目准入抓起，实行区域限批。推进七格污水处理厂三期、城西(蒋村)污水处理厂、萧山污水处理厂三期、乔司污水处理厂、钱塘江引水入城工程以及太湖流域建制镇乡镇污水处理工程建设。加快市区及各县(市)截污纳管工程建设，新增截污量20万吨/日。加强环保监管，健全在线监测、排污权交易和减排价格体系，完善应急预案。严格环保执法，对多次超标、偷排漏排行为从重惩处。

强化环境综合治理。按照省新一轮“811”行动计划，进一步深化污染整治，完善环境基础设施。市区实施140条河道整治。重点抓好半山地区环境综合整治，新关停或搬迁76家污染企业，建成3万吨/日崇贤污水处理厂主体工程，8条道路改造全面动工，新半山公园建成开放。继续开展杭千和杭徽高速公路沿线环境综合整治，确保各类污染物达标排放。市区、县(市)、农村生活垃圾无害化处理率分别达到100%、75%以上、65%以上。

全面推进生态市建设。继续实施生态建设“1250”工程。控制城市噪声，提高空气质量。加强对水资源的保护和节约利用。深化运河沿线禁养和规模化养殖场污染物综合治理，建设无公害、绿色、有机农林产品生产基地。继续推进循环经济“770”工程，积极推行清洁生产。加强水土流失治理、湿地保护、生态公益林和绿化建设。创建国家森林城市。积极创建40个市级、20个省级生态乡镇(街道)和20个全国环境优美乡镇。强化生态市建设目标考核。

(七)坚持体制创新，积极推进综合配套改革

率先建立充满活力的创新创业体制。制定落实鼓励人才创业的扶持措施。改革人才评价、职称评定和岗位聘用制度，完善技术要素参与股权和收益分配政策。建立政府创业投资引导基金，培育创业投资企业，办好再担保机构。健全信用监管机制，推进社会信用体系建设。深化要素市场化改革，优化土地要素配置。加强产权交易平台建设。探索基础设施和公共事业的市场化运作机制，推进公交、供水、供气等公用行业市场化改革。深化农村综合改革，推进农村社区股份制改革、农村土地使用权流转、农民专业合作社建设。培育发展社会中介组织，深化行业协会改革。积极创建国家知识产权示范城市。

率先建立改善民生的社会管理体制。完善统筹城乡的社会保障制度以及就业服务、就业培训、劳动用工管理、维权保障的工作机制,完善社会救助制度。进一步推进医疗卫生、药品生产流通、医疗保险、医疗救助体制"四改联动"。加快推进以收支两条线为突破口的社区卫生综合配套改革。试行社会事业管办分离。创新基层社会管理模式。完善社会分配制度,建立劳资协调机制。实行职工带薪年休假制度。加快形成惠及全体市民的基本公共服务体系。

率先建立科学高效的行政管理体制。完成第四轮行政审批制度改革,建立健全市、区(县、市)、街道(乡镇)三级行政服务体系,完善行政审批、资源配置、公共服务、效能监察"四位一体"的综合性政府服务平台。开展国库集中支付改革、财政绩效预算改革。实行政府购买服务。推进主城区税收属地征收体制改革并实行新的财政体制。优化国有经济布局,推动国有资本向优势产业和关键领域集中。健全公共生态政策。

(八)坚持改善民生,促进社会和谐

着力破解七难。认真落实《中共杭州市委关于认真贯彻党的十七大精神,改善民生、破解七难,建设"生活品质之城"的决定》,努力解决涉及群众利益的热点难点问题。政府新增财力三分之二用于改善民生。今年市政府为民办好以下实事:

1. 健全保障性住房体系,加快解决低收入家庭住房困难。市区开工建设廉租房20万平方米,廉租房配租2150户;开工建设经济适用房100万平方米,完成80万平方米公开销售;开工建设限价商品房(拆迁安置房)40万平方米,在外过渡2年以上拆迁户安置率达80%。新开工危旧房改善50万平方米、完成40万平方米。市区新开工创业人才公寓20万平方米,主城区新开工外来务工人员公寓10万平方米。

2. 扩大城乡社保受益面,推动春风行动进农村。实施《杭州市基本医疗保障办法》和《杭州市基本养老保障办法》,实现城乡社会保障制度的衔接。降低参保准入门槛,提高农村居民、城镇困难居民、残疾人、外来务工人员参保能力。对参加城镇居民基本医疗保险的困难群众,其个人应缴纳的医疗保险费由政府全额补贴,在"惠民医院"就诊享受"十免交十减半五减免"的优惠。提高农村低保标准,全市城镇"三无"对象与农村"五保"对象集中供养率高于上年水平。"春风行动"向农村延伸。完善杭州特色的城乡最低生活保障制度。

3. 加强就业援助,促进困难人员就业。加大对"4050"失业人员的就业帮扶力度,组织专场招聘15场。安置困难人员就业2.2万人,培训城镇失业人员4.2万人,40%以上的社区基本达到充分就业社区标准。加快综合性公共实习训练基地建设。

4. 缓解行路难、停车难,方便市民出行。坚持公交优先,开通快速公交2号线,实现主城区与萧山区公交一体化,并逐步向县(市)延伸;完成1000辆公交车更新,城区公交的空调车比例达到90%;主城区新式候车亭设置率达到100%,新辟和优化城区公交线路10条。加快社会公共停车场(库)建设,增加公建配套泊位、时段性和夜间停车泊位4000个,新设6个出租车综合服务区。提倡绿色出行,建设慢行交通系统。

5. 完善城市公建设施,增强城市服务功能。市区完成220处庭院改善、1050幢房屋整治、80条背街小巷改善工程和50条支小路改造整治;完成80个污水收集系统工程,120个生活小区和100家公建单位的截污纳管工程,增加截污4万吨/日;完成60个低洼积水点改造工程项目。新改建100座公厕。

6. 实施免费义务教育,扩大助学资助面。今年春季起,全市城乡免收义务教育阶段学生课本费和作业本费。实施市属高校全日制本专科(含高职)和中等职业学校在校生助学奖学,对品学兼优的家庭经济困难学生进行奖励和资助,分类免除困难、低收入家庭学生部分费用。

7. 加快大气环境整治步伐,提高城乡环境质量。扩大禁燃区范围,对全市未改用清洁能源的各类燃煤锅炉房进行污染治理,确保污染物稳定达标排放,加快热电联产企业的脱硫除尘改造和燃煤锅炉工艺废气达标治理;加强机动车尾气污染治理,新车实行欧Ⅲ标准;实行机动车环保标志管理制度。深化村庄整治,改善农村生产生活环境。完成16个撤村建居地区环境整治工程项目。

8. 完善食品安全监管和重要商品储备体系,健全物价补贴机制。严格食品生产加工市场准入,对农产品生产基地和批发市场实行定期监督检测,城区和县城农贸市场实行豆制品、豆芽菜准入制度。加强农贸市场长效管理,推进绿色消费。抓好食品安全预警系统建设,完善企业信用和信息发布体系。完善粮食、食油、猪肉等重要商品储备制度。强化群众基本生活必需品和服务价格监测工作,实施对困难群众的动态物价补贴。

9. 改善卫生体育设施,努力建设健康城市。以实现人人享有15分钟卫生服务圈和体育健身圈为目标,加快实施健康生活进百万家庭工程、农村小康健康工程和农村改水改厕工程,市民健康行为形成率达到70%。推进规范化社区卫生服务中心和标准化乡镇卫生院建设。提高新型农村合作医疗水平。推进农村全民健身设施建设。实施农村垃圾无害化处理。

10. 改善基层文化设施,提高群众文化生活品质。实施文化惠民七大工程,全面完成农村有线电视村村通任务;推行农村数字电影放映,为农民放映电影1.2万场次以上;杭州图书馆新馆建成开放,新增公共图书服务体系"一证通"基层点100个,新建100个农家书屋。组织文化下乡2500场,建成1000个农村星光老年之家。

强化社会管理。推进"法治杭州"建设。加强普法宣传教育,充分发挥民情民意调查、人民建议征集、信访和12345、96666专线电话作用,做好人民调解工作,健全社会诉求表达和利益协调机制。加强城乡社区基层建设,重视村级组织换届工作。加强社会治安综合治理,推进"打防控"一体化建设,严厉打击各类严重刑事犯罪活动,预防和化解各类社会矛盾,维护社会稳定,打造平安杭州。加强流动人口服务和管理。认真总结去年抗击"罗莎"台风和今年年初抗雪防冻的经验,深化完善应急预案体系,增强应对突发事件和防灾减灾能力,维护社会公共安全。加强国防动员工作,积极开展国防教育,深入开展双拥共建活动,探索军民融合式发展路子。

此外,还要做好工会、共青团、妇联、科协、民族、宗教、人防、统计、口岸、档案、气象、地方志和红十字会、侨联等方面工作,促进关心下一代、老龄、残疾人等事业不断发展。

四、以改革创新的精神推进民本政府建设

(一)开展主题宣传教育实践活动

在各级政府机关中深入开展党的十七大精神主题宣传教育实践活动。以高举旗帜、贯彻落实科学发展观为主线,继续解放思想,坚持改革开放。以"和谐创业"和建设创新型城市为重点,推进"两创"总战略的深入实施。以共建共享"生活品质之城"为目标,把智慧和力量凝聚到实现党的十七大和省、市党代会确定的奋斗目标上来,着力推进杭州科学发展、和谐发展、率先发展。

(二)加强科学民主决策

坚持人民唯大、创新为先、法治为道、务实为要、清廉为范的施政理念,把解民忧作为第一追求,把聚民心作为第一动力,把保民安作为第一责任。坚持政务公开,完善重大事项集体决策、专家咨询和听证等制度。实行政府领导联系人大代表、政协委员制度,政府常务会议等重要会议和活动邀请代表委员参加。认真办理人大代表建议和政协提案。坚持政府重要行政事项和公共政策社会公示制度,推进电子政务建设,增强决策透明度和公众参与度,让权力在阳光下运行。

(三)严格依法行政

自觉接受人民代表大会及其常委会法律监督和工作监督,积极支持人民政协履行政治协商、民主监督、参政议政职能,主动听取民主党派、工商联、人民团体的意见和建议。重视群众监督和舆论监督。加强政府立法,实现各项工作制度化、法治化。依法开展行政复议、行政应诉工作,保障公民与法人的合法权益。深化行政执法责任制,继续推进相对集中行政处罚权工作,规范行政执法行为。

(四)坚持政府工作项目化

政府各项工作都要明确目标,制订实施方案,实行量化管理和绩效考评。强化督促检查,实施行政问责,狠抓任务落实,切实增强工作执行力。

(五)提高对经济社会事务的管理能力

坚决贯彻中央宏观调控政策,增强政府工作的预见性,加强监测和预警,高度关注要素制约、物价波动、供求变化等因素,及时发现和适时调控经济运行中出现的问题,维护市场经济秩序。做好第二次经济普查工作。加强统筹兼顾,确保政令畅通。加强公务员队伍建设,提高综合素质和能力。

(六)落实各项"一票否决"责任制

各级各部门一把手要切实履行职责。落实人口与计划生育责任制。坚持主要领导亲自抓,统筹管理与服务,稳定低生育水平。落实安全生产责任制。高度重视重点区域、行业和大型活动的安全监督管理,强化隐患排查和专项整治,预防各类重特大安全事故发生。落实社会治安综合治理责任制。把社会治安责任制同领导任期责任制结合起来,严格奖惩制度。落实节能减排责任制。将节能减排作为约束性指标,纳入各地经济社会发展综合评价体系,确保完成目标任务。

(七)切实加强廉政建设

在各级干部中深入开展反腐倡廉教育,严格执行廉洁自律规定。加强监管,规范工程项目招投标、国有土地使用权出让、产权交易、政府采购等行为,加大行政监察和审计力度,严肃查处违法违纪行为。深化节约型机关创建,降低行政成本。以过硬的素质、优良的作风、奋发的精神履行政府职责,努力树立求实创新、勤政为民、高效廉洁的新形象。

做好今年各项工作,对于保持经济发展、社会和谐的良好局面至关重要。让我们更加紧密地团结在以胡锦涛同志为总书记的党中央周围,在市委的坚强领导下,高举中国特色社会主义伟大旗帜,全面落实科学发展观,团结全市人民,坚定信心,奋力拼搏,为共建共享生活品质之城,开创杭州的美好明天而努力奋斗!

千岛湖梅峰观岛

政府工作报告

宁波市人民政府市长　毛光烈

(2008年2月25日)

2007年工作回顾

一年来,我们在中共宁波市委的领导下,认真学习贯彻党的十七大和省、市党代会精神,全面落实科学发展观,积极贯彻省委"创业富民、创新强省"和实施市委"六大联动、六大提升"战略,紧紧依靠全市人民,开拓创新,扎实工作,在全面建设小康社会道路上迈出了坚实步伐,较好地完成了市十三届人大一次会议确定的各项任务。

*国民经济保持平稳快速发展。*积极贯彻国家宏观调控政策,坚持好中求快、稳中求进,加快转变经济发展方式,经济运行的稳定性、协调性和可持续性明显增强,城市综合实力不断提升。全市生产总值达到3433.1亿元,增长14.8%,其中第三产业增长16.4%,人均生产总值达到6.1万元。财政一般预算收入达到723.9亿元,其中地方财政收入329.1亿元,分别增长29%和27.9%。全社会固定资产投资完成1597.9亿元,增长6.3%。港口货物吞吐量达到3.45亿吨,集装箱吞吐量达到935万标箱,分别增长11.5%和32.3%。实现社会消费品零售总额1035.5亿元,增长17.3%。外贸自营进出口总额达到565亿美元,其中出口382.6亿美元,分别增长33.9%和33%。

*经济结构调整取得积极进展。*产业结构持续优化,三次产业比重调整为4.5∶55.0∶40.5。金融、旅游、会展等现代服务业呈现快速发展的势头,恒生银行等外资金融机构陆续落户,全市新增上市公司8家,金融业实现增加值2213.9亿元,增长17.2%;旅游总收入达到380.2亿元,增长20.3%;举办会展活动206个,增长39%,被评为全国十大最佳会展城市。科技创新能力不断增强,中科院材料所、中石化研究院正式挂牌,3项科技成果获得国家科学技术奖,块状经济的组织化程度和集约化水平不断提升;完成高新技术产品产值2625亿元,专利授权量达到8845件,网上技术合同成交额达到4.5亿元,87家企业主持或参与161项国际、国家标准的制修订工作,新增中国驰名商标80件、中国名牌产品17个;企业盈利水平大幅提高,规模以上工业实现利润389亿元,增长24.6%。农业产业化进程加快,21个农业产业化基地全面启动,新增市级农业龙头企业19家,新成立农民专业合作社183家,土地规模经营率达到41.2%。投资结构优化,第三产业投资增长11.2%,高于二产9.9个百分点,交通运输设备制造业和专用设备制造业投资分别增长69.7%和68.6%。

*改革开放进一步深化。*镇乡管理体制改革逐步深入,农村住房制度改革启动实施,土地承包经营权流转制度不断规范。市属国有资产优化重组,优质资产向港口、交通、公共设施等领域集中。积极推动民营企业的制度、技术和管理创新,非公有制经济发展环境不断改善。文化体制改革深入推进,公交综合改革全面启动。市场体系培育力度加大,生产要素价格形成机制继续完善,工业用地"招拍挂"工作全面推开。各级开发区功能整合提升,电子口岸建设扎实推进,梅山岛开发建设实质性启动。外贸增长方式加快转变,进口总额增长35.7%,机电产品和高新技术产品出口分别增长41.4%和42%,占出口总额的比重分别达到57.6%和16.4%。实际利用外资25.1亿美元,完成境外投资1.6亿美元,对外承包劳务合作营业额11.5亿美元,均超额完成预期目标。区域合作交流和对口支持、帮扶工作深入开展,甬衢资源与产业合作不断深化,实际引进内资170.6亿元。侨务、外事工作和对港澳台经贸文化合作取得新成绩。

*城乡区域统筹进程加快。*新农村建设步伐加大,"百千工程"继续推进,新增全面小康示范村86个、环境整治合格村357个,建成标准农田19万亩,整治河道440公里,43.1万农村人口饮水条件得到改善,建成新农村电气化县(市)2个。"联镇带村"成效显著,"村企结对"实现全覆盖。农村政策性住房保险参保率达到98%。区域统筹联动发展格局初步显现,市域城镇体系进一步完善。余慈统筹全面启动,完成余慈中心城区总体规划,曹娥江引水工程等重大基础设施项目顺利推进,杭甬运河宁波段二期工程完工,杭州湾跨海大桥及南岸接线全线贯通。象山港区域统筹保护开发工作有序展开,环港交通规划建设开始启动。"中提升"重点项目顺利实施,东部新城国际贸易展览中心、国际航运服务中心和国际金融服务中心等项目进展良好,绕城高速公路西段建成通车。

*节能减排工作扎实推进。*认真实施节能减排综合方案,完成"十一五"规划纲要环境影响评价报告,推行污染物总量控制和排污许可证管理制度。超额完成粘土砖瓦窑和小火电机组关停任务,309个节能改造项目顺利实施,35个行业大类中28个行业的单位产值能耗下降。新建、改扩建污水处理厂11座,列入省循环经济"991行动计划"的14个重点项目进展顺利,新增火电锅炉脱硫设施20套,北仑电厂脱硫工程提前完成。预计万元生产总值能耗同比下降4.1%,化学需氧量和二氧化硫排放量分别下降7%和15%。

*社会发展水平不断提高。*启动新一轮全国文明城市创建工作,推动创建工作向城乡结合部等重点区域拓展。公共文化服务体系加快建设,新闻出版、广播电视、文学艺术、社会科学、档案史志等事业健康发展,5件作品获全国精神文明建设"五个一工程奖",3个节目获全国"群星奖","一月一村放映一场电影"的目标提前实现。服务型教育体系逐步完善,以企业高级经管人才和在职员工中高级技工证书培训为重点的转型发展人才教育保障工作力度加大。在甬高校博士点建设实现零的突破,十大应用型人才培养基地和农村中小学"四项工程"扎实推进,大中专学生生活困难补助启动实施。第二轮公共卫生体系建设积极展开,十大医疗卫生基础设施项目加紧推进,121家乡镇卫生院第一轮标准化建设全面完成,新增医疗机构床位1000张以上,顺利通过国家卫生城市复查。人才工作进一步加强,新增人才6万余人。统筹人口和计划生育工作,低生育水平保持稳定。城乡体育事业蓬勃发展,"全民健身与奥

运同行”活动深入人心，第十五届市运会成功举行。积极探索外来务工人员服务管理新模式，促进外来务工人员与本地居民和谐共处。基层民主政治建设不断推进，社区直选工作全面铺开。产品质量和食品安全专项整治行动扎实开展，重点领域的安全生产状况不断改善，安全生产事故次数、死亡人数、直接经济损失分别下降10%、4.2%和2.6%。综合治理和维稳工作切实加强，信访总量持续下降，社会稳定有序，群众社区和谐满意率达到93.8%。军政军民团结进一步巩固，第五次荣获全国双拥模范城称号。民族、宗教关系融洽和谐，老龄、残疾人等工作取得新进展。

*人民群众得到更多实惠。*市区居民人均可支配收入和农民人均纯收入达到22307元和10051元，分别增长13.4%和13.6%。各级财政更多地向社会事业和民生倾斜，环保、教育、就业社保、医疗卫生等民生事业支出分别增长36.5%、25.9%、23.7%和73.1%。出台市区城镇居民基本医疗保险、新型农村养老保险和外来务工人员社会保险制度，实现社会保障制度城乡全覆盖。城镇企业职工养老、医疗、失业、工伤、生育保险参保人数分别新增27.2万人、24.6万人、15.3万人、43.3万人和38.3万人。城乡居民最低生活保障标准分别提高到每人每月300元和180元，城镇职工最低工资、退休金和失业救济金得到较大幅度提高。新增就业岗位13.1万个，实现就业再就业6.2万人，城镇登记失业率为3.2%。高度重视市场供应和物价稳定工作，全面落实各项调控和扶持政策，尽最大努力保障粮、油、肉等重点商品的市场供给，对低收入群体实施价格补贴，居民消费价格指数为103.9%，分别低于全国、全省0.8个和0.3个百分点。深化城镇住房保障体系建设，修订实施市区经济适用住房销售管理、廉租房管理等政策意见，推出经济适用房2500多套，完成老小区整治86万平方米。

*政府自身建设不断加强。*认真执行市人大及其常委会的决议、决定，定期向市人大常委会报告工作，及时向市政协常委会通报政务情况，自觉接受市人大的法律监督、工作监督和市政协的民主监督，共办复市人大代表建议663件、政协提案617件。与民主党派、工商联的沟通联系继续加强，工、青、妇等人民团体的作用得到有效发挥，政府决策的科学化和民主化不断推进。深入贯彻依法行政实施纲要，法治政府建设不断加强，向市人大提交地方性法规议案5件，清理政府规章462件。行政审批职能归并改革有序推开，全市网上行政审批及电子监察系统建设进展顺利。政务公开全面推行，电子政务建设步伐加快，新闻发言人制度不断完善。政府社会管理和公共服务职能得到加强，突发公共事件应急机制全面建立。公共财政体系框架基本形成，政府采购领域扩大，财政支出绩效评价制度逐步推广。认真贯彻执行公务员法，机关作风建设、效能建设和廉政建设取得积极进展。

过去的一年，是全市综合实力跃上新台阶的一年，是完善优化工作布局的一年，是社会和谐建设取得新突破的一年。前段时期，我市还遭受了历史罕见的雨雪冰冻灾害，全市上下众志成城，积极应对，保障了人民群众的生命安全和基本生活，夺取了抗灾救灾工作的阶段性胜利。这些成绩来之不易，是全市人民攻坚克难、共同奋斗的结果，是各驻甬部队、民主党派、工商联、人民团体和社会各界共同参与、大力支持的结果，也是广大“宁波帮”和帮宁波人士关心、帮助的结果。在此，我谨代表市人民政府，向全市人民，向驻甬人民解放军、武警部队官兵，向所有参与宁波发展的建设者和创业者，向一切支持宁波现代化建设的海内外朋友，致以崇高的敬意和衷心的感谢！

同时，我们也清醒地看到，经济社会发展中还有不少矛盾和问题，政府工作中也存在一些不足。主要是：落实科学发展观的体制机制有待完善，推进开放创新的任务比较艰巨，经济发展的资源环境代价依然较大，要素供给和节能减排的压力不断凸显，企业自主创新能力不强，高层次人才和高中级技工缺乏，转变发展方式任务繁重；城乡、区域发展仍不够协调，农民持续增收渠道不宽，以城带乡、以工促农的工作格局有待进一步完善；关系群众切身利益的问题仍然较多，居民消费价格指数超过年初预期目标，和谐社会建设面临诸多矛盾和问题；政府职能转变步伐亟需加快，综合运用经济、法律、行政等手段统筹解决经济社会发展问题的能力需要加强，服务意识、服务效率和行政执法能力有待进一步提高，廉洁从政工作还需加强。对这些问题，我们将高度重视，采取更加有效的措施，努力加以解决。

2008年工作总体要求

2008年是全面贯彻落实党的十七大战略部署的第一年，是改革开放30周年和北京奥运会举办之年，是实施“十一五”规划承上启下的关键之年。同时，今年也是宁波计划单列全面实施20周年和杭州湾跨海大桥通车之年，是第二轮全国文明城市创建参评之年。做好今年的工作，意义十分重大。

纵观国内外形势，当前我市经济社会发展的机遇大于挑战，但挑战也大于往年。世界经济将继续保持平稳增长，经济增长动力更趋多元化，国际投资并购更加活跃，国际协调合作对话进一步深化。国内经济发展支撑依然强劲，党的十七大为又好又快发展指明了方向，北京奥运会的召开，长三角区域一体化步伐的加快，杭州湾跨海大桥的建成，都将成为我市新的发展机遇。但同时，经济发展中的不确定因素也在增加，国际金融市场潜在风险增大，石油矿产和粮食价格总体持续走高，汇率调整影响加深，贸易保护主义不断加剧，贯彻中央“两防”要求、落实宏观调控任务更加艰巨，资源要素环境成本的多种“倒逼”机制进一步显现，转变发展方式的工作更加紧迫。对此，我们要始终保持清醒的头脑，切实增强忧患意识，对可能遇到的风险和问题早作研究和准备，未雨绸缪，沉着应对，振奋精神，抢抓机遇，牢牢把握发展的主动权，把改革开放和现代化建设奋力推向前进！

今年政府工作的总体要求是：高举中国特色社会主义伟大旗帜，以邓小平理论和“三个代表”重要思想为指导，深入贯彻科学发展观，全面落实党的十七大、中央经济工作会议精神，深入实施“六大联动、六大提升”战略部署，积极推进改革开放和自主创新，着力优化经济结构和提高经济增长质量，切实加强节能减排和生态环境保护，更加重视民生改善和社会和谐，不断促进“创业富民、创新强市”，努力实现经济社会又好又快发展。建议今年全市经济社会发展的主要预期目标为：在优化结构、提高效益、降低能耗、保护环境的基础上，地区生产总值增长12%，财政一般预算收入增长12%，港口集装箱吞吐量增长20%，市区居民人均可支配收入和农民人均纯收入均实际增长8%，城镇新增就业岗位11.5万个以上，城镇登记失业率控制在4%以内，居民消费价格指数控制在104%左右，化学需氧量和二氧化硫排放量分别下降5%和8%。实现上述目标，今年政府工作要重点把握以下五个方面：

第一，着力转变发展方式，确保稳中求进、好字优先。充分认识当前经济运行环境的复杂性、多变性，既要抓住机遇，积极进取，又要妥善应对可能遇到的困难和风险，防止出现大的起落。要把转变发展方式作为解决当前经济发展中诸多问题的关键来抓，积极调整优化经济结构，加快构筑现代产业体系，实现质量、速度、效益相协调，消费、投资、出口相协调，人口、资源、环境相协调，改革、发展、稳定相协调。

第二，着力深化改革开放，增强经济社会发展的动力。以改革开放30周年、宁波计划单列全面实施20周年为新起点，科学总结历史经验，深化改革开放内涵，坚持以创新促发展、以改革促发展、以开放促发展。紧紧抓住长三角一体化发展上升为国家战略的机遇，进一步解放思想，开拓创新，推动更深层次、更广领域的改革和开放，着力构建有利于贯彻科学发展观的体制机制，积极培育具有现代化国际港口城市特色和优势的现代市场体系，在新的时代条件下继续把改革开放大业推向新的发展阶段。

第三，着力推进节能减排，促进生态文明建设。充分认识当前节能减排基础尚不牢固、产业升级需要一个过程、节能减排任务十分艰巨的现状，把节能减排作为促进科学发展的重要抓手，强化各项措施的力度，全力推进生态市建设。加大环保基础设施投入，积极发展循环经济，形成以政府为主导、企业为主体、全社会共同推进的工作格局，打好节能减排的攻坚战、持久战。

第四，着力坚持以人为本，更加关注民生。加快推进以民生为重点的社会建设，加大对民生领域的投入力度，更加重视改善民生和社会事业发展，把解决困难群众的生产生活问题放在更加突出的位置。积极改善就业、社保、教育、医疗、住房、出行等条件，在共建中使广大人民群众共享发展成果，不断提升市民的幸福感。主动应对市场物价问题，积极保障市场供给，努力保持物价稳定，确保低收入群体的基本生活。

第五，着力抓好贯彻落实，确保各项工作取得实效。围绕市委提出的“狠抓落实之年”和“创新突破之年”的要求，坚持正确的政绩观，狠抓各项方针政策和决策部署的贯彻落实，为推动科学发展奠定坚实基础。进一步转变政府职能，创新管理和服务，积极构建权责一致、决策科学、执行顺畅、监督有力的运行机制。切实加强思想作风、领导作风、工作作风和廉政建设，严格执行责任制度、督查制度和考核制度，努力营造实干高效、风清气正的政务环境。

2008年主要工作任务

按照上述总体目标和工作要求，着重做好以下九方面工作：

一、坚持城乡联动，加快建设社会主义新农村

推进农业现代化。高度重视粮食安全，稳定粮食播种面积，提高粮食综合生产和流通调控能力。培育发展农业主导产业，推进农、牧、渔等产业基地建设，大力发展绿色无公害农产品和名牌农产品。提升农业龙头企业发展水平，新增市级农业龙头企业10家。创新农业组织形式，构建新型农业服务平台，新增农民专业合作社25家以上。加强农田、水利、农机等基础建设，加快农业科技创新，完善农技推广体系。推进土地适度规模经营，大力发展农村特色旅游。加快农村小流域整治和水库海塘修复加固步伐，全面完成甬新河工程。继续加强动植物防疫体系和农业防灾减灾体系建设，全面推进政策性农业保险试点，完善农业保障服务体系。

建设农村新社区。认真做好村级换届工作，积极推进村民自治，推行农村社区化管理。立足互利共赢，因地制宜深化村企结对工作。加快中心镇建设，推动城镇化健康发展，提高城镇综合承载能力。继续推进“百千工程”建设，巩固村庄整治成效。深入实施“千村绿化工程”，全年绿化200个村庄。加快新农村电气化、信息化工程建设，建成40个电气化镇。开展农村宅基地供应和置换制度改革，推进农民公寓式住房建设，改善农村人居环境。发展农村公共事业，促进城乡公共服务均等化。深化农村配套改革，多渠道发展壮大村级集体经济，完善有利于城乡协调发展的体制机制。

培育现代新农民。全面落实支农政策，进一步加大财政投入力度。培育农民理财意识，拓宽农民增收渠道，增加农民的财产性收入。整合城乡教育资源，对接产业发展需求，实施新型农民的产业工人培训工程，推行以中高级技工证书为重点的新一轮培训，探索建立政府扶助、面向市场、多元办学的农民培训体系。培育有文化、有技能、会经营的新型农民和产业工人，提高农民素质，增强增收致富能力。进一步重视低收入农户增收问题，切实加大政策帮扶力度。全年培训农民8万人次，培育科技示范户1000家。

二、转变发展方式，全力推动产业结构优化升级

加快发展现代服务业。充分发挥现代服务业对产业结构提升优化的重要作用，力争服务业增加值增长15%以上，社会消费品零售总额增长14%。加强服务业平台的策划和设计，加快东部新城国际贸易展览中心、国际航运服务中心和国际金融服务中心建设，促进各类服务业功能区的集聚发展。大力引进、培育中介等市场机构，积极发展现代金融、现代物流、商务服务、信息网络、经济鉴证、创意设计等高端服务业，大力发展临港服务业、会展业和块状特色服务业，优化发展城乡生活服务业。加快发展旅游业，重视商贸和旅游等集散中心建设。努力形成以国际贸易为龙头，现代物流为支撑，现代金融服务为保障，科技、信息等知识型服务为引领，商贸商务、休闲旅游、文化创意等为配套的服务业产业体系。

打造先进制造业基地。推进信息化与工业化融合，提高制造业的自动化和智能化水平。大力发展高新技术企业、科技型企业，促进大企业与中小企业的联动成长，提高产业集群的综合竞争力，进一步增强块状经济活力。积极发展精密仪器、数控机床、环保医疗、修造船等十大成套机械制造业，加快镇海炼化100万吨大乙烯、宁波万华二期等项目建设，提升临港工业发展水平。积极推进光电、生物医药等高新技术的产业化和集群化，高新技术产品产值超过3300亿元，新增省市级高新技术企业100家、国家高新技术企业10家。广泛应用先进技术提升传统产业，延长优势产业链，增强产业集聚功能，开发市级以上新产品1500项。

优化投资结构。深入贯彻国家宏观调控政策，继续改善投资结构，积极引导社会资金更多地投向现代服务业、节能环保产业、高端制造业和创新研发，投向农业、生态环境和社会发展等重点领域和薄弱环节。提高产业准入门槛，坚决拒绝能耗高、污染重、占地多、效益低的项目。努力激活民间投资，推动民营资本联盟，增强投资实力。加强银企交流合作，稳妥发展融资担保机构，着力解决中小企业融资难问题。积极改善投资环境，进一步强化对重点工程项目的服务和监管工作，做好重大项目的论证、申报、审批等前期服务，提高统筹推进和科学服务水平，切实优化项目建设的整体环境。力争全社会固定资产投资增长8%以上。

三、推进改革创新，大力促进创新型城市建设

加快重点领域改革步伐。深化财政、投资体制改革，大力发展资本、技术、人力资源等要素市场，推进社会诚信体系建设。加快金融创新，深化农村金融机构改革，推进企业上市与债券融资，努力提高证券期货业竞争力，防范金融风险。深化公交、自来水、煤气等领域改革，推进投资主体多元化，提升公用事业服务水平。推动国有资本向关键领域、重要行业和优势企业集聚，探索国有股权运作新模式，确保国有资产保值增值。完善和落实促进非公有制经济发展的政策措施，营造各种所有制经济公平竞争的发展环境。加快事业单位分类改革，促进行业协会、中介机构规范发展，推动公益类事业单位和行业协会、中介机构更多地承担社会服务职能。

增强自主创新能力。完善支持技术创新和科技成果产业化的法制保障、政策体系、激励机制和市场环境，建设以企业为主体、市场为导向、产学研相结合的技术创新体系。进一步加大科技投入，全社会研究与试验发展经费支出占GDP的比重超过1.4%。培育和发展创业风险投资，促进自主知识产权成果的产业化应用。加快宁波国家高新区建设，提升宁波研发园区的功能，推进工业设计和创意街区、宁波软件产业园和网上技术市场建设。深化与大院大所的交流合作，全年引进开发高新技术项目350项，共建研发机构25家。深入实施专利、标准和品牌三大战略，专利授权达到9000件、发明专利达到320件，支持企业参与国家、国际标准修订30项以上，新增中国驰名商标和中国名牌产品各10个。

优化创业创新环境。在经济、行政、法律等方面创新举措、优化服务，支持创业创新实践，激发创业创新活力，发挥群众创业创新的主体作用。深化科技管理体制改革，调整对企业科技创新的支持方式，优化科技资源配置。健全面向全体劳动者的创业创新教育培训制度和政府资助资金的使用制度，全面提高劳动者的就业能力、职业转换能力和创业创新能力。着力拓展创业领域，推进公平准入，创造机会均等，形成低门槛、多层次、宽领域的创业格局。落实创业创新扶持政策，加强先进典型的宣传引导，努力形成鼓励创新、宽容失败的文化氛围。

四、深化开放战略，继续拓展对外开放广度和深度

转变外贸增长方式。加快建设国际贸易平台，实现进出口货物贸易、国内外服务贸易和技术贸易协调发展，精心组织浙洽会、消博会、服装节等重大经贸活动，努力打造中国进出口贸易和国际会展名城。培育一批有自主创新能力、自主知识产权、自主营销渠道的综合型外贸企业。健全出口品牌扶持体系，扩大品牌产品出口，提高出口的质量和附加值。巩固美、日、欧等传统市场，拓展东盟、南美、非洲等新兴市场，完善进口市场体系，鼓励企业大力进口关键设备、先进技术及原辅材料，推动进出口贸易协调发展。大力发展服务外包产业。重视进出口公平贸易工作，建立健全产业损害预警和贸易壁垒应对机制。外贸进出口总额增幅超过15%。

提升外资利用水平。创新利用外资方式，推进招商选资，积极拓展外商投资领域。加大对先进制造业、现代服务业的招商力度，吸引更多跨国公司优质项目落户。优化投资环境，鼓励外商投资企业增资扩股，支持民营企业利用国外资金、技术、管理和品牌提升经营水平。加强各类经济开发区、高新区的功能重组，引导区域产业合理分工，加快培育产业集群，提升重点开放区域发展水平。推进区港联动，加快推进梅山保税港区建设。实际利用外资22亿美元。

加强对内对外经济合作互动。以培育具有现代化国际港口城市特色的现代市场体系为目标，大力引进培育各类市场主体，完善市场服务体系，全面提升内外开放水平，促进国际门户城市建设。开拓国际工程承包业务，推进境外投资和经贸合作基地建设，扶持企业开发利用境外矿产和林业、渔业资源。继续发挥“宁波帮”和帮宁波人士的作用，积极推进与港、澳、台经贸合作，加强与新加坡及海内外友好城市的合作交流。强化城市品牌建设，扩大宁波在海内外的影响力和辐射力。深化与长三角城市的合作，做好与2010年上海世博会的对接工作。推进宁波—舟山港一体化进程，加快区域港口联盟和无水港建设，完善港口揽货体系，提升“大通关”和电子口岸服务水平。积极开展“山海协作”，促进甬衢资源与产业合作，强化浙东四市合作发展。全年引进内资155亿元以上。

五、强化区域统筹，不断提升城市建设和管理水平

深入推进区域发展战略。实施“中提升”会战攻坚，加快东部新城中央商务区等十大服务产业功能区块、八大公共服务系统建设，实现跨越式推进。继续抓好东钱湖旅游度假区、湾头休闲旅游区、长丰滨江休闲居住区等区块的开发建设，提升中心城区综合服务功能。完善余慈统筹发展规划体系，制定实施余慈中心城核心区统筹发展的政策措施，加快杭州湾新区建设。完善象山港区域产业准入目录和具体实施细则，深化象山港区域环境保护专项规划。按照主体功能区要求和基本公共服务均等化原则，进一步加大对相对欠发达地区的转移支付和生态补偿力度。

统筹基础设施建设。围绕建成长三角南翼综合交通枢纽和现代化国际深水枢纽港的目标，加快构建开放、优质、高效的基础设施网络系统。带头实施“港航强省”战略，加强港口岸线利用规划和综合开发，加快大榭招商国际集装箱码头建设。按照合力打通内外筋络的要求，全面推进象山港大桥和连接线工程、穿山疏港高速公路及与舟山的连岛工程建设，确保杭州湾跨海大桥如期通车。优化铁路“南客北货”布局，抓好轨道交通、杭甬铁路客运专线和火车北站迁建等项目前期，加快甬台温铁路宁波段建设，推进镇海大宗货物海铁联运物流枢纽港和北仑国际集装箱海铁联运枢纽港等规划建设。推进现代化国际航空港建设，开辟国际直达航线，新增1—2家基地航空公司，确保空港物流园区一期建成投用。统筹推进城乡供电供气、治污排污、防洪防灾、地下管网等设施建设，促进基础设施共建共享。

提高城乡规划建设管理水平。认真贯彻实施城乡规划法，强化规划的编制和研究，加强规划的法制化管理。加快推进中心城区控制性详细规划全覆盖，完成市域城镇和村庄体系等区域规划，健全城镇体系。提升城市综合管理水平，实施景观绿地、城市主要出入口绿地升级改造工程，规范主要道路街容街景管理，城市核心区50%以上的城中村与城乡结合部基本建立长效保洁制度。大力发展公共交通，努力提高交通组织管理水平。积极探索环卫保洁、园林养护等城市管理体制改革，加强数字城管建设。

六、建设生态文明，努力夯实资源节约型、环境友好型社会

基础

强化节能减排。认真贯彻节约能源法，全面实施节能减排综合性工作方案，严格落实节能减排考核责任制，完善节能减排的监察、统计和考核体系。发挥市场和价格引导作用，加快制定节能降耗减排的标准和政策。创新“四控”联合的节能减排工作方式，加快形成有利于节能减排的产业体系。加强节能减排重点行业整治和重点工程建设，推进“十大节能工程”、“十大节能技术”、“333节能行动”和“24·10”减排重点工程，继续做好电厂和热电厂脱硫、脱硝工作，全面完成压缩小火电任务。实施投资项目节能评估和审查制度，发展清洁生产，实施循环经济“十大行动计划”，推进可再生资源回收、电厂资源综合利用等工程建设，发展新能源和可再生能源。倡导绿色消费，增强全社会的节能环保意识。

推进生态市建设。深入实施生态市建设规划，强化重点区域环境综合整治，建设更蓝、更绿、更清、更静的生态宁波。积极实施“811环境保护新三年行动”，加强环保执法监管，推进重点流域、重点区域、重点行业的环境污染整治。控制农业面源污染，建设一批环保型、规模型的畜禽养殖基地。组织实施新一轮生态工程，实行老小区雨污分流，推进农村生活污水处理和生态公厕建设，加强垃圾填埋场和焚烧场的使用监管，城区餐厨垃圾收运率达到70%，生活垃圾无害化处理率保持97%以上。做好国家园林城市复查迎检工作，加快生态公益林建设，强化近海生态环境保护和治理。控制外来生物的侵入，确保生态安全。完成绿化造林1.8万亩，新建沿海基干林带3000亩。

促进资源要素集约利用。抓好土地利用总体规划修改试点，加强基本农田保护，严格土地管理和耕地保护责任制度，严肃查处土地违法行为。加大城市土地储备力度，规范工业用地“招拍挂”工作。有序推进土地围垦和整理，盘活存量土地，提高投资项目的容积率、产出率。推进东钱湖水厂二期、周公宅水库引水及城市环网、大工业供水等工程，加快北仑岩东污水处理厂二期及中水回用工程建设，推行分质供水、优水优用和中水回用。完善电力供输网络，推进北仑电厂三期、500kV和220kV输变电工程建设，加强电力需求侧管理和避峰调度，促进科学用电、节约用电和有序用电。

七、注重协调发展，全面推进社会事业建设

提升城乡文明建设水平。加快构建社会主义核心价值体系，大力弘扬宁波精神，努力提高市民的文明素质和城市的文明品位。全面推进新一轮全国文明城市创建工作，深入开展背街小巷、老小区、城乡结合部等区域集中整治，规范治安秩序、市场秩序和用工秩序，扎实推进“文明交通”、“文明言行”、“文明生活”系列活动，坚决遏制乱停放、乱穿行、乱设摊、强乞讨等现象。拓展街道、非公企业等文明创建领域，开展和谐企业创建活动。推动宁海、镇海、鄞州争创省示范文明城市（城区），力争蝉联全国文明城市。加强国防动员和教育，重视军事设施保护，认真做好征兵和优抚工作，深入开展双拥共建活动。

繁荣文化体育事业。完善公共文化服务网络，打造公共文化活动品牌，推出一批文艺精品，组织承办第四届国际声乐比赛等大型文艺活动，继续开展“万场电影千场戏进农村”活动。积极推进宁波文化广场、宁波书城、宁波帮博物馆、象山影视基地等重大文化设施建设，建成宁波（鄞州）博物馆。大力推进“海上丝绸之路”申遗工作，扎实做好文物普查和保护。深化文化体制改革，积极发展文化产业，文化产业增加值增长20%。繁荣发展哲学社会科学，增强新闻出版、广播电视、文化服务等产业竞争力。加大文化市场监管力度，重视网络文化建设和管理，着力培育现代文化市场体系。加强科普工作，不断提高公众科学素养。广泛开展全民健身活动，积极培育品牌体育赛事，提高竞技体育发展水平，精心组织奥运火炬接力活动。

优先发展教育。优化教育结构，深化内涵建设，强化服务功能，推进教育公平。完善教育管理体制，加大区域教育资源统筹配置力度。积极推进基础教育均衡发展，深入实施免费九年义务教育，扩大普通高中优质资源，重视学前教育和特殊教育，全面实施素质教育，切实减轻学生负担。深化服务型教育体系建设，强化高等教育和职业教育对高技能人才的保障功能，大力发展职业教育，加快十大应用型人才培养基地和实习实训基地建设，统筹专业布局调整，逐步形成与区域经济相适应的主干专业群；提升高等教育办学质量与层次，推进现代大学制度建设，增强高校服务地方经济社会发展的能力。积极推动在职教育、社区教育和终身教育，扶持规范民办教育，改善外商及符合条件的外来务工人员子女的就学服务，继续实施高校和中职学校学生的奖学金、助学金制度。

健全城乡医疗卫生服务体系。加快重大医疗卫生基础设施建设，大力改善城乡医疗服务，推进城乡社区卫生服务网络全覆盖，进一步形成小病在社区、大病去医院的双向转诊就医格局。健全农村三级医疗卫生服务体系，继续实施基层卫技人员素质提升工程，推进乡镇、村卫生服务一体化管理。扎实做好农民体检工作，完善新型农村合作医疗制度。深化医药卫生体制改革，实施廉价药物使用制度，完善公立医疗机构经济补助机制。加强医德医风建设，推行医疗纠纷人民调解和医疗责任保险制度，完善医疗纠纷预防与处置办法。深入开展城乡爱国卫生运动，巩固国家卫生城市创建长效机制，启动健康城市建设。进一步做好人口和计划生育工作，加强流动人口计划生育管理，促进人口结构优化和素质提升。

实施人才强市战略。强化以企业为主体的人才开发导向，加大创业创新人才和中高级技工的培育力度。引进、培育创新型领军拔尖人才和各类紧缺人才，深化实施“千名紧缺专业人才培养工程”、“千名海外留学人才集聚工程”和国家级高新区创新型人才高地建设工程，增强高素质人才对创业创新的支撑能力。拓展人才引进渠道，提升“高洽会”、“专洽会”等活动的引才成效。加强企业经营管理人才和农村实用人才的培养，完善人才评价管理制度。全市人才总量增长12%以上。

八、重视民生改善，合力构建和谐社会

做好就业和社保工作。实施积极的就业政策，规范人力资源市场管理，健全统筹城乡的就业服务体系。完善面向所有困难群众的就业援助制度，努力消除零就业家庭，加强高校毕业生、退伍转业军人、残疾人的就业指导和服务。认真贯彻劳动合同法，全面推进劳动合同制度，积极探索职工正常的收入增长和工资保障机制，着力构建规范、和谐、稳定的劳动关系。全面实施城镇居民基本医疗保险和外来务工人员社会保险制度，扩大社保覆盖面，积极发展商业保险，稳步提高社会保障水平。切实加强社会保险基金征收和监管，确保基金安全。深化社会救助体系建设，稳步提高城乡居民最低生活保障水平。完善医疗、灾害救助等专项制度，推进社会化居家养老服务。加强残疾人、老龄工作，鼓励慈善事业发展。

保障市场供应和物价稳定。高度重视市场供应和物价问题，努力保持主要消费品和服务价格基本稳定。严格落实扶持生产的政策措施，抓好粮食、蔬菜等农业生产基地建设，做好基本生活必需品的组织供应和储备，切实保障市场供给。加强价格监测预警和市场监管，依法打击囤积居奇、哄抬物价、以次充好等违法行为，规范市场秩序，保障消费者的合法权益。完善和落实低收入群众的动态补助办法，确保困难群体的实际生活水平不降低。准确发布市场信息，合理引导市场预期，促进理性消费。

强化住房保障。将住房保障列入各级政府年度考核目标，建立健全"统一政策、分级负责、以区为主、市里协调考核"的管理体制。合理调整住房供应结构，大力发展普通商品住房，增加中小户型住房供应。规范房地产市场秩序，加强房价监管，引导房地产业持续稳定健康发展。健全廉租住房制度，加大财税、土地等政策的支持力度，多渠道筹集廉租住房房源。改进和规范经济适用房制度，多形式推进经济适用房建设。加快城区非成套房和老小区改造步伐。做好外来务工人员租房服务工作。

加强社会建设和管理。创新社会管理体制机制，整合社会管理资源，发挥行业协会、社区组织和志愿者队伍的作用，努力提高社会管理水平。加强外来务工人员的服务和管理工作，实施"共建和谐行动计划"。加快社会组织培育，增强社会组织的服务和自律功能。全面贯彻党的民族宗教工作基本方针，发挥宗教界人士和信教群众在促进经济社会发展中的积极作用。深入实施突发事件应对法，推动应急平台体系建设，提高突发事件的预防和处置能力。完善食品药品安全监管长效机制，强化安全生产源头管理，确保安全生产形势持续好转。推进居务公开、村务公开和民主管理，完善群众利益表达、权益保障和矛盾调处等机制，加强信访工作，积极预防和妥善处置群体性事件。深化社会治安防控体系建设，整合社会管理动态视频监控系统，强化城乡社会治安综合治理，依法打击违法犯罪活动，加强国家安全工作，保障社会和谐稳定。

九、加强自身建设，切实提高行政能力和服务水平

深化创新型政府建设。在公务员和领导干部中广泛开展新知识培训，全面提升政府工作创新能力。加快政府职能转变，推进政企、政事、政资分开。加强经济调节和市场监管，提高基层政府社会管理和公共服务能力。优化政府机构设置，推进行政审批职能归并改革，规范各类议事协调机构及其办事机构，提高行政效率。加快电子政务建设，提高政府工作的信息化水平。

深化服务型政府建设。全面加强公务员和领导干部的作风建设，大兴求真务实和调查研究之风，始终保持昂扬向上的精神状态。狠抓工作落实，确保政令畅通，坚决克服形式主义和官僚主义。深入开展新一轮机关作风建设年活动，大力精简会议文件和各类评比达标活动，努力形成干好事干成事的氛围。健全政府职责体系，加强条块之间的合作，完善部门之间的沟通、协作机制。加强效能监察，健全行政效能投诉受理机制。推进行政服务中心和部门服务窗口建设，为群众和基层提供便捷、优质、高效的服务。

深化法治型政府建设。贯彻推进法治宁波建设的要求，努力提高依法行政水平。自觉接受市人大的法律监督和工作监督，执行市人大及其常委会的决议、决定，认真接受市政协的民主监督，健全与民主党派、工商联的联系制度，积极办好人大代表建议和政协提案。发挥工、青、妇等人民团体作用。重视政府规章制定，建立健全行政许可设定、实施、监督检查等制度。完善行政决策专家论证、社会听证和合法性审查制度，促进行政决策的民主化、科学化。加强行政执法部门建设，严格行政执法责任制和评议考核制，完善行政复议制度和过错追究制度，切实规范行政执法行为。

深化廉洁型政府建设。坚持从严治政，重视廉政制度建设，构建决策权、执行权和监督权相互制约、相互协调的运行机制。加强廉政文化建设，严格执行领导干部廉洁从政各项规定，牢记"两个务必"，切实增强忧患意识、公仆意识和节俭意识。规范财政转移支付、政府采购、国有资产转让等公共资源管理权力运行，推进节约型机关建设。全面落实党风廉政建设责任制，完善领导干部廉洁自律和民主监督制度。推进商业贿赂治理，深入开展纠风治乱工作，强化审计监督和行政监察，严肃查处各种腐败行为。

政府工作的根本出发点和落脚点都是为了人民。去年各级各部门明确责任，注重实效，群策群力，共建共享，合力推进公共服务均等化，全面完成了十方面实事工作，市级新增财力的73%用于社会事业和改善民生。今年我们将一如既往地关注民生，将公共资源更多地向公共服务领域倾斜，进一步健全为民办实事的长效机制，办好人民群众关心的十方面实事。一是就业方面。进一步落实促进自主创业的扶持政策；城镇新增就业岗位115万个，保持公益性岗位5200个，促使有就业愿望的农村低保家庭劳动力50%以上实现就业；完成各类劳动力技能培训18万人次。二是社会保障方面。基本建立新型农村养老保险制度；进一步扩大社保覆盖面，其中在企业工作的外来务工人员参保率同比提高一倍以上；继续提高企业职工最低工资、企业退休人员基本养老金、重点优抚对象抚恤和最低生活补助标准；继续开展助残帮扶活动，对贫困持证重度残疾人给予定期补助；150个行政村开展实质性居家养老服务。三是教育方面。全市小学、初中学生平均公用经费不低于400元和600元；免除符合条件的城乡义务教育阶段学生课本费和作业本费；免除符合条件的外来务工人员子女义务教育借读费。四是医疗卫生服务方面。市区城镇居民医疗保险参保率达到70%以上(不包括在校学生)；人均公共卫生服务经费提高到20元以上；新增医院床位1000张；全市财政安排新型农村合作医疗支出5亿元，继续提高财政补助标准，各县(市)、区年人均筹资额达到上年农村居民人均纯收入的1.5%以上，住院有效费用补助水平提高到35%以上，实现农村医疗门诊优惠全覆盖；全市财政安排城镇居民基本医疗保险支出1亿元，对参加城镇居民基本医疗保险的人员实行两年一次的免费健康体检；对农村老党员、老游击队员和老交通员每年补助500元医疗费。五是文化体育方面。全年农村放映电影25000场，送戏下乡1000场，完成20户以上自然村广播电视"村村通"工程；继续开展流动图书馆送书下乡、进外来务工人员集中居住地活动；全市行政村健身路径覆盖率达到80%，基本实现村村拥有体育健身活动设施。六是住房保障方面。全市享受廉租住房政策达到3000户以上，完成老小区整治60万平方米；建成经济适用房40万平方米，新开工30万平方米；山区、海岛、革命老区异地移民1500户以上；继续实施相对欠发达地区

1500户低收入农户危房改造。七是交通出行方面。开工建设绕城高速东段及部分连接线工程,继续建设“五路四桥”工程,建成长丰桥、庆丰桥,启动铁路宁波站综合枢纽工程;增加对公共交通的投入,市区新增环保舒适型公交车200辆以上,增加公交枢纽站、首末站10个;建成农村联网公路250公里、港湾式停靠站750个。八是环境保护方面。启动农村生活污水处理项目50个;完成300个村庄环境整治任务;两年内在全省率先基本解决农民饮水安全问题,其中今年解决30万农村人口的饮水安全,继续推进城镇集中供水向农村延伸;完成清水河道整治300公里;重点生态公益林补助标准提高到每亩15元,对林业生产经营者全额返还育林基金和更新改造资金;全市污水日处理能力达到80万吨;完成两个市级环保重点监管区域污染整治;继续建设可再生资源回收利用网络。九是市场供应方面。全市新建蔬菜、水产、畜禽蛋等菜篮子基地50个以上;巩固百镇连锁超市千村放心店;完成5万户居民天然气转换;加强粮油、副食品等重要商品的储运和供应保障,加强价格监测监管。十是公共安全方面。抓好重点食品安全源头控制和市场准入,建设药品网上监管系统,食品药品安全风险继续下降;重视水库除险加固工作,完成13座水库除险加固工程;强化社会治安综合治理,完善市110社会联动应急指挥平台;进一步加强安全生产管理,亿元GDP安全生产事故死亡率继续下降;建立外来务工人员法律援助绿色通道和信息服务管理平台。

当前宁波正处于全面建设小康社会、率先基本实现现代化的关键时期。推进科学发展、构建和谐社会的要求更加迫切,任务更加艰巨,责任更加重大。让我们紧密团结在以胡锦涛同志为总书记的党中央周围,高举中国特色社会主义伟大旗帜,深入贯彻落实科学发展观,在中共宁波市委的领导下,团结和带领全市人民,奋发有为,励精图治,为把宁波现代化国际港口城市建设全面推向新阶段而努力奋斗!

宁波

政府工作报告

嘉兴市人民政府市长　李卫宁

（2008年1月23日）

一、2007年工作的回顾

2007年，全市人民在中共嘉兴市委的正确领导下，以邓小平理论和“三个代表”重要思想为指导，认真学习贯彻党的十七大精神，全面落实科学发展观，扎实开展“作风建设年”活动，开拓创新，努力工作，较好地完成了市六届人大一次会议确定的年度目标任务，新一届政府的各项工作开局良好。

（一）国民经济保持平稳较快增长。全年实现生产总值1585.2亿元，增长14.4%，按当年汇率计算，人均生产总值突破6000美元。完成财政总收入209.4亿元，其中地方财政收入105.2亿元，分别增长26.8%和29%。完成全社会固定资产投资900亿元，增长12.4%。农业经济稳中有升，全市实现农业增加值100.2亿元，增长4.7%。粮食播种面积282万亩，连续四年保持稳定增长。农业结构继续优化，设施蔬菜、优质瓜果等发展较快，名特优水产养殖规模进一步扩大，新增市级休闲观光农业基地10个。农村新型合作经济加快发展，农业产业化经营水平稳步提高，新增市级农业龙头企业12家、专业合作社52家。农田水利基础设施建设扎实推进，农业政策性保险覆盖面继续扩大，农业综合生产能力进一步提高。工业经济较快增长，全市实现工业增加值856亿元，增长16.1%。规模以上工业企业实现利税274.3亿元、利润163.2亿元，分别增长30.2%和32.6%，呈现出利税增长快于产值增长、利润增长快于利税增长的良好态势。装备制造业和高新技术产业产值分别增长35.5%和38.8%，在规模以上工业产值中的比重分别提高1.6和0.5个百分点。新增中国驰名商标29个、中国名牌10个、国家免检产品23个。105项亿元以上投资项目全面推进，完成工业生产性投入495亿元，增长17.3%。第三产业发展加快，全市实现第三产业增加值537.7亿元，增长15.7%。消费需求持续增长，实现社会消费品零售总额501.2亿元，增长16.6%。旅游业加快发展，新增平湖东湖等4A级景区3个，梅湾街、月河街、芦席汇三大历史街区初具形象，乌镇二期正式运营。全年接待游客1911.5万人次，增长16%，旅游总收入162亿元，增长20.1%。市场建设扎实推进，嘉兴中国南方纺织城、海宁皮革城二期基本建成。交通运输、港口物流发展较快，全年货运量达到1亿吨，嘉兴港货物吞吐量达到2418万吨。房地产业有序发展，金融、信息、咨询等现代服务业发展势头良好。

（二）自主创新和节能减排取得新成效。嘉兴科技城建设扎实推进，嘉兴中俄国际技术转移中心正式成立，北京大学浙江（嘉兴）软件实训基地顺利签约，浙江清华长三角研究院和中科院嘉兴应用技术研究与转化中心带动效应初步显现。新增省级以上科技孵化器4家、企业研发中心11家、高新技术企业31家，新增授权专利2523件，其中发明专利59件，引进各类人才1.7万名，实现省科技强县（市、区）“满堂红”。大力发展循环经济，全市新命名清洁生产企业35家，改造验收生态化工业园区2个，关停小火电机组14.6万千瓦、粘土砖瓦窑32座，水泥机立窑整治全面完成。创新环保工作机制，率先成立排污权储备交易中心，开展主要污染物排放权交易。嘉兴电厂脱硫技术改造项目正式启动，市联合污水处理二期管网基本具备通水条件，桐乡第二污水处理厂等建成使用，全市日污水处理能力达到65万吨。加大违法排污行为查处力度，强化重点区域、重点行业、重点企业的监管，“飞行监测”达标率达82.2%。全市万元生产总值综合能耗下降4.4%、化学需氧量排放量下降4.5%、二氧化硫排放量下降3.6%三项约束性指标预计全面完成。

（三）改革开放取得新进展。优化国有经济布局，市级国资营运公司完成重组，东方钢铁等7家国有控股参股企业实现股权转让，国资营运公司法人治理结构进一步完善。积极稳妥开展市级行政机关内设机构审批职能整合工作，审批制度改革取得新成效。事业单位改革深入推进，教育、卫生系统现代事业制度试点工作全面启动。完成乡镇机构改革，事权关系进一步理顺，乡镇行政、事业编制分别精简5%和6%。企业上市工作加快推进，新增上市企业3家、增发3家，募集资金45.5亿元。民营经济加快发展，全市新增私营企业7000多家、个体工商户2.5万多户。加大招商选资力度，全年合同利用外资34.55亿美元，实际利用外资16.62亿美元，分别增长35%和36%；引进1000万美元以上项目211个，富士康集团华东生产基地落户嘉善。对外贸易稳步增长，实现进出口总额160.62亿美元，增长26.9%，其中出口116.74亿美元，增长27.2%；完成境外投资6254万美元，增长124%。滨海开发大力推进，“一体两翼”格局初具雏形，新区实现规模以上工业产值282亿元，增长30%。接轨上海扎实推进，与上海及周边城市在基础设施建设、产业要素对接等方面的合作进一步加强，融入长三角步伐明显加快。积极参与“山海协作”、西部大开发、东北老工业基地振兴，区域合作进一步扩大。

（四）城乡建设成效明显。县（市）域总体规划编制基本完成，城乡规划体系进一步完善。市际、市域交通网络建设加快推进，杭浦高速、申嘉湖高速、杭州湾跨海大桥北接线全面建成，嘉绍、嘉萧高速公路前期工作进展顺利；07省道新线、南郊河西段全线贯通，嘉桐大道基本建成。水、电、气工程加快实施，南郊贯泾港水厂并网供水，220千伏湖塘变、新华变建成使用，天然气德嘉线前期工作加快推进。中心城市建设步伐加快，运河新区开发力度加大，湖滨区块和“1812”老区改造顺利推进。完成火车站高站台改造，动车组停靠嘉兴。深入开展“百村示范、千村整治”，农村面貌不断改善，全市新增通组公路1509公里、城乡公交线路36条，行政村公交通达率达99.8%；新增城乡一体化供水管网229公里、城市管网受益人口39.6万；疏浚河道2000多公里。率先建成“新农村电气化市”。成功创建全国绿化模范城市。

（五）社会事业加快发展。群众性文化活动丰富多彩，“双百、双千、双万”活动深入开展，江南文化节、钱江观潮节等节庆活动影响力不断扩大,成功承办第五届全国"德艺双馨电视艺术工作者"颁奖活动。128件文艺作品获省级以上荣誉,大运河申遗保护工作正式启动,市区建成3个图书馆镇级分馆。"以县为主"的基础教育管理体制不断完善,全市义务教育入学率继续保持100%,初升高比例达96.6%,高考上线率达93.6%,义务教育和高中段教育水平继续位居全省前列。在全市范围内统筹中职招生和专业设置,新建4个省级以上职业教育示范基地,中职园一期建成使用。嘉兴职业技术学院通过教育部高职高专人才培养优秀水平评估,嘉兴学院平湖校区一期建成使用,同济大学浙江学院筹建工作顺利推进,全市高校在校生规模突破3万人。卫生强市建设扎实推进,城乡公共卫生和医疗服务体系进一步完善,市民健康电子档案建档率达82.4%,有216.7万农民免费参加健康体检。市一院迁建等项目进展顺利,国家卫生城市创建工作通过国家爱卫办暗访。加快体育设施建设,市体育场基本建成,嘉善体育场、海宁射击馆等项目扎实推进。群众性体育活动蓬勃开展,成功承办2007年世界特奥会嘉兴火炬接力跑活动,首次组团参加全国城运会。嘉兴籍运动员在国内外重大比赛中共获奖牌15枚。继续稳定低生育水平,人口自然增长率-0.46‰。统计、审计、气象、档案、地方志等工作对经济社会发展的作用进一步增强,社会科学、新闻出版、广播电视、民族宗教、侨务和对台工作取得新成绩。

(六)*城乡居民生活继续改善*。全市城镇居民人均可支配收入20128元,增长12.9%,农村居民人均纯收入10163元,增长13.5%。以实施统筹城乡就业全国试点为契机,大力开展充分就业社区和充分就业村创建活动,新增城镇就业5.5万人,帮助994户城镇零就业家庭和农村低保户家庭实现就业,城镇登记失业率3.6%。率先制定实施城乡居民社会养老保险办法,把城乡居民全部纳入社会养老保险体系,对70周岁以上的无保障老人发放养老基本生活补助金。积极推行城乡居民合作医疗保险"六统一"管理,全面启动实时结报工作,农村居民新型合作医疗保险参保率达95%以上。认真落实最低生活保障金自然增长机制,对特殊困难人群的就医、就学、住房等综合帮扶力度进一步加大,全市发放物价补贴891万元、医疗补助1977万元,建成经济适用房8.8万平方米,新增廉租房受益家庭354户。慈善事业加快发展,社会帮扶活动广泛开展。市社会福利服务中心一期投入使用。设立社会保障事务局,大社保管理体制进一步完善。

(七)*民主法治和社会管理进一步加强*。全面落实依法行政实施纲要,认真执行人大及其常委会的决议决定,支持人民政协行使政治协商、民主监督、参政议政职能,认真办理人大代表建议和政协提案,进一步密切与各民主党派、工商联和工会、共青团、妇联等人民团体的联系。整合服务热线,实行12345、110、96345三台联动,建立政府门户网站"网上值班室"。开通"网上信访",拓宽信访渠道。创新新居民服务管理体制,设立新居民事务局。健全突发公共事件应急体系,高度重视安全生产,全市事故起数、死亡人数、直接经济损失数连续第五年实现下降。切实加强市场监管,产品质量和食品安全专项整治目标任务全面完成。加强社会治安综合治理,社会保持和谐稳定。支持国防建设,做好征兵、民兵预备役、民防等工作,军警民共建活动深入开展,荣获全国双拥模范城市称号。

这些成绩的取得,是全市人民在中共嘉兴市委的正确领导下,开拓进取、实干创业的结果,是各方面和衷共济、团结奋斗的结果。在此,我谨代表市人民政府,向各位代表和委员,向全市各行各业的劳动者和离退休老同志,向各民主党派、工商联、各人民团体和社会各界人士,向驻嘉部队官兵、武警指战员以及所有关心、支持嘉兴建设发展的海内外朋友们,表示崇高的敬意和衷心的感谢!

在肯定成绩的同时,我们也清醒地看到存在的矛盾和问题。经济发展方式转变滞后,自主创新能力薄弱,节能减排形势严峻,生态建设的长效机制有待进一步健全,现代服务业和高新技术产业发展不足,具有带动作用的大企业偏少,中小企业发展环境有待优化;主副中心城区功能偏弱、辐射带动效应不强,城市文化特色不够明显,小城镇作为城乡一体化的重要节点建设滞后,城乡统筹发展和新农村建设动力有待增强;教育、医疗、就业、社会保障、食品安全、公共安全等关系群众切身利益方面的问题仍然存在,农民持续增收难度较大,部分低收入群众生活还比较困难;政府行政效能亟待提高,少数机关部门和工作人员的依法行政观念和服务意识不强,形式主义、官僚主义和奢侈浪费问题还不同程度地存在。我们要高度重视这些问题,并切实采取更加有效的措施,下大力气认真加以解决。

二、2008年工作总体要求和主要目标

2008年是全面贯彻落实党的十七大作出的战略部署的第一年,也是完成"十一五"规划、实现本届政府任期目标任务的重要一年。做好今年政府各项工作,对于保持我市良好发展势头,推动经济社会又好又快发展,促进和谐社会建设,具有十分重要的意义。

根据市委六届四次全会"高举旗帜、创业创新、优化环境、富民强市"的总体要求,2008年政府工作的指导思想是:全面贯彻党的十七大精神,高举中国特色社会主义伟大旗帜,深入贯彻落实科学发展观,坚持以又好又快发展为主线,以全民创业、全面创新为强大动力,深入实施"六大战略",着力转变经济发展方式,加快建设现代化网络型大城市,扎实推进文化、生态和社会建设,推动经济社会发展再上新台阶,为全面建设惠及全市人民的小康社会奠定更加坚实的基础。

今年国民经济和社会发展主要预期目标是:在优化结构、提高效益、降低消耗、保护环境的基础上,生产总值增长12%;地方财政收入增长14%;全社会固定资产投资增长11%;社会消费品零售总额增长14%;全社会研究开发支出占生产总值的比重达到1.7%;万元生产总值综合能耗下降4.4%,化学需氧量排放量下降3.5%,二氧化硫排放量下降3.6%;实际利用外资增长12%(新口径),进出口总额增长15%;城镇居民人均可支配收入和农村居民人均纯收入均增长8%;居民消费价格总水平涨幅控制在3.7%以内;城镇登记失业率控制在4.3%以内;人口自然增长率控制在1.5‰以内。

为实现上述目标,我们必须努力做到:

——*突出创新,牢牢把握"创业富民、创新强市"总体战略*。进一步解放思想,坚持改革开放,弘扬创业创新文化、健全创业创新机制、优化创业创新环境、培育创业创新主体,切实把创业创新落实到经济、政治、文化、社会建设的各个方面,加快建设全民创业型社会、全面创新型城市。

——*突出转型,牢牢把握"好字优先、又好又快"本质要求*。抓住经济建设这个中心,认真贯彻中央宏观调控政策,稳中求进，好中求快，加快结构调整，着力缓解要素制约，切实加强资源节约和环境保护，努力实现速度和结构质量效益相统一。

——突出统筹，牢牢把握"着眼全局、协调推进"基本方法。统筹城乡发展、区域发展、经济社会发展、人与自然和谐发展，更加注重接轨上海扩大开放，加快网络型大城市和现代新农村建设，促进全面协调可持续发展。

——突出民生，牢牢把握"以人为本、和谐发展"根本目的。按照"学有所教、劳有所得、病有所医、老有所养、住有所居"的要求，把全面改善民生放在更加突出的位置，加快发展社会事业，完善社会保障体系，扩大公共服务，保障社会公平正义，促进社会和谐。

三、扎实做好2008年工作

围绕今年政府工作的总体要求和主要目标，要突出创新、转型、统筹、民生四个重点，扎扎实实做好五个方面的工作。

（一）加快转变经济发展方式，推动产业结构优化升级

加快工业创新。以信息化带动工业化，以生产性服务业提升制造业，以产学研一体化培育创新力，提高工业竞争力。积极发展工程机械、数控机床等装备制造业，培育电子信息、生物医药、新材料等高新技术产业，装备制造业和高新技术产业在规模以上工业产值中的比重均提高1个百分点。集聚发展能源、化工新材料等临港工业，推进纺织、皮革、化纤等传统优势产业的改造提升。重视培育具有龙头带动作用的大企业、大集团，力争年销售收入超10亿元的企业达到40家。抓好110项亿元以上重大工业项目，工业生产性投入增长15%。有序淘汰落后产能，关停小火电机组0.9万千瓦。认真实施走新型工业化道路评价体系，强化"亩产"观念，提高资源要素产出效率。

优先发展现代服务业。把发展现代服务业作为提升产业层次、优化经济结构的重要工作来抓。加快市场改造提升步伐，推进汽车商贸园二期、海宁皮革城三期等建设，进一步提高重点专业市场的辐射带动能力。大力引进第三方物流企业，加快建设嘉兴现代物流园，积极打造区域物流基地。顺应国际服务外包转移趋势，加快软件园建设，提高承接能力。大力引进国际知名商贸企业，重视发展连锁经营和电子商务，促进商贸业态和营销方式不断创新。以承办第四届"浙江山水旅游节"为契机，进一步整合旅游资源，加快旅游产品开发，市区初步形成"一湖二河三街"的旅游格局。建成南湖革命纪念馆新馆。加快发展建筑业，强化房地产市场监管，促进房地产业健康发展。支持发展信息咨询、创意设计、文体会展、社区服务等新兴服务业。

积极发展生态高效都市型农业。落实支农惠农政策措施，继续推进农业结构调整，提高农业的生态和经济效益。在稳定粮食播种面积的基础上主攻单产，保障粮食生产能力。加快各类农产品生产基地建设，大力发展分级化、超市化、品牌化生产，积极培育农家乐等休闲产业，引导畜禽养殖朝规模化、生态化方向发展。扶持发展农业龙头企业，积极培育农村新型合作经济，全年新增市级农业龙头企业10家、示范性专业合作社50家。加强动植物疫病防控，加大农业标准化技术推广力度，引导农户科学施肥用药，提高农产品质量安全水平。进一步健全农业保险体系，农业政策性保险实现县（市、区）全覆盖。继续推进农田水利基础设施建设，切实提高农业综合生产能力。

（二）坚持改革开放，推进创业创新

深入实施接轨上海首位战略。以国家编制实施长三角区域总体规划为契机，加快与上海及周边地区的规划衔接，推动区域合作向经济社会各个领域延伸。在继续推进基础设施对接的同时，加快体制机制接轨步伐，努力吸纳更多的资金、技术、人才等要素。注重关联发展，提高与沪、杭等周边城市的产业协作配套水平。深化与上海世博局的合作，主动参与上海"筹博"、"办博"活动，发展世博经济。整合现有对外交流合作机构，建立市级部门联席会议制度和市、县（市、区）联动机制，推进接轨工作制度化和经常化。

进一步提高对外开放水平。把利用外资和提升产业层次更好地结合起来，创新招商方式，更加重视专业化、多层次招商，着力引进重大项目、全新业态项目，更加注重引进先进技术、管理经验和高素质人才。重视引进内资工作，争取吸引更多的市外大企业、大集团落户嘉兴。适应出口退税政策调整，改善贸易结构，更加注重高新技术产品和自有品牌产品出口。重视进口工作，鼓励企业扩大先进技术装备、重要原材料和关

嘉兴南湖

键零部件进口。积极引导有条件的企业到境外进行资源开发和建立营销网络。积极参与中西部地区和东北地区的建设发展,做好山海协作和“双对口”工作。拓展外事、侨务和对台工作等联系网络,促进对外交流与合作。

继续深化改革。启动统筹城乡综合配套改革试点,深化农村综合改革,加大行政管理、公共财政、户籍制度、土地利用等方面的探索力度,创新城乡统筹发展体制机制。继续推进政企分开、政资分开、政事分开、政府与市场中介组织分开,加快政府职能转变,着力完善政府的经济调节和市场监管职能,切实把财力物力等公共资源更多地向社会管理和公共服务倾斜。今年全市财政预算安排的三分之二以上用于发展社会事业和解决民生问题。深化行政审批制度改革,按照“两集中、两到位”的要求,稳步推进行政机关内设机构审批职能整合工作。深化事业单位改革,继续做好现代事业制度试点工作。完善公共财政体制,进一步健全部门预算、国库集中收付、政府采购等制度。完善投资核准和备案制度,加强政府投资计划、概算管理和招投标监管,切实规范政府投资行为。加大国有资产监管力度,完善企业法人治理结构,提高国有资产保值增值能力。继续深化要素配置市场化改革,全面推进工业和经营性用地招拍挂,抓好存量土地的盘活和利用,促进集约节约用地。积极探索建立能源资源使用差别化价格、阶梯式价格的调节机制。组织开展第二次全国经济普查。

大力推进全民创业。进一步放宽准入条件,降低创业门槛,简化注册手续,培育创业主体。鼓励和引导农村劳动力进入二三产业,着力加强各种创业技能培训,努力使更多的劳动者成为创业者。全面实施小企业成长计划,鼓励中小企业积极开展二次创业、大企业提质创牌,支持企业通过体制机制创新实现转型升级,加快推进企业上市。切实加大创业金融支持力度,积极推行创业保险、小额担保和农村住房抵押贷款。进一步加强各类开发区、工业功能区、创业基地等建设,着力构筑创业平台。全年新建标准厂房150万平方米。强化创业考核引导,将新增工商户数、注册资本增量、每万人口法人单位和产业活动单位比重等指标列入目标责任制考核。

切实提高自主创新能力。加快建设创新型城市,着力打造全省区域创新体系副中心。推进嘉兴科技城建设,继续引进国内外大院名校和研发机构共建创新载体,积极培育一批区域(行业)创新服务中心,新增孵化面积6万平方米。加大政府和企业研发投入,深化产学研合作,支持各类科技风险投资,引导创新要素进一步向企业集聚,促进科技成果转化。切实加强知识产权保护,鼓励企业实施技术标准战略,加快培育一批具有较大影响力的区域品牌和区域名牌。启动国家知识产权试点城市申报工作。积极开展各类人才招聘活动,重点引进创新型、高层次、技能型人才,力争引进各类人才2万名。进一步完善人才评价体系,重视人才的培训和继续教育工作,营造留才用才的良好环境。

(三)加快建设网络型大城市,推进新型城市化和城乡一体化

完善网络型城市布局。按照市、县(市)域总体规划,加快各类专项规划修编。实施“1640”工程,优化中心城市“一体两翼”发展格局,加强五个副中心城市和滨海新城建设,培育40个左右规模适度、布局合理、特色鲜明、环境优美的新市镇。

大力推进市镇建设。按照“突出特色、集聚人口、做强产业”的要求,全面实施以“权力下放、超收分成、规费全留、干部配强”为主要内容的强镇扩权政策,加快小城镇向市镇提升发展。结合市镇产业发展特点,加快产业功能区建设,积极培育具有较强竞争力的镇域特色产业,增强市镇发展的产业支撑。鼓励农村居民落户市镇,引导新居民到市镇规划点居住,促进市镇人口集聚。推进管理职能下移,加大财政转移支付和建设用地等支持力度,提高市镇的发展和服务能力。

加快滨海开发。抓住杭州湾跨海大桥建成通车的机遇,充分发挥区位和港口优势,完善合力开发机制,全面推进乍浦、独山和海盐港区开发建设。加大港口建设力度,开工建设嘉兴港二期散杂货、庆安液化等4个万吨级码头,建成独山港区粮食、美福石化等4个万吨级码头,进一步强化海河联运,完善港口集疏运体系。嘉兴港货物和集装箱吞吐量分别达到2500万吨和5万标箱。完善嘉兴出口加工区功能,增强滨海新区产业集聚和承载能力。积极发展装备制造、新材料、能源、仓储物流、特色旅游等产业,推动临港工业向规模化、集群化、高端化发展。加快完善供电、供水、供气等基础设施,大力推进中心服务区、商务区建设,着力打造滨海新城。

提高中心城市发展水平。注重功能培育、品位提升和特色强化,提高城市现代化水平。协调推进南湖新区、秀洲新区和运河新区建设,加快中心区南片开发步伐。完善中心城区路网体系,完成95条道路的新建改建任务。深入实施“1812”老区改造工程,推进市区街心绿地、沿街沿河绿化,开工建设穆湖长岛森林公园,基本建成生态湿地公园和中央公园一期。优先发展城市公交,加快公交场站建设,调整优化公交线路,提高公交出行分担率和服务水平。深化“数字城管”,进一步健全城市管理长效机制。

扎实推进新农村建设。全面实施打造城乡一体化先行地行动纲领,推进空间布局、产业发展、基础设施、公共服务等配套体系建设。加快农村新社区建设,开展现代新农村示范镇村创建,建成省级全面小康农村新社区20个。完善垃圾收集处理、河道保洁、公路养护等长效管理机制,继续推进城乡公交一体化,新建农村联网公路300公里、改造农村桥梁300座,全面实现村村通公交。加快城市供水管网向农村延伸,新增集中供水覆盖农村人口15万。加快农村电气化建设,新增“新农村电气化村”300个。以农村信息化示范镇、村创建活动为抓手,加快推进农村宽带入户和电脑普及,切实提高农村信息化水平。开展农民“双证制”教育和预备劳动力技能培训,培训农村劳动力8万名。加大财政转移支付力度,引导工商企业和社会力量参与新农村建设,壮大村级集体经济,发展农村公益事业。

加快城乡基础设施建设。开工建设嘉绍高速公路、南北湖公路和湖嘉申线航道改造等项目,加大杭州湾跨海大桥北接线二期、钱江通道北接线和杭平申线航道改造等项目推进力度,配合做好沪杭高标准铁路客运专线、磁悬浮和沪乍嘉湖铁路等前期工作。加快独山排涝应急工程建设,扎实推进太湖引水工程,进一步完善航运、防洪、水资源供给保障体系。加强数字嘉兴地理信息等共享平台建设,完善信息网络构架,促进网络资源共享。支持秦山核电二期等电源工程建设,抓好500千伏海宁变、王店变等项目,新增输变电容量129万千伏安。加快天然气德嘉线建设,确保年内建成通气,配合做好“西气东输”二期、“川气东送”建设工作。

(四)加强节能减排,促进生态文明建设

加快形成全民参与的工作格局。把节能减排作为检验经济发展成效的重要标准，建立健全工作责任制和问责制，完善统计和评价办法，定期公布完成情况。强化企业的社会责任，综合运用行政、经济、法律等手段，建立健全节能减排激励约束机制，提高节能减排自觉性。完善举报环境违法行为奖励制度，支持社会力量参与环保事业，健全环境保护社会监督和舆论监督机制。深入开展节能减排全民行动，加强生态教育和宣传，发展壮大环保志愿者队伍，努力营造全民参与节能减排的良好氛围，打好节能减排攻坚战、持久战。

加强能源资源节约。深入实施循环经济发展规划，扎实推进循环经济重点项目建设，积极发展清洁生产，加快开发区(工业园区)生态化改造，重点抓好嘉兴经济开发区和嘉兴出口加工区创建国家级生态示范区工作。加强新能源和可再生能源的开发利用，积极推广秸杆利用、污泥发电等技术，扩大太阳能应用领域。推进固体废物综合利用和水资源循环使用，工业固体废弃物综合利用率达到92%以上，工业用水重复利用率达到65%以上。支持企业进行节能技术改造，采用环保新设备、新工艺、新技术，提高节能水平。积极推行合同能源管理、能源审计等节能管理模式，整体推进建筑节能、交通节能和公共机构节能。倡导绿色消费和理性消费，大力推广可循环使用产品。

切实改善生态环境。加大环保基础设施建设力度，开工建设步云二期和海宁垃圾焚烧厂，加快推进市联合污水处理二期和桐乡尾水排海工程，所有镇建成污水集中收集处理设施。实施污染物总量控制，全面推行排污权有偿使用和排污权交易工作。坚持"铁腕治污"，继续加大重点区域、重点行业、重点企业监管力度，严厉打击违法排污行为，"飞行监测"达标率达到85%以上。进一步加强跨区域水污染统筹治理，加大生活污水治理力度，县城以上生活污水入网率达到78%以上。推进农村环境综合治理，积极探索养殖业污染治理有效途径。深入开展"清水河道"建设，疏浚河道2000公里。继续推进植树造林，新增绿化面积7000亩。

(五)切实改善民生，促进社会和谐

加快发展文化事业。把社会主义核心价值体系融入国民教育和精神文明建设全过程，大力弘扬"崇文厚德、求实创新"的嘉兴人文精神，加强社会公德、职业道德、家庭美德、个人品德教育，积极培育文明风尚。加强基层文化设施建设，组织开展各类健康向上的社会文化活动，丰富群众文化生活。加快推进农村数字电影和新一轮广播电视"村村通"工程，构建城乡一体的公共图书馆服务网络，图书馆镇级分馆覆盖率达到50%。争创全国文化信息资源共享工程建设示范市。组织开展全国第三次文物普查，加快编制《嘉兴历史文化名城保护规划》，推进古运河、子城公园、马家浜文化遗址公园等建设，做好非物质文化遗产的科学保护和合理开发，积极创建国家历史文化名城。大力发展艺术培训、演艺、动漫等文化产业，规范和活跃文化市场。加快发展广电新闻出版事业，繁荣文艺创作。做好地方志二轮修编和科普、档案等工作。

促进教育优质均衡发展。坚持教育优先，深入实施素质教育，高标准、高质量普及十五年基础教育。加快发展学前教育，积极扶持特殊教育。增加农村教育投入，加快学校标准化建设，优化城乡一体的学校布局。大力发展职业教育，继续推进市域统筹中职专业设置和招生，完成中职园二期项目主体工程建设。重视发展高等教育，做好嘉兴职业技术学院创建省级示范性高职院校工作，开工建设嘉兴学院梁林校区扩建一期，建成同济大学浙江学院(筹)一期，高校在校生规模达到3.5万人左右。完善城市大学、社区学院和社区教育中心三级网络，积极构建终身教育体系。迁建市老年大学。支持民办教育规范发展。全部免除城乡义务教育阶段学生课本费，扩大嘉兴新居民子女享受免费义务教育范围。

提高人民群众健康水平。加快公共卫生服务体系建设，继续抓好重大传染病和职业病预防控制工作，进一步提高应对突发公共卫生事件的处置能力。加快城乡医疗卫生服务体系建设，继续深化社区卫生服务规范化创建活动，健全社区责任医生制，鼓励卫生技术人员到基层工作，积极倡导小病在社区、大病进医院、康复回社区的医疗服务模式，努力为群众提供安全、有效、方便、价廉的基本医疗服务。加快推进市一院迁建、市二院扩建等项目，开工建设新荣军医院。大力开展爱国卫生运动，实现国家卫生城市创建目标。以承办第十四届省运会为契机，加快体育场馆建设，健全公共体育服务体系，广泛开展全民健身活动，积极发展竞技体育，提高全民身体素质。完善计划生育利益导向机制，实行免费孕前优生检测，提高出生人口素质。

努力扩大就业。完善劳动者自主择业、市场调节就业和政府促进就业机制，拓宽就业渠道，增加就业岗位。深入推进充分就业社区、充分就业村创建活动，推动人力资源市场网络等公共就业服务平台向社区、村延伸。加大对自谋职业的扶持力度，研究制定鼓励创业的政策措施，以创业带动就业。全年新增城镇就业5万人。加强就业援助，帮助2.5万名城镇失业人员实现再就业，努力使农村低保家庭有就业愿望的劳动力50%左右实现就业，确保城镇零就业家庭"出现一户、帮扶一户、解决一户"。认真执行劳动合同法，强化劳动执法监察，规范用人单位的用工行为，构建和谐稳定的劳动关系。合理调节收入分配，提高劳动报酬在初次分配中的比重。

完善社会保障体系。全面实施城乡居民社会养老保险办法，城乡居民社会养老保险和城镇职工基本养老保险参保人数分别新增22.5万和5万名。健全城乡居民医疗保障体系，加快城乡居民新型合作医疗与城镇职工大病医疗保险接轨步伐，全面推行合作医疗"六统一"管理和实时结报，农村居民合作医疗参保率达到95%以上。探索建立城乡统一的失业保险制度，进一步扩大工伤、生育等保险覆盖面。加强社保基金监管，确保基金安全和各类社会保险金按时足额发放。加快发展养老服务事业，大力推进"居家养老"服务，鼓励社会力量兴办养老服务机构。健全集中供养长效机制，城镇"三无"和农村"五保"对象集中供养率巩固在99%以上。做好企业退休人员基本养老金、职工最低工资、重点优抚对象抚恤、最低生活保障补助标准调整工作。切实关心困难群众的生活，加大就医、就学等综合帮扶和援助力度，完善物价补贴办法，确保低收入居民生活不因物价上涨受到大的影响。进一步健全住房救助制度，开工建设经济适用房20万平方米，新增廉租房受益家庭620户，完成农村困难群众危旧房改造570户。大力发展慈善事业，提高慈善救助能力。切实保障妇女儿童的合法权益，抓好青少年思想品德和心理素质教育。积极开展全国残疾人爱心城市创建活动，对贫困持证重度残疾人给予全额低保补助。

加强民主法治建设维护社会稳定。重视基层民主政治建设，依法开展城市社区和村级组织换届选举。深入推进“五五”法制宣传教育，增强公民法律意识。充分发挥各类社会组织参与社会建设与管理的作用，提高社会管理能力。积极推进居住证制度改革和临时居住点建设试点，提高对新居民的服务与管理水平。完善信访制度，进一步拓宽信访渠道，努力把问题解决在基层，把矛盾化解在萌芽状态。继续推进社区矫正，深化人民调解和法律援助工作。推进城乡社区警务建设，健全社会治安防控体系，加强社会治安综合治理，依法打击各类刑事犯罪活动。完善基层应急体系，普及灾害防御知识，提高应对突发公共事件和防范风险的能力。做好气象、防台、防汛、防震等工作。落实安全生产责任制，加强对工矿企业、交通运输、建筑工地等重点行业、单位的监管，安全生产事故起数、死亡人数和直接经济损失数三项指标继续保持零增长，力争有所下降。健全企业、个人征信系统，加强市场价格监测，深入开展食品药品等各类专项整治，打击制假售假、商业欺诈等行为，整顿和规范市场经济秩序。大力开展国防教育，巩固“双拥”创建成果，支持驻嘉部队建设，做好民兵预备役、征兵、拥军优属和优抚安置工作，密切军政军民关系。做好国家安全工作。进一步加强新形势下的民族、宗教等工作。

做好2008年的各项工作，政府必须切实加强自身建设，不断提高行政能力和服务水平。一要坚持依法行政。自觉接受人大及其常委会的法律监督和工作监督，积极支持人民政协履行政治协商、民主监督、参政议政的职能，认真听取各民主党派、工商联和无党派人士的意见，重视发挥工会、共青团、妇联等人民团体的作用。认真办理人大代表建议和政协提案。依法开展行政复议和行政应诉工作，保障公民、法人和其他组织的合法权益。继续完善行政执法责任制，健全规范性文件审核、公开发布、异议处理机制，切实规范行政行为。完善重大事项决策规则和程序，实行重大决策事项公示、听证和专家咨询制度，建立健全决策反馈纠偏机制和责任追究制度，推进决策的科学化、民主化和制度化。深化政务公开，完善电子政务建设，提高政府工作透明度，自觉接受新闻舆论和社会公众监督。二要努力做到勤政为民。扎实开展“创业服务年”、“创新推进年”活动，建立健全作风建设和效能建设长效机制，严格实行首问责任制、服务承诺制、限时办结制等制度，为基层、企业和群众提供优质、高效服务。加强调查研究，力戒形式主义、官僚主义，减少会议和文件，把功夫花在了解实情、办好实事上。市区今年抓好“公交优先”、“助残扶残”等民生工程。三要切实加强廉政建设。强化对公务员的培训、管理和监督，努力建设一支干净干事的公务员队伍。牢记“两个务必”，坚决反对铺张浪费，加强公务用车、公务接待等管理。进一步落实党风廉政建设责任制，加强廉政建设和反腐败斗争，健全惩治和预防腐败体系，严肃查处各类违法违纪案件。

形势催人奋进，任务光荣艰巨。让我们紧密团结在以胡锦涛同志为总书记的党中央周围，高举中国特色社会主义伟大旗帜，以邓小平理论和“三个代表”重要思想为指导，深入贯彻落实科学发展观，在中共嘉兴市委的领导下，进一步解放思想，开拓创新，齐心协力，扎实工作，为加快建设惠及全市人民的小康社会、提前基本实现现代化而努力奋斗！

生活着的千年古镇——西塘

政府工作报告

湖州市人民政府市长　马　以

(2008 年 3 月 28 日)

一、2007 年工作回顾

2007 年,是本届政府任期的第一年,也是我市经济社会发展取得新成就的一年。一年来,我们以科学发展观为统领,认真贯彻党的十七大和省、市党代会精神,按照市六届人大一次会议确定的目标任务,牢牢抓住经济工作五个重点,着力构建和谐社会,创业富民、创新强市,在建设现代化生态型滨湖大城市的征程上迈出了坚实一步。

*一是推动产业协调发展,经济实力跃上新台阶。*全市实现生产总值 895.9 亿元,增长 14.4%。财政总收入跃上"百亿元"台阶,达到 114.1 亿元,其中地方财政收入 61.7 亿元,分别增长 24.3% 和 23.9%。安吉财政总收入突破 10 亿元。深入实施"工业强市"战略,加快产业结构调整,深化"项目推进年"、"企业服务年"活动,强化平台建设,推动科技创新,工业经济综合实力明显提升,完成工业性投入 236.9 亿元,增长 27.1%,规模以上工业总产值 1763 亿元,其中高新技术产业产值 464.6 亿元,分别增长 28% 和 28.6%。培大育强成效明显,营业收入超 30 亿元企业有 5 家,升华集团首次超 50 亿元,天能国际成功上市,栋梁新材实现再融资。品牌培育取得突破性进展,新增国家驰名商标 37 件、中国名牌产品 6 只、国家免检产品 11 只。大力发展高效生态现代农业,实现农林牧渔业总产值 128.8 亿元,增长 13.3%。建成 22 个现代农业示范园区,新增省级无公害农产品基地 24 万亩、"亿千"农业龙头企业 8 家。加快发展服务业,实现服务业增加值 311.9 亿元,增长 15.9%,占生产总值的比重由 34.2% 提高到 34.8%。组织实施服务业发展重大项目"双百"计划,加快发展商贸、旅游、物流、金融业,促进房地产业健康发展,实现社会消费品零售总额 319.3 亿元,增长 16.6%,增幅创 1997 年以来新高。推动开放活市,努力提升开放型经济发展水平。深入实施招商引资"一号工程",实到外资 8.4 亿美元,增长 11.4%,实到市外内资 65.5 亿元。积极推动外贸持续增长,完成进出口总额 42.7 亿美元,其中出口 36.8 亿美元,分别增长 41.7% 和 37.8%。湖州开发区在全省省级开发区综合考评中名列前茅,吴兴区与上海实业集团的战略合作实质性启动。深入推进改革创新,组织实施民营经济新飞跃"9565"工程,新增民营企业 2536 户、注册资本金 49.7 亿元,分别增长 13.5% 和 67.8%。切实加强节能减排工作,初步统计万元生产总值综合能耗、规模以上工业万元增加值能耗分别下降 4.5% 和 8.5%,化学需氧量、二氧化硫排放量分别下降 5.09% 和 5.94%,全市环境质量进一步改善。对工业投资项目实行合理用能与排污总量控制联审制度,重点实施 70 个节能降耗项目和 35 个主要污染物削减项目,深入推进矿山整治,完成淘汰粘土砖瓦窑三年任务。扎实推进太湖流域水环境治理,综合防治太湖蓝藻。

*二是加快实施重大项目,城乡建设迈出新步伐。*积极适应宏观调控,改善投资结构,加大有效投入,完成全社会固定资产投资 458.3 亿元,增长 12.5%。全力推进交通、能源、水利等重点项目建设,全市重点建设完成投资 185.5 亿元,有 59 个项目建成运行或基本建成,申苏浙皖高速公路全线通车,申嘉湖高速公路湖州段、杭长高速公路一期建成通车,湖嘉申航道湖州段改造全面完工,川气东送湖州段启动建设,老虎潭水库建设进展顺利,合溪水库建设和大钱港整治工程开工。加快中心城市建设步伐,太湖度假区、东部新区、南浔城区和仁皇山新区、西南分区等建设进程加快,人民路、苕溪路、太湖路等道路拓改工程如期完成,滨湖大道、步行街区、衣裳街区等重大项目的规划建设进展顺利。县区首位镇、中心镇建设力度进一步加大,德清在全省率先开通直达杭州的跨区域公交车,长兴获得"国家园林县城"称号。全面推进省级新农村实验示范区建设,深入实施"1381 行动计划",浙江大学 26 名高层次人才来湖挂职和推进合作,合作项目累计达到 303 项,完成投资 11.1 亿元,南太湖现代农业科技推广中心等一批共建平台建成运行。深入推进新农村建设"八大工程",完成 127 个村的环境整治,创建 40 个全面小康示范村,等级公路、城乡公交、有线电视通达全市所有行政村,完成河道清淤 865 公里,农村垃圾集中收集处理率超过 90%,"三位一体"新型合作经济组织建设、政策性农业及农房保险等农村改革扎实推进。坚持保护耕地与保障建设并举,开展土地清理专项行动,全面完成"三五"工程,完成项目供地 2.1 万亩。

*三是积极推进社会建设,社会事业取得新进步。*全面实施素质教育,推动城乡各级各类教育均衡协调发展,全市有 64 所学校通过第三批省义务教育标准化学校评估验收,高考上线率继续名列全省前茅,五个县区全部通过省教育强县区复查。深入推进文化大市建设,成功举办第四届国际湖笔文化节、赵孟頫书画珍品回家展等活动,新闻出版、广电文艺等取得新成果。启动市民健身中心建设,49% 的行政村建成体育健身设施。加强公共卫生服务体系建设,市公共卫生中心、市传染病医院相继建成,农村社区卫生服务中心和服务站建成率均达到 100%,在全省率先开展农村社区全科医生定向培养工作,我市顺利通过国家卫生城市复审。稳定低生育水平,人口自然增长率为 0.69‰,连续三年低于 1‰。妇女、儿童、老龄、慈善和残疾人事业继续发展。深入实施"五五"普法规划,切实增强公民法律意识,三星级以上民主法治村、民主法治社区创建达标率分别达到 85.5% 和 79.5%。完善大信访格局,切实加强矛盾纠纷的排查和调处工作。健全社会治安防控体系,扎实开展平安系列行动,大力推广"三近"走访、"三好六有"警务新模式。切实抓好安全生产,市区各乡镇率先建立"一中心六站"公共安全监管机构,深入开展安全隐患排查治理,织里"三合一"整治取得积极成效。全面加强应急管理,防汛抗台等工作成效明显。全市实现矛盾纠纷、信访、群体性事件、刑事发案、安全生产事故总量"五下降"。民族、宗教、外事、侨务、对台等工作取得新成绩,人防、气象、档案、地方志等事业发展步伐加快,国防和国家安全工作进一步加强,我市实现全国双拥

模范城“五连冠”。

*四是努力为民办好实事,群众生活得到新改善。*切实改善民生,全市财政支出增量中的80.8%用于民生,达到10亿元,十个方面的为民办实事项目全面完成。城镇居民人均可支配收入达到19663元,农村居民人均纯收入达到9536元,分别增长12.3%和14.4%。统筹城乡就业,城镇新增就业4.6万人,城镇登记失业率下降到3.2%,完成农村劳动力技能培训11.6万人,其中转移培训人员就业率达到84%。切实加强社会保障工作,加快推进城镇职工社会保险扩面工作,率先建立城镇居民基本医疗保险制度,对企业退休人员实行免费体检,对新增被征地农民实行基本生活保障“即征即保、应保尽保”,新型农村合作医疗人均筹资额从52元提高到85元,城乡居民最低生活保障线、企业职工最低工资标准、被征地农民基本生活保障标准及退休人员基本养老金等都得到提高。切实改善居民住房条件,加快经济适用房和廉租房建设,推进住房公积金扩面工作,启动中心城区老居住区改造,加大农村困难家庭危旧房改造力度。开展产品质量和食品安全专项整治行动。加强物价监管,做好粮食、生猪、食用油等重要商品的储备和调度,为困难群众增发物价补贴,市场供应总体平稳有序,居民消费价格总水平涨幅为4%,低于全国和全省水平。

*五是加强政府自身建设,行政能力得到新提高。*加强民主法治建设,自觉接受人大的依法监督和政协的民主监督,重大事项及时向市委、人大报告,向政协通报。按时办结市人大代表建议185件、市政协提案308件,办理质量继续提高。积极支持民主党派、工商联及工青妇等人民团体开展工作。扎实推进依法行政,完善政府工作规则,充实专家咨询委员会,成立政府法律顾问团,严格落实重大事项集体研究决策制度。按照省、市委的部署,认真开展“解放思想、激发活力、创业富民、创新强市”大讨论大实践活动,研究出台促进创业创新的“1+8”政策意见,进一步激发全面建设小康社会的创造精神和工作热情。切实加强作风建设,扎实开展“树新形象、创新业绩”主题实践活动和“走进矛盾、破解难题”专项行动,集中为基层群众解决了一批实际问题。深化行政审批制度改革,强化机关效能建设,市级部门73.9%的行政许可事项实行集中办理,在基层站所、办事窗口开展了群众满意创建活动。加快推进财政管理体制改革,切实加强绩效评价和审计监督。不断加强廉政建设,全面开展行政机关楼堂馆所专项清理,深入推进商业贿赂专项治理,向政府投资重点建设项目派驻廉政监察组。

一年来,我们在要素制约更加突出、区域竞争日益加剧的形势面前,迎难而上,努力工作,全市经济社会实现了持续平稳快速协调发展,本届政府工作开局良好,成绩来之不易。这是省委、省政府和市委正确领导的结果,是全市人民齐心协力、共同奋斗的结果。在此,我代表市人民政府,向在各个领域辛勤劳动的全市人民,向给予政府工作支持和监督的人大代表、政协委员和各民主党派、工商联、人民团体及社会各界人士,向大力支援湖州建设的驻湖人民解放军、武警部队官兵和省部属驻湖单位,向所有关心、参与、支持湖州发展的建设者、投资者和海内外朋友,表示衷心的感谢,并致以崇高的敬意!

回顾过去的一年,我市经济社会发展中还存在不少矛盾和问题。经济持续增长的压力加大,全社会固定资产投资增幅回落,投资结构还不够合理,内外资项目的质量有待提高。经济转型升级面临较多困难,增强自主创新能力、发展高新技术产业、淘汰落后产能需要进一步加大力度,节能减排、水环境治理任务十分繁重。部分低收入群众生活仍然比较困难,保持物价稳定压力较大,解决教育、医疗、就业、社保、住房、公共安全等关系群众切身利益的问题需要更加努力。政府职能需要进一步转变,创新意识和服务能力有待进一步增强,行政成本需要进一步降低。以上问题,我们必须高度重视并采取切实有效措施,努力加以解决。

二、2008年总体要求和主要目标

2008年政府工作的基本思路是:全面贯彻党的十七大和省、市党代会精神,深入贯彻落实科学发展观,按照市委六届五次全会的部署,全面实施增强“三力”、奋力崛起发展战略,继续坚持“好中求快、全面协调、稳中求进、惠民富民”的总体要求,深入推进创业富民、创新强市,着力调整经济结构和转变发展方式,着力推进改革开放和自主创新,着力加强节能减排和环境保护,着力改善民生和促进社会和谐,着力以改革创新精神加强政府自身建设,扎实推动经济社会又好又快发展。

综合考虑各种因素,建议今年全市经济社会发展主要预期目标为:地区生产总值增长12.5%,跃上1000亿元台阶;财政总收入和地方财政收入均增长16%;全社会固定资产投资增长12%,其中工业性投入增长12%以上;社会消费品零售总额增长13%;外贸进出口总额增长20%,其中出口增长18%;全社会研究与试验发展经费支出占生产总值比例达到1.25%以上;万元生产总值综合能耗下降4.5%以上,规模以上工业万元增加值能耗下降5.3%,化学需氧量、二氧化硫排放量分别下降3.7%和1.8%;城镇居民人均可支配收入和农村居民人均纯收入均增长8%,分别突破2万元和1万元;城镇登记失业率控制在4.2%以内;居民消费价格总水平涨幅控制在4.2%以内;人口自然增长率控制在2.5‰以内。

围绕上述基本思路和主要目标,做好今年工作,要着重把握好以下四个方面:

*一是坚持抢抓机遇、增强实力。*必须切实增强加快发展的紧迫感、责任感,进一步解放思想、改革创新,抢抓“进”的机遇,克服“紧”的约束,积极适应宏观调控,充分发挥自身优势,增加有效投入,提高出口效益,扩大消费需求,确保经济持续平稳较快增长,不断提升综合实力和竞争力。

*二是坚持好中求快、转型升级。*必须突出好字优先,把加快经济转型升级作为实现又好又快发展的必然途径,按照扩总量、提存量、优增量的要求,大力推动产业结构优化升级,不断提高自主创新能力,积极发展生态经济,切实加强节能减排,加快转变经济发展方式。

*三是坚持统筹发展、协调推进。*必须把城乡统筹和区域协调发展作为科学发展的重要目标,不断加大工业反哺农业、城市支持农村的工作力度,深入推进新农村建设,加快推进新型城市化,大力推进区域协调发展。

*四是坚持以人为本、改善民生。*必须在依靠群众、发展经济的基础上,更加注重发展成果的普惠性,进一步加强以改善民生为重点的社会建设,把更多的公共资源用于发展社会事业和改善人民生活,更好地解决群众最关心、最直接、最现实的利益问题,切实维护社会稳定,不断促进社会和谐。

三、2008年主要工作

实现2008年各项目标任务,要重点抓好以下工作:

(一)突出发展第一要务,努力促进经济平稳较快增长

切实加强有效投入。加快重点建设，实施市重点项目120项，完成投资160亿元，做好30项预备项目的前期工作。继续开展“项目推进年”活动，狠抓工业“大好高”项目，投资超千万元工业项目完成投资额160亿元。继续组织实施“双百亿工程”，重点实施百项投资额超3000万元的装备制造业及高技术产业项目。强化技术改造，工业“零增地”项目完成投资额占全部工业性投入的比重超过30%。继续实施服务业发展重大项目“双百”计划，服务业推进项目达到110项，完成投资额100亿元以上。进一步加大对农业和农村的投入力度，提高农业综合生产能力，改善农村基础设施条件。加快实施民营经济新飞跃“9565”工程，大力鼓励民间资本投资创业，积极推动民营企业创新发展。深入推进交通、能源、水利、信息、环保、社会发展“六大提升”工程。加快铁路“三线一枢纽”规划与建设，力争宁杭城际铁路和湖州综合交通枢纽同步开工，深化湖嘉乍铁路前期工作，争取湖苏沪城际铁路列入国家中长期铁路网规划。加快推进申嘉湖杭高速公路练杭段、杭长高速公路二期和12项干线公路建设，实施长湖申航道湖州段改造。组织实施电力设施空间布局规划，启动第二个500千伏输变电工程前期工作，加快西电东送特高压、川气东送工程建设。加快老虎潭水库及引水工程建设，实现水库蓄水；加快合溪水库建设及大钱港整治。

大力推进开放带动。努力提升招商引资水平。坚持内外资并举，强化项目评审，加大对周边城市和欧美日韩的招商力度，重点引进科技含量高、资源消耗少、环境污染小、经济效益好的项目，确保原口径下实到外资8亿美元，投资额超千万元的工业内资竣工项目实到资金35亿元。进一步创新招商引资方法，大力推进以外引外、民外合壁、嫁接改造、产业链招商。把加强平台建设作为增强产业承载力的当务之急，努力使开发区建设提升到新水平。修编完善开发区、工业园区、乡镇工业功能区空间布局和产业发展规划，加快基础设施建设，鼓励邻近乡镇共建共享产业平台。加快转变外贸增长方式。着力优化出口商品结构，努力提升纺织品、服装等传统出口产品档次，继续提高机电和高新技术产品出口比重。大力培育自主出口品牌，加快打造电子电缆、金属制品、转椅坐具、竹木制品等具有地方特色的出口品牌。建立健全汇率变化、贸易摩擦预警和应对工作机制，不断提高外贸企业抗风险能力。积极引导企业进口先进技术、设备和原材料。鼓励企业到境外开发资源、开拓市场。切实加强区域经济合作。全面接轨大上海、深度融入长三角，以产业合作为核心，同步推进科技、信息、教育、人才、金融等领域的交流与合作，实现借力发展、借梯登高。进一步加大临杭产业带的规划和建设力度，加快构筑承接上海产业转移的近沪经济走廊。以“接轨上海、服务世博”为主题，精心组织举办接轨上海活动周，开展一系列专题对接活动，安吉争创上海世博会城市最佳实践区。扎实推进“山海协作工程”，积极做好对口支援工作。

努力促进消费增长。坚持扩大内需方针，进一步增强消费对经济增长的拉动力。不断增加城乡居民特别是低收入群众的收入，完善社会保障，引导消费预期，增强消费能力。加快提升商贸业，完善布局规划，发展新型业态，构筑起大型购物中心、连锁超市、专业精品店、社区便利店有机整合、互为补充的商业服务体系。加大商贸中心、商业特色街区、商贸龙头企业的建设和培育力度，提高城市商业品位。加快构建农村和城市社区现代流通网络，大力发展连锁经营，放心店商品配送主体率达到80%以上。加快农贸市场改造步伐，加强市场监管和物价监控，抓好“米袋子”、“菜篮子”工程，努力保持重要消费品和服务价格的基本稳定。加快“三带十区”景区景点和旅游接待设施建设，有效整合各类旅游资源，大力推进重点旅游项目，积极培育重点旅游企业。抓住实施带薪休假制和调整节假日的机遇，加快推动过境游向休闲度假游转变，接待国内外游客分别增长15%和25%，旅游总收入和主要景区景点门票收入分别增长20%和30%。提升农家乐水平，创建一批农家乐特色村、特色点。加强房地产市场调控和引导，保持房地产业健康发展。提升发展建筑业。

优化资源配置。强化要素保障，是促进经济平稳较快增长的重要环节。要切实做好土地利用总体规划局部修改试点工作，积极向空中和地下拓展发展空间。大力推进低丘缓坡综合开发和利用。高质量完成土地整理6万亩、土地开发6000亩和建设用地复垦6000亩。深入开展土地清理专项行动，强化建设用地全程监管，进一步完善土地出让市场化运作机制，切实提高节约集约利用土地水平。扎实开展第二次全国土地调查，强化土地管理基础。大力引导金融机构拓宽资金来源渠道，确保新增贷款余额100亿元。扎实推进金融改革，积极引进其他银行来湖设立分支机构，开展村镇银行试点工作，加快中小企业信用担保体系建设，加强保险业监管。进一步推行BOT、TOT等融资和建设方式。加强跨地区劳务合作，加快建立稳定的劳务基地。切实加强煤电油运的市场调节和综合协调。认真做好全国第二次经济普查工作。

(二)加快转变发展方式，切实提高经济发展质量

加快推动产业结构优化升级。一是做强先进制造业。坚持“工业强市”方针，坚定不移地走中国特色新型工业化道路，加快信息化与工业化融合。提升存量与优化增量并举，改造传统产业与发展新兴产业并举，深入推进工业“二三三”结构调整，力争纺织、建材两大传统产业装备水平和技术含量进一步提升，金属材料、机电制造、现代轻工三大特色优势产业产值占比上升1个百分点，生物医药、节能环保、电子信息三个高技术产业产值总量明显增加。组织实施省、市级技术创新项目100项，完成省级工业新产品开发200项以上，新增省级企业技术中心3家。引导企业加强配套协作，推动块状经济向现代产业集群发展。启动实施“1155”培大育强工程，新增年营业收入超50亿元企业1家，新培育优质企业30家左右。大力推动企业上市，新增上市企业2~3家。深入实施“百家成长千家培育”工程，新增规模以上工业企业250家。高起点建设一批“一村一品、一镇一业”的现代家庭工业特色区域。二是做大现代服务业。大力培育和发展物流配送、金融保险、科技服务、信息咨询、现代商务、工业设计、创意经济等现代服务业，引导和推动服务外包，促进现代服务业与先进制造业融合发展。重点发展现代物流业，积极培育第三方物流，加快安吉川达、南浔鑫达、长兴捷通等重点物流项目建设。加快织里童装、南浔建材、安吉竹艺等专业市场的发展和提升。建立健全服务业发展合力推进机制，分领域落实推进措施，探索服务业优强企业与工业企业用电同价制度改革。三是做优高效生态现代农业。加强基本农田保护和耕地地力培育，稳定粮食播种面积，确保粮食总产量在80万吨以上。围绕发展蚕桑、畜牧、蔬菜等八大特色主导产业，深入推进农业结构和布局调整。启动建设南太

湖现代农业观光带,加快建设省级现代林业示范区,培育20个现代农业示范园区,新增20万亩省级以上生态高效农产品基地。大力推进农业产业化经营,新增“亿千”农业龙头企业7家,培育市级以上规范化农民专业合作经济组织20个。切实加强重大动植物疫病防控、农产品质量安全和农技推广体系建设,建立责任农技员制度。完善土地承包经营权流转市场,发展多种形式的农业适度规模经营。继续深化农村集体资产股份制改革和农村金融体制改革,逐步建立林权、农房抵押贷款制度。全面推行农业政策性保险,扩大投保范围。

切实提高科技创新能力。一是加快发展高新技术产业。组织实施国家级、省级重点科技项目100项以上,新增省级高新技术产品50只。对科技型企业实施梯度培育,重点培育一批高新技术领航企业、科技型小巨人企业和科技型初创企业,新增国家级高新技术企业3家、省级18家。集中资源扶持高新技术产业发展,高新技术产业产值增长25%以上。积极推动建立创业风险投资公司和引导基金。加快科技创新评价和监督体系建设,切实提高资源使用绩效。二是加快科技创新平台建设。健全南太湖科技创新中心运行管理机制,大力吸引大院名校和创新团队入驻。积极发挥湖州高校、科研院所的创新作用。推进科技企业孵化器建设,力争新建孵化器面积5万平方米以上。新建科技创新公共服务平台3个,新引进共建研发机构5家,新增省级企业研发中心6家。三是大力实施知识产权战略。积极争取列入国家知识产权试点城市并开展创建工作,新增专利申请量3000件、授权量2000件以上,其中发明专利申请量不少于10%。继续实施品牌战略,大力争创驰名商标和名牌产品,加快培育南浔木地板、德清装饰贴面板、长兴绿色动力能源等省级和国家级区域品牌。深入实施标准化战略,鼓励企业参与制订国际标准、国家标准和行业标准。四是加强创新型人才队伍建设。大力培育创新型领军人才和优秀创新团队。加快培养学术技术带头人和职业技能带头人。加强留学人员创业园建设。引进和培养各类人才2万名。

大力加强节能减排和环境保护。一是大力推进节能降耗。提高项目准入门槛,严格控制万元增加值能耗超过1.88吨标准煤的工业项目。对100家重点用能企业实行动态监控,实施100项重点节能技改项目,所有新型干法水泥熟料生产线均实施纯低温余热发电改造。加快淘汰落后产能,关停并转一批“三高一低”企业,水泥行业非干法回转窑、直径2.2米及以下磨机以及热电联产区域范围内的小锅炉全部列入淘汰范围。在水泥、电力、印染等主要耗能产业中开展节能降耗规划编制和能耗标准制定的试点。整体推进建筑、交通等领域和公共机构的节能工作。二是扎实推进主要污染物减排工作。全面试行生态环境功能区规划,严格执行环境影响评价和“三同时”管理制度,严把建设项目环保准入关。组织实施35项主要污染物减排项目,加快城镇污水处理厂及其配套管网建设,完成市北、碧浪等污水处理厂脱氮除磷改造,大力开发和推广中水回用等新技术、新工艺。加快35吨以上燃煤锅炉和电厂的脱硫工程建设,确保脱硫率和同步运行率不低于设计值。加快实施非电行业清洁能源替代。加快环保在线监测装置建设,严肃查处偷排漏排、超标超总量排放等违法行为。完成第一次全国污染源普查工作。三是切实加强环境保护和生态建设。制定实施“811”环境保护新三年行动方案,推进和巩固重点区域、重点行业、重点企业的污染整治。加快“苕溪清水入湖”项目建设,加强太湖流域水环境综合治理。对印染、化工、造纸、制革行业全面实施清洁生产审核,对年耗能超过5000吨标准煤、年用水超过30万吨的项目实行强制性审核。严格控制矿山开采总量,大力建设绿色矿山,加快推进矿山复垦复绿。加强生态公益林建设,新增省级重点生态公益林7.1万亩。中心城区逐步推行垃圾分类处理。争创全省循环经济发展示范市,推动三县生态创建工作再上新水平,争创10个市级以上生态乡镇、20个市级生态村。

(三)提升统筹发展水平,全面推进新农村和城市化建设

深入推进新农村建设。城乡统筹发展是我市的重要特色和优势。深化与浙江大学合作共建省级新农村实验示范区,突出科技和人才两大重点,全力推进“1381行动计划”,新增100项合作项目,不断提升南太湖现代农业科技推广中心建设水平。加快新农村实验示范重点区域建设,争创2~3个实验示范乡镇、20个左右实验示范村。深化省部共建、军民共建、村企结对工作,新增村企结对200个以上。深入实施“百村示范、千村整治”工程,新一轮村庄建设规划修编覆盖率达到60%以上,建成40个农村新社区。推进宅基地制度创新,规范建房用地秩序,坚决遏制违章搭建。加快“八大网络”建设,实施10项农民饮用水工程,新建电气化乡镇10个、电气化村100个,实现宽带网络在自然村的全覆盖。切实加强农村环境整治和村庄建设长效管理,建立健全农村公共设施养护、运行的长效机制。不断壮大村级集体经济,实施“经济薄弱村和低收入农户奔小康工程”,重点加强对集体经济年收入5万元以下经济薄弱村的帮扶工作。

加快推进中心城市建设。以建设六大片区、实施十大工程、抓好百个项目为重点,组织实施中心城市建设三年行动纲要,深入推进城市有机更新。继续完善大城市框架,大力推进东部新区、南浔城区规划建设,加快湖东西区、仁皇山新区、西南分区、市北分区等区块开发建设。加快南太湖综合开发,启动滨湖大道建设。加快龙溪港东岸综合改造,基本完成苕溪路、红旗路、南街综合整治。高起点编制长兜港、毗山等水体水景、山体山景规划,启动小市河综合整治。完善城市规划设计,力争重点部位城市设计全覆盖,严格落实规划控制。加强城市管理,实施城市畅通工程。健全城市保洁长效机制,提升净化、美化、绿化水准,努力打造最清洁城市。加强市政公用设施建设,全面建成湖州垃圾焚烧发电厂,中心城区建成天然气中压管网50公里以上。组建市水务集团。全面完成三县县域及市区总体规划,加快编制完善中心镇及其他乡镇的控制性详细规划,积极推进城镇群建设。

大力推进区域协调发展。坚持加快市区经济发展与推动县域经济发展“两手抓”,在各县区竞相发展中努力形成全市活力迸发、协调发展的生动局面。吴兴区要围绕“争创经济强区、建设和谐吴兴”的目标,加快提升东部新区承载功能,积极拓展西部山区发展空间,努力在培育大企业大集团、推动产业集聚、发展现代服务业等方面取得新成效。南浔区要围绕“又好又快建设新南浔”的目标,全力实施接轨上海战略,全面提升对外开放水平,努力在城乡基础设施和产业平台建设、企业培大育强、旅游业发展等方面实现新突破。德清县要围绕加快建设“富裕德清、和谐德清”的目标,深入实施“开放带动、接轨沪杭”战略,突出抓好强工业、精农业、扩城市、兴三产,努力在拓展区域合作、推进科技创新、发展产业集群等方面寻求新跨

越。长兴县要围绕"加快建设山水园林型现代化新兴城市"的目标,进一步做大做强主导产业,美化优化城乡面貌,努力在壮大民营经济实力、提升招商引资水平、加强生态环境建设等方面跃上新台阶。安吉县要围绕"建设民富县强和谐安吉"的目标,坚持生态立县,突出工业强县,加快开放兴县,在提升休闲旅游业、实施"中国美丽乡村"行动计划等方面展现新面貌。湖州开发区要更加注重抓创新、促升级、强功能、增实力,加快建设一流新区、现代新城。太湖度假区要逐步彰显滨湖魅力,努力成为休闲度假旅游业发展的重要增长极和大城市建设的新板块。

(四)着力改善民生,继续加强和谐社会建设

加快发展社会事业。一是大力提高教育发展水平。坚持教育优先发展战略和教育公益性原则,加大义务教育投入力度。推进城乡教育均衡发展,继续优化城乡教育布局,实施优质教育资源共享工程。推进素质教育,不断巩固和提高普及十五年教育水平。全面实施"五大工程",大力发展职业教育。继续推进高校东扩配套工程,不断提升高等教育质量。进一步加强校长和教师队伍建设,组织开展以"领雁工程"为载体的新一轮教师培训,努力提高教师待遇。鼓励和规范社会力量兴办教育。加强平安校园建设。二是切实加强医疗卫生和人口计生工作。深化城乡社区卫生服务体系建设,巩固完善新型农村合作医疗"三条保障线"制度,深入实施"农民健康工程"。建立健全医疗质量控制管理网络,做好城市医院对口支援农村卫生工作,加强惠民医院建设,构建和谐医患关系。进一步加强公共卫生防控体系建设。不断提升妇幼保健工作水平。大力发展中医药事业,争创全国农村中医工作先进市。深入开展爱国卫生运动,推进城乡环境卫生长效管理机制建设。进一步加强人口与计划生育工作,稳定低生育水平,建立免费婚检制度,提高出生人口素质。三是努力推动和谐文化建设。扎实推进社会主义核心价值体系建设,用中国特色社会主义共同理想凝聚力量。大力推进文化创新,不断提升文化软实力。深入实施文明素质提升、文明风尚培育、文明环境建设三大行动,争创全国文明创建工作先进城市。启动实施农村公共文化服务体系建设"十项工程",创建一批省级东海明珠乡镇、文化示范村和示范社区。做好第三次全国文物普查。启动实施数字电视整体平移工程。深化文化体制改革,培育文化品牌,发展文化产业,加强文化市场监管。建成湖州大剧院、市民健身中心并投入使用。办好第十届国际茶文化研讨会。深入开展"全民健身与奥运同行"主题活动,办好首届长三角休闲运动节。

切实加强就业和社会保障。积极开展职业技能培训,大力扶持自主创业、自谋职业,加强对大中专毕业生、复退军人的就业指导和服务。建立健全城镇零就业家庭动态帮扶长效机制,全面加强农村低保家庭就业援助,深入开展充分就业社区创建活动。深入推进统筹城乡就业工作,建立健全统一规范的人力资源市场。认真贯彻实施《劳动合同法》,加强劳动用工管理和监督,加快构建和谐劳动关系。大力推进企业职工社会保险扩面工作。继续提高企业退休人员基本养老金标准,实施低保标准自然增长机制。积极探索建立新型农村社会养老保险制度,全面落实被征地农民基本生活保障制度。大力发展慈善事业和志愿服务事业,积极推进养老服务社会化。完善双拥优抚安置体系,建立义务兵优待金自然增长机制。大力发展残疾人事业。

全力维护社会和谐稳定。加强基层民主政治建设,完成村委会换届选举,深化民主法治村和社区的创建工作,继续实施村务公开民主管理示范工程,积极推进非公有制企业职代会制度建设。整合资源、完善功能,加强城乡社区建设、管理和保障。改善老社区服务设施,推进"一站式"事务中心建设。规范发展各类民间组织。深化"五五"普法,加强法律援助,全面开展"法律六进"活动,加快发展律师、公证等法律服务业。探索建立稳定风险评估机制,努力从源头上减少不稳定因素。加强人民调解工作,健全和落实信访工作责任制。推进流动人口服务管理体制机制创新,加大对违法青少年的帮教和归正人员的安置帮教力度,加强社区矫正工作。依法严厉打击各类刑事犯罪。继续加强城乡社会治安群防群治和社区警务工作,完善"网格化"巡逻机制,深化社会治安防控体系建设。推进"平安细胞工程",全面实施平安基层基础规范化建设三年规划,深化平安创建活动。严格落实安全生产责任制,加强乡镇公共安全监管机构建设,切实抓好交通、消防、矿山、建筑、危化品、特种设备等行业和领域的安全工作,努力实现安全生产事故次数、死亡人数、直接经济损失三项指标稳步下降。进一步加强自然灾害防灾减灾体系建设。加强太湖蓝藻综合防治,确保饮用水源安全。不断完善应急管理机制,努力提升预防和处置突发公共事件的能力。大力支持军队建设,加强国防教育、国防动员和民兵预备役工作。

改善民生是政府的重要职责。今年,我们要继续全力抓好十个方面的为民办实事项目。一是加强就业援助和帮助低收入农户脱贫。城镇新增就业4.3万人。帮扶失业人员再就业1.5万人,其中困难人员再就业0.4万人。完成本地农村劳动力和外来务工人员技能培训10.2万人、城镇失业人员培训1万人。帮扶1万户年人均纯收入低于2500元的农户脱贫。二是扩大社会保障覆盖面。参加企业职工基本养老保险、失业保险、城镇职工基本医疗保险、工伤保险分别新增3.2万人、3万人、3万人、12万人。城镇居民基本医疗保险参保率达到60%以上,实行两年一次的免费体检。完善低保家庭"零起点"医疗救助和特困家庭大病医疗救助制度。市区建立企业职工基本医疗保险门诊账户制度。三是改善低收入家庭住房条件。中心城区基本完成东湖家园10万平方米经济适用房、20万平方米拆迁安置房、1.8万平方米廉租房主体工程建设,完成廉租房配房配租200户以上,启动建设经济适用房10万平方米、廉租房1万平方米。全市改造农村困难群众危旧房900户以上。扩大住房公积金制度受益面,新增非公有制企业职工参加人数1.8万人。四是加快中心城区改造。基本完成外环东路、南华路等城市道路改造。加快步行街区建设和衣裳街历史文化街区保护性改造。启动勤劳街拓宽工程。完成5个老社区、10条背街小巷环境整治和10万平方米楼道白化改造。加快推进市陌路堂子村、定安街、眠佛寺街、白地街等老居住区改造。市区新增停车位3000个。五是加大助学和文化进村力度。全部免除城乡义务教育阶段学生教科书费。继续实施对贫困家庭学生的就学资助。对本市中职学校一、二年级在校生给予每生每年1500元的政府助学金,并免除农业种养技术类专业学生的学费。进村公益放映数字电影1万场,实现全覆盖。建有体育健身设施的行政村达到970个,覆盖面超过90%。六是深化村庄整治和改善农村交通条件。完成20个全

面小康示范村建设、160个行政村和10个以上小城镇环境整治。完成360公里通村联网公路建设和50座农村低承载力桥梁改造。七是完善农村医疗保险制度和加强社会福利事业建设。新型农村合作医疗人均筹资额达到112元以上,参合率达到90%以上。新建100个农村老年活动室、15个农村社区综合服务中心和10个农村综合福利中心。开展千名特困家庭重度残疾人集中托管帮扶工作,首批完成350名。八是加强食品药品安全监管。村级连锁便利店达到700家。创建32个食品药品安全示范乡镇。药品规范化管理的基层医疗机构达到1000家。九是推进生态建设和水环境治理。基本完成城镇污水处理项目建设,加快推进湖东片区污水泵站改造和截污管网建设,中心城市污水处理率达到80%以上。启动三济桥-双林-练市供水管道建设工程。完成河道清淤900公里。完成100个规模化畜禽养殖场的污染治理。中心城市新增绿地120万平方米。十是完善重要商品储备制度和物价补贴机制。完善粮食、猪肉、食用油等重要商品储备制度。做好群众基本生活必需品和服务价格监测,实施对城乡低收入家庭的物价动态补贴。

本届政府已进入任期的第二年,各项工作正全面推进,各项任务十分繁重。我们必须以改革创新的精神,大力推进政府自身建设。一是加快转变政府职能。强化社会管理和公共服务,完善经济调节和市场监管,切实将主要精力转向服务市场主体和创造良好环境,努力建设服务型政府。围绕机制创新和效能提升,分步推进市级部门"两集中、两到位"行政审批制度改革,稳步推进"123"行政服务创新计划。全面实行市级部门财政国库集中支付改革,加强招投标平台建设,不断提高财政资金使用绩效。规范和加强税收征管,健全非税收入征管体系。切实加强政府性债务管理,有效防范债务风险。继续深化国有资产监管体制改革。加快推进事业单位分类改革和人事制度改革。二是全面推进依法行政。自觉接受人大及其常委会的监督,积极支持政协履行职能,广泛吸纳人大代表、政协委员及社会各界人士的意见和建议。认真听取各民主党派、工商联的意见,充分发挥工青妇等人民团体的作用。完善重大事项集体决策、专家论证、公示听证、合法性审查等制度,全面推行政府信息公开,让行政权力在阳光下运作。严格落实行政执法责任制和评议考核制,完善行政复议和行政过错责任追究制度。加强行政监察、审计监督和层级监督,健全行政绩效评价与考核体系。三是大力加强政风建设。全面贯彻"1+8"政策意见,严禁推诿扯皮和贻误时机,狠抓任务分解和责任落实,以政府创优引导和服务民众创业、企业创新。扎实开展"万名干部下基层、服务一线创新业"活动,合力破难题,认真办实事。大力弘扬求真务实精神,大兴调查研究之风,力戒形式主义和虚报浮夸。充分发挥市长热线作用,健全行政投诉办理长效机制。大力倡导勤俭节约、艰苦奋斗的优良传统,努力压缩行政成本,建设节约型机关。四是始终坚持廉洁从政。认真落实廉政建设责任制,深入推进惩治和预防腐败体系建设。加大专项治理力度,重点解决土地征用、房屋拆迁等方面群众反映强烈的问题。严肃查处各类违法违纪案件,深入治理商业贿赂,依法严惩腐败分子。加强对机关干部的培训、管理和监督,完善考核体系和奖惩机制,努力建设一支高素质的干部队伍。

正当新一年工作全面推进之时,今年初我市遭遇了历史罕见的特大雪灾,给经济发展造成重大损失,给群众生活带来很大困难。面对严重的灾情,在市委的坚强领导下,我们沉着应对、周密部署,各级各部门各单位迅速行动、协同作战,驻湖部队和公安干警挺身而出,全市上下众志成城,全力投入抗灾救灾工作,打了一场保畅通、保安全、保民生的硬仗,广大群众度过了一个欢乐、祥和、平安的春节。在与这场特大雪灾的斗争中,我们经受了严峻考验,充分体现了全市党政军民不畏艰险、共渡难关的坚强意志和强大凝聚力。目前,灾后重建和恢复生产工作进展顺利,我们要继续做好这项工作,尽快恢复受灾企业的生产经营,进一步落实农林业的救灾补损措施,抓紧做好基础设施的修复工作,切实把灾害损失降到最低程度,确保全面完成全年各项目标任务。

在新的一年里,我们深感责任重大,务必倍加努力。让我们紧密团结在以胡锦涛同志为总书记的党中央周围,高举中国特色社会主义伟大旗帜,坚持以邓小平理论和"三个代表"重要思想为指导,深入贯彻落实科学发展观,在中共湖州市委的领导下,解放思想,励精图治,只争朝夕,创业创新,为实现全面建设小康社会目标而努力奋斗!

湖州八里镇

政府工作报告

绍兴市人民政府代理市长　钱建民

（2008年5月11日）

一、2007年工作回顾

2007年是本届政府开局之年。我们在中共绍兴市委的领导下，以科学发展观为统领，积极实施"创业富民、创新强市"战略，推动经济社会又好又快发展。全市实现生产总值1971亿元，比上年增长14.3%，人均生产总值接近6000美元；财政总收入237亿元，其中地方财政收入122亿元，分别增长28.4%和29.2%；单位生产总值能耗下降4.38%，化学需氧量、二氧化硫排放量分别下降4.55%和3.76%；全社会固定资产投资843亿元，增长10.1%；社会消费品零售总额515亿元，增长17%；出口138亿美元，增长31.5%；城镇居民人均可支配收入21971元，农村居民人均纯收入9730元，分别增长12.8%和12.9%；居民消费价格总水平上涨3.7%；新增城镇就业7.05万人，城镇登记失业率3.25%；人口自然增长率0.92‰。除居民消费价格总水平外，市六届人大一次会议确定的主要预期目标全面实现，承诺的八件实事如期完成。经过全市人民的团结奋斗，过去一年，我市经济实力有新的提升，城乡面貌有新的改观，社会事业有新的发展，人民群众得到了更多实惠。

一年来，我们积极应对改革发展中的各种新情况新问题，坚持"重创新促发展、重民生促和谐"，突出抓了以下几方面工作。

*调整优化产业结构。*加强耕地保护，提高粮食综合生产能力，全年粮食种植总面积252.5万亩，增长2.9%。发展高效生态农业，推进农业产业化，新增农业龙头企业85家，外拓农业基地20.5万亩。改造提升纺织等传统产业，加快发展高新技术产业，规模以上工业实现总产值4868亿元，增长25.3%；十一项工业经济效益考核指标得分252.6分，位居全省前列。开展"工业项目推进年"活动，实施重点工业项目联席会议和重大工业项目扶持考评制度，完成工业性投资522亿元，其中高新技术类项目投入占66.8%，技术和设备投入占65.4%。进一步拓展建筑市场，实现建筑业总产值2073亿元，增长23.5%，保持全国地级市领先地位。制订加快现代服务业发展的政策意见，强化对各地服务业发展的目标责任制考核，服务业综合指数提高幅度居全省第一。实施迪荡新城一期商贸商务核心区块、中国黄酒城二期等重点项目建设，引进知名商贸品牌。加快中国轻纺城等专业市场改造升级，"中国·柯桥纺织指数"全球发布。加强旅游景区建设和营销策划，接待国内外游客2228万人次，实现旅游总收入187亿元，分别增长21.4%和26.7%。认真落实宏观调控政策，规范发展房地产业。

*加快转变发展方式。*制定节能减排行动纲要，细化"行政问责制"、"一票否决制"，征收超能耗资金，完善节能减排责任和激励制度，市本级建立每年1000万元的节能减排专项资金。实行土地、水、排污权资源使用差别化、阶梯式、市场化价格调节机制，推行排污许可制度，探索排污权有偿转让办法。加大节能减排技改力度，开展"三高一低"企业专项整治，下达第二批发展循环经济"850"项目计划，加强对企业的清洁生产审核。开展国家生态园林城市和联合国人居奖创建，实施"811"环境污染整治攻坚，建成绍兴污水处理三期工程等一批环保基础设施，完成新昌江流域省级环保重点监管区整治任务，在全国城市环境综合整治定量考评中连续三年居全省第一。新培育科技型企业1068家，累计建立市级以上企业技术中心259家。规模以上工业企业科技活动经费支出62.9亿元、实现新产品产值1071.5亿元，分别增长42.7%和23.7%。深化产学研合作，绍兴高新技术创业服务中心二期工程竣工，北京大学工学院绍兴技术研究院等一批科技创新与服务平台启动建设。大力发展品牌经济，新增中国驰名商标71件、中国名牌产品21只，新增数居全省首位。加强安全生产专项整治，健全安全事故预防预警和责任追究制度，各类安全事故起数、死亡人数、直接经济损失分别下降21.6%、5.8%和15.6%。产品质量和食品安全专项整治取得阶段性成效，整顿和规范药品市场秩序专项行动深入开展。切实保障金融安全，促进银企合作，全市金融机构增量存贷比达到96%。推进集聚集约发展，全市开发区当年工业项目投资强度和单位面积产出分别达到每亩280万元和329万元。轻纺、制袜、领带产业集群入选"中国百佳产业集群"。

*深化体制改革和对外开放。*继续推进国有企业改革。全面实施工业用地"招拍挂"制度。支持企业股份制改造和上市融资，新增上市公司4家，上市公司总数达到30家。深化农村综合改革，完善土地流转机制，加强村级债权债务管理。积极发展开放型经济，全市进出口总额193亿美元，增长38.3%；实际利用外资11亿美元，增长13.7%，实际到位内资超过50亿元；新批境外投资企业92家，中方投资额达到1.8亿美元，增长185%。接轨上海、融入长三角工作取得新的进展。

*加快城乡统筹步伐。*修编完善新一轮中心城市总体规划。越王城、迎恩门、鲁迅故里二期、八字桥历史风貌整合等古城保护工程进展顺利。越州新城开始规划建设，迪荡新城"八路三桥"基本建成。市区整治改造老住宅小区200多个，城中村（区中村、园中村）改造取得新的进展。柯北新城、柯南新区建设扎实推进，曹娥江袍江大桥建设启动，镜湖国家城市湿地公园保护建设得到加强。杭甬运河绍兴段建设基本完成，曹娥江大闸主体完工、闸前大桥建成通车，嘉绍跨江大桥、绍诸高速公路、绍兴中心港等重大工程前期工作取得新进展，500千伏绍兴古越输变电工程等一批电力基础设施建成投运，全市固定电话号码由7位升至8位。推动城市基础设施、公共服务向农村延伸，全市用于"三农"支出的财政性资金43.6亿元，增长25.6%。嵊新区域合作和共建取得突破性进展。加大12个省级中心镇培育力度，着手培育16个市级中心镇。首届中国小城镇发展高层论坛暨强镇镇长峰会在我市召开，"绍兴试点强镇扩权"入选2007年度全国"十大地方公共决策实验"。新启

动"百村整治、千村改造"工程小康示范村144个、环境整治村390个。加快城乡公交一体化步伐,行政村班车通达率达到98.2%。绿化造林2.3万亩。农村地区新增安全饮用水受益人口16万人。81%的行政村实现垃圾集中处理。培训农村劳动力12.5万人,转移农民6万余人,新增家庭工业户1万多户。新农村电气化、信息化建设扎实推进。全市城乡统筹协调度超过65%,进入整体协调阶段。

协调发展各项社会事业。强化财政对城乡义务教育的经费保障,提高中小学校生均公用经费标准,增加教师收入,对符合条件的外来农民工子女发放"入学绿卡"。全面普及十五年教育,全市乡镇已全部创建成为省教育强乡强镇,义务教育标准化学校达标率居全省前列。全日制本、专科在校生达到4.4万人,浙江邮电职业技术学院顺利摘筹。举办国家级公祭大禹陵活动,承办第四届鲁迅文学奖颁奖典礼,成功申办2010年第六届世界合唱比赛。27个项目入围第二批省级非物质文化遗产目录。深化城乡社区卫生服务,加大财政专项补助力度。完善新型农村合作医疗制度,提高筹资标准和保障水平。低生育水平继续稳定,计生指导站标准化建设扎实推进,农村部分计生家庭奖励扶助力度不断加大。开展"全民健身与奥运同行"系列群体活动,举办第二届体育节。市国家综合档案馆、越文化博物馆、黄酒博物馆、人民医院新院、急救中心、游泳健身中心、体育中心改造工程等一批现代化公共服务设施建成或基本建成。审计、统计、民族、宗教、外事、侨务、对台事务、气象、广播电视、新闻出版等工作取得新成绩,妇女、儿童、老年人、残疾人等事业有了新发展。积极推进法治建设,加强社会治安综合治理,刑事案件总数下降2.5%,信访总量下降8.3%。国防动员、民兵、预备役、征兵、人民防空、国家安全等工作得到新的加强。

努力改善人民生活。扎实开展"推动全民创业、促进全民就业、实现全民保障"活动,全市财政支出中用于民生等社会事业支出达77亿元,占总支出的68.5%;其中对社会保障和就业、医疗卫生、教育支出分别增长29.8%、35%和29.5%。加强市场供应和价格监管,稳定水、电、气等公共产品供给价格,实施"菜篮子"工程,对低收入群体发放动态物价补贴,物价涨幅低于全省、全国平均水平。认真办好市六届人大一次会议上承诺的八件实事。帮助2.3万名城镇失业人员实现再就业,就业困难人员再就业5471人。新增企业职工基本养老保险、工伤保险参保人数10.4万人和47万人,被征地农民养老保障参保人数累计达到44.5万人,基本实现"应保尽保、即征即保"。在全省率先建立城镇居民和未成年人医疗保障制度,城镇职工基本医疗保险新增参保人数13.6万人,新型农村合作医疗参加人口比例达到93.8%。深入实施"农村中小学四项工程",完成食宿改造项目176个,改造新建118所中心村幼儿园,享受爱心营养餐人数达到2.9万人。减免低收入家庭子女义务教育阶段课本作业本费、住宿费,中职学生全面享受国家助学金。建成市区11万平方米经济适用住房,廉租住房保障对象扩大到低保边缘户的120%范围。推行城乡困难群众分层分类救助,建立低保标准正常调整机制,农村五保和城镇三无对象集中供养率分别达到99.9%和100%,养老服务机构床位数增长10.9%。对市区河道实施清淤、截污和整治,生活污水入网率提高6个百分点,内河水质有所改善。曹娥江引水工程动工建设。加快建设城市路网工程和站场设施,增加公交线路和班次,实行公交票价补贴,加强交通管理,努力缓解交通拥堵。

在促进经济社会发展的同时,政府自身建设进一步加强。一年来,我们严格执行市人大及其常委会的决议决定,认真办理人大代表建议和政协委员提案。积极开展"作风建设年"活动,着力提高机关效能,完善便民服务中心、市长公开电话受理中心、招投标中心和财务结算中心运行机制。坚持依法行政,清理行政规范性文件,废止文件57个。启动市级行政审批"三集中"改革,完成审批事项清理归并。加强应急机制建设,完善预案体系,开展应急演练。全国基层应急管理工作座谈会在我市诸暨召开。积极组织抗灾救灾,战胜了罕见的低温雨雪冰冻灾害。深入推进廉政建设和反腐败斗争,向社会公开作出廉政承诺。

一年来,面对各种困难和挑战,绍兴人民迎难而上、奋力拼博,在建设全面小康社会的道路上又迈出了坚实的一步。这是中共绍兴市委正确领导的结果,得益于市人大、市政协和社会各个方面的监督与支持,凝聚着全市人民的勤劳和智慧。在此,我谨代表市人民政府,向在各个领域和岗位上无私奉献的全市人民,向给予政府工作积极支持的人大代表、政协委员,向所有参与、关心、支持绍兴建设和发展的同志们、海内外朋友们,表示崇高的敬意和衷心的感谢!

在看到成绩的同时,我们也清醒地认识到,前进道路上还存在不少困难和问题。从宏观形势看,全球经济增速放缓、国际贸易摩擦增多、美国次贷危机影响蔓延,国内宏观环境继续偏紧,能源、原材料和劳动力成本不断上升,我们面临诸多新的挑战和风险。从经济社会发展情况看,区域竞争激烈,节能减排任务艰巨,自主创新能力有待增强,重复建设和投资增长乏力同时存在,发展后劲不足;中心城市集聚和辐射带动力不强,组团融合程度不够高,城市经济尤其是现代服务业发展滞后;社会主义新农村建设发展不平衡,农民增收长效机制尚未形成;影响社会和谐稳定的因素仍然较多,医疗、就业、社会保障、环境保护、公共安全等领域还存在不少问题;影响科学发展的体制机制瓶颈和难题还不少。从政府工作看,也存在不少薄弱环节和差距。社会管理和公共服务的力度需要加大,行政效能有待进一步提高,形式主义、官僚主义依然存在,少数政府工作人员依法行政观念不强,脱离群众、奢侈浪费,极少数人甚至滥用权力、贪污腐败。在困难、问题和矛盾面前,我们一定要保持清醒头脑,增强忧患意识和责任意识,坚定发展信心,着力改革创新,更加扎实地做好政府各项工作。

二、2008年工作的目标任务

2008年是党的十七大精神全面落实之年,也是我国改革开放30周年和北京奥运年。今年市政府工作的总体要求是:全面贯彻落实党的十七大精神,以科学发展观统揽全局,深入实施"创业富民、创新强市"战略,按照"重创业促富民、重创新促发展、重民生促和谐"的工作基调,着力建设全民创业型社会和全面创新型城市,不断提升行政能力和服务水平,全力推进经济强市、文化强市、生态绍兴、和谐绍兴建设,努力实现经济社会又好又快发展。

根据总体要求,在具体工作中我们要认真把握以下几点:

一是坚持好字优先,加快转型升级。牢固树立又好又快的理念,真正让"好"在"快"前,加快经济的转型升级。牢固树立统筹兼顾的理念,更加注重发展协调性。牢固树立创新发展的理念,更加注重自主创新能力和国际竞争力的提升。牢固树立开放发展的理念,更加注重提高开放的质量和水平。牢固树立生态文明的理念,更加注重资源节约和环境保护。

二是坚持创业创新,增强发展动力。切实转变不适应科学发展观要求的思想观念,充分发挥人民群众的首创精神,推进全民创业和全面创新。着力优化创业发展环境,保持投资适度增长,增强发展后劲。加快体制创新、科技创新、文化创新、管理创新和其他方面的创新,建设创新型城市,强化发展动力。

三是坚持统筹协调,夯实发展基础。统筹推进新型工业化、新型城市化和社会主义新农村建设,统筹推进经济与社会发展,形成协调并进、共同发展的新格局。在发展中,既注重数量上的发展,又注重质量上的提高;既注重城市经济的发展,又注重农村经济的发展;既大力发展经济,又切实加强社会建设,为实现全面小康打下坚实的基础。

四是坚持改善民生,共享发展成果。始终把实现好、维护好、发展好最广大人民群众的根本利益作为一切工作的出发点和落脚点,区分轻重缓急,突出重点,加大投入,逐步解决人民群众最关心、最直接、最现实的利益问题。合理调整收入分配,加快基础教育、社会保障、公共医疗卫生服务、住房保障和文化服务体系等方面的建设,努力稳定物价,使全体人民共享发展成果。

建议今年我市经济社会发展的主要预期目标为:全市生产总值增长12%左右,地方财政收入增长13%以上,研究与试验发展经费支出占生产总值比例达到1.6%,全社会固定资产投资增长10%以上,社会消费品零售总额增长13%左右,出口总额增长15%以上,单位生产总值能耗下降4%以上,化学需氧量和二氧化硫排放量分别下降3%左右,城镇居民人均可支配收入和农村居民人均纯收入分别增长8%左右,居民消费价格总水平涨幅控制在全省平均水平以内,城镇登记失业率控制在3.5%以内,人口自然增长率控制在2.3‰以内。

根据上述目标思路,今年我们着重要抓好以下六方面工作:

(一)加快转型升级步伐,提升产业竞争力

坚持农业基础地位和工业立市、三产富市,促进现代农业、先进制造业、现代服务业的互动,在发展中调整优化产业结构,提升竞争力。

大力发展粮食生产和现代农业。稳定粮食种植面积,力争达到255万亩。加大对种粮农民的政策扶持力度,增加粮食直补,扩大良种补贴规模和范围,充分调动农民种粮积极性,力争粮食总产量达到108万吨以上,增强粮食储备能力,保障粮食安全。积极发展高效生态农业、特色农业、休闲农业和开放农业,做大做强畜牧、水产、蔬菜、茶叶、花木、干鲜果和竹木等农业主导产业,新增特色农业基地10万亩,外建农业基地稳定在700万亩以上。支持农业龙头企业和农民专业合作组织发展,加快农产品加工园区和农产品出口基地建设,力争农产品加工产值增长15%以上,新发展规范化农民专业合作社30家。加大农业科技投入,健全农业服务体系。推进农业基础设施建设,加快实施"千库保安"等水利工程,建设一批高标准农田。加强动植物疫病防控,保障农业安全。建立健全政策性农业保险和农业救灾储备制度。做好低温雨雪冰冻灾害后的农业重建工作,精心组织种子、种苗、化肥、农膜等重要农资调运,帮助受灾农民开展生产自救。

推动工业创新发展。加强引导扶持,优化管理服务,进一步营造"合力兴工"氛围。坚定不移地推进纺织业的改造升级,大力发展高特纺织,着力增强纺织业技术创新能力。制定产业集群发展规划,大力发展信息电子、环保、新材料、新能源等高新技术产业,加快提升机械装备、食品饮料等优势产业,保护发展绍兴黄酒等传统工业。强化重大工业项目考核,优化服务,力争工业性投入570亿元以上,其中以技术、设备为主的投入比重有新提高。加快大企业、大集团培育步伐,争取年销售收入超50亿元企业达到10家。完善中小企业政策扶持体系,引导家庭工业向现代企业转型,提升经济发展优势和活力。推进开发区"二次创业",引导工业企业向开发区集中,促进工业集中布局、集约发展。

促进服务业扩量提质。完善有利于服务业发展的政策措施,制订现代服务业集聚区发展意见,提高现代服务业对经济增长的贡献率。推进市区二环线内非都市型工业企业提升转型搬迁,腾地发展服务业,鼓励支持工业企业主辅分离。加快迪荡新城、袍江国际汽车城、上虞大通购物中心、华东国际珠宝城一期等商贸商务项目建设,提升中国轻纺城、诸暨大唐轻纺袜业城、嵊州中国领带城等专业市场,建设仓桥直街、新昌佛城商业街等一批商贸特色街。有序实施重点商贸地块出让,引进国内外商贸企业。积极发展水城、古城、休闲等特色旅游,着力打造一批精品旅游景点景区和旅游线路。依托建筑、外贸等优势产业,培育总部经济。积极发展服务外包、文化创意产业、中介服务业和现代物流、会展、现代金融等生产性服务业。鼓励发展面向广大市民的社区服务业。

(二)深化自主创新和改革开放,建设创新型城市

以人才为支撑,加快创新发展步伐,提升产业核心竞争力,增强市场主体活力和参与经济国际化能力,推动全面创新型城市建设。

鼓励和促进自主创新。发挥企业主体作用,新培育各类科技型企业900家以上,力争规模以上工业企业研发投入突破75亿元。加强重点行业关键技术、共性技术攻关和推广应用。推进绍兴纺织产学研战略联盟、中纺院江南分院、浙江省现代纺织工业研究院、北京大学工学院绍兴技术研究院建设,提高产学研合作实效。健全多渠道科技投入体系,建立和完善创业创新风险投资机制。加强知识产权保护,加大发明专利奖励力度。深入实施品牌战略,积极培育黄酒、建筑等行业和区域品牌,鼓励企业参与国家和行业标准制订。着力营造鼓励和促进自主创新的制度、舆论、市场环境,政府采购向自主创新产品倾斜。

深化体制机制创新。进一步深化国有企业改革,健全国有资产监管体系。推进公平准入,促进民营经济创新发展。加快要素配置市场化改革,完善工业用地"招拍挂"制度。加强政府统一招投标平台建设,拓展公共资源进场交易领域。创新地方金融管理,壮大地方性金融机构,发展应收账款质押等融资业务。开展创新农村金融服务综合试点。规范发展中小企业融资担保和风险投资机构,努力解决中小企业融资难问题。培育地方资本市场,鼓励企业上市和发债融资。深化农村综合改革,探索以土地经营权和宅基地使用权换取社会保障的新路子。积极稳妥地推进土地规模经营。深化农村集体资产股份制改革。

坚持和扩大开放创新。加快转变外贸发展方式,推进纺织

服装等传统出口产品升级换代,提高机电产品、高新技术产品出口比重,推广电子商务等新型贸易方式,促进加工贸易转型。支持企业开展质量体系认证,培育市级以上出口品牌100只以上,提高出口产品竞争力和附加值。建立健全反倾销预警体系,提高预防和应对国际贸易纠纷能力。改善通关、检验检疫等服务,优化外贸出口环境。鼓励关键设备、先进技术和紧缺资源进口。创新利用外资方式,注重利用外资与推动产业结构优化升级、提升自主创新能力有机结合,重点引进高技术产业和新兴服务业项目,提高外资质量,力争第三产业利用外资占总量的10%以上,引进总投资超千万美元的大项目100只以上。鼓励越商回乡投资,力争引进内资增长15%以上。创新对外投资和合作方式,支持有条件的企业开展对外投资,开发国际市场和资源。进一步加强外事、侨务、对台事务工作,更好地发挥其在对外开放中的积极作用。规划推进杭州湾绍兴产业带建设,加快接轨上海、融入长三角,深化"山海协作"和对口帮扶。

引进培养创新型人才。加快人才公寓、公共实训基地、留学生创业基地和大学生临时就业基地建设,优化人才工作和生活环境。深化人事管理制度改革,完善人才使用和激励机制,鼓励技术要素参与收益分配。加强人才市场建设,完善人才公共服务体系,加快推进人力资源开发利用,造就更多的创新型、技能型人才。尊重、关心、支持企业家,激发企业家更多的聪明才智、更大的发展热情和更崇高的社会责任感,努力建设更大、更富竞争力的绍兴企业家队伍。

(三)推进新型城市化和新农村建设,促进城乡一体化

坚持工业反哺农业、城市支持农村,加快中心城市、中心镇规划建设,加快转变农村生产生活方式,不断提高城乡统筹发展水平。

提升中心城市集聚和辐射带动能力。完成中心城市总体规划修编,制订中心城市建设计划,完善各类专项规划和控制性详规。推进城市"北进"、"西连",加快建设越州新城,促进组团融合。强化越城组团古城保护与开发,加快实施越王城、鲁迅故里二期、迎恩门等项目,迪荡商贸商务核心区块部分建成投用。推进柯桥组团"国际纺织之都、现代商贸之城"建设,加强与越城组团的规划统筹、功能配套和对接发展。以创建生态工业示范区为重点,打造产业与城市共融的"新袍江"。加快推进镜湖总部经济和湿地公园核心旅游区建设,力争外滩区块早出形象,强化"城市绿心"功能。切实加强城市管理,开展老城区"夹心屋"改造和小街小巷整治,巩固老住宅小区整治改造成果,加大整治违法建筑力度,积极稳妥推进城中村(区中村、园中村)改造。强化综合执法,加快推进数字化城市管理模式。加大社区建设投入力度,规范物业管理,夯实城市管理基础。

发挥县城和中心镇联结城乡的桥梁纽带作用。完善县域中心城市规划,推进诸暨城西新城、上虞城北新区、嵊州城南新区、新昌七星新区建设,做大做强县域经济。加强12个省级中心镇和16个市级中心镇培育,深化中心镇体制改革,落实强镇扩权政策,加快基础设施建设,完善中心镇功能配套,增强中心镇综合承载能力和带动农村发展的能力。继续推进嵊新等区域合作,加强重大基础设施、公共设施的共建共享,避免重复投资、重复建设。

继续推进社会主义新农村建设。完善村庄布局规划,充分发挥中心村示范引导作用。扎实推进农村电气化、信息化,建成一批示范镇、示范村。深入实施农村环境"五整治一提高",着力建设农村新社区。加快"千万农民饮用水"工程建设,完善农村垃圾集中收集和污水处理系统,提高农村居民生活质量。全面开展农村公路交通安全设施建设,保障农村公路安全畅通。加强农民专业技能培训,提升农民素质,降低农民创业门槛,引导农村劳动力有序转移,促进农民持续增收。启动"欠发达乡村和低收入农户奔小康"工程,继续实施"兴林富民"工程,加大对山区和困难农户的政策扶持力度,增加广大农村特别是欠发达地区基础设施建设、环境保护和社会发展等方面的投入,不断提升城乡统筹发展水平。

加快推进重大基础设施建设。开工建设嘉绍跨江大桥、绍诸高速公路,加快诸永高速公路绍兴段、绍兴港中心作业区、铁路绍兴东站及货场迁建、500千伏嵊州苍岩输变电工程等项目建设,基本建成曹娥江大闸,力争完成104国道嵊州段改建工程。继续做好上虞世纪丘围涂、浙东引水、钦寸水库等项目相关工作。配合抓好杭甬客运专线建设。

(四)加强资源节约和环境保护,大力发展生态文明

把节约资源、保护环境放在突出的战略位置,深入实施节能减排行动纲要,努力降低发展的环境、资源代价,在青山绿水中实现更好发展、永续发展。

推进资源节约和综合利用。突出抓好耗能重点区域、重点行业和重点企业节能工作,积极推进非工业领域节能降耗。推广节能新技术、新工艺,严格控制高耗能建设项目、严把高耗能产品市场准入关,严格执行淘汰、限制类行业差别化电价政策,加快淘汰落后生产能力、工艺、技术和设备。严格落实耕地保护责任,加强对闲置土地的清理处置,提高土地节约集约利用水平。积极开展节水、节材活动,重视建筑节能。加强节能降耗专项检查和监察,落实节能执法责任追究制度。抓好省、市重点循环经济项目实施工作,推进清洁生产和再生资源回收基地建设,加快发展循环经济。

加强环境保护和生态建设。严格落实环境影响评价制度和污染物总量控制制度,依法开展以污水"进管达标、处理提标"为主要内容的减排行动,完成减排任务。实施排污权有偿使用和交易制度,完善有利于保护生态环境的机制和政策。实施"811"环境保护新三年行动,强化环境监督和执法力度,重点整治11个区域性和行业性环境污染问题。加强曹娥江流域和鉴湖、小舜江源头等水域保护,继续实施"千里清水河道"、曹娥江引水工程等一系列治水项目,切实改善水乡水质。深入开展"蓝天行动",加大空气污染整治力度,让人民群众呼吸新鲜的空气。以创建国家生态园林城市和联合国人居奖为载体,推进生态示范工程和环保基础设施建设。加强200万亩重点生态公益林建设,增强森林生态功能。探索实施资源开发和生态补偿机制。推动国家级生态县(市)和生态工业园区创建工作。

强化全社会节约资源、保护环境责任。完善政策和激励机制,加强教育、引导,积极倡导节约、环保、文明的生产方式和消费方式,推动全民节能减排行动。大力创建节约型机关,政府采购优先选用环保、节能产品。全面改善生态环境,建设生态绍兴。

(五)提高社会事业发展水平,增强公共服务能力

立足于确保公平、促进均衡、激发活力,大力发展各项社会

事业，更好地满足群众基本公共服务需求，促进人的全面发展和社会全面进步。

推进文化大发展大繁荣。加强职业道德、社会公德、家庭美德和个人品德建设，把社会主义核心价值体系融入国民教育和精神文明建设全过程。深入创建全国文明城市，扩大基层文明创建覆盖面。推进文化体制改革，规范文化市场秩序。培育文化市场主体，壮大文化产业。加强越剧、绍剧、新昌调腔等戏曲文化和非物质文化遗产保护，打响戏曲之乡、名人之乡、黄酒之乡、唐诗之路等文化品牌。积极发展农村文化、社区文化、企业文化、广场文化，丰富群众文化生活。实施“文化惠民”行动纲要，推进“新农村文化繁荣”、“文化信息资源共享”等工程，创新公共文化服务体系，加强文化基础设施建设。精心组织公祭大禹陵、兰亭书法节、纺织博览会等文化节会，抓好节会后项目推进等工作的落实，提高节会市场化程度和实效。认真筹备2010年第六届世界合唱比赛和纪念绍兴建城2500周年活动。

促进教育公平和均衡发展。坚持优先发展教育，按法定要求确保各级财政对教育的投入逐年增长。完善“政府主导、民办公助、自主发展”的学前教育模式。巩固基础教育，提升高中段教育水平，力争省义务教育标准化学校达标率达到75%，市教育现代化乡镇达到55%。加强素质教育和学校德育工作。支持绍兴文理学院重点学科建设和越秀外国语学院升格本科。围绕经济发展和产业升级要求，进一步发展职业教育，推进浙江绍兴贸易经济学校迁建并申办高职学院、浙江工业职业技术学院申报省级示范性高职学院，完成绍兴中专迁建。大力发展农村教育，促进城市教育资源向农村延伸、优质师资向农村流动。继续改善外来务工人员子女受教育条件，促进教育公平。鼓励和规范社会力量兴办教育。

发展卫生、计划生育、体育等事业。深化医疗卫生体制改革，加大卫生投入，扩大城乡社区卫生服务覆盖面。开展“健康惠民系列行动”，建立覆盖全市的惠民医院体系，努力保障卫生服务的公平性、可及性，让每一位城乡群众同等享受良好的公共卫生服务。继续抓好重大传染病防控工作。积极创建省卫生强市和全国农村中医工作先进市。完善计划生育利益导向机制，着力提高出生人口素质。加强人口发展战略研究，应对人口老龄化，发展养老服务业。精心组织北京奥运火炬传递，确保传递活动安全顺利。继续开展“全民健身与奥运同行”活动，加强公共体育设施规划和建设，积极申办2014年浙江省第15届运动会。切实维护妇女、儿童和残疾人合法权益。加强民族、宗教工作。大力发展社会科学、档案、广播电视、新闻出版等事业。

（六）重视改善民生，使发展成果惠及广大人民群众

围绕事关民生的突出问题，统筹兼顾，突出重点，采取切实有效的措施，努力让广大人民群众得到更多更大的实惠。

完善创业就业服务体系。认真贯彻落实就业促进法和劳动合同法，加强宣传、培训和执法检查，强化劳动保障综合监管，促进充分就业，构建劳动关系和谐城市。大力弘扬创业精神，实行更加有效的扶持政策，完善创业服务体系，帮助创业者解决信息、资金、场地等方面的困难，为他们成功创业创造条件。深化“百企结对、千村帮扶、万户创业”活动，创建充分就业社区，使更多的劳动者通过自主创业实现就业。完善就业援助机制，落实减免税费、发放岗位补贴、培训补贴和社会保险补贴等优惠政策。积极开展职业技能培训，提高城乡劳动者创业就业能力。

提升社会保障水平。全面推进社会保险“五费合征”，进一步扩大覆盖面，提高保障水平。健全社会救助体系，完善困难家庭分层分类救助制度。加快经济适用住房建设，增加廉租住房供给，扩大住房公积金覆盖面，全面推行政策性农村住房保险。深化收入分配制度改革，建立健全企业职工工资集体协商制度和正常增长机制，逐步提高最低生活保障、失业保险金、最低工资标准和企业退休人员养老金水平。强化优抚保障和社会福利，大力发展慈善事业，把党和政府的温暖、社会的关爱送给每一个需要帮助的人。

强化物价监管和调控。把控制物价上涨、抑制通货膨胀放在更加突出的位置。稳定和发展粮油等重要商品的生产，充实必要的库存，保障市场供应。严格控制政府定价和政府指导价的调整，对群众基本生活必需品适时进行价格干预，健全价格监测、预警和应急机制，依法打击囤积居奇、哄抬物价行为，努力保持重要消费品和服务价格基本稳定。实施动态物价补贴制度，确保不因物价上涨降低困难群众实际生活水平。积极采取措施，促进房地产业稳健发展，防止和控制房价的过快上涨。

切实维护社会和谐稳定。创新发展“枫桥经验”，扎实推进平安绍兴和法治绍兴建设。加强社会治安综合治理，深化“八创建”、“八进社区”、“综治进民企”活动和城乡社区警务建设，严厉打击各类违法犯罪活动和社会丑恶现象，切实做好社区矫正工作。优化外来人口管理和服务，不断改善他们的生活和工作环境。完善居民、村民自治制度，扩大基层民主，做好村委会换届选举工作。继续实施“五五普法”，优化法律服务和法律援助，维护司法公正。高度重视安全生产，认真开展“安全生产隐患排查治理年”活动。强化食品药品安全监管，建成市食品药品检验中心。完善应急管理工作机制，广泛宣传应急知识，加强气象灾害的应急预警和防御工作，提高突发公共事件应急处置能力。认真做好信访工作，充分发挥市长公开电话联系群众的桥梁作用，努力把矛盾纠纷化解在萌芽状态。加强国防后备力量建设，做好人民防空工作，认真落实新一轮创建“全国双拥模范城”各项工作。

建立健全为民办实事长效机制，努力办好一批关系广大群众切身利益的实事。(1)新增城镇就业人员5.9万人，帮助2.3万名城镇失业人员实现再就业，其中就业困难人员5400名，基本消除城镇和农村低保户中的零就业家庭。(2)出台城乡居民社会养老保险制度，实现养老保障全覆盖。新增城镇职工基本养老保险参保人数6.3万人，逐步做实个人账户。调整提高被征地农民养老保障缴费和待遇标准。市区对没有参加社会养老保险的70周岁以上城乡老年居民按月发放生活补贴。(3)城镇职工基本医疗保险、城镇居民和未成年人医疗保障新增参保人数分别达到7万和5万以上。新型农村合作医疗参加人口比例继续保持在90%以上。(4)全部免除城乡义务教育阶段学生课本作业本费，将县(市)生均公用经费最低标准初中提高到450元、小学提高到300元，对中职在校生发放每年1500元的助学金。(5)实施“优生促进工程”，全面实行免费婚前医学检查，免费孕期优生筛查，免费病残儿医学鉴定，以及针对困难家庭的系列免费服务或补贴政策，降低出生人口的缺陷发生率，促进优生优育。创办绍兴市儿童福利院，做好弃婴、孤残儿童护理工作。(6)新开工建设经济适用住房

25 万平方米，改造旧住宅区 42 万平方米，建设农民公寓 1.2 万平方米、人才公寓 6.1 万平方米，实施城市廉租住房保障 430 户以上，实现低保标准两倍以下的城市低收入住房困难家庭廉租住房“应保尽保”。(7)分类开展职业技能培训，组织再就业培训 1.7 万人以上，培养高技能人才 1 万人以上，职业技能考核鉴定 6 万人以上。(8)推进“菜篮子”工程，加强蔬菜、生猪等生产基地建设，开展农贸市场规范化整治改造。市区新建城郊型常年蔬菜基地 2000 亩，完成大江、大云市场改造任务。(9)完善城市路网和交通基础设施，增加和优化公交线路、班次，提高道路通畅水平，加快城乡公交一体化步伐，方便群众出行。启动建设 104 国道绍兴高桥立交桥、汽车客运西站迁建等重点工程。

三、切实加强政府自身建设

今年政府工作面临的困难不少，任务很重。我们必须坚持执政为民、依法行政、恪尽职守，加快推进政府管理创新，深化机关作风建设，不断提高行政效能，努力为全市人民的创业创新实践提供良好的行政服务。

转变政府职能。在加强和改善经济调节、市场监管的同时，更加注重履行社会管理和公共服务职能，着力改善民生和加强社会建设。深入推进政企分开、政资分开、政事分开、政府与市场中介组织分开，进一步减少对微观经济运行的直接干预，把政府经济管理职能转到主要为市场主体服务和营造良好发展环境上。认真开展经济普查、污染源普查、土地调查、城市地下管网普查、文物普查、非物质文化遗产普查等基础性调查工作，着手编制全市功能区规划，努力使经济社会发展更科学有序，各项政策措施更有效、针对性更强。完善经济政策和考核评价体系，优化资源要素配置，降低商务成本，培植涵养税源，努力增强经济发展活力，推进创业创新。优化财政支出结构，把新增财力主要用于改善民生，加大对社会事业、社会保障、环境保护、公共基础设施和“三农”等方面的投入。加快事业单位分类改革，促进行业协会、中介机构规范发展。

规范政府运行。建立健全公众参与、专家论证和政府决策相结合的决策体系，完善落实重大事项集体决策制度，健全社情民意调查制度、公示听证制度，加强决策后评估，不断提高政府决策水平。强化行政层级监督和审计监督，主动接受市人大及其常委会的监督，自觉接受市政协的民主监督，认真听取民主党派、工商联、无党派人士和各人民团体的建议，重视司法监督，发挥好新闻舆论和社会公众监督的作用。推进政府信息公开，对群众关心、社会关注、法律法规允许公开的政府信息，做到全部公开。加强财政性资金和社会公共性资金管理，提高透明度，确保安全运行。深入推进依法行政，加强行政执法队伍建设，落实行政问责制，做好行政复议工作。

创新政府管理。加快创新型政府、服务型政府建设，着力推进管理体制改革和运行机制创新。全面实施市级行政审批“三集中”改革，建设行政审批电子监察系统。运用信息技术推动政府管理创新，加强电子政务建设，增强政府网上办事功能。建立健全科学的政府绩效评估体系，切实提高行政效能。深化投融资体制改革，规范政府投资行为。完善公共财政体制，健全部门预算制度，启动财政国库集中支付制度改革，强化政府性债务管理。

改进政府作风。深入学习贯彻党的十七大精神，开展“创业创新、走在前列”学习讨论活动，在公务员队伍中牢固树立大局意识、责任意识、服务意识、效能意识。改进学风、文风、会风，大兴调查研究之风，以更加务实的作风把“两创”总战略落到实处。坚持从严治政，严格落实工作责任制和行政问责制，加强政务督查，强化激励考核，切实增强公务员队伍的凝聚力、战斗力。加强行风效能建设，坚决纠正损害群众利益的不正之风。牢记“两个务必”，始终保持艰苦奋斗的优良传统，严格控制行政成本，反对奢侈浪费。扎实推进惩治和预防腐败体系建设，加大反腐败力度。

“创业富民、创新强市”是时代赋予我们的光荣使命，是全市人民的殷切期盼。让我们紧密团结在以胡锦涛同志为总书记的党中央周围，高举中国特色社会主义伟大旗帜，坚持以邓小平理论和“三个代表”重要思想为指导，深入贯彻落实科学发展观，在中共绍兴市委的领导下，开拓进取，奋发有为，加快推进科学发展，朝着实现全面小康的奋斗目标奋勇前进！

名城绍兴

政府工作报告

舟山市人民政府市长　周国辉

（2008 年 5 月 12 日）

一、2007 年工作回顾

过去的一年，我市经济社会继续保持良好的发展势头，市五届人大一次会议确定的年度工作目标全面实现。

——经济持续快速增长。2007 年，全市生产总值达到 407 亿元，增长 17%，增幅继续位居全省首位。海洋经济总产值达到 815 亿元。

——财政收入大幅提高。财政总收入 52.6 亿元，其中地方财政收入 35.1 亿元，分别增长 41.6% 和 44.5%，增幅均居全省首位。

——重大工程进展顺利。实现全社会固定资产投资 279.6 亿元，增长 27.7%。舟山大陆连岛工程和一批重大基础设施建设顺利推进，大桥效应不断显现。

——节能减排取得成效。万元生产总值综合能耗下降 4.55%，化学需氧量、二氧化硫排放量分别下降 5.07% 和 3.79%，超额完成全年目标。

——群众生活持续改善。十大类 30 项为民办实事项目顺利完成。城镇居民人均可支配收入达到 19856 元，增长 13.3%。渔农村居民人均纯收入 9725 元，增长 16.7%，渔农村居民收入增幅居全省首位。城镇登记失业率 3.69%，保持全省先进水平。

——社会发展和谐稳定。各项社会事业稳步发展，平安舟山建设扎实推进。安全生产、刑事案件三项指标继续实现"零增长"，平安市和信访工作考核全省第一。

一年来，我们主要做了以下工作：

（一）致力发展海洋经济，促进产业优化升级

过去一年，我们按照科学发展观的要求，坚持"以港兴市、工业强市、服务富市"，着力发挥优势，促进产业优化升级，实现了海洋经济的新发展。

一年来，我们切实加强了对舟山发展重大问题的研究，调整完善产业发展思路，深化细化产业发展举措，着力推进产业优化升级。二产方面。出台了新一轮扶持政策，着重培育产业链，促进临港工业快速扩张提升。船舶修造等重点行业发展迅猛，工业对全市经济的拉动作用更加明显。建筑业和房地产业稳步发展，为改善城乡面貌和居住条件作出了积极贡献。三产方面。积极推进宁波—舟山港一体化，努力突破舟山港口功能瓶颈，重大集装箱项目引进建设工作取得阶段性突破，若干项目已签约运作。大力发展海洋旅游产业，抓紧建设海洋旅游精品项目，旅游节庆活动影响不断扩大。加快发展现代服务业，以涉港服务业和楼宇经济、总部经济为重点，着手开展了政策调研、项目推进等工作。积极探索会展产业，成功举办了首届渔博会。一产方面。在强化基础建设的同时，做精做优传统特色渔农业，积极发展休闲渔农业。去年，全市海洋经济增加值占全市 GDP 比重达到 64.5%，三次产业比例从 12.5 : 41.6 : 45.9 调整到 11.0 : 43.7 : 45.3。工业经济扩量提质成效明显，工业总产值达到 642.5 亿元，增长 27.1%，经济效益上升到全省第 5 位。临港重工业比重首次超过轻工业，全市造船能力达到 300 万吨，船舶工业总产值达到 193 亿元，成为第一支柱产业。港航经济进一步拓展，港口货物吞吐量达到 1.28 亿吨，增长 12.3%，海运运力达到 250 万载重吨，新增 24 万载重吨。旅游经济进一步发展，荣获了"中国海鲜之都"称号，普陀山被评为国家首批"5A"级景区。全年接待游客达到 1305 万人次，增长 13.2%，旅游收入 85.3 亿元，增长 16.9%。外向型经济快速发展，实现外贸进出口总值 40.8 亿元，增长 50.3%，实际利用外资 7516 万美元，增长 50.2%。渔农经济稳步发展，渔农业总产值达到 99.9 亿元，增长 7.6%。

（二）突出要素供给，着力破解瓶颈制约

过去一年，我们针对发展中面临的种种制约，千方百计破解难题，努力为加快发展、科学发展提供保障。

一年来，交通建设不断提速，舟山大陆连岛工程建设进展顺利，西堠门大桥主桥合龙，金塘大桥完成下部基础施工和主通航孔桥索塔封顶。本岛北向疏港公路、东皋岭隧道拓宽等工程顺利推进，城乡路网进一步完善。重大供电供水工程持续推进，大陆引水二期、大陆电力联网、舟山电厂扩建等工程取得了重要工作突破，本岛至六横电力联网、岛北供水管网等重点工程如期竣工，一批海水淡化工程开工建设。舟山的基础设施条件正在发生历史性的变化。积极向上争取支持，用地保障、信贷支持、口岸开放等工作成效明显。全年新增围垦成陆面积 1.5 万亩，新增开放面积 61 平方公里，新增存贷比例保持在 75% 以上。科技创新平台建设取得突破，省海洋开发研究院正式运作，与浙大中控集团签订了战略合作协议，人才培养和引进工作取得了新的进展。全年组织实施科技计划项目 449 项，其中国家级项目 15 项，引进各类紧缺人才近 2000 名。加强对核心资源的调控，出台了港口岸线资源管理办法，组建了项目前期办公室。完善发展体制机制，出台了扶持经济强镇发展政策，深入推进了以电力、卫生等为重点的企事业单位改革。建成了市、县（区）、乡镇（街道）三级招投标统一平台。加强了政府自身建设，扎实推进机关作风和效能建设，服务水平和办事效率有了新的提高。

（三）加强规划调控，统筹城乡一体发展

过去一年，我们按照加快推进城乡一体化发展的要求，积极迎接大桥经济时代，切实加强规划和建设，城乡面貌发生了新的变化。

一年来，我们认真开展市域总体规划修编，积极部署新型城市化工作，大力推进新渔农村建设，出台了加强城乡一体化发展的系列政策，加快了城乡一体化发展进程。加强城乡建设和管理，新城功能定位更加完善，城市建设初具规模。本岛城区、县城和中心镇建设扎实推进，城市发展水平有了新的提高。深入开展渔农村"暖促工程"第二阶段工作，促进交通、水电等基础设施和公共服务向渔农村延伸，大力创建小康示范社区，完成了村庄示范整治、安全饮用水、水库保安、河道整治、通村公路、中心渔港等基础设施年度建设任务，首批 37 个渔农村小

康社区通过了考核验收。去年全市财政预算内用于"三农(渔)"的资金达11.71亿元,增长32.9%,增幅比上年提高17.4个百分点,平均每个渔农民达1800多元,居全省前列。大力推进绿色舟山和生态市建设,完成了年初确定的4个重点区块等环境治理工作,全市生态环境持续改善。

(四)改善发展民生,推进和谐社会建设

过去一年,我们高度重视民生民计,切实加大了政策支持和投入力度,坚持统筹各方利益,大力发展民生社会事业。

一年来,我们切实加强城乡就业工作,出台了城乡统筹就业办法,全年完成渔农民转移就业11948人,新增城镇就业7236人。在试点的基础上,全面推进城镇居民医保工作,出台了最低生活保障、贫困群体医疗救助等实施办法,完善了廉租房和经济适用房政策,全面提高了低保救助标准。全市已消除渔农村年人均收入1800元以下困难家庭,老年渔农民以奖代保金提高到每人每月38元。完善了义务教育经费保障机制,加快渔农村薄弱学校改造,推进职业教育发展,新组建了南海教育集团。大力发展公共卫生事业,新型渔农村合作医疗参保率达到89%,渔农民健康体检率达到76%,基本建成了20分钟社区卫生服务圈。人口和计划生育工作继续加强,低生育水平保持稳定。食品药品产品质量得到有效监管。第五次荣获"全国双拥模范城"称号,举办了全国首届双拥文化节,深入开展了创建全国文明城市和国家卫生城市工作。成功举办市十运会,群众性文体活动蓬勃开展,一批文化体育设施工程进展顺利。与此同时,审计、统计、物价、民族、宗教、外事、侨务、台湾事务和人防工作进一步得到重视和加强,气象、民航、档案、史志、老龄、慈善、残疾人和红十字会事业取得新的成绩,与工会、共青团、妇联等群众团体的联系进一步加强。

回顾一年来的工作,我们也清醒地看到,我市经济社会发展还面临许多困难和问题:港口发展竞争激烈,现代服务业发展相对滞后;自主创新能力不强,转变发展方式任务非常艰巨;资源节约集约利用水平还不高,节能减排和生态建设工作需要进一步加强;渔农民增收、安全生产、物价、住房等关系群众切身利益的问题还比较突出。同时,政府自身建设还需进一步加强。对此,我们将认真研究,努力加以克服解决。各位代表,去年是我市经济社会实现又好又快发展的一年,各项主要指标圆满完成,以连岛工程为代表的重大建设成就令人振奋。这是省委、省政府和市委正确领导的结果,是全市百万军民同舟共济、开拓创新、锐意进取的结果。在此,我代表市人民政府,向在各行各业辛勤劳动的全市人民致以崇高的敬意!向给予政府工作支持和监督的人大代表、政协委员,表示衷心的感谢!向驻舟人民解放军、武警部队,向在舟部省属单位,向各民主党派、工商联、人民团体和社会各界人士,向所有的外来投资者和建设者,向所有关心、支持我市现代化建设的港澳台同胞和海内外朋友们,表示衷心的感谢!

二、2008年主要任务

今年是我国改革开放30周年和奥运盛会举办之年,也是我市加快创业创新、全面迎接大桥经济时代的关键一年,做好今年工作意义重大。今年政府工作的指导思想是:以科学发展观为统领,深入贯彻落实党的十七大精神,按照省委"创业富民、创新强省"总战略和市委"两创一促"总要求,坚持"以港兴市、工业强市、服务富市",着力在科学发展、创新发展、率先发展上下功夫,做好"转型、发展、培育"三篇文章,推动全市经济社会又好又快发展,推进"海洋经济强市、海洋文化名城、海岛花园城市、海岛和谐社会"建设,全面建设小康社会。

建议今年全市经济和社会发展的主要预期目标为:地区生产总值增长13%以上,财政总收入增长15%,全社会固定资产投资增长15%以上,城镇居民人均可支配收入和渔农村居民人均纯收入分别增长11%和13%,城镇登记失业率控制在4%以内,万元GDP能耗下降4%,化学需氧量和二氧化硫排放量均下降3%。

上述经济社会发展目标,综合考虑了各方面因素。综观全局,我市面临有利而复杂的发展环境,机遇大于挑战。党的十七大对长三角提出了率先发展的要求,把海洋产业列为重点发展产业,我省实施"港航强省"战略,都给我市加快发展带来重大机遇。与此同时,我们面临着宏观环境不确定性因素增多、发展任务日益繁重的现实挑战,要求我们必须强化忧患意识、责任意识和竞争意识,勇于破解发展中的新难题,实现经济社会发展的新跨越。

实现今年经济社会发展目标和任务,我们将认真把握以下原则:坚持把解放思想作为加快发展的动力源泉,激发全市人民创业创新的热情和活力;坚持把转型升级作为科学发展的主攻方向,加快经济国际化、城市现代化步伐;坚持把发展民生作为政府工作的出发点和落脚点,加快构建和谐社会;坚持把加强政府自身建设作为推进各项工作的重要保障,开创"以港兴市、全面跨越"新局面。

2008年的主要任务是:

(一)狠抓调整优化升级,打造海洋经济发展新优势

进一步深化"以港兴市、工业强市、服务富市"发展战略,把重点区域率先发展作为打造新优势的主战场,把重点产业整合提升作为打造新优势的关键环节,把新兴产业培育壮大作为打造新优势的突破口,全面提高海洋经济竞争力。

突出重点区域开发建设。集中力量,加快推进新城、大岛、强镇等重点区域的突破发展、率先发展,带动全市跨越发展。一是加快新城开发建设。着眼城市现代化,进一步明确新城作为全市政治、经济、文化中心的定位。坚持高起点、精品化,抓紧调整完善新城功能布局,尽快形成新一轮发展规划。加快培育新城经济功能,大力发展楼宇经济、总部经济,建设全市经济中心。抓好商务区购物中心一期开业运作,启动建设二期工程,推进涉港服务、软件创意等功能区块开发建设前期工作。加强交通、教育、医疗、商贸等综合配套,完善新城管理运行机制和政策支持,引导和吸纳各类资源向新城集中,全面提速新城发展。二是大力推进金塘、六横两岛开发。顺应宁波—舟山港一体化发展的新形势,以改革为先导,集聚区位优势、资源优势、体制优势,放手推进两岛开发建设。按照把金塘岛建设成为现代化、国际化集装箱物流岛,把六横岛建设成为现代化、综合性临港产业岛的要求,上半年完成两岛开发管理体制改革,成立市级领导小组和两岛管委会,组建专业投资公司,全面启动新体制下的两岛开发建设。三是大力推动金三角整合发展。充分发挥普陀山龙头辐射效应,加快金三角区域资源整合。突出旅游服务、交通服务和城市服务功能,组建专门投资建设公司,实行市场运作,全面推进朱家尖以旅游为主的综合开发,加快建设蜈蚣峙枢纽型、标志性旅游综合门户。四是加快新港工业区集聚发展。按照加速形成北生产核心区的要求,进一步加快工作节奏,促进已建项目及时投产、全面达产。以提高投资强度和产出密度为导向,大力引

进发展船配项目和产业链延伸项目,积极引导县区企业项目向工业区转移集聚,建设全市产业集约发展、集群发展的重点区块。五是切实扶持经济强镇加快发展。全面落实经济强镇扶持政策,切实加大对衢山等重点乡镇的支持力度,推进经济强镇发展,培育块状经济新亮点。完善经济强镇进入退出机制,营造你追我赶的发展氛围,鼓励各类乡镇科学发展、加快发展,构建全市经济又好又快发展的坚实基础。

加快重点产业整合提升。深化大产业发展思路,加强产业融合渗透,大力培育产业链和产业集群,提高核心竞争力。一是继续做强船舶产业。按照建设国际知名船舶工业基地的目标,抓紧培育发展集船舶修造、船用配套、研发创新于一体的船舶大产业。培育船舶龙头企业,推广现代造船模式,积极引导企业向规模化、现代化、集约化发展。加快扩张船配产业,大力发展船用五金等通用船配产品,引进生产国际知名的动力、导航等核心船配产品。积极推进省级船舶技术研发中心建设,支持自主研发造船新技术、船配新产品。推进产业集群,大力引导支持船配企业项目向新港工业区、定海工业区和六横、岱西船配区集聚。支持企业协作、产品协作,鼓励使用本地船配产品,打通船配产业链发展通道。鼓励我市传统的机械、电子等产业,在提升发展的同时,积极向船配产业转型拓展。争取今年造船能力达到400万吨,船舶工业总产值达到290亿元。二是加快突破港航产业。发挥港口优势,强化综合开发,大力发展港口、海运、物流互动促进的港航产业链。加快港口开发,实施集装箱和大宗货物双轮驱动战略,抓紧开发建设核心港区,重点突破集装箱港口功能,提升港口发展层次和能级。今年主攻金塘张家岙、小李岙、木岙、大浦口等集装箱项目推进建设。继续巩固大宗货物中转优势,重点抓好六横煤炭中转、绿华减载平台、凉潭矿砂中转、岙山和黄泽油品中转等一批重大港口物流项目建设,争取全市港口吞吐量达到1.5亿吨。坚持港航联动,抓紧出台融资服务、税收服务、综合服务为重点的一条龙扶持政策,大力发展沿海运输、海进江和国际航运,重点扶持20万吨运力以上的海运龙头企业,加快做大做强航运业。围绕港航产业发展,加强港航基础设施建设,培育壮大港务集团。三是大力拓展旅游产业。紧紧抓住奥运会、世博会机遇,全力实施大项目带动战略,加快发展跨越三大产业的大旅游产业,全面提高舟山旅游的水平和效益。大力发展"舟山群岛·八大游",今年重点推进主题旅游岛、综合度假区、佛教文化设施、大桥旅游等精品项目开发建设,全面启动"中国海鲜之都"品牌建设。加强全市节庆资源整合,打造精品节庆活动,完善旅游基础设施和配套功能,加强旅游综合促销,进一步打响"舟山群岛"海洋海岛休闲度假旅游基地的品牌。四是整合提升水产行业。加强政策引导,加快全行业整合提升步伐,鼓励兼并重组,严格控制低水平扩张。扶持精深加工关键技术研发,支持发展海洋生物医药产业,引导企业转型做强。抓住国家扩大内需的机遇,狠抓工贸联动,鼓励拓展内贸市场,促进内外贸并举发展。

培育壮大新兴产业。紧紧依托资源优势和现有产业基础,大力开拓产业发展新空间,加快形成新的经济增长点。一是加快培育涉港服务业。依托港航发展,与新城规划调整和功能完善相衔接,抓紧制定港航综合商务区建设方案和配套政策,加快发展以涉港服务为核心支撑的商务服务业。从规划调控、要素配置、政策支持、利益分配等方面着手,吸纳和集聚市内外资源,集中布局,打造全市涉港服务业发展核心区块,营造规模优势。积极培育会展业,办好船业、渔业和佛教用品博览会。大力发展现代流通,进一步建设好水产品、船舶船用商品、成品油市场,培育和建设粮油商品、佛教用品、船用钢材等市场。二是拓展新兴临港工业。发挥滨海临港优势,重点拓展以港口机械、海洋工程机械、通用重型机械等为特色的重型装备制造业,以及符合国家环保要求、技术先进的现代化大型石化项目,积极发展大宗货物加工业。三是做大国际海员产业。充分发挥舟山海员培养输出优势,加强与国内外海事机构、航运企业、船东的合作,大力引进集聚国内外海员培训服务机构,构建国际海员综合服务支撑体系,全方位开展海员培养、输出和管理服务,全面推进"舟山海员"品牌建设,打造国内外知名的海员基地。四是培育海水淡化产业。加强规划引导,因岛制宜,发展海水淡化,加强供水保障。加快建设缺水岛屿、重点产业区海水淡化工程。积极创造条件,推动海水淡化产业化,建设全省、全国海水淡化示范城市和产业化基地。五是发展再生能源产业。抓紧编制风电发展规划,加快推进岱山本岛、衢山、长白等一批风电项目建设,大力引进新的风电投资项目,鼓励发展节约土地资源的大型浅海发电场,积极探索潮流能、太阳能开发利用,着力打造海上新能源基地。

(二)大力推进改革创新,切实转变经济发展方式

站在新的起点上,进一步解放思想,全面推进改革开放,大力建设创新型城市,加快推进舟山新一轮大发展。

坚持把推进自主创新作为转变发展方式的中心环节。一是加强海洋创新平台建设。充分发挥浙江海洋学院的教育科研优势,全面推进与浙江大学的科技合作,加快省海洋开发研究院、舟山浙大网新科技园和国家级农业(海洋)科技园区建设,切实增强海洋科技创新能力。增加政府科技投入,今年开始实施新的科技创新政府奖励制度。全年争取新建市级以上科技创新载体2家,组织实施各类科技计划250项以上,与5家以上高校院所建立科技合作关系。坚持引进消化和自主研发相结合,努力在船舶修造、水产加工等若干核心技术上有所突破。二是发挥企业主体作用。以政府扶持资金为杠杆,积极引导企业加大实质性技改投入和自主研发创新,推进产学研结合,加快推进现代企业制度建设,加强企业家队伍建设,大力培育拥有知名品牌和先进技术的百亿企业,努力形成与经济快速扩张相适应的企业创新发展模式。三是构筑海洋人才高地。进一步研究出台集聚各类人才的办法和措施,在充分发挥好现有人才作用的基础上,切实加强人才培养和引进工作。抓好专家人才库等载体建设,今年引进各类紧缺人才1500名,培养一批高层次人才,培养一批海洋经济发展实用人才,努力缓解人才紧缺状况。

不断深化改革开放。一是推进体制改革。按照国家的统一部署,进一步深化政府管理体制和机构改革,加快理顺政事、政资、政企关系。今年重点推进企事业单位改革,着力完善港航、电力体制,加快推进教育、卫生、文化、旅游、公交等领域的资源整合。加强公共财政管理改革,重点抓好国有资产、政府性投资、政府性债务的统筹管理。逐步完善全市经济利益格局,建立与加快发展、集聚发展相适应的利益调整机制。重视发挥金融保险机构作用,创新信贷融资方式,广开融资渠道,提高融资水平。加强指导和服务,积极鼓励企业上市。切实发挥好市场和中介组织的作用,加强行业协会建设,完善市场体系,营造公平竞争的市场环境。二是扩大对外开放。进一步提升经济发展的国际化水平,加快外贸、外资、外经发展方式转变。

积极适应外贸政策变化和人民币升值的新形势,主动调整出口结构,提升产品技术含量,提高外贸出口竞争力。支持和鼓励企业"走出去",做大国际经济技术合作总量。积极争取适应舟山新一轮发展要求的各类开放政策和适合舟山实际的口岸监管模式,积极申报保税物流园区,加快推进金塘、六横口岸查验机构建设。三是狠抓招商引资。把招商引资作为加快发展、率先发展的重要抓手,持之以恒,长抓不懈。进一步创新方式,加快招商资源和力量整合,组建招商引资小分队,强化驻外机构招商引资职能,推进专业招商、驻点招商、以商引商,全力以赴推进招商引资工作。突出招商重点,面向国内外一流大企业和各类战略投资者,面向重点城市、重点区域,提高招商引资质量和水平。进一步加强区域合作,以长三角一体化和山海协作为平台,以"世博会"、"浙洽会"等为载体,坚持北接上海、南连宁波、西通杭州,全面深化在港口物流、服务贸易、金融、旅游及高新技术等领域的合作。积极推进与长江流域和沿海城市的互动交流,不断拓展舟山的经济腹地。

切实做好资源环境工作。一是狠抓资源集约节约利用。以规划为龙头,积极引导项目向重点功能区块集中。完善土地资源市场化配置,提高项目用地准入门槛,鼓励建设多层标准厂房和渔农村多层住宅,严格土地批后管理,抓好闲置土地清理整顿工作,切实提高土地利用率。严格实施港口岸线管理办法,统筹岸线与后方陆域资源互动配置,切实提高岸线使用效率。二是扎实推进节能减排降耗工作。根据舟山用能结构特点,重点抓好工业、渔业、海运业和建筑业的节能降耗工作。切实推进减排工作,抓好企业脱硫、污水治理等设施建设,今年完成小干一期、定海二期污水处理厂工程,完成朗熹电厂等一批企业脱硫装置。认真落实工作责任制,不折不扣完成年度节能减排任务。三是加强生态舟山建设。继续推进绿色舟山建设,重点抓好"生态廊道、城镇景观林带、沿海防护林、生态公益林"等四大工程。扎实开展"811"环境保护新三年行动,今年重点抓好饮用水源地保护和4个重点区域、15家重点企业的环境治理工作,组织开展船舶行业污染整治工作。积极发展循环经济,建设资源节约型、环境友好型社会。

(三)加快对接大桥经济,全面推进城乡建设

全力推进连岛大桥建设,充分发挥大桥效应,全面加快对接工作,提升城乡一体化发展水平。

抓紧完善城乡一体化规划建设格局。一是加强规划调控。适应长三角地区大桥建设、交通提速的新形势,高起点调整完善群岛型城市发展框架,促进城乡一体、协调发展。完善市域总体规划、土地利用总体规划和主体功能区规划,调整优化大岛、产业区规划,编制一批专项规划。深化细化"一体两翼"发展格局,率先推进本岛及周边岛屿城乡一体布局,规划建设南部滨海城市发展带、北部临港产业发展带和大桥沿线区域及岛屿功能型发展带。二是加快现代化综合交通集疏运体系建设。继续推进"连岛接陆"工程,今年基本完成大陆连岛主体工程,实现全线贯通,为明年全线通车打好基础。积极推进六横大桥前期工作,力争尽快启动建设。加快市域路网建设和升级,完成72省道定海岑港段、73省道东皋岭段拓宽工程,积极推进北向疏港公路、朱家尖大桥复线、金塘疏港公路工程建设。提高路网综合配套和管理运行水平,加快建设道路交通指挥中心、新城公交枢纽、洋山客运中心、东港立交和一批停车场站。三是加强水电网络建设。加快推进舟山与大陆220千伏联网、六横与宁波110千伏联网、舟山电网220千伏主网架建设和舟山发电厂二期扩建工程。积极应对电力紧缺,做好有序用电工作。加快大陆引水二期工程建设,完成岛北输水工程,推进本岛供水一体化,完成岱山引水工程。积极研究实施金塘、六横供水保障方案。

加快推进城市现代化发展。大力实施港城一体战略,以港兴城,港城互动,走海岛特色的新型城市化道路。加快建设本岛中心城区"三组团",进一步突出新城的龙头地位和核心作用,完善定海、普陀城区功能,推进旧城改造和城中村、城乡结合部整治,加强滨海区域规划建设,促进本岛南部产业结构调整转移,构建富有现代化气息的南部滨海城市人居带。推进岱山、嵊泗县城及各中心镇建设,加快全市城乡一体的新型城市化进程。加强城市综合管理,完善以数字化、网络化为平台的城市现代管理手段,优化城市环境,提升城市品位。

扎实推进新渔农村建设。加强城乡一体化基础设施建设,扎实做好新一轮37个小康社区创建工作。紧紧围绕关系渔农民群众切身利益的问题,今年重点抓好渔农村安全饮用水、改厕、治污三项民生工程。扎实抓好村庄示范整治,积极推进城乡公交、岛屿交通、河道整治、环保生态等建设,改善渔农村生产生活环境。坚持渔农产业基础地位,大力发展现代渔农业。继续调整国内渔业捕捞结构,积极发展远洋渔业和水产养殖业,加快标准渔港和渔港经济区规划建设。积极发展高效生态农业,调整优化农业种养结构。扶持培育一批渔农家乐特色村、经营户和精品项目,打造舟山渔农家乐特色品牌。大力发展集体经济,壮大提升渔农村二、三产业,促进渔农业增效、渔农民增收。今年完成水产养殖塘标准化改造2000亩,地方远洋渔业投产渔船达到170艘,通过全国无公害农产品、绿色(有机)食品论证6个,省级无公害农产品基地稳定在10万亩。

(四)全面加强社会建设,切实保障和改善民生

坚持以人为本,统筹兼顾,妥善处理好经济发展与社会建设的关系,让人民群众共享改革发展成果。

积极发展各项社会事业。坚持优先发展教育,加快城乡薄弱学校改造,采取有效措施保障经济困难家庭、外来务工人员子女接受义务教育,努力促进教育公平。大力发展职业教育,加大资源整合和投入力度,促进重点专业和实训基地建设,提高服务海洋经济大发展的能力。支持浙江海洋学院建设,抓好舟山中学新城校区等一批重点教育工程。推进医疗卫生体制改革,加快本岛医疗资源整合,健全覆盖城乡的公共卫生服务体系。深入实施渔农民健康工程和城乡社区健康促进工程,完善新型渔农村合作医疗制度。加强人口和计划生育工作,深化优生促进工程。扎实推进海洋文化名城建设,抓紧制定海洋文化发展规划,加强文化建设和文化遗产保护,扶持创作海洋文化精品,发展特色文化产业,抓好一批城乡公共文化设施建设,逐步完善覆盖城乡的公共文化服务体系。继续深化文化体制改革,繁荣新闻出版、广播电视、社会科学。大力开展迎奥运全民健身行动,全面推进小康健身工程。加强精神文明建设,深入实施市民素质提升工程,推进国家卫生城市、全国文明城市、全国双拥模范城联创联建。全面达到创卫工作十个基本条件,基本完成创建国家卫生城市任务。切实做好国防教育和国防动员,加强军地合作,大力支持驻舟解放军和武警部队建设。

切实改善和发展民生。认真贯彻实施就业促进法和劳动合同法,鼓励全民创业创新,以创业带动就业。督促各类企业与劳动者依法签订劳动合同并认真履行,积极推进职工工资

集体协商。进一步加强渔农村劳动力技能素质培训,促进城乡就业。大力开展就业援助活动,完善长效帮扶机制,确保消除城镇“零就业”家庭。严格控制居民消费价格总水平上涨,建立物价异常波动应急机制,做好困难群众物价补助工作,切实抓好菜篮子工程建设。实施住房保障规划,认真做好廉租房、经济适用房相关工作,力争三年内基本解决城市低收入家庭、住房困难家庭住房保障问题。加快建立渔农民养老保障制度,进一步完善企事业单位基本养老保险制度、被征地农民基本养老保障政策。全面推进城镇居民医疗保障工作。继续抓好工伤、失业、生育保险扩面工作。全面推进企业退休人员社会化管理服务工作。重视发展老龄事业,切实保障妇女和未成年人权益。健全社会救助体系,发展慈善事业和社会福利事业。积极实施残疾人共享小康工程。

大力促进社会和谐稳定。扎实推进“平安舟山”建设,认真落实安全生产责任制,重点抓好船舶、化工、渔业生产、交通运输等领域的隐患排查和日常监管,落实渔业安全设施配备,努力实现安全生产三项指标“零增长”。继续加强食品药品等重点监管工作,努力让人民群众吃得放心、用得安心。完善各类应急预案和应急体系,切实做好防灾减灾工作。抓好社会治安综合治理,加强社区警务工作,提高流动人口服务和管理水平,拓展完善“铁桶工程”,依法打击各类违法犯罪活动。加强基层民主法制建设,扎实做好村级换届选举工作。认真做好信访工作,畅通社情民意表达渠道,妥善做好土地征用、房屋拆迁、企业重组改制等工作,维护群众合法权益。加大普法宣传力度,提高法律服务和法律保障水平。

围绕解决群众关心的现实问题,今年切实抓好十个方面为民实事项目。一是就业方面,新增城镇就业岗位7000个、城镇下岗失业人员再就业4000人、渔农民转移就业8000人。二是社会保障方面,分别新增养老保险16000人、医疗保险8000人、失业保险4000人、生育保险2500人、工伤保险40000人,力争社会保险基金征缴率达到90%以上,渔农村新社区60岁以上老年人以奖代保金提高到42元,全面推行60岁以上渔农村独生子女户养老保障制度。三是弱势群体救助方面,“五保”人员集中供养率继续稳定在90%以上,城镇、农村每月低保标准分别提高到280元、170元以上,减少渔农村人均收入3000元以下家庭600户,帮扶结对稳定在4500对以上。四是基本医疗服务方面,全市新农村合作医疗人均筹资水平提高到140元,参保率90%以上,城镇居民医疗保险覆盖面扩大到60%以上。五是公共卫生方面,基本建成城乡居民健康信息网络平台,基本建成15分钟城市社区、20分钟渔农村社区卫生服务圈,增设一批惠民医院服务点,建立突发公共卫生事件应急处置指挥系统。六是教育方面,继续做好免除城乡义务教育阶段学生课本费和符合条件的民工子女借读费工作,确保全市义务教育阶段没有一名学生因家庭贫困而失学。七是改善群众居住条件方面,适度扩大廉租房保障范围,新建经济适用房700套以上,启动城区旧城改造工程,渔农村困难群众危旧房改造实现“有危即解”。八是改善群众出行条件方面,新建渔农村社区道路50公里,更新城乡公交车100辆以上。九是改善群众生活环境方面,完成渔农户改厕1.5万户,完成清水河道治理120公里,解决6万渔农民饮水安全问题,渔农村合格饮水供水普及率达到80%,完成城区500户居民二次供水改造。十是公共安全方面,全市命案、五类恶性案件破案率分别达到85%和90%以上,完成17座病险水库、3.87公里海塘、10座闸门的除险加固任务,进一步提高放心食品配送率。

今年我们面临复杂多变的形势,发展任务繁重而艰巨,我们将以转变政府职能、提高行政效能和服务水平为重点,以制度建设、能力建设、作风建设、廉政建设为抓手,努力建设人民满意的政府。

依法行政,提高政府法治水平。牢固树立依法行政理念,加快建设法治政府。认真执行市人民代表大会及其常委会的决议、决定,主动报告工作,依法接受监督。支持政协履行政治协商、民主监督和参政议政职能,继续实行市长领办议案、提案制度。支持工会、共青团、妇联等人民团体的工作,主动听取各民主党派、工商联和社会各界人士的意见。严格依照法定权限和程序行使权力、履行职责,健全重大决策的合法性审查制度。规范行政执法行为,强化行政执法责任制,继续推行行政首长出庭应诉制度。加强层级监督,不断规范行政复议工作。

转变职能,创新政府服务管理。努力推进政府机构改革,不断创新政府服务管理理念、机制和手段。按照民主决策、科学决策的要求,完善重大事项集体决策、专家咨询、社会公示与听证等制度,进一步发挥好咨询委等咨询研究机构的作用。进一步健全分工负责、合力推进的工作机制,强化各部门、各县区协调配合,提高政府统筹协调水平,探索相对集中行使行政许可权工作。继续深化行政审批制度改革,进一步清理行政许可项目,简化审批程序,加强电子政务建设,继续完善市、县(区)、乡(镇)三级联动网上办事系统,提高行政审批服务效能。全面实施政府信息公开制度,完成政府信息公开平台建设,完善政府工作新闻发言人制度,畅通社会公众知晓政府信息的渠道。

注重效能,增强政府执行能力。全面开展政府系统解放思想大讨论,不断增强创业创新、加快发展的紧迫感。大力弘扬求真务实和开拓创新精神,切实加强调查研究,着力解决人民群众最关心、最直接和最现实的利益问题。加快推进学习型政府建设,进一步抓好干部学习培训、挂职锻炼、横向交流等工作,不断加强现代经济、社会管理等知识的学习,借鉴和引进国内外先进理念和经验,努力打造一支“敢于负责、敢于碰硬、敢破难题、敢担风险”的干部队伍。继续加强机关效能建设,进一步完善抓落实的工作机制,严格执行目标责任制,加强政务督查、限时督办、效能监察和绩效评价。认真落实机关工作人员行政过错责任追究办法,推动政府工作人员尽职尽责、高效规范地做好工作,确保政令畅通和各项工作任务落到实处。

从严治政,树立政府良好形象。全面落实党风廉政建设责任制,严格执行领导干部廉洁自律各项规定,切实加强廉政文化建设,着力构建教育、制度、监督并重的惩治和预防腐败体系。全面实行经济责任审计制度,逐步推行审计结果公告制。切实加强重大决策、重大项目、重点部门和大额资金使用的保廉工作,严肃执行土地使用权出让制度,继续完善招投标统一平台建设。深入开展纠风工作,坚决打击权钱交易、商业贿赂等腐败行为,切实纠正损害群众利益的不正之风。大力弘扬节俭创业精神,切实降低行政成本,真正把有限的资金和资源用在刀刃上,努力建设节约型政府,全面树立清正、廉洁、为民的政府形象。

舟山经济社会发展正处于重要的战略机遇期,我们恰逢其时,任务光荣而艰巨。让我们在中共舟山市委的领导下,紧紧团结和依靠全市人民,拼搏进取,奋发图强,为实现“以港兴市、全面跨越”目标而努力奋斗!

政府工作报告

台州市人民政府市长　陈铁雄

(2008年2月26日)

一、2007年工作回顾

过去一年,市政府在省委、省政府和市委的正确领导下,在市人大和市政协的监督支持下,认真学习贯彻党的十七大精神,坚持以科学发展观为统领,抓创新提质量、抓"两年"优环境、抓统筹增协调、抓民生促和谐,较好实现市三届人大三次会议既定目标,如期完成为民办实事任务,经济发展快中见好,社会和谐稳中推进。全市生产总值达到1722.89亿元,增长14.5%,人均超过3万元;财政总收入218.38亿元,其中地方财政收入108.86亿元,分别增长24.3%和26.4%;全社会固定资产投资总额727.64亿元,增长16.7%;社会消费品零售总额596.17亿元,增长16.5%;外贸进出口总额110.93亿美元,增长31.6%,其中外贸自营出口93.65亿美元,增长33.1%;万元生产总值综合能耗预计下降4%,化学需氧量和二氧化硫排放量分别下降5%和4.69%;城镇居民人均可支配收入20942元、农村居民人均纯收入8331元,分别增长10%和13.1%;居民消费价格总水平涨幅4.1%;城镇登记失业率3.7%;人口自然增长率6.19‰。

*创新转型步伐加快。*自主创新力度不断加大。建立了中科院台州应用技术研发与产业化中心,浙大台州研究院汽摩配和机电研究所挂牌运行;新增国家级高新技术企业16家、技术中心2家,新建省级研发中心16家、区域创新服务中心3家、创新载体18家;专利授权量4589件,增长36.4%;新增中国驰名商标33个、中国名牌产品5个、国家免检产品20个,国家质量奖实现零的突破。先进制造业基地建设不断加快。完成医药化工、固废金属利用等行业规划修编工作,建立了国家电机及机械零部件产品质量监督检验中心,国家汽车及零部件出口基地加快建设,船舶产业服务中心初具规模;主导行业发展态势强劲,规模企业培育富有实效,工业总产值超10亿元企业增加8家,规模以上工业企业利税总额增长23.8%,新增上市企业3家;落实节能减排责任制,"十百千"节能行动和主要污染物减排取得明显成效。现代服务业发展加快。商贸流通转型稳步推进;金融创新不断深化,"小本贷款"模式得到大力推广,地方性商业银行实现跨区域经营;旅游整体形象有效提升,旅游收入和人数分别增长16.6%和20.4%;房地产业和建筑业稳步发展。改革开放不断深入。民营经济创新发展综合配套改革试点申报取得新进展,资本、土地等要素配置市场化改革加快,事业单位分类和津补贴规范工作有序开展,国资监管体系基本建立;出口产品结构不断优化,海外市场进一步拓展,实际利用外资3.12亿美元,新批境外投资项目38家;口岸大通关取得新进展;新组建异地商会8家,在外台州商人组织化程度明显提高;长三角地区合作与交流全面加强。

*"两年"工作有效实施。*扎实开展了"千名处长进企业,创优服务促发展"、"新型工业化强镇(街道)竞赛"和电网建设"百日攻坚"等活动,努力破解要素制约。完成土地整理24.1万亩,供应建设用地5.5万亩,有效解决项目落地难和工业用地遗留问题;完成电网建设投资15.36亿元,建成投产110千伏及以上输变电工程20个;成功发行8亿元企业债券;增加各类人才5.5万,其中引进人才1.1万。沿海产业带建设快速推进,完成投资155.23亿元,新开工企业506家、投产企业188家,制造业布局调整初见成效。重点工程建设不断加快。完成省、市重点工程投资168.8亿元,限额以上基础设施投资额居全省第二;新增高速公路25公里,新改建国、省道公路60公里,台金高速公路西段基本建成,诸永高速公路台州段、台金高速公路东延段和甬台温铁路台州段工程进展顺利,35省道临海段、仙居段改建工程完成,76省道复线玉环段、温岭段顺利推进;台州港总体规划正式实施,大麦屿港口开放和开发取得突破性进展;机场跑道盖被工程竣工,空港吞吐量超过37万人次;台州供水二期引水工程和黄岩水厂建成,临海沿海和椒北引水工程进展顺利;台电五期工程基本建成,天台桐柏抽水蓄能电站并网发电;椒江垃圾填埋场二期工程、玉环城市垃圾处理中心和仙居、三门、临海川南污水处理厂建成;椒江十一塘和临海南、北洋涂等围垦工程开工建设,永宁江二期工程加快推进。

*城乡统筹扎实推进。*新农村建设不断深入。农业结构调整步伐加快,粮食生产基本稳定,高效生态农业加快发展,特色农业"三强"工程有效推进,农村新型合作"三位一体"服务体系建设试点工作顺利开展,农产品获省农博会金奖数第一,新创建省级农家乐特色村(点)7家,新增市级规范化农民专业合作社151家,成立了市级农民专业合作社联合会,政策性农业保险试点扩面工作、兴林富民示范工程稳步推进;渔业结构调整力度加大,中心渔港建设加快,海洋经济总产值增长22.4%;全市财政预算内支农资金增长13.6%,农村生产生活条件明显改善;"百千工程"、百万农村劳动力培训、乡村康庄公路、新农村电气化等工程建设加快,完成10个乡镇连片整治任务,新建省级示范村43个,新培训农村劳动力12.3万人,转移就业3.2万人,新增通村公路521.4公里,等级公路、客运班车通村率分别达到97.8%和84%,乡镇连锁超市全覆盖、村级连锁店发展目标全部实现。新型城市化加快推进。台州市域及县(市)域总体规划全部通过评审,市区5个分区规划和14个专项规划完成编制;中心城市建设得到进一步重视和加强,市档案馆主体工程建成,市图书馆、市青少年妇女儿童活动中心建设进展顺利,白云山隧道建成通车,中心大道、市府大道西延、台州大道一期等工程进展加快;椒江解放南路区块改造基本完成,黄岩商业街区及委羽山新区、路桥新城核心区块加快开发,台州国际塑料城开工建设;市区"数字城管"一期工程通过验收,"多城同创"深入开展;县域城市建设取得重大进展,临海灵湖开湖、新城市中心区初具规模,温岭九龙汇中央商务区、铁路场站区和玉环"一区三线一片"开发有序推进,天台始

丰新城和三门大湖塘新区形象日趋丰满，仙居旧城改造进展加快；“南北协作”和“欠发达乡镇奔小康”工程不断推进，新经济增长板块发展明显加快。

社会事业稳步发展。基础教育工作得到加强，基本普及学前至高中段十五年教育；幼儿人园率达到99.6%，九年义务教育完成率100%，初升高比例97.86%，高等教育毛入学率40.3%；市直白云学校一期工程建成开学，台州学院椒江校区一期工程基本建成，台州职业技术学院获全国高职高专人才培养工作评估优秀等级，台州科技职业学院正式成立，社区教育国际论坛成功举办。公共卫生体系和社区卫生服务网络逐步健全，市医疗急救指挥中心投入使用，浙江恩泽医疗中心开工建设，农村责任医生制度有效落实。基层文化俱乐部创建率超过50%，全省非物质文化遗产保护综合试点成功申报，有线电视数字化整体转换试点工作顺利推进。全民健身运动广泛开展，竞技体育水平不断提高，创建体育强镇12个，玉环获省级体育强县称号。人口计生执法综治工作有效推进，低生育水平保持稳定，出生性别比偏高趋势得到遏制。流动人口服务管理得到重视和加强。深入开展“反盗抢、促和谐”、“打黑除恶”等专项行动，及时侦破大案要案，刑事发案率下降3.03%，破案率上升9.16%；“三位一体”诉调联动机制逐步推行，社区和农村警务工作有序推进。人民防空和海防管理进一步加强。坚持“恳谈日”和下访接待制度，群众利益诉求渠道进一步畅通。开展了“三合一”场所、出租房、建筑电气等消防安全专项整治，安全生产“三项控制指标”分别下降5.2%、3.2%和13.2%。应急体系不断完善，基层应急管理、防台救灾等工作取得成效。地方政府负总责的食品药品安全责任体系基本建立，专项整治工作取得阶段性成效。成品油和猪肉等主要商品有序供应。妇女、儿童、老龄、残疾人和慈善等事业进一步发展。统计、审计、气象、通信、档案、地方志、民族宗教、外事侨务、对台事务、海事等工作取得新成绩。国防动员、拥军优属和优抚安置工作进一步加强，蝉联全国双拥模范城。

人民生活不断改善。实现1.5万城镇失业人员再就业；新增企业职工基本养老保险7.6万人、城镇职工基本医疗保险6万人、工伤保险70.8万人。新型农村合作医疗参合率89%，人均筹资县均达到100元，县级信息化平台全面建成，实现辖区内就医刷卡即时结报。各地均已出台实施城镇居民医疗保障制度，完成了4.8万名企业退休职工免费体检；给予集中供养的农村五保、城镇“三无”人员人均534元医疗补助。农村中小学食宿改造工程竣工率98.6%，免除了低收入家庭子女义务教育阶段课本作业本费和就读于中等职业学校的低收入家庭子女学费，并提供爱心营养餐补助；对6000名农村未升学初高中毕业生进行了职业技能培训。585户城镇低保家庭廉租房保障和700户农村困难群众危旧房改造全部完成，政策性农村住房保险参保率达94.2%。完成了430个村庄环境整治，实现下山移民9626人，解决了32.19万农村人口的饮用水问题；对口支援、帮扶工作力度加大；大中型水库移民后期扶持政策顺利实施。以截污管网改造、工业企业废水达标整治、农业面源污染防治、河道治理和河道保洁为重点的水环境整治扎实推进，已摘帽的环保重点区域整治成果得到巩固，省、市级重点区域和市级准重点监管区整治任务基本完成，天台获省级生态县称号。50条小街小巷整治任务全部完成，路灯亮化率超过95%。因狂犬病致死人数下降64%。市区农副产品市场改造和地名公共服务工程稳步推进。送3.2万场电影、1299场演出到农村，201个行政村实现有线广播电视光缆联网。

政风建设得到加强。“作风建设年”活动深入开展，“走进矛盾、破解难题”专项行动取得实效。行政决策、执行和监督机制进一步完善。认真贯彻执行市人大及其常委会作出的生态市建设、食品监管、水环境整治、基础教育等决议和决定，坚持向人大报告和向政协通报制度；出台了议提案办理办法，全面完成238件人大代表建议、360件政协委员提案办理工作。行政服务中心建设得到加强，联合审批制、全程代理制、项目审批“绿色通道”等便民措施进一步深化，行政许可职能归并工作和统一招投标平台建设取得实质性进展，电子政务网络统一平台初步建成。节约型政府建设有效推进，行政管理费用支出节省10%。着力完善惩治和预防腐败体系，深入推进商业贿赂专项治理，切实纠正损害群众利益的不正之风，廉政建设得到加强。

过去一年，我市在要素制约和环境压力不断加大、社会矛盾日益凸显的情况下，经济社会发展仍取得较好成绩，特别是领导干部下基层蹲点调研活动、金融创新和劳动工资集体协商机制工作，相继得到胡锦涛总书记、温家宝总理高度肯定。成绩来之不易，这是全市人民共同奋斗的结果。在此，我谨代表市人民政府，向在各个领域辛勤劳动的全市人民，向对政府工作给予大力支持和监督的人大代表、政协委员，向各民主党派、工商联、人民团体、社会各界，向驻台部队、武警官兵、政法干警、在台省部属各单位，向所有关心和支持我市发展的海内外朋友们和新台州人，表示衷心的感谢和崇高的敬意！

在肯定成绩的同时，我们也清醒地看到我市经济社会发展中存在的矛盾和问题。粗放型发展方式还没有根本改变，经济增长的资源环境代价较大，节能减排形势依然严峻，自主创新能力有待加强；各种要素制约仍比较突出，中心城市集聚功能和带动力不强，区域竞争压力加大；社会事业发展相对滞后，教育、医疗卫生、社会保障、公共安全等领域还存在不少薄弱环节；农民持续增收难度加大，居民消费价格指数上涨偏快，部分低收入群众生活比较困难，缩小城乡、地区和贫富差距的任务仍很艰巨；影响发展的深层次体制机制障碍尚未突破，处理好社会利益关系的难度加大，维护社会稳定任务艰巨；政府自身建设存在一些问题，社会管理和公共服务职能仍需加强，科学发展能力和行政效能亟待提高，一些地方和部门形式主义、官僚主义和奢侈浪费现象仍然存在。对此，我们必须牢记“两个务必”，增强忧患意识、责任意识和服务意识，采取有力措施切实解决。

二、2008年工作目标

2008年是我国改革开放三十周年和北京奥运会举办之年，是全面贯彻党的十七大精神、推进台州新一轮创业创新的重要一年。面对工业化、信息化、城市化、市场化和国际化加快推进的客观趋势；面对经济全球化深入发展，科技进步日新月异，产业、资本加速转移和流动的国际背景；面对中央实施适度从紧的宏观调控政策，固定资产投资回落、出口增速放缓的国内环境；面对长三角一体化上升到国家战略，城市之间“竞合”发展的区域格局；面对台州经济社会加快转型升级的要求和资源环境制约、体制机制障碍、社会问题凸显的现实矛盾；面对广大人民群众日益增长的物质文化需求，我们必须千方百计抓住机遇，满怀信心迎接挑战，与时俱进加快发展。

今年政府工作要深入贯彻党的十七大和省第十二次党代会精神,按照市委提出的"高举旗帜、科学发展、创业创新、开创局面"的总体要求,以开展"创业服务年、创新推进年"为总抓手,围绕打造"三张名片",实施"三个台州"战略,落实"六大行动计划",进一步解放思想,深化改革开放,加快转变发展方式,促进经济社会又好又快发展,全面建设惠及全市人民的小康社会。

综合考虑各种因素,建议今年国民经济和社会发展主要预期目标为:突出速度与质量、效益相统一,更加注重经济发展质量和效益,全市生产总值增长12.5%以上,财政总收入、地方财政收入均增长13%以上;突出约束性指标,大力推进节能降耗和环境保护,万元生产总值综合能耗下降4%以上,化学需氧量排放量下降4%,二氧化硫排放量下降3%;突出改善民生,促进社会和谐,城镇居民人均可支配收入和农村居民人均纯收入分别增长8%和9%以上,居民消费价格总水平涨幅控制在4.1%以内,城镇登记失业率控制在4%以内,人口自然增长率控制在7‰以内。

三、着力实施"三个台州"战略,推进新一轮创业创新

"三个台州"战略是市委作出的重大战略决策,是台州新一轮创业创新的主攻方向。以"创业服务年、创新推进年"为总抓手,将"三个台州"的目标任务落实到项目推进上,夯实基础,积蓄力量,优化环境,开创台州发展新局面。

努力培育"内生台州"。坚持新型工业化道路,依靠创新驱动、集约发展,提升现有生产力,增强国际竞争力。大力提高自主创新能力。强化企业技术创新主体地位,鼓励企业加强研发投入和科技成果转化,引导创新要素向企业集聚,研究与试验发展经费明显增加,新增省级技术中心和研发中心各5家;加强中科院台州应用技术研发与产业化中心、台州(上海)科技园和浙大台州研究院等区域创新平台建设,争取建立省高校产学研联盟台州中心和"知识杨浦"(台州)研发与转化中心;加快创新服务体系和技术创新体系建设,新建创新载体12个,办好网上技术市场;加大知识产权保护力度,加强自主品牌和标准化建设,确保通过国家知识产权试点城市验收。坚持"工业立市"战略。深入实施工业发展"5431"计划,不断壮大"5+1"主导行业,加快发展装备制造业、高新技术和新兴产业,改造提升传统产业,推进传统块状经济向现代产业集群转变;继续实施百项重点工业项目,着力改造现有装备,促进制造业投入;推进"513规模企业培育工程"和"成长型企业培育工程",扶持企业做强做优;继续加快企业股份制改造,完善法人治理结构;抓住国家对资本市场进行多层次改革契机,加快企业上市步伐,确保新增上市企业3家以上;做大做强建筑业。坚持把发展现代服务业作为新的经济增长点和结构调整的战略重点。继续实施百项新兴产业项目,完善和落实服务业促进政策,大力发展现代物流、商贸市场、交通运输、金融保险、会展等生产性服务业,积极发展总部经济、楼宇经济、创意经济等都市型经济业态;加强旅游景区、配套设施和服务网络建设,扩大旅游、文化、休闲消费;促进房地产业健康发展;加快创业服务园、台州先进制造业服务集聚区等项目建设,促进先进制造业和现代服务业双轮驱动、互动发展。大力发展现代农业。实施"万元田"计划和农产品加工业"631"工程,加快台州西部现代农业区域开发和浙江(仙居)绿色农产品生产基地建设,促进农业增效。

大力建设"海上台州"。充分发挥海洋资源比较优势,调整海洋功能区划,开展无居民海岛开发利用与保护规划编制工作,加大沿海开发和保护力度,加快海洋经济强市建设。按照工业新城、城市新区和建成科技型、开放型、生态型先进制造业基地的要求,加紧沿海产业带发展战略规划和滨海工业区总体规划编制,推进开发区与工业园区的水、电、路、环保等基础设施及配套生活设施建设,积极引进高科技、高附加值、低能耗、低污染企业,加快建成投产。加强以临海(头门)港区、大陈岛原油码头为重点的台州湾港口资源综合开发,进一步加大大麦屿港区开发开放力度,推进健跳、温岭(龙门)等港区建设;完善港口设施,优化口岸环境。依托港口和沿海腹地,大力发展船舶制造、海洋生物医药、电力能源等临港型产业,突出抓好大石化项目的引进工作,大力发展现代港口物流业和水运业,提高海洋综合运输能力,积极发展滨海旅游业;加快渔业结构调整,加强渔业资源保护,建设现代渔港经济区。切实加强滩涂资源开发利用,基本完成晏站涂、东海塘北片等主体工程,全面推进漩门三期、十一塘、南北洋涂、三山涂和三山北涂等围涂工程。

积极开发"市外台州"。坚持"走出去、引进来"战略,充分利用国际国内两个市场、两种资源,创新外贸发展方式、利用外资方式、对外投资和合作方式,提高台州国际化程度。优化外贸结构,推动企业申报出口名牌,推进国家汽车及零部件出口基地建设,努力加入跨国公司全球供应、采购体系,扩大资源性产品、高新技术产品和先进技术装备进口;继续实施百项重点外资项目,招商选资,招大引强,更多引进先进技术、管理经验和高素质人才,促进民营企业与世界500强企业的战略合作;引导企业投资境外资源开发,开展跨国并购。继续鼓励农业主体在国内外建立生产供应基地,不断拓展农业发展空间。充分利用在外台州人资源,发挥异地商会、联谊会作用,召开第二次台州商人大会,推进"回归工程",落实签约项目,发展"青藤经济"。抓住国家和省重大战略实施契机,切实用好各种政策、财政和项目资源;认真落实与上海"四区一局"签订的协议,进一步加强与长三角地区及其他城市的合作交流;做好对口支援与帮扶工作。

营造"三个台州"建设良好环境。认真开展"创业服务年、创新推进年"工作,形成有利于全民创业、全面创新的发展氛围。继续先行先试,积极开展民营经济创新发展综合配套改革试点。认真落实支持非公有制经济发展的政策措施,鼓励民营企业加强技术创新、管理创新、制度创新和企业文化创新,引导民营企业家进一步增强社会责任,发挥创业创新的示范带动作用。深化国企改革,加强国资监管和运作。坚持以创业带动就业,让更多的劳动者成为创业者。设立"创业风险投资基金"和"创业计划专项资金",支持大专院校毕业生、青年科技管理人才和海归人才创业;重视中小企业发展,继续做好微小企业培育、创业辅导工作。认真做好全国第二次经济普查。推进资源配置市场化,加快要素市场发展,加强要素保障能力。规范工业用地公开出让市场;加强土地节约集约利用,鼓励建设多层标准厂房和"零增地技改",提高亩均产出率;加强建设用地复垦和村留地开发管理,加大低丘缓坡综合开发利用和闲置地处置力度,拓展发展空间。深化金融创新,打造金融强市,建设台州特色的区域金融中心。吸引全国性、区域性商业银行在台州开设分支机构,加快本地商业银行重组改造;加快投融资体制改革，大力支持临海、温岭等地申发企业债券工作，继续加强与国家开发银行等金融机构的合作。推行和完善技术要素参与股权和收益分配政策，积极培养和引进各类创新人才；实施企业家素质提升工程和专业技术人员继续教育工程，加大对技能型人才和农村实用人才的培训力度。全力推进临海回浦、路桥台东、玉环陈屿等42个重大输变电工程建设，其中22个项目建成投运，基本缓解供电瓶颈制约。加快引水工程建设和中水回用，推广阶梯式水价，发展海水淡化项目，努力推进水务一体化。继续实施百项重点建设项目，改善区位发展条件。计划完成省、市重点建设项目投资130亿元，确保台金高速苍岭隧道、台州供水二期等20多个项目竣工投运，确保83省道改建、浙大台州研究院、台州科技职业学院新校园等30多个项目开工建设，力争椒江二桥及接线项目开工，加快甬台温铁路、机场改造、诸永高速台州段、台金高速东延段、104国道临海西过境段、82省道延伸线、三门核电一期等60多个项目建设进度，加快甬台温高速公路复线（含乐清湾跨海大桥）、北水南调、大石化、仙居抽水蓄能电站等50多个项目前期工作。

四、着力统筹兼顾，推进协调发展

统筹兼顾是科学发展观的根本方法。着眼增强发展协调性，促进新农村建设与城市发展互动并进，南北区域共同发展，经济发展与生态文明相互协调，着力缩小城乡、南北和贫富差距。

加快社会主义新农村建设。坚持以工扶农、以城带乡，进一步繁荣农村经济，不断提高农民收入。加强粮食生产，加快粮食流通基础设施建设，扩大地方储备粮规模，密切与粮食主产区协作，确保粮食安全；进一步加快农业结构调整，优化产业区域化布局，推进特色农业"三强"工程，发展高效生态农业和休闲观光农业，加快种子种苗工程建设；做大做强农业经营主体，健全农产品物流配送中心，培育农业中介服务组织，完善产业化经营机制，扩大农村新型合作"三位一体"服务体系建设试点范围。坚持科技兴农，实行责任农技推广制度，深入实施"百万农村劳动力培训"工程，积极推进农业标准化生产，加强农产品质量安全源头管理和动植物疫病防控。进一步实施"百千工程"，以治污保洁、改水改厕为重点，加大农村环境连片整治力度。加强农田水利、道路公交、电网、通讯、广播电视和商贸流通等设施建设，大力发展农村社会事业，切实改善农民生产生活条件。完善支农惠农政策，各级财政支农资金投入增量、政府固定资产投资和土地出让收入用于农村的增量均明显高于上年。深化农村综合改革，开展农村土地股份合作试点，推进农村社区股份合作制改革、农信担保和政策性农业保险试点扩面工作，加快征地制度、集体林权制度改革，探索村级集体经济有效实现形式；深化乡镇改革，促进创新发展。

推进中心城市建设。坚持走新型城市化道路，探索建立有效的规划引导机制、组织协调机制、合作联动机制。推进数字规划和单元控规编制，开展椒江北岸和永宁江两岸控规、鉴洋湖湿地规划等编制。加快市区地名统一和城市标识系统的建立。大力实施"城市路网工程"，按照"外成环、内成网"的要求，全线贯通中心大道，建成市府大道西延、开发大道西延、台州大道（大环线至市府大道段）、疏港大道（市府大道至枫南路段）、火车客站站西大道，加快建设开发大道东延、火车客站站前大道、东二路，争取动工机场路南延、路泽太公路北延。优先发展城市公交，加快公交场站和公共停车设施建设，推进市区公交一体化。优化中心区功能布局，深入实施"东商务区繁荣计划"，加快西商务区开发，高标准建设中央商务区，动工建设中央公园。推进环白云山片区、东环大道西侧、黄岩商业街区、路桥新城区等重点区块建设，启动葭沚旧城改造一期拆迁，完成云西路南侧拆迁。加快标志性建筑和住宅区建设，推进图书馆、台州客运总站、白云阁等项目建设。加大"城中村"整治力度，开展椒江至路桥段大环线整治。继续以"多城同创"活动为载体，加强城市管理和市民素质教育，全面推行数字城管，探索区域化联动、网格化管理。

推动区域协调发展。完成台州市域总体规划，加强与土地利用总体规划的衔接，加快主体功能区规划编制，着手城市群轻轨交通研究。统筹推进"三大板块"，促进市域整体繁荣。加快市区一体化，不断提高中心城市人口和经济首位度，增强服务和带动全市发展的能力；重视发挥临海、温岭副中心城市作用，促进玉环形成环漩门湾发展格局，全面增强综合实力；积极支持天台、仙居、三门走富有特色的县域城市化之路，推动跨越式发展。加强规划引导和政策推动，着力培育中心镇，加快形成结构合理、梯度发展的城镇体系。完善扶持欠发达地区发展的政策和机制，大力支持台州北部、黄岩西部山区、椒江大陈岛等欠发达区域的基础设施和社会发展等项目建设，加快发展特色产业和生态经济；继续实施"南北协作"工程，推进基地建设，加强产业发展、社会事业、劳动力就业等领域的合作与帮扶；实施"低收入农户奔小康"工程，全面建立低收入农户档案，采取对低收入农户集中村结对帮扶、扶贫小额信贷等各种有效措施尽快脱贫致富。

加强资源节约和生态环境保护。实施生态环境功能区规划，完善生态市建设考核办法，全面启动"十大工程、百大项目"，继续开展每年100个生态示范点创建工作，加快建设国家级医化基地、台州市金属再生园区等生态示范园区；加强重点生态公益林、沿海防护林和城乡绿化一体化建设，组织实施一批生态修复工程，启动"绿心生态区绿色行动计划"；多渠道筹措设立生态补偿专项基金，重视集中式饮用水源地生态保护，推进生态补偿试点，全面开展主要污染物排污权交易，开征城市生活垃圾处理费，适当提高污水处理费。强化节能减排责任制，严格执行能耗标准和环保标准。认真实施循环经济"511"行动计划和工业循环经济"2525"工程，推广应用节能环保新技术和先进管理模式；启动"811环境保护"新三年行动，继续抓好医化、拆解等重点行业环境整治，全面完成市级环保重点和准重点监管区整治任务；严格执行流域（区域）限批停批制度，加强椒（灵）江水系、金清河网、温岭河网和玉环河流等污染防治；加快城市生活污水配套管网和椒江、路桥污水二期工程建设，动工建设台州路桥生活垃圾焚烧工程，建成市危险固废处置中心；加快中心镇生活污水处理设施建设，加强农村生活和农业面源污染治理。争创国家环保模范城市，推进"省级生态县（市）"和"全国环境优美乡镇"创建活动。

五、着力保障和改善民生，促进社会和谐稳定

实现好、维护好、发展好最广大人民群众的根本利益是政府一切工作的出发点和落脚点。坚持以人为本，更加注重基本公共服务均等化和发展成果的普惠性，加快以改善民生为重点的社会建设，强化社会管理，尽快扭转社会发展相对滞后的局面。

加快社会事业建设。以"办好人民满意的教育"为目标,坚持优先发展教育,加大义务教育保障力度,积极化解学校基本建设债务,进一步加强农村基础教育,重视师资队伍建设,着力提升学前教育总体水平,切实提高基础教育特别是高中段教育质量;健全扶贫助学体系,保障弱势群体教育权利,争取建成市聋哑学校,确保适龄儿童不失学、不辍学;大力发展职业教育,注重应用型技能人才培养,强化实训基地建设,扩大中等职业学校招生规模;加快高等教育改革和发展,切实提高办学质量和水平;积极发展成人教育,完善四级社区教育网络。以"人人享有基本医疗卫生服务"为目标,深入开展"社区卫生服务建设年"活动,健全城乡医疗卫生服务体系;创新公立医疗机构运行机制,不断提高医疗质量,加大医疗纠纷防范处置力度,提高群众看病就医满意度;加强重大传染病防治工作。扶持公益性文化事业发展,加强乡镇综合文化站和基层文化俱乐部建设,加快构建公共文化服务体系;扎实做好非物质文化遗产保护综合试点和全国第三次文物普查工作,启动文化研究工程;继续实施"百分之一文化计划",加强现有文体设施资源整合利用,推进文化产业发展;加快有线电视数字化步伐;支持临海市创建全国文化先进县;深入开展"全民健身与奥运同行"活动,办好第三届市运会和首届市残运会,加快市少体校建设。切实加大人口计生执法和优质服务力度,夯实基层基础,继续稳定低生育水平,提高出生人口素质。切实保障妇女、未成年人合法权益,重视老干部和关心下一代工作,推进档案、地方志和气象等工作。

加强就业和社会保障。贯彻实施就业促进法和劳动合同法,统筹城乡就业,规范劳动用工;加强基层劳动保障平台建设,常态帮扶城镇零就业家庭和农村低保家庭劳动力实现就业,开展对大中专毕业生、复退军人的就业服务,大力推进行业工资集体协商和工资支付保障机制建设。遵循"广覆盖、保基本、多层次、可持续"原则,加快"五位一体"社保体系建设。深化企业基本养老保险制度改革,加快做实个人账户,探索完善农村和事业单位养老保险制度,认真实施被征地农民基本生活保障制度,努力做到"即征即保";积极推进城镇职工基本医疗保险扩面,加快实施城镇居民基本医疗保险制度,探索建立农民工医疗保险办法,巩固完善新型农村合作医疗制度;加强失业、工伤和生育保险工作,实现工伤保险基本全覆盖。进一步完善城乡最低生活保障、城乡居民医疗救助、农村五保和城镇"三无"对象集中供养等社会救助制度;加快城镇住房保障体系建设,扩大廉租房保障范围和住房公积金制度覆盖面,改进和规范经济适用房政策,认真解决城镇低收入家庭住房困难问题;完善政策性农村住房保险制度,推进农村住房解困工程,加强被拆迁户住房保障,着力破解农民建房难。加强新型社会福利体系建设,高度重视人口老龄化问题,加快发展残疾人和慈善事业。建立健全流动人口服务管理网络和运行机制。落实水库移民后期扶持政策,妥善安排受灾群众生产生活。

强化公共安全管理。以增强人民群众安全感为目标,深化"平安台州"系列创建活动。建立健全治安防控体系,加快建设城乡一体的社会管理视频监控系统,改革和加强城乡社区警务工作,筑牢维稳第一道防线;深入开展"严打"整治斗争,继续加大对涉黑、涉恶、命案等恶性案件侦破力度,积极实施以反盗抢为重点的"实效大防范"工程,继续深化禁毒行动和各类专项整治,确保全市刑事发案稳中有降;严密防范和坚决打击境内外敌对势力渗透破坏活动;推进海防管理和人民防空工作。加强和改进信访工作,落实领导干部"一岗双责",健全矛盾纠纷排查调处机制,引导群众以合法理性方式表达利益诉求。继续开展市场秩序专项整治,加强市场价格调控监管,完善和落实低收入群众价格补贴政策,努力保持重要消费品和服务价格基本稳定;加强食品药品安全监管;加强海事工作,规范企业进出口经营行为。落实安全生产责任制,加强道路交通、消防等重点行业和领域专项整治,全面开展隐患排查治理,加大安全防范基础设施投入,确保安全生产"三项控制指标"零增长。实施"强塘固房"工程,加大塘坝和水库除险加固工作力度,加强灾害频发地民房管理。完善应急机制,加强实战演练,提高预防和处置各类突发公共事件能力。加强社会组织建设和管理,深化和谐社区、和谐村镇创建,开展农村社区建设试点。进一步做好民族、宗教、侨务、对台工作。大力支持人民解放军和武警部队建设,加强国防教育、国防动员和民兵预备役工作,深入开展拥军优属和军民共建活动,切实做好军人退役和转业安置工作。

切实为民办实事办好事。围绕人民群众最关心、最直接、最现实的利益问题,本着"普惠、扶弱、尽力、当年"的原则,全力办好十方面实事。就业方面,确保城镇零就业家庭出现一户、帮扶一户、解决一户。生活保障方面,对2500名贫困残疾人实施免费助听助明助行,对贫困持证重度残疾人给予全额低保补助金。医疗保障方面,新增城镇居民基本医疗保险参保人数15万人,提高城镇居民基本医疗保险补贴标准,对参加城镇居民基本医疗保险人员实行两年一次的免费健康体检;县(市、区)新型农村合作医疗人均筹资额达到100元以上;加快社区卫生服务网络建设。廉租住房保障方面,家庭人均收入在城市低保标准两倍以下的廉租住房保障对象受益面达40%以上,继续推进农村困难群众危旧房改造。教育方面,全部免除城乡义务教育阶段学生课本费和符合条件就读的民工子女义务教育借读费,中、小学生生均公用经费最低标准分别提高到450元和300元;对就读中等职业学校现代制造业、服务业和农业专业的一、二年级学生实施免学费政策。农业农村方面,完成下山移民8000人;继续实施农村人口饮水安全工程;开展对农民信箱注册用户的培训。环境整治方面,完成450个村庄环境整治;加快水环境整治,实现市区河道水质明显改善。基层文化方面,组织1000场演出、3.67万场电影、10万册图书到农村;基本实现行政村通有线电视,对城乡低保家庭减免初装费。城市建设方面,实施市区供水管网改造和居民小区"黄水"治理;继续改造提升市区农副产品市场。公共安全方面,启动海洋渔船安全救助信息系统建设。

六、着力加强政府改革和建设,增强领导科学发展的能力

加强政府自身建设,是百姓之期望、履职之必须。坚持科学执政、民主执政、依法执政,以职能转变为核心,按照建设服务型政府和法治政府的要求,不断提高行政创新能力和服务管理水平。

创新政府管理机制。加强社会管理和公共服务,完善经济调节和市场监管,切实将政府职能转到主要为市场主体服务和创造良好环境上来,将公共资源更多地向公共服务领域倾斜;全市新增财力的三分之二以上用于发展社会事业和改善民生。加强宏观调控政策配套研究,采取切实有效的顺应措施。推进政府管理体制和运行机制创新,理顺政府部门职责关

系。深化审批制度改革，继续减少和规范审批事项；加强行政服务中心建设，推行电子政务。分类推进事业单位改革。完善公共财政体系，加强和改进部门预算管理，市级预算单位全面实施国库集中收付，规范公务员津补贴发放。

继续推进依法行政。全面贯彻依法行政实施纲要，自觉接受人大及其常委会监督，积极支持政协履行政治协商、民主监督、参政议政职能，主动听取各民主党派、工商联和无党派人士的意见和建议，充分发挥工会、共青团、妇联和科协等人民团体的作用。健全科学民主决策制度，进一步发挥政府决策咨询委员和法律顾问的作用。加强行政监察、审计监督，推进行政复议工作。完善政务公开、村务公开等制度。加强行政执法部门建设，落实行政执法责任制，推行行政问责制度，健全政府绩效评价体系。加强基层政权建设，扎实做好村委会换届选举工作，坚持"恳谈日"制度，进一步发展基层民主。

切实加强政风建设。树立科学发展观、正确政绩观和牢固群众观，大兴求真务实、真抓实干、知难而进、重在落实之风，领导干部带头深入基层、调查研究，立说立行、善作善成，增强政府执行力和公信力。巩固和深化"作风建设年"成果，开展"服务创业、再增感情"和"推动创新、再破难题"专项行动，推行"一线工作法"，继续精简会议和文件，强化机关效能建设，深入推进办事提速、服务提质、绩效提升。坚持从严治政，加强廉政建设和反腐败斗争，严格执行廉洁自律各项规定，着力规范建设工程招投标、财政转移支付、土地资源使用、政府采购、国有资产转让等公共资源管理和权力运行，严肃查处各类违法违纪案件，坚决纠正损害群众利益的不正之风。加强政府债务和投资项目管理，进一步降低行政成本，建设节约型政府。加强对公务员的教育、管理和监督，努力建设高素质的公务员队伍。

改革开放三十年，台州综合实力大幅提升，人民得到更多实惠，我们倍感自豪；站在历史新起点，加快台州发展新跨越，我们壮志不已。让我们紧密团结在以胡锦涛为总书记的党中央周围，在党的十七大精神的指引下，在中共台州市委的领导下，紧紧依靠全市人民，坚持科学发展、创业创新，深入实施"三个台州"战略，为全面建设惠及全市人民的小康社会、谱写台州人民美好生活新篇章而努力奋斗！

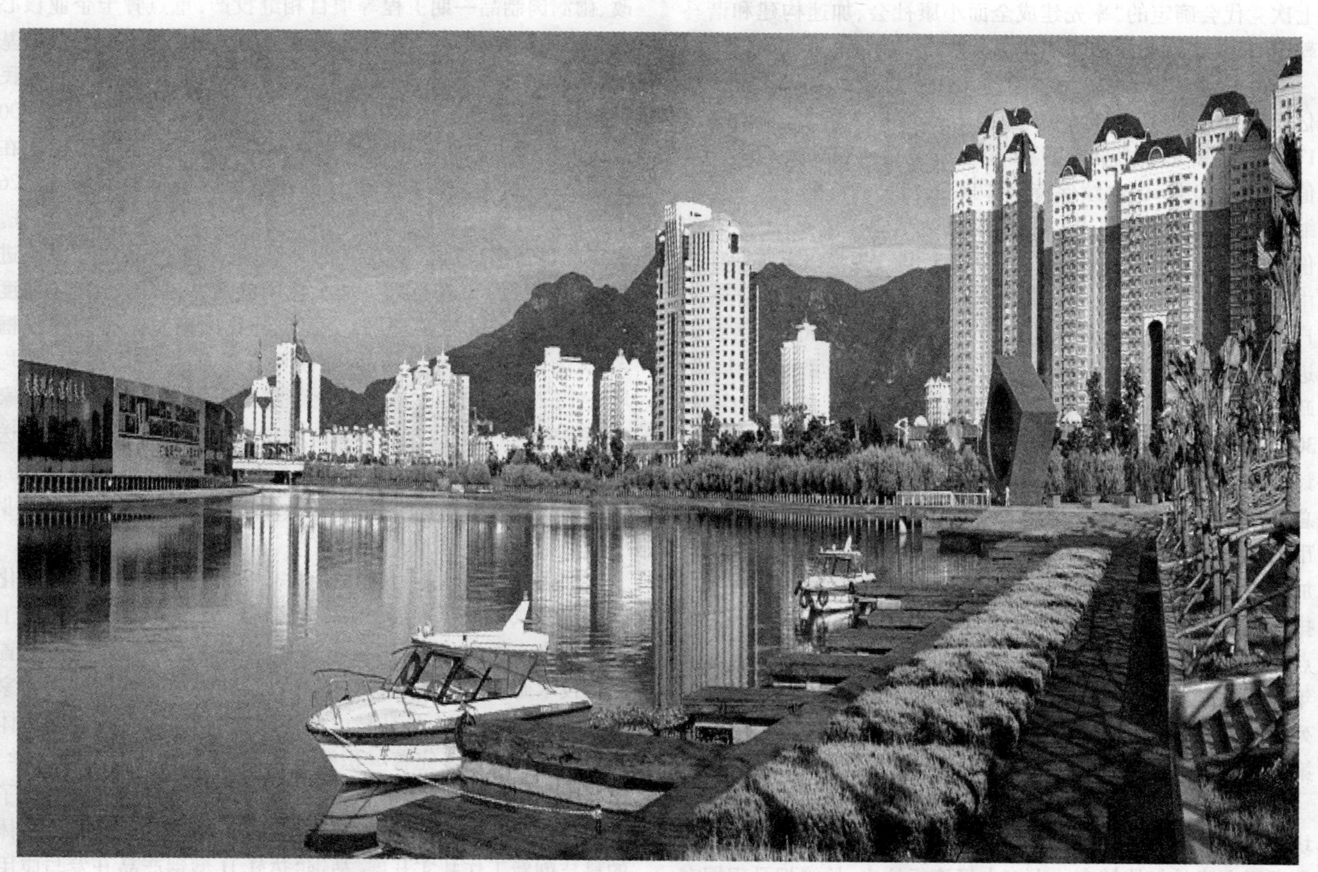

市民广场夜景

政府工作报告

马鞍山市人民政府市长　姚玉舟

(2008年1月5日)

一、过去五年工作回顾

2003年市十三届人大一次会议以来的五年，是马鞍山发展史上很不平凡、具有特殊意义、取得巨大成就的五年。五年来，在省委、省政府和市委的坚强领导下，在市人大、市政协的监督支持下，我们坚持以邓小平理论和“三个代表”重要思想为指导，全面落实科学发展观，团结和带领全市人民，积极贯彻中央宏观调控政策，克服要素资源约束带来的压力，战胜多种突发公共事件造成的困难，全力推进经济、政治、文化和社会建设，提前一年实现“十五”计划，顺利完成市十三届人民代表大会历次会议确定的目标任务，荣获“国家环境保护模范城市”、“全国绿化模范城市”、“全国科技进步先进市”、“全国民族团结进步模范市”、“全国双拥模范城”、“全国最佳商业百强城市”、“中国投资环境百佳城市”等多项荣誉称号，在推进市第七次党代会确定的“率先建成全面小康社会、加速构建和谐马鞍山”征程上迈出了坚实步伐。

(一)经济实力显著增强。全市生产总值由2002年的176亿元跃升至2007年的540亿元，五年增长2倍多，年均递增17.4%，经济总量由全省第12位上升至第4位。人均生产总值达到5600美元，继续保持全省第一，与长三角平均水平差距缩小了25%。规模以上工业增加值达到290亿元，占全省的份额由10%提高到13%，年均增长33.8%；规模以上工业企业由148户增至530户，年销售收入超亿元企业由13户增至50户。建筑业步入快速发展期，2007年产值突破100亿元，在促进农民工就业、提升综合经济实力等方面发挥了重要作用。财政收入跃上90亿元新台阶，是2002年的近4倍，年均增长30.1%。2007年全社会固定资产投资达到330亿元，五年累计1036亿元。城乡市场在规范中持续繁荣，社会消费品零售总额达到86.4亿元，年均增长14%。去年末，金融机构本外币存款余额410亿元，贷款余额303亿元，分别比2002年末增加255亿元和205亿元。在经济持续快速增长的同时，节能减排成效显著，全市万元生产总值综合能耗年均下降4.6%，重点工业企业污染源排放达标率达95%。在省政府对全省各市年度目标考核中，从2003年起，连续3年位居第一，2006年名列第二。自2003年跻身中国综合实力百强城市以来，排名由第94位前移至2006年的第74位。

(二)结构调整迈出实质性步伐。强力推进三大经济板块、三大基地和科技创新能力建设，促进经济结构的优化调整和发展方式的加快转变。在三大经济板块中，始终把马钢摆在重中之重的位置予以支持。马钢投入400多亿元，建成了冷热轧薄板、彩涂板、“十一五”前期技术改造和结构调整系统工程等一批重大项目，成功重组合钢主业，产品结构更趋优化，总体生产规模迈上年产1600万吨钢新平台，实现销售收入五年翻两番，创造了马钢发展史上的新奇迹。举全市之力支持和推动三大省级开发区竞相发展。马鞍山经济开发区入驻企业356家，其中亿元以上内资项目20个、1000万美元以上外资项目24个，主要经济指标以年均50%以上的速度增长，综合实力连续四年位居全省省级开发区首位；慈湖经济开发区新增入驻企业102家，新增外资1.4亿美元、内资53亿元，跃居全省省级开发区第4位；当涂经济开发区入驻企业90家，投资规模超过80亿元，快步进入全省省级开发区第一方阵。县区发展取得重大进展。当涂县经济总量增长近2倍，财政收入突破10亿元，连续四年位居全省经济十强县前列；花山、雨山、金家庄三个城区财政收入全面突破3亿元；三城区工业集中区初具规模，已有183个项目建成投产。目前，马钢、开发区、县区三大经济板块并驾齐驱、共同支撑全市经济发展的格局基本形成。

围绕打造现代加工制造业基地，着力实施“万千百十”促进工程，中小企业总量突破9000户，机械制造、磁性材料等产业集群初具规模。华菱重卡底盘、星马专用汽车、山鹰纸板技改、雨润肉制品一期工程等项目相继投产，重点骨干企业核心竞争力明显增强。大力调整农业结构，加快建设绿色食品基地，全市农业实现增加值达21亿元，年均增长10.5%。农民种粮积极性得到有效保护，50亩以上粮食规模种植户近600户。养殖业占农业总产值比重达60%，水产生态养殖模式在全国推广，当涂县河蟹标准化养殖示范区通过国家验收。26个产品获得无公害农产品认证，32个产品获得绿色食品认证。农产品自营出口创汇实现零的突破，安民农产品贸易中心进入全国“双百”市场行列。加大休闲旅游基地建设力度，深度开发采石风景区旅游资源，全面拉开花山商贸旅游园建设框架，大力培育特色旅游精品，旅游业五年总收入65亿元，年均增长18.6%。出台实施服务业跨越式发展实施纲要，引进家乐福、华润苏果等国内外知名商业企业，以连锁经营、物流配送和电子商务为代表的新型流通业态不断扩大。大华国际广场、解放路和湖西南路商业街商贸服务功能得到加强，市级商业中心格局正在加速形成。

加强自主创新能力建设。国家“863”新材料成果产业化基地建设取得重要进展，国家金属矿产资源高效循环利用工程研究中心加快建设，国家金属矿山固体废弃物处理与处置工程技术研究中心通过科技部验收。科创中心被批准为国家级创业中心，留学人员马鞍山创业园获准设立，科技创新载体和服务平台进一步完善。积极开展产学研合作，与清华大学、南京大学、北京科技大学、安徽工业大学等10多所高校签订了全面合作协议，实施产学研合作项目200多项。以企业为主体的科技创新工作扎实开展，马钢“热轧H型钢产品开发与应用技术研究”获得国家科技进步二等奖，华菱公司成为我国最具成长性的60户自主创新企业之一。质量兴市工作走在全省前列，“马钢牌”H型钢、火车车轮和“海狮牌”毛巾3个产品跻身中国名牌行列，10个产品成为国家免检产品，35个产品被评为省名牌产品，培育发展19件省著名商标。全市高新技术产业产值达到235亿元，年均增长43.2%，全市科技进步贡献率达43%。高层次人才培养、引进和使用力度加大，马钢、星马博士后科研工作站相继建立,引智项目实施水平全面提升。

(三)改革开放实现历史性突破。按照"三个置换、两个结合、一个保障"的思路,全面完成430户国有、集体中小企业产权制度改革,对近10万名职工进行了身份置换和妥善安置,提前实现省政府确定的中小企业改革目标。全力支持大企业改革,马钢等企业办社会职能基本剥离,十七冶整体改制成为产权多元化大型施工企业,马鞍山矿山研究院成功实行企业化改制,马鞍山钢铁设计院改制成为股份制国际工程公司。完成市属3户资产运营公司重组工作,国有资产实现保值增值。新增星马汽车、中钢天源、方圆支承3户上市公司,上市公司股权分置改革如期完成。中部地区扩大增值税抵扣范围税收政策在我市顺利实施。大胆探索公用事业单位改革,城市供水、供气、公交行业改革走在全国前列。生产经营类事业单位基本完成转企改制,教育、卫生、文化等系统事业单位人事制度改革加快推进。深入实施行政管理体制改革,全面完成市政府和县区政府新一轮机构改革,成功进行新一轮对区放权和乡镇区划调整,马鞍山经济开发区、慈湖经济开发区分税制财政管理体制相继建立。机关事业单位工资套改、规范公务员津补贴工作平稳进行。交通银行马鞍山分行挂牌运营,市商业银行成功参与徽商银行联合重组,在全国组建首家市级农村合作银行。农村综合改革在当涂县完成试点的基础上,向三城区全面推开。

深入实施大开放主战略,扎实推进东向发展。全力以赴开展招商引资,五年实际利用外资9亿美元,实际利用内资368亿元,年均分别增长52.3%和71.8%;引进世界500强企业项目及分支机构5个,促成蒙牛乳业、雨润肉制品、广州立白等国内知名企业落户,利用内外资规模和质量明显提升。三个省级开发区开放型经济载体功能持续优化,产业集聚效应不断增强。马鞍山口岸经国务院批准对外籍轮开放,《马鞍山港口总体规划》获准实施,马鞍山港跻身长江港口十强行列。五年累计完成外贸进出口总额73亿美元,出口产品结构进一步优化,出口实绩企业由25户增至85户,外经营业额、外运量、境外劳务输出人员数量成倍增长,全市经济外向度由17.6%提高到31.9%。外事、侨务、外宣工作全面展开,新增国际友好城市2个,取得一定程度的外事审批权,对外交流合作不断拓宽。区域合作进一步扩大,融入长三角和共建南京都市圈、皖江城市群工作取得积极成果。

(四)城市综合服务功能日趋完善。按照建成区100平方公里的目标,对城市总体规划进行修编,相继完成了59项重大城市规划编制工作。以完善城市路网和公用设施为重点,大规模展开城市建设,建成区面积由40平方公里扩大到近70平方公里,城市化率由51%提高到61%。城市南部和东部路网等一批主干道先后建成,新增市区道路总里程221公里。建成湖西南路,开辟了市区连接当涂县城的新通道。马芜高速公路建成通车,马鞍山长江公路大桥实施保障工程开工建设,城市对外交通体系日趋健全。一批自来水、污水处理、生活垃圾处理、天然气工程相继建成运行,供电、邮政、通信设施不断完善。房地产市场健康发展,五年累计竣工住房面积600多万平方米,实现城镇人均住房面积新增9平方米,达到29.8平方米。住房公积金归集额、贷款发放额年均分别增长29.4%和57.9%,当涂县公积金管理与市区接轨。生态市建设成效显著。全面实施了雨山湖综合整治,建成市政公园并对外开放,完成了佳山、雨山公园规划建设,新建了采石河节庆广场等一批主题公园和市民广场,市区绿化覆盖率提高到43%。一批重点污染源得到集中整治,城市环境空气质量优良率达90%以上。当涂县城建设日新月异,作为城市副中心的构架初步拉开。小城镇建设累计完成投资36.3亿元,中心镇服务功能明显增强。依法加强城市管理,集中开展城市综合整治,违法建设拆除、散装货物车辆密闭改装、"四小车辆"专项整治、城市美化亮化等工作取得明显成效,市容市貌进一步改观。继续规范相对集中行政处罚权制度,推行市容环卫领域网格化管理,市容环境卫生管理逐步长效化。

(五)新农村建设稳步推进。坚持统筹城乡发展,先后出台落实支持"三农"的政策措施近90项,在全省率先免征农业税及附加,五年各级财政投入"三农"资金近20亿元。编制了新农村建设总体规划、产业发展规划、村庄布点规划和各专项配套规划。当涂县被确定为中央财政整合资金支持新农村建设试点,全市有四镇二十村被列为省新农村建设"千村百镇"示范点,三杨、丹东等示范点建设取得新成绩。大力发展现代农业,新增省级农业产业化龙头企业5户,其中2户营销收入超5亿元;累计引进建设各类"三资"农业项目691个,到位资金30亿元;新建农民专业合作社38家;苗木花卉基地建成面积近万亩,速生丰产林基地发展到2.6万亩,奶牛养殖基地养殖奶牛近万头,无公害蔬菜基地发展到2.1万亩。不断加大农村基础设施投入。新建改建农村道路1300余公里,农村交通条件进一步改善。"村村通水泥路"工程和"农村安全饮水"工程在全省率先完成,农村电网建设改造一期、二期工程完工,列入国家重点投资项目的江心乡万亩土地整理项目获得批准。病险水库除险加固顺利完成,病险涵闸除险改造加快实施。基本农田保护措施得到加强,土地征迁和农民安置工作有序开展。加速推进"万村千乡市场工程",启动"新网工程"建设,农村消费品市场日趋健全。加快发展农村社会事业,当涂县中小学D类危房全面改造,乡镇卫生院医疗条件得到改善,6个省级农村文化站示范点启动建设,20户以上自然村"村村通有线电视"工程稳步实施。

(六)社会建设跃上新台阶。教育现代化步伐加快。素质教育深入实施,"普九"成果得到巩固,义务教育阶段"两免一补"政策全面落实。二中新校区等一批学校建成招生,中小学办学条件普遍改善,基础教育向均衡方向积极推进。普及高中阶段教育全面提速,3所中学成为省示范高中,高中阶段教育毛入学率达到73%,实现较大提高。职业教育快速发展,马鞍山技师学院建成招生,安工大职业技术学院一期工程、当涂县职教中心相继竣工,全市高中阶段职普招生比接近1:1。高等教育规模快速扩张,马鞍山师范学校升格为师范高等专科学校,建成马鞍山网络大学,安工大新校区一期工程投入使用,引进河海大学创办独立学院取得实质性进展。学习型城市建设向纵深推进,花山区被评为"全国家庭教育示范区"。文化事业日趋繁荣。举办了建市50周年庆典、第一届中国诗歌节、国际太极拳邀请赛、中央电视台陈式太极拳全国选拔赛等重大活动,专业艺术创作演出成果丰硕。基层文化活动丰富多彩,花山区东苑社区和金家庄区杨桥社区被评为"全国先进文化社区",金家庄区映山红艺术团赴港参赛荣获"金紫荆花"大奖。李白墓园成为国家重点文物保护单位,当涂民歌进入国家非物质文化遗产名录。博物馆、大剧院、新图书馆加快建设,基层文化基础设施进一步完善。公共卫生服务体系逐步健全。

先后建成市疾控中心、市紧急救援中心和市传染病医院一期工程,重大疾病预防控制工作得到加强。雨山区成为全省首个“全国社区卫生服务示范区”。医疗卫生服务水平有了新提高,全市人口平均预期寿命达78.8岁。成功举办市第九届运动会,竞技体育迈上新台阶,群众性体育活动蓬勃开展,金家庄区新风社区荣获“全国群众体育先进社区”称号。低生育水平持续稳定,全市年均人口出生率控制在10.5‰以内,出生人口政策符合率保持在95%以上,农村部分计划生育家庭奖励扶助制度全面实施。精神文明建设深入开展,顺利通过国家卫生城市复核检查和安徽省文明城市考核验收,文明创建工作经验被中央媒体先后两次集中报道。信用马鞍山建设迈出新步伐,5户企业被评为国家级“守合同重信用”单位。高质量完成第一次经济普查和第二次农业普查。和谐社区建设扎实开展,农村社区建设试点成效明显,基层民主政治建设得到加强。社会科学进一步繁荣。雨山区被命名为“全国科普示范城区”。《马鞍山市志》续志工作基本完成。档案管理模式改革试点积极推进。对台经贸、文化交流不断增多。接待、地震、地质工作卓有成效,民族、宗教工作水平不断提高,妇女、儿童、老年人事业取得新进展。

大力创建平安马鞍山。严密防范、严厉打击各类违法犯罪活动,积极构筑社会治安防控体系,“平安技防”工程初步建成,社区矫正工作全面推开,社会治安综合治理工作成效显著,人民群众对治安状况的满意率达97.8%。雨山区被评为“全国社会治安综合治理先进集体”,花山区跻身首批省级“平安区”行列。法制宣传、依法治市工作深入开展,法律援助扎实推进,荣获“全国四五普法先进城市”称号。仲裁工作在解决经济纠纷方面做出了积极贡献。实施领导包案、开门接访和带案下访等制度,去省进京上访量逐年下降,成为全省信访形势最好的城市之一。认真落实安全生产责任制,强化非煤矿山等安全专项整治,加大重大安全隐患排查治理力度,安全生产形势总体平稳。在全国地级市中率先建成新一代天气雷达站。全市突发公共事件应急预案体系基本建成,防范和应对公共危机能力明显增强。国家安全工作卓有成效。人民防空事业受到国家国动委表彰。积极支持驻马部队建设,国防指挥中心、武警支队机关营房、消防支队特勤消防站建成使用;海军“马鞍山舰”正式命名;连续五届荣获“省双拥模范城”称号。

(七)人民生活水平大幅提升。城市居民人均可支配收入达16100元,农民人均纯收入达6100元,均比2002年增长1倍以上,年均分别增长15.8%和15.9%。城乡居民人均储蓄存款达到16355元,年均增长16%,居民财富积累显著增加。扎实推进创业富民和就业富民工程,出台落实30项政策措施,降低创业门槛,培育创业主体,支持工会、共青团、妇联开展结对帮扶、青年创业、巾帼创业等援助活动,全民创业环境不断优化。五年累计新增私营企业5418户,民营经济增加值年均增长25%,对全市经济增长的贡献率达40%以上。完善积极的就业再就业政策措施,广泛开辟就业渠道,实行“一对一”职业介绍服务,统筹推进城乡劳动者就业。五年累计新增就业14.1万人,其中下岗失业人员再就业8.7万人,“4050”人员等困难群体再就业1.5万人,城镇登记失业率由4.2%下降至3.3%,被国务院授予“全国就业再就业工作先进单位”。在全国首创村级劳务公司,全市所有乡镇、村均建立了劳动保障工作机构,建成70个充分就业社区,年均在外务工经商人员达21.3万人。建立全省首个“大学生创业园”,高校毕业生就业促进工作取得新突破。实施下岗失业人员再就业、农村劳动力转移就业和创业三大培训工程,五年累计培训7.6万人,高技能劳动者比例达到19%。稳步推进劳动合同和集体合同制度,有效解决了涉及农民工利益问题。不断发展和谐劳动关系,马钢、马鞍山经济开发区分别荣获全国模范劳动关系“和谐企业”、“和谐工业园区”称号。

不断健全城乡社会保障制度。继续加大城镇养老、失业、医疗保险扩面力度,覆盖率均达98%以上。建成城镇职工工伤、生育保险制度,参保人员分别突破20万人和16万人。企业退休人员管理服务全面实现社会化。在全省率先实施被征地农民基本养老保障制度,实现即征即保。率先建成城镇居民基本医疗保险制度,全面推行新型农村合作医疗制度,实现基本医疗保险城乡全覆盖。率先建立新型农村社会养老保险制度,农民养老方式向社会化迈出重要步伐。社会救助体系框架基本建成。城市低保工作实现应保尽保、分类施保、动态管理,建立农村低保制度,率先实现低保制度城乡全覆盖。实施城乡贫困群众医疗救助制度、低保对象重病和农村特困户、五保户大病救助,农村敬老院改扩建工作力度加大。慈善事业持续健康发展,荣获“中华慈善事业突出贡献奖”。残疾人就业权利得到切实维护,雨山区被评为“全国残疾人工作示范区”。落实廉租住房制度和低收入家庭住房补贴制度,实施城市危旧房改造50万平方米,建成2万多套被征地农民安置房,基本消除农村人居草房。全面提高企业退休人员养老金、失业人员失业保险金和劳动者最低工资标准、城乡低保标准、五保供养标准,低收入者收入水平稳步提升。前四年,市政府共实施40件为民办实事项目,解决了群众关注的一批热点、难点问题。雨山湖公园等城市公园免费向市民开放,累计改造背街小巷道路117条、老旧小区15个。2007年,全面实施30项民生工程,其中省政府确定的12项民生工程任务率先完成。

(八)政府自身建设全面加强。五年来,市政府向人大报告工作、向政协通报情况制度得到全面落实,政府系统承办的41件人大代表议案、490件建议批评意见、16件市人大常委会审议意见、9件市人大主任会议意见、1700件政协提案,均按要求办复。制定实施市政府负责同志领衔办理人大代表议案、政协提案制度,市政府班子成员定期约请和走访、看望市人大代表、市政协委员,市政府部门积极加强与各民主党派、工商联和人民团体对口联系,听取对政府工作的意见和建议。

全市政府系统认真开展保持共产党员先进性教育活动,踊跃参与以“东向发展、全民创业”为主题的新一轮解放思想大讨论,取得了促进各项工作的明显成效。建立了市政府学习扩大会制度,各级行政领导综合素质和施政水平有了新提高。完善重大决策的规则和程序,广泛集中民智,促进了决策的科学化、民主化。出台落实《市政府工作规则》及具体规定,制定实施提高行政领导工作效能、行政效能监察相关制度,实行政府部门行政首长问责制,推行行政效能建设六项工作制度,政府系统效能建设不断加强。取消和调整600余项审批事项,对部分审批和公共服务流程进行再造,推行授权委托审批;减少行政性收费项目300余项,由市政府埋单、暂免9个部门37项行政事业性收费,行政行为得到规范,对公共行业的监管更加有力。加大重大决策事项督查力度,不断改进目标管理办法,激励和鞭策作用明显增强。在全省率先推行现行文件公开查阅制度，实行市政府公报免费直送制度，政务公开深入推进。扎实开展机关作风和效能评议，认真办好市长公开电话和“政风行风热线”，政风行风建设连续五年全省考核“优秀”。强化审计监督，实行政府投资超百万元建设项目“全覆盖”、“必审制”，首次向社会公开本级预算执行审计结果。切实开展政府投资和重点项目专项执法监察，深入推进商业贿赂专项治理，加大违法违纪案件和问题的查处力度，及时纠正损害群众利益的不正之风，廉政建设得到进一步加强。

2007年是市第十三届人民政府任期最后一年。一年来，市政府坚持东向发展和全民创业，加快实施重点项目建设，大力推动产业结构优化升级，全面发展各项社会事业，着力提高人民生活水平，保持和扩大了又好又快的发展势头。预计全市生产总值比上年增长17.2%；财政收入增长18%；固定资产投资增长25.8%；实际利用外资3.5亿美元，实际利用内资148亿元，分别增长71%和33%；社会消费品零售总额增长17.6%，是1995年以来的最高增幅；实现进出口总额23亿美元，其中出口8亿美元，增长46.8%；城市居民人均可支配收入增长17.4%；农民人均纯收入增长17.5%；万元生产总值综合能耗下降4.5%，超额完成省政府下达我市的污染减排任务。2007年全市经济社会发展取得显著成绩，全面超额完成了本届政府各项目标任务。

五年的政府工作实践，使我们深刻体会到，必须坚持以邓小平理论和“三个代表”重要思想为指导，深入学习贯彻科学发展观，以先进的理念引导发展实践，不断拓宽发展思路，创新发展举措，努力走出一条符合时代要求、具有自身特点的发展之路。必须坚持发展第一要务，牢牢抓住经济建设这个中心，坚持不懈地走新型工业化道路，抢抓每一次发展机遇，做到早谋划、早启动，以重点突破带动全局，不断开创经济社会又好又快发展新局面。必须坚持深化改革、扩大开放，坚定不移地推动重要领域和关键环节的改革，积极实施大开放主战略，用改革、开放和发展的办法解决前进中的困难和问题，不断激发经济社会发展的动力和活力。必须坚持全面协调可持续发展，按照生产发展、生活富裕、生态良好的要求，加快建设资源节约型、环境友好型社会，实现经济社会永续发展。必须坚持以人为本、高度关注民生，按照共建共享的要求，把实现好、维护好、发展好最广大人民群众的根本利益作为政府一切工作的出发点和落脚点，让改革发展成果最大程度地惠及广大人民群众。必须坚持依法行政，加快推进政府职能转变，改进优化工作流程，不断提高行政效能，为经济社会发展、人民安居乐业创造良好的政务环境。

过去五年，是全市综合实力不断跃升、城乡面貌显著变化的五年，是改革开放取得突破性进展、经济社会发展活力明显增强的五年，是和谐社会建设加速推进、人民群众得到实惠更多的五年。成绩来之不易，这是省委、省政府和市委正确领导的结果，是全市上下、方方面面团结奋斗的结果。在此，我代表市人民政府，向辛勤工作在全市各条战线上的广大人民群众，向长期以来给予政府工作支持和帮助的人大代表、政协委员和各民主党派、工商联、人民团体及社会各界人士，向驻马解放军、武警部队官兵和全市政法干警，向中央、省驻马单位和在我市创业的境内外投资者、建设者，表示衷心的感谢、致以崇高的敬意！

我们也清醒地看到，当前我市经济社会发展中还有不少矛盾和问题，政府工作也存在一些差距和不足。突出表现在：一是与长三角发达城市比，人均经济指标仍存在较大差距，追赶的任务非常艰巨；与省内先进城市比，发展步伐需要进一步加快。二是经济增长的环境、资源、成本约束日趋严重，人才支撑不足，转变经济发展方式尤为迫切。三是随着社会转型步伐加快，社会建设和管理面临着一定的难度和复杂性，公共服务均等化水平有待提高；少数群众生活还比较困难，统筹各方面利益的长效机制需要进一步健全，构建和谐马鞍山任重道远。四是政府职能转变还不能完全适应新形势新任务的要求，政府一些工作人员素质不高、服务不到位的现象还一定程度存在，发展的软环境仍需进一步改善。对此，我们一定要认真对待，在今后的工作中努力加以解决。

二、今后五年的奋斗目标和主要任务

今后五年，是马鞍山深入贯彻党的十七大精神、率先建成全面小康社会、并向率先基本实现现代化迈进的关键时期。纵观全局，我们面临着十分难得的战略机遇。经济全球化在新的广度和深度上继续拓展，特别是2008年奥运会、2010年世博会相继在我国举行，为我市扩大对外开放提供了广阔空间。随着国家中部崛起战略和省东向发展战略的全面实施，我市在区域发展格局中的地位必将进一步提升。经过多年的建设和积累，我市已进入人均生产总值从5000多美元向更高水平跃升的新阶段，发展的能量更大，发展的活力更强。在这样一个重要阶段，抓住机遇，就能实现更大规模、更高水平的发展和跨越。我们一定要以高度的历史使命感、强烈的忧患意识和宽广的时代眼光，紧紧抓住重要战略机遇期，积极应对各种挑战，励精图治，锐意进取，敢有作为，善有作为，在新的起点上再攀新高峰。

今后五年政府工作的指导思想是：全面贯彻党的十七大精神，高举中国特色社会主义伟大旗帜，以邓小平理论和“三个代表”重要思想为指导，深入贯彻落实科学发展观，牢固坚持发展第一要务和经济建设这个中心不动摇，以实施工业强市、促进协调发展为主题，以转变发展方式、优化经济结构为主线，以推进东向发展、深化改革创新为动力，以促进社会稳定和谐、提高人民生活质量为根本，全面推进经济、政治、文化、社会建设，率先建成更高水平的全面小康社会，不失时机地朝着率先基本实现现代化迈进。

今后五年总的奋斗目标是：又好又快新跨越，率先全面达小康。在具体工作中，要通过三步走，实现“位次再前移，总量再翻番，水平再提升”，即在优化结构、提高效益、降低消耗、保护环境的基础上，到2010年，全面完成“十一五”规划，努力提升经济总量在全省的位次，努力提升人均经济指标在长三角的位次，比全国提前10年实现人均生产总值翻两番；到2011年，在全省率先建成经济发展更具协调性、社会主义民主进一步扩大、文化建设明显加强、社会事业加快发展、生态文明显著提升，符合党的十七大要求、具有更高水平的全面小康社会；到2012年，生产总值迈上1000亿元新台阶，主要总量指标比2007年翻一番，成为带动皖江城市群加速跨越的龙头、促进安徽奋力崛起的先锋、中部地区具有较强影响力的城市。

今后五年政府的主要任务是：

——加快发展具有鲜明特色和较强竞争力的现代产业体系。坚持走新型工业化道路，立足现有产业特点，促进信息化与工业化融合，做大做强第二产业，提升壮大第三产业，调整优化第一产业。到2012年,形成以马钢为龙头的销售收入千亿级的钢铁产业和百亿级的汽车制造、食品加工、磁性材料等企业集群,打造一批全国领先"单打冠军型"企业,规模以上工业企业达1200户,规模以上工业增加值超700亿元、销售收入突破2000亿元;服务业实现跨越式发展,增加值五年翻一番;大力发展规模特色农业,形成高效农业快速发展新格局。

——进一步提升外向型经济发展水平。强力实施东向发展战略,合力推进皖江城市群和南京都市圈建设,加速融入长三角,积极参与国际国内经济大循环。五年实际利用外资超20亿美元,实际利用内资超1000亿元,更多地引进国内外先进技术、管理经验和高素质人才。力争马鞍山经济开发区升格为国家级开发区,博望工业园成为首批国家级特色产业园。五年实现进出口总额160亿美元以上,外贸货运量年均增长20%以上,对外经济合作规模明显扩大。

——深入推进经济社会等领域体制改革。坚持和完善基本经济制度,建立健全现代企业制度,推动企业体制机制创新。加快建设现代市场体系,积极发展各类要素市场和区域性专业市场,大力发展各类市场中介组织。鼓励、支持、引导非公有制经济发展,扎实推进全民创业,保持私营企业以每年1500户以上的速度递增,实现中小企业总数超1.6万户。按照加大力度、加快进度、取得实质性进展的要求,推动文化体制改革在面上展开、向纵深推进。实行政事分开、管办分开、医药分开、营利性和非营利性分开,加快医疗卫生事业改革和发展步伐。分类推进行政执行类、社会公益类事业单位改革,进一步深化事业单位人事制度改革。加快行政管理体制改革,着力转变职能、理顺关系、优化结构、提高效能。积极推进乡镇区划调整,进一步激发重点镇发展活力。

——扎实做好自主创新和节能减排工作。把提高自主创新能力作为转变经济发展方式的中心环节,基本建立起以企业为主体、市场为导向、产学研相结合的技术创新体系,引导和支持创新要素向企业集聚,促进科技成果向现实生产力转化,建设特色鲜明的创新型城市。到2012年,科技进步贡献率达50%以上,全社会研究开发经费支出占生产总值比重达2%以上,高新技术产业增加值占工业增加值比重达30%以上。大力实施人才强市和知识产权战略,优化人才资源结构,加强高层次人才引进和培养,把我市建成创新创业人才竞显才华的基地。把节能减排作为转变经济发展方式最现实有效的突破口,引导经济社会发展转入科学发展的轨道,基本形成节约能源资源和保护生态环境的产业结构、增长方式、消费模式。到2012年,万元生产总值综合能耗比2007年下降20%左右,主要污染物排放总量下降8%,生态文明建设保持全国同类城市先进水平。

——加速形成城乡一体化发展新格局。围绕"双百"现代化城市和新农村建设,全面提高城乡规划建设水平,加快中心城区能级和品位提升,促进主副城区加速对接,着力优化卫星城、重点镇功能。精心打造沿雨山湖、采石河、慈湖河生态景观带,整合开发采石地区山水资源,着力放大滨江山水园林城市特色,建成中部地区最适宜人居的城市之一。充分发挥长江公路大桥、宁宣城际铁路、芜申运河相继建成后的综合优势,全面推进与周边城市的融合,使马鞍山成为安徽接轨长三角的战略节点城市、东向发展的重要区域性资源配置中心。健全以工促农、以城带乡长效机制,积极探索统筹城乡综合配套改革试点工作,推动城市基础设施向农村延伸、城市公共服务向农村覆盖,全面提升城乡一体化发展水平。加快农村人口向城镇转移步伐,到2012年,城市化率达到70%以上。加大引导扶持力度,着力形成特色争先、整体推进的县区经济发展格局,力争当涂进入全国县域经济社会发展第一方阵,三城区和博望等重点镇经济发展水平走在全省前列。

——全方位加强社会建设。坚持富民优先,通过支持创业增加经营性收入,依靠扩大就业增加工资性收入,积极创造条件增加财产性收入,合理调整分配逐步扭转收入差距扩大趋势。以统筹城乡就业为主线,以鼓励创业带动就业,实现城乡劳动者充分就业。加大投入力度,推动公益性文化事业加快发展。大力发展经营性文化产业,到2012年,实现文化产业增加值占生产总值比重达到4.5%。深入开展群众性精神文明创建活动,力争早日进入全国文明城市行列。优先发展教育事业,均衡发展义务教育,基本普及高中阶段教育,推进职业教育集约化发展,力争高等教育毛入学率达到30%以上。加快建设学习型城市,构建终身教育体系。完善全民健身活动场所,增强城乡居民健康体能素质。建立事业单位养老保险制度、城镇居民养老保险制度和覆盖城乡居民的基本医疗服务体系,健全住房保障制度,完善全覆盖、多层次、较高水平的社会保障体系。高度重视和关心城市外来人口的生产生活,引导他们逐步融入城市社会。进一步加强社会治安综合治理和信访、安全生产工作,不断提高突发事件应急保障能力,形成促进稳定和谐的社会管理新格局,力争进入全省首批平安市行列。

——努力建设人民满意政府。建立公开透明、程序规范的行政决策、执行和监督机制,完善决策信息和智力支持系统,促进政府决策更加科学、民主。全面推进依法行政,加快建设法治政府。大力推进政务公开,努力建设"阳光政府"。加强基层政权建设,发展基层民主,实现政府行政管理与基层群众自治有效衔接和良性互动。进一步完善目标管理考核机制,推进机关作风和效能建设,优化经济社会发展环境。全面贯彻《公务员法》及相关配套法规,努力建设一支政治坚定、业务精湛、作风过硬、人民满意的公务员队伍。大力倡导和践行"八个方面良好风气",完善以规范权力运行为核心的体制机制,在政府系统形成风清气正的良好局面。

三、扎实做好2008年各项工作

2008年是全面贯彻落实党的十七大精神的第一年,也是新一届政府开局之年。根据中央关于"控总量、稳物价、调结构、促平衡"的经济工作方针,综合考虑多方面因素,确定今年全市经济社会发展的主要目标为:生产总值增长13%以上;财政收入与生产总值同步增长,突破100亿元;全社会固定资产投资增长20%;社会消费品零售总额增长14%;城市居民人均可支配收入、农民人均纯收入均增长10%以上;万元生产总值综合能耗下降4%左右,主要污染物排放量下降2%;城镇登记失业率控制在4%以内;居民消费价格涨幅和人口自然增长率控制在省下达的指标范围内。为此,我们将重点做好以下九个方面工作。

(一)着力做强做优工业经济。认真贯彻全省工业强省大会精神,加快推进产业结构升级和自主创新,大力实施品牌战略,不断增强工业经济综合实力和竞争力。

全力推动马钢更好更快发展。支持马钢新区实现顺产稳产,促进马钢全年实现销售收入超600亿元。积极配合马钢做好实施"十一五"后期技术改造和结构调整补充规划的各项准备工作，建成高速车轮适应性改造和大型锻钢工程，加快推进硅钢生产线项目建设，开工兴建轻苯精制改造工程，不断增强发展后劲。继续支持马钢推进和尚桥、白象山等后备矿山建设，为马钢更大发展提供资源保障。支持马钢加快生产指挥中心建设，推动管理创新再上新台阶。

大力实施工业"千百十"行动计划。继续以项目建设为抓手，集中力量实施一批重点工业项目。积极支持华菱公司实施5万辆重卡规划，推动与世界著名大企业合资合作。加速推进山鹰瓦楞纸板技改、大唐燃煤发电一期工程、蒙牛三期常温液态奶生产线、立白日用化工产品生产、天成纺织搬迁等一批重点项目建设进度，开工建设马鞍山发电厂两台60万千瓦机组改扩建工程，加大广东科达机电项目前期工作力度。支持县区加快红太阳吡啶、长江钢铁技改扩能、浙江工业园、迪昂风能发电设备、阳晨生物蛋白等项目建设步伐。全面落实促进中小企业发展各项政策措施，加快培育一批高成长性中小企业，全年新增规模以上工业企业100户，中小企业总量突破1万户。扎实实施产业集群规划，建设汽车零部件、钢铁深加工等产业集群，培育和菱、中钢天源等集群龙头企业，推动博望机械刃模具产业集群装备和产品升级，规划建设沿江船舶产业园。深入实施质量兴市和名牌战略，组织开展企业质量振兴活动，鼓励企业争创名牌产品和驰名商标。力争全年工业企业销售收入超1000亿元，工业性投入超100亿元，新增省级以上名牌产品10个。

切实增强企业自主创新能力。多渠道加大科技研发投入，加强骨干企业及科技型中小企业创新能力建设，培育一批省、市创新型试点企业。全面建成国家"863"新材料成果产业化基地主体园区，发挥新材料基地对高新技术产业的示范带动作用，高新技术产业增加值占工业增加值的比重提高2个百分点。积极申报马鞍山经济开发区成为省级高新技术产业开发区，推进花山软件园、向山电子元件及磁性材料园、博望国家星火技术密集区建设。启动建设国家级钢铁及制品质量监督检验中心，新增市级技术中心10个以上。

(二)掀起改革开放和全民创业新热潮。今年是改革开放30周年。我们要通过继续深化改革、进一步提高对外开放水平、不断扩大全民创业成果，努力在完善体制机制和激发经济发展活力上取得新突破。

在更高层次上推进对外开放。积极创新招商方式，合理配置驻点招商力量，加强专业化招商队伍建设，精心组织开展系列招商活动，不断增强招商引资的针对性、有效性。突出重点区域，以引进国际国内大集团、大企业和大项目为重点，形成重大项目在建、在谈、储备良性循环。拓宽招商领域，实行产业链招商，引导外资加快发展汽车零部件、船舶等先进制造业和软件开发、物流配送等现代服务业。建立健全招商引资项目信息共享、落地服务、协调推进机制，努力提升招商引资的层次和水平。力争全年实际利用外资4亿美元，实际利用内资180亿元。全力推进马鞍山经济开发区南区建设，完成"一纵三横"道路网，配套完善供电、排水、排污等市政设施。进一步完善慈湖经济开发区大项目承载功能，助推产业升级，逐步实现绿色转型。支持当涂经济开发区功能开发，扶持三个城区的各类园区加快升级步伐。推动外经贸加快发展。进一步提高机电、高新技术产品出口比重，扩大关键设备、技术和重要资源性产品进口，全年完成外贸进出口总额22亿美元。支持中冶华天、十七冶等大企业对外承揽技术含量高、带动成套设备、技术出口和劳务输出强的大型工程总承包项目，推动已签约工程项目尽快实施，加快边防检查站建设和外贸码头改造步伐，力争全年外经营业额、境外劳务输出人数比上年增长20%。进一步深化与长三角地区的合作对接，全方位参与南京都市圈建设，大力拓展与皖江城市的合作领域，更好地担当全省东向发展排头兵的重任。

加大企事业单位改革力度。巩固和完善企业改革成果。支持马钢实施整体改制，实现集团公司从资产经营型向资本运营型的转变。加强优势企业上市资源培育，力争2户企业上市。整合各类担保公司，完善小企业贷款风险补偿和奖励办法，努力缓解融资困难。健全国有资产经营业绩考核，全面加强企业风险管理，提高国有资产监管水平。启动事业单位机构改革工作，深化事业单位人事、收入分配制度改革。落实国家金融改革各项措施，完善银行业体系建设，支持金融机构向农村布点。

深入推进全民创业。进一步完善和落实促进全民创业的政策措施，形成有利于各类主体竞相创业的体制机制。引导社会资源参与创业服务体系建设，大力发展辅导孵化、管理咨询、人才培训等服务组织和中介机构。完善县区创业辅导机构功能，探索建立乡镇、街道创业辅导机构，广泛开展全程帮扶行动。加强创业载体建设，建成创业基地10万平方米。在丰富创业内涵、提升创业档次的前提下，新增私营企业1500户以上。

(三)全面发展以生产性服务业为重点的第三产业。大力实施服务业跨越式发展实施纲要，整体提升服务业发展水平。

加速发展物流业。充分发挥区位和港口优势，全面实施《马鞍山市物流业发展规划》，全年物流总量突破1亿吨。整合长江岸线资源，推进人头矶码头、天顺码头和长江港口码头建设，新建慈湖经济开发区华东物流园，扶持和培育港口集团、长运、联运、快捷物流等第三方物流企业做大做强。建立市级物流公共信息平台，实现物流供求信息资源共享。以南京区域现代物流联盟为纽带，加强区域物流合作。

培育壮大新兴服务业。在冶金技术、工程设计、加工制造等优势领域发展新兴外包服务，促进会展业加快发展。加大信息网络建设投入，开展社区信息化试点，提升中小企业信息化水平，推动农村信息化重点项目建设。创新金融保险服务产品，积极发展金融保险业，促进经济金融良性互动。进一步提升社会化养老、家政、社区服务业档次，加快发展律师、公证、咨询、会计等中介服务业，不断提高服务业整体发展水平。

改造提升商贸旅游业。推进大华国际广场二期、沃尔玛超市等重点项目建设，加大解放路、湖东路、湖南路等传统商业街的改造升级，增强中心商贸区集聚效应。提升花山路、红旗中路建材街档次，改造采石旅游购物街，新建红东餐饮街和新城东区商贸园，打造湖东路电子产品街和雨山西路商贸区，促进特色街区功能完善。全面启动第二批小商品市场建设，建成安民农产品贸易中心二期工程。完善"万村千乡市场工程"，加快推进"新网工程"建设，进一步健全城乡生活和生产资料营销网络。巩固"旅游发展年"活动成果，大力整合旅游资源，推动花山商贸旅游园项目建设，下功夫开发乡村生态旅游，建成海外海五星级酒店，实现全年旅游业总收入增长30%以上。

(四)加快农村经济社会发展步伐。以农民增收为核心,以发展现代农业、繁荣农村经济为首要任务,充分发挥农民主体作用,努力开创新农村建设新局面。

大力发展高效特色农业。扩大无公害蔬菜、苗木花卉基地面积,筹建东部花木市场;加快当涂河蟹出口基地建设,培植水产养殖业集散地;积极发展"一村一品",壮大农业规模板块经济。实施"125强龙工程",培育年营销收入超20亿元企业1户、超10亿元企业2户、超亿元企业5户,提升农业产业化水平。加快发展农民专业合作组织,完善内部管理制度,规范利益分配机制。大力发展"三资"农业,力争引进农业项目资金突破4亿元。推进农业标准化建设,新增无公害农产品、绿色食品、安徽名牌农产品10个。实施农产品市场准入制度,加强重大动植物疫病防控,确保农产品质量和安全。

全面深化农村改革。深入推进农村综合改革,增强村级集体经济实力,创新为农服务方式,有效化解村级债务。申报全省城乡统筹发展综合试验区,适时开展统筹城乡综合配套改革试点。完善土地流转程序,推动耕地向规模经营集中。改革基层农技推广机构,推动农业科技特派员工作,逐步形成多元化基层农业技术推广体系。全面完成集体林权制度改革任务,加快农村小型水利工程产权制度改革步伐。推进供销合作社开放办社,进一步提高经营活力和市场竞争力。

加速发展农村各项事业。推进农村中小学、乡镇卫生院、村卫生室标准化建设,扎实开展农村基层创建活动,不断提高农民综合素质。完成大公圩泵站技改工程建设,新建一五圩排涝站,完成涵闸除险改造年度任务。加强对"四镇二十村"新农村建设试点工作分类指导,落实发展措施,建立健全动态管理和领导定点联系、部门结对帮扶、村企共建制度,切实发挥示范带动作用。

(五)继续加大城乡规划建设管理力度。坚持规划、建设、管理并重,实现外延扩张与内涵提升相结合,努力塑造城乡新形象。

坚持规划龙头作用。贯彻实施《城乡规划法》,统一城乡规划管理。以城市总体规划为指导,科学编制城际铁路站场、长江公路大桥立交口等控制性规划,进一步建立和完善城乡规划编制体系。完善规划公示制度,强化规划实施情况监督管理,开展建设项目规划全过程监督检查,维护规划的严肃性和权威性。组织开展第二次全国土地调查,做好新一轮土地利用总体规划修编工作,完善土地征迁政策。

加强基础设施建设。推进城市南部路网建设,拉开东部新城区路网框架,打通北部慈湖地区物流通道,改善西部地区临江道路条件。完善城市中心地区路况,加快区县二、三级道路改造升级步伐。强力推进马鞍山长江公路大桥建设,实施东环路高速化改造。贯通澄湖路、新黄路,改建通乡油路40公里,实现乡镇半小时上高速的目标。全面开展城市防洪工程建设,启动慈湖河综合整治工程,加强水系治理,逐步完善城乡排涝体系。开工建设城市东部污水处理厂、慈湖污水处理厂,加强城市供水、供气、公交设施和电网建设。加快推进市政公园后续工程,建设湖北路滨湖休闲游园等公园,提升雨山路、湖西南路等主干道路绿化水平。继续实施主干道旧房出新工程,综合整治一批老旧小区,分步实施金家庄部分地区居民整体搬迁安置,做好集体土地上房屋权属登记发证工作。完成小城镇建设投资11.5亿元,促进重点镇加快发展。调整住房供应结构,加强和改善房地产市场管理,全年竣工住宅面积110万平方米,完成危旧房改造20万平方米,着力解决城市低收入家庭住房困难。

健全管理长效机制。继续加强城市综合整治,加大对违法建设、出店占道经营、违章户外广告、渣土抛洒、乱涂乱画等行为整治力度。完善市容环境卫生管理考核办法,重点抓好老旧小区、背街小巷、城乡结合部的环境卫生治理。启动向山生活垃圾处置场无害化处理二期工程建设,提高农村生活垃圾无害化处理率。积极推行环卫标准化管理,加大环卫作业市场化改革力度。进一步完善网格化管理,推进城市管理信息化,逐步实现城市管理工作向数字化过渡。坚持节约集约利用土地,切实加强耕地保护,不断提高单位面积投资强度和产出效益。

(六)强力推进节能减排和生态保护工作。节约资源、保护环境事关人民群众切身利益和子孙后代生存发展,我们要以高度负责的态度,花更大气力做好这项工作。

加大节能减排攻坚力度。认真落实节能减排目标责任制,建立健全重点行业、企业节能减排评价考核机制,确保实现年度节能减排目标。支持马钢实施高炉鼓风脱湿系统优化改造等重点节能项目建设,引导列入国家、省节能行动计划的企业加大技术改造力度,积极推广应用节能先进技术。支持万能达老机组、马钢烧结脱硫改造,加大对落后的小钢铁、小冶炼企业综合整治力度,对高耗能企业实行差别电价政策。加强节能环保监督,及时查处和整治违法违规行为。做好企业环境管理体系认证工作,推动企业开展清洁生产。

切实提高能源资源利用效率。落实循环经济发展规划,推进慈湖经济开发区循环经济示范园区建设,实施一批循环经济示范项目。支持马钢争创"国家环境友好型企业",加快实现余热余能全回收、工业和生活用水全循环、固体废弃物全利用。大力开发和推广节约、替代、循环利用的先进适用技术,引导扶持企业和社会利用可再生能源。建设小型沼气示范工程,促进农村循环经济发展。

继续改善城乡环境质量。严格执行环境保护"三同时"制度,实行环境污染源头控制。深入开展环保专项行动,加强城区餐饮业油烟污染、金属加工噪音扰民和企业排污综合整治。启动危险废物集中处置中心项目建设,完成市环境监控中心建设主体工程,保障环境安全。巩固和扩大创建全国绿化模范城市成果,大力推进城乡绿化一体化,深入开展各类基层生态创建活动,加快矿区生态系统恢复和生态复垦步伐,努力建设生态文明城市。

(七)大力繁荣发展先进文化。把今年作为"文化发展年",兴起文化建设新高潮,推动全市文化大发展、大繁荣。

加强精神文明建设。扎实推进社会主义核心价值体系建设,进一步夯实全市人民为率先建成全面小康社会团结奋斗的共同思想基础。把社会主义核心价值体系融入市民教育和精神文明建设全过程,贯穿于文化建设的各个方面,着力构建和谐文化。大力培育和弘扬创业创新创优精神,激励全体市民奋发向上、不断进取。深入开展公民道德实践活动,加强社会公德、职业道德、家庭美德、个人品德建设。巩固和扩大文明创建成果,进一步提高市民文明素质和社会文明程度。

加快繁荣文化事业。建成市博物馆、大剧院、新图书馆并对外开放,启动建设市广电中心、体育中心、科技馆,实施青少年宫原址重建工程,进一步完善基层文化设施,构建较为完备的公共文化服务体系。推进市区数字电视整体平移、“村村通有线电视”和文化信息资源共享工程，办好2008中国李白诗歌节、第23届“江南之花”等文化活动，丰富城乡居民精神文化生活。开展以“全民健身与奥运同行”为主题的群众性体育健身活动，推进农民体育健身和社区体育健身工程，进一步提高竞技体育水平。

积极推动文化创新。整合文化资源，加快推进文化体制改革，创新公益性文化事业单位体制机制，培育新型文化市场主体。制订文化产业发展规划，出台落实相关政策措施，推进洪滨丝画等市级文化产业示范基地、中国美术学院国际文化艺术交流中心和经纶文化传媒三期工程建设，促进文化产业加快发展。拍摄有关诗仙李白的影视作品，打造文化精品。加强文化和新闻出版市场管理，促进网络文化健康发展。积极开展对外文化交流，不断扩大城市文化影响力。

保护和利用好文化遗产。开展第三次文物普查工作，制定当涂民歌、太平府铜壶工艺保护规划。加强对和尚桥铁矿开采等建设工程中的文物保护，实施朱然家族墓地保护及开发工程，启动建设烟墩山遗址公园，做好具有地方文化特色的馆藏文物修复工作。完成李白墓保护规划，加强工业遗址保护，推动城市历史文化的研究与利用。

（八）切实加强和谐社会建设。高度关注和认真解决群众最关心、最直接、最现实的利益问题，深入实施30项民生工程，让改革发展成果更多地普惠于民，进一步提高全民生活质量。

加快发展教育和卫生事业。合理配置公共教育资源，继续推进中小学布局调整，实施雨山路以南普通高中布点规划，启动义务教育阶段学校师资交流工作，关注留守及流动儿童教育与培养。完成特教学校新校区建设，启动二十中迁址建设工程，确保花园中学秋季全面建成。实施普通高中优质化战略，进一步提高农村高中阶段教育毛入学率。大力发展职业教育，建设职业教育实训基地，开展学分制试点和订单式培养，提高办学灵活性和教学质量。加快安工大东校区二期工程建设，独立设置马鞍山职业技术学院，确保河海大学闻天学院秋季招生。设立民办教育扶持奖励专项资金，推动民办职业教育和民办高等教育加快发展。深入实施《全民科学素质行动计划纲要》，大力提高劳动者科学文化素质。完善重大疾病预防控制、医疗急救和社区卫生服务体系，积极推进城乡爱国卫生工作，启动实施雨山区全国社区卫生服务适宜技术试点项目。以深化管理体制和运行机制改革为重点，进一步完善城乡医疗服务体系，提高服务质量和水平。稳定低生育水平，提倡婚前医学检查，提高出生人口素质，促进出生人口性别比趋于平衡。

推进城乡统筹就业试点工作。深入落实《就业促进法》，完善就业再就业相关政策，实现以创业带动就业。建成当涂县农村劳动力专业市场，规范村级劳务公司运作。建立城乡统一的就业、失业登记与管理制度，探索制订农村劳动力失业标准。大力促进高校毕业生、农民创业就业，强化城乡困难群体的就业援助，实现“零就业家庭”动态为零。继续抓好各类培训，增强劳动者就业和创业能力。全年新增城镇就业2.1万人，其中下岗失业人员再就业8000人，援助困难群体再就业2000人，完成职业技能培训8000人；新增农村富余劳动力转移就业1.5万人。全面实施《劳动合同法》，进一步推进签约参保和企业用工登记备案制度，努力构建和谐劳动关系。

完善城乡社会保障体系。做好养老保险省级统筹工作，继续推动有条件的企业建立年金制度。制定实施事业单位基本养老保险办法，探索建立城镇居民养老保险制度。健全失业保险促进就业联动机制，出台城镇个体工商户、灵活就业人员参加工伤、生育保险实施办法，推进马钢职工医疗及工伤、生育保险与全市并轨。完善被征地农民基本养老保障制度，积极推行新型农村养老保险制度，促进政策衔接，扩大覆盖范围。巩固完善新型农村合作医疗制度，提升参保农民医疗保障水平。强化社会保险扩面征缴和基金监管，确保各项社会保障待遇按时足额支付。提高城乡居民最低生活保障标准，完善困难家庭的医疗、教育救助体系，探索建立分层分类的最低生活保障制度，建立低保与就业再就业联动机制。加快推进乡镇敬老院改扩建步伐，提高农村五保集中供养率，新建市示范性老年公寓，继续大力做好老年人和残疾人工作。

继续强化社会管理。加强社会治安综合治理工作，深入开展平安创建活动，健全社会治安防控体系，完善社区警务和农村警务工作，强化动态治安巡逻，做好社区矫正和刑释解教人员安置帮教工作。扩大法律援助覆盖面，保护困难群众和弱势群体合法权益。加强和谐社区建设，创新社区管理体制，做好第七届村委会换届选举工作。完善信访提前介入和督查督办机制，充分发挥人民调解制度的作用，妥善化解各种矛盾纠纷。加强流动人口服务和管理。深入推进民族、宗教、外事、侨务和对台工作。全面落实安全生产责任制，严格安全生产监管，严防重特大事故发生。建成启用国家一级气象站，完善气象、地震防灾减灾服务体系。贯彻实施《突发事件应对法》，及时应对和妥善处置突发公共事件。加强市场引导、监管，确保市场供应和商品质量安全。进一步疏导价格矛盾，保持物价总体水平基本稳定。加强国防动员、民兵预备役和人民防空工作，大力落实全民国防教育，增强全民国防意识。支持驻马解放军和武警部队建设，深入开展双拥共建活动，巩固和发展军政军民团结。

（九）深入推进政府服务创新。以提高政治业务素质为根本，以转变政府职能为核心，以规范行政权力为重点，以提升行政效能为目标，进一步加强政府自身建设。

大兴学习调研之风。按照建设学习型政府的要求，深入学习宣传贯彻党的十七大精神，用中国特色社会主义理论体系武装头脑，进一步解放思想、创新观念，广泛开展实践科学发展观活动，切实提高运用理论创新引领实践创新、解决实际问题的能力。政府系统全体工作人员要自觉学习现代科学文化知识，加快知识更新，优化知识结构，不断丰富做好政府工作的知识储备。要坚持理论联系实际，加强对事关发展全局战略性、前瞻性问题的调查研究，积极寻求解决实际矛盾和问题的有效措施，更加有力地推动经济社会又好又快发展。

深化行政管理体制改革。优化经济调节和市场监管，强化社会管理和公共服务，促进政府职能的转变。完善公共财政体制，加快国库集中支付制度改革，规范政府采购行为。进一步理顺市与区财政收入分配关系，不断健全区级功能，逐步实施支出项目效益审计，健全财政支出绩效评价机制。健全行政服务中心功能，推进“两集中、两到位”工作，积极探索相对集中行政审批权，加快推进网上审批。加强电子政务建设，建立全市电子政务办公应用平台，逐步实现办公电子化。

全面推进依法行政和民主管理。自觉接受人大及其常委会的监督，积极支持政协履行职能，扎实做好人大代表议案和政协提案办理工作,主动听取各民主党派、工商联和无党派人士的意见和建议,充分发挥各人民团体的作用。健全政府重大决策专家咨询、重大事项社会公示和听证制度,进一步扩大政府信息公开范围。认真做好第二次全国经济普查工作,积极推进档案信息化建设,夯实行政管理工作基础。进一步发挥政府层级监督作用,加强行政复议工作,健全行政执法责任制,出台落实依法行政监督办法,提高行政工作人员依法行政能力和水平,促进严格执法、高效执法、公正执法、文明执法。

*大力加强作风建设和廉政建设。*加强理想信念和思想道德建设,努力使政府工作人员成为科学发展观的忠实执行者、社会主义荣辱观的自觉实践者、社会和谐的积极促进者。政府全体工作人员要始终保持奋发有为、奋力争先的精神状态和求真务实的工作作风,勤于思考,勇于开拓,敢于负责,快速落实,不断开创各项工作新局面。进一步深化机关效能建设,加大目标考核奖惩力度,完善重大事项和重点工作督促落实机制,确保政令畅通。规范公务接待和后勤保障行为,降低行政成本,努力建设节约型政府。完善教育、制度、监督并重的惩治和预防腐败体系,严格执行廉洁自律各项规定,严肃查处商业贿赂等违法违纪行为,坚决纠正损害群众利益的不正之风,树立清正廉洁的政府形象。

马鞍山已步入全面跨越、整体提升的崭新发展阶段。站在新的历史起点上,我们倍感使命光荣、责任重大,倍感机遇可贵、形势催人。让我们高举中国特色社会主义伟大旗帜,紧密团结在以胡锦涛同志为总书记的党中央周围,以邓小平理论和"三个代表"重要思想为指导,深入贯彻落实科学发展观,在省委、省政府和市委的领导下,依靠全市人民,凝聚各方力量,继往开来,顽强拼搏,为率先建成全面小康社会、加速构建和谐马鞍山、创造人民美好新生活而努力奋斗!

马鞍山港口

机关企事业选介

江苏省扬州港务集团有限公司

JIANGSUSHENGYANGZHOUGANGWUJITUANYOUXIANGONGSI

江苏省扬州港务集团有限公司，公司经营范围：主要从事港口经营、货物装卸、汽车货运、货物仓储、水陆联运、内河及沿海货物运输代理配载、水路客运代理服务、水路运输信息服务、货轮供应服务。集团公司总资产10.44亿元，集团下属有二级单位4个、全资公司4个、控股公司6个、参股公司10个。扬州港拥有长江岸线2.75公里、占地1600亩，拥有万吨级以上泊位7座，拥有各类运输起重设备300多台（辆），仓库2.6万平方米，员工1391人。经过多年的创业发展，扬州港1992年成为国家一类开放口岸，2002年通过ISO9001:2000质量管理体系认证，具有国家二级货运资质，是江苏省重点物流企业、国内第二大木材中转港口、长江沿线的重要港口。

在扬州交通产业公司的正确领导下，全面落实科学发展观，牢牢把握“四个创新”，全面遵循“做强做大装卸业、加快发展物流业、统筹经营相关产业”的思路，不断调整和优化公司的经营，2007年，港口完成吞吐量1591万吨，完成集装箱吞吐量25.4万TEU，完成营业收入2.05亿元，实现了和谐、稳定发展。

2007年，集团公司成功收购江都港、联手高邮港、入驻波特物流基地，这充分体现了经营战略从长江向大运河延伸的思路，旨在强化公司的自主经营权、市场话语权和资产支配权。集团公司正在构建公铁水一体化，物流、商流、信息流的增值服务网络。通过实施“4321”扬港物流品牌经营发展战略，致力于服务和占领四大主营市场，即：六圩港区、江都港区、高邮港区和铁路三站；致力于推进和强化三大业务板块，即：装卸运输板块、船代货代板块和综合服务板块；致力于打造和加快发展两大阵地，即：内河码头和公铁水新港物流码头；致力于呼应和互动一大基地：“扬港·中美波特”物流基地。

2007年9月，集团公司先后被省经贸委、省物流行业协会和省运管局评为“江苏省现代物流50强企业”、“江苏省道路货运质量50佳企业”。11月，集团公司董事长孙皋鸣同志被国家人事部、中国物流采购联合会评为全国物流行业劳动模范，进一步表明集团公司在全国物流行业中已占有一席之地。扬州铁路货运东站顺利通过验收，并经上海铁路局评为新长铁路沿线唯一的“文明货站”。

上海安祺科技有限公司

SHANGHAI ANQI TECHNOLOGY CO.,LTD

总经理：黄林祺

上海安祺科技有限公司是一家国内合资的民营高科技（股份）有限公司，成立于2000年10月，是一家集贸易、系统集成、产品开发和“四技”服务为一体的综合性公司。经营业务主要有计算机软、硬件的应用开发，无线射频技术及相关产品的研发、制造，系统解决方案项目集成和工程施工；通讯设备领域的“四技”服务，通信设备维修，通信设备及配料、仪器、仪表的批发；通信网络的技术开发、技术咨询、技术服务、技术转让、计算机网络的维护、仪器仪表的租赁；进出口贸易等。公司持续稳定发展，成为松江区民营小企业中的纳税大户。

公司连续获得2001~2007年度松江经济城优秀企业，2002~2007年松江区民营先进单位，并被江苏省评为2008年江苏省十佳民营企业。

08年答谢酒会黄总敬酒

公司注重人才培养，现由一批海内外高科技研发优秀人才和长期从事通信行业及IT服务业，具有客服意识的专业技术人员和企业管理人员组成，100%具有大专以上学历，50%具有高级职称或硕士、博士学位，年龄结构合理，人才搭配恰当。公司依托著名高校（上海复旦、交大、北京清华等）及科研所的合作与支持，特别加强了和中科院上海分院的合作，联合研制节能环保、安全等国家重点发展的行业，充分发挥资本和人才优势的组合，运用现代企业经营多元化、管理科学化的理念，引进国外以先进技术开发的具有高科技含量的品牌产品，配备优质的服务环境，建设在通信领域四技服务为主的高科技现代化企业，每年业绩稳定增长。公司注重质量管理和诚信承诺，拥有ISO9001质量管理体系认证、

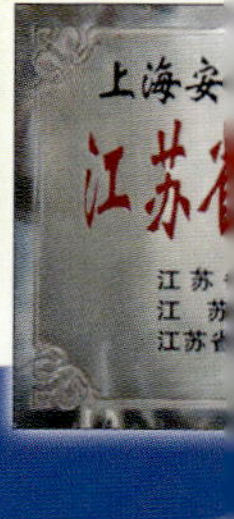

企业信用资质等级 AAA 证书、合同信用等级 AA 证书（现已通过 AAA 级的评审）。鉴于公司长期以来追求产品质量，今年被江苏省吸纳为江苏省名牌促进会副会长单位，黄平副总经理被聘为副秘书长。

公司的办公地址位于淮海中路的爱美高大厦。为发展业务需要，在香港设立分公司，负责境外业务。

公司下设产品贸易部、科技开发部、科技服务部、综合管理部等部门，实行总经理负责制。

产品贸易部主要经营国际上各著名通信仪表厂商中优质和特色产品。主要为美国 JDSU(Acterna) 公司的传输仪表、各类光仪表、光网络测试仪、接入网测试仪、数据分析仪、IPTV 分析仪等；美国 3M 高科技通信配件、仪器仪表；Agilent 的软交换、TD、CDMA3G 仪表及网络优化产品；法国 Astellia 信令分析仪、信令采集分析仪等。

在推广仪表的同时，和厂方一起帮助客户建立合理的通信测试方案，并率先展开了集贸易、培训、计量、维护、维修、咨询为一体的一站式服务。建立的计量校准实验室已通过了上海市质量技术监督局的认证。安祺作为上述公司在华东区运营商的特级和独家代理，重点服务于上海、江苏、浙江地区，以优质和卓越的服务取信于用户，在不断的超越自我中实现超越顾客期望的承诺，在永不满足中与时俱进。

科技开发部主要从事无线射频技术及相关产品的研发、制造、系统解决方案项目集成。主要产品有 RFID 仓储式管理系统、RFID 智能机房管理系统等，并加大力度推广介绍自主开发的 RFID 集成设备和软件信息库。自主开发的数字化仓库管理，被中国电信集团江苏省电信公司采用并全省推广。

公司以超越自我，超越顾客的期望为宗旨；以构建城信体系，实现超值服务为目标；以永不满足，与时俱进作为时代精神；树立利人利己、实现共赢的核心价值观。

公司关爱生命，促进和谐，长期从事慈善事业，参与“母婴平安，关爱生命”等等慈善活动，荣获宋庆龄基金会荣誉证书，也是 2007 年夏季特殊奥林匹克运动会的特别鸣谢单位，并参与了“珍爱生命、抗癌防癌”系列活动。同时也被中国公益事业促进会推选为“中国最具感恩企业”，公司总经理黄林祺先生被评选为“中国最具感恩人物”。此外，在这次四川汶川大地震中公司积极参与了中国电信的抗震救灾工作，全体员工自发的参加赈灾捐款活动，并继续和全国人民一起为受灾地区提供各种援助，表示全体员工的爱心。

办公室一角

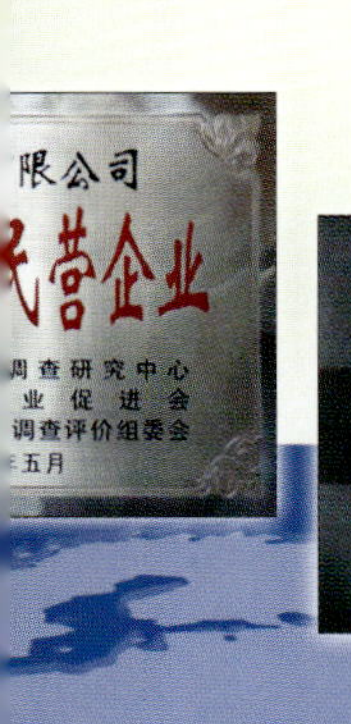

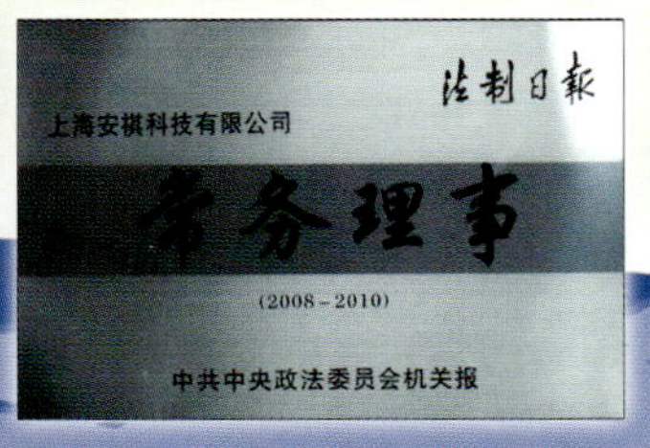

宝应县交通局

BAOYINGXIANJIAOTONGJU

管养规范的农村公路

宝应县交通局局长：姜一超

2007年，宝应县交通局在县委、县政府的领导下，重点围绕“311”工程，创新思路，精心组织，全力加快工程建设步伐，建成了通村公路80多公里，全年共完成交通工程建设总投资约1.2亿元。

先后启动了金宝南线、安大公路、淮江复线三条省、市干线公路建设的各项前期准备工作，完成了公路线路走向规划和初步方案设计。

按照“等级化、网络化”的要求，加快推进农村公路建设，建成通村公路80公里，超额完成了年初目标任务；全面加快农村公路危桥改造和撤渡建桥力度，改造农村公路危桥22座，撤渡建桥1座。全年共实施农村公路项目35个，完成总投资4460万元，全县的道路交通条件进一步改善，畅通水平进一步提升。推行了工程建设“五合同”、“八公开”制度，加大工程的监管力度，确保工程建设的质量，合格率达100%，优良率达80%以上。

坚持“建、管、养”并重，全面强化农村公路管养工作。按照“两手抓，两手都要硬”的方针，开展了以“依法行政、执法行为、执法作风”三项整顿，进一步增强了执法工作的公信力与透明度。以“满意在交通”、“三城同创”为载体，开展“学习型行业”、“学习型单位”创建活动，细化落实交通便民服务措施，狠抓窗口单位、重点部位的整顿与规范工作，全力构建交通文明“点—线—网”体系，努力提升行业整体文明程度，全力构建和谐交通。

宝应县汽车客运站开工

宝应县交通局进社区法制宣传

宝应大道

皂河三线船闸通航

苏北航务管理处担负着京杭运河苏北段404公里、中运河13.5公里、"两淮"段里运河24.5公里，共计442公里航道和十道26座大型现代化船闸的维护管理、航政管理等工作，全处拥有15个基层单位，1280名职工。

京杭运河苏北段北起徐州蔺家坝，南至扬州六圩口，途经徐州、宿迁、淮安、扬州四市十四县区，沟通了江、淮、沂、泗水系，全程水位落差31米，是一条集运输、防洪、排涝、灌溉、工农业生产、人民生活用水于一体的黄金水道，为了运输船舶航行，利用厢形闸室水位变化以升降船舶航行在水位落差31米的苏北段运河。苏北段运河是整个京杭运河中等级最高，运量最大的一段。目前，苏北段运河已成为全球运输最繁忙的内河航道。2007年，苏北运河全线10个梯级船闸共开放闸次37.65万次，累计通过船舶总量14.55亿吨，通过货物总量8.56亿吨，分别同比增长8.8%、10.8%、17%。通过苏北运河货物运量1.55亿吨，其中煤炭运量8819万吨。为缓解华东地区煤电油运紧张状况起到了积极的作用，为区域经济社会发展特别是电煤运输提供了强力支撑。我处不断运用新材料、新工艺，研制开发应用了航道自动化测量系统、苏北运河地理信息系统、船闸规费联网征收系统、八百里运河船闸电视监控系统，使辖区航标正常率达99.99%，船闸通航保证率达99%以上。实行"一站式"服务，方便船员办理过闸手续，受到广大船员的一致好评。我处以人民群众满意为标准，以建设服务型航闸为目标，以创新型航务为手段，不断加强精神文明建设，深入开展争创文明行业和文明单位活动，奋力推进苏北运河又好又快地发展。目前，全处有10个单位创建成省级文明单位，1个单位被授予"全国文明单位"，处被中华全国总工会授予"全国五一劳动奖状"。 我处以科学发展观为统领，全面实施"管理法治化、服务规范化、养护标准化、科技兴航、人才强处"五大战略，全力打造"畅通航道、数字航道、文明航道、廉洁航道、和谐航道"，着手建设苏北运河信息化示范工程，以信息化推动航务管理现代化，争取将这条国家水运主通道率先打造成全国内河航道信息化建设的示范航道"，创建成国家级文明样板航道，为全力推进苏北运河航务事业又好又快地发展，为建设更加美好的江苏新交通、新航道作出新贡献！

竖幅京杭运河第一标

宿迁生态航道

宿迁市航道管理处 SUQIANSHI HANGDAOGUANLICH

宿迁市航道管理系统现有148名职工，辖四个航道站，即沭阳、泗阳、泗洪、市区航道管理站。主要负责辖区内1100余公里航道的建设、管理、养护及航道规费征收任务。

2007年，该处认真践行科学发展观，全面落实"和谐引航、服务有道"的宿迁航道精神，全面推进航道三个文明建设的协调发展，取得了丰硕成果：京杭运河宿迁三线船闸工程被交通部评为"部优工程"。"京杭运河宿迁城区段综合整治暨水上服务区"项目被交通部评为水运示范工程，并被誉为"千里运河第一家"。目前，京杭运河泗阳、刘老涧三座三线船闸建设工程全线推进，均如期完成序时进度，并实现"五大控制"目标；为实现"零障碍、零距离、人性化"服务，我们推行了"船民联系卡""24小时服务"、"电话预约服务"，增进了与服务对象的理解和沟通，使规费征收工作年年超额完成任务；为保证船舶航行安全畅通，我们认真加强航政管理，航标正位率、发光率均达100%；行政许可做到超前预控，相继做好省道245、省道121、省道330、省道325、宿淮铁路、宿新高速、老桥改造、撤渡建桥共计38座桥梁和2条过河缆线的复函工作；积极开展外挂船舶治理工作，全年共有942艘船舶回归，缴费率为98%以上，为全面超额完成省局下达的规费征收任务提供可靠保障。

建设中的京杭运河三线船闸

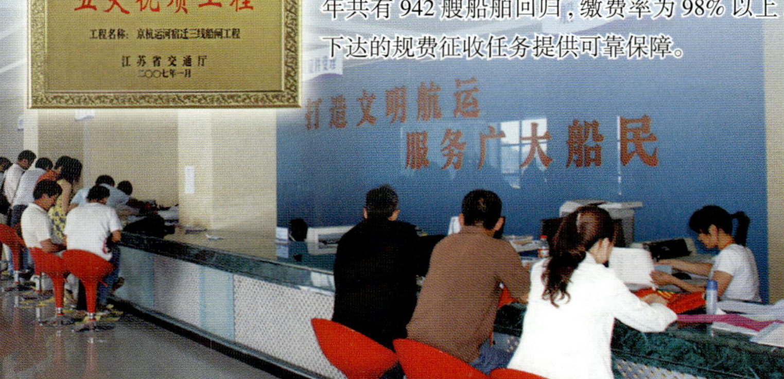

全国首家水上行政服务中心

京杭运河第一家水上服务区

江苏省洪泽湖水利工程管理处

淮河第一大闸——三河闸

省委书记梁保华，省委常委、副省长黄莉新视察正在行洪中的三河闸工程

江苏省洪泽湖水利工程管理处（原江苏省三河闸管理处），是江苏省水利厅直属事业单位。管理三河闸、三河船闸、洪泽湖大堤、石港抽水站等8座大中型水利工程，承担淮河下游流域性防洪、淮北地区抗旱，宝应湖、白马湖排涝及引江济淮功能。协助做好洪泽湖的保护、开发、利用和管理工作。承担淮河下游联防指挥部办公室的职责。

1953年建处以来，该处战胜了1954年、1991年、2003年、2007年等年份淮河大洪水，为保卫苏北里下河地区3000万亩农田和2000多万人民生命财产安全做出了贡献，充分发挥了防洪、灌溉等社会效益。先后五次被水利部授予全国水利管理先进集体称号。2003年、2005年，分别被水利部授予国家水利风景区和国家一级水利工程管理单位称号。

管理处下设两个经营公司，利用自身的技术、人才、设备优势，大力发展水利综合经营工作。

江苏省三河闸钢结构防腐公司成立于1981年，资质为防腐保温工程专业承包二级。先后完成了国内外76项防腐工程业务，施工面积140多万平方米，工程优良率100%。

江苏省三河闸水工程管理服务有限责任公司，提供水利水电工程管理维护、技术服务、水文水资源调查、防洪影响评价等服务内容。先后参与了南京三汊河河口闸、常熟水利枢纽等工程养护维修管理，得到了用户的赞誉。

该处承接的三汊河河口闸养护维修管理项目，图为保养启闭机

该处承接的钢结构防腐项目

洪泽湖大堤

创新管理理念　构建和谐城管

宿迁市城市管理局

中国城市管理体制改革论坛开幕式

宿迁市城市管理局成立于2001年5月。2001年11月，经国务院法制办和省政府批准，在全国较早进行了相对集中行政处罚权试点工作，成立了宿迁市城市管理行政执法局，实行一级执法体制。面对社会转型时期城市管理工作中出现的各种矛盾，该局在管理和执法实践中，通过创新管理理念，有效破解了管理和执法中的一道道难题，取得了显著效果，得到了社会各界和广大群众的广泛赞誉。

精美的店招店牌

女子执法大队在军事化训练

宿迁市兴宿税务师事务所

董事长：范立江

所长：何良俊

宿迁市兴宿税务师事务所，于2000年6月经国家税务总局批准设立的社会中介机构。专业从事涉税服务和涉税鉴证业务。营业地址：宿迁市太湖路222号。目前，共有从业人员74人，其中执业注册税务师17人，注册会计师2人，会计师34人，财经类大专以上毕业生18人，在宿迁市辖区内的各县（区）设有分所。

“忠实于税法，诚信于客户，维权于企业，高效于服务”是该所的经营宗旨。以“至精、至诚、至优、更新”的精神，努力创造涉税服务的卓越品质，以感情为纽带，提高客户的信赖度，为广大客户提供超值的服务。

在税收问题上遇到困难了吗？请找兴宿税务师事务所。他会帮您排忧解难，为您的企业腾飞保驾护航。

联系电话：0527-84389755　0527-88600609　0527-83555027

江苏省宝应县汽车运输总公司

JIANGSUSHENGBAOYINGXIANQICHEYUNSHUZONGGONGSI

宝应县汽车运输总公司是全县唯一一家从事县内外公路旅客运输服务的专业企业，现有职工 762 人，拥有资产 5450 万元，营运客车 338 辆，县际以上客运线路 68 条，县内公交线路 16 条，所属汽车站被交通部评为一级汽车客运站，旅客运输业务和经营范围已覆盖到北京、上海、福建、广东、山东、甘肃、山西、安徽、浙江等九省二市。

近年来，该公司坚持以“三个代表”重要思想和科学发展观统揽全局，认真贯彻党的十七大精神，突出“企业稳定、效益提高、管理创新”方针，围绕“凝心聚力谋发展、争先创优树品牌、管理落实增效益、稳定生产求突破”的工作思路，坚持抢抓机遇、促进发展不动摇，经济效益和社会效益连年取得新进步，2005 年、2006 年连续两年被宝应县委评为“先进基层党组织”，2000 年、2002 年、2004 年连续四次被扬州市委、市政府表彰为“双拥模范单位”，2004 年、2005 年连续两年被表彰为市级“劳动保障诚信单位”，2005 年被评为市级“模范职工之家”，2005 年跨入省级“文明单位”行列。

宜兴市乔阳电器有限公司

董事长：胡顺南

宜兴市乔阳电器有限公司座落于风景优美，气候宜人的中国著名环保之乡——陶都宜兴，占地面积 22512 平方米，建筑面积 9600 平方米。现有员工 250 余人，其中高级职称 5 人，中级职称 45 人。乔阳企业是宜兴市重点企业之一，是实力强劲的新兴高科技公司。

公司专业从事环境污染治理设备的设计、开发和生产，具有独立开发和设计大型工程和总工程承包施工设计的能力与资质，是集科、工、贸于一体，拥有自营进出口权的外向型国家高新技术企业。

乔阳系列净水器采用先进的纳米高价银表面化学合成技术，形成以活性炭为载体的自带电的分子晶体电池，该产品使用的所有材料符合美国食品与药物管理局的 FDA 认证标准，产品的制造工艺与质量控制严格按照美国卫生基金会的 NSF 饮水安全认证要求进行制造，完全可直接用于日常生活饮用水的净化。乔阳系列家用直饮水设备，是集纳米技术、磁化、活性炭吸附、四氧化四银杀菌、灭藻等高科技为一体的新型家用净水器。它能有效的去除自来水中存在的铅，汞，等有毒有害物质，并保留自来水中人体所需的微量元素，使饮用水更加具有活性，更有益于人体健康。我们产品所用的核心技术，在同行业中都处于领先地位。

在举国同哀的 5.12 事件中，我们公司在第一时间向灾区提供 2 万套乔阳净水器，我们的产品安装方便，使用便捷，水质过滤效果明显得到灾区人民的充分认可，江苏省科学技术厅及各重灾区纷纷送来感谢信和锦旗，表达对我们乔阳企业的感谢之情。也正因为我们产品受到了广泛的好评，我们的产品也并被定为科技局赈灾指定产品，联合国救援亚洲中心指定救援产品。

直面我国水资源污染状况，顺应广大人民群众生活水平的日益提高对健康饮用水质的殷切希望，乔阳企业将秉承“科技为根本，质量为中心，信誉呈天下，健康呈全民”的发展理念，领跑国际技术水平并通过市场形式转化为生产力，以强劲的科研力量作为后盾，将开发一系列新产品，为社会，为百姓造福，切实承担起企业的社会责任，服务人民，助推我国健康饮用水革命。竭诚欢迎社会各界人士前来考察指导，洽谈业务。

董事长、总经理：房素明

党委书记 纪委书记：陈宝春

江苏宝应矿业有限公司

JIANGSUBAOYINGKUANGYEYOUXIANGONGSI

县领导视察井下工作

江苏宝应矿业有限公司下设拾屯煤矿、旭东煤矿，现有职工830人。2007年，矿业公司共生产原煤19.7万吨，综合进尺5600米，销售收入6563万元。全系统未发生重伤以上事故，其中拾屯煤矿实现了第十二个安全年，旭东煤矿实现了第三个安全年。拾屯煤矿连续三年被省安监局评估达“A”级矿井，连续七年被省安监局评为“安全生产先进矿（井）”，“国家一级质量标准化矿井”、省精神文明建设指导委员会授予“2005-2006年江苏省先进单位”等荣誉称号。

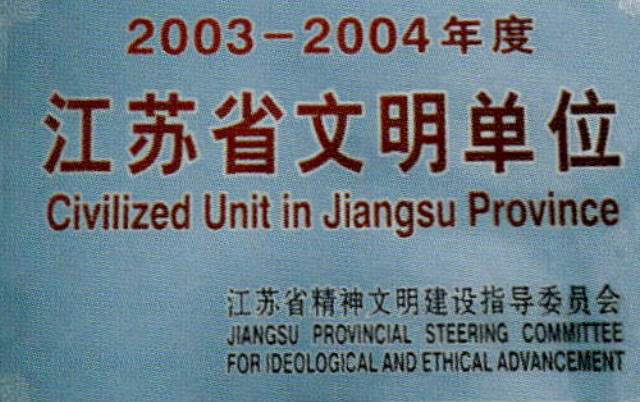

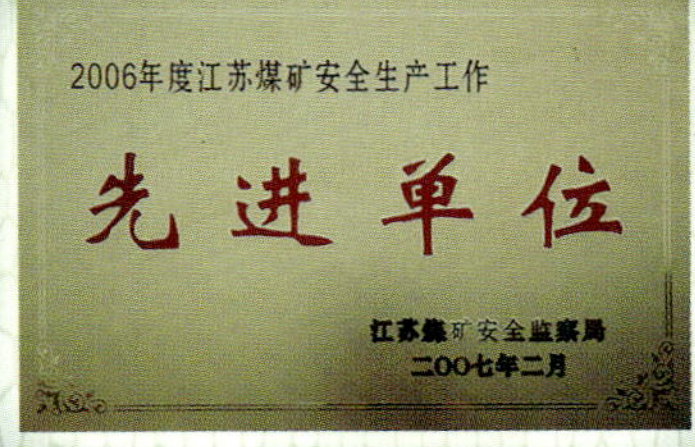

文化娱乐活动

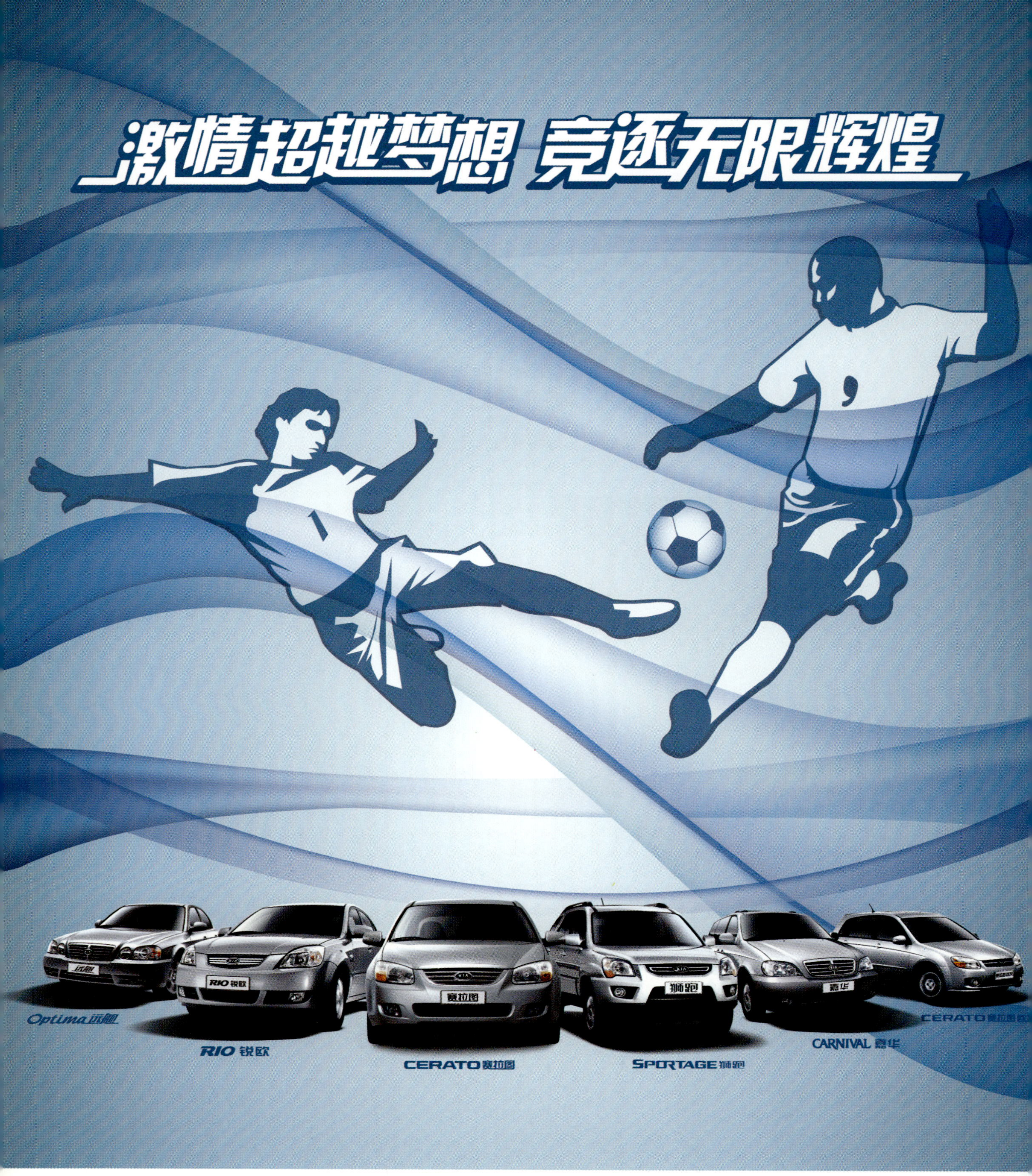

通州市馨仪服装厂

通州市馨仪服装厂位于风景秀美，素有“江海明珠”之称的通州市平东镇工业园西区，由荣获通州市“巾帼创业”、“十佳创业标兵”奖的周照英女士于1986年创办。企业现已占地1万平方米、建筑面积（厂房）5000平方米的现代化制衣厂。

主要生产男女西裤、羽绒衫，产品畅销南通文峰大世界、南通百货大楼等省内外大型商场。该厂坚持“品质第一,客户至上”宗旨，以良好的信誉赢得消费者青睐。“达义”品牌产品，深受消费者欢迎。

周照英被市妇联评为2004~2005年度“十佳创业标兵”，企业被工商部门评为2005~2007年度“免检企业”。

馨仪服装厂将加大技改投入，以高新技术为主导、高质量为根本、优质服务为宗旨，更好地服务于社会，为提高民众的生活质量做出更大贡献。

厂　长：周照英

电话：0513-86089682
传真：0513-86720858
地址：通州市平东镇西工业园区

江苏宝应电器厂

厂长： 潘振富

宝应电器厂是生产航空电器、热保护器、温控器、汽车电器的专业化工厂，也是军工生产企业，已有50余年历史。安宜牌热保护器系列产品获江苏省名牌产品称号，安宜牌商标获江苏省著名商标。工厂通过GB/T19001－2000体系认证和GJB9001A-2001体系认证。工厂拥有军品生产许可证、 自营进出口权，是省高新技术企业，工厂的产品通过了VDE、CCL、CSA、CE、CQC等安规认证。

航空电器产品

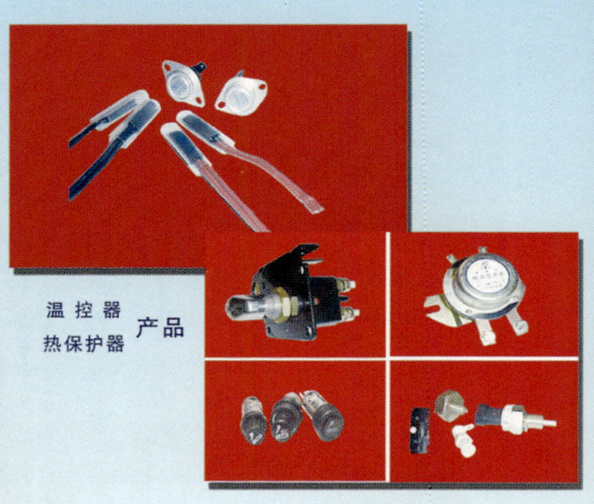

温控器
热保护器 产品

汽车电器产品

地址:中国江苏省宝应县东门大街146号
电话:0514-88223157 88222370
传真:0514-88222922
电子信箱:bypzf@vip.163.com
网址:http://www.aydq.com
邮编:225800

马鞍山港口(集团)有限责任公司

MAAN SHANGANG KOUYOU XIANGONG ZEREN GONGSI

MASPORT

马鞍山港位于长江下游南岸，东靠经济发达的长江三角洲，是皖江第一港，也是国轮外贸运输港、集装箱内支线港口，被交通部首批列为全国内河重点港口。随着城市经济的发展，马鞍山港对腹地经济支撑作用愈加明显，目前，公司规模、经济效益、劳动生产率等主要经济指标均步入了全国港口企业 30 强行列。2007 年 10 月，经国务院批准，同意马鞍山水运口岸扩大对外国籍船舶开放。

马鞍山港口(集团)有限责任公司，是原马鞍山港务管理局通过增资扩股、整体改制于 2005 年 6 月成立的，拥有总资产 8 亿多元，是集集装箱、大宗件杂货、散货集疏运为一体的现代化综合性港口企业。公司由马钢股份、市交通能源投资公司、中国长航凤凰、安徽长江钢铁共同出资，打造了货、港、船三体一体的产业链和价值链。公司拥有码头 12 座，生产性泊位 18 个，拥有 3000 吨级以上泊位 6 个,5000 吨级江海轮泊位 5 个(兼顾万吨轮泊位 3 个),库场总面积 200000 平方米。

马鞍山港口集团是我市沿江港口企业综合功能最齐全的港口企业。公司拥有全市最大的散货运输专用码头，已成为大型钢铁企业原料供给的生命线；是我市集装箱运输的摇篮，支撑了山鹰股份和马钢新区和城市建设的发展；有皖江港口最大的钢材成品仓库，通过商务信息平台，直接代客户发运、配送钢材及结算。近年来，公司规模不断扩大，靠泊等级不断提升，信息技术、标准化管理已使港口从传统的装卸业向现代物流企业转型，以企兴港，以港托企，以港企兴市，城市经济得以迅猛发展。2004 年公司完成吞吐量 800 万吨;2005 年公司吞吐量首次超千万吨;2006 年公司完成吞吐量 1051 万吨，实现利润 2000 万元。2007 年公司吞吐量 1685 万吨。到 2008 年，公司吞吐量预计突破 2000 万吨。

近年来，公司先后荣获全国物流行业先进集体、全国“安康杯”竞赛优胜企业、安徽省“四好”班子创建先进集体、安徽省职工”十五”发展创新工程先进集体、安徽省地方税 A 级纳税信用纳税人、安徽省劳动保障诚信示范企业、全市“突出贡献企业”等荣誉称号。

南京秣陵铸造总厂有限公司

NANJINGMOLINZHUZAOZONGCHANGYOUXIANGONGSI

董事长：梁鑫保

南京秣陵铸造总厂有限公司是集铸造和机械加工为一体的中型民营企业。公司建于1987年8月，座落在南京市江宁区秣陵街道爱陵路88号，距南京雨花台12公里，距禄口国际机场仅8公里，交通便利。现生产铸件能力达2万5千吨，机械加工机体、飞轮壳等形成了年产5-10万台套规模。主导产品有135、138、D114系列内燃机和汽车用的大、中、小灰铸铁及铝合金铸件；与内燃机和汽车配套用的零部件，为上海柴油机股份有限公司、济南重汽公司、杭州汽车发动机厂、南京依维柯汽车有限公司及一些中外合资企业公司等客户提供各种优质铸件和零件。

公司占地面积12万平方米，建筑面积7万平方米，生产用建筑面积5万平方米。现有职工614人，其中工程技术人员20人。有砂处理生产线两条，小件造型生产线一条，机加工生产线四条。铸造及机加工设备500多台套，检测装备100多台套。

铸铁生产工艺是粘土砂湿型和树脂自硬砂机器造型，坭芯采用油砂、树脂砂、覆膜砂壳芯，机器加手工制芯；铝合金零件采用覆膜砂壳芯、壳芯机制芯，金属型铸造及消失模铸造。飞轮壳、飞轮零件由数控机床、加工中心等专、通用机床加工。

飞轮壳加工线

公司建立以来，不断进行技术创新和管理创新，1999年起先后通过了ISO9000、QS9000、ISO14000、ISO18000、ISO/TS16949体系认证，保证了产品质量稳定，服务及时，深受客户赞誉。公司还与清华大学、东南大学合作成立了“技术开发中心”，并聘请了一批知名专家教授作为公司技术顾问，在技术、人员培训以及未来发展上得到了提高和帮助。

多年来企业曾荣获中华人民共和国农业部“全面质量管理达标企业”、南京市特级(AAA)资信企业、江苏省人民政府“AAA”级重合同守信用单位、南京市质量管理奖、全国福利企业500强、省环保工作先进单位、省文明单位、中国质量诚信企业协会颁发的“江苏质量诚信AAA级品牌企业”、中国机械工业企业管理协会颁发的“机械工业企业管理基础工作规范化达标企业”、江苏省乡镇企业管理局颁发的“荣获百家建立现代企业制度示范企业”称号、联合国工业发展组织/全球环境基金认定的中国乡镇铸造企业节能与温室气体减排项目示范企业等称号。

飞轮加工线

地　址：南京市江宁区秣陵街道爱陵路88号　邮　编：211111
电　话：025-52758808　传　真：025-52758808
网　址：www.mlzz.cn
邮　箱：qingming48@163.com
联系人：葛昌明(13605192108)　王良实(13851846568)

南京老营医药投资有限公司

NANJING LONGWIN MEDICINE INVESTMENT CO.,LTD.

南京老营医药投资有限公司于2008年5月成立。公司主要从事医药科技的开发与代理等相关业务，下有南京老营医药贸易有限公司、南京小营药业集团有限公司、江苏小营制药有限公司、江苏永泰医药有限公司、徐州万和医药连锁有限公司五家公司。

南京小营药业集团有限公司前身为南京小营制药厂，创建于1967年，2000年底通过国家GMP论证。公司拥有具有国内外领先水平的现代化大输液生产线和片剂、胶囊、颗粒剂生产线，生产两大剂型、60余个品种（规格）的产品，年生产输液6000万瓶（袋）、固化制剂3追亿片（粒），产品覆盖江苏、浙江、北京、山东、广东、上海、湖南、福建等十多个省市。

江苏小营制药有限公司厂址位于徐州市沛县境内，目前拥有大容量注射剂和口服固体制剂两个车间，主要生产片剂、胶囊剂、大容量注射剂，共计21个品种规格。

江苏永泰医药有限公司位于徐州沛县，是当地唯一一家具有批发资格的医药经营企业。公司的营业及仓储面积达3000余平方米，经营中药材、中成药、中药饮片、化学原料药、化学药制剂、抗生素、生化药品、生物制品、诊断药品、一、二、三类医疗器械等品种。

徐州万和医药连锁有限公司于2004年12月通过国家GSP论证，业务范围覆盖徐州沛县城区及大部分乡镇。主要经营中药饮、中成药、化学药制剂、抗生素制剂、生化药品、生物制品、医疗器械、保健食品等2000余品种规格。

公司地址：南京市中山南路49号商茂世纪广场39楼
邮　　编：210005

生产车间

生产车间

产品介绍

我司拥有具有国内外领先水平的现代化的玻瓶、塑瓶、软袋大输液生产线和片剂、胶囊、颗粒、固体制剂生产线，主要产品有治疗心脑血管病的黄杨宁片，该药被国家评为优质优价药品；能迅速缓解消化道不适症状的新型中西药复方制剂——复方甘铋镁片以及一系列营养类、电解质类和代血浆类输液产品，以上产品均进入国家医保目录，并以高质量和严谨的服务树立了良好的企业形象。

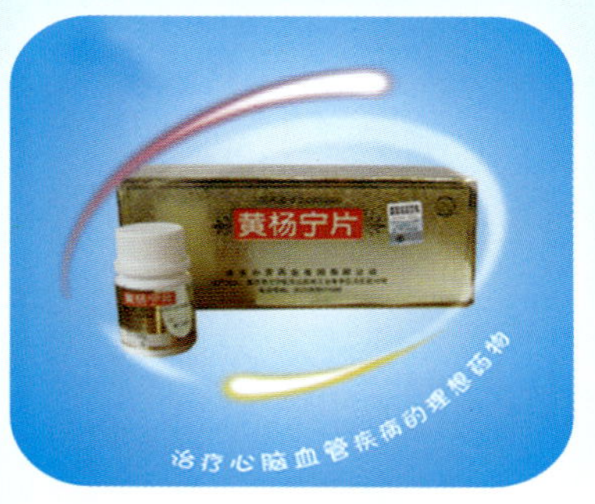

公司产品

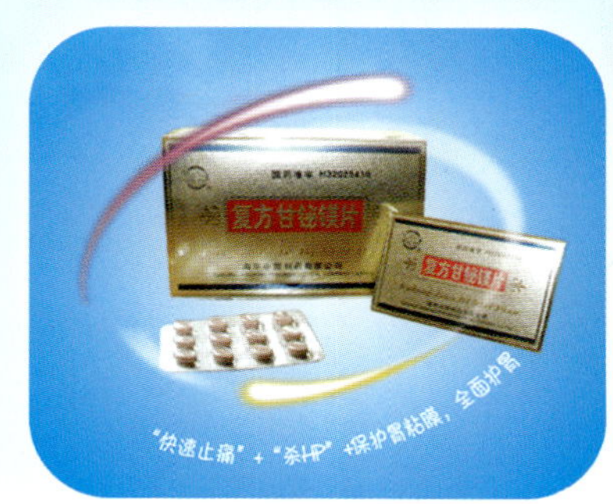

公司产品

公司门景

台灣長春集團
TAIWAN CHANG CHUN GROUP

江蘇省常熟經濟開發區沿江工業區長春路
TEL：+86-512-5264-8000 (REP)
FAX：+86-512-5264-9000

長春化工(江蘇)有限公司
CHANG CHUN CHEMICAL (JIANGSU) CO., LTD.
長春封塑料（常熟）有限公司
CHANG CHUN SB (CHANGSHU) CO., LTD.
艾迪科精細化工(常熟)有限公司
ADEKA FINE CHEMICAL (CHANGSHU) CO., LTD.
長春應化(常熟)有限公司
CHANG CHUN TOK (CHANGSHU) CO., LTD.
優必佳樹脂(常熟)有限公司
U-PICA RESIN (CHANGSHU) CO., LTD.

台灣石化業領導廠商長春集團創業於 **1949** 年，全球共有 **28** 個營運據點。長春集團廠熟廠位於江蘇省常熟經濟開發區沿江工業區，臨近南北交通要衝之蘇通大橋，總投資 **3** 億美元，面積 **100** 公頃，**2004** 年正式投產。

長春集團常熟廠區內有長春集團獨資成立之長春化工(江蘇)有限公司，及長春集團與國際化學及材料知名廠商如：日本住友電木 **(SUMITOMO BAKELITE)**、日本旭電化 **(ADEKA)**、日本東京應化工業 **(TOKYO OHKA KOGYO)**、日本 **U-PICA** 等所成立之 **4** 家合資公司。

長春集團以領先之技術在中國生產各種電子級化學品、電子材料、高端化學品，提供客戶一流的產品與技術服務。

主要產品：

聚乙烯醇(PVA)、環氧樹脂(Epoxy Resin)、光致抗蝕乾膜(Dry Film Photo Resist)、聚對苯二甲酸丁二醇酯樹脂(PBT Resin)、環氧樹脂塑封料(Epoxy Molding Compound)、亞磷酸酯類抗氧化劑(Phosphite Antioxidants)、磷酸酯類阻燃劑(Phosphate Flame Retardants)、環氧大豆油(ESBO)、電子級雙氧水(EL Grade Hydrogen Peroxide)、電子級顯影劑 / 稀釋劑 / 剝離劑(EL Grade Developer / Thinner / Stripper)、聚醋酸乙烯乳化漿(PVAC Emulsion)、氨基樹脂(Amino Resin)、不飽和聚酯樹脂(UPR)、醋酸甲酯(MEAC)、醋酸丁酯(NBAC)、四氫呋喃(THF)…等。

苏豪置业

江苏省苏豪置业有限公司

JIANGSUSHENGSUHAOZHIYEYOUXIANGONGSI

富于现代建筑语汇和生态园林之称的“苏豪国际广场”，以全新的面貌矗于南京城的南大门。该项目为近年江苏省苏豪置业有限公司倾情打造的江苏丝绸集团新总部园区，作为江苏省丝绸集团旗下专业从事房地产开发、不动产租赁和物业管理的控股企业，通过多年历练，公司已形成了一支按房地产开发、物业经营和管理业务构架，并具有一定专业技能的团队。公司成立以来先后参与了苏豪大厦、苏豪国际广场等工程项目的开发建设，同时承担着集团十万多平方米的租赁经营和物业管理任务，并着力向房地产及物业延伸开发领域的拓展。

在日趋激烈的竞争环境下，公司将按照集团新一轮调整和业务平台的整合，按照更加专业化和精细化方向，积极探索自身的发展定位和高效运营模式，通过机制创新和管理创新，以差别化竞争赢得优势，努力实现更好更快的发展，回报股东。

太仓市经济适用房开发中心

TAICANGSHIJINGJISHIYONGFANGKAIFAZHONGXIN

太仓市经济适用房开发中心系国有企业，于 1999 年 10 月成立，取得由苏州市太仓工商行政管理局签发的 3205851103450 号企业法人营业执照。中心地址：太仓市城厢镇东仓路滨河路口，法定代表人：倪祖良。注册资金 :800 万元。中心主要经营范围包括：房地产开发经营 (凭资质施工)。

中心成立以来成功开发了“世纪苑”小区，“世纪苑”位于太仓新区，东临半泾河，南靠新浏河风光带。其作为太仓市政府 2000 实事工程，世纪苑特邀中国建筑技术研究院人居环境设计研究所对小区总体规划方案进行设计，并力邀享誉国际的苏州园林设计院规划设计小区景观。该小区由于规划设计起点高，按照市政府领导提出的“四个一流、二个并举”的要求：“四个一流”即规划设计一流、建设标准一流、配套设施一流、管理水平一流；“二个并举”即社会效益、经济效益并举。

“世纪苑”小区占地面积 234,143.4 平方米，其中住宅占地面积 81,392.31 平方米。开发房产建筑面积为 :246,488.80 平方米 (不包括自行车库和室内停车位面积)，其中：住宅用房 234,093.70 平方米；公共配套用房 :12395.10 平方米。公寓房共 47 幢 1149 户，别墅共 100 幢 118 户，绿化率达到了 51%。

本小区分为四期开发，第一至三期为自主经营开发，第四期开发承包给“苏州润亿房地产开发有限公司”开发，并组成四期开发项目部，单独设立财务会计核算。第一期开发了印月园 1-9 号楼、流云园 1-8 号楼、冬湖园 1-6 号楼共 23 幢公寓楼；第二期开发了春江园、夏莲园共 59 幢别墅及流云 9 号楼、冬湖园 7-8 号楼共 3 幢公寓楼；第三期开发了听雨园共 41 幢别墅；公建配套用房穿插开发，逐步形成，至 2006 年底已完成全部项目的开发。

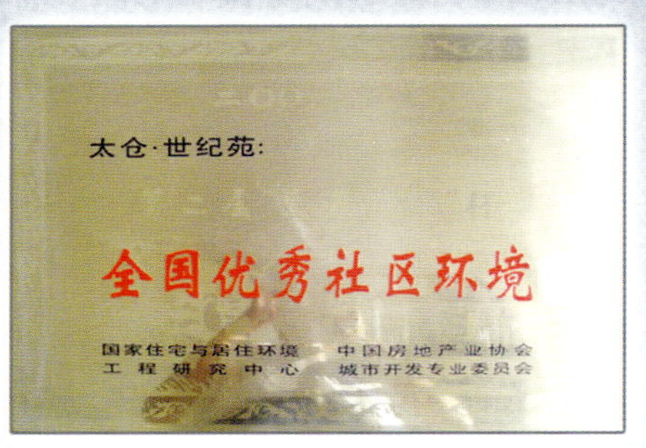

如今的“世纪苑”小区配备了优秀的物业管理，菜场、超市、银行、卫生服务站、警务站、社区居委会、幼儿园等一系列的公建配套设施全部到位。为了满足和方便入住居民的文化生活和健身锻炼的需要，小区还配备了篮球场、室内温水游泳池、健身中心、健身场地、棋牌室等设施。尤其是占地 20 多亩、具有江南园林特色的中心湖公园，是小区居民早晚散步，双休日休闲的最佳去处。故而小区让人赏心悦目，成了目前太仓环境最优美，设施最先进，配套最齐全，服务最周到的样板小区，每年接待参观团达百余次，先后被国家居住与环境工程研究中心、中国房地产协会、城市开发专业委员会评为 2001 年度全国优秀社区环境小区，荣获建设部第二届东方园林杯优秀住宅小区及江苏省首届优秀住宅小区金奖等称号。

“世纪苑”小区的成功开发为太仓的天更蓝、水更清、居更佳、城更美做出应有的一份贡献，社会效益、经济效益的双丰收也完成了预期开发的目标。

苏州定园

苏州定园，位于“吴中第一名胜”虎丘山南麓的茶花古村，占地一百多亩，其中有目前苏州最大的园中湖“塔影湖”26亩，亭台楼阁映画其中、曲廊流水浑然天成，古迹遗址、大小景点三十多处，既有苏州古典园林之精、又有江南水乡之秀。为丰富内容、增加游兴，园内还常年增设了一些富有江南特色的表演项目，是一处独具特色的江南传统园林。

早在一千多年前的宋代，这里就以产茶闻名，形成了以“茉莉花、玳玳花、白兰花”为主的“三花”产业和以植花、制茶、品茶于一体的地方特色文化。

相传明代开国重臣刘伯温为远避政敌，退隐后曾在此定居，故称为定园；明代中叶，江南文人唐寅、祝允明、沈周、文征明等都曾到此游历，他们泛舟饮酒，吟诗作画，留下许多传奇佳话；清代有陈明智在此建普济堂，救助寒民，受到康熙帝的嘉奖，乾隆游江南时，在此驻足题诗，留下了清代两代帝王的御笔墨迹。

如今定园在茶花古村的遗址上，全面恢复了原有的建筑和景观，并增设了“茶艺苑”、“茶花苗圃”等景点，把培育、制作、品赏花茶的全过程直观地展示给人们，使这项当地传统的技艺得到了宏扬和光大，定园也成为苏州首屈一指的集江南水乡特色与古典园林为一体，全面展示苏州“水文化、茶文化和吴文化”特色的国家AAA级综合旅游名胜景区。

江苏省皂河灌区

JIANGSU SHENGZAOHE GUANQU

皂河灌区位于宿迁市西北部，属全国大型提水灌区，提长江水六级，提淮河水三级进入灌区，控制面积339平方公里。担负宿迁市宿豫区、宿城区及市经济开发区35.1万亩耕地的灌排任务，为市经济开发区提供工业用水，为宿迁市区段古黄河提供生态用水。渠首电灌站19台机组装机容量3500千瓦，提水能力为25立方米/秒。另有5座排涝站31台机组，装机容量1410千瓦。还有32座二级提水泵站46台机组，装机容量1860千瓦。固定资产2亿多元。

皂河灌区实施“两改一提高”，取得了显著的经济和社会效益，灌区实现“五节、三增、一减”，年均节省水资源3760万立方米；年均节省国家翻水经费500余万元；干支渠缩窄节省土地1200亩；年均节省渠道清淤4万工日；年均节电150万千瓦时；年均增产粮食1100多万公斤、增加收入1300多万元；灌区农民人均收入由1997年2370元增加到2007年5620元；职工大搞多种经营，年增加职工收入近300万元；水稻自流灌溉降低用水成本9元/亩、二级提水灌溉降低18元/亩，有12万亩旱田用水未收水费；灌区每年减轻农民水费支出320万元。

江苏省启东中学

JIANGSUSHENGQIDONGZHONGXUE

校 长：王 生

金牌得主朱力与王生校长合影

2005年，学校以邓小平理论和和“三个代表”重要思想为指导，全面贯彻教育方针，稳步推进课程改革，实现持续发展、和谐发展。精神文明建设再上新台阶，1人被批准为享受国务院特殊津贴专家，学校被评为全国精神文明建设先进集体、江苏省绿色学校，学校工会被评为江苏省模范教工之家，重视师资队伍建设，又有11位教师分赴英国、美国、澳大利亚、新西兰等国学习考察，有10多位教师参加省级骨干教师和新课程改革培养，组织开展青年教师好课评比，2位教师获南通市好课评比一等奖，2位教师分别被评为省数学、化学特级教师，教育现代化建设迈开新步伐，投资550万元建造校园智能化网络，又投入200多万元为中初级教师配置手提电脑，至此，所有一线教师都有手提电脑，投资250万元新建体育场地6500平方米，计篮球场6个，排球场6个，新购图书5万余册。严格按教学规律办事，狠抓教学、常规管理，落实“四精四必”、“有效教学”理念，教学质量稳定提高，2005年高考600分以上人数名列江苏前茅，学科竞赛取得新成果，数学、物理、化学5人入选江苏代表队，3人入选国家集训队，朱力同学以实验、总分第一名的优秀成绩获全国物理冬营决赛第一名。

校园歌手大赛

常熟市梅李镇琼宇学校

CHANGSHUSHI MEILIZHENQIONGYUXUEXIAO

常熟梅李镇琼宇学校领导

国家安监局、江苏省交通厅、苏州市交巡警支队、常熟市交警大队领导来我校检查指导工作并与校长赵以琼合影留念

赵以琼校长（右）与国务院发展研究中心主任王梦奎（中）合影

2004年11月14日江苏省教育厅督导组、常熟市教育局等领导来校视察指导工作

2004年11月14日江苏省教育厅督导组、常熟市教育局等领导来校视察指导工作

2004年12月15日梅李镇党委书记邓国华和副镇长钱小元在韦法领校长的陪同下参观琼宇学校

2004年12月15日，安徽省霍邱县人主任刘道章（左二）、教育局局长韩国柱（右二同常熟市人大副主任邵文虎（左四）等领导校视察指导工作

泗阳霞飞中等专业学校

SIYANGXIAFEIZHONGDENGZHUANYEXUEXIAO

李源潮视察泗阳

泗阳霞飞中等专业学校，由全国妇代会代表、江苏省人大代表、江苏省巾帼创业排头兵、劳动模范颜士侠女士创办于1982年，原为霞飞职业技术学校，2004年经宿迁市人民政府批准为市属中等专业学校。2005年起，在涟水县城办有霞飞中专涟水分校，同时办有“金霞飞服饰有限公司”。

泗阳中学艺术节

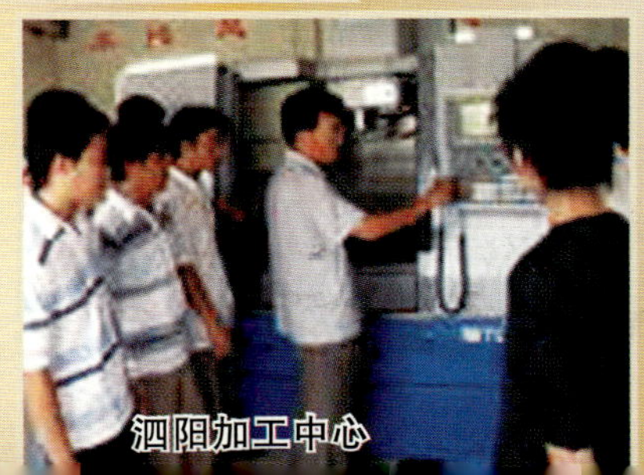
泗阳加工中心

常州纺织服装职业技术学院

院长冯国平向梁省长介绍学校办学情况

服装设计作品、意大利服饰品牌专场发布展演

常州纺织服装职业技术学院是一所全日制普通高等院校，隶属于江苏省教育厅，学院位于长江三角洲区域中心城市——常州，座落在全国高职教育教学改革实验区——常州大学城。学院始建于 1958 年，经过近半个世纪的不懈努力，现已集文、理、工、艺术类专业于一体、鲜明办学特色的多科性高等职业院校。学院校区占地 825 亩，建筑面积 27.8 万平方米，是一座园林式、数字化、生态型、可发展的现代化绿色校园，为学生的成长和成才提供了优越的环境。现有在校学生 12000 余人。

学院以“进德、立业、敏学、笃行”为校训，秉承“办学有特点、专业的特色，学生有特长”的办学宗旨。设有纺织化学工程系、艺术设计系、服装系、经济贸易系、外语系、机电工程系、信息技术系、基础部和继续教育部等七系二部四十八个专业，其中染整技术、服装设计是教育部重点专业。

学院师资力量雄厚，现有教职工近 530 人，其中院内专职教师 465 人，具有高级职称的教师 115 名，“双师型”教师 200 余人，有享受国务院津贴的教育专家、全国十佳服装设计师、省市级优秀教师 30 多名。此外，学院还聘有客座教授 40 名，外籍教师 8 名。

学院教学设备先进，拥有价值 4000 多万元的各种先进的教学仪器设备，科研阵容强大，尤其在纤维与织物的物理、机械性能测试及工艺试验；染料、助剂的分析与检测；新型纺织品设计、服装设计等方面实力超群；教育教学成绩突出，学生作品和创新成果屡屡在全国以及省市比赛中获大奖，每年都有多名时装表演专业学生在各类全国大赛中获奖。学院培养的学生深受企业欢迎，每年的毕业生一次就业率均保持在 98% 以上，毕业生中涌现出大量优秀人才：全国十佳服装设计师胡继华、曹阳；北京市十佳青年印柏林（一个年薪超过百万的服装设计师，被报刊称为“中国年薪最高的服装设计师”，北京“杰西卡”服装有限公司总设计师）；江苏省十佳服装设计师卞嘉伟、向文君；全国劳动模范吴长美；南京大学博士陶永春；演艺明星张茜（被日本媒体誉为“亚洲第一气质女星”等等。

学院先后与法国欧亚管理学院、意大利多明尼哥费奥雷多技术学院以及新加坡莱佛士学院签定了合作办学的协议。成立了常州纺院—莱佛士国际学院。双方共同投资，合作开办时装设计、室内设计、平面设计、多媒体设计、时装营销与管理、工商管理等六个专业，采用学分制实行双语教学，学生完成学业后获得双方颁发的相应文凭与证书。

多年来学院办学成果得到社会好评，曾先后获全国职业技术教育先进单位、江苏省文明校园、常州市文明单位标兵等 100 多个荣誉称号。中国教育电视台、江苏教育电视台、《中国教育报》、《新华日报》等新闻媒体也都先后报道过学校办学成果和办学经验。

《彩练当空》与《美的历程》组雕

图文信息中心

欣欣向荣的同欣

上海杨浦区进修学校

董事长　黄国桢

上海杨浦区同欣进修学校，是有50年教龄的原复旦大学生命科学院实验师，现任民办教育家联谊会常务理事、中国教育家大会副理事长、中国国际行业组织研究会高级研究员、本校董事长黄国桢创办的一所非学历教育培训机构。地处复旦大学园区，总建筑面积10203平方米 拥有91个教室，6个多媒体教室，1个语音室，4个计算机房配置130台品牌机。室内均装有空调，教学环境优良。

同欣学校全体领导班子合影

我校办学理念是“以质量求生存，以服务求发展”。学校有一套严格的教学质量监控体系，完善的教学服务保障体系。培训项目涵盖面广，设有经济管理类、高复、外语、计算机、财务会计、少儿培训等六大培训系列。合作培训项目有ILT物流职业资格认证、CIPS注册采购与供应经理认证、中小企业管理（董事长、总经理）研修，朝日日语、HSK、童心艺术、LINUX网络技术及饭店管理大专班等。我校充分依托周边名牌大学、重点中学及各行业服务机构，由教授、高级教师、行业专家执教，教学效果显著。在竞争如云的复旦园区培训机构中脱颖而出，得到社会普遍认可。2003年被评为上海市办学水平A级学校，2004年被评为全国“民办教育百强学校”，获上海市价格协会“诚信建设单位”称号，2005年又摘得“‘十运之星’十佳民办学校”桂冠。我校董事长黄国桢、校长谢敏奇均获得优秀民办教育家称号，董事长黄国桢还获得“中国百名行业创新杰出人物金像奖”等多项荣誉。

黄国桢董事长在“同欣少儿之星”颁奖大会上

我校注重社会效益，在办学的同时开展公益活动，如邀请医疗专家为社区中老年人讲解保健知识。聘请残疾人为社区居民作“身残志不残”的精神文明教育，并经常与社区居民进行联谊活动，丰富社区居民文娱生活，捐助安徽希望小学办学资金和教学设备等等。我校还承担市府实事工程“百万家庭网上行”培训。对3千多名社区居民普及电脑知识，因而我校又获得了“社区十佳好事单位”称号和人民日报“时代潮”优胜奖。

高复班部分老师在武夷山留影

同欣学校与社区同庆“三八”妇女节

同欣学校赠送给社区的礼品

黄国桢董事长在中国管理大会论坛上领奖

《长江三角洲城市年鉴》

创刊出版走过六周年

《长江三角洲城市年鉴》自2003年创刊至今，春去秋来，已经走过六个年头。2008年卷由中国工商出版社出版，将于11月底前面世。

“长江三角洲地区是我国综合实力最强的区域，在社会主义现代化建设全局中具有重要的战略地位和带动作用。改革开放特别是推进上海浦东开发开放以来，长江三角洲地区经济社会发展取得巨大成就，对服务全国大局，带动周边发展做出了重要贡献，积累了丰富经验。”(《国发〔2008〕30号》)六年来，《长江三角洲城市年鉴》从创刊、组稿、编辑、出版、发行等，都得到长江三角洲区域各城市党委、政府及各有关部门的关爱和支持，特别是在长江三角洲区域各城市党委、政府研究室的领导及有关同志的共同努力、热情关怀、积极培育下，这六年长江三角洲区域经济社会事业发展最快、经济效益迅速增长、人民生活提高最快、城市化和城市现代化提升最快，翻阅《长江三角洲城市年鉴》犹如步入该区域发展的综合展览馆，既看到发展成就，又预示发展趋势，为投资者提供投资机遇选择，为商贸、旅游者提供可供咨询资料，她是一部商贸、旅游、投资咨询的工具书，是一部对外宣传长江三角洲区域商务书。

《长江三角洲城市年鉴》的创刊和出版，得到社会各界的普遍欢迎，要进一步把年鉴真正办好，办成各级领导决策的参考书，投资者、企业家所欢迎的商务指南，广大群众所喜爱的知识性、资料性、导游性的读物；把《长江三角洲城市年鉴》办成一面镜子，各自通过年鉴看到自己的位置、了解发展动向、确定发展方向，应该发展什么，怎么发展；办成一部手册，从中看到发展的轨迹，这就要求对表格设计、内容选定、篇目栏目设置作更科学的安排。真正办好一部年鉴，需要广大作者、编者作出更大的努力，要深入实际调查研究，不断总结各个城市在邓小平理论和“三个代表”重要思想指导下创造出来的新成就、新经验，更好地为迎接上海世博会召开、为社会主义两个文明建设作出新贡献！

亚太管理学院

ASIA PACIFIC INSTITUTE OF MANAGEMENT CHINA

理事长：刘冀生

亚太管理学院是一所专门从事国际工商管理研究与教育的学术机构，其宗旨是聚合全球优质管理教育资源、服务亚太地区企业成长。其历史可以追溯到1985年由著名科学家钱伟长教授创办的上海清华进修学院，迄今拥有二十余年的办学历史。学院在香港、北京、上海、南京等地设立独立分院、教学中心及其他分支机构十余所，分布在全国十余座大中城市中。学院业已成为一所有影响、跨地区、网络化的工商管理教育机构。

学院现任理事长刘冀生教授，刘冀生教授为清华大学经济管理学院资深教授、博士生导师、我国著名的战略管理专家，是我国目前为企业策划战略最多的教授之一，国家经贸委企业研究中心专家委员。现任副理事长石涌江教授，石涌江教授为英国剑桥大学博士，英国剑桥大学制造研究院国际制造中心教授、研究主任，国际著名工业制造系统专家，管理工程专家。

学院在各地开展的教育项目有MBA、EMBA、DBA、经理人员工商管理类长短期课程、管理类职业资格认证课程及提供境外升学、留学服务等。已与北京大学、清华大学、中国人民大学、香港浸会大学等国内外高校合作开展多层次的在职人员工商管理教育，开办MBA、EMBA、DBA等班20余班次，为各类企业培训高级工商管理人员千余人次，受到企业与有关部门的欢迎与肯定。今年，学院在长三角地区针对企事业中高管开设了香港浸会大学MBA学位班、中国人民大学——英国威尔士大学MBA学位班、亚洲（澳门）国际公开大学MBA学位班、北京大学EMBA总裁班、中国人民大学DBA班等班。

学员拓展

亚太管理论坛邀请凤凰卫视朱文晖演讲

毕业晚宴

学员毕业照

全国重点文物护位——绩溪龙川胡氏宗祠

宣城市

XUANCHENG SHI

北京奥运圣火传递到宣城市绩溪县

“中国文房四宝之乡”已成为宣城亮丽的城市名片